Digitale Inhalte für Sie!

NWB Gesetze – jederzeit aktuell und mobil nutzbar:

- Online-Version ✓
- Online-Training
- Aktualisierung im Internet ✓
- Zusatz-Downloads
- App ✓
- Digitale Lernkarten
- WissensCheck

So einfach geht's:

Scannen Sie den QR-Code **oder** rufen Sie die Seite **nwb.de/go/gesetze-app** für weitere Informationen zur App auf.

Ihr Freischaltcode

WC3KDE2BCWN58LC

Übrigens: Sie können die Gesetze auch in der NWB Datenbank kostenlos nutzen. Rufen Sie dazu einfach **datenbank.nwb.de** auf und klicken Sie auf das Icon „Gesetze".

IAS/IFRS-Texte 2020/2021

Herausgegeben von:
WP/StB Prof. Dr. Wolf-Dieter Hoffmann
WP/StB Dr. Norbert Lüdenbach
WP Dr. Jens Freiberg

13. Auflage
Stand: 1.3.2020

nwb TEXTAUSGABE

ISBN 978-3-482-**67303**-0 – 13. Auflage 2020

Satz: Griebsch & Rochol Druck GmbH, Hamm
Druck: CPI books, Leck

Vorwort

Der Konzernabschluss kapitalmarktorientierter Mutterunternehmen mit Sitz innerhalb von Europa ist von den gesetzlichen Vertretern in Übereinstimmung mit den IFRS, wie sie in der EU anzuwenden sind, und den ergänzend nach § 315e Abs. 1 HGB anzuwendenden deutschen gesetzlichen Vorschriften aufzustellen. Urheber der IFRS ist zunächst der IASB, nach einer Anerkennung der Vorgaben zur Rechnungslegung in einem formalisierten (Endorsement-)Verfahren durch die Europäische Union werden die IFRS qua Verordnung unmittelbar geltendes europäisches Recht. Seit der letzten Auflage wurden die europäischen IFRS, deren Ausgangspunkt die IFRS-Verordnung (Nr. 1606/2002) aus 2002 ist, an folgenden Stellen geändert:

- Änderungen von IAS 19 Leistungen an Arbeitnehmer durch die Verordnung (EU) 2019/402 vom 13.3.2019 (ABl L Nr. 72 S. 6),
- Änderungen von IAS 12 Ertragsteuern, IAS 23 Fremdkapitalkosten IFRS 3 Unternehmenszusammenschlüsse und IFRS 11 Gemeinsame Vereinbarungen durch die Verordnung (EU) 2019/412 vom 14.3.2019 (ABl L Nr. 73 S. 93),
- Änderungen von IAS 1 Darstellung des Abschlusses, IAS 8 Rechnungslegungsmethoden, Änderungen von rechnungslegungsbezogenen Schätzungen und Fehler, IAS 34 Zwischenberichterstattung, IAS 37 Rückstellungen, Eventualverbindlichkeiten und Eventualforderungen, IAS 38 Immaterielle Vermögenswerte, IFRS 2 Anteilsbasierte Vergütung, IFRS 3 Unternehmenszusammenschlüsse, IFRS 6 Exploration und Evaluierung von Bodenschätzen sowie IFRIC 12 Dienstleistungskonzessionsvereinbarungen, IFRIC 19 Tilgung finanzieller Verbindlichkeiten durch Eigenkapitalinstrumente, IFRIC 20 Abraumkosten in der Produktionsphase eines Tagebaubergwerks, IFRIC 22 Fremdwährungstransaktionen und im Voraus erbrachte Gegenleistungen und SIC 32 Immaterielle Vermögenswerte — Kosten von Internetseiten durch die Verordnung (EU) 2019/2075 vom 29.11.2019 (ABl L Nr. 316 S. 10),
- Änderungen von IAS 1 Darstellung des Abschlusses , IAS 8 Rechnungslegungsmethoden, Änderungen von rechnungslegungsbezogenen Schätzungen und Fehler , IAS 10 Ereignisse nach dem Abschlussstichtag, IAS Zwischenberichterstattung IAS 37 Rückstellungen, Eventualverbindlichkeiten und Eventualforderungen durch die Verordnung (EU) 2019/2104 vom 29.11.2019 (ABl L Nr. 318 S. 74),
- Verordnung (EU) 2020/34 vom 15.1.2020 (ABl Nr. L 12 S. 5) zur Änderung der Vorgaben und Angabepflichten für Sicherungsgeschäfte in IAS 39, IFRS 7 und IFRS 9 als Folge der Reform der Referenzzinssätze.

Die 13. Auflage der NWB-Textausgabe enthält alle von der EU in europäisches Recht übernommenen Standards und Interpretationen mit Rechtsstand 1. März 2020.

Nicht in EU-Recht übernommen wird das Rahmenkonzept, obwohl dieses insbesondere zur Lückenfüllung nach IAS 8.11(b) auch vom Anwender zu beachten ist. Die EU-Kommission hat hierzu im November 2003 festgehalten: „Das Rahmenkonzept als solches ist kein IAS oder eine Interpretation und muss folglich auch nicht in das Gemeinschaftsrecht übernommen werden. Nichtsdestoweniger bildet es die Grundlage für die Urteilsbildung bei der Lösung von Rechnungslegungsproblemen." Die Kommission hat diesen Bemerkungen deshalb in 2003 eine offizielle Arbeits-Übersetzung des Rahmenkonzepts beigefügt. In der Folgezeit ist das Rahmenkonzept (RK 2003) vom IASB zweimal überarbeitet worden, sehr weitgehend schon in 2010 und vollständig in 2018. Die Kommission hat diese Änderungen jedoch anders als zuvor (weder in Englisch noch in den anderen Amtssprachen) veröffentlicht. Hieraus entsteht folgende Situation: Während die IFRS, IFRIC, IAS, SIC amtlich veröffentlicht werden und damit von Verlagen als Textsammlung veröffentlicht werden dürfen, liegt das Copyright für das Conceptual Framework 2018 (CF 2018) allein bei der IASB Foundation. In anderen Textsammlungen ist auf diesen misslichen Umstand z. T. in der Weise reagiert worden, dass weiterhin das RK 2003 unkommentiert abgedruckt wird, obwohl es für die Lückenfüllung nach IAS 8 und für andere Zwecke gar nicht mehr herangezogen werden darf. Demgegenüber verfolgen wir in dieser Textausgabe folgenden

Weg: Wegen der zwingenden Urheberrechtsbestimmungen wird zwar nur das Rahmenkonzept 2003 vollständig abgedruckt, in zahlreichen Anmerkungen zu diesem Text wird jedoch angegeben, wo es in wesentlichen Punkten Übereinstimmungen und Unterschiede zum Conceptual Framework 2018 gibt. Das Ergebnis dieser urheberrechtlich bedingten Lage ist eine Textsammlung mit Anmerkungen, aber ohne Kommentierung: Sie berücksichtigt also, dass ein Teil der Leser die Textsammlung in Prüfungen (IHK, Hochschulen usw.) verwenden will, was durch eine Kommentierung behindert worden wäre. Ergänzend ist für die Leser online eine Synopse zur Gegenüberstellung von RK 2003 und CF 2018 verfügbar.

Die jährliche Aktualisierung liefert dem Anwender in gebündelter und systematisch aufbereiteter Form ein notwendiges Arbeits- und Lernmittel. Die Textausgabe des NWB Verlags ist der deutsche Schlüssel zu dem auf europäischen Boden stehenden House of IFRS.

Düsseldorf, im März 2020

Dr. Norbert Lüdenbach
Wirtschaftsprüfer, Steuerberater, Düsseldorf
Dr. Jens Freiberg
Wirtschaftsprüfer, Düsseldorf

Übersicht der Verordnungen

Die nachfolgend aufgeführten Verordnungen wurden zwischen dem 15.2.2019 und 1.3.2020 veröffentlicht und in dieser 13. Auflage berücksichtigt. Somit sind alle Verordnungen enthalten, die seit Erscheinen der letzten Auflage veröffentlicht wurden:

- Verordnung (EU) 2019/402 vom 13.3.2019 (ABl L Nr. 72 S. 6),
- Verordnung (EU) 2019/412 vom 14.3.2019 (ABl L Nr. 73 S. 93),
- Verordnung (EU) 2019/2075 vom 29.11.2019 (ABl L Nr. 316 S. 10),
- Verordnung (EU) 2019/2104 vom 29.11.2019 (ABl L Nr. 318 S. 74),
- Verordnung (EU) 2020/34 vom 15.1.2020 (ABl Nr. L 12 S. 5),

Alle Gesetzestexte dieser Textausgabe finden Sie in der App und in der NWB Datenbank stets auf dem aktuellen Stand. Die Aktualisierungen erfolgen jeweils nach Übernahme neuer bzw. geänderter Standards und deren Veröffentlichung seitens der EU.

Inhaltsverzeichnis

International Financial Reporting Standards

SIC-Interpretationen

IFRIC-Interpretationen

Verordnung (EG) Nr. 1606/2002 des Europäischen Parlaments und des Rates betreffend die Anwendung internationaler Rechnungslegungsstandards (Internationale Rechnungslegungsstandards-Anwendungsverordnung – VO EG Nr. 1606/2002)

v. 19.7.2002 (ABl EG Nr. L 243 S. 1) mit späterer Änderung

Nichtamtliche Fassung

DAS EUROPÄISCHE PARLAMENT UND DER RAT DER EUROPÄISCHEN UNION –

gestützt auf den Vertrag zur Gründung der Europäischen Gemeinschaft, insbesondere auf Artikel 95 Absatz 1,

auf Vorschlag der Kommission*),

nach Stellungnahme des Wirtschafts- und Sozialausschusses,**)

gemäß dem Verfahren des Artikels 251 des Vertrags***),

in Erwägung nachstehender Gründe:

(1) Auf der Tagung des Europäischen Rates vom 23./24. März 2000 in Lissabon wurde die Notwendigkeit einer schnelleren Vollendung des Binnenmarktes für Finanzdienstleistungen hervorgehoben, das Jahr 2005 als Frist für die Umsetzung des Aktionsplans der Kommission für Finanzdienstleistungen gesetzt und darauf gedrängt, dass Schritte unternommen werden, um die Vergleichbarkeit der Abschlüsse kapitalmarktorientierter Unternehmen zu verbessern.

(2) Um zu einer Verbesserung der Funktionsweise des Binnenmarkts beizutragen, müssen kapitalmarktorientierte Unternehmen dazu verpflichtet werden, bei der Aufstellung ihrer konsolidierten Abschlüsse ein einheitliches Regelwerk internationaler Rechnungslegungsstandards von hoher Qualität anzuwenden. Überdies ist es von großer Bedeutung, dass an den Finanzmärkten teilnehmende Unternehmen der Gemeinschaft Rechnungslegungsstandards anwenden, die international anerkannt sind und wirkliche Weltstandards darstellen. Dazu bedarf es einer zunehmenden Konvergenz der derzeitig international angewandten Rechnungslegungsstandards, mit dem Ziel, letztlich zu einem einheitlichen Regelwerk weltweiter Rechnungslegungsstandards zu gelangen.

(3) Die Richtlinie 78/660/EWG des Rates vom 25. Juli 1978 über den Jahresabschluss von Gesellschaften bestimmter Rechtsformen****), die Richtlinie 83/349/EWG des Rates vom 13. Juni 1983 über den konsolidierten Abschluss*****), die Richtlinie 86/635/EWG des Rates vom 8. Dezember 1986 über den Jahresabschluss und den konsolidierten Abschluss von Banken und anderen Finanzinstituten******) und die Richtlinie 91/674/EWG des Rates vom

*) **Amtl. Anm.:** ABl C 154 E vom 29.5.2001, S. 285.

) **Amtl. Anm.: ABl C 260 vom 17.9.2001, S. 86.

***) **Amtl. Anm.:** Stellungnahme des Europäischen Parlaments vom 12. März 2002 (noch nicht im Amtsblatt veröffentlicht) und Beschluss des Rates vom 7. Juni 2002.

****) **Amtl. Anm.:** ABl L 222 vom 14.8.1978, S. 11. Richtlinie zuletzt geändert durch Richtlinie 2001/65/EG des Europäischen Parlaments und des Rates (ABl L 283 vom 27.10.2001, S. 28).

*****) **Amtl. Anm.:** ABl L 193 vom 18.7.1983, S. 1. Richtlinie zuletzt geändert durch Richtlinie 2001/65/EG des Europäischen Parlaments und des Rates.

******) **Amtl. Anm.:** ABl L 372 vom 31.12.1986, S. 1. Richtlinie zuletzt geändert durch Richtlinie 2001/65/EG des Europäischen Parlaments und des Rates.

19. Dezember 1991 über den Jahresabschluss und den konsolidierten Abschluss von Versicherungsunternehmen*) richten sich auch an kapitalmarktorientierte Gesellschaften in der Gemeinschaft. Die in diesen Richtlinien niedergelegten Rechnungslegungsvorschriften können den hohen Grad an Transparenz und Vergleichbarkeit der Rechnungslegung aller kapitalmarktorientierten Gesellschaften in der Gemeinschaft als unabdingbare Voraussetzung für den Aufbau eines integrierten Kapitalmarkts, der wirksam, reibungslos und effizient funktioniert, nicht gewährleisten. Daher ist es erforderlich, den für kapitalmarktorientierte Gesellschaften geltenden Rechtsrahmen zu ergänzen.

(4) Diese Verordnung zielt darauf ab, einen Beitrag zur effizienten und kostengünstigen Funktionsweise des Kapitalmarkts zu leisten. Der Schutz der Anleger und der Erhalt des Vertrauens in die Finanzmärkte sind auch ein wichtiger Aspekt der Vollendung des Binnenmarkts in diesem Bereich. Mit dieser Verordnung wird der freie Kapitalverkehr im Binnenmarkt gestärkt und ein Beitrag dazu geleistet, dass die Unternehmen in der Gemeinschaft in die Lage versetzt werden, auf den gemeinschaftlichen Kapitalmärkten und auf den Weltkapitalmärkten unter gleichen Wettbewerbsbedingungen um Finanzmittel zu konkurrieren.

(5) Für die Wettbewerbsfähigkeit der gemeinschaftlichen Kapitalmärkte ist es von großer Bedeutung, dass eine Konvergenz der in Europa auf die Aufstellung von Abschlüssen angewendeten Normen mit internationalen Rechnungslegungsstandards erreicht wird, die weltweit für grenzübergreifende Geschäfte oder für die Zulassung an allen Börsen der Welt genutzt werden können.

(6) Am 13. Juni 2000 hat die Kommission ihre Mitteilung mit dem Titel „Rechnungslegungsstrategie der EU: Künftiges Vorgehen“ veröffentlicht, in der vorgeschlagen wird, dass alle kapitalmarktorientierten Gesellschaften in der Gemeinschaft ihre konsolidierten Abschlüsse spätestens ab dem Jahr 2005 nach einheitlichen Rechnungslegungsstandards, den „International Accounting Standards“ (IAS), aufstellen.

(7) Die „International Accounting Standards“ (IAS) werden vom „International Accounting Standards Committee“ (IASC) entwickelt, dessen Zweck darin besteht, ein einheitliches Regelwerk weltweiter Rechnungslegungsstandards aufzubauen. Im Anschluss an die Umstrukturierung des IASC hat der neue Board als eine seiner ersten Entscheidungen am 1. April 2001 das IASC in „International Accounting Standards Board“ (IASB) und die IAS mit Blick auf künftige internationale Rechnungslegungsstandards in „International Financial Reporting Standards“ (IFRS) umbenannt. Die Anwendung dieser Standards sollte, so weit wie irgend möglich und sofern sie einen hohen Grad an Transparenz und Vergleichbarkeit der Rechnungslegung in der Gemeinschaft gewährleisten, für alle kapitalmarktorientierten Gesellschaften in der Gemeinschaft zur Pflicht gemacht werden.

(8) Die zur Durchführung dieser Verordnung erforderlichen Maßnahmen sollten gemäß dem Beschluss 1999/468/EG des Rates vom 28. Juni 1999 zur Festlegung der Modalitäten für die Ausübung der der Kommission übertragenen Durchführungsbefugnisse**) erlassen werden; beim Erlass dieser Maßnahmen sollte die Erklärung zur Umsetzung der Rechtsvorschriften im Bereich der Finanzdienstleistungen, die die Kommission am 5. Februar 2002 vor dem Europäischen Parlament abgegeben hat, gebührend berücksichtigt werden.

(9) Die Übernahme eines internationalen Rechnungslegungsstandards zur Anwendung in der Gemeinschaft setzt voraus, dass er erstens die Grundanforderung der genannten Richtlinien des Rates erfüllt, d. h. dass seine Anwendung ein den tatsächlichen Verhältnissen entsprechendes Bild der Vermögens-, Finanz- und Ertragslage eines Unternehmens vermittelt – ein Prinzip, das im Lichte der genannten Richtlinien des Rates zu verstehen ist, ohne dass damit eine strenge Einhaltung jeder einzelnen Bestimmung dieser

*) **Amtl. Anm.:** ABl L 374 vom 31.12.1991, S. 7.

) **Amtl. Anm.: ABl L 184 vom 17.7.1999, S. 23.

Richtlinien erforderlich wäre; zweitens, dass er gemäß den Schlussfolgerungen des Rates vom 17. Juli 2000 dem europäischen öffentlichen Interesse entspricht und drittens, dass er grundlegende Kriterien hinsichtlich der Informationsqualität erfüllt, die gegeben sein muss, damit die Abschlüsse für die Adressaten von Nutzen sind.

(10) Ein Technischer Ausschuss für Rechnungslegung wird die Kommission bei der Bewertung internationaler Rechnungslegungsstandards unterstützen und beraten.

(11) Der Anerkennungsmechanismus sollte sich der vorgeschlagenen internationalen Rechnungslegungsstandards unverzüglich annehmen und auch die Möglichkeit bieten, über internationale Rechnungslegungsstandards im Kreise der Hauptbetroffenen, insbesondere der nationalen standardsetzenden Gremien für Rechnungslegung, der Aufsichtsbehörden in den Bereichen Wertpapiere, Banken und Versicherungen, der Zentralbanken einschließlich der EZB, der mit der Rechnungslegung befassten Berufsstände sowie der Adressaten und der Aufsteller von Abschlüssen, zu beraten, nachzudenken und Informationen dazu auszutauschen. Der Mechanismus sollte ein Mittel sein, das gemeinsame Verständnis übernommener internationaler Rechnungslegungsstandards in der Gemeinschaft zu fördern.

(12) Entsprechend dem Verhältnismäßigkeitsprinzip sind die in dieser Verordnung getroffenen Maßnahmen, welche die Anwendung eines einheitlichen Regelwerks von internationalen Rechnungslegungsgrundsätzen für alle kapitalmarktorientierten Gesellschaften vorsehen, notwendig, um das Ziel einer wirksamen und kostengünstigen Funktionsweise der Kapitalmärkte der Gemeinschaft und damit die Vollendung des Binnenmarktes zu erreichen.

(13) Nach demselben Grundsatz ist es erforderlich, dass den Mitgliedstaaten im Hinblick auf Jahresabschlüsse die Wahl gelassen wird, kapitalmarktorientierten Gesellschaften die Aufstellung nach den internationalen Rechnungslegungsstandards, die nach dem Verfahren dieser Verordnung angenommen wurden, zu gestatten oder vorzuschreiben. Die Mitgliedstaaten können diese Möglichkeit bzw. diese Vorschrift auch auf die konsolidierten Abschlüsse und/oder Jahresabschlüsse anderer Gesellschaften ausdehnen.

(14) Damit ein Gedankenaustausch erleichtert wird und die Mitgliedstaaten ihre Standpunkte koordinieren können, sollte die Kommission den Regelungsausschuss für Rechnungslegung regelmäßig über laufende Vorhaben, Thesenpapiere, spezielle Recherchen und Exposure Drafts, die vom IASB veröffentlicht werden, sowie über die anschließenden fachlichen Arbeiten des Technischen Ausschusses unterrichten. Ferner ist es wichtig, dass der Regelungsausschuss für Rechnungslegung frühzeitig unterrichtet wird, wenn die Kommission die Übernahme eines internationalen Rechnungslegungsstandards nicht vorschlagen will.

(15) Bei der Erörterung der vom IASB im Rahmen der Entwicklung von internationalen Rechnungslegungsstandards (IFRS und SIC/IFRIC) veröffentlichten Dokumente und Papiere und bei der Ausarbeitung diesbezüglicher Standpunkte sollte die Kommission der Notwendigkeit Rechnung tragen, Wettbewerbsnachteile für die auf dem Weltmarkt tätigen europäischen Unternehmen zu vermeiden; ferner sollte sie, so weit wie irgend möglich die von den Delegationen im Regelungsausschuss für Rechnungslegung zum Ausdruck gebrachten Ansichten berücksichtigen. Die Kommission wird in den Organen des IASB vertreten sein.

(16) Angemessene und strenge Durchsetzungsregelungen sind von zentraler Bedeutung, um das Vertrauen der Anleger in die Finanzmärkte zu stärken. Die Mitgliedstaaten müssen aufgrund von Artikel 10 des Vertrags alle geeigneten Maßnahmen zur Gewährleistung der Einhaltung internationaler Rechnungslegungsstandards treffen. Die Kommission beabsichtigt, sich mit den Mitgliedstaaten insbesondere über den Ausschuss der europäischen Wertpapierregulierungsbehörden (CESR) ins Benehmen zu setzen, um ein gemeinsames Konzept für die Durchsetzung zu entwickeln.

(17) Ferner muss den Mitgliedstaaten gestattet werden, die Anwendung bestimmter Vorschriften bis 2007 zu verschieben, und zwar für alle Gemeinschaftsunternehmen, deren Wertpapiere sowohl in der Gemeinschaft als auch in einem Drittland zum Handel in einem geregelten Markt zugelassen sind und die ihren konsolidierten Abschlüssen bereits primär andere international anerkannte Rechnungslegungsgrundsätze zugrunde legen, sowie für Gesellschaften, von denen ausschließlich Schuldtitel zum Handel in einem geregelten Markt zugelassen sind. Es ist jedoch unverzichtbar, dass bis spätestens 2007 die IAS als einheitliches Regelwerk globaler internationaler Rechnungslegungsstandards für alle Gemeinschaftsunternehmen gelten, deren Wertpapiere zum Handel in einem geregelten Gemeinschaftsmarkt zugelassen sind.

(18) Um den Mitgliedstaaten und Gesellschaften die zur Anwendung internationaler Rechnungslegungsstandards erforderlichen Anpassungen zu ermöglichen, ist es erforderlich, dass bestimmte Vorschriften erst im Jahr 2005 Anwendung finden. Für die erstmalige Anwendung der IAS durch die Gesellschaften infolge des Inkrafttretens dieser Verordnung sollten geeignete Vorschriften erlassen werden. Diese Vorschriften sollten auf internationaler Ebene ausgearbeitet werden, damit die internationale Anerkennung der festgelegten Lösungen sichergestellt ist.

HABEN FOLGENDE VERORDNUNG ERLASSEN:

Artikel 1 Ziel

Gegenstand dieser Verordnung ist die Übernahme und Anwendung internationaler Rechnungslegungsstandards in der Gemeinschaft, mit dem Ziel, die von Gesellschaften im Sinne des Artikels 4 vorgelegten Finanzinformationen zu harmonisieren, um einen hohen Grad an Transparenz und Vergleichbarkeit der Abschlüsse und damit eine effiziente Funktionsweise des Kapitalmarkts in der Gemeinschaft und im Binnenmarkt sicherzustellen.

Artikel 2 Begriffsbestimmungen

Im Sinne dieser Verordnung bezeichnen „internationale Rechnungslegungsstandards" die „International Accounting Standards" (IAS), die „International Financial Reporting Standards" (IFRS) und damit verbundene Auslegungen (SIC/IFRIC-Interpretationen), spätere Änderungen dieser Standards und damit verbundene Auslegungen sowie künftige Standards und damit verbundene Auslegungen, die vom International Accounting Standards Board (IASB) herausgegeben oder angenommen wurden.

Artikel 3 Übernahme und Anwendung internationaler Rechnungslegungsstandards

(1) Die Kommission beschließt über die Anwendbarkeit von internationalen Rechnungslegungsstandards in der Gemeinschaft. Diese Maßnahmen zur Änderung nicht wesentlicher Bestimmungen dieser Verordnung durch Ergänzung werden nach dem in Artikel 6 Absatz 2 genannten Regelungsverfahren mit Kontrolle erlassen.

(2) Die internationalen Rechnungslegungsstandards können nur übernommen werden, wenn sie

- dem Prinzip des Artikels 2 Absatz 3 der Richtlinie 78/660/EWG und des Artikels 16 Absatz 3 der Richtlinie 83/349/EWG nicht zuwiderlaufen sowie dem europäischen öffentlichen Interesse entsprechen und
- den Kriterien der Verständlichkeit, Erheblichkeit, Verlässlichkeit und Vergleichbarkeit genügen, die Finanzinformationen erfüllen müssen, um wirtschaftliche Entscheidungen und die Bewertung der Leistung einer Unternehmensleitung zu ermöglichen.

(3) Bis zum 31. Dezember 2002 entscheidet die Kommission nach dem Verfahren des Artikels 6 Absatz 2 über die Anwendbarkeit der bei Inkrafttreten dieser Verordnung vorliegenden internationalen Rechnungslegungsstandards in der Gemeinschaft.

(4) Übernommene internationale Rechnungslegungsstandards werden als Kommissionsverordnung vollständig in allen Amtssprachen der Gemeinschaft im *Amtsblatt der Europäischen Gemeinschaften* veröffentlicht.

Konsolidierte Abschlüsse von kapitalmarktorientierten Gesellschaften **Artikel 4**

Für Geschäftsjahre, die am oder nach dem 1. Januar 2005 beginnen, stellen Gesellschaften, die dem Recht eines Mitgliedstaates unterliegen, ihre konsolidierten Abschlüsse nach den internationalen Rechnungslegungsstandards auf, die nach dem Verfahren des Artikels 6 Absatz 2 übernommen wurden, wenn am jeweiligen Bilanzstichtag ihre Wertpapiere in einem beliebigen Mitgliedstaat zum Handel in einem geregelten Markt im Sinne des Artikels 1 Absatz 13 der Richtlinie 93/22/EWG des Rates vom 10. Mai 1993 über Wertpapierdienstleistungen[*)] zugelassen sind.

Wahlrecht in Bezug auf Jahresabschlüsse und hinsichtlich nicht kapitalmarktorientierter Gesellschaften **Artikel 5**

Die Mitgliedstaaten können gestatten oder vorschreiben, dass

a) Gesellschaften im Sinne des Artikels 4 ihre Jahresabschlüsse,

b) Gesellschaften, die nicht solche im Sinne des Artikels 4 sind, ihre konsolidierten Abschlüsse und/oder ihre Jahresabschlüsse

nach den internationalen Rechnungslegungsstandards aufstellen, die nach dem Verfahren des Artikels 6 Absatz 2 angenommen wurden.

Ausschussverfahren **Artikel 6**

(1) Die Kommission wird durch einen Regelungsausschuss für Rechnungslegung (im Folgenden „Ausschuss“ genannt) unterstützt.

(2) Wird auf diesen Absatz Bezug genommen, so gelten Artikel 5a Absätze 1 bis[1)] und Artikel 7 des Beschlusses 1999/468/EG unter Beachtung von dessen Artikel 8.

(3) (weggefallen)

Berichterstattung und Koordinierung **Artikel 7**

(1) Die Kommission setzt sich mit dem Ausschuss regelmäßig über den Stand laufender Vorhaben des IASB und über die vom IASB veröffentlichten Dokumente ins Benehmen, um die Standpunkte zu koordinieren und um Erörterungen über die Übernahme von gegebenenfalls aus diesen Vorhaben und Dokumenten hervorgehenden Standards zu erleichtern.

(2) Die Kommission erstattet dem Ausschuss gebührend und frühzeitig Bericht, wenn sie die Übernahme eines Standards nicht vorschlagen will.

Mitteilungspflicht **Artikel 8**

Ergreifen die Mitgliedstaaten Maßnahmen nach Artikel 5, so teilen sie diese der Kommission und den anderen Mitgliedstaaten unverzüglich mit.

Übergangsbestimmungen **Artikel 9**

In Abweichung von Artikel 4 können die Mitgliedstaaten vorsehen, dass jener Artikel 4 für Gesellschaften,

a) von denen lediglich Schuldtitel zum Handel in einem geregelten Markt eines Mitgliedstaats im Sinne von Artikel 1 Absatz 13 der Richtlinie 93/22/EWG zugelassen sind oder

b) deren Wertpapiere zum öffentlichen Handel in einem Nichtmitgliedstaat zugelassen sind und die zu diesem Zweck seit einem Geschäftsjahr, das vor der Veröffentlichung dieser Verordnung im *Amtsblatt der Europäischen Gemeinschaften* begann, international anerkannte Standards anwenden,

erst für die Geschäftsjahre Anwendung finden, die am oder nach dem 1. Januar 2007 beginnen.

---

*) **Amtl. Anm.:** ABl L 141 vom 11.6.1993, S. 27. Richtlinie zuletzt geändert durch die Richtlinie 2000/64/EG des Europäischen Parlaments und des Rates (ABl L 290 vom 17.11.2000, S. 27).

1) **Anm. d. Red.:** Abs. 2 ist offensichtlich aufgrund der redaktionellen Formulierung des Verordnungsgebers unvollständig durch Art. 1 Nr. 2 VO (EG) Nr. 297/2008 v. 11.3.2008 (ABl EU Nr. L 97 S. 62) geändert worden.

Artikel 10 Unterrichtung und Überprüfung

Die Kommission überprüft die Funktionsweise dieser Verordnung und erstattet dem Europäischen Parlament und dem Rat bis zum 1. Juli 2007 darüber Bericht.

Artikel 11 Inkrafttreten

Diese Verordnung tritt am dritten Tag nach ihrer Veröffentlichung im *Amtsblatt der Europäischen Gemeinschaften* in Kraft[1].

1) **Anm. d. Red.:** Tag des Inkrafttretens: 14.9.2002.

Vorbemerkung zu Rahmenkonzept 2003 und Conceptual Framework 2018

Nach der sog. IAS-Verordnung (EG Nr. 1606/2002), mit der die IFRS (damals IAS) für die Anwendung in Europa zuglassen bzw. bei Kapitalmarktorientierung vorgeschrieben wurden, bedürfen die einzelnen Standards (IFRS, IFRIC, IAS, SIC) jeweils der Übernahme in das Gemeinschaftsrecht (sog. Endorsement). Dies betrifft nicht das Rahmenkonzept, obwohl dieses mittelbar, insbesondere zur Lückenfüllung nach IAS 8.11(b) auch vom Anwender zu beachten ist. Die EU hat hierzu im November 2003 als „Kommentar zu bestimmten Artikeln der Verordnung (EG) Nr. 1606/2002" folgendes festgehalten:

„Das Rahmenkonzept als solches ist kein IAS oder eine Interpretation und muss folglich auch nicht in das Gemeinschaftsrecht übernommen werden. Nichtsdestoweniger bildet es die Grundlage für die Urteilsbildung bei der Lösung von Rechnungslegungsproblemen. Dies ist vor allem in Situationen wichtig, in denen es keinen spezifischen Standard oder eine spezifische Interpretation zwecks Anwendung auf einen bestimmten Posten im Abschluss gibt. [...] Angesichts seiner Bedeutung bei der Lösung von Rechnungslegungsfragen wurde das IASB Rahmenkonzept diesem Arbeitspapier angefügt."

Diese offizielle Arbeits-Übersetzung der EU betraf das Rahmenkonzept in der Fassung, die 2003 in Kraft war (nachfolgend: RK 2003). In der Folgezeit ist das Rahmenkonzept vom IASB zweimal überarbeitet worden, sehr weitgehend schon in 2010 und vollständig in 2018. Die Kommission hat diese Änderungen jedoch anders als das RK 2003 nicht mehr (weder in Englisch noch in den anderen Amtssprachen) veröffentlicht. Hieraus entsteht folgende Situation:

- Während die IFRS, IFRIC, IAS, SIC amtlich veröffentlich werden und damit von Verlagen als Textsammlung veröffentlicht werden dürfen,
- liegt das Copyright für das Conceptual Framework 2018 allein bei der IASB Foundation.

In anderen Textsammlungen ist auf diesen misslichen Umstand z.T. in der Weise reagiert worden, dass weiterhin das RK 2003 unkommentiert abgedruckt wird, obwohl es für die Lückenfüllung nach IAS 8 und für andere Zwecke gar nicht mehr herangezogen werden darf. Demgegenüber verfolgen wir in dieser Textausgabe folgenden Weg:

- Wegen der zwingenden Urheberrechtsbestimmungen wird zwar nur das RK 2003 vollständig abgedruckt,
- in zahlreichen Anmerkungen zu diesem Text wird jedoch angegeben, wo es in wesentlichen Punkten Übereinstimmungen und Unterschiede zum Conceptual Framework 2018 (nachfolgend CF 2018) gibt.

Das Ergebnis dieser urheberrechtlich bedingten Lage ist eine Textsammlung mit Anmerkungen, aber ohne Kommentierung: Sie berücksichtigt also, dass ein Teil der Leser die Textsammlung in Prüfungen (IHK, Hochschulen usw.) verwenden will, was durch eine Kommentierung behindert worden wäre.

Düsseldorf, im März 2020

Dr. Norbert Lüdenbach
Wirtschaftsprüfer, Steuerberater, Düsseldorf

Rahmenkonzept für die Aufstellung und Darstellung von Abschlüssen (IASB Rahmenkonzept 2003)

Inhaltsverzeichnis Paragraphen

Vorwort

Weltweit werden von vielen Unternehmen Abschlüsse für externe Adressaten aufgestellt und dargestellt. Obwohl solche Abschlüsse von Land zu Land Ähnlichkeiten aufweisen, bestehen auch Unterschiede, die vermutlich auf einer Vielzahl von sozialen, wirtschaftlichen und rechtlichen Umständen sowie darauf beruhen, dass die einzelnen Länder bei der Festlegung nationaler Vorschriften die Bedürfnisse der verschiedenen Abschlussadressaten berücksichtigt haben.

Diese unterschiedlichen Gegebenheiten haben zur Verwendung verschiedener Definitionen für die Abschlussposten geführt, beispielsweise für die Termini Vermögenswerte, Schulden, Eigenkapital, Erträge und Aufwendungen. Sie haben ferner zur Verwendung unterschiedlicher Kriterien für die Darstellung von Sachverhalten im Abschluss sowie zu unterschiedlichen Bewertungsgrundlagen geführt. Auch der Anwendungsbereich der Abschlüsse sowie die darin aufgeführten Angaben waren davon betroffen.

Das International Accounting Standards Committee (IASC) ist bestrebt, diese Unterschiede durch Harmonisierung der Vorschriften, Rechnungslegungsstandards und Verfahren hinsichtlich der Aufstellung und Darstellung von Abschlüssen zu verringern. Es ist der Ansicht, dass eine weitere Harmonisierung am besten dadurch erreicht werden kann, dass man sich auf die Abschlüsse konzentriert, deren Aufstellung zum Ziel hat, nützliche Informationen für wirtschaftliche Entscheidungen zu liefern.

Der Board des IASC ist überzeugt, dass die zu diesem Zweck aufgestellten Abschlüsse den gemeinsamen Bedürfnissen der meisten Adressaten gerecht werden. Dies ist darauf zurückzuführen, dass fast alle Adressaten wirtschaftliche Entscheidungen treffen, beispielsweise, um:

(a) zu entscheiden, wann ein Kapitalanteil zu kaufen, zu halten oder zu verkaufen ist;
(b) die Handlungen oder die Verantwortlichkeit des Managements zu beurteilen;
(c) die Fähigkeit des Unternehmens zu beurteilen, seine Arbeitnehmer zu entlohnen und ihnen weitere Vergünstigungen zu bieten;
(d) die Sicherheit der dem Unternehmen geliehenen Beträge zu beurteilen;
(e) die Festlegung der Steuerpolitik;
(f) ausschüttbare Gewinne und Dividenden zu bestimmen;
(g) Statistiken über das Volkseinkommen aufzustellen und zu nutzen; oder
(h) die Tätigkeiten von Unternehmen zu reglementieren.

Der Board erkennt allerdings an, dass insbesondere Regierungen andere oder zusätzliche Anforderungen für eigene Zwecke formulieren können. Doch diese Anforderungen dürfen die zum

Nutzen der anderen Adressaten veröffentlichten Abschlüsse nicht beeinträchtigen, es sei denn, dass sie ebenfalls den Bedürfnissen dieser anderen Adressaten entsprechen.

Abschlüsse werden in der Regel gemäß einem Rechnungslegungsmodell auf der Grundlage historischer Anschaffungs- oder Herstellungskosten und dem Konzept der nominalen Kapitalerhaltung aufgestellt. Andere Modelle und Konzepte können unter der Zielsetzung, nützliche Informationen für wirtschaftliche Entscheidungen bereitzustellen, angemessener sein. Gleichwohl besteht derzeit kein Einvernehmen über eine Änderung. Das vorliegende Rahmenkonzept wurde so entwickelt, dass es sich auf eine Reihe verschiedener Rechnungslegungsmodelle sowie Kapital- und Kapitalerhaltungskonzepte anwenden lässt.

EINFÜHRUNG

Zweck und Status

Dieses Rahmenkonzept legt die Konzeptionen dar, die der Aufstellung und Darstellung von Abschlüssen für externe Adressaten zugrunde liegen. Das Rahmenkonzept verfolgt die nachfolgenden Zwecke: **1**

(a) Unterstützung des Board des IASC bei der Entwicklung zukünftiger International Accounting Standards sowie bei der Überprüfung bereits bestehender International Accounting Standards;

(b) Unterstützung des Board des IASC bei der Förderung der Harmonisierung von Vorschriften, Rechnungslegungsstandards und Verfahren hinsichtlich der Darstellung von Abschlüssen, indem eine Grundlage für die Reduzierung der Anzahl alternativer Bilanzierungsmethoden, die nach den International Accounting Standards zulässig sind, geschaffen wird;

(c) Unterstützung der nationalen Standardsetter bei der Entwicklung nationaler Standards;

(d) Unterstützung der mit der Aufstellung von Abschlüssen befassten Personen bei der Anwendung der International Accounting Standards sowie bei der Behandlung von Themen, die noch Gegenstand eines International Accounting Standard sein werden;

(e) Unterstützung von Abschlussprüfern bei der Urteilsfindung, ob Abschlüsse den International Accounting Standards entsprechen;

(f) Unterstützung der Abschlussadressaten bei der Interpretation der Informationen aus den Abschlüssen, die gemäß den International Accounting Standards aufgestellt wurden; und

(g) Bereitstellung von Informationen über das Vorgehen bei der Formulierung der International Accounting Standards für die Personen, die sich für die Arbeit des IASC interessieren.[1]

Dieses Rahmenkonzept ist kein International Accounting Standard und definiert damit keine Grundsätze für bestimmte Fragen der Bewertung oder von Angaben. Keine Passage aus diesem Rahmenkonzept geht einem International Accounting Standard vor.[2] **2**

Der Board des IASC erkennt an, dass in einer begrenzten Anzahl von Fällen Konflikte zwischen dem Rahmenkonzept und einem International Accounting Standard bestehen können. In diesen Fällen, in denen ein Konflikt besteht, haben die Anforderungen aus dem International Accounting Standard Vorrang vor denjenigen aus dem Rahmenkonzept. Da sich aber der Board des IASC bei der Ausarbeitung künftiger Standards sowie bei der Überprüfung bereits bestehender Standards an dem Rahmenkonzept orientiert, wird sich die Zahl der Konfliktpunkte zwischen diesem Rahmenkonzept und den International Accounting Standards mit der Zeit verringern.[3] **3**

---

1) **Anm. d. Red.: CF 2018 par. SP1.1. nennt konkret nur den Nutzen des Rahmenwerks für IASB und Abschlussersteller, daneben aber allgemein den Nutzen für „all [other] parties".**

2) **Anm. d. Red.: Entspricht i. W. CF 2018 par. SP1.2.**

3) **Anm. d. Red.: CF 2018 par. SP1.3 erkennt ebenso Konflikte zu Einzelstandards an und ermächtigt den IASB sogar, bei Erlass von zukünftigen Einzelregeln gegen das CF 2018 zu verstoßen, wenn die Ziele der Finanzberichterstattung dies erfordern.**

4 Der Board wird das Rahmenkonzept regelmäßig auf der Grundlage der damit gemachten Erfahrungen überarbeiten.[1)]

Anwendungsbereich

5 Das Rahmenkonzept beschäftigt sich mit folgenden Punkten:

(a) der Zielsetzung von Abschlüssen;

(b) den qualitativen Anforderungen, die den Nutzen der im Abschluss enthaltenen Informationen bestimmen;

(c) der Definition, Ansatz und Bewertung der Abschlussposten, aus denen der Abschluss besteht; und

(d) Kapital- und Kapitalerhaltungskonzepten.

6 Das Rahmenkonzept befasst sich mit Abschlüssen für allgemeine Zwecke (nachstehend „Abschlüsse“ genannt)[2)] einschließlich der Konzernabschlüsse. Solche Abschlüsse werden mindestens einmal jährlich aufgestellt und publiziert und richten sich nach den gemeinsamen Informationsbedürfnissen eines weiten Adressatenkreises. Einige Adressaten können Informationen benötigen, die nicht im Abschluss enthalten sind, haben aber eventuell Einfluss, diese Informationen zu erhalten. Viele Adressaten hingegen müssen sich auf die Abschlüsse als ihre Hauptquelle für Finanzinformationen verlassen, daher sind diese Abschlüsse unter Berücksichtigung ihrer Bedürfnisse aufzustellen und darzustellen. Finanzberichte für besondere Zwecke, beispielsweise Börsenprospekte und Berechnungen für steuerliche Zwecke, fallen nicht unter den Anwendungsbereich dieses Rahmenkonzeptes. Dennoch kann das Rahmenkonzept für die Erstellung solcher besonderen Berichte zugrunde gelegt werden, wenn deren Anforderungen dies gestatten.

7 Abschlüsse sind Teil des Prozesses der Rechnungslegung. Ein vollständiger Abschluss umfasst im Regelfall eine Bilanz, eine Gewinn- und Verlustrechnung, eine Kapitalflussrechnung (hier sind verschiedene Darstellungsformen möglich, beispielsweise eine Darstellung der Barmittelzu- und -abflüsse oder eine Darstellung (sonstiger) Mittelzu- und -abflüsse) sowie den Anhang und weitere Aufstellungen und Erläuterungen, die integraler Bestandteil des Abschlusses sind.[3)] Ferner kann er ergänzende Übersichten und Informationen enthalten, die auf den Darstellungen beruhen oder daraus abgeleitet werden und von denen man erwartet, dass sie in Verbindung mit diesen gelesen werden. Diese Aufstellungen und ergänzenden Informationen können beispielsweise Finanzinformationen zu Geschäftsfeldern und geographischen Segmenten und Angaben zu Auswirkungen von Preisänderungen behandeln. Abschlüsse enthalten allerdings keine Elemente wie Berichte der Mitglieder des Geschäftsführungs- und/oder Aufsichtsorgans oder dessen Vorsitzender, Analysen des Managements oder ähnliche Bestandteile, die in einem Geschäftsbericht enthalten sein können.

8 Das Rahmenkonzept gilt für die Abschlüsse aller privaten und öffentlichen Handels-, Industrie- und Dienstleistungsunternehmen, die Bericht erstatten. Ein berichterstattendes Unternehmen ist ein Unternehmen, das Adressaten hat, die sich auf die Abschlüsse als ihre wichtigste Quelle für Finanzinformationen über das Unternehmen verlassen.

---

1) **Anm. d. Red.: Entspricht i. W. CF 2018 par. SP1.4.**

2) **Anm. d. Red.: CF 2018 par. Sp.1.1 ff. spricht von „general purpose financial reporting“.**

3) **Anm. d. Red.: CF 2018 par. 3.3. nennt als Abschlussbestandteile Bilanz (statement of financial position), Gesamtergebnisrechung (statement of financial performance), andere Abschlussbestandteile (other statements and notes), die u. a. der Offenlegung von cash flows und Eigenkapitaltransaktionen dienen sollen.**

Adressaten und ihre Informationsbedürfnisse

Zu den Abschlussadressaten gehören derzeitige und potenzielle Investoren, Arbeitnehmer, Kreditgeber, Lieferanten und weitere Kreditoren, Kunden, Regierungen sowie deren Institutionen und die Öffentlichkeit. Sie verwenden die Abschlüsse, um einige ihrer unterschiedlichen Informationsbedürfnisse zu befriedigen. Dazu gehören: **9**

(a) *Investoren.* Die Bereitsteller von Risikokapital und ihre Berater sind mit den Risiken und Erträgen ihrer Investitionen befasst. Sie benötigen Informationen, um besser beurteilen zu können, ob sie kaufen, halten oder veräußern sollen. Auch Aktionäre sind interessiert an Informationen, mit denen sie die Fähigkeit des Unternehmens zur Dividendenausschüttung beurteilen können.

(b) *Arbeitnehmer.* Arbeitnehmer und ihre Vertretungen sind interessiert an Informationen über die Stabilität und Rentabilität ihrer Arbeitgeber. Ferner sind sie interessiert an Informationen, anhand derer sie die Fähigkeit des Unternehmens zur Zahlung von Löhnen und Gehältern, Altersversorgungsleistungen und zur Bereitstellung von Arbeitsplätzen beurteilen können.

(c) *Kreditgeber.* Kreditgeber sind interessiert an Informationen, mit denen sie beurteilen können, ob ihre Darlehen und die damit verbundenen Zinsen bei Fälligkeit gezahlt werden.

(d) *Lieferanten und andere Gläubiger.* Lieferanten und andere Gläubiger sind interessiert an Informationen, mit denen sie beurteilen können, ob die ihnen geschuldeten Beträge bei Fälligkeit gezahlt werden. Andere Gläubiger sind in der Regel kurzfristiger an einem Unternehmen interessiert als Gläubiger, sofern sie nicht von der Weiterführung des Unternehmens als wichtigem Kunden abhängen.

(e) *Kunden.* Kunden sind an Informationen über die Fortführung eines Unternehmens interessiert, vor allem dann, wenn sie eine langfristige Geschäftsbeziehung zu dem Unternehmen haben oder von diesem abhängen.

(f) *Regierungen und ihre Institutionen.* Regierungen und ihre Institutionen sind an der Zuteilung von Ressourcen und demnach an den Tätigkeiten des Unternehmens interessiert. Sie benötigen auch Informationen, um die Tätigkeiten der Unternehmen zu regulieren sowie die Steuerpolitik festzulegen, und sie benötigen Informationen als Grundlage für die Ermittlung des Volkseinkommens u. ä. Statistiken.

(g) *Öffentlichkeit.* Die Unternehmen können Mitglieder der Öffentlichkeit in vielerlei Hinsicht betreffen. So können Unternehmen beispielsweise in unterschiedlichster Form einen erheblichen Beitrag zur lokalen Wirtschaft leisten, dazu zählen auch die Anzahl der Beschäftigten des Unternehmens und ihre Unterstützung der lokalen Lieferanten. Abschlüsse können die Öffentlichkeit unterstützen, indem sie Informationen über die Tendenzen und jüngsten Entwicklungen der Prosperität des Unternehmens sowie über seine Tätigkeitsbereiche geben.[1)]

Obwohl die Abschlüsse nicht alle Informationsbedürfnisse dieser Adressaten erfüllen können, gibt es Bedürfnisse, die allen Adressaten gemein sind. Da Investoren dem Unternehmen Risikokapital zur Verfügung stellen, werden die Angaben aus den Abschlüssen, die ihrem Informationsbedarf entsprechen, auch den Informationsbedürfnissen der meisten anderen Adressaten entsprechen, die ein Abschluss erfüllen kann.[2)] **10**

Das Management trägt die Hauptverantwortung für die Aufstellung und Darstellung des Abschlusses eines Unternehmens. Es ist ebenfalls an den im Abschluss enthaltenen Informationen interessiert, obwohl es Zugang zu weiteren Management- und Finanzinformationen hat, mit denen es seine Planungen und seine Entscheidungsfindung besser vornehmen und seiner Kon- **11**

1) **Anm. d. Red.: Primäradressaten sind nach CF 2018 par. 1.9 ff. nur die (potentiellen) Investoren/Anteilseigner und Gläubiger.**

2) **Anm. d. Red.: CF 2018 par. 1.10 unterstellt keinen Interessengleichklang zwischen Primäradressaten (Investoren/Anteilseigner und Gläubiger) und anderen Gruppen.**

trollverantwortung besser nachkommen kann. Das Management kann Form und Inhalt solcher zusätzlichen Informationen festlegen, um seinen eigenen Bedürfnissen Rechnung zu tragen. Die Bereitstellung solcher Informationen fällt jedoch nicht unter den Anwendungsbereich dieses Rahmenkonzeptes. Doch die veröffentlichten Abschlüsse basieren auf den vom Management verwendeten Informationen über die Vermögens-, Finanz- und Ertragslage sowie Veränderungen in der Vermögens- und Finanzlage des Unternehmens.[1)]

DIE ZIELSETZUNG VON ABSCHLÜSSEN[2)]

12 Zielsetzung von Abschlüssen ist es, Informationen über die Vermögens-, Finanz- und Ertragslage sowie Veränderungen in der Vermögens- und Finanzlage eines Unternehmens zu geben, die für einen weiten Adressatenkreis bei dessen wirtschaftlichen Entscheidungen nützlich sind.

13 Die zu diesem Zweck aufgestellten Abschlüsse erfüllen die gemeinsamen Bedürfnisse der meisten Adressaten. Die Abschlüsse erfüllen jedoch nicht alle Informationen, die die Adressaten gegebenenfalls für ihre wirtschaftlichen Entscheidungen benötigen, da sie vor allem die wirtschaftlichen Auswirkungen der Ereignisse der Vergangenheit zeigen und nicht notwendigerweise auch andere Informationen als Finanzinformationen wiedergeben.

14 Abschlüsse zeigen auch die Ergebnisse der Führung des Unternehmens durch das Management und dessen Verantwortlichkeit für das ihm anvertraute Vermögen. Die Adressaten, die die Qualität oder die Effizienz des Managements beurteilen möchten, tun dies, um wirtschaftliche Entscheidungen zu treffen. Dazu gehört die Entscheidung, die Anteile an dem Unternehmen zu halten oder zu veräußern, sowie die Entscheidung, die Unternehmensleitung zu bestätigen oder zu ersetzen.[3)]

Vermögens-, Finanz- und Ertragslage sowie Veränderungen in der Vermögens- und Finanzlage[4)]

15 Die von den Abschlussadressaten getroffenen wirtschaftlichen Entscheidungen erfordern eine Beurteilung der Fähigkeit des Unternehmens, Zahlungsmittel und Zahlungsmitteläquivalente zu erwirtschaften, ferner des Zeitpunktes und der Wahrscheinlichkeit ihres Entstehens. Hiernach bestimmt sich letztendlich etwa die Fähigkeit eines Unternehmens, seine Beschäftigten und Lieferanten zu bezahlen, Zinsverpflichtungen einzuhalten, Darlehen zurückzuzahlen und Ausschüttungen an seine Eigentümer vorzunehmen. Die Adressaten können diese Fähigkeit zur Erwirtschaftung von Zahlungsmitteln und Zahlungsmitteläquivalenten besser beurteilen, wenn sie Informationen erhalten, die sich auf die Vermögens-, Finanz- und Ertragslage sowie auf Veränderungen in der Vermögens- und Finanzlage eines Unternehmens konzentrieren.

16 Die Vermögens- und Finanzlage eines Unternehmens wird von den wirtschaftlichen Ressourcen bestimmt, über die ein Unternehmen die Verfügungsmacht besitzt, seiner Vermögens- und Finanzstruktur, seiner Liquidität und Solvenz sowie seiner Anpassungsfähigkeit an Veränderungen in seinem Tätigkeitsumfeld. Informationen über die in der Verfügungsmacht des Unternehmens stehenden wirtschaftlichen Ressourcen und seine Fähigkeit in der Vergangenheit, den Ressourcenbestand zu ändern, sind nützlich, um die Fähigkeit des Unternehmens zur zukünftigen Erwirtschaftung von Zahlungsmitteln und Zahlungsmitteläquivalenten zu prognostizieren. Informationen über die Vermögens- und Finanzstruktur sind hilfreich bei der Beurteilung, wie viel Fremdkapital in der Zukunft benötigt wird und wie zukünftige Gewinne und Mittelzuflüsse

1) **Anm. d. Red.: Entspricht z. T. dem Hinweis in CF 2018 par. 1.9., dass das Management für seine Informationszwecke die Abschlüsse nicht braucht, da es auf interne Finanzinformationen zurückgreifen kann.**

2) **Anm. d. Red.: Im Kern übereinstimmend mit CF 2018 par. 1.2 ff.**

3) **Anm. d. Red.: Die Zielsetzung, das Management zu beurteilen, ist unter dem Stichwort „Stewardship" ähnlich in CF 2018 par. 1.4(b) i. V. mit par. 1.22 f. enthalten.**

4) **Anm. d. Red.: Ähnlich CF 2018 par. 1.12 ff., aber ohne so starke Hervorhebung von Informationen über Cash Flows (Zahlungsmittel-/äquivalente).**

unter denjenigen verteilt werden, die am Unternehmen beteiligt sind. Sie sind auch nützlich, um vorhersagen zu können, wie erfolgreich das Unternehmen voraussichtlich bei der Aufbringung weiterer Finanzmittel sein wird. Informationen über Liquidität und Solvenz helfen bei der Prognose, inwieweit das Unternehmen fähig sein wird, seinen finanziellen Verpflichtungen bei deren Fälligkeit nachzukommen. Liquidität bezieht sich auf die Verfügbarkeit von Zahlungsmitteln in der nahen Zukunft, nachdem die finanziellen Verpflichtungen für diesen Zeitraum berücksichtigt worden sind. Solvenz bezieht sich auf die langfristige Verfügbarkeit flüssiger Mittel zur Erfüllung finanzieller Verpflichtungen bei deren Fälligkeit.

Informationen über die Ertragskraft und insbesondere die Rentabilität eines Unternehmens **17** sind für die Beurteilung potenzieller Veränderungen der wirtschaftlichen Ressourcen, über die das Unternehmen voraussichtlich in Zukunft die Verfügungsmacht besitzen wird, erforderlich. In dieser Hinsicht sind Informationen über die Schwankungen der Ertragskraft wichtig. Informationen über die Ertragskraft dienen der Vorhersage über die Fähigkeit des Unternehmens, Zahlungsmittel aus seiner bestehenden Ressourcengrundlage zu erwirtschaften. Mit ihnen kann auch beurteilt werden, wie wirksam das Unternehmen zusätzliche Ressourcen einsetzen könnte.

Informationen hinsichtlich der Veränderungen in der Vermögens- und Finanzlage eines Unternehmens **18** helfen bei der Beurteilung seiner Investitions-, Finanzierungs- und betrieblichen Tätigkeiten während der Berichtsperiode. Diese Informationen bieten dem Adressaten eine Grundlage für die Beurteilung der Fähigkeit des Unternehmens zur Erwirtschaftung von Zahlungsmitteln und Zahlungsmitteläquivalenten sowie des Bedarfes des Unternehmens, diese Cashflows zu nutzen. Bei der Erstellung der Kapitalflussrechnung können die Fonds auf verschiedene Weise definiert werden, beispielsweise als Gesamtheit der finanziellen Ressourcen, Nettoumlaufvermögen, liquide Mittel oder Zahlungsmittel. In diesem Rahmenkonzept soll keine Definition von Fonds vorgegeben werden.

Informationen über die Vermögens- und Finanzlage werden in erster Linie über die Bilanz bereitgestellt. **19** Informationen zur Ertragskraft werden in erster Linie über die Gewinn- und Verlustrechnung bereitgestellt. Informationen über Veränderungen in der Vermögens- und Finanzlage werden in den Abschlüssen in Form einer gesonderten Aufstellung bereitgestellt.

Die Bestandteile des Abschlusses stehen miteinander in Verbindung, da sie unterschiedliche **20** Aspekte derselben Transaktionen oder anderer Ereignisse widerspiegeln. Obwohl jede Aufstellung Informationen enthält, die sich von denjenigen aus den anderen Aufstellungen unterscheiden, verfolgt keine nur einen einzigen Zweck oder liefert alle Informationen für einen spezifischen Bedarf der Adressaten. Eine Gewinn- und Verlustrechnung zeichnet beispielsweise nur ein unvollständiges Bild der Ertragskraft, wenn sie nicht in Verbindung mit der Bilanz und der Kapitalflussrechnung verwendet wird.

Anhang und ergänzende Übersichten

Der Abschluss enthält auch einen Anhang, ergänzende Übersichten und weitere Informationen.[1) **21**] Er kann beispielsweise zusätzliche Angaben umfassen, die für das Informationsbedürfnis der Adressaten hinsichtlich der Posten in der Bilanz und der Gewinn- und Verlustrechnung relevant sind. Er kann Angaben über Risiken und Unsicherheiten enthalten, die das Unternehmen und seine Ressourcen betreffen[2)] (beispielsweise Bodenschätze), ferner Verpflichtungen, die in der Bilanz nicht erfasst sind. Informationen zu Geschäftssegmenten und geographischen Segmenten sowie die Auswirkungen von Preisänderungen auf das Unternehmen können ebenfalls in Form von ergänzenden Angaben gegeben werden.

1) **Anm. d. Red.: Entspricht i. W. CF 2018 par. 3.3(c).**

2) **Anm. d. Red.: Entspricht u. a. CF 2018 par. 5.16.**

ZU GRUNDE LIEGENDE ANNAHMEN[1)]

Periodenabgrenzung[2)]

22 Damit die Abschlüsse ihren Zielen gerecht werden, werden sie nach dem Konzept der Periodenabgrenzung aufgestellt. Gemäß diesem Konzept werden die Auswirkungen von Geschäftsvorfällen und anderen Ereignissen erfasst, wenn sie auftreten (und nicht wenn ein Zahlungsmittel oder ein Zahlungsmitteläquivalent eingeht oder bezahlt wird). Sie werden in der Periode in der Buchhaltung erfasst und im Abschluss der Periode ausgewiesen, der sie zuzurechnen sind. Abschlüsse, die nach dem Konzept der Periodenabgrenzung erstellt sind, bieten den Adressaten nicht nur Informationen über vergangene Geschäftsvorfälle einschließlich geleisteter und erhaltener Zahlungen, sondern sie informieren auch über künftige Zahlungsverpflichtungen sowie Ressourcen, die in der Zukunft zu Zahlungsmittelzuflüssen führen. Somit liefern sie die Art von Informationen über zurückliegende Geschäftsvorfälle und andere Ereignisse, die für die Adressaten bei deren wirtschaftlichen Entscheidungen besonders nützlich sind.

Unternehmensfortführung[3)]

23 Bei der Aufstellung von Abschlüssen wird im Regelfall von der Annahme der Unternehmensfortführung für den absehbaren Zeitraum ausgegangen. Daher wird angenommen, dass das Unternehmen weder die Absicht hat noch gezwungen ist, seine Tätigkeiten einzustellen oder deren Umfang wesentlich einzuschränken. Besteht eine derartige Absicht oder Notwendigkeit, so muss der Abschluss ggf. auf einer anderen Grundlage erstellt werden, die dann anzugeben ist.

QUALITATIVE ANFORDERUNGEN AN DEN ABSCHLUSS

24 Als qualitative Anforderungen gelten die Merkmale, durch welche die im Abschluss erteilten Informationen für die Adressaten nützlich werden. Die vier wichtigsten qualitativen Anforderungen sind Verständlichkeit, Relevanz, Verlässlichkeit und Vergleichbarkeit.[4)]

Verständlichkeit[5)]

25 Es ist für die Qualität der im Abschluss erteilten Informationen wesentlich, dass diese für die Adressaten leicht verständlich sind. Zu diesem Zweck wird bei den Adressaten vorausgesetzt, dass sie eine angemessene Kenntnis geschäftlicher und wirtschaftlicher Tätigkeiten und der Rechnungslegung sowie die Bereitschaft besitzen, die Informationen mit entsprechender Sorgfalt zu lesen. Informationen zu komplexen Themen, die auf Grund ihrer Relevanz für wirtschaftliche Entscheidungen der Adressaten im Abschluss enthalten sein müssen, dürfen jedoch nicht allein deswegen weggelassen werden, weil sie für bestimmte Adressaten zu schwer verständlich sein könnten.

1) **Anm. d. Red.: In CF 2018 werden den qualitativen Eigenschaften keine „zu Grunde liegenden Annahmen" („underlying assumptions") mehr vorangestellt.**

2) **Anm. d. Red.: CF 2018 betont in par. 1.17 ff. die Bedeutung der Periodenabgrenzung (accrual accounting).**

3) **Anm. d. Red.: Entspricht i. W. CF 2018 par. 3.9.**

4) **Anm. d. Red.: CF 2018 par. 2.1 ff. enthält zwei fundamentale, qualitative Eigenschaften nützlicher Finanzinformationen, nämlich Relevanz und tatsachengetreue Darstellung (faithful representation). Anderen qualitativen Eigenschaften wird nur ein unterstützender Charakter (enhancing charcteristics) zugesprochen. Unterstützend sind Vergleichbarkeit (comparability), Nachprüfbarkeit (verifiability), Zeitnähe (timeliness) und Verständlichkeit (understandability).**

5) **Anm. d. Red.: Nach CF 2018 par. 2.34 unterstützende Eigenschaft (enhancing characteristics).**

Relevanz[1)]

Um nützlich zu sein, müssen die Informationen für die wirtschaftlichen Entscheidungen der Adressaten relevant sein. Informationen gelten dann als relevant, wenn sie die wirtschaftlichen Entscheidungen der Adressaten beeinflussen, indem sie ihnen bei der Beurteilung vergangener, derzeitiger oder zukünftiger Ereignisse helfen oder ihre Beurteilungen aus der Vergangenheit bestätigen oder korrigieren.[2)] 26

Die Aspekte der Prognose und der Bestätigung durch Informationen sind miteinander verknüpft. So sind beispielsweise Informationen über den derzeitigen Bestand und die Struktur des Besitzes von Vermögenswerten für die Adressaten relevant, etwa wenn sie sich bemühen, die Fähigkeit des Unternehmens zu prognostizieren, Chancen zu nutzen und auf ungünstige Situationen zu reagieren. Dieselben Informationen haben einen bestätigenden Charakter im Hinblick auf frühere Prognosen, beispielsweise zur Strukturierung des Unternehmens oder zum Resultat geplanter Tätigkeiten.[3)] 27

Informationen über die Vermögens-, Finanz- und Ertragslage in der Vergangenheit werden häufig als Grundlage für die Prognose der zukünftigen Vermögens-, Finanz- und Ertragslage sowie anderer Punkte verwendet, an denen die Adressaten direkt interessiert sind, beispielsweise die Zahlung von Dividenden, Löhnen und Gehältern, Kursveränderungen bei Wertpapieren und die Fähigkeit des Unternehmens, seinen Verpflichtungen bei Fälligkeit nachzukommen. Um für Prognosen verwendbar zu sein, müssen die Informationen nicht unbedingt in Form einer konkreten Prognoserechnung vorliegen. Allerdings wird die Möglichkeit, auf der Grundlage des Abschlusses Prognosen zu machen, durch die Darstellungsform der Informationen zu vergangenen Geschäftsvorfällen und Ereignissen beeinflusst. So besitzt beispielsweise die Gewinn- und Verlustrechnung einen höheren Wert für Voraussagen, wenn außergewöhnliche, ungewöhnliche und seltene Erträge und Aufwendungen separat angegeben werden. 28

Wesentlichkeit[4)]

Die Relevanz einer Information wird durch ihre Art und Wesentlichkeit bedingt. In einigen Fällen reicht allein die Art der Information für die Bestimmung ihrer Relevanz aus. So kann beispielsweise die Berichterstattung über ein neues Segment die Beurteilung der Risiken und Chancen für das Unternehmen beeinflussen, und zwar unabhängig von der Wesentlichkeit der vom neuen Segment in der Berichtsperiode erzielten Ergebnisse. In anderen Fällen sind sowohl Art als auch Wesentlichkeit von Bedeutung, beispielsweise bei Vorräten in jeder der Hauptkategorien, die für das Geschäft angemessen sind. 29

Informationen sind wesentlich, wenn ihr Weglassen oder ihre fehlerhafte Darstellung die auf der Basis des Abschlusses getroffenen wirtschaftlichen Entscheidungen der Adressaten beeinflussen könnten. Die Wesentlichkeit ist von der Größe des Postens oder des Fehlers abhängig, die sich nach den besonderen Umständen des Weglassens oder der fehlerhaften Darstellung ergibt. Somit ist die Wesentlichkeit eher eine Schwelle oder ein Grenzwert und weniger eine primäre qualitative Anforderung, die eine Information haben muss, um nützlich zu sein. 30

1) **Anm. d. Red.: Ähnlich CF 2018 par. 2.6 ff.**

2) **Anm. d. Red.: Entspricht i. W. CF 2018 par. 2.6.**

3) **Anm. d. Red.: Prognose- und Bestätigungseignung (predictive and confirmatory value) werden auch in CF 2018 par. 2.7 als Relevanzeigenschaft gefordert.**

4) **Anm. d. Red.: Wesentlichkeit (materiality) ist in CF 2018 par. 2.11. ebenfalls als Ausformung der Relevanz gefordert. Dort auch die Aussage, dass eine allgemeine quantitative Schwelle für die Wesentlichkeit nicht angegeben werden kann.**

Verlässlichkeit

31 Um nützlich zu sein, müssen Informationen auch verlässlich sein. Informationen sind dann verlässlich, wenn sie keine wesentlichen Fehler enthalten und frei von verzerrenden Einflüssen sind und sich die Adressaten darauf verlassen können, dass sie glaubwürdig darstellen, was sie vorgeben darzustellen oder was vernünftigerweise inhaltlich von ihnen erwartet werden kann.[1)]

32 Informationen können zwar relevant, jedoch in ihrer Art oder Darstellung so unzuverlässig sein, dass ihr Ansatz möglicherweise irreführend ist. Sind beispielsweise Rechtsgültigkeit und Betrag eines Schadensersatzanspruches im Rahmen eines Gerichtsverfahrens strittig, kann es für das Unternehmen unangebracht sein, den vollen Betrag des Anspruches in der Bilanz anzusetzen. Gleichwohl kann es angebracht sein, den Betrag sowie die Umstände des Anspruches anzugeben.

Glaubwürdige Darstellung[2)]

33 Um verlässlich zu sein, müssen Informationen die Geschäftsvorfälle und anderen Ereignisse glaubwürdig darstellen, die sie zum Inhalt haben oder die sie entweder vorgeben darzustellen oder von denen vernünftigerweise erwartet werden kann, dass sie sie darstellen. So hat beispielsweise eine Bilanz diejenigen Geschäftsvorfälle und Ereignisse glaubwürdig darzulegen, die bei einem Unternehmen am Abschlussstichtag zu Vermögenswerten, Schulden und Eigenkapital führen, die die Bedingungen für ihren Ansatz erfüllen.

34 Die meisten Finanzinformationen unterliegen dem Risiko, dass sie eine weniger glaubwürdige Darstellung dessen sind, was sie vorgeben darzustellen. Das ist nicht durch verzerrende Einflüsse bedingt, sondern vielmehr entweder den inhärenten Schwierigkeiten bei der Identifizierung der zu bewertenden Geschäftsvorfälle und anderen Ereignisse oder der Entwicklung und Anwendung von Bewertungs- und Darstellungstechniken zuzuschreiben, die diesen Geschäftsvorfällen und Ereignissen entsprechende Aussagen vermitteln können. In bestimmten Fällen kann die Bewertung der finanziellen Auswirkungen von Sachverhalten so ungewiss sein, dass die Unternehmen diese im Allgemeinen nicht in den Abschluss aufnehmen würden. Obwohl beispielsweise die meisten Unternehmen intern im Laufe der Zeit einen Geschäfts- oder Firmenwert erzeugen, ist es im Regelfall schwierig, diesen verlässlich zu bestimmen oder zu bewerten. In anderen Fällen kann es jedoch relevant sein, Sachverhalte zu erfassen und das mit ihrem Ansatz und ihrer Bewertung verbundene Fehlerrisiko anzugeben.

Wirtschaftliche Betrachtungsweise[3)]

35 Wenn die Informationen die Geschäftsvorfälle und anderen Ereignisse, die sie vorgeben darzustellen, glaubwürdig darstellen sollen, müssen sie gemäß ihrem tatsächlichen wirtschaftlichen Gehalt und nicht allein gemäß der rechtlichen Gestaltung bilanziert und dargestellt werden. Der wirtschaftliche Gehalt von Geschäftsvorfällen oder anderen Ereignissen stimmt nicht immer mit dem überein, was scheinbar aus ihrer rechtlichen Gestaltung oder Sachverhaltsgestaltung hervorgeht. Ein Unternehmen kann beispielsweise einen Vermögenswert an eine andere Partei so veräußern, dass das Eigentum formalrechtlich auf diese Partei übergeht. Es können Vereinbarungen bestehen, wonach dem Unternehmen der künftige wirtschaftliche Nutzen aus dem Vermögenswert weiterhin zukommt. Unter derartigen Umständen würde eine

1) **Anm. d. Red.: In CF 2018 par. 2.13 ff. sind Fehlerfreiheit und Freiheit von verzerrenden Einflüssen (neutrality) als Subeigenschaften der glaubwürdigen Darstellung (faithful representation) aufgeführt.**

2) **Anm. d. Red.: In CF 2018 par. 2.12 ff. ist die glaubwürdige Darstellung nicht mehr Ausprägung der Verlässlichkeit (reliability), sondern neben der Relevanz eine der beiden primären qualitativen Anforderungen. Substance over form, Neutralität, Vorsicht und Vollständigkeit (RK 2003 par. 35 ff.) werden in CF 2018 zu Subeigenschaften der glaubwürdigen Darstellung.**

3) **Anm. d. Red.: In CF 2018 par. 2.12 und par. 4.59 ff wird das substance over form Prinzip als Eigenschaft einer glaubwürdigen Darstellung behandelt.**

Berichterstattung über einen Verkauf den vorgenommenen Geschäftsvorfall nicht glaubwürdig darstellen (wenn tatsächlich eine Transaktion stattgefunden hat).

Neutralität

Damit die im Abschluss enthaltenen Informationen verlässlich sind, müssen sie neutral, also frei von verzerrenden Einflüssen sein. Abschlüsse sind nicht neutral, wenn sie durch Auswahl oder Darstellung der Informationen eine Entscheidung oder Beurteilung beeinflussen, um so ein vorher festgelegtes Resultat oder Ergebnis zu erzielen.[1] **36**

Vorsicht

Die mit der Aufstellung des Abschlusses befassten Personen müssen sich allerdings mit den Ungewissheiten auseinandersetzen, die mit vielen Ereignissen und Umständen unvermeidlich verbunden sind, beispielsweise mit der Wahrscheinlichkeit, zweifelhafte Forderungen einzutreiben, der voraussichtlichen Nutzungsdauer von technischen Anlagen und Betriebs- und Geschäftsausstattung sowie der Zahl von Garantieansprüchen, die auftreten können. Solchen Ungewissheiten wird durch die Angabe ihrer Art und ihres Umfanges sowie dadurch Rechnung getragen, dass bei der Aufstellung des Abschlusses die Vorsicht berücksichtigt wird. Vorsicht bedeutet, dass ein gewisses Maß an Sorgfalt bei der Ermessensausübung, die für die erforderlichen Schätzungen unter ungewissen Umständen erforderlich ist, einbezogen wird, so dass Vermögenswerte oder Erträge nicht zu hoch und Schulden oder Aufwendungen nicht zu niedrig angesetzt werden. Allerdings gestattet eine vorsichtige Vorgehensweise beispielsweise nicht, stille Reserven zu legen oder Rückstellungen überzubewerten, den bewusst zu niedrigen Ansatz von Vermögenswerten oder Erträgen oder den bewusst zu hohen Ansatz von Schulden oder Aufwendungen, da der Abschluss dann nicht neutral wäre und deshalb das Kriterium der Verlässlichkeit nicht erfüllen würde.[2] **37**

Vollständigkeit

Damit die im Abschluss enthaltenen Informationen verlässlich sind, müssen sie in den Grenzen von Wesentlichkeit und Kosten vollständig sein. Ein Weglassen kann dazu führen, dass die Informationen falsch oder irreführend und somit hinsichtlich ihrer Relevanz unzuverlässig und mangelhaft sind.[3] **38**

Vergleichbarkeit[4]

Es muss den Adressaten möglich sein, die Abschlüsse eines Unternehmens über die Zeit hinweg zu vergleichen, damit sie Tendenzen in seiner Vermögens-, Finanz- und Ertragslage erkennen können. Die Adressaten müssen ebenfalls die Abschlüsse verschiedener Unternehmen vergleichen können, damit sie deren jeweilige Vermögens-, Finanz- und Ertragslage sowie Veränderungen in deren Vermögens- und Finanzlage beurteilen können. Daher müssen die Bewertung und Darstellung der ökonomischen Auswirkungen ähnlicher Geschäftsvorfälle und anderer Ereignisse innerhalb eines Unternehmens und für dieses über die Zeit hinweg sowie für verschiedene Unternehmen stetig vorgenommen werden.[5] **39**

---

1) **Anm. d. Red.: Entspricht i. W. CF 2018 par. 2.15.**

2) **Anm. d. Red.: Nach CF 2018 par. 2.16 f. unterstützt eine „symmetrische Vorsicht" (weder overstatement noch understatement des Vermögens) die Neutralität, wobei es jedoch dem IASB explizit vorbehalten bleibt, in einzelnen Standards auch eine asymmetrische Vorsicht (lieber zu arm als zu reich rechnen) zu fordern.**

3) **Anm. d. Red.: Entspricht i. W. CF 2018 par. 2.14.**

4) **Anm. d. Red.: Entspricht i. W. CF 2018 par. 2.24 ff.**

5) **Anm. d. Red.: Entspricht i. W. CF 2018 par. 2.24.**

40 Eine wichtige Folgerung aus der qualitativen Anforderung der Vergleichbarkeit schließt ein, dass die Adressaten über die bei der Aufstellung der Abschlüsse zu Grunde gelegten Bilanzierungs- und Bewertungsmethoden, Änderungen bei diesen Methoden und die Auswirkungen solcher Änderungen informiert werden.[1] Adressaten müssen in der Lage sein, Unterschiede in den Bilanzierungs- und Bewertungsmethoden für ähnliche Geschäftsvorfälle und andere Ereignisse zu erkennen, die von einem Unternehmen von Periode zu Periode und von verschiedenen Unternehmen angewendet werden. Die Übereinstimmung mit den International Accounting Standards, einschließlich der Angabe der Bilanzierungs- und Bewertungsmethoden, hilft, die Vergleichbarkeit zu erreichen.

41 Die Notwendigkeit der Vergleichbarkeit darf nicht mit einer bloßen Einheitlichkeit verwechselt und nicht zu einem Hindernis für die Einführung verbesserter Rechnungslegungsstandards werden. Es ist für ein Unternehmen nicht zweckmäßig, einen Geschäftsvorfall oder ein anderes Ereignis weiterhin in derselben Art und Weise zu bilanzieren, wenn die angewandte Methode nicht mit den qualitativen Anforderungen der Relevanz und Verlässlichkeit übereinstimmt. Ferner ist es für ein Unternehmen auch nicht sachgerecht, seine Bilanzierungs- und Bewertungsmethoden beizubehalten, wenn relevantere und verlässlichere Alternativen bestehen.

42 Da die Adressaten die Vermögens-, Finanz- und Ertragslage sowie Veränderungen in der Vermögens- und Finanzlage eines Unternehmens im Zeitablauf vergleichen möchten, ist es wichtig, dass die Abschlüsse auch die entsprechenden Informationen für die vorhergehenden Perioden anführen.[2]

Beschränkungen für relevante und verlässliche Informationen

Zeitnähe

43 Kommt es bei der Berichterstattung zu einer unangemessenen Verzögerung, so können die Informationen ihre Relevanz verlieren. Das Management muss in vielen Fällen die jeweiligen Vorteile einer zeitnahen Berichterstattung und einer Bereitstellung verlässlicher Informationen gegeneinander abwägen. Um Informationen zeitnah bereitzustellen, kann es häufig erforderlich sein zu berichten, bevor alle Aspekte eines Geschäftsvorfalles oder eines Ereignisses bekannt sind, wodurch die Verlässlichkeit gemindert ist. Wird umgekehrt die Berichterstattung hinausgezögert, bis alle Aspekte bekannt sind, mag die Information zwar äußerst verlässlich sein, jedoch ist sie für die Adressaten, die in der Zwischenzeit Entscheidungen treffen mussten, nur von geringem Nutzen. Um eine Ausgewogenheit zwischen Relevanz und Verlässlichkeit zu erreichen, ist die übergeordnete Überlegung zu berücksichtigen, wie den Bedürfnissen der Adressaten im Hinblick auf ihre wirtschaftlichen Entscheidungen am besten entsprochen werden kann.[3]

Abwägung von Nutzen und Kosten

44 Die Abwägung von Nutzen und Kosten ist weniger eine qualitative Anforderung als vielmehr ein vorherrschender Sachzwang. Der aus einer Information abzuleitende Nutzen muss höher sein als die Kosten für die Bereitstellung der Information. Die Abschätzung von Nutzen und Kosten ist jedoch im Wesentlichen eine Ermessensfrage. Darüber hinaus sind die Kosten nicht notwendigerweise von den Adressaten zu tragen, die in den Genuss des Nutzens kommen. Nutzen kann auch anderen zugute kommen als den Adressaten, für die die Informationen bereitgestellt werden. Beispielsweise kann die Bereitstellung zusätzlicher Informationen für Kreditgeber die Fremdkapitalkosten eines Unternehmens senken. Aus diesen Gründen ist es schwierig, in jedem

1) **Anm. d. Red.: Ähnlich CF 2018 3.3.(c)(v).**

2) **Anm. d. Red.: Entspricht i. W. der Forderung von CF 2018 par. 3.5 nach mindestens (at least) einer Vergleichsperiode.**

3) **Anm. d. Red.: Entspricht i. W. CF 2018 par. 2.33.**

besonderen Fall einen Kosten-Nutzen-Test durchzuführen. Dennoch müssen die Standardsetter und die Personen, die die Abschlüsse aufstellen, sowie deren Adressaten sich dieses Sachzwanges bewusst sein.[1)]

Abwägung der qualitativen Anforderungen an den Abschluss

In der Praxis ist häufig ein Abwägen der qualitativen Anforderungen notwendig. In der Regel **45** wird eine angemessene Ausgewogenheit zwischen den Anforderungen angestrebt, damit die Zielsetzung des Abschlusses erreicht wird. Die relative Bedeutung der Anforderungen in den einzelnen Fällen ist eine Frage fachkundiger Beurteilung.

Vermittlung eines den tatsächlichen Verhältnissen entsprechenden Bildes[2)]

Abschlüsse verfolgen häufig das Konzept, ein den tatsächlichen Verhältnissen entsprechendes **46** Bild der Vermögens-, Finanz- und Ertragslage des Unternehmens sowie der Veränderungen in dessen Vermögens- und Finanzlage zu vermitteln. Obwohl sich dieses Rahmenkonzept nicht direkt mit solchen Überlegungen befasst, führt die Anwendung der grundlegenden qualitativen Anforderungen und der einschlägigen Rechnungslegungsstandards im Regelfall zu einem Abschluss, der das widerspiegelt, was im Allgemeinen als Vermittlung eines den tatsächlichen Verhältnissen entsprechenden Bildes verstanden wird.

Die Abschlussposten

Der Abschluss zeigt die wirtschaftlichen Auswirkungen von Geschäftsvorfällen und anderen Er- **47** eignissen, indem er sie je nach ihren ökonomischen Merkmalen in große Klassen einteilt. Diese werden als Abschlussposten bezeichnet. Die in der Bilanz direkt mit der Ermittlung der Vermögens- und Finanzlage verbundenen Posten sind Vermögenswerte, Schulden und Eigenkapital. Die in der Gewinn- und Verlustrechnung direkt mit der Ermittlung der Ertragskraft verbundenen Posten sind Erträge und Aufwendungen. Die Kapitalflussrechnung spiegelt im Regelfall Posten aus der Gewinn- und Verlustrechnung und Veränderungen von Posten aus der Bilanz wider. Daher werden in diesem Rahmenkonzept keine Posten angesprochen, die nur dieser Darstellung zuzuordnen sind.

Die Darstellung dieser Posten in der Bilanz und in der Gewinn- und Verlustrechnung erfordert **48** eine Untereinteilung. So können beispielsweise Vermögenswerte und Schulden nach ihrer Art oder Funktion in der Geschäftstätigkeit des Unternehmens eingeteilt werden, damit Informationen bereitgestellt werden, die für die Adressaten bei deren wirtschaftlichen Entscheidungen von größtmöglichem Nutzen sind.

1) **Anm. d. Red.: Entspricht i. W. CF 2018 par. 2.39 ff., wobei aber dort deutlicher eine Beschränkung von Kosten-Nutzen-Überlegungen auf die Regelsetzung (IASB) erfolgt, also die Zulässigkeit einer Ausdehnung auf die Regelanwendung nicht erkennbar wird.**

2) **Anm. d. Red.: „True and fair view" bzw. „fair presentation" sind als Eigenschaften regelkonformer Abschlüsse in CF 2018 nicht mehr enthalten. Der Begriff der „faithful representation" in CF 2018 2.12 ff. (siehe Fußnote zu Paragraph 24) hat nicht den gleichen Gehalt.**

Vermögens- und Finanzlage

49 Die unmittelbar mit der Ermittlung der Vermögens- und Finanzlage verbundenen Posten sind Vermögenswerte, Schulden und Eigenkapital. Diese werden wie folgt definiert:

(a) Ein Vermögenswert ist eine Ressource, die auf Grund von Ereignissen der Vergangenheit in der Verfügungsmacht des Unternehmens steht, und von der erwartet wird, dass dem Unternehmen aus ihr künftiger wirtschaftlicher Nutzen zufließt.[1)]

(b) Eine Schuld ist eine gegenwärtige Verpflichtung des Unternehmens, die aus Ereignissen der Vergangenheit entsteht und deren Erfüllung für das Unternehmen erwartungsgemäß mit einem Abfluss von Ressourcen mit wirtschaftlichem Nutzen verbunden ist.[2)]

(c) Eigenkapital ist der nach Abzug aller Schulden verbleibende Restbetrag der Vermögenswerte des Unternehmens.[3)]

50 Die Definitionen eines Vermögenswertes und einer Schuld kennzeichnen deren wesentlichen Merkmale, aber sie versuchen nicht, Kriterien festzulegen, die im Vorfeld der Prüfung des Bilanzansatzes erfüllt sein müssen. Somit umfassen die Definitionen auch Sachverhalte, die in der Bilanz nicht als Vermögenswerte oder Schulden angesetzt werden, weil sie die in den Paragraphen 82 bis 98 erörterten Kriterien für einen Ansatz nicht erfüllen. Insbesondere muss die Erwartung, dass künftiger wirtschaftlicher Nutzen einem Unternehmen zu- oder aus diesem abfließen wird, hinreichend sicher sein, damit das Kriterium der Wahrscheinlichkeit aus Paragraph 83 erfüllt ist, bevor ein Vermögenswert oder eine Schuld angesetzt wird.

51 Bei der Beurteilung, ob ein Sachverhalt die Definition eines Vermögenswertes, einer Schuld oder des Eigenkapitals erfüllt, müssen sein tatsächlicher wirtschaftlicher Gehalt und nicht allein seine rechtliche Gestaltung berücksichtigt werden.[4)] So ist beispielsweise im Falle von Finanzierungsleasing der tatsächliche wirtschaftliche Gehalt so ausgestaltet, dass der Leasingnehmer den wirtschaftlichen Nutzen aus dem Gebrauch des geleasten Vermögenswertes für den Großteil seiner Nutzungsdauer als Gegenleistung dafür erwirbt, dass er für dieses Recht eine Zahlungsverpflichtung eingeht, die in etwa dem beizulegenden Zeitwert des Vermögenswertes und den damit verbundenen Finanzierungskosten entspricht. Dadurch entstehen bei Finanzierungsleasing Sachverhalte, die die Definition eines Vermögenswertes und einer Schuld erfüllen und als solche in der Bilanz des Leasingnehmers angesetzt werden.

52 Bilanzen, die gemäß den derzeit geltenden International Accounting Standards aufgestellt werden, können Posten enthalten, die die Definitionen eines Vermögenswertes oder einer Schuld nicht erfüllen und nicht als Teil des Eigenkapitals gezeigt werden. Die Definitionen aus Paragraph 49 werden jedoch bei zukünftigen Überarbeitungen bestehender International Accounting Standards sowie bei der Formulierung neuer Standards zu Grunde gelegt werden.

---

1) **Anm. d. Red.: Auf Erwartungen nimmt die ansonsten nicht wesentlich vom RK 2003 abweichende Definition des Vermögenswertes in CF 2018 par. 4.3 keinen Bezug. Die Verfügungsmacht über eine Ressource setzt vielmehr ein Recht, also mehr als eine Erwartung voraus. Wenn unklar ist, ob ein Recht existiert (z. B. von einem anderen bestrittenen Anspruch), ist auch unklar, ob ein Vermögenswert existiert (CF 2018 par. 4.13). Gleichwohl kann nach CF 2018 par. 5.17 ein Bilanzansatz je nach den Umständen die relevantere und damit vorzugswürdige Bilanzierung sein.**

2) **Anm. d. Red.: Auf Erwartungen nimmt die ansonsten nicht wesentlich vom RK 2003 abweichende Definition der Schuld in CF 2018 par. 4.26 keinen Bezug. Eine Schuld setzt aber eine Verpflichtung über eine Ressource voraus (CF 2018 par. 4.28 ff.). Wenn unklar ist, ob eine Verpflichtung existiert (z. B. Anspruch eines Anderen wird bestritten), ist auch unklar, ob eine Schuld existiert (CF 2018 par. 4.35). Gleichwohl kann nach CF 2018 par. 5.17 ein Bilanzansatz je nach den Umständen die relevantere und damit vorzugswürdige Bilanzierung sein.**

3) **Anm. d. Red.: Entspricht i. W. CF 2018 par. 4.63.**

4) **Anm. d. Red.: Entspricht der sustance over form Vorgabe in CF 2018 par. 2.12.**

Vermögenswerte

Der einem Vermögenswert innewohnende künftige wirtschaftliche Nutzen repräsentiert das Potenzial, direkt oder indirekt zum Zufluss von Zahlungsmitteln und Zahlungsmitteläquivalenten zum Unternehmen beizutragen. Dieses Potenzial kann zur Leistungserstellung als Teil der laufenden Geschäftstätigkeit des Unternehmens gehören. Es kann auch in der Konvertierbarkeit in Zahlungsmittel oder Zahlungsmitteläquivalente oder in der Fähigkeit bestehen, den Mittelabfluss zu verringern, beispielsweise wenn ein alternatives Herstellungsverfahren die Produktionskosten vermindert. **53**

Im Regelfall setzt ein Unternehmen seine Vermögenswerte ein, um Güter oder Dienstleistungen zu erzeugen, mit denen die Wünsche oder Bedürfnisse der Kunden befriedigt werden können. Da diese Güter oder Dienstleistungen diese Wünsche oder Bedürfnisse befriedigen können, sind die Kunden bereit, dafür zu zahlen und somit zum Cashflow des Unternehmens beizutragen. Zahlungsmittel an sich leisten dem Unternehmen einen Dienst, weil dieses damit über andere Ressourcen verfügen kann. **54**

Der einem Vermögenswert innewohnende künftige wirtschaftliche Nutzen kann dem Unternehmen auf verschiedene Weise zufließen. Ein Vermögenswert kann beispielsweise **55**

(a) allein oder in Verbindung mit anderen Vermögenswerten bei der Produktion von Gütern oder Dienstleistungen, die vom Unternehmen verkauft werden, genutzt werden;

(b) gegen andere Vermögenswerte eingetauscht werden;

(c) für die Begleichung einer Schuld genutzt werden; oder

(d) an die Eigentümer des Unternehmens verteilt werden.[1)]

Viele Vermögenswerte, beispielsweise Sachanlagen, sind materieller Natur. Vermögenswerte brauchen jedoch nicht unbedingt materieller Natur zu sein, folglich sind beispielsweise Patente und Copyrights auch Vermögenswerte, sofern erwartet wird, dass dem Unternehmen aus ihnen ein künftiger wirtschaftlicher Nutzen zufließt und dass das Unternehmen die Verfügungsmacht über sie besitzt. **56**

Viele Vermögenswerte, beispielsweise Forderungen sowie Grundstücke und Bauten, sind mit gesetzlichen Rechten einschließlich des Eigentumsrechtes verbunden. Bei der Bestimmung, ob ein Vermögenswert vorliegt, ist das Eigentumsrecht nicht entscheidend. So liegt beispielsweise bei Grundstücken und Bauten, die auf Grund eines Leasingverhältnisses gehalten werden, ein Vermögenswert vor, wenn das Unternehmen die Verfügungsmacht über den aus den Grundstücken und Bauten erwarteten Nutzen ausübt. Obwohl die Fähigkeit eines Unternehmens, die Verfügungsmacht über den Nutzen auszuüben, im Regelfall auf gesetzlichen Rechten beruht, kann ein Sachverhalt auch ohne gesetzliche Verfügungsmacht der Definition eines Vermögenswertes entsprechen. Beispielsweise kann Know-how aus einer Entwicklungstätigkeit das Kriterium eines Vermögenswertes erfüllen, wenn ein Unternehmen durch Geheimhaltung dieses Know-hows die Verfügungsmacht über den daraus erwarteten Nutzen ausübt. **57**

Die Vermögenswerte eines Unternehmens sind Ergebnis vergangener Geschäftsvorfälle oder anderer Ereignisse der Vergangenheit. Unternehmen erhalten Vermögenswerte im Regelfall durch Kauf oder Produktion, aber auch andere Geschäftsvorfälle oder Ereignisse können Vermögenswerte erzeugen. Zu den Beispielen zählen Grundstücke und Bauten, die ein Unternehmen vom Staat als Teil eines Programms zur Förderung des Wirtschaftswachstums in einem Gebiet erhält, sowie die Entdeckung von Erzlagerstätten. Geschäftsvorfälle oder Ereignisse, deren Eintreten für die Zukunft erwartet wird, erzeugen für sich gesehen keine Vermögenswerte, daher erfüllt beispielsweise die Absicht, Vorräte zu kaufen, nicht die Definition eines Vermögenswertes. **58**

Es besteht eine enge Verknüpfung zwischen dem Tätigen von Ausgaben und dem Entstehen von Vermögenswerten, beides muss jedoch nicht notwendigerweise zusammenfallen. Folglich **59**

---

1) **Anm. d. Red.: Entspricht i. W. CF 2018 par. 4.16.**

kann zwar die Tatsache, dass ein Unternehmen Ausgaben tätigt, ein substanzieller Hinweis darauf sein, dass künftiger wirtschaftlicher Nutzen angestrebt wurde, aber sie ist kein schlüssiger Beweis dafür, dass ein Posten beschafft wurde, der die Definition eines Vermögenswertes erfüllt. Gleichermaßen schließt das Fehlen einer dazugehörigen Ausgabe nicht aus, dass ein Sachverhalt die Definition eines Vermögenswertes erfüllt und damit für den Ansatz in der Bilanz in Frage kommt. Beispielsweise können auch Dinge, die dem Unternehmen geschenkt wurden, die Definition eines Vermögenswertes erfüllen.

Schulden

60 Ein wesentliches Merkmal einer Schuld ist die Tatsache, dass das Unternehmen eine gegenwärtige Verpflichtung hat. Eine Verpflichtung ist eine Pflicht oder Verantwortung, in bestimmter Weise zu handeln oder eine Leistung zu erbringen. Verpflichtungen können als Folge eines bindenden Vertrages oder einer gesetzlichen Vorschrift rechtlich durchsetzbar sein. Das gilt im Regelfall beispielsweise für Beträge, die für erhaltene Waren und Dienstleistungen zu zahlen sind. Verpflichtungen erwachsen jedoch auch aus dem üblichen Geschäftsgebaren, aus den Usancen und aus dem Wunsch, gute Geschäftsbeziehungen zu pflegen oder in angemessener Weise zu handeln. Entscheidet sich ein Unternehmen beispielsweise im Rahmen seiner Unternehmenspolitik dafür, Fehler an seinen Produkten zu beheben, selbst wenn diese erst nach Ablauf der Garantiezeit auftreten, so sind die Beträge, die erwartungsgemäß für bereits verkaufte Waren aufzuwenden sind, Schulden.[1)]

61 Es muss zwischen einer gegenwärtigen und einer zukünftigen Verpflichtung unterschieden werden. Die Entscheidung des Managements, in der Zukunft Vermögenswerte zu erwerben, führt an sich nicht zu einer gegenwärtigen Verpflichtung. Eine gegenwärtige Verpflichtung erwächst im Regelfall nur bei Lieferung des Vermögenswertes oder dann, wenn das Unternehmen eine unwiderrufliche Vereinbarung über den Erwerb des Vermögenswertes abschließt. Im letzten Fall bedeutet die Unwiderruflichkeit der Vereinbarung, dass die wirtschaftlichen Konsequenzen eines Versäumnisses, dieser Verpflichtung nachzukommen, beispielsweise auf Grund einer wesentlichen Vertragsstrafe, dem Unternehmen nur wenig, wenn überhaupt, Ermessensfreiheit lassen, den Abfluss von Ressourcen an eine andere Partei zu vermeiden.

62 Die Erfüllung einer gegenwärtigen Verpflichtung führt in der Regel dazu, dass das Unternehmen Ressourcen, die wirtschaftlichen Nutzen enthalten, aufgeben muss, um die Ansprüche der anderen Partei zu erfüllen. Die Erfüllung einer gegenwärtigen Verpflichtung kann auf verschiedene Weise erfolgen, beispielsweise durch:

(a) Zahlung flüssiger Mittel;
(b) Übertragung anderer Vermögenswerte;
(c) Erbringung von Dienstleistungen;
(d) Ersatz dieser Verpflichtung durch eine andere Verpflichtung; oder
(e) Umwandlung der Verpflichtung in Eigenkapital.

Eine Verpflichtung kann auch auf anderem Wege erlöschen, beispielsweise dadurch, dass ein Gläubiger auf seine Ansprüche verzichtet oder diese verliert.[2)]

63 Schulden resultieren aus vergangenen Geschäftsvorfällen oder anderen Ereignissen der Vergangenheit. So entstehen beispielsweise durch den Erwerb von Waren und die Inanspruchnahme von Dienstleistungen Verbindlichkeiten aus Lieferungen und Leistungen (sofern sie nicht im Voraus oder bei Lieferung bezahlt wurden), und der Erhalt eines Bankdarlehens führt zu der Verpflichtung, das Darlehen zurückzuzahlen. Ein Unternehmen kann auch künftige Preisnachlässe

1) **Anm. d. Red.: Auch nach CF 2018 par. 4.31 kann Geschäftsgebaren oder eine veröffentlichte Unternehmenspolitik Verpflichtungen begründen. Voraussetzung ist, dass das Unternehmen keine „practical ability" hat, davon abweichend zu handeln.**

2) **Anm. d. Red.: Ähnlich CF 2018 par. 4.39.**

auf jährliche Einkäufe durch Kunden als Schulden ansetzen. In diesem Fall ist der Verkauf der Waren in der Vergangenheit der Geschäftsvorfall, der die Schulden verursacht.

Einige Schulden können nur mit einem erheblichen Maß an Schätzung bewertet werden. Einige Unternehmen beschreiben diese Schulden als Rückstellungen. In einigen Ländern werden derartige Rückstellungen nicht als Schulden im Sinne einer Verbindlichkeit angesehen, weil der Begriff der Verbindlichkeit sehr eng gefasst ist und nur die Beträge umfasst, die ohne Schätzung ermittelt werden können. Die Definition der Schulden aus Paragraph 49 verfolgt einen weiteren Ansatz. Danach stellt eine Rückstellung, wenn sie eine gegenwärtige Verpflichtung umfasst und den Rest der Definition erfüllt, eine Schuld dar, selbst wenn der Betrag geschätzt werden muss. Beispiele hierfür sind Rückstellungen für Garantieverpflichtungen und Rückstellungen für Pensionsverpflichtungen. **64**

Eigenkapital

Obwohl das Eigenkapital in Paragraph 49 als eine Restgröße definiert ist, kann es in der Bilanz unterteilt werden. So können beispielsweise in einer Kapitalgesellschaft Gesellschafterbeiträge, Gewinnrücklagen vor oder nach Verwendung und Kapitalerhaltungsrücklagen gesondert ausgewiesen werden. Solche Aufgliederungen können für die Abschlussadressaten im Rahmen ihrer Entscheidungserfordernisse relevant sein, wenn sie auf gesetzliche oder andere Einschränkungen in der Fähigkeit des Unternehmens hinweisen, Ausschüttungen vorzunehmen oder das Eigenkapital anderweitig zu verwenden. Sie können auch die Tatsache widerspiegeln, dass Anteilseigner eines Unternehmens unterschiedliche Dividendenrechte oder unterschiedliche Rechte auf Rückzahlung von Kapital haben.[1] **65**

Die Dotierung von Rücklagen ist manchmal durch die gesellschaftsrechtlichen Statuten oder andere Gesetze vorgeschrieben, damit das Unternehmen und seine Gläubiger in einem höheren Maß vor den Auswirkungen von Verlusten geschützt sind. Andere Rücklagen können gebildet werden, wenn das nationale Steuerrecht bei einem Übertrag auf solche Rücklagen Befreiungen von der Besteuerung oder Steuervergünstigungen gewährt. Existenz und Höhe dieser gesetzlichen, statutarischen oder steuerlichen Rücklagen können für die Adressaten und deren wirtschaftliche Entscheidungen relevant sein. Zuführungen zu solchen Rücklagen sind als Verwendung von Gewinnrücklagen, nicht aber als Aufwendungen anzusehen. **66**

Der Betrag, mit dem das Eigenkapital in der Bilanz ausgewiesen wird, hängt von der Ermittlung der Vermögenswerte und Schulden ab. Im Regelfall stimmt die Summe des Eigenkapitals nur zufällig überein mit dem Gesamtmarktwert der Aktien eines Unternehmens oder der Summe, die aus einer Veräußerung des Reinvermögens in Einzelteilen oder des Unternehmens als Ganzes auf Grundlage der Unternehmensfortführung erzielt werden könnte.[2] **67**

Handels-, Industrie- oder Dienstleistungstätigkeiten werden häufig von Unternehmen in Form von Einzelunternehmen, Personengesellschaften und Trusts sowie in verschiedenen Formen von staatlichen Unternehmen betrieben. Die rechtlichen Rahmenbedingungen für solche Unternehmen unterscheiden sich häufig von denjenigen, die für Kapitalgesellschaften gelten. Beispielsweise kann es, wenn überhaupt, nur sehr wenige Einschränkungen bezüglich der Verteilung von Eigenkapital an die Eigentümer oder andere Begünstigte geben. Dennoch sind die Definition des Eigenkapitals sowie die anderen Aspekte dieses Rahmenkonzeptes, die sich mit dem Eigenkapital befassen, auch für solche Unternehmen von Bedeutung.[3] **68**

1) **Anm. d. Red.: Entspricht i. W. CF 2018 par. 7.12 ff.**

2) **Anm. d. Red.: Entspricht i. W. CF 2018 par. 6.87 f.**

3) **Anm. d. Red.: Entspricht i. W. CF 2018 par. 4.67.**

Ertragskraft

69 Der Gewinn wird häufig herangezogen als Maßstab für die Ertragskraft oder als Grundlage für andere Berechnungen, wie beispielsweise der Verzinsung des eingesetzten Kapitals oder des Ergebnisses je Aktie. Die direkt mit der Ermittlung des Gewinnes verbundenen Posten sind Erträge und Aufwendungen. Die Erfassung und Bemessung von Erträgen und Aufwendungen und folglich des Gewinnes hängt teilweise von den Kapital- und Kapitalerhaltungskonzepten ab, die das Unternehmen bei der Aufstellung seines Abschlusses anwendet. Diese Konzepte werden in den Paragraphen 102 bis 110 erörtert.

70 Die Posten Erträge und Aufwendungen werden wie folgt definiert:

(a) Erträge stellen eine Zunahme des wirtschaftlichen Nutzens in der Berichtsperiode in Form von Zuflüssen oder Erhöhungen von Vermögenswerten oder einer Abnahme von Schulden dar, die zu einer Erhöhung des Eigenkapitals führen, welche nicht auf eine Einlage der Anteilseigner zurückzuführen ist.[1)]

(b) Aufwendungen stellen eine Abnahme des wirtschaftlichen Nutzens in der Berichtsperiode in Form von Abflüssen oder Verminderungen von Vermögenswerten oder einer Erhöhung von Schulden dar, die zu einer Abnahme des Eigenkapitals führen, welche nicht auf Ausschüttungen an die Anteilseigner zurückzuführen ist.[2)]

71 Die Definitionen von Erträgen und Aufwendungen kennzeichnen deren wesentliche Merkmale, aber sie versuchen keine Kriterien festzulegen, die erfüllt sein müssen, bevor sie in der Gewinn- und Verlustrechnung erfasst werden. Die Kriterien für die Erfassung von Erträgen und Aufwendungen werden in den Paragraphen 82 bis 98 erörtert.

72 Erträge und Aufwendungen können in der Gewinn- und Verlustrechnung auf unterschiedliche Weise dargestellt werden, damit sie für wirtschaftliche Entscheidungen relevante Informationen liefern. So ist es beispielsweise übliche Praxis, zwischen Ertrags- und Aufwandsposten zu unterscheiden, die aus der gewöhnlichen Tätigkeit des Unternehmens entstehen, und jenen, bei denen dies nicht der Fall ist. Diese Unterscheidung erfolgt auf der Grundlage, dass die Quelle eines Postens für die Beurteilung der Fähigkeit eines Unternehmens relevant ist, in der Zukunft Zahlungsmittel und Zahlungsmitteläquivalenten zu erwirtschaften. Beispielsweise ist es bei gelegentlichen Tätigkeiten wie der Veräußerung einer langfristigen Finanzinvestition unwahrscheinlich, dass sie regelmäßig auftreten. Bei einer solchen Unterscheidung sind Art und Tätigkeit des Unternehmens zu beachten. Posten, die sich aus der gewöhnlichen Tätigkeit eines Unternehmens ergeben, können bei einem anderen Unternehmen ungewöhnlich sein.

73 Die Unterscheidung zwischen verschiedenen Aufwands- und Ertragsposten sowie die Möglichkeit, diese in unterschiedlicher Art und Weise zu strukturieren, lassen auch verschiedene Ermittlungsformen zu, die Ertragskraft eines Unternehmens zu zeigen. Diese weisen einen unterschiedlichen Aggregierungsgrad auf. Die Gewinn- und Verlustrechnung kann beispielsweise Bruttogewinnspanne, Gewinn der gewöhnlichen Tätigkeit vor Steuern, Gewinn der gewöhnlichen Tätigkeit nach Steuern und Nettogewinn angeben.

Erträge

74 Die Definition der Erträge umfasst Erlöse und andere Erträge. Die einen fallen im Rahmen der gewöhnlichen Tätigkeit eines Unternehmens an und haben verschiedene Bezeichnungen, wie Umsatzerlöse, Dienstleistungsentgelte, Zinsen, Mieten, Dividenden und Lizenzerträge.

75 Andere Erträge stehen für weitere Posten, die die Definition von Erträgen erfüllen. Sie können im Rahmen der gewöhnlichen Tätigkeit eines Unternehmens anfallen oder nicht. Die anderen Erträge stellen eine Zunahme des wirtschaftlichen Nutzens dar und unterscheiden sich insofern

1) **Anm. d. Red.: Entspricht i. W. CF 2018 par. 4.68.**

2) **Anm. d. Red.: Entspricht i. W. CF 2018 par. 4.69.**

ihrer Art nach nicht von Erlösen. Folglich werden sie in diesem Rahmenkonzept nicht als eigenständige Posten betrachtet.

Zu den anderen Erträgen zählen beispielsweise Erträge aus der Veräußerung von langfristigen Vermögenswerten. Die Definition der Erträge umfasst auch unrealisierte Erträge, beispielsweise Erträge aus der Neubewertung marktfähiger Wertpapiere sowie Erträge aus der Erhöhung des Buchwertes langfristiger Vermögenswerte. Werden andere Erträge in der Gewinn- und Verlustrechnung erfasst, so werden sie gewöhnlich gesondert gezeigt, da ihre Kenntnis für den Zweck, wirtschaftliche Entscheidungen zu treffen, hilfreich ist. Die anderen Erträge werden häufig nach Abzug der damit verbundenen Aufwendungen dargestellt. **76**

Zugänge, Erweiterungen und Verbesserungen verschiedener Arten von Vermögenswerten sind gegebenenfalls als Erträge zu erfassen. Dazu zählen Zahlungsmittel, Forderungen sowie Waren und Dienstleistungen im Austausch für gelieferte Waren und Dienstleistungen. Erträge können auch aus der Abgeltung von Schulden resultieren. Ein Unternehmen kann beispielsweise einem Darlehensgeber Waren und Dienstleistungen liefern, um eine Schuld zu erfüllen und damit der Pflicht zur Rückzahlung eines noch ausstehenden Darlehens nachzukommen. **77**

Aufwendungen

Die Definition der Aufwendungen umfasst sowohl Aufwendungen, die im Rahmen der gewöhnlichen Tätigkeit des Unternehmens anfallen, als auch andere Aufwendungen. Zu den Aufwendungen, die im Rahmen der gewöhnlichen Tätigkeit des Unternehmens anfallen, zählen beispielsweise die Umsatzkosten, Löhne und Gehälter sowie Abschreibungen. Gewöhnlich treten sie als Abfluss oder als Abnahme von Vermögenswerten auf, beispielsweise von Zahlungsmitteln und Zahlungsmitteläquivalenten, Vorräten und Sachanlagen. **78**

Andere Aufwendungen stehen für weitere Posten, die die Definition von Aufwendungen erfüllen. Sie können im Rahmen der gewöhnlichen Tätigkeit eines Unternehmens entstehen oder nicht. Andere Aufwendungen stellen eine Abnahme des wirtschaftlichen Nutzens dar und unterscheiden sich insofern ihrer Art nach nicht von den Aufwendungen, die im Rahmen der gewöhnlichen Tätigkeit des Unternehmens anfallen. Folglich werden sie in diesem Rahmenkonzept nicht als eigenständige Posten betrachtet. **79**

Zu den anderen Aufwendungen zählen beispielsweise auch Aufwendungen aus Naturkatastrophen, wie Brand und Überschwemmung, sowie Aufwendungen aus der Veräußerung von langfristigen Vermögenswerten. Die Definition der Aufwendungen umfasst auch unrealisierte andere Aufwendungen, beispielsweise Aufwendungen aus einem Anstieg des Wechselkurses einer Fremdwährung bei den aufgenommenen Krediten eines Unternehmens in der betreffenden Währung. Werden andere Aufwendungen in der Gewinn- und Verlustrechnung erfasst, so werden sie gewöhnlich gesondert gezeigt, da ihre Kenntnis für das Ziel, wirtschaftliche Entscheidungen zu treffen, hilfreich ist. Die anderen Aufwendungen werden häufig nach Abzug der damit verbundenen Erträge dargestellt. **80**

Kapitalerhaltungsanpassungen

Die Neubewertung oder Anpassung von Vermögenswerten und Schulden führt zur Erhöhung oder Verminderung des Eigenkapitals. Obwohl solche Zunahmen oder Abnahmen der Definition von positiven und negativen Erfolgsbeiträgen entsprechen, werden sie entsprechend bestimmten Konzepten der Kapitalerhaltung nicht in die Gewinn- und Verlustrechnung aufgenommen. Stattdessen werden sie im Eigenkapital als Kapitalerhaltungsanpassungen oder Neubewertungsrücklagen aufgeführt. Diese Kapitalerhaltungskonzepte werden in den Paragraphen 102 bis 110 dieses Rahmenkonzeptes erörtert.[1)] **81**

---

1) **Anm. d. Red.: Während sich RK 2003 auf den konkreten Fall der Neubewertung (revaluation) beschränkt (in CF 2018 par 8.10 im Kontext der Kapitalerhaltung fortgeführt) unterscheidet CF 2018 par. 7.15 allgemein zwischen Aufwendungen/Erträgen, die in der GuV (statement of profit or loss) oder im sonstigen Gesamtergebnis (other comprehensive income) zu erfassen sind.**

ERFASSUNG VON ABSCHLUSSPOSTEN[1)]

82 Unter Erfassung versteht man den Einbezug eines Sachverhaltes in der Bilanz oder in der Gewinn- und Verlustrechnung, der die Definition eines Abschlusspostens und die Kriterien für die Erfassung erfüllt und die in Paragraph 83 dargelegt sind. Dies erfordert eine verbale und quantitative Beschreibung des Sachverhaltes sowie die Einbeziehung in die Bilanz oder die Gewinn- und Verlustrechnung. Sachverhalte, die die Kriterien für die Erfassung erfüllen, sind in der Bilanz oder der Gewinn- und Verlustrechnung zu erfassen. Wird es unterlassen, solch einen Sachverhalt zu erfassen, kann dieses weder durch die Angabe der verwendeten Bilanzierungs- und Bewertungsmethoden noch durch Anhangangaben oder Erläuterungen berichtigt werden.

83 Ein Sachverhalt, der die Definition eines Abschlusspostens erfüllt, ist zu erfassen, wenn

(a) es wahrscheinlich ist, dass ein mit dem Sachverhalt verbundener künftiger wirtschaftlicher Nutzen dem Unternehmen zufließen oder von ihm abfließen wird; und

(b) die Anschaffungs- oder Herstellungskosten oder der Wert des Sachverhaltes verlässlich bewertet werden können.

84 Bei der Beurteilung, ob ein Sachverhalt diese Kriterien erfüllt und daher im Abschluss zu erfassen ist, muss den in den Paragraphen 29 und 30 beschriebenen Wesentlichkeitsüberlegungen Rechnung getragen werden. Der Zusammenhang zwischen den Abschlussposten bedeutet, dass ein Sachverhalt, der die Definition und die Kriterien für die Erfassung in einem bestimmten Posten erfüllt, beispielsweise die eines Vermögenswertes, automatisch die Erfassung eines anderen Postens, beispielsweise eines Ertrages oder einer Schuld, nach sich zieht.

Die Wahrscheinlichkeit eines künftigen wirtschaftlichen Nutzens

85 Das Konzept der Wahrscheinlichkeit wird in den Kriterien der Erfassung verwendet, um auf den Grad an Unsicherheit hinzuweisen, mit dem der mit dem Sachverhalt verbundene künftige wirtschaftliche Nutzen dem Unternehmen zufließen oder von ihm abfließen wird. Das Konzept trägt der Unsicherheit Rechnung, die das Umfeld, in dem ein Unternehmen tätig ist, kennzeichnet. Die Beurteilung des mit dem Zufluss eines künftigen wirtschaftlichen Nutzens verbundenen Grades an Unsicherheit erfolgt auf der Grundlage der zum Zeitpunkt der Aufstellung des Abschlusses verfügbaren substanziellen Hinweise. Ist es beispielsweise wahrscheinlich, dass eine ausstehende Forderung an ein Unternehmen bezahlt werden wird, so ist es berechtigt, die Forderung als Vermögenswert anzusetzen, solange kein gegenteiliger substanzieller Hinweis vorliegt. Bei einer großen Menge von Forderungen wird jedoch im Regelfall ein gewisses Ausmaß von Zahlungsausfällen als wahrscheinlich erachtet. Folglich wird die erwartete Verminderung des wirtschaftlichen Nutzens als Aufwand erfasst.

Verlässlichkeit der Bewertung

86 Als zweites Kriterium für die Erfassung im Abschluss müssen diesem Sachverhalt Anschaffungs- oder Herstellungskosten oder andere Werte beizumessen sein, die entsprechend den Paragraphen 31 bis 38 dieses Rahmenkonzeptes verlässlich bewertet werden können. In vielen Fällen müssen die Anschaffungs- oder Herstellungskosten oder ein anderer Wert geschätzt werden. Die Verwendung hinreichend genauer Schätzungen ist ein wesentlicher Teil der Aufstellung des Abschlusses, dessen Verlässlichkeit dadurch nicht beeinträchtigt wird. Ist eine hinreichend genaue Schätzung jedoch nicht möglich, wird der Sachverhalt nicht in der Bilanz oder in der Gewinn- und Verlustrechnung erfasst. So können beispielsweise die erwarteten Erlöse aus einem

1) **Anm. d. Red.: Hier unterscheidet sich CF 2018 konzeptionell von RK 2003. Vermögenswerte und Schulden (und damit mittelbar Erträge, Aufwendungen, Eigenkapital) sind nur dann anzusetzen, wenn der Ansatz zu relevanten und glaubwürdigen Informationen führt (CF 2018 par. 5.7). Hieran kann es insbesondere fehlen, wenn Unsicherheiten über die Existenz von Vermögenswerten/Schulden bestehen (z. B. bestrittene Ansprüche) (CF 2018 par. 5.12 ff.) oder die Unsicherheit der Bewertung sehr hoch ist (CF 2018 par. 5.19 ff.).**

Rechtsstreit sowohl den Definitionen eines Vermögenswertes und eines Ertrages entsprechen und auch das Kriterium der Wahrscheinlichkeit für die Erfassung erfüllen. Kann die Höhe des Anspruches jedoch nicht verlässlich bewertet werden, so ist er nicht als Vermögenswert oder Ertrag zu erfassen. Die Existenz eines solchen Anspruches würde allerdings im Anhang, den Erläuterungen oder den ergänzenden Übersichten angegeben.

Ein Sachverhalt, der die Kriterien für die Erfassung aus Paragraph 83 zu einem bestimmten Zeit- 87 punkt nicht erfüllt, kann diese zu einem späteren Zeitpunkt auf Grund nachfolgender Umstände oder Ereignisse erfüllen.

Bei einem Sachverhalt, der zwar die wesentlichen Merkmale eines Abschlusspostens aufweist, 88 die Kriterien für die Erfassung jedoch nicht erfüllt, kann trotzdem eine Angabe im Anhang, in den Erläuterungen oder den ergänzenden Darstellungen gerechtfertigt sein. Dies ist angemessen, wenn die Kenntnis des Sachverhaltes als relevant für die Beurteilung der Vermögens-, Finanz- und Ertragslage sowie der Veränderungen der Vermögens- und Finanzlage eines Unternehmens durch die Abschlussadressaten angesehen wird.

Ansatz von Vermögenswerten

Ein Vermögenswert wird in der Bilanz angesetzt, wenn es wahrscheinlich ist, dass der künftige 89 wirtschaftliche Nutzen dem Unternehmen zufließen wird, und wenn seine Anschaffungs- oder Herstellungskosten oder ein anderer Wert verlässlich bewertet werden können.

Ein Vermögenswert wird nicht in der Bilanz angesetzt, wenn Ausgaben getätigt wurden, bei 90 denen es unwahrscheinlich ist, dass dem Unternehmen über die aktuelle Berichtsperiode hinaus wirtschaftlicher Nutzen zufließen wird. Stattdessen wird ein solcher Geschäftsvorfall in der Gewinn- und Verlustrechnung als Aufwand erfasst. Diese Behandlung impliziert weder, dass das Management mit der Ausgabe keinen künftigen wirtschaftlichen Nutzen für das Unternehmen erzielen wollte, noch, dass das Management eine falsche Entscheidung getroffen hat. Sie impliziert einzig und allein, dass der Grad der Gewissheit, dass der künftige wirtschaftliche Nutzen, der dem Unternehmen über die aktuelle Berichtsperiode hinaus zufließen wird, nicht ausreicht, um den Ansatz eines Aktivpostens zu rechtfertigen.

Ansatz von Schulden

Eine Schuld wird in der Bilanz angesetzt, wenn es wahrscheinlich ist, dass sich aus der Erfüllung 91 einer gegenwärtigen Verpflichtung ein direkter Abfluss von Ressourcen ergibt, die wirtschaftlichen Nutzen enthalten, und dass der Erfüllungsbetrag verlässlich bewertet werden kann. In der Praxis werden vertragliche Verpflichtungen, die beidseitig anteilig nicht erfüllt sind (beispielsweise Schulden für bestellte, aber noch nicht erhaltene Vorräte) im Regelfall im Abschluss nicht als Schuld erfasst. Allerdings können solche Verpflichtungen definitionsgemäß Schulden sein und, unter der Voraussetzung, dass die Kriterien für die Erfassung unter den besonderen Umständen erfüllt sind, erfasst werden. Unter solchen Umständen erfordert der Ansatz von Schulden die Erfassung der korrespondierenden Vermögenswerte oder Aufwendungen.

Erfassung von Erträgen

Erträge werden in der Gewinn- und Verlustrechnung erfasst, wenn es zu einer Zunahme des 92 künftigen wirtschaftlichen Nutzens in Verbindung mit einer Zunahme bei einem Vermögenswert oder einer Abnahme bei einer Schuld gekommen ist, die verlässlich bewertet werden kann. Dies bedeutet letztlich, dass mit der Erfassung von Erträgen gleichzeitig die Erfassung einer Zunahme bei den Vermögenswerten oder einer Abnahme bei den Schulden verbunden ist (beispielsweise die Nettozunahme der Vermögenswerte beim Verkauf von Gütern oder Dienstleistungen oder die Abnahme der Schulden durch den Verzicht auf eine zu zahlende Verbindlichkeit).

93 Die Verfahren, die normalerweise in der Praxis für die Erfassung von Erträgen gewählt werden, beispielsweise die Anforderung, dass Erlöse, die regelmäßig im Rahmen der gewöhnlichen Tätigkeit anfallen, erfolgswirksam zu verrechnen sind, fallen unter die Anwendungsfälle der Kriterien dieses Rahmenkonzeptes. Solche Verfahren haben im Allgemeinen das Ziel, die Erfassung von Erträgen auf diejenigen Sachverhalte zu beschränken, die verlässlich bewertet werden können und die einen hinreichenden Grad an Sicherheit aufweisen.

Erfassung von Aufwendungen

94 Aufwendungen werden in der Gewinn- und Verlustrechnung erfasst, wenn es zu einer Abnahme des künftigen wirtschaftlichen Nutzens in Verbindung mit einer Abnahme bei einem Vermögenswert oder einer Zunahme bei einer Schuld gekommen ist, die verlässlich bewertet werden kann. Dies bedeutet letztlich, dass die Erfassung von Aufwendungen mit der gleichzeitigen Erfassung einer Zunahme bei den Schulden oder einer Abnahme bei den Vermögenswerten verbunden ist (beispielsweise die Rückstellung für Ansprüche der Arbeitnehmer oder die Abschreibung von Betriebs- und Geschäftsausstattung).

95 Aufwendungen werden in der Gewinn- und Verlustrechnung auf der Grundlage eines direkten Zusammenhanges zwischen den angefallenen Kosten und den entsprechenden Erträgen erfasst. Dieses Verfahren, das im Allgemeinen als Zuordnung von Aufwendungen zu Erlösen bezeichnet wird, umfasst die gleichzeitige und gemeinsame Erfassung von Erlösen und Aufwendungen, die unmittelbar und gemeinsam aus denselben Geschäftsvorfällen oder anderen Ereignissen resultieren. Beispielsweise werden die unterschiedlichen Komponenten der Umsatzkosten zur gleichen Zeit wie die Erträge aus dem Verkauf von Waren angesetzt. Die Anwendung dieses Konzeptes der sachlichen Abgrenzung gemäß dem Rahmenkonzept gestattet jedoch nicht die Erfassung von Posten in der Bilanz, die nicht die Definition von Vermögenswerten oder Schulden erfüllen.

96 Wenn zu erwarten ist, dass wirtschaftlicher Nutzen über mehrere Berichtsperioden hinweg entsteht, und wenn der Zusammenhang mit dem Ertrag nur grob oder indirekt ermittelt werden kann, werden die Aufwendungen in der Gewinn- und Verlustrechnung auf der Grundlage systematischer und vernünftiger Verteilungsverfahren erfasst. Dies ist häufig bei der Erfassung von Aufwendungen erforderlich, die mit dem Verbrauch von Vermögenswerten, beispielsweise Sachanlagen, Geschäfts- oder Firmenwert, Patenten und Schutzrechten, verbunden sind. In diesen Fällen wird der Aufwand als planmäßige Abschreibung bezeichnet. Mit diesen Verteilungsverfahren sollen Aufwendungen in den Perioden erfasst werden, in denen der mit diesen Sachverhalten verbundene wirtschaftliche Nutzen verbraucht wird oder ausläuft.

97 Ein Aufwand wird unverzüglich in der Gewinn- und Verlustrechnung erfasst, wenn eine Ausgabe keinen künftigen wirtschaftlichen Nutzen bewirkt oder wenn, und in dem Maße wie künftiger wirtschaftlicher Nutzen nicht oder nicht mehr für eine Erfassung als Vermögenswert in der Bilanz in Betracht kommt.

98 Ein Aufwand wird auch in den Fällen in der Gewinn- und Verlustrechnung erfasst, in denen eine Schuld besteht, ohne dass die Erfassung eines Vermögenswertes in Betracht kommt, beispielsweise wenn eine Schuld aus einer Produktgarantie erwächst.

BEWERTUNG DER ABSCHLUSSPOSTEN

99 Bewertung bezeichnet das Verfahren zur Bestimmung der Geldbeträge, mit denen die Abschlussposten zu erfassen und in der Bilanz und in der Gewinn- und Verlustrechnung anzusetzen sind. Dies erfordert die Wahl einer bestimmten Bewertungsgrundlage.

In Abschlüssen werden verschiedene Bewertungsgrundlagen in unterschiedlichem Maße und in unterschiedlichen Kombinationen eingesetzt.[1] Dazu gehören: **100**

(a) *Historische Anschaffungs- oder Herstellungskosten.* Vermögenswerte werden mit dem Betrag der entrichteten Zahlungsmittel oder Zahlungsmitteläquivalente oder dem beizulegenden Zeitwert der Gegenleistung für ihren Erwerb zum Erwerbszeitpunkt erfasst. Schulden werden mit dem Betrag des im Austausch für die Verpflichtung erhaltenen Erlöses erfasst, oder in manchen Fällen (beispielsweise bei Ertragsteuern) mit dem Betrag an Zahlungsmitteln oder Zahlungsmitteläquivalenten, der erwartungsgemäß gezahlt werden muss, um die Schuld im normalen Geschäftsverlauf zu tilgen.

(b) *Tageswert.* Vermögenswerte werden mit dem Betrag an Zahlungsmitteln oder Zahlungsmitteläquivalenten erfasst, der für den Erwerb desselben oder eines entsprechenden Vermögenswertes zum gegenwärtigen Zeitpunkt gezahlt werden müsste. Schulden werden mit dem nicht diskontierten Betrag an Zahlungsmitteln oder Zahlungsmitteläquivalenten angesetzt, der für eine Begleichung der Verpflichtung zum gegenwärtigen Zeitpunkt erforderlich wäre.

(c) *Veräußerungswert (Erfüllungsbetrag).* Vermögenswerte werden mit dem Betrag an Zahlungsmitteln oder Zahlungsmitteläquivalenten angesetzt, der zum gegenwärtigen Zeitpunkt durch Veräußerung des Vermögenswertes im normalen Geschäftsverlauf erzielt werden könnte. Schulden werden mit dem Erfüllungsbetrag erfasst, d. h. zum nicht diskontierten Betrag an Zahlungsmitteln oder Zahlungsmitteläquivalenten, der erwartungsgemäß gezahlt werden muss, um die Schuld im normalen Geschäftsverlauf zu begleichen.

(d) *Barwert.* Vermögenswerte werden mit dem Barwert des künftigen Nettomittelzuflusses angesetzt, den dieser Posten erwartungsgemäß im normalen Geschäftsverlauf erzielen wird. Schulden werden zum Barwert des künftigen Nettomittelabflusses angesetzt, der erwartungsgemäß im normalen Geschäftsverlauf für eine Erfüllung der Schuld erforderlich ist.

Die von den Unternehmen bei der Aufstellung ihrer Abschlüsse am häufigsten eingesetzte Bewertungsgrundlage sind die historischen Anschaffungs- oder Herstellungskosten. Sie wird gewöhnlich mit anderen Bewertungsgrundlagen kombiniert. Beispielsweise werden Vorräte zum niedrigeren Betrag von Anschaffungs- oder Herstellungskosten und Nettoveräußerungswert geführt, marktfähige Wertpapiere können zum Marktwert und Pensionsverpflichtungen mit ihrem Barwert angesetzt werden. Ferner verwenden einige Unternehmen das Konzept der Tageswerte, um dem Umstand Rechnung zu tragen, dass das Rechnungslegungsmodell der historischen Anschaffungs- oder Herstellungskosten die Auswirkungen von Preisänderungen nicht monetärer Vermögenswerte nicht berücksichtigt. **101**

KAPITAL- UND KAPITALERHALTUNGSKONZEPTE[2]

Kapitalkonzepte

Die meisten Unternehmen wenden bei der Aufstellung ihrer Abschlüsse ein finanzwirtschaftliches Kapitalkonzept an. Im Rahmen eines finanzwirtschaftlichen Kapitalkonzeptes, wie investiertes Geld oder investierte Kaufkraft, ist Kapital ein Synonym für das Reinvermögen oder Eigenkapital des Unternehmens. Im Rahmen eines leistungswirtschaftlichen Kapitalkonzeptes, **102**

---

1) **Anm. d. Red.: CF 2018 par. 6.1 f. unterscheidet auf oberste Ebene zwischen historischen Kosten (historical cost) und gegenwärtigem Wert (current value); bei gegenwärtigem Wert weiter zwischen beizulegendem Zeitwert (fair value), Nutzungswert (value in use) von Vermögenswerten, Erfüllungswert (fulfilment value) von Schulden, und Wiederbeschaffungs/-herstellungswert (current cost). Abweichend von RK 2003 werden die Vor- und Nachteile einzelner Bewertungsmaßstäbe ausführlich diskutiert.**

2) **Anm. d. Red.: Entspricht i. W. CF 2018 par. 8.1 ff.**

wie betriebliche Leistungsfähigkeit, wird Kapital als Produktionskapazität des Unternehmens, beispielsweise auf der Grundlage der Ausbringungsmenge pro Tag, angesehen.[1)]

103 Die Auswahl des geeigneten Kapitalkonzeptes durch das Unternehmen muss auf der Grundlage der Bedürfnisse der Abschlussadressaten erfolgen. Daher ist ein finanzwirtschaftliches Kapitalkonzept zu wählen, wenn die Adressaten des Abschlusses hauptsächlich an der Erhaltung des investierten Nominalkapitals oder der Kaufkraft des investierten Kapitals interessiert sind. Ist das Hauptanliegen der Adressaten jedoch die betriebliche Leistungsfähigkeit des Unternehmens, so ist ein leistungswirtschaftliches Kapitalkonzept anzuwenden. Das gewählte Konzept gibt einen Hinweis auf das bei der Ermittlung des Gewinnes angestrebte Ziel, selbst wenn bei der Umsetzung des Konzeptes einige Schwierigkeiten bei der Bewertung auftreten können.[2)]

Kapitalerhaltungskonzepte und Gewinnermittlung

104 Die Kapitalkonzepte in Paragraph 102 führen zu den folgenden Kapitalerhaltungskonzepten:

(a) *Finanzwirtschaftliche Kapitalerhaltung.* Nach diesem Konzept gilt ein Gewinn nur dann als erwirtschaftet, wenn der finanzielle (oder Geld-)Betrag des Reinvermögens am Ende der Berichtsperiode höher ist als der finanzielle (oder Geld-)Betrag des Reinvermögens zu Beginn der Berichtsperiode, nachdem alle Kapitalabführungen an die Anteilseigner und Kapitalzuführungen von den Anteilseignern im Laufe der Periode abgerechnet sind. Finanzwirtschaftliche Kapitalerhaltung kann entweder mit nominalen Geldeinheiten oder in Einheiten der konstanten Kaufkraft bewertet werden.

(b) *Leistungswirtschaftliche Kapitalerhaltung.* Nach diesem Konzept gilt ein Gewinn nur dann als erwirtschaftet, wenn die physische Produktionskapazität (oder betriebliche Leistungsfähigkeit) des Unternehmens (oder die für die Bereitstellung dieser Kapazität benötigten Ressourcen oder Mittel) am Ende der Periode höher ist als die physische Produktionskapazität zu Beginn der Periode, nachdem alle Kapitalabführungen an die Anteilseigner und Kapitalzuführungen von den Anteilseignern im Laufe der Periode abgerechnet sind.[3)]

105 Das Konzept der Kapitalerhaltung befasst sich damit, wie ein Unternehmen das Kapital definiert, das es erhalten möchte. Es liefert die Verbindung zwischen den Kapitalkonzepten und den Erfolgskonzepten, denn es liefert den Anhaltspunkt dafür, wie Gewinn bewertet wird. Es ist eine Voraussetzung für die Unterscheidung zwischen dem Kapitalertrag und der Kapitalrückzahlung eines Unternehmens. Nur die Zuflüsse von Vermögenswerten über die zur Erhaltung von Kapital erforderlichen Beträge hinaus dürfen als Gewinn und somit Kapitalertrag betrachtet werden. Folglich ist Gewinn der Restbetrag, nachdem die Aufwendungen (einschließlich angemessener Kapitalerhaltungsanpassungen) von den Erträgen abgezogen wurden. Übersteigen die Aufwendungen die Erträge, so ist der Restbetrag ein Periodenfehlbetrag.[4)]

106 Das Konzept der leistungswirtschaftlichen Kapitalerhaltung erfordert eine Bewertung auf der Grundlage von Tageswerten. Das Konzept der finanzwirtschaftlichen Kapitalerhaltung erfordert jedoch nicht die Verwendung einer bestimmten Bewertungsgrundlage. Die Auswahl einer Grundlage nach diesem Konzept ist abhängig von der Art des finanzwirtschaftlichen Kapitals, das das Unternehmen erhalten möchte.[5)]

107 Der grundlegende Unterschied zwischen den beiden Kapitalerhaltungskonzepten besteht in der Behandlung der Auswirkungen von Preisänderungen bei Vermögenswerten und Schulden des Unternehmens. Allgemein hat ein Unternehmen sein Kapital erhalten, wenn es am Ende der

---

1) **Anm. d. Red.: Entspricht CF 2018 par. 8.1.**

2) **Anm. d. Red.: Entspricht CF 2018 par. 8.2.**

3) **Anm. d. Red.: Entspricht CF 2018 par. 8.3.**

4) **Anm. d. Red.: Entspricht CF 2018 par. 8.4.**

5) **Anm. d. Red.: Entspricht CF 2018 par. 8.5.**

Periode so viel Kapital hat wie zu dessen Beginn. Jeder Betrag, der über denjenigen hinausgeht, der zur Erhaltung des zu Beginn der Periode vorhandenen Kapitals erforderlich ist, gilt als Gewinn.[1]

Gemäß dem Konzept der finanzwirtschaftlichen Kapitalerhaltung, bei dem das Kapital in nominalen Geldeinheiten definiert wird, stellt der Gewinn die Zunahme des nominalen Geldkapitals im Laufe der Periode dar. Somit stellt der Anstieg der Preise für die Vermögenswerte, die in der Periode gehalten werden, üblicherweise als Wertzuwachs bezeichnet, nach diesem Konzept Gewinn dar. Allerdings dürfen sie als solche erst nach Veräußerung der Vermögenswerte in einem Austauschvorgang angesetzt werden. Wird das Konzept der finanzwirtschaftlichen Kapitalerhaltung mit konstanten Einheiten der Kaufkraft definiert, stellt der Gewinn die Zunahme der investierten Kaufkraft der Periode dar. Folglich wird nur der Teil des Anstieges der Preise für die Vermögenswerte, der über den allgemeinen Preisanstieg hinausgeht, als Gewinn angesehen. Der Rest der Zunahme wird als Kapitalerhaltungsanpassung und damit als Teil des Eigenkapitals betrachtet.[2] **108**

Gemäß dem Konzept der leistungswirtschaftlichen Kapitalerhaltung, bei dem das Kapital als physische Produktionskapazität definiert wird, ist der Gewinn die Erhöhung dieses Kapitals in der Periode. Sämtliche Preisänderungen, die die Vermögenswerte und Schulden des Unternehmens betreffen, werden als Änderungen bei der Ermittlung der physischen Produktionskapazität des Unternehmens betrachtet. Sie werden folglich als Kapitalerhaltungsanpassungen, die Teil des Eigenkapitals sind, und nicht als Gewinn behandelt.[3] **109**

Die Wahl der Bewertungsgrundlagen und des Konzeptes der Kapitalerhaltung bedingen das bei der Aufstellung des Abschlusses verwendete Rechnungslegungsmodell. Verschiedene Rechnungslegungsmodelle weisen unterschiedliche Grade an Relevanz und Verlässlichkeit auf, und das Management muss hier, wie in anderen Bereichen, einen Ausgleich zwischen Relevanz und Verlässlichkeit anstreben. Dieses Rahmenkonzept ist auf verschiedene Rechnungslegungsmodelle anwendbar und bietet Unterstützung für die Aufstellung und Darstellung des nach dem ausgewählten Modell erstellten Abschlusses. Derzeit hat der Board des IASC nicht die Absicht, ein bestimmtes Modell vorzuschreiben. Dies ist nur unter besonderen Umständen der Fall, wie beispielsweise für die Unternehmen, die in der Währung eines hochinflationären Landes berichten. Diese Absicht wird jedoch angesichts der weltweiten Entwicklungen überprüft.[4] **110**

1) **Anm. d. Red.: Entspricht CF 2018 par. 8.6.**

2) **Anm. d. Red.: Entspricht CF 2018 par. 8.7.**

3) **Anm. d. Red.: Entspricht CF 2018 par. 8.8.**

4) **Anm. d. Red.: Entspricht CF 2018 par. 8.9.**

Der Technische Regulierungsstandard für ESEF

Für europäische Emittenten, die regulierte Märkte in Anspruch nehmen, wurde mit Änderung der Transparenzrichtlinie in 2013 die Pflicht zur Erstellung von Jahresfinanzberichten in einem einheitlichen elektronischen Berichtsformat (sog. European Single Electronic Format – ESEF) mit Wirkung ab dem 1.1.2020 beschlossen. Die ESMA erhielt dabei den Auftrag, einen technischen Regulierungsstandard zu entwickeln. Er wurde am 18.12.2017 veröffentlicht. Im Mai 2019 wurde dieser Standard in Form einer „Delegierten Verordnung (EU) 2018/815" („ESEF-VO") rechtsverbindlich. Die ESEF-VO sieht für kapitalmarktorientierte Konzerne eine Berichterstattung unter Verwendung der IFRS-Taxonomie des IASB vor, die der IASB ständig weiterentwickelt.

Der ReGE des „Gesetzes zur weiteren Umsetzung der Transparenzrichtlinie-Änderungsrichtlinie im Hinblick auf ein einheitliches elektronisches Format für Jahresfinanzberichte" sorgt bzgl. des Jahresabschlusses für die Umsetzung der Richtlinie in nationales Recht (u. a. in § 264 Abs. 2a HGB-E). Auch die Formerfordernisse für die Unterzeichnung der Abschlüsse und den nach § 264 Abs. 2 Satz 3 HGB und § 289 Abs. 1 Satz 5 HGB bzw. im Konzern nach § 297 Abs. 2 Satz 4 HGB und § 315 Abs. 1 Satz 5 HGB abzugebenden Bilanz- und Lageberichtseid werden an die Vorgabe einer elektronischen Aufstellung angepasst. Ebenso müssen bei der Offenlegung die für die Aufstellung maßgeblichen Vorschriften beachtet werden (§ 328 HGB-E).

Kapitalmarktorientierte Unternehmen sind nach Art. 3 der ESEF-VO verpflichtet, ab 2020 ihre Jahresfinanzberichte im XHTML-Format zu erstellen. Sofern – wie im Regelfall – ein IFRS-Konzernabschluss Bestandteil des Jahresfinanzberichts ist, sind dabei nach Art. 4 der ESEF-VO bestimmte Angaben unter Verwendung von iXBRL auszuzeichnen (tagging).

Die „Berichtssprache" iXBRL (inline Extensible Business Reporting Language) gewährleistet im Unterschied zum „einfachen" XBRL neben der Maschinenlesbarkeit die humane Lesbarkeit. Hierbei ist technisch sichergestellt, dass die als XHTML bzw. WEB-Seite veröffentlichten iXBRL-Informationen automatisch und konsistent in das maschinell auswertbare XBRL-Dokument umgewandelt werden können. Der Übergang auf iXBRL bzw. XBRL wird sich in zwei Stufen vollziehen (Anh. II Nr. 1 und 2 der ESEF-VO):

- ab 1.1.2020 sind die primary statements (Bilanz, GuV, Gesamtergebnisrechnung, Eigenkapitalveränderungsrechnung und Kapitalflussrechnung) sowie zehn grundlegende Unternehmensinformationen (z. B. Name, Sitz und Zweck des Unternehmens) in iXBRL darzustellen,
- ab 1.1.2022 erweitert sich diese Pflicht auf Anhangangaben, die einem Element der IFRS-Taxonomie zuzuordnen sind.

Maschinenlesbarkeit ist kein Selbstzweck. Sie ermöglicht – im Übrigen über die Grenzen zwischen lebenden Sprachen hinweg – etwa Analysten, interperiodische und zwischenbetriebliche Vergleiche von Jahresabschlüssen, unabhängig davon, ob die zu vergleichenden Informationen in abgewandelter Bezeichnung oder an unterschiedlichen Orten im Bericht enthalten sind. Ausreichend ist, dass sie den gleichen Elementen der gleichen Taxonomie zugeordnet sind. Sie verbessert für Abschlussprüfer die Einsatzmöglichkeiten von digitalisierten Prüfungswerkzeugen. Sie erhöht die Prüfungsmöglichkeiten von Enforcement-Instanzen, die etwa automatisierte Vollständigkeitsüberprüfungen vornehmen können. Dies alles wird faktisch auf mittlere Sicht für kapitalmarktorientierte Unternehmen dazu führen, dass die bisher durch IAS 1 eingeräumten großen Freiheitsräume bei Ausweis und Gliederung sukzessive eingeschränkt werden.

Die ESEF-VO kann unter folgendem Link abgerufen werden:
https://eur-lex.europa.eu/legal-content/DE/TXT/?uri=OJ:L:2019:143:TOC

International Accounting Standards

International Accounting Standard 1
Darstellung des Abschlusses (IAS 1)

v. 3.11.2008 (ABl EU Nr. L 320 S. 1) i. V. mit Verordnung (EG) Nr. 1274/2008 v. 17.12.2008 (ABl EU Nr. L 339 S. 3, ber. 2009 Nr. L 347 S. 32); zuletzt geändert durch Verordnung (EU) 2019/2104 v. 29.11.2019 (ABl L Nr. 318 S. 74)[1)]

Inhalt Ziffer

1) **Anm. d. Red.:** Diese Änderungen sind am 30.12.2019 in Kraft getreten und spätestens mit Beginn des ersten am oder nach dem 1.1.2020 beginnenden Geschäftsjahres anzuwenden. Vgl. dazu auch Paragraph 139S.

Zielsetzung

1 Dieser Standard schreibt die Grundlagen für die Darstellung eines Abschlusses für allgemeine Zwecke vor, um die Vergleichbarkeit sowohl mit den Abschlüssen des eigenen Unternehmens aus vorangegangenen Perioden als auch mit den Abschlüssen anderer Unternehmen zu gewährleisten. Er enthält grundlegende Vorschriften für die Darstellung von Abschlüssen, Anwendungsleitlinien für deren Struktur und Mindestanforderungen an deren Inhalt.

Anwendungsbereich

2 Ein Unternehmen hat diesen Standard anzuwenden, wenn es Abschlüsse für allgemeine Zwecke in Übereinstimmung mit den International Financial Reporting Standards (IFRS) aufstellt und darstellt.

3 Die Erfassungs-, Bewertungs- und Angabenanforderungen für bestimmte Geschäftsvorfälle und andere Ereignisse werden in anderen IFRS behandelt.

4 Dieser Standard gilt nicht für die Struktur und den Inhalt verkürzter Zwischenabschlüsse, die gemäß IAS 34 *Zwischenberichterstattung* aufgestellt werden. Die Paragraphen 15-35 sind hingegen auf solche Abschlüsse anzuwenden. Dieser Standard gilt gleichermaßen für alle Unternehmen, unabhängig davon, ob sie einen Konzernabschluss gemäß IFRS 10 *Konzernabschlüsse*, oder einen Einzelabschluss gemäß IAS 27 *Einzelabschlüsse* vorlegen.

5 Die in diesem Standard verwendete Terminologie ist für gewinnorientierte Unternehmen einschließlich Unternehmen des öffentlichen Sektors geeignet. Nicht gewinnorientierte Unternehmen des privaten oder öffentlichen Sektors, die diesen Standard anwenden, müssen gegebenenfalls Bezeichnungen für einzelne Posten im Abschluss und für den Abschluss selbst anpassen.

6 In gleicher Weise haben Unternehmen, die kein Eigenkapital gemäß IAS 32 *Finanzinstrumente: Darstellung* haben (z. B. bestimmte offene Investmentfonds), sowie Unternehmen, deren Kapital kein Eigenkapital darstellt (z. B. bestimmte Genossenschaften) die Darstellung der Anteile der Mitglieder bzw. Anteilseigner im Abschluss entsprechend anzupassen.

Definitionen

Folgende Begriffe werden in diesem Standard mit der angegebenen Bedeutung verwendet: 7

Ein *Abschluss für allgemeine Zwecke* (auch als „Abschluss" bezeichnet) soll den Bedürfnissen von Adressaten gerecht werden, die nicht in der Lage sind, einem Unternehmen die Veröffentlichung von Berichten vorzuschreiben, die auf ihre spezifischen Informationsbedürfnisse zugeschnitten sind.

Undurchführbar: Die Anwendung einer Vorschrift ist undurchführbar, wenn sie trotz aller wirtschaftlich vernünftigen Anstrengungen des Unternehmens nicht angewandt werden kann.

International Financial Reporting Standards (IFRS) sind die vom International Accounting Standards Board (IASB) verabschiedeten Standards und Interpretationen. Sie umfassen:

(a) International Financial Reporting Standards;

(b) International Accounting Standards; und

(c) Interpretationen des International Financial Reporting Interpretations Committee (IFRIC) bzw. des ehemaligen Standing Interpretations Committee (SIC).

Wesentlich:

Informationen sind wesentlich, wenn unter normalen Umständen davon auszugehen ist, dass ihre unterlassene, falsche oder verschleierte Angabe die von den Hauptadressaten eines Abschlusses für allgemeine Zwecke, der Finanzinformationen zum berichtenden Unternehmen enthält, getroffenen Entscheidungen beeinflusst.

Wesentlichkeit hängt von der Art oder dem Umfang der Informationen oder von beidem ab. Ein Unternehmen beurteilt, ob eine Information für sich allein genommen oder in Verbindung mit anderen Informationen vor dem Hintergrund seines gesamten Abschlusses wesentlich ist.

Eine Information ist verschleiert, wenn sie so kommuniziert wird, dass sie für die Hauptadressaten des Abschlusses eine ähnliche Wirkung hat wie eine unterlassene oder falsche Information. Im Folgenden sind Beispiele von Situationen aufgeführt, die zu einer verschleierten Darstellung von Informationen führen können:

(a) Die Information über einen wesentlichen Posten, eine wesentliche Transaktion oder ein anderes wesentliches Ereignis ist im Abschluss enthalten aber vage oder unklar formuliert.

(b) Die Information über einen wesentlichen Posten, eine wesentliche Transaktion oder ein anderes wesentliches Ereignis ist über den gesamten Abschluss verstreut dargestellt.

(c) Nicht ähnliche Posten, Transaktionen oder sonstige Ereignisse sind in unangemessener Weise aggregiert dargestellt.

(d) Ähnliche Posten, Transaktionen oder sonstige Ereignisse sind in unangemessener Weise getrennt dargestellt.

(e) Die Verständlichkeit des Abschlusses wird dadurch eingeschränkt, dass wesentliche Informationen in unwesentlichen Informationen versteckt dargestellt werden, sodass die Hauptadressaten nicht erkennen können, welche Informationen wesentlich sind.

Um beurteilen zu können, ob unter normalen Umständen davon auszugehen ist, dass eine in seinem Abschluss für allgemeine Zwecke enthaltene Information die von den Hauptadressaten getroffenen Entscheidungen beeinflusst, muss ein Unternehmen die Eigenschaften dieser Adressaten und gleichzeitig die eigene Unternehmenssituation berücksichtigen.

Viele bestehende und potenzielle Investoren, Kreditgeber und andere Gläubiger können von den berichtenden Unternehmen nicht verlangen, dass diese ihnen die Informationen direkt zur Verfügung stellen und stützen sich daher für zahlreiche Finanzinformationen auf deren Abschlüsse für allgemeine Zwecke. Sie sind daher die Hauptadressaten der Abschlüsse für allgemeine Zwecke. Die Abschlüsse richten sich an Adressaten, die eine angemessene Kenntnis geschäftlicher und wirtschaftlicher Tätigkeiten besitzen und die Informationen sorgfältig lesen und prüfen. Auch fachkundige und sorgfältige Adressaten müssen zuweilen die Hilfe eines Beraters in Anspruch nehmen, um Informationen über komplexe wirtschaftliche Phänomene zu verstehen.

Der *Anhang* enthält zusätzliche Angaben zur Bilanz, zur Darstellung/zu den Darstellungen von Gewinn oder Verlust und sonstigem Ergebnis, zur gesonderten Gewinn- und Verlustrechnung (falls erstellt), zur Eigenkapitalveränderungsrechnung und zur Kapitalflussrechnung. Anhangangaben enthalten verbale Beschreibungen oder Aufgliederungen der im Abschluss enthaltenen Posten sowie Informationen über nicht ansatzpflichtige Posten.

Das *sonstige Ergebnis* umfasst Ertrags- und Aufwandsposten (einschließlich Umgliederungsbeträge), die nach anderen IFRS nicht erfolgswirksam erfasst werden dürfen oder müssen.

Das sonstige Ergebnis setzt sich aus folgenden Bestandteilen zusammen:

(a) Veränderungen der Neubewertungsrücklage (siehe IAS 16 *Sachanlagen* und IAS 38 *Immaterielle Vermögenswerte*);

(b) Neubewertungen von leistungsorientierten Versorgungsplänen (siehe IAS 19 Leistungen an Arbeitnehmer);

(c) Gewinne und Verluste aus der Umrechnung des Abschlusses eines ausländischen Geschäftsbetriebs (siehe IAS 21 *Auswirkungen von Wechselkursänderungen*);

(d) Gewinne und Verluste aus Finanzinvestitionen in Eigenkapitalinstrumente, die gemäß Paragraph 5.7.5 von IFRS 9 *Finanzinstrumente* als erfolgsneutral zum beizulegenden Zeitwert im sonstigen Ergebnis bewertet designiert sind;

(da) Gewinne und Verluste aus finanziellen Vermögenswerten, die gemäß Paragraph 4.1.2A von IFRS 9 erfolgsneutral zum beizulegenden Zeitwert im sonstigen Ergebnis bewertet werden.

(e) der wirksame Teil der Gewinne und Verluste aus Sicherungsinstrumenten bei einer Absicherung von Zahlungsströmen und Gewinne und Verluste aus Sicherungsinstrumenten zur Absicherung von Finanzinvestitionen in Eigenkapitalinstrumente, die gemäß Paragraph 5.7.5 von IFRS 9 erfolgsneutral zum beizulegenden Zeitwert im sonstigen Ergebnis bewertet werden (siehe Kapitel 6 von IFRS 9);

(f) bei bestimmten Verbindlichkeiten, die als erfolgswirksam zum beizulegenden Zeitwert bewertet designiert sind, die Höhe der Änderung des beizulegenden Zeitwerts, die auf Änderungen beim Ausfallrisiko der Verbindlichkeit zurückzuführen ist (siehe Paragraph 5.7.7 von IFRS 9);

(g) Wertänderungen des Zeitwerts von Optionen bei Trennung eines Optionskontrakts in inneren Wert und Zeitwert, wobei nur die Änderungen des inneren Werts als Sicherungsinstrument designiert sind (siehe Kapitel 6 von IFRS 9);

(h) Wertänderungen des Terminelements von Termingeschäften bei Trennung eines Termingeschäfts in Terminelement und Kassaelement, wobei nur die Änderungen des Kassaelements als Sicherungsinstrument designiert sind, sowie Wertänderungen des Währungsbasis-Spreads eines Finanzinstruments, wenn dies aus der Designation dieses Finanzinstruments als Sicherungsinstrument ausgenommen ist (siehe Kapitel 6 von IFRS 9);

Eigentümer sind die Inhaber von Instrumenten, die als Eigenkapital eingestuft werden.

Gewinn oder Verlust ist die Summe der Erträge abzüglich Aufwendungen, ohne Berücksichtigung der Bestandteile des sonstigen Ergebnisses.

Umgliederungsbeträge sind Beträge, die in der aktuellen oder einer früheren Periode als sonstiges Ergebnis erfasst wurden und in der aktuellen Periode in den Gewinn oder Verlust umgegliedert werden.

Das *Gesamtergebnis* ist die Veränderung des Eigenkapitals in einer Periode infolge von Geschäftsvorfällen und anderen Ereignissen, mit Ausnahme von Veränderungen, die sich aus Geschäftsvorfällen mit Eigentümern ergeben, die in ihrer Eigenschaft als Eigentümer handeln.

Das Gesamtergebnis umfasst alle Bestandteile des „Gewinns oder Verlusts" und des „sonstigen Ergebnisses".

In diesem Standard werden die Begriffe „sonstiges Ergebnis", „Gewinn oder Verlust" und „Gesamtergebnis" verwendet. Es steht einem Unternehmen jedoch frei, hierfür andere Bezeichnungen zu verwenden, solange deren Bedeutung klar verständlich ist. Beispielsweise könnte der Gewinn oder Verlust mit dem Begriff „Überschuss" bzw. „Fehlbetrag" bezeichnet werden. **8**

Die folgenden Begriffe werden in IAS 32 *Finanzinstrumente: Darstellung* erläutert und im vorliegenden Standard in der in IAS 32 genannten Bedeutung verwendet: **8A**

(a) als Eigenkapitalinstrument eingestuftes kündbares Finanzinstrument (Erläuterung siehe IAS 32 Paragraphen 16A und 16B);

(b) als Eigenkapitalinstrument eingestuftes Instrument, das das Unternehmen dazu verpflichtet, einer anderen Partei im Falle der Liquidation einen proportionalen Anteil an seinem Nettovermögen zu liefern (Erläuterung siehe IAS 32 Paragraphen 16C und 16D).

Abschluss

Zweck des Abschlusses

Ein Abschluss ist eine strukturierte Abbildung der Vermögens-, Finanz- und Ertragslage eines Unternehmens. Die Zielsetzung eines Abschlusses ist es, Informationen über die Vermögens-, Finanz- und Ertragslage und die Cashflows eines Unternehmens bereitzustellen, die für ein breites Spektrum von Adressaten nützlich sind, um wirtschaftliche Entscheidungen zu treffen. Ein Abschluss legt ebenfalls Rechenschaft über die Ergebnisse der Verwaltung des dem Management anvertrauten Vermögens ab. Um diese Zielsetzung zu erfüllen, liefert ein Abschluss Informationen über: **9**

(a) Vermögenswerte;

(b) Schulden;

(c) Eigenkapital;

(d) Erträge und Aufwendungen, einschließlich Gewinne und Verluste aus Veräußerungen langfristiger Vermögenswerte und aus Wertänderungen;

(e) Kapitalzuführungen von Eigentümern und Ausschüttungen an Eigentümer, die jeweils in ihrer Eigenschaft als Eigentümer handeln; und

(f) Cashflows eines Unternehmens.

Diese Informationen helfen den Adressaten zusammen mit den anderen Informationen im Anhang, die künftigen Cashflows des Unternehmens sowie insbesondere deren Zeitpunkt und Sicherheit des Entstehens vorauszusagen.

Vollständiger Abschluss

Ein vollständiger Abschluss besteht aus: **10**

(a) einer Bilanz zum Abschlussstichtag;

(b) einer Darstellung von Gewinn oder Verlust und sonstigem Ergebnis („Gesamtergebnisrechnung") für die Periode;

(c) einer Eigenkapitalveränderungsrechnung für die Periode;

(d) einer Kapitalflussrechnung für die Periode;

(e) dem Anhang, der eine zusammenfassende Darstellung der wesentlichen Rechnungslegungsmethoden und sonstige Erläuterungen enthält;

(ea) Vergleichsinformationen hinsichtlich der vorangegangenen Periode, so wie in den Paragraphen 38 und 38A spezifiziert; und

(f) einer Bilanz zu Beginn der vorangegangenen Periode, wenn ein Unternehmen eine Rechnungslegungsmethode rückwirkend anwendet oder Posten im Abschluss rückwirkend anpasst oder Posten im Abschluss rückwirkend gemäß den Paragraphen 40A-40D umgliedert.

Ein Unternehmen kann für diese Bestandteile andere Bezeichnungen als die in diesem Standard vorgesehenen Begriffe verwenden. So kann ein Unternehmen beispielsweise die Bezeichnung „Gesamtergebnisrechnung" anstatt „Darstellung von Gewinn oder Verlust und sonstigem Ergebnis" verwenden.

10A Ein Unternehmen kann seinen Gewinn/Verlust und sein sonstiges Ergebnis in einer einzigen fortlaufenden Darstellung zeigen, in der Gewinn/Verlust und sonstiges Ergebnis in getrennten Abschnitten ausgewiesen sind. Diese fortlaufende Darstellung enthält an erster Stelle die Gewinn- und Verlustrechnung, gefolgt von der Aufstellung des sonstigen Ergebnisses. Ein Unternehmen kann seinen Gewinn/Verlust auch in einer gesonderten Gewinn- und Verlustrechnung darstellen. Ist dies der Fall, muss diese der Darstellung des Gesamtergebnisses unmittelbar vorangehen; diese wiederum muss mit Gewinn oder Verlust beginnen.

11 Ein Unternehmen hat alle Bestandteile des Abschlusses in einem vollständigen Abschluss gleichwertig darzustellen.

12 (weggefallen)

13 Viele Unternehmen veröffentlichen neben dem Abschluss einen durch das Management erstellten Bericht über die Unternehmenslage, der die wesentlichen Merkmale der Vermögens-, Finanz- und Ertragslage des Unternehmens sowie die wichtigsten Unsicherheiten, denen sich das Unternehmen gegenübersieht, beschreibt und erläutert. Ein solcher Bericht könnte einen Überblick geben über:

(a) die Hauptfaktoren und Einflüsse, welche die Ertragskraft bestimmen, einschließlich Veränderungen des Umfelds, in dem das Unternehmen tätig ist, die Reaktionen des Unternehmens auf diese Veränderungen und deren Auswirkungen sowie die Investitionspolitik des Unternehmens, durch die die Ertragskraft erhalten und verbessert werden soll, einschließlich der Dividendenpolitik;

(b) die Finanzierungsquellen des Unternehmens und das vom Unternehmen angestrebte Verhältnis von Fremd- zu Eigenkapital; sowie

(c) die gemäß den IFRS nicht in der Bilanz ausgewiesenen Ressourcen.

14 Viele Unternehmen veröffentlichen außerhalb ihres Abschlusses auch Berichte und Angaben, wie Umweltberichte und Wertschöpfungsrechnungen, insbesondere in Branchen, in denen Umweltfaktoren von Bedeutung sind, und in Fällen, in denen Arbeitnehmer als eine bedeutende Adressatengruppe betrachtet werden. Die Berichte und Angaben, die außerhalb des Abschlusses veröffentlicht werden, fallen nicht in den Anwendungsbereich der IFRS.

Allgemeine Merkmale

Vermittlung eines den tatsächlichen Verhältnissen entsprechenden Bildes und Übereinstimmung mit den IFRS

15 Abschlüsse haben die Vermögens-, Finanz- und Ertragslage sowie die Cashflows eines Unternehmens den tatsächlichen Verhältnissen entsprechend darzustellen. Eine den tatsächlichen Verhältnissen entsprechende Darstellung erfordert, dass die Auswirkungen der Geschäftsvorfälle sowie der sonstigen Ereignisse und Bedingungen übereinstimmend mit den im *Rahmenkonzept für die Finanzberichterstattung (Rahmenkonzept)* enthaltenen Definitionen und Erfassungskriterien für Vermögenswerte, Schulden, Erträge und Aufwendungen glaubwürdig dargestellt werden. Die Anwendung der IFRS, gegebenenfalls um zusätzliche Angaben ergänzt, führt annahmegemäß zu Abschlüssen, die ein den tatsächlichen Verhältnissen entsprechendes Bild vermitteln.

16 Ein Unternehmen, dessen Abschluss mit den IFRS in Einklang steht, hat diese Tatsache in einer ausdrücklichen und uneingeschränkten Erklärung im Anhang anzugeben. Ein Unternehmen darf einen Abschluss nicht als mit den IFRS übereinstimmend bezeichnen, solange er nicht sämtliche Anforderungen der IFRS erfüllt.

Unter nahezu allen Umständen wird ein den tatsächlichen Verhältnissen entsprechendes Bild durch Übereinstimmung mit den anzuwendenden IFRS erreicht. Um ein den tatsächlichen Verhältnissen entsprechendes Bild zu vermitteln, hat ein Unternehmen außerdem Folgendes zu leisten: **17**

(a) Auswahl und Anwendung der Rechnungslegungsmethoden gemäß IAS 8 *Rechnungslegungsmethoden, Änderungen von rechnungslegungsbezogenen Schätzungen und Fehler*. In IAS 8 ist eine Hierarchie der maßgeblichen Leitlinien aufgeführt, die das Management beim Fehlen eines spezifischen IFRS für einen Posten betrachtet;

(b) Darstellung von Informationen, einschließlich der Rechnungslegungsmethoden, auf eine Weise, die zu relevanten, verlässlichen, vergleichbaren und verständlichen Informationen führt; und

(c) Bereitstellung zusätzlicher Angaben, wenn die Anforderungen in den IFRS unzureichend sind, um es den Adressaten zu ermöglichen, die Auswirkungen einzelner Geschäftsvorfälle sowie sonstiger Ereignisse und Bedingungen auf die Vermögens-, Finanz- und Ertragslage des Unternehmens zu verstehen.

Die Anwendung ungeeigneter Rechnungslegungsmethoden kann weder durch die Angabe der angewandten Methoden noch durch Anhangangaben oder zusätzliche Erläuterungen behoben werden. **18**

In den äußerst seltenen Fällen, in denen das Management zu dem Ergebnis gelangt, dass die Einhaltung einer in einem IFRS enthaltenen Anforderung so irreführend wäre, dass sie zu einem Konflikt mit der im *Rahmenkonzept* geschilderten Zielsetzung des Abschlusses führen würde, hat ein Unternehmen unter Beachtung der Vorgaben des Paragraphen 20 von dieser Anforderung abzuweichen, sofern die geltenden gesetzlichen Rahmenbedingungen eine solche Abweichung erfordern oder ansonsten nicht untersagen. **19**

Weicht ein Unternehmen von einer in einem IFRS enthaltenen Vorschrift gemäß Paragraph 19 ab, hat es Folgendes anzugeben: **20**

(a) dass das Management zu dem Ergebnis gekommen ist, dass der Abschluss die Vermögens-, Finanz- und Ertragslage sowie die Cashflows des Unternehmens den tatsächlichen Verhältnissen entsprechend darstellt;

(b) dass es die anzuwendenden IFRS befolgt hat, aber von einer bestimmten Anforderung abgewichen ist, um ein den tatsächlichen Verhältnissen entsprechendes Bild zu vermitteln;

(c) die Bezeichnung des IFRS, von dem das Unternehmen abgewichen ist, die Art der Abweichung einschließlich der Bilanzierungsweise, die der IFRS erfordern würde, den Grund, warum diese Bilanzierungsweise unter den gegebenen Umständen so irreführend wäre, dass sie zu einem Konflikt mit der im *Rahmenkonzept* geschilderten Zielsetzung des Abschlusses führen würde, und die Bilanzierungsmethode, die angewandt wurde; sowie

(d) für jede dargestellte Periode die finanzielle Auswirkung der Abweichung auf jeden Abschlussposten, der bei Einhaltung der Vorschrift ausgewiesen worden wäre.

Ist ein Unternehmen in einer früheren Periode von einer in einem IFRS enthaltenen Bestimmung abgewichen und wirkt sich eine solche Abweichung auf Beträge im Abschluss der aktuellen Periode aus, sind die in den Paragraphen 20(c) und (d) vorgeschriebenen Angaben zu machen. **21**

Paragraph 21 gilt beispielsweise dann, wenn ein Unternehmen in einer früheren Periode bei der Bewertung von Vermögenswerten oder Schulden von einer in einem IFRS enthaltenen Bestimmung abgewichen ist, und zwar so, dass sich aufgrund der Abweichung die Bewertung der Vermögenswerte und der Schulden ändert, die im Abschluss des Unternehmens für die aktuelle Periode ausgewiesen sind. **22**

In den äußerst seltenen Fällen, in denen das Management zu dem Ergebnis gelangt, dass die Einhaltung einer in einem IFRS enthaltenen Anforderung so irreführend wäre, dass sie zu einem Konflikt mit der im *Rahmenkonzept* geschilderten Zielsetzung des Abschlusses führen würde, der geltende Rechtsrahmen aber ein Abweichen von der Anforderung verbietet, hat das Unter- **23** nehmen die für irreführend erachteten Aspekte bestmöglich zu verringern, indem es Folgendes angibt:

(a) die Bezeichnung des betreffenden IFRS, die Art der Anforderung und den Grund, warum die Einhaltung der Anforderung unter den gegebenen Umständen so irreführend ist, dass sie nach Ansicht des Managements zu einem Konflikt mit der im *Rahmenkonzept* geschilderten Zielsetzung des Abschlusses führt; sowie

(b) für jede dargestellte Periode die Anpassungen, die nach Ansicht des Managements bei jedem Posten im Abschluss zur Vermittlung eines den tatsächlichen Verhältnissen entsprechenden Bildes erforderlich wären.

24 Zwischen einer einzelnen Information und der Zielsetzung der Abschlüsse besteht dann ein Konflikt im Sinne der Paragraphen 19–23, wenn die einzelne Information die Geschäftsvorfälle, sonstigen Ereignisse und Bedingungen nicht so glaubwürdig darstellt, wie sie es entweder vorgibt oder wie es vernünftigerweise erwartet werden kann, und die einzelne Information folglich wahrscheinlich die wirtschaftlichen Entscheidungen der Abschlussadressaten beeinflusst. Wenn geprüft wird, ob die Einhaltung einer bestimmten Anforderung in einem IFRS so irreführend wäre, dass sie zu einem Konflikt mit der im *Rahmenkonzept* geschilderten Zielsetzung des Abschlusses führen würde, prüft das Management,

(a) warum die Zielsetzung des Abschlusses unter den gegebenen Umständen nicht erreicht wird; und

(b) wie sich die besonderen Umstände des Unternehmens von denen anderer Unternehmen, die die Anforderung einhalten, unterscheiden. Wenn andere Unternehmen unter ähnlichen Umständen die Anforderung einhalten, gilt die widerlegbare Vermutung, dass die Einhaltung der Anforderung durch das Unternehmen nicht so irreführend wäre, dass sie zu einem Konflikt mit der im *Rahmenkonzept* geschilderten Zielsetzung des Abschlusses führen würde.

Unternehmensfortführung

25 Bei der Aufstellung eines Abschlusses hat das Management die Fähigkeit des Unternehmens, den Geschäftsbetrieb fortzuführen, einzuschätzen. Ein Abschluss ist solange auf der Grundlage der Annahme der Unternehmensfortführung aufzustellen, bis das Management entweder beabsichtigt, das Unternehmen aufzulösen oder das Geschäft einzustellen oder bis das Management keine realistische Alternative mehr hat, als so zu handeln. Wenn dem Management bei seiner Einschätzung wesentliche Unsicherheiten bekannt sind, die sich auf Ereignisse oder Bedingungen beziehen und die erhebliche Zweifel an der Fortführungsfähigkeit des Unternehmens aufwerfen, sind diese Unsicherheiten anzugeben. Wird der Abschluss nicht auf der Grundlage der Annahme der Unternehmensfortführung aufgestellt, ist diese Tatsache gemeinsam mit den Grundlagen, auf denen der Abschluss basiert, und dem Grund, warum von einer Fortführung des Unternehmens nicht ausgegangen wird, anzugeben.

26 Bei der Einschätzung, ob die Annahme der Unternehmensfortführung angemessen ist, zieht das Management sämtliche verfügbaren Informationen über die Zukunft in Betracht, die mindestens zwölf Monate nach dem Abschlussstichtag umfasst, aber nicht auf diesen Zeitraum beschränkt ist. Der Umfang der Berücksichtigung ist von den Gegebenheiten jedes einzelnen Sachverhalts abhängig. Verfügte ein Unternehmen in der Vergangenheit über einen rentablen Geschäftsbetrieb und hat es schnellen Zugriff auf Finanzquellen, kann es ohne eine detaillierte Analyse die Schlussfolgerung ziehen, dass die Annahme der Unternehmensfortführung als Grundlage der Rechnungslegung angemessen ist. In anderen Fällen wird das Management zahlreiche Faktoren im Zusammenhang mit der derzeitigen und künftigen Rentabilität, Schuldentilgungsplänen und potenziellen Refinanzierungsquellen in Betracht ziehen müssen, bevor es selbst davon überzeugt ist, dass die Annahme der Unternehmensfortführung angemessen ist.

Konzept der Periodenabgrenzung

Ein Unternehmen hat seinen Abschluss, mit Ausnahme der Kapitalflussrechnung, nach dem Konzept der Periodenabgrenzung aufzustellen. **27**

Wird der Abschluss nach dem Konzept der Periodenabgrenzung erstellt, sind Posten dann als Vermögenswerte, Schulden, Eigenkapital, Erträge und Aufwendungen (die Bestandteile des Abschlusses) zu erfassen, wenn sie die im *Rahmenkonzept* für die betreffenden Elemente enthaltenen Definitionen und Erfassungskriterien erfüllen. **28**

Wesentlichkeit und Zusammenfassung von Posten

Ein Unternehmen hat jede wesentliche Gruppe gleichartiger Posten gesondert darzustellen. **29** Posten einer nicht ähnlichen Art oder Funktion werden gesondert dargestellt, sofern sie nicht unwesentlich sind.

Abschlüsse resultieren aus der Verarbeitung einer großen Anzahl von Geschäftsvorfällen oder **30** sonstigen Ereignissen, die strukturiert werden, indem sie gemäß ihrer Art oder ihrer Funktion zu Gruppen zusammengefasst werden. In der abschließenden Phase des Zusammenfassungs- und Gliederungsprozesses werden die zusammengefassten und klassifizierten Daten dargestellt, die als Posten im Abschluss ausgewiesen werden. Ist ein Posten für sich allein betrachtet nicht von wesentlicher Bedeutung, wird er mit anderen Posten entweder in einem bestimmten Abschlussbestandteil oder in den Anhangangaben zusammengefasst. Ein Posten, der nicht wesentlich genug ist, eine gesonderte Darstellung in den genannten Abschlussbestandteilen zu rechtfertigen, kann dennoch eine gesonderte Darstellung in den Anhangangaben rechtfertigen.

Bei der Anwendung dieses Standards und anderer IFRS entscheidet das Unternehmen unter Be- **30A** rücksichtigung aller maßgeblichen Sachverhalte und Umstände, wie es die Informationen in den Abschlussbestandteilen einschließlich der Anhangangaben zusammenfasst. Ein Unternehmen darf die Verständlichkeit seiner Abschlussbestandteile nicht erschweren, indem es wesentliche Informationen dadurch verschleiert, dass es sie zusammen mit unwesentlichen Informationen aufführt oder dass es wesentliche Posten unterschiedlicher Art oder Funktion zusammenfasst.

Einige IFRS nennen die Informationen, die in den Abschlussbestandteilen einschließlich der An- **31** hangangaben enthalten sein müssen. Ein Unternehmen braucht einer bestimmten Angabeverpflichtung eines IFRS nicht nachzukommen, wenn die anzugebende Information nicht wesentlich ist. Dies gilt selbst dann, wenn der IFRS bestimmte Anforderungen oder Mindestanforderungen vorgibt. Ein Unternehmen hat außerdem die Bereitstellung zusätzlicher Angaben in Betracht zu ziehen, wenn die Anforderungen in den IFRS unzureichend sind, um es den Adressaten des Abschlusses zu ermöglichen, die Auswirkungen einzelner Geschäftsvorfälle sowie sonstiger Ereignisse und Bedingungen auf die Vermögens-, Finanz- und Ertragslage des Unternehmens zu verstehen.

Saldierung von Posten

Ein Unternehmen darf Vermögenswerte und Schulden sowie Erträge und Aufwendungen nicht **32** miteinander saldieren, sofern nicht die Saldierung von einem IFRS vorgeschrieben oder gestattet wird.

Ein Unternehmen hat Vermögenswerte und Schulden sowie Erträge und Aufwendungen geson- **33** dert auszuweisen. Saldierungen in der Gesamtergebnisrechnung, in der Bilanz oder in der gesonderten Gewinn- und Verlustrechnung (sofern erstellt) vermindern die Fähigkeit der Adressaten, Geschäftsvorfälle, sonstige Ereignisse oder Bedingungen zu verstehen und die künftigen Cashflows des Unternehmens zu schätzen, es sei denn, die Saldierung spiegelt den wirtschaftlichen Gehalt eines Geschäftsvorfalls oder eines sonstigen Ereignisses wider. Die Bewertung von Vermögenswerten nach Abzug von Wertberichtigungen – beispielsweise Abschläge für veraltete Bestände und Wertberichtigungen von Forderungen – ist keine Saldierung.

34 Gemäß IFRS 15 *Erlöse aus Verträgen mit Kunden* hat ein Unternehmen die Erlöse aus Verträgen mit Kunden in einer Höhe zu erfassen, die der Gegenleistung entspricht, die das Unternehmen im Austausch für die Übertragung der zugesagten Güter oder Dienstleistungen erwartet. So muss der erfasste Umsatzbetrag die vom Unternehmen gewährten Preisnachlässe und Mengenrabatte berücksichtigen. Ein Unternehmen wickelt im Verlaufe seiner gewöhnlichen Geschäftstätigkeit auch solche Geschäftsvorfälle ab, die selbst zu keinen Umsatzerlösen führen, die aber zusammen mit den Hauptumsatzaktivitäten anfallen. Die Ergebnisse solcher Geschäftsvorfälle sind durch die Saldierung aller Erträge mit den dazugehörigen Aufwendungen, die durch denselben Geschäftsvorfall entstehen, darzustellen, wenn diese Darstellung den Gehalt des Geschäftsvorfalles oder des sonstigen Ereignisses widerspiegelt. Einige Beispiele:

(a) Ein Unternehmen stellt Gewinne und Verluste aus der Veräußerung langfristiger Vermögenswerte einschließlich Finanzinvestitionen und betrieblicher Vermögenswerte dar, indem es vom Betrag der Veräußerungsgegenleistung den Buchwert der Vermögenswerte und die damit in Zusammenhang stehenden Veräußerungskosten abzieht; und

(b) ein Unternehmen darf Ausgaben in Verbindung mit einer Rückstellung, die gemäß IAS 37 *Rückstellungen, Eventualverbindlichkeiten und Eventualforderungen* angesetzt wird und die gemäß einer vertraglichen Vereinbarung mit einem Dritten (z. B. Lieferantengewährleistung) erstattet wird, mit der entsprechenden Rückerstattung saldieren.

35 Außerdem stellt ein Unternehmen Gewinne und Verluste saldiert dar, die aus einer Gruppe von ähnlichen Geschäftsvorfällen entstehen, beispielsweise Gewinne und Verluste aus der Währungsumrechnung oder solche, die aus Finanzinstrumenten entstehen, die zu Handelszwecken gehalten werden. Ein Unternehmen hat solche Gewinne und Verluste jedoch, sofern sie wesentlich sind, gesondert auszuweisen.

Häufigkeit der Berichterstattung

36 Ein Unternehmen hat mindestens jährlich einen vollständigen Abschluss (einschließlich Vergleichsinformationen) aufzustellen. Wenn sich der Abschlussstichtag ändert und der Abschluss für einen Zeitraum aufgestellt wird, der länger oder kürzer als ein Jahr ist, hat ein Unternehmen zusätzlich zur Periode, auf die sich der Abschluss bezieht, Folgendes anzugeben:

(a) den Grund für die Verwendung einer längeren bzw. kürzeren Berichtsperiode und

(b) die Tatsache, dass Vergleichsbeträge des Abschlusses nicht vollständig vergleichbar sind.

37 Normalerweise stellt ein Unternehmen einen Abschluss gleichbleibend für einen Zeitraum von einem Jahr auf. Allerdings bevorzugen einige Unternehmen aus praktischen Gründen, über eine Periode von 52 Wochen zu berichten. Dieser Standard schließt diese Vorgehensweise nicht aus.

Vergleichsinformationen

Mindestvergleichsinformationen

38 Sofern die IFRS nichts anderes erlauben oder vorschreiben, hat ein Unternehmen für alle im Abschluss der aktuellen Periode enthaltenen quantitativen Informationen Vergleichsinformationen hinsichtlich der vorangegangenen Periode anzugeben. Vergleichsinformationen sind in die verbalen und beschreibenden Informationen einzubeziehen, wenn sie für das Verständnis des Abschlusses der Berichtsperiode von Bedeutung sind.

38A Ein Unternehmen legt zumindest zwei Bilanzen, zwei Gesamtergebnisrechnungen, zwei gesonderte Gewinn- und Verlustrechnungen (falls vorgelegt), zwei Kapitalflussrechnungen und zwei Eigenkapitalveränderungsrechnungen und die zugehörigen Anhangangaben vor.

38B In manchen Fällen sind verbale Informationen, die in den Abschlüssen der vorangegangenen Periode(n) gemacht wurden, auch für die Berichtsperiode von Bedeutung. Beispielsweise hat ein Unternehmen die Einzelheiten eines Rechtsstreits anzugeben, dessen Ausgang am Ende der vorangegangenen Berichtsperiode unsicher war und der noch entschieden werden muss. Die Adressaten können Nutzen aus der Offenlegung der Information ziehen, dass am Ende der vorangegangenen Berichtsperiode eine Unsicherheit bestand, und aus der Offenlegung von Informationen über die Schritte, die unternommen worden sind, um diese Unsicherheit zu beseitigen.

Zusätzliche Vergleichsinformationen

Ein Unternehmen kann zusätzlich zum nach den IFRS geforderten Mindestvergleichsabschluss vergleichende Informationen vorlegen, sofern diese Informationen gemäß den IFRS erstellt werden. Diese Vergleichsinformationen können aus einem oder mehreren Abschlüssen nach Paragraph 10 bestehen, brauchen aber keinen vollständigen Abschluss zu umfassen. In diesem Falle legt das Unternehmen zugehörige Anhangangaben für diese zusätzlichen Abschlüsse vor. **38C**

Ein Unternehmen kann z. B. eine dritte Darstellung von Gewinn oder Verlust und sonstigem Ergebnis vorlegen (dadurch würden die aktuelle Periode, die vorangegangene Periode und eine zusätzliche Vergleichsperiode vorgelegt). Das Unternehmen ist jedoch nicht gehalten, eine dritte Bilanz, eine dritte Kapitalflussrechnung oder eine dritte Eigenkapitalveränderungsrechnung (d. h. einen zusätzlichen Abschluss zu Vergleichszwecken) vorzulegen. Demgegenüber ist das Unternehmen verpflichtet, im Anhang zum Abschluss die Vergleichsinformationen im Hinblick auf diese zusätzliche Darstellung von Gewinn oder Verlust und sonstigem Ergebnis vorzulegen. **38D**

(weggefallen) **39 und 40**

Änderung der Rechnungslegungsmethode, rückwirkende Anpassung oder Umgliederung

Ein Unternehmen legt zusätzlich zum Mindestvergleichsabschluss im Sinne von Paragraph 38A eine dritte zu Beginn der vorangegangenen Periode laufende Bilanz vor, wenn **40A**

(a) es eine Rechnungslegungsmethode rückwirkend anwendet, eine rückwirkende Anpassung der Posten in seinem Abschluss vornimmt oder die Posten in seinem Abschluss umgliedert; und

(b) die rückwirkende Anwendung, die rückwirkende Anpassung oder Umgliederung eine wesentliche Wirkung auf die Informationen in der Bilanz zu Beginn der vorangegangenen Periode zeitigt.

Unter den in Paragraph 40A beschriebenen Umständen legt ein Unternehmen drei Bilanzen zu folgenden Terminen vor: **40B**

(a) zum Ende der aktuellen Periode;

(b) zum Ende der vorangegangenen Periode und

(c) zu Beginn der vorangegangenen Periode.

Ist ein Unternehmen gehalten, gemäß Paragraph 40A eine zusätzliche Bilanz vorzulegen, muss es die nach den Paragraphen 41-44 und IAS 8 geforderten Angaben offenlegen. Allerdings muss es die zugehörigen Anhangangaben zur Eröffnungsbilanz der vorangegangenen Periode nicht offenlegen. **40C**

Der Stichtag dieser Eröffnungsbilanz entspricht dem Beginn der vorangegangenen Periode, unabhängig davon, ob der Abschluss eines Unternehmens vergleichende Informationen für frühere Perioden umfasst (so wie in Paragraph 38C gestattet). **40D**

Ändert ein Unternehmen die Darstellung oder Gliederung von Posten im Abschluss, hat es, außer wenn undurchführbar, auch die Vergleichsbeträge umzugliedern. Gliedert ein Unternehmen die Vergleichsbeträge um, muss es folgende Angaben offenlegen (einschließlich zu Beginn der vorangegangenen Periode): **41**

(a) Art der Umgliederung;

(b) Betrag jedes umgegliederten Postens bzw. jeder umgegliederten Postengruppe; und

(c) Grund für die Umgliederung.

42 Ist die Umgliederung der Vergleichsbeträge undurchführbar, sind folgende Angaben erforderlich:

(a) der Grund für die unterlassene Umgliederung, sowie

(b) die Art der Anpassungen, die bei einer Umgliederung erfolgt wären.

43 Die Verbesserung der Vergleichbarkeit der Angaben zwischen den einzelnen Perioden hilft den Adressaten bei wirtschaftlichen Entscheidungen. Insbesondere können für Prognosezwecke Trends in den Finanzinformationen beurteilt werden. Unter bestimmten Umständen ist es undurchführbar, die Vergleichsbeträge für eine bestimmte vorangegangene Periode umzugliedern und so eine Vergleichbarkeit mit der aktuellen Periode zu erreichen. Beispielsweise ist es möglich, dass ein Unternehmen Daten in der(n) vorangegangenen Periode(n) auf eine Art erhoben hat, die eine Umgliederung nicht zulässt, und eine Wiederherstellung der Informationen undurchführbar ist.

44 IAS 8 führt aus, welche Anpassungen der Vergleichsinformationen bei der Änderung einer Rechnungslegungsmethode oder der Berichtigung eines Fehlers erforderlich sind.

Darstellungsstetigkeit

45 Ein Unternehmen hat die Darstellung und den Ausweis von Posten im Abschluss von einer Periode zur nächsten beizubehalten, es sei denn,

(a) aufgrund einer wesentlichen Änderung des Tätigkeitsfelds des Unternehmens oder eine Überprüfung der Darstellung seines Abschlusses zeigt sich, dass eine Änderung der Darstellung oder der Gliederung unter Berücksichtigung der in IAS 8 enthaltenen Kriterien zur Auswahl bzw. zur Anwendung der Rechnungslegungsmethoden zu einer besser geeigneten Darstellungsform führt; oder

(b) ein IFRS schreibt eine geänderte Darstellung vor.

46 Ein bedeutender Erwerb, eine bedeutende Veräußerung oder eine Überprüfung der Darstellungsform des Abschlusses könnte beispielsweise nahe legen, dass der Abschluss auf eine andere Art und Weise aufzustellen ist. Ein Unternehmen ändert die Darstellungsform nur dann, wenn aufgrund der Änderungen Informationen gegeben werden, die zuverlässig und für die Adressaten relevanter sind, und die geänderte Darstellungsform wahrscheinlich Bestand haben wird, damit die Vergleichbarkeit nicht beeinträchtigt wird. Wird die Darstellungsform in einer solchen Weise geändert, gliedert ein Unternehmen seine Vergleichsinformationen gemäß Paragraph 41 und 42 um.

Struktur und Inhalt

Einführung

47 Dieser Standard verlangt bestimmte Angaben in der Bilanz, der Gesamtergebnisrechnung, der gesonderten Gewinn- und Verlustrechnung (sofern erstellt) und in der Eigenkapitalveränderungsrechnung und schreibt die Angabe weiterer Posten wahlweise in dem entsprechenden Abschlussbestandteil oder im Anhang vor. IAS 7 *Kapitalflussrechnungen* legt die Anforderungen an die Darstellung der Informationen zu Cashflows dar.

48 In diesem Standard wird der Begriff „Angabe" teilweise im weiteren Sinne als Posten verwendet, die im Abschluss aufzuführen sind. Angaben sind auch nach anderen IFRS vorgeschrieben. Sofern in diesem Standard oder in einem anderen IFRS nicht anders angegeben, sind solche Angaben im Abschluss zu machen.

Bezeichnung des Abschlusses

49 Ein Unternehmen hat einen Abschluss eindeutig als solchen zu bezeichnen und von anderen Informationen, die im gleichen Dokument veröffentlicht werden, zu unterscheiden.

IFRS werden nur auf den Abschluss angewandt und nicht unbedingt auf andere Informationen, die in einem Geschäftsbericht, in gesetzlich vorgeschriebenen Unterlagen oder in einem anderen Dokument dargestellt werden. Daher ist es wichtig, dass Adressaten in der Lage sind, die auf der Grundlage der IFRS erstellten Informationen von anderen Informationen zu unterscheiden, die für Adressaten nützlich sein können, aber nicht Gegenstand der Standards sind. **50**

Ein Unternehmen hat jeden Bestandteil des Abschlusses und die Anhangangaben eindeutig zu bezeichnen. Zusätzlich sind die folgenden Informationen deutlich sichtbar darzustellen und zu wiederholen, falls es für das Verständnis der dargestellten Informationen notwendig ist: **51**

(a) der Name des berichtenden Unternehmens oder andere Mittel der Identifizierung sowie etwaige Änderungen dieser Angaben gegenüber dem vorangegangenen Abschlussstichtag;

(b) ob es sich um den Abschluss eines einzelnen Unternehmen oder einer Unternehmensgruppe handelt;

(c) der Abschlussstichtag oder die Periode, auf die sich der Abschluss oder die Anhangangaben beziehen;

(d) die Darstellungswährung laut Definition in IAS 21; und

(e) wie weit bei der Darstellung von Beträgen im Abschluss gerundet wurde.

Ein Unternehmen erfüllt die Vorschriften in Paragraph 51, indem es die Seiten, Aufstellungen, Anhangangaben, Spalten u. ä. mit entsprechenden Überschriften versieht. Die Wahl der besten Darstellungsform solcher Informationen erfordert ein ausgewogenes Urteilsvermögen. Veröffentlicht ein Unternehmen den Abschluss beispielsweise in elektronischer Form, werden möglicherweise keine getrennten Seiten verwendet; in diesem Fall sind die oben aufgeführten Angaben dergestalt zu machen, dass das Verständnis der im Abschluss enthaltenen Informationen gewährleistet ist. **52**

Zum besseren Verständnis des Abschlusses stellt ein Unternehmen Informationen häufig in Tausend- oder Millioneneinheiten der Darstellungswährung dar. Dies ist akzeptabel, solange das Unternehmen angibt, wie weit gerundet wurde, und es keine wesentlichen Informationen weglässt. **53**

Bilanz

Informationen, die in der Bilanz darzustellen sind

In der Bilanz sind zumindest nachfolgende Posten darzustellen[1]: **54**

(a) Sachanlagen;

(b) als Finanzinvestitionen gehaltene Immobilien;

(c) immaterielle Vermögenswerte;

(d) finanzielle Vermögenswerte (ohne die Beträge, die unter (e), (h) und (i) ausgewiesen werden);

(e) nach der Equity-Methode bilanzierte Finanzanlagen;

(f) biologische Vermögenswerte im Anwendungsbereich von IAS 41 *Landwirtschaft*;

(g) Vorräte;

(h) Forderungen aus Lieferungen und Leistungen und sonstige Forderungen;

(i) Zahlungsmittel und Zahlungsmitteläquivalente;

1) **Anm. d. Red.:** In der englischen Fassung v. 18.12.2015 (ABl EU Nr. L 333 S. 97) wurde der Wortlaut „As a minimum," gestrichen. In der deutschen Fassung ist dies nicht berücksichtigt worden.

(j) die Summe der Vermögenswerte, die gemäß IFRS 5 *Zur Veräußerung gehaltene langfristige Vermögenswerte und aufgegebene Geschäftsbereiche* als zur Veräußerung gehalten eingestuft werden, und der Vermögenswerte, die zu einer als zur Veräußerung gehalten eingestuften Veräußerungsgruppe gehören;

(k) Verbindlichkeiten aus Lieferungen und Leistungen und sonstige Verbindlichkeiten;

(l) Rückstellungen;

(m) finanzielle Verbindlichkeiten (ohne die Beträge, die unter (k) und (l) ausgewiesen werden);

(n) Steuerschulden und -erstattungsansprüche gemäß IAS 12 *Ertragsteuern*;

(o) latente Steueransprüche und -schulden gemäß IAS 12;

(p) die Schulden, die den Veräußerungsgruppen zugeordnet sind, die gemäß IFRS 5 als zur Veräußerung gehalten eingestuft werden;

(q) nicht beherrschende Anteile, die im Eigenkapital dargestellt werden; sowie

(r) gezeichnetes Kapital und Rücklagen, die den Eigentümern der Muttergesellschaft zuzuordnen sind.

55 Ein Unternehmen hat in der Bilanz zusätzliche Posten (gegebenenfalls durch Einzeldarstellung der unter Paragraph 54 aufgeführten Posten), Überschriften und Zwischensummen darzustellen, wenn eine solche Darstellung für das Verständnis der Vermögens- und Finanzlage des Unternehmens relevant ist.

55A Zwischensummen, die ein Unternehmen gemäß Paragraph 55 darstellt,

(a) müssen aus Posten mit gemäß den IFRS angesetzten und bewerteten Beträgen bestehen;

(b) müssen in einer Weise dargestellt und bezeichnet sein, die klar erkennen lässt, welche Posten in der Zwischensumme zusammengefasst sind;

(c) müssen gemäß Paragraph 45 von Periode zu Periode stetig dargestellt werden; und

(d) dürfen nicht stärker hervorgehoben werden als die gemäß den IFRS in der Bilanz darzustellenden Zwischensummen und Summen.

56 Wenn ein Unternehmen lang- und kurzfristige Vermögenswerte bzw. lang- und kurzfristige Schulden in der Bilanz getrennt ausweist, dürfen latente Steueransprüche (-schulden) nicht als kurzfristige Vermögenswerte (Schulden) ausgewiesen werden.

57 Dieser Standard schreibt nicht die Reihenfolge oder die Gliederung vor, in der ein Unternehmen die Posten darstellt. Paragraph 54 enthält lediglich eine Liste von Posten, die ihrem Wesen oder ihrer Funktion nach so unterschiedlich sind, dass sie einen getrennten Ausweis in der Bilanz erforderlich machen. Ferner gilt:

(a) Posten werden hinzugefügt, wenn der Umfang, die Art oder die Funktion eines Postens oder eine Zusammenfassung ähnlicher Posten so sind, dass eine gesonderte Darstellung für das Verständnis der Vermögens- und Finanzlage des Unternehmens relevant ist; und

(b) die verwendeten Bezeichnungen, die Reihenfolge der Posten oder die Zusammenfassung ähnlicher Posten können der Art des Unternehmens und seinen Geschäftsvorfällen entsprechend geändert werden, um Informationen zu liefern, die für das Verständnis der Vermögenslage des Unternehmens relevant sind. Beispielsweise kann ein Finanzinstitut die oben stehenden Beschreibungen anpassen, um Informationen zu liefern, die für die Geschäftstätigkeit eines Finanzinstituts relevant sind.

58 Die Entscheidung des Unternehmens, ob zusätzliche Posten gesondert ausgewiesen werden, basiert auf einer Einschätzung:

(a) der Art und der Liquidität von Vermögenswerten;

(b) der Funktion der Vermögenswerte innerhalb des Unternehmens; und

(c) der Beträge, der Art und des Fälligkeitszeitpunkts von Schulden.

Die Anwendung unterschiedlicher Bewertungsgrundlagen für verschiedene Gruppen von Vermögenswerten lässt vermuten, dass sie sich in ihrer Art oder Funktion unterscheiden und deshalb als gesonderte Posten auszuweisen sind. Beispielsweise können bestimmte Gruppen von Sachanlagen gemäß IAS 16 zu Anschaffungs- oder Herstellungskosten oder zu neubewerteten Beträgen angesetzt werden. **59**

Unterscheidung von Kurz- und Langfristigkeit

Ein Unternehmen hat gemäß den Paragraphen 66-76 kurzfristige und langfristige Vermögenswerte sowie kurzfristige und langfristige Schulden als getrennte Gliederungsgruppen in der Bilanz darzustellen, sofern nicht eine Darstellung nach der Liquidität zuverlässig und relevanter ist. Trifft diese Ausnahme zu, sind alle Vermögenswerte und Schulden nach ihrer Liquidität darzustellen. **60**

Unabhängig davon, welche Methode der Darstellung gewählt wird, hat ein Unternehmen für jeden Vermögens- und Schuldposten, der Beträge zusammenfasst, von denen erwartet wird, dass sie: **61**

(a) bis zu zwölf Monate nach dem Abschlussstichtag und

(b) nach mehr als zwölf Monaten nach dem Abschlussstichtag erfüllt werden,

den Betrag anzugeben, von dem erwartet wird, dass er nach mehr als zwölf Monaten realisiert oder erfüllt wird.

Bietet ein Unternehmen Güter oder Dienstleistungen innerhalb eines eindeutig identifizierbaren Geschäftszyklus an, so liefert eine getrennte Untergliederung von kurzfristigen und langfristigen Vermögenswerten und Schulden in der Bilanz nützliche Informationen, indem Nettovermögenswerte, die sich fortlaufend als kurzfristiges Nettobetriebskapital umschlagen, von denen unterschieden werden, die langfristigen Tätigkeiten des Unternehmens dienen. Zugleich werden Vermögenswerte, deren Realisierung innerhalb des laufenden Geschäftszyklus erwartet wird, und Schulden, deren Erfüllung in der gleichen Periode fällig wird, herausgestellt. **62**

Bei bestimmten Unternehmen, wie beispielsweise Finanzinstituten, bietet die Darstellung der Vermögens- und Schuldposten aufsteigend oder absteigend nach Liquidität Informationen, die zuverlässig und gegenüber der Darstellung nach Fristigkeiten relevanter sind, da das Unternehmen keine Waren oder Dienstleistungen innerhalb eines eindeutig identifizierbaren Geschäftszyklus anbietet. **63**

Bei der Anwendung von Paragraph 60 darf das Unternehmen einige Vermögenswerte und Schulden nach Liquidität anordnen und andere wiederum nach Fristigkeiten darstellen, wenn hierdurch zuverlässige und relevantere Informationen zu erzielen sind. Eine gemischte Aufstellung ist möglicherweise dann angezeigt, wenn das Unternehmen in unterschiedlichen Geschäftsfeldern tätig ist. **64**

Informationen über die erwarteten Realisierungszeitpunkte von Vermögenswerten und Schulden sind nützlich, um die Liquidität und Zahlungsfähigkeit eines Unternehmens zu beurteilen. IFRS 7 *Finanzinstrumente: Angaben* verlangt die Angabe der Fälligkeitstermine sowohl von finanziellen Vermögenswerten als auch von finanziellen Verbindlichkeiten. Finanzielle Vermögenswerte enthalten Forderungen aus Lieferungen und Leistungen sowie sonstige Forderungen, und finanzielle Verbindlichkeiten enthalten Verbindlichkeiten aus Lieferungen und Leistungen sowie sonstige Verbindlichkeiten. Informationen über den erwarteten Zeitpunkt der Realisierung von nicht monetären Vermögenswerten, wie z. B. Vorräten, und der Erfüllung von nicht monetären Schulden, wie z. B. Rückstellungen, sind ebenfalls nützlich, und zwar unabhängig davon, ob die Vermögenswerte und Schulden als langfristig oder kurzfristig eingestuft werden oder nicht. Beispielsweise gibt ein Unternehmen den Buchwert der Vorräte an, deren Realisierung nach mehr als zwölf Monaten nach dem Abschlussstichtag erwartet wird. **65**

Kurzfristige Vermögenswerte

66 Ein Unternehmen hat einen Vermögenswert in folgenden Fällen als kurzfristig einzustufen:

(a) die Realisierung des Vermögenswerts wird innerhalb des normalen Geschäftszyklus erwartet, oder der Vermögenswert wird zum Verkauf oder Verbrauch innerhalb dieses Zeitraums gehalten;

(b) der Vermögenswert wird primär für Handelszwecke gehalten;

(c) die Realisierung des Vermögenswerts wird innerhalb von zwölf Monaten nach dem Abschlussstichtag erwartet; oder

(d) es handelt sich um Zahlungsmittel oder Zahlungsmitteläquivalente (gemäß der Definition in IAS 7), es sei denn, der Tausch oder die Nutzung des Vermögenswerts zur Erfüllung einer Verpflichtung sind für einen Zeitraum von mindestens zwölf Monaten nach dem Abschlussstichtag eingeschränkt.

Alle anderen Vermögenswerte sind als langfristig einzustufen.

67 Dieser Standard verwendet den Begriff „langfristig", um damit materielle, immaterielle und finanzielle Vermögenswerte mit langfristigem Charakter zu erfassen. Er untersagt nicht die Verwendung anderer Bezeichnungen, solange deren Bedeutung klar verständlich ist.

68 Der Geschäftszyklus eines Unternehmens ist der Zeitraum zwischen dem Erwerb von Vermögenswerten, die in einen Prozess eingehen, und deren Umwandlung in Zahlungsmittel oder Zahlungsmitteläquivalente. Ist der Geschäftszyklus des Unternehmens nicht eindeutig identifizierbar, wird von einem Zeitraum von zwölf Monaten ausgegangen. Kurzfristige Vermögenswerte umfassen Vorräte und Forderungen aus Lieferungen und Leistungen, die als Teil des gewöhnlichen Geschäftszyklus verkauft, verbraucht und realisiert werden, selbst wenn deren Realisierung nicht innerhalb von zwölf Monaten nach dem Bilanzstichtag erwartet wird. Zu kurzfristigen Vermögenswerten gehören ferner Vermögenswerte, die vorwiegend zu Handelszwecken gehalten werden (als Beispiel hierfür seien einige finanzielle Vermögenswerte angeführt, die die Definition von „zu Handelszwecken gehalten" gemäß IFRS 9 erfüllen) sowie der kurzfristige Teil langfristiger finanzieller Vermögenswerte.

Kurzfristige Schulden

69 Ein Unternehmen hat eine Schuld in folgenden Fällen als kurzfristig einzustufen:

(a) die Erfüllung der Schuld wird innerhalb des normalen Geschäftszyklus erwartet;

(b) die Schuld wird primär für Handelszwecke gehalten;

(c) die Erfüllung der Schuld wird innerhalb von zwölf Monaten nach dem Bilanzstichtag erwartet; oder

(d) das Unternehmen hat kein uneingeschränktes Recht, die Erfüllung der Schuld um mindestens zwölf Monate nach dem Bilanzstichtag zu verschieben (siehe Paragraph 73). Ist die Schuld mit Bedingungen verbunden, nach denen diese aufgrund einer Option der Gegenpartei durch die Ausgabe von Eigenkapitalinstrumenten erfüllt werden kann, so beeinflusst dies ihre Einstufung nicht.

Alle anderen Schulden sind als langfristig einzustufen.

70 Einige kurzfristige Schulden, wie Verbindlichkeiten aus Lieferungen und Leistungen sowie Rückstellungen für personalbezogene Aufwendungen und andere betriebliche Aufwendungen, bilden einen Teil des kurzfristigen Betriebskapitals, das im normalen Geschäftszyklus des Unternehmens gebraucht wird. Solche betrieblichen Posten werden selbst dann als kurzfristige Schulden eingestuft, wenn sie später als zwölf Monate nach dem Abschlussstichtag fällig werden. Zur Unterteilung der Vermögenswerte und der Schulden des Unternehmens wird derselbe Geschäftszyklus herangezogen. Ist der Geschäftszyklus des Unternehmens nicht eindeutig identifizierbar, wird von einem Zeitraum von zwölf Monaten ausgegangen.

Andere kurzfristige Schulden werden nicht als Teil des gewöhnlichen Geschäftszyklus beglichen, ihre Erfüllung ist aber innerhalb von zwölf Monaten nach dem Bilanzstichtag fällig, oder sie werden vorwiegend zu Handelszwecken gehalten. Hierzu gehören beispielsweise finanzielle Verbindlichkeiten, die die Definition von „zu Handelszwecken gehalten" gemäß IFRS 9 erfüllen, Kontokorrentkredite, der kurzfristige Teil langfristiger finanzieller Verbindlichkeiten, Dividendenverbindlichkeiten, Ertragsteuern und sonstige nicht handelbare Verbindlichkeiten. Finanzielle Verbindlichkeiten, die die langfristige Finanzierung sichern (und somit nicht zum im gewöhnlichen Geschäftszyklus verwendeten Betriebskapital gehören) und die nicht innerhalb von zwölf Monaten nach dem Bilanzstichtag fällig sind, gelten vorbehaltlich der Paragraphen 74 und 75 als langfristige finanzielle Verbindlichkeiten. **71**

Ein Unternehmen hat seine finanziellen Verbindlichkeiten als kurzfristig einzustufen, wenn deren Erfüllung innerhalb von zwölf Monaten nach dem Abschlussstichtag fällig wird, selbst wenn **72**

(a) die ursprüngliche Laufzeit einen Zeitraum von mehr als zwölf Monaten umfasst, und

(b) eine Vereinbarung zur langfristigen Refinanzierung bzw. Umschuldung der Zahlungsverpflichtungen nach dem Abschlussstichtag, jedoch vor der Genehmigung zur Veröffentlichung des Abschlusses abgeschlossen wird.

Wenn das Unternehmen erwartet und verlangen kann, dass eine Verpflichtung im Rahmen einer bestehenden Kreditvereinbarung für mindestens zwölf Monate nach dem Abschlussstichtag refinanziert oder verlängert wird, gilt die Verpflichtung trotzdem selbst dann als langfristig, wenn sie sonst innerhalb eines kürzeren Zeitraums fällig wäre. In Situationen, in denen jedoch eine Refinanzierung bzw. eine Verlängerung nicht im Ermessen des Unternehmens liegt (was der Fall wäre, wenn keine Refinanzierungsvereinbarung vorläge), berücksichtigt das Unternehmen die Möglichkeit einer Refinanzierung nicht und stuft die betreffende Verpflichtung als kurzfristig ein. **73**

Verletzt das Unternehmen am oder vor dem Abschlussstichtag eine Bestimmung einer langfristigen Kreditvereinbarung, so dass die Schuld sofort fällig wird, hat es die Schuld selbst dann als kurzfristig einzustufen, wenn der Kreditgeber nach dem Abschlussstichtag und vor der Genehmigung zur Veröffentlichung des Abschlusses nicht mehr auf Zahlung aufgrund der Verletzung besteht. Die Schuld wird deshalb als kurzfristig eingestuft, weil das Unternehmen am Abschlussstichtag kein uneingeschränktes Recht zur Verschiebung der Erfüllung der Verpflichtung um mindestens zwölf Monate nach dem Abschlussstichtag hat. **74**

Ein Unternehmen stuft die Schuld hingegen als langfristig ein, falls der Kreditgeber bis zum Abschlussstichtag eine Nachfrist von mindestens zwölf Monaten nach dem Abschlussstichtag bewilligt, in der das Unternehmen die Verletzung beheben und der Kreditgeber keine sofortige Zahlung verlangen kann. **75**

Bei Darlehen, die als kurzfristige Schulden eingestuft werden, gilt Folgendes: Wenn zwischen dem Abschlussstichtag und der Genehmigung zur Veröffentlichung des Abschlusses eines der nachfolgenden Ereignisse eintritt, sind diese als nicht berücksichtigungspflichtige Ereignisse gemäß IAS 10 *Ereignisse nach dem Abschlussstichtag* anzugeben: **76**

(a) langfristige Refinanzierung;

(b) Behebung einer Verletzung einer langfristigen Kreditvereinbarung; sowie

(c) die Gewährung einer mindestens zwölf Monate nach dem Abschlussstichtag ablaufenden Nachfrist durch den Kreditgeber zur Behebung der Verletzung einer langfristigen Kreditvereinbarung.

Informationen, die entweder in der Bilanz oder im Anhang darzustellen sind

Ein Unternehmen hat weitere Unterposten entweder in der Bilanz oder in den Anhangangaben in einer für die Geschäftstätigkeit des Unternehmens geeigneten Weise anzugeben. **77**

78 Der durch Untergliederungen gegebene Detaillierungsgrad hängt von den Anforderungen der IFRS und von Größe, Art und Funktion der einbezogenen Beträge ab. Zur Ermittlung der Grundlage von Untergliederungen zieht ein Unternehmen auch die in Paragraph 58 enthaltenen Entscheidungskriterien heran. Die Angabepflichten variieren für jeden Posten, beispielsweise:

(a) Sachanlagen werden gemäß IAS 16 in Gruppen aufgegliedert;

(b) Forderungen werden in Beträge, die von Handelskunden, nahe stehenden Unternehmen und Personen gefordert werden, sowie in Vorauszahlungen und sonstige Beträge gegliedert;

(c) Vorräte werden gemäß IAS 2 *Vorräte* in Klassen wie etwa Handelswaren, Roh-, Hilfs- und Betriebsstoffe, unfertige Erzeugnisse und Fertigerzeugnisse gegliedert;

(d) Rückstellungen werden in Rückstellungen für Leistungen an Arbeitnehmer und sonstige Rückstellungen gegliedert; und

(e) Eigenkapital und Rücklagen werden in verschiedene Gruppen, wie beispielsweise eingezahltes Kapital, Agio und Rücklagen gegliedert.

79 Ein Unternehmen hat entweder in der Bilanz oder in der Eigenkapitalveränderungsrechnung oder im Anhang Folgendes anzugeben:

(a) für jede Klasse von Anteilen:

(i) die Zahl der genehmigten Anteile;

(ii) die Zahl der ausgegebenen und voll eingezahlten Anteile und die Anzahl der ausgegebenen und nicht voll eingezahlten Anteile;

(iii) den Nennwert der Anteile oder die Aussage, dass die Anteile keinen Nennwert haben;

(iv) eine Überleitungsrechnung der Zahl der im Umlauf befindlichen Anteile am Anfang und am Abschlussstichtag;

(v) die Rechte, Vorzugsrechte und Beschränkungen für die jeweilige Kategorie von Anteilen einschließlich Beschränkungen bei der Ausschüttung von Dividenden und der Rückzahlung des Kapitals;

(vi) Anteile an dem Unternehmen, die durch das Unternehmen selbst, seine Tochterunternehmen oder assoziierte Unternehmen gehalten werden; und

(vii) Anteile, die für die Ausgabe aufgrund von Optionen und Verkaufsverträgen zurückgehalten werden, unter Angabe der Modalitäten und Beträge; sowie

(b) eine Beschreibung von Art und Zweck jeder Rücklage innerhalb des Eigenkapitals.

80 Ein Unternehmen ohne gezeichnetes Kapital, wie etwa eine Personengesellschaft oder ein Treuhandfonds, hat Informationen anzugeben, die dem in Paragraph 79(a) Geforderten gleichwertig sind und Bewegungen während der Periode in jeder Eigenkapitalkategorie sowie die Rechte, Vorzugsrechte und Beschränkungen jeder Eigenkapitalkategorie zeigen.

80A Hat ein Unternehmen

(a) ein als Eigenkapitalinstrument eingestuftes kündbares Finanzinstrument oder

(b) ein als Eigenkapitalinstrument eingestuftes Instrument, das das Unternehmen dazu verpflichtet, einer anderen Partei im Falle der Liquidation einen proportionalen Anteil an seinem Nettovermögen zu liefern,

zwischen finanziellen Verbindlichkeiten und Eigenkapital umgegliedert, so hat es den in jeder Kategorie (d. h. bei den finanziellen Verbindlichkeiten oder dem Eigenkapital) ein bzw. ausgegliederten Betrag sowie den Zeitpunkt und die Gründe für die Umgliederung anzugeben.

Darstellung von Gewinn oder Verlust und sonstigem Ergebnis

(weggefallen) **81**

Die Darstellung von Gewinn oder Verlust und sonstigem Ergebnis (Gesamtergebnisrechnung) muss neben den Abschnitten „Gewinn oder Verlust" und „sonstiges Ergebnis" Folgendes zeigen: **81A**

(a) den Gewinn oder Verlust;

(b) das sonstige Ergebnis insgesamt;

(c) das Gesamtergebnis für die Periode, d. h. die Summe aus Gewinn oder Verlust und sonstigem Ergebnis.

Legt ein Unternehmen eine gesonderte Gewinn- und Verlustrechnung vor, so sieht es in der Gesamtergebnisrechnung von dem Abschnitt „Gewinn oder Verlust" ab.

Zusätzlich zu den Abschnitten „Gewinn oder Verlust" und „sonstiges Ergebnis" hat ein Unternehmen den Gewinn oder Verlust und das sonstige Ergebnis für die Periode wie folgt zuzuordnen: **81B**

(a) den Gewinn oder Verlust der Periode, der:
   (i) den nicht beherrschenden Anteilen und
   (ii) den Eigentümern des Mutterunternehmens zuzurechnen ist.

(b) das Gesamtergebnis der Periode, das
   (i) den nicht beherrschenden Anteilen und
   (ii) den Eigentümern des Mutterunternehmens zuzurechnen ist.

Legt ein Unternehmen eine gesonderte Gewinn- und Verlustrechnung vor, muss diese die unter a geforderten Angaben enthalten.

Informationen, die im Abschnitt „Gewinn oder Verlust" oder in der gesonderten Gewinn- und Verlustrechnung auszuweisen sind

Zusätzlich zu den in anderen IFRS vorgeschriebenen Posten sind im Abschnitt „Gewinn oder Verlust" oder in der gesonderten Gewinn- und Verlustrechnung für die betreffende Periode die folgenden Posten auszuweisen: **82**

(a) Umsatzerlöse, wobei die nach der Effektivzinsmethode berechneten Zinserträge getrennt ausgewiesen werden;

(aa) Gewinne und Verluste aus der Ausbuchung von finanziellen Vermögenswerten, die zu fortgeführten Anschaffungskosten bewertet werden;

(b) Finanzierungsaufwendungen;

(ba) Wertminderungsaufwendungen (einschließlich der Wertaufholung bei Wertminderungsaufwendungen oder -erträgen), die gemäß Abschnitt 5.5 von IFRS 9 bestimmt werden;

(c) Gewinn- oder Verlustanteil von assoziierten Unternehmen und Gemeinschaftsunternehmen, die nach der Equity-Methode bilanziert werden;

(ca) wenn ein finanzieller Vermögenswert aus der Kategorie der Bewertung zu fortgeführten Anschaffungskosten in die Kategorie der erfolgswirksamen Bewertung zum beizulegenden Zeitwert reklassifiziert wird, sämtliche Gewinne oder Verluste aus einer Differenz zwischen den bisherigen fortgeführten Anschaffungskosten des finanziellen Vermögenswerts und seinem beizulegenden Zeitwert zum Zeitpunkt der Reklassifizierung (wie in IFRS 9 definiert);

(cb) wenn ein finanzieller Vermögenswert aus der Kategorie der erfolgsneutralen Bewertung zum beizulegenden Zeitwert im sonstigen Ergebnis in die Kategorie der erfolgswirksamen Bewertung zum beizulegenden Zeitwert reklassifiziert wird, sämtliche kumulierten Gewin-

ne oder Verluste, die zuvor im sonstigen Ergebnis erfasst wurden und in den Gewinn oder Verlust umgegliedert werden;
(d) Steueraufwendungen;
(e) (weggefallen)
(ea) ein gesonderter Betrag für die Gesamtsumme der aufgegebenen Geschäftsbereiche (siehe IFRS 5).
(f)-(i) (weggefallen)

Informationen, die im Abschnitt „sonstiges Ergebnis" auszuweisen sind

82A Im Abschnitt „sonstiges Ergebnis" sind für die Beträge der Periode nachfolgende Posten auszuweisen:
(a) Posten des sonstigen Ergebnisses (mit Ausnahme der Beträge nach Paragraph b), nach Art des Betrags klassifiziert und getrennt nach den Posten, die gemäß anderen IFRS
(i) nicht zu einem späteren Zeitpunkt in den Gewinn oder Verlust umgegliedert werden; und
(ii) zu einem späteren Zeitpunkt in den Gewinn oder Verlust umgegliedert werden, sofern bestimmte Bedingungen erfüllt sind.
(b) Anteil von assoziierten Unternehmen und Gemeinschaftsunternehmen, die nach der Equity-Methode bilanziert werden, am sonstigen Ergebnis, getrennt nach den Posten, die gemäß anderen IFRS
(i) nicht zu einem späteren Zeitpunkt in den Gewinn oder Verlust umgegliedert werden; und
(ii) zu einem späteren Zeitpunkt in den Gewinn oder Verlust umgegliedert werden, sofern bestimmte Bedingungen erfüllt sind.

83 und 84 (weggefallen)

85 Ein Unternehmen hat in der/den Darstellung/en von Gewinn oder Verlust und sonstigem Ergebnis zusätzliche Posten (gegebenenfalls durch Einzeldarstellung der unter Paragraph 82 aufgeführten Posten), Überschriften und Zwischensummen einzufügen, wenn eine solche Darstellung für das Verständnis der Ertragslage des Unternehmens relevant ist.

85A Zwischensummen, die ein Unternehmen gemäß Paragraph 85 darstellt,
(a) müssen aus Posten mit gemäß den IFRS angesetzten und bewerteten Beträgen bestehen;
(b) müssen in einer Weise dargestellt und bezeichnet sein, die klar erkennen lässt, welche Posten in der Zwischensumme zusammengefasst sind;
(c) müssen gemäß Paragraph 45 von Periode zu Periode stetig dargestellt werden; und
(d) dürfen nicht stärker hervorgehoben werden als die gemäß den IFRS in der/den Darstellung/en von Gewinn oder Verlust und sonstigem Ergebnis auszuweisenden Zwischensummen und Summen.

85B Ein Unternehmen hat die Posten in der/den Darstellung/en von Gewinn oder Verlust und sonstigem Ergebnis so darzustellen, dass eine Abstimmung zwischen den gemäß Paragraph 85 dargestellten Zwischensummen und den Zwischensummen oder Summen, die die IFRS für solche Abschlussbestandteile vorschreiben, möglich ist.

86 Da sich die Auswirkungen der verschiedenen Tätigkeiten, Geschäftsvorfälle und sonstigen Ereignisse hinsichtlich ihrer Häufigkeit, ihres Gewinn- oder Verlustpotenzials sowie ihrer Vorhersagbarkeit unterscheiden, hilft die Darstellung der Erfolgsbestandteile beim Verständnis der erreichten Erfolgslage des Unternehmens sowie bei der Vorhersage der künftigen Erfolgslage. Ein Unternehmen nimmt in die Darstellung/en von Gewinn oder Verlust und sonstigem Ergebnis zusätzliche Posten auf und ändert die Bezeichnung und Gliederung einzelner Posten, wenn dies zur Erläuterung der Erfolgsbestandteile notwendig ist. Dabei müssen Faktoren wie Wesentlichkeit, Art und Funktion der Ertrags- und Aufwandsposten berücksichtigt werden. Beispielsweise kann ein Finanzinstitut die oben beschriebenen Darstellungen anpassen, um Informationen zu liefern, die für die Geschäftstätigkeit eines Finanzinstituts relevant sind. Ertrags- und Aufwandsposten werden nur saldiert, wenn die Bedingungen des Paragraphen 32 erfüllt sind.

Ein Unternehmen darf weder in der/den Aufstellung/en von Gewinn oder Verlust und sonstigem Ergebnis noch im Anhang Ertrags- oder Aufwandsposten als außerordentliche Posten darstellen. **87**

Gewinn oder Verlust der Periode

Ein Unternehmen hat alle Ertrags- und Aufwandsposten der Periode im Gewinn oder Verlust zu erfassen, es sei denn, ein IFRS schreibt etwas anderes vor. **88**

Einige IFRS nennen Umstände, aufgrund derer bestimmte Posten nicht in den Gewinn oder Verlust der aktuellen Periode eingehen. IAS 8 behandelt zwei solcher Fälle: die Berichtigung von Fehlern und die Auswirkungen von Änderungen der Rechnungslegungsmethoden. Andere IFRS verlangen oder gestatten, dass Bestandteile des sonstigen Ergebnisses, die im Sinne des *Rahmenkonzepts* als Erträge oder Aufwendungen zu definieren sind, bei der Ermittlung des Gewinns oder Verlusts unberücksichtigt bleiben (siehe Paragraph 7). **89**

Sonstiges Ergebnis in der Periode

Ein Unternehmen hat entweder in der Darstellung von Gewinn oder Verlust und sonstigem Ergebnis oder im Anhang den Betrag der Ertragsteuern anzugeben, der auf die einzelnen Posten des sonstigen Ergebnisses, einschließlich der Umgliederungsbeträge, entfällt. **90**

Ein Unternehmen kann die Posten des sonstigen Ergebnisses wie folgt darstellen: **91**

(a) nach Berücksichtigung aller damit verbundenen steuerlichen Auswirkungen oder

(b) vor Berücksichtigung der damit verbundenen steuerlichen Auswirkungen, wobei die Summe der Ertragsteuern auf diese Bestandteile als zusammengefasster Betrag ausgewiesen wird.

Wählt ein Unternehmen Alternative (b), hat es die Steuer zwischen den Posten, die anschließend in den Abschnitt „Gewinn oder Verlust" umgegliedert werden können, und den Posten, die anschließend nicht in den Abschnitt mit der Darstellung von Gewinn oder Verlust umgegliedert werden, aufzuteilen.

Ein Unternehmen hat Umgliederungsbeträge anzugeben, die sich auf Bestandteile des sonstigen Ergebnisses beziehen. **92**

In anderen IFRS ist festgelegt, ob und wann Beträge, die vorher unter dem sonstigen Ergebnis erfasst wurden, in den Gewinn oder Verlust umgegliedert werden. Solche Umgliederungen werden in diesem Standard als „Umgliederungsbeträge" bezeichnet. Ein Umgliederungsbetrag wird mit dem zugehörigen Bestandteil des sonstigen Ergebnisses in der Periode berücksichtigt, in welcher der Betrag erfolgswirksam umgegliedert wird. Diese Beträge wurden in der aktuellen oder einer früheren Periode möglicherweise als nicht realisierte Gewinne im sonstigen Ergebnis ausgewiesen. Um eine doppelte Erfassung im Gesamtergebnis zu vermeiden, sind solche nicht realisierten Gewinne vom sonstigen Ergebnis in der Periode abzuziehen, in der die realisierten Gewinne erfolgswirksam umgegliedert werden. **93**

Ein Unternehmen kann Umgliederungsbeträge in der/den Darstellung(en) von Gewinn oder Verlust und sonstigem Ergebnis oder im Anhang darstellen. Bei einer Darstellung der Umgliederungsbeträge im Anhang sind die Posten des sonstigen Ergebnisses nach Berücksichtigung zugehöriger Umgliederungsbeträge anzugeben. **94**

Umgliederungsbeträge entstehen beispielsweise beim Verkauf eines ausländischen Geschäftsbetriebs (siehe IAS 21) oder wenn abgesicherte erwartete Zahlungsströme sich auf den Gewinn oder Verlust auswirken (siehe Paragraph 6.5.11(d) von IFRS 9 in Zusammenhang mit der Absicherung von Zahlungsströmen). **95**

96 Umgliederungsbeträge fallen bei Veränderungen der Neubewertungsrücklage, die gemäß IAS 16 oder IAS 38 angesetzt werden, oder bei Neubewertungen leistungsorientierter Versorgungspläne, die gemäß IAS 19 angesetzt werden, nicht an. Diese Bestandteile werden im sonstigen Ergebnis angesetzt und in späteren Perioden nicht in den Gewinn oder Verlust umgegliedert. Veränderungen der Neubewertungsrücklage können in späteren Perioden bei Nutzung des Vermögenswerts oder bei seiner Ausbuchung in die Gewinnrücklagen umgegliedert werden (siehe IAS 16 und IAS 38). Gemäß IFRS 9 entstehen keine Umgliederungsbeträge, wenn eine Absicherung von Zahlungsströmen oder die Bilanzierung des Zeitwerts einer Option (oder des Terminelements eines Termingeschäfts oder des Währungsbasis-Spreads eines Finanzinstruments) zu Beträgen führt, die aus der Rücklage für die Absicherung von Zahlungsströmen bzw. einer gesonderten Eigenkapitalkomponente ausgebucht und direkt in die erstmaligen Anschaffungskosten oder in den sonstigen Buchwert eines Vermögenswerts oder einer Verbindlichkeit einbezogen werden. Diese Beträge werden direkt den Vermögenswerten oder Verbindlichkeiten zugeordnet.

Informationen, die in der/den Darstellung/en von Gewinn oder Verlust und sonstigem Ergebnis oder im Anhang auszuweisen sind

97 Wenn Ertrags- oder Aufwandsposten wesentlich sind, hat ein Unternehmen Art und Betrag dieser Posten gesondert anzugeben.

98 Umstände, die zu einer gesonderten Angabe von Ertrags- und Aufwandsposten führen, können sein:

(a) außerplanmäßige Abschreibung der Vorräte auf den Nettoveräußerungswert oder der Sachanlagen auf den erzielbaren Betrag sowie die Wertaufholung solcher außerplanmäßigen Abschreibungen;

(b) eine Umstrukturierung der Tätigkeiten eines Unternehmens und die Auflösung von Rückstellungen für Umstrukturierungsaufwand;

(c) Veräußerung von Posten der Sachanlagen;

(d) Veräußerung von Finanzanlagen;

(e) aufgegebene Geschäftsbereiche;

(f) Beendigung von Rechtsstreitigkeiten; und

(g) sonstige Auflösungen von Rückstellungen.

99 Ein Unternehmen hat den im Gewinn oder Verlust erfassten Aufwand aufzugliedern und dabei Gliederungskriterien anzuwenden, die entweder auf der Art der Aufwendungen oder auf deren Funktion innerhalb des Unternehmens beruhen je nachdem, welche Darstellungsform verlässliche und relevantere Informationen ermöglicht.

100 Unternehmen wird empfohlen, die in Paragraph 99 geforderte Aufgliederung in der/den Darstellung/en von Gewinn oder Verlust und sonstigem Ergebnis auszuweisen.

101 Aufwendungen werden unterteilt, um die Erfolgsbestandteile, die sich bezüglich Häufigkeit, Gewinn- oder Verlustpotenzial und Vorhersagbarkeit unterscheiden können, hervorzuheben. Diese Informationen können auf zwei verschiedene Arten dargestellt werden.

102 Die erste Art der Aufgliederung wird als „Gesamtkostenverfahren" bezeichnet. Aufwendungen werden im Gewinn oder Verlust nach ihrer Art zusammengefasst (beispielsweise Abschreibungen, Materialeinkauf, Transportkosten, Leistungen an Arbeitnehmer, Werbekosten) und nicht nach ihrer Zugehörigkeit zu einzelnen Funktionsbereichen des Unternehmens umverteilt. Diese Methode ist einfach anzuwenden, da die betrieblichen Aufwendungen den einzelnen Funktionsbereichen nicht zugeordnet werden müssen. Ein Beispiel für eine Gliederung nach dem Gesamtkostenverfahren ist:

Umsatzerlöse		X
Sonstige Erträge		X
Veränderungen des Bestands an Fertigerzeugnissen und unfertigen Erzeugnissen	X	
Aufwendungen für Roh-, Hilfs- und Betriebsstoffe	X	
Aufwendungen für Leistungen an Arbeitnehmer	X	
Aufwand für planmäßige Abschreibungen	X	
Andere Aufwendungen	X	
Gesamtaufwand		(X)
Gewinn vor Steuern		X

Die zweite Art der Aufgliederung wird als „Umsatzkostenverfahren" bezeichnet und unterteilt die Aufwendungen nach ihrer funktionalen Zugehörigkeit als Teile der Umsatzkosten, beispielsweise der Aufwendungen für Vertriebs- oder Verwaltungsaktivitäten. Das Unternehmen hat diesem Verfahren zufolge zumindest die Umsatzkosten gesondert von anderen Aufwendungen zu erfassen. Diese Methode liefert den Adressaten oft relevantere Informationen als die Aufteilung nach Aufwandsarten, aber die Zuordnung von Aufwendungen zu Funktionen kann willkürlich sein und beruht auf erheblichen Ermessensentscheidungen. Ein Beispiel für eine Gliederung nach dem Umsatzkostenverfahren ist: **103**

Umsatzerlöse	X
Umsatzkosten	(X)
Bruttogewinn	X
Sonstige Erträge	X
Vertriebskosten	(X)
Verwaltungsaufwendungen	(X)
Andere Aufwendungen	(X)
Gewinn vor Steuern	X

Ein Unternehmen, welches das Umsatzkostenverfahren anwendet, hat zusätzliche Informationen über die Art der Aufwendungen, einschließlich des Aufwands für planmäßige Abschreibungen und Amortisationen sowie Leistungen an Arbeitnehmer, anzugeben. **104**

Die Wahl zwischen dem Umsatzkosten- und dem Gesamtkostenverfahren hängt von historischen und branchenbezogenen Faktoren und von der Art des Unternehmens ab. Beide Verfahren liefern Hinweise auf die Kosten, die sich direkt oder indirekt mit der Höhe des Umsatzes oder der Produktion des Unternehmens verändern können. Da jede der beiden Darstellungsformen für unterschiedliche Unternehmenstypen vorteilhaft ist, verpflichtet dieser Standard das Management zur Wahl der Darstellungsform, die zuverlässig und relevanter ist. Da Informationen über die Art von Aufwendungen für die Prognose künftiger Cashflows nützlich sind, werden bei Anwendung des Umsatzkostenverfahrens zusätzliche Angaben gefordert. In Paragraph 104 hat der Begriff „Leistungen an Arbeitnehmer" dieselbe Bedeutung wie in IAS 19. **105**

Eigenkapitalveränderungsrechnung

Informationen, die in der Eigenkapitalveränderungsrechnung darzustellen sind

Ein Unternehmen hat gemäß Paragraph 10 eine Eigenkapitalveränderungsrechnung zu erstellen. Diese muss Folgendes enthalten: **106**

(a) das Gesamtergebnis in der Berichtsperiode, wobei die Beträge, die den Eigentümern des Mutterunternehmens und den nicht beherrschenden Anteilen insgesamt zuzurechnen sind, getrennt auszuweisen sind;

(b) für jede Eigenkapitalkomponente die Auswirkungen einer rückwirkenden Anwendung oder rückwirkenden Anpassung, die gemäß IAS 8 bilanziert wurden, und

(c) (weggefallen)

(d) für jede Eigenkapitalkomponente eine Überleitungsrechnung für die Buchwerte zu Beginn und am Ende der Berichtsperiode, wobei (zumindest die) Veränderungen gesondert auszuweisen sind, die zurückzuführen sind auf

(i) Gewinn oder Verlust;

(ii) sonstiges Ergebnis und

(iii) Transaktionen mit Eigentümern, die in dieser Eigenschaft handeln, wobei Einzahlungen von Eigentümern und Ausschüttungen an Eigentümer sowie Veränderungen bei Eigentumsanteilen an Tochterunternehmen, die keinen Verlust der Beherrschung nach sich ziehen, gesondert auszuweisen sind.

Informationen, die in der Eigenkapitalveränderungsrechnung oder im Anhang darzustellen sind

106A Ein Unternehmen hat in der Eigenkapitalveränderungsrechnung oder im Anhang für jede Eigenkapitalkomponente eine nach Posten gegliederte Analyse des sonstigen Einkommens vorzunehmen (siehe Paragraph 106 Buchstabe (d) Ziffer (ii)).

107 Ein Unternehmen hat in der Eigenkapitalveränderungsrechnung oder im Anhang die Höhe der Dividenden, die während der Berichtsperiode als Ausschüttungen an Eigentümer angesetzt werden, sowie den entsprechenden Dividendenbetrag pro Aktie anzugeben.

108 Zu den in Paragraph 106 genannten Eigenkapitalbestandteilen gehören beispielsweise jede Kategorie des eingebrachten Kapitals, der kumulierte Saldo jeder Kategorie des sonstigen Ergebnisses und die Gewinnrücklagen.

109 Veränderungen des Eigenkapitals eines Unternehmens zwischen dem Beginn und dem Ende der Berichtsperiode spiegeln die Zu- oder Abnahme seines Nettovermögens während der Periode wider. Mit Ausnahme von Änderungen, die sich aus Transaktionen mit Eigentümern, die in ihrer Eigenschaft als Eigentümer handeln (z. B. Kapitaleinzahlungen, Rückerwerb von Eigenkapitalinstrumenten des Unternehmens und Dividenden), sowie den unmittelbar damit zusammenhängenden Transaktionskosten ergeben, stellt die Gesamtveränderung des Eigenkapitals während der betreffenden Periode den Gesamtertrag bzw. -aufwand einschließlich der Gewinne und Verluste dar, die während der betreffenden Periode durch die Aktivitäten des Unternehmens entstehen.

110 Nach IAS 8 sind zur Berücksichtigung von Änderungen der Rechnungslegungsmethoden, soweit durchführbar, rückwirkende Anpassungen erforderlich, sofern die Übergangsbestimmungen in einem anderen IFRS keine andere Erfassung vorschreiben. Ebenso sind nach IAS 8, soweit durchführbar, rückwirkende Anpassungen zur Fehlerberichtigung erforderlich. Rückwirkende Anpassungen und rückwirkende Fehlerberichtigungen stellen keine Eigenkapitalveränderungen dar, sondern sind Berichtigungen des Anfangssaldos der Gewinnrücklagen, sofern ein IFRS keine rückwirkende Anpassung eines anderen Eigenkapitalbestandteils verlangt. Paragraph 106(b) schreibt die Angabe der Gesamtanpassung für jeden Eigenkapitalposten, die sich aus Änderungen der Rechnungslegungsmethoden und – getrennt davon – aus der Fehlerberichtigung ergibt, in der Eigenkapitalveränderungsrechnung vor. Diese Anpassungen sind für jede Vorperiode sowie für den Periodenanfang anzugeben.

Kapitalflussrechnung

111 Die Kapitalflussrechnung bietet den Adressaten eine Grundlage für die Beurteilung der Fähigkeit des Unternehmens, Zahlungsmittel und Zahlungsmitteläquivalente zu erwirtschaften, sowie des Bedarfs des Unternehmens, diese Cashflows zu verwenden. IAS 7 legt die Anforderungen für die Darstellung und Angabe von Informationen zu Cashflows fest.

Anhangangaben

Struktur

Der Anhang soll: **112**

(a) Informationen über die Grundlagen der Aufstellung des Abschlusses und die spezifischen Rechnungslegungsmethoden, die gemäß den Paragraphen 117-124 angewandt worden sind, darlegen;

(b) die nach IFRS erforderlichen Informationen offen legen, die nicht in den anderen Abschlussbestandteilen ausgewiesen sind; und

(c) Informationen liefern, die nicht in anderen Abschlussbestandteilen ausgewiesen werden, für das Verständnis derselben jedoch relevant sind.

Ein Unternehmen hat die Anhangangaben, soweit durchführbar, systematisch darzustellen. Bei der Festlegung der Darstellungssystematik berücksichtigt das Unternehmen, wie sich diese auf die Verständlichkeit und Vergleichbarkeit ihrer Abschlüsse auswirkt. Jeder Posten in der Bilanz, der/den Darstellung/en von Gewinn oder Verlust und sonstigem Ergebnis, der Eigenkapitalveränderungsrechnung und der Kapitalflussrechnung muss mit einem Querverweis auf sämtliche zugehörigen Informationen im Anhang versehen sein. **113**

Eine systematische Ordnung oder Gliederung der Anhangangaben bedeutet beispielsweise, **114**

(a) dass Tätigkeitsbereiche hervorgehoben werden, die nach Einschätzung des Unternehmens für das Verständnis seiner Vermögens-, Finanz- und Ertragslage besonders relevant sind, indem beispielsweise Informationen zu bestimmten betrieblichen Tätigkeiten zusammengefasst werden;

(b) dass Informationen über Posten, die in ähnlicher Weise bewertet werden, beispielsweise über zum beizulegenden Zeitwert bewertete Vermögenswerte, zusammengefasst werden; oder

(c) dass die Posten in der Reihenfolge ausgewiesen werden, in der sie in der/den Darstellung/en von Gewinn oder Verlust und sonstigem Ergebnis und der Bilanz aufgeführt sind, nämlich:

    (i) Bestätigung der Übereinstimmung mit IFRS (siehe Paragraph 16);

    (ii) Darstellung der wesentlichen angewandten Rechnungslegungsmethoden (siehe Paragraph 117);

    (iii) ergänzende Informationen zu den in der Bilanz, der/den Darstellung/en von Gewinn oder Verlust und sonstigem Ergebnis, der Eigenkapitalveränderungsrechnung und der Kapitalflussrechnung dargestellten Posten in der Reihenfolge, in der jeder Abschlussbestandteil und jeder Posten dargestellt wird; und

    (iv) andere Angaben, einschließlich:

        (1) Eventualverbindlichkeiten (siehe IAS 37) und nicht bilanzierte vertragliche Verpflichtungen, und

        (2) nicht finanzielle Angaben, z. B. die Ziele und Methoden des Finanzrisikomanagements des Unternehmens (siehe IFRS 7).

(weggefallen) **115**

Ein Unternehmen kann Informationen über die Grundlagen der Aufstellung des Abschlusses und die spezifischen Rechnungslegungsmethoden als gesonderten Teil des Abschlusses darstellen. **116**

Angabe der Rechnungslegungsmethoden

Ein Unternehmen hat in der Darstellung der maßgeblichen Rechnungslegungsmethoden Folgendes anzugeben: **117**

(a) die bei der Erstellung des Abschlusses herangezogene(n) Bewertungsgrundlage(n); und
(b) sonstige angewandte Rechnungslegungsmethoden, die für das Verständnis des Abschlusses relevant sind.

118 Es ist wichtig, dass ein Unternehmen die Adressaten über die verwendete(n) Bewertungsgrundlage(n) (z. B. historische Anschaffungs- oder Herstellungskosten, Tageswert, Nettoveräußerungswert, beizulegender Zeitwert oder erzielbarer Betrag) informiert, da die Grundlage, auf der der gesamte Abschluss aufgestellt ist, die Analyse der Adressaten maßgeblich beeinflussen kann. Wendet ein Unternehmen im Abschluss mehr als eine Bewertungsgrundlage an, wenn beispielsweise bestimmte Gruppen von Vermögenswerten neu bewertet werden, ist es ausreichend, einen Hinweis auf die Gruppen von Vermögenswerten und Schulden zu geben, auf die die jeweilige Bewertungsgrundlage angewandt wird.

119 Bei der Entscheidung darüber, ob eine bestimmte Rechnungslegungsmethode anzugeben ist, wägt das Management ab, ob die Angaben über die Art und Weise, wie Geschäftsvorfälle, sonstige Ereignisse und Bedingungen in der dargestellten Vermögens-, Finanz- und Ertragslage wiedergegeben werden, zum Verständnis der Adressaten beitragen. Jedes Unternehmen berücksichtigt die Art seiner Geschäftstätigkeit und die Rechnungslegungsmethoden, von denen die Adressaten des Abschlusses erwarten würden, dass sie für diesen Unternehmenstyp angegeben werden. Die Darstellung bestimmter Rechnungslegungsmethoden ist für Adressaten besonders vorteilhaft, wenn solche Methoden aus den in den IFRS zugelassenen Alternativen ausgewählt werden. Ein Beispiel ist die Angabe, ob ein Unternehmen den beizulegenden Zeitwert oder das Kostenmodell auf seine als Finanzinvestition gehaltene Immobilie anwendet (siehe IAS 40 *Als Finanzinvestition gehaltene Immobilien*). Einige IFRS schreiben die Angabe bestimmter Rechnungslegungsmethoden vor, einschließlich der Wahl, die die Unternehmensführung zwischen verschiedenen zulässigen Methoden trifft. Beispielsweise ist nach IAS 16 die Bewertungsgrundlage für Sachanlagen anzugeben.

120 (weggefallen)

121 Eine Rechnungslegungsmethode kann aufgrund der Tätigkeiten des Unternehmens eine wichtige Rolle spielen, selbst wenn die Beträge für die aktuelle sowie für frühere Perioden unwesentlich sind. Es ist ebenfalls zweckmäßig, jede wesentliche Rechnungslegungsmethode anzugeben, die zwar nicht von den IFRS vorgeschrieben ist, die das Unternehmen aber in Übereinstimmung mit IAS 8 auswählt und anwendet.

122 Ein Unternehmen hat zusammen mit der Darstellung der wesentlichen Rechnungslegungsmethoden oder sonstigen Erläuterungen anzugeben, welche Ermessensentscheidungen – mit Ausnahme solcher, bei denen Schätzungen einfließen (siehe Paragraph 125) – das Management bei der Anwendung der Rechnungslegungsmethoden getroffen hat und welche Ermessensentscheidungen die Beträge im Abschluss am wesentlichsten beeinflussen.

123 Die Anwendung der Rechnungslegungsmethoden unterliegt verschiedenen Ermessensausübungen des Managements – abgesehen von solchen, bei denen Schätzungen einfließen –, die die Beträge im Abschluss erheblich beeinflussen können. Das Management übt beispielsweise seinen Ermessensspielraum aus, wenn es festlegt,

(a) (weggefallen)
(b) wann alle wesentlichen mit dem rechtlichen Eigentum verbundenen Risiken und Chancen der finanziellen Vermögenswerte und – bei Leasinggebern – des Leasingvermögens auf andere Unternehmen übertragen werden; und
(c) ob es sich bei bestimmten Warenverkaufsgeschäften im Wesentlichen um Finanzierungsvereinbarungen handelt, durch die folglich keine Umsatzerlöse erzielt werden; und
(d) ob die Vertragsbedingungen eines finanziellen Vermögenswerts zu festgelegten Zeitpunkten zu Zahlungsströmen führen, die ausschließlich Tilgungs- und Zinszahlungen auf den ausstehenden Kapitalbetrag darstellen.

124 Einige gemäß Paragraph 122 erfolgte Angaben werden von anderen IFRS vorgeschrieben. So schreibt zum Beispiel IFRS 12 *Angaben zu Anteilen an anderen Unternehmen* einem Unternehmen vor, die Überlegungen offenzulegen, die zur Feststellung geführt haben, dass es ein anderes Unternehmen beherrscht. IAS 40 sieht vor die vom Unternehmen entwickelten Kriterien anzugeben, nach denen zwischen als Finanzinvestition gehaltenen, vom Eigentümer selbstgenutzten Immobilien und Immobilien, die zum Verkauf im Rahmen der gewöhnlichen Geschäftstätigkeit gehalten werden, unterschieden wird, sofern eine Zuordnung Schwierigkeiten bereitet.

Quellen von Schätzungsunsicherheiten

Ein Unternehmen hat im Anhang die wichtigsten zukunftsbezogenen Annahmen anzugeben **125** sowie Angaben über sonstige am Abschlussstichtag wesentliche Quellen von Schätzungsunsicherheiten zu machen, durch die ein beträchtliches Risiko entstehen kann, dass innerhalb des nächsten Geschäftsjahres eine wesentliche Anpassung der Buchwerte der ausgewiesenen Vermögenswerte und Schulden erforderlich wird. Bezüglich solcher Vermögenswerte und Schulden sind im Anhang:

(a) ihre Art sowie

(b) ihre Buchwerte am Abschlussstichtag anzugeben.

Zur Bestimmung der Buchwerte bestimmter Vermögenswerte und Schulden ist eine Schätzung **126** der Auswirkungen ungewisser künftiger Ereignisse auf solche Vermögenswerte und Schulden am Abschlussstichtag erforderlich. Fehlen beispielsweise kürzlich festgestellte Marktpreise, sind zukunftsbezogene Schätzungen erforderlich, um den erzielbaren Betrag bestimmter Gruppen von Sachanlagen, die Folgen technischer Veralterung für Bestände, Rückstellungen, die von dem künftigen Ausgang von Gerichtsverfahren abhängen, sowie langfristige Verpflichtungen gegenüber Arbeitnehmern, wie beispielsweise Pensionszusagen, zu bewerten. Diese Schätzungen beziehen Annahmen über Faktoren wie Risikoanpassungen von Cashflows oder der Abzinsungssätze, künftige Gehaltsentwicklungen und künftige, andere Kosten beeinflussende Preisänderungen mit ein.

Die Annahmen sowie andere Quellen von Schätzungsunsicherheiten, die gemäß Paragraph 125 **127** angegeben werden, gelten für Schätzungen, die eine besonders schwierige, subjektive oder komplizierte Ermessensentscheidung des Managements erfordern. Je höher die Anzahl der Variablen bzw. der Annahmen, die sich auf die mögliche künftige Beseitigung bestehender Unsicherheiten auswirken, desto subjektiver und schwieriger wird die Ermessensausübung, so dass die Wahrscheinlichkeit einer nachträglichen, wesentlichen Anpassung der angesetzten Buchwerte der betreffenden Vermögenswerte und Schulden in der Regel im gleichen Maße steigt.

Die in Paragraph 125 vorgeschriebenen Angaben sind nicht für Vermögenswerte und Schulden **128** erforderlich, bei denen ein beträchtliches Risiko besteht, dass sich ihre Buchwerte innerhalb des nächsten Geschäftsjahres wesentlich verändern, wenn diese am Abschlussstichtag zum beizulegenden Zeitwert auf der Basis kurz zuvor festgestellter Preisnotierungen in einem aktiven Markt für identische Vermögenswerte oder Schulden bewertet werden. Zwar besteht die Möglichkeit einer wesentlichen Änderung der beizulegenden Zeitwerte innerhalb des nächsten Geschäftsjahres, doch sind diese Änderungen nicht auf Annahmen oder sonstige Quellen einer Schätzungsunsicherheit am Abschlussstichtag zurückzuführen.

Ein Unternehmen macht die in Paragraph 125 vorgeschriebenen Angaben auf eine Weise, die **129** es den Adressaten erleichtert, die Ermessensausübung des Managements bezüglich der Zukunft und anderer wesentlicher Quellen von Schätzungsunsicherheiten zu verstehen. Die Art und der Umfang der gemachten Angaben hängen von der Art der Annahmen sowie anderen Umständen ab. Beispiele für die Art der erforderlichen Angaben sind:

(a) die Art der Annahme bzw. der sonstigen Schätzungsunsicherheit;

(b) die Sensitivität der Buchwerte hinsichtlich der Methoden, der Annahmen und der Schätzungen, die der Berechnung der Buchwerte zugrunde liegen unter Angabe der Gründe für die Sensitivität;

(c) die erwartete Beseitigung einer Unsicherheit sowie die Bandbreite der vernünftigerweise für möglich gehaltenen Gewinn oder Verlust innerhalb des nächsten Geschäftsjahres bezüglich der Buchwerte der betreffenden Vermögenswerte und Schulden; und

(d) eine Erläuterung der Anpassungen früherer Annahmen bezüglich solcher Vermögenswerte und Schulden, sofern die Unsicherheit weiter bestehen bleibt.

130 Dieser Standard schreibt einem Unternehmen nicht die Angabe von Budgets oder Prognosen im Rahmen des Paragraphen 125 vor.

131 Manchmal ist die Angabe des Umfangs der möglichen Auswirkungen einer Annahme bzw. einer anderen Quelle von Schätzungsunsicherheiten am Abschlussstichtag undurchführbar. In solchen Fällen hat das Unternehmen anzugeben, dass es aufgrund bestehender Kenntnisse im Rahmen des Möglichen liegt, dass innerhalb des nächsten Geschäftsjahres von den Annahmen abgewichen werden könnte, so dass eine wesentliche Anpassung des Buchwerts der betreffenden Vermögenswerte bzw. Schulden erforderlich ist. In allen Fällen hat das Unternehmen die Art und den Buchwert der durch die Annahme betroffenen einzelnen Vermögenswerte und Schulden (bzw. Vermögens- oder Schuldkategorien) anzugeben.

132 Die in Paragraph 122 vorgeschriebenen Angaben zu Ermessensentscheidungen des Managements bei der Anwendung der Rechnungslegungsmethoden des Unternehmens gelten nicht für die Angabe der Quellen von Schätzungsunsicherheiten gemäß Paragraph 125.

133 Andere IFRS verlangen die Angabe einiger Annahmen, die ansonsten gemäß Paragraph 125 erforderlich wären. Nach IAS 37 sind beispielsweise unter bestimmten Voraussetzungen die wesentlichen Annahmen bezüglich künftiger Ereignisse anzugeben, die die Rückstellungsarten beeinflussen könnten. Nach IFRS 13 *Bemessung des beizulegenden Zeitwerts* müssen wesentliche Annahmen (einschließlich der Bewertungstechnik(en) und des/der Inputfaktors/Inputfaktoren) angegeben werden, die das Unternehmen in die Bemessung des beizulegenden Zeitwerts von Vermögenswerten und Schulden einfließen lässt, die zum beizulegenden Zeitwert angesetzt werden.

Kapital

134 Ein Unternehmen hat Angaben zu veröffentlichen, die den Abschlussadressaten eine Beurteilung seiner Ziele, Methoden und Prozesse des Kapitalmanagements ermöglichen.

135 Zur Einhaltung des Paragraphen 134 hat das Unternehmen die folgenden Angaben zu machen:

(a) qualitative Angaben zu seinen Zielen, Methoden und Prozessen beim Kapitalmanagement, einschließlich

   (i) einer Beschreibung dessen, was als Kapital gemanagt wird;

   (ii) für den Fall, dass ein Unternehmen externen Mindestkapitalanforderungen unterliegt – der Art dieser Anforderungen und der Art und Weise, wie sie in das Kapitalmanagement einbezogen werden; und

   (iii) Angaben darüber, wie es seine Ziele für das Kapitalmanagement erfüllt;

(b) zusammenfassende quantitative Angaben darüber, was als Kapital gemanagt wird. Einige Unternehmen betrachten bestimmte finanzielle Verbindlichkeiten (wie einige Formen nachrangiger Verbindlichkeiten) als Teil des Kapitals. Für andere Unternehmen hingegen fallen bestimmte Eigenkapitalbestandteile (wie solche, die aus der Absicherung von Zahlungsströmen resultieren) nicht unter das Kapital;

(c) jede Veränderung, die gegenüber der vorangegangenen Periode bei (a) und (b) eingetreten ist;

(d) Angaben darüber, ob es in der Periode alle etwaigen externen Mindestkapitalanforderungen erfüllt hat, denen es unterliegt;

(e) für den Fall, dass das Unternehmen solche externen Mindestkapitalanforderungen nicht erfüllt hat, die Konsequenzen dieser Nichterfüllung.

Das Unternehmen stützt die vorstehend genannten Angaben auf die Informationen, die den Mitgliedern des Managements in Schlüsselpositionen intern vorgelegt werden.

Ein Unternehmen kann sein Kapital auf unterschiedliche Weise managen und einer Reihe unterschiedlicher Mindestkapitalanforderungen unterliegen. So kann ein Konglomerat im Versicherungs- und Bankgeschäft tätige Unternehmen umfassen, wobei diese Unternehmen ihrer Tätigkeit in verschiedenen Rechtskreisen nachgehen können. Würden zusammengefasste Angaben zu Mindestkapitalanforderungen und zur Art und Weise des Kapitalmanagements keine sachdienlichen Informationen liefern oder den Abschlussadressaten ein verzerrtes Bild der Kapitalressourcen eines Unternehmens vermitteln, so hat das Unternehmen zu jeder Mindestkapitalanforderung, der es unterliegt, gesonderte Angaben zu machen. **136**

Als Eigenkapital eingestufte kündbare Finanzinstrumente

Zu kündbaren Finanzinstrumenten, die als Eigenkapitalinstrumente eingestuft sind, hat ein Unternehmen folgende Angaben zu liefern (sofern diese nicht bereits an anderer Stelle zu finden sind): **136A**

(a) zusammengefasste quantitative Daten zu dem als Eigenkapital eingestuften Betrag;

(b) Ziele, Methoden und Verfahren, mit deren Hilfe das Unternehmen seiner Verpflichtung nachkommen will, die Instrumente zurückzukaufen oder zunehmen, wenn die Inhaber dies verlangen, einschließlich aller Änderungen gegenüber der vorangegangenen Periode;

(c) der bei Rücknahme oder Rückkauf dieser Klasse von Finanzinstrumenten erwartete Mittelabfluss; und

(d) Informationen darüber, wie der bei Rücknahme oder Rückkauf erwartete Mittelabfluss ermittelt wurde.

Weitere Angaben

Das Unternehmen hat im Anhang Folgendes anzugeben: **137**

(a) die Dividendenzahlungen des Unternehmens, die vorgeschlagen oder beschlossen wurden, bevor der Abschluss zur Veröffentlichung freigegeben wurde, die aber nicht als Ausschüttungen an die Eigentümer während der Periode im Abschluss bilanziert wurden, sowie den Betrag je Anteil; und

(b) den Betrag der kumulierten noch nicht bilanzierten Vorzugsdividenden.

Ein Unternehmen hat Folgendes anzugeben, wenn es nicht an anderer Stelle in Informationen angegeben wird, die zusammen mit dem Abschluss veröffentlicht werden: **138**

(a) den Sitz und die Rechtsform des Unternehmens, das Land, in dem es als juristische Person registriert ist, und die Adresse des eingetragenen Sitzes (oder des Hauptsitzes der Geschäftstätigkeit, wenn dieser vom eingetragenen Sitz abweicht);

(b) eine Beschreibung der Art der Geschäftstätigkeit des Unternehmens und seiner Haupttätigkeiten;

(c) den Namen des Mutterunternehmens und des obersten Mutterunternehmens der Unternehmensgruppe und

(d) wenn seine Lebensdauer begrenzt ist, die Angabe der Lebensdauer.

Übergangsvorschriften und Zeitpunkt des Inkrafttretens

Dieser Standard ist erstmals in der ersten Berichtsperiode eines am 1. Januar 2009 oder danach beginnenden Geschäftsjahres anzuwenden. Eine frühere Anwendung ist zulässig. Wenn ein Unternehmen diesen Standard für eine frühere Berichtsperiode anwendet, so ist diese Tatsache anzugeben. **139**

139A Durch IAS 27 (in der vom International Accounting Standards Board 2008 geänderten Fassung) wurde Paragraph 106 geändert. Diese Änderung ist erstmals in der ersten Periode eines am 1. Juli 2009 oder danach beginnenden Geschäftsjahres anzuwenden. Wendet ein Unternehmen IAS 27 (in der 2008 geänderten Fassung) auf eine frühere Berichtsperiode an, so hat es auf diese Periode auch die genannte Änderung anzuwenden. Diese Änderung ist rückwirkend anzuwenden.

139B Durch *Kündbare Finanzinstrumente und bei Liquidation entstehende Verpflichtungen* (im Februar 2008 veröffentlichte Änderungen an IAS 32 und IAS 1) wurden der Paragraph 138 geändert und die Paragraphen 8A, 80A und 136A eingefügt. Diese Änderungen sind erstmals auf Geschäftsjahre anzuwenden, die am oder nach dem 1. Januar 2009 beginnen. Eine frühere Anwendung ist zulässig. Wendet ein Unternehmen diese Änderungen auf eine frühere Periode an, so muss es dies angeben und gleichzeitig die verbundenen Änderungen an IAS 32, IAS 39, IFRS 7 und IFRIC 2 *Geschäftsanteile an Genossenschaften und ähnliche Instrumente* anwenden.

139C Die Paragraphen 68 und 71 werden im Rahmen der *Verbesserungen der IFRS* vom Mai 2008 geändert. Diese Änderungen sind erstmals in der ersten Berichtsperiode eines am 1. Januar 2009 oder danach beginnenden Geschäftsjahres anzuwenden. Eine frühere Anwendung ist zulässig. Wendet ein Unternehmen diesen IFRS auf eine frühere Periode an, so ist dies anzugeben.

139D Paragraph 69 wurde durch die *Verbesserungen der IFRS* vom April 2009 geändert. Diese Änderungen sind erstmals in der ersten Berichtsperiode eines am 1. Januar 2010 oder danach beginnenden Geschäftsjahres anzuwenden. Eine frühere Anwendung ist zulässig. Wendet ein Unternehmen die Änderung für ein früheres Geschäftsjahr an, hat es dies anzugeben.

139E (nicht besetzt)

139F Durch die im Mai 2010 veröffentlichten *Verbesserungen an den IFRS* wurden die Paragraphen 106 und 107 geändert und der Paragraph 106A eingefügt. Diese Änderungen sind erstmals in der ersten Berichtsperiode eines am oder nach dem 1. Januar 2011 beginnenden Geschäftsjahres anzuwenden. Eine frühere Anwendung ist zulässig.

139G (nicht besetzt)

139H Durch IFRS 10 und IFRS 12, veröffentlicht im Mai 2011, wurden die Paragraphen 4, 119, 123 und 124 geändert. Ein Unternehmen hat diese Änderungen anzuwenden, wenn es IFRS 10 und IFRS 12 anwendet.

139I Durch IFRS 13, veröffentlicht im Mai 2011, wurden die Paragraphen 128 und 133 geändert. Ein Unternehmen hat die betreffenden Änderungen anzuwenden, wenn es IFRS 13 anwendet.

139J Mit *Darstellung von Posten des sonstigen Ergebnisses* (Änderung IAS 1), veröffentlicht im Juni 2011, wurden die Paragraphen 7, 10, 82, 85-87, 90, 91, 94, 100 und 115 geändert, die Paragraphen 10A, 81A, 81B und 82A angefügt und die Paragraphen 12, 81, 83 und 84 gestrichen. Unternehmen haben diese Änderungen auf Geschäftsjahre anzuwenden, die am oder nach dem 1. Juli 2012 beginnen. Eine frühere Anwendung ist zulässig. Wendet ein Unternehmen die Änderungen früher an, hat es dies anzugeben.

139K Durch IAS 19 Leistungen an Arbeitnehmer (in der im Juni 2011 geänderten Fassung) wurde die Definition für „sonstiges Ergebnis" in Paragraph 7 und Paragraph 96 geändert. Ein Unternehmen hat die betreffenden Änderungen anzuwenden, wenn es IAS 19 (in der im Juni 2011 geänderten Fassung) anwendet.

139L Mit den *Jährlichen Verbesserungen, Zyklus 2009-2011*, von Mai 2012 wurden die Paragraphen 10, 38 und 41 geändert, die Paragraphen 39-40 gestrichen sowie die Paragraphen 38A-38D und 40A-40D hinzugefügt. Diese Änderungen sind rückwirkend gemäß IAS 8 *Rechnungslegungsmethoden, Änderungen von rechnungslegungsbezogenen Schätzungen und Fehler* in der ersten Berichtsperiode eines am oder nach dem 1. Januar 2013 beginnenden Geschäftsjahres anzuwenden. Eine frühere Anwendung ist zulässig. Wendet ein Unternehmen die Änderung auf eine frühere Periode an, hat es dies anzugeben.

139M (nicht besetzt)

Mit dem im Mai 2014 veröffentlichten IFRS 15 *Erlöse aus Verträgen mit Kunden* wurde Paragraph 34 geändert. Ein Unternehmen hat diese Änderung anzuwenden, wenn es IFRS 15 anwendet. **139N**

Durch IFRS 9 (im Juli 2014 veröffentlicht) wurden die Paragraphen 7, 68, 71, 82, 93, 95, 96, 106 und 123 geändert und die Paragraphen 139E, 139G und 139M gestrichen. Ein Unternehmen hat diese Änderungen anzuwenden, wenn es IFRS 9 anwendet. **139O**

Mit der im Dezember 2014 veröffentlichten Verlautbarung *Angabeninitiative* (Änderungen an IAS 1) wurden die Paragraphen 10, 31, 54-55, 82A, 85, 113-114, 117, 119 und 122 geändert, die Paragraphen 30A, 55A und 85A-85B angefügt und die Paragraphen 115 und 120 gestrichen. Diese Änderungen sind auf Geschäftsjahre anzuwenden, die am oder nach dem 1. Januar 2016 beginnen. Eine frühere Anwendung ist zulässig. Die Unternehmen sind nicht verpflichtet, in Bezug auf diese Änderungen die in den Paragraphen 28-30 des IAS 8 geforderten Angaben zu machen. **139P**

Durch IFRS 16, *Leasingverhältnisse*, veröffentlicht im Januar 2016, wurde Paragraph 123 geändert. Ein Unternehmen hat die betreffende Änderung anzuwenden, wenn es IFRS 16 anwendet. **139Q**

(zur Zeit nicht besetzt) **139R**

Durch die 2018 veröffentlichte Verlautbarung *Änderungen der Verweise auf das Rahmenkonzept in IFRS-Standards* wurden die Paragraphen 7, 15, 19–20, 23–24, 28 und 89 geändert. Diese Änderungen sind auf Geschäftsjahre anzuwenden, die am oder nach dem 1. Januar 2020 beginnen. Eine frühere Anwendung ist zulässig, wenn das Unternehmen gleichzeitig alle anderen mit der Verlautbarung *Änderungen der Verweise auf das Rahmenkonzept in IFRS-Standards* einhergehenden Änderungen anwendet. Die Änderungen an IAS 1 sind gemäß IAS 8 *Rechnungslegungsmethoden, Änderungen von rechnungslegungsbezogenen Schätzungen und Fehler* rückwirkend anzuwenden. Sollte das Unternehmen jedoch feststellen, dass eine rückwirkende Anwendung nicht durchführbar oder mit unangemessenem Kosten- oder Zeitaufwand verbunden wäre, hat es die Änderungen an IAS 1 mit Verweis auf die Paragraphen 23–28, 50–53 und 54F des IAS 8 anzuwenden. **139S**

Mit der im Oktober 2018 veröffentlichten Verlautbarung *Definition von „wesentlich"* (Änderungen an IAS 1 und IAS 8) wurden Paragraph 7 von IAS 1 und Paragraph 5 von IAS 8 geändert und Paragraph 6 von IAS 8 gestrichen. Diese Änderungen sind prospektiv auf Geschäftsjahre anzuwenden, die am oder nach dem 1. Januar 2020 beginnen. Eine frühere Anwendung ist zulässig. Wendet ein Unternehmen diese Änderungen früher an, hat es dies anzugeben. **139T**

Rücknahme von IAS 1 (überarbeitet 2003)

Der vorliegende Standard ersetzt IAS 1 *Darstellung des Abschlusses* (überarbeitet 2003) in der im Jahr 2005 geänderten Fassung. **140**

International Accounting Standard 2
Vorräte (IAS 2)

**v. 3.11.2008 (ABl EU Nr. L 320 S. 1);
zuletzt geändert durch Verordnung (EU) 2017/1986 v. 31.10.2017
(ABl EU Nr. L 291 S. 1)**

Inhalt	Ziffer

Zielsetzung

Zielsetzung dieses Standards ist die Regelung der Bilanzierung von Vorräten. Die primäre Fragestellung ist dabei die Höhe der Anschaffungs- oder Herstellungskosten, die als Vermögenswert anzusetzen und fortzuschreiben sind, bis die entsprechenden Erlöse erfasst werden. Dieser Standard gibt Anwendungsleitlinien für die Ermittlung der Anschaffungs- oder Herstellungskosten und deren nachfolgende Erfassung als Aufwand einschließlich etwaiger Abwertungen auf den Nettoveräußerungswert. Er enthält außerdem Anleitungen zu den Verfahren, wie Anschaffungs- oder Herstellungskosten den Vorräten zugeordnet werden. **1**

Anwendungsbereich

Dieser Standard ist auf alle Vorräte anzuwenden mit folgenden Ausnahmen: **2**

(a) (weggefallen)

(b) Finanzinstrumente (siehe IAS 32 *Finanzinstrumente: Darstellung* und IFRS 9 *Finanzinstrumente*) und

(c) biologische Vermögenswerte, die mit landwirtschaftlicher Tätigkeit im Zusammenhang stehen, und landwirtschaftliche Erzeugnisse zum Zeitpunkt der Ernte (siehe IAS 41 *Landwirtschaft*).

3 Dieser Standard ist nicht auf die Bewertung folgender Vorräte anzuwenden:

(a) Vorräte von Erzeugern land- und forstwirtschaftlicher Erzeugnisse, landwirtschaftliche Erzeugnisse nach der Ernte sowie Mineralien und mineralische Stoffe jeweils insoweit, als diese Erzeugnisse in Übereinstimmung mit der gut eingeführten Praxis ihrer Branche mit dem Nettoveräußerungswert bewertet werden. Werden solche Vorräte mit dem Nettoveräußerungswert bewertet, werden Wertänderungen im Periodenergebnis in der Berichtsperiode der Änderung erfasst.

(b) Vorräte von Warenmaklern/-händlern, die ihre Vorräte mit dem beizulegenden Zeitwert abzüglich der Veräußerungskosten bewerten. Werden solche Vorräte mit dem beizulegenden Zeitwert abzüglich der Veräußerungskosten bewertet, werden die Wertänderungen im Periodenergebnis in der Berichtsperiode der Änderung erfasst.

4 Die in Paragraph 3(a) genannten Vorräte werden in bestimmten Stadien der Erzeugung mit dem Nettoveräußerungswert bewertet. Dies ist beispielsweise dann der Fall, wenn landwirtschaftliche Erzeugnisse geerntet oder Mineralien gefördert worden sind und ihr Verkauf durch ein Termingeschäft oder eine staatliche Garantie gesichert ist; des Weiteren, wenn ein aktiver Markt besteht, auf dem das Risiko der Unverkäuflichkeit vernachlässigt werden kann. Diese Vorräte sind nur von den Bewertungsvorschriften dieses Standards ausgeschlossen.

5 Makler/Händler kaufen bzw. verkaufen Waren für andere oder auf eigene Rechnung. Die in Paragraph 3(b) genannten Vorräte werden hauptsächlich mit der Absicht erworben, sie kurzfristig zu verkaufen und einen Gewinn aus den Preisschwankungen oder der Makler-/Händlermarge zu erzielen. Wenn diese Vorräte mit dem beizulegenden Zeitwert abzüglich der Veräußerungskosten bewertet werden, sind sie nur von den Bewertungsvorschriften dieses Standards ausgeschlossen.

Definitionen

6 Die folgenden Begriffe werden in diesem Standard mit der angegebenen Bedeutung verwendet:

Vorräte sind Vermögenswerte,

(a) die zum Verkauf im normalen Geschäftsgang gehalten werden;

(b) die sich in der Herstellung für einen solchen Verkauf befinden; oder

(c) die als Roh-, Hilfs- und Betriebsstoffe dazu bestimmt sind, bei der Herstellung oder der Erbringung von Dienstleistungen verbraucht zu werden.

Der *Nettoveräußerungswert* ist der geschätzte, im normalen Geschäftsgang erzielbare Verkaufserlös abzüglich der geschätzten Kosten bis zur Fertigstellung und der geschätzten notwendigen Vertriebskosten.

Der *beizulegende Zeitwert* ist der Preis, der in einem geordneten Geschäftsvorfall zwischen Marktteilnehmern am Bemessungsstichtag für den Verkauf eines Vermögenswerts eingenommen bzw. für die Übertragung einer Schuld gezahlt würde. (Siehe IFRS 13 *Bemessung des beizulegenden Zeitwerts*.)

7 Der Nettoveräußerungswert bezieht sich auf den Nettobetrag, den ein Unternehmen aus dem Verkauf der Vorräte im Rahmen der gewöhnlichen Geschäftstätigkeit zu erzielen erwartet. Der beizulegende Zeitwert spiegelt den Preis wider, für den dieselben Vorräte im Hauptmarkt oder vorteilhaftesten Markt für den betreffenden Vorrat in einem geordneten Geschäftsvorfall zwischen Marktteilnehmern am Bemessungsstichtag verkauft werden könnte. Ersterer ist ein unternehmensspezifischer Wert; letzterer ist es nicht. Der Nettoveräußerungswert von Vorräten kann von dem beizulegenden Zeitwert abzüglich der Veräußerungskosten abweichen.

Vorräte umfassen zum Weiterverkauf erworbene Güter, wie beispielsweise von einem Einzelhändler zum Weiterverkauf erworbene Handelsgüter, oder Grundstücke und Gebäude, die zum Weiterverkauf gehalten werden. Des Weiteren umfassen Vorräte vom Unternehmen hergestellte Fertigerzeugnisse und unfertige Erzeugnisse sowie Roh-, Hilfs- und Betriebsstoffe vor Eingang in den Herstellungsprozess. Kosten, die einem Unternehmen im Zusammenhang mit der Erfüllung eines Vertrags mit einem Kunden entstehen und die nicht die Entstehung von Vorräten (oder Vermögenswerten im Sinne anderer Standards) zur Folge haben, werden gemäß IFRS 15 *Erlöse aus Verträgen mit Kunden* bilanziert. **8**

Bewertung von Vorräten

Vorräte sind mit dem niedrigeren Wert aus Anschaffungs- oder Herstellungskosten und Nettoveräußerungswert zu bewerten. **9**

Anschaffungs- oder Herstellungskosten von Vorräten

In die Anschaffungs- oder Herstellungskosten von Vorräten sind alle Kosten des Erwerbs und der Herstellung sowie sonstige Kosten einzubeziehen, die angefallen sind, um die Vorräte an ihren derzeitigen Ort und in ihren derzeitigen Zustand zu versetzen. **10**

Kosten des Erwerbs

Die Kosten des Erwerbs von Vorräten umfassen den Erwerbspreis, Einfuhrzölle und andere Steuern (sofern es sich nicht um solche handelt, die das Unternehmen später von den Steuerbehörden zurückerlangen kann), Transport- und Abwicklungskosten sowie sonstige Kosten, die dem Erwerb von Fertigerzeugnissen, Materialien und Leistungen unmittelbar zugerechnet werden können. Skonti, Rabatte und andere vergleichbare Beträge werden bei der Ermittlung der Kosten des Erwerbs abgezogen. **11**

Be- und Verarbeitungskosten

Die Be- und Verarbeitungskosten von Vorräten umfassen die Kosten, die den Produktionseinheiten direkt zuzurechnen sind, wie beispielsweise Fertigungslöhne. Weiterhin umfassen sie systematisch zugerechnete fixe und variable Produktionsgemeinkosten, die bei der Verarbeitung der Ausgangsstoffe zu Fertigerzeugnissen anfallen. Fixe Produktionsgemeinkosten sind solche nicht direkt der Produktion zurechenbaren Kosten, die unabhängig vom Produktionsvolumen relativ konstant anfallen, wie beispielsweise Abschreibungen und Instandhaltungskosten von Betriebsgebäuden und -einrichtungen, in die Produktion einfließende Nutzungsrechte sowie die Kosten des Managements und der Verwaltung. Variable Produktionsgemeinkosten sind solche nicht direkt der Produktion zurechenbaren Kosten, die unmittelbar oder nahezu unmittelbar mit dem Produktionsvolumen variieren, wie beispielsweise Materialgemeinkosten und Fertigungsgemeinkosten. **12**

Die Zurechnung fixer Produktionsgemeinkosten zu den Herstellungskosten basiert auf der normalen Kapazität der Produktionsanlagen. Die normale Kapazität ist das Produktionsvolumen, das im Durchschnitt über eine Anzahl von Perioden oder Saisons unter normalen Umständen und unter Berücksichtigung von Ausfällen aufgrund planmäßiger Instandhaltungen erwartet werden kann. Das tatsächliche Produktionsniveau kann zu Grunde gelegt werden, wenn es der Normalkapazität nahe kommt. Der auf die einzelne Produktionseinheit entfallende Betrag der fixen Gemeinkosten erhöht sich infolge eines geringen Produktionsvolumens oder eines Betriebsstillstandes nicht. Nicht zugerechnete fixe Gemeinkosten sind in der Periode ihres Anfalls als Aufwand zu erfassen. In Perioden mit ungewöhnlich hohem Produktionsvolumen mindert sich der auf die einzelne Produktionseinheit entfallende Betrag der fixen Gemeinkosten, so dass die Vorräte nicht über den Herstellungskosten bewertet werden. Variable Produktionsgemeinkosten werden den einzelnen Produktionseinheiten auf der Grundlage des tatsächlichen Einsatzes der Produktionsmittel zugerechnet. **13**

14 Ein Produktionsprozess kann dazu führen, dass mehr als ein Produkt gleichzeitig produziert wird. Dies ist beispielsweise bei der Kuppelproduktion von zwei Hauptprodukten oder eines Haupt- und eines Nebenprodukts der Fall. Wenn die Herstellungskosten jedes Produkts nicht einzeln feststellbar sind, werden sie den Produkten auf einer vernünftigen und stetigen Basis zugerechnet. Die Zurechnung kann beispielsweise auf den jeweiligen Verkaufswerten der Produkte basieren, und zwar entweder in der Produktionsphase, in der die Produkte einzeln identifizierbar werden, oder nach Beendigung der Produktion. Die meisten Nebenprodukte sind ihrer Art nach unbedeutend. Wenn dies der Fall ist, werden sie häufig zum Nettoveräußerungswert bewertet, und dieser Wert wird von den Herstellungskosten des Hauptprodukts abgezogen. Damit unterscheidet sich der Buchwert des Hauptprodukts nicht wesentlich von seinen Herstellungskosten.

Sonstige Kosten

15 Sonstige Kosten werden nur insoweit in die Anschaffungs- oder Herstellungskosten der Vorräte einbezogen, als sie angefallen sind, um die Vorräte an ihren derzeitigen Ort und in ihren derzeitigen Zustand zu versetzen. Beispielsweise kann es sachgerecht sein, nicht produktionsbezogene Gemeinkosten oder die Kosten der Produktentwicklung für bestimmte Kunden in die Herstellungskosten der Vorräte einzubeziehen.

16 Beispiele für Kosten, die aus den Anschaffungs- oder Herstellungskosten von Vorräten ausgeschlossen sind und in der Periode ihres Anfalls als Aufwand behandelt werden, sind:

(a) anormale Beträge für Materialabfälle, Fertigungslöhne oder andere Produktionskosten;

(b) Lagerkosten, es sei denn, dass diese im Produktionsprozess vor einer weiteren Produktionsstufe erforderlich sind;

(c) Verwaltungsgemeinkosten, die nicht dazu beitragen, die Vorräte an ihren derzeitigen Ort und in ihren derzeitigen Zustand zu versetzen; und

(d) Vertriebskosten.

17 IAS 23 *Fremdkapitalkosten* identifiziert die bestimmten Umstände, bei denen Fremdkapitalkosten in die Anschaffungs- oder Herstellungskosten von Vorräten einbezogen werden.

18 Ein Unternehmen kann beim Erwerb von Vorräten Zahlungsziele in Anspruch nehmen. Wenn die Vereinbarung effektiv ein Finanzierungselement enthält, wird dieses Element, beispielsweise eine Differenz zwischen dem Erwerbspreis mit normalem Zahlungsziel und dem bezahlten Betrag, während des Finanzierungszeitraums als Zinsaufwand erfasst.

Herstellungskosten der Vorräte eines Dienstleistungsunternehmens

19 (weggefallen)

Kosten der landwirtschaftlichen Erzeugnisse in Form von Ernten biologischer Vermögenswerte

20 Gemäß IAS 41 *Landwirtschaft* werden Vorräte, die landwirtschaftliche Erzeugnisse umfassen und die ein Unternehmen von seinen biologischen Vermögenswerten geerntet hat, beim erstmaligen Ansatz zum Zeitpunkt der Ernte zum beizulegenden Zeitwert abzüglich der Verkaufskosten zum Verkaufszeitpunkt bewertet. Dies sind die Kosten der Vorräte zum Zeitpunkt der Anwendung dieses Standards.

Verfahren zur Bewertung der Anschaffungs- oder Herstellungskosten

21 Zur Bewertung der Anschaffungs- und Herstellungskosten von Vorräten können vereinfachende Verfahren, wie beispielsweise die Standardkostenmethode oder die im Einzelhandel übliche Methode angewandt werden, wenn die Ergebnisse den tatsächlichen Anschaffungs- oder Herstellungskosten nahe kommen. Standardkosten berücksichtigen die normale Höhe des Materi-

aleinsatzes und der Löhne sowie die normale Leistungsfähigkeit und Kapazitätsauslastung. Sie werden regelmäßig überprüft und, falls notwendig, an die aktuellen Gegebenheiten angepasst.

Die im Einzelhandel verwendete Methode wird häufig angewandt, um eine große Anzahl rasch 22
wechselnder Vorratsposten mit ähnlichen Bruttogewinnmargen zu bewerten, für die ein anderes Verfahren zur Bemessung der Anschaffungskosten nicht durchführbar oder wirtschaftlich nicht vertretbar ist. Die Anschaffungskosten der Vorräte werden durch Abzug einer angemessenen prozentualen Bruttogewinnmarge vom Verkaufspreis der Vorräte ermittelt. Der angewandte Prozentsatz berücksichtigt dabei auch solche Vorräte, deren ursprünglicher Verkaufspreis herabgesetzt worden ist. Häufig wird ein Durchschnittsprozentsatz für jede Einzelhandelsabteilung verwendet.

Kosten-Zuordnungsverfahren

Die Anschaffungs- oder Herstellungskosten solcher Vorräte, die normalerweise nicht austausch- 23
bar sind, und solcher Erzeugnisse, Waren oder Leistungen, die für spezielle Projekte hergestellt und ausgesondert werden, sind durch Einzelzuordnung ihrer individuellen Anschaffungs- oder Herstellungskosten zu bestimmen.

Eine Einzelzuordnung der Anschaffungs- oder Herstellungskosten bedeutet, dass bestimmten 24
Vorräten spezielle Anschaffungs- oder Herstellungskosten zugeordnet werden. Dies ist das geeignete Verfahren für solche Gegenstände, die für ein spezielles Projekt ausgesondert worden sind, unabhängig davon, ob sie angeschafft oder hergestellt worden sind. Eine Einzelzuordnung ist jedoch ungeeignet, wenn es sich um eine große Anzahl von Vorräten handelt, die normalerweise untereinander austauschbar sind. Unter diesen Umständen könnten die Gegenstände, die in den Vorräten verbleiben, danach ausgewählt werden, vorher bestimmte Auswirkungen auf das Periodenergebnis zu erzielen.

Die Anschaffungs- oder Herstellungskosten von Vorräten, die nicht in Paragraph 23 behandelt 25
werden, sind nach dem *First-in-First-out*-Verfahren (FIFO) oder nach der Durchschnittsmethode zu ermitteln. Ein Unternehmen muss für alle Vorräte, die von ähnlicher Beschaffenheit und Verwendung für das Unternehmen sind, das gleiche Kosten-Zuordnungsverfahren anwenden. Für Vorräte von unterschiedlicher Beschaffenheit oder Verwendung können unterschiedliche Zuordnungsverfahren gerechtfertigt sein.

Vorräte, die in einem Geschäftssegment verwendet werden, können beispielsweise für das Un- 26
ternehmen eine andere Verwendung haben als die gleiche Art von Vorräten, die in einem anderen Geschäftssegment eingesetzt werden. Ein Unterschied im geografischen Standort von Vorräten (oder in den jeweiligen Steuervorschriften) ist jedoch allein nicht ausreichend, um die Anwendung unterschiedlicher Kosten-Zuordnungsverfahren zu rechtfertigen.

Das FIFO-Verfahren geht von der Annahme aus, dass die zuerst erworbenen bzw. erzeugten 27
Vorräte zuerst verkauft werden und folglich die am Ende der Berichtsperiode verbleibenden Vorräte diejenigen sind, die unmittelbar vorher gekauft oder hergestellt worden sind. Bei Anwendung der Durchschnittsmethode werden die Anschaffungs- oder Herstellungskosten von Vorräten als durchschnittlich gewichtete Kosten ähnlicher Vorräte zu Beginn der Periode und der Anschaffungs- oder Herstellungskosten ähnlicher, während der Periode gekaufter oder hergestellter Vorratsgegenstände ermittelt. Der gewogene Durchschnitt kann je nach den Gegebenheiten des Unternehmens auf Basis der Berichtsperiode oder gleitend bei jeder zusätzlich erhaltenen Lieferung berechnet werden.

Nettoveräußerungswert

Die Anschaffungs- oder Herstellungskosten von Vorräten sind unter Umständen nicht werthal- 28
tig, wenn die Vorräte beschädigt, ganz oder teilweise veraltet sind oder wenn ihr Verkaufspreis zurückgegangen ist. Die Anschaffungs- oder Herstellungskosten von Vorräten können auch nicht zu erzielen sein, wenn die geschätzten Kosten der Fertigstellung oder die geschätzten, bis zum Verkauf anfallenden Kosten gestiegen sind. Die Abwertung der Vorräte auf den niedrige-

ren Nettoveräußerungswert folgt der Ansicht, dass Vermögenswerte nicht mit höheren Beträgen angesetzt werden dürfen, als bei ihrem Verkauf oder Gebrauch voraussichtlich zu realisieren sind.

29 Wertminderungen von Vorräten auf den Nettoveräußerungswert erfolgen im Regelfall in Form von Einzelwertberichtigungen. In einigen Fällen kann es jedoch sinnvoll sein, ähnliche oder miteinander zusammenhängende Vorräte zusammenzufassen. Dies kann etwa bei Vorräten der Fall sein, die derselben Produktlinie angehören und einen ähnlichen Zweck oder Endverbleib haben, in demselben geografischen Gebiet produziert und vermarktet werden und praktisch nicht unabhängig von anderen Gegenständen aus dieser Produktlinie bewertet werden können. Es ist nicht sachgerecht, Vorräte auf Grundlage einer Untergliederung, wie zum Beispiel Fertigerzeugnisse, oder Vorräte eines bestimmten Geschäftssegmentes niedriger zu bewerten.

30 Schätzungen des Nettoveräußerungswerts basieren auf den verlässlichsten substanziellen Hinweisen, die zum Zeitpunkt der Schätzungen im Hinblick auf den für die Vorräte voraussichtlich erzielbaren Betrag verfügbar sind. Diese Schätzungen berücksichtigen Preis- oder Kostenänderungen, die in unmittelbarem Zusammenhang mit Vorgängen nach der Berichtsperiode stehen insoweit, als diese Vorgänge Verhältnisse aufhellen, die bereits am Ende der Berichtsperiode bestanden haben.

31 Schätzungen des Nettoveräußerungswerts berücksichtigen weiterhin den Zweck, zu dem die Vorräte gehalten werden. Zum Beispiel basiert der Nettoveräußerungswert der Menge der Vorräte, die zur Erfüllung abgeschlossener Liefer- und Leistungsverträge gehalten werden, auf den vertraglich vereinbarten Preisen. Wenn die Verkaufsverträge nur einen Teil der Vorräte betreffen, basiert der Nettoveräußerungswert für den darüber hinausgehenden Teil auf allgemeinen Verkaufspreisen. Rückstellungen können von abgeschlossenen Verkaufsverträgen über Vorräte, die über die vorhandenen Bestände hinausgehen, oder von abgeschlossenen Einkaufsverträgen entstehen. Diese Rückstellungen werden nach IAS 37 *Rückstellungen, Eventualschulden und Eventualforderungen* behandelt.

32 Roh-, Hilfs- und Betriebsstoffe, die für die Herstellung von Vorräten bestimmt sind, werden nicht auf einen unter ihren Anschaffungs- oder Herstellungskosten liegenden Wert abgewertet, wenn die Fertigerzeugnisse, in die sie eingehen, voraussichtlich zu den Herstellungskosten oder darüber verkauft werden können. Wenn jedoch ein Preisrückgang für diese Stoffe darauf hindeutet, dass die Herstellungskosten der Fertigerzeugnisse über dem Nettoveräußerungswert liegen, werden die Stoffe auf den Nettoveräußerungswert abgewertet. Unter diesen Umständen können die Wiederbeschaffungskosten der Stoffe die beste verfügbare Bewertungsgrundlage für den Nettoveräußerungswert sein.

33 Der Nettoveräußerungswert wird in jeder Folgeperiode neu ermittelt. Wenn die Umstände, die früher zu einer Wertminderung der Vorräte auf einen Wert unter ihren Anschaffungs- oder Herstellungskosten geführt haben, nicht länger bestehen, oder wenn es aufgrund geänderter wirtschaftlicher Gegebenheiten einen substanziellen Hinweis auf eine Erhöhung des Nettoveräußerungswerts gibt, wird der Betrag der Wertminderung insoweit rückgängig gemacht (d. h. der Rückgang beschränkt sich auf den Betrag der ursprünglichen Wertminderung), dass der neue Buchwert dem niedrigeren Wert aus Anschaffungs- oder Herstellungskosten und berichtigtem Nettoveräußerungswert entspricht. Dies ist beispielsweise der Fall, wenn sich Vorräte, die aufgrund eines Rückgangs ihres Verkaufspreises zum Nettoveräußerungswert angesetzt waren, in einer Folgeperiode noch im Bestand befinden und sich ihr Verkaufspreis wieder erhöht hat.

Erfassung als Aufwand

34 Wenn Vorräte verkauft worden sind, ist der Buchwert dieser Vorräte in der Berichtsperiode als Aufwand zu erfassen, in der die zugehörigen Erträge realisiert sind. Alle Wertminderungen von Vorräten auf den Nettoveräußerungswert sowie alle Verluste bei den Vorräten sind in der Periode als Aufwand zu erfassen, in der die Wertminderungen vorgenommen wurden oder die Verluste eingetreten sind. Alle Wertaufholungen bei Vorräten, die sich aus einer Erhöhung des Nettoveräußerungswerts ergeben, sind als Verminderung des Materialaufwands in der Periode zu erfassen, in der die Wertaufholung eintritt.

Vorräte können auch anderen Vermögenswerten zugeordnet werden, zum Beispiel dann, wenn Vorräte als Teil selbsterstellter Sachanlagen verwendet werden. Vorräte, die auf diese Weise einem anderen Vermögenswert zugeordnet worden sind, werden über die Nutzungsdauer dieses Vermögenswertes als Aufwand erfasst. **35**

Angaben

Abschlüsse haben die folgenden Angaben zu enthalten: **36**

(a) die angewandten Bilanzierungs- und Bewertungsmethoden für Vorräte einschließlich der Kosten-Zuordnungsverfahren;

(b) den Gesamtbuchwert der Vorräte und die Buchwerte in einer unternehmensspezifischen Untergliederung;

(c) den Buchwert der zum beizulegenden Zeitwert abzüglich Veräußerungskosten angesetzten Vorräte;

(d) den Betrag der Vorräte, die als Aufwand in der Berichtsperiode erfasst worden sind;

(e) den Betrag von Wertminderungen von Vorräten, die gemäß Paragraph 34 in der Berichtsperiode als Aufwand erfasst worden sind;

(f) den Betrag von vorgenommenen Wertaufholungen, die gemäß Paragraph 34 als Verminderung des Materialaufwands in der Berichtsperiode erfasst worden sind;

(g) die Umstände oder Ereignisse, die zu der Wertaufholung der Vorräte gemäß Paragraph 34 geführt haben; und

(h) den Buchwert der Vorräte, die als Sicherheit für Verbindlichkeiten verpfändet sind.

Informationen über die Buchwerte unterschiedlicher Arten von Vorräten und das Ausmaß der Veränderungen dieser Vermögenswerte sind für die Adressaten der Abschlüsse nützlich. Verbreitet sind Untergliederungen der Vorräte in Handelsgüter, Roh-, Hilfs- und Betriebsstoffe, unfertige Erzeugnisse und Fertigerzeugnisse. **37**

Der Buchwert der Vorräte, der während der Periode als Aufwand erfasst worden ist, und der oft als Umsatzkosten bezeichnet wird, umfasst die Kosten, die zuvor Teil der Bewertung der verkauften Vorräte waren, sowie die nicht zugeordneten Produktionsgemeinkosten und anormale Produktionskosten der Vorräte. Die unternehmensspezifischen Umstände können die Einbeziehung weiterer Kosten, wie beispielsweise Vertriebskosten, rechtfertigen. **38**

Einige Unternehmen verwenden eine Gliederung für die Gesamtergebnisrechnung, die dazu führt, dass mit Ausnahme von den Anschaffungs- und Herstellungskosten der Vorräte, die während der Berichtsperiode als Aufwand erfasst wurden, andere Beträge angegeben werden. In diesem Format stellt ein Unternehmen eine Aufwandsanalyse dar, die eine auf der Art der Aufwendungen beruhenden Gliederung zugrunde legt. In diesem Fall gibt das Unternehmen die als Aufwand erfassten Kosten für Rohstoffe und Verbrauchsgüter, Personalkosten und andere Kosten zusammen mit dem Betrag der Nettobestandsveränderungen des Vorratsvermögens in der Berichtsperiode an. **39**

Zeitpunkt des Inkrafttretens

Dieser Standard ist erstmals in der ersten Berichtsperiode eines am 1. Januar 2005 oder danach beginnenden Geschäftsjahres anzuwenden. Eine frühere Anwendung wird empfohlen. Wenn ein Unternehmen diesen Standard für Berichtsperioden anwendet, die vor dem 1. Januar 2005 beginnen, so ist diese Tatsache anzugeben. **40**

(nicht besetzt) **40A und 40B**

40C Durch IFRS 13, veröffentlicht im Mai 2011, wurde die Definition des beizulegenden Zeitwerts in Paragraph 6 geändert. Außerdem wurde Paragraph 7 geändert. Ein Unternehmen hat die betreffenden Änderungen anzuwenden, wenn es IFRS 13 anwendet.

40D (nicht besetzt)

40E Mit dem im Mai 2014 veröffentlichten IFRS 15 *Erlöse aus Verträgen mit Kunden* wurden die Paragraphen 2, 8, 29 und 37 geändert und Paragraph 19 gestrichen. Ein Unternehmen hat diese Änderungen anzuwenden, wenn es IFRS 15 anwendet.

40F Durch IFRS 9 (im Juli 2014 veröffentlicht) wurde Paragraph 2 geändert und wurden die Paragraphen 40A, 40B und 40D gestrichen. Ein Unternehmen hat diese Änderungen anzuwenden, wenn es IFRS 9 anwendet.

40G Durch IFRS 16, *Leasingverhältnisse,* veröffentlicht im Januar 2016, wurde Paragraph 12 geändert. Ein Unternehmen hat die betreffende Änderung anzuwenden, wenn es IFRS 16 anwendet.

Rücknahme anderer Verlautbarungen

41 Der vorliegende Standard ersetzt IAS 2 *Vorräte* (überarbeitet 1993).

42 Dieser Standard ersetzt SIC-1 *Stetigkeit – Unterschiedliche Verfahren zur Zuordnung der Anschaffungs- oder Herstellungskosten von Vorräten.*

International Accounting Standard 7 Kapitalflussrechnungen (IAS 7)

v. 3.11.2008 (ABl EU Nr. L 320 S. 1);
zuletzt geändert durch Verordnung (EU) 2017/1990 v. 6.11.2017
(ABl EU Nr. L 291 S. 89)

Inhalt	Ziffer

Zielsetzung

Informationen über die Cashflows eines Unternehmens vermitteln den Abschlussadressaten eine Grundlage zur Beurteilung der Fähigkeit des Unternehmens, Zahlungsmittel und Zahlungsmitteläquivalente zu erwirtschaften, sowie zur Einschätzung des Liquiditätsbedarfs des Unternehmens. Die von den Adressaten getroffenen wirtschaftlichen Entscheidungen setzen eine Einschätzung der Fähigkeit eines Unternehmens zum Erwirtschaften von Zahlungsmitteln und Zahlungsmitteläquivalenten sowie des Zeitpunkts und der Wahrscheinlichkeit des Erwirtschaftens voraus.

Die Zielsetzung dieses Standards besteht darin, Informationen über die historischen Bewegungen der Zahlungsmittel und Zahlungsmitteläquivalente eines Unternehmens bereitzustellen. Diese Informationen werden durch eine Kapitalflussrechnung zur Verfügung gestellt, welche die Cashflows der Berichtsperiode nach der betrieblichen Tätigkeit, der Investitions- und der Finanzierungstätigkeit gliedert.

Anwendungsbereich

1 Ein Unternehmen hat eine Kapitalflussrechnung gemäß den Anforderungen dieses Standards zu erstellen und als integralen Bestandteil des Abschlusses für jede Periode darzustellen, für die Abschlüsse aufgestellt werden.

2 Dieser Standard ersetzt den im Juli 1977 verabschiedeten IAS 7 *Kapitalflussrechnung*.

3 Die Adressaten des Abschlusses eines Unternehmens sind daran interessiert, auf welche Weise das Unternehmen Zahlungsmittel und Zahlungsmitteläquivalente erwirtschaftet und verwendet. Dies gilt unabhängig von der Art der Tätigkeiten des Unternehmens und unabhängig davon, ob Zahlungsmittel als das Produkt des Unternehmens betrachtet werden können, wie es bei einem Finanzinstitut der Fall ist. Im Grunde genommen benötigen Unternehmen Zahlungsmittel aus denselben Gründen, wie unterschiedlich ihre wesentlichen erlöswirksamen Tätigkeiten auch sein mögen. Sie benötigen Zahlungsmittel zur Durchführung ihrer Tätigkeiten, zur Erfüllung ihrer finanziellen Verpflichtungen sowie zur Zahlung von Dividenden an ihre Investoren. Deshalb sind diesem Standard zufolge alle Unternehmen zur Aufstellung von Kapitalflussrechnungen verpflichtet.

Nutzen von Kapitalflussinformationen

4 In Verbindung mit den übrigen Bestandteilen des Abschlusses liefert die Kapitalflussrechnung Informationen, anhand derer die Abschlussadressaten die Änderungen im Nettovermögen eines Unternehmens und seine Finanzstruktur (einschließlich Liquidität und Solvenz) bewerten können. Weiterhin können die Adressaten die Fähigkeit des Unternehmens zur Beeinflussung der Höhe und des zeitlichen Anfalls von Cashflows bewerten, die es ihm erlaubt, auf veränderte Umstände und Möglichkeiten zu reagieren. Kapitalflussinformationen sind hilfreich für die Beurteilung der Fähigkeit eines Unternehmens, Zahlungsmittel und Zahlungsmitteläquivalente zu erwirtschaften, und ermöglichen den Abschlussadressaten die Entwicklung von Modellen zur Beurteilung und zum Vergleich des Barwerts der künftigen Cashflows verschiedener Unternehmen. Darüber hinaus verbessert eine Kapitalflussrechnung die Vergleichbarkeit der Darstellung der Ertragskraft unterschiedlicher Unternehmen, da die Auswirkungen der Verwendung verschiedener Bilanzierungs- und Bewertungsmethoden für dieselben Geschäftsvorfälle und Ereignisse eliminiert werden.

5 Historische Informationen über Cashflows werden häufig als Indikator für den Betrag, den Zeitpunkt und die Wahrscheinlichkeit künftiger Cashflows herangezogen. Außerdem sind die Informationen nützlich, um die Genauigkeit in der Vergangenheit vorgenommener Einschätzungen künftiger Cashflows zu prüfen und die Beziehung zwischen der Rentabilität und dem Netto-Cashflow sowie die Auswirkungen von Preisänderungen zu untersuchen.

Definitionen

6 Die folgenden Begriffe werden in diesem Standard mit der angegebenen Bedeutung verwendet:

Zahlungsmittel umfassen Barmittel und Sichteinlagen.

Zahlungsmitteläquivalente sind kurzfristige hochliquide Finanzinvestitionen, die jederzeit in festgelegte Zahlungsmittelbeträge umgewandelt werden können und nur unwesentlichen Werteschwankungsrisiken unterliegen.

Cashflows sind Zuflüsse und Abflüsse von Zahlungsmitteln und Zahlungsmitteläquivalenten.

Betriebliche Tätigkeiten sind die wesentlichen erlöswirksamen Tätigkeiten des Unternehmens sowie andere Tätigkeiten, die nicht den Investitions- oder Finanzierungstätigkeiten zuzuordnen sind.

Investitionstätigkeiten sind der Erwerb und die Veräußerung langfristiger Vermögenswerte und sonstiger Finanzinvestitionen, die nicht zu den Zahlungsmitteläquivalenten gehören.

Finanzierungstätigkeiten sind Tätigkeiten, die sich auf den Umfang und die Zusammensetzung des eingebrachten Kapitals und der Fremdkapitalaufnahme des Unternehmens auswirken.

Zahlungsmittel und Zahlungsmitteläquivalente

Zahlungsmitteläquivalente dienen dazu, kurzfristigen Zahlungsverpflichtungen nachkommen 7 zu können. Sie werden gewöhnlich nicht zu Investitions- oder anderen Zwecken gehalten. Eine Finanzinvestition wird nur dann als Zahlungsmitteläquivalent eingestuft, wenn sie unmittelbar in einen festgelegten Zahlungsmittelbetrag umgewandelt werden kann und nur unwesentlichen Werteschwankungsrisiken unterliegt. Aus diesem Grund gehört eine Finanzinvestition im Regelfall nur dann zu den Zahlungsmitteläquivalenten, wenn sie – gerechnet vom Erwerbszeitpunkt – eine Restlaufzeit von nicht mehr als etwa drei Monaten besitzt. Kapitalbeteiligungen gehören grundsätzlich nicht zu den Zahlungsmitteläquivalenten, es sei denn, sie sind ihrem Wesen nach Zahlungsmitteläquivalente, wie beispielsweise im Fall von Vorzugsaktien mit kurzer Restlaufzeit und festgelegtem Einlösungszeitpunkt.

Verbindlichkeiten gegenüber Banken gehören grundsätzlich zu den Finanzierungstätigkeiten. In 8 einigen Ländern bilden Kontokorrentkredite, die auf Anforderung rückzahlbar sind, jedoch einen integralen Bestandteil der Zahlungsmitteldisposition des Unternehmens. In diesen Fällen werden Kontokorrentkredite den Zahlungsmitteln und Zahlungsmitteläquivalenten zugerechnet. Ein Merkmal solcher Vereinbarungen mit den Banken sind häufige Schwankungen des Kontosaldos zwischen Soll- und Haben-Beständen.

Bewegungen zwischen den Komponenten der Zahlungsmittel oder Zahlungsmitteläquivalente 9 sind nicht als Cashflows zu betrachten, da diese Bewegungen Teil der Zahlungsmitteldisposition eines Unternehmens sind und nicht Teil der betrieblichen Tätigkeit, der Investitions- oder Finanzierungstätigkeit. Zur Zahlungsmitteldisposition gehört auch die Investition überschüssiger Zahlungsmittel in Zahlungsmitteläquivalente.

Darstellung der Kapitalflussrechnung

Die Kapitalflussrechnung hat Cashflows der Periode zu enthalten, die nach betrieblichen Tätig- 10 keiten, Investitions- und Finanzierungstätigkeiten gegliedert werden.

Ein Unternehmen stellt die Cashflows aus betrieblicher Tätigkeit, Investitions- und Finanzie- 11 rungstätigkeit in einer Weise dar, die seiner jeweiligen Geschäftstätigkeit möglichst angemessen ist. Die Gliederung nach Tätigkeitsbereichen liefert Informationen, anhand derer die Adressaten die Auswirkungen dieser Tätigkeiten auf die Vermögens- und Finanzlage des Unternehmens und die Höhe der Zahlungsmittel und Zahlungsmitteläquivalente beurteilen können. Weiterhin können diese Informationen eingesetzt werden, um die Beziehungen zwischen diesen Tätigkeiten zu bewerten.

Ein einziger Geschäftsvorfall umfasst unter Umständen Cashflows, die unterschiedlichen Tätig- 12 keiten zuzurechnen sind. Wenn die Rückzahlung eines Darlehens beispielsweise sowohl Zinsen als auch Tilgung umfasst, kann der Zinsanteil unter Umständen als betriebliche Tätigkeit, der Tilgungsanteil als Finanzierungstätigkeit eingestuft werden.

Betriebliche Tätigkeit

Die Cashflows aus der betrieblichen Tätigkeit sind ein Schlüsselindikator dafür, in welchem Aus- 13 maß es durch die Unternehmenstätigkeit gelungen ist, Zahlungsmittelüberschüsse zu erwirtschaften, die ausreichen, um Verbindlichkeiten zu tilgen, die Leistungsfähigkeit des Unternehmens zu erhalten, Dividenden zu zahlen und Investitionen zu tätigen, ohne dabei auf Quellen der Außenfinanzierung angewiesen zu sein. Informationen über die genauen Bestandteile der historischen Cashflows aus betrieblicher Tätigkeit sind in Verbindung mit anderen Informationen von Nutzen, um künftige Cashflows aus betrieblicher Tätigkeit zu prognostizieren.

14 Cashflows aus der betrieblichen Tätigkeit stammen in erster Linie aus der erlöswirksamen Tätigkeit des Unternehmens. Daher resultieren sie im Allgemeinen aus Geschäftsvorfällen und anderen Ereignissen, die als Ertrag oder Aufwand das Periodenergebnis beeinflussen. Im Folgenden werden Beispiele für Cashflows aus der betrieblichen Tätigkeit angeführt:

(a) Zahlungseingänge aus dem Verkauf von Gütern und der Erbringung von Dienstleistungen;

(b) Zahlungseingänge aus Nutzungsentgelten, Honoraren, Provisionen und anderen Erlösen;

(c) Auszahlungen an Lieferanten von Gütern und Dienstleistungen;

(d) Auszahlungen an und für Beschäftigte;

(e) Einzahlungen und Auszahlungen von Versicherungsunternehmen für Prämien, Schadensregulierungen, Leibrenten und andere Versicherungsleistungen;

(f) Zahlungen oder Rückerstattungen von Ertragsteuern, es sei denn, die Zahlungen können der Finanzierungs- und Investitionstätigkeit zugeordnet werden; und

(g) Einzahlungen und Auszahlungen für Handelsverträge.

Einige Geschäftsvorfälle, wie der Verkauf eines Postens aus dem Anlagevermögen, führen zu einem Gewinn bzw. Verlust, der sich auf den Gewinn oder Verlust der Periode auswirkt. Die entsprechenden Cashflows sind jedoch Cashflows aus dem Bereich der Investitionstätigkeit. Einige Cash-Zahlungen zur Herstellung oder zum Erwerb von Vermögenswerten, die zur Weitervermietung und zum anschließenden Verkauf gehalten werden, so wie in Paragraph 68A von IAS 16 *Sachanlagen* beschrieben, sind Cashflows aus betrieblichen Tätigkeiten. Die Casheinnahmen aus Miete und anschließendem Verkauf dieser Vermögenswerte sind ebenfalls Cashflows aus betrieblichen Tätigkeiten.

15 Ein Unternehmen hält unter Umständen Wertpapiere und Anleihen zu Handelszwecken. In diesem Fall ähneln diese Posten den zur Weiterveräußerung bestimmten Vorräten. Aus diesem Grund werden Cashflows aus dem Erwerb und Verkauf derartiger Wertpapiere als betriebliche Tätigkeit eingestuft. Ähnlich gelten von Finanzinstituten gewährte Kredite und Darlehen im Regelfall als betriebliche Tätigkeit, da sie mit der wesentlichen erlöswirksamen Tätigkeit dieses Unternehmens in Zusammenhang stehen.

Investitionstätigkeit

16 Die gesonderte Angabe der Cashflows aus der Investitionstätigkeit ist von Bedeutung, da die Cashflows das Ausmaß angeben, in dem Aufwendungen für Ressourcen getätigt wurden, die künftige Erträge und Cashflows erwirtschaften sollen. Lediglich Ausgaben, die in der Bilanz als Vermögenswert erfasst werden, können als Investitionstätigkeit eingestuft werden. Im Folgenden werden Beispiele für Cashflows aus Investitionstätigkeit angeführt:

(a) Auszahlungen für die Beschaffung von Sachanlagen, immateriellen und anderen langfristigen Vermögenswerten. Hierzu zählen auch Auszahlungen für aktivierte Entwicklungskosten und für selbst erstellte Sachanlagen;

(b) Einzahlungen aus dem Verkauf von Sachanlagen, immateriellen und anderen langfristigen Vermögenswerten;

(c) Auszahlungen für den Erwerb von Eigenkapital oder Schuldinstrumenten anderer Unternehmen und von Anteilen an Gemeinschaftsunternehmen (sofern diese Titel nicht als Zahlungsmitteläquivalente betrachtet oder zu Handelszwecken gehalten werden);

(d) Einzahlungen aus der Veräußerung von Eigenkapital- oder Schuldinstrumenten anderer Unternehmen und von Anteilen an Gemeinschaftsunternehmen (sofern diese Titel nicht als Zahlungsmitteläquivalente betrachtet oder zu Handelszwecken gehalten werden);

(e) Auszahlungen für Dritten gewährte Kredite und Darlehen (mit Ausnahme der von einem Finanzinstitut gewährten Kredite und Darlehen);

(f) Einzahlungen aus der Tilgung von Dritten gewährten Krediten und Darlehen (mit Ausnahme der von einem Finanzinstitut gewährten Kredite und Darlehen);

(g) Auszahlungen für standardisierte und andere Termingeschäfte, Options- und Swap-Geschäfte, es sei denn, diese Kontrakte werden zu Handelszwecken gehalten oder die Auszahlungen werden als Finanzierungstätigkeit eingestuft;

(h) Einzahlungen aus standardisierten und anderen Termingeschäften, Options- und Swap-Geschäften, es sei denn, diese Verträge werden zu Handelszwecken gehalten oder die Einzahlungen werden als Finanzierungstätigkeit eingestuft.

Wenn ein Kontrakt als Sicherungsgeschäft, das sich auf ein bestimmbares Grundgeschäft bezieht, behandelt wird, werden die Cashflows des Kontrakts auf dieselbe Art und Weise eingestuft wie die Cashflows des gesicherten Grundgeschäfts.

Finanzierungstätigkeit

Die gesonderte Angabe der Cashflows aus der Finanzierungstätigkeit ist von Bedeutung, da sie **17**
für die Schätzung zukünftiger Ansprüche der Kapitalgeber gegenüber dem Unternehmen nützlich sind. Im Folgenden werden Beispiele für Cashflows aus der Finanzierungstätigkeit angeführt:

(a) Einzahlungen aus der Ausgabe von Anteilen oder anderen Eigenkapitalinstrumenten;

(b) Auszahlungen an Eigentümer zum Erwerb oder Rückkauf von (eigenen) Anteilen an dem Unternehmen;

(c) Einzahlungen aus der Ausgabe von Schuldverschreibungen, Schuldscheinen, Anleihen und hypothekarisch unterlegten Schuldtiteln sowie aus der Aufnahme von Darlehen und Hypotheken oder aus der Aufnahme anderer kurz- oder langfristiger Ausleihungen;

(d) Auszahlungen für die Rückzahlung von Ausleihungen; und

(e) Auszahlungen von Leasingnehmern zur Tilgung von Verbindlichkeiten aus Leasingverträgen.

Darstellung der Cashflows aus der betrieblichen Tätigkeit

Ein Unternehmen hat Cashflows aus der betrieblichen Tätigkeit in einer der beiden folgenden **18**
Formen darzustellen:

(a) direkte Methode, wobei die Hauptgruppen der Bruttoeinzahlungen und Bruttoauszahlungen angegeben werden; oder

(b) indirekte Methode, wobei das Periodenergebnis um Auswirkungen nicht zahlungswirksamer Geschäftsvorfälle oder Abgrenzungen von vergangenen oder künftigen betrieblichen Ein- oder Auszahlungen (einschließlich Rückstellungen) sowie um Ertrags- oder Aufwandsposten, die dem Investitions- oder Finanzierungsbereich zuzurechnen sind, berichtigt wird.

Unternehmen wird empfohlen, die Cashflows aus der betrieblichen Tätigkeit nach der direkten **19**
Methode darzustellen. Die direkte Methode stellt Informationen zur Verfügung, welche die Schätzung künftiger Cashflows erleichtern und bei Anwendung der indirekten Methode nicht verfügbar sind. Bei Anwendung der direkten Methode können Informationen über die Hauptgruppen von Bruttoeinzahlungen und Bruttoauszahlungen folgendermaßen abgeleitet werden:

(a) aus der Buchhaltung des Unternehmens; oder

(b) durch Korrekturen der Umsatzerlöse und der Umsatzkosten (Zinsen und ähnliche Erträge sowie Zinsaufwendungen und ähnliche Aufwendungen bei einem Finanzinstitut) sowie anderer Posten der Gesamtergebnisrechnung um:

   (i) Bestandsveränderungen der Periode bei den Vorräten und den Forderungen und Verbindlichkeiten aus Lieferungen und Leistungen;

   (ii) andere zahlungsunwirksame Posten; und

(iii) andere Posten, die Cashflows in den Bereichen der Investition oder der Finanzierung darstellen.

20 Bei Anwendung der indirekten Methode wird der Netto-Cashflow aus der betrieblichen Tätigkeit durch Korrektur des Periodenergebnisses um die folgenden Größen ermittelt:

(a) Bestandsveränderungen der Periode bei den Vorräten und den Forderungen und Verbindlichkeiten aus Lieferungen und Leistungen;

(b) zahlungsunwirksame Posten, wie beispielsweise Abschreibungen, Rückstellungen, latente Steuern, unrealisierte Fremdwährungsgewinne und -verluste, nicht ausgeschüttete Gewinne von assoziierten Unternehmen und nicht beherrschende Anteile; sowie

(c) alle anderen Posten, die Cashflows in den Bereichen der Investition oder Finanzierung darstellen.

Alternativ kann der Netto-Cashflow aus betrieblicher Tätigkeit auch in der indirekten Methode durch Gegenüberstellung der Aufwendungen und Erträge aus der Gesamtergebnisrechnung sowie der Änderungen der Vorräte und der Forderungen und Verbindlichkeiten aus Lieferungen und Leistungen im Laufe der Periode ermittelt werden.

Darstellung der Cashflows aus Investitions- und Finanzierungstätigkeit

21 Ein Unternehmen hat die Hauptgruppen der Bruttoeinzahlungen und Bruttoauszahlungen separat auszuweisen, die aus Investitions- und Finanzierungstätigkeiten entstehen. Ausgenommen sind die Fälle, in denen die in den Paragraphen 22 und 24 beschriebenen Cashflows saldiert ausgewiesen werden.

Saldierte Darstellung der Cashflows

22 Für Cashflows, die aus den folgenden betrieblichen Tätigkeiten, Investitions- oder Finanzierungstätigkeiten entstehen, ist ein saldierter Ausweis zulässig:

(a) Einzahlungen und Auszahlungen im Namen von Kunden, wenn die Cashflows eher auf Tätigkeiten des Kunden als auf Tätigkeiten des Unternehmens zurückzuführen sind;

(b) Einzahlungen und Auszahlungen für Posten mit großer Umschlagshäufigkeit, großen Beträgen und kurzen Laufzeiten.

23 Beispiele für die in Paragraph 22(a) erwähnten Einzahlungen und Auszahlungen sind:

(a) Annahme und Rückzahlung von Sichteinlagen bei einer Bank;

(b) von einer Anlagegesellschaft für Kunden gehaltene Finanzmittel;

(c) Mieten, die für Grundstückseigentümer eingezogen und an diese weitergeleitet werden.

Beispiele für die in Paragraph 22(b) erwähnten Einzahlungen und Auszahlungen sind Einzahlungen und Auszahlungen für:

(a) Darlehensbeträge gegenüber Kreditkartenkunden;

(b) den Kauf und Verkauf von Finanzinvestitionen;

(c) andere kurzfristige Ausleihungen, wie beispielsweise Kredite mit einer Laufzeit von bis zu drei Monaten.

24 Für Cashflows aus einer der folgenden Tätigkeiten eines Finanzinstituts ist eine saldierte Darstellung möglich:

(a) Einzahlungen und Auszahlungen für die Annahme und die Rückzahlung von Einlagen mit fester Laufzeit;

(b) Platzierung von Einlagen bei Finanzinstituten und Rücknahme von Einlagen anderer Finanzinstitute;

(c) Kredite und Darlehen für Kunden und die Rückzahlung dieser Kredite und Darlehen.

Cashflows in Fremdwährung

Cashflows, die aus Geschäftsvorfällen in einer Fremdwährung entstehen, sind in der funktionalen Währung des Unternehmens zu erfassen, indem der Fremdwährungsbetrag mit dem zum Zahlungszeitpunkt gültigen Umrechnungskurs zwischen der funktionalen Währung und der Fremdwährung in die funktionale Währung umgerechnet wird. **25**

Die Cashflows eines ausländischen Tochterunternehmens sind mit dem zum Zahlungszeitpunkt geltenden Wechselkurs zwischen der funktionalen Währung und der Fremdwährung in die funktionale Währung umzurechnen. **26**

Cashflows, die in einer Fremdwährung abgewickelt werden, sind gemäß IAS 21 *Auswirkungen von Änderungen der Wechselkurse* auszuweisen. Dabei ist die Verwendung eines Wechselkurses zulässig, der dem tatsächlichen Kurs in etwa entspricht. So kann beispielsweise für die Erfassung von Fremdwährungstransaktionen oder für die Umrechnung der Cashflows eines ausländischen Tochterunternehmens ein gewogener Periodendurchschnittskurs verwendet werden. Eine Umrechnung der Cashflows eines ausländischen Tochterunternehmens zum Kurs am Abschlussstichtag ist jedoch gemäß IAS 21 nicht zulässig. **27**

Nicht realisierte Gewinne und Verluste aus Wechselkursänderungen sind nicht als Cashflows zu betrachten. Die Auswirkungen von Wechselkursänderungen auf Zahlungsmittel und Zahlungsmitteläquivalente, die in Fremdwährung gehalten werden oder fällig sind, werden jedoch in der Kapitalflussrechnung erfasst, um den Bestand an Zahlungsmitteln und Zahlungsmitteläquivalenten zu Beginn und am Ende der Periode abzustimmen. Der Unterschiedsbetrag wird getrennt von den Cashflows aus betrieblicher Tätigkeit, Investitions- und Finanzierungstätigkeit ausgewiesen und umfasst die Differenzen etwaiger Wechselkursänderungen, die entstanden wären, wenn diese Cashflows mit dem Stichtagskurs umgerechnet worden wären. **28**

(weggefallen) **29 und 30**

Zinsen und Dividenden

Cashflows aus erhaltenen und gezahlten Zinsen und Dividenden sind jeweils gesondert anzugeben. Jede Ein- und Auszahlung ist stetig von Periode zu Periode entweder als betriebliche Tätigkeit, Investitions- oder Finanzierungstätigkeit einzustufen. **31**

Der Gesamtbetrag der während einer Periode gezahlten Zinsen wird in der Kapitalflussrechnung angegeben unabhängig davon, ob der Betrag als Aufwand im Gewinn oder Verlust erfasst oder gemäß IAS 23 *Fremdkapitalkosten* aktiviert wird. **32**

Gezahlte Zinsen sowie erhaltene Zinsen und Dividenden werden bei einem Finanzinstitut im Normalfall als Cashflows aus der betrieblichen Tätigkeit eingestuft. Im Hinblick auf andere Unternehmen besteht jedoch kein Einvernehmen über die Zuordnung dieser Cashflows. Gezahlte Zinsen und erhaltene Zinsen und Dividenden können als Cashflows aus betrieblicher Tätigkeit eingestuft werden, da sie in die Ermittlung des Periodenergebnisses eingehen. Alternativ können gezahlte Zinsen und erhaltene Zinsen und Dividenden als Cashflows aus Finanzierungs- bzw. Investitionstätigkeit eingestuft werden, da sie Finanzierungsaufwendungen oder Erträge aus Investitionen sind. **33**

Gezahlte Dividenden können als Finanzierungs-Cashflows eingestuft werden, da es sich um Finanzierungsaufwendungen handelt. Alternativ können gezahlte Dividenden als Bestandteil der Cashflows aus der betrieblichen Tätigkeit eingestuft werden, damit die Fähigkeit eines Unternehmens, Dividenden aus laufenden Cashflows zu zahlen, leichter beurteilt werden kann. **34**

Ertragsteuern

Cashflows aus Ertragsteuern sind gesondert anzugeben und als Cashflows aus der betrieblichen Tätigkeit einzustufen, es sei denn, sie können bestimmten Finanzierungs- und Investitionsaktivitäten zugeordnet werden. **35**

36 Ertragsteuern entstehen aus Geschäftsvorfällen, die zu Cashflows führen, die in einer Kapitalflussrechnung als betriebliche Tätigkeit, Investitions- oder Finanzierungstätigkeit eingestuft werden. Während Investitions- oder Finanzierungstätigkeiten in der Regel der entsprechende Steueraufwand zugeordnet werden kann, ist die Bestimmung der damit verbundenen steuerbezogenen Cashflows häufig nicht durchführbar und die Cashflows erfolgen unter Umständen in einer anderen Periode als die Cashflows des zugrunde liegenden Geschäftsvorfalls. Aus diesem Grund werden gezahlte Steuern im Regelfall als Cashflows aus der betrieblichen Tätigkeit eingestuft. Wenn die Zuordnung der steuerbezogenen Cashflows zu einem Geschäftsvorfall, der zu Cashflows aus Investitions- oder Finanzierungstätigkeiten führt, jedoch praktisch möglich ist, werden die steuerbezogenen Cashflows ebenso als Investitions- bzw. Finanzierungstätigkeit eingestuft. Wenn die steuerbezogenen Cashflows mehr als einer Tätigkeit zugeordnet werden, wird der Gesamtbetrag der gezahlten Steuern angegeben.

Anteile an Tochterunternehmen, assoziierten Unternehmen und Gemeinschaftsunternehmen

37 Bei der Bilanzierung von Anteilen an einem assoziierten Unternehmen, einem Gemeinschaftsunternehmen oder an einem Tochterunternehmen nach der Equity- oder der Anschaffungskostenmethode beschränkt ein Investor seine Angaben in der Kapitalflussrechnung auf die Cashflows zwischen ihm und dem Beteiligungsunternehmen, beispielsweise auf Dividenden und Kredite.

38 Ein Unternehmen, das seine Anteile an einem assoziierten Unternehmen oder einem Gemeinschaftsunternehmen nach der Equity-Methode bilanziert, nimmt nur die Cashflows in die Kapitalflussrechnung auf, die mit seinen Anteilen an dem assoziierten Unternehmen oder dem Gemeinschaftsunternehmen sowie den Ausschüttungen und anderen Ein- und Auszahlungen zwischen ihm und dem assoziierten Unternehmen oder dem Gemeinschaftsunternehmen in Zusammenhang stehen.

Änderungen der Beteiligungsquote an Tochterunternehmen und sonstigen Geschäftseinheiten

39 Die Summe der Cashflows aus der Übernahme oder dem Verlust der Beherrschung über Tochterunternehmen oder sonstige Geschäftseinheiten sind gesondert darzustellen und als Investitionstätigkeit einzustufen.

40 Ein Unternehmen hat im Hinblick auf die Übernahme oder den Verlust der Beherrschung über Tochterunternehmen oder sonstige Geschäftseinheiten, die während der Periode erfolgten, die folgenden zusammenfassenden Angaben zu machen:

(a) das gesamte gezahlte oder erhaltene Entgelt;

(b) den Teil des Entgelts, der aus Zahlungsmitteln und Zahlungsmitteläquivalenten bestand;

(c) den Betrag der Zahlungsmittel und Zahlungsmitteläquivalente der Tochterunternehmen oder sonstigen Geschäftseinheiten, über welche die Beherrschung erlangt oder verloren wurde; sowie

(d) die Beträge der nach Hauptgruppen gegliederten Vermögenswerte und Schulden mit Ausnahme der Zahlungsmittel und Zahlungsmitteläquivalente der Tochterunternehmen oder sonstigen Geschäftseinheiten, über welche die Beherrschung erlangt oder verloren wurde.

40A Eine Investmentgesellschaft im Sinne von IFRS 10 Konzernabschlüsse braucht die Paragraphen 40(c) bzw. 40(d) nicht auf einen Anteil an einem Tochterunternehmen anzuwenden, das ergebniswirksam zum beizulegenden Zeitwert bewertet werden muss.

41 Die gesonderte Darstellung der Auswirkungen der Cashflows aus der Übernahme oder dem Verlust der Beherrschung über Tochterunternehmen oder sonstige Geschäftseinheiten als eigenständige Posten sowie die gesonderte Angabe der Beträge der erworbenen oder veräußerten

Vermögenswerte und Schuldposten erleichtert die Unterscheidung dieser Cashflows von den Cashflows aus der übrigen betrieblichen Tätigkeit, Investitions- und Finanzierungstätigkeit. Die Auswirkungen der Cashflows aus dem Verlust der Beherrschung werden nicht mit denen aus der Übernahme der Beherrschung saldiert.

Die Summe des Betrags der als Entgelt für die Übernahme oder den Verlust der Beherrschung über Tochterunternehmen oder sonstige Geschäftseinheiten gezahlten oder erhaltenen Mittel wird in der Kapitalflussrechnung abzüglich der im Rahmen solcher Transaktionen, Ereignisse oder veränderten Umstände erworbenen oder veräußerten Zahlungsmittel und Zahlungsmitteläquivalenten ausgewiesen. **42**

Kapitalflüsse aus Änderungen der Eigentumsanteile an einem Tochterunternehmen, die nicht in einem Verlust der Beherrschung resultieren, sind als Kapitalflüsse aus Finanzierungstätigkeiten einzustufen, es sei denn, das Tochterunternehmen wird von einer Investmentgesellschaft im Sinne von IFRS 10 gehalten, und das Tochterunternehmen muss ergebniswirksam zum beizulegenden Zeitwert bewertet werden. **42A**

Änderungen der Eigentumsanteile an einem Tochterunternehmen, die nicht in einem Verlust der Beherrschung resultieren, wie beispielsweise ein späterer Kauf oder Verkauf von Eigenkapitalinstrumenten eines Tochterunternehmens, werden als Eigenkapitaltransaktionen bilanziert (siehe IFRS 10), es sei denn, das Tochterunternehmen wird von einer Investmentgesellschaft gehalten, und das Tochterunternehmen muss ergebniswirksam zum beizulegenden Zeitwert bewertet werden. Demzufolge werden die daraus resultierenden Kapitalflüsse genauso wie die anderen in Paragraph 17 beschriebenen Geschäftsvorfälle mit Eigentümern eingestuft. **42B**

Nicht zahlungswirksame Transaktionen

Investitions- und Finanzierungstransaktionen, für die keine Zahlungsmittel oder Zahlungsmitteläquivalente eingesetzt werden, sind nicht Bestandteil der Kapitalflussrechnung. Solche Transaktionen sind an anderer Stelle im Abschluss derart anzugeben, dass alle notwendigen Informationen über diese Investitions- und Finanzierungstransaktionen bereitgestellt werden. **43**

Viele Investitions- und Finanzierungstätigkeiten haben keine direkten Auswirkungen auf die laufenden Cashflows, beeinflussen jedoch die Kapital- und Vermögensstruktur eines Unternehmens. Der Ausschluss nicht zahlungswirksamer Transaktionen aus der Kapitalflussrechnung ist mit der Zielsetzung der Kapitalflussrechnung konsistent, da sich diese Posten nicht auf Cashflows in der Berichtsperiode auswirken. Beispiele für nicht zahlungswirksame Transaktionen sind: **44**

(a) der Erwerb von Vermögenswerten durch Übernahme direkt damit verbundener Verbindlichkeiten oder durch Leasing;

(b) der Erwerb eines Unternehmens gegen Ausgabe von Anteilen;

(c) die Umwandlung von Schulden in Eigenkapital.

Veränderungen der Verbindlichkeiten aus Finanzierungstätigkeiten

Ein Unternehmen hat Angaben zu machen, anhand deren die Abschlussadressaten Veränderungen der Verbindlichkeiten aus Finanzierungstätigkeiten, einschließlich Veränderungen durch Cashflows und nicht zahlungswirksame Veränderungen, beurteilen können. **44A**

Soweit zur Erfüllung der Anforderung nach Paragraph 44A erforderlich, gibt ein Unternehmen folgende Veränderungen der Verbindlichkeiten aus Finanzierungstätigkeiten an: **44B**

(a) Veränderungen durch Cashflows im Bereich der Finanzierung;

(b) Veränderungen aufgrund der Übernahme oder dem Verlust der Beherrschung über Tochterunternehmen oder sonstige Geschäftseinheiten;

(c) die Auswirkung von Wechselkursänderungen;

(d) Veränderungen beizulegender Zeitwerte und

(e) sonstige Veränderungen.

44C Verbindlichkeiten aus Finanzierungstätigkeiten sind Verbindlichkeiten, bei denen Cashflows in der Kapitalflussrechnung bisher oder in Zukunft als Cashflows aus Finanzierungstätigkeiten eingestuft werden. Die Angabepflicht nach Paragraph 44A gilt auch für Veränderungen bei finanziellen Vermögenswerten (beispielsweise Vermögenswerte zur Absicherung von Verbindlichkeiten aus Finanzierungstätigkeiten), wenn Cashflows aus diesen finanziellen Vermögenswerten bisher oder in Zukunft unter den Cashflows aus Finanzierungstätigkeiten berücksichtigt werden.

44D Eine Möglichkeit zur Erfüllung der Angabepflicht nach Paragraph 44A besteht in der Bereitstellung einer Überleitungsrechnung der Eröffnungs- und Schlusssalden in der Bilanz für Verbindlichkeiten aus Finanzierungstätigkeiten, einschließlich der Veränderungen gemäß Paragraph 44B. Wenn ein Unternehmen eine solche Überleitungsrechnung veröffentlicht, macht es ausreichende Angaben, um den Abschlussadressaten eine Zuordnung der in die Überleitungsrechnung aufgenommenen Posten zur Bilanz und zur Kapitalflussrechnung zu ermöglichen.

44E Liefert ein Unternehmen die nach Paragraph 44A erforderlichen Angaben in Kombination mit Angaben zu Veränderungen bei anderen Vermögenswerten und Verbindlichkeiten, so gibt es Veränderungen von Verbindlichkeiten aus Finanzierungstätigkeiten getrennt von Veränderungen dieser anderen Vermögenswerte und Verbindlichkeiten an.

Bestandteile der Zahlungsmittel und Zahlungsmitteläquivalente

45 Ein Unternehmen hat die Bestandteile der Zahlungsmittel und Zahlungsmitteläquivalente anzugeben und eine Überleitungsrechnung zu erstellen, in der die Beträge der Kapitalflussrechnung den entsprechenden Bilanzposten gegenübergestellt werden.

46 Angesichts der Vielfalt der weltweiten Praktiken zur Zahlungsmitteldisposition und der Konditionen von Kreditinstituten sowie zur Erfüllung des IAS 1 *Darstellung des Abschlusses*, gibt ein Unternehmen die gewählte Methode für die Bestimmung der Zusammensetzung der Zahlungsmittel und Zahlungsmitteläquivalente an.

47 Die Auswirkungen von Änderungen der Methode zur Bestimmung der Zusammensetzung der Zahlungsmittel und Zahlungsmitteläquivalente, wie beispielsweise eine Änderung in der Einstufung von Finanzinstrumenten, die ursprünglich dem Beteiligungsportfolio des Unternehmens zugeordnet waren, werden gemäß IAS 8 *Rechnungslegungsmethoden, Änderungen rechnungslegungsbezogener Schätzungen und Fehler* offen gelegt.

Weitere Angaben

48 Ein Unternehmen hat in Verbindung mit einer Stellungnahme des Managements den Betrag an wesentlichen Zahlungsmitteln und Zahlungsmitteläquivalenten anzugeben, die vom Unternehmen gehalten werden und über die der Konzern nicht verfügen kann.

49 Unter verschiedenen Umständen kann eine Unternehmensgruppe nicht über Zahlungsmittel und Zahlungsmitteläquivalente eines Unternehmens verfügen. Dazu zählen beispielsweise Zahlungsmittel und Zahlungsmitteläquivalente, die von einem Tochterunternehmen in einem Land gehalten werden, in dem Devisenverkehrskontrollen oder andere gesetzliche Einschränkungen zum Tragen kommen. Die Verfügbarkeit über die Bestände durch das Mutterunternehmen oder andere Tochterunternehmen ist dann eingeschränkt.

50 Zusätzliche Angaben können für die Adressaten von Bedeutung sein, um die Finanzlage und Liquidität eines Unternehmens einschätzen zu können. Die Angabe dieser Informationen (in Verbindung mit einer Stellungnahme des Managements) wird empfohlen und kann folgende Punkte enthalten:

(a) Betrag der nicht ausgenutzten Kreditlinien, die für die künftige betriebliche Tätigkeit und zur Erfüllung von Verpflichtungen eingesetzt werden könnten, unter Angabe aller Beschränkungen der Verwendung dieser Kreditlinien;
(b) (weggefallen);
(c) die Summe des Betrags der Cashflows, die Erweiterungen der betrieblichen Kapazität betreffen, im Unterschied zu den Cashflows, die zur Erhaltung der Kapazität erforderlich sind; und
(d) Betrag der Cashflows aus betrieblicher Tätigkeit, aus der Investitionstätigkeit und aus der Finanzierungstätigkeit, aufgegliedert nach den einzelnen berichtspflichtigen Segmenten (siehe IFRS 8 *Segmentberichterstattung*).

Durch die gesonderte Angabe von Cashflows, die eine Erhöhung der Betriebskapazität darstellen, und Cashflows, die zur Erhaltung der Betriebskapazität erforderlich sind, kann der Adressat der Kapitalflussrechnung beurteilen, ob das Unternehmen geeignete Investitionen zur Erhaltung seiner Betriebskapazität vornimmt. Nimmt das Unternehmen nur unzureichende Investitionen zur Erhaltung seiner Betriebskapazität vor, schadet es unter Umständen der künftigen Rentabilität zu Gunsten der kurzfristigen Liquidität und der Ausschüttungen an Eigentümer. **51**

Die Angabe segmentierter Cashflows verhilft den Adressaten der Kapitalflussrechnung zu einem besseren Verständnis der Beziehung zwischen den Cashflows des Unternehmens als Ganzem und den Cashflows seiner Bestandteile sowie der Verfügbarkeit und Variabilität der segmentierten Cashflows. **52**

Zeitpunkt des Inkrafttretens

Dieser Standard ist erstmals auf Abschlüsse für Perioden anzuwenden, die am oder nach dem 1. Januar 1994 beginnen. **53**

Durch IAS 27 (in der vom International Accounting Standards Board 2008 geänderten Fassung) wurden die Paragraphen 39-42 geändert und die Paragraphen 42A und 42B hinzugefügt. Diese Änderungen sind erstmals in der ersten Periode eines am 1. Juli 2009 oder danach beginnenden Geschäftsjahres anzuwenden. Wendet ein Unternehmen IAS 27 (in der 2008 geänderten Fassung) auf eine frühere Periode an, so hat es auf diese Periode auch die genannten Änderungen anzuwenden. Diese Änderungen sind rückwirkend anzuwenden. **54**

Paragraph 14 wird im Rahmen der *Verbesserungen der IFRS* vom Mai 2008 geändert. Diese Änderungen sind erstmals in der ersten Berichtsperiode eines am 1. Januar 2009 oder danach beginnenden Geschäftsjahres anzuwenden. Eine frühere Anwendung ist zulässig. Wenn ein Unternehmen diese Änderungen vor dem 1. Januar 2009 anwendet, hat es diese Tatsache anzugeben und Paragraph 68A von IAS 16 anzuwenden. **55**

Paragraph 16 wurde durch die *Verbesserungen der IFRS* vom April 2009 geändert. Diese Änderungen sind erstmals in der ersten Berichtsperiode eines am 1. Januar 2010 oder danach beginnenden Geschäftsjahrs anzuwenden. Eine frühere Anwendung ist zulässig. Wendet ein Unternehmen die Änderung für ein früheres Geschäftsjahr an, hat es dies anzugeben. **56**

Durch IFRS 10 und IFRS 11 *Gemeinsame Vereinbarungen*, veröffentlicht im Mai 2011, wurden die Paragraphen 37, 38 und 42B geändert sowie Paragraph 50(b) gestrichen. Ein Unternehmen hat diese Änderungen anzuwenden, wenn es IFRS 10 und IFRS 11 anwendet. **57**

Mit der im Oktober 2012 veröffentlichten Verlautbarung *Investmentgesellschaften (Investment Entities)* (Änderungen an IFRS 10, IFRS 12 und IAS 27) wurden die Paragraphen 42A und 42B geändert und Paragraph 40A hinzugefügt. Unternehmen haben diese Änderungen auf Geschäftsjahre anzuwenden, die am oder nach dem 1. Januar 2014 beginnen. Eine frühere Anwendung ist zulässig. Wendet ein Unternehmen diese Änderungen früher an, hat es alle in der Verlautbarung enthaltenen Änderungen gleichzeitig anzuwenden. **58**

59 Durch IFRS 16, *Leasingverhältnisse*, veröffentlicht im Januar 2016, wurden die Paragraphen 17 und 44 geändert. Ein Unternehmen hat die betreffenden Änderungen anzuwenden, wenn es IFRS 16 anwendet.

60 Mit der im Januar 2016 veröffentlichten Änderung des IAS 7 *Angabeninitiative* wurden die Paragraphen 44A-44E eingefügt. Diese Änderungen sind erstmals auf Geschäftsjahre anzuwenden, die am oder nach dem 1. Januar 2017 beginnen. Eine frühere Anwendung ist zulässig. Wenn das Unternehmen diese Änderungen erstmals anwendet, so ist es nicht verpflichtet, vergleichende Angaben zu früheren Perioden zu machen.

International Accounting Standard 8 Rechnungslegungsmethoden, Änderungen von rechnungslegungsbezogenen Schätzungen und Fehler (IAS 8)

v. 3.11.2008 (ABl EU Nr. L 320 S. 1); zuletzt geändert durch Verordnung (EU) 2019/2104 v. 29.11.2019 (ABl L Nr. 318 S. 74)[1)]

Inhalt — Ziffer

Zielsetzung

Dieser Standard schreibt die Kriterien zur Auswahl und Änderung der Rechnungslegungsmethoden sowie die bilanzielle Behandlung und Angabe von Änderungen der Rechnungslegungsmethoden, Änderungen von rechnungslegungsbezogenen Schätzungen sowie Fehlerkorrekturen vor. Der Standard soll die Relevanz und Zuverlässigkeit des Abschlusses eines Unternehmens sowie die Vergleichbarkeit dieser Abschlüsse im Zeitablauf sowie mit den Abschlüssen anderer Unternehmen verbessern. **1**

Die Bestimmungen zur Angabe von Rechnungslegungsmethoden – davon ausgenommen: Änderungen von Rechnungslegungsmethoden – sind in IAS 1 *Darstellung des Abschlusses* aufgeführt. **2**

1) **Anm. d. Red.:** Diese Änderungen sind am 30.12.2019 in Kraft getreten und spätestens mit Beginn des ersten am oder nach dem 1.1.2020 beginnenden Geschäftsjahres anzuwenden. Vgl. dazu auch Paragraph 54H.

Anwendungsbereich

3 Dieser Standard ist bei der Auswahl und Anwendung von Rechnungslegungsmethoden sowie zur Berücksichtigung von Änderungen der Rechnungslegungsmethoden, Änderungen von rechnungslegungsbezogenen Schätzungen und Korrekturen von Fehlern aus früheren Perioden anzuwenden.

4 Die steuerlichen Auswirkungen der Korrekturen von Fehlern aus früheren Perioden und von rückwirkenden Anpassungen zur Umsetzung der Änderungen von Rechnungslegungsmethoden werden gemäß IAS 12 *Ertragsteuern* berücksichtigt und offen gelegt.

Definitionen

5 Die folgenden Begriffe werden in diesem Standard mit der angegebenen Bedeutung verwendet:

Rechnungslegungsmethoden sind die besonderen Prinzipien, grundlegende Überlegungen, Konventionen, Regeln und Praktiken, die ein Unternehmen bei der Aufstellung und Darstellung eines Abschlusses anwendet.

Eine *Änderung einer rechnungslegungsbezogenen Schätzung* ist eine Berichtigung des Buchwerts eines Vermögenswerts bzw. einer Schuld oder der betragsmäßige, periodengerechte Verbrauch eines Vermögenswerts, der aus der Einschätzung des derzeitigen Status von Vermögenswerten und Schulden und aus der Einschätzung des künftigen Nutzens und künftiger Verpflichtungen im Zusammenhang mit Vermögenswerten und Schulden resultiert. Änderungen von rechnungslegungsbezogenen Schätzungen ergeben sich aus neuen Informationen oder Entwicklungen und sind somit keine Fehlerkorrekturen.

International Financial Reporting Standards (IFRS) sind die vom International Accounting Standards Board (IASB) verabschiedeten Standards und Interpretationen. Sie umfassen:

(a) International Financial Reporting Standards;

(b) International Accounting Standards; und

(c) Interpretationen des International Financial Reporting Interpretations Committee (IFRIC) bzw. des ehemaligen Standing Interpretations Committee (SIC).

Der Begriff „wesentlich" ist in IAS 1 Paragraph 7 definiert und wird im vorliegenden Standard mit derselben Bedeutung verwendet.

Fehler aus früheren Perioden sind Auslassungen oder fehlerhafte Darstellungen in den Abschlüssen eines Unternehmens für eine oder mehrere Perioden, die sich aus einer Nicht- oder Fehlanwendung von zuverlässigen Informationen ergeben haben, die

(a) zu dem Zeitpunkt, an dem die Abschlüsse für die entsprechenden Perioden zur Veröffentlichung genehmigt wurden, zur Verfügung standen; und

(b) hätten eingeholt und bei der Aufstellung und Darstellung der entsprechenden Abschlüsse berücksichtigt werden können.

Diese Fehler umfassen die Auswirkungen von Rechenfehlern, Fehlern bei der Anwendung von Rechnungslegungsmethoden, Flüchtigkeitsfehlern oder Fehlinterpretationen von Sachverhalten, sowie von Betrugsfällen.

Die *rückwirkende Anwendung* besteht darin, eine neue Rechnungslegungsmethode auf Geschäftsvorfälle, sonstige Ereignisse und Bedingungen so anzuwenden, als wäre die Rechnungslegungsmethode stets angewandt worden.

Die *rückwirkende Anpassung* ist die Korrektur einer Erfassung, Bewertung und Angabe von Beträgen aus Bestandteilen eines Abschlusses, so als ob ein Fehler in einer früheren Periode nie aufgetreten wäre.

Undurchführbar: Die Anwendung einer Vorschrift gilt dann als undurchführbar, wenn sie trotz aller angemessenen Anstrengungen des Unternehmens nicht angewandt werden kann. Für eine bestimmte frühere Periode ist die rückwirkende Anwendung einer Änderung einer Rechnungslegungsmethode bzw. eine rückwirkende Anpassung zur Fehlerkorrektur dann undurchführbar, wenn

(a) die Auswirkungen der rückwirkenden Anwendung bzw. rückwirkenden Anpassung nicht zu ermitteln sind;

(b) die rückwirkende Anwendung bzw. rückwirkende Anpassung Annahmen über die mögliche Absicht des Managements in der entsprechenden Periode erfordert; oder

(c) die rückwirkende Anwendung bzw. rückwirkende Anpassung umfangreiche Schätzungen der Beträge erforderlich macht und es unmöglich ist, objektiv die Informationen aus diesen Schätzungen, die
   (i) einen Nachweis über die Sachverhalte vermitteln, die zu dem Zeitpunkt bestanden, zu dem die entsprechenden Beträge zu erfassen, zu bewerten oder anzugeben sind; und
   (ii) zur Verfügung gestanden hätten, als der Abschluss für jene frühere Periode zur Veröffentlichung genehmigt wurde,

   von sonstigen Informationen zu unterscheiden.

Die *prospektive Anwendung* der Änderung einer Rechnungslegungsmethode bzw. der Erfassung der Auswirkung der Änderung einer rechnungslegungsbezogenen Schätzung besteht darin,

(a) die neue Rechnungslegungsmethode auf Geschäftsvorfälle, sonstige Ereignisse und Bedingungen anzuwenden, die nach dem Zeitpunkt der Änderung der Rechnungslegungsmethode eintreten; und

(b) die Auswirkung der Änderung einer rechnungslegungsbezogenen Schätzung in der Berichtsperiode und in zukünftigen Perioden anzusetzen, die von der Änderung betroffen sind.

(weggefallen) 6

Rechnungslegungsmethoden

Auswahl und Anwendung der Rechnungslegungsmethoden

Bezieht sich ein IFRS ausdrücklich auf einen Geschäftsvorfall oder auf sonstige Ereignisse oder 7
Bedingungen, so ist bzw. sind die Rechnungslegungsmethode(n) für den entsprechenden Posten zu ermitteln, indem der IFRS angewandt wird.

Die IFRS legen Rechnungslegungsmethoden fest, die aufgrund einer Schlussfolgerung des IASB 8
zu einem Abschluss führt, der relevante und zuverlässige Informationen über die Geschäftsvorfälle, sonstigen Ereignisse und Bedingungen enthält, auf die sie zutreffen. Diese Methoden müssen nicht angewandt werden, wenn die Auswirkung ihrer Anwendung unwesentlich ist. Es ist jedoch nicht angemessen, unwesentliche Abweichungen von den IFRS vorzunehmen oder unberichtigt zu lassen, um eine bestimmte Darstellung der Vermögens-, Finanz- und Ertragslage oder der Cashflows eines Unternehmens zu erzielen.

Die IFRS gehen mit Anwendungsleitlinien einher, um Unternehmen bei der Umsetzung der Vor- 9
schriften zu helfen. In den Anwendungsleitlinien wird klar festgelegt, ob sie ein integraler Bestandteil der IFRS sind. Ist Letzteres der Fall, sind die Anwendungsleitlinien als obligatorisch zu betrachten. Anwendungsleitlinien, die kein integraler Bestandteil der IFRS sind, enthalten keine Vorschriften zu den Abschlüssen.

Beim Fehlen eines IFRS, der ausdrücklich auf einen Geschäftsvorfall oder sonstige Ereignisse 10
oder Bedingungen zutrifft, hat das Management darüber zu entscheiden, welche Rechnungslegungsmethode zu entwickeln und anzuwenden ist, um zu Informationen zu führen, die

(a) für die Bedürfnisse der wirtschaftlichen Entscheidungsfindung der Adressaten von Bedeutung sind und

(b) zuverlässig sind, in dem Sinne, dass der Abschluss

(i) die Vermögens-, Finanz- und Ertragslage sowie die Cashflows des Unternehmens den tatsächlichen Verhältnissen entsprechend darstellt;

(ii) den wirtschaftlichen Gehalt von Geschäftsvorfällen und sonstigen Ereignissen und Bedingungen widerspiegelt und nicht nur deren rechtliche Form;

(iii) neutral ist, das heißt frei von verzerrenden Einflüssen;

(iv) vorsichtig;

(v) in allen wesentlichen Gesichtspunkten vollständig ist.

11 Bei seiner Entscheidungsfindung im Sinne des Paragraphen 10 hat das Management sich auf folgende Quellen – in absteigender Reihenfolge – zu beziehen und deren Anwendung zu berücksichtigen:

(a) die Vorschriften der IFRS, die ähnliche und verwandte Fragen behandeln; und

(b) die im *Rahmenkonzept für die Finanzberichterstattung (Rahmenkonzept)* enthaltenen Definitionen, Erfassungskriterien und Bewertungskonzepte für Vermögenswerte, Schulden, Erträge und Aufwendungen.*)

12 Bei seiner Entscheidungsfindung gemäß Paragraph 10 kann das Management außerdem die jüngsten Verlautbarungen anderer Standardsetter, die ein ähnliches konzeptionelles Rahmenkonzept zur Entwicklung von Rechnungslegungsmethoden einsetzen, sowie sonstige Rechnungslegungs-Verlautbarungen und anerkannte Branchenpraktiken berücksichtigen, sofern sie nicht mit den in Paragraph 11 enthaltenen Quellen in Konflikt stehen.

Stetigkeit der Rechnungslegungsmethoden

13 Ein Unternehmen hat seine Rechnungslegungsmethoden für ähnliche Geschäftsvorfälle, sonstige Ereignisse und Bedingungen stetig auszuwählen und anzuwenden, es sei denn, ein IFRS erlaubt bzw. schreibt die Kategorisierung von Sachverhalten vor, für die andere Rechnungslegungsmethoden zutreffend sind. Sofern ein IFRS eine derartige Kategorisierung vorschreibt oder erlaubt, ist eine geeignete Rechnungslegungsmethode auszuwählen und stetig für jede Kategorie anzuwenden.

Änderungen von Rechnungslegungsmethoden

14 Ein Unternehmen darf eine Rechnungslegungsmethode nur dann ändern, wenn die Änderung

(a) aufgrund eines IFRS erforderlich ist; oder

(b) dazu führt, dass der Abschluss zuverlässige und relevantere Informationen über die Auswirkungen von Geschäftsvorfällen, sonstigen Ereignissen oder Bedingungen auf die Vermögens-, Finanz- oder Ertragslage oder die Cashflows des Unternehmens vermittelt.

15 Die Adressaten der Abschlüsse müssen in der Lage sein, die Abschlüsse eines Unternehmens im Zeitablauf vergleichen zu können, um Tendenzen in der Vermögens-, Finanz- und Ertragslage sowie des Cashflows zu erkennen. Daher sind in jeder Periode und von einer Periode auf die nächste stets die gleichen Rechnungslegungsmethoden anzuwenden, es sei denn, die Änderung einer Rechnungslegungsmethode entspricht einem der in Paragraph 14 enthaltenen Kriterien.

16 Die folgenden Fälle sind keine Änderung der Bilanzierungs- oder Bewertungsmethoden:

(a) die Anwendung einer Rechnungslegungsmethode auf Geschäftsvorfälle, sonstige Ereignisse oder Bedingungen, die sich grundsätzlich von früheren Geschäftsvorfällen oder sonstigen Ereignissen oder Bedingungen unterscheiden; und

---

*) **Amtl. Anm.:** In Paragraph 54G wird dargelegt, wie diese Anforderung für Salden regulatorischer Posten geändert wird.

(b) die Anwendung einer neuen Rechnungslegungsmethode auf Geschäftsvorfälle oder sonstige Ereignisse oder Bedingungen, die früher nicht vorgekommen sind oder unwesentlich waren.

Die erstmalige Anwendung einer Methode zur Neubewertung von Vermögenswerten nach IAS 16 *Sachanlagen* oder IAS 38 *Immaterielle Vermögenswerte* ist eine Änderung einer Rechnungslegungsmethode, die als Neubewertung im Rahmen des IAS 16 bzw. IAS 38 und nicht nach Maßgabe dieses Standards zu behandeln ist. **17**

Die Paragraphen 19-31 finden auf die im Paragraphen 17 beschriebene Änderung der Rechnungslegungsmethode keine Anwendung. **18**

Anwendung von Änderungen der Rechnungslegungsmehoden

Gemäß Paragraph 23 **19**

(a) hat ein Unternehmen eine Änderung der Rechnungslegungsmethoden aus der erstmaligen Anwendung eines IFRS nach den ggf. bestehenden spezifischen Übergangsvorschriften für den IFRS zu berücksichtigen; und

(b) sofern ein Unternehmen eine Rechnungslegungsmethode nach erstmaliger Anwendung eines IFRS ändert, der/die keine spezifischen Übergangsvorschriften zur entsprechenden Änderung enthält, oder aber die Rechnungslegungsmethoden freiwillig ändert, so hat es die Änderung rückwirkend anzuwenden.

Im Sinne dieses Standards handelt es sich bei einer früheren Anwendung eines IFRS nicht um eine freiwillige Änderung der Rechnungslegungsmethoden. **20**

Bei Fehlen eines IFRS, der spezifisch auf eine oder sonstige Ereignisse oder Bedingungen zutrifft, kann das Management nach Paragraph 12 eine Rechnungslegungsmethode nach den jüngsten Verlautbarungen anderer Standardsetter anwenden, die ein ähnliches konzeptionelles Rahmenkonzept zur Entwicklung von Rechnungslegungsmethoden einsetzen. Falls das Unternehmen sich nach einer Änderung einer derartigen Verlautbarung dafür entscheidet, eine Rechnungslegungsmethode zu ändern, so ist diese Änderung entsprechend zu berücksichtigen und als freiwillige Änderung der Rechnungslegungsmethode auszuweisen. **21**

Rückwirkende Anwendung

Wenn gemäß Paragraph 23 eine Rechnungslegungsmethode in Übereinstimmung mit Paragraph 19(a) oder (b) rückwirkend geändert wird, hat das Unternehmen den Eröffnungsbilanzwert eines jeden Bestandteils des Eigenkapitals für die früheste dargestellte Periode sowie die sonstigen vergleichenden Beträge für jede frühere dargestellte Periode so anzupassen, als ob die neue Rechnungslegungsmethode stets angewandt worden wäre. **22**

Einschränkungen im Hinblick auf rückwirkende Anwendung

Ist eine rückwirkende Anwendung nach Paragraph 19(a) oder (b) erforderlich, so ist eine Änderung der Rechnungslegungsmethoden rückwirkend anzuwenden, es sei denn, dass die Ermittlung der periodenspezifischen Effekte oder der kumulierten Auswirkung der Änderung undurchführbar ist. **23**

Wenn die Ermittlung der periodenspezifischen Effekte einer Änderung der Rechnungslegungsmethoden bei vergleichbaren Informationen für eine oder mehrere ausgewiesene Perioden undurchführbar ist, so hat das Unternehmen die neue Rechnungslegungsmethode auf die Buchwerte der Vermögenswerte und Schulden zum Zeitpunkt der frühesten Periode, für die die rückwirkende Anwendung durchführbar ist – dies kann auch die Berichtsperiode sein – anzuwenden und die Eröffnungsbilanzwerte eines jeden betroffenen Eigenkapitalbestandteils für die entsprechende Periode entsprechend zu berichtigen. **24**

25 Wenn die Ermittlung des kumulierten Effekts der Anwendung einer neuen Rechnungslegungsmethode auf alle früheren Perioden am Anfang der Berichtsperiode undurchführbar ist, so hat das Unternehmen die vergleichbaren Informationen dahingehend anzupassen, dass die neue Rechnungslegungsmethode prospektiv vom frühest möglichen Zeitpunkt an angewandt wird.

26 Wenn ein Unternehmen eine neue Rechnungslegungsmethode rückwirkend anwendet, so hat es die neue Rechnungslegungsmethode auf vergleichbare Informationen für frühere Perioden, so weit zurück, wie dies durchführbar ist, anzuwenden. Die rückwirkende Anwendung auf eine frühere Periode ist nur durchführbar, wenn die kumulierte Auswirkung auf die Beträge in sowohl der Eröffnungs- als auch der Abschlussbilanz für die entsprechende Periode ermittelt werden kann. Der Korrekturbetrag für frühere Perioden, die nicht im Abschluss dargestellt sind, wird im Eröffnungsbilanzwert jedes betroffenen Eigenkapitalbestandteils der frühesten dargestellten Periode verrechnet. Normalerweise werden die Gewinnrücklagen angepasst. Allerdings kann auch jeder andere Eigenkapitalbestandteil (beispielsweise, um einem IFRS zu entsprechen) angepasst werden. Jede andere Information, die sich auf frühere Perioden bezieht, beispielsweise Zeitreihen von Finanzkennzahlen, wird ebenfalls so weit zurück, wie dies durchführbar ist, rückwirkend angepasst.

27 Ist die rückwirkende Anwendung einer neuen Rechnungslegungsmethode für ein Unternehmen undurchführbar, weil es die kumulierte Auswirkung der Anwendung auf alle früheren Perioden nicht ermitteln kann, so hat das Unternehmen die neue Rechnungslegungsmethode in Übereinstimmung mit Paragraph 25 prospektiv ab Beginn der frühest möglichen Periode anzuwenden. Daher lässt das Unternehmen den Anteil der kumulierten Berichtigung der Vermögenswerte, Schulden und Eigenkapital vor dem entsprechenden Zeitpunkt außer Acht. Die Änderung einer Rechnungslegungsmethode ist selbst dann zulässig, wenn die prospektive Anwendung der entsprechenden Methode für keine frühere Periode durchführbar ist. Die Paragraphen 50-53 enthalten Leitlinien dafür, wann die Anwendung einer neuen Rechnungslegungsmethode auf eine oder mehrere frühere Perioden undurchführbar ist.

Angaben

28 Wenn die erstmalige Anwendung eines IFRS Auswirkungen auf die Berichtsperiode oder irgendeine frühere Periode hat oder derartige Auswirkungen haben könnte, es sei denn, die Ermittlung des Korrekturbetrags wäre undurchführbar, oder wenn die Anwendung eventuell Auswirkungen auf künftige Perioden hätte, hat das Unternehmen Folgendes anzugeben:

(a) den Titel des IFRS;

(b) falls zutreffend, dass die Rechnungslegungsmethode in Übereinstimmung mit den Übergangsvorschriften geändert wird;

(c) die Art der Änderung der Rechnungslegungsmethoden;

(d) falls zutreffend, eine Beschreibung der Übergangsvorschriften;

(e) falls zutreffend, die Übergangsvorschriften, die eventuell eine Auswirkung auf zukünftige Perioden haben könnten;

(f) den Korrekturbetrag für die Berichtsperiode sowie, soweit durchführbar, für jede frühere dargestellte Periode:

 (i) für jeden einzelnen betroffenen Posten des Abschlusses; und

 (ii) sofern IAS 33 *Ergebnis je Aktie* auf das Unternehmen anwendbar ist, für das unverwässerte und das verwässerte Ergebnis je Aktie;

(g) den Korrekturbetrag, sofern durchführbar, im Hinblick auf Perioden vor denjenigen, die ausgewiesen werden; und

(h) sofern eine rückwirkende Anwendung nach Paragraph 19(a) oder (b) für eine bestimmte frühere Periode, oder aber für Perioden, die vor den ausgewiesenen Perioden liegen, undurchführbar ist, so sind die Umstände darzustellen, die zu jenem Zustand geführt haben, unter Angabe wie und ab wann die Änderung der Rechnungslegungsmethode angewandt wurde.

In den Abschlüssen späterer Perioden müssen diese Angaben nicht wiederholt werden.

Sofern eine freiwillige Änderung der Rechnungslegungsmethoden Auswirkungen auf die Berichtsperiode oder irgendeine frühere Periode hat oder derartige Auswirkungen haben könnte, es sei denn, die Ermittlung des Korrekturbetrags ist undurchführbar oder hätte eventuell Auswirkungen auf künftige Perioden, hat das Unternehmen Folgendes anzugeben: **29**

(a) die Art der Änderung der Rechnungslegungsmethoden;

(b) die Gründe, weswegen die Anwendung der neuen Rechnungslegungsmethode zuverlässige und relevantere Informationen vermittelt;

(c) den Korrekturbetrag für die Berichtsperiode sowie, soweit durchführbar, für jede frühere dargestellte Periode:

  (i) für jeden einzelnen betroffenen Posten des Abschlusses; und

  (ii) sofern IAS 33 auf das Unternehmen anwendbar ist, für das unverwässerte und das verwässerte Ergebnis je Aktie;

(d) den Korrekturbetrag, sofern durchführbar, im Hinblick auf Perioden vor denjenigen, die ausgewiesen werden; und

(e) sofern eine rückwirkende Anwendung für eine bestimmte frühere Periode, oder aber für Perioden, die vor den ausgewiesenen Perioden liegen, undurchführbar ist, so sind die Umstände darzustellen, die zu jenem Zustand geführt haben, unter Angabe wie und ab wann die Änderung der Rechnungslegungsmethode angewandt wurde.

In den Abschlüssen späterer Perioden müssen diese Angaben nicht wiederholt werden.

Wenn ein Unternehmen einen neuen IFRS nicht angewandt hat, der/die herausgegeben wurde, aber noch nicht in Kraft getreten ist, so hat das Unternehmen folgende Angaben zu machen: **30**

(a) diese Tatsache; und

(b) bekannte bzw. einigermaßen zuverlässig einschätzbare Informationen, die zur Beurteilung der möglichen Auswirkungen einer Anwendung des neuen IFRS auf den Abschluss des Unternehmens in der Periode der erstmaligen Anwendung relevant sind.

Unter Berücksichtigung des Paragraphen 30 erwägt ein Unternehmen die Angabe: **31**

(a) des Titels des neuen IFRS;

(b) die Art der bevorstehenden Änderung/en der Rechnungslegungsmethoden;

(c) des Zeitpunkts, ab welchem die Anwendung des IFRS verlangt wird;

(d) des Zeitpunkts, ab welchem es die erstmalige Anwendung des IFRS beabsichtigt; und

(e) entweder:

  (i) einer Diskussion der erwarteten Auswirkungen der erstmaligen Anwendung des IFRS auf den Abschluss des Unternehmens; oder

  (ii) wenn diese Auswirkungen unbekannt oder nicht verlässlich abzuschätzen sind, einer Erklärung mit diesem Inhalt.

Änderungen von Schätzungen

Aufgrund der mit Geschäftstätigkeiten verbundenen Unsicherheiten können viele Posten in den Abschlüssen nicht präzise bewertet, sondern nur geschätzt werden. Eine Schätzung erfolgt auf der Grundlage der zuletzt verfügbaren verlässlichen Informationen. Beispielsweise können Schätzungen für folgende Sachverhalte erforderlich sein: **32**

(a) risikobehaftete Forderungen;

(b) Überalterung von Vorräten;

(c) der beizulegende Zeitwert finanzieller Vermögenswerte oder Schulden;

(d) die Nutzungsdauer oder der erwartete Abschreibungsverlauf des künftigen wirtschaftlichen Nutzens von abschreibungsfähigen Vermögenswerten; und

(e) Gewährleistungsverpflichtungen.

33 Die Verwendung vernünftiger Schätzungen ist bei der Aufstellung von Abschlüssen unumgänglich und beeinträchtigt deren Verlässlichkeit nicht.

34 Eine Schätzung muss überarbeitet werden, wenn sich die Umstände, auf deren Grundlage die Schätzung erfolgt ist, oder als Ergebnis von neuen Informationen oder zunehmender Erfahrung ändern. Naturgemäß kann sich die Überarbeitung einer Schätzung nicht auf frühere Perioden beziehen und gilt auch nicht als Fehlerkorrektur.

35 Eine Änderung der verwendeten Bewertungsgrundlage ist eine Änderung der Rechnungslegungsmethoden und keine Änderung einer rechnungslegungsbezogenen Schätzung. Wenn es schwierig ist, eine Änderung der Rechnungslegungsmethoden von einer Änderung einer rechnungslegungsbezogenen Schätzung zu unterscheiden, gilt die entsprechende Änderung als eine Änderung einer rechnungslegungsbezogenen Schätzung.

36 Die Auswirkung der Änderung einer rechnungslegungsbezogenen Schätzung, außer es handelt sich um eine Änderung im Sinne des Paragraphen 37, ist prospektiv im Gewinn oder Verlust zu erfassen in:

(a) der Periode der Änderung, wenn die Änderung nur diese Periode betrifft; oder

(b) der Periode der Änderung und in späteren Perioden, sofern die Änderung sowohl die Berichtsperiode als auch spätere Perioden betrifft.

37 Soweit eine Änderung einer rechnungslegungsbezogenen Schätzung zu Änderungen der Vermögenswerte oder Schulden führt oder sich auf einen Eigenkapitalposten bezieht, hat die Erfassung dadurch zu erfolgen, dass der Buchwert des entsprechenden Vermögenswerts oder der Schuld oder Eigenkapitalposition in der Periode der Änderung angepasst wird.

38 Die prospektive Erfassung der Auswirkung der Änderung einer rechnungslegungsbezogenen Schätzung bedeutet, dass die Änderung auf Geschäftsvorfälle und sonstige Ereignisse und Bedingungen ab dem Zeitpunkt der Änderung der Schätzung angewandt wird. Eine Änderung einer rechnungslegungsbezogenen Schätzung kann nur der Gewinn oder Verlust der Berichtsperiode oder aber der Gewinn oder Verlust sowohl der Berichtsperiode als auch zukünftiger Perioden betreffen. Beispielsweise betrifft die Änderung der Schätzung einer risikobehafteten Forderung nur der Gewinn oder Verlust der Berichtsperiode und wird daher in dieser erfasst. Dagegen betrifft die Änderung einer Schätzung hinsichtlich der Nutzungsdauer oder des erwarteten Abschreibungsverlaufs des künftigen wirtschaftlichen Nutzens eines abschreibungsfähigen Vermögenswerts den Abschreibungsaufwand der Berichtsperiode und jeder folgenden Periode der verbleibenden Restnutzungsdauer. In beiden Fällen werden die Erträge oder Aufwendungen in der Berichtsperiode berücksichtigt, soweit sie diese betreffen. Die mögliche Auswirkung auf zukünftige Perioden wird in diesen als Ertrag oder Aufwand erfasst.

Angaben

39 Ein Unternehmen hat die Art und den Betrag einer Änderung einer rechnungslegungsbezogenen Schätzung anzugeben, die eine Auswirkung in der Berichtsperiode hat oder von der erwartet wird, dass sie Auswirkungen in zukünftigen Perioden hat, es sei denn, dass die Angabe der Schätzung dieser Auswirkung auf zukünftige Perioden undurchführbar ist.

40 Erfolgt die Angabe des Betrags der Auswirkung auf zukünftige Perioden nicht, weil die Schätzung dieser Auswirkung undurchführbar ist, so hat das Unternehmen auf diesen Umstand hinzuweisen.

Fehler

41 Fehler können im Hinblick auf die Erfassung, Bewertung, Darstellung oder Offenlegung von Bestandteilen eines Abschlusses entstehen. Ein Abschluss steht nicht im Einklang mit den IFRS, wenn er entweder wesentliche Fehler, oder aber absichtlich herbeigeführte unwesentliche Fehler enthält, um eine bestimmte Darstellung der Vermögens-, Finanz- oder Ertragslage oder Cashflows des Unternehmens zu erreichen. Potenzielle Fehler in der Berichtsperiode, die in der Periode entdeckt werden, sind zu korrigieren, bevor der Abschluss zur Veröffentlichung genehmigt wird. Jedoch werden wesentliche Fehler mitunter erst in einer nachfolgenden Periode entdeckt, und diese Fehler aus früheren Perioden werden in den Vergleichsinformationen im Abschluss für diese nachfolgende Periode korrigiert (s. Paragraphen 42-47).

Gemäß Paragraph 43 hat ein Unternehmen wesentliche Fehler aus früheren Perioden im ersten vollständigen Abschluss, der zur Veröffentlichung nach der Entdeckung der Fehler genehmigt wurde, rückwirkend zu korrigieren, indem 42

(a) die vergleichenden Beträge für die früher dargestellten Perioden, in denen der Fehler auftrat, angepasst werden; oder

(b) wenn der Fehler vor der frühesten dargestellten Periode aufgetreten ist, die Eröffnungssalden von Vermögenswerten, Schulden und Eigenkapital für die früheste dargestellte Periode angepasst werden.

Einschränkungen bei rückwirkender Anpassung

Ein Fehler aus einer früheren Periode ist durch rückwirkende Anpassung zu korrigieren, es sei denn, die Ermittlung der periodenspezifischen Effekte oder der kumulierten Auswirkung des Fehlers ist undurchführbar. 43

Wenn die Ermittlung der periodenspezifischen Effekte eines Fehlers auf die Vergleichsinformationen für eine oder mehrere frühere dargestellte Perioden undurchführbar ist, so hat das Unternehmen die Eröffnungssalden von Vermögenswerten, Schulden und Eigenkapital für die früheste Periode anzupassen, für die eine rückwirkende Anpassung durchführbar ist (es kann sich dabei um die Berichtsperiode handeln). 44

Wenn die Ermittlung der kumulierten Auswirkung eines Fehlers auf alle früheren Perioden am Anfang der Berichtsperiode undurchführbar ist, so hat das Unternehmen die Vergleichsinformationen dahingehend anzupassen, dass der Fehler prospektiv ab dem frühest möglichen Zeitpunkt korrigiert wird. 45

Die Korrektur eines Fehlers aus einer früheren Periode ist für die Periode, in der er entdeckt wurde, ergebnisneutral zu erfassen. Jede Information, die sich auf frühere Perioden bezieht, wie beispielsweise Zeitreihen von Finanzkennzahlen, wird so weit zurück angepasst, wie dies durchführbar ist. 46

Ist die betragsmäßige Ermittlung eines Fehlers (beispielsweise bei der Fehlanwendung einer Rechnungslegungsmethode) für alle früheren Perioden undurchführbar, so hat das Unternehmen die vergleichenden Informationen nach Paragraph 45 ab dem frühest möglichen Zeitpunkt prospektiv anzupassen. Daher lässt das Unternehmen den Anteil der kumulierten Anpassung der Vermögenswerte, Schulden und Eigenkapital vor dem entsprechenden Zeitpunkt außer Acht. Die Paragraphen 50–53 vermitteln Leitlinien darüber, wann die Korrektur eines Fehlers für eine oder mehrere frühere Perioden undurchführbar ist. 47

Korrekturen von Fehlern werden getrennt von Änderungen der rechnungslegungsbezogenen Schätzungen behandelt. Rechnungslegungsbezogene Schätzungen sind ihrer Natur nach Annäherungen, die überarbeitungsbedürftig sein können, sobald zusätzliche Informationen bekannt werden. Beispielsweise handelt es sich bei einem Gewinn oder Verlust als Ergebnis eines Haftungsverhältnisses nicht um die Korrektur eines Fehlers. 48

Angaben von Fehlern aus früheren Perioden

Wenn Paragraph 42 angewandt wird, hat ein Unternehmen Folgendes anzugeben: 49

(a) die Art des Fehlers aus einer früheren Periode;

(b) die betragsmäßige Korrektur, soweit durchführbar, für jede frühere dargestellte Periode:

(i) für jeden einzelnen betroffenen Posten des Abschlusses; und
(ii) sofern IAS 33 auf das Unternehmen anwendbar ist, für das unverwässerte und das verwässerte Ergebnis je Aktie;

(c) die betragsmäßige Korrektur am Anfang der frühesten dargestellten Periode; und
(d) wenn eine rückwirkende Anpassung für eine bestimmte frühere Periode nicht durchführbar ist, so sind die Umstände darzustellen, die zu diesem Zustand geführt haben, unter Angabe wie und ab wann der Fehler beseitigt wurde.

In den Abschlüssen späterer Perioden müssen diese Angaben nicht wiederholt werden.

Undurchführbarkeit hinsichtlich rückwirkender Anwendung und rückwirkender Anpassung

50 Die Anpassung von Vergleichsinformationen für eine oder mehrere frühere Perioden zur Erzielung der Vergleichbarkeit mit der Berichtsperiode kann unter bestimmten Umständen undurchführbar sein. Beispielsweise wurden die Daten in der/den früheren Perioden eventuell nicht auf eine Art und Weise erfasst, die entweder die rückwirkende Anwendung einer neuen Rechnungslegungsmethode (darunter auch, im Sinne der Paragraphen 51-53, die prospektive Anwendung auf frühere Perioden) oder eine rückwirkende Anpassung ermöglicht, um einen Fehler aus einer früheren Periode zu korrigieren; auch kann die Wiederherstellung von Informationen undurchführbar sein.

51 Oftmals ist es bei der Anwendung einer Rechnungslegungsmethode auf Bestandteile eines Abschlusses, die im Zusammenhang mit Geschäftsvorfällen und sonstigen Ereignissen oder Bedingungen erfasst bzw. anzugeben sind, erforderlich, Schätzungen zu machen. Der Schätzungsprozess ist von Natur aus subjektiv und Schätzungen können nach dem Abschlussstichtag entwickelt werden. Die Entwicklung von Schätzungen ist potenziell schwieriger, wenn eine Rechnungslegungsmethode rückwirkend angewandt wird oder eine Anpassung rückwirkend vorgenommen wird, um einen Fehler aus einer früheren Periode zu korrigieren, weil ein eventuell längerer Zeitraum zurückliegt, seitdem der betreffende Geschäftsvorfall bzw. ein sonstiges Ereignis oder eine Bedingung eingetreten sind. Die Zielsetzung von Schätzungen im Zusammenhang mit früheren Perioden bleibt jedoch die gleiche wie für Schätzungen in der Berichtsperiode, nämlich, dass die Schätzung die Umstände widerspiegeln soll, die zurzeit des Geschäftsvorfalls oder sonstiger Ereignisse oder Bedingungen existierten.

52 Daher verlangt die rückwirkende Anwendung einer neuen Rechnungslegungsmethode oder die Korrektur eines Fehlers aus einer früheren Periode zur Unterscheidung dienliche Informationen, die

(a) einen Nachweis über die Umstände erbringen, die zu dem/den Zeitpunkt(en) existierten, als der Geschäftsvorfall oder sonstige Ereignisse oder Bedingungen eintraten, und
(b) zur Verfügung gestanden hätten, als die Abschlüsse für jene frühere Periode zur Veröffentlichung genehmigt wurden

und sich von sonstigen Informationen unterscheiden. Für manche Arten von Schätzungen (z. B. eine Bemessung des beizulegenden Zeitwerts, die auf wesentlichen, nicht beobachtbaren Inputfaktoren basiert) ist die Unterscheidung dieser Informationsarten undurchführbar. Erfordert eine rückwirkende Anwendung oder eine rückwirkende Anpassung eine umfangreiche Schätzung, für die es unmöglich wäre, diese beiden Informationsarten voneinander zu unterscheiden, so ist die rückwirkende Anwendung der neuen Rechnungslegungsmethode bzw. die rückwirkende Korrektur des Fehlers aus einer früheren Periode undurchführbar.

53 Wird in einer früheren Periode eine neue Rechnungslegungsmethode angewandt bzw. eine betragsmäßige Korrektur vorgenommen, so ist nicht rückblickend zu verfahren; dies bezieht sich auf Annahmen hinsichtlich der Absichten des Managements in einer früheren Periode sowie auf Schätzungen der in einer früheren Periode erfassten, bewerteten oder ausgewiesenen Beträge. Wenn ein Unternehmen beispielsweise einen Fehler aus einer früheren Periode bei der

Ermittlung seiner Haftung für den kumulierten Krankengeldanspruch nach IAS 19 *Leistungen an Arbeitnehmer* korrigiert, lässt es Informationen über eine ungewöhnlich heftige Grippesaison während der nächsten Periode außer Acht, die erst zur Verfügung standen, nachdem der Abschluss für die frühere Periode zur Veröffentlichung genehmigt wurde. Die Tatsache, dass zur Änderung vergleichender Informationen für frühere Perioden oftmals umfangreiche Schätzungen erforderlich sind, verhindert keine zuverlässige Anpassung bzw. Korrektur der vergleichenden Informationen.

Zeitpunkt des Inkrafttretens und Übergangsvorschriften

Dieser Standard ist erstmals in der ersten Berichtsperiode eines am 1. Januar 2005 oder danach beginnenden Geschäftsjahres anzuwenden. Eine frühere Anwendung wird empfohlen. Wenn ein Unternehmen diesen Standard für Berichtsperioden anwendet, die vor dem 1. Januar 2005 beginnen, so ist diese Tatsache anzugeben. **54**

(nicht besetzt) **54A und 54B**

Durch IFRS 13 *Bemessung des beizulegenden Zeitwerts*, veröffentlicht im Mai 2011, wurde Paragraph 52 geändert. Ein Unternehmen hat die betreffende Änderung anzuwenden, wenn es IFRS 13 anwendet. **54C**

(nicht besetzt) **54D**

Durch IFRS 9 (im Juli 2014 veröffentlicht) wurde Paragraph 53 geändert und wurden die Paragraphen 54A, 54B und 54D gestrichen. Ein Unternehmen hat diese Änderungen anzuwenden, wenn es IFRS 9 anwendet. **54E**

Durch die 2018 veröffentlichte Verlautbarung *Änderungen der Verweise auf das Rahmenkonzept in IFRS-Standards* wurden die Paragraphen 6 und 11(b) geändert. Diese Änderungen sind auf Geschäftsjahre anzuwenden, die am oder nach dem 1. Januar 2020 beginnen. Eine frühere Anwendung ist zulässig, wenn das Unternehmen gleichzeitig alle anderen mit der Verlautbarung *Änderungen der Verweise auf das Rahmenkonzept in IFRS-Standards* einhergehenden Änderungen anwendet. Gemäß dem vorliegenden Standard sind die Änderungen an den Paragraphen 6 und 11(b) rückwirkend anzuwenden. Sollte das Unternehmen jedoch feststellen, dass eine rückwirkende Anwendung nicht durchführbar oder mit unangemessenem Kosten- oder Zeitaufwand verbunden wäre, hat es die Änderungen an den Paragraphen 6 und 11(b) mit Verweis auf die Paragraphen 23–28 dieses Standards anzuwenden. Wenn die rückwirkende Anwendung einer der in der Verlautbarung *Änderungen der Verweise auf das Rahmenkonzept in IFRS- Standards* enthaltenen Änderungen mit unangemessenem Kosten- oder Zeitaufwand verbunden wäre, so ist bei der Anwendung der Paragraphen 23–28 des vorliegenden Standards jeder Verweis (außer dem im letzten Satz des Paragraphen 27) auf „nicht durchführbar" als „mit unangemessenem Kosten- oder Zeitaufwand verbunden" und jeder Verweis auf „durchführbar" als „ohne unangemessenen Kosten- oder Zeitaufwand möglich" zu verstehen. **54F**

Wendet ein Unternehmen IFRS 14 *Regulatorische Abgrenzungsposten* nicht an, so hat es bei der Anwendung des Paragraphen 11(b) auf die Salden regulatorischer Posten weiterhin auf die im *Rahmenkonzept für die Aufstellung und Darstellung von Abschlüssen**) und nicht auf die im *Rahmenkonzept* enthaltenen Definitionen, Erfassungskriterien und Bewertungskonzepte Bezug zu nehmen und deren Anwendbarkeit zu erwägen. Der Saldo eines regulatorischen Postens ist der Saldo eines jeden Aufwands- (oder Ertrags-)postens, der nicht nach einem anderen anwendbaren IFRS-Standard als Vermögenswert oder Schuld erfasst wird, sondern vom Preisregulierer in die Festlegung des oder der Preise/s, der/die den Kunden in Rechnung gestellt werden kann/können, einbezogen oder voraussichtlich einbezogen wird. Ein Preisregulierer ist ein autorisiertes Organ, das aufgrund seiner Satzung oder kraft Rechtsvorschriften dazu ermächtigt ist, einen für ein Unternehmen verbindlichen Preis oder ein für ein Unternehmen verbindliches Preisspek- **54G**

*) **Amtl. Anm.:** Hiermit ist das vom IASB 2001 übernommene IASC-*Rahmenkonzept für die Aufstellung und Darstellung von Abschlüssen* gemeint.

trum festzulegen. Der Preisregulierer kann eine vom Unternehmen unabhängige Institution oder ein verbundenes Unternehmen, einschließlich des Leitungsorgans des Unternehmens, sein, wenn diese/s satzungsbedingt oder aufgrund von Rechtsvorschriften dazu verpflichtet ist, Preise sowohl im Interesse der Kunden als auch zur Sicherstellung der finanziellen Tragfähigkeit des Unternehmens festzusetzen.

54H Mit der im Oktober 2018 veröffentlichten Verlautbarung *Definition von „wesentlich"* (Änderungen an IAS 1 und IAS 8) wurden Paragraph 7 von IAS 1 und Paragraph 5 von IAS 8 geändert und Paragraph 6 von IAS 8 gestrichen. Diese Änderungen sind prospektiv auf Geschäftsjahre anzuwenden, die am oder nach dem 1. Januar 2020 beginnen. Eine frühere Anwendung ist zulässig. Wendet ein Unternehmen diese Änderungen früher an, hat es dies anzugeben.

Rücknahme anderer Verlautbarungen

55 Dieser Standard ersetzt IAS 8 *Periodenergebnis, grundlegende Fehler und Änderungen der Rechnungslegungsmethoden* (überarbeitet 1993).

56 Dieser Standard ersetzt die folgenden Interpretationen:

(a) SIC-2 *Stetigkeit – Aktivierung von Fremdkapitalkosten*; sowie

(b) SIC-18 *Stetigkeit – Alternative Verfahren.*

International Accounting Standard 10 Ereignisse nach dem Abschlussstichtag (IAS 10)

v. 3.11.2008 (ABl EU Nr. L 320 S. 1)[1]; zuletzt geändert durch Verordnung (EU) 2019/2104 v. 29.11.2019 (ABl L Nr. 318 S. 74)[2]

Zielsetzung

Zielsetzung dieses Standards ist es, Folgendes zu regeln: **1**

(a) wann ein Unternehmen Ereignisse nach dem Abschlussstichtag in seinem Abschluss zu berücksichtigen hat; und

(b) welche Angaben ein Unternehmen über den Zeitpunkt, zu dem der Abschluss zur Veröffentlichung genehmigt wurde, und über Ereignisse nach dem Abschlussstichtag zu machen hat.

Der Standard verlangt außerdem, dass ein Unternehmen seinen Abschluss nicht auf der Grundlage der Annahme der Unternehmensfortführung aufstellt, wenn Ereignisse nach dem Abschlussstichtag anzeigen, dass die Annahme der Unternehmensfortführung unangemessen ist.

Anwendungsbereich

Dieser Standard ist auf die Bilanzierung und Angabe von Ereignissen nach dem Abschlussstichtag anzuwenden. **2**

1) **Anm. d. Red.:** Überschrift neu gefasst gem. VO v. 11.12.2012 (ABl EU Nr. L 360 S. 78) mit Wirkung v. 1.1.2013. Die vorherige Fassung der Überschrift lautete: „International Accounting Standard 10 Ereignisse nach der Berichtsperiode (IAS 10)".

2) **Anm. d. Red.:** Diese Änderungen sind am 30.12.2019 in Kraft getreten und spätestens mit Beginn des ersten am oder nach dem 1.1.2020 beginnenden Geschäftsjahres anzuwenden. Vgl. dazu auch Paragraph 23C.

Definitionen

3 Die folgenden Begriffe werden in diesem Standard mit der angegebenen Bedeutung verwendet:

Ereignisse nach dem Abschlussstichtag sind vorteilhafte oder nachteilige Ereignisse, die zwischen dem Abschlussstichtag und dem Tag eintreten, an dem der Abschluss zur Veröffentlichung genehmigt wird. Es wird dabei zwischen zwei Arten von Ereignissen unterschieden:

(a) Ereignisse, die weitere substanzielle Hinweise zu Gegebenheiten liefern, die bereits am Abschlussstichtag vorgelegen haben *(berücksichtigungspflichtige Ereignisse nach dem Abschlussstichtag)*; und

(b) Ereignisse, die Gegebenheiten anzeigen, die nach dem Abschlussstichtag eingetreten sind *(nicht zu berücksichtigende Ereignisse)*.

4 Verfahren für die Genehmigung zur Veröffentlichung des Abschlusses können sich je nach Managementstruktur, gesetzlichen Vorschriften und den Abläufen bei den Vorarbeiten und der Erstellung des Abschlusses voneinander unterscheiden.

5 In einigen Fällen ist ein Unternehmen verpflichtet, seinen Abschluss den Eigentümern zur Genehmigung vorzulegen, nachdem der Abschluss veröffentlicht wurde. In solchen Fällen gilt der Abschluss zum Zeitpunkt der Veröffentlichung als zur Veröffentlichung genehmigt, und nicht erst, wenn die Eigentümer den Abschluss genehmigen.

Beispiel

Das Management erstellt den Abschluss zum 31. Dezember 20X1 am 28. Februar 20X2 im Entwurf. Am 18. März 20X2 prüft das Geschäftsführungs- und/oder Aufsichtsorgan den Abschluss und genehmigt ihn zur Veröffentlichung. Das Unternehmen gibt sein Ergebnis und weitere ausgewählte finanzielle Informationen am 19. März 20X2 bekannt. Der Abschluss wird den Eigentümern und anderen Personen am 1. April 20X2 zugänglich gemacht. Der Abschluss wird auf der Jahresversammlung der Eigentümer am 15. Mai 20X2 genehmigt und dann am 17. Mai 20X2 bei einer Aufsichtsbehörde eingereicht.

Der Abschluss wird am 18. März 20X2 zur Veröffentlichung genehmigt (Tag der Genehmigung zur Veröffentlichung durch den Board).

6 In einigen Fällen ist das Unternehmen verpflichtet, den Abschluss einem Aufsichtsrat (ausschließlich aus Personen bestehend, die keine Vorstandsmitglieder sind) zur Genehmigung vorzulegen. In solchen Fällen ist der Abschluss zur Veröffentlichung genehmigt, wenn das Management die Vorlage an den Aufsichtsrat genehmigt.

Beispiel

Am 18. März 20X2 genehmigt das Management den Abschluss zur Weitergabe an den Aufsichtsrat. Der Aufsichtsrat besteht ausschließlich aus Personen, die keine Vorstandsmitglieder sind, und kann Arbeitnehmervertreter und andere externe Interessenvertreter einschließen. Der Aufsichtsrat genehmigt den Abschluss am 26. März 20X2. Der Abschluss wird den Eigentümern und anderen Personen am 1. April 20X2 zugänglich gemacht. Die Eigentümer genehmigen den Abschluss auf ihrer Jahresversammlung am 15. Mai 20X2 und der Abschluss wird dann am 17. Mai 20X2 bei einer Aufsichtsbehörde eingereicht.

Der Abschluss wird am 18. März 20X2 zur Veröffentlichung genehmigt (Tag der Genehmigung zur Vorlage an den Aufsichtsrat durch das Management).

7 Ereignisse nach dem Abschlussstichtag schließen alle Ereignisse bis zu dem Zeitpunkt ein, an dem der Abschluss zur Veröffentlichung genehmigt wird, auch wenn diese Ereignisse nach Ergebnisbekanntgabe oder der Veröffentlichung anderer ausgewählter finanzieller Informationen eintreten.

Erfassung und Bewertung

Berücksichtigungspflichtige Ereignisse nach dem Abschlussstichtag

Ein Unternehmen hat die in seinem Abschluss erfassten Beträge anzupassen, damit berücksichtigungspflichtige Ereignisse nach dem Abschlussstichtag abgebildet werden. 8

Im Folgenden werden Beispiele von berücksichtigungspflichtigen Ereignissen nach dem Abschlussstichtag genannt, die ein Unternehmen dazu verpflichten, die im Abschluss erfassten Beträge anzupassen, oder Sachverhalte zu erfassen, die bislang nicht erfasst waren: 9

(a) die Beilegung eines gerichtlichen Verfahrens nach dem Abschlussstichtag, womit bestätigt wird, dass das Unternehmen eine gegenwärtige Verpflichtung am Abschlussstichtag hatte. Jede zuvor angesetzte Rückstellung in Bezug auf dieses gerichtliche Verfahren wird vom Unternehmen in Übereinstimmung mit IAS 37 *Rückstellungen, Eventualverbindlichkeiten und Eventualforderungen* angepasst oder eine neue Rückstellung wird angesetzt. Das Unternehmen gibt nicht bloß eine Eventualverbindlichkeit an, weil die Beilegung zusätzliche substanzielle Hinweise liefert, die gemäß Paragraph 16 des IAS 37 berücksichtigt werden;

(b) das Erlangen von Informationen nach dem Abschlussstichtag darüber, dass ein Vermögenswert am Abschlussstichtag wertgemindert war oder dass der Betrag eines früher erfassten Wertminderungsaufwands für diesen Vermögenswert angepasst werden muss. Beispiel:

    (i) das nach dem Abschlussstichtag eingeleitete Insolvenzverfahren eines Kunden, das im Regelfall bestätigt, dass die Bonität des Kunden am Abschlussstichtag beeinträchtig war;

    (ii) (weggefallen)

(c) die nach dem Abschlussstichtag erfolgte Ermittlung der Anschaffungskosten für erworbene Vermögenswerte oder der Erlöse für vor dem Abschlussstichtag verkaufte Vermögenswerte;

(d) die nach dem Abschlussstichtag erfolgte Ermittlung der Beträge für Zahlungen aus Gewinn- oder Erfolgsbeteiligungsplänen, wenn das Unternehmen am Abschlussstichtag eine gegenwärtige rechtliche oder faktische Verpflichtung hatte, solche Zahlungen aufgrund von vor diesem Zeitpunkt liegenden Ereignissen zu leisten (siehe IAS 19 *Leistungen an Arbeitnehmer*);

(e) die Entdeckung eines Betrugs oder von Fehlern, die zeigt, dass der Abschluss falsch ist.

Nicht zu berücksichtigende Ereignisse nach dem Abschlussstichtag

Ein Unternehmen darf die im Abschluss erfassten Beträge nicht anpassen, um nicht zu berücksichtigende Ereignisse nach dem Abschlussstichtag abzubilden. 10

Ein Beispiel für nicht zu berücksichtigende Ereignisse nach dem Abschlussstichtag ist das Sinken des beizulegenden Zeitwerts von Finanzinvestitionen zwischen dem Abschlussstichtag und dem Tag, an dem der Abschluss zur Veröffentlichung genehmigt wird. Das Sinken des beizulegenden Zeitwerts hängt in der Regel nicht mit der Beschaffenheit der Finanzinvestitionen am Abschlussstichtag zusammen, sondern spiegelt Umstände wider, die nachträglich eingetreten sind. Daher passt ein Unternehmen die im Abschluss für Finanzinvestitionen erfassten Beträge nicht an. Gleichermaßen aktualisiert ein Unternehmen nicht die für Finanzinvestitionen angegebenen Beträge zum Abschlussstichtag, obwohl es notwendig sein kann, zusätzliche Angaben gemäß Paragraph 21 zu machen. 11

Dividenden

12 Wenn ein Unternehmen nach dem Abschlussstichtag Dividenden für Inhaber von Eigenkapitalinstrumenten (wie in IAS 32 *Finanzinstrumente: Darstellung* definiert) beschließt, darf das Unternehmen diese Dividenden zum Abschlussstichtag nicht als Schulden ansetzen.

13 Wenn Dividenden nach der Berichtsperiode, aber vor der Genehmigung zur Veröffentlichung des Abschlusses beschlossen werden, werden diese Dividenden am Abschlussstichtag nicht als Schulden angesetzt, da zu dem Zeitpunkt keine Verpflichtung dazu besteht. Diese Dividenden werden gemäß IAS 1 *Darstellung des Abschlusses* im Anhang angegeben.

Unternehmensfortführung

14 Ein Unternehmen darf seinen Abschluss nicht auf der Grundlage der Annahme der Unternehmensfortführung aufstellen, wenn das Management nach dem Abschlussstichtag entweder beabsichtigt, das Unternehmen aufzulösen, den Geschäftsbetrieb einzustellen oder keine realistische Alternative mehr hat, als so zu handeln.

15 Eine Verschlechterung der Vermögens-, Finanz- und Ertragslage nach dem Abschlussstichtag kann ein Hinweis darauf sein, dass es notwendig ist, zu prüfen, ob die Aufstellung des Abschlusses unter der Annahme der Unternehmensfortführung weiterhin angemessen ist. Ist die Annahme der Unternehmensfortführung nicht länger angemessen, wirkt sich dies so entscheidend aus, dass dieser Standard eine fundamentale Änderung der Grundlage der Rechnungslegung fordert und nicht nur die Anpassung der im Rahmen der ursprünglichen Grundlage der Rechnungslegung erfassten Beträge.

16 IAS 1 spezifiziert die geforderten Angaben, wenn:

(a) der Abschluss nicht unter der Annahme der Unternehmensfortführung erstellt wird; oder

(b) dem Management wesentliche Unsicherheiten in Verbindung mit Ereignissen und Gegebenheiten bekannt sind, die erhebliche Zweifel an der Fortführbarkeit des Unternehmens aufwerfen. Die Ereignisse und Gegebenheiten, die Angaben erfordern, können nach dem Abschlussstichtag entstehen.

Angaben

Zeitpunkt der Genehmigung zur Veröffentlichung

17 Ein Unternehmen hat den Zeitpunkt anzugeben, an dem der Abschluss zur Veröffentlichung genehmigt wurde und wer diese Genehmigung erteilt hat. Wenn die Eigentümer des Unternehmens oder andere Personen die Möglichkeit haben, den Abschluss nach der Veröffentlichung zu ändern, hat das Unternehmen diese Tatsache anzugeben.

18 Für die Abschlussadressaten ist es wichtig zu wissen, wann der Abschluss zur Veröffentlichung genehmigt wurde, da der Abschluss keine Ereignisse nach diesem Zeitpunkt widerspiegelt.

Aktualisierung der Angaben über Gegebenheiten am Abschlussstichtag

19 Wenn ein Unternehmen Informationen über Gegebenheiten, die bereits am Abschlussstichtag vorgelegen haben, nach dem Abschlussstichtag erhält, hat es die betreffenden Angaben auf der Grundlage der neuen Informationen zu aktualisieren.

20 In einigen Fällen ist es notwendig, dass ein Unternehmen die Angaben im Abschluss aktualisiert, um die nach dem Abschlussstichtag erhaltenen Informationen widerzuspiegeln, auch wenn die Informationen nicht die Beträge betreffen, die im Abschluss erfasst sind. Ein Beispiel für die Notwendigkeit der Aktualisierung der Angaben ist ein substanzieller Hinweis nach dem Abschlussstichtag über das Vorliegen einer Eventualverbindlichkeit, die bereits am Abschlussstichtag bestanden hat. Zusätzlich zu der Betrachtung, ob sie als Rückstellung gemäß IAS 37 zu

erfassen oder zu ändern ist, aktualisiert ein Unternehmen seine Angaben über die Eventualverbindlichkeit auf der Grundlage dieses substanziellen Hinweises.

Nicht zu berücksichtigende Ereignisse nach dem Abschlussstichtag

Sind nicht zu berücksichtigende Ereignisse nach dem Abschlussstichtag wesentlich, ist unter normalen Umständen davon auszugehen, dass ihre unterlassene Angabe die von den Hauptadressaten eines Abschlusses für allgemeine Zwecke, der Finanzinformationen zum berichtenden Unternehmen enthält, getroffenen Entscheidungen beeinflusst. Demzufolge hat ein Unternehmen folgende Informationen über jede bedeutende Art von nicht zu berücksichtigenden Ereignissen nach dem Abschlussstichtag anzugeben: **21**

(a) die Art des Ereignisses und

(b) eine Schätzung der finanziellen Auswirkungen oder eine Aussage darüber, dass eine solche Schätzung nicht vorgenommen werden kann.

Im Folgenden werden Beispiele von nicht zu berücksichtigenden Ereignissen nach dem Abschlussstichtag genannt, die im Allgemeinen anzugeben sind: **22**

(a) ein umfangreicher Unternehmenszusammenschluss nach dem Abschlussstichtag (IFRS 3 *Unternehmenszusammenschlüsse* erfordert in solchen Fällen besondere Angaben) oder die Veräußerung eines umfangreichen Tochterunternehmens;

(b) Bekanntgabe eines Plans für die Aufgabe von Geschäftsbereichen;

(c) umfangreiche Käufe von Vermögenswerten, Klassifizierung von Vermögenswerten als zur Veräußerung gehalten gemäß IFRS 5 *Zur Veräußerung gehaltene langfristige Vermögenswerte und aufgegebene Geschäftsbereiche*, andere Veräußerungen von Vermögenswerten oder Enteignung von umfangreichen Vermögenswerten durch die öffentliche Hand;

(d) die Zerstörung einer bedeutenden Produktionsstätte durch einen Brand nach dem Abschlussstichtag;

(e) Bekanntgabe oder Beginn der Durchführung einer umfangreichen Restrukturierung (siehe IAS 37);

(f) umfangreiche Transaktionen in Bezug auf Stammaktien und potenzielle Stammaktien nach dem Abschlussstichtag (IAS 33 *Ergebnis je Aktie* verlangt von einem Unternehmen, eine Beschreibung solcher Transaktionen anzugeben mit Ausnahme der Transaktionen, die Ausgaben von Gratisaktien bzw. Bonusaktien, Aktiensplitts oder umgekehrte Aktiensplitts betreffen, welche alle gemäß IAS 33 berücksichtigt werden müssen);

(g) ungewöhnlich große Änderungen der Preise von Vermögenswerten oder der Wechselkurse nach dem Abschlussstichtag;

(h) Änderungen der Steuersätze oder Steuervorschriften, die nach dem Abschlussstichtag in Kraft treten oder angekündigt werden und wesentliche Auswirkungen auf tatsächliche und latente Steueransprüche und -schulden haben (siehe IAS 12 *Ertragsteuern*);

(i) Eingehen wesentlicher Verpflichtungen oder Eventualverbindlichkeiten, zum Beispiel durch Zusage beträchtlicher Gewährleistungen; und

(j) Beginn umfangreicher Rechtsstreitigkeiten, die ausschließlich aufgrund von Ereignissen entstehen, die nach dem Abschlussstichtag eingetreten sind.

Zeitpunkt des Inkrafttretens

Dieser Standard ist erstmals in der ersten Berichtsperiode eines am 1. Januar 2005 oder danach beginnenden Geschäftsjahres anzuwenden. Eine frühere Anwendung wird empfohlen. Wenn ein Unternehmen diesen Standard für Berichtsperioden anwendet, die vor dem 1. Januar 2005 beginnen, so ist diese Tatsache anzugeben. **23**

Durch IFRS 13, veröffentlicht im Mai 2011, wurde Paragraph 11 geändert. Ein Unternehmen hat die betreffende Änderung anzuwenden, wenn es IFRS 13 anwendet. **23A**

23B Durch IFRS 9 *Finanzinstrumente* (im Juli 2014 veröffentlicht) wurde Paragraph 9 geändert. Ein Unternehmen hat diese Änderung anzuwenden, wenn es IFRS 9 anwendet.

23C Mit der im Oktober 2018 veröffentlichten Verlautbarung *Definition von „wesentlich"* (Änderungen an IAS 1 und IAS 8) wurde Paragraph 21 geändert. Diese Änderungen sind prospektiv auf Geschäftsjahre anzuwenden, die am oder nach dem 1. Januar 2020 beginnen. Eine frühere Anwendung ist zulässig. Wendet ein Unternehmen diese Änderungen früher an, hat es dies anzugeben. Ein Unternehmen hat diese Änderungen anzuwenden, wenn es die geänderte Definition von „wesentlich" in IAS 1 Paragraph 7 und IAS 8 Paragraphen 5 und 6 anwendet.

Rücknahme von IAS 10 (überarbeitet 1999)

24 Dieser Standard ersetzt IAS 10 *Ereignisse nach dem Abschlussstichtag* (überarbeitet 1999).

International Accounting Standard 12
Ertragsteuern (IAS 12)

v. 3.11.2008 (ABl EU Nr. L 320 S. 1);
zuletzt geändert durch Verordnung (EU) 2019/412 v. 14.3.2019
(ABl EU Nr. L 73 S. 93)[1)]

Inhalt — Ziffer

1) **Anm. d. Red.:** Diese Änderungen sind am 4.4.2019 in Kraft getreten und spätestens mit Beginn des ersten am oder nach dem 1.1.2019 beginnenden Geschäftsjahres anzuwenden. Vgl. dazu auch Paragraph 98I.

Zielsetzung

Die Zielsetzung dieses Standards ist die Regelung der Bilanzierung von Ertragsteuern. Die grundsätzliche Fragestellung bei der Bilanzierung von Ertragsteuern ist die Behandlung gegenwärtiger und künftiger steuerlicher Konsequenzen aus:

(a) der künftigen Realisierung (Erfüllung) des Buchwerts von Vermögenswerten (Schulden), welche in der Bilanz eines Unternehmens angesetzt sind; und

(b) Geschäftsvorfällen und anderen Ereignissen der Berichtsperiode, die im Abschluss eines Unternehmens erfasst sind.

Es ist dem Ansatz eines Vermögenswerts oder einer Schuld inhärent, dass das berichtende Unternehmen erwartet, den Buchwert dieses Vermögenswerts zu realisieren, bzw. diese Schuld zum Buchwert zu erfüllen. Falls es wahrscheinlich ist, dass die Realisierung oder die Erfüllung dieses Buchwerts zukünftige Steuerzahlungen erhöht (verringert), als dies der Fall wäre, wenn eine solche Realisierung oder eine solche Erfüllung keine steuerlichen Konsequenzen hätte, dann verlangt dieser Standard von einem Unternehmen, von bestimmten limitierten Ausnahmen abgesehen, die Bilanzierung einer latenten Steuerschuld (eines latenten Steueranspruchs).

Dieser Standard verlangt von einem Unternehmen die Bilanzierung der steuerlichen Konsequenzen von Geschäftsvorfällen und anderen Ereignissen grundsätzlich auf die gleiche Weise wie die Behandlung der Geschäftsvorfälle und anderen Ereignisse selbst. Demzufolge werden für Geschäftsvorfälle und andere Ereignisse, die im Gewinn oder Verlust erfasst werden, alle damit verbundenen steuerlichen Auswirkungen ebenfalls im Gewinn oder Verlust erfasst. Für Geschäftsvorfälle und andere Ereignisse, die außerhalb des Gewinns oder Verlusts (entweder im sonstigen Ergebnis oder direkt im Eigenkapital) erfasst werden, werden alle damit verbundenen steuerlichen Auswirkungen ebenfalls außerhalb des Gewinns oder Verlusts (entweder im sonstigen Ergebnis oder direkt im Eigenkapital) erfasst. Gleichermaßen beeinflusst der Ansatz latenter Steueransprüche und latenter Steuerschulden aus einem Unternehmenszusammenschluss den Betrag des aus diesem Unternehmenszusammenschluss entstandenen Geschäfts- oder Firmenwerts oder den Betrag des aus dem Erwerb zu einem Preis unter dem Marktwert erfassten Gewinnes.

Dieser Standard befasst sich ebenfalls mit dem Ansatz latenter Steueransprüche als Folge bislang ungenutzter steuerlicher Verluste oder noch nicht genutzter Steuergutschriften, der Darstellung von Ertragsteuern im Abschluss und den Angabepflichten von Informationen zu den Ertragsteuern.

Anwendungsbereich

1 Dieser Standard ist bei der Bilanzierung von Ertragsteuern anzuwenden.

2 Für die Zwecke dieses Standards umfassen Ertragsteuern alle in- und ausländischen Steuern auf Grundlage des zu versteuernden Ergebnisses. Zu den Ertragsteuern gehören auch Steuern wie Quellensteuern, welche von einem Tochterunternehmen, einem assoziierten Unternehmen oder einer Gemeinsamen Vereinbarung aufgrund von Ausschüttungen an das berichtende Unternehmen geschuldet werden.

3 (weggefallen)

4 Dieser Standard befasst sich nicht mit den Methoden der Bilanzierung von Zuwendungen der öffentlichen Hand (siehe IAS 20 *Bilanzierung und Darstellung von Zuwendungen der öffentlichen Hand*) oder von investitionsabhängigen Steuergutschriften. Dieser Standard befasst sich jedoch mit der Bilanzierung temporärer Unterschiede, die aus solchen öffentlichen Zuwendungen oder investitionsabhängigen Steuergutschriften resultieren können.

Definitionen

Die folgenden Begriffe werden in diesem Standard mit der angegebenen Bedeutung verwendet: 5

Das *bilanzielle Ergebnis vor Steuern* ist der Gewinn oder Verlust vor Abzug des Steueraufwands.

Das *zu versteuernde Ergebnis (der steuerliche Verlust)* ist das (der) nach den steuerlichen Vorschriften ermittelte Ergebnis (Verlust) der Periode, aufgrund dessen die Ertragsteuern zahlbar (erstattungsfähig) sind.

Der *Steueraufwand (Steuerertrag)* ist die Summe des Betrags aus tatsächlichen Steuern und latenten Steuern, die in die Ermittlung des Gewinns oder Verlusts der Periode eingeht.

Die *tatsächlichen Ertragsteuern* sind der Betrag der geschuldeten (erstattungsfähigen) Ertragsteuern, der aus dem zu versteuernden Einkommen (steuerlichen Verlust) der Periode resultiert.

Die *latenten Steuerschulden* sind die Beträge an Ertragsteuern, die in zukünftigen Perioden resultierend aus zu versteuernden temporären Differenzen zahlbar sind.

Die *latenten Steueransprüche* sind die Beträge an Ertragsteuern, die in zukünftigen Perioden erstattungsfähig sind, und aus:

(a) abzugsfähigen temporären Differenzen;

(b) dem Vortrag noch nicht genutzter steuerlicher Verluste; und

(c) dem Vortrag noch nicht genutzter steuerlicher Gewinne resultieren.

Temporäre Differenzen sind Unterschiedsbeträge zwischen dem Buchwert eines Vermögenswerts oder einer Schuld in der Bilanz und seiner bzw. ihrer steuerlichen Basis. Temporäre Differenzen können entweder:

(a) *zu versteuernde temporäre Differenzen* sein, die temporäre Unterschiede darstellen, die zu steuerpflichtigen Beträgen bei der Ermittlung des zu versteuernden Einkommens (steuerlichen Verlusts) zukünftiger Perioden führen, wenn der Buchwert des Vermögenswerts realisiert oder der Schuld erfüllt wird; oder

(b) *abzugsfähige temporäre Differenzen* sein, die temporäre Unterschiede darstellen, die zu Beträgen führen, die bei der Ermittlung des zu versteuernden Ergebnisses (steuerlichen Verlusts) zukünftiger Perioden abzugsfähig sind, wenn der Buchwert des Vermögenswerts realisiert oder eine Schuld erfüllt wird.

Die *steuerliche Basis* eines Vermögenswerts oder einer Schuld ist der diesem Vermögenswert oder dieser Schuld für steuerliche Zwecke beizulegende Betrag.

Der Steueraufwand (Steuerertrag) umfasst den tatsächlichen Steueraufwand (tatsächlichen Steuerertrag) und den latenten Steueraufwand (latenten Steuerertrag). 6

Steuerliche Basis

Die steuerliche Basis eines Vermögenswerts ist der Betrag, der für steuerliche Zwecke von allen zu versteuernden wirtschaftlichen Vorteilen abgezogen werden kann, die einem Unternehmen bei Realisierung des Buchwerts des Vermögenswerts zufließen werden. Sind diese wirtschaftlichen Vorteile nicht zu versteuern, dann ist die steuerliche Basis des Vermögenswerts gleich seinem Buchwert. 7

Beispiele

1. Eine Maschine kostet 100. In der Berichtsperiode und in früheren Perioden wurde für steuerliche Zwecke bereits eine Abschreibung von 30 abgezogen, und die verbleibenden Anschaffungskosten sind in zukünftigen Perioden entweder als Abschreibung oder durch einen Abzug bei der Veräußerung steuerlich abzugsfähig. Die sich aus der Nutzung der Maschine ergebenden Umsatzerlöse sind zu versteuern, ebenso ist jeder Veräußerungsgewinn aus dem Verkauf der Maschine zu versteuern bzw. jeder Veräußerungsverlust für steuerliche Zwecke abzugsfähig. *Die steuerliche Basis der Maschine beträgt 70.*

2. Forderungen aus Zinsen haben einen Buchwert von 100. Die damit verbundenen Zinserlöse werden bei Zufluss besteuert. *Die steuerliche Basis der Zinsforderungen beträgt Null.*
3. Forderungen aus Lieferungen und Leistungen haben einen Buchwert von 100. Die damit verbundenen Umsatzerlöse wurden bereits in das zu versteuernde Einkommen (den steuerlichen Verlust) einbezogen. *Die steuerliche Basis der Forderungen aus Lieferungen und Leistungen beträgt 100.*
4. Dividendenforderungen von einem Tochterunternehmen haben einen Buchwert von 100. Die Dividenden sind nicht zu versteuern. Dem Grunde nach ist der gesamte Buchwert des Vermögenswerts von dem zufließenden wirtschaftlichen Nutzen abzugsfähig. *Folglich beträgt die steuerliche Basis der Dividendenforderungen 100.**)
5. Eine Darlehensforderung hat einen Buchwert von 100. Die Rückzahlung des Darlehens wird keine steuerlichen Konsequenzen haben. *Die steuerliche Basis des Darlehens beträgt 100.*

8 Die steuerliche Basis einer Schuld ist deren Buchwert abzüglich aller Beträge, die für steuerliche Zwecke hinsichtlich dieser Schuld in zukünftigen Perioden abzugsfähig sind. Im Falle von im Voraus gezahlten Umsatzerlösen ist die steuerliche Basis der sich ergebenden Schuld ihr Buchwert abzüglich aller Beträge aus diesen Umsatzerlösen, die in Folgeperioden nicht besteuert werden.

Beispiele

1. Kurzfristige Schulden schließen Aufwandsabgrenzungen (sonstige Verbindlichkeiten) mit einem Buchwert von 100 ein. Der damit verbundene Aufwand wird für steuerliche Zwecke bei Zahlung erfasst. *Die steuerliche Basis der sonstigen Verbindlichkeiten ist Null.*
2. Kurzfristige Schulden schließen vorausbezahlte Zinserlöse mit einem Buchwert von 100 ein. Der damit verbundene Zinserlös wurde bei Zufluss besteuert. *Die steuerliche Basis der vorausbezahlten Zinsen ist Null.*
3. Kurzfristige Schulden schließen Aufwandsabgrenzungen (sonstige Verbindlichkeiten) mit einem Buchwert von 100 ein. Der damit verbundene Aufwand wurde für steuerliche Zwecke bereits abgezogen. *Die steuerliche Basis der sonstigen Verbindlichkeiten ist 100.*
4. Kurzfristige Schulden schließen passivierte Geldbußen und -strafen mit einem Buchwert von 100 ein. Geldbußen und -strafen sind steuerlich nicht abzugsfähig. *Die steuerliche Basis der passivierten Geldbußen und -strafen beträgt 100.***)
5. Eine Darlehensverbindlichkeit hat einen Buchwert von 100. Die Rückzahlung des Darlehens zieht keine steuerlichen Konsequenzen nach sich. *Die steuerliche Basis des Darlehens beträgt 100.*

9 Einige Sachverhalte haben zwar eine steuerliche Basis, sie sind jedoch in der Bilanz nicht als Vermögenswerte oder Schulden angesetzt. Beispielsweise werden Forschungskosten bei der Bestimmung des bilanziellen Ergebnisses vor Steuern in der Periode, in welcher sie anfallen, als Aufwand erfasst, während ihr Abzug bei der Ermittlung des zu versteuernden Ergebnisses (steuerlichen Verlustes) möglicherweise erst in einer späteren Periode zulässig ist. Der Unterschiedsbetrag zwischen der steuerlichen Basis der Forschungskosten, der von den Steuerbehörden als ein in zukünftigen Perioden abzugsfähiger Betrag anerkannt wird, und dem Buchwert von Null ist eine abzugsfähige temporäre Differenz, die einen latenten Steueranspruch zur Folge hat.

---

*) **Amtl. Anm.:** Bei dieser Analyse bestehen keine zu versteuernden temporären Differenzen. Eine alternative Analyse besteht, wenn der Dividendenforderung die steuerliche Basis Null zugeordnet wird und auf den sich ergebenden zu versteuernden temporären Unterschied von 100 ein Steuersatz von Null angewandt wird. In beiden Fällen besteht keine latente Steuerschuld.

) **Amtl. Anm.: Bei dieser Analyse bestehen keine abzugsfähigen temporären Differenzen. Eine alternative Analyse besteht, wenn dem Gesamtbetrag der zahlbaren Geldstrafen und Geldbußen eine steuerliche Basis von Null zugeordnet wird und ein Steuersatz von Null auf den sich ergebenden abzugsfähigen temporären Unterschied von 100 angewandt wird. In beiden Fällen besteht kein latenter Steueranspruch.

Ist die steuerliche Basis eines Vermögenswerts oder einer Schuld nicht unmittelbar erkennbar, ist es hilfreich, das Grundprinzip, auf dem dieser Standard aufgebaut ist, heranzuziehen: Ein Unternehmen hat, mit wenigen festgelegten Ausnahmen, eine latente Steuerschuld (einen latenten Steueranspruch) dann zu bilanzieren, wenn die Realisierung oder die Erfüllung des Buchwerts des Vermögenswerts oder der Schuld zu zukünftigen höheren (niedrigeren) Steuerzahlungen führen würde, als dies der Fall wäre, wenn eine solche Realisierung oder Erfüllung keine steuerlichen Konsequenzen hätte. Beispiel C nach Paragraph 51A stellt Umstände dar, in denen es hilfreich sein kann, dieses Grundprinzip heranzuziehen, beispielsweise, wenn die steuerliche Basis eines Vermögenswerts oder einer Schuld von der erwarteten Art der Realisierung oder Erfüllung abhängt. **10**

In einem Konzernabschluss werden temporäre Unterschiede durch den Vergleich der Buchwerte von Vermögenswerten und Schulden im Konzernabschluss mit der zutreffenden steuerlichen Basis ermittelt. Die steuerliche Basis wird durch Bezugnahme auf eine Steuererklärung für den Konzern in den Steuerrechtskreisen ermittelt, in denen eine solche Steuererklärung abgegeben wird. In anderen Steuerrechtskreisen wird die steuerliche Basis durch Bezugnahme auf die Steuererklärungen der einzelnen Unternehmen des Konzerns ermittelt. **11**

Bilanzierung tatsächlicher Steuerschulden und Steuererstattungsansprüche

Die tatsächlichen Ertragsteuern für die laufende und frühere Perioden sind in dem Umfang, in dem sie noch nicht bezahlt sind, als Schuld anzusetzen. Falls der auf die laufende und frühere Perioden entfallende und bereits bezahlte Betrag den für diese Perioden geschuldeten Betrag übersteigt, so ist der Unterschiedsbetrag als Vermögenswert anzusetzen. **12**

Der in der Erstattung tatsächlicher Ertragsteuern einer früheren Periode bestehende Vorteil eines steuerlichen Verlustrücktrags ist als Vermögenswert anzusetzen. **13**

Wenn ein steuerlicher Verlust zu einem Verlustrücktrag und zur Erstattung tatsächlicher Ertragsteuern einer früheren Periode genutzt wird, so bilanziert ein Unternehmen den Erstattungsanspruch als einen Vermögenswert in der Periode, in der der steuerliche Verlust entsteht, da es wahrscheinlich ist, dass der Nutzen aus dem Erstattungsanspruch dem Unternehmen zufließen wird und verlässlich ermittelt werden kann. **14**

Bilanzierung latenter Steuerschulden und latenter Steueransprüche

Zu versteuernde temporäre Differenzen

Für alle zu versteuernden temporären Differenzen ist eine latente Steuerschuld anzusetzen, es sei denn, die latente Steuerschuld erwächst aus: **15**

(a) dem erstmaligen Ansatz des Geschäfts- oder Firmenwerts; oder

(b) dem erstmaligen Ansatz eines Vermögenswerts oder einer Schuld bei einem Geschäftsvorfall, der:

  (i) kein Unternehmenszusammenschluss ist; und

  (ii) zum Zeitpunkt des Geschäftsvorfalls weder das bilanzielle Ergebnis vor Steuern noch das zu versteuernde Ergebnis (den steuerlichen Verlust) beeinflusst.

Bei zu versteuernden temporären Differenzen in Verbindung mit Anteilen an Tochterunternehmen, Zweigniederlassungen und assoziierten Unternehmen sowie Anteilen an Gemeinsamen Vereinbarungen ist jedoch eine latente Steuerschuld gemäß Paragraph 39 zu bilanzieren.

Definitionsgemäß wird bei dem Ansatz eines Vermögenswerts angenommen, dass sein Buchwert durch einen wirtschaftlichen Nutzen, der dem Unternehmen in zukünftigen Perioden zufließt, realisiert wird. Wenn der Buchwert des Vermögenswerts seine steuerliche Basis übersteigt, wird der Betrag des zu versteuernden wirtschaftlichen Nutzens den steuerlich abzugsfähigen Betrag übersteigen. Dieser Unterschiedsbetrag ist eine zu versteuernde temporäre Dif- **16** ferenz, und die Zahlungsverpflichtung für die auf ihn in zukünftigen Perioden entstehenden Ertragsteuern ist eine latente Steuerschuld. Wenn das Unternehmen den Buchwert des Vermögenswerts realisiert, löst sich die zu versteuernde temporäre Differenz auf, und das Unternehmen erzielt ein zu versteuerndes Ergebnis. Dadurch ist es wahrscheinlich, dass das Unternehmen durch den Abfluss eines wirtschaftlichen Nutzens in Form von Steuerzahlungen belastet wird. Daher sind gemäß diesem Standard alle latenten Steuerschulden anzusetzen, ausgenommen bei Vorliegen gewisser Sachverhalte, die in den Paragraphen 15 und 39 beschrieben werden.

Beispiel

Ein Vermögenswert mit Anschaffungskosten von 150 hat einen Buchwert von 100. Die kumulierte planmäßige Abschreibung für Steuerzwecke beträgt 90, und der Steuersatz ist 25 %.

Die steuerliche Basis des Vermögenswertes beträgt 60 (Anschaffungskosten von 150 abzüglich der kumulierten steuerlichen Abschreibung von 90). Um den Buchwert von 100 zu realisieren, muss das Unternehmen ein zu versteuerndes Ergebnis von 100 erzielen, es kann aber lediglich eine steuerliche Abschreibung von 60 erfassen. Als Folge wird das Unternehmen bei Realisierung des Buchwerts des Vermögenswerts Ertragsteuern von 10 (25 % von 40) bezahlen. Der Unterschiedsbetrag zwischen dem Buchwert von 100 und der steuerlichen Basis von 60 ist eine zu versteuernde temporäre Differenz von 40. Daher bilanziert das Unternehmen eine latente Steuerschuld von 10 (25 % von 40), die die Ertragsteuern darstellen, die es bei Realisierung des Buchwerts des Vermögenswerts zu bezahlen hat.

17 Einige temporäre Differenzen können entstehen, wenn Ertrag oder Aufwand in einer Periode in das bilanzielle Ergebnis vor Steuern einbezogen werden, aber in einer anderen Periode in das zu versteuernde Ergebnis einfließen. Solche temporären Differenzen werden oft als zeitliche Ergebnisunterschiede bezeichnet. Im Folgenden sind Beispiele von temporären Differenzen dieser Art aufgeführt. Es handelt sich dabei um zu versteuernde temporäre Unterschiede, welche folglich zu latenten Steuerschulden führen:

(a) Zinserlöse werden im bilanziellen Ergebnis vor Steuern auf Grundlage einer zeitlichen Abgrenzung erfasst, sie können jedoch gemäß einigen Steuergesetzgebungen zum Zeitpunkt des Zuflusses der Zahlung als zu versteuerndes Ergebnis behandelt werden. Die steuerliche Basis aller derartigen in der Bilanz angesetzten Forderungen ist Null, weil die Umsatzerlöse das zu versteuernde Ergebnis erst mit Erhalt der Zahlung beeinflussen;

(b) die zur Ermittlung des zu versteuernden Ergebnis (steuerlichen Verlusts) verwendete Abschreibung kann sich von der zur Ermittlung des bilanziellen Ergebnisses vor Steuern verwendeten unterscheiden. Die temporäre Differenz ist der Unterschiedsbetrag zwischen dem Buchwert des Vermögenswerts und seiner steuerlichen Basis, der sich aus den ursprünglichen Anschaffungskosten des Vermögenswerts abzüglich aller von den Steuerbehörden zur Ermittlung des zu versteuernden Ergebnisses der laufenden und für frühere Perioden zugelassenen Abschreibungen auf diesen Vermögenswert berechnet. Eine zu versteuernde temporäre Differenz entsteht und erzeugt eine latente Steuerschuld, wenn die steuerliche Abschreibungsrate über der berichteten Abschreibung liegt (falls die steuerliche Abschreibung langsamer ist als die berichtete, entsteht eine abzugsfähige temporäre Differenz, die zu einem latenten Steueranspruch führt); und

(c) Entwicklungskosten können bei der Ermittlung des bilanziellen Ergebnisses vor Steuern zunächst aktiviert und in späteren Perioden abgeschrieben werden; bei der Ermittlung des zu versteuernden Ergebnisses werden sie jedoch in der Periode abgezogen, in der sie anfallen. Solche Entwicklungskosten haben eine steuerliche Basis von Null, da sie bereits vom zu versteuernden Ergebnis abgezogen wurden. Die temporäre Differenz ist der Unterschiedsbetrag zwischen dem Buchwert der Entwicklungskosten und ihrer steuerlichen Basis von Null.

Temporäre Differenzen entstehen ebenfalls, wenn: 18

(a) die bei einem Unternehmenszusammenschluss erworbenen identifizierbaren Vermögenswerte und die übernommenen Schulden gemäß IFRS 3 *Unternehmenszusammenschlüsse* mit ihren beizulegenden Zeitwerten angesetzt werden, jedoch keine entsprechende Bewertungsanpassung für Steuerzwecke erfolgt (siehe Paragraph 19);

(b) Vermögenswerte neu bewertet werden und für Steuerzwecke keine entsprechende Bewertungsanpassung durchgeführt wird (siehe Paragraph 20);

(c) ein Geschäfts- oder Firmenwert bei einem Unternehmenszusammenschluss entsteht (siehe Paragraph 21);

(d) die steuerliche Basis eines Vermögenswerts oder einer Schuld beim erstmaligen Ansatz von dessen bzw. deren anfänglichem Buchwert abweicht, beispielsweise, wenn ein Unternehmen steuerfreie Zuwendungen der öffentlichen Hand für bestimmte Vermögenswerte erhält (siehe Paragraphen 22 und 33); oder

(e) der Buchwert von Anteilen an Tochterunternehmen, Zweigniederlassungen und assoziierten Unternehmen oder Anteilen an Gemeinsamen Vereinbarungen sich verändert hat, so dass er sich von der steuerlichen Basis der Anteile unterscheidet (siehe Paragraphen 38-45).

Unternehmenszusammenschlüsse

Die bei einem Unternehmenszusammenschluss erworbenen identifizierbaren Vermögenswerte 19 und übernommenen Schulden werden mit begrenzten Ausnahmen mit ihren beizulegenden Zeitwerten zum Erwerbszeitpunkt angesetzt. Temporäre Differenzen entstehen, wenn die steuerliche Basis der erworbenen identifizierbaren Vermögenswerte oder übernommenen identifizierbaren Schulden vom Unternehmenszusammenschluss nicht oder anders beeinflusst wird. Wenn beispielsweise der Buchwert eines Vermögenswertes auf seinen beizulegenden Zeitwert erhöht wird, die steuerliche Basis des Vermögenswerts jedoch weiterhin dem Betrag der Anschaffungskosten des früheren Eigentümers entspricht, führt dies zu einer zu versteuernden temporären Differenz, aus der eine latente Steuerschuld resultiert. Die sich ergebende latente Steuerschuld beeinflusst den Geschäfts- oder Firmenwert (siehe Paragraph 66).

Vermögenswerte, die zum beizulegenden Zeitwert angesetzt werden

IFRS gestatten oder fordern, dass bestimmte Vermögenswerte zum beizulegenden Zeitwert an- 20 gesetzt oder neubewertet werden (siehe zum Beispiel IAS 16 *Sachanlagen*, IAS 38 *Immaterielle Vermögenswerte*, IAS 40 *Als Finanzinvestition gehaltene Immobilien*, IFRS 9 *Finanzinstrumente* und IFRS 16 *Leasingverhältnisse*). In manchen Steuerrechtsordnungen beeinflusst die Neubewertung oder eine andere Anpassung eines Vermögenswerts auf den beizulegenden Zeitwert das zu versteuernde Ergebnis (den steuerlichen Verlust) der Berichtsperiode. Als Folge davon wird die steuerliche Basis des Vermögenswerts angepasst, und es entstehen keine temporären Differenzen. In anderen Steuerrechtsordnungen beeinflusst die Neubewertung oder Anpassung eines Vermögenswerts nicht das zu versteuernde Ergebnis der Periode der Neubewertung oder der Anpassung, und demzufolge wird die steuerliche Basis des Vermögenswerts nicht angepasst. Trotzdem führt die künftige Realisierung des Buchwerts zu einem zu versteuernden Zufluss an wirtschaftlichem Nutzen für das Unternehmen und der Betrag, der für Steuerzwecke abzugsfähig ist, wird von dem des wirtschaftlichen Nutzens abweichen. Der Unterschiedsbetrag zwischen dem Buchwert eines neubewerteten Vermögenswerts und seiner steuerlichen Basis ist eine temporäre Differenz und führt zu einer latenten Steuerschuld oder einem latenten Steueranspruch. Dies trifft auch zu, wenn:

(a) das Unternehmen keine Veräußerung des Vermögenswerts beabsichtigt. In solchen Fällen wird der neubewertete Buchwert des Vermögenswerts durch seine Nutzung realisiert, und dies erzeugt zu versteuerndes Einkommen, das die in den Folgeperioden die steuerlich zulässige Abschreibung übersteigt; oder

(b) die Steuer auf Kapitalerträge aufgeschoben wird, wenn die Erlöse aus dem Verkauf des Vermögenswerts in ähnliche Vermögenswerte wieder angelegt werden. In solchen Fällen wird die Steuerzahlung endgültig bei Verkauf oder Nutzung der ähnlichen Vermögenswerte fällig.

Geschäfts- oder Firmenwert

21 Der bei einem Unternehmenszusammenschluss entstehende Geschäfts- oder Firmenwert wird als der Unterschiedsbetrag zwischen (a) und (b) bewertet:

(a) die Summe aus:

(i) der übertragenen Gegenleistung, die gemäß IFRS 3 im Allgemeinen zu dem am Erwerbszeitpunkt geltenden beizulegenden Zeitwert bestimmt wird;

(ii) dem Betrag aller nicht beherrschenden Anteile an dem erworbenen Unternehmen, die gemäß IFRS 3 ausgewiesen werden; und

(iii) dem am Erwerbszeitpunkt geltenden beizulegenden Zeitwert des zuvor vom Erwerber gehaltenen Eigenkapitalanteils an dem erworbenen Unternehmen, wenn es sich um einen sukzessiven Unternehmenszusammenschluss handelt.

(b) der Saldo der zum Erwerbszeitpunkt bestehenden und gemäß IFRS 3 bewerteten Beträge der erworbenen identifizierbaren Vermögenswerte und der übernommenen Schulden.

Viele Steuerbehörden gestatten bei der Ermittlung des zu versteuernden Ergebnisses keine Verminderungen des Buchwerts des Geschäfts- oder Firmenwerts als abzugsfähigen betrieblichen Aufwand. Außerdem sind die Anschaffungskosten des Geschäfts- oder Firmenwerts nach solchen Rechtsordnungen häufig nicht abzugsfähig, wenn ein Tochterunternehmen sein zugrunde liegendes Geschäft veräußert. Bei dieser Rechtslage hat der Geschäfts- oder Firmenwert eine steuerliche Basis von Null. Jeglicher Unterschiedsbetrag zwischen dem Buchwert des Geschäfts- oder Firmenwerts und seiner steuerlichen Basis von Null ist eine zu versteuernde temporäre Differenz. Dieser Standard erlaubt jedoch nicht den Ansatz der entstehenden latenten Steuerschuld, weil der Geschäfts- oder Firmenwert als ein Restwert bewertet wird und der Ansatz der latenten Steuerschuld wiederum eine Erhöhung des Buchwerts des Geschäfts- oder Firmenwerts zur Folge hätte.

21A Nachträgliche Verringerungen einer latenten Steuerschuld, die nicht angesetzt ist, da sie aus einem erstmaligen Ansatz eines Geschäfts- oder Firmenwerts hervorging, werden angesehen, als wären sie aus dem erstmaligen Ansatz des Geschäfts- oder Firmenwerts entstanden und daher nicht gemäß Paragraph 15(a) angesetzt. Wenn beispielsweise ein Unternehmen einen bei einem Unternehmenszusammenschluss erworbenen Geschäfts- oder Firmenwert, der eine steuerliche Basis von Null hat, mit 100 WE ansetzt, untersagt Paragraph 15(a) dem Unternehmen, die daraus entstehende latente Steuerschuld anzusetzen. Wenn das Unternehmen nachträglich einen Wertminderungsaufwand von 20 WE für diesen Geschäfts- oder Firmenwert erfasst, so wird der Betrag der zu versteuernden temporären Differenz in Bezug auf den Geschäfts- oder Firmenwert von 100 WE auf 80 WE vermindert mit einer sich daraus ergebenden Wertminderung der nicht bilanzierten latenten Steuerschuld. Diese Wertminderung der nicht bilanzierten latenten Steuerschuld wird angesehen, als wäre sie aus dem erstmaligen Ansatz des Geschäfts- oder Firmenwerts entstanden, und ist daher vom Ansatz gemäß Paragraph 15(a) ausgenommen.

21B Latente Steuerschulden für zu versteuernde temporäre Differenzen werden jedoch in Bezug auf den Geschäfts- oder Firmenwert in dem Maße angesetzt, in dem sie nicht aus dem erstmaligen Ansatz des Geschäfts- oder Firmenwerts hervorgehen. Wenn ein bei einem Unternehmenszusammenschluss erworbener Geschäfts- oder Firmenwert beispielsweise mit 100 WE angesetzt wird und mit einem Satz von 20 Prozent pro Jahr steuerlich abzugsfähig ist, beginnend im Erwerbsjahr, so beläuft sich die steuerliche Basis des Geschäfts- oder Firmenwerts bei erstmaligem Ansatz auf 100 WE und am Ende des Erwerbsjahres auf 80 WE. Wenn der Buchwert des Geschäfts- oder Firmenwerts am Ende des Erwerbsjahres unverändert bei 100 WE liegt, entsteht am Ende dieses Jahres eine zu versteuernde temporäre Differenz von 20 WE. Da diese zu versteuernde temporäre Differenz sich nicht auf den erstmaligen Ansatz des Geschäfts- oder Firmenwerts bezieht, wird die daraus entstehende latente Steuerschuld angesetzt.

Erstmaliger Ansatz eines Vermögenswerts oder einer Schuld

Beim erstmaligen Ansatz eines Vermögenswerts oder einer Schuld kann ein temporärer Unterschied entstehen, beispielsweise, wenn der Betrag der Anschaffungskosten eines Vermögenswerts teilweise oder insgesamt steuerlich nicht abzugsfähig ist. Die Bilanzierungsmethode für einen derartigen temporären Unterschied hängt von der Art des Geschäftsvorfalles ab, welcher dem erstmaligen Ansatz des Vermögenswerts oder der Verbindlichkeit zugrunde lag: 22

(a) bei einem Unternehmenszusammenschluss bilanziert ein Unternehmen alle latenten Steuerschulden oder latenten Steueransprüche, und dies beeinflusst die Höhe des Geschäfts- oder Firmenwerts oder den Gewinn aus einem Erwerb zu einem Preis unter dem Marktwert (siehe Paragraph 19);

(b) falls der Geschäftsvorfall entweder das bilanzielle Ergebnis vor Steuern oder das zu versteuernde Ergebnis beeinflusst, bilanziert ein Unternehmen alle latenten Steuerschulden oder latenten Steueransprüche und erfasst den sich ergebenden latenten Steueraufwand oder Steuerertrag im Gewinn oder Verlust (siehe Paragraph 59);

(c) falls es sich bei dem Geschäftsvorfall nicht um einen Unternehmenszusammenschluss handelt und weder das bilanzielle Ergebnis vor Steuern noch das zu versteuernde Ergebnis beeinflusst werden, würde ein Unternehmen, falls keine Befreiung gemäß den Paragraphen 15 und 24 möglich ist, die sich ergebenden latenten Steuerschulden oder latenten Steueransprüche bilanzieren und den Buchwert des Vermögenswerts oder der Schuld in Höhe des gleichen Betrags berichtigen. Ein Abschluss würde jedoch durch solche Berichtigungen unklarer. Aus diesem Grund gestattet dieser Standard einem Unternehmen keine Bilanzierung der sich ergebenden latenten Steuerschuld oder des sich ergebenden latenten Steueranspruchs, weder beim erstmaligen Ansatz noch später (siehe nachstehendes Beispiel). Außerdem berücksichtigt ein Unternehmen auch keine späteren Änderungen der nicht erfassten latenten Steuerschulden oder latenten Steueransprüche infolge der Abschreibung des Vermögenswerts.

Beispiel zur Veranschaulichung des Paragraphen 22(c)

Ein Unternehmen beabsichtigt, einen Vermögenswert mit Anschaffungskosten von 1 000 während seiner Nutzungsdauer von fünf Jahren zu verwenden und ihn dann zu einem Restwert von Null zu veräußern. Der Steuersatz beträgt 40 %. Die Abschreibung des Vermögenswerts ist steuerlich nicht abzugsfähig. Jeder Kapitalertrag bei einem Verkauf wäre steuerfrei, und jeder Verlust wäre nicht abzugsfähig.

Bei der Realisierung des Buchwertes des Vermögenswerts erzielt das Unternehmen ein zu versteuerndes Ergebnis von 1 000 und bezahlt Steuern von 400. Das Unternehmen bilanziert die sich ergebende latente Steuerschuld von 400 nicht, da sie aus dem erstmaligen Ansatz des Vermögenswerts stammt.

In der Folgeperiode beträgt der Buchwert des Vermögenswerts 800. Bei der Erzielung eines zu versteuernden Ergebnisses von 800 bezahlt das Unternehmen Steuern in Höhe von 320. Das Unternehmen bilanziert die latente Steuerschuld von 320 nicht, da sie aus dem erstmaligen Ansatz des Vermögenswerts stammt.

Gemäß IAS 32 *Finanzinstrumente: Darstellung*, stuft der Emittent zusammengesetzter Finanzinstrumente (beispielsweise einer Wandelschuldverschreibung) die Schuldkomponente des Instrumentes als eine Schuld und die Eigenkapitalkomponente als Eigenkapital ein. Gemäß manchen Gesetzgebungen ist beim erstmaligen Ansatz die steuerliche Basis der Schuldkomponente gleich dem anfänglichen Betrag der Summe aus Schuld- und Eigenkapitalkomponente. Die entstehende zu versteuernde temporäre Differenz ergibt sich daraus, dass der erstmalige Ansatz der Eigenkapitalkomponente getrennt von derjenigen der Schuldkomponente erfolgt. Daher ist 23 die in Paragraph 15(b) dargestellte Ausnahme nicht anwendbar. Demzufolge bilanziert ein Unternehmen die sich ergebende latente Steuerschuld. Gemäß Paragraph 61A wird die latente Steuerschuld unmittelbar dem Buchwert der Eigenkapitalkomponente belastet. Gemäß Paragraph 58 werden nachfolgende Änderungen der latenten Steuerschuld im Gewinn oder Verlust als latenter Steueraufwand (Steuerertrag) erfasst.

Abzugsfähige temporäre Differenzen

24 Ein latenter Steueranspruch ist für alle abzugsfähigen temporären Differenzen in dem Maße zu bilanzieren, wie es wahrscheinlich ist, dass ein zu versteuerndes Ergebnis verfügbar sein wird, gegen das die abzugsfähige temporäre Differenz verwendet werden kann, es sei denn, der latente Steueranspruch stammt aus dem erstmaligen Ansatz eines Vermögenswerts oder einer Schuld bei einem Geschäftsvorfall, der

(a) kein Unternehmenszusammenschluss ist; und

(b) zum Zeitpunkt des Geschäftsvorfalls weder das bilanzielle Ergebnis vor Steuern noch das zu versteuernde Ergebnis (den steuerlichen Verlust) beeinflusst.

Für abzugsfähige temporäre Differenzen in Verbindung mit Anteilen an Tochterunternehmen, Zweigniederlassungen und assoziierten Unternehmen sowie Anteilen an Gemeinsamen Vereinbarungen ist ein latenter Steueranspruch jedoch gemäß Paragraph 44 zu bilanzieren.

25 Definitionsgemäß wird bei der Bilanzierung einer Schuld angenommen, dass deren Buchwert in künftigen Perioden durch einen Abfluss wirtschaftlich relevanter Unternehmensressourcen erfüllt wird. Beim Abfluss der Ressourcen vom Unternehmen können alle Beträge oder ein Teil davon bei der Ermittlung des zu versteuernden Ergebnisses einer Periode, die zeitlich auf die Periode der Passivierung der Schuld folgt, abzugsfähig sein. In solchen Fällen besteht eine temporäre Differenz zwischen dem Buchwert der Schuld und ihrer steuerlichen Basis. Dementsprechend entsteht ein latenter Steueranspruch im Hinblick auf die in künftigen Perioden erstattungsfähigen Ertragsteuern, wenn dieser Teil der Schuld bei der Ermittlung des zu versteuernden Ergebnisses abzugsfähig ist. Ist analog der Buchwert eines Vermögenswerts geringer als seine steuerliche Basis, entsteht aus dem Unterschiedsbetrag ein latenter Steueranspruch in Bezug auf die in künftigen Perioden erstattungsfähigen Ertragsteuern.

Beispiel

Ein Unternehmen bilanziert eine Schuld von 100 für kumulierte Gewährleistungskosten hinsichtlich eines Produkts. Die Gewährleistungskosten für dieses Produkt sind für steuerliche Zwecke erst zu dem Zeitpunkt abzugsfähig, an dem das Unternehmen Gewährleistungsverpflichtungen zahlt. Der Steuersatz beträgt 25 %.

Die steuerliche Basis der Schuld ist Null (Buchwert von 100 abzüglich des Betrags, der im Hinblick auf die Schulden in zukünftigen Perioden steuerlich abzugsfähig ist). Mit der Erfüllung der Schuld zu ihrem Buchwert verringert das Unternehmen sein künftiges zu versteuerndes Ergebnis um einen Betrag von 100 und verringert folglich seine zukünftigen Steuerzahlungen um 25 (25 % von 100). Der Unterschiedsbetrag zwischen dem Buchwert von 100 und der steuerlichen Basis von Null ist eine abzugsfähige temporäre Differenz von 100. Daher bilanziert das Unternehmen einen latenten Steueranspruch von 25 (25 % von 100), vorausgesetzt, es ist wahrscheinlich, dass das Unternehmen in künftigen Perioden ein ausreichendes zu versteuerndes Ergebnis erwirtschaftet, um aus der Verringerung der Steuerzahlungen einen Vorteil zu ziehen.

26 Im Folgenden sind Beispiele von abzugsfähigen temporären Differenzen aufgeführt, die latente Steueransprüche zur Folge haben:

(a) Kosten der betrieblichen Altersversorgung können bei der Ermittlung des bilanziellen Ergebnisses vor Steuern entsprechend der Leistungserbringung durch den Arbeitnehmer abgezogen werden. Der Abzug zur Ermittlung des zu versteuernden Ergebnisses ist hingegen erst zulässig, wenn die Beiträge vom Unternehmen in einen Pensionsfonds eingezahlt werden oder wenn betriebliche Altersversorgungsleistungen vom Unternehmen bezahlt werden. Es besteht eine temporäre Differenz zwischen dem Buchwert der Schuld und ihrer steuerlichen Basis, wobei die steuerliche Basis der Schuld im Regelfall Null ist. Eine derartige abzugsfähige temporäre Differenz hat einen latenten Steueranspruch zur Folge, da die Verminderung des zu versteuernden Ergebnisses durch die Bezahlung von Beiträgen oder Versorgungsleistungen für das Unternehmen einen Zufluss an wirtschaftlichem Nutzen bedeutet;

(b) Forschungskosten werden in der Periode, in der sie anfallen, als Aufwand bei der Ermittlung des bilanziellen Ergebnisses vor Steuern erfasst, der Abzug bei der Ermittlung des zu versteuernden Ergebnisses (steuerlichen Verlustes) ist möglicherweise erst in einer späteren Periode zulässig. Der Unterschiedsbetrag zwischen der steuerlichen Basis der Forschungskosten als dem Betrag, dessen Abzug in zukünftigen Perioden von den Steuerbehörden erlaubt wird, und dem Buchwert von Null ist eine abzugsfähige temporäre Differenz, die einen latenten Steueranspruch zur Folge hat;

(c) die bei einem Unternehmenszusammenschluss erworbenen identifizierbaren Vermögenswerte und übernommenen Schulden werden mit begrenzten Ausnahmen mit ihren beizulegenden Zeitwerten zum Erwerbszeitpunkt angesetzt. Wird eine übernommene Schuld zum Erwerbszeitpunkt angesetzt, die damit verbundenen Kosten bei der Ermittlung des zu versteuernden Ergebnisses aber erst in einer späteren Periode in Abzug gebracht, entsteht eine abzugsfähige temporäre Differenz, die einen latenten Steueranspruch zur Folge hat. Ein latenter Steueranspruch entsteht ebenfalls, wenn der beizulegende Zeitwert eines erworbenen identifizierbaren Vermögenswerts geringer als seine steuerliche Basis ist. In beiden Fällen beeinflusst der sich ergebende latente Steueranspruch den Geschäfts- oder Firmenwert (siehe Paragraph 66); und

(d) bestimmte Vermögenswerte können zum beizulegenden Zeitwert bilanziert oder neubewertet sein, ohne dass eine entsprechende Bewertungsanpassung für steuerliche Zwecke durchgeführt wird (siehe Paragraph 20). Es entsteht eine abzugsfähige temporäre Differenz, wenn die steuerliche Basis des Vermögenswerts seinen Buchwert übersteigt.

Beispiel zur Veranschaulichung des Paragraphen 26(d)

Identifizierung einer abzugsfähigen temporären Differenz am Ende von Jahr 2:

Unternehmen A kauft zu Beginn von Jahr 1 für 1 000 WE einen Schuldtitel mit einem Nominalwert von 1 000 WE, zahlbar bei Fälligkeit in 5 Jahren mit einem Zinssatz von 2 %, zahlbar am Ende jeden Jahres. Der Effektivzinssatz beträgt 2 %. Der Schuldtitel wird zum beizulegenden Zeitwert bewertet.

Am Ende von Jahr 2 hat sich der beizulegende Zeitwert des Schuldtitels aufgrund eines Anstiegs der Zinssätze auf 5 % auf 918 WE verringert. Wenn Unternehmen A den Schuldtitel weiter hält, wird es wahrscheinlich alle vertraglich festgelegten Cashflows vereinnahmen.

Etwaige Gewinne (Verluste) aus dem Schuldtitel sind erst zu versteuern (abzugsfähig), wenn sie realisiert werden. Gewinne (Verluste) aus der Veräußerung oder bei Fälligkeit des Schuldtitels werden für steuerliche Zwecke als Differenz zwischen dem vereinnahmten Betrag und den ursprünglichen Kosten des Schuldtitels berechnet.

Die steuerliche Basis des Schuldtitels sind somit seine ursprünglichen Kosten.

Die Differenz zwischen dem Buchwert des Schuldtitels in der Bilanz des Unternehmens A in Höhe von 918 WE und seiner steuerlichen Basis in Höhe von 1 000 WE ergibt am Ende des Jahres 2 eine abzugsfähige temporäre Differenz von 82 WE (siehe Paragraphen 20 und 26(d)), und zwar unabhängig davon, ob das Unternehmen A erwartet, den Buchwert des Schuldtitels durch Veräußerung oder durch Nutzung (d. h. Halten und Vereinnahmen der vertraglich festgelegten Cashflows) oder durch eine Kombination aus beiden, zu realisieren.

Dies ist darauf zurückzuführen, dass abzugsfähige temporäre Differenzen Unterschiedsbeträge zwischen dem Buchwert eines Vermögenswerts oder einer Schuld in der Bilanz und seiner/ihrer steuerlichen Basis sind, die zu Beträgen führen, die bei der Ermittlung des zu versteuernden Gewinns (steuerlichen Verlustes) zukünftiger Perioden abzugsfähig sind, wenn der Buchwert des Vermögenswertes realisiert oder eine Schuld erfüllt wird (siehe Paragraph 5). Unternehmen A kann bei der Ermittlung des zu versteuernden Ergebnisses (steuerlichen Verlustes) bei Veräußerung oder bei Fälligkeit einen Abzug in Höhe der steuerlichen Basis des Vermögenswertes von 1 000 WE geltend machen.

27 Die Auflösung abzugsfähiger temporärer Differenzen führt zu Abzügen bei der Ermittlung des zu versteuernden Ergebnisses zukünftiger Perioden. Der wirtschaftliche Nutzen in der Form verminderter Steuerzahlungen fließt dem Unternehmen allerdings nur dann zu, wenn es ausreichende zu versteuernde Ergebnisse erzielt, gegen die die Abzüge saldiert werden können. Daher bilanziert ein Unternehmen latente Steueransprüche nur, wenn es wahrscheinlich ist, dass zu versteuernde Ergebnisse zur Verfügung stehen, gegen welche die abzugsfähigen temporären Differenzen verwendet werden können.

27A Bei der Beurteilung, ob zu versteuernde Ergebnisse zur Verfügung stehen, gegen welche die abzugsfähigen temporären Differenzen verwendet werden können, berücksichtigt das Unternehmen etwaige im Steuerrecht bestehende Beschränkungen hinsichtlich der Quellen zu versteuernder Ergebnisse, gegen die es bei der Auflösung der abzugsfähigen temporären Differenz Abzüge vornehmen kann. Enthält das Steuerrecht keine solchen Beschränkungen, prüft das Unternehmen jede abzugsfähige temporäre Differenz in Kombination mit allen anderen abzugsfähigen temporären Differenzen. Beschränkt das Steuerrecht dagegen die Möglichkeit zur Verwendung von Verlusten zum Abzug von Einkünften einer bestimmten Art, so wird die abzugsfähige temporäre Differenz nur in Kombination mit anderen abzugsfähigen temporären Differenzen der entsprechenden Art beurteilt.

28 Es ist wahrscheinlich, dass das zu versteuernde Ergebnis zur Verfügung stehen wird, gegen das eine abzugsfähige temporäre Differenz verwendet werden kann, wenn ausreichende zu versteuernde temporäre Differenzen in Bezug auf die gleiche Steuerbehörde und das gleiche Steuersubjekt vorhanden sind, deren Auflösung erwartet wird:

(a) in der gleichen Periode wie die erwartete Auflösung der abzugsfähigen temporären Differenz; oder

(b) in Perioden, in die steuerliche Verluste aus dem latenten Steueranspruch zurückgetragen oder vorgetragen werden können.

In solchen Fällen wird der latente Steueranspruch in der Periode, in der die abzugsfähigen temporären Differenzen entstehen, bilanziert.

29 Liegen keine ausreichenden zu versteuernden temporären Differenzen in Bezug auf die gleiche Steuerbehörde und das gleiche Steuersubjekt vor, wird der latente Steueranspruch bilanziert, soweit:

(a) es wahrscheinlich ist, dass dem Unternehmen ausreichende zu versteuernde Ergebnisse in Bezug auf die gleiche Steuerbehörde und das gleiche Steuersubjekt in der Periode der Auflösung der abzugsfähigen temporären Differenz (oder in den Perioden, in die ein steuerlicher Verlust infolge eines latenten Steueranspruches zurückgetragen oder vorgetragen werden kann) zur Verfügung stehen werden. Bei der Einschätzung, ob ein ausreichend zu versteuerndes Ergebnis in künftigen Perioden zur Verfügung stehen wird:

(i) vergleicht ein Unternehmen die abzugsfähigen temporären Differenzen mit künftigen zu versteuernden Ergebnissen ohne steuerliche Abzugsmöglichkeiten aufgrund der Auflösung der abzugsfähigen temporären Differenzen. Dieser Vergleich zeigt, inwieweit die künftigen zu versteuernden Ergebnisse des Unternehmens für einen Abzug der Beträge aus der Auflösung der abzugsfähigen temporären Differenzen ausreichen.

(ii) lässt ein Unternehmen zu versteuernde Beträge außer Acht, die sich aus dem in künftigen Perioden erwarteten Entstehen von abzugsfähigen temporären Differenzen ergeben, weil der latente Steueranspruch aus diesen abzugsfähigen temporären Differenzen seinerseits ein künftiges zu versteuerndes Ergebnis voraussetzt, um genutzt zu werden;

(b) sich dem Unternehmen Steuergestaltungsmöglichkeiten zur Erzeugung eines zu versteuernden Ergebnisses in geeigneten Perioden bieten.

Bei der Schätzung der voraussichtlichen künftigen zu versteuernden Ergebnisse kann die Realisierung eines Teils der Vermögenswerte eines Unternehmens mit einem über dem Buchwert liegenden Betrag angenommen werden, wenn es nachweislich wahrscheinlich ist, dass das Unternehmen einen solchen Betrag erzielen wird. Wird zum Beispiel ein Vermögenswert zum beizulegenden Zeitwert bewertet, prüft das Unternehmen, ob ausreichende Nachweise dafür vorliegen, dass es den Vermögenswert wahrscheinlich in einem über dem Buchwert liegenden Betrag realisieren kann. Dies kann beispielsweise der Fall sein, wenn ein Unternehmen erwartet, einen festverzinslichen Schuldtitel zu halten und die vertraglich festgelegten Cashflows zu vereinnahmen. **29A**

Steuergestaltungsmöglichkeiten sind Aktionen, die das Unternehmen ergreifen würde, um ein zu versteuerndes Ergebnis in einer bestimmten Periode zu erzeugen oder zu erhöhen, bevor ein steuerlicher Verlust- oder Gewinnvortrag verfällt. Beispielsweise kann nach manchen Steuergesetzgebungen das zu versteuernde Ergebnis wie folgt erzeugt oder erhöht werden: **30**

(a) durch Wahl der Besteuerung von Zinserträgen entweder auf der Grundlage des Zuflussprinzips oder der Abgrenzung als ausstehende Forderung;

(b) durch ein Hinausschieben von bestimmten zulässigen Abzügen vom zu versteuernden Ergebnis;

(c) durch Verkauf und möglicherweise Leaseback von Vermögenswerten, die einen Wertzuwachs erfahren haben, für die aber die steuerliche Basis noch nicht berichtigt wurde, um diesen Wertzuwachs zu erfassen; und

(d) durch Verkauf eines Vermögenswerts, der ein steuerfreies Ergebnis erzeugt (wie, nach manchen Steuergesetzgebungen möglich, einer Staatsobligation), damit ein anderer Vermögenswert gekauft werden kann, der zu versteuerndes Ergebnis erzeugt.

Wenn durch die Ausnutzung von Steuergestaltungsmöglichkeiten ein zu versteuerndes Ergebnis von einer späteren Periode in eine frühere Periode vorgezogen wird, hängt die Verwertung eines steuerlichen Verlust- oder Gewinnvortrags noch vom Vorhandensein künftiger zu versteuernder Ergebnisse ab, welche aus anderen Quellen als aus künftig noch entstehenden temporären Differenzen stammen.

Weist ein Unternehmen in der näheren Vergangenheit eine Folge von Verlusten auf, so hat es die Anwendungsleitlinien der Paragraphen 35 und 36 zu beachten. **31**

(weggefallen) **32**

Geschäfts- oder Firmenwert

32A Wenn der Buchwert eines bei einem Unternehmenszusammenschluss entstehenden Geschäfts- oder Firmenwerts geringer als seine steuerliche Basis ist, entsteht aus dem Unterschiedsbetrag ein latenter Steueranspruch. Der latente Steueranspruch, der aus dem erstmaligen Ansatz des Geschäfts- oder Firmenwerts hervorgeht, ist im Rahmen der Bilanzierung eines Unternehmenszusammenschlusses insofern anzusetzen, dass die Wahrscheinlichkeit besteht, dass ein zu versteuerndes Ergebnis bestehen wird, gegen das die abzugsfähigen temporären Differenzen aufgelöst werden können.

Erstmaliger Ansatz eines Vermögenswerts oder einer Schuld

33 Ein Fall eines latenten Steueranspruchs aus dem erstmaligen Ansatz eines Vermögenswerts liegt vor, wenn eine nicht zu versteuernde Zuwendung der öffentlichen Hand hinsichtlich eines Vermögenswerts bei der Bestimmung des Buchwerts des Vermögenswerts in Abzug gebracht wird, jedoch für steuerliche Zwecke nicht von dem abschreibungsfähigen Betrag (anders gesagt: der steuerlichen Basis) des Vermögenswerts abgezogen wird. Der Buchwert des Vermögenswerts ist geringer als seine steuerliche Basis, und dies führt zu einer abzugsfähigen temporären Differenz. Zuwendungen der öffentlichen Hand dürfen ebenfalls als passivischer Abgrenzungsposten angesetzt werden. In diesem Fall ergibt der Unterschiedsbetrag zwischen dem passivischen Abgrenzungsposten und seiner steuerlichen Basis von Null eine abzugsfähige temporäre Differenz. Unabhängig von der vom Unternehmen gewählten Darstellungsmethode darf das Unternehmen den sich ergebenden latenten Steueranspruch aufgrund der im Paragraph 22 aufgeführten Begründung nicht bilanzieren.

Noch nicht genutzte steuerliche Verluste und noch nicht genutzte Steuergutschriften

34 Ein latenter Steueranspruch für den Vortrag noch nicht genutzter steuerlicher Verluste und noch nicht genutzter Steuergutschriften ist in dem Umfang zu bilanzieren, in dem es wahrscheinlich ist, dass ein künftiges zu versteuerndes Ergebnis zur Verfügung stehen wird, gegen das die noch nicht genutzten steuerlichen Verluste und noch nicht genutzten Steuergutschriften verwendet werden können.

35 Die Kriterien für die Bilanzierung latenter Steueransprüche aus Vorträgen noch nicht steuerlich genutzter Verluste und Steuergutschriften sind die gleichen wie die Kriterien für die Bilanzierung latenter Steueransprüche aus abzugsfähigen temporären Differenzen. Allerdings spricht das Vorhandensein noch nicht genutzter steuerlicher Verluste deutlich dafür, dass ein künftiges zu versteuerndes Ergebnis möglicherweise nicht zur Verfügung stehen wird. Weist ein Unternehmen in der näheren Vergangenheit eine Reihe von Verlusten auf, kann es daher latente Steueransprüche aus ungenutzten steuerlichen Verlusten oder ungenutzten Steuergutschriften nur in dem Maße bilanzieren, als es über ausreichende zu versteuernde temporäre Differenzen verfügt oder soweit überzeugende substanzielle Hinweise dafür vorliegen, dass ein ausreichendes zu versteuerndes Ergebnis zur Verfügung stehen wird, gegen das die ungenutzten steuerlichen Verluste oder ungenutzten Steuergutschriften vom Unternehmen verwendet werden können. In solchen Fällen sind gemäß Paragraph 82 der Betrag des latenten Steueranspruches und die substanziellen Hinweise, die den Ansatz rechtfertigen, anzugeben.

36 Bei der Beurteilung der Wahrscheinlichkeit, ob ein zu versteuerndes Ergebnis zur Verfügung stehen wird, gegen das noch nicht genutzte steuerliche Verluste oder noch nicht genutzte Steuergutschriften verwendet werden können, sind von einem Unternehmen die folgenden Kriterien zu beachten:

(a) ob das Unternehmen ausreichend zu versteuernde temporäre Differenzen in Bezug auf die gleiche Steuerbehörde und das gleiche Steuersubjekt hat, woraus zu versteuernde Beträge erwachsen, gegen die die noch nicht genutzten steuerlichen Verluste oder noch nicht genutzten Steuergutschriften vor ihrem Verfall verwendet werden können;

(b) ob es wahrscheinlich ist, dass das Unternehmen zu versteuernde Ergebnisse erzielen wird, bevor die noch nicht genutzten steuerlichen Verluste oder noch nicht genutzten Steuergutschriften verfallen;
(c) ob die noch nicht genutzten steuerlichen Verluste aus identifizierbaren Ursachen stammen, welche aller Wahrscheinlichkeit nach nicht wiederauftreten; und
(d) ob dem Unternehmen Steuergestaltungsmöglichkeiten (siehe Paragraph 30) zur Verfügung stehen, die ein zu versteuerndes Ergebnis in der Periode erzeugen, in der die noch nicht genutzten steuerlichen Verluste oder noch nicht genutzten Steuergutschriften verwendet werden können.

Der latente Steueranspruch wird in dem Umfang nicht bilanziert, in dem es unwahrscheinlich erscheint, dass das zu versteuernde Ergebnis zur Verfügung stehen wird, gegen das die noch nicht genutzten steuerlichen Verluste oder noch nicht genutzten Steuergutschriften verwendet werden können.

Erneute Beurteilung von nicht angesetzten latenten Steueransprüchen

Ein Unternehmen hat zu jedem Abschlussstichtag nicht bilanzierte latente Steueransprüche erneut zu beurteilen. Das Unternehmen setzt einen bislang nicht bilanzierten latenten Steueranspruch in dem Umfang an, in dem es wahrscheinlich geworden ist, dass ein künftiges zu versteuerndes Ergebnis die Realisierung des latenten Steueranspruches gestatten wird. Beispielsweise kann eine Verbesserung des Geschäftsumfeldes es wahrscheinlicher erscheinen lassen, dass das Unternehmen in der Lage sein wird, ein in der Zukunft ausreichend zu versteuerndes Ergebnis für den latenten Steueranspruch zu erzeugen, um die in Paragraph 24 oder 34 beschriebenen Ansatzkriterien zu erfüllen. Ein anderes Beispiel liegt vor, wenn ein Unternehmen latente Steueransprüche zum Zeitpunkt eines Unternehmenszusammenschlusses oder nachfolgend erneut beurteilt (siehe Paragraphen 67 und 68). **37**

Anteile an Tochterunternehmen, Zweigniederlassungen und assoziierten Unternehmen sowie Anteile an Gemeinsamen Vereinbarungen

Temporäre Differenzen entstehen, wenn der Buchwert von Anteilen an Tochterunternehmen, Zweigniederlassungen und assoziierten Unternehmen oder Anteilen an Gemeinsamen Vereinbarungen (d. h. der Anteil des Mutterunternehmens oder des Eigentümers am Nettovermögen des Tochterunternehmens, der Zweigniederlassung, des assoziierten Unternehmens oder des Unternehmens, an dem Anteile gehalten werden, einschließlich des Buchwerts eines Geschäfts- oder Firmenwerts) sich gegenüber der steuerlichen Basis der Anteile (welcher häufig gleich den Anschaffungskosten ist) unterschiedlich entwickelt. Solche Unterschiede können aus einer Reihe unterschiedlicher Umstände entstehen, beispielsweise: **38**
(a) dem Vorhandensein nicht ausgeschütteter Gewinne von Tochterunternehmen, Zweigniederlassungen, assoziierten Unternehmen und Gemeinsamen Vereinbarungen;
(b) Änderungen der Wechselkurse, wenn ein Mutterunternehmen und sein Tochterunternehmen ihren jeweiligen Sitz in unterschiedlichen Ländern haben; und
(c) einer Verminderung des Buchwerts der Anteile an einem assoziierten Unternehmen auf seinen erzielbaren Betrag.

Im Konzernabschluss kann sich die temporäre Differenz von der temporären Differenz für die Anteile im Einzelabschluss des Mutterunternehmens unterscheiden, falls das Mutterunternehmen die Anteile in seinem Einzelabschluss zu den Anschaffungskosten oder dem Neubewertungsbetrag bilanziert.

Ein Unternehmen hat eine latente Steuerschuld für alle zu versteuernden temporären Differenzen in Verbindung mit Anteilen an Tochterunternehmen, Zweigniederlassungen und assoziierten Unternehmen und Anteilen an gemeinsamen Vereinbarungen zu bilanzieren, ausgenommen in dem Umfang, in dem die beiden folgenden Bedingungen erfüllt sind: **39**

(a) das Mutterunternehmen, der Anleger, das Partnerunternehmen oder der gemeinschaftlich Tätige ist in der Lage, den zeitlichen Verlauf der Auflösung der temporären Differenz zu steuern; und

(b) es ist wahrscheinlich, dass sich die temporäre Differenz in absehbarer Zeit nicht auflösen wird.

40 Wenn ein Mutterunternehmen die Dividendenpolitik seines Tochterunternehmens beherrscht, ist es in der Lage, den Zeitpunkt der Auflösung der temporären Differenzen in Verbindung mit diesen Anteilen zu steuern (einschließlich der temporären Unterschiede, die nicht nur aus thesaurierten Gewinnen, sondern auch aus Unterschiedsbeträgen infolge von Währungsumrechnung resultieren). Außerdem wäre es häufig in der Praxis nicht möglich, den Betrag der Ertragsteuern zu bestimmen, der bei Auflösung der temporären Differenz zahlbar wäre. Daher hat das Mutterunternehmen eine latente Steuerschuld nicht zu bilanzieren, wenn es bestimmt hat, dass diese Gewinne in absehbarer Zeit nicht ausgeschüttet werden. Die gleichen Überlegungen gelten für Anteile an Zweigniederlassungen.

41 Ein Unternehmen weist die nicht monetären Vermögenswerte und Schulden in seiner funktionalen Währung aus (siehe IAS 21 *Auswirkungen von Wechselkursänderungen*). Wird das zu versteuernde Ergebnis oder der steuerliche Verlust (und somit die steuerliche Basis seiner nicht monetären Vermögenswerte und Schulden) in der Fremdwährung ausgedrückt, so haben Änderungen der Wechselkurse temporäre Differenzen zur Folge, woraus sich eine latente Steuerschuld oder (unter Beachtung des Paragraphen 24) ein latenter Steueranspruch ergibt. Die sich ergebende latente Steuer wird im Gewinn oder Verlust erfasst (siehe Paragraph 58).

42 Ein Investor an einem assoziierten Unternehmen beherrscht dieses Unternehmen nicht und ist im Regelfall nicht in einer Position, dessen Dividendenpolitik zu bestimmen. Daher bilanziert ein Investor eine latente Steuerschuld aus einer zu versteuernden temporären Differenz in Verbindung mit seinem Anteil am assoziierten Unternehmen, falls nicht in einem Vertrag bestimmt ist, dass die Gewinne des assoziierten Unternehmens in absehbarer Zeit nicht ausgeschüttet werden. In einigen Fällen ist ein Investor möglicherweise nicht in der Lage, den Betrag der Steuern zu ermitteln, die bei der Realisierung der Anschaffungskosten seiner Anteile an einem assoziierten Unternehmen fällig wären. Er kann jedoch in solchen Fällen ermitteln, dass diese einem Mindestbetrag entsprechen oder ihn übersteigen. In solchen Fällen wird die latente Steuerschuld mit diesem Betrag bewertet.

43 Die zwischen den Parteien einer gemeinsamen Vereinbarung getroffene Vereinbarung befasst sich im Regelfall mit der Gewinnaufteilung und der Festsetzung, ob Entscheidungen in diesen Angelegenheiten die einstimmige Zustimmung aller Parteien oder einer Gruppe der Parteien erfordern. Wenn das Partnerunternehmen oder der gemeinschaftlich Tätige den zeitlichen Verlauf der Ausschüttung seines Anteils an den Gewinnen der gemeinsamen Vereinbarung steuern kann und wenn es wahrscheinlich ist, dass sein Gewinnanteil in absehbarer Zeit nicht ausgeschüttet wird, wird keine latente Steuerschuld bilanziert.

44 Ein Unternehmen hat einen latenten Steueranspruch für alle abzugsfähigen temporären Differenzen aus Anteilen an Tochterunternehmen, Zweigniederlassungen und assoziierten Unternehmen sowie Anteilen an Gemeinsamen Vereinbarungen ausschließlich in dem Umfang zu bilanzieren, in dem es wahrscheinlich ist,

(a) dass sich die temporäre Differenz in absehbarer Zeit auflösen wird; und

(b) dass das zu versteuernde Ergebnis zur Verfügung stehen wird, gegen das die temporäre Differenz verwendet werden kann.

45 Bei der Entscheidung, ob ein latenter Steueranspruch für abzugsfähige temporäre Differenzen in Verbindung mit seinen Anteilen an Tochterunternehmen, Zweigniederlassungen und assoziierten Unternehmen sowie seinen Anteilen an Gemeinsamen Vereinbarungen zu bilanzieren ist, hat ein Unternehmen die in den Paragraphen 28 bis 31 beschriebenen Anwendungsleitlinien zu beachten.

Bewertung

Tatsächliche Ertragsteuerschulden (Ertragsteueransprüche) für die laufende Periode und für frühere Perioden sind mit dem Betrag zu bewerten, in dessen Höhe eine Zahlung an die Steuerbehörden (eine Erstattung von den Steuerbehörden) erwartet wird, und zwar auf der Grundlage von Steuersätzen (und Steuervorschriften), die am Abschlussstichtag gelten oder in Kürze gelten werden. **46**

Latente Steueransprüche und latente Steuerschulden sind anhand der Steuersätze zu bewerten, deren Gültigkeit für die Periode, in der ein Vermögenswert realisiert wird oder eine Schuld erfüllt wird, erwartet wird. Dabei werden die Steuersätze (und Steuervorschriften) verwendet, die zum Abschlussstichtag gültig oder angekündigt sind. **47**

Tatsächliche und latente Steueransprüche und Steuerschulden sind im Regelfall anhand der Steuersätze (und Steuervorschriften) zu bewerten, die Gültigkeit haben. In manchen Steuergesetzgebungen hat die Ankündigung von Steuersätzen (und Steuervorschriften) durch die Regierung jedoch die Wirkung einer tatsächlichen Inkraftsetzung. Die Inkraftsetzung kann erst mehrere Monate nach der Ankündigung erfolgen. Unter diesen Umständen sind Steueransprüche und Steuerschulden auf der Grundlage des angekündigten Steuersatzes (und der angekündigten Steuervorschriften) zu bewerten. **48**

Sind unterschiedliche Steuersätze auf unterschiedliche Höhen des zu versteuernden Ergebnisses anzuwenden, sind latente Steueransprüche und latente Steuerschulden mit den Durchschnittssätzen zu bewerten, deren Anwendung für das zu versteuernde Ergebnis (den steuerlichen Verlust) in den Perioden erwartet wird, in denen sich die temporären Unterschiede erwartungsgemäß auflösen werden. **49**

(weggefallen) **50**

Die Bewertung latenter Steuerschulden und latenter Steueransprüche hat die steuerlichen Konsequenzen zu berücksichtigen, die daraus resultieren, in welcher Art und Weise ein Unternehmen zum Abschlussstichtag erwartet, den Buchwert seiner Vermögenswerte zu realisieren oder seiner Schulden zu erfüllen. **51**

Gemäß mancher Steuergesetzgebungen kann die Art und Weise, in der ein Unternehmen den Buchwert eines Vermögenswerts realisiert oder den Buchwert einer Schuld erfüllt, entweder einen oder beide der folgenden Parameter beeinflussen: **51A**

(a) den anzuwendenden Steuersatz, wenn das Unternehmen den Buchwert des Vermögenswerts realisiert oder den Buchwert der Schuld erfüllt; und

(b) die steuerliche Basis des Vermögenswerts (der Schuld).

In solchen Fällen bewertet ein Unternehmen latente Steuerschulden und latente Steueransprüche unter Anwendung des Steuersatzes und der steuerlichen Basis, die der erwarteten Art und Weise der Realisierung oder der Erfüllung entsprechen.

Beispiel A

Ein Sachanlageposten hat einen Buchwert von 100 und eine steuerliche Basis von 60. Ein Steuersatz von 20 % wäre bei einem Verkauf des Postens anwendbar, und ein Steuersatz von 30 % wäre bei anderen Erträgen anwendbar.

Das Unternehmen bilanziert eine latente Steuerschuld von 8 (20 % von 40), falls es erwartet, den Posten ohne weitere Nutzung zu verkaufen, und eine latente Steuerschuld von 12 (30 % von 40), falls es erwartet, den Posten zu behalten und durch seine Nutzung seinen Buchwert zu realisieren.

Beispiel B

Ein Sachanlageposten mit Anschaffungskosten von 100 und einem Buchwert von 80 wird mit 150 neu bewertet. Für steuerliche Zwecke erfolgt keine entsprechende Bewertungsanpassung. Die kumulierte Abschreibung für steuerliche Zwecke ist 30, und der Steuersatz beträgt 30 %. Falls der Posten für mehr als die Anschaffungskosten verkauft wird, wird die kumulierte

Abschreibung von 30 in das zu versteuernde Ergebnis einbezogen, die Verkaufserlöse, welche die Anschaffungskosten übersteigen, sind aber nicht zu versteuern.

Die steuerliche Basis des Postens ist 70, und es liegt eine zu versteuernde temporäre Differenz von 80 vor. Falls das Unternehmen erwartet, den Buchwert durch die Nutzung des Postens zu realisieren, muss es ein zu versteuerndes Ergebnis von 150 erzeugen, kann aber lediglich Abschreibungen von 70 in Abzug bringen. Auf dieser Grundlage besteht eine latente Steuerschuld von 24 (30 % von 80). Erwartet das Unternehmen die Realisierung des Buchwerts durch den sofortigen Verkauf des Postens für 150, wird die latente Steuerschuld wie folgt berechnet:

	Zu versteuernde temporäre Differenz	*Steuersatz*	*Latente Steuerschuld*
Kumulierte steuerliche Abschreibung	*30*	*30 %*	*9*
Die Anschaffungskosten übersteigender Erlös	*50*	*Null*	–
Summe	*80*		*9*

(Hinweis: Gemäß Paragraph 61A wird die zusätzliche latente Steuer, die aus der Neubewertung erwächst, im sonstigen Ergebnis erfasst.)

Beispiel C

Der Sachverhalt entspricht Beispiel B, mit folgender Ausnahme: Falls der Posten für mehr als die Anschaffungskosten verkauft wird, wird die kumulierte steuerliche Abschreibung in das zu versteuernde Ergebnis aufgenommen (besteuert zu 30 %) und der Verkaufserlös wird mit 40 % besteuert (nach Abzug von inflationsbereinigten Anschaffungskosten von 110).

Falls das Unternehmen erwartet, den Buchwert durch Nutzung des Postens zu realisieren, muss es ein zu versteuerndes Ergebnis von 150 erzeugen, kann aber lediglich Abschreibungen von 70 in Abzug bringen. Auf dieser Grundlage beträgt die steuerliche Basis 70, besteht eine zu versteuernde temporäre Differenz von 80, und – wie in Beispiel B – eine latente Steuerschuld von 24 (30 % von 80).

Falls das Unternehmen erwartet, den Buchwert durch den sofortigen Verkauf des Postens für 150 zu realisieren, kann es die indizierten Anschaffungskosten von 110 in Abzug bringen. Der Reinerlös von 40 wird mit 40 % besteuert. Zusätzlich wird die kumulierte Abschreibung von 30 in das zu versteuernde Ergebnis mit aufgenommen und mit 30 % besteuert. Auf dieser Grundlage beträgt die steuerliche Basis 80 (110 abzüglich 30), besteht eine zu versteuernde temporäre Differenz von 70 und eine latente Steuerschuld von 25 (40 % von 40 und 30 % von 30). Ist die steuerliche Basis in diesem Beispiel nicht unmittelbar erkennbar, kann es hilfreich sein, das in Paragraph 10 beschriebene Grundprinzip heranzuziehen.

(Hinweis: Gemäß Paragraph 61A wird die zusätzliche latente Steuer, die aus der Neubewertung erwächst, im sonstigen Ergebnis erfasst.)

51B Führt ein nach dem Neubewertungsmodell in IAS 16 bewerteter nicht abschreibungsfähiger Vermögenswert zu einer latenten Steuerschuld oder einem latenten Steueranspruch, ist bei der Bewertung der latenten Steuerschuld oder des latenten Steueranspruchs den steuerlichen Konsequenzen der Realisierung des Buchwerts dieses Vermögenswerts durch Verkauf Rechnung zu tragen, unabhängig davon, nach welcher Methode der Buchwert ermittelt worden ist. Sieht das Steuerrecht für den aus dem Verkauf eines Vermögenswerts zu versteuernden Betrag einen anderen Steuersatz vor als für den aus der Nutzung eines Vermögenswerts zu versteuernden Betrag, so ist bei der Bewertung der im Zusammenhang mit einem nicht abschreibungsfähigen Vermögenswert stehenden latenten Steuerschuld oder des entsprechenden latenten Steueranspruchs deshalb erstgenannter Steuersatz anzuwenden.

51C Führt eine nach dem Zeitwertmodell in IAS 40 bewertete, als Finanzinvestition gehaltene Immobilie zu einer latenten Steuerschuld oder einem latenten Steueranspruch, besteht die widerlegbare Vermutung, dass der Buchwert der als Finanzinvestition gehaltenen Immobilie bei Verkauf realisiert wird. Sofern diese Vermutung nicht widerlegt ist, ist bei der Bewertung der latenten Steuerschuld oder des latenten Steueranspruchs daher den steuerlichen Konsequenzen einer vollständigen Realisierung des Buchwerts der Immobilie durch Verkauf Rechnung zu tragen. Diese Vermutung ist widerlegt, wenn die als Finanzinvestition gehaltene Immobilie abschreibungsfähig ist und im Rahmen eines Geschäftsmodells gehalten wird, das darauf abzielt, im Laufe der Zeit im Wesentlichen den gesamten wirtschaftlichen Nutzen dieser Immobilie aufzubrauchen, anstatt sie zu verkaufen. Wird die Vermutung widerlegt, gelten die Anforderungen der Paragraphen 51 und 51A.

Beispiel zur Veranschaulichung des Paragraphen 51C

Eine als Finanzinvestition gehaltene Immobilie mit Anschaffungskosten von 100 und einem beizulegenden Zeitwert von 150 wird nach dem Zeitwertmodell in IAS 40 bewertet. Sie umfasst ein Grundstück mit Anschaffungskosten von 40 und einem beizulegenden Zeitwert von 60 sowie ein Gebäude mit Anschaffungskosten von 60 und einem beizulegenden Zeitwert von 90. Die Nutzungsdauer des Grundstücks ist unbegrenzt.

Die kumulative Abschreibung des Gebäudes zu Steuerzwecken beträgt 30. Nicht realisierte Veränderungen beim beizulegenden Zeitwert der als Finanzinvestition gehaltenen Immobilie wirken sich nicht auf den zu versteuernden Gewinn aus. Wird die als Finanzinvestition gehaltene Immobilie für mehr als die Anschaffungskosten verkauft, wird die Wertaufholung der kumulierten steuerlichen Abschreibung von 30 in den zu versteuernden Gewinn aufgenommen und mit einem regulären Satz von 30 % versteuert. Für Verkaufserlöse, die über die Anschaffungskosten hinausgehen, sieht das Steuerrecht Sätze von 25 % (Vermögenswerte, die weniger als zwei Jahre gehalten werden) und 20 % (Vermögenswerte, die zwei Jahre oder länger gehalten werden) vor.

Da die als Finanzinvestition gehaltene Immobilie nach dem Zeitwertmodell in IAS 40 bewertet wird, besteht die widerlegbare Vermutung, dass das Unternehmen den Buchwert dieser Immobilie zur Gänze über Verkauf realisieren wird. Wird diese Vermutung nicht widerlegt, spiegelt die latente Steuer auch dann die steuerlichen Konsequenzen der vollständigen Realisierung des Buchwerts der Immobilie durch Verkauf wider, wenn das Unternehmen vor dem Verkauf mit Mieteinnahmen aus dieser Immobilie rechnet.

Bei Verkauf ist die steuerliche Basis des Grundstücks 40 und liegt eine zu versteuernde temporäre Differenz von 20 (60 – 40) vor. Bei Verkauf ist die steuerliche Basis des Gebäudes 30 (60 – 30) und es liegt eine zu versteuernde temporäre Differenz von 60 (90 – 30) vor. Damit beträgt die zu versteuernde temporäre Differenz für die als Finanzinvestition gehaltene Immobilie insgesamt 80 (20 + 60).

Gemäß Paragraph 47 ist der Steuersatz der für die Periode, in der die als Finanzinvestition gehaltene Immobilie realisiert wird, erwartete Satz. Falls das Unternehmen erwartet, die Immobilie nach einer mehr als zweijährigen Haltezeit zu veräußern, errechnet sich die daraus resultierende latente Steuerschuld deshalb wie folgt:

	Zu versteuernde temporäre Differenz	*Steuersatz*	*Latente Steuerschuld*
Kumulierte steuerliche Abschreibung	*30*	*30 %*	*9*
Die Anschaffungskosten übersteigender Erlös	*50*	*20 %*	*10*
Summe	*80*		*19*

Falls das Unternehmen erwartet, die Immobilie nach einer weniger als zweijährigen Haltezeit zu veräußern, würde in der obigen Berechnung auf die über die Anschaffungskosten hinausgehenden Erlöse anstelle des Satzes von 20 % ein Satz von 25 % angewandt.

Wird das Gebäude stattdessen im Rahmen eines Geschäftsmodells gehalten, das nicht auf Veräußerung, sondern im Wesentlichen auf Verbrauch des gesamten wirtschaftlichen Nutzens im Laufe der Zeit abzielt, wäre diese Vermutung für das Gebäude widerlegt. Das Grundstück dagegen ist nicht abschreibungsfähig. Für das Grundstück wäre die Vermutung der Realisierung durch Verkauf deshalb nicht widerlegt. Dementsprechend würde die latente Steuerschuld die steuerlichen Konsequenzen einer Realisierung des Buchwerts des Gebäudes durch Nutzung und des Buchwerts des Grundstücks durch Verkauf widerspiegeln.

Bei Nutzung ist die steuerliche Basis des Gebäudes 30 (60 – 30) und liegt eine zu versteuernde temporäre Differenz von 60 (90 – 30) vor, woraus sich eine latente Steuerschuld von 18 (30 % von 60) ergibt.

Bei Verkauf ist die steuerliche Basis des Grundstücks 40 und liegt eine zu versteuernde temporäre Differenz von 20 (60 – 40) vor, woraus sich eine latente Steuerschuld von 4 (20 % von 20) ergibt.

Wird die Vermutung der Realisierung durch Verkauf für das Gebäude widerlegt, beträgt die latente Steuerschuld für die als Finanzinvestition gehaltene Immobilie folglich 22 (18 + 4).

51D Die widerlegbare Vermutung nach Paragraph 51C gilt auch dann, wenn sich aus der Bewertung einer als Finanzinvestition gehaltenen Immobilie bei einem Unternehmenszusammenschluss eine latente Steuerschuld oder ein latenter Steueranspruch ergibt und das Unternehmen diese als Finanzinvestition gehaltene Immobilie in der Folge nach dem Modell des beizulegenden Zeitwerts bewertet.

51E Von den Paragraphen 51B-51D unberührt bleibt die Pflicht, bei Ansatz und Bewertung latenter Steueransprüche nach den Grundsätzen der Paragraphen 24-33 (abzugsfähige temporäre Differenzen) und 34-36 (noch nicht genutzte steuerliche Verluste und noch nicht genutzte Steuergutschriften) dieses Standards zu verfahren.

52 (nicht besetzt)

52A In manchen Ländern sind Ertragsteuern einem erhöhten oder verminderten Steuersatz unterworfen, falls das Nettoergebnis oder die Gewinnrücklagen teilweise oder vollständig als Dividenden an die Eigentümer des Unternehmens ausgezahlt werden. In einigen anderen Ländern werden Ertragsteuern erstattet oder sind nachzuzahlen, falls das Nettoergebnis oder die Gewinnrücklagen teilweise oder vollständig als Dividenden an die Eigentümer des Unternehmens ausgezahlt werden. Unter diesen Umständen sind die tatsächlichen und latenten Steueransprüche bzw. Steuerschulden mit dem Steuersatz, der auf nicht ausgeschüttete Gewinne anzuwenden ist, zu bewerten.

52B (weggefallen)

Beispiel zur Veranschaulichung der Paragraphen 52A und 57A

Das folgende Beispiel behandelt die Bewertung von tatsächlichen und latenten Steueransprüchen und -verbindlichkeiten eines Unternehmens in einem Land, in dem die Ertragsteuern auf nicht ausgeschüttete Gewinne (50 %) höher sind und ein Betrag erstattet wird, wenn die Gewinne ausgeschüttet werden. Der Steuersatz auf ausgeschüttete Gewinne beträgt 35 %. Am Abschlussstichtag, 31. Dezember 20X1, hat das Unternehmen keine Verbindlichkeiten für Dividenden, die zur Auszahlung nach dem Abschlussstichtag vorgeschlagen oder beschlossen wurden, passiviert. Daraus resultiert, dass im Jahr 20X1 keine Dividenden berücksichtigt wurden. Das zu versteuernde Einkommen für das Jahr 20X1 beträgt 100 000. Die zu versteuernde temporäre Differenz für das Jahre 20X1 beträgt 40 000.

Das Unternehmen erfasst eine tatsächliche Steuerschuld und einen tatsächlichen Steueraufwand von 50 000. Es wird kein Vermögenswert für den potenziell für künftige Dividendenzahlungen zu erstattenden Betrag bilanziert. Das Unternehmen bilanziert auch eine latente Steuerschuld und einen latenten Steueraufwand von 20 000 (50 % von 40 000), die die Ertragsteuern darstellen, die das Unternehmen bezahlen wird, wenn es den Buchwert der Vermögenswerte realisiert oder den Buchwert der Schulden erfüllt und zwar auf der Grundlage des Steuersatzes für nicht ausgeschüttete Gewinne.

Am 15. März 20X2 bilanziert das Unternehmen Dividenden aus früheren Betriebsergebnissen in Höhe von 10 000 als Verbindlichkeiten.

Das Unternehmen bilanziert am 15. März 20X2 die Erstattung von Ertragsteuern in Höhe von 1 500 (15 % der als Verbindlichkeit bilanzierten Dividendenzahlung) als einen tatsächlichen Steuererstattungsanspruch und als eine Minderung des Ertragsteueraufwands für das Jahr 20X2.

Latente Steueransprüche und latente Steuerschulden sind nicht abzuzinsen. **53**

Die verlässliche Bestimmung latenter Steueransprüche und latenter Steuerschulden auf der **54** Grundlage einer Abzinsung erfordert eine detaillierte Aufstellung des zeitlichen Verlaufs der Auflösung jeder temporären Differenz. In vielen Fällen ist eine solche Aufstellung nicht durchführbar oder aufgrund ihrer Komplexität nicht vertretbar. Demzufolge ist die Verpflichtung zu einer Abzinsung latenter Steueransprüche und latenter Steuerschulden nicht sachgerecht. Ein Wahlrecht zur Abzinsung würde zu latenten Steueransprüchen und latenten Steuerschulden führen, die zwischen den Unternehmen nicht vergleichbar wären. Daher ist gemäß diesem Standard die Abzinsung latenter Steueransprüche und latenter Steuerschulden weder erforderlich noch gestattet.

Die Bestimmung temporärer Differenzen erfolgt aufgrund des Buchwerts eines Vermögens- **55** werts oder einer Schuld. Dies trifft auch dann zu, wenn der Buchwert seinerseits auf Grundlage einer Abzinsung ermittelt wurde, beispielsweise im Falle von Pensionsverpflichtungen (siehe IAS 19 *Leistungen an Arbeitnehmer*).

Der Buchwert eines latenten Steueranspruchs ist zu jedem Abschlussstichtag zu überprüfen. **56** Ein Unternehmen hat den Buchwert eines latenten Steueranspruchs in dem Umfang zu mindern, in dem es nicht mehr wahrscheinlich ist, dass ein ausreichend zu versteuerndes Ergebnis zur Verfügung stehen wird, um sich den latenten Steueranspruch entweder teilweise oder insgesamt zu Nutze zu machen. Alle derartigen Minderungen sind in dem Umfang wieder aufzuheben, in dem es wahrscheinlich wird, dass ein ausreichend zu versteuerndes Ergebnis zur Verfügung stehen wird.

Ansatz tatsächlicher und latenter Steuern

Die Bilanzierung der Auswirkungen tatsächlicher und latenter Steuern eines Geschäftsvorfalls **57** oder eines anderen Ereignisses hat mit der Bilanzierung des Geschäftsvorfalls oder des Ereignisses selbst konsistent zu sein. Dieses Prinzip wird in den Paragraphen 58 bis 68C festgelegt.

Ein Unternehmen hat ertragsteuerliche Konsequenzen von Dividendenzahlungen (im Sinne von **57A** IFRS 9) dann zu erfassen, wenn es die Verpflichtung zur Dividendenausschüttung ansetzt. Ertragsteuerliche Konsequenzen von Dividendenzahlungen sind mehr mit Geschäften oder Ereignissen der Vergangenheit verbunden, die ausschüttungsfähige Gewinne generiert haben, als mit der Ausschüttung an die Eigentümer. Aus diesem Grund sind ertragsteuerliche Konsequenzen von Dividendenzahlungen – je nachdem, wie das Unternehmen diese vergangenen Geschäfte oder Ereignisse ursprünglich erfasst hat – im Periodenergebnis, im sonstigen Ergebnis oder im Eigenkapital zu erfassen.

Erfassung im Gewinn oder Verlust

Tatsächliche und latente Steuern sind als Ertrag oder Aufwand zu erfassen und in den Gewinn **58** oder Verlust einzubeziehen, ausgenommen in dem Umfang, in dem die Steuer herrührt aus:

(a) einem Geschäftsvorfall oder Ereignis, der bzw. das in der gleichen oder einer anderen Periode außerhalb des Gewinns oder Verlusts entweder im sonstigen Ergebnis oder direkt im Eigenkapital angesetzt wird (siehe Paragraphen 61A bis 65); oder

(b) einem Unternehmenszusammenschluss (mit Ausnahme des Erwerbs eines Tochterunternehmens durch eine Investmentgesellschaft im Sinne von IFRS 10 *Konzernabschlüsse*, wenn das Tochterunternehmen ergebniswirksam zum beizulegenden Zeitwert bewertet werden muss) (siehe Paragraphen 66 bis 68).

59 Die meisten latenten Steuerschulden und latenten Steueransprüche entstehen dort, wo Ertrag oder Aufwand in das bilanzielle Ergebnis vor Steuern einer Periode einbezogen werden, jedoch im zu versteuernden Ergebnis (steuerlichen Verlust) einer davon unterschiedlichen Periode erfasst werden. Die sich daraus ergebende latente Steuer wird im Gewinn oder Verlust erfasst. Beispiele dafür sind:

(a) Zinsen, Nutzungsentgelte oder Dividenden werden rückwirkend geleistet und in Übereinstimmung mit IFRS 15 *Erlöse aus Verträgen mit Kunden*, IAS 39 *Finanzinstrumente: Ansatz und Bewertung* oder IFRS 9 *Finanzinstrumente* in das bilanzielle Ergebnis vor Steuern einbezogen, die Berücksichtigung im zu versteuernden Ergebnis (steuerlichen Verlust) erfolgt dagegen auf Grundlage des Zahlungsmittelflusses; und

(b) Aufwendungen für immaterielle Vermögenswerte werden gemäß IAS 38 *Immaterielle Vermögenswerte* aktiviert und im Gewinn oder Verlust abgeschrieben, der Abzug für steuerliche Zwecke erfolgt aber, wenn sie anfallen.

60 Der Buchwert latenter Steueransprüche und latenter Steuerschulden kann sich verändern, auch wenn der Betrag der damit verbundenen temporären Differenzen nicht geändert wird. Dies kann beispielsweise aus Folgendem resultieren:

(a) einer Änderung der Steuersätze oder Steuervorschriften;

(b) einer erneuten Beurteilung der Realisierbarkeit latenter Steueransprüche; oder

(c) einer Änderung der erwarteten Art und Weise der Realisierung eines Vermögenswerts.

Die sich ergebende latente Steuer ist im Gewinn oder Verlust zu erfassen, ausgenommen in dem Umfang, in dem sie sich auf Posten bezieht, welche früher außerhalb des Gewinns oder Verlusts erfasst wurden (siehe Paragraph 63).

Posten, die außerhalb des Gewinns oder Verlusts erfasst werden

61 (weggefallen)

61A Tatsächliche Ertragsteuern und latente Steuern sind außerhalb des Gewinns oder Verlusts zu erfassen, wenn sich die Steuer auf Posten bezieht, die in der gleichen oder einer anderen Periode außerhalb des Gewinns oder Verlusts erfasst werden. Dementsprechend sind tatsächliche Ertragsteuern und latente Steuern in Zusammenhang mit Posten, die in der gleichen oder einer anderen Periode:

(a) im sonstigen Ergebnis erfasst werden, im sonstigen Ergebnis zu erfassen (siehe Paragraph 62).

(b) direkt im Eigenkapital erfasst werden, direkt im Eigenkapital zu erfassen (siehe Paragraph 62A).

62 Die International Financial Reporting Standards verlangen oder erlauben die Erfassung bestimmter Posten im sonstigen Ergebnis. Beispiele solcher Posten sind:

(a) eine Änderung im Buchwert infolge einer Neubewertung von Sachanlagevermögen (siehe IAS 16); und

(b) (weggefallen)

(c) Währungsdifferenzen infolge einer Umrechnung des Abschlusses eines ausländischen Geschäftsbetriebs (siehe IAS 21).

(d) (weggefallen)

62A Die International Financial Reporting Standards verlangen oder erlauben die unmittelbare Gutschrift oder Belastung bestimmter Posten im Eigenkapital. Beispiele solcher Posten sind:

(a) eine Anpassung des Anfangssaldos der Gewinnrücklagen infolge einer Änderung der Rechnungslegungsmethoden, die rückwirkend angewandt wird, oder infolge einer Fehlerkorrektur (siehe IAS 8 *Rechnungslegungsmethoden, Änderungen von rechnungslegungsbezogenen Schätzungen und Fehler*); und

(b) beim erstmaligen Ansatz der Eigenkapitalkomponente eines zusammengesetzten Finanzinstruments entstehende Beträge (siehe Paragraph 23).

In außergewöhnlichen Umständen kann es schwierig sein, den Betrag der tatsächlichen und latenten Steuer zu ermitteln, der sich auf Posten bezieht, die außerhalb des Gewinns oder Verlusts (entweder im sonstigen Ergebnis oder direkt im Eigenkapital) erfasst werden. Dies kann beispielsweise der Fall sein, wenn: **63**

(a) die Ertragsteuersätze abgestuft sind und es unmöglich ist, den Steuersatz zu ermitteln, zu dem ein bestimmter Bestandteil des zu versteuernden Ergebnisses (steuerlichen Verlusts) besteuert wurde;

(b) eine Änderung des Steuersatzes oder anderer Steuervorschriften einen latenten Steueranspruch oder eine latente Steuerschuld beeinflusst, der bzw. die vollständig oder teilweise mit einem Posten in Zusammenhang steht, der vorher außerhalb des Gewinns oder Verlusts erfasst wurde; oder

(c) ein Unternehmen entscheidet, dass ein latenter Steueranspruch zu bilanzieren ist oder nicht mehr in voller Höhe zu bilanzieren ist und der latente Steueranspruch sich (insgesamt oder teilweise) auf einen Posten bezieht, der vorher außerhalb des Gewinns oder Verlusts erfasst wurde.

In solchen Fällen wird die tatsächliche und latente Steuer in Bezug auf Posten, die außerhalb des Gewinns oder Verlusts erfasst werden, auf Basis einer angemessenen anteiligen Verrechnung der tatsächlichen und latenten Steuer des Unternehmens in der betreffenden Steuergesetzgebung errechnet, oder es wird ein anderes Verfahren gewählt, welches unter den vorliegenden Umständen eine sachgerechtere Verteilung ermöglicht.

IAS 16 legt nicht fest, ob ein Unternehmen in jeder Periode einen Betrag aus der Neubewertungsrücklage in die Gewinnrücklagen zu übertragen hat, der dem Unterschiedsbetrag zwischen der planmäßigen Abschreibung eines neubewerteten Vermögenswerts und der planmäßigen Abschreibung auf Basis der Anschaffungs- oder Herstellungskosten dieses Vermögenswerts entspricht. Falls ein Unternehmen eine solche Übertragung durchführt, ist der zu übertragende Betrag nach Abzug aller damit verbundenen latenten Steuern zu ermitteln. Entsprechende Überlegungen finden Anwendung auf Übertragungen bei der Veräußerung von Sachanlagen. **64**

Wird ein Vermögenswert für steuerliche Zwecke neubewertet und bezieht sich diese Neubewertung auf eine bilanzielle Neubewertung einer früheren Periode oder auf eine, die erwartungsgemäß in einer künftigen Periode durchgeführt werden soll, werden die steuerlichen Auswirkungen sowohl der Neubewertung des Vermögenswerts als auch der Anpassung der steuerlichen Basis in den Perioden im sonstigen Ergebnis erfasst, in denen sie sich ereignen. Ist die Neubewertung für steuerliche Zwecke jedoch nicht mit einer bilanziellen Neubewertung einer früheren oder einer für zukünftige Perioden erwarteten bilanziellen Neubewertung verbunden, werden die steuerlichen Auswirkungen der Anpassung der steuerlichen Basis im Gewinn oder Verlust erfasst. **65**

Wenn ein Unternehmen Dividenden an seine Eigentümer zahlt, kann es sein, dass es erforderlich ist, einen Teil der Dividenden im Namen der Eigentümer an die Steuerbehörden zu zahlen. In vielen Ländern wird diese Steuer als Quellensteuer bezeichnet. Ein solcher Betrag, der an die Steuerbehörden zu zahlen ist oder gezahlt wurde, ist direkt mit dem Eigenkapital als Teil der Dividenden zu verrechnen. **65A**

Latente Steuern als Folge eines Unternehmenszusammenschlusses

66 Wie in den Paragraphen 19 und 26(c) erläutert, können temporäre Unterschiede bei einem Unternehmenszusammenschluss entstehen. Gemäß IFRS 3 bilanziert ein Unternehmen alle sich ergebenden latenten Steueransprüche (in dem Umfang, wie sie die Ansatzkriterien des Paragraphen 24 erfüllen) oder latente Steuerschulden als identifizierbare Vermögenswerte und Schulden zum Erwerbszeitpunkt. Folglich beeinflussen jene latenten Steueransprüche und latenten Steuerschulden den Betrag des Geschäfts- oder Firmenwerts oder den Gewinn, der aus einem Erwerb zu einem Preis unter Marktwert erfasst wurde. Gemäß Paragraph 15(a) setzt ein Unternehmen jedoch keine latenten Steuerschulden an, die aus dem erstmaligen Ansatz eines Geschäfts- oder Firmenwerts entstanden sind.

67 Infolge eines Unternehmenszusammenschlusses könnte sich die Wahrscheinlichkeit, dass ein Erwerber einen latenten Steueranspruch aus der Zeit vor dem Zusammenschluss realisiert, ändern. Ein Erwerber kann es für wahrscheinlich halten, dass er seinen eigenen latenten Steueranspruch, der vor dem Unternehmenszusammenschluss nicht angesetzt war, realisieren wird. Beispielsweise kann ein Erwerber in der Lage sein, den Vorteil seiner noch nicht genutzten steuerlichen Verluste gegen das zukünftige zu versteuernde Einkommen des erworbenen Unternehmens zu verwenden. Infolge eines Unternehmenszusammenschlusses könnte es alternativ nicht mehr wahrscheinlich sein, dass mit zukünftig zu versteuerndem Ergebnis der latente Steueranspruch realisiert werden kann. In solchen Fällen bilanziert der Erwerber eine Änderung des latenten Steueranspruchs in der Periode des Unternehmenszusammenschlusses, schließt diesen jedoch nicht als Teil der Bilanzierung des Unternehmenszusammenschlusses ein. Deshalb berücksichtigt der Erwerber ihn bei der Bewertung des Geschäfts- oder Firmenwerts oder des Gewinns aus einem Erwerb zu einem Preis unter dem Marktwert, der bei einem Unternehmenszusammenschluss erfasst wird, nicht.

68 Der potenzielle Nutzen eines ertragsteuerlichen Verlustvortrags oder anderer latenter Steueransprüche des erworbenen Unternehmens könnte die Kriterien für einen gesonderten Ansatz zum Zeitpunkt der erstmaligen Bilanzierung eines Unternehmenszusammenschlusses nicht erfüllen, aber könnte nachträglich realisiert werden.

Ein Unternehmen hat erworbene latente Steuervorteile, die es nach dem Unternehmenszusammenschluss realisiert, wie folgt zu erfassen:

(a) Erworbene latente Steuervorteile, die innerhalb des Bewertungszeitraums erfasst werden und sich aus neuen Informationen über Fakten und Umstände ergeben, die zum Erwerbszeitpunkt bestanden, sind zur Verringerung des Buchwerts eines Geschäfts- oder Firmenwerts, der in Zusammenhang mit diesem Erwerb steht, anzuwenden. Wenn der Buchwert dieses Geschäfts- oder Firmenwerts gleich Null ist, sind alle verbleibenden latenten Steuervorteile im Ergebnis zu erfassen.

(b) Alle anderen realisierten erworbenen latenten Steuervorteile sind im Ergebnis zu erfassen (oder nicht im Ergebnis, sofern es dieser Standard verlangt).

Tatsächliche und latente Steuern aus anteilsbasierten Vergütungen

68A In einigen Steuerrechtskreisen kann ein Unternehmen im Zusammenhang mit Vergütungen, die in Aktien, Aktienoptionen oder anderen Eigenkapitalinstrumenten des Unternehmens abgegolten werden, einen Steuerabzug (d. h. einen Betrag, der bei der Ermittlung des zu versteuernden Ergebnisses abzugsfähig ist) in Anspruch nehmen. Die Höhe dieses Steuerabzugs kann sich vom kumulativen Vergütungsaufwand unterscheiden und in einer späteren Bilanzierungsperiode anfallen. Beispielsweise kann ein Unternehmen in einigen Rechtskreisen den Verbrauch der als Entgelt für gewährte Aktienoptionen erhaltenen Arbeitsleistungen gemäß IFRS 2 *Anteilsbasierte Vergütung* als Aufwand erfassen, jedoch erst bei Ausübung der Aktienoptionen einen Steuerabzug geltend machen, dessen Höhe nach dem Aktienkurs des Unternehmens am Tag der Ausübung bemessen wird.

Wie bei den in den Paragraphen 9 und 26(b) erörterten Forschungskosten ist der Unterschiedsbetrag zwischen dem Steuerwert der bisher erhaltenen Arbeitsleistungen (der von den Steuerbehörden als ein in künftigen Perioden abzugsfähiger Betrag anerkannt wird) und dem Buchwert von Null eine abzugsfähige temporäre Differenz, die einen latenten Steueranspruch zur Folge hat. Ist der Betrag, dessen Abzug in zukünftigen Perioden von den Steuerbehörden erlaubt ist, am Ende der Berichtsperiode nicht bekannt, ist er anhand der zu diesem Zeitpunkt verfügbaren Informationen zu schätzen. Wenn beispielsweise die Höhe des Betrags, der von den Steuerbehörden als in künftigen Perioden abzugsfähig anerkannt wird, vom Aktienkurs des Unternehmens zu einem künftigen Zeitpunkt abhängig ist, muss zur Ermittlung der abzugsfähigen temporären Differenz der Aktienkurs des Unternehmens am Ende der Berichtsperiode herangezogen werden. **68B**

Wie in Paragraph 68A aufgeführt, kann sich der steuerlich absetzbare Betrag (oder der gemäß Paragraph 68B gemessene geschätzte künftige Steuerabzug) von dem dazugehörigen kumulativen Bezugsaufwand unterscheiden. Paragraph 58 des Standards verlangt, dass tatsächliche und latente Steuern als Ertrag oder Aufwand zu erfassen und in den Gewinn oder Verlust der Periode einzubeziehen sind, ausgenommen in dem Umfang, in dem die Steuer (a) aus einer Transaktion oder einem Ereignis herrührt, die bzw. das in einer gleichen oder unterschiedlichen Periode außerhalb des Gewinns oder Verlusts erfasst wird, oder (b) aus einem Unternehmenszusammenschluss (mit Ausnahme des Erwerbs eines Tochterunternehmens durch eine Investmentgesellschaft, wenn das Tochterunternehmen ergebniswirksam zum beizulegenden Zeitwert bewertet werden muss). Wenn der steuerlich absetzbare Betrag (oder der geschätzte künftige Steuerabzug) den Betrag des dazugehörigen kumulativen Bezugsaufwands übersteigt, weist dies darauf hin, dass sich der Steuerabzug nicht nur auf den Bezugsaufwand, sondern auch auf einen Eigenkapitalposten bezieht. In dieser Situation ist der Überschuss der verbundenen tatsächlichen und latenten Steuern direkt im Eigenkapital zu erfassen. **68C**

Darstellung

Steueransprüche und Steuerschulden

(weggefallen) **69 und 70**

Saldierung

Ein Unternehmen hat tatsächliche Steuererstattungsansprüche und tatsächliche Steuerschulden dann, und nur dann zu saldieren, wenn ein Unternehmen **71**

(a) einen Rechtsanspruch hat, die erfassten Beträge miteinander zu verrechnen; und

(b) beabsichtigt, entweder den Ausgleich auf Nettobasis herbeizuführen, oder gleichzeitig mit der Realisierung des betreffenden Vermögenswerts die dazugehörige Verbindlichkeit abzulösen.

Obwohl tatsächliche Steuererstattungsansprüche und Steuerschulden voneinander getrennt angesetzt und bewertet werden, erfolgt eine Saldierung in der Bilanz dann, wenn die Kriterien analog erfüllt sind, die für Finanzinstrumente in IAS 32 angegeben sind. Ein Unternehmen wird im Regelfall ein einklagbares Recht zur Aufrechnung eines tatsächlichen Steuererstattungsanspruchs gegen eine tatsächliche Steuerschuld haben, wenn diese in Verbindung mit Ertragsteuern stehen, die von der gleichen Steuerbehörde erhoben werden, und die Steuerbehörde dem Unternehmen gestattet, eine einzige Nettozahlung zu leisten oder zu empfangen. **72**

In einem Konzernabschluss wird ein tatsächlicher Steuererstattungsanspruch eines Konzernunternehmens nur dann gegen eine tatsächliche Steuerschuld eines anderen Konzernunternehmens saldiert, wenn die betreffenden Unternehmen ein einklagbares Recht haben, nur eine einzige Nettozahlung zu leisten oder zu empfangen, und die Unternehmen beabsichtigen, auch lediglich eine Nettozahlung zu leisten oder zu empfangen bzw. gleichzeitig den Anspruch zu realisieren und die Schuld abzulösen. **73**

74 Ein Unternehmen hat latente Steueransprüche und latente Steuerschulden dann, und nur dann zu saldieren, wenn

(a) das Unternehmen ein einklagbares Recht zur Aufrechnung tatsächlicher Steuererstattungsansprüche gegen tatsächliche Steuerschulden hat; und

(b) die latenten Steueransprüche und die latenten Steuerschulden sich auf Ertragsteuern beziehen, die von der gleichen Steuerbehörde erhoben werden für

(i) entweder dasselbe Steuersubjekt; oder

(ii) unterschiedliche Steuersubjekte, die beabsichtigen, in jeder künftigen Periode, in der die Ablösung oder Realisierung erheblicher Beträge an latenten Steuerschulden bzw. Steueransprüchen zu erwarten ist, entweder den Ausgleich der tatsächlichen Steuerschulden und Erstattungsansprüche auf Nettobasis herbeizuführen oder gleichzeitig mit der Realisierung der Ansprüche die Verpflichtungen abzulösen.

75 Um das Erfordernis einer detaillierten Aufstellung des zeitlichen Verlaufs der Auflösung jeder einzelnen temporären Differenz zu vermeiden, verlangt dieser Standard von einem Unternehmen die Saldierung eines latenten Steueranspruchs gegen eine latente Steuerschuld des gleichen Steuersubjektes dann, und nur dann, wenn diese sich auf Ertragsteuern beziehen, die von der gleichen Steuerbehörde erhoben werden, und das Unternehmen einen einklagbaren Anspruch auf Aufrechnung der tatsächlichen Steuererstattungsansprüche gegen tatsächliche Steuerschulden hat.

76 In seltenen Fällen kann ein Unternehmen einen einklagbaren Anspruch auf Aufrechnung haben und beabsichtigen, nur für einige Perioden einen Ausgleich auf Nettobasis durchzuführen, aber nicht für andere. In solchen seltenen Fällen kann eine detaillierte Aufstellung erforderlich sein, damit verlässlich festgestellt werden kann, ob die latente Steuerschuld eines Steuersubjekts zu erhöhten Steuerzahlungen in der gleichen Periode führen wird, in der ein latenter Steueranspruch eines anderen Steuersubjekts zu verminderten Zahlungen dieses zweiten Steuersubjekts führen wird.

Steueraufwand

Der gewöhnlichen Tätigkeit zuzurechnender Steueraufwand (Steuerertrag)

77 Der der gewöhnlichen Tätigkeit zuzurechnende Steueraufwand (Steuerertrag) ist in der/den Darstellung/en von Gewinn oder Verlust und sonstigem Ergebnis als Ergebnisbestandteil darzustellen.

77A (weggefallen)

Währungsdifferenzen aus latenten Auslandssteuerschulden oder -ansprüchen

78 IAS 21 verlangt die Erfassung bestimmter Währungsdifferenzen als Aufwand oder Ertrag, legt aber nicht fest, wo solche Unterschiedsbeträge in der Gesamtergebnisrechnung auszuweisen sind. Sind entsprechend Währungsdifferenzen aus latenten Auslandssteuerschulden oder latenten Auslandssteueransprüchen in der Gesamtergebnisrechnung erfasst, können demzufolge solche Unterschiedsbeträge auch als latenter Steueraufwand (Steuerertrag) ausgewiesen werden, falls anzunehmen ist, dass dieser Ausweis für die Informationsinteressen der Abschlussadressaten am geeignetsten ist.

Angaben

79 Die Hauptbestandteile des Steueraufwands (Steuerertrags) sind getrennt anzugeben.

80 Zu den Bestandteilen des Steueraufwands (Steuerertrags) kann Folgendes gehören:

(a) tatsächlicher Steueraufwand (Steuerertrag);

(b) alle in der Periode erfassten Anpassungen für periodenfremde tatsächliche Ertragsteuern;

(c) der Betrag des latenten Steueraufwands (Steuerertrags), der auf das Entstehen bzw. die Auflösung temporärer Differenzen zurückzuführen ist;

(d) der Betrag des latenten Steueraufwands (Steuerertrags), der auf Änderungen der Steuersätze oder der Einführung neuer Steuern beruht;

(e) der Betrag der Minderung des tatsächlichen Ertragsteueraufwands aufgrund der Nutzung bisher nicht berücksichtigter steuerlicher Verluste, aufgrund von Steuergutschriften oder infolge einer bisher nicht berücksichtigten temporären Differenz einer früheren Periode;

(f) der Betrag der Minderung des latenten Steueraufwands aufgrund bisher nicht berücksichtigter steuerlicher Verluste, aufgrund von Steuergutschriften oder infolge einer bisher nicht berücksichtigten temporären Differenz einer früheren Periode;

(g) der latente Steueraufwand infolge einer Abwertung oder Aufhebung einer früheren Abwertung eines latenten Steueranspruchs gemäß Paragraph 56; und

(h) der Betrag des Ertragsteueraufwands (Ertragsteuerertrags), der aus Änderungen der Rechnungslegungsmethoden und Fehlern resultiert, die nach IAS 8 im Gewinn oder Verlust erfasst wurden, weil sie nicht rückwirkend berücksichtigt werden können.

Weiterhin ist ebenfalls getrennt anzugeben: **81**

(a) die Summe des Betrags tatsächlicher und latenter Steuern resultierend aus Posten, die direkt dem Eigenkapital belastet oder gutgeschrieben werden (siehe Paragraph 62A);

(ab) der mit jedem Bestandteil des sonstigen Ergebnisses in Zusammenhang stehende Ertragsteuerbetrag (siehe Paragraph 62 und IAS 1 (überarbeitet 2007));

(b) (weggefallen)

(c) eine Erläuterung der Beziehung zwischen Steueraufwand (Steuerertrag) und dem bilanziellen Ergebnis vor Steuern alternativ in einer der beiden folgenden Formen:

   (i) eine Überleitungsrechnung zwischen dem Steueraufwand (Steuerertrag) und dem Produkt aus dem bilanziellen Ergebnis vor Steuern und dem anzuwendenden Steuersatz (den anzuwendenden Steuersätzen), wobei auch die Grundlage anzugeben ist, auf der der anzuwendende Steuersatz berechnet wird oder die anzuwendenden Steuersätze berechnet werden; oder

   (ii) eine Überleitungsrechnung zwischen dem durchschnittlichen effektiven Steuersatz und dem anzuwendenden Steuersatz, wobei ebenfalls die Grundlage anzugeben ist, auf welcher der anzuwendende Steuersatz errechnet wurde;

(d) eine Erläuterung zu Änderungen des anzuwendenden Steuersatzes bzw. der anzuwendenden Steuersätze im Vergleich zu der vorherigen Bilanzierungsperiode;

(e) der Betrag (und, falls erforderlich, das Datum des Verfalls) der abzugsfähigen temporären Differenzen, der noch nicht genutzten steuerlichen Verluste und der noch nicht genutzten Steuergutschriften, für welche in der Bilanz kein latenter Steueranspruch angesetzt wurde;

(f) die Summe des Betrags temporärer Differenzen im Zusammenhang mit Anteilen an Tochterunternehmen, Zweigniederlassungen und assoziierten Unternehmen sowie Anteilen an Gemeinsamen Vereinbarungen, für die keine latenten Steuerschulden bilanziert worden sind (siehe Paragraph 39);

(g) bezüglich jeder Art temporärer Unterschiede und jeder Art noch nicht genutzter steuerlicher Verluste und noch nicht genutzter Steuergutschriften:

   (i) der Betrag der latenten Steueransprüche und latenten Steuerschulden, die in der Bilanz für jede dargestellte Periode angesetzt wurden;

   (ii) der Betrag des im Gewinn oder Verlust erfassten latenten Steuerertrags oder Steueraufwands, falls dies nicht bereits aus den Änderungen der in der Bilanz angesetzten Beträge hervorgeht;

(h) der Steueraufwand hinsichtlich aufgegebener Geschäftsbereiche für
   (i) den auf die Aufgabe entfallenden Gewinn bzw. Verlust; und
   (ii) der Gewinn oder Verlust, soweit er aus der gewöhnlichen Tätigkeit des aufgegebenen Geschäftsbereiches resultiert, zusammen mit den Vergleichszahlen für jede dargestellte frühere Periode;

(i) der Betrag der ertragsteuerlichen Konsequenzen von Dividendenzahlungen an die Anteilseigner des Unternehmens, die vorgeschlagen oder beschlossen wurden, bevor der Abschluss zur Veröffentlichung genehmigt wurde, die aber nicht als Verbindlichkeit im Abschluss bilanziert wurden;

(j) wenn ein Unternehmenszusammenschluss, bei dem das Unternehmen der Erwerber ist, eine Änderung des Betrags verursacht, der für die latenten Steueransprüche vor dem Erwerb ausgewiesen wurde (siehe Paragraph 67), der Betrag dieser Änderung; und

(k) wenn die bei einem Unternehmenszusammenschluss erworbenen latenten Steuervorteile nicht zum Erwerbszeitpunkt erfasst wurden sondern erst danach (siehe Paragraph 68), eine Beschreibung des Ereignisses oder der Änderung des Umstands, welche begründen, dass die latenten Steuervorteile erfasst werden.

82 Ein Unternehmen hat den Betrag eines latenten Steueranspruchs und die substanziellen Hinweise für seinen Ansatz anzugeben, wenn

(a) die Realisierung des latenten Steueranspruchs von künftigen zu versteuernden Ergebnissen abhängt, die höher als die Ergebniseffekte aus der Auflösung bestehender zu versteuernder temporärer Differenzen sind; und

(b) das Unternehmen in der laufenden Periode oder der Vorperiode im gleichen Steuerrechtskreis, auf den sich der latente Steueranspruch bezieht, Verluste erlitten hat.

82A Unter den Umständen, wie sie in Paragraph 52A beschrieben sind, hat ein Unternehmen die Art der potenziellen ertragsteuerlichen Konsequenzen, die sich durch die Zahlung von Dividenden an die Eigentümer ergeben, anzugeben. Zusätzlich hat das Unternehmen die Beträge der potenziellen ertragsteuerlichen Konsequenzen, die praktisch bestimmbar sind, anzugeben und ob irgendwelche nicht bestimmbaren potenziellen ertragsteuerlichen Konsequenzen vorhanden sind.

83 (weggefallen)

84 Die gemäß Paragraph 81(c) verlangten Angaben ermöglichen es Abschlussadressaten zu verstehen, ob die Beziehung zwischen dem Steueraufwand (Steuerertrag) und bilanziellen Ergebnis vor Steuern ungewöhnlich ist, und die maßgeblichen Faktoren zu verstehen, die diese Beziehung in der Zukunft beeinflussen könnten. Die Beziehung zwischen dem Steueraufwand (Steuerertrag) und dem bilanziellen Ergebnis vor Steuern kann durch steuerfreie Umsatzerlöse, bei der Ermittlung des zu versteuernden Ergebnisses (steuerlichen Verlusts) nicht abzugsfähigen Aufwand sowie durch die Auswirkungen steuerlicher Verluste und ausländischer Steuersätze beeinflusst werden.

85 Bei der Erklärung der Beziehung zwischen dem Steueraufwand (Steuerertrag) und dem bilanziellen Ergebnis vor Steuern ist ein Steuersatz anzuwenden, der für die Informationsinteressen der Abschlussadressaten am geeignetsten ist. Häufig ist der geeignetste Steuersatz der inländische Steuersatz des Landes, in dem das Unternehmen seinen Sitz hat. Dabei werden in die nationalen Steuersätze alle lokalen Steuern einbezogen, die entsprechend eines im Wesentlichen vergleichbaren Niveaus des zu versteuernden Ergebnisses (steuerlichen Verlusts) berechnet werden. Für ein Unternehmen, das in verschiedenen Steuerrechtskreisen tätig ist, kann es sinnvoller sein, anhand der für die einzelnen Steuerrechtskreise gültigen inländischen Steuersätze verschiedene Überleitungsrechnungen zu erstellen und diese zusammenzufassen. Das folgende Beispiel zeigt, wie sich die Auswahl des anzuwendenden Steuersatzes auf die Darstellung der Überleitungsrechnung auswirkt.

Beispiel zur Veranschaulichung von Paragraph 85

In 19X2 erzielt ein Unternehmen in seinem eigenen Steuerrechtskreis (Land A) ein Ergebnis vor Ertragsteuern von 1 500 (19X1 : 2 000) und in Land B von 1 500 (19X1 : 500). Der Steuersatz beträgt 30 % in Land A und 20 % in Land B. In Land A sind Aufwendungen von 100 (19X1 : 200) steuerlich nicht abzugsfähig.

Nachstehend ein Beispiel einer Überleitungsrechnung für einen inländischen Steuersatz.

	19X1	19X2
Bilanzielles Ergebnis vor Steuern	2 500	3 000
Steuer zum inländischen Steuersatz von 30 %	750	900
Steuerauswirkung von steuerlich nicht abzugsfähigen Aufwendungen	60	30
Auswirkung der niedrigeren Steuersätze in Land B	(50)	(150)
Steueraufwand	(760)	(780)

Es folgt ein Beispiel einer Überleitungsrechnung, in der getrennte Überleitungsrechnungen für jeden einzelnen nationalen Steuerrechtskreis zusammengefasst wurden. Nach dieser Methode erscheint die Auswirkung der Unterschiedsbeträge zwischen dem eigenen inländischen Steuersatz des berichtenden Unternehmens und dem inländischen Steuersatz in anderen Steuerrechtskreisen nicht als ein getrennter Posten in der Überleitungsrechnung. Ein Unternehmen hat möglicherweise die Auswirkungen maßgeblicher Änderungen in den Steuersätzen oder die strukturelle Zusammensetzung von in unterschiedlichen Steuerrechtskreisen erzielten Gewinnen zu erörtern, um die Änderungen im anzuwendenden Steuersatz (den anzuwendenden Steuersätzen) wie gemäß Paragraph 81(d) verlangt, zu erklären.

Bilanzielles Ergebnis vor Steuern	2 500	3 000
Steuer zum inländischen Steuersatz anzuwenden auf Gewinne in dem betreffenden Land	700	750
Steuerauswirkung von steuerlich nicht abzugsfähigen Aufwendungen	60	30
Steueraufwand	(760)	(780)

Der durchschnittliche effektive Steuersatz ist der Steueraufwand (Steuerertrag), geteilt durch das bilanzielle Ergebnis vor Steuern. **86**

Es ist häufig nicht praktikabel, den Betrag der nicht bilanzierten latenten Steuerschulden aus Anteilen an Tochterunternehmen, Zweigniederlassungen und assoziierten Unternehmen sowie Anteilen an Gemeinsamen Vereinbarungen zu berechnen (siehe Paragraph 39). Daher verlangt dieser Standard von einem Unternehmen die Angabe der Summe des Betrages der zugrunde liegenden temporären Differenzen, aber er verlangt keine Angabe der latenten Steuerschulden. Wo dies praktikabel ist, wird dem Unternehmen dennoch empfohlen, die Beträge der nicht bilanzierten latenten Steuerschulden anzugeben, da diese Angaben für die Adressaten des Abschlusses nützlich sein könnten. **87**

Paragraph 82A fordert von einem Unternehmen die Art der potenziellen ertragsteuerlichen Konsequenzen, die aus der Zahlung von Dividenden an die Eigentümer resultieren würden, anzugeben. Ein Unternehmen gibt die wichtigen Bestandteile des ertragsteuerlichen Systems und die Faktoren an, die den Betrag der potenziellen ertragsteuerlichen Konsequenzen von Dividenden beeinflussen. **87A**

87B Manchmal wird es nicht durchführbar sein, den gesamten Betrag der potenziellen ertragsteuerlichen Konsequenzen, die aus der Zahlung von Dividenden an die Eigentümer resultieren würden, auszurechnen. Dies könnte zum Beispiel der Fall sein, wenn ein Unternehmen eine große Anzahl von ausländischen Tochtergesellschaften hat. Auch unter diesen Umständen ist es möglich, einen Teilbetrag leicht darzustellen. Zum Beispiel könnten in einem Konzern ein Mutterunternehmen und einige der Tochterunternehmen Ertragsteuern zu einem höheren Satz auf nicht ausgeschüttete Gewinne gezahlt haben und sich über den Betrag bewusst sein, der zurückerstattet würde, wenn die Dividenden später an die Eigentümer aus den konsolidierten Gewinnrücklagen gezahlt werden. In diesem Fall ist der erstattungsfähige Betrag anzugeben. Wenn dies zutrifft, muss das Unternehmen auch angeben, dass weitere potenzielle ertragsteuerliche Konsequenzen praktisch nicht bestimmbar sind. Im Abschluss des Mutterunternehmens sind Angaben über die potenziellen ertragsteuerlichen Konsequenzen zu machen, soweit vorhanden, die sich auf die Gewinnrücklagen des Mutterunternehmens beziehen.

87C Ein Unternehmen, das die Angaben nach Paragraph 82A machen muss, könnte darüber hinaus auch verpflichtet sein, Angaben zu den temporären Differenzen, die aus Anteilen an Tochterunternehmen, Zweigniederlassungen und assoziierten Unternehmen oder Anteilen an Gemeinsamen Vereinbarungen stammen, zu machen. In diesem Fall beachtet das Unternehmen dies bei der Ermittlung der Angaben, die nach Paragraph 82A zu machen sind. Bei einem Unternehmen kann es zum Beispiel erforderlich sein, die Summe des Betrags temporärer Differenzen im Zusammenhang mit Anteilen an Tochterunternehmen, für die keine latenten Steuerschulden bilanziert worden sind (siehe auch Paragraph 81(f)), anzugeben. Wenn es undurchführbar ist, den Betrag der nicht bilanzierten latenten Steuerschulden zu ermitteln (siehe auch Paragraph 87), könnte es sein, dass sich potenzielle Ertragsteuerbeträge, die sich aus Dividenden ergeben, die sich nicht ermitteln lassen, auf diese Tochterunternehmen beziehen.

88 Ein Unternehmen gibt alle steuerbezogenen Eventualverbindlichkeiten und Eventualforderungen – gemäß IAS 37 *Rückstellungen, Eventualverbindlichkeiten und Eventualforderungen* – an. Eventualverbindlichkeiten und Eventualforderungen können beispielsweise aus ungelösten Streitigkeiten mit den Steuerbehörden stammen. Ähnlich hierzu gibt ein Unternehmen, wenn Änderungen der Steuersätze oder Steuervorschriften nach dem Abschlussstichtag in Kraft treten oder angekündigt werden, alle wesentlichen Auswirkungen dieser Änderungen auf seine tatsächlichen und latenten Steueransprüche bzw. -schulden an (siehe IAS 10 *Ereignisse nach dem Abschlussstichtag*).

Zeitpunkt des Inkrafttretens

89 Dieser Standard ist erstmals in der ersten Berichtsperiode eines am 1. Januar 1998 oder danach beginnenden Geschäftsjahres anzuwenden, es sei denn, in Paragraph 91 ist etwas anders angegeben. Wenn ein Unternehmen diesen Standard für Berichtsperioden anwendet, die vor dem 1. Januar 1998 beginnen, hat das Unternehmen die Tatsache anzugeben, dass es diesen Standard an Stelle von IAS 12 *Bilanzierung von Ertragsteuern*, genehmigt 1979, angewendet hat.

90 Dieser Standard ersetzt den 1979 genehmigten IAS 12 *Bilanzierung von Ertragsteuern*.

91 Die Paragraphen 52A, 52B, 65A, 81(i), 82A, 87A, 87B, 87C und die Streichung der Paragraphen 3 und 50 sind erstmals in der ersten Berichtsperiode eines am 1. Januar 2001 oder danach beginnenden Geschäftsjahres anzuwenden.*) Eine frühere Anwendung wird empfohlen. Wenn die frühere Anwendung den Abschluss beeinflusst, so ist dies anzugeben.

92 Infolge des IAS 1 (überarbeitet 2007) wurde die in allen IFRS verwendete Terminologie geändert. Außerdem wurden die Paragraphen 23, 52, 58, 60, 62, 63, 65, 68C, 77 und 81 geändert, Paragraph 61 gestrichen und die Paragraphen 61A, 62A und 77A hinzugefügt. Diese Änderungen

*) **Amtl. Anm.:** In Übereinstimmung mit der im Jahr 1998 verabschiedeten, sprachlich präziseren Bestimmung für den Zeitpunkt des Inkrafttretens bezieht sich Paragraph 91 auf „Abschlüsse eines Geschäftsjahres". Paragraph 89 bezieht sich auf „Abschlüsse einer Berichtsperiode".

sind erstmals in der ersten Berichtsperiode eines am 1. Januar 2009 oder danach beginnenden Geschäftsjahres anzuwenden. Wird IAS 1 (überarbeitet 2007) auf eine frühere Periode angewandt, sind diese Änderungen entsprechend auch anzuwenden.

Paragraph 68 ist vom Zeitpunkt des Inkrafttretens des IFRS 3 (in der vom International Accounting Standards Board 2008 überarbeiteten Fassung) prospektiv auf die Bilanzierung latenter Steueransprüche, die bei einem Unternehmenszusammenschluss erworben wurden, anzuwenden. **93**

Daher dürfen Unternehmen die Bilanzierung früherer Unternehmenszusammenschlüsse nicht anpassen, wenn Steuervorteile die Kriterien für eine gesonderte Erfassung zum Erwerbszeitpunkt nicht erfüllten und nach dem Erwerbszeitpunkt erfasst werden, es sei denn die Steuervorteile werden innerhalb des Bewertungszeitraums erfasst und stammen von neuen Informationen über Fakten und Umstände, die zum Erwerbszeitpunkt bestanden. Sonstige bilanzierte Steuervorteile sind im Gewinn oder Verlust zu erfassen (oder nicht im Gewinn oder Verlust, sofern es dieser Standard verlangt). **94**

Durch IFRS 3 (in der vom International Accounting Standards Board 2008 überarbeiteten Fassung) wurden die Paragraphen 21 und 67 geändert und die Paragraphen 32A und 81(j) und (k) hinzugefügt. Diese Änderungen sind erstmals in der ersten Berichtsperiode eines am 1. Juli 2009 oder danach beginnenden Geschäftsjahres anzuwenden. Wendet ein Unternehmen IFRS 3 (in der 2008 überarbeiteten Fassung) auf eine frühere Periode an, so hat es auf diese Periode auch diese Änderungen anzuwenden. **95**

(nicht besetzt) **95A bis 97**

Mit *Latente Steuern: Realisierung zugrunde liegender Vermögenswerte* vom Dezember 2010 wurde Paragraph 52 in Paragraph 51A umbenannt, wurden Paragraph 10 und die Beispiele im Anschluss an Paragraph 51A geändert und die Paragraphen 51B und 51C samt nachfolgenden Beispiels sowie die Paragraphen 51D, 51E und 99 angefügt. Diese Änderungen sind erstmals auf Geschäftsjahre anzuwenden, die am oder nach dem 1. Januar 2012 beginnen. Eine frühere Anwendung ist zulässig. Wendet ein Unternehmen die Änderungen auf ein früheres Geschäftsjahr an, hat es dies anzugeben. **98**

Durch IFRS 11 Gemeinsame Vereinbarungen, veröffentlicht im Mai 2011, wurden die Paragraphen 2, 15, 18(e), 24, 38, 39, 43-45, 81(f), 87 und 87C geändert. Ein Unternehmen hat die betreffenden Änderungen anzuwenden, wenn es IFRS 11 anwendet. **98A**

Mit *Darstellung von Posten des sonstigen Ergebnisses* (Änderung IAS 1), veröffentlicht im Juni 2011, wurde Paragraph 77 geändert und Paragraph 77A gestrichen. Ein Unternehmen hat diese Änderungen anzuwenden, wenn es IAS 1 (in der im Juni 2011 geänderten Fassung) anwendet. **98B**

Mit der im Oktober 2012 veröffentlichten Verlautbarung *Investmentgesellschaften (Investment Entities)* (Änderungen an IFRS 10, IFRS 12 und IAS 27) wurden die Paragraphen 58 und 68C geändert. Unternehmen haben diese Änderungen auf Geschäftsjahre anzuwenden, die am oder nach dem 1. Januar 2014 beginnen. Eine frühere Anwendung der Verlautbarung *Investmentgesellschaften (Investment Entities)* ist zulässig. Wendet ein Unternehmen diese Änderungen früher an, hat es alle in der Verlautbarung enthaltenen Änderungen gleichzeitig anzuwenden. **98C**

(nicht besetzt) **98D**

Mit dem im Mai 2014 veröffentlichten IFRS 15 *Erlöse aus Verträgen mit Kunden* wurde Paragraph 59 geändert. Ein Unternehmen hat diese Änderung anzuwenden, wenn es IFRS 15 anwendet. **98E**

Durch IFRS 9 (im Juli 2014 veröffentlicht) wurde Paragraph 20 geändert und wurden die Paragraphen 96, 97 und 98D gestrichen. Ein Unternehmen hat diese Änderungen anzuwenden, wenn es IFRS 9 anwendet. **98F**

Durch IFRS 16, veröffentlicht im Januar 2016, wurde Paragraph 20 geändert. Ein Unternehmen hat die betreffende Änderung anzuwenden, wenn es IFRS 16 anwendet. **98G**

Mit *Ansatz latenter Steueransprüche für nicht realisierte Verluste* (Änderungen an IAS 12), veröffentlicht im Januar 2016, wurden Paragraph 29 geändert und die Paragraphen 27A, 29A so- **98G (neu)** wie das Beispiel nach Paragraph 26 neu hinzugefügt. Diese Änderungen sind erstmals in der ersten Berichtsperiode eines am oder nach dem 1. Januar 2017 beginnenden Geschäftsjahres anzuwenden. Eine frühere Anwendung ist zulässig. Wendet ein Unternehmen diese Änderungen auf eine frühere Periode an, so ist dies anzugeben. Diese Änderungen sind im Einklang mit IAS 8 *Rechnungslegungsmethoden, Änderungen von rechnungslegungsbezogenen Schätzungen und Fehler* rückwirkend anzuwenden. Bei der erstmaligen Anwendung der Änderung kann die Veränderung des Eigenkapitalanfangssaldos der frühesten Vergleichsperiode jedoch im Anfangssaldo der Gewinnrücklagen (oder ggf. unter einer anderen Eigenkapitalkomponente) ausgewiesen werden, ohne den Wechsel dem Anfangssaldo der Gewinnrücklagen und sonstigen Eigenkapitalkomponenten zuzuordnen. Macht ein Unternehmen von dieser Möglichkeit Gebrauch, so ist dies anzugeben.

98H (nicht besetzt)

98I Durch die im Dezember 2017 veröffentlichten *Jährlichen Verbesserungen an den IFRS-Standards, Zyklus 2015-2017*, wurde Paragraph 57A angefügt und Paragraph 52B gestrichen. Diese Änderungen sind auf Geschäftsjahre anzuwenden, die am oder nach dem 1. Januar 2019 beginnen. Eine frühere Anwendung ist zulässig. Wendet ein Unternehmen diese Änderungen zu einem früheren Zeitpunkt an, hat es dies anzugeben. Bei der erstmaligen Anwendung dieser Änderungen hat das Unternehmen diese auf ertragsteuerliche Konsequenzen von Dividendenzahlungen anzuwenden, die bei oder nach Beginn der frühesten Vergleichsperiode erfasst wurden.

Rücknahme von SIC-21

99 Die in *Latente Steuern: Realisierung zugrunde liegender Vermögenswerte* vom Dezember 2010 vorgenommenen Änderungen ersetzen die SIC-Interpretation 21 *Ertragsteuern – Realisierung von neubewerteten, nicht planmäßig abzuschreibenden Vermögenswerten*.

International Accounting Standard 16
Sachanlagen (IAS 16)

v. 3.11.2008 (ABl EU Nr. L 320 S. 1);
zuletzt geändert durch Verordnung (EU) 2017/1986 v. 31.10.2017
(ABl EU Nr. L 291 S. 1)

Zielsetzung

Zielsetzung dieses Standards ist es, die Bilanzierungsmethoden für Sachanlagen vorzuschreiben, damit Abschlussadressaten Informationen über Investitionen eines Unternehmens in Sachanlagen und Änderungen solcher Investitionen erkennen können. Die grundsätzlichen Fragen zur Bilanzierung von Sachanlagen betreffen den Ansatz der Vermögenswerte, die Bestimmung ihrer Buchwerte und der Abschreibungs- und Wertminderungsaufwendungen. **1**

Anwendungsbereich

Dieser Standard ist für die Bilanzierung der Sachanlagen anzuwenden, es sei denn, dass ein anderer Standard eine andere Behandlung erfordert oder zulässt. **2**

3 Dieser Standard ist nicht anwendbar auf:

(a) Sachanlagen, die gemäß IFRS 5 *Zur Veräußerung gehaltene langfristige Vermögenswerte und aufgegebene Geschäftsbereiche* als zur Veräußerung gehalten klassifiziert werden;

(b) biologische Vermögenswerte, die mit landwirtschaftlicher Tätigkeit im Zusammenhang stehen; eine Ausnahme bilden fruchttragende Pflanzen (siehe IAS 41 *Landwirtschaft*). Dieser Standard ist auf fruchttragende Pflanzen, nicht jedoch auf deren Erzeugnisse anwendbar.

(c) den Ansatz und die Bewertung von Vermögenswerten aus Exploration und Evaluierung (siehe IFRS 6 *Exploration und Evaluierung von Bodenschätzen*).

(d) Abbau- und Schürfrechte sowie Bodenschätze wie Öl, Erdgas und ähnliche nicht-regenerative Ressourcen.

Jedoch gilt dieser Standard für Sachanlagen, die verwendet werden, um die unter (b) bis (d) beschriebenen Vermögenswerte auszuüben bzw. zu erhalten.

4 (weggefallen)

5 Ein Unternehmen, das für als Finanzinvestition gehaltene Immobilien das Anschaffungskostenmodell gemäß IAS 40 *Als Finanzinvestition gehaltene Immobilien* anwendet, hat für eigene als Finanzinvestition gehaltene Immobilien das Anschaffungskostenmodell dieses Standards anzuwenden.

Definitionen

6 Die folgenden Begriffe werden in diesem Standard mit der angegebenen Bedeutung verwendet:

Eine *fruchttragende Pflanze* ist eine lebende Pflanze, die

(a) zur Herstellung oder Lieferung landwirtschaftlicher Erzeugnisse verwendet wird;

(b) erwartungsgemäß mehr als eine Periode Frucht tragen wird; und

(c) mit Ausnahme des Verkaufs nach Ende der Nutzbarkeit nur mit geringer Wahrscheinlichkeit als landwirtschaftliches Erzeugnis verkauft wird.

(In den Paragraphen 5A-5B von IAS 41 wird diese Definition einer fruchttragenden Pflanze weiter ausgeführt.)

Der *Buchwert* ist der Betrag, zu dem ein Vermögenswert nach Abzug aller kumulierten Abschreibungen und kumulierten Wertminderungsaufwendungen erfasst wird.

Anschaffungs- oder Herstellungskosten sind der zum Erwerb oder zur Herstellung eines Vermögenswerts entrichtete Betrag an Zahlungsmitteln oder Zahlungsmitteläquivalenten oder der beizulegende Zeitwert einer anderen Entgeltform zum Zeitpunkt des Erwerbs oder der Herstellung oder, falls zutreffend, der Betrag, der diesem Vermögenswert beim erstmaligen Ansatz gemäß den besonderen Bestimmungen anderer IFRS, wie beispielsweise IFRS 2 *Anteilsbasierte Vergütung*, beigelegt wird.

Der *Abschreibungsbetrag* ist die Differenz zwischen Anschaffungs- oder Herstellungskosten eines Vermögenswerts oder eines Ersatzbetrags und dem Restwert.

Abschreibung ist die systematische Verteilung des Abschreibungsvolumens eines Vermögenswerts über dessen Nutzungsdauer.

Der *unternehmensspezifische Wert* ist der Barwert der Cashflows, von denen ein Unternehmen erwartet, dass sie aus der fortgesetzten Nutzung eines Vermögenswerts und seinem Abgang am Ende seiner Nutzungsdauer oder bei Begleichung einer Schuld entstehen.

Der *beizulegende Zeitwert* ist der Preis, der in einem geordneten Geschäftsvorfall zwischen Marktteilnehmern am Bemessungsstichtag für den Verkauf eines Vermögenswerts eingenommen bzw. für die Übertragung einer Schuld gezahlt würde. (Siehe IFRS 13 *Bemessung des beizulegenden Zeitwerts*.)

Ein *Wertminderungsaufwand* ist der Betrag, um den der Buchwert eines Vermögenswerts seinen erzielbaren Betrag übersteigt.

Sachanlagen umfassen materielle Vermögenswerte,

(a) die für Zwecke der Herstellung oder der Lieferung von Gütern und Dienstleistungen, zur Vermietung an Dritte oder für Verwaltungszwecke gehalten werden; und die

(b) erwartungsgemäß länger als eine Periode genutzt werden.

Der *erzielbare Betrag* ist der höhere der beiden Beträge aus beizulegender Zeitwert abzüglich Veräußerungskosten und Nutzungswert eines Vermögenswerts.

Der *Restwert* eines Vermögenswerts ist der geschätzte Betrag, den ein Unternehmen derzeit bei Abgang des Vermögenswerts nach Abzug der bei Abgang voraussichtlich anfallenden Ausgaben erhalten würde, wenn der Vermögenswert alters- und zustandsmäßig schon am Ende seiner Nutzungsdauer angelangt wäre.

Die *Nutzungsdauer* ist

(a) der Zeitraum, über den ein Vermögenswert voraussichtlich von einem Unternehmen nutzbar ist; oder

(b) die voraussichtlich durch den Vermögenswert im Unternehmen zu erzielende Anzahl an Produktionseinheiten oder ähnlichen Maßgrößen.

Erfassung

Die Anschaffungs- oder Herstellungskosten einer Sachanlage sind als Vermögenswert anzusetzen, ausschließlich wenn, **7**

(a) es wahrscheinlich ist, dass ein mit der Sachanlage verbundener künftiger wirtschaftlicher Nutzen dem Unternehmen zufließen wird, und wenn

(b) die Anschaffungs- oder Herstellungskosten der Sachanlage verlässlich bewertet werden können.

Ansatz

Posten wie Ersatzteile, Bereitschaftsausrüstungen und Wartungsgeräte werden gemäß diesem IFRS angesetzt, wenn sie die Begriffsbestimmung der Sachanlage erfüllen. Ansonsten werden diese Posten als Vorräte behandelt. **8**

Dieser Standard schreibt für den Ansatz keine Maßeinheit hinsichtlich einer Sachanlage vor. Demzufolge ist bei der Anwendung der Ansatzkriterien auf die unternehmenspezifischen Gegebenheiten eine Beurteilung erforderlich. Es kann angemessen sein, einzelne unbedeutende Gegenstände, wie Press-, Gussformen und Werkzeuge, zusammenzufassen und die Kriterien auf den zusammengefassten Wert anzuwenden. **9**

Ein Unternehmen bewertet alle Kosten für Sachanlagen nach diesem Ansatzgrundsatz zu dem Zeitpunkt, an dem sie anfallen. Hierzu zählen die anfänglich anfallenden Kosten für den Erwerb oder den Bau der Sachanlage sowie die späteren Kosten für ihren Ausbau, ihre teilweise Ersetzung oder ihre Instandhaltung. Zu den Kosten für eine Sachanlage können auch Kosten zählen, die im Zusammenhang mit der Anmietung von Vermögenswerten anfallen, die für den Bau, den Ausbau, die teilweise Ersetzung oder die Instandhaltung der Sachanlage verwendet werden, wie die Abschreibung von Nutzungsrechten. **10**

Erstmalige Anschaffungs- oder Herstellungskosten

Sachanlagen können aus Gründen der Sicherheit oder des Umweltschutzes erworben werden. Der Erwerb solcher Gegenstände steigert zwar nicht direkt den künftigen wirtschaftlichen Nutzen einer bereits vorhandenen Sachanlage, er kann aber notwendig sein, um den künftigen wirtschaftlichen Nutzen aus den anderen Vermögenswerten des Unternehmens überhaupt erst **11** zu gewinnen. Solche Sachanlagen sind als Vermögenswerte anzusetzen, da sie es einem Unternehmen ermöglichen, künftigen wirtschaftlichen Nutzen aus den in Beziehung stehenden Vermögenswerten zusätzlich zu dem Nutzen zu ziehen, der ohne den Erwerb möglich gewesen wäre. So kann beispielsweise ein Chemieunternehmen bestimmte neue chemische Bearbeitungsverfahren einrichten, um die Umweltschutzvorschriften für die Herstellung und Lagerung gefährlicher chemischer Stoffe zu erfüllen. Damit verbundene Betriebsverbesserungen werden als Vermögenswert angesetzt, da das Unternehmen ohne sie keine Chemikalien herstellen und verkaufen kann. Der aus solchen Vermögenswerten und verbundenen Vermögenswerten entstehende Buchwert wird jedoch auf Wertminderung gemäß IAS 36 *Wertminderung von Vermögenswerten* überprüft.

Nachträgliche Anschaffungs- oder Herstellungskosten

12 Nach den Ansatzkriterien in Paragraph 7 erfasst ein Unternehmen die laufenden Wartungskosten für diese Sachanlage nicht in ihrem Buchwert. Diese Kosten werden sofort im Gewinn oder Verlust erfasst. Kosten für die laufende Wartung setzen sich vor allem aus Kosten für Lohn und Verbrauchsgüter zusammen und können auch Kleinteile beinhalten. Der Zweck dieser Aufwendungen wird häufig als „Reparaturen und Instandhaltungen" der Sachanlagen beschrieben.

13 Teile einiger Sachanlagen bedürfen in regelmäßigen Zeitabständen gegebenenfalls eines Ersatzes. Das gilt beispielsweise für einen Hochofen, der nach einer bestimmten Gebrauchszeit auszufüttern ist, oder für Flugzeugteile wie Sitze und Bordküchen, die über die Lebensdauer des Flugzeuges mehrfach ausgetauscht werden. Sachanlagen können auch erworben werden, um einen nicht so häufig wiederkehrenden Ersatz vorzunehmen, wie den Ersatz der Innenwände eines Gebäudes, oder um einen einmaligen Ersatz vorzunehmen. Nach den Ansatzkriterien in Paragraph 7 erfasst ein Unternehmen im Buchwert einer Sachanlage die Kosten für den Ersatz eines Teils eines solchen Gegenstandes zum Zeitpunkt des Anfalls der Kosten, wenn die Ansatzkriterien erfüllt sind. Der Buchwert jener Teile, die ersetzt wurden, wird gemäß den Ausbuchungsbestimmungen dieses Standards ausgebucht (siehe Paragraph 67-72).

14 Eine Voraussetzung für die Fortführung des Betriebs einer Sachanlage (z. B. eines Flugzeugs) kann die Durchführung regelmäßiger größerer Wartungen sein, ungeachtet dessen ob Teile ersetzt werden. Bei Durchführung jeder größeren Wartung werden die Kosten im Buchwert der Sachanlage als Ersatz erfasst, wenn die Ansatzkriterien erfüllt sind. Jeder verbleibende Buchwert der Kosten für die vorhergehende Wartung (im Unterschied zu physischen Teilen) wird ausgebucht. Dies erfolgt ungeachtet dessen, ob die Kosten der vorhergehenden Wartung der Transaktion zugeordnet wurden, bei der die Sachanlage erworben oder hergestellt wurde. Falls erforderlich können die geschätzten Kosten einer zukünftigen ähnlichen Wartung als Hinweis auf die Kosten benutzt werden, die für den jetzigen Wartungsbestandteil zum Zeitpunkt des Erwerbs oder der Herstellung der Sachanlage anfielen.

Bewertung bei erstmaligem Ansatz

15 Eine Sachanlage, die als Vermögenswert anzusetzen ist, ist bei erstmaligem Ansatz mit ihren Anschaffungs- oder Herstellungskosten zu bewerten.

Bestandteile der Anschaffungs- oder Herstellungskosten

16 Die Anschaffungs- oder Herstellungskosten einer Sachanlage umfassen:

(a) den Erwerbspreis einschließlich Einfuhrzölle und nicht erstattungsfähiger Umsatzsteuern nach Abzug von Rabatten, Boni und Skonti;

(b) alle direkt zurechenbaren Kosten, die anfallen, um den Vermögenswert zu dem Standort und in den erforderlichen, vom Management beabsichtigten, betriebsbereiten Zustand zu bringen;

(c) die erstmalig geschätzten Kosten für den Abbruch und die Beseitigung des Gegenstands und die Wiederherstellung des Standorts, an dem er sich befindet; die Verpflichtung, die ein Unternehmen entweder bei Erwerb des Gegenstands oder als Folge eingeht, wenn es ihn während einer gewissen Periode zu anderen Zwecken als zur Herstellung von Vorräten benutzt hat.

Beispiele für direkt zurechenbare Kosten sind: **17**

(a) für Leistungen an Arbeitnehmer (wie in IAS 19 *Leistungen an Arbeitnehmer* beschrieben), die direkt aufgrund der Herstellung oder Anschaffung der Sachanlage anfallen;

(b) Kosten der Standortvorbereitung;

(c) Kosten der erstmaligen Lieferung und Verbringung;

(d) Installations- und Montagekosten;

(e) Kosten für Testläufe, mit denen überprüft wird, ob der Vermögenswert ordentlich funktioniert, nach Abzug der Nettoerträge vom Verkauf aller Gegenstände, die während der Zeit, in der der Vermögenswert zum Standort und in den betriebsbereiten Zustand gebracht wurde, hergestellt wurden (wie auf der Testanlage gefertigte Muster); und

(f) Honorare.

Ein Unternehmen wendet IAS 2 *Vorräte* an für die Kosten aus Verpflichtungen für die Beseitigung, das Abräumen und die Wiederherstellung des Standorts, an dem sich ein Gegenstand befindet, die während einer bestimmten Periode infolge der Nutzung des Gegenstands zur Herstellung von Vorräten in der besagten Periode eingegangen wurden. Die Verpflichtungen für Kosten, die gemäß IAS 2 oder IAS 16 bilanziert werden, werden gemäß IAS 37 *Rückstellungen, Eventualverbindlichkeiten und Eventualforderungen* erfasst und bewertet. **18**

Beispiele für Kosten, die nicht zu den Anschaffungs- oder Herstellungskosten von Sachanlagen gehören, sind: **19**

(a) Kosten für die Eröffnung einer neuen Betriebsstätte;

(b) Kosten für die Einführung eines neuen Produkts oder einer neuen Dienstleistung (einschließlich Kosten für Werbung und verkaufsfördernde Maßnahmen);

(c) Kosten für die Geschäftsführung in einem neuen Standort oder mit einer neuen Kundengruppe (einschließlich Schulungskosten); und

(d) Verwaltungs- und andere allgemeine Gemeinkosten.

Die Erfassung von Anschaffungs- und Herstellungskosten im Buchwert einer Sachanlage endet, wenn sie sich an dem Standort und in dem vom Management beabsichtigten betriebsbereiten Zustand befindet. Kosten, die bei der Benutzung oder Verlagerung einer Sachanlage anfallen, sind nicht im Buchwert dieses Gegenstandes enthalten. Die nachstehenden Kosten gehören beispielsweise nicht zum Buchwert einer Sachanlage: **20**

(a) Kosten, die anfallen während eine Sachanlage auf die vom Management beabsichtigte Weise betriebsbereit ist, die jedoch noch in Betrieb gesetzt werden muss, bzw. die ihren Betrieb noch nicht voll aufgenommen hat;

(b) erstmalige Betriebsverluste, wie diejenigen, die während der Nachfrage nach Produktionserhöhung des Gegenstandes auftreten; und

(c) Kosten für die Verlagerung oder Umstrukturierung eines Teils oder der gesamten Geschäftstätigkeit des Unternehmens.

Einige Geschäftstätigkeiten treten bei der Herstellung oder Entwicklung einer Sachanlage auf, sind jedoch nicht notwendig, um sie zu dem Standort und in den vom Management beabsichtigten betriebsbereiten Zustand zu bringen. Diese Nebengeschäfte können vor den oder während der Herstellungs- oder Entwicklungstätigkeiten auftreten. Einnahmen können zum Beispiel erzielt werden, indem der Standort für ein Gebäude vor Baubeginn als Parkplatz genutzt wird. Da verbundene Geschäftstätigkeiten nicht notwendig sind, um eine Sachanlage zu dem Standort und in den vom Management beabsichtigten betriebsbereiten Zustand zu bringen, **21** werden die Erträge und dazugehörigen Aufwendungen der Nebengeschäfte ergebniswirksam erfasst und in ihren entsprechenden Ertrags- und Aufwandsposten ausgewiesen.

22 Die Ermittlung der Herstellungskosten für selbsterstellte Vermögenswerte folgt denselben Grundsätzen, die auch beim Erwerb von Vermögenswerten angewandt werden. Wenn ein Unternehmen ähnliche Vermögenswerte für den Verkauf im Rahmen seiner normalen Geschäftstätigkeit herstellt, sind die Herstellungskosten eines Vermögenswertes normalerweise dieselben wie die für die Herstellung der zu veräußernden Gegenstände (siehe IAS 2). Daher sind etwaige interne Gewinne aus diesen Kosten herauszurechnen. Gleichermaßen stellen auch die Kosten für ungewöhnliche Mengen an Ausschuss, unnötigen Arbeitsaufwand oder andere Faktoren keine Bestandteile der Herstellungskosten des selbst hergestellten Vermögenswerts dar. IAS 23 *Fremdkapitalkosten* legt Kriterien für die Aktivierung von Zinsen als Bestandteil des Buchwerts einer selbst geschaffenen Sachanlage fest.

22A Fruchttragende Pflanzen sind, bevor sie sich an ihrem Standort und in einem Zustand befinden, der die vom Management beabsichtigte Nutzung ermöglicht, in gleicher Weise zu bilanzieren wie selbst erstellte Sachanlagen. Die Bestimmungen zur „Herstellung" in diesem Standard sollten daher so verstanden werden, dass sie die erforderlichen Arbeiten zur Kultivierung der fruchttragenden Pflanzen einschließen, bis diese sich an ihrem Standort und in einem Zustand befinden, der die vom Management beabsichtigte Nutzung ermöglicht.

Bewertung der Anschaffungs- und Herstellungskosten

23 Die Anschaffungs- oder Herstellungskosten einer Sachanlage entsprechen dem Gegenwert des Barpreises am Erfassungstermin. Wird die Zahlung über das normale Zahlungsziel hinaus aufgeschoben, wird die Differenz zwischen dem Gegenwert des Barpreises und der zu leistenden Gesamtzahlung über den Zeitraum des Zahlungsziels als Zinsen erfasst, wenn diese Zinsen nicht gemäß IAS 23 aktiviert werden.

24 Eine oder mehrere Sachanlagen können im Tausch gegen nicht-monetäre Vermögenswerte oder eine Kombination von monetären und nicht-monetären Vermögenswerten erworben werden. Die folgenden Ausführungen beziehen sich nur auf einen Tausch von einem nicht-monetären Vermögenswert gegen einen anderen, finden aber auch auf alle anderen im vorherstehenden Satz genannten Tauschvorgänge Anwendung. Die Anschaffungskosten einer solchen Sachanlage werden zum beizulegenden Zeitwert bewertet, es sei denn (a) dem Tauschgeschäft fehlt es an wirtschaftlicher Substanz, oder (b) weder der beizulegende Zeitwert des erhaltenen Vermögenswerts noch des aufgegebenen Vermögenswerts ist verlässlich messbar. Der erworbene Gegenstand wird in dieser Art bewertet, auch wenn ein Unternehmen den aufgegebenen Vermögenswert nicht sofort ausbuchen kann. Wenn der erworbene Gegenstand nicht zum beizulegenden Zeitwert bemessen wird, werden die Anschaffungskosten zum Buchwert des aufgegebenen Vermögenswerts bewertet.

25 Ein Unternehmen legt fest, ob ein Tauschgeschäft wirtschaftliche Substanz hat, indem es prüft, in welchem Umfang sich die künftigen Cashflows infolge der Transaktion voraussichtlich ändern. Ein Tauschgeschäft hat wirtschaftliche Substanz, wenn:

(a) die Zusammensetzung (Risiko, Timing und Betrag) des Cashflows des erhaltenen Vermögenswerts sich von der Zusammensetzung des übertragenen Vermögenswerts unterscheiden; oder

(b) der unternehmensspezifische Wert des Teils der Geschäftstätigkeiten des Unternehmens, der von der Transaktion betroffen ist, sich aufgrund des Tauschgeschäfts ändert; bzw.

(c) die Differenz in (a) oder (b) sich im Wesentlichen auf den beizulegenden Zeitwert der getauschten Vermögenswerte bezieht.

Für den Zweck der Bestimmung ob ein Tauschgeschäft wirtschaftliche Substanz hat, spiegelt der unternehmensspezifische Wert des Teils der Geschäftstätigkeiten des Unternehmens, der von der Transaktion betroffen ist, Cashflows nach Steuern wider. Das Ergebnis dieser Analysen kann eindeutig sein, ohne dass ein Unternehmen detaillierte Kalkulationen erbringen muss.

Der beizulegende Zeitwert eines Vermögenswerts gilt als verlässlich ermittelbar, wenn (a) die Schwankungsbandbreite der sachgerechten Bemessungen des beizulegenden Zeitwerts für diesen Vermögenswert nicht signifikant ist oder (b) die Eintrittswahrscheinlichkeiten der verschiedenen Schätzungen innerhalb dieser Bandbreite vernünftig geschätzt und bei der Bemessung des beizulegenden Zeitwerts verwendet werden können. Wenn ein Unternehmen den beizulegenden Zeitwert des erhaltenen Vermögenswerts oder des aufgegebenen Vermögenswerts verlässlich bestimmen kann, dann wird der beizulegende Zeitwert des aufgegebenen Vermögenswerts benutzt, um die Anschaffungskosten des erhaltenen Vermögenswerts zu ermitteln, sofern der beizulegende Zeitwert des erhaltenen Vermögenswerts nicht eindeutiger zu ermitteln ist. **26**

(weggefallen) **27**

Der Buchwert einer Sachanlage kann gemäß IAS 20 *Bilanzierung und Darstellung von Zuwendungen der öffentlichen Hand* um Zuwendungen der öffentlichen Hand gemindert werden. **28**

Folgebewertung

Ein Unternehmen wählt als Rechnungslegungsmethoden entweder das Anschaffungskostenmodell nach Paragraph 30 oder das Neubewertungsmodell nach Paragraph 31 aus und wendet dann diese Methode auf eine gesamte Gruppe von Sachanlagen an. **29**

Anschaffungskostenmodell

Nach dem Ansatz als Vermögenswert ist eine Sachanlage zu ihren Anschaffungskosten abzüglich der kumulierten Abschreibungen und kumulierten Wertminderungsaufwendungen anzusetzen. **30**

Neubewertungsmodell

Eine Sachanlage, deren beizulegender Zeitwert verlässlich bestimmt werden kann, ist nach dem Ansatz als Vermögenswert zu einem Neubewertungsbetrag anzusetzen, der seinem beizulegenden Zeitwert am Tage der Neubewertung abzüglich nachfolgender kumulierter planmäßiger Abschreibungen und nachfolgender kumulierter Wertminderungsaufwendungen entspricht. Neubewertungen sind in hinreichend regelmäßigen Abständen vorzunehmen, um sicherzustellen, dass der Buchwert nicht wesentlich von dem abweicht, der unter Verwendung des beizulegenden Zeitwerts zum Abschlussstichtag ermittelt werden würde. **31**

(weggefallen) **32 und 33**

Die Häufigkeit der Neubewertungen hängt von den Änderungen des beizulegenden Zeitwerts der Sachanlagen ab, die neu bewertet werden. Eine erneute Bewertung ist erforderlich, wenn beizulegender Zeitwert und Buchwert eines neu bewerteten Vermögenswerts wesentlich voneinander abweichen. Bei manchen Sachanlagen kommt es zu signifikanten Schwankungen des beizulegenden Zeitwerts, die eine jährliche Neubewertung erforderlich machen. Derart häufige Neubewertungen sind für Sachanlagen nicht erforderlich, bei denen sich der beizulegende Zeitwert nur geringfügig ändert. Stattdessen kann es hier notwendig sein, den Gegenstand nur alle drei oder fünf Jahre neu zu bewerten. **34**

Bei Neubewertung einer Sachanlage wird deren Buchwert an den Neubewertungsbetrag angepasst. Zum Zeitpunkt der Neubewertung wird der Vermögenswert wie folgt behandelt: **35**

(a) der Bruttobuchwert wird in einer Weise berichtigt, die mit der Neubewertung des Buchwerts in Einklang steht. So kann der Bruttobuchwert beispielsweise unter Bezugnahme auf beobachtbare Marktdaten oder proportional zur Veränderung des Buchwerts berichtigt werden. Die kumulierte Abschreibung zum Zeitpunkt der Neubewertung wird so berichtigt, dass sie nach Berücksichtigung kumulierter Wertminderungsaufwendungen der Differenz zwischen dem Bruttobuchwert und dem Buchwert der Anlage entspricht; oder

(b) die kumulierte Abschreibung wird gegen den Bruttobuchwert der Anlage ausgebucht.

Der Betrag, um den die kumulierte Abschreibung berichtigt wird, ist Bestandteil der Erhöhung oder Senkung des Buchwerts, der gemäß den Paragraphen 39 und 40 bilanziert wird.

36 Wird eine Sachanlage neu bewertet, ist die ganze Gruppe der Sachanlagen, zu denen der Gegenstand gehört, neu zu bewerten.

37 Unter einer Gruppe von Sachanlagen versteht man eine Zusammenfassung von Vermögenswerten, die sich durch ähnliche Art und ähnliche Verwendung in einem Unternehmen auszeichnen. Beispiele für eigenständige Gruppen sind:

(a) unbebaute Grundstücke;

(b) Grundstücke und Gebäude;

(c) Maschinen und technische Anlagen;

(d) Schiffe;

(e) Flugzeuge;

(f) Kraftfahrzeuge;

(g) Betriebsausstattung;

(h) Büroausstattung; und

(i) fruchttragende Pflanzen.

38 Die Gegenstände innerhalb einer Gruppe von Sachanlagen sind gleichzeitig neu zu bewerten, um eine selektive Neubewertung und eine Mischung aus fortgeführten Anschaffungs- oder Herstellungskosten und Neubewertungsbeträgen zu verschiedenen Zeitpunkten im Abschluss zu vermeiden. Jedoch darf eine Gruppe von Vermögenswerten auf fortlaufender Basis neu bewertet werden, sofern ihre Neubewertung in einer kurzen Zeitspanne vollendet wird und die Neubewertungen zeitgerecht durchgeführt werden.

39 Führt eine Neubewertung zu einer Erhöhung des Buchwerts eines Vermögenswerts, ist die Wertsteigerung im sonstigen Ergebnis zu erfassen und im Eigenkapital unter der Position Neubewertungsrücklage zu kumulieren. Allerdings wird der Wertzuwachs in dem Umfang im Gewinn oder Verlust erfasst, in dem er eine in der Vergangenheit im Gewinn oder Verlust erfasste Abwertung desselben Vermögenswerts aufgrund einer Neubewertung rückgängig macht.

40 Führt eine Neubewertung zu einer Verringerung des Buchwerts eines Vermögenswerts, ist die Wertminderung im Gewinn oder Verlust zu erfassen. Eine Verminderung ist jedoch direkt im sonstigen Ergebnis zu erfassen, soweit sie das Guthaben der entsprechenden Neubewertungsrücklage nicht übersteigt. Durch die im sonstigen Ergebnis erfasste Verminderung reduziert sich der Betrag, der im Eigenkapital unter der Position Neubewertungsrücklage kumuliert wird.

41 Bei einer Sachanlage kann die Neubewertungsrücklage im Eigenkapital direkt den Gewinnrücklagen zugeführt werden, sofern der Vermögenswert ausgebucht ist. Bei Stilllegung oder Veräußerung des Vermögenswerts kann es zu einer Übertragung der gesamten Rücklage kommen. Ein Teil der Rücklage kann allerdings schon bei Nutzung des Vermögenswerts durch das Unternehmen übertragen werden. In diesem Fall ist die übertragene Rücklage die Differenz zwischen der Abschreibung auf den neu bewerteten Buchwert und der Abschreibung auf Basis historischer Anschaffungs- oder Herstellungskosten. Übertragungen von der Neubewertungsrücklage in die Gewinnrücklagen erfolgen erfolgsneutral.

42 Die sich aus der Neubewertung von Sachanlagen eventuell ergebenden Konsequenzen für die Ertragsteuern werden gemäß IAS 12 *Ertragsteuern* erfasst und angegeben.

Abschreibung

43 Jeder Teil einer Sachanlage mit einem bedeutsamen Anschaffungswert im Verhältnis zum gesamten Wert des Gegenstands wird getrennt abgeschrieben.

44 Ein Unternehmen ordnet den erstmalig angesetzten Betrag einer Sachanlage zu ihren bedeutsamen Teilen zu und schreibt jedes dieser Teile getrennt ab. Es kann zum Beispiel angemessen sein, das Flugwerk und die Triebwerke eines Flugzeugs getrennt abzuschreiben. Wenn ein Unternehmen für ein Operating-Leasingverhältnis, bei dem es der Leasinggeber ist, Sachanlagen erwirbt, kann es ebenso angemessen sein, Beträge, die sich in den Anschaffungskosten dieses Vermögenswerts widerspiegeln und die hinsichtlich der Marktbedingungen günstigen oder ungünstigen Leasingbedingungen zuzuordnen sind, getrennt abzuschreiben.

Ein bedeutsamer Teil einer Sachanlage kann eine Nutzungsdauer und eine Abschreibungsmethode haben, die identisch mit denen eines anderen bedeutsamen Teils desselben Gegenstandes sind. Diese Teile können bei der Bestimmung des Abschreibungsaufwands zusammengefasst werden. **45**

Soweit ein Unternehmen einige Teile einer Sachanlage getrennt abschreibt, schreibt es auch den Rest des Gegenstands getrennt ab. Der Rest besteht aus den Teilen des Gegenstands, die einzeln nicht bedeutsam sind. Wenn ein Unternehmen unterschiedliche Erwartungen in diese Teile setzt, können Angleichungsmethoden erforderlich werden, um den Rest in einer Weise abzuschreiben, die den Abschreibungsverlauf und/oder die Nutzungsdauer der Teile genau wiedergibt. **46**

Ein Unternehmen kann sich auch für die getrennte Abschreibung der Teile eines Gegenstands entscheiden, deren Anschaffungskosten im Verhältnis zu den gesamten Anschaffungskosten des Gegenstands nicht signifikant sind. **47**

Der Abschreibungsbetrag für jede Periode ist im Gewinn oder Verlust zu erfassen, soweit er nicht in die Buchwerte anderer Vermögenswerte einzubeziehen ist. **48**

Der Abschreibungsbetrag einer Periode ist in der Regel im Gewinn oder Verlust zu erfassen. Manchmal wird jedoch der künftige wirtschaftliche Nutzen eines Vermögenswerts durch die Erstellung anderer Vermögenswerte verbraucht. In diesem Fall stellt der Abschreibungsbetrag einen Teil der Herstellungskosten des anderen Vermögenswerts dar und wird in dessen Buchwert einbezogen. Beispielsweise ist die Abschreibung von technischen Anlagen und Betriebs- und Geschäftsausstattung in den Herstellungskosten der Produktion von Vorräten enthalten (siehe IAS 2). Gleichermaßen kann die Abschreibung von Sachanlagen, die für Entwicklungstätigkeiten genutzt werden, in die Kosten eines immateriellen Vermögenswerts, der gemäß IAS 38 *Immaterielle Vermögenswerte* erfasst wird, eingerechnet werden. **49**

Abschreibungsbetrag und Abschreibungsperiode

Der Abschreibungsbetrag eines Vermögenswerts ist planmäßig über seine Nutzungsdauer zu verteilen. **50**

Der Restwert und die Nutzungsdauer eines Vermögenswerts sind mindestens zum Ende jedes Geschäftsjahres zu überprüfen, und wenn die Erwartungen von früheren Einschätzungen abweichen, sind Änderungen als Änderungen rechnungslegungsbezogener Schätzungen gemäß IAS 8 *Rechnungslegungsmethoden, Änderungen von rechnungslegungsbezogenen Schätzungen und Fehler* darzustellen. **51**

Abschreibungen werden so lange, wie der Restwert des Vermögenswerts nicht höher als der Buchwert ist, erfasst, auch wenn der beizulegende Zeitwert des Vermögenswerts seinen Buchwert übersteigt. Reparatur und Instandhaltung eines Vermögenswerts widersprechen nicht der Notwendigkeit, Abschreibungen vorzunehmen. **52**

Der Abschreibungsbetrag eines Vermögenswertes wird nach Abzug seines Restwertes ermittelt. In der Praxis ist der Restwert oft unbedeutend und daher für die Berechnung des Abschreibungsbetrags unwesentlich. **53**

Der Restwert eines Vermögenswerts kann bis zu einem Betrag ansteigen, der entweder dem Buchwert entspricht oder ihn übersteigt. Wenn dies der Fall ist, fällt der Abschreibungsbetrag des Vermögenswerts auf Null, solange der Restwert anschließend nicht unter den Buchwert des Vermögenswerts gefallen ist. **54**

55 Die Abschreibung eines Vermögenswerts beginnt, wenn er zur Verfügung steht, d. h. wenn er sich an seinem Standort und in dem vom Management beabsichtigten betriebsbereiten Zustand befindet. Die Abschreibung eines Vermögenswerts endet an dem Tag, an dem der Vermögenswert gemäß IFRS 5 als zur Veräußerung gehalten klassifiziert (oder in eine als zur Veräußerung gehalten klassifizierte Veräußerungsgruppe aufgenommen) wird, spätestens jedoch an dem Tag, an dem er ausgebucht wird, je nachdem, welcher Termin früher liegt. Demzufolge hört die Abschreibung nicht auf, wenn der Vermögenswert nicht mehr genutzt wird oder aus dem tatsächlichen Gebrauch ausgeschieden ist, es sei denn, der Vermögenswert ist völlig abgeschrieben. Allerdings kann der Abschreibungsbetrag gemäß den üblichen Abschreibungsmethoden gleich Null sein, wenn keine Produktion läuft.

56 Der künftige wirtschaftliche Nutzen eines Vermögenswerts wird vom Unternehmen hauptsächlich durch dessen Nutzung verbraucht. Wenn der Vermögenswert ungenutzt bleibt, können jedoch andere Faktoren, wie technische und gewerbliche Veralterung und Verschleiß, den potenziellen Nutzen mindern. Bei der Bestimmung der Nutzungsdauer eines Vermögenswerts werden deshalb alle folgenden Faktoren berücksichtigt:

(a) die erwartete Nutzung des Vermögenswerts. Diese wird durch Berücksichtigung der Kapazität oder der Ausbringungsmenge ermittelt;

(b) der erwartete physische Verschleiß in Abhängigkeit von Betriebsfaktoren wie der Anzahl der Schichten, in denen der Vermögenswert genutzt wird, und dem Reparatur- und Instandhaltungsprogramm sowie der Wartung und Pflege des Vermögenswerts während der Stillstandszeiten;

(c) die technische oder gewerbliche Veralterung, die auf Änderungen oder Verbesserungen in der Produktion oder auf Änderungen in der Marktnachfrage nach den von diesem Vermögenswert erzeugten Gütern oder Leistungen zurückzuführen ist. Wird für die Zukunft mit einem Rückgang des Verkaufspreises eines mit Hilfe dieses Vermögenswerts erzeugten Produkts gerechnet, könnte dies ein Indikator dafür sein, dass sich der künftige wirtschaftliche Nutzen des Vermögenswerts aufgrund der für ihn erwarteten technischen oder gewerblichen Veralterung vermindert;

(d) rechtliche oder ähnliche Nutzungsbeschränkungen des Vermögenswerts wie das Ablaufen zugehöriger Leasingverträge.

57 Die Nutzungsdauer eines Vermögenswerts wird nach der voraussichtlichen Nutzbarkeit für das Unternehmen definiert. Die betriebliche Investitionspolitik kann vorsehen, dass Vermögenswerte nach einer bestimmten Zeit oder nach dem Verbrauch eines bestimmten Teils des künftigen wirtschaftlichen Nutzens des Vermögenswerts veräußert werden. Daher kann die voraussichtliche Nutzungsdauer eines Vermögenswerts kürzer sein als seine wirtschaftliche Nutzungsdauer. Die Bestimmung der voraussichtlichen Nutzungsdauer des Vermögenswerts basiert auf Schätzungen, denen Erfahrungswerte des Unternehmens mit vergleichbaren Vermögenswerten zugrunde liegen.

58 Grundstücke und Gebäude sind trennbare Vermögenswerte und als solche zu bilanzieren, auch wenn sie zusammen erworben wurden. Grundstücke haben mit einigen Ausnahmen, wie Steinbrüche und Müllgruben, eine unbegrenzte Nutzungsdauer und werden deshalb nicht abgeschrieben. Gebäude haben eine begrenzte Nutzungsdauer und stellen daher abschreibungsfähige Vermögenswerte dar. Eine Wertsteigerung eines Grundstücks, auf dem ein Gebäude steht, berührt nicht die Bestimmung des Abschreibungsbetrags des Gebäudes.

59 Wenn die Anschaffungskosten für Grundstücke die Kosten für Abbau, Beseitigung und Wiederherstellung des Grundstücks beinhalten, so wird dieser Anteil des Grundstückwerts über den Zeitraum abgeschrieben, in dem Nutzen durch die Einbringung dieser Kosten erzielt wird. In einigen Fällen kann das Grundstück selbst eine begrenzte Nutzungsdauer haben, es wird dann in der Weise abgeschrieben, dass der daraus entstehende Nutzen widergespiegelt wird.

Abschreibungsmethode

Die Abschreibungsmethode hat dem erwarteten Verlauf des Verbrauchs des künftigen wirtschaftlichen Nutzens des Vermögenswertes durch das Unternehmen zu entsprechen. **60**

Die Abschreibungsmethode für Vermögenswerte ist mindestens am Ende eines jeden Geschäftsjahres zu überprüfen. Sofern erhebliche Änderungen in dem erwarteten künftigen wirtschaftlichen Nutzenverlauf der Vermögenswerte eingetreten sind, ist die Methode anzupassen, um den geänderten Verlauf widerzuspiegeln. Solch eine Änderung wird als Änderung einer rechnungslegungsbezogenen Schätzung gemäß IAS 8 dargestellt. **61**

Für die planmäßige Abschreibung kommt eine Vielzahl an Methoden in Betracht, um den Abschreibungsbetrag eines Vermögenswerts systematisch über seine Nutzungsdauer zu verteilen. Zu diesen Methoden zählen die lineare und degressive Abschreibung sowie die leistungsabhängige Abschreibung. Die lineare Abschreibung ergibt einen konstanten Betrag über die Nutzungsdauer, sofern sich der Restwert des Vermögenswerts nicht ändert. Die degressive Abschreibungsmethode führt zu einem im Laufe der Nutzungsdauer abnehmenden Abschreibungsbetrag. Die leistungsabhängige Abschreibungsmethode ergibt einen Abschreibungsbetrag auf der Grundlage der voraussichtlichen Nutzung oder Leistung. Das Unternehmen wählt die Methode aus, die am genauesten den erwarteten Verlauf des Verbrauchs des künftigen wirtschaftlichen Nutzens des Vermögenswertes widerspiegelt. Diese Methode ist von Periode zu Periode stetig anzuwenden, es sei denn, dass sich der erwartete Verlauf des Verbrauchs jenes künftigen wirtschaftlichen Nutzens ändert. **62**

Eine Abschreibungsmethode, die sich auf die Umsatzerlöse aus einer Tätigkeit stützt, die die Verwendung eines Vermögenswerts einschließt, ist nicht als sachgerecht zu betrachten. Die Umsatzerlöse bei einer Tätigkeit, die die Verwendung eines Vermögenswerts einschließt, spiegeln im Allgemeinen andere Faktoren als den Verbrauch des wirtschaftlichen Nutzens des Vermögenswerts wider. So werden die Umsatzerlöse beispielsweise durch andere Inputfaktoren und Prozesse, durch die Absatzmenge und durch Veränderungen bei Absatzvolumen und -preisen beeinflusst. Die Preiskomponente der Umsatzerlöse kann durch Inflation beeinflusst werden, was sich nicht auf den Verbrauch eines Vermögenswerts auswirkt. **62A**

Wertminderung

Um festzustellen, ob ein Gegenstand der Sachanlagen wertgemindert ist, wendet ein Unternehmen IAS 36 *Wertminderung von Vermögenswerten* an. Dieser Standard erklärt, wie ein Unternehmen den Buchwert seiner Vermögenswerte überprüft, wie es den erzielbaren Betrag eines Vermögenswerts ermittelt, und wann es einen Wertminderungsaufwand erfasst oder dessen Erfassung aufhebt. **63**

(weggefallen) **64**

Entschädigung für Wertminderung

Entschädigungen von Dritten für Sachanlagen, die wertgemindert, untergegangen oder außer Betrieb genommen wurden, sind im Gewinn oder Verlust zu erfassen, wenn die Entschädigungen zu Forderungen werden. **65**

Wertminderungen oder der Untergang von Sachanlagen, damit verbundene Ansprüche auf oder Zahlungen von Entschädigungen von Dritten und jeglicher nachfolgender Erwerb oder nachfolgende Erstellung von Ersatzvermögenswerten sind einzelne wirtschaftliche Ereignisse und sind als solche separat wie folgt zu bilanzieren: **66**

(a) Wertminderungen von Sachanlagen werden gemäß IAS 36 erfasst;

(b) Ausbuchungen von stillgelegten oder abgegangenen Sachanlagen werden gemäß diesem Standard festgelegt;

(c) Entschädigungen von Dritten für Sachanlagen, die wertgemindert, untergegangen oder außer Betrieb genommen wurden, sind im Gewinn oder Verlust zu erfassen, wenn sie zur Forderung werden; und
(d) die Anschaffungs- oder Herstellungskosten von Sachanlagen, die als Ersatz in Stand gesetzt, erworben oder erstellt wurden, werden nach diesem Standard ermittelt.

Ausbuchung

67 Der Buchwert einer Sachanlage ist auszubuchen
(a) bei Abgang; oder
(b) wenn kein weiterer wirtschaftlicher Nutzen von seiner Nutzung oder seinem Abgang zu erwarten ist.

68 Die aus der Ausbuchung einer Sachanlage resultierenden Gewinne oder Verluste sind erfolgswirksam zu erfassen, wenn der Gegenstand ausgebucht ist (sofern IFRS 16 *Leasingverhältnisse* bei Sales-and-Leaseback-Transaktionen nichts anderes verlangt). Gewinne sind nicht als Erlöse auszuweisen.

68A Ein Unternehmen jedoch, das im Laufe seiner üblichen Geschäftstätigkeit regelmäßig Posten der Sachanlagen verkauft, die es zwecks Weitervermietung gehalten hat, überträgt diese Vermögenswerte zum Buchwert in die Vorräte, wenn sie nicht mehr vermietet werden und zum Verkauf anstehen. Die Erlöse aus dem Verkauf dieser Vermögenswerte werden gemäß IFRS 15 *Erlöse aus Verträgen mit Kunden* als Umsatzerlöse ausgewiesen. IFRS 5 findet keine Anwendung, wenn Vermögenswerte, die im Rahmen der üblichen Geschäftstätigkeit zum Verkauf gehalten werden, in die Vorräte übertragen werden.

69 Der Abgang einer Sachanlage kann auf verschiedene Arten erfolgen (z. B. Verkauf, Eintritt in ein Finanzierungsleasing oder Schenkung). Als Abgangsdatum einer Sachanlage gilt das Datum, an dem der Empfänger – gemäß den Vorschriften über die Erfüllung der Leistungsverpflichtung in IFRS 15 – die Verfügungsgewalt darüber erlangt. IFRS 16 wird auf Abgänge durch Sale-and-Leaseback-Transaktionen angewandt.

70 Wenn ein Unternehmen nach dem Ansatzgrundsatz in Paragraph 7 im Buchwert einer Sachanlage die Anschaffungskosten für den Ersatz eines Teils des Gegenstandes erfasst, dann bucht es den Buchwert des ersetzten Teils aus, ungeachtet dessen, ob das ersetzte Teil separat abgeschrieben wurde. Sollte die Ermittlung des Buchwerts des ersetzten Teils für ein Unternehmen praktisch nicht durchführbar sein, kann es die Kosten für die Ersetzung als Anhaltspunkt für die Anschaffungskosten des ersetzten Teils zum Zeitpunkt seines Kaufs oder seiner Erstellung verwenden.

71 Der Gewinn oder Verlust aus der Ausbuchung einer Sachanlage ist als Differenz zwischen dem Nettoveräußerungserlös, sofern vorhanden, und dem Buchwert des Gegenstands zu bestimmen.

72 Die Höhe der im Falle der Ausbuchung einer Sachanlage im Gewinn oder Verlust zu erfassenden Gegenleistung ergibt sich aus den Vorschriften über die Bestimmung des Transaktionspreises in IFRS 15 Paragraphen 47 bis 72. Spätere Änderungen des im Gewinn oder Verlust erfassten geschätzten Gegenleistungsbetrags werden gemäß den Bestimmungen über Änderungen des Transaktionspreises in IFRS 15 erfasst.

Angaben

73 Für jede Gruppe von Sachanlagen sind im Abschluss folgende Angaben erforderlich:
(a) die Bewertungsgrundlagen für die Bestimmung des Bruttobuchwerts der Anschaffungs- oder Herstellungskosten;
(b) die verwendeten Abschreibungsmethoden;
(c) die zugrunde gelegten Nutzungsdauern oder Abschreibungssätze;

(d) der Bruttobuchwert und die kumulierten Abschreibungen (zusammengefasst mit den kumulierten Wertminderungsaufwendungen) zu Beginn und zum Ende der Periode; und

(e) eine Überleitung des Buchwerts zu Beginn und zum Ende der Periode unter gesonderter Angabe der

  (i) Zugänge;

  (ii) Vermögenswerte, die gemäß IFRS 5 als zur Veräußerung gehalten klassifiziert werden oder zu einer als zur Veräußerung gehalten klassifizierten Veräußerungsgruppe gehören, und andere Abgänge;

  (iii) Erwerbe durch Unternehmenszusammenschlüsse;

  (iv) Erhöhungen oder Verminderungen aufgrund von Neubewertungen gemäß den Paragraphen 31, 39, und 40 und von im sonstigen Ergebnis erfassten oder aufgehobenen Wertminderungsaufwendungen gemäß IAS 36;

  (v) bei Gewinnen bzw. Verlusten gemäß IAS 36 erfasste Wertminderungsaufwendungen;

  (vi) bei Gewinnen bzw. Verlusten gemäß IAS 36 aufgehobene Wertminderungsaufwendungen;

  (vii) Abschreibungen;

  (viii) Nettoumrechnungsdifferenzen aufgrund der Umrechnung von Abschlüssen von der funktionalen Währung in eine andere Darstellungswährung, einschließlich der Umrechnung einer ausländischen Betriebsstätte in die Darstellungswährung des berichtenden Unternehmens; und

  (ix) andere Änderungen.

Folgende Angaben müssen in den Abschlüssen ebenso enthalten sein: **74**

(a) das Vorhandensein und die Beträge von Beschränkungen von Verfügungsrechten sowie als Sicherheiten für Schulden verpfändete Sachanlagen;

(b) der Betrag an Ausgaben, der im Buchwert einer Sachanlage während ihrer Erstellung erfasst wird;

(c) der Betrag für vertragliche Verpflichtungen für den Erwerb von Sachanlagen; und

(d) der im Gewinn oder Verlust erfasste Entschädigungsbetrag von Dritten für Sachanlagen, die wertgemindert, untergegangen oder außer Betrieb genommen wurden, wenn er nicht separat in der Gesamtergebnisrechnung dargestellt wird.

Die Wahl der Abschreibungsmethode und die Bestimmung der Nutzungsdauer von Vermögenswerten bedürfen der Beurteilung. Deshalb gibt die Angabe der angewandten Methoden und der geschätzten Nutzungsdauern oder Abschreibungsraten den Abschlussadressaten Informationen, die es ihnen erlauben, die vom Management gewählten Rechnungslegungsmethoden einzuschätzen und Vergleiche mit anderen Unternehmen vorzunehmen. Aus ähnlichen Gründen ist es erforderlich, Angaben zu machen über **75**

(a) die Abschreibung einer Periode, unabhängig davon ob sie im Gewinn oder Verlust erfasst wird oder als Teil der Anschaffungskosten anderer Vermögenswerte; und

(b) die kumulierte Abschreibung am Ende der Periode.

Gemäß IAS 8 hat ein Unternehmen die Art und Auswirkung einer veränderten rechnungslegungsbezogenen Schätzung, die für die aktuelle Periode eine wesentliche Bedeutung hat, oder die für folgende Perioden voraussichtlich von wesentlicher Bedeutung sein wird, darzulegen. Bei Sachanlagen entstehen möglicherweise derartige Angaben aus Änderungen von Schätzungen hinsichtlich **76**

(a) Restwerten;

(b) geschätzter Kosten für den Abbruch, das Entfernen oder die Wiederherstellung von Sachanlagen;

(c) Nutzungsdauern; und
(d) Abschreibungsmethoden.

77 Werden Sachanlagen neu bewertet, sind zusätzlich zu den in IFRS 13 vorgeschriebenen Angaben folgende Angaben erforderlich:

(a) der Stichtag der Neubewertung;
(b) ob ein unabhängiger Gutachter hinzugezogen wurde;
(c) (weggefallen)
(d) (weggefallen)
(e) für jede neu bewertete Gruppe von Sachanlagen der Buchwert, der angesetzt worden wäre, wenn die Vermögenswerte nach dem Anschaffungskostenmodell bewertet worden wären; und
(f) die Neubewertungsrücklage mit Angabe der Veränderung in der Periode und eventuell bestehender Ausschüttungsbeschränkungen an die Eigentümer.

78 Gemäß IAS 36 macht ein Unternehmen Angaben über wertgeminderte Sachanlagen zusätzlich zu den gemäß Paragraph 73 (e)(iv)-(vi) erforderlichen Informationen.

79 Die Adressaten des Abschlusses können ebenso die folgenden Angaben als entscheidungsrelevant erachten:

(a) den Buchwert vorübergehend ungenutzter Sachanlagen;
(b) den Bruttobuchwert voll abgeschriebener, aber noch genutzter Sachanlagen;
(c) der Buchwert von Sachanlagen, die nicht mehr genutzt werden und die nicht gemäß IFRS 5 als zur Veräußerung gehalten klassifiziert werden; und
(d) bei Anwendung des Anschaffungskostenmodells die Angabe des beizulegenden Zeitwerts der Sachanlagen, sofern dieser wesentlich vom Buchwert abweicht.

Daher wird den Unternehmen die Angabe dieser Beträge empfohlen.

Übergangsvorschriften

80 Die Vorschriften der Paragraphen 24-26 hinsichtlich der erstmaligen Bewertung einer Sachanlage, die in einem Tauschvorgang erworben wurde, sind nur auf künftige Transaktionen prospektiv anzuwenden.

80A Durch die *Jährlichen Verbesserungen an den IFRS, Zyklus 2010-2012;* wurde Paragraph 35 geändert. Ein Unternehmen hat diese Änderung auf alle Neubewertungen anzuwenden, die in Geschäftsjahren, die zu oder nach dem Zeitpunkt der erstmaligen Anwendung dieser Änderung beginnen, sowie im unmittelbar vorangehenden Geschäftsjahr erfasst werden. Ein Unternehmen kann auch für jegliche früher dargestellte Geschäftsjahre berichtigte Vergleichsangaben vorlegen, ist hierzu aber nicht verpflichtet. Legt ein Unternehmen für frühere Geschäftsjahre unberichtigte Vergleichsangaben vor, hat es die unberichtigten Angaben klar zu kennzeichnen, darauf hinzuweisen, dass diese auf einer anderen Grundlage beruhen und diese Grundlage zu erläutern.

Zeitpunkt des Inkrafttretens

81 Dieser Standard ist erstmals in der ersten Periode eines am 1. Januar 2005 oder danach beginnenden Geschäftsjahres anzuwenden. Eine frühere Anwendung wird empfohlen. Wenn ein Unternehmen diesen Standard für Perioden anwendet, die vor dem 1. Januar 2005 beginnen, so ist diese Tatsache anzugeben.

81A Die Änderungen in Paragraph 3 sind erstmals in der ersten Periode eines am 1. Januar 2006 oder danach beginnenden Geschäftsjahres anzuwenden. Wenn ein Unternehmen IFRS 6 für eine frühere Periode anwendet, so sind auch diese Änderungen für jene frühere Periode anzuwenden.

Infolge des IAS 1 Darstellung des Abschlusses (überarbeitet 2007) wurde die in allen IFRS verwendete Terminologie geändert. Außerdem wurden die Paragraphen 39, 40 und 73(e)(iv) geändert. Diese Änderungen sind erstmals in der ersten Berichtsperiode eines am 1. Januar 2009 oder danach beginnenden Geschäftsjahres anzuwenden. Wird IAS 1 (überarbeitet 2007) auf eine frühere Periode angewandt, sind diese Änderungen entsprechend auch anzuwenden. **81B**

Durch IFRS 3 *Unternehmenszusammenschlüsse* (in der vom International Accounting Standards Board 2008 überarbeiteten Fassung) wurde Paragraph 44 geändert. Diese Änderung ist erstmals in der ersten Berichtsperiode eines am 1. Juli 2009 oder danach beginnenden Geschäftsjahres anzuwenden. Wendet ein Unternehmen IFRS 3 (in der 2008 überarbeiteten Fassung) auf eine frühere Periode an, so hat es auf diese Periode auch diese Änderung anzuwenden. **81C**

Die Paragraphen 6 und 69 werden im Rahmen der *Verbesserungen der IFRS* vom Mai 2008 geändert. Diese Änderungen sind erstmals in der ersten Berichtsperiode eines am 1. Januar 2009 oder danach beginnenden Geschäftsjahres anzuwenden. Eine frühere Anwendung ist zulässig. Falls ein Unternehmen diese Änderungen auf eine frühere Periode anwendet, so hat es diese Tatsache anzugeben und die entsprechenden Änderungen des IAS 7 *Kapitalflussrechnungen* gleichzeitig anzuwenden. **81D**

Paragraph 5 wird im Rahmen der *Verbesserungen der IFRS* vom Mai 2008 geändert. Ein Unternehmen kann die Änderung prospektiv erstmals in der ersten Berichtsperiode eines am 1. Januar 2009 oder danach beginnenden Geschäftsjahres anwenden. Eine frühere Anwendung ist zulässig, sofern das Unternehmen gleichzeitig die Änderungen auf die Paragraphen 8, 9, 22, 48, 53, 53A, 53B, 54, 57 und 85B von IAS 40 anwendet. Wendet ein Unternehmen diese Änderungen auf eine frühere Periode an, so ist dies anzugeben. **81E**

Durch IFRS 13, veröffentlicht im Mai 2011, wurde die Definition des beizulegenden Zeitwerts in Paragraph 6 geändert. Außerdem wurden die Paragraphen 26, 35 und 77 geändert und die Paragraphen 32 und 33 gestrichen. Ein Unternehmen hat die betreffenden Änderungen anzuwenden, wenn es IFRS 13 anwendet. **81F**

Mit den *Jährlichen Verbesserungen, Zyklus 2009-2011*, von Mai 2012 wurde Paragraph 8 geändert. Diese Änderungen sind rückwirkend gemäß IAS 8 *Rechnungslegungsmethoden, Änderungen von rechnungslegungsbezogenen Schätzungen und Fehler* in der ersten Berichtsperiode eines am oder nach dem 1. Januar 2013 beginnenden Geschäftsjahres anzuwenden. Eine frühere Anwendung ist zulässig. Wendet ein Unternehmen die Änderung auf eine frühere Periode an, hat es dies anzugeben. **81G**

Mit den im Dezember 2013 veröffentlichten *Jährlichen Verbesserungen an den IFRS, Zyklus 2010-2012*, wurde Paragraph 35 geändert und Paragraph 80A angefügt. Ein Unternehmen hat diese Änderung erstmals auf Geschäftsjahre anzuwenden, die am oder nach dem 1. Juli 2014 beginnen. Eine frühere Anwendung ist zulässig. Wendet ein Unternehmen diese Änderung auf eine frühere Periode an, hat es dies anzugeben. **81H**

Mit der im Mai 2014 veröffentlichten *Klarstellung akzeptabler Abschreibungsmethoden* (Änderungen an IAS 16 und IAS 38) wurde Paragraph 56 geändert und Paragraph 62A angefügt. Diese Änderungen sind prospektiv auf am oder nach dem 1. Januar 2016 beginnende Geschäftsjahre anzuwenden. Eine frühere Anwendung ist zulässig. Wendet ein Unternehmen diese Änderungen auf eine frühere Periode an, hat es dies anzugeben. **81I**

Mit dem im Mai 2014 veröffentlichten IFRS 15 *Erlöse aus Verträgen mit Kunden* wurden die Paragraphen 68A, 69 und 72 geändert. Ein Unternehmen hat diese Änderungen anzuwenden, wenn es IFRS 15 anwendet. **81J**

Mit der im Juni 2014 veröffentlichten Verlautbarung *Landwirtschaft: Fruchttragende Pflanzen* (Änderungen an IAS 16 und IAS 41) wurden die Paragraphen 3, 6 und 37 geändert sowie die Paragraphen 22A und 81L-81M angefügt. Diese Änderungen sind erstmals auf Geschäftsjahre anzuwenden, die am oder nach dem 1. Januar 2016 beginnen. Eine frühere Anwendung ist zulässig. Wendet ein Unternehmen diese Änderungen früher an, so ist dies anzugeben. Diese Änderungen sind mit Ausnahme der Darlegungen in Paragraph 81M rückwirkend gemäß IAS 8 anzuwenden. **81K**

81L In der Berichtsperiode, in der die Verlautbarung *Landwirtschaft: Fruchttragende Pflanzen* (Änderungen an IAS 16 und IAS 41) erstmals angewendet wird, braucht das Unternehmen die gemäß IAS 8 Paragraph 28(f) für die laufende Periode vorgeschriebenen quantitativen Angaben nicht zu machen. Es muss jedoch die gemäß IAS 8 Paragraph 28(f) vorgeschriebenen quantitativen Angaben für jede frühere dargestellte Periode machen.

81L (neu) Durch IFRS 16, veröffentlicht im Januar 2016, wurden die Paragraphen 4 und 27 gestrichen und die Paragraphen 5, 10, 44 und 68-69 geändert. Ein Unternehmen hat die betreffenden Änderungen anzuwenden, wenn es IFRS 16 anwendet.

81M Ein Unternehmen kann eine fruchttragende Pflanze zu Beginn der frühesten im Abschluss dargestellten Berichtsperiode, in der das Unternehmen die Verlautbarung *Landwirtschaft: Fruchttragende Pflanzen* (Änderungen an IAS 16 und IAS 41) erstmals anwendet, zu ihrem beizulegenden Zeitwert bewerten und diesen beizulegenden Zeitwert als Ersatz für Anschaffungs- oder Herstellungskosten an diesem Datum verwenden. Jede Differenz zwischen dem früheren Buchwert und dem Zeitwert ist zu Beginn der frühesten dargestellten Periode im Anfangssaldo der Gewinnrücklagen auszuweisen.

Rücknahme anderer Verlautbarungen

82 Dieser Standard ersetzt IAS 16 *Sachanlagen* (überarbeitet 1998).

83 Dieser Standard ersetzt die folgenden Interpretationen:

(a) SIC-6 *Kosten der Anpassung vorhandener Software*;

(b) SIC-14 *Sachanlagen – Entschädigung für die Wertminderung oder den Verlust von Gegenständen;* und

(c) SIC-23 *Sachanlagen – Kosten für Großinspektionen oder Generalüberholungen.*

International Accounting Standard 19
Leistungen an Arbeitnehmer (IAS 19)

v. 3.11.2008 (ABl EU Nr. L 320 S. 1) i.V. mit Verordnung (EU) Nr. 475/2012 v. 5.6.2012 (ABl Nr. L 146 S. 1); zuletzt geändert durch Verordnung (EU) 2019/402 v. 13.3.2019 (ABl EU Nr. L 72 S. 6)[1)]

Inhalt	Ziffer

1) **Anm. d. Red.:** Diese Änderungen sind am 3.4.2019 in Kraft getreten und spätestens mit Beginn des ersten am oder nach dem 1.1.2019 beginnenden Geschäftsjahres anzuwenden. Vgl. dazu auch Paragraph 179.

Zielsetzung

1 Ziel des vorliegenden Standards ist die Regelung der Bilanzierung und der Angabepflichten für Leistungen an Arbeitnehmer. Nach diesem Standard ist ein Unternehmen verpflichtet,

(a) eine Schuld zu bilanzieren, wenn ein Arbeitnehmer Arbeitsleistungen im Austausch gegen in der Zukunft zu zahlende Leistungen erbracht hat; und

(b) Aufwand zu erfassen, wenn das Unternehmen den wirtschaftlichen Nutzen aus der im Austausch für spätere Leistungen von einem Arbeitnehmer erbrachten Arbeitsleistung vereinnahmt hat.

Anwendungsbereich

Dieser Standard ist von Arbeitgebern bei der Bilanzierung sämtlicher Leistungen an Arbeitnehmer anzuwenden, ausgenommen Leistungen, auf die IFRS 2 *Anteilsbasierte Vergütung* Anwendung findet. 2

Der Standard behandelt nicht die eigene Berichterstattung von Versorgungsplänen für Arbeitnehmer (siehe IAS 26 *Bilanzierung und Berichterstattung von Altersversorgungsplänen*). 3

Der Standard bezieht sich unter anderem auf Leistungen an Arbeitnehmer, die 4

(a) gemäß formellen Plänen oder anderen formellen Vereinbarungen zwischen einem Unternehmen und einzelnen Arbeitnehmern, Arbeitnehmergruppen oder deren Vertretern gewährt werden;

(b) gemäß gesetzlichen Bestimmungen oder im Rahmen von tarifvertraglichen Vereinbarungen gewährt werden, durch die Unternehmen verpflichtet sind, Beiträge zu Plänen des Staates, eines Bundeslands, eines Industriezweigs oder zu anderen gemeinschaftlichen Plänen mehrerer Arbeitnehmer zu leisten; oder

(c) gemäß betrieblicher Praxis, die eine faktische Verpflichtung begründet, gewährt werden. Betriebliche Praxis begründet faktische Verpflichtungen, wenn das Unternehmen keine realistische Alternative zur Zahlung der Leistungen an Arbeitnehmer hat. Eine faktische Verpflichtung ist beispielsweise dann gegeben, wenn eine Änderung der üblichen betrieblichen Praxis zu einer unannehmbaren Schädigung des sozialen Klimas im Betrieb führen würde.

Leistungen an Arbeitnehmer beinhalten 5

(a) kurzfristig fällige Leistungen an Arbeitnehmer gemäß nachstehender Aufzählung, sofern davon ausgegangen wird, dass diese innerhalb von zwölf Monaten nach Ende der Berichtsperiode, in der die Arbeitnehmer die betreffenden Arbeitsleistungen erbringen, vollständig abgegolten werden:
   - (i) Löhne, Gehälter und Sozialversicherungsbeiträge;
   - (ii) Urlaubs- und Krankengeld;
   - (iii) Gewinn- und Erfolgsbeteiligungen; und
   - (iv) geldwerte Leistungen (wie medizinische Versorgung, Unterbringung und Dienstwagen sowie kostenlose oder vergünstigte Waren oder Dienstleistungen) für aktive Arbeitnehmer;

(b) Leistungen nach Beendigung des Arbeitsverhältnisses wie
   - (i) Rentenleistungen (beispielweise Renten und Pauschalzahlungen bei Renteneintritt); und
   - (ii) Sonstige Leistungen nach Beendigung des Arbeitsverhältnisses wie Lebensversicherungen und medizinische Versorgung nach Beendigung des Arbeitsverhältnisses;

(c) andere langfristig fällige Leistungen an Arbeitnehmer, wie
   - (i) langfristige vergütete Dienstfreistellungen wie Sonderurlaub nach langjähriger Dienstzeit oder Urlaub zur persönlichen Weiterbildung;
   - (ii) Jubiläumsgelder oder andere Leistungen für langjährige Dienstzeiten; und
   - (iii) Versorgungsleistungen im Falle der Erwerbsunfähigkeit und

(d) Leistungen aus Anlass der Beendigung des Arbeitsverhältnisses.

Leistungen an Arbeitnehmer beinhalten Leistungen sowohl an die Arbeitnehmer selbst als auch an von diesen wirtschaftlich abhängige Personen und können durch Zahlung (oder die Bereitstellung von Waren und Dienstleistungen) an die Arbeitnehmer direkt, an deren Ehepartner, Kinder oder sonstige von den Arbeitnehmern wirtschaftlich abhängige Personen oder an andere, wie z. B. Versicherungsunternehmen, erfüllt werden. 6

7 Ein Arbeitnehmer kann für ein Unternehmen Arbeitsleistungen auf Vollzeit- oder Teilzeitbasis, dauerhaft oder gelegentlich oder auch auf befristeter Basis erbringen. Für die Zwecke dieses Standards zählen Mitglieder des Geschäftsführungs- und/oder Aufsichtsorgans und sonstiges leitendes Personal zu den Arbeitnehmern.

Definitionen

8 Die folgenden Begriffe werden im vorliegenden Standard mit der angegebenen Bedeutung verwendet:

Leistungen an Arbeitnehmer – Definitionen

Leistungen an Arbeitnehmer sind alle Formen von Entgelt, die ein Unternehmen im Austausch für die von Arbeitnehmern erbrachte Arbeitsleistung oder aus Anlass der Beendigung des Arbeitsverhältnisses gewährt.

Kurzfristig fällige Leistungen an Arbeitnehmer sind Leistungen an Arbeitnehmer (außer Leistungen aus Anlass der Beendigung des Arbeitsverhältnisses), bei denen zu erwarten ist, dass sie innerhalb von zwölf Monaten nach Ende der Periode, in der die entsprechende Arbeitsleistung erbracht wurde, vollständig abgegolten werden.

Leistungen nach Beendigung des Arbeitsverhältnisses sind Leistungen an Arbeitnehmer (außer Leistungen aus Anlass der Beendigung des Arbeitsverhältnisses und kurzfristig fällige Leistungen an Arbeitnehmer), die nach Beendigung des Arbeitsverhältnisses zu zahlen sind.

Andere langfristig fällige Leistungen an Arbeitnehmer sind alle Leistungen an Arbeitnehmer. Ausgenommen sind kurzfristig fällige Leistungen an Arbeitnehmer, Leistungen nach Beendigung des Arbeitsverhältnisses und Leistungen aus Anlass der Beendigung des Arbeitsverhältnisses.

Leistungen aus Anlass der Beendigung des Arbeitsverhältnisses sind Leistungen an Arbeitnehmer, die im Austausch für die Beendigung des Beschäftigungsverhältnisses eines Arbeitnehmers gezahlt werden und daraus resultieren, dass entweder

(a) ein Unternehmen die Beendigung des Beschäftigungsverhältnisses eines Arbeitnehmers vor dem regulären Renteneintrittszeitpunkt beschlossen hat; oder

(b) ein Arbeitnehmer im Austausch für die Beendigung des Beschäftigungsverhältnisses einem Leistungsangebot zugestimmt hat.

Definitionen bezüglich der Einordnung von Versorgungsplänen

Pläne für Leistungen nach Beendigung des Arbeitsverhältnisses sind formelle oder informelle Vereinbarungen, durch die ein Unternehmen einem oder mehreren Arbeitnehmern Leistungen nach Beendigung des Arbeitsverhältnisses gewährt.

Beitragsorientierte Pläne sind Pläne für Leistungen nach Beendigung des Arbeitsverhältnisses, bei denen ein Unternehmen festgelegte Beiträge an eine eigenständige Einheit (einen Fonds) entrichtet und weder rechtlich noch faktisch zur Zahlung darüber hinausgehender Beiträge verpflichtet ist, wenn der Fonds nicht über ausreichende Vermögenswerte verfügt, um alle Leistungen in Bezug auf Arbeitsleistungen der Arbeitnehmer in der Berichtsperiode und früheren Perioden zu erbringen.

Leistungsorientierte Pläne sind Pläne für Leistungen nach Beendigung des Arbeitsverhältnisses, die nicht unter die Definition der beitragsorientierten Pläne fallen.

Gemeinschaftliche Pläne mehrerer Arbeitgeber sind beitragsorientierte (außer staatlichen Plänen) oder leistungsorientierte Pläne (außer staatlichen Plänen), bei denen

(a) Vermögenswerte zusammengeführt werden, die von verschiedenen, nicht einer gemeinschaftlichen Beherrschung unterliegenden Unternehmen in den Plan eingebracht wurden; und

(b) diese Vermögenswerte zur Gewährung von Leistungen an Arbeitnehmer aus mehr als einem Unternehmen verwendet werden, ohne dass die Beitrags- und Leistungshöhe von dem Unternehmen, in dem die entsprechenden Arbeitnehmer beschäftigt sind, abhängen.

Definitionen bezüglich der Nettoschuld (Vermögenswert) aus leistungsorientierten Versorgungsplänen

Unter *Nettoschuld (Vermögenswert) aus leistungsorientierten Versorgungsplänen* versteht man Fehlbeträge oder Vermögensüberdeckungen, die entsprechend den Auswirkungen, die sich aus der Begrenzung eines Nettovermögenswerts aus leistungsorientierten Versorgungsplänen an die Vermögensobergrenze ergeben, angepasst werden.

Ein Fehlbetrag oder eine Vermögensüberdeckung ist

(a) der Barwert der definierten Leistungsverpflichtung abzüglich

(b) des beizulegenden Zeitwerts des Planvermögens (sofern zutreffend).

Die *Vermögensobergrenze* ist der Barwert eines wirtschaftlichen Nutzens in Form von Rückerstattungen aus dem Plan oder Minderungen künftiger Beitragszahlungen.

Der *Barwert einer leistungsorientierten Verpflichtung* ist der ohne Abzug von Planvermögen beizulegende Barwert erwarteter künftiger Zahlungen, die erforderlich sind, um die aufgrund von Arbeitnehmerleistungen in der Berichtsperiode oder früheren Perioden entstandenen Verpflichtungen abgelten zu können.

Planvermögen umfasst

(a) Vermögen, das durch einen langfristig ausgelegten Fonds zur Erfüllung von Leistungen an Arbeitnehmer gehalten wird; und

(b) qualifizierende Versicherungsverträge.

Vermögen, das durch einen langfristig ausgelegten Fonds zur Erfüllung von Leistungen an Arbeitnehmer gehalten wird, ist Vermögen (außer nicht übertragbaren Finanzinstrumenten, die vom berichtenden Unternehmen ausgegeben wurden), das

(a) von einer Einheit (einem Fonds) gehalten wird, die von dem berichtenden Unternehmen rechtlich unabhängig ist und die ausschließlich besteht, um Leistungen an Arbeitnehmer zu zahlen oder zu finanzieren; und

(b) verfügbar ist, um ausschließlich die Leistungen an die Arbeitnehmer zu zahlen oder zu finanzieren, aber nicht für die Gläubiger des berichtenden Unternehmens verfügbar ist (auch nicht im Falle eines Insolvenzverfahren), und das nicht an das berichtende Unternehmen zurückgezahlt werden kann, es sei denn

 (i) das verbleibende Vermögen des Fonds reicht aus, um alle Leistungsverpflichtungen gegenüber den Arbeitnehmern, die mit dem Plan oder dem berichtenden Unternehmen verbunden sind, zu erfüllen; oder

 (ii) das Vermögen wird an das berichtende Unternehmen zurückgezahlt, um Leistungen an Arbeitnehmer, die bereits gezahlt wurden, zu erstatten.

Ein *qualifizierender Versicherungsvertrag* ist eine Versicherungspolice*) eines Versicherers, der nicht zu den nahestehenden Unternehmen des berichtenden Unternehmens gehört (wie in IAS 24 *Angaben über Beziehungen zu nahe stehenden Unternehmen und Personen* definiert), wenn die Erlöse aus dem Vertrag

(a) nur verwendet werden können, um Leistungen an Arbeitnehmer aus einem leistungsorientierten Versorgungsplan zu zahlen oder zu finanzieren; und

(b) nicht den Gläubigern des berichtenden Unternehmens zur Verfügung stehen (auch nicht im Falle eines Insolvenzverfahrens) und nicht an das berichtende Unternehmen gezahlt werden können, es sei denn

 (i) die Erlöse stellen Überschüsse dar, die für die Erfüllung sämtlicher Leistungsverpflichtungen gegenüber Arbeitnehmern im Zusammenhang mit dem Versicherungsvertrag nicht benötigt werden; oder

*) **Amtl. Anm.:** Ein qualifizierender Versicherungsvertrag ist nicht notwendigerweise ein Versicherungsvertrag gemäß Definition in IFRS 4 *Versicherungsverträge*.

(ii) die Erlöse werden an das berichtende Unternehmen zurückgezahlt, um bereits gezahlte Leistungen an Arbeitnehmer zu erstatten.

Der *beizulegende Zeitwert* ist der Preis, der in einem geordneten Geschäftsvorfall zwischen Marktteilnehmern am Bemessungsstichtag für den Verkauf eines Vermögenswerts eingenommen bzw. für die Übertragung einer Schuld gezahlt würde. (Siehe IFRS 13 *Bemessung des beizulegenden Zeitwerts.*)

Definitionen bezüglich der Kosten aus leistungsorientierten Versorgungsplänen

Dienstzeitaufwand umfasst Folgendes:

(a) *Laufenden Dienstzeitaufwand*: Dies ist der Anstieg des Barwerts einer Leistungsverpflichtung, die aus einer Arbeitsleistung in der Berichtsperiode entsteht.

(b) *Nachzuverrechnenden Dienstzeitaufwand*: Dies ist die Veränderung des Barwerts einer Leistungsverpflichtung aus früheren Perioden, die aus einer Anpassung (Einführung, Rücknahme oder Veränderung eines leistungsorientierten Versorgungsplans) oder Kürzung des Plans (einer erheblichen unternehmensseitigen Senkung der Anzahl in einem Plan erfasster Arbeitnehmer) entsteht; und

(c) Gewinne oder Verluste bei Abgeltung.

Nettozinsen auf Nettoschulden (Vermögenswerte) aus leistungsorientierten Versorgungsplänen sind während der Berichtsperiode aufgrund des Verstreichens von Zeit eintretende Veränderungen der Nettoschulden (Vermögenswerte) aus leistungsorientierten Versorgungsplänen.

Neubewertungen von Nettoschulden (Vermögenswerten) aus leistungsorientierten Versorgungsplänen umfassen

(a) versicherungsmathematische Gewinne und Verluste;

(b) den Ertrag aus Planvermögen unter Ausschluss von Beträgen, die in den Nettozinsen auf Nettoschulden (Vermögenswerte) aus leistungsorientierten Versorgungsplänen enthalten sind; und

(c) Veränderungen bei der Auswirkung der Vermögensobergrenze unter Ausschluss von Beträgen, die in den Nettozinsen auf Nettoschulden (Vermögenswerte) aus leistungsorientierten Versorgungsplänen enthalten sind.

Versicherungsmathematische Gewinne und Verluste sind Veränderungen des Barwerts der definierten Leistungsverpflichtung aufgrund von

(a) erfahrungsbedingten Berichtigungen (die Auswirkungen der Abweichungen zwischen früheren versicherungsmathematischen Annahmen und der tatsächlichen Entwicklung); und

(b) Auswirkungen von Änderungen versicherungsmathematischer Annahmen.

Der Ertrag aus dem Planvermögen setzt sich aus Zinsen, Dividenden und anderen Umsatzerlösen aus dem Planvermögen zusammen und umfasst auch realisierte und nicht realisierte Gewinne und Verluste aus dem Planvermögen, abzüglich

(a) etwaiger Kosten für die Verwaltung des Plans; und

(b) vom Plan selbst zu entrichtender Steuern, soweit es sich nicht um Steuern handelt, die bereits in die versicherungsmathematischen Annahmen eingeflossen sind, die zur Bemessung des Barwerts der definierten Leistungsverpflichtung verwendet werden.

Eine *Abgeltung* ist ein Geschäftsvorfall, in dem alle weiteren gesetzlichen oder faktischen Verpflichtungen in Bezug auf einen Teil oder die Gesamtheit der in einem leistungsorientierten Versorgungsplan vorgesehenen Leistungen eliminiert werden, ausgenommen eine Zahlung von Leistungen direkt an Arbeitnehmer oder zu deren Gunsten, die in den Planbedingungen vorgesehen sowie in den versicherungsmathematischen Annahmen enthalten ist.

Kurzfristig fällige Leistungen an Arbeitnehmer

9 Kurzfristig fällige Leistungen an Arbeitnehmer umfassen Posten gemäß nachstehender Aufzählung, sofern davon ausgegangen wird, dass diese innerhalb von zwölf Monaten nach Ende der

Berichtsperiode, in der die Arbeitnehmer die betreffenden Arbeitsleistungen erbringen, vollständig abgegolten werden:

(a) Löhne, Gehälter und Sozialversicherungsbeiträge;

(b) Urlaubs- und Krankengeld;

(c) Gewinn- und Erfolgsbeteiligungen; und

(d) geldwerte Leistungen (wie medizinische Versorgung, Unterbringung und Dienstwagen sowie kostenlose oder vergünstigte Waren oder Dienstleistungen) für aktive Arbeitnehmer.

Ein Unternehmen muss eine kurzfristig fällige Leistung an Arbeitnehmer nicht umgliedern, **10** wenn sich die Erwartungen des Unternehmens bezüglich des Zeitpunkts der Abgeltung vorübergehend ändern. Verändern sich jedoch die Merkmale der Leistung (beispielsweise Umstellung von einer nicht ansammelbaren Leistung auf eine ansammelbare Leistung) oder sind Erwartungen bezüglich des Zeitpunkts der Abgeltung nicht vorübergehender Natur, wägt das Unternehmen ab, ob die Leistung noch der Definition einer kurzfristig fälligen Leistung an Arbeitnehmer entspricht.

Ansatz und Bewertung

Alle kurzfristig fälligen Leistungen an Arbeitnehmer

Hat ein Arbeitnehmer im Verlauf der Bilanzierungsperiode Arbeitsleistungen für ein Unterneh- **11** men erbracht, ist von dem Unternehmen der nicht diskontierte Betrag der kurzfristig fälligen Leistung zu erfassen, der voraussichtlich im Austausch für diese Arbeitsleistung gezahlt wird, und zwar

(a) als Schuld (abzugrenzender Aufwand) nach Abzug bereits geleisteter Zahlungen. Übersteigt der bereits gezahlte Betrag den nicht diskontierten Betrag der Leistungen, so hat das Unternehmen die Differenz als Vermögenswert zu aktivieren (aktivische Abgrenzung), soweit die Vorauszahlung beispielsweise zu einer Verringerung künftiger Zahlungen oder einer Rückerstattung führen wird;

(b) als Aufwand, es sei denn, ein anderer Standard verlangt oder erlaubt die Einbeziehung der Leistungen in die Anschaffungs- oder Herstellungskosten eines Vermögenswerts (siehe z. B. IAS 2 *Vorräte* und IAS 16 *Sachanlagen*).

Die Paragraphen 13, 16 und 19 erläutern, wie Paragraph 11 von einem Unternehmen auf kurz- **12** fristig fällige Leistungen an Arbeitnehmer in Form von vergüteter Abwesenheit und Gewinn- und Erfolgsbeteiligung anzuwenden ist.

Kurzfristig fällige Abwesenheitsvergütungen

Ein Unternehmen hat die erwarteten Kosten für kurzfristig fällige Leistungen an Arbeitnehmer **13** in Form von vergüteten Abwesenheiten gemäß Paragraph 11 wie folgt zu erfassen:

(a) im Falle ansammelbarer Ansprüche, sobald die Arbeitnehmer Arbeitsleistungen erbracht haben, durch die sich ihre Ansprüche auf vergütete künftige Abwesenheit erhöhen.

(b) im Falle nicht ansammelbarer Ansprüche an dem Zeitpunkt, an dem die Abwesenheit eintritt.

Ein Unternehmen kann aus verschiedenen Gründen Vergütungen bei Abwesenheit von Arbeit- **14** nehmern zahlen, z. B. bei Urlaub, Krankheit, vorübergehender Arbeitsunfähigkeit, Erziehungsurlaub, Schöffentätigkeit oder bei Ableistung von Militärdienst. Ansprüche auf vergütete Abwesenheiten werden unterteilt in:

(a) ansammelbare Ansprüche; und

(b) nicht ansammelbare Ansprüche.

Ansammelbare Ansprüche auf vergütete Abwesenheit sind solche, die vorgetragen werden und **15** in künftigen Perioden genutzt werden können, wenn der Anspruch in der Berichtsperiode nicht voll ausgeschöpft wird. Ansammelbare Ansprüche auf vergütete Abwesenheit können entweder unverfallbar (d. h. Arbeitnehmer haben bei ihrem Ausscheiden aus dem Unternehmen Anspruch auf einen Barausgleich für nicht in Anspruch genommene Leistungen) oder verfallbar sein (d. h. Arbeitnehmer haben bei ihrem Ausscheiden aus dem Unternehmen keinen Anspruch auf Barausgleich für nicht in Anspruch genommene Leistungen). Eine Verpflichtung entsteht, wenn Arbeitnehmer Leistungen erbringen, durch die sich ihr Anspruch auf künftige vergütete Abwesenheit erhöht. Die Verpflichtung entsteht selbst dann und ist zu erfassen, wenn die Ansprüche auf vergütete Abwesenheit verfallbar sind, wobei allerdings die Bewertung dieser Verpflichtung davon beeinflusst wird, dass Arbeitnehmer möglicherweise aus dem Unternehmen ausscheiden, bevor sie die angesammelten verfallbaren Ansprüche nutzen.

16 Ein Unternehmen hat die erwarteten Kosten ansammelbarer Ansprüche auf vergütete Abwesenheit mit dem zusätzlichen Betrag zu bewerten, den das Unternehmen aufgrund der zum Abschlussstichtag angesammelten, nicht genutzten Ansprüche voraussichtlich zahlen muss.

17 Bei dem im vorangegangenen Paragraphen beschriebenen Verfahren wird die Verpflichtung mit dem Betrag der zusätzlichen Zahlungen angesetzt, die voraussichtlich allein aufgrund der Tatsache entstehen, dass die Leistung ansammelbar ist. In vielen Fällen bedarf es keiner detaillierten Berechnungen des Unternehmens, um abschätzen zu können, dass keine wesentliche Verpflichtung aus ungenutzten Ansprüchen auf vergütete Abwesenheit existiert. Zum Beispiel ist eine Krankengeldverpflichtung wahrscheinlich nur dann wesentlich, wenn im Unternehmen formell oder informell Einvernehmen darüber herrscht, dass ungenutzte vergütete Abwesenheit für Krankheit als bezahlter Urlaub genommen werden kann.

Beispiel zur Veranschaulichung der Paragraphen 16 und 17

Ein Unternehmen beschäftigt 100 Mitarbeiter, die jeweils Anspruch auf fünf bezahlte Krankheitstage pro Jahr haben. Nicht in Anspruch genommene Krankheitstage können ein Kalenderjahr vorgetragen werden. Krankheitstage werden zuerst mit den Ansprüchen des laufenden Jahres und dann mit den etwaigen übertragenen Ansprüchen aus dem vorangegangenen Jahr (auf LIFO-Basis) verrechnet. Zum 30. Dezember 20X1 belaufen sich die durchschnittlich ungenutzten Ansprüche auf zwei Tage je Arbeitnehmer. Das Unternehmen erwartet, dass die bisherigen Erfahrungen auch in Zukunft zutreffen, und geht davon aus, dass in 20X2 92 Arbeitnehmer nicht mehr als fünf bezahlte Krankheitstage und die restlichen acht Arbeitnehmer im Durchschnitt sechseinhalb Tage in Anspruch nehmen werden.

Das Unternehmen erwartet, dass es aufgrund der zum 31. Dezember 20X1 ungenutzten angesammelten Ansprüche für zusätzliche zwölf Krankentage zahlen wird (das entspricht je eineinhalb Tagen für acht Arbeitnehmer). Daher bilanziert das Unternehmen eine Schuld in Höhe von 12 Tagen Krankengeld.

18 Nicht ansammelbare Ansprüche auf vergütete Abwesenheit können nicht vorgetragen werden: Sie verfallen, soweit die Ansprüche in der Berichtsperiode nicht vollständig genutzt werden, und berechtigen Arbeitnehmer auch nicht zum Erhalt eines Barausgleichs für ungenutzte Ansprüche bei Ausscheiden aus dem Unternehmen. Dies ist üblicherweise der Fall bei Krankengeld (soweit ungenutzte Ansprüche der Vergangenheit künftige Ansprüche nicht erhöhen), Erziehungsurlaub und vergüteter Abwesenheit bei Schöffentätigkeit oder Militärdienst. Ein Unternehmen erfasst eine Schuld oder einen Aufwand nicht vor dem Zeitpunkt der Abwesenheit, da die Arbeitsleistung der Arbeitnehmer den Wert des Leistungsanspruchs nicht erhöht.

Gewinn- und Erfolgsbeteiligungspläne

19 Ein Unternehmen hat die erwarteten Kosten eines Gewinn- oder Erfolgsbeteiligungsplanes gemäß Paragraph 11 dann, und nur dann, zu erfassen, wenn

(a) das Unternehmen aufgrund von Ereignissen der Vergangenheit gegenwärtig eine rechtliche oder faktische Verpflichtung hat, solche Leistungen zu gewähren; und

(b) die Höhe der Verpflichtung verlässlich geschätzt werden kann.

Eine gegenwärtige Verpflichtung besteht dann, und nur dann, wenn das Unternehmen keine realistische Alternative zur Zahlung hat.

Einige Gewinnbeteiligungspläne sehen vor, dass Arbeitnehmer nur dann einen Gewinnanteil erhalten, wenn sie für einen festgelegten Zeitraum beim Unternehmen bleiben. Im Rahmen solcher Pläne entsteht dennoch eine faktische Verpflichtung für das Unternehmen, da Arbeitnehmer Arbeitsleistung erbringen, durch die sich der zu zahlende Betrag erhöht, sofern sie bis zum Ende des festgesetzten Zeitraums im Unternehmen verbleiben. Bei der Bewertung solcher faktischen Verpflichtungen ist zu berücksichtigen, dass möglicherweise einige Arbeitnehmer ausscheiden, ohne eine Gewinnbeteiligung zu erhalten. **20**

Beispiel zur Veranschaulichung des Paragraphen 20

Ein Gewinnbeteiligungsplan verpflichtet ein Unternehmen zur Zahlung eines bestimmten Anteils vom Jahresgewinn an Arbeitnehmer, die während des ganzen Jahres beschäftigt sind. Wenn im Laufe des Jahres keine Arbeitnehmer ausscheiden, werden die insgesamt auszuzahlenden Gewinnbeteiligungen für das Jahr 3 % des Gewinns betragen. Das Unternehmen schätzt, dass sich die Zahlungen aufgrund der Mitarbeiterfluktuation auf 2,5 % des Gewinns reduzieren.

Das Unternehmen erfasst eine Schuld und einen Aufwand in Höhe von 2,5 % des Gewinns.

Möglicherweise ist ein Unternehmen rechtlich nicht zur Zahlung von Erfolgsbeteiligungen verpflichtet. In einigen Fällen ist dies jedoch betriebliche Praxis. In diesen Fällen besteht eine faktische Verpflichtung, da das Unternehmen keine realistische Alternative zur Zahlung der Erfolgsbeteiligung hat. Bei der Bewertung der faktischen Verpflichtung ist zu berücksichtigen, dass möglicherweise einige Arbeitnehmer ausscheiden, ohne eine Erfolgsbeteiligung zu erhalten. **21**

Eine verlässliche Schätzung einer rechtlichen oder faktischen Verpflichtung eines Unternehmens hinsichtlich eines Gewinn- oder Erfolgsbeteiligungsplans ist dann und nur dann möglich, wenn **22**

(a) die formellen Regelungen des Plans eine Formel zur Bestimmung der Leistungshöhe enthalten;

(b) das Unternehmen die zu zahlenden Beträge festlegt, bevor der Abschluss zur Veröffentlichung genehmigt wurde; oder

(c) aufgrund früherer Praktiken die Höhe der faktischen Verpflichtung des Unternehmens eindeutig bestimmt ist.

Eine Verpflichtung aus Gewinn- und Erfolgsbeteiligungsplänen beruht auf der Arbeitsleistung der Arbeitnehmer und nicht auf einem Rechtsgeschäft mit den Eigentümern des Unternehmens. Deswegen werden die Kosten eines Gewinn- und Erfolgsbeteiligungsplans nicht als Gewinnausschüttung, sondern als Aufwand erfasst. **23**

Sind Zahlungen aus Gewinn- und Erfolgsbeteiligungsplänen nicht in voller Höhe innerhalb von zwölf Monaten nach Ende der Berichtsperiode, in der die damit verbundene Arbeitsleistung von den Arbeitnehmern erbracht wurde, fällig, so fallen sie unter andere langfristig fällige Leistungen an Arbeitnehmer (siehe Paragraphen 153-158). **24**

Angaben

Obgleich dieser Standard keine besonderen Angaben zu kurzfristig fälligen Leistungen an Arbeitnehmer vorschreibt, können solche Angaben nach Maßgabe anderer IFRS erforderlich sein. Zum Beispiel sind nach IAS 24 Angaben zu Leistungen an Mitglieder der Geschäftsleitung zu machen. Nach IAS 1 *Darstellung des Abschlusses* ist der Aufwand für die Leistungen an Arbeitnehmer anzugeben. **25**

Leistungen nach Beendigung des Arbeitsverhältnisses: Unterscheidung zwischen beitragsorientierten und leistungsorientierten Versorgungsplänen

26 Leistungen nach Beendigung des Arbeitsverhältnisses umfassen u. a.:

(a) Rentenleistungen (beispielweise Renten und Pauschalzahlungen bei Renteneintritt); und

(b) sonstige Leistungen nach Beendigung des Arbeitsverhältnisses wie Lebensversicherungen und medizinische Versorgung nach Beendigung des Arbeitsverhältnisses.

Vereinbarungen, nach denen ein Unternehmen solche Leistungen gewährt, werden als Pläne für Leistungen nach Beendigung des Arbeitsverhältnisses bezeichnet. Dieser Standard ist auf alle derartigen Vereinbarungen anzuwenden, unabhängig davon, ob diese die Errichtung einer eigenständigen Einheit vorsehen, an die Beiträge entrichtet und aus der Leistungen erbracht werden, oder nicht.

27 Pläne für Leistungen nach Beendigung des Arbeitsverhältnisses werden in Abhängigkeit von ihrem wirtschaftlichen Gehalt, der sich aus den grundlegenden Leistungsbedingungen und -voraussetzungen des Planes ergibt, entweder als leistungsorientiert oder als beitragsorientiert klassifiziert.

28 Im Rahmen beitragsorientierter Pläne ist die rechtliche oder faktische Verpflichtung eines Unternehmens auf den vom Unternehmen vereinbarten Beitrag zum Fonds begrenzt. Damit richtet sich die Höhe der Leistungen nach Beendigung des Arbeitsverhältnisses, die der Arbeitnehmer erhält, nach der Höhe der Beiträge, die das Unternehmen (und manchmal auch dessen Arbeitnehmer) an den betreffenden Plan oder an ein Versicherungsunternehmen gezahlt haben, sowie der Rendite aus der Anlage dieser Beiträge. Folglich werden das versicherungsmathematische Risiko (dass Leistungen geringer ausfallen können als erwartet) und das Anlagerisiko (dass die angelegten Vermögenswerte nicht ausreichen, um die erwarteten Leistungen zu erbringen) im Wesentlichen vom Arbeitnehmer getragen.

29 Beispiele für Situationen, in denen die Verpflichtung eines Unternehmens nicht auf die vereinbarten Beitragszahlungen an den Fonds begrenzt ist, liegen dann vor, wenn die rechtliche oder faktische Verpflichtung des Unternehmens dadurch gekennzeichnet ist, dass

(a) die in einem Plan enthaltene Leistungsformel nicht ausschließlich auf die Beiträge abstellt, sondern dem Unternehmen die Zahlung weiterer Beiträge vorschreibt, falls das Vermögen zur Erfüllung der in der Leistungsformel des Plans vorgesehenen Leistungen nicht ausreicht;

(b) eine bestimmte Mindestverzinsung der Beiträge entweder mittelbar über einen Leistungsplan oder unmittelbar garantiert wurde; oder

(c) betriebsübliche Praktiken eine faktische Verpflichtung begründen. Eine faktische Verpflichtung kann beispielsweise entstehen, wenn ein Unternehmen in der Vergangenheit stets die Leistungen für ausgeschiedene Arbeitnehmer erhöht hat, um sie an die Inflation anzupassen, selbst wenn dazu keine rechtliche Verpflichtung bestand.

30 Im Rahmen leistungsorientierter Versorgungspläne

(a) besteht die Verpflichtung des Unternehmens in der Gewährung der zugesagten Leistungen an aktive und ausgeschiedene Arbeitnehmer; und

(b) werden das versicherungsmathematische Risiko (d. h., dass die Leistungen höhere Kosten als erwartet verursachen) sowie das Anlagerisiko im Wesentlichen vom Unternehmen getragen. Sollte die tatsächliche Entwicklung ungünstiger verlaufen als dies nach den versicherungsmathematischen Annahmen oder Renditeannahmen für die Vermögensanlage erwartet wurde, so kann sich die Verpflichtung des Unternehmens erhöhen.

31 In den Paragraphen 32-49 wird die Unterscheidung zwischen beitragsorientierten und leistungsorientierten Plänen im Rahmen von gemeinschaftlichen Plänen mehrerer Arbeitgeber, leistungsorientierten Plänen mit Risikoverteilung zwischen Unternehmen unter gemeinsamer Beherrschung, staatlichen Plänen und versicherten Leistungen erläutert.

Gemeinschaftliche Pläne mehrerer Arbeitgeber

Ein gemeinschaftlicher Plan mehrerer Arbeitgeber ist von einem Unternehmen nach den Regelungen des Plans (einschließlich faktischer Verpflichtungen, die über die formalen Regelungsinhalte des Plans hinausgehen) als beitragsorientierter Plan oder als leistungsorientierter Plan einzustufen. **32**

Beteiligt sich ein Unternehmen an einem gemeinschaftlichen Plan mehrerer Arbeitgeber, der als leistungsorientiert eingestuft ist, und trifft Paragraph 34 nicht zu, so hat das Unternehmen **33**

(a) seinen Anteil an der leistungsorientierten Verpflichtung, dem Planvermögen und den mit dem Plan verbundenen Kosten genauso zu bilanzieren wie bei jedem anderen leistungsorientierten Plan; und

(b) die gemäß den Paragraphen 135-148 (unter Ausschluss von Paragraph 148(d)) erforderlichen Angaben zu machen.

Falls keine ausreichenden Informationen zur Verfügung stehen, um einen leistungsorientierten gemeinschaftlichen Plan mehrerer Arbeitgeber wie einen leistungsorientierten Plan zu bilanzieren, hat das Unternehmen **34**

(a) den Plan wie einen beitragsorientierten Plan zu bilanzieren, d. h. gemäß den Paragraphen 51 und 52; und

(b) die in Paragraph 148 vorgeschriebenen Angaben zu machen.

Ein leistungsorientierter gemeinschaftlicher Plan mehrerer Arbeitgeber liegt beispielsweise dann vor, wenn: **35**

(a) der Plan durch Umlagebeiträge finanziert wird: d. h. Beiträge werden ausreichend hoch angesetzt, damit die in der gleichen Periode fälligen Leistungen voraussichtlich voll gezahlt werden können, während die in der Berichtsperiode erdienten künftigen Leistungen aus künftigen Beiträgen gezahlt werden; und

(b) sich die Höhe der Leistungen an Arbeitnehmer nach der Länge ihrer Dienstzeiten bemisst und die am Plan beteiligten Unternehmen keine realistische Möglichkeit zur Beendigung ihrer Mitgliedschaft haben, ohne einen Beitrag für die bis zum Tag des Ausscheidens aus dem Plan erdienten Leistungen ihrer Arbeitnehmer zu zahlen. Ein solcher Plan beinhaltet versicherungsmathematische Risiken für das Unternehmen: falls die tatsächlichen Kosten der bis zum Abschlussstichtag bereits erdienten Leistungen höher sind als erwartet, wird das Unternehmen entweder seine Beiträge erhöhen oder die Arbeitnehmer davon überzeugen müssen, Leistungsminderungen zu akzeptieren. Aus diesem Grund ist ein solcher Plan ein leistungsorientierter Plan.

Wenn ausreichende Informationen über einen gemeinschaftlichen leistungsorientierten Plan mehrerer Arbeitgeber verfügbar sind, erfasst das Unternehmen seinen Anteil an der leistungsorientierten Verpflichtung, dem Planvermögen und den Kosten für Leistungen nach Beendigung des Arbeitsverhältnisses in der gleichen Weise wie für jeden anderen leistungsorientierten Plan. Doch ist ein Unternehmen möglicherweise nicht in der Lage, seinen Anteil an der Vermögens-, Finanz- und Ertragslage des Plans für Bilanzierungszwecke hinreichend verlässlich zu bestimmen. Dies kann der Fall sein, wenn **36**

(a) der Plan die teilnehmenden Unternehmen versicherungsmathematischen Risiken in Bezug auf die aktiven und ausgeschiedenen Arbeitnehmer der anderen Unternehmen aussetzt, und so im Ergebnis keine stetige und verlässliche Grundlage für die Zuordnung der Verpflichtung, des Planvermögens und der Kosten auf die einzelnen, teilnehmenden Unternehmen existiert; oder

(b) das Unternehmen keinen Zugang zu ausreichenden Informationen über den Plan hat, die den Vorschriften dieses Standards genügen.

In diesen Fällen bilanziert das Unternehmen den Plan wie einen beitragsorientierten Plan und macht die in Paragraph 148 vorgeschriebenen Angaben.

37 Es kann eine vertragliche Vereinbarung zwischen dem gemeinschaftlichen Plan mehrerer Arbeitgeber und dessen Teilnehmern bestehen, worin festgelegt ist, wie der Überschuss aus dem Plan an die Teilnehmer verteilt wird (oder der Fehlbetrag finanziert wird). Ein Teilnehmer eines gemeinschaftlichen Plans mehrerer Arbeitgeber, der vereinbarungsgemäß als beitragsorientierter Plan gemäß Paragraph 34 bilanziert wird, hat den Vermögenswert oder die Schuld aus der vertraglichen Vereinbarung anzusetzen und die daraus entstehenden Erträge oder Aufwendungen im Gewinn oder Verlust zu erfassen.

Beispiel zur Veranschaulichung des Paragraphen 37[*)]

Ein Unternehmen beteiligt sich an einem leistungsorientierten Plan mehrerer Arbeitgeber, der jedoch keine auf IAS 19 basierenden Bewertungen des Plans erstellt. Das Unternehmen bilanziert den Plan daher als beitragsorientierten Plan. Eine nicht auf IAS 19 basierende Bewertung der Finanzierung weist einen Fehlbetrag des Plans von 100 Mio. WE[*)] auf. Der Plan hat mit den beteiligten Arbeitgebern vertraglich einen Beitragsplan vereinbart, der innerhalb der nächsten fünf Jahre den Fehlbetrag beseitigen wird. Die vertraglich vereinbarten Gesamtbeiträge des Unternehmens belaufen sich auf 8 Mio. WE.

Das Unternehmen setzt nach Berücksichtigung des Zeitwertes des Geldes eine Schuld für die Beiträge und einen gleichhohen Aufwand im Gewinn oder Verlust an.

38 Gemeinschaftliche Pläne mehrerer Arbeitgeber unterscheiden sich von gemeinschaftlich verwalteten Plänen. Ein gemeinschaftlich verwalteter Plan ist lediglich eine Zusammenfassung von Plänen einzelner Arbeitgeber, die es diesen ermöglicht, ihre jeweiligen Planvermögen für Zwecke der gemeinsamen Anlage zusammenzulegen und die Kosten der Vermögensanlage und der allgemeinen Verwaltung zu senken, wobei die Ansprüche der verschiedenen Arbeitgeber aber getrennt bleiben und nur Leistungen an ihre jeweiligen Arbeitnehmer betreffen. Gemeinschaftlich verwaltete Pläne verursachen keine besonderen Bilanzierungsprobleme, weil die erforderlichen Informationen jederzeit verfügbar sind, um sie wie jeden anderen Plan eines einzelnen Arbeitgebers zu behandeln, und weil solche Pläne die teilnehmenden Unternehmen keinen versicherungsmathematischen Risiken in Bezug auf aktive und ausgeschiedene Arbeitnehmer der anderen Unternehmen aussetzen. Die Definitionen in diesem Standard verpflichten ein Unternehmen, einen gemeinschaftlich verwalteten Plan entsprechend dem Regelungswerk des Plans (einschließlich möglicher faktischer Verpflichtungen, die über die formalen Regelungsinhalte hinausgehen) als einen beitragsorientierten Plan oder einen leistungsorientierten Plan einzuordnen.

39 Bei der Feststellung, wann eine im Zusammenhang mit der Auflösung eines leistungsorientierten Plans mehrerer Arbeitgeber oder des Ausscheidens des Unternehmens aus einem leistungsorientierten Plan mehrerer Arbeitgeber entstandene Schuld anzusetzen und wie sie zu bewerten ist, hat ein Unternehmen IAS 37 *Rückstellungen, Eventualschulden und Eventualforderungen* anzuwenden.

Leistungsorientierte Pläne, die Risiken auf verschiedene Unternehmen unter gemeinsamer Beherrschung verteilen

40 Leistungsorientierte Pläne, die Risiken auf mehrere, unter gemeinsamer Beherrschung stehende Unternehmen verteilen, wie auf ein Mutterunternehmen und seine Tochterunternehmen, gelten nicht als gemeinschaftliche Pläne mehrerer Arbeitgeber.

41 Ein an einem solchen Plan teilnehmendes Unternehmen hat Informationen über den gesamten Plan einzuholen, der nach dem vorliegenden Standard auf Grundlage von Annahmen, die für den gesamten Plan gelten, bewertet wird. Besteht eine vertragliche Vereinbarung oder eine

*) **Amtl. Anm.:** In diesem Standard werden Geldbeträge in „Währungseinheiten (WE)" ausgedrückt.

ausgewiesene Richtlinie, die leistungsorientierten Nettokosten des gesamten, gemäß dem vorliegenden Standard bewerteten Plans einzelnen Unternehmen der Gruppe anzulasten, so hat das Unternehmen die angelasteten leistungsorientierten Nettokosten in seinem separaten Einzelabschluss oder dem Jahresabschluss zu erfassen. Gibt es keine derartige Vereinbarung oder Richtlinie, sind die leistungsorientierten Nettokosten von dem Unternehmen der Gruppe, das das rechtliche Trägerunternehmen des Plans ist, in seinem separaten Einzelabschluss oder in seinem Jahresabschluss zu erfassen. Die anderen Unternehmen der Gruppe haben in ihren separaten Einzelabschlüssen oder Jahresabschlüssen einen Aufwand zu erfassen, der ihrem in der betreffenden Berichtsperiode zu zahlenden Beitrag entspricht.

Für jedes einzelne Unternehmen der Gruppe stellt die Teilnahme an einem solchen Plan einen Geschäftsvorfall mit nahe stehenden Unternehmen und Personen dar. Daher hat ein Unternehmen in seinem separaten Einzelabschluss oder seinem Jahresabschluss die in Paragraph 149 vorgeschriebenen Angaben zu machen. **42**

Staatliche Pläne

Ein Unternehmen hat einen staatlichen Plan genauso zu behandeln wie einen gemeinschaftlichen Plan mehrerer Arbeitgeber (siehe Paragraphen 32-39). **43**

Staatliche Pläne werden durch die Gesetzgebung festgelegt, um alle Unternehmen (oder alle Unternehmen einer bestimmten Kategorie, wie z. B. in einem bestimmten Industriezweig) zu erfassen, und sie werden vom Staat, von regionalen oder überregionalen Einrichtungen des öffentlichen Rechts oder anderen Stellen (z. B. eigens dafür geschaffenen autonomen Institutionen) betrieben, welche nicht der Kontrolle oder Einflussnahme des berichtenden Unternehmens unterstehen. Einige von Unternehmen eingerichtete Pläne erbringen sowohl Pflichtleistungen – und ersetzen insofern die andernfalls über einen staatlichen Plan zu versichernden Leistungen – als auch zusätzliche freiwillige Leistungen. Solche Pläne sind keine staatlichen Pläne. **44**

Staatliche Pläne werden als leistungsorientiert oder als beitragsorientiert eingestuft, je nachdem, welche Verpflichtungen dem Unternehmen aus dem Plan erwachsen. Viele staatliche Pläne werden nach dem Umlageprinzip finanziert: die Beiträge werden dabei so festgesetzt, dass sie ausreichen, um die erwarteten fälligen Leistungen der gleichen Periode zu erbringen; künftige, in der laufenden Periode erdiente Leistungen werden aus künftigen Beiträgen erbracht. Dennoch besteht bei staatlichen Plänen in den meisten Fällen keine rechtliche oder faktische Verpflichtung des Unternehmens zur Zahlung dieser künftigen Leistungen: es ist nur dazu verpflichtet, die fälligen Beiträge zu entrichten, und wenn das Unternehmen keine dem staatlichen Plan angehörenden Mitarbeiter mehr beschäftigt, ist es auch nicht verpflichtet, die in früheren Jahren erdienten Leistungen der eigenen Mitarbeiter zu erbringen. Deswegen sind staatliche Pläne im Regelfall beitragsorientierte Pläne. In den Fällen, in denen staatliche Pläne leistungsorientierte Pläne sind, wendet ein Unternehmen die Vorschriften der Paragraphen 32-39 an. **45**

Versicherte Leistungen

Ein Unternehmen kann einen Plan für Leistungen nach Beendigung des Arbeitsverhältnisses durch Zahlung von Versicherungsprämien finanzieren. Ein solcher Plan ist als beitragsorientierter Plan zu behandeln, es sei denn, das Unternehmen ist (unmittelbar oder mittelbar über den Plan) rechtlich oder faktisch dazu verpflichtet, **46**

(a) die Leistungen bei Fälligkeit entweder unmittelbar an die Arbeitnehmer zu zahlen; oder

(b) zusätzliche Beträge zu entrichten, falls der Versicherer nicht alle in der laufenden oder früheren Perioden erdienten Leistungen zahlt.

Wenn eine solche rechtliche oder faktische Verpflichtung beim Unternehmen verbleibt, ist der Plan als leistungsorientierter Plan zu behandeln.

Die durch einen Versicherungsvertrag versicherten Leistungen müssen keine direkte oder automatische Beziehung zur Verpflichtung des Unternehmens haben. Bei versicherten Plänen für **47**

Leistungen nach Beendigung des Arbeitsverhältnisses gilt die gleiche Unterscheidung zwischen Bilanzierung und Finanzierung wie bei anderen fondsfinanzierten Plänen.

48 Wenn ein Unternehmen eine Verpflichtung zu einer nach Beendigung des Arbeitsverhältnisses zu erbringenden Leistung über Beiträge zu einem Versicherungsvertrag finanziert und gemäß diesem eine rechtliche oder faktische Verpflichtung bei dem Unternehmen verbleibt (unmittelbar oder mittelbar über den Plan, durch den Mechanismus bei der Festlegung zukünftiger Beiträge oder, weil der Versicherer ein verbundenes Unternehmen ist), ist die Zahlung der Versicherungsprämien nicht als beitragsorientierte Vereinbarung einzustufen. Daraus folgt, dass das Unternehmen

(a) den qualifizierenden Versicherungsvertrag als Planvermögen erfasst (siehe Paragraph 8); und

(b) andere Versicherungsverträge als Erstattungsansprüche bilanziert (wenn die Verträge die Kriterien des Paragraphen 116 erfüllen).

49 Ist ein Versicherungsvertrag auf den Namen eines einzelnen Planbegünstigten oder auf eine Gruppe von Planbegünstigten ausgestellt und das Unternehmen weder rechtlich noch faktisch dazu verpflichtet, mögliche Verluste aus dem Versicherungsvertrag auszugleichen, so ist das Unternehmen auch nicht dazu verpflichtet, Leistungen unmittelbar an die Arbeitnehmer zu zahlen; die alleinige Verantwortung zur Zahlung der Leistungen liegt dann beim Versicherer. Im Rahmen solcher Verträge stellt die Zahlung der festgelegten Versicherungsprämien grundsätzlich die Abgeltung der Leistungsverpflichtung an Arbeitnehmer dar und nicht lediglich eine Finanzinvestition zur Erfüllung der Verpflichtung. Folglich existiert bei dem Unternehmen kein diesbezüglicher Vermögenswert und keine diesbezügliche Schuld mehr. Ein Unternehmen behandelt derartige Zahlungen daher wie Beiträge an einen beitragsorientierten Plan.

Leistungen nach Beendigung des Arbeitsverhältnisses: Beitragsorientierte Pläne

50 Die Bilanzierung beitragsorientierter Pläne ist einfach, weil die Verpflichtung des berichtenden Unternehmens in jeder Periode durch die für diese Periode zu entrichtenden Beiträge bestimmt ist. Deswegen sind zur Bewertung von Verpflichtung oder Aufwand des Unternehmens keine versicherungsmathematischen Annahmen erforderlich und können keine versicherungsmathematischen Gewinne oder Verluste entstehen. Darüber hinaus werden die Verpflichtungen auf nicht abgezinster Basis bewertet, es sei denn, sie sind nicht in voller Höhe innerhalb von zwölf Monaten nach Ende der Periode fällig, in der die damit verbundenen Arbeitsleistungen erbracht werden.

Ansatz und Bewertung

51 Hat ein Arbeitnehmer im Verlauf einer Periode Arbeitsleistungen erbracht, so hat das Unternehmen den im Austausch für die Arbeitsleistung zu zahlenden Beitrag an einen beitragsorientierten Plan wie folgt anzusetzen:

(a) als Schuld (abzugrenzender Aufwand) nach Abzug bereits entrichteter Beiträge. Übersteigt der bereits gezahlte Beitrag denjenigen Beitrag, der der bis zum Abschlussstichtag erbrachten Arbeitsleistung entspricht, so hat das Unternehmen die Differenz als Vermögenswert zu aktivieren (aktivische Abgrenzung), sofern die Vorauszahlung beispielsweise zu einer Verringerung künftiger Zahlungen oder einer Rückerstattung führen wird.

(b) als Aufwand, es sei denn, ein anderer Standard verlangt oder erlaubt die Einbeziehung des Beitrags in die Anschaffungs- oder Herstellungskosten eines Vermögenswerts (siehe z. B. IAS 2 und IAS 16).

Soweit Beiträge an einen beitragsorientierten Plan voraussichtlich nicht innerhalb von zwölf Monaten nach Ende der jährlichen Periode, in der die Arbeitnehmer die entsprechende Arbeitsleistung erbracht haben, in voller Höhe abgegolten werden, sind sie unter Anwendung des in Paragraph 83 angegebenen Abzinsungssatzes abzuzinsen. **52**

Angaben

Der als Aufwand für einen beitragsorientierten Versorgungsplan erfasste Betrag ist im Abschluss des Unternehmens anzugeben. **53**

Falls IAS 24 dies vorschreibt, sind auch über Beiträge an beitragsorientierte Versorgungspläne für Mitglieder der Geschäftsleitung Informationen vorzulegen. **54**

Leistungen nach Beendigung des Arbeitsverhältnisses: Leistungsorientierte Pläne

Die Bilanzierung leistungsorientierter Pläne ist komplex, weil zur Bewertung von Verpflichtung und Aufwand versicherungsmathematische Annahmen erforderlich sind und versicherungsmathematische Gewinne und Verluste auftreten können. Darüber hinaus wird die Verpflichtung auf abgezinster Basis bewertet, da sie möglicherweise erst viele Jahre nach Erbringung der damit zusammenhängenden Arbeitsleistung der Arbeitnehmer gezahlt wird. **55**

Ansatz und Bewertung

Leistungsorientierte Versorgungspläne können durch die Zahlung von Beiträgen des Unternehmens, manchmal auch seiner Arbeitnehmer, an eine vom berichtenden Unternehmen unabhängige, rechtlich selbständige Einheit oder einen Fonds, aus der/dem die Leistungen an die Arbeitnehmer gezahlt werden, ganz oder teilweise finanziert sein, oder sie bestehen ohne Fondsdeckung. Die Zahlung der über einen Fonds finanzierten Leistungen hängt bei deren Fälligkeit nicht nur von der Vermögens- und Finanzlage und dem Anlageerfolg des Fonds ab, sondern auch von der Fähigkeit (und Bereitschaft) des Unternehmens, etwaige Fehlbeträge im Vermögen des Fonds auszugleichen. Daher trägt letztlich das Unternehmen die mit dem Plan verbundenen versicherungsmathematischen Risiken und Anlagerisiken. Der für einen leistungsorientierten Plan zu erfassende Aufwand entspricht daher nicht notwendigerweise dem in der Periode fälligen Beitrag. **56**

Die Bilanzierung leistungsorientierter Pläne durch ein Unternehmen umfasst folgende Schritte: **57**

(a) Die Bestimmung des Fehlbetrags oder der Vermögensüberdeckung. Dies beinhaltet:

   (i) die Anwendung einer versicherungsmathematischen Methode, nämlich des Verfahrens laufender Einmalprämien, zur verlässlichen Schätzung des dem Unternehmen tatsächlich entstehenden Aufwands für die Leistungen, die Arbeitnehmer im Austausch für in der laufenden Periode und in früheren Perioden erbrachte Arbeitsleistungen erdient haben (siehe Paragraphen 67-69). Dazu muss ein Unternehmen bestimmen, wie viel der Leistungen der laufenden und den früheren Perioden zuzuordnen ist (siehe Paragraphen 70-74), und Einschätzungen (versicherungsmathematische Annahmen) zu demographischen Variablen (z. B. Arbeitnehmerfluktuation und Sterbewahrscheinlichkeit) sowie zu finanziellen Variablen (z. B. künftige Gehaltssteigerungen oder Kostentrends für medizinische Versorgung) vornehmen, die die Kosten für die zugesagten Leistungen beeinflussen (siehe Paragraphen 75-98);

   (ii) die Abzinsung dieser Leistungen zur Bestimmung des Barwerts der leistungsorientierten Verpflichtung und des Dienstzeitaufwands der laufenden Periode (siehe Paragraphen 67-69 und 83-86)

   (iii) den Abzug des beizulegenden Zeitwerts von Planvermögenswerten (siehe Paragraphen 113-115) vom Barwert der leistungsorientierten Verpflichtung.

(b) Die Bestimmung der Höhe der Nettoschuld aus leistungsorientierten Versorgungsplänen (Vermögenswert) als Betrag des gemäß (a) bestimmten Fehlbetrags bzw. der Vermögensüberdeckung. Dieser wird um die Auswirkungen einer Begrenzung des Nettovermögenswerts aus leistungsorientierten Versorgungsplänen auf die Vermögensobergrenze berichtigt.

(c) Die Bestimmung der folgenden, ergebniswirksam anzusetzenden Beträge:

 (i) laufender Dienstzeitaufwand (siehe Paragraphen 70–74 und Paragraph 122A).

 (ii) nachzuverrechnender Dienstzeitaufwand und Gewinn oder Verlust bei Abgeltung (siehe Paragraphen 99-112).

 (iii) Nettozinsen auf die Nettoschuld aus leistungsorientierten Versorgungsplänen (Vermögenswert) (siehe Paragraphen 123-126).

(d) Die Bestimmung der Neubewertungen der Nettoschuld (Vermögenswert) aus einem leistungsorientierten Versorgungsplan. Diese sind unter „Sonstiges Ergebnis“ anzusetzen und setzen sich zusammen aus:

 (i) den versicherungsmathematischen Gewinnen und Verlusten (siehe Paragraphen 128 und 129);

 (ii) dem Ertrag aus Planvermögen unter Ausschluss von Beträgen, die in den Nettozinsen auf Nettoschulden (Vermögenswerte) aus leistungsorientierten Versorgungsplänen enthalten sind (siehe Paragraph 130); und

 (iii) Veränderungen in der Auswirkung der Vermögensobergrenze (siehe Paragraph 64) unter Ausschluss von Beträgen, die in den Nettozinsen auf Nettoschulden (Vermögenswert) aus leistungsorientierten Versorgungsplänen enthalten sind.

Wenn ein Unternehmen mehr als einen leistungsorientierten Versorgungsplan hat, sind diese Verfahren auf jeden wesentlichen Plan gesondert anzuwenden.

58 Ein Unternehmen hat die Nettoschuld (Vermögenswert) aus leistungsorientierten Versorgungsplänen so regelmäßig zu bestimmen, dass sichergestellt ist, dass sich die in den Abschlüssen angesetzten Beträge nicht wesentlich von den Beträgen unterscheiden, die sich bei Bestimmung am Abschlussstichtag ergäben.

59 Der vorliegende Standard empfiehlt, schreibt aber nicht vor, dass ein Unternehmen in die Bewertung aller wesentlichen Verpflichtungen, die die nach Beendigung des Arbeitsverhältnisses zu erbringende Leistungen betreffen, einen qualifizierten Versicherungsmathematiker einbezieht. Ein Unternehmen kann aus praktischen Gründen bereits vor dem Abschlussstichtag einen qualifizierten Versicherungsmathematiker mit einer detaillierten Bewertung der Verpflichtung beauftragen. Die Ergebnisse dieser Bewertung werden jedoch aktualisiert, um wesentlichen Geschäftsvorfällen und anderen wesentlichen Veränderungen bei den Umständen (einschließlich Veränderungen bei Marktpreisen und Zinssätzen) bis zum Abschlussstichtag Rechnung zu tragen.

60 In einigen Fällen können die in diesem Standard dargestellten detaillierten Berechnungen durch Schätzungen, Durchschnittsbildung und vereinfachte Berechnungen verlässlich angenähert werden.

Bilanzierung der faktischen Verpflichtung

61 Ein Unternehmen hat nicht nur die aus dem formalen Regelungswerk eines leistungsorientierten Plans resultierenden rechtlichen Verpflichtungen zu bilanzieren, sondern auch alle faktischen Verpflichtungen, die aus betriebsüblichen Praktiken resultieren. Betriebliche Praxis begründet faktische Verpflichtungen, wenn das Unternehmen keine realistische Alternative zur Zahlung der Leistungen an Arbeitnehmer hat. Eine faktische Verpflichtung ist beispielsweise dann gegeben, wenn eine Änderung der üblichen betrieblichen Praxis zu einer unannehmbaren Schädigung des sozialen Klimas im Betrieb führen würde.

Die formalen Regelungen eines leistungsorientierten Plans können es einem Unternehmen gestatten, sich von seinen Verpflichtungen aus dem Plan zu befreien. Dennoch ist es gewöhnlich schwierig, Pläne (ohne Zahlungen) aufzuheben, wenn die Arbeitnehmer gehalten werden sollen. Solange das Gegenteil nicht belegt wird, erfolgt daher die Bilanzierung unter der Annahme, dass ein Unternehmen, das seinen Arbeitnehmer gegenwärtig solche Leistungen zusagt, dies während der erwarteten Restlebensarbeitszeit der Arbeitnehmer auch weiterhin tun wird. **62**

Bilanz

Ein Unternehmen hat die Nettoschuld (Vermögenswert) aus leistungsorientierten Versorgungsplänen in der Bilanz anzusetzen. **63**

Erzielt ein Unternehmen aus einem leistungsorientierten Plan eine Vermögensüberdeckung, hat es den Vermögenswert aus dem leistungsorientierten Versorgungsplan zum jeweils niedrigeren der folgenden Beträge anzusetzen: **64**

(a) der Vermögensüberdeckung des leistungsorientierten Plans;

(b) der Vermögensobergrenze. Diese wird anhand des in Paragraph 83 aufgeführten Abzinsungssatzes bestimmt.

Ein Vermögenswert aus dem leistungsorientierten Versorgungsplan kann entstehen, wenn ein solcher Plan überdotiert ist oder versicherungsmathematische Gewinne entstanden sind. In diesen Fällen bilanziert das Unternehmen einen Vermögenswert, da **65**

(a) das Unternehmen Verfügungsgewalt über eine Ressource besitzt, d. h. die Möglichkeit hat, aus der Überdotierung künftigen Nutzen zu ziehen;

(b) diese Verfügungsgewalt Ergebnis von Ereignissen der Vergangenheit ist (vom Unternehmen gezahlte Beiträge und von den Arbeitnehmern erbrachte Arbeitsleistung); und

(c) dem Unternehmen daraus künftige wirtschaftliche Vorteile entstehen, und zwar entweder in Form geminderter künftiger Beitragszahlungen oder in Form von Rückerstattungen, entweder unmittelbar an das Unternehmen selbst oder mittelbar an einen anderen Plan mit Vermögensunterdeckung. Die Vermögensobergrenze ist der Barwert dieser künftigen Vorteile.

Ansatz und Bewertung: Barwert leistungsorientierter Verpflichtungen und laufender Dienstzeitaufwand

Die letztendlichen Kosten eines leistungsorientierten Plans können durch viele Variablen beeinflusst werden, wie Endgehälter, Mitarbeiterfluktuation und Sterbewahrscheinlichkeit, Arbeitnehmerbeiträge und Kostentrends im Bereich der medizinischen Versorgung. Die tatsächlichen Kosten des Plans sind ungewiss und diese Ungewissheit besteht in der Regel über einen langen Zeitraum. Um den Barwert von Leistungsverpflichtungen nach Beendigung des Arbeitsverhältnisses und den damit verbundenen Dienstzeitaufwand einer Periode zu bestimmen, ist es erforderlich, **66**

(a) eine versicherungsmathematische Bewertungsmethode anzuwenden (siehe Paragraphen 67-69);

(b) die Leistungen den Dienstjahren der Arbeitnehmer zuzuordnen (siehe Paragraphen 70-74); und

(c) versicherungsmathematische Annahmen zu treffen (siehe Paragraphen 75-98).

Versicherungsmathematische Bewertungsmethode

Zur Bestimmung des Barwerts einer leistungsorientierten Verpflichtung, des damit verbundenen Dienstzeitaufwands und, falls zutreffend, des nachzuverrechnenden Dienstzeitaufwands hat ein Unternehmen die Methode der laufenden Einmalprämien anzuwenden. **67**

68 Die Methode der laufenden Einmalprämien (mitunter auch als Anwartschaftsansammlungsverfahren oder Anwartschaftsbarwertverfahren bezeichnet, weil Leistungsbausteine linear pro-rata oder der Planformel folgend den Dienstjahren zugeordnet werden) geht davon aus, dass in jedem Dienstjahr ein zusätzlicher Teil des Leistungsanspruchs erdient wird (siehe Paragraphen 70-74) und bewertet jeden dieser Leistungsbausteine separat, um so die endgültige Verpflichtung aufzubauen (siehe Paragraphen 75-98).

Beispiele zur Veranschaulichung des Paragraphen 68

Bei Beendigung des Arbeitsverhältnisses ist eine Kapitalleistung in Höhe von 1 % des Endgehalts für jedes geleistete Dienstjahr zu zahlen. Im ersten Dienstjahr beträgt das Gehalt 10 000 WE und steigt erwartungsgemäß jedes Jahr um 7 % (bezogen auf den Vorjahresstand). Der angewendete Abzinsungssatz beträgt 10 % per annum. Die folgende Tabelle veranschaulicht, wie sich die Verpflichtung für einen Mitarbeiter aufbaut, der voraussichtlich am Ende des 5. Dienstjahres ausscheidet, wobei unterstellt wird, dass die versicherungsmathematischen Annahmen keinen Änderungen unterliegen. Zur Vereinfachung wird im Beispiel die ansonsten erforderliche Berücksichtigung der Wahrscheinlichkeit vernachlässigt, dass der Arbeitnehmer vor oder nach diesem Zeitpunkt ausscheidet.

Jahr	1	2	3	4	5
	WE	WE	WE	WE	WE
Leistung erdient in:					
– früheren Dienstjahren	0	131	262	393	524
– dem laufenden Dienstjahr (1 % des Endgehalts)	131	131	131	131	131
– dem laufenden und früheren Dienstjahren	131	262	393	524	655
Verpflichtung zu Beginn des Berichtszeitraums	–	89	196	324	476
Zinsen von 10 %	–	9	20	33	48
Laufender Dienstzeitaufwand	89	98	108	119	131
Verpflichtung am Ende des Berichtszeitraums	89	196	324	476	655

Anmerkung:

1 Die Verpflichtung zu Beginn des Berichtszeitraums entspricht dem Barwert der Leistungen, die früheren Dienstjahren zugeordnet werden.

2 Der laufende Dienstzeitaufwand entspricht dem Barwert der Leistungen, die dem laufenden Dienstjahr zugeordnet werden.

3 Die Verpflichtung am Ende des Berichtszeitraums entspricht dem Barwert der Leistungen, die dem laufenden und früheren Dienstjahren zugeordnet werden.

69 Die gesamte Verpflichtung für Leistungen nach Beendigung des Arbeitsverhältnisses ist vom Unternehmen abzuzinsen, auch wenn ein Teil der Verpflichtung voraussichtlich innerhalb von zwölf Monaten nach dem Abschlussstichtag abgegolten wird.

Zuordnung von Leistungen zu Dienstjahren

70 Bei der Bestimmung des Barwerts seiner leistungsorientierten Verpflichtungen, des damit verbundenen Dienstzeitaufwands und, sofern zutreffend, des nachzuverrechnenden Dienstzeitaufwands hat das Unternehmen die Leistungen den Dienstjahren so zuzuordnen, wie es die Planformel vorgibt. Führt die in späteren Dienstjahren erbrachte Arbeitsleistung der Arbeitnehmer allerdings zu einem wesentlich höheren Leistungsniveau als die in früheren Dienstjahren erbrachte Arbeitsleistung, so ist die Leistungszuordnung linear vorzunehmen, und zwar

(a) ab dem Zeitpunkt, zu dem die Arbeitsleistung des Arbeitnehmers erstmalig zu Leistungen aus dem Plan führt (unabhängig davon, ob die Gewährung der Leistungen vom Fortbestand des Arbeitsverhältnisses abhängig ist oder nicht); bis

(b) zu dem Zeitpunkt, ab dem die weitere Arbeitsleistung des Arbeitnehmers die Leistungen aus dem Plan, von Erhöhungen wegen Gehaltssteigerungen abgesehen, nicht mehr wesentlich erhöht.

Das Verfahren der laufenden Einmalprämien verlangt, dass das Unternehmen der laufenden Periode (zwecks Bestimmung des laufenden Dienstzeitaufwands) sowie der laufenden und früheren Perioden (zwecks Bestimmung des gesamten Barwerts der leistungsorientierten Verpflichtung) Leistungsteile zuordnet. Leistungsteile werden jenen Perioden zugeordnet, in denen die Verpflichtung, diese nach Beendigung des Arbeitsverhältnisses zu gewähren, entsteht. Diese Verpflichtung entsteht in dem Maße, wie die Arbeitnehmer ihre Arbeitsleistungen im Austausch für die ihnen nach Beendigung des Arbeitsverhältnisses vom Unternehmen erwartungsgemäß in späteren Berichtsperioden zu zahlenden Leistungen erbringen. Versicherungsmathematische Verfahren versetzen das Unternehmen in die Lage, diese Verpflichtung hinreichend verlässlich zu bewerten, um den Ansatz einer Schuld zu begründen. 71

Beispiele zur Veranschaulichung des Paragraphen 71

1 Ein leistungsorientierter Plan sieht bei Renteneintritt die Zahlung einer Kapitalleistung von 100 WE für jedes Dienstjahr vor.

Jedem Dienstjahr wird eine Leistung von 100 WE zugeordnet. Der laufende Dienstzeitaufwand entspricht dem Barwert von 100 WE. Der gesamte Barwert der leistungsorientierten Verpflichtung entspricht dem Barwert von 100 WE, multipliziert mit der Anzahl der bis zum Abschlussstichtag geleisteten Dienstjahre.

Wenn die Leistung unmittelbar beim Ausscheiden des Arbeitnehmers aus dem Unternehmen fällig wird, geht der erwartete Zeitpunkt des Ausscheidens des Arbeitnehmers in die Berechnung des laufenden Dienstzeitaufwands und des Barwerts der leistungsorientierten Verpflichtung ein. Folglich sind beide Werte — wegen des Abzinsungseffektes — geringer als die Beträge, die sich bei Ausscheiden des Mitarbeiters am Abschlussstichtag ergeben würden.

2 Ein Plan sieht eine monatliche Rente von 0,2 % des Endgehalts für jedes Dienstjahr vor. Die Rente ist ab Vollendung des 65. Lebensjahres zu zahlen.

Jedem Dienstjahr wird eine Leistung in Höhe des zum erwarteten Zeitpunkt des Renteneintritts ermittelten Barwerts einer lebenslangen monatlichen Rente von 0,2 % des geschätzten Endgehalts zugeordnet. Diese ist ab dem erwarteten Tag des Renteneintritts bis zum erwarteten Todestag zu zahlen. Der laufende Dienstzeitaufwand entspricht dem Barwert dieser Leistung. Der Barwert der leistungsorientierten Verpflichtung entspricht dem Barwert monatlicher Rentenzahlungen in Höhe von 0,2 % des Endgehalts, multipliziert mit der Anzahl der bis zum Abschlussstichtag geleisteten Dienstjahre. Der laufende Dienstzeitaufwand und der Barwert der leistungsorientierten Verpflichtung werden abgezinst, weil die Rentenzahlungen erst mit Vollendung des 65. Lebensjahres beginnen.

Die erbrachte Arbeitsleistung eines Arbeitnehmers führt bei leistungsorientierten Plänen selbst dann zu einer Verpflichtung, wenn die Gewährung der Leistungen vom Fortbestand der Arbeitsverhältnisse abhängt (die Leistungen also noch nicht unverfallbar sind). Arbeitsleistung, die vor Eintritt der Unverfallbarkeit erbracht wurde, begründet eine faktische Verpflichtung, weil die bis zur vollen Anspruchsberechtigung noch zu erbringende Arbeitsleistung an jedem folgenden Abschlussstichtag sinkt. Das Unternehmen berücksichtigt bei der Bewertung seiner leistungsorientierten Verpflichtung die Wahrscheinlichkeit, dass einige Mitarbeiter die Unverfallbarkeitsvoraussetzungen nicht erfüllen. Auch wenn verschiedene Leistungen nach Beendigung des Arbeitsverhältnisses nur dann gezahlt werden, wenn nach dem Ausscheiden eines Arbeitnehmers ein bestimmtes Ereignis eintritt, z. B. im Falle der medizinischen Versorgung nach Beendigung des Arbeitsverhältnisses, entsteht gleichermaßen eine Verpflichtung bereits mit der Erbringung der Arbeitsleistung des Arbeitnehmers, wenn diese einen Leistungsanspruch bei Eintritt des be- 72 stimmten Ereignisses begründet. Die Wahrscheinlichkeit, dass das bestimmte Ereignis eintritt, beeinflusst die Verpflichtung in ihrer Höhe, nicht jedoch dem Grunde nach.

Beispiele zur Veranschaulichung des Paragraphen 72

1 Ein Plan zahlt eine Leistung von 100 WE für jedes Dienstjahr. Nach zehn Dienstjahren wird die Anwartschaft unverfallbar.

Jedem Dienstjahr wird eine Leistung von 100 WE zugeordnet. In jedem der ersten zehn Jahre ist im laufenden Dienstzeitaufwand und im Barwert der Verpflichtung die Wahrscheinlichkeit berücksichtigt, dass der Arbeitnehmer eventuell keine zehn Dienstjahre vollendet.

2 Aus einem Plan wird eine Leistung von 100 WE für jedes Dienstjahr gewährt, wobei Dienstjahre vor Vollendung des 25. Lebensjahres ausgeschlossen sind. Die Anwartschaft ist sofort unverfallbar.

Den vor Vollendung des 25. Lebensjahres erbrachten Dienstjahren wird keine Leistung zugeordnet, da die vor diesem Zeitpunkt erbrachte Arbeitsleistung (unabhängig vom Fortbestand des Arbeitsverhältnisses) keine Anwartschaft auf Leistungen begründet. Jedem Folgejahr wird eine Leistung von 100 WE zugeordnet.

73 Die Verpflichtung erhöht sich bis zu dem Zeitpunkt, ab dem weitere Arbeitsleistungen zu keiner wesentlichen Erhöhung der Leistungen mehr führen. Daher werden alle Leistungen Perioden zugeordnet, die zu diesem Zeitpunkt oder vorher enden. Die Leistung wird den einzelnen Bilanzierungsperioden nach Maßgabe der im Plan enthaltenen Formel zugeordnet. Falls jedoch die in späteren Jahren erbrachte Arbeitsleistung eines Arbeitnehmers wesentlich höhere Anwartschaften begründet als in früheren Jahren, so hat das Unternehmen die Leistungen linear über die Berichtsperioden bis zu dem Zeitpunkt zu verteilen, ab dem weitere Arbeitsleistungen des Arbeitnehmers zu keiner wesentlichen Erhöhung der Anwartschaft mehr führen. Begründet ist dies dadurch, dass letztendlich die im gesamten Zeitraum erbrachte Arbeitsleistung zu einer Anwartschaft auf diesem höheren Niveau führt.

Beispiele zur Veranschaulichung des Paragraphen 73

1 Ein Plan sieht eine einmalige Kapitalleistung von 1.000 WE vor, die nach zehn Dienstjahren unverfallbar wird. Für nachfolgende Dienstjahre sieht der Plan keine weiteren Leistungen mehr vor.

Jedem der ersten 10 Jahre wird eine Leistung von 100 WE (1.000 WE geteilt durch 10) zugeordnet.

Im laufenden Dienstzeitaufwand für jedes der ersten zehn Jahre wird die Wahrscheinlichkeit berücksichtigt, dass der Arbeitnehmer eventuell vor Vollendung von zehn Dienstjahren ausscheidet. Den folgenden Jahren wird keine Leistung zugeordnet.

2 Ein Plan zahlt bei Renteneintritt eine einmalige Kapitalleistung von 2.000 WE an alle Arbeitnehmer, die im Alter von 55 Jahren nach zwanzig Dienstjahren noch im Unternehmen beschäftigt sind oder an Arbeitnehmer, die unabhängig von ihrer Dienstzeit im Alter von 65 Jahren noch im Unternehmen beschäftigt sind.

Arbeitnehmer, die vor Vollendung des 35. Lebensjahres eintreten, erwerben erst mit Vollendung des 35. Lebensjahrs eine Anwartschaft auf Leistungen aus diesem Plan (ein Arbeitnehmer könnte mit 30 aus dem Unternehmen ausscheiden und mit 33 zurückkehren, ohne dass dies Auswirkungen auf die Höhe oder die Fälligkeit der Leistung hätte). Die Gewährung dieser Leistungen hängt von der Erbringung künftiger Arbeitsleistung ab. Zudem führt die Erbringung von Arbeitsleistung nach Vollendung des 55. Lebensjahres nicht zu einer wesentlichen Erhöhung der Anwartschaft. Für diese Arbeitnehmer ordnet das Unternehmen jedem Dienstjahr zwischen Vollendung des 35. und des 55. Lebensjahres eine Leistung von 100 WE (2.000 WE geteilt durch 20) zu.

Für Arbeitnehmer, die zwischen Vollendung des 35. und des 45. Lebensjahres eintreten, führt eine Dienstzeit von mehr als 20 Jahren nicht zu einer wesentlichen Erhöhung der Anwartschaft. Jedem der ersten 20 Dienstjahre dieser Arbeitnehmer ordnet das Unternehmen deswegen eine Leistung von 100 WE zu (2.000 WE geteilt durch 20).

Für Arbeitnehmer, die im Alter von 55 Jahren eintreten, führt eine Dienstzeit von mehr als 10 Jahren nicht zu einer wesentlichen Erhöhung der Anwartschaft. Jedem der ersten 10 Dienstjahre dieser Arbeitnehmer ordnet das Unternehmen eine Leistung von 200 WE zu (2.000 WE geteilt durch 10).

Im laufenden Dienstzeitaufwand und im Barwert der Verpflichtung wird für alle Arbeitnehmer die Wahrscheinlichkeit berücksichtigt, dass die für die Leistung erforderlichen Dienstjahre eventuell nicht erreicht werden.

3 Ein Plan für Leistungen der medizinischen Versorgung nach Beendigung des Arbeitsverhältnisses erstattet dem Arbeitnehmer 40 % der Kosten für medizinische Versorgung nach Beendigung des Arbeitsverhältnisses, wenn er nach mehr als 10 und weniger als 20 Dienstjahren ausscheidet und 50 % der Kosten, wenn er nach 20 oder mehr Jahren ausscheidet.

Nach Maßgabe der Leistungsformel des Plans ordnet das Unternehmen jedem der ersten 10 Dienstjahre 4 % (40 % geteilt durch 10) und jedem der folgenden 10 Dienstjahre 1 % (10 % geteilt durch 10) des Barwertes der erwarteten Kosten für medizinische Versorgung zu. Im laufenden Dienstzeitaufwand eines jeden Dienstjahres wird die Wahrscheinlichkeit berücksichtigt, dass der Arbeitnehmer die für die gesamten oder anteiligen Leistungen erforderlichen Dienstjahre eventuell nicht erreicht. Für Arbeitnehmer, deren Ausscheiden innerhalb von zehn Jahren erwartet wird, wird keine Leistung zugeordnet.

4 Ein Plan für Leistungen der medizinischen Versorgung nach Beendigung des Arbeitsverhältnisses erstattet dem Arbeitnehmer 10 % der Kosten für medizinische Versorgung nach Beendigung des Arbeitsverhältnisse, wenn er nach mehr als 10 und weniger als 20 Dienstjahren ausscheidet und 50 % der Kosten, wenn er nach 20 oder mehr Jahren ausscheidet.

Arbeitsleistung in späteren Jahren berechtigt zu wesentlich höheren Leistungen als Arbeitsleistung in früheren Jahren der Dienstzeit. Für Arbeitnehmer, die voraussichtlich nach 20 oder mehr Jahren ausscheiden, wird die Leistung daher linear gemäß Paragraph 71 verteilt. Arbeitsleistung nach mehr als 20 Jahren führt zu keiner wesentlichen Erhöhung der zugesagten Leistung. Deswegen wird jedem der ersten 20 Jahre ein Leistungsteil von 2,5 % des Barwerts der erwarteten Kosten der medizinischen Versorgung zugeordnet (50 % geteilt durch 20).

Für Arbeitnehmer, die voraussichtlich zwischen dem zehnten und dem zwanzigsten Jahr ausscheiden, wird jedem der ersten 10 Jahre eine Teilleistung von 1 % des Barwerts der erwarteten Kosten für die medizinische Versorgung zugeordnet.

Für diese Arbeitnehmer wird den Dienstjahren zwischen dem Ende des zehnten Jahres und dem geschätzten Datum des Ausscheidens keine Leistung zugeordnet.

Für Arbeitnehmer, deren Ausscheiden innerhalb von zehn Jahren erwartet wird, wird keine Leistung zugeordnet.

Entspricht die Höhe der zugesagten Leistung einem konstanten Anteil am Endgehalt für jedes **74** Dienstjahr, so haben künftige Gehaltssteigerungen zwar Auswirkungen auf den zur Erfüllung der am Abschlussstichtag bestehenden, auf frühere Dienstjahre zurückgehenden Verpflichtung nötigen Betrag, sie führen jedoch nicht zu einer Erhöhung der Verpflichtung selbst. Deswegen

(a) begründen Gehaltssteigerungen in Bezug auf Paragraph 70(b) keine zusätzliche Leistung an Arbeitnehmer, obwohl sich die Leistungshöhe am Endgehalt bemisst; und

(b) entspricht die jeder Berichtsperiode zugeordnete Leistung in ihrer Höhe einem konstanten Anteil desjenigen Gehalts, auf das sich die Leistung bezieht.

Beispiel zur Veranschaulichung des Paragraphen 74

Den Arbeitnehmern steht eine Leistung in Höhe von 3 % des Endgehalts für jedes Dienstjahr vor Vollendung des 55. Lebensjahres zu.

Jedem Dienstjahr bis zur Vollendung des 55. Lebensjahres wird eine Leistung in Höhe von 3 % des geschätzten Endgehalts zugeordnet. Dieses ist der Zeitpunkt, ab dem weitere Arbeitsleistung zu keiner wesentlichen Erhöhung der Leistung aus dem Plan mehr führt. Dienstzeiten nach Vollendung des 55. Lebensjahres wird keine Leistung zugeordnet.

Versicherungsmathematische Annahmen

75 Versicherungsmathematische Annahmen müssen unvoreingenommen und aufeinander abgestimmt sein.

76 Versicherungsmathematische Annahmen sind die bestmögliche Einschätzung eines Unternehmens zu Variablen, die die tatsächlichen Kosten für Leistungen nach Beendigung des Arbeitsverhältnisses bestimmen. Die versicherungsmathematischen Annahmen umfassen

(a) demografische Annahmen über die künftige Zusammensetzung der aktiven und ausgeschiedenen Arbeitnehmer (und deren Angehörigen), die für Leistungen in Frage kommen. Derartige demografische Annahmen beziehen sich auf

  (i) die Sterbewahrscheinlichkeit (siehe Paragraphen 81 und 82);

  (ii) Fluktuationsraten, Invalidisierungsraten und Frühverrentung;

  (iii) den Anteil der begünstigten Arbeitnehmer mit Angehörigen, die für Leistungen in Frage kommen;

  (iv) den Anteil der begünstigten Arbeitnehmer, die jeweils eine bestimmte, nach den Regelungen des Plans verfügbare Auszahlungsform wählen; und

  (v) die Raten der Inanspruchnahme von Leistungen aus Plänen zur medizinischen Versorgung.

(b) finanzielle Annahmen, zum Beispiel in Bezug auf:

  (i) den Zinssatz für die Abzinsung (siehe Paragraphen 83-86);

  (ii) das Leistungsniveau, unter Ausschluss von Leistungskosten, die seitens der Arbeitnehmer zu tragen sind, sowie das künftige Gehaltsniveau (siehe Paragraphen 87-95);

  (iii) im Falle von Leistungen im Rahmen medizinischer Versorgung, die künftigen Kosten im Bereich der medizinischen Versorgung, einschließlich der Kosten für die Behandlung von Ansprüchen (d. h. bei der Bearbeitung und Entscheidung von Ansprüchen entstehende Kosten einschließlich der Honorare für Anwälte und Sachverständige (siehe Paragraphen 96-98); und

  (iv) vom Plan zu tragende Steuern auf Beiträge für Dienstzeiten vor dem Berichtsstichtag oder auf Leistungen, die auf diese Dienstzeiten zurückgehen.

77 Versicherungsmathematische Annahmen sind unvoreingenommen, wenn sie weder unvorsichtig noch übertrieben vorsichtig sind.

78 Versicherungsmathematische Annahmen sind aufeinander abgestimmt, wenn sie die wirtschaftlichen Zusammenhänge zwischen Faktoren wie Inflation, Lohn- und Gehaltssteigerungen und Abzinsungssätzen widerspiegeln. Beispielsweise haben alle Annahmen, die in jeder künftigen Periode von einem bestimmten Inflationsniveau abhängen (wie Annahmen zu Zinssätzen, zu Lohnsteigerungen und zu Steigerungen von Sozialleistungen), für jede dieser Perioden von dem gleichen Inflationsniveau auszugehen.

79 Die Annahmen zum Zinssatz für die Abzinsung und andere finanzielle Annahmen werden vom Unternehmen mit nominalen (nominal festgesetzten) Werten festgelegt, es sei denn, Schätzungen auf Basis realer (inflationsbereinigter) Werte sind verlässlicher, wie z. B. in einer hochinflationären Volkswirtschaft (siehe IAS 29 *Rechnungslegung in Hochinflationsländern*) oder in Fällen, in denen die Leistung an einen Index gekoppelt ist und zugleich ein hinreichend entwickelter Markt für indexgebundene Anleihen in der gleichen Währung und mit gleicher Laufzeit vorhanden ist.

80 Annahmen zu finanziellen Variablen haben auf den am Abschlussstichtag bestehenden Erwartungen des Marktes für den Zeitraum zu beruhen, über den die Verpflichtungen zu erfüllen sind.

Versicherungsmathematische Annahmen: Sterbewahrscheinlichkeit

Bei der Bestimmung seiner Annahmen zur Sterbewahrscheinlichkeit hat ein Unternehmen seine bestmögliche Einschätzung der Sterbewahrscheinlichkeit der begünstigten Arbeitnehmer sowohl während des Arbeitsverhältnisses als auch danach zugrunde zu legen. **81**

Bei der Einschätzung der tatsächlichen Kosten für die Leistung berücksichtigt ein Unternehmen erwartete Veränderungen bei der Sterbewahrscheinlichkeit, indem es beispielsweise Standardsterbetafeln anhand von Schätzungen über Verbesserungen der Sterbewahrscheinlichkeit abändert. **82**

Versicherungsmathematische Annahmen: Abzinsungssatz

Der Zinssatz, der zur Diskontierung der Verpflichtungen für die nach Beendigung des Arbeitsverhältnisses zu erbringenden Leistungen (finanziert oder nicht-finanziert) herangezogen wird, ist auf der Grundlage der Renditen zu bestimmen, die am Abschlussstichtag für hochwertige, festverzinsliche Unternehmensanleihen am Markt erzielt werden. Für Währungen ohne liquiden Markt für solche hochwertigen, festverzinslichen Unternehmensanleihen sind stattdessen die (am Abschlussstichtag geltenden) Marktrenditen für auf diese Währung lautende Staatsanleihen zu verwenden. Währung und Laufzeiten der zugrunde gelegten Unternehmens- oder Staatsanleihen haben mit der Währung und den voraussichtlichen Fristigkeiten der nach Beendigung der Arbeitsverhältnisse zu erfüllenden Verpflichtungen übereinzustimmen. **83**

Der Abzinsungssatz ist eine versicherungsmathematische Annahme mit wesentlicher Auswirkung. Der Abzinsungssatz reflektiert den Zeitwert des Geldes, nicht jedoch das versicherungsmathematische Risiko oder das mit der Anlage des Fondsvermögens verbundene Anlagerisiko. Weiterhin gehen weder das unternehmensspezifische Ausfallrisiko, das die Gläubiger des Unternehmens tragen, noch das Risiko, dass die künftige Entwicklung von den versicherungsmathematischen Annahmen abweichen kann, in diesen Zinssatz ein. **84**

Der Abzinsungssatz berücksichtigt die voraussichtliche Auszahlung der Leistungen im Zeitablauf. In der Praxis wird ein Unternehmen dies häufig durch die Verwendung eines einzigen gewichteten Durchschnittszinssatzes erreichen, in dem sich die Fälligkeiten, die Höhe und die Währung der zu zahlenden Leistungen widerspiegeln. **85**

In einigen Fällen ist möglicherweise kein hinreichend liquider Markt für Anleihen mit ausreichend langen Laufzeiten vorhanden, die den geschätzten Fristigkeiten aller Leistungszahlungen entsprechen. In diesen Fällen verwendet ein Unternehmen für die Abzinsung kurzfristigerer Zahlungen die jeweils aktuellen Marktzinssätze für entsprechende Laufzeiten, während es den Abzinsungssatz für längerfristige Fälligkeiten durch Extrapolation der aktuellen Marktzinssätze entlang der Renditekurve schätzt. Die Höhe des gesamten Barwerts einer leistungsorientierten Verpflichtung dürfte durch den Abzinsungssatz für den Teil der Leistungen, der erst nach Endfälligkeit der zur Verfügung stehenden Industrie- oder Staatsanleihen zu zahlen ist, kaum besonders empfindlich beeinflusst werden. **86**

Versicherungsmathematische Annahmen: Gehälter, Leistungen und Kosten medizinischer Versorgung

Bei der Bewertung leistungsorientierter Verpflichtungen legt ein Unternehmen Folgendes zugrunde: **87**

(a) die aufgrund der Regelungen des Plans (oder aufgrund einer faktischen Verpflichtung auch über die Planregeln hinaus) am Abschlussstichtag zugesagten Leistungen;

(b) geschätzte künftige Gehaltssteigerungen, die sich auf die zu zahlenden Leistungen auswirken;

(c) die Auswirkung von Begrenzungen des Arbeitgeberanteils an den Kosten künftiger Leistungen;

(d) Beiträge von Arbeitnehmern oder Dritten, die zu einer Verminderung der dem Unternehmen tatsächlich entstehenden Kosten für diese Leistungen führen; und

(e) die geschätzten künftigen Änderungen beim Niveau staatlicher Leistungen, die sich auf die nach Maßgabe des leistungsorientierten Plans zu zahlenden Leistungen auswirken, jedoch nur dann, wenn entweder

  (i) diese Änderungen bereits vor dem Abschlussstichtag in Kraft getreten sind; oder

  (ii) die Erfahrungen der Vergangenheit, oder andere substanzielle Hinweise, darauf hindeuten, dass sich die staatlichen Leistungen in einer einigermaßen vorhersehbaren Weise ändern werden, z. B. in Anlehnung an künftige Veränderungen der allgemeinen Preis- oder Gehaltsniveaus.

88 Die versicherungsmathematischen Annahmen spiegeln Änderungen der künftigen Leistungen wider, die sich am Abschlussstichtag aus den formalen Regelungen des Plans (oder einer faktischen, darüber hinausgehenden Verpflichtung) ergeben. Dies ist z. B. der Fall, wenn

(a) ein Unternehmen in der Vergangenheit stets die Leistungen erhöht hat, beispielsweise um die Auswirkungen der Inflation zu mindern, und nichts darauf hindeutet, dass diese Praxis in Zukunft geändert wird;

(b) das Unternehmen entweder aufgrund der formalen Regelungen des Plans (oder aufgrund einer faktischen, darüber hinausgehenden Verpflichtung) oder aufgrund gesetzlicher Bestimmungen eine etwaige Vermögensüberdeckung im Plan zu Gunsten der begünstigten Arbeitnehmer verwenden muss (siehe Paragraph 108 (c)); oder

(c) die Leistungen in Reaktion auf ein Erfüllungsziel oder aufgrund anderer Kriterien schwanken. In den Regelungen des Plans kann beispielsweise festgelegt sein, dass bei unzureichendem Planvermögen verminderte Leistungen gezahlt oder Zusatzbeiträge der Arbeitnehmer verlangt werden. Die Bewertung der Verpflichtung spiegelt die bestmögliche Einschätzung der Auswirkungen des Erfüllungsziels oder anderer Kriterien wider.

89 Die versicherungsmathematischen Annahmen berücksichtigen nicht Änderungen der künftigen Leistungen, die sich am Abschlussstichtag nicht aus den formalen Regelungen des Plans (oder einer faktischen Verpflichtung) ergeben. Derartige Änderungen führen zu

(a) nachzuverrechnendem Dienstzeitaufwand, soweit sie die Höhe von Leistungen für vor der Änderung erbrachte Arbeitsleistung ändern; und

(b) laufendem Dienstzeitaufwand in den Perioden nach der Änderung, soweit sie die Höhe von Leistungen für nach der Änderung erbrachte Arbeitsleistung ändern.

90 Schätzungen künftiger Gehaltssteigerungen berücksichtigen Inflation, Betriebszugehörigkeit, Beförderungen und andere maßgebliche Faktoren wie Angebot und Nachfrage auf dem Arbeitsmarkt.

91 Einige leistungsorientierte Pläne begrenzen die Beiträge, die ein Unternehmen zu zahlen hat. Bei den tatsächlichen Kosten der Leistungen wird die Auswirkung einer Beitragsbegrenzung berücksichtigt. Die Auswirkung einer Beitragsbegrenzung wird für die jeweils kürzere Dauer der

(a) geschätzten Lebensdauer des Unternehmens oder

(b) der geschätzten Lebensdauer des Plans bestimmt.

92 Einige leistungsorientierte Pläne sehen eine Beteiligung der Arbeitnehmer oder Dritter an den Kosten des Plans vor. Arbeitnehmerbeiträge bedeuten für das Unternehmen eine Senkung der Kosten für die Leistungen. Ein Unternehmen berücksichtigt, ob Beiträge Dritter die Kosten der Leistungen für das Unternehmen senken oder ob sie ein Erstattungsanspruch gemäß Beschreibung in Paragraph 116 sind. Arbeitnehmerbeiträge oder Beiträge Dritter sind entweder in den formalen Regelungen des Plans festgelegt (oder ergeben sich aus einer faktischen, darüber hinausgehenden Verpflichtung) oder sie sind freiwillig. Freiwillige Beiträge durch Arbeitnehmer oder Dritte vermindern bei der Einzahlung der betreffenden Beiträge in den Plan den Dienstzeitaufwand.

In den formalen Regelungen des Plans festgelegte Beiträge von Arbeitnehmern oder Dritten vermindern entweder den Dienstzeitaufwand (wenn sie mit der Arbeitsleistung verknüpft sind) oder beeinflussen die Neubewertungen der Nettoschuld (Vermögenswert) aus leistungsorientierten Versorgungsplänen wenn sie nicht mit der Arbeitsleistung verknüpft sind. Nicht mit der Arbeitsleistung verknüpft sind Beiträge beispielsweise, wenn sie zur Senkung eines Fehlbetrags erforderlich sind, der aus Verlusten im Planvermögen oder aus versicherungsmathematischen Verlusten entstanden ist. Sind Beiträge von Arbeitnehmern oder Dritten mit der Arbeitsleistung verknüpft, so vermindern sie den Dienstzeitaufwand wie folgt: **93**

(a) wenn die Höhe der Beiträge von der Anzahl der Dienstjahre abhängig ist, hat ein Unternehmen die Beiträge den Dienstzeiten nach der gleichen Methode zuzuordnen, wie Paragraph 70 es für die Zuordnung der Bruttoleistung vorschreibt (d. h. entweder nach der Beitragsformel des Plans oder linear); oder

(b) wenn die Höhe der Beiträge nicht von der Anzahl der Dienstjahre abhängig ist, ist es dem das Unternehmen gestattet, solche Beiträge als Minderung des Dienstzeitaufwands in der Periode zu erfassen, in der die zugehörige Arbeitsleistung erbracht wird. Von der Anzahl der Dienstjahre unabhängig sind Beiträge beispielsweise, wenn sie einen festen Prozentsatz des Gehalts des Arbeitnehmers oder einen festen Betrag über die Dienstzeit hinweg ausmachen oder vom Alter des Arbeitnehmers abhängen.

Paragraph A1 enthält zugehörige Anwendungsleitlinien.

Bei Beiträgen von Arbeitnehmern oder Dritten, bei denen die Zuordnung zu Dienstzeiten nach Paragraph 93 Buchstabe a erfolgt, führen Beitragsveränderungen zu: **94**

(a) laufendem und nachzuverrechnendem Dienstzeitaufwand (sofern diese Änderungen nicht in den formalen Regelungen des Plans festgelegt sind und sich nicht aus einer faktischen Verpflichtung ergeben); oder

(b) versicherungsmathematischen Gewinnen und Verlusten (sofern diese Änderungen in den formalen Regelungen des Plans festgelegt sind oder sich aus einer faktischen Verpflichtung ergeben).

Einige Leistungen nach Beendigung des Arbeitsverhältnisses sind an Variable wie z. B. das Niveau staatlicher Altersversorgungsleistungen oder das der staatlichen medizinischen Versorgung gebunden. Bei der Bewertung dieser Leistungen werden erwartete Änderungen dieser Variablen aufgrund der Erfahrungen der Vergangenheit und anderer verlässlicher substanzieller Hinweise berücksichtigt. **95**

Bei den Annahmen zu den Kosten medizinischer Versorgung sind erwartete Kostentrends für medizinische Dienstleistungen aufgrund von Inflation oder spezifischer Anpassungen der medizinischen Kosten zu berücksichtigen. **96**

Die Bewertung von medizinischen Leistungen nach Beendigung des Arbeitsverhältnisses erfordert Annahmen über Höhe und Häufigkeit künftiger Ansprüche und über die Kosten zur Erfüllung dieser Ansprüche. Kosten der künftigen medizinischen Versorgung werden vom Unternehmen anhand eigener, aus Erfahrung gewonnener Daten geschätzt, wobei – falls erforderlich – Erfahrungswerte anderer Unternehmen, Versicherungsunternehmen, medizinischer Dienstleister und anderer Quellen hinzugezogen werden können. In die Schätzung der Kosten künftiger medizinischer Versorgung gehen die Auswirkungen technologischen Fortschritts, Änderungen der Inanspruchnahme von Gesundheitsfürsorgeleistungen oder der Bereitstellungsstrukturen sowie Änderungen des Gesundheitszustands der begünstigten Arbeitnehmer ein. **97**

Die Höhe der geltend gemachten Ansprüche und deren Häufigkeit hängen insbesondere von Alter, Gesundheitszustand und Geschlecht der Arbeitnehmer (und ihrer Angehörigen) ab, wobei jedoch auch andere Faktoren wie der geografische Standort von Bedeutung sein können. Deswegen sind Erfahrungswerte aus der Vergangenheit anzupassen, soweit die demografische Zusammensetzung des vom Plan erfassten Personenbestands von der Zusammensetzung des Bestandes abweicht, der den historischen Daten zu Grunde liegt. Eine Anpassung ist auch dann **98** erforderlich, wenn aufgrund verlässlicher substanzieller Hinweise davon ausgegangen werden kann, dass sich historische Trends nicht fortsetzen werden.

Nachzuverrechnender Dienstzeitaufwand und Gewinn oder Verlust aus der Abgeltung

99 Bei der Bestimmung des nachzuverrechnenden Dienstzeitaufwands oder eines Gewinns oder Verlusts aus der Abgeltung hat ein Unternehmen eine Neubewertung der Nettoschuld aus leistungsorientierten Versorgungsplänen (Vermögenswert) vorzunehmen. Hierbei stützt es sich auf den aktuellen beizulegenden Zeitwert des Planvermögens und aktuelle versicherungsmathematische Annahmen (unter Einschluss aktueller Marktzinssätze und anderer aktueller Marktpreise), in denen sich Folgendes widerspiegelt:

(a) die gemäß dem Plan vorgesehenen Leistungen und das Planvermögen vor der Planänderung, -kürzung oder -abgeltung; und

(b) die gemäß dem Plan vorgesehenen Leistungen und das Planvermögen nach der Planänderung, -kürzung oder -abgeltung.

100 Ein Unternehmen muss keine Unterscheidung zwischen nachzuverrechnendem Dienstzeitaufwand, der sich aus einer Plananpassung ergibt, nachzuverrechnendem Dienstzeitaufwand, der aus einer Kürzung entsteht, und Gewinn oder Verlust bei Abgeltung vornehmen, wenn diese Geschäftsvorfälle gemeinsam eintreten. In bestimmten Fällen tritt eine Plananpassung vor einer Abgeltung auf. Dies trifft beispielsweise zu, wenn ein Unternehmen die Leistungen im Rahmen des Plans verändert und diese geänderten Leistungen zu einem späteren Zeitpunkt erbringt. In derartigen Fällen setzt ein Unternehmen nachzuverrechnenden Dienstzeitaufwand vor einem eventuellen Gewinn oder Verlust bei Abgeltung an.

101 Eine Abgeltung tritt dann gemeinsam mit einer Anpassung und Kürzung eines Plans ein, wenn dieser mit dem Ergebnis aufgehoben wird, dass die Verpflichtung abgegolten wird und der Plan nicht mehr existiert. Die Aufhebung eines Plans stellt jedoch dann keine Abgeltung dar, wenn der Plan durch einen neuen ersetzt wird, der im Wesentlichen die gleichen Leistungen bietet.

101A Bei einer Planänderung, -kürzung oder -abgeltung hat das Unternehmen jeden etwaigen nachzuverrechnenden Dienstzeitaufwand oder einen bei der Abgeltung entstehenden Gewinn oder Verlust gemäß der Paragraphen 99–101 und 102–112 anzusetzen und zu bewerten. Die Auswirkung der Vermögensobergrenze ist dabei außer Acht zu lassen. Danach hat das Unternehmen die Vermögensobergrenze nach der Planänderung, -kürzung oder -abgeltung zu bestimmen und Veränderungen in der Auswirkung gemäß Paragraph 57(d) anzusetzen.

Nachzuverrechnender Dienstzeitaufwand

102 Nachzuverrechnender Dienstzeitaufwand ist die Veränderung des Barwerts der leistungsorientierten Verpflichtung, die aus einer Anpassung oder Kürzung eines Plans entsteht.

103 Ein Unternehmen hat den nachzuverrechnenden Dienstzeitaufwand zum jeweils früheren der folgenden Zeitpunkte als Aufwand anzusetzen:

(a) dem Zeitpunkt, an dem die Anpassung oder Kürzung des Plans eintritt;

(b) dem Zeitpunkt, an dem das Unternehmen verbundene Umstrukturierungskosten (siehe IAS 37) oder Leistungen aus Anlass der Beendigung des Arbeitsverhältnisses (siehe Paragraph 165) ansetzt.

104 Eine Plananpassung liegt vor, wenn ein Unternehmen einen leistungsorientierten Plan einführt oder zurückzieht oder die Leistungen verändert, die im Rahmen eines bestehenden leistungsorientierten Plans zu zahlen sind.

105 Eine Kürzung liegt vor, wenn ein Unternehmen die Anzahl der durch einen Plan versicherten Arbeitnehmer erheblich verringert. Eine Kürzung kann die Folge eines einmaligen Ereignisses wie einer Werksschließung, einer Betriebseinstellung oder einer Aufhebung oder Aussetzung eines Plans sein.

Nachzuverrechnender Dienstzeitaufwand kann entweder positiv (wenn Leistungen eingeführt oder verändert werden und sich daraus eine Zunahme des Barwerts der leistungsorientierten Verpflichtung ergibt) oder negativ sein (wenn Leistungen zurückgezogen oder in der Weise verändert werden, dass der Barwert der leistungsorientierten Verpflichtung sinkt). 106

Vermindert ein Unternehmen die Leistungen, die im Rahmen eines bestehenden leistungsorientierten Plans zu zahlen sind, und erhöht es gleichzeitig andere Leistungen, die im Rahmen des Plans für die gleichen Arbeitnehmer zu zahlen sind, dann behandelt es die Änderung als eine einzige Nettoänderung. 107

Nachzuverrechnender Dienstzeitaufwand beinhaltet nicht 108

(a) die Auswirkungen von Unterschieden zwischen tatsächlichen und ursprünglich angenommenen Gehaltssteigerungen auf die Höhe der in früheren Jahren erdienten Leistungen (nachzuverrechnender Dienstzeitaufwand entsteht nicht, da die Gehaltsentwicklung über die versicherungsmathematischen Annahmen berücksichtigt ist);

(b) zu hoch oder zu niedrig geschätzte freiwillige Rentenerhöhungen, wenn das Unternehmen faktisch verpflichtet ist, derartige Erhöhungen zu gewähren (nachzuverrechnender Dienstzeitaufwand entsteht nicht, da solche Steigerungen über die versicherungsmathematischen Annahmen berücksichtigt sind);

(c) geschätzte Auswirkungen von Leistungsverbesserungen aus versicherungsmathematischen Gewinnen oder Erträgen aus dem Planvermögen, die vom Unternehmen schon im Abschluss erfasst wurden, wenn das Unternehmen nach den Regelungen des Plans (oder aufgrund einer faktischen, über diese Regelungen hinausgehenden Verpflichtung) oder aufgrund rechtlicher Bestimmungen dazu verpflichtet ist, eine Vermögensüberdeckung des Plans zu Gunsten der vom Plan erfassten Arbeitnehmer zu verwenden, und zwar selbst dann, wenn die Leistungserhöhung noch nicht formal zuerkannt wurde (die resultierende höhere Verpflichtung ist ein versicherungsmathematischer Verlust und kein nachzuverrechnender Dienstzeitaufwand, siehe Paragraph 88); und

(d) der Zuwachs an unverfallbaren Leistungen (d. h. Leistungen, die nicht vom Fortbestand der Arbeitsverhältnisse abhängen) wenn - ohne dass neue oder verbesserte Leistungen vorliegen - Arbeitnehmer Unverfallbarkeitsbedingungen erfüllen (in diesem Fall entsteht kein nachzuverrechnender Dienstzeitaufwand, weil das Unternehmen die geschätzten Kosten für die Gewährung der Leistungen als laufender Dienstzeitaufwand in der Periode erfasst, in der die Arbeitsleistung erbracht wurde.

Gewinne oder Verluste bei Abgeltung

Der Gewinn oder Verlust bei einer Abgeltung entspricht der Differenz zwischen 109

(a) dem Barwert der leistungsorientierten Verpflichtung, die abgegolten wird, wobei der Barwert am Tag der Abgeltung bestimmt wird, und

(b) dem Preis für die Abgeltung. Dieser schließt eventuell übertragenes Planvermögen sowie unmittelbar vom Unternehmen in Verbindung mit der Abgeltung geleistete Zahlungen ein.

Ein Unternehmen hat einen Gewinn oder Verlust bei der Abgeltung eines leistungsorientierten Versorgungsplans dann anzusetzen, wenn die Abgeltung eintritt. 110

Eine Abgeltung von Versorgungsansprüchen liegt vor, wenn ein Unternehmen eine Vereinbarung eingeht, wonach alle weiteren rechtlichen oder faktischen Verpflichtungen für einen Teil oder auch die Gesamtheit der im Rahmen eines leistungsorientierten Plans zugesagten Leistungen eliminiert werden, soweit es sich nicht um eine Zahlung von Leistungen an Arbeitnehmer selbst oder zu deren Gunsten handelt, die in den Planbedingungen vorgesehen und in den versicherungsmathematischen Annahmen enthalten sind. Werden beispielsweise wesentliche Verpflichtungen des Arbeitgebers aus dem Versorgungsplan mittels Erwerb eines Versicherungsvertrags einmalig übertragen, stellt dies eine Abgeltung dar. Ein im Rahmen der Planbestimmungen durchgeführter pauschaler Barausgleich an begünstigte Arbeitnehmer im Aus- 111 tausch gegen deren Ansprüche auf den Empfang festgelegter Leistungen nach Beendigung des Arbeitsverhältnisses dagegen stellt keine Abgeltung dar.

112 In manchen Fällen erwirbt ein Unternehmen einen Versicherungsvertrag, um alle Ansprüche, die auf geleistete Arbeiten in der laufenden oder früheren Periode zurückgehen, abzudecken. Der Erwerb eines solchen Vertrags ist keine Abgeltung, wenn das Unternehmen für den Fall, dass der Versicherer die im Vertrag vorgesehenen Leistungen nicht zahlt, die rechtliche oder faktische Verpflichtung (siehe Paragraph 46) zur Zahlung weiterer Beträge behält. Die Paragraphen 116-119 behandeln den Ansatz und die Bewertung von Erstattungsansprüchen aus Versicherungsverträgen, die kein Planvermögen sind.

Ansatz und Bewertung: Planvermögen

Beizulegender Zeitwert des Planvermögens

113 Der beizulegende Zeitwert des Planvermögens wird bei der Ermittlung des Fehlbetrags oder der Vermögensüberdeckung vom beizulegenden Zeitwert der definierten Leistungsverpflichtung abgezogen. Ist kein Marktpreis verfügbar, wird der beizulegende Zeitwert des Planvermögens geschätzt, z. B. indem die erwarteten künftigen Cashflows abgezinst werden und dabei ein Zinssatz verwendet wird, der sowohl die Risiken, die mit dem Planvermögen verbunden sind, als auch die Rückzahlungstermine oder das erwartete Veräußerungsdatum dieser Vermögenswerte berücksichtigt (oder, falls Rückzahlungstermine nicht festgelegt sind, den voraussichtlichen Zeitraum bis zur Abgeltung der damit verbundenen Verpflichtung).

114 Nicht zum Planvermögen zählen fällige, aber noch nicht an den Fonds entrichtete Beiträge des berichtenden Unternehmens sowie nicht übertragbare Finanzinstrumente, die vom Unternehmen emittiert und vom Fonds gehalten werden. Das Planvermögen wird gemindert um jegliche Schulden des Fonds, die nicht im Zusammenhang mit den Versorgungsansprüchen der Arbeitnehmer stehen, zum Beispiel Verbindlichkeiten aus Lieferungen und Leistungen oder andere Verbindlichkeiten und Schulden die aus derivativen Finanzinstrumenten resultieren.

115 Soweit zum Planvermögen qualifizierende Versicherungsverträge gehören, die alle oder einige der zugesagten Leistungen hinsichtlich ihres Betrages und ihrer Fälligkeiten genau abdecken, ist der beizulegende Zeitwert der Versicherungsverträge annahmegemäß gleich dem Barwert der abgedeckten Verpflichtungen (vorbehaltlich jeder zu erfassenden Reduzierung, wenn die Beträge die aus dem Versicherungsverträgen beansprucht werden, nicht voll erzielbar sind).

Erstattungen

116 Nur wenn so gut wie sicher ist, dass eine andere Partei die Ausgaben zur Abgeltung der leistungsorientierten Verpflichtung teilweise oder ganz erstatten wird, hat ein Unternehmen

(a) seinen Erstattungsanspruch als gesonderten Vermögenswert anzusetzen. Das Unternehmen hat den Vermögenswert zum beizulegenden Zeitwert zu bewerten.

(b) Veränderungen beim beizulegenden Zeitwert seines Erstattungsanspruchs in der gleichen Weise aufzugliedern und anzusetzen wie Veränderungen beim beizulegenden Zeitwert des Planvermögens (siehe Paragraphen 124 und 125). Die gemäß Paragraph 120 angesetzten Kostenkomponenten eines leistungsorientierten Versorgungsplans können nach Abzug der Beträge, die sich auf Veränderungen beim Buchwert des Erstattungsanspruchs beziehen, angesetzt werden.

117 In einigen Fällen kann ein Unternehmen von einer anderen Partei, zum Beispiel einem Versicherer, erwarten, dass diese die Ausgaben zur Erfüllung der leistungsorientierten Verpflichtung ganz oder teilweise zahlt. Qualifizierende Versicherungsverträge, wie in Paragraph 8 definiert, sind Planvermögen. Ein Unternehmen bilanziert qualifizierende Versicherungsverträge genauso wie jedes andere Planvermögen und Paragraph 116 findet keine Anwendung (siehe auch Paragraphen 46-49 und 115).

Ist ein Versicherungsvertrag kein qualifizierender Versicherungsvertrag, dann ist dieser auch kein Planvermögen. In solchen Fällen wird Paragraph 116 angewendet: das Unternehmen erfasst den Erstattungsanspruch aus dem Versicherungsvertrag als separaten Vermögenswert und nicht als einen Abzug bei der Ermittlung des Fehlbetrags oder der Vermögensüberdeckung aus dem leistungsorientierten Versorgungsplan. Paragraph 140(b) verpflichtet das Unternehmen zu einer kurzen Beschreibung des Zusammenhangs zwischen Erstattungsanspruch und zugehöriger Verpflichtung. **118**

Entsteht der Erstattungsanspruch aus einem Versicherungsvertrag, der einige oder alle der aus einem leistungsorientierten Versorgungsplan zu zahlenden Leistungen hinsichtlich ihres Betrages und ihrer Fälligkeiten genau abdeckt, ist der beizulegende Zeitwert des Erstattungsanspruchs annahmegemäß gleich dem Barwert der abgedeckten Verpflichtung (vorbehaltlich jeder notwendigen Reduzierung, wenn die Erstattung nicht voll erzielbar ist). **119**

Kostenkomponenten leistungsorientierter Versorgungspläne

Ein Unternehmen hat die Kostenkomponenten eines leistungsorientierten Versorgungsplans anzusetzen, es sei denn, ein anderer IFRS verlangt oder erlaubt die Einbeziehung der Leistungen in die Anschaffungs- oder Herstellungskosten eines Vermögenswerts wie folgt: **120**

(a) Dienstzeitaufwand (siehe Paragraphen 66–112 und Paragraph 122A) in den Gewinn oder Verlust;

(b) Nettozinsen auf die Nettoschuld aus leistungsorientierten Versorgungsplänen (Vermögenswert) (siehe Paragraphen 123-126) in den Gewinn oder Verlust; und

(c) Neubewertungen der Nettoschuld aus leistungsorientierten Versorgungsplänen (Vermögenswert) siehe Paragraphen 127-130) in das sonstige Ergebnis.

Andere IFRS schreiben die Einbeziehung bestimmter Kosten für Leistungen an Arbeitnehmer in die Kosten von Vermögenswerten, beispielsweise Vorräte und Sachanlagen, vor (siehe IAS 2 und IAS 16). In die Kosten von Vermögenswerten einbezogene Kosten von Leistungen nach Beendigung des Arbeitsverhältnisses beinhalten auch einen angemessenen Anteil der in Paragraph 120 aufgeführten Komponenten. **121**

Neubewertungen der im sonstigen Ergebnis angesetzten Nettoschuld aus leistungsorientierten Versorgungsplänen (Vermögenswert) dürfen in einer Folgeperiode nicht in den Gewinn oder Verlust umgegliedert werden. Das Unternehmen kann die im sonstigen Ergebnis angesetzten Beträge jedoch innerhalb des Eigenkapitals übertragen. **122**

Laufender Dienstzeitaufwand

Der laufende Dienstzeitaufwand ist anhand versicherungsmathematischer Annahmen zu bestimmen, die zu Beginn der jährlichen Berichtsperiode festgelegt wurden. Nimmt ein Unternehmen allerdings eine Neubewertung der Nettoschuld aus leistungsorientierten Versorgungsplänen (Vermögenswert) gemäß Paragraph 99 vor, so hat es den laufenden Dienstzeitaufwand für den nach der Planänderung, -kürzung oder -abgeltung noch verbleibenden Teil der jährlichen Berichtsperiode zu bestimmen und sich dabei auf die versicherungsmathematischen Annahmen zu stützen, die für die Neubewertung der Nettoschuld (Vermögenswert) gemäß Paragraph 99(b) herangezogen wurden. **122A**

Nettozinsen auf die Nettoschuld aus leistungsorientierten Versorgungsplänen (Vermögenswert)

Nettozinsen auf die Nettoschuld aus leistungsorientierten Versorgungsplänen (Vermögenswert) sind mittels Multiplikation der Nettoschuld (Vermögenswert) mit dem in Paragraph 83 aufgeführten Abzinsungssatz zu ermitteln. **123**

123A Zur Bestimmung der Nettozinsen gemäß Paragraph 123 hat ein Unternehmen die Nettoschuld aus leistungsorientierten Versorgungsplänen (Vermögenswert) und den Abzinsungssatz zugrunde zu legen, die zu Beginn der jährlichen Berichtsperiode festgelegt wurden. Nimmt ein Unternehmen allerdings eine Neubewertung der Nettoschuld (Vermögenswert) gemäß Paragraph 99 vor, so hat es die Nettozinsen für den nach der Planänderung, -kürzung oder -abgeltung noch verbleibenden Teil der jährlichen Berichtsperiode zu bestimmen und sich dabei zu stützen auf:

(a) die gemäß Paragraph 99(b) bestimmte Nettoschuld aus leistungsorientierten Versorgungsplänen (Vermögenswert); und

(b) den Abzinsungssatz, der zur Neubewertung der Nettoschuld aus leistungsorientierten Versorgungsplänen (Vermögenswert) gemäß Paragraph 99(b) herangezogen wurde.

Bei der Anwendung des Paragraphen 123A hat das Unternehmen auch alle etwaigen Änderungen bei der Nettoschuld aus leistungsorientierten Versorgungsplänen (Vermögenswert) zu berücksichtigen, die während der Berichtsperiode aufgrund von Beitrags- oder Leistungszahlungen eingetreten sind.

124 Die Nettozinsen auf die Nettoschuld aus leistungsorientierten Versorgungsplänen (Vermögenswert) können in der Weise betrachtet werden, dass sie Zinserträge auf Planvermögen, Zinsaufwand auf die definierte Leistungsverpflichtung und Zinsen auf die Auswirkung der in Paragraph 64 erwähnten Vermögensobergrenze umfassen.

125 Zinserträge auf Planvermögen sind ein Bestandteil der Erträge aus Planvermögen. Sie werden durch Multiplikation des beizulegenden Zeitwerts des Planvermögens mit dem in Paragraph 123A aufgeführten Abzinsungssatz ermittelt. Der beizulegende Zeitwert des Planvermögens ist zu Beginn der jährlichen Berichtsperiode zu bestimmen. Nimmt ein Unternehmen allerdings eine Neubewertung der Nettoschuld aus leistungsorientierten Versorgungsplänen (Vermögenswert) gemäß Paragraph 99 vor, so hat es die Zinserträge für den nach der Planänderung, -kürzung oder -abgeltung noch verbleibenden Teil der jährlichen Berichtsperiode zu bestimmen und sich dabei auf das Planvermögen zu stützen, das für die Neubewertung der Nettoschuld (Vermögenswert) gemäß Paragraph 99(b) herangezogen wurde. Bei der Anwendung des Paragraphen 125 hat das Unternehmen auch alle etwaigen Änderungen beim Planvermögen zu berücksichtigen, die während der Berichtsperiode aufgrund von Beitrags- oder Leistungszahlungen eingetreten sind. Die Differenz zwischen den Zinserträgen auf Planvermögen und den Erträgen aus Planvermögen wird in die Neubewertung der Nettoschuld aus leistungsorientierten Versorgungsplänen (Vermögenswert) einbezogen.

126 Die Zinsen auf die Auswirkung der Vermögensobergrenze sind Bestandteil der gesamten Veränderung der Auswirkung der Obergrenze. Ihre Ermittlung erfolgt mittels Multiplikation der Auswirkung der Vermögensobergrenze mit dem in Paragraph 123A aufgeführten Abzinsungssatz. Die Auswirkung der Vermögensobergrenze ist zu Beginn der jährlichen Berichtsperiode zu bestimmen. Nimmt ein Unternehmen allerdings eine Neubewertung der Nettoschuld aus leistungsorientierten Versorgungsplänen (Vermögenswert) gemäß Paragraph 99 vor, so hat es die Zinsen auf die Auswirkung der Vermögensobergrenze für den nach der Planänderung, -kürzung oder -abgeltung noch verbleibenden Teil der jährlichen Berichtsperiode zu bestimmen und dabei alle etwaigen Änderungen bei der Auswirkung der Vermögensobergrenze zu berücksichtigen, die gemäß Paragraph 101A bestimmt wurden. Die Differenz zwischen den Zinsen auf die Auswirkung der Vermögensobergrenze und der gesamten Veränderung der Auswirkung der Obergrenze wird in die Neubewertung der Nettoschuld aus leistungsorientierten Versorgungsplänen (Vermögenswert) einbezogen.

Neubewertungen der Nettoschuld aus leistungsorientierten Versorgungsplänen (Vermögenswert)

127 Neubewertungen der Nettoschuld aus leistungsorientierten Versorgungsplänen umfassen:

(a) versicherungsmathematische Gewinne und Verluste (siehe Paragraphen 128 und 129);

(b) den Ertrag aus Planvermögen (siehe Paragraph 130) unter Ausschluss von Beträgen, die in den Nettozinsen auf die Nettoschuld aus leistungsorientierten Versorgungsplänen (Vermögenswert) enthalten sind (siehe Paragraph 125); und

(c) Veränderungen in der Auswirkung der Vermögensobergrenze unter Ausschluss von Beträgen, die in den Nettozinsen auf die Nettoschuld aus leistungsorientierten Versorgungsplänen (Vermögenswert) enthalten sind (siehe Paragraph 126).

Versicherungsmathematische Gewinne und Verluste entstehen aus Zu- oder Abnahmen des Barwerts der Verpflichtung aus leistungsorientierten Versorgungsplänen, die aufgrund von Veränderungen bei den versicherungsmathematischen Annahmen und erfahrungsbedingten Berichtigungen eintreten. Zu den Ursachen versicherungsmathematischer Gewinne und Verluste gehören beispielsweise: **128**

(a) unerwartet hohe oder niedrige Fluktuationsraten, Frühverrentungs- oder Sterblichkeitsquoten bei den Arbeitnehmern; unerwartet hohe oder niedrige Steigerungen bei Löhnen und Sozialleistungen (sofern die formalen oder faktischen Regelungen eines Plans Leistungsanhebungen zum Inflationsausgleich vorsehen) oder bei den Kosten medizinischer Versorgung;

(b) die Auswirkung von Änderungen bei den Annahmen über die Optionen für Leistungszahlungen;

(c) die Auswirkung von Änderungen bei den Schätzungen der Fluktuationsraten, Frühverrentungs- oder Sterblichkeitsquoten bei den Arbeitnehmern; Steigerungen bei Löhnen und Sozialleistungen (sofern die formalen oder faktischen Regelungen eines Plans Leistungsanhebungen zum Inflationsausgleich vorsehen) oder bei den Kosten medizinischer Versorgung;

(d) die Auswirkung von Änderungen des Abzinsungssatzes.

In versicherungsmathematischen Gewinnen und Verlusten sind keine Änderungen des Barwerts der definierten Leistungsverpflichtung enthalten, die durch die Einführung, Ergänzung, Kürzung oder Abgeltung des leistungsorientierten Versorgungsplans hervorgerufen werden. Ebenfalls nicht enthalten sind Änderungen bei den im Rahmen des leistungsorientierten Versorgungsplans fälligen Leistungen. Änderungen dieser Art führen zu nachzuverrechnendem Dienstzeitaufwand oder zu Gewinnen oder Verlusten bei Abgeltung. **129**

Bei der Ermittlung des Ertrags aus Planvermögen zieht ein Unternehmen die Kosten für die Verwaltung des Planvermögens sowie vom Plan selbst zu entrichtenden Steuern ab, soweit es sich nicht um Steuern handelt, die bereits in die versicherungsmathematischen Annahmen eingeflossen sind, die zur Bewertung der definierten Leistungsverpflichtung verwendet werden (Paragraph 76). Weitere Verwaltungskosten werden vom Ertrag aus Planvermögen nicht abgezogen. **130**

Darstellung

Saldierung

Ein Unternehmen hat einen Vermögenswert aus einem Plan dann und nur dann mit der Schuld aus einem anderen Plan zu saldieren, wenn das Unternehmen: **131**

(a) ein einklagbares Recht hat, die Vermögensüberdeckung des einen Plans zur Abgeltung von Verpflichtungen aus dem anderen Plan zu verwenden; und

(b) beabsichtigt, entweder die Abgeltung der Verpflichtungen auf Nettobasis herbeizuführen, oder gleichzeitig mit der Verwertung der Vermögensüberdeckung des einen Plans seine Verpflichtung aus dem anderen Plan abzugelten.

Die Kriterien für eine Saldierung gleichen annähernd denen für Finanzinstrumente gemäß IAS 32 Finanzinstrumente: Darstellung. **132**

Unterscheidung von Kurz- und Langfristigkeit

133 Einige Unternehmen unterscheiden zwischen kurzfristigen und langfristigen Vermögenswerten oder Schulden. Dieser Standard enthält keine Regelungen, ob ein Unternehmen eine diesbezügliche Unterscheidung nach kurz- und langfristigen Aktiva oder Passiva aus Leistungen nach Beendigung des Arbeitsverhältnisses vorzunehmen hat.

Kostenkomponenten leistungsorientierter Versorgungspläne

134 Paragraph 120 schreibt vor, dass ein Unternehmen den Dienstzeitaufwand und die Nettozinsen auf die Nettoschuld aus leistungsorientierten Versorgungsplänen (Vermögenswert) im Gewinn oder Verlust anzusetzen hat. Dieser Standard enthält keine Regelungen, wie ein Unternehmen Dienstzeitaufwand und Nettozinsen auf die Nettoschuld aus leistungsorientierten Versorgungsplänen (Vermögenswert) darzustellen hat. Bei der Darstellung dieser Komponenten legt das Unternehmen IAS 1 zugrunde.

Angaben

135 Ein Unternehmen hat Angaben zu machen, die

(a) die Merkmale seiner leistungsorientierten Versorgungspläne und der damit verbundenen Risiken erläutern (siehe Paragraph 139);

(b) die in seinen Abschlüssen ausgewiesenen Beträge, die sich aus seinen leistungsorientierten Versorgungsplänen ergeben (siehe Paragraphen 140-144), feststellen und erläutern; und

(c) beschreiben, in welcher Weise seine leistungsorientierten Versorgungspläne Betrag, Fälligkeit und Unsicherheit künftiger Zahlungsströme des Unternehmens beeinflussen könnten (siehe Paragraphen 145-147).

136 Zur Erfüllung der in Paragraph 135 beschriebenen Zielsetzungen berücksichtigt ein Unternehmen alle nachstehend genannten Gesichtspunkte:

(a) den zur Erfüllung der Angabepflichten notwendigen Detaillierungsgrad;

(b) das Gewicht, das auf jede der verschiedenen Vorschriften zu legen ist;

(c) den Umfang einer vorzunehmenden Zusammenfassung oder Aufgliederung; und

(d) die Notwendigkeit zusätzlicher Angaben für Nutzer der Abschlüsse, damit diese die offengelegten quantitativen Informationen auswerten können.

137 Reichen die gemäß diesem und anderen IFRS vorgelegten Angaben zur Erfüllung der Zielsetzungen in Paragraph 135 nicht aus, hat ein Unternehmen zusätzliche, zur Erfüllung dieser Zielsetzungen notwendige Angaben zu machen. Ein Unternehmen kann beispielsweise eine Analyse des Barwerts der definierten Leistungsverpflichtung vorlegen, in der Beschaffenheit, Merkmale und Risiken der Verpflichtung charakterisiert werden. In einer solchen Angabe können folgende Unterscheidungen getroffen werden:

(a) zwischen Beträgen, die aktiven begünstigten Arbeitnehmern, Anwärtern und Rentnern geschuldet werden.

(b) zwischen unverfallbaren Leistungen und angesammelten, aber nicht unverfallbar gewordenen Leistungen.

(c) zwischen bedingten Leistungen, künftigen Gehaltssteigerungen und sonstigen Leistungen.

138 Ein Unternehmen hat zu beurteilen, ob bei allen oder einigen Angaben eine Aufgliederung nach Plänen oder Gruppen von Plänen mit erheblich voneinander abweichenden Risiken vorzunehmen ist. Ein Unternehmen kann beispielsweise die Angaben zu Versorgungsplänen aufgliedern, die eines oder mehrere folgender Merkmale aufweisen:

(a) unterschiedliche geografische Standorte.
(b) unterschiedliche Merkmale wie Festgehaltspläne, Endgehaltspläne oder Pläne für medizinische Versorgung nach Beendigung des Arbeitsverhältnisses.
(c) unterschiedliche regulatorische Rahmen.
(d) unterschiedliche Berichtssegmente.
(e) unterschiedliche Finanzierungsvereinbarungen (z. B. ohne Fondsdeckung, ganz oder teilweise finanziert).

Merkmale leistungsorientierter Versorgungspläne und der damit verbundenen Risiken

Unternehmen haben Folgendes anzugeben: **139**

(a) Informationen über die Merkmale ihrer leistungsorientierten Versorgungspläne, unter Einschluss von:
   (i) der Art der durch den Plan bereitgestellten Leistungen (z. B. leistungsorientierter Versorgungsplan auf Endgehaltsbasis oder beitragsorientierter Plan mit Garantie).
   (ii) einer Beschreibung des regulatorischen Rahmens, innerhalb dessen der Versorgungsplan betrieben wird, beispielsweise der Höhe eventueller Anforderungen an die Mindestdotierungsverpflichtung sowie möglicher Auswirkungen des regulatorischen Rahmens auf den Plan. Dies kann beispielsweise die Vermögensobergrenze betreffen (siehe Paragraph 64).
   (iii) eine Beschreibung der Verantwortlichkeiten anderer Unternehmen für die Führung des Plans. Dies kann beispielsweise die Verantwortlichkeiten von Treuhändern oder Vorstandsmitgliedern des Versorgungsplans betreffen.
(b) eine Beschreibung der Risiken, mit denen der Versorgungsplan das Unternehmen belastet. Hier ist das Hauptaugenmerk auf außergewöhnliche, unternehmens- oder planspezifische Risiken sowie erhebliche Risikokonzentrationen zu richten. Wird Planvermögen hauptsächlich in eine bestimmte Klasse von Anlagen wie beispielsweise Immobilien investiert, kann für das Unternehmen durch den Versorgungsplan eine Konzentration von Immobilienmarktrisiken entstehen.
(c) eine Beschreibung von Ergänzungen, Kürzungen und Abgeltungen des Plans.

Erläuterung von in den Abschlüssen genannten Beträgen

Ein Unternehmen hat, sofern zutreffend, für jeden der folgenden Posten eine Überleitungsrechnung von der Eröffnungsbilanz zur Abschlussbilanz vorzulegen: **140**

(a) die Nettoschuld aus leistungsorientierten Versorgungsplänen (Vermögenswert) mit getrennten Überleitungsrechnungen für:
   (i) das Planvermögen;
   (ii) den Barwert der definierten Leistungsverpflichtung;
   (iii) die Auswirkung der Vermögensobergrenze.
(b) Erstattungsansprüche. Das Unternehmen hat außerdem eine Beschreibung der Beziehung zwischen einem Erstattungsanspruch und der zugehörigen Verpflichtung abzugeben.

In jeder der in Paragraph 140 aufgeführten Überleitungsrechnungen sind außerdem jeweils die folgenden Posten aufzuführen, sofern zutreffend: **141**

(a) laufender Dienstzeitaufwand;
(b) Zinserträge oder -aufwendungen;

(c) Neubewertungen der Nettoschuld aus leistungsorientierten Versorgungsplänen (Vermögenswert) mit folgenden Einzelnachweisen:
   (i) den Ertrag aus Planvermögen unter Ausschluss von Beträgen, die in den in (b) aufgeführten Zinsen enthalten sind;
   (ii) Versicherungsmathematische Gewinne und Verluste, die aus Veränderungen bei den demografischen Annahmen entstehen (siehe Paragraph 76(a));
   (iii) Versicherungsmathematische Gewinne und Verluste, die aus Veränderungen bei den finanziellen Annahmen entstehen (siehe Paragraph 76(b));
   (iv) Veränderungen der Auswirkung einer Begrenzung eines leistungsorientierten Versorgungsplans auf die Vermögensobergrenze unter Ausschluss von Beträgen, die in den Zinsen unter (b) enthalten sind. Ein Unternehmen hat außerdem anzugeben, wie es den verfügbaren maximalen wirtschaftlichen Nutzen ermittelt hat, d. h. ob es den Nutzen in Form von Rückerstattungen, in Form von geminderten künftigen Beitragszahlungen oder einer Kombination aus beidem erhalten würde.

(d) nachzuverrechnender Dienstzeitaufwand und Gewinne oder Verluste aus Abgeltungen. Nach Paragraph 100 ist es zulässig, dass zwischen nachzuverrechnendem Dienstzeitaufwand und Gewinnen oder Verlusten aus Abgeltungen keine Unterscheidung getroffen wird, wenn diese Geschäftsvorfälle gemeinsam eintreten.

(e) die Auswirkung von Wechselkursänderungen.

(f) Beiträge zum Versorgungsplan. Dabei sind Beiträge des Arbeitgebers und Beiträge begünstigter Arbeitnehmer getrennt auszuweisen.

(g) aus dem Plan geleistete Zahlungen. Dabei ist der im Zusammenhang mit Abgeltungen gezahlte Betrag getrennt auszuweisen.

(h) die Auswirkungen von Unternehmenszusammenschlüssen und Veräußerungen.

142 Ein Unternehmen hat den beizulegenden Zeitwert des Planvermögens in Klassen aufzugliedern, in denen die betreffenden Vermögenswerte nach Beschaffenheit und Risiko unterschieden werden. Dabei erfolgt in jeder Planvermögensklasse eine weitere Unterteilung in Vermögenswerte, für die eine Marktpreisnotierung in einem aktiven Markt besteht (gemäß Definition in IFRS 13 *Bemessung des beizulegenden Zeitwerts**)) und Vermögenswerte, bei denen dies nicht der Fall ist. Ein Unternehmen könnte unter Berücksichtigung des in Paragraph 136 erörterten Offenlegungsgrads beispielsweise zwischen Folgendem unterscheiden:

(a) Zahlungsmitteln und Zahlungsmitteläquivalenten;

(b) Eigenkapitalinstrumenten (getrennt nach Branche, Unternehmensgröße, geografischer Lage etc.);

(c) Schuldinstrumenten (getrennt nach Art des Emittenten, Kreditqualität, geografischer Lage etc.);

(d) Immobilien (getrennt nach geografischer Lage etc.);

(e) Derivaten (getrennt nach Art des dem Vertrag zugrunde liegenden Risikos, z. B. Zinsverträge, Devisenverträge, Eigenkapitalverträge, Kreditverträge, Langlebigkeits-Swaps etc.);

(f) Wertpapierfonds (getrennt nach Fondstyp);

(g) forderungsbesicherten Wertpapieren; und

(h) strukturierten Schulden.

143 Ein Unternehmen hat den beizulegenden Zeitwert seiner eigenen, als Planvermögen gehaltenen übertragbaren Finanzinstrumente anzugeben. Dasselbe gilt für den beizulegenden Zeit-

---

*) **Amtl. Anm.:** Hat ein Unternehmen IFRS 13 bisher noch nicht angewendet, kann es sich auf Paragraph AG71 des IAS 39 *Finanzinstrumente: Ansatz und Bewertung* oder Paragraph B.5.4.3 des IFRS 9 *Finanzinstrumente* (Oktober 2010) beziehen, sofern zutreffend.

wert von Planvermögen in Form von Immobilien oder anderen Vermögenswerten, die das Unternehmen selbst nutzt.

Ein Unternehmen hat erhebliche versicherungsmathematische Annahmen zu nennen, die zur Ermittlung des Barwerts der definierten Leistungsverpflichtung eingesetzt werden (siehe Paragraph 76). Eine solche Angabe muss in absoluten Werten erfolgen (z. B. als absoluter Prozentsatz und nicht nur als Spanne zwischen verschiedenen Prozentsätzen und anderen Variablen). Legt ein Unternehmen für eine Gruppe von Plänen zusammenfassende Angaben vor, hat es diese Angaben in Form von gewichteten Durchschnitten oder vergleichsweise engen Schwankungsbreiten zu machen. **144**

Betrag, Fälligkeit und Unsicherheit künftiger Zahlungsströme

Unternehmen haben Folgendes anzugeben: **145**

(a) Eine Sensitivitätsbetrachtung jeder erheblichen versicherungsmathematischen Annahme (gemäß Angabe nach Paragraph 144) zum Ende der Berichtsperiode, in der aufgezeigt wird, in welcher Weise die definierte Leistungsverpflichtung durch Veränderungen bei den maßgeblichen versicherungsmathematischen Annahmen, die bei vernünftiger Betrachtungsweise zu dem betreffenden Datum möglich waren, beeinflusst worden wäre.

(b) die Methoden und Annahmen, die bei der Erstellung der in (a) vorgeschriebenen Sensitivitätsbetrachtungen eingesetzt wurden, sowie die Grenzen dieser Methoden.

(c) die Änderungen bei den Methoden und Annahmen, die bei der Erstellung der in (a) vorgeschriebenen Sensitivitätsbetrachtungen eingesetzt wurden, sowie die Gründe für diese Änderungen.

Ein Unternehmen hat eine Beschreibung der Strategien vorzulegen, die der Versorgungsplan bzw. das Unternehmen zum Ausgleich der Risiken auf der Aktiv- und Passivseite verwendet. Hierunter fällt auch die Nutzung von Annuitäten und anderer Techniken wie Langlebigkeits-Swaps zum Zweck des Risikomanagements. **146**

Um die Auswirkung des leistungsorientierten Versorgungsplans auf die künftigen Zahlungsströme des Unternehmens aufzuzeigen, hat ein Unternehmen folgende Angaben vorzulegen: **147**

(a) eine Beschreibung der Finanzierungsvereinbarungen und Finanzierungsrichtlinien, die sich auf zukünftige Beiträge auswirken.

(b) die für die nächste jährliche Berichtsperiode erwarteten Beiträge zum Plan.

(c) Informationen über das Fälligkeitsprofil der definierten Leistungsverpflichtung. Hierunter fallen die gewichtete durchschnittliche Laufzeit der definierten Leistungsverpflichtung sowie eventuell weitere Angaben über die Verteilung der Fälligkeiten der Leistungszahlungen, beispielsweise in Form einer Fälligkeitsanalyse der Leistungszahlungen.

Gemeinschaftliche Pläne mehrerer Arbeitgeber

Beteiligt sich ein Unternehmen an einem gemeinschaftlichen Plan mehrerer Arbeitgeber, der als leistungsorientiert eingestuft ist, so hat das Unternehmen folgende Angaben vorzulegen: **148**

(a) eine Beschreibung der Finanzierungsvereinbarungen einschließlich einer Beschreibung der Methode, die zur Ermittlung des Beitragssatzes des Unternehmens verwendet wird, sowie einer Beschreibung der Mindestdotierungsverpflichtung.

(b) eine Beschreibung des Umfangs, in dem das Unternehmen dem Plan gegenüber für die Verpflichtungen anderer Unternehmen gemäß den Bedingungen und Voraussetzungen des gemeinschaftlichen Plans mehrerer Arbeitgeber haftbar sein kann.

(c) eine Beschreibung der eventuell vereinbarten Aufteilung von Fehlbeträgen oder Vermögensüberdeckungen bei:

(i) Abwicklung des Plans; oder

(ii) Ausscheiden des Unternehmens aus dem Plan.

(d) bilanziert das Unternehmen diesen Plan so, als handele es sich um einen beitragsorientierten Plan gemäß Paragraph 34, hat es zusätzlich zu den in (a)-(c) vorgeschriebenen Angaben und anstelle der in den Paragraphen 139–147 vorgeschriebenen Angaben Folgendes darzulegen:

(i) den Sachverhalt, dass es sich bei dem Plan um einen leistungsorientierten Versorgungsplan handelt.

(ii) den Grund für das Fehlen ausreichender Informationen, die das Unternehmen in die Lage versetzen würden, den Plan als leistungsorientierten Versorgungsplan zu bilanzieren.

(iii) die für die nächste jährliche Berichtsperiode erwarteten Beiträge zum Plan.

(iv) Informationen über Fehlbeträge oder Vermögensüberdeckungen im Plan, die sich auf die Höhe künftiger Beitragszahlungen auswirken könnten. Hierunter fallen auch die Grundlage, auf die sich das Unternehmen bei der Ermittlung des Fehlbetrags oder der Vermögensüberdeckung gestützt hat, sowie eventuelle Konsequenzen für das Unternehmen.

(v) eine Angabe des Umfangs, in dem sich das Unternehmen im Vergleich zu anderen teilnehmenden Unternehmen am Plan beteiligt. Werte, an denen sich eine solche Information ablesen ließe, sind beispielsweise der Anteil des Unternehmens an den gesamten Beiträgen zum Plan oder der Anteil des Unternehmens an der Gesamtzahl der aktiven und pensionierten begünstigten Arbeitnehmer sowie der ehemaligen begünstigten Arbeitnehmer mit Leistungsansprüchen, sofern diese Informationen zur Verfügung stehen.

Leistungsorientierte Pläne, die Risiken zwischen verschiedenen Unternehmen unter gemeinsamer Beherrschung aufteilen

149 Beteiligt sich ein Unternehmen an einem leistungsorientierten Versorgungsplan, der Risiken zwischen verschiedenen Unternehmen unter gemeinsamer Beherrschung aufteilt, hat es folgende Angaben vorzulegen:

(a) die vertragliche Vereinbarung oder erklärte Richtlinie zur Anlastung der leistungsorientierten Nettokosten oder den Sachverhalt, dass eine solche Richtlinie nicht besteht.

(b) die Richtlinie für die Ermittlung des Beitrags, den das Unternehmen zu zahlen hat.

(c) in Fällen, in denen das Unternehmen eine Zuweisung der leistungsorientierten Nettokosten gemäß Paragraph 41 bilanziert, sämtliche Informationen über den Plan, die insgesamt in den Paragraphen 135-147 vorgeschrieben werden.

(d) in Fällen, in denen das Unternehmen den für die Periode zu zahlenden Beitrag gemäß Paragraph 41 bilanziert, sämtliche Informationen über den Plan, die insgesamt in den Paragraphen 135-137, 139, 142-144 und 147(a) und (b) vorgeschrieben werden.

150 Die in Paragraph 149(c) und (d) vorgeschriebenen Informationen können mittels Querverweis auf Angaben in den Abschlüssen eines anderen Gruppenunternehmens ausgewiesen werden, wenn

(a) in den Abschlüssen des betreffenden Gruppenunternehmens die verlangten Informationen über den Plan getrennt bestimmt und offengelegt werden.

(b) die Abschlüsse des betreffenden Gruppenunternehmens Nutzern der Abschlüsse zu den gleichen Bedingungen und zur gleichen Zeit wie oder früher als die Abschlüsse des Unternehmens zur Verfügung stehen.

Angabepflichten in anderen IFRS

Falls IAS 24 dies vorschreibt, hat das Unternehmen folgende Angaben zu machen: **151**

(a) Geschäftsvorfälle mit nahestehenden Unternehmen und Personen bei Versorgungsplänen nach Beendigung des Arbeitsverhältnisses; und

(b) Leistungen nach Beendigung des Arbeitsverhältnisses für Mitglieder der Geschäftsleitung.

Falls IAS 37 dies vorschreibt, macht das Unternehmen Angaben über Eventualschulden, die aus Leistungen nach Beendigung des Arbeitsverhältnisses resultieren. **152**

Andere langfristig fällige Leistungen an Arbeitnehmer

Andere langfristig fällige Leistungen an Arbeitnehmer umfassen Posten gemäß nachstehender Aufzählung, sofern nicht davon ausgegangen wird, dass diese innerhalb von zwölf Monaten nach Ende der Berichtsperiode, in der die Arbeitnehmer die betreffende Arbeitsleistung erbringen, vollständig beglichen werden: **153**

(a) langfristige, vergütete Dienstfreistellungen wie Sonderurlaub nach langjähriger Dienstzeit oder Urlaub zur persönlichen Weiterbildung;

(b) Jubiläumsgelder oder andere Leistungen für langjährige Dienstzeiten;

(c) Versorgungsleistungen im Falle der Erwerbsunfähigkeit;

(d) Gewinn- und Erfolgsbeteiligungen; und

(e) aufgeschobene Vergütungen.

Die Bewertung anderer langfristig fälliger Leistungen an Arbeitnehmer unterliegt für gewöhnlich nicht den gleichen Unsicherheiten wie dies bei Leistungen nach Beendigung des Arbeitsverhältnisses der Fall ist. Aus diesem Grund schreibt dieser Standard eine vereinfachte Rechnungslegungsmethode für andere langfristig fällige Leistungen an Arbeitnehmer vor. Anders als bei der für Leistungen nach Beendigung des Arbeitsverhältnisses vorgeschriebenen Rechnungslegung werden Neubewertungen bei dieser Methode nicht im sonstigen Ergebnis angesetzt. **154**

Ansatz und Bewertung

Bei Ansatz und Bewertung der Vermögensüberdeckung oder des Fehlbetrags in einem Versorgungsplan für andere langfristig fällige Leistungen an Arbeitnehmer hat ein Unternehmen die Paragraphen 56-98 und 113-115 anzuwenden. Bei Ansatz und Bewertung von Erstattungsansprüchen hat ein Unternehmen die Paragraphen 116-119 anzuwenden. **155**

In Bezug auf andere langfristig fällige Leistungen an Arbeitnehmer hat ein Unternehmen die Nettosumme der folgenden Beträge im Gewinn oder Verlust anzusetzen, es sei denn, ein anderer IFRS verlangt oder erlaubt die Einbeziehung der Leistungen in die Anschaffungs- oder Herstellungskosten eines Vermögenswerts wie folgt: **156**

(a) Dienstzeitaufwand (siehe Paragraphen 66-112 und Paragraph 122A);

(b) Nettozinsen auf die Nettoschuld aus leistungsorientierten Versorgungsplänen (Vermögenswert) (siehe Paragraphen 123-126), und

(c) Neubewertungen der Nettoschuld aus leistungsorientierten Versorgungsplänen (Vermögenswert) (siehe Paragraphen 127-130).

Zu den anderen langfristig fälligen Leistungen an Arbeitnehmer gehören auch die Leistungen bei langfristiger Erwerbsunfähigkeit. Hängt die Höhe der zugesagten Leistung von der Dauer der Dienstzeit ab, so entsteht die Verpflichtung mit der Ableistung der Dienstzeit. In die Bewertung der Verpflichtung gehen die Wahrscheinlichkeit des Eintritts von Leistungsfällen und die wahrscheinliche Dauer der Zahlungen ein. Ist die Höhe der zugesagten Leistung ungeachtet der Dienstjahre für alle erwerbsunfähigen Arbeitnehmer gleich, werden die erwarteten Kosten für diese Leistungen bei Eintritt des Ereignisses, durch das die Erwerbsunfähigkeit verursacht wird, als Aufwand erfasst. **157**

Angaben

158 Dieser Standard verlangt keine besonderen Angaben über andere langfristig fällige Leistungen an Arbeitnehmer, jedoch können solche Angaben nach Maßgabe anderer IFRS erforderlich sein. Zum Beispiel sind nach IAS 24 Angaben zu Leistungen an Mitglieder der Geschäftsleitung zu machen. Nach IAS 1 ist der Aufwand für die Leistungen an Arbeitnehmer anzugeben.

Leistungen aus Anlass der Beendigung des Arbeitsverhältnisses

159 In diesem Standard werden Leistungen aus Anlass der Beendigung des Arbeitsverhältnisses getrennt von anderen Leistungen an Arbeitnehmer behandelt, weil das Entstehen einer Verpflichtung durch die Beendigung des Arbeitsverhältnisses und nicht durch die vom Arbeitnehmer geleistete Arbeit begründet ist. Leistungen aus Anlass der Beendigung des Arbeitsverhältnisses entstehen entweder aufgrund der Entscheidung eines Unternehmens, das Arbeitsverhältnis zu beenden, oder der Entscheidung eines Arbeitnehmers, im Austausch für die Beendigung des Arbeitsverhältnisses ein Angebot des Unternehmens zur Zahlung von Leistungen anzunehmen.

160 Bei Leistungen an Arbeitnehmer, die aus einer Beendigung des Arbeitsverhältnisses auf Verlangen des Arbeitnehmers, ohne entsprechendes Angebot des Unternehmens entstehen, sowie bei Leistungen aufgrund zwingender Vorschriften bei Renteneintritt handelt es sich um Leistungen nach Beendigung des Arbeitsverhältnisses. Sie fallen daher nicht unter die Leistungen aus Anlass der Beendigung des Arbeitsverhältnisses. Mitunter bieten Unternehmen bei einer Beendigung des Arbeitsverhältnisses auf Verlangen des Arbeitnehmers niedrigere Leistungen aus Anlass der Beendigung des Arbeitsverhältnisses (d. h. im Wesentlichen eine Leistung nach Beendigung des Arbeitsverhältnisses als bei einer Beendigung des Arbeitsverhältnisses auf Verlangen des Unternehmens. Die Differenz zwischen der Leistung, die bei Beendigung des Arbeitsverhältnisses auf Verlangen des Arbeitnehmers fällig wird, und der höheren Leistung bei Beendigung des Arbeitsverhältnisses auf Verlangen des Unternehmens stellt eine Leistung aus Anlass der Beendigung des Arbeitsverhältnisses dar.

161 Die Form der an den Arbeitnehmer gezahlten Leistung legt nicht fest, ob sie im Austausch für erbrachte Arbeitsleistungen oder im Austausch für die Beendigung des Arbeitsverhältnisses mit dem Arbeitnehmer gezahlt wird. Leistungen aus Anlass der Beendigung des Arbeitsverhältnisses sind in der Regel Pauschalzahlungen, können aber auch Folgendes umfassen:

(a) Verbesserung der Leistungen nach Beendigung des Arbeitsverhältnisses entweder mittelbar über einen Versorgungsplan oder unmittelbar.

(b) Lohnfortzahlung bis zum Ende einer bestimmten Kündigungsfrist, ohne dass der Arbeitnehmer weitere Arbeitsleistung erbringt, die dem Unternehmen wirtschaftlichen Nutzen verschafft.

162 Indikatoren, dass eine Leistung an Arbeitnehmer im Austausch für Arbeitsleistungen gezahlt wird, sind u. a.:

(a) Die Leistung hängt von der Erbringung künftiger Arbeitsleistungen ab (hierunter fallen auch Leistungen, die mit der Erbringung zukünftiger Arbeitsleistungen steigen).

(b) Die Leistung wird gemäß den Bedingungen des Versorgungsplans gezahlt.

163 Mitunter werden Leistungen aus Anlass der Beendigung des Arbeitsverhältnisses gemäß den Bedingungen eines bestehenden Versorgungsplans gezahlt. Solche Bedingungen können beispielsweise aufgrund der Gesetzgebung oder aufgrund vertraglicher oder tarifvertraglicher Vereinbarungen vorgegeben sein oder sich stillschweigend aus der bisherigen betrieblichen Praxis bei der Zahlung ähnlicher Leistungen ergeben. Weitere Beispiele sind Fälle, in denen ein Unternehmen ein Leistungsangebot länger als nur kurzfristig zur Verfügung stellt oder zwischen dem Angebot und dem erwarteten Tag der tatsächlichen Beendigung des Arbeitsverhältnisses mehr als nur ein kurzer Zeitraum liegt. Trifft dies zu, erwägt das Unternehmen, ob es damit einen neuen Versorgungsplan begründet hat und ob die Leistungen, die im Rahmen dieses Plans angeboten werden, Leistungen aus Anlass der Beendigung des Arbeitsverhältnisses oder

Leistungen nach Beendigung des Arbeitsverhältnisses sind. Leistungen an Arbeitnehmer, die gemäß den Bedingungen eines Versorgungsplans gezahlt werden, sind Leistungen aus Anlass der Beendigung des Arbeitsverhältnisses, wenn sie aus der Entscheidung eines Unternehmens zur Beendigung des Arbeitsverhältnisses entstehen und außerdem nicht davon abhängen, ob künftig Arbeitsleistungen erbracht werden.

Einige Leistungen an Arbeitnehmer werden unabhängig vom Grund des Ausscheidens gezahlt. **164** Die Zahlung solcher Leistungen ist gewiss (vorbehaltlich der Erfüllung etwaiger Unverfallbarkeits- oder Mindestdienstzeitkriterien), der Zeitpunkt der Zahlung ist jedoch ungewiss. Obwohl solche Leistungen in einigen Ländern als Entschädigungen, Abfindungen oder Abfertigungen bezeichnet werden, sind sie Leistungen nach Beendigung des Arbeitsverhältnisses und nicht Leistungen aus Anlass der Beendigung des Arbeitsverhältnisses, so dass ein Unternehmen sie demzufolge auch wie Leistungen nach Beendigung des Arbeitsverhältnisses bilanziert.

Ansatz

Ein Unternehmen hat Leistungen aus Anlass der Beendigung des Arbeitsverhältnisses zum jeweils früheren der folgenden Zeitpunkte als Schuld und Aufwand anzusetzen: **165**

(a) wenn das Unternehmen das Angebot derartiger Leistungen nicht mehr zurückziehen kann; oder

(b) wenn das Unternehmen Kosten für eine Umstrukturierung ansetzt, die in den Anwendungsbereich von IAS 37 fallen und die Zahlung von Leistungen aus Anlass der Beendigung des Arbeitsverhältnisses beinhalten.

Bei Leistungen aus Anlass der Beendigung des Arbeitsverhältnisses, die infolge der Entscheidung eines Arbeitnehmers, ein Angebot von Leistungen im Austausch für die Beendigung des Arbeitsverhältnisses anzunehmen, zu zahlen sind, entspricht der Zeitpunkt, an dem das Unternehmen das Angebot der Leistungen aus Anlass der Beendigung des Arbeitsverhältnisses nicht mehr zurückziehen kann, dem jeweils früheren Zeitpunkt: **166**

(a) an dem der Arbeitnehmer das Angebot annimmt; oder

(b) an dem eine Beschränkung (beispielsweise eine gesetzliche, aufsichtsbehördliche oder vertragliche Vorschrift oder sonstige Einschränkung) für die Fähigkeit des Unternehmens, das Angebot zurückzuziehen, wirksam wird. Dieser Zeitpunkt würde also eintreten, wenn das Angebot unterbreitet wird, sofern die Beschränkung zum Zeitpunkt des Angebots bereits bestand.

Bei Leistungen aus Anlass der Beendigung des Arbeitsverhältnisses, die infolge der Entscheidung eines Unternehmens zur Beendigung eines Arbeitsverhältnisses zu zahlen sind, ist dem Unternehmen die Rücknahme des Angebots nicht mehr möglich, wenn es den betroffenen Arbeitnehmern einen Kündigungsplan mitgeteilt hat, der sämtliche nachstehenden Kriterien erfüllt: **167**

(a) An den zum Abschluss des Plans erforderlichen Maßnahmen lässt sich ablesen, dass an dem Plan wahrscheinlich keine wesentlichen Änderungen mehr vorgenommen werden.

(b) Der Plan nennt die Anzahl der Arbeitnehmer, deren Arbeitsverhältnis beendet werden soll, deren Tätigkeitskategorien oder Aufgabenbereiche sowie deren Standorte und den erwarteten Beendigungstermin (der Plan muss aber nicht jeden einzelnen Arbeitnehmer nennen).

(c) Der Plan legt die Leistungen aus Anlass der Beendigung des Arbeitsverhältnisses, die Arbeitnehmer erhalten werden, hinreichend detailliert fest, so dass Arbeitnehmer Art und Höhe der Leistungen ermitteln können, die sie bei Beendigung ihres Arbeitsverhältnisses erhalten werden.

Setzt ein Unternehmen Leistungen aus Anlass der Beendigung des Arbeitsverhältnisses an, muss es unter Umständen auch eine Ergänzung des Plans oder eine Kürzung anderer Leistungen an Arbeitnehmer bilanzieren (siehe Paragraph 103). **168**

Bewertung

169 Ein Unternehmen hat Leistungen aus Anlass der Beendigung des Arbeitsverhältnisses beim erstmaligen Ansatz zu bewerten. Spätere Änderungen sind entsprechend der jeweiligen Art der Leistung an Arbeitnehmer zu bewerten und anzusetzen. In Fällen, in denen die Leistungen aus Anlass der Beendigung des Arbeitsverhältnisses eine Verbesserung der Leistungen nach Beendigung des Arbeitsverhältnisses sind, hat das Unternehmen jedoch die Vorschriften für Leistungen nach Beendigung des Arbeitsverhältnisses anzuwenden. Andernfalls

(a) hat das Unternehmen in Fällen, in denen die Leistungen aus Anlass der Beendigung des Arbeitsverhältnisses voraussichtlich innerhalb von zwölf Monaten nach Ende der jährlichen Berichtsperiode, in der die Leistungen aus Anlass der Beendigung des Arbeitsverhältnisses angesetzt werden, vollständig abgegolten sein werden, die Vorschriften für *kurzfristig fällige Leistungen an Arbeitnehmer* anzuwenden;

(b) hat das Unternehmen in Fällen, in denen die Leistungen aus Anlass der Beendigung des Arbeitsverhältnisses voraussichtlich nicht innerhalb von zwölf Monaten nach Ende der jährlichen Berichtsperiode vollständig abgegolten sein werden, die Vorschriften für andere langfristig fällige Leistungen an Arbeitnehmer anzuwenden.

170 Da Leistungen aus Anlass der Beendigung des Arbeitsverhältnisses nicht im Austausch für Arbeitsleistungen gezahlt werden, sind die Paragraphen 70-74, die sich auf die Zuordnung der Leistung zu Dienstzeiten beziehen, hier nicht maßgeblich.

Beispiel zur Veranschaulichung der Paragraphen 159-170

Hintergrund

Infolge eines kürzlich abgeschlossenen Erwerbs plant ein Unternehmen, ein Werk in zehn Monaten zu schließen und zu dem Zeitpunkt die Arbeitsverhältnisse aller in dem Werk verbliebenen Arbeitnehmer zu beenden. Da das Unternehmen für die Erfüllung einer Reihe von Verträgen die Fachkenntnisse der im Werk beschäftigten Arbeitnehmer benötigt, gibt es folgenden Kündigungsplan bekannt.

Jeder Arbeitnehmer, der bis zur Werksschließung bleibt und Arbeitsleistungen erbringt, erhält am Tag der Beendigung des Arbeitsverhältnisses eine Barzahlung in Höhe von 30.000 WE. Arbeitnehmer, die vor der Werksschließung ausscheiden, erhalten 10.000 WE.

Im Werk sind 120 Arbeitnehmer beschäftigt. Zum Zeitpunkt der Bekanntgabe des Plans erwartet das Unternehmen, das 20 von ihnen vor der Schließung ausscheiden werden. Die insgesamt erwarteten Mittelabflüsse im Rahmen des Plans betragen also 3.200.000 WE (d. h. 20 × 10.000 WE + 100 × 30.000 WE). Wie in Paragraph 160 vorgeschrieben, bilanziert das Unternehmen Leistungen, die im Austausch für eine Beendigung des Arbeitsverhältnisses gezahlt werden, als Leistungen aus Anlass der Beendigung des Arbeitsverhältnisses und Leistungen, die im Austausch für Arbeitsleistungen gezahlt werden, als kurzfristige Leistungen an Arbeitnehmer.

Leistungen aus Anlass der Beendigung des Arbeitsverhältnisses

Die im Austausch für die Beendigung des Arbeitsverhältnisses gezahlte Leistung beträgt 10.000 WE. Dies ist der Betrag, den das Unternehmen für die Beendigung des Arbeitsverhältnisses zu zahlen hätte, unabhängig davon, ob die Arbeitnehmer bleiben und bis zur Schließung des Werks Arbeitsleistungen erbringen, oder ob sie vor der Schließung ausscheiden. Obgleich die Arbeitnehmer vor der Schließung ausscheiden können, ist die Beendigung der Arbeitsverhältnisse aller Arbeitnehmer die Folge der Unternehmensentscheidung, das Werk zu schließen und deren Arbeitsverhältnisse zu beenden (d. h. alle Arbeitnehmer scheiden aus dem Arbeitsverhältnis aus, wenn das Werk schließt). Deshalb setzt das Unternehmen eine Schuld von 1.200.000 WE (d. h. 120 × 10.000 WE) für die gemäß Versorgungsplan vorgesehenen Leistungen aus Anlass der Beendigung des Arbeitsverhältnisses an. Abhängig davon, welcher Zeitpunkt früher eintritt, erfolgt der Ansatz, wenn der Kündigungsplan bekannt gegeben wird oder wenn das Unternehmen die mit der Werksschließung verbundenen Umstrukturierungskosten ansetzt.

Im Austausch für Arbeitsleistungen gezahlte Leistungen

Die stufenweise steigenden Leistungen, die Arbeitnehmer erhalten, wenn sie über den vollen Zehnmonatszeitraum Arbeitsleistungen erbringen, gelten im Austausch für Arbeitsleistungen, die für die Dauer dieses Zeitraums erbracht werden. Das Unternehmen bilanziert sie als kurzfristig fällige Leistungen an Arbeitnehmer, weil es erwartet, sie früher als zwölf Monate nach dem Ende der jährlichen Berichtsperiode abzugelten. In diesem Beispiel ist keine Abzinsung erforderlich. Daher wird in jedem Monat während der Dienstzeit von zehn Monaten ein Aufwand von 200.000 WE (d. h. 2.000.000 ÷ 10) angesetzt, mit einem entsprechenden Anstieg im Buchwert der Schuld.

Angaben

Obgleich dieser Standard keine besonderen Angaben zu Leistungen aus Anlass der Beendigung des Arbeitsverhältnisses vorschreibt, können solche Angaben nach Maßgabe anderer IFRS erforderlich sein. Zum Beispiel sind nach IAS 24 Angaben zu Leistungen an Mitglieder der Geschäftsleitung zu machen. Nach IAS 1 ist der Aufwand für die Leistungen an Arbeitnehmer anzugeben. **171**

Übergangsvorschriften und Datum des Inkrafttretens

Unternehmen haben diesen Standard auf Geschäftsjahre anzuwenden, die am oder nach dem 1. Januar 2013 beginnen. Eine frühere Anwendung ist zulässig. Wendet ein Unternehmen diesen Standard früher an, hat es dies anzugeben. **172**

Ein Unternehmen hat diesen Standard in Übereinstimmung mit IAS 8 *Bilanzierungs- und Bewertungsmethoden, Änderungen von Schätzungen und Fehler* rückwirkend anzuwenden, es sei denn, **173**

(a) ein Unternehmen braucht den Buchwert von Vermögenswerten, die nicht in den Anwendungsbereich dieses Standards fallen, nicht um Änderungen bei den Kosten für Leistungen an Arbeitnehmer zu berichtigen, die bereits vor dem Tag der erstmaligen Anwendung im Buchwert enthalten waren. Der Tag der erstmaligen Anwendung entspricht dem Beginn der frühesten Berichtsperiode, die in den ersten Abschlüssen, in denen das Unternehmen diesen Standard übernimmt, ausgewiesen wird;

(b) ein Unternehmen braucht in Abschlüssen für vor dem 1. Januar 2014 beginnende Berichtsperioden keine vergleichenden Informationen auszuweisen, die nach Paragraph 145 für Angaben über die Sensitivität der definierten Leistungsverpflichtung vorgeschrieben sind.

(nicht besetzt) **174**

Mit der im November 2013 veröffentlichten Verlautbarung *Leistungsorientierte Pläne: Arbeitnehmerbeiträge* (Änderungen an IAS 19) wurden die Paragraphen 93-94 geändert. Ein Unternehmen hat diese Änderungen gemäß IAS 8 *Bilanzierungs- und Bewertungsmethoden, Änderungen von Schätzungen und Fehler* rückwirkend auf Geschäftsjahre anzuwenden, die am oder nach dem 1. Juli 2014 beginnen. Eine frühere Anwendung ist zulässig. Wendet ein Unternehmen diese Änderungen früher an, hat es dies anzugeben. **175**

Mit den im September 2014 veröffentlichten *Jährlichen Verbesserungen an den IFRS, Zyklus 2012-2014* wurde Paragraph 83 geändert und Paragraph 177 angefügt. Diese Änderungen sind auf Geschäftsjahre anzuwenden, die am oder nach dem 1. Januar 2016 beginnen. Eine frühere Anwendung ist zulässig. Wendet ein Unternehmen diese Änderungen früher an, hat es dies anzugeben. **176**

Die in Paragraph 176 vorgenommenen Änderungen sind mit Beginn der frühesten Vergleichsperiode, die im ersten nach diesen Änderungen erstellten Abschluss dargestellt ist, anzuwen- **177** den. Alle Anpassungen aufgrund der erstmaligen Anwendung dieser Änderungen sind in den Gewinnrücklagen zu Beginn dieser Periode zu erfassen.

178 (nicht besetzt)

179 Durch die im Februar 2018 veröffentlichte Verlautbarung *Planänderung, -kürzung oder -abgeltung* (Änderungen an IAS 19) wurden die Paragraphen 101A, 122A und 123A eingefügt und die Paragraphen 57, 99, 120, 123, 125, 126 und 156 geändert. Diese Änderungen sind auf Planänderungen, -kürzungen oder -abgeltungen anzuwenden, die zu oder nach Beginn des ersten Geschäftsjahres eintreten, welches am oder nach dem 1. Januar 2019 beginnt. Eine frühere Anwendung ist zulässig. Wendet ein Unternehmen diese Änderungen zu einem früheren Zeitpunkt an, hat es dies anzugeben.

Anhang A: Anwendungsleitlinien

Dieser Anhang ist fester Bestandteil des IFRS. Er beschreibt die Anwendung der Paragraphen 92-93 und hat die gleiche bindende Kraft wie die anderen Teile des IFRS.

AG1 Die Bilanzierungsvorschriften für Beiträge von Arbeitnehmern oder Dritten sind in nachstehender Übersicht dargestellt.

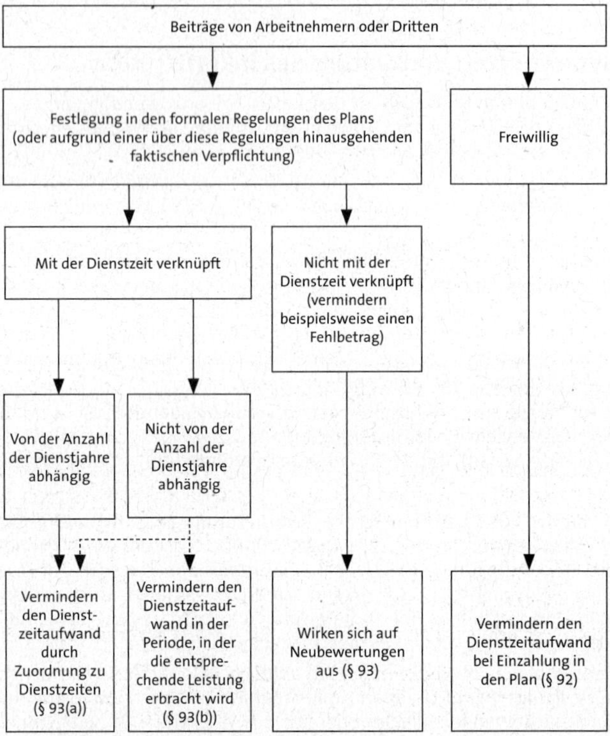

(1) Die gestrichelte Linie zeigt an, dass das Unternehmen eine der beiden Bilanzierungsmöglichkeiten auswählen kann.

International Accounting Standard 20 Bilanzierung und Darstellung von Zuwendungen der öffentlichen Hand (IAS 20)

v. 3.11.2008 (ABl EU Nr. L 320 S. 1)*);
zuletzt geändert durch Verordnung (EU) Nr. 2016/2067 v. 22.11.2016 (ABl EU Nr. L 323 S. 1)

Inhalt	Ziffer

Anwendungsbereich

Dieser Standard ist auf die Bilanzierung und Darstellung von Zuwendungen der öffentlichen Hand sowie auf die Angaben sonstiger Unterstützungsmaßnahmen der öffentlichen Hand anzuwenden. **1**

Folgende Fragestellungen werden in diesem Standard nicht behandelt: **2**

(a) die besonderen Probleme, die sich aus der Bilanzierung von Zuwendungen der öffentlichen Hand in Abschlüssen ergeben, die die Auswirkungen von Preisänderungen berücksichtigen, sowie die Frage, wie sich Zuwendungen der öffentlichen Hand auf zusätzliche Informationen ähnlicher Art auswirken;

(b) Beihilfen der öffentlichen Hand, die sich für ein Unternehmen als Vorteile bei der Ermittlung des versteuerbaren Gewinns oder versteuerbaren Verlusts auswirken oder die auf der Grundlage der Einkommensteuerschuld bestimmt oder begrenzt werden. Beispiele dafür sind Steuerstundungen, Investitionsteuergutschriften, erhöhte Abschreibungsmöglichkeiten und ermäßigte Einkommensteuersätze;

(c) Beteiligungen der öffentlichen Hand an Unternehmen;

(d) Zuwendungen der öffentlichen Hand, die von IAS 41 *Landwirtschaft* abgedeckt werden.

---

*) **Amtl. Anm.:** Als Teil der *Verbesserungen der IFRS* vom Mai 2008 hat *der IASB-Board* die in diesem Standard verwendete Terminologie geändert, um mit den anderen IFRS konsistent zu sein:

(a) „zu versteuerndes Einkommen" wird geändert in „zu versteuernder Gewinn oder steuerlicher Verlust",

(b) „als Ertrag/Aufwand zu erfassen" wird geändert in „im Gewinn oder Verlust berücksichtigt",

(c) „dem Eigenkapital unmittelbar zuordnen" wird geändert in „außerhalb des Gewinns oder Verlusts berücksichtigt", und

(d) „Berichtigung einer Schätzung" wird geändert in „Änderung einer Schätzung".

Definitionen

3 Die folgenden Begriffe werden in diesem Standard mit der angegebenen Bedeutung verwendet:

Öffentliche Hand bezieht sich auf Regierungsbehörden, Institutionen mit hoheitlichen Aufgaben und ähnliche Körperschaften, unabhängig davon, ob lokal, national oder international.

Beihilfen der öffentlichen Hand sind Maßnahmen der öffentlichen Hand, die dazu bestimmt sind, einem Unternehmen oder einer Reihe von Unternehmen, die bestimmte Kriterien erfüllen, einen besonderen wirtschaftlichen Vorteil zu gewähren. Beihilfen der öffentlichen Hand im Sinne dieses Standards umfassen keine indirekt bereitgestellten Vorteile aufgrund von Fördermaßnahmen, die auf die allgemeinen Wirtschaftsbedingungen Einfluss nehmen, wie beispielsweise die Bereitstellung von Infrastruktur in Entwicklungsgebieten oder die Auferlegung von Handelsbeschränkungen für Wettbewerber.

Zuwendungen der öffentlichen Hand sind Beihilfen der öffentlichen Hand, die an ein Unternehmen durch Übertragung von Mitteln gewährt werden und die zum Ausgleich für die vergangene oder künftige Erfüllung bestimmter Bedingungen im Zusammenhang mit der betrieblichen Tätigkeit des Unternehmens dienen. Davon ausgeschlossen sind bestimmte Formen von Beihilfen der öffentlichen Hand, die sich nicht angemessen bewerten lassen, sowie Geschäfte mit der öffentlichen Hand, die von der normalen Tätigkeit des Unternehmens nicht unterschieden werden können.*)

Zuwendungen für Vermögenswerte sind Zuwendungen der öffentlichen Hand, die an die Hauptbedingung geknüpft sind, dass ein Unternehmen, um die Zuwendungsvoraussetzungen zu erfüllen, langfristige Vermögenswerte kauft, herstellt oder auf andere Weise erwirbt. Damit können auch Nebenbedingungen verbunden sein, die die Art oder den Standort der Vermögenswerte oder die Perioden, während derer sie zu erwerben oder zu halten sind, beschränken.

Erfolgsbezogene Zuwendungen sind Zuwendungen der öffentlichen Hand, die sich nicht auf Vermögenswerte beziehen.

Erlassbare Darlehen sind Darlehen, die der Darlehensgeber mit der Zusage gewährt, die Rückzahlung unter bestimmten im Voraus festgelegten Bedingungen zu erlassen.

Der *beizulegende Zeitwert* ist der Preis, der in einem geordneten Geschäftsvorfall zwischen Marktteilnehmern am Bemessungsstichtag für den Verkauf eines Vermögenswerts eingenommen bzw. für die Übertragung einer Schuld gezahlt würde. (Siehe IFRS 13 *Bemessung des beizulegenden Zeitwerts.*)

4 Beihilfen der öffentlichen Hand sind in vielfacher Weise möglich und variieren sowohl in der Art der gewährten Beihilfe als auch in den Bedingungen, die daran üblicherweise geknüpft sind. Der Zweck einer Beihilfe kann darin bestehen, ein Unternehmen zu ermutigen, eine Tätigkeit aufzunehmen, die es nicht aufgenommen hätte, wenn die Beihilfe nicht gewährt worden wäre.

5 Der Erhalt von Beihilfen der öffentlichen Hand durch ein Unternehmen kann aus zwei Gründen für die Aufstellung des Abschlusses wesentlich sein. Erstens muss bei erfolgter Mittelübertragung eine sachgerechte Behandlung für die Bilanzierung der Übertragung gefunden werden. Zweitens ist die Angabe des Umfangs wünschenswert, in dem das Unternehmen während der Berichtsperiode von derartigen Beihilfen profitiert hat. Dies erleichtert den Vergleich mit Abschlüssen früherer Perioden und mit denen anderer Unternehmen.

6 Die Zuwendungen der öffentlichen Hand werden manchmal anders bezeichnet, beispielsweise als Zuschüsse, Subventionen oder als Prämien.

---

*) **Amtl. Anm.:** Siehe auch SIC-10 *Beihilfen der öffentlichen Hand – Kein spezifischer Zusammenhang mit betrieblichen Tätigkeiten.*

Zuwendungen der öffentlichen Hand

Eine Erfassung von Zuwendungen der öffentlichen Hand, einschließlich nicht monetärer Zuwendungen zum beizulegenden Zeitwert, erfolgt nur dann, wenn eine angemessene Sicherheit darüber besteht, dass: 7

(a) das Unternehmen die damit verbundenen Bedingungen erfüllen wird; und dass

(b) die Zuwendungen gewährt werden.

Zuwendungen der öffentlichen Hand werden nur erfasst, wenn eine angemessene Sicherheit darüber besteht, dass das Unternehmen die damit verbundenen Bedingungen erfüllen wird und dass die Zuwendungen gewährt werden. Der Zufluss einer Zuwendung liefert für sich allein keinen schlüssigen substanziellen Hinweis dafür, dass die mit der Zuwendung verbundenen Bedingungen erfüllt worden sind oder werden. 8

Die Art, in der eine Zuwendung gewährt wird, berührt die Bilanzierungsmethode, die auf die Zuwendung anzuwenden ist, nicht. Die Zuwendung ist in derselben Weise zu bilanzieren, unabhängig davon, ob die Zuwendung als Zahlung oder als Kürzung einer Verpflichtung gegenüber der öffentlichen Hand empfangen wurde. 9

Ein erlassbares Darlehen der öffentlichen Hand wird als finanzielle Zuwendung behandelt, wenn angemessene Sicherheit darüber besteht, dass das Unternehmen die Bedingungen für den Erlass des Darlehens erfüllen wird. 10

Der Vorteil eines öffentlichen Darlehens zu einem unter dem Marktzins liegenden Zinssatz wird wie eine Zuwendung der öffentlichen Hand behandelt. Das Darlehen wird gemäß IFRS 9 *Finanzinstrumente* angesetzt und bewertet. Der Vorteil des unter dem Marktzins liegenden Zinssatzes wird als Unterschiedsbetrag zwischen dem ursprünglichen Buchwert des Darlehens, der gemäß IFRS 9 ermittelt wurde, und den erhaltenen Zahlungen bewertet. Der Vorteil ist gemäß diesem Standard zu bilanzieren. Ein Unternehmen hat die Bedingungen und Verpflichtungen zu berücksichtigen, die zu erfüllen waren oder in Zukunft noch zu erfüllen sind, wenn es um die Bestimmung der Kosten geht, für die der Vorteil des Darlehens einen Ausgleich darstellen soll. 10A

Ist eine Zuwendung bereits erfasst worden, so ist jede damit verbundene Eventualverbindlichkeit oder Eventualforderung gemäß IAS 37 *Rückstellungen, Eventualverbindlichkeiten und Eventualforderungen*, zu behandeln. 11

Zuwendungen der öffentlichen Hand sind planmäßig im Gewinn oder Verlust zu erfassen, und zwar im Verlauf der Perioden, in denen das Unternehmen die entsprechenden Aufwendungen, die die Zuwendungen der öffentlichen Hand kompensieren sollen, als Aufwendungen ansetzt. 12

Für die Behandlung von Zuwendungen der öffentlichen Hand existieren zwei grundlegende Methoden: die Methode der Behandlung als Eigenkapital, wonach die finanzielle Zuwendung außerhalb des Gewinns oder Verlusts berücksichtigt wird, und die Methode der erfolgswirksamen Behandlung der Zuwendungen, wonach die finanzielle Zuwendung über eine oder mehrere Perioden im Gewinn oder Verlust berücksichtigt wird. 13

Die Verfechter der Behandlung als Eigenkapital argumentieren in folgender Weise: 14

(a) Zuwendungen der öffentlichen Hand sind eine Finanzierungshilfe, die in der Bilanz auch als solche zu behandeln ist und die nicht im Gewinn oder Verlust berücksichtigt wird, um mit den Aufwendungen saldiert zu werden, zu deren Finanzierung die Zuwendung gewährt wurde. Da keine Rückzahlung zu erwarten ist, sind sie außerhalb des Gewinns oder Verlusts zu berücksichtigen; und

(b) es ist unangemessen, die Zuwendungen der öffentlichen Hand im Gewinn oder Verlust zu berücksichtigen, da sie nicht verdient worden sind, sondern einen von der öffentlichen Hand gewährten Anreiz darstellen, ohne dass entsprechender Aufwand entsteht.

Die Argumente für eine erfolgswirksame Behandlung lauten folgendermaßen: 15

(a) da finanzielle Zuwendungen der öffentlichen Hand nicht von den Eigentümern zugeführt werden, dürfen sie nicht unmittelbar dem Eigenkapital zugeschrieben werden, sondern sind im Gewinn oder Verlust in der entsprechenden Periode zu berücksichtigen;

(b) Zuwendungen der öffentlichen Hand sind selten unentgeltlich. Das Unternehmen verdient sie durch die Beachtung der Bedingungen und mit der Erfüllung der vorgesehenen Verpflichtungen. Sie sollten daher im Gewinn oder Verlust berücksichtigt werden, und zwar im Verlauf der Perioden, in denen das Unternehmen die entsprechenden Aufwendungen, die die Zuwendungen der öffentlichen Hand kompensieren sollen, als Aufwendungen ansetzt.

(c) da Einkommensteuern und andere Steuern Aufwendungen sind, ist es logisch, auch finanzielle Zuwendungen der öffentlichen Hand, die eine Ausdehnung der Steuerpolitik darstellen, im Gewinn oder Verlust zu berücksichtigen.

16 Für die Methode der erfolgswirksamen Behandlung der Zuwendungen ist es von grundlegender Bedeutung, dass die Zuwendungen der öffentlichen Hand planmäßig im Gewinn oder Verlust berücksichtigt werden, und zwar im Verlauf der Perioden, in denen das Unternehmen die entsprechenden Aufwendungen, die die Zuwendungen der öffentlichen Hand kompensieren sollen, als Aufwendungen ansetzt. Die Erfassung von Zuwendungen im Gewinn oder Verlust auf der Grundlage ihres Zuflusses steht nicht in Übereinstimmung mit der Grundvoraussetzung der Periodenabgrenzung (siehe IAS 1 *Darstellung des Abschlusses*), und eine Erfassung bei Zufluss der Zuwendung ist nur zulässig, wenn für die Periodisierung der Zuwendung keine andere Grundlage als die des Zuflusszeitpunkts verfügbar ist.

17 In den meisten Fällen sind die Perioden, über welche die im Zusammenhang mit einer Zuwendung anfallenden Aufwendungen erfasst werden, leicht feststellbar. Daher werden Zuwendungen, die mit bestimmten Aufwendungen zusammenhängen, in der gleichen Periode wie diese im Gewinn oder Verlust erfasst. Entsprechend werden Zuwendungen für abschreibungsfähige Vermögenswerte über die Perioden und in dem Verhältnis im Gewinn oder Verlust erfasst, in dem die Abschreibung auf diese Vermögenswerte angesetzt wird.

18 Zuwendungen der öffentlichen Hand, die im Zusammenhang mit nicht abschreibungsfähigen Vermögenswerten gewährt werden, können ebenfalls die Erfüllung bestimmter Verpflichtungen voraussetzen und werden dann im Gewinn oder Verlust während der Perioden erfasst, die durch Aufwendungen infolge der Erfüllung der Verpflichtungen belastet werden. Beispielsweise kann eine Zuwendung in Form von Grund und Boden an die Bedingung gebunden sein, auf diesem Grundstück ein Gebäude zu errichten, und es kann angemessen sein, die Zuwendung während der Lebensdauer des Gebäudes im Gewinn oder Verlust zu berücksichtigen.

19 Zuwendungen können auch Teil eines Bündels von Fördermaßnahmen sein, die an eine Reihe von Bedingungen geknüpft sind. In solchen Fällen ist die Feststellung der Bedingungen, die die Aufwendungen der Perioden verursachen, in denen die Zuwendung vereinnahmt wird, sorgfältig durchzuführen. So kann es angemessen sein, einen Teil der Zuwendung auf der einen und einen anderen Teil auf einer anderen Grundlage zu verteilen.

20 Eine Zuwendung der öffentlichen Hand, die als Ausgleich für bereits angefallene Aufwendungen oder Verluste oder zur sofortigen finanziellen Unterstützung ohne künftig damit verbundenen Aufwand gezahlt wird, ist im Gewinn oder Verlust in der Periode zu erfassen, in der der entsprechende Anspruch entsteht.

21 In einigen Fällen kann eine Zuwendung gewährt werden, um ein Unternehmen sofort finanziell zu unterstützen, ohne dass mit dieser Zuwendung ein Anreiz verbunden wäre, bestimmte Aufwendungen zu tätigen. Derartige Zuwendungen können auf ein bestimmtes Unternehmen beschränkt sein und stehen unter Umständen nicht einer ganzen Klasse von Begünstigten zur Verfügung. Diese Umstände können eine Erfassung einer Zuwendung im Gewinn oder Verlust in der Periode erforderlich machen, in der das Unternehmen für eine Zuwendung in Betracht kommt, mit entsprechender Angabepflicht, um sicherzustellen, dass ihre Auswirkungen klar zu erkennen sind.

22 Eine Zuwendung der öffentlichen Hand kann einem Unternehmen zum Ausgleich von Aufwendungen oder Verlusten, die bereits in einer vorangegangenen Periode entstanden sind, gewährt werden. Solche Zuwendungen sind im Gewinn oder Verlust in der Periode zu erfassen, in der

der entsprechende Anspruch entsteht, mit entsprechender Angabepflicht, um sicherzustellen, dass ihre Auswirkungen klar zu erkennen sind.

Nicht monetäre Zuwendungen der öffentlichen Hand

Eine Zuwendung der öffentlichen Hand kann als ein nicht monetärer Vermögenswert, wie beispielsweise Grund und Boden oder andere Ressourcen, zur Verwertung im Unternehmen übertragen werden. Unter diesen Umständen gilt es als übliches Verfahren, den beizulegenden Zeitwert des nicht monetären Vermögenswertes festzustellen und sowohl die Zuwendung als auch den Vermögenswert zu diesem beizulegenden Zeitwert zu bilanzieren. Als Alternative wird manchmal sowohl der Vermögenswert als auch die Zuwendung zu einem Merkposten bzw. zu einem symbolischen Wert angesetzt. **23**

Darstellung von Zuwendungen für Vermögenswerte

Zuwendungen der öffentlichen Hand für Vermögenswerte, einschließlich nicht monetärer Zuwendungen zum beizulegenden Zeitwert, sind in der Bilanz entweder als passivischer Abgrenzungsposten darzustellen oder bei der Feststellung des Buchwertes des Vermögenswertes abzusetzen. **24**

Die zwei Methoden der Darstellung von Zuwendungen (oder von entsprechenden Anteilen der Zuwendungen) für Vermögenswerte sind im Abschluss als gleichwertig zu betrachten. **25**

Der einen Methode zufolge wird die Zuwendung als passivischer Abgrenzungsposten berücksichtigt, die während der Nutzungsdauer des Vermögenswerts auf einer planmäßigen Grundlage im Gewinn oder Verlust zu erfassen ist. **26**

Nach der anderen Methode wird die Zuwendung bei der Feststellung des Buchwerts des Vermögenswerts abgezogen. Die Zuwendung wird mittels eines reduzierten Abschreibungsbetrags über die Lebensdauer des abschreibungsfähigen Vermögenswerts im Gewinn oder Verlust erfasst. **27**

Der Erwerb von Vermögenswerten und die damit zusammenhängenden Zuwendungen können im Cashflow eines Unternehmens größere Bewegungen verursachen. Aus diesem Grund und zur Darstellung der Bruttoinvestitionen in Vermögenswerte werden diese Bewegungen oft als gesonderte Posten in der Kapitalflussrechnung angegeben, und zwar unabhängig davon, ob die Zuwendung von dem entsprechenden Vermögenswert zum Zwecke der Darstellung in der Bilanz abgezogen wird oder nicht. **28**

Darstellung von erfolgsbezogenen Zuwendungen

Erfolgsbezogene Zuwendungen werden entweder gesondert oder unter einem Hauptposten, wie beispielsweise „sonstige Erträge", als Ergebnisbestandteil dargestellt. Alternativ werden sie von den entsprechenden Aufwendungen abgezogen. **29**

(weggefallen) **29A**

Die Befürworter der ersten Methode vertreten die Meinung, dass es unangebracht ist, Ertrags- und Aufwandsposten zu saldieren, und dass die Trennung der Zuwendung von den Aufwendungen den Vergleich mit anderen Aufwendungen, die nicht von einer Zuwendung beeinflusst sind, erleichtert. In Bezug auf die zweite Methode wird der Standpunkt vertreten, dass die Aufwendungen dem Unternehmen nicht entstanden wären, wenn die Zuwendung nicht verfügbar gewesen wäre, und dass die Darstellung der Aufwendungen ohne Saldierung der Zuwendung aus diesem Grund irreführend sein könnte. **30**

Beide Vorgehensweisen sind als akzeptable Methoden zur Darstellung von erfolgsbezogenen Zuwendungen zu betrachten. Die Angabe der Zuwendungen kann für das richtige Verständnis von Abschlüssen notwendig sein. Es ist normalerweise angemessen, die Auswirkung von Zuwendungen auf jeden gesondert darzustellenden Ertrags- oder Aufwandsposten anzugeben. **31**

Rückzahlung von Zuwendungen der öffentlichen Hand

32 Eine Zuwendung der öffentlichen Hand, die rückzahlungspflichtig wird, ist als Änderung einer Schätzung zu behandeln (vgl. IAS 8 *Rechnungslegungsmethoden, Änderungen von rechnungslegungsbezogenen Schätzungen und Fehler*). Die Rückzahlung einer erfolgsbezogenen Zuwendung ist zunächst mit dem nicht amortisierten, passivischen Abgrenzungsposten aus der Zuwendung zu verrechnen. Soweit die Rückzahlung diesen passivischen Abgrenzungsposten übersteigt oder für den Fall, dass ein solcher nicht vorhanden ist, ist die Rückzahlung sofort im Gewinn oder Verlust zu erfassen. Rückzahlungen von Zuwendungen für Vermögenswerte sind durch Zuschreibung zum Buchwert des Vermögenswerts oder durch Verminderung des passivischen Abgrenzungspostens um den rückzahlungspflichtigen Betrag zu korrigieren. Die kumulative zusätzliche Abschreibung, die bei einem Fehlen der Zuwendung bis zu diesem Zeitpunkt zu erfassen gewesen wäre, ist direkt im Gewinn oder Verlust zu berücksichtigen.

33 Umstände, die Anlass für eine Rückzahlung von Zuwendungen für Vermögenswerte sind, können es erforderlich machen, eine mögliche Minderung des neuen Buchwertes in Erwägung zu ziehen.

Beihilfen der öffentlichen Hand

34 Die Definition der Zuwendungen der öffentlichen Hand in Paragraph 3 schließt bestimmte Formen von Beihilfen der öffentlichen Hand, die sich nicht angemessen bewerten lassen, aus; dies gilt ebenso für Geschäfte mit der öffentlichen Hand, die von der normalen Tätigkeit des Unternehmens nicht unterschieden werden können.

35 Beispiele für Beihilfen, die sich nicht angemessen bewerten lassen, sind die unentgeltliche technische oder Markterschließungs-Beratung und die Bereitstellung von Garantien. Ein Beispiel für eine Beihilfe, die nicht von der normalen Tätigkeit des Unternehmens unterschieden werden kann, ist die staatliche Beschaffungspolitik, die für einen Teil des Umsatzes verantwortlich ist. Das Vorhandensein des Vorteils mag dabei zwar nicht in Frage gestellt sein, doch jeder Versuch, die betriebliche Tätigkeit von der Beihilfe zu trennen, könnte leicht willkürlich sein.

36 Die Bedeutung des Vorteils mit Bezug auf die vorgenannten Beispiele kann sich so darstellen, dass Art, Umfang und Laufzeit der Beihilfe anzugeben sind, damit der Abschluss nicht irreführend ist.

37 (weggefallen)

38 Dieser Standard behandelt die Bereitstellung von Infrastruktur durch Verbesserung des allgemeinen Verkehrs- und Kommunikationsnetzes und die Bereitstellung verbesserter Versorgungsanlagen, wie Bewässerung oder Wassernetze, die auf dauernder, unbestimmter Basis zum Vorteil eines ganzen Gemeinwesens verfügbar sind, nicht als Beihilfen der öffentlichen Hand.

Angaben

39 Folgende Angaben sind erforderlich:

(a) die auf Zuwendungen der öffentlichen Hand angewandte Rechnungslegungsmethode, einschließlich der im Abschluss angewandten Darstellungsmethoden;

(b) Art und Umfang der im Abschluss erfassten Zuwendungen der öffentlichen Hand und ein Hinweis auf andere Formen von Beihilfen der öffentlichen Hand, von denen das Unternehmen unmittelbar begünstigt wurde; und

(c) unerfüllte Bedingungen und andere Erfolgsunsicherheiten im Zusammenhang mit im Abschluss erfassten Beihilfen der öffentlichen Hand.

Übergangsvorschriften

Unternehmen, die den Standard erstmals anwenden, haben: **40**

(a) die Angabepflichten zu erfüllen, wo dies angemessen ist; und

(b) entweder:

  (i) ihren Abschluss wegen des Wechsels der Rechnungslegungsmethoden gemäß IAS 8 anzupassen oder

  (ii) die Bilanzierungsvorschriften des Standards nur auf solche Zuwendungen oder Teile davon anzuwenden, für die der Anspruch oder die Rückzahlung nach dem Zeitpunkt des Inkrafttretens des Standards entsteht.

Zeitpunkt des Inkrafttretens

Dieser Standard ist erstmals in der ersten Berichtsperiode eines am 1. Januar 1984 oder danach beginnenden Geschäftsjahres anzuwenden. **41**

Infolge des IAS 1 (überarbeitet 2007) wurde die in allen IFRS verwendete Terminologie geändert. Außerdem wurde Paragraph 29A geändert. Diese Änderungen sind erstmals in der ersten Berichtsperiode eines am 1. Januar 2009 oder danach beginnenden Geschäftsjahres anzuwenden. Wird IAS 1 (überarbeitet 2007) auf eine frühere Periode angewandt, sind diese Änderungen entsprechend auch anzuwenden. **42**

Paragraph 37 wird gestrichen und Paragraph 10A wird im Rahmen der *Verbesserungen der IFRS* vom Mai 2008 hinzugefügt. Ein Unternehmen kann diese Änderungen prospektiv auf öffentliche Darlehen anwenden, die es in der ersten Berichtsperiode eines am 1. Januar 2009 oder danach beginnenden Geschäftsjahres erhalten hat. Eine frühere Anwendung ist zulässig. Wendet ein Unternehmen diese Änderungen auf eine frühere Periode an, so ist dies anzugeben. **43**

(nicht besetzt) **44**

Durch IFRS 13, veröffentlicht im Mai 2011, wurde die Definition des beizulegenden Zeitwerts in Paragraph 3 geändert. Ein Unternehmen hat die betreffende Änderung anzuwenden, wenn es IFRS 13 anwendet. **45**

Mit *Darstellung von Posten des sonstigen Ergebnisses* (Änderung IAS 1), veröffentlicht im Juni 2011, wurde Paragraph 29 geändert und Paragraph 29A gestrichen. Ein Unternehmen hat diese Änderungen anzuwenden, wenn es IAS 1 (in der im Juni 2011 geänderten Fassung) anwendet. **46**

(nicht besetzt) **47**

Durch IFRS 9 (im Juli 2014 veröffentlicht) wurde Paragraph 10A geändert und wurden die Paragraphen 44 und 47 gestrichen. Ein Unternehmen hat diese Änderungen anzuwenden, wenn es IFRS 9 anwendet. **48**

International Accounting Standard 21 Auswirkungen von Wechselkursänderungen (IAS 21)

v. 3.11.2008 (ABl EU Nr. L 320 S. 1); zuletzt geändert durch Verordnung (EU) 2017/1986 v. 31.10.2017 (ABl EU Nr. L 291 S. 1)

Inhalt	Ziffer

Zielsetzung

Für ein Unternehmen gibt es zwei Möglichkeiten, ausländische Geschäftsbeziehungen einzugehen. Entweder sind dies Geschäftsvorfälle in Fremdwährung, oder es handelt sich um ausländische Geschäftsbetriebe. Außerdem kann ein Unternehmen seinen Abschluss in einer Fremdwährung veröffentlichen. Ziel dieses Standards ist die Regelung, wie Fremdwährungstransaktionen und ausländische Geschäftsbetriebe in den Abschluss eines Unternehmens einzubeziehen sind und wie ein Abschluss in eine Darstellungswährung umzurechnen ist. **1**

Die grundsätzliche Fragestellung lautet, welche(r) Wechselkurs(e) heranzuziehen sind und wie die Auswirkungen von Wechselkursänderungen der Wechselkurse im Abschluss zu berücksichtigen sind. **2**

Anwendungsbereich

3 Dieser Standard ist anzuwenden auf:

(a) die Bilanzierung von Geschäftsvorfällen und Salden in Fremdwährungen, mit Ausnahme von Geschäftsvorfällen und Salden, die sich auf Derivate beziehen, welche in den Anwendungsbereich IFRS 9 *Finanzinstrumente* fallen;

(b) die Umrechnung der Vermögens-, Finanz- und Ertragslage ausländischer Geschäftsbetriebe, die durch Vollkonsolidierung oder durch die Equity-Methode in den Abschluss des Unternehmens einbezogen sind; und

(c) die Umrechnung der Vermögens-, Finanz- und Ertragslage eines Unternehmens in eine Darstellungswährung.

4 IFRS 9 ist auf viele Fremdwährungsderivate anzuwenden, die folglich aus dem Anwendungsbereich dieses Standards ausgeschlossen sind. Alle Fremdwährungsderivate, die nicht in den Anwendungsbereich von IFRS 9 fallen (z. B. einige Fremdwährungsderivate, die in andere Verträge eingebettet sind), gehören dagegen in den Anwendungsbereich dieses Standards. Er ist ferner anzuwenden, wenn ein Unternehmen Beträge im Zusammenhang mit Derivaten von seiner funktionalen Währung in seine Darstellungswährung umrechnet.

5 Dieser Standard gilt nicht für die Bilanzierung von Sicherungsgeschäften für Fremdwährungsposten, einschließlich der Absicherung einer Nettoinvestition in einen ausländischen Geschäftsbetrieb. Für die Bilanzierung von Sicherungsgeschäften ist IFRS 9 maßgeblich.

6 Dieser Standard ist auf die Darstellung des Abschlusses eines Unternehmens in einer Fremdwährung anzuwenden und beschreibt, welche Anforderungen der daraus resultierende Abschluss erfüllen muss, um als mit den International Financial Reporting Standards übereinstimmend bezeichnet werden zu können. Bei Fremdwährungsumrechnungen von Finanzinformationen, die nicht diese Anforderungen erfüllen, legt dieser Standard die anzugebenden Informationen fest.

7 Nicht anzuwenden ist dieser Standard auf die Darstellung des Cashflows aus Fremdwährungstransaktionen in einer Kapitalflussrechnung oder die Umrechnung des Cashflows eines ausländischen Geschäftsbetriebs (siehe dazu IAS 7 *Kapitalflussrechnungen*).

Definitionen

8 Die folgenden Begriffe werden in diesem Standard mit der angegebenen Bedeutung verwendet:

Der *Stichtagskurs* ist der Kassakurs einer Währung am Abschlussstichtag.

Eine *Umrechnungsdifferenz* ist die Differenz, die sich ergibt, wenn die gleiche Anzahl von Währungseinheiten zu unterschiedlichen Wechselkursen in eine andere Währung umgerechnet wird.

Der *Wechselkurs* ist das Umtauschverhältnis zwischen zwei Währungen.

Der *beizulegende Zeitwert* ist der Preis, der in einem geordneten Geschäftsvorfall zwischen Marktteilnehmern am Bemessungsstichtag für den Verkauf eines Vermögenswerts eingenommen bzw. für die Übertragung einer Schuld gezahlt würde. (Siehe IFRS 13 *Bemessung des beizulegenden Zeitwerts.*)

Eine *Fremdwährung* ist jede Währung außer der funktionalen Währung des berichtenden Unternehmens.

Ein *ausländischer Geschäftsbetrieb* ist ein Tochterunternehmen, ein assoziiertes Unternehmen, eine Gemeinsame Vereinbarung(en) oder eine Niederlassung des berichtenden Unternehmens, dessen Geschäftstätigkeit in einem anderen Land angesiedelt oder in einer anderen Währung ausgeübt wird oder sich auf ein anderes Land oder eine andere Währung als die des berichtenden Unternehmens erstreckt.

Die *funktionale Währung* ist die Währung des primären Wirtschaftsumfelds, in dem das Unternehmen tätig ist.

Eine *Unternehmensgruppe* ist ein Mutterunternehmen mit all seinen Tochterunternehmen.

Monetäre Posten sind im Besitz befindliche Währungseinheiten sowie Vermögenswerte und Schulden, für die das Unternehmen eine feste oder bestimmbare Anzahl von Währungseinheiten erhält oder zahlen muss.

Eine *Nettoinvestition in einen ausländischen Geschäftsbetrieb* ist die Höhe des Anteils des berichtenden Unternehmens am Nettovermögen dieses Geschäftsbetriebs.

Die *Darstellungswährung* ist die Währung, in der die Abschlüsse veröffentlicht werden.

Der *Kassakurs* ist der Wechselkurs bei sofortiger Ausführung.

Ausführungen zu den Definitionen

Funktionale Währung

Das primäre Wirtschaftsumfeld eines Unternehmens ist normalerweise das Umfeld, in dem es hauptsächlich Zahlungsmittel erwirtschaftet und aufwendet. Bei der Bestimmung seiner funktionalen Währung hat ein Unternehmen die folgenden Faktoren zu berücksichtigen: **9**

(a) die Währung,

   (i) die den größten Einfluss auf die Verkaufspreise seiner Waren und Dienstleistungen hat (dies ist häufig die Währung, in der die Verkaufspreise der Waren und Dienstleistungen angegeben und abgerechnet werden); und

   (ii) des Landes, dessen Wettbewerbskräfte und Bestimmungen für die Verkaufspreise seiner Waren und Dienstleistungen ausschlaggebend sind.

(b) die Währung, die den größten Einfluss auf die Lohn-, Material- und sonstigen mit der Bereitstellung der Waren und Dienstleistungen zusammenhängenden Kosten hat. (Dies ist häufig die Währung, in der diese Kosten angegeben und abgerechnet werden.)

Die folgenden Faktoren können ebenfalls Aufschluss über die funktionale Währung eines Unternehmens geben: **10**

(a) die Währung, in der Mittel aus Finanzierungstätigkeiten (z. B. Ausgabe von Schuldverschreibungen oder Eigenkapitalinstrumenten) generiert werden.

(b) die Währung, in der Einnahmen aus betrieblicher Tätigkeit normalerweise einbehalten werden.

Bei der Bestimmung der funktionalen Währung eines ausländischen Geschäftsbetriebs und der Entscheidung, ob dessen funktionale Währung mit der des berichtenden Unternehmens identisch ist (in diesem Kontext entspricht das berichtende Unternehmen dem Unternehmen, das den ausländischen Geschäftsbetrieb als Tochterunternehmen, Niederlassung, assoziiertes Unternehmen oder Gemeinsame Vereinbarung(en) unterhält), werden die folgenden Faktoren herangezogen: **11**

(a) ob die Tätigkeit des ausländischen Geschäftsbetriebs als erweiterter Bestandteil des berichtenden Unternehmens oder weitgehend unabhängig ausgeübt wird. Ersteres ist beispielsweise der Fall, wenn der ausländische Geschäftsbetrieb ausschließlich vom berichtenden Unternehmen importierte Güter verkauft und die erzielten Einnahmen wieder an dieses zurückleitet. Dagegen ist ein Geschäftsbetrieb als weitgehend unabhängig zu bezeichnen, wenn er überwiegend in seiner Landeswährung Zahlungsmittel und andere monetäre Posten ansammelt, Aufwendungen tätigt, Erträge erwirtschaftet und Fremdkapital aufnimmt.

(b) ob die Geschäftsvorfälle mit dem berichtenden Unternehmen bezogen auf das Gesamtgeschäftsvolumen des ausländischen Geschäftsbetriebes ein großes oder geringes Gewicht haben.

(c) ob sich die Cashflows aus der Tätigkeit des ausländischen Geschäftsbetriebs direkt auf die Cashflows des berichtenden Unternehmens auswirken und jederzeit dorthin zurückgeleitet werden können.

(d) ob die Cashflows aus der Tätigkeit des ausländischen Geschäftsbetriebs ausreichen, um vorhandene und im Rahmen des normalen Geschäftsgangs erwartete Schuldverpflichtungen zu bedienen, ohne dass hierfür Mittel vom berichtenden Unternehmen bereitgestellt werden.

12 Wenn die obigen Indikatoren gemischt auftreten und die funktionale Währung nicht klar ersichtlich ist, bestimmt die Geschäftsleitung nach eigenem Ermessen die funktionale Währung, welche die wirtschaftlichen Auswirkungen der zugrunde liegenden Geschäftsvorfälle, Ereignisse und Umstände am glaubwürdigsten darstellt. Dabei berücksichtigt die Geschäftsleitung vorrangig die in Paragraph 9 genannten primären Faktoren und erst dann die Indikatoren in den Paragraphen 10 und 11, die als zusätzliche substanzielle Hinweise zur Bestimmung der funktionalen Währung eines Unternehmens dienen sollen.

13 Die funktionale Währung eines Unternehmens spiegelt die zugrunde liegenden Geschäftsvorfälle, Ereignisse und Umstände wider, die für das Unternehmen relevant sind. Daraus folgt, dass eine funktionale Währung nach ihrer Festlegung nur dann geändert wird, wenn sich diese zugrunde liegenden Geschäftsvorfälle, Ereignisse und Umstände ebenfalls geändert haben.

14 Handelt es sich bei der funktionalen Währung um die Währung eines Hochinflationslandes, werden die Abschlüsse des Unternehmens gemäß IAS 29 *Rechnungslegung in Hochinflationsländern* angepasst. Ein Unternehmen kann eine Anpassung gemäß IAS 29 nicht dadurch umgehen, dass es beispielsweise eine andere funktionale Währung festlegt als die, die nach diesem Standard ermittelt würde (z. B. die funktionale Währung des Mutterunternehmens).

Nettoinvestition in einen ausländischen Geschäftsbetrieb

15 Ein Unternehmen kann über monetäre Posten in Form einer ausstehenden Forderung oder Verbindlichkeit gegenüber einem ausländischen Geschäftsbetrieb verfügen. Ein Posten, dessen Abwicklung auf absehbare Zeit weder geplant noch wahrscheinlich ist, stellt im Wesentlichen einen Teil der Nettoinvestition in diesen ausländischen Geschäftsbetrieb dar und wird gemäß den Paragraphen 32 und 33 behandelt. Zu solchen monetären Posten können langfristige Forderungen oder Darlehen, nicht jedoch Forderungen oder Verbindlichkeiten aus Lieferungen und Leistungen gezählt werden.

15A Bei dem Unternehmen, das über einen monetären Posten in Form einer ausstehenden Forderung oder Verbindlichkeit gegenüber einem in Paragraph 15 beschriebenen ausländischen Geschäftsbetrieb verfügt, kann es sich um jede Tochtergesellschaft der Gruppe handeln. Zum Beispiel: Ein Unternehmen hat zwei Tochtergesellschaften A und B, wobei B ein ausländischer Geschäftsbetrieb ist. Tochtergesellschaft A gewährt Tochtergesellschaft B einen Kredit. Die Forderung von Tochtergesellschaft A gegenüber Tochtergesellschaft B würde einen Teil der Nettoinvestition des Unternehmens in Tochtergesellschaft B darstellen, wenn die Rückzahlung des Darlehens auf absehbare Zeit weder geplant noch wahrscheinlich ist. Dies würde auch dann gelten, wenn die Tochtergesellschaft A selbst ein ausländischer Geschäftsbetrieb wäre.

Monetäre Posten

16 Das wesentliche Merkmal eines monetären Postens ist das Recht auf Erhalt (oder Verpflichtung zur Zahlung) einer festen oder bestimmbaren Anzahl von Währungseinheiten. Dazu zählen beispielsweise bar auszuzahlende Renten und andere Leistungen an Arbeitnehmer; bar zu begleichende Verpflichtungen; Leasingverbindlichkeiten und Bardividenden, die als Verbindlichkeit erfasst werden. Auch ein Vertrag über den Erhalt (oder die Lieferung) einer variablen Anzahl von Eigenkapitalinstrumenten des Unternehmens oder einer variablen Menge von Vermögenswerten, bei denen der zu erhaltende (oder zu zahlende) beizulegende Zeitwert einer festen oder bestimmbaren Anzahl von Währungseinheiten entspricht, ist als monetärer Posten anzusehen.

Umgekehrt besteht das wesentliche Merkmal eines nicht monetären Postens darin, dass er mit keinerlei Recht auf Erhalt (bzw. keinerlei Verpflichtung zur Zahlung) einer festen oder bestimmbaren Anzahl von Währungseinheiten verbunden ist. Dazu zählen beispielsweise Vorauszahlungen für Güter und Dienstleistungen; Geschäfts- oder Firmenwert; immaterielle Vermögenswerte; Vorräte; Sachanlagen; Nutzungsrechte sowie Verpflichtungen, die durch nicht monetäre Vermögenswerte erfüllt werden.

Zusammenfassung des in diesem Standard vorgeschriebenen Ansatzes

Bei der Erstellung des Abschlusses legt jedes Unternehmen – unabhängig davon, ob es sich um ein einzelnes Unternehmen, ein Unternehmen mit ausländischem Geschäftsbetrieb (z. B. ein Mutterunternehmen) oder einen ausländischen Geschäftsbetrieb (z. B. ein Tochterunternehmen oder eine Niederlassung) handelt – gemäß den Paragraphen 9-14 seine funktionale Währung fest. Das Unternehmen rechnet die Fremdwährungsposten in die funktionale Währung um und weist die Auswirkungen einer solchen Umrechnung gemäß den Paragraphen 20-37 und 50 aus. **17**

Viele berichtende Unternehmen bestehen aus mehreren Einzelunternehmen (so umfasst eine Unternehmensgruppe ein Mutterunternehmen und ein oder mehrere Tochterunternehmen). Verschiedene Arten von Unternehmen, ob Mitglieder einer Unternehmensgruppe oder sonstige Unternehmen, können Beteiligungen an assoziierten Unternehmen oder Gemeinsame Vereinbarungen(en) haben. Sie können auch Niederlassungen unterhalten. Es ist erforderlich, dass die Vermögens-, Finanz- und Ertragslage jedes einzelnen Unternehmens, das in das berichtende Unternehmen integriert ist, in die Währung umgerechnet wird, in der das berichtende Unternehmen seinen Abschluss veröffentlicht. Dieser Standard gestattet es einem berichtenden Unternehmen, seine Darstellungswährung (oder -währungen) frei zu wählen. Die Vermögens-, Finanz- und Ertragslage jedes einzelnen Unternehmens innerhalb des berichtenden Unternehmens, dessen funktionale Währung von der Darstellungswährung abweicht, ist gemäß den Paragraphen 38-50 umzurechnen. **18**

Dieser Standard gestattet es auch einzelnen Unternehmen, die Abschlüsse erstellen, oder Unternehmen, die Einzelabschlüsse gemäß IAS 27 *Einzelabschlüsse* erstellen, ihre Abschlüsse in jeder beliebigen Währung (oder Währungen) zu veröffentlichen. Weicht die Darstellungswährung eines Unternehmens von seiner funktionalen Währung ab, ist seine Vermögens-, Finanz- und Ertragslage ebenfalls gemäß den Paragraphen 38-50 in die Darstellungswährung umzurechnen. **19**

Bilanzierung von Fremdwährungstransaktionen in der funktionalen Währung

Erstmaliger Ansatz

Eine Fremdwährungstransaktion ist ein Geschäftsvorfall, dessen Wert in einer Fremdwährung angegeben ist oder der die Erfüllung in einer Fremdwährung erfordert, einschließlich Geschäftsvorfällen, die auftreten, wenn ein Unternehmen: **20**

(a) Waren oder Dienstleistungen kauft oder verkauft, deren Preise in einer Fremdwährung angegeben sind;

(b) Mittel aufnimmt oder verleiht, wobei der Wert der Verbindlichkeiten oder Forderungen in einer Fremdwährung angegeben ist; oder

(c) auf sonstige Weise Vermögenswerte erwirbt oder veräußert oder Schulden eingeht oder begleicht, deren Wert in einer Fremdwährung angegeben ist.

Die Fremdwährungstransaktion ist erstmalig in der funktionalen Währung anzusetzen, indem der Fremdwährungsbetrag mit dem am jeweiligen Tag des Geschäftsvorfalls gültigen Kassakurs zwischen der funktionalen Währung und der Fremdwährung umgerechnet wird. **21**

Der Tag des Geschäftsvorfalls ist der Tag, an dem der Geschäftsvorfall erstmals gemäß den International Financial Reporting Standards ansetzbar ist. Aus praktischen Erwägungen wird häu- **22** fig ein Kurs verwendet, der einen Näherungswert für den aktuellen Kurs am Tag des Geschäftsvorfalls darstellt. So kann beispielsweise der Durchschnittskurs einer Woche oder eines Monats für alle Geschäftsvorfälle in der jeweiligen Fremdwährung verwendet werden. Bei stark schwankenden Wechselkursen ist jedoch die Verwendung von Durchschnittskursen für einen Zeitraum unangemessen.

Bilanzierung in Folgeperioden

23 Am Ende jedes Berichtszeitraums sind

(a) monetäre Posten in einer Fremdwährung zum Stichtagskurs umzurechnen;

(b) nicht monetäre Posten, die zu historischen Anschaffungs- oder Herstellungskosten in einer Fremdwährung bewertet wurden, zum Kurs am Tag des Geschäftsvorfalls umzurechnen; und

(c) nicht monetäre Posten, die zu ihrem beizulegenden Zeitwert in einer Fremdwährung bewertet werden, zu dem Kurs umzurechnen, der am Tag der Bemessung des beizulegenden Zeitwerts gültig war.

24 Der Buchwert eines Postens wird in Verbindung mit anderen einschlägigen Standards ermittelt. Beispielsweise können Sachanlagen zum beizulegenden Zeitwert oder zu den historischen Anschaffungs- oder Herstellungskosten gemäß IAS 16 *Sachanlagen* bewertet werden. Unabhängig davon, ob der Buchwert zu den historischen Anschaffungs- oder Herstellungskosten oder zum beizulegenden Zeitwert bestimmt wird, hat bei einer Ermittlung dieses Wertes in einer Fremdwährung eine Umrechnung in die funktionale Währung gemäß diesem Standard zu erfolgen.

25 Der Buchwert einiger Posten wird durch den Vergleich von zwei oder mehr Beträgen ermittelt. Beispielsweise entspricht der Buchwert von Vorräten gemäß IAS 2 *Vorräte* den Anschaffungs- bzw. Herstellungskosten oder dem Nettoveräußerungswert, je nachdem, welcher dieser Beträge der Niedrigere ist. Auf ähnliche Weise wird gemäß IAS 36 *Wertminderung von Vermögenswerten* der Buchwert eines Vermögenswertes, bei dem ein Anhaltspunkt auf Wertminderung vorliegt, zum Buchwert vor einer Erfassung des möglichen Wertminderungsaufwands oder zu seinem erzielbaren Betrag angesetzt, je nachdem, welcher von beiden der Niedrigere ist. Handelt es sich dabei um einen nicht monetären Vermögenswert, der in einer Fremdwährung bewertet wird, ergibt sich der Buchwert aus einem Vergleich zwischen:

(a) den Anschaffungs- oder Herstellungskosten oder gegebenenfalls dem Buchwert, die bzw. der zum Wechselkurs am Tag der Ermittlung dieses Wertes umgerechnet wird (d. h. zum Kurs am Tag des Geschäftsvorfalls bei einem Posten, der zu den historischen Anschaffungs- oder Herstellungskosten bewertet wird); und

(b) dem Nettoveräußerungswert oder gegebenenfalls dem erzielbaren Betrag, der zum Wechselkurs am Tag der Ermittlung dieses Wertes umgerechnet wird (d. h. zum Stichtagskurs am Abschlussstichtag).

Dieser Vergleich kann dazu führen, dass ein Wertminderungsaufwand in der funktionalen Währung, nicht aber in der Fremdwährung erfasst wird oder umgekehrt.

26 Sind mehrere Wechselkurse verfügbar, wird der Kurs verwendet, zu dem die zukünftigen Cashflows, die durch den Geschäftsvorfall oder Saldo dargestellt werden, hätten abgerechnet werden können, wenn sie am Bewertungsstichtag stattgefunden hätten. Sollte der Umtausch zwischen zwei Währungen vorübergehend ausgesetzt sein, ist der erste darauf folgende Kurs zu verwenden, zu dem ein Umtausch wieder möglich war.

Ansatz von Umrechnungsdifferenzen

27 Wie in Paragraph 3(a) und 5 angemerkt, werden Sicherungsgeschäfte für Fremdwährungsposten gemäß IFRS 9 bilanziert. Bei der Bilanzierung von Sicherungsgeschäften ist ein Unternehmen verpflichtet, einige Umrechnungsdifferenzen anders zu behandeln, als es den Bestimmungen dieses Standards entspricht. IFRS 9 verlangt beispielsweise, dass Umrechnungsdifferenzen bei monetären Posten, die als Sicherungsinstrumente zum Zwecke der Absicherung der Zahlungsströme eingesetzt werden, für die Dauer der Wirksamkeit des Sicherungsgeschäfts zunächst im sonstigen Ergebnis zu erfassen sind.

Umrechnungsdifferenzen, die sich aus dem Umstand ergeben, dass monetäre Posten zu einem anderen Kurs abgewickelt oder umgerechnet werden als dem, zu dem sie bei der erstmaligen Erfassung während der Berichtsperiode oder in früheren Abschlüssen umgerechnet wurden, sind mit Ausnahme der in Paragraph 32 beschriebenen Fälle im Gewinn oder Verlust der Berichtsperiode zu erfassen, in der diese Differenzen entstehen. **28**

Eine Umrechnungsdifferenz ergibt sich, wenn bei monetären Posten aus einer Fremdwährungstransaktion am Tag des Geschäftsvorfalls und am Tag der Abwicklung unterschiedliche Wechselkurse bestehen. Erfolgt die Abwicklung des Geschäftsvorfalls innerhalb der gleichen Bilanzierungsperiode wie die erstmalige Erfassung, wird die Umrechnungsdifferenz in dieser Periode berücksichtigt. Wird der Geschäftsvorfall jedoch in einer späteren Bilanzierungsperiode abgewickelt, so wird die Umrechnungsdifferenz, die in jeder dazwischen liegenden Periode bis zur Periode, in welcher der Ausgleich erfolgt, erfasst wird, durch die Änderungen der Wechselkurse während der Periode bestimmt. **29**

Wird ein Gewinn oder Verlust aus einem nicht monetären Posten direkt im sonstigen Ergebnis erfasst, ist jeder Umrechnungsbestandteil dieses Gewinns oder Verlusts ebenfalls direkt im Eigenkapital zu erfassen. Umgekehrt gilt: Wird ein Gewinn oder Verlust aus einem nicht monetären Posten im Gewinn oder Verlust erfasst, ist jeder Umrechnungsbestandteil dieses Gewinns oder Verlusts ebenfalls im Gewinn oder Verlust zu erfassen. **30**

Andere Standards schreiben die Erfassung von Gewinnen und Verlusten direkt im Eigenkapital vor. Beispielsweise besteht nach IAS 16 die Verpflichtung, einige Gewinne und Verluste aus der Neubewertung von Sachanlagen im sonstigen Ergebnis zu erfassen. Wird ein solcher Vermögenswert in einer Fremdwährung bewertet, ist der neubewertete Betrag gemäß Paragraph 23(c) zum Kurs am Tag der Wertermittlung umzurechnen, was zu einer Umrechnungsdifferenz führt, die ebenfalls im sonstigen Ergebnis zu erfassen ist. **31**

Umrechnungsdifferenzen aus einem monetären Posten, der Teil einer Nettoinvestition des berichtenden Unternehmens in einen ausländischen Geschäftsbetrieb ist (siehe Paragraph 15), sind im Einzelabschluss des berichtenden Unternehmens oder gegebenenfalls im Einzelabschluss des ausländischen Geschäftsbetriebs im Gewinn oder Verlust zu erfassen. In dem Abschluss, der den ausländischen Geschäftsbetrieb und das berichtende Unternehmen enthält (z. B. dem Konzernabschluss, wenn der ausländische Geschäftsbetrieb ein Tochterunternehmen ist), werden solche Umrechnungsdifferenzen zunächst im sonstigen Ergebnis erfasst und bei einer Veräußerung der Nettoinvestition gemäß Paragraph 48 vom Eigenkapital in den Gewinn oder Verlust umgegliedert. **32**

Wenn ein monetärer Posten Teil einer Nettoinvestition des berichtenden Unternehmens in einen ausländischen Geschäftsbetrieb ist und in der funktionalen Währung des berichtenden Unternehmens angegeben wird, ergeben sich in den Einzelabschlüssen des ausländischen Geschäftsbetriebs Umrechungsdifferenzen gemäß Paragraph 28. Wird ein solcher Posten in der funktionalen Währung des ausländischen Geschäftsbetriebs angegeben, entsteht im separaten Einzelabschluss des berichtenden Unternehmens eine Umrechnungsdifferenz gemäß Paragraph 28. Wird ein solcher Posten in einer anderen Währung als der funktionalen Währung des berichtenden Unternehmens oder des ausländischen Geschäftsbetriebs angegeben, entstehen im separaten Einzelabschluss des berichtenden Unternehmens und in den Einzelabschlüssen des ausländischen Geschäftsbetriebs Umrechnungsdifferenzen gemäß Paragraph 28. Derartige Umrechnungsdifferenzen werden in den Abschlüssen, die den ausländischen Geschäftsbetrieb und das berichtende Unternehmen umfassen (d. h. Abschlüssen, in denen der ausländische Geschäftsbetrieb konsolidiert oder nach der Equity-Methode bilanziert wird), im sonstigen Ergebnis erfasst. **33**

Führt ein Unternehmen seine Bücher und Aufzeichnungen in einer anderen Währung als seiner funktionalen Währung, sind bei der Erstellung seines Abschlusses alle Beträge gemäß den Para- **34** graphen 20-26 in die funktionale Währung umzurechnen. Daraus ergeben sich die gleichen Beträge in der funktionalen Währung, wie wenn die Posten ursprünglich in der funktionalen Währung erfasst worden wären. Beispielsweise werden monetäre Posten zum Stichtagskurs und nicht monetäre Posten, die zu den historischen Anschaffungs- oder Herstellungskosten bewertet werden, zum Wechselkurs am Tag des Geschäftsvorfalls, der zu ihrer Erfassung geführt hat, in die funktionale Währung umgerechnet.

Wechsel der funktionalen Währung

35 Bei einem Wechsel der funktionalen Währung hat das Unternehmen die für die neue funktionale Währung geltenden Umrechnungsverfahren prospektiv ab dem Zeitpunkt des Wechsels anzuwenden.

36 Wie in Paragraph 13 erwähnt, spiegelt die funktionale Währung eines Unternehmens die zugrunde liegenden Geschäftsvorfälle, Ereignisse und Umstände wider, die für das Unternehmen relevant sind. Daraus folgt, dass eine funktionale Währung nach ihrer Festlegung nur dann geändert werden kann, wenn sich diese zugrunde liegenden Geschäftsvorfälle, Ereignisse und Umstände ebenfalls geändert haben. Ein Wechsel der funktionalen Währung kann beispielsweise dann angebracht sein, wenn sich die Währung, die den größten Einfluss auf die Verkaufspreise der Waren und Dienstleistungen eines Unternehmens hat, ändert.

37 Die Auswirkungen eines Wechsels der funktionalen Währung werden prospektiv bilanziert. Das bedeutet, dass ein Unternehmen alle Posten zum Kurs am Tag des Wechsels in die neue funktionale Währung umrechnet. Die daraus resultierenden umgerechneten Beträge der nicht monetären Vermögenswerte werden als historische Anschaffungs- oder Herstellungskosten dieser Posten behandelt. Umrechnungsdifferenzen aus der Umrechnung eines ausländischen Geschäftsbetriebs, die bisher gemäß den Paragraphen 32 und 39(c) im sonstigen Ergebnis erfasst wurden, werden erst bei dessen Veräußerung vom Eigenkapital in den Gewinn oder Verlust umgegliedert.

Verwendung einer anderen Darstellungswährung als der funktionalen Währung

Umrechnung in die Darstellungswährung

38 Ein Unternehmen kann seinen Abschluss in jeder beliebigen Währung (oder Währungen) veröffentlichen. Weicht die Darstellungswährung von der funktionalen Währung des Unternehmens ab, ist seine Vermögens-, Finanz- und Ertragslage in die Darstellungswährung umzurechnen. Beispielsweise gibt eine Unternehmensgruppe, die aus mehreren Einzelunternehmen mit verschiedenen funktionalen Währungen besteht, die Vermögens-, Finanz- und Ertragslage der einzelnen Unternehmen in einer gemeinsamen Währung an, so dass ein Konzernabschluss aufgestellt werden kann.

39 Die Vermögens-, Finanz- und Ertragslage eines Unternehmens, dessen funktionale Währung keine Währung eines Hochinflationslandes ist, wird nach folgenden Verfahren in eine andere Darstellungswährung umgerechnet:

(a) Vermögenswerte und Schulden sind für jede vorgelegte Bilanz (d. h. einschließlich Vergleichsinformationen) zum jeweiligen Abschlussstichtagskurs umzurechnen;

(b) Erträge und Aufwendungen sind für jede Darstellung von Gewinn oder Verlust und sonstigem Ergebnis (d. h. einschließlich Vergleichsinformationen) zum Wechselkurs am Tag des Geschäftsvorfalls umzurechnen; und

(c) alle sich ergebenden Umrechnungsdifferenzen sind im sonstigen Ergebnis zu erfassen.

40 Aus praktischen Erwägungen wird zur Umrechnung von Ertrags- und Aufwandsposten häufig ein Kurs verwendet, der einen Näherungswert für den Umrechnungskurs am Tag des Geschäftsvorfalls darstellt, beispielsweise der Durchschnittskurs einer Periode. Bei stark schwankenden

Wechselkursen ist jedoch die Verwendung von Durchschnittskursen für einen Zeitraum unangemessen.

Die in Paragraph 39(c) genannten Umrechnungsdifferenzen ergeben sich aus: 41

(a) der Umrechnung von Erträgen und Aufwendungen zu den Wechselkursen an den Tagen der Geschäftsvorfälle und der Vermögenswerte und Schulden zum Stichtagskurs.

(b) der Umrechnung des Eröffnungswertes des Nettovermögens zu einem Stichtagskurs, der vom vorherigen Stichtagskurs abweicht.

Diese Umrechnungsdifferenzen werden nicht im Gewinn oder Verlust erfasst, weil die Änderungen in den Wechselkursen nur einen geringen oder überhaupt keinen direkten Einfluss auf den gegenwärtigen und künftigen operativen Cashflow haben. Der kumulierte Betrag der Umrechnungsdifferenzen wird bis zum Abgang des ausländischen Geschäftsbetriebs in einem separaten Bestandteil des Eigenkapitals ausgewiesen. Beziehen sich die Umrechnungsdifferenzen auf einen ausländischen Geschäftsbetrieb, der konsolidiert wird, jedoch nicht vollständig im Besitz des Mutterunternehmens steht, so sind die kumulierten Umrechnungsdifferenzen, die aus nicht beherrschenden Anteilen stammen und diesen zuzurechnen sind, diesem nicht beherrschenden Anteil zuzuweisen und als Teil dessen in der Konzernbilanz anzusetzen.

Die Vermögens-, Finanz- und Ertragslage eines Unternehmens, dessen funktionale Währung die Währung eines Hochinflationslandes ist, wird nach folgenden Verfahren in eine andere Darstellungswährung umgerechnet: 42

(a) alle Beträge (d. h. Vermögenswerte, Schulden, Eigenkapitalposten, Erträge und Aufwendungen, einschließlich Vergleichsinformationen) sind zum Stichtagskurs der letzten Bilanz umzurechnen, mit folgender Ausnahme:

(b) bei der Umrechnung von Beträgen in die Währung eines Nicht-Hochinflationslandes sind als Vergleichswerte die Beträge heranzuziehen, die im betreffenden Vorjahresabschluss als Beträge des aktuellen Jahres ausgewiesen wurden (d. h. es erfolgt keine Anpassung zur Berücksichtigung späterer Preis- oder Wechselkursänderungen).

Handelt es sich bei der funktionalen Währung eines Unternehmens um die Währung eines Hochinflationslandes, hat das Unternehmen seinen Abschluss gemäß IAS 29 anzupassen, bevor es die in Paragraph 42 beschriebene Umrechnungsmethode anwendet. Davon ausgenommen sind Vergleichsbeträge, die in die Währung eines Nicht-Hochinflationslandes umgerechnet werden (siehe Paragraph 42(b)). Wenn ein bisheriges Hochinflationsland nicht mehr als solches eingestuft wird und das Unternehmen seinen Abschluss nicht mehr gemäß IAS 29 anpasst, sind als historische Anschaffungs- oder Herstellungskosten für die Umrechnung in die Darstellungswährung die an das Preisniveau angepassten Beträge maßgeblich, die zu dem Zeitpunkt galten, an dem das Unternehmen mit der Anpassung seines Abschlusses aufgehört hat. 43

Umrechnung eines ausländischen Geschäftsbetriebs

Die Paragraphen 45–47 sind zusätzlich zu den Paragraphen 38-43 anzuwenden, wenn die Vermögens-, Finanz- und Ertragslage eines ausländischen Geschäftsbetriebs in eine Darstellungswährung umgerechnet wird, damit der ausländische Geschäftsbetrieb durch Vollkonsolidierung oder durch die Equity-Methode in den Abschluss des berichtenden Unternehmens einbezogen werden kann. 44

Die Einbeziehung der Finanz- und Ertragslage eines ausländischen Geschäftsbetriebs in den Abschluss des berichtenden Unternehmens folgt den üblichen Konsolidierungsverfahren. Dazu zählen etwa die Eliminierung konzerninterner Salden und konzerninterne Transaktionen eines Tochterunternehmens (siehe IFRS 10 *Konzernabschlüsse*). Ein konzerninterner monetärer Vermögenswert (oder eine konzerninterne monetäre Verbindlichkeit), ob kurzfristig oder langfristig, darf jedoch nur dann mit einem entsprechenden konzerninternen Vermögenswert (oder einer konzerninternen Verbindlichkeit) verrechnet werden, wenn das Ergebnis von Währungsschwankungen im Konzernabschluss ausgewiesen wird. Dies ist deshalb der Fall, weil der monetäre Posten eine Verpflichtung darstellt, eine Währung in eine andere umzuwandeln, und 45 das berichtende Unternehmen einen Gewinn oder Verlust aus Währungsschwankungen zu verzeichnen hat. Demgemäß wird eine derartige Umrechnungsdifferenz im Konzernabschluss des berichtenden Unternehmens weiter im Gewinn oder Verlust erfasst, es sei denn, sie stammt aus Umständen, die in Paragraph 32 beschrieben wurden. In diesen Fällen wird sie bis zur Veräußerung des ausländischen Geschäftsbetriebs im sonstigen Ergebnis erfasst und in einem separaten Bestandteil des Eigenkapitals kumuliert.

46 Wird der Abschluss eines ausländischen Geschäftsbetriebs zu einem anderen Stichtag als dem des berichtenden Unternehmens aufgestellt, so erstellt dieser ausländische Geschäftsbetrieb häufig einen zusätzlichen Abschluss auf den Stichtag des berichtenden Unternehmens. Ist dies nicht der Fall, so kann gemäß IFRS 10 ein abweichender Stichtag verwendet werden, sofern der Unterschied nicht größer als drei Monate ist und Berichtigungen für die Auswirkungen aller bedeutenden Geschäftsvorfälle oder Ereignisse vorgenommen werden, die zwischen den abweichenden Stichtagen eingetreten sind. In einem solchen Fall werden die Vermögenswerte und Schulden des ausländischen Geschäftsbetriebs zum Wechselkurs am Abschlussstichtag des ausländischen Geschäftsbetriebs umgerechnet. Treten bis zum Abschlussstichtag des berichtenden Unternehmens erhebliche Wechselkursänderungen ein, so werden diese gemäß IFRS 10 berichtigt. Der gleiche Ansatz gilt für die Anwendung der Equity-Methode auf assoziierte Unternehmen und Gemeinschaftsunternehmen gemäß IAS 28 (in der 2011 geänderten Fassung).

47 Jeglicher im Zusammenhang mit dem Erwerb eines ausländischen Geschäftsbetriebs entstehende Geschäfts- oder Firmenwert und sämtliche am beizulegenden Zeitwert ausgerichteten Berichtigungen des Buchwerts der Vermögenswerte und Schulden, die aus dem Erwerb dieses ausländischen Geschäftsbetriebs resultieren, sind als Vermögenswerte und Schulden des ausländischen Geschäftsbetriebs zu behandeln. Sie werden daher in der funktionalen Währung des ausländischen Geschäftsbetriebs angegeben und sind gemäß den Paragraphen 39 und 42 zum Stichtagskurs umzurechnen.

Abgang oder teilweiser Abgang eines ausländischen Geschäftsbetriebs

48 Beim Abgang eines ausländischen Geschäftsbetriebs sind die entsprechenden kumulierten Umrechnungsdifferenzen, die bis zu diesem Zeitpunkt im sonstigen Ergebnis erfasst und in einem separaten Bestandteil des Eigenkapitals kumuliert wurden, in der gleichen Periode, in der auch der Gewinn oder Verlust aus dem Abgang erfasst wird, vom Eigenkapital in den Gewinn oder Verlust umzugliedern (als Umgliederungsbetrag) (siehe IAS 1 *Darstellung des Abschlusses* überarbeitet 2007).

48A Zusätzlich zum Abgang des gesamten Anteils eines Unternehmens an einem ausländischen Geschäftsbetrieb werden folgende Fälle selbst dann als Abgänge bilanziert,

(a) wenn mit dem Abgang der Verlust der Beherrschung eines Tochterunternehmens, zu dem ein ausländischer Geschäftsbetrieb gehört, einhergeht. Dabei wird nicht berücksichtigt, ob das Unternehmen nach dem teilweisen Abgang einen nicht beherrschenden Anteil am ehemaligen Tochterunternehmen behält, und

(b) wenn es sich bei dem zurückgehaltenen Anteil nach dem teilweisen Abgang eines Anteils an einer gemeinsamen Vereinbarung oder nach dem teilweisen Abgang eines Anteils in einem assoziierten Unternehmen, zu dem ein ausländischer Geschäftsbetrieb gehört, um einen finanziellen Vermögenswert handelt, zu dem ein ausländischer Geschäftsbetrieb gehört.

(c) (weggefallen)

48B Beim Abgang eines Tochterunternehmens, zu dem ein ausländischer Geschäftsbetrieb gehört, sind die kumulierten, zu diesem ausländischen Geschäftsbetrieb gehörenden Umrechnungsdifferenzen, die den nicht beherrschenden Anteilen zugeordnet waren, auszubuchen, aber nicht in den Gewinn oder Verlust umzugliedern.

48C Bei einem teilweisen Abgang eines Tochterunternehmens, zu dem ein ausländischer Geschäftsbetrieb gehört, ist der entsprechende Anteil an den kumulierten Umrechnungsdifferenzen, die im sonstigen Ergebnis erfasst sind, den nicht beherrschenden Anteilen an diesem ausländischen Geschäftsbetrieb wieder zuzuordnen. Bei allen anderen teilweisen Abgängen eines ausländischen Geschäftsbetriebs hat das Unternehmen nur den entsprechenden Anteil der kumulierten Umrechnungsdifferenzen in den Gewinn oder Verlust umzugliedern, der im sonstigen Ergebnis erfasst war.

Ein teilweiser Abgang eines Anteils eines Unternehmens an einem ausländischen Geschäftsbetrieb ist eine Verringerung der Beteiligungsquote eines Unternehmens an einem ausländischen Geschäftsbetrieb, davon ausgenommen sind jene in Paragraph 48A dargestellten Verringerungen, die als Abgänge bilanziert werden. **48D**

Ein Unternehmen kann seine Nettoinvestition in einen ausländischen Geschäftsbetrieb durch Verkauf, Liquidation, Kapitalrückzahlung oder Betriebsaufgabe, vollständig oder als Teil dieses Geschäftsbetriebs, ganz oder teilweise abgeben. Eine außerplanmäßige Abschreibung des Buchwerts eines ausländischen Geschäftsbetriebs aufgrund eigener Verluste oder aufgrund einer vom Anteilseigner erfassten Wertminderung ist nicht als teilweiser Abgang zu betrachten. Folglich wird auch kein Teil der Umrechnungsgewinne oder -verluste, die im sonstigen Ergebnis erfasst sind, zum Zeitpunkt der außerplanmäßigen Abschreibung in einem Gewinn oder Verlust umgegliedert. **49**

Steuerliche Auswirkungen sämtlicher Umrechnungsdifferenzen

Gewinne und Verluste aus Fremdwährungstransaktionen sowie Umrechnungsdifferenzen aus der Umrechnung der Vermögens-, Finanz- und Ertragslage eines Unternehmens (einschließlich eines ausländischen Geschäftsbetriebs) können steuerliche Auswirkungen haben, die gemäß IAS 12 *Ertragsteuern* bilanziert werden. **50**

Angaben

Die Bestimmungen zur funktionalen Währung in den Paragraphen 53 und 55-57 beziehen sich im Falle einer Unternehmensgruppe auf die funktionale Währung des Mutterunternehmens. **51**

Ein Unternehmen hat folgende Angaben zu machen: **52**

(a) die Höhe der Umrechnungsdifferenzen, die erfolgswirksam erfasst wurden. Davon ausgenommen sind Umrechnungsdifferenzen aus Finanzinstrumenten, die gemäß IFRS 9 erfolgswirksam zum beizulegenden Zeitwert bewertet werden; und

(b) der Saldo der Umrechnungsdifferenzen, der im sonstigen Ergebnis erfasst und in einem separaten Bestandteil des Eigenkapitals kumuliert wurde, und eine Überleitungsrechnung des Betrags solcher Umrechnungsdifferenzen zum Beginn und am Ende der Berichtsperiode.

Wenn die Darstellungswährung nicht der funktionalen Währung entspricht, ist dieser Umstand zusammen mit der Nennung der funktionalen Währung und einer Begründung für die Verwendung einer abweichenden Währung anzugeben. **53**

Bei einem Wechsel der funktionalen Währung des berichtenden Unternehmens oder eines wesentlichen ausländischen Geschäftsbetriebs sind dieser Umstand und die Gründe anzugeben, die zur Umstellung der funktionalen Währung geführt haben. **54**

Veröffentlicht ein Unternehmen seinen Abschluss in einer anderen Währung als seiner funktionalen Währung, darf es den Abschluss nur dann als mit den International Financial Reporting Standards übereinstimmend bezeichnen, wenn dieser sämtliche Anforderungen aller anzuwendenden IFRS dieser Standards sowie die in den Paragraphen 39 und 42 dargelegte Umrechnungsmethode erfüllt. **55**

Ein Unternehmen stellt seinen Abschluss oder andere Finanzinformationen manchmal in einer anderen Währung als seiner funktionalen Währung dar, ohne die Anforderungen von Paragraph 55 zu erfüllen. Beispielsweise kommt es vor, dass ein Unternehmen nur ausgewählte Posten seines Abschlusses in eine andere Währung umrechnet, oder ein Unternehmen, dessen **56** funktionale Währung nicht die Währung eines Hochinflationslandes ist, rechnet seinen Abschluss in eine andere Währung um, indem es für alle Posten den letzten Stichtagskurs verwendet. Derartige Umrechnungen entsprechen nicht den International Financial Reporting Standards und den in Paragraph 57 genannten erforderlichen Angaben.

57 Stellt ein Unternehmen seinen Abschluss oder andere Finanzinformationen in einer anderen Währung als seiner funktionalen oder seiner Darstellungswährung dar und werden die Anforderungen von Paragraph 55 nicht erfüllt, so hat das Unternehmen:

(a) die Informationen deutlich als zusätzliche Informationen zu kennzeichnen, um sie von den mit den International Financial Reporting Standards übereinstimmenden Informationen zu unterscheiden.

(b) die Währung anzugeben, in der die zusätzlichen Informationen dargestellt werden; und

(c) die funktionale Währung des Unternehmens und die verwendete Umrechnungsmethode zur Ermittlung der zusätzlichen Informationen anzugeben.

Zeitpunkt des Inkrafttretens und Übergangsvorschriften

58 Dieser Standard ist erstmals in der ersten Berichtsperiode eines am 1. Januar 2005 oder danach beginnenden Geschäftsjahres anzuwenden. Eine frühere Anwendung wird empfohlen. Wenn ein Unternehmen diesen Standard für Berichtsperioden anwendet, die vor dem 1. Januar 2005 beginnen, so ist diese Tatsache anzugeben.

58A *Nettoinvestition in einen ausländischen Geschäftsbetrieb* (Änderung des IAS 21), Dezember 2005, Hinzufügung von Paragraph 15A und Änderung von Paragraph 33. Diese Änderungen sind erstmals in der ersten Berichtsperiode eines am 1. Januar 2006 oder danach beginnenden Geschäftsjahrs anzuwenden. Eine frühere Anwendung wird empfohlen.

59 Ein Unternehmen hat Paragraph 47 prospektiv auf alle Erwerbe anzuwenden, die nach Beginn der Berichtsperiode, in der dieser Standard erstmalig angewendet wird, stattfinden. Eine retrospektive Anwendung des Paragraphen 47 auf frühere Erwerbe ist zulässig. Beim Erwerb eines ausländischen Geschäftsbetriebs, der prospektiv behandelt wird, jedoch vor dem Zeitpunkt der erstmaligen Anwendung dieses Standards stattgefunden hat, braucht das Unternehmen keine Berichtigung der Vorjahre vorzunehmen und kann daher, sofern angemessen, den Geschäfts- oder Firmenwert und die Anpassungen an den beizulegenden Zeitwert im Zusammenhang mit diesem Erwerb als Vermögenswerte und Schulden des Unternehmens und nicht als Vermögenswerte und Schulden des ausländischen Geschäftsbetriebs behandeln. Der Geschäfts- oder Firmenwert und die Anpassungen an den beizulegenden Zeitwert sind daher bereits in der funktionalen Währung des berichtenden Unternehmens angegeben, oder es handelt sich um nicht monetäre Fremdwährungsposten, die zu dem zum Zeitpunkt des Erwerbs geltenden Wechselkurs umgerechnet werden.

60 Alle anderen Änderungen, die sich aus der Anwendung dieses Standards ergeben, sind gemäß den Bestimmungen von IAS 8 *Rechnungslegungsmethoden, Änderungen von rechnungslegungsbezogenen Schätzungen und Fehler* zu bilanzieren.

60A Infolge des IAS 1 (überarbeitet 2007) wurde die in allen IFRS verwendete Terminologie geändert. Außerdem wurden die Paragraphen 27, 30-33, 37, 39, 41, 45, 48 und 52 geändert. Diese Änderungen sind erstmals in der ersten Berichtsperiode eines am 1. Januar 2009 oder danach beginnenden Geschäftsjahres anzuwenden. Wird IAS 1 (überarbeitet 2007) auf eine frühere Periode angewandt, sind diese Änderungen entsprechend auch anzuwenden.

60B Mit der 2008 geänderten Fassung des IAS 27 wurden die Paragraphen 48A-48D eingefügt und Paragraph 49 geändert. Diese Änderungen sind prospektiv auf die erste Berichtsperiode eines am oder nach dem 1. Juli 2009 beginnenden Geschäftsjahres anzuwenden. Wendet ein Unternehmen IAS 27 (in der 2008 geänderten Fassung) auf eine frühere Periode an, sind auch die Änderungen auf diese frühere Periode anzuwenden.

60C (nicht besetzt)

Durch die im Mai 2010 veröffentlichten *Verbesserungen an den IFRS* wurde Paragraph 60B geändert. Diese Änderung ist erstmals in der ersten Berichtsperiode eines am oder nach dem 1. Juli 2010 beginnenden Geschäftsjahres anzuwenden. Eine frühere Anwendung ist zulässig. **60D**

(nicht besetzt) **60E**

Durch IFRS 10 und IFRS 11 *Gemeinsame Vereinbarungen*, veröffentlicht im Mai 2011, wurden die Paragraphen 3(b), 8, 11, 18, 19, 33, 44-46 und 48A geändert. Ein Unternehmen hat diese Änderungen anzuwenden, wenn es IFRS 10 und IFRS 11 anwendet. **60F**

Durch IFRS 13, veröffentlicht im Mai 2011, wurde die Definition des beizulegenden Zeitwerts in Paragraph 8 geändert. Außerdem wurde Paragraph 23 geändert. Ein Unternehmen hat die betreffenden Änderungen anzuwenden, wenn es IFRS 13 anwendet. **60G**

Mit *Darstellung von Posten des sonstigen Ergebnisses* (Änderung IAS 1), veröffentlicht im Juni 2011, wurde Paragraph 39 geändert. Ein Unternehmen hat die betreffende Änderung anzuwenden, wenn es IAS 1 (in der im Juni 2011 geänderten Fassung) anwendet. **60H**

(nicht besetzt) **60I**

Durch IFRS 9 (im Juli 2014 veröffentlicht) wurden die Paragraphen 3, 4, 5, 27 und 52 geändert und die Paragraphen 60C, 60E und 60I gestrichen. Ein Unternehmen hat diese Änderungen anzuwenden, wenn es IFRS 9 anwendet. **60J**

Durch IFRS 16, *Leasingverhältnisse*, veröffentlicht im Januar 2016, wurde Paragraph 16 geändert. Ein Unternehmen hat die betreffende Änderung anzuwenden, wenn es IFRS 16 anwendet. **60K**

Rücknahme anderer Verlautbarungen

Dieser Standard ersetzt IAS 21 *Auswirkungen von Wechselkursänderungen* (überarbeitet 1993). **61**

Dieser Standard ersetzt die folgenden Interpretationen: **62**

(a) SIC-11 *Fremdwährung – Aktivierung von Verlusten aus erheblichen Währungsabwertungen*;

(b) SIC-19 *Berichtswährung – Bewertung und Darstellung von Abschlüssen gemäß IAS 21 und IAS 29*; und

(c) SIC-30 *Berichtswährung – Umrechnung von der Bewertungs- in die Darstellungswährung.*

International Accounting Standard 23
Fremdkapitalkosten (IAS 23)

v. 3.11.2008 (ABl EU Nr. L 320 S. 1) i.V. mit Verordnung (EG) Nr. 1260/2008 v. 10.12.2008 (ABl EU Nr. L 338 S. 10); zuletzt geändert durch Verordnung (EU) 2019/412 v. 14.3.2019 (ABl EU Nr. L 73 S. 93)[1)]

Inhalt	Ziffer

Grundprinzip

Fremdkapitalkosten, die direkt dem Erwerb, dem Bau oder der Herstellung eines qualifizierten Vermögenswerts zugeordnet werden können, gehören zu den Anschaffungs- oder Herstellungskosten dieses Vermögenswerts. Andere Fremdkapitalkosten werden als Aufwand erfasst. **1**

Anwendungsbereich

Dieser Standard ist auf die bilanzielle Behandlung von Fremdkapitalkosten anzuwenden. **2**

Der Standard befasst sich nicht mit den tatsächlichen oder kalkulatorischen Kosten des Eigenkapitals einschließlich solcher bevorrechtigter Kapitalbestandteile, die nicht als Schuld zu qualifizieren sind. **3**

Ein Unternehmen ist nicht verpflichtet, den Standard auf Fremdkapitalkosten anzuwenden, die direkt dem Erwerb, dem Bau oder der Herstellung folgender Vermögenswerte zugerechnet werden können: **4**

(a) qualifizierende Vermögenswerte, die zum beizulegenden Zeitwert bewertet werden, wie beispielsweise biologische Vermögenswerte im Anwendungsbereich von IAS 41 *Landwirtschaft*; oder

(b) Vorräte, die in großen Mengen wiederholt gefertigt oder auf andere Weise hergestellt werden.

---

1) **Anm. d. Red.:** Diese Änderungen sind am 4.4.2019 in Kraft getreten und spätestens mit Beginn des ersten am oder nach dem 1.1.2019 beginnenden Geschäftsjahres anzuwenden. Vgl. dazu auch Paragraph 29D.

Definitionen

5 In diesem Standard werden die folgenden Begriffe mit der angegebenen Bedeutung verwendet:

Fremdkapitalkosten sind Zinsen und weitere im Zusammenhang mit der Aufnahme von Fremdkapital angefallene Kosten eines Unternehmens.

Ein *qualifizierter Vermögenswert* ist ein Vermögenswert, für den ein beträchtlicher Zeitraum erforderlich ist, um ihn in seinen beabsichtigten gebrauchs- oder verkaufsfähigen Zustand zu versetzen.

6 Fremdkapitalkosten können Folgendes umfassen:

(a) Zinsaufwand, der nach der in IFRS 9 beschriebenen Effektivzinsmethode berechnet wird;
(b) (weggefallen);
(c) (weggefallen);
(d) Zinsen aus Leasingverbindlichkeiten, die gemäß IFRS 16 *Leasingverhältnisse* bilanziert werden; und
(e) Währungsdifferenzen aus Fremdwährungskrediten, soweit sie als Zinskorrektur anzusehen sind.

7 Je nach Art der Umstände kommen als qualifizierte Vermögenswerte in Betracht:

(a) Vorräte
(b) Fabrikationsanlagen
(c) Energieversorgungseinrichtungen
(d) immaterielle Vermögenswerte
(e) als Finanzinvestitionen gehaltene Immobilien
(f) fruchttragende Pflanzen.

Finanzielle Vermögenswerte und Vorräte, die über einen kurzen Zeitraum gefertigt oder auf andere Weise hergestellt werden, sind keine qualifizierten Vermögenswerte. Gleiches gilt für Vermögenswerte, die bereits bei Erwerb in ihrem beabsichtigten gebrauchs- oder verkaufsfähigen Zustand sind.

Ansatz

8 Fremdkapitalkosten, die direkt dem Erwerb, dem Bau oder der Herstellung eines qualifizierten Vermögenswerts zugeordnet werden können, sind als Teil der Anschaffungs- oder Herstellungskosten dieses Vermögenswerts zu aktivieren. Andere Fremdkapitalkosten sind in der Periode ihres Anfalls als Aufwand zu erfassen.

9 Fremdkapitalkosten, die direkt dem Erwerb, dem Bau oder der Herstellung eines qualifizierten Vermögenswerts zugeordnet werden können, gehören zu den Anschaffungs- oder Herstellungskosten dieses Vermögenswerts. Solche Fremdkapitalkosten werden als Teil der Anschaffungs- oder Herstellungskosten des Vermögenswerts aktiviert, wenn wahrscheinlich ist, dass dem Unternehmen hieraus künftiger wirtschaftlicher Nutzen erwächst und die Kosten verlässlich bewertet werden können. Wenn ein Unternehmen IAS 29 *Rechnungslegung in Hochinflationsländern* anwendet, hat es gemäß Paragraph 21 des Standards jenen Teil der Fremdkapitalkosten als Aufwand zu erfassen, der als Ausgleich für die Inflation im entsprechenden Zeitraum dient.

Aktivierbare Fremdkapitalkosten

10 Die Fremdkapitalkosten, die direkt dem Erwerb, dem Bau oder der Herstellung eines qualifizierten Vermögenswerts zugeordnet werden können, sind solche Fremdkapitalkosten, die vermieden worden wären, wenn die Ausgaben für den qualifizierten Vermögenswert nicht getätigt worden wären. Wenn ein Unternehmen speziell für die Beschaffung eines bestimmten qualifi-

zierten Vermögenswerts Mittel aufnimmt, können die Fremdkapitalkosten, die sich direkt auf diesen qualifizierten Vermögenswert beziehen, ohne weiteres bestimmt werden.

Es kann schwierig sein, einen direkten Zusammenhang zwischen bestimmten Fremdkapitalaufnahmen und einem qualifizierten Vermögenswert festzustellen und die Fremdkapitalaufnahmen zu bestimmen, die andernfalls hätten vermieden werden können. Solche Schwierigkeiten ergeben sich beispielsweise, wenn die Finanzierungstätigkeit eines Unternehmens zentral koordiniert wird. Schwierigkeiten treten auch dann auf, wenn ein Konzern verschiedene Schuldinstrumente mit unterschiedlichen Zinssätzen in Anspruch nimmt und diese Mittel zu unterschiedlichen Bedingungen an andere Unternehmen des Konzerns ausleiht. Andere Komplikationen erwachsen aus der Inanspruchnahme von Fremdwährungskrediten oder von Krediten, die an Fremdwährungen gekoppelt sind, wenn der Konzern in Hochinflationsländern tätig ist, sowie aus Wechselkursschwankungen. Dies führt dazu, dass der Betrag der Fremdkapitalkosten, die direkt einem qualifizierten Vermögenswert zugeordnet werden können, schwierig zu bestimmen ist und einer Ermessungsentscheidung bedarf. 11

In dem Umfang, in dem ein Unternehmen Fremdmittel speziell für die Beschaffung eines qualifizierten Vermögenswerts aufnimmt, ist der Betrag der für diesen Vermögenswert aktivierbaren Fremdkapitalkosten als die tatsächlich in der Periode auf Grund dieser Fremdkapitalaufnahme angefallenen Fremdkapitalkosten abzüglich etwaiger Anlageerträge aus der vorübergehenden Zwischenanlage dieser Mittel zu bestimmen. 12

Die Finanzierungsvereinbarungen für einen qualifizierten Vermögenswert können dazu führen, dass ein Unternehmen die Mittel erhält und ihm die damit verbundenen Fremdkapitalkosten entstehen, bevor diese Mittel ganz oder teilweise für Zahlungen für den qualifizierten Vermögenswert verwendet werden. Unter diesen Umständen werden die Mittel häufig vorübergehend bis zur Verwendung für den qualifizierten Vermögenswert angelegt. Bei der Bestimmung des Betrages der aktivierbaren Fremdkapitalkosten einer Periode werden alle Anlageerträge, die aus derartigen Finanzinvestitionen erzielt worden sind, von den angefallenen Fremdkapitalkosten abgezogen. 13

In dem Umfang, in dem ein Unternehmen Mittel allgemein aufgenommen und für die Beschaffung eines qualifizierten Vermögenswerts verwendet hat, ist der Betrag der aktivierbaren Fremdkapitalkosten durch Anwendung eines Finanzierungskostensatzes auf die Ausgaben für diesen Vermögenswert zu bestimmen. Als Finanzierungskostensatz ist der gewogene Durchschnitt der Fremdkapitalkosten für sämtliche Kredite des Unternehmens zugrunde zu legen, die während der Periode bestanden haben. Allerdings hat ein Unternehmen Fremdkapitalkosten, die Fremdkapital betreffen, das speziell für die Beschaffung eines qualifizierten Vermögenswerts aufgenommen wurde, solange aus dieser Berechnung auszunehmen, bis alle Arbeiten, die erforderlich sind, um den Vermögenswert für seinen beabsichtigten Gebrauch oder Verkauf vorzubereiten, im Wesentlichen fertig gestellt sind. Der Betrag der während einer Periode aktivierten Fremdkapitalkosten darf den Betrag der in der betreffenden Periode angefallenen Fremdkapitalkosten nicht übersteigen. 14

In manchen Fällen ist es angebracht, alle Fremdkapitalaufnahmen des Mutterunternehmens und seiner Tochterunternehmen in die Berechnung des gewogenen Durchschnittes der Fremdkapitalkosten einzubeziehen. In anderen Fällen ist es angebracht, dass jedes Tochterunternehmen den für seine eigenen Fremdkapitalaufnahmen geltenden gewogenen Durchschnitt der Fremdkapitalkosten verwendet. 15

Buchwert des qualifizierten Vermögenswerts ist höher als der erzielbare Betrag

Ist der Buchwert oder sind die letztlich zu erwartenden Anschaffungs- oder Herstellungskosten des qualifizierten Vermögenswerts höher als der erzielbare Betrag dieses Gegenstands oder sein Nettoveräußerungswert, so wird der Buchwert gemäß den Bestimmungen anderer Standards außerplanmäßig abgeschrieben oder ausgebucht. In bestimmten Fällen wird der Betrag der außerplanmäßigen Abschreibung oder Ausbuchung gemäß diesen anderen Standards später wieder zugeschrieben bzw. eingebucht. 16

Beginn der Aktivierung

17 Die Aktivierung der Fremdkapitalkosten als Teil der Anschaffungs- oder Herstellungskosten eines qualifizierten Vermögenswerts ist am Anfangszeitpunkt aufzunehmen. Der Anfangszeitpunkt für die Aktivierung ist der Tag, an dem das Unternehmen alle der folgenden Bedingungen erfüllt:

(a) es fallen Ausgaben für den Vermögenswert an;

(b) es fallen Fremdkapitalkosten an; und

(c) es werden die erforderlichen Arbeiten durchgeführt, um den Vermögenswert für seinen beabsichtigten Gebrauch oder Verkauf herzurichten.

18 Ausgaben für einen qualifizierten Vermögenswert umfassen nur solche Ausgaben, die durch Barzahlungen, Übertragung anderer Vermögenswerte oder die Übernahme verzinslicher Schulden erfolgt sind. Die Ausgaben werden um alle erhaltenen Abschlagszahlungen und Zuwendungen in Verbindung mit dem Vermögenswert gekürzt (siehe IAS 20 *Bilanzierung und Darstellung von Zuwendungen der öffentlichen Hand*). Der durchschnittliche Buchwert des Vermögenswerts während einer Periode einschließlich der früher aktivierten Fremdkapitalkosten ist in der Regel ein vernünftiger Näherungswert für die Ausgaben, auf die der Finanzierungskostensatz in der betreffenden Periode angewendet wird.

19 Die Arbeiten, die erforderlich sind, um den Vermögenswert für seinen beabsichtigten Gebrauch oder Verkauf herzurichten, umfassen mehr als die physische Herstellung des Vermögenswerts. Darin eingeschlossen sind auch technische und administrative Arbeiten vor dem Beginn der physischen Herstellung, wie beispielsweise die Tätigkeiten, die mit der Beschaffung von Genehmigungen vor Beginn der physischen Herstellung verbunden sind. Davon ausgeschlossen ist jedoch das bloße Halten eines Vermögenswerts ohne jedwede Bearbeitung oder Entwicklung, die seinen Zustand verändert. Beispielsweise werden Fremdkapitalkosten, die während der Erschließung unbebauter Grundstücke anfallen, in der Periode aktiviert, in der die mit der Erschließung zusammenhängenden Arbeiten unternommen werden. Werden jedoch für Zwecke der Bebauung erworbene Grundstücke ohne eine damit verbundene Erschließungstätigkeit gehalten, sind Fremdkapitalkosten, die während dieser Zeit anfallen, nicht aktivierbar.

Unterbrechung der Aktivierung

20 Die Aktivierung von Fremdkapitalkosten ist auszusetzen, wenn die aktive Entwicklung eines qualifizierten Vermögenswerts für einen längeren Zeitraum unterbrochen wird.

21 Fremdkapitalkosten können während eines längeren Zeitraumes anfallen, in dem die Arbeiten, die erforderlich sind, um einen Vermögenswert für den beabsichtigten Gebrauch oder Verkauf herzurichten, unterbrochen sind. Bei diesen Kosten handelt es sich um Kosten für das Halten teilweise fertig gestellter Vermögenswerte, die nicht aktivierbar sind. Im Regelfall wird die Aktivierung von Fremdkapitalkosten allerdings nicht ausgesetzt, wenn das Unternehmen während einer Periode wesentliche technische und administrative Leistungen erbracht hat. Die Aktivierung von Fremdkapitalkosten wird ferner nicht ausgesetzt, wenn eine vorübergehende Verzögerung notwendiger Prozessbestandteil ist, um den Vermögenswert für seinen beabsichtigten Gebrauch oder Verkauf herzurichten. Beispielsweise läuft die Aktivierung über einen solchen längeren Zeitraum weiter, um den sich Brückenbauarbeiten auf Grund hoher Wasserstände verzögern, sofern mit derartigen Wasserständen innerhalb der Bauzeit in der betreffenden geographischen Region üblicherweise zu rechnen ist.

Ende der Aktivierung

22 Die Aktivierung von Fremdkapitalkosten ist zu beenden, wenn im Wesentlichen alle Arbeiten abgeschlossen sind, um den qualifizierten Vermögenswert für seinen beabsichtigten Gebrauch oder Verkauf herzurichten.

Ein Vermögenswert ist in der Regel dann für seinen beabsichtigten Gebrauch oder Verkauf fertig gestellt, wenn die physische Herstellung des Vermögenswerts abgeschlossen ist, auch wenn noch normale Verwaltungsarbeiten andauern. Wenn lediglich geringfügige Veränderungen ausstehen, wie die Ausstattung eines Gebäudes nach den Angaben des Käufers oder Benutzers, deutet dies darauf hin, dass im Wesentlichen alle Arbeiten abgeschlossen sind. **23**

Wenn die Herstellung eines qualifizierten Vermögenswerts in Teilen abgeschlossen ist und die einzelnen Teile nutzbar sind, während der Herstellungsprozess für weitere Teile fortgesetzt wird, ist die Aktivierung der Fremdkapitalkosten zu beenden, wenn im Wesentlichen alle Arbeiten abgeschlossen sind, um den betreffenden Teil für den beabsichtigten Gebrauch oder Verkauf herzurichten. **24**

Ein Gewerbepark mit mehreren Gebäuden, die jeweils einzeln genutzt werden können, ist ein Beispiel für einen qualifizierten Vermögenswert, bei dem einzelne Teile nutzbar sind, während andere Teile noch erstellt werden. Ein Beispiel für einen qualifizierten Vermögenswert, der fertig gestellt sein muss, bevor irgendein Teil genutzt werden kann, ist eine industrielle Anlage mit verschiedenen Prozessen, die nacheinander in verschiedenen Teilen der Anlage am selben Standort ablaufen, wie beispielsweise ein Stahlwerk. **25**

Angaben

Folgende Angaben sind von einem Unternehmen zu machen: **26**

(a) der Betrag der in der Periode aktivierten Fremdkapitalkosten; und

(b) der Finanzierungskostensatz, der bei der Bestimmung der aktivierbaren Fremdkapitalkosten zugrunde gelegt worden ist.

Übergangsbestimmungen

Sofern die Anwendung dieses Standards zu einer Änderung der Bilanzierungs- und Bewertungsmethoden führt, ist der Standard auf die Fremdkapitalkosten für qualifizierte Vermögenswerte anzuwenden, deren Anfangszeitpunkt für die Aktivierung am oder nach dem Tag des Inkrafttretens liegt. **27**

Ein Unternehmen kann jedoch einen beliebigen Tag vor dem Zeitpunkt des Inkrafttretens bestimmen und den Standard auf die Fremdkapitalkosten für alle qualifizierten Vermögenswerte anwenden, deren Anfangszeitpunkt für die Aktivierung an oder nach diesem Tag liegt. **28**

Durch die im Dezember 2017 veröffentlichten *Jährlichen Verbesserungen an den IFRS-Standards, Zyklus 2015-2017* wurde Paragraph 14 geändert. Diese Änderungen sind auf Fremdkapitalkosten anzuwenden, die mit oder nach Beginn des Geschäftsjahres anfallen, in dem die Änderungen zum ersten Mal angewandt werden. **28A**

Zeitpunkt des Inkrafttretens

Dieser Standard ist erstmals in der ersten Berichtsperiode eines am 1. Januar 2009 oder danach beginnenden Geschäftsjahres anzuwenden. Eine frühere Anwendung ist zulässig. Wenn ein Unternehmen diesen Standard für Berichtsperioden vor dem 1. Januar 2009 anwendet, so ist diese Tatsache anzugeben. **29**

Paragraph 6 wird im Rahmen der *Verbesserungen der IFRS* vom Mai 2008 geändert. Diese Änderungen sind erstmals in der ersten Berichtsperiode eines am 1. Januar 2009 oder danach beginnenden Geschäftsjahres anzuwenden. Eine frühere Anwendung ist zulässig. Wendet ein Unternehmen diese Änderungen auf eine frühere Periode an, so ist dies anzugeben. **29A**

Durch IFRS 9 (im Juli 2014 veröffentlicht) wurde Paragraph 6 geändert. Ein Unternehmen hat diese Änderung anzuwenden, wenn es IFRS 9 anwendet. **29B**

Durch IFRS 16, veröffentlicht im Januar 2016, wurde Paragraph 6 geändert. Ein Unternehmen hat die betreffende Änderung anzuwenden, wenn es IFRS 16 anwendet. **29C**

29D Durch die im Dezember 2017 veröffentlichten *Jährlichen Verbesserungen an den IFRS-Standards, Zyklus 2015-2017* wurde der Paragraph 14 geändert und der Paragraph 28A angefügt. Diese Änderungen sind auf Geschäftsjahre anzuwenden, die am oder nach dem 1. Januar 2019 beginnen. Eine frühere Anwendung ist zulässig. Wendet ein Unternehmen diese Änderungen zu einem früheren Zeitpunkt an, hat es dies anzugeben.

Rücknahme von IAS 23 (überarbeitet 1993)

30 Der vorliegende Standard ersetzt IAS 23 *Fremdkapitalkosten* überarbeitet 1993.

International Accounting Standard 24
Angaben über Beziehungen zu nahe stehenden Unternehmen und Personen (IAS 24)

v. 3.11.2008 (ABl EU Nr. L 320 S. 1) i.V. mit Verordnung (EU) Nr. 632/2010 v. 19.7.2010 (ABl. Nr. L 186 S. 1); zuletzt geändert durch Verordnung (EU) Nr. 2015/28 v. 17.12.2014 (ABl EU 2015 Nr. L 5 S. 1)

Inhalt | Ziffer

Zielsetzung

Dieser Standard soll sicherstellen, dass die Abschlüsse eines Unternehmens alle Angaben enthalten, die notwendig sind, um auf die Möglichkeit hinzuweisen, dass die Vermögens- und Finanzlage und der Gewinn oder Verlust des Unternehmens u.U. durch die Existenz nahestehender Unternehmen und Personen sowie durch Geschäftsvorfälle und ausstehende Salden (einschließlich Verpflichtungen) mit diesen beeinflusst worden sind. **1**

Anwendungsbereich

Dieser Standard ist anzuwenden bei **2**

(a) der Ermittlung von Beziehungen zu und Geschäftsvorfällen mit nahestehenden Unternehmen und Personen,

(b) der Ermittlung der zwischen einem Unternehmen und den ihm nahestehenden Unternehmen und Personen ausstehenden Salden (einschließlich Verpflichtungen),

(c) der Ermittlung der Umstände, unter denen die unter (a) und (b) genannten Sachverhalte angegeben werden müssen, und

(d) der Bestimmung der zu diesen Sachverhalten zu liefernden Angaben.

Nach diesem Standard müssen in den nach IFRS 10 *Konzernabschlüsse* oder IAS 27 *Einzelabschlüsse* vorgelegten Konzern- und Einzelabschlüssen eines Mutterunternehmens oder von Anlegern, unter deren gemeinschaftlicher Führung oder maßgeblichem Einfluss ein Beteiligungsunternehmen steht, Beziehungen, Geschäftsvorfälle und ausstehende Salden (einschließlich Verpflichtungen) mit nahestehenden Unternehmen und Personen angegeben werden. Dieser Standard ist auch auf Einzelabschlüsse anzuwenden. **3**

Geschäftsvorfälle und ausstehende Salden mit nahestehenden Unternehmen und Personen einer Gruppe werden im Abschluss des Unternehmens angegeben. Bei der Aufstellung des Konzernabschlusses werden diese gruppeninternen Geschäftsvorfälle und ausstehenden Salden eli- **4** miniert; davon ausgenommen sind Transaktionen zwischen einer Investmentgesellschaft und ihren Tochterunternehmen, die ergebniswirksam zum beizulegenden Zeitwert bewertet werden.

Zweck der Angaben über Beziehungen zu nahestehenden Unternehmen und Personen

5 Beziehungen zu nahe tehenden Unternehmen und Personen sind in Handel und Gewerbe gängige Praxis. So wickeln Unternehmen oftmals Teile ihrer Geschäftstätigkeit über Tochterunternehmen, Gemeinschaftsunternehmen oder assoziierte Unternehmen ab. In einem solchen Fall hat das Unternehmen die Möglichkeit, durch Beherrschung, gemeinschaftliche Führung oder maßgeblichen Einfluss auf die Finanz- und Geschäftspolitik des Beteiligungsunternehmens einzuwirken.

6 Eine Beziehung zu nahestehenden Unternehmen und Personen könnte sich auf die Vermögens- und Finanzlage und den Gewinn oder Verlust eines Unternehmens auswirken. Nahestehende Unternehmen und Personen tätigen möglicherweise Geschäfte, die fremde Dritte nicht tätigen würden. So wird ein Unternehmen, das seinem Mutterunternehmen Güter zu Anschaffungs- oder Herstellungskosten verkauft, diese möglicherweise nicht zu den gleichen Konditionen an andere Kunden abgeben. Auch werden Geschäfte zwischen nahestehenden Unternehmen und Personen möglicherweise nicht zu den gleichen Beträgen abgewickelt wie zwischen fremden Dritten.

7 Eine Beziehung zu nahestehenden Unternehmen und Personen kann sich selbst dann auf den Gewinn oder Verlust oder die Vermögens- und Finanzlage eines Unternehmens auswirken, wenn keine Geschäfte mit nahestehenden Unternehmen und Personen stattfinden. Die bloße Existenz der Beziehung kann ausreichen, um die Geschäfte des berichtenden Unternehmens mit Dritten zu beeinflussen. So kann beispielsweise ein Tochterunternehmen seine Beziehungen zu einem Handelspartner beenden, wenn eine Schwestergesellschaft, die im gleichen Geschäftsfeld wie der frühere Geschäftspartner tätig ist, vom Mutterunternehmen erworben wurde. Ebensogut könnte eine Partei aufgrund des maßgeblichen Einflusses eines Dritten eine Handlung unterlassen – ein Tochterunternehmen könnte beispielsweise von seinem Mutterunternehmen die Anweisung erhalten, keine Forschungs- und Entwicklungstätigkeiten auszuführen.

8 Sind die Abschlussadressaten über die Transaktionen, ausstehenden Salden (einschließlich Verpflichtungen) und Beziehungen eines Unternehmens mit nahestehenden Unternehmen und Personen im Bilde, kann dies aus den genannten Gründen ihre Einschätzung der Geschäftstätigkeit des Unternehmens und der bestehenden Risiken und Chancen beeinflussen.

Definitionen

9 Die folgenden Begriffe werden in diesem Standard mit der angegebenen Bedeutung verwendet:

Nahestehende Unternehmen und Personen sind Personen oder Unternehmen, die dem abschlusserstellenden Unternehmen (in diesem Standard „berichtendes Unternehmen" genannt) nahestehen.

(a) Eine Person oder ein naher Familienangehöriger dieser Person steht einem berichtenden Unternehmen nahe, wenn sie/er
   - (i) das berichtende Unternehmen beherrscht oder an dessen gemeinschaftlicher Führung beteiligt ist,
   - (ii) maßgeblichen Einfluss auf das berichtende Unternehmen hat oder
   - (iii) im Management des berichtenden Unternehmens oder eines Mutterunternehmens des berichtenden Unternehmens eine Schlüsselposition bekleidet.

(b) Ein Unternehmen steht einem berichtenden Unternehmen nahe, wenn eine der folgenden Bedingungen erfüllt ist:
   (i) Das Unternehmen und das berichtende Unternehmen gehören derselben Unternehmensgruppe an (was bedeutet, dass alle Mutterunternehmen, Tochterunternehmen und Schwestergesellschaften einander nahe stehen).
   (ii) Eines der beiden Unternehmen ist ein assoziiertes Unternehmen oder ein Gemeinschaftsunternehmen des anderen (oder ein assoziiertes Unternehmen oder Gemeinschaftsunternehmen eines Unternehmens einer Gruppe, der auch das andere Unternehmen angehört).
   (iii) Beide Unternehmen sind Gemeinschaftsunternehmen desselben Dritten.
   (iv) Eines der beiden Unternehmen ist ein Gemeinschaftsunternehmen eines dritten Unternehmens und das andere ist assoziiertes Unternehmen dieses dritten Unternehmens.
   (v) Das Unternehmen ist ein Plan für Leistungen nach Beendigung des Arbeitsverhältnisses zugunsten der Arbeitnehmer entweder des berichtenden Unternehmens oder eines dem berichtenden Unternehmen nahestehenden Unternehmens. Handelt es sich bei dem berichtenden Unternehmen selbst um einen solchen Plan, sind auch die in diesen Plan einzahlenden Arbeitgeber als dem berichtenden Unternehmen nahestehend zu betrachten.
   (vi) Das Unternehmen wird von einer unter Buchstabe (a) genannten Person beherrscht oder steht unter gemeinschaftlicher Führung, an der eine unter Buchstabe (a) genannte Person beteiligt ist.
   (vii) Eine unter Buchstabe (a) Ziffer (i) genannte Person hat maßgeblichen Einfluss auf das Unternehmen oder bekleidet im Management des Unternehmens (oder eines Mutterunternehmens des Unternehmens) eine Schlüsselposition.
   (viii) Das Unternehmen oder ein Mitglied einer Gruppe, der es angehört, erbringt für das berichtende Unternehmen oder dessen Mutterunternehmen Leistungen im Bereich des Managements in Schlüsselpositionen.

Ein *Geschäftsvorfall mit nahestehenden Unternehmen und Personen* ist eine Übertragung von Ressourcen, Dienstleistungen oder Verpflichtungen zwischen einem berichtenden Unternehmen und einem nahestehenden Unternehmen/einer nahestehenden Person, unabhängig davon, ob dafür ein Entgelt in Rechnung gestellt wird.

Nahe Familienangehörige einer Person sind Familienmitglieder, von denen angenommen werden kann, dass sie bei ihren Transaktionen mit dem Unternehmen auf die Person Einfluss nehmen oder von ihr beeinflusst werden können. Dazu gehören

(a) Kinder und Ehegatte oder Lebenspartner dieser Person,
(b) Kinder des Ehegatten oder Lebenspartners dieser Person und
(c) abhängige Angehörige dieser Person oder des Ehegatten oder Lebenspartners dieser Person.

Vergütungen umfassen sämtliche Leistungen an Arbeitnehmer (gemäß Definition in IAS 19 *Leistungen an Arbeitnehmer*), einschließlich solcher, auf die IFRS 2 *Anteilsbasierte Vergütung* anzuwenden ist. Leistungen an Arbeitnehmer sind jede Form von Vergütung, die von dem Unternehmen oder in dessen Namen als Gegenleistung für erhaltene Dienstleistungen gezahlt wurden, zu zahlen sind oder bereitgestellt werden. Dazu gehören auch Entgelte, die von dem Unternehmen im Namen eines Mutterunternehmens gezahlt werden. Vergütungen umfassen:

(a) kurzfristig fällige Leistungen an Arbeitnehmer wie Löhne, Gehälter und Sozialversicherungsbeiträge, Urlaubs- und Krankengeld, Gewinn- und Erfolgsbeteiligungen (sofern diese binnen zwölf Monaten nach Ende der Berichtsperiode zu zahlen sind) sowie geldwerte Leistungen (wie medizinische Versorgung, Wohnung und Dienstwagen sowie kostenlose oder vergünstigte Waren oder Dienstleistungen) für aktive Arbeitnehmer;

(b) Leistungen nach Beendigung des Arbeitsverhältnisses wie Renten, sonstige Altersversorgungsleistungen, Lebensversicherungen und medizinische Versorgung;

(c) sonstige langfristig fällige Leistungen an Arbeitnehmer, einschließlich Sonderurlaub nach langjähriger Dienstzeit oder vergütete Dienstfreistellungen, Jubiläumsgelder oder andere Leistungen für langjährige Dienstzeit, Versorgungsleistungen im Falle der Erwerbsunfähigkeit und – sofern diese Leistungen nicht vollständig binnen zwölf Monaten nach Ende der Berichtsperiode zu zahlen sind – Gewinn- und Erfolgsbeteiligungen sowie später fällige Vergütungsbestandteile;

(d) Leistungen aus Anlass der Beendigung des Arbeitsverhältnisses und

(e) anteilsbasierte Vergütungen.

Die Begriffe „Beherrschung" und „Investmentgesellschaft" sowie „gemeinschaftliche Führung" und „maßgeblicher Einfluss" werden in IFRS 10, IFRS 11 *Gemeinsame Vereinbarungen* bzw. IAS 28 *Anteile an assoziierten Unternehmen und Gemeinschaftsunternehmen* definiert. Im vorliegenden Standard werden sie gemäß den dort festgelegten Bedeutungen verwendet.

Mitglieder des Managements in Schlüsselpositionen sind Personen, die direkt oder indirekt für die Planung, Leitung und Überwachung der Tätigkeiten des Unternehmens zuständig und verantwortlich sind; dies schließt Mitglieder der Geschäftsführungs- und Aufsichtsorgane ein.

Öffentliche Stellen sind Regierungsbehörden, Institutionen mit hoheitlichen Aufgaben und ähnliche Körperschaften, unabhängig davon, ob diese auf lokaler, nationaler oder internationaler Ebene angesiedelt sind.

Einer *öffentlichen Stelle nahestehende Unternehmen* sind Unternehmen, die von einer öffentlichen Stelle beherrscht werden oder unter gemeinschaftlicher Führung oder maßgeblichem Einfluss einer öffentlichen Stelle stehen.

10 Bei der Betrachtung aller möglichen Beziehungen zu nahestehenden Unternehmen und Personen wird auf den wirtschaftlichen Gehalt der Beziehung und nicht allein auf die rechtliche Gestaltung abgestellt.

11 Im Rahmen dieses Standards nicht als nahestehende Unternehmen und Personen anzusehen sind

(a) zwei Unternehmen, die lediglich ein Geschäftsleitungsmitglied oder ein anderes Mitglieder des Managements in einer Schlüsselposition gemeinsam haben, oder bei denen ein Mitglied des Managements in einer Schlüsselposition bei dem einen Unternehmen maßgeblichen Einfluss auf das andere Unternehmen hat;

(b) zwei Partnerunternehmen, die lediglich die gemeinschaftliche Führung eines Gemeinschaftsunternehmens ausüben;

(c) (i) Kapitalgeber,

(ii) Gewerkschaften,

(iii) öffentliche Versorgungsunternehmen und

(iv) Behörden und Institutionen einer öffentlichen Stelle, die das berichtende Unternehmen weder beherrscht noch gemeinschaftlich führt noch maßgeblich beeinflusst,

lediglich aufgrund ihrer gewöhnlichen Geschäftsbeziehungen mit einem Unternehmen (dies gilt auch, wenn sie den Handlungsspielraum eines Unternehmens einengen oder am Entscheidungsprozess mitwirken können);

(d) einzelne Kunden, Lieferanten, Franchisegeber, Vertriebspartner oder Generalvertreter, mit denen ein Unternehmen ein erhebliches Geschäftsvolumen abwickelt, lediglich aufgrund der daraus resultierenden wirtschaftlichen Abhängigkeit.

12 In der Definition *Nahestehende Unternehmen und Personen* schließt *assoziiertes Unternehmen* auch Tochtergesellschaften des assoziierten Unternehmens und *Gemeinschaftsunternehmen* auch Tochtergesellschaften des Gemeinschaftsunternehmens ein. Aus diesem Grund sind beispielsweise die Tochtergesellschaft eines assoziierten Unternehmens und ein Gesellschafter, der maßgeblichen Einfluss auf das assoziierte Unternehmen ausübt, als nahestehend zu betrachten.

Angaben

Unternehmen jeder Art

Beziehungen zwischen einem Mutter- und seinen Tochterunternehmen sind anzugeben, unabhängig davon, ob Geschäftsvorfälle zwischen ihnen stattgefunden haben. Ein Unternehmen hat den Namen seines Mutterunternehmens und, falls abweichend, den Namen des obersten beherrschenden Unternehmens anzugeben. Veröffentlicht weder das Mutterunternehmen noch das oberste beherrschende Unternehmen einen Konzernabschluss, ist auch der Name des nächsthöheren Mutterunternehmens, das einen Konzernabschluss veröffentlicht, anzugeben. **13**

Damit sich die Abschlussadressaten ein Urteil darüber bilden können, wie sich Beziehungen zu nahestehenden Unternehmen und Personen auf ein Unternehmen auswirken, sollten solche Beziehungen stets angegeben werden, wenn ein Beherrschungsverhältnis vorliegt, und zwar unabhängig davon, ob es zwischen den nahestehenden Unternehmen und Personen Geschäftsvorfälle gegeben hat. **14**

Die Pflicht zur Angabe solcher Beziehungen zwischen einem Mutter- und seinen Tochterunternehmen besteht zusätzlich zu den Angabepflichten in IAS 27 und IFRS 12 *Angaben zu Anteilen an anderen Unternehmen*. **15**

In Paragraph 13 wird auf das nächsthöhere Mutterunternehmen verwiesen. Dabei handelt es sich um das erste Mutterunternehmen über dem unmittelbaren Mutterunternehmen, das einen Konzernabschluss veröffentlicht. **16**

Ein Unternehmen hat die Vergütung der Mitglieder seines Managements in Schlüsselpositionen sowohl insgesamt als auch gesondert für jede der folgenden Kategorien anzugeben: **17**

(a) kurzfristig fällige Leistungen,

(b) Leistungen nach Beendigung des Arbeitsverhältnisses,

(c) andere langfristig fällige Leistungen,

(d) Leistungen aus Anlass der Beendigung des Arbeitsverhältnisses und

(e) anteilsbasierte Vergütungen.

Erhält ein Unternehmen von einem anderen Unternehmen („leistungserbringendes Unternehmen") Leistungen im Bereich des Managements in Schlüsselpositionen, sind die vom leistungserbringenden Unternehmen an seine Mitarbeiter oder Mitglieder des Geschäftsführungs- und/ oder Aufsichtsorgan gezahlten oder zahlbaren Vergütungen von den Anforderungen des Paragraphen 17 ausgenommen. **17A**

Hat es bei einem Unternehmen in den Zeiträumen, auf die sich die Abschlüsse beziehen, Geschäftsvorfälle mit nahestehenden Unternehmen oder Personen gegeben, so hat es anzugeben, welcher Art seine Beziehung zu dem nahestehenden Unternehmen/ der nahestehenden Person ist, und die Abschlussadressaten über diejenigen Geschäftsvorfälle und ausstehenden Salden (einschließlich Verpflichtungen) zu informieren, die diese benötigen, um die möglichen Auswirkungen dieser Beziehung auf den Abschluss nachzuvollziehen. Diese Angabepflichten bestehen zusätzlich zu den in Paragraph 17 genannten Pflichten. Diese Angaben müssen zumindest Folgendes umfassen: **18**

(a) die Höhe der Geschäftsvorfälle,

(b) die Höhe der ausstehenden Salden, einschließlich Verpflichtungen, und

  (i) deren Bedingungen und Konditionen – u. a., ob eine Besicherung besteht – sowie die Art der Leistungserfüllung und

  (ii) Einzelheiten gewährter oder erhaltener Garantien,

(c) Rückstellungen für zweifelhafte Forderungen im Zusammenhang mit ausstehenden Salden und

(d) den während der Periode erfassten Aufwand für uneinbringliche oder zweifelhafte Forderungen gegenüber nahestehenden Unternehmen und Personen.

18A Die Beträge, die das Unternehmen für die von einem leistungserbringenden Unternehmen entgegengenommenen Leistungen im Bereich des Managements in Schlüsselpositionen aufgewendet hat, sind anzugeben.

19 Die in Paragraph 18 vorgeschriebenen Angaben sind für jede der folgenden Kategorien gesondert vorzulegen:

(a) das Mutterunternehmen;

(b) Unternehmen, unter deren gemeinschaftlicher Führung oder maßgeblichem Einfluss das Unternehmen steht;

(c) Tochterunternehmen;

(d) assoziierte Unternehmen;

(e) Gemeinschaftsunternehmen, bei denen das Unternehmen ein Partnerunternehmen ist;

(f) Mitglieder des Managements in Schlüsselpositionen des Unternehmens oder dessen Mutterunternehmens und

(g) sonstige nahestehende Unternehmen und Personen.

20 Die in Paragraph 19 vorgeschriebene Aufschlüsselung der an nahestehende Unternehmen und Personen zu zahlenden oder von diesen zu fordernden Beträge in verschiedene Kategorien stellt eine Erweiterung der Angabepflichten des IAS 1 *Darstellung des Abschlusses* für die Informationen dar, die entweder in der Bilanz oder im Anhang darzustellen sind. Die Kategorien werden erweitert, um eine umfassendere Analyse der Salden nahestehender Unternehmen und Personen zu ermöglichen, und sind auf Geschäftsvorfälle mit nahestehenden Unternehmen und Personen anzuwenden.

21 Es folgen Beispiele von Geschäftsvorfällen, die anzugeben sind, wenn sie mit nahestehenden Unternehmen oder Personen abgewickelt werden:

(a) Käufe oder Verkäufe (fertiger oder unfertiger) Güter;

(b) Käufe oder Verkäufe von Grundstücken, Bauten und anderen Vermögenswerten;

(c) geleistete oder bezogene Dienstleistungen;

(d) Leasingverhältnisse;

(e) Dienstleistungstransfers im Bereich Forschung und Entwicklung;

(f) Transfers aufgrund von Lizenzvereinbarungen;

(g) Transfers im Rahmen von Finanzierungsvereinbarungen (einschließlich Darlehen und Kapitaleinlagen in Form von Bar- oder Sacheinlagen);

(h) Gewährung von Bürgschaften oder Sicherheiten;

(i) Verpflichtungen, bei künftigem Eintritt oder Ausbleiben eines bestimmten Ereignisses etwas Bestimmtes zu tun, worunter auch (erfasste und nicht erfasste) erfüllungsbedürftige Verträge*) fallen und

(j) die Erfüllung von Verbindlichkeiten für Rechnung des Unternehmens oder durch das Unternehmen für Rechnung dieses nahestehenden Unternehmens/dieser nahestehenden Person.

22 Die Teilnahme eines Mutter- oder Tochterunternehmens an einem leistungsorientierten Plan, der Risiken zwischen den Unternehmen einer Gruppe aufteilt, stellt einen Geschäftsvorfall zwi-

---

*) **Amtl. Anm.:** In IAS 37 *Rückstellungen, Eventualverbindlichkeiten und Eventualforderungen* werden erfüllungsbedürftige Verträge definiert als Verträge, bei denen beide Parteien ihre Verpflichtungen in keiner Weise oder teilweise zu gleichen Teilen erfüllt haben.

schen nahestehenden Unternehmen und Personen dar (siehe IAS 19 (in der im Juni 2011 geänderten Fassung) Paragraph 42).

Die Angabe, dass Geschäftsvorfälle mit nahestehenden Unternehmen und Personen unter den gleichen Bedingungen abgewickelt wurden wie Geschäftsvorfälle mit unabhängigen Geschäftspartnern, ist nur zulässig, wenn dies nachgewiesen werden kann. 23

Gleichartige Posten dürfen zusammengefasst angegeben werden, es sei denn, eine gesonderte Angabe ist erforderlich, um die Auswirkungen der Geschäftsvorfälle mit nahestehenden Unternehmen und Personen auf den Abschluss des Unternehmens beurteilen zu können. 24

Einer öffentlichen Stelle nahestehende Unternehmen

Ein berichtendes Unternehmen ist von der in Paragraph 18 festgelegten Pflicht zur Angabe von Geschäftsvorfällen und ausstehenden Salden (einschließlich Verpflichtungen) mit nahestehenden Unternehmen und Personen befreit, wenn es sich bei diesen Unternehmen und Personen handelt um: 25

(a) eine öffentliche Stelle, die das berichtende Unternehmen beherrscht, oder an dessen gemeinschaftlicher Führung beteiligt ist oder maßgeblichen Einfluss auf das berichtende Unternehmen hat, oder

(b) ein anderes Unternehmen, das als nahestehend zu betrachten ist, weil dieselbe öffentliche Stelle sowohl das berichtende als auch dieses andere Unternehmen beherrscht, oder an deren gemeinschaftlicher Führung beteiligt ist oder maßgeblichen Einfluss auf diese hat.

Nimmt ein berichtendes Unternehmen die Ausnahmeregelung des Paragraphen 25 in Anspruch, hat es zu den dort genannten Geschäftsvorfällen und dazugehörigen ausstehenden Salden Folgendes anzugeben: 26

(a) den Namen der öffentlichen Stelle und die Art ihrer Beziehung zu dem berichtenden Unternehmen (d. h. Beherrschung, gemeinschaftliche Führung oder maßgeblicher Einfluss)

(b) die folgenden Informationen und zwar so detailliert, dass die Abschlussadressaten die Auswirkungen der Geschäftsvorfälle mit nahestehenden Unternehmen und Personen auf dessen Abschluss beurteilen können:

  (i) Art und Höhe jedes Geschäftsvorfalls, der für sich genommen signifikant ist, und

  (ii) qualitativer oder quantitativer Umfang von Geschäftsvorfällen, die zwar nicht für sich genommen, aber in ihrer Gesamtheit signifikant sind. Hierunter fallen u. a. Geschäftsvorfälle der in Paragraph 21 genannten Art.

Wenn das berichtende Unternehmen nach bestem Wissen und Gewissen den Grad der Detailliertheit der in Paragraph 26 Buchstabe (b) vorgeschriebenen Angaben bestimmt, trägt es der Nähe der Beziehung zu nahestehenden Unternehmen und Personen sowie anderen für die Bestimmung der Signifikanz des Geschäftsvorfalls Rechnung, d. h., ob dieser 27

(a) von seinem Umfang her signifikant ist;

(b) zu marktunüblichen Bedingungen stattgefunden hat;

(c) außerhalb des regulären Tagesgeschäfts anzusiedeln ist, wie der Kauf oder Verkauf von Unternehmen;

(d) Regulierungs- oder Aufsichtsbehörden gemeldet wird;

(e) der oberen Führungsebene gemeldet wird;

(f) von den Anteilseignern genehmigt werden muss.

Zeitpunkt des Inkrafttretens und Übergangsvorschriften

Dieser Standard ist rückwirkend in der ersten Berichtsperiode eines am 1. Januar 2011 oder danach beginnenden Geschäftsjahres anzuwenden. Eine frühere Anwendung – ob des gesamten Standards oder der in den Paragraphen 25-27 vorgesehenen teilweisen Freistellung von Unter- 28 nehmen, die einer öffentlichen Stelle nahestehen – ist zulässig. Wendet ein Unternehmen den gesamten Standard oder die teilweise Freistellung auf Berichtsperioden an, die vor dem 1. Januar 2011 beginnen, hat es dies anzugeben.

28A Durch IFRS 10, IFRS 11 *Gemeinsame Vereinbarungen*, und IFRS 12, veröffentlicht im Mai 2011, wurden die Paragraphen 3, 9, 11(b), 15, 19(b) und (e) sowie 25 geändert. Ein Unternehmen hat diese Änderungen anzuwenden, wenn es IFRS 10, IFRS 11 und IFRS 12 anwendet.

28B Mit der im Oktober 2012 veröffentlichten Verlautbarung *Investmentgesellschaften (Investment Entities)* (Änderungen an IFRS 10, IFRS 12 und IAS 27) wurden die Paragraphen 4 und 9 geändert. Unternehmen haben diese Änderungen auf Geschäftsjahre anzuwenden, die am oder nach dem 1. Januar 2014 beginnen. Eine frühere Anwendung der Verlautbarung *Investmentgesellschaften (Investment Entities)* ist zulässig. Wendet ein Unternehmen diese Änderungen früher an, hat es alle in der Verlautbarung enthaltenen Änderungen gleichzeitig anzuwenden.

28C Mit den im Dezember 2013 veröffentlichten *Jährlichen Verbesserungen an den IFRS, Zyklus 2010-2012*, wurde Paragraph 9 geändert und wurden die Paragraphen 17A und 18A angefügt. Ein Unternehmen hat diese Änderung erstmals auf Geschäftsjahre anzuwenden, die am oder nach dem 1. Juli 2014 beginnen. Eine frühere Anwendung ist zulässig. Wendet ein Unternehmen diese Änderung auf eine frühere Periode an, hat es dies anzugeben.

Rücknahme von IAS 24 (2003)

29 Dieser Standard ersetzt IAS 24 *Angaben über Beziehungen zu nahestehenden Unternehmen und Personen* (in der 2003 überarbeiteten Fassung).

International Accounting Standard 26 Bilanzierung und Berichterstattung von Altersversorgungsplänen (IAS 26)

v. 3.11.2008 (ABl EU Nr. L 320 S. 1);
zuletzt geändert durch Verordnung (EU) Nr. 1274/2008 v. 17.12.2008
(ABl EU Nr. L 339 S. 3)

Inhalt	Ziffer

Anwendungsbereich

Dieser Standard ist auf Abschlüsse von Altersversorgungsplänen, bei denen die Erstellung solcher Abschlüsse vorgesehen ist, anzuwenden. **1**

Altersversorgungspläne werden manchmal auch anders bezeichnet, beispielsweise als „Pensionsordnungen", „Versorgungswerke" oder „Betriebsrentenordnungen". Dieser Standard betrachtet einen Altersversorgungsplan als eine von den Arbeitgebern der Begünstigten des Plans losgelöste Berichtseinheit. Alle anderen Standards sind auf die Abschlüsse von Altersversorgungsplänen anzuwenden, soweit sie nicht durch diesen Standard ersetzt werden. **2**

Dieser Standard befasst sich mit der Bilanzierung und Berichterstattung eines Plans für die Gesamtheit aller Begünstigten. Er beschäftigt sich nicht mit Berichten an einzelne Begünstigte im Hinblick auf ihre Altersversorgungsansprüche. **3**

IAS 19 *Leistungen an Arbeitnehmer* behandelt die Bestimmung der Aufwendungen für Versorgungsleistungen in den Abschlüssen von Arbeitgebern, die über solche Pläne verfügen. Der vorliegende Standard ergänzt daher IAS 19. **4**

Ein Altersversorgungsplan kann entweder beitrags- oder leistungsorientiert sein. Bei vielen ist die Schaffung getrennter Fonds erforderlich, in die Beiträge einbezahlt und aus dem die Versorgungsleistungen ausbezahlt werden. Die Fonds können, müssen aber nicht über folgende Merkmale verfügen: rechtliche Eigenständigkeit und Vorhandensein von Treuhändern. Dieser Standard gilt unabhängig davon, ob ein solcher Fonds geschaffen wurde oder ob Treuhänder vorhanden sind. **5**

Altersversorgungspläne, deren Vermögenswerte bei Versicherungsunternehmen angelegt werden, unterliegen den gleichen Rechnungslegungs- und Finanzierungsanforderungen wie selbstverwaltete Anlagen. Demgemäß fallen diese Pläne in den Anwendungsbereich dieses Standards, es sei denn, die Vereinbarung mit dem Versicherungsunternehmen ist im Namen eines **6** bezeichneten Begünstigten oder einer Gruppe von Begünstigten abgeschlossen worden und die Verpflichtung aus der Versorgungszusage obliegt allein dem Versicherungsunternehmen.

7 Dieser Standard befasst sich nicht mit anderen Leistungsformen aus Arbeitsverhältnissen wie Abfindungen bei Beendigung des Arbeitsverhältnisses, Vereinbarungen über in die Zukunft verlagerte Vergütungsbestandteile, Vergütungen bei Ausscheiden nach langer Dienstzeit, Vorruhestandsregelungen oder Sozialpläne, Gesundheits- und Fürsorgeregelungen oder Erfolgsbeteiligungen. Öffentliche Sozialversicherungssysteme sind von dem Anwendungsbereich dieses Standards ebenfalls ausgeschlossen.

Definitionen

8 Die folgenden Begriffe werden in diesem Standard mit der angegebenen Bedeutung verwendet:

Altersversorgungspläne sind Vereinbarungen, durch die ein Unternehmen seinen Mitarbeitern Versorgungsleistungen bei oder nach Beendigung des Arbeitsverhältnisses gewährt (entweder in Form einer Jahresrente oder in Form einer einmaligen Zahlung), sofern solche Versorgungsleistungen bzw. die dafür erbrachten Beiträge vor der Pensionierung der Mitarbeiter aufgrund einer vertraglichen Vereinbarung oder aufgrund der betrieblichen Praxis bestimmt oder geschätzt werden können.

Beitragsorientierte Pläne sind Altersversorgungspläne, bei denen die als Versorgungsleistung zu zahlenden Beträge durch die Beiträge zu einem Fonds und den daraus erzielten Anlageerträgen bestimmt werden.

Leistungsorientierte Pläne sind Altersversorgungspläne, bei denen die als Versorgungsleistung zu zahlenden Beträge nach Maßgabe einer Formel bestimmt werden, die üblicherweise das Einkommen des Arbeitnehmers und/oder die Jahre seiner Dienstzeit berücksichtigt.

Fondsfinanzierung ist der Vermögenstransfer vom Arbeitgeber zu einer vom Unternehmen getrennten Einheit (einem Fonds), um die Erfüllung künftiger Verpflichtungen zur Zahlung von Altersversorgungsleistungen sicherzustellen.

Außerdem werden im Rahmen dieses Standards die folgenden Begriffe verwendet:

Die *Begünstigten* sind die Mitglieder eines Altersversorgungsplans und andere Personen, die gemäß dem Plan Ansprüche auf Leistungen haben.

Das *für Leistungen zur Verfügung stehende Nettovermögen* umfasst alle Vermögenswerte eines Altersversorgungsplans, abzüglich der Verbindlichkeiten mit Ausnahme des versicherungsmathematischen Barwertes der zugesagten Versorgungsleistungen.

Der *versicherungsmathematische Barwert der zugesagten Versorgungsleistungen* ist der Barwert der künftig zu erwartenden Versorgungszahlungen des Altersversorgungsplans an aktive und bereits ausgeschiedene Arbeitnehmer, soweit diese der bereits geleisteten Dienstzeit als erdient zuzurechnen sind.

Unverfallbare Leistungen sind erworbene Rechte auf künftige Leistungen, die nach den Bedingungen eines Altersversorgungsplans nicht von der Fortsetzung des Arbeitsverhältnisses abhängig sind.

9 Einige Altersversorgungspläne haben Geldgeber, die nicht mit den Arbeitgebern identisch sind; dieser Standard bezieht sich auch auf die Abschlüsse solcher Pläne.

10 Die Mehrzahl der Altersversorgungspläne beruht auf formalen Vereinbarungen. Einige Pläne sind ohne formale Grundlage, haben aber durch die bestehende Praxis des Arbeitgebers Verpflichtungscharakter erlangt. Im Allgemeinen ist es für einen Arbeitgeber schwierig, einen Altersversorgungsplan außer Kraft zu setzen, wenn Arbeitnehmer weiter beschäftigt werden, selbst wenn einige Pläne den Arbeitgebern gestatten, ihre Verpflichtungen unter diesen Versorgungsplänen einzuschränken. Sowohl für einen vertraglich geregelten als auch einen Versorgungsplan ohne formale Grundlage gelten die gleichen Grundsätze für die Bilanzierung und Berichterstattung.

Viele Altersversorgungspläne sehen die Bildung von separaten Fonds zur Entgegennahme von Beiträgen und für die Auszahlung von Leistungen vor. Solche Fonds können von Beteiligten verwaltet werden, welche das Fondsvermögen in unabhängiger Weise betreuen. Diese Beteiligten werden in einigen Ländern als Treuhänder bezeichnet. Der Begriff Treuhänder wird in diesem Standard verwendet, um in der Weise Beteiligte zu bezeichnen; dies gilt unabhängig davon, ob ein Treuhandfonds gebildet worden ist. **11**

Altersversorgungspläne werden im Regelfall entweder als beitragsorientierte Pläne oder als leistungsorientierte Pläne bezeichnet. Beide verfügen über ihre eigenen charakteristischen Merkmale. Gelegentlich bestehen Pläne, welche Merkmale von beiden aufweisen. Solche Mischpläne werden im Rahmen dieses Standards wie leistungsorientierte Pläne behandelt. **12**

Beitragsorientierte Pläne

Der Abschluss eines beitragsorientierten Plans hat eine Aufstellung des für Leistungen zur Verfügung stehenden Nettovermögens sowie eine Beschreibung der Grundsätze der Fondsfinanzierung zu enthalten. **13**

Bei einem beitragsorientierten Plan ergibt sich die Höhe der zukünftigen Versorgungsleistungen für einen Begünstigten aus den Beiträgen des Arbeitgebers, des Begünstigten oder beiden sowie aus der Wirtschaftlichkeit und den Anlageerträgen des Fonds. Im Allgemeinen wird der Arbeitgeber durch seine Beiträge an den Fonds von seinen Verpflichtungen befreit. Die Beratung durch einen Versicherungsmathematiker ist im Regelfall nicht erforderlich, obwohl eine solche Beratung manchmal darauf abzielt, die künftigen Versorgungsleistungen, die sich unter Zugrundelegung der gegenwärtigen Beiträge und unterschiedlicher Niveaus zukünftiger Beiträge und Finanzerträge ergeben, zu schätzen. **14**

Die Begünstigten sind an den Aktivitäten des Plans interessiert, da diese eine direkte Auswirkung auf die Höhe ihrer zukünftigen Versorgungsleistungen haben. Die Begünstigten möchten auch erfahren, ob Beiträge eingegangen sind und eine ordnungsgemäße Kontrolle stattgefunden hat, um ihre Rechte zu schützen. Ein Arbeitgeber hat ein Interesse an einer wirtschaftlichen und unparteiischen Abwicklung des Plans. **15**

Zielsetzung der Berichterstattung von beitragsorientierten Plänen ist die regelmäßige Bereitstellung von Informationen über den Plan und die Ertragskraft der Kapitalanlagen. Dieses Ziel wird im Allgemeinen durch die Bereitstellung eines Abschlusses erfüllt, der Folgendes enthält: **16**

(a) eine Beschreibung der maßgeblichen Tätigkeiten in der Periode und der Auswirkung aller Änderungen in Bezug auf den Versorgungsplan, sowie seiner Mitglieder und der Vertragsbedingungen;

(b) Aufstellungen zu den Geschäftsvorfällen und der Ertragskraft der Kapitalanlagen in der Periode sowie zu der Vermögens- und Finanzlage des Versorgungsplans am Ende der Periode; sowie

(c) eine Beschreibung der Kapitalanlagepolitik.

Leistungsorientierte Pläne

Der Abschluss eines leistungsorientierten Plans hat zu enthalten, entweder: **17**

(a) eine Aufstellung, woraus Folgendes zu ersehen ist:

  (i) das für Leistungen zur Verfügung stehende Nettovermögen;

  (ii) der versicherungsmathematische Barwert der zugesagten Versorgungsleistungen, wobei zwischen unverfallbaren und verfallbaren Ansprüchen unterschieden wird; sowie

  (iii) eine sich ergebende Vermögensüber- oder -unterdeckung; oder

(b) eine Aufstellung des für Leistungen zur Verfügung stehenden Nettovermögens, einschließlich entweder:

(i) einer Angabe, die den versicherungsmathematischen Barwert der zugesagten Versorgungsleistungen, unterschieden nach unverfallbaren und verfallbaren Ansprüchen, offen legt; oder

(ii) einen Verweis auf diese Information in einem beigefügten Gutachten eines Versicherungsmathematikers.

Falls zum Abschlussstichtag keine versicherungsmathematische Bewertung erfolgt ist, ist die aktuellste Bewertung als Grundlage heranzuziehen und der Bewertungsstichtag anzugeben.

18 Für die Zwecke des Paragraphen 17 sind dem versicherungsmathematischen Barwert der zugesagten Versorgungsleistungen die gemäß den Bedingungen des Plans für die bisher erbrachte Dienstzeit zugesagten Versorgungsleistungen zugrunde zu legen; hierbei dürfen entweder die gegenwärtigen oder die erwarteten künftigen Gehaltsniveaus berücksichtigt werden, wobei die verwendete Rechnungsgrundlage anzugeben ist. Auch jede Änderung der versicherungsmathematischen Annahmen, die sich erheblich auf den versicherungsmathematischen Barwert der zugesagten Versorgungsleistungen ausgewirkt hat, ist anzugeben.

19 Der Abschluss hat die Beziehung zwischen dem versicherungsmathematischen Barwert der zugesagten Versorgungsleistungen und dem für Leistungen zur Verfügung stehenden Nettovermögen sowie die Grundsätze für die über den Fonds erfolgende Finanzierung der zugesagten Versorgungsleistungen zu erläutern.

20 Die Zahlung zugesagter Versorgungsleistungen hängt bei einem leistungsorientierten Plan auch von dessen Vermögens- und Finanzlage und der Fähigkeit der Beitragszahler, auch künftig Beiträge zu leisten, sowie von der Ertragskraft der Kapitalanlagen in dem Fonds und der Wirtschaftlichkeit des Plans ab.

21 Ein leistungsorientierter Plan benötigt regelmäßige Beratung durch einen Versicherungsmathematiker, um seine Vermögens- und Finanzlage einzuschätzen, die Berechnungsannahmen zu überprüfen und um Empfehlungen für zukünftige Beitragsniveaus zu erhalten.

22 Ziel der Berichterstattung eines leistungsorientierten Plans ist es, in regelmäßigen Zeitabständen Informationen über seine Kapitalanlagen und Aktivitäten zu geben; diese müssen geeignet sein, das Verhältnis von angesammelten Ressourcen zu den Versorgungsleistungen im Zeitablauf zu beurteilen. Dieses Ziel wird im Allgemeinen durch die Bereitstellung eines Abschlusses erfüllt, der Folgendes enthält:

(a) eine Beschreibung der maßgeblichen Tätigkeiten in der Periode und der Auswirkung aller Änderungen in Bezug auf den Versorgungsplan, sowie seiner Mitglieder und der Vertragsbedingungen;

(b) Aufstellungen zu den Geschäftsvorfällen und der Ertragskraft der Kapitalanlagen der Periode sowie zu der Vermögens- und Finanzlage des Versorgungsplans am Ende der Periode;

(c) versicherungsmathematische Angaben, entweder als Teil der Aufstellungen oder durch einen separaten Bericht; sowie

(d) eine Beschreibung der Kapitalanlagepolitik.

Versicherungsmathematischer Barwert der zugesagten Versorgungsleistungen

23 Der Barwert der zu erwartenden Zahlungen eines Altersversorgungsplans kann unter Verwendung der gegenwärtigen oder der bis zur Pensionierung der Begünstigten erwarteten künftigen Gehaltsniveaus berechnet und berichtet werden.

24 Die Verwendung eines Ansatzes, der gegenwärtige Gehälter berücksichtigt, wird u. a. damit begründet, dass

(a) der versicherungsmathematische Barwert der zugesagten Versorgungsleistungen, definiert als Summe der Beträge, die jedem einzelnen Begünstigten derzeit zuzuordnen sind, auf diese Weise objektiver bestimmt werden kann als bei Zugrundelegung der erwarteten künftigen Gehaltsniveaus, weil weniger Annahmen zu treffen sind;

(b) auf eine Gehaltserhöhung zurückgehende Leistungserhöhungen erst zum Zeitpunkt der Gehaltserhöhung zu einer Verpflichtung des Plans werden; und
(c) der versicherungsmathematische Barwert der zugesagten Versorgungsleistungen unter dem Ansatz des gegenwärtigen Gehaltsniveaus im Falle einer Schließung oder Einstellung eines Versorgungsplans im Allgemeinen in engerer Beziehung zu dem zu zahlenden Betrag steht.

Die Verwendung eines Ansatzes, der die erwarteten künftigen Gehaltsniveaus berücksichtigt, wird u. a. damit begründet, dass **25**

(a) Finanzinformationen ausgehend von der Prämisse der Unternehmensfortführung erstellt werden sollten, ohne Rücksicht darauf, dass Annahmen zu treffen und Schätzungen vorzunehmen sind;
(b) sich bei Plänen, die auf das Entgelt zum Zeitpunkt der Pensionierung abstellen, die Leistungen nach den Gehältern zum Zeitpunkt oder nahe dem Zeitpunkt der Pensionierung bestimmen. Daher sind Gehälter, Beitragsniveaus und Verzinsung zu projizieren; sowie
(c) die Außerachtlassung künftiger Gehaltssteigerungen angesichts der Tatsache, dass der Finanzierung von Fonds überwiegend Gehaltsprojektionen zugrunde liegen, möglicherweise dazu führen kann, dass der Fonds eine offensichtliche Überdotierung aufweist, obwohl dies in Wirklichkeit nicht der Fall ist, oder er sich als angemessen dotiert darstellt, obwohl in Wirklichkeit eine Unterdotierung vorliegt.

Die Angabe des versicherungsmathematischen Barwertes zugesagter Versorgungsleistungen unter Berücksichtigung des gegenwärtigen Gehaltsniveaus in einem Abschluss des Plans dient als Hinweis auf die zum Zeitpunkt des Abschlusses bestehende Verpflichtung für erworbene Versorgungsleistungen. Die Angabe des versicherungsmathematischen Barwertes zugesagter Versorgungsleistungen unter Berücksichtigung der künftigen Gehälter dient ausgehend von der Prämisse der Unternehmensfortführung als Hinweis auf das Ausmaß der potenziellen Verpflichtung, die im Allgemeinen die Grundlage der Fondsfinanzierung darstellt. Zusätzlich zur Angabe des versicherungsmathematischen Barwertes zugesagter Versorgungsleistungen sind eventuell ausreichende Erläuterungen nötig, um genau anzugeben, in welchem Umfeld dieser Wert zu verstehen ist. Eine derartige Erläuterung kann in Form von Informationen über die Angemessenheit der geplanten zukünftigen Fondsfinanzierung und der Finanzierungspolitik aufgrund der Gehaltsprojektionen erfolgen. Dies kann in den Abschluss oder in das Gutachten des Versicherungsmathematikers einbezogen werden. **26**

Häufigkeit versicherungsmathematischer Bewertungen

In vielen Ländern werden versicherungsmathematische Bewertungen nicht häufiger als alle drei Jahre erstellt. Falls zum Abschlussstichtag keine versicherungsmathematische Bewertung erstellt wurde, ist die aktuellste Bewertung als Grundlage heranzuziehen und der Bewertungsstichtag anzugeben. **27**

Inhalt des Abschlusses

Für leistungsorientierte Pläne sind die Angaben in einem der nachfolgend beschriebenen Formate darzustellen, die die unterschiedliche Praxis bei der Angabe und Darstellung versicherungsmathematischer Informationen widerspiegeln: **28**

(a) der Abschluss beinhaltet eine Aufstellung, die das für Leistungen zur Verfügung stehende Nettovermögen, den versicherungsmathematischen Barwert der zugesagten Versorgungsleistungen und eine sich ergebende Vermögensüber- oder -unterdeckung zeigt. Der Abschluss des Plans beinhaltet auch eine Bewegungsbilanz des für Leistungen zur Verfügung stehenden Nettovermögens sowie Veränderungen im versicherungsmathematischen Barwert der zugesagten Versorgungsleistungen. Dem Abschluss kann auch ein separates versicherungsmathematisches Gutachten beigefügt sein, welches den versicherungsmathematischen Barwert der zugesagten Versorgungsleistungen bestätigt;

(b) einen Abschluss, der eine Aufstellung des für Leistungen zur Verfügung stehenden Nettovermögens und eine Bewegungsbilanz des für Leistungen zur Verfügung stehenden Nettovermögens einschließt. Der versicherungsmathematische Barwert der zugesagten Versorgungsleistungen wird im Anhang angegeben. Dem Abschluss kann auch ein versicherungsmathematisches Gutachten beigefügt sein, welches den versicherungsmathematischen Barwert der zugesagten Versorgungsleistungen bestätigt; und

(c) einen Abschluss, der eine Aufstellung des für Leistungen zur Verfügung stehenden Nettovermögens und eine Bewegungsbilanz des für Leistungen zur Verfügung stehenden Nettovermögens, zusammen mit dem versicherungsmathematischen Barwert der zugesagten Versorgungsleistungen, der in einem separaten versicherungsmathematischen Gutachten enthalten ist, umfasst.

In jedem der gezeigten Formate kann dem Abschluss auch ein Bericht des Treuhänders in Form eines Berichtes des Managements sowie ein Kapitalanlagebericht beigefügt werden.

29 Die Befürworter der in den Paragraphen 28(a) und 28(b) gezeigten Formate vertreten die Auffassung, dass die Quantifizierung der zugesagten Versorgungsleistungen und anderer gemäß diesen Ansätzen gegebener Informationen es den Abschlussadressaten erleichtert, die gegenwärtige Lage des Plans und die Wahrscheinlichkeit, dass dieser seine Verpflichtungen erfüllen kann, zu beurteilen. Sie sind auch der Ansicht, dass die Abschlüsse in sich vollständig sein müssen und nicht auf begleitende Aufstellungen bauen dürfen. Von einigen wird jedoch auch die Auffassung vertreten, dass das unter Paragraph 28(a) beschriebene Format den Eindruck einer bestehenden Verbindlichkeit hervorrufen könnte, wobei der versicherungsmathematische Barwert der zugesagten Versorgungsleistungen nach dieser Auffassung nicht alle Merkmale einer Verbindlichkeit besitzt.

30 Die Befürworter des in Paragraph 28(c) gezeigten Formats vertreten die Auffassung, dass der versicherungsmathematische Barwert der zugesagten Versorgungsleistungen nicht in eine Aufstellung des für Versorgungsleistungen zur Verfügung stehenden Nettovermögens, wie in Paragraph 28(a) gezeigt, einzubeziehen ist oder gemäß Paragraph 28(b) im Anhang anzugeben ist, da dies einen direkten Vergleich mit dem Planvermögen nach sich ziehen würde und ein derartiger Vergleich nicht zulässig sein könnte. Dabei wird vorgebracht, dass Versicherungsmathematiker nicht notwendigerweise die versicherungsmathematischen Barwerte der zugesagten Versorgungsleistungen mit den Marktwerten der Kapitalanlagen vergleichen, sondern hierzu stattdessen möglicherweise den Barwert der aus diesen Kapitalanlagen erwarteten Mittelzuflüsse heranziehen. Daher ist es nach Auffassung derjenigen, die dieses Format bevorzugen, unwahrscheinlich, dass ein solcher Vergleich die generelle Beurteilung des Plans durch den Versicherungsmathematiker wiedergibt und so Missverständnisse entstehen. Zudem wird vorgebracht, dass die Informationen über die zugesagten Versorgungsleistungen, ob quantifiziert oder nicht, nur im gesonderten versicherungsmathematischen Gutachten aufgeführt werden sollten, da dort angemessene Erläuterungen gegeben werden können.

31 Dieser Standard stimmt der Auffassung zu, dass es gestattet werden sollte, die Angaben zu zugesagten Versorgungsleistungen in einem gesonderten versicherungsmathematischen Gutachten aufzuführen. Dagegen werden die Argumente gegen eine Quantifizierung des versicherungsmathematischen Barwertes der zugesagten Versorgungsleistungen abgelehnt. Dementsprechend sind die in Paragraph 28(a) und 28(b) beschriebenen Formate gemäß diesem Standard akzeptabel. Dies gilt auch für das in Paragraph 28(c) beschriebene Format, solange dem Abschluss das versicherungsmathematische Gutachten, welches den versicherungsmathematischen Barwert der zugesagten Versorgungsleistungen aufzeigt, beigefügt wird und die Angaben einen Verweis auf das Gutachten enthalten.

Alle Pläne

Bewertung des Planvermögens

Die Kapitalanlagen des Altersversorgungsplans sind zum beizulegenden Zeitwert zu bilanzieren. Im Falle von marktfähigen Wertpapieren ist der beizulegende Zeitwert gleich dem Marktwert. In den Fällen, in denen ein Plan Kapitalanlagen hält, für die eine Schätzung des beizulegenden Zeitwertes nicht möglich ist, ist der Grund für die Nichtverwendung des beizulegenden Zeitwertes anzugeben. **32**

Im Falle von marktfähigen Wertpapieren ist der beizulegende Zeitwert normalerweise gleich dem Marktwert, da dieser für die Wertpapiere zum Abschlussstichtag und für deren Ertragskraft der Periode den zweckmäßigsten Bewertungsmaßstab darstellt. Für Wertpapiere mit einem festen Rückkaufswert, die erworben wurden, um die Verpflichtungen des Plans oder bestimmte Teile davon abzudecken, können Beträge auf der Grundlage der endgültigen Rückkaufswerte unter Annahme einer bis zur Fälligkeit konstanten Rendite angesetzt werden. In den Fällen, in denen eine Schätzung des beizulegenden Zeitwerts von Kapitalanlagen des Plans nicht möglich ist, wie im Fall einer hundertprozentigen Beteiligung an einem Unternehmen, ist der Grund für die Nichtverwendung des beizulegenden Zeitwerts anzugeben. In dem Maße, wie Kapitalanlagen zu anderen Beträgen als den Marktwerten oder beizulegenden Zeitwerten angegeben werden, ist der beizulegende Zeitwert im Allgemeinen ebenfalls anzugeben. Die im Rahmen der betrieblichen Tätigkeit des Fonds genutzten Vermögenswerte sind gemäß den entsprechenden Standards zu bilanzieren. **33**

Angaben

Im Abschluss eines leistungs- oder beitragsorientierten Altersversorgungsplans sind ergänzend folgende Angaben zu machen: **34**

(a) eine Bewegungsbilanz des für Leistungen zur Verfügung stehenden Nettovermögens;

(b) eine Zusammenfassung der maßgeblichen Bilanzierungs- und Bewertungsmethoden; sowie

(c) eine Beschreibung des Plans und der Auswirkung aller Änderungen im Plan während der Periode.

Falls zutreffend, schließen Abschlüsse, die von Altersversorgungsplänen erstellt werden, Folgendes ein: **35**

(a) eine Aufstellung des für Leistungen zur Verfügung stehenden Nettovermögens, mit Angabe:

  (i) der in geeigneter Weise aufgegliederten Vermögenswerte zum Ende der Periode;

  (ii) der Grundlage der Bewertung der Vermögenswerte;

  (iii) der Einzelheiten zu jeder einzelnen Kapitalanlage, die entweder 5 % des für Leistungen zur Verfügung stehenden Nettovermögens oder 5 % einer Wertpapiergattung oder -art übersteigt;

  (iv) der Einzelheiten jeder Beteiligung am Arbeitgeber; sowie

  (v) anderer Verbindlichkeiten als dem versicherungsmathematischen Barwert der zugesagten Versorgungsleistungen;

(b) eine Bewegungsbilanz des für Leistungen zur Verfügung stehenden Nettovermögens, die die folgenden Posten aufzeigt:

  (i) Arbeitgeberbeiträge;

  (ii) Arbeitnehmerbeiträge;

  (iii) Anlageerträge wie Zinsen und Dividenden;

  (iv) sonstige Erträge;

(v) gezahlte oder zu zahlende Leistungen (beispielsweise aufgegliedert nach Leistungen für Alterspensionen, Todes- und Erwerbsunfähigkeitsfälle sowie Pauschalzahlungen);
(vi) Verwaltungsaufwand;
(vii) andere Aufwendungen;
(viii) Ertragsteuern;
(ix) Gewinne und Verluste aus der Veräußerung von Kapitalanlagen und Wertänderungen der Kapitalanlagen; sowie
(x) Vermögensübertragungen von und an andere/n Pläne/n;

(c) eine Beschreibung der Grundsätze der Fondsfinanzierung;
(d) bei leistungsorientierten Plänen der versicherungsmathematische Barwert der zugesagten Versorgungsleistungen (eventuell unterschieden nach unverfallbaren und verfallbaren Ansprüchen) auf der Grundlage der gemäß diesem Plan zugesagten Versorgungsleistungen und der bereits geleisteten Dienstzeit sowie unter Berücksichtigung der gegenwärtigen oder der erwarteten künftigen Gehaltsniveaus; diese Angaben können in einem beigefügten versicherungsmathematischen Gutachten enthalten sein, das in Verbindung mit dem zugehörigen Abschluss zu lesen ist; sowie
(e) bei leistungsorientierten Plänen eine Beschreibung der maßgeblichen versicherungsmathematischen Annahmen und der zur Berechnung des versicherungsmathematischen Barwerts der zugesagten Versorgungsleistungen verwendeten Methode.

36 Der Abschluss eines Altersversorgungsplans enthält eine Beschreibung des Plans, entweder als Teil des Abschlusses oder in einem selbständigen Bericht. Darin kann Folgendes enthalten sein:

(a) die Namen der Arbeitgeber und der vom Plan erfassten Arbeitnehmergruppen;
(b) die Anzahl der Begünstigten, welche Leistungen erhalten, und die Anzahl der anderen Begünstigten, in geeigneter Gruppierung;
(c) die Art des Plans – beitrags- oder leistungsorientiert;
(d) eine Angabe dazu, ob Begünstigte an den Plan Beiträge leisten;
(e) eine Beschreibung der den Begünstigten zugesagten Versorgungsleistungen;
(f) eine Beschreibung aller Regelungen hinsichtlich einer Schließung des Plans; sowie
(g) Veränderungen in den Posten (a) bis (f) während der Periode, die durch den Abschluss behandelt wird.

Es ist nicht unüblich, auf andere den Plan beschreibende Unterlagen, die den Abschlussadressaten in einfacher Weise zugänglich sind, zu verweisen und lediglich Angaben zu nachträglichen Veränderungen aufzuführen.

Zeitpunkt des Inkrafttretens

37 Dieser Standard ist erstmals in der ersten Berichtsperiode eines am 1. Januar 1988 oder danach beginnenden Geschäftsjahres von Altersversorgungsplänen anzuwenden.

International Accounting Standard 27 Einzelabschlüsse (IAS 27)

v. 3.11.2008 (ABl EU Nr. L 320 S. 1) i.V. mit Verordnung (EU) Nr. 1254/2012 v. 11.12.2012 (ABl Nr. L 360 S. 1); zuletzt geändert durch Verordnung (EU) Nr. 2015/2441 v. 18.12.2015 (ABl EU Nr. L 336 S. 49)

Ziel

Mit diesem Standard sollen die Anforderungen für die Bilanzierung und Darstellung von Anteilen an Tochterunternehmen, Gemeinschaftsunternehmen und assoziierten Unternehmen im Falle der Aufstellung eines Einzelabschlusses dazu festgelegt werden. **1**

Anwendungsbereich

Dieser Standard ist auch bei der Bilanzierung von Anteilen an Tochterunternehmen, Gemeinschaftsunternehmen und assoziierten Unternehmen anzuwenden, wenn ein Unternehmen sich dafür entscheidet oder durch lokale Vorschriften gezwungen ist, einen Einzelabschluss aufzustellen. **2**

Der vorliegende Standard schreibt nicht vor, welche Unternehmen Einzelabschlüsse zu erstellen haben. Er gilt dann, wenn ein Unternehmen einen Einzelabschluss aufstellt, der den International Financial Reporting Standards entspricht. **3**

Definitionen

Die folgenden Begriffe werden in diesem Standard mit der angegebenen Bedeutung verwendet: **4**

Ein *Konzernabschluss* ist der Abschluss einer Unternehmensgruppe, in dem die Vermögenswerte, Schulden, das Eigenkapital, die Erträge, Aufwendungen und Cashflows des Mutterunternehmens und all seiner Tochterunternehmen so dargestellt werden, als handle es sich bei ihnen um ein einziges Unternehmen.

Einzelabschlüsse sind die von einem Unternehmen aufgestellten Abschlüsse, bei denen das Unternehmen vorbehaltlich der Anforderungen dieses Standards wählen kann, ob es seine Anteile an Tochterunternehmen, Gemeinschaftsunternehmen und assoziierten Unternehmen zu Anschaffungskosten, nach IFRS 9 *Finanzinstrumente*, oder nach der in IAS 28 *Anteile an assoziierten Unternehmen und Gemeinschaftsunternehmen* beschriebenen Equity-Methode bilanziert.

Die folgenden Begriffe werden in Anhang A von IFRS 10 *Konzernabschlüsse*, Anhang A von IFRS 11 *Gemeinsame Vereinbarungen*, und Paragraph 3 von IAS 28 definiert: **5**

- assoziiertes Unternehmen
- Equity-Methode
- Beherrschung eines Beteiligungsunternehmens
- Unternehmensgruppe
- Investmentgesellschaft
- Gemeinschaftliche Führung
- Gemeinschaftsunternehmen
- Partnerunternehmen an einem Gemeinschaftsunternehmen
- Mutterunternehmen
- maßgeblicher Einfluss
- Tochterunternehmen.

6 Einzelabschlüsse werden zusätzlich zu einem Konzernabschluss oder dem Abschluss eines Anteilseigners vorgelegt, der keine Anteile an Tochterunternehmen, sondern Anteile an assoziierten Unternehmen oder Gemeinschaftsunternehmen hält, bei dem die Anteile an assoziierten Unternehmen oder Gemeinschaftsunternehmen gemäß IAS 28 anhand der Equity-Methode zu bilanzieren sind, sofern nicht die in den Paragraphen 8-8A genannten Umstände vorliegen.

7 Der Abschluss eines Unternehmens, das weder ein Tochterunternehmen noch ein assoziiertes Unternehmen besitzt oder Partnerunternehmen an einem gemeinschaftlich geführten Unternehmen ist, stellt keinen Einzelabschluss dar.

8 Ein Unternehmen, das nach IFRS 10 Paragraph 4(a) von der Aufstellung eines Konzernabschlusses oder nach IAS 28 Paragraph 17 (geändert 2011) von der Anwendung der Equity-Methode befreit ist, kann einen Einzelabschluss als seinen einzigen Abschluss vorlegen.

8A Eine Investmentgesellschaft, die für den gesamten laufenden Zeitraum und für alle angegebenen Vergleichszeiträume für alle ihre Tochterunternehmen die Ausnahme von der Konsolidierung gemäß Paragraph 31 des IFRS 10 anwenden muss, stellt als ihre einzigen Abschlüsse Einzelabschlüsse auf.

Aufstellung eines Einzelabschlusses

9 Ein Einzelabschluss ist in Übereinstimmung mit allen anwendbaren IFRS aufzustellen, abgesehen von der Ausnahme in Paragraph 10.

10 Stellt ein Unternehmen Einzelabschlüsse auf, so hat es die Anteile an Tochterunternehmen, Gemeinschaftsunternehmen und assoziierten Unternehmen entweder

(a) zu Anschaffungskosten oder

(b) in Übereinstimmung mit IFRS 9 oder

(c) anhand der in IAS 28 beschriebenen Equity-Methode zu bilanzieren.

Es muss für alle Kategorien von Anteilen die gleichen Rechnungslegungsmethoden verwenden. Zu Anschaffungskosten oder anhand der Equity-Methode bilanzierte Anteile sind nach IFRS 5 *Zur Veräußerung gehaltene langfristige Vermögenswerte und aufgegebene Geschäftsbereiche* zu bilanzieren, wenn sie als zur Veräußerung oder zur Ausschüttung gehalten eingestuft werden (oder zu einer Veräußerungsgruppe gehören, die als zur Veräußerung oder zur Ausschüttung gehalten eingestuft ist). Die Bewertung von Anteilen, welche gemäß IFRS 9 bilanziert werden, wird unter diesen Umständen beibehalten.

11 Spricht sich ein Unternehmen nach IAS 28 Paragraph 18 (geändert 2011) dafür aus, dass seine Anteile an assoziierten Unternehmen oder Gemeinschaftsunternehmen gemäß IFRS 9 erfolgswirksam zum beizulegenden Zeitwert bewertet werden sollen, so sind diese Anteile im Einzelabschluss ebenso zu bilanzieren.

Muss ein Mutterunternehmen nach Paragraph 31 des IFRS 10 seine Anteile an einem Tochterunternehmen gemäß IFRS 9 ergebniswirksam zum beizulegenden Zeitwert bewerten, so sind diese Anteile im Einzelabschluss ebenso zu bilanzieren. **11A**

Ein Mutterunternehmen, das den Status einer Investmentgesellschaft verliert oder erwirbt, hat diese Änderung seines Status ab dem Zeitpunkt, zu dem diese Änderung eintritt, folgendermaßen zu bilanzieren: **11B**

(a) Wenn ein Unternehmen den Status einer Investmentgesellschaft verliert, hat es seine Anteile an einem Tochterunternehmen gemäß Paragraph 10 zu bilanzieren. Der Zeitpunkt der Statusänderung gilt als fiktives Erwerbsdatum. Bei der Bilanzierung der Anteile gemäß Paragraph 10 stellt der beizulegende Zeitwert des Tochterunternehmens zum fiktiven Erwerbsdatum die übertragene fiktive Gegenleistung dar.

   (i) (weggefallen)

   (ii) (weggefallen)

(b) Wenn ein Unternehmen den Status einer Investmentgesellschaft erwirbt, hat es seine Anteile an einem Tochterunternehmen gemäß IFRS 9 ergebniswirksam zum beizulegenden Zeitwert zu bilanzieren. Die Differenz zwischen dem früheren Buchwert des Tochterunternehmens und seinem beizulegenden Zeitwert zum Zeitpunkt der Statusänderung wird in der Ergebnisrechnung als Gewinn oder Verlust ausgewiesen. Der kumulative Betrag eines etwaigen zuvor im sonstigen Ergebnis für diese Tochterunternehmen erfassten Gewinns oder Verlusts wird so behandelt, als hätte die Investmentgesellschaft diese Tochterunternehmen zum Zeitpunkt der Statusänderung veräußert.

Dividenden eines Tochterunternehmens, eines Gemeinschaftsunternehmens oder eines assoziierten Unternehmens werden im Einzelabschluss des Unternehmens erfasst, wenn dem Unternehmen der Rechtsanspruch auf die Dividende entsteht. Die Dividende wird im Gewinn oder Verlust angesetzt, sofern das Unternehmen sich nicht für die Anwendung der Equity-Methode entscheidet, bei der die Dividende als Verminderung des Buchwerts des Anteils erfasst wird. **12**

Strukturiert ein Mutterunternehmen seine Unternehmensgruppe um, indem es ein neues Unternehmen als Mutterunternehmen einsetzt, und dabei **13**

(a) das neue Mutterunternehmen durch Ausgabe von Eigenkapitalinstrumenten im Tausch gegen vorhandene Eigenkapitalinstrumente des ursprünglichen Mutterunternehmens die Beherrschung über das ursprüngliche Mutterunternehmen erlangt,

(b) die Vermögenswerte und Schulden der neuen Unternehmensgruppe und der ursprünglichen Unternehmensgruppe unmittelbar vor und nach der Umstrukturierung gleich sind; und

(c) die Eigentümer des ursprünglichen Mutterunternehmens unmittelbar vor und nach der Umstrukturierung die gleichen Anteile (absolut wie relativ) am Nettovermögen der ursprünglichen und neuen Unternehmensgruppe halten,

und das neue Mutterunternehmen seinen Anteil am ursprünglichen Mutterunternehmen in seinem Einzelabschluss nach Paragraph 10(a) bilanziert, so hat das neue Mutterunternehmen als Anschaffungskosten den Buchwert seines Anteils an den Eigenkapitalposten anzusetzen, der im Einzelabschluss des ursprünglichen Mutterunternehmens zum Zeitpunkt der Umstrukturierung ausgewiesen ist.

Auch ein Unternehmen, bei dem es sich nicht um ein Mutterunternehmen handelt, könnte ein neues Unternehmen als sein Mutterunternehmen einsetzen und dabei die in Paragraph 13 genannten Kriterien erfüllen. Für solche Umstrukturierungen gelten die Anforderungen des Paragraphen 13 ebenfalls. Verweise auf das „ursprüngliche Mutterunternehmen" und die „ursprüngliche Unternehmensgruppe" sind in einem solchen Fall als Verweise auf das „ursprüngliche Unternehmen" zu verstehen. **14**

Angaben

15 Bei den Angaben in seinem Einzelabschluss legt ein Unternehmen alle anwendbaren IFRS zugrunde, einschließlich der Anforderungen in den Paragraphen 16 und 17.

16 Werden Einzelabschlüsse für ein Mutterunternehmen aufgestellt, das sich gemäß IFRS 10 Paragraph 4(a) entschließt, keinen Konzernabschluss aufzustellen, müssen die Einzelabschlüsse folgende Angaben enthalten:

(a) die Tatsache, dass es sich bei den Abschlüssen um Einzelabschlüsse handelt; dass von der Befreiung von der Konsolidierung Gebrauch gemacht wurde; Name und Hauptniederlassung (sowie Gründungsland des Unternehmens, falls abweichend), dessen Konzernabschluss nach den Regeln der International Financial Reporting Standards zu Veröffentlichungszwecken erstellt wurde; und die Anschrift, unter welcher der Konzernabschluss erhältlich ist;

(b) eine Auflistung wesentlicher Anteile an Tochterunternehmen, Gemeinschaftsunternehmen und assoziierten Unternehmen unter Angabe

(i) des Namens dieser Beteiligungsunternehmen;

(ii) der Hauptniederlassung (sowie Gründungsland des Unternehmens, falls abweichend) dieser Beteiligungsunternehmen;

(iii) der Beteiligungsquote (und, soweit abweichend, der Stimmrechtsquote) an diesen Beteiligungsunternehmen;

(c) eine Beschreibung der Bilanzierungsmethode der unter (b) aufgeführten Anteile.

16A Stellt eine Investmentgesellschaft, bei der es sich um ein Mutterunternehmen (jedoch kein Mutterunternehmen im Sinne von Paragraph 16) handelt, gemäß Paragraph 8A als seine einzigen Abschlüsse Einzelabschlüsse auf, so hat sie dies anzugeben. In diesem Fall hat die Investmentgesellschaft auch die in IFRS 12 *Angaben zu Anteilen an anderen Unternehmen* für Investmentgesellschaften verlangten Angaben zu machen.

17 Stellt ein Mutterunternehmen (bei dem es sich nicht um ein Mutterunternehmen im Sinne der Paragraphen 16–16A handelt) oder ein an der gemeinschaftlichen Führung über ein Beteiligungsunternehmen beteiligter Anteilseigner oder ein Anteilseigner mit einem maßgeblichen Einfluss einen Einzelabschluss auf, macht das Mutterunternehmen oder der Anteilseigner Angaben, welche der Abschlüsse, auf die sie sich beziehen, gemäß IFRS 10, IFRS 11 oder IAS 28 (geändert 2011) aufgestellt wurden. Das Mutterunternehmen oder der Anteilseigner macht im Einzelabschluss zusätzlich folgende Angaben:

(a) die Tatsache, dass es sich bei den Abschlüssen um Einzelabschlüsse handelt und die Gründe, warum die Abschlüsse aufgestellt wurden, sofern nicht gesetzlich vorgeschrieben;

(b) eine Auflistung wesentlicher Anteile an Tochterunternehmen, Gemeinschaftsunternehmen und assoziierten Unternehmen unter Angabe

(i) des Namens dieser Beteiligungsunternehmen;

(ii) der Hauptniederlassung (sowie Gründungsland des Unternehmens, falls abweichend) dieser Beteiligungsunternehmen;

(iii) der Beteiligungsquote (und, soweit abweichend, der Stimmrechtsquote) an diesen Beteiligungsunternehmen;

(c) eine Beschreibung der Bilanzierungsmethode der unter (b) aufgeführten Anteile.

Das Mutterunternehmen oder der Anteilseigner geben auch an, welche der Abschlüsse, auf die sie sich beziehen, gemäß IFRS 10, IFRS 11 oder IAS 28 (geändert 2011) aufgestellt wurden.

Zeitpunkt des Inkrafttretens und Übergangsvorschriften

18 Dieser Standard ist erstmals in der ersten Berichtsperiode eines am 1. Januar 2013 oder danach beginnenden Geschäftsjahres anzuwenden. Eine frühere Anwendung ist zulässig. Wenn ein Unternehmen diesen Standard früher anwendet, so ist dies anzugeben und sind IFRS 10, IFRS 11, IFRS 12 und IAS 28 (geändert 2011) gleichzeitig anzuwenden.

Mit der im Oktober 2012 veröffentlichten Verlautbarung *Investmentgesellschaften (Investment Entities)* (Änderungen an IFRS 10, IFRS 12 und IAS 27) wurden die Paragraphen 5, 6, 17 und 18 geändert und die Paragraphen 8A, 11A-11B, 16A und 18B-18I angefügt. Unternehmen haben diese Änderungen auf Geschäftsjahre anzuwenden, die am oder nach dem 1. Januar 2014 beginnen. Eine frühere Anwendung ist zulässig. Wendet ein Unternehmen diese Änderungen früher an, hat es diesen Sachverhalt anzugeben und alle in der Verlautbarung enthaltenen Änderungen gleichzeitig anzuwenden. **18A**

Kommt ein Mutterunternehmen zum Zeitpunkt der erstmaligen Anwendung der Änderungen für Investmentgesellschaften (im Sinne dieses IFRS ist dies der Beginn der Berichtsperiode, für die die Änderungen zum ersten Mal angewendet werden) zu dem Schluss, dass es eine Investmentgesellschaft ist, so wendet es für seine Anteile an Tochterunternehmen die Paragraphen 18C-18I an. **18B**

Zum Zeitpunkt der erstmaligen Anwendung hat eine Investmentgesellschaft, die ihre Anteile an einem Tochterunternehmen vormals zu Anschaffungskosten bewertet hat, diese Anteile ergebniswirksam zum beizulegenden Zeitwert zu bewerten, als ob die Vorschriften dieses IFRS schon immer gegolten hätten. Die Investmentgesellschaft nimmt rückwirkend eine Anpassung für das dem Zeitpunkt der erstmaligen Anwendung unmittelbar vorausgehende Geschäftsjahr sowie eine Anpassung des Ergebnisvortrags zu Beginn des unmittelbar vorausgehenden Zeitraums um etwaige Abweichungen zwischen folgenden Werten vor: **18C**

(a) dem früheren Buchwert des Anteils und

(b) dem beizulegenden Zeitwert des Anteils der Investmentgesellschaft an dem Tochterunternehmen.

Zum Zeitpunkt der erstmaligen Anwendung hat eine Investmentgesellschaft, die ihren Anteil an einem Tochterunternehmen bisher ergebnisneutral zum beizulegenden Zeitwert im sonstigen Ergebnis bewertet hat, diesen Anteil auch weiterhin zum beizulegenden Zeitwert zu bewerten. Der kumulative Betrag etwaiger Anpassungen des zuvor im sonstigen Ergebnis erfassten beizulegenden Zeitwerts ist zu Beginn des dem Zeitpunkt der erstmaligen Anwendung unmittelbar vorausgehenden Geschäftsjahrs in den Ergebnisvortrag zu übertragen. **18D**

Zum Zeitpunkt der erstmaligen Anwendung nimmt eine Investmentgesellschaft für einen Anteil an einem Tochterunternehmen, für das sie zuvor die in Paragraph 10 vorgesehene Möglichkeit zur ergebniswirksamen Bewertung zum beizulegenden Zeitwert gemäß IFRS 9 in Anspruch genommen hat, keine Anpassung an der früheren Bilanzierung vor. **18E**

Vor dem Zeitpunkt der Anwendung des IFRS 13 *Bemessung des beizulegenden Zeitwerts* verwendet eine Investmentgesellschaft als beizulegenden Zeitwert die Beträge, die zuvor den Investoren oder der Geschäftsleitung ausgewiesen wurden, sofern es sich dabei um die Beträge handelt, zu denen am Tag der Bewertung zwischen sachverständigen, vertragswilligen und voneinander unabhängigen Geschäftspartnern zu marktüblichen Bedingungen Anteile hätten getauscht werden können. **18F**

Ist die Bewertung der Anteile an einem Tochterunternehmen gemäß den Paragraphen 18C-18F undurchführbar (gemäß Definition in IAS 8 *Rechnungslegungsmethoden, Änderungen von rechnungslegungsbezogenen Schätzungen und Fehler*), wendet eine Investmentgesellschaft die Bestimmungen dieses IFRS zu Beginn des frühsten Zeitraums an, für den die Anwendung der Paragraphen 18C-18F durchführbar ist. Dies kann der aktuelle Berichtszeitraum sein. Der Investor nimmt rückwirkend eine Anpassung für das Geschäftsjahr vor, das dem Zeitpunkt der erstmaligen Anwendung unmittelbar vorausgeht, es sei denn, der Beginn des frühesten Zeitraums, für den die Anwendung dieses Paragraphen durchführbar ist, ist der aktuelle Berichtszeitraum. Liegt der Zeitpunkt, zu dem die Investmentgesellschaft die Bewertung des Tochterunternehmens zum beizulegenden Zeitwert bewerten kann, vor dem Beginn des unmittelbar vorausgehenden Zeitraums, nimmt die Investmentgesellschaft zu Beginn des unmittelbar voraus- **18G** gehenden Zeitraums eine Anpassung des Eigenkapitals um etwaige Abweichungen zwischen folgenden Werten vor:

(a) dem früheren Buchwert des Anteils und

(b) dem beizulegenden Zeitwert des Anteils der Investmentgesellschaft an dem Tochterunternehmen.

Ist der Beginn des frühesten Zeitraums, für den die Anwendung dieses Paragraphen durchführbar ist, der aktuelle Berichtszeitraum, so wird die Anpassung des Eigenkapitals zu Beginn des aktuellen Berichtszeitraums erfasst.

18H Hat eine Investmentgesellschaft vor dem Zeitpunkt der erstmaligen Anwendung der Änderungen für Investmentgesellschaften einen Anteil an einem Tochterunternehmen veräußert oder die Beherrschung darüber verloren, so braucht sie für diesen Anteil keine Anpassung der früheren Bilanzierung vorzunehmen.

18I Ungeachtet der Bezugnahme auf das Geschäftsjahr, das dem Zeitpunkt der erstmaligen Anwendung unmittelbar vorausgeht (den „unmittelbar vorausgehenden Berichtszeitraum") in den Paragraphen 18C-18G kann ein Unternehmen auch angepasste vergleichende Angaben für frühere Zeiträume vorlegen, ist dazu aber nicht verpflichtet. Legt ein Unternehmen angepasste vergleichende Angaben für frühere Zeiträume vor, sind alle Bezugnahmen auf den „unmittelbar vorausgehenden Berichtszeitraum" in den Paragraphen 18C-18G als der „früheste ausgewiesene angepasste Vergleichszeitraum" zu verstehen. Legt ein Unternehmen unangepasste vergleichende Angaben für frühere Zeiträume vor, sind die unangepassten Angaben klar zu kennzeichnen. Außerdem ist darauf hinzuweisen, dass diese Angaben auf einer anderen Grundlage beruhen, und ist diese Grundlage zu erläutern.

18J Mit der im August 2014 veröffentlichten Verlautbarung *Equity-Methode in Einzelabschlüssen (Equity Method in Separate Financial Statements)* (Änderungen an IAS 27) wurden die Paragraphen 4-7, 10, 11B und 12 geändert. Diese Änderungen sind gemäß IAS 8 *Bilanzierungs- und Bewertungsmethoden, Änderungen von Schätzungen und Fehler* rückwirkend auf Geschäftsjahre anzuwenden, die am oder nach dem 1. Januar 2016 beginnen. Eine frühere Anwendung ist zulässig. Wendet ein Unternehmen diese Änderungen früher an, hat es dies anzugeben.

Verweise auf IFRS 9

19 Wendet ein Unternehmen diesen Standard an, aber noch nicht IFRS 9, so ist jeder Verweis auf IFRS 9 als Verweis auf IAS 39 *Finanzinstrumente: Ansatz und Bewertung* zu verstehen.

Rücknahme von IAS 27 (2008)

20 Dieser Standard kollidiert mit IFRS 10. Die beiden IFRS ersetzen zusammen IAS 27 *Konzern- und separate Einzelabschlüsse* (geändert 2008).

International Accounting Standard 28
Anteile an assoziierten Unternehmen und Gemeinschaftsunternehmen (IAS 28)

v. 11.12.2012 (ABl EU Nr. L 360 S. 1);
zuletzt geändert durch Verordnung (EU) 2019/237 v. 8.2.2019
(ABl EU Nr. L 39 S. 1)

Inhalt	Ziffer

Ziel

Mit diesem Standard sollen die Bilanzierung der Anteile an assoziierten Unternehmen vorgeschrieben und die Anforderungen für die Anwendung der Equity-Methode für die Bilanzierung von Anteilen an assoziierten Unternehmen und Gemeinschaftsunternehmen festgelegt werden. **1**

Anwendungsbereich

Dieser Standard gilt für alle Unternehmen, bei denen es sich um Eigentümer handelt, die ein Beteiligungsunternehmen gemeinschaftlich führen oder über einen maßgeblichen Einfluss darüber verfügen. **2**

Definitionen

Die folgenden Begriffe werden in diesem Standard mit der angegebenen Bedeutung verwendet: **3**

Ein *assoziiertes Unternehmen* ist ein Unternehmen, bei dem der Eigentümer über maßgeblichen Einfluss verfügt.

Ein *Konzernabschluss* ist der Abschluss einer Unternehmensgruppe, in dem die Vermögenswerte, Schulden, das Eigenkapital, die Erträge, Aufwendungen und Cashflows des Mutterunternehmens und all seiner Tochterunternehmen so dargestellt werden, als handle es sich bei ihnen um ein einziges Unternehmen.

Die *Equity-Methode* ist eine Bilanzierungsmethode, bei der die Anteile zunächst mit den Anschaffungskosten angesetzt werden, dieser Ansatz aber in der Folge um etwaige Veränderungen beim Anteil des Eigentümers am Nettovermögen des Beteiligungsunternehmens angepasst wird. Der Gewinn oder Verlust des Eigentümers schließt dessen Anteil am Gewinn oder Verlust des Beteiligungsunternehmens ein und das sonstige Gesamtergebnis des Eigentümers schließt dessen Anteil am sonstigen Gesamtergebnis des Beteiligungsunternehmens ein.

Eine *gemeinsame Vereinbarung* ist eine Vereinbarung, bei der zwei oder mehr Parteien die gemeinschaftliche Führung innehaben.

Gemeinschaftliche Führung ist die vertraglich vereinbarte Aufteilung der Führung der Vereinbarung und ist nur dann gegeben, wenn die mit dieser Geschäftstätigkeit verbundenen Entscheidungen die einstimmige Zustimmung der an der gemeinschaftlichen Führung beteiligten Parteien erfordern.

Ein *Gemeinschaftsunternehmen* ist eine gemeinschaftliche Vereinbarung, bei der die Parteien, die die gemeinschaftliche Führung innehaben, Rechte am Nettovermögen der Vereinbarung haben.

Ein *Partnerunternehmen* bezeichnet einen Partner an einem Gemeinschaftsunternehmen, der an der gemeinschaftlichen Führung dieses Gemeinschaftsunternehmens beteiligt ist.

Maßgeblicher Einfluss ist die Möglichkeit, an den finanz- und geschäftspolitischen Entscheidungen des Beteiligungsunternehmens mitzuwirken, nicht aber die Beherrschung oder die gemeinschaftliche Führung der Entscheidungsprozesse.

4 Die folgenden Begriffe werden in IAS 27 Paragraph 4 *Einzelabschlüsse* und in IFRS 10 Anhang A *Konzernabschlüsse* definiert und in diesem Standard mit der in den IFRS, in denen sie festgelegt werden, angegebenen Bedeutung verwendet:

- Beherrschung eines Beteiligungsunternehmens
- Unternehmensgruppe
- Mutterunternehmen
- Einzelabschlüsse
- Tochterunternehmen.

Maßgeblicher Einfluss

5 Hält ein Unternehmen direkt oder indirekt (z. B. durch Tochterunternehmen) 20 % oder mehr der Stimmrechte an einem Beteiligungsunternehmen, so wird vermutet, dass ein maßgeblicher Einfluss des Unternehmens vorliegt, es sei denn, dies kann eindeutig widerlegt werden. Umgekehrt wird bei einem direkt oder indirekt (z. B. durch Tochterunternehmen) gehaltenen Stimmrechtsanteil des Unternehmens von weniger als 20 % vermutet, dass das Unternehmen nicht über maßgeblichen Einfluss verfügt, es sei denn, dieser Einfluss kann eindeutig nachgewiesen werden. Ein erheblicher Anteilsbesitz oder eine Mehrheitsbeteiligung eines anderen Eigentümers schließen nicht notwendigerweise aus, dass ein Unternehmen über maßgeblichen Einfluss verfügt.

6 Das Vorliegen eines oder mehrerer der folgenden Indikatoren lässt in der Regel auf einen maßgeblichen Einfluss des Unternehmens schließen:

(a) Vertretung im Geschäftsführungs- und/oder Aufsichtsorgan oder einem gleichartigen Leitungsgremium des Beteiligungsunternehmens;

(b) Teilnahme an den Entscheidungsprozessen, einschließlich der Teilnahme an Entscheidungen über Dividenden oder sonstige Ausschüttungen;

(c) wesentliche Geschäftsvorfälle zwischen dem Unternehmen und dem Beteiligungsunternehmen;

(d) Austausch von Führungspersonal; oder

(e) Bereitstellung bedeutender technischer Informationen.

Ein Unternehmen kann Aktienoptionsscheine, Aktienkaufoptionen, Schuld- oder Eigenkapitalinstrumente, die in Stammaktien oder in ähnliche Instrumente eines anderen Unternehmens umwandelbar sind, halten, deren Ausübung oder Umwandlung dem ausübenden Unternehmen die Möglichkeit gibt, zusätzliche Stimmrechte über die Finanz- und Geschäftspolitik eines anderen Unternehmens zu erlangen oder die Stimmrechte eines anderen Anteilsinhabers über diese zu beschränken (d. h. potenzielle Stimmrechte). Bei der Beurteilung der Frage, ob ein Unternehmen über maßgeblichen Einfluss verfügt, werden die Existenz und die Auswirkungen potenzieller Stimmrechte, die gegenwärtig ausgeübt oder umgewandelt werden können, einschließlich der von anderen Unternehmen gehaltenen potenziellen Stimmrechte berücksichtigt. Potenzielle Stimmrechte sind nicht als gegenwärtig ausübungsfähig oder umwandelbar anzusehen, wenn sie zum Beispiel erst zu einem künftigen Termin oder bei Eintritt eines künftigen Ereignisses ausgeübt oder umgewandelt werden können. **7**

Bei der Beurteilung der Frage, ob potenzielle Stimmrechte zum maßgeblichen Einfluss beitragen, prüft das Unternehmen alle Tatsachen und Umstände, die die potenziellen Stimmrechte beeinflussen (einschließlich der Bedingungen für die Ausübung dieser Rechte und sonstiger vertraglicher Vereinbarungen, gleich ob in der Einzelfallbetrachtung oder im Zusammenhang), mit Ausnahme der Handlungsabsichten des Managements und der finanziellen Möglichkeiten einer Ausübung oder Umwandlung dieser potenziellen Rechte. **8**

Ein Unternehmen verliert seinen maßgeblichen Einfluss über ein Beteiligungsunternehmen in dem Moment, in dem es die Möglichkeit verliert, an dessen finanz- und geschäftspolitischen Entscheidungsprozessen teilzuhaben. Dies kann mit oder ohne Änderung der absoluten oder relativen Eigentumsverhältnisse der Fall sein. Ein solcher Verlust kann beispielsweise eintreten, wenn ein assoziiertes Unternehmen unter die Kontrolle staatlicher Behörden, Gerichte, Zwangsverwalter oder Aufsichtsbehörden gerät. Er könnte auch das Ergebnis vertraglicher Vereinbarungen sein. **9**

Equity-Methode

Bei der Equity-Methode werden die Anteile am assoziierten Unternehmen oder am Gemeinschaftsunternehmen zunächst mit den Anschaffungskosten angesetzt. In der Folge erhöht oder verringert sich der Buchwert der Anteile entsprechend dem Anteil des Eigentümers am Gewinn oder Verlust des Beteiligungsunternehmens. Der Anteil des Eigentümers am Gewinn oder Verlust des Beteiligungsunternehmens wird in dessen Gewinn oder Verlust ausgewiesen. Vom Beteiligungsunternehmen empfangene Ausschüttungen vermindern den Buchwert der Anteile. Änderungen des Buchwerts können auch aufgrund von Änderungen der Beteiligungsquote des Eigentümers notwendig sein, welche sich aufgrund von Änderungen im sonstigen Gesamtergebnis des Beteiligungsunternehmens ergeben. Solche Änderungen entstehen unter anderem infolge einer Neubewertung von Sachanlagevermögen und aus der Umrechnung von Fremdwährungsabschlüssen. Der Anteil des Eigentümers an diesen Änderungen wird im sonstigen Gesamtergebnis des Eigentümers erfasst (siehe IAS 1 *Darstellung des Abschlusses*). **10**

Werden Erträge auf Basis der erhaltenen Dividenden angesetzt, so spiegelt dies unter Umständen nicht in angemessener Weise die Erträge wider, die ein Eigentümer aus Anteilen an einem assoziierten Unternehmen oder einem Gemeinschaftsunternehmen erzielt hat, da die Dividenden u.U. nur unzureichend in Relation zur Ertragskraft des assoziierten Unternehmens oder des Gemeinschaftsunternehmens stehen. Da der Eigentümer in die gemeinschaftliche Führung des Beteiligungsunternehmens involviert ist oder über maßgeblichen Einfluss auf das Unternehmen verfügt, hat er einen Anteil an der Ertragskraft des assoziierten Unternehmens oder des Gemeinschaftsunternehmens und demzufolge am Rückfluss des eingesetzten Kapitals. Diese **11**

Beteiligung an der Ertragskraft bilanziert der Eigentümer, indem er den Umfang seines Abschlusses um seinen Gewinn- oder Verlustanteil am Beteiligungsunternehmen erweitert. Dementsprechend bietet die Anwendung der Equity-Methode mehr Informationen über das Nettovermögen und den Gewinn oder Verlust des Eigentümers.

12 Wenn potenzielle Stimmrechte oder sonstige Derivate mit potenziellen Stimmrechten bestehen, werden die Anteile des Unternehmens an einem assoziierten Unternehmen oder einem Gemeinschaftsunternehmen lediglich auf Grundlage der bestehenden Eigentumsanteile und nicht unter Berücksichtigung der möglichen Ausübung oder Umwandlung potenzieller Stimmrechte oder sonstiger derivativer Instrumente bestimmt, es sei denn, Paragraph 13 findet Anwendung.

13 In einigen Fällen hat ein Unternehmen ein Eigentumsrecht infolge einer Transaktion erworben und hat infolgedessen derzeit Recht auf die aus einem Eigentumsanteil herrührenden Erträge. Unter diesen Umständen wird der dem Unternehmen zugewiesene Betrag unter Berücksichtigung der eventuellen Ausübung dieser potenziellen Stimmrechte und des Rückgriffs auf sonstige derivative Instrumente festgelegt, aufgrund deren das Unternehmen derzeit die Erträge erhält.

14 IFRS 9 *Finanzinstrumente* findet keine Anwendung auf Anteile an assoziierten Unternehmen und Gemeinschaftsunternehmen, deren Bilanzierung nach der Equity-Methode erfolgt. Wenn Instrumente mit potenziellen Stimmrechten ihrem Wesen nach derzeit zu Erträgen aufgrund von Eigentumsanteilen an einem assoziierten Unternehmen oder einem Gemeinschaftsunternehmen führen, unterliegen die Instrumente nicht IFRS 9. In allen anderen Fällen, in denen es sich um Instrumente mit potenziellen Stimmrechten an einem assoziierten Unternehmen oder einem Gemeinschaftsunternehmen handelt, ist nach IFRS 9 zu bilanzieren.

14A Ein Unternehmen wendet IFRS 9 zudem auf sonstige Finanzinstrumente an einem assoziierten Unternehmen oder einem Gemeinschaftsunternehmen an, auf die die Equity-Methode nicht angewendet wird. Hierzu gehören langfristige Anteile, die dem wirtschaftlichen Gehalt nach der Nettoinvestition des Unternehmens in das assoziierte Unternehmen oder das Gemeinschaftsunternehmen zuzuordnen sind (siehe Paragraph 38). Bevor ein Unternehmen Paragraph 38 und die Paragraphen 40-43 des vorliegenden Standards anwendet, wendet es auf solche langfristigen Anteile IFRS 9 an. Bei der Anwendung von IFRS 9 berücksichtigt das Unternehmen keine Änderungen des Buchwerts der langfristigen Anteile, die sich aus der Anwendung des vorliegenden Standards ergeben.

15 Wenn ein Anteil oder ein Teil eines Anteils an einem assoziierten Unternehmen oder Gemeinschaftsunternehmens nach IFRS 5 *Zur Veräußerung gehaltene langfristige Vermögenswerte und aufgegebene Geschäftsbereiche* als zur Veräußerung gehalten eingestuft wird, ist der Anteil oder behaltene Teil des Anteils, der nicht als zur Veräußerung gehalten eingestuft wurde, als langfristiger Vermögenswert zu bilanzieren.

Anwendung der Equity-Methode

16 Ein Unternehmen, das in die gemeinschaftliche Führung eines Beteiligungsunternehmens involviert ist oder einen maßgeblichen Einfluss auf das Beteiligungsunternehmen ausübt, bilanziert seinen Anteil an einem assoziierten Unternehmen oder einem Gemeinschaftsunternehmen nach der Equity-Methode, es sei denn, der Anteil fällt unter die Ausnahme nach Paragraph 17–19.

Befreiungen von der Anwendung der Equity-Methode

17 Ein Unternehmen muss die Equity-Methode nicht auf seine Anteile an einem assoziierten Unternehmen oder einem Gemeinschaftsunternehmen anwenden, wenn das Unternehmen ein Mutterunternehmen ist, das nach der Ausnahme vom Anwendungsbereich gemäß IFRS 10 Paragraph 4A von der Aufstellung eines Konzernabschlusses befreit ist oder wenn alle folgenden Punkte zutreffen:

(a) das Unternehmen ist ein hundertprozentiges Tochterunternehmen oder ein teilweise im Besitz stehendes Tochterunternehmen eines anderen Unternehmens und die anderen Eigentümer, einschließlich der nicht stimmberechtigten, sind darüber unterrichtet, dass das Unternehmen die Equity-Methode nicht anwendet, und erheben dagegen keine Einwände;

(b) die Schuld- oder Eigenkapitalinstrumente des Unternehmens werden nicht am Kapitalmarkt (einer nationalen oder ausländischen Wertpapierbörse oder am Freiverkehrsmarkt, einschließlich lokaler und regionaler Börsen) gehandelt;

(c) das Unternehmen hat seine Abschlüsse nicht zum Zweck der Emission von Finanzinstrumenten jeglicher Klasse am Kapitalmarkt bei einer Börsenaufsicht oder sonstigen Aufsichtsbehörde eingereicht oder beabsichtigt dies zu tun;

(d) das oberste oder ein zwischengeschaltetes Mutterunternehmen des Unternehmens stellt einen IFRS-konformen Abschluss auf, der veröffentlicht wird und in dem Tochtergesellschaften entweder konsolidiert oder gemäß IFRS 10 ergebniswirksam zum beizulegenden Zeitwert bewertet werden.

Wenn ein Anteil an einem assoziierten Unternehmen oder einem Gemeinschaftsunternehmen **18**
direkt oder indirekt von einem Unternehmen gehalten wird, bei dem es sich um eine Wagniskapital-Organisation, einen offenen Investmentfonds, einen Unit Trust oder ein ähnliches Unternehmen, einschließlich einer fondsgebundenen Versicherung, handelt, kann das Unternehmen diese Anteile gemäß IFRS 9 erfolgswirksam zum beizulegenden Zeitwert bewerten. Diese Entscheidung ist für jedes assoziierte Unternehmen oder Gemeinschaftsunternehmen bei dessen erstmaligem Ansatz gesondert zu treffen.

Hält ein Unternehmen einen Anteil an einem assoziierten Unternehmen, von dem ein Teil indi- **19**
rekt über ein Unternehmen gehalten wird, bei dem es sich um eine Wagniskapital-Organisation, einen Investmentfonds, einen Unit Trust oder ähnliche Unternehmen, einschließlich fondsgebundener Versicherungen, handelt, kann sich das Unternehmen dafür entscheiden, diesen Teil des Anteils am assoziierten Unternehmen nach IFRS 9 erfolgswirksam zum beizulegenden Zeitwert zu bewerten, unabhängig davon, ob die Wagniskapital-Organisation, der Investmentfonds, der Unit Trust oder ähnliche Unternehmen, einschließlich fondsgebundener Versicherungen, einen maßgeblichen Einfluss über diesen Teil des Anteils ausüben. Entscheidet sich das Unternehmen für diesen Ansatz, kann es die Equity-Methode auf den verbleibenden Teil seines Anteils an einem assoziierten Unternehmen anwenden, der nicht von einer Wagniskapital-Organisation, einem Investmentfonds, einem Unit Trust oder ähnlichen Unternehmen, einschließlich fondsgebundener Versicherungen, gehalten wird.

Einstufung als „zur Veräußerung gehalten“

Ein Unternehmen wendet IFRS 5 auf einen Anteil oder einen Teil eines Anteils an einem assozi- **20**
ierten Unternehmen oder einem Gemeinschaftsunternehmen an, der die Kriterien für die Einstufung als „zur Veräußerung gehalten“ erfüllt. Jeder behaltene Teil eines Anteils an einem assoziierten Unternehmen oder einem Gemeinschaftsunternehmen, der nicht als zur „zur Veräußerung gehalten“ eingestuft wurde, ist nach der Equity-Methode zu bilanzieren, bis dass der Teil, der als „zur Veräußerung gehalten“ eingestuft wurde, veräußert wird. Nach der Veräußerung bilanziert ein Unternehmen jeden behaltenen Anteil an einem assoziierten Unternehmen oder Gemeinschaftsunternehmen nach IFRS 9, es sei denn, bei dem behaltenen Anteil handelt es sich weiterhin um ein assoziiertes Unternehmen oder ein Gemeinschaftsunternehmen. In diesem Fall wendet das Unternehmen die Equity-Methode an.

Wenn ein Anteil oder ein Teil eines Anteils an einem assoziierten Unternehmen oder Gemein- **21**
schaftsunternehmen, der zuvor unter die Einstufung „zur Veräußerung gehalten“ fiel, die hierfür erforderlichen Kriterien nicht mehr erfüllt, muss er rückwirkend ab dem Zeitpunkt, ab dem er als „zur Veräußerung gehalten“ eingestuft wurde, nach der Equity-Methode bilanziert werden. Die Abschlüsse für die Perioden seit der Einstufung als „zur Veräußerung gehalten“ sind entsprechend anzupassen.

Beendigung der Anwendung der Equity-Methode

22 Ein Unternehmen wendet die Equity-Methode wie folgt ab dem Zeitpunkt nicht mehr an, ab dem sein Anteil nicht mehr die Form eines assoziierten Unternehmens oder eines Gemeinschaftsunternehmens hat:

(a) Nimmt der Anteil die Form eines Tochterunternehmens an, bilanziert das Unternehmen seinen Anteil nach IFRS 3 *Unternehmenszusammenschluss* und IFRS 10.

(b) Handelt es sich beim behaltenen Anteil am ehemaligen assoziierten Unternehmen oder Gemeinschaftsunternehmen um einen finanziellen Vermögenswert, bewertet das Unternehmen diesen Anteil zum beizulegenden Zeitwert. Der beizulegende Zeitwert des behaltenen Anteils ist als der beim erstmaligen Ansatz eines finanziellen Vermögenswerts ermittelte beizulegende Zeitwert gemäß IFRS 9 zu betrachten. Das Unternehmen weist im Gewinn oder Verlust jede nachfolgend genannte Differenz aus:

  (i) den beizulegenden Zeitwert jedes behaltenen Anteils und Erträge aus der Veräußerung eines Teils des Anteils an dem assoziierten Unternehmen oder Gemeinschaftsunternehmen und

  (ii) den Buchwert des Anteils zum Zeitpunkt der Beendigung der Anwendung der Equity-Methode.

(c) Wendet ein Unternehmen die Equity-Methode nicht mehr an, hat es alle zuvor im sonstigen Ergebnis in Bezug auf diesen Anteil erfassten Beträge auf der gleichen Grundlage auszuweisen wie für den Fall, dass das Beteiligungsunternehmen die dazugehörigen Vermögenswerte und Schulden direkt veräußert hätte.

23 Falls daher ein zuvor vom Beteiligungsunternehmen im sonstigen Ergebnis erfasster Gewinn oder Verlust bei der Veräußerung der dazugehörigen Vermögenswerte oder Schulden in den Gewinn oder Verlust umgegliedert würde, gliedert das Unternehmen den Gewinn oder Verlust vom Eigenkapital in den Gewinn oder Verlust um (als einen Umgliederungsbetrag), wenn es die Equity-Methode nicht mehr anwendet. Hat z. B. ein assoziiertes Unternehmen oder ein Gemeinschaftsunternehmen kumulative Umrechnungsdifferenzen aus der Tätigkeit eines ausländischen Geschäftsbetriebs und das Unternehmen wendet die Equity-Methode nicht mehr an, gliedert das Unternehmen den Gewinn oder Verlust in „Gewinn oder Verlust" um, der zuvor als sonstiges Ergebnis in Bezug auf den ausländischen Geschäftsbetrieb erfasst wurde.

24 Wird ein Anteil an einem assoziierten Unternehmen zu einem Anteil an einem Gemeinschaftsunternehmen oder ein Anteil an einem Gemeinschaftsunternehmen zu einem Anteil an einem assoziierten Unternehmen, wendet das Unternehmen die Equity-Methode weiterhin an und bewertet den behaltenen Anteil nicht neu.

Änderungen der Eigentumsanteile

25 Wird der Eigentumsanteil an einem assoziierten Unternehmen oder einem Gemeinschaftsunternehmen vermindert, die Beteiligung aber weiterhin als assoziiertes Unternehmen bzw. Gemeinschaftsunternehmen eingestuft, gliedert das Unternehmen den Teil des Gewinns oder Verlusts in „Gewinn oder Verlust" um, der zuvor als sonstiges Gesamtergebnis ausgewiesen wurde und den verminderten Teil des Eigentumsanteils betrifft, falls dieser Gewinn oder Verlust ansonsten als „Gewinn oder Verlust" bei Veräußerung der dazugehörigen Vermögenswerte und Schulden umzugliedern wäre.

Verfahren der Equity-Methode

26 Viele der für die Anwendung der Equity-Methode sachgerechten Verfahren ähneln den in IFRS 10 beschriebenen Konsolidierungsverfahren. Außerdem werden die Ansätze, die den Konsolidierungsverfahren beim Erwerb eines Tochterunternehmens zu Grunde liegen, auch bei der Bilanzierung eines Erwerbs von Anteilen an einem assoziierten Unternehmen oder einem Gemeinschaftsunternehmen übernommen.

Der Anteil einer Unternehmensgruppe an einem assoziierten Unternehmen oder einem Gemeinschaftsunternehmen ist die Summe der vom Mutterunternehmen und seinen Tochterunternehmen daran gehaltenen Anteile. Die von den anderen assoziierten Unternehmen oder Gemeinschaftsunternehmen der Unternehmensgruppe gehaltenen Anteile bleiben für diese Zwecke unberücksichtigt. Wenn ein assoziiertes Unternehmen oder ein Gemeinschaftsunternehmen Tochterunternehmen, assoziierte Unternehmen oder Gemeinschaftsunternehmen besitzt, sind bei der Anwendung der Equity-Methode der Gewinn oder Verlust, das sonstige Ergebnis und das Nettovermögen zu berücksichtigen, wie sie im Abschluss des assoziierten Unternehmens oder des Gemeinschaftsunternehmens (einschließlich dessen Anteils am Gewinn oder Verlust, sonstigen Ergebnis und Nettovermögen seiner assoziierten Unternehmen und Gemeinschaftsunternehmen) nach etwaigen Anpassungen zur Anwendung einheitlicher Rechnungslegungsmethoden (siehe Paragraphen 35 und 36A) ausgewiesen werden. **27**

Gewinne und Verluste aus „Upstream"- und „Downstream"-Transaktionen zwischen einem Unternehmen (einschließlich seiner konsolidierten Tochterunternehmen) und einem assoziierten Unternehmen oder einem Gemeinschaftsunternehmen sind im Abschluss des Unternehmens nur entsprechend der Anteile unabhängiger Eigentümer am assoziierten Unternehmen oder Gemeinschaftsunternehmen zu erfassen. „Upstream"-Transaktionen sind beispielsweise Verkäufe von Vermögenswerten eines assoziierten Unternehmens oder eines Gemeinschaftsunternehmens an den Eigentümer. „Downstream"-Transaktionen sind beispielsweise Verkäufe von Vermögenswerten oder Beiträge zu Vermögenswerten seitens des Eigentümers an sein assoziiertes Unternehmen oder sein Gemeinschaftsunternehmen. Der Anteil des Eigentümers am Gewinn oder Verlust des assoziierten Unternehmens oder Gemeinschaftsunternehmens aus solchen Transaktionen wird eliminiert. **28**

Wird deutlich, dass „Downstream"-Transaktionen zu einer Minderung des Nettoveräußerungswerts der zu veräußernden oder beizutragenden Vermögenswerte oder zu einem Wertminderungsaufwand dieser Vermögenswerte führen, ist dieser Wertminderungsaufwand vom Eigentümer in voller Höhe anzusetzen. Wird deutlich, dass „Upstream"-Transaktionen zu einer Minderung des Nettoveräußerungswerts der zu erwerbenden Vermögenswerte oder zu einem Wertminderungsaufwand dieser Vermögenswerte führen, hat der Eigentümer seinen Teil an einem solchen Wertminderungsaufwand anzusetzen. **29**

Der Beitrag eines nichtmonetären Vermögenswerts für ein assoziiertes Unternehmen oder ein Gemeinschaftsunternehmen im Austausch für einen Eigenkapitalanteil an dem assoziierten Unternehmen oder Gemeinschaftsunternehmen ist nach Paragraph 28 zu erfassen, es sei denn, der Beitrag hat keine wirtschaftliche Substanz im Sinne dieses in IAS 16 *Sachanlagen* erläuterten Begriffs. Fehlt einem solchen Beitrag die wirtschaftliche Substanz, wird der Gewinn oder Verlust als nicht realisiert betrachtet und nicht ausgewiesen, es sei denn, Paragraph 31 findet ebenfalls Anwendung. Solche nicht realisierten Gewinne und Verluste sind gegen den nach der Equity-Methode bilanzierten Anteil zu eliminieren und nicht als latente Gewinne oder Verluste in der Konzernbilanz des Unternehmens oder der Bilanz des Unternehmens auszuweisen, in der die Anteile nach der Equity-Methode bilanziert werden. **30**

Erhält ein Unternehmen über einen Eigenkapitalanteil an einem assoziierten Unternehmen oder einem Gemeinschaftsunternehmen hinaus monetäre oder nichtmonetäre Vermögenswerte, weist das Unternehmen im Gewinn oder Verlust den Teil des Gewinns oder Verlusts am nichtmonetären Beitrag in voller Höhe aus, der sich auf die erhaltenen monetären oder nichtmonetären Vermögenswerte bezieht. **31**

Anteile werden von dem Zeitpunkt an nach der Equity-Methode bilanziert, ab dem die Kriterien eines assoziierten Unternehmens oder eines Gemeinschaftsunternehmens erfüllt sind. Bei dem Anteilserwerb ist jede Differenz zwischen den Anschaffungskosten des Anteils und dem Anteil des Unternehmens am beizulegenden Nettozeitwert der identifizierbaren Vermögenswerte und Schulden des Beteiligungsunternehmens wie folgt zu bilanzieren: **32**

(a) der mit einem assoziierten Unternehmen oder einem Gemeinschaftsunternehmen verbundene Geschäfts- oder Firmenwert ist im Buchwert des Anteils enthalten. Die planmäßige Abschreibung dieses Geschäfts- oder Firmenwerts ist untersagt;
(b) jeder Unterschiedsbetrag zwischen dem Anteil des Unternehmens am beizulegenden Nettozeitwert der identifizierbaren Vermögenswerte und Schulden des Beteiligungsunternehmens und den Anschaffungskosten des Anteils ist als Ertrag bei der Bestimmung des Anteils des Unternehmens am Gewinn oder Verlust des assoziierten Unternehmens oder des Gemeinschaftsunternehmens in der Periode, in der der Anteil erworben wurde, enthalten.

Der Anteil des Unternehmens an den vom assoziierten Unternehmen oder vom Gemeinschaftsunternehmen nach Erwerb verzeichneten Gewinnen oder Verlusten wird sachgerecht angepasst, um beispielsweise die planmäßige Abschreibung zu berücksichtigen, die bei abschreibungsfähigen Vermögenswerten auf der Basis ihrer beizulegenden Zeitwerte zum Erwerbszeitpunkt berechnet wird. Gleiches gilt für vom assoziierten Unternehmen oder Gemeinschaftsunternehmen erfasste Wertminderungsaufwendungen, z. B. für den Geschäfts- oder Firmenwert oder für Sachanlagen.

33 Das Unternehmen verwendet bei der Anwendung der Equity-Methode den letzten verfügbaren Abschluss des assoziierten Unternehmens oder des Gemeinschaftsunternehmens. Weicht der Abschlussstichtag des Unternehmens von dem des assoziierten Unternehmens oder des Gemeinschaftsunternehmens ab, muss das assoziierte Unternehmen oder das Gemeinschaftsunternehmen zur Verwendung durch das Unternehmen einen Zwischenabschluss auf den Stichtag des Unternehmens aufstellen, es sei denn, dies ist undurchführbar.

34 Wird in Übereinstimmung mit Paragraph 33 der bei der Anwendung der Equity-Methode herangezogene Abschluss eines assoziierten Unternehmens oder eines Gemeinschaftsunternehmens zu einem vom Unternehmen abweichenden Stichtag aufgestellt, so sind für die Auswirkungen bedeutender Geschäftsvorfälle oder anderer Ereignisse, die zwischen diesem Stichtag und dem Abschlussstichtag des Unternehmens eingetreten sind, Berichtigungen vorzunehmen. In jedem Fall darf der Zeitraum zwischen dem Abschlussstichtag des assoziierten Unternehmens oder des Gemeinschaftsunternehmens und dem des Unternehmens nicht mehr als drei Monate betragen. Die Länge der Berichtsperioden und die Abweichungen zwischen dem Abschlussstichtag müssen von Periode zu Periode gleich bleiben.

35 Bei der Aufstellung des Abschlusses des Unternehmens sind für ähnliche Geschäftsvorfälle und Ereignisse unter vergleichbaren Umständen einheitliche Rechnungslegungsmethoden anzuwenden.

36 Wenn das assoziierte Unternehmen oder das Gemeinschaftsunternehmen für ähnliche Geschäftsvorfälle und Ereignisse unter vergleichbaren Umständen andere Rechnungslegungsmethoden anwendet als das Unternehmen, sind für den Fall, dass der Abschluss des assoziierten Unternehmens oder des Gemeinschaftsunternehmens vom Unternehmen für die Anwendung der Equity-Methode herangezogen wird, die Rechnungslegungsmethoden an diejenigen des Unternehmens anzupassen, es sei denn, Paragraph 36A findet Anwendung.

36A Besitzt ein Unternehmen, das selbst keine Investmentgesellschaft ist, Anteile an einem assoziierten Unternehmen oder einem Gemeinschaftsunternehmen, das eine Investmentgesellschaft ist, kann es ungeachtet der Bestimmung in Paragraph 36 bei der Anwendung der Equity-Methode die Bewertung zum beizulegenden Zeitwert, die diese Investmentgesellschaft (assoziiertes Unternehmen oder Gemeinschaftsunternehmen) bei ihren Anteilen an Tochtergesellschaften vornimmt, beibehalten. Diese Entscheidung ist für jede Investmentgesellschaft (assoziiertes Unternehmen oder Gemeinschaftsunternehmen) gesondert zu treffen a) zu dem Zeitpunkt des erstmaligen Ansatzes der Investmentgesellschaft (assoziiertes Unternehmen oder Gemeinschaftsunternehmen), b) zu dem Zeitpunkt, zu dem das assoziierte Unternehmen oder das Gemeinschaftsunternehmen eine Investmentgesellschaft wird, oder c) zu dem Zeitpunkt, zu dem die Investmentgesellschaft (assoziiertes Unternehmen oder Gemeinschaftsunternehmen) erstmals ein Mutterunternehmen wird – je nachdem, welcher dieser Zeitpunkte der spätere ist.

Falls ein assoziiertes Unternehmen oder ein Gemeinschaftsunternehmen kumulative Vorzugsaktien ausgegeben hat, die von anderen Parteien als dem Unternehmen gehalten werden und als Eigenkapital ausgewiesen sind, berechnet das Unternehmen seinen Anteil an Gewinn oder Verlust nach Abzug der Dividende auf diese Vorzugsaktien, unabhängig davon, ob ein Dividendenbeschluss vorliegt. **37**

Wenn der Anteil eines Unternehmens an den Verlusten eines assoziierten Unternehmens oder eines Gemeinschaftsunternehmens dem Wert seiner Beteiligung an diesen Unternehmen entspricht oder diesen übersteigt, erfasst das Unternehmen keine weiteren Verlustanteile. Der Anteil an einem assoziierten Unternehmen oder einem Gemeinschaftsunternehmen ist der nach der Equity-Methode ermittelte Buchwert dieses Anteils zuzüglich sämtlicher langfristigen Anteile, die dem wirtschaftlichen Gehalt nach der Nettoinvestition des Unternehmens in das assoziierte Unternehmen oder das Gemeinschaftsunternehmen zuzuordnen sind. So stellt ein Posten, dessen Abwicklung auf absehbare Zeit weder geplant noch wahrscheinlich ist, seinem wirtschaftlichen Gehalt nach eine Erhöhung der Nettoinvestition in das assoziierte Unternehmen oder das Gemeinschaftsunternehmen dar. Solche Posten können Vorzugsaktien und langfristige Forderungen oder Darlehen einschließen, nicht aber Forderungen und Verbindlichkeiten aus Lieferungen und Leistungen oder langfristige Forderungen, für die angemessene Sicherheiten bestehen, wie etwa besicherte Kredite. Verluste, die nach der Equity-Methode erfasst werden und den Anteil des Unternehmens am Stammkapital übersteigen, werden den anderen Bestandteilen des Anteils des Unternehmens am assoziierten Unternehmen oder Gemeinschaftsunternehmen in umgekehrter Rangreihenfolge (d. h. ihrer Priorität bei der Liquidierung) zugeordnet. **38**

Nachdem der Anteil des Unternehmens auf Null reduziert ist, werden zusätzliche Verluste nur in dem Umfang berücksichtigt und als Schuld angesetzt, wie das Unternehmen rechtliche oder faktische Verpflichtungen eingegangen ist oder Zahlungen für das assoziierte Unternehmen oder das Gemeinschaftsunternehmen geleistet hat. Weist das assoziierte Unternehmen oder das Gemeinschaftsunternehmen zu einem späteren Zeitpunkt Gewinne aus, berücksichtigt das Unternehmen seinen Anteil an den Gewinnen erst dann, wenn der Gewinnanteil den noch nicht erfassten Verlust abdeckt. **39**

Wertminderungsaufwand

Nach Anwendung der Equity-Methode, einschließlich der Berücksichtigung von Verlusten des assoziierten Unternehmens oder Gemeinschaftsunternehmens gemäß Paragraph 38, hat das Unternehmen unter Anwendung der Paragraphen 41A-41C zu bestimmen, ob objektive Hinweise auf eine Wertminderung der Nettoinvestition in das assoziierte Unternehmen oder Gemeinschaftsunternehmen vorliegen. **40**

(weggefallen) **41**

Die Nettoinvestition in ein assoziiertes Unternehmen oder Gemeinschaftsunternehmen ist wertgemindert und es sind Wertminderungsaufwendungen angefallen, nur wenn infolge eines oder mehrerer Ereignisse, die nach dem erstmaligen Ansatz der Nettoinvestition eingetreten sind (ein „Schadensfall"), ein objektiver Hinweis auf eine Wertminderung vorliegt und dieser Schadensfall (oder -fälle) eine verlässlich schätzbare Auswirkung auf die geschätzten künftigen Zahlungsströme aus der Nettoinvestition hat. Möglicherweise lässt sich nicht ein einzelnes, singuläres Ereignis als Grund für die Wertminderung identifizieren. Vielmehr könnte ein Zusammentreffen mehrerer Ereignisse die Wertminderung verursacht haben. Erwartete Verluste aus künftigen Ereignissen dürfen ungeachtet ihrer Eintrittswahrscheinlichkeit nicht erfasst werden. Als objektive Hinweise auf eine Wertminderung der Nettoinvestition gelten auch beobachtbare Daten zu den folgenden Schadensfällen, von denen das Unternehmen Kenntnis erlangt: **41A**

a) erhebliche finanzielle Schwierigkeiten des assoziierten Unternehmens oder Gemeinschaftsunternehmens;

b) ein Vertragsbruch wie beispielsweise ein Zahlungsausfall oder -verzug durch das assoziierte Unternehmen oder Gemeinschaftsunternehmen;

c) Zugeständnisse, die das Unternehmen gegenüber dem assoziierten Unternehmen oder Gemeinschaftsunternehmen aus wirtschaftlichen oder rechtlichen Gründen im Zusammenhang mit den finanziellen Schwierigkeiten des assoziierten Unternehmens oder Gemeinschaftsunternehmens macht, ansonsten aber nicht gewähren würde;

d) es wird wahrscheinlich, dass das assoziierte Unternehmen oder Gemeinschaftsunternehmen in Insolvenz oder ein sonstiges Sanierungsverfahren geht; oder

e) das durch finanzielle Schwierigkeiten des assoziierten Unternehmens oder Gemeinschaftsunternehmens bedingte Verschwinden eines aktiven Markts für die Nettoinvestition.

41B Das Verschwinden eines aktiven Markts infolge der Einstellung des öffentlichen Handels mit Eigenkapital- oder Finanzinstrumenten des assoziierten Unternehmens oder Gemeinschaftsunternehmens ist kein Hinweis auf eine Wertminderung. Eine Herabstufung des Bonitätsratings eines assoziierten Unternehmens oder Gemeinschaftsunternehmens oder ein Rückgang des beizulegenden Zeitwerts des assoziierten Unternehmens oder Gemeinschaftsunternehmens ist an sich noch kein Hinweis auf eine Wertminderung, kann aber zusammen mit anderen verfügbaren Informationen ein Hinweis auf eine Wertminderung sein.

41C Zusätzlich zu den in Paragraph 41A genannten Arten von Ereignissen sind auch Informationen über signifikante Änderungen mit nachteiligen Folgen ein, die in dem technologischen, marktbezogenen, wirtschaftlichen oder rechtlichen Umfeld, in welchem das assoziierte Unternehmen oder Gemeinschaftsunternehmen tätig ist, eingetreten sind, ein objektiver Hinweis auf eine Wertminderung der Nettoinvestition in die Eigenkapitalinstrumente des assoziierten Unternehmens oder Gemeinschaftsunternehmens, dass die Anschaffungskosten der Investition in das Eigenkapitalinstrument möglicherweise nicht zurückerlangt werden können. Ein signifikanter oder länger anhaltender Rückgang des beizulegenden Zeitwerts einer Finanzinvestition in ein Eigenkapitalinstrument unter dessen Anschaffungskosten ist ebenfalls ein objektiver Hinweis auf eine Wertminderung.

42 Da der im Buchwert der Nettoinvestition in ein assoziiertes Unternehmen oder Gemeinschaftsunternehmen eingeschlossene Geschäfts- oder Firmenwert nicht getrennt ausgewiesen wird, wird er nicht gemäß den Anforderungen für die Überprüfung der Wertminderung beim Geschäfts- oder Firmenwert nach IAS 36 *Wertminderung von Vermögenswerten* separat auf Wertminderung geprüft. Stattdessen wird der gesamte Buchwert der Investition gemäß IAS 36 als ein einziger Vermögenswert auf Wertminderung geprüft, indem sein erzielbarer Betrag (der höhere der beiden Beträge aus Nutzungswert und beizulegender Zeitwert abzüglich Veräußerungskosten) mit dem Buchwert immer dann verglichen wird, wenn sich bei der Anwendung der Paragraphen 41A–41C Hinweise darauf ergeben, dass die Nettoinvestition wertgemindert sein könnte. Ein Wertminderungsaufwand, der unter diesen Umständen erfasst wird, wird keinem Vermögenswert zugeordnet, d. h. auch nicht dem Geschäfts- oder Firmenwert, der Teil des Buchwerts der Nettoinvestition in das assoziierte Unternehmen oder Gemeinschaftsunternehmen ist. Folglich wird jede Wertaufholung gemäß IAS 36 in dem Umfang ausgewiesen, in dem der erzielbare Ertrag der Nettoinvestition anschließend steigt. Bei der Bestimmung des gegenwärtigen Nutzungswerts der Nettoinvestition schätzt ein Unternehmen:

(a) seinen Anteil des Barwerts der geschätzten, künftigen Zahlungsströme, die von dem assoziierten Unternehmen oder Gemeinschaftsunternehmen voraussichtlich erwirtschaftet werden, einschließlich der Zahlungsströme aus den Tätigkeiten des assoziierten Unternehmens oder Gemeinschaftsunternehmens und den Erlösen aus der endgültigen Veräußerung der Investition; oder

(b) den Barwert der geschätzten, künftigen Zahlungsströme, die aus den Dividenden der Investition und aus der endgültigen Veräußerung der Investition voraussichtlich resultieren.

Bei sachgemäßen Annahmen führen beide Methoden zu dem gleichen Ergebnis.

43 Der für einen Anteil an einem assoziierten Unternehmen oder einem Gemeinschaftsunternehmen erzielbare Betrag wird für jedes assoziierte Unternehmen oder Gemeinschaftsunternehmen einzeln bestimmt, es sei denn, ein einzelnes assoziiertes Unternehmen oder Gemeinschaftsunternehmen erzeugt keine Mittelzuflüsse aus der fortgesetzten Nutzung, die von denen anderer Vermögenswerte des Unternehmens größtenteils unabhängig sind.

Einzelabschluss

Anteile an assoziierten Unternehmen oder Gemeinschaftsunternehmen sind nach Paragraph 10 des IAS 27 (geändert 2011) im Einzelabschluss eines Unternehmens zu bilanzieren. **44**

Zeitpunkt des Inkrafttretens und Übergangsvorschriften

Dieser Standard ist erstmals in der ersten Berichtsperiode eines am 1. Januar 2013 oder danach beginnenden Geschäftsjahres anzuwenden. Eine frühere Anwendung ist zulässig. Wendet ein Unternehmen diesen Standard früher an, so ist diese Tatsache anzugeben und sind IFRS 10, IFRS 11 *Gemeinschaftliche Vereinbarungen*, IFRS 12 *Angaben zu Anteilen an anderen Unternehmen* und IAS 27 (geändert 2011) gleichzeitig anzuwenden. **45**

Durch IFRS 9 (im Juli 2014 veröffentlicht) wurden die Paragraphen 40-42 geändert und die Paragraphen 41A-41C hinzugefügt. Ein Unternehmen hat diese Änderungen anzuwenden, wenn es IFRS 9 anwendet. **45A**

Mit der im August 2014 veröffentlichten Verlautbarung *Equity-Methode in Einzelabschlüssen (Equity Method in Separate Financial Statements) (Änderungen an IAS 27)* wurde Paragraph 25 geändert. Diese Änderung ist gemäß IAS 8 *Bilanzierungs- und Bewertungsmethoden, Änderungen von Schätzungen und Fehler* rückwirkend auf Geschäftsjahre anzuwenden, die am oder nach dem 1. Januar 2016 beginnen. Eine frühere Anwendung ist zulässig. Wendet ein Unternehmen diese Änderung auf eine frühere Periode an, hat es dies anzugeben. **45B**

(nicht besetzt) **45C**

Mit der im Dezember 2014 veröffentlichten Verlautbarung *Investmentgesellschaften: Anwendung der Ausnahme von der Konsolidierungspflicht* (Änderungen an IFRS 10, IFRS 12 und IAS 28) wurden die Paragraphen 17, 27 und 36 geändert und Paragraph 36A angefügt. Diese Änderungen sind auf Geschäftsjahre anzuwenden, die am oder nach dem 1. Januar 2016 beginnen. Eine frühere Anwendung ist zulässig. Wendet ein Unternehmen diese Änderungen früher an, hat es dies anzugeben. **45D**

Mit den im Dezember 2016 veröffentlichten *Jährlichen Verbesserungen an den IFRS-Standards, Zyklus 2014–2016* wurden die Paragraphen 18 und 36A geändert. Diese Änderungen sind rückwirkend gemäß IAS 8 auf Geschäftsjahre anzuwenden, die am oder nach dem 1. Januar 2018 beginnen. Eine frühere Anwendung ist zulässig. Wendet ein Unternehmen diese Änderungen auf ein früheres Geschäftsjahr an, hat es dies anzugeben. **45E**

(zur Zeit nicht besetzt) **45F**

Mit der im Oktober 2017 veröffentlichten Verlautbarung *Langfristige Anteile an assoziierten Unternehmen und Gemeinschaftsunternehmen* wurde Paragraph 14A angefügt und Paragraph 41 gestrichen. Diese Änderungen sind mit Ausnahme der Darlegungen in den Paragraphen 45H-45K für Geschäftsjahre, die am oder nach dem 1. Januar 2019 beginnen, rückwirkend gemäß IAS 8 anzuwenden. Eine frühere Anwendung ist zulässig. Wendet ein Unternehmen diese Änderungen früher an, hat es dies anzugeben. **45G**

Ein Unternehmen, das die Änderungen in Paragraph 45G erstmals bei der erstmaligen Anwendung von IFRS 9 anwendet, wendet auf die in Paragraph 14A beschriebenen langfristigen Anteile die Übergangsbestimmungen von IFRS 9 an. **45H**

Ein Unternehmen, das die Änderungen in Paragraph 45G erstmals nach der erstmaligen Anwendung von IFRS 9 anwendet, wendet die in IFRS 9 festgelegten Übergangsbestimmungen an, die für die Anwendung der Vorschriften von Paragraph 14A auf langfristige Anteile erforderlich sind. Dabei sind Bezugnahmen auf den Zeitpunkt der erstmaligen Anwendung in IFRS 9 als Bezugnahmen auf den Beginn des jährlichen Berichtszeitraums zu verstehen, in dem die Änderungen zum ersten Mal angewendet werden (Zeitpunkt der erstmaligen Anwendung der Änderun- **45I** gen). Das Unternehmen ist nicht verpflichtet, frühere Berichtszeiträume anzupassen, um der Anwendung der Änderungen Rechnung zu tragen. Das Unternehmen darf frühere Berichtszeiträume nur anpassen, wenn dies ohne rückblickende Verfahrensweise möglich ist.

45J Ein Unternehmen, das die Änderungen in Paragraph 45G erstmals anwendet und gemäß IFRS 4 *Versicherungsverträge* die vorübergehende Befreiung von der Anwendung von IFRS 9 in Anspruch nimmt, ist nicht verpflichtet, frühere Berichtszeiträume anzupassen, um der Anwendung der Änderungen Rechnung zu tragen. Das Unternehmen darf frühere Berichtszeiträume nur anpassen, wenn dies ohne rückblickende Verfahrensweise möglich ist.

45K Passt ein Unternehmen frühere Berichtszeiträume in Anwendung der Paragraphen 45I oder 45J nicht an, so erfasst es zum Zeitpunkt der ersten Anwendung der Änderungen in der Eröffnungsbilanz der Gewinnrücklagen (oder, falls angemessen, einer anderen Eigenkapitalkategorie) den Unterschiedsbetrag zwischen:

(a) dem früheren Buchwert der in Paragraph 14A beschriebenen langfristigen Anteile zu diesem Zeitpunkt und

(b) dem Buchwert dieser langfristigen Anteile zu diesem Zeitpunkt.

Verweise auf IFRS 9

46 Wendet ein Unternehmen diesen Standard, aber noch nicht IFRS 9 an, so ist jeder Verweis auf IFRS 9 als Verweis auf IAS 39 zu verstehen.

Rücknahme von IAS 28 (2003)

47 Dieser Standard ersetzt IAS 28 *Anteile an assoziierten Unternehmen* (in der 2003 überarbeiteten Fassung).

International Accounting Standard 29
Rechnungslegung in Hochinflationsländern (IAS 29)

v. 3.11.2008 (ABl EU Nr. L 320 S. 1);
zuletzt geändert durch Verordnung (EG) Nr. 70/2009 v. 23.1.2009
(ABl EU Nr. L 21 S. 16)*)

Inhalt	Ziffer

Anwendungsbereich

Dieser Standard ist auf Einzel- und Konzernabschlüsse von Unternehmen anzuwenden, deren funktionale Währung die eines Hochinflationslandes ist. **1**

In einem Hochinflationsland ist eine Berichterstattung über die Vermögens-, Finanz- und Ertragslage in der lokalen Währung ohne Anpassung nicht zweckmäßig. Der Kaufkraftverlust ist so enorm, dass der Vergleich mit Beträgen, die aus früheren Geschäftsvorfällen und anderen Ereignissen resultieren, sogar innerhalb einer Bilanzierungsperiode irreführend ist. **2**

Dieser Standard legt nicht fest, ab welcher Inflationsrate Hochinflation vorliegt. Die Notwendigkeit einer Anpassung des Abschlusses gemäß diesem Standard ist eine Ermessensfrage. Allerdings gibt es im wirtschaftlichen Umfeld eines Landes Anhaltspunkte, die auf Hochinflation hindeuten, nämlich u. a. folgende: **3**

---

*) **Amtl. Anm.:** Als Teil der *Verbesserungen der IFRS* vom Mai 2008 hat der IASB-Board die in IAS 29 verwendete Terminologie wie folgt geändert, um mit den anderen IFRS konsistent zu sein:
a) „Marktwert" wird in „beizulegender Zeitwert" und
b) „Ergebnis" („results of operations") sowie „Ergebnis" („net income") werden in „Gewinn oder Verlust" geändert.

(a) Die Bevölkerung bevorzugt es, ihr Vermögen in nicht monetären Vermögenswerten oder in einer relativ stabilen Fremdwährung zu halten. Beträge in Inlandswährung werden unverzüglich investiert, um die Kaufkraft zu erhalten;
(b) die Bevölkerung rechnet nicht in der Inlandswährung, sondern in einer relativ stabilen Fremdwährung. Preise können in dieser Währung angegeben werden;
(c) Verkäufe und Käufe auf Kredit werden zu Preisen getätigt, die den für die Kreditlaufzeit erwarteten Kaufkraftverlust berücksichtigen, selbst wenn die Laufzeit nur kurz ist;
(d) Zinssätze, Löhne und Preise sind an einen Preisindex gebunden; und
(e) die kumulative Inflationsrate innerhalb von drei Jahren nähert sich oder überschreitet 100 %.

4 Es ist wünschenswert, dass alle Unternehmen, die in der Währung eines bestimmten Hochinflationslandes bilanzieren, diesen Standard ab demselben Zeitpunkt anwenden. In jedem Fall ist er vom Beginn der Berichtsperiode an anzuwenden, in der das Unternehmen erkennt, dass in dem Land, in dessen Währung es bilanziert, Hochinflation herrscht.

Anpassung des Abschlusses

5 Dass sich Preise im Laufe der Zeit ändern, ist auf verschiedene spezifische oder allgemeine politische, wirtschaftliche und gesellschaftliche Kräfte zurückzuführen. Spezifische Kräfte, wie Änderungen bei Angebot und Nachfrage und technischer Fortschritt, führen unter Umständen dazu, dass einzelne Preise unabhängig voneinander erheblich steigen oder sinken. Darüber hinaus führen allgemeine Kräfte unter Umständen zu einer Änderung des allgemeinen Preisniveaus und somit der allgemeinen Kaufkraft.

6 Unternehmen, die ihre Abschlüsse auf der Basis historischer Anschaffungs- und Herstellungskosten erstellen, tun dies ungeachtet der Änderungen des allgemeinen Preisniveaus oder bestimmter Preissteigerungen der angesetzten Vermögenswerte oder Schulden. Eine Ausnahme bilden die Vermögenswerte und Schulden, die das Unternehmen zum beizulegenden Zeitwert ansetzen muss oder dies freiwillig tut. So können z. B. Sachanlagen zum beizulegenden Zeitwert neu bewertet werden und biologische Vermögenswerte müssen in der Regel zum beizulegenden Zeitwert angesetzt werden. Einige Unternehmen erstellen ihre Abschlüsse jedoch nach dem Konzept der Tageswerte, das den Auswirkungen bestimmter Preisänderungen bei im Bestand befindlichen Vermögenswerten Rechnung trägt.

7 In einem Hochinflationsland sind Abschlüsse unabhängig davon, ob sie auf dem Konzept der historischen Anschaffungs- und Herstellungskosten oder dem der Tageswerte basieren, nur zweckmäßig, wenn sie in der am Abschlussstichtag geltenden Maßeinheit ausgedrückt sind. Daher gilt dieser Standard für den Abschluss von Unternehmen, die in der Währung eines Hochinflationslandes bilanzieren. Die in diesem Standard geforderten Informationen in Form einer Ergänzung zu einem nicht angepassten Abschluss darzustellen, ist nicht zulässig. Auch von einer separaten Darstellung des Abschlusses vor der Anpassung wird abgeraten.

8 Der Abschluss eines Unternehmens, dessen funktionale Währung die eines Hochinflationslandes ist, ist unabhängig davon, ob er auf dem Konzept der historischen Anschaffungs- und Herstellungskosten oder dem der Tageswerte basiert, in der am Bilanzstichtag geltenden Maßeinheit auszudrücken. Die in IAS 1 *Darstellung des Abschlusses* (in der 2007 überarbeiteten Fassung) geforderten Vergleichszahlen zur Vorperiode sowie alle anderen Informationen zu früheren Perioden sind ebenfalls in der am Bilanzstichtag geltenden Maßeinheit anzugeben. Für die Darstellung von Vergleichsbeträgen in einer anderen Darstellungswährung sind die Paragraphen 42(b) und 43 des IAS 21 *Auswirkungen von Wechselkursänderungen* maßgeblich.

9 Der Gewinn oder Verlust aus der Nettoposition der monetären Posten ist in den Gewinn oder Verlust einzubeziehen und gesondert anzugeben.

10 Zur Anpassung des Abschlusses gemäß diesem Standard müssen bestimmte Verfahren angewandt sowie Ermessensentscheidungen getroffen werden. Eine periodenübergreifend konsequente Anwendung dieser Verfahren und Konsequenz bei den Ermessensentscheidungen ist wichtiger als die Exaktheit der daraus in den angepassten Abschlüssen resultierenden Beträge.

Abschlüsse auf Basis historischer Anschaffungs- und/oder Herstellungskosten

Bilanz

Beträge in der Bilanz, die noch nicht in der am Abschlussstichtag geltenden Maßeinheit ausgedrückt sind, werden anhand eines allgemeinen Preisindexes angepasst. **11**

Monetäre Posten werden nicht angepasst, da sie bereits in der am Abschlussstichtag geltenden Geldeinheit ausgedrückt sind. Monetäre Posten sind im Bestand befindliche Geldmittel oder Posten, für die das Unternehmen Geld zahlt oder erhält. **12**

Forderungen und Verbindlichkeiten, die vertraglich an Preisveränderungen gekoppelt sind, wie Indexanleihen und -kredite, werden vertragsgemäß angeglichen, um den zum Abschlussstichtag ausstehenden Betrag zu ermitteln. Diese Posten werden in der angepassten Bilanz zu diesem angeglichenen Betrag geführt. **13**

Alle anderen Vermögenswerte und Schulden sind nicht monetär. Manche dieser nicht monetären Posten werden zu den am Bilanzstichtag geltenden Beträgen geführt, beispielsweise zum Nettoveräußerungswert und zum beizulegenden Zeitwert, und somit nicht angepasst. Alle anderen nicht monetären Vermögenswerte und Schulden werden angepasst. **14**

Die meisten nicht monetären Posten werden zu ihren Anschaffungskosten bzw. fortgeführten Anschaffungskosten angesetzt und damit zu dem zum Erwerbszeitpunkt geltenden Betrag ausgewiesen. Die angepassten bzw. fortgeführten Anschaffungs- oder Herstellungskosten jedes Postens werden bestimmt, indem man auf die historischen Anschaffungs- oder Herstellungskosten und die kumulierten Abschreibungen die zwischen Anschaffungsdatum und Bilanzstichtag eingetretene Veränderung eines allgemeinen Preisindexes anwendet. Sachanlagen, Vorräte an Rohstoffen und Waren, Geschäfts- oder Firmenwerte, Patente, Warenzeichen und ähnliche Vermögenswerte werden somit ab ihrem Anschaffungsdatum angepasst. Vorräte an Halb- und Fertigerzeugnissen werden ab dem Datum angepasst, an dem die Anschaffungs- und Herstellungskosten angefallen sind. **15**

In einigen seltenen Fällen lässt sich das Datum der Anschaffung der Sachanlagen aufgrund unvollständiger Aufzeichnungen möglicherweise nicht mehr genau feststellen oder schätzen. Unter diesen Umständen kann es bei erstmaliger Anwendung dieses Standards erforderlich sein, zur Ermittlung des Ausgangswerts für die Anpassung dieser Posten auf eine unabhängige professionelle Bewertung zurückzugreifen. **16**

Es ist möglich, dass für die Perioden, für die dieser Standard eine Anpassung der Sachanlagen vorschreibt, kein allgemeiner Preisindex zur Verfügung steht. In diesen Fällen kann es erforderlich sein, auf eine Schätzung zurückzugreifen, die beispielsweise auf den Bewegungen des Wechselkurses der funktionalen Währung gegenüber einer relativ stabilen Fremdwährung basiert. **17**

Bei einigen nicht monetären Posten wird nicht der Wert zum Zeitpunkt der Anschaffung oder des Abschlussstichtags, sondern ein anderer angesetzt. Dies gilt beispielsweise für Sachanlagen, die zu einem früheren Zeitpunkt neubewertet wurden. In diesen Fällen wird der Buchwert ab dem Datum der Neubewertung angepasst. **18**

Der angepasste Wert eines nicht monetären Postens wird den einschlägigen IFRS entsprechend vermindert, wenn er den erzielbaren Betrag überschreitet. Bei Sachanlagen, Geschäfts- oder Firmenwerten, Patenten und Warenzeichen wird der angepasste Wert in solchen Fällen deshalb auf den erzielbaren Betrag und bei Vorräten auf den Nettoveräußerungswert herabgesetzt. **19**

Es besteht die Möglichkeit, dass ein Beteiligungsunternehmen, das gemäß der Equity-Methode bilanziert wird, in der Währung eines Hochinflationslandes berichtet. Die Bilanz und die Gesamtergebnisrechnung eines solchen Beteiligungsunternehmens werden gemäß diesem Standard angepasst, damit der Anteil des Eigentümers am Nettovermögen und am Gewinn oder **20**

Verlust errechnet werden kann. Werden die angepassten Abschlüsse des Beteiligungsunternehmens in einer Fremdwährung ausgewiesen, so werden sie zum Stichtagskurs umgerechnet.

21 Die Auswirkungen der Inflation werden im Regelfall in den Fremdkapitalkosten erfasst. Es ist nicht sachgerecht, eine kreditfinanzierte Investition anzupassen und gleichzeitig den Teil der Fremdkapitalkosten zu aktivieren, der als Ausgleich für die Inflation im entsprechenden Zeitraum gedient hat. Dieser Teil der Fremdkapitalkosten wird in der Periode, in der diese Kosten anfallen, als Aufwand erfasst.

22 Ein Unternehmen kann Vermögenswerte im Rahmen eines Vertrags erwerben, der eine zinsfreie Stundung der Zahlung ermöglicht. Wenn die Zurechnung eines Zinsbetrags nicht durchführbar ist, werden solche Vermögenswerte ab dem Zahlungs- und nicht ab dem Erwerbszeitpunkt angepasst.

23 (weggefallen)

24 Zu Beginn der ersten Periode der Anwendung dieses Standards werden die Bestandteile des Eigenkapitals, mit Ausnahme der nicht ausgeschütteten Ergebnisse sowie etwaiger Neubewertungsrücklagen, vom Zeitpunkt ihrer Zuführung in das Eigenkapital anhand eines allgemeinen Preisindexes angepasst. Alle in früheren Perioden entstandenen Neubewertungsrücklagen werden eliminiert. Angepasste nicht ausgeschüttete Ergebnisse werden aus allen anderen Beträgen in der angepassten Bilanz abgeleitet.

25 Am Ende der ersten Periode und in den folgenden Perioden werden sämtliche Bestandteile des Eigenkapitals jeweils vom Beginn der Periode oder vom Zeitpunkt einer gegebenenfalls späteren Zuführung an anhand eines allgemeinen Preisindexes angepasst. Die Änderungen des Eigenkapitals in der Periode werden gemäß IAS 1 angegeben.

Gesamtergebnisrechnung

26 Gemäß diesem Standard sind alle Posten der Gesamtergebnisrechnung in der am Abschlussstichtag geltenden Maßeinheit auszudrücken. Dies bedeutet, dass alle Beträge anhand des allgemeinen Preisindexes anzupassen sind und zwar ab dem Zeitpunkt, zu dem die jeweiligen Erträge und Aufwendungen erstmals im Abschluss erfasst wurden.

Gewinn oder Verlust aus der Nettoposition der monetären Posten

27 Hat ein Unternehmen in einer Periode der Inflation mehr monetäre Forderungen als Verbindlichkeiten, so verliert es an Kaufkraft, während ein Unternehmen mit mehr monetären Verbindlichkeiten als Forderungen an Kaufkraft gewinnt, sofern die Forderungen und Verbindlichkeiten nicht an einen Preisindex gekoppelt sind. Ein solcher Gewinn oder Verlust aus der Nettoposition der monetären Posten lässt sich aus der Differenz aus der Anpassung der nicht monetären Vermögenswerte, des Eigenkapitals und der Posten aus der Gesamtergebnisrechnung sowie der Korrektur der indexgebundenen Forderungen und Verbindlichkeiten ableiten. Ein solcher Gewinn oder Verlust kann geschätzt werden, indem die Änderung eines allgemeinen Preisindexes auf den gewichteten Durchschnitt der in der Berichtsperiode verzeichneten Differenz zwischen monetären Forderungen und Verbindlichkeiten angewandt wird.

28 Der Gewinn bzw. Verlust aus der Nettoposition der monetären Posten wird im Gewinn oder Verlust aufgenommen. Die gemäß Paragraph 13 erfolgte Berichtigung der Forderungen und Verbindlichkeiten, die vertraglich an Preisänderungen gebunden sind, wird mit dem Gewinn oder Verlust aus der Nettoposition der monetären Posten saldiert. Andere Ertrags- und Aufwandsposten wie Zinserträge und Zinsaufwendungen sowie Währungsumrechnungsdifferenzen in Verbindung mit investierten oder aufgenommenen liquiden Mitteln werden auch mit der Nettoposition der monetären Posten in Beziehung gesetzt. Obwohl diese Posten gesondert angegeben werden, kann es hilfreich sein, sie in der Gesamtergebnisrechnung zusammen mit dem Gewinn oder Verlust aus der Nettoposition der monetären Posten darzustellen.

Abschlüsse zu Tageswerten

Bilanz

Die zu Tageswerten angegebenen Posten werden nicht angepasst, da sie bereits in der am Abschlussstichtag geltenden Maßeinheit angegeben sind. Andere Posten in der Bilanz werden gemäß den Paragraphen 11 bis 25 angepasst. **29**

Gesamtergebnisrechnung

Vor der Anpassung weist die zu Tageswerten aufgestellte Gesamtergebnisrechnung die Kosten zum Zeitpunkt der damit verbundenen Geschäftsvorfälle oder anderen Ereignisse aus. Umsatzkosten und planmäßige Abschreibungen werden zu den Tageswerten zum Zeitpunkt ihres Verbrauchs erfasst. Umsatzerlöse und andere Aufwendungen werden zu dem zum Zeitpunkt ihres Anfallens geltenden Geldbetrag erfasst. Daher sind alle Beträge anhand eines allgemeinen Preisindexes in die am Abschlussstichtag geltende Maßeinheit umzurechnen. **30**

Gewinn oder Verlust aus der Nettoposition der monetären Posten

Der Gewinn oder Verlust aus der Nettoposition der monetären Posten wird gemäß den Paragraphen 27 und 28 bilanziert. **31**

Steuern

Die Anpassung des Abschlusses gemäß diesem Standard kann zu Differenzen zwischen dem in der Bilanz ausgewiesenen Buchwert der einzelnen Vermögenswerte und Schulden und deren Steuerbemessungsgrundlage führen. Diese Differenzen werden gemäß IAS 12 *Ertragsteuern* bilanziert. **32**

Kapitalflussrechnung

Nach diesem Standard müssen alle Posten der Kapitalflussrechnung in der am Abschlussstichtag geltenden Maßeinheit ausgedrückt werden. **33**

Vergleichszahlen

Vergleichszahlen für die vorangegangene Periode werden unabhängig davon, ob sie auf dem Konzept der historischen Anschaffungs- und Herstellungskosten oder dem der Tageswerte basieren, anhand eines allgemeinen Preisindexes angepasst, damit der Vergleichsabschluss in der am Bilanzstichtag geltenden Maßeinheit dargestellt ist. Informationen zu früheren Perioden werden ebenfalls in der am Bilanzstichtag geltenden Maßeinheit ausgedrückt. Für die Darstellung von Vergleichsbeträgen in einer anderen Darstellungswährung sind die Paragraphen 42(b) und 43 des IAS 21 maßgeblich. **34**

Konzernabschlüsse

Ein Mutterunternehmen, das in der Währung eines Hochinflationslandes berichtet, kann Tochterunternehmen haben, die ihren Abschluss ebenfalls in der Währung eines hochinflationären Landes erstellen. Der Abschluss jedes dieser Tochterunternehmen ist anhand eines allgemeinen Preisindexes des Landes anzupassen, in dessen Währung das Tochterunternehmen bilanziert, bevor er vom Mutterunternehmen in den Konzernabschluss einbezogen wird. Handelt es sich bei dem Tochterunternehmen um ein ausländisches Tochterunternehmen, so wird der angepasste Abschluss zum Stichtagskurs umgerechnet. Die Abschlüsse von Tochterunternehmen, die nicht in der Währung eines Hochinflationslandes berichten, werden gemäß IAS 21 behandelt. **35**

36 Werden Abschlüsse mit unterschiedlichen Abschlussstichtagen konsolidiert, sind alle Posten – ob monetär oder nicht – an die am Stichtag des Konzernabschlusses geltende Maßeinheit anzupassen.

Auswahl und Verwendung des allgemeinen Preisindexes

37 Zur Anpassung des Abschlusses gemäß diesem Standard muss ein allgemeiner Preisindex herangezogen werden, der die Veränderungen in der allgemeinen Kaufkraft widerspiegelt. Es ist wünschenswert, dass alle Unternehmen, die in der Währung derselben Volkswirtschaft berichten, denselben Index verwenden.

Beendigung der Hochinflation in einer Volkswirtschaft

38 Wenn ein bisheriges Hochinflationsland nicht mehr als solches eingestuft wird und das Unternehmen aufhört, seinen Abschluss gemäß diesem Standard zu erstellen, sind die Beträge, die in der am Ende der vorangegangenen Periode geltenden Maßeinheit ausgedrückt sind, als Grundlage für die Buchwerte in seinem darauffolgenden Abschluss heranzuziehen.

Angaben

39 Angegeben werden muss,

(a) dass der Abschluss und die Vergleichszahlen für frühere Perioden aufgrund von Änderungen der allgemeinen Kaufkraft der funktionalen Währung angepasst wurden und daher in der am Abschlussstichtag geltenden Maßeinheit angegeben sind;

(b) ob der Abschluss auf dem Konzept historischer Anschaffungs- und Herstellungskosten oder dem Konzept der Tageswerte basiert; und

(c) Art sowie Höhe des Preisindexes am Abschlussstichtag sowie Veränderungen des Indexes während der aktuellen und der vorangegangenen Periode.

40 Die in diesem Standard geforderten Angaben sind notwendig, um die Grundlage für die Behandlung der Inflationsauswirkungen im Abschluss zu verdeutlichen. Ferner sind sie dazu bestimmt, weitere Informationen zu geben, die für das Verständnis dieser Grundlage und der daraus resultierenden Beträge notwendig sind.

Zeitpunkt des Inkrafttretens

41 Dieser Standard ist erstmals in der ersten Berichtsperiode eines am 1. Januar 1990 oder danach beginnenden Geschäftsjahres anzuwenden.

International Accounting Standard 32 Finanzinstrumente: Darstellung (IAS 32)

v. 3.11.2008 (ABl EU Nr. L 320 S. 1);
zuletzt geändert durch Verordnung (EU) 2017/1986 v. 31.10.2017
(ABl EU Nr. L 291 S. 1)

Inhalt Ziffer

Zielsetzung

(weggefallen) **1**

Zielsetzung dieses Standards ist es, Grundsätze für die Darstellung von Finanzinstrumenten als **2**
Verbindlichkeiten oder Eigenkapital und für die Saldierung von finanziellen Vermögenswerten und finanziellen Verbindlichkeiten aufzustellen. Dies bezieht sich auf die Einstufung von Finanzinstrumenten – aus Sicht des Emittenten – in finanzielle Vermögenswerte, finanzielle Verbindlichkeiten und Eigenkapitalinstrumente, die Einstufung der damit verbundenen Zinsen, Dividenden, Verluste und Gewinne sowie die Voraussetzungen für die Saldierung von finanziellen Vermögenswerten und finanziellen Verbindlichkeiten.

3 Die in diesem Standard enthaltenen Grundsätze ergänzen die Grundsätze für den Ansatz und die Bewertung finanzieller Vermögenswerte und finanzieller Verbindlichkeiten in IFRS 9 *Finanzinstrumente* und für die diesbezüglichen Angaben in IFRS 7 *Finanzinstrumente: Angaben.*

Anwendungsbereich

4 Dieser Standard ist von allen Unternehmen auf alle Arten von Finanzinstrumenten anzuwenden; davon ausgenommen sind:

(a) Anteile an Tochterunternehmen, assoziierten Unternehmen und Gemeinschaftsunternehmen, die gemäß IFRS 10 *Konzernabschlüsse*, IAS 27 *Einzelabschlüsse* oder IAS 28 *Anteile an assoziierten Unternehmen und Gemeinschaftsunternehmen* bilanziert werden. In einigen Fällen muss oder darf ein Unternehmen jedoch nach IFRS 10, IAS 27 oder IAS 28 einen Anteil an einem Tochterunternehmen, einem assoziierten Unternehmen oder einem Gemeinschaftsunternehmen gemäß IFRS 9 bilanzieren; in diesen Fällen gelten die Vorgaben dieses IFRS. Der vorliegende Standard ist auch auf Derivate anzuwenden, die an einen Anteil an einem Tochterunternehmen, einem assoziierten Unternehmen oder einem Gemeinschaftsunternehmen gebunden sind.

(b) Rechte und Verpflichtungen eines Arbeitgebers aus Altersversorgungsplänen, für die IAS 19 *Leistungen an Arbeitnehmer* gilt.

(c) (weggefallen)

(d) Versicherungsverträge im Sinne der Definition von IFRS 4 *Versicherungsverträge.* Anzuwenden ist dieser Standard allerdings auf Derivate, die in Versicherungsverträge eingebettet sind, wenn IFRS 9 von dem Unternehmen deren getrennte Bilanzierung verlangt. Ein Versicherer hat diesen Standard darüber hinaus auf finanzielle Garantien anzuwenden, wenn er zum Ansatz und zur Bewertung dieser Verträge IFRS 9 anwendet. Entscheidet er sich jedoch gemäß Paragraph 4(d) des IFRS 4, die finanziellen Garantien gemäß IFRS 4 anzusetzen und zu bewerten, so hat er IFRS 4 anzuwenden.

(e) Finanzinstrumente, die in den Anwendungsbereich von IFRS 4 fallen, da sie eine ermessensabhängige Überschussbeteiligung enthalten. Was die Unterscheidung zwischen finanziellen Verbindlichkeiten und Eigenkapitalinstrumenten angeht, muss der Emittent dieser Instrumente auf diese Überschussbeteiligung die Paragraphen 15-32 und AG25-AG35 dieses Standards nicht anwenden. Allen anderen Vorschriften dieses Standards unterliegen diese Instrumente allerdings. Außerdem ist der vorliegende Standard auf Derivate, die in diese Finanzinstrumente eingebettet sind, anzuwenden (siehe IFRS 9).

(f) Finanzinstrumente, Verträge und Verpflichtungen im Zusammenhang mit anteilsbasierten Vergütungen, auf die IFRS 2 *Anteilsbasierte Vergütung* Anwendung findet, ausgenommen

  (i) in den Anwendungsbereich der Paragraphen 8-10 dieses Standards fallende Verträge, auf die dieser Standard anzuwenden ist,

  (ii) die Paragraphen 33 und 34 dieses Standards, die auf eigene Anteile anzuwenden sind, die im Rahmen von Mitarbeiteraktienoptionsplänen, Mitarbeiteraktienkaufplänen und allen anderen anteilsbasierten Vergütungsvereinbarungen erworben, verkauft, ausgegeben oder entwertet werden.

5 bis 7 (weggefallen)

8 Dieser Standard ist auf Verträge über den Kauf oder Verkauf eines nicht finanziellen Postens anzuwenden, die durch einen Ausgleich in bar oder anderen Finanzinstrumenten oder durch den Tausch von Finanzinstrumenten, so als handle es sich bei den Verträgen um Finanzinstrumente, erfüllt werden können. Davon ausgenommen sind Verträge, die zwecks Empfang oder Lieferung nicht finanzieller Posten gemäß dem erwarteten Einkaufs-, Verkaufs- oder Nutzungsbedarf des Unternehmens geschlossen wurden und in diesem Sinne weiter behalten werden.

Dieser Standard ist allerdings auf Verträge anzuwenden, die ein Unternehmen gemäß Paragraph 2.5 von IFRS 9 *Finanzinstrumente* als erfolgswirksam zum beizulegenden Zeitwert bewertet designiert.

Die Abwicklung eines Vertrags über den Kauf oder Verkauf eines nicht finanziellen Postens durch Ausgleich in bar oder in anderen Finanzinstrumenten oder den Tausch von Finanzinstrumenten kann unter unterschiedlichen Rahmenbedingungen erfolgen, zu denen u. a. Folgende zählen: 9

(a) die Vertragsbedingungen gestatten es jedem Kontrahenten, den Vertrag durch Ausgleich in bar oder einem anderen Finanzinstrument bzw. durch Tausch von Finanzinstrumenten abzuwickeln;

(b) die Möglichkeit zu einem Ausgleich in bar oder einem anderen Finanzinstrument bzw. durch Tausch von Finanzinstrumenten ist zwar nicht explizit in den Vertragsbedingungen vorgesehen, doch erfüllt das Unternehmen ähnliche Verträge für gewöhnlich durch Ausgleich in bar oder einem anderen Finanzinstrument bzw. durch Tausch von Finanzinstrumenten (sei es durch Abschluss gegenläufiger Verträge mit der Vertragspartei oder durch Verkauf des Vertrags vor dessen Ausübung oder Verfall);

(c) bei ähnlichen Verträgen nimmt das Unternehmen den Vertragsgegenstand für gewöhnlich an und veräußert ihn kurz nach der Anlieferung wieder, um Gewinne aus kurzfristigen Preisschwankungen oder Händlermargen zu erzielen; und

(d) der nicht finanzielle Posten, der Gegenstand des Vertrags ist, kann jederzeit in Zahlungsmittel umgewandelt werden.

Ein Vertrag, auf den (b) oder (c) zutrifft, wird nicht zwecks Empfang oder Lieferung nicht finanzieller Posten gemäß dem erwarteten Einkaufs-, Verkaufs- oder Nutzungsbedarfs des Unternehmens geschlossen und fällt somit in den Anwendungsbereich dieses Standards. Andere Verträge, auf die Paragraph 8 zutrifft, werden im Hinblick darauf geprüft, ob sie zwecks Empfang oder Lieferung nicht finanzieller Posten gemäß dem erwarteten Einkaufs-, Verkaufs- oder Nutzungsbedarfs des Unternehmens geschlossen wurden und weiterhin zu diesem Zweck gehalten werden und somit in den Anwendungsbereich dieses Standards fallen.

Eine geschriebene Option auf den Kauf oder Verkauf eines nicht finanziellen Postens, der durch 10
Ausgleich in bar oder anderen Finanzinstrumenten bzw. durch Tausch von Finanzinstrumenten gemäß Paragraph 9(a) oder (d) erfüllt werden kann, fällt in den Anwendungsbereich dieses Standards. Solch ein Vertrag kann nicht zwecks Empfang oder Verkauf eines nicht finanziellen Postens gemäß dem erwarteten Einkaufs-, Verkaufs- oder Nutzungsbedarfs des Unternehmens geschlossen werden.

Definitionen (siehe auch Paragraphen AG3-AG23)

Die folgenden Begriffe werden in diesem Standard mit der angegebenen Bedeutung verwen- 11
det:

Ein *Finanzinstrument* ist ein Vertrag, der gleichzeitig bei dem einen Unternehmen zu einem finanziellen Vermögenswert und bei dem anderen Unternehmen zu einer finanziellen Verbindlichkeit oder einem Eigenkapitalinstrument führt.

Finanzielle Vermögenswerte umfassen:

(a) flüssige Mittel;

(b) ein Eigenkapitalinstrument eines anderen Unternehmens;

(c) ein vertragliches Recht darauf,

   (i) flüssige Mittel oder andere finanzielle Vermögenswerte von einem anderen Unternehmen zu erhalten; oder

   (ii) finanzielle Vermögenswerte oder finanzielle Verbindlichkeiten mit einem anderen Unternehmen zu potenziell vorteilhaften Bedingungen zu tauschen; oder

(d) einen Vertrag, der in eigenen Eigenkapitalinstrumenten des Unternehmens erfüllt wird oder werden kann und bei dem es sich um Folgendes handelt:
   (i) ein nicht derivatives Finanzinstrument, das eine vertragliche Verpflichtung des Unternehmens enthält oder enthalten kann, eine variable Anzahl von Eigenkapitalinstrumenten des Unternehmens zu erhalten; oder
   (ii) ein derivatives Finanzinstrument, das nicht durch Austausch eines festen Betrags an flüssigen Mitteln oder anderen finanziellen Vermögenswerten gegen eine feste Zahl von Eigenkapitalinstrumenten des Unternehmens erfüllt wird oder werden kann. Nicht als Eigenkapitalinstrumente eines Unternehmens gelten zu diesem Zweck kündbare Finanzinstrumente, die gemäß den Paragraphen 16A und 16B als Eigenkapitalinstrumente eingestuft sind, Instrumente, die das Unternehmen dazu verpflichten, einer anderen Partei im Falle der Liquidation einen proportionalen Anteil an seinem Nettovermögen zu liefern und die gemäß den Paragraphen 16C und 16D als Eigenkapitalinstrumente eingestuft sind, oder Instrumente, bei denen es sich um Verträge über den künftigen Empfang oder die künftige Lieferung von Eigenkapitalinstrumenten des Unternehmens handelt.

Finanzielle Verbindlichkeiten umfassen:

(a) eine vertragliche Verpflichtung,
   (i) einem anderen Unternehmen flüssige Mittel oder einen anderen finanziellen Vermögenswert zu liefern, oder
   (ii) mit einem anderen Unternehmen finanzielle Vermögenswerte oder finanzielle Verbindlichkeiten zu potenziell nachteiligen Bedingungen auszutauschen; oder

(b) einen Vertrag, der in eigenen Eigenkapitalinstrumenten des Unternehmens erfüllt wird oder werden kann und bei dem es sich um Folgendes handelt:
   (i) ein nicht derivatives Finanzinstrument, das eine vertragliche Verpflichtung des Unternehmens enthält oder enthalten kann, eine variable Anzahl von Eigenkapitalinstrumenten des Unternehmens zu liefern; oder
   (ii) ein derivatives Finanzinstrument, das nicht durch Austausch eines festen Betrags an flüssigen Mitteln oder anderen finanziellen Vermögenswerten gegen eine feste Anzahl von Eigenkapitalinstrumenten des Unternehmens erfüllt wird oder werden kann. Rechte, Optionen oder Optionsscheine, die zum Erwerb einer festen Anzahl von Eigenkapitalinstrumenten des Unternehmens zu einem festen Betrag in beliebiger Währung berechtigen, stellen zu diesem Zweck Eigenkapitalinstrumente dar, wenn das Unternehmen sie anteilsgemäß allen gegenwärtigen Eigentümern derselben Klasse seiner nicht derivativen Eigenkapitalinstrumente anbietet. Die Eigenkapitalinstrumente eines Unternehmens umfassen zu diesem Zweck auch keine kündbare[n] Finanzinstrumente, die gemäß den Paragraphen 16A und 16B als Eigenkapitalinstrumente eingestuft sind, Instrumente, die das Unternehmen dazu verpflichten, einer anderen Partei im Falle der Liquidation einen proportionalen Anteil an seinem Nettovermögen zu liefern und die gemäß den Paragraphen 16C und 16D als Eigenkapitalinstrumente eingestuft sind, oder Instrumente, bei denen es sich um Verträge über den künftigen Empfang oder die künftige Lieferung von Eigenkapitalinstrumenten des Unternehmens handelt.

Abweichend davon wird ein Instrument, das der Definition einer finanziellen Verbindlichkeit entspricht, als Eigenkapitalinstrument eingestuft, wenn es über alle in den Paragraphen 16A und 16B oder 16C und 16D beschriebenen Merkmale verfügt und die dort genannten Bedingungen erfüllt.

Ein *Eigenkapitalinstrument* ist ein Vertrag, der einen Residualanspruch an den Vermögenswerten eines Unternehmens nach Abzug aller dazugehörigen Schulden begründet.

Der *beizulegende Zeitwert* ist der Preis, der in einem geordneten Geschäftsvorfall zwischen Marktteilnehmern am Bemessungsstichtag für den Verkauf eines Vermögenswerts eingenommen bzw. für die Übertragung einer Schuld gezahlt würde. (Siehe IFRS 13 *Bemessung des beizulegenden Zeitwerts.*)

Ein *kündbares Instrument* ist ein Finanzinstrument, das seinen Inhaber dazu berechtigt, es gegen flüssige Mittel oder andere finanzielle Vermögenswerte an den Emittenten zurückzugeben, oder das bei Eintritt eines ungewissen künftigen Ereignisses, bei Ableben des Inhabers oder bei dessen Eintritt in den Ruhestand automatisch an den Emittenten zurückgeht.

Die folgenden Begriffe sind in Anhang A von IFRS 9 oder in Paragraph 9 von IAS 39 *Finanzinstrumente: Ansatz und Bewertung* definiert und werden im vorliegenden Standard mit den in IAS 39 und IFRS 9 angegebenen Bedeutungen verwendet: **12**

- fortgeführte Anschaffungskosten eines finanziellen Vermögenswerts oder einer finanziellen Verbindlichkeit
- Ausbuchung
- Derivat
- Effektivzinsmethode
- finanzielle Garantie
- finanzielle Verbindlichkeit, die erfolgswirksam zum beizulegenden Zeitwert bewertet wird
- feste Verpflichtung
- künftige Transaktion
- Wirksamkeit der Absicherung
- gesichertes Grundgeschäft
- Sicherungsinstrument
- zu Handelszwecken gehalten
- marktüblicher Kauf oder Verkauf
- Transaktionskosten.

Die Begriffe „Vertrag“ und „vertraglich“ bezeichnen in diesem Standard eine Vereinbarung zwischen zwei oder mehr Vertragsparteien, die normalerweise aufgrund ihrer rechtlichen Durchsetzbarkeit klare, für die einzelnen Vertragsparteien kaum oder gar nicht vermeidbare wirtschaftliche Folgen hat. Verträge und damit auch Finanzinstrumente können die verschiedensten Formen annehmen und müssen nicht in Schriftform abgefasst sein. **13**

Der Begriff „Unternehmen“ umfasst in diesem Standard Einzelpersonen, Personengesellschaften, Kapitalgesellschaften, Treuhänder und öffentliche Institutionen. **14**

Darstellung

Schulden und Eigenkapital (siehe auch Paragraphen AG13-AG14J und AG25-AG29A)

Der Emittent eines Finanzinstruments hat das Finanzinstrument oder dessen Bestandteile beim erstmaligen Ansatz der wirtschaftlichen Substanz der vertraglichen Vereinbarung und den Begriffsbestimmungen für finanzielle Verbindlichkeiten, finanzielle Vermögenswerte und Eigenkapitalinstrumente entsprechend als finanzielle Verbindlichkeit, finanziellen Vermögenswert oder Eigenkapitalinstrument einzustufen. **15**

Bei der Einstufung eines Finanzinstruments als Eigenkapitalinstrument oder als finanzielle Verbindlichkeit anhand der Begriffsbestimmungen in Paragraph 11 ist nur dann ein Eigenkapitalinstrument gegeben, wenn die folgenden Bedingungen (a) und (b) erfüllt sind. **16**

(a) Das Finanzinstrument enthält keine vertragliche Verpflichtung,

  (i) einem anderen Unternehmen flüssige Mittel oder einen anderen finanziellen Vermögenswert zu liefern; oder

(ii) mit einem anderen Unternehmen finanzielle Vermögenswerte oder finanzielle Verbindlichkeiten zu potenziell nachteiligen Bedingungen für den Emittenten auszutauschen.

(b) Kann das Finanzinstrument in Eigenkapitalinstrumenten des Emittenten erfüllt werden, handelt es sich um:

(i) ein nicht derivatives Finanzinstrument, das für den Emittenten nicht mit einer vertraglichen Verpflichtung zur Lieferung einer variablen Anzahl eigener Eigenkapitalinstrumente verbunden ist; oder

(ii) ein Derivat, das vom Emittenten nur durch Austausch eines festen Betrags an flüssigen Mitteln oder anderen finanziellen Vermögenswerten gegen eine feste Anzahl eigener Eigenkapitalinstrumente erfüllt wird. Rechte, Optionen oder Optionsscheine, die zum Erwerb einer festen Anzahl von Eigenkapitalinstrumenten des Unternehmens zu einem festen Betrag in beliebiger Währung berechtigen, stellen zu diesem Zweck Eigenkapitalinstrumente dar, wenn das Unternehmen sie anteilsgemäß allen gegenwärtigen Eigentümern derselben Klasse seiner nicht derivativen Eigenkapitalinstrumente anbietet. Die Eigenkapitalinstrumente eines Emittenten umfassen zu diesem Zweck auch weder Instrumente, die alle der in den Paragraphen 16A und 16B oder 16C und 16D beschriebenen Charakteristika aufweisen und die dort genannten Bedingungen erfüllen, noch Instrumente, die Verträge über den künftigen Empfang oder die künftige Lieferung von Eigenkapitalinstrumenten des Emittenten darstellen.

Eine vertragliche Verpflichtung, die zum künftigen Empfang oder zur künftigen Lieferung von Eigenkapitalinstrumenten des Emittenten führt oder führen kann, aber nicht die vorstehenden Bedingungen (a) und (b) erfüllt, ist kein Eigenkapitalinstrument. Dies gilt auch, wenn die vertragliche Verpflichtung aus einem Derivat resultiert. Abweichend davon wird ein Instrument, das der Definition einer finanziellen Verbindlichkeit entspricht, als Eigenkapitalinstrument eingestuft, wenn es über alle in den Paragraphen 16A und 16B oder 16C und 16D beschriebenen Merkmale verfügt und die dort genannten Bedingungen erfüllt.

Kündbare Instrumente

16A Der Emittent eines kündbaren Finanzinstruments ist vertraglich dazu verpflichtet, das Instrument bei Ausübung der Kündigungsoption gegen flüssige Mittel oder einen anderen finanziellen Vermögenswert zurückzukaufen oder zurückzunehmen. Abweichend von der Definition einer finanziellen Verbindlichkeit wird ein Instrument, das mit einer solchen Verpflichtung verbunden ist, als Eigenkapitalinstrument eingestuft, wenn es über alle folgenden Merkmale verfügt:

(a) Es gibt dem Inhaber das Recht, im Falle der Liquidation des Unternehmens einen proportionalen Anteil an dessen Nettovermögen zu erhalten. Das Nettovermögen eines Unternehmens stellen die Vermögenswerte dar, die nach Abzug aller anderen Forderungen gegen das Unternehmen verbleiben. Den proportionalen Anteil erhält man, indem

(i) das Nettovermögen des Unternehmens bei Liquidation in Einheiten gleichen Betrags unterteilt und

(ii) dieser Betrag mit der Anzahl der vom Inhaber des Finanzinstruments gehaltenen Einheiten multipliziert wird.

(b) Das Instrument zählt zu der Klasse von Instrumenten, die allen anderen im Rang nachgeht. Das Instrument fällt in diese Klasse, wenn es die folgenden Voraussetzungen erfüllt:

(i) es hat keinen Vorrang vor anderen Forderungen gegen das in Liquidation befindliche Unternehmen und

(ii) es muss nicht in ein anderes Instrument umgewandelt werden, um in die nachrangigste Klasse von Instrumenten zu fallen;

(c) alle Finanzinstrumente der nachrangigsten Klasse haben die gleichen Merkmale. Sie sind beispielsweise allesamt kündbar, und die Formel oder Methode zur Berechnung des Rückkaufs oder Rücknahmepreises ist für alle Instrumente dieser Klasse gleich;

(d) abgesehen von der vertraglichen Verpflichtung des Emittenten, das Instrument gegen flüssige Mittel oder einen anderen finanziellen Vermögenswert zurückzukaufen oder zurückzunehmen, ist das Instrument nicht mit der vertraglichen Verpflichtung verbunden, einem anderen Unternehmen flüssige Mittel oder einen anderen finanziellen Vermögenswert zu liefern oder mit einem anderen Unternehmen finanzielle Vermögenswerte oder finanzielle Verbindlichkeiten zu potenziell nachteiligen Bedingungen auszutauschen, und stellt es keinen Vertrag dar, der nach Buchstabe b der Definition von finanziellen Verbindlichkeiten in eigenen Eigenkapitalinstrumenten des Unternehmens erfüllt wird oder werden kann;

(e) die für das Instrument über seine Laufzeit insgesamt erwarteten Cashflows beruhen im Wesentlichen auf den Gewinnen oder Verlusten während der Laufzeit, auf Veränderungen, die in dieser Zeit bei den bilanzwirksamen Nettovermögenswerten eintreten, oder auf Veränderungen, die während der Laufzeit beim beizulegenden Zeitwert der bilanzwirksamen und -unwirksamen Nettovermögenswerte des Unternehmens zu verzeichnen sind (mit Ausnahme etwaiger Auswirkungen des Instruments selbst).

Ein Instrument wird dann als Eigenkapitalinstrument eingestuft, wenn es über alle oben genannten Merkmale verfügt und darüber hinaus der Emittent keine weiteren Finanzinstrumente oder Verträge hält, auf die Folgendes zutrifft: **16B**

(a) die gesamten Cashflows beruhen im Wesentlichen auf Gewinnen oder Verlusten, auf Veränderungen bei den bilanzwirksamen Nettovermögenswerten oder auf Veränderungen beim beizulegenden Zeitwert der bilanzwirksamen und -unwirksamen Nettovermögenswerte des Unternehmens (mit Ausnahme etwaiger Auswirkungen des Instruments selbst) und

(b) sie beschränken die Restrendite für die Inhaber des kündbaren Instruments erheblich oder legen diese fest.

Nicht berücksichtigen darf das Unternehmen hierbei nicht finanzielle Verträge, die mit dem Inhaber eines in Paragraph 16A beschriebenen Instruments geschlossen wurden und deren Konditionen die gleichen sind wie bei einem entsprechenden Vertrag, der zwischen einer dritten Partei und dem emittierenden Unternehmen geschlossen werden könnte. Kann das Unternehmen nicht feststellen, ob diese Bedingung erfüllt ist, so darf es das kündbare Instrument nicht als Eigenkapitalinstrument einstufen.

Instrumente oder Bestandteile derselben, die das Unternehmen dazu verpflichten, einer anderen Partei im Falle der Liquidation einen proportionalen Anteil an seinem Nettovermögen zu liefern

Einige Finanzinstrumente sind für das emittierende Unternehmen mit der vertraglichen Verpflichtung verbunden, einem anderen Unternehmen im Falle der Liquidation einen proportionalen Anteil an seinem Nettovermögen zu liefern. Die Verpflichtung entsteht entweder, weil die Liquidation gewiss ist und sich der Kontrolle des Unternehmens entzieht (wie bei Unternehmen, deren Lebensdauer von Anfang an begrenzt ist) oder ungewiss ist, dem Inhaber des Instruments aber als Option zur Verfügung steht. Abweichend von der Definition einer finanziellen Verbindlichkeit wird ein Instrument, das mit einer solchen Verpflichtung verbunden ist, als Eigenkapitalinstrument eingestuft, wenn es über alle folgenden Merkmale verfügt: **16C**

(a) Es gibt dem Inhaber das Recht, im Falle der Liquidation des Unternehmens einen proportionalen Anteil an dessen Nettovermögen zu erhalten. Das Nettovermögen eines Unternehmens stellen die Vermögenswerte dar, die nach Abzug aller anderen Forderungen gegen das Unternehmen verbleiben. Den proportionalen Anteil erhält man, indem

(i) das Nettovermögen des Unternehmens bei Liquidation in Einheiten gleichen Betrags unterteilt und

(ii) dieser Betrag mit der Anzahl der vom Inhaber des Finanzinstruments gehaltenen Einheiten multipliziert wird.

(b) Das Instrument zählt zu der Klasse von Instrumenten, die allen anderen im Rang nachgeht. Das Instrument fällt in diese Klasse, wenn es die folgenden Voraussetzungen erfüllt:

(i) es hat keinen Vorrang vor anderen Forderungen gegen das in Liquidation befindliche Unternehmen und

(ii) es muss nicht in ein anderes Instrument umgewandelt werden, um in die nachrangigste Klasse von Instrumenten zu fallen.

(c) Alle Finanzinstrumente der nachrangigsten Klasse müssen für das emittierende Unternehmen mit der gleichen vertraglichen Verpflichtung verbunden sein, im Falle der Liquidation einen proportionalen Anteil an seinem Nettovermögen zu liefern.

16D Ein Instrument wird dann als Eigenkapitalinstrument eingestuft, wenn es über alle oben genannten Merkmale verfügt und darüber hinaus der Emittent keine weiteren Finanzinstrumente oder Verträge hält, auf die Folgendes zutrifft:

(a) die gesamten Cashflows beruhen im Wesentlichen auf Gewinnen oder Verlusten, auf Veränderungen bei den bilanzwirksamen Nettovermögenswerten oder auf Veränderungen beim beizulegenden Zeitwert der bilanzwirksamen und -unwirksamen Nettovermögenswerte des Unternehmens (mit Ausnahme etwaiger Auswirkungen des Instruments selbst) und

(b) sie beschränken die Restrendite für die Inhaber des kündbaren Instruments erheblich oder legen diese fest.

Nicht berücksichtigen darf das Unternehmen hierbei nicht finanzielle Verträge, die mit dem Inhaber eines in Paragraph 16C beschriebenen Instruments geschlossen wurden und deren Konditionen die gleichen sind wie bei einem entsprechenden Vertrag, der zwischen einer dritten Partei und dem emittierenden Unternehmen geschlossen werden könnte. Kann das Unternehmen nicht feststellen, ob diese Bedingung erfüllt ist, so darf es das Instrument nicht als Eigenkapitalinstrument einstufen.

Umgliederung von kündbaren Instrumenten und von Instrumenten, die das Unternehmen dazu verpflichten, einer anderen Partei im Falle der Liquidation einen proportionalen Anteil an seinem Nettovermögen zu liefern

16E Ein Finanzinstrument ist ab dem Zeitpunkt nach den Paragraphen 16A und 16B oder 16C und 16D als Eigenkapitalinstrument einzustufen, ab dem es alle in diesen Paragraphen beschriebenen Merkmale aufweist und die dort genannten Bedingungen erfüllt. Umzugliedern ist ein Finanzinstrument zu dem Zeitpunkt, zu dem es nicht mehr alle in diesen Paragraphen beschriebenen Merkmale aufweist oder die dort genannten Bedingungen nicht mehr erfüllt. Nimmt ein Unternehmen beispielsweise alle von ihm emittierten nicht kündbaren Instrumente zurück und weisen sämtliche ausstehenden kündbaren Instrumente alle in den Paragraphen 16A und 16B beschriebenen Merkmale auf und erfüllen alle dort genannten Bedingungen, so hat das Unternehmen die kündbaren Instrumente zu dem Zeitpunkt in Eigenkapitalinstrumente umzugliedern, zu dem es die nicht kündbaren Instrumente zurücknimmt.

16F Die Umgliederung eines Instruments gemäß Paragraph 16E ist von dem Unternehmen wie folgt zu bilanzieren:

(a) ein Eigenkapitalinstrument ist zu dem Zeitpunkt in eine finanzielle Verbindlichkeit umzugliedern, zu dem es nicht mehr alle in den Paragraphen 16A und 16B oder 16C und 16D beschriebenen Merkmale aufweist oder die dort genannten Bedingungen nicht mehr erfüllt. Die finanzielle Verbindlichkeit ist zu ihrem beizulegenden Zeitwert zum Zeitpunkt der Umgliederung zu bewerten. Das Unternehmen hat jede Differenz zwischen dem Buchwert des Eigenkapitalinstruments und dem beizulegenden Zeitwert der finanziellen Verbindlichkeit zum Zeitpunkt der Umgliederung im Eigenkapital zu erfassen;

(b) eine finanzielle Verbindlichkeit ist zu dem Zeitpunkt in Eigenkapital umzugliedern, zu dem das Instrument alle in den Paragraphen 16A und 16B oder 16C und 16D beschriebenen Merkmale aufweist und die dort genannten Bedingungen erfüllt. Ein Eigenkapitalinstrument ist zum Buchwert der finanziellen Verbindlichkeit zum Zeitpunkt der Umgliederung zu bewerten.

Keine vertragliche Verpflichtung zur Lieferung flüssiger Mittel oder anderer finanzieller Vermögenswerte (Paragraph 16(a))

Außer unter den in den Paragraphen 16A und 16B bzw. 16C und 16D geschilderten Umständen ist ein wichtiger Anhaltspunkt bei der Entscheidung darüber, ob ein Finanzinstrument eine finanzielle Verbindlichkeit oder ein Eigenkapitalinstrument darstellt, das Vorliegen einer vertraglichen Verpflichtung, wonach die eine Vertragspartei (der Emittent) entweder der anderen (dem Inhaber) flüssige Mittel oder andere finanzielle Vermögenswerte liefern oder mit dem Inhaber finanzielle Vermögenswerte oder finanzielle Verbindlichkeiten unter für sie potenziell nachteiligen Bedingungen tauschen muss. Auch wenn der Inhaber eines Eigenkapitalinstruments u.U. zum Empfang einer anteiligen Dividende oder anderer Gewinnausschüttungen aus dem Eigenkapital berechtigt ist, unterliegt der Emittent doch keiner vertraglichen Verpflichtung zu derartigen Ausschüttungen, da ihm die Lieferung von flüssigen Mitteln oder anderen finanziellen Vermögenswerten an eine andere Vertragspartei nicht vorgeschrieben werden kann. **17**

Die Einstufung in der Bilanz des Unternehmens wird durch die wirtschaftliche Substanz eines Finanzinstruments und nicht allein durch seine rechtliche Gestaltung bestimmt. Wirtschaftliche Substanz und rechtliche Gestaltung stimmen zwar in der Regel, aber nicht immer überein. So stellen einige Finanzinstrumente rechtlich zwar Eigenkapital dar, sind aber aufgrund ihrer wirtschaftlichen Substanz Verbindlichkeiten, während andere Finanzinstrumente die Merkmale von Eigenkapitalinstrumenten mit denen finanzieller Verbindlichkeiten kombinieren. Hierzu folgende Beispiele: **18**

(a) Eine Vorzugsaktie, die den obligatorischen Rückkauf durch den Emittenten zu einem festen oder festzulegenden Geldbetrag und zu einem fest verabredeten oder zu bestimmenden Zeitpunkt vorsieht oder dem Inhaber das Recht einräumt, vom Emittenten den Rückkauf des Finanzinstruments zu bzw. nach einem bestimmten Termin und zu einem festen oder festzulegenden Geldbetrag zu verlangen, ist als finanzielle Verbindlichkeit einzustufen.

(b) Finanzinstrumente, die den Inhaber berechtigen, sie gegen flüssige Mittel oder andere finanzielle Vermögenswerte an den Emittenten zurückzugeben („kündbare Instrumente"), stellen mit Ausnahme der nach den Paragraphen 16A und 16B oder 16C und 16D als Eigenkapitalinstrumente eingestuften Instrumente finanzielle Verbindlichkeiten dar. Ein Finanzinstrument ist selbst dann eine finanzielle Verbindlichkeit, wenn der Betrag an flüssigen Mitteln oder anderen finanziellen Vermögenswerten auf der Grundlage eines Indexes oder einer anderen veränderlichen Bezugsgröße ermittelt wird. Wenn der Inhaber über das Wahlrecht verfügt, das Finanzinstrument gegen flüssige Mittel oder andere finanzielle Vermögenswerte an den Emittenten zurückzugeben, erfüllt das kündbare Finanzinstrument die Definition einer finanziellen Verbindlichkeit, sofern es sich nicht um ein nach den Paragraphen 16A und 16B oder 16C und 16D als Eigenkapitalinstrument eingestuftes Instrument handelt. So können offene Investmentfonds, Unit Trusts, Personengesellschaften und bestimmte Genossenschaften ihre Anteilseigner bzw. Gesellschafter mit dem Recht ausstatten, ihre Anteile an dem Emittenten jederzeit gegen flüssige Mittel in Höhe ihres jeweiligen Anteils am Eigenkapital des Emittenten einzulösen. Dies hat zur Folge, dass die Anteile von Anteilseignern oder Gesellschaftern mit Ausnahme der nach den Paragraphen 16A und 16B oder 16C und 16D als Eigenkapitalinstrumente eingestuften Instrumente als finanzielle Verbindlichkeiten eingestuft werden. Eine Einstufung als finanzielle Verbindlichkeit schließt jedoch die Verwendung beschreibender Zusätze wie „Anspruch der Anteilseigner auf das Nettovermögen" und „Änderung des Anspruchs der Anteilseigner auf das Nettovermögen" im Abschluss eines Unternehmens, das über kein gezeichnetes Kapital verfügt (wie dies bei einigen Investmentfonds und Unit Trusts der Fall ist, siehe erläuterndes Beispiel 7), oder die Verwendung zusätzlicher Angaben, aus denen hervorgeht, dass die Gesamtheit der von den Anteilseignern gehaltenen Anteile Posten wie Rücklagen, die der Definition von Eigenkapital entsprechen, und kündbare Finanzinstrumente, die dieser Definition nicht entsprechen, umfasst, nicht aus (siehe erläuterndes Beispiel 8).

19 Kann sich ein Unternehmen bei der Erfüllung einer vertraglichen Verpflichtung nicht uneingeschränkt der Lieferung flüssiger Mittel oder anderer finanzieller Vermögenswerte entziehen, so entspricht diese Verpflichtung mit Ausnahme der nach den Paragraphen 16A und 16B oder 16C und 16D als Eigenkapitalinstrumente eingestuften Instrumente der Definition einer finanziellen Verbindlichkeit. Hierzu folgende Beispiele:

(a) Ist die Fähigkeit eines Unternehmens zur Erfüllung der vertraglichen Verpflichtung beispielsweise durch fehlenden Zugang zu Fremdwährung oder die Notwendigkeit, von einer Aufsichtsbehörde eine Zahlungsgenehmigung zu erlangen, beschränkt, so entbindet dies das Unternehmen nicht von seiner vertraglichen Verpflichtung bzw. beeinträchtigt nicht das vertragliche Recht des Inhabers bezüglich des Finanzinstruments.

(b) Eine vertragliche Verpflichtung, die nur dann zu erfüllen ist, wenn eine Vertragspartei ihr Rückkaufsrecht in Anspruch nimmt, stellt eine finanzielle Verbindlichkeit dar, weil sich das Unternehmen in diesem Fall nicht uneingeschränkt der Lieferung von flüssigen Mitteln oder anderen finanziellen Vermögenswerten entziehen kann.

20 Ein Finanzinstrument, das nicht ausdrücklich eine vertragliche Verpflichtung zur Lieferung von flüssigen Mitteln oder anderen finanziellen Vermögenswerten enthält, kann eine solche Verpflichtung auch indirekt über die Vertragsbedingungen begründen, wie nachstehende Beispiele zeigen:

(a) Ein Finanzinstrument kann eine nicht finanzielle Verpflichtung enthalten, die nur dann zu erfüllen ist, wenn das Unternehmen keine Ausschüttung vornimmt oder das Instrument nicht zurückkauft. Kann das Unternehmen die Lieferung von flüssigen Mitteln oder anderen finanziellen Vermögenswerten nur durch Erfüllung der nicht finanziellen Verpflichtung umgehen, ist das Finanzinstrument als finanzielle Verbindlichkeit einzustufen.

(b) Ein Finanzinstrument ist auch dann eine finanzielle Verbindlichkeit, wenn das Unternehmen zur Erfüllung

   (i) flüssige Mittel oder andere finanzielle Vermögenswerte oder

   (ii) eigene Anteile, deren Wert wesentlich höher angesetzt wird als der der flüssigen Mittel oder anderen finanziellen Vermögenswerte, liefern muss.

Auch wenn das Unternehmen vertraglich nicht ausdrücklich zur Lieferung von flüssigen Mitteln oder anderen finanziellen Vermögenswerten verpflichtet ist, wird es sich aufgrund des Wertes der Anteile für einen Ausgleich in bar entscheiden. In jedem Fall wird dem Inhaber die Auszahlung eines Betrags garantiert, der der wirtschaftlichen Substanz nach mindestens dem bei Wahl einer Vertragserfüllung in bar zu entrichtenden Betrag entspricht (siehe Paragraph 21).

Erfüllung in Eigenkapitalinstrumenten des Unternehmens (Paragraph 16(b))

21 Der Umstand, dass ein Vertrag den Empfang oder die Lieferung von Eigenkapitalinstrumenten des Unternehmens nach sich ziehen kann, reicht allein nicht aus, um ihn als Eigenkapitalinstrument einzustufen. Ein Unternehmen kann vertraglich berechtigt oder verpflichtet sein, eine variable Anzahl eigener Anteile oder anderer Eigenkapitalinstrumente zu empfangen oder zu liefern, deren Höhe so bemessen wird, dass der beizulegende Zeitwert der zu empfangenden oder zu liefernden Eigenkapitalinstrumente des Unternehmens dem in Bezug auf das vertragliche Recht oder die vertragliche Verpflichtung festgelegten Betrag entspricht. Das vertragliche Recht oder die vertragliche Verpflichtung kann sich auf einen festen Betrag oder auf einen ganz oder teilweise in Abhängigkeit von einer anderen Variablen als dem Marktpreis der Eigenkapitalinstrumente (z. B. einem Zinssatz, einem Warenpreis oder dem Preis für ein Finanzinstrument) schwankenden Betrag beziehen. Zwei Beispiele hierfür sind (a) ein Vertrag zur Lieferung von Eigenkapitalinstrumenten eines Unternehmens im Wert von WE 100*) und (b) ein Vertrag zur Lieferung von Eigenkapitalinstrumenten des Unternehmens im Wert von 100 Unzen Gold. Auch wenn ein solcher Vertrag durch Lieferung von Eigenkapitalinstrumenten erfüllt werden muss oder kann, stellt er eine finanzielle Verbindlichkeit des Unternehmens dar. Es handelt sich nicht um ein Eigenkapitalinstrument, weil das Unternehmen zur Erfüllung des Vertrags eine variable Anzahl von Eigenkapitalinstrumenten verwendet. Dementsprechend begründet der Vertrag keinen Residualanspruch an den Vermögenswerten des Unternehmens nach Abzug aller Schulden.

Abgesehen von den in Paragraph 22A genannten Fällen ist ein Vertrag, zu dessen Erfüllung das Unternehmen eine feste Anzahl von Eigenkapitalinstrumenten gegen einen festen Betrag an flüssigen Mitteln oder anderen finanziellen Vermögenswerten (erhält oder) liefert, als Eigenkapitalinstrument einzustufen. So stellt eine ausgegebene Aktienoption, die die Vertragspartei gegen Entrichtung eines festgelegten Preises oder eines festgelegten Kapitalbetrags einer Anleihe zum Kauf einer festen Anzahl von Aktien des Unternehmens berechtigt, ein Eigenkapitalinstrument dar. Sollte sich der beizulegende Zeitwert eines Vertrags infolge von Schwankungen der Marktzinssätze ändern, ohne dass sich dies auf die Höhe der bei Vertragserfüllung zu entrichtenden flüssigen Mittel oder anderen Vermögenswerte auswirkt, so schließt dies die Einstufung des Vertrags als Eigenkapitalinstrument nicht aus. Sämtliche erhaltenen Vergütungen (wie beispielsweise das Agio auf eine geschriebene Option oder ein Optionsschein auf die eigenen Aktien des Unternehmens) werden direkt zum Eigenkapital hinzugerechnet. Sämtliche entrichteten Vergütungen (wie beispielsweise das auf eine erworbene Option gezahlte Agio) werden direkt vom Eigenkapital abgezogen. Änderungen des beizulegenden Zeitwerts eines Eigenkapitalinstruments sind im Abschluss nicht auszuweisen. **22**

Handelt es sich bei den Eigenkapitalinstrumenten des Unternehmens, die es bei Vertragserfüllung entgegenzunehmen oder zu liefern hat, um kündbare Finanzinstrumente, die alle in den Paragraphen 16A und 16B beschriebenen Merkmale aufweisen und die dort genannten Bedingungen erfüllen, oder um Instrumente, die das Unternehmen dazu verpflichten, einer anderen Partei im Falle der Liquidation einen proportionalen Anteil an seinem Nettovermögen zu liefern und die alle in den Paragraphen 16C und 16D beschriebenen Merkmale aufweisen und die dort genannten Bedingungen erfüllen, so ist der Vertrag als finanzieller Vermögenswert bzw. finanzielle Verbindlichkeit einzustufen. Dies gilt auch für Verträge, zu deren Erfüllung das Unternehmen im Austausch gegen einen festen Betrag an flüssigen Mitteln oder anderen finanziellen Vermögenswerten eine feste Anzahl dieser Instrumente zu liefern hat. **22A**

Abgesehen von den in den Paragraphen 16A und 16B oder 16C und 16D beschriebenen Umständen begründet ein Vertrag, der ein Unternehmen zum Kauf eigener Eigenkapitalinstrumente gegen flüssige Mittel oder andere finanzielle Vermögenswerte verpflichtet, eine finanzielle Verbindlichkeit in Höhe des Barwerts des Rückkaufbetrags (beispielsweise in Höhe des Barwerts des Rückkaufpreises eines Termingeschäfts, des Ausübungskurses einer Option oder eines anderen Rückkaufbetrags). Dies ist auch dann der Fall, wenn der Vertrag selbst ein Eigenkapitalinstrument ist. Ein Beispiel hierfür ist die aus einem Termingeschäft resultierende Verpflichtung eines Unternehmens, eigene Eigenkapitalinstrumente gegen flüssige Mittel zurückzuerwerben. Die finanzielle Verbindlichkeit wird erstmals angesetzt zum Barwert des Rückkaufpreises und aus dem Eigenkapital umgegliedert. Anschließend wird sie gemäß IFRS 9 bewertet. Läuft der Vertrag aus, ohne dass eine Lieferung erfolgt, wird der Buchwert der finanziellen Verbindlichkeit wieder in das Eigenkapital umgegliedert. Die vertragliche Verpflichtung eines Unternehmens zum Kauf eigener Eigenkapitalinstrumente begründet auch dann eine finanzielle Verbindlichkeit in Höhe des Barwertes des Rückkaufbetrags, wenn die Kaufverpflichtung nur bei Ausübung des Rückkaufrechts durch die Vertragspartei (z. B. durch Inanspruchnahme einer geschriebenen **23**

*) **Amtl. Anm.:** In diesem Standard werden Geldbeträge in „Währungseinheiten" (WE) angegeben.

Verkaufsoption, welche die Vertragspartei zum Verkauf der Eigenkapitalinstrumente an das Unternehmen zu einem festen Preis berechtigt) zu erfüllen ist.

24 Ein Vertrag, zu dessen Erfüllung das Unternehmen eine feste Anzahl von Eigenkapitalinstrumenten gegen einen variablen Betrag an flüssigen Mitteln oder anderen finanziellen Vermögenswerten liefert oder erhält, ist als finanzieller Vermögenswert bzw. finanzielle Verbindlichkeit zu klassifizieren. Ein Beispiel ist ein Vertrag, bei dem das Unternehmen 100 Eigenkapitalinstrumente gegen flüssige Mittel im Wert von 100 Unzen Gold liefert.

Bedingte Erfüllungsvereinbarungen

25 Ein Finanzinstrument kann das Unternehmen zur Lieferung flüssiger Mittel oder anderer Vermögenswerte oder zu einer anderen als finanzielle Verbindlichkeit einzustufenden Erfüllung verpflichten, die vom Eintreten oder Nichteintreten ungewisser künftiger Ereignisse (oder dem Ausgang ungewisser Umstände), die außerhalb der Kontrolle sowohl des Emittenten als auch des Inhabers des Instruments liegen, abhängig sind. Hierzu zählen beispielsweise Änderungen eines Aktienindex, Verbraucherpreisindex, Zinssatzes oder steuerlicher Vorschriften oder die künftigen Erträge, das Periodenergebnis oder der Verschuldungsgrad des Emittenten. Der Emittent eines solchen Instruments kann sich der Lieferung flüssiger Mittel oder anderer finanzieller Vermögenswerte (oder einer anderen als finanzielle Verbindlichkeit einzustufenden Erfüllung des Vertrags) nicht uneingeschränkt entziehen, so dass eine finanzielle Verbindlichkeit des Emittenten vorliegt, es sei denn:

(a) der Teil der bedingten Erfüllungsvereinbarung, der eine Erfüllung in flüssigen Mitteln oder anderen finanziellen Vermögenswerten (oder eine andere als finanzielle Verbindlichkeit einzustufende Art der Erfüllung) erforderlich machen könnte, besteht nicht wirklich;

(b) der Emittent kann nur im Falle seiner Liquidation gezwungen werden, die Verpflichtung in flüssigen Mitteln oder anderen finanziellen Vermögenswerten (oder auf eine andere als finanzielle Verbindlichkeit einzustufende Weise) zu erfüllen; oder

(c) das Instrument verfügt über alle in den Paragraphen 16A und 16B beschriebenen Merkmale und erfüllt die dort genannten Bedingungen.

Erfüllungswahlrecht

26 Ein Derivat, das einer Vertragspartei die Art der Erfüllung freistellt (der Emittent oder Inhaber kann sich z. B. für einen Ausgleich in bar oder durch den Tausch von Aktien gegen flüssige Mittel entscheiden), stellt einen finanziellen Vermögenswert oder eine finanzielle Verbindlichkeit dar, sofern nicht alle Erfüllungsalternativen zu einer Einstufung als Eigenkapitalinstrument führen würden.

27 Ein Beispiel für ein als finanzielle Verbindlichkeit einzustufendes Derivat mit Erfüllungswahlrecht ist eine Aktienoption, bei der der Emittent die Wahl hat, ob er diese in bar oder durch den Tausch eigener Aktien gegen flüssige Mittel erfüllt. Ähnliches gilt für einige Verträge über den Kauf oder Verkauf eines nicht finanziellen Postens gegen Eigenkapitalinstrumente des Unternehmens, die ebenfalls in den Anwendungsbereich dieses Standards fallen, da sie wahlweise durch Lieferung des nicht finanziellen Postens oder durch einen Ausgleich in bar oder anderen finanziellen Vermögenswerten erfüllt werden können (siehe Paragraphen 8-10). Solche Verträge sind finanzielle Vermögenswerte oder finanzielle Verbindlichkeiten und keine Eigenkapitalinstrumente.

Zusammengesetzte Finanzinstrumente (siehe auch Paragraphen AG30-AG35 und erläuternde Beispiele 9-12)

28 Der Emittent eines nicht derivativen Finanzinstruments hat anhand der Konditionen des Finanzinstruments festzustellen, ob das Instrument sowohl eine Fremd- als auch eine Eigenkapitalkomponente enthält. Diese Komponenten sind zu trennen und gemäß Paragraph 15 als finanzielle Verbindlichkeiten, finanzielle Vermögenswerte oder Eigenkapitalinstrumente einzustufen.

Bei einem Finanzinstrument, das (a) eine finanzielle Verbindlichkeit des Unternehmens begründet und (b) seinem Inhaber eine Option auf Umwandlung in ein Eigenkapitalinstrument des Unternehmens garantiert, sind diese beiden Komponenten vom Unternehmen getrennt zu erfassen. Wandelschuldverschreibungen oder ähnliche Instrumente, die der Inhaber in eine feste Anzahl von Stammaktien des Unternehmens umwandeln kann, sind Beispiele für zusammengesetzte Finanzinstrumente. Aus Sicht des Unternehmens besteht ein solches Instrument aus zwei Komponenten: einer finanziellen Verbindlichkeit (einer vertraglichen Vereinbarung zur Lieferung flüssiger Mittel oder anderer finanzieller Vermögenswerte) und einem Eigenkapitalinstrument (einer Kaufoption, die dem Inhaber für einen bestimmten Zeitraum das Recht auf Umwandlung in eine feste Anzahl Stammaktien des Unternehmens garantiert). Wirtschaftlich gesehen hat die Emission eines solchen Finanzinstruments im Wesentlichen die gleichen Auswirkungen wie die Emission eines Schuldinstruments mit vorzeitiger Kündigungsmöglichkeit, das gleichzeitig mit einem Bezugsrecht auf Stammaktien verknüpft ist, oder die Emission eines Schuldinstruments mit abtrennbaren Optionsscheinen zum Erwerb von Aktien. Dementsprechend hat ein Unternehmen in allen Fällen dieser Art die Fremd- und die Eigenkapitalkomponenten getrennt in seiner Bilanz auszuweisen. **29**

Die Einstufung der Fremd- und Eigenkapitalkomponenten eines wandelbaren Instruments wird auch dann beibehalten, wenn sich die Wahrscheinlichkeit ändert, dass die Tauschoption wahrgenommen wird; dies gilt auch dann, wenn die Wahrnehmung der Tauschoption für einige Inhaber wirtschaftlich vorteilhaft erscheint. Die Inhaber handeln nicht immer in der erwarteten Weise, weil zum Beispiel die steuerlichen Folgen aus der Umwandlung bei jedem Inhaber unterschiedlich sein können. Darüber hinaus ändert sich die Wahrscheinlichkeit der Umwandlung von Zeit zu Zeit. Die vertragliche Verpflichtung des Unternehmens zu künftigen Zahlungen bleibt so lange bestehen, bis sie durch Umwandlung, Fälligkeit des Instruments oder andere Umstände getilgt ist. **30**

In IFRS 9 geht es um die Bewertung finanzieller Vermögenswerte und finanzieller Verbindlichkeiten. Eigenkapitalinstrumente sind Finanzinstrumente, die einen Residualanspruch an den Vermögenswerten eines Unternehmens nach Abzug aller dazugehörigen Schulden begründen. Bei der Aufteilung des erstmaligen Buchwerts eines zusammengesetzten Finanzinstruments auf die Eigen- und Fremdkapitalkomponenten wird der Eigenkapitalkomponente der Restwert zugewiesen, der sich nach Abzug des getrennt für die Schuldkomponente ermittelten Betrags vom beizulegenden Zeitwert des gesamten Instruments ergibt. Der Wert der derivativen Ausstattungsmerkmale (z. B. einer Kaufoption), die in ein zusammengesetztes Finanzinstrument eingebettet sind und keine Eigenkapitalkomponente darstellen (z. B. eine Option zur Umwandlung in ein Eigenkapitalinstrument), wird der Schuldkomponente hinzugerechnet. Die Summe der Buchwerte, die beim erstmaligen Ansatz in der Bilanz für die Fremd- und die Eigenkapitalkomponente ermittelt werden, ist in jedem Fall gleich dem beizulegenden Zeitwert, der für das Finanzinstrument als Ganzes anzusetzen wäre. Durch den getrennten erstmaligen Ansatz der Komponenten des Instruments entstehen keine Gewinne oder Verluste. **31**

Bei dem in Paragraph 31 beschriebenen Ansatz bestimmt der Emittent einer in Stammaktien umwandelbaren Anleihe zunächst den Buchwert der Schuldkomponente, indem er den beizulegenden Zeitwert einer ähnlichen, nicht mit einer Eigenkapitalkomponente verbundenen Verbindlichkeit (einschließlich aller eingebetteten derivativen Ausstattungsmerkmale ohne Eigenkapitalcharakter) ermittelt. Der Buchwert eines Eigenkapitalinstruments, der durch die Option auf Umwandlung des Instruments in Stammaktien repräsentiert wird, ergibt sich danach durch Subtraktion des beizulegenden Zeitwerts der finanziellen Verbindlichkeit vom beizulegenden Zeitwert des gesamten zusammengesetzten Finanzinstruments. **32**

Eigene Anteile (siehe auch Paragraph AG36)

33 Erwirbt ein Unternehmen seine eigenen Eigenkapitalinstrumente zurück, so sind diese Instrumente („eigene Anteile“) vom Eigenkapital abzuziehen. Weder Kauf noch Verkauf, Ausgabe oder Einziehung von eigenen Eigenkapitalinstrumenten werden im Gewinn oder Verlust erfasst. Solche eigenen Anteile können vom Unternehmen selbst oder von anderen Konzernunternehmen erworben und gehalten werden. Alle gezahlten oder erhaltenen Entgelte sind direkt im Eigenkapital zu erfassen.

34 Der Betrag der gehaltenen eigenen Anteile ist gemäß IAS 1 *Darstellung des Abschlusses* in der Bilanz oder im Anhang gesondert auszuweisen. Beim Rückerwerb eigener Eigenkapitalinstrumente von nahe stehenden Unternehmen und Personen sind die Angabepflichten gemäß IAS 24 *Angaben über Beziehungen zu nahe stehenden Unternehmen und Personen* zu beachten.

Zinsen, Dividenden, Verluste und Gewinne (siehe auch Paragraph AG37)

35 Zinsen, Dividenden, Verluste und Gewinne im Zusammenhang mit Finanzinstrumenten oder einer ihrer Komponenten, die finanzielle Verbindlichkeiten darstellen, sind aufwands- oder ertragswirksam zu erfassen. Ausschüttungen an Inhaber eines Eigenkapitalinstruments sind vom Unternehmen direkt vom Eigenkapital abzusetzen. Die Transaktionskosten einer Eigenkapitaltransaktion sind als Abzug vom Eigenkapital zu bilanzieren.

35A Die Ertragsteuer für die Ausschüttungen an Inhaber eines Eigenkapitalinstruments sowie für die Transaktionskosten einer Eigenkapitaltransaktion sind gemäß IAS 12 *Ertragsteuern* zu bilanzieren.

36 Die Einstufung eines Finanzinstruments als finanzielle Verbindlichkeit oder als Eigenkapitalinstrument ist ausschlaggebend dafür, ob die mit diesem Instrument verbundenen Zinsen, Dividenden, Verluste und Gewinne im Periodenergebnis als Erträge oder Aufwendungen erfasst werden. Daher sind auch Dividendenausschüttungen für Anteile, die insgesamt als Schulden angesetzt wurden, genauso als Aufwand zu erfassen wie beispielsweise Zinsen für eine Anleihe. Entsprechend sind auch mit dem Rückkauf oder der Refinanzierung von finanziellen Verbindlichkeiten verbundene Gewinne oder Verluste im Periodenergebnis zu erfassen, während hingegen der Rückkauf oder die Refinanzierung von Eigenkapitalinstrumenten als Bewegungen im Eigenkapital abgebildet werden. Änderungen des beizulegenden Zeitwerts eines Eigenkapitalinstruments sind nicht im Abschluss auszuweisen.

37 Einem Unternehmen entstehen bei Ausgabe oder Erwerb eigener Eigenkapitalinstrumente in der Regel verschiedene Kosten. Hierzu zählen beispielsweise Register- und andere behördliche Gebühren, Honorare für Rechtsberater, Wirtschaftsprüfer und andere professionelle Berater, Druckkosten und Börsenumsatzsteuern. Die Transaktionskosten einer Eigenkapitaltransaktion sind als Abzug vom Eigenkapital zu bilanzieren, soweit es sich um zusätzliche, der Eigenkapitaltransaktion direkt zurechenbare Kosten handelt, die andernfalls vermieden worden wären. Die Kosten einer eingestellten Eigenkapitaltransaktion sind als Aufwand zu erfassen.

38 Transaktionskosten, die mit der Ausgabe eines zusammengesetzten Finanzinstruments verbunden sind, sind den Fremd- und Eigenkapitalkomponenten des Finanzinstruments in dem Verhältnis zuzurechnen, wie die empfangene Gegenleistung zugeordnet wurde. Transaktionskosten, die sich insgesamt auf mehr als eine Transaktion beziehen, wie Kosten eines gleichzeitigen Zeichnungsangebots für neue Aktien und für die Börsennotierung bereits ausgegebener Aktien, sind anhand eines sinnvollen, bei ähnlichen Transaktionen verwendeten Schlüssels auf die einzelnen Transaktionen umzulegen.

39 Der Betrag der Transaktionskosten, der in der Periode als Abzug vom Eigenkapital bilanziert wurde, ist nach IAS 1 gesondert anzugeben.

40 Als Aufwendungen eingestufte Dividenden können in der/den Darstellung/en von Gewinn oder Verlust und sonstigem Ergebnis entweder mit Zinsaufwendungen für andere Verbindlichkeiten in einem Posten zusammengefasst oder gesondert ausgewiesen werden. Zusätzlich zu den Anforderungen dieses Standards sind bei Zinsen und Dividenden die Angabepflichten von IAS 1

und IFRS 7 zu beachten. Sofern jedoch, beispielsweise im Hinblick auf die steuerliche Abzugsfähigkeit, Unterschiede in der Behandlung von Dividenden und Zinsen bestehen, ist ein gesonderter Ausweis in der/den Darstellung/en von Gewinn oder Verlust und sonstigem Ergebnis wünschenswert. Bei den Berichtsangaben zu steuerlichen Einflüssen sind die Anforderungen gemäß IAS 12 zu erfüllen.

Gewinne und Verluste infolge von Änderungen des Buchwerts einer finanziellen Verbindlichkeit **41** sind selbst dann als Ertrag oder Aufwand im Periodenergebnis zu erfassen, wenn sie sich auf ein Instrument beziehen, das einen Residualanspruch auf die Vermögenswerte des Unternehmens im Austausch gegen flüssige Mittel oder andere finanzielle Vermögenswerte begründet (siehe Paragraph 18(b)). Nach IAS 1 sind Gewinne und Verluste, die durch die Neubewertung eines derartigen Instruments entstehen, gesondert in der Gesamtergebnisrechnung auszuweisen, wenn dies für die Erläuterung der Ertragslage des Unternehmens relevant ist.

Saldierung von finanziellen Vermögenswerten und finanziellen Verbindlichkeiten (siehe auch Paragraphen AG38 und AG39)

Finanzielle Vermögenswerte und Verbindlichkeiten sind nur dann zu saldieren und als Netto- **42** betrag in der Bilanz anzugeben, wenn ein Unternehmen:

(a) zum gegenwärtigen Zeitpunkt einen Rechtsanspruch darauf hat, die erfassten Beträge miteinander zu verrechnen; und

(b) beabsichtigt, entweder den Ausgleich auf Nettobasis herbeizuführen, oder gleichzeitig mit der Verwertung des betreffenden Vermögenswertes die dazugehörige Verbindlichkeit abzulösen.

Wenn die Übertragung eines finanziellen Vermögenswertes die Voraussetzungen für eine Ausbuchung nicht erfüllt, dürfen der übertragene Vermögenswert und die verbundene Verbindlichkeit bei der Bilanzierung nicht saldiert werden (siehe Paragraph 3.1.22 von IFRS 9).

Finanzielle Vermögenswerte und finanzielle Verbindlichkeiten müssen diesem Standard zufolge **43** auf Nettobasis dargestellt werden, wenn dadurch die erwarteten künftigen Cashflows eines Unternehmens aus dem Ausgleich von zwei oder mehreren verschiedenen Finanzinstrumenten abgebildet werden. Wenn ein Unternehmen das Recht hat, einen einzelnen Nettobetrag zu erhalten bzw. zu zahlen, und dies auch zu tun beabsichtigt, hat es tatsächlich nur einen einzigen finanziellen Vermögenswert bzw. nur eine einzige finanzielle Verbindlichkeit. In anderen Fällen werden die finanziellen Vermögenswerte und finanziellen Verbindlichkeiten entsprechend ihrer Eigenschaft als Ressource oder Verpflichtung des Unternehmens voneinander getrennt dargestellt. Ein Unternehmen hat die gemäß der Paragraphen 13B-13E von IFRS 7 für erfasste Finanzinstrumente geforderten Informationen anzugeben, sofern diese Instrumente in den Anwendungsbereich von Paragraph 13A von IFRS 7 fallen.

Die Saldierung eines erfassten finanziellen Vermögenswertes mit einer erfassten finanziellen **44** Verbindlichkeit einschließlich der Darstellung des Nettobetrags ist von der Ausbuchung eines finanziellen Vermögenswertes und einer finanziellen Verbindlichkeit in der Bilanz zu unterscheiden. Während die Saldierung nicht zur Erfassung von Gewinnen und Verlusten führt, hat die Ausbuchung eines Finanzinstruments aus der Bilanz nicht nur die Entfernung eines bis dahin bilanzwirksamen Postens, sondern möglicherweise auch die Erfassung von Gewinnen oder Verlusten zur Folge.

Der Anspruch auf Verrechnung ist ein auf vertraglicher oder anderer Grundlage beruhendes, **45** einklagbares Recht eines Schuldners, eine Verbindlichkeit gegenüber einem Gläubiger ganz oder teilweise mit einer eigenen Forderung gegenüber diesem Gläubiger zu verrechnen oder anderweitig zu eliminieren. In außergewöhnlichen Fällen kann ein Schuldner berechtigt sein, eine Forderung gegenüber einem Dritten mit einer Verbindlichkeit gegenüber einem Gläubiger zu verrechnen, vorausgesetzt, dass zwischen allen drei Beteiligten eine eindeutige Vereinbarung über den Anspruch auf Verrechnung vorliegt. Da der Anspruch auf Verrechnung ein gesetzliches Recht ist, sind die Bedingungen, unter denen Verrechnungsvereinbarungen gültig sind, abhängig von den Gebräuchen des Rechtskreises, in dem sie getroffen werden; daher sind im Einzelfall immer die für das Vertragsverhältnis zwischen den Parteien maßgeblichen Rechtsvorschriften zu berücksichtigen.

46 Besteht ein einklagbarer Anspruch auf Verrechnung, wirkt sich dies nicht nur auf die Rechte und Pflichten aus, die mit den betreffenden finanziellen Vermögenswerten und Verbindlichkeiten verbunden sind, sondern kann auch die Ausfall- und Liquiditätsrisiken des Unternehmens beeinflussen. Das Bestehen eines solchen Rechts stellt für sich genommen aber noch keine hinreichende Voraussetzung für die Saldierung von Vermögens- und Schuldposten dar. Wenn keine Absicht besteht, dieses Recht auch tatsächlich wahrzunehmen oder die jeweiligen Forderungen und Verbindlichkeiten zum gleichen Zeitpunkt zu bedienen, wirkt es sich weder auf die Beträge noch auf den zeitlichen Anfall der erwarteten Cashflows eines Unternehmens aus. Beabsichtigt ein Unternehmen jedoch, von dem Anspruch auf Verrechnung Gebrauch zu machen oder die jeweiligen Forderungen und Verbindlichkeiten zum gleichen Zeitpunkt zu bedienen, spiegelt die Nettodarstellung des Vermögenswertes und der Verbindlichkeit die Beträge, den zeitlichen Anfall und die damit verbundenen Risiken künftiger Cashflows besser wider als die Bruttodarstellung. Die bloße Absicht einer oder beider Vertragsparteien, Forderungen und Verbindlichkeiten auf Nettobasis ohne rechtlich bindende Vereinbarung auszugleichen, stellt keine ausreichende Grundlage für eine bilanzielle Saldierung dar, da die mit den einzelnen finanziellen Vermögenswerten und Verbindlichkeiten verbundenen Rechte und Pflichten unverändert fortbestehen.

47 Die Absichten eines Unternehmens bezüglich der Erfüllung von einzelnen Vermögens- und Schuldposten können durch die üblichen Geschäftspraktiken, die Anforderungen der Finanzmärkte und andere Umstände beeinflusst werden, die die Fähigkeit zur Bedienung auf Nettobasis oder zur gleichzeitigen Bedienung begrenzen. Hat ein Unternehmen einen Anspruch auf Aufrechnung, beabsichtigt aber nicht, auf Nettobasis auszugleichen bzw. den Vermögenswert zu verwerten und gleichzeitig die Verbindlichkeit zu begleichen, werden die Auswirkungen dieses Anspruchs auf die Ausfallrisikoposition des Unternehmens gemäß Paragraph 36 des IFRS 7 angegeben.

48 Der gleichzeitige Ausgleich von zwei Finanzinstrumenten kann zum Beispiel durch direkten Austausch oder über eine Clearingstelle in einem organisierten Finanzmarkt erfolgen. In solchen Fällen findet tatsächlich nur ein einziger Finanzmitteltransfer statt, wobei weder ein Ausfall- noch ein Liquiditätsrisiko besteht. Erfolgt der Ausgleich über zwei voneinander getrennte (zu erhaltende bzw. zu leistende) Zahlungen, kann ein Unternehmen im Hinblick auf den vollen Betrag der betreffenden finanziellen Forderungen durchaus einem Ausfallrisiko und im Hinblick auf den vollen Betrag der finanziellen Verbindlichkeit einem Liquiditätsrisiko ausgesetzt sein. Auch wenn sie nur kurzzeitig auftreten, können solche Risikopositionen erheblich sein. Die Gewinnrealisierung eines finanziellen Vermögenswertes und die Begleichung einer finanziellen Verbindlichkeit werden nur dann als gleichzeitig behandelt, wenn die Geschäftsvorfälle zum selben Zeitpunkt stattfinden.

49 In nachstehend genannten Fällen sind die in Paragraph 42 genannten Voraussetzungen im Allgemeinen nicht erfüllt, so dass eine Saldierung unangemessen ist:

(a) wenn mehrere verschiedene Finanzinstrumente kombiniert werden, um die Merkmale eines einzelnen Finanzinstruments (eines „synthetischen Finanzinstruments") nachzuahmen;

(b) wenn aus Finanzinstrumenten mit gleichem Risikoprofil, aber unterschiedlichen Gegenparteien finanzielle Vermögenswerte und Verbindlichkeiten resultieren (wie bei einem Portfolio von Termingeschäften oder anderen Derivaten);

(c) wenn finanzielle oder andere Vermögenswerte als Sicherheit für finanzielle Verbindlichkeiten ohne Rückgriffsmöglichkeit verpfändet wurden;

(d) wenn finanzielle Vermögenswerte von einem Schuldner zur Begleichung einer Verpflichtung in ein Treuhandverhältnis gegeben werden, ohne dass diese Vermögenswerte vom Gläubiger zum Ausgleich der Verbindlichkeit akzeptiert worden sind (beispielsweise eine Tilgungsfondsvereinbarung); oder

(e) wenn bei Verpflichtungen, die aus Schadensereignissen entstehen, zu erwarten ist, dass diese durch Ersatzleistungen von Dritten beglichen werden, weil aus einem Versicherungsvertrag ein entsprechender Entschädigungsanspruch abgeleitet werden kann.

Ein Unternehmen, das mit einer einzigen Vertragspartei eine Reihe von Geschäften mit Finanzinstrumenten tätigt, kann mit dieser Vertragspartei einen Globalverrechnungsvertrag schließen. Ein solcher Vertrag sieht für den Fall von Nichtzahlung oder Kündigung bei einem einzigen Instrument die sofortige Aufrechnung bzw. Abwicklung aller unter den Rahmenvertrag fallenden Finanzinstrumente vor. Solche Rahmenverträge werden für gewöhnlich von Finanzinstituten verwendet, um sich gegen Verluste aus eventuellen Insolvenzverfahren oder anderen Umständen zu schützen, die dazu führen können, dass die Vertragspartei ihren Verpflichtungen nicht nachkommen kann. Ein Globalverrechnungsvertrag schafft normalerweise nur einen bedingten Anspruch auf Verrechnung, der nur im Rechtsweg durchgesetzt werden kann und die Gewinnrealisierung oder Begleichung eines einzelnen finanziellen Vermögenswertes oder einer einzelnen finanziellen Verbindlichkeit nur beeinflussen kann, wenn ein tatsächlicher Zahlungsverzug oder andere Umstände vorliegen, mit denen im gewöhnlichen Geschäftsverlauf nicht zu rechnen ist. Ein Globalverrechnungsvertrag stellt für sich genommen keine Grundlage für eine Saldierung in der Bilanz dar, es sei denn, die Verrechnungsvoraussetzungen gemäß Paragraph 42 werden ebenfalls erfüllt. Wenn finanzielle Vermögenswerte und finanzielle Verbindlichkeiten im Rahmen eines Globalverrechnungsvertrages nicht miteinander saldiert werden, sind die Auswirkungen des Vertrags auf das Ausfallrisiko des Unternehmens gemäß Paragraph 36 des IFRS 7 anzugeben. **50**

Angaben

(weggefallen) **51 bis 95**

Zeitpunkt des Inkrafttretens und Übergangsvorschriften

Dieser Standard ist erstmals in der ersten Berichtsperiode eines am 1. Januar 2005 oder danach beginnenden Geschäftsjahres anzuwenden. Eine frühere Anwendung ist zulässig. Eine Anwendung dieses Standards für Berichtsperioden, die vor dem 1. Januar 2005 beginnen, ist jedoch nur bei zeitgleicher Anwendung von IAS 39 (herausgegeben 2003) in der im März 2004 geänderten Fassung gestattet. Wenn ein Unternehmen diesen Standard für Berichtsperioden anwendet, die vor dem 1. Januar 2005 beginnen, so ist dies anzugeben. **96**

Nach *Kündbare Finanzinstrumente und bei Liquidation entstehende Verpflichtungen* (im Februar 2008 veröffentlichte Änderungen an IAS 32 und IAS 1) sind Finanzinstrumente, die alle in den Paragraphen 16A und 16B oder 16C und 16D beschriebenen Merkmale aufweisen und die dort genannten Bedingungen erfüllen, als Eigenkapitalinstrumente einzustufen; darüber hinaus werden in dem genannten Dokument die Paragraphen 11, 16, 17-19, 22, 23, 25, AG13, AG14 und AG27 geändert und die Paragraphen 16A-16F, 22A, 96B, 96C, 97C, AG14A-AG14J und AG29A eingefügt. Diese Änderungen sind erstmals auf Geschäftsjahre anzuwenden, die am oder nach dem 1. Januar 2009 beginnen. Eine frühere Anwendung ist zulässig. Wendet ein Unternehmen diese Änderungen auf eine frühere Periode an, so muss es dies angeben und gleichzeitig die verbundenen Änderungen der IAS 1, IAS 39, IFRS 7 und IFRIC 2 anwenden. **96A**

Kündbare Finanzinstrumente und bei Liquidation entstehende Verpflichtungen sieht eine eingeschränkte Ausnahme vom Anwendungsbereich vor, die von den Unternehmen folglich nicht analog anzuwenden ist. **96B**

Die Klassifizierung im Rahmen dieser Ausnahme ist auf die Bilanzierung der betreffenden Instrumente nach IAS 1, IAS 32, IAS 39, IFRS 7 und IFRS 9 zu beschränken. Im Rahmen anderer **96C**

Standards, wie IFRS 2, sind die Instrumente dagegen nicht als Eigenkapitalinstrumente einzustufen.

97 Dieser Standard ist retrospektiv anzuwenden.

97A Infolge des IAS 1 (überarbeitet 2007) wurde die in allen IFRS verwendete Terminologie geändert. Außerdem wurde Paragraph 40 geändert. Diese Änderungen sind erstmals in der ersten Berichtsperiode eines am 1. Januar 2009 oder danach beginnenden Geschäftsjahres anzuwenden. Wird IAS 1 (überarbeitet 2007) auf eine frühere Periode angewandt, sind diese Änderungen entsprechend auch anzuwenden.

97B In der 2008 geänderten Fassung des IFRS 3 wurde Paragraph 4(c) gestrichen. Diese Änderung ist erstmals in der ersten Berichtsperiode eines am oder nach dem 1. Juli 2009 beginnenden Geschäftsjahres anzuwenden. Wendet ein Unternehmen IFRS 3 (in der 2008 geänderten Fassung) auf eine frühere Periode an, so ist auch diese Änderung auf die frühere Periode anzuwenden. Die Änderung gilt allerdings nicht für bedingte Gegenleistungen, die sich aus einem Unternehmenszusammenschluss ergeben haben, bei dem der Erwerbszeitpunkt vor der Anwendung von IFRS 3 (in der 2008 geänderten Fassung) liegt. Eine solche Gegenleistung ist stattdessen nach den Paragraphen 65A-65E der 2010 geänderten Fassung von IFRS 3 zu bilanzieren.

97C Wendet ein Unternehmen die in Paragraph 96A genannten Änderungen an, so muss es ein zusammengesetztes Finanzinstrument, das mit der Verpflichtung verbunden ist, einer anderen Partei bei Liquidation einen proportionalen Anteil an seinem Nettovermögen zu liefern, in eine Komponente „Verbindlichkeit" und eine Komponente „Eigenkapital" aufspalten. Wenn die Komponente „Verbindlichkeit" nicht länger aussteht, würde eine rückwirkende Anwendung dieser Änderungen an IAS 32 die Aufteilung in zwei Eigenkapitalkomponenten erfordern. Die erste wäre den Gewinnrücklagen zuzuordnen und wäre der kumulierte Zinszuwachs der Komponente „Verbindlichkeit". Die andere wäre die ursprüngliche Eigenkapitalkomponente. Wenn die Verbindlichkeitskomponente zum Zeitpunkt der Anwendung der Änderungen nicht mehr aussteht, muss das Unternehmen diese beiden Komponenten folglich nicht voneinander trennen.

97D Paragraph 4 wird im Rahmen der *Verbesserungen der IFRS* vom Mai 2008 geändert. Diese Änderungen sind erstmals in der ersten Berichtsperiode eines am 1. Januar 2009 oder danach beginnenden Geschäftsjahres anzuwenden. Eine frühere Anwendung ist zulässig. Falls ein Unternehmen diese Änderungen auf eine frühere Periode anwendet, so hat es diese Tatsache anzugeben und die entsprechenden Änderungen von Paragraph 3 des IFRS 7, Paragraph 1 des IAS 28 und Paragraph 1 des IAS 31 und (überarbeitet Mai 2008) gleichzeitig anzuwenden. Ein Unternehmen kann die Änderungen prospektiv anwenden.

97E Durch *Einstufung von Bezugsrechten* (veröffentlicht im Oktober 2009) wurden die Paragraphen 11 und 16 geändert. Diese Änderung ist erstmals in der ersten Berichtsperiode eines am 1. Februar 2010 oder danach beginnenden Geschäftsjahres anzuwenden. Eine frühere Anwendung ist zulässig. Wendet ein Unternehmen diese Änderung in einer früheren Berichtsperiode an, so hat es dies anzugeben.

97F (nicht besetzt)

97G Durch die im Mai 2010 veröffentlichten *Verbesserungen an IFRS* wurde Paragraph 97B geändert. Diese Änderung ist erstmals in der ersten Berichtsperiode eines am oder nach dem 1. Juli 2010 beginnenden Geschäftsjahres anzuwenden. Eine frühere Anwendung ist zulässig.

97H (nicht besetzt)

97I Durch IFRS 10 und IFRS 11, veröffentlicht im Mai 2011, wurden die Paragraphen 4(a) und AG29 geändert. Ein Unternehmen hat diese Änderungen anzuwenden, wenn es IFRS 10 und IFRS 11 anwendet.

97J Durch IFRS 13, veröffentlicht im Mai 2011, wurde die Definition des beizulegenden Zeitwerts in Paragraph 11 geändert und wurden die Paragraphen 23 und AG31 geändert. Ein Unternehmen hat die betreffenden Änderungen anzuwenden, wenn es IFRS 13 anwendet.

Mit *Darstellung von Posten des sonstigen Ergebnisses* (Änderung IAS 1), veröffentlicht im Juni 2011, wurde Paragraph 40 geändert. Ein Unternehmen hat die betreffende Änderung anzuwenden, wenn es IAS 1 (in der im Juni 2011 geänderten Fassung) anwendet. **97K**

Mit der Saldierung von finanziellen Vermögenswerten und finanziellen Verbindlichkeiten (Änderungen zu IAS 32) vom Dezember 2011 wurden Paragraph AG38 gestrichen und die Paragraphen AG38A-AG38F angefügt. Diese Änderungen sind erstmals in der ersten Berichtsperiode eines am oder nach dem 1. Januar 2014 beginnenden Geschäftsjahres anzuwenden. Diese Änderungen sind rückwirkend anzuwenden. Eine frühere Anwendung ist zulässig. Wendet ein Unternehmen diese Änderungen zu einem früheren Termin an, so hat es diese Tatsache anzugeben und die nach Angaben – Saldierung von finanziellen Vermögenswerten und finanziellen Verbindlichkeiten (Änderungen zu IFRS 7) vom Dezember 2011 geforderten Angaben zu machen. **97L**

Mit den *Jährlichen Verbesserungen, Zyklus 2009-2011*, von Mai 2012 wurden die Paragraphen 35, 37 und 39 geändert und Paragraph 35A wurde hinzugefügt. Diese Änderungen sind rückwirkend gemäß IAS 8 *Rechnungslegungsmethoden, Änderungen von rechnungslegungsbezogenen Schätzungen und Fehler* in der ersten Berichtsperiode eines am oder nach dem 1. Januar 2013 beginnenden Geschäftsjahres anzuwenden. Eine frühere Anwendung ist zulässig. Wendet ein Unternehmen die Änderung auf eine frühere Periode an, hat es dies anzugeben. **97M**

Mit der im Oktober 2012 veröffentlichten Verlautbarung *Investmentgesellschaften (Investment Entities)* (Änderungen an IFRS 10, IFRS 12 und IAS 27) wurde Paragraph 4 geändert. Unternehmen haben diese Änderungen auf Geschäftsjahre anzuwenden, die am oder nach dem 1. Januar 2014 beginnen. Eine frühere Anwendung der Verlautbarung *Investmentgesellschaften (Investment Entities)* ist zulässig. Wendet ein Unternehmen diese Änderungen früher an, hat es alle in der Verlautbarung enthaltenen Änderungen gleichzeitig anzuwenden. **97N**

(nicht besetzt) **97O und 97P**

Mit dem im Mai 2014 veröffentlichten IFRS 15 *Erlöse aus Verträgen mit Kunden* wurde Paragraph AG21 geändert. Ein Unternehmen hat diese Änderung anzuwenden, wenn es IFRS 15 anwendet. **97Q**

Durch IFRS 9 (im Juli 2014 veröffentlicht) wurden die Paragraphen 3, 4, 8, 12, 23, 31, 42, 96C, A2 und A30 geändert und die Paragraphen 97F, 97H und 97P gestrichen. Ein Unternehmen hat diese Änderungen anzuwenden, wenn es IFRS 9 anwendet. **97R**

Durch IFRS 16, *Leasingverhältnisse*, veröffentlicht im Januar 2016, wurden die Paragraphen AG9 und AG10 geändert. Ein Unternehmen hat die betreffenden Änderungen anzuwenden, wenn es IFRS 16 anwendet. **97S**

Rücknahme anderer Verlautbarungen

Dieser Standard ersetzt IAS 32 *Finanzinstrumente: Ansatz und Bewertung* in der 2000 überarbeiteten Fassung.*) **98**

Dieser Standard ersetzt die folgenden Interpretationen: **99**

(a) SIC-5 *Einstufung von Finanzinstrumenten – Bedingte Erfüllungsvereinbarungen*;

(b) SIC-16 *Gezeichnetes Kapital – Rückgekaufte eigene Eigenkapitalinstrumente (eigene Anteile)*; und

(c) SIC-17 *Eigenkapital – Kosten einer Eigenkapitaltransaktion*.

Dieser Standard widerruft die Entwurfsfassung der Interpretation SIC D34 *Financial Instruments – Instruments or Rights Redeemable by the Holder*. **100**

---

*) **Amtl. Anm.:** Im August 2005 hat der IASB alle Angabepflichten zu Finanzinstrumenten in den IFRS 7 *Finanzinstrumente: Angaben* verlagert.

Anhang: Anleitungen zur Anwendung

Dieser Anhang ist Bestandteil des Standards.

AG1 In diesen Anleitungen zur Anwendung wird die Umsetzung bestimmter Aspekte des Standards erläutert.

AG2 Der Standard behandelt nicht den Ansatz bzw. die Bewertung von Finanzinstrumenten. Die Anforderungen bezüglich des Ansatzes und der Bewertung von finanziellen Vermögenswerten und finanziellen Verbindlichkeiten sind in IFRS 9 dargelegt.

Definitionen (Paragraphen 11-14)

Finanzielle Vermögenswerte und finanzielle Verbindlichkeiten

AG3 Zahlungsmittel (flüssige Mittel) stellen einen finanziellen Vermögenswert dar, weil sie das Austauschmedium und deshalb die Grundlage sind, auf der alle Geschäftsvorfälle im Abschluss bewertet und erfasst werden. Eine Einzahlung flüssiger Mittel auf ein laufendes Konto bei einer Bank oder einem ähnlichen Finanzinstitut ist ein finanzieller Vermögenswert, weil sie das vertragliche Recht des Einzahlenden darstellt, flüssige Mittel von der Bank zu erhalten bzw. einen Scheck oder ein ähnliches Finanzinstrument zu Gunsten eines Gläubigers zur Begleichung einer finanziellen Verbindlichkeit zu verwenden.

AG4 Typische Beispiele für finanzielle Vermögenswerte, die ein vertragliches Recht darstellen, zu einem künftigen Zeitpunkt flüssige Mittel zu erhalten, und korrespondierend für finanzielle Verbindlichkeiten, die eine vertragliche Verpflichtung darstellen, zu einem künftigen Zeitpunkt flüssige Mittel zu liefern, sind:

(a) Forderungen und Verbindlichkeiten aus Lieferungen und Leistungen;

(b) Wechselforderungen und Wechselverbindlichkeiten;

(c) Darlehensforderungen und Darlehensverbindlichkeiten; und

(d) Anleiheforderungen und Anleiheverbindlichkeiten.

In allen Fällen steht dem vertraglichen Recht der einen Vertragspartei, flüssige Mittel zu erhalten (oder der Verpflichtung, flüssige Mittel abzugeben), korrespondierend die vertragliche Zahlungsverpflichtung (oder das Recht, flüssige Mittel zu erhalten) der anderen Vertragspartei gegenüber.

AG5 Andere Arten von Finanzinstrumenten sind solche, bei denen der (erwartete bzw. begebene) wirtschaftliche Nutzen nicht in flüssigen Mitteln, sondern in einem anderen finanziellen Vermögenswert besteht. Eine Wechselverbindlichkeit aus Regierungsanleihen räumt dem Inhaber beispielsweise das vertragliche Recht ein und verpflichtet den Emittenten vertraglich zur Übergabe von Regierungsanleihen und nicht von flüssigen Mitteln. Regierungsanleihen sind finanzielle Vermögenswerte, weil sie eine Verpflichtung der emittierenden Regierung auf Zahlung flüssiger Mittel darstellen. Wechsel stellen daher für den Wechselinhaber finanzielle Vermögenswerte dar, während sie für den Wechselemittenten finanzielle Verbindlichkeiten repräsentieren.

AG6 Ewige Schuldinstrumente (wie beispielsweise ewige schuldrechtliche Papiere, ungesicherte Schuldverschreibungen und Schuldscheine) räumen dem Inhaber normalerweise ein vertragliches Recht darauf ein, auf unbestimmte Zeit zu festgesetzten Terminen Zinszahlungen zu erhalten. Der Inhaber hat hierbei kein Recht auf Rückerhalt des Kapitalbetrags, oder er hat dieses Recht zu Bedingungen, die den Erhalt sehr unwahrscheinlich machen bzw. ihn auf einen Termin in ferner Zukunft festlegen. Ein Unternehmen kann beispielsweise ein Finanzinstrument emittieren, mit dem es sich für alle Ewigkeit zu jährlichen Zahlungen zu einem vereinbarten Zinssatz von 8 % des ausgewiesenen Nennwertes oder Kapitalbetrags von WE 1 000 verpflichtet.[*)]

[*)] **Amtl. Anm.:** In diesen Leitlinien werden Geldbeträge in „Währungseinheiten" (WE) angegeben.

Wenn der marktgängige Zinssatz für das Finanzinstrument bei Ausgabe 8 % beträgt, übernimmt der Emittent eine vertragliche Verpflichtung zu einer Reihe von künftigen Zinszahlungen, deren beizulegender Zeitwert (Barwert) beim erstmaligen Ansatz WE 1 000 beträgt. Der Inhaber bzw. der Emittent des Finanzinstruments hat einen finanziellen Vermögenswert bzw. eine finanzielle Verbindlichkeit.

Ein vertragliches Recht auf oder eine vertragliche Verpflichtung zu Empfang, Lieferung oder Übertragung von Finanzinstrumenten stellt selbst ein Finanzinstrument dar. Eine Kette von vertraglich vereinbarten Rechten oder Verpflichtungen erfüllt die Definition eines Finanzinstruments, wenn sie letztendlich zum Empfang oder zur Abgabe von Finanzmitteln oder zum Erwerb oder zur Emission von Eigenkapitalinstrumenten führt. **AG7**

Die Fähigkeit zur Wahrnehmung eines vertraglichen Rechts oder die Forderung zur Erfüllung einer vertraglichen Verpflichtung kann unbedingt oder abhängig vom Eintreten eines künftigen Ereignisses sein. Zum Beispiel ist eine Bürgschaft ein dem Kreditgeber vertraglich eingeräumtes Recht auf Empfang von Finanzmitteln durch den Bürgen und eine korrespondierende vertragliche Verpflichtung des Bürgen zur Zahlung an den Kreditgeber, wenn der Kreditnehmer seinen Verpflichtungen nicht nachkommt. Das vertragliche Recht und die vertragliche Verpflichtung bestehen aufgrund früherer Rechtsgeschäfte oder Geschäftsvorfälle (Übernahme der Bürgschaft), selbst wenn die Fähigkeit des Kreditgebers zur Wahrnehmung seines Rechts und die Anforderung an den Bürgen, seinen Verpflichtungen nachzukommen, von einem künftigen Verzug des Kreditnehmers abhängig sind. Vom Eintreten bestimmter Ereignisse abhängige Rechte und Verpflichtungen erfüllen die Definition von finanziellen Vermögenswerten bzw. finanziellen Verbindlichkeiten, selbst wenn solche Vermögenswerte und Verbindlichkeiten nicht immer im Abschluss bilanziert werden. Einige dieser bedingten Rechte und Verpflichtungen können Versicherungsverträge im Anwendungsbereich von IFRS 4 sein. **AG8**

Ein Leasingverhältnis begründet in der Regel einen Anspruch des Leasinggebers auf Erhalt bzw. die Verpflichtung des Leasingnehmers zur Leistung einer Reihe von Zahlungen, die im Wesentlichen integrierten Tilgungs- und Zinszahlungen bei einem Darlehensvertrag entsprechen. Der Leasinggeber verbucht seine Investition als ausstehende Forderung aufgrund eines Finanzierungsleasingverhältnisses und nicht den dem Finanzierungsleasing zugrunde liegenden Vermögenswert. Somit betrachtet der Leasinggeber ein Finanzierungsleasingverhältnis als Finanzinstrument. Gemäß IFRS 16 erfasst ein Leasinggeber seinen Anspruch auf Erhalt von Leasingzahlungen im Rahmen eines Operating-Leasingverhältnisses nicht. Der Leasinggeber verbucht weiterhin den zugrunde liegenden Vermögenswert und nicht die gemäß Leasingvertrag ausstehende Forderung. Somit betrachtet der Leasinggeber ein Operating-Leasingverhältnis nicht als Finanzinstrument, außer im Hinblick auf einzelne jeweils fällige Zahlungen des Leasingnehmers. **AG9**

Materielle Vermögenswerte (wie Vorräte oder Sachanlagen), Nutzungsrechte und immaterielle Vermögenswerte (wie Patente oder Warenrechte) gelten nicht als finanzielle Vermögenswerte. Mit der Verfügungsgewalt über materielle Vermögenswerte, Nutzungsrechte und immaterielle Vermögenswerte ist zwar die Möglichkeit verbunden, Finanzmittelzuflüsse oder den Zufluss anderer finanzieller Vermögenswerte zu generieren, sie führt aber nicht zu einem Rechtsanspruch auf flüssige Mittel oder andere finanzielle Vermögenswerte. **AG10**

Vermögenswerte (wie aktivische Abgrenzungen), bei denen der künftige wirtschaftliche Nutzen im Empfang von Waren oder Dienstleistungen und nicht im Recht auf Erhalt von flüssigen Mitteln oder anderen finanziellen Vermögenswerten besteht, sind keine finanziellen Vermögenswerte. Auch Posten wie passivische Abgrenzungen und die meisten Gewährleistungsverpflichtungen gelten nicht als finanzielle Verbindlichkeiten, da die aus ihnen resultierenden Nutzenabflüsse in der Bereitstellung von Gütern und Dienstleistungen und nicht in einer vertraglichen Verpflichtung zur Abgabe von flüssigen Mitteln oder anderen finanziellen Vermögenswerten bestehen. **AG11**

AG12 Verbindlichkeiten oder Vermögenswerte, die nicht auf einer vertraglichen Vereinbarung basieren (wie Ertragsteuern, die aufgrund gesetzlicher Vorschriften erhoben werden), gelten nicht als finanzielle Verbindlichkeiten oder finanzielle Vermögenswerte. Die Bilanzierung von Ertragsteuern wird in IAS 12 behandelt. Auch die in IAS 37 *Rückstellungen, Eventualverbindlichkeiten und Eventualforderungen* definierten faktischen Verpflichtungen werden nicht durch Verträge begründet und stellen keine finanziellen Verbindlichkeiten dar.

Eigenkapitalinstrumente

AG13 Beispiele für Eigenkapitalinstrumente sind u. a. nicht kündbare Stammaktien, einige kündbare Instrumente (siehe Paragraphen 16A und 16B), einige Instrumente, die das Unternehmen dazu verpflichten, einer anderen Partei im Falle der Liquidation einen proportionalen Anteil an seinem Nettovermögen zu liefern (siehe Paragraphen 16C und 16D), einige Arten von Vorzugsaktien (siehe Paragraphen AG25 und AG26) sowie Optionsscheine oder geschriebene Verkaufsoptionen, die den Inhaber zur Zeichnung oder zum Kauf einer festen Anzahl nicht kündbarer Stammaktien des emittierenden Unternehmens gegen einen festen Betrag an flüssigen Mitteln oder anderen finanziellen Vermögenswerten berechtigt. Die Verpflichtung eines Unternehmens, gegen einen festen Betrag an flüssigen Mitteln oder anderen finanziellen Vermögenswerten eine feste Anzahl von Eigenkapitalinstrumenten auszugeben oder zu erwerben, ist (abgesehen von den in Paragraph 22A genannten Fällen) als Eigenkapitalinstrument des Unternehmens einzustufen. Wird das Unternehmen in einem solchen Vertrag jedoch zur Abgabe flüssiger Mittel oder anderer finanzieller Vermögenswerte verpflichtet, so entsteht (sofern es sich nicht um einen Vertrag handelt, der gemäß den Paragraphen 16A und 16B oder 16C und 16D als Eigenkapitalinstrument eingestuft ist) gleichzeitig eine Verbindlichkeit in Höhe des Barwertes des Rückkaufbetrags (siehe Paragraph AG27(a)). Ein Emittent nicht kündbarer Stammaktien geht eine Verbindlichkeit ein, wenn er förmliche Schritte für eine Gewinnausschüttung einleitet und damit den Anteilseignern gegenüber gesetzlich dazu verpflichtet wird. Dies kann nach einer Dividendenerklärung der Fall sein oder wenn das Unternehmen liquidiert wird und alle nach Begleichung der Schulden verbliebenen Vermögenswerte auf die Aktionäre zu verteilen sind.

AG14 Eine erworbene Kaufoption oder ein ähnlicher erworbener Vertrag, der ein Unternehmen gegen Abgabe eines festen Betrags an flüssigen Mitteln oder anderen finanziellen Vermögenswerten zum Rückkauf einer festen Anzahl eigener Eigenkapitalinstrumente berechtigt, stellt (abgesehen von den in Paragraph 22A genannten Fällen) keinen finanziellen Vermögenswert des Unternehmens dar. Stattdessen werden sämtliche für einen solchen Vertrag entrichteten Entgelte vom Eigenkapital abgezogen.

Klasse von Instrumenten, die allen anderen im Rang nachgeht (Paragraph 16A Buchstabe b und Paragraph 16C Buchstabe b)

AG14A Eines der in den Paragraphen 16A und 16C genannten Merkmale ist, dass das Finanzinstrument in die Klasse von Instrumenten fällt, die allen anderen im Rang nachgeht.

AG14B Bei der Entscheidung darüber, ob ein Instrument in die nachrangigste Klasse fällt, bewertet das Unternehmen den Anspruch, der im Falle der Liquidation mit diesem Instrument verbunden ist, zu den zum Zeitpunkt der Einstufung herrschenden Bedingungen. Tritt bei maßgeblichen Umständen eine Veränderung ein, so hat das Unternehmen die Einstufung zu überprüfen. Gibt ein Unternehmen beispielsweise ein anderes Finanzinstrument aus oder nimmt ein solches zurück, so kann dies die Einstufung des betreffenden Instruments in die nachrangigste Instrumentenklasse in Frage stellen.

AG14C Bei Liquidation des Unternehmens mit einem Vorzugsrecht verbunden zu sein, bedeutet nicht, dass das Instrument zu einem proportionalen Anteil am Nettovermögen des Unternehmens berechtigt. Im Falle der Liquidation mit einem Vorzugsrecht verbunden ist beispielsweise ein Instrument, das den Inhaber bei Liquidation nicht nur zu einem Anteil am Nettovermögen des

Unternehmens, sondern auch zu einer festen Dividende berechtigt, während die anderen Instrumente in der nachrangigsten Klasse, die zu einem proportionalen Anteil am Nettovermögen berechtigen, bei Liquidation nicht mit dem gleichen Recht verbunden sind.

Verfügt ein Unternehmen nur über eine Klasse von Finanzinstrumenten, so ist diese so zu behandeln, als ginge sie allen anderen im Rang nach. **AG14D**

Für das Instrument über seine Laufzeit insgesamt erwartete Cashflows (Paragraph 16A Buchstabe e)

Die für das Instrument über seine Laufzeit insgesamt erwarteten Cashflows müssen im Wesentlichen auf den Gewinnen oder Verlusten während der Laufzeit, auf Veränderungen, die in dieser Zeit bei den bilanzwirksamen Nettovermögenswerten eintreten, oder auf Veränderungen, die während der Laufzeit beim beizulegenden Zeitwert der bilanzwirksamen und -unwirksamen Nettovermögenswerte des Unternehmens zu verzeichnen sind, beruhen. Gewinne oder Verluste sowie Veränderungen bei den bilanzwirksamen Nettovermögenswerten werden gemäß den einschlägigen IFRS bewertet. **AG14E**

Transaktionen eines Instrumenteninhabers, der nicht Eigentümer des Unternehmens ist (Paragraphen 16A und 16C)

Der Inhaber eines kündbaren Finanzinstruments oder eines Instruments, das das Unternehmen dazu verpflichtet, einer anderen Partei im Falle der Liquidation einen proportionalen Anteil an seinem Nettovermögen zu liefern, kann in einer anderen Eigenschaft als der eines Eigentümers Transaktionen mit dem Unternehmen eingehen. So kann es sich bei dem Inhaber des Instruments auch um einen Beschäftigten des Unternehmens handeln. In diesem Fall sind bei der Beurteilung der Frage, ob das Instrument nach Paragraph 16A oder nach Paragraph 16C als Eigenkapitalinstrument eingestuft werden sollte, nur die Cashflows und die Vertragsbedingungen zu berücksichtigen, die sich auf den Inhaber des Instruments in seiner Eigenschaft als Eigentümer beziehen. **AG14F**

Der Inhaber eines kündbaren Finanzinstruments oder eines Instruments, das das Unternehmen dazu verpflichtet, einer anderen Partei im Falle der Liquidation einen proportionalen Anteil an seinem Nettovermögen zu liefern, kann in einer anderen Eigenschaft als der eines Eigentümers Transaktionen mit dem Unternehmen eingehen. So kann es sich bei dem Inhaber des Instruments auch um einen Beschäftigten des Unternehmens handeln. In diesem Fall sind bei der Beurteilung der Frage, ob das Instrument nach Paragraph 16A oder nach Paragraph 16C als Eigenkapitalinstrument eingestuft werden sollte, nur die Cashflows und die Vertragsbedingungen zu berücksichtigen, die sich auf den Inhaber des Instruments in seiner Eigenschaft als Eigentümer beziehen. **AG14G**

Ein weiteres Beispiel ist eine Gewinn oder Verlustbeteiligungsvereinbarung, bei der den Instrumenteninhabern die Gewinne bzw. Verluste nach Maßgabe der im laufenden und vorangegangenen Geschäftsjahr geleisteten Dienste oder getätigten Geschäftsabschlüsse zugeteilt werden. Derartige Vereinbarungen werden mit den Instrumenteninhabern in ihrer Eigenschaft als Nicht Eigentümer geschlossen und sollten bei der Beurteilung der Frage, ob die in den Paragraphen 16A oder 16C genannten Merkmale gegeben sind, außer Acht gelassen werden. Gewinn oder Verlustbeteiligungsvereinbarungen, bei denen den Instrumenteninhabern Gewinne oder Verluste nach Maßgabe des Nennbetrags ihrer Instrumente im Vergleich zu anderen Instrumenten derselben Klasse zugeteilt werden, sind dagegen Transaktionen, bei denen die Instrumenteninhaber in ihrer Eigenschaft als Eigentümer agieren, und sollten deshalb bei der Beurteilung der Frage, ob die in den Paragraphen 16A oder 16C genannten Merkmale gegeben sind, berücksichtigt werden. **AG14H**

AG14I Cashflows und Vertragsbedingungen einer Transaktion zwischen dem Instrumenteninhaber (als Nicht Eigentümer) und dem emittierenden Unternehmen müssen die gleichen sein wie bei einer entsprechenden Transaktion, die zwischen einer dritten Partei und dem emittierenden Unternehmen stattfinden könnte.

Keine anderen Finanzinstrumente oder Verträge über die gesamten Cashflows, die die Restrendite ihrer Inhaber erheblich beschränken oder festlegen (Paragraphen 16B und 16D)

AG14J Ein Finanzinstrument, das ansonsten die in den Paragraphen 16A oder 16C genannten Kriterien erfüllt, wird als Eigenkapital eingestuft, wenn das Unternehmen keine anderen Finanzinstrumente oder Verträge hält, bei denen a) die gesamten Cashflows im Wesentlichen auf Gewinnen oder Verlusten, auf Veränderungen bei den bilanzwirksamen Nettovermögenswerten oder auf Veränderungen beim beizulegenden Zeitwert der bilanzwirksamen und -unwirksamen Nettovermögenswerte des Unternehmens beruhen, und die b) die Restrendite erheblich beschränken oder festlegen. Folgende Instrumente dürften, wenn sie unter handelsüblichen Konditionen mit unverbundenen Parteien geschlossen werden, einer Einstufung von Instrumenten, die ansonsten die in den Paragraphen 16A oder 16C genannten Kriterien erfüllen, als Eigenkapital nicht im Wege stehen:

(a) Instrumente, deren gesamte Cashflows sich im Wesentlichen auf bestimmte Vermögenswerte des Unternehmens stützen,

(b) Instrumente, deren gesamte Cashflows sich auf einen Prozentsatz der Erlöse stützen,

(c) Verträge, mit denen einzelne Mitarbeiter eine Vergütung für ihre dem Unternehmen geleisteten Dienste erhalten sollen,

(d) Verträge, die als Gegenleistung für erbrachte Dienste oder gelieferte Waren zur Zahlung eines unerheblichen Prozentsatzes des Gewinns verpflichten.

Derivative Finanzinstrumente

AG15 Finanzinstrumente umfassen originäre Instrumente (wie Forderungen, Zahlungsverpflichtungen oder Eigenkapitalinstrumente) und derivative Finanzinstrumente (wie Optionen, standardisierte und andere Termingeschäfte, Zinsswaps oder Währungsswaps). Derivative Finanzinstrumente erfüllen die Definition eines Finanzinstruments und fallen daher in den Anwendungsbereich dieses Standards.

AG16 Derivative Finanzinstrumente begründen Rechte und Verpflichtungen, so dass Finanzrisiken, die in den zugrunde liegenden originären Finanzinstrumenten enthalten sind, als separate Rechte und Verpflichtungen zwischen den Vertragsparteien übertragen werden können. Zu Beginn räumen derivative Finanzinstrumente einer Vertragspartei ein vertragliches Recht auf Austausch von finanziellen Vermögenswerten oder finanziellen Verbindlichkeiten mit der anderen Vertragspartei unter potenziell vorteilhaften Bedingungen ein bzw. verpflichten vertraglich zum Austausch von finanziellen Vermögenswerten oder finanziellen Verbindlichkeiten mit der anderen Vertragspartei unter potenziell nachteiligen Bedingungen. Im Allgemeinen*) führen sie bei Vertragsabschluss jedoch nicht zu einer Übertragung des zugrunde liegenden originären Finanzinstruments, und auch die Erfüllung solcher Verträge ist nicht unbedingt mit einer Übertragung des originären Finanzinstruments verknüpft. Einige Finanzinstrumente schließen sowohl ein Recht auf Austausch als auch eine Verpflichtung zum Austausch ein. Da die Bedingungen des Austauschs zu Beginn der Laufzeit des derivativen Finanzinstrumentes festgelegt wer-

*) **Amtl. Anm.:** Dies trifft auf die meisten, jedoch nicht alle Derivate zu. Beispielsweise wird bei einigen kombinierten Zins-Währungsswaps der Nennbetrag bei Vertragsabschluss getauscht (und bei Vertragserfüllung zurückgetauscht).

den und die Kurse auf den Finanzmärkten ständigen Veränderungen unterworfen sind, können die Bedingungen im Laufe der Zeit entweder vorteilhaft oder nachteilig werden.

Eine Verkaufs- oder Kaufoption auf den Austausch finanzieller Vermögenswerte oder Verbindlichkeiten (also anderer Finanzinstrumente als den Eigenkapitalinstrumenten des Unternehmens) räumt dem Inhaber ein Recht auf einen potenziellen künftigen wirtschaftlichen Nutzen aufgrund der Veränderungen im beizulegenden Zeitwert der Basis ein, die dem Kontrakt zu Grunde liegt. Umgekehrt geht der Stillhalter einer Option eine Verpflichtung ein, auf einen potenziellen künftigen wirtschaftlichen Nutzen zu verzichten bzw. potenzielle Verluste aufgrund der Veränderungen im beizulegenden Zeitwert des betreffenden Finanzinstrumentes zu tragen. Das vertragliche Recht des Inhabers und die Verpflichtung des Stillhalters erfüllen die definitorischen Merkmale eines finanziellen Vermögenswertes bzw. einer finanziellen Verbindlichkeit. Das einem Optionsvertrag zugrunde liegende Finanzinstrument kann ein beliebiger finanzieller Vermögenswert einschließlich Aktien anderer Unternehmen und verzinslicher Instrumente sein. Eine Option kann den Stillhalter verpflichten, ein Schuldinstrument zu emittieren, anstatt einen finanziellen Vermögenswert zu übertragen, doch würde das dem Optionsvertrag zugrunde liegende Finanzinstrument bei Nutzung des Optionsrechts einen finanziellen Vermögenswert des Inhabers darstellen. Das Recht des Optionsinhabers auf Austausch der Vermögenswerte unter potenziell vorteilhaften Bedingungen und die Verpflichtung des Stillhalters zur Abgabe von Vermögenswerten unter potenziell nachteiligen Bedingungen sind von den betreffenden, bei Ausübung der Option auszutauschenden finanziellen Vermögenswerten zu unterscheiden. Die Art des Inhaberrechts und die Verpflichtung des Stillhalters bleiben von der Wahrscheinlichkeit der Ausübung des Optionsrechts unberührt. **AG17**

Ein weiteres Beispiel für ein derivatives Finanzinstrument ist ein Termingeschäft, das in einem Zeitraum von sechs Monaten zu erfüllen ist und in dem ein Käufer sich verpflichtet, im Austausch gegen festverzinsliche Regierungsanleihen mit einem Nennbetrag von WE 1 000 000 flüssige Mittel im Wert von WE 1 000 000 zu liefern, und der Verkäufer sich verpflichtet, im Austausch gegen flüssige Mittel im Wert von WE 1 000 000 festverzinsliche Regierungsanleihen mit einem Nennbetrag von WE 1 000 000 zu liefern. Während des Zeitraums von sechs Monaten haben beide Vertragsparteien ein vertragliches Recht und eine vertragliche Verpflichtung zum Austausch von Finanzinstrumenten. Wenn der Marktpreis der Regierungsanleihen über WE 1 000 000 steigt, sind die Bedingungen für den Käufer vorteilhaft und für den Verkäufer nachteilig; wenn der Marktpreis unter WE 1 000 000 fällt, ist das Gegenteil der Fall. Der Käufer hat ein vertragliches Recht (einen finanziellen Vermögenswert) ähnlich dem Recht aufgrund einer gehaltenen Kaufoption und eine vertragliche Verpflichtung (eine finanzielle Verbindlichkeit) ähnlich einer Verpflichtung aufgrund einer geschriebenen Verkaufsoption; der Verkäufer hat hingegen ein vertragliches Recht (einen finanziellen Vermögenswert) ähnlich dem Recht aufgrund einer gehaltenen Verkaufsoption und eine vertragliche Verpflichtung (eine finanzielle Verbindlichkeit) ähnlich einer Verpflichtung aufgrund einer geschriebenen Kaufoption. Wie bei Optionen stellen diese vertraglichen Rechte und Verpflichtungen finanzielle Vermögenswerte und finanzielle Verbindlichkeiten dar, die von den den Geschäften zugrunde liegenden Finanzinstrumenten (den auszutauschenden Regierungsanleihen und flüssigen Mitteln) zu trennen und zu unterscheiden sind. Beide Vertragsparteien eines Termingeschäfts gehen eine zu einem vereinbarten Zeitpunkt zu erfüllende Verpflichtung ein, während die Erfüllung bei einem Optionsvertrag nur dann erfolgt, wenn der Inhaber der Option dies wünscht. **AG18**

Viele andere Arten von derivativen Finanzinstrumenten enthalten ein Recht auf bzw. eine Verpflichtung zu einem künftigen Austausch, einschließlich Zins- und Währungsswaps, Collars und Floors, Darlehenszusagen, NIFs (Note Issuance Facilities) und Akkreditive. Ein Zinsswap kann als Variante eines standardisierten Terminkontrakts betrachtet werden, bei dem die Vertragsparteien übereinkommen, künftig Geldbeträge auszutauschen, wobei der eine Betrag aufgrund eines variablen Zinssatzes und der andere aufgrund eines festen Zinssatzes berechnet wird. Futures-Kontrakte stellen eine weitere Variante von Terminkontrakten dar, die sich hauptsächlich dadurch unterscheiden, dass die Verträge standardisiert sind und an Börsen gehandelt werden. **AG19**

Verträge über den Kauf oder Verkauf eines nicht finanziellen Postens (Paragraphen 8-10)

AG20 Verträge über den Kauf oder Verkauf eines nicht finanziellen Postens erfüllen nicht die Definition eines Finanzinstruments, weil das vertragliche Recht einer Vertragspartei auf den Empfang nicht finanzieller Vermögenswerte oder Dienstleistungen und die korrespondierende Verpflichtung der anderen Vertragspartei keinen bestehenden Rechtsanspruch oder eine Verpflichtung auf Empfang, Lieferung oder Übertragung eines finanziellen Vermögenswertes begründen. Beispielsweise gelten Verträge, die eine Erfüllung ausschließlich durch Erhalt oder Lieferung eines nicht finanziellen Vermögenswertes (beispielsweise eine Option, ein standardisierter oder anderer Terminkontrakt über Silber) vorsehen, nicht als Finanzinstrumente. Dies trifft auf viele Warenverträge zu. Einige Warenverträge sind der Form nach standardisiert und werden in organisierten Märkten auf ähnliche Weise wie einige derivative Finanzinstrumente gehandelt. Ein standardisiertes Warentermingeschäft kann beispielsweise sofort gegen Bargeld gekauft und verkauft werden, weil es an einer Börse zum Handel zugelassen ist und häufig den Besitzer wechseln kann. Die Vertragsparteien, die den Vertrag kaufen bzw. verkaufen, handeln allerdings im Grunde genommen mit der dem Vertrag zugrunde liegenden Ware. Die Fähigkeit, einen Warenvertrag gegen flüssige Mittel zu kaufen bzw. zu verkaufen, die Leichtigkeit, mit der der Warenvertrag gekauft bzw. verkauft werden kann, und die Möglichkeit, einen Barausgleich mit der Verpflichtung zu vereinbaren, die Ware zu erhalten bzw. zu liefern, ändern nichts an der grundlegenden Eigenschaft des Vertrags, so dass ein Finanzinstrument gebildet würde. Dennoch fallen einige Verträge über den Kauf oder Verkauf nicht finanzieller Posten, die durch einen Ausgleich in bar oder anderen Finanzinstrumenten erfüllt werden können oder bei denen der nicht finanzielle Posten jederzeit in flüssige Mittel umgewandelt werden kann, in den Anwendungsbereich dieses Standards, so als handle es sich um Finanzinstrumente (siehe Paragraph 8).

AG21 Sofern in IFRS 15 *Erlöse aus Verträgen mit Kunden* nichts anderes festgelegt ist, begründet ein Vertrag, der den Erhalt bzw. die Lieferung materieller Vermögenswerte enthält, weder einen finanziellen Vermögenswert bei der einen Vertragspartei noch eine finanzielle Verbindlichkeit bei der anderen, es sei denn, dass eine entsprechende Zahlung oder Teilzahlung auf einen Zeitpunkt nach Übertragung der materiellen Vermögenswerte verschoben wird. Dies ist beim Kauf oder Verkauf von Gütern mittels Handelskredit der Fall.

AG22 Einige Verträge beziehen sich zwar auf Waren, enthalten aber keine Erfüllung durch physische Entgegennahme bzw. Lieferung von Waren. Bei diesen Verträgen erfolgt die Erfüllung durch Barzahlungen, deren Höhe anhand einer im Vertrag vereinbarten Formel bestimmt wird, und nicht durch Zahlung von Festbeträgen. Der Kapitalwert einer Anleihe kann beispielsweise durch Zugrundelegung des Marktpreises für Öl berechnet werden, der bei Fälligkeit der Anleihe für eine feste Ölmenge besteht. Der Kapitalwert wird im Hinblick auf den Warenpreis indiziert, aber ausschließlich mit flüssigen Mitteln erbracht. Solche Verträge stellen Finanzinstrumente dar.

AG23 Die Definition von Finanzinstrument umfasst auch Verträge, die zusätzlich zu finanziellen Vermögenswerten bzw. Verbindlichkeiten zu nicht finanziellen Vermögenswerten bzw. nicht finanziellen Verbindlichkeiten führen. Solche Finanzinstrumente räumen einer Vertragspartei häufig eine Option auf Austausch eines finanziellen Vermögenswertes gegen einen nicht finanziellen Vermögenswert ein. Eine an Öl gebundene Anleihe beispielsweise kann dem Inhaber das Recht auf Erhalt von regelmäßigen Zinszahlungen in festen zeitlichen Abständen und auf Erhalt eines festen Betrags an flüssigen Mitteln bei Fälligkeit mit der Option einräumen, den Kapitalbetrag gegen eine feste Menge an Öl einzutauschen. Ob die Ausübung einer solchen Option vorteilhaft ist, hängt davon ab, wie stark sich der beizulegende Zeitwert des Öls in Bezug auf das in der Anleihe festgesetzte Tauschverhältnis von Zahlungsmitteln gegen Öl (den Tauschpreis) verändert. Die Absichten des Anleihegläubigers, eine Option auszuüben, beeinflussen nicht die wirtschaftliche Substanz derjenigen Teile, die Vermögenswerte darstellen. Der finanzielle Vermögenswert des Inhabers und die finanzielle Verbindlichkeit des Emittenten machen die Anleihe zu einem Finanzinstrument, unabhängig von anderen Arten von Vermögenswerten und Schulden, die ebenfalls geschaffen werden.

(weggefallen) AG24

Darstellung

Schulden und Eigenkapital (Paragraphen 15-27)

Keine vertragliche Verpflichtung zur Abgabe flüssiger Mittel oder anderer finanzieller Vermögenswerte (Paragraphen 17-20)

Vorzugsaktien können bei der Emission mit verschiedenen Rechten ausgestattet werden. Bei der Einstufung einer Vorzugsaktie als finanzielle Verbindlichkeit oder als Eigenkapitalinstrument bewertet ein Emittent die einzelnen Rechte, die mit der Aktie verbunden sind, um zu bestimmen, ob sie die wesentlichen Merkmale einer finanziellen Verbindlichkeit aufweist. So ist eine Vorzugsaktie, die einen Rückkauf zu einem bestimmten Zeitpunkt oder auf Wunsch des Inhabers vorsieht, eine finanzielle Verbindlichkeit, da der Emittent zur Abgabe finanzieller Vermögenswerte an den Aktieninhaber verpflichtet ist. Auch wenn ein Emittent der vertraglich vereinbarten Rückkaufverpflichtung von Vorzugsaktien aus Mangel an Finanzmitteln, aufgrund einer gesetzlich vorgeschriebenen Verfügungsbeschränkung oder ungenügender Gewinne oder Rückstellungen u.U. nicht nachkommen kann, wird die Verpflichtung dadurch nicht hinfällig. Eine Option des Emittenten auf Rückkauf der Aktien gegen flüssige Mittel erfüllt nicht die Definition einer finanziellen Verbindlichkeit, da der Emittent in diesem Fall nicht zur Übertragung finanzieller Vermögenswerte auf die Eigentümer verpflichtet ist, sondern der Rückkauf der Aktien ausschließlich in seinem Ermessen liegt. Eine Verpflichtung kann allerdings entstehen, wenn der Emittent seine Option ausübt. Normalerweise geschieht dies, indem er die Eigentümer formell von der Rückkaufabsicht unterrichtet. AG25

Wenn Vorzugsaktien nicht rückkauffähig sind, hängt ihre Einstufung von den anderen mit ihnen verbundenen Rechten ab. Die Einstufung erfolgt nach Maßgabe der wirtschaftlichen Substanz der vertraglichen Vereinbarungen und der Begriffsbestimmungen für finanzielle Verbindlichkeiten und Eigenkapitalinstrumente. Wenn Gewinnausschüttungen an Inhaber kumulativer oder nicht-kumulativer Vorzugsaktien im Ermessensspielraum des Emittenten liegen, gelten die Aktien als Eigenkapitalinstrumente. Nicht beeinflusst wird die Einstufung einer Vorzugsaktie als Eigenkapitalinstrument oder als finanzielle Verbindlichkeit beispielsweise durch: AG26

(a) Ausschüttungen in der Vergangenheit;

(b) die Absicht, künftig Ausschüttungen vorzunehmen;

(c) eine mögliche nachteilige Auswirkung auf den Kurs der Stammaktien des Emittenten, falls keine Ausschüttungen vorgenommen werden (aufgrund von Beschränkungen hinsichtlich der Zahlung von Dividenden auf Stammaktien, wenn keine Dividenden auf Vorzugsaktien gezahlt werden);

(d) die Höhe der Rücklagen des Emittenten;

(e) eine Gewinn- oder Verlusterwartung des Emittenten für eine Berichtsperiode; oder

(f) die Fähigkeit oder Unfähigkeit des Emittenten, die Höhe seines Periodenergebnisses zu beeinflussen.

Erfüllung in Eigenkapitalinstrumenten des Unternehmens (Paragraphen 21-24)

Die folgenden Beispiele veranschaulichen, wie die verschiedenen Arten von Verträgen über die Eigenkapitalinstrumente eines Unternehmens einzustufen sind: AG27

(a) Ein Vertrag, zu dessen Erfüllung das Unternehmen ohne künftige Gegenleistung eine feste Anzahl von Eigenkapitalinstrumenten erhält oder liefert oder eine feste Anzahl eigener Anteile gegen einen festen Betrag an flüssigen Mitteln oder anderen finanziellen Vermögenswerten tauscht, ist (abgesehen von den in Paragraph 22A genannten Fällen) als

Eigenkapitalinstrument einzustufen. Dementsprechend werden im Rahmen eines solchen Vertrags erhaltene oder entrichtete Entgelte direkt dem Eigenkapital zugeschrieben bzw. davon abgezogen. Ein Beispiel hierfür ist eine ausgegebene Aktienoption, die die andere Vertragspartei gegen Zahlung eines festen Betrags an flüssigen Mitteln zum Kauf einer festen Anzahl von Anteilen des Unternehmens berechtigt. Ist das Unternehmen jedoch vertraglich verpflichtet, seine eigenen Anteile zu einem fest verabredeten oder zu bestimmenden Zeitpunkt oder auf Verlangen gegen flüssige Mittel oder andere finanzielle Vermögenswerte zu kaufen (zurückzukaufen), hat es (abgesehen von Instrumenten, die alle in den Paragraphen 16A und 16B oder 16C und 16D beschriebenen Merkmale aufweisen und die dort genannten Bedingungen erfüllen) gleichzeitig eine finanzielle Verbindlichkeit in Höhe des Barwertes des Rückkaufbetrags anzusetzen. Ein Beispiel hierfür ist die Verpflichtung eines Unternehmens bei einem Termingeschäft, eine feste Anzahl eigener Anteile gegen einen festen Betrag an flüssigen Mitteln zurückzukaufen;

(b) Die Verpflichtung eines Unternehmens zum Kauf eigener Anteile gegen flüssige Mittel begründet (mit Ausnahme der in den Paragraphen 16A und 16B oder 16C und 16D genannten Fälle) auch dann eine finanzielle Verbindlichkeit in Höhe des Barwertes des Rückkaufbetrags, wenn die Anzahl der Anteile, zu deren Rückkauf das Unternehmen verpflichtet ist, nicht festgelegt ist oder die Verpflichtung nur bei Ausübung des Rückkaufrechts durch die Vertragspartei zu erfüllen ist. Ein Beispiel für eine solche vorbehaltliche Verpflichtung ist eine ausgegebene Option, die das Unternehmen zum Rückkauf eigener Anteile verpflichtet, wenn die Vertragspartei die Option ausübt;

(c) Ein in bar oder durch andere finanzielle Vermögenswerte abgegoltener Vertrag stellt (mit Ausnahme der in den Paragraphen 16A und 16B oder 16C und 16D genannten Fälle) auch dann einen finanziellen Vermögenswert bzw. eine finanzielle Verbindlichkeit dar, wenn der zu erhaltende bzw. abzugebende Betrag an flüssigen Mitteln oder anderen finanziellen Vermögenswerten auf Änderungen des Marktpreises der Eigenkapitalinstrumente des Unternehmens beruht. Ein Beispiel hierfür ist eine Aktienoption mit Nettobarausgleich;

(d) Ein Vertrag, der durch eine variable Anzahl eigener Anteile des Unternehmens erfüllt wird, deren Wert einem festen Betrag oder einem von Änderungen einer zugrunde liegenden Variablen (beispielsweise eines Warenpreises) abhängigen Betrag entspricht, stellt einen finanziellen Vermögenswert bzw. eine finanzielle Verbindlichkeit dar. Ein Beispiel hierfür ist eine geschriebene Option auf den Kauf von Gold, die bei Ausübung netto in den Eigenkapitalinstrumenten des Unternehmens erfüllt wird, wobei sich die Anzahl der abzugebenden Instrumente nach dem Wert des Optionskontrakts bemisst. Ein derartiger Vertrag stellt auch dann einen finanziellen Vermögenswert bzw. eine finanzielle Verbindlichkeit dar, wenn die zugrunde liegende Variable der Kurs der eigenen Anteile des Unternehmens und nicht das Gold ist. Auch ein Vertrag, der einen Ausgleich durch eine bestimmte Anzahl eigener Anteile des Unternehmens vorsieht, die jedoch mit unterschiedlichen Rechten ausgestattet werden, so dass der Erfüllungsbetrag einem festen Betrag oder einem auf Änderungen einer zugrunde liegenden Variablen basierenden Betrag entspricht, ist als finanzieller Vermögenswert bzw. als finanzielle Verbindlichkeit einzustufen.

Bedingte Erfüllungsvereinbarungen (Paragraph 25)

AG28 Ist ein Teil einer bedingten Erfüllungsvereinbarung, der einen Ausgleich in bar oder anderen finanziellen Vermögenswerten (oder eine andere als finanzielle Verbindlichkeit einzustufende Art der Erfüllung) erforderlich machen könnte, nicht echt, so hat die Erfüllungsvereinbarung gemäß Paragraph 25 keinen Einfluss auf die Einstufung eines Finanzinstruments. Somit ist ein Vertrag, der nur dann in bar oder durch eine variable Anzahl eigener Anteile zu erfüllen ist, wenn ein extrem seltenes, äußert ungewöhnliches und sehr unwahrscheinliches Ereignis eintritt, als Eigenkapitalinstrument einzustufen. Auch die Erfüllung durch eine feste Anzahl eigener Anteile des Unternehmens kann unter bestimmten Umständen, die sich der Kontrolle des

Unternehmens entziehen, vertraglich ausgeschlossen sein; ist das Eintreten dieser Umstände jedoch höchst unwahrscheinlich, ist eine Einstufung als Eigenkapitalinstrument angemessen.

Behandlung im Konzernabschluss

Im Konzernabschluss weist ein Unternehmen die nicht beherrschenden Anteile – also die Anteile Dritter am Eigenkapital und Periodenergebnis seiner Tochterunternehmen – gemäß IAS 1 und IFRS 10 aus. Bei der Einstufung eines Finanzinstruments (oder eines seiner Bestandteile) im Konzernabschluss bestimmt ein Unternehmen anhand aller zwischen den Konzernmitgliedern und den Inhabern des Instruments vereinbarten Vertragsbedingungen, ob das Instrument den Konzern als Ganzes zur Lieferung flüssiger Mittel oder anderer finanzieller Vermögenswerte oder zu einer anderen Art der Erfüllung verpflichtet, die eine Einstufung als Verbindlichkeit nach sich zieht. Wenn ein Tochterunternehmen in einem Konzern ein Finanzinstrument emittiert und ein Mutterunternehmen oder ein anderes Konzernunternehmen mit den Inhabern des Instruments direkt zusätzliche Vertragsbedingungen (beispielsweise eine Garantie) vereinbart, liegen die Ausschüttungen oder der Rückkauf möglicherweise nicht mehr im Ermessen des Konzerns. Auch wenn es im Einzelabschluss des Tochterunternehmens angemessen sein kann, diese zusätzlichen Bedingungen bei der Einstufung des Instruments auszuklammern, sind die Auswirkungen anderer Vereinbarungen zwischen den Konzernmitgliedern und den Inhabern des Instruments zu berücksichtigen, um zu gewährleisten, dass der Konzernabschluss die vom Konzern als Ganzen eingegangenen Verträge und Transaktionen widerspiegelt. Soweit eine derartige Verpflichtung oder Erfüllungsvereinbarung besteht, ist das Instrument (oder dessen Bestandteil, auf den sich die Verpflichtung bezieht) im Konzernabschluss als finanzielle Verbindlichkeit einzustufen. **AG29**

Nach den Paragraphen 16A und 16B oder 16C und 16D werden bestimmte Arten von Instrumenten, die für das Unternehmen mit einer vertraglichen Verpflichtung verbunden sind, als Eigenkapitalinstrumente eingestuft. Dies stellt eine Ausnahme von den allgemeinen Einstufungsgrundsätzen dieses Standards dar. Nicht anzuwenden ist diese Ausnahme bei der Einstufung nicht beherrschender Anteile im Konzernabschluss. Aus diesem Grund werden Instrumente, die nach den Paragraphen 16A und 16B oder den Paragraphen 16C und 16D im Einzelabschluss als Eigenkapital eingestuft sind und bei denen es sich um nicht beherrschende Anteile handelt, im Konzernabschluss als Verbindlichkeiten eingestuft. **AG29A**

Zusammengesetzte Finanzinstrumente (Paragraphen 28-32)

Paragraph 28 gilt nur für die Emittenten nicht derivativer zusammengesetzter Finanzinstrumente. Zusammengesetzte Finanzinstrumente werden dort nicht aus Sicht der Inhaber behandelt. In IFRS 9 werden die Klassifizierung und die Bewertung von finanziellen Vermögenswerten, bei denen es sich um zusammengesetzte Finanzinstrumente handelt, aus Sicht der Inhaber behandelt. **AG30**

Eine übliche Form eines zusammengesetzten Finanzinstruments ist ein Schuldinstrument, das eine eingebettete Tauschoption wie in Stammaktien des Emittenten wandelbare Anleihen enthält und keine anderen Merkmale eines eingebetteten Derivats aufweist. Paragraph 28 verlangt vom Emittenten eines solchen Finanzinstruments, die Schuld- und die Eigenkapitalkomponente in der Bilanz wie folgt getrennt auszuweisen: **AG31**

(a) Die Verpflichtung des Emittenten zu regelmäßigen Zins- und Kapitalzahlungen stellt eine finanzielle Verbindlichkeit dar, die solange besteht, wie das Instrument nicht gewandelt wird. Beim erstmaligen Ansatz entspricht der beizulegende Zeitwert der Schuldkomponente dem Barwert der vertraglich festgelegten künftigen Cashflows, die zum marktgängigen Zinssatz abgezinst werden, der zu diesem Zeitpunkt für Finanzinstrumente gültig ist, die einen vergleichbaren Kreditstatus haben und die bei gleichen Bedingungen zu im Wesentlichen den gleichen Cashflows führen, bei denen aber keine Tauschoption vorliegt.

(b) Das Eigenkapitalinstrument besteht in einer eingebetteten Option auf Wandlung der Schuld in Eigenkapital des Emittenten. Diese Option hat beim erstmaligen Ansatz auch dann einen Wert, wenn sie aus dem Geld ist.

AG32 Bei Wandlung eines wandelbaren Instruments zum Fälligkeitstermin wird die Schuldkomponente ausgebucht und im Eigenkapital erfasst. Die ursprüngliche Eigenkapitalkomponente wird weiterhin als Eigenkapital geführt (kann jedoch von einem Eigenkapitalposten in einen anderen umgebucht werden). Bei der Umwandlung zum Fälligkeitstermin entsteht kein Gewinn oder Verlust.

AG33 Wird ein wandelbares Instrument durch frühzeitige Rücknahme oder frühzeitigen Rückkauf, bei dem die ursprünglichen Wandlungsrechte unverändert bestehen bleiben, vor seiner Fälligkeit getilgt, werden das entrichtete Entgelt und alle Transaktionskosten für den Rückkauf oder die Rücknahme zum Zeitpunkt der Transaktion den Schuld- und Eigenkapitalkomponenten des Instruments zugeordnet. Die Aufteilung der entrichteten Entgelte und Transaktionskosten auf die beiden Komponenten muss nach der gleichen Methode erfolgen wie die ursprüngliche Aufteilung der vom Unternehmen bei der Emission des wandelbaren Instruments vereinnahmten Erlöse gemäß den Paragraphen 28–32.

AG34 Nach der Aufteilung des Entgelts sind alle daraus resultierenden Gewinne oder Verluste nach den für die jeweilige Komponente maßgeblichen Rechnungslegungsgrundsätzen zu behandeln:

(a) der Gewinn oder Verlust, der sich auf die Schuldkomponente bezieht, wird im Gewinn oder Verlust erfasst; und

(b) der Betrag des Entgelts, der sich auf die Eigenkapitalkomponente bezieht, wird im Eigenkapital erfasst.

AG35 Ein Unternehmen kann die Bedingungen eines wandelbaren Instruments ändern, um eine frühzeitige Wandlung herbeizuführen, beispielsweise durch das Angebot eines günstigeren Umtauschverhältnisses oder die Zahlung eines zusätzlichen Entgelts bei Wandlung vor einem festgesetzten Termin. Die Differenz, die zum Zeitpunkt der Änderung der Bedingungen zwischen dem beizulegenden Zeitwert des Entgelts, das der Inhaber bei Wandlung des Instruments gemäß den geänderten Bedingungen erhält, und dem beizulegenden Zeitwert des Entgelts, das der Inhaber gemäß den ursprünglichen Bedingungen erhalten hätte, besteht, werden im Gewinn oder Verlust als Aufwand erfasst.

Eigene Anteile (Paragraphen 33 und 34)

AG36 Die eigenen Eigenkapitalinstrumente eines Unternehmens werden unabhängig vom Grund ihres Rückkaufs nicht als finanzieller Vermögenswert angesetzt. Paragraph 33 schreibt vor, dass zurückerworbene Eigenkapitalinstrumente vom Eigenkapital abzuziehen sind. Hält ein Unternehmen dagegen eigene Eigenkapitalinstrumente im Namen Dritter, wie dies etwa bei einem Finanzinstitut der Fall ist, das Eigenkapitalinstrumente im Namen eines Kunden hält, liegt ein Vermittlungsgeschäft vor, so dass diese Bestände nicht in die Bilanz des Unternehmens einfließen.

Zinsen, Dividenden, Verluste und Gewinne (Paragraphen 35-41)

AG37 Das folgende Beispiel veranschaulicht die Anwendung des Paragraphen 35 auf ein zusammengesetztes Finanzinstrument. Es wird von der Annahme ausgegangen, dass eine nicht kumulative Vorzugsaktie in fünf Jahren gegen flüssige Mittel rückgabepflichtig ist, die Zahlung von Dividenden vor dem Rückkauftermin jedoch im Ermessen des Unternehmens liegt. Ein solches Instrument ist ein zusammengesetztes Finanzinstrument, dessen Schuldkomponente dem Barwert des Rückkaufbetrags entspricht. Die Abwicklung der Diskontierung dieser Komponente wird im Gewinn oder Verlust erfasst und als Zinsaufwendungen eingestuft. Alle gezahlten Dividenden beziehen sich auf die Eigenkapitalkomponente und werden dementsprechend als Ergebnisausschüttung erfasst. Eine ähnliche Bilanzierungsweise fände auch dann Anwendung, wenn der Rückkauf nicht obligatorisch, sondern auf Wunsch des Inhabers erfolgte oder die Verpflichtung bestünde, den Anteil in eine variable Anzahl von Stammaktien umzuwandeln, deren Höhe einem festen Betrag oder einem von Änderungen einer zugrunde liegenden Variablen (beispielsweise einer Ware) abhängigen Betrag entspricht. Werden dem Rückkaufbetrag jedoch noch nicht gezahlte Dividenden hinzugefügt, stellt das gesamte Instrument eine Verbindlichkeit dar. In diesem Fall sind alle Dividenden als Zinsaufwendungen einzustufen.

Saldierung von finanziellen Vermögenswerten und finanziellen Verbindlichkeiten (Paragraphen 42-50)

(weggefallen) **AG38**

Kriterium, demzufolge ein Unternehmen „zum gegenwärtigen Zeitpunkt einen Rechtsanspruch darauf hat, die erfassten Beträge zu saldieren" (Paragraph 42(a))

Ein Rechtsanspruch auf Saldierung kann zum gegenwärtigen Zeitpunkt bereits bestehen oder **AG38A** durch ein künftiges Ereignis ausgelöst werden (so kann der Anspruch beispielsweise durch das Eintreten eines künftigen Ereignisses wie eines Ausfalls, einer Insolvenz oder eines Konkurses einer der Gegenparteien entstehen oder durchsetzbar werden). Selbst wenn der Rechtsanspruch auf Saldierung nicht von einem künftigen Ereignis abhängt, kann er lediglich im Rahmen eines normalen Geschäftsverlaufs oder im Falle eines Ausfalls, einer Insolvenz oder eines Konkurses einer oder sämtlicher Gegenparteien rechtlich durchsetzbar werden.

Um das Kriterium von Paragraph 42(a) zu erfüllen, muss ein Unternehmen zum gegenwärtigen **AG38B** Zeitpunkt einen Rechtsanspruch auf Saldierung haben. Dies bedeutet, dass der Rechtsanspruch auf Saldierung

(a) nicht von einem künftigen Ereignis abhängen darf und

(b) in allen nachfolgend genannten Fällen rechtlich durchsetzbar sein muss:

 (i) im normalen Geschäftsverlauf;

 (ii) im Falle eines Ausfalls und

 (iii) im Falle einer Insolvenz oder eines Konkurses

 des Unternehmens und sämtlicher Gegenparteien.

Die Wesensart und der Umfang des Rechtsanspruchs auf Saldierung, einschließlich der an die **AG38C** Ausübung dieses Rechts geknüpften Bedingungen und des Umstands, ob es im Falle eines Ausfalls, einer Insolvenz oder eines Konkurses weiter fortbestehen würde, können von einer Rechtsordnung zur anderen variieren. Folglich kann nicht davon ausgegangen werden, dass der Rechtsanspruch auf Saldierung automatisch außerhalb des normalen Geschäftsverlaufs fortbesteht. So können z. B. Konkurs- oder Insolvenzrechtsvorschriften eines Landes den Rechtsanspruch auf Saldierung bei einem Konkurs oder einer Insolvenz in bestimmten Fällen untersagen oder einschränken.

Die auf die Beziehungen zwischen den Parteien anwendbaren Rechtsvorschriften (wie z. B. Ver- **AG38D** tragsbestimmungen, die auf einen Vertrag anwendbaren Gesetze oder die auf die Parteien anwendbaren Ausfall-, Insolvenz- oder Konkursvorschriften) sind zu berücksichtigen, wenn es darum geht, sich zu vergewissern, dass der Rechtsanspruch auf Saldierung im Falle eines normalen Geschäftsverlaufs, eines Ausfalls, einer Insolvenz oder eines Konkurses des Unternehmens und sämtlicher Gegenparteien (wie in Paragraph AG38B(b) erläutert) rechtlich durchsetzbar ist.

Kriterium, dass ein Unternehmen beabsichtigt, entweder den Ausgleich auf Nettobasis herbeizuführen, oder gleichzeitig den betreffenden Vermögenswert zu realisieren und die dazugehörige Verbindlichkeit zu begleichen (Paragraph 42(b))

Um das Kriterium von Paragraph 42(b) zu erfüllen, muss ein Unternehmen beabsichtigen, ent- **AG38E** weder den Ausgleich auf Nettobasis herbeizuführen oder gleichzeitig den Vermögenswert zu realisieren und die dazugehörige Verbindlichkeit zu begleichen. Auch wenn ein Unternehmen berechtigt sein mag, einen Ausgleich auf Nettobasis herbeizuführen, kann es den Vermögenswert nach wie vor realisieren und die Verbindlichkeit gesondert begleichen.

AG38F Kann ein Unternehmen Beträge so begleichen, dass das Ergebnis tatsächlich dem Ausgleich auf Nettobasis entspricht, erfüllt das Unternehmen das Kriterium für diesen Ausgleich im Sinne von Paragraph 42(b). Dieser Fall ist gegeben, wenn – nur wenn – der Bruttoausgleichsmechanismus Merkmale aufweist, die ein Kredit- und Liquiditätsrisiko beseitigen oder zu einem unwesentlichen solchen führen sowie Forderungen und Verbindlichkeiten in einem einzigen Erfüllungsprozess oder -zyklus ausgleichen. So würde beispielsweise ein Bruttoausgleichsverfahren, dass sämtliche der nachfolgend genannten Merkmale aufweist, das Nettoausgleichskriterium von Paragraph 42(b) erfüllen:

(a) finanzielle Vermögenswerte und finanzielle Verbindlichkeiten, die für eine Saldierung in Frage kommen, werden im selben Zeitpunkt zur Ausführung gegeben;

(b) sobald die finanziellen Vermögenswerte und finanziellen Verbindlichkeiten zur Ausführung gegeben wurden, sind die Parteien gehalten, der Ausgleichsverpflichtung nachzukommen;

(c) Cashflows aus Vermögenswerten und Verbindlichkeiten können nicht geändert werden, sobald letztere zur Ausführung gegeben wurden (es sei denn, die Ausführung kommt nicht zustande – siehe nachfolgend (d));

(d) Vermögenswerte und Verbindlichkeiten, die durch Wertpapiere besichert sind, werden mittels einer Wertpapierübertragung oder durch ein vergleichbares System ausgeglichen (z. B. Lieferung gegen Zahlung), so dass der Ausgleich für die entsprechende Forderung oder Verbindlichkeit, die durch die Wertpapiere unterlegt sind, nicht zustande kommt, wenn die Wertpapierübertragung nicht zustande kommt (und vice versa);

(e) jede im Sinne von Buchstabe d nicht zustande gekommene Transaktion wird erneut zur Ausführung gegeben, bis sie ausgeglichen ist;

(f) der Ausgleich wird von derselben Institution vorgenommen (z. B. eine Abwicklungsbank, eine Zentralbank oder einen Zentralverwahrer); und

(g) es besteht eine untertägige Kreditlinie, die ausreichende Überziehungsbeträge zur Verfügung stellt, um die Ausführung der Zahlungen am Erfüllungstag für jede Partei vornehmen zu können, und es ist so gut wie sicher, dass diese untertägige Kreditlinie nach Inanspruchnahme wieder ausgeglichen wird.

AG39 Der Standard sieht keine spezielle Behandlung für so genannte „synthetische Finanzinstrumente" vor, worunter Gruppen einzelner Finanzinstrumente zu verstehen sind, die erworben und gehalten werden, um die Eigenschaften eines anderen Finanzinstruments nachzuahmen. Eine variabel verzinsliche langfristige Anleihe, die mit einem Zinsswap kombiniert wird, der den Erhalt variabler Zahlungen und die Leistung fester Zahlungen enthält, synthetisiert beispielsweise eine festverzinsliche langfristige Anleihe. Jedes der einzelnen Finanzinstrumente eines „synthetischen Finanzinstruments" stellt ein vertragliches Recht bzw. eine vertragliche Verpflichtung mit eigenen Laufzeiten und Vertragsbedingungen dar, so dass jedes Instrument für sich übertragen oder verrechnet werden kann. Jedes Finanzinstrument ist Risiken ausgesetzt, die von denen anderer Finanzinstrumente abweichen können. Wenn das eine Finanzinstrument eines „synthetischen Finanzinstruments" ein Vermögenswert und das andere eine Schuld ist, werden diese dementsprechend nur dann auf Nettobasis in der Unternehmensbilanz saldiert und ausgewiesen, wenn sie die Saldierungskriterien in Paragraph 42 erfüllen.

Angaben

Finanzielle Vermögenswerte und finanzielle Verbindlichkeiten, die erfolgswirksam zum beizulegenden Zeitwert bewertet werden (Paragraph 94(f))

AG40 (weggefallen)

International Accounting Standard 33
Ergebnis je Aktie (IAS 33)

v. 3.11.2008 (ABl EU Nr. L 320 S. 1);
zuletzt geändert durch Verordnung (EU) Nr. 2016/2067 v. 22.11.2016
(ABl EU Nr. L 323 S. 1)

Zielsetzung

Ziel dieses Standards ist die Festlegung von Leitlinien für die Ermittlung und Darstellung des Ergebnisses je Aktie, um die Ertragskraft unterschiedlicher Unternehmen in einer Berichtsperiode und ein- und desselben Unternehmens in unterschiedlichen Berichtsperioden besser miteinander vergleichen zu können. Auch wenn die Aussagefähigkeit der Daten zum Ergebnis je Aktie aufgrund unterschiedlicher Rechnungslegungsmethoden bei der Ermittlung des „Ergebnisses" eingeschränkt ist, verbessert ein auf einheitliche Weise festgelegter Nenner die Finanzberichterstattung. Das Hauptaugenmerk dieses Standards liegt auf der Bestimmung des Nenners bei der Berechnung des Ergebnisses je Aktie. 1

Anwendungsbereich

2 Dieser Standard ist anwendbar auf:

(a) den Einzelabschluss eines Unternehmens:

(i) dessen Stammaktien oder potenzielle Stammaktien öffentlich (d. h. an einer in- oder ausländischen Börse oder außerbörslich, einschließlich an lokalen und regionalen Märkten) gehandelt werden; oder

(ii) das seinen Abschluss zwecks Emission von Stammaktien auf einem öffentlichen Markt bei einer Wertpapieraufsichts- oder anderen Regulierungsbehörde einreicht; und

(b) den Konzernabschluss einer Unternehmensgruppe mit einem Mutterunternehmen:

(i) dessen Stammaktien oder potenzielle Stammaktien öffentlich (d. h. an einer in- oder ausländischen Börse oder außerbörslich, einschließlich an lokalen und regionalen Märkten) gehandelt werden; oder

(ii) das seinen Abschluss zwecks Emission von Stammaktien auf einem öffentlichen Markt bei einer Wertpapieraufsichts- oder anderen Regulierungsbehörde einreicht.

3 Ein Unternehmen, das das Ergebnis je Aktie angibt, hat dieses in Übereinstimmung mit diesem Standard zu ermitteln und anzugeben.

4 Legt ein Unternehmen sowohl Konzernabschlüsse als auch Einzelabschlüsse nach IFRS 10 *Konzernabschlüsse* bzw. IAS 27 *Einzelabschlüsse* vor, so müssen sich die im vorliegenden Standard geforderten Angaben lediglich auf die konsolidierten Informationen stützen. Ein Unternehmen, das sich zur Angabe des Ergebnisses je Aktie auf der Grundlage seines Einzelabschlusses entscheidet, hat diese Ergebnisse ausschließlich in der Gesamtergebnisrechnung des Einzelabschlusses, nicht aber im Konzernabschluss anzugeben.

4A Stellt ein Unternehmen die Ergebnisbestandteile gemäß Paragraph 10A von IAS 1 (in der 2011 geänderten Fassung) in einer gesonderten Gewinn- und Verlustrechnung dar, so hat es das Ergebnis je Aktie nur dort auszuweisen.

Definitionen

5 Die folgenden Begriffe werden in diesem Standard mit der angegebenen Bedeutung verwendet:

Unter *Verwässerungsschutz* versteht man eine Erhöhung des Ergebnisses je Aktie bzw. eine Reduzierung des Verlusts je Aktie aufgrund der Annahme, dass wandelbare Instrumente umgewandelt, Optionen oder Optionsscheine ausgeübt oder Stammaktien unter bestimmten Voraussetzungen ausgegeben werden.

Eine *Übereinkunft zur Ausgabe bedingt emissionsfähiger Aktien* ist eine Vereinbarung zur Ausgabe von Aktien, für die bestimmte Voraussetzungen erfüllt sein müssen.

Bedingt emissionsfähige Aktien sind Stammaktien, die gegen eine geringe oder gar keine Zahlung oder andere Art von Entgelt ausgegeben werden, sofern bestimmte Voraussetzungen einer Übereinkunft zur Ausgabe bedingt emissionsfähiger Aktien erfüllt sind.

Unter *Verwässerung* versteht man eine Reduzierung des Ergebnisses je Aktie bzw. eine Erhöhung des Verlusts je Aktie aufgrund der Annahme, dass wandelbare Instrumente umgewandelt, Optionen oder Optionsscheine ausgeübt oder Stammaktien unter bestimmten Voraussetzungen ausgegeben werden.

Optionen, Optionsscheine und ihre Äquivalente sind Finanzinstrumente, die ihren Inhaber zum Kauf von Stammaktien berechtigen.

Eine *Stammaktie* ist ein Eigenkapitalinstrument, das allen anderen Arten von Eigenkapitalinstrumenten nachgeordnet ist.

Eine *potenzielle Stammaktie* ist ein Finanzinstrument oder sonstiger Vertrag, das bzw. der dem Inhaber ein Anrecht auf Stammaktien verbriefen kann.

Verkaufsoptionen auf Stammaktien sind Verträge, die es dem Inhaber ermöglichen, über einen bestimmten Zeitraum Stammaktien zu einem bestimmten Kurs zu verkaufen.

Stammaktien erhalten erst einen Anteil am Ergebnis, nachdem andere Aktienarten, wie etwa Vorzugsaktien, bedient wurden. Ein Unternehmen kann unterschiedliche Arten von Stammaktien emittieren. Stammaktien der gleichen Art haben das gleiche Anrecht auf den Bezug von Dividenden. **6**

Beispiele für potenzielle Stammaktien sind: **7**

(a) finanzielle Verbindlichkeiten oder Eigenkapitalinstrumente, einschließlich Vorzugsaktien, die in Stammaktien umgewandelt werden können;

(b) Optionen und Optionsscheine;

(c) Aktien, die bei Erfüllung vertraglicher Bedingungen, wie dem Erwerb eines Unternehmens oder anderer Vermögenswerte, ausgegeben werden.

In IAS 32 *Finanzinstrumente: Darstellung* definierte Begriffe werden im vorliegenden Standard mit der in Paragraph 11 von IAS 32 angegebenen Bedeutung verwendet, sofern nichts anderes angegeben ist. IAS 32 definiert die Begriffe Finanzinstrument, finanzieller Vermögenswert, finanzielle Verbindlichkeit und Eigenkapitalinstrument und liefert Hinweise zur Anwendung dieser Definitionen. IFRS 13 *Bemessung des beizulegenden Zeitwerts* definiert den Begriff beizulegender Zeitwert und legt die Vorschriften zur Anwendung dieser Definition fest. **8**

Bewertung

Unverwässertes Ergebnis je Aktie

Ein Unternehmen hat für den den Stammaktionären des Mutterunternehmens zurechenbaren Gewinn oder Verlust das unverwässerte Ergebnis je Aktie zu ermitteln; sofern ein entsprechender Ausweis erfolgt, ist auch der diesen Stammaktionären zurechenbare Gewinn oder Verlust aus dem fortzuführenden Geschäft darzustellen. **9**

Das unverwässerte Ergebnis je Aktie ist zu ermitteln, indem der den Stammaktionären des Mutterunternehmens zustehende Gewinn oder Verlust (Zähler) durch die gewichtete durchschnittliche Zahl der innerhalb der Berichtsperiode im Umlauf gewesenen Stammaktien (Nenner) dividiert wird. **10**

Die Angabe des unverwässerten Ergebnisses je Aktie dient dem Zweck, einen Maßstab für die Beteiligung jeder Stammaktie eines Mutterunternehmens an der Ertragskraft des Unternehmens während des Berichtszeitraums bereitzustellen. **11**

Ergebnis

Zur Ermittlung des unverwässerten Ergebnisses je Aktie verstehen sich die Beträge, die den Stammaktionären des Mutterunternehmens zugerechnet werden können im Hinblick auf: **12**

(a) den Gewinn oder Verlust aus dem fortzuführenden Geschäft, der auf das Mutterunternehmen entfällt; und

(b) der dem Mutterunternehmen zuzurechnende Gewinn oder Verlust

als die Beträge in (a) und (b), bereinigt um die Nachsteuerbeträge von Vorzugsdividenden, Differenzen bei Erfüllung von Vorzugsaktien sowie ähnlichen Auswirkungen aus der Einstufung von Vorzugsaktien als Eigenkapital.

13 Alle Ertrags- und Aufwandsposten, die Stammaktionären des Mutterunternehmens zuzurechnen sind und in einer Periode erfasst werden, darunter auch Steueraufwendungen und als Verbindlichkeiten eingestufte Dividenden auf Vorzugsaktien, sind bei der Ermittlung des Gewinnes oder Verlustes, der den Stammaktionären des Mutterunternehmens zuzurechnen ist, zu berücksichtigen (siehe IAS 1).

14 Vom Gewinn oder Verlust abgezogen werden:

(a) der Nachsteuerbetrag jedweder für diese Periode beschlossener Vorzugsdividenden auf nicht kumulative Vorzugsaktien sowie

(b) der Nachsteuerbetrag der in dieser Periode für kumulative Vorzugsaktien benötigten Vorzugsdividenden, unabhängig davon, ob die Dividenden beschlossen wurden oder nicht. Nicht im Betrag der für diese Periode beschlossenen Vorzugsdividenden enthalten sind die während dieser Periode für frühere Perioden gezahlten oder beschlossenen Vorzugsdividenden auf kumulative Vorzugsaktien.

15 Vorzugsaktien, die mit einer niedrigen Ausgangsdividende ausgestattet sind, um einem Unternehmen einen Ausgleich dafür zu schaffen, dass es die Vorzugsaktien mit einem Abschlag verkauft hat, oder in späteren Perioden zu einer höheren Dividende berechtigen, um den Investoren einen Ausgleich dafür zu bieten, dass sie die Vorzugsaktien mit einem Aufschlag erwerben, werden auch als Vorzugsaktien mit steigender Gewinnberechtigung bezeichnet. Jeder Ausgabeabschlag bzw. -aufschlag bei Erstemission von Vorzugsaktien mit steigender Gewinnberechtigung wird unter Anwendung der Effektivzinsmethode den Gewinnrücklagen zugeführt und zur Ermittlung des Ergebnisses je Aktie als Vorzugsdividende behandelt.

16 Vorzugsaktien können durch ein Angebot des Unternehmens an die Inhaber zurückgekauft werden. Übersteigt der beizulegende Zeitwert der Vorzugsaktien dabei ihren Buchwert, so stellt diese Differenz für die Vorzugsaktionäre eine Rendite und für das Unternehmen eine Belastung seiner Gewinnrücklagen dar. Dieser Betrag wird bei der Berechnung des den Stammaktionären des Mutterunternehmens zurechenbaren Gewinnes oder Verlustes in Abzug gebracht.

17 Ein Unternehmen kann eine vorgezogene Umwandlung wandelbarer Vorzugsaktien herbeiführen, indem es die ursprünglichen Umwandlungsbedingungen vorteilhaft ändert oder ein zusätzliches Entgelt zahlt. Der Betrag, um den der beizulegende Zeitwert der Stammaktien bzw. des sonstigen gezahlten Entgelts den beizulegenden Zeitwert der unter den ursprünglichen Umwandlungsbedingungen auszugebenden Stammaktien übersteigt, stellt für die Vorzugsaktionäre eine Rendite dar und wird bei der Ermittlung des den Stammaktionären des Mutterunternehmens zuzurechnenden Gewinnes oder Verlustes in Abzug gebracht.

18 Sobald der Buchwert der Vorzugsaktien den beizulegenden Zeitwert des für sie gezahlten Entgelts übersteigt, wird der Differenzbetrag bei der Ermittlung des den Stammaktionären des Mutterunternehmens zuzurechnenden Gewinnes oder Verlustes hinzugezählt.

Aktien

19 Zur Berechnung des unverwässerten Ergebnisses je Aktie ist die Zahl der Stammaktien der gewichtete Durchschnitt der während der Periode im Umlauf gewesenen Stammaktien.

20 Die Verwendung eines gewichteten Durchschnitts trägt dem Umstand Rechnung, dass während der Periode möglicherweise nicht immer die gleiche Anzahl an Stammaktien in Umlauf war und das gezeichnete Kapital deshalb Schwankungen unterlegen haben kann. Die gewichtete durchschnittliche Zahl der Stammaktien, die während der Periode in Umlauf sind, ist die Zahl an Stammaktien, die am Anfang der Periode in Umlauf waren, bereinigt um die Zahl an Stammaktien, die während der Periode zurückgekauft oder ausgegeben wurden, multipliziert mit einem Zeitgewichtungsfaktor. Der Zeitgewichtungsfaktor ist das Verhältnis zwischen der Zahl von Tagen, an denen sich die betreffenden Aktien in Umlauf befanden, und der Gesamtzahl von Tagen der Periode. Ein angemessener Näherungswert für den gewichteten Durchschnitt ist in vielen Fällen ausreichend.

Normalerweise werden Aktien mit der Fälligkeit des Entgelts (im Allgemeinen dem Tag ihrer Emission) in den gewichteten Durchschnitt aufgenommen. So werden: 21

(a) Stammaktien, die gegen Barzahlung ausgegeben wurden, dann einbezogen, wenn die Geldzahlung eingefordert werden kann;
(b) Stammaktien, die gegen die freiwillige Wiederanlage von Dividenden auf Stamm- oder Vorzugsaktien ausgegeben wurden, einbezogen, sobald die Dividenden wiederangelegt sind;
(c) Stammaktien, die in Folge einer Umwandlung eines Schuldinstruments in Stammaktien ausgegeben wurden, ab dem Tag einbezogen, an dem keine Zinsen mehr anfallen;
(d) Stammaktien, die anstelle von Zinsen oder Kapital auf andere Finanzinstrumente ausgegeben wurden, ab dem Tag einbezogen, an dem keine Zinsen mehr anfallen;
(e) Stammaktien, die im Austausch für die Erfüllung einer Schuld des Unternehmens ausgegeben wurden, ab dem Erfüllungstag einbezogen;
(f) Stammaktien, die anstelle von liquiden Mitteln als Entgelt für den Erwerb eines Vermögenswertes ausgegeben wurden, ab dem Datum der Erfassung des entsprechenden Erwerbs erfasst; und
(g) Stammaktien, die für die Erbringung von Dienstleistungen an das Unternehmen ausgegeben wurden, mit Erbringung der Dienstleistungen einbezogen.

Der Zeitpunkt der Einbeziehung von Stammaktien ergibt sich aus den Bedingungen ihrer Emission. Der wirtschaftliche Gehalt eines jeden im Zusammenhang mit der Emission stehenden Vertrags ist angemessen zu prüfen.

Stammaktien, die als Teil der übertragenen Gegenleistung bei einem Unternehmenszusammenschluss ausgegeben wurden, sind in der durchschnittlich gewichteten Anzahl der Aktien zum Erwerbszeitpunkt enthalten. Dies ist darauf zurückzuführen, dass der Erwerber die Gewinne und Verluste des erworbenen Unternehmens von dem Zeitpunkt an in seine Gesamtergebnisrechnung mit einbezieht. 22

Stammaktien, die bei Umwandlung eines wandlungspflichtigen Instruments ausgegeben werden, sind ab dem Zeitpunkt des Vertragsabschlusses in die Ermittlung des unverwässerten Ergebnisses je Aktie einzubeziehen. 23

Bedingt emissionsfähige Aktien werden als in Umlauf befindlich behandelt und erst ab dem Zeitpunkt in die Ermittlung des unverwässerten Ergebnisses je Aktie einbezogen, zu dem alle erforderlichen Voraussetzungen erfüllt (d. h. die Ereignisse eingetreten sind). Aktien, die ausschließlich nach Ablauf einer bestimmten Zeitspanne emissionsfähig sind, gelten nicht als bedingt emissionsfähige Aktien, da der Ablauf der Spanne gewiss ist. In Umlauf befindliche, bedingt rückgabefähige (d. h. unter dem Vorbehalt des Rückrufs stehende) Stammaktien gelten nicht als in Umlauf befindlich und werden solange bei der Ermittlung des unverwässerten Ergebnisses je Aktie unberücksichtigt gelassen, bis der Vorbehalt des Rückrufs nicht mehr gilt. 24

(weggefallen) 25

Der gewichtete Durchschnitt der in der Periode und allen übrigen dargestellten Perioden in Umlauf befindlichen Stammaktien ist zu berichtigen, wenn ein Ereignis eintritt, das die Zahl der in Umlauf befindlichen Stammaktien verändert, ohne dass damit eine entsprechende Änderung der Ressourcen einhergeht. Die Umwandlung potenzieller Stammaktien gilt nicht als ein solches Ereignis. 26

Nachstehend eine Reihe von Beispielen dafür, in welchen Fällen Stammaktien emittiert oder die in Umlauf befindlichen Aktien verringert werden können, ohne dass es zu einer entsprechenden Änderung der Ressourcen kommt: 27

(a) eine Kapitalisierung oder Ausgabe von Gratisaktien (auch als Dividende in Form von Aktien bezeichnet);
(b) ein Gratiselement bei jeder anderen Emission, beispielsweise einer Ausgabe von Bezugsrechten an die bestehenden Aktionäre;

(c) ein Aktiensplitt; und
(d) ein umgekehrter Aktiensplitt (Aktienzusammenlegung).

28 Bei einer Kapitalisierung, einer Ausgabe von Gratisaktien oder einem Aktiensplitt werden Stammaktien ohne zusätzliches Entgelt an die bestehenden Aktionäre ausgegeben. Damit erhöht sich die Zahl der in Umlauf befindlichen Stammaktien, ohne dass es zu einer Erhöhung der Ressourcen kommt. Die Zahl der vor Eintritt des Ereignisses in Umlauf befindlichen Stammaktien wird so um die anteilige Veränderung der Zahl umlaufender Stammaktien berichtigt, als wäre das Ereignis zu Beginn der ersten dargestellten Periode eingetreten. Beispielsweise wird bei einer zwei-zu-eins-Ausgabe von Gratisaktien die Zahl der vor der Emission in Umlauf befindlichen Stammaktien mit dem Faktor 3 multipliziert, um die neue Gesamtzahl an Stammaktien zu ermitteln, bzw. mit dem Faktor 2, um die Zahl der zusätzlichen Stammaktien zu erhalten.

29 In der Regel verringert sich bei einer Zusammenlegung von Stammaktien die Zahl der in Umlauf befindlichen Stammaktien, ohne dass es zu einer entsprechenden Verringerung der Ressourcen kommt. Findet insgesamt jedoch ein Aktienrückkauf zum beizulegenden Zeitwert statt, so ist die zahlenmäßige Verringerung der in Umlauf befindlichen Stammaktien das Ergebnis einer entsprechenden Abnahme an Ressourcen. Ein Beispiel hierfür wäre eine mit einer Sonderdividende verbundene Aktienzusammenlegung. Der gewichtete Durchschnitt der Stammaktien, die sich in der Periode, in der die Zusammenlegung erfolgt, in Umlauf befinden, wird zu dem Zeitpunkt, zu dem die Sonderdividende erfasst wird, an die verringerte Zahl von Stammaktien angepasst.

Verwässertes Ergebnis je Aktie

30 Ein Unternehmen hat die verwässerten Ergebnisse je Aktie für den den Stammaktionären des Mutterunternehmens zurechenbaren Gewinn oder Verlust zu ermitteln; sofern ein entsprechender Ausweis erfolgt, ist auch der jenen Stammaktionären zurechenbare Gewinn oder Verlust aus dem fortzuführenden Geschäft darzustellen.

31 Zur Berechnung des verwässerten Ergebnisses je Aktie hat ein Unternehmen den den Stammaktionären des Mutterunternehmens zurechenbaren Gewinn oder Verlust und den gewichteten Durchschnitt der in Umlauf befindlicher Stammaktien um alle Verwässerungseffekte potenzieller Stammaktien zu bereinigen.

32 Mit der Ermittlung des verwässerten Ergebnisses je Aktie wird das gleiche Ziel verfolgt wie mit der Ermittlung des unverwässerten Ergebnisses – nämlich, einen Maßstab für die Beteiligung jeder Stammaktie an der Ertragskraft eines Unternehmens zu schaffen – und gleichzeitig alle während der Periode in Umlauf befindlichen potenziellen Stammaktien mit Verwässerungseffekten zu berücksichtigen. Infolgedessen wird:
(a) der den Stammaktionären des Mutterunternehmens zurechenbare Gewinn oder Verlust um die Nachsteuerbeträge der Dividenden und Zinsen, die in der Periode für potenzielle Stammaktien mit Verwässerungseffekten erfasst werden, erhöht und um alle sonstigen Änderungen bei Ertrag oder Aufwand, die sich aus der Umwandlung der verwässernden potenziellen Stammaktien ergäben, berichtigt; sowie
(b) der gewichtete Durchschnitt der in Umlauf befindlichen Stammaktien um den gewichteten Durchschnitt der zusätzlichen Stammaktien erhöht, die sich unter der Annahme einer Umwandlung aller verwässernden potenziellen Stammaktien in Umlauf befunden hätten.

Ergebnis

33 Zur Berechnung des verwässerten Ergebnisses je Aktie hat ein Unternehmen den den Stammaktionären des Mutterunternehmens zurechenbaren gemäß Paragraph 12 ermittelten Gewinn oder Verlust um die Nachsteuerwirkungen folgender Posten zu bereinigen:
(a) alle Dividenden oder sonstigen Posten im Zusammenhang mit verwässernden potenziellen Stammaktien, die bei Berechnung des den Stammaktionären des Mutterunterneh-

mens zurechenbaren Gewinnes oder Verlustes, der gemäß Paragraph 12 ermittelt wurde, abgezogen wurden;

(b) alle Zinsen, die in der Periode im Zusammenhang mit verwässernden potenziellen Stammaktien erfasst wurden; und

(c) alle sonstigen Änderungen im Ertrag oder Aufwand, die sich aus der Umwandlung der verwässernden potenziellen Stammaktien ergäben.

Nach der Umwandlung potenzieller Stammaktien in Stammaktien fallen die in Paragraph 33(a)-(c) genannten Sachverhalte nicht mehr an. Stattdessen sind die neuen Stammaktien zur Beteiligung am Gewinn oder Verlust berechtigt, der den Stammaktionären des Mutterunternehmens zusteht. Somit wird der nach Paragraph 12 ermittelte Gewinn oder Verlust, der den Stammaktionären des Mutterunternehmens zusteht, um die in Paragraph 33(a)-(c) genannten Sachverhalte sowie die zugehörigen Steuern bereinigt. Die mit potenziellen Stammaktien verbundenen Aufwendungen umfassen die nach der Effektivzinsmethode bilanzierten Transaktionskosten und Disagios (siehe IFRS 9). **34**

Aus der Umwandlung potenzieller Stammaktien können sich Änderungen bei den Erträgen oder Aufwendungen ergeben. So kann eine Verringerung der Zinsaufwendungen für potenzielle Stammaktien und die daraus folgende Erhöhung bzw. Reduzierung des Gewinns oder Verlusts eine Erhöhung des Aufwands für einen nicht-freiwilligen Gewinnbeteiligungsplan für Arbeitnehmer zur Folge haben. Zur Berechnung des verwässerten Ergebnisses je Aktie wird der den Stammaktionären des Mutterunternehmens zurechenbare Gewinn oder Verlust um alle derartigen Änderungen bei den Erträgen oder Aufwendungen bereinigt. **35**

Aktien

Bei der Berechnung des verwässerten Ergebnisses je Aktie entspricht die Zahl der Stammaktien dem gemäß den Paragraphen 19 und 26 berechneten gewichteten Durchschnitt der Stammaktien plus dem gewichteten Durchschnitt der Stammaktien, die bei Umwandlung aller verwässernden potenziellen Stammaktien in Stammaktien ausgegeben würden. Die Umwandlung verwässernder potenzieller Stammaktien in Stammaktien gilt mit dem Beginn der Periode als erfolgt oder, falls dieses Datum auf einen späteren Tag fällt, mit dem Tag, an dem die potenziellen Stammaktien emittiert wurden. **36**

Verwässernde potenzielle Stammaktien sind gesondert für jede dargestellte Periode zu ermitteln. Bei den in den Zeitraum vom Jahresbeginn bis zum Stichtag einbezogenen verwässernden potenziellen Stammaktien handelt es sich nicht um einen gewichteten Durchschnitt der einzelnen Zwischenberechnungen. **37**

Potenzielle Stammaktien werden für die Periode gewichtet, in der sie im Umlauf sind. Potenzielle Stammaktien, die während der Periode gelöscht wurden oder verfallen sind, werden bei der Berechnung des verwässerten Ergebnisses je Aktie nur für den Teil der Periode berücksichtigt, in dem sie im Umlauf waren. Potenzielle Stammaktien, die während der Periode in Stammaktien umgewandelt werden, werden vom Periodenbeginn bis zum Datum der Umwandlung bei der Berechnung des verwässerten Ergebnisses je Aktie berücksichtigt. Vom Zeitpunkt der Umwandlung an werden die daraus resultierenden Stammaktien sowohl in das unverwässerte als auch das verwässerte Ergebnis je Aktie einbezogen. **38**

Die Bestimmung der Zahl der bei der Umwandlung verwässernder potenzieller Stammaktien auszugebenden Stammaktien erfolgt zu den für die potenziellen Stammaktien geltenden Bedingungen. Sofern für die Umwandlung mehr als eine Grundlage besteht, wird bei der Berechnung das aus Sicht des Inhabers der potenziellen Stammaktien vorteilhafteste Umwandlungsverhältnis oder der günstigste Ausübungskurs zu Grunde gelegt. **39**

Ein Tochterunternehmen, Gemeinschaftsunternehmen oder assoziiertes Unternehmen kann an Parteien, mit Ausnahme des Mutterunternehmens oder der Anleger, unter deren gemeinschaftlicher Führung oder maßgeblichem Einfluss das Beteiligungsunternehmen steht, potenzielle Stammaktien ausgeben, die entweder in Stammaktien des Tochterunternehmens, Gemein- **40** schaftsunternehmens oder assoziierten Unternehmens oder in Stammaktien des Mutterunternehmens oder der Anleger (der berichtenden Unternehmen) wandelbar sind, unter deren gemeinschaftlicher Führung oder maßgeblichem Einfluss das Beteiligungsunternehmen steht. Haben diese potenziellen Stammaktien des Tochterunternehmens, Gemeinschaftsunternehmens oder assoziierten Unternehmens einen Verwässerungseffekt auf das unverwässerte Ergebnis je Aktie des berichtenden Unternehmens, sind sie bei der Ermittlung des verwässerten Ergebnisses je Aktie einzubeziehen.

Potenzielle Stammaktien mit Verwässerungseffekt

41 Potenzielle Stammaktien sind nur dann als verwässernd zu betrachten, wenn ihre Umwandlung in Stammaktien das Ergebnis je Aktie aus dem fortzuführenden Geschäft kürzen bzw. den Periodenverlust je Aktie aus dem fortzuführenden Geschäft erhöhen würde.

42 Ein Unternehmen verwendet den auf das Mutterunternehmen entfallenden Gewinn oder Verlust aus dem fortzuführenden Geschäft als Kontrollgröße um festzustellen, ob bei potenziellen Stammaktien eine Verwässerung oder ein Verwässerungsschutz vorliegt. Der dem Mutterunternehmen zurechenbare Gewinn oder Verlust aus dem fortzuführenden Geschäft wird gemäß Paragraph 12 bereinigt und schließt dabei Posten aus aufgegebenen Geschäftsbereichen aus.

43 Bei potenziellen Stammaktien liegt ein Verwässerungsschutz vor, wenn ihre Umwandlung in Stammaktien das Ergebnis je Aktie aus dem fortzuführenden Geschäft erhöhen bzw. den Verlust je Aktie aus dem fortzuführenden Geschäft reduzieren würde. Die Berechnung des verwässerten Ergebnisses je Aktie erfolgt nicht unter der Annahme einer Umwandlung, Ausübung oder weiteren Emission von potenziellen Stammaktien, bei denen ein Verwässerungsschutz in Bezug auf das Ergebnis je Aktie vorliegen würde.

44 Bei der Beurteilung der Frage, ob bei potenziellen Stammaktien eine Verwässerung oder ein Verwässerungsschutz vorliegt, sind alle Emissionen oder Emissionsfolgen potenzieller Stammaktien getrennt statt in Summe zu betrachten. Die Reihenfolge, in der potenzielle Stammaktien beurteilt werden, kann einen Einfluss auf die Einschätzung haben, ob sie zu einer Verwässerung beitragen. Um die Verwässerung des unverwässerten Ergebnisses je Aktie zu maximieren, wird daher jede Emission oder Emissionsfolge potenzieller Stammaktien in der Reihenfolge vom höchsten bis zum geringsten Verwässerungseffekt betrachtet, d. h. potenzielle Stammaktien, bei denen ein Verwässerungseffekt vorliegt, mit dem geringsten „Ergebnis je zusätzlicher Aktie" werden vor denjenigen mit einem höheren Ergebnis je zusätzlicher Aktie in die Berechnung des verwässerten Ergebnisses je Aktie einbezogen. Optionen und Optionsscheine werden in der Regel zuerst berücksichtigt, weil sie den Zähler der Berechnung nicht beeinflussen.

Optionen, Optionsscheine und ihre Äquivalente

45 Bei der Berechnung des verwässerten Ergebnisses je Aktie hat ein Unternehmen von der Ausübung verwässernder Optionen und Optionsscheine des Unternehmens auszugehen. Die angenommenen Erlöse aus diesen Instrumenten werden so behandelt, als wären sie im Zuge der Emission von Stammaktien zum durchschnittlichen Marktpreis der Stammaktien während der Periode angefallen. Die Differenz zwischen der Zahl der ausgegebenen Stammaktien und der Zahl der Stammaktien, die zum durchschnittlichen Marktpreis der Stammaktien während der Periode ausgegeben worden wären, ist als Ausgabe von Stammaktien ohne Entgelt zu behandeln.

46 Optionen und Optionsscheine sind als verwässernd zu betrachten, wenn sie die Ausgabe von Stammaktien zu einem geringeren als Marktpreis Stammaktien während der Periode abzüglich des Ausgabepreises[1]. Zur Ermittlung des verwässerten Ergebnisses je Aktie wird daher unterstellt, dass potenzielle Stammaktien die beiden folgenden Elemente umfassen:

---

1) **Anm. d. Red.:** Amtlicher Wortlaut, hierbei handelt es sich wohl um einen redaktionellen Irrtum des Gesetzgebers. Eine Berichtigung bleibt abzuwarten.

(a) einen Vertrag zur Ausgabe einer bestimmten Zahl von Stammaktien zu ihrem durchschnittlichen Marktpreis während der Periode. Bei diesen Stammaktien wird davon ausgegangen, dass sie einen marktgerechten Kurs aufweisen und weder ein Verwässerungseffekt noch ein Verwässerungsschutz vorliegt. Sie bleiben bei der Berechnung des verwässerten Ergebnisses je Aktie unberücksichtigt;

(b) einen Vertrag zur entgeltlosen Ausgabe der verbleibenden Stammaktien. Diese Stammaktien erzielen keine Erlöse und wirken sich nicht auf das den in Umlauf befindlichen Stammaktien zuzurechnenden Gewinn oder Verlust aus[1)]. Daher liegt bei diesen Aktien ein Verwässerungseffekt vor und sie sind bei der Berechnung des verwässerten Ergebnisses je Aktie zu den in Umlauf befindlichen Stammaktien hinzuzuzählen.

Bei Optionen und Optionsscheinen tritt ein Verwässerungseffekt nur dann ein, wenn der durchschnittliche Marktpreis der Stammaktien während der Periode den Ausübungspreis der Optionen oder Optionsscheine übersteigt (d. h. wenn sie „im Geld" sind). In Vorjahren angegebene Ergebnisse je Aktie werden nicht rückwirkend um Kursveränderungen bei den Stammaktien berichtigt. **47**

Bei Aktienoptionen und anderen anteilsbasierten Vergütungsvereinbarungen, für die IFRS 2 *Anteilsbasierte Vergütung* gilt, müssen der in Paragraph 46 genannte Ausgabepreis und der in Paragraph 47 genannte Ausübungspreis den (gemäß IFRS 2 bemessenen) beizulegenden Zeitwert aller Güter oder Dienstleistungen enthalten, die dem Unternehmen künftig im Rahmen der Aktienoption oder einer anderen anteilsbasierten Vergütungsvereinbarung zu liefern bzw. zu erbringen sind. **47A**

Mitarbeiteraktienoptionen mit festen oder bestimmbaren Laufzeiten und verfallbare Stammaktien werden bei der Ermittlung des verwässerten Ergebnisses je Aktie als Optionen behandelt, obgleich sie eventuell von einer Anwartschaft abhängig sind. Sie werden zum Bewilligungsdatum als im Umlauf befindlich behandelt. Leistungsabhängige Mitarbeiteraktienoptionen werden als bedingt emissionsfähige Aktien behandelt, weil ihre Ausgabe neben dem Ablauf einer Zeitspanne auch von der Erfüllung bestimmter Bedingungen abhängig ist. **48**

Wandelbare Instrumente

Der Verwässerungseffekt wandelbarer Instrumente ist gemäß den Paragraphen 33 und 36 im verwässerten Ergebnis je Aktie darzustellen. **49**

Bei wandelbaren Vorzugsaktien liegt ein Verwässerungsschutz immer dann vor, wenn die Dividende, die in der laufenden Periode für diese Aktien angekündigt bzw. aufgelaufen ist, das bei einer Umwandlung je erhaltener Stammaktie unverwässerte Ergebnis je Aktie übersteigt. Bei wandelbaren Schuldtiteln liegt ein Verwässerungsschutz vor, wenn die zu erhaltende Verzinsung (nach Steuern und sonstigen Änderungen bei den Erträgen oder Aufwendungen) je Stammaktie bei einer Umwandlung das unverwässerte Ergebnis je Aktie übersteigt. **50**

Die Rückzahlung oder vorgenommene Umwandlung wandelbarer Vorzugsaktien betrifft unter Umständen nur einen Teil der zuvor in Umlauf befindlichen wandelbaren Vorzugsaktien. Um zu ermitteln, ob bei den übrigen in Umlauf befindlichen Vorzugsaktien ein Verwässerungseffekt vorliegt, wird in diesen Fällen ein in Paragraph 17 genanntes zusätzliches Entgelt den Aktien zugerechnet, die zurückgezahlt oder umgewandelt werden. Zurückgezahlte oder umgewandelte und nicht zurückgezahlte oder umgewandelte Aktien werden getrennt voneinander betrachtet. **51**

1) **Anm. d. Red.:** Amtlicher Wortlaut, hierbei handelt es sich wohl um einen redaktionellen Irrtum des Gesetzgebers. Eine Berichtigung bleibt abzuwarten.

Bedingt emissionsfähige Aktien

52 Wie bei der Ermittlung des unverwässerten Ergebnisses je Aktie werden auch bedingt emissionsfähige Aktien als in Umlauf befindlich behandelt und in die Berechnung des verwässerten Ergebnisses je Aktie einbezogen, sofern die Bedingungen erfüllt (d. h. die Ereignisse eingetreten sind). Bedingt emissionsfähige Aktien werden mit Beginn der Periode (oder ab dem Tag der Vereinbarung zur bedingten Emission, falls dieser Termin später liegt) einbezogen. Falls die Bedingungen nicht erfüllt sind, basiert die Zahl der bedingt emissionsfähigen Aktien, die in die Berechnung des verwässerten Ergebnisses je Aktie einbezogen werden, auf der Zahl an Aktien, die auszugeben wären, falls das Ende der Periode mit dem Ende des Zeitraums, innerhalb dessen diese Bedingung eintreten kann, zusammenfiele. Sind die Bedingungen bei Ablauf der Periode, innerhalb der sie eintreten können, nicht erfüllt, sind rückwirkende Anpassungen nicht erlaubt.

53 Besteht die Bedingung einer bedingten Emission in der Erzielung oder Aufrechterhaltung eines bestimmten Ergebnisses und wurde dieser Betrag zum Ende des Berichtszeitraumes zwar erzielt, muss darüber hinaus aber für eine weitere Periode gehalten werden, so gelten die zusätzlichen Stammaktien als in Umlauf befindlich, falls bei der Ermittlung des verwässerten Ergebnisses je Aktie ein Verwässerungseffekt eintritt. In diesem Fall basiert die Ermittlung des verwässerten Ergebnisses je Aktie auf der Zahl von Stammaktien, die ausgegeben würden, wenn das Ergebnis am Ende der Berichtsperiode mit dem Ergebnis am Ende der Periode, innerhalb der diese Bedingung eintreten kann, identisch wäre. Da sich das Ergebnis in einer künftigen Periode verändern kann, werden bedingt emissionsfähige Aktien nicht vor Ende der Periode, innerhalb der diese Bedingung eintreten kann, in die Ermittlung des unverwässerten Ergebnisses einbezogen, da nicht alle erforderlichen Voraussetzungen erfüllt sind.

54 Die Zahl der bedingt emissionsfähigen Aktien kann vom künftigen Marktpreis der Stammaktien abhängen. Sollte dies zu einer Verwässerung führen, so basiert die Ermittlung des verwässerten Ergebnisses je Aktie auf der Zahl von Stammaktien, die ausgegeben würden, wenn der Marktpreis am Ende der Berichtsperiode mit dem Marktpreis am Ende der Periode, innerhalb der diese Bedingung eintreten kann, identisch wäre. Basiert die Bedingung auf einem Durchschnitt der Marktpreis über einen über die Berichtsperiode hinausgehenden Zeitraum, so wird der Durchschnitt für den abgelaufenen Zeitraum zugrunde gelegt. Da sich der Marktpreis in einer künftigen Periode verändern kann, werden bedingt emissionsfähige Aktien nicht vor Ende der Periode, innerhalb der diese Bedingung eintreten kann, in die Ermittlung des unverwässerten Ergebnisses je Aktie einbezogen, da nicht alle erforderlichen Voraussetzungen erfüllt sind.

55 Die Zahl der bedingt emissionsfähigen Aktien kann vom künftigen Ergebnis und den künftigen Kursen der Stammaktien abhängen. In solchen Fällen basiert die Zahl der Stammaktien, die in die Berechnung des verwässerten Ergebnisses je Aktie einbezogen werden, auf beiden Bedingungen (also dem bis dahin erzielten Ergebnis und dem aktuellen Börsenkurs am Ende des Berichtszeitraums). Bedingt emissionsfähige Aktien werden erst in die Ermittlung des verwässerten Ergebnisses je Aktie einbezogen, wenn beide Bedingungen erfüllt sind.

56 In anderen Fällen hängt die Zahl der bedingt emissionsfähigen Aktien von einer anderen Bedingung als dem Ergebnis oder Marktpreis (beispielsweise der Eröffnung einer bestimmten Zahl an Einzelhandelsgeschäften) ab. In diesen Fällen werden die bedingt emissionsfähigen Aktien unter der Annahme, dass die Bedingung bis zum Ende der Periode, innerhalb der sie eintreten kann, unverändert bleibt, dem Stand am Ende des Berichtszeitraums entsprechend in die Berechnung des verwässerten Ergebnisses je Aktie einbezogen.

57 Bedingt emissionsfähige potenzielle Stammaktien (mit Ausnahme solcher, die einer Vereinbarung zur bedingten Emission unterliegen, wie bedingt emissionsfähige wandelbare Instrumente) werden folgendermaßen in die Berechnung des verwässerten Ergebnisses je Aktie einbezogen:

(a) Ein Unternehmen stellt fest, ob man bei den potenziellen Stammaktien davon ausgehen kann, dass sie aufgrund der für sie festgelegten Emissionsbedingungen nach Maßgabe der Bestimmungen über bedingt emissionsfähige Stammaktien in den Paragraphen 52-56 emissionsfähig sind; und

(b) sollten sich diese potenziellen Stammaktien im verwässerten Ergebnis je Aktie niederschlagen, stellt ein Unternehmen die entsprechenden Auswirkungen auf die Berechnung des verwässerten Ergebnisses je Aktie nach Maßgabe der Bestimmungen über Optionen und Optionsscheine (Paragraphen 45-48), der Bestimmungen über wandelbare Instrumente (Paragraphen 49-51), der Bestimmungen über Verträge, die in Stammaktien oder liquiden Mitteln erfüllt werden (Paragraphen 58-61) bzw. sonstiger Bestimmungen fest.

Bei der Ermittlung des verwässerten Ergebnisses je Aktie wird jedoch nur von einer Ausübung bzw. Umwandlung ausgegangen, wenn bei ähnlichen im Umlauf befindlichen potenziellen und unbedingten Stammaktien die gleiche Annahme zugrunde gelegt wird.

Verträge, die in Stammaktien oder liquiden Mitteln erfüllt werden können

Hat ein Unternehmen einen Vertrag geschlossen, bei dem es zwischen einer Erfüllung in Stammaktien oder in liquiden Mitteln wählen kann, so hat das Unternehmen davon auszugehen, dass der Vertrag in Stammaktien erfüllt wird, wobei die daraus resultierenden potenziellen Stammaktien im verwässerten Ergebnis je Aktie zu berücksichtigen sind, sofern ein Verwässerungseffekt vorliegt. **58**

Wird ein solcher Vertrag zu Bilanzierungszwecken als Vermögenswert oder Schuld dargestellt oder enthält er eine Eigenkapital- und eine Schuldkomponente, so hat das Unternehmen den Zähler um etwaige Änderungen beim Gewinn oder Verlust zu berichtigen, die sich während der Periode ergeben hätten, wäre der Vertrag in vollem Umfang als Eigenkapitalinstrument eingestuft worden. Bei dieser Berichtigung wird ähnlich verfahren wie bei den nach Paragraph 33 erforderlichen Anpassungen. **59**

Bei Verträgen, die nach Wahl des Inhabers in Stammaktien oder liquiden Mitteln erfüllt werden können, ist bei der Berechnung des verwässerten Ergebnisses je Aktie die Option mit dem stärkeren Verwässerungseffekt zugrunde zu legen. **60**

Ein Beispiel für einen Vertrag, bei dem die Erfüllung in Stammaktien oder liquiden Mitteln erfolgen kann, ist ein Schuldinstrument, das dem Unternehmen bei Fälligkeit das uneingeschränkte Recht einräumt, den Kapitalbetrag in liquiden Mitteln oder in eigenen Stammaktien zu leisten. Ein weiteres Beispiel ist eine geschriebene Verkaufsoption, deren Inhaber die Wahl zwischen Erfüllung in Stammaktien oder in liquiden Mitteln hat. **61**

Gekaufte Optionen

Verträge wie gekaufte Verkaufsoptionen und gekaufte Kaufoptionen (also Optionen, die das Unternehmen auf die eigenen Stammaktien hält) werden nicht in die Berechnung des verwässerten Ergebnisses je Aktie einbezogen, weil dies einem Verwässerungsschutz gleichkäme. Die Verkaufsoption würde nur ausgeübt, wenn der Ausübungspreis den Marktpreis überstiege, und die Kaufoption würde nur ausgeübt, wenn der Ausübungspreis unter dem Marktpreis läge. **62**

Geschriebene Verkaufsoptionen

Verträge, die das Unternehmen zum Rückkauf seiner eigenen Aktien verpflichten (wie geschriebene Verkaufsoptionen und Terminkäufe), kommen bei der Berechnung des verwässerten Ergebnisses je Aktie zum Tragen, wenn ein Verwässerungseffekt vorliegt. Wenn diese Verträge innerhalb der Periode „im Geld" sind (d. h. der Ausübungs- oder Erfüllungspreis den durchschnittlichen Marktpreis in der Periode übersteigt), so ist der potenzielle Verwässerungseffekt auf das Ergebnis je Aktie folgendermaßen zu ermitteln: **63**

(a) es ist anzunehmen, dass am Anfang der Periode eine ausreichende Menge an Stammaktien (zum durchschnittlichen Marktpreis während der Periode) emittiert werden, um die Mittel zur Vertragserfüllung zu beschaffen;

(b) es ist anzunehmen, dass die Erlöse aus der Emission zur Vertragserfüllung (also zum Rückkauf der Stammaktien) verwendet werden; und

(c) die zusätzlichen Stammaktien (die Differenz zwischen den als emittiert angenommenen Stammaktien und den aus der Vertragserfüllung vereinnahmten Stammaktien) sind in die Berechnung des verwässerten Ergebnisses je Aktie einzubeziehen.

Rückwirkende Anpassungen

64 Nimmt die Zahl der in Umlauf befindlichen Stammaktien oder potenziellen Stammaktien durch eine Kapitalisierung, eine Emission von Gratisaktien oder einen Aktiensplitt zu bzw. durch einen umgekehrten Aktiensplitt ab, so ist die Berechnung des unverwässerten und verwässerten Ergebnisses je Aktie für alle dargestellten Perioden rückwirkend zu berichtigen. Treten diese Änderungen nach dem Abschlussstichtag, aber vor der Genehmigung zur Veröffentlichung des Abschlusses ein, sind die Berechnungen je Aktie für den Abschluss, der für diese Periode vorgelegt wird, sowie für die Abschlüsse aller früheren Perioden auf der Grundlage der neuen Zahl an Aktien vorzunehmen. Dabei ist anzugeben, dass die Berechnungen pro Aktie derartigen Änderungen in der Zahl der Aktien Rechnung tragen. Darüber hinaus sind für alle dargestellten Perioden die unverwässerten und verwässerten Ergebnisse je Aktie auch im Hinblick auf die Auswirkungen von rückwirkend berücksichtigten Fehlern und Anpassungen, die durch Änderungen der Rechnungslegungsmethoden bedingt sind, anzupassen.

65 Ein Unternehmen darf verwässerte Ergebnisse je Aktie, die in früheren Perioden ausgewiesen wurden, nicht aufgrund von Änderungen der Berechnungsannahmen zur Ergebnisermittlung je Aktie oder zwecks Umwandlung potenzieller Stammaktien in Stammaktien rückwirkend anpassen.

Darstellung

66 Ein Unternehmen hat in seiner Gesamtergebnisrechnung für jede Gattung von Stammaktien mit unterschiedlichem Anrecht auf Teilnahme am Gewinn oder Verlust das unverwässerte und das verwässerte Ergebnis je Aktie aus dem den Stammaktionären des Mutterunternehmens zurechenbaren Periodengewinn bzw. -verlust aus dem fortzuführenden Geschäft sowie der den Stammaktionären des Mutterunternehmens zurechenbare Gewinn oder Verlust auszuweisen. Ein Unternehmen hat die unverwässerten und verwässerten Ergebnisse je Aktie in allen dargestellten Perioden gleichrangig auszuweisen.

67 Das Ergebnis je Aktie ist für jede Periode auszuweisen, für die eine Gesamtergebnisrechnung vorgelegt wird. Wird das verwässerte Ergebnis je Aktie für mindestens eine Periode ausgewiesen, so ist es, selbst wenn es dem unverwässerten Ergebnis je Aktie entspricht, für sämtliche Perioden auszuweisen. Stimmen unverwässertes und verwässertes Ergebnis je Aktie überein, so kann der doppelte Ausweis in einer Zeile in der Gesamtergebnisrechnung erfolgen.

67A Stellt ein Unternehmen die Ergebnisbestandteile gemäß Paragraph 10A von IAS 1 (in der 2011 geänderten Fassung) in einer gesonderten Gewinn- und Verlustrechnung dar, so hat es das unverwässerte und verwässerte Ergebnis je Aktie gemäß den Anforderungen in Paragraph 66 und 67 in dieser gesonderten Gewinn- und Verlustrechnung auszuweisen.

68 Ein Unternehmen, das die Aufgabe eines Geschäftsbereichs meldet, hat die unverwässerten und verwässerten Ergebnisse je Aktie für den aufgegebenen Geschäftsbereich entweder in der Gesamtergebnisrechnung oder im Anhang auszuweisen.

68A Stellt ein Unternehmen die Ergebnisbestandteile gemäß Paragraph 10A von IAS 1 (in der 2011 geänderten Fassung) in einer gesonderten Gewinn- und Verlustrechnung dar, so hat es das unverwässerte und verwässerte Ergebnis je Aktie für den aufgegebenen Geschäftsbereich gemäß den Anforderungen in Paragraph 68 in dieser gesonderten Aufstellung oder im Anhang auszuweisen.

69 Ein Unternehmen hat die unverwässerten und verwässerten Ergebnisse je Aktie auch dann auszuweisen, wenn die Beträge negativ (also als Verlust je Aktie) ausfallen.

Angaben

Ein Unternehmen hat Folgendes anzugeben: 70

(a) die Beträge, die es bei der Berechnung von unverwässerten und verwässerten Ergebnissen je Aktie als Zähler verwendet, sowie eine Überleitung der entsprechenden Beträge zu dem dem Mutterunternehmen zurechenbaren Gewinn oder Verlust. Der Überleitungsrechnung muss zu entnehmen sein, wie sich die einzelnen Instrumente auf das Ergebnis je Aktie auswirken.

(b) den gewichteten Durchschnitt der Stammaktien, der bei der Berechnung der unverwässerten und verwässerten Ergebnisse je Aktie als Nenner verwendet wurde, sowie eine Überleitungsrechnung dieser Nenner zueinander. Der Überleitungsrechnung muss zu entnehmen sein, wie sich die einzelnen Instrumente auf das Ergebnis je Aktie auswirken.

(c) die Instrumente (einschließlich bedingt emissionsfähiger Aktien), die das unverwässerte Ergebnis je Aktie in Zukunft potenziell verwässern könnten, aber nicht in die Berechnung des verwässerten Ergebnisses je Aktie eingeflossen sind, weil sie für die dargestellte(n) Periode(n) einer Verwässerung entgegenwirken.

(d) eine Beschreibung der Transaktionen mit Stammaktien oder potenziellen Stammaktien – mit Ausnahme derjenigen, die gemäß Paragraph 64 berücksichtigt werden –, die nach dem Abschlussstichtag zustande kommen und die – wenn sie vor Ende der Berichtsperiode stattgefunden hätten – die Zahl der am Ende der Periode in Umlauf befindlichen Stammaktien oder potenziellen Stammaktien erheblich verändert hätten.

Beispiele für die in Paragraph 70(d) genannten Transaktionen sind: 71

(a) die Ausgabe von Aktien gegen liquide Mittel;

(b) die Ausgabe von Aktien, wenn die Erlöse dazu verwendet werden, zum Abschlussstichtag bestehende Schulden oder in Umlauf befindliche Vorzugsaktien zu tilgen;

(c) die Rücknahme von in Umlauf befindlichen Stammaktien;

(d) die Umwandlung oder Ausübung des Bezugsrechtes potenzieller, sich zum Abschlussstichtag im Umlauf befindlicher Stammaktien in Stammaktien;

(e) die Ausgabe von Optionen, Optionsscheinen oder wandelbaren Instrumenten; und

(f) die Erfüllung von Bedingungen, die die Ausgabe bedingt emissionsfähiger Aktien zur Folge hätten.

Die Ergebnisse je Aktie werden nicht um Transaktionen berichtigt, die nach dem Abschlussstichtag eintreten, da diese den zur Generierung des Gewinnes oder Verlustes verwendeten Kapitalbetrag nicht beeinflussen.

Finanzinstrumente und sonstige Verträge, die zu potenziellen Stammaktien führen, können Bedingungen enthalten, die die Messung des unverwässerten und verwässerten Ergebnisses je Aktie beeinflussen. Diese Bedingungen können entscheidend dafür sein, ob bei potenziellen Stammaktien ein Verwässerungseffekt vorliegt und, falls dem so ist, wie sich dies auf den gewichteten Durchschnitt der in Umlauf befindlichen Aktien sowie alle daraus resultierenden Berichtigungen des den Stammaktionären zuzurechnenden Periodenergebnisses auswirkt. Die Angabe der Vertragsbedingungen dieser Finanzinstrumente und anderer Verträge wird empfohlen, sofern dies nicht ohnehin vorgeschrieben ist (s. IFRS 7 *Finanzinstrumente: Angaben*). 72

Falls ein Unternehmen zusätzlich zum unverwässerten und verwässerten Ergebnis je Aktie Beträge je Aktie angibt, die mittels eines im Bericht enthaltenen Bestandteils des Periodengewinns ermittelt werden, der von diesem Standard abweicht, so sind derartige Beträge unter Verwendung des gemäß diesem Standard ermittelten gewichteten Durchschnitts von Stammaktien zu bestimmen. Unverwässerte und verwässerte Beträge je Aktie, die sich auf einen derartigen Bestandteil beziehen, sind gleichrangig anzugeben und im Anhang auszuweisen. Ein Unternehmen hat auf die Grundlage zur Ermittlung der(s) Nenner(s) hinzuweisen, einschließlich der Angabe, ob es sich bei den entsprechenden Beträgen je Aktie um Vor- oder Nachsteuerbeträge handelt. Bei Verwendung eines Bestandteils des Periodengewinns, der nicht als eigen- 73 ständiger Posten in der Gesamtergebnisrechnung ausgewiesen wird, ist eine Überleitung zwischen diesem verwendeten Bestandteil zu einem in der Gesamtergebnisrechnung ausgewiesenen Posten herzustellen.

73A Paragraph 73 ist auch auf ein Unternehmen anwendbar, das zusätzlich zum unverwässerten und verwässerten Ergebnis je Aktie Beträge je Aktie angibt, die mittels eines im Bericht enthaltenen Ergebnisbestandteils ausgewiesen werden, der nicht von diesem Standard vorgeschrieben wird.

Zeitpunkt des Inkrafttretens

74 Dieser Standard ist erstmals in der ersten Berichtsperiode eines am 1. Januar 2005 oder danach beginnenden Geschäftsjahres anzuwenden. Eine frühere Anwendung wird empfohlen. Wenn ein Unternehmen diesen Standard für Berichtsperioden anwendet, die vor dem 1. Januar 2005 beginnen, so ist dies anzugeben.

74A Infolge des IAS 1 (überarbeitet 2007) wurde die in allen IFRS verwendete Terminologie geändert. Außerdem wurden die Paragraphen 4A, 67A, 68A und 73A geändert. Diese Änderungen sind erstmals in der ersten Berichtsperiode eines am 1. Januar 2009 oder danach beginnenden Geschäftsjahres anzuwenden. Wird IAS 1 (überarbeitet 2007) auf eine frühere Periode angewandt, sind diese Änderungen entsprechend auch anzuwenden.

74B Durch IFRS 10 und IFRS 11 *Gemeinsame Vereinbarungen*, veröffentlicht im Mai 2011, wurden die Paragraphen 4, 40 und A11 geändert. Ein Unternehmen hat diese Änderungen anzuwenden, wenn es IFRS 10 und IFRS 11 anwendet.

74C Durch IFRS 13, veröffentlicht im Mai 2011, wurden die Paragraphen 8, 47A und A2 geändert. Ein Unternehmen hat die betreffenden Änderungen anzuwenden, wenn es IFRS 13 anwendet.

74D Mit *Darstellung von Posten des sonstigen Ergebnisses* (Änderung IAS 1), veröffentlicht im Juni 2011, wurden die Paragraphen 4A, 67A, 68A und 73A geändert. Ein Unternehmen hat diese Änderungen anzuwenden, wenn es IAS 1 (in der im Juni 2011 geänderten Fassung) anwendet.

74E Durch IFRS 9 *Finanzinstrumente* (im Juli 2014 veröffentlicht) wurde Paragraph 34 geändert. Ein Unternehmen hat diese Änderung anzuwenden, wenn es IFRS 9 anwendet.

Rücknahme anderer Verlautbarungen

75 Dieser Standard ersetzt IAS 33 *Ergebnis je Aktie* (im Jahr 1997 verabschiedet).

76 Dieser Standard ersetzt SIC-24 *Ergebnis je Aktie – Finanzinstrumente und sonstige Verträge, die in Aktien erfüllt werden können.*

Anhang A: Leitlinien für die Anwendung

Dieser Anhang ist Bestandteil des Standards.

Der dem Mutterunternehmen zuzurechnende Gewinn oder Verlust

AG1 Zur Berechnung des Ergebnisses je Aktie auf der Grundlage des Konzernabschlusses bezieht sich der dem Mutterunternehmen zuzurechnende Gewinn oder Verlust auf den Gewinn oder Verlust des konsolidierten Unternehmens nach Berücksichtigung von nicht beherrschenden Anteilen.

Bezugsrechtsausgabe

AG2 Durch die Ausgabe von Stammaktien zum Zeitpunkt der Ausübung oder Umwandlung potenzieller Stammaktien entsteht im Regelfall kein Bonuselement, weil die potenziellen Stammaktien normalerweise zum beizulegenden Zeitwert ausgegeben werden, was zu einer proportionalen Änderung der dem Unternehmen zur Verfügung stehenden Ressourcen führt. Bei einer

Ausgabe von Bezugsrechten liegt der Ausübungskurs jedoch häufig unter dem beizulegenden Zeitwert der Aktien. Wird allen gegenwärtigen Aktionären eine Bezugsrechtsausgabe angeboten, ist die Zahl der Stammaktien, die zu verwenden ist, um für alle Perioden vor der Bezugsrechtsausgabe das unverwässerte und das verwässerte Ergebnis je Aktie zu berechnen, gleich der Zahl der sich vor der Ausgabe in Umlauf befindlichen Stammaktien, multipliziert mit folgendem Faktor:

$$\frac{\text{Beizulegender Zeitwert je Aktie unmittelbar vor der Bezugsrechtsausübung}}{\text{Theoretischer Zeitwert je Aktie nach dem Bezugsrecht}}$$

Der theoretische beizulegende Zeitwert je Aktie nach dem Bezugsrecht wird berechnet, indem die Summe der beizulegenden Zeitwerte der Aktien unmittelbar vor Ausübung der Bezugsrechte zu den Erlösen aus der Ausübung der Bezugsrechte hinzugezählt und durch die Anzahl der sich nach Ausübung der Bezugsrechte in Umlauf befindlichen Aktien geteilt wird. In Fällen, in denen die Bezugsrechte vor dem Ausübungsdatum getrennt von den Aktien öffentlich gehandelt werden sollen, wird der beizulegende Zeitwert am Schluss des letzten Handelstages, an dem die Aktien gemeinsam mit den Bezugsrechten gehandelt werden, bemessen.

Kontrollgröße

AG3 Um die Anwendung des in den Paragraphen 42 und 43 beschriebenen Begriffs der Kontrollgröße zu veranschaulichen, soll angenommen werden, dass ein Unternehmen aus fortgeführten Geschäftsbereichen einen dem Mutterunternehmen zurechenbaren Gewinn von 4 800 WE*), aus aufgegebenen Geschäftsbereichen einen dem Mutterunternehmen zurechenbaren Verlust von (7 200 WE), einen dem Mutterunternehmen zurechenbaren Verlust von (2 400 WE) und 2 000 Stammaktien sowie 400 potenzielle in Umlauf befindliche Stammaktien hat. Das unverwässerte Ergebnis des Unternehmens je Aktie beträgt in diesem Fall 2,40 WE für fortgeführte Geschäftsbereiche, (3,60 WE) für aufgegebene Geschäftsbereiche und (1,20 WE) für den Verlust. Die 400 potenziellen Stammaktien werden in die Berechnung des verwässerten Ergebnisses je Aktie einbezogen, weil das resultierende Ergebnis von 2,00 WE je Aktie für fortgeführte Geschäftsbereiche verwässernd wirkt, wenn keine Auswirkung dieser 400 potenziellen Stammaktien auf den Gewinn oder Verlust angenommen wird. Weil der dem Mutterunternehmen zurechenbare Gewinn aus fortgeführten Geschäftsbereichen die Kontrollgröße ist, bezieht das Unternehmen auch diese 400 potenziellen Stammaktien in die Berechnung der übrigen Ergebnisse je Aktie ein, obwohl die resultierenden Ergebnisse je Aktie für die ihnen vergleichbaren unverwässerten Ergebnisse je Aktie einen Verwässerungsschutz darstellen; d. h., der Verlust je Aktie geringer ist [(3,00 WE) je Aktie für den Verlust aus aufgegebenen Geschäftsbereichen und (1,00 WE) je Aktie für den Verlust].

Durchschnittlicher Marktpreis der Stammaktien

AG4 Zur Berechnung des verwässerten Ergebnisses je Aktie wird der durchschnittliche Marktpreis der Stammaktien, von deren Ausgabe ausgegangen wird, auf der Basis des durchschnittlichen Marktpreises während der Periode errechnet. Theoretisch könnte jede Markttransaktion mit den Stammaktien eines Unternehmens in die Bestimmung des durchschnittlichen Marktpreises einbezogen werden. In der Praxis reicht jedoch für gewöhnlich ein einfacher Durchschnitt aus den wöchentlichen oder monatlichen Kursen aus.

AG5 Im Allgemeinen sind die Schlusskurse für die Berechnung des durchschnittlichen Marktpreises ausreichend. Schwanken die Kurse allerdings mit großer Bandbreite, ergibt ein Durchschnitt aus den Höchst- und Tiefstkursen normalerweise einen repräsentativeren Kurs. Der durchschnittliche Marktpreis ist stets nach derselben Methode zu ermitteln, es sei denn, diese ist wegen geänderter Bedingungen nicht mehr repräsentativ. So könnte z. B. ein Unternehmen, das

*) **Amtl. Anm.:** In diesen Leitlinien werden Geldbeträge in „Währungseinheiten" (WE) angegeben.

zur Errechnung des durchschnittlichen Marktpreises über mehrere Jahre relativ stabiler Kurse hinweg die Schlusskurse benutzt, zur Durchschnittsbildung aus Höchst- und Tiefstkursen übergehen, wenn starke Kursschwankungen einsetzen und die Schlusskurse keinen repräsentativen Durchschnittskurs mehr ergeben.

Optionen, Optionsscheine und ihre Äquivalente

AG6 Es wird davon ausgegangen, dass Optionen oder Optionsscheine für den Kauf wandelbarer Instrumente immer dann für diesen Zweck ausgeübt werden, wenn die Durchschnittskurse sowohl der wandelbaren Instrumente als auch der nach der Umwandlung zu beziehenden Stammaktien über dem Ausübungskurs der Optionen oder Optionsscheine liegen. Von einer Ausübung wird jedoch nur dann ausgegangen, wenn auch bei ähnlichen, eventuell in Umlauf befindlichen wandelbaren Instrumenten von einer Umwandlung ausgegangen wird.

AG7 Optionen oder Optionsscheine können die Andienung schuldrechtlicher oder anderer Wertpapiere des Unternehmens (oder seines Mutterunternehmens oder eines Tochterunternehmens) zur Zahlung des gesamten Ausübungspreises oder eines Teiles davon ermöglichen oder erfordern. Bei der Berechnung des verwässerten Ergebnisses je Aktie wirken diese Optionen oder Optionsscheine verwässernd, wenn (a) der durchschnittliche Marktpreis der zugehörigen Stammaktien für die Periode den Ausübungskurs überschreitet oder (b) der Verkaufskurs des anzudienenden Instrumentes unter dem liegt, zu dem das Instrument der Options- oder Optionsscheinsvereinbarung entsprechend angedient werden kann und die sich ergebende Abzinsung zu einem effektiven Ausübungskurs unter dem Börsenkurs für die Stammaktien führt, die nach der Ausübung bezogen werden können. Bei der Berechnung des verwässerten Ergebnisses je Aktie wird davon ausgegangen, dass diese Optionen oder Optionsscheine ausgeübt und die schuldrechtlichen oder anderen Wertpapiere angedient werden sollen. Ist die Andienung liquider Mittel für den Options- oder Optionsscheininhaber vorteilhafter und lässt der Vertrag dies zu, wird von der Andienung liquider Mittel ausgegangen. Zinsen (abzüglich Steuern) auf schuldrechtliche Wertpapiere, von deren Andienung ausgegangen wird, werden dem Zähler als Berichtigung wieder hinzugerechnet.

AG8 Ähnlich behandelt werden Vorzugsaktien mit ähnlichen Bestimmungen oder andere Wertpapiere, deren Umwandlungsoptionen dem Investor eine Barzahlung zu einem günstigeren Umwandlungssatz erlauben.

AG9 Bei bestimmten Optionen oder Optionsscheinen sehen die Vertragsbedingungen eventuell vor, dass die durch Ausübung dieser Instrumente erzielten Erlöse für den Rückkauf schuldrechtlicher oder anderer Wertpapiere des Unternehmens (oder seines Mutter- oder eines Tochterunternehmens) verwendet werden. Bei der Berechnung des verwässerten Ergebnisses je Aktie wird davon ausgegangen, dass diese Optionen oder Optionsscheine ausgeübt wurden und der Erlös für den Kauf der schuldrechtlichen Wertpapiere zum durchschnittlichen Marktpreis und nicht für den Kauf von Stammaktien verwendet wird. Sollte der durch die angenommene Ausübung erzielte Erlös jedoch über den für den angenommenen Kauf schuldrechtlicher Wertpapiere aufgewandten Betrag hinausgehen, so wird diese Differenz bei der Berechnung des verwässerten Ergebnisses je Aktie berücksichtigt (d. h., es wird davon ausgegangen, dass sie für den Rückkauf von Stammaktien eingesetzt wurde). Zinsen (abzüglich Steuern) auf schuldrechtliche Wertpapiere, von deren Kauf ausgegangen wird, werden dem Zähler als Berichtigung wieder hinzugerechnet.

Geschriebene Verkaufsoptionen

AG10 Zur Erläuterung der Anwendung von Paragraph 63 soll angenommen werden, dass sich von einem Unternehmen 120 geschriebene Verkaufsoptionen auf seine Stammaktien mit einem Ausübungskurs von 35 WE in Umlauf befinden. Der durchschnittliche Marktpreis für die Stammaktien des Unternehmens in der Periode beträgt 28 WE. Bei der Berechnung des verwässerten Ergebnisses je Aktie geht das Unternehmen davon aus, dass es zur Erfüllung seiner Verkaufsverpflichtung von 4 200 WE zu Periodenbeginn 150 Aktien zu je 28 WE ausgegeben hat. Die Differenz zwischen den 150 ausgegebenen Stammaktien und den 120 Stammaktien aus der Erfüllung der Verkaufsoption (30 zusätzliche Stammaktien) wird bei der Berechnung des verwässerten Ergebnisses je Aktie auf den Nenner aufaddiert.

Instrumente von Tochterunternehmen, Gemeinschaftsunternehmen oder assoziierten Unternehmen

Potenzielle Stammaktien eines Tochterunternehmens, Gemeinschaftsunternehmens oder assoziierten Unternehmens, die entweder in Stammaktien des Tochterunternehmens, Gemeinschaftsunternehmens oder assoziierten Unternehmens oder in Stammaktien des Mutterunternehmens oder der Anleger (der berichtenden Unternehmen) wandelbar sind, unter deren gemeinschaftlicher Führung oder maßgeblichem Einfluss das Beteiligungsunternehmen steht, werden wie folgt in die Berechnung des verwässerten Ergebnisses je Aktie einbezogen: **AG11**

(a) Durch ein Tochterunternehmen, Gemeinschaftsunternehmen oder assoziiertes Unternehmen ausgegebene Instrumente, die ihren Inhabern den Bezug von Stammaktien des Tochterunternehmens, Gemeinschaftsunternehmens oder assoziierten Unternehmens ermöglichen, werden in die Berechnung des verwässerten Ergebnisses je Aktie des Tochterunternehmens, Gemeinschaftsunternehmens oder assoziierten Unternehmens einbezogen. Dieses Ergebnis je Aktie wird dann vom berichtenden Unternehmen in dessen Berechnungen des Ergebnisses je Aktie einbezogen, und zwar auf der Grundlage, dass das berichtende Unternehmen die Instrumente des Tochterunternehmens, Gemeinschaftsunternehmens oder assoziierten Unternehmens hält.

(b) Instrumente eines Tochterunternehmens, Gemeinschaftsunternehmens oder assoziierten Unternehmens, die in Stammaktien des berichtenden Unternehmens umgewandelt werden können, werden für die Berechnung des verwässerten Ergebnisses je Aktie als zu den potenziellen Stammaktien des berichtenden Unternehmens gehörend betrachtet. Ebenso werden auch von einem Tochterunternehmen, Gemeinschaftsunternehmen oder assoziierten Unternehmen für den Kauf von Stammaktien des berichtenden Unternehmens ausgegebene Optionen oder Optionsscheine bei der Berechnung des konsolidierten verwässerten Ergebnisses je Aktie als zu den potenziellen Stammaktien des berichtenden Unternehmens gehörend betrachtet.

Um zu bestimmen, wie sich Instrumente, die von einem berichtenden Unternehmen ausgegeben wurden und in Stammaktien eines Tochterunternehmens, Gemeinschaftsunternehmens oder assoziierten Unternehmens umgewandelt werden können, auf das Ergebnis je Aktie auswirken, wird von der Umwandlung der Instrumente ausgegangen und der Zähler (der den Stammaktionären des Mutterunternehmens zurechenbare Gewinn oder Verlust) gemäß Paragraph 33 dementsprechend berichtigt. Zusätzlich dazu wird der Zähler mit Bezug auf jede Änderung berichtigt, die im Gewinn oder Verlust des berichtenden Unternehmens auftritt (z. B. Erträge nach der Dividenden- oder nach der Equity-Methode) und der erhöhten Stammaktienzahl des Tochterunternehmens, Gemeinschaftsunternehmens oder assoziierten Unternehmens zuzurechnen ist, die sich als Folge der angenommenen Umwandlung in Umlauf befindet. Der Nenner ist bei der Berechnung des verwässerten Ergebnisses je Aktie nicht betroffen, weil die Zahl der in Umlauf befindlichen Stammaktien des berichtenden Unternehmens sich bei Annahme der Umwandlung nicht ändern würde. **AG12**

Partizipierende Eigenkapitalinstrumente und aus zwei Gattungen bestehende Stammaktien

Zum Eigenkapital einiger Unternehmen gehören: **AG13**

(a) Instrumente, die nach einer festgelegten Formel (z. B. zwei zu eins) an Stammaktien-Dividenden beteiligt werden, wobei in einigen Fällen für die Gewinnbeteiligung eine Obergrenze (z. B. bis zu einem bestimmten Höchstbetrag je Aktie) besteht.

(b) eine Stammaktien-Gattung, deren Dividendensatz von dem der anderen Stammaktien-Gattung abweicht, ohne jedoch vorrangige oder vorgehende Rechte zu haben.

AG14 Zur Berechnung des verwässerten Ergebnisses je Aktie wird bei den in Paragraph AG13 bezeichneten Instrumenten, die in Stammaktien umgewandelt werden können, von einer Umwandlung ausgegangen, wenn sie eine verwässernde Wirkung hat. Für die nicht in eine Stammaktien-Gattung umwandelbaren Instrumente wird der Gewinn oder Verlust entsprechend ihren Dividendenrechten oder anderen Rechten auf Beteiligung an nicht ausgeschütteten Gewinnen den unterschiedlichen Aktiengattungen und gewinnberechtigten Dividendenpapieren zugewiesen. Zur Berechnung des unverwässerten und verwässerten Ergebnisses je Aktie:

(a) wird das den Stammaktieninhabern des Mutterunternehmens zurechenbare Periodenergebnis (durch Gewinnreduzierung und Verlusterhöhung) um den Betrag der Dividenden angepasst, der in der Periode für jede Aktiengattung erklärt wurde, sowie um den vertraglichen Betrag der Dividenden (oder Zinsen auf Gewinnschuldverschreibungen), der für die Periode zu zahlen ist (z. B. ausgeschüttete, aber noch nicht ausgezahlte kumulative Dividenden).

(b) wird das verbleibende Periodenergebnis Stammaktien und partizipierenden Eigenkapitalinstrumenten in dem Umfang zugeteilt, in dem jedes Instrument am Ergebnis beteiligt ist, so, als sei der gesamte Gewinn oder Verlust ausgeschüttet worden. Der gesamte jeder Gattung von Eigenkapitalinstrumenten zugewiesene Gewinn oder Verlust wird durch Addition des aus Dividenden und aus Gewinnbeteiligung zugeteilten Betrags bestimmt.

(c) wird der Gesamtbetrag des jeder Gattung von Eigenkapitalinstrumenten zugewiesenen Gewinnes oder Verlustes durch die Zahl der in Umlauf befindlichen Instrumente geteilt, denen das Ergebnis zugewiesen wird, um das Ergebnis je Aktie für das Instrument zu bestimmen.

Zur Berechnung des verwässerten Ergebnisses je Aktie werden alle potenziellen Stammaktien, die als ausgegeben gelten, in die in Umlauf befindlichen Stammaktien einbezogen.

Teilweise bezahlte Aktien

AG15 Werden Stammaktien ausgegeben, jedoch nicht voll bezahlt, werden sie bei der Berechnung des unverwässerten Ergebnisses je Aktie in dem Umfang als Bruchteil einer Stammaktie angesehen, in dem sie während der Periode in Relation zu einer voll bezahlten Stammaktie dividendenberechtigt sind.

AG16 Soweit teilweise bezahlte Aktien während der Periode nicht dividendenberechtigt sind, werden sie bei der Berechnung des verwässerten Ergebnisses je Aktie analog zu Optionen oder Optionsscheinen behandelt. Der unbezahlte Restbetrag gilt als für den Kauf von Stammaktien verwendeter Erlös. Die Zahl der in das verwässerte Ergebnis je Aktie einbezogenen Aktien ist die Differenz zwischen der Zahl der gezeichneten Aktien und der Zahl der Aktien, die als gekauft gelten.

International Accounting Standard 34 Zwischenberichterstattung (IAS 34)

v. 3.11.2008 (ABl EU Nr. L 320 S. 1);
zuletzt geändert durch Verordnung (EU) 2019/2104 v. 29.11.2019
(ABl L Nr. 318 S. 74)[1)]

Inhalt Ziffer

Zielsetzung

Die Zielsetzung dieses Standards ist, den Mindestinhalt eines Zwischenberichts sowie die Grundsätze für die Erfassung und Bewertung in einem vollständigen oder verkürzten Abschluss für eine Zwischenberichtsperiode vorzuschreiben. Eine rechtzeitige und verlässliche Zwischenberichterstattung erlaubt Investoren, Gläubigern und anderen Adressaten, die Fähigkeit eines Unternehmens, Periodenüberschüsse und Mittelzuflüsse zu erzeugen, sowie seine Vermögenslage und Liquidität besser zu beurteilen.

Anwendungsbereich

Dieser Standard schreibt weder vor, welche Unternehmen Zwischenberichte zu veröffentlichen **1** haben, noch wie häufig oder innerhalb welchen Zeitraums nach dem Ablauf einer Zwischenberichtsperiode dies zu erfolgen hat. Jedoch verlangen Regierungen, Aufsichtsbehörden, Börsen

1) **Anm. d. Red.:** Diese Änderungen sind am 30.12.2019 in Kraft getreten und sind spätestens mit Beginn des ersten am oder nach dem 1.1.2020 beginnenden Geschäftsjahres anzuwenden. Vgl. dazu auch Paragraph 58 (2).

und sich mit der Rechnungslegung befassende Berufsverbände oft von Unternehmen, deren Schuld- oder Eigenkapitaltitel öffentlich gehandelt werden, die Veröffentlichung von Zwischenberichten. Dieser Standard ist anzuwenden, wenn ein Unternehmen pflichtgemäß oder freiwillig einen Zwischenbericht in Übereinstimmung mit den International Financial Reporting Standards veröffentlicht. Das International Accounting Standards Committee*) empfiehlt Unternehmen, deren Wertpapiere öffentlich gehandelt werden, Zwischenberichte bereitzustellen, die hinsichtlich Erfassung, Bewertung und Angaben den Grundsätzen dieses Standards entsprechen. Unternehmen, deren Wertpapiere öffentlich gehandelt werden, wird insbesondere empfohlen

(a) Zwischenberichte wenigstens zum Ende der ersten Hälfte des Geschäftsjahres bereitzustellen; und

(b) ihre Zwischenberichte innerhalb von 60 Tagen nach Abschluss der Zwischenberichtsperiode verfügbar zu machen.

2 Jeder Finanzbericht, ob Abschluss eines Geschäftsjahres oder Zwischenbericht, ist hinsichtlich seiner Konformität mit den International Financial Reporting Standards gesondert zu beurteilen. Die Tatsache, dass ein Unternehmen während eines bestimmten Geschäftsjahres keine Zwischenberichterstattung vorgenommen hat oder Zwischenberichte erstellt hat, die nicht diesem Standard entsprechen, darf das Unternehmen nicht davon abhalten, den International Financial Reporting Standards entsprechende Abschlüsse eines Geschäftsjahres zu erstellen, wenn ansonsten auch so verfahren wird.

3 Wenn der Zwischenbericht eines Unternehmens als mit den International Financial Reporting Standards übereinstimmend bezeichnet wird, hat er allen Anforderungen dieses Standards zu entsprechen. Paragraph 19 schreibt dafür bestimmte Angaben vor.

Definitionen

4 Die folgenden Begriffe werden in diesem Standard mit der angegebenen Bedeutung verwendet:

Eine *Zwischenberichtsperiode* ist eine Finanzberichtsperiode, die kürzer als ein gesamtes Geschäftsjahr ist.

Ein *Zwischenbericht* ist ein Finanzbericht, der einen vollständigen Abschluss (wie in IAS 1 *Darstellung des Abschlusses (überarbeitet 2007)* beschrieben) oder einen verkürzten Abschluss (wie in diesem Standard beschrieben) für eine Zwischenberichtsperiode enthält.

Inhalt eines Zwischenberichts

5 IAS 1 definiert für einen vollständigen Abschluss folgende Bestandteile:

(a) eine Bilanz zum Abschlussstichtag;

(b) eine Darstellung von Gewinn oder Verlust und sonstigem Ergebnis („Gesamtergebnisrechnung") für die Periode;

(c) eine Eigenkapitalveränderungsrechnung für die Periode;

(d) eine Kapitalflussrechnung für die Periode;

(e) den Anhang, der eine Darstellung der wesentlichen Rechnungslegungsmethoden und sonstige Erläuterungen enthält;

(ea) Vergleichsinformationen hinsichtlich der vorangegangenen Periode, so wie in IAS 1 Paragraph 38 und 38A spezifiziert; und

*) **Amtl. Anm.:** Der International Accounting Standards Board, der seine Tätigkeit im Jahr 2001 aufnahm, hat die Funktionen des International Accounting Standards Committee übernommen.

(f) eine Bilanz zu Beginn der vorangegangenen Periode, wenn ein Unternehmen eine Rechnungslegungsmethode rückwirkend anwendet oder Posten im Abschluss rückwirkend anpasst oder sie rückwirkend gemäß IAS 1 Paragraph 40A-40D umgliedert.

Ein Unternehmen kann für die Aufstellungen andere Bezeichnungen als die in diesem Standard vorgesehenen Begriffe verwenden. So kann ein Unternehmen beispielsweise die Bezeichnung „Gesamtergebnisrechnung" anstatt „Darstellung von Gewinn oder Verlust und sonstigem Ergebnis" verwenden.

Im Interesse rechtzeitiger Informationen, aus Kostengesichtspunkten und um eine Wiederholung bereits berichteter Informationen zu vermeiden, kann ein Unternehmen dazu verpflichtet sein oder sich freiwillig dafür entscheiden, weniger Informationen an Zwischenberichtsterminen bereitzustellen als in seinen Abschlüssen eines Geschäftsjahres. Dieser Standard definiert den Mindestinhalt eines Zwischenberichts, der einen verkürzten Abschluss und ausgewählte erläuternde Anhangangaben enthält. Der Zwischenbericht soll eine Aktualisierung des letzten Abschlusses eines Geschäftsjahres darstellen. Dementsprechend konzentriert er sich auf neue Tätigkeiten, Ereignisse und Umstände und wiederholt nicht bereits berichtete Informationen. 6

Die Vorschriften in diesem Standard sollen den Unternehmen nicht verbieten bzw. sie nicht davon abhalten, an Stelle eines verkürzten Abschlusses und ausgewählter erläuternder Anhangangaben einen vollständigen Abschluss (wie in IAS 1 beschrieben) als Zwischenbericht zu veröffentlichen. Dieser Standard verbietet nicht und hält Unternehmen auch nicht davon ab, mehr als das Minimum der von diesem Standard vorgeschriebenen Posten oder ausgewählten erläuternden Anhangangaben in verkürzte Zwischenberichte aufzunehmen. Die Anwendungsleitlinien für Erfassung und Bewertung in diesem Standard gelten auch für vollständige Abschlüsse einer Zwischenberichtsperiode; solche Abschlüsse würden sowohl alle von diesem Standard geforderten Angaben (insbesondere die ausgewählten Anhangangaben in Paragraph 16) als auch die von anderen Standards geforderten Angaben umfassen. 7

Mindestbestandteile eines Zwischenberichts

Ein Zwischenbericht hat mindestens die folgenden Bestandteile zu enthalten: 8

(a) eine verkürzte Bilanz;

(b) eine verkürzte Darstellung oder verkürzte Darstellungen von Gewinn oder Verlust und sonstigem Ergebnis;

(c) eine verkürzte Eigenkapitalveränderungsrechnung;

(d) eine verkürzte Kapitalflussrechnung; und

(e) ausgewählte erläuternde Anhangangaben.

Stellt ein Unternehmen die Ergebnisbestandteile gemäß Paragraph 10A von IAS 1 (in der 2011 geänderten Fassung) in einer gesonderten Gewinn- und Verlustrechnung dar, so hat es die verkürzten Zwischenberichtsdaten dort auszuweisen. 8A

Form und Inhalt von Zwischenabschlüssen

Wenn ein Unternehmen einen vollständigen Abschluss in seinem Zwischenbericht veröffentlicht, haben Form und Inhalt der Bestandteile des Abschlusses die Anforderungen des IAS 1 an vollständige Abschlüsse zu erfüllen. 9

Wenn ein Unternehmen einen verkürzten Abschluss in seinem Zwischenbericht veröffentlicht, hat dieser verkürzte Abschluss mindestens jede der Überschriften und Zwischensummen zu enthalten, die in seinem letzten Abschluss eines Geschäftsjahres enthalten waren, sowie die von diesem Standard vorgeschriebenen ausgewählten erläuternden Anhangangaben. Zusätzliche Posten oder Anhangangaben sind einzubeziehen, wenn ihr Weglassen den Zwischenbericht irreführend erscheinen lassen würde. 10

11 Ein Unternehmen hat in dem Abschluss, der die einzelnen Gewinn- oder Verlustposten für eine Zwischenberichtsperiode darstellt, das unverwässerte und das verwässerte Ergebnis je Aktie für diese Periode darzustellen, wenn es IAS 33 *Ergebnis je Aktie**) unterliegt.

11A Stellt ein Unternehmen die Ergebnisbestandteile gemäß Paragraph 10A von IAS 1 (in der 2011 geänderten Fassung) in einer gesonderten Gewinn- und Verlustrechnung dar, so hat es das unverwässerte und verwässerte Ergebnis je Aktie dort auszuweisen.

12 IAS 1 (überarbeitet 2007) enthält Anwendungsleitlinien zur Struktur des Abschlusses. Die Anwendungsleitlinien für IAS 1 geben Beispiele dafür, auf welche Weise die Darstellung der Bilanz, der Gesamtergebnisrechnung und der Eigenkapitalveränderungsrechnung erfolgen kann.

13 (weggefallen)

14 Ein Zwischenbericht wird auf konsolidierter Basis aufgestellt, wenn der letzte Abschluss eines Geschäftsjahres des Unternehmens ein Konzernabschluss war. Der Einzelabschluss des Mutterunternehmens stimmt mit dem Konzernabschluss in dem letzten Geschäftsbericht nicht überein oder ist damit nicht vergleichbar. Wenn der Geschäftsbericht eines Unternehmens zusätzlich zum Konzernabschluss den Einzelabschluss des Mutterunternehmens enthält, verlangt oder verbietet dieser Standard nicht die Einbeziehung des Einzelabschlusses des Mutterunternehmens in den Zwischenbericht des Unternehmens.

Erhebliche Ereignisse und Geschäftsvorfälle

15 Einem Zwischenbericht ist eine Erläuterung der Ereignisse und Geschäftsvorfälle beizufügen, die für das Verständnis der Veränderungen, die seit Ende des letzten Geschäftsjahres bei der Vermögens-, Finanz- und Ertragslage des Unternehmens eingetreten sind, erheblich sind. Mit den Informationen über diese Ereignisse und Geschäftsvorfälle werden die im letzten Geschäftsbericht enthaltenen einschlägigen Informationen aktualisiert.

15A Ein Adressat des Zwischenberichts eines Unternehmens wird auch Zugang zum letzten Geschäftsbericht dieses Unternehmens haben. Der Anhang eines Zwischenberichts muss deshalb keine Informationen enthalten, bei denen es sich nur um relativ unwesentliche Aktualisierungen der im Anhang des letzten Geschäftsberichtes enthaltenen Informationen handelt.

15B Nachstehend eine Aufstellung von Ereignissen und Geschäftsvorfällen, die bei Erheblichkeit angegeben werden müssten. Diese Aufzählung ist nicht vollständig:

(a) Abschreibung von Vorräten auf den Nettoveräußerungswert und Rückbuchung solcher Abschreibungen;

(b) Erfassung eines Aufwands aus der Wertminderung von finanziellen Vermögenswerten, Sachanlagen, immateriellen Vermögenswerten, Vermögenswerten aus Verträgen mit Kunden oder anderen Vermögenswerten sowie Aufhebung solcher Wertminderungsaufwendungen;

(c) Auflösung etwaiger Rückstellungen für Restrukturierungsmaßnahmen;

(d) Anschaffungen und Veräußerungen von Sachanlagen;

(e) Verpflichtungen zum Kauf von Sachanlagen;

(f) Beendigung von Rechtsstreitigkeiten;

(g) Korrekturen von Fehlern aus früheren Perioden;

(h) Veränderungen im Unternehmensumfeld oder bei den wirtschaftlichen Rahmenbedingungen, die sich auf den beizulegenden Zeitwert der finanziellen Vermögenswerte und Schulden des Unternehmens auswirken, unabhängig davon, ob diese Vermögenswerte oder Schulden zum beizulegenden Zeitwert oder zu fortgeführten Anschaffungskosten angesetzt werden;

*) **Amtl. Anm.:** Dieser Paragraph wurde durch die *Verbesserungen der IFRS* vom Mai 2008 geändert, um den Anwendungsbereich von IAS 34 zu klären.

(i) jeder Kreditausfall oder Bruch einer Kreditvereinbarung, der nicht bei oder vor Ablauf der Berichtsperiode beseitigt ist;

(j) Geschäftsvorfälle mit nahe stehenden Unternehmen und Personen;

(k) Verschiebungen zwischen den verschiedenen Stufen der Fair-Value-Hierarchie, die zur Bestimmung des beizulegenden Zeitwerts von Finanzinstrumenten zugrunde gelegt wird;

(l) Änderungen bei der Einstufung finanzieller Vermögenswerte, die auf eine geänderte Zweckbestimmung oder Nutzung dieser Vermögenswerte zurückzuführen sind, und

(m) Änderungen bei Eventualverbindlichkeiten oder -forderungen.

Für viele der in Paragraph 15B genannten Posten liefern die einzelnen IFRS Leitlinien zu den entsprechenden Angabepflichten. Ist ein Ereignis oder Geschäftsvorfall für das Verständnis der Veränderungen, die seit Ende des letzten Geschäftsjahres bei der Vermögens-, Finanz- und Ertragslage eines Unternehmens eingetreten sind, erheblich, sollten die im Abschluss für das letzte Geschäftsjahr dazu enthaltenen Angaben im Zwischenbericht des Unternehmens erläutert und aktualisiert werden. **15C**

Weitere Angaben

(weggefallen) **16**

Zusätzlich zur Angabe erheblicher Ereignisse und Geschäftsvorfälle gemäß den Paragraphen 15-15C hat ein Unternehmen in den Anhang zu seinem Zwischenabschluss die nachstehenden Angaben aufzunehmen, wenn sie nicht bereits an anderer Stelle des Zwischenberichts offengelegt werden. Diese Angaben sind normalerweise vom Geschäftsjahresbeginn bis zum Zwischenberichtstermin zu liefern: **16A**

(a) eine Erklärung, dass im Zwischenabschluss dieselben Rechnungslegungsmethoden und Berechnungsmethoden angewandt werden wie im letzten Abschluss eines Geschäftsjahres oder, wenn diese Methoden geändert worden sind, eine Beschreibung der Art und Auswirkung der Änderung;

(b) erläuternde Bemerkungen über die Saisoneinflüsse oder die Konjunktureinflüsse auf die Geschäftstätigkeit innerhalb der Zwischenberichtsperiode;

(c) Art und Umfang von Sachverhalten, die Vermögenswerte, Schulden, Eigenkapital, Periodenergebnis oder Cashflows beeinflussen und die aufgrund ihrer Art, ihres Ausmaßes oder ihrer Häufigkeit ungewöhnlich sind;

(d) Art und Umfang von Änderungen bei Schätzungen von Beträgen, die in früheren Zwischenberichtsperioden des aktuellen Geschäftsjahres dargestellt wurden, oder Änderungen bei Schätzungen von Beträgen, die in früheren Geschäftsjahren dargestellt wurden;

(e) Emissionen, Rückkäufe und Rückzahlungen von Schuldverschreibungen oder Eigenkapitaltitel;

(f) gezahlte Dividenden (zusammengefasst oder je Aktie), gesondert für Stammaktien und sonstige Aktien;

(g) die folgenden Segmentinformationen (die Angabe von Segmentinformationen in einem Zwischenbericht eines Unternehmens wird nur verlangt, wenn IFRS 8*Geschäftssegmente* das Unternehmen zur Angabe der Segmentinformationen in seinem Abschluss eines Geschäftsjahres verpflichtet):

   (i) Umsatzerlöse von externen Kunden, wenn sie in die Bemessungsgrundlage des Gewinns oder Verlusts des Segments mit einbezogen sind, der von der verantwortlichen Unternehmensinstanz überprüft wird oder dieser ansonsten regelmäßig übermittelt wird;

   (ii) Umsatzerlöse, die zwischen den Segmenten erwirtschaftet werden, wenn sie in die Bemessungsgrundlage des Gewinns oder Verlusts des Segments mit einbezogen sind, der von der verantwortlichen Unternehmensinstanz überprüft wird oder dieser ansonsten regelmäßig übermittelt wird;

(iii) Bewertung des Gewinns oder Verlusts des Segments;

(iv) die Gesamtvermögenswerte für ein bestimmtes berichtspflichtiges Segment, wenn diese Beträge dem Hauptentscheidungsträger regelmäßig übermittelt werden und deren Höhe sich im Vergleich zu den Angaben im letzten Abschluss eines Geschäftsjahres für dieses berichtspflichtige Segment wesentlich verändert hat;

(v) Beschreibung der Unterschiede im Vergleich zum letzten Abschluss, die sich in der Segmentierungsgrundlage oder in der Bemessungsgrundlage des Gewinns oder Verlusts des Segments ergeben haben;

(vi) Überleitungsrechnung für den Gesamtbetrag der Bewertungen des Gewinns oder Verlusts der berichtspflichtigen Segmente zum Gewinn oder Verlust des Unternehmens vor Steueraufwand (Steuerertrag) und Aufgabe von Geschäftsbereichen. Weist ein Unternehmen indes berichtspflichtigen Segmenten Posten wie Steueraufwand (Steuerertrag) zu, kann das Unternehmen für den Gesamtbetrag der Bewertungen des Gewinns oder Verlusts der Segmente zum Gewinn oder Verlust des Unternehmens seine Überleitungsrechnung nach Ausklammerung dieser Posten erstellen. Wesentliche Abstimmungsposten sind in dieser Überleitungsrechnung gesondert zu identifizieren und zu beschreiben;

(h) nach der Zwischenberichtsperiode eingetretene Ereignisse, die im Zwischenabschluss nicht berücksichtigt wurden;

(i) Auswirkung von Änderungen in der Zusammensetzung eines Unternehmens während der Zwischenberichtsperiode, einschließlich Unternehmenszusammenschlüsse, Erlangung oder Verlust der Beherrschung über Tochterunternehmen und langfristige Finanzinvestitionen, Restrukturierungsmaßnahmen sowie Aufgabe von Geschäftsbereichen. Im Fall von Unternehmenszusammenschlüssen sind die in IFRS 3 *Unternehmenszusammenschlüsse* geforderten Angaben zu machen;

(j) Bei Finanzinstrumenten die in IFRS 13 *Bemessung des beizulegenden Zeitwerts*, Paragraphen 91-93(h), 94-96, 98 und 99 und in IFRS 7 *Finanzinstrumente: Angaben*, Paragraphen 25, 26 und 28-30, vorgeschriebenen Angaben zum beizulegenden Zeitwert.

(k) für Unternehmen, die den Status einer Investmentgesellschaft im Sinne von IFRS 10 *Konzernabschlüsse* erlangen oder ablegen, die gemäß IFRS 12 *Angaben zu Anteilen an anderen Unternehmen* Paragraph 9B verlangten Angaben.

(l) die gemäß den Anforderungen der Paragraphen 114 und 115 des IFRS 15 *Erlöse aus Verträgen mit Kunden* aufgeschlüsselten Erlöse aus Verträgen mit Kunden.

17 und 18 (weggefallen)

Angabe der Übereinstimmung mit den IFRS

19 Wenn der Zwischenbericht eines Unternehmens den Vorschriften dieses Standards entspricht, ist diese Tatsache anzugeben. Ein Zwischenbericht darf nicht als mit den Standards übereinstimmend bezeichnet werden, solange er nicht allen Anforderungen der International Financial Reporting Standards entspricht.

Perioden, für die Zwischenabschlüsse aufzustellen sind

20 Zwischenberichte haben (verkürzte oder vollständige) Zwischenabschlüsse für Perioden wie folgt zu enthalten:

(a) eine Bilanz zum Ende der aktuellen Zwischenberichtsperiode und eine vergleichende Bilanz zum Ende des unmittelbar vorangegangenen Geschäftsjahres.

(b) Darstellungen von Gewinn oder Verlust und sonstigem Ergebnis für die aktuelle Zwischenberichtsperiode sowie kumuliert vom Beginn des aktuellen Geschäftsjahres bis zum Zwischenberichtstermin, mit vergleichenden Darstellungen von Gewinn oder Verlust und sonstigem Ergebnis für die vergleichbaren Zwischenberichtsperioden (zur aktuellen und zur vom Beginn des Geschäftsjahres bis zum kumulierten Zwischenberichtstermin fortgeführten Zwischenberichtsperiode) des unmittelbar vorangegangenen Geschäftsjahres. Gemäß IAS 1 (in der 2011 geänderten Fassung) darf ein Zwischenbericht für jede Berichtsperiode eine Darstellung/Darstellungen von Gewinn oder Verlust und sonstigem Ergebnis enthalten.

(c) eine Eigenkapitalveränderungsrechnung vom Beginn des aktuellen Geschäftsjahres bis zum Zwischenberichtstermin, mit einer vergleichenden Aufstellung für die vergleichbare Berichtsperiode vom Beginn des Geschäftsjahres an bis zum Zwischenberichtstermin des unmittelbar vorangegangenen Geschäftsjahres.

(d) eine vom Beginn des aktuellen Geschäftsjahres bis zum Zwischenberichtstermin erstellte Kapitalflussrechnung, mit einer vergleichenden Aufstellung für die vom Beginn des Geschäftsjahres an kumulierte Berichtsperiode des unmittelbar vorangegangenen Geschäftsjahres.

Für ein Unternehmen, dessen Geschäfte stark saisonabhängig sind, können Finanzinformationen über zwölf Monate, bis zum Ende der Zwischenberichtsperiode sowie Vergleichsinformationen für die vorangegangene zwölfmonatige Berichtsperiode nützlich sein. Dementsprechend wird Unternehmen, deren Geschäfte stark saisonabhängig sind, empfohlen, solche Informationen zusätzlich zu den in dem vorangegangenen Paragraphen geforderten Informationen zu geben. **21**

Anhang A veranschaulicht die darzustellenden Berichtsperioden von einem Unternehmen, das halbjährlich berichtet, sowie von einem Unternehmen, das vierteljährlich berichtet. **22**

Wesentlichkeit

Bei der Entscheidung darüber, wie ein Posten zum Zweck der Zwischenberichterstattung zu erfassen, zu bewerten, zu klassifizieren oder anzugeben ist, ist die Wesentlichkeit im Verhältnis zu den Finanzdaten der Zwischenberichtsperiode einzuschätzen. Bei der Einschätzung der Wesentlichkeit ist zu beachten, dass Bewertungen in einem größeren Umfang auf Schätzungen aufbauen als die Bewertungen von jährlichen Finanzdaten. **23**

IAS 1 *Darstellung des Abschlusses* enthält eine Definition für wesentliche Informationen und verlangt die getrennte Angabe wesentlicher Posten, darunter (beispielsweise) aufgegebene Geschäftsbereiche, und IAS 8 *Rechnungslegungsmethoden, Änderungen von rechnungslegungsbezogenen Schätzungen und Fehler* verlangt die Angabe von Änderungen von rechnungslegungsbezogenen Schätzungen, von Fehlern und Änderungen der Rechnungslegungsmethoden. Beide Standards enthalten keine quantifizierten Leitlinien hinsichtlich der Wesentlichkeit. **24**

Während die Einschätzung der Wesentlichkeit immer Ermessensentscheidungen erfordert, stützt dieser Standard aus Gründen der Verständlichkeit der Zwischenberichtszahlen die Entscheidung über Erfassung und Angabe von Daten auf die Daten für die Zwischenberichtsperiode selbst. So werden beispielsweise ungewöhnliche Posten, Änderungen der Rechnungslegungsmethoden oder der rechnungslegungsbezogenen Schätzungen sowie Fehler auf der Grundlage der Wesentlichkeit im Verhältnis zu den Daten der Zwischenberichtsperiode erfasst und angegeben, um irreführende Schlussfolgerungen zu vermeiden, die aus der Nichtangabe resultieren könnten. Das übergeordnete Ziel ist sicherzustellen, dass ein Zwischenbericht alle Informationen enthält, die für ein Verständnis der Vermögens-, Finanz- und Ertragslage eines Unternehmens während der Zwischenberichtsperiode wesentlich sind. **25**

Angaben in jährlichen Abschlüssen

26 Wenn eine Schätzung eines in einer Zwischenberichtsperiode berichteten Betrags während der abschließenden Zwischenberichtsperiode eines Geschäftsjahres wesentlich geändert wird, aber kein gesonderter Finanzbericht für diese abschließende Zwischenberichtsperiode veröffentlicht wird, sind die Art und der Betrag dieser Änderung der Schätzung im Anhang des jährlichen Abschlusses eines Geschäftsjahres für dieses Geschäftsjahr anzugeben.

27 IAS 8 verlangt die Angabe der Art und (falls durchführbar) des Betrags einer Änderung der Schätzung, die entweder eine wesentliche Auswirkung auf die Berichtsperiode hat oder von der angenommen wird, dass sie eine wesentliche Auswirkung auf folgende Berichtsperioden haben wird. Paragraph 16(d) dieses Standards verlangt entsprechende Angaben in einem Zwischenbericht. Beispiele umfassen Änderungen der Schätzung in der abschließenden Zwischenberichtsperiode, die sich auf außerplanmäßige Abschreibungen von Vorräten, Restrukturierungsmaßnahmen oder Wertminderungsaufwand beziehen, die in einer früheren Zwischenberichtsperiode des Geschäftsjahres berichtet wurden. Die vom vorangegangenen Paragraphen verlangten Angaben stimmen mit den Anforderungen des IAS 8 überein und sollen eng im Anwendungsbereich sein – sie beziehen sich nur auf die Änderung einer Schätzung. Ein Unternehmen ist nicht dazu verpflichtet, zusätzliche Finanzinformationen der Zwischenberichtsperiode in seinen Abschluss eines Geschäftsjahres einzubeziehen.

Erfassung und Bewertung

Gleiche Rechnungslegungsmethoden wie im jährlichen Abschluss

28 Ein Unternehmen hat in seinen Zwischenabschlüssen die gleichen Rechnungslegungsmethoden anzuwenden, die es in seinen jährlichen Abschlüssen eines Geschäftsjahres anwendet, mit Ausnahme von Änderungen der Rechnungslegungsmethoden, die nach dem Stichtag des letzten Abschlusses eines Geschäftsjahres vorgenommen wurden und die in dem nächsten Abschluss eines Geschäftsjahres wiederzugeben sind. Die Häufigkeit der Berichterstattung eines Unternehmens (jährlich, halb- oder vierteljährlich) darf die Höhe des Jahresergebnisses jedoch nicht beeinflussen. Um diese Zielsetzung zu erreichen, sind Bewertungen in Zwischenberichten unterjährig auf einer vom Geschäftsjahresbeginn bis zum Zwischenberichtstermin kumulierten Grundlage vorzunehmen.

29 Durch die Anforderung, dass ein Unternehmen die gleichen Rechnungslegungsmethoden in seinen Zwischenabschlüssen wie in seinen Abschlüssen eines Geschäftsjahres anzuwenden hat, könnte der Eindruck entstehen, dass Bewertungen in der Zwischenberichtsperiode so vorgenommen werden, als ob jede Zwischenberichtsperiode als unabhängige Berichterstattungsperiode alleine zu betrachten wäre. Bei der Vorschrift, dass die Häufigkeit der Berichterstattung eines Unternehmens nicht die Bewertung seiner Jahresergebnisse beeinflussen darf, erkennt Paragraph 28 jedoch an, dass eine Zwischenberichtsperiode Teil eines umfassenderen Geschäftsjahres ist. Unterjährige Bewertungen vom Beginn des Geschäftsjahres bis zum Zwischenberichtstermin können die Änderungen von Schätzungen von Beträgen einschließen, die in früheren Zwischenberichtsperioden des aktuellen Geschäftsjahres berichtet wurden. Dennoch sind die Grundsätze zur Bilanzierung von Vermögenswerten, Schulden, Erträgen und Aufwendungen für die Zwischenberichtsperioden die gleichen wie in den Jahresabschlüssen.

30 Zur Veranschaulichung:

(a) die Grundsätze zur Erfassung und Bewertung von Aufwendungen aus außerplanmäßigen Abschreibungen von Vorräten, Restrukturierungsmaßnahmen oder Wertminderungen in einer Zwischenberichtsperiode sind die gleichen wie die, die ein Unternehmen befolgen würde, wenn es nur einen Abschluss eines Geschäftsjahres aufstellen würde. Wenn jedoch solche Sachverhalte in einer Zwischenberichtsperiode erfasst und bewertet werden, und in einer der folgenden Zwischenberichtsperioden des Geschäftsjahres Schätzungen geändert werden, wird die ursprüngliche Schätzung in der folgenden Zwischenberichtsperiode entweder durch eine Abgrenzung von zusätzlichen Aufwendungen oder durch die Rückbuchung des bereits erfassten Betrags geändert;

(b) Kosten, die am Ende einer Zwischenberichtsperiode nicht die Definition eines Vermögenswerts erfüllen, werden in der Bilanz nicht abgegrenzt, um entweder zukünftige Informationen darüber abzuwarten, ob die Definition eines Vermögenswerts erfüllt wurde, oder um die Erträge über die Zwischenberichtsperioden innerhalb eines Geschäftsjahres zu glätten; und

(c) Ertragsteueraufwand wird in jeder Zwischenberichtsperiode auf der Grundlage der besten Schätzung des gewichteten durchschnittlichen jährlichen Ertragsteuersatzes erfasst, der für das gesamte Geschäftsjahr erwartet wird. Beträge, die für den Ertragsteueraufwand in einer Zwischenberichtsperiode abgegrenzt wurden, werden gegebenenfalls in einer nachfolgenden Zwischenberichtsperiode des Geschäftsjahres angepasst, wenn sich die Schätzung des jährlichen Ertragsteuersatzes ändert.

Gemäß dem *Rahmenkonzept für die Finanzberichterstattung (Rahmenkonzept)* ist unter Erfassung der Ansatz eines Postens in der Bilanz oder in der Gesamtergebnisrechnung zu verstehen, wobei dieser Posten die Definition eines der Elemente des Abschlusses erfüllen muss. Die Definitionen von Vermögenswerten, Schulden, Erträgen und Aufwendungen sind für die Erfassung sowohl am Abschlussstichtag als auch am Zwischenberichtsstichtag von grundlegender Bedeutung. **31**

Für Vermögenswerte werden die gleichen Kriterien hinsichtlich der Beurteilung des künftigen wirtschaftlichen Nutzens an Zwischenberichtsterminen und am Ende des Geschäftsjahres eines Unternehmens angewandt. Ausgaben, die aufgrund ihrer Art am Ende des Geschäftsjahres nicht die Bedingungen für einen Vermögenswert erfüllen würden, würden diese Bedingungen auch an Zwischenberichtsterminen nicht erfüllen. Gleichfalls hat eine Schuld an einem Zwischenberichtsstichtag ebenso wie am Abschlussstichtag eine zu diesem Zeitpunkt bestehende Verpflichtung darzustellen. **32**

Ein wesentliches Merkmal von Erträgen und Aufwendungen ist, dass die entsprechenden Zugänge und Abgänge von Vermögenswerten und Schulden schon stattgefunden haben. Wenn diese Zugänge oder Abgänge stattgefunden haben, werden die zugehörigen Erträge und Aufwendungen erfasst; in allen anderen Fällen werden sie nicht erfasst. Das *Rahmenkonzept* gestattet jedoch nicht die Erfassung von Sachverhalten in der Bilanz, die nicht die Definition von Vermögenswerten und Schulden erfüllen. **33**

Bei der Bewertung der in seinen Abschlüssen dargestellten Vermögenswerte, Schulden, Erträge, Aufwendungen sowie Cashflows ist es einem Unternehmen, das nur jährlich berichtet, möglich, Informationen zu berücksichtigen, die während des gesamten Geschäftsjahres verfügbar sind. Tatsächlich beruhen seine Bewertungen auf einer vom Geschäftsjahresbeginn an bis zum Berichtstermin fortgeführten Grundlage. **34**

Ein Unternehmen, das halbjährlich berichtet, verwendet Informationen, die in der Jahresmitte oder kurz danach verfügbar sind, um die Bewertungen in seinem Abschluss für die erste sechsmonatige Berichtsperiode durchzuführen, und Informationen, die am Jahresende oder kurz danach verfügbar sind, für die zwölfmonatige Berichtsperiode. Die Bewertungen für die zwölf Monate werden mögliche Änderungen von Schätzungen von Beträgen widerspiegeln, die für die erste sechsmonatige Berichtsperiode angegeben wurden. Die im Zwischenbericht für die erste sechsmonatige Berichtsperiode berichteten Beträge werden nicht rückwirkend angepasst. Die Paragraphen 16(d) und 26 schreiben jedoch vor, dass Art und Betrag jeder wesentlichen Änderung von Schätzungen angegeben wird. **35**

Ein Unternehmen, das häufiger als halbjährlich berichtet, bewertet Erträge und Aufwendungen auf einer von Geschäftsjahresbeginn an bis zum Zwischenberichtstermin fortgeführten Grundlage für jede Zwischenberichtsperiode, indem es Informationen verwendet, die verfügbar sind, wenn der jeweilige Abschluss aufgestellt wird. Erträge und Aufwendungen, die in der aktuellen Zwischenberichtsperiode dargestellt werden, spiegeln alle Änderungen von Schätzungen von Beträgen wider, die in früheren Zwischenberichtsperioden des Geschäftsjahres dargestellt wur- **36** den. Die in früheren Zwischenberichtsperioden berichteten Beträge werden nicht rückwirkend angepasst. Die Paragraphen 16(d) und 26 schreiben jedoch vor, dass Art und Betrag jeder wesentlichen Änderung von Schätzungen angegeben wird.

Saisonal, konjunkturell oder gelegentlich erzielte Erträge

37 Erträge, die innerhalb eines Geschäftsjahres saisonal bedingt, konjunkturell bedingt oder gelegentlich erzielt werden, dürfen am Zwischenberichtsstichtag nicht vorgezogen oder abgegrenzt werden, wenn das Vorziehen oder die Abgrenzung am Ende des Geschäftsjahres des Unternehmens nicht angemessen wäre.

38 Beispiele umfassen Dividendenerträge, Nutzungsentgelte und Zuwendungen der öffentlichen Hand. Darüber hinaus erwirtschaften einige Unternehmen gleich bleibend mehr Erträge in bestimmten Zwischenberichtsperioden eines Geschäftsjahres als in anderen Zwischenberichtsperioden, beispielsweise saisonale Erträge von Einzelhändlern. Solche Erträge werden bei ihrer Entstehung erfasst.

Aufwendungen, die während des Geschäftsjahres unregelmäßig anfallen

39 Aufwendungen, die unregelmäßig während des Geschäftsjahres eines Unternehmens anfallen, sind für Zwecke der Zwischenberichterstattung dann und nur dann vorzuziehen oder abzugrenzen, wenn es auch am Ende des Geschäftsjahres angemessen wäre, diese Art der Aufwendungen vorzuziehen oder abzugrenzen.

Anwendung der Erfassungs- und Bewertungsgrundsätze

40 Anhang B enthält Beispiele zur Anwendung der grundlegenden, in den Paragraphen 28-39 dargestellten Erfassungs- und Bewertungsgrundsätze.

Verwendung von Schätzungen

41 Bei der Bewertung in einem Zwischenbericht ist sicherzustellen, dass die resultierenden Informationen verlässlich sind und dass alle wesentlichen Finanzinformationen, die für ein Verständnis der Vermögens-, Finanz- und Ertragslage des Unternehmens relevant sind, angemessen angegeben werden. Auch wenn die Bewertungen in Geschäftsberichten und in Zwischenberichten oft auf vernünftigen Schätzungen beruhen, wird die Aufstellung von Zwischenberichten in der Regel eine umfangreichere Verwendung von Schätzungsmethoden erfordern als die der jährlichen Rechnungslegung.

42 Anhang C enthält Beispiele für die Verwendung von Schätzungen in Zwischenberichtsperioden.

Anpassung bereits dargestellter Zwischenberichtsperioden

43 Eine Änderung der Rechnungslegungsmethoden ist mit Ausnahme von Übergangsregelungen, die von einem neuen IFRS vorgeschrieben werden, darzustellen,

(a) indem eine Anpassung der Abschlüsse früherer Zwischenberichtsperioden des aktuellen Geschäftsjahres und vergleichbarer Zwischenberichtsperioden früherer Geschäftsjahre, die im Abschluss nach IAS 8 anzupassen sind, vorgenommen wird; oder

(b) wenn die Ermittlung der kumulierten Auswirkung der Anwendung einer neuen Rechnungslegungsmethode auf alle früheren Perioden am Anfang des Geschäftsjahres und der Anpassung von Abschlüssen früherer Zwischenberichtsperioden des laufenden Geschäftsjahres sowie vergleichbarer Zwischenberichtsperioden früherer Geschäftsjahre undurchführbar ist, die neue Rechnungslegungsmethode prospektiv ab dem frühest möglichen Datum anzuwenden.

Eine Zielsetzung des vorangegangenen Grundsatzes ist sicherzustellen, dass eine einzige Rechnungslegungsmethode auf eine bestimmte Gruppe von Geschäftsvorfällen über das gesamte Geschäftsjahr angewendet wird. Gemäß IAS 8 wird eine Änderung der Rechnungslegungsmethoden durch die rückwirkende Anwendung widergespiegelt, wobei Finanzinformationen aus früheren Berichtsperioden so weit wie vergangenheitsbezogen möglich angepasst werden. Wenn jedoch die Ermittlung des kumulierten Korrekturbetrags, der sich auf die früheren Geschäftsjahre bezieht, undurchführbar ist, ist gemäß IAS 8 die neue Methode prospektiv ab dem frühest möglichen Datum anzuwenden. Der Grundsatz in Paragraph 43 führt dazu, dass vorgeschrieben wird, dass alle Änderungen von Rechnungslegungsmethoden innerhalb des aktuellen Geschäftsjahres entweder rückwirkend oder, wenn dies undurchführbar ist, prospektiv spätestens ab Anfang des laufenden Geschäftsjahres zur Anwendung kommen. **44**

Die Darstellung von Änderungen der Rechnungslegungsmethoden an einem Zwischenberichtstermin innerhalb des Geschäftsjahres zuzulassen, würde die Anwendung zweier verschiedener Rechnungslegungsmethoden auf eine bestimmte Gruppe von Geschäftsvorfällen innerhalb eines einzelnen Geschäftsjahres zulassen. Das Resultat wären Verteilungsschwierigkeiten bei der Zwischenberichterstattung, unklare Betriebsergebnisse und eine erschwerte Analyse und Verständlichkeit der Informationen im Zwischenbericht. **45**

Zeitpunkt des Inkrafttretens

Dieser Standard ist erstmals in der ersten Berichtsperiode eines am 1. Januar 1999 oder danach beginnenden Geschäftsjahres anzuwenden. Eine frühere Anwendung wird empfohlen. **46**

Infolge des IAS 1 (überarbeitet 2007) wurde die in allen IFRS verwendete Terminologie geändert. Außerdem wurden die Paragraphen 4, 5, 8, 11, 12 und 20 geändert, Paragraph 13 wurde gestrichen, und die Paragraphen 8A und 11A wurden hinzugefügt. Diese Änderungen sind erstmals in der ersten Berichtsperiode eines am 1. Januar 2009 oder danach beginnenden Geschäftsjahres anzuwenden. Wird IAS 1 (überarbeitet 2007) auf eine frühere Periode angewandt, sind diese Änderungen entsprechend auch anzuwenden. **47**

Durch IFRS 3 (in der vom International Accounting Standards Board 2008 überarbeiteten Fassung) wurde Paragraph 16(i) geändert. Diese Änderung ist erstmals in der ersten Berichtsperiode eines am 1. Juli 2009 oder danach beginnenden Geschäftsjahres anzuwenden. Wendet ein Unternehmen IFRS 3 (in der 2008 überarbeiteten Fassung) auf eine frühere Periode an, so hat es auf diese Periode auch diese Änderung anzuwenden. **48**

Durch die im Mai 2010 veröffentlichten *Verbesserungen an den IFRS* wurden Paragraph 15 geändert, die Paragraphen 15A-15C und 16A eingefügt und die Paragraphen 16-18 gestrichen. Diese Änderungen sind erstmals in der ersten Berichtsperiode eines am oder nach dem 1. Januar 2011 beginnenden Geschäftsjahres anzuwenden. Eine frühere Anwendung ist zulässig. Wendet ein Unternehmen die Änderungen auf eine frühere Periode an, hat es dies anzugeben. **49**

Durch IFRS 13, veröffentlicht im Mai 2011, wurde Paragraph 16A(j) angefügt. Ein Unternehmen hat die betreffende Änderung anzuwenden, wenn es IFRS 13 anwendet. **50**

Mit *Darstellung von Posten des sonstigen Ergebnisses* (Änderung IAS 1), veröffentlicht im Juni 2011, wurden die Paragraphen 8, 8A, 11A und 20 geändert. Ein Unternehmen hat diese Änderungen anzuwenden, wenn es IAS 1 (in der im Juni 2011 geänderten Fassung) anwendet. **51**

Mit den *Jährlichen Verbesserungen, Zyklus 2009-2011*, von Mai 2012 wurde Paragraph 5 infolge der Änderung an IAS 1 *Darstellung des Abschlusses* geändert. Diese Änderungen sind rückwirkend gemäß IAS 8 *Rechnungslegungsmethoden, Änderungen von rechnungslegungsbezogenen Schätzungen und Fehler* in der ersten Berichtsperiode eines am oder nach dem 1. Januar 2013 beginnenden Geschäftsjahres anzuwenden. Eine frühere Anwendung ist zulässig. Wendet ein Unternehmen die Änderung auf eine frühere Periode an, hat es dies anzugeben. **52**

Mit den *Jährlichen Verbesserungen, Zyklus 2009-2011*, von Mai 2012 wurde Paragraph 16A geändert. Diese Änderungen sind rückwirkend gemäß IAS 8 *Rechnungslegungsmethoden, Änderungen von rechnungslegungsbezogenen Schätzungen und Fehler* in der ersten Berichtsperiode eines am **53** oder nach dem 1. Januar 2013 beginnenden Geschäftsjahres anzuwenden. Eine frühere Anwendung ist zulässig. Wendet ein Unternehmen die Änderung auf eine frühere Periode an, hat es dies anzugeben.

54 Mit der im Oktober 2012 veröffentlichten Verlautbarung *Investmentgesellschaften (Investment Entities)* (Änderungen an IFRS 10, IFRS 12 und IAS 27) wurde Paragraph 16A angefügt. Unternehmen haben diese Änderungen auf Geschäftsjahre anzuwenden, die am oder nach dem 1. Januar 2014 beginnen. Eine frühere Anwendung der Verlautbarung *Investmentgesellschaften (Investment Entities)* ist zulässig. Wendet ein Unternehmen diese Änderungen früher an, hat es alle in der Verlautbarung enthaltenen Änderungen gleichzeitig anzuwenden.

55 Mit dem im Mai 2014 veröffentlichten IFRS 15 *Erlöse aus Verträgen mit Kunden* wurden die Paragraphen 15B und 16A geändert. Ein Unternehmen hat diese Änderungen anzuwenden, wenn es IFRS 15 anwendet.

56 Mit den im September 2014 veröffentlichten *Jährlichen Verbesserungen an den IFRS, Zyklus 2012-2014* wurde Paragraph 16A geändert. Diese Änderungen sind rückwirkend gemäß IAS 8 *Rechnungslegungsmethoden, Änderungen von rechnungslegungsbezogenen Schätzungen und Fehler* in der ersten Berichtsperiode eines am oder nach dem 1. Januar 2016 beginnenden Geschäftsjahres anzuwenden. Eine frühere Anwendung ist zulässig. Wendet ein Unternehmen diese Änderungen früher an, hat es dies anzugeben.

57 Mit der im Dezember 2014 veröffentlichten Verlautbarung *Angabeninitiative* (Änderungen an IAS 1) wurde Paragraph 5 geändert. Diese Änderung ist auf Geschäftsjahre anzuwenden, die am oder nach dem 1. Januar 2016 beginnen. Eine frühere Anwendung ist zulässig.

58 Durch die 2018 veröffentlichte Verlautbarung *Änderungen der Verweise auf das Rahmenkonzept in IFRS-Standards* wurden die Paragraphen 31 und 33 geändert. Diese Änderungen sind auf Geschäftsjahre anzuwenden, die am oder nach dem 1. Januar 2020 beginnen. Eine frühere Anwendung ist zulässig, wenn das Unternehmen gleichzeitig alle anderen mit der Verlautbarung *Änderungen der Verweise auf das Rahmenkonzept in IFRS-Standards* einhergehenden Änderungen anwendet. Die Änderungen an IAS 34 sind gemäß IAS 8 *Rechnungslegungsmethoden, Änderungen von rechnungslegungsbezogenen Schätzungen und Fehler* rückwirkend anzuwenden. Sollte das Unternehmen jedoch feststellen, dass eine rückwirkende Anwendung nicht durchführbar oder mit unangemessenem Kosten- oder Zeitaufwand verbunden wäre, hat es die Änderungen an IAS 34 mit Verweis auf die Paragraphen 43-45 dieses Standards und die Paragraphen 23–28, 50–53 und 54F des IAS 8 anzuwenden.

58 (2) Mit der im Oktober 2018 veröffentlichten Verlautbarung *Definition von „wesentlich"* (Änderungen an IAS 1 und IAS 8) wurde Paragraph 24 geändert. Diese Änderungen sind prospektiv auf Geschäftsjahre anzuwenden, die am oder nach dem 1. Januar 2020 beginnen. Eine frühere Anwendung ist zulässig. Wendet ein Unternehmen diese Änderungen früher an, hat es dies anzugeben. Ein Unternehmen hat diese Änderungen anzuwenden, wenn es die geänderte Definition von „wesentlich" in IAS 1 Paragraph 7 und IAS 8 Paragraphen 5 und 6 anwendet.

International Accounting Standard 36
Wertminderung von Vermögenswerten (IAS 36)

v. 3.11.2008 (ABl EU Nr. L 320 S. 1);
zuletzt geändert durch Verordnung (EU) Nr. 2016/2067 v. 22.11.2016
(ABl EU Nr. L 323 S. 1)

Zielsetzung

1 Die Zielsetzung dieses Standards ist es, die Verfahren vorzuschreiben, die ein Unternehmen anwendet, um sicherzustellen, dass seine Vermögenswerte nicht mit mehr als ihrem erzielbaren Betrag bewertet werden. Ein Vermögenswert wird mit mehr als seinem erzielbaren Betrag bewertet, wenn sein Buchwert den Betrag übersteigt, der durch die Nutzung oder den Verkauf des Vermögenswertes erzielt werden könnte. Wenn dies der Fall ist, wird der Vermögenswert als wertgemindert bezeichnet und der Standard verlangt, dass das Unternehmen einen Wertminderungsaufwand erfasst. Der Standard konkretisiert ebenso, wann ein Unternehmen einen Wertminderungsaufwand aufzuheben hat und schreibt Angaben vor.

Anwendungsbereich

2 Dieser Standard muss auf die Bilanzierung einer Wertminderung von allen Vermögenswerten angewandt werden, davon ausgenommen sind:

(a) Vorräte (siehe IAS 2 *Vorräte*);

(b) Vertragsvermögenswerte und Vermögenswerte aus Kosten, die im Zusammenhang mit der Anbahnung oder Erfüllung eines Vertrags entstehen und gemäß IFRS 15 *Erlöse aus Verträgen mit Kunden* erfasst werden;

(c) latente Steueransprüche (siehe IAS 12 *Ertragsteuern*);

(d) Vermögenswerte, die aus Leistungen an Arbeitnehmer resultieren (siehe IAS 19 *Leistungen an Arbeitnehmer*);

(e) finanzielle Vermögenswerte, die in den Anwendungsbereich von IFRS 9 *Finanzinstrumente* fallen;

(f) als Finanzinvestition gehaltene Immobilien, die zum beizulegenden Zeitwert bewertet werden (siehe IAS 40 *Als Finanzinvestition gehaltene Immobilien*);

(g) mit landwirtschaftlicher Tätigkeit im Zusammenhang stehende biologische Vermögenswerte im Anwendungsbereich von IAS 41 *Landwirtschaft*, die zum beizulegenden Zeitwert abzüglich der Kosten der Veräußerung bewertet werden;

(h) abgegrenzte Anschaffungskosten und immaterielle Vermögenswerte, die aus den vertraglichen Rechten eines Versicherers aufgrund von Versicherungsverträgen entstehen, und in den Anwendungsbereich von IFRS 4 *Versicherungsverträge* fallen; und

(i) langfristige Vermögenswerte (oder Veräußerungsgruppen), die gemäß IFRS 5 *Zur Veräußerung gehaltene langfristige Vermögenswerte und aufgegebene Geschäftsbereiche* als zur Veräußerung gehalten klassifiziert werden.

3 Dieser Standard gilt nicht für Wertminderungen von Vorräten, Vermögenswerten aus Fertigungsaufträgen, latenten Steueransprüchen, in Verbindung mit Leistungen an Arbeitnehmer entstehenden Vermögenswerten oder Vermögenswerten, die als zur Veräußerung gehalten klassifiziert werden (oder zu einer als zur Veräußerung gehalten klassifizierten Veräußerungsgruppe gehören), da die auf diese Vermögenswerte anwendbaren bestehenden Standards Vorschriften für den Ansatz und die Bewertung dieser Vermögenswerte enthalten.

Dieser Standard ist auf finanzielle Vermögenswerte anzuwenden, die wie folgt klassifiziert sind: **4**

(a) Tochterunternehmen gemäß Definition in IFRS 10 *Konzernabschlüsse;*

(b) assoziierte Unternehmen, wie in IAS 28 *Anteile an assoziierten Unternehmen und Gemeinschaftsunternehmen* definiert; und

(c) Gemeinschaftsunternehmen, wie in IFRS 11 *Gemeinsame Vereinbarungen* definiert.

Bei Wertminderungen anderer finanzieller Vermögenswerte ist IFRS 9 heranzuziehen.

Dieser Standard ist nicht auf finanzielle Vermögenswerte, die in den Anwendungsbereich von IFRS 9 fallen, auf als Finanzinvestition gehaltene Immobilien, die zum beizulegenden Zeitwert gemäß IAS 40 bewertet werden, oder auf biologische Vermögenswerte, die mit landwirtschaftlicher Tätigkeit in Zusammenhang stehen und die gemäß IAS 41 zum beizulegenden Zeitwert abzüglich der Kosten der Veräußerung bewertet werden, anzuwenden. Dieser Standard ist jedoch auf Vermögenswerte anzuwenden, die zum Neubewertungsbetrag (d. h. dem beizulegenden Zeitwert am Tag der Neubewertung abzüglich späterer, kumulierter Abschreibungen und abzüglich späteren, kumulierten Wertminderungsaufwands) nach anderen IFRS, wie den Neubewertungsmodellen gemäß IAS 16 *Sachanlagen* und IAS 38 *Immaterielle Vermögenswerte* angesetzt werden. Der einzige Unterschied zwischen dem beizulegenden Zeitwert eines Vermögenswerts und dessen beizulegendem Zeitwert abzüglich der Kosten der Veräußerung besteht in den direkt dem Abgang des Vermögenswerts zurechenbaren Grenzkosten. **5**

(a)

(i) wenn die Veräußerungskosten unbedeutend sind, ist der erzielbare Betrag des neu bewerteten Vermögenswerts notwendigerweise fast identisch mit oder größer als dessen Neubewertungsbetrag. Nach Anwendung der Anforderungen für eine Neubewertung ist es in diesem Fall unwahrscheinlich, dass der neu bewertete Vermögenswert wertgemindert ist, und eine Schätzung des erzielbaren Betrages ist nicht notwendig.

(ii) (weggefallen)

(b) (weggefallen)

(c) wenn die Veräußerungskosten nicht unbedeutend sind, ist der beizulegende Zeitwert abzüglich der Kosten der Veräußerung des neu bewerteten Vermögenswerts notwendigerweise geringer als sein beizulegender Zeitwert. Deshalb wird der neu bewertete Vermögenswert wertgemindert sein, wenn sein Nutzungswert geringer ist als sein Neubewertungsbetrag. Nach Anwendung der Anforderungen für eine Neubewertung wendet ein Unternehmen in diesem Fall diesen Standard an, um zu ermitteln, ob der Vermögenswert wertgemindert sein könnte.

Definitionen

Die folgenden Begriffe werden im vorliegenden Standard in den angegebenen Bedeutungen verwendet: **6**

Der *beizulegende Zeitwert* ist der Preis, der in einem geordneten Geschäftsvorfall zwischen Marktteilnehmern am Bemessungsstichtag für den Verkauf eines Vermögenswerts eingenommen bzw. für die Übertragung einer Schuld gezahlt würde. (Siehe IFRS 13 *Bemessung des beizulegenden Zeitwerts.*)

Der *Buchwert* ist der Betrag, mit dem ein Vermögenswert nach Abzug aller kumulierten Abschreibungen (Amortisationen) und aller kumulierten Wertminderungsaufwendungen angesetzt wird.

Eine *zahlungsmittelgenerierende Einheit* ist die kleinste identifizierbare Gruppe von Vermögenswerten, die Mittelzuflüsse erzeugen, die weitestgehend unabhängig von den Mittelzuflüssen anderer Vermögenswerte oder anderer Gruppen von Vermögenswerten sind.

Gemeinschaftliche Vermögenswerte sind Vermögenswerte, außer dem Geschäfts- oder Firmenwert, die zu den künftigen Cashflows sowohl der zu prüfenden zahlungsmittelgenerierenden Einheit als auch anderer zahlungsmittelgenerierender Einheiten beitragen.

Die *Veräußerungskosten* sind zusätzliche Kosten, die dem Verkauf eines Vermögenswerts oder einer zahlungsmittelgenerierenden Einheit direkt zugeordnet werden können, mit Ausnahme der Finanzierungskosten und des Ertragsteueraufwands.

Der *Abschreibungsbetrag* umfasst die Anschaffungs- oder Herstellungskosten eines Vermögenswerts oder einen Ersatzbetrag abzüglich seines Restwertes.

Abschreibung (Amortisation) ist die systematische Verteilung des Abschreibungsvolumens eines Vermögenswerts über dessen Nutzungsdauer.*)

Der *beizulegende Zeitwert abzüglich der Kosten der Veräußerung* ist der Betrag, der durch den Verkauf eines Vermögenswerts oder einer zahlungsmittelgenerierenden Einheit in einer Transaktion zu Marktbedingungen zwischen sachverständigen, vertragswilligen Parteien nach Abzug der Veräußerungskosten erzielt werden könnte.

Ein *Wertminderungsaufwand* ist der Betrag, um den der Buchwert eines Vermögenswerts oder einer zahlungsmittelgenerierenden Einheit seinen erzielbaren Betrag übersteigt.

Der *erzielbare Betrag* eines Vermögenswerts oder einer zahlungsmittelgenerierenden Einheit ist der höhere der beiden Beträge aus beizulegendem Zeitwert abzüglich der Kosten der Veräußerung und Nutzungswert.

Die *Nutzungsdauer* ist entweder

(a) die voraussichtliche Nutzungszeit des Vermögenswertes im Unternehmen; oder

(b) die voraussichtlich durch den Vermögenswert im Unternehmen zu erzielende Anzahl an Produktionseinheiten oder ähnlichen Maßgrößen.

Der *Nutzungswert* ist der Barwert der künftigen Cashflows, der voraussichtlich aus einem Vermögenswert oder einer zahlungsmittelgenerierenden Einheit abgeleitet werden kann.

Identifizierung eines Vermögenswerts, der wertgemindert sein könnte

7 Die Paragraphen 8-17 konkretisieren, wann der erzielbare Betrag zu bestimmen ist. Diese Anforderungen benutzen den Begriff „ein Vermögenswert", sind aber ebenso auf einen einzelnen Vermögenswert wie auf eine zahlungsmittelgenerierende Einheit anzuwenden. Der übrige Teil dieses Standards ist folgendermaßen aufgebaut:

(a) Die Paragraphen 18-57 beschreiben die Anforderungen an die Bewertung des erzielbaren Betrages. Diese Anforderungen benutzen auch den Begriff „ein Vermögenswert", sind aber ebenso auf einen einzelnen Vermögenswert wie auf eine zahlungsmittelgenerierende Einheit anzuwenden.

(b) Die Paragraphen 58-108 beschreiben die Anforderungen an die Erfassung und die Bewertung von Wertminderungsaufwendungen. Die Erfassung und die Bewertung von Wertminderungsaufwendungen für einzelne Vermögenswerte, außer dem Geschäfts- oder Firmenwert, werden in den Paragraphen 58-64 behandelt. Die Paragraphen 65-108 behandeln die Erfassung und Bewertung von Wertminderungsaufwendungen für zahlungsmittelgenerierende Einheiten und den Geschäfts- oder Firmenwert.

(c) Die Paragraphen 109-116 beschreiben die Anforderungen an die Umkehr eines in früheren Perioden für einen Vermögenswert oder eine zahlungsmittelgenerierende Einheit erfassten Wertminderungsaufwands. Diese Anforderungen benutzen wiederum den Begriff „ein Vermögenswert", sind aber ebenso auf einen einzelnen Vermögenswert wie auf eine zahlungsmittelgenerierende Einheit anzuwenden. Zusätzliche Anforderungen sind für einen

*) **Amtl. Anm.:** Im Fall eines immateriellen Vermögenswerts wird grundsätzlich der Ausdruck Amortisation anstelle von Abschreibung benutzt. Beide Ausdrücke haben dieselbe Bedeutung.

einzelnen Vermögenswert in den Paragraphen 117-121, für eine zahlungsmittelgenerierende Einheit in den Paragraphen 122 und 123 und für den Geschäfts- oder Firmenwert in den Paragraphen 124 und 125 festgelegt.

(d) Die Paragraphen 126-133 konkretisieren die Informationen, die über Wertminderungsaufwendungen und Wertaufholungen für Vermögenswerte und zahlungsmittelgenerierende Einheiten anzugeben sind. Die Paragraphen 134-137 konkretisieren zusätzliche Angabepflichten für zahlungsmittelgenerierende Einheiten, denen ein Geschäfts- oder Firmenwert bzw. immaterielle Vermögenswerte mit unbestimmter Nutzungsdauer zwecks Überprüfung auf Wertminderung zugeordnet wurden.

Ein Vermögenswert ist wertgemindert, wenn sein Buchwert seinen erzielbaren Betrag übersteigt. Die Paragraphen 12-14 beschreiben einige Anhaltspunkte dafür, dass sich eine Wertminderung ereignet haben könnte. Wenn einer von diesen Anhaltspunkten vorliegt, ist ein Unternehmen verpflichtet, eine formelle Schätzung des erzielbaren Betrags vorzunehmen. Wenn kein Anhaltspunkt für einen Wertminderungsaufwand vorliegt, verlangt dieser Standard von einem Unternehmen nicht, eine formale Schätzung des erzielbaren Betrags vorzunehmen, es sei denn, es ist etwas anderes in Paragraph 10 beschrieben. **8**

Ein Unternehmen hat an jedem Abschlussstichtag einzuschätzen, ob irgendein Anhaltspunkt dafür vorliegt, dass ein Vermögenswert wertgemindert sein könnte. Wenn ein solcher Anhaltspunkt vorliegt, hat das Unternehmen den erzielbaren Betrag des Vermögenswerts zu schätzen. **9**

Unabhängig davon, ob irgendein Anhaltspunkt für eine Wertminderung vorliegt, muss ein Unternehmen auch **10**

(a) einen immateriellen Vermögenswert mit einer unbestimmten Nutzungsdauer oder einen noch nicht nutzungsbereiten immateriellen Vermögenswert jährlich auf Wertminderung überprüfen, indem sein Buchwert mit seinem erzielbaren Betrag verglichen wird. Diese Überprüfung auf Wertminderung kann zu jedem Zeitpunkt innerhalb des Geschäftsjahres durchgeführt werden, vorausgesetzt, sie wird immer zum gleichen Zeitpunkt jedes Jahres durchgeführt. Verschiedene immaterielle Vermögenswerte können zu unterschiedlichen Zeiten auf Wertminderung geprüft werden. Wenn ein solcher immaterieller Vermögenswert jedoch erstmals in der aktuellen jährlichen Periode angesetzt wurde, muss dieser immaterielle Vermögenswert vor Ende der aktuellen jährlichen Periode auf Wertminderung geprüft werden;

(b) den bei einem Unternehmenszusammenschluss erworbenen Geschäfts- oder Firmenwert jährlich auf Wertminderung gemäß den Paragraphen 80-99 überprüfen.

Die Fähigkeit eines immateriellen Vermögenswerts ausreichend künftigen wirtschaftlichen Nutzen zu erzeugen, um seinen Buchwert zu erzielen, unterliegt, bis der Vermögenswert zum Gebrauch zur Verfügung steht, für gewöhnlich größerer Ungewissheit, als nachdem er nutzungsbereit ist. Daher verlangt dieser Standard von einem Unternehmen, den Buchwert eines noch nicht zum Gebrauch verfügbaren immateriellen Vermögenswerts mindestens jährlich auf Wertminderung zu prüfen. **11**

Bei der Beurteilung, ob irgendein Anhaltspunkt vorliegt, dass ein Vermögenswert wertgemindert sein könnte, hat ein Unternehmen mindestens die folgenden Anhaltspunkte zu berücksichtigen: **12**

Externe Informationsquellen

(a) Es bestehen beobachtbare Anhaltspunkte dafür, dass der Wert des Vermögenswerts während der Periode deutlich stärker gesunken ist als dies durch den Zeitablauf oder die gewöhnliche Nutzung zu erwarten wäre.

(b) Während der Periode sind signifikante Veränderungen mit nachteiligen Folgen für das Unternehmen im technischen, marktbezogenen, ökonomischen oder gesetzlichen Umfeld, in welchem das Unternehmen tätig ist, oder in Bezug auf den Markt, für den der Vermögenswert bestimmt ist, eingetreten oder werden in der nächsten Zukunft eintreten.

(c) Die Marktzinssätze oder andere Marktrenditen haben sich während der Periode erhöht und solche Erhöhungen werden sich wahrscheinlich auf den Abzinsungssatz, der für die Berechnung des Nutzungswerts herangezogen wird, auswirken und den erzielbaren Betrag des Vermögenswertes wesentlich vermindern.

(d) Der Buchwert des Nettovermögens des Unternehmens ist größer als seine Marktkapitalisierung.

Interne Informationsquellen

(e) Es liegen substanzielle Hinweise für eine Überalterung oder einen physischen Schaden eines Vermögenswerts vor.

(f) Während der Periode haben sich signifikante Veränderungen mit nachteiligen Folgen für das Unternehmen in dem Umfang oder der Weise, in dem bzw. der der Vermögenswert genutzt wird oder aller Erwartung nach genutzt werden wird, ereignet oder werden für die nähere Zukunft erwartet. Diese Veränderungen umfassen die Stilllegung des Vermögenswerts, Planungen für die Einstellung oder Restrukturierung des Bereiches, zu dem ein Vermögenswert gehört, Planungen für den Abgang eines Vermögenswerts vor dem ursprünglich erwarteten Zeitpunkt und die Neueinschätzung der Nutzungsdauer eines Vermögenswerts als begrenzt anstatt unbegrenzt.*)

(g) Das interne Berichtswesen liefert substanzielle Hinweise dafür, dass die wirtschaftliche Ertragskraft eines Vermögenswerts schlechter ist oder sein wird als erwartet.

Dividende von einem Tochterunternehmen, Gemeinschaftsunternehmen oder assoziierten Unternehmen

(h) Für Anteile an einem Tochterunternehmen, Gemeinschaftsunternehmen oder assoziierten Unternehmen erfasst der Eigentümer eine Dividende aus den Anteilen, und es kann nachweislich festgestellt werden, dass

i) der Buchwert der Anteile im Einzelabschluss höher ist als die Buchwerte der Nettovermögenswerte des Beteiligungsunternehmens im Konzernabschluss; einschließlich des damit verbunden Geschäfts- oder Firmenwerts; oder

ii) die Dividende höher ist als das Gesamtergebnis des Tochterunternehmens, Gemeinschaftsunternehmens oder assoziierten Unternehmens in der Periode, in der die Dividende festgestellt wird.

13 Die Liste in Paragraph 12 ist nicht erschöpfend. Ein Unternehmen kann andere Anhaltspunkte, dass ein Vermögenswert wertgemindert sein könnte, identifizieren, und diese würden das Unternehmen ebenso verpflichten, den erzielbaren Betrag des Vermögenswerts zu bestimmen, oder im Falle eines Geschäfts- oder Firmenwerts eine Wertminderungsüberprüfung gemäß den Paragraphen 80-99 vorzunehmen.

14 Substanzielle Hinweise aus dem internen Berichtswesen, die anzeigen, dass ein Vermögenswert wertgemindert sein könnte, schließen folgende Faktoren ein:

(a) Cashflows für den Erwerb des Vermögenswerts, oder nachfolgende Mittelerfordernisse für den Betrieb oder die Unterhaltung des Vermögenswerts, die signifikant höher sind als ursprünglich geplant;

(b) tatsächliche Netto-Cashflows oder betriebliche Gewinne oder Verluste, die aus der Nutzung des Vermögenswerts resultieren, die signifikant schlechter als ursprünglich geplant sind;

*) **Amtl. Anm:** Sobald ein Vermögenswert die Kriterien erfüllt, um als „zur Veräußerung gehalten" eingestuft zu werden (oder Teil einer Gruppe ist, die als zur Veräußerung gehalten eingestuft wird), wird er vom Anwendungsbereich dieses Standards ausgeschlossen und gemäß IFRS 5 *Zur Veräußerung gehaltene langfristige Vermögenswerte und aufgegebene Geschäftsbereiche* bilanziert.

(c) ein wesentlicher Rückgang der geplanten Netto-Cashflows oder des betrieblichen Ergebnisses oder eine signifikante Erhöhung der geplanten Verluste, die aus der Nutzung des Vermögenswertes resultieren; oder

(d) betriebliche Verluste oder Nettomittelabflüsse in Bezug auf den Vermögenswert, wenn die gegenwärtigen Beträge für die aktuelle Periode mit den veranschlagten Beträgen für die Zukunft zusammengefasst werden.

Wie in Paragraph 10 angegeben, verlangt dieser Standard, dass ein immaterieller Vermögenswert mit einer unbegrenzten Nutzungsdauer oder einer, der noch nicht zum Gebrauch verfügbar ist, und ein Geschäfts- oder Firmenwert mindestens jährlich auf Wertminderung zu überprüfen sind. Außer bei Anwendung der in Paragraph 10 dargestellten Anforderungen ist das Konzept der Wesentlichkeit bei der Feststellung, ob der erzielbare Betrag eines Vermögenswerts zu schätzen ist, heranzuziehen. Wenn frühere Berechnungen beispielsweise zeigen, dass der erzielbare Betrag eines Vermögenswerts erheblich über dessen Buchwert liegt, braucht das Unternehmen den erzielbaren Betrag des Vermögenswerts nicht erneut zu schätzen, soweit sich keine Ereignisse ereignet haben, die diese Differenz beseitigt haben könnten. Entsprechend kann eine frühere Analyse zeigen, dass der erzielbare Betrag eines Vermögenswerts auf einen (oder mehrere) der in Paragraph 12 aufgelisteten Anhaltspunkte nicht sensibel reagiert. **15**

Zur Veranschaulichung von Paragraph 15 ist ein Unternehmen, wenn die Marktzinssätze oder andere Marktrenditen für Finanzinvestitionen während der Periode gestiegen sind, in den folgenden Fällen nicht verpflichtet, eine formale Schätzung des erzielbaren Betrages eines Vermögenswerts vorzunehmen, **16**

(a) wenn der Abzinsungssatz, der bei der Berechnung des Nutzungswerts des Vermögenswerts benutzt wird, wahrscheinlich nicht von der Erhöhung dieser Marktrenditen beeinflusst wird. Eine Erhöhung der kurzfristigen Zinssätze muss sich beispielsweise nicht wesentlich auf den Abzinsungssatz auswirken, der für einen Vermögenswert benutzt wird, der noch eine lange Restnutzungsdauer hat;

(b) wenn der Abzinsungssatz, der bei der Berechnung des Nutzungswerts des Vermögenswerts benutzt wird, wahrscheinlich von der Erhöhung dieser Marktzinssätze betroffen ist, aber eine frühere Sensitivitätsanalyse des erzielbaren Betrags zeigt, dass

   (i) es unwahrscheinlich ist, dass es zu einer wesentlichen Verringerung des erzielbaren Betrags kommen wird, weil die künftigen Cashflows wahrscheinlich ebenso steigen werden (in einigen Fällen kann ein Unternehmen beispielsweise in der Lage sein zu zeigen, dass es seine Erlöse anpasst, um jegliche Erhöhungen der Marktzinssätze zu kompensieren); oder

   (ii) es unwahrscheinlich ist, dass die Abnahme des erzielbaren Betrags einen wesentlichen Wertminderungsaufwand zur Folge hat.

Wenn ein Anhaltspunkt vorliegt, dass ein Vermögenswert wertgemindert sein könnte, kann dies darauf hindeuten, dass die Restnutzungsdauer, die Abschreibungs-/Amortisationsmethode oder der Restwert des Vermögenswerts überprüft und entsprechend dem auf den Vermögenswert anwendbaren Standard angepasst werden muss, auch wenn kein Wertminderungsaufwand für den Vermögenswert erfasst wird. **17**

Bewertung des erzielbaren Betrags

Dieser Standard definiert den erzielbaren Betrag als den höheren der beiden Beträge aus beizulegendem Zeitwert abzüglich der Kosten der Veräußerung und Nutzungswert eines Vermögenswerts oder einer zahlungsmittelgenerierenden Einheit. Die Paragraphen 19-57 beschreiben die Anforderungen an die Bewertung des erzielbaren Betrags. Diese Anforderungen benutzen den Begriff „ein Vermögenswert", sind aber ebenso auf einen einzelnen Vermögenswert wie auf eine zahlungsmittelgenerierende Einheit anzuwenden. **18**

Es ist nicht immer erforderlich, sowohl den beizulegenden Zeitwert abzüglich der Kosten der Veräußerung als auch den Nutzungswert eines Vermögenswerts zu bestimmen. Wenn einer **19** dieser Werte den Buchwert des Vermögenswerts übersteigt, ist der Vermögenswert nicht wertgemindert und es ist nicht erforderlich, den anderen Wert zu schätzen.

20 Es kann möglich sein, den beizulegenden Zeitwert abzüglich der Kosten der Veräußerung auch dann zu bemessen, wenn keine Marktpreisnotierung für einen identischen Vermögenswert an einem aktiven Markt verfügbar ist. Manchmal wird es indes nicht möglich sein, den beizulegenden Zeitwert abzüglich der Kosten der Veräußerung zu bemessen, weil es keine Grundlage für eine verlässliche Schätzung des Preises gibt, zu dem unter aktuellen Marktbedingungen am Bemessungsstichtag ein *geordneter Geschäftsvorfall* zwischen *Marktteilnehmern* stattfinden würde, im Zuge dessen der Vermögenswert verkauft oder die Schuld übertragen würde. In diesem Fall kann das Unternehmen den Nutzungswert des Vermögenswerts als seinen erzielbaren Betrag verwenden.

21 Liegt kein Grund zu der Annahme vor, dass der Nutzungswert eines Vermögenswerts seinen beizulegenden Zeitwert abzüglich der Kosten der Veräußerung wesentlich übersteigt, kann der beizulegende Zeitwert abzüglich der Kosten der Veräußerung als erzielbarer Betrag des Vermögenswerts angesehen werden. Dies ist häufig bei Vermögenswerten der Fall, die zu Veräußerungszwecken gehalten werden. Das liegt daran, dass der Nutzungswert eines Vermögenswerts, der zu Veräußerungszwecken gehalten wird, hauptsächlich aus den Nettoveräußerungserlösen besteht, da die künftigen Cashflows aus der fortgesetzten Nutzung des Vermögenswerts bis zu seinem Abgang wahrscheinlich unbedeutend sein werden.

22 Der erzielbare Betrag ist für einen einzelnen Vermögenswert zu bestimmen, es sei denn, ein Vermögenswert erzeugt keine Mittelzuflüsse, die weitestgehend unabhängig von denen anderer Vermögenswerte oder anderer Gruppen von Vermögenswerten sind. Wenn dies der Fall ist, ist der erzielbare Betrag für die zahlungsmittelgenerierende Einheit zu bestimmen, zu der der Vermögenswert gehört (siehe Paragraphen 65-103), es sei denn, dass entweder

(a) der beizulegende Zeitwert abzüglich der Kosten der Veräußerung des Vermögenswerts höher ist als sein Buchwert; oder

(b) der Nutzungswert des Vermögenswerts Schätzungen zufolge nahezu dem beizulegenden Zeitwert abzüglich der Kosten der Veräußerung entspricht, und der beizulegende Zeitwert abzüglich der Kosten der Veräußerung bemessen werden kann.

23 In einigen Fällen können Schätzungen, Durchschnittswerte und computergestützte abgekürzte Verfahren angemessene Annäherungen an die in diesem Standard dargestellten ausführlichen Berechnungen zur Bestimmung des beizulegenden Zeitwerts abzüglich der Kosten der Veräußerung oder des Nutzungswerts liefern.

Bewertung des erzielbaren Betrags eines immateriellen Vermögenswerts mit einer unbegrenzten Nutzungsdauer

24 Paragraph 10 verlangt, dass ein immaterieller Vermögenswert mit einer unbegrenzten Nutzungsdauer jährlich auf Wertminderung zu überprüfen ist, wobei sein Buchwert mit seinem erzielbaren Betrag verglichen wird, unabhängig davon ob irgendetwas auf eine Wertminderung hindeutet. Die jüngsten ausführlichen Berechnungen des erzielbaren Betrags eines solchen Vermögenswerts, der in einer vorhergehenden Periode ermittelt wurde, können jedoch für die Überprüfung auf Wertminderung dieses Vermögenswerts in der aktuellen Periode benutzt werden, vorausgesetzt, dass alle nachstehenden Kriterien erfüllt sind:

(a) wenn der immaterielle Vermögenswert keine Mittelzuflüsse aus der fortgesetzten Nutzung erzeugt, die von denen anderer Vermögenswerte oder Gruppen von Vermögenswerten weitestgehend unabhängig sind, und daher als Teil der zahlungsmittelgenerierenden Einheit, zu der er gehört, auf Wertminderung überprüft wird, haben sich die diese Einheit bildenden Vermögenswerte und Schulden seit der letzten Berechnung des erzielbaren Betrags nicht wesentlich geändert;

(b) die letzte Berechnung des erzielbaren Betrags ergab einen Betrag, der den Buchwert des Vermögenswertes wesentlich überstieg; und

(c) auf der Grundlage einer Analyse der seit der letzten Berechnung des erzielbaren Betrags aufgetretenen Ereignisse und geänderten Umstände ist die Wahrscheinlichkeit, dass bei einer aktuellen Ermittlung der erzielbare Betrag niedriger als der Buchwert des Vermögenswerts sein würde, äußerst gering.

Beizulegender Zeitwert abzüglich der Kosten der Veräußerung

(weggefallen) **25 bis 27**

Sofern die Kosten der Veräußerung nicht als Schulden angesetzt wurden, werden sie bei der Bemessung des beizulegenden Zeitwerts abzüglich der Kosten der Veräußerung abgezogen. Beispiele für derartige Kosten sind Gerichts- und Anwaltskosten, Börsenumsatzsteuern und ähnliche Transaktionssteuern, die Kosten für die Beseitigung des Vermögenswerts und die direkt zurechenbaren zusätzlichen Kosten, um den Vermögenswert in den entsprechenden Zustand für seinen Verkauf zu versetzen. Leistungen aus Anlass der Beendigung des Arbeitsverhältnisses (wie in IAS 19 definiert) und Aufwendungen, die mit der Verringerung oder Reorganisation eines Geschäftsfeldes nach dem Verkauf eines Vermögenswertes verbunden sind, sind indes keine direkt zurechenbaren zusätzlichen Kosten für die Veräußerung des Vermögenswerts. **28**

Manchmal erfordert die Veräußerung eines Vermögenswerts, dass der Käufer eine Schuld übernimmt, und für den Vermögenswert und die Schuld ist nur ein einziger beizulegender Zeitwert abzüglich der Kosten der Veräußerung vorhanden. Paragraph 78 erläutert, wie in solchen Fällen zu verfahren ist. **29**

Nutzungswert

In der Berechnung des Nutzungswerts eines Vermögenswerts müssen sich die folgenden Elemente widerspiegeln: **30**

(a) eine Schätzung der künftigen Cashflows, die das Unternehmen durch den Vermögenswert zu erzielen erhofft;

(b) Erwartungen im Hinblick auf eventuelle wertmäßige oder zeitliche Veränderungen dieser künftigen Cashflows;

(c) der Zinseffekt, der durch den risikolosen Zinssatz des aktuellen Markts dargestellt wird;

(d) der Preis für die mit dem Vermögenswert verbundene Unsicherheit; und

(e) andere Faktoren, wie Illiquidität, die Marktteilnehmer bei der Preisgestaltung der künftigen Cashflows, die das Unternehmen durch den Vermögenswert zu erzielen erhofft, widerspiegeln würden.

Die Schätzung des Nutzungswerts eines Vermögenswerts umfasst die folgenden Schritte: **31**

(a) die Schätzung der künftigen Cashflows aus der fortgesetzten Nutzung des Vermögenswerts und aus seiner letztendlichen Veräußerung; sowie

(b) die Anwendung eines angemessenen Abzinsungssatzes für jene künftigen Cashflows.

Die in Paragraph 30(b), (d) und (e) aufgeführten Elemente können entweder als Berichtigungen der künftigen Cashflows oder als Korrektur des Abzinsungssatzes widergespiegelt werden. Welchen Ansatz ein Unternehmen auch anwendet, um Erwartungen hinsichtlich eventueller wertmäßiger oder zeitlicher Änderungen der künftigen Cashflows widerzuspiegeln, es muss letztendlich der erwartete Barwert der künftigen Cashflows, d. h. der gewichtete Durchschnitt aller möglichen Ergebnisse widergespiegelt werden. Anhang A enthält zusätzliche Leitlinien für die Anwendung der Barwert-Methoden, um den Nutzungswert eines Vermögenswerts zu bewerten. **32**

Grundlage für die Schätzungen der künftigen Cashflows

33 Bei der Ermittlung des Nutzungswerts muss ein Unternehmen:

(a) die Cashflow-Prognosen auf vernünftigen und vertretbaren Annahmen aufbauen, die die beste vom Management vorgenommene Einschätzung der ökonomischen Rahmenbedingungen repräsentieren, die für die Restnutzungsdauer eines Vermögenswerts bestehen werden. Ein größeres Gewicht ist dabei auf externe Hinweise zu legen;

(b) die Cashflow-Prognosen auf den jüngsten vom Management genehmigten Finanzplänen/Vorhersagen aufbauen, die jedoch alle geschätzten künftigen Mittelzuflüsse bzw. Mittelabflüsse, die aus künftigen Restrukturierungen oder aus der Verbesserung bzw. Erhöhung der Ertragskraft des Vermögenswertes erwartet werden, ausschließen sollen. Auf diesen Finanzplänen/Vorhersagen basierende Prognosen sollen sich auf einen Zeitraum von maximal fünf Jahren erstrecken, es sei denn, dass ein längerer Zeitraum gerechtfertigt werden kann;

(c) die Cashflow-Prognosen jenseits des Zeitraums schätzen, auf den sich die jüngsten Finanzpläne/Vorhersagen beziehen, unter Anwendung einer gleich bleibenden oder rückläufigen Wachstumsrate für die Folgejahre durch eine Extrapolation der Prognosen, die auf den Finanzplänen/Vorhersagen beruhen, es sei denn, dass eine steigende Rate gerechtfertigt werden kann. Diese Wachstumsrate darf die langfristige Durchschnittswachstumsrate für die Produkte, die Branchen oder das Land bzw. die Länder, in dem/denen das Unternehmen tätig ist, oder für den Markt, in welchem der Vermögenswert genutzt wird, nicht überschreiten, es sei denn, dass eine höhere Rate gerechtfertigt werden kann.

34 Das Management beurteilt die Angemessenheit der Annahmen, auf denen seine aktuellen Cashflow-Prognosen beruhen, indem es die Gründe für Differenzen zwischen den vorherigen Cashflow-Prognosen und den aktuellen Cashflows überprüft. Das Management hat sicherzustellen, dass die Annahmen, auf denen die aktuellen Cashflow-Prognosen beruhen, mit den effektiven Ergebnissen der Vergangenheit übereinstimmen, vorausgesetzt, dass die Auswirkungen von Ereignissen und Umständen, die, nachdem die effektiven Cashflows generiert waren, auftraten, dies als geeignet erscheinen lassen.

35 Detaillierte, eindeutige und verlässliche Finanzpläne/Vorhersagen für künftige Cashflows für längere Perioden als fünf Jahre sind in der Regel nicht verfügbar. Aus diesem Grund beruhen die Schätzungen des Managements über die künftigen Cashflows auf den jüngsten Finanzplänen/Vorhersagen für einen Zeitraum von maximal fünf Jahren. Das Management kann auch Cashflow-Prognosen verwenden, die sich auf Finanzpläne/Vorhersagen für einen längeren Zeitraum als fünf Jahre erstrecken, wenn es sicher ist, dass diese Prognosen verlässlich sind und es seine Fähigkeit unter Beweis stellen kann, basierend auf vergangenen Erfahrungen, die Cashflows über den entsprechenden längeren Zeitraum genau vorherzusagen.

36 Cashflow-Prognosen bis zum Ende der Nutzungsdauer eines Vermögenswerts werden durch die Extrapolation der Cashflow-Prognosen auf der Basis der Finanzpläne/Vorhersagen unter Verwendung einer Wachstumsrate für die Folgejahre vorgenommen. Diese Rate ist gleich bleibend oder fallend, es sei denn, dass eine Steigerung der Rate objektiven Informationen über den Verlauf des Lebenszyklus eines Produkts oder einer Branche entspricht. Falls angemessen, ist die Wachstumsrate gleich Null oder negativ.

37 Soweit die Bedingungen günstig sind, werden Wettbewerber wahrscheinlich in den Markt eintreten und das Wachstum beschränken. Deshalb ist es für ein Unternehmen schwierig, die durchschnittliche historische Wachstumsrate für die Produkte, die Branchen, das Land oder die Länder, in dem/denen das Unternehmen tätig ist, oder für den Markt für den der Vermögenswert genutzt wird, über einen längeren Zeitraum (beispielsweise zwanzig Jahre) zu überschreiten.

38 Bei der Verwendung der Informationen aus den Finanzplänen/Vorhersagen berücksichtigt ein Unternehmen, ob die Informationen auf vernünftigen und vertretbaren Annahmen beruhen und die beste Einschätzung des Managements der ökonomischen Rahmenbedingungen, die während der Restnutzungsdauer eines Vermögenswerts bestehen werden, darstellen.

Zusammensetzung der Schätzungen der künftigen Cashflows

In die Schätzungen der künftigen Cashflows sind die folgenden Elemente einzubeziehen: **39**

(a) Prognosen der Mittelzuflüsse aus der fortgesetzten Nutzung des Vermögenswerts;

(b) Prognosen der Mittelabflüsse, die notwendigerweise entstehen, um Mittelzuflüsse aus der fortgesetzten Nutzung eines Vermögenswerts zu erzielen (einschließlich der Mittelabflüsse zur Vorbereitung des Vermögenswerts für seine Nutzung), die direkt oder auf einer vernünftigen und stetigen Basis dem Vermögenswert zugeordnet werden können; und

(c) Netto-Cashflows, die ggf. für den Abgang des Vermögenswerts am Ende seiner Nutzungsdauer eingehen (oder gezahlt werden).

Schätzungen der künftigen Cashflows und des Abzinsungssatzes spiegeln stetige Annahmen **40** über die auf die allgemeine Inflation zurückzuführenden Preissteigerungen wider. Wenn der Abzinsungssatz die Wirkung von Preissteigerungen, die auf die allgemeine Inflation zurückzuführen sind, einbezieht, werden die künftigen Cashflows in nominalen Beträgen geschätzt. Wenn der Abzinsungssatz die Wirkung von Preissteigerungen, die auf die allgemeine Inflation zurückzuführen sind, nicht einbezieht, werden die künftigen Cashflows in realen Beträgen geschätzt (schließen aber künftige spezifische Preissteigerungen oder -senkungen ein).

Die Prognosen der Mittelabflüsse schließen jene für die tägliche Wartung des Vermögenswerts **41** als auch künftige Gemeinkosten ein, die der Nutzung des Vermögenswerts direkt zugerechnet oder auf einer vernünftigen und stetigen Basis zugeordnet werden können.

Wenn der Buchwert eines Vermögenswerts noch nicht alle Mittelabflüsse enthält, die anfallen **42** werden, bevor dieser nutzungs- oder verkaufsbereit ist, enthält die Schätzung der künftigen Mittelabflüsse eine Schätzung aller weiteren künftigen Mittelabflüsse, die erwartungsgemäß anfallen werden, bevor der Vermögenswert nutzungs- oder verkaufsbereit ist. Dies ist beispielsweise der Fall für ein im Bau befindliches Gebäude oder bei einem noch nicht abgeschlossenen Entwicklungsprojekt.

Um Doppelzählungen zu vermeiden, beziehen die Schätzungen der künftigen Cashflows die fol- **43** genden Faktoren nicht mit ein:

(a) Mittelzuflüsse von Vermögenswerten, die Mittelzuflüsse erzeugen, die weitgehend unabhängig von den Mittelzuflüssen des zu prüfenden Vermögenswerts sind (beispielsweise finanzielle Vermögenswerte wie Forderungen); und

(b) Mittelabflüsse, die sich auf als Schulden angesetzte Verpflichtungen beziehen (beispielsweise Verbindlichkeiten, Pensionen oder Rückstellungen).

Künftige Cashflows sind für einen Vermögenswert in seinem gegenwärtigen Zustand zu schät- **44** zen. Schätzungen der künftigen Cashflows dürfen nicht die geschätzten künftigen Mittelzu- und -abflüsse umfassen, deren Entstehung erwartet wird, aufgrund

(a) einer künftigen Restrukturierung, zu der ein Unternehmen noch nicht verpflichtet ist; oder

(b) einer Verbesserung oder Erhöhung der Ertragskraft des Vermögenswerts.

Da die künftigen Cashflows für einen Vermögenswert in seinem gegenwärtigen Zustand ge- **45** schätzt werden, spiegelt der Nutzungswert nicht die folgenden Faktoren wider:

(a) künftige Mittelabflüsse oder die dazugehörigen Kosteneinsparungen (beispielsweise durch die Verminderung des Personalaufwands) oder der erwartete Nutzen aus einer künftigen Restrukturierung, zu der ein Unternehmen noch nicht verpflichtet ist; oder

(b) künftige Mittelabflüsse, die die Ertragskraft des Vermögenswerts verbessern oder erhöhen werden, oder die dazugehörigen Mittelzuflüsse, die aus solchen Mittelabflüssen entstehen sollen.

46 Eine Restrukturierung ist ein vom Management geplantes und gesteuertes Programm, das entweder den Umfang der Geschäftstätigkeit oder die Weise, in der das Geschäft geführt wird, wesentlich verändert. IAS 37 *Rückstellungen, Eventualverbindlichkeiten und Eventualforderungen* konkretisiert, wann sich ein Unternehmen zu einer Restrukturierung verpflichtet hat.

47 Wenn ein Unternehmen zu einer Restrukturierung verpflichtet ist, sind wahrscheinlich einige Vermögenswerte von der Restrukturierung betroffen. Sobald das Unternehmen zur Restrukturierung verpflichtet ist,

(a) spiegeln seine zwecks Bestimmung des Nutzungswerts künftigen Schätzungen der Cashflows die Kosteneinsparungen und den sonstigen Nutzen aus der Restrukturierung wider (auf Basis der jüngsten vom Management gebilligten Finanzpläne/Vorhersagen); und

(b) werden seine Schätzungen künftiger Mittelabflüsse für die Restrukturierung in einer Restrukturierungsrückstellung in Übereinstimmung mit IAS 37 erfasst.

Das erläuternde Beispiel 5 veranschaulicht die Wirkung einer künftigen Restrukturierung auf die Berechnung des Nutzungswerts.

48 Bis ein Unternehmen Mittelabflüsse tätigt, die die Ertragskraft des Vermögenswerts verbessern oder erhöhen, enthalten die Schätzungen der künftigen Cashflows keine künftigen geschätzten Mittelzuflüsse, die infolge der Erhöhung des mit dem Mittelabfluss verbundenen wirtschaftlichen Nutzens zufließen werden (siehe erläuterndes Beispiel 6).

49 Schätzungen der künftigen Cashflows umfassen auch künftige Mittelabflüsse, die erforderlich sind, um den wirtschaftlichen Nutzen des Vermögenswerts auf dem gegenwärtigen Niveau zu halten. Wenn eine zahlungsmittelgenerierende Einheit aus Vermögenswerten mit verschiedenen geschätzten Nutzungsdauern besteht, die alle für den laufenden Betrieb der Einheit notwendig sind, wird bei der Schätzung der mit der Einheit verbundenen künftigen Cashflows der Ersatz von Vermögenswerten kürzerer Nutzungsdauer als Teil der täglichen Wartung der Einheit betrachtet. Ähnliches gilt, wenn ein einzelner Vermögenswert aus Bestandteilen mit unterschiedlichen Nutzungsdauern besteht, dann wird der Ersatz der Bestandteile kürzerer Nutzungsdauer als Teil der täglichen Wartung des Vermögenswerts betrachtet, wenn die vom Vermögenswert generierten künftigen Cashflows geschätzt werden.

50 In den Schätzungen der künftigen Cashflows sind folgende Elemente nicht enthalten:

(a) Mittelzu- oder -abflüsse aus Finanzierungstätigkeiten; oder

(b) Ertragsteuereinnahmen oder -zahlungen.

51 Geschätzte künftige Cashflows spiegeln Annahmen wider, die der Art und Weise der Bestimmung des Abzinsungssatzes entsprechen. Andernfalls würden die Wirkungen einiger Annahmen zweimal angerechnet oder ignoriert werden. Da der Zinseffekt bei der Diskontierung der künftigen Cashflows berücksichtigt wird, schließen diese Cashflows Mittelzu- oder -abflüsse aus Finanzierungstätigkeit aus. Da der Abzinsungssatz auf einer Vorsteuerbasis bestimmt wird, werden auch die künftigen Cashflows auf einer Vorsteuerbasis geschätzt.

52 Die Schätzung der Netto-Cashflows, die für den Abgang eines Vermögenswerts am Ende seiner Nutzungsdauer eingehen (oder gezahlt werden), muss dem Betrag entsprechen, den ein Unternehmen aus dem Verkauf des Vermögenswerts zwischen sachverständigen, vertragswilligen und voneinander unabhängigen Geschäftspartnern nach Abzug der geschätzten Veräußerungskosten erzielen könnte.

53 Die Schätzung der Netto-Cashflows, die für den Abgang eines Vermögenswertes am Ende seiner Nutzungsdauer eingehen (oder gezahlt werden), ist in einer ähnlichen Weise wie beim beizulegenden Zeitwert abzüglich der Kosten der Veräußerung eines Vermögenswerts zu bestimmen, außer dass bei der Schätzung dieser Netto-Cashflows

(a) ein Unternehmen die Preise verwendet, die zum Zeitpunkt der Schätzung für ähnlichen Vermögenswerte gelten, die das Ende ihrer Nutzungsdauer erreicht haben und die unter Bedingungen betrieben wurden, die mit den Bedingungen vergleichbar sind, unter denen der Vermögenswert genutzt werden soll;

(b) das Unternehmen diese Preise im Hinblick auf die Auswirkungen künftiger Preiserhöhungen aufgrund der allgemeinen Inflation und spezieller künftiger Preissteigerungen/-senkungen anpasst. Wenn die Schätzungen der künftigen Cashflows aus der fortgesetzten Nutzung des Vermögenswerts und des Abzinsungssatzes die Wirkung der allgemeinen Inflation indes ausschließen, dann berücksichtigt das Unternehmen diese Wirkung auch nicht bei der Schätzung der Netto-Cashflows des Abgangs.

Der beizulegende Zeitwert ist ein anderer als der Nutzungswert. Der beizulegende Zeitwert spiegelt die Annahmen wider, die Marktteilnehmer bei der Preisbildung für den Vermögenswert anwenden würden. Der Nutzungswert dagegen spiegelt die Auswirkungen von Faktoren wider, die unternehmensspezifisch sein können und für Unternehmen allgemein nicht unbedingt zutreffen. Beispielsweise werden die folgenden Faktoren in dem Umfang, in dem für Marktteilnehmer kein Zugang zu ihnen bestünde, nicht im beizulegenden Zeitwert abgebildet: **53A**

(a) Aus der Zusammenfassung von Vermögenswerten gewonnener, zusätzlicher Wert (beispielsweise aus der Schaffung eines Portfolios von Immobilien an verschiedenen Standorten, die als Finanzinvestition gehalten werden);
(b) Synergien zwischen dem bewerteten und anderen Vermögenswerten;
(c) Gesetzliche Ansprüche oder Beschränkungen, die ausschließlich dem gegenwärtigen Eigentümer des Vermögenswerts zu eigen sind; und
(d) Steuerliche Vergünstigungen oder Belastungen, die ausschließlich dem gegenwärtigen Eigentümer des Vermögenswerts zu eigen sind.

Künftige Cashflows in Fremdwährung

Künftige Cashflows werden in der Währung geschätzt, in der sie generiert werden, und werden mit einem für diese Währung angemessenen Abzinsungssatz abgezinst. Ein Unternehmen rechnet den Barwert mithilfe des am Tag der Berechnung des Nutzungswerts geltenden Devisenkassakurses um. **54**

Abzinsungssatz

Bei dem Abzinsungssatz (den Abzinsungssätzen) muss es sich um einen Zinssatz (Zinssätze) vor Steuern handeln, der (die) die gegenwärtigen Marktbewertungen folgender Faktoren widerspiegelt (widerspiegeln): **55**

(a) den Zinseffekt; und
(b) die speziellen Risiken eines Vermögenswerts, für die die geschätzten künftigen Cashflows nicht angepasst wurden.

Ein Zinssatz, der die gegenwärtigen Markteinschätzungen des Zinseffekts und die speziellen Risiken eines Vermögenswerts widerspiegelt, ist die Rendite, die Investoren verlangen würden, wenn eine Finanzinvestition zu wählen wäre, die Cashflows über Beträge, Zeiträume und Risikoprofile erzeugen würde, die vergleichbar mit denen wären, die das Unternehmen von dem Vermögenswert zu erzielen erhofft. Dieser Zinssatz ist auf der Basis des Zinssatzes zu schätzen, der bei gegenwärtigen Markttransaktionen für vergleichbare Vermögenswerte verwendet wird, oder auf der Basis der durchschnittlich gewichteten Kapitalkosten eines börsennotierten Unternehmens, das einen einzelnen Vermögenswert (oder einen Bestand an Vermögenswerten) besitzt, der mit dem zu prüfenden Vermögenswert im Hinblick auf das Nutzungspotenzial und die Risiken vergleichbar ist. Der Abzinsungssatz (die Abzinsungssätze), der (die) zur Berechnung des Nutzungswerts eines Vermögenswerts verwendet wird (werden), darf (dürfen) jedoch keine Risiken widerspiegeln, für die die geschätzten künftigen Cashflows bereits angepasst wurden. Andernfalls würden die Wirkungen einiger Annahmen doppelt angerechnet. **56**

Wenn ein vermögenswertespezifischer Zinssatz nicht direkt über den Markt erhältlich ist, verwendet ein Unternehmen Ersatzfaktoren zur Schätzung des Abzinsungssatzes. Anhang A enthält zusätzliche Leitlinien zur Schätzung von Abzinsungssätzen unter diesen Umständen. **57**

Erfassung und Bewertung eines Wertminderungsaufwands

58 Die Paragraphen 59-64 beschreiben die Anforderungen an die Erfassung und Bewertung eines Wertminderungsaufwands für einen einzelnen Vermögenswert mit Ausnahme eines Geschäfts- oder Firmenwerts. Die Erfassung und Bewertung des Wertminderungsaufwands einer zahlungsmittelgenerierenden Einheit und eines Geschäfts- oder Firmenwerts werden in den Paragraphen 65-108 behandelt.

59 Dann, und nur dann, wenn der erzielbare Betrag eines Vermögenswertes geringer als sein Buchwert ist, ist der Buchwert des Vermögenswerts auf seinen erzielbaren Betrag zu verringern. Diese Verringerung stellt einen Wertminderungsaufwand dar.

60 Ein Wertminderungsaufwand ist sofort im Gewinn oder Verlust zu erfassen, es sei denn, dass der Vermögenswert zum Neubewertungsbetrag nach einem anderen Standard (beispielsweise nach dem Neubewertungsmodell in IAS 16) erfasst wird. Jeder Wertminderungsaufwand eines neu bewerteten Vermögenswertes ist als eine Neubewertungsabnahme in Übereinstimmung mit diesem anderen Standard zu behandeln.

61 Ein Wertminderungsaufwand eines nicht neu bewerteten Vermögenswerts wird im Periodenergebnis erfasst. Ein Wertminderungsaufwand eines neu bewerteten Vermögenswerts wird indes im sonstigen Ergebnis erfasst, soweit der Wertminderungsaufwand nicht den in der Neubewertungsrücklage für denselben Vermögenswert ausgewiesenen Betrag übersteigt. Ein solcher Wertminderungsaufwand eines neu bewerteten Vermögenswerts führt zu einer Minderung der entsprechenden Neubewertungsrücklage.

62 Wenn der geschätzte Betrag des Wertminderungsaufwands größer ist als der Buchwert des Vermögenswerts, hat ein Unternehmen dann, und nur dann, eine Schuld anzusetzen, wenn dies von einem anderen Standard verlangt wird.

63 Nach der Erfassung eines Wertminderungsaufwands ist der Abschreibungs-/Amortisationsaufwand eines Vermögenswerts in künftigen Perioden anzupassen, um den berichtigten Buchwert des Vermögenswerts, abzüglich eines etwaigen Restwerts systematisch über seine Restnutzungsdauer zu verteilen.

64 Wenn ein Wertminderungsaufwand erfasst worden ist, werden alle damit in Beziehung stehenden latenten Steueransprüche oder -schulden nach IAS 12 bestimmt, indem der berichtigte Buchwert des Vermögenswerts mit seiner steuerlichen Basis verglichen wird (siehe erläuterndes Beispiel 3).

Zahlungsmittelgenerierende Einheiten und Geschäfts- oder Firmenwert

65 Die Paragraphen 66-108 und Anhang C beschreiben die Anforderungen an die Identifizierung der zahlungsmittelgenerierenden Einheit, zu der ein Vermögenswert gehört, sowie an die Bestimmung des Buchwerts und die Erfassung der Wertminderungsaufwendungen für zahlungsmittelgenerierende Einheiten und Geschäfts- oder Firmenwerte.

Identifizierung der zahlungsmittelgenerierenden Einheit, zu der ein Vermögenswert gehört

66 Wenn irgendein Anhaltspunkt dafür vorliegt, dass ein Vermögenswert wertgemindert sein könnte, ist der erzielbare Betrag für den einzelnen Vermögenswert zu schätzen. Falls es nicht möglich ist, den erzielbaren Betrag für den einzelnen Vermögenswert zu schätzen, hat ein Unternehmen den erzielbaren Betrag der zahlungsmittelgenerierenden Einheit zu bestimmen, zu der der Vermögenswert gehört (die zahlungsmittelgenerierende Einheit des Vermögenswerts).

67 Der erzielbare Betrag eines einzelnen Vermögenswerts kann nicht bestimmt werden, wenn:

(a) der Nutzungswert des Vermögenswerts nicht nah an seinem beizulegenden Zeitwert abzüglich der Kosten der Veräußerung geschätzt werden kann (wenn beispielsweise die künftigen Cashflows aus der fortgesetzten Nutzung des Vermögenswertes nicht als unbedeutend eingeschätzt werden können); und

(b) der Vermögenswert keine Mittelzuflüsse erzeugt, die weitestgehend unabhängig von denen anderer Vermögenswerte sind.

In derartigen Fällen kann ein Nutzungswert und demzufolge ein erzielbarer Betrag nur für die zahlungsmittelgenerierende Einheit des Vermögenswerts bestimmt werden.

Beispiel

Ein Bergbauunternehmen besitzt eine private Eisenbahn zur Unterstützung seiner Bergbautätigkeit. Die private Eisenbahn könnte nur zum Schrottwert verkauft werden und sie erzeugt keine Mittelzuflüsse, die weitestgehend unabhängig von den Mittelzuflüssen der anderen Vermögenswerte des Bergwerks sind.

Es ist nicht möglich, den erzielbaren Betrag der privaten Eisenbahn zu schätzen, weil ihr Nutzungswert nicht bestimmt werden kann und wahrscheinlich von dem Schrottwert abweicht. Deshalb schätzt das Unternehmen den erzielbaren Betrag der zahlungsmittelgenerierenden Einheit, zu der die private Eisenbahn gehört, d. h. des Bergwerkes als Ganzes.

Wie in Paragraph 6 definiert, ist die zahlungsmittelgenerierende Einheit eines Vermögenswerts **68** die kleinste Gruppe von Vermögenswerten, die den Vermögenswert enthält und Mittelzuflüsse erzeugt, die weitestgehend unabhängig von den Mittelzuflüssen anderer Vermögenswerte oder einer anderen Gruppe von Vermögenswerten sind. Die Identifizierung der zahlungsmittelgenerierenden Einheit eines Vermögenswerts erfordert Einschätzungen. Wenn der erzielbare Betrag nicht für einen einzelnen Vermögenswert bestimmt werden kann, identifiziert ein Unternehmen die kleinste Zusammenfassung von Vermögenswerten, die weitestgehend unabhängige Mittelzuflüsse erzeugt.

Beispiel

Eine Busgesellschaft bietet Beförderungsleistungen im Rahmen eines Vertrags mit einer Gemeinde an, der auf fünf verschiedenen Strecken jeweils einen Mindestservice verlangt. Die auf jeder Strecke eingesetzten Vermögenswerte und die Cashflows von jeder Strecke können gesondert identifiziert werden. Auf einer der Stecken wird ein erheblicher Verlust erwirtschaftet.

Da das Unternehmen nicht die Möglichkeit hat, eine der Busrouten einzuschränken, ist die niedrigste Einheit identifizierbarer Mittelzuflüsse, die weitestgehend von den Mittelzuflüssen anderer Vermögenswerte oder anderer Gruppen von Vermögenswerten unabhängig sind, die von den fünf Routen gemeinsam erzeugten Mittelzuflüsse. Die zahlungsmittelgenerierende Einheit für jede der Strecken ist die Busgesellschaft als Ganzes.

Mittelzuflüsse sind die Zuflüsse von Zahlungsmitteln und Zahlungsmitteläquivalenten, die von **69** Parteien außerhalb des Unternehmens zufließen. Bei der Identifizierung, ob die Mittelzuflüsse von einem Vermögenswert (oder einer Gruppe von Vermögenswerten) weitestgehend von den Mittelzuflüssen anderer Vermögenswerte (oder anderer Gruppen von Vermögenswerten) unabhängig sind, berücksichtigt ein Unternehmen verschiedene Faktoren einschließlich der Frage, wie das Management die Unternehmenstätigkeiten steuert (z. B. nach Produktlinien, Geschäftsfeldern, einzelnen Standorten, Bezirken oder regionalen Gebieten), oder wie das Management Entscheidungen über die Fortsetzung oder den Abgang der Vermögenswerte bzw. die Einstellung von Unternehmenstätigkeiten trifft. Das erläuternde Beispiel 1 enthält Beispiele für die Identifizierung einer zahlungsmittelgenerierenden Einheit.

Wenn ein aktiver Markt für die von einem Vermögenswert oder einer Gruppe von Vermögens- **70** werten produzierten Erzeugnisse und erstellten Dienstleistungen besteht, ist dieser Vermögenswert oder diese Gruppe von Vermögenswerten als eine zahlungsmittelgenerierende Einheit zu identifizieren, auch wenn die produzierten Erzeugnisse oder erstellten Dienstleistungen ganz oder teilweise intern genutzt werden. Wenn die von einem Vermögenswert oder einer zahlungsmittelgenerierenden Einheit erzeugten Mittelzuflüsse von der Berechnung interner Verrechnungspreise betroffen sind, so hat ein Unternehmen die bestmöglichste Schätzung des

Managements über den (die) künftigen Preis(e), der (die) bei Transaktionen zu marktüblichen Bedingungen erzielt werden könnte(n), zu verwenden, indem

(a) die zur Bestimmung des Nutzungswertes des Vermögenswertes oder der zahlungsmittelgenerierenden Einheit verwendeten künftigen Mittelzuflüsse geschätzt werden; und

(b) die künftigen Mittelabflüsse geschätzt werden, die zur Bestimmung des Nutzungswerts aller anderen von der Berechnung interner Verrechnungspreise betroffenen Vermögenswerte oder zahlungsmittelgenerierenden Einheiten verwendet werden.

71 Auch wenn ein Teil oder die gesamten produzierten Erzeugnisse und erstellten Dienstleistungen, die von einem Vermögenswert oder einer Gruppe von Vermögenswerten erzeugt werden, von anderen Einheiten des Unternehmens genutzt werden (beispielsweise Produkte für eine Zwischenstufe im Produktionsprozess), bildet dieser Vermögenswert oder diese Gruppe von Vermögenswerten eine gesonderte zahlungsmittelgenerierende Einheit, wenn das Unternehmen diese produzierten Erzeugnisse und erstellten Dienstleistungen auf einem aktiven Markt verkaufen kann. Das liegt daran, dass der Vermögenswert oder die Gruppe von Vermögenswerten Mittelzuflüsse erzeugen kann, die weitestgehend von den Mittelzuflüssen von anderen Vermögenswerten oder einer anderen Gruppe von Vermögenswerten unabhängig wären. Bei der Verwendung von Informationen, die auf Finanzplänen/Vorhersagen basieren, die sich auf eine solche zahlungsmittelgenerierende Einheit oder auf jeden anderen Vermögenswert bzw. jede andere zahlungsmittelgenerierende Einheit, die von der internen Verrechnungspreisermittlung betroffen ist, beziehen, passt ein Unternehmen diese Informationen an, wenn die internen Verrechnungspreise nicht die beste Schätzung des Managements über die künftigen Preise, die bei Transaktionen zu marktüblichen Bedingungen erzielt werden könnten, widerspiegeln.

72 Zahlungsmittelgenerierende Einheiten sind von Periode zu Periode für die gleichen Vermögenswerte oder Arten von Vermögenswerten stetig zu identifizieren, es sei denn, dass eine Änderung gerechtfertigt ist.

73 Wenn ein Unternehmen bestimmt, dass ein Vermögenswert zu einer anderen zahlungsmittelgenerierende Einheit als in den vorangegangenen Perioden gehört, oder dass die Arten von Vermögenswerten, die zu der zahlungsmittelgenerierenden Einheit des Vermögenswerts zusammengefasst werden, sich geändert haben, verlangt Paragraph 130 Angaben über die zahlungsmittelgenerierende Einheit, wenn ein Wertminderungsaufwand für die zahlungsmittelgenerierende Einheit erfasst oder aufgehoben wird.

Erzielbarer Betrag und Buchwert einer zahlungsmittelgenerierenden Einheit

74 Der erzielbare Betrag einer zahlungsmittelgenerierenden Einheit ist der höhere der beiden Beträge aus beizulegendem Zeitwert abzüglich Kosten der Veräußerung und Nutzungswert einer zahlungsmittelgenerierenden Einheit. Für den Zweck der Bestimmung des erzielbaren Betrags einer zahlungsmittelgenerierenden Einheit ist jeder Bezug in den Paragraphen 19-57 auf „einen Vermögenswert" als ein Bezug auf „eine zahlungsmittelgenerierende Einheit" zu verstehen.

75 Der Buchwert einer zahlungsmittelgenerierenden Einheit ist in Übereinstimmung mit der Art, in der der erzielbare Betrag einer zahlungsmittelgenerierenden Einheit bestimmt wird, zu ermitteln.

76 Der Buchwert einer zahlungsmittelgenerierenden Einheit

(a) enthält den Buchwert nur solcher Vermögenswerte, die der zahlungsmittelgenerierenden Einheit direkt zugerechnet oder auf einer vernünftigen und stetigen Basis zugeordnet werden können, und die künftige Mittelzuflüsse erzeugen werden, die bei der Bestimmung des Nutzungswerts der zahlungsmittelgenerierenden Einheit verwendet wurden; und

(b) enthält nicht den Buchwert irgendeiner angesetzten Schuld, es sei denn, dass der erzielbare Betrag der zahlungsmittelgenerierenden Einheit nicht ohne die Berücksichtigung dieser Schuld bestimmt werden kann.

Das liegt daran, dass der beizulegende Zeitwert abzüglich der Kosten der Veräußerung und der Nutzungswert einer zahlungsmittelgenerierenden Einheit unter Ausschluss der Cashflows bestimmt werden, die sich auf die Vermögenswerte beziehen, die nicht Teil der zahlungsmittelgenerierenden Einheit sind und unter Ausschluss der bereits erfassten Schulden (siehe Paragraphen 28 und 43).

Soweit Vermögenswerte für die Beurteilung der Erzielbarkeit zusammengefasst werden, ist es wichtig, in die zahlungsmittelgenerierende Einheit alle Vermögenswerte einzubeziehen, die den entsprechenden Strom von Mittelzuflüssen erzeugen oder zur Erzeugung verwendet werden. Andernfalls könnte die zahlungsmittelgenerierende Einheit als voll erzielbar erscheinen, obwohl tatsächlich ein Wertminderungsaufwand eingetreten ist. In einigen Fällen können gewisse Vermögenswerte nicht einer zahlungsmittelgenerierenden Einheit auf einer vernünftigen und stetigen Basis zugeordnet werden, obwohl sie zu den geschätzten künftigen Cashflows einer zahlungsmittelgenerierenden Einheit beitragen. Dies kann beim Geschäfts- oder Firmenwert oder bei gemeinschaftlichen Vermögenswerten, wie den Vermögenswerten der Hauptverwaltung der Fall sein. Die Paragraphen 80-103 erläutern, wie mit diesen Vermögenswerten bei der Untersuchung einer zahlungsmittelgenerierenden Einheit auf eine Wertminderung zu verfahren ist. **77**

Es kann notwendig sein, gewisse angesetzte Schulden zu berücksichtigen, um den erzielbaren Betrag einer zahlungsmittelgenerierenden Einheit zu bestimmen. Dies könnte auftreten, wenn der Verkauf einer zahlungsmittelgenerierenden Einheit den Käufer verpflichtet, die Schuld zu übernehmen. In diesem Fall entspricht der beizulegende Zeitwert abzüglich der Kosten der Veräußerung (oder die geschätzten Cashflows aus dem endgültigen Abgang) einer zahlungsmittelgenerierenden Einheit dem Preis für den gemeinsamen Verkauf der Vermögenswerte der zahlungsmittelgenerierenden Einheit und der Schuld, abzüglich der Kosten der Veräußerung. Um einen aussagekräftigen Vergleich zwischen dem Buchwert einer zahlungsmittelgenerierenden Einheit und ihrem erzielbaren Betrag anzustellen, wird der Buchwert der Schuld bei der Bestimmung beider Werte, also sowohl des Nutzungswerts als auch des Buchwerts der zahlungsmittelgenerierenden Einheit, abgezogen. **78**

Beispiel

Eine Gesellschaft betreibt ein Bergwerk in einem Staat, in dem der Eigentümer gesetzlich verpflichtet ist, den Bereich der Förderung nach Beendigung der Abbautätigkeiten wiederherzustellen. Die Instandsetzungsaufwendungen schließen die Wiederherstellung der Oberfläche mit ein, welche entfernt werden musste, bevor die Abbautätigkeiten beginnen konnten. Eine Rückstellung für die Aufwendungen für die Wiederherstellung der Oberfläche wurde zu dem Zeitpunkt der Entfernung der Oberfläche angesetzt. Der bereitgestellte Betrag wurde als Teil der Anschaffungskosten des Bergwerks erfasst und über die Nutzungsdauer des Bergwerks abgeschrieben. Der Buchwert der Rückstellung für die Wiederherstellungskosten beträgt 500 WE*), dies entspricht dem Barwert der Wiederherstellungskosten.

Das Unternehmen überprüft das Bergwerk auf eine Wertminderung. Die zahlungsmittelgenerierende Einheit des Bergwerks ist das Bergwerk als Ganzes. Das Unternehmen hat verschiedene Kaufangebote für das Bergwerk zu einem Preis von 800 WE erhalten. Dieser Preis berücksichtigt die Tatsache, dass der Käufer die Verpflichtung zur Wiederherstellung der Oberfläche übernehmen wird. Die Verkaufskosten für das Bergwerk sind unbedeutend. Der Nutzungswert des Bergwerks beträgt annähernd 1 200 WE, ohne die Wiederherstellungskosten. Der Buchwert des Bergwerks beträgt 1 000 WE.

Der beizulegende Zeitwert abzüglich der Kosten der Veräußerung beträgt für die zahlungsmittelgenerierende Einheit 800 WE. Dieser Wert berücksichtigt die Wiederherstellungskosten, die bereits bereitgestellt worden sind. Infolgedessen wird der Nutzungswert der zahlungsmittelgenerierenden Einheit nach der Berücksichtigung der Wiederherstellungskosten bestimmt und auf 700 WE geschätzt (1 200 WE minus 500 WE). Der Buchwert der zahlungsmittelgenerierenden Einheit beträgt 500 WE, dies entspricht dem Buchwert des Bergwerks (1 000 WE), nach Ab-

*) **Amtl. Anm:** In diesem Standard werden Geldbeträge in „Währungseinheiten" (WE) angegeben.

zug des Buchwertes der Rückstellungen für die Wiederherstellungskosten (500 WE). Der erzielbare Betrag der zahlungsmittelgenerierenden Einheit ist also höher als ihr Buchwert.

79 Aus praktischen Gründen wird der erzielbare Betrag einer zahlungsmittelgenerierenden Einheit manchmal nach Berücksichtigung der Vermögenswerte bestimmt, die nicht Teil der zahlungsmittelgenerierenden Einheit sind (beispielsweise Forderungen oder anderes Finanzvermögen) oder bereits erfasste Schulden (beispielsweise Verbindlichkeiten, Pensionen und andere Rückstellungen). In diesen Fällen wird der Buchwert der zahlungsmittelgenerierenden Einheit um den Buchwert solcher Vermögenswerte erhöht und um den Buchwert solcher Schulden vermindert.

Geschäfts- oder Firmenwert

Zuordnung von Geschäfts- oder Firmenwert zu zahlungsmittelgenerierenden Einheiten

80 Zum Zweck der Überprüfung auf eine Wertminderung muss ein Geschäfts- oder Firmenwert, der bei einem Unternehmenszusammenschluss erworben wurde, vom Übernahmetag an jeder der zahlungsmittelgenerierenden Einheiten bzw. Gruppen von zahlungsmittelgenerierenden Einheiten des erwerbenden Unternehmens, die aus den Synergien des Zusammenschlusses Nutzen ziehen sollen, zugeordnet werden, unabhängig davon, ob andere Vermögenswerte oder Schulden des erwerbenden Unternehmens diesen Einheiten oder Gruppen von Einheiten bereits zugewiesen worden sind. Jede Einheit oder Gruppe von Einheiten, zu der der Geschäfts- oder Firmenwert so zugeordnet worden ist,

(a) hat die niedrigste Ebene innerhalb des Unternehmens darzustellen, auf der der Geschäfts- oder Firmenwert für interne Managementzwecke überwacht wird; und

(b) darf nicht größer sein als ein Geschäftssegment, wie es gemäß Paragraph 5 des IFRS 8 *Geschäftssegmente* vor der Zusammenfassung der Segmente festgelegt ist.

81 Der bei einem Unternehmenszusammenschluss erworbene Geschäfts- oder Firmenwert ist ein Vermögenswert, der den künftigen wirtschaftlichen Nutzen anderer bei dem Unternehmenszusammenschluss erworbener Vermögenswerte darstellt, die nicht einzeln identifiziert und getrennt erfasst werden können. Der Geschäfts- oder Firmenwert erzeugt keine Cashflows, die unabhängig von anderen Vermögenswerten oder Gruppen von Vermögenswerten sind, und trägt oft zu den Cashflows von mehreren zahlungsmittelgenerierenden Einheiten bei. Manchmal kann ein Geschäfts oder Firmenwert nicht ohne Willkür einzelnen zahlungsmittelgenerierenden Einheiten sondern nur Gruppen von zahlungsmittelgenerierenden Einheiten zugeordnet werden. Daraus folgt, dass die niedrigste Ebene innerhalb der Einheit, auf der der Geschäfts- oder Firmenwert für interne Managementzwecke überwacht wird, manchmal mehrere zahlungsmittelgenerierende Einheiten, auf die sich der Geschäfts- oder Firmenwert zwar bezieht, zu denen er jedoch nicht zugeordnet werden kann, umfasst. Die in den Paragraphen 83-99 und Anhang C aufgeführten Verweise auf zahlungsmittelgenerierende Einheiten, denen ein Geschäfts- oder Firmenwert zugeordnet ist, sind ebenso als Verweise auf Gruppen von zahlungsmittelgenerierenden Einheiten, denen ein Geschäfts- oder Firmenwert zugeordnet ist, zu verstehen.

82 Die Anwendung der Anforderungen in Paragraph 80 führt dazu, dass der Geschäfts- oder Firmenwert auf einer Ebene auf eine Wertminderung überprüft wird, die die Art und Weise der Führung der Geschäftstätigkeit der Einheit widerspiegelt, mit der der Geschäfts- oder Firmenwert natürlich verbunden wäre. Die Entwicklung zusätzlicher Berichtssysteme ist daher selbstverständlich nicht erforderlich.

83 Eine zahlungsmittelgenerierende Einheit, zu der ein Geschäfts- oder Firmenwert zwecks Überprüfung auf eine Wertminderung zugeordnet ist, fällt eventuell nicht mit der Einheit zusammen, zu der der Geschäfts- oder Firmenwert gemäß IAS 21 *Auswirkungen von Wechselkursänderungen* für die Bewertung von Währungsgewinnen/-verlusten zugeordnet ist. Wenn IAS 21 von einer Einheit beispielsweise verlangt, dass der Geschäfts- oder Firmenwert für die Bewertung von Fremdwährungsgewinnen und -verlusten einer relativ niedrigen Ebene zugeordnet wird,

wird damit nicht verlangt, dass die Überprüfung auf eine Wertminderung des Geschäfts- oder Firmenwerts auf derselben Ebene zu erfolgen hat, es sei denn, der Geschäfts- oder Firmenwert wird auch auf dieser Ebene für interne Managementzwecke überwacht.

Wenn die erstmalige Zuordnung eines bei einem Unternehmenszusammenschluss erworbenen Geschäfts- oder Firmenwerts nicht vor Ende der jährlichen Periode, in der der Unternehmenszusammenschluss stattfand, erfolgen kann, muss die erstmalige Zuordnung vor dem Ende der ersten jährlichen Periode, die nach dem Erwerbsdatum beginnt, erfolgt sein. 84

Wenn die erstmalige Bilanzierung für einen Unternehmenszusammenschluss am Ende der Periode, in der der Zusammenschluss stattfand, nur vorläufig festgestellt werden kann, hat der Erwerber gemäß IFRS 3 *Unternehmenszusammenschlüsse*: 85

(a) mit jenen vorläufigen Werten die Bilanz für den Zusammenschluss zu erstellen; und

(b) die Berichtigungen dieser vorläufigen Werte als Fertigstellung der ersten Bilanzierung innerhalb des Bewertungszeitraums, der zwölf Monate nach dem Erwerbsdatum nicht überschreiten darf, zu erfassen.

Unter diesen Umständen könnte es auch nicht möglich sein, die erstmalige Zuordnung des bei dem Zusammenschluss erfassten Geschäfts- oder Firmenwerts vor dem Ende der Berichtsperiode, in der der Zusammenschluss stattfand, fertig zu stellen. Wenn dies der Fall ist, gibt das Unternehmen die in Paragraph 133 geforderten Informationen an.

Wenn ein Geschäfts- oder Firmenwert einer zahlungsmittelgenerierenden Einheit zugeordnet wurde, und das Unternehmen einen Geschäftsbereich dieser Einheit veräußert, so ist der mit diesem veräußerten Geschäftsbereich verbundene Geschäfts- oder Firmenwert 86

(a) bei der Feststellung des Gewinns oder Verlustes aus der Veräußerung im Buchwert des Geschäftsbereiches enthalten; und

(b) auf der Grundlage der relativen Werte des veräußerten Geschäftsbereichs und dem Teil der zurückbehaltenen zahlungsmittelgenerierenden Einheit zu bewerten, es sei denn, das Unternehmen kann beweisen, dass eine andere Methode den mit dem veräußerten Geschäftsbereich verbundenen Geschäfts- oder Firmenwert besser widerspiegelt.

Beispiel

Ein Unternehmen verkauft für 100 WE einen Geschäftsbereich, der Teil einer zahlungsmittelgenerierenden Einheit war, zu der ein Geschäfts- oder Firmenwert zugeordnet worden ist. Der zu der Einheit zugeordnete Geschäfts- oder Firmenwert kann nicht identifiziert oder mit einer Gruppe von Vermögenswerten auf einer niedrigeren Ebene als dieser Einheit verbunden werden, außer willkürlich. Der erzielbare Betrag des Teils der zurückbehaltenen zahlungsmittelgenerierenden Einheit beträgt 300 WE.

Da der zur zahlungsmittelgenerierenden Einheit zugeordnete Geschäfts- oder Firmenwert nicht unwillkürlich identifiziert oder mit einer Gruppe von Vermögenswerten auf einer niedrigeren Ebene als dieser Einheit verbunden werden kann, wird der mit diesem veräußerten Geschäftsbereich verbundene Geschäfts- oder Firmenwert auf der Grundlage der relativen Werte des veräußerten Geschäftsbereichs und dem Teil der zurückbehaltenen Einheit bewertet. 25 Prozent des zur zahlungsmittelgenerierenden Einheit zugeordneten Geschäfts- oder Firmenwerts sind deshalb im Buchwert des verkauften Geschäftsbereichs enthalten.

Wenn ein Unternehmen seine Berichtsstruktur in einer Art reorganisiert, die die Zusammensetzung einer oder mehrerer zahlungsmittelgenerierender Einheiten, zu denen ein Geschäfts- oder Firmenwert zugeordnet ist, ändert, muss der Geschäfts- oder Firmenwert zu den Einheiten neu zugeordnet werden. Diese Neuzuordnung hat unter Anwendung eines relativen Wertansatzes zu erfolgen, der dem ähnlich ist, der verwendet wird, wenn ein Unternehmen einen Geschäftsbereich innerhalb einer zahlungsmittelgenerierenden Einheit veräußert, es sei denn, das Unternehmen kann beweisen, dass eine andere Methode den mit den reorganisierten Einheiten verbundenen Geschäfts- oder Firmenwert besser widerspiegelt. 87

Beispiel

Der Geschäfts- oder Firmenwert wurde bisher zur zahlungsmittelgenerierenden Einheit A zugeordnet. Der zu A zugeordnete Geschäfts- oder Firmenwert kann nicht identifiziert oder mit einer Gruppe von Vermögenswerten auf einer niedrigeren Ebene als A verbunden werden, außer willkürlich. A muss geteilt und in drei andere zahlungsmittelgenerierende Einheiten, B, C und D, integriert werden.

Da der zu A zugeordnete Geschäfts- oder Firmenwert nicht unwillkürlich identifiziert oder mit einer Gruppe von Vermögenswerten auf einer niedrigeren Ebene als A verbunden werden kann, wird er auf der Grundlage der relativen Werte der drei Teile von A, bevor diese Teile in B, C und D integriert werden, zu den Einheiten B, C und D neu zugeordnet.

Überprüfung von zahlungsmittelgenerierenden Einheiten mit einem Geschäfts- oder Firmenwert auf eine Wertminderung

88 Wenn sich der Geschäfts- oder Firmenwert, wie in Paragraph 81 beschrieben, auf eine zahlungsmittelgenerierende Einheit bezieht, dieser jedoch nicht zugeordnet ist, so ist die Einheit auf eine Wertminderung hin zu prüfen, wann immer es einen Anhaltspunkt gibt, dass die Einheit wertgemindert sein könnte, indem der Buchwert der Einheit ohne den Geschäfts- oder Firmenwert mit dem erzielbaren Betrag verglichen wird. Jeglicher Wertminderungsaufwand ist gemäß Paragraph 104 zu erfassen.

89 Wenn eine zahlungsmittelgenerierende Einheit, wie in Paragraph 88 beschrieben, einen immateriellen Vermögenswert mit einer unbegrenzten Nutzungsdauer, oder der noch nicht gebrauchsfähig ist, einschließt, und wenn dieser Vermögenswert nur als Teil der zahlungsmittelgenerierenden Einheit auf eine Wertminderung hin geprüft werden kann, so verlangt Paragraph 10, dass diese Einheit auch jährlich auf Wertminderung geprüft wird.

90 Eine zahlungsmittelgenerierende Einheit, der ein Geschäfts- oder Firmenwert zugeordnet worden ist, ist jährlich und, wann immer es einen Anhaltspunkt gibt, dass die Einheit wertgemindert sein könnte, zu prüfen, indem der Buchwert der Einheit, einschließlich des Geschäfts- oder Firmenwertes, mit dem erzielbaren Betrag verglichen wird. Wenn der erzielbare Betrag der Einheit höher ist als ihr Buchwert, so sind die Einheit und der ihr zugeordnete Geschäfts- oder Firmenwert als nicht wertgemindert anzusehen. Wenn der Buchwert der Einheit höher ist als ihr erzielbarer Betrag, so hat das Unternehmen den Wertminderungsaufwand gemäß Paragraph 104 zu erfassen.

91 bis 95 (weggefallen)

Zeitpunkt der Prüfungen auf Wertminderung

96 Die jährliche Prüfung auf Wertminderung für zahlungsmittelgenerierende Einheiten mit zugeordnetem Geschäfts- oder Firmenwert kann im Laufe der jährlichen Periode jederzeit durchgeführt werden, vorausgesetzt, dass die Prüfung immer zur gleichen Zeit jedes Jahr stattfindet. Verschiedene zahlungsmittelgenerierende Einheiten können zu unterschiedlichen Zeiten auf Wertminderung geprüft werden. Wenn einige oder alle Geschäfts- oder Firmenwerte, die einer zahlungsmittelgenerierenden Einheit zugeordnet sind, bei einem Unternehmenszusammenschluss im Laufe der aktuellen jährlichen Periode erworben wurden, so ist diese Einheit auf Wertminderung vor Ablauf der aktuellen jährlichen Periode zu überprüfen.

97 Wenn die Vermögenswerte, aus denen die zahlungsmittelgenerierende Einheit besteht, zu der der Geschäfts- oder Firmenwert zugeordnet worden ist, zur selben Zeit auf Wertminderung geprüft werden wie die Einheit, die den Geschäfts- oder Firmenwert enthält, so sind sie vor der den Geschäfts- oder Firmenwert enthaltenen Einheit zu überprüfen. Ähnlich ist es, wenn die zahlungsmittelgenerierenden Einheiten, aus denen eine Gruppe von zahlungsmittelgenerierenden Einheiten besteht, zu der der Geschäfts- oder Firmenwert zugeordnet worden ist, zur selben Zeit auf Wertminderung geprüft werden wie die Gruppe von Einheiten, die den Geschäfts- oder

Firmenwert enthält; in diesem Fall sind die einzelnen Einheiten vor der den Geschäfts- oder Firmenwert enthaltenen Gruppe von Einheiten zu überprüfen.

Zum Zeitpunkt der Prüfung auf Wertminderung einer zahlungsmittelgenerierenden Einheit, der ein Geschäfts- oder Firmenwert zugeordnet worden ist, könnte es einen Anhaltspunkt auf eine Wertminderung bei einem Vermögenswert innerhalb der Einheit, die den Geschäfts- oder Firmenwert enthält, geben. Unter diesen Umständen prüft das Unternehmen zuerst den Vermögenswert auf eine Wertminderung und erfasst jeglichen Wertminderungsaufwand für diesen Vermögenswert, ehe es die den Geschäfts- oder Firmenwert enthaltende zahlungsmittelgenerierende Einheit auf eine Wertminderung überprüft. Entsprechend könnte es einen Anhaltspunkt auf eine Wertminderung bei einer zahlungsmittelgenerierenden Einheit innerhalb einer Gruppe von Einheiten, die den Geschäfts- oder Firmenwert enthält, geben. Unter diesen Umständen prüft das Unternehmen zuerst die zahlungsmittelgenerierende Einheit auf eine Wertminderung und erfasst jeglichen Wertminderungsaufwand für diese Einheit, ehe es die Gruppe von Einheiten, der der Geschäfts- oder Firmenwert zugeordnet ist, auf eine Wertminderung überprüft. **98**

Die jüngste ausführliche Berechnung des erzielbaren Betrags einer zahlungsmittelgenerierenden Einheit, der ein Geschäfts- oder Firmenwert zugeordnet worden ist, der in einer vorhergehenden Periode ermittelt wurde, kann für die Überprüfung dieser Einheit auf Wertminderung in der aktuellen Periode benutzt werden, vorausgesetzt, dass alle folgenden Kriterien erfüllt sind: **99**

(a) die Vermögenswerte und Schulden, die diese Einheit bilden, haben sich seit der letzten Berechnung des erzielbaren Betrages nicht wesentlich geändert;

(b) die letzte Berechnung des erzielbaren Betrags ergab einen Betrag, der den Buchwert der Einheit wesentlich überstieg; und

(c) auf der Grundlage einer Analyse der seit der letzten Berechnung des erzielbaren Betrags aufgetretenen Ereignisse und geänderten Umstände ist die Wahrscheinlichkeit, dass bei einer aktuellen Ermittlung der erzielbare Betrag niedriger als der aktuelle Buchwert des Vermögenswerts sein würde, äußerst gering.

Vermögenswerte des Unternehmens

Vermögenswerte des Unternehmens umfassen Vermögenswerte des Konzerns oder einzelner Unternehmensbereiche, wie das Gebäude der Hauptverwaltung oder eines Geschäftsbereichs, EDV-Ausrüstung oder ein Forschungszentrum. Die Struktur eines Unternehmens bestimmt, ob ein Vermögenswert die Definition dieses Standards für Vermögenswerte des Unternehmens einer bestimmten zahlungsmittelgenerierenden Einheit erfüllt. Die charakteristischen Merkmale von Vermögenswerten des Unternehmens sind, dass sie keine Mittelzuflüsse erzeugen, die unabhängig von anderen Vermögenswerten oder Gruppen von Vermögenswerten sind, und dass ihr Buchwert der zu prüfenden zahlungsmittelgenerierenden Einheit nicht vollständig zugeordnet werden kann. **100**

Da Vermögenswerte des Unternehmens keine gesonderten Mittelzuflüsse erzeugen, kann der erzielbare Betrag eines einzelnen Vermögenswerts des Unternehmens nicht bestimmt werden, sofern das Management nicht den Verkauf des Vermögenswerts beschlossen hat. Wenn daher ein Anhaltspunkt dafür vorliegt, dass ein Vermögenswert des Unternehmens wertgemindert sein könnte, wird der erzielbare Betrag für die zahlungsmittelgenerierende Einheit oder die Gruppe von zahlungsmittelgenerierenden Einheiten bestimmt, zu der der Vermögenswert des Unternehmens gehört, der dann mit dem Buchwert dieser zahlungsmittelgenerierenden Einheit oder Gruppe von zahlungsmittelgenerierenden Einheiten verglichen wird. Jeglicher Wertminderungsaufwand ist gemäß Paragraph 104 zu erfassen. **101**

Bei der Überprüfung einer zahlungsmittelgenerierenden Einheit auf eine Wertminderung hat ein Unternehmen alle Vermögenswerte des Unternehmens zu bestimmen, die zu der zu prüfen- **102** den zahlungsmittelgenerierenden Einheit in Beziehung stehen. Wenn ein Teil des Buchwerts eines Vermögenswerts des Unternehmens

(a) auf einer vernünftigen und stetigen Basis dieser Einheit zugeordnet werden kann, hat das Unternehmen den Buchwert der Einheit, einschließlich des Teils des Buchwerts des Vermögenswerts des Unternehmens, der der Einheit zugeordnet ist, mit deren erzielbaren Betrag zu vergleichen. Jeglicher Wertminderungsaufwand ist gemäß Paragraph 104 zu erfassen;

(b) nicht auf einer vernünftigen und stetigen Basis dieser Einheit zugeordnet werden kann, hat das Unternehmen

    (i) den Buchwert der Einheit ohne den Vermögenswert des Unternehmens mit deren erzielbaren Betrag zu vergleichen und jeglichen Wertminderungsaufwand gemäß Paragraph 104 zu erfassen;

    (ii) die kleinste Gruppe von zahlungsmittelgenerierenden Einheiten zu bestimmen, die die zu prüfende zahlungsmittelgenerierende Einheit einschließt und der ein Teil des Buchwerts des Vermögenswerts des Unternehmens auf einer vernünftigen und stetigen Basis zugeordnet werden kann; und

    (iii) den Buchwert dieser Gruppe von zahlungsmittelgenerierenden Einheiten, einschließlich des Teils des Buchwerts des Vermögenswerts des Unternehmens, der dieser Gruppe von Einheiten zugeordnet ist, mit dem erzielbaren Betrag der Gruppe von Einheiten zu vergleichen. Jeglicher Wertminderungsaufwand ist gemäß Paragraph 104 zu erfassen.

103 Das erläuternde Beispiel 8 veranschaulicht die Anwendung dieser Anforderungen auf Vermögenswerte des Unternehmens.

Wertminderungsaufwand für eine zahlungsmittelgenerierende Einheit

104 Ein Wertminderungsaufwand ist dann, und nur dann, für eine zahlungsmittelgenerierende Einheit (die kleinste Gruppe von zahlungsmittelgenerierenden Einheiten, der ein Geschäfts- oder Firmenwert bzw. ein Vermögenswert des Unternehmens zugeordnet worden ist) zu erfassen, wenn der erzielbare Betrag der Einheit (Gruppe von Einheiten) geringer ist als der Buchwert der Einheit (Gruppe von Einheiten). Der Wertminderungsaufwand ist folgendermaßen zu verteilen, um den Buchwert der Vermögenswerte der Einheit (Gruppe von Einheiten) in der folgenden Reihenfolge zu vermindern:

(a) zuerst den Buchwert jeglichen Geschäfts- oder Firmenwerts, der der zahlungsmittelgenerierenden Einheit (Gruppe von Einheiten) zugeordnet ist; und

(b) dann anteilig die anderen Vermögenswerte der Einheit (Gruppe von Einheiten) auf Basis der Buchwerte jedes einzelnen Vermögenswerts der Einheit (Gruppe von Einheiten).

Diese Verminderungen der Buchwerte sind als Wertminderungsaufwendungen für einzelne Vermögenswerte zu behandeln und gemäß Paragraph 60 zu erfassen.

105 Bei der Zuordnung eines Wertminderungsaufwands gemäß Paragraph 104 darf ein Unternehmen den Buchwert eines Vermögenswerts nicht unter den höchsten der folgenden Werte herabsetzen:

(a) seinen beizulegenden Zeitwert abzüglich der Kosten der Veräußerung (sofern bestimmbar);

(b) seinen Nutzungswert (sofern bestimmbar); und

(c) Null.

Der Betrag des Wertminderungsaufwands, der andernfalls dem Vermögenswert zugeordnet worden wäre, ist anteilig den anderen Vermögenswerten der Einheit (Gruppe von Einheiten) zuzuordnen.

Ist die Schätzung des erzielbaren Betrags jedes einzelnen Vermögenswerts der zahlungsmittelgenerierenden Einheit nicht durchführbar, verlangt dieser Standard eine willkürliche Zuordnung des Wertminderungsaufwands auf die Vermögenswerte der Einheit, mit Ausnahme des Geschäfts- oder Firmenwerts, da alle Vermögenswerte der zahlungsmittelgenerierenden Einheit zusammenarbeiten. **106**

Wenn der erzielbare Betrag eines einzelnen Vermögenswerts nicht bestimmt werden kann (siehe Paragraph 67), **107**

(a) wird ein Wertminderungsaufwand für den Vermögenswert erfasst, wenn dessen Buchwert größer ist als der höhere der beiden Beträge aus beizulegendem Zeitwert abzüglich der Kosten der Veräußerung und dem Ergebnis der in den Paragraphen 104 und 105 beschriebenen Zuordnungsverfahren; und

(b) wird kein Wertminderungsaufwand für den Vermögenswert erfasst, wenn die damit verbundene zahlungsmittelgenerierende Einheit nicht wertgemindert ist. Dies gilt auch dann, wenn der beizulegende Zeitwert abzüglich der Kosten der Veräußerung des Vermögenswerts unter dessen Buchwert liegt.

Beispiel

Eine Maschine wurde beschädigt, funktioniert aber noch, wenn auch nicht so gut wie vor der Beschädigung. Der beizulegende Zeitwert abzüglich der Kosten der Veräußerung der Maschine ist geringer als deren Buchwert. Die Maschine erzeugt keine unabhängigen Mittelzuflüsse. Die kleinste identifizierbare Gruppe von Vermögenswerten, die die Maschine einschließt und die Mittelzuflüsse erzeugt, die weitestgehend unabhängig von den Mittelzuflüssen anderer Vermögenswerte sind, ist die Produktionslinie, zu der die Maschine gehört. Der erzielbare Betrag der Produktionslinie zeigt, dass die Produktionslinie als Ganzes nicht wertgemindert ist.

Annahme 1: Die vom Management genehmigten Pläne/Vorhersagen enthalten keine Verpflichtung des Managements, die Maschine zu ersetzen.

Der erzielbare Betrag der Maschine allein kann nicht geschätzt werden, da der Nutzungswert der Maschine

(a) *von deren beizulegendem Zeitwert abzüglich der Kosten der Veräußerung abweichen kann; und*

(b) *nur für die zahlungsmittelgenerierende Einheit, zu der die Maschine gehört (die Produktionslinie), bestimmt werden kann.*

Die Produktionslinie ist nicht wertgemindert. Deshalb wird kein Wertminderungsaufwand für die Maschine erfasst. Dennoch kann es notwendig sein, dass das Unternehmen den Abschreibungszeitraum oder die Abschreibungsmethode für die Maschine neu festsetzt. Vielleicht ist ein kürzerer Abschreibungszeitraum oder eine schnellere Abschreibungsmethode erforderlich, um die erwartete Restnutzungsdauer der Maschine oder den Verlauf, nach dem der wirtschaftliche Nutzen von dem Unternehmen voraussichtlich verbraucht wird, widerzuspiegeln.

Annahme 2: Die vom Management gebilligten Pläne/Vorhersagen enthalten eine Verpflichtung des Managements, die Maschine zu ersetzen und sie in naher Zukunft zu verkaufen. Die Cashflows aus der fortgesetzten Nutzung der Maschine bis zu ihrem Verkauf werden als unbedeutend eingeschätzt.

Der Nutzungswert der Maschine kann als nah an deren beizulegenden Zeitwert abzüglich der Kosten der Veräußerung geschätzt werden. Der erzielbare Betrag der Maschine kann demzufolge bestimmt werden, und die zahlungsmittelgenerierende Einheit, zu der die Maschine gehört (d. h. die Produktionslinie), wird nicht berücksichtigt. Da der beizulegende Zeitwert abzüglich der Kosten der Veräußerung der Maschine geringer ist als deren Buchwert, wird ein Wertminderungsaufwand für die Maschine erfasst.

Nach Anwendung der Anforderungen der Paragraphen 104 und 105 ist eine Schuld für jeden verbleibenden Restbetrag eines Wertminderungsaufwands einer zahlungsmittelgenerierenden Einheit dann, und nur dann, anzusetzen, wenn dies von einem anderen Standard verlangt wird. **108**

Wertaufholung

109 Die Paragraphen 110-116 beschreiben die Anforderungen an die Aufholung eines in früheren Perioden für einen Vermögenswert oder eine zahlungsmittelgenerierende Einheit erfassten Wertminderungsaufwands. Diese Anforderungen benutzen den Begriff „ein Vermögenswert", sind aber ebenso auf einen einzelnen Vermögenswert wie auf eine zahlungsmittelgenerierende Einheit anzuwenden. Zusätzliche Anforderungen sind für einen einzelnen Vermögenswert in den Paragraphen 117-121, für eine zahlungsmittelgenerierende Einheit in den Paragraphen 122 und 123 und für den Geschäfts- oder Firmenwert in den Paragraphen 124 und 125 festgelegt.

110 Ein Unternehmen hat an jedem Berichtsstichtag zu prüfen, ob irgendein Anhaltspunkt vorliegt, dass ein Wertminderungsaufwand, der für einen Vermögenswert mit Ausnahme eines Geschäfts- oder Firmenwerts in früheren Perioden erfasst worden ist, nicht länger besteht oder sich vermindert haben könnte. Wenn ein solcher Anhaltspunkt vorliegt, hat das Unternehmen den erzielbaren Betrag dieses Vermögenswerts zu schätzen.

111 Bei der Beurteilung, ob irgendein Anhaltspunkt vorliegt, dass ein Wertminderungsaufwand, der für einen Vermögenswert mit Ausnahme eines Geschäfts- oder Firmenwerts in früheren Perioden erfasst wurde, nicht länger besteht oder sich verringert haben könnte, hat ein Unternehmen mindestens die folgenden Anhaltspunkte zu berücksichtigen:

Externe Informationsquellen

(a) Es bestehen beobachtbare Anhaltspunkte, dass der Wert des Vermögenswerts während der Periode signifikant gestiegen ist;

(b) während der Periode sind signifikante Veränderungen mit günstigen Folgen für das Unternehmen in dem technischen, marktbezogenen, ökonomischen oder gesetzlichen Umfeld, in welchem das Unternehmen tätig ist oder in Bezug auf den Markt, auf den der Vermögenswert abzielt, eingetreten, oder werden in der näheren Zukunft eintreten;

(c) die Marktzinssätze oder andere Marktrenditen für Finanzinvestitionen sind während der Periode gesunken, und diese Rückgänge werden sich wahrscheinlich auf den Abzinsungssatz, der für die Berechnung des Nutzungswertes herangezogen wird, auswirken und den erzielbaren Betrag des Vermögenswertes wesentlich erhöhen;

Interne Informationsquellen

(d) während der Periode haben sich signifikante Veränderungen mit günstigen Folgen für das Unternehmen in dem Umfang oder der Weise, in dem bzw. der ein Vermögenswert genutzt wird oder aller Erwartung nach genutzt werden soll, ereignet oder werden für die nächste Zukunft erwartet. Diese Veränderungen enthalten Kosten, die während der Periode entstanden sind, um die Ertragskraft eines Vermögenswerts zu verbessern bzw. zu erhöhen oder den Betrieb zu restrukturieren, zu dem der Vermögenswert gehört;

(e) das interne Berichtswesen liefert substanzielle Hinweise dafür, dass die wirtschaftliche Ertragskraft eines Vermögenswerts besser ist oder sein wird als erwartet.

112 Die Anhaltspunkte für eine mögliche Verringerung eines Wertminderungsaufwands in Paragraph 111 spiegeln weitestgehend die Anhaltspunkte für einen möglichen Wertminderungsaufwand nach Paragraph 12 wider.

113 Wenn ein Anhaltspunkt dafür vorliegt, dass ein erfasster Wertminderungsaufwand für einen Vermögenswert mit Ausnahme von einem Geschäfts- oder Firmenwert nicht mehr länger besteht oder sich verringert hat, kann dies darauf hindeuten, dass die Restnutzungsdauer, die Abschreibungs-/Amortisationsmethode oder der Restwert überprüft und in Übereinstimmung mit dem auf den Vermögenswert anzuwendenden Standard angepasst werden muss, auch wenn kein Wertminderungsaufwand für den Vermögenswert aufgehoben wird.

114 Ein in früheren Perioden für einen Vermögenswert mit Ausnahme eines Geschäfts- oder Firmenwerts erfasster Wertminderungsaufwand ist dann, und nur dann, aufzuheben, wenn sich seit der Erfassung des letzten Wertminderungsaufwands eine Änderung in den Schätzungen ergeben hat, die bei der Bestimmung des erzielbaren Betrags herangezogen wurden. Wenn dies der

Fall ist, ist der Buchwert des Vermögenswerts auf seinen erzielbaren Betrag zu erhöhen, es sei denn, es ist in Paragraph 117 anders beschrieben. Diese Erhöhung ist eine Wertaufholung.

Eine Wertaufholung spiegelt eine Erhöhung des geschätzten Leistungspotenzials eines Vermögenswerts entweder durch Nutzung oder Verkauf seit dem Zeitpunkt wider, an dem ein Unternehmen zuletzt einen Wertminderungsaufwand für diesen Vermögenswert erfasst hat. Paragraph 130 verlangt von einem Unternehmen, die Änderung von Schätzungen zu identifizieren, die einen Anstieg des geschätzten Leistungspotenzials begründen. Beispiele für Änderungen von Schätzungen umfassen: **115**

(a) eine Änderung der Grundlage des erzielbaren Betrags (d. h., ob der erzielbare Betrag auf dem beizulegendem Zeitwert abzüglich der Kosten der Veräußerung oder auf dem Nutzungswert basiert);

(b) falls der erzielbare Betrag auf dem Nutzungswert basierte, eine Änderung in dem Betrag oder in dem zeitlichen Anfall der geschätzten künftigen Cashflows oder in dem Abzinsungssatz; oder

(c) falls der erzielbare Betrag auf dem beizulegenden Zeitwert abzüglich der Kosten der Veräußerung basierte, eine Änderung der Schätzung der Bestandteile des beizulegenden Zeitwerts abzüglich der Kosten der Veräußerung.

Der Nutzungswert eines Vermögenswerts kann den Buchwert des Vermögenswerts aus dem einfachen Grunde übersteigen, dass sich der Barwert der künftigen Mittelzuflüsse erhöht, wenn diese zeitlich näher kommen. Das Leistungspotenzial des Vermögenswerts hat sich indes nicht erhöht. Ein Wertminderungsaufwand wird daher nicht nur wegen des Zeitablaufs (manchmal als „Abwicklung" der Diskontierung bezeichnet) aufgehoben, auch wenn der erzielbare Betrag des Vermögenswertes dessen Buchwert übersteigt. **116**

Wertaufholung für einen einzelnen Vermögenswert

Der infolge einer Wertaufholung erhöhte Buchwert eines Vermögenswerts mit Ausnahme von einem Geschäfts- oder Firmenwert darf nicht den Buchwert übersteigen, der bestimmt worden wäre (abzüglich der Amortisationen oder Abschreibungen), wenn in den früheren Jahren kein Wertminderungsaufwand erfasst worden wäre. **117**

Jede Erhöhung des Buchwerts eines Vermögenswerts, mit Ausnahme eines Geschäfts- oder Firmenwerts, über den Buchwert hinaus, der bestimmt worden wäre (abzüglich der Amortisationen oder Abschreibungen), wenn in den früheren Jahren kein Wertminderungsaufwand erfasst worden wäre, ist eine Neubewertung. Bei der Bilanzierung einer solchen Neubewertung wendet ein Unternehmen den auf den Vermögenswert anwendbaren Standard an. **118**

Eine Wertaufholung eines Vermögenswerts, mit Ausnahme von einem Geschäfts- oder Firmenwert, ist sofort im Gewinn oder Verlust zu erfassen, es sei denn, dass der Vermögenswert zum Neubewertungsbetrag nach einem anderen Standard (beispielsweise nach dem Modell der Neubewertung in IAS 16) erfasst wird. Jede Wertaufholung eines neu bewerteten Vermögenswerts ist als eine Wertsteigerung durch Neubewertung gemäß diesem anderen Standard zu behandeln. **119**

Eine Wertaufholung eines neu bewerteten Vermögenswerts wird im sonstigen Ergebnis mit einer entsprechenden Erhöhung der Neubewertungsrücklage für diesen Vermögenswert erfasst. Bis zu dem Betrag jedoch, zu dem ein Wertminderungsaufwand für denselben neu bewerteten Vermögenswert vorher im Gewinn oder Verlust erfasst wurde, wird eine Wertaufholung ebenso im Gewinn oder Verlust erfasst. **120**

Nachdem eine Wertaufholung erfasst worden ist, ist der Abschreibungs-/Amortisationsaufwand des Vermögenswerts in künftigen Perioden anzupassen, um den berichtigten Buchwert des Vermögenswerts, abzüglich eines etwaigen Restbuchwerts systematisch auf seine Restnutzungsdauer zu verteilen. **121**

Wertaufholung für eine zahlungsmittelgenerierende Einheit

122 Eine Wertaufholung für eine zahlungsmittelgenerierende Einheit ist den Vermögenswerten der Einheit, bis auf den Geschäfts- oder Firmenwert, anteilig des Buchwerts dieser Vermögenswerte zuzuordnen. Diese Erhöhungen der Buchwerte sind als Wertaufholungen für einzelne Vermögenswerte zu behandeln und gemäß Paragraph 119 zu erfassen.

123 Bei der Zuordnung einer Wertaufholung für eine zahlungsmittelgenerierende Einheit gemäß Paragraph 122 ist der Buchwert eines Vermögenswerts nicht über den niedrigeren der folgenden Werte zu erhöhen:

(a) seinen erzielbaren Betrag (sofern bestimmbar); und

(b) den Buchwert, der bestimmt worden wäre (abzüglich von Amortisationen oder Abschreibungen), wenn in früheren Perioden kein Wertminderungsaufwand für den Vermögenswert erfasst worden wäre.

Der Betrag der Wertaufholung, der andernfalls dem Vermögenswert zugeordnet worden wäre, ist anteilig den anderen Vermögenswerten der Einheit, mit Ausnahme des Geschäfts- oder Firmenwerts, zuzuordnen.

Wertaufholung für einen Geschäfts- oder Firmenwert

124 Ein für den Geschäfts- oder Firmenwert erfasster Wertminderungsaufwand darf nicht in den nachfolgenden Perioden aufgeholt werden.

125 IAS 38 *Immaterielle Vermögenswerte* verbietet den Ansatz eines selbst geschaffenen Geschäfts- oder Firmenwerts. Bei jeder Erhöhung des erzielbaren Betrags des Geschäfts- oder Firmenwerts, die in Perioden nach der Erfassung des Wertminderungsaufwands für diesen Geschäfts- oder Firmenwert stattfindet, wird es sich wahrscheinlich eher um einen selbst geschaffenen Geschäfts- oder Firmenwert, als um eine für den erworbenen Geschäfts- oder Firmenwert erfasste Wertaufholung handeln.

Angaben

126 Ein Unternehmen hat für jede Gruppe von Vermögenswerten die folgenden Angaben zu machen:

(a) die Höhe der im Gewinn oder Verlust während der Periode erfassten Wertminderungsaufwendungen und der/die Posten der Gesamtergebnisrechnung, in dem/denen jene Wertminderungsaufwendungen enthalten sind;

(b) die Höhe der im Gewinn oder Verlust während der Periode erfassten Wertaufholungen und der/die Posten der Gesamtergebnisrechnung, in dem/denen solche Wertminderungsaufwendungen aufgehoben wurden;

(c) die Höhe der Wertminderungsaufwendungen bei neu bewerteten Vermögenswerten, die während der Periode im sonstigen Ergebnis erfasst wurden;

(d) die Höhe der Wertaufholungen bei neu bewerteten Vermögenswerten, die während der Periode im sonstigen Ergebnis erfasst wurden.

127 Eine Gruppe von Vermögenswerten ist eine Zusammenfassung von Vermögenswerten, die sich durch eine ähnliche Art und Verwendung im Unternehmen auszeichnen.

128 Die in Paragraph 126 verlangten Informationen können gemeinsam mit anderen Informationen für diese Gruppe von Vermögenswerten angegeben werden. Diese Informationen könnten beispielsweise in eine Überleitungsrechnung des Buchwerts der Sachanlagen am Anfang und am Ende der Periode, wie in IAS 16 gefordert, einbezogen werden.

Ein Unternehmen, das gemäß IFRS 8 *Geschäftssegmente* Informationen für Segmente darstellt, hat für jedes berichtspflichtige Segment folgende Angaben zu machen: **129**

(a) die Höhe des Wertminderungsaufwands, der während der Periode im Gewinn oder Verlust und im sonstigen Ergebnis erfasst wurde;

(b) die Höhe der Wertaufholung, die während der Periode im Gewinn oder Verlust und im sonstigen Ergebnis erfasst wurde.

Ein Unternehmen hat für einen einzelnen Vermögenswert (einschließlich Geschäfts- oder Firmenwert) oder eine zahlungsmittelgenerierende Einheit, für den bzw. die während der Periode ein Wertminderungsaufwand erfasst oder aufgehoben wurde, Folgendes anzugeben: **130**

(a) die Ereignisse und Umstände, die zu der Erfassung oder der Wertaufholungen geführt haben;

(b) die Höhe des erfassten oder aufgehobenen Wertminderungsaufwands;

(c) für einen einzelnen Vermögenswert:

  (i) die Art des Vermögenswerts; und

  (ii) falls das Unternehmen gemäß IFRS 8 Informationen für Segmente darstellt, das berichtspflichtige Segment, zu dem der Vermögenswert gehört;

(d) für eine zahlungsmittelgenerierende Einheit:

  (i) eine Beschreibung der zahlungsmittelgenerierenden Einheit (beispielsweise, ob es sich dabei um eine Produktlinie, ein Werk, eine Geschäftstätigkeit, einen geografischen Bereich oder ein berichtspflichtiges Segment, wie in IFRS 8 definiert, handelt);

  (ii) die Höhe des erfassten oder aufgehobenen Wertminderungsaufwands bei der Gruppe von Vermögenswerten und, falls das Unternehmen gemäß IFRS 8 Informationen für Segmente darstellt, bei dem berichtspflichtigen Segment; und

  (iii) wenn sich die Zusammenfassung von Vermögenswerten für die Identifizierung der zahlungsmittelgenerierenden Einheit seit der vorhergehenden Schätzung des etwaig erzielbaren Betrags der zahlungsmittelgenerierenden Einheit geändert hat, eine Beschreibung der gegenwärtigen und der früheren Art der Zusammenfassung der Vermögenswerte sowie der Gründe für die Änderung der Art, wie die zahlungsmittelgenerierende Einheit identifiziert wird;

(e) den für den Vermögenswert (die zahlungsmittelgenerierende Einheit) erzielbaren Betrag und ob der für den Vermögenswert (die zahlungsmittelgenerierende Einheit) erzielbare Betrag dessen (deren) beizulegendem Zeitwert abzüglich der Veräußerungskosten oder dessen (deren) Nutzungswert entspricht;

(f) wenn der erzielbare Betrag dem beizulegenden Zeitwert abzüglich der Veräußerungskosten entspricht, hat das Unternehmen Folgendes anzugeben:

  (i) die Stufe der Bemessungshierarchie (siehe IFRS 13), auf der die Bemessung des beizulegenden Zeitwerts des Vermögenswerts (der zahlungsmittelgenerierenden Einheit) in ihrer Gesamtheit eingeordnet wird (wobei unberücksichtigt bleibt, ob die „Veräußerungskosten" beobachtbar sind);

  (ii) bei Bemessungen des beizulegenden Zeitwerts, die auf Stufe 2 und 3 der Bemessungshierarchie eingeordnet sind, eine Beschreibung der zur Bemessung des Zeitwerts abzüglich der Veräußerungskosten eingesetzten Bewertungstechnik(en). Wurde die Bewertungstechnik geändert, hat das Unternehmen dies ebenfalls anzugeben und die Änderung zu begründen; und

  (iii) bei Bemessungen des beizulegenden Zeitwerts, die auf Stufe 2 und 3 der Bemessungshierarchie eingeordnet sind, jede wesentliche Annahme, auf die das Management die Bestimmung des beizulegenden Zeitwerts abzüglich der Veräußerungskosten gestützt hat. Wesentliche Annahmen sind solche, auf die der für den Vermögenswert (die zahlungsmittelgenerierende Einheit) erzielbare Betrag am empfindlichsten reagiert. Wird der beizulegende Zeitwert abzüglich Veräußerungskosten im Rahmen einer Barwertermittlung bemessen, hat das Unternehmen auch den (die) bei der laufenden und der vorherigen Bemessung verwendeten Abzinsungssatz(-sätze) anzugeben.

(g) wenn der erzielbare Betrag der Nutzungswert ist, der Abzinsungssatz(-sätze), der bei der gegenwärtigen und der vorhergehenden Schätzung (sofern vorhanden) des Nutzungswerts benutzt wurde.

131 Ein Unternehmen hat für die Summe der Wertminderungsaufwendungen und die Summe der Wertaufholungen, die während der Periode erfasst wurden, und für die keine Angaben gemäß Paragraph 130 gemacht wurden, die folgenden Informationen anzugeben:

(a) die wichtigsten Gruppen von Vermögenswerten, die von Wertminderungsaufwendungen betroffen sind, sowie die wichtigsten Gruppen von Vermögenswerten, die von Wertaufholungen betroffen sind;

(b) die wichtigsten Ereignisse und Umstände, die zu der Erfassung dieser Wertminderungsaufwendungen und Wertaufholungen geführt haben.

132 Einem Unternehmen wird empfohlen, die während der Periode benutzten Annahmen zur Bestimmung des erzielbaren Betrags der Vermögenswerte (der zahlungsmittelgenerierenden Einheiten) anzugeben. Paragraph 134 verlangt indes von einem Unternehmen, Angaben über die Schätzungen zu machen, die für die Bewertung des erzielbaren Betrages einer zahlungsmittelgenerierenden Einheit benutzt werden, wenn ein Geschäfts- oder Firmenwert oder ein immaterieller Vermögenswert mit einer unbegrenzten Nutzungsdauer in dem Buchwert dieser Einheit enthalten ist.

133 Wenn gemäß Paragraph 84 irgendein Teil eines Geschäfts- oder Firmenwerts, der während der Periode bei einem Unternehmenszusammenschluss erworben wurde, zum Berichtsstichtag nicht zu einer zahlungsmittelgenerierenden Einheit (Gruppe von Einheiten) zugeordnet worden ist, muss der Betrag des nicht zugeordneten Geschäfts- oder Firmenwerts zusammen mit den Gründen, warum dieser Betrag nicht zugeordnet worden ist, angegeben werden.

Schätzungen, die zur Bewertung der erzielbaren Beträge der zahlungsmittelgenerierenden Einheiten, die einen Geschäfts- oder Firmenwert oder immaterielle Vermögenswerte mit unbegrenzter Nutzungsdauer enthalten, benutzt werden

134 Ein Unternehmen hat für jede zahlungsmittelgenerierende Einheit (Gruppe von Einheiten), für die der Buchwert des Geschäfts- oder Firmenwerts oder der immateriellen Vermögenswerte mit unbegrenzter Nutzungsdauer, die dieser Einheit (Gruppe von Einheiten) zugeordnet sind, signifikant ist im Vergleich zum Gesamtbuchwert des Geschäfts- oder Firmenwerts oder der immateriellen Vermögenswerte mit unbegrenzter Nutzungsdauer des Unternehmens, die unter a bis f geforderten Angaben zu machen:

(a) der Buchwert des der Einheit (Gruppe von Einheiten) zugeordneten Geschäfts- oder Firmenwerts;

(b) der Buchwert der der Einheit (Gruppe von Einheiten) zugeordneten immateriellen Vermögenswerten mit unbegrenzter Nutzungsdauer;

(c) die Grundlage, auf der der erzielbare Betrag der Einheit (Gruppe von Einheiten) bestimmt worden ist (d. h. der Nutzungswert oder der beizulegende Zeitwert abzüglich der Veräußerungskosten);

(d) wenn der erzielbare Betrag der Einheit (Gruppe von Einheiten) auf dem Nutzungswert basiert:

(i) eine Beschreibung jeder wesentlichen Annahme, auf der das Management seine Cashflow- Prognosen für den durch die jüngsten Finanzpläne/Vorhersagen abgedeckten Zeitraum aufgebaut hat. Die wesentlichen Annahmen sind diejenigen, auf die der erzielbare Betrag der Einheit (Gruppe von Einheiten) am sensibelsten reagiert;

(ii) eine Beschreibung des Managementansatzes zur Bestimmung der (des) zu jeder wesentlichen Annahme zugewiesenen Werte(s), ob diese Werte vergangene Erfahrungen widerspiegeln, oder ob sie ggf. mit externen Informationsquellen übereinstimmen, und wenn nicht, auf welche Art und aus welchem Grund sie sich von vergangenen Erfahrungen oder externen Informationsquellen unterscheiden;

(iii) der Zeitraum, für den das Management die Cashflows geplant hat, die auf den vom Management genehmigten Finanzplänen/Vorhersagen beruhen, und wenn für eine zahlungsmittelgenerierende Einheit (Gruppe von Einheiten) ein Zeitraum von mehr als fünf Jahren benutzt wird, eine Erklärung über den Grund, der diesen längeren Zeitraum rechtfertigt;

(iv) die Wachstumsrate, die zur Extrapolation der Cashflow-Prognosen jenseits des Zeitraums benutzt wird, auf den sich die jüngsten Finanzpläne/Vorhersagen beziehen, und die Rechtfertigung für die Anwendung jeglicher Wachstumsrate, die die langfristige durchschnittliche Wachstumsrate für die Produkte, Industriezweige oder Land bzw. Länder, in welchen das Unternehmen tätig ist oder für den Markt, für den die Einheit (Gruppe von Einheiten) bestimmt ist, übersteigt;

(v) der (die) auf die Cashflow-Prognosen angewendete Abzinsungssatz (-sätze);

(e) falls der erzielbare Betrag der Einheit (Gruppe von Einheiten) auf dem beizulegenden Zeitwert abzüglich der Kosten der Veräußerung basiert, die für die Bemessung des beizulegenden Zeitwerts abzüglich der Kosten der Veräußerung verwendete(n) Bewertungstechnik(en) Ein Unternehmen braucht die in IFRS 13 vorgeschriebenen Angaben nicht vorzulegen. Wenn der beizulegende Zeitwert abzüglich der Kosten der Veräußerung nicht anhand einer Marktpreisnotierung für eine identische Einheit (Gruppe von Einheiten) bemessen wird, hat ein Unternehmen folgende Angaben zu machen:

(i) jede wesentliche Annahme, die das Management bei der Bestimmung des beizulegenden Zeitwerts abzüglich der Kosten der Veräußerung zugrunde legt. Die wesentlichen Annahmen sind diejenigen, auf die der erzielbare Betrag der Einheit (Gruppe von Einheiten) am sensibelsten reagiert;

(ii) eine Beschreibung des Managementansatzes zur Bestimmung der (des) zu jeder wesentlichen Annahme zugewiesenen Werte(s), ob diese Werte vergangene Erfahrungen widerspiegeln, oder ob sie ggf. mit externen Informationsquellen übereinstimmen, und wenn nicht, auf welche Art und aus welchem Grund sie sich von vergangenen Erfahrungen oder externen Informationsquellen unterscheiden.

(iiA) Die Stufe in der Bewertungshierarchie (siehe IFRS 13) auf der die Bemessung des beizulegenden Zeitwerts in ihrer Gesamtheit eingeordnet ist (ohne Rücksicht auf die Beobachtbarkeit der „Kosten der Veräußerung").

(iiB) Wenn in der Bewertungstechnik eine Änderung eingetreten ist, werden die Änderung und der Grund bzw. die Gründe hierfür angegeben.

Wird der beizulegende Zeitwert abzüglich der Kosten der Veräußerung unter Zugrundelegung diskontierter Cashflow-Prognosen bemessen, hat ein Unternehmen auch die folgenden Angaben zu machen:

(iii) die Periode, für die das Management Cashflows prognostiziert hat;

(iv) die Wachstumsrate, die zur Extrapolation der Cashflow-Prognosen verwendet wurde;

(v) der (die) auf die Cashflow-Prognosen angewandte(n) Abzinsungssatz (-sätze);

(f) wenn eine für möglich gehaltene Änderung einer wesentlichen Annahme, auf der das Management seine Bestimmung des erzielbaren Betrages der Einheit (Gruppe von Einheiten) aufgebaut hat, verursachen würde, dass der Buchwert der Einheit (Gruppe von Einheiten) deren erzielbaren Betrag übersteigt:

(i) der Betrag, mit dem der erzielbare Betrag der Einheit (Gruppe von Einheiten) deren Buchwert übersteigt;

(ii) der der wesentlichen Annahme zugewiesene Wert;

(iii) der Betrag, der die Änderung des Wertes der wesentlichen Annahme hervorruft, nach Einbezug aller nachfolgenden Auswirkungen dieser Änderung auf die anderen Variablen, die zur Bewertung des erzielbaren Betrages eingesetzt werden, damit der erzielbare Betrag der Einheit (Gruppe von Einheiten) gleich deren Buchwert ist.

135 Wenn ein Teil oder der gesamte Buchwert eines Geschäfts- oder Firmenwerts oder eines immateriellen Vermögenswerts mit unbegrenzter Nutzungsdauer mehreren zahlungsmittelgenerierenden Einheiten (Gruppen von Einheiten) zugeordnet ist, und der auf diese Weise jeder einzelnen Einheit (Gruppe von Einheiten) zugeordnete Betrag nicht signifikant ist, im Vergleich zu dem Gesamtbuchwert des Geschäfts- oder Firmenwerts oder des immateriellen Vermögenswerts mit unbegrenzter Nutzungsdauer des Unternehmens, ist diese Tatsache zusammen mit der Summe der Buchwerte des Geschäfts- oder Firmenwertes oder der immateriellen Vermögenswerte mit unbegrenzter Nutzungsdauer, die diesen Einheiten (Gruppen von Einheiten) zugeordnet sind, anzugeben. Wenn darüber hinaus die erzielbaren Beträge irgendeiner dieser Einheiten (Gruppen von Einheiten) auf denselben wesentlichen Annahmen beruhen und die Summe der Buchwerte des Geschäfts- oder Firmenwerts oder der immateriellen Vermögenswerte mit unbegrenzter Nutzungsdauer, die diesen Einheiten zugeordnet sind, signifikant ist im Vergleich zum Gesamtbuchwert des Geschäfts- oder Firmenwerts oder der immateriellen Vermögenswerte mit unbegrenzter Nutzungsdauer des Unternehmens, so hat ein Unternehmen Angaben über diese und die folgenden Tatsachen zu machen:

(a) die Summe der Buchwerte des diesen Einheiten (Gruppen von Einheiten) zugeordneten Geschäfts- oder Firmenwerts;

(b) die Summe der Buchwerte der diesen Einheiten (Gruppen von Einheiten) zugeordneten immateriellen Vermögenswerte mit unbegrenzter Nutzungsdauer;

(c) eine Beschreibung der wesentlichen Annahme(n);

(d) eine Beschreibung des Managementansatzes zur Bestimmung der (des) zu der (den) wesentlichen Annahme(n) zugewiesenen Werte(s), ob diese Werte vergangene Erfahrungen widerspiegeln, oder ob sie ggf. mit externen Informationsquellen übereinstimmen, und wenn nicht, auf welche Art und aus welchem Grund sie sich von vergangenen Erfahrungen oder externen Informationsquellen unterscheiden;

(e) wenn eine für möglich gehaltene Änderung der wesentlichen Annahme(n) verursachen würde, dass die Summe der Buchwerte der Einheiten (Gruppen von Einheiten) die Summe der erzielbaren Beträge übersteigen würde:

(i) der Betrag, mit dem die Summe der erzielbaren Beträge der Einheiten (Gruppen von Einheiten) die Summe der Buchwerte übersteigt;

(ii) der (die) der (den) wesentlichen Annahme(n) zugewiesene(n) Wert(e);

(iii) der Betrag, der die Änderung des (der) Werte(s) der wesentlichen Annahme(n) hervorruft, nach Einbeziehung aller nachfolgenden Auswirkungen dieser Änderung auf die anderen Variablen, die zur Bewertung des erzielbaren Betrags eingesetzt werden, damit die Summe der erzielbaren Beträge der Einheiten (Gruppen von Einheiten) gleich der Summe der Buchwerte ist.

136 Die jüngste ausführliche Berechnung des erzielbaren Betrags einer zahlungsmittelgenerierenden Einheit (Gruppe von Einheiten), der in einer vorhergehenden Periode ermittelt wurde, kann gemäß Paragraph 24 oder 99 vorgetragen werden und für die Überprüfung dieser Einheit (Gruppe von Einheiten) auf eine Wertminderung in der aktuellen Periode benutzt werden, vorausgesetzt, dass bestimmte Kriterien erfüllt sind. Ist dies der Fall, beziehen sich die Informationen für diese Einheit (Gruppe von Einheiten), die in den von den Paragraphen 134 und 135 verlangten Angaben eingegliedert sind, auf die Berechnung für den Vortrag des erzielbaren Betrags.

137 Das erläuternde Beispiel 9 veranschaulicht die von den Paragraphen 134 und 135 geforderten Angaben.

Übergangsvorschriften und Zeitpunkt des Inkrafttretens

(weggefallen) **138**

Ein Unternehmen hat diesen Standard anzuwenden: **139**

(a) auf einen Geschäfts- oder Firmenwert und immaterielle Vermögenswerte, die bei Unternehmenszusammenschlüssen, für die das Datum des Vertragsabschlusses am oder nach dem 31. März 2004 liegt, erworben worden sind; und

(b) prospektiv auf alle anderen Vermögenswerte vom Beginn der ersten jährlichen Periode, die am oder nach dem 31. März 2004 beginnt.

Unternehmen, auf die der Paragraph 139 anwendbar ist, wird empfohlen, diesen Standard vor dem in Paragraph 139 spezifizierten Zeitpunkt des Inkrafttretens anzuwenden. Wenn ein Unternehmen diesen Standard vor dem Zeitpunkt des Inkrafttretens anwendet, hat es gleichzeitig IFRS 3 und IAS 38 (überarbeitet 2004) anzuwenden. **140**

Infolge des IAS 1 *Darstellung des Abschlusses* (überarbeitet 2007) wurde die in allen IFRS verwendete Terminologie geändert. Außerdem wurden die Paragraphen 61, 120, 126 und 129 geändert. Diese Änderungen sind erstmals in der ersten Berichtsperiode eines am 1. Januar 2009 oder danach beginnenden Geschäftsjahres anzuwenden. Wird IAS 1 (überarbeitet 2007) auf eine frühere Periode angewandt, sind diese Änderungen entsprechend auch anzuwenden. **140A**

Durch IFRS 3 (in der vom International Accounting Standards Board 2008 überarbeiteten Fassung) wurden die Paragraphen 65, 81, 85 und 139 geändert; die Paragraphen 91-95 sowie 138 gestrichen und Anhang C hinzugefügt. Diese Änderungen sind erstmals in der ersten Berichtsperiode eines am 1. Juli 2009 oder danach beginnenden Geschäftsjahres anzuwenden. Wendet ein Unternehmen IFRS 3 (in der 2008 geänderten Fassung) auf eine frühere Periode an, so hat es auf diese Periode auch diese Änderungen anzuwenden. **140B**

Paragraph 134(e) wird im Rahmen der *Verbesserungen der IFRS* vom Mai 2008 geändert. Diese Änderungen sind erstmals in der ersten Berichtsperiode eines am 1. Januar 2009 oder danach beginnenden Geschäftsjahres anzuwenden. Eine frühere Anwendung ist zulässig. Wendet ein Unternehmen diese Änderung auf eine frühere Periode an, so ist dies anzugeben. **140C**

Anschaffungskosten von Anteilen an Tochterunternehmen, gemeinschaftlich geführten Unternehmen oder assoziierten Unternehmen (Änderungen zu IFRS 1 Erstmalige Anwendung der International Financial Reporting Standards und IAS 27), herausgegeben im Mai 2008; Paragraph 12(h) wurde hinzugefügt. Diese Änderung ist prospektiv in der ersten Berichtsperiode eines am 1. Januar 2009 oder danach beginnenden Geschäftsjahres anzuwenden. Eine frühere Anwendung ist zulässig. Wendet ein Unternehmen die damit verbundenen Änderungen in den Paragraphen 4 und 38A des IAS 27 auf eine frühere Periode an, so ist gleichzeitig die Änderung des Paragraphen 12(h) anzuwenden. **140D**

Paragraph 80(b) wurde durch die *Verbesserungen der IFRS* vom April 2009 geändert. Diese Änderungen sind erstmals in der ersten Berichtsperiode eines am 1. Januar 2010 oder danach beginnenden Geschäftsjahres prospektiv anzuwenden. Eine frühere Anwendung ist zulässig. Wendet ein Unternehmen die Änderung für ein früheres Geschäftsjahr an, hat es dies anzugeben. **140E**

(nicht besetzt) **140F und 140G**

Durch IFRS 10 und IFRS 11, veröffentlicht im Mai 2011, wurden Paragraph 4, die Überschrift von Paragraph 12(h) und Paragraph 12(h) geändert. Ein Unternehmen hat diese Änderungen anzuwenden, wenn es IFRS 10 und IFRS 11 anwendet. **140H**

Durch IFRS 13, veröffentlicht im Mai 2011, wurden die Paragraphen 5, 6, 12, 20, 78, 105, 111, 130 und 134 geändert, die Paragraphen 25-27 gestrichen und die Paragraphen 25A[1)] und 53A hinzugefügt. Ein Unternehmen hat die betreffenden Änderungen anzuwenden, wenn es IFRS 13 anwendet. **140I**

1) **Anm. d. Red.:** Der Text des einzufügenden Paragraphen 25A ist im EU-Amtsblatt nicht verkündet worden. Daher ist diese Änderungsanweisung nicht ausführbar.

140J Im Mai 2013 wurden die Paragraphen 130 und 134 sowie die Überschrift des Paragraphen 138 geändert. Diese Änderungen sind rückwirkend auf ein am oder nach dem 1. Januar 2014 beginnendes Geschäftsjahr anzuwenden. Eine frühere Anwendung ist zulässig. Diese Änderungen dürfen nur in Berichtsperioden (einschließlich Vergleichsperioden) angewandt werden, in denen auch IFRS 13 angewandt wird.

140K (nicht besetzt)

140L Mit dem im Mai 2014 veröffentlichten IFRS 15 *Erlöse aus Verträgen mit Kunden* wurde Paragraph 2 geändert. Ein Unternehmen hat diese Änderung anzuwenden, wenn es IFRS 15 anwendet.

140M Durch IFRS 9 (im Juli 2014 veröffentlicht) wurden die Paragraphen 2, 4 und 5 geändert und die Paragraphen 140F, 140G und 140K gestrichen. Ein Unternehmen hat diese Änderungen anzuwenden, wenn es IFRS 9 anwendet.

Rücknahme von IAS 36 (herausgegeben 1998)

141 Dieser Standard ersetzt IAS 36 *Wertminderung von Vermögenswerten* (herausgegeben 1998).

Anhang A: Die Anwendung von Barwert-Verfahren zur Bewertung des Nutzungswerts

Dieser Anhang ist Bestandteil des Standards. Er enthält zusätzliche Leitlinien für die Anwendung von Barwert-Verfahren zur Ermittlung des Nutzungswerts. Obwohl in den Leitlinien der Begriff „Vermögenswert" benutzt wird, sind sie ebenso auf eine Gruppe von Vermögenswerten, die eine zahlungsmittelgenerierende Einheit bildet, anzuwenden.

Die Bestandteile einer Barwert-Ermittlung

AG1 Die folgenden Elemente erfassen gemeinsam die wirtschaftlichen Unterschiede zwischen den Vermögenswerten:

(a) eine Schätzung des künftigen Cashflows bzw. in komplexeren Fällen von Serien künftiger Cashflows, die das Unternehmen durch die Vermögenswerte zu erzielen erhofft;

(b) Erwartungen im Hinblick auf eventuelle wertmäßige oder zeitliche Veränderungen dieser Cashflows;

(c) der Zinseffekt, der durch den risikolosen Zinssatz des aktuellen Markts dargestellt wird;

(d) der Preis für die mit dem Vermögenswert verbundene Unsicherheit; und

(e) andere, manchmal nicht identifizierbare Faktoren (wie Illiquidität), die Marktteilnehmer bei der Preisgestaltung der künftigen Cashflows, die das Unternehmen durch die Vermögenswerte zu erzielen erhofft, widerspiegeln würden.

AG2 Dieser Anhang stellt zwei Ansätze zur Berechnung des Barwerts gegenüber, jeder von ihnen kann den Umständen entsprechend für die Schätzung des Nutzungswerts eines Vermögenswerts benutzt werden. Bei dem „traditionellen" Ansatz sind die Berichtigungen für die im Paragraph AG1 beschriebenen Faktoren (b)-(e) im Abzinsungssatz enthalten. Bei dem „erwarteten Cashflow" Ansatz verursachen die Faktoren (b), (d) und (e) Berichtigungen bei den risikobereinigten erwarteten Cashflows. Welchen Ansatz ein Unternehmen auch anwendet, um Erwartungen hinsichtlich eventueller wertmäßiger oder zeitlicher Änderungen der künftigen Cashflows widerzuspiegeln, letztendlich muss der erwartete Barwert der künftigen Cashflows, d. h. der gewichtete Durchschnitt aller möglichen Ergebnisse widergespiegelt werden.

Allgemeine Prinzipien

Die Verfahren, die zur Schätzung künftiger Cashflows und Zinssätze benutzt werden, variieren von einer Situation zur anderen, je nach den Umständen, die den betreffenden Vermögenswert umgeben. Die folgenden allgemeinen Prinzipien regeln jedoch jede Anwendung von Barwert-Verfahren bei der Bewertung von Vermögenswerten: **AG3**

(a) Zinssätze, die zur Abzinsung von Cashflows benutzt werden, haben die Annahmen widerzuspiegeln, die mit denen der geschätzten Cashflows übereinstimmen. Andernfalls würden die Wirkungen einiger Annahmen doppelt angerechnet oder ignoriert werden. Ein Abzinsungssatz von 12 Prozent könnte beispielsweise auf vertragliche Cashflows einer Darlehensforderung angewandt werden. Dieser Satz spiegelt die Erwartungen über künftigen Zahlungsverzug bei Darlehen mit besonderen Merkmalen wider. Derselbe 12 Prozent Zinssatz ist nicht zur Abzinsung erwarteter Cashflows zu verwenden, da solche Cashflows bereits die Annahmen über künftigen Zahlungsverzug widerspiegeln.

(b) Geschätzte Cashflows und Abzinsungssätze müssen sowohl frei von verzerrenden Einflüssen als auch von Faktoren sein, die nicht mit dem betreffenden Vermögenswert in Verbindung stehen. Ein verzerrender Einfluss wird beispielsweise in die Bewertung eingebracht, wenn geschätzte Netto-Cashflows absichtlich zu niedrig dargestellt werden, um die offensichtliche künftige Rentabilität eines Vermögenswerts zu verbessern.

(c) Geschätzte Cashflows oder Abzinsungssätze müssen eher die Bandbreite möglicher Ergebnisse widerspiegeln als einen einzigen Betrag, höchstwahrscheinlich den möglichen Mindest- oder Höchstbetrag.

Traditioneller Ansatz und „erwarteter Cashflow"-Ansatz zur Darstellung des Barwerts

Traditioneller Ansatz

Anwendungen der Bilanzierung eines Barwerts haben traditionell einen einzigen Satz geschätzter Cashflows und einen einzigen Abzinsungssatz benutzt, der oft als der „dem Risiko entsprechende Zinssatz" beschrieben wurde. In der Tat nimmt der traditionelle Ansatz an, dass eine einzige Abzinsungssatz-Regel alle Erwartungen über die künftigen Cashflows und den angemessenen Risikozuschlag enthalten kann. Daher legt der traditionelle Ansatz größten Wert auf die Auswahl des Abzinsungssatzes. **AG4**

Unter gewissen Umständen, wenn beispielsweise vergleichbare Vermögenswerte auf dem Markt beobachtet werden können, ist es relativ einfach einen traditionellen Ansatz anzuwenden. Für Vermögenswerte mit vertraglichen Cashflows stimmt dies mit der Art und Weise überein, in der die Marktteilnehmer die Vermögenswerte beschreiben, wie bei „einer 12-prozentigen Anleihe". **AG5**

Der traditionelle Ansatz kann jedoch gewisse komplexe Bewertungsprobleme nicht angemessen behandeln, wie beispielsweise die Bewertung von nicht-finanziellen Vermögenswerten, für die es keinen Markt oder keinen vergleichbaren Posten gibt. Eine angemessene Suche nach „dem Risiko entsprechenden Zinssatz" verlangt eine Analyse von zumindest zwei Posten – einem Vermögenswert, der auf dem Markt existiert und einen beobachteten Zinssatz hat und dem zu bewertenden Vermögenswert. Der entsprechende Abzinsungssatz für die zu bewertenden Cashflows muss aus dem in diesem anderen Vermögenswert erkennbaren Zinssatz hergeleitet werden. Um diese Schlussfolgerung ziehen zu können, müssen die Merkmale der Cashflows des anderen Vermögenswerts ähnlich derer des zu bewertenden Vermögenswerts sein. Daher muss für die Bewertung folgendermaßen vorgegangen werden: **AG6**

(a) Identifizierung des Satzes von Cashflows, die abgezinst werden;

(b) Identifizierung eines anderen Vermögenswerts auf dem Markt, der ähnliche Cashflow-Merkmale zu haben scheint;

(c) Vergleich der Cashflow-Sätze beider Posten um sicherzustellen, dass sie ähnlich sind (zum Beispiel: Sind beide Sätze vertragliche Cashflows, oder ist der eine ein vertraglicher und der andere ein geschätzter Cashflow?);

(d) Beurteilung, ob es bei einem Posten ein Element gibt, das es bei dem anderen nicht gibt (zum Beispiel: Ist einer weniger liquide als der andere?); und

(e) Beurteilung, ob beide Cashflow-Sätze sich bei sich ändernden wirtschaftlichen Bedingungen voraussichtlich ähnlich verhalten (d. h. variieren).

„Erwarteter Cashflow"-Ansatz

AG7 In gewissen Situationen ist der „erwartete Cashflow"-Ansatz ein effektiveres Bewertungsinstrument als der traditionelle Ansatz. Bei der Erarbeitung einer Bewertung benutzt der „erwartete Cashflow"-Ansatz alle Erwartungen über mögliche Cashflows anstelle des einzigen Cashflows, der am ähnlichsten ist. Beispielsweise könnte ein Cashflow 100 WE, 200 WE oder 300 WE sein mit Wahrscheinlichkeiten von 10 Prozent bzw. 60 Prozent oder 30 Prozent. Der erwartete Cashflow beträgt 220 WE. Der „erwartete Cashflow"-Ansatz unterscheidet sich somit vom traditionellen Ansatz dadurch, dass er sich auf die direkte Analyse der betreffenden Cashflows und auf präzisere Darstellungen der bei der Bewertung benutzten Annahmen konzentriert.

AG8 Der „erwartete Cashflow"-Ansatz erlaubt auch die Anwendung des Barwert-Verfahrens, wenn die zeitliche Abstimmung der Cashflows ungewiss ist. Beispielsweise könnte ein Cashflow von 1 000 WE in einem Jahr, zwei Jahren oder drei Jahren mit Wahrscheinlichkeiten von 10 Prozent bzw. 60 Prozent oder 30 Prozent erhalten werden. Das nachstehende Beispiel zeigt die Berechnung des erwarteten Barwerts in dieser Situation.

Barwert von 1 000 WE in 1 Jahr zu 5 %	952,38 WE	
Wahrscheinlichkeit	10,00 %	95,24 WE
Barwert von 1 000 WE in 2 Jahren zu 5,25 %	902,73 WE	
Wahrscheinlichkeit	60,00 %	541,64 WE
Barwert von 1 000 WE in 3 Jahren zu 5,50 %	851,61 WE	
Wahrscheinlichkeit	30,00 %	255,48 WE
Erwarteter Barwert		892,36 WE

AG9 Der erwartete Barwert von 892,36 WE unterscheidet sich von der traditionellen Auffassung einer bestmöglichen Schätzung von 902,73 WE (die 60 Prozent Wahrscheinlichkeit). Eine auf dieses Beispiel angewendete traditionelle Barwertberechnung verlangt eine Entscheidung darüber, welche möglichen Zeitpunkte der Cashflows anzusetzen sind, und würde demzufolge die Wahrscheinlichkeiten anderer Zeitpunkte nicht widerspiegeln. Das beruht darauf, dass bei einer traditionellen Berechnung des Barwertes der Abzinsungssatz keine Ungewissheiten über die Zeitpunkte widerspiegeln kann.

AG10 Die Benutzung von Wahrscheinlichkeiten ist ein wesentliches Element des „erwarteten Cashflow"-Ansatzes. In Frage gestellt wird, ob die Zuweisung von Wahrscheinlichkeiten zu hohen subjektiven Schätzungen größere Präzision vermuten lässt, als dass sie in der Tat existiert. Die richtige Anwendung des traditionellen Ansatzes (wie in Paragraph AG6 beschrieben) verlangt hingegen dieselben Schätzungen und dieselbe Subjektivität ohne die computerunterstützte Transparenz des „erwarteten Cashflow"-Ansatzes zu liefern.

AG11 Viele in der gegenwärtigen Praxis entwickelte Schätzungen beinhalten bereits informell die Elemente der erwarteten Cashflows. Außerdem werden Rechnungsleger oft mit der Notwendigkeit konfrontiert, einen Vermögenswert zu bewerten und dabei begrenzte Informationen über die

Wahrscheinlichkeiten möglicher Cashflows zu benutzen. Ein Rechnungsleger könnte beispielsweise mit den folgenden Situationen konfrontiert werden:

(a) Der geschätzte Betrag liegt irgendwo zwischen 50 WE und 250 WE, aber kein Betrag, der in diesem Bereich liegt, kommt eher in Frage als irgendein ein anderer Betrag. Auf der Grundlage dieser begrenzten Information beläuft sich der geschätzte erwartete Cashflow auf 150 WE [(50 + 250)/2].

(b) Der geschätzte Betrag liegt irgendwo zwischen 50 WE und 250 WE und der wahrscheinlichste Betrag ist 100 WE. Die mit jedem Betrag verbundenen Wahrscheinlichkeiten sind unbekannt. Auf der Grundlage dieser begrenzten Information beläuft sich der geschätzte erwartete Cashflow auf 133,33 WE [(50 + 100 + 250)/3].

(c) Der geschätzte Betrag beträgt 50 WE (10 Prozent Wahrscheinlichkeit), 250 WE (30 Prozent Wahrscheinlichkeit) oder 100 WE (60 Prozent Wahrscheinlichkeit). Auf der Grundlage dieser begrenzten Information beläuft sich der geschätzte erwartete Cashflow auf 140 WE [(50 x 0,10) + (250 x 0,30) + (100 x 0,60)].

In jedem Fall liefert der geschätzte erwartete Cashflow voraussichtlich eine bessere Schätzung des Nutzungswerts als wahrscheinlich der Mindestbetrag oder der Höchstbetrag alleine genommen.

Die Anwendung eines „erwarteten Cashflow"-Ansatzes ist abhängig von einer Kosten-Nutzen-Auflage. In manchen Fällen kann ein Unternehmen Zugriff auf zahlreiche Daten haben und somit viele Cashflow-Szenarien entwickeln. In anderen Fällen kann es sein, dass ein Unternehmen nicht mehr als die allgemeinen Darstellungen über die Schwankung der Cashflows ohne Berücksichtigung wesentlicher Kosten entwickeln kann. Das Unternehmen muss die Kosten für den Erhalt zusätzlicher Informationen mit der zusätzlichen Verlässlichkeit, die diese Informationen für die Bewertung bringen wird, abwägen. **AG12**

Einige behaupten, dass erwartete Cashflow-Verfahren ungeeignet für die Bewertung eines einzelnen Postens oder eines Postens mit einer begrenzten Anzahl von möglichen Ergebnissen sind. Sie geben ein Beispiel eines Vermögenswerts mit zwei möglichen Ergebnissen an: eine 90-prozentige Wahrscheinlichkeit, dass der Cashflow 10 WE und eine 10-prozentige Wahrscheinlichkeit, dass der Cashflow 1 000 WE betragen wird. Sie beobachten, dass der erwartete Cashflow in diesem Beispiel 109 WE beträgt und kritisieren dieses Ergebnis, weil es keinen der Beträge darstellt, die letztendlich bezahlt werden könnten. **AG13**

Behauptungen, wie die gerade dargelegte, spiegeln die zugrunde liegende Unstimmigkeit hinsichtlich der Bewertungsziele wider. Wenn die Kumulierung der einzugehenden Kosten die Zielsetzung ist, könnten die erwarteten Cashflows keine repräsentativ glaubwürdige Schätzung der erwarteten Kosten erzeugen. Dieser Standard befasst sich indes mit der Bewertung des erzielbaren Betrags eines Vermögenswerts. Der erzielbare Betrag des Vermögenswerts aus diesem Beispiel ist voraussichtlich nicht 10 WE, selbst wenn dies der wahrscheinlichste Cashflow ist. Der Grund hierfür ist, dass eine Bewertung von 10 WE nicht die Ungewissheit des Cashflows bei der Bewertung des Vermögenswerts beinhaltet. Stattdessen wird der ungewisse Cashflow dargestellt, als wäre er ein gewisser Cashflow. Kein rational handelndes Unternehmen würde einen Vermögenswert mit diesen Merkmalen für 10 WE verkaufen. **AG14**

Abzinsungssatz

Welchen Ansatz ein Unternehmen auch für die Bewertung des Nutzungswerts eines Vermögenswerts wählt, die Zinssätze, die zur Abzinsung der Cashflows benutzt werden, dürfen nicht die Risiken widerspiegeln, aufgrund derer die geschätzten Cashflows angepasst worden sind. Andernfalls würden die Wirkungen einiger Annahmen doppelt angerechnet. **AG15**

Wenn ein vermögenswertespezifischer Zinssatz nicht direkt über den Markt erhältlich ist, verwendet ein Unternehmen Ersatzfaktoren zur Schätzung des Abzinsungssatzes. Ziel ist es, so weit wie möglich, die Marktbeurteilung folgender Faktoren zu schätzen: **AG16**

(a) den Zinseffekt für die Perioden bis zum Ende der Nutzungsdauer des Vermögenswertes; und

(b) die in Paragraph AG1 beschriebenen Faktoren (b), (d) und (e), soweit diese Faktoren keine Berichtigungen bei den geschätzten Cashflows verursacht haben.

AG17 Als Ausgangspunkt kann ein Unternehmen bei der Erstellung einer solchen Schätzung die folgenden Zinssätze berücksichtigen:

(a) die durchschnittlich gewichteten Kapitalkosten des Unternehmens, die mithilfe von Verfahren wie dem Capital Asset Pricing Model bestimmt werden können;

(b) den Zinssatz für Neukredite des Unternehmens; und

(c) andere marktübliche Fremdkapitalzinssätze.

AG18 Diese Zinssätze müssen jedoch angepasst werden,

(a) um die Art und Weise widerzuspiegeln, auf die der Markt die spezifischen Risiken, die mit den geschätzten Cashflows verbunden sind, bewerten würde; und

(b) um Risiken auszuschließen, die für die geschätzten Cashflows der Vermögenswerte nicht relevant sind, oder aufgrund derer bereits eine Anpassung der geschätzten Cashflows vorgenommen wurde.

Berücksichtigt werden Risiken, wie das Länderrisiko, das Währungsrisiko und das Preisrisiko.

AG19 Der Abzinsungssatz ist unabhängig von der Kapitalstruktur des Unternehmens und von der Art und Weise, wie das Unternehmen den Kauf des Vermögenswerts finanziert, weil die künftig erwarteten Cashflows aus dem Vermögenswert nicht von der Art und Weise abhängen, wie das Unternehmen den Kauf des Vermögenswerts finanziert hat.

AG20 Paragraph 55 verlangt, dass der benutzte Abzinsungssatz ein Vor-Steuer-Zinssatz ist. Wenn daher die Grundlage für die Schätzung des Abzinsungssatzes eine Betrachtung nach Steuern ist, ist diese Grundlage anzupassen, um einen Zinssatz vor Steuern widerzuspiegeln.

AG21 Ein Unternehmen verwendet normalerweise einen einzigen Abzinsungssatz zur Schätzung des Nutzungswerts eines Vermögenswerts. Ein Unternehmen verwendet indes unterschiedliche Abzinsungssätze für die verschiedenen künftigen Perioden, wenn der Nutzungswert sensibel auf die unterschiedlichen Risiken in den verschiedenen Perioden oder auf die Laufzeitstruktur der Zinssätze reagiert.

Anhang B

(nicht besetzt)

Anhang C

Dieser Anhang ist integraler Bestandteil des Standards.

Prüfung auf Wertminderung von zahlungsmittelgenerierenden Einheiten mit einem Geschäfts- oder Firmenwert und nicht beherrschenden Anteilen

C1 Gemäß IFRS 3 (in der vom International Accounting Standards Board 2008 überarbeiteten Fassung) bewertet und erfasst der Erwerber den Geschäfts- oder Firmenwert zum Erwerbszeitpunkt als den Unterschiedsbetrag zwischen (a) und (b) wie folgt:

(a) die Summe aus:

(i) der übertragenen Gegenleistung, die gemäß IFRS 3 im Allgemeinen zu dem am Erwerbszeitpunkt geltenden beizulegenden Zeitwert bestimmt wird;

(ii) dem Betrag aller nicht beherrschenden Anteile an dem erworbenen Unternehmen, die gemäß IFRS 3 bewertet werden; und

(iii) dem am Erwerbszeitpunkt geltenden beizulegenden Zeitwert des zuvor vom Erwerber gehaltenen Eigenkapitalanteils an dem erworbenen Unternehmen, wenn es sich um einen sukzessiven Unternehmenszusammenschluss handelt.

(b) der Saldo der zum Erwerbszeitpunkt bestehenden und gemäß IFRS 3 bewerteten Beträge der erworbenen identifizierbaren Vermögenswerte und der übernommenen Schulden.

Zuordnung eines Geschäfts- oder Firmenwerts

Paragraph 80 dieses Standards schreibt vor, dass ein Geschäfts- oder Firmenwert, der bei einem Unternehmenszusammenschluss erworben wurde, den zahlungsmittelgenerierenden Einheiten bzw. den Gruppen von zahlungsmittelgenerierenden Einheiten des Erwerbers, für die aus den Synergien des Zusammenschlusses ein Nutzen erwartet wird, zuzuordnen ist, unabhängig davon, ob andere Vermögenswerte oder Schulden des erworbenen Unternehmens diesen Einheiten oder Gruppen von Einheiten bereits zugewiesen worden sind. Es ist möglich, dass einige der aus einem Unternehmenszusammenschluss entstandenen Synergien einer zahlungsmittelgenerierenden Einheit zugeordnet werden, an der der nicht beherrschende Anteil nicht beteiligt ist. **C2**

Prüfung auf Wertminderung

Eine Prüfung auf Wertminderung schließt den Vergleich des erzielbaren Betrags einer zahlungsmittelgenerierenden Einheit mit dem Buchwert der zahlungsmittelgenerierenden Einheit ein. **C3**

Wenn ein Unternehmen nicht beherrschende Anteile als seinen proportionalen Anteil an den identifizierbaren Netto-Vermögenswerten eines Tochterunternehmens zum Erwerbszeitpunkt und nicht mit dem beizulegenden Zeitwert bestimmt, wird der den nicht beherrschenden Anteilen zugewiesene Geschäfts- oder Firmenwert in den erzielbaren Betrag der dazugehörigen zahlungsmittelgenerierenden Einheit einbezogen aber nicht im Konzernabschluss des Mutterunternehmens ausgewiesen. Folglich wird der Bruttobetrag des Buchwerts des zur Einheit zugeordneten Geschäfts- oder Firmenwerts ermittelt, um den dem nicht beherrschenden Anteil zuzurechnenden Geschäfts- oder Firmenwert einzuschließen. Dieser berichtigte Buchwert wird dann mit dem erzielbaren Betrag der Einheit verglichen, um zu bestimmen, ob die zahlungsmittelgenerierende Einheit wertgemindert ist. **C4**

Zuordnung eines Wertminderungsaufwands

Nach Paragraph 104 muss ein identifizierter Wertminderungsaufwand zuerst zugeordnet werden, um den Buchwert des der Einheit zugewiesenen Geschäfts- oder Firmenwerts zu reduzieren und dann den anderen Vermögenswerten der Einheit anteilig auf der Basis des Buchwerts eines jeden Vermögenswerts der Einheit zugewiesen werden. **C5**

Wenn ein Tochterunternehmen oder ein Teil eines Tochterunternehmens mit einem nicht beherrschenden Anteil selbst eine zahlungsmittelgenerierende Einheit ist, wird der Wertminderungsaufwand zwischen dem Mutterunternehmen und dem nicht beherrschenden Anteil auf derselben Basis wie der Gewinn oder Verlust aufgeteilt. **C6**

Wenn ein Tochterunternehmen oder ein Teil eines Tochterunternehmens mit einem nicht beherrschenden Anteil zu einer zahlungsmittelgenerierenden Einheit gehört, werden die Wertminderungsaufwendungen des Geschäfts- oder Firmenwerts den Teilen der zahlungsmittelgenerierenden Einheit, die einen nicht beherrschenden Anteil haben und den Teilen, die keinen haben, zugeordnet. Die Wertminderungsaufwendungen sind den Teilen der zahlungsmittelgenerierenden Einheit auf folgender Grundlage zuzuordnen: **C7**

(a) in dem Umfang, dass sich die Wertminderung auf den in der zahlungsmittelgenerierenden Einheit enthaltenen Geschäfts- oder Firmenwert, den relativen Buchwerten des Geschäfts- oder Firmenwerts der Teile vor der Wertminderung bezieht; und

(b) in dem Umfang, dass sich die Wertminderung auf die in der zahlungsmittelgenerierenden Einheit enthaltenen identifizierbaren Vermögenswerte, den relativen Buchwerten der identifizierbaren Netto-Vermögenswerte der Teile vor der Wertminderung bezieht. Diese Wertminderungen werden den Vermögenswerten der Teile jeder Einheit anteilig zugeordnet, basierend auf dem Buchwert jedes Vermögenswerts des jeweiligen Teils.

In den Teilen, die einen nicht beherrschenden Anteil haben, wird der Wertminderungsaufwand zwischen dem Mutterunternehmen und dem nicht beherrschenden Anteil gleichermaßen, wie es beim Gewinn oder Verlust der Fall ist, aufgeteilt.

C8 Wenn sich ein einem nicht beherrschenden Anteil zugeordneter Wertminderungsaufwand auf den Geschäfts- oder Firmenwert bezieht, der nicht im Konzernabschluss des Mutterunternehmens ausgewiesen wird (siehe Paragraph C4), wird diese Wertminderung nicht als ein Wertminderungsaufwand des Geschäfts- oder Firmenwerts erfasst. In diesen Fällen wird nur der Wertminderungsaufwand, der sich auf den dem Mutterunternehmen zugeordneten Geschäfts- oder Firmenwert bezieht, als ein Wertminderungsaufwand des Geschäfts- oder Firmenwerts erfasst.

C9 Das erläuternde Beispiel 7 veranschaulicht die Prüfung auf Wertminderung einer zahlungsmittelgenerierenden Einheit mit einem Geschäfts- oder Firmenwert, die kein hundertprozentiges Tochterunternehmen ist.

International Accounting Standard 37 Rückstellungen, Eventualverbindlichkeiten und Eventualforderungen (IAS 37)

v. 3.11.2008 (ABl EU Nr. L 320 S. 1);
zuletzt geändert durch Verordnung (EU) 2019/2104 v. 29.11.2019 (ABl L Nr. 318 S. 74)[1)]

1) **Anm. d. Red.:** Diese Änderungen sind am 30.12.2019 in Kraft getreten und spätestens mit Beginn des ersten am oder nach dem 1.1.2020 beginnenden Geschäftsjahres anzuwenden. Vgl. dazu auch Paragraph 104.

Zielsetzung

Zielsetzung dieses Standards ist es, sicherzustellen, dass angemessene Ansatzkriterien und Bewertungsgrundlagen auf Rückstellungen, Eventualverbindlichkeiten und Eventualforderungen angewandt werden und, dass im Anhang ausreichend Informationen angegeben werden, die dem Leser die Beurteilung von Art, Fälligkeit und Höhe derselben ermöglichen.

Anwendungsbereich

1 Dieser Standard ist von allen Unternehmen auf die Bilanzierung und Bewertung von Rückstellungen, Eventualverbindlichkeiten und Eventualforderungen anzuwenden. Hiervon ausgenommen sind:

(a) diejenigen, die aus noch zu erfüllenden Verträgen resultieren, außer der Vertrag ist belastend; und

(b) (weggefallen)

(c) diejenigen, die von einem anderen Standard abgedeckt werden.

2 Dieser Standard wird nicht auf Finanzinstrumente (einschließlich Garantien) angewandt, die in den Anwendungsbereich von IFRS 9 *Finanzinstrumente* fallen.

3 Noch zu erfüllende Verträge sind Verträge, unter denen beide Parteien ihre Verpflichtungen in keiner Weise oder teilweise zu gleichen Teilen erfüllt haben. Dieser Standard ist nicht auf noch zu erfüllende Verträge anzuwenden, sofern diese nicht belastend sind.

4 (weggefallen)

5 Wenn ein anderer Standard eine bestimmte Rückstellung, Eventualverbindlichkeit oder Eventualforderung behandelt, hat ein Unternehmen den betreffenden Standard an Stelle dieses Standards anzuwenden. So werden zum Beispiel gewisse Rückstellungsarten in Standards zu folgenden Themen behandelt:

(a) (weggefallen)

(b) Ertragsteuern (siehe IAS 12 *Ertragsteuern*);

(c) Leasingverhältnisse (siehe IFRS 16 *Leasingverhältnisse*). Dieser Standard gilt jedoch für alle Leasingverhältnisse, die vor dem Bereitstellungsdatum belastend werden. Dieser Standard gilt außerdem für kurzfristige Leasingverhältnisse und Leasingverhältnisse, deren zugrunde liegender Vermögenswert von geringem Wert ist, die gemäß Paragraph 6 des IFRS 16 bilanziert werden und die belastend wurden;

(d) Leistungen an Arbeitnehmer (siehe IAS 19 *Leistungen an Arbeitnehmer*);

(e) Versicherungsverträge (siehe IFRS 4 *Versicherungsverträge*). Dieser Standard ist indes auf alle anderen Rückstellungen, Eventualverbindlichkeiten und Eventualforderungen eines Versicherers anzuwenden, die sich nicht aus seinen vertraglichen Verpflichtungen und Rechten aus Versicherungsverträgen im Anwendungsbereich von IFRS 4 ergeben;

(f) bedingte Gegenleistung eines Erwerbers bei einem Unternehmenszusammenschluss (siehe IFRS 3 *Unternehmenszusammenschlüsse*); und

(g) Erlöse aus Verträgen mit Kunden (siehe IFRS 15 *Erlöse aus Verträgen mit Kunden*). Da IFRS 15 aber keine Bestimmungen für belastende oder belastend gewordene Verträge mit Kunden enthält, gilt für solche Verträge IAS 37.

6 (weggefallen)

7 Dieser Standard definiert Rückstellungen als Schulden, die bezüglich ihrer Fälligkeit oder ihrer Höhe ungewiss sind. In einigen Ländern wird der Begriff „Rückstellungen" auch im Zusammenhang mit Posten wie Abschreibungen, Wertminderung von Vermögenswerten und Wertberichtigungen von zweifelhaften Forderungen verwendet: dies sind Berichtigungen der Buchwerte von Vermögenswerten. Sie werden in vorliegendem Standard nicht behandelt.

Andere Standards legen fest, ob Ausgaben als Vermögenswerte oder als Aufwendungen behandelt werden. Diese Frage wird in dem vorliegenden Standard nicht behandelt. Entsprechend wird eine Aktivierung der bei der Bildung der Rückstellung erfassten Aufwendungen durch diesen Standard weder verboten noch vorgeschrieben. **8**

Dieser Standard ist auf Rückstellungen für Restrukturierungsmaßnahmen (einschließlich aufgegebene Geschäftsbereiche) anzuwenden. Wenn eine Restrukturierungsmaßnahme der Definition eines aufgegebenen Geschäftsbereichs entspricht, können zusätzliche Angaben nach IFRS 5 *Zur Veräußerung gehaltene langfristige Vermögenswerte und aufgegebene Geschäftsbereiche* erforderlich werden. **9**

Definitionen

Die folgenden Begriffe werden in diesem Standard mit der angegebenen Bedeutung verwendet: **10**

Eine *Rückstellung* ist eine Schuld, die bezüglich ihrer Fälligkeit oder ihrer Höhe ungewiss ist.

Eine *Schuld* ist eine gegenwärtige Verpflichtung des Unternehmens, die aus Ereignissen der Vergangenheit entsteht und deren Erfüllung für das Unternehmen erwartungsgemäß mit einem Abfluss von Ressourcen mit wirtschaftlichem Nutzen verbunden ist.*)

Ein *verpflichtendes Ereignis* ist ein Ereignis, das eine rechtliche oder faktische Verpflichtung schafft, aufgrund derer das Unternehmen keine realistische Alternative zur Erfüllung der Verpflichtung hat.

Eine *rechtliche Verpflichtung* ist eine Verpflichtung, die sich ableitet aus

(a) einem Vertrag (aufgrund seiner expliziten oder impliziten Bedingungen);
(b) Gesetzen; oder
(c) sonstigen unmittelbaren Auswirkungen der Gesetze.

Eine *faktische Verpflichtung* ist eine aus den Aktivitäten eines Unternehmens entstehende Verpflichtung, wenn

(a) das Unternehmen durch sein bisher übliches Geschäftsgebaren, öffentlich angekündigte Maßnahmen oder eine ausreichend spezifische, aktuelle Aussage anderen Parteien gegenüber die Übernahme gewisser Verpflichtungen angedeutet hat; und
(b) das Unternehmen dadurch bei den anderen Parteien eine gerechtfertigte Erwartung geweckt hat, dass es diesen Verpflichtungen nachkommt.

Eine *Eventualverbindlichkeit* ist

(a) eine mögliche Verpflichtung, die aus vergangenen Ereignissen resultiert und deren Existenz durch das Eintreten oder Nichteintreten eines oder mehrerer unsicherer künftiger Ereignisse erst noch bestätigt wird, die nicht vollständig unter der Kontrolle des Unternehmens stehen, oder
(b) eine gegenwärtige Verpflichtung, die auf vergangenen Ereignissen beruht, jedoch nicht erfasst wird, weil
    (i) ein Abfluss von Ressourcen mit wirtschaftlichem Nutzen mit der Erfüllung dieser Verpflichtung nicht wahrscheinlich ist, oder
    (ii) die Höhe der Verpflichtung nicht ausreichend verlässlich geschätzt werden kann.

Eine *Eventualforderung* ist ein möglicher Vermögenswert, der aus vergangenen Ereignissen resultiert und dessen Existenz durch das Eintreten oder Nichteintreten eines oder mehrerer unsicherer künftiger Ereignisse erst noch bestätigt wird, die nicht vollständig unter der Kontrolle des Unternehmens stehen.

---

*) **Amtl. Anm.:** Die hier vorliegende Definition von Schuld ist nach der Überarbeitung der entsprechenden Definition in dem 2018 herausgegebenen *Rahmenkonzept für die Finanzberichterstattung* nicht angepasst worden.

Ein *belastender Vertrag* ist ein Vertrag, bei dem die unvermeidbaren Kosten zur Erfüllung der vertraglichen Verpflichtungen höher sind als der erwartete wirtschaftliche Nutzen.

Eine *Restrukturierungsmaßnahme* ist ein Programm, das vom Management geplant und kontrolliert wird und entweder

(a) das von dem Unternehmen abgedeckte Geschäftsfeld; oder

(b) die Art, in der dieses Geschäft durchgeführt wird, wesentlich verändert.

Rückstellungen und sonstige Schulden

11 Rückstellungen können dadurch von sonstigen Schulden, wie z. B. Verbindlichkeiten aus Lieferungen und Leistungen sowie abgegrenzten Schulden unterschieden werden, dass bei ihnen Unsicherheiten hinsichtlich des Zeitpunkts oder der Höhe der künftig erforderlichen Ausgaben bestehen. Als Beispiel:

(a) Verbindlichkeiten aus Lieferungen und Leistungen sind Schulden zur Zahlung von erhaltenen oder gelieferten Gütern oder Dienstleistungen, die vom Lieferanten in Rechnung gestellt oder formal vereinbart wurden; und

(b) abgegrenzte Schulden sind Schulden zur Zahlung von erhaltenen oder gelieferten Gütern oder Dienstleistungen, die weder bezahlt wurden, noch vom Lieferanten in Rechnung gestellt oder formal vereinbart wurden. Hierzu gehören auch an Mitarbeiter geschuldete Beträge (zum Beispiel im Zusammenhang mit der Abgrenzung von Urlaubsgeldern). Auch wenn zur Bestimmung der Höhe oder des zeitlichen Eintretens der abgegrenzten Schulden gelegentlich Schätzungen erforderlich sind, ist die Unsicherheit im Allgemeinen deutlich geringer als bei Rückstellungen.

Abgegrenzte Schulden werden häufig als Teil der Verbindlichkeiten aus Lieferungen und Leistungen und sonstige Verbindlichkeiten ausgewiesen, wohingegen der Ausweis von Rückstellungen separat erfolgt.

Beziehung zwischen Rückstellungen und Eventualverbindlichkeiten

12 Im Allgemeinen betrachtet sind alle Rückstellungen als unsicher anzusehen, da sie hinsichtlich ihrer Fälligkeit oder ihrer Höhe nicht sicher sind. Nach der Definition dieses Standards wird der Begriff „unsicher" jedoch für nicht bilanzierte Schulden und Vermögenswerte verwendet, die durch das Eintreten oder Nichteintreten eines oder mehrerer unsicherer künftiger Ereignisse bedingt sind, die nicht vollständig unter der Kontrolle des Unternehmens stehen. Des Weiteren wird der Begriff „Eventualverbindlichkeit" für Schulden verwendet, die die Ansatzkriterien nicht erfüllen.

13 Dieser Standard unterscheidet zwischen

(a) Rückstellungen – die als Schulden erfasst werden (unter der Annahme, dass eine verlässliche Schätzung möglich ist), da sie gegenwärtige Verpflichtungen sind und zur Erfüllung der Verpflichtungen ein Abfluss von Mitteln mit wirtschaftlichem Nutzen wahrscheinlich ist;

(b) Eventualverbindlichkeiten – die nicht als Schulden erfasst werden, da sie entweder

(i) mögliche Verpflichtungen sind, weil die Verpflichtung des Unternehmens noch bestätigt werden muss, die zu einem Abfluss von Ressourcen mit wirtschaftlichem Nutzen führen kann; oder

(ii) gegenwärtige Verpflichtungen sind, die nicht den Ansatzkriterien dieses Standards genügen (entweder weil ein Abfluss von Ressourcen mit wirtschaftlichem Nutzen zur Erfüllung dieser Verpflichtungen nicht wahrscheinlich ist oder weil die Höhe der Verpflichtung nicht ausreichend verlässlich geschätzt werden kann).

Erfassung

Rückstellungen

Eine Rückstellung ist dann anzusetzen, wenn **14**

(a) einem Unternehmen aus einem Ereignis der Vergangenheit eine gegenwärtige Verpflichtung (rechtlich oder faktisch) entstanden ist;

(b) der Abfluss von Ressourcen mit wirtschaftlichem Nutzen zur Erfüllung dieser Verpflichtung wahrscheinlich ist; und

(c) eine verlässliche Schätzung der Höhe der Verpflichtung möglich ist.

Sind diese Bedingungen nicht erfüllt, ist keine Rückstellung anzusetzen.

Gegenwärtige Verpflichtung

Vereinzelt gibt es Fälle, in denen unklar ist, ob eine gegenwärtige Verpflichtung existiert. In diesen Fällen führt ein Ereignis der Vergangenheit zu einer gegenwärtigen Verpflichtung, wenn unter Berücksichtigung aller verfügbaren substanziellen Hinweise für das Bestehen einer gegenwärtigen Verpflichtung zum Abschlussstichtag mehr dafür als dagegen spricht. **15**

In fast allen Fällen wird es eindeutig sein, ob ein Ereignis der Vergangenheit zu einer gegenwärtigen Verpflichtung geführt hat. In Ausnahmefällen, zum Beispiel in einem Rechtsstreit, kann über die Frage gestritten werden, ob bestimmte Ereignisse eingetreten sind oder diese aus einer gegenwärtigen Verpflichtung resultieren. In diesem Fall bestimmt ein Unternehmen unter Berücksichtigung aller verfügbaren substanziellen Hinweise, einschließlich z. B. der Meinung von Sachverständigen, ob zum Abschlussstichtag eine gegenwärtige Verpflichtung besteht. Die zugrunde liegenden substanziellen Hinweise umfassen alle zusätzlichen, durch Ereignisse nach dem Abschlussstichtag entstandenen substanziellen Hinweise. Auf der Grundlage dieser substanziellen Hinweise **16**

(a) setzt das Unternehmen eine Rückstellung an (wenn die Ansatzkriterien erfüllt sind), wenn zum Abschlussstichtag für das Bestehen einer gegenwärtigen Verpflichtung mehr dafür als dagegen spricht; und

(b) gibt das Unternehmen eine Eventualverbindlichkeit an, wenn zum Abschlussstichtag für das Nichtbestehen einer gegenwärtigen Verpflichtung mehr Gründe dafür als dagegen sprechen, es sei denn, ein Abfluss von Ressourcen mit wirtschaftlichem Nutzen ist unwahrscheinlich (siehe Paragraph 86).

Ereignis der Vergangenheit

Ein Ereignis der Vergangenheit, das zu einer gegenwärtigen Verpflichtung führt, wird als verpflichtendes Ereignis bezeichnet. Ein Ereignis ist ein verpflichtendes Ereignis, wenn ein Unternehmen keine realistische Alternative zur Erfüllung der durch dieses Ereignis entstandenen Verpflichtung hat. Das ist nur der Fall, **17**

(a) wenn die Erfüllung einer Verpflichtung rechtlich durchgesetzt werden kann; oder

(b) wenn, im Falle einer faktischen Verpflichtung, das Ereignis (das aus einer Handlung des Unternehmens bestehen kann) gerechtfertigte Erwartungen bei anderen Parteien hervorruft, dass das Unternehmen die Verpflichtung erfüllen wird.

Abschlüsse befassen sich mit der Vermögens- und Finanzlage eines Unternehmens zum Ende der Berichtsperiode und nicht mit der möglichen künftigen Situation. Daher wird keine Rückstellung für Aufwendungen der künftigen Geschäftstätigkeit angesetzt. In der Bilanz eines Unternehmens werden ausschließlich diejenigen Verpflichtungen angesetzt, die zum Abschlussstichtag bestehen. **18**

Rückstellungen werden nur für diejenigen aus Ereignissen der Vergangenheit resultierenden Verpflichtungen angesetzt, die unabhängig von der künftigen Geschäftstätigkeit (z. B. die künf- **19** tige Fortführung der Geschäftstätigkeit) eines Unternehmens entstehen. Beispiele für solche Verpflichtungen sind Strafgelder oder Aufwendungen für die Beseitigung unrechtmäßiger Umweltschäden; diese beiden Fälle würden unabhängig von der künftigen Geschäftstätigkeit des Unternehmens bei Erfüllung zu einem Abfluss von Ressourcen mit wirtschaftlichem Nutzen führen. Entsprechend setzt ein Unternehmen eine Rückstellung für den Aufwand für die Beseitigung einer Ölanlage oder eines Kernkraftwerkes insoweit an, als das Unternehmen zur Beseitigung bereits entstandener Schäden verpflichtet ist. Dagegen kann ein Unternehmen aufgrund von wirtschaftlichem Druck oder gesetzlichen Anforderungen Ausgaben planen oder vornehmen müssen, um seine Betriebstätigkeit künftig in einer bestimmten Weise zu ermöglichen (zum Beispiel die Installation von Rauchfiltern in einer bestimmten Fabrikart). Da das Unternehmen diese Ausgaben durch seine künftigen Aktivitäten vermeiden kann, zum Beispiel durch Änderung der Verfahren, hat es keine gegenwärtige Verpflichtung für diese künftigen Ausgaben und bildet auch keine Rückstellung.

20 Eine Verpflichtung betrifft immer eine andere Partei, gegenüber der die Verpflichtung besteht. Die Kenntnis oder Identifikation der Partei, gegenüber der die Verpflichtung besteht, ist jedoch nicht notwendig – sie kann sogar gegenüber der Öffentlichkeit in ihrer Gesamtheit bestehen. Da eine Verpflichtung immer eine Zusage an eine andere Partei beinhaltet, entsteht durch eine Entscheidung des Managements bzw. eines entsprechenden Gremiums noch keine faktische Verpflichtung zum Abschlussstichtag, wenn diese nicht den davon betroffenen Parteien vor dem Abschlussstichtag ausreichend ausführlich mitgeteilt wurde, so dass die Mitteilung eine gerechtfertigte Erwartung bei den Betroffenen hervorgerufen hat, dass das Unternehmen seinen Verpflichtungen nachkommt.

21 Ein Ereignis, das nicht unverzüglich zu einer Verpflichtung führt, kann aufgrund von Gesetzesänderungen oder Handlungen des Unternehmens (zum Beispiel eine ausreichend spezifische, aktuelle Aussage) zu einem späteren Zeitpunkt zu einer Verpflichtung führen. Beispielsweise kann zum Zeitpunkt der Verursachung von Umweltschäden keine Verpflichtung zur Beseitigung der Folgen bestehen. Die Verursachung der Schäden wird jedoch zu einem verpflichtenden Ereignis, wenn ein neues Gesetz deren Beseitigung vorschreibt oder das Unternehmen öffentlich die Verantwortung für die Beseitigung in einer Weise übernimmt, dass dadurch eine faktische Verpflichtung entsteht.

22 Wenn einzelne Bestimmungen eines Gesetzesentwurfs noch nicht endgültig feststehen, besteht eine Verpflichtung nur dann, wenn die Verabschiedung des Gesetzesentwurfs so gut wie sicher ist. Für die Zwecke dieses Standards wird eine solche Verpflichtung als rechtliche Verpflichtung behandelt. Auf Grund unterschiedlicher Verfahren bei der Verabschiedung von Gesetzen kann hier kein einzelnes Ereignis spezifiziert werden, bei dem die Verabschiedung eines Gesetzes so gut wie sicher ist. In vielen Fällen dürfte es unmöglich sein, die tatsächliche Verabschiedung eines Gesetzes mit Sicherheit vorherzusagen, solange es nicht verabschiedet ist.

Wahrscheinlicher Abfluss von Ressourcen mit wirtschaftlichem Nutzen

23 Damit eine Schuld die Voraussetzungen für den Ansatz erfüllt, muss nicht nur eine gegenwärtige Verpflichtung existieren, auch der Abfluss von Ressourcen mit wirtschaftlichem Nutzen muss im Zusammenhang mit der Erfüllung der Verpflichtung wahrscheinlich sein. Für die Zwecke dieses Standards,*) wird ein Abfluss von Ressourcen oder ein anderes Ereignis als wahrscheinlich angesehen, wenn mehr dafür als dagegen spricht, d. h. die Wahrscheinlichkeit, dass das Ereignis eintritt, ist größer als die Wahrscheinlichkeit, dass es nicht eintritt. Ist die Existenz einer gegenwärtigen Verpflichtung nicht wahrscheinlich, so gibt das Unternehmen eine Eventualverbindlichkeit an, sofern ein Abfluss von Ressourcen mit wirtschaftlichem Nutzen nicht unwahrscheinlich ist (siehe Paragraph 86).

*) **Amtl. Anm.:** Die Auslegung von „wahrscheinlich" in diesem Standard als „mehr dafür als dagegen sprechend" ist nicht zwingend auf andere Standards anwendbar.

Bei einer Vielzahl ähnlicher Verpflichtungen (z. B. Produktgarantien oder ähnlichen Verträgen) wird die Wahrscheinlichkeit eines Mittelabflusses bestimmt, indem die Gruppe der Verpflichtungen als Ganzes betrachtet wird. Auch wenn die Wahrscheinlichkeit eines Abflusses im Einzelfall gering sein dürfte, kann ein Abfluss von Ressourcen zur Erfüllung dieser Gruppe von Verpflichtungen insgesamt durchaus wahrscheinlich sein. Ist dies der Fall, wird eine Rückstellung angesetzt (wenn die anderen Ansatzkriterien erfüllt sind). **24**

Verlässliche Schätzung der Verpflichtung

Die Verwendung von Schätzungen ist ein wesentlicher Bestandteil bei der Aufstellung von Abschlüssen und beeinträchtigt nicht deren Verlässlichkeit. Dies gilt insbesondere im Falle von Rückstellungen, die naturgemäß in höherem Maße unsicher sind, als die meisten anderen Bilanzposten. Von äußerst seltenen Fällen abgesehen dürfte ein Unternehmen in der Lage sein, ein Spektrum möglicher Ergebnisse zu bestimmen und daher auch eine Schätzung der Verpflichtung vornehmen zu können, die für den Ansatz einer Rückstellung ausreichend verlässlich ist. **25**

In äußerst seltenen Fällen kann eine bestehende Schuld nicht angesetzt werden, und zwar dann, wenn keine verlässliche Schätzung möglich ist. Diese Schuld wird als Eventualschuld angegeben (siehe Paragraph 86). **26**

Eventualverbindlichkeiten

Ein Unternehmen darf keine Eventualverbindlichkeit ansetzen. **27**

Eine Eventualverbindlichkeit ist nach Paragraph 86 anzugeben, sofern die Möglichkeit eines Abflusses von Ressourcen mit wirtschaftlichem Nutzen nicht unwahrscheinlich ist. **28**

Haftet ein Unternehmen gesamtschuldnerisch für eine Verpflichtung, wird der Teil der Verpflichtung, dessen Übernahme durch andere Parteien erwartet wird, als Eventualverbindlichkeit behandelt. Das Unternehmen setzt eine Rückstellung für den Teil der Verpflichtung an, für den ein Abfluss von Ressourcen mit wirtschaftlichem Nutzen wahrscheinlich ist. Dies gilt nicht in den äußerst seltenen Fällen, in denen keine verlässliche Schätzung möglich ist. **29**

Eventualverbindlichkeiten können sich anders entwickeln, als ursprünglich erwartet. Daher werden sie laufend daraufhin beurteilt, ob ein Abfluss von Ressourcen mit wirtschaftlichem Nutzen wahrscheinlich geworden ist. Ist ein Abfluss von künftigem wirtschaftlichem Nutzen für einen zuvor als Eventualverbindlichkeit behandelten Posten wahrscheinlich, so wird eine Rückstellung im Abschluss des Berichtszeitraums angesetzt, in dem die Änderung in Bezug auf die Wahrscheinlichkeit auftritt (mit Ausnahme der äußerst seltenen Fälle, in denen keine verlässliche Schätzung möglich ist). **30**

Eventualforderungen

Ein Unternehmen darf keine Eventualforderungen ansetzen. **31**

Eventualforderungen entstehen normalerweise aus ungeplanten oder unerwarteten Ereignissen, durch die dem Unternehmen die Möglichkeit eines Zuflusses von wirtschaftlichem Nutzen entsteht. Ein Beispiel ist ein Anspruch, den ein Unternehmen in einem gerichtlichen Verfahren mit unsicherem Ausgang durchzusetzen versucht. **32**

Eventualforderungen werden nicht im Abschluss angesetzt, da dadurch Erträge erfasst würden, die möglicherweise nie realisiert werden. Ist die Realisation von Erträgen jedoch so gut wie sicher, ist der betreffende Vermögenswert nicht mehr als Eventualforderung anzusehen und dessen Ansatz ist angemessen. **33**

Eventualforderungen sind nach Paragraph 89 anzugeben, wenn der Zufluss wirtschaftlichen Nutzens wahrscheinlich ist. **34**

35 Eventualforderungen werden laufend beurteilt, um sicherzustellen, dass im Abschluss eine angemessene Entwicklung widergespiegelt wird. Wenn ein Zufluss wirtschaftlichen Nutzens so gut wie sicher geworden ist, werden der Vermögenswert und der diesbezügliche Ertrag im Abschluss des Berichtszeitraums erfasst, in dem die Änderung auftritt. Ist ein Zufluss wirtschaftlichen Nutzens wahrscheinlich geworden, gibt das Unternehmen eine Eventualforderung an (siehe Paragraph 89).

Bewertung

Bestmögliche Schätzung

36 Der als Rückstellung angesetzte Betrag stellt die bestmögliche Schätzung der Ausgabe dar, die zur Erfüllung der gegenwärtigen Verpflichtung zum Abschlussstichtag erforderlich ist.

37 Die bestmögliche Schätzung der zur Erfüllung der gegenwärtigen Verpflichtung erforderlichen Ausgabe ist der Betrag, den das Unternehmen bei vernünftiger Betrachtung zur Erfüllung der Verpflichtung zum Abschlussstichtag oder zur Übertragung der Verpflichtung auf einen Dritten zu diesem Termin zahlen müsste. Oft dürfte die Erfüllung oder Übertragung einer Verpflichtung zum Abschlussstichtag unmöglich oder über die Maßen teuer sein. Die Schätzung des vom Unternehmen bei vernünftiger Betrachtung zur Erfüllung oder zur Übertragung der Verpflichtung zu zahlenden Betrags stellt trotzdem die bestmögliche Schätzung der zur Erfüllung der gegenwärtigen Verpflichtung zum Abschlussstichtag erforderlichen Ausgaben dar.

38 Die Schätzungen von Ergebnis und finanzieller Auswirkung hängen von der Bewertung des Managements, zusammen mit Erfahrungswerten aus ähnlichen Transaktionen und, gelegentlich, unabhängigen Sachverständigengutachten ab. Die zugrunde liegenden substanziellen Hinweise umfassen alle zusätzlichen, durch Ereignisse nach dem Abschlussstichtag entstandenen substanziellen Hinweise.

39 Unsicherheiten in Bezug auf den als Rückstellung anzusetzenden Betrag werden in Abhängigkeit von den Umständen unterschiedlich behandelt. Wenn die zu bewertende Rückstellung eine große Anzahl von Positionen umfasst, wird die Verpflichtung durch Gewichtung aller möglichen Ergebnisse mit den damit verbundenen Wahrscheinlichkeiten geschätzt. Dieses statistische Schätzungsverfahren wird als Erwartungswertmethode bezeichnet. Daher wird je nach Eintrittswahrscheinlichkeit eines Verlustbetrags, zum Beispiel 60 Prozent oder 90 Prozent, eine unterschiedlich hohe Rückstellung gebildet. Bei einer Bandbreite möglicher Ergebnisse, innerhalb derer die Wahrscheinlichkeit der einzelnen Punkte gleich groß ist, wird der Mittelpunkt der Bandbreite verwendet.

Beispiel

Ein Unternehmen verkauft Güter mit einer Gewährleistung, nach der Kunden eine Erstattung der Reparaturkosten für Produktionsfehler erhalten, die innerhalb der ersten sechs Monate nach Kauf entdeckt werden. Bei kleineren Fehlern an allen verkauften Produkten würden Reparaturkosten in Höhe von 1 Million entstehen. Bei größeren Fehlern an allen verkauften Produkten würden Reparaturkosten in Höhe von 4 Millionen entstehen. Erfahrungswert und künftige Erwartungen des Unternehmens deuten darauf hin, dass 75 Prozent der verkauften Güter keine Fehler haben werden, 20 Prozent kleinere Fehler und 5 Prozent größere Fehler aufweisen dürften. Nach Paragraph 24 bestimmt ein Unternehmen die Wahrscheinlichkeit eines Abflusses der Verpflichtungen aus Gewährleistungen insgesamt.

Der Erwartungswert für die Reparaturkosten beträgt:

(75 % von Null) + (20 % von 1 Mio.) + (5 % von 4 Mio.) = 400 000

40 Wenn eine einzelne Verpflichtung bewertet wird, dürfte das jeweils wahrscheinlichste Ergebnis die bestmögliche Schätzung der Schuld darstellen. Aber auch in einem derartigen Fall betrachtet das Unternehmen die Möglichkeit anderer Ergebnisse. Wenn andere mögliche Ergebnisse entweder größtenteils über oder größtenteils unter dem wahrscheinlichsten Ergebnis liegen, ist die bestmögliche Schätzung ein höherer bzw. niedrigerer Betrag. Zum Beispiel: Wenn ein Unter-

nehmen einen schwerwiegenden Fehler in einer großen, für einen Kunden gebauten Anlage beseitigen muss und das einzeln betrachtete, wahrscheinlichste Ergebnis sein mag, dass die Reparatur beim ersten Versuch erfolgreich ist und 1 000 kostet, wird dennoch eine höhere Rückstellung gebildet, wenn ein wesentliches Risiko besteht, dass weitere Reparaturen erforderlich sind.

Die Bewertung der Rückstellung erfolgt vor Steuern, da die steuerlichen Konsequenzen von Rückstellungen und Veränderungen von Rückstellungen in IAS 12 behandelt werden. **41**

Risiken und Unsicherheiten

Bei der bestmöglichen Schätzung einer Rückstellung sind die unvermeidbar mit vielen Ereignissen und Umständen verbundenen Risiken und Unsicherheiten zu berücksichtigen. **42**

Risiko beschreibt die Unsicherheit zukünftiger Entwicklungen. Eine Risikoanpassung kann den Betrag erhöhen, mit dem eine Schuld bewertet wird. Bei einer Beurteilung unter unsicheren Umständen ist Vorsicht angebracht, damit Erträge bzw. Vermögenswerte nicht überbewertet und Aufwendungen bzw. Schulden nicht unterbewertet werden. Unsicherheiten rechtfertigen jedoch nicht die Bildung übermäßiger Rückstellungen oder eine vorsätzliche Überbewertung von Schulden. Wenn zum Beispiel die prognostizierten Kosten eines besonders nachteiligen Ergebnisses vorsichtig ermittelt werden, so wird dieses Ergebnis nicht absichtlich so behandelt, als sei es wahrscheinlicher als es tatsächlich ist. Sorgfalt ist notwendig, um die doppelte Berücksichtigung von Risiken und Unsicherheiten und die daraus resultierende Überbewertung einer Rückstellung zu vermeiden. **43**

Die Angabe von Unsicherheiten im Zusammenhang mit der Höhe der Ausgaben wird in Paragraph 85(b) behandelt. **44**

Barwert

Bei einer wesentlichen Wirkung des Zinseffekts ist im Zusammenhang mit der Erfüllung der Verpflichtung eine Rückstellung in Höhe des Barwerts der erwarteten Ausgaben anzusetzen. **45**

Auf Grund des Zinseffekts sind Rückstellungen für bald nach dem Abschlussstichtag erfolgende Mittelabflüsse belastender als diejenigen für Mittelabflüsse in derselben Höhe zu einem späteren Zeitpunkt. Wenn die Wirkung wesentlich ist, werden Rückstellungen daher abgezinst. **46**

Der (die) Abzinsungssatz (-sätze) ist (sind) ein Satz (Sätze) vor Steuern, der (die) die aktuellen Markterwartungen im Hinblick auf den Zinseffekt sowie die für die Schuld spezifischen Risiken widerspiegelt. Risiken, an die die Schätzungen künftiger Cashflows angepasst wurden, dürfen keine Auswirkung auf den (die) Abzinsungssatz (-sätze) haben. **47**

Künftige Ereignisse

Künftige Ereignisse, die den zur Erfüllung einer Verpflichtung erforderlichen Betrag beeinflussen können, sind bei der Höhe einer Rückstellung zu berücksichtigen, sofern es ausreichende objektive substanzielle Hinweise auf deren Eintritt gibt. **48**

Erwartete künftige Ereignisse können bei der Bewertung von Rückstellungen von besonderer Bedeutung sein. Ein Unternehmen kann beispielsweise der Ansicht sein, dass die Kosten für Aufräumarbeiten bei Stilllegung eines Standorts durch künftige technologische Veränderungen reduziert werden. Der angesetzte Betrag berücksichtigt eine vernünftige Einschätzung technisch geschulter, objektiver Dritter und berücksichtigt alle verfügbaren substanziellen Hinweise auf zum Zeitpunkt der Aufräumarbeiten verfügbare Technologien. Daher sind beispielsweise die mit der zunehmenden Erfahrung bei Anwendung gegenwärtiger Technologien erwarteten Kostenminderungen oder die erwarteten Kosten für die Anwendung gegenwärtiger Technologien auf – verglichen mit den vorher ausgeführten Arbeiten – größere und komplexere Aufräumarbeiten zu berücksichtigen. Ein Unternehmen trifft jedoch keine Annahmen hinsichtlich der Entwicklung einer vollständig neuen Technologie für Aufräumarbeiten, wenn dies nicht durch ausreichend objektive substanzielle Hinweise gestützt wird. **49**

50 Die Wirkung möglicher Gesetzesänderungen wird bei der Bewertung gegenwärtiger Verpflichtungen berücksichtigt, wenn ausreichend objektive substanzielle Hinweise vorliegen, dass die Verabschiedung der Gesetze so gut wie sicher ist. Die Vielzahl von Situationen in der Praxis macht die Festlegung eines einzelnen Ereignisses, das in jedem Fall ausreichend substanzielle objektive Hinweise liefern würde, unmöglich. Die substanziellen Hinweise müssen sich sowohl auf die Anforderungen der Gesetze als auch darauf, dass eine zeitnahe Verabschiedung und Umsetzung so gut wie sicher ist, erstrecken. In vielen Fällen dürften bis zur Verabschiedung der neuen Gesetze nicht hinreichend objektive substanzielle Hinweise vorliegen.

Erwarteter Abgang von Vermögenswerten

51 **Gewinne aus dem erwarteten Abgang von Vermögenswerten sind bei der Bildung einer Rückstellung nicht zu berücksichtigen.**

52 Gewinne aus dem erwarteten Abgang von Vermögenswerten werden bei der Bildung einer Rückstellung nicht berücksichtigt. Dies gilt selbst, wenn der erwartete Abgang eng mit dem Ereignis verbunden ist, aufgrund dessen die Rückstellung gebildet wird. Stattdessen erfasst das Unternehmen Gewinne aus dem erwarteten Abgang von Vermögenswerten nach dem Standard, der die betreffenden Vermögenswerte behandelt.

Erstattungen

53 **Wenn erwartet wird, dass die zur Erfüllung einer zurückgestellten Verpflichtung erforderlichen Ausgaben ganz oder teilweise von einer anderen Partei erstattet werden, ist die Erstattung nur zu erfassen, wenn es so gut wie sicher ist, dass das Unternehmen die Erstattung bei Erfüllung der Verpflichtung erhält. Die Erstattung ist als separater Vermögenswert zu behandeln. Der für die Erstattung angesetzte Betrag darf die Höhe der Rückstellung nicht übersteigen.**

54 **In der Gesamtergebnisrechnung kann der Aufwand zur Bildung einer Rückstellung nach Abzug der Erstattung netto erfasst werden.**

55 In einigen Fällen kann ein Unternehmen von einer anderen Partei ganz oder teilweise die Zahlung der zur Erfüllung der zurückgestellten Verpflichtung erforderlichen Ausgaben erwarten (beispielsweise aufgrund von Versicherungsverträgen, Entschädigungsklauseln oder Gewährleistungen von Lieferanten). Entweder erstattet die andere Partei die vom Unternehmen gezahlten Beträge oder sie zahlt diese direkt.

56 In den meisten Fällen bleibt das Unternehmen für den gesamten entsprechenden Betrag haftbar, so dass es den gesamten Betrag begleichen muss, falls die Zahlung aus irgendeinem Grunde nicht durch Dritte erfolgt. In dieser Situation wird eine Rückstellung in voller Höhe der Schuld und ein separater Vermögenswert für die erwartete Erstattung angesetzt, wenn es so gut wie sicher ist, dass das Unternehmen die Erstattung bei Begleichung der Schuld erhalten wird.

57 In einigen Fällen ist das Unternehmen bei Nichtzahlung Dritter nicht für die entsprechenden Kosten haftbar. In diesem Fall hat das Unternehmen keine Schuld für diese Kosten und sie werden nicht in die Rückstellung einbezogen.

58 Wie in Paragraph 29 dargelegt, ist eine Verpflichtung, für die ein Unternehmen gesamtschuldnerisch haftet, insofern eine Eventualverbindlichkeit als eine Erfüllung der Verpflichtung durch andere Parteien erwartet wird.

Anpassung der Rückstellungen

59 **Rückstellungen sind zu jedem Abschlussstichtag zu prüfen und anzupassen, damit sie die bestmögliche Schätzung widerspiegeln. Wenn es nicht mehr wahrscheinlich ist, dass mit der Erfüllung der Verpflichtung ein Abfluss von Ressourcen mit wirtschaftlichem Nutzen verbunden ist, ist die Rückstellung aufzulösen.**

Bei Abzinsung spiegelt sich der Zeitablauf in der periodischen Erhöhung des Buchwerts einer Rückstellung wider. Diese Erhöhung wird als Fremdkapitalkosten erfasst. **60**

Verbrauch von Rückstellungen

Eine Rückstellung ist nur für Ausgaben zu verbrauchen, für die sie ursprünglich gebildet wurde. **61**

Gegen die ursprüngliche Rückstellung dürfen nur Ausgaben aufgerechnet werden, für die sie auch gebildet wurde. Die Aufrechnung einer Ausgabe gegen eine für einen anderen Zweck gebildete Rückstellung würde die Wirkung zweier unterschiedlicher Ereignisse verbergen. **62**

Anwendung der Bilanzierungs- und Bewertungsvorschriften

Künftige betriebliche Verluste

Im Zusammenhang mit künftigen betrieblichen Verlusten sind keine Rückstellungen anzusetzen. **63**

Künftige betriebliche Verluste entsprechen nicht der Definition einer Schuld nach Paragraph 10 und den in Paragraph 14 dargelegten allgemeinen Ansatzkriterien für Rückstellungen. **64**

Die Erwartung künftiger betrieblicher Verluste ist ein Anzeichen für eine mögliche Wertminderung bestimmter Vermögenswerte des Unternehmensbereichs. Ein Unternehmen prüft diese Vermögenswerte auf Wertminderung nach IAS 36 *Wertminderung von Vermögenswerten*. **65**

Belastende Verträge

Hat ein Unternehmen einen belastenden Vertrag, ist die gegenwärtige vertragliche Verpflichtung als Rückstellung anzusetzen und zu bewerten. **66**

Zahlreiche Verträge (beispielsweise einige Standard-Kaufaufträge) können ohne Zahlung einer Entschädigung an eine andere Partei storniert werden. Daher besteht in diesen Fällen keine Verpflichtung. Andere Verträge begründen sowohl Rechte als auch Verpflichtungen für jede Vertragspartei. Wenn die Umstände dazu führen, dass ein solcher Vertrag belastend wird, fällt der Vertrag unter den Anwendungsbereich dieses Standards und es besteht eine anzusetzende Schuld. Noch zu erfüllende Verträge, die nicht belastend sind, fallen nicht in den Anwendungsbereich dieses Standards. **67**

Dieser Standard definiert einen belastenden Vertrag als einen Vertrag, bei dem die unvermeidbaren Kosten zur Erfüllung der vertraglichen Verpflichtungen höher als der erwartete wirtschaftliche Nutzen sind. Die unvermeidbaren Kosten unter einem Vertrag spiegeln den Mindestbetrag der bei Ausstieg aus dem Vertrag anfallenden Nettokosten wider; diese stellen den niedrigeren Betrag von Erfüllungskosten und etwaigen aus der Nichterfüllung resultierenden Entschädigungszahlungen oder Strafgeldern dar. **68**

Bevor eine separate Rückstellung für einen belastenden Vertrag erfasst wird, erfasst ein Unternehmen den Wertminderungsaufwand für Vermögenswerte, die mit dem Vertrag verbunden sind (siehe IAS 36). **69**

Restrukturierungsmaßnahmen

Die folgenden beispielhaften Ereignisse können unter die Definition einer Restrukturierungsmaßnahme fallen: **70**

(a) Verkauf oder Beendigung eines Geschäftszweigs;

(b) die Stilllegung von Standorten in einem Land oder einer Region oder die Verlegung von Geschäftsaktivitäten von einem Land oder einer Region in ein anderes bzw. eine andere;

(c) Änderungen in der Struktur des Managements, z. B. Auflösung einer Managementebene; und

(d) grundsätzliche Umorganisation mit wesentlichen Auswirkungen auf den Charakter und Schwerpunkt der Geschäftstätigkeit des Unternehmens.

71 Eine Rückstellung für Restrukturierungskosten wird nur angesetzt, wenn die in Paragraph 14 aufgeführten allgemeinen Ansatzkriterien für Rückstellungen erfüllt werden. Die Paragraphen 72-83 legen dar, wie die allgemeinen Ansatzkriterien auf Restrukturierungen anzuwenden sind.

72 Eine faktische Verpflichtung zur Restrukturierung entsteht nur, wenn ein Unternehmen

(a) einen detaillierten, formalen Restrukturierungsplan hat, in dem zumindest die folgenden Angaben enthalten sind:
   (i) der betroffene Geschäftsbereich oder Teil eines Geschäftsbereichs;
   (ii) die wichtigsten betroffenen Standorte;
   (iii) Standort, Funktion und ungefähre Anzahl der Arbeitnehmer, die für die Beendigung ihres Beschäftigungsverhältnisses eine Abfindung erhalten werden;
   (iv) die entstehenden Ausgaben; und
   (v) der Umsetzungszeitpunkt des Plans; und

(b) bei den Betroffenen eine gerechtfertigte Erwartung geweckt hat, dass die Restrukturierungsmaßnahmen durch den Beginn der Umsetzung des Plans oder die Ankündigung seiner wesentlichen Bestandteile den Betroffenen gegenüber durchgeführt wird.

73 Substanzielle Hinweise für den Beginn der Umsetzung eines Restrukturierungsplans in einem Unternehmen wären beispielsweise die Demontage einer Anlage oder der Verkauf von Vermögenswerten oder die öffentliche Ankündigung der Hauptpunkte des Plans. Eine öffentliche Ankündigung eines detaillierten Restrukturierungsplans stellt nur dann eine faktische Verpflichtung zur Restrukturierung dar, wenn sie ausreichend detailliert (d. h. unter Angabe der Hauptpunkte im Plan) ist, dass sie bei anderen Parteien, z. B. Kunden, Lieferanten und Mitarbeitern (oder deren Vertreter) gerechtfertigte Erwartungen hervorruft, dass das Unternehmen die Restrukturierung durchführen wird.

74 Voraussetzung dafür, dass ein Plan durch die Bekanntgabe an die Betroffenen zu einer faktischen Verpflichtung führt, ist, dass der Beginn der Umsetzung zum frühest möglichen Zeitpunkt geplant ist und in einem Zeitrahmen vollzogen wird, der bedeutende Änderungen am Plan unwahrscheinlich erscheinen lässt. Wenn der Beginn der Restrukturierungsmaßnahmen erst nach einer längeren Verzögerung erwartet wird oder ein unverhältnismäßig langer Zeitraum für die Durchführung vorgesehen ist, ist es unwahrscheinlich, dass der Plan in anderen die gerechtfertigte Erwartung einer gegenwärtigen Bereitschaft des Unternehmens zur Restrukturierung weckt, denn der Zeitrahmen gestattet dem Unternehmen, Änderungen am Plan vorzunehmen.

75 Allein durch einen Restrukturierungsbeschluss des Managements oder eines Aufsichtsorgans vor dem Abschlussstichtag entsteht noch keine faktische Verpflichtung zum Abschlussstichtag, sofern das Unternehmen nicht vor dem Abschlussstichtag:

(a) mit der Umsetzung des Restrukturierungsplans begonnen hat oder

(b) den Betroffenen gegenüber die Hauptpunkte des Restrukturierungsplans ausreichend detailliert mitgeteilt hat, um in diesen eine gerechtfertigte Erwartung zu wecken, dass die Restrukturierung von dem Unternehmen durchgeführt wird.

Wenn ein Unternehmen mit der Umsetzung eines Restrukturierungsplans erst nach dem Abschlussstichtag beginnt oder den Betroffenen die Hauptpunkte erst nach dem Abschlussstichtag ankündigt, ist eine Angabe gemäß IAS 10 *Ereignisse nach dem Abschlussstichtag* erforderlich, sofern die Restrukturierung wesentlich ist und unter normalen Umständen davon auszugehen ist, dass ihre unterlassene Angabe die von den Hauptadressaten eines Abschlusses für allgemeine Zwecke, der Finanzinformationen zum berichtenden Unternehmen enthält, getroffenen Entscheidungen beeinflusst.

76 Auch wenn allein durch die Entscheidung des Managements noch keine faktische Verpflichtung entstanden ist, kann, zusammen mit anderen früheren Ereignissen, eine Verpflichtung aus einer solchen Entscheidung entstehen. Beispielsweise können Verhandlungen über Abfindungszahlungen mit Arbeitnehmervertretern oder Verhandlungen zum Verkauf von Bereichen mit Käufern unter dem Vorbehalt der Zustimmung des Aufsichtsgremiums abgeschlossen werden. Nachdem die Zustimmung erteilt und den anderen Parteien mitgeteilt wurde, hat das Unternehmen eine faktische Verpflichtung zur Restrukturierung, wenn die Bedingungen in Paragraph 72 erfüllt wurden.

In einigen Ländern liegt die letztendliche Entscheidungsbefugnis bei einem Gremium, in dem auch Vertreter anderer Interessen als die des Managements (z. B. Arbeitnehmer) vertreten sind, oder eine Bekanntgabe gegenüber diesen Vertretern kann vor der Entscheidung dieses Gremiums erforderlich sein. Da eine Entscheidung durch ein solches Gremium die Bekanntgabe an die genannten Vertreter erfordert, kann hieraus eine faktische Verpflichtung zur Restrukturierung resultieren. **77**

Aus dem Verkauf von Bereichen entsteht keine Verpflichtung, bis das Unternehmen den Verkauf verbindlich abgeschlossen hat, d. h. ein bindender Kaufvertrag existiert. **78**

Auch wenn das Unternehmen eine Entscheidung zum Verkauf eines Bereichs getroffen und diese Entscheidung öffentlich angekündigt hat, kann der Verkauf nicht als verpflichtend angesehen werden, solange kein Käufer identifiziert wurde und kein bindender Kaufvertrag existiert. Bevor nicht ein bindender Kaufvertrag besteht, kann das Unternehmen seine Meinung noch ändern und wird tatsächlich andere Maßnahmen ergreifen müssen, wenn kein Käufer zu akzeptablen Bedingungen gefunden werden kann. Wenn der Verkauf eines Bereichs im Rahmen einer Restrukturierung geplant ist, werden die Vermögenswerte des Bereichs nach IAS 36 auf Wertminderung geprüft. Wenn ein Verkauf nur Teil einer Restrukturierung darstellt, kann für die anderen Teile der Restrukturierung eine faktische Verpflichtung entstehen, bevor ein bindender Kaufvertrag existiert. **79**

Eine Restrukturierungsrückstellung darf nur die direkt im Zusammenhang mit der Restrukturierung entstehenden Ausgaben enthalten, die sowohl **80**

(a) zwangsweise im Zuge der Restrukturierung entstehen als auch
(b) nicht mit den laufenden Aktivitäten des Unternehmens im Zusammenhang stehen.

Eine Restrukturierungsrückstellung enthält keine Aufwendungen für **81**

(a) Umschulung oder Versetzung weiterbeschäftigter Mitarbeiter;
(b) Marketing; oder
(c) Investitionen in neue Systeme und Vertriebsnetze.

Diese Ausgaben entstehen für die künftige Geschäftstätigkeit und stellen zum Abschlussstichtag keine Restrukturierungsverpflichtungen dar. Solche Ausgaben werden auf derselben Grundlage erfasst, als wären sie unabhängig von einer Restrukturierung entstanden.

Bis zum Tag einer Restrukturierung entstehende, identifizierbare künftige betriebliche Verluste werden nicht als Rückstellung behandelt, sofern sie nicht im Zusammenhang mit einem belastenden Vertrag nach der Definition in Paragraph 10 stehen. **82**

Gemäß Paragraph 51 sind Gewinne aus dem erwarteten Abgang von Vermögenswerten bei der Bewertung einer Restrukturierungsrückstellung nicht zu berücksichtigen; dies gilt selbst, wenn der Verkauf der Vermögenswerte als Teil der Restrukturierung geplant ist. **83**

Angaben

Ein Unternehmen hat für jede Gruppe von Rückstellungen die folgenden Angaben zu machen: **84**

(a) den Buchwert zu Beginn und zum Ende der Berichtsperiode;
(b) zusätzliche, in der Berichtsperiode gebildete Rückstellungen, einschließlich der Erhöhung von bestehenden Rückstellungen;
(c) während der Berichtsperiode verwendete (d. h. entstandene und gegen die Rückstellung verrechnete) Beträge;

(d) nicht verwendete Beträge, die während der Berichtsperiode aufgelöst wurden; und

(e) die Erhöhung des während der Berichtsperiode aufgrund des Zeitablaufs abgezinsten Betrags und die Auswirkung von Änderungen des Abzinsungssatzes.

Vergleichsinformationen sind nicht erforderlich.

85 Ein Unternehmen hat für jede Gruppe von Rückstellungen die folgenden Angaben zu machen:

(a) eine kurze Beschreibung der Art der Verpflichtung sowie der erwarteten Fälligkeiten resultierender Abflüsse von wirtschaftlichem Nutzen;

(b) die Angabe von Unsicherheiten hinsichtlich des Betrags oder der Fälligkeiten dieser Abflüsse. Falls die Angabe von adäquaten Informationen erforderlich ist, hat ein Unternehmen die wesentlichen Annahmen für künftige Ereignisse nach Paragraph 48 anzugeben; und

(c) die Höhe aller erwarteten Erstattungen unter Angabe der Höhe der Vermögenswerte, die für die jeweilige erwartete Erstattung angesetzt wurden.

86 Sofern die Möglichkeit eines Abflusses bei der Erfüllung nicht unwahrscheinlich ist, hat ein Unternehmen für jede Gruppe von Eventualverbindlichkeiten zum Abschlussstichtag eine kurze Beschreibung der Eventualverbindlichkeit und, falls praktikabel, die folgenden Angaben zu machen:

(a) eine Schätzung der finanziellen Auswirkungen, bewertet nach den Paragraphen 36-52;

(b) die Angabe von Unsicherheiten hinsichtlich des Betrags oder der Fälligkeiten von Abflüssen; und

(c) die Möglichkeit einer Erstattung.

87 Bei der Bestimmung, welche Rückstellungen oder Eventualverbindlichkeiten zu einer Gruppe zusammengefasst werden können, muss überlegt werden, ob die Positionen ihrer Art nach mit den Anforderungen der Paragraphen 85(a) und (b) und 86(a) und (b) in ausreichendem Maße übereinstimmen, um eine zusammengefasste Angabe zu rechtfertigen. Es kann daher angebracht sein, Beträge für Gewährleistungen für unterschiedliche Produkte als eine Rückstellungsgruppe zu behandeln. Es wäre jedoch nicht angebracht, Beträge für normale Gewährleistungsrückstellungen und Beträge, die durch Rechtsstreit geklärt werden müssen, als eine Gruppe von Rückstellungen zu behandeln.

88 Wenn aus denselben Umständen eine Rückstellung und eine Eventualverbindlichkeit entstehen, erfolgt die nach den Paragraphen 84-86 erforderliche Angabe vom Unternehmen in einer Art und Weise, die den Zusammenhang zwischen der Rückstellung und der Eventualverbindlichkeit aufzeigt.

89 Ist ein Zufluss von wirtschaftlichem Nutzen wahrscheinlich, so hat ein Unternehmen eine kurze Beschreibung der Art der Eventualforderungen zum Abschlussstichtag und, wenn praktikabel, eine Schätzung der finanziellen Auswirkungen, bewertet auf der Grundlage der Vorgaben für Rückstellungen gemäß den Paragraphen 36-52 anzugeben.

90 Es ist wichtig, dass bei Angaben zu Eventualforderungen irreführende Angaben zur Wahrscheinlichkeit des Entstehens von Erträgen vermieden werden.

91 Werden nach den Paragraphen 86 und 89 erforderliche Angaben aus Gründen der Praktikabilität nicht gemacht, so ist diese Tatsache anzugeben.

92 In äußerst seltenen Fällen kann damit gerechnet werden, dass die teilweise oder vollständige Angabe von Informationen nach den Paragraphen 84-89 die Lage des Unternehmens in einem Rechtsstreit mit anderen Parteien über den Gegenstand der Rückstellungen, Eventualverbindlichkeiten oder Eventualforderungen ernsthaft beeinträchtigt. In diesen Fällen muss das Unternehmen die Angaben nicht machen, es hat jedoch den allgemeinen Charakter des Rechtsstreits darzulegen, sowie die Tatsache, dass gewisse Angaben nicht gemacht wurden und die Gründe dafür.

Übergangsvorschriften

Die Auswirkungen der Anwendung dieses Standards zum Zeitpunkt seines Inkrafttretens (oder früher) ist als eine Berichtigung des Eröffnungsbilanzwerts der Gewinnrücklagen in der Berichtsperiode zu erfassen, in der der Standard erstmals angewendet wird. Unternehmen wird empfohlen, jedoch nicht zwingend vorgeschrieben, die Anpassung der Eröffnungsbilanz der Gewinnrücklagen für die früheste angegebene Berichtsperiode vorzunehmen und die vergleichenden Informationen anzupassen. Falls Vergleichsinformationen nicht angepasst werden, so ist diese Tatsache anzugeben. **93**

(weggefallen) **94**

Zeitpunkt des Inkrafttretens

Dieser Standard ist erstmals in der ersten Berichtsperiode eines am 1. Juli 1999 oder danach beginnenden Geschäftsjahres anzuwenden. Eine frühere Anwendung wird empfohlen. Wenn ein Unternehmen diesen Standard für Berichtsperioden anwendet, die vor dem 1. Juli 1999 beginnen, so ist diese Tatsache anzugeben. **95**

(weggefallen) **96**

(nicht besetzt) **97 und 98**

Mit den im Dezember 2013 veröffentlichten *Jährlichen Verbesserungen an den IFRS, Zyklus 2010-2012*, wurde aufgrund der Änderung von IFRS 3 Paragraph 5 geändert. Ein Unternehmen hat diese Änderung prospektiv auf Unternehmenszusammenschlüsse anzuwenden, für die die Änderung des IFRS 3 gilt. **99**

Mit dem im Mai 2014 veröffentlichten IFRS 15 *Erlöse aus Verträgen mit Kunden* wurde Paragraph 5 geändert und Paragraph 6 gestrichen. Ein Unternehmen hat diese Änderungen anzuwenden, wenn es IFRS 15 anwendet. **100**

Durch IFRS 9 (im Juli 2014 veröffentlicht) wurde Paragraph 2 geändert und wurden die Paragraphen 97 und 98 gestrichen. Ein Unternehmen hat diese Änderungen anzuwenden, wenn es IFRS 9 anwendet. **101**

Durch IFRS 16, veröffentlicht im Januar 2016, wurde Paragraph 5 geändert. Ein Unternehmen hat die betreffende Änderung anzuwenden, wenn es IFRS 16 anwendet. **102**

(zur Zeit nicht besetzt) **103**

Mit der im Oktober 2018 veröffentlichten Verlautbarung *Definition von „wesentlich"* (Änderungen an IAS 1 und IAS 8) wurde Paragraph 75 geändert. Diese Änderungen sind prospektiv auf Geschäftsjahre anzuwenden, die am oder nach dem 1. Januar 2020 beginnen. Eine frühere Anwendung ist zulässig. Wendet ein Unternehmen diese Änderungen früher an, hat es dies anzugeben. Ein Unternehmen hat diese Änderungen anzuwenden, wenn es die geänderte Definition von „wesentlich" in IAS 1 Paragraph 7 und IAS 8 Paragraphen 5 und 6 anwendet. **104**

International Accounting Standard 38
Immaterielle Vermögenswerte (IAS 38)

v. 3.11.2008 (ABl EU Nr. L 320 S. 1);
zuletzt geändert durch Verordnung (EU) 2019/2075 v. 29.11.2019
(ABl L Nr. 316 S. 10)[1)]

Inhalt — Ziffer

1) **Anm. d. Red.:** Diese Änderung ist am 26.12.2019 in Kraft getreten und spätestens mit Beginn des ersten am oder nach dem 1.1.2020 beginnenden Geschäftsjahres anzuwenden.

Zielsetzung

1 Die Zielsetzung dieses Standards ist die Regelung der Bilanzierung immaterieller Vermögenswerte, die nicht in anderen Standards konkret behandelt werden. Dieser Standard verlangt von einem Unternehmen den Ansatz eines immateriellen Vermögenswerts dann, aber nur dann, wenn bestimmte Kriterien erfüllt sind. Der Standard bestimmt ferner, wie der Buchwert immaterieller Vermögenswerte zu ermitteln ist, und fordert bestimmte Angaben in Bezug auf immaterielle Vermögenswerte.

Anwendungsbereich

2 Dieser Standard ist auf die bilanzielle Behandlung immaterieller Vermögenswerte anzuwenden, mit Ausnahme von:

(a) immateriellen Vermögenswerten, die in den Anwendungsbereich eines anderen Standards fallen;

(b) finanziellen Vermögenswerten, wie sie in IAS 32 *Finanzinstrumente: Darstellung* definiert sind;

(c) Ansatz und der Bewertung von Vermögenswerten aus Exploration und Evaluierung (siehe IFRS 6 *Exploration und Evaluierung von Bodenschätzen*); und

(d) Ausgaben für die Erschließung oder die Förderung und den Abbau von Mineralien, Öl, Erdgas und ähnlichen nicht regenerativen Ressourcen.

3 Wenn ein anderer Standard die Bilanzierung für eine bestimmte Art eines immateriellen Vermögenswerts vorschreibt, wendet ein Unternehmen diesen Standard anstatt des vorliegenden Standards an. Dieser Standard ist beispielsweise nicht anzuwenden auf:

(a) immaterielle Vermögenswerte, die von einem Unternehmen zum Verkauf im normalen Geschäftsgang gehalten werden (siehe IAS 2 *Vorräte*);

(b) latente Steueransprüche (siehe IAS 12 *Ertragsteuern*);

(c) Leasingverhältnisse, die immaterielle Vermögenswerte zum Gegenstand haben und gemäß IFRS 16 *Leasingverhältnisse* bilanziert werden;

(d) Vermögenswerte, die aus Leistungen an Arbeitnehmer resultieren (siehe IAS 19 *Leistungen an Arbeitnehmer*);

(e) finanzielle Vermögenswerte, wie sie in IAS 32 definiert sind. Der Ansatz und die Bewertung einiger finanzieller Vermögenswerte werden von IFRS 10 *Konzernabschlüsse*, IAS 27 *Einzelabschlüsse* und von IAS 28 *Anteile an assoziierten Unternehmen und Gemeinschaftsunternehmen* abgedeckt;

(f) einen bei einem Unternehmenszusammenschluss erworbenen Geschäfts- oder Firmenwert (siehe IFRS 3 *Unternehmenszusammenschlüsse*);

(g) abgegrenzte Anschaffungskosten und immaterielle Vermögenswerte, die aus den vertraglichen Rechten eines Versicherers aufgrund von Versicherungsverträgen entstehen und in den Anwendungsbereich von IFRS 4 *Versicherungsverträge* fallen. IFRS 4 führt spezielle Angabepflichten für diese abgegrenzten Anschaffungskosten auf, jedoch nicht für diese immateriellen Vermögenswerte. Daher sind die in diesem Standard aufgeführten Angabepflichten auf diese immateriellen Vermögenswerte anzuwenden;

(h) langfristige immaterielle Vermögenswerte, die gemäß IFRS 5 *Zur Veräußerung gehaltene langfristige Vermögenswerte und aufgegebene Geschäftsbereiche* als zur Veräußerung gehalten eingestuft werden (oder in einer als zur Veräußerung gehalten eingestuften Veräußerungsgruppe enthalten sind);

(i) Vermögenswerte aus Verträgen mit Kunden, die gemäß IFRS 15 *Erlöse aus Verträgen mit Kunden* erfasst werden.

Einige immaterielle Vermögenswerte können in oder auf einer physischen Substanz enthalten sein, wie beispielsweise einer Compact Disk (im Fall von Computersoftware), einem Rechtsdokument (im Falle einer Lizenz oder eines Patents) oder einem Film. Bei der Feststellung, ob ein Vermögenswert, der sowohl immaterielle als auch materielle Elemente in sich vereint, gemäß IAS 16 *Sachanlagen* oder als immaterieller Vermögenswert gemäß dem vorliegenden Standard zu behandeln ist, beurteilt ein Unternehmen nach eigenem Ermessen, welches Element wesentlicher ist. Beispielsweise ist die Computersoftware für eine computergesteuerte Werkzeugmaschine, die ohne diese bestimmte Software nicht betriebsfähig ist, integraler Bestandteil der zugehörigen Hardware und wird daher als Sachanlage behandelt. Gleiches gilt für das Betriebssystem eines Computers. Wenn die Software kein integraler Bestandteil der zugehörigen Hardware ist, wird die Computersoftware als immaterieller Vermögenswert behandelt. **4**

Dieser Standard bezieht sich u. a. auf Ausgaben für Werbung, Aus- und Weiterbildung, Gründung und Anlauf eines Geschäftsbetriebs sowie Forschungs- und Entwicklungsaktivitäten. Forschungs- und Entwicklungsaktivitäten zielen auf die Wissenserweiterung ab. Obwohl diese Aktivitäten zu einem Vermögenswert mit physischer Substanz (z. B. einem Prototypen) führen können, ist das physische Element des Vermögenswerts sekundär im Vergleich zu seiner immateriellen Komponente, d. h. das durch ihn verkörperte Wissen. **5**

Rechte, die ein Leasingnehmer im Rahmen von Lizenzvereinbarungen beispielsweise für Filme, Videoaufnahmen, Theaterstücke, Manuskripte, Patente und Urheberrechte hält, fallen in den Anwendungsbereich dieses Standards und sind aus dem Anwendungsbereich von IFRS 16 ausgeschlossen. **6**

Der Ausschluss aus dem Anwendungsbereich eines Standards kann vorliegen, wenn bestimmte Aktivitäten oder Geschäftsvorfälle so speziell sind, dass sie zu Rechnungslegungsfragen führen, die gegebenenfalls auf eine andere Art und Weise zu behandeln sind. Derartige Fragen entstehen bei der Bilanzierung der Ausgaben für die Erschließung oder die Förderung und den Abbau von Erdöl, Erdgas und Bodenschätzen bei der rohstoffgewinnenden Industrie sowie im Fall von Versicherungsverträgen. Aus diesem Grunde bezieht sich dieser Standard nicht auf Ausgaben für derartige Aktivitäten und Verträge. Dieser Standard gilt jedoch für sonstige immaterielle Vermögenswerte (z. B. Computersoftware) und sonstige Ausgaben (z. B. Kosten für die Gründung und den Anlauf eines Geschäftsbetriebs), die in der rohstoffgewinnenden Industrie oder bei Versicherern genutzt werden bzw. anfallen. **7**

Definitionen

8 Die folgenden Begriffe werden im vorliegenden Standard in den angegebenen Bedeutungen verwendet:

Der *beizulegende Zeitwert* ist der Preis, der in einem geordneten Geschäftsvorfall zwischen Marktteilnehmern am Bemessungsstichtag für den Verkauf eines Vermögenswerts eingenommen bzw. für die Übertragung einer Schuld gezahlt würde. (Siehe IFRS 13 *Bemessung des beizulegenden Zeitwerts*.)

Abschreibung (Amortisation) ist die systematische Verteilung des gesamten Abschreibungsbetrags eines immateriellen Vermögenswerts über dessen Nutzungsdauer.

Ein *Vermögenswert* ist eine Ressource,

(a) die aufgrund von Ereignissen der Vergangenheit von einem Unternehmen beherrscht wird; und

(b) von der erwartet wird, dass dem Unternehmen durch sie künftiger wirtschaftlicher Nutzen zufließt.*)

Der *Buchwert* ist der Betrag, mit dem ein Vermögenswert in der Bilanz nach Abzug aller der auf ihn entfallenden kumulierten Amortisationen und kumulierten Wertminderungsaufwendungen angesetzt wird.

Die *Anschaffungs- oder Herstellungskosten* sind der zum Erwerb oder zur Herstellung eines Vermögenswerts entrichtete Betrag an Zahlungsmitteln oder Zahlungsmitteläquivalenten bzw. der beizulegende Zeitwert einer anderen Entgeltform zum Zeitpunkt des Erwerbs bzw. der Herstellung, oder wenn zutreffend, der diesem Vermögenswert beim erstmaligen Ansatz zugewiesene Betrag in Übereinstimmung mit den spezifischen Anforderungen anderer IFRS, wie z. B. IFRS 2 *Anteilsbasierte Vergütung*.

Der *Abschreibungsbetrag* ist die Differenz zwischen Anschaffungs- oder Herstellungskosten eines Vermögenswerts oder eines Ersatzbetrages und dem Restwert.

Entwicklung ist die Anwendung von Forschungsergebnissen oder von anderem Wissen auf einen Plan oder Entwurf für die Produktion von neuen oder beträchtlich verbesserten Materialien, Vorrichtungen, Produkten, Verfahren, Systemen oder Dienstleistungen. Die Entwicklung findet dabei vor Beginn der kommerziellen Produktion oder Nutzung statt.

Der *unternehmensspezifische Wert* ist der Barwert der Cashflows, von denen ein Unternehmen erwartet, dass sie aus der fortgesetzten Nutzung eines Vermögenswerts und seinem Abgang am Ende seiner Nutzungsdauer oder bei Begleichung einer Schuld entstehen.

Ein *Wertminderungsaufwand* ist der Betrag, um den der Buchwert eines Vermögenswerts seinen erzielbaren Betrag übersteigt.

Ein *immaterieller Vermögenswert* ist ein identifizierbarer, nicht monetärer Vermögenswert ohne physische Substanz.

Monetäre Vermögenswerte sind im Bestand befindliche Geldmittel und Vermögenswerte, für die das Unternehmen einen festen oder bestimmbaren Geldbetrag erhält.

Forschung ist die eigenständige und planmäßige Suche mit der Aussicht, zu neuen wissenschaftlichen oder technischen Erkenntnissen zu gelangen.

Der *Restwert* eines immateriellen Vermögenswertes ist der geschätzte Betrag, den ein Unternehmen gegenwärtig bei Abgang des Vermögenswertes nach Abzug der geschätzten Veräußerungskosten erhalten würde, wenn der Vermögenswert alters- und zustandsgemäß schon am Ende seiner Nutzungsdauer angelangt wäre.

---

*) **Amtl. Anm.:** Die hier vorliegende Definition von Vermögenswert ist nach der Überarbeitung der entsprechenden Definition in dem 2018 herausgegebenen *Rahmenkonzept für die Finanzberichterstattung* nicht angepasst worden.

Die *Nutzungsdauer* ist

(a) der Zeitraum, über den ein Vermögenswert voraussichtlich von einem Unternehmen nutzbar ist; oder

(b) die voraussichtlich durch den Vermögenswert im Unternehmen zu erzielende Anzahl an Produktionseinheiten oder ähnlichen Maßgrößen.

Immaterielle Vermögenswerte

Unternehmen verwenden häufig Ressourcen oder gehen Schulden ein im Hinblick auf die Anschaffung, Entwicklung, Erhaltung oder Wertsteigerung immaterieller Ressourcen, wie beispielsweise wissenschaftliche oder technische Erkenntnisse, Entwurf und Implementierung neuer Prozesse oder Systeme, Lizenzen, geistiges Eigentum, Marktkenntnisse und Warenzeichen (einschließlich Markennamen und Verlagsrechte). Gängige Beispiele für Rechte und Werte, die unter diese Oberbegriffe fallen, sind Computersoftware, Patente, Urheberrechte, Filmmaterial, Kundenlisten, Hypothekenbedienungsrechte, Fischereilizenzen, Importquoten, Franchiseverträge, Kunden- oder Lieferantenbeziehungen, Kundenloyalität, Marktanteile und Absatzrechte. **9**

Nicht alle der in Paragraph 9 beschriebenen Sachverhalte erfüllen die Definitionskriterien eines immateriellen Vermögenswerts, d. h. Identifizierbarkeit, Verfügungsgewalt über eine Ressource und Bestehen eines künftigen wirtschaftlichen Nutzens. Wenn ein in den Anwendungsbereich dieses Standards fallender Posten der Definition eines immateriellen Vermögenswerts nicht entspricht, werden die Kosten für seinen Erwerb oder seine interne Erstellung in der Periode als Aufwand erfasst, in der sie anfallen. Wird der Posten jedoch bei einem Unternehmenszusammenschluss erworben, ist er Teil des zum Erwerbszeitpunkt angesetzten Geschäfts- oder Firmenwerts (siehe Paragraph 68). **10**

Identifizierbarkeit

Die Definition eines immateriellen Vermögenswerts verlangt, dass ein immaterieller Vermögenswert identifizierbar ist, um ihn vom Geschäfts- oder Firmenwert unterscheiden zu können. Der bei einem Unternehmenszusammenschluss erworbene Geschäfts- oder Firmenwert ist ein Vermögenswert, der den künftigen wirtschaftlichen Nutzen anderer bei dem Unternehmenszusammenschluss erworbenen Vermögenswerte darstellt, die nicht einzeln identifiziert und getrennt angesetzt werden können. Der künftige wirtschaftliche Nutzen kann das Ergebnis von Synergien zwischen den erworbenen identifizierbaren Vermögenswerten sein oder aber aus Vermögenswerten resultieren, die einzeln nicht im Abschluss angesetzt werden können. **11**

Ein Vermögenswert ist identifizierbar, wenn: **12**

(a) er separierbar ist, d. h. er kann vom Unternehmen getrennt und verkauft, übertragen, lizenziert, vermietet oder getauscht werden. Dies kann einzeln oder in Verbindung mit einem Vertrag, einem identifizierbaren Vermögenswert oder einer identifizierbaren Schuld unabhängig davon erfolgen, ob das Unternehmen dies zu tun beabsichtigt; oder

(b) er aus vertraglichen oder anderen gesetzlichen Rechten entsteht, unabhängig davon, ob diese Rechte vom Unternehmen oder von anderen Rechten und Verpflichtungen übertragbar oder separierbar sind.

Beherrschung

Ein Unternehmen hat Verfügungsgewalt über einen Vermögenswert, wenn es in der Lage ist, sich den künftigen wirtschaftlichen Nutzen, der aus der zu Grunde liegenden Ressource zufließt, zu verschaffen, und es den Zugriff Dritter auf diesen Nutzen beschränken kann. Die Verfügungsgewalt eines Unternehmens über den künftigen wirtschaftlichen Nutzen aus einem immateriellen Vermögenswert basiert normalerweise auf juristisch durchsetzbaren Ansprüchen. Sind derartige Rechtsansprüche nicht vorhanden, gestaltet sich der Nachweis der Verfügungsgewalt schwieriger. Allerdings ist die juristische Durchsetzbarkeit eines Rechts keine notwendi- **13** ge Voraussetzung für Verfügungsgewalt, da ein Unternehmen in der Lage sein kann, auf andere Weise Verfügungsgewalt über den künftigen wirtschaftlichen Nutzen auszuüben.

14 Marktkenntnisse und technische Erkenntnisse können zu künftigem wirtschaftlichen Nutzen führen. Ein Unternehmen hat Verfügungsgewalt über diesen Nutzen, wenn das Wissen geschützt wird, beispielsweise durch Rechtsansprüche wie Urheberrechte, einen eingeschränkten Handelsvertrag (wo zulässig) oder durch eine den Arbeitnehmern auferlegte gesetzliche Vertraulichkeitspflicht.

15 Ein Unternehmen kann über ein Team von Fachkräften verfügen und in der Lage sein, zusätzliche Mitarbeiterfähigkeiten zu identifizieren, die aufgrund von Schulungsmaßnahmen zu einem künftigen wirtschaftlichen Nutzen führen. Das Unternehmen kann auch erwarten, dass die Arbeitnehmer ihre Fähigkeiten dem Unternehmen weiterhin zur Verfügung stellen werden. Für gewöhnlich hat ein Unternehmen jedoch keine hinreichende Verfügungsgewalt über den voraussichtlichen künftigen wirtschaftlichen Nutzen, der ihm durch ein Team von Fachkräften und die Weiterbildung erwächst, damit diese Werte die Definition eines immateriellen Vermögenswerts erfüllen. Aus einem ähnlichen Grund ist es unwahrscheinlich, dass eine bestimmte Management- oder fachliche Begabung die Definition eines immateriellen Vermögenswerts erfüllt, es sei denn, dass deren Nutzung und der Erhalt des von ihr zu erwartenden künftigen wirtschaftlichen Nutzens durch Rechtsansprüche geschützt sind und sie zudem die übrigen Definitionskriterien erfüllt.

16 Ein Unternehmen kann über einen Kundenstamm oder Marktanteil verfügen und erwarten, dass die Kunden dem Unternehmen aufgrund seiner Bemühungen, Kundenbeziehungen und Kundenloyalität aufzubauen, treu bleiben werden. Fehlen jedoch die rechtlichen Ansprüche zum Schutz oder sonstige Mittel und Wege zur Kontrolle der Kundenbeziehungen oder der Loyalität der Kunden gegenüber dem Unternehmen, so hat das Unternehmen für gewöhnlich eine unzureichende Verfügungsgewalt über den voraussichtlichen wirtschaftlichen Nutzen aus Kundenbeziehungen und Kundenloyalität, damit solche Werte (z. B. Kundenstamm, Marktanteile, Kundenbeziehungen, Kundenloyalität) die Definition als immaterielle Vermögenswerte erfüllen. Sind derartige Rechtsansprüche zum Schutz der Kundenbeziehungen nicht vorhanden, erbringen Tauschtransaktionen für dieselben oder ähnliche nicht vertragsgebundene Kundenbeziehungen (wenn es sich nicht um einen Teil eines Unternehmenszusammenschlusses handelt) den Nachweis, dass ein Unternehmen dennoch fähig ist, Verfügungsgewalt über den voraussichtlichen künftigen wirtschaftlichen Nutzen aus den Kundenbeziehungen auszuüben. Da solche Tauschtransaktionen auch den Nachweis erbringen, dass Kundenbeziehungen separierbar sind, erfüllen diese Kundenbeziehungen die Definition eines immateriellen Vermögenswerts.

Künftiger wirtschaftlicher Nutzen

17 Der künftige wirtschaftliche Nutzen aus einem immateriellen Vermögenswert kann Erlöse aus dem Verkauf von Produkten oder der Erbringung von Dienstleistungen, Kosteneinsparungen oder andere Vorteile, die sich für das Unternehmen aus der Eigenverwendung des Vermögenswerts ergeben, enthalten. So ist es beispielsweise wahrscheinlich, dass die Nutzung geistigen Eigentums in einem Herstellungsprozess eher die künftigen Herstellungskosten reduziert, als dass es zu künftigen Erlössteigerungen führt.

Erfassung und Bewertung

18 Der Ansatz eines Postens als immateriellen Vermögenswert verlangt von einem Unternehmen den Nachweis, dass dieser Posten

(a) der Definition eines immateriellen Vermögenswerts entspricht (siehe Paragraphen 8-17); und

(b) die Ansatzkriterien erfüllt (siehe Paragraphen 21-23).

Diese Anforderung besteht für Anschaffungs- oder Herstellungskosten, die erstmalig beim Erwerb oder der internen Erzeugung von immateriellen Vermögenswerten entstehen, und für später anfallende Kosten, um dem Vermögenswert etwas hinzuzufügen, ihn zu ersetzen oder zu warten.

Die Paragraphen 25-32 befassen sich mit der Anwendung der Kriterien für den Ansatz von einzeln erworbenen immateriellen Vermögenswerten, und die Paragraphen 33-43 befassen sich mit deren Anwendung auf immaterielle Vermögenswerte, die bei einem Unternehmenszusammenschluss erworben wurden. Paragraph 44 befasst sich mit der erstmaligen Bewertung von immateriellen Vermögenswerten, die durch eine Zuwendung der öffentlichen Hand erworben wurden, die Paragraphen 45-47 mit dem Tausch von immateriellen Vermögenswerten und die Paragraphen 48-50 mit der Behandlung von selbst geschaffenem Geschäfts- oder Firmenwert. Die Paragraphen 51-67 befassen sich mit dem erstmaligen Ansatz und der erstmaligen Bewertung von selbst geschaffenen immateriellen Vermögenswerten. 19

Immaterielle Vermögenswerte sind von Natur aus dergestalt, dass es in vielen Fällen keine Erweiterungen eines solchen Vermögenswerts bzw. keinen Ersatz von Teilen eines solchen gibt. Demzufolge werden die meisten nachträglichen Ausgaben wahrscheinlich eher den erwarteten künftigen wirtschaftlichen Nutzen eines bestehenden immateriellen Vermögenswerts erhalten, als die Definition eines immateriellen Vermögenswertes und dessen Ansatzkriterien dieses Standards erfüllen. Zudem ist es oftmals schwierig, nachträgliche Ausgaben einem bestimmten immateriellen Vermögenswert direkt zuzuordnen und nicht dem Unternehmen als Ganzes. Aus diesem Grunde werden nachträgliche Ausgaben – Ausgaben, die nach erstmaligem Ansatz eines erworbenen immateriellen Vermögenswerts oder nach der Fertigstellung eines selbst geschaffenen immateriellen Vermögenswerts anfallen – nur selten im Buchwert eines Vermögenswerts erfasst. In Übereinstimmung mit Paragraph 63 werden nachträgliche Ausgaben für Markennamen, Drucktitel, Verlagsrechte, Kundenlisten und ihrem Wesen nach ähnliche Sachverhalte (ob extern erworben oder selbst geschaffen) immer im Gewinn oder Verlust erfasst, wenn sie anfallen. Dies beruht darauf, dass solche Ausgaben nicht von den Ausgaben für die Entwicklung des Unternehmens als Ganzes unterschieden werden können. 20

Ein immaterieller Vermögenswert ist dann anzusetzen, aber nur dann, wenn 21

(a) es wahrscheinlich ist, dass dem Unternehmen der erwartete künftige wirtschaftliche Nutzen aus dem Vermögenswert zufließen wird; und

(b) die Anschaffungs- oder Herstellungskosten des Vermögenswerts verlässlich bewertet werden können.

Ein Unternehmen hat die Wahrscheinlichkeit eines erwarteten künftigen wirtschaftlichen Nutzens anhand von vernünftigen und begründeten Annahmen zu beurteilen. Diese Annahmen beruhen auf der bestmöglichen Einschätzung seitens des Managements in Bezug auf die wirtschaftlichen Rahmenbedingungen, die über die Nutzungsdauer des Vermögenswerts bestehen werden. 22

Ein Unternehmen schätzt nach eigenem Ermessen aufgrund der zum Zeitpunkt des erstmaligen Ansatzes zur Verfügung stehenden substanziellen Hinweise den Grad der Sicherheit ein, der dem Zufluss an künftigem wirtschaftlichen Nutzen aus der Nutzung des Vermögenswerts zuzuschreiben ist, wobei externen substanziellen Hinweisen größeres Gewicht beizumessen ist. 23

Ein immaterieller Vermögenswert ist bei Zugang mit seinen Anschaffungs- oder Herstellungskosten zu bewerten. 24

Gesonderte Anschaffung

Der Preis, den ein Unternehmen für den gesonderten Erwerb eines immateriellen Vermögenswerts zahlt, wird normalerweise die Erwartungen über die Wahrscheinlichkeit widerspiegeln, dass der voraussichtliche künftige Nutzen aus dem Vermögenswert dem Unternehmen zufließen wird. Mit anderen Worten: das Unternehmen erwartet, dass ein Zufluss von wirtschaftlichem Nutzen entsteht, selbst wenn der Zeitpunkt oder die Höhe des Zuflusses unsicher sind. Das Ansatzkriterium aus Paragraph 21(a) über die Wahrscheinlichkeit wird daher für gesondert erworbene immaterielle Vermögenswerte stets als erfüllt angesehen. 25

26 Zudem können die Anschaffungskosten des gesondert erworbenen immateriellen Vermögenswerts für gewöhnlich verlässlich bewertet werden. Dies gilt insbesondere dann, wenn der Erwerbspreis in Form von Zahlungsmitteln oder sonstigen monetären Vermögenswerten beglichen wird.

27 Die Anschaffungskosten eines gesondert erworbenen immateriellen Vermögenswertes umfassen:

(a) den Erwerbspreis einschließlich Einfuhrzölle und nicht erstattungsfähiger Umsatzsteuern nach Abzug von Rabatten, Boni und Skonti; und

(b) direkt zurechenbare Kosten für die Vorbereitung des Vermögenswerts auf seine beabsichtigte Nutzung.

28 Beispiele für direkt zurechenbare Kosten sind:

(a) Aufwendungen für Leistungen an Arbeitnehmer (wie in IAS 19 definiert), die direkt anfallen, wenn der Vermögenswert in seinen betriebsbereiten Zustand versetzt wird;

(b) Honorare, die direkt anfallen, wenn der Vermögenswert in seinen betriebsbereiten Zustand versetzt wird; und

(c) Kosten für Testläufe, ob der Vermögenswert ordentlich funktioniert.

29 Beispiele für Ausgaben, die nicht Teil der Anschaffungs- oder Herstellungskosten eines immateriellen Vermögenswerts sind:

(a) Kosten für die Einführung eines neuen Produkts oder einer neuen Dienstleistung (einschließlich Kosten für Werbung und verkaufsfördernde Maßnahmen);

(b) Kosten für die Geschäftsführung in einem neuen Standort oder mit einer neuen Kundengruppe (einschließlich Schulungskosten); und

(c) Verwaltungs- und andere Gemeinkosten.

30 Die Erfassung von Kosten im Buchwert eines immateriellen Vermögenswerts endet, wenn der Vermögenswert sich in dem betriebsbereiten wie vom Management gewünschten Zustand befindet. Kosten, die bei der Benutzung oder Verlagerung eines immateriellen Vermögenswerts anfallen, sind somit nicht in den Buchwert dieses Vermögenswerts eingeschlossen. Die nachstehenden Kosten sind beispielsweise nicht im Buchwert eines immateriellen Vermögenswerts erfasst:

(a) Kosten, die anfallen, wenn ein Vermögenswert, der auf die vom Management beabsichtigten Weise betriebsbereit ist, noch in Betrieb gesetzt werden muss; und

(b) erstmalige Betriebsverluste, wie diejenigen, die während der Nachfrage nach Produktionserhöhung des Vermögenswerts auftreten.

31 Einige Geschäftstätigkeiten treten bei der Entwicklung eines immateriellen Vermögenswerts auf, sind jedoch nicht notwendig, um den Vermögenswert in den vom Management beabsichtigten betriebsbereiten Zustand zu bringen. Diese verbundenen Geschäftstätigkeiten können vor oder bei den Entwicklungstätigkeiten auftreten. Da verbundene Geschäftstätigkeiten nicht notwendig sind, um einen Vermögenswert in den vom Management beabsichtigten betriebsbereiten Zustand zu bringen, werden die Einnahmen und dazugehörigen Ausgaben der verbundenen Geschäftstätigkeiten unmittelbar im Gewinn oder Verlust erfasst und unter den entsprechenden Posten von Erträgen und Aufwendungen ausgewiesen.

32 Wird die Zahlung für einen immateriellen Vermögenswert über das normale Zahlungsziel hinaus aufgeschoben, entsprechen seine Anschaffungskosten dem Gegenwert des Barpreises. Die Differenz zwischen diesem Betrag und der zu leistenden Gesamtzahlung wird über den Zeitraum des Zahlungszieles als Zinsaufwand erfasst, es sei denn, dass sie gemäß IAS 23 *Fremdkapitalkosten* aktiviert wird.

Erwerb im Rahmen eines Unternehmenszusammenschlusses

Wenn ein immaterieller Vermögenswert gemäß IFRS 3 *Unternehmenszusammenschlüsse* bei einem Unternehmenszusammenschluss erworben wird, entsprechen die Anschaffungskosten dieses immateriellen Vermögenswerts seinem beizulegenden Zeitwert zum Erwerbszeitpunkt. Der beizulegende Zeitwert eines immateriellen Vermögenswerts wird widerspiegeln, wie Marktteilnehmer am Erwerbszeitpunkt die Wahrscheinlichkeit einschätzen, dass der erwartete künftige wirtschaftliche Nutzen aus dem Vermögenswert dem Unternehmen zufließen wird. Mit anderen Worten: das Unternehmen erwartet, dass ein Zufluss von wirtschaftlichem Nutzen entsteht, selbst wenn der Zeitpunkt oder die Höhe des Zuflusses unsicher sind. Das Ansatzkriterium aus Paragraph 21(a) über die Wahrscheinlichkeit wird für immaterielle Vermögenswerte, die bei Unternehmenszusammenschlüssen erworben wurden, stets als erfüllt angesehen. Wenn ein bei einem Unternehmenszusammenschluss erworbener Vermögenswert separierbar ist oder aus vertraglichen oder anderen gesetzlichen Rechten entsteht, gibt es genügend Informationen, um diesen Vermögenswert verlässlich zum beizulegenden Zeitwert zu bestimmen. Somit wird das verlässliche Bewertungskriterium aus Paragraph 21(b) über die Wahrscheinlichkeit für immaterielle Vermögenswerte, die bei Unternehmenszusammenschlüssen erworben wurden, stets als erfüllt angesehen. **33**

Gemäß diesem Standard und IFRS 3 (in der vom International Accounting Standards Board 2008 überarbeiteten Fassung) setzt ein Erwerber den immateriellen Vermögenswert des erworbenen Unternehmens zum Erwerbszeitpunkt separat vom Geschäfts- oder Firmenwert an, unabhängig davon, ob der Vermögenswert vor dem Unternehmenszusammenschluss vom erworbenen Unternehmen angesetzt wurde. Das bedeutet, dass der Erwerber ein aktives Forschungs- und Entwicklungsprojekt des erworbenen Unternehmens als einen vom Geschäfts- oder Firmenwert getrennten Vermögenswert ansetzt, wenn das Projekt die Definition eines immateriellen Vermögenswerts erfüllt. Ein laufendes Forschungs- und Entwicklungsprojekt eines erworbenen Unternehmens erfüllt die Definitionen eines immateriellen Vermögenswerts, wenn es: **34**

(a) die Definitionen eines Vermögenswerts erfüllt; und

(b) identifizierbar ist, d. h. wenn es separierbar ist oder aus vertraglichen oder gesetzlichen Rechten entsteht.

Bei einem Unternehmenszusammenschluss erworbener immaterieller Vermögenswert

Wenn ein bei einem Unternehmenszusammenschluss erworbener immaterieller Vermögenswert separierbar ist oder aus vertraglichen oder anderen gesetzlichen Rechten entsteht, gibt es genügend Informationen, um diesen Vermögenswert verlässlich zum beizulegenden Zeitwert zu bestimmen. Wenn es für die Schätzungen, die zur Bestimmung des beizulegenden Zeitwerts eines immateriellen Vermögenswerts benutzt werden, eine Reihe möglicher Ergebnisse mit verschiedenen Wahrscheinlichkeiten gibt, geht diese Unsicherheit in die Bestimmung des beizulegenden Zeitwerts des Vermögenswerts ein. **35**

Ein bei einem Unternehmenszusammenschluss erworbener immaterieller Vermögenswert könnte separierbar sein, jedoch nur in Verbindung mit einem Vertrag oder einem identifizierbaren Vermögenswert bzw. einer identifizierbaren Schuld. In diesen Fällen erfasst der Erwerber den immateriellen Vermögenswert getrennt vom Geschäfts- oder Firmenwert, aber zusammen mit dem entsprechenden Posten. **36**

Der Erwerber kann eine Gruppe von ergänzenden immateriellen Vermögenswerten als einen einzigen Vermögenswert ansetzen, sofern die einzelnen Vermögenswerte in der Gruppe ähnliche Nutzungsdauern haben. Zum Beispiel werden die Begriffe „Marke" und „Markenname" häufig als Synonyme für Warenzeichen und andere Zeichen benutzt. Die vorhergehenden Begriffe sind jedoch allgemeine Marketing-Begriffe, die üblicherweise in Bezug auf eine Gruppe von ergänzenden Vermögenswerten, wie ein Warenzeichen (oder eine Dienstleistungsmarke) **37** und den damit verbundenen Firmennamen, Geheimverfahren, Rezepten und technologischen Gutachten benutzt werden.

38 (weggefallen)

39 bis 41 (weggefallen)

Nachträgliche Ausgaben für ein erworbenes laufendes Forschungs- und Entwicklungsprojekt

42 Forschungs- oder Entwicklungsausgaben, die

(a) sich auf ein laufendes Forschungs- oder Entwicklungsprojekt beziehen, das gesondert oder bei einem Unternehmenszusammenschluss erworben und als ein immaterieller Vermögenswert angesetzt wurde; und

(b) nach dem Erwerb dieses Projekts anfallen,

sind gemäß den Paragraphen 54–62 zu bilanzieren.

43 Die Anwendung der Bestimmungen in den Paragraphen 54-62 bedeutet, dass nachträgliche Ausgaben für ein laufendes Forschungs- oder Entwicklungsprojekt, das gesondert oder bei einem Unternehmenszusammenschluss erworben und als ein immaterieller Vermögenswert angesetzt wurde

(a) bei ihrem Anfall als Aufwand erfasst werden, wenn es sich um Forschungsausgaben handelt;

(b) bei ihrem Anfall als Aufwand erfasst werden, wenn es sich um Entwicklungsausgaben handelt, die nicht die Ansatzkriterien eines immateriellen Vermögenswerts gemäß Paragraph 57 erfüllen; und

(c) zum Buchwert des erworbenen aktiven Forschungs- oder Entwicklungsprojekt hinzugefügt werden, wenn es sich um Entwicklungsausgaben handelt, die die Ansatzkriterien gemäß Paragraph 57 erfüllen.

Erwerb durch eine Zuwendung der öffentlichen Hand

44 In manchen Fällen kann ein immaterieller Vermögenswert durch eine Zuwendung der öffentlichen Hand kostenlos oder zum Nominalwert der Gegenleistung erworben werden. Dies kann geschehen, wenn die öffentliche Hand einem Unternehmen immaterielle Vermögenswerte überträgt oder zuteilt, wie beispielsweise Flughafenlanderechte, Lizenzen zum Betreiben von Rundfunk- oder Fernsehanstalten, Importlizenzen oder -quoten oder Zugangsrechte für sonstige begrenzt zugängliche Ressourcen. Gemäß IAS 20 *Bilanzierung und Darstellung von Zuwendungen der öffentlichen Hand* kann sich ein Unternehmen dafür entscheiden, sowohl den immateriellen Vermögenswert als auch die Zuwendung zunächst mit dem beizulegenden Zeitwert anzusetzen. Entscheidet sich ein Unternehmen dafür, den Vermögenswert zunächst nicht mit dem beizulegenden Zeitwert anzusetzen, setzt das Unternehmen den Vermögenswert zunächst zu einem Nominalwert an (die andere durch IAS 20 gestattete Methode), zuzüglich aller direkt zurechenbaren Kosten für die Vorbereitung des Vermögenswerts auf seinen beabsichtigten Gebrauch.

Tausch von Vermögenswerten

45 Ein oder mehrere immaterielle Vermögenswerte können im Tausch gegen nicht monetäre Vermögenswerte oder eine Kombination von monetären und nicht monetären Vermögenswerten erworben werden. Die folgenden Ausführungen beziehen sich nur auf einen Tausch von einem nicht monetären Vermögenswert gegen einen anderen, finden aber auch auf alle anderen im vorherstehenden Satz genannten Tauschvorgänge Anwendung. Die Anschaffungskosten eines solchen immateriellen Vermögenswerts werden zum beizulegenden Zeitwert bewertet, es sei denn, (a) dem Tauschgeschäft fehlt es an wirtschaftlicher Substanz, oder (b) weder der beizulegende Zeitwert des erhaltenen Vermögenswerts noch der des hingegebenen Vermögenswertes ist verlässlich bewertbar. Der erworbene Vermögenswert wird in dieser Art bewertet, auch wenn ein Unternehmen den hingegebenen Vermögenswert nicht sofort ausbuchen kann. Wenn der erworbene Vermögenswert nicht zum beizulegenden Zeitwert bewertet wird, werden die Anschaffungskosten zum Buchwert des hingegebenen Vermögenswerts bewertet.

Ein Unternehmen legt fest, ob ein Tauschgeschäft wirtschaftliche Substanz hat, indem es prüft, in welchem Umfang sich die künftigen Cashflows infolge der Transaktion voraussichtlich ändern. Ein Tauschgeschäft hat wirtschaftliche Substanz, wenn **46**

(a) die Zusammensetzung (d. h. Risiko, Timing und Betrag) des Cashflows des erhaltenen Vermögenswerts sich von der Zusammensetzung des übertragenen Vermögenswerts unterscheiden; oder

(b) der unternehmensspezifische Wert des Teils der Geschäftstätigkeiten des Unternehmens, der von der Transaktion betroffen ist, sich aufgrund des Tauschgeschäfts ändert; bzw.

(c) die Differenz in (a) oder (b) sich im Wesentlichen auf den beizulegenden Zeitwert der getauschten Vermögenswerte bezieht.

Für den Zweck der Bestimmung ob ein Tauschgeschäft wirtschaftliche Substanz hat, spiegelt der unternehmensspezifische Wert des Teils der Geschäftstätigkeiten des Unternehmens, der von der Transaktion betroffen ist, Cashflows nach Steuern wider. Das Ergebnis dieser Analysen kann eindeutig sein, ohne dass ein Unternehmen detaillierte Kalkulationen erbringen muss.

Paragraph 21(b) beschreibt, dass die verlässliche Bewertung der Anschaffungskosten eines Vermögenswerts eine Voraussetzung für den Ansatz eines immateriellen Vermögenswerts ist. Der beizulegende Zeitwert eines immateriellen Vermögenswerts gilt als verlässlich ermittelbar, wenn (a) die Schwankungsbandbreite der sachgerechten Bemessungen des beizulegenden Zeitwerts für diesen Vermögenswert nicht signifikant ist oder (b) die Eintrittswahrscheinlichkeiten der verschiedenen Schätzungen innerhalb dieser Bandbreite vernünftig geschätzt und bei der Bemessung des beizulegenden Zeitwerts verwendet werden können. Wenn ein Unternehmen den beizulegenden Zeitwert des erhaltenen Vermögenswerts oder des aufgegebenen Vermögenswerts verlässlich bestimmen kann, dann wird der beizulegende Zeitwert des aufgegebenen Vermögenswerts benutzt, um die Anschaffungskosten zu ermitteln, sofern der beizulegende Zeitwert des erhaltenen Vermögenswerts nicht eindeutiger zu ermitteln ist. **47**

Selbst geschaffener Geschäfts- oder Firmenwert

Ein selbst geschaffener Geschäfts- oder Firmenwert darf nicht aktiviert werden. **48**

In manchen Fällen fallen Aufwendungen für die Erzeugung eines künftigen wirtschaftlichen Nutzens an, ohne dass ein immaterieller Vermögenswert geschaffen wird, der die Ansatzkriterien dieses Standards erfüllt. Derartige Aufwendungen werden oft als Beitrag zum selbst geschaffenen Geschäfts- oder Firmenwert beschrieben. Ein selbst geschaffener Geschäfts- oder Firmenwert wird nicht als Vermögenswert angesetzt, da dieser keine durch das Unternehmen kontrollierte identifizierbare Ressource (d. h. er ist weder separierbar noch aus vertraglichen oder gesetzlichen Rechten entstanden) handelt, deren Herstellungskosten verlässlich bemessen werden können. **49**

In den zu irgendeinem Zeitpunkt auftretenden Unterschieden zwischen dem beizulegenden Zeitwert eines Unternehmens und dem Buchwert seiner identifizierbaren Nettovermögenswerte kann eine Bandbreite an Faktoren erfasst sein, die den beizulegenden Zeitwert des Unternehmens beeinflussen. Derartige Unterschiede stellen jedoch nicht die Anschaffungs- oder Herstellungskosten eines durch das Unternehmen beherrschten immateriellen Vermögenswerts dar. **50**

Selbst geschaffene immaterielle Vermögenswerte

Manchmal ist es schwierig zu beurteilen, ob ein selbst geschaffener immaterieller Vermögenswert ansetzbar ist, da Probleme bestehen bei: **51**

(a) der Feststellung, ob und wann es einen identifizierbaren Vermögenswert gibt, der einen voraussichtlichen künftigen wirtschaftlichen Nutzen erzeugen wird; und

(b) der verlässlichen Bestimmung der Herstellungskosten des Vermögenswerts. In manchen Fällen können die Kosten für die interne Herstellung eines immateriellen Vermögenswerts nicht von den Kosten unterschieden werden, die mit der Erhaltung oder Erhöhung des selbst geschaffenen Geschäfts- oder Firmenwerts des Unternehmens oder mit dem Tagesgeschäft in Verbindung stehen.

Neben den allgemeinen Bestimmungen für den Ansatz und die erstmalige Bewertung eines immateriellen Vermögenswertes wendet ein Unternehmen daher die Vorschriften und Anwendungsleitlinien der Paragraphen 52-67 auf alle selbst geschaffenen immateriellen Vermögenswerte an.

52 Um zu beurteilen, ob ein selbst geschaffener immaterieller Vermögenswert die Ansatzkriterien erfüllt, unterteilt ein Unternehmen den Erstellungsprozess des Vermögenswertes in

(a) eine Forschungsphase; und

(b) eine Entwicklungsphase.

Obwohl die Begriffe „Forschung" und „Entwicklung" definiert sind, haben die Begriffe „Forschungsphase" und „Entwicklungsphase" im Sinne dieses Standards eine umfassendere Bedeutung.

53 Kann ein Unternehmen die Forschungsphase nicht von der Entwicklungsphase eines internen Projekts zur Schaffung eines immateriellen Vermögenswerts trennen, behandelt das Unternehmen die mit diesem Projekt verbundenen Ausgaben so, als wären sie nur in der Forschungsphase angefallen.

Forschungsphase

54 **Ein aus der Forschung (oder der Forschungsphase eines internen Projekts) entstehender immaterieller Vermögenswert darf nicht angesetzt werden. Ausgaben für Forschung (oder in der Forschungsphase eines internen Projekts) sind in der Periode als Aufwand zu erfassen, in der sie anfallen.**

55 In der Forschungsphase eines internen Projekts kann ein Unternehmen nicht nachweisen, dass ein immaterieller Vermögenswert existiert, der einen voraussichtlichen künftigen wirtschaftlichen Nutzen erzeugen wird. Daher werden diese Ausgaben in der Periode als Aufwand erfasst, in der sie anfallen.

56 Beispiele für Forschungsaktivitäten sind:

(a) Aktivitäten, die auf die Erlangung neuer Erkenntnisse ausgerichtet sind;

(b) die Suche nach sowie die Beurteilung und endgültige Auswahl von Anwendungen für Forschungsergebnisse und für anderes Wissen;

(c) die Suche nach Alternativen für Materialien, Vorrichtungen, Produkte, Verfahren, Systeme oder Dienstleistungen; und

(d) die Formulierung, der Entwurf sowie die Beurteilung und endgültige Auswahl von möglichen Alternativen für neue oder verbesserte Materialien, Vorrichtungen, Produkte, Verfahren, Systeme oder Dienstleistungen.

Entwicklungsphase

57 **Ein aus der Entwicklung (oder der Entwicklungsphase eines internen Projekts) entstehender immaterieller Vermögenswert ist dann und nur dann anzusetzen, wenn ein Unternehmen Folgendes nachweisen kann:**

(a) Die Fertigstellung des immateriellen Vermögenswerts kann technisch soweit realisiert werden, dass er genutzt oder verkauft werden kann.

(b) Das Unternehmen beabsichtigt, den immateriellen Vermögenswert fertig zu stellen und ihn zu nutzen oder zu verkaufen.

(c) Das Unternehmen ist fähig, den immateriellen Vermögenswert zu nutzen oder zu verkaufen.

(d) Die Art und Weise, wie der immaterielle Vermögenswert voraussichtlich einen künftigen wirtschaftlichen Nutzen erzielen wird; das Unternehmen kann u. a. die Existenz eines Markts für die Produkte des immateriellen Vermögenswertes oder für den immateriellen Vermögenswert an sich oder, falls er intern genutzt werden soll, den Nutzen des immateriellen Vermögenswerts nachweisen.

(e) Adäquate technische, finanzielle und sonstige Ressourcen sind verfügbar, so dass die Entwicklung abgeschlossen und der immaterielle Vermögenswert genutzt oder verkauft werden kann.

(f) Das Unternehmen ist fähig, die dem immateriellen Vermögenswert während seiner Entwicklung zurechenbaren Ausgaben verlässlich zu bewerten.

In der Entwicklungsphase eines internen Projekts kann ein Unternehmen in manchen Fällen einen immateriellen Vermögenswert identifizieren und nachweisen, dass der Vermögenswert einen voraussichtlichen künftigen wirtschaftlichen Nutzen erzeugen wird. Dies ist darauf zurückzuführen, dass ein Projekt in der Entwicklungsphase weiter vorangeschritten ist als in der Forschungsphase. **58**

Beispiele für Entwicklungsaktivitäten sind: **59**

(a) der Entwurf, die Konstruktion und das Testen von Prototypen und Modellen vor Beginn der eigentlichen Produktion oder Nutzung;

(b) der Entwurf von Werkzeugen, Spannvorrichtungen, Prägestempeln und Gussformen unter Verwendung neuer Technologien;

(c) der Entwurf, die Konstruktion und der Betrieb einer Pilotanlage, die von ihrer Größe her für eine kommerzielle Produktion wirtschaftlich ungeeignet ist; und

(d) der Entwurf, die Konstruktion und das Testen einer ausgewählten Alternative für neue oder verbesserte Materialien, Vorrichtungen, Produkte, Verfahren, Systeme oder Dienstleistungen.

Um zu zeigen, wie ein immaterieller Vermögenswert einen voraussichtlichen künftigen wirtschaftlichen Nutzen erzeugen wird, beurteilt ein Unternehmen den aus dem Vermögenswert zu erzielenden künftigen wirtschaftlichen Nutzen, indem es die Grundsätze in IAS 36 *Wertminderung von Vermögenswerten* anwendet. Wird der Vermögenswert nur in Verbindung mit anderen Vermögenswerten einen wirtschaftlichen Nutzen erzeugen, wendet das Unternehmen das Konzept der zahlungsmittelgenerierenden Einheiten gemäß IAS 36 an. **60**

Ob Ressourcen vorhanden sind, so dass ein immaterieller Vermögenswert fertig gestellt und genutzt und der Nutzen aus ihm erlangt werden kann, lässt sich beispielsweise anhand eines Unternehmensplans nachweisen, der die benötigten technischen, finanziellen und sonstigen Ressourcen sowie die Fähigkeit des Unternehmens zur Sicherung dieser Ressourcen zeigt. In einigen Fällen weist ein Unternehmen die Verfügbarkeit von Fremdkapital mittels einer vom Kreditgeber erhaltenen Absichtserklärung, den Plan zu finanzieren, nach. **61**

Die Kostenrechnungssysteme eines Unternehmens können oftmals die Herstellungskosten eines selbst erstellten immateriellen Vermögenswerts verlässlich ermitteln, wie beispielsweise Gehälter und sonstige Ausgaben, die bei der Sicherung von Urheberrechten oder Lizenzen oder bei der Entwicklung von Computersoftware anfallen. **62**

Selbst geschaffene Markennamen, Drucktitel, Verlagsrechte, Kundenlisten sowie ihrem Wesen nach ähnliche Sachverhalte dürfen nicht als immaterielle Vermögenswerte angesetzt werden. **63**

Ausgaben für selbst geschaffene Markennamen, Drucktitel, Verlagsrechte, Kundenlisten sowie dem Wesen nach ähnliche Sachverhalte können nicht von den Ausgaben für die Entwicklung **64** des Unternehmens als Ganzes unterschieden werden. Aus diesem Grund werden solche Sachverhalte nicht als immaterielle Vermögenswerte angesetzt.

Herstellungskosten eines selbst geschaffenen immateriellen Vermögenswerts

65 Die Herstellungskosten eines selbst geschaffenen immateriellen Vermögenswerts im Sinne des Paragraphen 24 entsprechen der Summe der Kosten, die ab dem Zeitpunkt anfallen, ab dem der immaterielle Vermögenswert die in den Paragraphen 21, 22 und 57 beschriebenen Ansatzkriterien erstmals erfüllt. Paragraph 71 untersagt die Nachaktivierung von Kosten, die zuvor bereits als Aufwand erfasst wurden.

66 Die Herstellungskosten eines selbst geschaffenen immateriellen Vermögenswerts umfassen alle direkt zurechenbaren Kosten, die erforderlich sind, den Vermögenswert zu entwerfen, herzustellen und so vorzubereiten, dass er für den vom Management beabsichtigten Gebrauch betriebsbereit ist. Beispiele für direkt zurechenbare Kosten sind:

(a) Kosten für Materialien und Dienstleistungen, die bei der Erzeugung des immateriellen Vermögenswerts genutzt oder verbraucht werden;

(b) Aufwendungen für Leistungen an Arbeitnehmer (wie in IAS 19 definiert), die bei der Erzeugung des immateriellen Vermögenswerts anfallen;

(c) Registrierungsgebühren eines Rechtsanspruchs; und

(d) Amortisationen der Patente und Lizenzen, die zur Erzeugung des immateriellen Vermögenswerts genutzt werden.

IAS 23 bestimmt, nach welchen Zinsen als Teil der Herstellungskosten eines selbst geschaffenen immateriellen Vermögenswerts angesetzt werden.

67 Keine Bestandteile der Herstellungskosten eines selbst geschaffenen immateriellen Vermögenswerts sind:

(a) Vertriebs- und Verwaltungsgemeinkosten sowie sonstige allgemeine Gemeinkosten, es sei denn, diese Kosten dienen direkt dazu, die Nutzung des Vermögenswerts vorzubereiten;

(b) identifizierte Ineffizienzen und anfängliche Betriebsverluste, die auftreten, bevor der Vermögenswert seine geplante Ertragskraft erreicht hat; und

(c) Ausgaben für die Schulung von Mitarbeitern im Umgang mit dem Vermögenswert.

Beispiel zur Veranschaulichung von Paragraph 65

Ein Unternehmen entwickelt einen neuen Produktionsprozess. Die in 20X5 angefallenen Ausgaben beliefen sich auf 1 000 WE*), wovon 900 WE vor dem 1. Dezember 20X5 und 100 WE zwischen dem 1. Dezember 20X5 und dem 31. Dezember 20X5 anfielen. Das Unternehmen kann beweisen, dass der Produktionsprozess zum 1. Dezember 20X5 die Kriterien für einen Ansatz als immaterieller Vermögenswert erfüllte. Der erzielbare Betrag des in diesem Prozess verankerten *Know-hows* (einschließlich künftiger Zahlungsmittelabflüsse, um den Prozess vor seiner eigentlichen Nutzung fertig zu stellen) wird auf 500 WE geschätzt.

Ende 20X5 wird der Produktionsprozess als immaterieller Vermögenswert mit Herstellungskosten in Höhe von 100 WE angesetzt (Ausgaben, die seit dem Zeitpunkt der Erfüllung der Ansatzkriterien, d. h. dem 1. Dezember 20X5, angefallen sind). Die Ausgaben in Höhe von 900 WE, die vor dem 1. Dezember 20X5 angefallen waren, werden als Aufwand erfasst, da die Ansatzkriterien erst ab dem 1. Dezember 20X5 erfüllt wurden. Diese Ausgaben sind Teil der in der Bilanz angesetzten Ausgaben des Produktionsprozesses.

In 20X6 betragen die angefallenen Ausgaben 2 000 WE. Ende 20X6 wird der erzielbare Betrag des in diesem Prozess verankerten Know-hows (einschließlich künftiger Zahlungsmittelabflüsse, um den Prozess vor seiner eigentlichen Nutzung fertig zu stellen) auf 1 900 WE geschätzt.

*) **Amtl. Anm.:** In diesem Standard werden Geldbeträge in „Währungseinheiten" (WE) angegeben.

Ende 20X6 belaufen sich die Ausgaben für den Produktionsprozess auf 2 100 WE (Ausgaben 100 WE werden Ende 20X5 erfasst plus Ausgaben 2 000 WE in 20X6). Das Unternehmen erfasst einen Wertminderungsaufwand in Höhe von 200 WE, um den Buchwert des Prozesses vor dem Wertminderungsaufwand (2 100 WE) an seinen erzielbaren Betrag (1 900 WE) anzupassen. Dieser Wertminderungsaufwand wird in einer Folgeperiode wieder aufgehoben, wenn die in IAS 36 dargelegten Anforderungen für die Wertaufholung erfüllt sind.

Erfassung eines Aufwands

Ausgaben für einen immateriellen Posten sind in der Periode als Aufwand zu erfassen, in der sie **68** anfallen, es sei denn, dass:

(a) sie Teil der Anschaffungs- oder Herstellungskosten eines immateriellen Vermögenswerts sind, der die Ansatzkriterien erfüllt (siehe Paragraphen 18-67); oder

(b) der Posten bei einem Unternehmenszusammenschluss erworben wird und nicht als immaterieller Vermögenswert angesetzt werden kann. Ist dies der Fall, sind sie Teil des Betrags, der zum Erwerbszeitpunkt als Geschäfts- oder Firmenwert bilanziert wurde (siehe IFRS 3).

Manchmal entstehen Ausgaben, mit denen für ein Unternehmen ein künftiger wirtschaftlicher **69** Nutzen erzielt werden soll, ohne dass ein immaterieller Vermögenswert oder sonstiger Vermögenswert erworben oder geschaffen wird, der angesetzt werden kann. Im Falle der Lieferung von Gütern setzt ein Unternehmen solche Ausgaben dann als Aufwand an, wenn es ein Recht auf Zugang zu diesen Waren erhält. Im Falle der Erbringung von Dienstleistungen setzt ein Unternehmen solche Ausgaben dann als Aufwand an, wenn es die Dienstleistungen erhält. Beispielsweise werden Ausgaben für Forschung, außer wenn sie bei einem Unternehmenszusammenschluss anfallen, in der Periode als Aufwand erfasst, in der sie anfallen (siehe Paragraph 54).
Weitere Beispiele für Ausgaben, die in der Periode als Aufwand erfasst werden, in der sie anfallen, sind:

(a) Ausgaben für die Gründung und den Anlauf eines Geschäftsbetriebs (d. h. Gründungs- und Anlaufkosten), es sei denn, diese Ausgaben sind in den Anschaffungs- oder Herstellungskosten eines Gegenstands der Sachanlagen gemäß IAS 16 enthalten. Zu Gründungs- und Anlaufkosten zählen Gründungskosten wie Rechts- und sonstige Kosten, die bei der Gründung einer juristischen Einheit anfallen, Ausgaben für die Eröffnung einer neuen Betriebsstätte oder eines neuen Geschäfts (d. h. Eröffnungskosten) oder Kosten für die Aufnahme neuer Tätigkeitsbereiche oder die Einführung neuer Produkte oder Verfahren (d. h. Anlaufkosten);

(b) Ausgaben für Aus- und Weiterbildungsaktivitäten;

(c) Ausgaben für Werbekampagnen und Maßnahmen der Verkaufsförderung (einschließlich Versandhauskataloge);

(d) Ausgaben für die Verlegung oder Umorganisation von Unternehmensteilen oder des gesamten Unternehmens.

Ein Unternehmen hat ein Recht auf den Zugang zu Gütern, wenn sich diese in seinem Besitz **69A** befinden. Ebenso hat ein Unternehmen ein Recht auf den Zugang zu Gütern, wenn sie im Sinne eines Liefervertrags von einem Lieferanten hergestellt wurden und das Unternehmen ihre Lieferung entgegen Bezahlung fordern kann. Dienstleistungen gelten dann als erhalten, wenn sie von einem Dienstleister gemäß einem Dienstleistungsvertrag mit dem Unternehmen erbracht werden und nicht, wenn das Unternehmen sie zur Erbringung einer anderen Dienstleistung nutzt (wie z. B. für Kundenwerbung).

Paragraph 68 schließt die Erfassung einer Vorauszahlung als ein Vermögenswert nicht aus, **70** wenn die Zahlung für die Lieferung von Waren vor dem Erhalt des Rechts seitens des Unternehmens auf Zugang zu diesen Waren erfolgte. Ebenso schließt Paragraph 68 die Erfassung einer Vorauszahlung als ein Vermögenswert nicht aus, wenn die Zahlung für die Erbringung von Dienstleistungen vor dem Erhalt der Dienstleistungen erfolgte.

Keine Erfassung früherer Aufwendungen als Vermögenswert

71 Ausgaben für einen immateriellen Posten, die ursprünglich als Aufwand erfasst wurden, sind zu einem späteren Zeitpunkt nicht als Teil der Anschaffungs- oder Herstellungskosten eines immateriellen Vermögenswerts anzusetzen.

Folgebewertung

72 Ein Unternehmen hat als seine Rechnungslegungsmethode entweder das Anschaffungskostenmodell gemäß Paragraph 74 oder das Neubewertungsmodell gemäß Paragraph 75 zu wählen. Wird ein immaterieller Vermögenswert nach dem Neubewertungsmodell bilanziert, sind alle anderen Vermögenswerte seiner Gruppe ebenfalls nach demselben Modell zu bilanzieren, es sei denn, dass kein aktiver Markt für diese Vermögenswerte existiert.

73 Eine Gruppe immaterieller Vermögenswerte ist eine Zusammenfassung von Vermögenswerten, die hinsichtlich ihrer Art und ihrem Verwendungszweck innerhalb des Unternehmens ähnlich sind. Die Posten innerhalb einer Gruppe immaterieller Vermögenswerte werden gleichzeitig neu bewertet, um zu vermeiden, dass Vermögenswerte selektiv neu bewertet werden und dass Beträge in den Abschlüssen dargestellt werden, die eine Mischung aus Anschaffungs- oder Herstellungskosten und neu bewerteten Beträgen zu unterschiedlichen Zeitpunkten darstellen.

Anschaffungskostenmodell

74 Nach erstmaligem Ansatz ist ein immaterieller Vermögenswert mit seinen Anschaffungs- oder Herstellungskosten anzusetzen, abzüglich aller kumulierten Amortisationen und aller kumulierten Wertminderungsaufwendungen.

Neubewertungsmodell

75 Nach erstmaligem Ansatz ist ein immaterieller Vermögenswert mit einem Neubewertungsbetrag fortzuführen, der sein beizulegender Zeitwert zum Zeitpunkt der Neubewertung ist, abzüglich späterer kumulierter Amortisationen und späterer kumulierter Wertminderungsaufwendungen. Im Rahmen der unter diesen Standard fallenden Neubewertungen ist der beizulegende Zeitwert unter Bezugnahme auf einen aktiven Markt zu bemessen. Neubewertungen sind mit einer solchen Regelmäßigkeit vorzunehmen, dass der Buchwert des Vermögenswerts nicht wesentlich von seinem beizulegenden Zeitwert abweicht.

76 Das Neubewertungsmodell untersagt

(a) die Neubewertung immaterieller Vermögenswerte, die zuvor nicht als Vermögenswerte angesetzt wurden; oder

(b) den erstmaligen Ansatz immaterieller Vermögenswerte mit von ihren Anschaffungs- oder Herstellungskosten abweichenden Beträgen.

77 Das Neubewertungsmodell wird angewandt, nachdem ein Vermögenswert zunächst mit seinen Anschaffungs- oder Herstellungskosten angesetzt wurde. Wird allerdings nur ein Teil der Anschaffungs- oder Herstellungskosten eines immateriellen Vermögenswerts angesetzt, da der Vermögenswert die Ansatzkriterien erst zu einem späteren Zeitpunkt erfüllt hat (siehe Paragraph 65), kann das Neubewertungsmodell auf den gesamten Vermögenswert angewandt werden. Zudem kann das Neubewertungsmodell auf einen immateriellen Vermögenswert angewandt werden, der durch eine Zuwendung der öffentlichen Hand zuging und zu einem Nominalwert angesetzt wurde (siehe Paragraph 44).

78 Auch wenn ein den in Paragraph 8 beschriebenen Merkmalen entsprechender aktiver Markt für einen immateriellen Vermögenswert normalerweise nicht existiert, kann dies dennoch vorkommen. Zum Beispiel kann in manchen Ländern ein aktiver Markt für frei übertragbare Taxilizenzen, Fischereilizenzen oder Produktionsquoten bestehen. Allerdings gibt es keinen aktiven Markt für Markennamen, Drucktitel bei Zeitungen, Musik- und Filmverlagsrechte, Patente oder

Warenzeichen, da jeder dieser Vermögenswerte einzigartig ist. Und obwohl immaterielle Vermögenswerte gekauft und verkauft werden, werden Verträge zwischen einzelnen Käufern und Verkäufern ausgehandelt, und Transaktionen finden relativ selten statt. Aus diesen Gründen gibt der für einen Vermögenswert gezahlte Preis möglicherweise keinen ausreichenden substanziellen Hinweis auf den beizulegenden Zeitwert eines anderen. Darüber hinaus stehen der Öffentlichkeit die Preise oft nicht zur Verfügung.

Die Häufigkeit von Neubewertungen ist abhängig vom Ausmaß der Schwankung (Volatilität) des beizulegenden Zeitwerts der einer Neubewertung unterliegenden immateriellen Vermögenswerte. Weicht der beizulegende Zeitwert eines neu bewerteten Vermögenswerts wesentlich von seinem Buchwert ab, ist eine weitere Neubewertung notwendig. Manche immateriellen Vermögenswerte können bedeutende und starke Schwankungen ihres beizulegenden Zeitwerts erfahren, wodurch eine jährliche Neubewertung erforderlich wird. Derartig häufige Neubewertungen sind bei immateriellen Vermögenswerten mit nur unbedeutenden Bewegungen des beizulegenden Zeitwerts nicht notwendig. **79**

Bei Neubewertung eines immateriellen Vermögenswerts wird dessen Buchwert an den Neubewertungsbetrag angepasst. Zum Zeitpunkt der Neubewertung wird der Vermögenswert wie folgt behandelt: **80**

(a) der Bruttobuchwert wird in einer Weise berichtigt, die mit der Neubewertung des Buchwerts in Einklang steht. So kann der Bruttobuchwert beispielsweise unter Bezugnahme auf beobachtbare Marktdaten oder proportional zur Veränderung des Buchwerts berichtigt werden. Die kumulierte Amortisation zum Zeitpunkt der Neubewertung wird so berichtigt, dass sie nach Berücksichtigung kumulierter Wertminderungsaufwendungen der Differenz zwischen dem Bruttobuchwert und dem Buchwert des Vermögenswerts entspricht; oder

(b) die kumulierte Amortisation wird gegen den Bruttobuchwert des Vermögenswerts ausgebucht.

Der Betrag, um den die kumulierte Amortisation berichtigt wird, ist Bestandteil der Erhöhung oder Senkung des Buchwerts, der gemäß den Paragraphen 85 und 86 bilanziert wird.

Kann ein immaterieller Vermögenswert einer Gruppe von neu bewerteten immateriellen Vermögenswerten aufgrund der fehlenden Existenz eines aktiven Markts für diesen Vermögenswert nicht neu bewertet werden, ist der Vermögenswert mit seinen Anschaffungs- oder Herstellungskosten anzusetzen, abzüglich aller kumulierten Amortisationen und Wertminderungsaufwendungen. **81**

Kann der beizulegende Zeitwert eines neu bewerteten immateriellen Vermögenswerts nicht länger unter Bezugnahme auf einen aktiven Markt bemessen werden, entspricht der Buchwert des Vermögenswerts seinem Neubewertungsbetrag, der zum Zeitpunkt der letzten Neubewertung unter Bezugnahme auf den aktiven Markt ermittelt wurde, abzüglich aller späteren kumulierten Amortisationen und Wertminderungsaufwendungen. **82**

Die Tatsache, dass ein aktiver Markt nicht länger für einen neu bewerteten immateriellen Vermögenswert besteht, kann darauf schließen lassen, dass der Vermögenswert möglicherweise in seinem Wert gemindert ist und gemäß IAS 36 geprüft werden muss. **83**

Kann der beizulegende Zeitwert des Vermögenswerts zu einem späteren Bemessungsstichtag unter Bezugnahme auf einen aktiven Markt bestimmt werden, wird ab diesem Stichtag das Neubewertungsmodell angewandt. **84**

Führt eine Neubewertung zu einer Erhöhung des Buchwerts eines immateriellen Vermögenswerts, ist die Wertsteigerung im sonstigen Ergebnis zu erfassen und im Eigenkapital unter der Position Neubewertungsrücklage zu kumulieren. Allerdings wird der Wertzuwachs in dem Umfang im Gewinn oder Verlust erfasst, wie er eine in der Vergangenheit im Gewinn oder Verlust erfasste Abwertung desselben Vermögenswerts aufgrund einer Neubewertung rückgängig macht. **85**

86 Führt eine Neubewertung zu einer Verringerung des Buchwerts eines immateriellen Vermögenswerts, ist die Wertminderung im Gewinn oder Verlust zu erfassen. Eine Verminderung ist jedoch direkt im sonstigen Ergebnis zu erfassen, soweit sie das Guthaben der entsprechenden Neubewertungsrücklage nicht übersteigt. Durch die im sonstigen Ergebnis erfasste Verminderung reduziert sich der Betrag, der im Eigenkapital unter der Position Neubewertungsrücklage kumuliert wird.

87 Die im Eigenkapital eingestellte kumulative Neubewertungsrücklage kann bei Realisierung direkt in die Gewinnrücklagen umgebucht werden. Die gesamte Rücklage kann bei Stilllegung oder Veräußerung des Vermögenswerts realisiert werden. Ein Teil der Rücklage kann jedoch realisiert werden, während der Vermögenswert vom Unternehmen genutzt wird; in solch einem Fall entspricht der realisierte Rücklagenbetrag dem Unterschiedsbetrag zwischen der Amortisation auf Basis des neu bewerteten Buchwerts des Vermögenswerts und der Amortisation, die auf Basis der historischen Anschaffungs- oder Herstellungskosten des Vermögenswerts erfasst worden wäre. Die Umbuchung von der Neubewertungsrücklage in die Gewinnrücklagen erfolgt nicht über den Gewinn oder Verlust.

Nutzungsdauer

88 Ein Unternehmen hat festzustellen, ob die Nutzungsdauer eines immateriellen Vermögenswerts begrenzt oder unbegrenzt ist, und wenn begrenzt, dann die Laufzeit dieser Nutzungsdauer bzw. die Anzahl der Produktions- oder ähnlichen Einheiten, die diese Nutzungsdauer bestimmen. Ein immaterieller Vermögenswert ist von einem Unternehmen so anzusehen, als habe er eine unbegrenzte Nutzungsdauer, wenn es aufgrund einer Analyse aller relevanten Faktoren keine vorhersehbare Begrenzung der Periode gibt, in der der Vermögenswert voraussichtlich Netto-Cashflows für das Unternehmen erzeugen wird.

89 Die Bilanzierung eines immateriellen Vermögenswerts basiert auf seiner Nutzungsdauer. Ein immaterieller Vermögenswert mit einer begrenzten Nutzungsdauer wird abgeschrieben (siehe Paragraphen 97-106), hingegen ein immaterieller Vermögenswert mit einer unbegrenzten Nutzungsdauer nicht (siehe Paragraphen 107-110). Die erläuternden Beispiele zu diesem Standard veranschaulichen die Bestimmung der Nutzungsdauer für verschiedene immaterielle Vermögenswerte und die daraus folgende Bilanzierung dieser Vermögenswerte, je nach ihrer festgestellten Nutzungsdauer.

90 Bei der Ermittlung der Nutzungsdauer eines immateriellen Vermögenswerts werden viele Faktoren in Betracht gezogen, so auch

(a) die voraussichtliche Nutzung des Vermögenswerts durch das Unternehmen und die Frage, ob der Vermögenswert unter einem anderen Management effizient eingesetzt werden könnte;

(b) für den Vermögenswert typische Produktlebenszyklen und öffentliche Informationen über die geschätzte Nutzungsdauer von ähnlichen Vermögenswerten, die auf ähnliche Weise genutzt werden;

(c) technische, technologische, kommerzielle oder andere Arten der Veralterung;

(d) die Stabilität der Branche, in der der Vermögenswert zum Einsatz kommt, und Änderungen in der Gesamtnachfrage nach den Produkten oder Dienstleistungen, die mit dem Vermögenswert erzeugt werden;

(e) voraussichtliche Handlungen seitens der Wettbewerber oder potenzieller Konkurrenten;

(f) die Höhe der Erhaltungsausgaben, die zur Erzielung des voraussichtlichen künftigen wirtschaftlichen Nutzens aus dem Vermögenswert erforderlich sind, sowie die Fähigkeit und Absicht des Unternehmens, dieses Niveau zu erreichen;

(g) der Zeitraum der Verfügungsgewalt über den Vermögenswert und rechtliche oder ähnliche Beschränkungen hinsichtlich der Nutzung des Vermögenswerts, wie beispielsweise der Verfalltermin zugrunde liegender Leasingverhältnisse; und

(h) ob die Nutzungsdauer des Vermögenswerts von der Nutzungsdauer anderer Vermögenswerte des Unternehmens abhängt.

Der Begriff „unbegrenzt" hat nicht dieselbe Bedeutung wie „endlos". Die Nutzungsdauer eines immateriellen Vermögenswerts spiegelt nur die Höhe der künftigen Erhaltungsausgaben wider, die zur Erhaltung des Vermögenswerts auf dem Niveau der Ertragskraft, die zum Zeitpunkt der Schätzung der Nutzungsdauer des Vermögenswerts festgestellt wurde, erforderlich sind sowie die Fähigkeit und Absicht des Unternehmens, dieses Niveau zu erreichen. Eine Schlussfolgerung, dass die Nutzungsdauer eines immateriellen Vermögenswerts unbegrenzt ist, darf nicht von den geplanten künftigen Ausgaben abhängen, die diejenigen übersteigen, die zur Erhaltung des Vermögenswerts auf diesem Niveau der Ertragskraft erforderlich sind. **91**

Angesichts des durch die Vergangenheit belegten rasanten Technologiewandels sind Computersoftware und viele andere immaterielle Vermögenswerte technologischer Veralterung ausgesetzt. Daher wird ihre Nutzungsdauer oftmals kurz sein. Wird für die Zukunft mit einem Rückgang des Verkaufspreises eines mit Hilfe eines immateriellen Vermögenswerts erzeugten Produkts gerechnet, könnte dies ein Indikator dafür sein, dass sich der künftige wirtschaftliche Nutzen des Vermögenswerts aufgrund der für ihn erwarteten technischen oder gewerblichen Veralterung vermindert. **92**

Die Nutzungsdauer eines immateriellen Vermögenswerts kann sehr lang sein bzw. sogar unbegrenzt. Ungewissheit rechtfertigt, die Nutzungsdauer eines immateriellen Vermögenswerts vorsichtig zu schätzen, allerdings rechtfertigt sie nicht die Wahl einer unrealistisch kurzen Nutzungsdauer. **93**

Die Nutzungsdauer eines immateriellen Vermögenswerts, der aus vertraglichen oder gesetzlichen Rechten entsteht, darf den Zeitraum der vertraglichen oder anderen gesetzlichen Rechte nicht überschreiten, kann jedoch kürzer sein, je nachdem über welche Periode das Unternehmen diesen Vermögenswert voraussichtlich einsetzt. Wenn die vertraglichen oder anderen gesetzlichen Rechte für eine begrenzte Dauer mit der Möglichkeit der Verlängerung übertragen werden, darf die Nutzungsdauer des immateriellen Vermögenswerts die Verlängerungsperiode(n) nur mit einschließen, wenn es bewiesen ist, dass das Unternehmen die Verlängerung ohne erhebliche Kosten unterstützt. Die Nutzungsdauer eines zurückerworbenen Rechts, das bei einem Unternehmenszusammenschluss als immaterieller Vermögenswert angesetzt wird, ist die restliche in dem Vertrag vereinbarte Periode, durch den dieses Recht zugestanden wurde, und darf keine Verlängerung enthalten. **94**

Es kann sowohl wirtschaftliche als auch rechtliche Faktoren geben, die die Nutzungsdauer eines immateriellen Vermögenswertes beeinflussen. Wirtschaftliche Faktoren bestimmen den Zeitraum, über den ein künftiger wirtschaftlicher Nutzen dem Unternehmen erwächst. Rechtliche Faktoren können den Zeitraum begrenzen, in dem ein Unternehmen Verfügungsgewalt über den Zugriff auf diesen Nutzen besitzt. Die Nutzungsdauer entspricht dem kürzeren der durch diese Faktoren bestimmten Zeiträume. **95**

Die folgenden Faktoren deuten darauf hin, dass ein Unternehmen die vertraglichen oder anderen gesetzlichen Rechte ohne wesentliche Kosten verlängern könnte: **96**

(a) es gibt substanzielle Hinweise darauf, die möglicherweise auf Erfahrungen basieren, dass die vertraglichen oder anderen gesetzlichen Rechte verlängert werden. Wenn die Verlängerung von der Zustimmung eines Dritten abhängt, gehört der substanzielle Hinweis, dass der Dritte seine Zustimmung geben wird, dazu;

(b) es gibt substanzielle Hinweise, dass die erforderlichen Voraussetzungen für eine Verlängerung erfüllt sind; und

(c) die Verlängerungskosten sind für das Unternehmen unwesentlich im Vergleich zu dem künftigen wirtschaftlichen Nutzen, der dem Unternehmen durch diese Verlängerung zufließen wird.

Falls die Verlängerungskosten im Vergleich zu dem künftigen wirtschaftlichen Nutzen, der dem Unternehmen voraussichtlich durch diese Verlängerung zufließen wird, erheblich sind, stellen die Verlängerungskosten im Wesentlichen die Anschaffungskosten dar, um zum Verlängerungszeitpunkt einen neuen immateriellen Vermögenswert zu erwerben.

Immaterielle Vermögenswerte mit begrenzter Nutzungsdauer

Amortisationsperiode und Amortisationsmethode

97 Der Abschreibungsbetrag eines immateriellen Vermögenswerts mit einer begrenzten Nutzungsdauer ist planmäßig über seine Nutzungsdauer zu verteilen. Die Abschreibung beginnt, sobald der Vermögenswert verwendet werden kann, d. h. wenn er sich an seinem Standort und in dem vom Management beabsichtigten betriebsbereiten Zustand befindet. Die Abschreibung ist an dem Tag zu beenden, an dem der Vermögenswert gemäß IFRS 5 als zur Veräußerung gehalten eingestuft (oder in eine als zur Veräußerung gehalten eingestufte Veräußerungsgruppe aufgenommen) wird, spätestens jedoch an dem Tag, an dem er ausgebucht wird. Die Amortisationsmethode hat dem erwarteten Verbrauch des zukünftigen wirtschaftlichen Nutzens des Vermögenswerts durch das Unternehmen zu entsprechen. Kann dieser Verlauf nicht verlässlich bestimmt werden, ist die lineare Abschreibungsmethode anzuwenden. Die für jede Periode anfallenden Amortisationen sind im Gewinn oder Verlust zu erfassen, es sei denn, dieser oder ein anderer Standard erlaubt oder fordert, dass sie in den Buchwert eines anderen Vermögenswerts einzubeziehen sind.

98 Für die planmäßige Verteilung des Abschreibungsbetrags eines Vermögenswertes über dessen Nutzungsdauer können verschiedene Abschreibungsmethoden herangezogen werden. Zu diesen Methoden zählen die lineare und degressive Abschreibung sowie die leistungsabhängige Abschreibung. Die anzuwendende Methode wird auf der Grundlage des erwarteten Verlaufs des Verbrauchs des künftigen wirtschaftlichen Nutzens dieses Vermögenswerts ausgewählt und von Periode zu Periode stetig angewandt, es sei denn, der erwartete Verlauf des Verbrauchs des künftigen wirtschaftlichen Nutzens ändert sich.

98A Es besteht die widerlegbare Vermutung, dass eine Abschreibungsmethode, die sich auf die Umsatzerlöse aus einer Tätigkeit stützt, die die Verwendung eines immateriellen Vermögenswerts einschließt, als nicht sachgerecht zu betrachten ist. Umsatzerlöse aus einer Tätigkeit, die die Verwendung eines immateriellen Vermögenswerts einschließt, spiegeln in der Regel Faktoren wider, die nicht unmittelbar mit dem Verbrauch des wirtschaftlichen Nutzens dieses immateriellen Vermögenswerts in Verbindung stehen. So werden die Umsatzerlöse beispielsweise durch andere Inputfaktoren und Prozesse, durch die Absatzmenge und durch Veränderungen bei Absatzvolumen und -preisen beeinflusst. Die Preiskomponente der Umsatzerlöse kann durch Inflation beeinflusst werden, was sich nicht auf den Verbrauch eines Vermögenswerts auswirkt. Diese Vermutung kann nur widerlegt werden, wenn

(a) der immaterielle Vermögenswert gemäß Paragraph 98C nach seinen Erlösen bemessen wird oder

(b) nachgewiesen werden kann, dass eine starke Korrelation zwischen den Erlösen und dem Verbrauch des wirtschaftlichen Nutzens des immateriellen Vermögenswerts besteht.

98B Bei der Wahl einer sachgerechten Abschreibungsmethode im Sinne von Paragraph 98 könnte das Unternehmen den für den immateriellen Vermögenswert maßgeblichen begrenzenden Faktor bestimmen. So könnte beispielsweise in einem Vertrag, der die Rechte des Unternehmens auf Nutzung eines immateriellen Vermögenswerts regelt, diese Nutzung als eine im Voraus festgelegte Anzahl von Jahren (d. h. als ein Zeitraum), eine bestimmte Stückzahl oder ein Gesamtbetrag der zu erzielenden Umsatzerlöse festgelegt sein. Für die Feststellung der sachgerechten Abschreibungsbasis könnte die Ermittlung eines solchen maßgeblichen begrenzenden Faktors als Ausgangspunkt dienen, doch kann auch eine andere Basis herangezogen werden, wenn diese den erwarteten Verlauf des Verbrauchs des wirtschaftlichen Nutzens genauer abbildet.

In Fällen, in denen der für einen immateriellen Vermögenswert maßgebliche begrenzende Faktor die Erreichung einer Umsatzschwelle ist, können die zu erzielenden Umsatzerlöse eine angemessene Abschreibungsgrundlage darstellen. So könnte ein Unternehmen beispielsweise eine Konzession zur Exploration und Förderung von Gold aus einer Goldmine erwerben. Der Vertrag könnte vorsehen, dass er endet, wenn mit der Förderung Gesamtumsatzerlöse in bestimmter Höhe erzielt wurden (so könnte der Vertrag die Goldförderung aus der Mine so lange zulassen, bis mit dem Verkauf des Goldes Gesamtumsatzerlöse von 2 Mrd. WE erzielt wurden), und weder eine zeitliche noch eine mengenmäßige Vorgabe enthalten. In einem anderen Beispiel könnte das Recht auf Betrieb einer mautpflichtigen Straße so lange bestehen, bis mit den Gebühreneinnahmen Gesamtumsatzerlöse in bestimmter Höhe erzielt wurden (so könnte der Vertrag den Betrieb der mautpflichtigen Strecke so lange zulassen, bis die Gesamtgebühreneinnahmen 100 Mio. WE erreichen). In Fällen, in denen im Vertrag über die Nutzung des immateriellen Vermögenswerts die Umsatzerlöse als maßgeblicher begrenzender Faktor festgelegt sind, könnten die zu erzielenden Erlöse eine angemessene Grundlage für die Abschreibung des immateriellen Vermögenswerts darstellen, sofern für die zu erzielenden Umsatzerlöse im Vertrag ein fester Gesamtbetrag vorgesehen ist, auf dessen Grundlage die Abschreibung zu bestimmen ist. **98C**

Amortisationen werden allgemein im Gewinn oder Verlust erfasst. Manchmal fließt jedoch der künftige wirtschaftliche Nutzen eines Vermögenswerts in die Herstellung anderer Vermögenswerte ein. In diesem Fall stellt der Amortisationsbetrag einen Teil der Herstellungskosten des anderen Vermögenswerts dar und wird in dessen Buchwert einbezogen. Beispielsweise wird die Amortisation auf immaterielle Vermögenswerte, die in einem Herstellungsprozess verwendet werden, in den Buchwert der Vorräte einbezogen (siehe IAS 2 *Vorräte*). **99**

Restwert

Der Restwert eines immateriellen Vermögenswerts mit einer begrenzten Nutzungsdauer ist mit Null anzusetzen, es sei denn, dass **100**

(a) eine Verpflichtung seitens einer dritten Partei besteht, den Vermögenswert am Ende seiner Nutzungsdauer zu erwerben; oder

(b) ein aktiver Markt (gemäß Definition in IFRS 13) für den Vermögenswert besteht, und

   (i) der Restwert unter Bezugnahme auf diesen Markt ermittelt werden kann; und

   (ii) es wahrscheinlich ist, dass ein solcher Markt am Ende der Nutzungsdauer des Vermögenswerts bestehen wird.

Der Abschreibungsbetrag eines Vermögenswerts mit einer begrenzten Nutzungsdauer wird nach Abzug seines Restwerts ermittelt. Ein anderer Restwert als Null impliziert, dass ein Unternehmen von einer Veräußerung des immateriellen Vermögenswerts vor dem Ende seiner wirtschaftlichen Nutzungsdauer ausgeht. **101**

Eine Schätzung des Restwerts eines Vermögenswerts beruht auf dem bei Abgang erzielbaren Betrag unter Verwendung von Preisen, die zum geschätzten Zeitpunkt des Verkaufs eines ähnlichen Vermögenswerts galten, der das Ende seiner Nutzungsdauer erreicht hat und unter ähnlichen Bedingungen zum Einsatz kam wie der künftig einzusetzende Vermögenswert. Der Restwert wird mindestens am Ende jedes Geschäftsjahres überprüft. Eine Änderung des Restwerts eines Vermögenswerts wird als Änderung einer Schätzung gemäß IAS 8 *Rechnungslegungsmethoden, Änderungen von rechnungslegungsbezogenen Schätzungen und Fehler* angesetzt. **102**

Der Restwert eines Vermögenswerts kann bis zu einem Betrag ansteigen, der entweder dem Buchwert entspricht oder ihn übersteigt. Wenn dies der Fall ist, fällt der Amortisationsbetrag des Vermögenswerts auf Null, solange der Restwert anschließend nicht unter den Buchwert des Vermögenswerts gefallen ist. **103**

Überprüfung der Amortisationsperiode und der Amortisationsmethode

104 Die Amortisationsperiode und die Amortisationsmethode sind für einen immateriellen Vermögenswert mit einer begrenzten Nutzungsdauer mindestens zum Ende jedes Geschäftsjahres zu überprüfen. Unterscheidet sich die erwartete Nutzungsdauer des Vermögenswerts von vorangegangenen Schätzungen, ist die Amortisationsperiode entsprechend zu ändern. Hat sich der erwartete Abschreibungsverlauf des Vermögenswerts geändert, ist eine andere Amortisationsmethode zu wählen, um dem veränderten Verlauf Rechnung zu tragen. Derartige Änderungen sind als Änderungen einer rechnungslegungsbezogenen Schätzung gemäß IAS 8 zu berücksichtigen.

105 Während der Lebensdauer eines immateriellen Vermögenswerts kann es sich zeigen, dass die Schätzung hinsichtlich seiner Nutzungsdauer nicht sachgerecht ist. Beispielsweise kann die Erfassung eines Wertminderungsaufwands darauf hindeuten, dass die Amortisationsperiode geändert werden muss.

106 Der Verlauf des künftigen wirtschaftlichen Nutzens, der einem Unternehmen aus einem immateriellen Vermögenswert voraussichtlich zufließen wird, kann sich mit der Zeit ändern. Beispielsweise kann es sich zeigen, dass eine degressive Amortisation geeigneter ist als eine lineare. Ein anderes Beispiel ist, wenn sich die Nutzung der mit einer Lizenz verbundenen Rechte verzögert, bis in Bezug auf andere Bestandteile des Unternehmensplans Maßnahmen ergriffen worden sind. In diesem Fall kann der wirtschaftliche Nutzen aus dem Vermögenswert höchstwahrscheinlich erst in späteren Perioden erzielt werden.

Immaterielle Vermögenswerte mit unbegrenzter Nutzungsdauer

107 Ein immaterieller Vermögenswert mit einer unbegrenzten Nutzungsdauer darf nicht abgeschrieben werden.

108 Von einem Unternehmen wird gemäß IAS 36 verlangt, einen immateriellen Vermögenswert mit einer unbegrenzten Nutzungsdauer auf Wertminderung zu überprüfen, indem sein erzielbarer Betrag mit seinem Buchwert

(a) jährlich, und

(b) wann immer es einen Anhaltspunkt dafür gibt, dass der immaterielle Vermögenswert wertgemindert sein könnte, verglichen wird.

Überprüfung der Einschätzung der Nutzungsdauer

109 Die Nutzungsdauer eines immateriellen Vermögenswerts, der nicht abgeschrieben wird, ist in jeder Periode zu überprüfen, ob für diesen Vermögenswert weiterhin die Ereignisse und Umstände die Einschätzung einer unbegrenzten Nutzungsdauer rechtfertigen. Ist dies nicht der Fall, ist die Änderung der Einschätzung der Nutzungsdauer von unbegrenzt auf begrenzt als Änderung einer rechnungslegungsbezogenen Schätzung gemäß IAS 8 anzusetzen.

110 Gemäß IAS 36 ist die Neubewertung der Nutzungsdauer eines immateriellen Vermögenswerts als begrenzt und nicht mehr als unbegrenzt ein Hinweis darauf, dass dieser Vermögenswert wertgemindert sein könnte. Demzufolge prüft das Unternehmen den Vermögenswert auf Wertminderung, indem es seinen erzielbaren Betrag, wie gemäß IAS 36 festgelegt, mit seinem Buchwert vergleicht und jeden Überschuss des Buchwerts über den erzielbaren Betrag als Wertminderungsaufwand erfasst.

Erzielbarkeit des Buchwerts – Wertminderungsaufwand

111 Um zu beurteilen, ob ein immaterieller Vermögenswert in seinem Wert gemindert ist, wendet ein Unternehmen IAS 36 an. Dieser Standard erklärt, wann und wie ein Unternehmen den Buchwert seiner Vermögenswerte überprüft, wie es den erzielbaren Betrag eines Vermögenswerts bestimmt, und wann es einen Wertminderungsaufwand erfasst oder aufhebt.

Stilllegungen und Abgänge

Ein immaterieller Vermögenswert ist auszubuchen: 112

(a) bei Abgang; oder

(b) wenn kein weiterer wirtschaftlicher Nutzen von seiner Nutzung oder seinem Abgang zu erwarten ist.

Die aus der Ausbuchung eines immateriellen Vermögenswerts resultierenden Gewinne oder Verluste entsprechen der Differenz zwischen dem eventuellen Nettoveräußerungserlös und dem Buchwert des Vermögenswertes. Diese Differenz ist bei Ausbuchung des Vermögenswerts erfolgswirksam zu erfassen (sofern IFRS 16 bei Sale-and-leaseback-Transaktionen nichts anderes verlangt). Gewinne sind nicht als Erlöse auszuweisen. 113

Der Abgang eines immateriellen Vermögenswerts kann auf verschiedene Arten erfolgen (z. B. Verkauf, Eintritt in ein Finanzierungsleasing oder Schenkung). Als Abgangsdatum eines immateriellen Vermögenswerts gilt das Datum, an dem der Empfänger – gemäß den Vorschriften über die Erfüllung einer Leistungsverpflichtung in IFRS 15 *Erlöse aus Verträgen mit Kunden* – die Verfügungsgewalt darüber erlangt. IFRS 16 wird auf Abgänge durch Sale-and-leaseback-Transaktionen angewandt. 114

Wenn ein Unternehmen nach dem Ansatzgrundsatz in Paragraph 21 im Buchwert eines Vermögenswerts die Anschaffungskosten für den Ersatz eines Teils des immateriellen Vermögenswerts erfasst, dann bucht es den Buchwert des ersetzten Teils aus. Wenn es dem Unternehmen nicht möglich ist, den Buchwert des ersetzten Teils zu ermitteln, kann es die Anschaffungskosten für den Ersatz als Hinweis für seine Anschaffungskosten zum Zeitpunkt seines Erwerbs oder seiner Generierung nehmen. 115

Im Fall eines bei einem Unternehmenszusammenschluss zurückerworbenen Rechts, und wenn dieses Recht später an einen Dritten weitergegeben (verkauft) wird, ist der dazugehörige Buchwert, sofern vorhanden, zu verwenden, um den Gewinn bzw. Verlust bei der Weitergabe zu bestimmen. 115A

Die Höhe der im Falle der Ausbuchung eines immateriellen Vermögenswerts im Gewinn oder Verlust zu erfassenden Gegenleistung ergibt sich aus den Vorschriften über die Bestimmung des Transaktionspreises in IFRS 15 Paragraphen 47 bis 72. Spätere Änderungen des im Gewinn oder Verlust erfassten geschätzten Gegenleistungsbetrags werden gemäß den Bestimmungen über Änderungen des Transaktionspreises in IFRS 15 erfasst. 116

Die Amortisation eines immateriellen Vermögenswertes mit einer begrenzten Nutzungsdauer hört nicht auf, wenn der immaterielle Vermögenswert nicht mehr genutzt wird, sofern der Vermögenswert nicht vollkommen amortisiert ist oder gemäß IFRS 5 als zur Veräußerung gehalten eingestuft wird (oder zu einer als zur Veräußerung gehalten eingestuften Veräußerungsgruppe gehört). 117

Angaben

Allgemeines

Für jede Gruppe immaterieller Vermögenswerte sind vom Unternehmen folgende Angaben zu machen, wobei zwischen selbst geschaffenen immateriellen Vermögenswerten und sonstigen immateriellen Vermögenswerten zu unterscheiden ist: 118

(a) ob die Nutzungsdauern unbegrenzt oder begrenzt sind, und wenn begrenzt, die zu Grunde gelegten Nutzungsdauern und die angewandten Amortisationssätze;

(b) die für immaterielle Vermögenswerte mit begrenzten Nutzungsdauern verwendeten Amortisationsmethoden;

(c) der Bruttobuchwert und die kumulierte Amortisation (zusammengefasst mit den kumulierten Wertminderungsaufwendungen) zu Beginn und zum Ende der Periode;

(d) der/die Posten der Gesamtergebnisrechnung, in dem/denen die Amortisationen auf immaterielle Vermögenswerte enthalten sind;

(e) eine Überleitung des Buchwerts zu Beginn und zum Ende der Periode unter gesonderter Angabe der:

  (i) Zugänge, wobei solche aus unternehmensinterner Entwicklung, solche aus gesondertem Erwerb und solche aus Unternehmenszusammenschlüssen separat zu bezeichnen sind;

  (ii) Vermögenswerte, die gemäß IFRS 5 als zur Veräußerung gehalten eingestuft werden oder zu einer als zur Veräußerung gehalten eingestuften Veräußerungsgruppe gehören, und andere Abgänge;

  (iii) Erhöhungen oder Verminderungen während der Periode aufgrund von Neubewertungen gemäß den Paragraphen 75, 85, und 86 und von im sonstigen Ergebnis erfassten oder aufgehobenen Wertminderungsaufwendungen gemäß IAS 36 (falls vorhanden);

  (iv) Wertminderungsaufwendungen, die während der Periode im Gewinn oder Verlust gemäß IAS 36 erfasst wurden (falls vorhanden);

  (v) Wertminderungsaufwendungen, die während der Periode im Gewinn oder Verlust gemäß IAS 36 rückgängig gemacht wurden (falls vorhanden);

  (vi) jede Amortisation, die während der Periode erfasst wurde;

  (vii) Nettoumrechnungsdifferenzen aufgrund der Umrechnung von Abschlüssen in die Darstellungswährung und der Umrechnung einer ausländischen Betriebsstätte in die Darstellungswährung des Unternehmens; und

  (viii) sonstige Buchwertänderungen während der Periode.

119 Eine Gruppe immaterieller Vermögenswerte ist eine Zusammenfassung von Vermögenswerten, die hinsichtlich ihrer Art und ihrem Verwendungszweck innerhalb des Unternehmens ähnlich sind. Beispiele für separate Gruppen können sein:

(a) Markennamen;

(b) Drucktitel und Verlagsrechte;

(c) Computersoftware;

(d) Lizenzen und Franchiseverträge;

(e) Urheberrechte, Patente und sonstige gewerbliche Schutzrechte, Nutzungs- und Betriebskonzessionen;

(f) Rezepte, Geheimverfahren, Modelle, Entwürfe und Prototypen; und

(g) immaterielle Vermögenswerte in Entwicklung.

Die oben bezeichneten Gruppen werden in kleinere (größere) Gruppen aufgegliedert (zusammengefasst), wenn den Abschlussadressaten dadurch relevantere Informationen zur Verfügung gestellt werden.

120 Zusätzlich zu den in Paragraph 118(e)(iii)-(v) geforderten Informationen veröffentlicht ein Unternehmen Informationen über im Wert geminderte immaterielle Vermögenswerte gemäß IAS 36.

121 IAS 8 verlangt vom Unternehmen die Angabe der Art und des Betrags einer Änderung der Schätzung, die entweder eine wesentliche Auswirkung auf die Berichtsperiode hat oder von der angenommen wird, dass sie eine wesentliche Auswirkung auf spätere Perioden haben wird. Derartige Angaben resultieren möglicherweise aus Änderungen in Bezug auf

(a) die Einschätzung der Nutzungsdauer eines immateriellen Vermögenswerts;

(b) die Amortisationsmethode; oder

(c) Restwerte.

Darüber hinaus hat ein Unternehmen Folgendes anzugeben: 122

(a) für einen immateriellen Vermögenswert, dessen Nutzungsdauer als unbegrenzt eingeschätzt wurde, den Buchwert dieses Vermögenswerts und die Gründe für die Einschätzung seiner unbegrenzten Nutzungsdauer. Im Rahmen der Begründung muss das Unternehmen den/die Faktor(en) beschreiben, der/die bei der Ermittlung der unbegrenzten Nutzungsdauer des Vermögenswerts eine wesentliche Rolle spielte(n);
(b) eine Beschreibung, den Buchwert und den verbleibenden Amortisationszeitraum eines jeden einzelnen immateriellen Vermögenswerts, der für den Abschluss des Unternehmens von wesentlicher Bedeutung ist;
(c) für immaterielle Vermögenswerte, die durch eine Zuwendung der öffentlichen Hand erworben und zunächst mit dem beizulegenden Zeitwert angesetzt wurden (siehe Paragraph 44):
    (i) den beizulegenden Zeitwert, der für diese Vermögenswerte zunächst angesetzt wurde;
    (ii) ihren Buchwert; und
    (iii) ob sie in der Folgebewertung nach dem Anschaffungskostenmodell oder nach dem Neubewertungsmodell bewertet werden;
(d) das Bestehen und die Buchwerte immaterieller Vermögenswerte, mit denen ein beschränktes Eigentumsrecht verbunden ist, und die Buchwerte immaterieller Vermögenswerte, die als Sicherheit für Verbindlichkeiten begeben sind;
(e) der Betrag für vertragliche Verpflichtungen für den Erwerb immaterieller Vermögenswerte.

Wenn ein Unternehmen den/die Faktor(en) beschreibt, der/die bei der Ermittlung, dass die Nutzungsdauer eines immateriellen Vermögenswerts unbegrenzt ist, eine wesentliche Rolle spielte(n), berücksichtigt das Unternehmen die in Paragraph 90 aufgeführten Faktoren. 123

Folgebewertung von immateriellen Vermögenswerten nach dem Neubewertungsmodell

Werden immaterielle Vermögenswerte zu ihrem Neubewertungsbetrag bilanziert, sind vom Unternehmen folgende Angaben zu machen: 124

(a) für jede Gruppe immaterieller Vermögenswerte:
    (i) den Stichtag der Neubewertung;
    (ii) den Buchwert der neu bewerteten immateriellen Vermögenswerte; und
    (iii) den Buchwert, der angesetzt worden wäre, wenn die neu bewertete Gruppe von immateriellen Vermögenswerten nach dem Anschaffungskostenmodell in Paragraph 74; und
(b) den Betrag der sich auf immaterielle Vermögenswerte beziehenden Neubewertungsrücklage zu Beginn und zum Ende der Periode unter Angabe der Änderungen während der Periode und jeglicher Ausschüttungsbeschränkungen an die Eigentümer.
(c) (weggefallen)

Für Angabezwecke kann es erforderlich sein, die Gruppen neu bewerteter Vermögenswerte in größere Gruppen zusammenzufassen. Gruppen werden jedoch nicht zusammengefasst, wenn dies zu einer Kombination von Werten innerhalb einer Gruppe von immateriellen Vermögenswerten führen würde, die sowohl nach dem Anschaffungskostenmodell als auch nach dem Neubewertungsmodell bewertete Beträge enthält. 125

Forschungs- und Entwicklungsausgaben

126 Ein Unternehmen hat die Summe der Ausgaben für Forschung und Entwicklung offen zu legen, die während der Periode als Aufwand erfasst wurden.

127 Forschungs- und Entwicklungsausgaben umfassen sämtliche Ausgaben, die Forschungs- oder Entwicklungsaktivitäten direkt zurechenbar sind (siehe die Paragraphen 66 und 67 als Orientierungshilfe für die Arten von Ausgaben, die im Rahmen der Angabevorschriften in Paragraph 126 einzubeziehen sind).

Sonstige Informationen

128 Einem Unternehmen wird empfohlen, aber nicht vorgeschrieben, die folgenden Informationen offen zu legen:

(a) eine Beschreibung jedes vollständig abgeschriebenen, aber noch genutzten immateriellen Vermögenswertes; und

(b) eine kurze Beschreibung wesentlicher immaterieller Vermögenswerte, die unter der Verfügungsgewalt des Unternehmens stehen, jedoch nicht als Vermögenswerte angesetzt sind, da sie die Ansatzkriterien in diesem Standard nicht erfüllten oder weil sie vor Inkrafttreten der im Jahr 1998 herausgegebenen Fassung von IAS 38 *Immaterielle Vermögenswerte* erworben oder geschaffen wurden.

Übergangsvorschriften und Zeitpunkt des Inkrafttretens

129 (weggefallen)

130 Ein Unternehmen hat diesen Standard anzuwenden:

(a) bei der Bilanzierung immaterieller Vermögenswerte, die bei Unternehmenszusammenschlüssen mit Datum des Vertragsabschlusses am 31. März 2004 oder danach erworben wurden; und

(b) prospektiv bei der Bilanzierung aller anderen immateriellen Vermögenswerten in der ersten jährlichen Periode eines am 31. März 2004 oder danach beginnenden Geschäftsjahres. Das Unternehmen hat somit den zu dem Zeitpunkt angesetzten Buchwert der immateriellen Vermögenswerte nicht anzupassen. Zu diesem Zeitpunkt muss das Unternehmen jedoch diesen Standard zur Neueinschätzung der Nutzungsdauer solcher immateriellen Vermögenswerte anwenden. Falls infolge dieser Neueinschätzung das Unternehmen seine Einschätzung der Nutzungsdauer eines Vermögenswerts ändert, ist diese Änderung gemäß IAS 8 als eine Änderung einer Schätzung zu berücksichtigen.

130A Die Änderungen in Paragraph 2 sind erstmals in der ersten Berichtsperiode eines am 1. Januar 2006 oder danach beginnenden Geschäftsjahres anzuwenden. Wenn ein Unternehmen IFRS 6 für eine frühere Periode anwendet, so sind auch diese Änderungen für jene frühere Periode anzuwenden.

130B Infolge des IAS 1 *Darstellung des Abschlusses* (überarbeitet 2007) wurde die in allen IFRS verwendete Terminologie geändert. Außerdem wurden die Paragraphen 85, 86 und 118(e)(iii) geändert. Diese Änderungen sind erstmals in der ersten Berichtsperiode eines am 1. Januar 2009 oder danach beginnenden Geschäftsjahres anzuwenden. Wird IAS 1 (überarbeitet 2007) auf eine frühere Periode angewandt, sind diese Änderungen entsprechend auch anzuwenden.

130C Durch IFRS 3 (überarbeitet 2008) wurden die Paragraphen 12, 33-35, 68, 69, 94 und 130 geändert, die Paragraphen 38 und 129 gestrichen sowie Paragraph 115A hinzugefügt. Die Paragraphen 36 und 37 wurden durch die *Verbesserungen der IFRS* vom April 2009 geändert. Diese Änderungen sind erstmals in der ersten Berichtsperiode eines am 1. Juli 2009 oder danach beginnenden Geschäftsjahres prospektiv anzuwenden. Deshalb werden Beträge, die für immaterielle

Vermögenswerte und den Geschäfts- oder Firmenwert bei früheren Unternehmenszusammenschlüssen angesetzt wurden, nicht angepasst. Wenn ein Unternehmen IFRS 3 (überarbeitet 2008) auf eine frühere Periode anwendet, sind auch diese Änderungen entsprechend auf diese frühere Periode anzuwenden und ist dies anzugeben.

Die Paragraphen 69, 70 und 98 werden im Rahmen der *Verbesserungen der IFRS* vom Mai 2008 geändert und Paragraph 69A wird entsprechend hinzugefügt. Diese Änderungen sind erstmals in der ersten Berichtsperiode eines am 1. Januar 2009 oder danach beginnenden Geschäftsjahres anzuwenden. Eine frühere Anwendung ist zulässig. Wendet ein Unternehmen diese Änderungen auf eine frühere Periode an, so ist dies anzugeben. **130D**

(weggefallen) **130E**

Durch IFRS 10 und IFRS 11 *Gemeinsame Vereinbarungen*, veröffentlicht im Mai 2011, wurde Paragraph 3(e) geändert. Ein Unternehmen hat die betreffende Änderung anzuwenden, wenn es IFRS 10 und IFRS 11 anwendet. **130F**

Durch IFRS 13, veröffentlicht im Mai 2011, wurden die Paragraphen 8, 33, 47, 50, 75, 78, 82, 84, 100 und 124 geändert und die Paragraphen 39-41 sowie 130E gestrichen. Ein Unternehmen hat die betreffenden Änderungen anzuwenden, wenn es IFRS 13 anwendet. **130G**

Mit den im Dezember 2013 veröffentlichten *Jährlichen Verbesserungen an den IFRS, Zyklus 2010-2012*, wurde Paragraph 80 geändert. Ein Unternehmen hat diese Änderung erstmals auf Geschäftsjahre anzuwenden, die am oder nach dem 1. Juli 2014 beginnen. Eine frühere Anwendung ist zulässig. Wendet ein Unternehmen diese Änderung auf eine frühere Periode an, hat es dies anzugeben. **130H**

Ein Unternehmen wendet die durch die *Jährlichen Verbesserungen an den IFRS, Zyklus 2010-2012*, vorgenommene Änderung auf alle Neubewertungen an, die in Geschäftsjahren erfasst werden, die zu oder nach dem Zeitpunkt der erstmaligen Anwendung dieser Änderung beginnen, sowie im unmittelbar vorangehenden Geschäftsjahr erfasst werden. Ein Unternehmen kann auch für jegliche früher dargestellte Geschäftsjahre berichtigte Vergleichsangaben vorlegen, ist hierzu aber nicht verpflichtet. Legt ein Unternehmen für frühere Geschäftsjahre unberichtigte Vergleichsangaben vor, hat es die unberichtigten Angaben klar zu kennzeichnen, darauf hinzuweisen, dass diese auf einer anderen Grundlage beruhen und diese Grundlage zu erläutern. **130I**

Mit der im Mai 2014 veröffentlichten *Klarstellung akzeptabler Abschreibungsmethoden* (Änderungen an IAS 16 und IAS 38) wurden die Paragraphen 92 und 98 geändert und die Paragraphen 98A-98C angefügt. Diese Änderungen sind prospektiv auf am oder nach dem 1. Januar 2016 beginnende Geschäftsjahre anzuwenden. Eine frühere Anwendung ist zulässig. Wendet ein Unternehmen diese Änderungen auf eine frühere Periode an, hat es dies anzugeben. **130J**

Mit dem im Mai 2014 veröffentlichten IFRS 15 *Erlöse aus Verträgen mit Kunden* wurden die Paragraphen 3, 114 und 116 geändert. Ein Unternehmen hat diese Änderungen anzuwenden, wenn es IFRS 15 anwendet. **130K**

Durch IFRS 16, veröffentlicht im Januar 2016, wurden die Paragraphen 3, 6, 113 und 114 geändert. Ein Unternehmen hat die betreffenden Änderungen anzuwenden, wenn es IFRS 16 anwendet. **130L**

Tausch von ähnlichen Vermögenswerten

Die Vorschrift in den Paragraphen 129 und 130(b), diesen Standard prospektiv anzuwenden, bedeutet, dass bei der Bewertung eines Tausches von Vermögenswerten vor Inkrafttreten dieses Standards auf der Grundlage des Buchwerts des hingegebenen Vermögenswerts das Unternehmen den Buchwert des erworbenen Vermögenswerts nicht berichtigt, um den beizulegenden Zeitwert zum Erwerbszeitpunkt widerzuspiegeln. **131**

Frühzeitige Anwendung

132 Unternehmen, auf die der Paragraph 130 anwendbar ist, wird empfohlen, diesen Standard vor dem in Paragraph 130 spezifizierten Zeitpunkt des Inkrafttretens anzuwenden. Wenn ein Unternehmen diesen Standard vor dem Zeitpunkt des Inkrafttretens anwendet, hat es gleichzeitig IFRS 3 und IAS 36 (überarbeitet 2004) anzuwenden.

Rücknahme von IAS 38 (herausgegeben 1998)

133 Der vorliegende Standard ersetzt IAS 38 *Immaterielle Vermögenswerte* (herausgegeben 1998).

International Accounting Standard 39
Finanzinstrumente: Ansatz und Bewertung (IAS 39)

v. 3.11.2008 (ABl EU Nr. L 320 S. 1);
zuletzt geändert durch Verordnung (EU) 2020/34 v. 15.1.2020
(ABl EU Nr. L 12 S. 5)[1)]

Inhalt | Ziffer

(weggefallen) **1**

Anwendungsbereich

Dieser Standard ist von allen Unternehmen auf sämtliche Finanzinstrumente anzuwenden, die in den Anwendungsbereich von IFRS 9 *Finanzinstrumente* fallen, sofern und soweit **2**

(a) IFRS 9 die Anwendung der Vorschriften zur Bilanzierung von Sicherungsgeschäften gemäß dem vorliegenden Standard zulässt; und

(b) das Finanzinstrument Teil einer Sicherungsbeziehung ist, die für die Bilanzierung von Sicherungsgeschäften gemäß dem vorliegenden Standard in Frage kommt.

---

1) **Anm. d. Red.:** Diese Änderungen sind am 5.2.2020 in Kraft getreten und spätestens mit Beginn des ersten am oder nach dem 1.1.2020 beginnenden Geschäftsjahres anzuwenden. Vgl. dazu auch Paragraph 108G.

2A Die im vorliegenden Standard enthaltenen Wertminderungsvorschriften sind auf jene Rechte anzuwenden, die nach IFRS 15 zur Erfassung von Wertminderungsaufwendungen und -erträgen gemäß dem vorliegenden Standard bilanziert werden.

3 bis 7 (weggefallen)

Definitionen

8 Die in IFRS 13, IFRS 9 und IAS 32 definierten Begriffe werden im vorliegenden Standard mit den in Anhang A von IFRS 13, Anhang A von IFRS 9 und Paragraph 11 von IAS 32 angegebenen Bedeutungen verwendet. IFRS 13, IFRS 9 und IAS 32 definieren die folgenden Begriffe:

- fortgeführte Anschaffungskosten eines finanziellen Vermögenswerts oder einer finanziellen Verbindlichkeit
- Ausbuchung
- Derivat
- Effektivzinsmethode
- Effektivzinssatz
- Eigenkapitalinstrument
- beizulegender Zeitwert
- finanzieller Vermögenswert
- Finanzinstrument
- finanzielle Verbindlichkeit

und geben Leitlinien zur Anwendung dieser Definitionen.

9 Die folgenden Begriffe werden in diesem Standard mit der angegebenen Bedeutung verwendet:

Definitionen zur Bilanzierung von Sicherungsgeschäften

Eine *feste Verpflichtung* ist eine rechtlich bindende Vereinbarung zum Austausch einer bestimmten Menge an Ressourcen zu einem festgesetzten Preis und einem festgesetzten Zeitpunkt oder Zeitpunkten.

Eine *erwartete Transaktion* ist eine noch nicht fest zugesagte, aber voraussichtlich eintretende künftige Transaktion.

Ein *Sicherungsinstrument* ist ein designierter derivativer oder (im Falle einer Absicherung von Währungsrisiken) nicht derivativer finanzieller Vermögenswert bzw. eine nicht derivative finanzielle Verbindlichkeit, von deren beizulegendem Zeitwert oder Cashflows erwartet wird, dass sie Änderungen des beizulegenden Zeitwertes oder der Cashflows eines designierten Grundgeschäfts kompensieren (in den Paragraphen 72-77 und Anhang A Paragraphen AG94-AG97 wird die Definition eines Sicherungsinstruments weiter ausgeführt).

Ein gesichertes *Grundgeschäft* ist ein Vermögenswert, eine Verbindlichkeit, eine feste Verpflichtung, eine erwartete und mit hoher Wahrscheinlichkeit eintretende künftige Transaktion oder eine Nettoinvestition in einen ausländischen Geschäftsbetrieb, die/der (a) das Unternehmen dem Risiko einer Änderung des beizulegenden Zeitwertes oder der künftigen Cashflows aussetzt und (b) als gesichert designiert wird (in den Paragraphen 78-84 und Anhang A Paragraphen AG98-AG101 wird die Definition des gesicherten Grundgeschäfts weiter ausgeführt).

Unter *Wirksamkeit eines Sicherungsgeschäfts* versteht man das Ausmaß, in dem Veränderungen beim beizulegenden Zeitwert oder den Cashflows des Grundgeschäfts, die einem gesicherten Risiko zugerechnet werden können, durch Veränderungen beim beizulegenden Zeitwert oder den Cashflows des Sicherungsinstruments ausgeglichen werden (siehe Anhang A Paragraphen AG105-AG113).

10 bis 70 (weggefallen)

Sicherungsgeschäfte

Wenn ein Unternehmen IFRS 9 anwendet und seine Rechnungslegungsmethoden nicht so gewählt hat, dass weiterhin die Vorschriften zur Bilanzierung von Sicherungsgeschäften des vorliegenden Standards angewandt werden (siehe Paragraph 7.2.19 von IFRS 9), hat es die Vorschriften zur Bilanzierung von Sicherungsgeschäften in Kapitel 6 von IFRS 9 anzuwenden. Bei der Absicherung des beizulegenden Zeitwerts eines prozentualen Anteils eines Portfolios von finanziellen Vermögenswerten oder Verbindlichkeiten gegen das Zinsänderungsrisiko kann ein Unternehmen allerdings gemäß Paragraph 6.1.3 von IFRS 9 anstatt der Vorschriften in IFRS 9 die Vorschriften zur Bilanzierung von Sicherungsgeschäften gemäß dem vorliegenden Standard anwenden. In diesem Fall muss das Unternehmen auch die besonderen Vorschriften zur Bilanzierung der Absicherung des beizulegenden Zeitwerts bei der Absicherung eines Portfolios gegen das Zinsänderungsrisiko anwenden (siehe Paragraphen 81A, 89A und A114-A132). **71**

Sicherungsinstrumente

Qualifizierende Instrumente

Sofern die in Paragraph 88 genannten Bedingungen erfüllt sind, werden in diesem Standard die Umstände, unter denen ein Derivat zum Sicherungsinstrument bestimmt werden kann, nicht beschränkt; davon ausgenommen sind nur bestimmte geschriebene Optionen (siehe Anhang A Paragraph AG94). Nicht derivative finanzielle Vermögenswerte oder Verbindlichkeiten können jedoch nur als Sicherungsinstrumente bestimmt werden, wenn sie der Absicherung eines Währungsrisikos dienen sollen. **72**

Für die Bilanzierung von Sicherungsgeschäften können als Sicherungsinstrumente nur Finanzinstrumente bestimmt werden, an denen eine nicht zum berichtenden Unternehmen gehörende externe Partei (d. h. außerhalb der Unternehmensgruppe oder des einzelnen Unternehmens, über die/das berichtet wird) beteiligt ist. Zwar können einzelne Unternehmen innerhalb eines Konzerns oder einzelne Abteilungen innerhalb eines Unternehmens mit anderen Unternehmen des gleichen Konzerns oder anderen Abteilungen des gleichen Unternehmens Sicherungsgeschäfte tätigen, doch werden solche konzerninternen Transaktionen bei der Konsolidierung eliminiert und kommen somit für eine Bilanzierung von Sicherungsgeschäften im Konzernabschluss der Unternehmensgruppe nicht in Frage. Sie können jedoch die Bedingungen für eine Bilanzierung von Sicherungsgeschäften in den Einzelabschlüssen einzelner Unternehmen der Gruppe erfüllen, sofern sie nicht zu dem Einzelunternehmen gehören, über das berichtet wird. **73**

Bestimmung von Sicherungsinstrumenten

In der Regel existiert für ein Sicherungsinstrument in seiner Gesamtheit nur ein einziger beizulegender Zeitwert, und die Faktoren, die bei diesem zu Änderungen führen, bedingen sich gegenseitig. Daher wird eine Sicherungsbeziehung von einem Unternehmen stets für ein Sicherungsinstrument in seiner Gesamtheit designiert. Die einzigen zulässigen Ausnahmen sind: **74**

(a) die Trennung eines Optionskontrakts in inneren Wert und Zeitwert, wobei nur die Änderung des inneren Werts einer Option als Sicherungsinstrument bestimmt und die Änderung des Zeitwerts ausgeklammert wird; sowie

(b) die Trennung von Zinskomponente und Kassakurs eines Terminkontrakts.

Diese Ausnahmen werden zugelassen, da der innere Wert der Option und die Prämie eines Terminkontrakts in der Regel getrennt bewertet werden können. Eine dynamische Sicherungsstrategie, bei der sowohl der innere Wert als auch der Zeitwert eines Optionskontrakts bewertet werden, kann die Bedingungen für die Bilanzierung von Sicherungsgeschäften erfüllen.

In einer Sicherungsbeziehung kann ein Teil des gesamten Sicherungsinstruments, beispielsweise 50 Prozent des Nominalvolumens, als Sicherungsinstrument bestimmt werden. Jedoch kann **75** eine Sicherungsbeziehung nicht nur für einen Teil der Zeit, über den das Sicherungsinstrument noch läuft, bestimmt werden.

76 Ein einzelnes Sicherungsinstrument kann zur Absicherung verschiedener Risiken eingesetzt werden, wenn (a) die abzusichernden Risiken eindeutig ermittelt werden können, (b) die Wirksamkeit des Sicherungsgeschäfts nachgewiesen werden kann und (c) es möglich ist, eine exakte Zuordnung des Sicherungsinstruments zu den verschiedenen Risikopositionen zu gewährleisten.

77 Zwei oder mehrere Derivate oder Anteile davon (oder im Falle der Absicherung eines Währungsrisikos zwei oder mehrere nicht derivative Instrumente oder Anteile davon bzw. eine Kombination aus derivativen und nicht derivativen Instrumenten oder Anteilen davon) können auch dann in Verbindung berücksichtigt und zusammen als Sicherungsinstrument eingesetzt werden, wenn das/die aus einigen Derivaten resultierende(n) Risiko/Risiken das/die aus anderen resultierende(n) Risiko/Risiken ausgleicht/ausgleichen. Ein Collar oder ein anderes derivatives Finanzinstrument, bei dem eine geschriebene Option mit einer erworbenen Option kombiniert wird, erfüllt jedoch nicht die Anforderungen an ein Sicherungsinstrument, wenn es sich netto um eine geschriebene Option handelt (für die eine Nettoprämie vereinnahmt wird). Ebenso können zwei oder mehrere Finanzinstrumente (oder Anteile davon) als Sicherungsinstrumente designiert werden, jedoch nur wenn keines von ihnen eine geschriebene Option bzw. netto eine geschriebene Option ist.

Gesicherte Grundgeschäfte

Qualifizierende Grundgeschäfte

78 Ein gesichertes Grundgeschäft kann ein bilanzierter Vermögenswert oder eine bilanzierte Verbindlichkeit, eine bilanzunwirksame feste Verpflichtung, eine erwartete und mit hoher Wahrscheinlichkeit eintretende künftige Transaktion oder eine Nettoinvestition in einen ausländischen Geschäftsbetrieb sein. Dabei kann es sich (a) um einen einzelnen Vermögenswert, eine einzelne Verbindlichkeit, eine einzelne feste Verpflichtung, eine erwartete und mit hoher Wahrscheinlichkeit eintretende künftige Einzeltransaktion oder eine einzelne Nettoinvestition in einen ausländischen Geschäftsbetrieb oder (b) um eine Gruppe von Vermögenswerten, Verbindlichkeiten, festen Verpflichtungen, erwarteten und mit hoher Wahrscheinlichkeit eintretenden künftigen Transaktionen oder Nettoinvestitionen in ausländische Geschäftsbetriebe mit vergleichbarem Risikoprofil oder (c) bei der Absicherung eines Portfolios gegen Zinsänderungsrisiken um einen Teil eines Portfolios an finanziellen Vermögenswerten oder Verbindlichkeiten, die demselben Risiko unterliegen, handeln.

79 (weggefallen)

80 Für die Bilanzierung von Sicherungsgeschäften können als gesicherte Grundgeschäfte nur Vermögenswerte, Verbindlichkeiten, feste Verpflichtungen oder erwartete und mit hoher Wahrscheinlichkeit eintretende künftige Transaktionen bestimmt werden, an denen eine nicht zum Unternehmen gehörende externe Partei beteiligt ist. Daraus folgt, dass Transaktionen zwischen Unternehmen derselben Unternehmensgruppe nur in den Einzelabschlüssen dieser Unternehmen, nicht aber im Konzernabschluss der Unternehmensgruppe als Sicherungsgeschäfte bilanziert werden können; davon ausgenommen sind die Konzernabschlüsse einer Investmentgesellschaft im Sinne von IFRS 10: in diesem Fall werden Transaktionen zwischen einer Investmentgesellschaft und ihren Tochterunternehmen, die ergebniswirksam zum beizulegenden Zeitwert bewertet werden, im Konzernabschlusses nicht eliminiert. Gemäß IAS 21 werden Wechselkursgewinne und -verluste von konzerninternen monetären Posten bei der Konsolidierung nicht vollkommen eliminiert, wenn der konzerninterne monetäre Posten zwischen zwei Unternehmen des Konzerns mit unterschiedlichen funktionalen Währungen abgewickelt wird. Des Weiteren können Währungsrisiken einer höchstwahrscheinlich eintretenden künftigen konzerninternen Transaktion die Kriterien eines gesicherten Grundgeschäfts für den Konzernabschluss erfüllen, sofern die Transaktion in einer anderen Währung als der funktionalen Währung des

Unternehmens, das diese Transaktion abschließt, abgewickelt wird und sich das Währungsrisiko im Konzernergebnis niederschlägt.

Bestimmung finanzieller Posten als gesicherte Grundgeschäfte

Ist das gesicherte Grundgeschäft ein finanzieller Vermögenswert oder eine finanzielle Verbindlichkeit, so kann sich die Absicherung – sofern deren Wirksamkeit ermittelt werden kann – auf Risiken beschränken, denen lediglich ein Teil seiner Cashflows oder seines beizulegenden Zeitwertes ausgesetzt ist (wie ein oder mehrere ausgewählte vertragliche Cashflows oder Teile derer oder ein Anteil am beizulegenden Zeitwert). So kann beispielsweise ein identifizierbarer und gesondert bewertbarer Teil des Zinsrisikos eines zinstragenden Vermögenswertes oder einer zinstragenden Verbindlichkeit als ein gesichertes Risiko bestimmt werden (wie z. B. ein risikoloser Zinssatz oder ein Benchmarkzinsteil des gesamten Zinsrisikos eines gesicherten Finanzinstruments). **81**

Bei der Absicherung des beizulegenden Zeitwerts gegen das Zinsänderungsrisiko eines Portfolios finanzieller Vermögenswerte oder Verbindlichkeiten (und nur im Falle einer solchen Absicherung) kann der abgesicherte Teil anstatt als einzelner Vermögenswert (oder einzelne Verbindlichkeit) in Form eines Währungsbetrags (z. B. eines Dollar-, Euro-, Pfund- oder Rand-Betrags) festgelegt werden. Auch wenn das Portfolio für Zwecke des Risikomanagements Vermögenswerte und Verbindlichkeiten beinhalten kann, ist der festgelegte Betrag ein Betrag von Vermögenswerten oder ein Betrag von Verbindlichkeiten. Die Festlegung eines Nettobetrags aus Vermögenswerten und Verbindlichkeiten ist nicht statthaft. Das Unternehmen kann einen Teil des mit diesem festgelegten Betrag verbundenen Zinsänderungsrisikos absichern. So kann es beispielsweise bei der Absicherung eines Portfolios aus vorzeitig rückzahlbaren Vermögenswerten etwaige Änderungen des beizulegenden Zeitwerts, die auf Änderungen beim abgesicherten Zinssatz zurückzuführen sind, auf Grundlage der erwarteten statt der vertraglichen Zinsanpassungstermine absichern. […]. **81A**

Bestimmung nicht finanzieller Posten als gesicherte Grundgeschäfte

Handelt es sich bei dem gesicherten Grundgeschäft nicht um einen finanziellen Vermögenswert oder eine finanzielle Verbindlichkeit, so ist es entweder als ein gegen Währungsrisiken oder als ein insgesamt gegen alle Risiken gesichertes Geschäft zu bestimmen, denn zu ermitteln, in welchem Verhältnis die Veränderungen bei Cashflows und beizulegendem Zeitwert den einzelnen Risiken zuzuordnen sind, wäre mit Ausnahme des Währungsrisikos äußerst schwierig. **82**

Bestimmung von Gruppen von Posten als gesicherte Grundgeschäfte

Gleichartige Vermögenswerte oder Verbindlichkeiten sind nur dann zusammenzufassen und als Gruppe gegen Risiken abzusichern, wenn die einzelnen Vermögenswerte oder Verbindlichkeiten in der Gruppe demselben, als abgesichert bestimmten Risikofaktor unterliegen. Des Weiteren muss zu erwarten sein, dass die dem abgesicherten Risiko der einzelnen Posten der Gruppe zuzurechnende Änderung des beizulegenden Zeitwerts zu der dem abgesicherten Risiko der gesamten Gruppe zuzurechnenden Änderung des beizulegenden Zeitwerts in etwa in einem proportionalen Verhältnis steht. **83**

Da ein Unternehmen die Wirksamkeit einer Absicherung beurteilt, indem es die Änderung des beizulegenden Zeitwerts oder des Cashflows eines Sicherungsinstruments (oder einer Gruppe gleichartiger Sicherungsinstrumente) mit den entsprechenden Änderungen beim Grundgeschäft (oder einer Gruppe gleichartiger Grundgeschäfte) vergleicht, kommt ein Vergleich, bei dem ein Sicherungsinstrument nicht einem bestimmten Grundgeschäft, sondern einer gesamten Nettoposition (z. B. dem Saldo aller festverzinslichen Vermögenswerte und festverzinslichen Verbindlichkeiten mit vergleichbaren Laufzeiten) gegenübergestellt wird, nicht für eine Bilanzierung von Sicherungsgeschäften in Frage. **84**

Bilanzierung von Sicherungsgeschäften

85 Bei der Bilanzierung von Sicherungsgeschäften wird der kompensatorische Effekt von Änderungen des beizulegenden Zeitwerts des Sicherungsinstruments und des Grundgeschäfts in der Gesamtergebnisrechnung erfasst.

86 Es gibt drei Arten von Sicherungsgeschäften:

(a) *Absicherung des beizulegenden Zeitwerts:* Eine Absicherung des Risikos, dass sich der beizulegende Zeitwert eines bilanzierten Vermögenswertes oder einer bilanzierten Verbindlichkeit oder einer bilanzunwirksamen festen Verpflichtung oder eines genau bezeichneten, auf ein bestimmtes Risiko zurückzuführenden Teils eines solchen Vermögenswertes, einer solchen Verbindlichkeit oder festen Verpflichtung ändert und auf den Gewinn oder Verlust auswirkt.

(b) *Absicherung von Zahlungsströmen:* Eine Absicherung gegen das Risiko schwankender Zahlungsströme, das (i) auf ein bestimmtes mit dem bilanzierten Vermögenswert oder der bilanzierten Verbindlichkeit (wie beispielsweise ein Teil oder alle künftigen Zinszahlungen einer variabel verzinslichen Schuld) oder dem mit einer erwarteten und mit hoher Wahrscheinlichkeit eintretenden künftigen Transaktion verbundenes Risiko zurückzuführen ist und (ii) Auswirkungen auf den Gewinn oder Verlusthaben könnte.

(c) *Absicherung einer Nettoinvestition in einen ausländischen Geschäftsbetrieb,* im Sinne von IAS 21.

87 Eine Absicherung des Währungsrisikos einer festen Verpflichtung kann als eine Absicherung des beizulegenden Zeitwerts oder als eine Absicherung von Zahlungsströmen bilanziert werden.

88 Eine Sicherungsbeziehung erfüllt nur dann die Voraussetzungen für die Bilanzierung von Sicherungsgeschäften gemäß den Paragraphen 89-102, wenn alle folgenden Bedingungen erfüllt sind:

(a) Zu Beginn der Absicherung sind sowohl die Sicherungsbeziehung als auch die Risikomanagementzielsetzungen und -strategien, die das Unternehmen im Hinblick auf die Absicherung verfolgt, formal festzulegen und zu dokumentieren. Diese Dokumentation hat die Festlegung des Sicherungsinstruments, des Grundgeschäfts oder der abgesicherten Transaktion und die Art des abzusichernden Risikos zu beinhalten sowie eine Beschreibung, wie das Unternehmen die Wirksamkeit des Sicherungsinstruments bei der Kompensation der Risiken aus Änderungen des beizulegenden Zeitwertes oder der Cashflows des gesicherten Grundgeschäfts bestimmen wird.

(b) Es wird davon ausgegangen, dass das Ziel, Änderungen bei beizulegendem Zeitwert oder Cashflows, die dem abgesicherten Risiko zuzuordnen sind, der für diese spezielle Sicherungsbeziehung ursprünglich dokumentierten Risikomanagementstrategie entsprechend zu kompensieren, mit der betreffenden Absicherung mit hoher Wahrscheinlichkeit erreicht wird (siehe Anhang A Paragraphen AG105-AG113).

(c) Bei Absicherungen von Zahlungsströmen muss eine der Absicherung zugrunde liegende erwartete künftige Transaktion eine hohe Eintrittswahrscheinlichkeit haben und Risiken im Hinblick auf Schwankungen der Zahlungsströme ausgesetzt sein, die sich letztlich im Gewinn oder Verlust niederschlagen könnten.

(d) Die Wirksamkeit des Sicherungsgeschäfts ist verlässlich bestimmbar, d. h. der beizulegende Zeitwert oder die Zahlungsströme des Grundgeschäfts, die auf das abgesicherte Risiko zurückzuführen sind, und der beizulegende Zeitwert des Sicherungsinstruments können verlässlich bestimmt werden.

(e) Das Sicherungsgeschäft wird fortlaufend bewertet und für sämtliche Rechnungslegungsperioden, für die es designiert wurde, als faktisch hoch wirksam beurteilt.

Absicherung des beizulegenden Zeitwerts

Erfüllt eine Absicherung des beizulegenden Zeitwerts im Verlauf der Periode die in Paragraph 88 genannten Voraussetzungen, so ist sie wie folgt zu bilanzieren: **89**

(a) der Gewinn oder Verlust aus der erneuten Bewertung des Sicherungsinstruments zum beizulegenden Zeitwert (für ein derivatives Sicherungsinstrument) oder die Währungskomponente seines gemäß IAS 21 bewerteten Buchwertes (für nicht derivative Sicherungsinstrumente) ist im Gewinn oder Verlust zu erfassen; und

(b) der Buchwert eines Grundgeschäfts ist um den dem abgesicherten Risiko zuzurechnenden Gewinn oder Verlust aus dem Grundgeschäft anzupassen und im Gewinn oder Verlust[1)] erfolgswirksam zu erfassen. Dies gilt für den Fall, dass das Grundgeschäft ansonsten zu den Anschaffungskosten bewertet wird. Der dem abgesicherten Risiko zuzurechnende Gewinn oder Verlust ist erfolgswirksam zu erfassen, wenn es sich bei dem gesicherten Grundgeschäft um einen finanziellen Vermögenswert handelt, der gemäß Paragraph 4.1.2A von IFRS 9 erfolgsneutral zum beizulegenden Zeitwert im sonstigen Ergebnis bewertet wird.

Bei einer Absicherung des beizulegenden Zeitwertes gegen das Zinsänderungsrisiko eines Teils eines Portfolios finanzieller Vermögenswerte oder finanzieller Verbindlichkeiten (und nur im Falle einer solchen Absicherung) kann die Anforderung von Paragraph 89(b) erfüllt werden, indem der dem Grundgeschäft zuzurechnende Gewinn oder Verlust entweder durch: **89A**

(a) einen einzelnen gesonderten Posten innerhalb der Vermögenswerte für jene Zinsanpassungsperioden, in denen das Grundgeschäft ein Vermögenswert ist, oder

(b) einen einzelnen gesonderten Posten innerhalb der Verbindlichkeiten für jene Zinsanpassungsperioden, in denen das Grundgeschäft eine Verbindlichkeit ist.

Die unter (a) und (b) genannten gesonderten Posten sind in unmittelbarer Nähe der finanziellen Vermögenswerte bzw. Verbindlichkeiten darzustellen. Die in diesen gesonderten Posten ausgewiesenen Beträge sind bei der Ausbuchung der dazugehörigen Vermögenswerte oder Verbindlichkeiten aus der Bilanz zu entfernen.

Werden nur bestimmte, mit dem gesicherten Grundgeschäft verbundene Risiken abgesichert, sind erfasste Änderungen des beizulegenden Zeitwerts eines gesicherten Grundgeschäfts, die nicht dem abgesicherten Risiko zuzurechnen sind, nach Paragraph 5.7.1 von IFRS 9 zu bilanzieren. **90**

Ein Unternehmen hat die in Paragraph 89 dargelegte Bilanzierung von Sicherungsgeschäften künftig einzustellen, wenn: **91**

(a) das Sicherungsinstrument ausläuft oder veräußert, beendet oder ausgeübt wird. In diesem Sinne gilt die Ersetzung oder Fortsetzung eines Sicherungsinstruments durch ein anderes nicht als Auslaufen oder Beendigung, wenn eine derartige Ersetzung oder Fortsetzung Teil der dokumentierten Sicherungsstrategie des Unternehmens ist. Ebenfalls nicht als Auslaufen oder Beendigung eines Sicherungsinstruments zu betrachten ist es, wenn

(i) die Parteien des Sicherungsinstruments infolge bestehender oder neu erlassener Gesetzes- oder Regulierungsvorschriften vereinbaren, dass eine oder mehrere Clearing-Parteien ihre ursprüngliche Gegenpartei ersetzen und diese die neue Gegenpartei aller Parteien wird. Eine Clearing-Gegenpartei in diesem Sinne ist eine zentrale Gegenpartei (mitunter „Clearingstelle“ oder „Clearinghaus“ genannt) oder ein bzw. mehrere Unternehmen, wie ein Mitglied einer Clearingstelle oder ein Kunde eines Mitglieds einer Clearingstelle, die als Gegenpartei auftreten, damit das Clearing durch eine zentrale Gegenpartei erfolgt. Ersetzen die Parteien des Sicherungsinstruments ihre ursprünglichen Gegenparteien allerdings durch unterschiedliche Gegenparteien, so

1) **Anm. d. Red.:** Der Ausdruck „Gewinn oder Verlust“ wurde redaktionell hinzugefügt, da der Gesetzgeber ihn bei der Erstellung des Standards offensichtlich übersehen hat mit einzuarbeiten.

gilt dieser Paragraph nur dann, wenn jede dieser Parteien ihr Clearing bei derselben zentralen Gegenpartei durchführt;

(ii) etwaige andere Änderungen beim Sicherungsinstrument nicht über den für eine solche Ersetzung der Gegenpartei notwendigen Umfang hinausgehen. Auch müssen derartige Änderungen auf solche beschränkt sein, die den Bedingungen entsprechen, die zu erwarten wären, wenn das Sicherungsinstrument von Anfang an bei der Clearing-Gegenpartei gecleart worden wäre. Hierzu zählen auch Änderungen bei den Anforderungen an Sicherheiten, den Rechten auf Aufrechnung von Forderungen und Verbindlichkeiten und den erhobenen Entgelten.

(b) das Sicherungsgeschäft nicht mehr die in Paragraph 88 genannten Kriterien für eine Bilanzierung solcher Geschäfte erfüllt; oder

(c) das Unternehmen die Designation zurückzieht.

92 Jede auf Paragraph 89(b) beruhende Berichtigung des Buchwertes eines gesicherten Finanzinstruments, das zu fortgeführten Anschaffungskosten bewertet wird (oder im Falle einer Absicherung eines Portfolios gegen Zinsänderungsrisiken des gesonderten Bilanzposten, wie in Paragraph 89A beschrieben) ist ergebniswirksam aufzulösen. Sobald es eine Berichtigung gibt, kann die Auflösung beginnen, sie darf aber nicht später als zu dem Zeitpunkt beginnen, an dem das Grundgeschäft nicht mehr um Änderungen des beizulegenden Zeitwertes, die auf das abzusichernde Risiko zurückzuführen sind, angepasst wird. Die Berichtigung basiert auf einem zum Zeitpunkt des Amortisationsbeginns neu berechneten Effektivzinssatz. Wenn jedoch im Falle einer Absicherung des beizulegenden Zeitwerts gegen Zinsänderungsrisiken eines Portfolios finanzieller Vermögenswerte oder finanzieller Verbindlichkeiten (und nur bei einer solchen Absicherung) eine Amortisation unter Einsatz eines neu berechneten Effektivzinssatzes nicht durchführbar ist, so ist der Korrekturbetrag mittels einer linearen Amortisationsmethode aufzulösen. Der Korrekturbetrag ist bis zur Fälligkeit des Finanzinstruments oder im Falle der Absicherung eines Portfolios gegen Zinsänderungsrisiken bei Ablauf des entsprechenden Zinsanpassungstermins vollständig aufzulösen.

93 Wird eine bilanzunwirksame feste Verpflichtung als Grundgeschäft designiert, so wird die nachfolgende kumulierte Änderung des beizulegenden Zeitwertes der festen Verpflichtung, die dem gesicherten Risiko zuzuordnen ist, als Vermögenswert oder Verbindlichkeit mit einem entsprechenden Gewinn oder Verlust im Gewinn oder Verlust erfasst (siehe Paragraph 89(b)). Die Änderungen des beizulegenden Zeitwerts des Sicherungsinstruments sind ebenfalls im Gewinn oder Verlust zu erfassen.

94 Geht ein Unternehmen eine feste Verpflichtung ein, einen Vermögenswert zu erwerben oder eine Verbindlichkeit zu übernehmen, der/die im Rahmen einer Absicherung eines beizulegenden Zeitwerts ein Grundgeschäft darstellt, wird der Buchwert des Vermögenswertes oder der Verbindlichkeit, der aus der Erfüllung der festen Verpflichtung des Unternehmens hervorgeht, im Zugangszeitpunkt um die kumulierte Änderung des beizulegenden Zeitwertes der festen Verpflichtung, der auf das in der Bilanz erfasste abgesicherte Risiko zurückzuführen ist, berichtigt.

Absicherung von Zahlungsströmen

95 Erfüllt die Absicherung von Zahlungsströmen im Verlauf der Periode die in Paragraph 88 genannten Voraussetzungen, so hat die Bilanzierung folgendermaßen zu erfolgen:

(a) der Teil des Gewinns oder Verlusts aus einem Sicherungsinstrument, der als wirksame Absicherung ermittelt wird (siehe Paragraph 88), ist im sonstigen Ergebnis zu erfassen; und

(b) der unwirksame Teil des Gewinns oder Verlusts aus dem Sicherungsinstruments ist im Gewinn oder Verlust zu erfassen.

Ausführlicher dargestellt wird eine Absicherung von Zahlungsströmen folgendermaßen bilanziert: **96**

(a) die eigenständige, mit dem Grundgeschäft verbundene Eigenkapitalkomponente wird um den niedrigeren der folgenden Beträge (in absoluten Zahlen) berichtigt:

(i) den kumulierten Gewinn oder Verlust aus dem Sicherungsinstrument seit Beginn der Sicherungsbeziehung; und

(ii) die kumulierte Änderung des beizulegenden Zeitwertes (Barwertes) der erwarteten künftigen Cashflows aus dem Grundgeschäft seit Beginn der Sicherungsbeziehung;

(b) ein verbleibender Gewinn oder Verlust aus einem Sicherungsinstrument oder einer bestimmten Komponente davon (das keine effektive Sicherung darstellt) wird im Gewinn oder Verlust erfasst; und

(c) sofern die dokumentierte Risikomanagementstrategie eines Unternehmens für eine bestimmte Sicherungsbeziehung einen bestimmten Teil des Gewinns oder Verlusts oder damit verbundener Zahlungsströme aus einem Sicherungsinstrument von der Beurteilung der Wirksamkeit der Sicherungsbeziehung ausschließt (siehe Paragraphen 74, 75 und 88(a)), so ist dieser ausgeschlossene Gewinn- oder Verlustteil gemäß Paragraph 5.7.1 von IFRS 9 zu erfassen.

Resultiert eine Absicherung einer erwarteten Transaktion später im Ansatz eines finanziellen Vermögenswerts oder einer finanziellen Verbindlichkeit, sind die damit verbundenen Gewinne oder Verluste, die gemäß Paragraph 95 im sonstigen Gesamtergebnis erfasst wurden, in derselben Periode oder denselben Perioden als Umgliederungsbetrag (siehe IAS 1 (überarbeitet 2007)) vom Eigenkapital in den Gewinn oder Verlust umzugliedern, in denen die abgesicherten erwarteten Zahlungsströme den Gewinn oder Verlust beeinflussen (z. B. in den Perioden, in denen Zinserträge oder Zinsaufwendungen erfasst werden). Erwartet ein Unternehmen jedoch, dass der gesamte oder ein Teil des im sonstigen Gesamtergebnis erfassten Verlusts in einer oder mehreren der folgenden Perioden nicht wieder hereingeholt wird, hat es den voraussichtlich nicht wieder hereingeholten Betrag als Umgliederungsbetrag in den Gewinn oder Verlust umzubuchen. **97**

Resultiert eine Absicherung einer erwarteten Transaktion später im Ansatz eines nicht finanziellen Vermögenswertes oder einer nicht finanziellen Verbindlichkeit oder wird eine erwartete Transaktion für einen nicht finanziellen Vermögenswert oder eine nicht finanzielle Verbindlichkeit zu einer festen Verpflichtung, für die die Bilanzierung für die Absicherung des beizulegenden Zeitwertes angewendet wird, hat das Unternehmen den nachfolgenden Punkt (a) oder (b) anzuwenden: **98**

(a) Die entsprechenden Gewinne und Verluste, die gemäß Paragraph 95 im sonstigen Ergebnis erfasst wurden, sind in den Gewinn oder Verlust derselben Periode oder der Perioden umzugliedern, in denen der erworbene Vermögenswert oder die übernommene Verbindlichkeit den Gewinn oder Verlust beeinflusst (wie z. B. in den Perioden, in denen Abschreibungsaufwendungen oder Umsatzkosten erfasst werden) und als Umgliederungsbeträge auszuweisen (siehe IAS 1 (überarbeitet 2007)). Erwartet ein Unternehmen jedoch, dass der gesamte oder ein Teil des im sonstigen Ergebnis erfassten Verlusts in einer oder mehreren Perioden nicht wieder hereingeholt wird, hat es den voraussichtlich nicht wieder hereingeholten Betrag vom Eigenkapital in den Gewinn oder Verlust umzugliedern und als Umgliederungsbetrag auszuweisen.

(b) Die entsprechenden Gewinne und Verluste, die gemäß Paragraph 95 im sonstigen Ergebnis erfasst wurden, werden entfernt und Teil der Anschaffungskosten im Zugangszeitpunkt oder eines anderweitigen Buchwertes des Vermögenswertes oder der Verbindlichkeit.

Ein Unternehmen hat sich bei seiner Rechnungslegungsmethode entweder für Punkt (a) oder für (b) des Paragraphen 98 zu entscheiden und diese Methode konsequent auf alle Sicherungsbeziehungen anzuwenden, auf die sich Paragraph 98 bezieht. **99**

100 Bei anderen als den in Paragraph 97 und 98 angeführten Absicherungen von Zahlungsströmen sind die Beträge, die im sonstigen Gesamtergebnis erfasst wurden, in derselben Periode oder denselben Perioden als Umgliederungsbetrag (siehe IAS 1 (überarbeitet 2007)) vom Eigenkapital in den Gewinn oder Verlust umzugliedern, in denen die abgesicherten erwarteten Zahlungsströme den Gewinn oder Verlust beeinflussen (z. B. wenn ein erwarteter Verkauf stattfindet).

101 In allen nachstehenden genannten Fällen hat ein Unternehmen die in den Paragraphen 95-100 beschriebene Bilanzierung von Sicherungsgeschäften einzustellen:

(a) Das Sicherungsinstrument läuft aus oder wird veräußert, beendet oder ausgeübt. In diesem Fall verbleibt der kumulierte Gewinn oder Verlust aus dem Sicherungsinstrument, der im Zeitraum der Wirksamkeit der Sicherungsbeziehung im sonstigen Ergebnis erfasst wurde (siehe Paragraph 95(a)), als gesonderter Posten im Eigenkapital, bis die vorhergesehene Transaktion eingetreten ist. Tritt die Transaktion ein, kommen Paragraph 97, 98 oder 100 zur Anwendung. Für die Zwecke dieses Unterabsatzes gilt die Ersetzung oder Fortsetzung eines Sicherungsinstruments durch ein anderes Sicherungsinstrument nicht als Auslaufen oder Beendigung, wenn eine solche Ersetzung oder Fortsetzung Teil der dokumentierten Sicherungsstrategie des Unternehmens ist. Für die Zwecke dieses Unterabsatzes liegt ebenfalls kein Auslaufen oder keine Beendigung des Sicherungsinstruments vor, wenn

(i) die Parteien des Sicherungsinstruments infolge bestehender oder neu erlassener Gesetzes- oder Regulierungsvorschriften vereinbaren, dass eine oder mehrere Clearing-Parteien ihre ursprüngliche Gegenpartei ersetzen und damit die neue Gegenpartei aller Parteien wird. Eine Clearing-Gegenpartei in diesem Sinne ist eine zentrale Gegenpartei (mitunter „Clearingstelle" oder „Clearinghaus" genannt) oder ein bzw. mehrere Unternehmen, beispielsweise ein Mitglied einer Clearingstelle oder ein Kunde eines Mitglieds einer Clearingstelle, die als Gegenpartei auftreten, damit das Clearing durch eine zentrale Gegenpartei erfolgt. Ersetzen die Parteien des Sicherungsinstruments ihre ursprünglichen Gegenparteien allerdings durch unterschiedliche Gegenparteien, so gilt dieser Paragraph nur dann, wenn jede dieser Parteien ihr Clearing bei derselben zentralen Gegenpartei durchführt;

(ii) etwaige andere Änderungen beim Sicherungsinstrument nicht über den für eine solche Ersetzung der Gegenpartei notwendigen Umfang hinausgehen. Auch müssen derartige Änderungen auf solche beschränkt sein, die den Bedingungen entsprechen, die zu erwarten wären, wenn das Sicherungsinstrument von Anfang an bei der Clearing-Gegenpartei gecleart worden wäre. Hierzu zählen auch Änderungen bei den Anforderungen an Sicherheiten, den Rechten auf Aufrechnung von Forderungen und Verbindlichkeiten und den erhobenen Entgelten.

(b) Das Sicherungsgeschäft erfüllt nicht mehr die in Paragraph 88 genannten Kriterien für die Bilanzierung solcher Geschäfte. In diesem Fall verbleibt der kumulierte Gewinn oder Verlust aus dem Sicherungsinstrument, der seit der Periode, als die Sicherungsbeziehung als wirksam eingestuft wurde, im sonstigen Ergebnis erfasst wird (siehe Paragraph 95(a)), weiterhin gesondert im Eigenkapital ausgewiesen, bis die vorhergesehene Transaktion eingetreten ist. Tritt die Transaktion ein, so kommen Paragraph 97, 98 und 100 zur Anwendung.

(c) Mit dem Eintritt der erwarteten Transaktion wird nicht mehr gerechnet, so dass in diesem Fall alle entsprechenden kumulierten Gewinne oder Verluste aus dem Sicherungsinstrument, die seit der Periode, als die Sicherungsbeziehung als wirksam eingestuft wurde, im sonstigen Ergebnis erfasst werden (siehe Paragraph 95(a)), vom Eigenkapital in den Gewinn oder Verlust umzugliedern sind. Auch wenn der Eintritt einer erwarteten Transaktion nicht mehr hoch wahrscheinlich ist (siehe Paragraph 88(c)), kann damit jedoch immer noch gerechnet werden.

(d) Das Unternehmen zieht die Designation zurück. Für Absicherungen einer erwarteten Transaktion verbleibt der kumulierte Gewinn oder Verlust aus dem Sicherungsinstrument, der seit der Periode, als die Sicherungsbeziehung als wirksam eingestuft wurde, im sonstigen Ergebnis erfasst wird (siehe Paragraph 95(a)), weiterhin gesondert im Eigenkapital ausgewiesen, bis die erwartete Transaktion eingetreten ist oder deren Eintritt nicht mehr erwartet wird. Tritt die Transaktion ein, so kommen Paragraph 97, 98 und 100 zur Anwendung. Wenn der Eintritt der Transaktion nicht mehr erwartet wird, ist der im sonstigen Ergebnis erfasste kumulierte Gewinn oder Verlust vom Eigenkapital in den Gewinn oder Verlust umzugliedern.

Absicherungen einer Nettoinvestition

Absicherungen einer Nettoinvestition in einen ausländischen Geschäftsbetrieb, einschließlich einer Absicherung eines monetären Postens, der als Teil der Nettoinvestition behandelt wird (siehe IAS 21), sind in gleicher Weise zu bilanzieren wie die Absicherung von Zahlungsströmen: **102**

(a) der Teil des Gewinns oder Verlusts aus einem Sicherungsinstrument, der als effektive Absicherung ermittelt wird (siehe Paragraph 88) ist im sonstigen Ergebnis zu erfassen; und

(b) der ineffektive Teil ist ergebniswirksam zu erfassen.

Der Gewinn oder Verlust aus einem Sicherungsinstrument, der dem effektiven Teil der Sicherungsbeziehung zuzurechnen ist und im sonstigen Ergebnis erfasst wurde, ist bei der Veräußerung oder teilweisen Veräußerung des ausländischen Geschäftsbetriebs gemäß IAS 21, Paragraphen 48-49 vom Eigenkapital in den Gewinn oder Verlust als Umgliederungsbetrag (siehe IAS 1 (überarbeitet 2007)) umzugliedern.

Vorübergehende Ausnahmen von der Anwendung spezieller Vorschriften für die Bilanzierung von Sicherungsgeschäften

Ein Unternehmen hat die Paragraphen 102D – 102N und 108G auf alle Sicherungsbeziehungen anzuwenden, die von der Reform der Referenzzinssätze unmittelbar betroffen sind. Diese Paragraphen gelten ausschließlich für Sicherungsbeziehungen der genannten Art. Eine Sicherungsbeziehung ist nur dann unmittelbar von der Reform der Referenzzinssätze betroffen, wenn die Reform Unsicherheiten in Bezug auf Folgendes aufwirft: **102A**

(a) den als abgesichertes Risiko designierten (vertraglich oder nicht vertraglich spezifizierten) Referenzzinssatz und/oder

(b) den Zeitpunkt oder die Höhe referenzzinssatzbasierter Zahlungsströme des gesicherten Grundgeschäfts oder des Sicherungsinstruments.

Für die Zwecke der Anwendung der Paragraphen 102D – 102N bezeichnet der Begriff „Reform der Referenzzinssätze“ die marktweite Reform von Referenzzinssätzen, einschließlich ihrer Ablösung durch einen alternativen Referenzsatz, wie sie sich aus den Empfehlungen im Bericht des Finanzstabilitätsrates „Reforming Major Interest Rate Benchmarks“*) vom Juli 2014 ergibt. **102B**

Die in den Paragraphen 102D – 102N vorgesehenen Ausnahmen gelten nur für die dort genannten Vorschriften. Alle anderen Vorschriften für die Bilanzierung von Sicherungsgeschäften sind vom Unternehmen auch weiterhin auf die von der Reform der Referenzzinssätze unmittelbar betroffenen Sicherungsbeziehungen anzuwenden. **102C**

Anforderung einer „hohen Wahrscheinlichkeit“ bei der Absicherung von Zahlungsströmen

Um die Anforderung nach Paragraph 88(c) zu erfüllen, wonach eine erwartete Transaktion hochwahrscheinlich sein muss, hat ein Unternehmen anzunehmen, dass sich der (vertraglich oder nicht vertraglich spezifizierte) Referenzzinssatz, auf dem die abgesicherten Zahlungsströme beruhen, durch die Reform der Referenzzinssätze nicht verändert. **102D**

*) **Amtl. Anm.:** Dieser Bericht ist abrufbar unter: http://www.fsb.org/wp-content/uploads/r_140722.pdf.

Umgliederung des im sonstigen Ergebnis erfassten kumulierten Gewinns oder Verlusts

102E Um die Anforderung nach Paragraph 101(c) zu erfüllen, hat ein Unternehmen bei der Beurteilung, ob der Eintritt der erwarteten Transaktion nicht länger zu erwarten ist, anzunehmen, dass sich der (vertraglich oder nicht vertraglich spezifizierte) Referenzzinssatz, auf dem die abgesicherten Zahlungsströme beruhen, durch die Reform der Referenzzinssätze nicht verändert.

Beurteilung der Effektivität

102F Um die Anforderung der Paragraphen 88(b) und AG105(a) zu erfüllen, hat ein Unternehmen anzunehmen, dass sich der (vertraglich oder nicht vertraglich spezifizierte) Referenzzinssatz, auf dem die abgesicherten Zahlungsströme und/oder das abgesicherte Risiko beruhen, oder der Referenzzinssatz, auf dem die Zahlungsströme des Sicherungsinstruments beruhen, durch die Reform der Referenzzinssätze nicht verändert.

102G Um die Anforderung nach Paragraph 88(e) zu erfüllen, muss ein Unternehmen eine Sicherungsbeziehung nicht beenden, wenn die tatsächlichen Ergebnisse der Absicherung nicht den Vorgaben des Paragraphen AG105(b) entsprechen. Um sämtliche Zweifel auszuschließen, hat ein Unternehmen für die Beurteilung, ob die Sicherungsbeziehung beendet werden muss, die anderen Bedingungen des Paragraphen 88 anzuwenden, einschließlich der in Paragraph 88(b) vorgesehenen prospektiven Beurteilung.

Designation finanzieller Posten als gesicherte Grundgeschäfte

102H Sofern nicht Paragraph 102I einschlägig ist, muss ein Unternehmen bei der Absicherung eines nicht vertraglich spezifizierten Referenzteils des Zinsänderungsrisikos die Anforderungen der Paragraphen 81 und AG99F (wonach der designierte Teil gesondert identifizierbar sein muss) nur zu Beginn der Sicherungsbeziehung erfüllen.

102I Wenn ein Unternehmen entsprechend seiner Sicherungsdokumentation eine Sicherungsbeziehung häufig erneuert (d. h. beendet und neu beginnt), da sich sowohl das Sicherungsinstrument als auch das gesicherte Grundgeschäft häufig ändern (d. h. das Unternehmen einen dynamischen Prozess anwendet, bei dem sowohl die gesicherten Grundgeschäfte als auch die zur Steuerung dieses Risikos eingesetzten Sicherungsinstrumente nicht lange gleich bleiben), muss es die Anforderungen der Paragraphen 81 und AG99F (wonach der designierte Teil gesondert identifizierbar sein muss) nur bei der erstmaligen Designation eines gesicherten Grundgeschäfts in dieser Sicherungsbeziehung erfüllen. Wurde ein gesichertes Grundgeschäft bei seiner erstmaligen Designation in einer Sicherungsbeziehung einer Beurteilung unterzogen, so muss es unabhängig davon, ob diese Beurteilung zu Beginn der Sicherungsbeziehung oder danach erfolgte, bei einer neuerlichen Designation innerhalb derselben Sicherungsbeziehung nicht erneut beurteilt werden.

Ende der Anwendung

102J Ein Unternehmen hat die Anwendung des Paragraphen 102D auf ein gesichertes Grundgeschäft prospektiv zum früheren der nachstehend genannten Termine einzustellen:

(a) wenn die durch die Reform der Referenzzinssätze bedingte Unsicherheit, was den Zeitpunkt und die Höhe der referenzzinssatzbasierten Zahlungsströme aus dem gesicherten Grundgeschäft angeht, nicht mehr besteht und

(b) wenn die Sicherungsbeziehung, zu der das gesicherte Grundgeschäft gehört, beendet wird.

Ein Unternehmen hat die Anwendung des Paragraphen 102E prospektiv zum früheren der nachstehend genannten Termine einzustellen: **102K**

(a) wenn die durch die Reform der Referenzzinssätze bedingte Unsicherheit, was den Zeitpunkt und die Höhe der referenzzinssatzbasierten künftigen Zahlungsströme aus dem gesicherten Grundgeschäft angeht, nicht mehr besteht und

(b) wenn der im sonstigen Ergebnis erfasste kumulierte Gewinn oder Verlust aus dieser beendeten Sicherungsbeziehung in voller Höhe in den Gewinn oder Verlust umgegliedert wurde.

Ein Unternehmen hat die Anwendung des Paragraphen 102F in folgenden Fällen prospektiv einzustellen: **102L**

(a) bei einem gesicherten Grundgeschäft, wenn die durch die Reform der Referenzzinssätze bedingte Unsicherheit, was das abgesicherte Risiko oder den Zeitpunkt und die Höhe der referenzzinssatzbasierten Zahlungsströme aus dem gesicherten Grundgeschäft angeht, nicht mehr besteht und

(b) bei einem Sicherungsinstrument, wenn die durch die Reform der Referenzzinssätze bedingte Unsicherheit, was den Zeitpunkt und die Höhe der referenzzinssatzbasierten Zahlungsströme aus dem Sicherungsinstrument angeht, nicht mehr besteht.

Wenn die Sicherungsbeziehung, zu der das gesicherte Grundgeschäft und das Sicherungsinstrument gehören, vor dem in Paragraph 102L(a) oder dem in Paragraph 102L(b) genannten Datum beendet wird, hat das Unternehmen die Anwendung des Paragraphen 102F auf diese Sicherungsbeziehung zum Zeitpunkt der Beendigung prospektiv einzustellen.

Ein Unternehmen hat die Anwendung des Paragraphen 102G auf eine Sicherungsbeziehung prospektiv zum früheren der nachstehend genannten Termine einzustellen: **102M**

(a) wenn die durch die Reform der Referenzzinssätze bedingte Unsicherheit, was das abgesicherte Risiko sowie den Zeitpunkt und die Höhe der referenzzinssatzbasierten Zahlungsströme aus dem gesicherten Grundgeschäft oder dem Sicherungsinstrument angeht, nicht mehr besteht und

(b) wenn die Sicherungsbeziehung, auf die die Ausnahme angewandt wird, beendet wird.

Wenn ein Unternehmen eine Gruppe von Grundgeschäften als gesichertes Grundgeschäft oder eine Kombination von Finanzinstrumenten als Sicherungsinstrument designiert, hat es die Anwendung der Paragraphen 102D – 102G auf ein einzelnes Grundgeschäft oder Finanzinstrument gemäß den Paragraphen 102J, 102K, 102L oder 102M – je nachdem, welcher im Einzelfall einschlägig ist – einzustellen, wenn die durch die Reform der Referenzzinssätze bedingte Unsicherheit, was das abgesicherte Risiko und/oder den Zeitpunkt und die Höhe der referenzzinssatzbasierten Zahlungsströme aus diesem Grundgeschäft oder Finanzinstrument angeht, nicht mehr besteht. **102N**

Zeitpunkt des Inkrafttretens und Übergangsvorschriften

Dieser Standard (einschließlich der im März 2004 herausgegebenen Änderungen) ist erstmals in der ersten Periode eines am 1. Januar 2005 oder danach beginnenden Geschäftsjahres anzuwenden. Eine frühere Anwendung ist zulässig. Dieser Standard (einschließlich der im März 2004 herausgegebenen Änderungen) darf nicht auf Perioden eines vor dem 1. Januar 2005 beginnenden Geschäftsjahres angewandt werden, es sei denn, das Unternehmen wendet ebenfalls IAS 32 (herausgegeben Dezember 2003) an. Wenn ein Unternehmen diesen Standard für Perioden anwendet, die vor dem 1. Januar 2005 beginnen, so ist dies anzugeben. **103**

Ein Unternehmen hat die Änderungen in Paragraph 2(j) auf Geschäftsjahre anzuwenden, die am oder nach dem 1. Januar 2006 beginnen. Falls das Unternehmen IFRIC 5 *Rechte auf Anteile an Fonds für Entsorgung, Rekultivierung und Umweltsanierung* auf eine frühere Periode anwendet, ist die oben genannte Änderung auch auf diese frühere Periode anzuwenden. **103A**

(weggefallen) **103B**

103C Infolge des IAS 1 (überarbeitet 2007) wurde die in allen IFRS verwendete Terminologie geändert. Außerdem wurden die Paragraphen 95(a), 97, 98, 100, 102, 108 und A99B geändert. Diese Änderungen sind erstmals in der ersten Berichtsperiode eines am 1. Januar 2009 oder danach beginnenden Geschäftsjahres anzuwenden. Wird IAS 1 (überarbeitet 2007) auf eine frühere Periode angewandt, sind diese Änderungen entsprechend auch anzuwenden.

103D (weggefallen)

103E Durch IAS 27 (in der vom International Accounting Standards Board 2008 geänderten Fassung) wurde Paragraph 102 geändert. Diese Änderung ist erstmals in der ersten Periode eines am 1. Juli 2009 oder danach beginnenden Geschäftsjahres anzuwenden. Wendet ein Unternehmen IAS 27 (in der 2008 geänderten Fassung) auf eine frühere Periode an, so hat es auf diese Periode auch die genannte Änderung anzuwenden.

103F (weggefallen)

103G Die Paragraphen AG99BA, AG99E, AG99F, AG110A und AG110B sind rückwirkend in der ersten Periode eines am 1. Juli 2009 oder danach beginnenden Geschäftsjahres gemäß IAS 8 *Rechnungslegungsmethoden, Änderungen von rechnungslegungsbezogenen Schätzungen und Fehler* anzuwenden. Eine frühere Anwendung ist zulässig. Falls ein Unternehmen *Geeignete Grundgeschäfte* (Änderung des IAS 39) für Perioden anwendet, die vor dem 1. Juli 2009 beginnen, so ist dies anzugeben.

103H bis 103J (weggefallen)

103K Die Paragraphen 2(g), 97 und 100 wurden durch die *Verbesserungen der IFRS* vom April 2009 geändert. Ein Unternehmen hat die Änderungen dieser Paragraphen für Berichtsperioden eines am 1. Januar 2010 oder danach beginnenden Geschäftsjahrs prospektiv auf alle noch nicht abgelaufenen Verträge anzuwenden. Eine frühere Anwendung ist zulässig. Wendet ein Unternehmen die Änderungen für ein früheres Geschäftsjahr an, hat es dies anzugeben.

103L bis 103P (nicht besetzt)

103Q Durch IFRS 13, veröffentlicht im Mai 2011, wurde(n) die Paragraphen 9, 13, 28, 47, 88, AG46, AG52, AG64, AG76, AG76A, AG80, AG81 und AG96 geändert, der Paragraph 43A hinzugefügt und die Paragraphen 48-49, AG69-AG75, AG77-AG79 und AG82 gestrichen. Ein Unternehmen hat die betreffenden Änderungen anzuwenden, wenn es IFRS 13 anwendet.

103R Mit der im Oktober 2012 veröffentlichten Verlautbarung *Investmentgesellschaften (Investment Entities)* (Änderungen an IFRS 10, IFRS 12 und IAS 27) wurden die Paragraphen 2 und 80 geändert. Unternehmen haben diese Änderungen auf Geschäftsjahre anzuwenden, die am oder nach dem 1. Januar 2014 beginnen. Eine frühere Anwendung der Verlautbarung *Investmentgesellschaften (Investment Entities)* ist zulässig. Wendet ein Unternehmen diese Änderungen früher an, hat es alle in der Verlautbarung enthaltenen Änderungen gleichzeitig anzuwenden.

103S (nicht besetzt)

103T Mit dem im Mai 2014 veröffentlichten IFRS 15 *Erlöse aus Verträgen mit Kunden* wurden die Paragraphen 2, 9, 43, 47, 55, AG2, AG4 und AG48 geändert und die Paragraphen 2A, 44A, 55A sowie AG8A bis AG8C angefügt. Ein Unternehmen hat diese Änderungen anzuwenden, wenn es IFRS 15 anwendet.

103U Durch IFRS 9 (im Juli 2014 veröffentlicht) wurden die Paragraphen 2, 8, 9, 71, 88-90, 96, A95, A114, A118 und die Überschriften vor A133 geändert und die Paragraphen 1, 4-7, 10-70, 103B, 103D, 103F, 103H-103J, 103L-103P, 103S, 105-107A, 108E-108F, A1-A93 und A96 gestrichen. Ein Unternehmen hat diese Änderungen anzuwenden, wenn es IFRS 9 anwendet.

104 Dieser Standard ist rückwirkend anzuwenden mit Ausnahme der Darlegungen in Paragraph 108. Der Eröffnungsbilanzwert der Gewinnrücklagen für die früheste vorangegangene dargestellte Periode sowie alle anderen Vergleichsbeträge sind so anzupassen, als wäre dieser Standard immer angewandt worden, es sei denn, eine solche Anpassung wäre undurchführbar. Ist dies der Fall, hat das Unternehmen dies anzugeben und aufzuführen, inwieweit die Informationen angepasst wurden.

105 bis 107A (weggefallen)

Ein Unternehmen darf den Buchwert nicht finanzieller Vermögenswerte und nicht finanzieller Verbindlichkeiten nicht anpassen, um Gewinne und Verluste aus Absicherungen von Zahlungsströmen, die vor dem Beginn des Geschäftsjahres, in dem der vorliegende Standard zuerst angewendet wurde, in den Buchwert eingeschlossen waren, auszuschließen. Zu Beginn der Berichtsperiode, in der der vorliegende Standard erstmalig angewendet wird, ist jeder außerhalb des Gewinns oder Verlusts (im sonstigen Ergebnis oder direkt im Eigenkapital) erfasste Betrag für eine Absicherung einer festen Verpflichtung, die gemäß diesem Standard als eine Absicherung eines beizulegenden Zeitwerts behandelt wird, in einen Vermögenswert oder eine Verbindlichkeit umzugliedern, mit Ausnahme einer Absicherung des Währungsrisikos, die weiterhin als Absicherung von Zahlungsströmen behandelt wird. **108**

Der letzte Satz des Paragraphen 80 sowie die Paragraphen AG99A und AG99B sind erstmals in der ersten Periode eines am 1. Januar 2006 oder danach beginnenden Geschäftsjahres anzuwenden. Eine frühere Anwendung wird empfohlen. Wenn ein Unternehmen eine erwartete externe Transaktion, die **108A**

(a) auf die funktionale Währung des Unternehmens lautet, das die Transaktion abschließt,

(b) zu einem Risiko führt, das sich auf das Konzernergebnis auswirkt (d. h. auf eine andere Währung als die Darstellungswährung des Konzerns lautet), und

(c) die Kriterien für die Bilanzierung von Sicherungsgeschäften erfüllen würde, wenn sie nicht auf die funktionale Währung des abschließenden Unternehmens lautete,

als gesichertes Grundgeschäft eingestuft hat, kann es auf die Periode(n) vor dem Zeitpunkt der Anwendung des letzten Satzes des Paragraphen 80 und der Paragraphen AG99A und AG99B im Konzernabschluss die Bilanzierung für Sicherungsgeschäfte anwenden.

Ein Unternehmen muss den Paragraphen AG99B nicht auf Vergleichsinformationen anwenden, die sich auf Perioden vor dem Zeitpunkt der Anwendung des letzten Satzes des Paragraphen 80 und des Paragraphen AG99A beziehen. **108B**

Die Paragraphen 73 und AG8 wurden durch die *Verbesserungen der IFRS* vom Mai 2008 geändert. Paragraph 80 wurde durch die *Verbesserungen der IFRS* vom April 2009 geändert. Diese Änderungen sind erstmals in der ersten Berichtsperiode eines am 1. Januar 2009 oder danach beginnenden Geschäftsjahres anzuwenden. Eine frühere Anwendung aller Änderungen ist zulässig. Wendet ein Unternehmen die Änderungen für ein früheres Geschäftsjahr an, hat es dies anzugeben. **108C**

Durch die im Juni 2013 unter dem Titel Novation von Derivaten und Fortsetzung der Bilanzierung von Sicherungsgeschäften veröffentlichte Änderung des IAS 39 wurden die Paragraphen 91 und 101 geändert und der Paragraph AG113A angefügt. Diese Paragraphen sind erstmals auf ein am oder nach dem 1. Januar 2014 beginnendes Geschäftsjahr anzuwenden. Diese Änderungen sind im Einklang mit IAS 8 Rechnungslegungsmethoden, Änderungen von rechnungslegungsbezogenen Schätzungen und Fehler rückwirkend anzuwenden. Eine frühere Anwendung ist zulässig. Wendet ein Unternehmen diese Änderungen auf eine frühere Periode an, hat es dies anzugeben. **108D**

(nicht besetzt) **108E und 108F**

Durch die im September 2019 herausgegebene Verlautbarung *Reform der Referenzzinssätze*, mit der IFRS 9, IAS 39 und IFRS 7 geändert wurden, wurden die Paragraphen 102A – 102N eingefügt. Diese Änderungen sind auf Geschäftsjahre anzuwenden, die am oder nach dem 1. Januar 2020 beginnen. Eine frühere Anwendung ist zulässig. Wendet ein Unternehmen diese Änderungen auf ein früheres Geschäftsjahr an, hat es dies anzugeben. Diese Änderungen sind rückwirkend nur auf Sicherungsbeziehungen anzuwenden, die zu Beginn des Berichtszeitraums, in dem das Unternehmen die Änderungen erstmals anwendet, bereits bestanden oder danach designiert wurden, und auf den im sonstigen Ergebnis erfassten Gewinn oder Verlust, der zu Beginn der Berichtsperiode, in der das Unternehmen diese Änderungen erstmals anwendet, bereits angefallen war. **108G**

Rücknahme anderer Verlautbarungen

109 Dieser Standard ersetzt IAS 39 *Finanzinstrumente: Ansatz und Bewertung* in der im Oktober 2000 überarbeiteten Fassung.

110 Dieser Standard und die dazugehörigen Anwendungsleitlinien ersetzen die vom IAS 39 Implementation Guidance Committee herausgegebenen Anwendungsleitlinien, die vom früheren IASC festgelegt wurden.

Anhang A: Leitlinien für die Anwendung

Dieser Anhang ist Bestandteil des Standards.

AG1 bis AG93 (weggefallen)

Sicherungsgeschäfte (Paragraphen 71-102)

Sicherungsinstrumente (Paragraphen 72-77)

Qualifizierende Instrumente (Paragraphen 72 und 73)

AG94 Der mögliche Verlust aus einer von einem Unternehmen geschriebenen Option kann erheblich höher ausfallen als der mögliche Wertzuwachs des dazugehörigen Grundgeschäfts. Mit anderen Worten ist eine geschriebene Option kein wirksames Mittel zur Reduzierung des Gewinn- oder Verlustrisikos eines Grundgeschäfts. Eine geschriebene Option erfüllt daher nicht die Kriterien eines Sicherungsinstruments, es sei denn, sie wird zur Glattstellung einer erworbenen Option eingesetzt; hierzu gehören auch Optionen, die in ein anderes Finanzinstrument eingebettet sind (beispielsweise eine geschriebene Kaufoption, mit der das Risiko aus einer kündbaren Verbindlichkeit abgesichert werden soll). Eine erworbene Option hingegen führt zu potenziellen Gewinnen, die entweder den Verlusten entsprechen oder diese übersteigen; sie beinhaltet daher die Möglichkeit, das Gewinn- oder Verlustrisiko aus Änderungen des beizulegenden Zeitwertes oder der Cashflows zu reduzieren. Sie kann folglich die Kriterien eines Sicherungsinstruments erfüllen.

AG95 Ein finanzieller Vermögenswert, der zu fortgeführten Anschaffungskosten bewertet wird, kann zur Absicherung eines Währungsrisikos als Sicherungsinstrument designiert werden.

AG96 (weggefallen)

AG97 Die eigenen Eigenkapitalinstrumente eines Unternehmens sind keine finanziellen Vermögenswerte oder Verbindlichkeiten des Unternehmens und können daher nicht als Sicherungsinstrumente eingesetzt werden.

Gesicherte Grundgeschäfte (Paragraphen 78-84)

Qualifizierende Grundgeschäfte (Paragraphen 78-80)

AG98 Eine feste Verpflichtung zum Erwerb eines Unternehmens im Rahmen eines Unternehmenszusammenschlusses kann nicht als Grundgeschäft gelten, mit Ausnahme der damit verbundenen Währungsrisiken, da die anderen abzusichernden Risiken nicht gesondert ermittelt und bewertet werden können. Bei diesen anderen Risiken handelt es sich um allgemeine Geschäftsrisiken.

AG99 Eine nach der Equity-Methode bilanzierte Finanzinvestition kann kein Grundgeschäft zur Absicherung des beizulegenden Zeitwerts sein, da bei der Equity-Methode der Anteil des Investors am Gewinn oder Verlust des assoziierten Unternehmens und nicht die Veränderung des beizulegenden Zeitwerts der Finanzinvestition erfolgswirksam erfasst wird. Aus einem ähnlichem Grund kann eine Finanzinvestition in ein konsolidiertes Tochterunternehmen kein Grundgeschäft zur Absicherung des beizulegenden Zeitwertes sein, da bei einer Konsolidierung der Periodengewinn oder -verlust einer Tochtergesellschaft und nicht etwaige Änderungen des beizulegenden Zeitwerts der Finanzinvestition erfolgswirksam erfasst wird. Anders verhält es sich bei der Absicherung einer Nettoinvestition in einen ausländischen Geschäftsbetrieb, da es sich hierbei um die Absicherung eines Währungsrisikos handelt und nicht um die Absicherung des beizulegenden Zeitwertes hinsichtlich etwaiger Änderungen des Investitionswertes.

In Paragraph 80 heißt es, dass das Währungsrisiko einer höchstwahrscheinlich eintretenden künftigen konzerninternen Transaktion die Kriterien eines gesicherten Grundgeschäfts in einem Cashflow-Sicherungsgeschäft für den Konzernabschluss erfüllen kann, sofern die Transaktion auf eine andere Währung lautet als die funktionale Währung des Unternehmens, das diese Transaktion abschließt, und das Währungsrisiko sich im Konzernergebnis niederschlägt. Diesbezüglich kann es sich bei einem Unternehmen um ein Mutterunternehmen, Tochterunternehmen, assoziiertes Unternehmen, ein Gemeinschaftsunternehmen oder eine Niederlassung handeln. Wenn das Währungsrisiko einer erwarteten künftigen konzerninternen Transaktion sich nicht im Konzernergebnis niederschlägt, kann die konzerninterne Transaktion nicht die Definition eines gesicherten Grundgeschäfts erfüllen. Dies ist in der Regel der Fall für Zahlungen von Nutzungsentgelten, Zinsen oder Verwaltungsgebühren zwischen Mitgliedern desselben Konzerns, sofern es sich nicht um eine entsprechende externe Transaktion handelt. Wenn das Währungsrisiko einer erwarteten künftigen konzerninternen Transaktion sich jedoch im Konzernergebnis niederschlägt, kann die konzerninterne Transaktion die Definition eines gesicherten Grundgeschäfts erfüllen. Ein Beispiel hierfür sind erwartete Verkäufe oder Käufe von Vorräten zwischen Mitgliedern desselben Konzerns, wenn die Vorräte an eine Partei außerhalb des Konzerns weiterverkauft werden. Ebenso kann ein erwarteter künftiger Verkauf von Sachanlagen des Konzernunternehmens, welches diese gefertigt hat, an ein anderes Konzernunternehmen, welches diese Sachanlagen in seinem Betrieb benutzen wird, das Konzernergebnis beeinflussen. Dies könnte beispielsweise der Fall sein, weil die Sachanlage von dem erwerbenden Unternehmen abgeschrieben wird, und der erstmalig für diese Sachanlage angesetzte Betrag sich ändern könnte, wenn die erwartete künftige konzerninterne Transaktion in einer anderen Währung als der funktionalen Währung des erwerbenden Unternehmens durchgeführt wird. AG99A

Wenn eine Absicherung einer erwarteten konzerninternen Transaktion die Kriterien für eine Bilanzierung als Sicherungsbeziehung erfüllt, sind alle gemäß Paragraph 95(a) im sonstigen Ergebnis erfassten Gewinne oder Verluste in derselben Periode oder denselben Perioden, in denen das Währungsrisiko der abgesicherten Transaktion das Konzernergebnis beeinflusst, vom Eigenkapital in den Gewinn oder Verlust umzugliedern und als Umgliederungsbeträge auszuweisen. AG99B

Ein Unternehmen kann in einer Sicherungsbeziehung alle Änderungen der Cashflows oder des beizulegenden Zeitwerts eines Grundgeschäfts designieren. Es können auch nur die oberhalb oder unterhalb eines festgelegten Preises oder einer anderen Variablen liegenden Änderungen der Cashflows oder des beizulegenden Zeitwerts eines gesicherten Grundgeschäfts designiert werden (einseitiges Risiko). Bei einem gesicherten Grundgeschäft spiegelt der innere Wert einer Option, die (in der Annahme, dass ihre wesentlichen Bedingungen denen des designierten Risikos entsprechen) als Sicherungsinstrument erworben wurde, ein einseitiges Risiko wider, ihr Zeitwert dagegen nicht. Ein Unternehmen kann beispielsweise die Schwankung künftiger Cashflow-Ergebnisse designieren, die aus einer Preiserhöhung bei einem erwarteten Warenkauf resultieren. In einem solchen Fall werden nur Cashflow-Verluste designiert, die aus der Erhöhung des Preises oberhalb des festgelegten Grenzwerts resultieren. Das abgesicherte Risiko umfasst nicht den Zeitwert einer erworbenen Option, da der Zeitwert kein Bestandteil der erwarteten Transaktion ist, der den Gewinn oder Verlust beeinflusst (Paragraph 86(b)). AG99BA

Bestimmung von finanziellen Posten als gesicherte Grundgeschäfte (Paragraphen 81 und 81A)

Ein Unternehmen kann [...] alle Cashflows des gesamten finanziellen Vermögenswertes oder der finanziellen Verbindlichkeit als Grundgeschäft bestimmen und sie gegen nur ein bestimm- AG99C tes Risiko absichern (z. B. gegen Änderungen, die den Veränderungen des LIBOR zuzurechnen sind). Beispielsweise kann ein Unternehmen im Falle einer finanziellen Verbindlichkeit, deren Effektivzinssatz 100 Basispunkte unter dem LIBOR liegt, die gesamte Verbindlichkeit (d. h. der Kapitalbetrag zuzüglich der Zinsen zum LIBOR abzüglich 100 Basispunkte) als Grundgeschäft bestimmen und die gesamte Verbindlichkeit gegen Änderungen des beizulegenden Zeitwertes oder der Cashflows, die auf Veränderungen des LIBORs zurückzuführen sind, absichern. Das Unternehmen kann auch einen anderen Hedge-Faktor als eins zu eins wählen, um die Wirksamkeit der Absicherung, wie in Paragraph AG100 beschrieben, zu verbessern.

AG99D Wenn ein festverzinsliches Finanzinstrument einige Zeit nach seiner Emission abgesichert wird und sich die Zinssätze zwischenzeitlich geändert haben, kann das Unternehmen einen Teil bestimmen, der einem Richtzinssatz entspricht [...]. Als Beispiel wird angenommen, dass ein Unternehmen einen festverzinslichen finanziellen Vermögenswert über WE 100 mit einem Effektivzinssatz von 6 Prozent zu einem Zeitpunkt emittiert, an dem der LIBOR 4 Prozent beträgt. Die Absicherung dieses Vermögenswertes beginnt zu einem späteren Zeitpunkt, zu dem der LIBOR auf 8 Prozent gestiegen ist und der beizulegende Zeitwert des Vermögenswertes auf WE 90 gefallen ist. Das Unternehmen berechnet, dass der Effektivzinssatz 9,5 Prozent betragen würde, wenn es den Vermögenswert zu dem Zeitpunkt erworben hätte, als es ihn erstmalig als Grundgeschäft zu seinem zu diesem Zeitpunkt geltenden beizulegenden Zeitwert von WE 90 bestimmt hätte. [...]. Das Unternehmen kann einen Anteil des LIBOR von 8 Prozent bestimmen, der zum einen Teil aus den vertraglichen Zinszahlungen und zum anderen Teil aus der Differenz zwischen dem aktuellen beizulegenden Zeitwert (d. h. WE 90) und dem bei Fälligkeit zu zahlenden Betrag (d. h. WE 100) besteht.

AG99E Nach Paragraph 81 kann ein Unternehmen auch einen Teil der Änderung des beizulegenden Zeitwerts oder der Cashflow-Schwankungen eines Finanzinstruments designieren. So können beispielsweise

(a) alle Cashflows eines Finanzinstruments für Änderungen der Cashflows oder des beizulegenden Zeitwerts, die einigen (aber nicht allen) Risiken zuzuordnen sind, designiert werden; oder

(b) einige (aber nicht alle) Cashflows eines Finanzinstruments für Änderungen der Cashflows oder des beizulegenden Zeitwerts, die allen bzw. nur einigen Risiken zuzuordnen sind, designiert werden (d. h. ein „Teil" der Cashflows des Finanzinstruments kann für Änderungen, die allen bzw. nur einigen Risiken zuzuordnen sind, designiert werden).

AG99F Die designierten Risiken und Teilrisiken sind dann für eine Bilanzierung als Sicherungsbeziehung geeignet, wenn sie einzeln identifizierbare Bestandteile des Finanzinstruments sind, und Änderungen der Cashflows oder des beizulegenden Zeitwerts des gesamten Finanzinstruments, die auf Veränderungen der ermittelten Risiken und Anteilen beruhen, verlässlich bewertet werden können. Zum Beispiel:

(a) Bei festverzinslichen Finanzinstrumenten, die für den Fall, dass sich ihr beizulegender Zeitwert durch Änderung eines risikolosen Zinssatzes oder Benchmarkzinssatzes ändert, abgesichert sind, wird der risikolose Zinssatz oder Benchmarkzinssatz in der Regel sowohl als einzeln identifizierbarer Bestandteil des Finanzinstruments wie auch als verlässlich bewertbar betrachtet.

(b) Die Inflation ist weder einzeln identifizierbar noch verlässlich bewertbar und kann nicht als Risiko oder Teil eines Finanzinstruments designiert werden, es sei denn, die unter (c) genannten Anforderungen sind erfüllt.

(c) Ein vertraglich genau designierter Inflationsanteil der Cashflows einer anerkannten inflationsgebundenen Anleihe ist (unter der Voraussetzung, dass keine separate Bilanzierung als eingebettetes Derivat erforderlich ist) so lange einzeln identifizierbar und verlässlich bewertbar, wie andere Cashflows des Instruments von dem Inflationsanteil nicht betroffen sind.

Bestimmung nicht finanzieller Posten als gesicherte Grundgeschäfte (Paragraph 82)

Preisänderungen eines Bestandteils oder einer Komponente eines nicht finanziellen Vermögenswertes oder einer nicht finanziellen Verbindlichkeit haben in der Regel keine vorhersehbaren, getrennt bestimmbaren Auswirkungen auf den Preis des Postens, die mit den Auswirkungen z. B. einer Änderung des Marktzinses auf den Kurs einer Anleihe vergleichbar wären. Daher kann ein nicht finanzieller Vermögenswert oder eine nicht finanzielle Verbindlichkeit nur insgesamt oder für Währungsrisiken als Grundgeschäft bestimmt werden. Gibt es einen Unterschied zwischen den Bedingungen des Sicherungsinstruments und des Grundgeschäfts (wie für die Absicherung eines geplanten Kaufs von brasilianischem Kaffee durch ein Forwardgeschäft auf den Kauf von kolumbianischem Kaffee zu ansonsten vergleichbaren Bedingungen), kann die Sicherungsbeziehung dennoch als solche gelten, sofern alle Voraussetzungen aus Paragraph 88, einschließlich derjenigen, dass die Absicherung als in hohem Maße tatsächlich wirksam eingeschätzt wird, erfüllt sind. Für diesen Zweck kann der Wert des Sicherungsinstruments größer oder kleiner als der des Grundgeschäfts sein, wenn dadurch die Wirksamkeit der Sicherungsbeziehung verbessert wird. Eine Regressionsanalyse könnte beispielsweise durchgeführt werden, um einen statistischen Zusammenhang zwischen dem Grundgeschäft (z. B. einer Transaktion mit brasilianischem Kaffee) und dem Sicherungsinstrument (z. B. einer Transaktion mit kolumbianischem Kaffee) aufzustellen. Gibt es einen validen statistischen Zusammenhang zwischen den beiden Variablen (d. h. zwischen dem Preis je Einheit von brasilianischem Kaffee und kolumbianischem Kaffee), kann die Steigung der Regressionskurve zur Feststellung des Hedge-Faktors, der die erwartete Wirksamkeit maximiert, verwendet werden. Liegt beispielsweise die Steigung der Regressionskurve bei 1,02, maximiert ein Hedge-Faktor, der auf 0,98 Mengeneinheiten der gesicherten Posten zu 1,00 Mengeneinheiten der Sicherungsinstrumente basiert, die erwartete Wirksamkeit. Die Sicherungsbeziehung kann jedoch zu einer Unwirksamkeit führen, die im Zeitraum der Sicherungsbeziehung im Gewinn oder Verlust erfasst wird. **AG100**

Bestimmung von Gruppen von Posten als gesicherte Grundgeschäfte (Paragraphen 83 und 84)

Eine Absicherung einer gesamten Nettoposition (z. B. der Saldo aller festverzinslichen Vermögenswerte und festverzinslichen Verbindlichkeiten mit ähnlichen Laufzeiten) im Gegensatz zu einer Absicherung eines einzelnen Postens erfüllt nicht die Kriterien für eine Bilanzierung als Sicherungsgeschäft. Allerdings können bei einem solchen Sicherungszusammenhang annähernd die gleichen Auswirkungen auf den Gewinn oder Verlust erzielt werden wie bei einer Bilanzierung von Sicherungsgeschäften, wenn nur ein Teil der zugrunde liegenden Posten als Grundgeschäft bestimmt wird. Wenn beispielsweise eine Bank über Vermögenswerte von WE 100 und Verbindlichkeiten in Höhe von WE 90 verfügt, deren Risiken und Laufzeiten in ähnlich sind, und die Bank das verbleibende Nettorisiko von WE 10 absichert, so kann sie WE 10 dieser Vermögenswerte als Grundgeschäft bestimmen. Eine solche Bestimmung kann erfolgen, wenn es sich bei den besagten Vermögenswerten und Verbindlichkeiten um festverzinsliche Instrumente handelt, was in diesem Fall einer Absicherung des beizulegenden Zeitwertes entspricht, oder wenn es sich um variabel verzinsliche Instrumente handelt, wobei es sich dann um eine Absicherung von Cashflows handelt. Ähnlich wäre dies im Falle eines Unternehmens, das eine feste Verpflichtung zum Kauf in einer Fremdwährung in Höhe von WE 100 sowie eine feste Verpflichtung zum Verkauf in dieser Währung in Höhe von WE 90 eingegangen ist; in diesem Fall kann es den Nettobetrag von WE 10 durch den Kauf eines Derivats absichern, das als Sicherungsinstrument zum Erwerb von WE 10 als Teil der festen Verpflichtung zum Kauf von WE 100 bestimmt wird. **AG101**

Bilanzierung von Sicherungsgeschäften (Paragraphen 85-102)

Ein Beispiel für die Absicherung des beizulegenden Zeitwerts ist die Absicherung des Risikos aus einer Änderung des beizulegenden Zeitwerts eines festverzinslichen Schuldinstruments **AG102** aufgrund einer Zinsänderung. Eine solche Sicherungsbeziehung kann vonseiten des Emittenten oder des Inhabers des Schuldinstruments eingegangen werden.

AG103 Ein Beispiel für eine Absicherung von Cashflows ist der Einsatz eines Swap-Kontrakts, mit dem variabel verzinsliche Verbindlichkeiten gegen festverzinsliche Verbindlichkeiten getauscht werden (d. h. eine Absicherung gegen Risiken aus einer künftigen Transaktion, wobei die abgesicherten künftigen Cashflows hierbei die künftigen Zinszahlungen darstellen).

AG104 Die Absicherung einer festen Verpflichtung (z. B. eine Absicherung gegen Risiken einer Änderung des Kraftstoffpreises im Rahmen einer nicht bilanzierten vertraglichen Verpflichtung eines Energieversorgers zum Kauf von Kraftstoff zu einem festgesetzten Preis) ist eine Absicherung des Risikos einer Änderung des beizulegenden Zeitwerts. Demzufolge stellt solch eine Sicherungsbeziehung eine Absicherung des beizulegenden Zeitwertes dar. Nach Paragraph 87 könnte jedoch eine Absicherung des Währungsrisikos einer festen Verpflichtung alternativ als eine Absicherung von Cashflows behandelt werden.

Beurteilung der Wirksamkeit einer Sicherungsbeziehung

AG105 Eine Sicherungsbeziehung wird nur dann als hochwirksam angesehen, wenn die beiden folgenden Voraussetzungen erfüllt sind:

(a) Zu Beginn der Sicherungsbeziehung und in den darauf folgenden Perioden wird die Absicherung als in hohem Maße wirksam hinsichtlich der Erreichung einer Kompensation der Risiken aus Änderungen des beizulegenden Zeitwertes oder der Cashflows in Bezug auf das abgesicherte Risiko eingeschätzt. Eine solche Einschätzung kann auf verschiedene Weisen nachgewiesen werden, u. a. durch einen Vergleich bisheriger Änderungen des beizulegenden Zeitwertes oder der Cashflows des Grundgeschäfts, die auf das abgesicherte Risiko zurückzuführen sind, mit bisherigen Änderungen des beizulegenden Zeitwertes oder der Cashflows des Sicherungsinstruments oder durch den Nachweis einer hohen statistischen Korrelation zwischen dem beizulegenden Zeitwert oder den Cashflows des Grundgeschäfts und denen des Sicherungsinstruments. Das Unternehmen kann einen anderen Hedge-Faktor als eins zu eins wählen, um die Wirksamkeit der Absicherung, wie in Paragraph AG100 beschrieben, zu verbessern.

(b) Die aktuellen Ergebnisse der Sicherungsbeziehung liegen innerhalb einer Bandbreite von 80-125 Prozent. Sehen die aktuellen Ergebnisse so aus, dass beispielsweise der Verlust aus einem Sicherungsinstrument WE 120 und der Gewinn aus dem monetären Instrument WE 100 beträgt, so kann die Kompensation anhand der Berechnung 120/100 bewertet werden, was einem Ergebnis von 120 Prozent oder anhand von 100/120 einem Ergebnis von 83 Prozent entspricht. Angenommen, dass in diesem Beispiel die Sicherungsbeziehung die Voraussetzungen unter (a) erfüllt, würde das Unternehmen daraus schließen, dass die Sicherungsbeziehung in hohem Maße wirksam gewesen ist.

AG106 Eine Beurteilung der Wirksamkeit von Sicherungsinstrumenten hat mindestens zum Zeitpunkt der Aufstellung des jährlichen Abschlusses oder des Zwischenabschlusses zu erfolgen.

AG107 Dieser Standard schreibt keine bestimmte Methode zur Beurteilung der Wirksamkeit einer Sicherungsbeziehung vor. Die von einem Unternehmen gewählte Methode zur Beurteilung der Wirksamkeit einer Sicherungsbeziehung richtet sich nach seiner Risikomanagementstrategie. Wenn beispielsweise die Risikomanagementstrategie eines Unternehmens vorsieht, die Höhe des Sicherungsinstruments periodisch anzupassen, um Änderungen der abgesicherten Position widerzuspiegeln, hat das Unternehmen den Nachweis zu erbringen, dass die Sicherungsbeziehung nur für die Periode als in hohem Maße wirksam eingeschätzt wird, bis die Höhe des Sicherungsinstruments das nächste Mal angepasst wird. In manchen Fällen werden für verschiedene Sicherungsbeziehungen unterschiedliche Methoden verwendet. In der Dokumentation seiner Sicherungsstrategie macht ein Unternehmen Angaben über die zur Beurteilung der Wirksamkeit eingesetzten Methoden und Verfahren. Diese sollten auch angeben, ob bei der Beurteilung sämtliche Gewinne oder Verluste aus einem Sicherungsinstrument berücksichtigt werden oder ob der Zeitwert des Instruments unberücksichtigt bleibt.

[…]. AG107A

Sind die wesentlichen Bedingungen des Sicherungsinstruments und des gesicherten Vermögenswertes, der gesicherten Verbindlichkeit, der festen Verpflichtung oder der sehr wahrscheinlichen vorhergesehenen Transaktion gleich, so ist wahrscheinlich, dass sich die Änderungen des beizulegenden Zeitwertes und der Cashflows, die auf das abgesicherte Risiko zurückzuführen sind, gegenseitig vollständig ausgleichen, und dies gilt sowohl zu Beginn der Sicherungsbeziehung als auch danach. So ist beispielsweise ein Zinsswap voraussichtlich eine wirksame Sicherungsinstrumentbeziehung, wenn Nominal- und Kapitalbetrag, Laufzeiten, Zinsanpassungstermine, die Zeitpunkte der Zins- und Tilgungsein- und -auszahlungen sowie die Bemessungsgrundlage zur Festsetzung der Zinsen für das Sicherungsinstrument und das Grundgeschäft gleich sind. Außerdem ist die Absicherung eines erwarteten Warenkaufs, dessen Eintritt höchstwahrscheinlich ist, durch ein Forwardgeschäft höchst wirksam, sofern: AG108

(a) das Forwardgeschäft den Erwerb einer Ware der gleichen Art und Menge, zum gleichen Zeitpunkt und Ort wie das erwartete Grundgeschäft zum Gegenstand hat;

(b) der beizulegende Zeitwert des Forwardgeschäfts zu Beginn Null ist; und

(c) entweder die Änderung des Disagios oder des Agios des Forwardgeschäfts aus der Beurteilung der Wirksamkeit herausgenommen und direkt im Gewinn oder Verlust erfasst wird oder die Änderung der erwarteten Cashflows aus der erwarteten Transaktion, deren Eintritt hoch wahrscheinlich ist, auf dem Forwardkurs der zugrunde liegenden Ware basiert.

Manchmal kompensiert das Sicherungsinstrument nur einen Teil des abgesicherten Risikos. So dürfte eine Sicherungsbeziehung nur zum Teil wirksam sein, wenn das Sicherungsinstrument und das Grundgeschäft auf verschiedene Währungen lauten und beide sich nicht parallel entwickeln. Desgleichen dürfte die Absicherung eines Zinsrisikos mithilfe eines derivativen Finanzinstruments nur bedingt wirksam sein, wenn ein Teil der Änderung des beizulegenden Zeitwerts des derivativen Finanzinstruments auf das Ausfallrisiko der Gegenseite zurückzuführen ist. AG109

Um die Kriterien für eine Bilanzierung als Sicherungsgeschäft zu erfüllen, muss sich die Sicherungsbeziehung nicht nur auf allgemeine Geschäftsrisiken sondern auf ein bestimmtes, identifizier- und bestimmbares Risiko beziehen und sich letztlich auf den Gewinn oder Verlust des Unternehmens auswirken. Die Absicherung gegen Veralterung von materiellen Vermögenswerten oder gegen das Risiko einer staatlichen Enteignung von Gegenständen kann nicht als Sicherungsgeschäft bilanziert werden, denn die Wirksamkeit lässt sich nicht bewerten, da die hiermit verbundenen Risiken nicht verlässlich geschätzt werden können. AG110

Nach Paragraph 74(a) kann ein Unternehmen inneren Wert und Zeitwert eines Optionskontrakts voneinander trennen und nur die Änderung des inneren Werts des Optionskontrakts als Sicherungsinstrument designieren. Eine solche Designation kann zu einer Sicherungsbeziehung führen, mit der sich Veränderungen der Cashflows, die durch ein abgesichertes einseitiges Risiko einer erwarteten Transaktion bedingt sind, äußerst wirksam kompensieren lassen, wenn die wesentlichen Bedingungen der erwarteten Transaktion und des Sicherungsinstruments gleich sind. AG110A

Designiert ein Unternehmen eine erworbene Option zur Gänze als Sicherungsinstrument eines einseitigen Risikos einer erwarteten Transaktion, wird die Sicherungsbeziehung nicht gänzlich wirksam sein, da die gezahlte Optionsprämie den Zeitwert einschließt, ein designiertes einseitiges Risiko Paragraph A99BA zufolge den Zeitwert einer Option aber nicht einschließt. In diesem Fall wird es folglich keinen vollständigen Ausgleich zwischen den Cashflows aus dem Zeitwert der gezahlten Optionsprämie und dem designierten abgesicherten Risiko geben. AG110B

Im Falle eines Zinsänderungsrisikos kann die Wirksamkeit einer Sicherungsbeziehung durch die Erstellung eines Fälligkeitsplans für finanzielle Vermögenswerte und Verbindlichkeiten beurteilt werden, aus dem das Nettozinsänderungsrisiko für jede Periode hervorgeht, vorausgesetzt das Nettorisiko ist mit einem besonderen Vermögenswert oder einer besonderen Verbindlichkeit verbunden (oder einer besonderen Gruppe von Vermögenswerten oder Verbindlichkeiten bzw. AG111 einem bestimmten Teil davon), auf die das Nettorisiko zurückzuführen ist, und die Wirksamkeit der Absicherung wird in Bezug auf diesen Vermögenswert oder diese Verbindlichkeit beurteilt.

AG112 Bei der Beurteilung der Wirksamkeit einer Sicherungsbeziehung berücksichtigt ein Unternehmen in der Regel den Zeitwert des Geldes. Der feste Zinssatz eines Grundgeschäfts muss dabei nicht exakt mit dem festen Zinssatz eines zur Absicherung des beizulegenden Zeitwertes bestimmten Swaps übereinstimmen. Auch muss der variable Zinssatz eines zinstragenden Vermögenswertes oder einer Verbindlichkeit nicht mit dem variablen Zinssatz eines zur Absicherung von Zahlungsströmen bestimmten Swaps übereinstimmen. Der beizulegende Zeitwert eines Swaps ergibt sich aus seinem Nettoausgleich. So können die festen und variablen Zinssätze eines Swaps ausgetauscht werden, ohne dass dies Auswirkungen auf den Nettoausgleich hat, wenn beide in gleicher Höhe getauscht werden.

AG113 Wenn die Kriterien für die Wirksamkeit einer Sicherungsbeziehung nicht erfüllt werden, stellt das Unternehmen die Bilanzierung von Sicherungsgeschäften ab dem Zeitpunkt ein, an dem die Wirksamkeit der Sicherungsbeziehung letztmals nachgewiesen wurde. Wenn jedoch ein Unternehmen das Ereignis oder die Änderung des Umstands, wodurch die Sicherungsbeziehung die Wirksamkeitskriterien nicht mehr erfüllte, identifiziert und nachweist, dass die Sicherungsbeziehung vor Eintritt des Ereignisses oder des geänderten Umstands wirksam war, stellt das Unternehmen die Bilanzierung des Sicherungsgeschäfts ab dem Zeitpunkt des Ereignisses oder der Änderung des Umstands ein.

AG113A Um Zweifeln vorzubeugen, sind die Auswirkungen der Ersetzung der ursprünglichen Gegenpartei durch eine Clearing-Gegenpartei und der in Paragraph 91 Buchstabe a Ziffer ii und Paragraph 101 Buchstabe a Ziffer ii dargelegten dazugehörigen Änderungen bei der Bewertung des Sicherungsinstruments und damit auch bei der Beurteilung und Bewertung der Wirksamkeit der Sicherungsbeziehung zu berücksichtigen.

Bilanzierung der Absicherung des beizulegenden Zeitwerts zur Absicherung eines Portfolios gegen Zinsänderungsrisiken

AG114 Für eine Absicherung eines beizulegenden Zeitwerts gegen das mit einem Portfolio von finanziellen Vermögenswerten oder finanziellen Verbindlichkeiten verbundene Zinsänderungsrisiko wären die Anforderungen dieses Standards erfüllt, wenn das Unternehmen die unter den nachstehenden Punkten (a)-(i) und den Paragraphen A115-A132 dargelegten Verfahren einhält.

(a) Das Unternehmen identifiziert als Teil seines Risikomanagementprozesses ein Portfolio von Posten, deren Zinsänderungsrisiken abgesichert werden sollen. Das Portfolio kann nur Vermögenswerte, nur Verbindlichkeiten oder auch beides, Vermögenswerte und Verbindlichkeiten umfassen. Das Unternehmen kann zwei oder mehrere Portfolios bestimmen, wobei es die nachstehenden Anleitungen für jedes Portfolio gesondert anwendet.

(b) Das Unternehmen teilt das Portfolio nach Zinsanpassungsperioden auf, die nicht auf vertraglich fixierten, sondern vielmehr auf erwarteten Zinsanpassungsterminen basieren. Diese Aufteilung in Zinsanpassungsperioden kann auf verschiedene Weise durchgeführt werden, einschließlich in Form einer Aufstellung von Cashflows in den Perioden, in denen sie erwartungsgemäß anfallen, oder einer Aufstellung von nominalen Kapitalbeträgen in allen Perioden, bis zum erwarteten Zeitpunkt der Zinsanpassung.

(c) Auf Grundlage dieser Aufteilung legt das Unternehmen den Betrag fest, den es absichern möchte. Als Grundgeschäft bestimmt das Unternehmen aus dem identifizierten Portfolio einen Betrag von Vermögenswerten oder Verbindlichkeiten (jedoch keinen Nettobetrag), der dem abzusichernden Betrag entspricht. [...].

(d) Das Unternehmen bestimmt das abzusichernde Zinsänderungsrisiko. Dieses Risiko könnte einen Teil des Zinsänderungsrisikos jedes Postens innerhalb der abgesicherten Position darstellen, wie beispielsweise ein Richtzinssatz (z. B. LIBOR).

(e) Das Unternehmen bestimmt ein oder mehrere Sicherungsinstrumente für jede Zinsanpassungsperiode.

(f) Gemäß den zuvor erwähnten Einstufungen aus (c)-(e) beurteilt das Unternehmen zu Beginn und in den Folgeperioden, ob es die Sicherungsbeziehung innerhalb der für die Absicherung relevanten Periode als in hohem Maße wirksam einschätzt.

(g) Das Unternehmen bewertet regelmäßig die Änderung des beizulegenden Zeitwertes des Grundgeschäfts (wie unter (c) bestimmt), die auf das abgesicherte Risiko zurückzuführen ist (wie unter (d) bestimmt) [...]. Sofern bestimmt wird, dass die Sicherungsbeziehung zum Zeitpunkt ihrer Beurteilung gemäß der vom Unternehmen dokumentierten Methode zur Beurteilung der Wirksamkeit tatsächlich in hohem Maße wirksam war, erfasst das Unternehmen die Änderung des beizulegenden Zeitwertes des Grundgeschäfts erfolgswirksam im Gewinn oder Verlust und in einem der beiden Posten der Bilanz, wie im Paragraphen 89A beschrieben. Die Änderung des beizulegenden Zeitwertes braucht nicht einzelnen Vermögenswerten oder Verbindlichkeiten zugeordnet zu werden.

(h) Das Unternehmen bestimmt die Änderung des beizulegenden Zeitwerts des/der Sicherungsinstrument(s)e (wie unter (e) festgelegt) und erfasst sie im Gewinn oder Verlust als Gewinn oder Verlust. Der beizulegende Zeitwert des/der Sicherungsinstrument(s)e wird in der Bilanz als Vermögenswert oder Verbindlichkeit angesetzt.

(i) Jede Unwirksamkeit*) wird im Gewinn oder Verlust als Differenz zwischen der Änderung des unter (g) erwähnten beizulegenden Zeitwertes und desjenigen unter (h) erwähnten erfasst.

Nachstehend wird dieser Ansatz detaillierter beschrieben. Der Ansatz ist nur auf eine Absicherung des beizulegenden Zeitwertes gegen ein Zinsänderungsrisiko in Bezug auf ein Portfolio von finanziellen Vermögenswerten oder finanziellen Verbindlichkeiten anzuwenden. **AG115**

Das in Paragraph AG114(a) identifizierte Portfolio könnte Vermögenswerte und Verbindlichkeiten beinhalten. Alternativ könnte es sich auch um ein Portfolio handeln, das nur Vermögenswerte oder nur Verbindlichkeiten umfasst. Das Portfolio wird verwendet, um die Höhe der abzusichernden Vermögenswerte oder Verbindlichkeiten zu bestimmen. Das Portfolio als solches wird jedoch nicht als Grundgeschäft bestimmt. **AG116**

Bei der Anwendung von Paragraph AG114(b) legt das Unternehmen den erwarteten Zinsanpassungstermin eines Postens auf den früheren der Termine fest, wenn dieser Posten erwartungsgemäß fällig wird oder an die Marktzinsen angepasst wird. Die erwarteten Zinsanpassungstermine werden zu Beginn der Sicherungsbeziehung und während seiner Laufzeit geschätzt, sie basieren auf historischen Erfahrungen und anderen verfügbaren Informationen, einschließlich Informationen und Erwartungen über Vorfälligkeitsquoten, Zinssätze und die Wechselwirkung zwischen diesen. Ohne unternehmensspezifische Erfahrungswerte oder bei unzureichenden Erfahrungswerten verwenden Unternehmen die Erfahrungen vergleichbarer Unternehmen für vergleichbare Finanzinstrumente. Diese Schätzwerte werden regelmäßig überprüft und im Hinblick auf Erfahrungswerte angepasst. Im Falle eines festverzinslichen, vorzeitig rückzahlbaren Postens ist der erwartete Zinsanpassungstermin der Zeitpunkt, an dem die Rückzahlung erwartet wird, es sei denn, es findet zu einem früheren Zeitpunkt eine Zinsanpassung an Marktzinsen statt. Bei einer Gruppe von vergleichbaren Posten kann die Aufteilung in Perioden aufgrund von erwarteten Zinsanpassungsterminen in der Form durchgeführt werden, dass ein Prozentsatz der Gruppe und nicht einzelne Posten jeder Periode zugewiesen werden. Für solche Zuordnungszwecke dürfen auch andere Methoden verwendet werden. Für die Zuordnung von Tilgungsdarlehen auf Perioden, die auf erwarteten Zinsanpassungsterminen basieren, kann beispielsweise ein Multiplikator für Vorfälligkeitsquoten verwendet werden. Die Methode für eine solche Zuordnung hat jedoch in Übereinstimmung mit dem Risikomanagementverfahren und der -zielsetzung des Unternehmens zu erfolgen. **AG117**

Ein Beispiel für die in Paragraph AG114(c) beschriebene Designation: Wenn in einer bestimmten Zinsanpassungsperiode ein Unternehmen schätzt, dass es festverzinsliche Vermögenswerte **AG118**

*) **Amtl. Anm.:** Die gleichen Wesentlichkeitsüberlegungen gelten in diesem Zusammenhang wie auch im Rahmen aller IFRS.

von WE 100 und festverzinsliche Verbindlichkeiten von WE 80 hat, und beschließt, die gesamte Nettoposition von WE 20 abzusichern, so bestimmt es Vermögenswerte in Höhe von WE 20 (einen Teil der Vermögenswerte) als gesichertes Grundgeschäft. Die Designation wird vorwiegend als „Betrag einer Währung" (z. B. ein Betrag in Dollar, Euro, Pfund oder Rand) und nicht als einzelne Vermögenswerte bezeichnet. Daraus folgt, dass alle Vermögenswerte (oder Verbindlichkeiten), aus denen der abgesicherte Betrag entstanden ist, d. h. im vorstehenden Beispiel alle Vermögenswerte von WE 100, folgende Kriterien erfüllen müssen: Posten, deren beizulegende Zeitwerte sich bei Änderung der abgesicherten Zinssätze ändern [...].

AG119 Das Unternehmen hat auch die anderen in Paragraph 88(a) aufgeführten Anforderungen zur Bestimmung und Dokumentation zu erfüllen. Die Unternehmenspolitik bezüglich aller Faktoren, die zur Identifizierung des abzusichernden Betrags und zur Beurteilung der Wirksamkeit verwendet werden, wird bei einer Absicherung eines Portfolios gegen Zinsänderungsrisiken durch die Bestimmung und Dokumentation festgelegt. Folgende Faktoren sind eingeschlossen:

(a) welche Vermögenswerte und Verbindlichkeiten in eine Absicherung des Portfolios einzubeziehen sind und auf welcher Basis sie aus dem Portfolio entfernt werden können.

(b) wie Zinsanpassungstermine geschätzt werden, welche Annahmen von Zinssätzen den Schätzungen von Vorfälligkeitsquoten unterliegen und welches die Basis für die Änderung dieser Schätzungen ist. Dieselbe Methode wird sowohl für die erstmaligen Schätzungen, die zu dem Zeitpunkt erfolgen, wenn ein Vermögenswert oder eine Verbindlichkeit in das gesicherte Portfolio eingebracht wird, als auch für alle späteren Korrekturen dieser Schätzwerte verwendet.

(c) die Anzahl und Dauer der Zinsanpassungsperioden.

(d) wie häufig das Unternehmen die Wirksamkeit überprüfen wird [...].

(e) die verwendete Methode, um den Betrag der Vermögenswerte oder Verbindlichkeiten, die als Grundgeschäft eingesetzt werden, zu bestimmen [...].

(f) [...] ob das Unternehmen die Wirksamkeit für jede Zinsanpassungsperiode einzeln prüfen wird, für alle Perioden gemeinsam oder eine Kombination von beidem durchführen wird.

Die für die Bestimmung und Dokumentation der Sicherungsbeziehung festgelegten Methoden haben den Risikomanagementverfahren und der -zielsetzung des Unternehmens zu entsprechen. Die Methoden sind nicht willkürlich zu ändern. Sie müssen auf Grundlage der Änderungen der Bedingungen am Markt und anderer Faktoren gerechtfertigt sein und auf den Risikomanagementverfahren und der -zielsetzung des Unternehmens beruhen und mit diesen in Einklang stehen.

AG120 Das Sicherungsinstrument, auf das in Paragraph AG114(e) verwiesen wird, kann ein einzelnes Derivat oder ein Portfolio von Derivaten sein, die alle dem nach Paragraph AG114(d) bestimmten gesicherten Zinsänderungsrisiko ausgesetzt sind (z. B. ein Portfolio von Zinsswaps, die alle dem Risiko des LIBOR ausgesetzt sind). Ein solches Portfolio von Derivaten kann kompensierende Risikopositionen enthalten. Es kann jedoch keine geschriebenen Optionen oder geschriebenen Nettooptionen enthalten, weil der Standard*) nicht zulässt, dass solche Optionen als Sicherungsinstrumente eingesetzt werden (außer wenn eine geschriebene Option als Kompensation für eine Kaufoption eingesetzt wird). Wenn das Sicherungsinstrument den nach Paragraph AG114(c) bestimmten Betrag für mehr als eine Zinsanpassungsperiode absichert, wird er allen abzusichernden Perioden zugeordnet. Das gesamte Sicherungsinstrument muss jedoch diesen Zinsanpassungsperioden zugeordnet werden, da der Standard**) untersagt, eine Sicherungsbeziehung nur für einen Teil der Zeit, in der das Sicherungsinstrument in Umlauf ist, einzusetzen.

AG121 Bewertet ein Unternehmen die Änderung des beizulegenden Zeitwerts eines vorzeitig rückzahlbaren Postens gemäß Paragraph AG114(g), wird der beizulegende Zeitwert des vorzeitig rück-

*) **Amtl. Anm.:** Siehe Paragraphen 77 und AG94.

) **Amtl. Anm.: Siehe Paragraph 75.

zahlbaren Postens auf zwei Arten durch die Änderung des Zinssatzes beeinflusst: Sie beeinflusst den beizulegenden Zeitwert der vertraglichen Cashflows und den beizulegenden Zeitwert der Vorfälligkeitsoption, die in dem vorzeitig rückzahlbaren Posten enthalten ist. Paragraph 81 des Standards gestattet einem Unternehmen, einen Teil eines finanziellen Vermögenswertes oder einer finanziellen Verbindlichkeit, der einem gemeinsamen Risiko ausgesetzt ist, als Grundgeschäft zu bestimmen, sofern die Wirksamkeit bewertet werden kann. [...].

Der Standard gibt nicht die zur Bestimmung des in Paragraph AG114(g) genannten Betrags verwendeten Methoden vor, insbesondere nicht zur Änderung des beizulegenden Zeitwertes des Grundgeschäfts, das dem abgesicherten Risiko zuzuordnen ist. [...]. Es ist unangebracht zu vermuten, dass Änderungen des beizulegenden Zeitwertes des Grundgeschäfts den Änderungen des Sicherungsinstruments wertmäßig gleichen. **AG122**

Wenn das Grundgeschäft für eine bestimmte Zinsanpassungsperiode ein Vermögenswert ist, verlangt Paragraph 89A, dass die Änderung seines Wertes in einem gesonderten Posten innerhalb der Vermögenswerte dargestellt wird. Wenn dagegen das Grundgeschäft für eine bestimmte Zinsanpassungsperiode eine Verbindlichkeit ist, wird die Änderung ihres Wertes in einem gesonderten Posten innerhalb der Verbindlichkeiten dargestellt. Hierbei handelt es sich um die gesonderten Posten, auf die sich Paragraph AG114(g) bezieht. Eine detaillierte Zuordnung zu einzelnen Vermögenswerten (oder Verbindlichkeiten) wird nicht verlangt. **AG123**

Paragraph AG114(i) weist darauf hin, dass Unwirksamkeit in dem Maße auftritt, in dem die Änderung des beizulegenden Zeitwertes des dem gesicherten Risiko zuzurechnenden Grundgeschäfts sich von der Änderung des beizulegenden Zeitwertes des Sicherungsderivats unterscheidet. Eine solche Differenz kann aus verschiedenen Gründen auftreten, u. a.: **AG124**

(a) [...];
(b) Posten aus dem gesicherten Portfolio wurden wertgemindert oder ausgebucht;
(c) die Zahlungstermine des Sicherungsinstruments und des Grundgeschäfts sind verschieden; und
(d) andere Gründe [...].

Eine solche Unwirksamkeit*) ist zu identifizieren und erfolgswirksam zu erfassen.

Die Wirksamkeit der Absicherung wird im Allgemeinen verbessert: **AG125**

(a) wenn das Unternehmen die Posten mit verschiedenen Rückzahlungseigenschaften auf eine Art aufteilt, die die Verhaltensunterschiede von vorzeitigen Rückzahlungen berücksichtigt.
(b) wenn die Anzahl der Posten im Portfolio größer ist. Wenn nur wenige Posten zu dem Portfolio gehören, ist eine relativ hohe Unwirksamkeit wahrscheinlich, wenn bei einem der Posten eine Vorauszahlung früher oder später als erwartet erfolgt. Wenn dagegen das Portfolio viele Posten umfasst, kann das Verhalten von Vorauszahlungen genauer vorausgesagt werden.
(c) wenn die verwendeten Zinsanpassungsperioden kürzer sind (z. B. Zinsanpassungsperioden von 1 Monat anstelle von 3 Monaten) Kürzere Zinsanpassungsperioden verringern den Effekt von Inkongruenz zwischen dem Zinsanpassungs- und dem Zahlungstermin (innerhalb der Zinsanpassungsperioden) des Grundgeschäfts und des Sicherungsinstruments.
(d) je größer die Häufigkeit ist, mit der der Betrag des Sicherungsinstruments angepasst wird, um Änderungen des Grundgeschäfts widerzuspiegeln (z. B. aufgrund von Änderungen der Erwartungen bei den vorzeitigen Rückzahlungen).

Ein Unternehmen überprüft regelmäßig die Wirksamkeit. [...]. **AG126**

Bei der Bewertung der Wirksamkeit unterscheidet das Unternehmen zwischen Überarbeitungen der geschätzten Zinsanpassungstermine der bestehenden Vermögenswerte (oder Verbind- **AG127**

*) **Amtl. Anm.:** Die gleichen Wesentlichkeitsüberlegungen gelten in diesem Zusammenhang wie auch im Rahmen aller IFRS.

lichkeiten) und der Emission neuer Vermögenswerte (oder Verbindlichkeiten), wobei nur erstere Unwirksamkeit auslösen. [...]. Sobald eine Unwirksamkeit, wie zuvor erwähnt, erfasst wurde, erstellt das Unternehmen für jede Zinsanpassungsperiode eine neue Schätzung der gesamten Vermögenswerte (oder Verbindlichkeiten),wobei neue Vermögenswerte (oder Verbindlichkeiten), die seit der letzten Überprüfung der Wirksamkeit emittiert wurden, einbezogen werden, und bestimmt einen neuen Betrag für das Grundgeschäft und einen neuen Prozentsatz für die Absicherung. [...].

AG128 Posten, die ursprünglich in eine Zinsanpassungsperiode aufgeteilt wurden, können ausgebucht sein, da vorzeitige Rückzahlungen oder Abschreibungen aufgrund von Wertminderung oder Verkauf früher als erwartet stattfanden. In diesem Falle ist der Änderungsbetrag des beizulegenden Zeitwerts des gesonderten Postens (siehe Paragraph AG114(g)), der sich auf den ausgebuchten Posten bezieht, aus der Bilanz zu entfernen und in den Gewinn oder Verlust, der bei der Ausbuchung des Postens entsteht, einzubeziehen. Zu diesem Zweck ist es notwendig, die Zinsanpassungsperiode(n) zu kennen, der der ausgebuchte Posten zugeteilt war, um ihn aus dieser/diesen zu entfernen und um folglich den Betrag aus dem gesonderten Posten (siehe Paragraph AG114(g)) zu entfernen. Wenn bei der Ausbuchung eines Postens die Zinsanpassungsperiode bestimmt werden kann, zu der er gehörte, wird er aus dieser Periode entfernt. Ist dies nicht möglich, wird er aus der frühesten Periode entfernt, wenn die Ausbuchung aufgrund höher als erwarteter vorzeitiger Rückzahlungen stattfand, oder allen Perioden zugeordnet, die den ausgebuchten Posten in einer systematischen und vernünftigen Weise enthalten, sofern der Posten verkauft oder wertgemindert wurde.

AG129 Jeder sich auf eine bestimmte Periode beziehender Betrag, der bei Ablauf der Periode nicht ausgebucht wurde, wird im Gewinn oder Verlust für diesen Zeitraum erfasst (siehe Paragraph 89A). [...].

AG130 [...].

AG131 Wenn der gesicherte Betrag für die Zinsanpassungsperiode verringert wird, ohne dass die zugehörigen Vermögenswerte (oder Verbindlichkeiten) ausgebucht werden, ist der zu der Wertminderung gehörende Betrag, der in dem gesonderten Posten, wie in Paragraph AG114(g) beschrieben, enthalten ist, gemäß Paragraph 92 abzuschreiben.

AG132 Ein Unternehmen möchte eventuell den in den Paragraphen A114-A131 dargelegten Ansatz auf die Absicherung eines Portfolios, das zuvor als Absicherung von Zahlungsströmen gemäß IAS 39 bilanziert wurde, anwenden. Dieses Unternehmen würde den vorherigen Einsatz der Absicherung von Zahlungsströmen gemäß Paragraph 101(d) rückgängig machen und die Anforderungen dieses Paragraphen anwenden. Es würde gleichzeitig das Sicherungsgeschäft als Absicherung des beizulegenden Zeitwertes neu bestimmen und den in den Paragraphen A114-A131 beschriebenen Ansatz prospektiv auf die nachfolgenden Bilanzierungsperioden anwenden.

Übergang (Paragraphen 103-108C)

AG133 Ein Unternehmen kann eine künftige konzerninterne Transaktion als ein gesichertes Grundgeschäft zu Beginn eines Geschäftsjahres, das am oder nach dem 1. Januar 2005 beginnt (oder im Sinne einer Anpassung der Vergleichsinformationen zu Beginn einer früheren Vergleichsperiode), im Rahmen eines Sicherungsgeschäfts designiert haben, das die Voraussetzungen für eine Bilanzierung als Sicherungsbeziehung gemäß diesem Standard erfüllt (im Rahmen der Änderung des letzten Satzes von Paragraph 80). Ein solches Unternehmen kann diese Einstufung dazu nutzen, die Bilanzierung von Sicherungsgeschäften auf den Konzernabschluss ab Beginn des Geschäftsjahres anzuwenden, das am oder nach dem 1. Januar 2005 beginnt (oder zu Beginn einer früheren Vergleichsperiode). Ein solches Unternehmen hat ebenso die Paragraphen A99A und A99B ab Beginn des Geschäftsjahres anzuwenden, das am oder nach dem 1. Januar 2005 beginnt. Gemäß Paragraph 108B hat es jedoch Paragraph A99B nicht auf Vergleichsinformationen für frühere Perioden anzuwenden.

International Accounting Standard 40
Als Finanzinvestition gehaltene Immobilien (IAS 40)

v. 3.11.2008 (ABl EU Nr. L 320 S. 1); zuletzt geändert durch Verordnung (EU) 2018/400 v. 14.3.2018 (ABl EU Nr. L 72 S. 13)

Zielsetzung

Die Zielsetzung dieses Standards ist die Regelung der Bilanzierung für als Finanzinvestition gehaltene Immobilien und die damit verbundenen Angabeerfordernisse. **1**

Anwendungsbereich

2 Dieser Standard ist für den Ansatz und die Bewertung von als Finanzinvestition gehaltenen Immobilien sowie für die Angaben zu diesen Immobilien anzuwenden.

3 (weggefallen)

4 Dieser Standard ist nicht anwendbar auf:

(a) biologische Vermögenswerte, die mit landwirtschaftlicher Tätigkeit im Zusammenhang stehen (siehe IAS 41 *Landwirtschaft* und IAS 16 *Sachanlagen*); und

(b) Abbau- und Schürfrechte sowie Bodenschätze wie Öl, Erdgas und ähnliche nicht-regenerative Ressourcen.

Definitionen

5 Die folgenden Begriffe werden in diesem Standard mit der angegebenen Bedeutung verwendet:

Der *Buchwert* ist der Betrag, mit dem ein Vermögenswert in der Bilanz erfasst wird.

Anschaffungs- oder Herstellungskosten sind der zum Erwerb oder zur Herstellung eines Vermögenswerts entrichtete Betrag an Zahlungsmitteln oder Zahlungsmitteläquivalenten oder der beizulegende Zeitwert einer anderen Gegenleistung zum Zeitpunkt des Erwerbs oder der Herstellung oder, falls zutreffend, der Betrag, der diesem Vermögenswert beim erstmaligen Ansatz gemäß den besonderen Bestimmungen anderer IFRS, wie IFRS 2 *Anteilsbasierte Vergütung*, beigelegt wird.

Der *beizulegende Zeitwert* ist der Preis, der in einem geordneten Geschäftsvorfall zwischen Marktteilnehmern am Bemessungsstichtag für den Verkauf eines Vermögenswerts eingenommen bzw. für die Übertragung einer Verbindlichkeit gezahlt würde. (Siehe IFRS 13 *Bemessung des beizulegenden Zeitwerts*.)

Als Finanzinvestition gehaltene Immobilien sind Immobilien (Grundstücke oder Gebäude – oder Teile von Gebäuden – oder beides), die (vom Eigentümer oder vom Leasingnehmer als Nutzungsrecht) zur Erzielung von Mieteinnahmen und/oder zum Zwecke der Wertsteigerung oder zu beiden Zwecken gehalten werden und nicht

(a) zur Herstellung oder Lieferung von Gütern bzw. zur Erbringung von Dienstleistungen oder für Verwaltungszwecke eingesetzt werden; oder

(b) im Rahmen der gewöhnlichen Geschäftstätigkeit des Unternehmens verkauft werden.

Vom Eigentümer selbst genutzte Immobilien sind Immobilien, die (vom Eigentümer oder vom Leasingnehmer als Nutzungsrecht) zum Zwecke der Herstellung oder der Lieferung von Gütern bzw. der Erbringung von Dienstleistungen oder für Verwaltungszwecke gehalten werden.

Einstufung einer Immobilie als eine als Finanzinvestition gehaltene oder vom Eigentümer selbst genutzte Immobilie

6 (weggefallen)

7 Als Finanzinvestition gehaltene Immobilien werden zur Erzielung von Mieteinnahmen und/oder zum Zwecke der Wertsteigerung gehalten. Daher erzeugen als Finanzinvestition gehaltene Immobilien Cashflows, die weitgehend unabhängig von den anderen vom Unternehmen gehaltenen Vermögenswerten anfallen. Darin unterscheiden sich als Finanzinvestition gehaltene Immobilien von vom Eigentümer selbstgenutzten Immobilien. Die Herstellung oder die Lieferung von Gütern bzw. die Erbringung von Dienstleistungen (oder die Nutzung der Immobilien für Verwaltungszwecke) führt zu Cashflows, die nicht nur den als Finanzinvestition gehaltenen Immobilien, sondern auch anderen Vermögenswerten, die im Herstellungs- oder Lieferprozess genutzt werden, zuzurechnen sind. IAS 16 ist auf eigene, vom Eigentümer selbst genutzten Immo-

bilien anzuwenden und IFRS 16 auf von einem Leasingnehmer in Form von Nutzungsrechten gehaltene, vom Eigentümer selbst genutzte Immobilien.

Beispiele für als Finanzinvestition gehaltene Immobilien sind: **8**

(a) Grundstücke, die langfristig zum Zwecke der Wertsteigerung und nicht kurzfristig zum Verkauf im Rahmen der gewöhnlichen Geschäftstätigkeit gehalten werden;

(b) Grundstücke, die für eine noch unbestimmte künftige Nutzung gehalten werden. (Legt ein Unternehmen nicht fest, ob das Grundstück zur Selbstnutzung oder kurzfristig zum Verkauf im Rahmen der gewöhnlichen Geschäftstätigkeit gehalten wird, ist das Grundstück als zum Zwecke der Wertsteigerung gehalten);

(c) ein Gebäude, welches sich im Eigentum des Unternehmens befindet (oder ein vom Unternehmen gehaltenes Nutzungsrecht für ein Gebäude) und im Rahmen eines oder mehrerer Operating-Leasingverhältnisse vermietet wird;

(d) ein leer stehendes Gebäude, welches zur Vermietung im Rahmen eines oder mehrerer Operating-Leasingverhältnisse gehalten wird;

(e) Immobilien, die für die zukünftige Nutzung als Finanzinvestition erstellt oder entwickelt werden.

Beispiele, die keine als Finanzinvestition gehaltene Immobilien darstellen und daher nicht in den Anwendungsbereich dieses Standards fallen, sind: **9**

(a) Immobilien, die zum Verkauf im Rahmen der gewöhnlichen Geschäftstätigkeit vorgesehen sind oder die sich im Erstellungs- oder Entwicklungsprozesses für einen solchen Verkauf befinden (siehe IAS 2 *Vorräte*), beispielsweise Immobilien, die ausschließlich zum Zwecke der kurzfristigen Weiterveräußerung oder zum Zwecke der Entwicklung für den Weiterverkauf erworben wurden;

(b) (weggefallen)

(c) vom Eigentümer selbst genutzte Immobilien (siehe IAS 16 und IFRS 16), darunter (unter anderem) Immobilien, die künftig vom Eigentümer selbst genutzt werden sollen, Immobilien, die für die zukünftige Entwicklung und anschließende Selbstnutzung gehalten werden, von Arbeitnehmern genutzte Immobilien (unabhängig davon, ob die Arbeitnehmer einen marktgerechten Mietzins zahlen oder nicht) und vom Eigentümer selbst genutzte Immobilien, die zur Weiterveräußerung bestimmt sind;

(d) (weggefallen)

(e) Immobilien, die im Rahmen eines Finanzierungsleasingverhältnisses an ein anderes Unternehmen vermietet wurden.

Einige Immobilien werden teilweise zur Erzielung von Mieteinnahmen oder zum Zwecke der **10** Wertsteigerung und teilweise zum Zwecke der Herstellung oder Lieferung von Gütern bzw. der Erbringung von Dienstleistungen oder für Verwaltungszwecke gehalten. Wenn diese Teile gesondert verkauft (oder im Rahmen eines Finanzierungsleasingverhältnisses gesondert vermietet) werden können, bilanziert das Unternehmen diese Teile getrennt. Können die Teile nicht gesondert verkauft werden, stellen die gehaltenen Immobilien nur dann eine Finanzinvestition dar, wenn der Anteil, der für Zwecke der Herstellung oder Lieferung von Gütern bzw. Erbringung von Dienstleistungen oder für Verwaltungszwecke gehalten wird, unbedeutend ist.

In einigen Fällen bietet ein Unternehmen den Mietern von ihm gehaltener Immobilien Neben- **11** leistungen an. Ein Unternehmen behandelt solche Immobilien dann als Finanzinvestition, wenn die Leistungen für die Vereinbarung insgesamt unbedeutend sind. Ein Beispiel hierfür sind Sicherheits- und Instandhaltungsleistungen seitens des Eigentümers eines Verwaltungsgebäudes für die das Gebäude nutzenden Mieter.

In anderen Fällen sind die erbrachten Leistungen wesentlich. Besitzt und führt ein Unterneh- **12** men beispielsweise ein Hotel, ist der den Gästen angebotene Service von wesentlicher Bedeutung für die gesamte Vereinbarung. Daher ist ein vom Eigentümer geführtes Hotel eine vom Eigentümer selbst genutzte und keine als Finanzinvestition gehaltene Immobilie.

13 Ob die Nebenleistungen so bedeutend sind, dass Immobilien nicht die Kriterien einer Finanzinvestition erfüllen, kann schwierig zu bestimmen sein. Beispielsweise überträgt der Hoteleigentümer manchmal einige Verantwortlichkeiten im Rahmen eines Geschäftsführungsvertrags auf Dritte. Die Regelungen solcher Verträge variieren beträchtlich. Einerseits kann die Position des Eigentümers de facto die eines passiven Eigentümers sein. Andererseits kann der Eigentümer einfach alltägliche Funktionen ausgelagert haben, während er weiterhin die wesentlichen Risiken aus Schwankungen der Cashflows, die aus dem Betrieb des Hotels herrühren, trägt.

14 Die Feststellung, ob eine Immobilie die Kriterien einer Finanzinvestition erfüllt, erfordert eine sorgfältige Beurteilung. Damit ein Unternehmen diese Beurteilung einheitlich in Übereinstimmung mit der Definition für als Finanzinvestition gehaltene Immobilien und den damit verbundenen Vorgaben in den Paragraphen 7-13 vornehmen kann, legt es hierfür Kriterien fest. Gemäß Paragraph 75 Buchstabe c ist ein Unternehmen zur Angabe dieser Kriterien verpflichtet, sofern eine Zuordnung Schwierigkeiten bereitet.

14A Eine Beurteilung ist auch erforderlich, um festzulegen, ob es sich beim Erwerb einer als Finanzinvestition gehaltenen Immobilie um den Erwerb eines Vermögenswerts oder einer Gruppe von Vermögenswerten oder um einen Unternehmenszusammenschluss im Anwendungsbereich von IFRS 3 *Unternehmenszusammenschlüsse* handelt. Bei der Bestimmung, ob es sich um einen Unternehmenszusammenschluss handelt, sollte auf IFRS 3 Bezug genommen werden. Die Erörterung in den Paragraphen 7-14 des vorliegenden Standards bezieht sich auf die Frage, ob eine Immobilie vom Eigentümer selbst genutzt oder als Finanzinvestition gehalten wird, und nicht darauf, ob der Erwerb der Immobilie einen Unternehmenszusammenschluss im Sinne des IFRS 3 darstellt oder nicht. Um zu bestimmen, ob ein bestimmtes Geschäft der Definition eines Unternehmenszusammenschlusses in IFRS 3 entspricht und eine als Finanzinvestition gehaltene Immobilie im Sinne des vorliegenden Standards umfasst, müssen beide Standards unabhängig voneinander angewandt werden.

15 In einigen Fällen besitzt ein Unternehmen Immobilien, die an sein Mutterunternehmen oder ein anderes Tochterunternehmen vermietet und von diesen genutzt werden. Die Immobilien stellen im Konzernabschluss keine als Finanzinvestition gehaltenen Immobilien dar, da sie aus der Sicht des Konzerns selbstgenutzt sind. Aus der Sicht des Unternehmens, welches Eigentümer der Immobilie ist, handelt es sich jedoch um eine als Finanzinvestition gehaltene Immobilie, sofern die Definition nach Paragraph 5 erfüllt ist. Daher behandelt der Leasinggeber die Immobilie in seinem Einzelabschluss als Finanzinvestition.

Erfassung

16 Eigene als Finanzinvestition gehaltene Immobilien sind nur dann als Vermögenswert anzusetzen, wenn

(a) es wahrscheinlich ist, dass dem Unternehmen der künftige wirtschaftliche Nutzen, der mit den als Finanzinvestition gehaltenen Immobilien verbunden ist, zufließen wird; und

(b) die Anschaffungs- oder Herstellungskosten der als Finanzinvestition gehaltenen Immobilien verlässlich bewertet werden können.

17 Nach diesem Ansatzgrundsatz bewertet ein Unternehmen alle Anschaffungs- oder Herstellungskosten der als Finanzinvestition gehaltenen Immobilien zum Zeitpunkt, an dem sie anfallen. Hierzu zählen die anfänglich anfallenden Kosten für den Erwerb von als Finanzinvestition gehaltenen Immobilien sowie die späteren Kosten für ihren Ausbau, ihre teilweise Ersetzung oder ihre Instandhaltung.

18 Gemäß dem Ansatzgrundsatz in Paragraph 16 beinhaltet der Buchwert von als Finanzinvestition gehaltenen Immobilien nicht die Kosten der täglichen Instandhaltung dieser Immobilien. Diese Kosten werden sofort erfolgswirksam erfasst. Bei den Kosten der täglichen Instandhaltung handelt es sich in erster Linie um Personalkosten und Kosten für Verbrauchsgüter, die

auch Kosten für kleinere Teile umfassen können. Als Zweck dieser Aufwendungen wird häufig „Reparaturen und Instandhaltung" der Immobilie angegeben.

Ein Teil der als Finanzinvestition gehaltenen Immobilien kann durch Ersetzung erworben worden sein. Beispielsweise können die ursprünglichen Innenwände durch neue Wände ersetzt worden sein. Gemäß dem Ansatzgrundsatz berücksichtigt ein Unternehmen, sofern die Ansatzkriterien erfüllt sind, im Buchwert der als Finanzinvestition gehaltenen Immobilien die Kosten für die Ersetzung eines Teils dieser als Finanzinvestition gehaltenen Immobilien zu dem Zeitpunkt, an dem sie anfallen. Der Buchwert der ersetzten Teile wird gemäß den in diesem Standard enthaltenen Ausbuchungsvorschriften ausgebucht. **19**

Eine von einem Leasingnehmer als Finanzinvestition gehaltene Immobilie in Form eines Nutzungsrechts wird gemäß IFRS 16 bilanziert. **19A**

Bewertung bei erstmaligem Ansatz

Eigene als Finanzinvestition gehaltene Immobilien sind bei Zugang mit ihren Anschaffungs- oder Herstellungskosten zu bewerten. Die Transaktionskosten sind in die erstmalige Bewertung mit einzubeziehen. **20**

Die Kosten der erworbenen als Finanzinvestition gehaltenen Immobilien umfassen den Erwerbspreis und die direkt zurechenbaren Kosten. Zu den direkt zurechenbaren Kosten zählen beispielsweise Honorare und Gebühren für Rechtsberatung, auf die Übertragung der Immobilien anfallende Steuern und andere Transaktionskosten. **21**

(weggefallen) **22**

Die Anschaffungs- oder Herstellungskosten der als Finanzinvestition gehaltenen Immobilien erhöhen sich nicht durch: **23**

(a) Anlaufkosten (es sei denn, dass diese notwendig sind, um die als Finanzinvestition gehaltenen Immobilien in den vom Management beabsichtigten betriebsbereiten Zustand zu versetzen),

(b) anfängliche Betriebsverluste, die anfallen, bevor die als Finanzinvestition gehaltenen Immobilien die geplante Belegungsquote erreichen, oder

(c) ungewöhnlich hohe Materialabfälle, Personalkosten oder andere Ressourcen, die bei der Erstellung oder Entwicklung der als Finanzinvestition gehaltenen Immobilien anfallen.

Erfolgt die Bezahlung der als Finanzinvestition gehaltenen Immobilien auf Ziel, entsprechen die Anschaffungs- oder Herstellungskosten dem Gegenwert bei Barzahlung. Die Differenz zwischen diesem Betrag und der zu leistenden Gesamtzahlung wird über den Zeitraum des Zahlungsziels als Zinsaufwand erfasst. **24**

(weggefallen) **25 und 26**

Eine oder mehrere als Finanzinvestition gehaltene Immobilien können im Austausch gegen einen oder mehrere nicht monetäre Vermögenswerte oder eine Kombination aus monetären und nicht monetären Vermögenswerten erworben werden. Die folgenden Ausführungen beziehen sich auf einen Tausch von einem nicht monetären Vermögenswert gegen einen anderen, finden aber auch auf alle anderen im vorstehenden Satz genannten Tauschvorgänge Anwendung. Die Anschaffungs- oder Herstellungskosten solcher als Finanzinvestition gehaltenen Immobilien werden mit dem beizulegenden Zeitwert bewertet, es sei denn, (a) der Tauschvorgang hat keinen wirtschaftlichen Gehalt, oder (b) weder der beizulegende Zeitwert des erhaltenen noch des aufgegebenen Vermögenswerts ist zuverlässig bewertbar. Der erworbene Vermögenswert wird in dieser Art bewertet, auch wenn ein Unternehmen den aufgegebenen Vermögenswert nicht sofort ausbuchen kann. Wenn der erworbene Vermögenswert nicht zum beizulegenden Zeitwert bewertet wird, werden die Anschaffungskosten zum Buchwert des aufgegebenen Vermögenswerts bewertet. **27**

28 Ein Unternehmen legt fest, ob ein Tauschgeschäft wirtschaftlichen Gehalt hat, indem es prüft, in welchem Umfang sich die künftigen Cashflows infolge der Transaktion voraussichtlich ändern. Ein Tauschgeschäft hat wirtschaftlichen Gehalt, wenn

(a) die Zusammensetzung (Risiko, Zeit und Höhe) des Cashflows des erhaltenen Vermögenswertes sich von der Zusammensetzung des Cashflows des übertragenen Vermögenswertes unterscheidet, oder

(b) der unternehmensspezifische Wert jenes Teils der Geschäftstätigkeit des Unternehmens, der vom Tauschvorgang betroffen ist, sich durch den Tauschvorgang ändert, und

(c) die Differenz in (a) oder (b) sich im Wesentlichen auf den beizulegenden Zeitwert der getauschten Vermögenswerte bezieht.

Für den Zweck der Bestimmung, ob ein Tauschgeschäft wirtschaftlichen Gehalt hat, wird der unternehmensspezifische Wert des Teils der Geschäftstätigkeiten des Unternehmens, der von der Transaktion betroffen ist, als Cashflows nach Steuern abgebildet. Das Ergebnis dieser Analysen kann eindeutig sein, ohne dass ein Unternehmen detaillierte Kalkulationen erbringen muss.

29 Der beizulegende Zeitwert eines Vermögenswerts gilt als verlässlich bewertbar, wenn (a) die Schwankungsbandbreite der sachgerechten Bemessungen des beizulegenden Zeitwerts für diesen Vermögenswert nicht signifikant ist oder (b) die Eintrittswahrscheinlichkeiten der verschiedenen Schätzungen innerhalb dieser Bandbreite vernünftig geschätzt und bei der Bewertung des beizulegenden Zeitwerts verwendet werden können. Wenn das Unternehmen den beizulegenden Zeitwert des erhaltenen Vermögenswerts und des aufgegebenen Vermögenswerts verlässlich bewerten kann, dann wird der beizulegende Zeitwert des aufgegebenen Vermögenswerts benutzt, um die Anschaffungskosten zu bewerten, sofern der beizulegende Zeitwert des erhaltenen Vermögenswerts nicht eindeutiger zu bewerten ist.

29A Eine von einem Leasingnehmer als Finanzinvestition gehaltene Immobilie in Form eines Nutzungsrechts wird bei Zugang gemäß IFRS 16 mit ihren Anschaffungs- oder Herstellungskosten bewertet.

Folgebewertung

Rechnungslegungsmethode

30 Mit der in Paragraph 32A dargelegten Ausnahme hat ein Unternehmen als seine Rechnungslegungsmethode entweder das Modell des beizulegenden Zeitwerts gemäß den Paragraphen 33-55 oder das Anschaffungskostenmodell gemäß Paragraph 56 zu wählen und diese Methode auf alle als Finanzinvestition gehaltene Immobilien anzuwenden.

31 IAS 8 *Rechnungslegungsmethoden, Änderungen von rechnungslegungsbezogenen Schätzungen und Fehler* schreibt vor, dass eine freiwillige Änderung einer Rechnungslegungsmethode nur dann vorgenommen werden darf, wenn die Änderung zu einem Abschluss führt, der verlässliche und sachgerechtere Informationen über die Auswirkungen der Ereignisse, Geschäftsvorfälle oder Bedingungen auf die Vermögens- und Ertragslage oder die Cashflows des Unternehmens gibt. Es ist höchst unwahrscheinlich, dass ein Wechsel vom Modell des beizulegenden Zeitwerts zum Anschaffungskostenmodell eine sachgerechtere Darstellung zur Folge haben wird.

32 Der vorliegende Standard verlangt von allen Unternehmen die Bemessung des beizulegenden Zeitwerts der als Finanzinvestition gehaltenen Immobilien, sei es zum Zwecke der Bewertung (wenn das Unternehmen das Modell des beizulegenden Zeitwerts verwendet) oder der Angabe (wenn es sich für das Anschaffungskostenmodell entschieden hat). Obwohl ein Unternehmen nicht dazu verpflichtet ist, wird ihm empfohlen, den beizulegenden Zeitwert der als Finanzinvestition gehaltenen Immobilien auf der Grundlage einer Bewertung durch einen unabhängigen Gutachter, der eine anerkannte, maßgebliche berufliche Qualifikation und aktuelle Erfahrungen mit der Lage und der Art der zu bewertenden Immobilien hat, zu bestimmen.

Ein Unternehmen kann **32A**

(a) entweder das Modell des beizulegenden Zeitwerts oder das Anschaffungskostenmodell für alle als Finanzinvestition gehaltene Immobilien wählen, die Verbindlichkeiten bedecken, aufgrund derer die Höhe der Rückzahlungen direkt von dem beizulegenden Zeitwert von spezifizierten Vermögenswerten einschließlich von als Finanzinvestition gehaltenen Immobilien bzw. den Kapitalerträgen daraus bestimmt wird; und

(b) ungeachtet der in (a) getroffenen Wahl für alle anderen als Finanzinvestition gehaltenen Immobilien entweder das Modell des beizulegenden Zeitwerts oder das Anschaffungskostenmodell wählen.

Einige Versicherer und andere Unternehmen unterhalten einen internen Immobilienfonds, der fiktive Anteilseinheiten ausgibt, die teilweise von Investoren in verbundenen Verträgen und teilweise vom Unternehmen gehalten werden. Paragraph 32A untersagt einem Unternehmen, die im Fonds gehaltenen Immobilien teilweise zu Anschaffungskosten und teilweise zum beizulegenden Zeitwert zu bewerten. **32B**

Wenn ein Unternehmen für die beiden in Paragraph 32A beschriebenen Kategorien verschiedene Modelle wählt, sind Verkäufe von als Finanzinvestition gehaltenen Immobilien zwischen Beständen von Vermögenswerten, die nach verschiedenen Modellen bewertet werden, zum beizulegenden Zeitwert anzusetzen und die kumulierten Änderungen des beizulegenden Zeitwerts sind erfolgswirksam zu erfassen. Wenn eine als Finanzinvestition gehaltene Immobilie von einem Bestand, für den das Modell des beizulegenden Zeitwerts verwendet wird, an einen Bestand, für den das Anschaffungskostenmodell verwendet wird, verkauft wird, wird demzufolge der beizulegende Zeitwert der Immobilie zum Zeitpunkt des Verkaufs als deren Anschaffungskosten angesehen. **32C**

Modell des beizulegenden Zeitwerts

Nach dem erstmaligen Ansatz hat ein Unternehmen, welches das Modell des beizulegenden Zeitwertes gewählt hat, alle als Finanzinvestition gehaltenen Immobilien mit Ausnahme der in Paragraph 53 beschriebenen Fälle mit dem beizulegenden Zeitwert zu bewerten. **33**

(weggefallen) **34**

Ein Gewinn oder Verlust, der durch die Änderung des beizulegenden Zeitwerts der als Finanzinvestition gehaltenen Immobilien entsteht, ist in der Periode, in der er entstanden ist, erfolgswirksam zu erfassen. **35**

(weggefallen) **36 bis 39**

Bei der Bemessung des beizulegenden Zeitwerts der als Finanzinvestition gehaltenen Immobilien gemäß IFRS 13 stellt ein Unternehmen sicher, dass sich darin neben anderen Dingen die Mieterträge aus den gegenwärtigen Mietverhältnissen sowie andere Annahmen widerspiegeln, auf die sich Marktteilnehmer unter den aktuellen Marktbedingungen bei der Preisbildung für die als Finanzinvestition gehaltene Immobilie stützen würden. **40**

Verwendet ein Leasingnehmer für die Bewertung einer als Finanzinvestition gehaltenen Immobilie, für die er ein Nutzungsrecht hat, das Modell des beizulegenden Zeitwertes, so bewertet er das Nutzungsrecht – und nicht den zugrunde liegenden Vermögenswert – zum beizulegenden Zeitwert. **40A**

IFRS 16 nennt die Grundlage für den erstmaligen Ansatz der Anschaffungskosten für eine von einem Leasingnehmer als Finanzinvestition gehaltene Immobilie in Form eines Nutzungsrechts. Gemäß Paragraph 33 ist für eine von einem Leasingnehmer als Finanzinvestition gehaltene Immobilie in Form eines Nutzungsrechts gegebenenfalls eine Neubewertung mit dem beizulegenden Zeitwert erforderlich, wenn das Unternehmen das Modell des beizulegenden Zeitwerts wählt. Erfolgen die Leasingzahlungen zu Marktpreisen, sollte der beizulegende Zeitwert einer von einem Leasingnehmer als Finanzinvestition gehaltenen Immobilie in Form eines Nutzungsrechts zum Erwerbszeitpunkt abzüglich aller erwarteten Leasingzahlungen (einschließlich der Leasingzahlungen im Zusammenhang mit den erfassten Leasingverbindlichkeiten) null sein. **41**

Die Neubewertung eines Nutzungsrechts von den Anschaffungskosten gemäß IFRS 16 zum beizulegenden Zeitwert gemäß Paragraph 33 (unter Berücksichtigung der Vorschriften in Paragraph 50) darf daher zu keinem anfänglichen Gewinn oder Verlust führen, sofern der beizulegende Zeitwert nicht zu verschiedenen Zeitpunkten ermittelt wird. Dies könnte dann der Fall sein, wenn nach dem ersten Ansatz das Modell des beizulegenden Zeitwerts gewählt wird.

42 bis 47 (weggefallen)

48 Wenn ein Unternehmen eine als Finanzinvestition gehaltene Immobilie erstmals erwirbt (oder wenn eine bereits vorhandene Immobilie nach einer Nutzungsänderung erstmals als Finanzinvestition gehalten wird), können in Ausnahmefällen eindeutige Hinweise vorliegen, dass die Schwankungsbandbreite sachgerechter Bemessungen des beizulegenden Zeitwerts so groß und die Eintrittswahrscheinlichkeiten der verschiedenen Ergebnisse so schwierig zu ermitteln sind, dass die Verwendung eines einzelnen Schätzwerts für den beizulegenden Zeitwert nicht zweckmäßig ist. Dies kann darauf hindeuten, dass der beizulegende Zeitwert der als Finanzinvestition gehaltenen Immobilie nicht fortlaufend verlässlich bewertbar ist (siehe Paragraph 53).

49 (weggefallen)

50 Bei der Bestimmung des Buchwerts von als Finanzinvestition gehaltenen Immobilien nach dem Modell des beizulegenden Zeitwerts hat das Unternehmen Vermögenswerte und Verbindlichkeiten, die bereits als solche einzeln erfasst wurden, nicht erneut anzusetzen. Zum Beispiel:

(a) Ausstattungsgegenstände, wie Aufzug oder Klimaanlage, sind häufig ein integraler Bestandteil des Gebäudes und im Allgemeinen in den beizulegenden Zeitwert der als Finanzinvestition gehaltenen Immobilie mit einzubeziehen und nicht gesondert als Sachanlage zu erfassen.

(b) Der beizulegende Zeitwert eines im möblierten Zustand vermieteten Bürogebäudes schließt im Allgemeinen den beizulegenden Zeitwert der Möbel mit ein, da die Mieteinnahmen sich auf das möblierte Bürogebäude beziehen. Sind Möbel im beizulegenden Zeitwert der als Finanzinvestition gehaltenen Immobilien enthalten, erfasst das Unternehmen die Möbel nicht als gesonderten Vermögenswert.

(c) Der beizulegende Zeitwert der als Finanzinvestition gehaltenen Immobilien beinhaltet nicht im Voraus bezahlte oder abgegrenzte Mieten aus Operating-Leasingverhältnissen, da das Unternehmen diese als gesonderte Verbindlichkeit oder gesonderten Vermögenswert erfasst.

(d) Der beizulegende Zeitwert einer von einem Leasingnehmer als Finanzinvestition gehaltenen Immobilie in Form eines Nutzungsrechts spiegelt die zu erwartenden Cashflows (einschließlich der zu erwartenden variablen Leasingzahlungen) wider. Wurden bei der Bewertung einer Immobilie die erwarteten Zahlungen nicht berücksichtigt, müssen daher zur Bestimmung des Buchwerts von als Finanzinvestition gehaltenen Immobilien nach dem Modell des beizulegenden Zeitwerts alle erfassten Verbindlichkeiten aus dem Leasingverhältnis wieder hinzugefügt werden.

51 (weggefallen)

52 In einigen Fällen erwartet ein Unternehmen, dass der Barwert der mit einer als Finanzinvestition gehaltenen Immobilie verbundenen Auszahlungen (ausgenommen Auszahlungen, die sich auf erfasste Verbindlichkeiten beziehen) den Barwert der damit zusammenhängenden Einzahlungen übersteigt. Zur Beurteilung, ob eine Verbindlichkeit anzusetzen und, wenn ja, wie diese zu bewerten ist, zieht ein Unternehmen IAS 37 *Rückstellungen, Eventualverbindlichkeiten und Eventualforderungen* heran.

Unfähigkeit, den beizulegenden Zeitwert verlässlich zu bewerten

53 Es besteht die widerlegbare Vermutung, dass ein Unternehmen in der Lage ist, den beizulegenden Zeitwert einer als Finanzinvestition gehaltenen Immobilie fortwährend verlässlich zu bewerten. In Ausnahmefällen liegen jedoch in Situationen, in denen ein Unternehmen eine als Finanzinvestition gehaltene Immobilie erstmals erwirbt (oder wenn eine bereits vorhandene

Immobilie nach einer Nutzungsänderung erstmals als Finanzinvestition gehalten wird), eindeutige Hinweise dahingehend vor, dass eine fortlaufende verlässliche Bewertung des beizulegenden Zeitwerts der als Finanzinvestition gehaltenen Immobilie nicht möglich ist. Dies kann nur eintreten, wenn der Markt für vergleichbare Immobilien inaktiv ist (wenn es z. B. kaum aktuelle Geschäftsvorfälle gibt, Preisnotierungen nicht aktuell sind oder beobachtete Transaktionspreise darauf hindeuten, dass der Verkäufer zum Verkauf gezwungen war) und anderweitige zuverlässige Bewertungen für den beizulegenden Zeitwert (beispielsweise basierend auf diskontierten Cashflow-Prognosen) nicht verfügbar sind. Kommt ein Unternehmen zu dem Schluss, dass der beizulegende Zeitwert einer als Finanzinvestition gehaltenen, noch im Bau befindlichen Immobilie nicht verlässlich bewertbar ist, geht aber davon aus, dass der beizulegende Zeitwert der Immobilie nach Fertigstellung verlässlich bewertbar sein wird, so bewertet es die als Finanzinvestition gehaltene, im Bau befindliche Immobilie solange zu den Anschaffungs- oder Herstellungskosten, bis entweder der beizulegende Zeitwert verlässlich bewertet werden kann oder der Bau abgeschlossen ist (je nachdem, welcher Zeitpunkt früher liegt). Lässt sich der beizulegende Zeitwert einer als Finanzinvestition gehaltenen Immobilie (bei der es sich nicht um eine im Bau befindliche Immobilie handelt) nach Auffassung des Unternehmens nicht fortwährend verlässlich bewerten, so bewertet das Unternehmen die als Finanzinvestition gehaltene Immobilie im Falle eigener als Finanzinvestition gehaltener Immobilien gemäß IAS 16 und im Falle von von einem Leasingnehmer als Finanzinvestition gehaltenen Immobilien in Form von Nutzungsrechten gemäß IFRS 16 nach dem Anschaffungskostenmodell. Der Restwert der als Finanzinvestition gehaltenen Immobilie ist mit null anzunehmen. Das Unternehmen hat bis zum Abgang der als Finanzinvestition gehaltenen Immobilie weiterhin IAS 16 bzw. IFRS 16 anzuwenden.

Sobald ein Unternehmen in der Lage ist, den beizulegenden Zeitwert der als Finanzinvestition gehaltenen, im Bau befindlichen Immobilie, die zuvor zu den Anschaffungs- oder Herstellungskosten bewertet wurde, verlässlich zu bewerten, hat es diese Immobilie zum beizulegenden Zeitwert anzusetzen. Nach Abschluss der Erstellung dieser Immobilie wird davon ausgegangen, dass der beizulegende Zeitwert verlässlich bewertbar ist. Sollte dies nicht der Fall sein, ist die Immobilie gemäß Paragraph 53 im Falle eigener als Finanzinvestition gehaltener Immobilien gemäß IAS 16 und im Falle von von einem Leasingnehmer als Finanzinvestition gehaltenen Immobilien in Form von Nutzungsrechten gemäß IFRS 16 nach dem Anschaffungskostenmodell zu bewerten. **53A**

Die Vermutung, dass der beizulegende Zeitwert einer einer als Finanzinvestition gehaltenen, noch im Bau befindlichen Immobilie verlässlich bewertbar ist, kann lediglich beim erstmaligen Ansatz widerlegt werden. Ein Unternehmen, das einen Posten einer als Finanzinvestition gehaltenen, im Bau befindlichen Immobilie zum beizulegenden Zeitwert bewertet hat, kann nicht den Schluss ziehen, dass der beizulegende Zeitwert einer als Finanzinvestition gehaltenen Immobilie, deren Bau abgeschlossen ist, nicht verlässlich bewertbar ist. **53B**

In den Ausnahmefällen, in denen ein Unternehmen aus den in Paragraph 53 genannten Gründen gezwungen ist, eine als Finanzinvestition gehaltene Immobilie nach dem Anschaffungskostenmodell des IAS 16 oder IFRS 16 zu bewerten, bewertet es seine gesamten sonstigen als Finanzinvestition gehaltenen Immobilien, einschließlich der im Bau befindlichen, zum beizulegenden Zeitwert. In diesen Fällen kann ein Unternehmen zwar für eine einzelne als Finanzinvestition gehaltene Immobilie das Anschaffungskostenmodell anwenden, hat jedoch für alle anderen Immobilien nach dem Modell des beizulegenden Zeitwerts zu bilanzieren. **54**

Hat ein Unternehmen eine als Finanzinvestition gehaltene Immobilie bisher zum beizulegenden Zeitwert bewertet, hat es die Immobilie bis zu deren Abgang (oder bis zu dem Zeitpunkt, ab dem die Immobilie selbst genutzt oder für einen späteren Verkauf im Rahmen der gewöhnlichen Geschäftstätigkeit entwickelt wird) weiterhin zum beizulegenden Zeitwert zu bewerten, auch wenn vergleichbare Markttransaktionen seltener auftreten oder Marktpreise seltener verfügbar sind. **55**

Anschaffungskostenmodell

56 Sofern sich ein Unternehmen nach dem erstmaligen Ansatz für das Anschaffungskostenmodell entscheidet, bewertet es seine als Finanzinvestition gehaltenen Immobilien

(a) gemäß IFRS 5 *Zur Veräußerung gehaltene langfristige Vermögenswerte und aufgegebene Geschäftsbereiche*, sofern sie als zur Veräußerung gehalten eingestuft werden können (oder zu einer als zur Veräußerung gehalten eingestuften Veräußerungsgruppe gehören);

(b) gemäß IFRS 16, sofern sie einem Nutzungsrecht eines Leasingnehmers unterliegen und nicht gemäß IFRS 5 zur Veräußerung gehalten werden;

(c) in allen anderen Fällen nach den Vorschriften für das Anschaffungskostenmodell gemäß IAS 16.

Übertragungen

57 Ein Unternehmen hat eine Immobilie nur dann in den oder aus dem Bestand der als Finanzinvestition gehaltenen Immobilien zu übertragen, wenn eine Nutzungsänderung vorliegt. Eine Nutzungsänderung liegt vor, wenn eine Immobilie die Definition für eine als Finanzinvestition gehaltene Immobilie neu erfüllt oder nicht mehr erfüllt und die Änderung ihrer Nutzung nachgewiesen werden kann. Die alleinige Absicht des Managements, eine Immobilie einer anderen Nutzung zuzuführen, stellt keinen solchen Nachweis dar. Zu den Beispielen für nachweisliche Nutzungsänderungen gehören die folgenden:

(a) Beginn der Selbstnutzung oder der Entwicklung mit der Absicht der Selbstnutzung für eine Übertragung aus dem Bestand der als Finanzinvestition gehaltenen Immobilien in den Bestand der selbst genutzten Immobilien;

(b) Beginn der Entwicklung mit der Absicht des Verkaufs für eine Übertragung aus dem Bestand der als Finanzinvestition gehaltenen Immobilien in das Vorratsvermögen;

(c) Ende der Selbstnutzung für eine Übertragung aus dem Bestand der selbst genutzten Immobilien in den Bestand der als Finanzinvestition gehaltenen Immobilien;

(d) Beginn eines Operating-Leasingverhältnisses mit einem Dritten für eine Übertragung aus dem Vorratsvermögen in den Bestand der als Finanzinvestition gehaltenen Immobilien.

(e) (weggefallen)

58 Trifft ein Unternehmen die Entscheidung, eine als Finanzinvestition gehaltene Immobilie ohne Entwicklung zu veräußern, behandelt es die Immobilie solange weiter als Finanzinvestition und stuft sie nicht als Vorratsvermögen ein, bis sie ausgebucht (und damit aus der Bilanz entfernt) wird. Ebenso wird eine als Finanzinvestition gehaltene Immobilie, die ein Unternehmen zu entwickeln beginnt, um sie weiter als Finanzinvestition zu halten, während der Entwicklung nicht in den Bestand der selbst genutzten Immobilien übertragen, sondern weiter als Finanzinvestition eingestuft.

59 Die Paragraphen 60-65 behandeln Fragen des Ansatzes und der Bewertung, die das Unternehmen bei der Anwendung des Modells des beizulegenden Zeitwerts für als Finanzinvestition gehaltene Immobilien zu berücksichtigen hat. Wenn ein Unternehmen das Anschaffungskostenmodell anwendet, führen Übertragungen zwischen dem Bestand der als Finanzinvestition gehaltenen, dem Bestand der vom Eigentümer selbst genutzten Immobilien und den Vorräten für Bewertungs- oder Angabezwecke weder zu einer Buchwertänderung der übertragenen Immobilien noch zu einer Veränderung ihrer Anschaffungs- oder Herstellungskosten.

60 Bei einer Übertragung aus dem Bestand der als Finanzinvestition gehaltenen und zum beizulegenden Zeitwert bewerteten Immobilien in den Bestand der vom Eigentümer selbst genutzten Immobilien oder in die Vorräte entsprechen die Anschaffungs- oder Herstellungskosten der Immobilien für die Folgebewertung gemäß IAS 16, IFRS 16 oder IAS 2 deren beizulegendem Zeitwert zum Zeitpunkt der Nutzungsänderung.

Wird eine vom Eigentümer selbstgenutzte zu einer als Finanzinvestition gehaltenen Immobilie, die zum beizulegenden Zeitwert bewertet wird, hat ein Unternehmen bis zu dem Zeitpunkt der Nutzungsänderung für Immobilien in seinem Eigentum IAS 16 und für Immobilien, die von einem Leasingnehmer als Finanzinvestition in Form eines Nutzungsrechts gehalten werden, IFRS 16 anzuwenden. Das Unternehmen hat einen zu diesem Zeitpunkt bestehenden Unterschiedsbetrag zwischen dem nach IAS 16 bzw. IFRS 16 ermittelten Buchwert der Immobilien und dem beizulegenden Zeitwert in derselben Weise zu behandeln wie eine Neubewertung gemäß IAS 16. **61**

Bis zu dem Zeitpunkt, an dem eine vom Eigentümer selbstgenutzte Immobilie zu einer als Finanzinvestition gehaltenen und zum beizulegenden Zeitwert bewerteten Immobilie wird, hat ein Unternehmen die Immobilie (bzw. das Nutzungsrecht) abzuschreiben und jegliche eingetretene Wertminderungsaufwendung zu erfassen. Das Unternehmen behandelt einen zu diesem Zeitpunkt bestehenden Unterschiedsbetrag zwischen dem nach IAS 16 bzw. IFRS 16 ermittelten Buchwert der Immobilien und dem beizulegenden Zeitwert in derselben Weise wie eine Neubewertung gemäß IAS 16. Mit anderen Worten: **62**

(a) jede auftretende Minderung des Buchwerts der Immobilie ist erfolgswirksam zu erfassen. In dem Umfang, in dem jedoch ein der Immobilie zuzurechnender Betrag in der Neubewertungsrücklage eingestellt ist, ist die Minderung im sonstigen Ergebnis zu erfassen und die Neubewertungsrücklage innerhalb des Eigenkapitals entsprechend zu kürzen.

(b) Eine sich ergebende Erhöhung des Buchwerts ist folgendermaßen zu behandeln:

   (i) Soweit die Erhöhung einen früheren Wertminderungsaufwand für diese Immobilie aufhebt, ist die Erhöhung erfolgswirksam zu erfassen. Der im Gewinn oder Verlust erfasste Betrag darf den Betrag nicht übersteigen, der zur Aufstockung auf den Buchwert benötigt wird, der sich ohne die Erfassung des Wertminderungsaufwands (abzüglich mittlerweile vorgenommener Abschreibungen) ergeben hätte.

   (ii) Ein noch verbleibender Teil der Erhöhung wird im sonstigen Ergebnis erfasst und führt zu einer Erhöhung der Neubewertungsrücklage innerhalb des Eigenkapitals. Bei einem anschließenden Abgang der als Finanzinvestition gehaltenen Immobilie kann die Neubewertungsrücklage unmittelbar in die Gewinnrücklagen umgebucht werden. Die Übertragung von der Neubewertungsrücklage in die Gewinnrücklagen erfolgt nicht über die Gesamtergebnisrechnung.

Bei einer Übertragung von den Vorräten in die als Finanzinvestition gehaltenen Immobilien, die dann zum beizulegenden Zeitwert bewertet werden, ist ein zu diesem Zeitpunkt bestehender Unterschiedsbetrag zwischen dem beizulegenden Zeitwert der Immobilie und dem vorherigen Buchwert erfolgswirksam zu erfassen. **63**

Die bilanzielle Behandlung von Übertragungen aus den Vorräten in die als Finanzinvestition gehaltenen Immobilien, die dann zum beizulegenden Zeitwert bewertet werden, entspricht der Behandlung einer Veräußerung von Vorräten. **64**

Wenn ein Unternehmen die Erstellung oder Entwicklung einer selbst hergestellten und als Finanzinvestition gehaltenen Immobilie abschließt, die dann zum beizulegenden Zeitwert bewertet wird, ist ein zu diesem Zeitpunkt bestehender Unterschiedsbetrag zwischen dem beizulegenden Zeitwert der Immobilie und dem vorherigen Buchwert erfolgswirksam zu erfassen. **65**

Abgänge

Eine als Finanzinvestition gehaltene Immobilie ist bei ihrem Abgang oder dann, wenn sie dauerhaft nicht mehr genutzt werden soll und ein zukünftiger wirtschaftlicher Nutzen aus ihrem Abgang nicht mehr erwartet wird, auszubuchen (und damit aus der Bilanz zu entfernen). **66**

Der Abgang einer als Finanzinvestition gehaltenen Immobilie kann durch den Verkauf oder den Abschluss eines Finanzierungsleasingverhältnisses erfolgen. Als Abgangsdatum einer veräußerten als Finanzinvestition gehaltenen Immobilie gilt das Datum, an dem der Empfänger – gemäß den Vorschriften über die Erfüllung der Leistungsverpflichtung in IFRS 15 – die Verfügungs- **67** gewalt darüber erlangt. IFRS 16 ist beim Abgang infolge des Abschlusses eines Finanzierungsleasings oder einer Sale-and-leaseback-Transaktion anzuwenden.

68 Wenn ein Unternehmen gemäß dem Ansatzgrundsatz in Paragraph 16 die Kosten für die Ersetzung eines Teils einer als Finanzinvestition gehaltenen Immobilie im Buchwert berücksichtigt, hat es den Buchwert des ersetzten Teils auszubuchen. Bei als Finanzinvestition gehaltenen Immobilien, die nach dem Anschaffungskostenmodell bilanziert werden, kann es vorkommen, dass ein ersetztes Teil nicht gesondert abgeschrieben wurde. Sollte die Ermittlung des Buchwerts des ersetzten Teils für ein Unternehmen praktisch nicht durchführbar sein, kann es die Kosten für die Ersetzung als Anhaltspunkt für die Anschaffungskosten des ersetzten Teils zum Zeitpunkt seines Kaufs oder seiner Erstellung verwenden. Beim Modell des beizulegenden Zeitwertes spiegelt der beizulegende Zeitwert der als Finanzinvestition gehaltenen Immobilien unter Umständen bereits die Wertminderung des zu ersetzenden Teils wider. In anderen Fällen kann es schwierig sein zu erkennen, um wie viel der beizulegende Zeitwert für das ersetzte Teil gemindert werden sollte. Sollte eine Minderung des beizulegenden Zeitwertes für das ersetzte Teil praktisch nicht durchführbar sein, können alternativ die Kosten für die Ersetzung in den Buchwert des Vermögenswerts einbezogen werden. Anschließend erfolgt eine Neubewertung des beizulegenden Zeitwerts, wie sie bei Zugängen ohne eine Ersetzung erforderlich wäre.

69 Gewinne oder Verluste, die bei Stilllegung oder Abgang von als Finanzinvestition gehaltenen Immobilien entstehen, sind als Unterschiedsbetrag zwischen dem Nettoveräußerungserlös und dem Buchwert des Vermögenswerts zu bestimmen und in der Periode der Stilllegung bzw. des Abgangs erfolgswirksam zu erfassen (sofern IFRS 16 bei Sale-and-Leaseback-Transaktionen nichts anderes verlangt).

70 Der Entschädigungsbetrag, der bei der Ausbuchung einer als Finanzinvestition gehaltenen Immobilie erfolgswirksam zu erfassen ist, wird gemäß den Vorschriften zur Bestimmung des Transaktionspreises der Paragraphen 47-72 des IFRS 15 bestimmt. Spätere Änderungen des erfolgswirksam erfassten geschätzten Entschädigungsbetrags werden gemäß den in IFRS 15 festgelegten Vorschriften für Änderungen des Transaktionspreises bilanziert.

71 Ein Unternehmen wendet IAS 37 oder – soweit sachgerecht – andere Standards auf etwaige Verbindlichkeiten an, die nach dem Abgang einer als Finanzinvestition gehaltenen Immobilie verbleiben.

72 Entschädigungen von Dritten für die Wertminderung, den Verlust oder die Aufgabe von als Finanzinvestition gehaltenen Immobilien sind bei Erhalt erfolgswirksam zu erfassen.

73 Wertminderungen oder der Verlust von als Finanzinvestition gehaltenen Immobilien, damit verbundene Ansprüche auf oder Zahlungen von Entschädigung von Dritten und jeglicher nachfolgende Kauf oder nachfolgende Erstellung von Ersatzvermögenswerten stellen einzelne wirtschaftliche Ereignisse dar und sind gesondert wie folgt zu bilanzieren:

(a) Wertminderungen von als Finanzinvestition gehaltenen Immobilien werden gemäß IAS 36 erfasst;

(b) Stilllegungen oder Abgänge von als Finanzinvestition gehaltenen Immobilien werden gemäß den Paragraphen 66-71 des vorliegenden Standards erfasst;

(c) Entschädigungen von Dritten für die Wertminderung, den Verlust oder die Aufgabe von als Finanzinvestition gehaltenen Immobilien werden bei Erhalt der Entschädigung erfolgswirksam erfasst; und

(d) die Kosten von Vermögenswerten, die in Stand gesetzt, als Ersatz gekauft oder erstellt wurden, werden gemäß den Paragraphen 20-29 des vorliegenden Standards ermittelt.

Angaben

Modell des beizulegenden Zeitwerts und Anschaffungskostenmodell

74 Die unten aufgeführten Angaben sind zusätzlich zu denen nach IFRS 16 zu machen. Gemäß IFRS 16 gelten für den Eigentümer einer als Finanzinvestition gehaltenen Immobilie die Angabepflichten für einen Leasinggeber zu den von ihm abgeschlossenen Leasingverhältnissen. Ein Leasingnehmer, welcher eine als Finanzinvestition gehaltene Immobilie in Form eines Nutzungsrechts hält, macht die Angaben eines Leasingnehmers gemäß IFRS 16 sowie für alle Operating-Leasingverhältnisse, die er abgeschlossen hat, die Angaben eines Leasinggebers gemäß IFRS 16.

Ein Unternehmen hat Folgendes anzugeben: **75**

(a) ob es das Modell des beizulegenden Zeitwerts oder das Anschaffungskostenmodell anwendet;

(b) (weggefallen)

(c) sofern eine Zuordnung Schwierigkeiten bereitet (siehe Paragraph 14), die vom Unternehmen verwendeten Kriterien, nach denen zwischen als Finanzinvestition gehaltenen, vom Eigentümer selbst genutzten und Immobilien, die zum Verkauf im Rahmen der gewöhnlichen Geschäftstätigkeit gehalten werden, unterschieden wird;

(d) (weggefallen)

(e) das Ausmaß, in dem der beizulegende Zeitwert der als Finanzinvestition gehaltenen Immobilien (wie in den Abschlüssen bewertet oder angegeben) auf der Grundlage einer Bewertung durch einen unabhängigen Gutachter basiert, der eine anerkannte, sachgerechte berufliche Qualifikation und aktuelle Erfahrungen mit der Lage und der Art der zu bewertenden, als Finanzinvestition gehaltenen Immobilien hat. Hat eine solche Bewertung nicht stattgefunden, ist diese Tatsache anzugeben;

(f) die erfolgswirksam erfassten Beträge für:

  (i) Mieteinnahmen aus als Finanzinvestition gehaltenen Immobilien;

  (ii) direkte betriebliche Aufwendungen (einschließlich Reparaturen und Instandhaltung), die denjenigen als Finanzinvestition gehaltenen Immobilien direkt zurechenbar sind, mit denen während der Periode Mieteinnahmen erzielt wurden;

  (iii) direkte betriebliche Aufwendungen (einschließlich Reparaturen und Instandhaltung), die denjenigen als Finanzinvestition gehaltenen Immobilien direkt zurechenbar sind, mit denen während der Periode keine Mieteinnahmen erzielt wurden; und

  (iv) die kumulierte Änderung des beizulegenden Zeitwerts, die beim Verkauf einer als Finanzinvestition gehaltenen Immobilie von einem Bestand von Vermögenswerten, in dem das Anschaffungskostenmodell verwendet wird, an einen Bestand, in dem das Modell des beizulegenden Zeitwerts verwendet wird, erfolgswirksam erfasst wird (siehe Paragraph 32C);

(g) die Existenz und die Höhe von Beschränkungen hinsichtlich der Veräußerbarkeit von als Finanzinvestition gehaltenen Immobilien oder der Überweisung von Erträgen und Veräußerungserlösen;

(h) vertragliche Verpflichtungen, als Finanzinvestitionen gehaltene Immobilien zu kaufen, zu erstellen oder zu entwickeln, oder solche für Reparaturen, Instandhaltung oder Verbesserungen.

Modell des beizulegenden Zeitwerts

Zusätzlich zu den nach Paragraph 75 erforderlichen Angaben hat ein Unternehmen, welches das Modell des beizulegenden Zeitwerts gemäß den Paragraphen 33-55 anwendet, eine Überleitungsrechnung zu erstellen, die die Entwicklung des Buchwerts der als Finanzinvestition gehaltenen Immobilien zu Beginn und zum Ende der Periode zeigt und dabei Folgendes darstellt: **76**

(a) Zugänge, wobei diejenigen Zugänge gesondert anzugeben sind, die auf einen Erwerb entfallen, und diejenigen, die auf im Buchwert eines Vermögenswerts erfasste nachträgliche Ausgaben entfallen;

(b) Zugänge, die aus dem Erwerb im Rahmen von Unternehmenszusammenschlüssen resultieren;

(c) Vermögenswerte, die gemäß IFRS 5 als zur Veräußerung gehalten eingestuft werden oder zu einer als zur Veräußerung gehalten eingestuften Veräußerungsgruppe gehören, und andere Abgänge;

(d) Nettogewinne oder -verluste aus der Berichtigung des beizulegenden Zeitwerts;

(e) Nettoumrechnungsdifferenzen aus der Umrechnung von Abschlüssen in eine andere Darstellungswährung und aus der Umrechnung eines ausländischen Geschäftsbetriebs in die Darstellungswährung des berichtenden Unternehmens;

(f) Übertragungen in den bzw. aus dem Bestand der Vorräte und der vom Eigentümer selbst genutzten Immobilien; und

(g) sonstige Änderungen.

77 Wird die Bewertung einer als Finanzinvestition gehaltenen Immobilie für die Abschlüsse erheblich angepasst, beispielsweise um wie in Paragraph 50 beschrieben einen erneuten Ansatz von Vermögenswerten oder Verbindlichkeiten zu vermeiden, die bereits als gesonderte Vermögenswerte und Verbindlichkeiten erfasst wurden, hat das Unternehmen eine Überleitungsrechnung zwischen der ursprünglichen Bewertung und der in den Abschlüssen enthaltenen angepassten Bewertung zu erstellen, in der der Gesamtbetrag aller erfassten zurückaddierten Leasingverpflichtungen und alle anderen wesentlichen Berichtigungen gesondert dargestellt ist.

78 In den in Paragraph 53 beschriebenen Ausnahmefällen, in denen ein Unternehmen als Finanzinvestition gehaltene Immobilien nach dem Anschaffungskostenmodell gemäß IAS 16 oder gemäß IFRS 16 bewertet, hat die in Paragraph 76 vorgeschriebene Überleitungsrechnung die Beträge dieser als Finanzinvestition gehaltenen Immobilien getrennt von den Beträgen der anderen als Finanzinvestition gehaltenen Immobilien auszuweisen. Zusätzlich hat ein Unternehmen Folgendes anzugeben:

(a) eine Beschreibung der als Finanzinvestition gehaltenen Immobilien;

(b) eine Erklärung, warum der beizulegende Zeitwert nicht verlässlich bewertet werden kann;

(c) wenn möglich, die Schätzungsbandbreite, innerhalb derer der beizulegende Zeitwert höchstwahrscheinlich liegt; und

(d) bei Abgang der als Finanzinvestition gehaltenen Immobilien, die nicht zum beizulegenden Zeitwert bewertet wurden:

  (i) den Umstand, dass das Unternehmen als Finanzinvestition gehaltene Immobilien veräußert hat, die nicht zum beizulegenden Zeitwert bewertet wurden;

  (ii) den Buchwert dieser als Finanzinvestition gehaltenen Immobilien zum Zeitpunkt des Verkaufs; und

  (iii) den als Gewinn oder Verlust erfassten Betrag.

Anschaffungskostenmodell

79 Zusätzlich zu den nach Paragraph 75 erforderlichen Angaben hat ein Unternehmen, das das Anschaffungskostenmodell gemäß Paragraph 56 anwendet, Folgendes anzugeben:

(a) die verwendeten Abschreibungsmethoden;

(b) die zugrunde gelegten Nutzungsdauern oder Abschreibungssätze;

(c) den Bruttobuchwert und die kumulierten Abschreibungen (zusammengefasst mit den kumulierten Wertminderungsaufwendungen) zu Beginn und zum Ende der Periode;

(d) eine Überleitungsrechnung, welche die Entwicklung des Buchwertes der als Finanzinvestition gehaltenen Immobilien zu Beginn und zum Ende der gesamten Periode zeigt und dabei Folgendes darstellt:

(i) Zugänge, wobei diejenigen Zugänge gesondert anzugeben sind, die auf einen Erwerb entfallen, und diejenigen, die auf als Vermögenswert erfasste nachträgliche Ausgaben entfallen;
(ii) Zugänge, die aus dem Erwerb im Rahmen von Unternehmenszusammenschlüssen resultieren;
(iii) Vermögenswerte, die gemäß IFRS 5 als zur Veräußerung gehalten eingestuft werden oder zu einer als zur Veräußerung gehalten eingestuften Veräußerungsgruppe gehören, und andere Abgänge;
(iv) Abschreibungen;
(v) den Betrag der Wertminderungsaufwendungen, der während der Periode gemäß IAS 36 erfasst wurde, und den Betrag an wieder aufgehobenen Wertminderungsaufwendungen;
(vi) Nettoumrechnungsdifferenzen aus der Umrechnung von Abschlüssen in eine andere Darstellungswährung und aus der Umrechnung eines ausländischen Geschäftsbetriebs in die Darstellungswährung des berichtenden Unternehmens;
(vii) Übertragungen in den bzw. aus dem Bestand der Vorräte und der vom Eigentümer selbst genutzten Immobilien; und
(viii) sonstige Änderungen;

(e) den beizulegenden Zeitwert der als Finanzinvestition gehaltenen Immobilien. In den in Paragraph 53 beschriebenen Ausnahmefällen, in denen ein Unternehmen den beizulegenden Zeitwert der als Finanzinvestition gehaltenen Immobilien nicht verlässlich bemessen kann, hat es Folgendes anzugeben:
(i) eine Beschreibung der als Finanzinvestition gehaltenen Immobilien;
(ii) eine Erklärung, warum der beizulegende Zeitwert nicht verlässlich bewertet werden kann; und
(iii) wenn möglich, die Schätzungsbandbreite, innerhalb derer der beizulegende Zeitwert höchstwahrscheinlich liegt.

Übergangsvorschriften

Modell des beizulegenden Zeitwerts

Ein Unternehmen, das bisher IAS 40 (2000) angewandt hat und sich erstmals dafür entscheidet, **80**
einige oder alle im Rahmen von Operating-Leasingverhältnissen geleasten Immobilien als Finanzinvestition einzustufen und zu bilanzieren, hat die Auswirkung dieser Entscheidung als eine Berichtigung des Eröffnungsbilanzwerts der Gewinnrücklagen in der Periode zu erfassen, in der die Entscheidung erstmals getroffen wurde. Ferner

(a) hat das Unternehmen früher (im Abschluss oder anderweitig) den beizulegenden Zeitwert dieser Immobilien in vorhergehenden Perioden angegeben und wurde der beizulegende Zeitwert auf einer Grundlage ermittelt, die der Definition des beizulegenden Zeitwerts in IFRS 13 genügt, wird dem Unternehmen empfohlen, aber nicht vorgeschrieben:
(i) den Eröffnungsbilanzwert der Gewinnrücklagen für die früheste ausgewiesene Periode, für die der beizulegende Zeitwert veröffentlicht wurde, anzupassen; sowie
(ii) die Vergleichsinformationen für diese Perioden anzupassen; und

(b) hat das Unternehmen früher keine der unter (a) beschriebenen Informationen veröffentlicht, sind die Vergleichsinformationen nicht anzupassen und ist diese Tatsache anzugeben.

Dieser Standard schreibt eine andere Behandlung als nach IAS 8 vor. Nach IAS 8 sind Vergleichs- **81**
informationen anzupassen, es sei denn, dies ist in der Praxis nicht durchführbar.

82 Wenn ein Unternehmen zum ersten Mal diesen Standard anwendet, umfasst die Berichtigung des Eröffnungsbilanzwertes der Gewinnrücklagen die Umgliederung aller Beträge, die für als Finanzinvestition gehaltene Immobilien in der Neubewertungsrücklage erfasst wurden.

Anschaffungskostenmodell

83 IAS 8 ist auf alle Änderungen der Rechnungslegungsmethoden anzuwenden, die vorgenommen werden, wenn ein Unternehmen diesen Standard zum ersten Mal anwendet und sich für das Anschaffungskostenmodell entscheidet. Zu den Auswirkungen einer Änderung der Rechnungslegungsmethoden gehört auch die Umgliederung aller Beträge, die für als Finanzinvestition gehaltene Immobilien in der Neubewertungsrücklage erfasst wurden.

84 Die Anforderungen der Paragraphen 27-29 bezüglich der erstmaligen Bewertung von als Finanzinvestition gehaltenen Immobilien, die durch einen Tausch von Vermögenswerten erworben werden, sind nur prospektiv auf künftige Transaktionen anzuwenden.

Unternehmenszusammenschlüsse

84A Mit den im Dezember 2013 veröffentlichten *Jährlichen Verbesserungen, Zyklus 2011-2013*, wurden Paragraph 14A und eine Überschrift vor Paragraph 6 angefügt. Ein Unternehmen hat diese Änderung ab Beginn des ersten Geschäftsjahres, in dem diese Änderung angewandt wird, prospektiv auf jeden Erwerb einer als Finanzinvestition gehaltenen Immobilie anzuwenden. Die Bilanzierung für in früheren Perioden erworbene, als Finanzinvestition gehaltene Immobilien ist somit nicht zu berichtigen. Ein Unternehmen kann allerdings beschließen, die Änderung auf einzelne Erwerbungen von als Finanzinvestition gehaltenen Immobilien anzuwenden, die vor Beginn des ersten Geschäftsjahres, das am oder nach dem Datum des Inkrafttretens der Änderung beginnt, getätigt wurden, wenn das Unternehmen über die zur Anwendung der Änderung auf frühere Erwerbungen erforderlichen Informationen verfügt.

IFRS 16

84B Bei der erstmaligen Anwendung von IFRS 16 und der damit in Verbindung stehenden Änderungen dieses Standards wendet das Unternehmen für seine in Form von Nutzungsrechten als Finanzinvestition gehaltenen Immobilien die in Anhang C des IFRS 16 festgelegten Übergangsbestimmungen an.

Übertragungen in den und aus dem Bestand der als Finanzinvestition gehaltenen Immobilien

84C Mit der im Dezember 2016 veröffentlichten Verlautbarung *Übertragungen in den und aus dem Bestand der als Finanzinvestition gehaltenen Immobilien* (Änderungen an IAS 40) wurden die Paragraphen 57–58 geändert. Diese Änderungen sind auf Nutzungsänderungen anzuwenden, die zu oder nach Beginn des Geschäftsjahres eintreten, in dem die Änderungen zum ersten Mal angewendet werden (Zeitpunkt der erstmaligen Anwendung). Zum Zeitpunkt der erstmaligen Anwendung hat ein Unternehmen die Einstufung seiner zu diesem Zeitpunkt gehaltenen Immobilien zu überprüfen und diese gegebenenfalls gemäß den Paragraphen 7-14 neu einzustufen, um sicherzustellen, dass ihre Einstufung den Gegebenheiten zu diesem Zeitpunkt entspricht.

84D Unbeschadet der Vorschriften in Paragraph 84C darf ein Unternehmen die Änderungen der Paragraphen 57–58 gemäß IAS 8 nur dann rückwirkend anwenden, wenn dabei keine nachträglichen Erkenntnisse verwendet werden.

84E Stuft ein Unternehmen Immobilien in Anwendung des Paragraphen 84C zum Zeitpunkt der erstmaligen Anwendung neu ein, so muss es:

(a) die Umgliederung unter Beachtung der Vorschriften der Paragraphen 59–64 bilanzieren. Dabei muss es:
   (i) den Zeitpunkt der Nutzungsänderung als Zeitpunkt der ersten Anwendung zugrunde legen, und
   (ii) sämtliche Beträge, die gemäß den Paragraphen 59-64 im Gewinn oder Verlust ausgewiesen worden wären, als Berichtigung der Eröffnungsbilanz der Gewinnrücklagen zum Zeitpunkt der ersten Anwendung erfassen.
(b) sämtliche gemäß Paragraph 84C in den oder aus dem Bestand der als Finanzinvestition gehaltenen Immobilien umgegliederten Beträge angeben. Das Unternehmen hat die umgegliederten Beträge in einer Überleitungsrechnung gemäß den Paragraphen 76 und 79 auszuweisen, welche die Entwicklung des Buchwertes der als Finanzinvestition gehaltenen Immobilien zu Beginn und zum Ende der Periode zeigt.

Zeitpunkt des Inkrafttretens

Dieser Standard ist auf Geschäftsjahre anzuwenden, die am oder nach dem 1. Januar 2005 beginnen. Eine frühere Anwendung wird empfohlen. Wenn ein Unternehmen diesen Standard für Perioden anwendet, die vor dem 1. Januar 2005 beginnen, so ist diese Tatsache anzugeben. **85**

Infolge des IAS 1 *Darstellung des Abschlusses* (überarbeitet 2007) wurde die in allen IFRS verwendete Terminologie geändert. Außerdem wurde Paragraph 62 geändert. Diese Änderungen sind auf Geschäftsjahre anzuwenden, die am oder nach dem 1. Januar 2009 beginnen. Wird IAS 1 (überarbeitet 2007) auf eine frühere Periode angewandt, sind diese Änderungen entsprechend auch anzuwenden. **85A**

Die Paragraphen 8, 9, 48, 53, 54 und 57 wurden im Rahmen der *Verbesserungen der IFRS* vom Mai 2008 geändert, Paragraph 22 wurde gestrichen und die Paragraphen 53A und 53B wurden hinzugefügt. Ein Unternehmen wendet die Änderungen prospektiv erstmals in der ersten Berichtsperiode eines am 1. Januar 2009 oder danach beginnenden Geschäftsjahres an. Ein Unternehmen darf die Änderungen an im Bau befindlichen, als Finanzinvestition gehaltenen Immobilien ab jedem beliebigen Stichtag vor dem 1. Januar 2009 anwenden, sofern die jeweils beizulegenden Zeitwerte der sich noch im Bau befindlichen, als Finanzinvestition gehaltenen Immobilien zu den jeweiligen Stichtagen bewertet wurden. Eine frühere Anwendung ist zulässig. Wendet ein Unternehmen diese Änderungen auf eine frühere Periode an, so ist dies anzugeben und gleichzeitig sind die Änderungen auf Paragraph 5 und Paragraph 81E von IAS 16 *Sachanlagen* anzuwenden. **85B**

Durch IFRS 13, veröffentlicht im Mai 2011, wurde die Definition des beizulegenden Zeitwerts in Paragraph 5 geändert. Außerdem wurden die Paragraphen 26, 29, 32, 40, 48, 53, 53B, 78-80 und 85B geändert sowie die Paragraphen 36-39, 42-47, 49, 51 und 75(d) gestrichen. Ein Unternehmen hat die betreffenden Änderungen anzuwenden, wenn es IFRS 13 anwendet. **85C**

Mit den im Dezember 2013 veröffentlichten *Jährlichen Verbesserungen, Zyklus 2011-2013*, wurden vor Paragraph 6 und nach Paragraph 84 Überschriften eingefügt und die Paragraphen 14A und 84A angefügt. Diese Änderungen sind auf Geschäftsjahre anzuwenden, die am oder nach dem 1. Juli 2014 beginnen. Eine frühere Anwendung ist zulässig. Wendet ein Unternehmen diese Änderungen früher an, hat es dies anzugeben. **85D**

Durch IFRS 15 *Erlöse aus Verträgen mit Kunden*, veröffentlicht im Mai 2014, wurden die Paragraphen 3(b), 9, 67 und 70 geändert. Ein Unternehmen hat diese Änderungen anzuwenden, wenn es IFRS 15 anwendet. **85E**

Durch IFRS 16, veröffentlicht im Januar 2016, wurde der Anwendungsbereich von IAS 40 dahingehend geändert, dass eine als Finanzinvestition gehaltene Immobilie einerseits eine eigene als Finanzinvestition gehaltene Immobilie und andererseits eine von einem Leasingnehmer als Finanzinvestition gehaltene Immobilie in Form eines Nutzungsrechts sein kann. Durch IFRS 16 **85F** wurden die Paragraphen 5, 7, 8, 9, 16, 20, 30, 41, 50, 53, 53A, 54, 56, 60, 61, 62, 67, 69, 74, 75, 77 und 78 geändert. Außerdem wurden die Paragraphen 19A, 29A, 40A und 84B samt zugehöriger Überschriften angefügt sowie die Paragraphen 3, 6, 25, 26 und 34 gestrichen. Ein Unternehmen hat die betreffenden Änderungen anzuwenden, wenn es IFRS 16 anwendet.[1)]

85G Mit der im Dezember 2016 veröffentlichten Verlautbarung *Übertragungen in den und aus dem Bestand der als Finanzinvestition gehaltenen Immobilien* (Änderungen an IAS 40) wurden die Paragraphen 57–58 geändert und die Paragraphen 84C–84E angefügt. Diese Änderungen sind auf Geschäftsjahre anzuwenden, die am 1. Januar 2018 oder danach beginnen. Eine frühere Anwendung ist zulässig. Wendet ein Unternehmen diese Änderungen früher an, hat es dies anzugeben.

Rücknahme von IAS 40 (2000)

86 Der vorliegende Standard ersetzt IAS 40 *Als Finanzinvestition gehaltene Immobilien* (herausgegeben 2000).

1) **Anm. d. Red.:** IFRS 16 ist spätestens mit Beginn des ersten am oder nach dem 1.1.2019 beginnenden Geschäftsjahres anzuwenden.

International Accounting Standard 41 Landwirtschaft (IAS 41)

v. 3.11.2008 (ABl EU Nr. L 320 S. 1);
zuletzt geändert durch Verordnung (EU) 2017/1986 v. 31.10.2017
(ABl EU Nr. L 291 S. 1)

Zielsetzung

Die Zielsetzung dieses Standards ist die Regelung der Bilanzierung, der Darstellung im Abschluss und der Angabepflichten für landwirtschaftliche Tätigkeit.

Anwendungsbereich

Dieser Standard ist für die Rechnungslegung über folgende Punkte anzuwenden, wenn sie mit einer landwirtschaftlichen Tätigkeit im Zusammenhang stehen: **1**

(a) biologische Vermögenswerte, mit Ausnahme von fruchttragenden Pflanzen;

(b) landwirtschaftliche Erzeugnisse zum Zeitpunkt der Ernte; und

(c) Zuwendungen der öffentlichen Hand, die von den Paragraphen 34-35 behandelt werden.

Dieser Standard ist nicht anwendbar auf: **2**

(a) Grundstücke, die mit landwirtschaftlicher Tätigkeit im Zusammenhang stehen (siehe IAS 16 *Sachanlagen* und IAS 40 *Als Finanzinvestition gehaltene Immobilien*);

(b) fruchttragende Pflanzen, die mit landwirtschaftlicher Tätigkeit im Zusammenhang stehen (siehe IAS 16). Auf die Erzeugnisse dieser fruchttragenden Pflanzen ist der Standard jedoch anzuwenden;

(c) Zuwendungen der öffentlichen Hand, die mit fruchttragenden Pflanzen im Zusammenhang stehen (siehe IAS 20 *Bilanzierung und Darstellung von Zuwendungen der öffentlichen Hand*);

(d) immaterielle Vermögenswerte, die mit landwirtschaftlicher Tätigkeit im Zusammenhang stehen (siehe IAS 38 *Immaterielle Vermögenswerte*).

(e) Nutzungsrechte aus einem Grundstücksleasing, das mit einer landwirtschaftlichen Tätigkeit in Verbindung steht, (siehe IFRS 16 *Leasingverhältnisse*).

3 Dieser Standard ist auf landwirtschaftliche Erzeugnisse, welche die Erzeugnisse der biologischen Vermögenswerte des Unternehmens darstellen, zum Zeitpunkt der Ernte anzuwenden. Danach ist IAS 2 *Vorräte* oder ein anderer anwendbarer Standard anzuwenden. Dementsprechend behandelt dieser Standard nicht die Verarbeitung landwirtschaftlicher Erzeugnisse nach der Ernte, beispielsweise die Verarbeitung von Trauben zu Wein durch den Winzer, der die Trauben selbst angebaut hat. Obwohl diese Verarbeitung eine logische und natürliche Ausdehnung landwirtschaftlicher Tätigkeit sein kann, und die stattfindenden Vorgänge eine gewisse Ähnlichkeit zur biologischen Transformation aufweisen können, fällt eine solche Verarbeitung nicht in die in diesem Standard zugrunde gelegte Definition der landwirtschaftlichen Tätigkeit.

4 Die folgende Tabelle enthält Beispiele von biologischen Vermögenswerten, landwirtschaftlichen Erzeugnissen und Produkten, die das Ergebnis der Verarbeitung nach der Ernte darstellen:

Biologische Vermögenswerte	Landwirtschaftliche Erzeugnisse	Produkte aus Weiterverarbeitung
Schafe	Wolle	Garne, Teppiche
Waldflur	Geschlagene Bäume	Stämme, Bauholz, Nutzholz
Milchvieh	Milch	Käse
Schweine	Rümpfe geschlachteter Tiere	Würste, geräucherte Schinken
Baumwollpflanzen	Geerntete Baumwolle	Fäden, Kleidung
Zuckerrohr	Geerntete Zuckerrohre	Zucker
Tabakpflanzen	Gepflückte Blätter	Getrockneter Tabak
Teesträucher	Gepflückte Blätter	Tee
Weinstöcke	Gepflückte Trauben	Wein
Obstbäume	Gepflücktes Obst	Verarbeitetes Obst
Ölpalmen	Gepflückte Früchte	Palmöl
Kautschukbäume	Geernteter Latex	Gummiwaren

Einige Pflanzen, zum Beispiel Teesträucher, Weinstöcke, Ölpalmen und Kautschukbäume, erfüllen in der Regel die Definition einer fruchttragenden Pflanze und fallen in den Anwendungsbereich von IAS 16. Die Erzeugnisse, die auf fruchttragenden Pflanzen wachsen, zum Beispiel Teeblätter, Weintrauben, Palmölfrüchte und Latex, fallen jedoch in den Anwendungsbereich von IAS 41.

Definitionen

Definitionen, die mit der Landwirtschaft im Zusammenhang stehen

5 Die folgenden Begriffe werden in diesem Standard mit der angegebenen Bedeutung verwendet:

Landwirtschaftliche Tätigkeit liegt vor, wenn ein Unternehmen die biologische Umwandlung oder Ernte biologischer Vermögenswerte betreibt, um diese abzusetzen oder in landwirtschaftliche Erzeugnisse oder in zusätzliche biologische Vermögenswerte umzuwandeln.

Ein *landwirtschaftliches Erzeugnis* ist das Erzeugnis der biologischen Vermögenswerte des Unternehmens.

Eine *fruchttragende Pflanze* ist eine lebende Pflanze, die

(a) zur Herstellung oder Gewinnung landwirtschaftlicher Erzeugnisse verwendet wird;

(b) erwartungsgemäß mehr als eine Periode Frucht tragen wird; und

(c) mit Ausnahme des Verkaufs nach Ende der Nutzbarkeit nur mit geringer Wahrscheinlichkeit als landwirtschaftliches Erzeugnis verkauft wird.

Ein *biologischer Vermögenswert* ist ein lebendes Tier oder eine lebende Pflanze.

Die *biologische Transformation* umfasst den Prozess des Wachstums, des Rückgangs, der Fruchtbringung und der Vermehrung, welcher qualitative oder quantitative Änderungen eines biologischen Vermögenswerts verursacht.

Eine *Gruppe biologischer Vermögenswerte* ist die Zusammenfassung gleichartiger lebender Tiere oder Pflanzen.

Ernte ist die Abtrennung des Erzeugnisses von dem biologischen Vermögenswert oder das Ende der Lebensprozesse eines biologischen Vermögenswerts.

Verkaufskosten sind die zusätzlichen Kosten, die dem Verkauf eines Vermögenswerts direkt zugeordnet werden können, mit Ausnahme der Finanzierungskosten und der Ertragsteuern.

Keine fruchttragenden Pflanzen sind: **5A**

(a) Pflanzen, die kultiviert werden, um als landwirtschaftliches Erzeugnis geerntet zu werden (zum Beispiel Bäume, die als Nutzholz angebaut werden);

(b) Pflanzen, die kultiviert werden, um landwirtschaftliche Erzeugnisse zu gewinnen, wenn mehr als nur eine geringe Wahrscheinlichkeit besteht, dass das Unternehmen auch die Pflanze selbst als landwirtschaftliches Erzeugnis ernten und verkaufen wird (zum Beispiel Bäume, die sowohl um der Früchte als auch um des Nutzholzes willen kultiviert werden). Verkäufe nach Ende der Nutzbarkeit sind hiervon ausgenommen; und

(c) einjährige Kulturen (zum Beispiel Mais und Weizen).

Wenn fruchttragende Pflanzen nicht mehr zur Gewinnung landwirtschaftlicher Erzeugnisse genutzt werden, können sie gefällt/abgeschnitten und zum Schrottwert verkauft werden, zum Beispiel als Brennholz. Solche Verkäufe nach Ende der Nutzbarkeit sind mit der Definition einer fruchttragenden Pflanze vereinbar. **5B**

Die Erzeugnisse, die auf fruchttragenden Pflanzen wachsen, sind biologische Vermögenswerte. **5C**

Die landwirtschaftliche Tätigkeit deckt eine breite Spanne von Tätigkeiten ab, zum Beispiel Viehzucht, Forstwirtschaft, jährliche oder kontinuierliche Ernte, Kultivierung von Obstgärten und Plantagen, Blumenzucht und Aquakultur (einschließlich Fischzucht). Innerhalb dieser Vielfalt bestehen bestimmte gemeinsame Merkmale: **6**

(a) *Fähigkeit zur Änderung*. Lebende Tiere und Pflanzen sind zur biologischen Transformation fähig;

(b) *Management der Änderung*. Das Management fördert die biologische Transformation durch Verbesserung oder zumindest Stabilisierung der Bedingungen, die für die Durchführung des Prozesses notwendig sind (beispielsweise Nahrungssituation, Feuchtigkeit, Temperatur, Fruchtbarkeit und Helligkeit). Ein solches Management unterscheidet die landwirtschaftliche Tätigkeit von anderen Tätigkeiten. Beispielsweise ist die Nutzung unbewirtschafteter Ressourcen (wie Hochseefischen und Entwaldung) keine landwirtschaftliche Tätigkeit; und

(c) *Beurteilung von Änderungen*. Als routinemäßige Managementfunktion wird die durch biologische Transformation oder Ernte herbeigeführte Änderung der Qualität (beispielsweise genetische Eigenschaften, Dichte, Reife, Fettgehalt, Proteingehalt und Faserstärke) oder Quantität (beispielsweise Nachkommenschaft, Gewicht, Kubikmeter, Faserlänge oder -dicke und die Anzahl von Keimen) beurteilt und überwacht.

7 Biologische Transformationen führen zu folgenden Formen von Ergebnissen:

(a) Änderungen des Vermögenswerts durch (i) Wachstum (eine Zunahme der Quantität oder Verbesserung der Qualität eines Tieres oder einer Pflanze), (ii) Rückgang (eine Abnahme der Quantität oder Verschlechterung der Qualität eines Tieres oder einer Pflanze), oder (iii) Vermehrung (Erzeugung zusätzlicher lebender Tiere oder Pflanzen); oder

(b) Fruchtbringung von landwirtschaftlichen Erzeugnissen wie Latex, Teeblätter, Wolle und Milch.

Allgemeine Definitionen

8 Die folgenden Begriffe werden in diesem Standard mit der angegebenen Bedeutung verwendet:

Der *Buchwert* ist der Betrag, mit dem ein Vermögenswert in der Bilanz erfasst wird.

Der *beizulegende Zeitwert* ist der Preis, der in einem geordneten Geschäftsvorfall zwischen Marktteilnehmern am Bemessungsstichtag für den Verkauf eines Vermögenswerts eingenommen bzw. für die Übertragung einer Schuld gezahlt würde. (Siehe IFRS 13 *Bemessung des beizulegenden Zeitwerts.*)

Zuwendungen der öffentlichen Hand sind in IAS 20 definiert.

9 (weggefallen)

Ansatz und Bewertung

10 Ein Unternehmen hat biologische Vermögenswerte und landwirtschaftliche Erzeugnisse dann, und nur dann, anzusetzen, wenn

(a) das Unternehmen den Vermögenswert aufgrund von Ereignissen der Vergangenheit beherrscht; und

(b) es wahrscheinlich ist, dass dem Unternehmen ein mit dem Vermögenswert verbundener künftiger wirtschaftlicher Nutzen zufließen wird; und

(c) der beizulegende Zeitwert oder die Anschaffungs- oder Herstellungskosten des Vermögenswerts verlässlich bewertet werden können.

11 Bei landwirtschaftlichen Tätigkeiten kann die Beherrschung beispielsweise durch das rechtliche Eigentum an einem Rind und durch das Brandzeichen oder eine andere Markierung, die bei Erwerb, Geburt oder Entwöhnung des Kalbes von der Mutterkuh angebracht wurde, bewiesen werden. Der künftige Nutzen wird gewöhnlich durch die Bewertung der wesentlichen körperlichen Eigenschaften ermittelt.

12 Ein biologischer Vermögenswert ist beim erstmaligen Ansatz und an jedem Abschlussstichtag zu seinem beizulegenden Zeitwert abzüglich der Verkaufskosten zu bewerten; davon ausgenommen ist der in Paragraph 30 beschriebene Fall, in dem der beizulegende Zeitwert nicht verlässlich bewertet werden kann.

13 Landwirtschaftliche Erzeugnisse, die von den biologischen Vermögenswerten des Unternehmens geerntet werden, sind zum Zeitpunkt der Ernte mit dem beizulegenden Zeitwert abzüglich der Verkaufskosten zu bewerten. Zu diesem Zeitpunkt stellt eine solche Bewertung die Anschaffungs- oder Herstellungskosten für die Anwendung von IAS 2 *Vorräte* oder einem anderen anwendbaren Standard dar.

14 (weggefallen)

15 Die Bemessung des beizulegenden Zeitwerts für einen biologischen Vermögenswert oder ein landwirtschaftliches Erzeugnis kann vereinfacht werden durch die Gruppierung von biologischen Vermögenswerten oder landwirtschaftlichen Erzeugnissen nach wesentlichen Eigenschaften, beispielsweise nach Alter oder Qualität. Ein Unternehmen wählt die Eigenschaften danach aus, welche auf dem Markt als Preisgrundlage herangezogen werden.

Unternehmen schließen oft Verträge ab, um ihre biologischen Vermögenswerte oder landwirtschaftlichen Erzeugnisse zu einem späteren Zeitpunkt zu verkaufen. Die Vertragspreise sind nicht notwendigerweise für die Bemessung des beizulegenden Zeitwerts relevant, da der beizulegende Zeitwert die gegenwärtige Marktsituation widerspiegelt, in welcher am Markt teilnehmende Käufer und Verkäufer eine Geschäftsbeziehung eingehen würden. Demnach ist der beizulegende Zeitwert eines biologischen Vermögenswerts oder eines landwirtschaftlichen Erzeugnisses aufgrund der Existenz eines Vertrags nicht anzupassen. In einigen Fällen kann der Vertrag über den Verkauf eines biologischen Vermögenswerts oder landwirtschaftlichen Erzeugnisses ein belastender Vertrag sein, wie in IAS 37 *Rückstellungen, Eventualverbindlichkeiten und Eventualforderungen* definiert. IAS 37 wird auf belastende Verträge angewandt. **16**

(weggefallen) **17 bis 21**

Ein Unternehmen berücksichtigt nicht die Cashflows für die Finanzierung der Vermögenswerte, für Steuern oder für die Wiederherstellung biologischer Vermögenswerte nach der Ernte (beispielsweise die Kosten für die Wiederanpflanzung von Bäumen einer Waldflur nach der Abholzung). **22**

(weggefallen) **23**

Die Anschaffungs- oder Herstellungskosten können manchmal dem beizulegenden Zeitwert näherungsweise entsprechen, insbesondere wenn: **24**

(a) geringe biologische Transformationen seit der erstmaligen Kostenverursachung stattgefunden haben (beispielsweise unmittelbar vor dem Abschlussstichtag gepflanzte Sämlinge oder neu erworbener Viehbestand); oder

(b) der Einfluss der biologischen Transformation auf den Preis voraussichtlich nicht wesentlich ist (beispielsweise das Anfangswachstum in einem 30-jährigen Produktionszyklus eines Kiefernbestandes).

Biologische Vermögenswerte sind oft körperlich mit dem Grundstück verbunden (beispielsweise Bäume in einer Waldflur). Möglicherweise besteht kein eigenständiger Markt für biologische Vermögenswerte, die mit dem Grundstück verbunden sind, jedoch ein aktiver Markt für kombinierte Vermögenswerte, d. h. für biologische Vermögenswerte, für unbestellte Grundstücke und für Bodenverbesserungen als ein Bündel. Ein Unternehmen kann die Informationen über die kombinierten Vermögenswerte zur Bemessung des beizulegenden Zeitwerts der biologischen Vermögenswerte nutzen. Beispielsweise kann zur Erzielung des beizulegenden Zeitwerts der biologischen Vermögenswerte der beizulegende Zeitwert des unbestellten Grundstückes und der Bodenverbesserungen von dem beizulegenden Zeitwert der kombinierten Vermögenswerte abgezogen werden. **25**

Gewinne und Verluste

Ein Gewinn oder Verlust, der beim erstmaligen Ansatz eines biologischen Vermögenswerts zum beizulegenden Zeitwert abzüglich Verkaufskosten und durch eine Änderung des beizulegenden Zeitwerts abzüglich der Verkaufskosten eines biologischen Vermögenswertes entsteht, ist in den Gewinn oder Verlust der Periode einzubeziehen, in der er entstanden ist. **26**

Ein Verlust kann beim erstmaligen Ansatz eines biologischen Vermögenswerts entstehen, weil bei der Ermittlung des beizulegenden Zeitwerts abzüglich der Verkaufskosten eines biologischen Vermögenswerts die Verkaufskosten abgezogen werden. Ein Gewinn kann beim erstmaligen Ansatz eines biologischen Vermögenswerts entstehen, wenn beispielsweise ein Kalb geboren wird. **27**

Ein Gewinn oder Verlust, der beim erstmaligen Ansatz von landwirtschaftlichen Erzeugnissen zum beizulegenden Zeitwert abzüglich der Verkaufskosten entsteht, ist in den Gewinn oder Verlust der Periode einzubeziehen, in der er entstanden ist. **28**

Ein Gewinn oder Verlust kann beim erstmaligen Ansatz von landwirtschaftlichen Erzeugnissen als Folge der Ernte entstehen. **29**

Unfähigkeit, den beizulegenden Zeitwert verlässlich zu ermitteln

30 Es wird angenommen, dass der beizulegende Zeitwert für einen biologischen Vermögenswert verlässlich bemessen werden kann. Diese Annahme kann jedoch lediglich beim erstmaligen Ansatz eines biologischen Vermögenswerts widerlegt werden, für den keine Marktpreisnotierungen verfügbar sind und für den alternative Bemessungen des beizulegenden Zeitwerts als eindeutig nicht verlässlich gelten. In einem solchen Fall ist dieser biologische Vermögenswert mit seinen Anschaffungs- oder Herstellungskosten abzüglich aller kumulierten Abschreibungen und aller kumulierten Wertminderungsaufwendungen zu bewerten. Sobald der beizulegende Zeitwert eines solchen biologischen Vermögenswerts verlässlich ermittelbar wird, hat ein Unternehmen ihn zum beizulegenden Zeitwert abzüglich der Verkaufskosten zu bewerten. Der beizulegende Zeitwert gilt als verlässlich ermittelbar, sobald ein langfristiger biologischer Vermögenswert gemäß IFRS 5 *Zur Veräußerung gehaltene langfristige Vermögenswerte und aufgegebene Geschäftsbereiche* die Kriterien für eine Einstufung als zur Veräußerung gehalten erfüllt (oder in eine als zur Veräußerung gehalten eingestufte Veräußerungsgruppe aufgenommen wird).

31 Die Annahme in Paragraph 30 kann lediglich beim erstmaligen Ansatz widerlegt werden. Ein Unternehmen, das früher einen biologischen Vermögenswert zum beizulegenden Zeitwert abzüglich der Verkaufskosten bewertet hat, fährt mit der Bewertung des biologischen Vermögenswerts zum beizulegenden Zeitwert abzüglich der Verkaufskosten bis zum Abgang fort.

32 In jedem Fall bewertet ein Unternehmen landwirtschaftliche Erzeugnisse zum Zeitpunkt der Ernte zum beizulegenden Zeitwert abzüglich der Verkaufskosten. Dieser Standard folgt der Auffassung, dass der beizulegende Zeitwert der landwirtschaftlichen Erzeugnisse zum Zeitpunkt der Ernte immer verlässlich bewertet werden kann.

33 Bei der Ermittlung der Anschaffungs- oder Herstellungskosten, der kumulierten Abschreibungen und der kumulierten Wertminderungsaufwendungen berücksichtigt ein Unternehmen IAS 2 *Vorräte*, IAS 16 *Sachanlagen* und IAS 36 *Wertminderung von Vermögenswerten*.

Zuwendungen der öffentlichen Hand

34 Eine unbedingte Zuwendung der öffentlichen Hand, die mit einem biologischen Vermögenswert im Zusammenhang steht, der zum beizulegenden Zeitwert abzüglich der Verkaufskosten bewertet wird, ist nur dann im Gewinn oder Verlust zu erfassen, wenn die Zuwendung der öffentlichen Hand einforderbar wird.

35 Wenn eine Zuwendung der öffentlichen Hand, einschließlich einer Zuwendung der öffentlichen Hand für die Nichtausübung einer bestimmten landwirtschaftlichen Tätigkeit, die mit einem biologischen Vermögenswert im Zusammenhang steht, der zum beizulegenden Zeitwert abzüglich der Verkaufskosten bewertet wird, bedingt ist, hat ein Unternehmen die Zuwendung der öffentlichen Hand nur dann im Gewinn oder Verlust zu erfassen, wenn die mit der Zuwendung der öffentlichen Hand verbundenen Bedingungen eingetreten sind.

36 Die Bedingungen für Zuwendungen der öffentlichen Hand sind vielfältig. Beispielsweise kann eine Zuwendung der öffentlichen Hand verlangen, dass ein Unternehmen eine bestimmte Fläche fünf Jahre bewirtschaftet und die Rückzahlung aller Zuwendungen der öffentlichen Hand fordern, wenn weniger als fünf Jahre bewirtschaftet wird. In diesem Fall wird die Zuwendung der öffentlichen Hand nicht im Gewinn oder Verlust erfasst, bis dass die fünf Jahre vergangen sind. Wenn die Zuwendung der öffentlichen Hand es jedoch erlaubt, einen Teil der Zuwendung der öffentlichen Hand aufgrund des Zeitablaufs zu behalten, erfasst das Unternehmen diesen Teil der Zuwendung der öffentlichen Hand zeitproportional im Gewinn oder Verlust.

37 Wenn eine Zuwendung der öffentlichen Hand mit einem biologischen Vermögenswert im Zusammenhang steht, der zu seinen Anschaffungs- oder Herstellungskosten abzüglich aller kumulierten Abschreibungen und aller kumulierten Wertminderungsaufwendungen bewertet wird (siehe Paragraph 30), wird IAS 20 *Bilanzierung und Darstellung von Zuwendungen der öffentlichen Hand* angewandt.

Dieser Standard schreibt eine andere Behandlung als IAS 20 vor, wenn eine Zuwendung der öffentlichen Hand mit einem biologischen Vermögenswert im Zusammenhang steht, der zum beizulegenden Zeitwert abzüglich der Verkaufskosten bewertet wird, oder wenn eine Zuwendung der öffentlichen Hand die Nichtausübung einer bestimmten landwirtschaftlichen Tätigkeit verlangt. IAS 20 wird lediglich auf eine Zuwendung der öffentlichen Hand angewandt, die mit einem biologischen Vermögenswert im Zusammenhang steht, der zu seinen Anschaffungs- oder Herstellungskosten abzüglich aller kumulierten Abschreibungen und aller kumulierten Wertminderungsaufwendungen bewertet wird. **38**

Angaben

(weggefallen) **39**

Allgemeines

Ein Unternehmen hat den Gesamtbetrag des Gewinns oder Verlusts anzugeben, der während der laufenden Periode beim erstmaligen Ansatz biologischer Vermögenswerte und landwirtschaftlicher Erzeugnisse und durch die Änderung des beizulegenden Zeitwerts abzüglich der Verkaufskosten der biologischen Vermögenswerte entsteht. **40**

Ein Unternehmen hat jede Gruppe von biologischen Vermögenswerten zu beschreiben. **41**

Die nach Paragraph 41 geforderten Angaben können in Form verbaler oder wertmäßiger Beschreibungen erfolgen. **42**

Einem Unternehmen wird empfohlen, eine wertmäßige Beschreibung jeder Gruppe von biologischen Vermögenswerten zur Verfügung zu stellen, erforderlichenfalls unterschieden nach verbrauchbaren und produzierenden biologischen Vermögenswerten oder nach reifen und unreifen biologischen Vermögenswerten. Beispielsweise kann ein Unternehmen den Buchwert von verbrauchbaren biologischen Vermögenswerten und von produzierenden biologischen Vermögenswerten nach Gruppen angeben. Ein Unternehmen kann weiterhin diese Buchwerte nach reifen und unreifen Vermögenswerten aufteilen. Diese Unterscheidungen stellen Informationen zur Verfügung, die hilfreich sein können, um den zeitlichen Anfall künftiger Cashflows abschätzen zu können. Ein Unternehmen gibt die Grundlage für solche Unterscheidungen an. **43**

Verbrauchbare biologische Vermögenswerte sind solche, die als landwirtschaftliche Erzeugnisse geerntet oder als biologische Vermögenswerte verkauft werden sollen. Beispiele für verbrauchbare biologische Vermögenswerte sind der Viehbestand für die Fleischproduktion, der Viehbestand für den Verkauf, Fische in Farmen, Getreide wie Mais und Weizen, die Erzeugnisse, die auf fruchttragenden Pflanzen wachsen, sowie Bäume, die als Nutzholz wachsen. Produzierende biologische Vermögenswerte unterscheiden sich von verbrauchbaren biologischen Vermögenswerten; zum Beispiel Viehbestand, der für die Milchproduktion gehalten wird, oder Obstbäume, deren Früchte geerntet werden. Produzierende biologische Vermögenswerte sind keine landwirtschaftlichen Erzeugnisse, sondern dienen der Gewinnung landwirtschaftlicher Erzeugnisse. **44**

Biologische Vermögenswerte können entweder als reife oder als unreife biologische Vermögenswerte klassifiziert werden. Reife biologische Vermögenswerte sind solche, die den Erntegrad erlangt haben (für verbrauchbare biologische Vermögenswerte) oder gewöhnliche Ernten tragen können (für produzierende biologische Vermögenswerte). **45**

Wenn nicht an anderer Stelle innerhalb von Informationen, die mit dem Abschluss veröffentlicht werden, angegeben, hat ein Unternehmen Folgendes zu beschreiben: **46**

(a) die Art seiner Tätigkeiten, die mit jeder Gruppe von biologischen Vermögenswerten verbunden sind; und

(b) nicht finanzielle Maßgrößen oder Schätzungen für die körperlichen Mengen von

  (i) jeder Gruppe von biologischen Vermögenswerten des Unternehmens zum Periodenende; und

  (ii) Produktionsmengen landwirtschaftlicher Erzeugnisse während der Periode.

47 und 48 (weggefallen)

49 Folgende Angaben sind erforderlich:

(a) die Existenz und die Buchwerte biologischer Vermögenswerte, mit denen ein beschränktes Eigentumsrecht verbunden ist, und die Buchwerte biologischer Vermögenswerte, die als Sicherheit für Verbindlichkeiten begeben sind;

(b) der Betrag von Verpflichtungen für die Entwicklung oder den Erwerb von biologischen Vermögenswerten; und

(c) Finanzrisikomanagementstrategien, die mit der landwirtschaftlichen Tätigkeit im Zusammenhang stehen.

50 Ein Unternehmen hat eine Überleitungsrechnung der Änderungen des Buchwerts der biologischen Vermögenswerte zwischen dem Beginn und dem Ende der Berichtsperiode anzugeben. Die Überleitungsrechnung hat zu enthalten:

(a) den Gewinn oder Verlust aufgrund von Änderungen der beizulegenden Zeitwerte abzüglich der Verkaufskosten;

(b) Erhöhungen infolge von Käufen;

(c) Verringerungen, die Verkäufen und biologischen Vermögenswerten, die gemäß IFRS 5 als zur Veräußerung gehalten eingestuft werden (oder zu einer als zur Veräußerung gehalten klassifizierten Veräußerungsgruppe gehören), zuzurechnen sind;

(d) Verringerungen infolge der Ernte;

(e) Erhöhungen, die aus Unternehmenszusammenschlüssen resultieren;

(f) Nettoumrechnungsdifferenzen aus der Umrechnung von Abschlüssen in eine andere Darstellungswährung und aus der Umrechnung eines ausländischen Geschäftsbetriebs in die Darstellungswährung des berichtenden Unternehmens; und

(g) sonstige Änderungen.

51 Der beizulegende Zeitwert abzüglich der Verkaufskosten eines biologischen Vermögenswertes kann sich infolge von körperlichen Änderungen und infolge von Preisänderungen auf dem Markt ändern. Eine gesonderte Angabe von körperlichen Änderungen und von Preisänderungen ist nützlich, um die Ertragskraft der Berichtsperiode und die Zukunftsaussichten zu beurteilen, insbesondere wenn ein Produktionszyklus länger als ein Jahr dauert. In solchen Fällen wird einem Unternehmen empfohlen, den im Periodenergebnis enthaltenen Betrag der Änderung des beizulegenden Zeitwertes abzüglich der Verkaufskosten aufgrund von körperlichen Änderungen und aufgrund von Preisänderungen je Gruppe oder auf andere Weise anzugeben. Diese Informationen sind grundsätzlich weniger nützlich, wenn der Produktionszyklus weniger als ein Jahr dauert (beispielsweise bei der Hühnerzucht oder dem Getreideanbau).

52 Biologische Transformationen führen zu vielen Arten der körperlichen Änderung – Wachstum, Rückgang, Fruchtbringung und Vermehrung –, welche sämtlich beobachtbar und bewertbar sind. Jede dieser körperlichen Änderungen hat einen unmittelbaren Bezug zu künftigen wirtschaftlichen Nutzen. Eine Änderung des beizulegenden Zeitwerts eines biologischen Vermögenswerts aufgrund der Ernte ist ebenfalls eine körperliche Änderung.

53 Landwirtschaftliche Tätigkeit ist häufig klimatischen, krankheitsbedingten und anderen natürlichen Risiken ausgesetzt. Tritt ein Ereignis ein, durch das ein wesentlicher Ertrags- bzw. Aufwandsposten entsteht, sind die Art und der Betrag dieses Postens gemäß IAS 1 *Darstellung des Abschlusses* auszuweisen. Beispiele für solche Ereignisse sind das Ausbrechen einer Viruserkrankung, eine Überschwemmung, starke Dürre oder Frost sowie eine Insektenplage.

Zusätzliche Angaben für biologische Vermögenswerte, wenn der beizulegende Zeitwert nicht verlässlich bewertet werden kann

54 Wenn ein Unternehmen biologische Vermögenswerte am Periodenende zu ihren Anschaffungs- oder Herstellungskosten abzüglich aller kumulierten Abschreibungen und aller kumulierten

Wertminderungsaufwendungen (siehe Paragraph 30) bewertet, hat ein Unternehmen für solche biologischen Vermögenswerte anzugeben:

(a) eine Beschreibung der biologischen Vermögenswerte;

(b) eine Erklärung, warum der beizulegende Zeitwert nicht verlässlich bemessen werden kann;

(c) sofern möglich eine Schätzungsbandbreite, innerhalb welcher der beizulegende Zeitwert höchstwahrscheinlich liegt;

(d) die verwendete Abschreibungsmethode;

(e) die verwendeten Nutzungsdauern oder Abschreibungssätze; und

(f) den Bruttobuchwert und die kumulierten Abschreibungen (zusammengefasst mit den kumulierten Wertminderungsaufwendungen) zu Beginn und zum Ende der Periode.

Wenn ein Unternehmen während der Berichtsperiode biologische Vermögenswerte zu ihren **55** Anschaffungs- oder Herstellungskosten abzüglich aller kumulierten Abschreibungen und aller kumulierten Wertminderungsaufwendungen (siehe Paragraph 30) bewertet, hat ein Unternehmen jeden bei Ausscheiden solcher biologischen Vermögenswerte erfassten Gewinn oder Verlust anzugeben. Die in Paragraph 50 geforderte Überleitungsrechnung hat die Beträge gesondert anzugeben, die mit solchen biologischen Vermögenswerten im Zusammenhang stehen. Die Überleitungsrechnung hat zusätzlich die folgenden Beträge, die mit diesen biologischen Vermögenswerten im Zusammenhang stehen, im Periodenergebnis zu berücksichtigen:

(a) Wertminderungsaufwendungen;

(b) Wertaufholungen aufgrund früherer Wertminderungsaufwendungen; und

(c) Abschreibungen.

Wenn der beizulegende Zeitwert der biologischen Vermögenswerte während der Berichtsperi- **56** ode verlässlich ermittelbar wird, die früher zu den Anschaffungs- oder Herstellungskosten abzüglich aller kumulierten Abschreibungen und aller kumulierten Wertminderungsaufwendungen bewertet wurden, hat ein Unternehmen für diese biologischen Vermögenswerte anzugeben:

(a) eine Beschreibung der biologischen Vermögenswerte;

(b) eine Begründung, warum der beizulegende Zeitwert verlässlich ermittelbar wurde; und

(c) die Auswirkung der Änderung.

Zuwendungen der öffentlichen Hand

Ein Unternehmen hat folgende mit der in diesem Standard abgedeckten landwirtschaftlichen **57** Tätigkeit in Verbindung stehenden Punkte anzugeben:

(a) die Art und das Ausmaß der im Abschluss erfassten öffentlichen Zuwendungen der öffentlichen Hand;

(b) unerfüllte Bedingungen und andere Haftungsverhältnisse, die im Zusammenhang mit Zuwendungen der öffentlichen Hand stehen; und

(c) wesentliche zu erwartende Verringerungen des Umfangs der Zuwendungen der öffentlichen Hand.

Zeitpunkt des Inkrafttretens und Übergangsvorschriften

Dieser Standard ist erstmals in der ersten Berichtsperiode eines am 1. Januar 2003 oder danach **58** beginnenden Geschäftsjahres anzuwenden. Eine frühere Anwendung wird empfohlen. Wenn ein Unternehmen diesen Standard für Berichtsperioden anwendet, die vor dem 1. Januar 2003 beginnen, so ist diese Tatsache anzugeben.

59 Dieser Standard enthält keine besonderen Übergangsvorschriften. Die erstmalige Anwendung dieses Standards wird gemäß IAS 8 *Rechnungslegungsmethoden, Änderungen von rechnungslegungsbezogenen Schätzungen und Fehler* behandelt.

60 Die Paragraphen 5, 6, 17, 20 und 21 werden im Rahmen der *Verbesserungen der IFRS* vom Mai 2008 geändert und Paragraph 14 wird gestrichen. Ein Unternehmen kann die Änderung prospektiv erstmals in der ersten Berichtsperiode eines am 1. Januar 2009 oder danach beginnenden Geschäftsjahres anwenden. Eine frühere Anwendung ist zulässig. Wendet ein Unternehmen diese Änderungen auf eine frühere Periode an, so ist dies anzugeben.

61 Durch IFRS 13, veröffentlicht im Mai 2011, wurden die Paragraphen 8, 15, 16, 25 und 30 geändert sowie die Paragraphen 9, 17-21, 23, 47 und 48 gestrichen. Ein Unternehmen hat die betreffenden Änderungen anzuwenden, wenn es IFRS 13 anwendet.

62 Mit der im Juni 2014 veröffentlichten Verlautbarung *Landwirtschaft: Fruchttragende Pflanzen* (Änderungen an IAS 16 und IAS 41) wurden die Paragraphen 1-5, 8, 24 und 44 geändert sowie die Paragraphen 5A-5C und 63 angefügt. Diese Änderungen sind erstmals auf Geschäftsjahre anzuwenden, die am oder nach dem 1. Januar 2016 beginnen. Eine frühere Anwendung ist zulässig. Wendet ein Unternehmen diese Änderungen früher an, so ist dies anzugeben. Diese Änderungen sind rückwirkend gemäß IAS 8 anzuwenden.

63 In der Berichtsperiode, in der die Verlautbarung *Landwirtschaft: Fruchttragende Pflanzen* (Änderungen an IAS 16 und IAS 41) erstmals angewendet wird, braucht das Unternehmen die gemäß IAS 8 Paragraph 28(f) für die laufende Periode vorgeschriebenen quantitativen Angaben nicht zu machen. Es muss jedoch die gemäß IAS 8 Paragraph 28(f) vorgeschriebenen quantitativen Angaben für jede frühere dargestellte Periode machen.

64 Durch IFRS 16, veröffentlicht im Januar 2016, wurde Paragraph 2 geändert. Ein Unternehmen hat die betreffende Änderung anzuwenden, wenn es IFRS 16 anwendet.

International Financial Reporting Standards

International Financial Reporting Standard 1 Erstmalige Anwendung der International Financial Reporting Standards (IFRS 1)

v. 3.11.2008 (ABl EU Nr. L 320 S. 1);
zuletzt geändert durch Verordnung (EU) 2018/1595 v. 23.10.2018 (ABl Nr. L 265 S. 3)

Inhalt | Ziffer

Zielsetzung

1 Die Zielsetzung dieses IFRS ist es sicherzustellen, dass der *erste IFRS-Abschluss* eines Unternehmens und dessen Zwischenberichte, die sich auf eine Periode innerhalb des Berichtszeitraums dieses ersten Abschlusses beziehen, hochwertige Informationen enthalten, die

(a) für Abschlussadressaten transparent und über alle dargestellten Perioden hinweg vergleichbar sind;

(b) einen geeigneten Ausgangspunkt für die Rechnungslegung gemäß den *International Financial Reporting Standards (IFRS)* darstellen; und

(c) zu Kosten erstellt werden können, die den Nutzen nicht übersteigen.

Anwendungsbereich

2 Ein Unternehmen muss diesen IFRS in

(a) seinem ersten IFRS-Abschluss; und

(b) ggf. jedem Zwischenbericht, den es gemäß IAS 34 *Zwischenberichterstattung* erstellt und der sich auf eine Periode innerhalb des Berichtszeitraums dieses ersten IFRS-Abschlusses bezieht, anwenden.

3 Der erste IFRS-Abschluss eines Unternehmens ist der erste Abschluss des Geschäftsjahres, in welchem das Unternehmen die IFRS durch eine ausdrückliche und uneingeschränkte Bestätigung in diesem Abschluss der Übereinstimmung mit IFRS anwendet. Ein Abschluss gemäß IFRS ist der erste IFRS-Abschluss eines Unternehmens, falls dieses beispielsweise

(a) seinen aktuellsten vorherigen Abschluss

(i) gemäß nationalen Vorschriften, die nicht in jeder Hinsicht mit IFRS übereinstimmen;

(ii) in allen Einzelheiten entsprechend den IFRS, jedoch ohne eine ausdrückliche und uneingeschränkte Bestätigung der Übereinstimmung mit IFRS innerhalb des Abschlusses;

(iii) mit einer ausdrücklichen Bestätigung der Übereinstimmung mit einigen, jedoch nicht allen IFRS;

(iv) gemäß nationalen, von IFRS abweichenden Vorschriften unter Verwendung individueller IFRS zur Berücksichtigung von Posten, für die keine nationalen Vorgaben bestanden; oder

(v) gemäß nationalen Vorschriften mit einer Überleitung einiger Beträge auf gemäß IFRS ermittelte Beträge erstellt hat;

(b) nur zur internen Nutzung einen Abschluss gemäß IFRS erstellt hat, ohne diesen den Eigentümern des Unternehmens oder sonstigen externen Abschlussadressaten zur Verfügung zu stellen;

(c) für Konsolidierungszwecke eine Konzernberichterstattung gemäß IFRS erstellt hat, ohne einen kompletten Abschluss gemäß Definition in IAS 1 *Darstellung des Abschlusses* (überarbeitet 2007) zu erstellen; oder

(d) für frühere Perioden keine Abschlüsse veröffentlicht hat.

4 Dieser IFRS ist anzuwenden, falls ein Unternehmen zum ersten Mal IFRS anwendet. Er muss nicht angewandt werden, falls ein Unternehmen beispielsweise

(a) keine weiteren Abschlüsse gemäß nationalen Vorschriften veröffentlicht und in der Vergangenheit solche Abschlüsse sowie zusätzliche Abschlüsse mit einer ausdrücklichen und uneingeschränkten Bestätigung der Übereinstimmung mit IFRS veröffentlicht hat;

(b) im vorigen Jahr Abschlüsse gemäß nationalen Vorschriften erstellt hat, die eine ausdrückliche und uneingeschränkte Bestätigung der Übereinstimmung mit IFRS enthalten; oder

(c) im vorigen Jahr Abschlüsse veröffentlicht hat, die eine ausdrückliche und uneingeschränkte Bestätigung der Übereinstimmung mit IFRS enthalten, selbst wenn die Abschlussprüfer für diese Abschlüsse einen eingeschränkten Bestätigungsvermerk erteilt haben.

Unbeschadet der Anforderungen von Paragraph 2 und Paragraph 3 muss ein Unternehmen, das die IFRS in einer früheren Berichtsperiode angewandt hat, dessen letzter Abschluss aber keine ausdrückliche und uneingeschränkte Erklärung der Übereinstimmung mit den IFRS enthielt, entweder diesen IFRS oder die IFRS rückwirkend gemäß IAS 8 *Rechnungslegungsmethoden, Änderungen von rechnungslegungsbezogenen Schätzungen und Fehler* dergestalt anwenden, als hätte das Unternehmen die IFRS kontinuierlich angewandt. **4A**

Entscheidet sich ein Unternehmen gegen die Anwendung dieses IFRS gemäß Paragraph 4A, muss das Unternehmen dennoch die Angabepflichten von IFRS 1 Paragraphen 23A-23B zusätzlich zu den Angabepflichten von IAS 8 einhalten. **4B**

Dieser IFRS gilt nicht für Änderungen der Rechnungslegungsmethoden eines Unternehmens, das IFRS bereits anwendet. Solche Änderungen werden in **5**

(a) Bestimmungen hinsichtlich der Änderungen von Rechnungslegungsmethoden in IAS 8 *Rechnungslegungsmethoden, Änderungen von rechnungslegungsbezogenen Schätzungen und Fehler*; und

(b) spezifischen Übergangsvorschriften anderer IFRS behandelt.

Erfassung und Bewertung

IFRS-Eröffnungsbilanz

Zum *Zeitpunkt des Übergangs auf IFRS* muss ein Unternehmen eine *IFRS-Eröffnungsbilanz* erstellen und darstellen. Diese stellt den Ausgangspunkt seiner Rechnungslegung gemäß IFRS dar. **6**

Rechnungslegungsmethoden

Ein Unternehmen hat in seiner IFRS-Eröffnungsbilanz und für alle innerhalb seines ersten IFRS-Abschlusses dargestellten Perioden einheitliche Rechnungslegungsmethoden anzuwenden. Diese Rechnungslegungsmethoden müssen allen IFRS entsprechen, die am Ende seiner ersten IFRS-Berichtsperiode gelten (mit Ausnahme der in den Paragraphen 13-19 sowie den Anhängen B-E genannten Fälle). **7**

Ein Unternehmen darf keine unterschiedlichen, früher geltenden IFRS-Versionen anwenden. Ein neuer, noch nicht verbindlicher IFRS darf von einem Unternehmen angewandt werden, falls für diesen IFRS eine frühere Anwendung zulässig ist. **8**

Beispiel: Einheitliche Anwendung der neuesten IFRS-Versionen

Hintergrund

Das Ende der ersten IFRS-Berichtsperiode von Unternehmen A ist der 31. Dezember 20X5. Unternehmen A entschließt sich, in diesem Abschluss lediglich Vergleichsinformationen für ein Jahr darzustellen (siehe Paragraph 21). Der Zeitpunkt des Übergangs auf IFRS ist daher der Beginn des Geschäftsjahres am 1. Januar 20X4 (oder entsprechend dem Geschäftsjahresende am 31. Dezember 20X3). Unternehmen A veröffentlichte seinen Abschluss jedes Jahr zum 31. Dezember (bis einschließlich zum 31. Dezember 20X4) nach den vorherigen Rechnungslegungsgrundsätzen.

Anwendung der Vorschriften

Unternehmen A muss die IFRS anwenden, die für Perioden gelten, die am 31. Dezember 20X5 enden, und zwar:

(a) bei der Erstellung und Darstellung seiner IFRS-Eröffnungsbilanz zum 1. Januar 20X4; und

(b) bei der Erstellung und Darstellung seiner Bilanz zum 31. Dezember 20X5 (einschließlich der Vergleichszahlen für 20X4), seiner Gesamtergebnisrechnung, Eigenkapitalveränderungsrechnung und Kapitalflussrechnung für das Jahr bis zum 31. Dezember 20X5 (einschließlich der Vergleichszahlen für 20X4) sowie der Angaben (einschließlich Vergleichsinformationen für 20X4).

Falls ein neuer IFRS noch nicht verbindlich ist, aber eine frühere Anwendung zulässt, darf Unternehmen A diesen IFRS in seinem ersten IFRS-Abschluss anwenden, ist dazu jedoch nicht verpflichtet.

9 Die Übergangsvorschriften anderer IFRS gelten für Änderungen der Rechnungslegungsmethoden eines Unternehmens, das IFRS bereits anwendet. Sie gelten nicht für den Übergang eines *erstmaligen Anwenders* auf IFRS, mit Ausnahme der in den Anhängen B-E beschriebenen Regelungen.

10 Mit Ausnahme der in den Paragraphen 13-19 und den Anhängen B-E beschriebenen Fälle ist ein Unternehmen in seiner IFRS-Eröffnungsbilanz dazu verpflichtet,

(a) alle Vermögenswerte und Schulden anzusetzen, deren Ansatz nach den IFRS vorgeschrieben ist;

(b) keine Posten als Vermögenswerte oder Schulden anzusetzen, falls die IFRS deren Ansatz nicht erlauben;

(c) alle Posten umzugliedern, die nach vorherigen Rechnungslegungsgrundsätzen als eine bestimmte Kategorie Vermögenswert, Schuld oder Bestandteil des Eigenkapitals angesetzt wurden, gemäß den IFRS jedoch eine andere Kategorie Vermögenswert, Schuld oder Bestandteil des Eigenkapitals darstellen; und

(d) die IFRS bei der Bewertung aller angesetzten Vermögenswerte und Schulden anzuwenden.

11 Die Rechnungslegungsmethoden, die ein Unternehmen in seiner IFRS-Eröffnungsbilanz verwendet, können sich von den Methoden der zum selben Zeitpunkt verwendeten vorherigen Rechnungslegungsgrundsätze unterscheiden. Die sich ergebenden Berichtigungen resultieren aus Ereignissen und Geschäftsvorfällen vor dem Zeitpunkt des Übergangs auf IFRS. Ein Unternehmen hat solche Berichtigungen daher zum Zeitpunkt des Übergangs auf IFRS direkt in den Gewinnrücklagen (oder, falls angemessen, in einer anderen Eigenkapitalkategorie) zu erfassen.

12 Dieser IFRS legt zwei Arten von Ausnahmen vom Grundsatz fest, dass die IFRS-Eröffnungsbilanz eines Unternehmens mit den Vorschriften aller IFRS übereinstimmen muss:

(a) Anhang B verbietet die retrospektive Anwendung einiger Aspekte anderer IFRS.

(b) Die Anhänge C-E befreien von einigen Vorschriften anderer IFRS.

Ausnahmen zur retrospektiven Anwendung anderer IFRS

13 Dieser IFRS verbietet die retrospektive Anwendung einiger Aspekte anderer IFRS. Diese Ausnahmen sind in den Paragraphen 14-17 und in Anhang B dargelegt.

Schätzungen

14 Zum Zeitpunkt des Übergangs auf IFRS müssen gemäß IFRS vorgenommene Schätzungen eines Unternehmens mit Schätzungen nach vorherigen Rechnungslegungsgrundsätzen zu demselben Zeitpunkt (nach Anpassungen zur Berücksichtigung unterschiedlicher Rechnungslegungsmethoden) übereinstimmen, es sei denn, es liegen objektive Hinweise vor, dass diese Schätzungen fehlerhaft waren.

15 Ein Unternehmen kann nach dem Zeitpunkt des Übergangs auf IFRS Informationen zu Schätzungen erhalten, die es nach vorherigen Rechnungslegungsgrundsätzen vorgenommen hatte. Gemäß Paragraph 14 muss ein Unternehmen diese Informationen wie nicht zu berücksichtigende Ereignisse nach der Berichtsperiode im Sinne von IAS 10 *Ereignisse nach der Berichtsperiode* behandeln. Der Zeitpunkt des Übergangs auf IFRS eines Unternehmens sei beispielsweise der 1. Januar 20X4. Am 15. Juli 20X4 werden neue Informationen bekannt, die eine Korrektur der am 31. Dezember 20X3 nach vorherigen Rechnungslegungsgrundsätzen vorgenommenen Schätzungen notwendig machen. Das Unternehmen darf diese neuen Informationen in seiner IFRS-Eröffnungsbilanz nicht berücksichtigen (es sei denn, die Schätzungen müssen wegen unterschiedlicher Rechnungslegungsmethoden angepasst werden oder es bestehen objektive Hinweise, dass sie fehlerhaft waren). Stattdessen hat das Unternehmen die neuen Informationen in der Gewinn- oder Verlustrechnung (oder ggf. im sonstigen Gesamtergebnis) des Geschäftsjahres zum 31. Dezember 20X4 zu berücksichtigen.

Ein Unternehmen muss unter Umständen zum Zeitpunkt des Übergangs auf IFRS Schätzungen gemäß IFRS vornehmen, die für diesen Zeitpunkt nach den vorherigen Rechnungslegungsgrundsätzen nicht vorgeschrieben waren. Um mit IAS 10 übereinzustimmen, müssen diese Schätzungen gemäß IFRS die Gegebenheiten zum Zeitpunkt des Übergangs auf IFRS wiedergeben. Insbesondere Schätzungen von Marktpreisen, Zinssätzen oder Wechselkursen zum Zeitpunkt des Übergangs auf IFRS müssen den Marktbedingungen dieses Zeitpunkts entsprechen. **16**

Die Paragraphen 14-16 gelten für die IFRS-Eröffnungsbilanz. Sie gelten auch für Vergleichsperioden, die in dem ersten IFRS-Abschluss eines Unternehmens dargestellt werden. In diesem Fall werden die Verweise auf den Zeitpunkt des Übergangs auf IFRS durch Verweise auf das Ende der Vergleichsperiode ersetzt. **17**

Befreiungen von anderen IFRS

Ein Unternehmen kann eine oder mehrere der in den Anhängen C-E aufgeführten Befreiungen in Anspruch nehmen. Ein Unternehmen darf diese Befreiungen nicht analog auf andere Sachverhalte anwenden. **18**

(weggefallen) **19**

Darstellung und Angaben

Dieser IFRS enthält keine Befreiungen von den Darstellungs- und Angabepflichten anderer IFRS. **20**

Vergleichsinformationen

Der erste IFRS-Abschluss eines Unternehmens hat mindestens drei Bilanzen, zwei Gesamtergebnisrechnungen, zwei gesonderte Gewinn- und Verlustrechnungen (falls erstellt), zwei Kapitalflussrechnungen und zwei Eigenkapitalveränderungsrechnungen sowie die zugehörigen Anhangangaben, einschließlich Vergleichsinformationen zu enthalten. **21**

Nicht mit IFRS übereinstimmende Vergleichsinformationen und Zusammenfassungen historischer Daten

Einige Unternehmen veröffentlichen Zusammenfassungen ausgewählter historischer Daten für Perioden vor der ersten Periode, für die sie umfassende Vergleichsinformationen gemäß IFRS bekannt geben. Nach diesem IFRS müssen solche Zusammenfassungen nicht die Ansatz- und Bewertungsvorschriften der IFRS erfüllen. Des Weiteren stellen einige Unternehmen Vergleichsinformationen nach vorherigen Rechnungslegungsgrundsätzen und nach IAS 1 vorgeschriebene Vergleichsinformationen dar. In Abschlüssen mit Zusammenfassungen historischer Daten oder Vergleichsinformationen nach vorherigen Rechnungslegungsgrundsätzen muss ein Unternehmen **22**

(a) die vorherigen Rechnungslegungsgrundsätzen entsprechenden Informationen deutlich als nicht gemäß IFRS erstellt kennzeichnen; und

(b) die wichtigsten Anpassungsarten angeben, die für eine Übereinstimmung mit IFRS notwendig wären. Eine Quantifizierung dieser Anpassungen muss das Unternehmen nicht vornehmen.

Erläuterung des Übergangs auf IFRS

23 Ein Unternehmen muss erläutern, wie sich der Übergang von vorherigen Rechnungslegungsgrundsätzen auf IFRS auf seine dargestellte Vermögens-, Finanz- und Ertragslage sowie seinen Cashflow ausgewirkt hat.

23A Ein Unternehmen, das die IFRS in einer früheren Periode wie in Paragraph 4A beschrieben angewandt hat, muss folgende Angaben machen:

(a) den Grund, aus dem es die IFRS nicht mehr angewendet hat und

(b) den Grund, aus dem es die IFRS erneut anwendet.

23B Entscheidet sich ein Unternehmen gegen die Anwendung von IFRS 1 gemäß Paragraph 4A, muss es die Gründe erläutern, aus denen es sich entscheidet, die IFRS dergestalt anzuwenden, als hätte es die IFRS kontinuierlich angewandt.

Überleitungsrechnungen

24 Um Paragraph 23 zu entsprechen, muss der erste IFRS-Abschluss eines Unternehmens folgende Bestandteile enthalten:

(a) Überleitungen des nach vorherigen Rechnungslegungsgrundsätzen ausgewiesenen Eigenkapitals auf das Eigenkapital gemäß IFRS für:

(i) den Zeitpunkt des Übergangs auf IFRS; und

(ii) das Ende der letzten Periode, die in dem letzten, nach vorherigen Rechnungslegungsgrundsätzen aufgestellten Abschluss eines Geschäftsjahres des Unternehmens dargestellt wurde;

(b) eine Überleitung des Gesamtergebnisses, das im letzten Abschluss nach vorherigen Rechnungslegungsgrundsätzen ausgewiesen wurde, auf das Gesamtergebnis derselben Periode nach IFRS. Den Ausgangspunkt für diese Überleitung bildet das Gesamtergebnis nach vorherigen Rechnungslegungsgrundsätzen für die betreffende Periode bzw., wenn ein Unternehmen kein Gesamtergebnis ausgewiesen hat, das Ergebnis nach vorherigen Rechnungslegungsgrundsätzen;

(c) falls das Unternehmen bei der Erstellung seiner IFRS-Eröffnungsbilanz zum ersten Mal Wertminderungsaufwendungen erfasst oder aufgehoben hat, die Angaben nach IAS 36 *Wertminderung von Vermögenswerten*, die notwendig gewesen wären, falls das Unternehmen diese Wertminderungsaufwendungen oder Wertaufholungen in der Periode erfasst hätte, die zum Zeitpunkt des Übergangs auf IFRS beginnt.

25 Die nach Paragraph 24(a) und (b) vorgeschriebenen Überleitungsrechnungen müssen ausreichend detailliert sein, damit die Adressaten die wesentlichen Anpassungen der Bilanz und der Gesamtergebnisrechnung nachvollziehen können. Falls ein Unternehmen im Rahmen seiner vorherigen Rechnungslegungsgrundsätze eine Kapitalflussrechnung veröffentlicht hat, muss es auch die wesentlichen Anpassungen der Kapitalflussrechnung erläutern.

26 Falls ein Unternehmen auf Fehler aufmerksam wird, die im Rahmen der vorherigen Rechnungslegungsgrundsätze entstanden sind, ist in den nach Paragraph 24(a) und (b) vorgeschriebenen Überleitungsrechnungen die Korrektur solcher Fehler von Änderungen der Rechnungslegungsmethoden abzugrenzen.

27 IAS 8 gilt nicht für Änderungen an Rechnungslegungsmethoden, die ein Unternehmen bei erstmaliger Anwendung der IFRS oder vor der Vorlage seines ersten IFRS-Abschlusses vornimmt. Die Bestimmungen des IAS 8 zu Änderungen an Rechnungslegungsmethoden gelten für den ersten IFRS-Abschluss eines Unternehmens daher nicht.

27A Ändert ein Unternehmen in der von seinem ersten IFRS-Abschluss erfassten Periode seine Rechnungslegungsmethoden oder die Inanspruchnahme der in diesem IFRS vorgesehenen Befreiungen, so hat es die zwischen seinem ersten IFRS-Zwischenbericht und seinem ersten IFRS-Abschluss vorgenommenen Änderungen gemäß Paragraph 23 zu erläutern und die in Paragraph 24 Buchstaben (a) und (b) vorgeschriebenen Überleitungsrechnungen zu aktualisieren.

Falls ein Unternehmen für frühere Perioden keine Abschlüsse veröffentlichte, muss es in seinem ersten IFRS-Abschluss darauf hinweisen. **28**

Bestimmung finanzieller Vermögenswerte und finanzieller Verbindlichkeiten

Ein Unternehmen kann einen früher angesetzten finanziellen Vermögenswert als einen erfolgswirksam zum beizulegenden Zeitwert bewerteten finanziellen Vermögenswert gemäß Paragraph D19A designieren. In diesem Fall hat das Unternehmen den beizulegenden Zeitwert der so designierten finanziellen Vermögenswerte zum Zeitpunkt der Designation sowie deren Klassifizierung und den Buchwert aus den vorhergehenden Abschlüssen anzugeben. **29**

Ein Unternehmen kann eine früher angesetzte finanzielle Verbindlichkeit als eine erfolgswirksam zum beizulegenden Zeitwert bewertete finanzielle Verbindlichkeit gemäß Paragraph D19 designieren. In diesem Fall hat das Unternehmen den beizulegenden Zeitwert der so designierten finanziellen Verbindlichkeiten zum Zeitpunkt der Designation sowie deren Klassifizierung und den Buchwert aus dem vorhergehenden Abschluss anzugeben. **29A**

Verwendung des beizulegenden Zeitwerts als Ersatz für Anschaffungs- oder Herstellungskosten

Falls ein Unternehmen in seiner IFRS-Eröffnungsbilanz für eine Sachanlage, eine als Finanzinvestition gehaltene Immobilie, einen immateriellen Vermögenswert oder ein Nutzungsrecht (siehe Paragraphen D5 und D7) den beizulegenden Zeitwert als *Ersatz für Anschaffungs- oder Herstellungskosten* verwendet, sind in dem ersten IFRS-Abschluss des Unternehmens für jeden einzelnen Bilanzposten der IFRS-Eröffnungsbilanz folgende Angaben zu machen: **30**

(a) die Summe dieser beizulegenden Zeitwerte; und

(b) die Gesamtanpassung der nach vorherigen Rechnungslegungsgrundsätzen ausgewiesenen Buchwerte.

Verwendung des als Ersatz für Anschaffungs- oder Herstellungskosten angesetzten Werts der Anteile an Tochterunternehmen, Gemeinschaftsunternehmen und assoziierten Unternehmen

Verwendet ein Unternehmen in seiner IFRS-Eröffnungsbilanz einen Ersatzwert für Anschaffungs- oder Herstellungskosten eines Anteils an einem Tochterunternehmen, Gemeinschaftsunternehmen oder assoziierten Unternehmen in dessen Einzelabschluss (siehe Paragraph D15), so sind im ersten IFRS-Einzelabschluss des Unternehmens folgende Angaben zu machen: **31**

(a) die Summe der als Ersatz für Anschaffungs- oder Herstellungskosten angesetzten Werte derjenigen Anteile, die nach den vorherigen Rechnungslegungsgrundsätzen als Buchwerte ausgewiesen wurden;

(b) die Summe der als Ersatz für Anschaffungs- oder Herstellungskosten angesetzten Werte, die als beizulegender Zeitwert ausgewiesen werden; und

(c) die Gesamtanpassung der nach vorherigen Rechnungslegungsgrundsätzen ausgewiesenen Buchwerte.

Verwendung des als Ersatz für Anschaffungs- oder Herstellungskosten angesetzten Werts für Erdöl- und Erdgasvorkommen

Nutzt ein Unternehmen die in Paragraph D8A(b) genannte Ausnahme für Erdöl- und Erdgasvorkommen, so hat es dies sowie die Grundlage anzugeben, auf der Buchwerte, die nach vorherigen Rechnungslegungsgrundsätzen ermittelt wurden, zugeordnet werden. **31A**

Verwendung eines Ersatzes für Anschaffungs- oder Herstellungskosten bei preisregulierten Geschäftsbereichen

31B Nimmt ein Unternehmen für preisregulierte Geschäftsbereiche die in Paragraph D8B vorgesehene Befreiung in Anspruch, hat es dies anzugeben und zu erläutern, auf welcher Grundlage die Buchwerte nach den früheren Rechnungslegungsgrundsätzen bestimmt wurden.

Verwendung eines Ersatzes für die Anschaffungs- oder Herstellungskosten nach sehr hoher Inflation

31C Entscheidet sich ein Unternehmen dafür, Vermögenswerte und Schulden zum beizulegenden Zeitwert zu bewerten und diesen wegen ausgeprägter Hochinflation (siehe Paragraphen D26-D30) in seiner IFRS-Eröffnungsbilanz als Ersatz für Anschaffungs- oder Herstellungskosten zu verwenden, muss die erste IFRS-Bilanz des Unternehmens eine Erläuterung enthalten, wie und warum das Unternehmen eine funktionale Währung angewandt und aufgegeben hat, die die beiden folgenden Merkmale aufweist:

(a) Nicht alle Unternehmen mit Transaktionen und Salden in dieser Währung können auf einen zuverlässigen allgemeinen Preisindex zurückgreifen.

(b) Es besteht keine Umtauschbarkeit zwischen dieser Währung und einer relativ stabilen Fremdwährung.

Zwischenberichte

32 Um Paragraph 23 zu entsprechen, muss ein Unternehmen, falls es einen Zwischenbericht nach IAS 34 veröffentlicht, der einen Teil der in seinem ersten IFRS-Abschluss erfassten Periode abdeckt, zusätzlich zu den Vorschriften aus IAS 34 die folgenden Maßgaben erfüllen:

(a) Falls das Unternehmen für die entsprechende Zwischenberichtsperiode des unmittelbar vorangegangenen Geschäftsjahres ebenfalls einen Zwischenbericht veröffentlicht hat, muss jeder dieser Zwischenberichte Folgendes enthalten:

  (i) eine Überleitung des nach den früheren Rechnungslegungsgrundsätzen ermittelten Eigenkapitals zum Ende der entsprechenden Zwischenberichtsperiode auf das Eigenkapital gemäß IFRS zum selben Zeitpunkt und

  (ii) eine Überleitung auf das nach den IFRS ermittelte Gesamtergebnis für die entsprechende (die aktuelle und die von Beginn des Geschäftsjahres bis zum Zwischenberichtstermin fortgeführte) Zwischenberichtsperiode. Als Ausgangspunkt für diese Überleitung ist das Gesamtergebnis zu verwenden, das nach den früheren Rechnungslegungsgrundsätzen für diese Periode ermittelt wurde, bzw., wenn ein Unternehmen kein Gesamtergebnis ausgewiesen hat, der nach den früheren Rechnungslegungsgrundsätzen ermittelte Gewinn oder Verlust.

(b) Zusätzlich zu den unter (a) vorgeschriebenen Überleitungsrechnungen muss der erste Zwischenbericht eines Unternehmens nach IAS 34, der einen Teil der in seinem ersten IFRS-Abschluss erfassten Periode abdeckt, die in Paragraph 24 Buchstaben (a) und (b) beschriebenen Überleitungsrechnungen (ergänzt um die in den Paragraphen 25 und 26 enthaltenen Einzelheiten) oder einen Querverweis auf ein anderes veröffentlichtes Dokument enthalten, das diese Überleitungsrechnungen beinhaltet.

(c) Ändert ein Unternehmen seine Rechnungslegungsmethoden oder die Inanspruchnahme der in diesem IFRS vorgesehenen Befreiungen, so hat es die Änderungen in jedem dieser Zwischenberichte gemäß Paragraph 23 zu erläutern und die unter (a) und (b) vorgeschriebenen Überleitungsrechnungen zu aktualisieren.

33 IAS 34 schreibt Mindestangaben vor, die auf der Annahme basieren, dass die Adressaten der Zwischenberichte auch Zugriff auf die aktuellsten Abschlüsse eines Geschäftsjahres haben. IAS 34 schreibt jedoch auch vor, dass ein Unternehmen „alle Ereignisse oder Geschäftsvorfälle anzugeben hat, die für ein Verständnis der aktuellen Zwischenberichtsperiode wesentlich sind". Falls ein erstmaliger Anwender in seinem letzten Abschluss eines Geschäftsjahres nach vorherigen Rechnungslegungsgrundsätzen daher keine Informationen veröffentlicht hat, die zum Verständnis der aktuellen Zwischenberichtsperioden notwendig sind, muss sein Zwischenbericht diese Informationen offen legen oder einen Querverweis auf ein anderes veröffentlichtes Dokument beinhalten, das diese enthält.

Zeitpunkt des Inkrafttretens

Ein Unternehmen hat diesen IFRS anzuwenden, falls der Zeitraum seines ersten IFRS-Abschlusses am 1. Juli 2009 oder später beginnt. Eine frühere Anwendung ist zulässig. **34**

Die Änderungen in den Paragraphen D1(n) und D23 sind erstmals in der ersten Berichtsperiode eines am 1. Juli 2009 oder danach beginnenden Geschäftsjahres anzuwenden. Wird IAS 23 *Fremdkapitalkosten* (überarbeitet 2007) auf eine frühere Periode angewandt, sind diese Änderungen entsprechend auch anzuwenden. **35**

Durch IFRS 3 *Unternehmenszusammenschlüsse* (überarbeitet 2008) wurden die Paragraphen 19, C1 und C4(f) und (g) geändert. Wird IFRS 3 (überarbeitet 2008) auf eine frühere Periode angewandt, sind diese Änderungen entsprechend auch anzuwenden. **36**

Durch IAS 27 *Konzern- und Einzelabschlüsse* (überarbeitet 2008) wurden die Paragraphen 13 und B7 geändert. Wenn ein Unternehmen IAS 27 (geändert 2008) für eine frühere Berichtsperiode anwendet, so sind auch diese Änderungen für jene frühere Periode anzuwenden. **37**

Durch den im Mai 2008 herausgegebenen Paragraphen *Anschaffungs- oder Herstellungskosten von Anteilen an Tochterunternehmen, gemeinschaftlich geführten Unternehmen oder assoziierten Unternehmen* (Änderungen des IFRS 1 und IAS 27) wurden die Paragraphen 31, D1(g), D14 und D15 hinzugefügt. Diese Paragraphen sind erstmals in der ersten Berichtsperiode eines am 1. Juli 2009 oder danach beginnenden Geschäftsjahres anzuwenden. Eine frühere Anwendung ist zulässig. Wenn ein Unternehmen diese Paragraphen für eine frühere Berichtsperiode anwendet, so ist diese Tatsache anzugeben. **38**

Durch die im Mai 2008 herausgegebenen *Verbesserungen der IFRS* wurde der Paragraph B7 geändert. Diese Änderungen sind erstmals in der ersten Berichtsperiode eines am 1. Juli 2009 oder danach beginnenden Geschäftsjahres anzuwenden. Wenn ein Unternehmen IAS 27 (geändert 2008) für eine frühere Berichtsperiode anwendet, so sind auch diese Änderungen für jene frühere Periode anzuwenden. **39**

Zusätzliche Befreiungen für erstmalige Anwender (Änderungen zu IFRS 1) von Juli 2009 fügte die Paragraphen 31A, D8A, D9A und D21A hinzu und änderte Paragraph D1(c), (d) und (l) ab. Diese Änderungen sind erstmals in der ersten Berichtsperiode eines am 1. Januar 2010 oder danach beginnenden Geschäftsjahrs anzuwenden. Eine frühere Anwendung ist zulässig. Wendet ein Unternehmen die Änderungen für ein früheres Geschäftsjahr an, hat es dies anzugeben. **39A**

(nicht besetzt) **39B**

Durch *Begrenzte Befreiung erstmaliger Anwender von Vergleichsangaben nach IFRS 7* (im Januar 2010 veröffentlichte Änderung an IFRS 1) wurde Paragraph E3 hinzugefügt. Diese Änderung ist erstmals in der ersten Berichtsperiode eines am oder nach dem 1. Juli 2010 beginnenden Geschäftsjahres anzuwenden. Eine frühere Anwendung ist zulässig. Wendet ein Unternehmen die Änderung auf eine frühere Berichtsperiode an, hat es dies anzugeben. **39C**

(weggefallen) **39D**

Durch die im Mai 2010 veröffentlichten *Verbesserungen an den IFRS* wurden die Paragraphen 27A, 31B und D8B eingefügt und die Paragraphen 27, 32, D1(c) und D8 geändert. Diese Änderungen sind erstmals in der ersten Berichtsperiode eines am oder nach dem 1. Januar 2011 beginnenden Geschäftsjahres anzuwenden. Eine frühere Anwendung ist zulässig. Wendet ein Unternehmen die Änderungen auf eine frühere Periode an, hat es dies anzugeben. Unternehmen, die schon in Geschäftsjahren vor Inkrafttreten des IFRS 1 auf IFRS umgestellt oder **39E**

IFRS 1 in einem früheren Geschäftsjahr angewandt haben, dürfen die Änderung an Paragraph D8 im ersten Geschäftsjahr nach Inkrafttreten der Änderung rückwirkend anwenden. Wendet ein Unternehmen Paragraph D8 rückwirkend an, so hat es dies anzugeben.

39F (weggefallen)

39G (nicht besetzt)

39H Ausgeprägte Hochinflation und Beseitigung der festen Zeitpunkte für erstmalige Anwender (Änderungen an IFRS 1), herausgegeben im Dezember 2010, Paragraphen B2, D1 und D20 geändert, Paragraphen 31C und D26-D30 hinzugefügt. Diese Änderungen sind erstmals in der ersten Berichtsperiode eines am oder nach dem 1. Juli 2011 beginnenden Geschäftsjahres anzuwenden. Eine frühere Anwendung ist zulässig.

39I Durch IFRS 10 *Konzernabschlüsse* und IFRS 11 *Gemeinsame Vereinbarungen*, veröffentlicht im Mai 2011, wurden die Paragraphen 31, B7, C1, D1, D14 und D15 geändert und wurde Paragraph D31 hinzugefügt. Ein Unternehmen hat diese Änderungen anzuwenden, wenn es IFRS 10 und IFRS 11 anwendet.

39J Durch IFRS 13 *Bemessung des beizulegenden Zeitwerts*, veröffentlicht im Mai 2011, wurde Paragraph 19 gestrichen. Die Definition des beizulegenden Zeitwerts in Anhang A sowie die Paragraphen D15 und D20 wurden geändert. Ein Unternehmen hat die betreffenden Änderungen anzuwenden, wenn es IFRS 13 anwendet.

39K Mit *Darstellung von Posten des sonstigen Ergebnisses* (Änderung IAS 1), veröffentlicht im Juni 2011, wurde Paragraph 21 geändert. Ein Unternehmen hat die betreffende Änderung anzuwenden, wenn es IAS 1 (in der im Juni 2011 geänderten Fassung) anwendet.

39L Mit IAS 19 *Leistungen an Arbeitnehmer* (in der im Juni 2011 geänderten Fassung) wurde Paragraph D1 geändert und wurden die Paragraphen D10 und D11 gestrichen. Ein Unternehmen hat diese Änderungen anzuwenden, wenn es IAS 19 (in der im Juni 2011 geänderten Fassung) anwendet.

39M Mit IFRIC 20 Abraumkosten in der Produktionsphase eines Tagebaubergwerks wurde Paragraph D32 eingefügt und Paragraph D1 geändert. Jedes Unternehmen wendet diese Änderung an, wenn es IFRIC 20 zugrunde legt.

39N Durch die im März 2012 unter dem Titel *Darlehen der öffentlichen Hand* veröffentlichten Änderungen zu IFRS 1 wurden die Paragraphen B1(f) und B10-B12 angefügt. Diese Paragraphen sind erstmals in der ersten Berichtsperiode eines am oder nach dem 1. Januar 2013 beginnenden Geschäftsjahres anzuwenden. Eine frühere Anwendung ist zulässig.

39O Die Paragraphen B10 und B11 beziehen sich auf IFRS 9. Wendet ein Unternehmen zwar den vorliegenden Standard, aber noch nicht IFRS 9 an, so sind die Verweise auf IFRS 9 in den Paragraphen B10 und B11 als Verweis auf IAS 39 *Finanzinstrumente: Ansatz und Bewertung* zu verstehen.

39P Mit den Jährlichen Verbesserungen, Zyklus 2009-2011, von Mai 2012 wurden die Paragraphen 4A-4B und 23A-23B hinzugefügt. Diese Änderung ist rückwirkend gemäß IAS 8 *Rechnungslegungsmethoden, Änderungen von rechnungslegungsbezogenen Schätzungen und Fehler* in der ersten Berichtsperiode eines am oder nach dem 1. Januar 2013 beginnenden Geschäftsjahres anzuwenden. Eine frühere Anwendung ist zulässig. Wendet ein Unternehmen die Änderung auf eine frühere Periode an, hat es dies anzugeben.

39Q Mit den *Jährlichen Verbesserungen, Zyklus 2009-2011*, von Mai 2012 wurde Paragraph D23 geändert. Diese Änderungen sind rückwirkend gemäß IAS 8 *Rechnungslegungsmethoden, Änderungen von rechnungslegungsbezogenen Schätzungen und Fehler* in der ersten Berichtsperiode eines am oder nach dem 1. Januar 2013 beginnenden Geschäftsjahres anzuwenden. Eine frühere Anwendung ist zulässig. Wendet ein Unternehmen die Änderung auf eine frühere Periode an, hat es dies anzugeben.

39R Mit den *Jährlichen Verbesserungen, Zyklus 2009-2011*, von Mai 2012 wurde Paragraph 21 geändert. Diese Änderungen sind rückwirkend gemäß IAS 8 *Rechnungslegungsmethoden, Änderungen von rechnungslegungsbezogenen Schätzungen und Fehler* in der ersten Berichtsperiode eines am oder nach dem 1. Januar 2013 beginnenden Geschäftsjahres anzuwenden. Eine frühere Anwendung ist zulässig. Wendet ein Unternehmen die Änderung auf eine frühere Periode an, hat es dies anzugeben.

Konzernabschlüsse, Gemeinsame Vereinbarungen und Angaben zu Anteilen an anderen Unternehmen: Mit den *Übergangsleitlinien* (Änderungen an IFRS 10, IFRS 11 und IFRS 12), veröffentlicht im Juni 2012, wurde Paragraph D31 geändert. Jedes Unternehmen wendet diese Änderung an, wenn es IFRS 11 (geändert Juni 2012) zugrunde legt. **39S**

Mit der im Oktober 2012 veröffentlichten Verlautbarung *Investmentgesellschaften* (Änderungen an IFRS 10, IFRS 12 und IAS 27) wurden die Paragraphen D16 und D17 geändert. Diese Änderungen sind auf Geschäftsjahre anzuwenden, die am oder nach dem 1. Januar 2014 beginnen. Eine frühere Anwendung ist zulässig. Wendet ein Unternehmen diese Änderungen früher an, hat es alle in der Verlautbarung enthaltenen Änderungen gleichzeitig anzuwenden. **39T**

(nicht besetzt) **39U und 39V**

Mit der im Mai 2014 herausgegebenen Verlautbarung *Bilanzierung von Erwerben von Anteilen an gemeinschaftlichen Tätigkeiten* (Änderungen an IFRS 11) wurde Paragraph C5 geändert. Diese Änderungen sind auf Geschäftsjahre anzuwenden, die am oder nach dem 1. Januar 2016 beginnen. Wendet ein Unternehmen Änderungen an IFRS 11 *Bilanzierung von Erwerben von Anteilen an gemeinschaftlichen Tätigkeiten* (Änderungen an IFRS 11) auf eine frühere Periode an, so sind auch die Änderungen an Paragraph C5 auf die frühere Periode anzuwenden. **39W**

Mit dem im Mai 2014 veröffentlichten IFRS 15 *Erlöse aus Verträgen mit Kunden* wurden Paragraph D24 samt entsprechender Überschrift gestrichen[1)] und die Paragraphen D34-D35 samt entsprechender Überschriften angefügt. Ein Unternehmen hat die betreffenden Änderungen anzuwenden, wenn es IFRS 15 anwendet. **39X**

Durch IFRS 9 *Finanzinstrumente* (im Juli 2014 veröffentlicht) wurden die Paragraphen 29, B1-B6, D1, D14, D15, D19 und D20 geändert, die Paragraphen 39B, 39G und 39U gestrichen und die Paragraphen 29A, B8-B8G, B9, D19A-D19C, D33, E1 und E2 hinzugefügt. Ein Unternehmen hat diese Änderungen anzuwenden, wenn es IFRS 9 anwendet. **39Y**

Mit der im August 2014 veröffentlichten Verlautbarung *Equity-Methode in Einzelabschlüssen (Equity Method in Separate Financial Statements)* (Änderungen an IAS 27) wurde Paragraph D14 geändert und Paragraph D15A angefügt. Diese Änderungen sind erstmals in Geschäftsjahren anzuwenden, die am oder nach dem 1. Januar 2016 beginnen. Eine frühere Anwendung ist zulässig. Wendet ein Unternehmen diese Änderungen früher an, hat es dies anzugeben. **39Z**

(weggefallen) **39AA**

Durch IFRS 16 *Leasingverhältnisse*, veröffentlicht im Januar 2016, wurden die Paragraphen 30, C4, D1, D7, D8B und D9 geändert, Paragraph D9A gestrichen und die Paragraphen D9B-D9E angefügt. Ein Unternehmen hat die betreffenden Änderungen anzuwenden, wenn es IFRS 16 anwendet. **39AB**

Durch IFRIC 22 *Fremdwährungstransaktionen und im Voraus erbrachte oder erhaltene Gegenleistungen* wurde der Paragraph D36 angefügt und der Paragraph D1 geändert. Ein Unternehmen hat die betreffenden Änderungen anzuwenden, wenn es IFRIC 22 anwendet. **39AC**

Mit den im Dezember 2016 veröffentlichten *Jährlichen Verbesserungen an den IFRS-Standards, Zyklus 2014–2016* wurden die Paragraphen 39L und 39T geändert und die Paragraphen 39D, 39F, 39AA und E3–E7 gestrichen. Diese Änderungen sind auf Geschäftsjahre anzuwenden, die am oder nach dem 1. Januar 2018 beginnen. **39AD**

(nicht besetzt) **39AE**

1) **Anm. d. Red.:** Diese Anweisung ist von den Änderungen in anderen Standards in Anhang D der Verordnung (EU) Nr. 2016/1905 v. 22.9.2016 (ABl EU Nr. L 295 S. 19) inhaltlich nicht aufgegriffen worden. Der Paragraph D24 samt entsprechender Überschrift bleibt daher unberührt bestehen. Eine Berichtigung ist abzuwarten.

39AF Mit IFRIC 23 *Unsicherheit bezüglich der ertragsteuerlichen Behandlung* wurde der Paragraph E8 hinzugefügt. Ein Unternehmen hat diese Änderung anzuwenden, wenn es IFRIC 23 anwendet.

Rücknahme von IFRS 1 (herausgegeben 2003)

40 Dieser IFRS ersetzt IFRS 1 (herausgegeben 2003 und geändert im Mai 2008).

Anhang A: Definitionen

Dieser Anhang ist integraler Bestandteil des IFRS.

Zeitpunkt des Übergangs auf IFRS	Der Beginn der frühesten Periode, für die ein Unternehmen in seinem ersten IFRS-Abschluss vollständige Vergleichsinformationen nach IFRS veröffentlicht.
als Ersatz für Anschaffungs- oder Herstellungskosten angesetzter Wert	Ein Wert, der zu einem bestimmten Datum als Ersatz für Anschaffungs- oder Herstellungskosten oder fortgeführte Anschaffungs- oder Herstellungskosten verwendet wird. Anschließende Abschreibungen gehen davon aus, dass das Unternehmen den Ansatz des Vermögenswerts oder der Schuld ursprünglich an diesem bestimmten Datum vorgenommen hatte und dass seine Anschaffungs- oder Herstellungskosten dem als Ersatz für Anschaffungs- oder Herstellungskosten angesetzten Wert entsprachen.
beizulegender Zeitwert	Der *beizulegende Zeitwert* ist der Preis, der in einem geordneten Geschäftsvorfall zwischen Marktteilnehmern am Bemessungsstichtag für den Verkauf eines Vermögenswerts eingenommen bzw. für die Übertragung einer Schuld gezahlt würde. (Siehe IFRS 13.)
erster IFRS-Abschluss	Der erste Abschluss eines Geschäftsjahres, in dem ein Unternehmen die International Financial Reporting Standards (IFRS) durch eine ausdrückliche und uneingeschränkte Bestätigung der Übereinstimmung mit den IFRS anwendet.
erste IFRS-Berichtsperiode	Die letzte Berichtsperiode, auf die sich der erste IFRS-Abschluss eines Unternehmens bezieht.
erstmaliger Anwender	Ein Unternehmen, das seinen ersten IFRS-Abschluss darstellt.
International Financial Reporting Standards (IFRS)	Durch den International Accounting Standards Board (IASB) verabschiedete Standards und Interpretationen. Sie umfassen: (a) International Financial Reporting Standards; (b) International Accounting Standards und (c) Interpretationen des International Financial Reporting Interpretations Committee (IFRIC) bzw. des ehemaligen Standing Interpretations Committee (SIC).
IFRS-Eröffnungsbilanz	Die Bilanz eines Unternehmens zum Zeitpunkt des Übergangs auf IFRS.
vorherige Rechnungslegungsgrundsätze	Die Rechnungslegungsbasis eines erstmaligen Anwenders unmittelbar vor der Anwendung der IFRS.

Anhang B: Ausnahmen zur retrospektiven Anwendung anderer IFRS

Dieser Anhang ist integraler Bestandteil des IFRS.

Ein Unternehmen hat folgende Ausnahmen anzuwenden: **B1**

(a) die Ausbuchung finanzieller Vermögenswerte und finanzieller Verbindlichkeiten (Paragraphen B2 und B3);

(b) Bilanzierung von Sicherungsgeschäften (Paragraphen B4-B6);

(c) nicht beherrschende Anteile (Paragraph B7);

(d) Klassifizierung und Bewertung von finanziellen Vermögenswerten (Paragraphen B8-B8C);

(e) Wertminderung finanzieller Vermögenswerte (Paragraphen B8D-B8G);

(f) eingebettete Derivate (Paragraph B9) und

(g) Darlehen der öffentlichen Hand (Paragraphen B10-B12).

Ausbuchung finanzieller Vermögenswerte und finanzieller Verbindlichkeiten

Ein erstmaliger Anwender hat die Ausbuchungsvorschriften in IFRS 9 prospektiv für Transaktionen, die am oder nach dem Zeitpunkt des Übergangs auf IFRS auftreten, anzuwenden, es sei denn Paragraph B3 lässt etwas anderes zu. Zum Beispiel: Wenn ein erstmaliger Anwender nicht derivative finanzielle Vermögenswerte oder nicht derivative finanzielle Verbindlichkeiten nach seinen vorherigen Rechnungslegungsgrundsätzen infolge einer vor dem Zeitpunkt des Übergangs auf IFRS stattgefundenen Transaktion ausgebucht hat, ist ein Ansatz dieser Vermögenswerte und Verbindlichkeiten gemäß IFRS nicht gestattet (es sei denn, ein Ansatz ist aufgrund einer späteren Transaktion oder eines späteren Ereignisses möglich). **B2**

Ungeachtet Paragraph B2 kann ein Unternehmen die Ausbuchungsvorschriften in IFRS 9 rückwirkend ab einem vom Unternehmen beliebig zu wählenden Zeitpunkt anwenden, sofern die benötigten Informationen, um IFRS 9 auf infolge vergangener Transaktionen ausgebuchte finanzielle Vermögenswerte und finanzielle Verbindlichkeiten anzuwenden, bei der erstmaligen Bilanzierung dieser Transaktionen vorlagen. **B3**

Bilanzierung von Sicherungsgeschäften

Wie in IFRS 9 gefordert, muss ein Unternehmen zum Zeitpunkt des Übergangs auf IFRS: **B4**

(a) alle Derivate zu ihrem beizulegenden Zeitwert bewerten und

(b) alle aus Derivaten entstandenen abgegrenzten Verluste und Gewinne, die nach vorherigen Rechnungslegungsgrundsätzen wie Vermögenswerte oder Schulden ausgewiesen wurden, ausbuchen.

Die IFRS-Eröffnungsbilanz eines Unternehmens darf keine Sicherungsbeziehung enthalten, welche die Kriterien für eine Bilanzierung von Sicherungsgeschäften gemäß IFRS 9 nicht erfüllt (zum Beispiel viele Sicherungsbeziehungen, bei denen das Sicherungsinstrument eine alleinstehende geschriebene Option oder eine geschriebene Nettooption oder bei denen das gesicherte Grundgeschäft eine Nettoposition in einer Absicherung von Zahlungsströmen für ein anderes Risiko als ein Währungsrisiko ist). Falls ein Unternehmen jedoch nach vorherigen Rechnungslegungsgrundsätzen eine Nettoposition als gesichertes Grundgeschäft designiert hatte, darf es innerhalb dieser Nettoposition ein einzelnes Geschäft als gesichertes Grundgeschäft gemäß den IFRS oder eine Nettoposition, sofern diese die Vorschriften in Paragraph 6.6.1 von IFRS 9 erfüllt, designieren, falls es diesen Schritt spätestens zum Zeitpunkt des Übergangs auf IFRS vornimmt. **B5**

B6 Wenn ein Unternehmen vor dem Zeitpunkt des Übergangs auf IFRS eine Transaktion als Absicherung bestimmt hat, diese Absicherung jedoch nicht die Bedingungen für die Bilanzierung von Sicherungsgeschäften in IFRS 9 erfüllt, hat das Unternehmen die Paragraphen 6.5.6 und 6.5.7 von IFRS 9 anzuwenden, um die Bilanzierung des Sicherungsgeschäfts zu beenden. Vor dem Zeitpunkt des Übergangs auf IFRS eingegangene Transaktionen dürfen nicht rückwirkend als Absicherungen designiert werden.

Nicht beherrschende Anteile

B7 Ein erstmaliger Anwender hat die folgenden Anforderungen des IFRS 10 prospektiv ab dem Zeitpunkt des Übergangs auf IFRS anzuwenden:

(a) die Anforderung des Paragraphen B94, wonach das Gesamtergebnis auf die Eigentümer des Mutterunternehmens und die nicht beherrschenden Anteile selbst dann aufgeteilt wird, wenn es dazu führt, dass die nicht beherrschenden Anteile einen Passivsaldo aufweisen;

(b) die Anforderungen der Paragraphen 23 und B93 hinsichtlich der Bilanzierung von Änderungen der Eigentumsanteile des Mutterunternehmens an einem Tochterunternehmen, die nicht zu einem Verlust der Beherrschung führen; und

(c) die Anforderungen der Paragraphen B97-B99 hinsichtlich der Bilanzierung des Verlustes der Beherrschung über ein Tochterunternehmen und die entsprechenden Anforderungen des Paragraphen 8A des IFRS 5 *Zur Veräußerung gehaltene langfristige Vermögenswerte und aufgegebene Geschäftsbereiche.*

Wenn sich jedoch ein erstmaliger Anwender entscheidet, IFRS 3 rückwirkend auf vergangene Unternehmenszusammenschlüsse anzuwenden, muss er auch IFRS 10 im Einklang mit Paragraph C1 dieses IFRS anwenden.

Klassifizierung und Bewertung finanzieller Vermögenswerte

B8 Ein Unternehmen hat zum Zeitpunkt des Übergangs auf IFRS zu beurteilen, ob ein finanzieller Vermögenswert die Bedingungen in Paragraph 4.1.2 von IFRS 9 oder die Bedingungen in Paragraph 4.1.2A von IFRS 9 auf der Grundlage der zu diesem Zeitpunkt bestehenden Fakten und Umstände erfüllt.

B8A Wenn es undurchführbar ist, ein geändertes Element für den Zeitwert des Geldes gemäß den Paragraphen B4.1.9B-B4.1.9D von IFRS 9 auf der Grundlage der zum Zeitpunkt des Übergangs auf IFRS bestehenden Fakten und Umstände zu beurteilen, hat ein Unternehmen die Eigenschaften der vertraglichen Zahlungsströme dieses finanziellen Vermögenswerts auf der Grundlage der zum Zeitpunkt des Übergangs auf IFRS bestehenden Fakten und Umstände zu beurteilen, ohne die Vorschriften in den Paragraphen B4.1.9B-B4.1.9D von IFRS 9 in Bezug auf die Änderung des Elements für den Zeitwert des Geldes zu berücksichtigen. (In diesem Fall hat das Unternehmen auch Paragraph 42R von IFRS 7 anzuwenden. Allerdings sind Verweise auf „Paragraph 7.2.4 von IFRS 9" als Verweise auf diesen Paragraphen und Verweise auf den „erstmaligen Ansatz des finanziellen Vermögenswerts" als „zum Zeitpunkt des Übergangs auf IFRS" zu verstehen.)

B8B Wenn es undurchführbar ist, ob der beizulegende Zeitwert des Elements vorzeitiger Rückzahlung gemäß Paragraph B4.1.12(c) von IFRS 9 auf der Grundlage der zum Zeitpunkt des Übergangs auf IFRS bestehenden Fakten und Umstände nicht signifikant ist, hat ein Unternehmen die Eigenschaften der vertraglichen Zahlungsströme dieses finanziellen Vermögenswerts auf der Grundlage der zum Zeitpunkt des Übergangs auf IFRS bestehenden Fakten und Umstände zu beurteilen, ohne die Ausnahme in Paragraph B4.1.12 von IFRS 9 in Bezug auf Elemente vorzeitiger Rückzahlung zu berücksichtigen. (In diesem Fall hat das Unternehmen auch Paragraph 42S von IFRS 7 anzuwenden. Allerdings sind Verweise auf „Paragraph 7.2.5 von IFRS 9" als Verweise auf diesen Paragraphen und Verweise auf den „erstmaligen Ansatz des finanziellen Vermögenswerts“ als „zum Zeitpunkt des Übergangs auf IFRS“ zu verstehen.)

Wenn es für ein Unternehmen undurchführbar (wie in IAS 8 definiert) ist, die Effektivzinsmethode gemäß IFRS 9 rückwirkend anzuwenden, entspricht der beizulegende Zeitwert des finanziellen Vermögenswerts oder der finanziellen Verbindlichkeit zum Zeitpunkt des Übergangs auf IFRS dem neuen Bruttobuchwert dieses finanziellen Vermögenswerts oder den neuen fortgeführten Anschaffungskosten dieser finanziellen Verbindlichkeit zum Zeitpunkt des Übergangs auf IFRS. **B8C**

Wertminderung finanzieller Vermögenswerte

Ein Unternehmen hat die Wertminderungsvorschriften in Abschnitt 5.5 von IFRS 9 vorbehaltlich der Paragraphen 7.2.15 und 7.2.18-7.2.20 jenes IFRS rückwirkend anzuwenden. **B8D**

Zum Zeitpunkt des Übergangs auf IFRS hat ein Unternehmen anhand von angemessenen und belastbaren Informationen, die ohne unangemessenen Kosten- oder Zeitaufwand verfügbar sind, das Ausfallrisiko zum Zeitpunkt des erstmaligen Ansatzes dieses Finanzinstruments (oder bei Kreditzusagen und finanziellen Garantien gemäß Paragraph 5.5.6 von IFRS 9 den Zeitpunkt, zu dem das Unternehmen Partei der unwiderruflichen Zusage wurde) zu bestimmen und mit dem Ausfallrisiko zum Zeitpunkt des Übergangs auf IFRS zu vergleichen (siehe auch Paragraphen B7.2.2-B7.2.3 von IFRS 9). **B8E**

Bei der Bestimmung, ob sich das Ausfallrisiko seit dem erstmaligen Ansatz signifikant erhöht hat, kann ein Unternehmen Folgendes anwenden: **B8F**

(a) die Vorschriften in den Paragraphen 5.5.10 und B5.5.27-B5.5.29 von IFRS 9 und

(b) die widerlegbare Vermutung in Paragraph 5.5.11 von IFRS 9 in Bezug auf vertragliche Zahlungen, die mehr als 30 Tage überfällig sind, wenn ein Unternehmen die Wertminderungsvorschriften anwendet, nach denen eine signifikante Erhöhung des Ausfallrisikos bei diesen Finanzinstrumenten anhand von Informationen zur Überfälligkeit ermittelt wird.

Bei der Bestimmung, ob sich zum Zeitpunkt des Übergangs auf IFRS das Ausfallrisiko seit dem erstmaligen Ansatz eines Finanzinstruments signifikant erhöht hat, unangemessenen Kosten- oder Zeitaufwand erfordern würde, hat ein Unternehmen zu jedem Abschlussstichtag eine Wertberichtigung in Höhe der über die Laufzeit erwarteten Kreditverluste zu erfassen, bis dieses Finanzinstrument ausgebucht wird (es sei denn, dieses Finanzinstrument weist zu einem Abschlussstichtag ein niedriges Ausfallrisiko auf, in welchem Fall Paragraph B8E(a) zur Anwendung kommt). **B8G**

Eingebettete Derivate

Ein erstmaliger Anwender hat auf der Grundlage der Bedingungen, die an dem späteren der beiden nachfolgend genannten Termine galten (dem Zeitpunkt, zu dem das Unternehmen Vertragspartei wurde, oder dem Zeitpunkt, zu dem eine Neubeurteilung gemäß Paragraph B4.3.11 von IFRS 9 erforderlich wird), zu beurteilen, ob ein eingebettetes Derivat vom Basisvertrag getrennt werden muss und als Derivat zu bilanzieren ist. **B9**

Darlehen der öffentlichen Hand

Ein erstmaliger Anwender hat sämtliche Darlehen der öffentlichen Hand, die er als finanzielle Verbindlichkeit oder als Eigenkapitalinstrument erhält, gemäß IAS 32 *Finanzinstrumente: Darstellung* einzustufen. Außer im gemäß Paragraph B11 zugelassenen Fall hat ein erstmaliger Anwender die Anforderungen von IFRS 9 *Finanzinstrumente* und IAS 20 *Bilanzierung und Darstellung von Zuwendungen der öffentlichen Hand* prospektiv auf Darlehen der öffentlichen Hand anzuwenden, die zum Zeitpunkt der Umstellung auf IFRS bestehen, und darf den entsprechen- **B10** den Vorteil des unter Marktzinsniveau vergebenen Darlehens der öffentlichen Hand nicht als Zuwendung der öffentlichen Hand erfassen. Folglich hat ein erstmaliger Anwender, der ein unter Marktzinsniveau erhaltenes Darlehen der öffentlichen Hand im Rahmen der zuvor angewandten GAAP nicht IFRS-kompatibel erfasst und bewertet hat, als Buchwert in der IFRS-Eröffnungsbilanz den nach den früheren GAAP ermittelten Buchwert dieses Darlehens zum Zeitpunkt der Umstellung auf die IFRS anzusetzen. Nach der Umstellung auf die IFRS sind solche Darlehen nach IFRS 9 zu bewerten.

B11 Ungeachtet Paragraph B10 kann ein Unternehmen die Anforderungen von IFRS 9 und IAS 20 rückwirkend auf jedes Darlehen der öffentlichen Hand anwenden, das vor der Umstellung auf IFRS vergeben wurde, sofern die dafür erforderlichen Informationen zum Zeitpunkt der erstmaligen Bilanzierung dieses Darlehens erlangt wurden.

B12 Die Anforderungen und Leitlinien in den Paragraphen B10 und B11 hindern ein Unternehmen nicht daran, die in den Paragraphen D19-D19D beschriebenen Ausnahmen zu nutzen, die die Festlegung zuvor als erfolgswirksam zum beizulegenden Zeitwert erfasster Finanzinstrumente betreffen.

Anhang C: Befreiungen für Unternehmenszusammenschlüsse

Dieser Anhang ist integraler Bestandteil des IFRS. Für Unternehmenszusammenschlüsse, die ein Unternehmen vor dem Zeitpunkt des Übergangs auf IFRS erfasst hat, sind die folgenden Vorschriften anzuwenden. Dieser Anhang ist nur auf Unternehmenszusammenschlüsse anzuwenden, die in den Anwendungsbereich von IFRS 3 Unternehmenszusammenschlüsse fallen.

C1 Ein erstmaliger Anwender kann beschließen, IFRS 3 nicht retrospektiv auf vergangene Unternehmenszusammenschlüsse (Unternehmenszusammenschlüsse, die vor dem Zeitpunkt des Übergangs auf IFRS stattfanden) anzuwenden. Falls ein erstmaliger Anwender einen Unternehmenszusammenschluss jedoch berichtigt, um eine Übereinstimmung mit IFRS 3 herzustellen, muss er alle späteren Unternehmenszusammenschlüsse anpassen und ebenfalls IFRS 10 von demselben Zeitpunkt an anwenden. Wenn ein erstmaliger Anwender sich beispielsweise entschließt, einen Unternehmenszusammenschluss zu berichtigen, der am 30. Juni 20X6 stattfand, muss er alle Unternehmenszusammenschlüsse anpassen, die zwischen dem 30. Juni 20X6 und dem Zeitpunkt des Übergangs auf IFRS vollzogen wurden, und ebenso IFRS 10 ab dem 30. Juni 20X6 anwenden.

C2 Ein Unternehmen braucht IAS 21 *Auswirkungen von Wechselkursänderungen* nicht retrospektiv auf Anpassungen an den beizulegenden Zeitwert und den Geschäfts- und Firmenwert anzuwenden, die sich aus Unternehmenszusammenschlüssen ergeben, die vor dem Zeitpunkt der Umstellung auf die IFRS stattgefunden haben. Wendet ein Unternehmen IAS 21 retrospektiv auf derartige Anpassungen an den beizulegenden Zeitwert und den Geschäfts- und Firmenwert an, sind diese als Vermögenswerte und Schulden des Unternehmens und nicht als Vermögenswerte und Schulden des erworbenen Unternehmens zu behandeln. Der Geschäfts- oder Firmenwert und die Anpassungen an den beizulegenden Zeitwert sind daher bereits in der funktionalen Währung des berichtenden Unternehmens angegeben, oder es handelt sich um nicht monetäre Fremdwährungsposten, die mit dem nach den bisherigen Rechnungslegungsstandards anzuwendenden Wechselkurs umgerechnet werden.

C3 Ein Unternehmen kann den IAS 21 retrospektiv auf Anpassungen an den beizulegenden Zeitwert und den Geschäfts- oder Firmenwert anwenden im Zusammenhang mit

(a) allen Unternehmenszusammenschlüssen, die vor dem Tag der Umstellung auf die IFRS stattgefunden haben; oder

(b) allen Unternehmenszusammenschlüssen, die das Unternehmen zur Erfüllung von IFRS 3 gemäß Paragraph C1 oben anpassen möchte.

Falls ein erstmaliger Anwender IFRS 3 nicht rückwirkend auf einen vergangenen Unternehmenszusammenschluss anwendet, hat dies für den Unternehmenszusammenschluss folgende Auswirkungen: **C4**

(a) Der erstmalige Anwender muss dieselbe Einstufung (als Erwerb durch den rechtlichen Erwerber oder umgekehrten Unternehmenserwerb durch das im rechtlichen Sinne erworbene Unternehmen oder eine Interessenzusammenführung) wie in seinem Abschluss nach vorherigen Rechnungslegungsgrundsätzen vornehmen.

(b) Der erstmalige Anwender muss zum Zeitpunkt des Übergangs auf IFRS alle im Rahmen eines vergangenen Unternehmenszusammenschlusses erworbenen Vermögenswerte oder übernommenen Schulden ansetzen, bis auf

(i) einige finanzielle Vermögenswerte und finanzielle Schulden, die nach vorherigen Rechnungslegungsgrundsätzen ausgebucht wurden (siehe Paragraph B2); und

(ii) Vermögenswerte, einschließlich Geschäfts- oder Firmenwert, und Schulden, die in der nach vorherigen Rechnungslegungsgrundsätzen erstellten Konzernbilanz des erwerbenden Unternehmens nicht zum Ansatz kamen und auch gemäß IFRS in der Einzelbilanz des erworbenen Unternehmens die Ansatzkriterien nicht erfüllen würden (siehe (f)-(i) unten).

Sich ergebende Änderungen muss der erstmalige Anwender durch Anpassung der Gewinnrücklagen (oder, falls angemessen, einer anderen Eigenkapitalkategorie) erfassen, es sei denn, die Änderung beruht auf dem Ansatz eines immateriellen Vermögenswerts, der bisher Bestandteil des Postens Geschäfts- oder Firmenwert war (siehe (g)(i) unten).

(c) Der erstmalige Anwender muss in seiner IFRS-Eröffnungsbilanz alle nach vorherigen Rechnungslegungsgrundsätzen bilanzierten Posten, welche die Ansatzkriterien eines Vermögenswerts oder einer Schuld gemäß IFRS nicht erfüllen, ausbuchen. Die sich ergebenden Änderungen sind durch den erstmaligen Anwender wie folgt zu erfassen:

(i) Es kann sein, dass der erstmalige Anwender einen in der Vergangenheit stattgefundenen Unternehmenszusammenschluss als Erwerb klassifiziert und einen Posten als immateriellen Vermögenswert bilanziert hat, der die Ansatzkriterien eines Vermögenswertes gemäß IAS 38 *Immaterielle Vermögenswerte* nicht erfüllt. Dieser Posten (und, falls vorhanden, die damit zusammenhängenden latenten Steuern und nicht beherrschenden Anteile) ist auf den Geschäfts- oder Firmenwert umzugliedern (es sei denn, der Geschäfts- oder Firmenwert wurde nach vorherigen Rechnungslegungsgrundsätzen direkt mit dem Eigenkapital verrechnet (siehe (g)(i) und (i) unten).

(ii) Alle sonstigen sich ergebenden Änderungen sind durch den erstmaligen Anwender in den Gewinnrücklagen zu erfassen.*)

(d) Die IFRS verlangen eine Folgebewertung einiger Vermögenswerte und Schulden, die nicht auf historischen Anschaffungs- und Herstellungskosten, sondern zum Beispiel auf dem beizulegenden Zeitwert basiert. Der erstmalige Anwender muss diese Vermögenswerte und Schulden in seiner Eröffnungsbilanz selbst dann auf dieser Basis bewerten, falls sie im Rahmen eines vergangenen Unternehmenszusammenschlusses erworben oder übernommen wurden. Jegliche dadurch entstehende Veränderungen des Buchwerts sind durch Anpassung der Gewinnrücklagen (oder, falls angemessen, einer anderen Eigenkapitalkategorie) anstatt durch Korrektur des Geschäfts- oder Firmenwerts zu erfassen.

---

*) **Amtl. Anm.:** Solche Änderungen enthalten Umgliederungen von oder auf immaterielle Vermögenswerte, falls der Geschäfts- oder Firmenwert nach vorherigen Rechnungslegungsgrundsätzen nicht als Vermögenswert bilanziert wurde. Dies ist der Fall, wenn das Unternehmen nach vorherigen Rechnungslegungsgrundsätzen (a) den Geschäfts- oder Firmenwert direkt mit dem Eigenkapital verrechnet oder (b) den Unternehmenszusammenschluss nicht als Erwerb behandelt hat.

(e) Der unmittelbar nach dem Unternehmenszusammenschluss nach vorherigen Rechnungslegungsgrundsätzen ermittelte Buchwert von im Rahmen dieses Unternehmenszusammenschlusses erworbenen Vermögenswerten und übernommenen Schulden ist gemäß IFRS als Ersatz für Anschaffungs- oder Herstellungskosten zu diesem Zeitpunkt festzulegen. Falls die IFRS zu einem späteren Zeitpunkt eine auf Anschaffungs- und Herstellungskosten basierende Bewertung dieser Vermögenswerte und Schulden verlangen, stellt dieser als Ersatz für Anschaffungs- oder Herstellungskosten angesetzte Wert ab dem Zeitpunkt des Unternehmenszusammenschlusses die Basis der auf Anschaffungs- oder Herstellungskosten basierenden Abschreibungen dar.

(f) Falls ein im Rahmen eines vergangenen Unternehmenszusammenschlusses erworbener Vermögenswert oder eine übernommene Schuld nach den vorherigen Rechnungslegungsgrundsätzen nicht bilanziert wurde, beträgt der als Ersatz für Anschaffungs- oder Herstellungskosten in der IFRS-Eröffnungsbilanz ausgewiesene Wert nicht zwangsläufig null. Stattdessen muss der Erwerber den Vermögenswert oder die Schuld in seiner Konzernbilanz ansetzen und so bewerten, wie es nach den IFRS in der Bilanz des erworbenen Unternehmens vorgeschrieben wäre. Zur Veranschaulichung: Falls der Erwerber in vergangenen Unternehmenszusammenschlüssen, in denen das erworbene Unternehmen ein Leasingnehmer war, erworbene Leasingverhältnisse nach den vorherigen Rechnungslegungsgrundsätzen nicht aktiviert hatte, muss er diese Leasingverhältnisse in seinem Konzernabschluss so aktivieren, wie es IFRS 16 *Leasingverhältnisse* für die IFRS-Bilanz des erworbenen Unternehmens vorschreiben würde. Falls der Erwerber eine Eventualverbindlichkeit, die zum Zeitpunkt des Übergangs auf IFRS noch besteht, nach den vorherigen Rechnungslegungsgrundsätzen nicht angesetzt hatte, muss er diese Eventualverbindlichkeit zu diesem Zeitpunkt ebenfalls ansetzen, es sei denn IAS 37 *Rückstellungen, Eventualverbindlichkeiten und Eventualforderungen* würde den Ansatz im Abschluss des erworbenen Unternehmens verbieten. Falls im Gegensatz dazu Vermögenswerte oder Verbindlichkeiten nach vorherigen Rechnungslegungsgrundsätzen Bestandteil des Geschäfts- oder Firmenwerts waren, gemäß IFRS 3 jedoch gesondert bilanziert worden wären, verbleiben diese Vermögenswerte oder Verbindlichkeiten im Geschäfts- oder Firmenwert, es sei denn, die IFRS würden ihren Ansatz im Einzelabschluss des erworbenen Unternehmens verlangen.

(g) Der Buchwert des Geschäfts- oder Firmenwerts in der IFRS-Eröffnungsbilanz entspricht nach Durchführung der folgenden zwei Anpassungen dem Buchwert nach vorherigen Rechnungslegungsgrundsätzen zum Zeitpunkt des Übergangs auf IFRS.

   (i) Wenn es der obige Paragraph (c)(i) verlangt, muss der erstmalige Anwender den Buchwert des Geschäfts- oder Firmenwerts erhöhen, falls er einen Posten umgliedert, der nach vorherigen Rechnungslegungsgrundsätzen als immaterieller Vermögenswert angesetzt wurde. Falls der erstmalige Anwender nach obigem Paragraph (f) analog einen immateriellen Vermögenswert bilanzieren muss, der nach vorherigen Rechnungslegungsgrundsätzen Bestandteil des aktivierten Geschäfts- oder Firmenwerts war, muss der erstmalige Anwender den Buchwert des Geschäfts- oder Firmenwerts entsprechend vermindern (und, falls angebracht, latente Steuern und nicht beherrschende Anteile korrigieren).

   (ii) Unabhängig davon, ob Anzeichen für eine Wertminderung des Geschäfts- oder Firmenwerts vorliegen, muss der erstmalige Anwender IAS 36 anwenden, um zum Zeitpunkt des Übergangs auf IFRS den Geschäfts- oder Firmenwert auf eine Wertminderung zu überprüfen und daraus resultierende Wertminderungsaufwendungen in den Gewinnrücklagen (oder, falls nach IAS 36 vorgeschrieben, in den Neubewertungsrücklagen) zu erfassen. Die Überprüfung auf Wertminderungen hat auf den Gegebenheiten zum Zeitpunkt des Übergangs auf IFRS zu basieren.

(h) Weitere Berichtigungen des Buchwerts des Geschäfts- oder Firmenwerts sind zum Zeitpunkt des Übergangs auf IFRS nicht gestattet. Der erstmalige Anwender darf beispielsweise den Buchwert des Geschäfts- oder Firmenwerts nicht berichtigen, um

(i) laufende, im Rahmen des Unternehmenszusammenschlusses erworbene Forschungs- und Entwicklungskosten herauszurechnen (es sei denn, der damit zusammenhängende immaterielle Vermögensgegenstand würde die Ansatzkriterien gemäß IAS 38 in der Bilanz des erworbenen Unternehmens erfüllen);

(ii) frühere Amortisationen des Geschäfts- oder Firmenwerts zu berichtigen;

(iii) Berichtigungen des Geschäfts- oder Firmenwerts zu stornieren, die gemäß IFRS 3 nicht gestattet wären, jedoch nach vorherigen Rechnungslegungsgrundsätzen aufgrund von Anpassungen von Vermögenswerten und Schulden zwischen dem Zeitpunkt des Unternehmenszusammenschlusses und dem Zeitpunkt des Übergangs auf IFRS vorgenommen wurden.

(i) Falls der erstmalige Anwender den Geschäfts- oder Firmenwert im Rahmen der vorherigen Rechnungslegungsgrundsätze mit dem Eigenkapital verrechnet hat,

(i) darf er diesen Geschäfts- oder Firmenwert in seiner IFRS-Eröffnungsbilanz nicht ansetzen. Des Weiteren darf er diesen Geschäfts- oder Firmenwert nicht ins Ergebnis umgliedern, falls er das Tochterunternehmen veräußert oder falls eine Wertminderung der in das Tochterunternehmen vorgenommenen Finanzinvestition auftritt;

(ii) sind Berichtigungen aus dem Eintreten einer Bedingung, von der der Erwerbspreis abhängt, in den Gewinnrücklagen zu erfassen.

(j) Es kann sein, dass der erstmalige Anwender keine Konsolidierung eines im Rahmen eines Unternehmenszusammenschlusses erworbenen Tochterunternehmens nach seinen vorherigen Rechnungslegungsgrundsätzen vorgenommen hat (zum Beispiel weil es durch das Mutterunternehmen nach den vorherigen Rechnungslegungsgrundsätzen nicht als Tochterunternehmen eingestuft war oder das Mutterunternehmen keinen Konzernabschluss erstellt hatte). Der erstmalige Anwender hat die Buchwerte der Vermögenswerte und Schulden des Tochterunternehmens so anzupassen, wie es die IFRS für die Bilanz des Tochterunternehmens vorschreiben würden. Der als Ersatz für Anschaffungs- oder Herstellungskosten zum Zeitpunkt des Übergangs auf IFRS angesetzte Wert entspricht beim Geschäfts- oder Firmenwert der Differenz zwischen:

(i) dem Anteil des Mutterunternehmens an diesen angepassten Buchwerten; und

(ii) den im Einzelabschluss des Mutterunternehmens bilanzierten Anschaffungs- oder Herstellungskosten der in das Tochterunternehmen vorgenommenen Finanzinvestition.

(k) Die Bewertung von nicht beherrschenden Anteilen und latenten Steuern folgt aus der Bewertung der anderen Vermögenswerte und Schulden. Die oben erwähnten Berichtigungen bilanzierter Vermögenswerte und Schulden wirken sich daher auf nicht beherrschende Anteile und latente Steuern aus.

IFRS 1

Die Befreiung für vergangene Unternehmenszusammenschlüsse gilt auch für in der Vergangenheit erworbene Anteile an assoziierten Unternehmen, an Gemeinschaftsunternehmen und an gemeinschaftlichen Tätigkeiten, die einen Geschäftsbetrieb im Sinne des IFRS 3 darstellen. Des Weiteren gilt das nach Paragraph C1 gewählte Datum entsprechend für alle derartigen Akquisitionen. **C5**

Anhang D: Befreiungen von anderen IFRS

Dieser Anhang ist integraler Bestandteil des IFRS.

Ein Unternehmen kann eine oder mehrere der folgenden Befreiungen in Anspruch nehmen: **D1**

(a) anteilsbasierte Vergütungen (Paragraphen D2 und D3);

(b) Versicherungsverträge (Paragraph D4);

(c) Ersatz für Anschaffungs- oder Herstellungskosten (Paragraphen D5-D8B);

(d) Leasingverhältnisse (Paragraphen D9 und D9B-D9E);

(e) (weggefallen)
(f) kumulierte Umrechnungsdifferenzen (Paragraphen D12 und D13);
(g) Anteile an Tochterunternehmen, Gemeinschaftsunternehmen und assoziierten Unternehmen (Paragraphen D14 und D15);
(h) Vermögenswerte und Schulden von Tochterunternehmen, assoziierten Unternehmen und Gemeinschaftsunternehmen (Paragraphen D16 und D17);
(i) zusammengesetzte Finanzinstrumente (Paragraph D18);
(j) Designation zuvor erfasster Finanzinstrumente (Paragraphen D19-D19C);
(k) Bewertung von finanziellen Vermögenswerten und finanziellen Verbindlichkeiten beim erstmaligen Ansatz mit dem beizulegenden Zeitwert (Paragraph D20);
(l) in den Sachanlagen enthaltene Kosten für die Entsorgung (Paragraphen D21 und D21A);
(m) finanzielle Vermögenswerte oder immaterielle Vermögenswerte, die gemäß IFRIC 12 *Dienstleistungskonzessionsvereinbarungen* bilanziert werden (Paragraph D22);
(n) Fremdkapitalkosten (Paragraph D23);
(o) Übertragung von Vermögenswerten durch einen Kunden (Paragraph D24);
(p) Tilgung finanzieller Verbindlichkeiten durch Eigenkapitalinstrumente (Paragraph D25);
(q) sehr hohe Inflation (Paragraphen D26-D30);
(r) gemeinsame Vereinbarungen (Paragraph D31);
(s) Abraumkosten in der Produktionsphase eines Tagebaubergwerks (Paragraph D32) und
(t) Designation von Verträgen über den Kauf oder Verkauf eines nicht finanziellen Postens (Paragraph D33);
(u) Erlöse (Paragraphen D34 und D35) und
(v) Fremdwährungstransaktionen und im Voraus erbrachte oder erhaltene Gegenleistungen (Paragraph D36).

Ein Unternehmen darf diese Befreiungen nicht analog auf andere Sachverhalte anwenden.

Anteilsbasierte Vergütungen

D2 Obwohl ein Erstanwender nicht dazu verpflichtet ist, wird ihm empfohlen, IFRS 2 *Anteilsbasierte Vergütung* auf Eigenkapitalinstrumente anzuwenden, die am oder vor dem 7. November 2002 gewährt wurden. Ein Erstanwender kann IFRS 2 freiwillig auch auf Eigenkapitalinstrumente anwenden, die nach dem 7. November 2002 gewährt wurden, und diese Gewährung vor (a) dem Tag der Umstellung auf IFRS oder (b) dem 1. Januar 2005 – je nachdem, welcher Zeitpunkt früher lag – erfolgte. Eine freiwillige Anwendung des IFRS 2 auf solche Eigenkapitalinstrumente ist jedoch nur dann zulässig, wenn das Unternehmen den beizulegenden Zeitwert dieser Eigenkapitalinstrumente, der zum Bewertungsstichtag laut Definition in IFRS 2 ermittelt wurde, veröffentlicht hat. Alle gewährten Eigenkapitalinstrumente, auf die IFRS 2 keine Anwendung findet (also alle bis einschließlich 7. November 2002 zugeteilten Eigenkapitalinstrumente), unterliegen trotzdem den Angabepflichten gemäß den Paragraphen 44 und 45 des IFRS 2. Ändert ein Erstanwender die Vertragsbedingungen für gewährte Eigenkapitalinstrumente, auf die IFRS 2 nicht angewandt worden ist, ist das Unternehmen nicht zur Anwendung der Paragraphen 26-29 des IFRS 2 verpflichtet, wenn diese Änderung vor dem Tag der Umstellung auf IFRS erfolgte.

D3 Obwohl ein Erstanwender nicht dazu verpflichtet ist, wird ihm empfohlen, IFRS 2 auf Schulden für anteilsbasierte Vergütungen anzuwenden, die vor dem Tag der Umstellung auf IFRS beglichen wurden. Außerdem wird einem Erstanwender, obwohl er nicht dazu verpflichtet ist, empfohlen, IFRS 2 auf Schulden anzuwenden, die vor dem 1. Januar 2005 beglichen wurden. Bei Schulden, auf die IFRS 2 angewandt wird, ist ein Erstanwender nicht zu einer Anpassung der Vergleichsinformationen verpflichtet, soweit sich diese Informationen auf eine Berichtsperiode oder einen Zeitpunkt vor dem 7. November 2002 beziehen.

Versicherungsverträge

Ein Erstanwender kann die Übergangsvorschriften von IFRS 4 *Versicherungsverträge* anwenden. IFRS 4 beschränkt Änderungen der Rechnungslegungsmethoden für Versicherungsverträge und schließt Änderungen, die von Erstanwendern durchgeführt wurden, mit ein. **D4**

Beizulegender Zeitwert oder Neubewertung als Ersatz für Anschaffungs- oder Herstellungskosten

Ein Unternehmen kann eine Sachanlage zum Zeitpunkt des Übergangs auf IFRS zu ihrem beizulegenden Zeitwert bewerten und diesen beizulegenden Zeitwert als Ersatz für Anschaffungs- oder Herstellungskosten an diesem Datum verwenden. **D5**

Ein erstmaliger Anwender darf eine am oder vor dem Zeitpunkt des Übergangs auf IFRS nach vorherigen Rechnungslegungsgrundsätzen vorgenommene Neubewertung einer Sachanlage als Ersatz für Anschaffungs- oder Herstellungskosten zum Zeitpunkt der Neubewertung ansetzen, falls die Neubewertung zum Zeitpunkt ihrer Ermittlung weitgehend vergleichbar war mit **D6**

(a) dem beizulegenden Zeitwert; oder

(b) den Anschaffungs- oder Herstellungskosten bzw. den fortgeführten Anschaffungs- oder Herstellungskosten gemäß IFRS, angepasst beispielsweise zur Berücksichtigung von Veränderungen eines allgemeinen oder spezifischen Preisindex.

Die Wahlrechte der Paragraphen D5 und D6 gelten auch für **D7**

(a) als Finanzinvestition gehaltene Immobilien, falls sich ein Unternehmen zur Verwendung des Anschaffungskostenmodells in IAS 40 *Als Finanzinvestition gehaltene Immobilien* entschließt;

(aa) Nutzungsrechte (IFRS 16 *Leasingverhältnisse*); und

(b) immaterielle Vermögenswerte, die folgende Kriterien erfüllen:

  (i) die Ansatzkriterien aus IAS 38 (einschließlich einer verlässlichen Bewertung der historischen Anschaffungs- und Herstellungskosten); und

  (ii) die Kriterien aus IAS 38 zur Neubewertung (einschließlich der Existenz eines aktiven Markts).

Ein Unternehmen darf diese Wahlrechte nicht für andere Vermögenswerte oder Schulden verwenden.

Ein erstmaliger Anwender kann gemäß den früheren Rechnungslegungsgrundsätzen für alle oder einen Teil seiner Vermögenswerte und Schulden einen als Ersatz für Anschaffungs- oder Herstellungskosten angesetzten Wert ermittelt haben, indem er sie wegen eines Ereignisses wie einer Privatisierung oder eines Börsengangs zu ihrem beizulegenden Zeitwert zu diesem bestimmten Datum bewertet hat. **D8**

(a) Wurde die Bewertung *am Tag der* Umstellung auf IFRS oder *davor* vorgenommen, darf das Unternehmen solche ereignisgesteuerten Bewertungen zum beizulegenden Zeitwert für die IFRS als Ersatz für Anschaffungs- oder Herstellungskosten zum Zeitpunkt dieser Bewertung verwenden.

(b) Wurde die Bewertung *nach* dem Datum der Umstellung auf IFRS, aber während der vom ersten IFRS-Abschluss erfassten Periode vorgenommen, dürfen die ereignisgesteuerten Bewertungen zum beizulegenden Zeitwert als Ersatz für Anschaffungs- oder Herstellungskosten verwendet werden, wenn das Ereignis eintritt. Ein Unternehmen hat die daraus resultierenden Berichtigungen zum Zeitpunkt der Bewertung direkt in den Gewinnrücklagen (oder, falls angemessen, in einer anderen Eigenkapitalkategorie) zu erfassen. Zum Zeitpunkt der Umstellung auf IFRS hat das Unternehmen entweder nach den Kriterien in den Paragraphen D5-D7 den als Ersatz für Anschaffungs- oder Herstellungskosten angesetzten Wert zu ermitteln oder die Vermögenswerte und Schulden nach den anderen Anforderungen dieses IFRS zu bewerten.

Ersatz für Anschaffungs- oder Herstellungskosten

D8A Einigen nationalen Rechnungslegungsanforderungen zufolge werden Explorations- und Entwicklungsausgaben für Erdgas- und Erdölvorkommen in der Entwicklungs- oder Produktionsphase in Kostenstellen bilanziert, die sämtliche Erschließungsstandorte einer großen geografischen Zone umfassen. Ein erstmaliger Anwender, der nach solchen vorherigen Rechnungslegungsgrundsätzen bilanziert, kann sich dafür entscheiden, die Erdöl- und Erdgasvorkommen zum Zeitpunkt des Übergangs auf IFRS auf folgender Grundlage zu bewerten:

(a) Vermögenswerte für Exploration und Evaluierung zum Betrag, der nach den vorherigen Rechnungslegungsgrundsätzen des Unternehmens ermittelt wurde; und

(b) Vermögenswerte in der Entwicklungs- oder Produktionsphase zu dem Betrag, der für die Kostenstelle nach den vorherigen Rechnungslegungsgrundsätzen des Unternehmens ermittelt wurde. Das Unternehmen soll diesen Betrag den zugrunde liegenden Vermögenswerten der Kostenstelle anteilig auf der Basis der an diesem Tag vorhandenen Mengen oder Werte an Erdgas- oder Erdölreserven zuordnen.

Das Unternehmen wird die Vermögenswerte für Exploration und Evaluierung sowie die Vermögenswerte in der Entwicklungs- und Produktionsphase zum Zeitpunkt des Übergangs auf IFRS gemäß IFRS 6 *Exploration und Evaluierung von Bodenschätzen* bzw. IAS 36 auf Wertminderung hin prüfen und gegebenenfalls den gemäß Buchstabe (a) oder (b) ermittelten Betrag verringern. Für die Zwecke dieses Paragraphs umfassen die Erdgas- und Erdölvorkommen lediglich jene Vermögenswerte, die in Form der Exploration, Evaluierung, Entwicklung oder Produktion von Erdöl und Erdgas genutzt werden.

D8B Einige Unternehmen halten Sachanlagen, Nutzungsrechte oder immaterielle Vermögenswerte, die in preisregulierten Geschäftsbereichen verwendet werden bzw. früher verwendet wurden. Im Buchwert solcher Posten könnten Beträge enthalten sein, die nach den früheren Rechnungslegungsgrundsätzen bestimmt wurden, nach den IFRS aber nicht aktivierungsfähig sind. In diesem Fall kann ein erstmaliger Anwender den nach den früheren Rechnungslegungsgrundsätzen bestimmten Buchwert eines solchen Postens zum Zeitpunkt der Umstellung auf IFRS als Ersatz für Anschaffungs- oder Herstellungskosten verwenden. Nimmt ein Unternehmen diese Befreiung für einen Posten in Anspruch, muss es diese nicht zwangsläufig auch für alle anderen Posten nutzen. Zum Zeitpunkt der Umstellung auf IFRS hat ein Unternehmen jeden Posten, für den diese Befreiung in Anspruch genommen wird, einem Wertminderungstest nach IAS 36 zu unterziehen. Für die Zwecke dieses Paragraphen gilt ein Geschäftsbereich (im Sinne von IFRS 14 *Regulatorische Abgrenzungsposten*) als preisreguliert, wenn für die an Kunden abzugebenden Güter oder Dienstleistungen ein Preisfestsetzungsrahmen gilt, der der Aufsicht und/oder Genehmigung eines Preisregulierers unterliegt.

Leasingverhältnisse

D9 Ein Erstanwender kann bewerten, ob ein zum Übergangszeitpunkt zu IFRS bestehender Vertrag ein Leasingverhältnis enthält, indem er auf der Grundlage der zu diesem Zeitpunkt bestehenden Fakten und Umstände die Paragraphen 9-11 des IFRS 16 auf diese Verträge anwendet.

D9A (weggefallen)

D9B Zur Erfassung von Leasingverbindlichkeiten und Nutzungsrechten kann ein Erstanwender, der ein Leasingnehmer ist, für alle seine Leasingverhältnisse (unter Berücksichtigung der in Paragraph D9D beschriebenen praktischen Behelfe) den folgenden Ansatz verwenden:

(a) Bewertung einer Leasingverbindlichkeit beim Übergang auf IFRS. Folgt der Leasingnehmer diesem Ansatz, so bewertet er die Leasingverbindlichkeit zum Barwert der verbleibenden Leasingzahlungen (siehe Paragraph D9E), abgezinst unter Anwendung seines Grenzfremdkapitalzinssatzes (siehe Paragraph D9E) zum Zeitpunkt des Übergangs auf IFRS.

(b) Bewertung eines Nutzungsrechts zum Zeitpunkt des Übergangs auf IFRS. Der Leasingnehmer entscheidet für jedes Leasingverhältnis, ob er zur Bewertung des Nutzungsrechts entweder
   (i) den Buchwert ansetzt, als ob IFRS 16 bereits seit dem Bereitstellungsdatum angewendet worden wäre (siehe Paragraph D9E), jedoch abgezinst unter Anwendung seines Grenzfremdkapitalzinssatzes zum Zeitpunkt des Übergangs auf IFRS; oder
   (ii) einen Betrag ansetzt, der der Leasingverbindlichkeit entspricht, die um den Betrag der für dieses Leasingverhältnis im Voraus geleisteten oder abgegrenzten Leasingzahlungen gemindert wird, der in der dem Übergang auf IFRS unmittelbar vorausgehenden Bilanz ausgewiesen war.

(c) Anwendung von IAS 36 auf Nutzungsrechte zum Zeitpunkt des Übergangs auf IFRS.

Ungeachtet der Vorschriften in Paragraph D9B bewertet ein Erstanwender, der ein Leasingnehmer ist, das Nutzungsrecht für Leasingverhältnisse, die der Definition für als Finanzinvestition gehaltene Immobilien nach IAS 40 entsprechen und ab dem Zeitpunkt des Übergangs auf IFRS nach dem Zeitwertmodell in IAS 40 bewertet werden, zum Zeitpunkt des Übergangs auf IFRS zum beizulegenden Zeitwert. **D9C**

Ein Erstanwender, der ein Leasingnehmer ist, kann zum Zeitpunkt des Übergangs auf IFRS für jedes Leasingverhältnis eine oder mehrere der folgenden Möglichkeiten wählen: **D9D**

(a) Anwendung eines einzigen Abzinsungssatzes auf ein Portfolio ähnlich ausgestalteter Leasingverträge (beispielsweise Leasingverhältnisse mit ähnlichen Vermögenswerten, mit ähnlicher Restlaufzeit und in einem ähnlichen Wirtschaftsumfeld).

(b) Verzicht auf die Anwendung der Vorschriften in Paragraph D9B auf Leasingverhältnisse, deren Laufzeit (siehe Paragraph D9E) innerhalb von 12 Monaten nach dem Übergang auf IFRS endet. Stattdessen bilanziert das Unternehmen diese Leasingverhältnisse so, als handele es sich um kurzfristige Leasingverhältnisse gemäß Paragraph 6 des IFRS 16 (einschließlich der entsprechenden Angaben).

(c) Verzicht auf die Anwendung der Vorschriften in Paragraph D9B auf Leasingverträge, deren zugrunde liegender Vermögenswert (im Sinne der Beschreibung in den Paragraphen B3-B8 des IFRS 16) von geringem Wert ist. Stattdessen bilanziert das Unternehmen diese Leasingverträge gemäß Paragraph 6 des IFRS 16 (einschließlich der entsprechenden Angaben).

(d) Nichtberücksichtigung der anfänglichen direkten Kosten (siehe Paragraph D9E) bei der Bewertung des Nutzungsrechts zum Zeitpunkt des Übergangs auf IFRS.

(e) Berücksichtigung späterer Erkenntnisse, beispielsweise bei der Bestimmung der Laufzeit des Leasingverhältnisses, wenn der Vertrag Optionen für die Verlängerung oder Kündigung des Leasingverhältnisses vorsieht.

Die Begriffe „Leasingzahlung“, „Leasingnehmer“, „Grenzfremdkapitalzinssatz des Leasingnehmers“, „Bereitstellungsdatum“, „anfängliche indirekte Kosten“ und „Laufzeit des Leasingverhältnisses“ sind in IFRS 16 definiert und werden im vorliegenden Standard mit derselben Bedeutung verwendet. **D9E**

(weggefallen) **D10 und D11**

Kumulierte Umrechnungsdifferenzen

IAS 21 verlangt, dass ein Unternehmen **D12**

(a) bestimmte Umrechnungsdifferenzen als sonstiges Gesamtergebnis einstuft und diese in einem gesonderten Bestandteil des Eigenkapitals kumuliert; und

(b) bei der Veräußerung eines ausländischen Geschäftsbetriebs die kumulierten Umrechnungsdifferenzen für diesen ausländischen Geschäftsbetrieb (einschließlich Gewinnen und Verlusten aus damit eventuell zusammenhängenden Sicherungsgeschäften) als Gewinn oder Verlust aus der Veräußerung vom Eigenkapital ins Ergebnis umgliedert.

D13 Ein erstmaliger Anwender muss diese Bestimmungen jedoch nicht für kumulierte Umrechnungsdifferenzen erfüllen, die zum Zeitpunkt des Übergangs auf IFRS bestanden. Falls ein erstmaliger Anwender diese Befreiung in Anspruch nimmt,

(a) wird angenommen, dass die kumulierten Umrechnungsdifferenzen für alle ausländischen Geschäftsbetriebe zum Zeitpunkt des Übergangs auf IFRS null betragen; und

(b) darf der Gewinn oder Verlust aus einer Weiterveräußerung eines ausländischen Geschäftsbetriebs keine vor dem Zeitpunkt des Übergangs auf IFRS entstandenen Umrechnungsdifferenzen enthalten und muss die nach diesem Datum entstandenen Umrechnungsdifferenzen berücksichtigen.

Anteile an Tochterunternehmen, Gemeinschaftsunternehmen und assoziierten Unternehmen

D14 Wenn ein Unternehmen Einzelabschlüsse aufstellt, muss es gemäß IAS 27 seine Anteile an Tochterunternehmen, Gemeinschaftsunternehmen und assoziierten Unternehmen entweder:

(a) zu den Anschaffungs- oder Herstellungskosten oder

(b) gemäß IFRS 9 bilanzieren.

D15 Wenn ein erstmaliger Anwender solche Anteile gemäß IAS 27 zu den Anschaffungs- oder Herstellungskosten bewertet, müssen diese Anteile in seiner separaten IFRS-Eröffnungsbilanz zu einem der folgenden Beträge bewertet werden:

(a) gemäß IAS 27 ermittelte Anschaffungs- oder Herstellungskosten oder

(b) als Ersatz für Anschaffungs- oder Herstellungskosten angesetzter Wert. Der für solche Anteile verwendete Ersatz für Anschaffungs- oder Herstellungskosten ist:

(i) dem beizulegenden Zeitwert in seinem Einzelabschluss zum Zeitpunkt des Übergangs auf IFRS oder

(ii) der zu diesem Zeitpunkt nach vorherigen Rechnungslegungsgrundsätzen ermittelte Buchwert.

Ein erstmaliger Anwender kann für die Bewertung seiner Anteile an dem jeweiligen Tochterunternehmen, Gemeinschaftsunternehmen oder assoziierten Unternehmen zwischen (i) und (ii) oben wählen, sofern er sich für einen als Ersatz für Anschaffungs- oder Herstellungskosten angesetzten Wert entscheidet.

D15A Wenn ein erstmaliger Anwender solche Anteile anhand der in IAS 28 beschriebenen Verfahren der Equity-Methode bilanziert,

(a) wendet der erstmalige Anwender die Befreiung für vergangene Unternehmenszusammenschlüsse (Anhang C) auf den Erwerb der Anteile an.

(b) und wenn das Unternehmen zuerst für seine Einzelabschlüsse und erst danach für seine Konzernabschlüsse ein erstmaliger Anwender wird und

(i) sein Mutterunternehmen schon zuvor erstmaliger Anwender war, hat das Unternehmen in seinen Einzelabschlüssen Paragraph D16 anzuwenden.

(ii) sein Tochterunternehmen schon zuvor erstmaliger Anwender war, hat das Unternehmen in seinen Einzelabschlüssen Paragraph D17 anzuwenden.

Vermögenswerte und Schulden von Tochterunternehmen, assoziierten Unternehmen und Gemeinschaftsunternehmen

D16 Falls ein Tochterunternehmen nach seinem Mutterunternehmen ein erstmaliger Anwender wird, muss das Tochterunternehmen in seinem Abschluss seine Vermögenswerte und Schulden entweder

(a) zu den Buchwerten bewerten, die ausgehend von dem Zeitpunkt, zu dem das Mutterunternehmen auf IFRS umgestellt hat, in dem Konzernabschluss des Mutterunternehmens angesetzt worden wären, falls keine Konsolidierungsanpassungen und keine Anpassungen wegen der Auswirkungen des Unternehmenszusammenschlusses, in dessen Rahmen das Mutterunternehmen das Tochterunternehmen erwarb, vorgenommen worden wären (einem Tochterunternehmen einer Investmentgesellschaft im Sinne von IFRS 10, das erfolgswirksam zum beizulegenden Zeitwert bewertet werden muss, steht ein derartiges Wahlrecht nicht zu); oder

(b) zu den Buchwerten bewerten, die aufgrund der weiteren Vorschriften dieses IFRS, basierend auf dem Zeitpunkt des Übergangs des Tochterunternehmens auf IFRS vorgeschrieben wären. Diese Buchwerte können sich von den in (a) beschriebenen unterscheiden,

   (i) falls die Befreiungen in diesem IFRS zu Bewertungen führen, die vom Zeitpunkt des Übergangs auf IFRS abhängig sind; bzw.

   (ii) falls die im Abschluss des Tochterunternehmens verwendeten Rechnungslegungsmethoden sich von denen des Konzernabschlusses unterscheiden. Beispielsweise kann das Tochterunternehmen das Anschaffungskostenmodell gemäß IAS 16 *Sachanlagen* als Rechnungslegungsmethode anwenden, während der Konzern das Modell der Neubewertung anwenden kann.

Ein ähnliches Wahlrecht steht einem assoziierten Unternehmen oder Gemeinschaftsunternehmen zu, das nach einem Unternehmen, das maßgeblichen Einfluss über es besitzt oder es gemeinschaftlich führt, zu einem erstmaligen Anwender wird.

Falls ein Unternehmen jedoch nach seinem Tochterunternehmen (oder assoziierten Unternehmen oder Gemeinschaftsunternehmen) ein erstmaliger Anwender wird, muss das Unternehmen in seinem Konzernabschluss die Vermögenswerte und Schulden des Tochterunternehmens (oder des assoziierten Unternehmens oder des Gemeinschaftsunternehmens) nach Durchführung von Anpassungen im Rahmen der Konsolidierung, der Equity-Methode und der Auswirkungen des Unternehmenszusammenschlusses, im Rahmen dessen das Unternehmen das Tochterunternehmen erwarb, zu denselben Buchwerten wie in dem Abschluss des Tochterunternehmens (oder assoziierten Unternehmens oder Gemeinschaftsunternehmens) bewerten. Ungeachtet dieser Vorschrift wendet ein Mutterunternehmen, das keine Investmentgesellschaft ist, die für Tochterunternehmen von Investmentgesellschaften geltende Ausnahme von der Konsolidierung nicht an. Falls ein Mutterunternehmen entsprechend für seinen Einzelabschluss früher oder später als für seinen Konzernabschluss ein erstmaliger Anwender wird, muss es seine Vermögenswerte und Schulden, abgesehen von Konsolidierungsanpassungen, in beiden Abschlüssen identisch bewerten. **D17**

Zusammengesetzte Finanzinstrumente

IAS 32 *Finanzinstrumente: Darstellung* verlangt, dass zusammengesetzte Finanzinstrumente beim erstmaligen Ansatz in gesonderte Schuld- und Eigenkapitalkomponenten aufgeteilt werden. Falls keine Schuldkomponente mehr ausstehend ist, umfasst die retrospektive Anwendung von IAS 32 eine Aufteilung in zwei Eigenkapitalkomponenten. Der erste Bestandteil wird in den Gewinnrücklagen erfasst und stellt die kumulierten Zinsen dar, die für die Schuldkomponente anfielen. Der andere Bestandteil stellt die ursprüngliche Eigenkapitalkomponente dar. Falls die Schuldkomponente zum Zeitpunkt des Übergangs auf IFRS jedoch nicht mehr aussteht, muss ein erstmaliger Anwender gemäß diesem IFRS keine Aufteilung in zwei Bestandteile vornehmen. **D18**

Designation zuvor erfasster Finanzinstrumente

Gemäß IFRS 9 kann eine finanzielle Verbindlichkeit (sofern sie bestimmte Kriterien erfüllt) als erfolgswirksam zum beizulegenden Zeitwert bewertete finanzielle Verbindlichkeit designiert werden. Ungeachtet dieser Bestimmung darf ein Unternehmen zum Zeitpunkt des Übergangs auf IFRS jegliche finanzielle Verbindlichkeit als erfolgswirksam zum beizulegenden Zeitwert be- **D19** wertet designieren, sofern die Verbindlichkeit zu diesem Zeitpunkt die Kriterien in Paragraph 4.2.2 von IFRS 9 erfüllt.

D19A Ein Unternehmen kann einen finanziellen Vermögenswert auf Grundlage der zum Zeitpunkt des Übergangs auf IFRS bestehenden Fakten und Umstände gemäß Paragraph 4.1.5 von IFRS 9 als erfolgswirksam zum beizulegenden Zeitwert bewertet designieren.

D19B Ein Unternehmen kann eine Finanzinvestition in ein Eigenkapitalinstrument auf Grundlage der zum Zeitpunkt des Übergangs auf IFRS bestehenden Fakten und Umstände gemäß Paragraph 5.7.5 von IFRS 9 als erfolgsneutral zum beizulegenden Zeitwert im sonstigen Ergebnis bewertet designieren.

D19C Bei einer finanziellen Verbindlichkeit, die als erfolgswirksam zum beizulegenden Zeitwert bewertet designiert ist, hat ein Unternehmen zu bestimmen, ob die Bilanzierung gemäß Paragraph 5.7.7 von IFRS 9 eine Rechnungslegungsanomalie im Gewinn oder Verlust auf der Grundlage der zum Zeitpunkt des Übergangs auf IFRS bestehenden Fakten und Umstände schaffen würde.

Bewertung von finanziellen Vermögenswerten und finanziellen Verbindlichkeiten beim erstmaligen Ansatz mit dem beizulegenden Zeitwert

D20 Ungeachtet der Vorschriften der Paragraphen 7 und 9 kann ein Unternehmen die Vorschriften in Paragraph B5.1.2A(b) von IFRS 9 prospektiv auf am oder nach dem Zeitpunkt des Übergangs auf IFRS geschlossene Transaktionen anwenden.

In den Sachanlagen enthaltene Kosten für die Entsorgung

D21 IFRIC 1 *Änderungen bestehender Rückstellungen für Entsorgungs-, Wiederherstellungs- und ähnliche Verpflichtungen* fordert, dass spezifizierte Änderungen einer Rückstellung für Entsorgungs-, Wiederherstellungs- oder ähnliche Verpflichtungen zu den Anschaffungskosten des dazugehörigen Vermögenswerts hinzugefügt oder davon abgezogen werden; der berichtigte Abschreibungsbetrag des Vermögenswerts wird dann prospektiv über seine verbleibende Nutzungsdauer abgeschrieben. Ein Erstanwender braucht diese Anforderungen für Änderungen solcher Rückstellungen, die vor dem Zeitpunkt des Übergangs auf IFRS auftraten, nicht anzuwenden. Wenn ein Erstanwender diese Ausnahme nutzt, hat er

(a) zum Zeitpunkt des Übergangs auf IFRS die Rückstellung gemäß IAS 37 zu bewerten;

(b) sofern die Rückstellung im Anwendungsbereich von IFRIC 1 liegt, den Betrag, der in den Anschaffungskosten des zugehörigen Vermögenswerts beim ersten Auftreten der Verpflichtung enthalten gewesen wäre, zu schätzen, indem die Rückstellung zu dem Zeitpunkt unter Einsatz seiner bestmöglichen Schätzung des/der historisch risikobereinigten Abzinsungssatzes/sätze diskontiert wird, die für diese Rückstellung für die dazwischen liegenden Perioden angewandt worden wären; und

(c) zum Übergangszeitpunkt auf IFRS die kumulierte Abschreibung auf den Betrag auf Grundlage der laufenden Schätzung der Nutzungsdauer des Vermögenswerts unter Anwendung der vom Unternehmen gemäß IFRS eingesetzten Abschreibungsmethode zu berechnen.

D21A Ein Unternehmen, das die Befreiung in Paragraph D8A(b) (für Erdgas- und Erdölvorkommen in der Entwicklungs- oder Produktionsphase, die in Kostenstellen bilanziert werden, die sämtliche Erschließungsstandorte einer großen geografischen Zone umfassen) anwendet, kann anstelle der Zugrundelegung von Paragraph D21 oder IFRIC 1:

(a) Entsorgungs-, Wiederherstellungs- und ähnliche Verpflichtungen zum Zeitpunkt des Übergangs auf IFRS gemäß IAS 37 bewerten; und

(b) den gesamten Unterschiedsbetrag zwischen diesem Betrag und dem Buchwert dieser Verpflichtungen zum Zeitpunkt des Übergangs auf IFRS, der nach den vorherigen Rechnungslegungsgrundsätzen des Unternehmens ermittelt wurde, direkt in den Gewinnrücklagen erfassen.

Finanzielle Vermögenswerte oder immaterielle Vermögenswerte, die gemäß IFRIC 12 bilanziert werden

Ein Erstanwender kann die Übergangsvorschriften von IFRIC 12 anwenden. **D22**

Fremdkapitalkosten

Ein Erstanwender kann sich dafür entscheiden, die Anforderungen von IAS 23 ab dem Zeitpunkt des Übergangs auf IFRS oder ab einem früheren Datum im Sinne von IAS 23 Paragraph 28 anzuwenden. Ab dem Datum, ab dem das Unternehmen, das diese Ausnahme anwendet, IAS 23 zugrunde legt, wird das Unternehmen **D23**

(a) die Fremdkapitalkomponente, die nach vorherigen Rechnungslegungsgrundsätzen kapitalisiert und in den damaligen Buchwert der Vermögenswerte aufgenommen wurde, nicht anpassen; und

(b) die an oder nach diesem Datum aufgelaufenen Fremdkapitalkosten gemäß IAS 23 bilanzieren. Dies gilt auch für Fremdkapitalkosten, die am oder nach diesem Datum im Hinblick auf bereits im Aufbau befindliche qualifizierende Vermögenswerte anfallen.

Übertragung von Vermögenswerten durch einen Kunden[1)]

Erstmalige Anwender können die Übergangsbestimmungen in Paragraph 22 von IFRIC 18 *Übertragung von Vermögenswerten durch einen Kunden* anwenden. Der dort genannte Zeitpunkt des Inkrafttretens ist entweder der 1. Juli 2009 oder – falls später – der Zeitpunkt der Umstellung auf IFRS. Darüber hinaus kann ein erstmaliger Anwender ein beliebiges Datum vor der Umstellung auf die IFRS bestimmen und auf alle Vermögenswertübertragungen, die das Unternehmen zu oder nach diesem Termin von einem Kunden erhält, IFRIC 18 anwenden. **D24**

Tilgung finanzieller Verbindlichkeiten durch Eigenkapitalinstrumente

Bei erstmaliger Anwendung kann nach den Übergangsvorschriften von IFRIC 19 *Tilgung finanzieller Verbindlichkeiten durch Eigenkapitalinstrumente* verfahren werden. **D25**

Ausgeprägte Hochinflation

Wendet ein Unternehmen eine funktionale Währung an, die die Währung eines Hochinflationslandes war oder ist, muss es feststellen, ob diese Währung vor dem Zeitpunkt des Übergangs auf IFRS einer ausgeprägten Hochinflation ausgesetzt war. Dies gilt sowohl für Unternehmen, die die IFRS erstmals anwenden, als auch für Unternehmen, die die IFRS schon angewandt haben. **D26**

Die Währung eines Hochinflationslandes ist einer ausgeprägten Hochinflation ausgesetzt, wenn sie die beiden folgenden Merkmale aufweist: **D27**

(a) Nicht alle Unternehmen mit Transaktionen und Salden in dieser Währung können auf einen zuverlässigen allgemeinen Preisindex zurückgreifen.

(b) Es besteht keine Umtauschbarkeit zwischen dieser Währung und einer relativ stabilen Fremdwährung.

Die funktionale Währung eines Unternehmens unterliegt vom Zeitpunkt der Normalisierung der funktionalen Währung an nicht mehr einer ausgeprägten Hochinflation. Dies ist der Zeitpunkt, von dem an die funktionale Währung keines der in Paragraph D27 genannten Merkmale **D28**

1) **Anm. d. Red.:** Der endorste IFRS 15 hat die IFRIC 18 mit Wirkung vom 18.11.2016 ersetzt. Infolge dessen sollte laut Paragraph 39X diese Überschrift samt Paragraph D24 gestrichen werden. Diese Anweisung ist von den Änderungen in anderen Standards in Anhang D der Verordnung (EU) Nr. 2016/1905 v. 22.9.2016 (ABl EU Nr. L 295 S. 19) inhaltlich nicht aufgegriffen worden, sodass diese Überschrift samt Paragraph D24 unberührt bestehen bleibt. Eine Berichtigung ist abzuwarten.

mehr aufweist oder wenn das Unternehmen zu einer funktionalen Währung übergeht, die keiner ausgeprägten Hochinflation ausgesetzt ist.

D29 Fällt der Zeitpunkt des Übergangs eines Unternehmens auf IFRS auf den Zeitpunkt der Normalisierung der funktionalen Währung oder danach, kann das Unternehmen alle vor dem Zeitpunkt der Normalisierung gehaltenen Vermögenswerte und Schulden zum Zeitpunkt des Übergangs auf IFRS zum beizulegenden Zeitwert bewerten. Das Unternehmen darf diesen beizulegenden Zeitwert in seiner IFRS-Eröffnungsbilanz als Ersatz für die Kosten der Anschaffung oder Herstellung der betreffenden Vermögenswerte oder Schulden verwenden.

D30 Fällt der Zeitpunkt der Normalisierung der funktionalen Währung in einen zwölfmonatigen Vergleichszeitraum, darf der Vergleichszeitraum unter der Voraussetzung kürzer als zwölf Monate sein, dass für diesen kürzeren Zeitraum ein vollständiger Abschluss (wie in IAS 1 Paragraph 10 verlangt) vorgelegt wird.

Gemeinsame Vereinbarungen

D31 Ein Erstanwender kann die Übergangsvorschriften von IFRS 11 mit folgenden Ausnahmen anwenden:

(a) Bei der Anwendung der Übergangsvorschriften von IFRS 11 kann ein Erstanwender diese Bestimmungen zum Datum der Umstellung auf IFRS anwenden.

(b) Beim Übergang von der Quotenkonsolidierung auf die Equity-Methode prüft ein Erstanwender die Beteiligung gemäß IAS 36 zum Datum der Umstellung auf IFRS auf Wertminderung, und zwar unabhängig davon, ob ein Hinweis auf Wertminderung gegeben ist oder nicht. Jede etwaige Wertminderung wird zum Datum der Umstellung auf IFRS als Berichtigung an Gewinnrücklagen ausgewiesen.

Abraumkosten in der Produktionsphase eines Tagebaubergwerks

D32 Ein erstmaliger Anwender kann die Übergangsbestimmungen der Paragraphen A1 bis A4 von IFRIC 20 Abraumkosten in der Produktionsphase eines Tagebaubergwerks anwenden. Der Zeitpunkt des Inkrafttretens, auf den in diesem Paragraph verwiesen wird, ist der 1. Januar 2013 oder der Beginn der ersten IFRS-Berichtsperiode, je nachdem, welcher Zeitpunkt später liegt.

Designation von Verträgen über den Kauf oder Verkauf eines nicht finanziellen Postens

D33 Nach IFRS 9 können Verträge über den Kauf oder Verkauf eines nicht finanziellen Postens zu Vertragsbeginn als erfolgswirksam zum beizulegenden Zeitwert bewertet designiert werden (siehe Paragraph 2.5 von IFRS 9). Ungeachtet dieser Vorschrift kann ein Unternehmen zum Zeitpunkt des Übergangs auf IFRS bereits zu diesem Zeitpunkt bestehende Verträge als erfolgswirksam zum beizulegenden Zeitwert bewertet designieren, jedoch nur, wenn diese die Vorschriften in Paragraph 2.5 von IFRS 9 zu diesem Zeitpunkt erfüllen und das Unternehmen alle ähnlichen Verträge entsprechend designiert.

Umsatzerlöse

D34 Ein erstmaliger Anwender kann die Übergangsvorschriften von IFRS 15 Paragraph C5 anwenden. In diesem Fall ist unter dem Zeitpunkt der erstmaligen Anwendung der Beginn der Berichtsperiode zu verstehen, in der das Unternehmen die IFRS erstmals anwendet. Beschließt ein erstmaliger Anwender, diese Übergangsvorschriften anzuwenden, muss er auch IFRS 15 Paragraph C6 anwenden.

D35 Ein erstmaliger Anwender ist nicht verpflichtet, Verträge die vor der frühesten dargestellten Periode erfüllt worden sind, neu zu bewerten. Ein erfüllter Vertrag ist ein Vertrag, in Bezug auf den das Unternehmen alle Güter und Dienstleistungen übertragen hat, die in Übereinstimmung mit den bislang geltenden Rechnungslegungsgrundsätzen identifiziert worden sind.

Fremdwährungstransaktionen und im Voraus erbrachte oder erhaltene Gegenleistungen

Ein Erstanwender braucht IFRIC 22 *Fremdwährungstransaktionen und im Voraus erbrachte oder erhaltene Gegenleistungen* nicht auf in den Anwendungsbereich dieser Interpretation fallende Vermögenswerte, Aufwendungen und Erträge anwenden, die vor dem Zeitpunkt des Übergangs auf IFRS erstmals erfasst wurden. **D36**

Anhang E: Kurzfristige Befreiungen von IFRS

Dieser Anhang ist integraler Bestandteil des IFRS.

[Dieser Anhang ist für mögliche künftige kurzfristige Befreiungen bestimmt].

Befreiung von der Vorschrift, Vergleichsinformationen für IFRS 9 anzupassen

Wenn die erste IFRS-Berichtsperiode eines Unternehmens vor dem 1. Januar 2019 beginnt und das Unternehmen die vervollständigte Fassung von IFRS 9 (2014 veröffentlicht) anwendet, brauchen die Vergleichsinformationen im ersten IFRS-Abschluss des Unternehmens nicht die Anforderungen von IFRS 7 *Finanzinstrumente: Angaben* oder der vervollständigten Fassung von IFRS 9 (2014 veröffentlicht) zu erfüllen, soweit sich die Angabepflichten in IFRS 7 auf Sachverhalte innerhalb des Anwendungsbereichs von IFRS 9 beziehen. Bei solchen Unternehmen sind, ausschließlich im Fall von IFRS 7 und IFRS 9 (2014) Verweise auf den „Zeitpunkt des Übergangs auf IFRS" gleichbedeutend mit dem Beginn der ersten IFRS-Berichtsperiode. **E1**

Ein Unternehmen, das sich dafür entscheidet, in seinem ersten Jahr des Übergangs Vergleichsinformationen darzustellen, die nicht die Anforderungen von IFRS 7 und der vervollständigten Fassung von IFRS 9 (2014 veröffentlicht) erfüllen, hat **E2**

(a) für Vergleichsinformationen über Sachverhalte, die in den Anwendungsbereich von IFRS 9 fallen, anstelle der Vorschriften in IFRS 9 die Vorschriften seiner vorherigen Rechnungslegungsgrundsätze anzuwenden.

(b) diese Tatsache sowie die für die Erstellung dieser Informationen verwendete Grundlage anzugeben.

(c) etwaige Anpassungen zwischen der Bilanz zum Abschlussstichtag der Vergleichsperiode (d. h. der Bilanz, die Vergleichsinformationen nach vorherigen Rechnungslegungsgrundsätzen enthält) und der Bilanz zu Beginn der ersten IFRS-Berichtsperiode (d. h. der ersten Periode, die Informationen in Übereinstimmung mit IFRS 7 und der vervollständigten Fassung von IFRS 9 (2014) enthält) als Anpassungen infolge einer Änderung der Rechnungslegungsmethode zu bilanzieren und die in Paragraph 28(a)-(e) und (f)(i) von IAS 8 geforderten Angaben zu machen. Paragraph 28(f)(i) wird nur auf die in der Bilanz am Abschlussstichtag der Vergleichsperiode ausgewiesenen Beträge angewandt.

(d) Paragraph 17(c) von IAS 1 im Rahmen der Bereitstellung zusätzlicher Angaben anzuwenden, wenn die Anforderungen in den IFRS unzureichend sind, um es den Adressaten zu ermöglichen, die Auswirkungen einzelner Geschäftsvorfälle, sonstiger Ereignisse und Bedingungen auf die Vermögens-, Finanz- und Ertragslage des Unternehmens zu verstehen.

(weggefallen) **E3 bis E7**

Unsicherheit bezüglich der ertragsteuerlichen Behandlung

Ein Erstanwender, der vor dem 1. Juli 2017 auf IFRS übergeht, hat die Möglichkeit, die Anwendung von IFRIC 23 *Unsicherheit bezüglich der ertragsteuerlichen Behandlung* in den Vergleichsinformationen seines ersten IFRS-Abschlusses nicht darzustellen. Wählt ein Unternehmen diese Möglichkeit, so hat es die kumulierten Auswirkungen der Anwendung der IFRIC 23 zu Beginn seiner ersten IFRS-Berichtsperiode als Berichtigung des Eröffnungsbilanzwerts der Gewinnrücklagen (oder – soweit sachgerecht – einer anderen Eigenkapitalkomponente) zu bilanzieren. **E8**

International Financial Reporting Standard 2 Anteilsbasierte Vergütung (IFRS 2)

v. 3.11.2008 (ABl EU Nr. L 320 S. 1); zuletzt geändert durch Verordnung (EU) 2019/2075 v. 29.11.2019 (ABl L Nr. 316 S. 10)[1]

Inhalt	Ziffer

1) **Anm. d. Red.:** Diese Änderungen sind am 26.12.2019 in Kraft getreten und spätestens mit Beginn des ersten am oder nach dem 1.1.2020 beginnenden Geschäftsjahres anzuwenden. Vgl. dazu auch Paragraph 63E.

Zielsetzung

1 Die Zielsetzung dieses IFRS ist die Regelung der Bilanzierung von *anteilsbasierten Vergütungen*. Insbesondere schreibt er einem Unternehmen vor, die Auswirkungen anteilsbasierter Vergütungen in seinem Gewinn oder Verlust und seiner Vermögens- und Finanzlage zu berücksichtigen; dies schließt die Aufwendungen aus der Gewährung von *Aktienoptionen* an Mitarbeiter ein.

Anwendungsbereich

2 Dieser IFRS ist bei der Bilanzierung aller anteilsbasierten Vergütungen anzuwenden, unabhängig davon, ob das Unternehmen alle oder einige der erhaltenen Güter oder Dienstleistungen speziell identifizieren kann. Hierzu zählen, soweit in den Paragraphen 3A–6 nichts anderes angegeben ist:

(a) anteilsbasierte Vergütungen mit Ausgleich durch Eigenkapitalinstrumente,

(b) anteilsbasierte Vergütungen mit Barausgleich und

(c) Transaktionen, bei denen das Unternehmen Güter oder Dienstleistungen erhält oder erwirbt und das Unternehmen oder der Lieferant dieser Güter oder Dienstleistungen die Wahl hat, ob der Ausgleich in bar (oder in anderen Vermögenswerten) oder durch die Ausgabe von Eigenkapitalinstrumenten erfolgen soll (mit Ausnahme der in Paragraph 3A-6 genannten Fälle).

Sollten keine speziell identifizierbaren Güter oder Leistungen vorliegen, können andere Umstände darauf hinweisen, dass das Unternehmen Güter oder Dienstleistungen erhalten hat (oder noch erhalten wird) und damit dieser IFRS anzuwenden ist.

3 (weggefallen)

3A Bei einer anteilsbasierten Vergütung kann der Ausgleich von einem anderen Unternehmen der Gruppe (oder vom Anteilseigner eines beliebigen Unternehmens der Gruppe) im Namen des Unternehmens, das die Güter oder Dienstleistungen erhält oder erwirbt, vorgenommen werden. Paragraph 2 gilt also auch, wenn ein Unternehmen

(a) Güter oder Dienstleistungen erhält, ein anderes Unternehmen derselben Gruppe (oder ein Anteilseigner eines beliebigen Unternehmens der Gruppe) aber zum Ausgleich der Transaktion verpflichtet ist, oder

(b) zum Ausgleich der Transaktion verpflichtet ist, ein anderes Unternehmen der Gruppe aber die Güter oder Dienstleistungen erhält,

es sei denn, die Transaktion dient eindeutig einem anderen Zweck als der Vergütung der Güter oder Leistungen, die das Unternehmen erhält.

4 Im Sinne dieses IFRS stellt eine Transaktion mit einem Mitarbeiter (oder einer anderen Partei) in seiner bzw. ihrer Eigenschaft als Inhaber von Eigenkapitalinstrumenten des Unternehmens keine anteilsbasierte Vergütung dar. Gewährt ein Unternehmen beispielsweise allen Inhabern einer bestimmten Gattung seiner Eigenkapitalinstrumente das Recht, weitere Eigenkapitalinstrumente des Unternehmens zu einem Preis zu erwerben, der unter dem *beizulegenden Zeitwert* dieser Eigenkapitalinstrumente liegt, und wird einem Mitarbeiter nur deshalb ein solches Recht eingeräumt, weil er Inhaber von Eigenkapitalinstrumenten der betreffenden Gattung ist, unterliegt die Gewährung oder Ausübung dieses Rechts nicht den Vorschriften dieses IFRS.

5 Wie in Paragraph 2 ausgeführt, ist dieser IFRS auf anteilsbasierte Vergütungen anzuwenden, bei denen ein Unternehmen Güter oder Dienstleistungen erwirbt oder erhält. Güter schließen Vorräte, Verbrauchsgüter, Sachanlagen, immaterielle Vermögenswerte und andere nicht finanzielle Vermögenswerte ein. Dieser IFRS gilt jedoch nicht für Transaktionen, bei denen ein Unternehmen Güter als Teil des bei einem Unternehmenszusammenschluss gemäß IFRS 3 *Unternehmenszusammenschlüsse* (überarbeitet 2008), bei einem Zusammenschluss von Unternehmen unter gemeinschaftlicher Führung gemäß IFRS 3 Paragraph B1-B4 oder als Beitrag eines Unternehmens bei der Gründung eines Gemeinschaftsunternehmens im Sinne von IFRS 11 *Gemein-*

same Vereinbarungen erworbenen Nettovermögens erhält. Daher fallen Eigenkapitalinstrumente, die bei einem Unternehmenszusammenschluss im Austausch für die Beherrschung über das erworbene Unternehmen ausgegeben werden, nicht in den Anwendungsbereich dieses IFRS. Dagegen sind Eigenkapitalinstrumente, die Mitarbeitern des erworbenen Unternehmens in ihrer Eigenschaft als Mitarbeiter (beispielsweise als Gegenleistung für ihr Verbleiben im Unternehmen) gewährt werden, in den Anwendungsbereich dieses IFRS eingeschlossen. Ähnliches gilt für die Aufhebung, Ersetzung oder sonstige *Änderung anteilsbasierter Vergütungsvereinbarungen* infolge eines Unternehmenszusammenschlusses oder einer anderen Eigenkapitalrestrukturierung, die ebenfalls gemäß diesem IFRS zu bilanzieren sind. IFRS 3 dient als Leitlinie zur Ermittlung, ob bei einem Unternehmenszusammenschluss ausgegebene Eigenkapitalinstrumente Teil der im Austausch für die Beherrschung über das erworbene Unternehmen übertragenen Gegenleistung sind (und somit in den Anwendungsbereich des IFRS 3 fallen), oder ob sie im Austausch für ihr Verbleiben im Unternehmen in der auf den Zusammenschluss folgenden Berichtsperiode angesetzt werden (und somit in den Anwendungsbereich dieses IFRS fallen).

Dieser IFRS ist nicht auf anteilsbasierte Vergütungen anzuwenden, bei denen das Unternehmen Güter oder Dienstleistungen im Rahmen eines Vertrags erhält oder erwirbt, der in den Anwendungsbereich der Paragraphen 8-10 von IAS 32 *Finanzinstrumente: Darstellung* (überarbeitet 2003) oder der Paragraphen 2.4-2.7 von IFRS 9 *Finanzinstrumente* fällt. **6**

Im vorliegenden IFRS wird der Begriff „beizulegender Zeitwert" in einer Weise verwendet, die sich in einigen Aspekten von der Definition des beizulegenden Zeitwerts in IFRS 13 *Bemessung des beizulegenden Zeitwerts* unterscheidet. Wendet ein Unternehmen IFRS 2 an, bemisst es den beizulegenden Zeitwert daher gemäß vorliegendem IFRS und nicht gemäß IFRS 13. **6A**

Erfassung

Die gegen eine anteilsbasierte Vergütung erhaltenen oder erworbenen Güter oder Dienstleistungen sind zu dem Zeitpunkt anzusetzen, zu dem die Güter erworben oder die Dienstleistungen erhalten wurden. Das Unternehmen hat eine entsprechende Eigenkapitalerhöhung darzustellen, wenn die Güter oder Dienstleistungen gegen eine anteilsbasierte Vergütung mit Ausgleich durch Eigenkapitalinstrumente erhalten wurden, oder eine Schuld anzusetzen, wenn die Güter oder Dienstleistungen gegen eine anteilsbasierte Vergütung mit Barausgleich erworben wurden. **7**

Kommen die gegen eine anteilsbasierte Vergütung erhaltenen oder erworbenen Güter oder Dienstleistungen nicht für einen Ansatz als Vermögenswert in Betracht, sind sie als Aufwand zu erfassen. **8**

In der Regel entsteht ein Aufwand aus dem Verbrauch von Gütern oder Dienstleistungen. Beispielsweise werden Dienstleistungen normalerweise sofort verbraucht; in diesem Fall wird zum Zeitpunkt der Leistungserbringung durch die Vertragspartei ein Aufwand erfasst. Güter können über einen Zeitraum verbraucht oder, wie bei Vorräten, zu einem späteren Zeitpunkt verkauft werden; in diesem Fall wird ein Aufwand zu dem Zeitpunkt erfasst, zu dem die Güter verbraucht oder verkauft werden. Manchmal ist es jedoch erforderlich, bereits vor dem Verbrauch oder Verkauf der Güter oder Dienstleistungen einen Aufwand zu erfassen, da sie nicht für den Ansatz als Vermögenswert in Betracht kommen. Beispielsweise könnte ein Unternehmen in der Forschungsphase eines Projekts Güter zur Entwicklung eines neuen Produkts erwerben. Diese Güter sind zwar nicht verbraucht worden, erfüllen jedoch unter Umständen nicht die Kriterien für einen Ansatz als Vermögenswert nach dem einschlägigen IFRS. **9**

Anteilsbasierte Vergütungen mit Ausgleich durch Eigenkapitalinstrumente

Überblick

Bei anteilsbasierten Vergütungen, die durch Eigenkapitalinstrumente beglichen werden, sind die erhaltenen Güter oder Dienstleistungen und die entsprechende Erhöhung des Eigenkapitals **10** direkt mit dem beizulegenden Zeitwert der erhaltenen Güter oder Dienstleistungen anzusetzen, es sei denn, dass dieser nicht verlässlich geschätzt werden kann. Kann der beizulegende Zeitwert der erhaltenen Güter oder Dienstleistungen nicht verlässlich geschätzt werden, ist deren Wert und die entsprechende Eigenkapitalerhöhung indirekt unter Bezugnahme auf*) den beizulegenden Zeitwert der gewährten Eigenkapitalinstrumente zu ermitteln.

11 Zur Erfüllung der Bestimmungen von Paragraph 10 bei Transaktionen mit *Mitarbeitern und anderen, die ähnliche Leistungen erbringen***) ist der beizulegende Zeitwert der erhaltenen Leistungen unter Bezugnahme auf den beizulegenden Zeitwert der gewährten Eigenkapitalinstrumente zu ermitteln, da es in der Regel nicht möglich ist, den beizulegenden Zeitwert der erhaltenen Leistungen verlässlich zu schätzen, wie in Paragraph 12 näher erläutert wird. Für die Bewertung der Eigenkapitalinstrumente ist der beizulegende Zeitwert am *Tag der Gewährung* heranzuziehen.

12 Aktien, Aktienoptionen oder andere Eigenkapitalinstrumente werden Mitarbeitern normalerweise als Teil ihres Vergütungspakets zusätzlich zu einem Bargehalt und anderen Sonderleistungen gewährt. Im Regelfall ist es nicht möglich, die für bestimmte Bestandteile des Vergütungspakets eines Mitarbeiters erhaltenen Leistungen direkt zu bewerten. Oftmals kann auch der beizulegende Zeitwert des gesamten Vergütungspakets nicht unabhängig bestimmt werden, ohne direkt den beizulegenden Zeitwert der gewährten Eigenkapitalinstrumente zu ermitteln. Darüber hinaus werden Aktien oder Aktienoptionen manchmal im Rahmen einer Erfolgsbeteiligung und nicht als Teil der Grundvergütung gewährt, beispielsweise um die Mitarbeiter zum Verbleib im Unternehmen zu motivieren oder ihren Einsatz bei der Verbesserung des Unternehmensergebnisses zu honorieren. Mit der Gewährung von Aktien oder Aktienoptionen zusätzlich zu anderen Vergütungsformen bezahlt das Unternehmen ein zusätzliches Entgelt für den Erhalt zusätzlicher Leistungen. Der beizulegende Zeitwert dieser zusätzlichen Leistungen ist wahrscheinlich schwer zu schätzen. Aufgrund der Schwierigkeit, den beizulegenden Zeitwert der erhaltenen Leistungen direkt zu ermitteln, ist der beizulegende Zeitwert der erhaltenen Arbeitsleistungen unter Bezugnahme auf den beizulegenden Zeitwert der gewährten Eigenkapitalinstrumente zu bestimmen.

13 Zur Anwendung der Bestimmungen von Paragraph 10 auf Transaktionen mit anderen Parteien als Mitarbeitern gilt die widerlegbare Vermutung, dass der beizulegende Zeitwert der erhaltenen Güter oder Dienstleistungen verlässlich geschätzt werden kann. Der beizulegende Zeitwert ist an dem Tag zu ermitteln, an dem das Unternehmen die Güter erhält oder die Vertragspartei ihre Leistung erbringt. Sollte das Unternehmen diese Vermutung in seltenen Fällen widerlegen, weil es den beizulegenden Zeitwert der erhaltenen Güter oder Dienstleistungen nicht verlässlich schätzen kann, sind die erhaltenen Güter oder Dienstleistungen und die entsprechende Erhöhung des Eigenkapitals indirekt unter Bezugnahme auf den beizulegenden Zeitwert der gewährten Eigenkapitalinstrumente an dem Tag, an dem die Güter erhalten oder Leistungen erbracht wurden, zu bewerten.

13A Sollte insbesondere die identifizierbare Gegenleistung (falls vorhanden), die das Unternehmen erhält, geringer erscheinen als der beizulegende Zeitwert der gewährten Eigenkapitalinstrumente oder der eingegangenen Verpflichtungen, so ist dies in der Regel ein Hinweis darauf, dass das Unternehmen eine weitere Gegenleistung (d. h. nicht identifizierbare Güter oder Leistungen) erhalten hat (oder noch erhalten wird). Die identifizierbaren Güter oder Dienstleistungen, die das Unternehmen erhalten hat, sind gemäß diesem IFRS zu bewerten. Die nicht identifizierbaren Güter oder Leistungen, die das Unternehmen erhalten hat (oder noch erhalten wird), sind mit der Differenz zwischen dem beizulegenden Zeitwert der anteilsbasierten Vergütung

---

*) **Amtl. Anm.:** In diesem IFRS wird die Formulierung „unter Bezugnahme auf" und nicht „zum" verwendet, weil die Bewertung der Transaktion letztlich durch Multiplikation des beizulegenden Zeitwerts der gewährten Eigenkapitalinstrumente an dem in Paragraph 11 bzw. 13 angegebenen Tag (je nach Sachlage) mit der Anzahl der ausübbaren Eigenkapitalinstrumente, wie in Paragraph 19 erläutert, erfolgt.

) **Amtl. Anm.: Im verbleibenden Teil dieses IFRS schließen alle Bezugnahmen auf Mitarbeiter auch andere Personen, die ähnliche Leistungen erbringen, ein.

und dem beizulegenden Zeitwert aller erhaltenen (oder noch zu erhaltenden) identifizierbaren Güter oder Leistungen anzusetzen. Die nicht identifizierbaren Güter oder Leistungen, die das Unternehmen erhalten hat, sind zu dem Wert am Tag der Gewährung anzusetzen. Bei Transaktionen mit Barausgleich ist die Verbindlichkeit jedoch so lange zum Ende jedes Berichtszeitraums neu zu bewerten, bis sie nach den Paragraphen 30-33 beglichen ist.

Transaktionen, bei denen Dienstleistungen erhalten werden

Sind die gewährten Eigenkapitalinstrumente sofort *ausübbar*, ist die Vertragspartei nicht an eine bestimmte Dienstzeit gebunden, bevor sie einen uneingeschränkten Anspruch an diesen Eigenkapitalinstrumenten erwirbt. Sofern kein gegenteiliger substanzieller Hinweis vorliegt, ist von der Annahme auszugehen, dass die von der Vertragspartei als Entgelt für die Eigenkapitalinstrumente zu erbringenden Leistungen bereits erhalten wurden. In diesem Fall sind die erhaltenen Leistungen am Tag der Gewährung in voller Höhe mit einer entsprechenden Erhöhung des Eigenkapitals zu erfassen. **14**

Ist die Ausübung der gewährten Eigenkapitalinstrumente von der Ableistung einer bestimmten Dienstzeit durch die Vertragspartei abhängig, hat das Unternehmen davon auszugehen, dass die von der Vertragspartei als Gegenleistung für diese Eigenkapitalinstrumente zu erbringenden Leistungen künftig im Laufe des *Erdienungszeitraums* erhalten werden. Das Unternehmen hat diese Leistungen jeweils zum Zeitpunkt ihrer Erbringung während des Erdienungszeitraums mit einer einhergehenden Eigenkapitalerhöhung zu erfassen. Zum Beispiel: **15**

(a) Wenn einem Arbeitnehmer Aktienoptionen unter der Bedingung eines dreijährigen Verbleibs im Unternehmen gewährt werden, ist zu unterstellen, dass die vom Arbeitnehmer als Entgelt für die Aktienoptionen zu erbringenden Leistungen künftig im Laufe dieses dreijährigen Erdienungszeitraums erhalten werden.

(b) Wenn einem Arbeitnehmer Aktienoptionen mit der Auflage gewährt werden, eine bestimmte *Leistungsbedingung* zu erfüllen und so lange im Unternehmen zu bleiben, bis diese Leistungsbedingung eingetreten ist, und die Länge des Erdienungszeitraums je nach dem Zeitpunkt der Erfüllung der Leistungsbedingung variiert, hat das Unternehmen davon auszugehen, dass es die vom Arbeitnehmer als Gegenleistung für die Aktienoptionen zu erbringenden Leistungen künftig, im Laufe des erwarteten Erdienungszeitraums, erhalten wird. Die Dauer des erwarteten Erdienungszeitraums ist am Tag der Gewährung nach dem wahrscheinlichsten Eintreten der Erfolgsbedingung zu schätzen. Handelt es sich bei der Erfolgsbedingung um eine *Marktbedingung*, muss die geschätzte Dauer des erwarteten Erdienungszeitraums mit den bei der Schätzung des beizulegenden Zeitwerts der gewährten Optionen verwendeten Annahmen übereinstimmen und darf später nicht mehr geändert werden. Ist die Erfolgsbedingung keine Marktbedingung, hat das Unternehmen die geschätzte Dauer des Erdienungszeitraums bei Bedarf zu korrigieren, wenn spätere Informationen darauf hindeuten, dass die Länge des Erdienungszeitraums von den bisherigen Schätzungen abweicht.

Transaktionen, die unter Bezugnahme auf den beizulegenden Zeitwert der gewährten Eigenkapitalinstrumente bewertet werden

Ermittlung des beizulegenden Zeitwerts der gewährten Eigenkapitalinstrumente

Bei Transaktionen, die unter Bezugnahme auf den beizulegenden Zeitwert der gewährten Eigenkapitalinstrumente bewertet werden, ist der beizulegende Zeitwert der gewährten Eigenkapitalinstrumente am *Bewertungsstichtag* anhand der Marktpreise (sofern verfügbar) unter Berücksichtigung der besonderen Konditionen, zu denen die Eigenkapitalinstrumente gewährt wurden, (vorbehaltlich der Bestimmungen der Paragraphen 19-22) zu ermitteln. **16**

Stehen keine Marktpreise zur Verfügung, ist der beizulegende Zeitwert der gewährten Eigenkapitalinstrumente mit einer Bewertungstechnik zu bestimmen, bei der geschätzt wird, wel- **17** chen Preis die betreffenden Eigenkapitalinstrumente am Bewertungsstichtag bei einer Transaktion zwischen sachverständigen, vertragswilligen und voneinander unabhängigen Parteien unter marktüblichen Bedingungen erzielt hätten. Die Bewertungstechnik muss den allgemein anerkannten Bewertungsverfahren zur Ermittlung der Preise von Finanzinstrumenten entsprechen und alle Faktoren und Annahmen berücksichtigen, die sachverständige, vertragswillige Marktteilnehmer bei der Preisfestlegung in Erwägung ziehen würden (vorbehaltlich der Bestimmungen der Paragraphen 19-22).

18 Anhang B enthält weitere Leitlinien für die Ermittlung des beizulegenden Zeitwerts von Aktien und Aktienoptionen, wobei vor allem auf die üblichen Vertragsbedingungen bei der Gewährung von Aktien oder Aktienoptionen an Mitarbeiter eingegangen wird.

Behandlung der Ausübungsbedingungen

19 Die Gewährung von Eigenkapitalinstrumenten kann an die Erfüllung bestimmter Ausübungsbedingungen gekoppelt sein. Beispielsweise ist die Zusage von Aktien oder Aktienoptionen an einen Mitarbeiter üblicherweise davon abhängig, dass er eine bestimmte Zeit im Unternehmen bleibt. Manchmal sind auch Leistungsbedingungen zu erfüllen, wie z. B. die Erreichung eines bestimmten Gewinnwachstums oder eine bestimmte Steigerung des Aktienkurses des Unternehmens. Ausübungsbedingungen, die keine Marktbedingungen sind, fließen nicht in die Schätzung des beizulegenden Zeitwerts der Aktien oder Aktienoptionen am Bewertungsstichtag ein. Stattdessen sind die Ausübungsbedingungen, die keine Marktbedingungen sind, durch Anpassung der Anzahl der in die Bestimmung des Transaktionsbetrags einbezogenen Eigenkapitalinstrumente zu berücksichtigen, so dass der für die Güter oder Dienstleistungen, die als Gegenleistung für die gewährten Eigenkapitalinstrumente bezogen werden, angesetzte Betrag letztlich auf der Anzahl der schließlich ausübbaren Eigenkapitalinstrumente beruht. Dementsprechend wird auf kumulierter Basis kein Betrag für erhaltene Güter oder Dienstleistungen erfasst, wenn die gewährten Eigenkapitalinstrumente wegen der Nichterfüllung einer *Ausübungsbedingung*, die keine Marktbedingung ist, beispielsweise wegen des Ausscheidens eines Mitarbeiters vor der festgelegten Dienstzeit oder der Nichterfüllung einer Leistungsbedingung, vorbehaltlich der Bestimmungen von Paragraph 21, nicht ausgeübt werden können.

20 Zur Anwendung der Bestimmungen von Paragraph 19 ist für die während des Erdienungszeitraums erhaltenen Güter oder Dienstleistungen ein Betrag anzusetzen, der auf der bestmöglichen Schätzung der Anzahl der erwarteten ausübbaren Eigenkapitalinstrumente basiert, wobei diese Schätzung bei Bedarf zu korrigieren ist, wenn spätere Informationen darauf hindeuten, dass die Anzahl der erwarteten ausübbaren Eigenkapitalinstrumente von den bisherigen Schätzungen abweicht. Am Tag der ersten Ausübungsmöglichkeit ist die Schätzung vorbehaltlich der Bestimmungen von Paragraph 21 an die Anzahl der schließlich ausübbaren Eigenkapitalinstrumente anzugleichen.

21 Bei der Schätzung des beizulegenden Zeitwerts gewährter Eigenkapitalinstrumente sind die Marktbedingungen zu berücksichtigen, wie beispielsweise ein Zielkurs, an den die Ausübung (oder Ausübbarkeit) geknüpft ist. Daher hat das Unternehmen bei der Gewährung von Eigenkapitalinstrumenten, die Marktbedingungen unterliegen, die von einer Vertragspartei erhaltenen Güter oder Dienstleistungen unabhängig vom Eintreten dieser Marktbedingungen zu erfassen, sofern die Vertragspartei alle anderen Ausübungsbedingungen erfüllt (etwa die Leistungen eines Mitarbeiters, der die vertraglich festgelegte Zeit im Unternehmen verblieben ist).

Behandlung der Nicht-Ausübungsbedingungen

21A In gleicher Weise hat ein Unternehmen bei der Schätzung des beizulegenden Zeitwerts gewährter Eigenkapitalinstrumente alle Nicht-Ausübungsbedingungen zu berücksichtigen. Daher hat das Unternehmen bei der Gewährung von Eigenkapitalinstrumenten, die Nicht-Ausübungsbedingungen unterliegen, die von einer Vertragspartei erhaltenen Güter oder Dienstleistungen unabhängig vom Eintreten dieser Nicht-Ausübungsbedingungen zu erfassen, sofern die Vertragspartei alle Ausübungsbedingungen, die keine Marktbedingungen sind, erfüllt (etwa die Leistungen eines Mitarbeiters, der die vertraglich festgelegte Zeit im Unternehmen verblieben ist).

Behandlung von Reload-Eigenschaften

Bei Optionen mit *Reload-Eigenschaften* ist die Reload-Eigenschaft bei der Ermittlung des beizulegenden Zeitwerts der am Bewertungsstichtag gewährten Optionen nicht zu berücksichtigen. Stattdessen ist eine *Reload-Option* zu dem Zeitpunkt als neu gewährte Option zu verbuchen, zu dem sie später gewährt wird. **22**

Nach dem Tag der ersten Ausübungsmöglichkeit

Nachdem die erhaltenen Güter oder Dienstleistungen gemäß den Paragraphen 10-22 mit einer entsprechenden Eigenkapitalerhöhung erfasst wurden, dürfen nach dem Tag der ersten Ausübungsmöglichkeit keine weiteren Änderungen am Gesamtwert des Eigenkapitals mehr vorgenommen werden. Beispielsweise darf die Erfassung eines Betrags für von einem Mitarbeiter erbrachte Leistungen nicht rückgängig gemacht werden, wenn die ausübbaren Eigenkapitalinstrumente später verwirkt oder, im Falle von Aktienoptionen, die Optionen nicht ausgeübt werden. Diese Vorschrift schließt jedoch nicht die Möglichkeit einer Umbuchung innerhalb des Eigenkapitals, also eine Umbuchung von einem Eigenkapitalposten in einen anderen, aus. **23**

Wenn der beizulegende Zeitwert der Eigenkapitalinstrumente nicht verlässlich geschätzt werden kann

Die Vorschriften in den Paragraphen 16-23 sind anzuwenden, wenn eine anteilsbasierte Vergütung unter Bezugnahme auf den beizulegenden Zeitwert der gewährten Eigenkapitalinstrumente zu bewerten ist. In seltenen Fällen kann ein Unternehmen nicht in der Lage sein, den beizulegenden Zeitwert der gewährten Eigenkapitalinstrumente gemäß den Bestimmungen der Paragraphen 16-22 am Bewertungsstichtag verlässlich zu schätzen. Ausschließlich in diesen seltenen Fällen hat das Unternehmen stattdessen **24**

(a) die Eigenkapitalinstrumente mit ihrem *inneren Wert* anzusetzen, und zwar erstmals zu dem Zeitpunkt, zu dem das Unternehmen die Güter erhält oder die Vertragspartei die Dienstleistung erbringt, und anschließend an jedem Berichtsstichtag sowie am Tag der endgültigen Erfüllung, wobei etwaige Änderungen des inneren Werts erfolgswirksam zu erfassen sind. Bei der Gewährung von Aktienoptionen gilt die anteilsbasierte Vergütungsvereinbarung als endgültig erfüllt, wenn die Optionen ausgeübt bzw. verwirkt werden (z. B. durch Beendigung des Beschäftigungsverhältnisses) oder verfallen (z. B. nach Ablauf der Ausübungsfrist);

(b) die erhaltenen Güter oder Dienstleistungen auf Basis der Anzahl der schließlich ausübbaren oder (falls zutreffend) ausgeübten Eigenkapitalinstrumente anzusetzen. Bei Anwendung dieser Vorschrift auf Aktienoptionen sind beispielsweise die während des Erdienungszeitraums erhaltenen Güter oder Dienstleistungen gemäß den Paragraphen 14 und 15, mit Ausnahme der Bestimmungen in Paragraph 15(b) in Bezug auf das Vorliegen einer Marktbedingung, zu erfassen. Der Betrag, der für die während des Erdienungszeitraums erhaltenen Güter oder Dienstleistungen angesetzt wird, richtet sich nach der Anzahl der erwartungsgemäß ausübbaren Aktienoptionen. Diese Schätzung ist bei Bedarf zu korrigieren, wenn spätere Informationen darauf hindeuten, dass die erwartete Anzahl der ausübbaren Aktienoptionen von den bisherigen Schätzungen abweicht. Am Tag der ersten Ausübungsmöglichkeit ist die Schätzung an die Anzahl der schließlich ausübbaren Eigenkapitalinstrumente anzugleichen. Nach dem Tag der ersten Ausübungsmöglichkeit ist der für erhaltene Güter oder Dienstleistungen erfasste Betrag zurückzubuchen, wenn die Aktienoptionen später verwirkt werden oder nach Ablauf der Ausübungsfrist verfallen.

25 Für Unternehmen, die nach Paragraph 24 bilanzieren, sind die Vorschriften in den Paragraphen 26-29 nicht anzuwenden, da etwaige Änderungen der Vertragsbedingungen, zu denen die Eigenkapitalinstrumente gewährt wurden, bei der in Paragraph 24 beschriebenen Methode des inneren Werts bereits berücksichtigt werden. Für die Erfüllung gewährter Eigenkapitalinstrumente, die nach Paragraph 24 bewertet wurden, gilt jedoch:

(a) Tritt die Erfüllung während des Erdienungszeitraums ein, hat das Unternehmen die Erfüllung als vorgezogene Ausübungsmöglichkeit zu berücksichtigen und daher den Betrag, der ansonsten für die im restlichen Erdienungszeitraum erhaltenen Leistungen erfasst worden wäre, sofort zu erfassen.

(b) Alle zum Zeitpunkt der Erfüllung geleisteten Zahlungen sind als Rückkauf von Eigenkapitalinstrumenten, also als Abzug vom Eigenkapital, zu bilanzieren. Davon ausgenommen ist der Anteil des gezahlten Betrags, der den am Tag des Rückkaufs ermittelten beizulegenden Zeitwert der rückgekauften Eigenkapitalinstrumente übersteigt und als Aufwand zu erfassen ist.

Änderungen der Vertragsbedingungen, zu denen die Eigenkapitalinstrumente gewährt wurden, einschließlich Annullierungen und Erfüllungen

26 Es ist denkbar, dass ein Unternehmen die Vertragsbedingungen für die Gewährung der Eigenkapitalinstrumente ändert. Beispielsweise könnte es den Ausübungspreis für gewährte Mitarbeiteroptionen senken (also den Optionspreis neu festsetzen), wodurch sich der beizulegende Zeitwert dieser Optionen erhöht. Die Bestimmungen in den Paragraphen 27-29 für die Bilanzierung der Auswirkungen solcher Änderungen sind im Kontext anteilsbasierter Vergütungen mit Mitarbeitern formuliert. Sie gelten jedoch auch für anteilsbasierte Vergütungen mit anderen Parteien als Mitarbeitern, die unter Bezugnahme auf den beizulegenden Zeitwert der gewährten Eigenkapitalinstrumente erfasst werden. Im letzten Fall beziehen sich alle in den Paragraphen 27-29 enthaltenen Verweise auf den Tag der Gewährung stattdessen auf den Tag, an dem das Unternehmen die Güter erhält oder die Vertragspartei die Dienstleistung erbringt.

27 Die erhaltenen Leistungen sind mindestens mit dem am Tag der Gewährung ermittelten beizulegenden Zeitwert der gewährten Eigenkapitalinstrumente zu erfassen, es sei denn, diese Eigenkapitalinstrumente sind nicht ausübbar, weil am Tag der Gewährung eine vereinbarte Ausübungsbedingung (außer einer Marktbedingung) nicht erfüllt war. Dies gilt unabhängig von etwaigen Änderungen der Vertragsbedingungen, zu denen die Eigenkapitalinstrumente gewährt wurden, oder einer Annullierung oder Erfüllung der gewährten Eigenkapitalinstrumente. Außerdem hat ein Unternehmen die Auswirkungen von Änderungen zu erfassen, die den gesamten beizulegenden Zeitwert der anteilsbasierten Vergütungsvereinbarung erhöhen oder mit einem anderen Nutzen für den Mitarbeiter verbunden sind. Leitlinien für die Anwendung dieser Vorschrift sind in Anhang B zu finden.

28 Bei einer Annullierung (ausgenommen einer Annullierung durch Verwirkung, weil die Ausübungsbedingungen nicht erfüllt wurden) oder Erfüllung gewährter Eigenkapitalinstrumente während des Erdienungszeitraums gilt Folgendes:

(a) Das Unternehmen hat die Annullierung oder Erfüllung als vorgezogene Ausübungsmöglichkeit zu behandeln und daher den Betrag, der ansonsten für die im restlichen Erdienungszeitraum erhaltenen Leistungen erfasst worden wäre, sofort zu erfassen.

(b) Alle Zahlungen, die zum Zeitpunkt der Annullierung oder Erfüllung an den Mitarbeiter geleistet werden, sind als Rückkauf eines Eigenkapitalanteils, also als Abzug vom Eigenkapital, zu bilanzieren. Davon ausgenommen ist der Anteil des gezahlten Betrags, der den am Tag des Rückkaufs ermittelten beizulegenden Zeitwert der rückgekauften Eigenkapitalinstrumente übersteigt und als Aufwand zu erfassen ist. Enthält eine anteilsbasierte Vergütungsvereinbarung jedoch Schuldkomponenten, so ist der beizulegende Zeitwert der Schuld am Tag der Annullierung oder Erfüllung neu zu bewerten. Alle Zahlungen, die zur

Erfüllung der Schuldkomponente geleistet werden, sind als eine Tilgung der Schuld zu bilanzieren.

(c) Wenn einem Arbeitnehmer neue Eigenkapitalinstrumente gewährt werden und das Unternehmen am Tag der Gewährung dieser neuen Eigenkapitalinstrumente angibt, dass die neuen Eigenkapitalinstrumente als Ersatz für die annullierten Eigenkapitalinstrumente gewährt wurden, sind die als Ersatz gewährten Eigenkapitalinstrumente auf gleiche Weise wie eine Änderung der ursprünglich gewährten Eigenkapitalinstrumente in Übereinstimmung mit Paragraph 27 und den Leitlinien in Anhang B zu bilanzieren. Der gewährte zusätzliche beizulegende Zeitwert entspricht der Differenz zwischen dem beizulegenden Zeitwert der als Ersatz bestimmten Eigenkapitalinstrumente und dem beizulegenden Nettozeitwert der annullierten Eigenkapitalinstrumente am Tag, an dem die Ersatzinstrumente gewährt wurden. Der beizulegende Nettozeitwert der annullierten Eigenkapitalinstrumente ergibt sich aus ihrem beizulegenden Zeitwert unmittelbar vor der Annullierung, abzüglich des Betrags einer etwaigen Zahlung, die zum Zeitpunkt der Annullierung der Eigenkapitalinstrumente an den Mitarbeiter geleistet wurde und die gemäß (b) oben als Abzug vom Eigenkapital zu bilanzieren ist. Neue Eigenkapitalinstrumente, die nach Angabe des Unternehmens nicht als Ersatz für die annullierten Eigenkapitalinstrumente gewährt wurden, sind als neue gewährte Eigenkapitalinstrumente zu bilanzieren.

Wenn ein Unternehmen oder eine Vertragspartei wählen kann, ob es bzw. sie eine Nicht-Ausübungsbedingung erfüllen will, und das Unternehmen oder die Vertragspartei es unterlässt, die Nicht-Ausübungsbedingung während des Erdienungszeitraums zu erfüllen, so ist dies als eine Annullierung zu behandeln. **28A**

Beim Rückkauf von ausgeübten Eigenkapitalinstrumenten sind die an den Mitarbeiter geleisteten Zahlungen als Abzug vom Eigenkapital zu bilanzieren. Davon ausgenommen ist der Anteil des gezahlten Betrags, der den am Tag des Rückkaufs ermittelten beizulegenden Zeitwert der rückgekauften Eigenkapitalinstrumente übersteigt und als Aufwand zu erfassen ist. **29**

Anteilsbasierte Vergütungen mit Barausgleich

Bei anteilsbasierten Vergütungen mit Barausgleich sind die erworbenen Güter oder Dienstleistungen und die entstandene Schuld vorbehaltlich der Vorschriften der Paragraphen 31-33D mit dem beizulegenden Zeitwert der Schuld zu erfassen. Bis zur Begleichung der Schuld ist der beizulegende Zeitwert der Schuld zu jedem Berichtsstichtag und am Erfüllungstag neu zu bestimmen und sind alle Änderungen des beizulegenden Zeitwerts erfolgswirksam zu erfassen. **30**

Ein Unternehmen könnte seinen Mitarbeitern z. B. als Teil ihres Vergütungspakets Wertsteigerungsrechte gewähren, mit denen sie einen Anspruch auf eine künftige Barvergütung (anstelle eines Eigenkapitalinstruments) erwerben, die an den Kursanstieg der Aktien dieses Unternehmens gegenüber einem bestimmten Basiskurs über einen bestimmten Zeitraum gekoppelt ist. Eine andere Möglichkeit der Gewährung eines Anspruchs auf den Erhalt einer künftigen Barvergütung besteht darin, den Mitarbeitern ein Bezugsrecht auf Aktien (einschließlich zum Zeitpunkt der Ausübung der Aktienoptionen auszugebender Aktien) einzuräumen, die entweder rückkaufpflichtig sind (beispielsweise bei Beendigung des Beschäftigungsverhältnisses) oder nach Wahl des Mitarbeiters eingelöst werden können. Diese Vereinbarungen sind Beispiele für anteilsbasierte Vergütungen mit Barausgleich. Wertsteigerungsrechte werden erwähnt, um einige Vorschriften der Paragraphen 32-33D zu veranschaulichen; die Vorschriften dieser Paragraphen gelten aber für alle anteilsbasierten Vergütungen mit Barausgleich. **31**

Das Unternehmen hat zu dem Zeitpunkt, zu dem die Mitarbeiter ihre Leistung erbringen, die erhaltenen Leistungen und gleichzeitig für die Abgeltung dieser Leistungen eine Schuld zu erfassen. Einige Wertsteigerungsrechte sind beispielsweise sofort ausübbar, sodass der Mitarbeiter nicht an die Ableistung einer bestimmten Dienstzeit gebunden ist, bevor er einen Anspruch auf die Barvergütung erwirbt. Sofern kein gegenteiliger substanzieller Hinweis vorliegt, ist zu unterstellen, dass die von den Mitarbeitern als Gegenleistung für die Wertsteigerungsrechte zu erbringenden Leistungen erbracht wurden. Dementsprechend hat das Unternehmen die erhal- **32** tenen Leistungen und die daraus entstehende Schuld sofort zu erfassen. Ist die Ausübung der Wertsteigerungsrechte von der Ableistung einer bestimmten Dienstzeit abhängig, sind die erhaltenen Leistungen und die daraus entstehende Schuld zu dem Zeitpunkt zu erfassen, zu dem die Leistungen von den Mitarbeitern während dieses Zeitraums erbracht wurden.

33 Vorbehaltlich der Vorschriften der Paragraphen 33A-33D ist die Schuld bei der erstmaligen Erfassung und zu jedem Berichtsstichtag bis zu ihrer Begleichung mit dem beizulegenden Zeitwert der Wertsteigerungsrechte anzusetzen. Hierzu ist ein Optionspreismodell anzuwenden, das die Vertragsbedingungen, zu denen die Wertsteigerungsrechte gewährt wurden, und den Umfang der bisher von den Mitarbeitern abgeleisteten Dienstzeit berücksichtigt. Ein Unternehmen kann die Vertragsbedingungen, zu denen eine anteilsbasierte Vergütung mit Barausgleich gewährt wird, ändern. Die Paragraphen B44A-B44C in Anhang B enthalten Leitlinien für die Bilanzierung von Änderungen, die bewirken, dass eine anteilsbasierte Vergütung mit Barausgleich fortan als anteilsbasierte Vergütung mit Ausgleich durch Eigenkapitalinstrumente einzustufen ist.

Behandlung der Ausübungs- und der Nicht-Ausübungsbedingungen

33A Eine anteilsbasierte Vergütung mit Barausgleich kann an die Erfüllung bestimmter Ausübungsbedingungen gekoppelt sein. Es können Leistungsbedingungen vorgesehen sein, wie z. B. die Erreichung eines bestimmten Gewinnwachstums oder eine bestimmte Steigerung des Aktienkurses des Unternehmens. Ausübungsbedingungen, die keine Marktbedingungen sind, fließen nicht in die Schätzung des beizulegenden Zeitwerts der anteilsbasierten Vergütung mit Barausgleich am Bewertungsstichtag ein. Stattdessen sind Ausübungsbedingungen, die keine Marktbedingungen sind, durch Anpassung der Anzahl der Prämien zu berücksichtigen, die bei der Bemessung der mit der Vergütung einhergehenden Schuld berücksichtigt werden.

33B Zur Anwendung der Bestimmungen in Paragraph 33A ist für die während des Erdienungszeitraums erhaltenen Güter oder Dienstleistungen ein Betrag anzusetzen, der auf der bestmöglichen Schätzung der Anzahl der erwarteten ausübbaren Prämien basiert, wobei diese Schätzung bei Bedarf zu korrigieren ist, wenn spätere Informationen darauf hindeuten, dass die Anzahl der erwarteten ausübbaren Prämien von den bisherigen Schätzungen abweicht. Am Tag der ersten Ausübungsmöglichkeit ist die Schätzung an die Anzahl der letztendlich ausübbaren Prämien anzugleichen.

33C Bei der Schätzung des beizulegenden Zeitwertes der gewährten anteilsbasierten Vergütung mit Barausgleich sowie bei der Neubewertung zu jedem Berichtsstichtag und am Erfüllungstag sind die Marktbedingungen, wie beispielsweise ein Zielkurs, an den die Ausübung (oder Ausübbarkeit) geknüpft ist, sowie Nicht-Ausübungsbedingungen zu berücksichtigen.

33D Die Anwendung der Paragraphen 30-33C führt dazu, dass der kumulierte Betrag, der letztlich für die als Gegenleistung für die anteilsbasierte Vergütung mit Barausgleich empfangenen Güter oder Dienstleistungen angesetzt wird, dem gezahlten Geldbetrag entspricht.

Anteilsbasierte Vergütungen mit einem Nettoausgleich für die Einbehaltung von Steuern

33E Ein Unternehmen kann nach den anwendbaren Steuergesetzen verpflichtet sein, bei einer anteilsbasierten Vergütung einen Betrag einzubehalten, der den vom Mitarbeiter in diesem Zusammenhang geschuldeten Steuern entspricht und den das Unternehmen im Namen des Mitarbeiters – in der Regel in Form eines Geldbetrags – an die Steuerbehörde abführt. Zur Erfüllung dieser Verpflichtung kann die anteilsbasierte Vergütungsvereinbarung für das Unternehmen die Möglichkeit oder Pflicht vorsehen, eine dem Geldwert der Steuerschuld des Mitarbeiters entsprechende Anzahl von Eigenkapitalinstrumenten von der Gesamtzahl der Eigenkapitalinstrumente, die an den Mitarbeiter bei Ausübung (oder Erdienung) der anteilsbasierten Vergütung ausgegeben worden wäre, einzubehalten (d. h. die anteilsbasierte Vergütungsvereinbarung sieht einen Nettoausgleich vor).

Wäre die in Paragraph 33E beschriebene Transaktion ohne den Nettoausgleich als anteilsbasierte Vergütung mit Ausgleich durch Eigenkapitalinstrumente eingestuft worden, ist sie als Ausnahme von den Bestimmungen in Paragraph 34 in ihrer Gesamtheit als anteilsbasierte Vergütung mit Ausgleich durch Eigenkapitalinstrumente einzustufen. **33F**

Die Anteile, die zur Finanzierung der Zahlung einbehalten werden, die im Namen des Mitarbeiters für dessen Steuerschuld aus der anteilsbasierten Vergütung an die Steuerverwaltung geleistet wird, sind gemäß Paragraph 29 des vorliegenden Standards zu bilanzieren. Daher ist die geleistete Zahlung, soweit sie den beizulegenden Zeitwert der einbehaltenen Eigenkapitalinstrumente am Erfüllungstag (Zeitpunkt des Nettoausgleichs) nicht übersteigt, für die einbehaltenen Anteile als Abzug vom Eigenkapital zu bilanzieren. **33G**

Die in Paragraph 33F beschriebene Ausnahme gilt nicht für **33H**

(a) anteilsbasierte Vergütungsvereinbarungen mit Nettoausgleich, bei denen für das Unternehmen nach den Steuergesetzen keine Verpflichtung besteht, bei einer anteilsbasierten Vergütung einen Betrag für die vom Mitarbeiter in diesem Zusammenhang geschuldeten Steuern einzubehalten; oder

(b) Eigenkapitalinstrumente, die das Unternehmen einbehält und die über die Steuerschuld des Mitarbeiters im Zusammenhang mit der anteilsbasierten Vergütung hinausgehen (d. h. das Unternehmen behält eine Anzahl von Anteilen ein, deren Geldwert höher ist als die Steuerschuld des Mitarbeiters). Diese zu viel einbehaltenen Anteile sind als anteilsbasierte Vergütung mit Barausgleich zu bilanzieren, wenn der Betrag in bar (oder in anderen Vermögenswerten) an den Mitarbeiter ausgezahlt wird.

Anteilsbasierte Vergütungen mit wahlweisem Barausgleich oder Ausgleich durch Eigenkapitalinstrumente

Bei anteilsbasierten Vergütungen, bei denen das Unternehmen oder die Gegenpartei vertraglich die Wahl haben, ob die Transaktion in bar (oder in anderen Vermögenswerten) oder durch die Ausgabe von Eigenkapitalinstrumenten abgegolten wird, ist die Transaktion bzw. sind deren Bestandteile als anteilsbasierte Vergütung mit Barausgleich zu bilanzieren, sofern und soweit für das Unternehmen eine Verpflichtung zum Ausgleich in bar oder in anderen Vermögenswerten besteht, bzw. als anteilsbasierte Vergütung mit Ausgleich durch Eigenkapitalinstrumente, sofern und soweit keine solche Verpflichtung vorliegt. **34**

Anteilsbasierte Vergütungen mit Erfüllungswahlrecht bei der Gegenpartei

Lässt ein Unternehmen der Gegenpartei die Wahl, ob eine anteilsbasierte Vergütung in bar*) oder durch die Ausgabe von Eigenkapitalinstrumenten beglichen werden soll, liegt die Gewährung eines zusammengesetzten Finanzinstruments vor, das aus einer Schuldkomponente (dem Recht der Gegenpartei auf Barvergütung) und einer Eigenkapitalkomponente (dem Recht der Gegenpartei auf einen Ausgleich durch Eigenkapitalinstrumente anstelle von flüssigen Mitteln) besteht. Bei Transaktionen mit anderen Parteien als Mitarbeitern, bei denen der beizulegende Zeitwert der erhaltenen Güter und Dienstleistungen direkt ermittelt wird, ist die Eigenkapitalkomponente des zusammengesetzten Finanzinstruments als Differenz zwischen dem beizulegenden Zeitwert der erhaltenen Güter oder Dienstleistungen und dem beizulegenden Zeitwert der Schuldkomponente zum Zeitpunkt des Empfangs der Güter oder Dienstleistungen anzusetzen. **35**

Bei anderen Transaktionen, einschließlich Transaktionen mit Mitarbeitern, ist der beizulegende Zeitwert des zusammengesetzten Finanzinstruments zum Bewertungsstichtag unter Berück- **36**

*) **Amtl. Anm.:** In den Paragraphen 35-43 schließen alle Verweise auf Barmittel auch andere Vermögenswerte des Unternehmens ein.

sichtigung der Vertragsbedingungen zu bestimmen, zu denen die Rechte auf Barausgleich oder Ausgleich durch Eigenkapitalinstrumente gewährt wurden.

37 Zur Anwendung von Paragraph 36 ist zunächst der beizulegende Zeitwert der Schuldkomponente und im Anschluss daran der beizulegende Zeitwert der Eigenkapitalkomponente zu ermitteln – wobei zu berücksichtigen ist, dass die Gegenpartei beim Erhalt des Eigenkapitalinstruments ihr Recht auf Barvergütung verwirkt. Der beizulegende Zeitwert des zusammengesetzten Finanzinstruments entspricht der Summe der beizulegenden Zeitwerte der beiden Komponenten. Anteilsbasierte Vergütungen, bei denen die Gegenpartei die Form der Erfüllung frei wählen kann, sind jedoch häufig so strukturiert, dass beide Erfüllungsalternativen den gleichen beizulegenden Zeitwert haben. Die Gegenpartei könnte beispielsweise die Wahl zwischen dem Erhalt von Aktienoptionen oder in bar abgegoltenen Wertsteigerungsrechten haben. In solchen Fällen ist der beizulegende Zeitwert der Eigenkapitalkomponente gleich Null, d. h. der beizulegende Zeitwert des zusammengesetzten Finanzinstruments entspricht dem der Schuldkomponente. Umgekehrt ist der beizulegende Zeitwert der Eigenkapitalkomponente in der Regel größer als Null, wenn sich die beizulegenden Zeitwerte der Erfüllungsalternativen unterscheiden. In diesem Fall ist der beizulegende Zeitwert des zusammengesetzten Finanzinstruments größer als der beizulegende Zeitwert der Schuldkomponente.

38 Die erhaltenen oder erworbenen Güter oder Dienstleistungen sind entsprechend ihrer Klassifizierung als Schuld- oder Eigenkapitalkomponente des zusammengesetzten Finanzinstruments getrennt auszuweisen. Für die Schuldkomponente sind zu dem Zeitpunkt, zu dem die Gegenpartei die Güter liefert oder Leistungen erbringt, die erhaltenen Güter oder Dienstleistungen und gleichzeitig eine Schuld zur Begleichung dieser Güter oder Dienstleistungen gemäß den für anteilsbasierte Vergütungen mit Barausgleich geltenden Vorschriften (Paragraph 30-33) zu erfassen. Für die Eigenkapitalkomponente (falls vorhanden) sind zu dem Zeitpunkt, zu dem die Gegenpartei die Güter liefert oder Leistungen erbringt, die erhaltenen Güter oder Dienstleistungen und gleichzeitig eine Schuld zur Begleichung dieser Güter oder Dienstleistungen gemäß den für anteilsbasierte Vergütungen mit Ausgleich durch Eigenkapitalinstrumente geltenden Vorschriften (Paragraph 10-29) zu erfassen.

39 Am Erfüllungstag ist die Schuld mit dem beizulegenden Zeitwert neu zu bewerten. Erfolgt der Ausgleich nicht in bar, sondern durch die Ausgabe von Eigenkapitalinstrumenten, ist die Schuld als Entgelt für die ausgegebenen Eigenkapitalinstrumente direkt ins Eigenkapital umzubuchen.

40 Erfolgt der Ausgleich in bar anstatt durch die Ausgabe von Eigenkapitalinstrumenten, gilt die Schuld mit dieser Zahlung als vollständig beglichen. Alle vorher erfassten Eigenkapitalkomponenten bleiben im Eigenkapital. Durch ihre Entscheidung für einen Barausgleich verwirkt die Gegenpartei das Recht auf den Erhalt von Eigenkapitalinstrumenten. Diese Vorschrift schließt jedoch nicht die Möglichkeit einer Umbuchung innerhalb des Eigenkapitals, also eine Umbuchung von einem Eigenkapitalposten in einen anderen, aus.

Anteilsbasierte Vergütungen mit Erfüllungswahlrecht beim Unternehmen

41 Bei anteilsbasierten Vergütungen, die dem Unternehmen das vertragliche Wahlrecht einräumen, ob der Ausgleich in bar oder durch die Ausgabe von Eigenkapitalinstrumenten erfolgen soll, hat das Unternehmen zu bestimmen, ob eine gegenwärtige Verpflichtung zum Barausgleich besteht, und die anteilsbasierte Vergütung entsprechend abzubilden. Eine gegenwärtige Verpflichtung zum Barausgleich liegt dann vor, wenn die Möglichkeit eines Ausgleichs durch Eigenkapitalinstrumente keinen wirtschaftlichen Gehalt hat (z. B. weil dem Unternehmen die Ausgabe von Aktien gesetzlich verboten ist) oder der Barausgleich eine vergangene betriebliche Praxis oder erklärte Richtlinie des Unternehmens war oder das Unternehmen im Allgemeinen einen Barausgleich vornimmt, wenn die Gegenpartei diese Form des Ausgleichs wünscht.

42 Hat das Unternehmen eine gegenwärtige Verpflichtung zum Barausgleich, ist die Transaktion gemäß den Vorschriften für anteilsbasierte Vergütungen mit Barausgleich (Paragraph 30-33) zu bilanzieren.

Liegt eine solche Verpflichtung nicht vor, ist die Transaktion gemäß den Vorschriften für anteilsbasierte Vergütungen mit Ausgleich durch Eigenkapitalinstrumente (Paragraph 10-29) zu bilanzieren. Bei der Erfüllung kommen folgende Regelungen zur Anwendung: 43

(a) Entscheidet sich das Unternehmen für einen Barausgleich, ist die Barvergütung mit Ausnahme der unter (c) unten beschriebenen Fälle als Rückkauf von Eigenkapitalanteilen, also als Abzug vom Eigenkapital, zu behandeln.

(b) Entscheidet sich das Unternehmen für einen Ausgleich durch die Ausgabe von Eigenkapitalinstrumenten, ist mit Ausnahme der unter (c) unten beschriebenen Fälle keine weitere Buchung erforderlich (außer ggf. eine Umbuchung von einem Eigenkapitalposten in einen anderen).

(c) Wählt das Unternehmen die Form des Ausgleichs mit dem am Erfüllungstag höheren beizulegenden Zeitwert, ist ein zusätzlicher Aufwand für den Überschussbetrag zu erfassen, d. h. für die Differenz zwischen der Höhe der Barvergütung und dem beizulegenden Zeitwert der Eigenkapitalinstrumente, die sonst ausgegeben worden wären, bzw., je nach Sachlage, der Differenz zwischen dem beizulegenden Zeitwert der ausgegebenen Eigenkapitalinstrumente und dem Barbetrag, der sonst gezahlt worden wäre.

Anteilsbasierte Vergütungen zwischen Unternehmen einer Gruppe (Änderungen 2009)

Bei anteilsbasierten Vergütungen zwischen Unternehmen einer Gruppe hat das Unternehmen, das die Güter oder Dienstleistungen erhält, diese Güter oder Leistungen in seinem Einzelabschluss als anteilsbasierte Vergütung mit Ausgleich durch Eigenkapitalinstrumente oder als anteilsbasierte Vergütung mit Barausgleich zu bewerten und zu diesem Zweck Folgendes zu prüfen: 43A

(a) die Art der gewährten Prämien und

(b) seine eigenen Rechte und Pflichten.

Das Unternehmen, das die Güter oder Dienstleistungen erhält, kann einen anderen Betrag erfassen als die Unternehmensgruppe in ihrem Konzernabschluss oder ein anderes Unternehmen der Gruppe, die bzw. das bei der anteilsbasierten Vergütung den Ausgleich vornimmt.

Das Unternehmen, das die Güter oder Dienstleistungen erhält, hat diese als anteilsbasierte Vergütung mit Ausgleich durch Eigenkapitalinstrumente zu bewerten, wenn 43B

(a) es sich bei den gewährten Prämien um seine eigenen Eigenkapitalinstrumente handelt oder

(b) das Unternehmen nicht dazu verpflichtet ist, bei der anteilsbasierten Vergütung den Ausgleich vorzunehmen.

Gemäß den Paragraphen 19-21 muss ein Unternehmen eine solche anteilsbasierte Vergütung mit Ausgleich durch Eigenkapitalinstrumente in der Folge nur dann neu bewerten, wenn sich die marktbedingungsunabhängigen Ausübungsbedingungen geändert haben. In allen anderen Fällen hat das Unternehmen, das die Güter oder Dienstleistungen erhält, diese als anteilsbasierte Vergütung mit Barausgleich zu bewerten.

Das Unternehmen, das bei einer anteilsbasierten Vergütung den Ausgleich vornimmt, während ein anderes Unternehmen der Gruppe die Güter oder Dienstleistungen erhält, hat diese Transaktion nur dann als anteilsbasierte Vergütung mit Ausgleich durch Eigenkapitalinstrumente zu erfassen, wenn der Ausgleich mit seinen eigenen Eigenkapitalinstrumenten erfolgt. In allen anderen Fällen ist die Transaktion als anteilsbasierte Vergütung mit Barausgleich zu erfassen. 43C

Bestimmte gruppeninterne Transaktionen sind mit Rückzahlungsvereinbarungen verbunden, die ein Unternehmen der Gruppe dazu verpflichten, ein anderes Unternehmen der Gruppe dafür zu bezahlen, dass es den Lieferanten der Güter oder Leistungen anteilsbasierte Vergütungen zur Verfügung gestellt hat. In einem solchen Fall hat das Unternehmen, das die Güter oder Leis- 43D tungen erhält, die anteilsbasierte Vergütung ungeachtet etwaiger gruppeninterner Rückzahlungsvereinbarungen gemäß Paragraph 43B zu bilanzieren.

Angaben

44 Ein Unternehmen hat Informationen anzugeben, die Art und Ausmaß der in der Berichtsperiode bestehenden anteilsbasierten Vergütungsvereinbarungen für den Abschlussadressaten nachvollziehbar machen.

45 Um dem Grundsatz in Paragraph 44 Rechnung zu tragen, sind mindestens folgende Angaben erforderlich:

(a) eine Beschreibung der einzelnen Arten von anteilsbasierten Vergütungsvereinbarungen, die während der Berichtsperiode in Kraft waren, einschließlich der allgemeinen Vertragsbedingungen jeder Vereinbarung, wie Ausübungsbedingungen, maximale Anzahl gewährter Optionen und Form des Ausgleichs (ob in bar oder durch Eigenkapitalinstrumente). Ein Unternehmen mit substanziell ähnlichen Arten von anteilsbasierten Vergütungsvereinbarungen kann diese Angaben zusammenfassen, soweit zur Erfüllung des Grundsatzes in Paragraph 44 keine gesonderte Darstellung der einzelnen Vereinbarungen notwendig ist;

(b) Anzahl und gewichteter Durchschnitt der Ausübungspreise der Aktienoptionen für jede der folgenden Gruppen von Optionen:

(i) zu Beginn der Berichtsperiode ausstehende Optionen;

(ii) in der Berichtsperiode gewährte Optionen;

(iii) in der Berichtsperiode verwirkte Optionen;

(iv) in der Berichtsperiode ausgeübte Optionen;

(v) in der Berichtsperiode verfallene Optionen;

(vi) am Ende der Berichtsperiode ausstehende Optionen; und

(vii) am Ende der Berichtsperiode ausübbare Optionen;

(c) bei in der Berichtsperiode ausgeübten Optionen der gewichtete Durchschnittsaktienkurs am Tag der Ausübung. Wurden die Optionen während der Berichtsperiode regelmäßig ausgeübt, kann stattdessen der gewichtete Durchschnittsaktienkurs der Berichtsperiode herangezogen werden;

(d) für die am Ende der Berichtsperiode ausstehenden Optionen die Bandbreite an Ausübungspreisen und der gewichtete Durchschnitt der restlichen Vertragslaufzeit. Ist die Bandbreite der Ausübungspreise sehr groß, sind die ausstehenden Optionen in Bereiche zu unterteilen, die zur Beurteilung der Anzahl und des Zeitpunktes der möglichen Ausgabe zusätzlicher Aktien und des bei Ausübung dieser Optionen realisierbaren Barbetrags geeignet sind.

46 Ein Unternehmen hat Informationen anzugeben, die den Abschlussadressaten deutlich machen, wie der beizulegende Zeitwert der erhaltenen Güter oder Dienstleistungen oder der beizulegende Zeitwert der gewährten Eigenkapitalinstrumente in der Berichtsperiode bestimmt wurde.

47 Wurde der beizulegende Zeitwert der im Austausch für Eigenkapitalinstrumente des Unternehmens erhaltenen Güter oder Dienstleistungen indirekt unter Bezugnahme auf den beizulegenden Zeitwert der gewährten Eigenkapitalinstrumente bemessen, hat das Unternehmen zur Erfüllung des Grundsatzes in Paragraph 46 mindestens folgende Angaben zu machen:

(a) für in der Berichtsperiode gewährte Aktienoptionen der gewichtete Durchschnitt der beizulegenden Zeitwerte dieser Optionen am Bewertungsstichtag sowie Angaben darüber, wie dieser beizulegende Zeitwert ermittelt wurde, einschließlich:

(i) das verwendete Optionspreismodell und die in dieses Modell einfließenden Daten, einschließlich gewichteter Durchschnittsaktienkurs, Ausübungspreis, erwartete Volatilität, Laufzeit der Option, erwartete Dividenden, risikoloser Zinssatz und andere in das Modell einfließende Parameter, einschließlich verwendete Methode und die zugrunde gelegten Annahmen zur Berücksichtigung der Auswirkungen einer erwarteten frühzeitigen Ausübung;

(ii) wie die erwartete Volatilität bestimmt wurde. Hierzu gehören auch erläuternde Angaben, inwieweit die erwartete Volatilität auf der historischen Volatilität beruht; und

(iii) ob und auf welche Weise andere Ausstattungsmerkmale der Optionsgewährung, wie z. B. eine Marktbedingung, in die Ermittlung des beizulegenden Zeitwerts einbezogen wurden;

(b) für andere in der Berichtsperiode gewährte Eigenkapitalinstrumente (keine Aktienoptionen) die Anzahl und der gewichtete Durchschnitt der beizulegenden Zeitwerte dieser Eigenkapitalinstrumente am Bewertungsstichtag sowie Angaben darüber, wie dieser beizulegende Zeitwert ermittelt wurde, einschließlich:

(i) wenn der beizulegende Zeitwert nicht anhand eines beobachtbaren Marktpreises ermittelt wurde, auf welche Weise er bestimmt wurde;

(ii) ob und auf welche Weise erwartete Dividenden bei der Ermittlung des beizulegenden Zeitwerts berücksichtigt wurden; und

(iii) ob und auf welche Weise andere Ausstattungsmerkmale der gewährten Eigenkapitalinstrumente in die Bestimmung des beizulegenden Zeitwerts eingeflossen sind;

(c) für anteilsbasierte Vergütungen, die in der Berichtsperiode geändert wurden:

(i) eine Erklärung, warum diese Änderungen vorgenommen wurden;

(ii) der zusätzliche beizulegende Zeitwert, der (infolge dieser Änderungen) gewährt wurde; und

(iii) ggf. Angaben darüber, wie der gewährte zusätzliche beizulegende Zeitwert unter Beachtung der Vorschriften von (a) und (b) oben bestimmt wurde.

Wurden die in der Berichtsperiode erhaltenen Güter oder Dienstleistungen direkt zum beizulegenden Zeitwert angesetzt, ist anzugeben, wie der beizulegende Zeitwert bestimmt wurde, d. h. ob er anhand eines Marktpreises für die betreffenden Güter oder Dienstleistungen ermittelt wurde. **48**

Hat das Unternehmen die Vermutung in Paragraph 13 widerlegt, hat es diese Tatsache anzugeben und zu begründen, warum es zu einer Widerlegung dieser Vermutung kam. **49**

Ein Unternehmen hat Informationen anzugeben, die den Abschlussadressaten die Auswirkungen anteilsbasierter Vergütungen auf das Periodenergebnis und die Vermögens- und Finanzlage des Unternehmens verständlich machen. **50**

Um dem Grundsatz in Paragraph 50 Rechnung zu tragen, sind mindestens folgende Angaben erforderlich: **51**

(a) der in der Berichtsperiode erfasste Gesamtaufwand für anteilsbasierte Vergütungen, bei denen die erhaltenen Güter oder Dienstleistungen nicht für eine Erfassung als Vermögenswert in Betracht kamen und daher sofort aufwandswirksam verbucht wurden. Dabei ist der Anteil am Gesamtaufwand, der auf anteilsbasierte Vergütungen mit Ausgleich durch Eigenkapitalinstrumente entfällt, gesondert auszuweisen;

(b) für Schulden aus anteilsbasierten Vergütungen:

(i) der Gesamtbuchwert am Ende der Berichtsperiode und

(ii) der gesamte innere Wert der Schulden am Ende der Berichtsperiode, bei denen das Recht der Gegenpartei auf Erhalt von flüssigen Mitteln oder anderen Vermögenswerten zum Ende der Berichtsperiode ausübbar war (z. B. ausübbare Wertsteigerungsrechte).

Sind die Angabepflichten dieses Standards zur Erfüllung der Grundsätze in den Paragraphen 44, 46 und 50 nicht ausreichend, hat das Unternehmen zusätzliche Angaben zu machen, die zu ei- **52** ner Erfüllung dieser Grundsätze führen. Hat ein Unternehmen beispielsweise eine anteilsbasierte Vergütung gemäß Paragraph 33F als anteilsbasierte Vergütung mit Ausgleich durch Eigenkapitalinstrumente eingestuft, so gibt es zur Information der Abschlussadressaten über die künftigen Zahlungsströme im Zusammenhang mit anteilsbasierten Vergütungsvereinbarungen den Betrag an, den es voraussichtlich an die Steuerbehörde abführen wird, um die Steuer schuld des Mitarbeiters zu begleichen.

Übergangsvorschriften

53 Bei anteilsbasierten Vergütungen mit Ausgleich durch Eigenkapitalinstrumente ist dieser IFRS auf Aktien, Aktienoptionen und andere Eigenkapitalinstrumente anzuwenden, die nach dem 7. November 2002 gewährt wurden und zum Zeitpunkt des Inkrafttretens dieses IFRS noch nicht ausübbar waren.

54 Es wird empfohlen, aber nicht vorgeschrieben, diesen IFRS auf andere gewährte Eigenkapitalinstrumente anzuwenden, sofern das Unternehmen den am Bewertungsstichtag bestimmten beizulegenden Zeitwert dieser Eigenkapitalinstrumente veröffentlicht hat.

55 Bei allen gewährten Eigenkapitalinstrumenten, auf die dieser IFRS angewendet wird, ist eine Anpassung der Vergleichsinformationen und ggf. des Eröffnungsbilanzwerts der Gewinnrücklagen für die früheste dargestellte Berichtsperiode vorzunehmen.

56 Alle gewährten Eigenkapitalinstrumente, auf die dieser IFRS keine Anwendung findet (also alle bis einschließlich 7. November 2002 zugeteilten Eigenkapitalinstrumente), unterliegen dennoch den Angabepflichten gemäß Paragraph 44 und 45.

57 Ändert ein Unternehmen nach Inkrafttreten dieses IFRS die Vertragsbedingungen für gewährte Eigenkapitalinstrumente, auf die dieser IFRS nicht angewendet worden ist, sind dennoch für die Bilanzierung derartiger Änderungen die Paragraphen 26-29 maßgeblich.

58 Der IFRS ist rückwirkend auf Schulden aus anteilsbasierten Vergütungen anzuwenden, die zum Zeitpunkt des Inkrafttretens dieses IFRS bestanden. Für diese Schulden ist eine Anpassung der Vergleichsinformationen vorzunehmen. Hierzu gehört auch eine Anpassung des Eröffnungsbilanzwerts der Gewinnrücklagen in der frühesten dargestellten Berichtsperiode, für die die Vergleichsinformationen angepasst worden sind. Eine Pflicht zur Anpassung der Vergleichsinformationen besteht allerdings nicht für Informationen, die sich auf eine Berichtsperiode oder einen Tag vor dem 7. November 2002 beziehen.

59 Es wird empfohlen, aber nicht vorgeschrieben, den IFRS rückwirkend auf andere Schulden aus anteilsbasierten Vergütungen anzuwenden, wie beispielsweise auf Schulden, die in einer Berichtsperiode beglichen wurden, für die Vergleichsinformationen aufgeführt sind.

59A Die Änderungen in den Paragraphen 30-31, 33-33H und B44A-B44C sind wie nachfolgend angegeben anzuwenden. Frühere Perioden sind nicht anzupassen.

(a) Die Änderungen in den Paragraphen B44A-B44C gelten nur für Änderungen der Vertragsbedingungen einer anteilsbasierten Vergütung, die am oder nach dem Tag der erstmaligen Anwendung der Änderungen dieses Standards eintreten.

(b) Die Änderungen in den Paragraphen 30-31 und 33-33D gelten für anteilsbasierte Vergütungen, die am Tag der erstmaligen Anwendung der Änderungen verfallbar sind, und für anteilsbasierte Vergütungen, die am oder nach dem Tag der erstmaligen Anwendung der Änderungen gewährt werden. Bei verfallbaren, vor dem Tag der erstmaligen Anwendung der Änderungen gewährten anteilsbasierten Vergütungen ist die Schuld zu diesem Zeitpunkt neu zu bewerten, und ist die Auswirkung der Neubewertung in der Berichtsperiode, in der die Änderungen erstmals angewandt werden, im Anfangssaldo der Gewinnrücklagen (bzw. anderer Bestandteile des Eigenkapitals) auszuweisen.

(c) Die Änderungen in den Paragraphen 33E-33H und 52 gelten für anteilsbasierte Vergütungen, die am Tag der erstmaligen Anwendung der Änderungen verfallbar sind (oder ausübbar sind, aber nicht ausgeübt wurden), und für anteilsbasierte Vergütungen, die am oder nach dem Tag der erstmaligen Anwendung der Änderungen gewährt werden. Bei verfallbaren (oder ausübbaren, aber nicht ausgeübten) anteilsbasierten Vergütungen (oder deren Bestandteilen), die als anteilsbasierte Vergütungen mit Barausgleich eingestuft waren, infolge der Änderungen nun aber als anteilsbasierte Vergütungen mit Ausgleich durch Eigenkapitalinstrumente einzustufen sind, ist der Buchwert der aus der anteilsbasierten Vergütung resultierenden Schuld am Tag der erstmaligen Anwendung der Änderungen in das Eigenkapital umzugliedern.

Unbeschadet der Bestimmungen in Paragraph 59A kann ein Unternehmen die Änderungen in Paragraph 63D vorbehaltlich der Übergangsvorschriften der Paragraphen 53-59 dieses Standards gemäß IAS 8 *Rechnungslegungsmethoden, Änderungen von rechnungslegungsbezogenen Schätzungen und Fehler* rückwirkend anwenden, falls dies ohne Weiteres möglich ist. Wenn sich ein Unternehmen für eine rückwirkende Anwendung entscheidet, muss es sämtliche in der Verlautbarung *Einstufung und Bewertung anteilsbasierter Vergütungen* (Änderungen an IFRS 2) enthaltenen Änderungen rückwirkend anwenden. **59B**

Zeitpunkt des Inkrafttretens

Dieser IFRS ist erstmals in der ersten Berichtsperiode eines am 1. Januar 2005 oder danach beginnenden Geschäftsjahres anzuwenden. Eine frühere Anwendung wird empfohlen. Wenn ein Unternehmen den IFRS für Berichtsperioden anwendet, die vor dem 1. Januar 2005 beginnen, so ist diese Tatsache anzugeben. **60**

IFRS 3 (überarbeitet 2008) und die *Verbesserungen der IFRS* vom April 2009 ändern Paragraph 5 ab. Diese Änderungen sind erstmals in der ersten Berichtsperiode eines am 1. Juli 2009 oder danach beginnenden Geschäftsjahrs anzuwenden. Eine frühere Anwendung ist zulässig. Wenn ein Unternehmen IFRS 3 (geändert 2008) auf eine frühere Periode anwendet, sind auch diese Änderungen entsprechend für diese frühere Periode anzuwenden. **61**

Die folgenden Änderungen sind rückwirkend in der ersten Berichtsperiode eines am 1. Januar 2009 oder danach beginnenden Geschäftsjahres anzuwenden: **62**

(a) die Vorschriften in Paragraph 21A hinsichtlich der Behandlung von Nicht-Ausübungsbedingungen;

(b) die in Anhang A überarbeiteten Definitionen von „ausübbar werden" und „Ausübungsbedingungen";

(c) die Änderungen in den Paragraphen 28 und 28A hinsichtlich Annullierungen.

Eine frühere Anwendung ist zulässig. Wenn ein Unternehmen diese Änderungen für eine Periode anwendet, die vor dem 1. Januar 2009 beginnt, so ist diese Tatsache anzugeben.

Die nachstehend aufgeführten Änderungen, die mit der Verlautbarung *Anteilsbasierte Vergütungen mit Barausgleich innerhalb einer Unternehmensgruppe* vom Juni 2009 vorgenommen wurden, sind vorbehaltlich der Übergangsvorschriften der Paragraphen 53-59 gemäß IAS 8 rückwirkend auf Berichtsperioden eines am oder nach dem 1. Januar 2010 beginnenden Geschäftsjahres anzuwenden: **63**

(a) In Bezug auf die Bilanzierung von Transaktionen zwischen Unternehmen einer Gruppe die Änderung des Paragraphen 2, die Streichung des Paragraphen 3 und die Anfügung der Paragraphen 3A und 43A-43D sowie der Paragraphen B45, B47, B50, B54, B56-B58 und B60 in Anhang B.

(b) Die geänderten Definitionen der folgenden Begriffe in Anhang A:

- anteilsbasierte Vergütung mit Barausgleich,
- anteilsbasierte Vergütung mit Ausgleich durch Eigenkapitalinstrumente,
- anteilsbasierte Vergütungsvereinbarung und
- anteilsbasierte Vergütung.

Sind die für eine rückwirkende Anwendung notwendigen Informationen nicht verfügbar, hat das Unternehmen in seinem Einzelabschluss die zuvor im Konzernabschluss erfassten Beträge zu übernehmen. Eine frühere Anwendung ist zulässig. Wendet ein Unternehmen diese Änderungen auf eine vor dem 1. Januar 2010 beginnende Berichtsperiode an, so hat es dies anzugeben.

63A Durch IFRS 10 *Konzernabschlüsse* und IFRS 11, veröffentlicht im Mai 2011, wurden Paragraph 5 und Anhang A geändert. Ein Unternehmen hat diese Änderungen anzuwenden, wenn es IFRS 10 und IFRS 11 anwendet.

63B Mit den im Dezember 2013 veröffentlichten *Jährlichen Verbesserungen an den IFRS, Zyklus 2010-2012*, wurden die Paragraphen 15 und 19 geändert. In Anhang A wurden die Definitionen „Ausübungsbedingungen" und „Marktbedingung" geändert und die Definitionen „Leistungsbedingung" und „Dienstbedingung" angefügt. Ein Unternehmen hat diese Änderung prospektiv auf anteilsbasierte Vergütungen anzuwenden, die am oder nach dem 1. Juli 2014 gewährt werden. Eine frühere Anwendung ist zulässig. Wendet ein Unternehmen diese Änderung auf eine frühere Periode an, hat es dies anzugeben.

63C Durch IFRS 9 (im Juli 2014 veröffentlicht) wurde Paragraph 6 geändert. Ein Unternehmen hat die diese Änderung anzuwenden, wenn es IFRS 9 anwendet.

63D Mit der im Juni 2016 veröffentlichten Verlautbarung *Einstufung und Bewertung anteilsbasierter Vergütungen* (Änderungen an IFRS 2) wurden die Paragraphen 19, 30-31, 33, 52 und 63 geändert und die Paragraphen 33A-33H, 59A-59B, 63D und B44A-B44C mit deren Überschriften angefügt. Diese Änderungen sind erstmals auf Geschäftsjahre anzuwenden, die am oder nach dem 1. Januar 2018 beginnen. Eine frühere Anwendung ist zulässig. Wendet ein Unternehmen die Änderungen auf eine frühere Periode an, hat es dies anzugeben.

63E Durch die 2018 veröffentlichte Verlautbarung *Änderungen der Verweise auf das Rahmenkonzept in IFRS-Standards* wurde in Anhang A die Fußnote am Ende der Definition „Eigenkapitalinstrument" geändert. Diese Änderung ist auf Geschäftsjahre anzuwenden, die am oder nach dem 1. Januar 2020 beginnen. Eine frühere Anwendung ist zulässig, wenn das Unternehmen gleichzeitig alle anderen mit der Verlautbarung *Änderungen der Verweise auf das Rahmenkonzept in IFRS-Standards* einhergehenden Änderungen anwendet. Die Änderung an IFRS 2 ist vorbehaltlich der Übergangsbestimmungen in den Paragraphen 53-59 dieses Standards gemäß IAS 8 *Rechnungslegungsmethoden, Änderungen von rechnungslegungsbezogenen Schätzungen und Fehler* rückwirkend anzuwenden. Sollte das Unternehmen jedoch feststellen, dass eine rückwirkende Anwendung nicht durchführbar oder mit unangemessenem Kosten- oder Zeitaufwand verbunden wäre, hat es die Änderung an IFRS 2 mit Verweis auf die Paragraphen 23–28, 50–53 und 54F des IAS 8 anzuwenden.

Rücknahme von Interpretationen

64 *Anteilsbasierte Vergütungen mit Barausgleich innerhalb einer Unternehmensgruppe* vom Juni 2009 ersetzt IFRIC 8 *Anwendungsbereich von IFRS 2* und IFRIC 11 *IFRS 2 – Geschäfte mit eigenen Aktien und Aktien von Konzernunternehmen*. Mit den darin enthaltenen Änderungen werden die nachstehend genannten, früheren Anforderungen aus IFRIC 8 und IFRIC 11 übernommen:

(a) In Bezug auf die Bilanzierung von Transaktionen, bei denen das Unternehmen nicht alle oder keine/s der erhaltenen Güter oder Leistungen speziell identifizieren kann, die Änderung des Paragraphen 2 und die Anfügung des Paragraphen 13A. Die dazugehörigen Anforderungen waren erstmals in der ersten Berichtsperiode eines am oder nach dem 1. Mai 2006 beginnenden Geschäftsjahres anzuwenden.

(b) In Bezug auf die Bilanzierung von Transaktionen zwischen Unternehmen der Gruppe die Anfügung der Paragraphen B46, B48, B49, B51-B53, B55, B59 und B61 in Anhang B. Die dazugehörigen Anforderungen waren erstmals in der ersten Berichtsperiode eines am oder nach dem 1. März 2007 beginnenden Geschäftsjahres anzuwenden.

Diese Anforderungen wurden vorbehaltlich der Übergangsvorschriften des IFRS 2 gemäß IAS 8 rückwirkend angewandt.

Anhang A: Definitionen

Dieser Anhang ist integraler Bestandteil des IFRS.

Anteilsbasierte Vergütung mit Barausgleich	Eine **anteilsbasierte Vergütung**, bei der das Unternehmen Güter oder Leistungen erhält und im Gegenzug die Verpflichtung eingeht, dem Lieferanten dieser Güter oder Leistungen Zahlungsmittel oder andere Vermögenswerte zu übertragen, deren Höhe vom Kurs (oder Wert) der **Eigenkapitalinstrumente** (einschließlich Aktien oder **Aktienoptionen**) des Unternehmens oder eines anderen Unternehmens der Gruppe abhängt.
Mitarbeiter und andere, die ähnliche Leistungen erbringen	Personen, die persönliche Leistungen für das Unternehmen erbringen und die (a) rechtlich oder steuerlich als Mitarbeiter gelten, (b) für das Unternehmen auf dessen Anweisung tätig sind wie Personen, die rechtlich oder steuerlich als Mitarbeiter gelten, oder (c) ähnliche Leistungen wie Mitarbeiter erbringen. Der Begriff umfasst beispielsweise das gesamte Management, d. h. alle Personen, die für die Planung, Leitung und Überwachung der Tätigkeiten des Unternehmens zuständig und verantwortlich sind, einschließlich Non-Executive Directors.
Eigenkapitalinstrument	Ein Vertrag, der einen Residualanspruch an den Vermögenswerten nach Abzug aller dazugehörigen Schulden begründet.*)
Gewährtes Eigenkapitalinstrument	Das vom Unternehmen im Rahmen einer **anteilsbasierten Vergütung** übertragene (bedingte oder uneingeschränkte) Recht an einem **Eigenkapitalinstrument** des Unternehmens.
Anteilsbasierte Vergütung mit Ausgleich durch Eigenkapitalinstrumente	Eine **anteilsbasierte Vergütung**, bei der das Unternehmen (a) Güter oder Leistungen erhält und im Gegenzug eigene **Eigenkapitalinstrumente** (einschließlich Aktien oder **Aktienoptionen**) hingibt, oder (b) Güter oder Leistungen erhält, aber nicht dazu verpflichtet ist, beim Lieferanten den Ausgleich vorzunehmen.
Beizulegender Zeitwert	Der Betrag, zu dem zwischen sachverständigen, vertragswilligen und voneinander unabhängigen Geschäftspartnern unter marktüblichen Bedingungen ein Vermögenswert getauscht, eine Schuld beglichen oder ein **gewährtes Eigenkapitalinstrument** getauscht werden könnte.

*) **Amtl. Anm.:** In dem 2018 veröffentlichten *Rahmenkonzept für die Finanzberichterstattung* ist eine Schuld definiert als eine gegenwärtige Verpflichtung des Unternehmens, eine wirtschaftliche Ressource als Ergebnis früherer Ereignisse zu übertragen.

Tag der Gewährung

Tag, an dem das Unternehmen und eine andere Partei (einschließlich ein Mitarbeiter) eine **anteilsbasierte Vergütungsvereinbarung** treffen, worunter der Zeitpunkt zu verstehen ist, zu dem das Unternehmen und die Gegenpartei ein gemeinsames Verständnis über die Vertragsbedingungen der Vereinbarung erlangt haben. Am Tag der Gewährung verleiht das Unternehmen der Gegenpartei das Recht auf den Erhalt von flüssigen Mitteln, anderen Vermögenswerten oder **Eigenkapitalinstrumenten** des Unternehmens, das ggf. an die Erfüllung bestimmter **Ausübungsbedingungen** geknüpft ist. Unterliegt diese Vereinbarung einem Genehmigungsverfahren (z. B. durch die Eigentümer), entspricht der Tag der Gewährung dem Tag, an dem die Genehmigung erteilt wurde.

Innerer Wert

Die Differenz zwischen dem **beizulegenden Zeitwert** der Aktien, zu deren Zeichnung oder Erhalt die Gegenpartei (bedingt oder uneingeschränkt) berechtigt ist, und (gegebenenfalls) dem von der Gegenpartei für diese Aktien zu entrichtenden Betrag. Beispielsweise hat eine **Aktienoption** mit einem Ausübungspreis von WE 15*) bei einer Aktie mit einem **beizulegenden Zeitwert** von WE 20 einen inneren Wert von WE 5.

Marktbedingung

Eine **Leistungsbedingung** für den Ausübungspreis, den Übergang des Rechtsanspruchs an einem oder die Ausübungsmöglichkeit eines **Eigenkapitalinstruments**, die mit dem Marktpreis (oder -wert) der **Eigenkapitalinstrumente** des Unternehmens (oder der Eigenkapitalinstrumente eines anderen Unternehmens derselben Gruppe) in Zusammenhang steht, wie beispielsweise:

(a) die Erzielung eines bestimmten Aktienkurses oder eines bestimmten **inneren Werts** einer **Aktienoption** oder

(b) die Erreichung eines bestimmten Ziels, das auf dem Marktpreis (oder -wert) der **Eigenkapitalinstrumente** des Unternehmens (oder der Eigenkapitalinstrumente eines anderen Unternehmens derselben Gruppe) im Verhältnis zu einem Index von Marktpreisen von **Eigenkapitalinstrumenten** anderer Unternehmen basiert.

Eine Marktbedingung verpflichtet die Gegenpartei zur Ableistung einer bestimmten Dienstzeit (d. h. eine **Dienstbedingung**); die Bedingung der Ableistung einer bestimmten Dienstzeit kann explizit oder implizit sein.

Leistungsbedingung

Eine **Ausübungsbedingung**, wonach

(a) die Gegenpartei zur Ableistung einer bestimmten Dienstzeit verpflichtet ist (d. h. eine **Dienstbedingung**); die Bedingung der Ableistung einer bestimmten Dienstzeit kann explizit oder implizit sein; und

*) **Amtl. Anm.:** In diesem Anhang werden Geldbeträge in „Währungseinheiten" (WE) angegeben.

(b) bei Erbringung des unter (a) verlangten Dienstes ein bestimmtes Leistungsziel/bestimmte Leistungsziele zu erreichen sind.

Der Zeitraum, in dem das Leistungsziel/die Leistungsziele zu erreichen ist/sind,

(a) darf nicht über das Ende der Dienstzeit hinausgehen; und

(b) darf vor der Dienstzeit beginnen, sofern der zur Erfüllung des Leistungsziels zur Verfügung stehende Zeitraum nicht wesentlich vor dem Beginn der Dienstzeit beginnt.

Bei der Bestimmung des Leistungsziels wird Bezug genommen auf:

(a) die Geschäfte (oder Tätigkeiten) des Unternehmens selbst oder die Geschäfte oder Tätigkeiten eines anderen Unternehmens derselben Gruppe (d. h. eine Nicht-Marktbedingung); oder

(b) den Preis (oder Wert) der **Eigenkapitalinstrumente** des Unternehmens oder der Eigenkapitalinstrumente eines anderen Unternehmens derselben Gruppe (einschließlich Aktien und **Aktienoptionen**) (d. h. eine **Marktbedingung**).

Ein Leistungsziel kann sich entweder auf die Leistung des Unternehmens insgesamt oder eines Teils des Unternehmens (oder eines Teils der Gruppe) beziehen, wie eine Abteilung oder einen einzelnen Mitarbeiter.

Dienstbedingung

Eine **Ausübungsbedingung**, die von der Gegenpartei die Ableistung einer bestimmten Dienstzeit verlangt, in der Leistungen für das Unternehmen erbracht werden. Wenn die Gegenpartei im **Erdienungszeitraum** ihre Leistungen einstellt, hat sie diese Bedingung unabhängig von den Gründen für die Einstellung nicht erfüllt. Eine Dienstbedingung setzt keine Erreichung eines Erfolgsziels voraus.

Bewertungsstichtag

Tag, an dem der **beizulegende Zeitwert** der gewährten **Eigenkapitalinstrumente** für die Zwecke dieses Standards bestimmt wird. Bei Transaktionen mit **Mitarbeitern und anderen, die ähnliche Leistungen erbringen**, ist der Bewertungsstichtag der **Tag der Gewährung**. Bei Transaktionen mit anderen Parteien als Mitarbeitern (und Personen, die ähnliche Leistungen erbringen) ist der Bewertungsstichtag der Tag, an dem das Unternehmen die Güter erhält oder die Gegenpartei die Leistungen erbringt.

Reload-Eigenschaft

Ausstattungsmerkmal, das eine automatische Gewährung zusätzlicher **Aktienoptionen** vorsieht, wenn der Optionsinhaber bei der Ausübung vorher gewährter Optionen den Ausübungspreis mit den Aktien des Unternehmens und nicht in bar begleicht.

Reload-Option

Eine neue **Aktienoption**, die gewährt wird, wenn der Ausübungspreis einer früheren **Aktienoption** mit einer Aktie beglichen wird.

Anteilsbasierte Vergütungsvereinbarung

Eine Vereinbarung zwischen dem Unternehmen (oder einem anderen Unternehmen der Gruppe*) oder einem Anteilseigner eines Unternehmens der Gruppe) und einer anderen Partei (einschließlich eines Mitarbeiters), die Letztere – ggf. unter dem Vorbehalt der Erfüllung bestimmter **Ausübungsbedingungen** – dazu berechtigt,

(a) Zahlungsmittel oder andere Vermögenswerte des Unternehmens zu erhalten, deren Höhe vom Kurs (oder Wert) der **Eigenkapitalinstrumente** (einschließlich Aktien oder **Aktienoptionen**) des Unternehmens oder eines anderen Unternehmens der Gruppe abhängt, oder

(b) **Eigenkapitalinstrumente** (einschließlich Aktien oder **Aktienoptionen**) des Unternehmens oder eines anderen Unternehmens der Gruppe zu erhalten.

Anteilsbasierte Vergütung

Eine Transaktion, bei der das Unternehmen

(a) im Rahmen einer **anteilsbasierten Vergütungsvereinbarung** von einem Lieferanten (einschließlich eines Mitarbeiters) Güter oder Leistungen erhält, oder

(b) die Verpflichtung eingeht, im Rahmen einer **anteilsbasierten Vergütungsvereinbarung** beim Lieferanten den Ausgleich für die Transaktion vorzunehmen, ein anderes Unternehmen der Gruppe aber die betreffenden Güter oder Dienstleistungen erhält.

Aktienoption

Ein Vertrag, der den Inhaber berechtigt, aber nicht verpflichtet, die Aktien des Unternehmens während eines bestimmten Zeitraums zu einem festen oder bestimmbaren Preis zu kaufen.

Ausübbar werden

Einen festen Rechtsanspruch erwerben. Im Rahmen einer **anteilsbasierten Vergütungsvereinbarung** wird das Recht einer Gegenpartei auf den Erhalt von flüssigen Mitteln, Vermögenswerten oder **Eigenkapitalinstrumenten** des Unternehmens ausübbar, wenn der Rechtsanspruch der Gegenpartei nicht mehr von der Erfüllung von **Ausübungsbedingungen** abhängt.

Ausübungsbedingung

Eine Bedingung, die bestimmt, ob das Unternehmen die Leistungen erhält, durch welche die Gegenpartei den Rechtsanspruch erwirbt, im Rahmen einer **anteilsbasierten Vergütungsvereinbarung** flüssige Mittel, andere Vermögenswerte oder **Eigenkapitalinstrumente** des Unternehmens zu erhalten. Eine Ausübungsbedingung ist entweder eine **Dienstbedingung** oder eine **Leistungsbedingung**.

*) **Amtl. Anm.:** Eine „Unternehmensgruppe" ist in Anhang A von IFRS 10 *Konzernabschlüsse* aus Sicht des obersten Mutterunternehmens des berichtenden Unternehmens definiert als „Mutterunternehmen mit seinen Tochterunternehmen".

Erdienungszeitraum Zeitraum, in dem alle festgelegten **Ausübungsbedingungen** einer **anteilsbasierten Vergütungsvereinbarung** erfüllt werden müssen.

Anhang B: Anleitungen zur Anwendung

Dieser Anhang ist integraler Bestandteil des IFRS.

Schätzung des beizulegenden Zeitwerts der gewährten Eigenkapitalinstrumente

Die Paragraphen B2-B41 dieses Anhangs behandeln die Ermittlung des beizulegenden Zeitwerts **B1** von gewährten Aktien und Aktienoptionen, wobei vor allem auf die üblichen Vertragsbedingungen bei der Gewährung von Aktien oder Aktienoptionen an Mitarbeiter eingegangen wird. Sie sind daher nicht erschöpfend. Da sich die nachstehenden Erläuterungen in erster Linie auf an Mitarbeiter gewährte Aktien und Aktienoptionen beziehen, wird außerdem unterstellt, dass der beizulegende Zeitwert der Aktien oder Aktienoptionen am Tag der Gewährung bestimmt wird. Viele der nachfolgend angeschnittenen Punkte (wie etwa die Bestimmung der erwarteten Volatilität) gelten jedoch auch im Kontext einer Schätzung des beizulegenden Zeitwerts von Aktien oder Aktienoptionen, die anderen Parteien als Mitarbeitern zum Zeitpunkt des Empfangs der Güter durch das Unternehmen oder der Leistungserbringung durch die Gegenpartei gewährt werden.

Aktien

Bei der Gewährung von Aktien an Mitarbeiter ist der beizulegende Zeitwert der Aktien anhand **B2** des Marktpreises der Aktien des Unternehmens (bzw. eines geschätzten Marktpreises, wenn die Aktien des Unternehmens nicht öffentlich gehandelt werden) unter Berücksichtigung der Vertragsbedingungen, zu denen die Aktien gewährt wurden (ausgenommen Ausübungsbedingungen, die gemäß Paragraph 19-21 nicht in die Bestimmung des beizulegenden Zeitwerts einfließen), zu ermitteln.

Hat der Mitarbeiter beispielsweise während des Erdienungszeitraums keinen Anspruch auf den **B3** Bezug von Dividenden, ist dieser Faktor bei der Schätzung des beizulegenden Zeitwerts der gewährten Aktien zu berücksichtigen. Gleiches gilt, wenn die Aktien nach dem Tag der ersten Ausübungsmöglichkeit Übertragungsbeschränkungen unterliegen, allerdings nur insoweit die Beschränkungen nach der Ausübbarkeit einen Einfluss auf den Preis haben, den ein sachverständiger, vertragswilliger Marktteilnehmer für diese Aktie zahlen würde. Werden die Aktien zum Beispiel aktiv in einem hinreichend entwickelten, liquiden Markt gehandelt, haben Übertragungsbeschränkungen nach dem Tag der ersten Ausübungsmöglichkeit nur eine geringe oder überhaupt keine Auswirkung auf den Preis, den ein sachverständiger, vertragswilliger Marktteilnehmer für diese Aktien zahlen würde. Übertragungsbeschränkungen oder andere Beschränkungen während des Erdienungszeitraums sind bei der Schätzung des beizulegenden Zeitwerts der gewährten Aktien am Tag der Gewährung nicht zu berücksichtigen, weil diese Beschränkungen im Vorhandensein von Ausübungsbedingungen begründet sind, die gemäß Paragraph 19-21 bilanziert werden.

Aktienoptionen

Bei der Gewährung von Aktienoptionen an Mitarbeiter stehen in vielen Fällen keine Marktpreise **B4** zur Verfügung, weil die gewährten Optionen Vertragsbedingungen unterliegen, die nicht für gehandelte Optionen gelten. Gibt es keine gehandelten Optionen mit ähnlichen Vertragsbedingungen, ist der beizulegende Zeitwert der gewährten Optionen mithilfe eines Optionspreismodells zu schätzen.

B5 Das Unternehmen hat Faktoren zu berücksichtigen, die sachverständige, vertragswillige Marktteilnehmer bei der Auswahl des anzuwendenden Optionspreismodells in Betracht ziehen würden. Viele Mitarbeiteroptionen haben beispielsweise eine lange Laufzeit, sind normalerweise vom Tag, an dem alle Ausübungsbedingungen erfüllt sind, bis zum Ende der Optionslaufzeit ausübbar und werden oft frühzeitig ausgeübt. Alle diese Faktoren müssen bei der Schätzung des beizulegenden Zeitwerts der Optionen am Tag der Gewährung berücksichtigt werden. Bei vielen Unternehmen schließt dies die Verwendung der Black-Scholes-Merton-Formel aus, die nicht die Möglichkeit einer Ausübung vor Ende der Optionslaufzeit zulässt und die Auswirkungen einer erwarteten frühzeitigen Ausübung nicht adäquat wiedergibt. Außerdem ist darin nicht vorgesehen, dass sich die erwartete Volatilität und andere in das Modell einfließende Parameter während der Laufzeit einer Option ändern können. Unter Umständen treffen die vorstehend genannten Faktoren jedoch nicht auf Aktienoptionen zu, die eine relativ kurze Vertragslaufzeit haben oder innerhalb einer kurzen Frist nach Erfüllung der Ausübungsbedingungen ausgeübt werden müssen. In solchen Fällen kann die Black-Scholes-Merton-Formel ein Ergebnis liefern, das sich im Wesentlichen mit dem eines flexibleren Optionspreismodells deckt.

B6 Alle Optionspreismodelle berücksichtigen mindestens die folgenden Faktoren:

(a) den Ausübungspreis der Option;

(b) die Laufzeit der Option;

(c) den aktuellen Kurs der zugrunde liegenden Aktien;

(d) die erwartete Volatilität des Aktienkurses;

(e) die erwarteten Dividenden auf die Aktien (falls zutreffend); und

(f) den risikolosen Zins für die Laufzeit der Option.

B7 Darüber hinaus sind andere Faktoren zu berücksichtigen, die sachverständige, vertragswillige Marktteilnehmer bei der Preisfestlegung in Betracht ziehen würden (ausgenommen Ausübungsbedingungen und Reload-Eigenschaften, die gemäß Paragraph 19–22 nicht in die Ermittlung des beizulegenden Zeitwerts einfließen).

B8 Beispielsweise können an Mitarbeiter gewährte Aktienoptionen normalerweise in bestimmten Zeiträumen nicht ausgeübt werden (z. B. während des Erdienungszeitraums oder in von den Aufsichtsbehörden festgelegten Fristen). Dieser Faktor ist zu berücksichtigen, wenn das verwendete Optionspreismodell ansonsten von der Annahme ausginge, dass die Option während ihrer Laufzeit jederzeit ausübbar wäre. Verwendet ein Unternehmen dagegen ein Optionspreismodell, das Optionen bewertet, die erst am Ende der Optionslaufzeit ausgeübt werden können, ist für den Umstand, dass während des Erdienungszeitraums (oder in anderen Zeiträumen während der Optionslaufzeit) keine Ausübung möglich ist, keine Berichtigung vorzunehmen, weil das Modell bereits davon ausgeht, dass die Optionen in diesen Zeiträumen nicht ausgeübt werden können.

B9 Ein ähnlicher, bei Mitarbeiteraktienoptionen häufig anzutreffender Faktor ist die Möglichkeit einer frühzeitigen Optionsausübung, beispielsweise weil die Option nicht frei übertragbar ist oder der Mitarbeiter bei seinem Ausscheiden alle ausübbaren Optionen ausüben muss. Die Auswirkungen einer erwarteten frühzeitigen Ausübung sind gemäß den Ausführungen in Paragraph B16-B21 zu berücksichtigen.

B10 Faktoren, die ein sachverständiger, vertragswilliger Marktteilnehmer bei der Festlegung des Preises einer Aktienoption (oder eines anderen Eigenkapitalinstruments) nicht berücksichtigen würde, sind bei der Schätzung des beizulegenden Zeitwerts gewährter Aktienoptionen (oder anderer Eigenkapitalinstrumente) nicht zu berücksichtigen. Beispielsweise sind bei der Gewährung von Aktienoptionen an Mitarbeiter Faktoren, die aus Sicht des einzelnen Mitarbeiters den Wert der Option beeinflussen, für die Schätzung des Preises, den ein sachverständiger, vertragswilliger Marktteilnehmer festlegen würde, unerheblich.

In Optionspreismodelle einfließende Daten

Bei der Schätzung der erwarteten Volatilität und Dividenden der zugrunde liegenden Aktien lautet das Ziel, einen Näherungswert für die Erwartungen zu ermitteln, die sich in einem aktuellen Marktkurs oder verhandelten Tauschkurs für die Option widerspiegeln würden. Gleiches gilt für die Schätzung der Auswirkungen einer frühzeitigen Ausübung von Mitarbeiteraktienoptionen, bei denen das Ziel lautet, einen Näherungswert für die Erwartungen zu ermitteln, die eine außenstehende Partei mit Zugang zu detaillierten Informationen über das Ausübungsverhalten der Mitarbeiter anhand der am Tag der Gewährung verfügbaren Informationen hätte. **B11**

Häufig dürfte es eine Bandbreite vernünftiger Einschätzungen in Bezug auf künftige Volatilität, Dividenden und Ausübungsverhalten geben. In diesem Fall ist durch Gewichtung der einzelnen Beträge innerhalb der Bandbreite nach der Wahrscheinlichkeit ihres Eintretens ein Erwartungswert zu berechnen. **B12**

Zukunftserwartungen beruhen im Allgemeinen auf vergangenen Erfahrungen und werden angepasst, wenn sich die Zukunft bei vernünftiger Betrachtungsweise voraussichtlich anders als die Vergangenheit entwickeln wird. In einigen Fällen können bestimmbare Faktoren darauf hindeuten, dass unbereinigte historische Erfahrungswerte ein relativ schlechter Anhaltspunkt für künftige Entwicklungen sind. Wenn zum Beispiel ein Unternehmen mit zwei völlig unterschiedlichen Geschäftsbereichen denjenigen Bereich verkauft, der mit deutlich geringeren Risiken behaftet war, ist die vergangene Volatilität für eine vernünftige Einschätzung der Zukunft unter Umständen nicht aussagekräftig. **B13**

In anderen Fällen stehen keine historischen Daten zur Verfügung. So wird ein erst kürzlich an der Börse eingeführtes Unternehmen nur wenige oder überhaupt keine Daten über die Volatilität seines Aktienkurses haben. Nicht notierte und neu notierte Unternehmen werden weiter unten behandelt. **B14**

Zusammenfassend ist festzuhalten, dass ein Unternehmen seine Schätzungen in Bezug auf Volatilität, Ausübungsverhalten und Dividenden nicht einfach auf historische Daten gründen darf, ohne zu berücksichtigen, inwieweit die vergangenen Erfahrungen bei vernünftiger Betrachtungsweise für künftige Prognosen verwendbar sind. **B15**

Erwartete frühzeitige Ausübung

Mitarbeiter üben Aktienoptionen aus einer Vielzahl von Gründen oft frühzeitig aus. Beispielsweise sind Mitarbeiteraktienoptionen in der Regel nicht übertragbar. Dies veranlasst die Mitarbeiter häufig zu einer frühzeitigen Ausübung ihrer Aktienoptionen, weil dies für sie die einzige Möglichkeit ist, ihre Position zu realisieren. Außerdem sind ausscheidende Mitarbeiter oftmals verpflichtet, ihre ausübbaren Optionen innerhalb eines kurzen Zeitraums auszuüben, da sie sonst verfallen. Dieser Faktor führt ebenfalls zu einer frühzeitigen Ausübung von Mitarbeiteraktienoptionen. Als weitere Faktoren für eine frühzeitige Ausübung sind Risikoscheu und mangelnde Vermögensdiversifizierung zu nennen. **B16**

Die Methode zur Berücksichtigung der Auswirkungen einer erwarteten frühzeitigen Ausübung ist von der Art des angewendeten Optionspreismodells abhängig. Beispielsweise könnte hierzu ein Schätzwert der voraussichtlichen Optionslaufzeit verwendet werden (die bei einer Mitarbeiteraktienoption dem Zeitraum vom Tag der Gewährung bis zum Tag der voraussichtlichen Optionsausübung entspricht), der als Parameter in ein Optionspreismodell (z. B. die Black-Scholes-Merton-Formel) einfließt. Alternativ dazu könnte eine erwartete frühzeitige Ausübung in einem Binomial- oder ähnlichen Optionspreismodell abgebildet werden, das die Vertragslaufzeit als Parameter verwendet. **B17**

Bei der Ermittlung des Schätzwerts für eine frühzeitige Ausübung sind folgende Faktoren zu berücksichtigen: **B18**

(a) die Länge des Erdienungszeitraums, da die Aktienoption im Regelfall erst nach Ablauf des Erdienungszeitraums ausgeübt werden kann. Die Bestimmung der Auswirkungen einer erwarteten frühzeitigen Ausübung auf die Bewertung basiert daher auf der Annahme, dass die Optionen ausübbar werden. Die Auswirkungen der Ausübungsbedingungen werden in den Paragraphen 19-21 behandelt;

(b) der durchschnittliche Zeitraum, den ähnliche Optionen in der Vergangenheit ausstehend waren;

(c) der Kurs der zugrunde liegenden Aktien. Vergangene Erfahrungen können darauf hindeuten, dass Mitarbeiter ihre Optionen meist dann ausüben, wenn der Aktienkurs ein bestimmtes Niveau über dem Ausübungspreis erreicht hat;

(d) der Rang des Mitarbeiters innerhalb der Organisation. Beispielsweise könnten Mitarbeiter in höheren Positionen erfahrungsgemäß dazu tendieren, ihre Optionen später auszuüben als Mitarbeiter in niedrigeren Positionen (in Paragraph B21 wird darauf näher eingegangen);

(e) voraussichtliche Volatilität der zugrunde liegenden Aktien. Im Durchschnitt könnten Mitarbeiter dazu tendieren, Aktienoptionen auf Aktien mit großer Schwankungsbreite früher auszuüben als auf Aktien mit geringer Volatilität.

B19 Wie in Paragraph B17 ausgeführt, könnte zur Berücksichtigung der Auswirkungen einer frühzeitigen Ausübung ein Schätzwert der erwarteten Optionslaufzeit verwendet werden, der als Parameter in ein Optionspreismodell einfließt. Bei der Schätzung der erwarteten Laufzeit von Aktienoptionen, die einer Gruppe von Mitarbeitern gewährt wurden, könnte diese Schätzung auf einem annähernd gewichteten Durchschnitt der erwarteten Laufzeit für die gesamte Mitarbeitergruppe oder auf einem annähernd gewichteten Durchschnitt der Laufzeiten für Untergruppen von Mitarbeitern innerhalb dieser Gruppe basieren, die anhand detaillierterer Daten über das Ausübungsverhalten der Mitarbeiter ermittelt werden (weitere Ausführungen siehe unten).

B20 Die Aufteilung gewährter Optionen in Mitarbeitergruppen mit einem relativ homogenen Ausübungsverhalten dürfte von großer Bedeutung sein. Der Wert einer Option stellt keine lineare Funktion der Optionslaufzeit dar; er nimmt mit fortschreitender Dauer der Laufzeit immer weniger zu. Ein Beispiel hierfür ist eine Option mit zweijähriger Laufzeit, die – wenn alle anderen Annahmen identisch sind – zwar mehr, jedoch nicht doppelt so viel wert ist wie eine Option mit einjähriger Laufzeit. Dies bedeutet, dass der gesamte beizulegende Zeitwert der gewährten Aktienoptionen bei einer Berechnung des geschätzten Optionswerts anhand einer einzigen gewichteten Durchschnittslaufzeit, die ganz unterschiedliche Einzellaufzeiten umfasst, zu hoch angesetzt würde. Eine solche Überbewertung kann durch die Aufteilung der gewährten Optionen in mehrere Gruppen, deren gewichtete Durchschnittslaufzeit eine relativ geringe Bandbreite an Laufzeiten umfasst, reduziert werden.

B21 Ähnliche Überlegungen sind bei der Verwendung eines Binomial- oder ähnlichen Modells anzustellen. Beispielsweise könnten die vergangenen Erfahrungen eines Unternehmens, das Mitarbeiteroptionen in allen Hierarchieebenen gewährt, darauf hindeuten, dass Führungskräfte in hohen Positionen ihre Optionen länger behalten als Mitarbeiter im mittleren Management und dass Mitarbeiter in unteren Positionen ihre Optionen meist früher als jede andere Gruppe ausüben. Außerdem könnten Mitarbeiter, denen empfohlen oder vorgeschrieben wird, eine Mindestanzahl an Eigenkapitalinstrumenten, einschließlich Optionen, ihres Arbeitgebers zu halten, ihre Optionen im Durchschnitt später ausüben als Mitarbeiter, die keiner derartigen Bestimmung unterliegen. In diesen Fällen führt die Aufteilung der Optionen in Empfängergruppen mit einem relativ homogenen Ausübungsverhalten zu einer richtigeren Schätzung des gesamten beizulegenden Zeitwerts der gewährten Aktienoptionen.

Erwartete Volatilität

B22 Die erwartete Volatilität ist eine Kennzahl für das Schwankungsmaß von Kursen innerhalb eines bestimmten Zeitraums. In Optionspreismodellen wird als Volatilitätskennzahl die auf Jahresbasis umgerechnete Standardabweichung der stetigen Rendite der Aktie über einen bestimmten Zeitraum verwendet. Die Volatilität wird normalerweise auf ein Jahr bezogen angegeben, was einen Vergleich unabhängig von der in der Berechnung verwendeten Zeitspanne (z. B. tägliche, wöchentliche oder monatliche Kursbeobachtungen) ermöglicht.

Die (positive oder negative) Rendite einer Aktie in einem bestimmten Zeitraum gibt an, in welchem Umfang der Eigentümer von Dividenden und einer Steigerung (oder einem Rückgang) des Aktienkurses profitiert hat. **B23**

Die erwartete auf Jahresbasis umgerechnete Volatilität einer Aktie entspricht der Bandbreite, in welche die stetige jährliche Rendite zirka zwei Drittel der Zeit voraussichtlich fallen wird. Wenn beispielsweise eine Aktie mit einer voraussichtlichen stetigen Rendite von 12 % eine Volatilität von 30 % aufweist, bedeutet dies, dass die Wahrscheinlichkeit, dass die Rendite der Aktie in einem Jahr zwischen – 18 % (12 % – 30 %) und 42 % (12 % + 30 %) liegt, rund zwei Drittel beträgt. Beträgt der Aktienkurs am Jahresbeginn WE 100 und werden keine Dividenden ausgeschüttet, liegt der Aktienkurs ungefähr zwei Drittel der Zeit am Jahresende voraussichtlich zwischen WE 83,53 (WE $100 \times e^{-0,18}$) und WE 152,20 (WE $100 \times e^{0,42}$). **B24**

Bei der Schätzung der erwarteten Volatilität sind folgende Faktoren zu berücksichtigen: **B25**

(a) die implizite Volatilität, die sich gegebenenfalls aus gehandelten Aktienoptionen auf die Aktien oder andere gehandelte Instrumente des Unternehmens mit Optionseigenschaften (wie etwa wandelbare Schuldinstrumente), ergibt;

(b) die historische Volatilität des Aktienkurses im jüngsten Zeitraum, der im Allgemeinen der erwarteten Optionslaufzeit (unter Berücksichtigung der restlichen Vertragslaufzeit der Option und der Auswirkungen einer erwarteten frühzeitigen Ausübung) entspricht;

(c) der Zeitraum, seit dem die Aktien des Unternehmens öffentlich gehandelt werden. Ein neu notiertes Unternehmen hat im Vergleich zu ähnlichen Unternehmen, die bereits länger notiert sind, oftmals eine höhere historische Volatilität. Weitere Anwendungsleitlinien werden weiter unten gegeben;

(d) die Tendenz der Volatilität, wieder zu ihrem Mittelwert, also ihrem langjährigen Durchschnitt, zurückzukehren, und andere Faktoren, die darauf hinweisen, dass sich die erwartete künftige Volatilität von der vergangenen Volatilität unterscheiden könnte. War der Aktienkurs eines Unternehmens in einem bestimmbaren Zeitraum aufgrund eines gescheiterten Übernahmeangebots oder einer umfangreichen Restrukturierung extremen Schwankungen unterworfen, könnte dieser Zeitraum bei der Berechnung der historischen jährlichen Durchschnittsvolatilität außer Acht gelassen werden;

(e) angemessene, regelmäßige Intervalle bei den Kursbeobachtungen. Die Kursbeobachtungen müssen von Periode zu Periode stetig durchgeführt werden. Beispielsweise könnte ein Unternehmen die Wochenschlusskurse und Wochenhöchststände verwenden; nicht zulässig ist es dagegen, in einigen Wochen den Schlusskurs und in anderen Wochen den Höchstkurs zu verwenden. Außerdem müssen die Kursbeobachtungen in der gleichen Währung wie der Ausübungspreis angegeben werden.

Neu notierte Unternehmen

Wie in Paragraph B25 ausgeführt, hat ein Unternehmen die historische Volatilität des Aktienkurses im jüngsten Zeitraum zu berücksichtigen, der im Allgemeinen der erwarteten Optionslaufzeit entspricht. Besitzt ein neu notiertes Unternehmen nicht genügend Informationen über die historische Volatilität, sollte es die historische Volatilität dennoch bezogen auf den längsten Zeitraum berechnen, für den Handelsdaten verfügbar sind. Denkbar wäre auch, die historische Volatilität ähnlicher Unternehmen nach einer vergleichbaren Zeit der Börsennotierung heranzuziehen. Beispielsweise könnte ein Unternehmen, das erst seit einem Jahr an der Börse notiert ist und Optionen mit einer voraussichtlichen Laufzeit von fünf Jahren gewährt, die Struktur und das Ausmaß der historischen Volatilität von Unternehmen der gleichen Branche in den ersten sechs Jahren, in denen die Aktien dieser Unternehmen öffentlich gehandelt wurden, in Betracht ziehen. **B26**

Nicht notierte Unternehmen

B27 Ein nicht notiertes Unternehmen kann bei der Schätzung der erwarteten Volatilität nicht auf historische Daten zurückgreifen. Stattdessen gibt es andere Faktoren zu berücksichtigen, auf die nachfolgend näher eingegangen wird.

B28 In einigen Fällen könnte ein nicht notiertes Unternehmen, das regelmäßig Optionen oder Aktien an Mitarbeiter (oder andere Parteien) ausgibt, einen internen Markt für seine Aktien eingerichtet haben. Bei der Schätzung der erwarteten Volatilität könnte dann die Volatilität dieser Aktienkurse berücksichtigt werden.

B29 Alternativ könnte die erwartete Volatilität anhand der historischen oder impliziten Volatilität vergleichbarer notierter Unternehmen, für die Informationen über Aktienkurse oder Optionspreise zur Verfügung stehen, geschätzt werden. Dies wäre angemessen, wenn das Unternehmen den Wert seiner Aktien auf Grundlage der Aktienkurse vergleichbarer notierter Unternehmen bestimmt hat.

B30 Hat das Unternehmen zur Schätzung des Werts seiner Aktien nicht die Aktienkurse vergleichbarer notierter Unternehmen herangezogen, sondern statt dessen eine andere Bewertungsmethode verwendet, könnte daraus in Übereinstimmung mit dieser Bewertungsmethode eine Schätzung der erwarteten Volatilität abgeleitet werden. Beispielsweise könnte die Bewertung der Aktien auf Basis des Nettovermögens oder Periodenüberschusses erfolgen. In diesem Fall könnte die erwartete Volatilität der Nettovermögenswerte oder Periodenüberschüsse in Betracht gezogen werden.

Erwartete Dividenden

B31 Ob erwartete Dividenden bei der Ermittlung des beizulegenden Zeitwerts gewährter Aktien oder Optionen zu berücksichtigen sind, hängt davon ab, ob die Gegenpartei Anspruch auf Dividenden oder ausschüttungsgleiche Beträge hat.

B32 Wenn Mitarbeitern beispielsweise Optionen gewährt wurden und sie zwischen dem Tag der Gewährung und dem Tag der Ausübung Anspruch auf Dividenden auf die zugrunde liegenden Aktien oder ausschüttungsgleiche Beträge haben (die bar ausgezahlt oder mit dem Ausübungspreis verrechnet werden), sind die gewährten Optionen so zu bewerten, als würden auf die zugrunde liegenden Aktien keine Dividenden ausgeschüttet, d. h. die Höhe der erwarteten Dividenden muss Null sein.

B33 Auf gleiche Weise ist bei der Schätzung des beizulegenden Zeitwerts gewährter Mitarbeiteroptionen am Tag der Gewährung keine Berichtigung für erwartete Dividenden notwendig, wenn die Mitarbeiter während des Erdienungszeitraums einen Anspruch auf Dividendenzahlungen haben.

B34 Haben die Mitarbeiter dagegen während des Erdienungszeitraums (bzw. im Falle einer Option vor der Ausübung) keinen Anspruch auf Dividenden oder ausschüttungsgleiche Beträge, sind bei der Bewertung der Anrechte auf den Bezug von Aktien oder Optionen am Tag der Gewährung die erwarteten Dividenden zu berücksichtigen. Dies bedeutet, dass bei der Verwendung eines Optionspreismodells die erwarteten Dividenden in die Schätzung des beizulegenden Zeitwerts einer gewährten Option einzubeziehen sind. Bei der Schätzung des beizulegenden Zeitwerts einer gewährten Aktie ist dieser um den Barwert der während des Erdienungszeitraums voraussichtlich zahlbaren Dividenden zu verringern.

B35 Optionspreismodelle verlangen im Allgemeinen die Angabe der erwarteten Dividendenrendite. Die Modelle lassen sich jedoch so modifizieren, dass statt einer Rendite ein erwarteter Dividendenbetrag verwendet wird. Ein Unternehmen kann die erwartete Rendite oder den erwarteten Dividendenbetrag verwenden. Im letzteren Fall sind die Dividendenerhöhungen der Vergangenheit zu berücksichtigen. Hat ein Unternehmen seine Dividenden beispielsweise bisher im Allgemeinen um rund 3 % pro Jahr erhöht, darf bei der Schätzung des Optionswerts kein fester Dividendenbetrag über die gesamte Laufzeit der Option angenommen werden, sofern es keine substanziellen Hinweise zur Stützung dieser Annahme gibt.

Im Allgemeinen sollte die Annahme über erwartete Dividenden auf öffentlich zugänglichen Informationen beruhen. Ein Unternehmen, das keine Dividenden ausschüttet und keine künftigen Ausschüttungen beabsichtigt, hat von einer erwarteten Dividendenrendite von Null auszugehen. Ein junges aufstrebendes Unternehmen, das in der Vergangenheit keine Dividenden gezahlt hat, könnte jedoch mit dem Beginn von Dividendenausschüttungen während der erwarteten Laufzeit der Mitarbeiteraktienoptionen rechnen. Diese Unternehmen könnten einen Durchschnitt aus ihrer bisherigen Dividendenrendite (Null) und dem Mittelwert der Dividendenrendite einer sinnvollen Vergleichsgruppe verwenden. **B36**

Risikoloser Zins

Normalerweise ist der risikolose Zins die derzeit verfügbare implizite Rendite auf Nullkupon-Staatsanleihen des Landes, in dessen Währung der Ausübungspreis ausgedrückt wird, mit einer Restlaufzeit, die der erwarteten Laufzeit der zu bewertenden Option (auf Grundlage der vertraglichen Restlaufzeit der Option und unter Berücksichtigung der Auswirkungen einer erwarteten frühzeitigen Ausübung) entspricht. Falls solche Staatsanleihen nicht vorhanden sind oder Umstände darauf hindeuten, dass die implizite Rendite auf Nullkupon-Staatsanleihen nicht den risikolosen Zins wiedergibt (zum Beispiel in Hochinflationsländern), muss unter Umständen ein geeigneter Ersatz verwendet werden. Bei der Ermittlung des beizulegenden Zeitwerts einer Option mit einer Laufzeit, die der erwarteten Laufzeit der zu bewertenden Option entspricht, ist ebenfalls ein geeigneter Ersatz zu verwenden, wenn die Marktteilnehmer den risikolosen Zins üblicherweise anhand dieses Ersatzes und nicht anhand der impliziten Rendite von Nullkupon-Staatsanleihen bestimmen. **B37**

Auswirkungen auf die Kapitalverhältnisse

Normalerweise werden gehandelte Aktienoptionen von Dritten und nicht vom Unternehmen verkauft. Bei Ausübung dieser Aktienoptionen liefert der Verkäufer die Aktien an den Optionsinhaber, die dann von bestehenden Eigentümern gekauft werden. Die Ausübung gehandelter Aktienoptionen hat daher keinen Verwässerungseffekt. **B38**

Werden die Aktienoptionen dagegen vom Unternehmen verkauft, werden bei der Ausübung dieser Optionen neue Aktien ausgegeben (entweder tatsächlich oder ihrem wirtschaftlichen Gehalt nach, falls vorher zurückgekaufte und gehaltene eigene Aktien verwendet werden). Da die Aktien zum Ausübungspreis und nicht zum aktuellen Marktpreis am Tag der Ausübung ausgegeben werden, könnte diese tatsächliche oder potenzielle Verwässerung einen Rückgang des Aktienkurses bewirken, so dass der Optionsinhaber bei der Ausübung keinen so großen Gewinn wie bei der Ausübung einer ansonsten gleichartigen gehandelten Option ohne Verwässerung des Aktienkurses erzielt. **B39**

Ob dies eine wesentliche Auswirkung auf den Wert der gewährten Aktienoptionen hat, ist von verschiedenen Faktoren abhängig, wie etwa der Anzahl der bei Ausübung der Optionen neu ausgegebenen Aktien im Verhältnis zur Anzahl der bereits im Umlauf befindlichen Aktien. Außerdem könnte der Markt, wenn er die Gewährung von Optionen bereits erwartet, die potenzielle Verwässerung bereits in den Aktienkurs am Tag der Gewährung eingepreist haben. **B40**

Das Unternehmen hat jedoch zu prüfen, ob der mögliche Verwässerungseffekt einer künftigen Ausübung der gewährten Aktienoptionen unter Umständen einen Einfluss auf den geschätzten beizulegenden Zeitwert zum Tag der Gewährung hat. Die Optionspreismodelle können zur Berücksichtigung dieses potenziellen Verwässerungseffekts entsprechend angepasst werden. **B41**

Änderungen von anteilsbasierten Vergütungsvereinbarungen mit Ausgleich durch Eigenkapitalinstrumente

Paragraph 27 schreibt vor, dass ungeachtet etwaiger Änderungen von den Vertragsbedingungen, zu denen die Eigenkapitalinstrumente gewährt wurden, oder einer Annullierung oder Erfül- **B42** lung der gewährten Eigenkapitalinstrumente als Mindestanforderung die erhaltenen Leistungen, die zum beizulegenden Zeitwert der gewährten Eigenkapitalinstrumente am Tag der Gewährung bewertet wurden, zu erfassen sind, es sei denn, diese Eigenkapitalinstrumente sind aufgrund der Nichterfüllung einer am Tag der Gewährung vereinbarten Ausübungsbedingung (außer einer Marktbedingung) nicht ausübbar. Außerdem hat ein Unternehmen die Auswirkungen von Änderungen zu erfassen, die den gesamten beizulegenden Zeitwert der anteilsbasierten Vergütungsvereinbarung erhöhen oder mit einem anderen Nutzen für den Arbeitnehmer verbunden sind.

B43 Zur Anwendung der Bestimmungen von Paragraph 27 gilt:

(a) Wenn durch eine Änderung der unmittelbar vor und nach dieser Änderung ermittelte beizulegende Zeitwert der gewährten Eigenkapitalinstrumente zunimmt (z. B. durch Verringerung des Ausübungspreises), ist der gewährte zusätzliche beizulegende Zeitwert in die Berechnung des Betrags einzubeziehen, der für die als Entgelt für die gewährten Eigenkapitalinstrumente erhaltenen Leistungen erfasst wird. Der gewährte zusätzliche beizulegende Zeitwert ergibt sich aus der Differenz zwischen dem beizulegenden Zeitwert des geänderten Eigenkapitalinstruments und dem des ursprünglichen Eigenkapitalinstruments, die beide am Tag der Änderung geschätzt werden. Erfolgt die Änderung während des Erdienungszeitraums, ist zusätzlich zu dem Betrag, der auf dem beizulegenden Zeitwert der ursprünglichen Eigenkapitalinstrumente am Tag der Gewährung basiert und der über den restlichen ursprünglichen Erdienungszeitraum zu erfassen ist, der gewährte zusätzliche beizulegende Zeitwert in den Betrag einzubeziehen, der für ab dem Tag der Änderung bis zum Tag der ersten Ausübungsmöglichkeit der geänderten Eigenkapitalinstrumente erhaltene Leistungen erfasst wird. Erfolgt die Änderung nach dem Tag der ersten Ausübungsmöglichkeit, ist der gewährte zusätzliche beizulegende Zeitwert sofort zu erfassen bzw. über den Erdienungszeitraum, wenn der Mitarbeiter eine zusätzliche Dienstzeit ableisten muss, bevor er einen uneingeschränkten Anspruch auf die geänderten Eigenkapitalinstrumente erwirbt.

(b) Auf gleiche Weise ist bei einer Änderung, bei der die Anzahl der gewährten Eigenkapitalinstrumente erhöht wird, der zum Zeitpunkt der Änderung beizulegende Zeitwert der zusätzlich gewährten Eigenkapitalinstrumente bei der Ermittlung des Betrags gemäß den Bestimmungen unter (a) oben zu berücksichtigen, der für Leistungen erfasst wird, die als Entgelt für die gewährten Eigenkapitalinstrumente erhalten werden. Erfolgt die Änderung beispielsweise während des Erdienungszeitraums, ist zusätzlich zu dem Betrag, der auf dem beizulegenden Zeitwert der ursprünglich gewährten Eigenkapitalinstrumente am Tag der Gewährung basiert und der über den restlichen ursprünglichen Erdienungszeitraum zu erfassen ist, der beizulegende Zeitwert der zusätzlich gewährten Eigenkapitalinstrumente in den Betrag einzubeziehen, der für ab dem Tag der Änderung bis zum Tag der ersten Ausübungsmöglichkeit der geänderten Eigenkapitalinstrumente erhaltene Leistungen erfasst wird.

(c) Werden die Ausübungsbedingungen zugunsten des Mitarbeiters geändert, beispielsweise durch Verkürzung des Erdienungszeitraums oder durch Änderung oder Streichung einer Erfolgsbedingung (außer einer Marktbedingung, deren Änderungen gemäß (a) oben zu bilanzieren sind), sind bei Anwendung der Bestimmungen der Paragraphen 19-21 die geänderten Ausübungsbedingungen zu berücksichtigen.

B44 Werden die Vertragsbedingungen der gewährten Eigenkapitalinstrumente auf eine Weise geändert, die eine Minderung des gesamten beizulegenden Zeitwerts der anteilsbasierten Vergütungsvereinbarung zur Folge hat oder mit keinem anderen Nutzen für den Mitarbeiter verbunden ist, sind die als Entgelt für die gewährten Eigenkapitalinstrumente erhaltenen Leistungen trotzdem weiterhin so zu bilanzieren, als hätte diese Änderung nicht stattgefunden (außer es handelt sich um eine Annullierung einiger oder aller gewährten Eigenkapitalinstrumente, die gemäß Paragraph 28 zu behandeln ist). Zum Beispiel:

(a) Wenn infolge einer Änderung der unmittelbar vor und nach der Änderung ermittelte beizulegende Zeitwert der gewährten Eigenkapitalinstrumente abnimmt, hat das Unternehmen diese Minderung nicht zu berücksichtigen, sondern weiterhin den Betrag anzusetzen, der für die als Entgelt für die Eigenkapitalinstrumente erhaltenen Leistungen, bemessen nach dem beizulegenden Zeitwert der gewährten Eigenkapitalinstrumente am Tag der Gewährung, erfasst wurde.

(b) Führt die Änderung dazu, dass einem Mitarbeiter eine geringere Anzahl von Eigenkapitalinstrumenten gewährt wird, ist diese Herabsetzung gemäß den Bestimmungen von Paragraph 28 als Annullierung des betreffenden Anteils der gewährten Eigenkapitalinstrumente zu bilanzieren.

(c) Werden die Ausübungsbedingungen zuungunsten des Mitarbeiters geändert, beispielsweise durch Verlängerung des Erdienungszeitraums oder durch Änderung oder Aufnahme einer zusätzlichen Erfolgsbedingung (außer einer Marktbedingung, deren Änderungen gemäß (a) oben zu bilanzieren sind), sind bei Anwendung der Bestimmungen der Paragraphen 19-21 die geänderten Ausübungsbedingungen nicht zu berücksichtigen.

Bilanzierung einer Änderung, die bewirkt, dass eine anteilsbasierte Vergütung mit Barausgleich fortan als anteilsbasierte Vergütung mit Ausgleich durch Eigenkapitalinstrumente einzustufen ist

Werden die Vertragsbedingungen einer anteilsbasierten Vergütung mit Barausgleich so geändert, dass daraus eine anteilsbasierte Vergütung mit Ausgleich durch Eigenkapitalinstrumente wird, so wird die Vergütung ab dem Zeitpunkt der Änderung als solche bilanziert. Dies bedeutet konkret: **B44A**

(a) Die anteilsbasierte Vergütung mit Ausgleich durch Eigenkapitalinstrumente wird unter Bezugnahme auf den beizulegenden Zeitwert der am Tag der Änderung gewährten Eigenkapitalinstrumente bewertet. Die anteilsbasierte Vergütung mit Ausgleich durch Eigenkapitalinstrumente wird am Tag der Änderung nach Maßgabe der erhaltenen Güter oder Dienstleistungen im Eigenkapital erfasst.

(b) Die aus der anteilsbasierten Vergütung mit Barausgleich resultierende Schuld wird am Tag der Änderung ausgebucht.

(c) Jede etwaige Differenz zwischen dem Buchwert der ausgebuchten Schuld und dem am Tag der Änderung im Eigenkapital erfassten Betrag wird umgehend erfolgswirksam erfasst.

Ergibt sich infolge der Änderung ein längerer oder kürzerer Erdienungszeitraum, so wird bei der Anwendung der Bestimmungen in Paragraph B44A der geänderte Erdienungszeitraum berücksichtigt. Die Bestimmungen in Paragraph B44A finden auch dann Anwendung, wenn die Änderung nach dem Erdienungszeitraum eintritt. **B44B**

Eine anteilsbasierte Vergütung mit Barausgleich kann annulliert oder erfüllt werden (ausgenommen einer Annullierung durch Verwirkung, weil die Ausübungsbedingungen nicht erfüllt wurden). Werden Eigenkapitalinstrumente gewährt und das Unternehmen identifiziert diese am Tag der Gewährung als Ersatz für die annullierte anteilsbasierte Vergütung mit Barausgleich, so wendet das Unternehmen die Paragraphen B44A und B44B an. **B44C**

Anteilsbasierte Vergütungen zwischen Unternehmen einer Gruppe (Änderungen 2009)

In den Paragraphen 43A-43C wird dargelegt, wie anteilsbasierte Vergütungen zwischen Unternehmen einer Gruppe in den Einzelabschlüssen der einzelnen Unternehmen zu bilanzieren sind. **B45**

In den Paragraphen B46-B61 wird erläutert, wie die Anforderungen der Paragraphen 43A-43C anzuwenden sind. In Paragraph 43D wurde bereits darauf hingewiesen, dass es für anteilsbasierte Vergütungen zwischen Unternehmen einer Gruppe je nach Sachlage und Umständen eine Reihe von Gründen geben kann. Die hier geführte Diskussion ist deshalb nicht erschöpfend und geht von der Annahme aus, dass es sich in Fällen, in denen das Unternehmen, das die Güter oder Leistungen erhält, nicht zum Ausgleich der Transaktion verpflichtet ist, wenn es sich dabei ungeachtet etwaiger gruppeninterner Rückzahlungsvereinbarungen um eine Kapitaleinlage des Mutterunternehmens beim Tochterunternehmen handelt.

B46 Auch wenn es in der folgenden Diskussion hauptsächlich um Transaktionen mit Mitarbeitern geht, betrifft sie doch auch ähnliche anteilsbasierte Vergütungen von Güterlieferanten/Leistungserbringern, bei denen es sich nicht um Mitarbeiter handelt. So kann eine Vereinbarung zwischen einem Mutter- und einem Tochterunternehmen das Tochterunternehmen dazu verpflichten, das Mutterunternehmen für die Lieferung der Eigenkapitalinstrumente an die Mitarbeiter zu bezahlen. Wie eine solche gruppeninterne Zahlungsvereinbarung zu bilanzieren ist, wird in der folgenden Diskussion nicht behandelt.

B47 Bei anteilsbasierten Vergütungen zwischen Unternehmen einer Gruppe stellen sich in der Regel vier Fragen. Der Einfachheit halber werden diese nachfolgend am Beispiel eines Mutter- und dessen Tochterunternehmens erörtert.

Anteilsbasierte Vergütungsvereinbarungen mit Ausgleich durch eigene Eigenkapitalinstrumente

B48 Die erste Frage lautet, ob die nachstehend beschriebenen Transaktionen mit eigenen Eigenkapitalinstrumenten nach diesem IFRS als Ausgleich durch Eigenkapitalinstrumente oder als Barausgleich bilanziert werden sollten:

(a) ein Unternehmen gewährt seinen Mitarbeitern Rechte auf seine Eigenkapitalinstrumente (z. B. Aktienoptionen) und beschließt oder ist dazu verpflichtet, zur Erfüllung dieser Verpflichtung gegenüber seinen Mitarbeitern von einer anderen Partei Eigenkapitalinstrumente (z. B. eigene Anteile) zu erwerben; und

(b) den Mitarbeitern eines Unternehmens werden entweder vom Unternehmen selbst oder von dessen Anteilseignern Rechte auf Eigenkapitalinstrumente des Unternehmens (z. B. Aktienoptionen) gewährt, wobei die benötigten Eigenkapitalinstrumente von den Anteilseignern des Unternehmens zur Verfügung gestellt werden.

B49 Anteilsbasierte Vergütungen, bei denen das Unternehmen im Gegenzug für seine Eigenkapitalinstrumente Leistungen erhält, sind als anteilsbasierte Vergütung mit Ausgleich durch Eigenkapitalinstrumente zu bilanzieren. Dies gilt unabhängig davon, ob das Unternehmen beschließt oder dazu verpflichtet ist, diese Eigenkapitalinstrumente von einer anderen Partei zu erwerben, damit es seinen aus der anteilsbasierten Vergütungsvereinbarung erwachsenden Verpflichtungen gegenüber seinen Mitarbeitern erfüllen kann. Dies gilt auch unabhängig davon, ob

(a) die Rechte der Mitarbeiter auf Eigenkapitalinstrumente des Unternehmens vom Unternehmen selbst oder von dessen Anteilseigner(n) gewährt wurden, oder

(b) die anteilsbasierte Vergütungsvereinbarung vom Unternehmen selbst oder von dessen Anteilseigner(n) erfüllt wurde.

B50 Ist es der Anteilseigner, der die Mitarbeiter seines Beteiligungsunternehmens anteilsbasiert vergüten muss, wird er eher Eigenkapitalinstrumente des Beteiligungsunternehmens als eigene Instrumente zur Verfügung stellen. Gehört das Beteiligungsunternehmen zur gleichen Unternehmensgruppe wie der Anteilseigner, so hat dieser gemäß Paragraph 43C seine Verpflichtung anhand der Anforderungen zu bewerten, die für anteilsbasierte Vergütungen mit Barausgleich in seinem separaten Einzelabschluss und für anteilsbasierte Vergütungen mit Ausgleich durch Eigenkapitalinstrumente in seinem Konzernabschluss gelten.

Anteilsbasierte Vergütungsvereinbarungen mit Ausgleich durch Eigenkapitalinstrumente des Mutterunternehmens

Die zweite Frage betrifft anteilsbasierte Vergütungen zwischen zwei oder mehr Unternehmen derselben Gruppe, für die ein Eigenkapitalinstrument eines anderen Unternehmens der Gruppe herangezogen wird. Dies ist beispielsweise der Fall, wenn den Mitarbeitern eines Tochterunternehmens für Leistungen, die sie für dieses Tochterunternehmen erbracht haben, Rechte auf Eigenkapitalinstrumente des Mutterunternehmens eingeräumt werden. **B51**

Hierunter fallen die folgenden anteilsbasierten Vergütungsvereinbarungen: **B52**

(a) ein Mutterunternehmen räumt den Mitarbeitern seines Tochterunternehmens unmittelbar Rechte auf seine Eigenkapitalinstrumente ein: in diesem Fall ist das Mutterunternehmen (nicht das Tochterunternehmen) zur Lieferung der Eigenkapitalinstrumente an die Mitarbeiter des Tochterunternehmens verpflichtet; und

(b) ein Tochterunternehmen räumt seinen Mitarbeitern Rechte auf Eigenkapitalinstrumente seines Mutterunternehmens ein: in diesem Fall ist das Tochterunternehmen zur Lieferung der Eigenkapitalinstrumente an seine Mitarbeiter verpflichtet.

Ein Mutterunternehmen räumt den Mitarbeitern seines Tochterunternehmens Rechte auf seine Eigenkapitalinstrumente ein (Paragraph B52a)

Da es in diesem Fall nicht das Tochterunternehmen ist, das seinen Mitarbeitern die Eigenkapitalinstrumente seines Mutterunternehmens liefern muss, hat das Tochterunternehmen gemäß Paragraph 43B die Leistungen, die es von seinen Mitarbeitern erhält, anhand der Anforderungen für anteilsbasierte Vergütungen mit Ausgleich durch Eigenkapitalinstrumente zu bewerten und die entsprechende Erhöhung des Eigenkapitals als Einlage des Mutterunternehmens zu erfassen. **B53**

Da das Mutterunternehmen in diesem Fall den Ausgleich vornehmen und den Mitarbeitern des Tochterunternehmens eigene Eigenkapitalinstrumente liefern muss, hat das Mutterunternehmen gemäß Paragraph 43C diese Verpflichtung anhand der für anteilsbasierte Vergütungen mit Ausgleich durch Eigenkapitalinstrumente geltenden Regelungen zu bewerten. **B54**

Ein Tochterunternehmen räumt den Mitarbeitern Rechte auf Eigenkapitalinstrumente seines Mutterunternehmens ein (Paragraph B52b)

Da das Tochterunternehmen keine der in Paragraph 43B genannten Bedingungen erfüllt, hat es die Transaktion mit seinen Mitarbeitern als Vergütung mit Barausgleich zu bilanzieren. Dies gilt unabhängig davon, auf welche Weise das Tochterunternehmen die Eigenkapitalinstrumente zur Erfüllung seiner Verpflichtungen gegenüber seinen Mitarbeitern erhält. **B55**

Anteilsbasierte Vergütungsvereinbarungen mit Barausgleich für die Mitarbeiter

Die dritte Frage lautet, wie ein Unternehmen, das von Lieferanten (einschließlich Mitarbeitern) Güter oder Leistungen erhält, anteilsbasierte Vereinbarungen mit Barausgleich bilanzieren sollte, wenn es selbst nicht zur Leistung der erforderlichen Zahlungen verpflichtet ist. Hierzu folgende Beispiele, bei denen das Mutterunternehmen (und nicht das Unternehmen selbst) die erforderlichen Barzahlungen an die Mitarbeiter des Unternehmens leisten muss: **B56**

(a) die Barzahlungen an die Mitarbeiter des Unternehmens sind an den Kurs der Eigenkapitalinstrumente dieses Unternehmens gekoppelt;

(b) die Barzahlungen an die Mitarbeiter des Unternehmens sind an den Kurs der Eigenkapitalinstrumente von dessen Mutterunternehmen gekoppelt.

Da in diesem Fall nicht das Tochterunternehmen den Ausgleich vornehmen muss, hat es die Transaktion mit seinen Mitarbeitern als Vergütung mit Ausgleich durch Eigenkapitalinstrumente zu bilanzieren und die entsprechende Erhöhung des Eigenkapitals als Einlage seines Mutter- **B57** unternehmens zu erfassen. In der Folge muss das Tochterunternehmen die Kosten der Transaktion immer dann neu bewerten, wenn aufgrund von Nichterfüllung marktbedingungsunabhängiger Ausübungsbedingungen gemäß den Paragraphen 19-21 eine Änderung eingetreten ist. Hier liegt der Unterschied zur Bewertung der Transaktion als Barausgleich im Konzernabschluss.

B58 Da das Mutterunternehmen den Ausgleich vornehmen muss und die Vergütung der Mitarbeiter in bar erfolgt, hat das Mutterunternehmen (und die Unternehmensgruppe in ihrem Konzernabschluss seine/ihre Verpflichtung anhand der Anforderungen für anteilsbasierte Vergütungen mit Barausgleich in Paragraph 43C zu bewerten.

Wechsel von Mitarbeitern zwischen Unternehmen der Gruppe

B59 Die vierte Frage betrifft anteilsbasierte Vergütungsvereinbarungen innerhalb der Unternehmensgruppe, die die Mitarbeiter von mehr als einem Unternehmen der Gruppe betreffen. So könnte ein Mutterunternehmen den Mitarbeitern seiner Tochterunternehmen beispielsweise Rechte auf seine Eigenkapitalinstrumente einräumen, dies aber davon abhängig machen, dass die betreffenden Mitarbeiter der Unternehmensgruppe ihre Dienste für eine bestimmte Zeit zur Verfügung stellen. Ein Mitarbeiter eines Tochterunternehmens könnte im Laufe des festgelegten Erdienungszeitraums zu einem anderen Tochterunternehmen wechseln, ohne dass dies seine im Rahmen der ursprünglichen anteilsbasierten Vergütungsvereinbarung eingeräumten Rechte auf Eigenkapitalinstrumente des Mutterunternehmens beeinträchtigt. Sind die Tochterunternehmen nicht verpflichtet, die anteilsbasierte Vergütung der Mitarbeiter zu leisten, bilanzieren sie diese als Transaktion mit Ausgleich durch Eigenkapitalinstrumente. Jedes Tochterunternehmen bewertet die vom Mitarbeiter erhaltenen Leistungen unter Zugrundelegung des beizulegenden Zeitwerts des Eigenkapitalinstruments zu dem Zeitpunkt, zu dem die Rechte auf diese Eigenkapitalinstrumente gemäß Anhang A vom Mutterunternehmen ursprünglich gewährt wurden, und für den Teil des Erdienungszeitraums, den der Mitarbeiter bei dem betreffenden Tochterunternehmen abgeleistet hat.

B60 Muss das Tochterunternehmen den Ausgleich vornehmen und seinen Mitarbeitern Eigenkapitalinstrumente seines Mutterunternehmens liefern, so bilanziert es die Transaktion als Barausgleich. Jedes Tochterunternehmen bewertet die erhaltenen Leistungen für den Teil des Erdienungszeitraums, den der Mitarbeiter bei dem jeweiligen Tochterunternehmen tätig war, und legt zu diesem Zweck den beizulegenden Zeitwert des Eigenkapitalinstruments zum Zeitpunkt der Gewährung zugrunde. Zusätzlich dazu erfassen die einzelnen Tochterunternehmen jede Veränderung des beizulegenden Zeitwerts des Eigenkapitalinstruments, die während der Dienstzeit des Mitarbeiters in dem betreffenden Tochterunternehmen eingetreten ist.

B61 Es ist möglich, dass ein solcher Mitarbeiter nach dem Wechsel zwischen Konzernunternehmen eine in Anhang A definierte marktbedingungsunabhängige Ausübungsbedingung nicht mehr erfüllt und den Konzern beispielsweise vor Ablauf seiner Dienstzeit verlässt. In diesem Fall hat jedes Tochterunternehmen aufgrund der Tatsache, dass die Ausübungsbedingung Leistungserbringung für die Unternehmensgruppe ist, den Betrag, der zuvor für die vom Mitarbeiter gemäß den Grundsätzen des Paragraphen 19 erhaltene Leistungen erfasst wurde, anzupassen. Wenn die vom Mutterunternehmen eingeräumten Rechte auf Eigenkapitalinstrumente nicht ausübbar werden, weil ein Mitarbeiter eine marktbedingungsunabhängige Ausübungsbedingung nicht erfüllt, wird für die von diesem Mitarbeiter erhaltenen Leistungen deshalb in keinem der Abschlüsse der Unternehmen der Gruppe ein Betrag auf kumulativer Basis angesetzt.

International Financial Reporting Standard 3 Unternehmenszusammenschlüsse (IFRS 3)

v. 3.11.2008 (ABl EU Nr. L 320 S. 1)
i.V. mit Verordnung (EG) Nr. 495/2009 v. 3.6.2009 (ABl EU Nr. L 149 S. 22);
zuletzt geändert durch Verordnung (EU) 2019/2075 v. 29.11.2019
(ABl L Nr. 316 S. 10)[1)]

Inhalt | Ziffer

1) **Anm. d. Red.:** Diese Änderungen sind am 26.12.2019 in Kraft getreten und spätestens mit Beginn des ersten am oder nach dem 1.1.2020 beginnenden Geschäftsjahres anzuwenden.

Zielsetzung

1 Die Zielsetzung dieses IFRS ist es, die Relevanz, Verlässlichkeit und Vergleichbarkeit der Informationen zu verbessern, die ein berichtendes Unternehmen über einen *Unternehmenszusammenschluss* und dessen Auswirkungen in seinem Abschluss liefert. Um dies zu erreichen, stellt dieser IFRS Grundsätze und Vorschriften dazu auf, wie der *Erwerber*:

(a) die erworbenen *identifizierbaren Vermögenswerte*, die übernommenen Schulden und alle *nicht beherrschenden Anteile* an dem *erworbenen Unternehmen* in seinem Abschluss ansetzt und bewertet;

(b) den beim Unternehmenszusammenschluss erworbenen *Geschäfts- oder Firmenwert* oder einen Gewinn aus einem Erwerb unter dem Marktwert ansetzt und bewertet; und

(c) bestimmt, welche Angaben zu machen sind, damit die Abschlussadressaten die Art und die finanziellen Auswirkungen des Unternehmenszusammenschlusses beurteilen können.

Anwendungsbereich

2 Dieser IFRS ist auf Transaktionen oder andere Ereignisse anzuwenden, die die Definition eines Unternehmenszusammenschlusses erfüllen. Nicht anwendbar ist dieser IFRS auf:

(a) die Bilanzierung der Schaffung einer gemeinsamen Vereinbarung im Abschluss des gemeinschaftlich geführten Unternehmens selbst;

(b) den Erwerb eines Vermögenswerts oder einer Gruppe von Vermögenswerten, die keinen *Geschäftsbetrieb* bilden. In solchen Fällen hat der Erwerber die einzelnen erworbenen identifizierbaren Vermögenswerte (einschließlich solcher, die die Definition und die Ansatzkriterien für *immaterielle Vermögenswerte* gemäß IAS 38 *Immaterielle Vermögenswerte* erfüllen) und die übernommenen Schulden zu identifizieren und anzusetzen. Die Anschaffungskosten der Gruppe sind den einzelnen identifizierbaren Vermögenswerten und Schulden zum Erwerbszeitpunkt auf Grundlage ihrer *beizulegenden Zeitwerte* zuzuordnen. Eine solche Transaktion oder ein solches Ereignis führt nicht zu einem Geschäfts- oder Firmenwert;

(c) einen Zusammenschluss von Unternehmen oder Geschäftsbetrieben unter gemeinsamer Beherrschung (in den Paragraphen B1-B4 sind die entsprechenden Anwendungsleitlinien enthalten).

Die Vorschriften dieses Standards gelten nicht für den Erwerb von Anteilen an einem Tochterunternehmen durch eine Investmentgesellschaft im Sinne von IFRS 10 *Konzernabschlüsse*, sofern dieses Tochterunternehmen ergebniswirksam zum beizulegenden Zeitwert bewertet werden muss. **2A**

Identifizierung eines Unternehmenszusammenschlusses

Zur Klärung der Frage, ob eine Transaktion oder ein anderes Ereignis einen Unternehmenszusammenschluss darstellt, muss ein Unternehmen die Definition aus diesem IFRS anwenden, die verlangt, dass die erworbenen Vermögenswerte und übernommenen Schulden einen Geschäftsbetrieb darstellen. Stellen die erworbenen Vermögenswerte keinen Geschäftsbetrieb dar, hat das berichtende Unternehmen die Transaktion oder das andere Ereignis als einen Erwerb von Vermögenswerten zu bilanzieren. Die Paragraphen B5-B12 geben Leitlinien zur Identifizierung eines Unternehmenszusammenschlusses und zur Definition eines Geschäftsbetriebs. **3**

Die Erwerbsmethode

Jeder Unternehmenszusammenschluss ist anhand der Erwerbsmethode zu bilanzieren. **4**

Die Anwendung der Erwerbsmethode erfordert: **5**

(a) die Identifizierung des Erwerbers;

(b) die Bestimmung des *Erwerbszeitpunkts*;

(c) den Ansatz und die Bewertung der erworbenen identifizierbaren Vermögenswerte, der übernommenen Schulden und aller nicht beherrschenden Anteile an dem erworbenen Unternehmen; sowie

(d) die Bilanzierung und Bestimmung des Geschäfts- oder Firmenwerts oder eines Gewinns aus einem Erwerb zu einem Preis unter Marktwert.

Identifizierung des Erwerbers

Bei jedem Unternehmenszusammenschluss ist eines der beteiligten Unternehmen als der Erwerber zu identifizieren. **6**

Für die Identifizierung des Erwerbers ist die Leitlinie in IFRS 10 *Konzernabschlüsse* anzuwenden. Bei Unternehmenszusammenschlüssen, bei denen sich anhand der Leitlinien des IFRS 10 nicht eindeutig bestimmen lässt, welches der zusammengeschlossenen Unternehmen der Erwerber ist, sind die in den Paragraphen B14-B18 genannten Faktoren heranzuziehen. **7**

Bestimmung des Erwerbszeitpunkts

Der Erwerber hat den Erwerbszeitpunkt zu bestimmen, d. h. den Zeitpunkt, an dem er die Beherrschung über das erworbene Unternehmen erlangt. **8**

Der Zeitpunkt, an dem der Erwerber die Beherrschung über das erworbene Unternehmen erlangt, ist im Allgemeinen der Tag, an dem er die Gegenleistung rechtsgültig transferiert, die Vermögenswerte erhält und die Schulden des erworbenen Unternehmens übernimmt – der Tag des Abschlusses. Der Erwerber kann indes die Beherrschung zu einem Zeitpunkt erlangen, der **9** entweder vor oder nach dem Tag des Abschlusses liegt. Der Erwerbszeitpunkt liegt beispielsweise vor dem Tag des Abschlusses, wenn in einer schriftlichen Vereinbarung vorgesehen ist, dass der Erwerber die Beherrschung über das erworbene Unternehmen zu einem Zeitpunkt vor dem Tag des Abschlusses erlangt. Ein Erwerber hat alle einschlägigen Tatsachen und Umstände bei der Ermittlung des Erwerbszeitpunkts zu berücksichtigen.

Ansatz und Bewertung der erworbenen identifizierbaren Vermögenswerte, der übernommenen Schulden und aller nicht beherrschenden Anteile an dem erworbenen Unternehmen

Ansatzgrundsatz

10 Zum Erwerbszeitpunkt hat der Erwerber die erworbenen identifizierbaren Vermögenswerte, die übernommenen Schulden und alle nicht beherrschenden Anteile an dem erworbenen Unternehmen getrennt vom Geschäfts- oder Firmenwert anzusetzen. Der Ansatz der erworbenen identifizierbaren Vermögenswerte und der übernommenen Schulden unterliegt den in den Paragraphen 11 und 12 genannten Bedingungen.

Ansatzbedingungen

11 Um im Rahmen der Anwendung der Erwerbsmethode die Ansatzkriterien zu erfüllen, müssen die erworbenen identifizierbaren Vermögenswerte und die übernommenen Schulden den im *Rahmenkonzept für die Aufstellung und Darstellung von Abschlüssen*[*)] dargestellten Definitionen von Vermögenswerten und Schulden zum Erwerbszeitpunkt entsprechen. Beispielsweise stellen Kosten, die der Erwerber für die Zukunft erwartet, keine zum Erwerbszeitpunkt bestehenden Schulden dar, wenn der Erwerber diese Kosten nicht zwingend auf sich nehmen muss, um seinem Plan entsprechend eine Tätigkeit des erworbenen Unternehmens aufzugeben oder Mitarbeiter des erworbenen Unternehmens zu entlassen oder zu versetzen. Daher erfasst der Erwerber diese Kosten bei der Anwendung der Erwerbsmethode nicht. Stattdessen erfasst er diese Kosten gemäß den anderen IFRS in seinen nach dem Unternehmenszusammenschluss erstellten Abschlüssen.

12 Der Ansatz im Rahmen der Erwerbsmethode setzt ferner voraus, dass die erworbenen identifizierbaren Vermögenswerte und übernommenen Schulden Teil dessen sind, was Erwerber und erworbenes Unternehmen (oder dessen früherer *Eigentümer*) in der Transaktion des Unternehmenszusammenschlusses getauscht haben, und dass diese nicht aus gesonderten Transaktionen stammen. Der Erwerber hat die Leitlinien der Paragraphen 51-53 anzuwenden, um zu bestimmen, welche erworbenen Vermögenswerte und welche übernommenen Schulden Teil des Austauschs für das erworbene Unternehmen sind und welche gegebenenfalls aus einer separaten Transaktion stammen, die entsprechend ihrer Art und gemäß den für sie anwendbaren IFRS zu bilanzieren ist.

13 Wenn der Erwerber den Ansatzgrundsatz und die Ansatzbedingungen anwendet, werden möglicherweise einige Vermögenswerte und Schulden angesetzt, die das erworbene Unternehmen zuvor nicht als Vermögenswerte und Schulden in seinem Abschluss angesetzt hatte. Der Erwerber setzt beispielsweise die erworbenen identifizierbaren immateriellen Vermögenswerte, wie einen Markennamen, ein Patent oder eine Kundenbeziehung an, die das erworbene Unternehmen nicht als Vermögenswerte in seinem Abschluss angesetzt hatte, da es diese intern entwickelt und die zugehörigen Kosten als Aufwendungen erfasst hatte.

---

*) **Amtl. Anm.:** Für die Zwecke dieses Standards haben Erwerber die Definitionen von Vermögenswert und Schuld sowie die Leitlinien des 2001 vom IASB übernommenen *IASC-Rahmenkonzepts für die Aufstellung und Darstellung von Abschlüssen* und nicht des 2018 veröffentlichten *Rahmenkonzepts für die Finanzberichterstattung* anzuwenden.

Die Paragraphen B31-B40 enthalten Leitlinien zum Ansatz von immateriellen Vermögenswerten. In den Paragraphen 22-28B werden die Arten von identifizierbaren Vermögenswerten und Verbindlichkeiten beschrieben, die Posten enthalten, für die dieser IFRS begrenzte Ausnahmen vom Ansatzgrundsatz und von den Ansatzbedingungen vorsieht. **14**

Einstufung oder Bestimmung der bei einem Unternehmenszusammenschluss erworbenen identifizierbaren Vermögenswerte und übernommenen Verbindlichkeiten

Zum Erwerbszeitpunkt hat der Erwerber die erworbenen identifizierbaren Vermögenswerte und übernommenen Schulden – soweit erforderlich – einzustufen oder zu bestimmen, so dass anschließend andere IFRS angewendet werden können. Diese Einstufungen oder Bestimmungen basieren auf den Vertragsbedingungen, wirtschaftlichen Bedingungen, der Geschäftspolitik oder den Rechnungslegungsmethoden und anderen zum Erwerbszeitpunkt gültigen einschlägigen Bedingungen. **15**

In manchen Situationen sehen die IFRS unterschiedliche Formen der Rechnungslegung vor, je nachdem wie ein Unternehmen den jeweiligen Vermögenswert oder die jeweilige Schuld klassifiziert oder designiert. Beispiele für Klassifizierungen oder Designationen, welche der Erwerber auf der Grundlage der zum Erwerbszeitpunkt bestehenden einschlägigen Bedingungen durchzuführen hat, sind u. a.: **16**

(a) die Klassifizierung bestimmter finanzieller Vermögenswerte und Verbindlichkeiten gemäß IFRS 9 *Finanzinstrumente* als erfolgswirksam zum beizulegenden Zeitwert bewertet oder als zu fortgeführten Anschaffungskosten bewertet oder als erfolgsneutral zum beizulegenden Zeitwert im sonstigen Ergebnis bewertet;

(b) die Designation eines derivativen Finanzinstruments als ein Sicherungsinstrument gemäß IFRS 9; und

(c) die Beurteilung, ob ein eingebettetes Derivat gemäß IFRS 9 vom Basisvertrag zu trennen ist (hierbei handelt es sich um eine „Klassifizierung" im Sinne der Verwendung dieses Begriffs in diesem IFRS).

Dieser IFRS sieht zwei Ausnahmen zu dem Grundsatz in Paragraph 15 vor: **17**

(a) die Einstufung eines Leasingvertrags, in dem das erworbene Unternehmen der Leasinggeber ist, gemäß IFRS 16 *Leasingverhältnisse* entweder als ein Operating-Leasingverhältnis oder als ein Finanzierungsleasingverhältnis; und

(b) die Einstufung eines Vertrags als ein Versicherungsvertrag gemäß IFRS 4 *Versicherungsverträge*.

Der Erwerber hat diese Verträge basierend auf den Vertragsbedingungen und anderen Faktoren bei Abschluss des Vertrags einzustufen (oder falls die Vertragsbedingungen auf eine Weise geändert wurden, die deren Einstufung ändern würde, zum Zeitpunkt dieser Änderung, welche der Erwerbszeitpunkt sein könnte).

Bewertungsgrundsatz

Die erworbenen identifizierbaren Vermögenswerte und übernommenen Schulden sind zu ihrem beizulegenden Zeitwert zum Erwerbszeitpunkt zu bewerten. **18**

Bei jedem Unternehmenszusammenschluss hat der Erwerber die Bestandteile der nicht beherrschenden Anteile an dem erworbenen Unternehmen, die gegenwärtig Eigentumsanteile sind und ihren Inhabern im Fall der Liquidation einen Anspruch auf einen entsprechenden Anteil am Nettovermögen des Unternehmens geben, zum Erwerbszeitpunkt nach einer der folgenden Methoden zu bewerten: **19**

(a) zum beizulegenden Zeitwert oder

(b) zum entsprechenden Anteil der gegenwärtigen Eigentumsinstrumente an den für das identifizierbare Nettovermögen des erworbenen Unternehmens angesetzten Beträgen.

Alle anderen Bestandteile der nicht beherrschenden Anteile sind zum Zeitpunkt ihres Erwerbs zum beizulegenden Zeitpunkt zu bewerten, es sei denn, die IFRS schreiben eine andere Bewertungsgrundlage vor.

20 In den Paragraphen 24-31 werden die Arten von identifizierbaren Vermögenswerten und Schulden beschrieben, die Posten enthalten, für die dieser IFRS begrenzte Ausnahmen von dem Bewertungsgrundsatz vorschreibt.

Ausnahmen von den Ansatz- oder Bewertungsgrundsätzen

21 Dieser IFRS sieht begrenzte Ausnahmen von seinen Ansatz- und Bewertungsgrundsätzen vor. Die Paragraphen 22-31 beschreiben die besonderen Posten, für die Ausnahmen vorgesehen sind und die Art dieser Ausnahmen. Bei der Rechnungslegung dieser Posten gelten die Anforderungen der Paragraphen 22-31, was dazu führt, dass einige Posten:

(a) entweder gemäß Ansatzbedingungen angesetzt werden, die zusätzlich zu den in den Paragraphen 11 und 12 beschriebenen Ansatzbedingungen gelten, oder gemäß den Anforderungen anderer IFRS angesetzt werden, wobei sich die Ergebnisse im Vergleich zur Anwendung der Ansatzgrundsätze und -bedingungen unterscheiden.

(b) zu einem anderen Betrag als zu ihren beizulegenden Zeitwerten zum Erwerbszeitpunkt bewertet werden.

Ausnahme vom Ansatzgrundsatz

Eventualverbindlichkeiten

22 In IAS 37 *Rückstellungen, Eventualverbindlichkeiten und Eventualforderungen* wird eine Eventualverbindlichkeit wie folgt definiert:

(a) eine mögliche Verpflichtung, die aus vergangenen Ereignissen resultiert und deren Existenz durch das Eintreten oder Nichteintreten eines oder mehrerer unsicherer künftiger Ereignisse erst noch bestätigt wird, die nicht vollständig unter der Kontrolle des Unternehmens stehen; oder

(b) eine gegenwärtige Verpflichtung, die auf vergangenen Ereignissen beruht, jedoch nicht angesetzt wird, weil:

  (i) ein Abfluss von Ressourcen mit wirtschaftlichem Nutzen zur Erfüllung dieser Verpflichtung nicht wahrscheinlich ist, oder

  (ii) die Höhe der Verpflichtung nicht ausreichend verlässlich geschätzt werden kann.

23 Die Vorschriften des IAS 37 gelten nicht für die Bestimmung, welche Eventualverbindlichkeiten zum Erwerbszeitpunkt anzusetzen sind. Stattdessen hat ein Erwerber eine bei einem Unternehmenszusammenschluss übernommene Eventualverbindlichkeit zum Erwerbszeitpunkt anzusetzen, wenn es sich um eine gegenwärtige Verpflichtung handelt, die aus früheren Ereignissen entstanden ist und deren beizulegender Zeitwert verlässlich bestimmt werden kann. Im Gegensatz zu IAS 37 setzt daher der Erwerber eine in einem Unternehmenszusammenschluss übernommene Eventualverbindlichkeit zum Erwerbszeitpunkt selbst dann an, wenn es unwahrscheinlich ist, dass ein Abfluss von Ressourcen mit wirtschaftlichem Nutzen erforderlich ist, um diese Verpflichtung zu erfüllen. Paragraph 56 enthält eine Leitlinie für die spätere Bilanzierung von Eventualverbindlichkeiten.

Ausnahmen von den Ansatz- und Bewertungsgrundsätzen

Ertragsteuern

24 Der Erwerber hat einen latenten Steueranspruch oder eine latente Steuerschuld aus bei einem Unternehmenszusammenschluss erworbenen Vermögenswerten und übernommenen Schulden gemäß IAS 12 *Ertragsteuern* anzusetzen und zu bewerten.

Der Erwerber hat die möglichen steuerlichen Auswirkungen der temporären Differenzen und Verlustvorträge eines erworbenen Unternehmens, die zum Erwerbszeitpunkt bereits bestehen oder infolge des Erwerbs entstehen, gemäß IAS 12 zu bilanzieren. 25

Leistungen an Arbeitnehmer

Der Erwerber hat eine Verbindlichkeit (oder gegebenenfalls einen Vermögenswert) in Verbindung mit Vereinbarungen für Leistungen an Arbeitnehmer des erworbenen Unternehmens gemäß IAS 19 *Leistungen an Arbeitnehmer* anzusetzen und zu bewerten. 26

Vermögenswerte für Entschädigungsleistungen

Der Veräußerer kann bei einem Unternehmenszusammenschluss den Erwerber vertraglich für eine Erfolgsunsicherheit hinsichtlich aller oder eines Teils der spezifischen Vermögenswerte oder Schulden entschädigen. Der Veräußerer kann beispielsweise den Erwerber für Verluste, die über einen bestimmten Betrag einer Schuld aus einem besonderen Eventualfall hinausgehen, entschädigen; in anderen Worten, der Veräußerer möchte garantieren, dass die Schuld des Erwerbers einen bestimmten Betrag nicht überschreitet. Damit erhält der Erwerber einen Vermögenswert für Entschädigungsleistungen. Der Erwerber hat den Vermögenswert für Entschädigungsleistungen zur gleichen Zeit anzusetzen und auf der gleichen Grundlage zu bewerten, wie er den entschädigten Posten ansetzt und bewertet, vorbehaltlich der Notwendigkeit einer Wertberichtigung für uneinbringliche Beträge. Wenn die Entschädigungsleistung einen Vermögenswert oder eine Schuld betrifft, der/die zum Erwerbszeitpunkt angesetzt wird und zu dessen/deren zum Erwerbszeitpunkt geltenden beizulegenden Zeitwert bewertet wird, dann hat der Erwerber den Vermögenswert für die Entschädigungsleistung ebenso zum Erwerbszeitpunkt anzusetzen und mit dessen zum Erwerbszeitpunkt geltenden beizulegenden Zeitwert zu bewerten. Für einen zum beizulegenden Zeitwert bewerteten Vermögenswert für Entschädigungsleistungen sind die Auswirkungen der Ungewissheit bezüglich zukünftiger Cashflows aufgrund der Einbringlichkeit der Gegenleistungen in die Bestimmung des beizulegenden Zeitwerts mit einbegriffen und eine gesonderte Wertberichtigung ist nicht notwendig (in Paragraph B41 wird die entsprechende Anwendung beschrieben). 27

Unter bestimmten Umständen kann sich die Entschädigungsleistung auf einen Vermögenswert oder eine Schuld beziehen, der/die eine Ausnahme zu den Ansatz- oder Bewertungsgrundsätzen darstellt. Eine Entschädigungsleistung kann sich beispielsweise auf eine Eventualverbindlichkeit beziehen, die nicht zum Erwerbszeitpunkt angesetzt wird, da ihr beizulegender Zeitwert zu dem Stichtag nicht verlässlich bewertet werden kann. Alternativ kann sich eine Entschädigungsleistung auf einen Vermögenswert oder ein Schuld beziehen, der/die beispielsweise aus Leistungen an Arbeitnehmer stammt, welche auf einer anderen Grundlage als dem zum Erwerbszeitpunkt geltenden beizulegenden Zeitwert bestimmt werden. Unter diesen Umständen ist der Vermögenswert für Entschädigungsleistungen vorbehaltlich der Einschätzung der Geschäftsleitung bezüglich seiner Einbringlichkeit sowie der vertraglichen Begrenzung des Entschädigungsbetrags unter Zugrundelegung der gleichen Annahmen anzusetzen wie der entschädigte Posten selbst. Paragraph 57 enthält eine Leitlinie für die spätere Bilanzierung eines Vermögenswerts für Entschädigungsleistungen. 28

Leasingverhältnisse, bei denen das erworbene Unternehmen der Leasingnehmer ist

Für Leasingverhältnisse gemäß IFRS 16, bei denen das erworbene Unternehmen der Leasingnehmer ist, setzt der Erwerber Nutzungsrechte und Leasingverbindlichkeiten an. Für folgende Leasingverhältnisse braucht der Erwerber keine Nutzungsrechte und Leasingverbindlichkeiten anzusetzen: 28A

(a) Leasingverhältnisse, deren Laufzeit (im Sinne von IFRS 16) innerhalb von 12 Monaten nach dem Erwerbszeitpunkt endet; und

(b) Leasingverhältnisse, deren zugrunde liegender Vermögenswert (im Sinne der Beschreibung in den Paragraphen B3-B8 des IFRS 16) von geringem Wert ist.

28B Der Erwerber bewertet die Leasingverbindlichkeit zum Barwert der verbleibenden Leasingzahlungen (im Sinne von IFRS 16) so, als handele es sich bei der erworbenen Leasingvereinbarung um eine zum Erwerbszeitpunkt neu geschlossene Vereinbarung. Der Erwerber bewertet das Nutzungsrecht mit demselben Betrag wie die Leasingverbindlichkeit und passt diesen Betrag gegebenenfalls an, je nachdem, ob die Bedingungen der Leasingvereinbarung verglichen mit den Marktbedingungen günstig oder ungünstig sind.

Ausnahmen vom Bewertungsgrundsatz

Zurückerworbene Rechte

29 Der Erwerber hat den Wert eines zurückerworbenen Rechts, das als ein immaterieller Vermögenswert auf der Grundlage der Restlaufzeit des zugehörigen Vertrags angesetzt war, unabhängig davon zu bewerten, ob Marktteilnehmer bei der Bemessung dessen beizulegenden Zeitwerts mögliche Vertragserneuerungen berücksichtigen würden. In den Paragraphen B35 und B36 sind die entsprechenden Anwendungsleitlinien dargestellt.

Anteilsbasierte Vergütungstransaktionen

30 Der Erwerber hat eine Schuld oder ein Eigenkapitalinstrument, welche(s) sich auf anteilsbasierte Vergütungstransaktionen des erworbenen Unternehmens oder den Ersatz anteilsbasierter Vergütungstransaktionen des erworbenen Unternehmens durch anteilsbasierte Vergütungstransaktionen des Erwerbers bezieht, zum Erwerbszeitpunkt nach der Methode in IFRS 2 *Anteilsbasierte Vergütung* zu bewerten. (Das Ergebnis dieser Methode wird in diesem IFRS als der „auf dem Markt basierende Wert" der anteilsbasierten Vergütungstransaktion bezeichnet.)

Zur Veräußerung gehaltene Vermögenswerte

31 Der Erwerber hat einen erworbenen langfristigen Vermögenswert (oder eine Veräußerungsgruppe), der zum Erwerbszeitpunkt gemäß IFRS 5 *Zur Veräußerung gehaltene langfristige Vermögenswerte und aufgegebene Geschäftsbereiche* als zur Veräußerung gehalten eingestuft ist, zum beizulegenden Zeitwert abzüglich Veräußerungskosten gemäß den Paragraphen 15-18 dieses IFRS zu bewerten.

Ansatz und Bewertung des Geschäfts- oder Firmenwerts oder eines Gewinns aus einem Erwerb zu einem Preis unter Marktwert

32 Der Erwerber hat den Geschäfts- oder Firmenwert zum Erwerbszeitpunkt anzusetzen, der sich aus dem Betrag ergibt, um den (a) (b) übersteigt:

(a) die Summe aus:

   (i) der übertragenen Gegenleistung, die gemäß diesem IFRS im Allgemeinen zu dem am Erwerbszeitpunkt geltenden beizulegenden Zeitwert bestimmt wird (siehe Paragraph 37);

   (ii) dem Betrag aller nicht beherrschenden Anteile an dem erworbenen Unternehmen, die gemäß diesem IFRS bewertet werden; und

   (iii) dem zu dem am Erwerbszeitpunkt geltenden beizulegenden Zeitwert des zuvor vom Erwerber gehaltenen *Eigenkapitalanteils* an dem erworbenen Unternehmen, wenn es sich um einen sukzessiven Unternehmenszusammenschluss handelt (siehe Paragraphen 41 und 42).

(b) der Saldo der zum Erwerbszeitpunkt bestehenden und gemäß IFRS 3 bewerteten Beträge der erworbenen identifizierbaren Vermögenswerte und der übernommenen Schulden.

Bei einem Unternehmenszusammenschluss, bei dem der Erwerber und das erworbene Unternehmen (oder dessen frühere Eigentümer) nur Eigenkapitalanteile tauschen, kann der zum Erwerbszeitpunkt geltende beizulegende Zeitwert der Eigenkapitalanteile des erworbenen Unternehmens eventuell verlässlicher bestimmt werden als der zum Erwerbszeitpunkt geltende beizulegende Zeitwert der Eigenkapitalanteile des Erwerbers. Wenn dies der Fall ist, hat der Erwerber den Betrag des Geschäfts- oder Firmenwerts zu ermitteln, indem er den zum Erwerbszeitpunkt geltenden beizulegenden Zeitwert der Eigenkapitalanteile des erworbenen Unternehmens anstatt den zum Erwerbszeitpunkt geltenden beizulegenden Zeitwert der übertragenen Eigenkapitalanteile verwendet. Zur Bestimmung des Betrags des Geschäfts- oder Firmenwerts bei einem Unternehmenszusammenschluss, bei dem keine Gegenleistung übertragen wird, hat der Erwerber den zum Erwerbszeitpunkt geltenden beizulegenden Zeitwert der Anteile des Erwerbers an dem erworbenen Unternehmen anstelle des zum Erwerbszeitpunkt geltenden beizulegenden Zeitwerts der übertragenen Gegenleistung zu verwenden (Paragraph 32(a)(i)). In den Paragraphen B46-B49 sind die entsprechenden Anwendungsleitlinien dargestellt. **33**

Erwerb zu einem Preis unter dem Marktwert

Gelegentlich macht ein Erwerber einen Erwerb zu einem Preis unter dem Marktwert, wobei es sich um einen Unternehmenszusammenschluss handelt, bei dem der Betrag in Paragraph 32(b) die Summe der in Paragraph 32(a) beschriebenen Beträge übersteigt. Wenn dieser Überschuss nach der Anwendung der Vorschriften in Paragraph 36 bestehen bleibt, hat der Erwerber den resultierenden Gewinn zum Erwerbszeitpunkt im Gewinn oder Verlust zu erfassen. Der Gewinn ist dem Erwerber zuzurechnen. **34**

Einen Erwerb zu einem Preis unter dem Marktwert kann es beispielsweise bei einem Unternehmenszusammenschluss geben, bei dem es sich um einen Zwangsverkauf handelt und der Verkäufer unter Zwang handelt. Die Ausnahmen bei der Erfassung oder Bewertung besonderer Posten, die in den Paragraphen 22-31 beschrieben sind, können jedoch auch dazu führen, dass ein Gewinn aus einem Erwerb zu einem Preis unter dem Marktwert erfasst wird (oder dass sich der Betrag eines erfassten Gewinns ändert). **35**

Vor der Erfassung eines Gewinns aus einem Erwerb zu einem Preis unter dem Marktwert hat der Erwerber nochmals zu beurteilen, ob er alle erworbenen Vermögenswerte und alle übernommenen Schulden richtig identifiziert hat und alle bei dieser Prüfung zusätzlich identifizierten Vermögenswerte oder Schulden anzusetzen. Danach hat der Erwerber die Verfahren zu überprüfen, mit denen die Beträge ermittelt worden sind, die zum Erwerbszeitpunkt gemäß diesem IFRS für folgende Sachverhalte ausgewiesen werden müssen: **36**

(a) identifizierbare Vermögenswerte und übernommene Schulden;
(b) gegebenenfalls nicht beherrschende Anteile an dem übernommenen Unternehmen;
(c) die zuvor vom Erwerber gehaltenen Eigenkapitalanteile an dem erworbenen Unternehmen bei einem sukzessiven Unternehmenszusammenschluss; sowie
(d) die übertragene Gegenleistung.

Der Zweck dieser Überprüfung besteht darin sicherzustellen, dass bei den Bewertungen alle zum Erwerbszeitpunkt verfügbaren Informationen angemessen berücksichtigt worden sind.

Übertragene Gegenleistung

Die bei einem Unternehmenszusammenschluss übertragene Gegenleistung ist mit dem beizulegenden Zeitwert zu bewerten. Dieser berechnet sich, indem die vom Erwerber übertragenen Vermögenswerte, die Schulden, die der Erwerber von dem früheren Eigentümer des erworbenen Unternehmens übernommenen hat, und die vom Erwerber ausgegebenen Eigenkapitalanteile zum Erwerbszeitpunkt mit ihren beizulegenden Zeitwerten bewertet und diese beizulegenden Zeitwerte addiert werden. (Der Teil der anteilsbasierten Vergütungsprämien des Erwerbers, die gegen Prämien, die von den Mitarbeitern des erworbenen Unternehmens gehalten werden und die in der bei einem Unternehmenszusammenschluss übertragenen Gegenleistung **37** enthalten sind, getauscht werden, ist jedoch gemäß Paragraph 30 und nicht zum beizulegenden Zeitwert zu bestimmen.) Beispiele für mögliche Formen der Gegenleistung sind u. a. Zahlungsmittel, sonstige Vermögenswerte, ein Geschäftsbetrieb oder ein Tochterunternehmen des Erwerbers, *bedingte Gegenleistungen*, Stamm- oder Vorzugsaktien, Optionen, Optionsscheine und Anteile der Mitglieder von *Gegenseitigkeitsunternehmen*.

38 Zu den übertragenen Gegenleistungen können Vermögenswerte oder Schulden des Erwerbers gehören, denen Buchwerte zugrunde liegen, die von den zum Erwerbszeitpunkt geltenden beizulegenden Zeitwerten abweichen (z. B. nicht-monetäre Vermögenswerte oder ein Geschäftsbetrieb des Erwerbers). Wenn dies der Fall ist, hat der Erwerber die übertragenen Vermögenswerte oder Schulden zu ihren zum Erwerbszeitpunkt geltenden beizulegenden Zeitwerten neu zu bewerten und die daraus entstehenden Gewinne bzw. Verluste gegebenenfalls im Gewinn oder Verlust zu erfassen. Manchmal bleiben die übertragenen Vermögenswerte oder Schulden nach dem Unternehmenszusammenschluss jedoch im zusammengeschlossenen Unternehmen (da z. B. die Vermögenswerte oder Schulden an das übernommene Unternehmen und nicht an die früheren Eigentümer übertragen wurden), und der Erwerber behält daher die Beherrschung darüber. In dieser Situation hat der Erwerber diese Vermögenswerte und Schulden unmittelbar vor dem Erwerbszeitpunkt mit ihrem Buchwert zu bewerten und keinen Gewinn bzw. Verlust aus Vermögenswerten oder Schulden, die er vor und nach dem Unternehmenszusammenschluss beherrscht, im Gewinn oder Verlust zu erfassen.

Bedingte Gegenleistung

39 Die Gegenleistung, die der Erwerber im Tausch gegen das erworbene Unternehmen überträgt, enthält die Vermögenswerte oder Schulden, die aus einer Vereinbarung über eine bedingte Gegenleistung (siehe Paragraph 37) stammen. Der Erwerber hat den zum Erwerbszeitpunkt geltenden beizulegenden Zeitwert der bedingten Gegenleistung als Teil der für das erworbene Unternehmen übertragenen Gegenleistung zu bilanzieren.

40 Der Erwerber hat eine Verpflichtung zur Zahlung einer bedingten Gegenleistung, die der Definition eines Finanzinstruments entspricht, ausgehend von den Definitionen für ein Eigenkapitalinstrument und eine finanzielle Verbindlichkeit in Paragraph 11 des IAS 32 *Finanzinstrumente: Darstellung* als finanzielle Verbindlichkeit oder als Eigenkapital einzustufen. Der Erwerber hat ein Recht auf Rückgabe der zuvor übertragenen Gegenleistung als Vermögenswert einzustufen, falls bestimmte Bedingungen erfüllt sind. Paragraph 58 enthält eine Leitlinie für die spätere Bilanzierung bedingter Gegenleistungen.

Zusätzliche Leitlinien zur Anwendung der Erwerbsmethode auf besondere Arten von Unternehmenszusammenschlüssen

Sukzessiver Unternehmenszusammenschluss

41 Manchmal erlangt ein Erwerber die Beherrschung eines erworbenen Unternehmens, an dem er unmittelbar vor dem Erwerbszeitpunkt einen Eigenkapitalanteil hält. Zum Beispiel: Am 31. Dezember 20X1 hält Unternehmen A einen nicht beherrschenden Kapitalanteil von 35 Prozent an Unternehmen B. Zu diesem Zeitpunkt erwirbt Unternehmen A einen zusätzlichen Anteil von 40 Prozent an Unternehmen B, durch die es die Beherrschung über Unternehmen B übernimmt. Dieser IFRS bezeichnet eine solche Transaktion, die manchmal auch als ein schrittweiser Erwerb bezeichnet wird, als einen sukzessiven Unternehmenszusammenschluss.

42 Bei einem sukzessiven Unternehmenszusammenschluss hat der Erwerber seinen zuvor an dem erworbenen Unternehmen gehaltenen Eigenkapitalanteil zu dem zum Erwerbszeitpunkt geltenden beizulegenden Zeitwert neu zu bewerten und den gegebenenfalls daraus resultierenden Gewinn bzw. Verlust entsprechend erfolgswirksam oder im sonstigen Ergebnis zu erfassen. In früheren Perioden hat der Erwerber eventuell Wertänderungen seines Eigenkapitalanteils an dem erworbenen Unternehmen im sonstigen Ergebnis erfasst. Ist dies der Fall, so ist der Betrag, der im sonstigen Ergebnis erfasst war, auf derselben Grundlage zu erfassen, wie dies erforderlich wäre, wenn der Erwerber den zuvor gehaltenen Eigenkapitalanteil unmittelbar veräußert hätte.

Erlangt ein Unternehmen, das an einer gemeinsamen Vereinbarung (im Sinne von IFRS 11 *Gemeinsame Vereinbarungen*) beteiligt ist, die Beherrschung über einen Geschäftsbetrieb, bei dem es sich um eine gemeinschaftliche Tätigkeit (im Sinne von IFRS 11) handelt, und hatte es unmittelbar vor dem Erwerb Rechte an den der Tätigkeit zuzurechnenden Vermögenswerten und Verpflichtungen für deren Schulden, so liegt ein sukzessiver Unternehmenszusammenschluss vor. Der Erwerber hat deshalb die Vorgaben für einen sukzessiven Unternehmenszusammenschluss einzuhalten und u. a. seinen zuvor an der gemeinschaftlichen Tätigkeit gehaltenen Anteil in der in Paragraph 42 beschriebenen Weise neu zu bewerten. Dabei hat er seinen zuvor an der gemeinschaftlichen Tätigkeit gehaltenen Anteil zur Gänze neu zu bewerten. **42A**

Unternehmenszusammenschluss ohne Übertragung einer Gegenleistung

Ein Erwerber erlangt manchmal die Beherrschung eines erworbenen Unternehmens ohne eine Übertragung einer Gegenleistung. Auf diese Art von Zusammenschlüssen ist die Erwerbsmethode für die Bilanzierung von Unternehmenszusammenschlüssen anzuwenden. Dazu gehören die folgenden Fälle: **43**

(a) Das erworbene Unternehmen kauft eine ausreichende Anzahl seiner eigenen Aktien zurück, so dass ein bisheriger Anteilseigner (der Erwerber) die Beherrschung erlangt.

(b) Vetorechte von Minderheiten, die früher den Erwerber daran hinderten, die Beherrschung eines erworbenen Unternehmens, an dem der Erwerber die Mehrheit der Stimmrechte hält, zu erlangen, erlöschen.

(c) Der Erwerber und das erworbene Unternehmen vereinbaren, ihre Geschäftsbetriebe ausschließlich durch einen Vertrag zusammenzuschließen. Der Erwerber überträgt keine Gegenleistung im Austausch für die Beherrschung des erworbenen Unternehmens und hält keine Eigenkapitalanteile an dem erworbenen Unternehmen, weder zum Erwerbszeitpunkt noch zuvor. Als Beispiele für Unternehmenszusammenschlüsse, die ausschließlich durch einen Vertrag erfolgen, gelten: das Zusammenbringen von zwei Geschäftsbetrieben unter einem Vertrag über die Verbindung der ausgegebenen Aktien oder die Gründung eines Unternehmens mit zweifach notierten Aktien.

Bei einem ausschließlich auf einem Vertrag beruhenden Unternehmenszusammenschluss hat der Erwerber den Eigentümern des erworbenen Unternehmens den Betrag des gemäß diesem IFRS angesetzten Nettovermögens des erworbenen Unternehmens zuzuordnen. In anderen Worten: Die Eigenkapitalanteile, die an dem erworbenen Unternehmen von anderen Vertragsparteien als dem Erwerber gehalten werden, sind in dem nach dem Zusammenschluss erstellten Abschluss des Erwerbers selbst dann nicht beherrschende Anteile, wenn dies bedeutet, dass alle Eigenkapitalanteile an dem erworbenen Unternehmen den nicht beherrschenden Anteilen zugeordnet werden. **44**

Bewertungszeitraum

Wenn die erstmalige Bilanzierung eines Unternehmenszusammenschlusses am Ende der Berichtsperiode, in der der Zusammenschluss stattfindet, unvollständig ist, hat der Erwerber für die Posten mit unvollständiger Bilanzierung vorläufige Beträge in seinem Abschluss anzugeben. Während des Bewertungszeitraums hat der Erwerber die vorläufigen zum Erwerbszeitpunkt angesetzten Beträge rückwirkend zu korrigieren, um die neuen Informationen über Fakten und Umstände widerzuspiegeln, die zum Erwerbszeitpunkt bestanden und die die Bewertung der zu diesem Stichtag angesetzten Beträge beeinflusst hätten, wenn sie bekannt gewesen wären. Während des Bewertungszeitraums hat der Erwerber auch zusätzliche Vermögenswerte und Schulden anzusetzen, wenn er neue Informationen über Fakten und Umstände erhalten hat, die zum Erwerbszeitpunkt bestanden und die zum Ansatz dieser Vermögenswerte und Schulden zu diesem Stichtag geführt hätten, wenn sie bekannt gewesen wären. Der Bewertungszeit- **45** raum endet, sobald der Erwerber die Informationen erhält, die er über Fakten und Umstände zum Erwerbszeitpunkt gesucht hat oder erfährt, dass keine weiteren Informationen verfügbar sind. Der Bewertungszeitraum darf jedoch ein Jahr vom Erwerbszeitpunkt an nicht überschreiten.

46 Der Bewertungszeitraum ist der Zeitraum nach dem Erwerbszeitpunkt, in dem der Erwerber die bei einem Unternehmenszusammenschluss angesetzten vorläufigen Beträge berichtigen kann. Der Bewertungszeitraum gibt dem Erwerber eine angemessene Zeit, so dass dieser die Informationen erhalten kann, die benötigt werden, um Folgendes zum Erwerbszeitpunkt gemäß diesem IFRS zu identifizieren und zu bewerten:

(a) die erworbenen identifizierbaren Vermögenswerte, übernommenen Schulden und alle nicht beherrschenden Anteile an dem erworbenen Unternehmen;

(b) die für das erworbene Unternehmen übertragene Gegenleistung (oder der andere bei der Bestimmung des Geschäfts- oder Firmenwerts verwendete Betrag);

(c) die bei einem sukzessiven Unternehmenszusammenschluss zuvor vom Erwerber an dem erworbenen Unternehmen gehaltenen Eigenkapitalanteile; und

(d) der resultierende Geschäfts- oder Firmenwert oder Gewinn aus einem Erwerb zu einem Preis unter dem Marktwert.

47 Der Erwerber hat alle einschlägigen Faktoren bei der Ermittlung zu berücksichtigen, ob nach dem Erwerbszeitpunkt erhaltene Informationen zu einer Berichtigung der bilanzierten vorläufigen Beträge führen sollten oder ob diese Informationen Ereignisse betreffen, die nach dem Erwerbszeitpunkt stattfanden. Zu den einschlägigen Faktoren gehören der Tag, an dem zusätzliche Informationen erhalten werden, und die Tatsache, ob der Erwerber einen Grund für eine Änderung der vorläufigen Beträge identifizieren kann. Informationen, die kurz nach dem Erwerbszeitpunkt erhalten werden, spiegeln wahrscheinlich eher die Umstände, die zum Erwerbszeitpunkt herrschten wider als Informationen, die mehrere Monate später erhalten werden. Zum Beispiel: die Veräußerung eines Vermögenswerts an einen Dritten kurz nach dem Erwerbszeitpunkt zu einem Betrag, der wesentlich von dessen zu jenem Stichtag bemessenen vorläufigen beizulegenden Zeitwert abweicht, weist wahrscheinlich auf einen Fehler im vorläufigen Betrag hin, wenn kein dazwischen liegendes Ereignis, das dessen beizulegenden Zeitwert geändert hat, feststellbar ist.

48 Der Erwerber erfasst eine Erhöhung (Verringerung) des vorläufigen Betrages, der für einen identifizierbaren Vermögenswert (eine identifizierbare Schuld) angesetzt war, indem er den Geschäfts- oder Firmenwert verringert (erhöht). Aufgrund von neuen im Bewertungszeitraum erhaltenen Informationen werden manchmal die vorläufigen Beträge von mehr als einem Vermögenswert oder einer Schuld berichtigt. Der Erwerber könnte beispielsweise eine Schuld übernommen haben, die in Schadenersatzleistungen aufgrund eines Unfalls in einem der Betriebe des erworbenen Unternehmens besteht, die insgesamt oder teilweise von der Haftpflichtversicherung des erworbenen Unternehmens gedeckt sind. Erhält der Erwerber während des Bewertungszeitraums neue Informationen über den beizulegenden Zeitwert dieser Schuld zum Erwerbszeitpunkt, würden sich die Berichtigung des Geschäfts- oder Firmenwerts aufgrund einer Änderung des für die Schuld angesetzten vorläufigen Betrags und eine entsprechende Berichtigung des Geschäfts- oder Firmenwerts aufgrund einer Änderung des vorläufigen Betrags, der für den gegen den Versicherer bestehenden Anspruch angesetzt wurde, (im Ganzen oder teilweise) gegenseitig aufheben.

49 Während des Bewertungszeitraums hat der Erwerber Berichtigungen der vorläufigen Beträge so zu erfassen, als ob die Bilanzierung des Unternehmenszusammenschlusses zum Erwerbszeitpunkt abgeschlossen worden wäre. Somit hat der Erwerber Vergleichsinformationen für frühere Perioden, die im Abschluss bei Bedarf dargestellt werden, zu überarbeiten und Änderungen bei erfassten planmäßigen Abschreibungen oder sonstigen Auswirkungen auf den Ertrag vorzunehmen, indem er die erstmalige Bilanzierung vervollständigt.

Nach dem Bewertungszeitraum hat der Erwerber die Bilanzierung eines Unternehmenszusammenschlusses nur zu überarbeiten, um einen Fehler gemäß IAS 8 *Rechnungslegungsmethoden, Änderungen von rechnungslegungsbezogenen Schätzungen und Fehler* zu berichtigen. **50**

Bestimmung des Umfangs eines Unternehmenszusammenschlusses

Der Erwerber und das erworbene Unternehmen können eine vorher bestehende Beziehung oder eine andere Vereinbarung vor Beginn der Verhandlungen bezüglich des Unternehmenszusammenschlusses haben oder sie können während der Verhandlungen eine Vereinbarung unabhängig von dem Unternehmenszusammenschluss eingehen. In beiden Situationen hat der Erwerber alle Beträge zu identifizieren, die nicht zu dem gehören, was der Erwerber und das erworbene Unternehmen (oder seine früheren Eigentümer) bei dem Unternehmenszusammenschluss austauschten, d. h. Beträge die nicht Teil des Austauschs für das erworbene Unternehmen sind. Der Erwerber hat bei Anwendung der Erwerbsmethode nur die für das erworbene Unternehmen übertragene Gegenleistung und die im Austausch für das erworbene Unternehmen erworbenen Vermögenswerte und übernommenen Schulden anzusetzen. Separate Transaktionen sind gemäß den entsprechenden IFRS zu bilanzieren. **51**

Eine Transaktion, die vom Erwerber oder im Auftrag des Erwerbers oder in erster Linie zum Nutzen des Erwerbers oder des zusammengeschlossenen Unternehmens eingegangen wurde, und nicht in erster Linie zum Nutzen des erworbenen Unternehmens (oder seiner früheren Eigentümer) vor dem Zusammenschluss, ist wahrscheinlich eine separate Transaktion. Folgende Beispiele für separate Transaktionen fallen nicht unter die Anwendung der Erwerbsmethode: **52**

(a) eine Transaktion, die tatsächlich vorher bestehende Beziehungen zwischen dem Erwerber und dem erworbenen Unternehmen abwickelt;

(b) eine Transaktion, die Mitarbeiter oder ehemalige Eigentümer des erworbenen Unternehmens für künftige Dienste vergütet; und

(c) eine Transaktion, durch die dem erworbenen Unternehmen oder dessen ehemaligen Eigentümern die mit dem Unternehmenszusammenschluss verbundenen Kosten des Erwerbers erstattet werden.

In den Paragraphen B50-B62 sind die entsprechenden Anwendungsleitlinien dargestellt.

Mit dem Unternehmenszusammenschluss verbundene Kosten

Mit dem Unternehmenszusammenschluss verbundene Kosten sind Kosten, die der Erwerber für die Durchführung eines Unternehmenszusammenschlusses eingeht. Diese Kosten umfassen Vermittlerprovisionen, Beratungs-, Anwalts-, Wirtschaftsprüfungs-, Bewertungs- und sonstige Fachberatungsgebühren, allgemeine Verwaltungskosten, einschließlich der Kosten für die Erhaltung einer internen Akquisitionsabteilung, sowie Kosten für die Registrierung und Emission von Schuldtiteln oder Aktienpapieren. Der Erwerber hat die mit dem Unternehmenszusammenschluss verbundenen Kosten als Aufwand in den Perioden zu bilanzieren, in denen die Kosten anfallen und die Dienstleistungen empfangen werden, mit einer Ausnahme: Die Kosten für die Emission von Schuldtiteln oder Aktienpapieren sind gemäß IAS 32 und IFRS 9 zu erfassen. **53**

Folgebewertung und Folgebilanzierung

Im Allgemeinen hat ein Erwerber die erworbenen Vermögenswerte, die übernommenen oder eingegangenen Schulden sowie die bei einem Unternehmenszusammenschluss ausgegebenen Eigenkapitalinstrumente zu späteren Zeitpunkten gemäß ihrer Art im Einklang mit anderen anwendbaren IFRS zu bewerten und zu bilanzieren. Dieser IFRS sieht jedoch Leitlinien für die Folgebewertung und Folgebilanzierung der folgenden erworbenen Vermögenswerte, übernommenen oder eingegangenen Schulden und der bei einem Unternehmenszusammenschluss ausgegebenen Eigenkapitalinstrumente vor: **54**

(a) zurückerworbene Rechte;
(b) zum Erwerbszeitpunkt angesetzte Eventualverbindlichkeiten;
(c) Vermögenswerte für Entschädigungsleistungen; und
(d) bedingte Gegenleistung.

In Paragraph B63 sind die entsprechenden Anwendungsleitlinien dargestellt.

Zurückerworbene Rechte

55 Ein zurückerworbenes Recht, das als ein immaterieller Vermögenswert angesetzt war, ist über die restliche vertragliche Dauer der Vereinbarung, durch die dieses Recht zugestanden wurde, abzuschreiben. Ein Erwerber, der nachfolgend ein zurückerworbenes Recht an einen Dritten veräußert, hat den Buchwert des immateriellen Vermögenswerts einzubeziehen, wenn er den Gewinn bzw. Verlust aus der Veräußerung ermittelt.

Eventualverbindlichkeiten

56 Nach dem erstmaligen Ansatz und bis die Verbindlichkeit beglichen, aufgehoben oder erloschen ist, hat der Erwerber eine bei einem Unternehmenszusammenschluss angesetzte Eventualverbindlichkeit zu dem höheren der nachstehenden Werte zu bestimmen:

(a) dem Betrag, der gemäß IAS 37 angesetzt werden würde; und
(b) dem erstmalig angesetzten Betrag, gegebenenfalls abzüglich der gemäß den Grundsätzen von IFRS 15 *Umsatzerlöse aus Verträgen mit Kunden* angesetzten kumulativen Umsatzerlöse.

Diese Vorschrift ist nicht auf Verträge anzuwenden, die gemäß IFRS 9 bilanziert werden.

Vermögenswerte für Entschädigungsleistungen

57 Am Ende jeder nachfolgenden Berichtsperiode hat der Erwerber einen Vermögenswert für Entschädigungsleistungen, der zum Erwerbszeitpunkt auf derselben Grundlage wie die ausgeglichene Schuld oder der entschädigte Vermögenswert angesetzt war, vorbehaltlich vertraglicher Einschränkungen hinsichtlich des Betrags zu bestimmen und im Falle eines Vermögenswerts für Entschädigungsleistungen, der nachfolgend nicht mit seinem beizulegenden Zeitwert bewertet wird, erfolgt eine Beurteilung des Managements bezüglich der Einbringbarkeit des Vermögenswerts für Entschädigungsleistungen. Der Erwerber darf den Vermögenswert für Entschädigungsleistungen nur dann ausbuchen, wenn er den Vermögenswert vereinnahmt, veräußert oder anderweitig den Anspruch darauf verliert.

Bedingte Gegenleistung

58 Einige Änderungen des beizulegenden Zeitwerts einer bedingten Gegenleistung, die der Erwerber nach dem Erwerbszeitpunkt erfasst, können auf zusätzliche Informationen zurückzuführen sein, die der Erwerber nach diesem Stichtag über Fakten und Umstände, die zum Erwerbszeitpunkt bereits existierten, erhalten hat. Solche Änderungen sind gemäß den Paragraphen 45-49 zu den Anpassungen innerhalb des Bewertungszeitraums. Änderungen aufgrund von Ereignissen nach dem Erwerbszeitpunkt, wie die Erreichung eines angestrebten Ertragsziels, eines bestimmten Aktienkurses oder eines Meilensteins bei einem Forschungs- und Entwicklungsprojekt sind jedoch keine Anpassungen innerhalb des Bewertungszeitraums. Änderungen des beizulegenden Zeitwerts einer bedingten Gegenleistung, die keine Anpassungen innerhalb des Bewertungszeitraums sind, hat der Erwerber wie folgt zu bilanzieren:

(a) Eine bedingte Gegenleistung, die als Eigenkapital eingestuft ist, wird nicht neu bewertet und ihre spätere Abgeltung wird im Eigenkapital bilanziert.

(b) Eine sonstige Gegenleistung, die
   (i) in den Anwendungsbereich von IFRS 9 fällt, ist zu jedem Abschlussstichtag gemäß IFRS 9 zum beizulegenden Zeitwert zu bewerten und Änderungen des beizulegenden Zeitwerts sind erfolgswirksam zu erfassen;
   (ii) nicht in den Anwendungsbereich des IFRS 9 fällt, ist zu jedem Abschlussstichtag zum beizulegenden Zeitwert zu bewerten und Änderungen des beizulegenden Zeitwerts sind erfolgswirksam zu erfassen.

Angaben

Der Erwerber hat Informationen offen zu legen, durch die die Abschlussadressaten die Art und finanziellen Auswirkungen von Unternehmenszusammenschlüssen beurteilen können, die entweder: **59**

(a) während der aktuellen Berichtsperiode; oder
(b) nach dem Ende der Berichtsperiode, jedoch vor der Genehmigung zur Veröffentlichung des Abschlusses erfolgten.

Zur Erfüllung der Zielsetzung des Paragraphen 59 hat der Erwerber die in den Paragraphen B64-B66 dargelegten Angaben zu machen. **60**

Der Erwerber hat Angaben zu machen, durch die die Abschlussadressaten die finanziellen Auswirkungen der in der aktuellen Berichtsperiode erfassten Berichtigungen in Bezug auf Unternehmenszusammenschlüsse, die in dieser Periode oder einer früheren Berichtsperiode stattfanden, beurteilen können. **61**

Zur Erfüllung der Zielsetzung des Paragraphen 61 hat der Erwerber die in Paragraph B67 dargelegten Angaben zu machen. **62**

Wenn die von diesem IFRS und anderen IFRS geforderten spezifischen Angaben nicht die in den Paragraphen 59 und 61 dargelegten Zielsetzungen erfüllen, hat der Erwerber alle erforderlichen zusätzlichen Informationen anzugeben, um diese Zielsetzungen zu erreichen. **63**

Zeitpunkt des Inkrafttretens und Übergangsvorschriften

Zeitpunkt des Inkrafttretens

Dieser IFRS ist prospektiv auf Unternehmenszusammenschlüsse anzuwenden, bei denen der Erwerbszeitpunkt zu Beginn der ersten Berichtsperiode des Geschäftsjahres, das am oder nach dem 1. Juli 2009 beginnt, oder danach liegt. Eine frühere Anwendung ist zulässig. Dieser IFRS ist jedoch erstmals nur zu Beginn der Berichtsperiode des am oder nach dem 30. Juni 2007 beginnenden Geschäftsjahres anzuwenden. Wendet ein Unternehmen diesen IFRS vor dem 1. Juli 2009 an, so ist dies anzugeben und gleichzeitig IAS 27 (in der vom International Accounting Standards Board 2008 geänderten Fassung) anzuwenden. **64**

(nicht besetzt) **64A**

Durch die im Mai 2010 veröffentlichten *Verbesserungen an den IFRS* wurden die Paragraphen 19, 30 und B56 geändert und die Paragraphen B62A und B62B eingefügt. Diese Änderungen sind erstmals in der ersten Berichtsperiode eines am oder nach dem 1. Juli 2010 beginnenden Geschäftsjahres anzuwenden. Eine frühere Anwendung ist zulässig. Wendet ein Unternehmen die Änderungen auf eine frühere Periode an, hat es dies anzugeben. Diese Änderungen sollten ab der erstmaligen Anwendung dieses IFRS prospektiv angewandt werden. **64B**

Durch die im Mai 2010 veröffentlichten *Verbesserungen an den IFRS* wurden die Paragraphen 65A-65E eingefügt. Diese Änderungen sind erstmals in der ersten Berichtsperiode eines am oder nach dem 1. Juli 2010 beginnenden Geschäftsjahres anzuwenden. Eine frühere Anwendung ist zulässig. Wendet ein Unternehmen die Änderungen auf eine frühere Periode an, hat es dies anzugeben. Die Änderungen gelten für die Salden bedingter Gegenleistungen, die aus Un- **64C** ternehmenszusammenschlüssen resultieren, bei denen der Erwerbszeitpunkt vor der Anwendung dieses IFRS (Fassung 2008) liegt.

64D (nicht besetzt)

64E Durch IFRS 10, veröffentlicht im Mai 2011, wurden die Paragraphen 7, B13, B63(e) und Anhang A geändert. Ein Unternehmen hat die betreffenden Änderungen anzuwenden, wenn es IFRS 10 anwendet.

64F Durch IFRS 13 *Bemessung des beizulegenden Zeitwerts*, veröffentlicht im Mai 2011, wurden die Paragraphen 20, 29, 33, und 47 geändert. Außerdem wurden die Definition des beizulegenden Zeitwerts in Anhang A sowie die Paragraphen B22, B40, B43-B46, B49 und B64 geändert. Ein Unternehmen hat die betreffenden Änderungen anzuwenden, wenn es IFRS 13 anwendet.

64G Mit der im Oktober 2012 veröffentlichten Verlautbarung *Investmentgesellschaften (Investment Entities)* (Änderungen an IFRS 10, IFRS 12 und IAS 27) wurde Paragraph 7 geändert und Paragraph 2A angefügt. Unternehmen haben diese Änderungen auf Geschäftsjahre anzuwenden, die am oder nach dem 1. Januar 2014 beginnen. Eine frühere Anwendung der Verlautbarung *Investmentgesellschaften (Investment Entities)* ist zulässig. Wendet ein Unternehmen diese Änderungen früher an, hat es alle in der Verlautbarung enthaltenen Änderungen gleichzeitig anzuwenden.

64H (nicht besetzt)

64I Mit den im Dezember 2013 veröffentlichten *Jährlichen Verbesserungen an den IFRS, Zyklus 2010-2012*, wurden die Paragraphen 40 und 58 geändert und Paragraph 67A samt zugehöriger Überschrift angefügt. Ein Unternehmen hat diese Änderung prospektiv auf Unternehmenszusammenschlüsse anzuwenden, bei denen der Erwerbszeitpunkt der 1. Juli 2014 oder ein späterer Termin ist. Eine frühere Anwendung ist zulässig. Ein Unternehmen kann die Änderung zu einem früheren Zeitpunkt anwenden, wenn auch IFRS 9 und IAS 37 (jeweils in der durch die *Jährlichen Verbesserungen an den IFRS, Zyklus 2010-2012*, geänderten Fassung) angewandt werden. Wendet ein Unternehmen diese Änderung zu einem früheren Zeitpunkt an, hat es dies anzugeben.

64J Mit den im Dezember 2013 veröffentlichten *Jährlichen Verbesserungen, Zyklus* 2011-2013, wurde Paragraph 2(a) geändert. Ein Unternehmen hat diese Änderung prospektiv auf Geschäftsjahre anzuwenden, die am oder nach dem 1. Juli 2014 beginnen. Eine frühere Anwendung ist zulässig. Wendet ein Unternehmen die Änderung auf eine frühere Periode an, hat es dies anzugeben.

64K Mit dem im Mai 2014 veröffentlichten IFRS 15 *Erlöse aus Verträgen mit Kunden* wurde Paragraph 56 geändert. Ein Unternehmen hat diese Änderung anzuwenden, wenn es IFRS 15 anwendet.

64L Durch IFRS 9 (im Juli 2014 veröffentlicht) wurden die Paragraphen 16, 42, 53, 56, 58 und B41 geändert und die Paragraphen 64A, 64D und 64H gestrichen. Ein Unternehmen hat diese Änderungen anzuwenden, wenn es IFRS 9 anwendet.

64M Durch IFRS 16, veröffentlicht im Januar 2016, wurden die Paragraphen 14, 17, B32 und B42 geändert, die Paragraphen B28-B30 und deren Überschrift gestrichen und die Paragraphen 28A-28B und deren Überschrift angefügt. Ein Unternehmen hat die betreffenden Änderungen anzuwenden, wenn es IFRS 16 anwendet.

64N (nicht besetzt)

64O Durch die im Dezember 2017 veröffentlichten *Jährlichen Verbesserungen an den IFRS-Standards, Zyklus 2015-2017* wurde Paragraph 42A angefügt. Diese Änderungen sind auf Unternehmenszusammenschlüsse anzuwenden, bei denen der Erwerbszeitpunkt mit dem Beginn des ersten am oder nach dem 1. Januar 2019 beginnenden Geschäftsjahres zusammenfällt oder danach liegt. Eine frühere Anwendung ist zulässig. Wendet ein Unternehmen diese Änderungen zu einem früheren Zeitpunkt an, hat es dies anzugeben.

Übergangsvorschriften

Vermögenswerte und Schulden, die aus Unternehmenszusammenschlüssen stammen, deren Erwerbszeitpunkte vor der Anwendung dieses IFRS lagen, sind nicht aufgrund der Anwendung dieses IFRS anzupassen. 65

Salden bedingter Gegenleistungen, die aus Unternehmenszusammenschlüssen resultieren, bei denen der Erwerbszeitpunkt vor dem Datum der erstmaligen Anwendung dieses IFRS (Fassung 2008) liegt, sind bei erstmaliger Anwendung dieses IFRS nicht zu berichtigen. Die Paragraphen 65B-65E sind bei der darauffolgenden Bilanzierung dieser Salden anzuwenden. Die Paragraphen 65B-65E gelten nicht für die Bilanzierung von Salden bedingter Gegenleistungen, die aus Unternehmenszusammenschlüssen resultieren, bei denen der Erwerbszeitpunkt mit dem Zeitpunkt der erstmaligen Anwendung dieses IFRS (Fassung 2008) zusammenfällt oder danach liegt. In den Paragraphen 65B-65E bezeichnet der Begriff Unternehmenszusammenschlüsse ausschließlich Zusammenschlüsse, bei denen der Erwerbszeitpunkt vor der Anwendung dieses IFRS (Fassung 2008) liegt. 65A

Sieht eine Vereinbarung über einen Unternehmenszusammenschluss vor, dass die Kosten des Zusammenschlusses in Abhängigkeit von künftigen Ereignissen berichtigt werden, so hat der Erwerber für den Fall, dass eine solche Berichtigung wahrscheinlich ist und sich verlässlich ermitteln lässt, den Betrag dieser Berichtigung in den Kosten des Zusammenschlusses zu berücksichtigen. 65B

Eine Vereinbarung über einen Unternehmenszusammenschluss kann vorsehen, dass die Kosten des Zusammenschlusses in Abhängigkeit von einem oder mehreren künftigen Ereignissen berichtigt werden dürfen. So könnte die Berichtigung beispielsweise davon abhängen, ob in künftigen Perioden eine bestimmte Gewinnhöhe gehalten oder erreicht wird oder der Marktpreis der emittierten Instrumente stabil bleibt. Trotz einer gewissen Unsicherheit kann der Betrag einer solchen Berichtigung normalerweise bei erstmaliger Bilanzierung des Zusammenschlusses geschätzt werden, ohne die Verlässlichkeit der Information zu beeinträchtigen. Treten die künftigen Ereignisse nicht ein oder muss die Schätzung korrigiert werden, sind die Kosten des Unternehmenszusammenschlusses entsprechend zu berichtigen. 65C

Auch wenn eine Vereinbarung über einen Unternehmenszusammenschluss eine solche Berichtigung vorsieht, wird sie bei erstmaliger Bilanzierung des Zusammenschlusses nicht in den Kosten des Zusammenschlusses berücksichtigt, wenn sie nicht wahrscheinlich ist oder nicht verlässlich bewertet werden kann. Wird die Berichtigung in der Folge wahrscheinlich und verlässlich bewertbar, ist die zusätzliche Gegenleistung als Berichtigung der Kosten des Zusammenschlusses zu behandeln. 65D

Wenn bei den vom Erwerber im Austausch für die Beherrschung des erworbenen Unternehmens übertragenen Vermögenswerten, emittierten Eigenkapitalinstrumenten oder eingegangenen bzw. übernommenen Schulden ein Wertverlust eintritt, kann der Erwerber unter bestimmten Umständen zu einer Nachzahlung an den Verkäufer gezwungen sein. Dies ist beispielsweise der Fall, wenn der Erwerber den Marktpreis von Eigenkapital- oder Schuldinstrumenten garantiert, die als Teil der Kosten des Unternehmenszusammenschlusses emittiert wurden, und zur Erreichung der ursprünglich bestimmten Kosten zusätzliche Eigenkapital- oder Schuldinstrumente emittieren muss. In einem solchen Fall werden für den Unternehmenszusammenschluss keine Mehrkosten ausgewiesen. Bei Eigenkapitalinstrumenten wird der beizulegende Zeitwert der Nachzahlung durch eine Herabsetzung des den ursprünglich emittierten Instrumenten zugeschrieben Werts in gleicher Höhe ausgeglichen. Bei Schuldinstrumenten wird die Nachzahlung als Herabsetzung des Aufschlags bzw. als Heraufsetzung des Abschlags auf die ursprüngliche Emission betrachtet. 65E

Ein Unternehmen, wie beispielsweise ein Gegenseitigkeitsunternehmen, das IFRS 3 noch nicht angewendet hat, und das einen oder mehrere Unternehmenszusammenschlüsse hatte, die mittels der Erwerbsmethode bilanziert wurden, hat die Übergangvorschriften in den Paragraphen B68 und B69 anzuwenden. 66

Ertragsteuern

67 Bei Unternehmenszusammenschlüssen, deren Erwerbszeitpunkt vor Anwendung dieses IFRS lag, hat der Erwerber die Vorschriften in Paragraph 68 des IAS 12 (geändert durch diesen IFRS) prospektiv anzuwenden. D. h. der Erwerber darf bei der Bilanzierung früherer Unternehmenszusammenschlüsse zuvor erfasste Änderungen der angesetzten latenten Steueransprüche nicht anpassen. Von dem Zeitpunkt der Anwendung dieses IFRS an hat der Erwerber jedoch Änderungen der angesetzten latenten Steueransprüche als Anpassung im Gewinn oder Verlust (oder nicht im Gewinn oder Verlust, falls IAS 12 dies verlangt) zu erfassen.

Verweis auf IFRS 9

67A Wendet ein Unternehmen diesen Standard, aber noch nicht IFRS 9 an, so ist jeder Verweis auf IFRS 9 als Verweis auf IAS 39 zu verstehen.

Rücknahme von IFRS 3 (2004)

68 Dieser IFRS ersetzt IFRS 3 *Unternehmenszusammenschlüsse* (herausgegeben 2004).

Anhang A: Definitionen

Dieser Anhang ist integraler Bestandteil des IFRS.

Erworbenes Unternehmen	Der Geschäftsbetrieb oder die Geschäftsbetriebe, über die der **Erwerber** bei einem **Unternehmenszusammenschluss** die Beherrschung erlangt.
Erwerber	Das Unternehmen, das die Beherrschung über das **erworbene Unternehmen** erlangt.
Erwerbszeitpunkt	Der Zeitpunkt, an dem der **Erwerber** die Beherrschung über das **erworbene Unternehmen** erhält.
Geschäftsbetrieb	Eine integrierte Gruppe von Tätigkeiten und Vermögenswerten, die mit dem Ziel geführt und geleitet werden kann, Erträge zu erwirtschaften, die in Form von Dividenden, niedrigeren Kosten oder sonstigem wirtschaftlichem Nutzen direkt den Anteilseignern oder anderen Eigentümern, Gesellschaftern oder Teilnehmern zugehen.
Unternehmenszusammenschluss	Eine Transaktion oder ein anderes Ereignis, durch die/das ein **Erwerber** die Beherrschung über einen **Geschäftsbetrieb** oder mehrere **Geschäftsbetriebe** erlangt. Transaktionen, die manchmal als „wahre Fusionen" oder „Fusionen unter Gleichen" bezeichnet werden, stellen auch **Unternehmenszusammenschlüsse** im Sinne dieses in diesem IFRS verwendeten Begriffs dar.
Bedingte Gegenleistung	Im Allgemeinen handelt es sich dabei um eine Verpflichtung des **Erwerbers**, zusätzliche Vermögenswerte oder **Eigenkapitalanteile** den ehemaligen Eigentümern eines **erworbenen Unternehmens** als Teil des Austauschs für die Beherrschung des **erworbenen Unternehmens** zu übertragen, wenn bestimmte künftige Ereignisse auftreten oder Bedingungen erfüllt werden. Eine bedingte Gegenleistung kann dem **Erwerber** jedoch auch das Recht auf Rückgabe der zuvor übertragenen Gegenleistung einräumen, falls bestimmte Bedingungen erfüllt werden.
Eigenkapitalanteile	Im Sinne dieses IFRS wird der Begriff *Eigenkapitalanteile* allgemein benutzt und steht für Eigentumsanteile von Unternehmen im Besitz der Anleger sowie für Anteile von Eigentümern, Gesellschaftern oder Teilnehmern an **Gegenseitigkeitsunternehmen**.
Beizulegender Zeitwert	Der beizulegende Zeitwert ist der Preis, der in einem geordneten Geschäftsvorfall zwischen Marktteilnehmern am Bemessungsstichtag für den Verkauf eines Vermögenswerts eingenommen bzw. für die Übertragung einer Schuld gezahlt würde. (Siehe IFRS 13.)
Geschäfts- oder Firmenwert	Ein Vermögenswert, der künftigen wirtschaftlichen Nutzen aus anderen bei einem **Unternehmenszusammenschluss** erworbenen Vermögenswerten darstellt, die nicht einzeln identifiziert und separat angesetzt werden.

Identifizierbar	Ein Vermögenswert ist *identifizierbar*, wenn: a) er separierbar ist, d. h. er kann vom Unternehmen getrennt und verkauft, übertragen, lizenziert, vermietet oder getauscht werden. Dies kann einzeln oder in Verbindung mit einem Vertrag, einem identifizierbaren Vermögenswert oder einer identifizierbaren Schuld unabhängig davon erfolgen, ob das Unternehmen dies zu tun beabsichtigt; oder b) er aus vertraglichen oder anderen gesetzlichen Rechten entsteht, unabhängig davon ob diese Rechte vom Unternehmen oder von anderen Rechten und Verpflichtungen übertragbar oder separierbar sind.
Immaterielle Vermögenswerte	Ein identifizierbarer nicht-monetärer Vermögenswert ohne physische Substanz.
Gegenseitigkeitsunternehmen	Ein Unternehmen, bei dem es sich nicht um ein Unternehmen im Besitz der Anleger handelt, das seinen **Eigentümern**, Gesellschaftern oder Teilnehmern Dividenden, niedrigere Kosten oder sonstigen wirtschaftlichen Nutzen direkt zukommen lässt. Ein Versicherungsverein auf Gegenseitigkeit, eine Genossenschaftsbank und ein genossenschaftliches Unternehmen sind beispielsweise Gegenseitigkeitsunternehmen.
Nicht beherrschende Anteile	Das Eigenkapital eines Tochterunternehmens, das einem Mutterunternehmen weder unmittelbar noch mittelbar zugeordnet wird.
Eigentümer	In diesem IFRS wird der Begriff *Eigentümer* allgemein benutzt und steht für Inhaber von Eigenkapitalanteilen von Unternehmen im Besitz der Anleger sowie für Eigentümer oder Gesellschafter von oder Teilnehmer an **Gegenseitigkeitsunternehmen**.

Anhang B: Anwendungsleitlinien

Dieser Anhang ist integraler Bestandteil des IFRS.

Unternehmenszusammenschlüsse von Unternehmen unter gemeinsamer Beherrschung (Anwendung des Paragraphen 2(c))

B1 Dieser IFRS ist nicht auf Unternehmenszusammenschlüsse von Unternehmen oder Geschäftsbetrieben unter gemeinsamer Beherrschung anwendbar. Ein Unternehmenszusammenschluss von Unternehmen oder Geschäftsbetrieben unter gemeinsamer Beherrschung ist ein Zusammenschluss, in dem letztlich alle sich zusammenschließenden Unternehmen oder Geschäftsbetriebe von derselben Partei oder denselben Parteien sowohl vor als auch nach dem Unternehmenszusammenschluss beherrscht werden, und diese Beherrschung nicht vorübergehender Natur ist.

B2 Von einer Gruppe von Personen wird angenommen, dass sie ein Unternehmen beherrscht, wenn sie aufgrund vertraglicher Vereinbarungen gemeinsam die Möglichkeit hat, dessen Finanz- und Geschäftspolitik zu bestimmen, um aus dessen Geschäftstätigkeiten Nutzen zu ziehen. Daher ist ein Unternehmenszusammenschluss vom Anwendungsbereich des vorliegenden IFRS ausgenommen, wenn dieselbe Gruppe von Personen aufgrund vertraglicher Vereinbarungen die endgültige gemeinsame Möglichkeit hat, die Finanz- und Geschäftspolitik von jedem der sich zusammenschließenden Unternehmen zu bestimmen, um aus deren Geschäftstätigkeiten Nutzen zu ziehen, und wenn diese endgültige gemeinsame Befugnis nicht nur vorübergehender Natur ist.

Die Beherrschung eines Unternehmens kann durch eine Person oder eine Gruppe von Personen, die gemäß einer vertraglichen Vereinbarung gemeinsam handeln, erfolgen, und es ist möglich, dass diese Person bzw. Gruppe von Personen nicht den Rechnungslegungsvorschriften der IFRS unterliegt. Es ist daher für sich zusammenschließende Unternehmen nicht erforderlich, als eine Einheit von Unternehmen unter gemeinsamer Beherrschung betrachtet zu werden, um bei einem Unternehmenszusammenschluss in denselben Konzernabschluss einbezogen zu werden. **B3**

Die Höhe der nicht beherrschenden Anteile an jedem der sich zusammenschließenden Unternehmen, vor und nach dem Unternehmenszusammenschluss, ist für die Bestimmung, ob der Zusammenschluss Unternehmen unter gemeinsamer Beherrschung umfasst, nicht relevant. Analog ist die Tatsache, dass eines der sich zusammenschließenden Unternehmen ein nicht in den Konzernabschluss einbezogenes Tochterunternehmen ist, für die Bestimmung, ob ein Zusammenschluss Unternehmen unter gemeinsamer Beherrschung einschließt, auch nicht relevant. **B4**

Identifizierung eines Unternehmenszusammenschlusses (Anwendung des Paragraphen 3)

Dieser IFRS definiert einen Unternehmenszusammenschluss als eine Transaktion oder ein anderes Ereignis, durch die/das ein Erwerber die Beherrschung über einen oder mehrere Geschäftsbetriebe erlangt. Ein Erwerber kann auf verschiedene Arten die Beherrschung eines erworbenen Unternehmens erlangen, zum Beispiel: **B5**

(a) durch Übertragung von Zahlungsmitteln, Zahlungsmitteläquivalenten oder sonstigen Vermögenswerten (einschließlich Nettovermögenswerte, die einen Geschäftsbetrieb darstellen);

(b) durch Eingehen von Schulden;

(c) durch Ausgabe von Eigenkapitalanteilen;

(d) durch Bereitstellung von mehr als einer Art von Gegenleistung; oder

(e) ohne Übertragung einer Gegenleistung, einzig und allein durch einen Vertrag (siehe Paragraph 43).

Ein Unternehmenszusammenschluss kann auf unterschiedliche Arten aufgrund rechtlicher, steuerlicher oder anderer Motive vorgenommen werden. Darunter fällt u. a.: **B6**

(a) ein oder mehrere Geschäftsbetriebe werden zu Tochterunternehmen des Erwerbers oder das Nettovermögen eines oder mehrerer Geschäftsbetriebe wird rechtmäßig mit dem Erwerber zusammengelegt;

(b) ein sich zusammenschließendes Unternehmen überträgt sein Nettovermögen bzw. seine Eigentümer übertragen ihre Eigenkapitalanteile an ein anderes sich zusammenschließendes Unternehmen bzw. seine Eigentümer;

(c) alle sich zusammenschließenden Unternehmen übertragen ihre Nettovermögen bzw. die Eigentümer dieser Unternehmen übertragen ihre Eigenkapitalanteile auf ein neu gegründetes Unternehmen (manchmal als „Zusammenlegungs-Transaktion" bezeichnet); oder

(d) eine Gruppe ehemaliger Eigentümer einer der sich zusammenschließenden Unternehmen übernimmt die Beherrschung des zusammengeschlossenen Unternehmens.

Definition eines Geschäftsbetriebs (Anwendung des Paragraphen 3)

Ein Geschäftsbetrieb besteht aus Ressourceneinsatz und darauf anzuwendende Verfahren, die Leistungen erbringen können. Auch wenn Geschäftsbetriebe im Allgemeinen Leistungen erbringen, sind Leistungen nicht erforderlich, damit eine integrierte Gruppe die Kriterien eines Ge- **B7** schäftsbetriebs erfüllt. Die drei Elemente eines Geschäftsbetriebs lassen sich wie folgt definieren:

(a) Ressourceneinsatz: Jede wirtschaftliche Ressource, die Leistungen erbringt oder erbringen kann, wenn ein oder mehrere Verfahren darauf angewendet werden. Beispiele hierfür sind langfristige Vermögenswerte (einschließlich immaterielle Vermögenswerte oder Rechte zur Benutzung langfristiger Vermögenswerte), geistiges Eigentum, die Fähigkeit, Zugriff auf erforderliche Materialien oder Rechte und Mitarbeiter zu erhalten.

(b) Verfahren: Alle Systeme, Standards, Protokolle, Konventionen oder Regeln, die bei Anwendung auf einen Ressourceneinsatz oder auf Ressourceneinsätze Leistungen erzeugen oder erzeugen können. Beispiele hierfür sind strategische Managementprozesse, Betriebsverfahren und Ressourcenmanagementprozesse. Diese Verfahren sind in der Regel dokumentiert. Eine organisierte Belegschaft mit den notwendigen Fähigkeiten und Erfahrungen, die den Regeln und Konventionen folgt, kann jedoch die erforderlichen Verfahren bereitstellen, die auf Ressourceneinsätze zur Erzeugung von Leistungen angewendet werden können. (Buchhaltung, Rechnungsstellung, Lohn- und Gehaltsabrechnung und andere Verwaltungssysteme gehören typischerweise nicht zu den Verfahren, die zur Schaffung von Leistungen benutzt werden.)

(c) Leistung: Das Ergebnis von Ressourceneinsatz und darauf angewendete Verfahren, das Erträge erwirtschaftet oder erwirtschaften kann, die in Form von Dividenden, niedrigeren Kosten oder sonstigem wirtschaftlichen Nutzen direkt den Anteilseignern oder anderen Eigentümern, Gesellschaftern oder Teilnehmern zugehen.

B8 Um im Sinne des definierten Ziels geführt und geleitet werden zu können, benötigt eine integrierte Gruppe von Tätigkeiten und Vermögenswerten zwei wesentliche Elemente – Ressourceneinsatz und darauf anzuwendende Verfahren, die zusammen gegenwärtig oder künftig verwendet werden, um Leistungen zu erzeugen. Ein Geschäftsbetrieb braucht jedoch nicht jeden Ressourceneinsatz oder jedes Verfahren einzubeziehen, die der Verkäufer für den Geschäftsbetrieb verwendete, wenn Marktteilnehmer den Geschäftsbetrieb erwerben und Leistungen produzieren können, indem sie beispielsweise diesen Geschäftsbetrieb in ihren eigenen Ressourceneinsatz und ihre eigenen Verfahren integrieren.

B9 Die Art der Elemente eines Geschäftsbetriebs unterscheidet sich von Branche zu Branche sowie aufgrund der Struktur der Geschäftsbereiche (Tätigkeiten) eines Unternehmens, einschließlich der Phase der Unternehmensentwicklung. Gut eingeführte Geschäftsbetriebe haben oft viele verschiedene Arten von Ressourceneinsätzen, Verfahren und Leistungen, wobei neue Geschäftsbetriebe häufig wenige Ressourceneinsätze und Verfahren und manchmal nur eine einzige Leistung (Produkt) haben. Fast alle Geschäftsbetriebe haben auch Schulden, aber ein Geschäftsbetrieb braucht keine Schulden zu haben.

B10 Es kann sein, dass eine integrierte Gruppe von Tätigkeiten und Vermögenswerten in der Aufbauphase keine Leistungen erzeugt. Wenn dem so ist, hat der Erwerber bei der Ermittlung, ob es sich bei dieser Gruppe um einen Geschäftsbetrieb handelt, andere Faktoren zu berücksichtigen. Diese Faktoren umfassen u. a., ob die Gruppe:

(a) mit der Planung der Haupttätigkeiten begonnen hat;

(b) Mitarbeiter, geistiges Eigentum und sonstigen Ressourceneinsatz sowie Verfahren hat, die auf jenen Ressourceneinsatz angewendet werden könnten;

(c) einen Plan verfolgt, um Leistungen zu erzeugen; und

(d) auf Kunden zugreifen kann, die diese Leistungen kaufen werden.

Nicht alle dieser Faktoren müssen für eine einzelne integrierte Gruppe von Tätigkeiten und Vermögenswerten in der Aufbauphase erfüllt werden, damit sie als Geschäftsbetrieb eingestuft wird.

B11 Die Ermittlung, ob eine einzelne Gruppe von Vermögenswerten und Tätigkeiten ein Geschäftsbetrieb ist, sollte darauf basieren, ob die integrierte Gruppe von einem Marktteilnehmer wie ein Geschäftsbetrieb geführt und geleitet werden kann. Somit ist es bei der Beurteilung, ob eine einzelne Gruppe ein Geschäftsbetrieb ist, nicht relevant, ob ein Verkäufer die Gruppe als einen Geschäftsbetrieb geführt hat oder ob der Erwerber beabsichtigt, sie als Geschäftsbetrieb zu führen.

Sofern kein gegenteiliger Hinweis vorliegt, ist von der Annahme auszugehen, dass eine einzelne Gruppe von Vermögenswerten und Tätigkeiten, in der es einen Geschäfts- oder Firmenwert gibt, ein Geschäftsbetrieb ist. Ein Geschäftsbetrieb muss jedoch keinen Geschäfts- oder Firmenwert haben. **B12**

Identifizierung des Erwerbers (Anwendung der Paragraphen 6 und 7)

Die Leitlinie in IFRS 10 *Konzernabschlüsse* ist für die Identifizierung des Erwerbers, d. h. des Unternehmens, das die Beherrschung über das erworbene Unternehmen übernimmt, anzuwenden. Wenn ein Unternehmenszusammenschluss stattfand und mithilfe der Leitlinien in IFRS 10 jedoch nicht eindeutig bestimmt werden kann, welche der sich zusammenschließenden Unternehmen der Erwerber ist, sind für diese Feststellung die Faktoren in den Paragraphen B14-B18 zu berücksichtigen. **B13**

Bei einem Unternehmenszusammenschluss, der primär durch die Übertragung von Zahlungsmitteln oder sonstigen Vermögenswerten oder durch das Eingehen von Schulden getätigt wurde, ist der Erwerber im Allgemeinen das Unternehmen, das die Zahlungsmittel oder sonstigen Vermögenswerte überträgt oder die Schulden eingeht. **B14**

Bei einem Unternehmenszusammenschluss, der primär durch den Austausch von Eigenkapitalanteilen getätigt wurde, ist der Erwerber in der Regel das Unternehmen, das seine Eigenkapitalanteile ausgibt. Bei einigen Unternehmenszusammenschlüssen, die allgemein „umgekehrter Unternehmenserwerb" genannt werden, ist das emittierende Unternehmen das erworbene Unternehmen. Die Paragraphen B19-B27 enthalten Leitlinien für die Bilanzierung von umgekehrtem Unternehmenserwerb. Weitere einschlägige Fakten und Umstände sind bei der Identifizierung des Erwerbers bei einem Unternehmenszusammenschluss, der durch den Austausch von Eigenkapitalanteilen getätigt wurde, zu berücksichtigen. Dazu gehören: **B15**

(a) *die relativen Stimmrechte an dem zusammengeschlossenen Unternehmen nach dem Unternehmenszusammenschluss* – Der Erwerber ist im Allgemeinen das sich zusammenschließende Unternehmen, dessen Eigentümer als eine Gruppe den größten Anteil der Stimmrechte an dem zusammengeschlossenen Unternehmen behalten oder erhalten. Bei der Ermittlung, welche Gruppe von Eigentümern den größten Anteil an Stimmrechten behält oder erhält, hat ein Unternehmen das Bestehen von ungewöhnlichen oder besonderen Stimmrechtsvereinbarungen und Optionen, Optionsscheinen oder wandelbaren Wertpapieren zu berücksichtigen.

(b) *das Bestehen eines großen Stimmrechtsanteils von Minderheiten an dem zusammengeschlossenen Unternehmen, wenn kein anderer Eigentümer oder keine organisierte Gruppe von Eigentümern einen wesentlichen Stimmrechtsanteil hat* – Der Erwerber ist im Allgemeinen das sich zusammenschließende Unternehmen, dessen alleiniger Eigentümer oder organisierte Gruppe von Eigentümern den größten Stimmrechtsanteil der Minderheiten an dem zusammengeschlossenen Unternehmen hält.

(c) *die Zusammensetzung des Leitungsgremiums des zusammengeschlossenen Unternehmens* – Der Erwerber ist im Allgemeinen das sich zusammenschließende Unternehmen, dessen Eigentümer eine Mehrheit der Mitglieder des Leitungsgremiums des zusammengeschlossenen Unternehmens wählen, ernennen oder abberufen können.

(d) *die Zusammenstellung der Geschäftsleitung des zusammengeschlossenen Unternehmens* – Der Erwerber ist im Allgemeinen das sich zusammenschließende Unternehmen, dessen (bisherige) Geschäftsleitung die Geschäftsleitung des zusammengeschlossenen Unternehmens dominiert.

(e) *die Bedingungen des Austausches von Eigenkapitalanteilen* – Der Erwerber ist im Allgemeinen das sich zusammenschließende Unternehmen, das einen Aufschlag auf den vor dem

Zusammenschluss geltenden beizulegenden Zeitwert der Eigenkapitalanteile des/der anderen sich zusammenschließenden Unternehmen(s) zahlt.

B16 Der Erwerber ist im Allgemeinen das sich zusammenschließende Unternehmen, dessen relative Größe (zum Beispiel gemessen in Vermögenswerten, Erlösen oder Gewinnen) wesentlich größer als die relative Größe des/der anderen sich zusammenschließenden Unternehmen(s) ist.

B17 Bei einem Unternehmenszusammenschluss, an dem mehr als zwei Unternehmen beteiligt sind, ist bei der Bestimmung des Erwerbers u. a. zu berücksichtigen, welches der sich zusammenschließenden Unternehmen den Zusammenschluss veranlasst hat und welche relative Größe die sich zusammenschließenden Unternehmen haben.

B18 Ein zur Durchführung eines Unternehmenszusammenschlusses neu gegründetes Unternehmen ist nicht unbedingt der Erwerber. Wird zur Durchführung eines Unternehmenszusammenschlusses ein neues Unternehmen gegründet, um Eigenkapitalanteile auszugeben, ist eines der sich zusammenschließenden Unternehmen, das vor dem Zusammenschluss bestand, unter Anwendung der Leitlinien in den Paragraphen B13-B17 als der Erwerber zu identifizieren. Ein neues Unternehmen, das als Gegenleistung Zahlungsmittel oder sonstige Vermögenswerte überträgt oder Schulden eingeht, kann hingegen der Erwerber sein.

Umgekehrter Unternehmenserwerb

B19 Bei einem umgekehrten Unternehmenserwerb wird das Unternehmen, das Wertpapiere ausgibt (der rechtliche Erwerber) zu Bilanzierungszwecken auf der Grundlage der Leitlinien in den Paragraphen B13-B18 als das erworbene Unternehmen identifiziert. Das Unternehmen, dessen Eigenkapitalanteile erworben wurden (das rechtlich erworbene Unternehmen) muss zu Bilanzierungszwecken der Erwerber sein, damit diese Transaktion als ein umgekehrter Unternehmenserwerb betrachtet wird. Manchmal wird beispielsweise ein umgekehrter Unternehmenserwerb durchgeführt, wenn ein nicht börsennotiertes Unternehmen ein börsennotiertes Unternehmen werden möchte, aber seine Kapitalanteile nicht registrieren lassen möchte. Hierzu veranlasst das nicht börsennotierte Unternehmen, dass ein börsennotiertes Unternehmen seine Eigenkapitalanteile im Austausch gegen die Eigenkapitalanteile des börsennotierten Unternehmens erwirbt. In diesem Beispiel ist das börsennotierte Unternehmen der rechtliche Erwerber, da es seine Kapitalanteile emittiert hat, und das nicht börsennotierte Unternehmen ist das rechtlich erworbene Unternehmen, da seine Kapitalanteile erworben wurden. Die Anwendung der Leitlinien in den Paragraphen B13-B18 führen indes zur Identifizierung:

(a) des börsennotierten Unternehmens als erworbenes Unternehmen für Bilanzierungszwecke (das bilanziell erworbene Unternehmen); und

(b) des nicht börsennotierten Unternehmens als der Erwerber für Bilanzierungszwecke (der bilanzielle Erwerber).

Das bilanziell erworbene Unternehmen muss die Definition eines Geschäftsbetriebs erfüllen, damit die Transaktion als umgekehrter Unternehmenserwerb bilanziert werden kann, und alle in diesem IFRS dargelegten Ansatz- und Bewertungsgrundsätze einschließlich der Anforderung, den Geschäfts- oder Firmenwert zu erfassen, sind anzuwenden.

Bestimmung der übertragenen Gegenleistung

B20 Bei einem umgekehrten Unternehmenserwerb gibt der bilanzielle Erwerber in der Regel keine Gegenleistung für das erworbene Unternehmen aus. Stattdessen gibt das bilanziell erworbene Unternehmen in der Regel seine Eigenkapitalanteile an die Eigentümer des bilanziellen Erwerbers aus. Der zum Erwerbszeitpunkt geltende beizulegende Zeitwert der vom bilanziellen Erwerber übertragenen Gegenleistung für seine Anteile am bilanziell erworbenen Unternehmen basiert demzufolge auf der Anzahl der Eigenkapitalanteile, welche das rechtliche Tochterunternehmen hätte ausgeben müssen, um an die Eigentümer des rechtlichen Mutterunternehmens den gleichen Prozentsatz an Eigenkapitalanteilen an dem aus dem umgekehrten Unternehmenserwerb stammenden zusammengeschlossenen Unternehmen auszugeben. Der beizulegende Zeitwert der Anzahl der Eigenkapitalanteile, der auf diese Weise ermittelt wurde, kann als der beizulegende Zeitwert der im Austausch für das erworbene Unternehmen übertragenen Gegenleistung verwendet werden.

Aufstellung und Darstellung von Konzernabschlüssen

Nach einem umgekehrten Unternehmenserwerb aufgestellte Konzernabschlüsse werden unter dem Namen des rechtlichen Mutterunternehmens (des bilanziell erworbenen Unternehmens) veröffentlicht, jedoch mit einem Vermerk im Anhang, dass es sich hierbei um eine Fortführung des Abschlusses des rechtlichen Tochterunternehmens (des bilanziellen Erwerbers) handelt, und mit einer Anpassung, durch die rückwirkend das rechtliche Eigenkapital des bilanziellen Erwerbers bereinigt wird, um das rechtliche Eigenkapital des bilanziell erworbenen Unternehmens abzubilden. Diese Anpassung ist erforderlich, um das Eigenkapital des rechtlichen Mutterunternehmens (des bilanziell erworbenen Unternehmens) abzubilden. In diesem Konzernabschluss dargestellte Vergleichsinformationen werden ebenfalls rückwirkend angepasst, um das rechtliche Eigenkapital des rechtlichen Mutterunternehmens (des bilanziell erworbenen Unternehmens) widerzuspiegeln. **B21**

Da die Konzernabschlüsse eine Fortführung der Abschlüsse des rechtlichen Tochterunternehmens mit Ausnahme der Kapitalstruktur darstellen, zeigen sie: **B22**

(a) die Vermögenswerte und Schulden des rechtlichen Tochterunternehmens (des bilanziellen Erwerbers), die zu ihren vor dem Zusammenschluss gültigen Buchwerten angesetzt und bewertet wurden;

(b) die Vermögenswerte und Schulden des rechtlichen Mutterunternehmens (des bilanziell erworbenen Unternehmens), die im Einklang mit diesem IFRS angesetzt und bewertet wurden;

(c) die Gewinnrücklagen und sonstigen Kapitalguthaben des rechtlichen Tochterunternehmens (des bilanziellen Erwerbers) vor dem Unternehmenszusammenschluss;

(d) den in den Konzernabschlüssen für ausgegebene Eigenkapitalanteile angesetzten Betrag, der bestimmt wird, indem die ausgegebenen Eigenkapitalanteile des rechtlichen Tochterunternehmens (des bilanziellen Erwerbers), die unmittelbar vor dem Unternehmenszusammenschluss in Umlauf waren, dem beizulegenden Zeitwert des rechtlichen Mutterunternehmens (des bilanziell erworbenen Unternehmens) hinzugerechnet wird. Die Eigenkapitalstruktur (d. h. die Anzahl und Art der ausgegebenen Eigenkapitalanteile) spiegelt jedoch die Eigenkapitalstruktur des rechtlichen Mutterunternehmens (des bilanziell erworbenen Unternehmens) wider und umfasst die Eigenkapitalanteile des rechtlichen Mutterunternehmens, die zur Durchführung des Zusammenschlusses ausgegeben wurden. Dementsprechend wird die Eigenkapitalstruktur des rechtlichen Tochterunternehmens (des bilanziellen Erwerbers) mittels des im Erwerbsvertrag festgelegten Tauschverhältnisses neu ermittelt, um die Anzahl der anlässlich des umgekehrten Unternehmenserwerbs ausgegebenen Anteile des rechtlichen Mutterunternehmens (des bilanziell erworbenen Unternehmens) widerzuspiegeln.

(e) den entsprechenden Anteil der nicht beherrschenden Anteile an den vor dem Zusammenschluss gültigen Buchwerten der Gewinnrücklagen und sonstigen Eigenkapitalanteilen des rechtlichen Tochterunternehmens (des bilanziellen Erwerbers), wie in den Paragraphen B23 und B24 beschrieben.

Nicht beherrschende Anteile

Bei einem umgekehrten Unternehmenserwerb kann es vorkommen, dass Eigentümer des rechtlich erworbenen Unternehmens (des bilanziellen Erwerbers) ihre Eigenkapitalanteile nicht gegen Eigenkapitalanteile des rechtlichen Mutterunternehmens (des bilanziell erworbenen Unternehmens) umtauschen. Diese Eigentümer werden nach dem umgekehrten Unternehmenserwerb als nicht beherrschende Anteile im Konzernabschluss behandelt. Dies ist darauf zurück- **B23** zuführen, dass die Eigentümer des rechtlich erworbenen Unternehmens, die ihre Eigenkapitalanteile nicht gegen Eigenkapitalanteile des rechtlichen Erwerbers umtauschen, nur an den Ergebnissen und dem Nettovermögen des rechtlich erworbenen Unternehmens beteiligt sind und nicht an den Ergebnissen und dem Nettovermögen des zusammengeschlossenen Unternehmens. Auch wenn der rechtliche Erwerber zu Bilanzierungszwecken das erworbene Unternehmen ist, sind umgekehrt die Eigentümer des rechtlichen Erwerbers an den Ergebnissen und dem Nettovermögen des zusammengeschlossenen Unternehmens beteiligt.

B24 Die Vermögenswerte und Schulden des rechtlich erworbenen Unternehmens werden im Konzernabschluss mit ihren vor dem Zusammenschluss gültigen Buchwerten bewertet und angesetzt (siehe Paragraph B22(a)). In einem umgekehrten Unternehmenserwerb spiegeln daher die nicht beherrschenden Anteile den entsprechenden Anteil an den vor dem Zusammenschluss gültigen Buchwerten des Nettovermögens des rechtlich erworbenen Unternehmens der nicht beherrschenden Anteilseigner selbst dann wider, wenn die nicht beherrschenden Anteile an anderem Erwerb mit dem beizulegenden Zeitwert zum Erwerbszeitpunkt bestimmt werden.

Ergebnis je Aktie

B25 Wie in Paragraph B22(d) beschrieben, hat die Eigenkapitalstruktur, die in den nach einem umgekehrten Unternehmenserwerb aufgestellten Konzernabschlüssen erscheint, die Eigenkapitalstruktur des rechtlichen Erwerbers (des bilanziell erworbenen Unternehmens) widerzuspiegeln, einschließlich der Eigenkapitalanteile, die vom rechtlichen Erwerber zur Durchführung des Unternehmenszusammenschlusses ausgegeben wurden.

B26 Für die Ermittlung der durchschnittlich gewichteten Anzahl der während der Periode, in der der umgekehrte Unternehmenserwerb erfolgt, ausstehenden Stammaktien (der Nenner bei der Berechnung des Ergebnisses je Aktie):

(a) ist die Anzahl der ausstehenden Stammaktien vom Beginn dieser Periode bis zum Erwerbszeitpunkt auf der Grundlage der durchschnittlich gewichteten Anzahl der in dieser Periode ausstehenden Stammaktien des rechtlich erworbenen Unternehmens (des bilanziellen Erwerbers), die mit dem im Fusionsvertrag angegebenen Tauschverhältnis multipliziert werden, zu berechnen; und

(b) ist die Anzahl der ausstehenden Stammaktien vom Erwerbszeitpunkt bis zum Ende dieser Periode gleich der tatsächlichen Anzahl der ausstehenden Stammaktien des rechtlichen Erwerbers (des bilanziell erworbenen Unternehmens) während dieser Periode.

B27 Das unverwässerte Ergebnis je Aktie ist für jede Vergleichsperiode vor dem Erwerbszeitpunkt, die im Konzernabschluss nach einem umgekehrten Unternehmenserwerb dargestellt wird, zu berechnen, indem:

(a) der den Stammaktionären in der jeweiligen Periode zurechenbare Gewinn oder Verlust des rechtlich erworbenen Unternehmens durch

(b) die historisch durchschnittlich gewichtete Anzahl der ausstehenden Stammaktien des rechtlich erworbenen Unternehmens, die mit dem im Erwerbsvertrag angegebenen Tauschverhältnis multipliziert wird, geteilt wird.

Ansatz besonderer erworbener Vermögenswerte und übernommener Schulden (Anwendung der Paragraphen 10-13)

B28 bis B30 (weggefallen)

Immaterielle Vermögenswerte

B31 Der Erwerber hat die in einem Unternehmenszusammenschluss erworbenen immateriellen Vermögenswerte getrennt vom Geschäfts- oder Firmenwert anzusetzen. Ein immaterieller Vermögenswert ist identifizierbar, wenn er entweder das Separierbarkeitskriterium oder das vertragliche/gesetzliche Kriterium erfüllt.

Ein immaterieller Vermögenswert, der das vertragliche/gesetzliche Kriterium erfüllt, ist identifizierbar, auch wenn der Vermögenswert weder übertragbar noch separierbar von dem erworbenen Unternehmen oder von anderen Rechten und Verpflichtungen ist. Zum Beispiel: **B32**

(a) (weggefallen)

(b) Ein erworbenes Unternehmen besitzt und betreibt ein Kernkraftwerk. Die Lizenz zum Betrieb dieses Kernkraftwerks stellt einen immateriellen Vermögenswert dar, der das vertragliche/gesetzliche Kriterium für einen vom Geschäfts- oder Firmenwert getrennten Ansatz selbst dann erfüllt, wenn der Erwerber ihn nicht getrennt von dem erworbenen Kernkraftwerk verkaufen oder übertragen kann. Ein Erwerber kann den beizulegenden Zeitwert der Betriebslizenz und den beizulegenden Zeitwert des Kernkraftwerks als einen einzigen Vermögenswert für die Zwecke der Rechnungslegung ausweisen, wenn die Nutzungsdauern dieser Vermögenswerte ähnlich sind.

(c) Ein erworbenes Unternehmen besitzt ein Technologiepatent. Es hat dieses Patent zur exklusiven Verwendung anderen außerhalb des heimischen Marktes in Lizenz gegeben und erhält dafür einen bestimmten Prozentsatz der künftigen ausländischen Erlöse. Sowohl das Technologiepatent als auch die damit verbundene Lizenzvereinbarung erfüllen die vertraglichen/gesetzlichen Kriterien für den vom Geschäfts- oder Firmenwert getrennten Ansatz, selbst wenn das Patent und die damit verbundene Lizenzvereinbarung nicht getrennt voneinander verkauft oder getauscht werden könnten.

Das Separierbarkeitskriterium bedeutet, dass ein erworbener immaterieller Vermögenswert separierbar ist oder vom erworbenen Unternehmen getrennt und somit verkauft, übertragen, lizenziert, vermietet oder getauscht werden kann. Dies kann einzeln oder in Verbindung mit einem Vertrag, einem identifizierbaren Vermögenswert oder einer identifizierbaren Schuld erfolgen. Ein immaterieller Vermögenswert, den der Erwerber verkaufen, lizenzieren oder auf andere Weise gegen einen Wertgegenstand tauschen könnte, erfüllt das Separierbarkeitskriterium selbst dann, wenn der Erwerber nicht beabsichtigt, ihn zu verkaufen, zu lizenzieren oder auf andere Weise zu tauschen. Ein erworbener immaterieller Vermögenswert erfüllt das Separierbarkeitskriterium, wenn es einen substanziellen Hinweis auf eine Tauschtransaktion für diese Art von Vermögenswert oder einen ähnlichen Vermögenswert gibt, selbst wenn diese Transaktionen selten stattfinden und unabhängig davon, ob der Erwerber daran beteiligt ist. Kunden- und Abonnentenlisten werden zum Beispiel häufig lizenziert und erfüllen somit das Separierbarkeitskriterium. Selbst wenn ein erworbenes Unternehmen glaubt, dass seine Kundenlisten von anderen Kundenlisten abweichende Merkmale haben, so bedeutet in der Regel die Tatsache, dass Kundenlisten häufig lizenziert werden, dass die erworbene Kundenliste das Separierbarkeitskriterium erfüllt. Eine bei einem Unternehmenszusammenschluss erworbene Kundenliste würde jedoch dieses Separierbarkeitskriterium nicht erfüllen, wenn durch die Bestimmungen einer Geheimhaltungs- oder anderen Vereinbarung einem Unternehmen untersagt ist, Informationen über Kunden zu verkaufen, zu vermieten oder anderweitig auszutauschen. **B33**

Ein immaterieller Vermögenswert, der alleine vom erworbenen oder zusammengeschlossenen Unternehmen nicht separierbar ist, erfüllt das Separierbarkeitskriterium, wenn er in Verbindung mit einem Vertrag, einem identifizierbaren Vermögenswert oder einer identifizierbaren Schuld separierbar ist. Zum Beispiel: **B34**

(a) Marktteilnehmer tauschen Verbindlichkeiten aus Einlagen und damit verbundene Einlegerbeziehungen als immaterielle Vermögenswerte in beobachtbaren Tauschgeschäften. Daher hat der Erwerber die Einlegerbeziehungen als immaterielle Vermögenswerte getrennt vom Geschäfts- oder Firmenwert anzusetzen.

(b) Ein erworbenes Unternehmen besitzt ein eingetragenes Warenzeichen und das dokumentierte jedoch nicht patentierte technische Fachwissen zur Herstellung des Markenproduktes. Zur Übertragung des Eigentumsrechts an einem Warenzeichen muss der Eigentümer auch alles andere übertragen, was erforderlich ist, damit der neue Eigentümer ein Produkt herstellen oder einen Service liefern kann, das/der nicht vom Ursprünglichen zu unterscheiden ist. Da das nicht patentierte technische Fachwissen vom erworbenen oder zusammengeschlossenen Unternehmen getrennt und verkauft werden muss, wenn das damit verbundene Warenzeichen verkauft wird, erfüllt es das Separierbarkeitskriterium.

Zurückerworbene Rechte

B35 Im Rahmen eines Unternehmenszusammenschlusses kann ein Erwerber ein Recht, einen oder mehrere bilanzierte oder nicht bilanzierte Vermögenswerte des Erwerbers zu nutzen, zurückerwerben, wenn er dieses zuvor dem erworbenen Unternehmen gewährt hatte. Zu den Beispielen für solche Rechte gehört das Recht, den Handelsnamen des Erwerbers gemäß einem Franchisevertrag zu verwenden, oder das Recht, die Technologie des Erwerbers gemäß einer Technologie-Lizenzvereinbarung zu nutzen. Ein zurückerworbenes Recht ist ein identifizierbarer immaterieller Vermögenswert, den der Erwerber getrennt vom Geschäfts- oder Firmenwert ansetzt. Paragraph 29 enthält eine Leitlinie für die Bewertung eines zurückerworbenen Rechts und Paragraph 55 enthält eine Leitlinie für die nachfolgende Bilanzierung eines zurückerworbenen Rechts.

B36 Wenn die Bedingungen des Vertrags, der Anlass für ein zurückerworbenes Recht ist, vorteilhaft oder nachteilig in Bezug auf laufende Markttransaktionen für dieselben oder ähnliche Sachverhalte sind, hat der Erwerber den Gewinn bzw. Verlust aus der Erfüllung zu erfassen. Paragraph B52 enthält eine Leitlinie für die Bewertung der Gewinne bzw. Verluste aus dieser Erfüllung.

Belegschaft und sonstige Sachverhalte, die nicht identifizierbar sind

B37 Der Erwerber ordnet den Wert eines erworbenen immateriellen Vermögenswerts, der zum Erwerbszeitpunkt nicht identifizierbar ist, dem Geschäfts- oder Firmenwert zu. Ein Erwerber kann beispielsweise dem Bestehen einer Belegschaft – d. h. einer bestehenden Gesamtheit von Mitarbeitern, durch die der Erwerber einen erworbenen Geschäftsbetrieb vom Erwerbszeitpunkt an weiterführen kann – Wert zuweisen. Eine Belegschaft stellt nicht das intellektuelle Kapital des ausgebildeten Personals dar, also das (oft spezialisierte) Wissen und die Erfahrung, welche die Mitarbeiter eines erworbenen Unternehmens mitbringen. Da die Belegschaft kein identifizierbarer Vermögenswert ist, der getrennt vom Geschäfts- oder Firmenwert angesetzt werden kann, ist jeder ihr zuzuschreibender Wert Bestandteil des Geschäfts- oder Firmenwerts.

B38 Der Erwerber bezieht auch jeden Wert, der Posten zuzuordnen ist, die zum Erwerbszeitpunkt nicht als Vermögenswerte eingestuft werden, in den Geschäfts- oder Firmenwert mit hinein. Der Erwerber kann zum Beispiel potenziellen Verträgen, die das erworbene Unternehmen zum Erwerbszeitpunkt mit prospektiven neuen Kunden verhandelt, Wert zuweisen. Da diese potenziellen Verträge zum Erwerbszeitpunkt selbst keine Vermögenswerte sind, setzt der Erwerber sie nicht getrennt vom Geschäfts- oder Firmenwert an. Der Erwerber hat später den Wert dieser Verträge am Geschäfts- oder Firmenwert nicht aufgrund von Ereignissen nach dem Erwerbszeitpunkt neu zu beurteilen. Der Erwerber hat jedoch die Tatsachen und Umstände in Zusammenhang mit den Ereignissen, die kurz nach dem Erwerb eintraten, zu beurteilen, um zu ermitteln, ob ein getrennt ansetzbarer immaterieller Vermögenswert zum Erwerbszeitpunkt existierte.

B39 Nach dem erstmaligen Ansatz bilanziert ein Erwerber immaterielle Vermögenswerte, die bei einem Unternehmenszusammenschluss erworben wurden gemäß den Bestimmungen des IAS 38 *Immaterielle Vermögenswerte*. Wie in Paragraph 3 des IAS 38 beschrieben, werden einige erworbene immaterielle Vermögenswerte nach dem erstmaligen Ansatz gemäß den Vorschriften anderer IFRS bilanziert.

B40 Die Kriterien zur Identifizierbarkeit bestimmen, ob ein immaterieller Vermögenswert getrennt vom Geschäfts- oder Firmenwert angesetzt wird. Die Kriterien dienen jedoch weder als Leitlinie für die Bemessung des beizulegenden Zeitwerts eines immateriellen Vermögenswerts noch beschränken sie die Annahmen, die bei der Bemessung des beizulegenden Zeitwerts eines immateriellen Vermögenswerts verwendet werden. Der Erwerber würde bei der Bemessung des beizulegenden Zeitwerts beispielsweise Annahmen berücksichtigen, die Marktteilnehmer bei der Preisbildung für den immateriellen Vermögenswert anwenden würden, wie Erwartungen hinsichtlich künftiger Vertragsverlängerungen. Für Vertragsverlängerungen selbst ist es nicht erforderlich die Kriterien der Identifizierbarkeit zu erfüllen. (Siehe jedoch Paragraph 29, in dem eine Ausnahme vom Grundsatz der Bewertung zum beizulegenden Zeitwert von zurückerworbenen Rechten bei einem Unternehmenszusammenschluss gemacht wird.) Die Paragraphen 36 und 37 des IAS 38 enthalten Leitlinien zur Ermittlung, ob immaterielle Vermögenswerte in eine einzelne Bilanzierungseinheit mit anderen immateriellen oder materiellen Vermögenswerten zusammengefasst werden sollten.

Bewertung des beizulegenden Zeitwerts von besonderen identifizierbaren Vermögenswerten und einem nicht beherrschenden Anteil an einem erworbenen Unternehmen (Anwendung der Paragraphen 18 und 19)

Vermögenswerte mit ungewissen Cashflows (Korrekturposten)

Der Erwerber hat keine gesonderten Korrekturposten für Vermögenswerte, die bei einem Unternehmenszusammenschluss erworben und zum Erwerbszeitpunkt mit ihren beizulegenden Zeitwerten bestimmt wurden, zum Erwerbszeitpunkt zu erfassen, da die Auswirkungen der Ungewissheit künftiger Zahlungsströme in der Bemessung des beizulegenden Zeitwerts enthalten ist. Da dieser IFRS beispielsweise vom Erwerber verlangt, erworbene Forderungen, einschließlich Kredite, zu ihrem beizulegenden Zeitwert zum Erwerbszeitpunkt zu bewerten, erfasst er keine gesonderten Korrekturposten für vertragliche Zahlungsströme, die zu dem Zeitpunkt als uneinbringlich gelten, oder eine Wertberichtigung für erwartete Kreditverluste. **B41**

Vermögenswerte, die zu Operating-Leasingverhältnissen gehören, bei denen das erworbene Unternehmen der Leasinggeber ist

Bei der Bewertung des zum Erwerbszeitpunkt geltenden beizulegenden Zeitwerts eines Vermögenswerts, wie eines Gebäudes oder eines Patents, das zu einem Operating-Leasingverhältnis gehört, bei dem das erworbene Unternehmen der Leasinggeber ist, hat der Erwerber die Bedingungen des Leasingverhältnisses zu berücksichtigen. Der Erwerber setzt keinen separaten Vermögenswert bzw. keine separate Verbindlichkeit an, wenn die Bedingungen eines Operating-Leasingverhältnisses verglichen mit den Marktbedingungen entweder günstig oder ungünstig sind. **B42**

Vermögenswerte, die der Erwerber nicht zu nutzen beabsichtigt bzw. auf eine andere Weise zu nutzen als normalerweise Marktteilnehmer sie nutzen würden

Zum Schutz seiner Wettbewerbsposition oder aus anderen Gründen kann der Erwerber von der Nutzung eines erworbenen, nicht finanziellen Vermögenswerts oder seiner höchsten und besten Verwendung absehen. Dies könnte beispielsweise bei einem erworbenen immateriellen Vermögenswert aus Forschung und Entwicklung der Fall sein, bei dem der Erwerber eine defensive Nutzung plant, um Dritte an der Nutzung dieses Vermögenswerts zu hindern. Dennoch hat der Erwerber den beizulegenden Zeitwert des nicht finanziellen Vermögenswerts zu bemessen und dabei sowohl bei der erstmaligen Bemessung als auch bei der Bemessung des beizulegenden Zeitwerts abzüglich Veräußerungskosten als auch bei anschließenden Werthaltigkeitstests dessen höchste und beste Verwendung durch Marktteilnehmer anzunehmen. Diese ist gemäß der jeweils sachgerechten Bewertungsprämisse zu bestimmen. **B43**

Nicht beherrschende Anteile an einem erworbenen Unternehmen

B44 Durch diesen IFRS kann ein nicht beherrschender Anteil an einem erworbenen Unternehmen mit seinem beizulegenden Zeitwert zum Erwerbszeitpunkt bewertet werden. Manchmal kann ein Erwerber den zum Erwerbszeitpunkt gültigen beizulegenden Zeitwert eines nicht beherrschenden Anteils auf der Grundlage einer Marktpreisnotierung in einem aktiven Markt für die Eigenkapitalanteile bemessen (d. h. der nicht vom Erwerber gehaltenen Kapitalanteile). In anderen Situationen steht jedoch für die Eigenkapitalanteile keine Marktpreisnotierung in einem aktiven Markt zur Verfügung. Dann würde der Erwerber den beizulegenden Zeitwert der nicht beherrschenden Anteile unter Einsatz anderer Bewertungstechniken ermitteln.

B45 Die beizulegenden Zeitwerte der Anteile des Erwerbers an dem erworbenen Unternehmen und der nicht beherrschenden Anteile können auf einer Basis je Aktie voneinander abweichen. Der Hauptunterschied liegt wahrscheinlich darin, dass für die Beherrschung ein Aufschlag auf den beizulegenden Zeitwert je Aktie des Anteils des Erwerbers an dem erworbenen Unternehmen berücksichtigt wird oder umgekehrt für das Fehlen der Beherrschung ein Abschlag (auch als ein Minderheitsabschlag bezeichnet) auf den beizulegenden Zeitwert je Aktie des nicht beherrschenden Anteils berücksichtigt wird, sofern Marktteilnehmer bei der Preisbildung für den nicht beherrschenden Anteil einen solchen Auf- oder Abschlag berücksichtigen würden.

Bewertung des Geschäfts- oder Firmenwerts oder eines Gewinns aus einem Erwerb zu einem Preis unter dem Marktwert

Bewertung des zum Erwerbszeitpunkt gültigen beizulegenden Zeitwerts der Anteile des Erwerbers an dem erworbenen Unternehmen unter Einsatz von Bewertungstechniken (Anwendung des Paragraphen 33)

B46 Bei einem Unternehmenszusammenschluss, der ohne die Übertragung einer Gegenleistung erfolgte, muss der Erwerber zur Bewertung des Geschäfts- oder Firmenwerts oder eines Gewinns aus einem Erwerb zu einem Preis unter dem Marktwert den zum Erwerbszeitpunkt gültigen beizulegenden Zeitwert seines Anteils an dem erworbenen Unternehmen anstelle des zum Erwerbszeitpunkt gültigen beizulegenden Zeitwerts der übertragenen Gegenleistung nutzen (siehe Paragraphen 32-34).

Besondere Berücksichtigung bei der Anwendung der Erwerbsmethode auf den Zusammenschluss von Gegenseitigkeitsunternehmen (Anwendung des Paragraphen 33)

B47 Wenn sich zwei Gegenseitigkeitsunternehmen zusammenschließen, kann der beizulegende Zeitwert des Eigenkapital- oder Geschäftsanteils an dem erworbenen Unternehmen (oder der beizulegende Zeitwert des erworbenen Unternehmens) verlässlicher bestimmbar sein als der beizulegende Zeitwert der vom Erwerber übertragenen Geschäftsanteile. In einer solchen Situation verlangt Paragraph 33, dass der Erwerber den Betrag des Geschäfts- oder Firmenwerts zu ermitteln hat, indem er den zum Erwerbszeitpunkt geltenden beizulegenden Zeitwert der Eigenkapitalanteile des erworbenen Unternehmens anstatt den zum Erwerbszeitpunkt geltenden beizulegenden Zeitwert der als Gegenleistung übertragenen Eigenkapitalanteile verwendet. Darüber hinaus hat ein Erwerber bei einem Zusammenschluss von Gegenseitigkeitsunternehmen das Nettovermögen des erworbenen Unternehmens als eine unmittelbare Hinzufügung zum Kapital oder Eigenkapital in seiner Kapitalflussrechnung auszuweisen und nicht als eine Hinzufügung zu Gewinnrücklagen, was der Art entspräche, wie andere Arten von Unternehmen die Erwerbsmethode anwenden.

B48 Obgleich sie auch in mancher Hinsicht anderen Geschäftsbetrieben ähnlich sind, haben Gegenseitigkeitsunternehmen besondere Eigenschaften, die vor allem darauf beruhen, dass ihre Gesellschafter sowohl Kunden als auch Eigentümer sind. Mitglieder von Gegenseitigkeitsunternehmen erwarten im Allgemeinen, dass sie Nutzen aus ihrer Mitgliedschaft ziehen, häufig in

Form von ermäßigten Gebühren auf Waren oder Dienstleistungen oder Gewinnausschüttungen an Mitglieder. Der Anteil der Gewinnausschüttungen an Mitglieder, der jedem einzelnen Mitglied zugeteilt ist, basiert oft auf dem Anteil der Geschäfte, die ein Mitglied mit dem Gegenseitigkeitsunternehmen im Verlauf des Jahres getätigt hat.

Die Bemessung des beizulegenden Zeitwerts eines Gegenseitigkeitsunternehmens hat die Annahmen zu umfassen, welche die Marktteilnehmer über den künftigen Nutzen für die Mitglieder machen würden, sowie alle anderen relevanten Annahmen, welche die Marktteilnehmer über das Gegenseitigkeitsunternehmen machen würden. Beispielsweise kann zur Bemessung des beizulegenden Zeitwerts eines Gegenseitigkeitsunternehmens eine Barwerttechnik eingesetzt werden. Die als in das Modell einfließenden Parameter verwendeten Cashflows sollten auf den erwarteten Cashflows des Gegenseitigkeitsunternehmens beruhen, welche wahrscheinlich auch die Reduzierungen aufgrund von Leistungen an Mitglieder, wie ermäßigte Gebühren auf Waren und Dienstleistungen widerspiegeln. **B49**

Bestimmung des Umfangs eines Unternehmenszusammenschlusses (Anwendung der Paragraphen 51 und 52)

Der Erwerber hat bei der Ermittlung, ob eine Transaktion Teil eines Tausches für ein erworbenes Unternehmen ist oder ob die Transaktion getrennt vom Unternehmenszusammenschluss zu betrachten ist, die folgenden Faktoren, die weder in Verbindung miteinander exklusiv noch einzeln entscheidend sind, zu berücksichtigen: **B50**

(a) *die Gründe für die Transaktion* – Wenn man versteht, warum die sich zusammenschließenden Parteien (der Erwerber und das erworbene Unternehmen und dessen Eigentümer, Direktoren und Manager, sowie deren Vertreter) eine bestimmte Transaktion eingegangen sind oder eine Vereinbarung abgeschlossen haben, kann dies einen Einblick dahingehend geben, ob sie Teil der übertragenen Gegenleistung und der erworbenen Vermögenswerte oder übernommenen Schulden ist. Wenn eine Transaktion beispielsweise in erster Linie zum Nutzen des Erwerbers oder des zusammengeschlossenen Unternehmens und nicht in erster Linie zum Nutzen des erworbenen Unternehmens oder dessen früheren Eigentümern vor dem Zusammenschluss erfolgt, ist es unwahrscheinlich, dass dieser Teil des gezahlten Transaktionspreises (und alle damit verbundenen Vermögenswerte oder Schulden) zum Tauschgeschäft für das erworbene Unternehmen gehört. Dementsprechend würde der Erwerber diesen Teil getrennt vom Unternehmenszusammenschluss bilanzieren;

(b) *wer hat die Transaktion eingeleitet* – Wenn man versteht, wer die Transaktion eingeleitet hat, kann dies auch einen Einblick geben, ob sie Teil des Tauschgeschäfts für das erworbene Unternehmen ist. Eine Transaktion oder ein anderes Ereignis, das beispielsweise vom Erwerber eingeleitet wurde, ist eventuell mit dem Ziel eingegangen worden, dem Erwerber oder dem zusammengeschlossenen Unternehmen künftigen wirtschaftlichen Nutzen zu bringen, wobei das erworbene Unternehmen oder dessen Eigentümer vor dem Zusammenschluss wenig oder keinen Nutzen daraus erhalten haben. Andererseits wird eine vom erworbenen Unternehmen oder dessen früheren Eigentümern eingeleitete Transaktion oder Vereinbarung wahrscheinlich weniger zugunsten des Erwerbers oder des zusammengeschlossenen Unternehmens sein sondern eher Teil der Transaktion des Unternehmenszusammenschlusses sein;

(c) *der Zeitpunkt der Transaktion* – Der Zeitpunkt der Transaktion kann auch einen Einblick geben, ob sie Teil des Tausches für das erworbene Unternehmen ist. Eine Transaktion zwischen dem Erwerber und dem erworbenen Unternehmen, die zum Beispiel während der Verhandlungen bezüglich der Bedingungen des Unternehmenszusammenschlusses stattfindet, kann mit der Absicht des Unternehmenszusammenschlusses eingegangen worden sein, um dem Erwerber und dem zusammengeschlossenen Unternehmen zukünftigen wirtschaftlichen Nutzen zu bringen. In diesem Falle ziehen das erworbene Unternehmen oder dessen Eigentümer vor dem Unternehmenszusammenschluss wenig oder keinen

Nutzen aus der Transaktion mit Ausnahme der Leistungen, die sie im Rahmen des zusammengeschlossenen Unternehmens erhalten.

Tatsächliche Erfüllung einer zuvor bestehenden Beziehung zwischen dem Erwerber und dem erworbenen Unternehmen bei einem Unternehmenszusammenschluss (Anwendung des Paragraphen 52(a))

B51 Der Erwerber und das erworbene Unternehmen können eine Beziehung haben, die bereits bestand, bevor sie einen Unternehmenszusammenschluss beabsichtigten, hier als „zuvor bestehende Beziehung" bezeichnet. Eine zuvor bestehende Beziehung zwischen dem Erwerber und dem erworbenen Unternehmen kann vertraglicher Natur (zum Beispiel: Verkäufer und Kunde oder Lizenzgeber und Lizenznehmer) oder nicht vertraglicher Natur (zum Beispiel: Kläger und Beklagter) sein.

B52 Wenn der Unternehmenszusammenschluss tatsächlich eine zuvor bestehende Beziehung erfüllt, erfasst der Erwerber einen Gewinn bzw. Verlust, der wie folgt bestimmt wird:

(a) für eine zuvor bestehende nicht vertragliche Beziehung (wie ein Rechtsstreit): mit dem beizulegenden Zeitwert;

(b) für eine zuvor bestehende vertragliche Beziehung: mit dem niedrigeren der Beträge unter (i) und (ii):

(i) der Betrag, zu dem der Vertrag aus Sicht des Erwerbers vorteilhaft oder nachteilig im Vergleich mit den Bedingungen für aktuelle Markttransaktionen derselben oder ähnlichen Sachverhalte ist. (Ein nachteiliger Vertrag ist ein Vertrag, der nachteilig im Hinblick auf aktuelle Marktbedingungen ist. Es handelt sich hierbei nicht unbedingt um einen belastenden Vertrag, bei dem die unvermeidbaren Kosten zur Erfüllung der vertraglichen Verpflichtungen höher sind als der erwartete wirtschaftliche Nutzen);

(ii) der in den Erfüllungsbedingungen des Vertrags genannte Betrag, der für die andere Vertragspartei, als die, für die der Vertrag nachteilig ist, durchsetzbar ist.

Wenn (ii) geringer als (i) ist, ist der Unterschied Bestandteil der Bilanzierung des Unternehmenszusammenschlusses.

Der Betrag des erfassten Gewinns bzw. Verlusts kann teilweise davon abhängen, ob der Erwerber zuvor einen damit verbundenen Vermögenswert oder eine Schuld angesetzt hatte, und der ausgewiesene Gewinn oder Verlust kann daher von dem unter Anwendung der obigen Anforderungen berechneten Betrag abweichen.

B53 Bei einer zuvor bestehenden Beziehung kann es sich um einen Vertrag handeln, den der Erwerber als ein zurückerworbenes Recht ausweist. Wenn der Vertrag Bedingungen enthält, die im Vergleich zu den Preisen derselben oder ähnlicher Sachverhalte bei aktuellen Markttransaktionen vorteilhaft oder nachteilig sind, erfasst der Erwerber getrennt vom Unternehmenszusammenschluss einen Gewinn bzw. Verlust für die tatsächliche Erfüllung des Vertrags, der gemäß Paragraph B52 bewertet wird.

Vereinbarungen über bedingte Zahlungen an Mitarbeiter oder verkaufende Anteilseigner (Anwendung des Paragraphen 52(b))

B54 Ob Vereinbarungen über bedingte Zahlungen an Mitarbeiter oder verkaufende Anteilseigner als bedingte Gegenleistung bei einem Unternehmenszusammenschluss gelten oder als separate Transaktionen angesehen werden, hängt von der Art der Vereinbarungen ab. Zur Beurteilung der Art der Vereinbarung kann es hilfreich sein, die Gründe zu verstehen, warum der Erwerbsvertrag eine Bestimmung für bedingte Zahlungen enthält, wer den Vertrag eingeleitet hat und wann die Vertragsparteien den Vertrag abgeschlossen haben.

B55 Wenn es nicht eindeutig ist, ob eine Vereinbarung über Zahlungen an Mitarbeiter oder verkaufende Anteilseigner zum Tausch gegen das erworbene Unternehmen gehört oder eine vom Unternehmenszusammenschluss separate Transaktion ist, hat der Erwerber die folgenden Hinweise zu beachten:

(a) *Fortgesetzte Beschäftigung* – Die Bedingungen der fortgesetzten Beschäftigung der verkaufenden Anteilseigner, die Mitarbeiter in Schlüsselpositionen werden, können ein Indikator für den wirtschaftlichen Gehalt einer bedingten Entgeltvereinbarung sein. Die entsprechenden Bedingungen einer fortgesetzten Beschäftigung können in einem Anstellungsvertrag, Erwerbsvertrag oder sonstigem Dokument enthalten sein. Eine bedingte Entgeltvereinbarung, in der die Zahlungen bei einer Beendigung des Beschäftigungsverhältnisses automatisch verfallen, ist als eine Vergütung für Leistungen nach dem Zusammenschluss anzusehen. Vereinbarungen, in denen die bedingten Zahlungen nicht von einer Beendigung des Beschäftigungsverhältnisses beeinflusst sind, können darauf hinweisen, dass es sich bei den bedingten Zahlungen um eine zusätzliche Gegenleistung und nicht um eine Vergütung handelt.

(b) *Dauer der fortgesetzten Beschäftigung* – Wenn die Dauer der erforderlichen Beschäftigung mit der Dauer der bedingten Zahlung übereinstimmt oder länger als diese ist, dann weist diese Tatsache darauf hin, dass die bedingten Zahlungen in der Substanz eine Vergütung darstellen.

(c) *Vergütungshöhe* – Situationen, in denen die Vergütung von Mitarbeitern mit Ausnahme der bedingten Zahlungen ein angemessenes Niveau im Verhältnis zu den anderen Mitarbeitern in Schlüsselpositionen im zusammengeschlossenen Unternehmen einnimmt, können darauf hinweisen, dass die bedingten Zahlungen als zusätzliche Gegenleistung und nicht als Vergütung betrachtet werden.

(d) *Zusätzliche Zahlungen an Mitarbeiter* – Wenn verkaufende Anteilseigner, die nicht zu Mitarbeitern werden, niedrigere bedingte Zahlungen auf einer Basis je Anteil erhalten als verkaufende Anteilseigner, die Mitarbeiter des zusammengeschlossenen Unternehmens werden, kann diese Tatsache darauf hinweisen, dass der zusätzliche Betrag der bedingten Zahlungen an die verkaufenden Anteilseigner, die Mitarbeiter werden, als Vergütung zu betrachten ist.

(e) *Anzahl der im Besitz befindlichen Anteile* – Die relative Anzahl der sich im Besitz der verkaufenden Anteilseigner, die Mitarbeiter in Schlüsselpositionen bleiben, befindlichen Anteile weisen eventuell auf den wirtschaftlichen Gehalt einer bedingten Entgeltvereinbarung hin. Wenn beispielsweise die verkaufenden Anteilseigner, die weitgehend alle Anteile an dem erworbenen Unternehmen hielten, weiterhin Mitarbeiter in Schlüsselpositionen sind, kann diese Tatsache darauf hinweisen, dass die Vereinbarung ihrem wirtschaftlichem Gehalt nach eine Vereinbarung mit Gewinnbeteiligung ist, die beabsichtigt Vergütungen für Dienstleistungen nach dem Zusammenschluss zu geben. Wenn verkaufende Anteilseigner, die weiterhin Mitarbeiter in Schlüsselpositionen bleiben, im Gegensatz nur eine kleine Anzahl von Anteilen des erworbenen Unternehmens besaßen, und alle verkaufenden Anteilseigner denselben Betrag der bedingten Gegenleistung auf einer Basis je Anteil erhalten, kann diese Tatsache darauf hinweisen, dass die bedingten Zahlungen eine zusätzliche Gegenleistung sind. Parteien, die vor dem Erwerb Eigentumsanteile hielten und mit verkaufenden Anteilseignern, die weiterhin Mitarbeiter in Schlüsselpositionen sind, in Verbindung stehen, z. B. Familienmitglieder, sind ebenfalls zu berücksichtigen.

(f) *Verbindung zur Bewertung* – Wenn die ursprüngliche Gegenleistung, die zum Erwerbszeitpunkt übertragen wird, auf dem niedrigen Wert innerhalb einer Bandbreite, die bei der Bewertung des erworbenen Unternehmens erstellt wurde, basiert und die bedingte Formel sich auf diesen Bewertungsansatz bezieht, kann diese Tatsache darauf hindeuten, dass die bedingten Zahlungen eine zusätzliche Gegenleistung darstellen. Wenn die Formel für die bedingte Zahlung hingegen mit vorherigen Vereinbarungen mit Gewinnbeteiligung im Einklang ist, kann diese Tatsache drauf hindeuten, dass der wirtschaftliche Gehalt der Vereinbarung darin besteht, Vergütungen zu zahlen.

(g) *Formel zur Ermittlung der Gegenleistung* – Die zur Ermittlung der bedingten Zahlung verwendete Formel kann hilfreich bei der Beurteilung des wirtschaftlichen Gehalts der Vereinbarung sein. Wenn beispielsweise eine bedingte Zahlung auf der Grundlage verschiedener Ergebnisse ermittelt wird, kann dies darauf hindeuten, dass die Verpflichtung beim Unternehmenszusammenschluss eine bedingte Gegenleistung ist, und dass mit der Formel beabsichtigt wird, den beizulegenden Zeitwert des erworbenen Unternehmens festzulegen oder zu überprüfen. Eine bedingte Zahlung, die ein bestimmter Prozentsatz des Ergebnisses ist, kann hingegen darauf hindeuten, dass die Verpflichtung gegenüber Mitarbeitern eine Vereinbarung mit Gewinnbeteiligung ist, um Mitarbeiter für ihre erbrachten Dienste zu entlohnen.

(h) *Sonstige Vereinbarungen und Themen* – Die Bedingungen anderer Vereinbarungen mit verkaufenden Anteilseignern (wie wettbewerbsbeschränkende Vereinbarungen, noch zu erfüllende Verträge, Beratungsverträge und Immobilien-Leasingverträge) sowie die Behandlung von Einkommensteuern auf bedingte Zahlungen können darauf hinweisen, dass bedingte Zahlungen etwas anderem zuzuordnen sind als der Gegenleistung für das erworbene Unternehmen. In Verbindung mit dem Erwerb kann der Erwerber beispielsweise einen Immobilien-Leasingvertrag mit einem bedeutsamen verkaufenden Anteilseigner abschließen. Wenn die im Leasingvertrag spezifizierten Leasingzahlungen wesentlich unter dem Marktpreis liegen, können einige oder alle bedingten Zahlungen an den Leasinggeber (den verkaufenden Anteilseigner), die aufgrund einer separaten Vereinbarung für bedingte Zahlungen vorgeschrieben sind, dem wirtschaftlichen Gehalt nach Zahlungen für die Nutzung der geleasten Immobilie sein, die der Erwerber in seinem Abschluss nach dem Zusammenschluss getrennt ansetzt. Wenn hingegen im Leasingvertrag Leasingzahlungen gemäß den Marktbedingungen für diese geleaste Immobilie spezifiziert sind, kann die Vereinbarung für bedingte Zahlungen an den verkaufenden Anteilseigner als eine bedingte Gegenleistung bei dem Unternehmenszusammenschluss betrachtet werden.

Austausch der anteilsbasierten Vergütungsprämien des Erwerbers gegen die von den Mitarbeitern des erworbenen Unternehmens gehaltenen Prämien (Anwendung des Paragraphen 52(b))

B56 Ein Erwerber kann seine anteilsbasierten Vergütungsprämien*) (Ersatzprämien) gegen Prämien, die von Mitarbeitern des erworbenen Unternehmens gehalten werden, austauschen. Der Tausch von Aktienoptionen oder anderen anteilsbasierten Vergütungsprämien in Verbindung mit einem Unternehmenszusammenschluss wird als Änderung der anteilsbasierten Vergütungsprämien gemäß IFRS 2 *Anteilsbasierte Vergütung* bilanziert. Ersetzt der Erwerber die Prämien des erworbenen Unternehmens, ist entweder der gesamte marktbasierte Wert der Ersatzprämien des Erwerbers oder ein Teil davon in die Bewertung der bei dem Unternehmenszusammenschluss übertragenen Gegenleistung mit einzubeziehen. Die Paragraphen B57-B62 liefern Leitlinien für die Zuweisung des marktbasierten Werts.

In Fällen, in denen Prämien des erworbenen Unternehmens infolge eines Unternehmenszusammenschlusses verfallen würden und der Erwerber diese Prämien – auch wenn er nicht dazu verpflichtet ist – ersetzt, ist jedoch der gesamte marktbasierte Wert der Ersatzprämien gemäß IFRS 2 im Abschluss nach dem Zusammenschluss als Vergütungsaufwand auszuweisen. Das bedeutet, dass keiner der marktbasierten Werte dieser Prämien in die Bewertung der beim Unternehmenszusammenschluss übertragenen Gegenleistung einzubeziehen ist. Der Erwerber ist verpflichtet, die Prämien des erworbenen Unternehmens zu ersetzen, wenn das erworbene Unternehmen oder dessen Mitarbeiter die Möglichkeit haben, den Ersatz geltend zu machen. Zwecks Anwendung dieser Leitlinien ist der Erwerber beispielsweise verpflichtet, die Prämien

*) **Amtl. Anm.:** In den Paragraphen B56-B62 bezeichnet der Begriff „anteilsbasierte Vergütungsprämien" unverfallbare wie verfallbare anteilsbasierte Vergütungstransaktionen.

des erworbenen Unternehmens zu ersetzen, wenn dies in einem der Folgenden vorgeschrieben ist:

(a) den Bedingungen der Erwerbsvereinbarung,

(b) den Bedingungen der Prämien des erworbenen Unternehmens oder

(c) den anwendbaren Gesetzen oder Verordnungen.

Um den Anteil einer Ersatzprämie, der Teil der für das erworbene Unternehmen übertragenen Gegenleistung ist, und den Anteil, der als Vergütung für Dienste nach dem Zusammenschluss verwendet wird, zu bestimmen, hat der Erwerber sowohl seine gewährten Ersatzprämien als auch die Prämien des erworbenen Unternehmens zum Erwerbszeitpunkt gemäß IFRS 2 zu bestimmen. Der Anteil des marktbasierten Werts der Ersatzprämien, der Teil der übertragenen Gegenleistung im Tausch gegen das erworbene Unternehmen ist, entspricht dem Anteil der Prämien des erworbenen Unternehmens, der den Diensten vor dem Zusammenschluss zuzuteilen ist. **B57**

Der Anteil der Ersatzprämie, der dem Dienst vor dem Zusammenschluss zuzuteilen ist, ist der marktbasierte Wert der Prämie des erworbenen Unternehmens, multipliziert mit dem Verhältnis aus dem Anteil des Erdienungszeitraums mit dem höheren aus dem gesamten Erdienungszeitraum oder des ursprünglichen Erdienungszeitraums der Prämie des erworbenen Unternehmens. Der Erdienungszeitraum ist der Zeitraum, in dem alle bestimmten Ausübungsbedingungen erfüllt werden müssen. Ausübungsbedingungen sind in IFRS 2 definiert. **B58**

Der Anteil der nicht ausübbaren Ersatzprämien, der den Diensten nach dem Zusammenschluss zuzurechnen ist und daher als Vergütungsaufwand im Abschluss nach dem Zusammenschluss erfasst wird, entspricht dem gesamten marktbasierten Wert der Ersatzprämien abzüglich des Betrags, der den Diensten vor Zusammenschluss zuzuordnen ist. Daher ordnet der Erwerber jeden Überschuss des marktbasierten Werts der Ersatzprämie über den marktbasierten Wert der Prämie des erworbenen Unternehmens dem Dienst nach dem Zusammenschluss zu und erfasst diesen Überschuss als Vergütungsaufwand im Abschluss nach dem Zusammenschluss. Der Erwerber hat einen Teil der Ersatzprämie dem Dienst nach dem Zusammenschluss zuzurechnen, wenn er Dienstleistungen nach dem Zusammenschluss verlangt, unabhängig davon, ob die Mitarbeiter bereits alle erforderlichen Dienste geleistet hatten, so dass ihre vom erworbenen Unternehmen gewährten Prämien bereits vor dem Erwerbszeitpunkt ausübbar waren. **B59**

Der Anteil der nicht ausübbaren Ersatzprämien, die Diensten vor dem Zusammenschluss zuzuordnen sind, sowie der Anteil für Dienste nach dem Zusammenschluss hat die bestmögliche Schätzung der Anzahl der Ersatzprämien widerzuspiegeln, die unverfallbar sein sollen. Wenn beispielsweise der marktbasierte Wert einer Ersatzprämie, die einem Dienst vor dem Zusammenschluss zugeschrieben wird, 100 WE beträgt und der Erwerber erwartet, dass nur 95 Prozent der Prämie unverfallbar ist, so werden 95 WE in die für den Unternehmenszusammenschluss übertragene Gegenleistung einbezogen. Änderungen der geschätzten Anzahl der zu erwartenden unverfallbaren Ersatzprämien sind im Vergütungsaufwand in den Perioden ausgewiesen, in denen die Änderungen oder Verwirkungen auftreten, – nicht als Anpassungen der beim Unternehmenszusammenschluss übertragenen Gegenleistung. Ähnlich ist es bei Auswirkungen anderer Ereignisse, wie Änderungen oder dem Eintreten von Prämien mit Leistungsbedingungen, die nach dem Erwerbszeitpunkt auftreten, sie werden gemäß IFRS 2 bilanziert, indem der Vergütungsaufwand für die Periode ermittelt wird, in der das Ereignis eintritt. **B60**

Dieselben Anforderungen gelten für die Ermittlung der Anteile einer Ersatzprämie, die Diensten vor und nach dem Zusammenschluss zuzuteilen sind, ungeachtet dessen ob eine Ersatzprämie als eine Schuld oder als ein Eigenkapitalinstrument gemäß den Bestimmungen des IFRS 2 eingestuft ist. Alle Änderungen des marktbasierten Werts der nach dem Erwerbszeitpunkt als Schulden eingestuften Prämien und der dazugehörigen Ertragsteuerauswirkungen werden in der/den Periode(n) im Abschluss nach dem Zusammenschluss des Erwerbers erfasst, in der/denen die Änderungen auftreten. **B61**

Die Ertragsteuerauswirkungen der Ersatzprämien der anteilsbasierten Vergütungen sind gemäß den Bestimmungen des IAS 12 *Ertragsteuern* zu bilanzieren. **B62**

Aktienbasierte Vergütungstransaktionen des erworbenen Unternehmens mit Ausgleich durch Eigenkapitalinstrumente

B62A Das erworbene Unternehmen hat möglicherweise aktienbasierte Vergütungstransaktionen ausstehen, die der Erwerber nicht gegen seine aktienbasierten Vergütungstransaktionen austauscht. Sind diese aktienbasierten Vergütungstransaktionen des erworbenen Unternehmens unverfallbar, sind sie Teil des nicht beherrschenden Anteils am erworbenen Unternehmen und werden zu ihrem marktbasierten Wert angesetzt. Sind sie verfallbar, werden sie gemäß den Paragraphen 19 und 30 zu ihrem marktbasierten Wert angesetzt, so als fiele der Erwerbszeitpunkt mit dem Gewährungszeitpunkt zusammen.

B62B Der marktbasierte Wert verfallbarer aktienbasierter Vergütungstransaktionen wird dem nicht beherrschenden Anteil zugeordnet, wobei die Zuordnung nach dem Anteil des abgeschlossenen Teils des Erdienungszeitraums am gesamten Erdienungszeitraum bzw. (wenn größer) am ursprünglichen Erdienungszeitraum der aktienbasierten Vergütungstransaktion erfolgt. Der Saldo wird den Leistungen nach dem Zusammenschluss zugeordnet.

Andere IFRS, die Leitlinien für die Folgebewertung und die nachfolgende Bilanzierung bereitstellen (Anwendung des Paragraphen 54)

B63 Zu den Beispielen anderer IFRS, die Leitlinien für die Folgebewertung und die nachfolgende Bilanzierung der bei einem Unternehmenszusammenschluss erworbenen Vermögenswerte und übernommenen oder eingegangenen Schulden bereitstellen, gehören die Folgenden:

(a) IAS 38 beschreibt die Bilanzierung identifizierbarer immaterieller Vermögenswerte, die bei einem Unternehmenszusammenschluss erworben wurden. Der Erwerber bestimmt den Geschäfts- oder Firmenwert zum Erwerbszeitpunkt abzüglich aller kumulierten Wertminderungsaufwendungen. IAS 36 *Wertminderung von Vermögenswerten* beschreibt die Bilanzierung von Wertminderungsaufwendungen.

(b) IFRS 4 *Versicherungsverträge* stellt Leitlinien für die nachfolgende Bilanzierung eines Versicherungsvertrages bereit, der bei einem Unternehmenszusammenschluss erworben wurde.

(c) IAS 12 beschreibt die nachfolgende Bilanzierung latenter Steueransprüche (einschließlich nicht angesetzter latenter Steueransprüche) und latenter Steuerschulden, die bei einem Unternehmenszusammenschluss erworben wurden.

(d) IFRS 2 stellt Leitlinien für die Folgebewertung und die nachfolgende Bilanzierung des Anteils des von einem Erwerber ausgegebenen Ersatzes von anteilsbasierten Vergütungsprämien bereit, die den künftigen Diensten der Mitarbeiter zuzuordnen sind.

(e) IFRS 10 stellt Leitlinien für die Bilanzierung der Änderungen der Beteiligungsquote eines Mutterunternehmens an einem Tochterunternehmen nach Übernahme der Beherrschung bereit.

Angaben (Anwendung der Paragraphen 59 und 61)

B64 Zur Erfüllung der Zielsetzung in Paragraph 59 hat der Erwerber für jeden Unternehmenszusammenschluss, der während der Berichtsperiode stattfindet, die folgenden Angaben zu machen:

(a) Name und Beschreibung des erworbenen Unternehmens.

(b) Erwerbszeitpunkt.

(c) Prozentsatz der erworbenen Eigenkapitalanteile mit Stimmrecht.

(d) Hauptgründe für den Unternehmenszusammenschluss und Beschreibung der Art und Weise, wie der Erwerber die Beherrschung über das erworbene Unternehmen erlangt hat.

(e) eine qualitative Beschreibung der Faktoren, die zur Erfassung des Geschäfts- oder Firmenwerts führen, wie beispielsweise die erwarteten Synergien aus gemeinschaftlichen Tätigkeiten des erworbenen Unternehmens und dem Erwerber, immateriellen Vermögenswerten, die nicht für einen gesonderten Ansatz eingestuft sind oder sonstige Faktoren.

(f) Der zum Erwerbszeitpunkt gültige beizulegende Zeitwert der gesamten übertragenen Gegenleistung und der zum Erwerbszeitpunkt gültige beizulegende Zeitwert jeder Hauptgruppe von Gegenleistungen, wie:

- (i) Zahlungsmittel;
- (ii) sonstige materielle oder immaterielle Vermögenswerte, einschließlich eines Geschäftsbetriebs oder Tochterunternehmens des Erwerbers;
- (iii) eingegangene Schulden, zum Beispiel eine Schuld für eine bedingte Gegenleistung; und
- (iv) Eigenkapitalanteile des Erwerbers, einschließlich der Anzahl der ausgegebenen oder noch auszugebenden Instrumente oder Anteile sowie der Methode zur Bemessung des beizulegenden Zeitwerts dieser Instrumente und Anteile.

(g) für Vereinbarungen über eine bedingte Gegenleistung und Vermögenswerte für Entschädigungsleistungen:

- (i) der zum Erwerbszeitpunkt erfasste Betrag;
- (ii) eine Beschreibung der Vereinbarung und die Grundlage für die Ermittlung des Zahlungsbetrags; sowie
- (iii) eine Schätzung der Bandbreite der Ergebnisse (nicht abgezinst) oder, falls eine Bandbreite nicht geschätzt werden kann, die Tatsache und die Gründe, warum eine Bandbreite nicht geschätzt werden kann. Wenn der Höchstbetrag der Zahlung unbegrenzt ist, hat der Erwerber diese Tatsache anzugeben.

(h) für erworbene Forderungen:

- (i) den beizulegenden Zeitwert der Forderungen;
- (ii) die Bruttobeträge der vertraglichen Forderungen; und
- (iii) die zum Erwerbszeitpunkt bestmögliche Schätzung der vertraglichen Cashflows, die voraussichtlich uneinbringlich sein werden.

Die Angaben sind für die Hauptgruppen der Forderungen, wie Kredite, direkte Finanzierungs-Leasingverhältnisse und alle sonstigen Gruppen von Forderungen, zu machen.

(i) die zum Erwerbszeitpunkt für jede Hauptgruppe von erworbenen Vermögenswerten und übernommenen Schulden erfassten Beträge.

(j) für jede gemäß Paragraph 23 angesetzte Eventualverbindlichkeit die in Paragraph 85 des IAS 37 *Rückstellungen, Eventualverbindlichkeiten und Eventualforderungen* verlangten Angaben. Falls eine Eventualverbindlichkeit nicht angesetzt wurde, da ihr beizulegender Zeitwert nicht verlässlich bestimmt werden kann, hat der Erwerber folgende Angaben zu machen:

- (i) die in Paragraph 86 des IAS 37 geforderten Angaben; und
- (ii) die Gründe, warum die Verbindlichkeit nicht verlässlich bewertet werden kann.

(k) die Gesamtsumme des Geschäfts- oder Firmenwerts, der erwartungsgemäß für Steuerzwecke abzugsfähig ist.

(l) für Transaktionen, die gemäß Paragraph 51 getrennt vom Erwerb der Vermögenswerte oder der Übernahme der Schulden bei einem Unternehmenszusammenschluss ausgewiesen werden:

- (i) eine Beschreibung jeder Transaktion;
- (ii) wie der Erwerber jede Transaktion bilanziert;

(iii) die für jede Transaktion ausgewiesenen Beträge und die Posten im Abschluss, in denen jeder Betrag erfasst ist; und

(iv) falls die Transaktion die tatsächliche Erfüllung der zuvor bestehenden Beziehung ist, die für die Ermittlung des Erfüllungsbetrags eingesetzte Methode.

(m) Die unter (l) geforderten Angaben zu den getrennt ausgewiesenen Transaktionen haben auch den Betrag der zugehörigen Abschlusskosten und separat dazu diejenigen Kosten, die als Aufwand erfasst wurden, sowie den oder die Posten der Gesamtergebnisrechnung, in dem oder in denen diese Aufwendungen erfasst wurden, einzubeziehen. Der Betrag der Ausgabekosten, der nicht als Aufwand erfasst wurde, sowie die Art dessen Erfassung sind ebenso anzugeben.

(n) bei einem Erwerb zu einem Preis unter dem Marktwert (siehe Paragraphen 34-36):

(i) der Betrag eines gemäß Paragraph 34 erfassten Gewinns sowie der Posten der Gesamtergebnisrechnung, in dem dieser Gewinn erfasst wurde; und

(ii) eine Beschreibung der Gründe, weshalb die Transaktion zu einem Gewinn führte.

(o) für jeden Unternehmenszusammenschluss, bei dem der Erwerber zum Erwerbszeitpunkt weniger als 100 Prozent der Eigenkapitalanteile an dem erworbenen Unternehmen hält:

(i) der zum Erwerbszeitpunkt angesetzte Betrag des nicht beherrschenden Anteils an dem erworbenen Unternehmen und die Bewertungsgrundlage für diesen Betrag; und

(ii) für jeden nicht beherrschenden Anteil an dem erworbenen Unternehmen, der zum beizulegenden Zeitwert bewertet wurde, die Bewertungstechnik(en) und die wesentlichen Inputfaktoren, die für die Bemessung dieses Werts verwendet wurden.

(p) bei einem sukzessiven Unternehmenszusammenschluss:

(i) der zum Erwerbszeitpunkt geltende beizulegende Zeitwert des Eigenkapitalanteils an dem erworbenen Unternehmen, der unmittelbar vor dem Erwerbszeitpunkt vom Erwerber gehalten wurde; und

(ii) der Betrag jeglichen Gewinns bzw. Verlusts, der aufgrund einer Neubewertung des Eigenkapitalanteils an dem erworbenen Unternehmen, das vor dem Unternehmenszusammenschluss vom Erwerber gehalten wurde (siehe Paragraph 42), mit dem beizulegenden Zeitwert erfasst wurde und der Posten der Gesamtergebnisrechnung, in dem dieser Gewinn bzw. Verlust erfasst wurde.

(q) die folgenden Angaben:

(i) die Erlöse sowie der Gewinn oder Verlust des erworbenen Unternehmens seit dem Erwerbszeitpunkt, welche in der Konzerngesamtergebnisrechnung für die betreffende Periode enthalten sind; und

(ii) die Erlöse und der Gewinn oder Verlust des zusammengeschlossenen Unternehmens für die aktuelle Periode als ob der Erwerbszeitpunkt für alle Unternehmenszusammenschlüsse, die während des Geschäftsjahres stattfanden, am Anfang der Periode des laufenden Geschäftsjahres gewesen wäre.

Wenn die Offenlegung der in diesem Unterparagraphen geforderten Angaben undurchführbar ist, hat der Erwerber diese Tatsache anzugeben und zu erklären, warum diese Angaben undurchführbar sind. Dieser IFRS verwendet den Begriff „undurchführbar" mit derselben Bedeutung wie IAS 8 *Rechnungslegungsmethoden, Änderungen von rechnungslegungsbezogenen Schätzungen und Fehler*.

B65 Für die Unternehmenszusammenschlüsse der Periode, die einzeln betrachtet unwesentlich, zusammen betrachtet jedoch wesentlich sind, hat der Erwerber die in den Paragraphen B64(e)-(q) vorgeschriebenen Angaben zusammengefasst zu machen.

B66 Wenn der Erwerbszeitpunkt eines Unternehmenszusammenschlusses nach dem Ende der Berichtsperiode jedoch vor der Genehmigung zur Veröffentlichung des Abschlusses liegt, hat der Erwerber die in Paragraph B64 vorgeschriebenen Angaben zu machen, es sei denn die erstmalige Bilanzierung des Unternehmenszusammenschlusses ist zum Zeitpunkt der Genehmigung des Abschlusses zur Veröffentlichung nicht vollständig. In diesem Fall hat der Erwerber zu beschreiben, welche Angaben nicht gemacht werden konnten und die Gründe, die dazu geführt haben.

Zur Erfüllung der Zielsetzung in Paragraph 61 hat der Erwerber für jeden wesentlichen Unternehmenszusammenschluss oder zusammengefasst für einzeln betrachtet unwesentliche Unternehmenszusammenschlüsse, die gemeinsam wesentlich sind, folgende Angaben zu machen: **B67**

(a) wenn die erstmalige Bilanzierung eines Unternehmenszusammenschlusses unvollständig ist (siehe Paragraph 45) im Hinblick auf gewisse Vermögenswerte, Schulden, nicht beherrschende Anteile oder zu berücksichtigende Posten und die im Abschluss für den Unternehmenszusammenschluss ausgewiesenen Beträge nur vorläufig ermittelt wurden:
   (i) die Gründe, weshalb die erstmalige Bilanzierung des Unternehmenszusammenschlusses unvollständig ist;
   (ii) die Vermögenswerte, Schulden, Eigenkapitalanteile oder zu berücksichtigende Posten, für welche die erstmalige Bilanzierung unvollständig ist; sowie
   (iii) die Art und der Betrag aller Berichtigungen im Bewertungszeitraum, die gemäß Paragraph 49 in der Periode erfasst wurden.

(b) für jede Periode nach dem Erwerbszeitpunkt bis das Unternehmen einen Vermögenswert einer bedingten Gegenleistung vereinnahmt, veräußert oder anderweitig den Anspruch darauf verliert oder bis das Unternehmen eine Schuld als bedingte Gegenleistung erfüllt oder bis diese Schuld aufgehoben oder erloschen ist:
   (i) alle Änderungen der angesetzten Beträge, einschließlich der Differenzen, die sich aus der Erfüllung ergeben;
   (ii) alle Änderungen der Bandbreite der Ergebnisse (nicht abgezinst) sowie die Gründe für diese Änderungen; und
   (iii) die Bewertungstechniken und die in das Hauptmodell einfließenden Parameter zur Bewertung der bedingten Gegenleistung.

(c) für bei einem Unternehmenszusammenschluss angesetzte Eventualverbindlichkeiten hat der Erwerber für jede Gruppe von Rückstellungen die in den Paragraphen 84 und 85 des IAS 37 vorgeschriebenen Angaben zu machen.

(d) eine Überleitung des Buchwerts des Geschäfts- oder Firmenwerts zu Beginn und zum Ende der Berichtsperiode unter gesonderter Angabe:
   (i) des Bruttobetrags und der kumulierten Wertminderungsaufwendungen zu Beginn der Periode.
   (ii) des zusätzlichen Geschäfts- oder Firmenwerts, der während der Periode angesetzt wird, mit Ausnahme von dem Geschäfts- oder Firmenwert, der in einer Veräußerungsgruppe enthalten ist, die beim Erwerb die Kriterien zur Einstufung „als zur Veräußerung gehalten" gemäß IFRS 5 *Zur Veräußerung gehaltene langfristige Vermögenswerte und aufgegebene Geschäftsbereiche* erfüllt.
   (iii) der Berichtigungen aufgrund nachträglich gemäß Paragraph 67 erfasster latenter Steueransprüche während der Periode.
   (iv) des Geschäfts- oder Firmenwerts, der in einer gemäß IFRS 5 als „zur Veräußerung gehalten" eingestuften Veräußerungsgruppe enthalten ist, und des Geschäfts- oder Firmenwerts, der während der Periode ausgebucht wurde, ohne vorher zu einer als „zur Veräußerung gehalten" eingestuften Veräußerungsgruppe gehört zu haben.
   (v) der Wertminderungsaufwendungen, die während der Periode gemäß IAS 36 erfasst wurden. (IAS 36 verlangt zusätzlich zu dieser Anforderung Angaben über den erzielbaren Betrag und die Wertminderung des Geschäfts- oder Firmenwerts.)
   (vi) der Nettoumrechnungsdifferenzen, die während der Periode gemäß IAS 21 *Auswirkungen von Wechselkursänderungen* entstanden.

(vii) aller anderen Veränderungen des Buchwerts während der Periode.

(viii) des Bruttobetrags und der kumulierten Wertminderungsaufwendungen zum Ende der Berichtsperiode.

(e) des Betrags jedes in der laufenden Periode erfassten Gewinnes oder Verlustes mit einer Erläuterung, der:

(i) sich auf die in einem Unternehmenszusammenschluss, der in der laufenden oder einer früheren Periode stattfand, erworbenen identifizierbaren Vermögenswerte oder übernommenen Schulden bezieht; und

(ii) von solchem Umfang, Art oder Häufigkeit ist, dass diese Angabe für das Verständnis des Abschlusses des zusammengeschlossenen Unternehmens relevant ist.

Übergangsvorschriften für Unternehmenszusammenschlüsse, bei denen nur Gegenseitigkeitsunternehmen beteiligt sind oder die auf rein vertraglicher Basis erfolgen (Anwendung des Paragraphen 66)

B68 In Paragraph 64 ist aufgeführt, dass dieser IFRS prospektiv auf Unternehmenszusammenschlüsse angewendet wird, bei denen der Erwerbszeitpunkt zu Beginn der ersten Berichtsperiode des Geschäftsjahres, das am oder nach dem 1. Juli 2009 beginnt, oder danach liegt. Eine frühere Anwendung ist zulässig. Dieser IFRS ist jedoch erstmals zu Beginn der Berichtsperiode eines am 30. Juni 2007 oder danach beginnenden Geschäftsjahres anzuwenden. Wendet ein Unternehmen diesen IFRS vor dem Zeitpunkt des Inkrafttretens an, so ist dies anzugeben und gleichzeitig IAS 27 (in der vom International Accounting Standards Board 2008 geänderten Fassung) anzuwenden.

B69 Die Vorschrift, diesen IFRS prospektiv anzuwenden, wirkt sich folgendermaßen auf einen Unternehmenszusammenschluss aus, bei dem nur Gegenseitigkeitsunternehmen beteiligt sind oder der auf rein vertraglicher Basis erfolgt, wenn der Erwerbszeitpunkt hinsichtlich dieses Unternehmenszusammenschlusses vor der Anwendung dieses IFRS liegt:

(a) *Einstufung* – Ein Unternehmen hat weiterhin den früheren Unternehmenszusammenschluss gemäß den früheren auf solche Zusammenschlüsse anwendbaren Rechnungslegungsmethoden einzustufen.

(b) *Früher angesetzter Geschäfts-* oder Firmenwert – Zu Beginn der ersten Berichtsperiode des Geschäftsjahres, in dem dieser IFRS angewendet wird, ist der Buchwert des Geschäfts- oder Firmenwerts, der aus einem früheren Unternehmenszusammenschluss stammte, dessen Buchwert zu diesem Zeitpunkt gemäß den vorherigen Rechnungslegungsmethoden des Unternehmens. Bei der Ermittlung dieses Betrages hat das Unternehmen den Buchwert der kumulierten Amortisation dieses Geschäfts- oder Firmenwerts mit einer entsprechenden Minderung des Geschäfts- oder Firmenwerts aufzurechnen. Es sind keine anderen Berichtigungen des Buchwerts des Geschäfts- oder Firmenwerts durchzuführen.

(c) *Geschäfts- oder Firmenwert, der zuvor als ein Abzug vom Eigenkapital ausgewiesen wurde* – Die vorherigen Rechnungslegungsmethoden des Unternehmens können zu einem Geschäfts- oder Firmenwert geführt haben, der als ein Abzug vom Eigenkapital ausgewiesen wurde. In dieser Situation hat das Unternehmen den Geschäfts- oder Firmenwert nicht als einen Vermögenswert zu Beginn der ersten Berichtsperiode des ersten Geschäftsjahres auszuweisen, in dem dieser IFRS angewendet wird. Des Weiteren ist kein Teil dieses Geschäfts- oder Firmenwerts im Gewinn oder Verlust zu erfassen, wenn das Unternehmen den gesamten Geschäftsbetrieb oder einen Teil davon, zu dem dieser Geschäfts- oder Firmenwert gehört, veräußert oder wenn eine zahlungsmittelgenerierende Einheit, zu der dieser Geschäfts- oder Firmenwert gehört, wertgemindert wird.

(d) *Folgebilanzierung des Geschäfts- oder Firmenwerts* – Vom Beginn der ersten Berichtsperiode des ersten Geschäftsjahres, in der dieser IFRS angewendet wird, hat das Unternehmen die planmäßige Abschreibung des Geschäfts- oder Firmenwerts aus dem früheren Unternehmenszusammenschluss einzustellen und den Geschäfts- oder Firmenwert gemäß IAS 36 auf Wertminderung zu prüfen.

(e) *Zuvor angesetzter negativer Geschäfts- oder Firmenwert* – Ein Unternehmen, das den vorherigen Unternehmenszusammenschluss unter Anwendung der Erwerbsmethode bilanzierte, kann einen passivischen Abgrenzungsposten für einen Überschuss seines Anteils an dem beizulegenden Nettozeitwert der identifizierbaren Vermögenswerte und Schulden des erworbenen Unternehmens über die Anschaffungskosten dieses Anteils (manchmal negativer Geschäfts- oder Firmenwert genannt) erfasst haben. In diesem Fall hat das Unternehmen den Buchwert dieses passivischen Abgrenzungspostens zu Beginn der ersten Berichtsperiode des ersten Geschäftsjahres, in der dieser IFRS angewendet wird, auszubuchen und eine entsprechende Berichtigung in der Eröffnungsbilanz der Gewinnrücklagen zu dem Zeitpunkt vorzunehmen.

Anhang C: Änderungen anderer IFRS (hier nicht wiedergegeben)

International Financial Reporting Standard 4
Versicherungsverträge (IFRS 4)

v. 3.11.2008 (ABl EU Nr. L 320 S. 1);
zuletzt geändert durch Verordnung (EU) 2017/1988 v. 3.11.2017
(ABl EU Nr. L 291 S. 72)

Zielsetzung

1 Zielsetzung dieses IFRS ist es, die Rechnungslegung für *Versicherungsverträge* für jedes Unternehmen, das solche Verträge im Bestand hält (in diesem IFRS als ein *Versicherer* bezeichnet), zu bestimmen, bis der Board die zweite Phase des Projekts über Versicherungsverträge abgeschlossen hat. Insbesondere fordert dieser IFRS:

(a) begrenzte Verbesserungen der Rechnungslegung des Versicherers für Versicherungsverträge.

(b) Angaben zur Identifizierung und Erläuterung der aus Versicherungsverträgen stammenden Beträge im Abschluss eines Versicherers, die den Abschlussadressaten helfen, den Betrag, den Zeitpunkt und die Unsicherheit der künftigen Cashflows aus Versicherungsverträgen zu verstehen.

Anwendungsbereich

2 Dieser IFRS ist von einem Unternehmen anzuwenden auf:

(a) Versicherungsverträge (einschließlich *Rückversicherungsverträge*), die es im Bestand hält und Rückversicherungsverträge, die es nimmt;

(b) Finanzinstrumente mit einer *ermessensabhängigen Überschussbeteiligung*, die es im Bestand hält (siehe Paragraph 35). IFRS 7 *Finanzinstrumente: Angaben* verlangt Angaben zu Finanzinstrumenten, einschließlich der Finanzinstrumente, die solche Rechte beinhalten.

3 Nicht in diesem IFRS behandelt werden andere Aspekte der Bilanzierung von Versicherern, wie die Bilanzierung finanzieller Vermögenswerte, die Versicherer in ihrem Bestand halten, und finanzieller Verbindlichkeiten, die von Versicherern begeben werden (siehe IAS 32 *Finanzinstrumente: Darstellung*, IFRS 7 und IFRS 9 *Finanzinstrumente*); davon ausgenommen sind:

(a) Paragraph 20A, wonach Versicherer, die spezielle Kriterien erfüllen, eine vorübergehende Befreiung von IFRS 9 in Anspruch nehmen dürfen,

(b) Paragraph 35B, wonach Versicherer auf designierte finanzielle Vermögenswerte den Überlagerungsansatz anwenden dürfen, und

(c) Paragraph 45, wonach Versicherer unter bestimmten Umständen ihre finanziellen Vermögenswerte ganz oder teilweise so umgliedern dürfen, dass sie erfolgswirksam zum beizulegenden Zeitwert bewertet werden.

4 Dieser IFRS ist von einem Unternehmen nicht anzuwenden auf:

(a) Produktgewährleistungen, die direkt vom Hersteller, Groß- oder Einzelhändler gewährt werden (siehe IFRS 15 *Erlöse aus Verträgen mit Kunden* und IAS 37 *Rückstellungen, Eventualverbindlichkeiten und Eventualforderungen*);

(b) Vermögenswerte und Verbindlichkeiten von Arbeitgebern aufgrund von Versorgungsplänen für Arbeitnehmer (siehe IAS 19 *Leistungen an Arbeitnehmer* und IFRS 2 *Anteilsbasierte Vergütung*) und Verpflichtungen aus der Versorgungszusage, die unter leistungsorientierten Altersversorgungsplänen berichtet werden (siehe IAS 26 *Bilanzierung und Berichterstattung von Altersversorgungsplänen*);

(c) vertragliche Anrechte oder vertragliche Verpflichtungen, die abhängig von der künftigen Nutzung oder vom künftigen Recht auf Nutzung eines nicht-finanziellen Postens (z. B. Lizenzgebühren, Nutzungsentgelte, variable Leasingzahlungen und ähnliche Posten) sind, sowie auf eine in einem Leasing eingebettete Restwertgarantie eines Leasingnehmers (siehe IFRS 16 *Leasingverhältnisse*, IFRS 15 *Erlöse aus Verträgen mit Kunden* und IAS 38 *Immaterielle Vermögenswerte*);

(d) finanzielle Garantien, es sei denn, der Garantiegeber hat zuvor ausdrücklich erklärt, dass er solche Verträge als Versicherungsverträge betrachtet und auf Versicherungsverträge anwendbare Rechnungslegungsmethoden verwendet hat. In einem solchen Fall kann der Garantiegeber wählen, ob er auf derartige finanzielle Garantien entweder IAS 32, IFRS 7 und IFRS 9 oder diesen Standard anwendet. Der Garantiegeber kann diese Entscheidung für jeden Vertrag einzeln treffen, aber die für den jeweiligen Vertrag getroffene Entscheidung kann nicht revidiert werden;

(e) im Rahmen eines Unternehmenszusammenschlusses zu zahlende oder ausstehende bedingte Entgelte (siehe IFRS 3 *Unternehmenszusammenschlüsse*);

(f) *Erstversicherungsverträge*, die das Unternehmen nimmt (d. h. Erstversicherungsverträge, in denen das Unternehmen der *Versicherungsnehmer* ist). Ein *Zedent* indes hat diesen IFRS auf Rückversicherungsverträge anzuwenden, die er nimmt.

Zur Vereinfachung der Bezugnahme wird in diesem IFRS jedes Unternehmen, das einen Versicherungsvertrag im Bestand hält, als Versicherer bezeichnet, unabhängig davon, ob der Halter für rechtliche Zwecke oder für Aufsichtszwecke als Versicherer angesehen wird. Alle Bezugnahmen auf Versicherer in den Paragraphen 3(a)-3(b), 20A-20Q, 35B-35N, 39B-39M und 46-49 sind auch als Bezugnahmen auf Emittenten von Finanzinstrumenten mit ermessensabhängiger Überschussbeteiligung zu verstehen. **5**

Ein Rückversicherungsvertrag ist eine Form eines Versicherungsvertrags. Dementsprechend gelten in diesem IFRS alle Hinweise auf Versicherungsverträge ebenso für Rückversicherungsverträge. **6**

Eingebettete Derivate

IFRS 9 verlangt von einem Unternehmen, einige eingebettete Derivate von ihrem Basisvertrag abzutrennen, zu ihrem *beizulegenden Zeitwert* zu bewerten und Änderungen des beizulegenden Zeitwerts erfolgswirksam zu berücksichtigen. IFRS 9 ist auf Derivate anzuwenden, die in Versicherungsverträgen eingebettet sind, sofern das eingebettete Derivat nicht selbst ein Versicherungsvertrag ist. **7**

Als eine Ausnahme von den Anforderungen in IFRS 9 braucht ein Versicherer das Recht eines Versicherungsnehmers, einen Versicherungsvertrag zu einem festen Betrag zurückzukaufen (oder zu einem Betrag, der sich aus einem festen Betrag und einem Zinssatz ergibt) nicht abzutrennen und zum beizulegenden Zeitwert zu bewerten, auch dann nicht, wenn der Rückkaufswert vom Buchwert der Basis-*Versicherungsverbindlichkeit* abweicht. Die Anforderung in IFRS 9 ist indes auf eine in Versicherungsverträgen enthaltene Verkaufsoption oder ein Rückkaufsrecht anzuwenden, wenn der Rückkaufswert sich infolge einer Änderung einer finanziellen Variablen (wie etwa ein Aktien- oder Warenpreis bzw. -index) oder einer nicht-finanziellen Variablen, die nicht für eine der Vertragsparteien spezifisch ist, verändert. Außerdem gelten diese Anforderungen ebenso, wenn das Recht des Inhabers auf Ausübung einer Verkaufsoption oder eines Rückkaufsrechts von der Änderung einer solchen Variablen ausgelöst wird (z. B. eine Verkaufsoption kann ausgeübt werden, wenn ein Börsenindex einen bestimmten Stand erreicht). **8**

Paragraph 8 gilt ebenso für Rückkaufs- oder entsprechende Beendigungsrechte im Fall von Finanzinstrumenten mit ermessensabhängiger Überschussbeteiligung. **9**

Entflechtung von Einlagenkomponenten

Einige Versicherungsverträge enthalten sowohl eine Versicherungskomponente als auch eine *Einlagenkomponente*. In einigen Fällen muss oder darf ein Versicherer diese Komponenten *entflechten*: **10**

(a) eine Entflechtung ist erforderlich, wenn die beiden folgenden Bedingungen erfüllt sind:
   (i) der Versicherer kann die Einlagenkomponente (einschließlich aller eingebetteten Rückkaufsrechte) abgetrennt (d. h. ohne Berücksichtigung der Versicherungskomponente) bewerten;
   (ii) ohne diese Voraussetzung würden die Rechnungslegungsmethoden des Versicherers nicht vorschreiben, alle Verpflichtungen und Rechte, die aus der Einlagenkomponente resultieren, anzusetzen;

(b) eine Entflechtung ist erlaubt, aber nicht vorgeschrieben, wenn der Versicherer die Einlagenkomponente abgetrennt, wie in (a)(i) beschrieben, bewerten kann, aber seine Rechnungslegungsmethoden den Ansatz aller Verpflichtungen und Rechte aus der Einlagenkomponente verlangen, ungeachtet der Grundsätze, die für die Bewertung dieser Rechte und Verpflichtungen verwendet werden;

(c) eine Entflechtung ist untersagt, wenn ein Versicherer die Einlagenkomponente nicht abgetrennt, wie in (a)(i) beschrieben, bewerten kann.

11 Nachstehend ein Beispiel für den Fall, dass die Rechnungslegungsmethoden eines Versicherers nicht verlangen, dass alle aus einer Einlagekomponente entstehenden Verpflichtungen angesetzt werden. Ein Zedent erhält eine Erstattung von Schäden von einem *Rückversicherer*, aber der Vertrag verpflichtet den Zedenten, die Erstattung in künftigen Jahren zurückzuzahlen. Diese Verpflichtung entstammt einer Einlagenkomponente. Wenn die Rechnungslegungsmethoden des Zedenten es andernfalls erlauben würden, die Erstattung als Erträge zu erfassen, ohne die daraus resultierende Verpflichtung anzusetzen, ist eine Entflechtung erforderlich.

12 Zur Entflechtung eines Vertrags hat ein Versicherer:

(a) diesen IFRS auf die Versicherungskomponente anzuwenden.

(b) IFRS 9 auf die Einlagenkomponente anzuwenden.

Erfassung und Bewertung

Vorübergehende Befreiung von der Anwendung einiger anderer IFRS

13 Die Paragraphen 10-12 von IAS 8 *Rechnungslegungsmethoden, Änderungen von rechnungslegungsbezogenen Schätzungen und Fehler* legen die Kriterien fest, die ein Unternehmen zur Entwicklung der Rechnungslegungsmethode zu verwenden hat, wenn kein IFRS ausdrücklich für einen Sachverhalt anwendbar ist. Der vorliegende IFRS nimmt jedoch Versicherer von der Anwendung dieser Kriterien auf seine Rechnungslegungsmethoden für Folgendes aus:

(a) Versicherungsverträge, die er im Bestand hält (einschließlich zugehöriger Abschlusskosten und zugehöriger immaterieller Vermögenswerte, wie solche, die in den Paragraphen 31 und 32 beschrieben sind); und

(b) Rückversicherungsverträge, die er nimmt.

14 Trotzdem nimmt der vorliegende IFRS den Versicherer von einigen Auswirkungen der in den Paragraphen 10-12 von IAS 8 dargelegten Kriterien nicht aus. Ein Versicherer ist insbesondere verpflichtet,

(a) jede Rückstellung für eventuelle künftige Schäden nicht als Verbindlichkeit anzusetzen, wenn diese Schäden bei Versicherungsverträgen anfallen, die am Berichtsstichtag nicht bestehen (wie z. B. Großrisiken- und Schwankungsrückstellungen);

(b) den *Angemessenheitstest für Verbindlichkeiten*, wie in den Paragraphen 15-19 beschrieben, durchzuführen;

(c) eine Versicherungsverbindlichkeit (oder einen Teil einer Versicherungsverbindlichkeit) dann, und nur dann, aus seiner Bilanz auszubuchen, wenn diese getilgt ist – d. h. wenn die im Vertrag genannte Verpflichtung erfüllt oder gekündigt oder erloschen ist;

(d) Folgendes nicht zu saldieren:
   (i) *Rückversicherungsvermögenswerte* mit den zugehörigen Versicherungsverbindlichkeiten; oder
   (ii) Erträge oder Aufwendungen von Rückversicherungsverträgen mit den Aufwendungen oder Erträgen von den zugehörigen Versicherungsverträgen;

(e) zu berücksichtigen, ob seine Rückversicherungsvermögenswerte wertgemindert sind (siehe Paragraph 20).

Angemessenheitstest für Verbindlichkeiten

Ein Versicherer hat an jedem Berichtsstichtag unter Verwendung aktueller Schätzungen der künftigen Cashflows aufgrund seiner Versicherungsverträge einzuschätzen, ob seine angesetzten Versicherungsverbindlichkeiten angemessen sind. Zeigt die Einschätzung, dass der Buchwert seiner Versicherungsverbindlichkeiten (abzüglich der zugehörigen abgegrenzten Abschlusskosten und der zugehörigen immateriellen Vermögenswerte, wie die in den Paragraphen 31 und 32 behandelten) im Hinblick auf die geschätzten künftigen Cashflows unangemessen ist, ist der gesamte Fehlbetrag erfolgswirksam zu erfassen. **15**

Wendet ein Versicherer einen Angemessenheitstest für Verbindlichkeiten an, der den spezifizierten Mindestanforderungen entspricht, schreibt dieser IFRS keine weiteren Anforderungen vor. Die Mindestanforderungen sind die Folgenden: **16**

(a) Der Test berücksichtigt aktuelle Schätzungen aller vertraglichen Cashflows und aller zugehörigen Cashflows, wie Regulierungskosten und Cashflows, die aus enthaltenen Optionen und Garantien stammen.

(b) Zeigt der Test, dass die Verbindlichkeit unangemessen ist, wird der gesamte Fehlbetrag erfolgswirksam erfasst.

Verlangen die Rechnungslegungsmethoden eines Versicherers keinen Angemessenheitstest für Verbindlichkeiten, der die im Paragraph 16 beschriebenen Mindestanforderungen erfüllt, hat der Versicherer: **17**

(a) den Buchwert der betreffenden Versicherungsverbindlichkeiten*) festzustellen, der vermindert ist um den Buchwert von:
   (i) allen zugehörigen abgegrenzten Abschlusskosten; und
   (ii) allen zugehörigen immateriellen Vermögenswerten, wie diejenigen, die bei einem Unternehmenszusammenschluss oder der Übertragung eines Portfolios erworben wurden (siehe Paragraphen 31 und 32). Zugehörige Rückversicherungsvermögenswerte werden indes nicht berücksichtigt, da ein Versicherer diese gesondert bilanziert (siehe Paragraph 20);

(b) festzustellen, ob der in (a) beschriebene Betrag geringer als der Buchwert ist, der gefordert wäre, wenn die betreffende Versicherungsverbindlichkeit im Anwendungsbereich von IAS 37 läge. Wenn er geringer ist, hat der Versicherer die gesamte Differenz erfolgswirksam zu erfassen und den Buchwert der zugehörigen abgegrenzten Abschlusskosten oder der zugehörigen immateriellen Vermögenswerte zu vermindern bzw. den Buchwert der betreffenden Versicherungsverbindlichkeiten zu erhöhen.

Erfüllt der Angemessenheitstest für Verbindlichkeiten eines Versicherers die Mindestanforderungen aus Paragraph 16, wird der Test entsprechend der in ihm bestimmten Zusammenfassung von Verträgen angewendet. Wenn sein Angemessenheitstest für Verbindlichkeiten diese Mindestanforderungen nicht erfüllt, ist der in Paragraph 17 beschriebene Vergleich auf einen **18**

*) **Amtl. Anm.:** Die betreffenden Versicherungsverbindlichkeiten sind diejenigen Versicherungsverbindlichkeiten (und zugehörige abgegrenzte Abschlusskosten sowie zugehörige immaterielle Vermögenswerte), für die die Rechnungslegungsmethoden des Versicherers keinen Angemessenheitstest für Verbindlichkeiten verlangen, der die Mindestanforderungen aus Paragraph 16 erfüllt.

Teilbestand von Verträgen anzuwenden, die ungefähr ähnliche Risiken beinhalten und zusammen als ein einzelnes Portefeuille geführt werden.

19 Der im Paragraph 17(b) beschriebene Betrag (d. h. das Ergebnis der Anwendung von IAS 37) hat zukünftige Kapitalanlage-Margen (siehe Paragraphen 27-29) dann widerzuspiegeln und nur dann, wenn der in Paragraph 17(a) beschriebene Betrag auch diese Margen widerspiegelt.

Wertminderung von Rückversicherungsvermögenswerten

20 Ist der Rückversicherungsvermögenswert eines Zedenten wertgemindert, hat der Zedent den Buchwert entsprechend zu reduzieren und diesen Wertminderungsaufwand erfolgswirksam zu erfassen. Ein Rückversicherungsvermögenswert ist dann und nur dann wertgemindert, wenn:

(a) ein objektiver substantieller Hinweis vorliegt, dass der Zedent als Folge eines nach dem erstmaligen Ansatz des Rückversicherungsvermögenswerts eingetretenen Ereignisses möglicherweise nicht alle ihm nach den Vertragsbedingungen zustehenden Beträge erhalten wird; und

(b) dieses Ereignis eine verlässlich bewertbare Auswirkung auf die Beträge hat, die der Zedent vom Rückversicherer erhalten wird.

Vorübergehende Befreiung von IFRS 9

20A IFRS 9 regelt die Bilanzierung von Finanzinstrumenten und ist erstmals auf Geschäftsjahre anzuwenden, die am oder nach dem 1. Januar 2018 beginnen. Für Versicherer, die die in Paragraph 20B genannten Kriterien erfüllen, sieht der vorliegende IFRS allerdings eine vorübergehende Befreiung vor, wonach ein Versicherer auf Geschäftsjahre, die vor dem 1. Januar 2021 beginnen, anstatt IFRS 9 IAS 39 *Finanzinstrumente: Ansatz und Bewertung* anwenden darf, aber nicht muss. Nimmt ein Versicherer die vorübergehende Befreiung von IFRS 9 in Anspruch, so hat er

(a) diejenigen Vorschriften des IFRS 9 anzuwenden, die für die Bereitstellung der in den Paragraphen 39B-39J des vorliegenden IFRS verlangten Angaben erforderlich sind, und

(b) mit Ausnahme der in den Paragraphen 20A-20Q, 39B-39J und 46-47 des vorliegenden IFRS beschriebenen Fälle alle anderweitig einschlägigen IFRS auf seine Finanzinstrumente anzuwenden.

20B Die vorübergehende Befreiung von IFRS 9 darf ein Versicherer nur dann in Anspruch nehmen, wenn

(a) er außer den in den Paragraphen 5.7.1(c), 5.7.7-5.7.9, 7.2.14 und B5.7.5-B5.7.20 enthaltenen Vorschriften von IFRS 9 für die Darstellung von Gewinnen und Verlusten aus finanziellen Verbindlichkeiten, die als erfolgswirksam zum beizulegenden Zeitwert bewertet designiert sind, bis dahin keine andere Fassung von IFRS 9*) angewendet hat, und

(b) seine Geschäftstätigkeiten an seinem letzten Bilanzstichtag vor dem 1. April 2016 oder an einem darauffolgenden Bilanzstichtag (siehe Paragraph 20G) vorwiegend mit dem Versicherungsgeschäft zusammenhängen (siehe Paragraph 20D).

20C Einem Versicherer, der die vorübergehende Befreiung von IFRS 9 in Anspruch nimmt, wird gestattet, nur die in den Paragraphen 5.7.1(c), 5.7.7-5.7.9, 7.2.14 und B5.7.5-B5.7.20 enthaltenen Vorschriften von IFRS 9 für die Darstellung von Gewinnen und Verlusten aus finanziellen Verbindlichkeiten, die als erfolgswirksam zum beizulegenden Zeitwert bewertet designiert sind, anzuwenden. Entscheidet sich ein Versicherer für die Anwendung dieser Vorschriften, hat er die maßgeblichen Übergangsbestimmungen von IFRS 9 anzuwenden, anzugeben, dass er dies getan hat, und laufend die in den Paragraphen 10-11 von IFRS 7 (in der durch IFRS 9 (2010) geänderten Fassung) dargelegten zugehörigen Angaben zu machen.

*) **Amtl. Anm.:** 2009, 2010, 2013 und 2014 wurden vom Board sukzessive Fassungen des IFRS 9 herausgegeben.

Die Geschäftstätigkeiten eines Versicherers hängen nur dann vorwiegend mit dem Versicherungsgeschäft zusammen, wenn **20D**

(a) der Buchwert seiner Verbindlichkeiten aus Verträgen im Anwendungsbereich dieses IFRS, unter den auch alle etwaigen gemäß den Paragraphen 7-12 von Versicherungsverträgen entflochtenen Einlagenkomponenten oder abgespaltenen eingebetteten Derivate fallen, im Vergleich zum Gesamtbuchwert all seiner Verbindlichkeiten bedeutend ist; und

(b) der Anteil des Gesamtbuchwerts seiner mit dem Versicherungsgeschäft zusammenhängenden Verbindlichkeiten (siehe Paragraph 20E) am Gesamtbuchwert all seiner Verbindlichkeiten

(i) über 90 Prozent liegt oder

(ii) kleiner oder gleich 90 Prozent, aber größer als 80 Prozent ist und der Versicherer keiner bedeutenden, nicht mit dem Versicherungsgeschäft zusammenhängenden Tätigkeit nachgeht (siehe Paragraph 20F).

Für Zwecke der Anwendung des Paragraphen 20D(b) umfassen Verbindlichkeiten, die mit dem Versicherungsgeschäft zusammenhängen: **20E**

(a) Verbindlichkeiten aus Verträgen im Anwendungsbereich dieses IFRS (siehe Paragraph 20D(a)),

(b) gemäß IAS 39 erfolgswirksam zum beizulegenden Zeitwert bewertete nicht derivative Verbindlichkeiten aus Kapitalanlageverträgen (einschließlich solcher, die als erfolgswirksam zum beizulegenden Zeitwert bewertet designiert sind und auf die der Versicherer die in IFRS 9 enthaltenen Vorschriften für die Darstellung von Gewinnen und Verlusten angewendet hat (siehe Paragraphen 20B(a) und 20C), und

(c) Verbindlichkeiten, die entstehen, weil der Versicherer die unter (a) und (b) genannten Verträge abschließt oder daraus erwachsende Verpflichtungen erfüllt. Beispiele für solche Verbindlichkeiten sind u. a. Derivate, die zur Minderung der Risiken solcher Verträge und der diese Verträge bedeckenden Vermögenswerte eingesetzt werden, relevante Steuerschulden wie beispielsweise latente Steuerschulden für zu versteuernde temporäre Differenzen auf aus diesen Verträgen resultierende Verbindlichkeiten sowie begebene Schuldtitel, die Bestandteil des aufsichtlich vorgeschriebenen Eigenkapitals des Versicherers sind.

Wenn ein Versicherer für die Zwecke des Paragraphen 20D(b)(ii) beurteilt, ob er einer bedeutenden, nicht mit dem Versicherungsgeschäft zusammenhängenden Tätigkeit nachgeht, bezieht er in diese Beurteilung Folgendes ein: **20F**

(a) nur diejenigen Tätigkeiten, aus denen er Erträge erzielen kann und aus denen ihm Aufwendungen entstehen, und

(b) quantitative und/oder qualitative Faktoren, einschließlich öffentlich verfügbarer Informationen wie die Klassifikation der Branche, die Abschlussadressaten auf den Versicherer anwenden.

Nach Paragraph 20B(b) muss ein Unternehmen an seinem letzten Bilanzstichtag vor dem 1. April 2016 beurteilen, ob es die Voraussetzungen für eine vorübergehende Befreiung von IFRS 9 erfüllt. Nach diesem Zeitpunkt **20G**

(a) muss ein Unternehmen, das zuvor die Voraussetzungen für eine vorübergehende Befreiung von IFRS 9 erfüllt hat, an einem nachfolgenden Bilanzstichtag nur dann erneut beurteilen, ob seine Geschäftstätigkeiten vorwiegend mit dem Versicherungsgeschäft zusammenhängen, wenn im Laufe des an diesem Tag endenden Geschäftsjahres eine Änderung bei den Geschäftstätigkeiten des Unternehmens im Sinne der Paragraphen 20H-20I eingetreten ist.

(b) darf ein Unternehmen, das zuvor nicht die Voraussetzungen für eine vorübergehende Befreiung von IFRS 9 erfüllt hat, nur dann an einem nachfolgenden Bilanzstichtag vor dem 31. Dezember 2018 erneut beurteilen, ob seine Geschäftstätigkeiten vorwiegend mit dem Versicherungsgeschäft zusammenhängen, wenn im Laufe des an diesem Tag endenden

Geschäftsjahres eine Änderung bei den Geschäftstätigkeiten des Unternehmens im Sinne der Paragraphen 20H-20I eingetreten ist.

20H Für die Zwecke des Paragraphen 20G ist eine Änderung bei den Geschäftstätigkeiten des Unternehmens eine Änderung, die

(a) infolge externer oder interner Veränderungen von der obersten Führungsebene des Unternehmens beschlossen wird,

(b) für das operative Geschäft des Unternehmens bedeutend ist und

(c) Außenstehenden gegenüber nachweisbar ist.

Eine solche Änderung liegt folglich nur dann vor, wenn das Unternehmen eine Geschäftstätigkeit, die für sein operatives Geschäft bedeutend ist oder durch die sich der Umfang einer seiner Geschäftstätigkeiten bedeutend ändert, aufnimmt oder einstellt, was beispielsweise dann der Fall ist, wenn das Unternehmen einen Geschäftszweig erworben, veräußert oder eingestellt hat.

20I Änderungen der in Paragraph 20H beschriebenen Art dürften sehr selten sein. Nachstehend Genanntes stellt keine Änderung der Geschäftstätigkeit eines Unternehmens dar, wie sie für die Anwendung des Paragraphen 20G erforderlich ist:

(a) eine Änderung der Finanzierungsstruktur des Unternehmens, die für sich genommen keinen Einfluss auf die Geschäftstätigkeit hat, aus der das Unternehmen Erträge erzielt und aus der ihm Aufwendungen entstehen.

(b) der Plan des Unternehmens zur Veräußerung eines Geschäftszweigs, selbst wenn die Vermögenswerte und Verbindlichkeiten gemäß IFRS 5 *Zur Veräußerung gehaltene langfristige Vermögenswerte und aufgegebene Geschäftsbereiche* als zur Veräußerung gehalten eingestuft sind. Ein Plan zur Veräußerung eines Geschäftszweigs könnte zwar eine Änderung der Geschäftstätigkeiten des Unternehmens nach sich ziehen und zukünftig eine Neubeurteilung erfordern, doch bleiben die in der Bilanz ausgewiesenen Verbindlichkeiten vorerst davon unberührt.

20J Werden die Voraussetzungen für eine vorübergehende Befreiung von IFRS 9 infolge einer Neubeurteilung vom Unternehmen nicht länger erfüllt (siehe Paragraph 20G(a)), darf das Unternehmen diese Befreiung nur bis zum Ende des Geschäftsjahres, das unmittelbar nach dieser Neubeurteilung begonnen hat, weiter in Anspruch nehmen. Auf Geschäftsjahre, die am oder nach dem 1. Januar 2021 beginnen, muss das Unternehmen IFRS 9 jedoch anwenden. Stellt ein Unternehmen in Anwendung des Paragraphen 20G(a) beispielsweise fest, dass es die Voraussetzungen für eine vorübergehende Befreiung von IFRS 9 am 31. Dezember 2018 (dem Ende seines Geschäftsjahres) nicht länger erfüllt, so darf es die vorübergehende Befreiung von IFRS 9 nur bis zum 31. Dezember 2019 in Anspruch nehmen.

20K Ein Versicherer, der sich zuvor für die Inanspruchnahme der vorübergehenden Befreiung von IFRS 9 entschieden hat, kann sich zu Beginn jedes darauffolgenden Geschäftsjahres unwiderruflich für die Anwendung des IFRS 9 entscheiden.

Erstmalige Anwender

20L Ein erstmaliger Anwender im Sinne von IFRS 1 *Erstmalige Anwendung der International Financial Reporting Standards* darf die in Paragraph 20A dargelegte vorübergehende Befreiung von IFRS 9 nur dann in Anspruch nehmen, wenn er die in Paragraph 20B genannten Kriterien erfüllt. Bei der Anwendung des Paragraphen 20B(b) hat der erstmalige Anwender die anhand der IFRS an dem in diesem Paragraph genannten Datum bestimmten Buchwerte zu verwenden.

20M IFRS 1 enthält Vorschriften und Befreiungen für erstmalige Anwender. Diese Vorschriften und Befreiungen (beispielsweise die Paragraphen D16-D17 in IFRS 1) setzen die Vorschriften der Paragraphen 20A-20Q und 39B-39J des vorliegenden IFRS nicht außer Kraft. So wird beispielsweise die Vorschrift, wonach ein erstmaliger Anwender für die Inanspruchnahme der vorläufigen

Befreiung von IFRS 9 die in Paragraph 20L genannten Kriterien erfüllen muss, nicht durch die Vorschriften und Befreiungen des IFRS 1 außer Kraft gesetzt.

Macht ein erstmaliger Anwender die in den Paragraphen 39B-39J verlangten Angaben, hat er hierbei auf die Vorschriften und Befreiungen des IFRS 1 zurückzugreifen, die maßgeblich sind, um die für diese Angaben erforderlichen Beurteilungen vornehmen zu können. **20N**

Vorübergehende Befreiung von speziellen Vorschriften des IAS 28

Nach den Paragraphen 35-36 des IAS 28 *Anteile an assoziierten Unternehmen und Gemeinschaftsunternehmen* muss ein Unternehmen bei der Anwendung der Equity-Methode nach einheitlichen Rechnungslegungsmethoden verfahren. Für Geschäftsjahre, die vor dem 1. Januar 2021 beginnen, darf das Unternehmen jedoch die einschlägigen Rechnungslegungsmethoden des assoziierten Unternehmens oder Gemeinschaftsunternehmens beibehalten, ist aber nicht dazu verpflichtet, d. h. **20O**

(a) das Unternehmen wendet entweder IFRS 9 an, während das assoziierte Unternehmen oder das Gemeinschaftsunternehmen die vorübergehende Befreiung von IFRS 9 in Anspruch nimmt oder

(b) das Unternehmen nimmt die vorübergehende Befreiung von IFRS 9 in Anspruch, während das assoziierte Unternehmen oder das Gemeinschaftsunternehmen IFRS 9 anwendet.

Bilanziert ein Unternehmen seinen Anteil an einem assoziierten Unternehmen oder einem Gemeinschaftsunternehmen nach der Equity-Methode, so **20P**

(a) muss für den Fall, dass der Abschluss, in dem (nach Berücksichtigung aller etwaigen vom Unternehmen vorgenommenen Anpassungen) auf dieses assoziierte Unternehmen oder Gemeinschaftsunternehmen die Equity-Methode angewendet wurde, zuvor nach IFRS 9 erstellt wurde, IFRS 9 auch weiterhin angewendet werden.

(b) kann für den Fall, dass bei Erstellung des Abschlusses, in dem (nach Berücksichtigung aller etwaigen vom Unternehmen vorgenommenen Anpassungen) auf dieses assoziierte Unternehmen oder Gemeinschaftsunternehmen die Equity-Methode angewendet wurde, zuvor die Befreiung von IFRS 9 in Anspruch genommen wurde, IFRS 9 anschließend angewendet werden.

Die Paragraphen 20O und 20P(b) können für jedes assoziierte Unternehmen oder Gemeinschaftsunternehmen getrennt angewendet werden. **20Q**

Änderungen der Rechnungslegungsmethoden

Die Paragraphen 22-30 gelten sowohl für Änderungen, die ein Versicherer vornimmt, der bereits die IFRS verwendet als auch für Änderungen, die ein Versicherer vornimmt, wenn er die IFRS zum ersten Mal anwendet. **21**

Ein Versicherer darf seine Rechnungslegungsmethoden für Versicherungsverträge dann und nur dann ändern, wenn diese Änderung den Abschluss für die wirtschaftliche Entscheidungsfindung der Adressaten relevanter macht, ohne weniger verlässlich zu sein, oder verlässlicher macht, ohne weniger relevant für jene Entscheidungsfindung zu sein. Ein Versicherer hat die Relevanz und Verlässlichkeit anhand der Kriterien von IAS 8 zu beurteilen. **22**

Zur Rechtfertigung der Änderung seiner Rechnungslegungsmethoden für Versicherungsverträge hat ein Versicherer zu zeigen, dass die Änderung seinen Abschluss näher an die Erfüllung der Kriterien in IAS 8 bringt, wobei die Änderung eine vollständige Übereinstimmung mit jenen Kriterien nicht erreichen muss. Die folgenden besonderen Sachverhalte werden nachstehend erläutert: **23**

(a) aktuelle Zinssätze (Paragraph 24);

(b) Fortführung bestehender Vorgehensweisen (Paragraph 25);

(c) Vorsicht (Paragraph 26);

(d) zukünftige Kapitalanlage-Margen (Paragraphen 27-29); und
(e) Schattenbilanzierung (Paragraph 30).

Aktuelle Marktzinssätze

24 Ein Versicherer darf, ohne dazu verpflichtet zu sein, seine Rechnungslegungsmethoden so ändern, dass er eine Neubewertung bestimmter Versicherungsverbindlichkeiten*) vornimmt, um die aktuellen Marktzinssätze widerzuspiegeln, und er die Änderungen dieser Verbindlichkeiten erfolgswirksam erfasst. Dabei darf er auch Rechnungslegungsmethoden einführen, die andere aktuelle Schätzwerte und Annahmen für die Bewertung dieser Verbindlichkeiten fordern. Das Wahlrecht in diesem Paragraphen erlaubt einem Versicherer, seine Rechnungslegungsmethoden für bestimmte Verbindlichkeiten zu ändern, ohne diese Methoden konsequent auf alle ähnlichen Verbindlichkeiten anzuwenden, wie es andernfalls von IAS 8 verlangt würde. Wenn ein Versicherer Verbindlichkeiten für diese Wahl bestimmt, dann hat er die aktuellen Marktzinsen (und ggf. die anderen aktuellen Schätzwerte und Annahmen) konsequent in allen Perioden auf alle diese Verbindlichkeiten anzuwenden, bis sie erloschen sind.

Fortführung bestehender Vorgehensweisen

25 Ein Versicherer kann die folgenden Vorgehensweisen fortführen, aber die Einführung einer solchen erfüllt nicht Paragraph 22:

(a) Bewertung von Versicherungsverbindlichkeiten auf einer nicht abgezinsten Basis.
(b) Bewertung der vertraglichen Rechte auf künftige Kapitalanlage-Gebühren mit einem Betrag, der deren beizulegenden Zeitwert übersteigt, der durch einen Vergleich mit aktuellen Gebühren, die von anderen Marktteilnehmern für ähnliche Dienstleistungen erhoben werden, angenähert werden kann. Es ist wahrscheinlich, dass der beizulegende Zeitwert bei Begründung dieser vertraglichen Rechte den Anschaffungskosten entspricht, es sei denn die künftigen Kapitalanlage-Gebühren und die zugehörigen Kosten fallen aus dem Rahmen der Vergleichswerte im Markt.
(c) Der Gebrauch uneinheitlicher Rechnungslegungsmethoden für Versicherungsverträge (und zugehörige abgegrenzte Abschlusskosten und zugehörige immaterielle Vermögenswerte, sofern vorhanden) von Tochterunternehmen, abgesehen von denen, die durch Paragraph 24 erlaubt sind. Im Fall von uneinheitlichen Rechnungslegungsmethoden darf ein Versicherer sie ändern, sofern diese Änderung die Rechnungslegungsmethoden nicht noch uneinheitlicher macht und überdies die anderen Anforderungen in diesem IFRS erfüllt.

Vorsicht

26 Ein Versicherer braucht seine Rechnungslegungsmethoden für Versicherungsverträge nicht zu ändern, um übermäßige Vorsicht zu beseitigen. Bewertet ein Versicherer indes seine Versicherungsverträge bereits mit ausreichender Vorsicht, so hat er keine zusätzliche Vorsicht mehr einzuführen.

Zukünftige Kapitalanlage-Margen

27 Ein Versicherer braucht seine Rechnungslegungsmethoden für Versicherungsverträge nicht zu ändern, um die Berücksichtigung zukünftiger Kapitalanlage-Margen zu unterlassen. Es besteht jedoch eine widerlegbare Vermutung, dass der Abschluss eines Versicherers weniger relevant und verlässlich wird, wenn er eine Rechnungslegungsmethode einführt, die zukünftige Kapital-

*) **Amtl. Anm.:** In diesem Paragraphen enthalten Versicherungsverbindlichkeiten zugehörige abgegrenzte Abschlusskosten und zugehörige immaterielle Vermögenswerte, wie die in den Paragraphen 31 und 32 beschriebenen.

anlage-Margen bei der Bewertung von Versicherungsverträgen berücksichtigt, es sei denn diese Margen beeinflussen die vertraglichen Zahlungen. Zwei Beispiele von Rechnungslegungsmethoden, die diese Margen berücksichtigen, sind:

(a) Verwendung eines Abzinsungssatzes, der die geschätzten Erträge aus den Vermögenswerten des Versicherers berücksichtigt; oder

(b) Hochrechnung der Erträge aus diesen Vermögenswerten aufgrund einer geschätzten Verzinsung, Abzinsung dieser hochgerechneten Erträge mit einem anderen Zinssatz und Einschluss des Ergebnisses in die Bewertung der Verbindlichkeit.

Ein Versicherer kann die in Paragraph 27 beschriebene widerlegbare Vermutung dann und nur dann widerlegen, wenn die anderen Komponenten der Änderung der Rechnungslegungsmethoden die Relevanz und Verlässlichkeit seiner Abschlüsse genügend verbessern, um die Verschlechterung der Relevanz und Verlässlichkeit aufzuwiegen, die durch den Einschluss zukünftiger Kapitalanlage-Margen bewirkt wird. Man nehme beispielsweise an, dass die bestehenden Rechnungslegungsmethoden eines Versicherers für Versicherungsverträge übermäßig vorsichtige bei Vertragsabschluss festzusetzende Annahmen und einen von einer Regulierungsbehörde vorgeschriebenen Abzinsungssatz ohne direkten Bezug zu den Marktkonditionen vorsehen und einige enthaltene Optionen und Garantien ignorieren. Der Versicherer könnte seine Abschlüsse relevanter und nicht weniger verlässlich machen, wenn er zu umfassenden anleger-orientierten Grundsätzen der Rechnungslegung übergehen würde, die weit gebräuchlich sind und Folgendes vorsehen: 28

(a) aktuelle Schätzungen und Annahmen;

(b) eine vernünftige (aber nicht übermäßig vorsichtige) Marge, um das Risiko und die Ungewissheit zu berücksichtigen;

(c) Bewertungen, die sowohl den inneren Wert als auch den Zeitwert der enthaltenen Optionen und Garantien berücksichtigen; und

(d) einen aktuellen Marktabzinsungssatz, selbst wenn dieser Abzinsungssatz die geschätzten Erträge aus den Vermögenswerten des Versicherers berücksichtigt.

Bei einigen Bewertungsansätzen wird der Abzinsungssatz zur Bestimmung des Barwerts zukünftiger Gewinnmargen verwendet. Diese Gewinnmargen werden dann verschiedenen Perioden mittels einer Formel zugewiesen. Bei diesen Methoden beeinflusst der Abzinsungssatz die Bewertung der Verbindlichkeit nur indirekt. Insbesondere hat die Verwendung eines weniger geeigneten Abzinsungssatzes eine begrenzte oder keine Einwirkung auf die Bewertung der Verbindlichkeit bei Vertragsabschluss. Bei anderen Methoden bestimmt der Abzinsungssatz jedoch die Bewertung der Verbindlichkeit direkt. In letzterem Fall ist es höchst unwahrscheinlich, dass ein Versicherer die im Paragraphen 27 beschriebene widerlegbare Vermutung widerlegen kann, da die Einführung eines auf den Vermögenswerten basierenden Abzinsungssatzes einen signifikanteren Effekt hat. 29

Schattenbilanzierung

In einigen Bilanzierungsmodellen haben die realisierten Gewinne und Verluste der Vermögenswerte eines Versicherers einen direkten Effekt auf die Bewertung einiger oder aller seiner (a) Versicherungsverbindlichkeiten, (b) zugehörigen abgegrenzten Abschlusskosten und (c) zugehörigen immateriellen Vermögenswerte, wie die in den Paragraphen 31 und 32 beschriebenen. Ein Versicherer darf, ohne dazu verpflichtet zu sein, seine Rechnungslegungsmethoden so ändern, dass ein erfasster, aber nicht realisierter Gewinn oder Verlust aus einem Vermögenswert diese Bewertungen in der selben Weise beeinflussen kann, wie es ein realisierter Gewinn oder Verlust täte. Die zugehörige Anpassung der Versicherungsverbindlichkeit (oder abgegrenzten Abschlusskosten oder immateriellen Vermögenswerte) ist dann und nur dann im sonstigen Ergebnis zu berücksichtigen, wenn die nicht realisierten Gewinne oder Verluste im sonstigen Ergebnis berücksichtigt werden. Diese Vorgehensweise wird manchmal als „Schattenbilanzierung" beschrieben. 30

Erwerb von Versicherungsverträgen durch Unternehmenszusammenschluss oder Portfolioübertragung

31 Im Einklang mit IFRS 3 hat ein Versicherer zum Erwerbszeitpunkt die von ihm in einem Unternehmenszusammenschluss übernommenen Versicherungsverbindlichkeiten und erworbenen *Versicherungsvermögenswerte* mit dem beizulegenden Zeitwert zu bewerten. Ein Versicherer darf jedoch, ohne dazu verpflichtet zu sein, eine ausgeweitete Darstellung verwenden, die den beizulegenden Zeitwert der erworbenen Versicherungsverträge in zwei Komponenten aufteilt:

(a) eine Verbindlichkeit, die gemäß den Rechnungslegungsmethoden des Versicherers für von ihm gehaltene Versicherungsverträge bewertet wird; und

(b) einen immateriellen Vermögenswert, der die Differenz zwischen (i) dem beizulegenden Zeitwert der erworbenen vertraglichen Rechte und übernommenen vertraglichen Verpflichtungen aus Versicherungsverträgen und (ii) dem in (a) beschriebenen Betrag darstellt. Die Folgebewertung dieses Vermögenswerts hat im Einklang mit der Bewertung der zugehörigen Versicherungsverbindlichkeit zu erfolgen.

32 Ein Versicherer, der einen Bestand von Versicherungsverträgen erwirbt, kann die in Paragraph 31 beschriebene ausgeweitete Darstellung verwenden.

33 Die in den Paragraphen 31 und 32 beschriebenen immateriellen Vermögenswerte sind vom Anwendungsbereich von IAS 36 *Wertminderung von Vermögenswerten* und von IAS 38 ausgenommen. IAS 36 und IAS 38 sind jedoch auf Kundenlisten und Kundenbeziehungen anzuwenden, die die Erwartungen auf künftige Verträge beinhalten, die nicht in den Rahmen der vertraglichen Rechte und Verpflichtungen der Versicherungsverträge fallen, die zum Zeitpunkt des Unternehmenszusammenschlusses oder der Übertragung des Portfolios bestanden.

Ermessensabhängige Überschussbeteiligung

Ermessensabhängige Überschussbeteiligung in Versicherungsverträgen

34 Einige Versicherungsverträge enthalten sowohl eine ermessensabhängige Überschussbeteiligung als auch ein *garantiertes Element*. Der Versicherer eines solchen Vertrags:

(a) darf, ohne dazu verpflichtet zu sein, das garantierte Element getrennt von der ermessensabhängigen Überschussbeteiligung ansetzen. Wenn der Versicherer diese nicht getrennt ansetzt, hat er den gesamten Vertrag als eine Verbindlichkeit zu klassifizieren. Setzt der Versicherer sie getrennt an, dann ist das garantierte Element als eine Verbindlichkeit zu klassifizieren;

(b) hat, wenn er die ermessensabhängige Überschussbeteiligung getrennt vom garantierten Element ansetzt, diese entweder als eine Verbindlichkeit oder als eine gesonderte Komponente des Eigenkapitals zu klassifizieren. Dieser IFRS bestimmt nicht, wie der Versicherer festlegt, ob dieses Recht eine Verbindlichkeit oder Eigenkapital ist. Der Versicherer darf dieses Recht in eine Verbindlichkeit und Eigenkapitalkomponenten aufteilen und hat für diese Aufteilung eine einheitliche Rechnungslegungsmethode zu verwenden. Der Versicherer darf dieses Recht nicht als eine Zwischenkategorie klassifizieren, die weder Verbindlichkeit noch Eigenkapital ist;

(c) darf alle erhaltenen Beiträge als Erträge erfassen, ohne dabei einen Teil abzutrennen, der zur Eigenkapitalkomponente gehört. Die sich ergebenden Änderungen des garantierten Elements und des Anteils an der ermessensabhängigen Überschussbeteiligung, der als Verbindlichkeit klassifiziert ist, sind erfolgswirksam zu erfassen. Wenn ein Teil oder die gesamte ermessensabhängige Überschussbeteiligung als Eigenkapital klassifiziert ist, kann ein Teil des Gewinns oder Verlustes diesem Recht zugerechnet werden (auf dieselbe Weise wie ein Teil einem nicht beherrschenden Anteil zugerechnet werden kann). Der Versicherer hat den Teil eines Gewinns oder Verlustes, der einer Eigenkapitalkomponente einer ermessensabhängigen Überschussbeteiligung zuzurechnen ist, als Ergebnisverwendung und nicht als Aufwendungen oder Erträge zu erfassen (siehe IAS 1 *Darstellung des Abschlusses*);

(d) hat für den Fall, dass ein eingebettetes Derivat im Vertrag enthalten ist, das in den Anwendungsbereich von IFRS 9 fällt, IFRS 9 auf dieses eingebettete Derivat anzuwenden;

(e) hat in jeder Hinsicht, soweit nichts anderes in den Paragraphen 14-20 und 34(a)-(d) aufgeführt ist, seine bestehenden Rechnungslegungsmethoden für solche Verträge fortzuführen, es sei denn er ändert seine Rechnungslegungsmethoden in Übereinstimmung mit den Paragraphen 21-30.

Ermessensabhängige Überschussbeteiligung in Finanzinstrumenten

Die Anforderungen in Paragraph 34 gelten ebenso für ein Finanzinstrument, das eine ermes- **35**
sensabhängige Überschussbeteiligung enthält. Ferner:

(a) hat der Verpflichtete, wenn er die gesamte ermessensabhängige Überschussbeteiligung als eine Verbindlichkeit klassifiziert, den Angemessenheitstest für Verbindlichkeiten nach den Paragraphen 15-19 auf den ganzen Vertrag anzuwenden (d. h. sowohl auf das garantierte Element als auch auf die ermessensabhängige Überschussbeteiligung). Der Verpflichtete braucht den Betrag, der sich aus der Anwendung von IFRS 9 auf das garantierte Element ergeben würde, nicht zu bestimmen;

(b) darf, wenn der Verpflichtete das Recht teilweise oder ganz als eine getrennte Komponente des Eigenkapitals klassifiziert, die für den ganzen Vertrag angesetzte Verbindlichkeit nicht kleiner als der Betrag sein, der sich bei der Anwendung von IFRS 9 auf das garantierte Element ergeben würde. Dieser Betrag beinhaltet den inneren Wert einer Option, den Vertrag zurückzukaufen, braucht jedoch nicht seinen Zeitwert zu beinhalten, wenn Paragraph 9 diese Option von der Bewertung zum beizulegenden Zeitwert ausnimmt. Der Verpflichtete braucht den Betrag, der sich aus der Anwendung von IFRS 9 auf das garantierte Element ergeben würde, weder anzugeben noch separat auszuweisen. Weiterhin braucht der Verpflichtete diesen Betrag nicht zu bestimmen, wenn die gesamte angesetzte Verbindlichkeit offensichtlich höher ist;

(c) darf der Verpflichtete weiterhin die Beiträge für diese Verträge als Erträge und die sich ergebende Erhöhung des Buchwerts der Verbindlichkeit als Aufwand erfassen, obwohl diese Verträge Finanzinstrumente sind;

(d) muss, wenngleich diese Verträge Finanzinstrumente sind, der Verpflichtete, der IFRS 7 Paragraph 20(b) auf Verträge mit einer ermessensabhängigen Überschussbeteiligung anwendet, die gesamten im Periodenergebnis erfassten Zinsaufwendungen angeben, braucht diese Zinsaufwendungen jedoch nicht mit der Effektivzinsmethode zu berechnen.

Die in den Paragraphen 20A, 20L und 20O vorgesehenen Befreiungen und der in Paragraph 35B **35A**
beschriebene Überlagerungsansatz können auch von Emittenten von Finanzinstrumenten mit ermessensabhängiger Überschussbeteiligung in Anspruch genommen werden. Dementsprechend sind alle Bezugnahmen auf Versicherer in den Paragraphen 3(a)-3(b), 20A-20Q, 35B-35N, 39B-39M und 46-49 auch als Bezugnahmen auf Emittenten von Finanzinstrumenten mit ermessensabhängiger Überschussbeteiligung zu verstehen.

Ausweis

Der Überlagerungsansatz

Versicherer dürfen auf designierte finanzielle Vermögenswerte den Überlagerungsansatz an- **35B**
wenden, sind aber nicht dazu verpflichtet. Wendet ein Versicherer den Überlagerungsansatz an, so muss er

(a) einen Betrag, der sich am Ende der Berichtsperiode in derselben Höhe als Gewinn oder Verlust aus den designierten finanziellen Vermögenswerten ergibt, als hätte der Versicherer IAS 39 auf die designierten finanziellen Vermögenswerte angewendet, vom Periodenergebnis in das sonstige Ergebnis umgliedern. Der umgegliederte Betrag entspricht folglich der Differenz zwischen

(i) dem Betrag, der bei Anwendung von IFRS 9 für die designierten finanziellen Vermögenswerte im Periodenergebnis ausgewiesen wird und

(ii) dem Betrag, der für die designierten finanziellen Vermögenswerte im Periodenergebnis ausgewiesen worden wäre, hätte der Versicherer IAS 39 angewendet.

(b) alle anderen einschlägigen IFRS auf seine Finanzinstrumente anwenden, mit Ausnahme der in den Paragraphen 35B-35N, 39K-39M und 48-49 des vorliegenden IFRS beschriebenen Fälle.

35C Ein Versicherer darf sich nur dann für die Anwendung des in Paragraph 35B beschriebenen Überlagerungsansatzes entscheiden, wenn er IFRS 9 erstmals anwendet, worunter auch eine erstmalige Anwendung von IFRS 9 fällt, bei der er zuvor

(a) die in Paragraph 20A beschriebene vorübergehende Befreiung von IFRS 9 in Anspruch genommen hat oder

(b) nur die in IFRS 9 Paragraphen 5.7.1(c), 5.7.7-5.7.9, 7.2.14 und B5.7.5-B5.7.20 enthaltenen Vorschriften für den Ausweis von Gewinnen und Verlusten aus finanziellen Verbindlichkeiten, die als erfolgswirksam zum beizulegenden Zeitwert bewertet designiert sind, angewendet hat.

35D Bei der Anwendung des Überlagerungsansatzes ist der zwischen Periodenergebnis und sonstigem Ergebnis umgegliederte Betrag wie folgt auszuweisen:

(a) im Periodenergebnis als gesonderter Posten und

(b) im sonstigen Ergebnis als gesonderter Bestandteil des sonstigen Ergebnisses.

35E Ein finanzieller Vermögenswert kann nur dann für den Überlagerungsansatz designiert werden, wenn er folgende Kriterien erfüllt:

(a) er bei Anwendung von IFRS 9 erfolgswirksam zum beizulegenden Zeitwert bewertet wird, bei Anwendung von IAS 39 aber nicht zur Gänze erfolgswirksam zum beizulegenden Zeitwert bewertet worden wäre, und

(b) er nicht für eine Tätigkeit gehalten wird, die nicht mit Verträgen im Anwendungsbereich dieses IFRS in Verbindung steht. Nicht für den Überlagerungsansatz in Frage kommen beispielsweise finanzielle Vermögenswerte, die für Bankgeschäfte gehalten werden, oder finanzielle Vermögenswerte, die für nicht unter diesen IFRS fallende Kapitalanlageverträge in Fonds gehalten werden.

35F Ein Versicherer kann einen in Frage kommenden finanziellen Vermögenswert für den Überlagerungsansatz designieren, wenn er sich für die Anwendung des Überlagerungsansatzes entscheidet (siehe Paragraph 35C). Im Anschluss daran kann er einen in Frage kommenden finanziellen Vermögenswert nur dann für den Überlagerungsansatz designieren, wenn

(a) dieser Vermögenswert erstmals erfasst wird oder

(b) dieser Vermögenswert das in Paragraph 35E(b) genannte Kriterium erstmals erfüllt, zuvor aber nicht erfüllt hat.

35G Ein Versicherer darf in Frage kommende finanzielle Vermögenswerte für den Überlagerungsansatz designieren, indem er den Paragraphen 35F auf Grundlage einzelner Instrumente anwendet.

35H Falls relevant, gilt für die Zwecke der Anwendung des Überlagerungsansatzes auf einen neu designierten finanziellen Vermögenswert im Sinne von Paragraph 35F(b) Folgendes:

(a) sein beizulegender Zeitwert zum Zeitpunkt der Designierung ist sein neuer, zu fortgeführten Anschaffungskosten ermittelter Buchwert, und

(b) der Effektivzinssatz wird anhand des beizulegenden Zeitwerts des Vermögenswerts zum Zeitpunkt der Designierung bestimmt.

Der Überlagerungsansatz ist auf einen designierten finanziellen Vermögenswert bis zu dessen Ausbuchung anzuwenden. Allerdings **35I**

(a) hat das Unternehmen für den Fall, dass ein finanzieller Vermögenswert das in Paragraph 35E(b) genannte Kriterium nicht mehr erfüllt, die Designierung dieses finanziellen Vermögenswerts aufzuheben. Als nicht mehr erfüllt gilt dieses Kriterium beispielsweise dann, wenn das Unternehmen diesen Vermögenswert überträgt, sodass er für die Bankgeschäfte des Unternehmens gehalten wird, oder das Unternehmen kein Versicherer mehr ist.

(b) kann das Unternehmen zu Beginn jedes beliebigen Geschäftsjahres aufhören, den Überlagerungsansatz auf alle designierten finanziellen Vermögenswerte anzuwenden. Beschließt ein Unternehmen, den Überlagerungsansatz nicht weiter anzuwenden, hat es nach IAS 8 zu verfahren, um der Änderung der Rechnungslegungsmethode Rechnung zu tragen.

Wenn ein Unternehmen die Designierung eines finanziellen Vermögenswerts gemäß Paragraph 35I(a) aufhebt, hat es jeden etwaigen Saldo bei diesem finanziellen Vermögenswert aus dem kumulierten sonstigen Ergebnis als Umgliederungsbetrag (siehe IAS 1) in das Periodenergebnis umzugliedern. **35J**

Stellt ein Unternehmen die Anwendung des Überlagerungsansatzes ein, weil es die in Paragraph 35I(b) dargelegte Entscheidung gefällt hat oder kein Versicherer mehr ist, darf es den Überlagerungsansatz anschließend nicht mehr anwenden. Hat ein Versicherer beschlossen, den Überlagerungsansatz anzuwenden (siehe Paragraph 35C), verfügt aber nicht über dafür in Frage kommende finanzielle Vermögenswerte (siehe Paragraph 35E), so kann er den Ansatz in der Folge anwenden, wenn die in Frage kommenden finanziellen Vermögenswerte vorliegen. **35K**

Wechselwirkungen mit anderen Vorschriften

Paragraph 30 dieses IFRS gestattet eine Form der Bilanzierung, die auch als „Schattenbilanzierung" bezeichnet wird. Wendet ein Versicherer den Überlagerungsansatz an, könnte die Schattenbilanzierung einschlägig sein. **35L**

Wenn ein Betrag gemäß Paragraph 35B aus dem Periodenergebnis in das sonstige Ergebnis umgegliedert wird, könnte dies die Aufnahme anderer Beträge (wie Ertragsteuern) in das sonstige Ergebnis zur Folge haben. Um alle etwaigen Folgen dieser Art zu bestimmen, hat ein Versicherer die maßgeblichen IFRS, wie etwa IAS 12 *Ertragsteuern*, anzuwenden. **35M**

Erstmalige Anwender

Entscheidet sich ein erstmaliger Anwender für die Anwendung des Überlagerungsansatzes, so muss er zur Abbildung dieses Ansatzes die Vergleichsinformationen nur dann anpassen, wenn er Vergleichsinformationen auch gemäß IFRS 9 anpasst (siehe Paragraphen E1-E2 in IFRS 1). **35N**

Angaben

Erläuterung der ausgewiesenen Beträge

Ein Versicherer hat Angaben zu machen, die die Beträge in seinem Abschluss, die aus Versicherungsverträgen stammen, identifizieren und erläutern. **36**

Zur Erfüllung von Paragraph 36 hat der Versicherer folgende Angaben zu machen: **37**

(a) seine Rechnungslegungsmethoden für Versicherungsverträge und zugehörige Vermögenswerte, Verbindlichkeiten, Erträge und Aufwendungen;

(b) die angesetzten Vermögenswerte, Verbindlichkeiten, Erträge und Aufwendungen (und, wenn zur Darstellung der Kapitalflussrechnung die direkte Methode verwendet wird,

Cashflows), die sich aus Versicherungsverträgen ergeben. Wenn der Versicherer ein Zedent ist, hat er außerdem folgende Angaben zu machen:

(i) erfolgswirksam erfasste Gewinne und Verluste aus der Rückversicherungsnahme; und

(ii) wenn der Zedent die Gewinne und Verluste, die sich aus Rückversicherungsnahmen ergeben, abgrenzt und tilgt, die Tilgung für die Berichtsperiode und die ungetilgt verbleibenden Beträge am Anfang und Ende der Periode;

(c) das zur Bestimmung der Annahmen verwendete Verfahren, die die größte Auswirkung auf die Bewertung der unter (b) beschriebenen angesetzten Beträge haben. Sofern es durchführbar ist, hat ein Versicherer auch zahlenmäßige Angaben dieser Annahmen zu geben;

(d) die Auswirkung von Änderungen der zur Bewertung von Versicherungsvermögenswerten und Versicherungsverbindlichkeiten verwendeten Annahmen, wobei der Effekt jeder einzelnen Änderung, der sich wesentlich auf den Abschluss auswirkt, gesondert aufgezeigt wird;

(e) Überleitungsrechnungen der Änderungen der Versicherungsverbindlichkeiten, Rückversicherungsvermögenswerte und, sofern vorhanden, zugehöriger abgegrenzter Abschlusskosten.

Art und Ausmaß der Risiken, die sich aus Versicherungsverträgen ergeben

38 Ein Versicherer hat Angaben zu machen, die es den Abschlussadressaten ermöglichen, Art und Ausmaß der Risiken, die sich aus Versicherungsverträgen ergeben, zu bewerten.

39 Zur Erfüllung von Paragraph 38 hat der Versicherer folgende Angaben zu machen:

(a) seine Ziele, Methoden und Prozesse bei der Steuerung der Risiken, die sich aus Versicherungsverträgen ergeben, und die zur Steuerung dieser Risiken eingesetzten Methoden;

(b) (weggefallen)

(c) Informationen über das *Versicherungsrisiko* (sowohl vor als auch nach dem Ausgleich des Risikos durch Rückversicherung), einschließlich Informationen über:

(i) die Sensitivität bezüglich des Versicherungsrisikos (siehe Paragraph 39A);

(ii) Konzentration von Versicherungsrisiken einschließlich einer Beschreibung der Art der Bestimmung von Konzentrationen durch das Management und Beschreibung der gemeinsamen Merkmale, durch die jede Konzentration identifiziert wird (z. B. Art des versicherten Ereignisses, geographischer Bereich oder Währung);

(iii) tatsächliche Schäden verglichen mit früheren Schätzungen (d. h. Schadenentwicklung). Die Angaben zur Schadenentwicklung gehen bis zu der Periode zurück, in der der erste wesentliche Schaden eingetreten ist, für den noch Ungewissheit über den Betrag und den Zeitpunkt der Schadenzahlung besteht, aber sie müssen nicht mehr als zehn Jahre zurückgehen. Ein Versicherer braucht diese Angaben nicht für Schäden zu machen, für die die Ungewissheit über den Betrag und den Zeitpunkt der Schadenzahlung üblicherweise innerhalb eines Jahres geklärt ist;

(d) Die Informationen über Ausfallrisiken, Liquiditätsrisiken und Marktrisiken, die IFRS 7 Paragraphen 31-42 fordern würde, wenn die Versicherungsverträge in den Anwendungsbereich von IFRS 7 fielen. Doch

(i) muss ein Versicherer die von IFRS 7 Paragraph 39 Buchstaben a und b geforderten Fälligkeitsanalysen nicht vorlegen, wenn er stattdessen Angaben über den voraussichtlichen zeitlichen Ablauf der Nettomittelabflüsse aufgrund von anerkannten Versicherungsverbindlichkeiten macht. Dies kann in Form einer Analyse der voraussichtlichen Fälligkeit der in der Bilanz angesetzten Beträge geschehen.

(ii) wendet ein Versicherer eine alternative Methode zur Steuerung der Sensitivität hinsichtlich der Marktbedingungen an, wie etwa eine Analyse des inhärenten Werts

(Embedded Value Analyse), so kann er diese Sensitivitätsanalyse verwenden, um die Anforderungen des IFRS 7, Paragraph 40(a) zu erfüllen. Ein solcher Versicherer hat auch die in Paragraph 41 des IFRS 7 verlangten Angaben bereitzustellen.

(e) Informationen über Marktrisiken aus eingebetteten Derivaten, die in einem Basisversicherungsvertrag enthalten sind, wenn der Versicherer die eingebetteten Derivate nicht zum beizulegenden Zeitwert bewerten muss und dies auch nicht tut.

Ein Versicherer hat zur Erfüllung der Vorschrift in Paragraph 39(c)(i) entweder die Angaben unter (a) oder (b) zu machen: **39A**

(a) eine Sensitivitätsanalyse, aus der ersichtlich ist, wie der Gewinn oder Verlust und das Eigenkapital beeinflusst worden wären, wenn Änderungen der entsprechenden Risikovariablen, die am Abschlussstichtag in angemessener Weise möglich gewesen wären, eingetreten wären; die Methoden und Annahmen zur Erstellung der Sensitivitätsanalyse; sowie sämtliche Änderungen der Methoden und Annahmen gegenüber früheren Perioden. Wendet indes ein Versicherer eine alternative Methode an, um die Sensitivität hinsichtlich Marktbedingungen zu steuern, wie beispielsweise die Analyse des inhärenten Werts (Embedded Value Analyse), kann er die Vorschrift erfüllen, indem er die alternative Sensitivitätsanalyse angibt und die in IFRS 7 Paragraph 41(a) geforderten Angaben macht;

(b) qualitative Informationen über die Sensitivität und Informationen über die Bestimmungen und Bedingungen von Versicherungsverträgen, die sich wesentlich auf den Betrag, den Zeitpunkt und die Ungewissheit der künftigen Zahlungsströme des Versicherers auswirken.

Angaben zur vorübergehenden Befreiung von IFRS 9

Entscheidet sich ein Versicherer für die Inanspruchnahme der vorübergehenden Befreiung von IFRS 9, müssen die von ihm gemachten Angaben die Abschlussadressaten in die Lage versetzen, **39B**

(a) nachzuvollziehen, wie der Versicherer die Voraussetzungen für eine Inanspruchnahme der vorübergehenden Befreiung erfüllt und

(b) Versicherer, die die vorübergehende Befreiung in Anspruch nehmen, mit Versicherern, die IFRS 9 anwenden, zu vergleichen.

Zur Einhaltung des Paragraphen 39B(a) hat ein Versicherer anzugeben, dass er die vorübergehende Befreiung von IFRS 9 in Anspruch nimmt und wie er zu dem in Paragraph 20B(b) genannten Zeitpunkt zu dem Schluss gelangt ist, dass er die Voraussetzungen für eine Inanspruchnahme der vorläufigen Befreiung von IFRS 9 erfüllt. In diesem Zusammenhang war u. a. zu beurteilen, **39C**

(a) ob der Buchwert seiner Verbindlichkeiten aus Verträgen im Anwendungsbereich dieses IFRS (d. h. den in Paragraph 20E(a) beschriebenen Verbindlichkeiten) kleiner oder gleich 90 Prozent des Gesamtbuchwerts all seiner Verbindlichkeiten war, welcher Art die mit dem Versicherungsgeschäft zusammenhängenden Verbindlichkeiten aus anderen Verträgen als denen im Anwendungsbereich dieses IFRS (d. h. den in den Paragraphen 20E(b) und 20E(c) beschriebenen Verbindlichkeiten) waren und welchen Buchwert sie hatten,

(b) ob der prozentuale Anteil des Gesamtbuchwerts seiner mit dem Versicherungsgeschäft zusammenhängenden Tätigkeiten am Gesamtbuchwert all seiner Verbindlichkeiten kleiner oder gleich 90 Prozent, aber höher als 80 Prozent war, wie er bestimmt hat, dass er keiner bedeutenden, nicht mit dem Versicherungsgeschäft zusammenhängenden Tätigkeit nachgegangen ist sowie, welche Informationen er dabei berücksichtigt hat, und

(c) ob der Versicherer aufgrund einer Neubeurteilung gemäß Paragraph 20G(b) die Voraussetzungen für eine Inanspruchnahme der vorübergehenden Befreiung von IFRS 9 erfüllt hat:

(i) den Grund für die Neubeurteilung,

(ii) das Datum, zu dem die maßgebliche Änderung seiner Geschäftstätigkeit eingetreten ist, und

(iii) eine ausführliche Erläuterung der Änderung seiner Geschäftstätigkeit und eine qualitative Beschreibung der Auswirkung dieser Veränderungen auf den Abschluss des Versicherers.

39D Gelangt ein Unternehmen bei der Anwendung des Paragraphen 20G(a) zu dem Schluss, dass seine Geschäftstätigkeiten nicht mehr vorwiegend mit dem Versicherungsgeschäft zusammenhängen, hat es in jeder Berichtsperiode vor der erstmaligen Anwendung von IFRS 9 folgende Angaben zu machen:

(a) den Hinweis darauf, dass es die Voraussetzungen für eine vorläufige Befreiung von IFRS 9 nicht länger erfüllt,

(b) das Datum, zu dem die maßgebliche Änderung seiner Geschäftstätigkeit eingetreten ist, und

(c) eine ausführliche Erläuterung der Änderung seiner Geschäftstätigkeit und eine qualitative Beschreibung der Auswirkung dieser Veränderungen auf den Abschluss des Unternehmens.

39E Zur Einhaltung des Paragraphen 39B(b) hat ein Versicherer für die nachstehend genannten beiden Gruppen finanzieller Vermögenswerte den beizulegenden Zeitwert am Ende der Berichtsperiode und den Betrag, um den sich der beizulegende Zeitwert während dieser Periode geändert hat, getrennt voneinander anzugeben:

(a) finanzielle Vermögenswerte, deren Vertragsbedingungen zu festgelegten Zeitpunkten zu Zahlungsströmen führen, die ausschließlich Tilgungs- und Zinszahlungen auf den ausstehenden Kapitalbetrag darstellen (d. h. finanzielle Vermögenswerte, die die in den Paragraphen 4.1.2(b) und 4.1.2A(b) von IFRS 9 genannte Voraussetzung erfüllen), ohne alle etwaigen finanziellen Vermögenswerte, die die in IFRS 9 enthaltene Definition von „zu Handelszwecken gehalten" erfüllen oder auf Grundlage des beizulegenden Zeitwerts gesteuert werden und deren Wertentwicklung anhand des beizulegenden Zeitwerts beurteilt wird (siehe IFRS 9 Paragraph B4.1.6).

(b) alle außer den in Paragraph 39E(a) genannten finanziellen Vermögenswerte, d. h. jeder finanzielle Vermögenswert,

(i) dessen Vertragsbedingungen nicht zu festgelegten Zeitpunkten zu Zahlungsströmen führen, die ausschließlich Tilgungs- und Zinszahlungen auf den ausstehenden Kapitalbetrag darstellen,

(ii) der die in IFRS 9 enthaltene Definition von „zu Handelszwecken gehalten" erfüllt oder

(iii) der auf Grundlage des beizulegenden Zeitwerts gesteuert und dessen Wertentwicklung anhand des beizulegenden Zeitwerts beurteilt wird.

39F Wenn der Versicherer die in Paragraph 39E verlangten Angaben macht,

(a) kann er für den Fall, dass er nicht zur Angabe des beizulegenden Zeitwerts verpflichtet ist, in Anwendung von Paragraph 29(a) in IFRS 7 davon ausgehen, dass der nach IAS 39 bemessene Buchwert des finanziellen Vermögenswerts einen angemessenen Näherungswert für den beizulegenden Zeitwert darstellt (beispielsweise bei kurzfristigen Forderungen, Lieferungen und Leistungen); und

(b) hat er zu prüfen, welcher Detaillierungsgrad erforderlich ist, um den Abschlussadressaten das Verständnis der Charakteristika der finanziellen Vermögenswerte zu ermöglichen.

39G Zur Einhaltung des Paragraphen 39B(b) hat ein Versicherer Angaben zum Ausfallrisiko zu machen, wozu auch bedeutende Ausfallrisikokonzentrationen bei den in Paragraph 39E(a) beschriebenen finanziellen Vermögenswerten zählen. Für diese finanziellen Vermögenswerte hat der Versicherer am Ende des Berichtszeitraums zumindest Folgendes anzugeben:

(a) die Buchwerte gemäß IAS 39, gestaffelt nach den in IFRS 7 festgelegten Ausfallrisikoratingstufen (für den Fall finanzieller Vermögenswerte, die zu fortgeführten Anschaffungskosten bewertet werden, bevor Anpassungen um etwaige Wertberichtigungen vorgenommen werden).

(b) bei den in Paragraph 39E(a) beschriebenen finanziellen Vermögenswerten, bei denen das Ausfallrisiko am Ende des Berichtszeitraums nicht niedrig ist, den beizulegenden Zeitwert und den Buchwert gemäß IAS 39 (für den Fall finanzieller Vermögenswerte, die zu fortgeführten Anschaffungskosten bewertet werden, bevor Anpassungen um etwaige Wertberichtigungen vorgenommen werden). Für die Zwecke dieser Angabe liefert Paragraph B5.5.22 in IFRS 9 die maßgeblichen Kriterien für die Beurteilung, ob das Ausfallrisiko bei einem Finanzinstrument als niedrig anzusehen ist.

Zur Einhaltung des Paragraphen 39B(b) hat ein Versicherer anzugeben, wo ein Abschlussadressat öffentlich verfügbare IFRS 9-Informationen über ein Unternehmen der Gruppe erhalten kann, die nicht im Konzernabschluss für den betreffenden Berichtszeitraum enthalten sind. Derartige Informationen könnten beispielsweise im öffentlich verfügbaren Einzelabschluss oder separaten Abschluss eines Unternehmens der Gruppe enthalten sein, das IFRS 9 angewendet hat. **39H**

Hat sich ein Unternehmen dafür entschieden, die in Paragraph 20O vorgesehene Befreiung von bestimmten Vorschriften des IAS 28 in Anspruch zu nehmen, so hat es dies anzugeben. **39I**

Hat ein Unternehmen bei der Bilanzierung seines Anteils an einem assoziierten Unternehmen oder einem Gemeinschaftsunternehmen nach der Equity-Methode die vorübergehende Befreiung von IFRS 9 in Anspruch genommen (siehe beispielsweise Paragraph 20O(a)), so hat es zusätzlich zu den in IFRS 12 *Angaben zu Anteilen an anderen Unternehmen* verlangten Angaben Folgendes anzugeben: **39J**

(a) die in den Paragraphen 39B-39H beschriebenen Informationen für jedes assoziierte Unternehmen oder Gemeinschaftsunternehmen, das für das Unternehmen wesentlich ist. Anzugeben sind die Beträge, die in dem IFRS-Abschluss des assoziierten Unternehmens oder Gemeinschaftsunternehmens nach Berücksichtigung aller etwaigen vom Unternehmen bei Anwendung der Equity-Methode vorgenommenen Anpassungen (siehe IFRS 12 Paragraph B14(a)) ausgewiesen werden, und nicht der Anteil des Unternehmens an diesen Beträgen.

(b) die in den Paragraphen 39B-39H beschriebenen quantitativen Informationen aggregiert für alle assoziierten Unternehmen oder Gemeinschaftsunternehmen, die für sich genommen für das Unternehmen unwesentlich sind. Die aggregierten Beträge,

  (i) die angegeben werden, müssen dem Anteil des Unternehmens an diesen Beträgen entsprechen und

  (ii) sind für assoziierte Unternehmen und Gemeinschaftsunternehmen getrennt anzugeben.

Angaben zum Überlagerungsansatz

Wendet ein Versicherer den Überlagerungsansatz an, müssen die von ihm gemachten Angaben die Abschlussadressaten in die Lage versetzen, Folgendes nachzuvollziehen: **39K**

(a) wie sich der Gesamtbetrag, der in der Berichtsperiode zwischen dem Periodenergebnis und dem sonstigen Ergebnis umgegliedert wird, errechnet und

(b) wie sich diese Umgliederung auf den Abschluss auswirkt.

Zur Einhaltung des Paragraphen 39K hat ein Versicherer Folgendes anzugeben: **39L**

(a) den Umstand, dass er den Überlagerungsansatz anwendet,

(b) den Buchwert der finanziellen Vermögenswerte, auf die der Versicherer den Überlagerungsansatz anwendet, am Ende der Berichtsperiode nach Klassen finanzieller Vermögenswerte,

(c) die Grundlage, auf der finanzielle Vermögenswerte für den Überlagerungsansatz designiert werden, einschließlich einer Erläuterung aller designierten finanziellen Vermögenswerte, die außerhalb der rechtlichen Einheit, die Verträge im Anwendungsbereich dieses IFRS begibt, gehalten werden,

(d) eine Erläuterung des Gesamtbetrags, der in der Berichtsperiode zwischen dem Periodenergebnis und dem sonstigen Ergebnis umgegliedert wird, die so gestaltet ist, dass die Abschlussadressaten nachvollziehen können, wie sich dieser Betrag ableitet; diese umfasst auch

 (i) den Betrag, der bei Anwendung von IFRS 9 für die designierten finanziellen Vermögenswerte im Periodenergebnis ausgewiesen wird; und

 (ii) den Betrag, der für die designierten finanziellen Vermögenswerte im Periodenergebnis ausgewiesen worden wäre, hätte der Versicherer IAS 39 angewendet.

(e) die Auswirkungen der in den Paragraphen 35B und 35M beschriebenen Umgliederung auf jeden betroffenen Posten des Periodenergebnisses und

(f) für den Fall, dass der Versicherer im Laufe des Berichtszeitraums die Designierung finanzieller Vermögenswerte geändert hat:

 (i) den Betrag, der in der Berichtsperiode in Anwendung des Überlagerungsansatzes in Bezug auf neu designierte finanzielle Vermögenswerte (siehe Paragraph 35F(b)) zwischen dem Periodenergebnis und dem sonstigen Ergebnis umgegliedert wurde,

 (ii) den Betrag, der in der Berichtsperiode zwischen dem Periodenergebnis und dem sonstigen Ergebnis umgegliedert worden wäre, wäre die Designierung der finanziellen Vermögenswerte nicht aufgehoben worden (siehe Paragraph 35I(a)) und

 (iii) den Betrag, der in der Berichtsperiode für finanzielle Vermögenswerte, deren Designierung aufgehoben wurde, aus dem kumulierten sonstigen Ergebnis in das Periodenergebnis umgegliedert wurde (siehe Paragraph 35J).

39M Hat ein Unternehmen bei der Bilanzierung seines Anteils an einem assoziierten Unternehmen oder einem Gemeinschaftsunternehmen nach der Equity-Methode den Überlagerungsansatz angewendet, so hat es zusätzlich zu den in IFRS 12 verlangten Angaben Folgendes anzugeben:

(a) die in den Paragraphen 39K-39L beschriebenen Informationen für jedes assoziierte Unternehmen oder Gemeinschaftsunternehmen, das für das Unternehmen wesentlich ist. Anzugeben sind die Beträge, die in dem IFRS-Abschluss des assoziierten Unternehmens oder Gemeinschaftsunternehmens nach Berücksichtigung aller etwaigen vom Unternehmen bei Anwendung der Equity-Methode vorgenommenen Anpassungen (siehe IFRS 12 Paragraph B14(a)) ausgewiesen werden, und nicht der Anteil des Unternehmens an diesen Beträgen.

(b) die in den Paragraphen 39K-39L(d) und 39L(f) beschriebenen quantitativen Informationen und die Auswirkung der in Paragraph 35B beschriebenen Umgliederung auf das Periodenergebnis und das sonstige Ergebnis, aggregiert für alle assoziierten Unternehmen oder Gemeinschaftsunternehmen, die für sich genommen für das Unternehmen unwesentlich sind. Die aggregierten Beträge,

 (i) die angegeben werden, müssen dem Anteil des Unternehmens an diesen Beträgen entsprechen und

 (ii) sind für assoziierte Unternehmen und Gemeinschaftsunternehmen getrennt anzugeben.

Zeitpunkt des Inkrafttretens und Übergangsvorschriften

40 Die Übergangsvorschriften in den Paragraphen 41-45 gelten sowohl für ein Unternehmen, das bereits IFRS anwendet, wenn es erstmals diesen IFRS anwendet, und für ein Unternehmen, das IFRS zum ersten Mal anwendet (Erstanwender).

41 Dieser IFRS ist erstmals in der ersten Berichtsperiode eines am 1. Januar 2005 oder danach beginnenden Geschäftsjahres anzuwenden. Eine frühere Anwendung wird empfohlen. Wendet ein Unternehmen diesen IFRS auf eine frühere Periode an, so ist dies anzugeben.

Durch *finanzielle Garantien* (Änderungen des IAS 39 und IFRS 4), die im August 2005 veröffentlicht wurden, wurden die Paragraphen 4(d), B18(g) und B19(f) geändert. Diese Änderungen sind erstmals in der ersten Berichtsperiode eines am 1. Januar 2006 oder danach beginnenden Geschäftsjahres anzuwenden. Eine frühere Anwendung wird empfohlen. Falls ein Unternehmen diese Änderungen auf eine frühere Periode anwendet, so hat es diese Tatsache anzugeben und die entsprechenden Änderungen des IAS 39 und IAS 32*) gleichzeitig anzuwenden. **41A**

Infolge des IAS 1 (überarbeitet 2007) wurde die in allen IFRS verwendete Terminologie geändert. Außerdem wurde Paragraph 30 geändert. Diese Änderungen sind erstmals in der ersten Berichtsperiode eines am 1. Januar 2009 oder danach beginnenden Geschäftsjahres anzuwenden. Wird IAS 1 (überarbeitet 2007) auf eine frühere Periode angewandt, sind diese Änderungen entsprechend auch anzuwenden. **41B**

(nicht besetzt) **41C und 41D**

Durch IFRS 13 *Bemessung des beizulegenden Zeitwerts*, veröffentlicht im Mai 2011, wurde die Definition des beizulegenden Zeitwerts in Anhang A geändert. Ein Unternehmen hat die betreffende Änderung anzuwenden, wenn es IFRS 13 anwendet. **41E**

(nicht besetzt) **41F**

Mit dem im Mai 2014 veröffentlichten IFRS 15 *Erlöse aus Verträgen mit Kunden* wurden die Paragraphen 4(a) und (c), B7, B18(h) und B21 geändert. Ein Unternehmen hat diese Änderungen anzuwenden, wenn es IFRS 15 anwendet. **41G**

Durch IFRS 9 (im Juli 2014 veröffentlicht) wurden die Paragraphen 3, 4, 7, 8, 12, 34, 35, 45, Anhang A und die Paragraphen B18-B20 geändert und die Paragraphen 41C, 41D und 41F gestrichen. Ein Unternehmen hat diese Änderungen anzuwenden, wenn es IFRS 9 anwendet. **41H**

Durch IFRS 16, veröffentlicht im Januar 2016, wurde Paragraph 4 geändert. Ein Unternehmen hat die betreffende Änderung anzuwenden, wenn es IFRS 16 anwendet. **41I**

Angaben

Ein Unternehmen braucht die Angabepflichten in diesem IFRS nicht auf Vergleichsinformationen anzuwenden, die sich auf vor dem 1. Januar 2005 beginnende Geschäftsjahre beziehen, mit Ausnahme der Angaben gemäß Paragraph 37(a) und (b) über Rechnungslegungsmethoden und angesetzte Vermögenswerte, Verbindlichkeiten, Erträge und Aufwendungen (und Cashflows bei Verwendung der direkten Methode). **42**

Wenn es undurchführbar ist, eine bestimmte Vorschrift der Paragraphen 10-35 auf Vergleichsinformationen anzuwenden, die sich auf Geschäftsjahre beziehen, die vor dem 1. Januar 2005 beginnen, hat ein Unternehmen dies anzugeben. Die Anwendung des Angemessenheitstests für Verbindlichkeiten (Paragraphen 15-19) auf solche Vergleichsinformationen könnte manchmal undurchführbar sein, aber es ist höchst unwahrscheinlich, dass es undurchführbar ist, andere Vorschriften der Paragraphen 10-35 bei solchen Vergleichsinformationen anzuwenden. IAS 8 erläutert den Begriff „undurchführbar". **43**

Bei der Anwendung des Paragraphen 39(c)(iii) braucht ein Unternehmen keine Informationen über Schadenentwicklung anzugeben, bei der der Schaden mehr als fünf Jahre vor dem Ende des ersten Geschäftsjahres, für das dieser IFRS angewendet wird, zurückliegt. Ist es überdies bei erstmaliger Anwendung dieses IFRS undurchführbar, Informationen über die Schadenentwicklung vor dem Beginn der frühesten Berichtsperiode bereit zu stellen, für die ein Unternehmen vollständige Vergleichsinformationen in Übereinstimmung mit diesem IFRS darlegt, so hat das Unternehmen dies anzugeben. **44**

*) **Amtl. Anm.:** Wenn ein Unternehmen IFRS 7 anwendet, wird der Verweis auf IAS 32 durch einen Verweis auf IFRS 7 ersetzt.

Neueinstufung von finanziellen Vermögenswerten

45 Ungeachtet Paragraph 4.4.1 von IFRS 9 ist ein Versicherer, wenn er seine Rechnungslegungsmethoden für Versicherungsverbindlichkeiten ändert, berechtigt, jedoch nicht verpflichtet, einige oder alle seiner finanziellen Vermögenswerte als erfolgswirksam zum beizulegenden Zeitwert bewertet zu reklassifizieren. Diese Reklassifizierung ist erlaubt, wenn ein Versicherer bei der erstmaligen Anwendung dieses IFRS seine Rechnungslegungsmethoden ändert und wenn er nachfolgend Änderungen der Methoden durchführt, die von Paragraph 22 zugelassen sind. Diese Reklassifizierung ist eine Änderung der Rechnungslegungsmethoden und IAS 8 ist anzuwenden.

Anwendung von IFRS 4 gemeinsam mit IFRS 9

Vorübergehende Befreiung von IFRS 9

46 Mit der im September 2016 herausgegebenen Verlautbarung *Anwendung von IFRS 9 Finanzinstrumente gemeinsam mit IFRS 4 Versicherungsverträge* (Änderungen an IFRS 4) wurden die Paragraphen 3 und 5 geändert und die Paragraphen 20A-20Q, 35A und 39B-39J sowie Überschriften nach den Paragraphen 20, 20K, 20N und 39A eingefügt. Diese Änderungen, die Versicherern, die bestimmte Kriterien erfüllen, die Inanspruchnahme einer vorläufigen Befreiung von IFRS 9 ermöglichen, sind auf Geschäftsjahre anzuwenden, die am oder nach dem 1. Januar 2018 beginnen.

47 Macht ein Unternehmen die in den Paragraphen 39B-39J verlangten Angaben, hat es die in IFRS 9 enthaltenen Übergangsvorschriften anzuwenden, die maßgeblich sind, um die für diese Angaben erforderlichen Beurteilungen vornehmen zu können. Als Zeitpunkt der erstmaligen Anwendung gilt für diese Zwecke der Beginn des ersten Geschäftsjahres, das am oder nach dem 1. Januar 2018 beginnt.

Der Überlagerungsansatz

48 Mit der im September 2016 herausgegebenen Verlautbarung *Anwendung von IFRS 9 Finanzinstrumente gemeinsam mit IFRS 4 Versicherungsverträge* (Änderungen an IFRS 4) wurden die Paragraphen 3 und 5 geändert und die Paragraphen 35A-35N und 39K-39M sowie Überschriften nach den Paragraphen 35A, 35K, 35M und 39J eingefügt. Diese Änderungen, die Versicherern die Anwendung des Überlagerungsansatzes auf designierte finanzielle Vermögenswerte ermöglichen, sind bei der erstmaligen Anwendung des IFRS 9 anzuwenden (siehe Paragraph 35C).

49 Entscheidet sich ein Unternehmen für die Anwendung des Überlagerungsansatzes, so muss es

(a) diesen Ansatz bei der Umstellung auf IFRS 9 rückwirkend auf die designierten finanziellen Vermögenswerte anwenden. Dementsprechend hat das Unternehmen beispielsweise die Differenz zwischen dem nach IFRS 9 bestimmten beizulegenden Zeitwert der designierten finanziellen Vermögenswerte und deren nach IAS 39 bestimmten Buchwert als Anpassung des Eröffnungsbilanzwerts des kumulierten sonstigen Ergebnisses zu erfassen.

(b) zur Abbildung des Überlagerungsansatzes die Vergleichsinformationen nur dann anpassen, wenn es Vergleichsinformationen auch gemäß IFRS 9 anpasst.

Anhang A: Definitionen

Dieser Anhang ist integraler Bestandteil des IFRS.

Zedent	Der **Versicherungsnehmer** eines **Rückversicherungsvertrags**.
Einlagenkomponente	Eine vertragliche Komponente, die nicht als ein Derivat nach IFRS 9 bilanziert wird und die in den Anwendungsbereich von IFRS 9 fallen würde, wenn sie ein eigenständiger Vertrag wäre.
Erstversicherungsvertrag	Ein **Versicherungsvertrag**, der kein **Rückversicherungsvertrag** ist.
Ermessensabhängige Überschussbeteiligung	Ein vertragliches Recht, als Ergänzung zu **garantierten Leistungen** zusätzliche Leistungen zu erhalten: (a) die wahrscheinlich einen signifikanten Anteil an den gesamten vertraglichen Leistungen ausmachen; (b) deren Betrag oder Fälligkeit vertraglich im Ermessen des Verpflichteten liegt; und (c) die vertraglich beruhen auf: (i) dem Ergebnis eines bestimmten Bestands an Verträgen oder eines bestimmten Typs von Verträgen; (ii) den realisierten und/oder nicht realisierten Kapitalerträgen eines bestimmten Portefeuilles von Vermögenswerten, die vom Verpflichteten gehalten werden; oder (iii) dem Gewinn oder Verlust der Gesellschaft, des Sondervermögens oder der Unternehmenseinheit, die bzw. das den Vertrag im Bestand hält.
Beizulegender Zeitwert	Der *beizulegende Zeitwert* ist der Preis, der in einem geordneten Geschäftsvorfall zwischen Marktteilnehmern am Bemessungsstichtag für den Verkauf eines Vermögenswerts eingenommen bzw. für die Übertragung einer Schuld gezahlt würde. (Siehe IFRS 13.)
Finanzielle Garantie	Ein Vertrag, aufgrund dessen der Garantiegeber zu bestimmten Zahlungen verpflichtet ist, um den Garantienehmer für einen Schaden zu entschädigen, den er erleidet, weil ein bestimmter Schuldner gemäß den ursprünglichen oder veränderten Bedingungen eines Schuldinstruments eine fällige Zahlung nicht leistet.
Finanzrisiko	Das Risiko einer möglichen künftigen Änderung von einem oder mehreren eines genannten Zinssatzes, Wertpapierkurses, Rohstoffpreises, Wechselkurses, Preis- oder Zinsindexes, Bonitätsratings oder Kreditindexes oder einer anderen Variablen, vorausgesetzt dass im Fall einer nicht-finanziellen Variablen die Variable nicht spezifisch für eine der Parteien des Vertrages ist.
Garantierte Leistungen	Zahlungen oder andere Leistungen, auf die der jeweilige **Versicherungsnehmer** oder Investor einen unbedingten Anspruch hat, der nicht im Ermessen des Verpflichteten liegt.
Garantiertes Element	Eine Verpflichtung, **garantierte Leistungen** zu erbringen, die in einem Vertrag mit **ermessensabhängiger Überschussbeteiligung** enthalten sind.

Versicherungsvermögenswert	Ein Netto-Anspruch des **Versicherers** aus einem **Versicherungsvertrag**.
Versicherungsvertrag	Ein Vertrag, nach dem eine Partei (der **Versicherer**) ein signifikantes **Versicherungsrisiko** von einer anderen Partei (dem **Versicherungsnehmer**) übernimmt, indem sie vereinbart, dem Versicherungsnehmer eine Entschädigung zu leisten, wenn ein spezifiziertes ungewisses künftiges Ereignis (das **versicherte Ereignis**) den Versicherungsnehmer nachteilig betrifft. (Für die Hinweise zu dieser Definition siehe Anhang B.)
Versicherungsverbindlichkeit	Eine Netto-Verpflichtung des **Versicherers** aus einem **Versicherungsvertrag**.
Versicherungsrisiko	Ein Risiko, mit Ausnahme eines **Finanzrisikos**, das von demjenigen, der den Vertrag nimmt, auf denjenigen, der ihn hält, übertragen wird.
Versichertes Ereignis	Ein ungewisses künftiges Ereignis, das von einem **Versicherungsvertrag** gedeckt ist und ein **Versicherungsrisiko** bewirkt.
Versicherer	Die Partei, die nach einem **Versicherungsvertrag** eine Verpflichtung hat, den **Versicherungsnehmer** zu entschädigen, falls ein **versichertes Ereignis** eintritt.
Angemessenheitstest für Verbindlichkeiten	Eine Einschätzung, ob der Buchwert einer **Versicherungsverbindlichkeit** aufgrund einer Überprüfung der künftigen Cashflows erhöht (oder der Buchwert der zugehörigen abgegrenzten Abschlusskosten oder der zugehörigen immateriellen Vermögenswerte gesenkt) werden muss.
Versicherungsnehmer	Die Partei, die nach einem **Versicherungsvertrag** das Recht auf Entschädigung hat, falls ein **versichertes Ereignis** eintritt.
Rückversicherungsvermögenswerte	Ein Netto-Anspruch des **Zedenten** aus einem **Rückversicherungsvertrag**.
Rückversicherungsvertrag	Ein **Versicherungsvertrag**, den ein **Versicherer** (der **Rückversicherer**) hält, nach dem er einen anderen Versicherer (den **Zedenten**) für Schäden aus einem oder mehreren Verträgen, die der Zedent im Bestand hält, entschädigen muss.
Rückversicherer	Die Partei, die nach einem **Rückversicherungsvertrag** eine Verpflichtung hat, den **Zedenten** zu entschädigen, falls ein **versichertes Ereignis** eintritt.
Entflechten	Bilanzieren der Komponenten eines Vertrages, als wären sie selbstständige Verträge.

Anhang B: Definition eines Versicherungsvertrags

Dieser Anhang ist integraler Bestandteil des IFRS.

Dieser Anhang enthält Anwendungsleitlinien zur Definition eines Versicherungsvertrages in Anhang A. Er behandelt die folgenden Sachverhalte: **B1**

(a) den Begriff „ungewisses künftiges Ereignis" (Paragraphen B2-B4);
(b) Naturalleistungen (Paragraphen B5-B7);
(c) Versicherungsrisiko und andere Risiken (Paragraphen B8-B17);
(d) Beispiele für Versicherungsverträge (Paragraphen B18-B21);
(e) signifikantes Versicherungsrisiko (Paragraphen B22-B28); und
(f) Änderungen im Umfang des Versicherungsrisikos (Paragraphen B29 und B30).

Ungewisses künftiges Ereignis

Ungewissheit (oder Risiko) ist das Wesentliche eines Versicherungsvertrags. Dementsprechend besteht bei Abschluss eines Versicherungsvertrages mindestens bei einer der folgenden Fragen Ungewissheit: **B2**

(a) ob ein *versichertes Ereignis* eintreten wird;
(b) wann es eintreten wird; oder
(c) wie hoch die Leistung des Versicherers sein wird, wenn es eintritt.

Bei einigen Versicherungsverträgen ist das versicherte Ereignis das Bekanntwerden eines Schadens während der Vertragslaufzeit, selbst wenn der Schaden die Folge eines Ereignisses ist, das vor Abschluss des Vertrages eintrat. In anderen Versicherungsverträgen ist das versicherte Ereignis ein Ereignis, das während der Vertragslaufzeit eintritt, selbst wenn der daraus resultierende Schaden nach Ende der Vertragslaufzeit bekannt wird. **B3**

Einige Versicherungsverträge decken Ereignisse, die bereits eingetreten sind, aber deren finanzielle Auswirkung noch ungewiss ist. Ein Beispiel ist ein Rückversicherungsvertrag, der dem Erstversicherer Deckung für ungünstige Entwicklungen von Schäden gewährt, die bereits von den Versicherungsnehmern gemeldet wurden. Bei solchen Verträgen ist das versicherte Ereignis das Bekanntwerden der endgültigen Höhe dieser Schäden. **B4**

Naturalleistungen

Einige Versicherungsverträge verlangen oder erlauben die Erbringung von Naturalleistungen. Beispielsweise kann ein Versicherer einen gestohlenen Gegenstand direkt ersetzen, statt dem Versicherungsnehmer eine Erstattung zu zahlen. Als weiteres Beispiel nutzt ein Versicherer eigene Krankenhäuser und medizinisches Personal, um medizinische Dienste zu leisten, die durch die Verträge zugesagt sind. **B5**

Einige Dienstleistungsverträge gegen festes Entgelt, in denen der Umfang der Dienstleistung von einem ungewissen Ereignis abhängt, erfüllen die Definition eines Versicherungsvertrages in diesem IFRS, fallen jedoch in einigen Ländern nicht unter die Regulierungsvorschriften für Versicherungsverträge. Ein Beispiel ist ein Wartungsvertrag, in dem der Dienstleister sich verpflichtet, bestimmte Geräte nach einer Funktionsstörung zu reparieren. Das feste Dienstleistungsentgelt beruht auf der erwarteten Anzahl von Funktionsstörungen, aber es ist ungewiss, ob ein bestimmtes Gerät defekt sein wird. Die Funktionsstörung des Geräts betrifft dessen Betreiber nachteilig und der Vertrag entschädigt den Betreiber (durch eine Dienstleistung, nicht durch Geld). Ein anderes Beispiel ist ein Vertrag über einen Pannenservice für Automobile, in dem sich der Dienstleister verpflichtet, für eine feste jährliche Gebühr Pannenhilfe zu leisten oder den Wagen in eine nahegelegene Werkstatt zu schleppen. Der letztere Vertrag könnte die Definition eines Versicherungsvertrages sogar dann erfüllen, wenn sich der Dienstleister nicht verpflichtet, Reparaturen durchzuführen oder Teile zu ersetzen. **B6**

B7 Die Anwendung des vorliegenden IFRS auf die in Paragraph B6 beschriebenen Verträge ist wahrscheinlich nicht aufwändiger als die Anwendung von denjenigen IFRS, die gültig wären, wenn solche Verträge außerhalb des Anwendungsbereiches dieses IFRS lägen:

(a) Es ist unwahrscheinlich, dass es wesentliche Verbindlichkeiten für bereits eingetretene Funktionsstörungen und Pannen gibt.

(b) Wenn IFRS 15 anzuwenden wäre, würde der Dienstleister Erträge (vorbehaltlich anderer spezifizierter Kriterien) (immer) dann ansetzen, wenn er die entsprechende Dienstleistung auf den Kunden überträgt. Diese Methode ist ebenso nach diesem IFRS akzeptabel, was dem Dienstleister erlaubt, (i) seine bestehenden Rechnungslegungsmethoden für diese Verträge weiterhin anzuwenden, sofern sie keine durch Paragraph 14 verbotenen Vorgehensweisen beinhalten, und (ii) seine Rechnungslegungsmethoden zu verbessern, wenn dies durch die Paragraphen 22-30 erlaubt ist.

(c) Der Dienstleister prüft, ob die Kosten zur Erfüllung seiner vertraglichen Verpflichtungen die im Voraus erhaltenen Erträge überschreiten. Hierzu wendet er den in den Paragraphen 15-19 dieses IFRS beschriebenen Angemessenheitstest für Verbindlichkeiten an. Würde dieser IFRS für diese Verträge nicht gelten, würde der Dienstleister zur Bestimmung, ob diese Verträge belastend sind, IAS 37 anwenden.

(d) Für diese Verträge ist es unwahrscheinlich, dass die Angabepflichten in diesem IFRS die von anderen IFRS geforderten Angaben signifikant erhöhen.

Unterscheidung zwischen Versicherungsrisiko und anderen Risiken

B8 Die Definition eines Versicherungsvertrages bezieht sich auf ein Versicherungsrisiko, das dieser IFRS als Risiko definiert, mit Ausnahme eines *Finanzrisikos*, das vom Nehmer eines Vertrages auf den Halter übertragen wird. Ein Vertrag, der den Halter ohne signifikantes Versicherungsrisiko einem Finanzrisiko aussetzt, ist kein Versicherungsvertrag.

B9 Die Definition von Finanzrisiko in Anhang A enthält eine Liste von finanziellen und nicht-finanziellen Variablen. Diese Liste umfasst auch nicht-finanzielle Variablen, die nicht spezifisch für eine Partei des Vertrages sind, so wie ein Index über Erdbebenschäden in einem bestimmten Gebiet oder ein Index über Temperaturen in einer bestimmten Stadt. Nicht-finanzielle Variablen, die spezifisch für eine Partei dieses Vertrages sind, so wie der Eintritt oder Nichteintritt eines Feuers, das einen Vermögenswert dieser Partei beschädigt oder zerstört, sind hier ausgeschlossen. Außerdem ist das Risiko, dass sich der beizulegende Zeitwert eines nicht-finanziellen Vermögenswerts ändert, kein Finanzrisiko, wenn der beizulegende Zeitwert nicht nur Änderungen der Marktpreise für solche Vermögenswerte (eine finanzielle Variable) widerspiegelt, sondern auch den Zustand eines bestimmten nicht-finanziellen Vermögenswerts im Besitz einer Partei eines Vertrages (eine nicht-finanzielle Variable). Wenn beispielsweise eine Garantie des Restwerts eines bestimmten Autos den Garantiegeber dem Risiko von Änderungen des physischen Zustands des Autos aussetzt, ist dieses Risiko ein Versicherungsrisiko und kein Finanzrisiko.

B10 Einige Verträge setzen den Halter zusätzlich zu einem signifikanten Versicherungsrisiko einem Finanzrisiko aus. Zum Beispiel beinhalten viele Lebensversicherungsverträge sowohl die Garantie einer Mindestverzinsung für die Versicherungsnehmer (Finanzrisiko bewirkend) als auch die Zusage von Leistungen im Todesfall, die zu manchen Zeitpunkten den Stand des Versicherungskontos übersteigen (Versicherungsrisiko in Form von Sterblichkeitsrisiko bewirkend). Hierbei handelt es sich um Versicherungsverträge.

B11 Bei einigen Verträgen löst das versicherte Ereignis die Zahlung eines Betrages aus, der an einen Preisindex gekoppelt ist. Solche Verträge sind Versicherungsverträge, sofern die durch das versicherte Ereignis bedingte Zahlung signifikant sein kann. Ist beispielsweise eine Leibrente an einen Index der Lebenshaltungskosten gebunden, so wird ein Versicherungsrisiko übertragen, weil die Zahlung durch ein ungewisses Ereignis – dem Überleben des Leibrentners – ausgelöst wird. Die Kopplung an den Preisindex ist ein eingebettetes Derivat, gleichzeitig wird jedoch ein

Versicherungsrisiko übertragen. Wenn die daraus folgende Übertragung von Versicherungsrisiko signifikant ist, erfüllt das eingebettete Derivat die Definition eines Versicherungsvertrages, in welchem Fall es nicht abgetrennt und zum beizulegenden Zeitwert bewertet werden muss (siehe Paragraph 7 dieses IFRS).

Die Definition von Versicherungsrisiko bezieht sich auf ein Risiko, das der Versicherer vom Versicherungsnehmer übernimmt. Mit anderen Worten ist Versicherungsrisiko ein vorher existierendes Risiko, das vom Versicherungsnehmer auf den Versicherer übertragen wird. Daher ist ein neues, durch den Vertrag entstandenes Risiko kein Versicherungsrisiko. **B12**

Die Definition eines Versicherungsvertrages bezieht sich auf eine nachteilige Wirkung auf den Versicherungsnehmer. Die Definition begrenzt die Zahlung des Versicherers nicht auf einen Betrag, der der finanziellen Wirkung des nachteiligen Ereignisses entspricht. Zum Beispiel schließt die Definition „Neuwertversicherungen" nicht aus, unter denen dem Versicherungsnehmer genügend gezahlt wird, damit dieser den geschädigten bisherigen Vermögenswert durch einen neuwertigen Vermögenswert ersetzen kann. Entsprechend beschränkt die Definition die Zahlung aufgrund eines Risikolebensversicherungsvertrages nicht auf den finanziellen Schaden, den die Angehörigen des Verstorbenen erleiden, noch schließt sie die Zahlung von vorher festgelegten Beträgen aus, um den Schaden zu bewerten, der durch Tod oder Unfall verursacht würde. **B13**

Einige Verträge bestimmen eine Leistung, wenn ein spezifiziertes ungewisses Ereignis eintritt, aber schreiben nicht vor, dass als Vorbedingung für die Leistung eine nachteilige Auswirkung auf den Versicherungsnehmer erfolgt sein muss. Solch ein Vertrag ist kein Versicherungsvertrag, auch dann nicht wenn der Nehmer den Vertrag dazu benutzt, um eine zugrunde liegende Risikoposition auszugleichen. Benutzt der Nehmer beispielsweise ein Derivat, um eine zugrunde liegende nicht-finanzielle Variable abzusichern, die mit Cashflows von einem Vermögenswert des Unternehmens korreliert, so ist das Derivat kein Versicherungsvertrag, weil die Zahlung nicht davon abhängt, ob der Nehmer nachteilig durch die Minderung der Cashflows aus dem Vermögenswert betroffen ist. Umgekehrt bezieht sich die Definition eines Versicherungsvertrages auf ein ungewisses Ereignis, für das eine nachteilige Wirkung auf den Versicherungsnehmer eine vertragliche Voraussetzung für die Leistung ist. Diese vertragliche Voraussetzung verlangt vom Versicherer keine Überprüfung, ob das Ereignis tatsächlich eine nachteilige Wirkung verursacht hat, aber sie erlaubt dem Versicherer, eine Leistung zu verweigern, wenn er nicht überzeugt ist, dass das Ereignis eine nachteilige Wirkung verursacht hat. **B14**

Storno- oder Bestandsfestigkeitsrisiko (d. h. das Risiko, dass die Gegenpartei den Vertrag früher oder später kündigt als bei der Preisfestsetzung des Vertrags vom Anbieter erwartet) ist kein Versicherungsrisiko, da die Leistung an die Gegenpartei nicht von einem ungewissen künftigen Ereignis abhängt, das die Gegenpartei nachteilig betrifft. Entsprechend ist ein Kostenrisiko (d. h. das Risiko von unerwarteten Erhöhungen der Verwaltungskosten, die mit der Verwaltung eines Vertrages, nicht jedoch der Kosten, die mit versicherten Ereignissen verbunden sind) kein Versicherungsrisiko, da eine unerwartete Erhöhung der Kosten die Gegenpartei nicht nachteilig betrifft. **B15**

Deswegen ist ein Vertrag, der den Halter einem Storno-, Bestandsfestigkeits- oder Kostenrisiko aussetzt, kein Versicherungsvertrag, sofern er den Halter nicht auch einem Versicherungsrisiko aussetzt. Wenn jedoch der Halter dieses Vertrages dieses Risiko mithilfe eines zweiten Vertrages herabsetzt, in dem er einen Teil dieses Risikos auf eine andere Partei überträgt, so setzt dieser zweite Vertrag diese andere Partei einem Versicherungsrisiko aus. **B16**

Ein Versicherer kann signifikantes Versicherungsrisiko nur dann vom Versicherungsnehmer übernehmen, wenn der Versicherer ein vom Versicherungsnehmer getrenntes Unternehmen ist. Im Falle eines Gegenseitigkeitsversicherers übernimmt dieser von jedem Versicherungsnehmer Risiken und erreicht mit diesen einen Portefeuilleausgleich. Obwohl die Versicherungsnehmer kollektiv das Portefeuillerisiko in ihrer Eigenschaft als Eigentümer tragen, übernimmt dennoch der Gegenseitigkeitsversicherer das Risiko des einzelnen Versicherungsvertrags. **B17**

Beispiele für Versicherungsverträge

B18 Bei den folgenden Beispielen handelt es sich um Versicherungsverträge, wenn das übertragene Versicherungsrisiko signifikant ist:

(a) Diebstahlversicherung oder Sachversicherung;

(b) Produkthaftpflicht-, Berufshaftpflicht-, allgemeine Haftpflicht- oder Rechtsschutzversicherung;

(c) Lebensversicherung und Beerdigungskostenversicherung (obwohl der Tod sicher ist, ist es ungewiss, wann er eintreten wird oder bei einigen Formen der Lebensversicherung, ob der Tod während der Versicherungsdauer eintreten wird);

(d) Leibrenten und Pensionsversicherungen (d. h. Verträge, die eine Entschädigung für das ungewisse künftige Ereignis – das Überleben des Leibrentners oder Pensionärs – zusagen, um den Leibrentner oder Pensionär zu unterstützen, einen bestimmten Lebensstandard aufrechtzuerhalten, der ansonsten nachteilig durch dessen Überleben beeinträchtigt werden würde);

(e) Erwerbsminderungsversicherung und Krankheitskostenversicherung;

(f) Bürgschaften, Kautionsversicherungen, Gewährleistungsbürgschaften und Bietungsbürgschaften (d. h. Verträge, die eine Entschädigung zusagen, wenn eine andere Partei eine vertragliche Verpflichtung nicht erfüllt, z. B. eine Verpflichtung ein Gebäude zu errichten);

(g) Kreditversicherung, die bestimmte Zahlungen zur Erstattung eines Schadens des Nehmers zusagt, den er erleidet, weil ein bestimmter Schuldner gemäß den ursprünglichen oder veränderten Bedingungen eines Schuldinstruments eine fällige Zahlung nicht leistet. Diese Verträge können verschiedene rechtliche Formen haben, wie die einer Garantie, einiger Arten von Akkreditiven, eines Verzugs-Kreditderivats oder eines Versicherungsvertrages. Wenngleich diese Verträge die Definition eines Versicherungsvertrages erfüllen, entsprechen sie auch der Definition einer finanziellen Garantie gemäß IFRS 9 und fallen in den Anwendungsbereich des IAS 32 und IFRS 9, jedoch nicht dieses IFRS (siehe Paragraph 4(d)). Hat ein Garantiegeber finanzieller Garantien zuvor ausdrücklich erklärt, dass er solche Verträge als Versicherungsverträge betrachtet und auf Versicherungsverträge anwendbare Rechnungslegungsmethoden verwendet, dann kann dieser Garantiegeber wählen, ob er auf solche finanziellen Garantien entweder IAS 32 und IFRS 9 oder diesen IFRS anwendet;

(h) Produktgewährleistungen. Produktgewährleistungen, die von einer anderen Partei für vom Hersteller, Groß- oder Einzelhändler verkaufte Waren gewährt werden, fallen in den Anwendungsbereich dieses IFRS. Produktgewährleistungen, die hingegen direkt vom Hersteller, Groß- oder Einzelhändler gewährt werden, sind außerhalb des Anwendungsbereichs, weil sie in den Anwendungsbereich von IFRS 15 und IAS 37 fallen;

(i) Rechtstitelversicherungen (d. h. Versicherung gegen die Aufdeckung von Mängeln eines Rechtstitels auf Grundeigentum, die bei Abschluss des Versicherungsvertrages nicht erkennbar waren). In diesem Fall ist die Aufdeckung eines Mangels eines Rechtstitels das versicherte Ereignis und nicht der Mangel als solcher;

(j) Reiseserviceversicherung (d. h. Entschädigung in bar oder in Form von Dienstleistungen an Versicherungsnehmer für Schäden, die sie während einer Reise erlitten haben). Die Paragraphen B6 und B7 erläutern einige Verträge dieser Art;

(k) Katastrophenbonds, die verringerte Zahlungen von Kapital, Zinsen oder beidem vorsehen, wenn ein bestimmtes Ereignis den Emittenten des Bonds nachteilig betrifft (ausgenommen wenn dieses bestimmte Ereignis kein signifikantes Versicherungsrisiko bewirkt, zum Beispiel wenn dieses Ereignis eine Änderung eines Zinssatzes oder Wechselkurses ist);

(l) Versicherungs-Swaps und andere Verträge, die eine Zahlung auf Basis von Änderungen der klimatischen, geologischen oder sonstigen physikalischen Variablen vorsehen, die spezifisch für eine Partei des Vertrages sind;

(m) Rückversicherungsverträge.

Die folgenden Beispiele stellen keine Versicherungsverträge dar: **B19**

(a) Kapitalanlageverträge, die die rechtliche Form eines Versicherungsvertrages haben, aber den Versicherer keinem signifikanten Versicherungsrisiko aussetzen, z. B. Lebensversicherungsverträge, bei denen der Versicherer kein signifikantes Sterblichkeitsrisiko trägt (solche Verträge sind nicht-versicherungsartige Finanzinstrumente oder Dienstleistungsverträge, siehe Paragraphen B20 und B21);

(b) Verträge, die die rechtliche Form von Versicherungen haben, aber jedes signifikante Versicherungsrisiko durch unkündbare und durchsetzbare Mechanismen an den Versicherungsnehmer rückübertragen, indem sie die künftigen Zahlungen des Versicherungsnehmers als direkte Folge der versicherten Schäden anpassen, wie beispielsweise einige Finanzrückversicherungs- oder Gruppenversicherungsverträge (solche Verträge sind in der Regel nicht-versicherungsartige Finanzinstrumente oder Dienstleistungsverträge, siehe Paragraphen B20 und B21);

(c) Selbstversicherung, in anderen Worten Selbsttragung eines Risikos das durch eine Versicherung gedeckt werden könnte (hier gibt es keinen Versicherungsvertrag, da es keine Vereinbarung mit einer anderen Partei gibt);

(d) Verträge (wie Rechtsverhältnisse von Spielbanken) die eine Zahlung bestimmen, wenn ein bestimmtes ungewisses künftiges Ereignis eintritt, aber nicht als vertragliche Bedingung für die Zahlung verlangen, dass das Ereignis den Versicherungsnehmer nachteilig betrifft. Dies schließt jedoch nicht die Festlegung eines vorab bestimmten Auszahlungsbetrages zur Quantifizierung des durch ein spezifiziertes Ereignis, wie Tod oder Unfall, verursachten Schadens aus (siehe auch Paragraph B13);

(e) Derivate, die eine Partei einem Finanzrisiko aber nicht einem Versicherungsrisiko aussetzen, weil sie bestimmen, dass diese Partei Zahlungen nur bei Änderungen eines oder mehrerer eines genannten Zinssatzes, Wertpapierkurses, Rohstoffpreises, Wechselkurses, Preis- oder Zinsindexes, Bonitätsratings oder Kreditindexes oder einer anderen Variablen zu leisten hat, sofern im Fall einer nicht-finanziellen Variablen die Variable nicht spezifisch für eine Partei des Vertrages ist (siehe IFRS 9);

(f) eine kreditbezogene Garantie (oder Akkreditiv, Verzugskredit-Derivat oder Kreditversicherungsvertrag), die Zahlungen auch dann verlangt, wenn der Inhaber keinen Schaden dadurch erleidet, dass der Schuldner eine fällige Zahlung nicht leistet (siehe IFRS 9);

(g) Verträge, die eine auf einer klimatischen, geologischen oder physikalischen Variablen begründete Zahlung vorsehen, die nicht spezifisch für eine Vertragspartei ist (allgemein als Wetterderivate bezeichnet);

(h) Katastrophenbonds, die verringerte Zahlungen von Kapital, Zinsen oder beidem vorsehen, welche auf einer klimatischen, geologischen oder anderen physikalischen Variablen beruhen, die nicht spezifisch für eine Vertragspartei ist.

Wenn die in Paragraph B19 beschriebenen Verträge finanzielle Vermögenswerte oder finanzielle Verbindlichkeiten bewirken, fallen sie in den Anwendungsbereich von IFRS 9. Unter anderem bedeutet dies, dass die Vertragsparteien das manchmal als „Einlagenbilanzierung" bezeichnete Verfahren verwenden, das Folgendes beinhaltet: **B20**

(a) eine Partei setzt das erhaltene Entgelt als eine finanzielle Verbindlichkeit an und nicht als Umsatzerlöse;

(b) die andere Partei setzt das gezahlte Entgelt als einen finanziellen Vermögenswert an und nicht als Aufwendungen.

Wenn die in Paragraph B19 beschriebenen Verträge weder finanzielle Vermögenswerte noch finanzielle Verbindlichkeiten bewirken, gilt IFRS 15. Gemäß IFRS 15 setzt ein Unternehmen Umsatzerlöse (immer) dann an, wenn es die entsprechende Leistungsverpflichtung erfüllt, indem es die zugesagten Güter oder Dienstleistungen auf den Kunden überträgt; die Erlöse werden in einer Höhe erfasst, die der Gegenleistung entspricht, die das Unternehmen für das Geschäft erwartet. **B21**

Signifikantes Versicherungsrisiko

B22 Ein Vertrag ist nur dann ein Versicherungsvertrag, wenn er ein signifikantes Versicherungsrisiko überträgt. Die Paragraphen B8-B21 behandeln das Versicherungsrisiko. Die folgenden Paragraphen behandeln die Einschätzung, ob ein Versicherungsrisiko signifikant ist.

B23 Ein Versicherungsrisiko ist dann und nur dann signifikant, wenn ein versichertes Ereignis bewirken könnte, dass ein Versicherer unter irgendwelchen Umständen signifikante zusätzliche Leistungen zu erbringen hat, ausgenommen der Umstände, denen es an kommerzieller Bedeutung fehlt (d. h. die keine wahrnehmbare Wirkung auf die wirtschaftliche Sicht des Geschäfts haben). Wenn signifikante zusätzliche Leistungen unter Umständen von kommerzieller Bedeutung zu erbringen wären, kann die Bedingung des vorhergehenden Satzes sogar dann erfüllt sein, wenn das versicherte Ereignis höchst unwahrscheinlich ist oder wenn der erwartete (d. h. wahrscheinlichkeitsgewichtete) Barwert der bedingten Cashflows nur einen kleinen Teil des erwarteten Barwerts aller übrigen vertraglichen Cashflows ausmacht.

B24 Die in Paragraph 23 beschriebenen zusätzlichen Leistungen beziehen sich auf Beträge, die über die zu Erbringenden hinausgehen, wenn kein versichertes Ereignis eintreten würde (ausgenommen der Umstände, denen es an kommerzieller Bedeutung fehlt). Diese zusätzlichen Beträge schließen Schadensbearbeitungs- und Schadensfeststellungskosten mit ein, aber beinhalten nicht:

(a) den Verlust der Möglichkeit, den Versicherungsnehmer für künftige Dienstleistungen zu belasten. So bedeutet beispielsweise im Fall eines an Kapitalanlagen gebundenen Lebensversicherungsvertrages der Tod des Versicherungsnehmers, dass der Versicherer nicht länger Kapitalanlagedienstleistungen erbringt und dafür eine Gebühr einnimmt. Dieser wirtschaftliche Schaden stellt für den Versicherer indes kein Versicherungsrisiko dar, wie auch ein Investmentfondsmanager kein Versicherungsrisiko in Bezug auf den möglichen Tod eines Kunden trägt. Daher ist der potenzielle Verlust von künftigen Kapitalanlagegebühren bei der Einschätzung, wie viel Versicherungsrisiko von dem Vertrag übertragen wird, nicht relevant;

(b) den Verzicht auf Abzüge im Todesfall, die bei Kündigung oder Rückkauf vorgenommen würden. Da der Vertrag diese Abzüge erst eingeführt hat, stellt der Verzicht auf diese Abzüge keine Entschädigung des Versicherungsnehmers für ein vorher bestehendes Risiko dar. Daher sind sie bei der Einschätzung, wie viel Versicherungsrisiko von dem Vertrag übertragen wird, nicht relevant;

(c) eine Zahlung, die von einem Ereignis abhängt, das keinen signifikanten Schaden für den Nehmer des Vertrages hervorruft. Betrachtet man beispielsweise einen Vertrag, der den Anbieter verpflichtet, eine Million Währungseinheiten zu zahlen, wenn ein Vermögenswert einen physischen Schaden erleidet, der einen insignifikanten wirtschaftlichen Schaden von einer Währungseinheit für den Besitzer verursacht. Durch diesen Vertrag überträgt der Nehmer auf den Versicherer das insignifikante Risiko, eine Währungseinheit zu verlieren. Gleichzeitig bewirkt der Vertrag ein Risiko, das kein Versicherungsrisiko ist, aufgrund dessen der Anbieter 999 999 Währungseinheiten zahlen muss, wenn das spezifizierte Ereignis eintritt. Weil der Anbieter kein signifikantes Versicherungsrisiko vom Nehmer übernimmt, ist der Vertrag kein Versicherungsvertrag;

(d) mögliche Rückversicherungsdeckung. Der Versicherer bilanziert diese gesondert.

B25 Ein Versicherer hat die Signifikanz des Versicherungsrisikos für jeden einzelnen Vertrag einzuschätzen, ohne Bezugnahme auf die Wesentlichkeit für den Abschluss.*) Daher kann ein Versicherungsrisiko auch signifikant sein, selbst wenn die Wahrscheinlichkeit wesentlicher Verluste aus dem Bestand an Verträgen in Summe minimal ist. Diese Einschätzung auf Basis des einzelnen Vertrages macht es eher möglich, einen Vertrag als einen Versicherungsvertrag zu klas-

*) **Amtl. Anm.:** Für diesen Zweck bilden Verträge, die gleichzeitig mit einer einzigen Gegenpartei geschlossen wurden (oder Verträge, die auf andere Weise voneinander abhängig sind) einen einzigen Vertrag.

sifizieren. Ist indes von einem relativ homogenen Bestand von kleinen Verträgen bekannt, dass alle Versicherungsrisiken übertragen[1], braucht ein Versicherer nicht jeden Vertrag dieses Bestandes einzeln zu überprüfen, um nur wenige Verträge, die jedoch keine Derivate sein dürfen, mit einer Übertragung von insignifikantem Versicherungsrisiko herauszufinden.

Aus den Paragraphen B23-B25 folgt, dass ein Vertrag, der die Zahlung einer über der Erlebensfallleistung liegenden Leistung im Todesfall vorsieht, ein Versicherungsvertrag ist, es sei denn, dass die zusätzliche Leistung im Todesfall insignifikant ist (beurteilt in Bezug auf den Vertrag und nicht auf den gesamten Bestand der Verträge). Wie in Paragraph B24(b) vermerkt, wird der Verzicht auf Kündigungs- oder Rückkaufabzügen im Todesfall bei dieser Einschätzung nicht berücksichtigt, wenn dieser Verzicht den Versicherungsnehmer nicht für ein vorher bestehendes Risiko entschädigt. Entsprechend ist ein Rentenversicherungsvertrag, der für den Rest des Lebens des Versicherungsnehmers regelmäßige Zahlungen vorsieht, ein Versicherungsvertrag, es sei denn, die gesamten vom Überleben abhängigen Zahlungen sind insignifikant. **B26**

Paragraph B23 bezieht sich auf zusätzliche Leistungen. Diese zusätzlichen Leistungen können ein Erfordernis beinhalten, die Leistungen früher zu erbringen, wenn das versicherte Ereignis früher eintritt und die Zahlung nicht entsprechend der Zinseffekte berichtigt ist. Ein Beispiel hierfür ist eine lebenslängliche Todesfallversicherung mit fester Versicherungssumme (in anderen Worten, eine Versicherung, die eine feste Leistung im Todesfall vorsieht, wann immer der Versicherungsnehmer stirbt, ohne Ende des Versicherungsschutzes). Es ist gewiss, dass der Versicherungsnehmer sterben wird, aber der Zeitpunkt des Todes ist ungewiss. Der Versicherer wird bei jenen individuellen Verträgen einen Verlust erleiden, deren Versicherungsnehmer früh sterben, selbst wenn es insgesamt im Bestand der Verträge keinen Verlust gibt. **B27**

Wenn ein Versicherungsvertrag in eine Einlagenkomponente und eine Versicherungskomponente entflochten wird, wird die Signifikanz des übertragenen Versicherungsrisikos in Bezug auf die Versicherungskomponente eingeschätzt. Die Signifikanz des innerhalb eines eingebetteten Derivates übertragenen Versicherungsrisikos wird in Bezug auf das eingebettete Derivat eingeschätzt. **B28**

Änderungen im Umfang des Versicherungsrisikos

Einige Verträge übertragen bei Abschluss kein Versicherungsrisiko auf den Versicherer, obwohl sie zu einer späteren Zeit Versicherungsrisiko übertragen. Man betrachte z. B. einen Vertrag, der einen spezifizierten Kapitalertrag vorsieht und ein Wahlrecht für den Versicherungsnehmer beinhaltet, das Ergebnis der Kapitalanlage bei Ablauf zum Erwerb einer Leibrente zu benutzen, deren Preis sich nach den aktuellen Rentenbeitragssätzen bestimmt, die von dem Versicherer zum Ausübungszeitpunkt des Wahlrechtes von anderen neuen Leibrentnern erhoben werden. Der Vertrag überträgt kein Versicherungsrisiko auf den Versicherer, bis das Wahlrecht ausgeübt wird, weil der Versicherer frei bleibt, den Preis der Rente so zu bestimmen, dass sie das zu dem Zeitpunkt auf den Versicherer übertragene Versicherungsrisiko widerspiegelt. Wenn der Vertrag indes die Rentenfaktoren angibt (oder eine Grundlage für die Bestimmung der Rentenfaktoren), überträgt der Vertrag das Versicherungsrisiko auf den Versicherer ab Vertragsabschluss. **B29**

Ein Vertrag, der die Kriterien eines Versicherungsvertrags erfüllt, bleibt ein Versicherungsvertrag bis alle Rechte und Verpflichtungen aus dem Vertrag aufgehoben oder erloschen sind. **B30**

1) **Anm. d. Red.:** Hierbei handelt es sich wohl um einen redaktionellen Irrtum des Gesetzgebers. Eine Berichtigung bleibt abzuwarten.

International Financial Reporting Standard 5
Zur Veräußerung gehaltene langfristige Vermögenswerte und aufgegebene Geschäftsbereiche (IFRS 5)

v. 3.11.2008 (ABl EU Nr. L 320 S. 1, ber. 2010 Nr. L 29 S. 32); zuletzt geändert durch Verordnung (EU) Nr. 2016/2067 v. 22.11.2016 (ABl EU Nr. L 323 S. 1)

Zielsetzung

Die Zielsetzung dieses IFRS ist es, die Bilanzierung von zur Veräußerung gehaltenen Vermögenswerten sowie die Darstellung von und die Anhangangaben zu *aufgegebenen Geschäftsbereichen* festzulegen. Im Besonderen schreibt dieser IFRS vor: 1

(a) Vermögenswerte, die als zur Veräußerung gehalten eingestuft werden, sind mit dem niedrigeren Wert aus Buchwert und *beizulegendem Zeitwert* abzüglich *Veräußerungskosten* zu bewerten und die Abschreibung dieser Vermögenswerte auszusetzen; und

(b) Vermögenswerte, die als zur Veräußerung gehalten eingestuft werden, sind als gesonderter Posten in der Bilanz und die Ergebnisse aufgegebener Geschäftsbereiche als gesonderte Posten in der Gesamtergebnisrechnung auszuweisen.

Anwendungsbereich

2 Die Einstufungs- und Darstellungspflichten dieses IFRS gelten für alle angesetzten *langfristigen Vermögenswerte**) und alle *Veräußerungsgruppen* eines Unternehmens. Die Bewertungsvorschriften dieses IFRS sind auf alle angesetzten langfristigen Vermögenswerte und Veräußerungsgruppen (wie in Paragraph 4 beschrieben) anzuwenden, mit Ausnahme der in Paragraph 5 aufgeführten Vermögenswerte, die weiterhin gemäß dem jeweils angegebenen Standard zu bewerten sind.

3 Vermögenswerte, die gemäß IAS 1 *Darstellung des Abschlusses* als langfristige Vermögenswerte eingestuft wurden, dürfen nur dann in *kurzfristige Vermögenswerte* umgegliedert werden, wenn sie die Kriterien für eine Einstufung als „zur Veräußerung gehalten" gemäß diesem IFRS erfüllen. Vermögenswerte einer Gruppe, die ein Unternehmen normalerweise als langfristige Vermögenswerte betrachten würde und die ausschließlich mit der Absicht einer Weiterveräußerung erworben wurden, dürfen nur dann als kurzfristige Vermögenswerte eingestuft werden, wenn sie die Kriterien für eine Einstufung als „zur Veräußerung gehalten" gemäß diesem IFRS erfüllen.

4 Manchmal veräußert ein Unternehmen eine Gruppe von Vermögenswerten und möglicherweise einige direkt mit ihnen in Verbindung stehende Schulden gemeinsam in einer einzigen Transaktion. Bei einer solchen Veräußerungsgruppe kann es sich um eine Gruppe von *zahlungsmittelgenerierenden Einheiten*, eine einzelne zahlungsmittelgenerierende Einheit oder einen Teil einer zahlungsmittelgenerierenden Einheit handeln.**) Die Gruppe kann alle Arten von Vermögenswerten und Schulden des Unternehmens umfassen, einschließlich kurzfristige Vermögenswerte, kurzfristige Schulden und Vermögenswerte, die gemäß Paragraph 5 von den Bewertungsvorschriften dieses IFRS ausgenommen sind. Enthält die Veräußerungsgruppe einen langfristigen Vermögenswert, der in den Anwendungsbereich der Bewertungsvorschriften dieses IFRS fällt, sind diese Bewertungsvorschriften auf die gesamte Gruppe anzuwenden, d. h. die Gruppe ist zum niedrigeren Wert aus Buchwert oder beizulegendem Zeitwert abzüglich Veräußerungskosten anzusetzen. Die Vorschriften für die Bewertung der einzelnen Vermögenswerte und Schulden innerhalb einer Veräußerungsgruppe werden in den Paragraphen 18, 19 und 23 ausgeführt.

5 Die Bewertungsvorschriften dieses IFRS sind nicht anzuwenden auf die folgenden Vermögenswerte, die als einzelne Vermögenswerte oder Bestandteil einer Veräußerungsgruppe durch die nachfolgend angegebenen IFRS abgedeckt werden:

(a) latente Steueransprüche (IAS 12 *Ertragsteuern*);

(b) Vermögenswerte, die aus Leistungen an Arbeitnehmer resultieren (IAS 19 *Leistungen an Arbeitnehmer*);

(c) finanzielle Vermögenswerte innerhalb des Anwendungsbereichs von IFRS 9 *Finanzinstrumente*.

(d) langfristige Vermögenswerte, die nach dem Modell des beizulegenden Zeitwerts in IAS 40 *Als Finanzinvestition gehaltene Immobilien* bilanziert werden;

(e) langfristige Vermögenswerte, die mit dem beizulegenden Zeitwert abzüglich der Verkaufskosten gemäß IAS 41 *Landwirtschaft* angesetzt werden;

---

*) **Amtl. Anm.:** Bei einer Einstufung der Vermögenswerte gemäß einer Liquiditätsdarstellung sind als langfristige Vermögenswerte alle Vermögenswerte einzustufen, die Beträge enthalten, deren Realisierung mehr als zwölf Monate nach dem Abschlussstichtag erwartet wird. Auf die Einstufung solcher Vermögenswerte ist Paragraph 3 anzuwenden.

) **Amtl. Anm.: Sobald jedoch erwartet wird, dass die in Verbindung mit einem Vermögenswert oder einer Gruppe von Vermögenswerten anfallenden Cashflows hauptsächlich durch Veräußerung und nicht durch fortgesetzte Nutzung erzeugt werden, werden sie weniger abhängig von den Cashflows aus anderen Vermögenswerten, so dass eine Veräußerungsgruppe, die Bestandteil einer zahlungsmittelgenerierenden Einheit war, zu einer eigenen zahlungsmittelgenerierenden Einheit wird.

(f) vertragliche Rechte im Rahmen von Versicherungsverträgen laut Definition in IFRS 4 *Versicherungsverträge*.

Die in diesem IFRS aufgeführten Einstufungs-, Darstellungs- und Bewertungsvorschriften für langfristige Vermögenswerte (oder Veräußerungsgruppen), die als zur Veräußerung gehalten eingestuft sind, gelten ebenso für langfristige Vermögenswerte (oder Veräußerungsgruppen), die als zur Ausschüttung an Eigentümer (in ihrer Eigenschaft als Eigentümer) gehalten eingestuft sind (zur Ausschüttung an Eigentümer gehalten). **5A**

Dieser IFRS legt fest, welche Angaben zu langfristigen Vermögenswerten (oder Veräußerungsgruppen), die als zur Veräußerung gehalten eingestuft werden, oder zu aufgegebenen Geschäftsbereichen zu machen sind. Angaben in anderen IFRS gelten nicht für diese Vermögenswerte (oder Veräußerungsgruppen), es sei denn, diese IFRS schreiben Folgendes vor: **5B**

(a) spezifische Angaben zu langfristigen Vermögenswerten (oder Veräußerungsgruppen), die als zur Veräußerung gehalten eingestuft werden, oder zu aufgegebenen Geschäftsbereichen; oder

(b) Angaben zur Bewertung der Vermögenswerte und Schulden einer Veräußerungsgruppe, die nicht unter die Bewertungsanforderung gemäß IFRS 5 fallen und sofern derlei Angaben nicht bereits im Anhang zum Abschluss gemacht werden.

Zusätzliche Angaben zu langfristigen Vermögenswerten (oder Veräußerungsgruppen), die als zur Veräußerung gehalten eingestuft werden, oder zu aufgegebenen Geschäftsbereichen können erforderlich werden, um den allgemeinen Anforderungen von IAS 1 und insbesondere dessen Paragraphen 15 und 125 zu genügen.

Einstufung von langfristigen Vermögenswerten (oder Veräußerungsgruppen) als zur Veräußerung gehalten oder als zur Ausschüttung an Eigentümer gehalten

Ein langfristiger Vermögenswert (oder eine Veräußerungsgruppe) ist als zur Veräußerung gehalten einzustufen, wenn der zugehörige Buchwert überwiegend durch ein Veräußerungsgeschäft und nicht durch fortgesetzte Nutzung realisiert wird. **6**

Damit dies der Fall ist, muss der Vermögenswert (oder die Veräußerungsgruppe) im gegenwärtigen Zustand zu Bedingungen, die für den Verkauf derartiger Vermögenswerte (oder Veräußerungsgruppen) gängig und üblich sind, sofort veräußerbar sein, und eine solche Veräußerung muss *höchstwahrscheinlich* sein. **7**

Eine Veräußerung ist dann höchstwahrscheinlich, wenn die zuständige Managementebene einen Plan für den Verkauf des Vermögenswerts (oder der Veräußerungsgruppe) beschlossen hat und mit der Suche nach einem Käufer und der Durchführung des Plans aktiv begonnen wurde. Des Weiteren muss der Vermögenswert (oder die Veräußerungsgruppe) tatsächlich zum Erwerb für einen Preis angeboten werden, der in einem angemessenen Verhältnis zum gegenwärtig beizulegenden Zeitwert steht. Außerdem muss die Veräußerung erwartungsgemäß innerhalb eines Jahres ab dem Zeitpunkt der Einstufung für eine Erfassung als abgeschlossener Verkauf in Betracht kommen, soweit gemäß Paragraph 9 nicht etwas anderes gestattet ist, und die zur Umsetzung des Plans erforderlichen Maßnahmen müssen den Schluss zulassen, dass wesentliche Änderungen am Plan oder eine Aufhebung des Plans unwahrscheinlich erscheinen. Die Wahrscheinlichkeit der Genehmigung der Anteilseigner (sofern dies gesetzlich vorgeschrieben ist) ist im Rahmen der Beurteilung, ob der Verkauf eine hohe Eintrittswahrscheinlichkeit hat, zu berücksichtigen. **8**

Ein Unternehmen, das an einen Verkaufsplan gebunden ist, der den Verlust der Beherrschung eines Tochterunternehmens zur Folge hat, hat alle Vermögenswerte und Schulden dieses Tochterunternehmens als zur Veräußerung gehalten einzustufen, sofern die Kriterien in den Paragraphen 6–8 erfüllt sind, und zwar unabhängig davon, ob das Unternehmen auch nach dem **8A**

Verkauf eine nichtbeherrschende Beteiligung am ehemaligen Tochterunternehmen behalten wird.

9 Ereignisse oder Umstände können dazu führen, dass der Verkauf erst nach einem Jahr stattfindet. Eine Verlängerung des für den Verkaufsabschluss benötigten Zeitraums schließt nicht die Einstufung eines Vermögenswerts (oder einer Veräußerungsgruppe) als zur Veräußerung gehalten aus, wenn die Verzögerung auf Ereignisse oder Umstände zurückzuführen ist, die außerhalb der Kontrolle des Unternehmens liegen, und ausreichende substanzielle Hinweise vorliegen, dass das Unternehmen weiterhin an seinem Plan zum Verkauf des Vermögenswerts (oder der Veräußerungsgruppe) festhält. Dies ist der Fall, wenn die in Anhang B angegebenen Kriterien erfüllt werden.

10 Veräußerungsgeschäfte umfassen auch den Tausch von langfristigen Vermögenswerten gegen andere langfristige Vermögenswerte, wenn der Tauschvorgang gemäß IAS 16 *Sachanlagen* wirtschaftliche Substanz hat.

11 Wird ein langfristiger Vermögenswert (oder eine Veräußerungsgruppe) ausschließlich mit der Absicht einer späteren Veräußerung erworben, darf der langfristige Vermögenswert (oder die Veräußerungsgruppe) nur dann zum Erwerbszeitpunkt als zur Veräußerung gehalten eingestuft werden, wenn das Ein-Jahres-Kriterium in Paragraph 8 erfüllt ist (mit Ausnahme der in Paragraph 9 gestatteten Fälle) und es höchstwahrscheinlich ist, dass andere in den Paragraphen 7 und 8 genannte Kriterien, die zum Erwerbszeitpunkt nicht erfüllt waren, innerhalb kurzer Zeit nach dem Erwerb (in der Regel innerhalb von drei Monaten) erfüllt werden.

12 Werden die in den Paragraphen 7 und 8 genannten Kriterien nach dem Abschlussstichtag erfüllt, darf der langfristige Vermögenswert (oder die Veräußerungsgruppe) im betreffenden veröffentlichten Abschluss nicht als zur Veräußerung gehalten eingestuft werden. Werden diese Kriterien dagegen nach dem Abschlussstichtag, jedoch vor der Genehmigung zur Veröffentlichung des Abschlusses erfüllt, sind die in Paragraph 41(a), (b) und (d) enthaltenen Informationen im Anhang anzugeben.

12A Langfristige Vermögenswerte (oder Veräußerungsgruppen) werden als zur Ausschüttung an Eigentümer gehalten eingestuft, wenn das Unternehmen verpflichtet ist, die Vermögenswerte (oder Veräußerungsgruppen) an die Eigentümer auszuschütten. Dies ist dann der Fall, wenn die Vermögenswerte in ihrem gegenwärtigen Zustand zur sofortigen Ausschüttung verfügbar sind und die Ausschüttung eine hohe Eintrittswahrscheinlichkeit hat. Eine Ausschüttung ist dann höchstwahrscheinlich, wenn Maßnahmen zur Durchführung der Ausschüttung eingeleitet wurden und davon ausgegangen werden kann, dass die Ausschüttung innerhalb eines Jahres nach dem Tag der Einstufung vollendet ist. Aus den für die Durchführung der Ausschüttung erforderlichen Maßnahmen sollte hervorgehen, dass es unwahrscheinlich ist, dass wesentliche Änderungen an der Ausschüttung vorgenommen werden oder dass die Ausschüttung rückgängig gemacht wird. Die Wahrscheinlichkeit der Genehmigung der Anteilseigner (sofern dies gesetzlich vorgeschrieben ist) ist im Rahmen der Beurteilung, ob die Ausschüttung eine hohe Eintrittswahrscheinlichkeit hat, zu berücksichtigen.

Zur Stilllegung bestimmte langfristige Vermögenswerte

13 Zur Stilllegung bestimmte langfristige Vermögenswerte (oder Veräußerungsgruppen) dürfen nicht als zur Veräußerung gehalten eingestuft werden. Dies ist darauf zurückzuführen, dass der zugehörige Buchwert überwiegend durch fortgesetzte Nutzung realisiert wird. Erfüllt die stillzulegende Veräußerungsgruppe jedoch die in Paragraph 32(a)-(c) genannten Kriterien, sind die Ergebnisse und Cashflows der Veräußerungsgruppe zu dem Zeitpunkt, zu dem sie nicht mehr genutzt wird, als aufgegebener Geschäftsbereich gemäß den Paragraphen 33 und 34 darzustellen. Stillzulegende langfristige Vermögenswerte (oder Veräußerungsgruppen) beinhalten auch langfristige Vermögenswerte (oder Veräußerungsgruppen), die bis zum Ende ihrer wirtschaftlichen Nutzungsdauer genutzt werden sollen, und langfristige Vermögenswerte (oder Veräußerungsgruppen), die zur Stilllegung und nicht zur Veräußerung vorgesehen sind.

Ein langfristiger Vermögenswert, der vorübergehend außer Betrieb genommen wurde, darf nicht wie ein stillgelegter langfristiger Vermögenswert behandelt werden. 14

Bewertung von langfristigen Vermögenswerten (oder Veräußerungsgruppen), die als zur Veräußerung gehalten eingestuft werden

Bewertung eines langfristigen Vermögenswerts (oder einer Veräußerungsgruppe)

Langfristige Vermögenswerte (oder Veräußerungsgruppen), die als zur Veräußerung gehalten eingestuft werden, sind zum niedrigeren Wert aus Buchwert und beizulegendem Zeitwert abzüglich Veräußerungskosten anzusetzen. 15

Langfristige Vermögenswerte (oder Veräußerungsgruppen), die als zur Ausschüttung an Eigentümer gehalten eingestuft werden, sind zum niedrigeren Wert aus Buchwert und beizulegendem Zeitwert abzüglich Ausschüttungskosten anzusetzen.*) 15A

Wenn neu erworbene Vermögenswerte (oder Veräußerungsgruppen) die Kriterien für eine Einstufung als zur Veräußerung gehalten erfüllen (siehe Paragraph 11), führt die Anwendung von Paragraph 15 dazu, dass diese Vermögenswerte (oder Veräußerungsgruppen) beim erstmaligen Ansatz mit dem niedrigeren Wert aus dem Buchwert, wenn eine solche Einstufung nicht erfolgt wäre (beispielsweise den Anschaffungs- oder Herstellungskosten), und dem beizulegenden Zeitwert abzüglich Veräußerungskosten bewertet werden. Dementsprechend sind Vermögenswerte (oder Veräußerungsgruppen), die im Rahmen eines Unternehmenszusammenschlusses erworben werden, mit dem beizulegenden Zeitwert abzüglich Veräußerungskosten anzusetzen. 16

Wird der Verkauf erst nach einem Jahr erwartet, sind die Veräußerungskosten mit ihrem Barwert zu bewerten. Ein Anstieg des Barwerts der Veräußerungskosten aufgrund des Zeitablaufs ist im Gewinn oder Verlust unter Finanzierungskosten auszuweisen. 17

Unmittelbar vor der erstmaligen Einstufung eines Vermögenswerts (oder einer Veräußerungsgruppe) als zur Veräußerung gehalten sind die Buchwerte des Vermögenswerts (bzw. alle Vermögenswerte und Schulden der Gruppe) gemäß den einschlägigen IFRS zu bewerten. 18

Bei einer späteren Neubewertung einer Veräußerungsgruppe sind die Buchwerte der Vermögenswerte und Schulden, die nicht in den Anwendungsbereich der Bewertungsvorschriften dieses IFRS fallen, jedoch zu einer Veräußerungsgruppe gehören, die als zur Veräußerung gehalten eingestuft wird, zuerst gemäß den einschlägigen IFRS neu zu bewerten und anschließend mit dem beizulegenden Zeitwert abzüglich der Veräußerungskosten für die Veräußerungsgruppe anzusetzen. 19

Erfassung von Wertminderungsaufwendungen und Wertaufholungen

Ein Unternehmen hat bei einer erstmaligen oder späteren außerplanmäßigen Abschreibung des Vermögenswerts (oder der Veräußerungsgruppe) auf den beizulegenden Zeitwert abzüglich Veräußerungskosten einen Wertminderungsaufwand zu erfassen, soweit dieser nicht gemäß Paragraph 19 berücksichtigt wurde. 20

Ein späterer Anstieg des beizulegenden Zeitwerts abzüglich Veräußerungskosten für einen Vermögenswert ist als Gewinn zu erfassen, jedoch nur bis zur Höhe des kumulierten Wertminderungsaufwands, der gemäß diesem IFRS oder davor gemäß IAS 36 *Wertminderung von Vermögenswerten* erfasst wurde. 21

*) **Amtl. Anm.:** Ausschüttungskosten sind die zusätzlich anfallenden Kosten, die direkt der Ausschüttung zuzurechnen sind, mit Ausnahme der Finanzierungskosten und des Ertragsteueraufwands.

22 Ein späterer Anstieg des beizulegenden Zeitwerts abzüglich Veräußerungskosten für eine Veräußerungsgruppe ist als Gewinn zu erfassen:

(a) soweit dieser Anstieg nicht gemäß Paragraph 19 erfasst wurde; jedoch

(b) nur bis zur Höhe des kumulativen Wertminderungsaufwands, der für die langfristigen Vermögenswerte, die in den Anwendungsbereich der Bewertungsvorschriften dieses IFRS fallen, gemäß diesem IFRS oder davor gemäß IAS 36 erfasst wurde.

23 Der für eine Veräußerungsgruppe erfasste Wertminderungsaufwand (oder spätere Gewinn) verringert (bzw. erhöht) den Buchwert der langfristigen Vermögenswerte in der Gruppe, die den Bewertungsvorschriften dieses IFRS unterliegen, in der in den Paragraphen 104(a) und (b) und 122 des IAS 36 (überarbeitet 2004) angegebenen Verteilungsreihenfolge.

24 Ein Gewinn oder Verlust, der bis zum Tag der Veräußerung eines langfristigen Vermögenswerts (oder einer Veräußerungsgruppe) bisher nicht erfasst wurde, ist am Tag der Ausbuchung zu erfassen. Die Vorschriften zur Ausbuchung sind dargelegt in:

(a) Paragraph 67-72 des IAS 16 (überarbeitet 2003) für Sachanlagen und

(b) Paragraph 112-117 des IAS 38 *Immaterielle Vermögenswerte* (überarbeitet 2004) für immaterielle Vermögenswerte.

25 Ein langfristiger Vermögenswert darf, solange er als zur Veräußerung gehalten eingestuft wird oder zu einer als zur Veräußerung gehalten eingestuften Veräußerungsgruppe gehört, nicht planmäßig abgeschrieben werden. Zinsen und andere Aufwendungen, die den Schulden einer als zur Veräußerung gehalten eingestuften Veräußerungsgruppe zugerechnet werden können, sind weiterhin zu erfassen.

Änderungen eines Veräußerungsplans oder eines Ausschüttungsplans an Eigentümer

26 Vermögenswerte (oder Veräußerungsgruppen), die als zur Veräußerung gehalten oder als zur Ausschüttung an Eigentümer gehalten klassifiziert wurden, die Kriterien nach den Paragraphen 7-9 (für zur Veräußerung gehalten) bzw. nach Paragraph 12 (für zur Ausschüttung an Eigentümer gehalten) jedoch nicht mehr erfüllen, dürfen nicht mehr als zur Veräußerung bzw. Ausschüttung an Eigentümer gehalten klassifiziert werden. Für die entsprechende Änderung der Einstufung sind die Leitlinien in den Paragraphen 27-29 zu beachten, es sei denn, Paragraph 26A kommt zur Anwendung.

26A Werden Vermögenswerte (oder Veräußerungsgruppen), die als zur Veräußerung gehalten klassifiziert waren, direkt als zur Ausschüttung an Eigentümer gehalten eingestuft oder werden Vermögenswerte (oder Veräußerungsgruppen), die als zur Ausschüttung an Eigentümer gehalten klassifiziert waren, direkt als zur Veräußerung gehalten eingestuft, gilt die Änderung der Einstufung als Weiterführung des ursprünglichen Veräußerungsplans. Das Unternehmen

(a) beachtet für diese Änderung nicht die Leitlinien in den Paragraphen 27-29. Das Unternehmen wendet die Klassifizierungs-, Darstellungs- und Bewertungsvorschriften dieses IFRS an, die für die neue Veräußerungsart gelten,

(b) bewertet den langfristigen Vermögenswert (oder die Veräußerungsgruppe) gemäß den Anforderungen in Paragraph 15 (im Falle der Klassifizierung als zur Veräußerung gehalten) bzw. Paragraph 15A (im Falle der Klassifizierung als zur Ausschüttung an Eigentümer gehalten) und erfasst jegliche Änderung des beizulegenden Zeitwerts abzüglich Veräußerungs-/Ausschüttungskosten des langfristigen Vermögenswerts (oder der Veräußerungsgruppe) gemäß den Anforderungen in den Paragraphen 20-25,

(c) darf das Datum der Einstufung gemäß den Paragraphen 8 und 12A nicht ändern. Dies schließt eine Verlängerung des für den Verkaufsabschluss oder die Ausschüttung an die Eigentümer benötigten Zeitraums nicht aus, sofern die Bedingungen in Paragraph 9 erfüllt sind.

Ein langfristiger Vermögenswert (oder eine Veräußerungsgruppe), der (die) nicht mehr als zur Veräußerung gehalten oder als zur Ausschüttung an die Eigentümer gehalten eingestuft wird (oder nicht mehr zu einer als zur Veräußerung gehalten oder als zur Ausschüttung an die Eigentümer gehalten klassifizierten Veräußerungsgruppe gehört) ist anzusetzen mit dem niedrigeren Wert aus: 27

(a) dem Buchwert, bevor der Vermögenswert (oder die Veräußerungsgruppe) als zur Veräußerung gehalten oder als zur Ausschüttung an die Eigentümer gehalten klassifiziert wurde, bereinigt um alle planmäßigen Abschreibungen oder Neubewertungen, die ohne eine Klassifizierung des Vermögenswerts (oder der Veräußerungsgruppe) als zur Veräußerung gehalten oder als zur Ausschüttung an die Eigentümer gehalten erfasst worden wären, und

(b) dem *erzielbaren Betrag* zum Zeitpunkt der späteren Entscheidung, nicht zu verkaufen oder auszuschütten.*)

Notwendige Berichtigungen des Buchwerts langfristiger Vermögenswerte, die nicht mehr als zur Veräußerung gehalten oder als zur Ausschüttung an die Eigentümer gehalten klassifiziert werden, sind in der Berichtsperiode, in der die Kriterien der Paragraphen 7-9 bzw. des Paragraphen 12A nicht mehr erfüllt sind, im Gewinn oder Verlust aus fortzuführenden Geschäftsbereichen zu berücksichtigen. Die Abschlüsse für die Berichtsperioden seit der Einstufung als zur Veräußerung gehalten oder als zur Ausschüttung an die Eigentümer gehalten sind dementsprechend zu ändern, wenn es sich bei der Veräußerungsgruppe oder den langfristigen Vermögenswerten, die nicht mehr als zur Veräußerung gehalten oder als zur Ausschüttung an die Eigentümer gehalten klassifiziert werden, um eine Tochtergesellschaft, eine gemeinschaftliche Tätigkeit, ein Gemeinschaftsunternehmen, ein assoziiertes Unternehmen oder einen Anteil an einem Gemeinschaftsunternehmen oder assoziierten Unternehmen handelt. Die Berichtigung ist in der Gesamtergebnisrechnung unter der gleichen Position wie die gegebenenfalls gemäß Paragraph 37 dargestellten Gewinne oder Verluste auszuweisen. 28

Bei der Herausnahme einzelner Vermögenswerte oder Schulden aus einer als zur Veräußerung gehalten klassifizierten Veräußerungsgruppe sind die verbleibenden Vermögenswerte und Schulden der zum Verkauf stehenden Veräußerungsgruppe nur dann als Gruppe zu bewerten, wenn die Gruppe die Kriterien der Paragraphen 7-9 erfüllt. Bei der Herausnahme einzelner Vermögenswerte oder Schulden aus einer als zur Ausschüttung an die Eigentümer gehalten eingestuften Veräußerungsgruppe sind die verbleibenden Vermögenswerte und Schulden der auszuschüttenden Veräußerungsgruppe nur dann als Gruppe zu bewerten, wenn die Gruppe die Kriterien des Paragraphen 12A erfüllt. Andernfalls sind die verbleibenden langfristigen Vermögenswerte der Gruppe, die für sich genommen die Kriterien für eine Klassifizierung als zur Veräußerung gehalten (oder als zur Ausschüttung an die Eigentümer gehalten) erfüllen, einzeln mit dem niedrigeren Wert aus Buchwert und dem zu diesem Zeitpunkt beizulegenden Zeitwert abzüglich Veräußerungskosten (oder Ausschüttungskosten) anzusetzen. Alle langfristigen Vermögenswerte, die den Kriterien für als zur Veräußerung gehalten nicht entsprechen, dürfen nicht mehr als zur Veräußerung gehaltene langfristige Vermögenswerte gemäß Paragraph 26 eingestuft werden. Alle langfristigen Vermögenswerte, die den Kriterien für als zur Ausschüttung an die Eigentümer gehalten nicht entsprechen, dürfen nicht mehr als zur Ausschüttung an die Eigentümer gehaltene langfristige Vermögenswerte gemäß Paragraph 26 klassifiziert werden. 29

*) **Amtl. Anm.:** Ist der langfristige Vermögenswert Bestandteil einer zahlungsmittelgenerierenden Einheit, entspricht der erzielbare Betrag dem Buchwert, der nach Verteilung eines Wertminderungsaufwands bei dieser zahlungsmittelgenerierenden Einheit gemäß IAS 36 erfasst worden wäre.

Darstellung und Angaben

30 Ein Unternehmen hat Informationen darzustellen und anzugeben, die es den Abschlussadressaten ermöglichen, die finanziellen Auswirkungen von aufgegebenen Geschäftsbereichen und der Veräußerung langfristiger Vermögenswerte (oder Veräußerungsgruppen) zu beurteilen.

Darstellung von aufgegebenen Geschäftsbereichen

31 Ein *Unternehmensbestandteil* bezeichnet einen Geschäftsbereich und die zugehörigen Cashflows, die betrieblich und für die Zwecke der Rechnungslegung vom restlichen Unternehmen klar abgegrenzt werden können. Mit anderen Worten: ein Unternehmensbestandteil ist während seiner Nutzungsdauer eine zahlungsmittelgenerierende Einheit oder eine Gruppe von zahlungsmittelgenerierenden Einheiten gewesen.

32 Ein aufgegebener Geschäftsbereich ist ein Unternehmensbestandteil, der veräußert wurde oder als zur Veräußerung gehalten eingestuft wird und der

(a) einen gesonderten, wesentlichen Geschäftszweig oder geografischen Geschäftsbereich darstellt,

(b) Teil eines einzelnen, abgestimmten Plans zur Veräußerung eines gesonderten wesentlichen Geschäftszweigs oder geografischen Geschäftsbereichs ist oder

(c) ein Tochterunternehmen darstellt, das ausschließlich mit der Absicht einer Weiterveräußerung erworben wurde.

33 Folgende Angaben sind erforderlich:

(a) ein gesonderter Betrag in der Gesamtergebnisrechnung, welcher der Summe entspricht aus:

(i) dem Gewinn oder Verlust nach Steuern des aufgegebenen Geschäftsbereichs und

(ii) dem Gewinn oder Verlust nach Steuern, der bei der Bewertung mit dem beizulegenden Zeitwert abzüglich Veräußerungskosten oder bei der Veräußerung der Vermögenswerte oder Veräußerungsgruppe(n), die den aufgegebenen Geschäftsbereich darstellen, erfasst wurde.

(b) eine Untergliederung des gesonderten Betrags unter (a) in:

(i) Erlöse, Aufwendungen und Gewinn oder Verlust vor Steuern des aufgegebenen Geschäftsbereichs;

(ii) den zugehörigen Ertragsteueraufwand gemäß Paragraph 81(h) des IAS 12;

(iii) den Gewinn oder Verlust, der bei der Bewertung mit dem beizulegenden Zeitwert abzüglich Veräußerungskosten oder bei der Veräußerung der Vermögenswerte oder Veräußerungsgruppe(n), die den aufgegebenen Geschäftsbereich darstellen, erfasst wurde; und

(iv) den zugehörigen Ertragsteueraufwand gemäß Paragraph 81(h) des IAS 12.

Diese Gliederung kann in der Gesamtergebnisrechnung oder in den Anhangangaben zur Gesamtergebnisrechnung dargestellt werden. Die Darstellung in der Gesamtergebnisrechnung hat in einem eigenen Abschnitt für aufgegebene Geschäftsbereiche, also getrennt von den fortzuführenden Geschäftsbereichen, zu erfolgen. Eine Gliederung ist nicht für Veräußerungsgruppen erforderlich, bei denen es sich um neu erworbene Tochterunternehmen handelt, die zum Erwerbszeitpunkt die Kriterien für eine Einstufung als zur Veräußerung gehalten erfüllen (siehe Paragraph 11).

(c) die Netto-Cashflows, die der laufenden Geschäftstätigkeit sowie der Investitions- und Finanzierungstätigkeit des aufgegebenen Geschäftsbereiches zuzurechnen sind. Diese Angaben können im Abschluss oder in den Anhangangaben zum Abschluss dargestellt werden. Sie sind nicht für Veräußerungsgruppen erforderlich, bei denen es sich um neu erworbene Tochterunternehmen handelt, die zum Erwerbszeitpunkt die Kriterien für eine Einstufung als zur Veräußerung gehalten erfüllen (siehe Paragraph 11).

(d) der Betrag der Erträge aus fortzuführenden Geschäftsbereichen und aus aufgegebenen Geschäftsbereichen, der den Eigentümern des Mutterunternehmens zuzurechnen ist. Diese Angaben können entweder im Anhang oder in der Gesamtergebnisrechnung dargestellt werden.

Stellt ein Unternehmen die Ergebnisbestandteile gemäß Paragraph 10A von IAS 1 (in der 2011 geänderten Fassung) in einer gesonderten Gewinn- und Verlustrechnung dar, so muss diese einen eigenen Abschnitt zu aufgegebenen Geschäftsbereichen enthalten. **33A**

Die Angaben gemäß Paragraph 33 sind für frühere im Abschluss dargestellte Berichtsperioden so anzupassen, dass sich die Angaben auf alle Geschäftsbereiche beziehen, die bis zum Abschlussstichtag der zuletzt dargestellten Berichtsperiode aufgegeben wurden. **34**

Alle in der gegenwärtigen Periode vorgenommenen Änderungen von Beträgen, die früher im Abschnitt für aufgegebene Geschäftsbereiche dargestellt wurden und in direktem Zusammenhang mit der Veräußerung eines aufgegebenen Geschäftsbereichs in einer vorangegangenen Periode stehen, sind unter diesem Abschnitt in einer gesonderten Kategorie auszuweisen. Es sind die Art und Höhe solcher Berichtigungen anzugeben. Im Folgenden werden einige Beispiele für Situationen genannt, in denen derartige Berichtigungen auftreten können: **35**

(a) Auflösung von Unsicherheiten, die durch die Bedingungen des Veräußerungsgeschäfts entstehen, wie beispielsweise die Auflösung von Kaufpreisanpassungen und Klärung von Entschädigungsfragen mit dem Käufer.

(b) Auflösung von Unsicherheiten, die auf die Geschäftstätigkeit des Unternehmensbestandteils vor seiner Veräußerung zurückzuführen sind oder in direktem Zusammenhang damit stehen, wie beispielsweise beim Verkäufer verbliebene Verpflichtungen aus der Umwelt- und Produkthaftung.

(c) Abgeltung von Verpflichtungen im Rahmen eines Versorgungsplans für Arbeitnehmer, sofern diese Abgeltung in direktem Zusammenhang mit dem Veräußerungsgeschäft steht.

Wird ein Unternehmensbestandteil nicht mehr als zur Veräußerung gehalten eingestuft, ist das Ergebnis dieses Unternehmensbestandteils, das zuvor gemäß den Paragraphen 33-35 im Abschnitt für aufgegebene Geschäftsbereiche ausgewiesen wurde, umzugliedern und für alle dargestellten Berichtsperioden in die Erträge aus fortzuführenden Geschäftsbereichen einzubeziehen. Die Beträge für vorangegangene Berichtsperioden sind mit dem Hinweis zu versehen, dass es sich um angepasste Beträge handelt. **36**

Ein Unternehmen, das an einen Verkaufsplan gebunden ist, der den Verlust der Beherrschung eines Tochterunternehmens zur Folge hat, legt alle in den Paragraphen 33-36 geforderten Informationen offen, wenn es sich bei dem Tochterunternehmen um eine Veräußerungsgruppe handelt, die die Definition eines aufgegebenen Geschäftsbereichs im Sinne von Paragraph 32 erfüllt. **36A**

Ergebnis aus fortzuführenden Geschäftsbereichen

Alle Gewinne oder Verluste aus der Neubewertung von langfristigen Vermögenswerten (oder Veräußerungsgruppen), die als zur Veräußerung gehalten eingestuft werden und nicht die Definition eines aufgegebenen Geschäftsbereichs erfüllen, sind im Gewinn oder Verlust aus fortzuführenden Geschäftsbereichen zu erfassen. **37**

Darstellung von langfristigen Vermögenswerten oder Veräußerungsgruppen, die als zur Veräußerung gehalten eingestuft werden

Langfristige Vermögenswerte, die als zur Veräußerung gehalten eingestuft werden, sowie die Vermögenswerte einer als zur Veräußerung gehalten eingestuften Veräußerungsgruppe sind in der Bilanz getrennt von anderen Vermögenswerten darzustellen. Die Schulden einer als zur Veräußerung gehalten eingestuften Veräußerungsgruppe sind getrennt von anderen Schulden in der Bilanz auszuweisen. Diese Vermögenswerte und Schulden dürfen nicht miteinander saldiert **38** und müssen als gesonderter Betrag abgebildet werden. Die Hauptgruppen der Vermögenswerte und Schulden, die als zur Veräußerung gehalten eingestuft werden, sind außer in dem gemäß Paragraph 39 gestatteten Fall entweder in der Bilanz oder im Anhang gesondert anzugeben. Alle im sonstigen Ergebnis erfassten kumulativen Erträge oder Aufwendungen, die in Verbindung mit langfristigen Vermögenswerten (oder Veräußerungsgruppen) stehen, die als zur Veräußerung gehalten eingestuft werden, sind gesondert auszuweisen.

39 Handelt es sich bei der Veräußerungsgruppe um ein neu erworbenes Tochterunternehmen, das zum Erwerbszeitpunkt die Kriterien für eine Einstufung als zur Veräußerung gehalten erfüllt (siehe Paragraph 11), ist eine Angabe der Hauptgruppen der Vermögenswerte und Schulden nicht erforderlich.

40 Die Beträge, die für langfristige Vermögenswerte oder Vermögenswerte und Schulden von Veräußerungsgruppen, die als zur Veräußerung gehalten eingestuft werden, in den Bilanzen vorangegangener Berichtsperioden ausgewiesen wurden, sind nicht neu zu gliedern oder anzupassen, um die bilanzielle Gliederung für die zuletzt dargestellte Berichtsperiode widerzuspiegeln.

Zusätzliche Angaben

41 Ein Unternehmen hat in der Berichtsperiode, in der ein langfristiger Vermögenswert (oder eine Veräußerungsgruppe) entweder als zur Veräußerung gehalten eingestuft oder verkauft wurde, im Anhang die folgenden Informationen anzugeben:

(a) eine Beschreibung des langfristigen Vermögenswerts (oder der Veräußerungsgruppe);

(b) eine Beschreibung der Sachverhalte und Umstände der Veräußerung oder der Sachverhalte und Umstände, die zu der erwarteten Veräußerung führen, sowie die voraussichtliche Art und Weise und der voraussichtliche Zeitpunkt dieser Veräußerung;

(c) der gemäß den Paragraphen 20-22 erfasste Gewinn oder Verlust und, falls dieser nicht gesondert in der Gesamtergebnisrechnung ausgewiesen wird, in welcher Kategorie der Gesamtergebnisrechnung dieser Gewinn oder Verlust berücksichtigt wurde;

(d) gegebenenfalls das Segment, in dem der langfristige Vermögenswert (oder die Veräußerungsgruppe) gemäß IFRS 8 *Geschäftssegmente* ausgewiesen wird.

42 Wenn die Paragraphen 26 oder 29 Anwendung finden, sind in der Berichtsperiode, in der eine Änderung des Plans zur Veräußerung des langfristigen Vermögenswerts (oder der Veräußerungsgruppe) beschlossen wurde, die Sachverhalte und Umstände zu beschreiben, die zu dieser Entscheidung geführt haben. Die Auswirkungen der Entscheidung auf das Ergebnis für die dargestellte Berichtsperiode und die dargestellten vorangegangenen Berichtsperioden sind anzugeben.

Übergangsvorschriften

43 Der IFRS ist prospektiv auf langfristige Vermögenswerte (oder Veräußerungsgruppen) anzuwenden, welche nach dem Zeitpunkt des Inkrafttretens des IFRS die Kriterien für eine Einstufung als zur Veräußerung gehalten erfüllen, sowie auf Geschäftsbereiche, welche nach dem Zeitpunkt des Inkrafttretens die Kriterien für eine Einstufung als aufgegebene Geschäftsbereiche erfüllen. Die Vorschriften des IFRS können auf alle langfristigen Vermögenswerte (oder Veräußerungsgruppen) angewendet werden, die vor dem Zeitpunkt des Inkrafttretens die Kriterien für eine Einstufung als zur Veräußerung gehalten erfüllen, sowie auf Geschäftsbereiche, welche die Kriterien für eine Einstufung als aufgegebene Geschäftsbereiche erfüllen, sofern die Bewertungen und anderen notwendigen Informationen zur Anwendung des IFRS zu dem Zeitpunkt durchgeführt bzw. eingeholt wurden, zu dem diese Kriterien ursprünglich erfüllt wurden.

Zeitpunkt des Inkrafttretens

Dieser IFRS ist erstmals in der ersten Berichtsperiode eines am 1. Januar 2005 oder danach beginnenden Geschäftsjahres anzuwenden. Eine frühere Anwendung wird empfohlen. Wenn ein Unternehmen den IFRS für Berichtsperioden anwendet, die vor dem 1. Januar 2005 beginnen, so ist diese Tatsache anzugeben. **44**

Infolge des IAS 1 (überarbeitet 2007) wurde die in allen IFRS verwendete Terminologie geändert. Außerdem wurden die Paragraphen 3 und 38 geändert, und Paragraph 33A wurde hinzugefügt. Diese Änderungen sind erstmals in der ersten Berichtsperiode eines am 1. Januar 2009 oder danach beginnenden Geschäftsjahres anzuwenden. Wird IAS 1 (überarbeitet 2007) auf eine frühere Periode angewandt, sind diese Änderungen entsprechend auch anzuwenden. **44A**

Durch IAS 27 (in der vom International Accounting Standards Board 2008 geänderten Fassung) wurde Paragraph 33(d) hinzugefügt. Diese Änderung ist erstmals in der ersten Periode eines am 1. Juli 2009 oder danach beginnenden Geschäftsjahres anzuwenden. Wendet ein Unternehmen IAS 27 (in der 2008 geänderten Fassung) auf eine frühere Berichtsperiode an, so hat es auf diese Periode auch die genannte Änderung anzuwenden. Diese Änderung ist rückwirkend anzuwenden. **44B**

Die Paragraphen 8A und 36A werden im Rahmen der Verbesserungen der IFRS vom Mai 2008 hinzugefügt. Diese Änderungen sind erstmals in der ersten Berichtsperiode eines am 1. Juli 2009 oder danach beginnenden Geschäftsjahres anzuwenden. Eine frühere Anwendung ist zulässig. Diese Änderungen sind jedoch nicht auf Berichtsperioden eines vor dem 1. Juli 2009 beginnenden Geschäftsjahres anzuwenden, es sei denn, IFRS 27 (überarbeitet Mai 2008) wird ebenfalls angewandt. Wenn ein Unternehmen diese Änderungen vor dem 1. Juli 2009 anwendet, hat es diese Tatsache anzugeben. Ein Unternehmen wendet die Änderungen künftig ab dem Datum an, an dem es IFRS 5 erstmals zugrunde legt, und zwar vorbehaltlich der Übergangsbestimmungen von IAS 27 Paragraph 45 (überarbeitet Mai 2008). **44C**

Durch IFRIC 17 Sachdividenden an Eigentümer wurden im November 2008 die Paragraphen 5A, 12A und 15A hinzugefügt und Paragraph 8 geändert. Diese Änderungen sind prospektiv auf langfristige Vermögenswerte (oder Veräußerungsgruppen), die als zur Ausschüttung an Eigentümer gehalten eingestuft sind, in der ersten Berichtsperiode eines am 1. Juli 2009 oder danach beginnenden Geschäftsjahres anzuwenden. Eine rückwirkende Anwendung ist nicht zulässig. Eine frühere Anwendung ist zulässig. Wendet ein Unternehmen diese Änderungen auf eine vor dem 1. Juli 2009 beginnende Berichtsperiode an, so hat es diese Tatsache anzugeben und ebenso IFRS 3 *Unternehmenszusammenschlüsse* (überarbeitet 2008), IAS 27 (geändert im Mai 2008) und IFRIC 17 anzuwenden. **44D**

Paragraph 5B wurde durch die *Verbesserungen der IFRS* vom April 2009 hinzugefügt. Diese Änderungen sind erstmals in der ersten Berichtsperiode eines am 1. Januar 2010 oder danach beginnenden Geschäftsjahres prospektiv anzuwenden. Eine frühere Anwendung ist zulässig. Wendet ein Unternehmen die Änderung für ein früheres Geschäftsjahr an, hat es dies anzugeben. **44E**

(nicht besetzt) **44F**

Durch IFRS 11 *Gemeinsame Vereinbarungen*, veröffentlicht im Mai 2011, wurde Paragraph 28 geändert. Ein Unternehmen hat die betreffenden Änderungen anzuwenden, wenn es IFRS 11 anwendet. **44G**

Durch IFRS 13 *Bemessung des beizulegenden Zeitwerts*, veröffentlicht im Mai 2011, wurde die Definition des beizulegenden Zeitwerts in Anhang A geändert. Ein Unternehmen hat die betreffende Änderung anzuwenden, wenn es IFRS 13 anwendet. **44H**

Mit *Darstellung von Posten des sonstigen Ergebnisses* (Änderung IAS 1), veröffentlicht im Juni 2011, wurde Paragraph 33A geändert. Ein Unternehmen hat die betreffende Änderung anzuwenden, wenn es IAS 1 (in der im Juni 2011 geänderten Fassung) anwendet. **44I**

(nicht besetzt) **44J**

44K Durch IFRS 9 (im Juli 2014 veröffentlicht) wurden Paragraph 5 geändert und die Paragraphen 44F und 44J gestrichen. Ein Unternehmen hat diese Änderungen anzuwenden, wenn es IFRS 9 anwendet.

44L Mit den im September 2014 veröffentlichten *Jährlichen Verbesserungen an den IFRS, Zyklus 2012-2014*, wurden die Paragraphen 26-29 geändert und Paragraph 26A angefügt. Diese Änderungen sind prospektiv gemäß IAS 8 *Rechnungslegungsmethoden, Änderungen von rechnungslegungsbezogenen Schätzungen und Fehler* auf Änderungen der Veräußerungsmethode anzuwenden, die in der ersten Berichtsperiode eines am oder nach dem 1. Januar 2016 beginnenden Geschäftsjahres vorgenommen werden. Eine frühere Anwendung ist zulässig. Wendet ein Unternehmen diese Änderungen früher an, hat es dies anzugeben.

Rücknahme von IAS 35

45 Dieser IFRS ersetzt IAS 35 *Aufgabe von Geschäftsbereichen.*

Anhang A: Definitionen

Dieser Anhang ist integraler Bestandteil des IFRS.

Zahlungsmittelgenerierende Einheit — Die kleinste identifizierbare Gruppe von Vermögenswerten, die Mittelzuflüsse erzeugt, die weitestgehend unabhängig von den Mittelzuflüssen anderer Vermögenswerte oder anderer Gruppen von Vermögenswerten sind.

Unternehmensbestandteil — Ein Geschäftsbereich und die zugehörigen Cashflows, die betrieblich und für die Zwecke der Rechnungslegung vom restlichen Unternehmen klar abgegrenzt werden können.

Veräußerungskosten — Zusätzliche Kosten, die der Veräußerung eines Vermögenswerts (oder einer Veräußerungsgruppe) direkt zugeordnet werden können, mit Ausnahme der Finanzierungskosten und des Ertragsteueraufwands.

Kurzfristiger Vermögenswert — Ein Unternehmen hat einen Vermögenswert in folgenden Fällen als kurzfristig einzustufen:

(a) die Realisierung des Vermögenswerts wird innerhalb des normalen Geschäftszyklus erwartet, oder der Vermögenswert wird zum Verkauf oder Verbrauch innerhalb dieses Zeitraums gehalten;

(b) der Vermögenswert wird primär für Handelszwecke gehalten;

(c) die Realisierung des Vermögenswerts wird innerhalb von zwölf Monaten nach dem Abschlussstichtag erwartet; oder

(d) es handelt sich um Zahlungsmittel oder Zahlungsmitteläquivalente (gemäß der Definition in IAS 7), es sei denn, der Tausch oder die Nutzung des Vermögenswerts zur Erfüllung einer Verpflichtung sind für einen Zeitraum von mindestens zwölf Monaten nach dem Abschlussstichtag eingeschränkt.

Aufgegebener Geschäftsbereich — Ein Unternehmensbestandteil, der veräußert wurde oder als zur Veräußerung gehalten eingestuft wird und:

(a) einen gesonderten, wesentlichen Geschäftszweig oder geografischen Geschäftsbereich darstellt,

(b) Teil eines einzelnen, abgestimmten Plans zur Veräußerung eines gesonderten wesentlichen Geschäftszweigs oder geografischen Geschäftsbereichs ist oder

(c) ein Tochterunternehmen darstellt, das ausschließlich mit der Absicht einer Weiterveräußerung erworben wurde.

Veräußerungsgruppe Eine Gruppe von Vermögenswerten, die gemeinsam in einer einzigen Transaktion durch Verkauf oder auf andere Weise veräußert werden sollen, sowie die mit diesen Vermögenswerten direkt in Verbindung stehenden Schulden, die bei der Transaktion übertragen werden. Die Gruppe beinhaltet den bei einem Unternehmenszusammenschluss erworbenen Geschäfts- oder Firmenwert, wenn sie eine zahlungsmittelgenerierende Einheit darstellt, welcher der Geschäfts- oder Firmenwert gemäß den Vorschriften der Paragraphen 80-87 des IAS 36 *Wertminderung von Vermögenswerten* (überarbeitet 2004) zugeordnet wurde, oder es sich um einen Geschäftsbereich innerhalb einer solchen zahlungsmittelgenerierenden Einheit handelt.

Beizulegender Zeitwert Der *beizulegende Zeitwert* ist der Preis, der in einem geordneten Geschäftsvorfall zwischen Marktteilnehmern am Bemessungsstichtag für den Verkauf eines Vermögenswerts eingenommen bzw. für die Übertragung einer Schuld gezahlt würde. (Siehe IFRS 13 *Bemessung des beizulegenden Zeitwerts*.)

Feste Kaufverpflichtung Eine für beide Parteien verbindliche und in der Regel einklagbare Vereinbarung mit einer nicht nahe stehenden Partei, die (a) alle wesentlichen Bestimmungen, einschließlich Preis und Zeitpunkt der Transaktion, enthält und (b) so schwerwiegende Konsequenzen bei einer Nichterfüllung festlegt, dass eine Erfüllung höchstwahrscheinlich ist.

Höchstwahrscheinlich Erheblich wahrscheinlicher als wahrscheinlich.

Langfristiger Vermögenswert Ein Vermögenswert, der nicht die Definition eines kurzfristigen Vermögenswerts erfüllt.

Wahrscheinlich Es spricht mehr dafür als dagegen.

Erzielbarer Betrag Der höhere Betrag aus dem beizulegenden Zeitwert eines Vermögenswerts abzüglich Veräußerungskosten und seinem Nutzungswert.

Nutzungswert Der Barwert der geschätzten künftigen Cashflows, die aus der fortgesetzten Nutzung eines Vermögenswerts und seinem Abgang am Ende seiner Nutzungsdauer erwartet werden.

Anhang B: Ergänzungen zu Anwendungen

Dieser Anhang ist integraler Bestandteil des IFRS.

Verlängerung des für den Verkaufsabschluss benötigten Zeitraums

B1 Wie in Paragraph 9 ausgeführt, schließt eine Verlängerung des für den Verkaufsabschluss benötigten Zeitraums nicht die Einstufung eines Vermögenswerts (oder einer Veräußerungsgruppe) als zur Veräußerung gehalten aus, wenn die Verzögerung auf Ereignisse oder Umstände zurückzuführen ist, die außerhalb der Kontrolle des Unternehmens liegen, und ausreichende substanzielle Hinweise vorliegen, dass das Unternehmen weiterhin an seinem Plan zum Verkauf des Vermögenswerts (oder der Veräußerungsgruppe) festhält. Ein Abweichen von der in Paragraph 8 vorgeschriebenen Ein-Jahres-Frist ist daher in den folgenden Situationen zulässig, in denen solche Ereignisse oder Umstände eintreten:

(a) zu dem Zeitpunkt, zu dem das Unternehmen einen Plan zur Veräußerung eines langfristigen Vermögenswerts (oder einer Veräußerungsgruppe) beschließt, erwartet es bei vernünftiger Betrachtungsweise, dass andere Parteien (mit Ausnahme des Käufers) die Übertragung des Vermögenswerts (oder der Veräußerungsgruppe) von Bedingungen abhängig machen werden, durch die sich der für den Verkaufsabschluss benötigte Zeitraum verlängern wird, und:
   (i) die zur Erfüllung dieser Bedingungen erforderlichen Maßnahmen erst nach Erlangen einer *festen Kaufverpflichtung* ergriffen werden können, und
   (ii) es höchstwahrscheinlich ist, dass eine feste Kaufverpflichtung innerhalb von einem Jahr erlangt wird.

(b) ein Unternehmen erlangt eine feste Kaufverpflichtung, in deren Folge ein Käufer oder andere Parteien die Übertragung eines Vermögenswerts (oder einer Veräußerungsgruppe), die vorher als zur Veräußerung gehalten eingestuft wurden, unerwartet von Bedingungen abhängig machen, durch die sich der für den Verkaufsabschluss benötigte Zeitraum verlängern wird, und:
   (i) rechtzeitig Maßnahmen zur Erfüllung der Bedingungen ergriffen wurden, und
   (ii) ein günstiger Ausgang der den Verkauf verzögernden Faktoren erwartet wird.

(c) während der ursprünglichen Ein-Jahres-Frist treten Umstände ein, die vorher für unwahrscheinlich erachtet wurden, aufgrund dessen langfristige Vermögenswerte (oder Veräußerungsgruppen), die vorher als zur Veräußerung gehalten eingestuft wurden, nicht bis zum Ablauf dieser Frist veräußert werden, und:
   (i) während der ursprünglichen Ein-Jahres-Frist das Unternehmen die erforderlichen Maßnahmen zur Berücksichtigung der geänderten Umstände ergriffen hat,
   (ii) der langfristige Vermögenswert (oder die Veräußerungsgruppe) tatsächlich zu einem Preis vermarktet wird, der angesichts der geänderten Umstände angemessen ist, und
   (iii) die in den Paragraphen 7 und 8 genannten Kriterien erfüllt werden.

International Financial Reporting Standard 6 Exploration und Evaluierung von Bodenschätzen (IFRS 6)

v. 3.11.2008 (ABl EU Nr. L 320 S. 1);
geändert durch Verordnung (EU) 2019/2075 v. 29.11.2019 (ABl L Nr. 316 S. 10)[1)]

Inhalt | Ziffer

Zielsetzung

Zielsetzung dieses IFRS ist es, die Rechnungslegung für die *Exploration und Evaluierung von Bodenschätzen* festzulegen. 1

Im Besonderen schreibt dieser IFRS vor: 2

(a) begrenzte Verbesserungen bei der derzeitigen Bilanzierung von *Ausgaben für Exploration und Evaluierung*;

(b) Vermögenswerte, die als *Vermögenswerte für Exploration und Evaluierung* angesetzt werden, gemäß diesem IFRS auf Wertminderung zu überprüfen und etwaige Wertminderungen gemäß IAS 36 *Wertminderung von Vermögenswerten* zu bewerten;

(c) Angaben, welche die im Abschluss des Unternehmens für die Exploration und Evaluierung von Bodenschätzen erfassten Beträge kennzeichnen und erläutern, und den Abschluss-

1) **Anm. d. Red.:** Diese Änderungen sind am 26.12.2019 in Kraft getreten und spätestens mit Beginn des ersten am oder nach dem 1.1.2020 beginnenden Geschäftsjahres anzuwenden. Vgl. dazu auch Paragraph 26A.

adressaten die Höhe, die Zeitpunkte und die Eintrittswahrscheinlichkeit künftiger Zahlungsströme verständlich machen, die aus den angesetzten Vermögenswerten für Exploration und Evaluierung resultieren.

Anwendungsbereich

3 Dieser IFRS ist auf die einem Unternehmen entstehenden Ausgaben für Exploration und Evaluierung anzuwenden.

4 Dieser IFRS behandelt keine anderen Aspekte der Bilanzierung von Unternehmen, die sich im Rahmen ihrer Geschäftstätigkeit mit der Exploration und Evaluierung von Bodenschätzen befassen.

5 Dieser IFRS gilt nicht für Ausgaben, die entstehen:

(a) vor der Exploration und Evaluierung von Bodenschätzen, z. B. Ausgaben, die anfallen, bevor das Unternehmen die Rechte zur Exploration eines bestimmten Gebietes erhalten hat;

(b) nach dem Nachweis der technischen Durchführbarkeit und der ökonomischen Realisierbarkeit der Gewinnung von Bodenschätzen.

Ansatz von Vermögenswerten für Exploration und Evaluierung

Vorübergehende Befreiung von der Anwendung der Paragraphen 11 und 12 des IAS 8

6 Bei der Entwicklung von Rechnungslegungsmethoden hat ein Unternehmen, das Vermögenswerte für Exploration und Evaluierung ansetzt, Paragraph 10 des IAS 8 *Rechnungslegungsmethoden, Änderungen von rechnungslegungsbezogenen Schätzungen und Fehler* anzuwenden.

7 Die Paragraphen 11 und 12 des IAS 8 nennen Quellen für verbindliche Vorschriften und Leitlinien, die das Management bei der Entwicklung von Rechnungslegungsmethoden für Geschäftsvorfälle berücksichtigen muss, auf die kein IFRS ausdrücklich zutrifft. Vorbehaltlich der folgenden Paragraphen 9 und 10 befreit dieser IFRS ein Unternehmen davon, jene Paragraphen auf die Rechnungslegungsmethoden anzuwenden, die für den Ansatz und die Bewertung von Vermögenswerten für Exploration und Evaluierung gelten.

Bewertung von Vermögenswerten für Exploration und Evaluierung

Bewertung bei erstmaligem Ansatz

8 Vermögenswerte für Exploration und Evaluierung sind mit ihren Anschaffungs- oder Herstellungskosten zu bewerten.

Bestandteile der Anschaffungs- oder Herstellungskosten von Vermögenswerten für Exploration und Evaluierung

9 Ein Unternehmen hat eine Methode festzulegen, nach der zu bestimmen ist, welche Ausgaben als Vermögenswerte für Exploration und Evaluierung angesetzt werden, und diese Methode einheitlich anzuwenden. Bei dieser Entscheidung ist zu berücksichtigen, wieweit die Ausgaben mit der Suche nach bestimmten Bodenschätzen in Verbindung gebracht werden können. Es folgen einige Beispiele für Ausgaben, die in die erstmalige Bewertung von Vermögenswerten für Exploration und Evaluierung einbezogen werden könnten (die Liste ist nicht vollständig):

(a) Erwerb von Rechten zur Exploration;

(b) topografische, geologische, geochemische und geophysikalische Studien;

(c) Probebohrungen;

(d) Erdbewegungen;

(e) Probenentnahme und

(f) Tätigkeiten in Zusammenhang mit der Beurteilung der technischen Durchführbarkeit und der ökonomischen Realisierbarkeit der Gewinnung von Bodenschätzen.

Ausgaben in Verbindung mit der Erschließung von Bodenschätzen sind nicht als Vermögenswerte für Exploration und Evaluierung anzusetzen. Leitlinien für den Ansatz von Vermögenswerten, die aus der Erschließung resultieren, sind dem *Rahmenkonzept für die Finanzberichterstattung* und IAS 38 *Immaterielle Vermögenswerte* zu entnehmen. **10**

Gemäß IAS 37 *Rückstellungen, Eventualverbindlichkeiten und Eventualforderungen* sind alle Beseitigungs- und Wiederherstellungsverpflichtungen zu erfassen, die in einer bestimmten Periode im Zuge der Exploration und Evaluierung von Bodenschätzen anfallen. **11**

Folgebewertung

Nach dem erstmaligen Ansatz sind die Vermögenswerte für Exploration und Evaluierung entweder nach dem Anschaffungskostenmodell oder nach dem Neubewertungsmodell zu bewerten. Bei Anwendung des Neubewertungsmodells (entweder gemäß IAS 16 *Sachanlagen* oder gemäß IAS 38) muss dieses mit der Einstufung der Vermögenswerte (siehe Paragraph 15) übereinstimmen. **12**

Änderungen von Rechnungslegungsmethoden

Ein Unternehmen darf seine Rechnungslegungsmethoden für Ausgaben für Exploration und Evaluierung ändern, wenn diese Änderung den Abschluss für die wirtschaftliche Entscheidungsfindung der Adressaten relevanter macht, ohne weniger verlässlich zu sein, oder verlässlicher macht, ohne weniger relevant für jene Entscheidungsfindung zu sein. Ein Unternehmen hat die Relevanz und Verlässlichkeit anhand der Kriterien des IAS 8 zu beurteilen. **13**

Zur Rechtfertigung der Änderung seiner Rechnungslegungsmethoden für Ausgaben für Exploration und Evaluierung hat ein Unternehmen nachzuweisen, dass die Änderung seinen Abschluss näher an die Erfüllung der Kriterien in IAS 8 bringt, wobei die Änderung eine vollständige Übereinstimmung mit jenen Kriterien nicht erreichen muss. **14**

Darstellung

Einstufung von Vermögenswerten für Exploration und Evaluierung

Ein Unternehmen hat Vermögenswerte für Exploration und Evaluierung je nach Art als materielle oder immaterielle Vermögenswerte einzustufen und diese Einstufung stetig anzuwenden. **15**

Einige Vermögenswerte für Exploration und Evaluierung werden als immaterielle Vermögenswerte behandelt (z. B. Bohrrechte), während andere materielle Vermögenswerte darstellen (z. B. Fahrzeuge und Bohrinseln). Soweit bei der Entwicklung eines immateriellen Vermögenswerts ein materieller Vermögenswert verbraucht wird, ist der Betrag in Höhe dieses Verbrauchs Bestandteil der Kosten des immateriellen Vermögenswerts. Jedoch führt die Tatsache, dass ein materieller Vermögenswert zur Entwicklung eines immateriellen Vermögenswerts eingesetzt wird, nicht zur Umgliederung dieses materiellen Vermögenswerts in einen immateriellen Vermögenswert. **16**

Umgliederung von Vermögenswerten für Exploration und Evaluierung

Ein Vermögenswert für Exploration und Evaluierung ist nicht mehr als solcher einzustufen, wenn die technische Durchführbarkeit und die ökonomische Realisierbarkeit einer Gewinnung von Bodenschätzen nachgewiesen werden kann. Das Unternehmen hat die Vermögenswerte für Exploration und Evaluierung vor einer Umgliederung auf Wertminderung zu überprüfen und einen etwaigen Wertminderungsaufwand zu erfassen. **17**

Wertminderung

Erfassung und Bewertung

18 Vermögenswerte für Exploration und Evaluierung sind auf Wertminderung zu überprüfen, wenn Tatsachen und Umstände darauf hindeuten, dass der Buchwert eines Vermögenswerts für Exploration und Evaluierung seinen erzielbaren Betrag übersteigt. Wenn Tatsachen und Umstände Anhaltspunkte dafür geben, dass dies der Fall ist, hat ein Unternehmen, außer wie in Paragraph 21 unten beschrieben, einen etwaigen Wertminderungsaufwand gemäß IAS 36 zu bewerten, darzustellen und zu erläutern.

19 Bei der Identifizierung eines möglicherweise wertgeminderten Vermögenswerts für Exploration und Evaluierung findet – ausschließlich in Bezug auf derartige Vermögenswerte – anstelle der Paragraphen 8-17 des IAS 36 Paragraph 20 dieses IFRS Anwendung. Paragraph 20 verwendet den Begriff „Vermögenswerte", ist aber sowohl auf einen einzelnen Vermögenswert für Exploration und Evaluierung als auch auf eine zahlungsmittelgenerierende Einheit anzuwenden.

20 Eine oder mehrere der folgenden Tatsachen und Umstände deuten darauf hin, dass ein Unternehmen die Vermögenswerte für Exploration und Evaluierung auf Wertminderung zu überprüfen hat (die Liste ist nicht vollständig):

(a) Der Zeitraum, für den das Unternehmen das Recht zur Exploration eines bestimmten Gebietes erworben hat, ist während der Berichtsperiode abgelaufen oder wird in naher Zukunft ablaufen und voraussichtlich nicht verlängert werden.

(b) Erhebliche Ausgaben für die weitere Exploration und Evaluierung von Bodenschätzen in einem bestimmten Gebiet sind weder veranschlagt noch geplant.

(c) Die Exploration und Evaluierung von Bodenschätzen in einem bestimmten Gebiet haben nicht zur Entdeckung wirtschaftlich förderbarer Mengen an Bodenschätzen geführt und das Unternehmen hat beschlossen, seine Aktivitäten in diesem Gebiet einzustellen.

(d) Es liegen genügend Daten vor, aus denen hervorgeht, dass die Erschließung eines bestimmten Gebiets zwar wahrscheinlich fortgesetzt wird, der Buchwert des Vermögenswerts für Exploration und Evaluierung durch eine erfolgreiche Erschließung oder Veräußerung jedoch voraussichtlich nicht vollständig wiedererlangt werden kann.

In diesen und ähnlichen Fällen hat das Unternehmen eine Wertminderungsprüfung nach IAS 36 durchzuführen. Jeglicher Wertminderungsaufwand ist gemäß IAS 36 als Aufwand zu erfassen.

Festlegung des Niveaus, auf dem Vermögenswerte für Exploration und Evaluierung auf Wertminderung überprüft werden

21 Ein Unternehmen hat eine Rechnungslegungsmethode zu wählen, mit der die Vermögenswerte für Exploration und Evaluierung zum Zwecke ihrer Überprüfung auf Wertminderung zahlungsmittelgenerierenden Einheiten oder Gruppen von zahlungsmittelgenerierenden Einheiten zugeordnet werden. Eine zahlungsmittelgenerierende Einheit oder Gruppe von Einheiten, der ein Vermögenswert für Exploration und Evaluierung zugeordnet wird, darf nicht größer sein als ein gemäß IFRS 8 *Geschäftssegmente* bestimmtes Geschäftssegment.

22 Das vom Unternehmen festgelegte Niveau zur Überprüfung von Vermögenswerten für Exploration und Evaluierung auf Wertminderung kann eine oder mehrere zahlungsmittelgenerierende Einheiten umfassen.

Angaben

23 Ein Unternehmen hat Angaben zu machen, welche die in seinem Abschluss erfassten Beträge für die Exploration und Evaluierung von Bodenschätzen kennzeichnen und erläutern.

Zur Erfüllung der Vorschrift in Paragraph 23 sind folgende Angaben erforderlich: **24**

(a) die Rechnungslegungsmethoden des Unternehmens für Ausgaben für Exploration und Evaluierung, einschließlich des Ansatzes von Vermögenswerten für Exploration und Evaluierung.

(b) die Höhe der Vermögenswerte, Schulden, Erträge und Aufwendungen sowie der Cashflows aus betrieblicher und Investitionstätigkeit, die aus der Exploration und Evaluierung von Bodenschätzen resultieren.

Ein Unternehmen hat die Vermögenswerte für Exploration und Evaluierung als gesonderte **25** Gruppe von Vermögenswerten zu behandeln und die gemäß IAS 16 oder IAS 38 verlangten Angaben in Übereinstimmung mit der Einstufung der Vermögenswerte zu machen.

Zeitpunkt des Inkrafttretens

Dieser IFRS ist erstmals in der ersten Berichtsperiode eines am 1. Januar 2006 oder danach be- **26** ginnenden Geschäftsjahres anzuwenden. Eine frühere Anwendung wird empfohlen. Wenn ein Unternehmen den IFRS für Berichtsperioden anwendet, die vor dem 1. Januar 2006 beginnen, so ist diese Tatsache anzugeben.

Durch die 2018 veröffentlichte Verlautbarung *Änderungen der Verweise auf das Rahmenkonzept* **26A** *in IFRS-Standards* wurde Paragraph 10 geändert. Diese Änderung ist auf Geschäftsjahre anzuwenden, die am oder nach dem 1. Januar 2020 beginnen. Eine frühere Anwendung ist zulässig, wenn das Unternehmen gleichzeitig alle anderen mit der Verlautbarung *Änderungen der Verweise auf das Rahmenkonzept in IFRS-Standards* einhergehenden Änderungen anwendet. Die Änderung an IFRS 6 ist gemäß IAS 8 *Rechnungslegungsmethoden, Änderungen von rechnungslegungsbezogenen Schätzungen und Fehler* rückwirkend anzuwenden. Sollte das Unternehmen jedoch feststellen, dass eine rückwirkende Anwendung nicht durchführbar oder mit unangemessenem Kosten- oder Zeitaufwand verbunden wäre, hat es die Änderung an IFRS 6 mit Verweis auf die Paragraphen 23–28, 50–53 und 54F des IAS 8 anzuwenden.

Übergangsvorschriften

Wenn es undurchführbar ist, eine bestimmte Vorschrift des Paragraphen 18 auf Vergleichs- **27** informationen anzuwenden, die sich auf vor dem 1. Januar 2006 beginnende Berichtsperioden beziehen, so ist dies anzugeben. IAS 8 erläutert den Begriff „undurchführbar".

Anhang A: Definitionen

Dieser Anhang ist integraler Bestandteil des IFRS.

Vermögenswerte für Exploration und Evaluierung	Ausgaben für Exploration und Evaluierung, die gemäß den Rechnungslegungsmethoden des Unternehmens als Vermögenswerte angesetzt werden.
Ausgaben für Exploration und Evaluierung	Ausgaben, die einem Unternehmen in Zusammenhang mit der Exploration und Evaluierung von Bodenschätzen entstehen, bevor die technische Durchführbarkeit und die ökonomische Realisierbarkeit einer Gewinnung der Bodenschätze nachgewiesen werden kann.
Exploration und Evaluierung von Bodenschätzen	Suche nach Bodenschätzen, einschließlich Mineralien, Öl, Erdgas und ähnlichen nicht regenerativen Ressourcen, nachdem das Unternehmen die Rechte zur Exploration eines bestimmten Gebietes erhalten hat, sowie die Feststellung der technischen Durchführbarkeit und der ökonomischen Realisierbarkeit der Gewinnung der Bodenschätze.

International Financial Reporting Standard 7
Finanzinstrumente: Angaben (IFRS 7)

v. 3.11.2008 (ABl EU Nr. L 320 S. 1);
zuletzt geändert durch Verordnung (EU) 2020/34 v. 15.1.2020
(ABl EU Nr. L 12 S. 5)[1)]

Inhalt	Ziffer

1) **Anm. d. Red.:** Diese Änderungen sind am 5.2.2020 in Kraft getreten und spätestens mit Beginn des ersten am oder nach dem 1.1.2020 beginnenden Geschäftsjahres anzuwenden. Vgl. dazu auch Paragraph 44DE.

Zielsetzung

1 Zielsetzung dieses IFRS ist es, von Unternehmen Angaben in ihren Abschlüssen zu verlangen, durch die die Abschlussadressaten einschätzen können,

(a) welche Bedeutung Finanzinstrumente für die Vermögens-, Finanz- und Ertragslage des Unternehmens haben; und

(b) welche Art und welches Ausmaß die Risiken haben, die sich aus Finanzinstrumenten ergeben, und denen das Unternehmen während der Berichtsperiode und zum Berichtsstichtag ausgesetzt ist, und wie das Unternehmen diese Risiken steuert.

2 Die in diesem IFRS enthaltenen Grundsätze ergänzen die Grundsätze für den Ansatz, die Bewertung und die Darstellung finanzieller Vermögenswerte und finanzieller Verbindlichkeiten in IAS 32 *Finanzinstrumente: Darstellung* und IFRS 9 *Finanzinstrumente*.

Anwendungsbereich

3 Dieser IFRS ist von allen Unternehmen auf alle Arten von Finanzinstrumenten anzuwenden; davon ausgenommen sind:

(a) Anteile an Tochterunternehmen, assoziierten Unternehmen und Gemeinschaftsunternehmen, die gemäß IFRS 10 *Konzernabschlüsse*, IAS 27 *Einzelabschlüsse* oder IAS 28 *Anteile an assoziierten Unternehmen und Gemeinschaftsunternehmen* bilanziert werden. In einigen Fällen darf ein Unternehmen jedoch nach IFRS 10, IAS 27 oder IAS 28 einen Anteil an einem Tochterunternehmen, einem assoziierten Unternehmen oder einem Gemeinschaftsunternehmen gemäß IFRS 9 bilanzieren; in diesen Fällen wenden Unternehmen die Vorschriften des vorliegen IFRS an. Der vorliegende IFRS ist auch auf alle Derivate anzuwenden, die an Anteile an Tochterunternehmen, assoziierten Unternehmen oder Gemeinschaftsunternehmen gebunden sind, es sei denn, das Derivat entspricht der Definition eines Eigenkapitalinstruments in IAS 32.

(b) Rechte und Verpflichtungen eines Arbeitgebers aus Altersversorgungsplänen, auf die IAS 19 *Leistungen an Arbeitnehmer* anzuwenden ist.

(c) (weggefallen)

(d) Versicherungsverträge im Sinne von IFRS 4 *Versicherungsverträge*. Anzuwenden ist dieser IFRS allerdings auf Derivate, die in Versicherungsverträge eingebettet sind, wenn IFRS 9 von dem Unternehmen deren getrennte Bilanzierung verlangt. Ein Emittent hat diesen IFRS darüber hinaus auf *finanzielle Garantien* anzuwenden, wenn er zum Ansatz und der Bewertung dieser Verträge IFRS 9 anwendet. Entscheidet er sich jedoch gemäß IFRS 4 Paragraph 4(d) die finanziellen Garantien gemäß IFRS 4 anzusetzen und zu bewerten, so hat er IFRS 4 anzuwenden.

(e) Finanzinstrumente, Verträge und Verpflichtungen im Zusammenhang mit anteilsbasierten Vergütungen, auf die IFRS 2 *Anteilsbasierte Vergütung* anzuwenden ist. Davon ausgenommen sind die in den Anwendungsbereich des IFRS 9 fallenden Verträge, auf die dieser IFRS anzuwenden ist.

(f) Instrumente, die nach den Paragraphen 16A und 16B oder 16C und 16D des IAS 32 als Eigenkapitalinstrumente eingestuft werden müssen.

Dieser IFRS ist auf bilanzwirksame und bilanzunwirksame Finanzinstrumente anzuwenden. Bilanzwirksame Finanzinstrumente umfassen finanzielle Vermögenswerte und finanzielle Verbindlichkeiten, die in den Anwendungsbereich von IFRS 9 fallen. Zu den bilanzunwirksamen Finanzinstrumenten gehören einige andere Finanzinstrumente, die zwar nicht in den Anwendungsbereich von IFRS 9, wohl aber in den dieses IFRS fallen. **4**

Anzuwenden ist dieser IFRS ferner auf Verträge zum Kauf oder Verkauf eines nicht finanziellen Postens, die in den Anwendungsbereich von IFRS 9 fallen. **5**

Die in den Paragraphen 35A-35N geforderten Angaben hinsichtlich des Ausfallrisikos gelten für jene Rechte, die nach IFRS 15 *Umsatzerlöse aus Verträgen mit Kunden* zur Erfassung von Wertminderungsaufwendungen und -erträgen gemäß IFRS 9 bilanziert werden. Jegliche Verweise auf finanzielle Vermögenswerte oder Finanzinstrumente in diesen Paragraphen schließen diese Rechte ein, sofern nichts anderes festgelegt ist. **5A**

Klassen von Finanzinstrumenten und Umfang der Angabepflichten

Wenn in diesem IFRS Angaben zu einzelnen Klassen von Finanzinstrumenten verlangt werden, hat ein Unternehmen Finanzinstrumente so in Klassen einzuordnen, dass diese der Art der geforderten Informationen angemessen sind und den Eigenschaften dieser Finanzinstrumente Rechnung tragen. Ein Unternehmen hat genügend Informationen zu liefern, um eine Überleitungsrechnung auf die in der Bilanz dargestellten Posten zu ermöglichen. **6**

Bedeutung der Finanzinstrumente für die Vermögens-, Finanz- und Ertragslage

Ein Unternehmen hat Angaben zu machen, die den Abschlussadressaten ermöglichen, die Bedeutung der Finanzinstrumente für dessen Vermögens-, Finanz- und Ertragslage zu beurteilen. **7**

Bilanz

Kategorien finanzieller Vermögenswerte und Verbindlichkeiten

Für jede der folgenden Kategorien gemäß IFRS 9 ist in der Bilanz oder im Anhang der Buchwert anzugeben: **8**

(a) finanzielle Vermögenswerte, die erfolgswirksam zum beizulegenden Zeitwert bewertet werden, wobei diejenigen, die (i) beim erstmaligen Ansatz oder nachfolgend gemäß IFRS 9 Paragraph 6.7.1 als solche designiert wurden, und diejenigen, für die (ii) eine erfolgswirksame Bewertung zum beizulegenden Zeitwert gemäß IFRS 9 verpflichtend ist, getrennt voneinander aufzuführen sind.

(b) bis (d) (weggefallen)

(e) finanzielle Verbindlichkeiten, die erfolgswirksam zum beizulegenden Zeitwert bewertet werden, wobei diejenigen, die (i) beim erstmaligen Ansatz oder nachfolgend gemäß IFRS 9 Paragraph 6.7.1 als solche designiert wurden, und diejenigen, die (ii) die Definition von „zu Handelszwecken gehalten" gemäß IFRS 9 erfüllen, getrennt voneinander aufzuführen sind.

(f) finanzielle Vermögenswerte, die zu fortgeführten Anschaffungskosten bewertet werden.

(g) finanzielle Verbindlichkeiten, die zu fortgeführten Anschaffungskosten bewertet werden.

(h) finanzielle Vermögenswerte, die erfolgsneutral zum beizulegenden Zeitwert im sonstigen Ergebnis bewertet werden, wobei (i) finanzielle Vermögenswerte, die gemäß IFRS 9 Paragraph 4.1.2.A erfolgsneutral zum beizulegenden Zeitwert im sonstigen Ergebnis bewertet werden, und (ii) Finanzinvestitionen in Eigenkapitalinstrumente, die beim erstmaligen Ansatz gemäß IFRS 9 Paragraph 5.7.5 als solche designiert wurden, getrennt voneinander aufzuführen sind.

Erfolgswirksam zum beizulegenden Zeitwert bewertete finanzielle Vermögenswerte oder finanzielle Verbindlichkeiten

9 Hat ein Unternehmen einen finanziellen Vermögenswert (oder eine Gruppe von finanziellen Vermögenswerten), der ansonsten erfolgsneutral zum beizulegenden Zeitwert im sonstigen Ergebnis oder zu fortgeführten Anschaffungskosten bewertet würde, als erfolgswirksam zum beizulegenden Zeitwert bewertet designiert, sind folgende Angaben erforderlich:

(a) das maximale *Ausfallrisiko* (siehe Paragraph 36(a)) des finanziellen Vermögenswerts (oder der Gruppe von finanziellen Vermögenswerten) zum Abschlussstichtag.

(b) der Betrag, um den ein zugehöriges Kreditderivat oder ähnliches Instrument dieses maximale Ausfallrisiko mindert (siehe Paragraph 36(b)).

(c) der Betrag, um den sich der beizulegende Zeitwert des finanziellen Vermögenswerts (oder der Gruppe von finanziellen Vermögenswerten) während der Periode und kumuliert geändert hat, soweit dies auf Änderungen des Ausfallrisikos des finanziellen Vermögenswerts zurückzuführen ist. Dieser Betrag wird entweder:

  (i) als Änderung des beizulegenden Zeitwerts bestimmt, soweit diese nicht auf solche Änderungen der Marktbedingungen zurückzuführen ist, die das *Marktrisiko* beeinflussen; oder

  (ii) mithilfe einer alternativen Methode bestimmt, mit der nach Ansicht des Unternehmens genauer bestimmt werden kann, in welchem Umfang sich der beizulegende Zeitwert durch das geänderte Ausfallrisiko ändert.

  Zu den Änderungen der Marktbedingungen, die ein Marktrisiko bewirken, zählen Änderungen eines zu beobachtenden (Referenz-) Zinssatzes, Rohstoffpreises, Wechselkurses oder Preis- bzw. Zinsindexes.

(d) die Höhe der Änderung des beizulegenden Zeitwerts jedes zugehörigen Kreditderivats oder ähnlichen Instruments, die während der Periode und kumuliert seit der Designation des finanziellen Vermögenswerts eingetreten ist.

10 Hat ein Unternehmen eine finanzielle Verbindlichkeit als erfolgswirksam zum beizulegenden Zeitwert bewertet gemäß IFRS 9 Paragraph 4.2.2 designiert und hat die Auswirkungen von Änderungen des Ausfallrisikos dieser Verbindlichkeit im sonstigen Ergebnis zu erfassen (siehe IFRS 9 Paragraph 5.7.7), sind folgende Angaben erforderlich:

(a) der kumulative Betrag der Änderung des beizulegenden Zeitwerts der finanziellen Verbindlichkeit, der auf Änderungen des Ausfallrisikos dieser Verbindlichkeit zurückzuführen ist (siehe IFRS 9 Paragraphen B5.7.13-B5.7.20 für Leitlinien zur Bestimmung der Auswirkungen von Änderungen des Ausfallrisikos einer Verbindlichkeit).

(b) der Unterschiedsbetrag zwischen dem Buchwert der finanziellen Verbindlichkeit und dem Betrag, den das Unternehmen vertragsgemäß bei Fälligkeit an den Gläubiger der Verpflichtung zahlen müsste.

(c) sämtliche in der Periode vorgenommen Umgliederungen des kumulierten Gewinns oder Verlusts innerhalb des Eigenkapitals, einschließlich des Grunds für solche Umgliederungen.

(d) sofern eine Verbindlichkeit während der Periode ausgebucht wird, ein etwaiger im sonstigen Ergebnis erfasste Betrag, der bei der Ausbuchung realisiert wurde.

Wenn ein Unternehmen eine finanzielle Verbindlichkeit gemäß IFRS 9 Paragraph 4.2.2 als erfolgswirksam zum beizulegenden Zeitwert bewertet designiert hat und die Auswirkungen sämtlicher Änderungen des beizulegenden Zeitwerts dieser Verbindlichkeit (einschließlich der Auswirkungen von Änderungen des Ausfallrisikos der Verbindlichkeit) im Gewinn oder Verlust zu erfassen hat (siehe IFRS 9 Paragraphen 5.7.7 und 5.7.8), sind folgende Angaben erforderlich: **10A**

(a) die Höhe der Änderung (während der Periode und kumulativ) des beizulegenden Zeitwerts der finanziellen Verbindlichkeit, der auf Änderungen des Ausfallrisikos dieser finanziellen Verbindlichkeit zurückzuführen ist (siehe IFRS 9 Paragraphen B5.7.13-B5.7.20 für Leitlinien zur Bestimmung der Auswirkungen von Änderungen des Ausfallrisikos einer Verbindlichkeit); und

(b) der Unterschiedsbetrag zwischen dem Buchwert der finanziellen Verbindlichkeit und dem Betrag, den das Unternehmen vertragsgemäß bei Fälligkeit an den Gläubiger der Verpflichtung zahlen müsste.

Das Unternehmen hat auch anzugeben: **11**

(a) eine ausführliche Beschreibung der Methoden, die es anwendet, um den Vorschriften der Paragraphen 9(c), 10(a) und 10A(a) und des Paragraph 5.7.7(a) von IFRS 9 nachzukommen, einschließlich einer Erläuterung, warum die Methode angemessen ist.

(b) wenn es die Auffassung vertritt, dass die Angaben, die es zur Erfüllung der Vorschriften in den Paragraphen 9(c), 10(a) oder 10A(a) oder Paragraph 5.7.7(a) von IFRS 9 in der Bilanz oder im Anhang gemacht hat, die durch das geänderte Ausfallrisiko bedingte Änderung des beizulegenden Zeitwerts des finanziellen Vermögenswertes oder der finanziellen Verbindlichkeit nicht glaubwürdig widerspiegeln, die Gründe für diese Schlussfolgerung und die Faktoren, die das Unternehmen für relevant hält.

(c) eine ausführliche Beschreibung der Methodik oder Methodiken, mit der bzw. denen bestimmt wird, ob die Darstellung der Auswirkungen von Änderungen des Ausfallrisikos einer Verbindlichkeit im sonstigen Ergebnis eine Rechnungslegungsanomalie im Gewinn oder Verlust verursachen oder vergrößern würde (siehe IFRS 9 Paragraphen 5.7.7 und 5.7.8). Wenn ein Unternehmen die Auswirkungen von Änderungen des Ausfallrisikos einer Verbindlichkeit im Gewinn oder Verlust zu erfassen hat (siehe IFRS 9 Paragraph 5.7.8), müssen die Angaben eine ausführliche Beschreibung der wirtschaftlichen Beziehung gemäß IFRS 9 Paragraph B5.7.6 beinhalten.

Finanzinvestitionen in Eigenkapitalinstrumente, die erfolgsneutral zum beizulegenden Zeitwert im sonstigen Ergebnis bewertet werden

11A Hat ein Unternehmen, wie gemäß IFRS 9 Paragraph 5.7.5 zulässig, Finanzinvestitionen in Eigenkapitalinstrumente als erfolgsneutral zum beizulegenden Zeitwert im sonstigen Ergebnis bewertet designiert, sind folgende Angaben erforderlich:

(a) welche Finanzinvestitionen in Eigenkapitalinstrumente als erfolgsneutral zum beizulegenden Zeitwert im sonstigen Ergebnis bewertet designiert wurden.

(b) die Gründe für diese alternative Darstellung.

(c) der beizulegende Zeitwert jeder solchen Finanzinvestition am Abschlussstichtag.

(d) während der Periode erfasste Dividenden, aufgeschlüsselt nach Dividenden aus Finanzinvestitionen, die während der Berichtsperiode ausgebucht wurden, und solchen, die am Abschlussstichtag gehalten wurden.

(e) sämtliche in der Periode vorgenommenen Umgliederungen der kumulierten Gewinne oder Verluste innerhalb des Eigenkapitals, einschließlich des Grunds für solche Umgliederungen.

11B Hat ein Unternehmen während der Berichtsperiode Finanzinvestitionen in Eigenkapitalinstrumente ausgebucht, die erfolgsneutral zum beizulegenden Zeitwert im sonstigen Ergebnis bewertet wurden, sind folgende Angaben erforderlich:

(a) die Gründe für die Veräußerung der Finanzinvestitionen.

(b) der beizulegende Zeitwert der Finanzinvestitionen zum Zeitpunkt der Ausbuchung.

(c) der kumulierte Gewinn oder Verlust aus der Veräußerung.

Umgliederungen

12 und 12A (weggefallen)

12B Ein Unternehmen hat anzugeben, wenn es in der laufenden oder einer früheren Berichtsperiode finanzielle Vermögenswerte gemäß IFRS 9 Paragraph 4.4.1 reklassifiziert hat. Ein Unternehmen hat für jede Reklassifizierung Folgendes anzugeben:

(a) den Zeitpunkt der Reklassifizierung.

(b) eine ausführliche Erläuterung der Änderung des Geschäftsmodells und eine qualitative Beschreibung ihrer Auswirkung auf den Abschluss des Unternehmens.

(c) den aus und in jede Kategorie reklassifizierten Betrag.

12C Ein Unternehmen hat bei Vermögenswerten, die aus der Kategorie der erfolgswirksamen Bewertung zum beizulegenden Zeitwert reklassifiziert wurden, so dass sie zu fortgeführten Anschaffungskosten oder erfolgsneutral zum beizulegenden Zeitwert im sonstigen Ergebnis gemäß IFRS 9 Paragraph 4.4.1 bewertet werden, für jede Berichtsperiode ab der Reklassifizierung bis zur Ausbuchung Folgendes anzugeben:

(a) den zum Zeitpunkt der Reklassifizierung bestimmten Effektivzinssatz und

(b) die erfassten Zinserträge.

12D Hat ein Unternehmen finanzielle Vermögenswerte seit dem letzten Abschlussstichtag aus der Kategorie der erfolgsneutralen Bewertung zum beizulegenden Zeitwert im sonstigen Ergebnis reklassifiziert, so dass sie zu fortgeführten Anschaffungskosten bewertet werden, oder aus der Kategorie der erfolgswirksamen Bewertung zum beizulegenden Zeitwert reklassifiziert, so dass sie zu fortgeführten Anschaffungskosten oder erfolgsneutral zum beizulegenden Zeitwert im sonstigen Ergebnis bewertet werden, sind folgende Angaben erforderlich:

(a) der beizulegende Zeitwert der finanziellen Vermögenswerte am Abschlussstichtag und

(b) der Gewinn oder Verlust aus der Veränderung des beizulegenden Zeitwerts, der ohne Reklassifizierung der finanziellen Vermögenswerte während der Berichtsperiode erfolgswirksam oder im sonstigen Ergebnis erfasst worden wäre.

(weggefallen) 13

Saldierung von finanziellen Vermögenswerten und finanziellen Verbindlichkeiten

Die Angaben in den Paragraphen 13B-13E ergänzen die sonstigen Angabepflichten im Sinne dieses IFRS und sind für alle bilanzierten Finanzinstrumente vorgeschrieben, die nach IAS 32 Paragraph 42 saldiert werden. Diese Angaben gelten auch für bilanzierte Finanzinstrumente, die einer rechtlich durchsetzbaren Globalnettingvereinbarung oder einer ähnlichen Vereinbarung unterliegen, unabhängig davon, ob sie gemäß IAS 32 Paragraph 42 saldiert werden. 13A

Ein Unternehmen hat Informationen zu veröffentlichen, die Nutzer von Abschlüssen in die Lage versetzen, die Auswirkung oder mögliche Auswirkung von Nettingvereinbarungen auf die Vermögenslage des Unternehmens zu bewerten. Dazu zählen die Auswirkung oder mögliche Auswirkung einer Saldierung im Zusammenhang mit bilanzierten finanziellen Vermögenswerten und bilanzierten finanziellen Verbindlichkeiten eines Unternehmens, die in den Anwendungsbereich von Paragraph 13A fallen. 13B

Um das Ziel von Paragraph 13B zu erfüllen, hat ein Unternehmen am Ende der Berichtsperiode die folgenden quantitativen Informationen anzugeben - getrennt nach bilanzierten finanziellen Vermögenswerten und bilanzierten finanziellen Verbindlichkeiten, die in den Anwendungsbereich von Paragraph 13A fallen: 13C

(a) die Bruttobeträge dieser bilanzierten finanziellen Vermögenswerte und bilanzierten finanziellen Verbindlichkeiten;

(b) die Beträge, die gemäß der Kriterien von IAS 32 Paragraph 42 saldiert werden, wenn es um die Festlegung der in der Bilanz ausgewiesenen Nettobeträge geht;

(c) die Nettobeträge, die in der Bilanz dargestellt werden;

(d) die Beträge, die einer rechtlich durchsetzbaren Globalnettingvereinbarung oder einer ähnlichen Vereinbarung unterliegen und die nicht ansonsten Gegenstand von Paragraph 13C(b) sind, einschließlich:

 (i) Beträge im Zusammenhang mit bilanzierten Finanzinstrumenten, die weder bestimmte noch sämtliche Saldierungskriterien von IAS 32 Paragraph 42 erfüllen und

 (ii) Beträge im Zusammenhang mit finanziellen Sicherheiten (einschließlich Barsicherheiten) und

(e) der Nettobetrag nach Abzug der in zuvor unter (d) von den unter (c) genannten Beträgen.

Die im Sinne dieses Paragraphen geforderten Informationen sind in tabellarischer Form getrennt nach finanziellen Vermögenswerten und finanziellen Verbindlichkeiten anzugeben, sofern nicht ein anderes Format zweckmäßiger ist.

Der gemäß Paragraph 13C(d) für ein Instrument angegebene Gesamtbetrag ist auf den in Paragraph 13C(c) für dieses Instrument genannten Betrag beschränkt. 13D

Ein Unternehmen nimmt in die Angaben zu den Saldierungsrechten im Zusammenhang mit bilanzierten finanziellen Vermögenswerten und bilanzierten finanziellen Verbindlichkeiten des Unternehmens, die rechtlich durchsetzbaren Globalnettingvereinbarungen und ähnlichen Vereinbarungen unterliegen, die gemäß Paragraph 13C(d) angegeben werden, eine Erläuterung auf, in der auch die Wesensart dieser Rechte beschrieben wird. 13E

Werden die in den Paragraphen 13B-13E geforderten Informationen in mehr als einer Anhangziffer zum Abschluss veröffentlicht, hat das Unternehmen Querverweise zwischen diesen Anhängen vorzunehmen. 13F

Sicherheiten

Ein Unternehmen hat Folgendes anzugeben: 14

(a) den Buchwert der finanziellen Vermögenswerte, die es als Sicherheit für Verbindlichkeiten oder Eventualverbindlichkeiten gestellt hat, einschließlich der gemäß IFRS 9 Paragraph 3.2.23(a) reklassifizierten Beträge, und

(b) die Vertragsbedingungen dieser Besicherung.

15 Sofern ein Unternehmen Sicherheiten (in Form finanzieller oder nicht finanzieller Vermögenswerte) hält und diese ohne Vorliegen eines Zahlungsverzugs ihres Eigentümers verkaufen oder als Sicherheit weiterreichen darf, hat es Folgendes anzugeben:

(a) den beizulegenden Zeitwert der gehaltenen Sicherheiten;

(b) den beizulegenden Zeitwert aller verkauften oder weitergereichten Sicherheiten, und ob das Unternehmen zur Rückgabe an den Eigentümer verpflichtet ist; und

(c) die Vertragsbedingungen, die mit der Nutzung dieser Sicherheiten verbunden sind.

Wertberichtigungsposten für Kreditausfälle

16 (weggefallen)

16A Der Buchwert von finanziellen Vermögenswerten, die gemäß IFRS 9 Paragraph 4.1.2A erfolgsneutral zum beizulegenden Zeitwert im sonstigen Ergebnis bewertet werden, wird nicht um eine Wertberichtigung verringert, und die Wertberichtigung ist in der Bilanz nicht gesondert als Verringerung des Buchwerts des finanziellen Vermögenswerts auszuweisen. Jedoch hat ein Unternehmen die Wertberichtigung im Anhang zum Abschluss anzugeben.

Zusammengesetzte Finanzinstrumente mit mehreren eingebetteten Derivaten

17 Hat ein Unternehmen ein Finanzinstrument emittiert, das sowohl eine Fremd- als auch eine Eigenkapitalkomponente enthält (siehe IAS 32, Paragraph 28), und sind in das Instrument mehrere Derivate eingebettet, deren Werte voneinander abhängen (wie etwa ein kündbares wandelbares Schuldinstrument), so ist dieser Umstand anzugeben.

Zahlungsverzögerungen bzw. -ausfälle und Vertragsverletzungen

18 Für am Berichtsstichtag angesetzte *Darlehensverbindlichkeiten* sind folgende Angaben zu machen:

(a) Einzelheiten zu allen in der Berichtsperiode eingetretenen Zahlungsverzögerungen bzw. -ausfällen, welche die Tilgungs- oder Zinszahlungen, den Tilgungsfonds oder die Tilgungsbedingungen der Darlehensverbindlichkeiten betreffen;

(b) der am Berichtsstichtag angesetzte Buchwert der Darlehensverbindlichkeiten, bei denen die Zahlungsverzögerungen bzw. -ausfälle aufgetreten sind; und

(c) ob die Zahlungsverzögerungen bzw. -ausfälle behoben oder die Bedingungen für die Darlehensverbindlichkeiten neu ausgehandelt wurden, bevor die Veröffentlichung des Abschlusses genehmigt wurde.

19 Ist es in der Berichtsperiode neben den in Paragraph 18 beschriebenen Verstößen noch zu anderen Verletzungen von Darlehensverträgen gekommen, hat ein Unternehmen auch in Bezug auf diese die in Paragraph 18 geforderten Angaben zu machen, sofern die Vertragsverletzungen den Kreditgeber berechtigen, eine vorzeitige Rückzahlung zu fordern (sofern die Verletzungen am oder vor dem Berichtsstichtag nicht behoben oder die Darlehenskonditionen neu verhandelt wurden).

Gesamtergebnisrechnung und Eigenkapital

Ertrags-, Aufwands-, Gewinn- oder Verlustposten

20 Ein Unternehmen hat die folgenden Ertrags-, Aufwands-, Gewinn- oder Verlustposten entweder in der Gesamtergebnisrechnung oder im Anhang anzugeben:

(a) Nettogewinne oder -verluste aus:

(i) finanziellen Vermögenswerten oder finanziellen Verbindlichkeiten, die erfolgswirksam zum beizulegenden Zeitwert bewertet werden, wobei diejenigen aus finanziellen Vermögenswerten oder finanziellen Verbindlichkeiten, die beim erstmaligen Ansatz oder nachfolgend gemäß IFRS 9 Paragraph 6.7.1 als solche designiert wurden, getrennt auszuweisen sind von denjenigen aus finanziellen Vermögenswerten oder finanziellen Verbindlichkeiten, für die eine erfolgswirksame Bewertung zum beizulegenden Zeitwert gemäß IFRS 9 verpflichtend ist (z. B. finanzielle Verbindlichkeiten, die die Definition von „zu Handelszwecken gehalten" gemäß IFRS 9 erfüllen). Bei finanziellen Verbindlichkeiten, die als erfolgswirksam zum beizulegenden Zeitwert bewertet designiert werden, hat ein Unternehmen den im sonstigen Ergebnis erfassten Gewinn oder Verlust und den erfolgswirksam erfassten Betrag getrennt auszuweisen.

(ii) bis (iv) (weggefallen)

(v) finanziellen Verbindlichkeiten, die zu fortgeführten Anschaffungskosten bewertet werden.

(vi) finanziellen Vermögenswerten, die zu fortgeführten Anschaffungskosten bewertet werden.

(vii) Finanzinvestitionen in Eigenkapitalinstrumente, die gemäß IFRS 9 Paragraph 5.7.5 als erfolgsneutral zum beizulegenden Zeitwert im sonstigen Ergebnis bewertet designiert sind.

(viii) finanziellen Vermögenswerten, die gemäß IFRS 9 Paragraph 4.1.2A erfolgsneutral zum beizulegenden Zeitwert im sonstigen Ergebnis bewertet werden, wobei der Gewinn oder Verlust, der im sonstigen Ergebnis in der Periode erfasst wird, getrennt von dem Betrag auszuweisen ist, der bei der Ausbuchung aus dem kumulierten sonstigen Ergebnis in den Gewinn oder Verlust der Periode umgegliedert wird.

(b) den (nach der Effektivzinsmethode berechneten) Gesamtzinsertrag und Gesamtzinsaufwand für finanzielle Vermögenswerte, die zu fortgeführten Anschaffungskosten oder gemäß IFRS 9 Paragraph 4.1.2A erfolgsneutral zum beizulegenden Zeitwert im sonstigen Ergebnis bewertet werden (wobei diese Beträge getrennt auszuweisen sind), oder für finanzielle Verbindlichkeiten, die nicht erfolgswirksam zum beizulegenden Zeitwert bewertet werden.

(c) das als Ertrag oder Aufwand erfasste Entgelt (mit Ausnahme der Beträge, die in die Bestimmung der Effektivzinssätze einbezogen werden) aus:

(i) finanziellen Vermögenswerten und finanziellen Verbindlichkeiten, die nicht erfolgswirksam zum beizulegenden Zeitwert bewertet werden; und

(ii) Treuhänder- und anderen fiduziarischen Geschäften, die auf eine Vermögensverwaltung für fremde Rechnung einzelner Personen, Sondervermögen, Pensionsfonds und anderer institutioneller Anleger hinauslaufen.

(d) und (e) (weggefallen)

Ein Unternehmen hat eine Aufgliederung der in der Gesamtergebnisrechnung erfassten Gewinne oder Verluste aus der Ausbuchung von zu fortgeführten Anschaffungskosten bewerteten finanziellen Vermögenswerten vorzulegen, wobei die Gewinne und Verluste aus der Ausbuchung dieser finanziellen Vermögenswerte getrennt ausgewiesen werden. Diese Angabe muss auch die Gründe für die Ausbuchung dieser finanziellen Vermögenswerte enthalten. **20A**

Weitere Angaben

Rechnungslegungsmethoden

21 Gemäß Paragraph 117 des IAS 1 *Darstellung des Abschlusses* (überarbeitet 2007) macht ein Unternehmen in der Darstellung der maßgeblichen Rechnungslegungsmethoden Angaben über die bei der Erstellung des Abschlusses herangezogene(n) Bewertungsgrundlage(n) und die sonstigen angewandten Rechnungslegungsmethoden, die für das Verständnis des Abschlusses relevant sind.

Bilanzierung von Sicherungsgeschäften

21A Ein Unternehmen macht die in den Paragraphen 21B-24F geforderten Angaben für die Risiken, die es absichert und bei denen es sich für die Bilanzierung von Sicherungsgeschäften entscheidet. Die Angaben im Rahmen der Bilanzierung von Sicherungsgeschäften beinhalten folgende Informationen:

(a) die Risikomanagementstrategie eines Unternehmens sowie die Art und Weise, wie diese zur Steuerung von Risiken angewandt wird;

(b) inwieweit die Sicherungsgeschäfte eines Unternehmens die Höhe, den Zeitpunkt und die Unsicherheit seiner künftigen Zahlungsströme beeinflussen können; und

(c) die Auswirkung der Bilanzierung von Sicherungsgeschäften auf die Bilanz, die Gesamtergebnisrechnung und die Eigenkapitalveränderungsrechnung eines Unternehmens.

21B Ein Unternehmen hat die geforderten Angaben in einer einzelnen Anhangangabe oder einem separaten Abschnitt seines Abschlusses zu machen. Jedoch muss ein Unternehmen bereits an anderer Stelle dargestellte Informationen nicht duplizieren, sofern diese Informationen durch Querverweis aus dem Abschluss auf sonstige Verlautbarungen, wie z. B. einen Lage- oder Risikobericht, die den Abschlussadressaten unter denselben Bedingungen und zur selben Zeit wie der Abschluss zugänglich sind, eingebunden werden. Ohne die durch Querverweis eingebundenen Informationen ist der Abschluss unvollständig.

21C Hat ein Unternehmen die angegebenen Informationen gemäß den Paragraphen 22A-24F nach Risikokategorie zu trennen, legt es jede Risikokategorie basierend auf den Risiken fest, bei denen es sich für eine Absicherung entscheidet und die Bilanzierung von Sicherungsgeschäften angewandt wird. Ein Unternehmen hat die Risikokategorien einheitlich für alle Angaben im Rahmen der Bilanzierung von Sicherungsgeschäften festzulegen.

21D Um die Zielsetzungen des Paragraphen 21A zu erfüllen, hat ein Unternehmen (sofern nachfolgend nicht anderes bestimmt) festzulegen, wie viele Details anzugeben sind, wieviel Gewicht es auf die verschiedenen Aspekte der geforderten Angaben legt, den erforderlichen Grad der Aufgliederung oder Zusammenfassung und ob die Abschlussadressaten zusätzliche Erläuterungen zur Beurteilung der angegebenen quantitativen Informationen benötigen. Jedoch hat ein Unternehmen denselben Grad der Aufgliederung oder Zusammenfassung anzuwenden, den es bei den geforderten Angaben zusammengehöriger Informationen gemäß diesem IFRS und IFRS 13 *Bemessung des beizulegenden Zeitwerts* anwendet.

Die Risikomanagementstrategie

22 (weggefallen)

22A Ein Unternehmen hat seine Risikomanagementstrategie für jede Risikokategorie, bei denen es sich für eine Absicherung entscheidet und die Bilanzierung von Sicherungsgeschäften angewendet, zu erläutern. Diese Erläuterung sollte es den Abschlussadressaten ermöglichen, (z. B.) Folgendes zu beurteilen:

(a) wie die einzelnen Risiken entstehen.

(b) wie das Unternehmen die einzelnen Risiken steuert; hierin eingeschlossen ist, ob das Unternehmen ein Geschäft in seiner Gesamtheit gegen sämtliche Risiken oder eine Risikokomponente (oder -komponenten) eines Geschäfts absichert und warum.

(c) das Ausmaß der Risiken, die durch das Unternehmen gesteuert werden.

Zur Erfüllung der Vorschriften in Paragraph 22A sollten die Informationen u. a. folgende Beschreibungen enthalten: **22B**

(a) die Sicherungsinstrumente, die zur Risikoabsicherung verwendet werden (und wie sie verwendet werden);

(b) wie das Unternehmen die wirtschaftliche Beziehung zwischen dem gesicherten Grundgeschäft und dem Sicherungsinstrument zum Zwecke der Beurteilung der Wirksamkeit der Absicherung bestimmt; und

(c) wie das Unternehmen die Sicherungsquote festlegt und was die Ursachen für eine Unwirksamkeit der Absicherung sind.

Wenn ein Unternehmen eine spezifische Risikokomponente als gesichertes Grundgeschäft designiert (siehe IFRS 9 Paragraph 6.3.7), hat es zusätzlich zu den gemäß den Paragraphen 22A und 22B geforderten Angaben die folgenden qualitativen oder quantitativen Informationen bereitzustellen: **22C**

(a) wie das Unternehmen die als gesichertes Grundgeschäft designierte Risikokomponente bestimmt (einschließlich einer Beschreibung der Art der Beziehung zwischen der Risikokomponente und dem Geschäft insgesamt) und

(b) wie die Risikokomponente mit dem Geschäft insgesamt verbunden ist (Beispiel: Die designierte Risikokomponente hat in der Vergangenheit durchschnittlich 80 Prozent der Änderungen des beizulegenden Zeitwerts des Geschäfts insgesamt abgedeckt).

Höhe, Zeitpunkt und Unsicherheit künftiger Zahlungsströme

(weggefallen) **23**

Sofern nicht durch Paragraph 23C von dieser Pflicht befreit, hat ein Unternehmen quantitative Informationen je Risikokategorie anzugeben, so dass Abschlussadressaten die vertraglichen Rechte und Pflichten aus den Sicherungsinstrumenten beurteilen können, und wie sich diese auf die Höhe, den Zeitpunkt und die Unsicherheit künftiger Zahlungsströme des Unternehmens auswirken. **23A**

Zur Erfüllung der Vorschriften in Paragraph 23A hat das Unternehmen eine Aufschlüsselung mit folgenden Angaben vorzulegen: **23B**

(a) ein zeitliches Profil für den Nominalbetrag des Sicherungsinstruments und

(b) falls zutreffend, den Durchschnittspreis- oder -kurs (z. B. Ausübungspreis, Terminkurse usw.) des Sicherungsinstruments.

In Situationen, in denen ein Unternehmen Sicherungsbeziehungen häufig erneuert (d. h. beendet und neu beginnt), da sowohl das Sicherungsinstrument als auch das gesicherte Grundgeschäft häufig geändert werden (d. h. das Unternehmen wendet einen dynamischen Prozess an, in dem sowohl das Risiko als auch die Sicherungsinstrumente zur Steuerung dieses Risikos nicht lange gleich bleiben – wie in dem Beispiel in IFRS 9 Paragraph B6.5.24(b)): **23C**

(a) ist das Unternehmen von der Bereitstellung der gemäß den Paragraphen 23A und 23B geforderten Angaben befreit.

(b) sind folgende Angaben erforderlich:

 (i) Informationen darüber, wie die ultimative Risikomanagementstrategie in Bezug auf diese Sicherungsbeziehungen ist;

(ii) eine Beschreibung, wie es seine Risikomanagementstrategie durch Verwendung der Bilanzierung von Sicherungsgeschäften und Designation dieser bestimmten Sicherungsbeziehungen widerspiegelt und

(iii) ein Hinweis, wie oft die Sicherungsbeziehungen im Rahmen des diesbezüglichen Prozesses des Unternehmens beendet und neu begonnen werden.

23D Ein Unternehmen hat für jede Risikokategorie eine Beschreibung der Ursachen einer Unwirksamkeit der Absicherung anzugeben, die sich voraussichtlich auf die Sicherungsbeziehung während deren Laufzeit auswirkt.

23E Wenn in einer Sicherungsbeziehung andere Ursachen einer Unwirksamkeit der Absicherung eintreten, hat ein Unternehmen diese Ursachen je Risikokategorie anzugeben und die daraus resultierende Unwirksamkeit der Absicherung zu erläutern.

23F Bei der Absicherung von Zahlungsströmen hat ein Unternehmen eine Beschreibung jeder erwarteten Transaktion vorzulegen, für die in der vorherigen Periode die Bilanzierung von Sicherungsgeschäften verwendet wurde, deren Eintritt aber nicht mehr erwartet wird.

Auswirkungen der Bilanzierung von Sicherungsgeschäften auf die Vermögens-, Finanz und Ertragslage

24 (weggefallen)

24A Ein Unternehmen hat getrennt nach Risikokategorie für jede Art der Absicherung (Absicherung des beizulegenden Zeitwerts, Absicherung von Zahlungsströmen oder Absicherung einer Nettoinvestition in einen ausländischen Geschäftsbetrieb) folgende Beträge in Bezug auf als Sicherungsinstrumente designierte Geschäfte in tabellarischer Form anzugeben:

(a) den Buchwert der Sicherungsinstrumente (finanzielle Vermögenswerte getrennt von finanziellen Verbindlichkeiten);

(b) den Bilanzposten, in dem das Sicherungsinstrument enthalten ist;

(c) die Änderung des beizulegenden Zeitwerts des Sicherungsinstruments, die als Grundlage für die Erfassung einer Unwirksamkeit der Absicherung für die Periode herangezogen wird, und

(d) die Nominalbeträge (einschließlich Volumen wie z. B. Tonnen oder Kubikmeter) der Sicherungsinstrumente.

24B Ein Unternehmen hat getrennt nach Risikokategorie für jede Art der Absicherung folgende Beträge in Bezug auf gesicherte Grundgeschäfte in tabellarischer Form anzugeben:

(a) für Absicherungen des beizulegenden Zeitwerts:

(i) der Buchwert des in der Bilanz erfassten gesicherten Grundgeschäfts (wobei Vermögenswerte getrennt von Verbindlichkeiten ausgewiesen werden);

(ii) der kumulierte Betrag sicherungsbedingter Anpassungen aus dem beizulegenden Zeitwert bei dem gesicherten Grundgeschäft, der im Buchwert des bilanzierten Grundgeschäfts enthalten ist (wobei Vermögenswerte getrennt von Verbindlichkeiten ausgewiesen werden);

(iii) der Bilanzposten, in dem das gesicherte Grundgeschäft enthalten ist;

(iv) der Wertänderung des gesicherten Grundgeschäfts, die als Grundlage für die Erfassung einer Unwirksamkeit der Absicherung für die Periode herangezogen wird, und

(v) der kumulierte Betrag sicherungsbedingter Anpassungen aus dem beizulegenden Zeitwert, der für gesicherte Grundgeschäfte in der Bilanz verbleibt, die nicht mehr um Sicherungsgewinne und -verluste gemäß IFRS 9 Paragraph 6.5.10 angepasst werden.

(b) für Absicherungen von Zahlungsströmen und Absicherungen einer Nettoinvestition in einen ausländischen Geschäftsbetrieb:

   (i) die Wertänderung des gesicherten Grundgeschäfts, die als Grundlage für die Erfassung einer Unwirksamkeit der Absicherung für die Periode herangezogen wird (d. h. bei Absicherungen von Zahlungsströmen die Wertänderung, die zur Bestimmung der erfassten Unwirksamkeit der Absicherung gemäß IFRS 9 Paragraph 6.5.11(c) herangezogen wird);

   (ii) die Salden in der Rücklage für die Absicherung von Zahlungsströmen und der Währungsumrechnungsrücklage für laufende Absicherungen, die gemäß den IFRS 9 Paragraphen 6.5.11 und 6.5.13(a) bilanziert werden; und

   (iii) die verbleibenden Salden in der Rücklage für die Absicherung von Zahlungsströmen und der Währungsumrechnungsrücklage aus etwaigen Sicherungsbeziehungen, bei denen die Bilanzierung von Sicherungsgeschäften nicht mehr angewandt wird.

Ein Unternehmen hat getrennt nach Risikokategorie für jede Art der Absicherung folgende Beträge in tabellarischer Form anzugeben: **24C**

(a) für Absicherungen des beizulegenden Zeitwerts:

   (i) eine Unwirksamkeit der Absicherung, d. h. die Differenz zwischen den Sicherungsgewinnen oder -verlusten des Sicherungsinstruments und des gesicherten Grundgeschäfts, die erfolgswirksam erfasst wird (oder im sonstigen Ergebnis bei Absicherungen eines Eigenkapitalinstruments, bei dem das Unternehmen die Wahl getroffen hat, Änderungen des beizulegenden Zeitwerts gemäß Paragraph 5.7.5 im sonstigen Ergebnis zu erfassen); und

   (ii) den Posten der Gesamtergebnisrechnung, in dem die erfasste Unwirksamkeit der Absicherung enthalten ist.

(b) für Absicherungen von Zahlungsströmen und Absicherungen einer Nettoinvestition in einen ausländischen Geschäftsbetrieb:

   (i) die Sicherungsgewinne oder -verluste der Berichtsperiode, die im sonstigen Ergebnis erfasst wurden;

   (ii) die erfolgswirksam erfasste Unwirksamkeit der Absicherung;

   (iii) den Posten der Gesamtergebnisrechnung, in dem die erfasste Unwirksamkeit der Absicherung enthalten ist;

   (iv) den Betrag, der aus der Rücklage für die Absicherung von Zahlungsströmen oder der Währungsumrechnungsrücklage als Umgliederungsbetrag (siehe IAS 1) in den Gewinn oder Verlust umgegliedert wurde (wobei zwischen Beträgen, bei denen die Bilanzierung von Sicherungsgeschäften bislang angewandt wurde und der Eintritt der gesicherten künftigen Zahlungsströme nicht mehr erwartet wird, und Beträgen, die übertragen wurden, da sich das gesicherte Grundgeschäft auf den Gewinn oder Verlust ausgewirkt hat, unterschieden wird);

   (v) den Posten der Gesamtergebnisrechnung, in dem der Umgliederungsbetrag (siehe IAS 1) enthalten ist; und

   (vi) für Absicherungen von Nettopositionen die Sicherungsgewinne oder -verluste, die in einem gesonderten Posten der Gesamtergebnisrechnung erfasst werden (siehe IFRS 9 Paragraph 6.6.4).

Wenn das Volumen der Sicherungsbeziehungen, für die die Befreiung in Paragraph 23C gilt, für die normalen Volumen während der Periode nicht repräsentativ ist (d. h. das Volumen am Abschlussstichtag spiegelt nicht die Volumen während der Periode wider), hat ein Unternehmen diese Tatsache und den Grund, warum die Volumen seiner Meinung nach nicht repräsentativ sind, anzugeben. **24D**

24E Ein Unternehmen hat für jede Komponente des Eigenkapitals eine Überleitungsrechnung sowie eine Aufgliederung des sonstigen Ergebnisses gemäß IAS 1 vorzulegen, worin insgesamt:

(a) mindestens zwischen den Beträgen, die sich auf die Angaben gemäß Paragraph 24C(b)(i) und (b)(iv) beziehen, sowie den gemäß IFRS 9 Paragraph 6.5.11(d)(i) und (d)(iii) bilanzierten Beträgen unterschieden wird;

(b) zwischen den Beträgen im Zusammenhang mit dem Zeitwert von Optionen zur Absicherung von transaktionsbezogenen gesicherten Grundgeschäften und den Beträgen im Zusammenhang mit dem Zeitwert von Optionen zur Absicherung von zeitraumbezogenen gesicherten Grundgeschäften unterschieden wird, wenn ein Unternehmen den Zeitwert einer Option gemäß IFRS 9 Paragraph 6.5.15 bilanziert; und

(c) zwischen den Beträgen im Zusammenhang mit den Terminelementen von Termingeschäften und Währungsbasis-Spreads von Finanzinstrumenten zur Absicherung von transaktionsbezogenen gesicherten Grundgeschäften und den Beträgen im Zusammenhang mit den Terminelementen von Termingeschäften und Währungsbasis-Spreads von Finanzinstrumenten zur Absicherung von zeitraumbezogenen gesicherten Grundgeschäften unterschieden wird, wenn ein Unternehmen diese Beträge gemäß IFRS 9 Paragraph 6.5.16 bilanziert.

24F Ein Unternehmen hat die gemäß Paragraph 24E geforderten Angaben getrennt nach Risikokategorie zu machen. Diese Aufschlüsselung nach Risiko kann im Anhang zum Abschluss erfolgen.

Wahlrecht zur Designation einer Ausfallrisikoposition als erfolgswirksam zum beizulegenden Zeitwert bewertet

24G Wenn ein Unternehmen ein Finanzinstrument oder einen prozentualen Anteil davon als erfolgswirksam zum beizulegenden Zeitwert bewertet designiert hat, da es ein Kreditderivat zur Steuerung des Ausfallrisikos bei diesem Finanzinstrument verwendet, sind folgende Angaben erforderlich:

(a) für Kreditderivate zur Steuerung des Ausfallrisikos bei Finanzinstrumenten, die gemäß IFRS 9 Paragraph 6.7.1 als erfolgswirksam zum beizulegenden Zeitwert bewertet designiert wurden, eine Überleitungsrechnung für jeden Nominalbetrag und den beizulegenden Zeitwert am Anfang und am Ende der Periode;

(b) der bei der Designation eines Finanzinstruments oder eines prozentualen Anteils davon gemäß IFRS 9 Paragraph 6.7.1 als erfolgswirksam zum beizulegenden Zeitwert bewertete erfolgswirksam erfasste Gewinn oder Verlust; und

(c) bei Beendigung der erfolgswirksamen Bewertung zum beizulegenden Zeitwert eines Finanzinstruments oder eines prozentualen Anteils davon, der beizulegende Zeitwert dieses Finanzinstruments, der gemäß IFRS 9 Paragraph 6.7.4(b) zum neuen Buchwert geworden ist, und der zugehörige Nominal- oder Kapitalbetrag (außer zur Bereitstellung von Vergleichsinformationen gemäß IAS 1 muss ein Unternehmen diese Angaben in späteren Perioden nicht machen).

Durch die Reform der Referenzzinssätze bedingte Unsicherheiten

24H Zu Sicherungsbeziehungen, bei denen das Unternehmen die Ausnahmen der Paragraphen 6.8.4-6.8.12 des IFRS 9 oder der Paragraphen 102D – 102N des IAS 39 anwendet, ist Folgendes anzugeben:

(a) die maßgeblichen Referenzzinssätze, denen die Sicherungsbeziehungen des Unternehmens unterliegen,

(b) in welchem Umfang das vom Unternehmen gesteuerte Risiko unmittelbar von der Reform der Referenzzinssätze betroffen ist,

(c) wie das Unternehmen den Übergang zu alternativen Referenzsätzen steuert,

(d) eine Beschreibung der maßgeblichen Annahmen oder Ermessensentscheidungen, die das Unternehmen bei der Anwendung dieser Paragraphen getroffen hat (bspw. Annahmen oder Ermessensentscheidungen im Hinblick darauf, wann die durch die Reform der Referenzzinssätze bedingte Unsicherheit, was den Zeitpunkt und die Höhe der referenzzinssatzbasierten Zahlungsströme angeht, nicht mehr besteht), und

(e) den Nominalbetrag der bei diesen Sicherungsbeziehungen eingesetzten Sicherungsinstrumente.

Beizulegender Zeitwert

Sofern Paragraph 29 nicht etwas anderes bestimmt, hat ein Unternehmen für jede einzelne Klasse von finanziellen Vermögenswerten und Verbindlichkeiten (siehe Paragraph 6) den beizulegenden Zeitwert so anzugeben, dass ein Vergleich mit den entsprechenden Buchwerten möglich ist. **25**

Bei der Angabe der beizulegenden Zeitwerte sind die finanziellen Vermögenswerte und Verbindlichkeiten in Klassen einzuteilen, wobei eine Saldierung zwischen den einzelnen Klassen nur insoweit zulässig ist, wie die zugehörigen Buchwerte in der Bilanz saldiert sind. **26**

(weggefallen) **27 bis 27B**

In einigen Fällen setzt ein Unternehmen beim erstmaligen Ansatz eines finanziellen Vermögenswerts oder einer finanziellen Verbindlichkeit einen Gewinn oder Verlust nicht an, da der beizulegende Zeitwert weder durch eine Marktpreisnotierung in einem aktiven Markt für einen identischen Vermögenswert bzw. eine identische Schuld (d. h. einen Inputfaktor auf Stufe 1) noch mit Hilfe einer Bewertungstechnik, die nur Daten aus beobachtbaren Märkten verwendet, belegt wird (siehe IFRS 9 Paragraph B5.1.2A). In solchen Fällen hat das Unternehmen für jede Klasse von finanziellen Vermögenswerten oder finanziellen Verbindlichkeiten Folgendes anzugeben: **28**

(a) seine Rechnungslegungsmethode zur erfolgswirksamen Erfassung der Differenz zwischen dem beizulegenden Zeitwert beim erstmaligen Ansatz und dem Transaktionspreis, um eine Veränderung der Faktoren (einschließlich des Faktors Zeit) widerzuspiegeln, die Marktteilnehmer bei der Preisfestlegung für den Vermögenswert oder die Verbindlichkeit berücksichtigen würden (siehe IFRS 9 Paragraph B5.1.2A(b)).

(b) die Summe der noch erfolgswirksam zu erfassenden Differenzen zu Beginn und am Ende der Periode sowie die Überleitungsrechnung der Änderungen dieser Differenzen.

(c) die Gründe für die Schlussfolgerung des Unternehmens, dass der Transaktionspreis nicht der beste Nachweis für den beizulegenden Zeitwert sei, sowie eine Beschreibung der Nachweise für den beizulegenden Zeitwert.

Angaben über den beizulegenden Zeitwert werden nicht verlangt: **29**

(a) wenn der Buchwert einen angemessenen Näherungswert für den beizulegenden Zeitwert darstellt, beispielsweise bei Finanzinstrumenten wie kurzfristigen Forderungen und Verbindlichkeiten aus Lieferungen und Leistungen;

(b) bei einer Finanzinvestition in Eigenkapitalinstrumente, die keine Preisnotierung in einem aktiven Markt für ein identisches Instrument (d. h. ein Inputfaktor auf Stufe 1) haben, oder mit diesen Eigenkapitalinstrumenten verknüpfte Derivate, die gemäß IAS 39 zu den Anschaffungskosten bewertet werden, da ihr beizulegender Zeitwert nicht verlässlich bestimmt werden kann;

(c) wenn bei einem Vertrag mit einer ermessensabhängigen Überschussbeteiligung (wie in IFRS 4 beschrieben) deren beizulegender Zeitwert nicht verlässlich bestimmt werden kann; oder

(d) bei Leasingverbindlichkeiten.

In dem in Paragraph 29(c) beschriebenen Fall hat ein Unternehmen folgende Angaben zu machen, um Abschlussadressaten zu helfen, sich selbst ein Urteil über das Ausmaß der möglichen **30**

Differenzen zwischen dem Buchwert und dem beizulegenden Zeitwert dieser Verträge zu bilden:

(a) die Tatsache, dass für diese Finanzinstrumente keine Angaben zum beizulegenden Zeitwert gemacht wurden, da er nicht verlässlich bestimmt werden kann;

(b) eine Beschreibung der Finanzinstrumente, ihres Buchwerts und eine Erklärung, warum der beizulegende Zeitwert nicht verlässlich bestimmt werden kann;

(c) Informationen über den Markt für diese Finanzinstrumente;

(d) Informationen darüber, ob und auf welche Weise das Unternehmen beabsichtigt, diese Finanzinstrumente zu veräußern; und

(e) die Tatsache, dass Finanzinstrumente, deren beizulegender Zeitwert früher nicht verlässlich bestimmt werden konnte, ausgebucht werden, sowie deren Buchwert zum Zeitpunkt der Ausbuchung und den Betrag des erfassten Gewinns oder Verlusts.

Art und Ausmaß von Risiken, die sich aus Finanzinstrumenten ergeben

31 Ein Unternehmen hat seine Angaben so zu gestalten, dass die Abschlussadressaten Art und Ausmaß der mit Finanzinstrumenten verbundenen Risiken, denen das Unternehmen zum Berichtsstichtag ausgesetzt ist, beurteilen können.

32 Die in den Paragraphen 33-42 geforderten Angaben sind auf Risiken aus Finanzinstrumenten gerichtet und darauf, wie diese gesteuert werden. Zu diesen Risiken gehören u. a. Ausfallrisiken, *Liquiditätsrisiken* und Marktrisiken.

32A Werden quantitative Angaben durch qualitative Angaben ergänzt, können die Abschlussadressaten eine Verbindung zwischen zusammenhängenden Angaben herstellen und sich so ein Gesamtbild von Art und Ausmaß der aus Finanzinstrumenten resultierenden Risiken machen. Das Zusammenwirken aus qualitativen und quantitativen Angaben trägt dazu bei, dass die Adressaten die Risiken, denen das Unternehmen ausgesetzt ist, besser einschätzen können.

Qualitative Angaben

33 Für jede Risikoart in Verbindung mit Finanzinstrumenten hat ein Unternehmen folgende Angaben zu machen:

(a) Umfang und Ursache der Risiken;

(b) seine Ziele, Methoden und Prozesse zur Steuerung dieser Risiken und die zur Bewertung der Risiken eingesetzten Methoden; und

(c) etwaige Änderungen von (a) oder (b) gegenüber der vorhergehenden Periode.

Quantitative Angaben

34 Für jede Risikoart in Verbindung mit Finanzinstrumenten hat ein Unternehmen folgende Angaben zu machen:

(a) zusammengefasste quantitative Daten bezüglich des jeweiligen Risikos, dem es am Ende der Berichtsperiode ausgesetzt ist; diese Angaben beruhen auf den Informationen, die Personen in Schlüsselpositionen (Definition siehe IAS 24 *Angaben über Beziehungen zu nahe stehenden Unternehmen und Personen*), wie dem Geschäftsführungs- und/oder Aufsichtsorgan des Unternehmens oder dessen Vorsitzenden, intern erteilt werden;

(b) die in den Paragraphen 36-42 vorgeschriebenen Angaben, soweit sie nicht bereits unter (a) gemacht werden;

(c) Risikokonzentrationen, sofern sie nicht aus den gemäß (a) und (b) gemachten Angaben hervorgehen.

Sind die zum Berichtsstichtag angegebenen quantitativen Daten für die Risiken, denen ein Unternehmen während der Periode ausgesetzt war, nicht repräsentativ, so sind zusätzliche repräsentative Angaben zu machen. 35

Ausfallrisiko

Anwendungsbereich und Zielsetzungen

Ein Unternehmen hat für Finanzinstrumente, auf welche die Wertminderungsvorschriften in IFRS 9 angewandt werden, die in den Paragraphen 35F-35N geforderten Angaben zu machen. Allerdings gelten folgende Einschränkungen: 35A

(a) bei Forderungen aus Lieferungen und Leistungen, Vertragsvermögenswerten und Forderungen aus Leasingverhältnissen gilt Paragraph 35J für jene Forderungen aus Lieferungen und Leistungen, Vertragsvermögenswerte und Forderungen aus Leasingverhältnissen, bei denen gemäß Paragraph 5.5.15 von IFRS 9 die über die Laufzeit erwarteten Kreditverluste erfasst werden, wenn diese finanziellen Vermögenswerte bei ihrer Änderung mehr als 30 Tage überfällig sind; und

(b) Paragraph 35K(b) gilt nicht für Forderungen aus Leasingverhältnissen.

Anhand der gemäß den Paragraphen 35F-35N gemachten Angaben zu den Ausfallrisiken können Abschlussadressaten die Auswirkung des Ausfallrisikos auf die Höhe, den Zeitpunkt und die Unsicherheit künftiger Zahlungsströme beurteilen. Um diese Zielsetzung zu erfüllen, müssen die Angaben zu Ausfallrisiken Folgendes enthalten: 35B

(a) Informationen über die Ausfallrisikosteuerungspraktiken eines Unternehmens sowie Informationen darüber, wie diese mit der Erfassung und Bemessung erwarteter Kreditverluste zusammenhängen, einschließlich der zur Bemessung erwarteter Kreditverluste verwendeten Methoden, Annahmen und Informationen;

(b) quantitative und qualitative Informationen, so dass Abschlussadressaten die sich aus den erwarteten Kreditverlusten im Abschluss ergebenden Beträge beurteilen können, einschließlich Änderungen der Höhe der erwarteten Kreditverluste und der Gründe für diese Änderungen; und

(c) Informationen über die Ausfallrisikoposition eines Unternehmens (d. h. das Ausfallrisiko, mit dem die finanziellen Vermögenswerte eines Unternehmens und die Zusagen einer Kreditgewährung behaftet sind), einschließlich signifikanter Konzentrationen des Ausfallrisikos.

Ein Unternehmen muss bereits an anderer Stelle dargestellte Informationen nicht duplizieren, sofern diese Informationen durch Querverweis aus dem Abschluss auf sonstige Verlautbarungen, wie z. B. einen Lage- oder Risikobericht, die den Abschlussadressaten unter denselben Bedingungen und zur selben Zeit wie der Abschluss zugänglich sind, eingebunden werden. Ohne die durch Querverweis eingebundenen Informationen ist der Abschluss unvollständig. 35C

Um die Zielsetzungen gemäß Paragraph 35B zu erfüllen, hat ein Unternehmen (sofern nachfolgend nicht anderes bestimmt ist) festzulegen, wie viele Details anzugeben sind, wieviel Gewicht es auf die verschiedenen Aspekte der geforderten Angaben legt, den erforderlichen Grad der Aufgliederung oder Zusammenfassung und ob Abschlussadressaten zusätzliche Erläuterungen zur Beurteilung der angegebenen quantitativen Informationen benötigen. 35D

Wenn die gemäß den Paragraphen 35F-35N gemachten Angaben nicht ausreichen, um die in Paragraph 35B genannten Zielsetzungen zu erfüllen, hat das Unternehmen zusätzliche Angaben zu machen, um diese Zielsetzungen zu erfüllen. 35E

Ausfallrisikosteuerungspraktiken

Ein Unternehmen hat seine Ausfallrisikosteuerungspraktiken zu erläutern und wie sie mit der Erfassung und Bemessung erwarteter Kreditverluste zusammenhängen. Zur Erfüllung dieser 35F

Zielsetzung hat ein Unternehmen Folgendes anzugeben, so dass Abschlussadressaten verstehen und beurteilen können,

(a) wie ein Unternehmen bestimmt hat, ob sich das Ausfallrisiko bei Finanzinstrumenten seit dem erstmaligen Ansatz signifikant erhöht hat, einschließlich ob und wie:

  (i) Finanzinstrumente gemäß IFRS 9 Paragraph 5.5.10 als mit niedrigem Ausfallrisiko angesehen werden, einschließlich der Klasse der Finanzinstrumente, auf die dies zutrifft; und

  (ii) die Vermutung in IFRS 9 Paragraph 5.5.11, dass sich das Ausfallrisiko seit dem erstmaligen Ansatz signifikant erhöht hat, wenn finanzielle Vermögenswerte mehr als 30 Tage überfällig sind, widerlegt wurde;

(b) die Ausfalldefinitionen eines Unternehmens, einschließlich der Gründe für die Auswahl dieser Definitionen;

(c) wie die Instrumente in Gruppen zusammengefasst wurden, falls die erwarteten Kreditverluste auf kollektiver Basis bemessen wurden;

(d) wie ein Unternehmen bestimmt hat, dass finanzielle Vermögenswerte finanzielle Vermögenswerte mit beeinträchtigter Bonität sind;

(e) die Abschreibungspolitik eines Unternehmens, einschließlich der Indikatoren, dass nach angemessener Einschätzung keine Realisierbarkeit gegeben ist, und Informationen über das Vorgehen bei finanziellen Vermögenswerten, die abgeschrieben sind, aber noch einer Vollstreckungsmaßnahme unterliegen; und

(f) wie die Vorschriften gemäß IFRS 9 Paragraph 5.5.12 zur Änderung der vertraglichen Zahlungsströme von finanziellen Vermögenswerten angewandt wurden; dies beinhaltet, wie ein Unternehmen:

  (i) bestimmt, ob das Ausfallrisiko bei einem geänderten finanziellen Vermögenswert, für den die Wertberichtigung in Höhe der über die Laufzeit erwarteten Kreditverluste bemessen wurde, sich soweit verringert hat, dass die Wertberichtigung wieder gemäß IFRS 9 Paragraph 5.5.5 in Höhe des erwarteten 12-Monats-Kreditverlusts bemessen werden kann; und

  (ii) den Umfang überwacht, in dem die Wertberichtigung bei finanziellen Vermögenswerten, die die Kriterien unter (i) erfüllen, später wieder gemäß IFRS 9 Paragraph 5.5.3 in Höhe der über die Laufzeit erwarteten Kreditverluste bemessen wird.

35G Ein Unternehmen hat die Inputfaktoren, Annahmen und Schätzverfahren, die zur Anwendung der Vorschriften in IFRS 9 Abschnitt 5.5 herangezogen wurden, zu erläutern. Zu diesem Zweck hat ein Unternehmen Folgendes anzugeben:

(a) die Grundlage der verwendeten Inputfaktoren, Annahmen und Schätzverfahren:

  (i) um den erwarteten 12-Monats-Kreditverlust und die über die Laufzeit erwarteten Kreditverluste zu bemessen;

  (ii) um zu bestimmen, ob sich das Ausfallrisiko bei Finanzinstrumenten seit dem erstmaligen Ansatz signifikant erhöht hat; und

  (iii) um zu bestimmen, ob ein finanzieller Vermögenswert ein finanzieller Vermögenswert mit beeinträchtigter Bonität ist.

(b) wie zukunftsorientierte Informationen in die Bestimmung der erwarteten Kreditverluste eingeflossen sind, einschließlich der Verwendung von makroökonomischen Informationen; und

(c) während der Berichtsperiode vorgenommene Änderungen der Schätzverfahren oder signifikanter Annahmen, und die Gründe für diese Änderungen.

Quantitative und qualitative Informationen zur Höhe der erwarteten Kreditverluste

Um die Änderungen der Wertberichtigung und die Gründe für diese Änderungen zu erläutern, hat ein Unternehmen für jede Klasse von Finanzinstrumenten eine Überleitungsrechnung von den Anfangs- auf die Schlusssalden der Wertberichtigung in tabellarischer Form vorzulegen, wobei die Änderungen in der Periode getrennt ausgewiesen werden für: **35H**

(a) die Wertberichtigung, die in Höhe des erwarteten 12-Monats-Kreditverlusts bemessen wird;

(b) die Wertberichtigung, die in Höhe der über die Laufzeit erwarteten Kreditverluste bemessen wird, und zwar für:

  (i) Finanzinstrumente, bei denen sich das Ausfallrisiko seit dem erstmaligen Ansatz signifikant erhöht hat, es sich aber nicht um finanzielle Vermögenswerte mit beeinträchtigter Bonität handelt;

  (ii) finanzielle Vermögenswerte, deren Bonität zum Abschlussstichtag beeinträchtigt ist (es bei Erwerb oder Ausreichung aber noch nicht war); und

  (iii) Forderungen aus Leistungen und Lieferungen, Vertragsvermögenswerte und Forderungen aus Leasingverhältnissen, bei denen die Wertberichtigungen gemäß IFRS 9 Paragraph 5.5.15 bemessen werden.

(c) finanzielle Vermögenswerte mit bereits bei Erwerb oder Ausreichung beeinträchtigter Bonität. Neben der Überleitungsrechnung hat ein Unternehmen den Gesamtbetrag der undiskontierten erwarteten Kreditverluste beim erstmaligen Ansatz von finanziellen Vermögenswerten, die in der Berichtsperiode erstmalig angesetzt wurden, anzugeben.

Damit Abschlussadressaten die gemäß Paragraph 35H angegebenen Änderungen der Wertberichtigung verstehen können, hat ein Unternehmen zu erläutern, inwieweit signifikante Änderungen des Bruttobuchwerts der Finanzinstrumente in der Periode zu Änderungen der Wertberichtigung beigetragen haben. Die Informationen sind für die wertberichtigten Finanzinstrumente, die in Paragraph 35H(a)-(c) aufgeführt sind, getrennt auszuweisen und müssen relevante qualitative und quantitative Informationen umfassen. Beispiele für Änderungen des Bruttobuchwerts von Finanzinstrumenten, die zu Änderungen der Wertberichtigung beitragen, sind u. a.: **35I**

(a) Änderungen aufgrund von Finanzinstrumenten, die in der Berichtsperiode ausgereicht oder erworben wurden;

(b) die Änderung der vertraglichen Zahlungsströme von finanziellen Vermögenswerten, die gemäß IFRS 9 nicht zur Ausbuchung dieser finanziellen Vermögenswerte führt;

(c) Änderungen aufgrund von Finanzinstrumenten, die in der Berichtsperiode ausgebucht wurden (einschließlich derjenigen, die abgeschrieben wurden); und

(d) Änderungen, die daraus entstehen, ob die Wertberichtigung in Höhe des erwarteten 12-Monats-Kreditverlusts oder in Höhe der über die Laufzeit erwarteten Kreditverluste bemessen wird.

Damit Abschlussadressaten die Art und die Auswirkung von Änderungen der vertraglichen Zahlungsströme von finanziellen Vermögenswerten, die nicht zu einer Ausbuchung geführt haben, und die Auswirkung solcher Änderungen auf die Bemessung der erwarteten Kreditverluste verstehen können, hat ein Unternehmen Folgendes anzugeben: **35J**

(a) die fortgeführten Anschaffungskosten vor der Änderung und der Netto-Gewinn oder -Verlust aus der Änderung, der bei finanziellen Vermögenswerten erfasst wurde, bei denen die vertraglichen Zahlungsströme in der Berichtsperiode geändert und deren Wertberichtigung in Höhe der über die Laufzeit erwarteten Kreditverluste bemessen wurde; und

(b) der Bruttobuchwert zum Abschlussstichtag von finanziellen Vermögenswerten, die seit dem erstmaligen Ansatz zu einem Zeitpunkt geändert wurden, als die Wertberichtigung in Höhe der über die Laufzeit erwarteten Kreditverluste bemessen wurde, und bei denen die Wertberichtigung in der Berichtsperiode auf die Höhe des erwarteten 12-Monats-Kreditverlusts umgestellt wurde.

35K Damit Abschlussadressaten die Auswirkung von Sicherheiten und anderen Kreditsicherheiten auf die Höhe der erwarteten Kreditverluste verstehen können, hat ein Unternehmen für jede Klasse von Finanzinstrumenten Folgendes anzugeben:

(a) den Betrag, der das maximale Ausfallrisiko, dem das Unternehmen am Abschlussstichtag ausgesetzt ist, am besten widerspiegelt, wobei etwaige gehaltene Sicherheiten oder sonstige Kreditsicherheiten (z. B. Aufrechnungsvereinbarungen, die die Saldierungskriterien gemäß IAS 32 nicht erfüllen) nicht berücksichtigt werden.

(b) eine Beschreibung der gehaltenen Sicherheiten und sonstigen Kreditsicherheiten, einschließlich:

   (i) einer Beschreibung der Art und Qualität der gehaltenen Sicherheiten;

   (ii) einer Erläuterung etwaiger signifikanter Änderungen in der Qualität dieser Sicherheiten oder sonstigen Kreditsicherheiten infolge einer Verschlechterung oder Änderungen in der Besicherungspolitik des Unternehmens während der Berichtsperiode; und

   (iii) Informationen über Finanzinstrumente, bei denen ein Unternehmen eine Wertberichtigung aufgrund der Sicherheiten nicht erfasst hat.

(c) quantitative Informationen über die gehaltenen Sicherheiten und sonstigen Kreditsicherheiten (z. B. Quantifizierung, inwieweit das Ausfallrisiko durch die Sicherheiten und sonstigen Kreditsicherheiten verringert wird) bei finanziellen Vermögenswerten, deren Bonität zum Abschlussstichtag beeinträchtigt ist.

35L Ein Unternehmen hat bei finanziellen Vermögenswerten, die während des Berichtszeitraums abgeschrieben wurden und noch einer Vollstreckungsmaßnahme unterliegen, den vertragsrechtlich ausstehenden Betrag anzugeben.

Ausfallrisiko

35M Damit Abschlussadressaten die Ausfallrisikoposition eines Unternehmens beurteilen und signifikante Konzentrationen dieser Ausfallrisiken verstehen können, hat ein Unternehmen für jede Ausfallrisiko-Ratingklasse den Bruttobuchwert der finanziellen Vermögenswerte und das Ausfallrisiko bei Kreditzusagen und finanziellen Garantien anzugeben. Diese Informationen sind für folgende Finanzinstrumente getrennt auszuweisen:

(a) Finanzinstrumente, bei denen die Wertberichtigung in Höhe des erwarteten 12-Monats-Kreditverlusts bemessen wird;

(b) Finanzinstrumente, bei denen die Wertberichtigung in Höhe der über die Laufzeit erwarteten Kreditverluste bemessen wird und bei denen es sich um folgende Finanzinstrumente handelt:

   (i) Finanzinstrumente, bei denen sich das Ausfallrisiko seit dem erstmaligen Ansatz signifikant erhöht hat, es sich aber nicht um finanzielle Vermögenswerte mit beeinträchtigter Bonität handelt;

   (ii) finanzielle Vermögenswerte, deren Bonität zum Abschlussstichtag beeinträchtigt ist (es aber bei Erwerb oder Ausreichung noch nicht war); und

   (iii) Forderungen aus Leistungen und Lieferungen, Vertragsvermögenswerte und Forderungen aus Leasingverhältnissen, bei denen die Wertberichtigungen gemäß IFRS 9 Paragraph 5.5.15 bemessen werden.

(c) Finanzielle Vermögenswerte mit bereits bei Erwerb oder Ausreichung beeinträchtigter Bonität.

35N Bei Forderungen aus Lieferungen und Leistungen, Vertragsvermögenswerten und Forderungen aus Leasingverhältnissen, bei denen ein Unternehmen IFRS 9 Paragraph 5.5.15 anwendet, können die Angaben gemäß Paragraph 35M auf einer Wertberichtigungstabelle beruhen (siehe IFRS 9 Paragraph B5.5.35).

Für alle Finanzinstrumente im Anwendungsbereich dieses IFRS, auf die die Wertminderungsvorschriften gemäß IFRS 9 allerdings nicht angewandt werden, hat ein Unternehmen für jede Klasse von Finanzinstrumenten Folgendes anzugeben: **36**

(a) den Betrag, der das maximale Ausfallrisiko, dem das Unternehmen am Abschlussstichtag ausgesetzt ist, am besten widerspiegelt, wobei etwaige gehaltene Sicherheiten oder sonstige Kreditsicherheiten (z. B. Aufrechnungsvereinbarungen, die die Saldierungskriterien gemäß IAS 32 nicht erfüllen) nicht berücksichtigt werden; für Finanzinstrumente, deren Buchwert das maximale Ausfallrisiko am besten widerspiegelt, ist diese Angabe nicht erforderlich.

(b) eine Beschreibung der gehaltenen Sicherheiten und sonstiger Kreditsicherheiten und ihrer finanziellen Auswirkung (z. B. Quantifizierung, inwieweit das Ausfallrisiko durch die Sicherheiten und sonstigen Kreditsicherheiten verringert wird) in Bezug auf den Betrag, der das maximale Ausfallrisiko am besten widerspiegelt (ob gemäß (a) angegeben oder durch den Buchwert eines Finanzinstruments widergespiegelt).

(c) und (d) (weggefallen)

Finanzielle Vermögenswerte, die entweder überfällig oder wertgemindert sind

(weggefallen) **37**

Sicherheiten und andere erhaltene Kreditbesicherungen

Wenn ein Unternehmen in der Berichtsperiode durch Inbesitznahme von Sicherheiten, die es in Form von Sicherungsgegenständen hält, oder durch Inanspruchnahme anderer Kreditbesicherungen (wie Garantien) finanzielle und nicht-finanzielle Vermögenswerte erhält und diese den Ansatzkriterien in anderen IFRS entsprechen, so hat das Unternehmen für solche zum Bilanzstichtag gehaltene Vermögenswerte Folgendes anzugeben: **38**

(a) Art und Buchwert der Vermögenswerte und

(b) für den Fall, dass die Vermögenswerte nicht leicht liquidierbar sind, seine Methoden, um derartige Vermögenswerte zu veräußern oder sie in seinem Geschäftsbetrieb einzusetzen.

Liquiditätsrisiko

Ein Unternehmen hat Folgendes vorzulegen: **39**

(a) eine Fälligkeitsanalyse für nicht derivative finanzielle Verbindlichkeiten (einschließlich bereits zugesagter finanzieller Garantien), die die verbleibenden vertraglichen Restlaufzeiten darstellt,

(b) eine Fälligkeitsanalyse für derivative finanzielle Verbindlichkeiten. Bei derivativen finanziellen Verbindlichkeiten, bei denen die vertraglichen Restlaufzeiten für das Verständnis des für die Cashflows festgelegten Zeitbands (siehe Paragraph B11(b)) wesentlich sind, muss diese Fälligkeitsanalyse die verbleibenden vertraglichen Restlaufzeiten darstellen,

(c) eine Beschreibung, wie das mit (a) und (b) verbundene Liquiditätsrisiko gesteuert wird.

Marktrisiko

Sensitivitätsanalyse

Sofern ein Unternehmen Paragraph 41 nicht erfüllt, hat es folgende Angaben zu machen: **40**

(a) eine Sensitivitätsanalyse für jede Art von Marktrisiko, dem ein Unternehmen zum Berichtsstichtag ausgesetzt ist und aus der hervorgeht, wie sich Änderungen der relevanten

Risikoparameter, die zu diesem Zeitpunkt für möglich gehalten wurden, auf Periodenergebnis und Eigenkapital ausgewirkt haben würden;

(b) die bei der Erstellung der Sensitivitätsanalyse verwendeten Methoden und Annahmen; und

(c) Änderungen der verwendeten Methoden und Annahmen im Vergleich zur vorangegangenen Berichtsperiode sowie die Gründe für diese Änderungen.

41 Wenn ein Unternehmen eine Sensitivitätsanalyse, wie eine Value-at-Risk-Analyse, erstellt, die die gegenseitigen Abhängigkeiten zwischen den Risikoparametern (z. B. Zins- und den Währungsrisiken) widerspiegelt, und diese zur Steuerung der finanziellen Risiken benutzt, kann es diese Sensitivitätsanalyse anstelle der in Paragraph 40 genannten Analyse verwenden. Weiterhin sind folgende Angaben zu machen:

(a) eine Erklärung der für die Erstellung der Sensitivitätsanalyse verwendeten Methoden und der Hauptparameter und Annahmen, die der Analyse zugrunde liegen; sowie

(b) eine Erläuterung der Ziele der verwendeten Methode und der Einschränkungen, die dazu führen können, dass die Informationen die beizulegenden Zeitwerte der betreffenden Vermögenswerte und Verbindlichkeiten nicht vollständig widerspiegeln.

Weitere Angaben zum Marktrisiko

42 Wenn die gemäß Paragraph 40 oder 41 zur Verfügung gestellten Sensitivitätsanalysen für den Risikogehalt eines Finanzinstruments nicht repräsentativ sind (da beispielsweise das Risiko zum Jahresende nicht das Risiko während des Jahres widerspiegelt), hat das Unternehmen diese Tatsache sowie die Gründe anzugeben, weshalb es diese Sensitivitätsanalysen für nicht repräsentativ hält.

Übertragung finanzieller Vermögenswerte

42A Die in den Paragraphen 42B-42H für die Übertragung finanzieller Vermögenswerte festgelegten Angabepflichten ergänzen die sonstigen Angabepflichten dieses IFRS. Die in den Paragraphen 42B-42H verlangten Angaben sind im Abschluss in einem einzigen Anhang vorzulegen. Die verlangten Angaben sind unabhängig vom Übertragungszeitpunkt für alle übertragenen, aber nicht ausgebuchten finanziellen Vermögenswerte sowie für jedes zum Berichtsstichtag bestehende anhaltende Engagement an einem übertragenen Vermögenswert zu liefern. Für die Zwecke der in den genannten Paragraphen festgelegten Angabepflichten ist eine vollständige oder teilweise Übertragung eines finanziellen Vermögenswerts (des übertragenen finanziellen Vermögenswerts) nur dann gegeben, wenn das Unternehmen entweder

(a) sein vertragliches Anrecht auf die Cashflows aus diesem finanziellen Vermögenswert überträgt oder

(b) sein vertragliches Anrecht auf die Cashflows aus diesem finanziellen Vermögenswert behält, sich aber in einer vertraglichen Vereinbarung zur Zahlung der Cashflows an einen oder mehrere Empfänger verpflichtet.

42B Die von einem Unternehmen veröffentlichten Angaben müssen die Abschlussadressaten in die Lage versetzen,

(a) die Beziehung zwischen übertragenen, aber nicht vollständig ausgebuchten finanziellen Vermögenswerten und dazugehörigen Verbindlichkeiten nachzuvollziehen und

(b) zu bewerten, welcher Art das anhaltende Engagement des Unternehmens an den ausgebuchten finanziellen Vermögenswerten ist und welche Risiken mit diesem Engagement verbunden sind.

42C Für die Zwecke der in den Paragraphen 42E-42H festgelegten Angabepflichten ist bei einem Unternehmen ein anhaltendes Engagement an einem übertragenen finanziellen Vermögenswert gegeben, wenn das Unternehmen im Rahmen der Übertragung mit dem übertragenen finanziellen Vermögenswert verbundene vertragliche Rechte oder Verpflichtungen behält oder neue vertragliche Rechte oder Verpflichtungen in Bezug auf den übertragenen finanziellen Vermögenswert erwirbt. Für die Zwecke der in den Paragraphen 42E-42H festgelegten Angabepflichten stellt Folgendes kein anhaltendes Engagement dar:

(a) herkömmliche Zusicherungen und Gewährleistungen in Bezug auf betrügerische Übertragungen und Geltendmachung der Grundsätze Angemessenheit, Treu und Glauben und Redlichkeit, die eine Übertragung infolge eines Gerichtsverfahrens ungültig machen könnten;

(b) eine Vereinbarung, bei der ein Unternehmen die vertraglichen Rechte auf die Zahlungsströme aus einem finanziellen Vermögenswert behält, sich aber vertraglich zur Weiterreichung der Zahlungsströme an ein oder mehrere Unternehmen verpflichtet, wobei die in IFRS 9 Paragraph 3.2.5(a)-(c) genannten Bedingungen erfüllt sind.

(c) (weggefallen)

Nicht vollständig ausgebuchte übertragene finanzielle Vermögenswerte

Ein Unternehmen kann finanzielle Vermögenswerte dergestalt übertragen haben, dass sie nicht **42D** oder nur teilweise die Bedingungen für eine Ausbuchung erfüllen. Um die Zielsetzungen gemäß Paragraph 42B(a) zu erfüllen, ist zu jedem Abschlussstichtag für jede Klasse von übertragenen finanziellen Vermögenswerten, die nicht vollständig ausgebucht sind, Folgendes anzugeben:

(a) Art der übertragenen Vermögenswerte,

(b) Art der Risiken und Chancen, die dem Unternehmen aus der weiteren Eigentümerschaft erwachsen,

(c) Beschreibung der Art der Beziehung, die zwischen den übertragenen Vermögenswerten und den dazugehörigen Verbindlichkeiten besteht, einschließlich übertragungsbedingter Beschränkungen, die dem berichtenden Unternehmen hinsichtlich der Nutzung der übertragenen Vermögenswerte entstehen,

(d) wenn die Gegenpartei (Gegenparteien) der dazugehörigen Verbindlichkeiten nur auf die übertragenen Vermögenswerte zurückgreift (zurückgreifen), eine Aufstellung des beizulegenden Zeitwerts der übertragenen Vermögenswerte, des beizulegenden Zeitwerts der dazugehörigen Verbindlichkeiten und der Netto-Position (d. h. der Differenz zwischen dem beizulegenden Zeitwert der übertragenen Vermögenswerte und der dazugehörigen Verbindlichkeiten),

(e) wenn das Unternehmen die übertragenen Vermögenswerte weiterhin voll ansetzt, den Buchwert der übertragenen Vermögenswerte und der dazugehörigen Verbindlichkeiten,

(f) wenn das Unternehmen die Vermögenswerte weiterhin nach Maßgabe seines anhaltenden Engagements ansetzt (siehe IFRS 9 Paragraphen 3.2.6(c)(ii) und 3.2.16), der Gesamtbuchwert der ursprünglichen Vermögenswerte vor der Übertragung, der Buchwert der weiterhin angesetzten Vermögenswerte sowie der Buchwert der zugehörigen Verbindlichkeiten.

Vollständig ausgebuchte übertragene finanzielle Vermögenswerte

Um die Zielsetzungen gemäß Paragraph 42B(b) zu erfüllen, hat ein Unternehmen, das übertra- **42E** gene finanzielle Vermögenswerte, an denen es aber ein anhaltendes Engagement besitzt, vollständig ausbucht (siehe IFRS 9 Paragraph 3.2.6(a) und (c)(i)), zu jedem Abschlussstichtag für jede Klasse von anhaltendem Engagement mindestens Folgendes anzugeben:

(a) den Buchwert der Vermögenswerte und Verbindlichkeiten, die in der Bilanz des Unternehmens angesetzt werden und das anhaltende Engagement des Unternehmens an den ausgebuchten finanziellen Vermögenswerten darstellen, und die Posten, unter denen der Buchwert dieser Vermögenswerte und Verbindlichkeiten ausgewiesen wird.

(b) den beizulegenden Zeitwert der Vermögenswerte und Verbindlichkeiten, die das anhaltende Engagement des Unternehmens an den ausgebuchten finanziellen Vermögenswerten darstellen.

(c) den Betrag, der das maximale Verlustrisiko des Unternehmens aus seinem anhaltenden Engagement an den ausgebuchten finanziellen Vermögenswerten am besten widerspiegelt, sowie Angaben darüber, wie das maximale Verlustrisiko bestimmt wird.

(d) die undiskontierten Zahlungsabflüsse, die zum Rückkauf ausgebuchter finanzieller Vermögenswerte erforderlich wären oder sein könnten (wie der Basispreis bei einem Optionsgeschäft), oder sonstige Beträge, die in Bezug auf die übertragenen Vermögenswerte an den Empfänger zu zahlen sind. Bei variablem Zahlungsabfluss sollte sich der angegebene Betrag auf die Gegebenheiten am jeweiligen Berichtsstichtag stützen.

(e) eine Restlaufzeitanalyse für die undiskontierten Zahlungsabflüsse, die zum Rückkauf der ausgebuchten finanziellen Vermögenswerte erforderlich wären oder sein könnten, oder für sonstige Beträge, die in Bezug auf die übertragenen Vermögenswerte an den Empfänger zu zahlen sind, der die vertraglichen Restlaufzeiten des anhaltenden Engagements des Unternehmens zu entnehmen sind.

(f) qualitative Angaben zur Erläuterung und Ergänzung der unter a bis e verlangten Angaben.

42F Besitzt ein Unternehmen mehrere, unterschiedlich geartete anhaltende Engagements an einem ausgebuchten finanziellen Vermögenswert, kann es die in Paragraph 42E verlangten Angaben für diesen Vermögenswert bündeln und in seiner Berichterstattung als eine Klasse von anhaltendem Engagement führen.

42G Darüber hinaus ist für jede Klasse von anhaltendem Engagement Folgendes anzugeben:

(a) den zum Zeitpunkt der Übertragung der Vermögenswerte erfassten Gewinn oder Verlust.

(b) die sowohl im Berichtszeitraum als auch kumuliert erfassten Erträge und Aufwendungen, die durch das anhaltende Engagement des Unternehmens an den ausgebuchten finanziellen Vermögenswerten bedingt sind (wie Veränderungen beim beizulegenden Zeitwert derivativer Finanzinstrumente).

(c) wenn die in einem Berichtszeitraum erzielten Gesamterlöse aus Übertragungen (die die Kriterien für eine Ausbuchung erfüllen) sich nicht gleichmäßig auf den Berichtszeitraum verteilen (wenn beispielsweise ein erheblicher Teil der Übertragungen in den letzten Tagen vor dessen Ablauf stattfindet):

  (i) wenn der größte Teil der Übertragungen innerhalb dieses Berichtszeitraums (z. B. in den letzten fünf Tagen vor seinem Ablauf) stattgefunden hat,

  (ii) den Betrag (z. B. dazugehörige Gewinne oder Verluste) der in diesem Teil des Berichtszeitraums aus Übertragungsaktivität erfasst wurde, und

  (iii) die Gesamterlöse aus Übertragungen in diesem Teil des Berichtszeitraums.

Diese Angaben sind für jeden Zeitraum zu liefern, für den eine Gesamtergebnisrechnung vorgelegt wird.

Ergänzende Informationen

42H Zusätzlich dazu hat ein Unternehmen alle Informationen vorzulegen, die es zur Erreichung der in Paragraph 42B genannten Ziele für erforderlich hält.

Erstmalige Anwendung von IFRS 9

42I In der Berichtsperiode, in die der Zeitpunkt der erstmaligen Anwendung von IFRS 9 fällt, hat das Unternehmen für jede Klasse von finanziellen Vermögenswerten und finanziellen Verbindlichkeiten mit Stand zum Zeitpunkt der erstmaligen Anwendung Folgendes anzugeben:

(a) die ursprüngliche Bewertungskategorie und den Buchwert, der gemäß IAS 39 oder gemäß der vorherigen Fassung von IFRS 9 bestimmt wird (wenn der vom Unternehmen gewählte

Ansatz zur Anwendung von IFRS 9 mehr als einen Zeitpunkt der erstmaligen Anwendung für verschiedene Vorschriften umfasst);

(b) die neue Bewertungskategorie und der gemäß IFRS 9 bestimmte Buchwert;

(c) den Betrag etwaiger finanzieller Vermögenswerte und finanzieller Verbindlichkeiten im Abschluss, die bislang als erfolgswirksam zum beizulegenden Zeitwert bewertet designiert waren, nun aber nicht mehr so designiert sind, wobei zwischen denjenigen, die gemäß IFRS 9 reklassifiziert werden müssen, und denjenigen, bei denen sich ein Unternehmen für die Reklassifizierung zum Zeitpunkt der erstmaligen Anwendung entscheidet, unterschieden wird.

Gemäß IFRS 9 Paragraph 7.2.2 kann der Übergang je nach dem von dem Unternehmen gewählten Ansatz zur Anwendung von IFRS 9 mehr als einen Zeitpunkt der erstmaligen Anwendung beinhalten. Daher kann dieser Paragraph zu Angaben für mehrere Zeitpunkte der erstmaligen Anwendung führen. Ein Unternehmen hat diese quantitativen Angaben tabellarisch darzustellen, es sein denn, ein anderes Format ist besser geeignet.

Ein Unternehmen macht in der Berichtsperiode, in die der Zeitpunkt der erstmaligen Anwendung von IFRS 9 fällt, qualitative Angaben, damit die Abschlussadressaten Folgendes verstehen können: **42J**

(a) wie das Unternehmen die Klassifizierungsvorschriften von IFRS 9 auf diese finanziellen Vermögenswerte angewandt hat, deren Klassifizierung sich infolge der Anwendung von IFRS 9 geändert hat.

(b) die Gründe für eine Designation oder Aufhebung der Designation von finanziellen Vermögenswerten oder finanziellen Verbindlichkeiten als erfolgswirksam zum beizulegenden Zeitwert bewertet zum Zeitpunkt der erstmaligen Anwendung.

Gemäß IFRS 9 Paragraph 7.2.2 kann der Übergang je nach dem von dem Unternehmen gewählten Ansatz zur Anwendung von IFRS 9 mehr als einen Zeitpunkt der erstmaligen Anwendung beinhalten. Daher kann dieser Paragraph zu Angaben für mehrere Zeitpunkte der erstmaligen Anwendung führen.

In der Berichtsperiode, in der ein Unternehmen die Klassifizierungs- und Bewertungsvorschriften für finanzielle Vermögenswerte gemäß IFRS 9 erstmalig anwendet (d. h. wenn das Unternehmen bei finanziellen Vermögenswerten von IAS 39 auf IFRS 9 umstellt), hat es gemäß IFRS 9 Paragraph 7.2.15 die in den Paragraphen 42L-42O des vorliegenden IFRS verlangten Angaben zu machen. **42K**

Ein Unternehmen hat, wenn es gemäß Paragraph 42K dazu verpflichtet ist, zum Zeitpunkt der erstmaligen Anwendung des IFRS 9 die Änderungen der Klassifizierungen von finanziellen Vermögenswerten und finanziellen Verbindlichkeiten anzugeben und zwar aufgeschlüsselt nach: **42L**

(a) den Änderungen der Buchwerte auf der Grundlage ihrer Bewertungskategorien gemäß IAS 39 (d. h. nicht aufgrund einer Änderung des Bewertungsmaßstabs beim Übergang auf IFRS 9); und

(b) den Änderungen der Buchwerte aufgrund einer Änderung des Bewertungsmaßstabs beim Übergang auf IFRS 9.

Die Angaben gemäß diesem Paragraphen müssen nach dem Geschäftsjahr, in dem das Unternehmen die Klassifizierungs- und Bewertungsvorschriften für finanzielle Vermögenswerte gemäß IFRS 9 erstmalig anwendet, nicht gemacht werden.

Ein Unternehmen hat, wenn es gemäß Paragraph 42K dazu verpflichtet ist, für finanzielle Vermögenswerte und finanzielle Verbindlichkeiten, die reklassifiziert wurden und nunmehr zu fortgeführten Anschaffungskosten bewertet werden, und für finanzielle Vermögenswerten, die infolge des Übergangs auf IFRS 9 von erfolgswirksam zum beizulegenden Zeitwert bewertet in die Kategorie erfolgsneutral zum beizulegenden Zeitwert im sonstigen Ergebnis bewertet reklassifiziert wurden, Folgendes anzugeben: **42M**

(a) den beizulegenden Zeitwert der finanziellen Vermögenswerte oder finanziellen Verbindlichkeiten zum Abschlussstichtag; und

(b) den Gewinn oder Verlust aus der Veränderung des beizulegenden Zeitwerts, der ohne Reklassifizierung der finanziellen Vermögenswerte oder finanziellen Verbindlichkeiten während der Berichtsperiode erfolgswirksam oder im sonstigen Ergebnis erfasst worden wäre.

Die Angaben gemäß diesem Paragraphen müssen nach dem Geschäftsjahr, in dem das Unternehmen die Klassifizierungs- und Bewertungsvorschriften für finanzielle Vermögenswerte gemäß IFRS 9 erstmalig anwendet, nicht gemacht werden.

42N Ein Unternehmen hat, wenn es gemäß Paragraph 42K dazu verpflichtet ist, für finanzielle Vermögenswerte und finanzielle Verbindlichkeiten, die infolge des Übergangs auf IFRS 9 aus der Kategorie erfolgswirksam zum beizulegenden Zeitwert bewertet reklassifiziert wurden, Folgendes anzugeben:

(a) den Effektivzinssatz, der zum Zeitpunkt der erstmaligen Anwendung bestimmt wurde; und

(b) die erfassten Zinserträge oder -aufwendungen.

Wenn ein Unternehmen den beizulegenden Zeitwert eines finanziellen Vermögenswerts oder einer finanziellen Verbindlichkeit als neuen Bruttobuchwert zum Zeitpunkt der erstmaligen Anwendung ansetzt (siehe IFRS 9 Paragraph 7.2.11), sind die Angaben gemäß diesem Paragraphen für jede Berichtsperiode bis zur Ausbuchung erforderlich. Andernfalls müssen die Angaben gemäß diesem Paragraphen nach dem Geschäftsjahr, in dem das Unternehmen die Klassifizierungs- und Bewertungsvorschriften für finanzielle Vermögenswerte gemäß IFRS 9 erstmalig anwendet, nicht gemacht werden.

42O Wenn ein Unternehmen die Angaben gemäß den Paragraphen 42K-42N macht, müssen diese Angaben sowie die Angaben gemäß Paragraph 25 des vorliegenden IFRS eine Überleitung von

(a) den gemäß IAS 39 und IFRS 9 dargestellten Bewertungskategorien auf

(b) die Klasse der Finanzinstrumente

zum Zeitpunkt der erstmaligen Anwendung ermöglichen.

42P Zum Zeitpunkt der erstmaligen Anwendung des Abschnitts 5.5 von IFRS 9 hat ein Unternehmen Angaben zu machen, die eine Überleitung vom Endbetrag der Wertberichtigungen gemäß IAS 39 und den Rückstellungen gemäß IAS 37 auf den gemäß IFRS 9 bestimmten Anfangsbetrag der Wertberichtigungen ermöglichen. Bei finanziellen Vermögenswerten sind diese Angaben anhand der zugehörigen Bewertungskategorien der finanziellen Vermögenswerte gemäß IAS 39 und IFRS 9 zu machen, wobei die Auswirkung der Änderungen der Bewertungskategorie auf die Wertberichtigung zu diesem Zeitpunkt separat auszuweisen sind.

42Q In der Berichtsperiode, in die der Zeitpunkt der erstmaligen Anwendung von IFRS 9 fällt, muss ein Unternehmen die Beträge der Abschlussposten nicht angeben, die gemäß den Klassifizierungs- und Bewertungsvorschriften (worin die Vorschriften für die Bewertung von finanziellen Vermögenswerten zu fortgeführten Anschaffungskosten und die Wertminderungsvorschriften in den Abschnitten 5.4 und 5.5 von IFRS 9 eingeschlossen sind) der folgenden Standards hätten angegeben werden müssen:

(a) IFRS 9 für vorherige Berichtsperioden und

(b) IAS 39 für die aktuelle Berichtsperiode.

42R Wenn es nach IFRS 9 Paragraph 7.2.4 für ein Unternehmen zum Zeitpunkt der erstmaligen Anwendung undurchführbar ist (wie in IAS 8 definiert), den geänderten Zeitwert des Geldes gemäß IFRS 9 Paragraphen B4.1.9B-B4.1.9D auf der Grundlage der beim erstmaligen Ansatz des finanziellen Vermögenswerts bestehenden Tatsachen und Umstände zu beurteilen, hat es die Eigenschaften der vertraglichen Zahlungsströme dieses finanziellen Vermögenswerts auf der Grundlage der beim erstmaligen Ansatz des finanziellen Vermögenswerts bestehenden Tatsachen und Umstände zu beurteilen, ohne die Vorschriften in Bezug auf die Änderung des Zeitwerts des Geldes gemäß IFRS 9 Paragraphen B4.1.9B-B4.1.9D zu berücksichtigen. Ein Unternehmen hat den Buchwert zum Abschlussstichtag der finanziellen Vermögenswerte anzugeben, deren Eigenschaften der vertraglichen Zahlungsströme auf der Grundlage der beim erstmaligen Ansatz des finanziellen Vermögenswerts bestehenden Tatsachen und Umstände beurteilt wurden, ohne die Vorschriften in Bezug auf die Änderung des Zeitwerts des Geldes gemäß IFRS 9 Paragraphen B4.1.9B-B4.1.9D zu berücksichtigen, bis diese finanziellen Vermögenswerte ausgebucht werden.

Wenn es nach IFRS 9 Paragraph 7.2.5 für ein Unternehmen zum Zeitpunkt der erstmaligen Anwendung undurchführbar ist (wie in IAS 8 definiert) zu beurteilen, ob der beizulegende Zeitwert des Elements vorzeitiger Rückzahlung gemäß IFRS 9 Paragraph B4.1.12(d) auf der Grundlage der beim erstmaligen Ansatz des finanziellen Vermögenswerts bestehenden Tatsachen und Umstände nicht signifikant ist, hat es die Eigenschaften der vertraglichen Zahlungsströme dieses finanziellen Vermögenswerts auf der Grundlage der beim erstmaligen Ansatz des finanziellen Vermögenswerts bestehenden Tatsachen und Umstände zu beurteilen, ohne die Ausnahme in Bezug auf das Element vorzeitiger Rückzahlung in IFRS 9 Paragraph B4.1.12 zu berücksichtigen. Ein Unternehmen hat den Buchwert zum Abschlussstichtag der finanziellen Vermögenswerte anzugeben, deren Eigenschaften der vertraglichen Zahlungsströme auf der Grundlage der beim erstmaligen Ansatz des finanziellen Vermögenswerts bestehenden Tatsachen und Umstände beurteilt wurden, ohne die Ausnahme in Bezug auf Elemente vorzeitiger Rückzahlung gemäß IFRS 9 Paragraph B4.1.12 zu berücksichtigen, bis diese finanziellen Vermögenswerte ausgebucht werden. **42S**

Zeitpunkt des Inkrafttretens und Übergangsvorschriften

Dieser IFRS ist erstmals in der ersten Berichtsperiode eines am 1. Januar 2007 oder danach beginnenden Geschäftsjahres anzuwenden. Eine frühere Anwendung wird empfohlen. Wendet ein Unternehmen diesen IFRS auf eine frühere Periode an, so ist dies anzugeben. **43**

Wenn ein Unternehmen diesen IFRS auf Geschäftsjahre anwendet, die vor dem 1. Januar 2006 beginnen, braucht es für die in den Paragraphen 31-42 geforderten Angaben über Art und Ausmaß der Risiken aus Finanzinstrumenten keine Vergleichsinformationen zu geben. **44**

Infolge des IAS 1 (überarbeitet 2007) wurde die in allen IFRS verwendete Terminologie geändert. Außerdem wurden die Paragraphen 20, 21, 23(c) und (d), 27(c) und B5 von Anhang B geändert. Diese Änderungen sind erstmals in der ersten Berichtsperiode eines am 1. Januar 2009 oder danach beginnenden Geschäftsjahres anzuwenden. Wird IAS 1 (überarbeitet 2007) auf eine frühere Periode angewandt, sind diese Änderungen entsprechend auch anzuwenden. **44A**

In der 2008 geänderten Fassung des IFRS 3 wurde Paragraph 3(c) gestrichen. Diese Änderung ist erstmals in der ersten Berichtsperiode eines am oder nach dem 1. Juli 2009 beginnenden Geschäftsjahres anzuwenden. Wendet ein Unternehmen IFRS 3 (in der 2008 geänderten Fassung) auf eine frühere Periode an, so ist auch diese Änderung auf die frühere Periode anzuwenden. Die Änderung gilt allerdings nicht für bedingte Gegenleistungen, die sich aus einem Unternehmenszusammenschluss ergeben haben, bei dem der Erwerbszeitpunkt vor der Anwendung von IFRS 3 (in der 2008 geänderten Fassung) liegt. Eine solche Gegenleistung ist stattdessen nach den Paragraphen 65A-65E der 2010 geänderten Fassung von IFRS 3 zu bilanzieren. **44B**

Die Änderung in Paragraph 3 ist erstmals auf Geschäftsjahre anzuwenden, die am oder nach dem 1. Januar 2009 beginnen. Wendet ein Unternehmen *Kündbare Finanzinstrumente und bei Liquidation entstehende Verpflichtungen* (im Februar 2008 veröffentlichte Änderungen an IAS 32 und IAS 1) auf eine frühere Periode an, so ist auch die Änderung in Paragraph 3 auf diese frühere Periode anzuwenden. **44C**

Paragraph 3(a) wird im Rahmen der *Verbesserungen der IFRS* vom Mai 2008 geändert. Diese Änderungen sind erstmals in der ersten Berichtsperiode eines am 1. Januar 2009 oder danach beginnenden Geschäftsjahres anzuwenden. Eine frühere Anwendung ist zulässig. Falls ein Unternehmen diese Änderungen auf eine frühere Periode anwendet, so hat es diese Tatsache anzugeben und die entsprechenden Änderungen von Paragraph 1 des IAS 28, Paragraph 1 des IAS 31 und Paragraph 4 des IAS 32 (überarbeitet Mai 2008) gleichzeitig anzuwenden. Ein Unternehmen kann die Änderungen prospektiv anwenden. **44D**

(weggefallen) **44E und 44F**

44G Durch *Verbesserte Angaben zu Finanzinstrumenten* (im März 2009 veröffentlichte Änderungen an IFRS 7) wurden die Paragraphen 27, 39 und B11 geändert und die Paragraphen 27A, 27B, B10A und B11A-B11F hinzugefügt. Diese Änderungen sind erstmals in der ersten Berichtsperiode eines am oder nach dem 1. Januar 2009 beginnenden Geschäftsjahres anzuwenden. Die durch die Änderungen vorgeschriebenen Angaben müssen nicht vorgelegt werden für

(a) Jahres- oder Zwischenperioden, einschließlich Bilanzen, die innerhalb einer jährlichen Vergleichsperiode, die vor dem 31. Dezember 2009 endet, gezeigt werden, oder

(b) Bilanzen, deren früheste Vergleichsperiode vor dem 31. Dezember 2009 beginnt.

Eine frühere Anwendung ist zulässig. Wendet ein Unternehmen die Änderungen auf eine frühere Berichtsperiode an, hat es dies anzugeben.*)

44H bis 44J (nicht besetzt)

44K Durch die im Mai 2010 veröffentlichten *Verbesserungen an den IFRS* wurde Paragraph 44B geändert. Diese Änderung ist erstmals in der ersten Berichtsperiode eines am oder nach dem 1. Juli 2010 beginnenden Geschäftsjahres anzuwenden. Eine frühere Anwendung ist zulässig.

44L Durch die im Mai 2010 veröffentlichten *Verbesserungen an den IFRS* wurden Paragraph 32A eingefügt und die Paragraphen 34 und 36-38 geändert. Diese Änderungen sind erstmals in der ersten Berichtsperiode eines am oder nach dem 1. Januar 2011 beginnenden Geschäftsjahres anzuwenden. Eine frühere Anwendung ist zulässig. Wendet ein Unternehmen die Änderungen auf eine frühere Periode an, hat es dies anzugeben.

44M Mit der im Oktober 2010 veröffentlichten Änderung des IFRS 7 *Angaben — Übertragung finanzieller Vermögenswerte* wurden Paragraph 13 gestrichen und die Paragraphen 42A-42H und B29–B39 eingefügt. Diese Änderungen sind erstmals auf Geschäftsjahre anzuwenden, die am oder nach dem 1. Juli 2011 beginnen. Eine frühere Anwendung ist zulässig. Wendet ein Unternehmen die Änderungen ab einem früheren Zeitpunkt an, hat es dies anzugeben. Für Berichtsperioden, die vor dem Zeitpunkt der erstmaligen Anwendung dieser Änderungen liegen, müssen die darin verlangten Angaben nicht vorgelegt werden.

44N (nicht besetzt)

44O Durch IFRS 10 und IFRS 11 *Gemeinsame Vereinbarungen*, veröffentlicht im Mai 2011, wurde Paragraph 3 geändert. Ein Unternehmen hat die betreffende Änderung anzuwenden, wenn es IFRS 10 und IFRS 11 anwendet.

44P Durch IFRS 13, veröffentlicht im Mai 2011, wurden die Paragraphen 3, 28, 29, B4 und B26 sowie Anhang A geändert und die Paragraphen 27-27B gestrichen. Ein Unternehmen hat die betreffenden Änderungen anzuwenden, wenn es IFRS 13 anwendet.

44Q Mit *Darstellung von Posten des sonstigen Ergebnisses* (Änderung IAS 1), veröffentlicht im Juni 2011, wurde Paragraph 27B geändert. Ein Unternehmen hat die betreffende Änderung anzuwenden, wenn es IAS 1 (in der im Juni 2011 geänderten Fassung) anwendet.

44R Mit der im Dezember 2011 veröffentlichten Verlautbarung *Angaben — Saldierung von finanziellen Vermögenswerten und finanziellen Verbindlichkeiten* (Änderungen an IFRS 7) wurden die Paragraphen 13A-13F sowie B40-B53 angefügt. Diese Änderungen sind auf Geschäftsjahre anzuwenden, die am oder nach dem 1. Januar 2013 beginnen. Die in diesen Änderungen geforderten Angaben sind rückwirkend zu machen.

44S bis 44W (nicht besetzt)

---

*) **Amtl. Anm.:** Paragraph 44G wurde infolge der im Januar 2010 veröffentlichten Änderung an IFRS 1 *(Begrenzte Befreiung erstmaliger Anwender von Vergleichsangaben nach IFRS 7)* geändert. Diese Änderung wurde vom Board zur Klarstellung seiner Schlussfolgerungen und der beabsichtigten Übergangsvorschriften für *Verbesserte Angaben zu Finanzinstrumenten* (Änderungen an IFRS 7) vorgenommen.

Mit der im Oktober 2012 veröffentlichten Verlautbarung Investmentgesellschaften (Investment Entities) (Änderungen an IFRS 10, IFRS 12 und IAS 27) wurde Paragraph 3 geändert. Unternehmen haben diese Änderungen auf Geschäftsjahre anzuwenden, die am oder nach dem 1. Januar 2014 beginnen. Eine frühere Anwendung der Verlautbarung Investmentgesellschaften (Investment Entities) ist zulässig. Wendet ein Unternehmen diese Änderungen früher an, hat es alle in der Verlautbarung enthaltenen Änderungen gleichzeitig anzuwenden. **44X**

(nicht besetzt) **44Y**

Durch IFRS 9, herausgegeben im Juli 2014, wurden die Paragraphen 2-5, 8-11, 14, 20, 28-30, 36, 42C-42E, Anhang A und die Paragraphen B1, B5, B9, B10, B22 und B27 geändert, die Paragraphen 12, 12A, 16, 22-24, 37, 44E, 44F, 44H-44J, 44N, 44S-44W, 44Y, B4 und Anhang D gestrichen und die Paragraphen 5A, 10A, 11A, 11B, 12B-12D, 16A, 20A, 21A-21D, 22A-22C, 23A-23F, 24A-24G, 35A-35N, 42I-42S, 44ZA und B8A-B8J hinzugefügt. Ein Unternehmen hat die betreffenden Änderungen anzuwenden, wenn es IFRS 9 anwendet. Diese Änderungen müssen nicht auf Vergleichsinformationen für Perioden vor dem Zeitpunkt der erstmaligen Anwendung von IFRS 9 angewandt werden. **44Z**

Gemäß IFRS 9 Paragraph 7.1.2 kann ein Unternehmen für Geschäftsjahre vor dem 1. Januar 2018 entscheiden, nur die Vorschriften für die Darstellung der Gewinne und Verluste finanzieller Verbindlichkeiten, die als erfolgswirksam zum beizulegenden Zeitwert bewertet designiert sind, gemäß den Paragraphen 5.7.1(c), 5.7.7-5.7.9, 7.2.14 und B5.7.5-B5.7.20 früher anzuwenden, ohne die anderen Vorschriften von IFRS 9 anzuwenden. Wenn sich ein Unternehmen entscheidet, nur diese Paragraphen von IFRS 9 anzuwenden, hat es dies anzugeben und die zugehörigen Angaben gemäß den Paragraphen 10-11 dieses IFRS (geändert durch IFRS 9 (2010)) fortlaufend zu machen. **44ZA**

Mit den im September 2014 veröffentlichten *Jährlichen Verbesserungen an den IFRS, Zyklus 2012-2014*, wurden die Paragraphen 44R und B30 geändert und Paragraph B30A angefügt. Diese Änderungen sind rückwirkend gemäß IAS 8 *Rechnungslegungsmethoden, Änderungen von rechnungslegungsbezogenen Schätzungen und Fehler* auf am oder nach dem 1. Januar 2016 beginnende Geschäftsjahre anzuwenden; allerdings brauchen die Änderungen an den Paragraphen B30 und B30A nicht für Berichtsperioden angewandt zu werden, die vor dem Geschäftsjahr beginnen, in dem die Änderungen zum ersten Mal angewandt werden. Eine frühere Anwendung der Änderungen an den Paragraphen 44R, B30 und B30A ist zulässig. Wendet ein Unternehmen diese Änderungen früher an, hat es dies anzugeben. **44AA**

Mit der im Dezember 2014 veröffentlichten Verlautbarung *Angabeninitiative* (Änderung des IAS 1) wurden die Paragraphen 21 und B5 geändert. Diese Änderungen sind auf Geschäftsjahre anzuwenden, die am 1. Januar 2016 oder danach beginnen. Eine frühere Anwendung ist zulässig. **44BB**

Durch IFRS 16, *Leasingverhältnisse*, veröffentlicht im Januar 2016, wurden die Paragraphen 29 und B11D geändert. Ein Unternehmen hat die betreffenden Änderungen anzuwenden, wenn es IFRS 16 anwendet. **44CC**

Durch die im September 2019 herausgegebene Verlautbarung *Reform der Referenzzinssätze*, mit der IFRS 9, IAS 39 und IFRS 7 geändert wurden, wurden die Paragraphen 24H und 44DF eingefügt. Ein Unternehmen hat diese Änderungen anzuwenden, wenn es die Änderungen an IFRS 9 oder IAS 39 anwendet. **44DE**

In dem Berichtszeitraum, in dem ein Unternehmen erstmals die im September 2019 herausgegebene Verlautbarung *Reform der Referenzzinssätze* anwendet, braucht ein Unternehmen die in Paragraph 28(f) des IAS 8 *Rechnungslegungsmethoden, Änderungen von rechnungslegungsbezogenen Schätzungen und Fehler* verlangten quantitativen Angaben nicht darzustellen. **44DF**

Rücknahme von IAS 30

Dieser IFRS ersetzt IAS 30 *Angaben im Abschluss von Banken und ähnlichen Finanzinstitutionen.* **45**

Anhang A: Definitionen

Dieser Anhang ist integraler Bestandteil des IFRS.

Ausfallrisiko	Die Gefahr, dass ein Vertragspartner bei einem Geschäft über ein Finanzinstrument bei dem anderen Partner finanzielle Verluste verursacht, da er seinen Verpflichtungen nicht nachkommt.
Ausfallrisiko-Ratingklassen	Rating des Ausfallrisikos basierend auf dem Risiko des Eintretens eines Ausfalls bei dem Finanzinstrument.
Währungsrisiko	Das Risiko, dass sich der beizulegende Zeitwert oder die künftigen Zahlungsströme eines Finanzinstruments aufgrund von Wechselkursänderungen verändern.
Zinsänderungsrisiko	Das Risiko, dass sich der beizulegende Zeitwert oder die künftigen Zahlungsströme eines Finanzinstruments aufgrund von Schwankungen der Marktzinssätze verändern.
Liquiditätsrisiko	Das Risiko, dass ein Unternehmen möglicherweise nicht in der Lage ist, seine finanziellen Verbindlichkeiten vertragsgemäß durch Lieferung von Zahlungsmitteln oder anderen finanziellen Vermögenswerten zu erfüllen.
Darlehensverbindlichkeiten	Darlehensverbindlichkeiten sind finanzielle Verbindlichkeiten mit Ausnahme kurzfristiger Verbindlichkeiten aus Lieferungen und Leistungen, die den üblichen Zahlungsfristen unterliegen.
Marktrisiko	Das Risiko, dass sich der beizulegende Zeitwert oder die künftigen Zahlungsströme eines Finanzinstruments aufgrund von Schwankungen der Marktpreise verändern. Das Marktrisiko beinhaltet drei Arten von Risiken: **Währungsrisiko, Zinsänderungsrisiko und sonstige Preisrisiken**.
Sonstige Preisrisiken	Das Risiko, dass sich der beizulegende Zeitwert oder die künftigen Zahlungsströme eines Finanzinstruments aufgrund von Marktpreisschwankungen (mit Ausnahme solcher, die von **Zinsänderungs-** oder **Währungsrisiken** hervorgerufen werden) verändern, sei es, dass diese Änderungen spezifischen Faktoren des einzelnen Finanzinstruments oder seinem Emittenten zuzuordnen sind, oder dass sich diese Faktoren auf alle am Markt gehandelten ähnlichen Finanzinstrumente auswirken.

Die folgenden Begriffe sind in Paragraph 11 von IAS 32, Paragraph 9 von IAS 39, Anhang A von IFRS 9 oder Anhang A von IFRS 13 definiert und werden in diesem IFRS in der in IAS 32, IAS 39, IFRS 9 und IFRS 13 angegebenen Bedeutung verwendet:

- fortgeführte Anschaffungskosten eines finanziellen Vermögenswerts oder einer finanziellen Verbindlichkeit
- Vertragsvermögen
- finanzielle Vermögenswerte mit beeinträchtigter Bonität
- Ausbuchung
- Derivat
- Dividenden
- Effektivzinsmethode

– Eigenkapitalinstrument
– erwartete Kreditverluste
– beizulegender Zeitwert
– finanzieller Vermögenswert
– finanzielle Garantie
– Finanzinstrument
– finanzielle Verbindlichkeit
– erfolgswirksam zum beizulegenden Zeitwert bewertete finanzielle Verbindlichkeit
– erwartete Transaktion
– Bruttobuchwert
– Sicherungsinstrument
– zu Handelszwecken gehalten
– Wertminderungsaufwendungen oder -erträge
– Wertberichtigung
– finanzielle Vermögenswerte mit bereits bei Erwerb oder Ausreichung beeinträchtigter Bonität
– Zeitpunkt der Reklassifizierung
– marktüblicher Kauf oder Verkauf.

Anhang B: Leitlinien für die Anwendung

Dieser Anhang ist integraler Bestandteil des IFRS.

Klassen von Finanzinstrumenten und Umfang der Angabepflichten (Paragraph 6)

Paragraph 6 verlangt von einem Unternehmen, die Finanzinstrumente in Klassen einzuordnen, die der Art der veröffentlichten Angaben angemessen sind und den Merkmalen dieser Finanzinstrumente Rechnung tragen. Die in Paragraph 6 beschriebenen Klassen werden vom Unternehmen bestimmt und unterscheiden sich demzufolge von den in IFRS 9 spezifizierten Kategorien von Finanzinstrumenten (in denen festgelegt ist, wie Finanzinstrumente bewertet werden und wie die Änderungen des beizulegenden Zeitwerts erfasst werden). **B1**

Bei der Bestimmung von Klassen von Finanzinstrumenten hat ein Unternehmen zumindest: **B2**

(a) zwischen den Finanzinstrumenten, die zu fortgeführten Anschaffungskosten, und denen, die mit dem beizulegenden Zeitwert bewertet werden, zu unterscheiden;

(b) die nicht in den Anwendungsbereich dieses IFRS fallenden Finanzinstrumente als gesonderte Klasse(n) zu behandeln.

Ein Unternehmen entscheidet angesichts der individuellen Umstände, wie viele Details es angibt, um den Anforderungen dieses IFRS gerecht zu werden, wie viel Gewicht es auf verschiedene Aspekte dieser Vorschriften legt und wie es Informationen zusammenfasst, um das Gesamtbild darzustellen, ohne dabei Informationen mit unterschiedlichen Eigenschaften zu kombinieren. Es ist notwendig abzuwägen zwischen einem überladenen Bericht mit ausschweifenden Ausführungen zu Details, die dem Abschlussadressaten möglicherweise wenig nützen, und der Verschleierung wichtiger Informationen durch zu weit gehende Verdichtung. So darf ein Unternehmen beispielsweise wichtige Informationen nicht dadurch verschleiern, dass es sie unter zahlreichen unbedeutenden Details aufführt. Ein Unternehmen darf Informationen auch nicht so zusammenfassen, dass wichtige Unterschiede zwischen einzelnen Geschäftsvorfällen oder damit verbundenen Risiken verschleiert werden. **B3**

Bedeutung der Finanzinstrumente für die Vermögens-, Finanz- und Ertragslage

B4 (weggefallen)

Weitere Angaben – Rechnungslegungsmethoden (Paragraph 21)

B5 Nach Paragraph 21 sind die bei Erstellung des Abschlusses herangezogenen Bewertungsgrundlage(n) sowie die sonstigen für das Verständnis des Abschlusses relevanten Rechnungslegungsmethoden anzugeben. Für Finanzinstrumente können diese Angaben folgende Informationen umfassen:

(a) für finanzielle Verbindlichkeiten, die als erfolgswirksam zum beizulegenden Zeitwert bewertet designiert sind:

   (i) die Art der finanziellen Verbindlichkeiten, die das Unternehmen als erfolgswirksam zum beizulegenden Zeitwert bewertet designiert hat;

   (ii) die Kriterien für eine solche Designation dieser finanziellen Verbindlichkeiten beim erstmaligen Ansatz; und

   (iii) wie das Unternehmen die in IFRS 9 Paragraph 4.2.2 genannten Kriterien für eine solche Designation erfüllt hat.

(aa) Bei finanziellen Vermögenswerten, die als erfolgswirksam zum beizulegenden Zeitwert bewertet designiert sind:

   (i) die Art der finanziellen Vermögenswerte, die das Unternehmen als erfolgswirksam zum beizulegenden Zeitwert bewertet designiert hat;

   (ii) wie das Unternehmen die in IFRS 9 Paragraph 4.1.5 genannten Kriterien für eine solche Designation erfüllt hat.

(b) (weggefallen)

(c) ob ein marktüblicher Kauf oder Verkauf von finanziellen Vermögenswerten zum Handelstag oder zum Erfüllungstag bilanziert wird (siehe IFRS 9 Paragraph 3.1.2).

(d) (weggefallen)

(e) wie Nettogewinne oder -verluste aus jeder Kategorie von Finanzinstrumenten eingestuft werden (siehe Paragraph 20(a)), ob beispielsweise die Nettogewinne oder -verluste aus Posten, die erfolgswirksam zum beizulegenden Zeitwert bewertet werden, Zins- oder Dividendenerträge enthalten.

(f) und (g) (weggefallen)

Paragraph 122 des IAS 1 (überarbeitet 2007) verlangt auch, dass Unternehmen zusammen mit der Darstellung der wesentlichen Rechnungslegungsmethoden oder sonstigen Erläuterungen die Ermessensausübung des Managements bei der Anwendung der Rechnungslegungsmethoden – mit Ausnahme solcher, bei denen Schätzungen einfließen –, die die Beträge im Abschluss am Wesentlichsten beeinflussen, angeben.

Art und Ausmaß von Risiken, die sich aus Finanzinstrumenten ergeben (Paragraphen 31-42)

B6 Die in den Paragraphen 31-42 geforderten Angaben sind entweder im Abschluss oder mittels eines Querverweises vom Abschluss zu einer anderen Verlautbarung zu machen, wie beispielsweise einem Lage- oder Risikobericht, der den Abschlussadressaten zu denselben Bedingungen und zur selben Zeit wie der Abschluss zugänglich ist. Ohne diese anhand eines Querverweises eingebrachten Informationen ist der Abschluss unvollständig.

Quantitative Angaben (Paragraph 34)

B7 Paragraph 34(a) verlangt die Angabe von zusammengefassten quantitativen Daten über die Risiken, denen ein Unternehmen ausgesetzt ist, die auf den intern Personen in Schlüsselpositionen des Unternehmens erteilten Informationen beruhen. Wenn ein Unternehmen verschiedene Methoden zur Risikosteuerung einsetzt, hat es die Angaben zu machen, die es durch die Methode(n), die die relevantesten und verlässlichsten Informationen liefern, erhalten hat. In IAS 8 *Rechnungslegungsmethoden, Änderungen von rechnungslegungsbezogenen Schätzungen und Fehler* werden Relevanz und Zuverlässigkeit erörtert.

Paragraph 34(c) verlangt Angaben über Risikokonzentrationen. Risikokonzentrationen entstehen bei Finanzinstrumenten mit ähnlichen Merkmalen, die ähnlich auf wirtschaftliche und sonstige Änderungen reagieren. Die Identifizierung von Risikokonzentrationen verlangt eine Ermessensausübung, bei der die individuellen Umstände des Unternehmens berücksichtigt werden. Die Angaben über Risikokonzentrationen umfassen: **B8**

(a) eine Beschreibung über die Art und Weise, wie das Management die Konzentrationen ermittelt;

(b) eine Beschreibung des gemeinsamen Merkmals, das für jedes Risikobündel charakteristisch ist (z. B. Vertragspartner, geografisches Gebiet, Währung oder Markt); und

(c) den Gesamtbetrag der Risikoposition aller Finanzinstrumente, die dieses gemeinsame Merkmal aufweisen.

Ausfallrisikosteuerungspraktiken (Paragraphen 35F-35G)

Paragraph 35F(b) schreibt Angaben darüber vor, wie ein Unternehmen den Ausfall bei verschiedenen Finanzinstrumenten definiert hat und aus welchen Gründen diese Definitionen ausgewählt wurden. Gemäß IFRS 9 Paragraph 5.5.9 basiert die Bestimmung, ob über die Laufzeit erwartete Kreditverluste zu erfassen sind, auf der Erhöhung des Risikos des Eintretens eines Ausfalls seit dem erstmaligen Ansatz. Die Informationen über die Ausfalldefinitionen eines Unternehmens, die den Abschlussadressaten zu verstehen helfen, auf welche Art und Weise ein Unternehmen die Vorschriften des IFRS 9 zu erwarteten Kreditverlusten angewandt hat, können Folgendes umfassen: **B8A**

(a) die qualitativen und quantitativen Faktoren, die in der Ausfalldefinition berücksichtigt wurden;

(b) ob auf verschiedene Arten von Finanzinstrumenten unterschiedliche Definitionen angewandt wurden; und

(c) Annahmen über die Gesundungsrate (d. h. die Anzahl der finanziellen Vermögenswerte, die ihren Ausfallstatus verlieren) nach Eintreten eines Ausfalls bei dem finanziellen Vermögenswert.

Um Abschlussadressaten bei der Beurteilung der Umstrukturierungs- und Anpassungspolitik eines Unternehmens zu unterstützen, sind nach Paragraph 35F(f)(i) Informationen darüber erforderlich, wie ein Unternehmen den Umfang überwacht, in dem die bislang gemäß Paragraph 35F(f)(i) angegebene Wertberichtigung bei finanziellen Vermögenswerten später in Höhe der über die Laufzeit erwarteten Kreditverlusten gemäß IFRS 9 Paragraph 5.5.3 bemessen wird. Quantitative Informationen, die Abschlussadressaten die spätere Erhöhung des Ausfallrisikos bei geänderten finanziellen Vermögenswerten zu verstehen helfen, können Informationen über geänderte finanzielle Vermögenswerte umfassen, die die Kriterien gemäß Paragraph 35F(f)(i) erfüllen und bei denen die Wertberichtigung wieder auf die Bemessung in Höhe der über die Laufzeit erwarteten Kreditverluste zurückgefallen ist (d. h. eine Verschlechterungsquote). **B8B**

Paragraph 35G(a) schreibt die Angabe von Informationen über die Grundlage der verwendeten Inputfaktoren, Annahmen und Schätzverfahren für die Anwendung der Wertminderungsvorschriften des IFRS 9 vor. Die Annahmen und Inputfaktoren, die ein Unternehmen zur Bemessung der erwarteten Kreditverluste oder zur Bestimmung des Ausmaßes von Erhöhungen des Ausfallrisikos seit dem erstmaligen Ansatz herangezogen hat, können Informationen, die aus internen historischen Informationen oder Ratingberichten stammen, sowie Annahmen bezüglich der erwarteten Laufzeit von Finanzinstrumenten und des Zeitpunkts des Verkaufs von Sicherheiten beinhalten. **B8C**

Änderungen der Wertberichtigung (Paragraph 35H)

B8D Gemäß Paragraph 35H muss ein Unternehmen die Gründe für Änderungen der Wertberichtigung in der Periode erläutern. Neben der Überleitungsrechnung von den Anfangs- auf die Schlusssalden der Wertberichtigung ist eventuell eine Erläuterung der Änderungen notwendig. Diese Erläuterung kann eine Analyse der Gründe für Änderungen der Wertberichtigung während der Periode beinhalten, einschließlich:

(a) Zusammensetzung des Portfolios;

(b) Volumen der erworbenen oder ausgereichten Finanzinstrumente; und

(c) Schwere der erwarteten Kreditverluste.

B8E Bei Kreditzusagen und finanziellen Garantien wird die Wertberichtigung als Rückstellung angesetzt. Ein Unternehmen sollte Informationen über Änderungen der Wertberichtigung für finanzielle Vermögenswerte getrennt von denjenigen für Kreditzusagen und finanzielle Garantien angeben. Wenn jedoch ein Finanzinstrument sowohl eine Kreditkomponente (d. h. einen finanziellen Vermögenswert) als auch eine nicht in Anspruch genommene Zusagekomponente (d. h. Kreditzusage) umfasst und das Unternehmen die erwarteten Kreditverluste bei der aus der Kreditzusage bestehenden Komponente nicht getrennt von denjenigen bei der aus dem finanziellen Vermögenswert bestehenden Komponente bestimmen kann, werden die erwarteten Kreditverluste aus der Kreditzusage zusammen mit der Wertberichtigung für den finanziellen Vermögenswert erfasst. Sofern diese beiden zusammen den Bruttobuchwert des finanziellen Vermögenswerts überschreiten, werden die erwarteten Kreditverluste als Rückstellung erfasst.

Sicherheiten (Paragraph 35K)

B8F Paragraph 35K schreibt die Angabe von Informationen vor, die Abschlussadressaten die Auswirkung von Sicherheiten und sonstigen Kreditsicherheiten auf die Höhe der erwarteten Kreditverluste zu verstehen helfen. Ein Unternehmen muss weder Angaben zum beizulegenden Zeitwert von Sicherheiten und sonstigen Kreditsicherheiten machen noch den exakten Wert der Sicherheiten, der in die Berechnung der erwarteten Kreditverluste eingeflossen ist (d. h. die Verlustquote bei Ausfall), beziffern.

B8G Eine Beschreibung der Sicherheiten und ihrer Auswirkung auf die Höhe der erwarteten Kreditverluste könnte folgende Informationen beinhalten:

(a) wichtigste Arten der gehaltenen Sicherheiten und sonstigen Kreditsicherheiten (Beispiele für Letztere sind Garantien, Kreditderivate und Aufrechnungsvereinbarungen, die die Saldierungskriterien gemäß IAS 32 nicht erfüllen);

(b) Volumen der gehaltenen Sicherheiten und sonstigen Kreditsicherheiten und deren Signifikanz im Hinblick auf die Wertberichtigung;

(c) Richtlinien und Prozesse für die Bewertung und Steuerung von Sicherheiten und sonstigen Kreditsicherheiten;

(d) wichtigste Arten der Vertragsparteien bei Sicherheiten und sonstigen Kreditsicherheiten und deren Bonität; und

(e) Informationen über die Risikokonzentrationen innerhalb der Sicherheiten und sonstigen Kreditsicherheiten.

Ausfallrisiko (Paragraphen 35M-35N)

B8H Paragraph 35M schreibt die Angabe von Informationen zur Ausfallrisikoposition eines Unternehmens sowie zu signifikanten Konzentrationen des Ausfallrisikos zum Abschlussstichtag vor. Eine Konzentration des Ausfallrisikos liegt vor, wenn mehrere Vertragsparteien in einem geografischen Gebiet angesiedelt oder in ähnlichen Tätigkeitsfeldern engagiert sind und ähnliche wirtschaftliche Merkmale aufweisen, so dass ihre Fähigkeit, ihren vertraglichen Pflichten nachzukommen, im Falle von Änderungen der wirtschaftlichen oder sonstigen Bedingungen in ähnlicher Weise betroffen wären. Ein Unternehmen stellt Informationen bereit, die Abschlussadressaten zu verstehen helfen, ob es Gruppen oder Portfolios von Finanzinstrumenten mit besonderen Merkmalen gibt, die sich auf einen Großteil dieser Gruppe von Finanzinstrumenten auswirken könnten, wie beispielsweise Konzentrationen von speziellen Risiken. Dies könnten beispielsweise Gruppierungen bei den Beleihungsausläufen oder geografische, branchenspezifische oder auf die Art der Emittenten bezogene Konzentrationen sein.

Die Anzahl der verwendeten Ausfallrisiko-Ratingklassen für die Angaben gemäß Paragraph 35M stimmt mit der Anzahl überein, die das Unternehmen seinem Management in Schlüsselpositionen für Zwecke der Ausfallrisikosteuerung berichtet. Wenn Informationen zur Überfälligkeit die einzigen kreditnehmerspezifischen verfügbaren Informationen sind und ein Unternehmen anhand von Informationen zur Überfälligkeit beurteilt, ob sich gemäß Paragraph 5.5.10 von IFRS 9 das Ausfallrisiko seit dem erstmaligen Ansatz signifikant erhöht hat, legt es für diese finanziellen Vermögenswerte eine Aufgliederung anhand der Informationen zur Überfälligkeit vor. **B8I**

Wenn ein Unternehmen erwartete Kreditverluste auf kollektiver Basis bemisst, kann es den Bruttobuchwert von einzelnen finanziellen Vermögenswerten oder das Ausfallrisiko bei Kreditzusagen und finanziellen Garantien möglicherweise nicht den Ausfallrisiko-Ratingklassen zuordnen, für die über die Laufzeit erwartete Kreditverluste erfasst werden. In einem solchen Fall wendet ein Unternehmen die Vorschrift in Paragraph 35M auf jene Finanzinstrumente an, die direkt einer Ausfallrisiko-Ratingklasse zugeordnet werden können, und gibt den Bruttobuchwert von Finanzinstrumenten, bei denen die erwarteten Kreditverluste auf kollektiver Basis bemessen werden, getrennt an. **B8J**

Maximale Ausfallrisikoposition (Paragraph 36(a))

Die Paragraphen 35K(a) und 36(a) verlangen die Angabe des Betrags, der das maximale Ausfallrisiko des Unternehmens am besten widerspiegelt. Bei einem finanziellen Vermögenswert ist dies in der Regel der Bruttobuchwert abzüglich: **B9**

(a) aller gemäß IAS 32 saldierten Beträge und

(b) einer gemäß IFRS 9 erfassten Wertberichtigung.

Tätigkeiten, die zu Ausfallrisiken und zum damit verbundenen maximalen Ausfallrisiko führen, umfassen u. a.: **B10**

(a) Gewährung von Krediten an Kunden und Geldanlagen bei anderen Unternehmen. In diesen Fällen ist das maximale Ausfallrisiko der Buchwert der betreffenden finanziellen Vermögenswerte.

(b) Abschluss von derivativen Verträgen, wie Devisenkontrakten, Zinsswaps und Kreditderivaten. Wenn der daraus folgende Vermögenswert zum beizulegenden Zeitwert bewertet wird, wird das maximale Ausfallrisiko am Berichtsstichtag dem Buchwert entsprechen.

(c) Gewährung finanzieller Garantien. In diesem Falle entspricht das maximale Ausfallrisiko dem maximalen Betrag, den ein Unternehmen zu zahlen haben könnte, wenn die Garantie in Anspruch genommen wird. Dieser Betrag kann erheblich größer sein als der als Verbindlichkeit angesetzte Betrag.

(d) Eine Kreditzusage, die über ihre gesamte Dauer unwiderruflich ist oder nur bei einer wesentlichen nachteiligen Veränderung widerrufen werden kann. Wenn der Emittent die Kreditzusage nicht auf Nettobasis in Zahlungsmitteln oder einem anderen Finanzinstrument erfüllen kann, bildet der gesamte Betrag der Verpflichtung das maximale Ausfallrisiko. Dies ist der Fall aufgrund der Unsicherheit, ob in Zukunft auf den Betrag eines ungenutzten Teils zurückgegriffen werden kann. Dieser Betrag kann erheblich über dem als Verbindlichkeit angesetzten Betrag liegen.

Quantitative Angaben zum Liquiditätsrisiko (Paragraphen 34(a), 39(a) und 39(b))

B10A Nach Paragraph 34 Buchstabe a muss ein Unternehmen zusammengefasste quantitative Daten über den Umfang seines Liquiditätsrisikos vorlegen und sich dabei auf die intern an Personen in Schlüsselpositionen erteilten Informationen stützen. Das Unternehmen hat ebenfalls darzulegen, wie diese Daten ermittelt werden. Könnten die darin enthaltenen Abflüsse von Zahlungsmitteln (oder anderen finanziellen Vermögenswerten) entweder

(a) erheblich früher eintreten als angegeben, oder

(b) in ihrer Höhe erheblich abweichen (z. B. bei einem Derivat, für das von einem Nettoausgleich ausgegangen wird, die Gegenpartei aber einen Bruttoausgleich verlangen kann),

so hat das Unternehmen dies anzugeben und quantitative Angaben vorzulegen, die es den Abschlussadressaten ermöglichen, den Umfang des damit verbundenen Risikos einzuschätzen. Sollten diese Angaben bereits in den in Paragraph 39 Buchstaben a oder b vorgeschriebenen Fälligkeitsanalysen enthalten sein, ist das Unternehmen von dieser Auflage befreit.

B11 Bei Erstellung der in Paragraph 39 Buchstaben a und b vorgeschriebenen Fälligkeitsanalysen bestimmt ein Unternehmen nach eigenem Ermessen eine angemessene Zahl von Zeitbändern. So könnte es beispielsweise die folgenden Zeitbänder als für seine Belange angemessen festlegen:

(a) bis zu einem Monat,

(b) länger als ein Monat und bis zu drei Monaten,

(c) länger als drei Monate und bis zu einem Jahr und

(d) länger als ein Jahr und bis zu fünf Jahren.

B11A Bei der Erfüllung der in Paragraph 39 Buchstaben a und b genannten Anforderungen darf ein Unternehmen Derivate, die in hybride (strukturierte) Finanzinstrumente eingebettet sind, nicht von diesen trennen. Bei solchen Instrumenten hat das Unternehmen Paragraph 39 Buchstabe a anzuwenden.

B11B Nach Paragraph 39 Buchstabe b muss ein Unternehmen für derivative finanzielle Verbindlichkeiten eine quantitative Fälligkeitsanalyse vorlegen, aus der die vertraglichen Restlaufzeiten ersichtlich sind, wenn diese Restlaufzeiten für das Verständnis des für die Cashflows festgelegten Zeitbands wesentlich sind. Dies wäre beispielsweise der Fall bei

(a) einem Zinsswap mit fünfjähriger Restlaufzeit, der der Absicherung der Zahlungsströme bei einem finanziellen Vermögenswert oder einer finanziellen Verbindlichkeit mit variablem Zinssatz dient;

(b) Kreditzusagen jeder Art.

B11C Nach Paragraph 39 Buchstaben a und b muss ein Unternehmen Fälligkeitsanalysen vorlegen, aus denen die vertraglichen Restlaufzeiten bestimmter finanzieller Verbindlichkeiten ersichtlich sind. Hierfür gilt Folgendes:

(a) Kann eine Gegenpartei wählen, zu welchem Zeitpunkt sie einen Betrag zahlt, wird die Verbindlichkeit dem Zeitband zugeordnet, in dem das Unternehmen frühestens zur Zahlung aufgefordert werden kann. Dem frühesten Zeitband zuzuordnen sind beispielsweise finanzielle Verbindlichkeiten, die ein Unternehmen auf Verlangen zurückzahlen muss (z. B. Sichteinlagen).

(b) Ist ein Unternehmen zur Leistung von Teilzahlungen verpflichtet, ist jede Teilzahlung dem Zeitband zuzuordnen, in dem das Unternehmen frühestens zur Zahlung aufgefordert werden kann. So ist eine nicht in Anspruch genommene Kreditzusage dem Zeitband zuzuordnen, in dem der frühestmögliche Zeitpunkt der Inanspruchnahme liegt.

(c) Bei übernommenen Finanzgarantien ist der Garantiehöchstbetrag dem Zeitband zuzuordnen, in dem die Garantie frühestens abgerufen werden kann.

B11D Bei den in den Fälligkeitsanalysen gemäß Paragraph 39 Buchstaben a und b anzugebenden vertraglich festgelegten Beträgen handelt es sich um die nicht abgezinsten vertraglichen Cashflows, z. B. um

(a) Leasingverbindlichkeiten auf Bruttobasis (vor Abzug der Finanzierungskosten),
(b) in Terminvereinbarungen genannte Preise zum Kauf finanzieller Vermögenswerte gegen Zahlungsmittel,
(c) Nettobetrag für einen Festzinsempfänger-Swap, für den Nettocashflows getauscht werden,
(d) vertraglich festgelegte, im Rahmen eines derivativen Finanzinstruments zu tauschende Beträge (z. B. ein Währungsswap), für die Zahlungen auf Bruttobasis getauscht werden, und
(e) Kreditverpflichtungen auf Bruttobasis.

Derartige nicht abgezinste Cashflows weichen von dem in der Bilanz ausgewiesenen Betrag ab, da dieser auf abgezinsten Cashflows beruht. Ist der zu zahlende Betrag nicht festgelegt, wird die Betragsangabe nach Maßgabe der am Ende des Berichtszeitraums vorherrschenden Bedingungen bestimmt. Ist der zu zahlende Betrag beispielsweise an einen Index gekoppelt, kann bei der Betragsangabe der Indexstand am Ende der Periode zugrunde gelegt werden.

Nach Paragraph 39 Buchstabe c muss ein Unternehmen darlegen, wie es das mit den quantitativen Angaben gemäß Paragraph 39 Buchstaben a und b verbundene Liquiditätsrisiko steuert. Für finanzielle Vermögenswerte, die zur Steuerung des Liquiditätsrisikos gehalten werden (wie Vermögenswerte, die sofort veräußerbar sind oder von denen erwartet wird, dass die mit ihnen verbundenen Mittelzuflüsse die durch finanzielle Verbindlichkeiten verursachten Mittelabflüsse ausgleichen), muss ein Unternehmen eine Fälligkeitsanalyse vorlegen, wenn diese für die Abschlussadressaten zur Bewertung von Art und Umfang des Liquiditätsrisikos erforderlich ist. **B11E**

Bei den in Paragraph 39 Buchstabe c vorgeschriebenen Angaben könnte ein Unternehmen u. a. auch berücksichtigen, ob es **B11F**

(a) zur Deckung seines Liquiditätsbedarfs auf zugesagte Kreditfazilitäten (wie Commercial Paper Programme) oder andere Kreditlinien (wie Standby Fazilitäten) zugreifen kann,
(b) zur Deckung seines Liquiditätsbedarfs über Einlagen bei Zentralbanken verfügt,
(c) über stark diversifizierte Finanzierungsquellen verfügt,
(d) erhebliche Liquiditätsrisikokonzentrationen bei seinen Vermögenswerten oder Finanzierungsquellen aufweist,
(e) über interne Kontrollverfahren und Notfallpläne zur Steuerung des Liquiditätsrisikos verfügt,
(f) über Instrumente verfügt, die (z. B. bei einer Herabstufung seiner Bonität) vorzeitig zurückgezahlt werden müssen,
(g) über Instrumente verfügt, die die Hinterlegung einer Sicherheit erfordern könnten (z. B. Nachschussaufforderung bei Derivaten),
(h) über Instrumente verfügt, bei denen das Unternehmen wählen kann, ob es seinen finanziellen Verbindlichkeiten durch die Lieferung von Zahlungsmitteln (bzw. einem anderen finanziellen Vermögenswert) oder durch die Lieferung eigener Aktien nachkommt, oder
(i) über Instrumente verfügt, die einer Globalverrechnungsvereinbarung unterliegen.

(weggefallen) **B12 bis B16**

Marktrisiko – Sensitivitätsanalyse (Paragraphen 40 und 41)

Paragraph 40(a) verlangt eine Sensitivitätsanalyse für jede Art von Marktrisiko, dem das Unternehmen ausgesetzt ist. Gemäß Paragraph B3 entscheidet ein Unternehmen, wie es Informationen zusammenfasst, um ein Gesamtbild zu vermitteln, ohne Informationen mit verschiedenen Merkmalen über Risiken aus sehr unterschiedlichen wirtschaftlichen Umfeldern zu kombinieren. Zum Beispiel: **B17**

(a) ein Unternehmen, das mit Finanzinstrumenten handelt, kann Angaben über zu Handelszwecken gehaltene Finanzinstrumente getrennt von denen machen, die nicht zu Handelszwecken gehalten werden.

(b) ein Unternehmen würde nicht die Marktrisiken aus Hochinflationsgebieten mit denen aus Gebieten mit einer sehr niedrigen Inflationsrate zusammenfassen.

Ist ein Unternehmen nur einer Art von Marktrisiko ausschließlich unter einheitlichen wirtschaftlichen Rahmenbedingungen ausgesetzt, muss es die Angaben nicht aufschlüsseln.

B18 Gemäß Paragraph 40(a) ist eine Sensitivitätsanalyse durchzuführen, um die Auswirkungen von für möglich gehaltenen Änderungen der Risikoparameter (z. B. maßgebliche Marktzinsen, Devisenkurse, Aktienkurse oder Rohstoffpreise) auf das Periodenergebnis und Eigenkapital aufzuzeigen. Zu diesem Zweck:

(a) müssen Unternehmen nicht ermitteln, wie das Periodenergebnis ausgefallen wäre, wenn die relevanten Risikoparameter anders gewesen wären. Stattdessen geben Unternehmen die Auswirkungen auf das Periodenergebnis und Eigenkapital am Abschlussstichtag an, wobei angenommen wird, dass eine für möglich gehaltene Änderung der relevanten Risikoparameter am Abschlussstichtag eingetreten ist und auf die zu diesem Zeitpunkt bestehenden Risikopositionen angewendet wurde. Hat ein Unternehmen beispielsweise am Jahresende eine Verbindlichkeit mit variabler Verzinsung, würde es die Auswirkungen auf das Periodenergebnis (z. B. Zinsaufwendungen) für das laufende Jahr angeben, wenn sich die Zinsen in plausiblem Umfang verändert hätten.

(b) Unternehmen müssen nicht die Auswirkungen jeder Änderung innerhalb eines Bereichs von für möglich gehaltenen Änderungen der relevanten Risikoparameter auf das Periodenergebnis und Eigenkapital angeben. Angaben zu den Auswirkungen der Änderungen im Rahmen einer plausiblen Spanne wären ausreichend.

B19 Bei der Bestimmung einer für möglich gehaltenen Änderung der relevanten Risikovariablen hat ein Unternehmen folgende Punkte zu berücksichtigen:

(a) das wirtschaftliche Umfeld, in dem es tätig ist. Eine für möglich gehaltene Änderung darf weder unwahrscheinliche oder „Worst-case"-Szenarien noch „Stresstests" enthalten. Wenn zudem das Ausmaß der Änderungen der zugrunde liegenden Risikoparameter stabil ist, braucht das Unternehmen die gewählte für möglich gehaltene Änderung der Risikovariablen nicht abzuändern. Angenommen, die Zinsen betragen 5 Prozent und ein Unternehmen ermittelt, dass eine Schwankung der Zinsen von ±50 Basispunkten vernünftigerweise möglich ist. Wenn die Zinssätze auf 4,5 Prozent oder 5,5 Prozent anstiegen, würde es die Auswirkungen im Periodenergebnis und im Eigenkapital angeben. In der folgenden Berichtsperiode wurden die Zinsen auf 5,5 Prozent angehoben. Das Unternehmen ist weiterhin der Auffassung, dass Zinsen um ±50 Basispunkte schwanken können (d. h. das Ausmaß der Änderung der Zinsen bleibt stabil). Wenn die Zinssätze auf 5 Prozent oder 6 Prozent geändert würden, würde das Unternehmen die Auswirkungen im Periodenergebnis und im Eigenkapital angeben. Das Unternehmen wäre nicht verpflichtet, seine Einschätzung, dass Zinsen vernünftigerweise um ±50 Basispunkte schwanken können, zu revidieren, es sei denn, es gibt einen substanziellen Hinweis darauf, dass die Zinsen erheblich volatiler geworden sind.

(b) die Zeitspanne, für die es seine Einschätzung durchführt. Die Sensitivitätsanalyse hat die Auswirkungen der Änderungen zu zeigen, die für die Periode als vernünftigerweise möglich gelten, bis das Unternehmen diese Angaben erneut offen legt, was normalerweise in der folgenden Berichtsperiode geschieht.

B20 Paragraph 41 erlaubt einem Unternehmen, eine Sensitivitätsanalyse zu verwenden, die die wechselseitigen Beziehungen zwischen den Risikoparametern widerspiegelt, wie beispielsweise die Value-at-Risk-Methode, wenn es diese Analyse zur Steuerung seines Finanzrisikos verwendet. Dies gilt auch dann, wenn eine solche Methode nur das Verlustpotenzial, nicht aber das Gewinnpotenzial bewertet. Ein solches Unternehmen könnte Paragraph 41(a) erfüllen, indem es die verwendete Art des Value-at-Risk-Modells offen legt (z. B. ob dieses Modell auf der Monte-Carlo-Simulation beruht), eine Erklärung darüber abgibt, wie das Modell funktioniert, und die wesentlichen Annahmen (z. B. Haltedauer und Konfidenzniveau) erläutert. Unternehmen können auch die historische Betrachtungsperiode und die auf diese Beobachtungen angewendeten Gewichtungen innerhalb der entsprechenden Periode angeben, sowie eine Erläuterung darüber, wie Optionen bei diesen Berechnungen behandelt werden und welche Volatilitäten und Korrelationen (oder alternative Monte-Carlo-Simulationen der Wahrscheinlichkeitsverteilung) verwendet werden.

Ein Unternehmen hat für alle Geschäftsfelder Sensitivitätsanalysen vorzulegen, kann aber für verschiedene Klassen von Finanzinstrumenten unterschiedliche Arten von Sensitivitätsanalysen vorsehen. **B21**

Zinsänderungsrisiko

Ein *Zinsänderungsrisiko* entsteht bei zinstragenden, in der Bilanz angesetzten Finanzinstrumenten (wie z. B. erworbene oder emittierte Schuldinstrumente) und bei einigen Finanzinstrumenten, die nicht in der Bilanz angesetzt sind (wie gewissen Kreditzusagen). **B22**

Währungsrisiko

Das *Währungsrisiko* (Devisenkursrisiko) entsteht bei Finanzinstrumenten, die auf eine Fremdwährung lauten, d. h. auf eine andere Währung als auf die funktionale Währung, in der sie bewertet werden. Für die Zwecke dieses IFRS entstehen Währungsrisiken nicht aus Finanzinstrumenten, die keine monetären Posten sind, noch aus Finanzinstrumenten, die auf die funktionale Währung lauten. **B23**

Eine Sensitivitätsanalyse wird für jede Währung, deren Risiko ein Unternehmen besonders ausgesetzt ist, angegeben. **B24**

Sonstige Preisrisiken

Sonstige Preisrisiken entstehen bei Finanzinstrumenten aufgrund von Änderungen der Warenpreise oder der Aktienkurse. Zur Erfüllung von Paragraph 40 könnte ein Unternehmen die Auswirkungen eines Rückgangs eines spezifischen Aktienmarktindex, von Warenpreisen oder anderen Risikovariablen angeben. Gewährt ein Unternehmen beispielsweise Restwertgarantien, die in Finanzinstrumenten bestehen, so gibt das Unternehmen eine Wertsteigerung oder einen Wertrückgang der Vermögenswerte an, auf die sich die Garantien beziehen. **B25**

Zwei Beispiele von Finanzinstrumenten, die zu Aktienkursrisiken führen, sind (a) ein Bestand an Aktien eines anderen Unternehmens und (b) eine Anlage in einen Fonds, der wiederum Investitionen in Eigenkapitalinstrumente hält. Zu den weiteren Beispielen gehören Terminkontrakte und Optionen zum Kauf oder Verkauf von bestimmten Mengen von Eigenkapitalinstrumenten sowie Swaps, die an Aktienkurse gebunden sind. Änderungen der Marktpreise der zugrunde liegenden Eigenkapitalinstrumente wirken sich auf die beizulegenden Zeitwerte dieser Finanzinstrumente aus. **B26**

Gemäß Paragraph 40(a) wird die Sensitivität des Gewinns und Verlusts (der beispielsweise aus Instrumenten, die erfolgswirksam zum beizulegenden Zeitwert bewertet werden) getrennt von der Sensitivität des sonstigen Ergebnisses (das beispielsweise aus Finanzinvestitionen in Eigenkapitalinstrumente, deren Änderungen des beizulegenden Zeitwerts erfolgsneutral im sonstigen Ergebnis erfasst werden, stammt) angegeben. **B27**

Finanzinstrumente, die ein Unternehmen als Eigenkapitalinstrumente eingestuft hat, werden nicht neu bewertet. Das Aktienkursrisiko dieser Instrumente wirkt sich weder auf das Periodenergebnis noch auf das Eigenkapital aus. Demzufolge ist keine Sensitivitätsanalyse erforderlich. **B28**

Ausbuchung (Paragraphen 42C-42H)

Anhaltendes Engagement (Paragraph 42C)

B29 Die Bewertung des anhaltenden Engagements an einem übertragenen finanziellen Vermögenswert für die Zwecke der in den Paragraphen 42E-42H festgelegten Angabepflichten erfolgt auf Ebene des berichtenden Unternehmens. Überträgt ein Tochterunternehmen beispielsweise einem nicht nahestehenden Dritten einen finanziellen Vermögenswert, an dem sein Mutterunternehmen ein anhaltendes Engagement besitzt, so bezieht das Tochterunternehmen (wenn es das berichtende Unternehmen ist) das Engagement des Mutterunternehmens in seinem separaten Abschluss nicht in die Bewertung ein, ob es ein anhaltendes Engagement an dem übertragenen Vermögenswert besitzt. Ein Mutterunternehmen würde dagegen (wenn das berichtende Unternehmen die Gruppe ist) in seinem Konzernabschluss sein anhaltendes Engagement (oder das eines anderen Mitglieds der Gruppe) an einem von seinem Tochterunternehmen übertragenen finanziellen Vermögenswert in die Bewertung der Frage einbeziehen, ob es an dem übertragenen Vermögenswert ein anhaltendes Engagement besitzt.

B30 Ein Unternehmen hat kein anhaltendes Engagement an einem übertragenen finanziellen Vermögenswert, wenn das Unternehmen im Rahmen der Übertragung weder vertragliche Rechte oder Pflichten, die mit dem übertragenen finanziellen Vermögenswert verbunden sind, behält noch neue Rechte oder Pflichten im Zusammenhang mit dem übertragenen finanziellen Vermögenswert erwirbt. Ein Unternehmen hat kein anhaltendes Engagement an einem übertragenen finanziellen Vermögenswert, wenn das Unternehmen weder ein Interesse an der künftigen Ertragsstärke des übertragenen finanziellen Vermögenswerts noch eine wie auch immer geartete Verpflichtung hat, zu einem künftigen Zeitpunkt Zahlungen in Bezug auf den übertragenen finanziellen Vermögenswert zu leisten. „Zahlungen" bezeichnet in diesem Zusammenhang keine Cashflows des übertragenen finanziellen Vermögenswerts, die das Unternehmen entgegennimmt und an den Empfänger weiterreichen muss.

B30A Überträgt ein Unternehmen einen finanziellen Vermögenswert, kann es dennoch das Recht behalten, diesen finanziellen Vermögenswert gegen eine Gebühr zu verwalten, die beispielsweise in einem Verwaltungs-/Abwicklungsvertrag festgelegt ist. Um festzustellen, ob ein Unternehmen aufgrund eines Verwaltungs-/Abwicklungsvertrags ein anhaltendes Engagement für die Zwecke der Angabepflichten hat, bewertet es diesen anhand der Leitlinien der Paragraphen 42C und B30. So hat beispielsweise ein Verwalter ein anhaltendes Engagement an einem übertragenen finanziellen Vermögenswert für die Zwecke der Angabepflichten, wenn die Verwaltungs-/Abwicklungsgebühr vom Betrag oder dem Eintrittszeitpunkt der Cashflows des übertragenen finanziellen Vermögenswerts abhängt. Analog dazu hat ein Verwalter ein anhaltendes Engagement für die Zwecke der Angabepflichten, wenn ein festes Entgelt wegen Ertragsschwäche des übertragenen finanziellen Vermögenswerts nicht in voller Höhe gezahlt wird. In diesen Beispielen hat der Verwalter ein Interesse an der künftigen Ertragsstärke des übertragenen finanziellen Vermögenswerts. Bei der Bewertung spielt es keine Rolle, ob die Gebühr voraussichtlich eine angemessene Vergütung für die Verwaltung bzw. Abwicklung durch das Unternehmen darstellt.

B31 Anhaltendes Engagement an einem übertragenen finanziellen Vermögenswert kann aus vertraglichen Bestimmungen in der Übertragungsvereinbarung oder einer gesonderten Vereinbarung resultieren, die im Zusammenhang mit der Übertragung mit dem Empfänger oder einem Dritten geschlossen wurde.

Übertragene, aber nicht vollständig ausgebuchte finanzielle Vermögenswerte

B32 Paragraph 42D schreibt Angaben vor, wenn die übertragenen finanziellen Vermögenswerte die Kriterien für eine Ausbuchung nicht oder nur teilweise erfüllen. Diese Angaben sind unabhängig vom Übertragungszeitpunkt zu jedem Berichtsstichtag vorzulegen, zu dem das Unternehmen die übertragenen finanziellen Vermögenswerte weiterhin erfasst.

Klassifizierung anhaltender Engagements (Paragraphen 42E-42H)

Die Paragraphen 42E-42H schreiben für jede Klasse von anhaltendem Engagement an ausgebuchten finanziellen Vermögenswerten qualitative und quantitative Angaben vor. Ein Unternehmen hat seine anhaltenden Engagements verschiedenen Klassen zuzuordnen, die für das Risikoprofil des Unternehmens repräsentativ sind. So kann ein Unternehmen seine anhaltenden Engagements beispielsweise nach Klassen von Finanzinstrumenten (wie Garantien oder Kaufoptionen) oder nach Art der Übertragung (wie Forderungsankauf, Verbriefung oder Wertpapierleihe) gruppieren. **B33**

Restlaufzeitanalyse für undiskontierte Zahlungsabflüsse zum Rückkauf übertragener Vermögenswerte (Paragraph 42E Buchstabe e)

Paragraph 42E Buchstabe e verpflichtet die Unternehmen zur Vorlage einer Restlaufzeitanalyse für die undiskontierten Zahlungsabflüsse zum Rückkauf ausgebuchter finanzieller Vermögenswerte oder für sonstige Beträge, die in Bezug auf die ausgebuchten Vermögenswerte an den Empfänger zu zahlen sind, der die vertraglichen Restlaufzeiten des anhaltenden Engagements des Unternehmens zu entnehmen sind. Bei dieser Analyse ist zwischen Zahlungen, die geleistet werden müssen (wie bei Terminkontrakten), Zahlungen, die das Unternehmen möglicherweise leisten muss (wie bei geschriebenen Verkaufsoptionen) und Zahlungen, zu denen das Unternehmen sich entschließen könnte (wie bei erworbenen Kaufoptionen) zu unterscheiden. **B34**

Für die in Paragraph 42E Buchstabe e vorgeschriebene Restlaufzeitanalyse bestimmt ein Unternehmen nach eigenem Ermessen eine angemessene Zahl von Zeitbändern. So könnte es beispielsweise die folgenden Zeitbänder als angemessen festlegen: **B35**

(a) Restlaufzeit von maximal einem Monat,

(b) Restlaufzeit zwischen einem und drei Monaten,

(c) Restlaufzeit zwischen drei und sechs Monaten,

(d) Restlaufzeit zwischen sechs Monaten und einem Jahr,

(e) Restlaufzeit zwischen einem und drei Jahren,

(f) Restlaufzeit zwischen drei und fünf Jahren und

(g) Restlaufzeit von mehr als fünf Jahren.

Bei mehreren möglichen Restlaufzeiten wird bei den Cashflows vom frühestmöglichen Zeitpunkt ausgegangen, zu dem die Zahlung vom Unternehmen verlangt oder dem Unternehmen die Zahlung gestattet werden kann. **B36**

Qualitative Angaben (Paragraph 42E Buchstabe f)

Die in Paragraph 42E Buchstabe f verlangten qualitativen Angaben umfassen eine Beschreibung der ausgebuchten finanziellen Vermögenswerte sowie eine Beschreibung von Art und Zweck des anhaltenden Engagements, das das Unternehmen nach Übertragung dieser Vermögenswerte behält. Sie umfassen ferner eine Beschreibung der Risiken für das Unternehmen. Dazu zählen u. a.: **B37**

(a) eine Beschreibung, wie das Unternehmen das mit seinem anhaltenden Engagement an den ausgebuchten finanziellen Vermögenswerten verbundene Risiko kontrolliert.

(b) ob das Unternehmen vor anderen Parteien Verluste übernehmen muss, sowie Rangfolge und Höhe der Verluste, die von Parteien getragen werden, deren Engagement an dem Vermögenswert rangniedriger ist als das des Unternehmens (d. h. als dessen anhaltendes Engagement).

(c) eine Beschreibung aller etwaigen Auslöser, die zur Leistung finanzieller Unterstützung oder zum Rückkauf eines übertragenen finanziellen Vermögenswerts verpflichten.

Gewinn oder Verlust bei Ausbuchung (Paragraph 42G Buchstabe a)

B38 Paragraph 42G Buchstabe a verpflichtet die Unternehmen zur Angabe von Gewinnen oder Verlusten, die bei Ausbuchung finanzieller Vermögenswerte, an denen sie ein anhaltendes Engagement besitzen, entstehen. Dabei ist anzugeben, ob dieser Gewinn oder Verlust darauf zurückzuführen ist, dass den Komponenten des zuvor angesetzten Vermögenswerts (d.h. dem Engagement an dem ausgebuchten Vermögenswert und dem vom Unternehmen zurückbehaltenen Engagement) ein anderer Zeitwert beigemessen wurde als dem zuvor angesetzten Vermögenswert als Ganzem. In einem solchen Fall hat das Unternehmen ebenfalls anzugeben, ob bei den Bewertungen zum beizulegenden Zeitwert in erheblichem Umfang auf Daten zurückgegriffen wurde, die sich nicht – wie in Paragraph 27A beschrieben – auf beobachtbare Marktdaten stützen.

Ergänzende Informationen (Paragraph 42H)

B39 Die in den Paragraphen 42D-42G verlangten Angaben reichen möglicherweise nicht aus, um die in Paragraph 42B genannten Ziele zu erreichen. Sollte dies der Fall sein, hat ein Unternehmen so viel zusätzliche Angaben zu liefern, wie zur Erreichung dieser Ziele erforderlich. Das Unternehmen hat mit Blick auf seine Lage zu entscheiden, wie viele zusätzliche Informationen es vorlegen muss, um den Informationsbedarf der Abschlussadressaten zu decken und wie viel Gewicht es auf einzelne Aspekte dieser zusätzlichen Informationen legt. Dabei dürfen die Abschlüsse weder mit zu vielen Details überfrachtet werden, die den Abschlussadressaten möglicherweise nur wenig nützen, noch dürfen Informationen durch zu starke Verdichtung verschleiert werden.

Saldierung von finanziellen Vermögenswerten und finanziellen Verbindlichkeiten (Paragraphen 13A-13F)

Anwendungsbereich (Paragraph 13A)

B40 Die Angaben in den Paragraphen 13B-13E sind für alle erfassten Finanzinstrumente vorgeschrieben, die nach IAS 32 Paragraph 42 saldiert werden. Zudem fallen Finanzinstrumente in den Anwendungsbereich der Angabepflichten gemäß der Paragraphen 13B-13E, wenn sie einer rechtlich durchsetzbaren Globalnettingvereinbarung oder einer ähnlichen Vereinbarung unterliegen, die ähnliche Finanzinstrumente und Transaktionen abdeckt, unabhängig davon, ob die Finanzinstrumente gemäß IAS 32 Paragraph 42 saldiert werden.

B41 Zu den in den Paragraphen 13A und B40 genannten ähnlichen Vereinbarungen zählen Clearingvereinbarungen für Derivate, Globalrückkaufsvereinbarungen, Globalwertpapierleihvereinbarungen und alle mit Finanzsicherheiten einhergehenden Rechte. Die in Paragraph B40 genannten ähnlichen Finanzinstrumente und Transaktionen umfassen Derivate, Verkaufs- und Rückkaufsvereinbarungen, umgekehrte Verkaufs- und Rückkaufsvereinbarungen, Wertpapierleihegeschäfte und Wertpapierverleihvereinbarungen. Beispiele für Finanzinstrumente, die nicht in den Anwendungsbereich von Paragraph 13A fallen, sind Darlehen und Kundeneinlagen bei demselben Institut (es sei denn, sie werden in der Bilanz saldiert) und Finanzinstrumente, die lediglich einer Sicherheitenvereinbarung unterliegen.

Angabe quantitativer Informationen zu bilanzierten finanziellen Vermögenswerten und bilanzierten finanziellen Verbindlichkeiten, die in den Anwendungsbereich von Paragraph 13A (Paragraph 13C) fallen

B42 Nach Paragraph 13C angegebene Finanzinstrumente können unterschiedlichen Bewertungsanforderungen unterliegen (so kann z.B. eine Verbindlichkeit im Zusammenhang mit einer Rückkaufsvereinbarung zu fortgeführten Anschaffungskosten bewertet werden, während ein

Derivat zum beizulegenden Zeitwert bewertet wird). Ein Unternehmen hat Instrumente zu ihren erfassten Beträgen auszuweisen und etwaige sich ergebende Bewertungsunterschiede unter den entsprechenden Angaben zu beschreiben.

Veröffentlichung von Bruttobeträgen der erfassten finanziellen Vermögenswerte und erfassten finanziellen Verbindlichkeiten, die in den Anwendungsbereich von Paragraph 13A (Paragraph 13C(a)) fallen

Die gemäß Paragraph 13C(a) geforderten Beträge beziehen sich auf bilanzierte Finanzinstrumente, die gemäß IAS 32 Paragraph 42 saldiert werden. Die gemäß Paragraph 13C(a) geforderten Beträge beziehen sich auch auf bilanzierte Finanzinstrumente, die einer rechtlich durchsetzbaren Globalnettingvereinbarung oder einer ähnlichen Vereinbarung unterliegen, unabhängig davon, ob sie die Saldierungskriterien erfüllen. Allerdings beziehen sich die Angaben nach Paragraph 13C(a) nicht auf Beträge, die infolge von Sicherheitenvereinbarungen erfasst werden, welche den Saldierungskriterien von IAS 32 Paragraph 42 nicht genügen. Stattdessen müssen diese Beträge gemäß Paragraph 13C(d) angegeben werden. **B43**

Angabe von Beträgen, die gemäß der Kriterien von IAS 32 Paragraph 42 saldiert werden (Paragraph 13C(b))

Paragraph 13C(b) sieht vor, dass Unternehmen die Beträge, die gemäß IAS 32 Paragraph 42 saldiert werden, angeben, wenn es um die Festlegung der in der Bilanz ausgewiesenen Nettobeträge geht. Die Beträge sowohl bilanzierter finanzieller Vermögenswerte als auch bilanzierter finanzieller Verbindlichkeiten, die einer Saldierung im Rahmen ein- und derselben Vereinbarung unterliegen, werden sowohl unter den Angaben zu finanziellen Vermögenswerten als auch zu finanziellen Verbindlichkeiten angegeben. Allerdings sind die angegebenen Beträge (z. B. in einer Tabelle) auf die Beträge beschränkt, die einer Saldierung unterliegen. So kann ein Unternehmen beispielsweise einen erfassten derivativen Vermögenswert und eine erfasste derivative Verbindlichkeit ausweisen, die die Saldierungskriterien von IAS 32 Paragraph 42 erfüllen. Übersteigt der Bruttobetrag des derivativen Vermögenswerts den Bruttobetrag der derivativen Verbindlichkeit, erfasst die Offenlegungstabelle für finanzielle Vermögenswerte den Gesamtbetrag des derivativen Vermögenswerts (gemäß Paragraph 13C(a)) und den Gesamtbetrag der derivativen Verbindlichkeit (gemäß Paragraph 13C(b)). Dagegen erfasst die Offenlegungstabelle für finanzielle Verbindlichkeiten zwar den Gesamtbetrag der derivativen Verbindlichkeit (gemäß Paragraph 13C(a)), den Betrag des derivativen Vermögenswerts (im Sinne von Paragraph 13C(b)) aber nur in dem Umfang, der dem Betrag der derivativen Verbindlichkeit entspricht. **B44**

Angabe von in der Bilanz ausgewiesenen Nettobeträgen (Paragraph 13C(c))

Besitzt ein Unternehmen Instrumente, die in den Anwendungsbereich dieser Angaben fallen (wie in Paragraph 13A erläutert), die aber nicht die Saldierungskriterien nach IAS 32 Paragraph 42 erfüllen, entsprechen die Beträge, die gemäß Paragraph 13C(c) anzugeben wären, den gemäß Paragraph 13C(a) anzugebenden Beträgen. **B45**

Die gemäß Paragraph 13C(c) anzugebenden Beträge müssen mit den einzelnen Posten der Bilanz abgestimmt werden. Beschließt ein Unternehmen z. B., dass die Zusammenfassung oder Teilung einzelner Bilanzposten einschlägigere Informationen beibringt, muss es die zusammengefassten oder geteilten Beträge, die in Paragraph 13C(c) angegeben sind, mit den einzelnen Posten der Bilanz abstimmen. **B46**

Angabe der Beträge, die im Sinne einer Globalnettingvereinbarung oder vergleichbaren Vereinbarung rechtlich durchsetzbar und nicht anderweitig Gegenstand von Paragraph 13C(b) (Paragraph 13C(d)) sind

B47 Paragraph 13C(d) sieht vor, dass Unternehmen Beträge angeben, die im Sinne einer Globalnettingvereinbarung oder vergleichbaren Vereinbarung rechtlich durchsetzbar und nicht anderweitig Gegenstand von Paragraph 13C(b) sind. Paragraph 13C(d)(i) betrifft Beträge im Zusammenhang mit bilanzierten Finanzinstrumenten, die einige oder sämtliche Saldierungskriterien von IAS 32 Paragraph 42 nicht erfüllen (z. B. ein derzeitiger Rechtsanspruch auf Saldierung, der das Kriterium von IAS 32 Paragraph 42(b) nicht erfüllt, oder bedingte Rechte zur Saldierung, die lediglich im Falle eines Ausfalls oder einer Insolvenz oder eines Konkurses einer Gegenpartei rechtlich durchsetzbar und ausübbar werden).

B48 Paragraph 13C(d)(ii) bezieht sich auf die Beträge, die im Zusammenhang mit Finanzsicherheiten stehen, einschließlich erhaltener oder verpfändeter Barsicherheiten. Ein Unternehmen hat den beizulegenden Zeitwert solcher Finanzinstrumente anzugeben, die verpfändet oder als Sicherheit erhalten wurden. Die gemäß Paragraph 13C(d)(ii) angegebenen Beträge sollten sich auf die derzeit erhaltene oder verpfändete Sicherheit beziehen und nicht auf sich daraus ergebende Forderungen oder Verbindlichkeiten, die dazu erfasst werden, derartige Sicherheiten zurückzuerstatten oder zurückzuerhalten.

Beschränkungen der in Paragraph 13C(d) (Paragraph 13D) angegebenen Beträge

B49 Bei der Angabe von Beträgen gemäß Paragraph 13C(d) muss ein Unternehmen die Auswirkungen einer Übersicherung durch ein Finanzinstrument berücksichtigen. Dazu muss das Unternehmen zunächst die gemäß Paragraph 13C(d)(i) angegebenen Beträge von dem gemäß Paragraph 13C(c) angegebenen Betrag abziehen. Das Unternehmen beschränkt sodann die gemäß Paragraph 13C(d)(ii) angegebenen Beträge auf den gemäß Paragraph 13C(c) für das entsprechende Finanzinstrument angegebenen Betrag. Sind jedoch Rechte an einer Sicherheit über Finanzinstrumente rechtlich durchsetzbar, können diese Rechte in die Angaben gemäß Paragraph 13D aufgenommen werden.

Beschreibung der Rechte an einer Saldierung, die rechtlich durchsetzbaren Globalnettingvereinbarungen und ähnlichen Vereinbarungen unterliegen (Paragraph 13E)

B50 Ein Unternehmen hat die Arten von Rechten an Saldierungsvereinbarungen und ähnlichen Vereinbarungen, die gemäß Paragraph 13C(d) angegeben werden, einschließlich der Wesensart dieser Rechte zu beschreiben. So hat ein Unternehmen z. B. seine bedingten Rechte zu beschreiben. Bei Instrumenten, die Saldierungsrechten unterliegen, welche nicht an ein künftiges Ereignis gebunden sind, aber nicht die übrigen Kriterien von IAS 32 Paragraph 42 erfüllen, hat ein Unternehmen den Grund bzw. die Gründe zu beschreiben, aufgrund derer die Kriterien nicht erfüllt werden. Bei jeder erhaltenen oder verpfändeten Finanzsicherheit hat ein Unternehmen die Bedingungen der Sicherheitenvereinbarung (z. B. den Fall, in dem die Sicherheit beschränkt ist) zu beschreiben.

Angaben nach Art des Finanzinstruments oder Gegenpartei

B51 Die gemäß Paragraph 13C(a)–(e) geforderten quantitativen Angaben können nach Art von Finanzinstrumenten oder Transaktionen gegliedert werden (z. B. Derivate, Pensionsgeschäfte, umgekehrte Pensionsgeschäfte, Wertpapierleihgeschäften und Wertpapierverleihvereinbarungen).

B52 Alternativ dazu kann ein Unternehmen die quantitativen Angaben gemäß Paragraph 13C(a)-(c) nach Art des Finanzinstruments und die quantitativen Angaben gemäß Paragraph 13C(c)-(e) nach der jeweiligen Gegenpartei gliedern. Bringt ein Unternehmen die geforderten Informationen nach der jeweiligen Gegenpartei bei, ist das Unternehmen nicht gehalten, die Gegenparteien namentlich zu nennen. Dennoch muss die Bestimmung der Gegenparteien (Gegenpartei A, Gegenpartei B, Gegenpartei C usw.) von einem Jahr zum anderen über die dargestellten Jahre schlüssig sein, um die Vergleichbarkeit zu wahren. Qualitative Angaben sind so zu betrachten, dass weitere Informationen über die Arten der Gegenparteien ableitbar sind. Werden Beträge gemäß Paragraph 13C(c)-(e) nach Gegenpartei gegliedert angegeben, sind die Beträge, die im Vergleich zum Gesamtbetrag aller Gegenparteien wesentlich sind, getrennt anzugeben, und die übrigen, im Einzelnen unwesentlichen Beträge sind in einem Posten zusammenzufassen.

Sonstige

Die spezifischen Angaben gemäß der Paragraphen 13C-13E sind Mindestanforderungen. Um **B53**
das Ziel von Paragraph 13B zu erfüllen, muss ein Unternehmen unter Umständen zusätzliche (qualitative) Angaben machen, je nachdem, wie die Bedingungen der rechtlich durchsetzbaren Globalnettingvereinbarungen und damit zusammenhängenden Vereinbarungen ausgestaltet sind, einschließlich Angaben zur Wesensart der Saldierungsrechte und ihren Auswirkungen oder potenziellen Auswirkungen auf die Vermögenslage des Unternehmens.

International Financial Reporting Standard 8 Geschäftssegmente (IFRS 8)

v. 3.11.2008 (ABl EU Nr. L 320 S. 1); zuletzt geändert durch Verordnung (EU) Nr. 2015/28 v. 17.12.2014 (ABl EU 2015 Nr. L 5 S. 1)

Inhalt	Ziffer

Grundprinzip

Ein Unternehmen hat Informationen anzugeben, anhand derer Abschlussadressaten die Art und die finanziellen Auswirkungen der von ihm ausgeübten Geschäftstätigkeiten sowie das wirtschaftliche Umfeld, in dem es tätig ist, beurteilen können. 1

Anwendungsbereich

Dieser IFRS ist anwendbar auf: 2

(a) den Einzelabschluss eines Unternehmens,

(i) dessen Schuld- oder Eigenkapitalinstrumente an einem öffentlichen Markt gehandelt werden (d. h. einer inländischen oder ausländischen Börse oder einem OTC-Markt, einschließlich lokaler und regionaler Märkte); oder

(ii) das seinen Abschluss einer Wertpapieraufsichtsbehörde oder einer anderen Regulierungsbehörde zwecks Emission beliebiger Kategorien von Instrumenten an einem öffentlichen Markt vorlegt; und

(b) den Konzernabschluss einer Gruppe mit einem Mutterunternehmen:

(i) dessen Schuld- oder Eigenkapitalinstrumente an einem öffentlichen Markt gehandelt werden (d. h. einer inländischen oder ausländischen Börse oder einem OTC-Markt, einschließlich lokaler und regionaler Märkte); oder

(ii) das seinen Konzernabschluss einer Wertpapieraufsichtsbehörde oder einer anderen Regulierungsbehörde zwecks Emission beliebiger Kategorien von Instrumenten an einem öffentlichen Markt vorlegt.

3 Entscheidet sich ein Unternehmen, das nicht zur Anwendung dieses IFRS verpflichtet ist, Informationen über Segmente anzugeben, die diesem IFRS nicht genügen, so darf es diese Informationen nicht als Segmentinformationen bezeichnen.

4 Enthält ein Geschäftsbericht sowohl den Konzernabschluss eines Mutterunternehmens, das in den Anwendungsbereich dieses IFRS fällt, als auch dessen Einzelabschluss, sind die Segmentinformationen lediglich im Konzernabschluss zu machen.

Geschäftssegmente

5 Ein Geschäftssegment ist ein Unternehmensbestandteil:

(a) der Geschäftstätigkeiten betreibt, mit denen Umsatzerlöse erwirtschaftet werden und bei denen Aufwendungen anfallen können (einschließlich Umsatzerlöse und Aufwendungen im Zusammenhang mit Geschäftsvorfällen mit anderen Bestandteilen desselben Unternehmens),

(b) dessen Betriebsergebnisse regelmäßig von der verantwortlichen Unternehmensinstanz im Hinblick auf Entscheidungen über die Allokation von Ressourcen zu diesem Segment und die Bewertung seiner Ertragskraft überprüft werden; und

(c) für den separate Finanzinformationen vorliegen.

Ein Geschäftssegment kann Geschäftstätigkeiten ausüben, für das es noch Umsatzerlöse erwirtschaften muss. So können z. B. Gründungstätigkeiten Geschäftssegmente vor der Erwirtschaftung von Umsatzerlösen sein.

6 Nicht jeder Teil eines Unternehmens ist notwendigerweise ein Geschäftssegment oder Teil eines Geschäftssegmentes. So kann/können z. B. der Hauptsitz eines Unternehmens oder einige wichtige Abteilungen überhaupt keine Umsatzerlöse erwirtschaften oder aber Umsatzerlöse, die nur gelegentlich für die Tätigkeiten des Unternehmens anfallen. In diesem Fall wären sie keine Geschäftssegmente. Im Sinne dieses IFRS sind Pläne für Leistungen nach Beendigung des Arbeitsverhältnisses keine Geschäftssegmente.

7 Der Begriff „verantwortliche Unternehmensinstanz" bezeichnet eine Funktion, bei der es sich nicht unbedingt um die eines Managers mit einer bestimmten Bezeichnung handeln muss. Diese Funktion besteht in der Allokation von Ressourcen für die Geschäftssegmente eines Unternehmens sowie der Bewertung ihrer Ertragskraft. Oftmals handelt es sich bei der verantwortlichen Unternehmensinstanz um den Vorsitzenden des Geschäftsführungsorgans oder um seinen „Chief Operating Officer". Allerdings kann es sich dabei auch um eine Gruppe geschäftsführender Direktoren oder sonstige handeln.

8 Viele Unternehmen grenzen ihre Geschäftssegmente anhand der drei in Paragraph 5 genannten Merkmale ab. Allerdings kann ein Unternehmen auch Berichte vorlegen, in denen die Geschäftstätigkeiten auf vielfältigste Art und Weise dargestellt werden. Verwendet die verantwortliche Unternehmensinstanz mehr als eine Reihe von Segmentinformationen, können andere Faktoren zur Identifizierung einer Reihe von Bereichen als die Geschäftssegmente des Unternehmens herangezogen werden. Dazu zählen die Wesensart der Geschäftstätigkeiten jedes Bereichs, das Vorhandensein von Führungskräften, die dafür verantwortlich sind, und die dem Geschäftsführungs- und/oder Aufsichtsorgan vorgelegten Informationen.

9 In der Regel hat ein Geschäftssegment ein Segmentmanagement, das direkt der verantwortlichen Unternehmensinstanz unterstellt ist und regelmäßige Kontakte mit ihr pflegt, um über die Tätigkeiten, die Finanzergebnisse, Prognosen oder Pläne für das betreffende Segment zu diskutieren. Der Begriff „Segmentmanagement" bezeichnet eine Funktion, bei der es sich nicht unbedingt um die eines Managers mit einer bestimmten Bezeichnung handeln muss. Die verantwortliche Unternehmensinstanz kann zugleich das Segmentmanagement für einige Geschäftssegmente sein. Ein einzelner Manager kann das Segmentmanagement für mehr als ein Geschäftssegment ausüben. Wenn die Merkmale von Paragraph 5 auf mehr als eine Reihe von Bereichen einer Organisation zutreffen, es aber nur eine Reihe gibt, für die das Segmentmanagement verantwortlich ist, so stellt diese Reihe von Bereichen die Geschäftssegmente dar.

Die Merkmale von Paragraph 5 können auf zwei oder mehrere sich überschneidende Reihen von **10** Bereichen zutreffen, für die die Manager verantwortlich sind. Diese Struktur wird manchmal als eine Matrixorganisation bezeichnet. In einigen Unternehmen sind manche Manager beispielsweise für die unterschiedlichen Produkt- und Dienstleistungslinien weltweit verantwortlich, wohingegen andere Manager für bestimmte geografische Gebiete zuständig sind. Die verantwortliche Unternehmensinstanz überprüft die Betriebsergebnisse beider Reihen von Bereichen, für die beiderseits Finanzinformationen vorliegen. In einem solchen Fall bestimmt das Unternehmen unter Bezugnahme auf das Grundprinzip, welche Reihe von Bereichen die Geschäftssegmente darstellen.

Berichtspflichtige Segmente

Ein Unternehmen berichtet gesondert über jedes Geschäftssegment, das: **11**

(a) gemäß den Paragraphen 5-10 abgegrenzt wurde oder das Ergebnis der Zusammenfassung von zwei oder mehreren dieser Segmente gemäß Paragraph 12 ist, und

(b) die quantitativen Schwellenwerte von Paragraph 13 überschreitet.

In den Paragraphen 14-19 werden andere Situationen angegeben, in denen gesonderte Informationen über ein Geschäftssegment vorgelegt werden müssen.

Kriterien für die Zusammenfassung

Die Geschäftssegmente weisen oftmals eine ähnliche langfristige Ertragsentwicklung auf, **12** wenn sie vergleichbare wirtschaftliche Merkmale haben. Z. B. geht man von ähnlichen langfristigen Durchschnittsbruttogewinnmargen bei zwei Geschäftssegmenten aus, wenn ihre wirtschaftlichen Merkmale vergleichbar sind. Zwei oder mehrere Geschäftssegmente können zu einem einzigen zusammengefasst werden, sofern die Zusammenfassung mit dem Grundprinzip dieses IFRS vereinbar ist, die Segmente vergleichbare wirtschaftliche Merkmale aufweisen und auch hinsichtlich jedes der nachfolgend genannten Aspekte vergleichbar sind:

(a) Art der Produkte und Dienstleistungen;

(b) Art der Produktionsprozesse;

(c) Art oder Gruppe der Kunden für die Produkte und Dienstleistungen;

(d) Methoden des Vertriebs ihrer Produkte oder der Erbringung von Dienstleistungen; und

(e) falls erforderlich, Art der regulatorischen Rahmenbedingungen, z. B. im Bank- oder Versicherungswesen oder bei öffentlichen Versorgungsbetrieben.

Quantitative Schwellenwerte

Ein Unternehmen legt gesonderte Informationen über ein Geschäftssegment vor, das einen der **13** nachfolgend genannten quantitativen Schwellenwerte erfüllt:

(a) Sein ausgewiesener Umsatzerlös, einschließlich der Verkäufe an externe Kunden und Verkäufe oder Transfers zwischen den Segmenten, beträgt mindestens 10 % der zusammengefassten internen und externen Umsatzerlöse aller Geschäftssegmente.

(b) Der absolute Betrag seines ausgewiesenen Gewinns oder Verlusts entspricht mindestens 10 % des höheren der beiden nachfolgend genannten absoluten Werte: (i) des zusammengefassten ausgewiesenen Gewinns aller Geschäftssegmente, die keinen Verlust gemeldet haben; (ii) des zusammengefassten ausgewiesenen Verlusts aller Geschäftssegmente, die einen Verlust gemeldet haben.

(c) Seine Vermögenswerte haben einen Anteil von mindestens 10 % an den kumulierten Aktiva aller Geschäftssegmente.

Geschäftssegmente, die keinen dieser quantitativen Schwellenwerte erfüllen, können als berichtspflichtig angesehen und gesondert angegeben werden, wenn die Geschäftsführung der Auffassung ist, dass Informationen über das Segment für die Abschlussadressaten nützlich wären.

14 Ein Unternehmen kann Informationen über Geschäftssegmente, die die quantitativen Schwellenwerte nicht erfüllen, mit Informationen über andere Geschäftssegmente, die diese Schwellenwerte ebenfalls nicht erfüllen, nur dann zum Zwecke der Schaffung eines berichtspflichtigen Segments zusammenfassen, wenn die Geschäftssegmente ähnliche wirtschaftliche Merkmale aufweisen und die meisten in Paragraph 12 genannten Kriterien für eine Zusammenfassung gemeinsam haben.

15 Machen die gesamten externen Umsatzerlöse, die von den Geschäftssegmenten ausgewiesen werden, weniger als 75 % der Umsatzerlöse des Unternehmens aus, können weitere Geschäftssegmente als berichtspflichtige Segmente herangezogen werden (auch wenn sie die Kriterien in Paragraph 13 nicht erfüllen), bis mindestens 75 % der Umsatzerlöse des Unternehmens auf berichtspflichtige Segmente entfällt.

16 Informationen über andere Geschäftstätigkeiten und Geschäftssegmente, die nicht berichtspflichtig sind, werden in einer Kategorie „Alle sonstigen Segmente" zusammengefasst und dargestellt, die von sonstigen Abstimmungsposten in den Überleitungsrechnungen zu unterscheiden ist, die gemäß Paragraph 28 gefordert werden. Die Herkunft der Umsatzerlöse, die in der Kategorie „Alle sonstigen Segmente" erfasst werden, ist zu beschreiben.

17 Vertritt das Management die Auffassung, dass ein in der unmittelbar vorangegangenen Berichtsperiode als berichtspflichtig identifiziertes Segment auch weiterhin von Bedeutung ist, so werden Informationen über dieses Segment auch in der laufenden Periode gesondert vorgelegt, selbst wenn die in Paragraph 13 genannten Kriterien für die Berichtspflicht nicht mehr erfüllt sind.

18 Wird ein Geschäftssegment in der laufenden Berichtsperiode als ein berichtspflichtiges Segment im Sinne der quantitativen Schwellenwerte identifiziert, so sind die Segmentdaten für eine frühere Periode, die zu Vergleichszwecken erstellt wurden, anzupassen, um das neuerdings berichtspflichtige Segment als gesondertes Segment darzustellen, auch wenn dieses Segment in der früheren Periode nicht die Kriterien für die Berichtspflicht in Paragraph 13 erfüllt hat, es sei denn, die erforderlichen Informationen sind nicht verfügbar und die Kosten für ihre Erstellung wären übermäßig hoch.

19 Es kann eine praktische Obergrenze für die Zahl berichtspflichtiger Segmente geben, die ein Unternehmen gesondert darstellt, über die hinaus die Segmentinformationen zu detailliert würden. Auch wenn hinsichtlich der Zahl der gemäß Paragraphen 13-18 berichtspflichtigen Segmente keine Begrenzung besteht, sollte ein Unternehmen prüfen, ob bei mehr als zehn Segmenten eine praktische Obergrenze erreicht ist.

Angaben

20 Ein Unternehmen hat Informationen anzugeben, anhand derer Abschlussadressaten die Art und finanziellen Auswirkungen der von ihm ausgeübten Geschäftstätigkeiten sowie das wirtschaftliche Umfeld, in dem es tätig ist, beurteilen können.

Zwecks Anwendung des in Paragraph 20 genannten Grundsatzes hat ein Unternehmen für jede Periode, für die eine Gesamtergebnisrechnung erstellt wurde, folgende Angaben zu machen: 21

(a) allgemeine Informationen, so wie in Paragraph 22 beschrieben;

(b) Informationen über den ausgewiesenen Gewinn oder Verlust eines Segments, einschließlich genau beschriebener Umsatzerlöse und Aufwendungen, die in das ausgewiesene Periodenergebnis eines Segments einbezogen sind, über die Segmentvermögenswerte und die Segmentschulden und über die Grundlagen der Bewertung, so wie in den Paragraphen 23-27 beschrieben; und

(c) Überleitungsrechnungen von den Summen der Segmentumsatzerlöse, des ausgewiesenen Segmentperiodenergebnisses, der Segmentvermögenswerte und Segmentschulden und sonstiger wichtiger Segmentposten auf die entsprechenden Beträge des Unternehmens, so wie in Paragraph 28 beschrieben.

Überleitungsrechnungen für Beträge in der Bilanz der berichtspflichtigen Segmente in Bezug auf die Beträge in der Bilanz des Unternehmens sind für jeden Stichtag fällig, an dem eine Bilanz vorgelegt wird. Informationen über frühere Perioden sind gemäß Paragraph 29 und 30 anzupassen.

Allgemeine Informationen

Ein Unternehmen hat die folgenden allgemeinen Informationen zu liefern: 22

(a) Faktoren, die zur Identifizierung der berichtspflichtigen Segmente des Unternehmens verwendet werden. Dazu zählen die Organisationsgrundlage (z. B. ob sich die Geschäftsführung dafür entschieden hat, das Unternehmen auf der Grundlage der Unterschiede zwischen Produkten und Dienstleistungen, nach geografischen Gebieten, nach regulatorischen Umfeldern oder einer Kombination von Faktoren zu organisieren, und ob Geschäftssegmente zusammengefasst wurden);

(aa) die Beurteilungen, die von der Geschäftsführung bei der Anwendung der in Paragraph 12 genannten Kriterien für die Zusammenfassung getroffen wurden. Dazu zählt eine kurze Beschreibung der auf diese Weise zusammengefassten Geschäftssegmente und der wirtschaftlichen Indikatoren, die bewertet wurden, um zu bestimmen, dass die zusammengefassten Geschäftssegmente die gleichen wirtschaftlichen Charakteristika aufweisen; und

(b) Arten von Produkten und Dienstleistungen, die die Grundlage der Umsatzerlöse jedes berichtspflichtigen Segments darstellen.

Informationen über den Gewinn oder Verlust und über die Vermögenswerte und Schulden

Ein Unternehmen hat eine Bewertung des Gewinns oder Verlusts für jedes berichtspflichtige Segment vorzulegen. Ein Unternehmen hat eine Bewertung aller Vermögenswerte und der Schulden für jedes berichtspflichtige Segment vorzulegen, wenn ein solcher Betrag der verantwortlichen Unternehmensinstanz regelmäßig gemeldet wird. Ein Unternehmen hat zudem die folgenden Angaben zu jedem berichtspflichtigen Segment zu machen, wenn die angegebenen Beträge in die Bewertung des Gewinns oder Verlusts des Segments einbezogen werden, der von der verantwortlichen Unternehmensinstanz überprüft oder ansonsten dieser regelmäßig übermittelt werden, auch wenn sie nicht in die Bewertung des Gewinns oder Verlusts des Segments einfließen: 23

(a) Umsatzerlöse, die von externen Kunden stammen;

(b) Umsatzerlöse aufgrund von Geschäftsvorfällen mit anderen Geschäftssegmenten desselben Unternehmens;

(c) Zinserträge;

(d) Zinsaufwendungen;

(e) planmäßige Abschreibungen und Amortisationen;

(f) wesentliche Ertrags- und Aufwandsposten, die gemäß Paragraph 97 von IAS 1 *Darstellung des Abschlusses* (überarbeitet 2007) genannt werden;

(g) Anteil des Unternehmens am Periodenergebnis von assoziierten Unternehmen und Gemeinschaftsunternehmen, die nach der Equity-Methode bilanziert werden;

(h) Ertragsteueraufwand oder -ertrag; und

(i) wesentliche zahlungsunwirksame Posten, bei denen es sich nicht um planmäßige Abschreibungen handelt.

Ein Unternehmen weist die Zinserträge gesondert vom Zinsaufwand für jedes berichtspflichtige Segment aus, es sei denn, die meisten Umsatzerlöse des Segments wurden aufgrund von Zinsen erwirtschaftet und die verantwortliche Unternehmensinstanz stützt sich in erster Linie auf die Nettozinserträge, um die Ertragskraft des Segments zu beurteilen und Entscheidungen über die Allokation der Ressourcen für das Segment zu treffen. In einem solchen Fall kann ein Unternehmen die segmentbezogenen Zinserträge abzüglich des Zinsaufwands angeben und über diese Vorgehensweise informieren.

24 Ein Unternehmen hat zudem die folgenden Angaben zu einem jeden berichtspflichtigen Segment zu machen, wenn die angegebenen Beträge in die Bewertung der Vermögenswerte des Segments einbezogen werden, die von der verantwortlichen Unternehmensinstanz überprüft oder ansonsten dieser regelmäßig übermittelt wurden, auch wenn sie nicht in die Bewertung der Vermögenswerte des Segments einfließen:

(a) Betrag der Beteiligungen an assoziierten Unternehmen und Gemeinschaftsunternehmen, die nach der Equity-Methode bilanziert werden; und

(b) Betrag der Zugänge zu den langfristigen Vermögenswerten, ausgenommen Finanzinstrumente, latente Steueransprüche, Vermögenswerte aus leistungsorientierten Versorgungsplänen (siehe IAS 19 Leistungen an Arbeitnehmer) und Rechte aus Versicherungsverträgen.

Bewertung

25 Der Betrag jedes dargestellten Segmentpostens soll dem Wert entsprechen, welcher der verantwortlichen Unternehmensinstanz übermittelt wird, damit diese die Ertragskraft des Segments bewerten und Entscheidungen über die Allokation der Ressourcen für das Segment treffen kann. Anpassungen und Eliminierungen, die während der Erstellung eines Unternehmensabschlusses und bei der Allokation von Umsatzerlösen, Aufwendungen sowie Gewinnen oder Verlusten vorgenommen werden, sind bei der Ermittlung des ausgewiesenen Gewinnes oder Verlustes des Segments nur dann zu berücksichtigen, wenn sie in die Bewertung des Gewinnes oder Verlustes des Segments eingeflossen sind, die von der verantwortlichen Unternehmensinstanz zu Grunde gelegt wird. Ebenso sind für dieses Segment nur jene Vermögenswerte und Schulden auszuweisen, die in die Bewertungen der Vermögenswerte und der Schulden des Segments eingeflossen sind, die wiederum von der verantwortlichen Unternehmensinstanz genutzt werden. Werden Beträge dem Gewinn oder Verlust sowie den Vermögenswerten oder Schulden eines berichtspflichtigen Segments zugewiesen, so hat die Allokation dieser Beträge auf vernünftiger Basis zu erfolgen.

26 Verwendet die verantwortliche Unternehmensinstanz zur Bewertung der Ertragskraft des Segments und zur Entscheidung über die Art der Allokation der Ressourcen lediglich einen Wertmaßstab für den Gewinn oder Verlust und die Vermögenswerte sowie Schulden eines Geschäftssegments, so sind der Gewinn oder Verlust und die Vermögenswerte sowie Schulden gemäß diesem Wertmaßstab zu berichten. Verwendet die verantwortliche Unternehmensinstanz mehr als einen Wertmaßstab für den Gewinn oder Verlust und die Vermögenswerte sowie Schulden eines Geschäftssegments, so sind jene Wertmaßstäbe zu verwenden, die die Geschäftsführung gemäß den Bewertungsgrundsätzen als am ehesten mit denjenigen konsistent ansieht, die für die Bewertung der entsprechenden Beträge im Abschluss des Unternehmens zu Grunde gelegt werden.

Ein Unternehmen hat die Bewertungsgrundlagen für den Gewinn oder Verlust eines Segments sowie die Vermögenswerte und Schulden jedes berichtspflichtigen Segments zu erläutern. Die Mindestangaben umfassen: 27

(a) die Rechnungslegungsgrundlage für sämtliche Geschäftsvorfälle zwischen berichtspflichtigen Segmenten;
(b) die Art etwaiger Unterschiede zwischen den Bewertungen des Gewinnes oder Verlustes eines berichtspflichtigen Segments und dem Gewinn oder Verlust des Unternehmens vor Steueraufwand oder -ertrag eines Unternehmens und Aufgabe von Geschäftsbereichen (falls nicht aus den Überleitungsrechnungen in Paragraph 28 ersichtlich). Diese Unterschiede könnten Rechnungslegungsmethoden und Strategien für die Allokation von zentral angefallenen Kosten umfassen, die für das Verständnis der erfassten Segmentinformationen erforderlich sind;
(c) die Art etwaiger Unterschiede zwischen den Bewertungen der Vermögenswerte eines berichtspflichtigen Segments und den Vermögenswerten des Unternehmens (falls nicht aus den Überleitungsrechnungen in Paragraph 28 ersichtlich). Diese Unterschiede könnten Rechnungslegungsmethoden und Strategien für die Allokation von gemeinsam genutzten Vermögenswerten umfassen, die für das Verständnis der erfassten Segmentinformationen erforderlich sind;
(d) die Art etwaiger Unterschiede zwischen den Bewertungen der Schulden eines berichtspflichtigen Segments und den Schulden des Unternehmens (falls nicht aus den Überleitungsrechnungen in Paragraph 28 ersichtlich). Diese Unterschiede könnten Rechnungslegungsmethoden und Strategien für die Allokation von gemeinsam genutzten Schulden umfassen, die für das Verständnis der erfassten Segmentinformationen erforderlich sind;
(e) die Art etwaiger Änderungen der Bewertungsmethoden im Vergleich zu früheren Perioden, die zur Bestimmung des Gewinnes oder Verlustes des Segments verwendet werden, und gegebenenfalls die Auswirkungen dieser Änderungen auf die Bewertung des Gewinnes oder Verlustes des Segments;
(f) Art und Auswirkungen etwaiger asymmetrischer Allokationen auf berichtspflichtige Segmente. Beispielsweise könnte ein Unternehmen einen Abschreibungsaufwand einem Segment zuordnen, ohne dass das Segment die entsprechenden abschreibungsfähigen Vermögenswerte erhalten hat.

Überleitungsrechnungen

Ein Unternehmen hat Überleitungsrechnungen für alle nachfolgend genannten Beträge vorzulegen: 28

(a) Gesamtbetrag der Umsatzerlöse der berichtspflichtigen Segmente zu den Umsatzerlösen des Unternehmens;
(b) Gesamtbetrag der Bewertungen der Gewinne oder Verluste der berichtspflichtigen Segmente zum Gewinn oder Verlust des Unternehmens vor Steueraufwand (Steuerertrag) und Aufgabe von Geschäftsbereichen. Weist ein Unternehmen indes berichtspflichtigen Segmenten Posten wie Steueraufwand (Steuerertrag) zu, kann es die Überleitungsrechnung vom Gesamtbetrag der Bewertungen der Gewinne oder Verluste der Segmente zum Gewinn oder Verlust des Unternehmens unter Ausklammerung dieser Posten erstellen;
(c) Gesamtbetrag der Vermögenswerte der berichtspflichtigen Segmente zu den Vermögenswerten des Unternehmens, wenn die Vermögenswerte der Segmente gemäß Paragraph 23 ausgewiesen werden.
(d) Gesamtbetrag der Schulden der berichtspflichtigen Segmente zu den Schulden des Unternehmens, wenn die Segmentschulden gemäß Paragraph 23 ausgewiesen werden;

(e) Summe der Beträge der berichtspflichtigen Segmente für jede andere wesentliche angegebene Information auf den entsprechenden Betrag für das Unternehmen.

Alle wesentlichen Abstimmungsposten in den Überleitungsrechnungen sind gesondert zu identifizieren und zu beschreiben. So ist z. B. der Betrag jeder wesentlichen Anpassung, die für die Abstimmung der Gewinne oder Verluste des Segments mit dem Gewinn oder Verlust des Unternehmens erforderlich ist und ihren Ursprung in unterschiedlichen Rechnungslegungsmethoden hat, gesondert zu identifizieren und zu beschreiben.

Anpassung zuvor veröffentlichter Informationen

29 Ändert ein Unternehmen die Struktur seiner internen Organisation auf eine Art und Weise, die die Zusammensetzung seiner berichtspflichtigen Segmente verändert, müssen die entsprechenden Informationen für frühere Perioden, einschließlich Zwischenperioden, angepasst werden, es sei denn, die erforderlichen Informationen sind nicht verfügbar und die Kosten für ihre Erstellung wären übermäßig hoch. Die Feststellung, ob Informationen nicht verfügbar sind und die Kosten für ihre Erstellung übermäßig hoch liegen, hat für jeden angegebenen Einzelposten gesondert zu erfolgen. Nach einer geänderten Zusammensetzung seiner berichtspflichtigen Segmente hat ein Unternehmen Angaben dazu zu machen, ob es die entsprechenden Posten der Segmentinformationen für frühere Perioden angepasst hat.

30 Ändert ein Unternehmen die Struktur seiner internen Organisation auf eine Art und Weise, die die Zusammensetzung seiner berichtspflichtigen Segmente verändert, und werden die entsprechenden Informationen für frühere Perioden, einschließlich Zwischenperioden, nicht angepasst, um der Änderung Rechnung zu tragen, hat ein Unternehmen in dem Jahr, in dem die Änderung eintritt, Angaben zu den Segmentinformationen für die derzeitige Berichtsperiode sowohl auf der Grundlage der alten als auch der neuen Segmentstruktur zu machen, es sei denn, die erforderlichen Informationen sind nicht verfügbar und die Kosten für ihre Erstellung wären übermäßig hoch.

Angaben auf Unternehmensebene

31 Die Paragraphen 32-34 sind auf alle in den Anwendungsbereich dieses IFRS fallenden Unternehmen anzuwenden. Dazu zählen auch Unternehmen, die nur ein einziges berichtspflichtiges Segment haben. Bei einigen Unternehmen sind die Geschäftsbereiche nicht auf der Grundlage der Unterschiede von Produkten und Dienstleistungen oder Unterschiede zwischen den geografischen Tätigkeitsbereichen organisiert. Die berichtspflichtigen Segmente eines solchen Unternehmens können Umsatzerlöse ausweisen, die in einem breiten Spektrum von ihrem Wesen nach unterschiedlichen Produkten und Dienstleistungen erwirtschaftet wurden, oder aber mehrere berichtspflichtige Segmente können ihrem Wesen nach ähnliche Produkte und Dienstleistungen anbieten. Ebenso können die berichtspflichtigen Segmente eines Unternehmens Vermögenswerte in verschiedenen geografischen Gebieten halten und Umsatzerlöse von Kunden in diesen verschiedenen geografischen Bereichen ausweisen, oder aber mehrere dieser berichtspflichtigen Segmente sind in ein und demselben geografischen Gebiet tätig. Die in den Paragraphen 32-34 geforderten Informationen sind nur dann anzugeben, wenn sie nicht bereits als Teil der Informationen des berichtspflichtigen Segments gemäß diesem IFRS vorgelegt wurden.

Informationen über Produkte und Dienstleistungen

32 Ein Unternehmen hat die Umsatzerlöse von externen Kunden für jedes Produkt und jede Dienstleistung bzw. für jede Gruppe vergleichbarer Produkte und Dienstleistungen auszuweisen, es sei denn, die erforderlichen Informationen sind nicht verfügbar und die Kosten für ihre Erstellung wären übermäßig hoch. In diesem Fall ist dieser Umstand anzugeben. Die Beträge der ausgewiesenen Umsatzerlöse stützen sich auf die Finanzinformationen, die für die Erstellung des Unternehmensabschlusses verwendet werden.

Informationen über geografische Gebiete

Ein Unternehmen hat folgende geografische Angaben zu machen, es sei denn, die erforderlichen Informationen sind nicht verfügbar und die Kosten für ihre Erstellung wären übermäßig hoch: **33**

(a) Umsatzerlöse, die von externen Kunden erwirtschaftet wurden und die (i) dem Herkunftsland des Unternehmens und (ii) allen Drittländern insgesamt zugewiesen werden, in denen das Unternehmen Umsatzerlöse erwirtschaftet. Wenn die Umsatzerlöse von externen Kunden, die einem einzigen Drittland zugewiesen werden, eine wesentliche Höhe erreichen, sind diese Umsatzerlöse gesondert anzugeben. Ein Unternehmen hat anzugeben, auf welcher Grundlage die Umsatzerlöse von externen Kunden den einzelnen Ländern zugewiesen werden.

(b) langfristige Vermögenswerte*), ausgenommen Finanzinstrumente, latente Steueransprüche, Leistungen nach Beendigung des Arbeitsverhältnisses und Rechte aus Versicherungsverträgen, die (i) im Herkunftsland des Unternehmens und (ii) in allen Drittländern insgesamt gelegen sind, in dem das Unternehmen Vermögenswerte hält. Wenn die Vermögenswerte in einem einzigen Drittland eine wesentliche Höhe erreichen, sind diese Vermögenswerte gesondert anzugeben.

Die angegebenen Beträge stützen sich auf die Finanzinformationen, die für die Erstellung des Unternehmensabschlusses verwendet werden. Wenn die erforderlichen Informationen nicht verfügbar sind und die Kosten für ihre Erstellung übermäßig hoch liegen würden, ist diese Tatsache anzugeben. Über die von diesem Paragraphen geforderten Informationen hinaus kann ein Unternehmen Zwischensummen für die geografischen Informationen über Ländergruppen vorlegen.

Informationen über wichtige Kunden

Ein Unternehmen hat Informationen über den Grad seiner Abhängigkeit von seinen wichtigen Kunden vorzulegen. Wenn sich die Umsatzerlöse aus Geschäftsvorfällen mit einem einzigen externen Kunden auf mindestens 10 % der Umsatzerlöse des Unternehmens belaufen, hat das Unternehmen diese Tatsache anzugeben sowie den Gesamtbetrag der Umsatzerlöse von jedem derartigen Kunden und die Identität des Segments bzw. der Segmente, in denen die Umsatzerlöse ausgewiesen werden. Das Unternehmen muss die Identität eines wichtigen Kunden oder die Höhe der Umsatzerlöse, die jedes Segment in Bezug auf diesen Kunden ausweist, nicht offen legen. Im Sinne dieses IFRS ist eine Gruppe von Unternehmen, von denen das berichtende Unternehmen weiß, dass sie unter gemeinsamer Beherrschung stehen, als ein einziger Kunde anzusehen. Ob eine staatliche Stelle (einschließlich Institutionen mit hoheitlichen Aufgaben und ähnliche Körperschaften, unabhängig davon, ob sie auf lokaler, nationaler oder internationaler Ebene angesiedelt sind) sowie Unternehmen, von denen das berichtende Unternehmen weiß, dass sie der Beherrschung durch diese staatliche Stelle unterliegen, als ein einziger Kunde angesehen werden, muss allerdings zunächst geprüft werden. Bei dieser Prüfung trägt das berichtende Unternehmen dem Umfang der wirtschaftlichen Integration zwischen diesen Unternehmen Rechnung. **34**

Übergangsvorschriften und Zeitpunkt des Inkrafttretens

Dieser IFRS ist erstmals in der ersten Berichtsperiode eines am 1. Januar 2009 oder danach beginnenden Geschäftsjahres anzuwenden. Eine frühere Anwendung ist zulässig. Wenn ein Unter- **35**

*) **Amtl. Anm.:** Bei einer Klassifizierung der Vermögenswerte gemäß einer Liquiditätsdarstellung sind als langfristige Vermögenswerte alle Vermögenswerte einzustufen, die Beträge beinhalten, deren Realisierung nach mehr als zwölf Monaten nach dem Abschlussstichtag erwartet wird.

nehmen diesen IFRS für Berichtsperioden anwendet, die vor dem 1. Januar 2009 beginnen, so ist diese Tatsache anzugeben.

35A Paragraph 23 wurde durch die *Verbesserungen der IFRS* vom April 2009 geändert. Diese Änderungen sind erstmals in der ersten Berichtsperiode eines am 1. Januar 2010 oder danach beginnenden Geschäftsjahrs anzuwenden. Eine frühere Anwendung ist zulässig. Wendet ein Unternehmen die Änderung für ein früheres Geschäftsjahr an, hat es dies anzugeben.

36 Segmentinformationen für frühere Geschäftsjahre, die als Vergleichsinformationen für das erste Jahr der Anwendung (einschließlich der Anwendung der Änderung von Paragraph 23 vom April 2009) vorgelegt werden, müssen angepasst werden, um die Anforderungen dieses IFRS zu erfüllen, es sei denn, die erforderlichen Informationen sind nicht verfügbar und die Kosten für ihre Erstellung wären übermäßig hoch.

36A Infolge des IAS 1 (überarbeitet 2007) wurde die in allen IFRS verwendete Terminologie geändert. Außerdem wurde Paragraph 23(f) geändert. Diese Änderungen sind erstmals in der ersten Berichtsperiode eines am 1. Januar 2009 oder danach beginnenden Geschäftsjahres anzuwenden. Wird IAS 1 (überarbeitet 2007) auf eine frühere Periode angewandt, sind diese Änderungen entsprechend auch anzuwenden.

36B Durch IAS 24 *Angaben über Beziehungen zu nahestehenden Unternehmen und Personen* (in der 2009 geänderten Fassung) wurde Paragraph 34 für Berichtsperioden eines am oder nach dem 1. Januar 2011 beginnenden Geschäftsjahres geändert. Wendet ein Unternehmen IAS 24 (in der 2009 geänderten Fassung) auf eine frühere Periode an, so hat es auch die Änderungen an Paragraph 34 auf diese frühere Periode anzuwenden.

36C Mit den im Dezember 2013 veröffentlichten *Jährlichen Verbesserungen an den IFRS, Zyklus 2010-2012*, wurden die Paragraphen 22 und 28 geändert. Ein Unternehmen hat diese Änderungen erstmals auf Geschäftsjahre anzuwenden, die am oder nach dem 1. Juli 2014 beginnen. Eine frühere Anwendung ist zulässig. Wendet ein Unternehmen diese Änderungen auf eine frühere Periode an, hat es dies anzugeben.

Rücknahme von IAS 14

37 Dieser IFRS ersetzt IAS 14 *Segmentberichterstattung*.

Anhang A: Definitionen

Dieser Anhang ist integraler Bestandteil des IFRS.

Geschäftssegment

Ein Geschäftssegment ist ein Unternehmensbestandteil:

(a) der Geschäftstätigkeiten betreibt, mit denen Umsatzerlöse erwirtschaftet werden und bei denen Aufwendungen anfallen können (einschließlich Umsatzerlöse und Aufwendungen im Zusammenhang mit Geschäftsvorfällen mit anderen Bestandteilen desselben Unternehmens),

(b) dessen Betriebsergebnisse regelmäßig von der verantwortlichen Unternehmensinstanz im Hinblick auf Entscheidungen über die Allokation von Ressourcen zu diesem Segment und die Bewertung seiner Ertragskraft überprüft werden; und

(c) für den separate Finanzinformationen vorliegen.

International Financial Reporting Standard 9 Finanzinstrumente (IFRS 9)

v. 22.11.2016 (ABl EU Nr. L 323 S. 1); zuletzt geändert durch Verordnung (EU) 2020/34 v. 15.1.2020 (ABl EU Nr. L 12 S. 5)[1)]

1) **Anm. d. Red.:** Diese Änderungen sind am 5.2.2020 in Kraft getreten und spätestens mit Beginn des ersten am oder nach dem 1.1.2020 beginnenden Geschäftsjahres anzuwenden. Vgl. dazu auch Paragraph 7.1.8.

Kapitel 1: Zielsetzung

1.1 Zielsetzung dieses Standards ist die Festlegung von Rechnungslegungsgrundsätzen *für finanzielle Vermögenswerte und finanzielle Verbindlichkeiten*, die den Abschlussadressaten relevante und nützliche Informationen für ihre Einschätzung bezüglich der Höhe, des Zeitpunkts und der Unsicherheit der künftigen Zahlungsströme eines Unternehmens liefern.

Kapitel 2: Anwendungsbereich

2.1 Dieser Standard ist von allen Unternehmen auf alle Arten von Finanzinstrumenten anzuwenden, davon ausgenommen sind:

(a) Anteile an Tochterunternehmen, assoziierten Unternehmen und Gemeinschaftsunternehmen, die gemäß IFRS 10 *Konzernabschlüsse*, IAS 27 *Einzelabschlüsse* oder IAS 28 *Anteile an assoziierten Unternehmen und Gemeinschaftsunternehmen* bilanziert werden. In einigen Fällen muss oder darf ein Unternehmen jedoch gemäß IFRS 10, IAS 27 oder IAS 28 einen Anteil an einem Tochterunternehmen, einem assoziierten Unternehmen oder einem Gemeinschaftsunternehmen nach allen oder einem Teil der Vorgaben des vorliegenden Standards bilanzieren. Ebenfalls anzuwenden ist er auf Derivate auf einen Anteil an einem Tochterunternehmen, einem assoziierten Unternehmen oder einem Gemeinschaftsunternehmen, sofern das Derivat nicht der Definition eines Eigenkapitalinstruments des Unternehmens in IAS 32 *Finanzinstrumente: Darstellung* entspricht.

(b) Rechte und Verpflichtungen aus Leasingverhältnissen, für die IFRS 16 *Leasingverhältnisse* gilt. Allerdings unterliegen:

   (i) Forderungen aus Finanzierungsleasingverhältnissen (d. h. Nettoinvestitionen in ein Finanzierungsleasingverhältnis) und Forderungen aus Operating-Leasingverhältnissen, die vom Leasinggeber angesetzt wurden, den im vorliegenden Standard enthaltenen Ausbuchungs- und Wertminderungsvorschriften;

   (ii) Leasingverbindlichkeiten, die vom Leasingnehmer angesetzt wurden, den in Paragraph 3.3.1 des vorliegenden Standards enthaltenen Ausbuchungsvorschriften; und

   (iii) in Leasingverhältnisse eingebettete Derivate den im vorliegenden Standard enthaltenen Vorschriften für eingebettete Derivate.

(c) Rechte und Verpflichtungen eines Arbeitgebers aus Altersversorgungsplänen, für die IAS 19 *Leistungen an Arbeitnehmer* gilt.

(d) Finanzinstrumente, die von dem Unternehmen emittiert wurden und der Definition eines Eigenkapitalinstruments gemäß IAS 32 (einschließlich Optionen und Optionsscheinen) entsprechen oder die gemäß den Paragraphen 16A und 16B oder 16C und 16D des IAS 32 als Eigenkapitalinstrumente zu klassifizieren sind. Der Inhaber solcher Eigenkapitalinstrumente hat den vorliegenden Standard jedoch auf diese Instrumente anzuwenden, es sei denn, es liegt der unter (a) genannte Ausnahmefall vor.

(e) Rechte und Verpflichtungen aus (i) einem Versicherungsvertrag im Sinne von IFRS 4 *Versicherungsverträge*, bei denen es sich nicht um Rechte und Verpflichtungen eines Emittenten aus einem Versicherungsvertrag handelt, der der Definition einer finanziellen Garantie entspricht, oder aus (ii) einem Vertrag, der aufgrund der Tatsache, dass er eine ermessensabhängige Überschussbeteiligung vorsieht, in den Anwendungsbereich von IFRS 4 fällt. Für ein Derivat, das in einen unter IFRS 4 fallenden Vertrag eingebettet ist, gilt dieser Standard aber dennoch, wenn das Derivat nicht selbst ein Vertrag ist, der in den Anwendungsbereich von IFRS 4 fällt. Hat ein Finanzgarantiegeber darüber hinaus zuvor ausdrücklich erklärt, dass er diese Garantien als Versicherungsverträge betrachtet, und hat er sie nach den für Versicherungsverträge geltenden Vorschriften bilanziert, so kann er auf diese finanziellen Garantien diesen Standard oder IFRS 4 anwenden (siehe Paragraphen B2.5-B2.6). Der Garantiegeber kann diese Entscheidung vertragsweise fällen, doch ist sie für jeden Vertrag unwiderruflich.

(f) alle Termingeschäfte, die zwischen einem Erwerber und einem verkaufenden Anteilseigner im Hinblick darauf geschlossen werden, ein zu erwerbendes Unternehmen zu erwerben oder zu veräußern, die zu einem künftigen Erwerbszeitpunkt zu einem Unternehmenszusammenschluss führen werden, der in den Anwendungsbereich des IFRS 3 *Unternehmenszusammenschlüsse* fällt. Die Laufzeit des Termingeschäfts sollte einen angemessenen Zeitraum, der in der Regel für die erforderlichen Genehmigungen und die Durchführung der Transaktion notwendig ist, nicht überschreiten.

(g) Kreditzusagen, bei denen es sich nicht um die in Paragraph 2.3 beschriebenen Zusagen handelt. Auf Kreditzusagen, die nicht anderweitig unter diesen Standard fallen, hat der Emittent jedoch die im vorliegenden Standard enthaltenen Wertminderungsvorschriften anzuwenden. Ferner unterliegen alle Kreditzusagen den im vorliegenden Standard enthaltenen Ausbuchungsvorschriften.

(h) Finanzinstrumente, Verträge und Verpflichtungen im Zusammenhang mit anteilsbasierten Vergütungen, für die IFRS 2 *Anteilsbasierte Vergütung* gilt. Davon ausgenommen sind die in den Anwendungsbereich der Paragraphen 2.4-2.7 dieses Standards fallenden Verträge, für die dieser Standard somit gilt.

(i) Ansprüche auf Zahlungen zur Erstattung von Ausgaben, zu denen das Unternehmen verpflichtet ist, um eine Verbindlichkeit zu begleichen, die es gemäß IAS 37 *Rückstellungen, Eventualverbindlichkeiten und Eventualforderungen* als Rückstellung ansetzt oder für die es in einer früheren Periode gemäß IAS 37 eine Rückstellung angesetzt hat.

(j) in den Anwendungsbereich des IFRS 15 *Umsatzerlöse aus Verträgen mit Kunden* fallende Rechte und Verpflichtungen, bei denen es sich um Finanzinstrumente handelt, ausgenommen jener, die nach IFRS 15 gemäß dem vorliegenden Standard bilanziert werden.

2.2 Die im vorliegenden Standard enthaltenen Wertminderungsvorschriften sind auf jene Rechte anzuwenden, die nach IFRS 15 zur Erfassung von Wertminderungsaufwendungen und -erträgen gemäß dem vorliegenden Standard bilanziert werden.

2.3 In den Anwendungsbereich dieses Standards fallen folgende Kreditzusagen:

(a) Kreditzusagen, die das Unternehmen als finanzielle Verbindlichkeiten designiert, die erfolgswirksam zum beizulegenden Zeitwert bewertet werden (siehe Paragraph 4.2.2). Ein Unternehmen, das die aus seinen Kreditzusagen resultierenden Vermögenswerte in der Vergangenheit für gewöhnlich kurz nach der Ausreichung verkauft hat, hat diesen Standard auf all seine Kreditzusagen derselben Klasse anzuwenden.

(b) Kreditzusagen, die durch einen Nettoausgleich in bar oder durch Lieferung oder Emission eines anderen Finanzinstruments erfüllt werden können. Bei diesen Kreditzusagen handelt es sich um Derivate. Eine Kreditzusage gilt nicht allein aufgrund der Tatsache, dass das Darlehen in Tranchen ausgezahlt wird (beispielsweise ein Hypothekenkredit, der gemäß dem Baufortschritt in Tranchen ausgezahlt wird), als im Wege eines Nettoausgleichs erfüllt.

(c) Zusagen, einen Kredit unter dem Marktzinssatz zur Verfügung zu stellen (siehe Paragraph 4.2.1(d)).

2.4 Dieser Standard ist auf Verträge über den Kauf oder Verkauf eines nicht finanziellen Postens anzuwenden, die durch einen Nettoausgleich in bar oder anderen Finanzinstrumenten oder durch den Tausch von Finanzinstrumenten, so als handle es sich bei den Verträgen um Finanzinstrumente, erfüllt werden können. Davon ausgenommen sind Verträge, die zwecks Empfang oder Lieferung nicht finanzieller Posten gemäß dem erwarteten Einkaufs-, Verkaufs- oder Nutzungsbedarf des Unternehmens geschlossen wurden und in diesem Sinne weiter gehalten werden. Anzuwenden ist dieser Standard allerdings auf Verträge, die ein Unternehmen gemäß Paragraph 2.5 als erfolgswirksam zum beizulegenden Zeitwert bewertet designiert.

2.5 Verträge über den Kauf oder Verkauf eines nicht finanziellen Postens, die durch einen Nettoausgleich in bar oder anderen Finanzinstrumenten oder durch den Tausch von Finanzinstrumenten, so als handle es sich bei den Verträgen um Finanzinstrumente, erfüllt werden können, können unwiderruflich als erfolgswirksam zum beizulegenden Zeitwert bewertet designiert werden, selbst wenn sie zwecks Empfang oder Lieferung nicht finanzieller Posten gemäß dem erwarteten Einkaufs-, Verkaufs- oder Nutzungsbedarf des Unternehmens geschlossen wurden. Diese Designation ist nur bei Vertragsbeginn und nur dann möglich, wenn Inkongruenzen beim Ansatz (zuweilen als „Rechnungslegungsanomalie" bezeichnet) beseitigt oder signifikant verringert werden, die ansonsten ohne Ansatz dieses Vertrags entstehen würden, da dieser vom Anwendungsbereich des vorliegenden Standards ausgenommen ist (siehe Paragraph 2.4).

2.6 Die Abwicklung eines Vertrags über den Kauf oder Verkauf eines nicht finanziellen Postens durch Nettoausgleich in bar oder in anderen Finanzinstrumenten oder den Tausch von Finanzinstrumenten kann unter unterschiedlichen Rahmenbedingungen erfolgen, zu denen u. a. Folgende zählen:

(a) die Vertragsbedingungen gestatten es jedem Kontrahenten, den Vertrag durch Nettoausgleich in bar oder einem anderen Finanzinstrument bzw. durch Tausch von Finanzinstrumenten abzuwickeln;

(b) die Möglichkeit zu einem Nettoausgleich in bar oder einem anderen Finanzinstrument bzw. durch Tausch von Finanzinstrumenten ist zwar nicht explizit in den Vertragsbedingungen vorgesehen, doch erfüllt das Unternehmen ähnliche Verträge für gewöhnlich durch Nettoausgleich in bar oder einem anderen Finanzinstrument bzw. durch Tausch von Finanzinstrumenten (sei es durch Abschluss gegenläufiger Verträge mit der Vertragspartei oder durch Verkauf des Vertrags vor dessen Ausübung oder Verfall);

(c) bei ähnlichen Verträgen nimmt das Unternehmen den Vertragsgegenstand für gewöhnlich an und veräußert ihn kurz nach der Anlieferung wieder, um Gewinne aus kurzfristigen Preisschwankungen oder Händlermargen zu erzielen;

(d) der nicht finanzielle Posten, der Gegenstand des Vertrags ist, kann jederzeit in Zahlungsmittel umgewandelt werden.

Ein Vertrag, auf den (b) oder (c) zutrifft, wird nicht zwecks Empfang oder Lieferung nicht finanzieller Posten gemäß dem erwarteten Einkaufs-, Verkaufs- oder Nutzungsbedarf des Unternehmens geschlossen und fällt somit in den Anwendungsbereich dieses Standards. Andere Verträge, auf die Paragraph 2.4 zutrifft, werden im Hinblick darauf geprüft, ob sie zwecks Empfang oder Lieferung nicht finanzieller Posten gemäß dem erwarteten Einkaufs-, Verkaufs- oder Nutzungsbedarf des Unternehmens geschlossen wurden sowie weiterhin zu diesem Zweck gehalten werden und somit in den Anwendungsbereich dieses Standards fallen.

Eine geschriebene Option auf den Kauf oder Verkauf eines nicht finanziellen Postens, der durch Nettoausgleich in bar oder anderen Finanzinstrumenten bzw. durch Tausch von Finanzinstrumenten gemäß Paragraph 2.6(a) oder 2.6(d) erfüllt werden kann, fällt in den Anwendungsbereich dieses Standards. Solch ein Vertrag kann nicht zwecks Empfang oder Verkauf eines nicht finanziellen Postens gemäß dem erwarteten Einkaufs-, Verkaufs- oder Nutzungsbedarf des Unternehmens geschlossen werden. **2.7**

Kapitel 3: Ansatz und Ausbuchung

3.1: Erstmaliger Ansatz

Ein Unternehmen hat einen finanziellen Vermögenswert oder eine finanzielle Verbindlichkeit in dem Zeitpunkt in seiner Bilanz anzusetzen, wenn es Vertragspartei des Finanzinstruments wird (siehe Paragraphen B3.1.1 und B3.1.2). Beim erstmaligen Ansatz klassifiziert ein Unternehmen einen finanziellen Vermögenswert nach den Vorschriften der Paragraphen 4.1.1-4.1.5 und bewertet ihn gemäß den Paragraphen 5.1.1-5.1.3. Beim erstmaligen Ansatz klassifiziert ein Unternehmen eine finanzielle Verbindlichkeit nach den Vorschriften der Paragraphen 4.2.1 und 4.2.2 und bewertet sie gemäß Paragraph 5.1.1. **3.1.1**

Marktüblicher Kauf und Verkauf von finanziellen Vermögenswerten

Ein *marktüblicher Kauf oder Verkauf* finanzieller Vermögenswerte ist entweder zum Handels- oder zum Erfüllungstag anzusetzen bzw. auszubuchen (siehe Paragraphen B3.1.3-B3.1.6). **3.1.2**

3.2: Ausbuchung finanzieller Vermögenswerte

Bei Konzernabschlüssen werden die Paragraphen 3.2.2-3.2.9, B3.1.1, B3.1.2 und B3.2.1-B3.2.17 auf Konzernebene angewandt. Ein Unternehmen konsolidiert folglich zuerst alle Tochterunternehmen gemäß IFRS 10 und wendet auf die daraus resultierende Unternehmensgruppe dann diese Paragraphen an. **3.2.1**

3.2.2 Vor Beurteilung der Frage, ob und in welcher Höhe gemäß den Paragraphen 3.2.3-3.2.9 eine *Ausbuchung* zulässig ist, bestimmt ein Unternehmen, ob diese Paragraphen auf einen Teil des finanziellen Vermögenswerts (oder einen Teil einer Gruppe ähnlicher finanzieller Vermögenswerte) oder auf einen finanziellen Vermögenswert (oder eine Gruppe ähnlicher finanzieller Vermögenswerte) in seiner Gesamtheit anzuwenden ist, und verfährt dabei wie folgt:

(a) Die Paragraphen 3.2.3-3.2.9 sind nur dann auf einen Teil eines finanziellen Vermögenswerts (oder einen Teil einer Gruppe ähnlicher finanzieller Vermögenswerte) anzuwenden, wenn der Teil, der für eine Ausbuchung in Erwägung gezogen wird, eine der drei folgenden Voraussetzungen erfüllt.

   (i) Der Teil enthält nur speziell abgegrenzte Zahlungsströme eines finanziellen Vermögenswerts (oder einer Gruppe ähnlicher finanzieller Vermögenswerte). Geht ein Unternehmen beispielsweise einen Zinsstrip ein, bei dem die Vertragspartei ein Anrecht auf die Zinszahlungen, nicht aber auf die Tilgungen aus dem Schuldinstrument erhält, sind auf die Zinszahlungen die Paragraphen 3.2.3-3.2.9 anzuwenden.

   (ii) Der Teil umfasst lediglich einen exakt proportionalen (pro rata) Anteil an den Zahlungsströmen eines finanziellen Vermögenswerts (oder einer Gruppe ähnlicher finanzieller Vermögenswerte). Geht ein Unternehmen beispielsweise eine Vereinbarung ein, bei der die Vertragspartei ein Anrecht auf 90 Prozent aller Zahlungsströme eines Schuldinstruments erhält, sind auf 90 Prozent dieser Zahlungsströme die Paragraphen 3.2.3-3.2.9 anzuwenden. Bei mehr als einer Vertragspartei wird von den einzelnen Parteien nicht verlangt, dass sie einen proportionalen Anteil an den Zahlungsströmen haben, sofern das übertragende Unternehmen einen exakt proportionalen Anteil hat.

   (iii) Der Teil umfasst lediglich einen exakt proportionalen (pro rata) Anteil an speziell abgegrenzten Zahlungsströmen eines finanziellen Vermögenswerts (oder einer Gruppe ähnlicher finanzieller Vermögenswerte). Geht ein Unternehmen beispielsweise eine Vereinbarung ein, bei der die Vertragspartei ein Anrecht auf 90 Prozent der Zinszahlungen eines finanziellen Vermögenswerts erhält, sind auf 90 Prozent dieser Zinszahlungen die Paragraphen 3.2.3-3.2.9 anzuwenden. Bei mehr als einer Vertragspartei wird von den einzelnen Parteien nicht verlangt, dass sie einen proportionalen Anteil an den speziell abgegrenzten Zahlungsströmen haben, sofern das übertragende Unternehmen einen exakt proportionalen Anteil hat.

(b) In allen anderen Fällen sind die Paragraphen 3.2.3-3.2.9 auf den finanziellen Vermögenswert (oder auf die Gruppe ähnlicher finanzieller Vermögenswerte) in seiner Gesamtheit anzuwenden. Wenn ein Unternehmen beispielsweise (i) sein Anrecht auf die ersten oder letzten 90 Prozent der Zahlungseingänge aus einem finanziellen Vermögenswert (oder einer Gruppe finanzieller Vermögenswerte), oder (ii) sein Anrecht auf 90 Prozent der Zahlungsströme aus einer Gruppe von Forderungen überträgt, gleichzeitig aber eine Garantie abgibt, dem Käufer sämtliche Zahlungsausfälle bis in Höhe von 8 Prozent des Kapitalbetrags der Forderungen zu erstatten, sind die Paragraphen 3.2.3-3.2.9 auf den finanziellen Vermögenswert (oder die Gruppe ähnlicher finanzieller Vermögenswerte) in seiner Gesamtheit anzuwenden.

In den Paragraphen 3.2.3-3.2.12 bezieht sich der Begriff „finanzieller Vermögenswert" entweder auf einen Teil eines finanziellen Vermögenswerts (oder einen Teil einer Gruppe ähnlicher finanzieller Vermögenswerte) wie unter (a) beschrieben oder einen finanziellen Vermögenswert (oder eine Gruppe ähnlicher finanzieller Vermögenswerte) in seiner Gesamtheit.

3.2.3 Ein Unternehmen darf einen finanziellen Vermögenswert nur dann ausbuchen, wenn

(a) sein vertragliches Anrecht auf Zahlungsströme aus einem finanziellen Vermögenswert ausläuft oder

(b) es den finanziellen Vermögenswert den Paragraphen 3.2.4 und 3.2.5 entsprechend überträgt und die Übertragung die Ausbuchungsbedingungen des Paragraphen 3.2.6 erfüllt.

(Zum marktüblichen Verkauf finanzieller Vermögenswerte siehe Paragraph 3.1.2.)

Ein Unternehmen überträgt nur dann einen finanziellen Vermögenswert, wenn es entweder **3.2.4**

(a) sein vertragliches Anrecht auf den Bezug von Zahlungsströmen aus dem finanziellen Vermögenswert überträgt oder

(b) sein vertragliches Anrecht auf den Bezug von Zahlungsströmen aus finanziellen Vermögenswerten zwar behält, sich im Rahmen einer Vereinbarung, die die Bedingungen in Paragraph 3.2.5 erfüllt, aber vertraglich zur Weiterreichung der Zahlungsströme an einen oder mehrere Empfänger verpflichtet.

Behält ein Unternehmen sein vertragliches Anrecht auf den Bezug von Zahlungsströmen aus einem finanziellen Vermögenswert (dem „ursprünglichen Vermögenswert"), verpflichtet sich aber vertraglich zur Weiterreichung dieser Zahlungsströme an ein oder mehrere Unternehmen (die „Endempfänger"), so behandelt es die Transaktion nur dann als eine Übertragung eines finanziellen Vermögenswerts, wenn folgende drei Bedingungen erfüllt sind: **3.2.5**

(a) Das Unternehmen ist nur dann zu Zahlungen an die Endempfänger verpflichtet, wenn es die entsprechenden Beträge aus dem ursprünglichen Vermögenswert vereinnahmt. Kurzfristige Vorauszahlungen, die das Unternehmen zum vollständigen Rückerhalt des geliehenen Betrags zuzüglich aufgelaufener Zinsen zum Marktzinssatz berechtigen, verstoßen gegen diese Bedingung nicht.

(b) Das Unternehmen darf den ursprünglichen Vermögenswert laut Übertragungsvertrag weder verkaufen noch verpfänden, es sei denn, dies dient der Absicherung seiner Verpflichtung, den Endempfängern die Zahlungsströme weiterzuleiten.

(c) Das Unternehmen ist verpflichtet, die für die Endempfänger eingenommenen Zahlungsströme ohne wesentliche Verzögerung weiterzuleiten. Auch ist es nicht befugt, solche Zahlungsströme während der kurzen Erfüllungsperiode vom Inkassotag bis zum geforderten Überweisungstermin an die Endempfänger zu reinvestieren, außer in Zahlungsmittel oder Zahlungsmitteläquivalente (im Sinne von IAS 7 *Kapitalflussrechnungen*), wobei die Zinsen aus solchen Finanzinvestitionen an die Endempfänger weiterzugeben sind.

Überträgt ein Unternehmen einen finanziellen Vermögenswert (siehe Paragraph 3.2.4), so hat es zu beurteilen, in welchem Umfang die mit dem Eigentum dieses Vermögenswerts verbundenen Risiken und Chancen bei ihm verbleiben. In diesem Fall gilt Folgendes: **3.2.6**

(a) Wenn das Unternehmen im Wesentlichen alle mit dem Eigentum des finanziellen Vermögenswerts verbundenen Risiken und Chancen überträgt, hat es den finanziellen Vermögenswert auszubuchen und alle bei dieser Übertragung entstandenen oder behaltenen Rechte und Verpflichtungen gesondert als Vermögenswerte oder Verbindlichkeiten anzusetzen.

(b) Wenn das Unternehmen im Wesentlichen alle mit dem Eigentum des finanziellen Vermögenswerts verbundenen Risiken und Chancen behält, hat es den finanziellen Vermögenswert weiterhin zu erfassen.

(c) Wenn das Unternehmen im Wesentlichen alle mit dem Eigentum des finanziellen Vermögenswerts verbundenen Risiken und Chancen weder überträgt noch behält, hat es zu bestimmen, ob es die Verfügungsmacht über den finanziellen Vermögenswert behalten hat. In diesem Fall gilt Folgendes:

   (i) Wenn das Unternehmen die Verfügungsmacht nicht behalten hat, ist der finanzielle Vermögenswert auszubuchen und sind alle bei dieser Übertragung entstandenen oder behaltenen Rechte und Verpflichtungen gesondert als Vermögenswerte oder Verbindlichkeiten zu erfassen.

   (ii) Wenn das Unternehmen die Verfügungsmacht behalten hat, ist der finanzielle Vermögenswert nach Maßgabe des anhaltenden Engagements des Unternehmens weiter zu erfassen (siehe Paragraph 3.2.16).

3.2.7 In welchem Umfang Risiken und Chancen übertragen werden (siehe Paragraph 3.2.6), wird beurteilt, indem die Risikopositionen des Unternehmens vor und nach der Übertragung mit Veränderungen bei Höhe und Eintrittszeitpunkt der Netto-Zahlungsströme des übertragenen Vermögenswerts verglichen werden. Ein Unternehmen hat im Wesentlichen alle mit dem Eigentum eines finanziellen Vermögenswerts verbundenen Risiken und Chancen behalten, wenn sich seine Anfälligkeit für Schwankungen des Barwerts der künftigen Netto-Zahlungsströme durch die Übertragung nicht signifikant geändert hat (z. B. weil das Unternehmen einen finanziellen Vermögenswert gemäß einer Vereinbarung über dessen Rückkauf zu einem festen Preis oder zum Verkaufspreis zuzüglich einer Verzinsung veräußert hat). Ein Unternehmen hat im Wesentlichen alle mit dem Eigentum eines finanziellen Vermögenswerts verbundenen Risiken und Chancen übertragen, wenn seine Anfälligkeit für solche Schwankungen im Vergleich zur gesamten Schwankungsbreite des Barwerts der mit dem finanziellen Vermögenswert verbundenen künftigen Netto-Zahlungsströme nicht mehr signifikant ist (z. B. weil das Unternehmen einen finanziellen Vermögenswert lediglich mit der Option verkauft hat, ihn zu dem zum Zeitpunkt des Rückkaufs beizulegenden Zeitwert zurückzukaufen, oder weil es im Rahmen einer Vereinbarung, wie einer Kredit-Unterbeteiligung, die die Bedingungen in Paragraph 3.2.5 erfüllt, einen exakt proportionalen Anteil der Zahlungsströme eines größeren finanziellen Vermögenswerts übertragen hat).

3.2.8 Oft ist es offensichtlich, ob ein Unternehmen im Wesentlichen alle Risiken und Chancen übertragen oder behalten hat, so dass es keiner weiteren Berechnungen bedarf. In anderen Fällen wird es notwendig sein, die Anfälligkeit des Unternehmens für Schwankungen des Barwerts der künftigen Netto-Zahlungsströme vor und nach der Übertragung zu berechnen und zu vergleichen. Zur Berechnung und zum Vergleich wird ein angemessener aktueller Marktzins als Abzinsungssatz benutzt. Jede angemessenerweise für möglich gehaltene Schwankung der Netto-Zahlungsströme wird berücksichtigt, wobei den Ergebnissen mit einer größeren Eintrittswahrscheinlichkeit größeres Gewicht beigemessen wird.

3.2.9 Ob das Unternehmen die Verfügungsmacht über den übertragenen Vermögenswert behalten hat (siehe Paragraph 3.2.6(c)), hängt von der Fähigkeit des Empfängers ab, den Vermögenswert zu verkaufen. Wenn der Empfänger den Vermögenswert faktisch in seiner Gesamtheit an eine nicht nahestehende dritte Partei verkaufen und diese Möglichkeit einseitig wahrnehmen kann, ohne für die Übertragung weitere Einschränkungen zu verhängen, hat das Unternehmen die Verfügungsmacht nicht behalten. In allen anderen Fällen hat das Unternehmen die Verfügungsmacht behalten.

Übertragungen, die die Bedingungen für eine Ausbuchung erfüllen

3.2.10 Überträgt ein Unternehmen einen finanziellen Vermögenswert unter den für eine vollständige Ausbuchung erforderlichen Bedingungen und behält dabei das Recht, diesen Vermögenswert gegen eine Gebühr zu verwalten, hat es für diesen Verwaltungs-/Abwicklungsvertrag entweder einen Vermögenswert oder eine Verbindlichkeit aus dem Bedienungsrecht zu erfassen. Wenn diese Gebühr voraussichtlich keine angemessene Vergütung für die Verwaltung bzw. Abwicklung durch das Unternehmen darstellt, ist eine Verbindlichkeit für die Verwaltungs- bzw. Abwicklungsverpflichtung zum beizulegenden Zeitwert zu erfassen. Wenn die Gebühr für die Verwaltung bzw. Abwicklung ein angemessenes Entgelt voraussichtlich übersteigt, ist ein Vermögenswert aus dem Verwaltungs- bzw. Abwicklungsrecht zu einem Betrag zu erfassen, der auf der Grundlage einer Verteilung des Buchwerts des größeren finanziellen Vermögenswerts gemäß Paragraph 3.2.13 bestimmt wird.

3.2.11 Wenn ein finanzieller Vermögenswert infolge einer Übertragung vollständig ausgebucht wird, die Übertragung jedoch dazu führt, dass das Unternehmen einen neuen finanziellen Vermögenswert erhält bzw. eine neue finanzielle Verbindlichkeit oder eine Verbindlichkeit aus der Verwaltungs- bzw. Abwicklungsverpflichtung übernimmt, hat das Unternehmen den neuen finanziellen Vermögenswert, die neue finanzielle Verbindlichkeit oder die Verbindlichkeit aus der Verwaltungs- bzw. Abwicklungsverpflichtung zum beizulegenden Zeitwert zu erfassen.

Bei der vollständigen Ausbuchung eines finanziellen Vermögenswerts ist die Differenz zwischen 3.2.12

(a) dem (zum Zeitpunkt der Ausbuchung bestimmten) Buchwert und

(b) dem erhaltenen Entgelt (einschließlich jedes neu erhaltenen Vermögenswerts abzüglich jeder neu übernommenen Verbindlichkeit)

erfolgswirksam zu erfassen.

Ist der übertragene Vermögenswert Teil eines größeren finanziellen Vermögenswerts (z. B. 3.2.13 wenn ein Unternehmen Zinszahlungen, die Teil eines Schuldinstruments sind, überträgt, siehe Paragraph 3.2.2(a)) und erfüllt der übertragene Teil die Bedingungen für eine vollständige Ausbuchung, ist der bisherige Buchwert des größeren finanziellen Vermögenswerts zwischen dem Teil, der weiter erfasst wird, und dem Teil, der ausgebucht wird, auf der Grundlage der relativen beizulegenden Zeitwerte dieser Teile zum Zeitpunkt der Übertragung aufzuteilen. Zu diesem Zweck ist ein behaltener Vermögenswert aus dem Verwaltungs- bzw. Abwicklungsrecht als ein Teil, der weiter erfasst wird, zu behandeln. Die Differenz zwischen

(a) dem (zum Zeitpunkt der Ausbuchung bestimmten) Buchwert, der dem ausgebuchten Teil zugeordnet wurde, und

(b) dem für den ausgebuchten Teil erhaltenen Entgelt (einschließlich jedes neu erhaltenen Vermögenswerts abzüglich jeder neu übernommenen Verbindlichkeit)

ist erfolgswirksam zu erfassen.

Teilt ein Unternehmen den bisherigen Buchwert eines größeren finanziellen Vermögenswerts 3.2.14 zwischen dem weiter erfassten Teil und dem ausgebuchten Teil auf, muss der beizulegende Zeitwert des weiter erfassten Teils ermittelt werden. Hat das Unternehmen in der Vergangenheit ähnliche Teile wie den weiter erfassten verkauft, oder gibt es andere Markttransaktionen für solche Teile, so liefern die Preise der letzten Transaktionen die bestmögliche Schätzung für seinen beizulegenden Zeitwert. Gibt es für den Teil, der weiter erfasst wird, keine Preisnotierungen oder aktuelle Markttransaktionen zur Belegung des beizulegenden Zeitwerts, so besteht die bestmögliche Schätzung in der Differenz zwischen dem beizulegenden Zeitwert des größeren finanziellen Vermögenswerts als Ganzem und dem vom Empfänger für den ausgebuchten Teil vereinnahmten Entgelt.

Übertragungen, die die Bedingungen für eine Ausbuchung nicht erfüllen

Führt eine Übertragung nicht zu einer Ausbuchung, da das Unternehmen im Wesentlichen alle 3.2.15 mit dem Eigentum des übertragenen Vermögenswerts verbundenen Risiken und Chancen behalten hat, so hat das Unternehmen den übertragenen Vermögenswert in seiner Gesamtheit weiter zu erfassen und für das erhaltene Entgelt eine finanzielle Verbindlichkeit anzusetzen. In den folgenden Perioden hat das Unternehmen alle Erträge aus dem übertragenen Vermögenswert und alle Aufwendungen für die finanzielle Verbindlichkeit zu erfassen.

Anhaltendes Engagement bei übertragenen Vermögenswerten

Wenn ein Unternehmen im Wesentlichen alle mit dem Eigentum eines übertragenen Ver- 3.2.16 mögenswerts verbundenen Risiken und Chancen weder überträgt noch behält und die Verfügungsmacht über den übertragenen Vermögenswert behält, hat es den übertragenen Vermögenswert nach Maßgabe seines anhaltenden Engagements weiter zu erfassen. Ein anhaltendes Engagement des Unternehmens an dem übertragenen Vermögenswert ist in dem Maße gegeben, in dem es Wertänderungen des übertragenen Vermögenswerts ausgesetzt ist. Zum Beispiel:

(a) Wenn das anhaltende Engagement eines Unternehmens der Form nach den übertragenen Vermögenswert garantiert, ist der Umfang dieses anhaltenden Engagements entweder der Betrag des Vermögenswerts oder der Höchstbetrag des erhaltenen Entgelts, den das

Unternehmen eventuell zurückzahlen müsste („der garantierte Betrag"), je nachdem, welcher von beiden der Niedrigere ist.

(b) Wenn das anhaltende Engagement des Unternehmens der Form nach eine geschriebene oder eine erworbene Option (oder beides) auf den übertragenen Vermögenswert ist, so ist der Umfang des anhaltenden Engagements des Unternehmens der Betrag des übertragenen Vermögenswerts, den das Unternehmen zurückkaufen kann. Im Fall einer geschriebenen Verkaufsoption auf einen Vermögenswert, der zum beizulegenden Zeitwert bewertet wird, ist der Umfang des anhaltenden Engagements des Unternehmens allerdings auf den beizulegenden Zeitwert des übertragenen Vermögenswerts oder den Ausübungspreis der Option – je nachdem, welcher von beiden der Niedrigere ist – begrenzt (siehe Paragraph B3.2.13).

(c) Wenn das anhaltende Engagement des Unternehmens der Form nach eine Option auf den übertragenen Vermögenswert ist, die durch Barausgleich oder vergleichbare Art erfüllt wird, wird der Umfang des anhaltenden Engagements des Unternehmens in der gleichen Weise wie bei Optionen, die nicht durch Barausgleich erfüllt werden, ermittelt (siehe Buchstabe (b)).

3.2.17 Wenn ein Unternehmen einen Vermögenswert weiterhin nach Maßgabe seines anhaltenden Engagements erfasst, hat es auch eine damit verbundene Verbindlichkeit zu erfassen. Ungeachtet der anderen Bewertungsvorschriften in diesem Standard werden der übertragene Vermögenswert und die damit verbundene Verbindlichkeit so bewertet, dass den Rechten und Verpflichtungen, die das Unternehmen behalten hat, Rechnung getragen wird. Die verbundene Verbindlichkeit wird so bewertet, dass der Nettobuchwert aus übertragenem Vermögenswert und verbundener Verbindlichkeit:

(a) den fortgeführten Anschaffungskosten der von dem Unternehmen behaltenen Rechte und Verpflichtungen entspricht, falls der übertragene Vermögenswert zu fortgeführten Anschaffungskosten bewertet wird, oder

(b) gleich dem beizulegenden Zeitwert der von dem Unternehmen behaltenen Rechte und Verpflichtungen ist, wenn diese eigenständig bewertet würden, falls der übertragene Vermögenswert zum beizulegenden Zeitwert bewertet wird.

3.2.18 Das Unternehmen hat alle Erträge aus dem übertragenen Vermögenswert weiterhin nach Maßgabe seines anhaltenden Engagements zu erfassen sowie alle Aufwendungen für damit verbundene Verbindlichkeiten.

3.2.19 Bei der Folgebewertung werden Änderungen im beizulegenden Zeitwert des übertragenen Vermögenswerts und der damit verbundenen Verbindlichkeit gemäß Paragraph 5.7.1 übereinstimmend erfasst und nicht miteinander saldiert.

3.2.20 Erstreckt sich das anhaltende Engagement des Unternehmens nur auf einen Teil eines finanziellen Vermögenswerts (z. B. wenn ein Unternehmen die Option behält, einen Teil des übertragenen Vermögenswerts zurückzukaufen, oder nach wie vor einen Residualanspruch hat, der nicht dazu führt, dass es im Wesentlichen alle mit dem Eigentum verbundenen Risiken und Chancen behält, und das Unternehmen auch weiterhin die Verfügungsmacht besitzt), hat das Unternehmen den bisherigen Buchwert des finanziellen Vermögenswerts zwischen dem Teil, der von ihm gemäß des anhaltenden Engagements weiter erfasst wird, und dem Teil, den es nicht länger erfasst, auf Grundlage der relativen beizulegenden Zeitwerte dieser Teile zum Zeitpunkt der Übertragung aufzuteilen. Zu diesem Zweck gelten die Bestimmungen des Paragraphen 3.2.14. Die Differenz zwischen

(a) dem (zum Zeitpunkt der Ausbuchung bestimmten) Buchwert, der dem nicht länger erfassten Teil zugeordnet wurde, und

(b) dem für den nicht länger erfassten Teil erhaltenen Entgelt

ist erfolgswirksam zu erfassen.

3.3.21 Wird der übertragene Vermögenswert zu fortgeführten Anschaffungskosten bewertet, kann die nach diesem Standard bestehende Möglichkeit, eine finanzielle Verbindlichkeit als erfolgswirksam zum beizulegenden Zeitwert bewertet zu designieren, für die verbundene Verbindlichkeit nicht in Anspruch genommen werden.

Alle Übertragungen

Wird ein übertragener Vermögenswert weiterhin erfasst, darf er nicht mit der verbundenen Verbindlichkeit saldiert werden. Ebenso wenig darf ein Unternehmen Erträge aus dem übertragenen Vermögenswert mit Aufwendungen saldieren, die für die verbundene Verbindlichkeit angefallen sind (siehe IAS 32 Paragraph 42). **3.2.22**

Bietet der Übertragende dem Empfänger unbare Sicherheiten (wie Schuld- oder Eigenkapitalinstrumente), hängt die Bilanzierung der Sicherheit durch den Übertragenden und den Empfänger davon ab, ob Letzterer das Recht hat, die Sicherheit zu verkaufen oder weiter zu verpfänden, und davon, ob der Übertragende ausgefallen ist. Zu bilanzieren ist die Sicherheit wie folgt: **3.3.23**

(a) Hat der Empfänger das vertrags- oder gewohnheitsmäßige Recht, die Sicherheit zu verkaufen oder weiter zu verpfänden, dann hat der Übertragende sie in seiner Bilanz getrennt von anderen Vermögenswerten zu reklassifizieren (z. B. als verliehenen Vermögenswert, verpfändetes Eigenkapitalinstrument oder Rückkaufforderung).

(b) Verkauft der Empfänger die an ihn verpfändete Sicherheit, hat er für seine Verpflichtung, die Sicherheit zurückzugeben, den Veräußerungserlös und eine zum beizulegenden Zeitwert zu bewertende Verbindlichkeit zu erfassen.

(c) Ist der Übertragende dem Vertrag zufolge ausgefallen und nicht länger zur Rückforderung der Sicherheit berechtigt, so hat er die Sicherheit auszubuchen und der Empfänger sie als seinen Vermögenswert anzusetzen und zum beizulegenden Zeitwert zu bewerten, bzw. – wenn er die Sicherheit bereits verkauft hat – seine Verpflichtung zur Rückgabe der Sicherheit auszubuchen.

(d) Mit Ausnahme der Bestimmungen unter (c) hat der Übertragende die Sicherheit weiterhin als seinen Vermögenswert anzusetzen und darf der Empfänger die Sicherheit nicht als einen Vermögenswert ansetzen.

3.3: Ausbuchung finanzieller Verbindlichkeiten

Ein Unternehmen darf eine finanzielle Verbindlichkeit (oder einen Teil derselben) nur dann aus seiner Bilanz entfernen, wenn diese getilgt ist – d. h. die im Vertrag genannten Verpflichtungen erfüllt oder aufgehoben sind oder auslaufen. **3.3.1**

Ein Austausch von Schuldinstrumenten mit grundverschiedenen Vertragsbedingungen zwischen einem bestehenden Kreditnehmer und Kreditgeber ist wie eine Tilgung der ursprünglichen finanziellen Verbindlichkeit und ein Ansatz einer neuen finanziellen Verbindlichkeit zu behandeln. Gleiches gilt, wenn die Vertragsbedingungen einer bestehenden finanziellen Verbindlichkeit oder eines Teils davon wesentlich geändert werden (wobei keine Rolle spielt, ob dies auf die finanziellen Schwierigkeiten des Schuldners zurückzuführen ist oder nicht). **3.3.2**

Die Differenz zwischen dem Buchwert einer getilgten oder auf eine andere Partei übertragenen finanziellen Verbindlichkeit (oder eines Teils derselben) und dem gezahlten Entgelt, einschließlich übertragener unbarer Vermögenswerte oder übernommener Verbindlichkeiten, ist erfolgswirksam zu erfassen. **3.3.3**

Kauft ein Unternehmen einen Teil einer finanziellen Verbindlichkeit zurück, so hat es den bisherigen Buchwert der finanziellen Verbindlichkeit zwischen dem weiter erfassten und dem ausgebuchten Teil auf der Grundlage der relativen beizulegenden Zeitwerte dieser Teile am Rückkauftag aufzuteilen. Die Differenz zwischen (a) dem Buchwert, der dem ausgebuchten Teil zugeordnet wurde, und (b) dem für den ausgebuchten Teil gezahlten Entgelt, einschließlich übertragener unbarer Vermögenswerte oder übernommener Verbindlichkeiten, ist erfolgswirksam zu erfassen. **3.3.4**

Kapitel 4: Klassifizierung

4.1: Klassifizierung finanzieller Vermögenswerte

4.1.1 Soweit nicht Paragraph 4.1.5 gilt, hat ein Unternehmen finanzielle Vermögenswerte für die Folgebewertung als zu fortgeführten Anschaffungskosten, als erfolgsneutral zum beizulegenden Zeitwert im sonstigen Ergebnis oder als erfolgswirksam zum beizulegenden Zeitwert bewertet zu klassifizieren. Diese Klassifizierung erfolgt auf Grundlage

(a) des Geschäftsmodells des Unternehmens zur Steuerung finanzieller Vermögenswerte und

(b) der Eigenschaften der vertraglichen Zahlungsströme des finanziellen Vermögenswerts.

4.1.2 Ein finanzieller Vermögenswert ist zu fortgeführten Anschaffungskosten zu bewerten, wenn beide folgenden Bedingungen erfüllt sind:

(a) der finanzielle Vermögenswert wird im Rahmen eines Geschäftsmodells gehalten, dessen Zielsetzung darin besteht, finanzielle Vermögenswerte zur Vereinnahmung der vertraglichen Zahlungsströme zu halten, und

(b) die Vertragsbedingungen des finanziellen Vermögenswerts führen zu festgelegten Zeitpunkten zu Zahlungsströmen, die ausschließlich Tilgungs- und Zinszahlungen auf den ausstehenden Kapitalbetrag darstellen.

Die Paragraphen B4.1.1-B4.1.26 enthalten Leitlinien für die Anwendung dieser Bedingungen.

4.1.2A Ein finanzieller Vermögenswert ist erfolgsneutral zum beizulegenden Zeitwert im sonstigen Ergebnis zu bewerten, wenn beide folgenden Bedingungen erfüllt sind:

(a) der finanzielle Vermögenswert wird im Rahmen eines Geschäftsmodells gehalten, dessen Zielsetzung sowohl in der Vereinnahmung der vertraglichen Zahlungsströme als auch in dem Verkauf finanzieller Vermögenswerte besteht, und

(b) die Vertragsbedingungen des finanziellen Vermögenswerts führen zu festgelegten Zeitpunkten zu Zahlungsströmen, die ausschließlich Tilgungs- und Zinszahlungen auf den ausstehenden Kapitalbetrag darstellen.

Die Paragraphen B4.1.1-B4.1.26 enthalten Leitlinien für die Anwendung dieser Bedingungen.

4.1.3 Für die Zwecke der Anwendung der Paragraphen 4.1.2(b) und 4.1.2A(b) gilt:

(a) Kapitalbetrag ist der beizulegende Zeitwert des finanziellen Vermögenswerts beim erstmaligen Ansatz. Paragraph B4.1.7B enthält zusätzliche Leitlinien zur Bedeutung von Kapitalbetrag.

(b) Zinsen umfassen das Entgelt für den Zeitwert des Geldes, für das Ausfallrisiko, das mit dem über einen bestimmten Zeitraum ausstehenden Kapitalbetrag verbunden ist, und für andere grundlegende Risiken und Kosten des Kreditgeschäfts sowie eine Gewinnmarge. Die Paragraphen B4.1.7A und B4.1.9A-B4.1.9E enthalten zusätzliche Leitlinien zur Bedeutung von Zinsen einschließlich der Bedeutung von Zeitwert des Geldes.

4.1.4 Ein finanzieller Vermögenswert, der nicht gemäß Paragraph 4.1.2 zu fortgeführten Anschaffungskosten oder gemäß Paragraph 4.1.2A erfolgsneutral zum beizulegenden Zeitwert im sonstigen Ergebnis bewertet wird, ist erfolgswirksam zum beizulegenden Zeitwert zu bewerten. Allerdings kann ein Unternehmen beim erstmaligen Ansatz bestimmter Finanzinvestitionen in *Eigenkapitalinstrumente*, die ansonsten erfolgswirksam zum beizulegenden Zeitwert bewertet worden wären, unwiderruflich die Wahl treffen, im Rahmen der Folgebewertung die Änderungen des beizulegenden Zeitwerts im sonstigen Ergebnis zu erfassen (siehe Paragraphen 5.7.5-5.7.6).

Wahlrecht der Designation eines finanziellen Vermögenswerts als erfolgswirksam zum beizulegenden Zeitwert bewertet

4.1.5 Ungeachtet der Paragraphen 4.1.1-4.1.4 kann ein Unternehmen einen finanziellen Vermögenswert beim erstmaligen Ansatz unwiderruflich als erfolgswirksam zum beizulegenden Zeitwert bewertet designieren, wenn dadurch Inkongruenzen bei der Bewertung oder beim Ansatz (zuweilen als „Rechnungslegungsanomalie" bezeichnet), die entstehen, wenn die Bewertung von Vermögenswerten oder Verbindlichkeiten oder die Erfassung von daraus resultierenden Gewinnen und Verlusten auf unterschiedlicher Grundlage erfolgt, beseitigt oder signifikant verringert werden (siehe Paragraphen B4.1.29-B4.1.32).

4.2: Klassifizierung finanzieller Verbindlichkeiten

Ein Unternehmen hat alle finanziellen Verbindlichkeiten für die Folgebewertung als zu fort- **4.2.1**
geführten Anschaffungskosten bewertet zu klassifizieren. Davon ausgenommen sind

(a) *erfolgswirksam zum beizulegenden Zeitwert bewertete finanzielle Verbindlichkeiten*. Solche Verbindlichkeiten, einschließlich *Derivate* mit negativem Marktwert, sind in den Folgeperioden zum beizulegenden Zeitwert zu bewerten.

(b) finanzielle Verbindlichkeiten, die entstehen, wenn die Übertragung eines finanziellen Vermögenswerts nicht die Bedingungen für eine Ausbuchung erfüllt oder die Bilanzierung unter Zugrundelegung eines anhaltenden Engagements erfolgt. Bei der Bewertung derartiger finanzieller Verbindlichkeiten ist gemäß den Paragraphen 3.2.15 und 3.2.17 zu verfahren.

(c) *finanzielle Garantien*. Nach dem erstmaligen Ansatz hat der Emittent eines solchen Vertrags (außer für den Fall, dass Paragraph 4.2.1(a) oder (b) Anwendung findet) bei dessen Folgebewertung den höheren der beiden folgenden Beträge zugrunde zu legen:
   (i) den gemäß Abschnitt 5.5 bestimmten Betrag der Wertberichtigung und
   (ii) den ursprünglich erfassten Betrag (siehe Paragraph 5.1.1), gegebenenfalls abzüglich der gemäß den Grundsätzen von IFRS 15 erfassten kumulierten Erträge;

(d) Zusagen, einen Kredit unter dem Marktzinssatz zur Verfügung zu stellen. Ein Unternehmen, das eine solche Zusage erteilt (außer für den Fall, dass Paragraph 4.2.1(a) Anwendung findet), hat bei deren Folgebewertung den höheren der beiden folgenden Beträge zugrunde zu legen:
   (i) den gemäß Abschnitt 5.5 bestimmten Betrag der Wertberichtigung und
   (ii) den ursprünglich erfassten Betrag (siehe Paragraph 5.1.1), gegebenenfalls abzüglich der gemäß den Grundsätzen von IFRS 15 erfassten kumulierten Erträge;

(e) eine bedingte Gegenleistung, die von einem Erwerber im Rahmen eines Unternehmenszusammenschlusses gemäß IFRS 3 angesetzt wird. Eine solche bedingte Gegenleistung ist in den Folgeperioden zum beizulegenden Zeitwert zu bewerten, wobei Änderungen erfolgswirksam erfasst werden.

Wahlrecht der Designation einer finanziellen Verbindlichkeit als erfolgswirksam zum beizulegenden Zeitwert bewertet

Ein Unternehmen kann eine finanzielle Verbindlichkeit beim erstmaligen Ansatz unwiderruflich **4.2.2**
als erfolgswirksam zum beizulegenden Zeitwert bewertet designieren, wenn dies gemäß Paragraph 4.3.5 zulässig ist oder wenn dadurch relevantere Informationen vermittelt werden, weil entweder

(a) Inkongruenzen bei der Bewertung oder beim Ansatz (zuweilen als „Rechnungslegungsanomalie" bezeichnet), die entstehen, wenn die Bewertung von Vermögenswerten oder Verbindlichkeiten oder die Erfassung von Gewinnen und Verlusten auf unterschiedlicher Grundlage erfolgt, beseitigt oder signifikant verringert werden (siehe Paragraphen B4.1.29-B4.1.32); oder

(b) eine Gruppe von finanziellen Verbindlichkeiten oder finanziellen Vermögenswerten und finanziellen Verbindlichkeiten gemäß einer dokumentierten Risikomanagement- oder Anlagestrategie gesteuert und ihre Wertentwicklung anhand des beizulegenden Zeitwerts beurteilt wird und die auf dieser Grundlage ermittelten Informationen zu dieser Gruppe intern an das Management in Schlüsselpositionen des Unternehmens (im Sinne von IAS 24 *Angaben über Beziehungen zu nahestehenden Unternehmen und Personen*), wie beispielsweise das Geschäftsführungs- und/oder Aufsichtsorgan und den Vorstandsvorsitzenden, weitergereicht werden (siehe Paragraphen B4.1.33-B4.1.36).

4.3: Eingebettete Derivate

4.3.1 Ein eingebettetes Derivat ist Bestandteil eines hybriden Vertrags, der auch einen nicht derivativen Basisvertrag enthält, mit dem Ergebnis, dass ein Teil der Zahlungsströme des zusammengesetzten Finanzinstruments ähnlichen Schwankungen unterliegt wie ein alleinstehendes Derivat. Ein eingebettetes Derivat verändert einen Teil oder alle Zahlungsströme aus einem Vertrag in Abhängigkeit von einem bestimmten Zinssatz, Preis eines Finanzinstruments, Rohstoffpreis, Wechselkurs, Preis- oder Kursindex, Bonitätsrating oder -index oder einer anderen Variablen, sofern bei einer nicht finanziellen Variablen diese nicht spezifisch für eine der Vertragsparteien ist. Ein Derivat, das mit einem Finanzinstrument verbunden, aber unabhängig von diesem vertraglich übertragbar ist oder mit einer anderen Vertragspartei geschlossen wurde, ist kein eingebettetes derivatives Finanzinstrument, sondern ein eigenständiges Finanzinstrument.

Hybride Verträge mit finanziellen Vermögenswerten als Basisvertrag

4.3.2 Enthält ein hybrider Vertrag einen Basisvertrag, bei dem es sich um einen Vermögenswert innerhalb des Anwendungsbereichs dieses Standards handelt, hat ein Unternehmen die Vorschriften der Paragraphen 4.1.1-4.1.5 auf den gesamten hybriden Vertrag anzuwenden.

Andere hybride Verträge

4.3.3 Enthält ein hybrider Vertrag einen Basisvertrag, bei dem es sich nicht um einen Vermögenswert innerhalb des Anwendungsbereichs dieses Standards handelt, ist ein eingebettetes Derivat von dem Basisvertrag zu trennen und dann, und nur dann, nach Maßgabe dieses Standards als Derivat zu bilanzieren, wenn:

(a) die wirtschaftlichen Merkmale und Risiken des eingebetteten Derivats nicht eng mit den wirtschaftlichen Merkmalen und Risiken des Basisvertrags verbunden sind (siehe Paragraphen B4.3.5 und B4.3.8),

(b) ein eigenständiges Instrument mit gleichen Bedingungen wie das eingebettete Derivat die Definition eines Derivats erfüllen würde, und

(c) der hybride Vertrag nicht erfolgswirksam zum beizulegenden Zeitwert bewertet wird (d. h. ein Derivat, das in eine erfolgswirksam zum beizulegenden Zeitwert bewertete finanzielle Verbindlichkeit eingebettet ist, wird nicht getrennt).

4.3.4 Wird ein eingebettetes Derivat getrennt, so ist der Basisvertrag nach den einschlägigen Standards zu bilanzieren. Nicht geregelt wird in diesem Standard, ob ein eingebettetes Derivat in der Bilanz gesondert auszuweisen ist.

4.3.5 Wenn ein Vertrag ein oder mehrere eingebettete Derivate enthält und der Basisvertrag kein Vermögenswert innerhalb des Anwendungsbereichs dieses Standards ist, kann ein Unternehmen ungeachtet der Paragraphen 4.3.3 und 4.3.4 den gesamten hybriden Vertrag als erfolgswirksam zum beizulegenden Zeitwert bewertet designieren. Davon ausgenommen sind Fälle, in denen:

(a) das/die eingebettete(n) Derivat(e) die vertraglich vorgeschriebenen Zahlungsströme nur insignifikant verändert/verändern; oder

(b) bei erstmaliger Beurteilung eines vergleichbaren hybriden Instruments ohne oder mit nur geringem Analyseaufwand ersichtlich ist, dass eine Abtrennung des bzw. der eingebetteten Derivats/Derivate unzulässig ist, wie beispielsweise bei einer in einen Kredit eingebetteten Vorfälligkeitsoption, die den Kreditnehmer zu einer vorzeitigen Rückzahlung des Kredits etwa in Höhe der fortgeführten Anschaffungskosten berechtigt.

Wenn ein Unternehmen nach diesem Standard verpflichtet ist, ein eingebettetes Derivat getrennt von seinem Basisvertrag zu erfassen, eine gesonderte Bewertung des eingebetteten Derivats aber weder bei Erwerb noch an den folgenden Abschlussstichtagen möglich ist, hat es den gesamten hybriden Vertrag als erfolgswirksam zum beizulegenden Zeitwert bewertet zu designieren. **4.3.6**

Wenn es einem Unternehmen nicht möglich ist, anhand der Bedingungen eines eingebetteten Derivats verlässlich dessen beizulegenden Zeitwert zu ermitteln, dann entspricht dieser der Differenz zwischen dem beizulegenden Zeitwert des hybriden Vertrags und dem beizulegenden Zeitwert des Basisvertrags. Wenn das Unternehmen den beizulegenden Zeitwert des eingebetteten Derivats nach dieser Methode nicht ermitteln kann, findet Paragraph 4.3.6 Anwendung, und der hybride Vertrag wird als erfolgswirksam zum beizulegenden Zeitwert bewertet designiert. **4.3.7**

4.4: Reklassifizierung

Nur wenn ein Unternehmen sein Geschäftsmodell zur Steuerung finanzieller Vermögenswerte ändert, hat es eine Reklassifizierung aller betroffenen finanziellen Vermögenswerte gemäß den Paragraphen 4.1.1-4.1.4 vorzunehmen. Die Paragraphen 5.6.1-5.6.7, B4.4.1-B4.4.3 und B5.6.1-B5.6.2 enthalten zusätzliche Leitlinien zur Reklassifizierung von finanziellen Vermögenswerten. **4.4.1**

Ein Unternehmen darf eine finanzielle Verbindlichkeit nicht reklassifizieren. **4.4.2**

Bei den folgenden Änderungen der Umstände handelt es sich nicht um Reklassifizierungen im Sinne der Paragraphen 4.4.1-4.4.2: **4.4.3**

(a) ein Geschäft, das zuvor ein designiertes und wirksames Sicherungsinstrument bei einer Absicherung von Zahlungsströmen oder einem Nettoinvestitionssicherungsgeschäft war, erfüllt dafür nicht mehr die Bedingungen;

(b) ein Geschäft wird ein designiertes und wirksames Sicherungsinstrument bei einer Absicherung von Zahlungsströmen oder einem Nettoinvestitionssicherungsgeschäft; und

(c) Änderungen der Bewertung gemäß Abschnitt 6.7.

Kapitel 5: Bewertung

5.1: Bewertung beim erstmaligen Ansatz

Mit Ausnahme von Forderungen aus Lieferungen und Leistungen innerhalb des Anwendungsbereichs von Paragraph 5.1.3 hat ein Unternehmen beim erstmaligen Ansatz einen finanziellen Vermögenswert oder eine finanzielle Verbindlichkeit zum beizulegenden Zeitwert zu bewerten sowie bei finanziellen Vermögenswerten oder finanziellen Verbindlichkeiten, die nicht erfolgswirksam zum beizulegenden Zeitwert bewertet werden, zuzüglich oder abzüglich von Transaktionskosten, die direkt dem Erwerb oder der Ausgabe des finanziellen Vermögenswerts bzw. der finanziellen Verbindlichkeit zuzurechnen sind. **5.1.1**

Falls der beizulegende Zeitwert des finanziellen Vermögenswerts oder der finanziellen Verbindlichkeit jedoch beim erstmaligen Ansatz vom Transaktionspreis abweicht, hat ein Unternehmen Paragraph B5.1.2A anzuwenden. **5.1.1A**

Bilanziert ein Unternehmen einen Vermögenswert, der in den folgenden Perioden zu fortgeführten Anschaffungskosten bewertet wird, zum Erfüllungstag, so wird er beim erstmaligen Ansatz am Handelstag zu seinem beizulegenden Zeitwert erfasst (siehe Paragraphen B3.1.3-B3.1.6). **5.1.2**

Ungeachtet der Vorschrift in Paragraph 5.1.1 hat ein Unternehmen beim erstmaligen Ansatz Forderungen aus Lieferungen und Leistungen ohne signifikante Finanzierungskomponente (bestimmt gemäß IFRS 15) zu deren Transaktionspreis (wie in IFRS 15 definiert) zu bewerten. **5.1.3**

5.2: Folgebewertung finanzieller Vermögenswerte

5.2.1 Nach dem erstmaligen Ansatz hat ein Unternehmen einen finanziellen Vermögenswert gemäß den Paragraphen 4.1.1-4.1.5 wie folgt zu bewerten:

(a) zu fortgeführten Anschaffungskosten;

(b) erfolgsneutral zum beizulegenden Zeitwert im sonstigen Ergebnis; oder

(c) erfolgswirksam zum beizulegenden Zeitwert.

5.2.2 Ein Unternehmen hat die in Abschnitt 5.5 enthaltenen Wertminderungsvorschriften auf finanzielle Vermögenswerte anzuwenden, die gemäß Paragraph 4.1.2 zu fortgeführten Anschaffungskosten bzw. gemäß Paragraph 4.1.2A erfolgsneutral zum beizulegenden Zeitwert im sonstigen Ergebnis bewertet werden.

5.2.3 Ein Unternehmen hat auf einen finanziellen Vermögenswert, der als gesichertes Grundgeschäft designiert ist, die Vorschriften zur Bilanzierung von Sicherungsgeschäften in den Paragraphen 6.5.8-6.5.14 (und gegebenenfalls IAS 39 Paragraphen 89-94 in Bezug auf die Bilanzierung der Absicherung des beizulegenden Zeitwerts im Falle der Absicherung eines Portfolios gegen das Zinsänderungsrisiko) anzuwenden.*)

5.3: Folgebewertung finanzieller Verbindlichkeiten

5.3.1 Nach dem erstmaligen Ansatz hat ein Unternehmen eine finanzielle Verbindlichkeit gemäß den Paragraphen 4.2.1-4.2.2 zu bewerten.

5.3.2 Ein Unternehmen hat auf eine finanzielle Verbindlichkeit, die als gesichertes Grundgeschäft designiert ist, die Vorschriften zur Bilanzierung von Sicherungsgeschäften in den Paragraphen 6.5.8-6.5.14 (und gegebenenfalls IAS 39 Paragraphen 89-94 in Bezug auf die Bilanzierung der Absicherung des beizulegenden Zeitwerts im Falle der Absicherung eines Portfolios gegen das Zinsänderungsrisiko) anzuwenden.

5.4: Bewertung zu fortgeführten Anschaffungskosten

Finanzielle Vermögenswerte

Effektivzinsmethode

5.4.1 Zinserträge sind nach der *Effektivzinsmethode* zu berechnen (siehe Anhang A und die Paragraphen B5.4.1-B5.4.7). Bei der Berechnung wird der *Effektivzinssatz* auf den *Bruttobuchwert* eines *finanziellen Vermögenswerts* angewandt, davon ausgenommen sind:

(a) *finanzielle Vermögenswerte mit bereits bei Erwerb oder Ausreichung beeinträchtigter Bonität*. Bei diesen finanziellen Vermögenswerten hat das Unternehmen ab dem erstmaligen Ansatz den *bonitätsangepassten Effektivzinssatz* auf die *fortgeführten Anschaffungskosten des finanziellen Vermögenswerts* anzuwenden.

(b) finanzielle Vermögenswerte, deren Bonität bei Erwerb oder Ausreichung noch nicht beeinträchtigt war, es aber mittlerweile ist. Bei diesen finanziellen Vermögenswerten hat das Unternehmen in den Folgeperioden den Effektivzinssatz auf die fortgeführten Anschaffungskosten des finanziellen Vermögenswerts anzuwenden.

5.4.2 Ein Unternehmen, das in einer Berichtsperiode Zinserträge durch Anwendung der Effektivzinsmethode auf die fortgeführten Anschaffungskosten eines finanziellen Vermögenswerts gemäß

*) **Amtl. Anm.:** Gemäß Paragraph 7.2.21 kann ein Unternehmen es als seine Rechnungslegungsmethode wählen, anstelle der Vorschriften des Kapitels 6 weiterhin die Vorschriften zur Bilanzierung von Sicherungsgeschäften in IAS 39 anzuwenden. Hat ein Unternehmen diese Wahl getroffen, sind die in diesem Standard enthaltenen Verweise auf die besonderen Vorschriften zur Bilanzierung von Sicherungsgeschäften in Kapitel 6 nicht relevant. Das Unternehmen wendet stattdessen die einschlägigen Vorschriften zur Bilanzierung von Sicherungsgeschäften in IAS 39 an.

Paragraph 5.4.1(b) berechnet, hat in den Folgeperioden die Zinserträge durch Anwendung der Effektivzinsmethode auf den Bruttobuchwert zu berechnen, falls das Ausfallrisiko bei dem Finanzinstrument abnimmt, so dass die Bonität des finanziellen Vermögenswerts nicht mehr beeinträchtigt ist, und diese Abnahme (wie z. B. eine Verbesserung der Bonität des Kreditnehmers) objektiv auf ein Ereignis nach Anwendung der Vorschriften in Paragraph 5.4.1(b) zurückzuführen ist.

Änderung vertraglicher Zahlungsströme

Wenn die vertraglichen Zahlungsströme eines finanziellen Vermögenswerts neu verhandelt oder anderweitig geändert werden und die Neuverhandlung oder Änderung nicht zur Ausbuchung dieses finanziellen Vermögenswerts gemäß dem vorliegenden Standard führt, hat ein Unternehmen den Bruttobuchwert des finanziellen Vermögenswerts neu zu berechnen und einen *Änderungsgewinn oder -verlust* erfolgswirksam zu erfassen. Der Bruttobuchwert des finanziellen Vermögenswerts ist als Barwert der neu verhandelten oder geänderten Zahlungsströme, abgezinst zum ursprünglichen Effektivzinssatz des finanziellen Vermögenswerts (oder zum bonitätsangepassten Effektivzinssatz für finanzielle Vermögenswerte mit bereits bei Erwerb oder Ausreichung beeinträchtigter Bonität) oder gegebenenfalls zum geänderten Effektivzinssatz, der gemäß Paragraph 6.5.10 ermittelt wird, neu zu berechnen. Angefallene Kosten oder Gebühren führen zu einer Anpassung des Buchwerts des geänderten finanziellen Vermögenswerts und werden über die Restlaufzeit des geänderten finanziellen Vermögenswerts amortisiert. **5.4.3**

Abschreibung

Ein Unternehmen hat den Bruttobuchwert eines finanziellen Vermögenswerts direkt zu verringern, wenn nach angemessener Einschätzung nicht davon auszugehen ist, dass ein finanzieller Vermögenswert ganz oder teilweise realisierbar ist. Eine Abschreibung stellt einen Ausbuchungsvorgang dar (siehe Paragraph B3.2.16(r)). **5.4.4**

5.5: Wertminderung

Erfassung erwarteter Kreditverluste

Allgemeine Vorgehensweise

Ein Unternehmen hat bei einem finanziellen Vermögenswert, der gemäß Paragraph 4.1.2 oder Paragraph 4.1.2A bewertet wird, einer Forderung aus Leasingverhältnissen, einem Vertragsvermögenswert oder einer Kreditzusage sowie einer finanziellen Garantie, für die die Wertminderungsvorschriften gemäß Paragraph 2.1(g), Paragraph 4.2.1(c) oder Paragraph 4.2.1(d) gelten, eine *Wertberichtigung* für *erwartete Kreditverluste* zu erfassen. **5.5.1**

Ein Unternehmen hat die Wertminderungsvorschriften zur Erfassung und Bewertung einer Wertberichtigung für finanzielle Vermögenswerte, die gemäß Paragraph 4.1.2A erfolgsneutral zum beizulegenden Zeitwert im sonstigen Ergebnis bewertet werden, anzuwenden. Allerdings wird die Wertberichtigung im sonstigen Ergebnis erfasst und darf nicht zur Verringerung des Buchwerts des finanziellen Vermögenswerts in der Bilanz führen. **5.5.2**

Vorbehaltlich der Paragraphen 5.5.13-5.5.16 hat ein Unternehmen zu jedem Abschussstichtag die Wertberichtigung für ein Finanzinstrument in Höhe der *über die Laufzeit erwarteten Kreditverluste* zu bemessen, wenn sich das Ausfallrisiko bei diesem Finanzinstrument seit dem erstmaligen Ansatz signifikant erhöht hat. **5.5.3**

Der Zweck der Wertminderungsvorschriften besteht in der Erfassung der über die Laufzeit erwarteten Kreditverluste aus allen Finanzinstrumenten, bei denen sich das Ausfallrisiko – ob individuell oder kollektiv beurteilt – unter Berücksichtigung aller angemessenen und belastbaren Informationen, einschließlich zukunftsorientierter Informationen, signifikant erhöht hat. **5.5.4**

5.5.5 Wenn sich vorbehaltlich der Paragraphen 5.5.13-5.5.16 bei einem Finanzinstrument das Ausfallrisiko zum Abschlussstichtag seit dem erstmaligen Ansatz nicht signifikant erhöht hat, hat ein Unternehmen die Wertberichtigung für dieses Finanzinstrument in Höhe des erwarteten 12-Monats-Kreditverlusts zu bemessen.

5.5.6 Bei Kreditzusagen und finanziellen Garantien gilt der Zeitpunkt, zu dem das Unternehmen Partei der unwiderruflichen Zusage wird, als Zeitpunkt des erstmaligen Ansatzes für die Zwecke der Anwendung der Wertminderungsvorschriften.

5.5.7 Wenn ein Unternehmen die Wertberichtigung für ein Finanzinstrument in der vorangegangenen Berichtsperiode mit den über die Laufzeit erwarteten Kreditverluste bemessen hat, jedoch zum aktuellen Abschlussstichtag feststellt, dass Paragraph 5.5.3 nicht mehr zutrifft, so hat es die Wertberichtigung zu diesem Abschlussstichtag in Höhe des erwarteten 12-Monats-Kreditverlusts zu bemessen.

5.5.8 Ein Unternehmen hat die erwarteten Kreditverluste (oder die erwartete Wertaufholung), die zur Anpassung der Wertberichtigung zum Abschlussstichtag an den gemäß diesem Standard zu erfassenden Betrag erforderlich sind (ist), als Wertminderungsaufwand oder -ertrag erfolgswirksam zu erfassen.

Bestimmung, ob eine signifikante Erhöhung des Ausfallrisikos vorliegt

5.5.9 Ein Unternehmen hat zu jedem Abschlussstichtag zu beurteilen, ob sich das Ausfallrisiko bei einem Finanzinstrument seit dem erstmaligen Ansatz signifikant erhöht hat. Dabei hat das Unternehmen anstelle der Veränderung der Höhe der erwarteten Kreditverluste die Veränderung des Risikos, dass über die erwartete Laufzeit des Finanzinstruments ein Kreditausfall eintritt, zugrunde zu legen. Im Zuge dieser Beurteilung hat ein Unternehmen das Risiko eines Kreditausfalls bei dem Finanzinstrument zum Abschlussstichtag mit dem Risiko eines Kreditausfalls bei dem Finanzinstrument zum Zeitpunkt des erstmaligen Ansatzes zu vergleichen und angemessene und belastbare Informationen, die ohne unangemessenen Kosten- oder Zeitaufwand verfügbar sind und auf eine signifikante Erhöhung des Ausfallrisikos hindeuten, zu berücksichtigen.

5.5.10 Ein Unternehmen kann davon ausgehen, dass sich das Ausfallrisiko bei einem Finanzinstrument seit dem erstmaligen Ansatz nicht signifikant erhöht hat, wenn ermittelt wird, dass bei dem betreffenden Finanzinstrument zum Abschlussstichtag ein niedriges Ausfallrisiko besteht (siehe Paragraphen B5.5.22-B5.5.24).

5.5.11 Wenn angemessene und belastbare zukunftsorientierte Informationen ohne unangemessenen Kosten- oder Zeitaufwand verfügbar sind, darf sich ein Unternehmen bei der Bestimmung, ob sich das Ausfallrisiko seit dem erstmaligen Ansatz signifikant erhöht hat, nicht ausschließlich auf Informationen zur Überfälligkeit stützen. Wenn Informationen, die stärker zukunftsorientiert sind als die Informationen zur Überfälligkeit (entweder auf individueller oder kollektiver Basis) nur mit unangemessenem Kosten- oder Zeitaufwand verfügbar sind, kann ein Unternehmen anhand der Informationen zur Überfälligkeit bestimmen, ob sich das Ausfallrisiko seit dem erstmaligen Ansatz signifikant erhöht hat. Unabhängig davon, in welcher Art und Weise ein Unternehmen die Signifikanz von Erhöhungen des Ausfallrisikos beurteilt, besteht die widerlegbare Vermutung, dass sich das Ausfallrisiko bei einem finanziellen Vermögenswert seit dem erstmaligen Ansatz signifikant erhöht hat, wenn die vertraglichen Zahlungen mehr als 30 Tage überfällig sind. Ein Unternehmen kann diese Vermutung widerlegen, wenn ihm angemessene und belastbare, ohne unangemessenen Kosten- oder Zeitaufwand verfügbare Informationen vorliegen, die belegen, dass sich das Ausfallrisiko seit dem erstmaligen Ansatz nicht signifikant erhöht hat, auch wenn die vertraglichen Zahlungen mehr als 30 Tage überfällig sind. Stellt ein Unternehmen – bevor die vertraglichen Zahlungen mehr als 30 Tage überfällig sind – fest, dass sich das Ausfallrisiko signifikant erhöht hat, gilt die widerlegbare Vermutung nicht.

Geänderte finanzielle Vermögenswerte

Wenn die vertraglichen Zahlungsströme eines finanziellen Vermögenswerts neu verhandelt oder anderweitig geändert wurden und dieser finanzielle Vermögenswert nicht ausgebucht wurde, hat ein Unternehmen gemäß Paragraph 5.5.3 zu beurteilen, ob sich das Ausfallrisiko bei dem Finanzinstrument signifikant erhöht hat, indem es folgende Risiken miteinander vergleicht: **5.5.12**

(a) das Risiko des Eintretens eines Kreditausfalls zum Abschlussstichtag (basierend auf den geänderten Vertragsbedingungen) und

(b) das Risiko des Eintretens eines Kreditausfalls beim erstmaligen Ansatz (basierend auf den ursprünglichen, unveränderten Vertragsbedingungen).

Finanzielle Vermögenswerte mit bereits bei Erwerb oder Ausreichung beeinträchtigter Bonität

Ungeachtet der Paragraphen 5.5.3 und 5.5.5 hat ein Unternehmen für finanzielle Vermögenswerte mit bereits bei Erwerb oder Ausreichung beeinträchtigter Bonität zum Abschlussstichtag nur die kumulierten Änderungen der seit dem erstmaligen Ansatz über die Laufzeit erwarteten Kreditverluste als Wertberichtigung zu erfassen. **5.5.13**

Ein Unternehmen hat zu jedem Abschlussstichtag die Höhe der Änderung der über die Laufzeit erwarteten Kreditverluste als Wertminderungsaufwand oder -ertrag erfolgswirksam zu erfassen. Günstige Änderungen der über die Laufzeit erwarteten Kreditverluste sind selbst dann als Wertminderungsertrag zu erfassen, wenn die über die Laufzeit erwarteten Kreditverluste geringer sind als die, die beim erstmaligen Ansatz in den geschätzten Zahlungsströmen enthalten waren. **5.5.14**

Vereinfachte Vorgehensweise für Forderungen aus Lieferungen und Leistungen, Vertragsvermögenswerte und Forderungen aus Leasingverhältnissen

Ungeachtet der Paragraphen 5.5.3 und 5.5.5 hat ein Unternehmen die Wertberichtigung für die nachstehend genannten Posten stets in Höhe der über die Laufzeit erwarteten Kreditverluste zu bemessen: **5.5.15**

(a) Forderungen aus Lieferungen und Leistungen oder Vertragsvermögenswerte, die in den Anwendungsbereich von IFRS 15 fallen und die

  (i) keine signifikante Finanzierungskomponente gemäß IFRS 15 enthalten (oder wenn das Unternehmen die vereinfachte Methode bei Verträgen mit einer Laufzeit von maximal einem Jahr anwendet) oder

  (ii) eine signifikante Finanzierungskomponente gemäß IFRS 15 enthalten, wenn das Unternehmen als seine Rechnungslegungsmethode das Verfahren gewählt hat, die Wertberichtigung mit den über die Laufzeit erwarteten Kreditverlusten zu bemessen. Diese Rechnungslegungsmethode ist auf alle derartigen Forderungen aus Lieferungen und Leistungen und auf Vertragsvermögenswerte anzuwenden, kann aber auf Forderungen aus Lieferungen und Leistungen und auf Vertragsvermögenswerte getrennt angewandt werden.

(b) Forderungen aus Leasingverhältnissen, die aus unter IFRS 16 fallenden Transaktionen resultieren, wenn das Unternehmen als seine Rechnungslegungsmethode das Verfahren gewählt hat, die Wertberichtigung mit den über die Laufzeit erwarteten Kreditverlusten zu bemessen. Diese Rechnungslegungsmethode ist auf alle Forderungen aus Leasingverhältnissen anzuwenden, kann aber auf Forderungen aus Finanzierungsleasing und aus Operating-Leasingverhältnissen getrennt angewandt werden.

5.5.16 Ein Unternehmen kann seine Rechnungslegungsmethode für Forderungen aus Lieferungen und Leistungen, Forderungen aus Leasingverhältnissen und Vertragsvermögenswerte jeweils unabhängig voneinander wählen.

Bemessung erwarteter Kreditverluste

5.5.17 Ein Unternehmen hat die erwarteten Kreditverluste aus einem Finanzinstrument so zu bemessen, dass Folgendem Rechnung getragen wird:

(a) einem unverzerrten und wahrscheinlichkeitsgewichteten Betrag, der durch Auswertung einer Reihe verschiedener möglicher Ergebnisse ermittelt wird,

(b) dem Zeitwert des Geldes und

(c) angemessenen und belastbaren Informationen, die zum Abschlussstichtag ohne unangemessenen Kosten- oder Zeitaufwand über vergangene Ereignisse, gegenwärtige Bedingungen und Prognosen künftiger wirtschaftlicher Bedingungen verfügbar sind.

5.5.18 Bei der Bemessung der erwarteten Kreditverluste muss ein Unternehmen nicht unbedingt alle möglichen Szenarien ermitteln. Jedoch hat es das Risiko oder die Wahrscheinlichkeit des Eintretens eines Kreditverlusts zu berücksichtigen, indem es die Möglichkeit des Eintretens ebenso wie des Nichteintretens eines Kreditverlusts berücksichtigt, auch wenn die Möglichkeit eines Kreditverlusts sehr gering ist.

5.5.19 Der bei der Bemessung der erwarteten Kreditverluste maximal zu berücksichtigende Zeitraum entspricht der maximalen Vertragslaufzeit (einschließlich Verlängerungsoptionen), während der das Unternehmen dem Ausfallrisiko ausgesetzt ist, jedoch keinesfalls einem längeren Zeitraum, auch wenn ein solcher mit den Geschäftspraktiken im Einklang steht.

5.5.20 Allerdings beinhalten manche Finanzinstrumente sowohl einen Kredit als auch eine nicht in Anspruch genommene Kreditzusagekomponente, wobei die vertraglich vorgesehene Möglichkeit für das Unternehmen, eine Rückzahlung zu fordern und die nicht in Anspruch genommene Kreditzusage zu widerrufen, die Exposition des Unternehmens gegenüber Kreditverlusten nicht auf die vertragliche Kündigungsfrist begrenzt. Für solche und nur solche Finanzinstrumente hat das Unternehmen die erwarteten Kreditverluste über den Zeitraum zu bemessen, in dem das Unternehmen dem Ausfallrisiko ausgesetzt ist und die erwarteten Kreditverluste selbst dann nicht durch kreditbezogene Risikomanagementmaßnahmen gemindert würden, wenn dieser Zeitraum die maximale Vertragslaufzeit überschreitet.

5.6: Reklassifizierung finanzieller Vermögenswerte

5.6.1 Bei der Reklassifizierung finanzieller Vermögenswerte gemäß Paragraph 4.4.1 hat ein Unternehmen die Reklassifizierung prospektiv ab dem *Zeitpunkt der Reklassifizierung* vorzunehmen. Das Unternehmen darf zuvor erfasste Gewinne, Verluste (einschließlich Wertminderungsaufwendungen oder -erträge) oder Zinsen nicht anpassen. Die Vorschriften für Reklassifizierungen werden in den Paragraph 5.6.2-5.6.7 festgelegt.

5.6.2 Bei der Reklassifizierung eines finanziellen Vermögenswerts aus der Kategorie der Bewertung zu fortgeführten Anschaffungskosten in die Kategorie der erfolgswirksamen Bewertung zum beizulegenden Zeitwert ist dessen beizulegender Zeitwert zum Zeitpunkt der Reklassifizierung zu bemessen. Sämtliche Gewinne oder Verluste aus einer Differenz zwischen den bisherigen fortgeführten Anschaffungskosten des finanziellen Vermögenswerts und dem beizulegenden Zeitwert werden erfolgswirksam erfasst.

5.6.3 Bei der Reklassifizierung eines finanziellen Vermögenswerts aus der Kategorie der erfolgswirksamen Bewertung zum beizulegenden Zeitwert in die Kategorie der Bewertung zu fortgeführten Anschaffungskosten wird dessen beizulegender Zeitwert zum Zeitpunkt der Reklassifizierung zum neuen Bruttobuchwert. (Für Leitlinien zur Bestimmung eines Effektivzinssatzes und einer Wertberichtigung zum Zeitpunkt der Reklassifizierung siehe Paragraph B5.6.2)

Bei der Reklassifizierung eines finanziellen Vermögenswerts aus der Kategorie der Bewertung zu fortgeführten Anschaffungskosten in die Kategorie der erfolgsneutralen Bewertung zum beizulegenden Zeitwert im sonstigen Ergebnis ist dessen beizulegender Zeitwert zum Zeitpunkt der Reklassifizierung zu bemessen. Sämtliche Gewinne oder Verluste aus einer Differenz zwischen den bisherigen fortgeführten Anschaffungskosten des finanziellen Vermögenswerts und dem beizulegenden Zeitwert werden im sonstigen Ergebnis erfasst. Der Effektivzinssatz und die Bemessung der erwarteten Kreditverluste werden infolge der Reklassifizierung nicht angepasst. (Siehe Paragraph B5.6.1.) **5.6.4**

Bei der Reklassifizierung eines finanziellen Vermögenswerts aus der Kategorie der erfolgsneutralen Bewertung zum beizulegenden Zeitwert im sonstigen Ergebnis in die Kategorie der Bewertung zu fortgeführten Anschaffungskosten ist der finanzielle Vermögenswert zum beizulegenden Zeitwert zum Zeitpunkt der Reklassifizierung zu bewerten. Jedoch wird der kumulierte Gewinn oder Verlust, der zuvor im sonstigen Ergebnis erfasst wurde, aus dem Eigenkapital ausgebucht und gegen den beizulegenden Zeitwert des finanziellen Vermögenswerts zum Zeitpunkt der Reklassifizierung angepasst. Infolgedessen wird der finanzielle Vermögenswert zum Zeitpunkt der Reklassifizierung bewertet, als wäre er stets zu fortgeführten Anschaffungskosten bewertet worden. Diese Anpassung wirkt sich auf das sonstige Ergebnis, nicht aber auf den Gewinn oder Verlust aus und stellt daher keinen Umgliederungsbetrag dar (siehe IAS 1 *Darstellung des Abschlusses*). Der Effektivzinssatz und die Bemessung der erwarteten Kreditverluste werden infolge der Reklassifizierung nicht angepasst. (Siehe Paragraph B5.6.1.) **5.6.5**

Bei der Reklassifizierung eines finanziellen Vermögenswerts aus der Kategorie der erfolgswirksamen Bewertung zum beizulegenden Zeitwert in die Kategorie der erfolgsneutralen Bewertung zum beizulegenden Zeitwert im sonstigen Ergebnis ist der finanzielle Vermögenswert weiterhin zum beizulegenden Zeitwert zu bewerten. (Siehe Paragraph B5.6.2 für Leitlinien zur Bestimmung eines Effektivzinssatzes und einer Wertberichtigung zum Zeitpunkt der Reklassifizierung.) **5.6.6**

Bei der Reklassifizierung eines finanziellen Vermögenswerts aus der Kategorie der erfolgsneutralen Bewertung zum beizulegenden Zeitwert im sonstigen Ergebnis in die Kategorie der erfolgswirksamen Bewertung zum beizulegenden Zeitwert ist der finanzielle Vermögenswert weiterhin zum beizulegenden Zeitwert zu bewerten. Der kumulierte Gewinn oder Verlust, der zuvor im sonstigen Ergebnis erfasst wurde, wird zum Zeitpunkt der Reklassifizierung als Umgliederungsbetrag (siehe IAS 1) vom Eigenkapital in den Gewinn oder Verlust umgegliedert. **5.6.7**

5.7: Gewinne und Verluste

Ein Gewinn oder Verlust aus einem finanziellen Vermögenswert oder einer finanziellen Verbindlichkeit, der/die zum beizulegenden Zeitwert bewertet wird, ist erfolgswirksam zu erfassen, außer wenn **5.7.1**

(a) er/sie Teil einer Sicherungsbeziehung ist (siehe Paragraphen 6.5.8-6.5.14 und, falls zutreffend, Paragraphen 89-94 von IAS 39 in Bezug auf die Bilanzierung der Absicherung des beizulegenden Zeitwerts im Falle der Absicherung eines Portfolios gegen das Zinsänderungsrisiko),

(b) es sich um eine Finanzinvestition in ein Eigenkapitalinstrument handelt und das Unternehmen die Wahl getroffen hat, Gewinne und Verluste aus dieser Investition im sonstigen Ergebnis gemäß Paragraph 5.7.5 zu erfassen,

(c) es sich um eine finanzielle Verbindlichkeit handelt, die als erfolgswirksam zum beizulegenden Zeitwert bewertet designiert ist, und das Unternehmen die Auswirkungen von Änderungen des *Ausfallrisikos* der Verbindlichkeit im sonstigen Ergebnis gemäß Paragraph 5.7.7 zu erfassen hat oder

(d) es sich um einen finanziellen Vermögenswert handelt, der erfolgsneutral zum beizulegenden Zeitwert im sonstigen Ergebnis gemäß Paragraph 4.1.2A bewertet wird, und das Unternehmen bestimmte Änderungen des beizulegenden Zeitwerts im sonstigen Ergebnis gemäß Paragraph 5.7.10 zu erfassen hat.

5.7.1A *Dividenden* werden nur dann erfolgswirksam erfasst, wenn

(a) der Rechtsanspruch des Unternehmens auf Zahlung der Dividende besteht,

(b) dem Unternehmen der mit der Dividende verbundene wirtschaftliche Nutzen wahrscheinlich zufließen wird und

(c) die Höhe der Dividende verlässlich bewertet werden kann.

5.7.2 Ein Gewinn oder Verlust aus einem finanziellen Vermögenswert, der zu fortgeführten Anschaffungskosten bewertet wird und nicht Teil einer Sicherungsbeziehung ist (siehe Paragraphen 6.5.8-6.5.14 und, falls zutreffend, Paragraphen 89-94 von IAS 39 in Bezug auf die Bilanzierung der Absicherung des beizulegenden Zeitwerts im Falle der Absicherung eines Portfolios gegen das Zinsänderungsrisiko), ist erfolgswirksam zu erfassen, wenn der finanzielle Vermögenswert ausgebucht wird, gemäß Paragraph 5.6.2 reklassifiziert wird, den Amortisationsprozess durchläuft oder um Wertminderungsaufwendungen oder -erträge zu erfassen. Ein Unternehmen hat die Paragraphen 5.6.2 und 5.6.4 anzuwenden, wenn es finanzielle Vermögenswerte aus der Kategorie der Bewertung zu fortgeführten Anschaffungskosten reklassifiziert. Ein Gewinn oder Verlust aus einer finanziellen Verbindlichkeit, die zu fortgeführten Anschaffungskosten bewertet wird und nicht Teil einer Sicherungsbeziehung ist (siehe Paragraphen 6.5.8-6.5.14 und, falls zutreffend, Paragraphen 89-94 von IAS 39 in Bezug auf die Bilanzierung der Absicherung des beizulegenden Zeitwerts im Falle der Absicherung eines Portfolios gegen das Zinsänderungsrisiko), ist erfolgswirksam zu erfassen, wenn die finanzielle Verbindlichkeit ausgebucht wird und den Amortisationsprozess durchläuft. (Für Leitlinien zu Gewinnen und Verlusten aus der Währungsumrechnung siehe Paragraph B5.7.2)

5.7.3 Ein Gewinn oder Verlust aus finanziellen Vermögenswerten oder Verbindlichkeiten, bei denen es sich um gesicherte Grundgeschäfte in einer Sicherungsbeziehung handelt, ist gemäß den Paragraphen 6.5.8-6.5.14 und, falls zutreffend, den Paragraphen 89-94 von IAS 39 in Bezug auf die Bilanzierung der Absicherung des beizulegenden Zeitwerts im Falle der Absicherung eines Portfolios gegen das Zinsänderungsrisiko zu erfassen.

5.7.4 Bilanziert ein Unternehmen finanzielle Vermögenswerte zum Erfüllungstag (siehe Paragraphen 3.1.2, B3.1.3 und B3.1.6), sind für noch nicht erhaltene Vermögenswerte Änderungen ihres beizulegenden Zeitwerts in der Zeit zwischen dem Handelstag und dem Erfüllungstag nicht für solche Vermögenswerte zu erfassen, die zu fortgeführten Anschaffungskosten bewertet werden. Bei Vermögenswerten, die zum beizulegenden Zeitwert bewertet werden, wird die Änderung des beizulegenden Zeitwerts jedoch gegebenenfalls entweder im Gewinn oder Verlust oder im sonstigen Ergebnis gemäß Paragraph 5.7.1 erfasst. Der Handelstag gilt als Zeitpunkt des erstmaligen Ansatzes für die Zwecke der Anwendung der Wertminderungsvorschriften.

Finanzinvestitionen in Eigenkapitalinstrumente

5.7.5 Beim erstmaligen Ansatz kann ein Unternehmen unwiderruflich die Wahl treffen, bei der Folgebewertung die Änderungen des beizulegenden Zeitwerts einer unter den vorliegenden Standard fallenden Finanzinvestition in ein Eigenkapitalinstrument, das weder *zu Handelszwecken gehalten* wird noch eine bedingte Gegenleistung, die von einem Erwerber im Rahmen eines Unternehmenszusammenschlusses gemäß IFRS 3 angesetzt wird, darstellt, im sonstigen Ergebnis zu erfassen. (Für Leitlinien zu Gewinnen und Verlusten aus der Währungsumrechnung siehe Paragraph B5.7.3)

5.7.6 Wenn ein Unternehmen von seinem Wahlrecht gemäß Paragraph 5.7.5 Gebrauch macht, hat es Dividenden aus dieser Finanzinvestition gemäß Paragraph 5.7.1A erfolgswirksam zu erfassen.

Verbindlichkeiten, die als erfolgswirksam zum beizulegenden Zeitwert bewertet designiert sind

Ein Unternehmen hat einen Gewinn oder Verlust aus einer finanziellen Verbindlichkeit, die gemäß Paragraph 4.2.2 oder Paragraph 4.3.5 als erfolgswirksam zum beizulegenden Zeitwert bewertet designiert ist, wie folgt zu erfassen: **5.7.7**

(a) die Höhe der Änderung des beizulegenden Zeitwerts der finanziellen Verbindlichkeit, die auf Änderungen beim Ausfallrisiko dieser Verbindlichkeit zurückzuführen ist, ist im sonstigen Ergebnis zu erfassen (siehe Paragraphen B5.7.13-B5.7.20), und

(b) der verbleibende Teil der Änderung des beizulegenden Zeitwerts der finanziellen Verbindlichkeit ist erfolgswirksam zu erfassen,

es sei denn, die Bilanzierung der unter (a) beschriebenen Auswirkungen von Änderungen des Ausfallrisikos der Verbindlichkeit würde eine Rechnungslegungsanomalie im Gewinn oder Verlust verursachen oder vergrößern (in diesem Fall gilt Paragraph 5.7.8). Die Paragraphen B5.7.5-B5.7.7 und B5.7.10-B5.7.12 enthalten Leitlinien zur Bestimmung, ob eine Rechnungslegungsanomalie verursacht oder vergrößert würde.

Wenn die Vorschriften des Paragraphen 5.7.7 eine Rechnungslegungsanomalie im Gewinn oder Verlust verursachen oder vergrößern, hat ein Unternehmen alle Gewinne oder Verluste aus dieser Verbindlichkeit (einschließlich der Auswirkungen von Änderungen beim Ausfallrisiko dieser Verbindlichkeit) erfolgswirksam zu erfassen. **5.7.8**

Ungeachtet der Vorschriften des Paragraphen 5.7.7 und 5.7.8 hat ein Unternehmen alle Gewinne und Verluste aus Kreditzusagen und finanziellen Garantien, die als erfolgswirksam zum beizulegenden Zeitwert bewertet designiert sind, erfolgswirksam zu erfassen. **5.7.9**

Vermögenswerte, die erfolgsneutral zum beizulegenden Zeitwert im sonstigen Ergebnis bewertet werden

Ein Gewinn oder Verlust aus einem finanziellen Vermögenswert, der gemäß Paragraph 4.1.2A erfolgsneutral zum beizulegenden Zeitwert im sonstigen Ergebnis bewertet wird, ist im sonstigen Ergebnis zu erfassen. Hiervon ausgenommen sind Wertminderungsaufwendungen und -erträge (siehe Abschnitt 5.5) und Gewinne und Verluste aus der Währungsumrechnung (siehe Paragraphen B5.7.2-B5.7.2A) bis zur Ausbuchung oder Reklassifizierung des finanziellen Vermögenswerts. Im Falle der Ausbuchung des finanziellen Vermögenswerts wird der kumulierte Gewinn oder Verlust, der zuvor im sonstigen Ergebnis erfasst wurde, als Umgliederungsbetrag (siehe IAS 1) aus dem Eigenkapital in den Gewinn oder Verlust umgegliedert. Wird der finanzielle Vermögenswert aus der Kategorie der erfolgsneutralen Bewertung zum beizulegenden Zeitwert im sonstigen Ergebnis reklassifiziert, hat das Unternehmen den zuvor im sonstigen Ergebnis erfassten kumulierten Gewinn oder Verlust gemäß den Paragraphen 5.6.5 und 5.6.7 zu bilanzieren. Zinsen, die unter Anwendung der Effektivzinsmethode berechnet werden, werden erfolgswirksam erfasst. **5.7.10**

Wie in Paragraph 5.7.10 beschrieben, stimmen in dem Falle, dass ein finanzieller Vermögenswert erfolgsneutral zum beizulegenden Zeitwert im sonstigen Ergebnis gemäß Paragraph 4.1.2A bewertet wird, die erfolgswirksam erfassten Beträge mit den Beträgen überein, die erfolgswirksam erfasst worden wären, wenn der finanzielle Vermögenswert zu fortgeführten Anschaffungskosten bewertet worden wäre. **5.7.11**

Kapitel 6: Bilanzierung von Sicherungsgeschäften

6.1: Zielsetzung und Anwendungsbereich der Bilanzierung von Sicherungsgeschäften

Zielsetzung der Bilanzierung von Sicherungsgeschäften ist es, die Auswirkung der Risikomanagementmaßnahmen eines Unternehmens im Abschluss wiederzugeben, wenn es Finanzinstru- **6.1.1** mente zur Steuerung bestimmter Risiken einsetzt, die sich erfolgswirksam (oder im sonstigen Ergebnis im Falle von Finanzinvestitionen in Eigenkapitalinstrumente, bei denen das Unternehmen die Wahl getroffen hat, gemäß Paragraph 5.7.5 Änderungen des beizulegenden Zeitwerts im sonstigen Ergebnis zu erfassen) auswirken könnten. Mit dieser Vorgehensweise soll der Kontext von Sicherungsinstrumenten vermittelt werden, bei denen die Bilanzierung von Sicherungsgeschäften angewandt wird, um einen Einblick in ihren Zweck und ihre Wirkung zu ermöglichen.

6.1.2 Ein Unternehmen kann eine Sicherungsbeziehung zwischen einem Sicherungsinstrument und einem gesicherten Grundgeschäft gemäß den Paragraphen 6.2.1-6.3.7 und B6.2.1-B6.3.25 designieren. Bei Sicherungsbeziehungen, die die maßgeblichen Kriterien erfüllen, hat ein Unternehmen den Gewinn oder Verlust aus dem Sicherungsinstrument und dem gesicherten Grundgeschäft gemäß den Paragraphen 6.5.1-6.5.14 und B6.5.1-B6.5.28 zu bilanzieren. Wenn es sich bei dem gesicherten Grundgeschäft um eine Gruppe von Grundgeschäften handelt, hat ein Unternehmen die zusätzlichen Vorschriften der Paragraphen 6.6.1-6.6.6 und B6.6.1-B6.6.16 zu erfüllen.

6.1.3 Bei einer Absicherung des beizulegenden Zeitwerts eines Portfolios von finanziellen Vermögenswerten oder finanziellen Verbindlichkeiten gegen das Zinsänderungsrisiko (und nur bei einer solchen Absicherung) kann ein Unternehmen anstatt der Vorschriften des vorliegenden Standards die Vorschriften zur Bilanzierung von Sicherungsgeschäften in IAS 39 anwenden. In diesem Fall muss das Unternehmen die spezifischen Vorschriften zur Bilanzierung der Absicherung des beizulegenden Zeitwerts im Falle der Absicherung eines Portfolios gegen das Zinsänderungsrisiko anwenden und einen prozentualen Anteil, der einem Währungsbetrag entspricht, als gesichertes Grundgeschäft designieren (siehe Paragraphen 81A, 89A und AG114-AG132 von IAS 39).

6.2: Sicherungsinstrumente

Zulässige Instrumente

6.2.1 Ein Derivat, das erfolgswirksam zum beizulegenden Zeitwert bewertet wird, kann als Sicherungsinstrument designiert werden. Hiervon ausgenommen sind einige geschriebene Optionen (siehe Paragraph B6.2.4).

6.2.2 Ein nicht derivativer finanzieller Vermögenswert oder eine nicht derivative finanzielle Verbindlichkeit, der bzw. die erfolgswirksam zum beizulegenden Zeitwert bewertet wird, kann als Sicherungsinstrument designiert werden, es sei denn, es handelt sich um eine Verbindlichkeit, die als erfolgswirksam zum beizulegenden Zeitwert bewertet designiert ist und bei der die Höhe der Änderung ihres beizulegenden Zeitwerts, die durch Änderungen beim Ausfallrisiko dieser Verbindlichkeit bedingt ist, gemäß Paragraph 5.7.7 im sonstigen Ergebnis erfasst wird. Für die Absicherung eines Währungsrisikos kann die Währungsrisikokomponente eines nicht derivativen finanziellen Vermögenswerts oder einer nicht derivativen finanziellen Verbindlichkeit als Sicherungsinstrument designiert werden, sofern es sich nicht um eine Finanzinvestition in ein Eigenkapitalinstrument handelt, bei dem das Unternehmen die Wahl getroffen hat, Änderungen des beizulegenden Zeitwerts gemäß Paragraph 5.7.5 im sonstigen Ergebnis zu erfassen.

6.2.3 Für die Bilanzierung von Sicherungsgeschäften können als Sicherungsinstrumente nur Verträge mit einer unternehmensexternen Partei (d. h. außerhalb der Unternehmensgruppe oder des einzelnen Unternehmens, über die/das berichtet wird) designiert werden.

Designation von Sicherungsinstrumenten

6.2.4 Ein zulässiges Instrument muss in seiner Gesamtheit als Sicherungsinstrument designiert werden. Die einzigen gestatteten Ausnahmen sind

(a) die Trennung eines Optionskontrakts in inneren Wert und Zeitwert, wobei nur die Änderung des inneren Werts einer Option als Sicherungsinstrument und nicht die Änderung des Zeitwerts designiert wird (siehe Paragraphen 6.5.15 und B6.5.29-B6.5.33),

(b) die Trennung eines Termingeschäfts in Terminelement und Kassaelement, wobei nur die Wertänderung des Kassaelements eines Termingeschäfts und nicht die des Terminelements als Sicherungsinstrument designiert wird; ebenso kann der Währungsbasis-Spread abgetrennt und von der Designation eines Finanzinstruments als Sicherungsinstrument ausgenommen werden (siehe Paragraphen 6.5.16 und B6.5.34-B6.5.39), und

(c) ein prozentualer Anteil des gesamten Sicherungsinstruments, beispielsweise 50 Prozent des Nominalvolumens, kann als Sicherungsinstrument in einer Sicherungsbeziehung designiert werden. Jedoch kann ein Sicherungsinstrument nicht für einen Teil seiner Änderung des beizulegenden Zeitwerts designiert werden, die nur aus einem Teil der Restlaufzeit des Sicherungsinstruments resultiert.

Ein Unternehmen kann jede Kombination der folgenden Instrumente in Verbindung miteinander berücksichtigen und gemeinsam als Sicherungsinstrument designieren (einschließlich in denen das oder die Risiken bei einigen Sicherungsinstrumenten diejenigen bei anderen Sicherungsinstrumenten ausgleichen): **6.2.5**

(a) Derivate oder ein prozentualer Anteil derselben, und

(b) Nicht-Derivate oder ein prozentualer Anteil derselben.

Doch erfüllt ein derivatives Finanzinstrument, bei dem eine geschriebene Option mit einer erworbenen Option kombiniert wird (z. B. ein Zinscollar), nicht die Anforderungen an ein Sicherungsinstrument, wenn es sich zum Zeitpunkt der Designation netto um eine geschriebene Option handelt (außer wenn sie die Anforderungen gemäß Paragraph B6.2.4 erfüllt). Ebenso können zwei oder mehrere Instrumente (oder prozentuale Anteile davon) nur dann gemeinsam als Sicherungsinstrumente designiert werden, wenn sie in Kombination zum Zeitpunkt der Designation netto keine geschriebene Option sind (es sei denn, sie erfüllt die Anforderungen des Paragraphen B6.2.4). **6.2.6**

6.3: Gesicherte Grundgeschäfte

Zulässige Grundgeschäfte

Ein gesichertes Grundgeschäft kann ein bilanzierter Vermögenswert oder eine bilanzierte Verbindlichkeit, eine bilanzunwirksame *feste Verpflichtung*, eine *erwartete Transaktion* oder eine Nettoinvestition in einen ausländischen Geschäftsbetrieb sein. Das gesicherte Grundgeschäft kann **6.3.1**

(a) ein einzelnes Grundgeschäft oder

(b) eine Gruppe von Grundgeschäften sein (vorbehaltlich der Paragraphen 6.6.1-6.6.6 und B6.6.1-B6.6.16).

Ein gesichertes Grundgeschäft kann auch Komponente eines solchen Grundgeschäfts oder einer solchen Gruppe von Grundgeschäften sein (siehe Paragraphen 6.3.7 und B6.3.7-B6.3.25).

Das gesicherte Grundgeschäft muss verlässlich zu bewerten sein. **6.3.2**

Handelt es sich bei einem gesicherten Grundgeschäft um eine erwartete Transaktion (oder eine Komponente derselben), muss diese Transaktion hochwahrscheinlich sein. **6.3.3**

Eine aggregierte Risikoposition, bei der es sich um eine Kombination aus einem Risiko, das die Anforderungen an ein gesichertes Grundgeschäft gemäß Paragraph 6.3.1 erfüllen könnte, und einem Derivat handelt, kann als gesichertes Grundgeschäft designiert werden (siehe Paragraphen B6.3.3-B6.3.4). Dies schließt eine erwartete Transaktion im Rahmen einer aggregierten Risikoposition (d. h. noch nicht fest zugesagten, aber voraussichtlich eintretenden künftigen Transaktionen, die zu einer Risikoposition und einem Derivat führen würden) ein, wenn diese **6.3.4** aggregierte Risikoposition hochwahrscheinlich ist und, sobald sie eingetreten ist und daher nicht mehr erwartet wird, die Anforderungen an ein gesichertes Grundgeschäft erfüllt.

6.3.5 Für die Zwecke der Bilanzierung von Sicherungsgeschäften können als gesicherte Grundgeschäfte nur Vermögenswerte, Verbindlichkeiten, feste Verpflichtungen oder hochwahrscheinliche erwartete Transaktionen, an denen eine unternehmensexterne Partei beteiligt ist, designiert werden. Transaktionen zwischen Unternehmen derselben Unternehmensgruppe können nur in den Einzelabschlüssen dieser Unternehmen, nicht aber im Konzernabschluss der Unternehmensgruppe als Sicherungsgeschäfte bilanziert werden; davon ausgenommen sind die Konzernabschlüsse einer Investmentgesellschaft im Sinne von IFRS 10. In diesem Fall werden Transaktionen zwischen einer Investmentgesellschaft und ihren Tochterunternehmen, die erfolgswirksam zum beizulegenden Zeitwert bewertet werden, im Konzernabschluss nicht eliminiert.

6.3.6 Allerdings kann das Währungsrisiko eines konzerninternen monetären Postens (z. B. Verbindlichkeiten/Forderungen zwischen zwei Tochterunternehmen) als Ausnahme von Paragraph 6.3.5 die Anforderungen an ein gesichertes Grundgeschäft im Konzernabschluss erfüllen, wenn dies zu einem Risiko von Gewinnen und Verlusten aus der Währungsumrechnung führt, die bei der Konsolidierung gemäß IAS 21 *Auswirkungen von Wechselkursänderungen* nicht vollkommen eliminiert werden. Gemäß IAS 21 werden Gewinne und Verluste aus der Währungsumrechnung bei konzerninternen monetären Posten bei der Konsolidierung nicht vollkommen eliminiert, wenn der konzerninterne monetäre Posten zwischen zwei Unternehmen des Konzerns mit unterschiedlichen funktionalen Währungen abgewickelt wird. Des Weiteren kann das Währungsrisiko einer hochwahrscheinlichen konzerninternen Transaktion die Anforderungen an ein gesichertes Grundgeschäft im Konzernabschluss erfüllen, wenn die Transaktion auf eine andere Währung lautet als die funktionale Währung des Unternehmens, das diese Transaktion abschließt, und das Währungsrisiko sich auf den Konzerngewinn oder -verlust auswirkt.

Designation von gesicherten Grundgeschäften

6.3.7 Ein Unternehmen kann ein Grundgeschäft insgesamt oder eine Grundgeschäftskomponente als gesichertes Grundgeschäft in einer Sicherungsbeziehung designieren. Ein Grundgeschäft umfasst in seiner Gesamtheit alle Änderungen in den Zahlungsströme oder im beizulegenden Zeitwert eines Grundgeschäfts. Eine Komponente umfasst nicht die gesamte Änderung im beizulegenden Zeitwert oder der Schwankungen bei den Zahlungsströmen eines Grundgeschäfts. In diesem Fall kann ein Unternehmen nur die folgenden Arten von Komponenten (einschließlich Kombinationen) als gesicherte Grundgeschäfte designieren:

(a) nur Änderungen der Zahlungsströme oder des beizulegenden Zeitwerts eines Grundgeschäfts, die einem oder mehreren spezifischen Risiken zuzuschreiben sind (Risikokomponente), sofern basierend auf einer Beurteilung im Rahmen der jeweiligen Marktstruktur die Risikokomponente einzeln identifizierbar und verlässlich bewertbar ist (siehe Paragraphen B6.3.8-B6.3.15). Bei den Risikokomponenten können auch nur die oberhalb oder unterhalb eines festgelegten Preises oder einer anderen Variablen liegenden Änderungen der Zahlungsströme oder des beizulegenden Zeitwerts eines gesicherten Grundgeschäfts designiert werden (einseitiges Risiko).

(b) ein oder mehrere ausgewählte vertragliche Zahlungsströme.

(c) Komponenten eines Nominalbetrags, d. h. ein festgelegter Teil des Betrags eines Grundgeschäfts (siehe Paragraphen B6.3.16-B6.3.20).

6.4: Kriterien für die Bilanzierung von Sicherungsgeschäften

6.4.1 Eine Sicherungsbeziehung erfüllt nur dann die Anforderungen für die Bilanzierung von Sicherungsgeschäften, wenn alle folgenden Kriterien erfüllt sind:

(a) Die Sicherungsbeziehung beinhaltet nur zulässige Sicherungsinstrumente und zulässige gesicherte Grundgeschäfte.

(b) Zu Beginn der Sicherungsbeziehung erfolgt sowohl für die Sicherungsbeziehung als auch für die Risikomanagementzielsetzungen und -strategien, die das Unternehmen im Hinblick auf die Absicherung verfolgt, eine formale Designation und Dokumentation. Diese Dokumentation umfasst die Identifizierung des Sicherungsinstruments, des gesicherten Grundgeschäfts, der Art des abgesicherten Risikos und die Art und Weise, in der das Unternehmen beurteilt, ob die Sicherungsbeziehung die Anforderungen an die Wirksamkeit der Absicherung erfüllt (einschließlich seiner Analyse der Ursachen einer Unwirksamkeit der Absicherung und der Art und Weise der Bestimmung der *Sicherungsquote*).

(c) Die Sicherungsbeziehung erfüllt alle folgenden Anforderungen an die Wirksamkeit der Absicherung, wenn

  (i) zwischen dem gesicherten Grundgeschäft und dem Sicherungsinstrument eine wirtschaftliche Beziehung besteht (siehe Paragraphen B6.4.4-B6.4.6),

  (ii) die Auswirkung des Ausfallrisikos keinen dominanten Einfluss auf die Wertänderungen hat, die sich aus dieser wirtschaftlichen Beziehung ergeben (siehe Paragraphen B6.4.7-B6.4.8), und

  (iii) die Sicherungsquote der Sicherungsbeziehung der Sicherungsquote entspricht, die aus dem Volumen des von dem Unternehmen tatsächlich gesicherten Grundgeschäfts und dem Volumen des Sicherungsinstruments resultiert, das von dem Unternehmen zur Absicherung dieses Volumens des gesicherten Grundgeschäfts tatsächlich eingesetzt wird. Doch darf diese Designation kein Ungleichgewicht zwischen den Gewichtungen des gesicherten Grundgeschäfts und des Sicherungsinstruments widerspiegeln, das zu einer Unwirksamkeit der Absicherung (ob erfasst oder nicht) führen würde, was wiederum Rechnungslegungsresultate ergeben würde, die nicht mit dem Zweck der Bilanzierung von Sicherungsbeziehungen im Einklang stünden (siehe Paragraphen B6.4.9-B6.4.11).

6.5: Bilanzierung zulässiger Sicherungsbeziehungen

Ein Unternehmen wendet die Bilanzierung von Sicherungsgeschäften bei Sicherungsbeziehungen an, die die Kriterien in Paragraph 6.4.1 erfüllen (einschließlich der Entscheidung des Unternehmens in Bezug auf die Designation der Sicherungsbeziehung). **6.5.1**

Es gibt drei Arten von Sicherungsbeziehungen: **6.5.2**

(a) Absicherung des beizulegenden Zeitwerts: eine Absicherung des Risikos von Änderungen des beizulegenden Zeitwerts eines bilanzierten Vermögenswerts, einer bilanzierten Verbindlichkeit, einer bilanzunwirksamen festen Verpflichtung oder einer Komponente eines solchen Grundgeschäfts, die einem bestimmten Risiko zuzuordnen ist, und sich diese Änderungen erfolgswirksam auswirken könnten.

(b) Absicherung von Zahlungsströmen: eine Absicherung gegen das Risiko einer Schwankung von Zahlungsströmen, die einem bestimmten Risiko zuzuordnen und die insgesamt mit oder mit einer Komponente von einem bilanzierten Vermögenswert, einer bilanzierten Verbindlichkeit (wie beispielsweise einem Teil oder aller künftigen Zinszahlungen einer variabel verzinslichen Schuld) oder einer hochwahrscheinlichen erwarteten Transaktion verbunden ist, und sich diese Schwankung erfolgswirksam auswirken könnte.

(c) Absicherung einer Nettoinvestition in einen ausländischen Geschäftsbetrieb im Sinne von IAS 21.

Handelt es sich bei dem gesicherten Grundgeschäft um ein Eigenkapitalinstrument, bei dem das Unternehmen die Wahl getroffen hat, Änderungen des beizulegenden Zeitwerts gemäß Paragraph 5.7.5 im sonstigen Ergebnis zu erfassen, muss die in Paragraph 6.5.2(a) genannte gesicherte Risikoposition sich auf das sonstige Ergebnis auswirken können. Nur in einem solchen Fall wird die erfasste Unwirksamkeit der Absicherung im sonstigen Ergebnis erfasst. **6.5.3**

Eine Absicherung des Währungsrisikos einer festen Verpflichtung kann als Absicherung des beizulegenden Zeitwerts oder als Absicherung von Zahlungsströmen bilanziert werden. **6.5.4**

6.5.5 Wenn eine Sicherungsbeziehung die Anforderung an die Wirksamkeit der Absicherung in Bezug auf die Sicherungsquote (siehe Paragraph 6.4.1(c)(iii)) nicht mehr erfüllt, die Zielsetzung des Risikomanagements für diese designierte Sicherungsbeziehung aber gleich bleibt, hat ein Unternehmen die Sicherungsquote der Sicherungsbeziehung so anzupassen, dass diese die Kriterien erneut erfüllt (dies wird im vorliegenden Standard als „Rekalibrierung" bezeichnet – siehe Paragraphen B6.5.7-B6.5.21).

6.5.6 Ein Unternehmen hat die Bilanzierung von Sicherungsgeschäften nur dann prospektiv zu beenden, wenn die Sicherungsbeziehung (oder ein Teil derselben) nicht mehr die Kriterien erfüllt (ggf. nach Berücksichtigung einer etwaigen Rekalibrierung der Sicherungsbeziehung). Dies schließt Fälle ein, in denen das Sicherungsinstrument ausläuft, veräußert, beendet oder ausgeübt wird. In diesem Sinne gilt die Ersetzung oder Fortsetzung eines Sicherungsinstruments durch ein anderes nicht als Auslaufen oder Beendigung, wenn eine derartige Ersetzung oder Fortsetzung Teil der dokumentierten Risikomanagementzielsetzung des Unternehmens ist und mit ihr im Einklang steht. In diesem Sinne ebenfalls nicht als Auslaufen oder Beendigung eines Sicherungsinstruments zu betrachten ist es, wenn

(a) die Parteien des Sicherungsinstruments infolge bestehender oder neu erlassener Gesetzes- oder Regulierungsvorschriften vereinbaren, dass eine oder mehrere Clearing-Parteien ihre ursprüngliche Gegenpartei ersetzen und damit die neue Gegenpartei aller Parteien werden. Eine Clearing-Gegenpartei in diesem Sinne ist eine zentrale Gegenpartei (mitunter „Clearingstelle" oder „Clearinghaus" genannt) oder ein bzw. mehrere Unternehmen, beispielsweise ein Mitglied einer Clearingstelle oder ein Kunde eines Mitglieds einer Clearingstelle, die als Gegenpartei auftreten, damit das Clearing durch eine zentrale Gegenpartei erfolgt. Ersetzen die Parteien des Sicherungsinstruments ihre ursprünglichen Gegenparteien allerdings durch unterschiedliche Gegenparteien, ist die Anforderung in diesem Unterparagraphen nur dann erfüllt, wenn jede dieser Parteien ihr Clearing bei derselben zentralen Gegenpartei durchführt.

(b) etwaige andere Änderungen beim Sicherungsinstrument nicht über den für eine solche Ersetzung der Gegenpartei notwendigen Umfang hinausgehen. Auch müssen derartige Änderungen auf solche beschränkt sein, die den Bedingungen entsprechen, die zu erwarten wären, wenn das Clearing des Sicherungsinstruments von Anfang an bei der Clearing-Gegenpartei erfolgt wäre. Hierzu zählen auch Änderungen bei den Anforderungen an Sicherheiten, den Rechten auf Aufrechnung von Forderungen und Verbindlichkeiten und den erhobenen Entgelten.

Die Beendigung der Bilanzierung von Sicherungsgeschäften kann entweder eine Sicherungsbeziehung insgesamt oder nur einen Teil derselben betreffen (in diesem Fall wird die Bilanzierung von Sicherungsgeschäften für den übrigen Teil der Sicherungsbeziehung fortgesetzt).

6.5.7 Ein Unternehmen hat

(a) Paragraph 6.5.10 anzuwenden, wenn es die Bilanzierung von Sicherungsgeschäften bei einer Absicherung des beizulegenden Zeitwerts beendet, sofern es sich bei dem gesicherten Grundgeschäft um ein zu fortgeführten Anschaffungskosten bewertetes Finanzinstrument (oder eine Komponente dessen) handelt, und

(b) Paragraph 6.5.12 anzuwenden, wenn es die Bilanzierung von Sicherungsgeschäften bei der Absicherung von Zahlungsströmen beendet.

Absicherung des beizulegenden Zeitwerts

6.5.8 Solange eine Absicherung des beizulegenden Zeitwerts die in Paragraph 6.4.1 genannten Kriterien erfüllt, ist die Sicherungsbeziehung wie folgt zu bilanzieren:

(a) Der Gewinn oder Verlust aus dem Sicherungsinstrument ist erfolgswirksam zu erfassen (oder im sonstigen Ergebnis, wenn das Sicherungsinstrument ein Eigenkapitalinstrument absichert, bei dem das Unternehmen die Wahl getroffen hat, Änderungen des beizulegenden Zeitwerts gemäß Paragraph 5.7.5 im sonstigen Ergebnis zu erfassen).

(b) Der Sicherungsgewinn oder -verlust aus dem gesicherten Grundgeschäft führt zu einer entsprechenden Anpassung des Buchwerts des gesicherten Grundgeschäfts (falls zutreffend) und wird erfolgswirksam erfasst. Handelt es sich bei dem gesicherten Grundgeschäft um einen finanziellen Vermögenswert (oder eine Komponente dessen), der gemäß Paragraph 4.1.2A erfolgsneutral zum beizulegenden Zeitwert im sonstigen Ergebnis bewertet wird, ist der Sicherungsgewinn oder -verlust aus dem gesicherten Grundgeschäft erfolgswirksam zu erfassen. Handelt es sich bei dem gesicherten Grundgeschäft jedoch um ein Eigenkapitalinstrument, bei dem das Unternehmen die Wahl getroffen hat, Änderungen des beizulegenden Zeitwerts gemäß Paragraph 5.7.5 im sonstigen Ergebnis zu erfassen, verbleiben diese Beträge im sonstigen Ergebnis. Wenn es sich bei einem gesicherten Grundgeschäft um eine bilanzunwirksame feste Verpflichtung (oder eine Komponente derselben) handelt, wird die kumulierte Änderung des beizulegenden Zeitwerts des gesicherten Grundgeschäfts nach seiner Designation als Vermögenswert oder Verbindlichkeit angesetzt, wobei ein entsprechender Gewinn oder Verlust erfolgswirksam erfasst wird.

Handelt es sich bei einem gesicherten Grundgeschäft im Rahmen einer Absicherung des beizulegenden Zeitwerts um eine feste Verpflichtung (oder eine Komponente derselben) zum Erwerb eines Vermögenswerts oder zur Übernahme einer Verbindlichkeit, wird der anfängliche Buchwert des Vermögenswerts oder der Verbindlichkeit, der/die aus der Erfüllung der festen Verpflichtung des Unternehmens hervorgeht, um die kumulierte Änderung des beizulegenden Zeitwerts des gesicherten Grundgeschäfts, das in der Bilanz angesetzt wurde, angepasst. **6.5.9**

Jede Anpassung gemäß Paragraph 6.5.8(b) ist erfolgswirksam zu amortisieren, wenn es sich bei dem gesicherten Grundgeschäft um ein zu fortgeführten Anschaffungskosten bewertetes Finanzinstrument (oder eine Komponente dessen) handelt. Sobald eine Anpassung erfolgt, kann die Amortisation beginnen, spätestens aber zu dem Zeitpunkt, zu dem das Grundgeschäft nicht mehr um Sicherungsgewinne oder -verluste angepasst wird. Die Amortisation basiert auf einem zum Zeitpunkt des Amortisationsbeginns neu berechneten Effektivzinssatz. Im Falle eines finanziellen Vermögenswerts (oder einer Komponente dessen), bei dem es sich um ein gesichertes Grundgeschäft handelt und das gemäß Paragraph 4.1.2A erfolgsneutral zum beizulegenden Zeitwert im sonstigen Ergebnis bewertet wird, erfolgt die Amortisation in gleicher Weise, jedoch anstelle der Anpassung des Buchwerts in Höhe des zuvor gemäß Paragraph 6.5.8(b) erfassten kumulierten Gewinns oder Verlusts. **6.5.10**

Absicherung von Zahlungsströmen

Solange eine Absicherung von Zahlungsströmen die in Paragraph 6.4.1 genannten Kriterien erfüllt, ist die Sicherungsbeziehung wie folgt zu bilanzieren: **6.5.11**

(a) Die mit dem gesicherten Grundgeschäft verbundene gesonderte Eigenkapitalkomponente (Rücklage für die Absicherung von Zahlungsströmen) wird auf den niedrigeren der folgenden Beträge (in absoluten Zahlen) angepasst:

  (i) den kumulierten Gewinn oder Verlust aus dem Sicherungsinstrument seit Beginn der Sicherungsbeziehung und

  (ii) die kumulierte Änderung des beizulegenden Zeitwerts (Barwerts) des gesicherten Grundgeschäfts (d. h. dem Barwert der kumulierten Änderung der erwarteten abgesicherten Zahlungsströme) seit Absicherungsbeginn;

(b) Der Teil des Gewinns oder Verlusts aus dem Sicherungsinstrument, der als wirksame Absicherung bestimmt wird (d. h. der prozentuale Anteil, der durch die Änderung der gemäß Buchstabe a berechneten Rücklage für die Absicherung von Zahlungsströmen ausgeglichen wird), ist im sonstigen Ergebnis zu erfassen.

(c) Ein etwaig verbleibender Gewinn oder Verlust aus dem Sicherungsinstrument (oder ein etwaiger Gewinn oder Verlust als Saldogröße für die Änderung der gemäß Buchstabe (a) berechneten Rücklage für die Absicherung von Zahlungsströmen) stellt eine Unwirksamkeit der Absicherung dar, die erfolgswirksam zu erfassen ist.

(d) Der gemäß Buchstabe (a) in der Rücklage für die Absicherung von Zahlungsströmen kumulierte Betrag, ist wie folgt zu bilanzieren:

  (i) Wenn eine abgesicherte erwartete Transaktion später zum Ansatz eines nicht finanziellen Vermögenswerts oder einer nicht finanziellen Verbindlichkeit führt oder wenn eine abgesicherte erwartete Transaktion für einen nicht finanziellen Vermögenswert oder eine nicht finanzielle Verbindlichkeit zu einer festen Verpflichtung wird und darauf die Bilanzierung der Absicherung des beizulegenden Zeitwerts angewandt wird, hat das Unternehmen diesen Betrag aus der Rücklage für die Absicherung von Zahlungsströmen auszubuchen und direkt in die erstmaligen Anschaffungskosten oder in den sonstigen Buchwert des Vermögenswerts oder der Verbindlichkeit einzubeziehen. Dies stellt keinen Umgliederungsbetrag (siehe IAS 1) dar und wirkt sich somit nicht auf das sonstige Ergebnis aus.

  (ii) Bei anderen als den unter Ziffer (i) angeführten Absicherungen von Zahlungsströmen ist der Betrag aus der Rücklage für die Absicherung von Zahlungsströmen in der- oder denselben Perioden, in denen die abgesicherten erwarteten Zahlungsströme erfolgswirksam werden (z. B. wenn Zinserträge oder Zinsaufwendungen erfasst werden oder ein erwarteter Verkauf stattfindet), als Umgliederungsbetrag (siehe IAS 1) aus dem Eigenkapital in den Gewinn oder Verlust umzugliedern.

  (iii) Stellt dieser Betrag jedoch einen Verlust dar und geht ein Unternehmen davon aus, dass dieser Verlust in einer oder mehreren künftigen Perioden weder ganz noch teilweise ausgeglichen werden kann, hat es den voraussichtlich nicht ausgleichbaren Betrag unverzüglich als Umgliederungsbetrag (siehe IAS 1) in den Gewinn oder Verlust umzugliedern.

6.5.12 Wenn ein Unternehmen die Bilanzierung von Sicherungsgeschäften bei der Absicherung von Zahlungsströmen beendet (siehe Paragraphen 6.5.6 und 6.5.7(b)), hat es den gemäß Paragraph 6.5.11(a) in der Rücklage für die Absicherung von Zahlungsströmen kumulierten Betrag wie folgt zu bilanzieren:

(a) Wenn nach wie vor erwartet wird, dass die abgesicherten künftigen Zahlungsströme eintreten, verbleibt dieser Betrag so lange in der Rücklage für die Absicherung von Zahlungsströmen, bis die künftigen Zahlungsströme eintreten oder Paragraph 6.5.11(d)(iii) zutrifft. Bei Eintritt der künftigen Zahlungsströme findet Paragraph 6.5.11(d) Anwendung.

(b) Wenn nicht länger erwartet wird, dass die abgesicherten künftigen Zahlungsströme eintreten, ist dieser Betrag unverzüglich aus der Rücklage für die Absicherung von Zahlungsströmen als Umgliederungsbetrag (siehe IAS 1) in den Gewinn oder Verlust umzugliedern. Von einer abgesicherten künftigen Zahlung, deren Eintritt nicht mehr hochwahrscheinlich ist, kann dennoch erwartet werden, dass sie eintritt.

Absicherung einer Nettoinvestition in einen ausländischen Geschäftsbetrieb

6.5.13 Die Absicherung einer Nettoinvestition in einen ausländischen Geschäftsbetrieb, einschließlich einer Absicherung eines monetären Postens, der als Teil der Nettoinvestition bilanziert wird (siehe IAS 21), ist in gleicher Weise zu bilanzieren wie die Absicherung von Zahlungsströmen:

(a) Der Teil des Gewinns oder Verlusts aus dem Sicherungsinstrument, der als wirksame Absicherung ermittelt wird, ist im sonstigen Ergebnis zu erfassen (siehe Paragraph 6.5.11); und

(b) der unwirksame Teil ist erfolgswirksam zu erfassen.

6.5.14 Der kumulierte Gewinn oder Verlust aus dem Sicherungsinstrument, der dem wirksamen Teil der Absicherung zuzurechnen ist und in der Währungsumrechnungsrücklage erfasst wurde, ist bei der Veräußerung oder teilweisen Veräußerung des ausländischen Geschäftsbetriebs gemäß IAS 21 Paragraphen 48-49 als Umgliederungsbetrag (siehe IAS 1) aus dem Eigenkapital in den Gewinn oder Verlust umzugliedern.

Bilanzierung des Zeitwerts von Optionen

Trennt ein Unternehmen den inneren Wert und den Zeitwert eines Optionskontrakts und designiert nur die Änderung des inneren Werts der Option als Sicherungsinstrument (siehe Paragraph 6.2.4(a)), ist der Zeitwert der Option wie folgt zu bilanzieren (siehe Paragraphen B6.5.29-B6.5.33): **6.5.15**

(a) Ein Unternehmen unterscheidet beim Zeitwert von Optionen je nach Art des gesicherten Grundgeschäfts, das durch die Option abgesichert wird, zwischen (siehe Paragraph B6.5.29)

 (i) einem transaktionsbezogenen gesicherten Grundgeschäft und

 (ii) einem zeitraumbezogenen gesicherten Grundgeschäft.

(b) Die Änderung des beizulegenden Zeitwerts einer Option zur Absicherung eines transaktionsbezogenen gesicherten Grundgeschäfts ist im sonstigen Ergebnis zu erfassen, sofern sie sich auf das gesicherte Grundgeschäft bezieht, und in einer gesonderten Eigenkapitalkomponente zu kumulieren. Die kumulierte Änderung des beizulegenden Zeitwerts, die sich aus dem Zeitwert der Option ergibt und die in einer gesonderten Eigenkapitalkomponente kumuliert wurde (der „Betrag"), ist wie folgt zu bilanzieren:

 (i) Wenn das gesicherte Grundgeschäft später zum Ansatz eines nicht finanziellen Vermögenswerts oder einer nicht finanziellen Verbindlichkeit oder zu einer festen Verpflichtung für einen nicht finanziellen Vermögenswert oder eine nicht finanzielle Verbindlichkeit führt und darauf die Bilanzierung der Absicherung des beizulegenden Zeitwerts angewandt wird, hat das Unternehmen den Betrag aus der gesonderten Eigenkapitalkomponente auszubuchen und direkt in die erstmaligen Anschaffungskosten oder in den sonstigen Buchwert des Vermögenswerts oder der Verbindlichkeit einzubeziehen. Dies stellt keinen Umgliederungsbetrag (siehe IAS 1) dar und wirkt sich somit nicht auf das sonstige Ergebnis aus.

 (ii) Bei anderen als den unter Ziffer i fallenden Sicherungsbeziehungen ist der Betrag in der oder den Perioden, in der oder denen die abgesicherten erwarteten Zahlungsströme erfolgswirksam werden (z. B. wenn ein erwarteter Verkauf stattfindet), als Umgliederungsbetrag (siehe IAS 1) aus der gesonderten Eigenkapitalkomponente in den Gewinn oder Verlust umzugliedern.

 (iii) Kann dieser Betrag jedoch in einer oder mehreren künftigen Perioden voraussichtlich weder ganz noch teilweise ausgeglichen werden, ist der voraussichtlich nicht ausgleichbare Betrag unverzüglich als Umgliederungsbetrag (siehe IAS 1) in den Gewinn oder Verlust umzugliedern.

(c) Die Änderung des beizulegenden Zeitwerts einer Option zur Absicherung eines zeitraumbezogenen gesicherten Grundgeschäfts ist im sonstigen Ergebnis zu erfassen, sofern sie sich auf das gesicherte Grundgeschäft bezieht, und in einer gesonderten Eigenkapitalkomponente zu kumulieren. Der Zeitwert zum Zeitpunkt der Designation der Option als Sicherungsinstrument, sofern sie sich auf das gesicherte Grundgeschäft bezieht, ist auf systematischer und sachgerechter Grundlage über die Periode, in der sich die sicherungsbezogene Anpassung aus dem inneren Wert der Option erfolgswirksam (oder im sonstigen Ergebnis, wenn es sich bei dem gesicherten Grundgeschäft um ein Eigenkapitalinstrument handelt, bei dem das Unternehmen die Wahl getroffen hat, Änderungen des beizulegenden Zeitwerts gemäß Paragraph 5.7.5 im sonstigen Ergebnis zu erfassen), auswirken könnte, zu amortisieren. Somit ist der Amortisationsbetrag in jeder Rechnungslegungsperiode als Umgliederungsbetrag (siehe IAS 1) aus der gesonderten Eigenkapitalkomponente in den Gewinn oder Verlust umzugliedern. Wird die Bilanzierung von Sicherungsgeschäften für die Sicherungsbeziehung, die die Änderung des inneren Werts der Option als Sicherungsinstrument beinhaltet, jedoch beendet, ist der Nettobetrag (der die kumulierte

Amortisation einschließt), der in der gesonderten Eigenkapitalkomponente kumuliert wurde, unverzüglich als Umgliederungsbetrag (siehe IAS 1) in den Gewinn oder Verlust umzugliedern.

Bilanzierung des Terminelements von Termingeschäften und Währungsbasis-Spreads von Finanzinstrumenten

6.5.16 Wenn ein Unternehmen das Termin- und Kassaelement eines Termingeschäfts trennt und nur die Änderung des Werts des Kassaelements eines Termingeschäfts als Sicherungsinstrument designiert, oder wenn ein Unternehmen den Währungsbasis-Spread von einem Finanzinstrument trennt und ihn von der Designation dieses Finanzinstruments als Sicherungsinstrument ausnimmt (siehe Paragraph 6.2.4(b)), kann das Unternehmen Paragraph 6.5.15 auf das Terminelement des Termingeschäfts oder auf den Währungsbasis-Spread in der gleichen Weise anwenden wie beim Zeitwert einer Option. In diesem Fall hat das Unternehmen die Leitlinien für die Anwendung in den Paragraphen B6.5.34-B6.5.39 zu befolgen.

6.6: Absicherung einer Gruppe von Grundgeschäften

Gruppe von Grundgeschäften, die als gesichertes Grundgeschäft in Frage kommen

6.6.1 Eine Gruppe von Grundgeschäften (einschließlich einer Gruppe von Grundgeschäften, die eine Nettoposition bilden (siehe Paragraphen B6.6.1-B6.6.8)) kommt nur dann als gesichertes Grundgeschäft in Frage, wenn

(a) sie aus Grundgeschäften (einschließlich Komponenten von Grundgeschäften) besteht, die einzeln als gesicherte Grundgeschäfte in Frage kommen;

(b) die Grundgeschäfte der Gruppe zu Risikomanagementzwecken gemeinsam auf Gruppenbasis gesteuert werden, und

(c) im Falle einer Absicherung von Zahlungsströmen bei einer Gruppe von Grundgeschäften, bei denen die Zahlungsstromschwankungen voraussichtlich nicht ungefähr proportional zur Gesamtvariabilität der Zahlungsströme der Gruppe sind, so dass gegenläufige Risikopositionen auftreten,

   (i) es sich um eine Absicherung des Währungsrisikos handelt, und

   (ii) bei der Designation dieser Nettoposition die Rechnungslegungsperiode, in der sich die erwarteten Transaktionen voraussichtlich erfolgswirksam auswirken, sowie deren Art und Volumen angegeben wird (siehe Paragraphen B6.6.7-B6.6.8).

Designation einer Komponente eines Nominalbetrags

6.6.2 Eine Komponente, die ein prozentualer Anteil einer in Frage kommenden Gruppe von Grundgeschäften ist, kommt als gesichertes Grundgeschäft in Frage, sofern diese Designation mit der Risikomanagementzielsetzung des Unternehmens im Einklang steht.

6.6.3 Eine Layerkomponente einer Gesamtgruppe von Grundgeschäften (beispielsweise ein Bottom Layer) kommt für die Bilanzierung von Sicherungsgeschäften nur dann in Frage, wenn

(a) sie einzeln identifizierbar und verlässlich bewertbar ist,

(b) die Risikomanagementzielsetzung in der Absicherung einer Layerkomponente besteht,

(c) die Grundgeschäfte der Gesamtgruppe, aus der der Layer bestimmt wird, dem gleichen abgesicherten Risiko ausgesetzt sind (so dass die Bewertung des abgesicherten Layer nicht signifikant davon abhängt, welche konkreten Grundgeschäfte der Gesamtgruppe dem abgesicherten Layer angehören),

(d) ein Unternehmen bei einer Absicherung von bestehenden Grundgeschäften (beispielsweise eine bilanzunwirksame feste Verpflichtung oder ein bilanzierter Vermögenswert) die Gesamtgruppe der Grundgeschäfte bestimmen und verfolgen kann, aus der der abgesicherte Layer definiert ist (so dass das Unternehmen die Anforderungen an die Bilanzierung zulässiger Sicherungsbeziehungen erfüllen kann), und

(e) sämtliche Grundgeschäfte der Gruppe, die Optionen zur vorzeitigen Rückzahlung enthalten, die Anforderungen an Komponenten eines Nominalbetrags erfüllen (siehe Paragraph B6.3.20).

Darstellung

Im Falle einer Absicherung einer Gruppe von Grundgeschäften mit gegenläufigen Risikopositionen (d. h. einer Absicherung einer Nettoposition), wobei das abgesicherte Risiko verschiedene Posten in der Gewinn- und Verlustrechnung bzw. der Gesamtergebnisrechnung betrifft, sind Sicherungsgewinne oder -verluste darin getrennt von den durch die gesicherten Grundgeschäfte betroffenen Posten in einem gesonderten Posten zu erfassen. Somit bleibt dabei der Betrag in dem Posten, der sich auf das gesicherte Grundgeschäft selbst bezieht (beispielsweise Umsatzerlöse oder -kosten), hiervon unberührt. **6.6.4**

Im Falle von Vermögenswerten und Verbindlichkeiten, die in einer Absicherung des beizulegenden Zeitwerts als Gruppe abgesichert werden, ist der Gewinn oder Verlust über die einzelnen Vermögenswerte und Verbindlichkeiten in der Bilanz als Anpassung des Buchwerts der betreffenden Einzelposten, aus denen sich die Gruppe zusammensetzt, gemäß Paragraph 6.5.8(b) zu erfassen. **6.6.5**

Null-Nettopositionen

Handelt es sich bei dem gesicherten Grundgeschäft um eine Gruppe, die eine Null-Nettoposition darstellt (d. h. das auf Gruppenbasis gesteuerte Risiko wird durch die gesicherten Grundgeschäfte selbst vollständig kompensiert), kann ein Unternehmen diese in einer Sicherungsbeziehung ohne Sicherungsinstrument designieren, vorausgesetzt **6.6.6**

(a) die Absicherung ist Teil einer Strategie zur revolvierenden Absicherung des Nettorisikos, wobei das Unternehmen neue Positionen gleicher Art im Zeitverlauf routinemäßig absichert (beispielsweise wenn Transaktionen den vom Unternehmen abgesicherten Zeithorizont erreichen),

(b) der Umfang der abgesicherten Nettoposition ändert sich während der Laufzeit der Strategie zur revolvierenden Absicherung des Nettorisikos und das Unternehmen sichert das Nettorisiko unter Anwendung in Frage kommender Sicherungsinstrumente ab (d. h. wenn die Nettoposition ungleich Null ist),

(c) die Bilanzierung von Sicherungsgeschäften wird normalerweise auf solche Nettopositionen angewandt, wenn die Nettoposition ungleich Null ist und mit in Frage kommenden Sicherungsinstrumenten abgesichert ist, und

(d) die Nichtanwendung der Bilanzierung von Sicherungsgeschäften auf die Null-Nettoposition würde zu inkonsistenten Rechnungslegungsresultaten führen, da bei der Bilanzierung die gegenläufigen Risikopositionen nicht erfasst würden, was ansonsten bei einer Absicherung einer Nettoposition der Fall wäre.

6.7: Wahlrecht zur Designation einer Ausfallrisikoposition als erfolgswirksam zum beizulegenden Zeitwert bewertet

Ausfallrisikopositionen, die für die Designation als erfolgswirksam zum beizulegenden Zeitwert bewertet in Frage kommen

Wenn ein Unternehmen ein erfolgswirksam zum beizulegenden Zeitwert bewertetes Kreditderivat zur Steuerung des Ausfallrisikos eines gesamten Finanzinstruments oder eines Teils davon (Ausfallrisikoposition) einsetzt, kann es dieses Finanzinstrument, soweit es derart (d. h. ins- **6.7.1** gesamt oder anteilig) gesteuert wird, als erfolgswirksam zum beizulegenden Zeitwert bewertet designieren, wenn

(a) der Name bei der Ausfallrisikoposition (beispielsweise der Kreditnehmer oder der Begünstigte einer Kreditzusage) mit dem des Referenzunternehmens des Kreditderivats übereinstimmt („name matching"), und

(b) der Rang des Finanzinstruments mit dem der Instrumente, die gemäß dem Kreditderivat geliefert werden können, übereinstimmt.

Ein Unternehmen kann diese Designation unabhängig davon vornehmen, ob das ausfallrisikogesteuerte Finanzinstrument in den Anwendungsbereich des vorliegenden Standards fällt (beispielsweise kann ein Unternehmen Kreditzusagen, die außerhalb des Anwendungsbereichs dieses Standards liegen, designieren). Das Unternehmen kann dieses Finanzinstrument beim oder nach dem erstmaligen Ansatz oder während es bilanzunwirksam ist designieren. Das Unternehmen hat die Designation zeitgleich zu dokumentieren.

Bilanzierung von Ausfallrisikopositionen, die als erfolgswirksam zum beizulegenden Zeitwert bewertet designiert sind

6.7.2 Wenn ein Finanzinstrument gemäß Paragraph 6.7.1 nach dem erstmaligen Ansatz als erfolgswirksam zum beizulegenden Zeitwert bewertet designiert wird oder zuvor bilanzunwirksam war, ist die Differenz im Zeitpunkt der Designation zwischen einem etwaigen Buchwert und dem beizulegenden Zeitwert unverzüglich erfolgswirksam zu erfassen. Bei finanziellen Vermögenswerten, die gemäß Paragraph 4.1.2A erfolgsneutral zum beizulegenden Zeitwert im sonstigen Ergebnis bewertet werden, ist der kumulierte Gewinn oder Verlust, der zuvor im sonstigen Ergebnis erfasst wurde, unverzüglich als Umgliederungsbetrag (siehe IAS 1) aus dem Eigenkapital in den Gewinn oder Verlust umzugliedern.

6.7.3 Ein Unternehmen hat die erfolgswirksame Bewertung zum beizulegenden Zeitwert des Finanzinstruments, das das Ausfallrisiko verursacht hat, oder einen prozentualen Anteil eines solchen Finanzinstruments zu beenden, wenn

(a) die Kriterien in Paragraph 6.7.1 nicht länger erfüllt sind, beispielsweise

  (i) das Kreditderivat oder das zugehörige Finanzinstrument, das das Ausfallrisiko verursacht, ausläuft oder veräußert, beendet oder erfüllt wird, oder

  (ii) das Ausfallrisiko des Finanzinstruments nicht länger über Kreditderivate gesteuert wird. Diese könnte beispielsweise aufgrund von Verbesserungen der Bonität des Kreditnehmers oder des Begünstigten einer Kreditzusage oder Änderungen der einem Unternehmen auferlegten Kapitalanforderungen eintreten, und

(b) das Finanzinstrument, das das Ausfallrisiko verursacht, nicht anderweitig erfolgswirksam zum beizulegenden Zeitwert zu bewerten ist (d. h. beim Geschäftsmodell des Unternehmens ist zwischenzeitlich keine Änderung eingetreten, die eine Reklassifizierung gemäß Paragraph 4.4.1 erfordert hätte).

6.7.4 Wenn ein Unternehmen die erfolgswirksame Bewertung zum beizulegenden Zeitwert des Finanzinstruments, das das Ausfallrisiko verursacht, oder eines prozentualen Anteils eines solchen Finanzinstruments beendet, wird der beizulegende Zeitwert des Finanzinstruments zum Zeitpunkt der Beendigung zu seinem neuen Buchwert. Anschließend ist die gleiche Bewertung anzuwenden, die vor der Designation des Finanzinstruments zur erfolgswirksamen Bewertung zum beizulegenden Zeitwert verwendet wurde (einschließlich der aus dem neuen Buchwert resultierenden Amortisation). Beispielsweise würde ein finanzieller Vermögenswert, der ursprünglich als zu fortgeführten Anschaffungskosten bewertet klassifiziert war, wieder auf diese Weise bewertet und sein Effektivzinssatz basierend auf seinem neuen Bruttobuchwert zum Zeitpunkt der Beendigung der erfolgswirksamen Bewertung zum beizulegenden Zeitwert neu berechnet werden.

6.8: Vorübergehende Ausnahmen von der Anwendung spezieller Vorschriften für die Bilanzierung von Sicherungsgeschäften

Die Paragraphen 6.8.4-6.8.12, 7.1.8 und 7.2.26(d) sind auf alle Sicherungsbeziehungen anzuwenden, die von der Reform der Referenzzinssätze unmittelbar betroffen sind. Diese Paragraphen gelten ausschließlich für Sicherungsbeziehungen der genannten Art. Eine Sicherungsbeziehung ist nur dann unmittelbar von der Reform der Referenzzinssätze betroffen, wenn die Reform Unsicherheiten in Bezug auf Folgendes aufwirft: **6.8.1**

(a) den als abgesichertes Risiko designierten (vertraglich oder nicht vertraglich spezifizierten) Referenzzinssatz und/oder

(b) den Zeitpunkt oder die Höhe referenzzinssatzbasierter Zahlungsströme des gesicherten Grundgeschäfts oder des Sicherungsinstruments.

Für die Zwecke der Anwendung der Paragraphen 6.8.4-6.8.12 bezeichnet der Begriff „Reform der Referenzzinssätze“ die marktweite Reform von Referenzzinssätzen, einschließlich ihrer Ablösung durch einen alternativen Referenzsatz, wie sie sich aus den Empfehlungen im Bericht des Finanzstabilitätsrates „Reforming Major Interest Rate Benchmarks“*) vom Juli 2014 ergibt. **6.8.2**

Die in den Paragraphen 6.8.4-6.8.12 vorgesehenen Ausnahmen gelten nur für die dort genannten Vorschriften. Alle anderen Vorschriften für die Bilanzierung von Sicherungsgeschäften sind vom Unternehmen auch weiterhin auf die von der Reform der Referenzzinssätze unmittelbar betroffenen Sicherungsbeziehungen anzuwenden. **6.8.3**

Anforderung einer „hohen Wahrscheinlichkeit“ bei der Absicherung von Zahlungsströmen

Für Zwecke der Beurteilung, ob eine erwartete Transaktion (oder eine Komponente derselben) gemäß der Anforderung des Paragraphen 6.3.3 hochwahrscheinlich ist, hat ein Unternehmen anzunehmen, dass sich der (vertraglich oder nicht vertraglich spezifizierte) Referenzzinssatz, auf dem die abgesicherten Zahlungsströme beruhen, durch die Reform der Referenzzinssätze nicht verändert. **6.8.4**

Umgliederung des in der Rücklage für die Absicherung von Zahlungsströmen kumulierten Betrags

Für Zwecke der Anwendung der Vorschriften nach Paragraph 6.5.12 hat ein Unternehmen bei der Beurteilung, ob zu erwarten ist, dass die abgesicherten künftigen Zahlungsströme eintreten, anzunehmen, dass sich der (vertraglich oder nicht vertraglich spezifizierte) Referenzzinssatz, auf dem die abgesicherten Zahlungsströme beruhen, durch die Reform der Referenzzinssätze nicht verändert. **6.8.5**

Beurteilung der wirtschaftlichen Beziehung zwischen dem gesicherten Grundgeschäft und dem Sicherungsinstrument

Für Zwecke der Anwendung der Vorschriften nach Paragraph 6.4.1(c)(i) und B6.4.4–B6.4.6 hat ein Unternehmen anzunehmen, dass sich der (vertraglich oder nicht vertraglich spezifizierte) Referenzzinssatz, auf dem die abgesicherten Zahlungsströme und/oder das abgesicherte Risiko beruhen, oder der Referenzzinssatz, auf dem die Zahlungsströme des Sicherungsinstruments beruhen, durch die Reform der Referenzzinssätze nicht verändert. **6.8.6**

*) **Amtl. Anm.:** Dieser Bericht ist abrufbar unter: http://www.fsb.org/wp-content/uploads/r_140722.pdf.

Designation einer Komponente als gesichertes Grundgeschäft

6.8.7 Sofern nicht Paragraph 6.8.8 einschlägig ist, hat ein Unternehmen bei der Absicherung einer Komponente des Zinsänderungsrisikos bei einem nicht vertraglich spezifizierten Referenzzinssatz die Vorgabe der Paragraphen 6.3.7(a) und B6.3.8 (wonach die Risikokomponente einzeln identifizierbar sein muss) nur zu Beginn der Sicherungsbeziehung anzuwenden.

6.8.8 Wenn ein Unternehmen entsprechend seiner Sicherungsdokumentation eine Sicherungsbeziehung häufig erneuert (d. h. beendet und neu beginnt), da sich sowohl das Sicherungsinstrument als auch das gesicherte Grundgeschäft häufig ändern (d. h. das Unternehmen einen dynamischen Prozess anwendet, bei dem sowohl die gesicherten Grundgeschäfte als auch die zur Steuerung dieses Risikos eingesetzten Sicherungsinstrumente nicht lange gleich bleiben), hat es die Anforderung nach Paragraph 6.3.7(a) und B6.3.8 (wonach die Risikokomponente einzeln identifizierbar sein muss) nur bei der erstmaligen Designation eines gesicherten Grundgeschäfts in dieser Sicherungsbeziehung erfüllen. Wurde ein gesichertes Grundgeschäft bei seiner erstmaligen Designation in einer Sicherungsbeziehung einer Beurteilung unterzogen, so muss es unabhängig davon, ob diese Beurteilung zu Beginn der Sicherungsbeziehung oder danach erfolgte, bei einer neuerlichen Designation innerhalb derselben Sicherungsbeziehung nicht erneut beurteilt werden.

Ende der Anwendung

6.8.9 Ein Unternehmen hat die Anwendung des Paragraphen 6.8.4 auf ein gesichertes Grundgeschäft prospektiv zum früheren der nachstehend genannten Termine einzustellen:

(a) wenn die durch die Reform der Referenzzinssätze bedingte Unsicherheit, was den Zeitpunkt und die Höhe der referenzzinssatzbasierten Zahlungsströme aus dem gesicherten Grundgeschäft angeht, nicht mehr besteht und

(b) wenn die Sicherungsbeziehung, zu der das gesicherte Grundgeschäft gehört, beendet wird.

6.8.10 Ein Unternehmen hat die Anwendung des Paragraphen 6.8.5 prospektiv zum früheren der nachstehend genannten Termine einzustellen:

(a) wenn die durch die Reform der Referenzzinssätze bedingte Unsicherheit, was den Zeitpunkt und die Höhe der referenzzinssatzbasierten künftigen Zahlungsströme aus dem gesicherten Grundgeschäft angeht, nicht mehr besteht und

(b) wenn der für diese beendete Sicherungsbeziehung in der Rücklage für die Absicherung von Zahlungsströmen kumulierte Betrag in voller Höhe in den Gewinn oder Verlust umgegliedert wurde.

6.8.11 Ein Unternehmen hat die Anwendung des Paragraphen 6.8.6 in folgenden Fällen prospektiv einzustellen:

(a) bei einem gesicherten Grundgeschäft, wenn die durch die Reform der Referenzzinssätze bedingte Unsicherheit, was das abgesicherte Risiko oder den Zeitpunkt und die Höhe der referenzzinssatzbasierten Zahlungsströme aus dem gesicherten Grundgeschäft angeht, nicht mehr besteht und

(b) bei einem Sicherungsinstrument, wenn die durch die Reform der Referenzzinssätze bedingte Unsicherheit, was den Zeitpunkt und die Höhe der referenzzinssatzbasierten Zahlungsströme aus dem Sicherungsinstrument angeht, nicht mehr besteht.

Wenn die Sicherungsbeziehung, zu der das gesicherte Grundgeschäft und das Sicherungsinstrument gehören, vor dem in Paragraph 6.8.11(a) oder dem in Paragraph 6.8.11(b) genannten Datum beendet wird, hat das Unternehmen die Anwendung des Paragraphen 6.8.6 auf diese Sicherungsbeziehung zum Zeitpunkt der Beendigung prospektiv einzustellen.

6.8.12 Wenn ein Unternehmen eine Gruppe von Grundgeschäften als gesichertes Grundgeschäft oder eine Kombination von Finanzinstrumenten als Sicherungsinstrument designiert, hat es die Anwendung der Paragraphen 6.8.4-6.8.6 auf ein einzelnes Grundgeschäft oder Finanzinstrument gemäß den Paragraphen 6.8.9, 6.8.10 oder 6.8.11 – je nachdem, welcher im Einzelfall relevant ist – einzustellen, wenn die durch die Reform der Referenzzinssätze bedingte Unsicherheit, was das abgesicherte Risiko und/oder den Zeitpunkt und die Höhe der referenzzinssatzbasierten Zahlungsströme aus diesem Grundgeschäft oder Finanzinstrument angeht, nicht mehr besteht.

Kapitel 7: Datum des Inkrafttretens und Übergangsvorschriften

7.1: Zeitpunkt des Inkrafttretens

Unternehmen haben diesen Standard auf Geschäftsjahre anzuwenden, die am oder nach dem 1. Januar 2018 beginnen.[1] Eine frühere Anwendung ist zulässig. Entscheidet sich ein Unternehmen für eine frühere Anwendung dieses Standards, hat es dies anzugeben und alle Vorschriften dieses Standards gleichzeitig anzuwenden (siehe jedoch auch Paragraphen 7.1.2, 7.2.21 und 7.3.2). Ferner hat es gleichzeitig die in Anhang C aufgeführten Änderungen anzuwenden. **7.1.1**

Ungeachtet der Vorschriften in Paragraph 7.1.1 kann ein Unternehmen für vor dem 1. Januar 2018 beginnende Geschäftsjahre nur die Vorschriften zur Darstellung der Gewinne und Verluste finanzieller Verbindlichkeiten, die als erfolgswirksam zum beizulegenden Zeitwert bewertet designiert sind, gemäß Paragraph 5.7.1(c), 5.7.7-5.7.9, 7.2.14 und B5.7.5-B5.7.20 früher anwenden, ohne die anderen Vorschriften dieses Standards anzuwenden. Wenn sich ein Unternehmen entscheidet, nur diese Paragraphen anzuwenden, hat es dies anzugeben und die zugehörigen Angaben gemäß IFRS 7 Paragraphen 10-11 (geändert durch IFRS 9 (2010)) fortlaufend zu machen. (Siehe auch Paragraphen 7.2.2 und 7.2.15.) **7.1.2**

Durch die im Dezember 2013 herausgegebenen *Jährlichen Verbesserungen an den IFRS – Zyklus 2010-2012* wurden die Paragraphen 4.2.1 und 5.7.5 infolge der Änderung von IFRS 3 geändert. Ein Unternehmen hat die Änderung prospektiv auf Unternehmenszusammenschlüsse anzuwenden, für die die Änderung von IFRS 3 gilt. **7.1.3**

Durch IFRS 15 (herausgegeben Mai 2014) wurden die Paragraphen 3.1.1, 4.2.1, 5.1.1, 5.2.1, 5.7.6, B3.2.13, B5.7.1, C5 und C42 geändert und Paragraph C16 sowie die zugehörige Überschrift gestrichen. Es wurden die Paragraphen 5.1.3 und 5.7.1A sowie eine Definition in Anhang A hinzugefügt. Wendet ein Unternehmen IFRS 15 an, sind diese Änderungen ebenfalls anzuwenden. **7.1.4**

Durch IFRS 16, veröffentlicht im Januar 2016, wurden die Paragraphen 2.1, 5.5.15, B4.3.8, B5.5.34 und B5.5.46 geändert. Ein Unternehmen hat die betreffenden Änderungen anzuwenden, wenn es IFRS 16 anwendet. **7.1.5**

(nicht besetzt) **7.1.6**

Durch *Vorfälligkeitsregelungen mit negativer Ausgleichsleistung* (im Oktober 2017 herausgegebene Änderungen an IFRS 9) wurden die Paragraphen 7.2.29-7.2.34 und B4.1.12A angefügt und die Paragraphen B4.1.11(b) und B4.1.12(b) geändert. Diese Änderungen sind auf Geschäftsjahre anzuwenden, die am oder nach dem 1. Januar 2019 beginnen. Eine frühere Anwendung ist zulässig. Wendet ein Unternehmen diese Änderungen auf ein früheres Geschäftsjahr an, hat es dies anzugeben. **7.1.7**

Durch die im September 2019 herausgegebene Verlautbarung *Reform der Referenzzinssätze*, mit der IFRS 9, IAS 39 und IFRS 7 geändert wurden, wurde Abschnitt 6.8 eingefügt und Paragraph 7.2.26 geändert. Diese Änderungen sind auf Geschäftsjahre anzuwenden, die am oder nach dem 1. Januar 2020 beginnen. Eine frühere Anwendung ist zulässig. Wendet ein Unternehmen diese Änderungen auf ein früheres Geschäftsjahr an, hat es dies anzugeben. **7.1.8**

---

1) **Anm. d. Red.:** Finanzkonglomerate im Sinne von Art. 2 Nr. 14 der RL 2002/87/EG v. 16.12.2002 (ABl EU 2003 Nr. L 35 S. 1) können gem. IFRS 4, Paragraphen 20A ff., entscheiden den Anwendungsbeginn des IFRS 9 auch bis zum 1.1.2021 aufzuschieben.

7.2: Übergangsvorschriften

7.2.1 Dieser Standard ist rückwirkend in Übereinstimmung mit IAS 8 *Rechnungslegungsmethoden, Änderungen von rechnungslegungsbezogenen Schätzungen und Fehler* anzuwenden, mit Ausnahme der Darlegungen in den Paragraphen 7.2.4-7.2.26 und 7.2.28. Der vorliegende Standard gilt nicht für Geschäfte, die bereits zum Zeitpunkt der erstmaligen Anwendung ausgebucht waren.

7.2.2 Im Sinne der Übergangsvorschriften in den Paragraphen 7.2.1, 7.2.3-7.2.28 und 7.3.2 ist der Zeitpunkt der erstmaligen Anwendung der Tag, an dem ein Unternehmen zum ersten Mal die Vorschriften des vorliegenden Standards anwendet, und es sich um den Beginn einer Berichtsperiode nach der Herausgabe des vorliegenden Standards handelt. In Abhängigkeit von dem Ansatz, den das Unternehmen für die Anwendung von IFRS 9 gewählt hat, kann der Übergang mit einem oder mehreren Zeitpunkten der erstmaligen Anwendung für verschiedene Vorschriften verbunden sein.

Übergangsvorschriften für die Klassifizierung und Bewertung (Kapitel 4 und 5)

7.2.3 Ein Unternehmen hat zum Zeitpunkt der erstmaligen Anwendung zu beurteilen, ob ein finanzieller Vermögenswert die Bedingung in den Paragraphen 4.1.2(a) oder 4.1.2A(a) auf der Grundlage der zu diesem Zeitpunkt bestehenden Fakten und Umstände erfüllt. Die daraus resultierende Klassifizierung ist ungeachtet des Geschäftsmodells des Unternehmens in vorherigen Berichtsperioden rückwirkend anzuwenden.

7.2.4 Wenn es für ein Unternehmen zum Zeitpunkt der erstmaligen Anwendung undurchführbar ist (wie in IAS 8 definiert), den geänderten Zeitwert des Geldes gemäß den Paragraphen B4.1.9B-B4.1.9D auf der Grundlage der beim erstmaligen Ansatz des finanziellen Vermögenswerts bestehenden Tatsachen und Umstände zu beurteilen, hat es die Eigenschaften der vertraglichen Zahlungsströme dieses finanziellen Vermögenswerts auf der Grundlage der beim erstmaligen Ansatz dieses finanziellen Vermögenswerts bestehenden Tatsachen und Umstände zu beurteilen, ohne die Vorschriften in Bezug auf die Änderung des Zeitwerts des Geldes gemäß den Paragraphen B4.1.9B-B4.1.9D zu berücksichtigen. (Siehe auch IFRS 7 Paragraph 42R.)

7.2.5 Wenn es für ein Unternehmen zum Zeitpunkt der erstmaligen Anwendung undurchführbar ist (wie in IAS 8 definiert) zu beurteilen, ob der beizulegende Zeitwert des Elements vorzeitiger Rückzahlung gemäß Paragraph B4.1.12(c) auf der Grundlage der beim erstmaligen Ansatz des finanziellen Vermögenswerts bestehenden Tatsachen und Umstände nicht signifikant ist, hat es die Eigenschaften der vertraglichen Zahlungsströme dieses finanziellen Vermögenswerts auf der Grundlage der beim erstmaligen Ansatz des finanziellen Vermögenswerts bestehenden Tatsachen und Umstände zu beurteilen, ohne die Ausnahme in Bezug auf Elemente vorzeitiger Rückzahlung in Paragraph B4.1.12 zu berücksichtigen. (Siehe auch IFRS 7 Paragraph 42S.)

7.2.6 Bewertet ein Unternehmen gemäß den Paragraphen 4.1.2A, 4.1.4 oder 4.1.5 einen hybriden Vertrag zum beizulegenden Zeitwert, der beizulegende Zeitwert des hybriden Vertrags in Vergleichsperioden jedoch nicht ermittelt wurde, entspricht der beizulegende Zeitwert des hybriden Vertrags in den Vergleichsperioden der Summe der beizulegenden Zeitwerte seiner Bestandteile (d. h. des nicht derivativen Basisvertrags und des eingebetteten Derivats) am Ende der jeweiligen Vergleichsperiode, sofern das Unternehmen vorherige Perioden anpasst (siehe Paragraph 7.2.15).

7.2.7 Hat ein Unternehmen Paragraph 7.2.6 angewandt, hat es zum Zeitpunkt der erstmaligen Anwendung eine etwaige Differenz zwischen dem beizulegenden Zeitwert des gesamten hybriden Vertrags zum Zeitpunkt der erstmaligen Anwendung und der Summe der beizulegenden Zeitwerte der Bestandteile des hybriden Vertrags zum Zeitpunkt der erstmaligen Anwendung im Eröffnungsbilanzwert der Gewinnrücklagen (oder ggf. einer anderen Eigenkapitalkomponente) der Berichtsperiode zu erfassen, in die der Zeitpunkt der erstmaligen Anwendung fällt.

7.2.8 Zum Zeitpunkt der erstmaligen Anwendung kann ein Unternehmen

(a) einen finanziellen Vermögenswert gemäß Paragraph 4.1.5 als erfolgswirksam zum beizulegenden Zeitwert bewertet designieren, oder

(b) eine Finanzinvestition in ein Eigenkapitalinstrument gemäß Paragraph 5.7.5 als erfolgsneutral zum beizulegenden Zeitwert im sonstigen Ergebnis bewertet designieren.

Eine solche Designation ist auf der Grundlage der zum Zeitpunkt der erstmaligen Anwendung bestehenden Tatsachen und Umstände vorzunehmen. Sie ist rückwirkend anzuwenden.

Zum Zeitpunkt der erstmaligen Anwendung **7.2.9**

(a) muss ein Unternehmen eine frühere Designation eines finanziellen Vermögenswerts als erfolgswirksam zum beizulegenden Zeitwert bewertet aufheben, sofern dieser finanzielle Vermögenswert die Bedingung in Paragraph 4.1.5 nicht erfüllt.

(b) kann ein Unternehmen eine frühere Designation eines finanziellen Vermögenswerts als erfolgswirksam zum beizulegenden Zeitwert bewertet aufheben, sofern dieser finanzielle Vermögenswert die Bedingung in Paragraph 4.1.5 erfüllt.

Eine solche Aufhebung ist auf der Grundlage der zum Zeitpunkt der erstmaligen Anwendung bestehenden Tatsachen und Umstände vorzunehmen. Sie ist rückwirkend anzuwenden.

Zum Zeitpunkt der erstmaligen Anwendung **7.2.10**

(a) kann ein Unternehmen eine finanzielle Verbindlichkeit gemäß Paragraph 4.2.2(a) als erfolgswirksam zum beizulegenden Zeitwert bewertet designieren.

(b) hat ein Unternehmen eine frühere Designation einer finanziellen Verbindlichkeit als erfolgswirksam zum beizulegenden Zeitwert bewertet aufzuheben, wenn diese Designation beim erstmaligen Ansatz gemäß der jetzt in Paragraph 4.2.2(a) enthaltenen Bedingung vorgenommen wurde und sie zum Zeitpunkt der erstmaligen Anwendung diese Bedingung nicht erfüllt.

(c) kann ein Unternehmen eine frühere Designation einer finanziellen Verbindlichkeit als erfolgswirksam zum beizulegenden Zeitwert bewertet aufheben, wenn diese Designation beim erstmaligen Ansatz gemäß der jetzt in Paragraph 4.2.2(a) enthaltenen Bedingung vorgenommen wurde und sie zum Zeitpunkt der erstmaligen Anwendung diese Bedingung erfüllt.

Eine solche Designation bzw. Aufhebung ist auf der Grundlage der zum Zeitpunkt der erstmaligen Anwendung bestehenden Tatsachen und Umstände vorzunehmen. Sie ist rückwirkend anzuwenden.

Wenn es für ein Unternehmen undurchführbar ist (wie in IAS 8 definiert), die Effektivzinsmethode rückwirkend anzuwenden, hat das Unternehmen **7.2.11**

(a) den beizulegenden Zeitwert des finanziellen Vermögenswerts oder der finanziellen Verbindlichkeit am Ende der jeweiligen Vergleichsperiode als Bruttobuchwert dieses finanziellen Vermögenswerts oder als fortgeführte Anschaffungskosten dieser finanziellen Verbindlichkeit anzusetzen, wenn es frühere Perioden anpasst, und

(b) den beizulegenden Zeitwert des finanziellen Vermögenswerts oder der finanziellen Verbindlichkeit zum Zeitpunkt der erstmaligen Anwendung als neuen Bruttobuchwert dieses finanziellen Vermögenswerts oder als neue fortgeführte Anschaffungskosten dieser finanziellen Verbindlichkeit zum Zeitpunkt der erstmaligen Anwendung des vorliegenden Standards anzusetzen.

Hat ein Unternehmen eine Finanzinvestition in ein Eigenkapitalinstrument, das keinen an einem aktiven Markt notierten Preis für ein identisches Instrument (d. h. einen Inputfaktor auf Stufe 1) hat (oder für einen derivativen Vermögenswert, der mit einem solchen Eigenkapitalinstrument verbunden ist und der durch Lieferung eines solchen Eigenkapitalinstruments erfüllt werden muss), bisher (gemäß IAS 39) zu fortgeführten Anschaffungskosten bilanziert, hat es dieses Instrument zum Zeitpunkt der erstmaligen Anwendung zum beizulegenden Zeitwert zu bewerten. Eine etwaige Differenz zwischen dem bisherigen Buchwert und dem beizulegenden Zeitwert ist im Eröffnungsbilanzwert der Gewinnrücklagen (oder ggf. einer anderen Eigenkapitalkomponente) der Berichtsperiode zu erfassen, in die der Zeitpunkt der erstmaligen Anwendung fällt. **7.2.12**

7.2.13 Hat ein Unternehmen eine derivative Verbindlichkeit, die mit einem Eigenkapitalinstrument verbunden ist, das keinen an einem aktiven Markt notierten Preis für ein identisches Instrument (d. h. einen Inputfaktor auf Stufe 1) hat, und die durch Lieferung eines solchen erfüllt werden muss, bisher gemäß IAS 39 zu fortgeführten Anschaffungskosten bilanziert, hat es diese derivative Verbindlichkeit zum Zeitpunkt der erstmaligen Anwendung zum beizulegenden Zeitwert zu bewerten. Eine etwaige Differenz zwischen dem bisherigen Buchwert und dem beizulegenden Zeitwert ist im Eröffnungsbilanzwert der Gewinnrücklagen der Berichtsperiode zu erfassen, in die der Zeitpunkt der erstmaligen Anwendung fällt.

7.2.14 Ein Unternehmen hat zum Zeitpunkt der erstmaligen Anwendung auf der Grundlage der zu diesem Zeitpunkt bestehenden Tatsachen und Umstände zu beurteilen, ob die Bilanzierung gemäß Paragraph 5.7.7 eine Rechnungslegungsanomalie im Gewinn oder Verlust verursachen oder vergrößern würde. Dieser Standard ist entsprechend dieser Beurteilung rückwirkend anzuwenden.

7.2.15 Ungeachtet der Vorschriften in Paragraph 7.2.1 hat ein Unternehmen, das die Klassifizierungs- und Bewertungsvorschriften dieses Standards (einschließlich der Vorschriften zur Bewertung von finanziellen Vermögenswerten zu fortgeführten Anschaffungskosten und zur Wertminderung in den Abschnitten 5.4 und 5.5) anwendet, die Angaben gemäß den Paragraphen 42L-42O des IFRS 7 zu machen, braucht jedoch frühere Perioden nicht anzupassen. Das Unternehmen darf frühere Perioden nur dann anpassen, wenn dies ohne rückblickende Verfahrensweise möglich ist. Im Fall einer Nichtanpassung früherer Perioden, hat das Unternehmen eine etwaige Differenz zwischen dem bisherigen Buchwert und dem Buchwert zu Beginn des Geschäftsjahres, in dem der Zeitpunkt der erstmaligen Anwendung liegt, im Eröffnungsbilanzwert der Gewinnrücklagen (oder ggf. einer anderen Eigenkapitalkomponente) des Geschäftsjahres zu erfassen, in das der Zeitpunkt der erstmaligen Anwendung fällt. Passt ein Unternehmen jedoch frühere Perioden an, muss jeder angepasste Abschluss alle Vorschriften dieses Standards widerspiegeln. Sofern sich ein Unternehmen für eine Vorgehensweise bei der Anwendung von IFRS 9 entscheidet, die zu mehr als einem Zeitpunkt der erstmaligen Anwendung für verschiedene Vorschriften führt, gilt dieser Paragraph für jeden Zeitpunkt der erstmaligen Anwendung (siehe Paragraph 7.2.2). Beispielsweise wäre dies der Fall, wenn sich ein Unternehmen gemäß Paragraph 7.1.2 entscheidet, nur die Vorschriften zur Darstellung von Gewinnen und Verlusten aus finanziellen Verbindlichkeiten, die als erfolgswirksam zum beizulegenden Zeitwert bewertet designiert sind, früher als die Anwendung der anderen Vorschriften im vorliegenden Standard anzuwenden.

7.2.16 Erstellt ein Unternehmen einen Zwischenbericht gemäß IAS 34 *Zwischenberichterstattung*, braucht es die Vorschriften dieses Standards nicht auf Zwischenberichtsperioden vor dem Zeitpunkt der erstmaligen Anwendung anzuwenden, sofern dies undurchführbar ist (wie in IAS 8 definiert).

Wertminderung (Abschnitt 5.5)

7.2.17 Die Wertminderungsvorschriften in Abschnitt 5.5 sind gemäß IAS 8 vorbehaltlich der Paragraphen 7.2.15 und 7.2.18-7.2.20 rückwirkend anzuwenden.

7.2.18 Zum Zeitpunkt der erstmaligen Anwendung hat ein Unternehmen anhand von angemessenen und belastbaren Informationen, die ohne angemessenen Kosten- oder Zeitaufwand verfügbar sind, das Ausfallrisiko zum Zeitpunkt des erstmaligen Ansatzes eines Finanzinstruments (oder bei Kreditzusagen und finanziellen Garantien zum Zeitpunkt, zu dem das Unternehmen Partei der unwiderruflichen Zusage gemäß Paragraph 5.5.6 wurde) zu bestimmen und mit dem Ausfallrisiko zum Zeitpunkt der erstmaligen Anwendung dieses Standards zu vergleichen.

7.2.19 Bei der Bestimmung, ob sich das Ausfallrisiko seit dem erstmaligen Ansatz signifikant erhöht hat, kann ein Unternehmen Folgendes anwenden:

(a) die Vorschriften in den Paragraphen 5.5.10 und B5.5.22-B5.5.24, und

(b) die widerlegbare Vermutung gemäß Paragraph 5.5.11 in Bezug auf vertragliche Zahlungen, die mehr als 30 Tage überfällig sind, sofern ein Unternehmen die Wertminderungsvorschriften durch Feststellung signifikanter Erhöhungen des Ausfallrisikos seit dem erstmaligen Ansatz für solche Finanzinstrumente anhand von Informationen zur Überfälligkeit anwendet.

Wenn die zum Zeitpunkt der erstmaligen Anwendung vorzunehmende Bestimmung, ob sich das Ausfallrisiko seit dem erstmaligen Ansatz signifikant erhöht hat, einen unangemessenen Kosten- oder Zeitaufwand erfordern würde, hat ein Unternehmen zu jedem Abschlussstichtag eine Wertberichtigung in Höhe der über die Laufzeit erwarteten Kreditverluste zu erfassen, bis dieses Finanzinstrument ausgebucht wird (es sei denn, bei diesem Finanzinstrument besteht zu einem Abschlussstichtag ein niedriges Ausfallrisiko, in welchem Fall Paragraph 7.2.19(a) gilt). **7.2.20**

Übergangsvorschriften für die Bilanzierung von Sicherungsgeschäften (Kapitel 6)

Bei der erstmaligen Anwendung des vorliegenden Standards kann ein Unternehmen es als seine Rechnungslegungsmethode wählen, weiterhin die Vorschriften zur Bilanzierung von Sicherungsgeschäften in IAS 39 anstelle der Vorschriften in Kapitel 6 des vorliegenden Standards anzuwenden. Ein Unternehmen hat diese Rechnungslegungsmethode auf all seine Sicherungsbeziehungen anzuwenden. Wenn ein Unternehmen diese Rechnungslegungsmethode wählt, hat es auch IFRIC 16 *Absicherung einer Nettoinvestition in einen ausländischen Geschäftsbetrieb* ohne die Änderungen anzuwenden, wodurch diese Interpretation an die Vorschriften in Kapitel 6 des vorliegenden Standards angepasst wird. **7.2.21**

Mit Ausnahme der Bestimmungen in Paragraph 7.2.26 hat ein Unternehmen die im vorliegenden Standard enthaltenen Vorschriften zur Bilanzierung von Sicherungsgeschäften prospektiv anzuwenden. **7.2.22**

Für die Anwendung der Bilanzierung von Sicherungsgeschäften ab dem Zeitpunkt der erstmaligen Anwendung der Vorschriften zur Bilanzierung von Sicherungsgeschäften dieses Standards müssen zu diesem Zeitpunkt alle maßgeblichen Kriterien erfüllt sein. **7.2.23**

Sicherungsbeziehungen, die für die Bilanzierung von Sicherungsgeschäften gemäß IAS 39 in Frage kamen, aber auch die Kriterien für die Bilanzierung von Sicherungsgeschäften nach dem vorliegenden Standard erfüllen (siehe Paragraph 6.4.1), sind – unter Berücksichtigung einer Rekalibrierung der Sicherungsbeziehung beim Übergang (siehe Paragraph 7.2.25(b)) – als fortlaufende Sicherungsbeziehungen zu betrachten. **7.2.24**

Bei der erstmaligen Anwendung der im vorliegenden Standard enthaltenen Vorschriften zur Bilanzierung von Sicherungsgeschäften **7.2.25**

(a) kann ein Unternehmen mit der Anwendung dieser Vorschriften ab dem gleichen Zeitpunkt, ab dem die Vorschriften zur Bilanzierung von Sicherungsgeschäften gemäß IAS 39 nicht mehr angewandt werden, beginnen, und

(b) hat ein Unternehmen die Sicherungsquote gemäß IAS 39 als Ausgangspunkt für eine ggf. erfolgende Rekalibrierung der Sicherungsquote einer fortlaufenden Sicherungsbeziehung zu berücksichtigen. Gewinne oder Verluste aus einer solchen Rekalibrierung sind erfolgswirksam zu erfassen.

Als Ausnahme von der prospektiven Anwendung der im vorliegenden Standard enthaltenen Vorschriften zur Bilanzierung von Sicherungsgeschäften **7.2.26**

(a) hat ein Unternehmen die Bilanzierung des Zeitwerts von Optionen gemäß Paragraph 6.5.15 rückwirkend anzuwenden, wenn gemäß IAS 39 nur die Änderung des inneren Werts einer Option als Sicherungsinstrument in einer Sicherungsbeziehung designiert wurde. Diese rückwirkende Anwendung gilt nur für solche Sicherungsbeziehungen, die zu Beginn der frühesten Vergleichsperiode bestanden oder danach designiert wurden.

(b) kann ein Unternehmen die Bilanzierung des Terminelements eines Termingeschäfts gemäß Paragraph 6.5.16 rückwirkend anwenden, wenn gemäß IAS 39 nur die Änderung des Kassaelements eines Termingeschäfts als Sicherungsinstrument in einer Sicherungsbeziehung designiert wurde. Diese rückwirkende Anwendung gilt nur für solche Sicherungsbeziehungen, die zu Beginn der frühesten Vergleichsperiode bestanden haben oder danach designiert wurden. Wenn sich ein Unternehmen darüber hinaus für die rückwirkende Anwendung dieser Bilanzierung entscheidet, ist diese auf alle für diese Wahl zulässigen Sicherungsbeziehungen anzuwenden (d. h. beim Übergang kann dies nicht für jede Sicherungsbeziehung einzeln entschieden werden). Die Bilanzierung von Währungsbasis-Spreads (siehe Paragraph 6.5.16) kann bei Sicherungsbeziehungen, die zu Beginn der frühesten Vergleichsperiode bestanden oder danach designiert wurden, rückwirkend angewandt werden.

(c) hat ein Unternehmen die Vorgabe des Paragraphen 6.5.6, dass das Sicherungsinstrument nicht ausläuft oder beendet wird, rückwirkend anzuwenden, sofern
   (i) die Parteien des Sicherungsinstruments infolge bestehender oder neu erlassener Gesetzes- oder Regulierungsvorschriften vereinbaren, dass eine oder mehrere Clearing-Parteien ihre ursprüngliche Gegenpartei ersetzen und damit die neue Gegenpartei aller Parteien werden, und
   (ii) etwaige andere Änderungen beim Sicherungsinstrument nicht über den für eine solche Ersetzung der Gegenpartei notwendigen Umfang hinausgehen.

(d) hat ein Unternehmen die Vorgaben des Abschnitts 6.8 rückwirkend anzuwenden. Diese rückwirkende Anwendung gilt nur für diejenigen Sicherungsbeziehungen, die zu Beginn des Berichtszeitraums, in dem das Unternehmen diese Vorgaben erstmals erfüllt, bereits bestanden oder danach designiert wurden, und den in der Rücklage für die Absicherung von Zahlungsströmen kumulierten Betrag, der der zu Beginn des Berichtszeitraums, in dem das Unternehmen diese Vorgaben erstmals erfüllt, bereits vorhanden war.

Unternehmen, die IFRS 9 (2009), IFRS 9 (2010) oder IFRS 9 (2013) früher angewandt haben

7.2.27 Ein Unternehmen hat die Übergangsvorschriften in den Paragraphen 7.2.1-7.2.26 zum relevanten Zeitpunkt der erstmaligen Anwendung anzuwenden. Ein Unternehmen hat jede der Übergangsvorschriften in den Paragraphen 7.2.3-7.2.14 und 7.2.17-7.2.26 nur einmal anzuwenden (d. h. wenn ein Unternehmen einen Ansatz zur Anwendung von IFRS 9 wählt, der mehr als einen Zeitpunkt der erstmaligen Anwendung beinhaltet, kann es keine dieser Vorschriften erneut anwenden, wenn diese bereits zu einem früheren Zeitpunkt angewandt wurden). (Siehe Paragraphen 7.2.2 und 7.3.2.)

7.2.28 Ein Unternehmen, das IFRS 9 (2009), IFRS 9 (2010) oder IFRS 9 (2013) angewandt hat und nachfolgend den vorliegenden Standard anwendet,

(a) hat seine frühere Designation eines finanziellen Vermögenswerts als erfolgswirksam zum beizulegenden Zeitwert bewertet aufzuheben, wenn eine solche Designation gemäß der in Paragraph 4.1.5 genannten Bedingung vorgenommen wurde, diese Bedingung aber infolge der Anwendung des vorliegenden Standards nicht mehr erfüllt wird,

(b) kann einen finanziellen Vermögenswert als erfolgswirksam zum beizulegenden Zeitwert bewertet designieren, wenn eine solche Designation bislang die in Paragraph 4.1.5 genannte Bedingung nicht erfüllt hätte, diese Bedingung aber nun infolge der Anwendung des vorliegenden Standards erfüllt wird,

(c) hat seine frühere Designation einer finanziellen Verbindlichkeit als erfolgswirksam zum beizulegenden Zeitwert bewertet aufzuheben, wenn eine solche Designation gemäß der in Paragraph 4.2.2(a) genannten Bedingung vorgenommen wurde, diese Bedingung aber infolge der Anwendung des vorliegenden Standards nicht mehr erfüllt wird, und

(d) kann eine finanzielle Verbindlichkeit als erfolgswirksam zum beizulegenden Zeitwert bewertet designieren, wenn eine solche Designation bislang die in Paragraph 4.2.2(a) genannte Bedingung nicht erfüllt hätte, diese Bedingung aber nun infolge der Anwendung des vorliegenden Standards erfüllt wird.

Eine solche Designation bzw. Aufhebung ist auf der Grundlage der bei der erstmaligen Anwendung des vorliegenden Standards bestehenden Fakten und Umstände vorzunehmen. Diese Klassifizierung ist rückwirkend anzuwenden.

Übergangsvorschriften für *Vorfälligkeitsregelungen mit negativer Ausgleichsleistung*

Abgesehen von den in den Paragraphen 7.2.30-7.2.34 genannten Fällen sind *Vorfälligkeitsregelungen mit negativer Ausgleichsleistung* (Änderungen an IFRS 9) gemäß IAS 8 rückwirkend anzuwenden. **7.2.29**

Wendet ein Unternehmen bei erstmaliger Anwendung dieser Änderungen gleichzeitig auch diesen Standard erstmals an, so hat es anstelle der Paragraphen 7.2.31-7.2.34 die Paragraphen 7.2.1-7.2.28 anzuwenden. **7.2.30**

Wendet ein Unternehmen diese Änderungen erstmals nach der erstmaligen Anwendung dieses Standards an, so hat es nach den Paragraphen 7.2.32-7.2.34 zu verfahren. Darüber hinaus hat das Unternehmen auch die anderen für die Anwendung der Änderungen erforderlichen Übergangsvorschriften dieses Standards anzuwenden. Zu diesem Zweck sind Verweise auf den Zeitpunkt der erstmaligen Anwendung als Verweise auf den Beginn der Berichtsperiode zu verstehen, in der das Unternehmen diese Änderungen erstmals anwendet (Zeitpunkt der erstmaligen Anwendung dieser Änderungen). **7.2.31**

Was die Designation eines finanziellen Vermögenswerts oder einer finanziellen Verbindlichkeit als erfolgswirksam zum beizulegenden Zeitwert bewertet angeht, so **7.2.32**

(a) hat ein Unternehmen seine frühere Designation eines finanziellen Vermögenswerts als erfolgswirksam zum beizulegenden Zeitwert bewertet aufzuheben, wenn eine solche Designation gemäß der in Paragraph 4.1.5 genannten Bedingung vorgenommen wurde, diese Bedingung aber infolge der Anwendung der vorliegenden Änderungen nicht mehr erfüllt wird;

(b) kann ein Unternehmen einen finanziellen Vermögenswert als erfolgswirksam zum beizulegenden Zeitwert bewertet designieren, wenn eine solche Designation bislang die in Paragraph 4.1.5 genannte Bedingung nicht erfüllt hätte, diese Bedingung aber nun infolge der Anwendung der vorliegenden Änderungen erfüllt wird;

(c) hat ein Unternehmen seine frühere Designation einer finanziellen Verbindlichkeit als erfolgswirksam zum beizulegenden Zeitwert bewertet aufzuheben, wenn eine solche Designation gemäß der in Paragraph 4.2.2(a) genannten Bedingung vorgenommen wurde, diese Bedingung aber infolge der Anwendung der vorliegenden Änderungen nicht mehr erfüllt wird; und

(d) kann ein Unternehmen eine finanzielle Verbindlichkeit als erfolgswirksam zum beizulegenden Zeitwert bewertet designieren, wenn eine solche Designation bislang die in Paragraph 4.2.2(a) genannte Bedingung nicht erfüllt hätte, diese Bedingung aber nun infolge der Anwendung der vorliegenden Änderungen erfüllt wird.

Eine solche Designation bzw. Aufhebung ist auf der Grundlage der bei der erstmaligen Anwendung der vorliegenden Änderungen bestehenden Fakten und Umstände vorzunehmen. Diese Klassifizierung muss rückwirkend erfolgen.

Um der Anwendung dieser Änderungen Rechnung zu tragen, muss keine Anpassung bei früheren Perioden vorgenommen werden. Das Unternehmen darf frühere Perioden nur dann anpassen, wenn dies ohne Verwendung späterer besserer Erkenntnisse möglich ist und der angepasste Abschluss allen Vorschriften dieses Standards Rechnung trägt. Passt ein Unternehmen frühere Perioden nicht an, hat es etwaige Differenzen zwischen dem bisherigen Buchwert und dem Buchwert zu Beginn des Geschäftsjahres, in das der Zeitpunkt der erstmaligen Anwendung dieser Änderungen fällt, im Eröffnungsbilanzwert der Gewinnrücklagen (oder ggf. einer anderen Eigenkapitalkomponente) des Geschäftsjahres zu erfassen, in das der Zeitpunkt der erstmaligen Anwendung dieser Änderungen fällt. **7.2.33**

7.2.34 In der Berichtsperiode, in die der Zeitpunkt der erstmaligen Anwendung dieser Änderungen fällt, hat das Unternehmen für jede Klasse von finanziellen Vermögenswerten und finanziellen Verbindlichkeiten, die von diesen Änderungen betroffen waren, mit Stand zum Zeitpunkt der erstmaligen Anwendung Folgendes anzugeben:

(a) die vorherige Bewertungskategorie und den Buchwert, wie sie unmittelbar vor Anwendung dieser Änderungen bestimmt worden sind;

(b) die neue Bewertungskategorie und den Buchwert, wie sie unmittelbar nach Anwendung dieser Änderungen bestimmt worden sind;

(c) den Buchwert aller in der Bilanz geführten etwaigen finanziellen Vermögenswerte und Verbindlichkeiten, die zuvor als erfolgswirksam zum beizulegenden Zeitwert bewertet designiert waren, dies aber nicht mehr sind; und

(d) die Gründe, weswegen finanzielle Vermögenswerte oder Verbindlichkeiten als erfolgswirksam zum beizulegenden Zeitwert bewertet designiert wurden oder diese Designation aufgehoben wurde.

7.3: Rücknahme von IFRIC 9, IFRS 9 (2009), IFRS 9 (2010) und IFRS 9 (2013)

7.3.1 Dieser Standard ersetzt IFRIC 9 *Neubeurteilung eingebetteter Derivate*. In den Vorschriften, mit denen IFRS 9 im Oktober 2010 ergänzt wurde, sind die bisherigen Vorschriften der Paragraphen 5 und 7 von IFRIC 9 enthalten. Als Folgeänderung wurden die Vorschriften des bisherigen Paragraphen 8 von IFRIC 9 in IFRS 1 *Erstmalige Anwendung der International Financial Reporting Standards* übernommen.

7.3.2 Dieser Standard ersetzt IFRS 9 (2009), IFRS 9 (2010) und IFRS 9 (2013). Für Geschäftsjahre, die vor dem 1. Januar 2018 beginnen, kann ein Unternehmen jedoch wahlweise die früheren Fassungen von IFRS 9 anstelle des vorliegenden Standards nur dann anwenden, wenn der relevante Zeitpunkt der erstmaligen Anwendung durch das Unternehmen vor dem 1. Februar 2015 liegt.

Anhang A: Definitionen

Dieser Anhang ist integraler Bestandteil des Standards.

Erwarteter 12-Monats-Kreditverlust	Der Teil der **über die Laufzeit erwarteten Kreditverluste**, der **den erwarteten Kreditverlusten** aus Ausfallereignissen entspricht, die bei einem Finanzinstrument innerhalb von 12 Monaten nach dem Abschlussstichtag möglich sind.
Fortgeführte Anschaffungskosten eines finanziellen Vermögenswerts oder einer finanziellen Verbindlichkeit	Der Betrag, mit dem der finanzielle Vermögenswert oder die finanzielle Verbindlichkeit beim erstmaligen Ansatz bewertet wird, abzüglich der Tilgungen, zuzüglich oder abzüglich der kumulierten Amortisation einer etwaigen Differenz zwischen dem ursprünglichen Betrag und dem bei Fälligkeit rückzahlbaren Betrag unter Anwendung der **Effektivzinsmethode** sowie bei finanziellen Vermögenswerten nach Berücksichtigung einer etwaigen **Wertberichtigung**.
Vertragsvermögenswerte	Jene Rechte, die nach IFRS 15 *Umsatzerlöse aus Verträgen mit Kunden* zur Erfassung und Bemessung von Wertminderungsaufwendungen und -erträgen gemäß dem vorliegenden Standard bilanziert werden.
Finanzieller Vermögenswert mit beeinträchtigter Bonität	Die Bonität eines finanziellen Vermögenswerts ist beeinträchtigt, wenn ein oder mehrere Ereignisse mit nachteiligen Auswirkungen auf die erwarteten künftigen Zahlungsströme dieses finanziellen Vermögenswerts eingetreten sind. Indikatoren für eine beeinträchtigte Bonität eines finanziellen Vermögenswerts sind u. a. beobachtbare Daten zu den folgenden Ereignissen: a) signifikante finanzielle Schwierigkeiten des Emittenten oder des Kreditnehmers; b) ein Vertragsbruch wie beispielsweise Ausfall oder Überfälligkeit; c) Zugeständnisse, die der/die Kreditgeber dem Kreditnehmer aus wirtschaftlichen oder rechtlichen Gründen im Zusammenhang mit den finanziellen Schwierigkeiten des Kreditnehmers macht/machen, anderenfalls aber nicht in Betracht ziehen würde/n; d) es wird wahrscheinlich, dass der Kreditnehmer in Insolvenz oder ein sonstiges Sanierungsverfahren geht; e) das durch finanzielle Schwierigkeiten bedingte Verschwinden eines aktiven Markts für diesen finanziellen Vermögenswert; oder f) der Kauf oder die Ausreichung eines finanziellen Vermögenswerts mit einem hohen Disagio, das die eingetretenen **Kreditverluste** widerspiegelt. Eventuell kann kein einzelnes Ereignis festgestellt werden, sondern kann die kombinierte Wirkung mehrerer Ereignisse die Bonität finanzieller Vermögenswerte beeinträchtigt haben.
Kreditverlust	Die Differenz zwischen allen vertraglichen Zahlungen, die einem Unternehmen vertragsgemäß geschuldet werden, und sämtlichen Zahlungen, die das Unternehmen voraussichtlich

einnimmt (d.h. alle Zahlungsausfälle), abgezinst zum ursprünglichen **Effektivzinssatz** (oder zum **bonitätsangepassten Effektivzinssatz** für **finanzielle Vermögenswerte mit bereits bei Erwerb oder Ausreichung beeinträchtigter Bonität**). Ein Unternehmen hat die Zahlungen unter Berücksichtigung aller vertraglichen Bedingungen des Finanzinstruments (wie vorzeitige Rückzahlung, Verlängerung, Kauf- und vergleichbare Optionen) über die erwartete Laufzeit dieses Finanzinstruments zu schätzen. Die berücksichtigten Zahlungen umfassen Zahlungen aus dem Verkauf gehaltener Sicherheiten oder sonstiger Kreditsicherheiten, die integraler Bestandteil der vertraglichen Bedingungen sind. Es wird vermutet, dass die erwartete Laufzeit eines Finanzinstruments verlässlich geschätzt werden kann. In den seltenen Fällen, in denen die erwartete Laufzeit eines Finanzinstruments nicht verlässlich geschätzt werden kann, hat das Unternehmen allerdings die verbleibende vertragliche Laufzeit des Finanzinstruments zugrunde zu legen.

Bonitätsangepasster Effektivzinssatz

Der Zinssatz, mit dem die geschätzten künftigen Ein-/Auszahlungen über die erwartete Laufzeit des finanziellen Vermögenswerts exakt auf die **fortgeführten Anschaffungskosten eines finanziellen Vermögenswerts mit bereits bei Erwerb oder Ausreichung beeinträchtigter Bonität** abgezinst werden. Bei der Ermittlung des bonitätsangepassten Effektivzinssatzes hat ein Unternehmen zur Schätzung der erwarteten Zahlungsströme alle vertraglichen Bedingungen des finanziellen Vermögenswerts (wie vorzeitige Rückzahlung, Verlängerung, Kauf- und vergleichbare Optionen) und **erwartete Kreditverluste** zu berücksichtigen. In diese Berechnung fließen alle zwischen den Vertragspartnern gezahlten Gebühren und sonstige Entgelte, die integraler Bestandteil des Effektivzinssatzes sind (siehe Paragraphen B5.4.1-B5.4.3), sowie **Transaktionskosten** und alle anderen Agios und Disagios ein. Es wird vermutet, dass die Zahlungsströme und die erwartete Laufzeit einer Gruppe ähnlicher Finanzinstrumente verlässlich geschätzt werden können. In den seltenen Fällen, in denen die Zahlungsströme oder die Restlaufzeit eines Finanzinstruments (oder einer Gruppe von Finanzinstrumenten) nicht verlässlich geschätzt werden können, hat das Unternehmen allerdings die vertraglichen Zahlungsströme über die gesamte vertragliche Laufzeit des Finanzinstruments (oder der Gruppe von Finanzinstrumenten) zugrunde zu legen.

Ausbuchung

Das Entfernen eines finanziellen Vermögenswerts oder einer finanziellen Verbindlichkeit aus der Bilanz eines Unternehmens.

Derivat

Ein Finanzinstrument oder anderer Vertrag im Anwendungsbereich des vorliegenden Standards, der alle drei folgenden Merkmale aufweist:

a) seine Wertentwicklung ist an einen bestimmten Zinssatz, den Preis eines Finanzinstruments, einen Rohstoffpreis, Wechselkurs, Preis- oder Kursindex, Bonitätsrating oder -index oder eine andere Variable gekoppelt, sofern bei einer nicht finanziellen Variablen diese nicht spezifisch für eine der Vertragsparteien ist (auch „Basis" genannt);

b) es ist keine Anfangsauszahlung erforderlich oder eine, die im Vergleich zu anderen Vertragsformen, von denen zu erwarten ist, dass sie in ähnlicher Weise auf Änderungen der Marktbedingungen reagieren, geringer ist;

c) die Erfüllung erfolgt zu einem späteren Zeitpunkt.

Dividenden
Gewinnausschüttungen an die Inhaber von Eigenkapitalinstrumenten im Verhältnis zu den von ihnen gehaltenen Anteilen einer bestimmten Kapitalgattung.

Effektivzinsmethode
Die Methode, die bei der Berechnung der **fortgeführten Anschaffungskosten eines finanziellen Vermögenswerts oder einer finanziellen Verbindlichkeit** sowie bei der Verteilung und erfolgswirksamen Erfassung von Zinserträgen oder -aufwendungen über die betreffenden Perioden verwendet wird.

Effektivzinssatz
Der Zinssatz, mit dem die geschätzten künftigen Ein-/Auszahlungen über die erwartete Laufzeit des finanziellen Vermögenswerts oder der finanziellen Verbindlichkeit exakt auf den **Bruttobuchwert eines finanziellen Vermögenswerts** oder auf die **fortgeführten Anschaffungskosten einer finanziellen Verbindlichkeit** abgezinst werden. Bei der Ermittlung des Effektivzinssatzes hat ein Unternehmen zur Schätzung der erwarteten Zahlungsströme alle vertraglichen Bedingungen des Finanzinstruments (wie vorzeitige Rückzahlung, Verlängerung, Kauf- und vergleichbare Optionen) zu berücksichtigen, **erwartete Kreditverluste** aber unberücksichtigt zu lassen. In diese Berechnung fließen alle zwischen den Vertragspartnern gezahlten Gebühren und sonstige Entgelte, die integraler Bestandteil des Effektivzinssatzes (siehe Paragraphen B5.4.1-B5.4.3) sind, sowie der **Transaktionskosten** und aller anderen Agios und Disagios ein. Es wird vermutet, dass die Zahlungsströme und die erwartete Laufzeit einer Gruppe ähnlicher Finanzinstrumente verlässlich geschätzt werden können. In den seltenen Fällen, in denen die Zahlungsströme oder die erwartete Laufzeit eines Finanzinstruments (oder einer Gruppe von Finanzinstrumenten) nicht verlässlich geschätzt werden können, hat das Unternehmen allerdings die vertraglichen Zahlungsströme über die gesamte vertragliche Laufzeit des Finanzinstruments (oder der Gruppe von Finanzinstrumenten) zugrunde zu legen.

Erwartete Kreditverluste
Der gewichtete Durchschnitt der **Kreditverluste**, wobei die jeweiligen Ausfallwahrscheinlichkeiten als Gewichtungen angesetzt werden.

Finanzielle Garantie
Ein Vertrag, bei dem der Garantiegeber zur Leistung bestimmter Zahlungen verpflichtet ist, die den Garantienehmer für einen Verlust entschädigen, der entsteht, weil ein bestimmter Schuldner seinen Zahlungsverpflichtungen nicht fristgerecht und den ursprünglichen oder veränderten Bedingungen eines Schuldinstruments entsprechend nachkommt.

erfolgswirksam zum beizulegenden Zeitwert bewertete finanzielle Verbindlichkeit
Eine finanzielle Verbindlichkeit, die eine der folgenden Bedingungen erfüllt:

a) Sie erfüllt die Definition von **zu Handelszwecken gehalten**;

b) beim erstmaligen Ansatz wird sie vom Unternehmen gemäß Paragraph 4.2.2 oder 4.3.5 als erfolgswirksam zum beizulegenden Zeitwert bewertet designiert;

c) sie wird entweder beim erstmaligen Ansatz oder nachfolgend gemäß Paragraph 6.7.1 als erfolgswirksam zum beizulegenden Zeitwert bewertet designiert.

Feste Verpflichtung
Eine rechtlich bindende Vereinbarung über den Austausch einer bestimmten Menge an Ressourcen zu einem festgesetzten Preis und zu einem festgesetzten Zeitpunkt oder festgesetzten Zeitpunkten.

Erwartete Transaktion
Eine noch nicht fest zugesagte, aber voraussichtlich eintretende künftige Transaktion.

Bruttobuchwert eines finanziellen Vermögenswerts
Die **fortgeführten Anschaffungskosten eines finanziellen Vermögenswerts** vor Berücksichtigung einer etwaigen **Wertberichtigung**.

Sicherungsquote
Das Verhältnis zwischen dem Volumen des Sicherungsinstruments und dem Volumen des gesicherten Grundgeschäfts gemessen an ihrer relativen Gewichtung.

Zu Handelszwecken gehalten
Ein finanzieller Vermögenswert oder eine finanzielle Verbindlichkeit, der/die

a) hauptsächlich mit der Absicht erworben oder eingegangen wurde, kurzfristig verkauft oder zurückgekauft zu werden;

b) beim erstmaligen Ansatz Teil eines Portfolios eindeutig identifizierter und gemeinsam verwalteter Finanzinstrumente ist, bei dem es in jüngerer Vergangenheit nachweislich kurzfristige Gewinnmitnahmen gab; oder

c) ein **Derivat** ist (mit Ausnahme solcher, bei denen es sich um eine finanzielle Garantie oder ein designiertes und wirksames Sicherheitsinstrument handelt).

Wertminderungsaufwand oder -ertrag
Die Aufwendungen oder Erträge, die gemäß Paragraph 5.5.8 erfolgswirksam erfasst werden und aus der Anwendung der in Abschnitt 5.5 enthaltenen Wertminderungsvorschriften resultieren.

Über die Laufzeit erwartete Kreditverluste
Die **erwarteten Kreditverluste**, die aus allen möglichen Ausfallereignissen über die erwartete Laufzeit eines Finanzinstruments resultieren.

Wertberichtigung
Die Wertberichtigung für **erwartete Kreditverluste** aus finanziellen Vermögenswerten, die gemäß Paragraph 4.1.2 bewertet werden, Forderungen aus Leasingverhältnissen und **Vertragsvermögenswerte**, die Höhe der kumulierten Wertberichtigung bei finanziellen Vermögenswerten, die gemäß Paragraph 4.1.2A bewertet werden, und die Rückstellung für erwartete Kreditverluste aus Kreditzusagen und **finanziellen Garantien**.

Änderungsgewinne oder -verluste
Der Betrag, der sich aus der Anpassung des **Bruttobuchwerts eines finanziellen Vermögenswerts** an die neu verhandelten oder geänderten vertraglichen Zahlungsströme ergibt. Das Unternehmen berechnet den Bruttobuchwert eines finanziellen Vermögenswerts erneut als Barwert der geschätzten Ein-/Auszahlungen über die erwartete Laufzeit des neu verhandel-

	ten oder geänderten finanziellen Vermögenswerts, die zum ursprünglichen **Effektivzinssatz** (oder zum ursprünglichen **bonitätsangepassten Effektivzinssatz für finanzielle Vermögenswerte mit bereits bei Erwerb oder Ausreichung beeinträchtigter Bonität**) des finanziellen Vermögenswerts oder gegebenenfalls zum geänderten **Effektivzinssatz**, der gemäß Paragraph 6.5.10 ermittelt wird, abgezinst werden. Bei der Schätzung der erwarteten Zahlungsströme eines finanziellen Vermögenswerts hat ein Unternehmen alle vertraglichen Bedingungen des finanziellen Vermögenswerts (wie vorzeitige Rückzahlung, Kauf- und vergleichbare Optionen) zu berücksichtigen, jedoch **erwartete Kreditverluste** auszunehmen, es sei denn, es handelt sich bei dem **finanziellen Vermögenswert um einen finanziellen Vermögenswert mit bereits bei Erwerb oder Ausreichung beeinträchtigter Bonität**, wobei das Unternehmen auch die ursprünglich erwarteten Kreditverluste, die bei der Ermittlung des ursprünglichen **bonitätsangepassten Effektivzinssatzes** herangezogen wurden, zu berücksichtigen hat.
Überfällig	Ein finanzieller Vermögenswert ist überfällig, wenn eine Gegenpartei eine Zahlung zum vertraglich vorgesehenen Fälligkeitszeitpunkt nicht geleistet hat.
Finanzieller Vermögenswert mit bereits bei Erwerb oder Ausreichung beeinträchtigter Bonität	Ein erworbener oder ausgereichter finanzieller Vermögenswert, dessen **Bonität** beim erstmaligen Ansatz **beeinträchtigt ist**.
Zeitpunkt der Reklassifizierung	Der erste Tag der ersten Berichtsperiode nach der Änderung des Geschäftsmodells, die zu einer Reklassifizierung der finanziellen Vermögenswerte durch das Unternehmen führt.
Marktüblicher Kauf oder Verkauf	Ein Kauf oder Verkauf eines finanziellen Vermögenswerts im Rahmen eines Vertrags, der die Lieferung des Vermögenswerts innerhalb eines Zeitraums vorsieht, der üblicherweise durch Vorschriften oder Konventionen des jeweiligen Marktes festgelegt wird.
Transaktionskosten	Zusätzliche Kosten, die dem Erwerb, der Emission oder der Veräußerung eines finanziellen Vermögenswerts oder einer finanziellen Verbindlichkeit unmittelbar zuzurechnen sind (siehe Paragraph B5.4.8). Zusätzliche Kosten sind solche, die nicht entstanden wären, wenn das Unternehmen das Finanzinstrument nicht erworben, emittiert oder veräußert hätte.

Die nachfolgenden Begriffe sind in IAS 32 Paragraph 11, IFRS 7 Anhang A, IFRS 13 Anhang A oder IFRS 15 Anhang A definiert und werden im vorliegenden Standard mit den in IAS 32, IFRS 7, IFRS 13 oder IFRS 15 angegebenen Bedeutungen verwendet:

(a) Ausfallrisiko*)

(b) Eigenkapitalinstrument;

(c) beizulegender Zeitwert;

*) **Amtl. Anm.:** Dieser Begriff (wie in IFRS 7 definiert) wird in den Vorschriften zur Darstellung der Auswirkungen von Änderungen des Ausfallrisikos bei Verbindlichkeiten, die als **erfolgswirksam** zum beizulegenden Zeitwert bewertet designiert sind (siehe Paragraph 5.7.7), verwendet.

(d) finanzieller Vermögenswert;
(e) Finanzinstrument;
(f) finanzielle Verbindlichkeit;
(g) Transaktionspreis.

Anhang B: Leitlinien für die Anwendung

Dieser Anhang ist integraler Bestandteil des Standards.

Anwendungsbereich (Kapitel 2)

B2.1 Einige Verträge sehen eine Zahlung auf der Basis klimatischer, geologischer oder sonstiger physikalischer Variablen vor. (Verträge auf der Basis klimatischer Variablen werden gelegentlich als „Wetterderivate" bezeichnet.) Wenn diese Verträge nicht im Anwendungsbereich von IFRS 4 liegen, fallen sie in den Anwendungsbereich dieses Standards.

B2.2 Die Vorschriften für Versorgungspläne für Arbeitnehmer, die in den Anwendungsbereich von IAS 26 *Bilanzierung und Berichterstattung von Altersversorgungsplänen* fallen, und für Verträge über Nutzungsentgelte, die an das Umsatzvolumen oder die Höhe der Erträge aus Dienstleistungen gekoppelt sind und nach IFRS 15 *Umsatzerlöse aus Verträgen mit Kunden* bilanziert werden, werden durch den vorliegenden Standard nicht geändert.

B2.3 Gelegentlich tätigt ein Unternehmen aus seiner Sicht „strategische Investitionen" in von anderen Unternehmen emittierte Eigenkapitalinstrumente mit der Absicht, eine langfristige Geschäftsbeziehung zu diesem Unternehmen aufzubauen oder zu vertiefen. Der Investor oder das Partnerunternehmen müssen anhand von IAS 28 feststellen, ob auf die Bilanzierung einer solchen Finanzinvestition die Equity-Methode anzuwenden ist.

B2.4 Dieser Standard gilt für finanzielle Vermögenswerte und finanzielle Verbindlichkeiten von Versicherern, mit Ausnahme der Rechte und Verpflichtungen, die Paragraph 2.1(e) ausschließt, da sie sich aus Verträgen im Anwendungsbereich von IFRS 4 *Versicherungsverträge* ergeben.

B2.5 Finanzielle Garantien können verschiedene rechtliche Formen haben (Garantie, einige Arten von Akkreditiven, Kreditderivat, Versicherungsvertrag o. ä.), die für ihre Behandlung in der Rechnungslegung aber unerheblich sind. Wie sie behandelt werden sollten, zeigen folgende Beispiele (siehe Paragraph 2.1(e)):

(a) Auch wenn eine finanzielle Garantie der Definition eines Versicherungsvertrags nach IFRS 4 entspricht, wendet der Garantiegeber den vorliegenden Standard an, wenn das übertragene Risiko signifikant ist. Hat der Garantiegeber jedoch zuvor ausdrücklich erklärt, dass er solche Verträge als Versicherungsverträge betrachtet und auf Versicherungsverträge anwendbare Rechnungslegungsmethoden verwendet hat, dann kann er wählen, ob er auf solche finanziellen Garantien diesen Standard oder IFRS 4 anwendet. Wenn der Garantiegeber den vorliegenden Standard anwendet, hat er gemäß Paragraph 5.1.1 eine finanzielle Garantie erstmalig zum beizulegenden Zeitwert anzusetzen. Wenn diese finanzielle Garantie in einem eigenständigen Geschäft zwischen voneinander unabhängigen Geschäftspartnern einer nicht nahestehenden Partei gewährt wurde, entspricht ihr beizulegender Zeitwert bei Vertragsbeginn der erhaltenen Prämie, solange das Gegenteil nicht belegt ist. Wenn die finanzielle Garantie bei Vertragsbeginn nicht als erfolgswirksam zum beizulegenden Zeitwert bewertet designiert wurde, oder sofern die Paragraphen 3.2.15-3.2.23 und B3.2.12-B3.2.17 Anwendung finden (wenn die Übertragung eines finanziellen Vermögenswerts nicht die Bedingungen für eine Ausbuchung erfüllt oder ein anhaltendes Engagement zugrunde gelegt wird), bewertet der Garantiegeber sie anschließend zum höheren Wert von

(i) dem gemäß Abschnitt 5.5 bestimmten Betrag und

(ii) dem erstmalig angesetzten Betrag abzüglich gegebenenfalls der gemäß den Grundsätzen von IFRS 15 (siehe Paragraph 4.2.1(c)) erfassten kumulierten Erträge.

(b) Bei einigen kreditbezogenen Garantien muss der Garantienehmer, um eine Zahlung zu erhalten, weder dem Risiko ausgesetzt sein, dass der Schuldner fällige Zahlungen aus dem durch eine Garantie unterlegten Vermögenswert nicht leistet, noch aufgrund dessen einen Verlust erlitten haben. Ein Beispiel hierfür ist eine Garantie, die Zahlungen für den Fall vorsieht, dass bei einem bestimmten Bonitätsrating oder -index Änderungen eintreten. Bei solchen Garantien handelt es sich laut Definition in diesem Standard nicht um finanzielle Garantien und laut Definition in IFRS 4 auch nicht um Versicherungsverträge. Solche Garantien sind Derivate und der Garantiegeber wendet den vorliegenden Standard auf sie an.

(c) Wenn eine finanzielle Garantie in Verbindung mit einem Warenverkauf gewährt wurde, wendet der Garantiegeber IFRS 15 an und bestimmt, wann er den Ertrag aus der Garantie und aus dem Warenverkauf erfasst.

Erklärungen, wonach ein Garantiegeber Verträge als Versicherungsverträge betrachtet, finden **B2.6** sich in der Regel im Schriftwechsel des Garantiegebers mit Kunden und Regulierungsbehörden, in Verträgen, Geschäftsunterlagen und im Abschluss. Versicherungsverträge unterliegen außerdem oft Bilanzierungsvorschriften, die sich von den Vorschriften für andere Arten von Transaktionen, wie Verträge von Banken oder Handelsgesellschaften, unterscheiden. In solchen Fällen wird der Abschluss des Garantiegebers in der Regel eine Erklärung enthalten, dass er jene Bilanzierungsvorschriften verwendet hat.

Ansatz und Ausbuchung (Kapitel 3)

Erstmaliger Ansatz (Paragraph 3.1)

Nach dem in Paragraph 3.1.1 dargelegten Grundsatz hat ein Unternehmen sämtliche vertraglichen Rechte und Verpflichtungen im Zusammenhang mit Derivaten in seiner Bilanz als Vermögenswerte bzw. Verbindlichkeiten anzusetzen. Davon ausgenommen sind Derivate, die verhindern, dass eine Übertragung finanzieller Vermögenswerte als Verkauf bilanziert wird (siehe Paragraph B3.2.14). Erfüllt die Übertragung eines finanziellen Vermögenswerts nicht die Bedingungen für eine Ausbuchung, wird der übertragene Vermögenswert vom Empfänger nicht als Vermögenswert angesetzt (siehe Paragraph B3.2.15). **B3.1.1**

Im Folgenden werden Beispiele für die Anwendung des in Paragraph 3.1.1 aufgestellten Grundsatzes aufgeführt: **B3.1.2**

(a) Unbedingte Forderungen und Verbindlichkeiten sind als Vermögenswert oder Verbindlichkeit anzusetzen, wenn das Unternehmen Vertragspartei wird und infolgedessen das Recht auf Empfang oder die rechtliche Verpflichtung zur Lieferung von Zahlungsmitteln hat.

(b) Vermögenswerte und Verbindlichkeiten, die infolge einer festen Verpflichtung zum Kauf oder Verkauf von Gütern oder Dienstleistungen zu erwerben bzw. einzugehen sind, sind im Allgemeinen erst dann anzusetzen, wenn mindestens eine Vertragspartei den Vertrag erfüllt hat. So wird beispielsweise ein Unternehmen, das eine feste Bestellung entgegennimmt, zum Zeitpunkt der Auftragszusage im Allgemeinen keinen Vermögenswert ansetzen (und das den Auftrag erteilende Unternehmen wird keine Verbindlichkeit bilanzieren), sondern den Ansatz erst dann vornehmen, wenn die bestellten Waren versandt oder geliefert oder die Dienstleistungen erbracht wurden. Fällt eine feste Verpflichtung zum Kauf oder Verkauf nicht finanzieller Posten gemäß den Paragraphen 2.4-2.7 in den Anwendungsbereich dieses Standards, wird ihr beizulegender Nettozeitwert am Tag, an dem die Verpflichtung eingegangen wurde, als Vermögenswert oder Verbindlichkeit angesetzt (siehe Paragraph B4.1.30(c)). Wird eine bisher bilanzunwirksame feste Verpflichtung bei einer Absicherung des beizulegenden Zeitwerts als gesichertes Grundgeschäft designiert, so sind alle Änderungen des beizulegenden Nettozeitwerts, die auf das gesicherte Risiko zurückzuführen sind, nach Beginn der Absicherung als Vermögenswert oder Verbindlichkeit zu erfassen (siehe Paragraphen 6.5.8(b) und 6.5.9).

(c) Ein Termingeschäft, das in den Anwendungsbereich dieses Standards fällt (siehe Paragraph 2.1), ist mit dem Tag, an dem die vertragliche Verpflichtung eingegangen wurde, und nicht erst am Erfüllungstag als Vermögenswert oder Verbindlichkeit anzusetzen. Wenn ein Unternehmen Vertragspartei bei einem Termingeschäft wird, haben das Recht und die Verpflichtung häufig den gleichen beizulegenden Zeitwert, so dass der beizulegende Nettozeitwert des Termingeschäfts null ist. Ist der beizulegende Nettozeitwert des Rechts und der Verpflichtung nicht null, ist der Vertrag als Vermögenswert oder Verbindlichkeit anzusetzen.

(d) Optionsverträge, die in den Anwendungsbereich dieses Standards fallen (siehe Paragraph 2.1), werden als Vermögenswerte oder Verbindlichkeiten angesetzt, wenn der Inhaber oder Stillhalter Vertragspartei wird.

(e) Geplante künftige Geschäftsvorfälle sind, unabhängig von ihrer Eintrittswahrscheinlichkeit, keine Vermögenswerte oder Verbindlichkeiten, da das Unternehmen nicht Vertragspartei geworden ist.

Marktüblicher Kauf und Verkauf finanzieller Vermögenswerte

B3.1.3 Ein marktüblicher Kauf oder Verkauf eines finanziellen Vermögenswerts ist entweder zum Handelstag oder zum Erfüllungstag, wie in den Paragraphen B3.1.5 und B3.1.6 beschrieben, zu bilanzieren. Ein Unternehmen hat die gewählte Methode konsequent auf alle Käufe und Verkäufe finanzieller Vermögenswerte, die in gleicher Weise gemäß diesem Standard klassifiziert sind, anzuwenden. Für diese Zwecke bilden Vermögenswerte, bei denen eine erfolgswirksame Bewertung zum beizulegenden Zeitwert verpflichtend ist, eine eigenständige Klassifizierung, die von den Vermögenswerten zu unterscheiden ist, die als erfolgswirksam zum beizulegenden Zeitwert bewertet designiert sind. Finanzinvestitionen in Eigenkapitalinstrumente, die unter Inanspruchnahme des Wahlrechts in Paragraph 5.7.5 bilanziert werden, bilden ebenfalls eine eigenständige Klassifizierung.

B3.1.4 Ein Vertrag, der einen Nettoausgleich für die Änderung des Vertragswerts vorschreibt oder gestattet, stellt keinen marktüblichen Vertrag dar. Ein solcher Vertrag ist hingegen im Zeitraum zwischen Handels- und Erfüllungstag wie ein Derivat zu bilanzieren.

B3.1.5 Der Handelstag ist der Tag, an dem das Unternehmen die Verpflichtung zum Kauf oder Verkauf eines Vermögenswerts eingegangen ist. Die Bilanzierung zum Handelstag bedeutet (a) den Ansatz eines zu erhaltenden Vermögenswerts und der dafür zu zahlenden Verbindlichkeit am Handelstag und (b) die Ausbuchung eines verkauften Vermögenswerts, die Erfassung etwaiger Gewinne oder Verluste aus dem Abgang und die Einbuchung einer Forderung gegenüber dem Käufer auf Zahlung am Handelstag. In der Regel beginnen Zinsen für den Vermögenswert und die korrespondierende Verbindlichkeit nicht vor dem Erfüllungstag bzw. dem Eigentumsübergang aufzulaufen.

B3.1.6 Der Erfüllungstag ist der Tag, an dem ein Vermögenswert an oder durch das Unternehmen geliefert wird. Die Bilanzierung zum Erfüllungstag bedeutet (a) den Ansatz eines Vermögenswerts am Tag seines Eingangs beim Unternehmen und (b) die Ausbuchung eines Vermögenswerts und die Erfassung eines etwaigen Gewinns oder Verlusts aus dem Abgang am Tag seiner Übergabe durch das Unternehmen. Wird die Bilanzierung zum Erfüllungstag angewandt, so hat das Unternehmen jede Änderung des beizulegenden Zeitwerts eines zu erhaltenden Vermögenswerts in der Zeit zwischen Handels- und Erfüllungstag in der gleichen Weise zu erfassen, wie es den erworbenen Vermögenswert bewertet. Mit anderen Worten wird die Änderung des Werts bei Vermögenswerten, die zu fortgeführten Anschaffungskosten bewertet werden, nicht erfasst; bei Vermögenswerten, die als finanzielle Vermögenswerte erfolgswirksam zum beizulegenden Zeitwert bewertet klassifiziert sind, wird sie erfolgswirksam erfasst; und bei finanziellen Vermögenswerten, die gemäß Paragraph 4.1.2A erfolgsneutral zum beizulegenden Zeitwert im sonstigen Ergebnis bewertet werden, sowie bei Finanzinvestitionen in Eigenkapitalinstrumente, die gemäß Paragraph 5.7.5 bilanziert werden, wird sie im sonstigen Ergebnis erfasst.

Ausbuchung finanzieller Vermögenswerte (Abschnitt 3.2)

Das folgende Prüfschema in Form eines Flussdiagramms veranschaulicht, ob und in welchem Umfang ein finanzieller Vermögenswert ausgebucht wird. **B3.2.1**

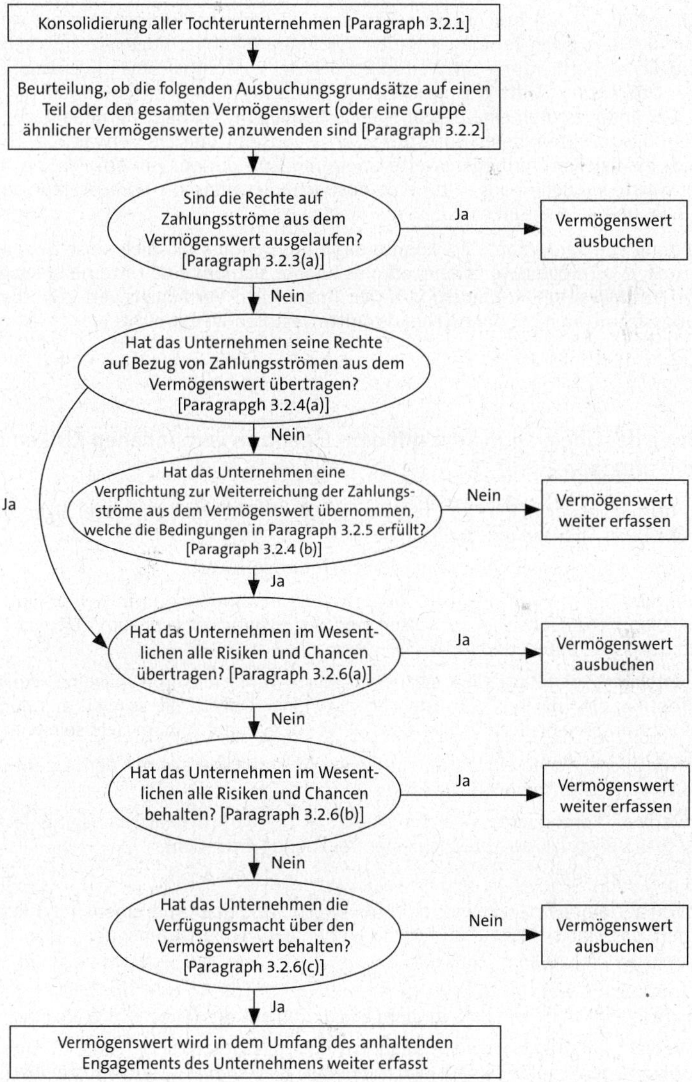

Vereinbarungen, bei denen ein Unternehmen die vertraglichen Rechte auf den Bezug von Zahlungsströmen aus finanziellen Vermögenswerten behält, jedoch eine vertragliche Verpflichtung zur Weiterreichung der Zahlungsströme an einen oder mehrere Empfänger übernimmt (Paragraph 3.2.4(b))

B3.2.2 Die in Paragraph 3.2.4(b) beschriebene Situation (in der ein Unternehmen die vertraglichen Rechte auf den Bezug von Zahlungsströmen aus finanziellen Vermögenswerten behält, jedoch eine vertragliche Verpflichtung zur Weiterreichung der Zahlungsströme an einen oder mehrere Empfänger übernimmt) trifft beispielsweise dann zu, wenn das Unternehmen ein Treuhandfonds ist, der an Investoren eine nutzbringende Beteiligung an den zugrunde liegenden finanziellen Vermögenswerten, deren Eigentümer er ist, ausgibt und die Verwaltung bzw. Abwicklung dieser finanziellen Vermögenswerte übernimmt. In diesem Fall erfüllen die finanziellen Vermögenswerte die Bedingungen für eine Ausbuchung, sofern die Voraussetzungen der Paragraphen 3.2.5 und 3.2.6 erfüllt sind.

B3.2.3 In Anwendung von Paragraph 3.2.5 könnte das Unternehmen beispielsweise der Herausgeber des finanziellen Vermögenswerts sein, oder es könnte sich um eine Unternehmensgruppe mit einem Tochterunternehmen handeln, das den finanziellen Vermögenswert erworben hat und die Zahlungsströme an nicht nahestehende Drittinvestoren weiterreicht.

Beurteilung der Übertragung der mit dem Eigentum verbundenen Risiken und Chancen (Paragraph 3.2.6)

B3.2.4 Beispiele für Fälle, in denen ein Unternehmen im Wesentlichen alle mit dem Eigentum verbundenen Risiken und Chancen überträgt, sind:

(a) ein unbedingter Verkauf eines finanziellen Vermögenswerts,

(b) ein Verkauf eines finanziellen Vermögenswerts in Kombination mit einer Option, den finanziellen Vermögenswert zu dessen beizulegendem Zeitwert zum Zeitpunkt des Rückkaufs zurückzukaufen, und

(c) ein Verkauf eines finanziellen Vermögenswerts in Kombination mit einer Verkaufs- oder Kaufoption, die weit aus dem Geld ist (d. h. einer Option, die so weit aus dem Geld ist, dass es sehr unwahrscheinlich ist, dass sie vor dem Endtermin im Geld sein wird).

B3.2.5 Beispiele für Fälle, in denen ein Unternehmen im Wesentlichen alle mit dem Eigentum verbundenen Risiken und Chancen behält, sind:

(a) ein Verkauf, kombiniert mit einem Rückkauf, bei dem der Rückkaufspreis festgelegt ist oder dem Verkaufspreis zuzüglich einer Verzinsung entspricht,

(b) eine Wertpapierleihe,

(c) ein Verkauf eines finanziellen Vermögenswerts, gekoppelt mit einem Total Return-Swap, bei dem das Marktrisiko auf das Unternehmen zurückübertragen wird,

(d) ein Verkauf eines finanziellen Vermögenswerts in Kombination mit einer Verkaufs- oder Kaufoption, die weit im Geld ist (d. h. einer Option, die so weit im Geld ist, dass es sehr unwahrscheinlich ist, dass sie vor dem Endtermin aus dem Geld sein wird), und

(e) ein Verkauf kurzfristiger Forderungen, bei dem das Unternehmen eine Garantie auf Entschädigung des Empfängers für wahrscheinlich eintretende Kreditverluste übernimmt.

B3.2.6 Wenn ein Unternehmen feststellt, dass es mit der Übertragung im Wesentlichen alle mit dem Eigentum des finanziellen Vermögenswerts verbundenen Risiken und Chancen übertragen hat, wird der übertragene Vermögenswert in künftigen Perioden nicht mehr erfasst, es sei denn, er wird in einem neuen Geschäftsvorfall zurück erworben.

Beurteilung der Übertragung der Verfügungsmacht

Ein Unternehmen hat die Verfügungsmacht über einen übertragenen Vermögenswert nicht behalten, wenn der Empfänger die tatsächliche Fähigkeit zur Veräußerung des übertragenen Vermögenswerts besitzt. Ein Unternehmen hat die Verfügungsmacht über einen übertragenen Vermögenswert behalten, wenn der Empfänger nicht die tatsächliche Fähigkeit zur Veräußerung des übertragenen Vermögenswerts besitzt. Ein Empfänger verfügt über die tatsächliche Fähigkeit zur Veräußerung des übertragenen Vermögenswerts, wenn dieser an einem aktiven Markt gehandelt wird, da er den übertragenen Vermögenswert bei Bedarf am Markt wieder erwerben könnte, falls er ihn an das Unternehmen zurückgeben muss. Beispielsweise kann ein Empfänger über die tatsächliche Fähigkeit zur Veräußerung eines übertragenen Vermögenswerts verfügen, wenn dem Unternehmen zwar eine Rückkaufsoption eingeräumt wurde, der Empfänger den übertragenen Vermögenswert jedoch bei Ausübung der Option jederzeit am Markt erwerben kann. Der Empfänger verfügt nicht über die tatsächliche Fähigkeit zur Veräußerung des übertragenen Vermögenswerts, wenn sich das Unternehmen eine derartige Option vorbehält und der Empfänger den übertragenen Vermögenswert nicht jederzeit erwerben kann, falls das Unternehmen seine Option ausübt. **B3.2.7**

Der Empfänger verfügt nur dann über die tatsächliche Fähigkeit zur Veräußerung des übertragenen Vermögenswerts, wenn er ihn als Ganzes an einen nicht nahestehenden Dritten veräußern und von dieser Fähigkeit einseitig Gebrauch machen kann, ohne dass die Übertragung zusätzlichen Beschränkungen unterliegt. Die entscheidende Frage lautet, welche Möglichkeiten der Empfänger tatsächlich hat und nicht, welche vertraglichen Verfügungsmöglichkeiten oder -verbote ihm in Bezug auf den übertragenen Vermögenswert zustehen bzw. auferlegt sind. Insbesondere gilt: **B3.2.8**

(a) Ein vertraglich eingeräumtes Recht auf Veräußerung eines übertragenen Vermögenswerts hat kaum eine tatsächliche Auswirkung, wenn für den übertragenen Vermögenswert kein Markt vorhanden ist, und

(b) die Fähigkeit, einen übertragenen Vermögenswert zu veräußern, hat kaum eine tatsächliche Auswirkung, wenn von ihr nicht frei Gebrauch gemacht werden kann. Aus diesem Grund gilt:

  (i) die Fähigkeit des Empfängers, einen übertragenen Vermögenswert zu veräußern, muss von den Handlungen Dritter unabhängig sein (d. h. es muss sich um eine einseitige Fähigkeit handeln), und

  (ii) der Empfänger muss in der Lage sein, den übertragenen Vermögenswert ohne einschränkende Bedingungen oder Auflagen für die Übertragung zu veräußern (z. B. Bedingungen bezüglich der Bedienung eines Kredits oder eine Option, die den Empfänger zum Rückkauf des Vermögenswerts berechtigt).

Allein die Tatsache, dass der Empfänger den übertragenen Vermögenswert wahrscheinlich nicht veräußern kann, bedeutet noch nicht, dass der Übertragende die Verfügungsmacht über den übertragenen Vermögenswert behalten hat. Die Verfügungsmacht wird vom Übertragenden allerdings weiterhin ausgeübt, wenn eine Verkaufsoption oder Garantie den Empfänger davon abhält, den übertragenen Vermögenswert zu veräußern. Ist beispielsweise der Wert einer Verkaufsoption oder Garantie ausreichend hoch, wird der Empfänger vom Verkauf des übertragenen Vermögenswerts abgehalten, da er ihn tatsächlich nicht ohne eine ähnliche Option oder andere einschränkende Bedingungen an einen Dritten verkaufen würde. Stattdessen würde der Empfänger den übertragenen Vermögenswert aufgrund der mit der Garantie oder Verkaufsoption verbundenen Berechtigung zum Empfang von Zahlungen weiter halten. In diesem Fall hat der Übertragende die Verfügungsmacht an dem übertragenen Vermögenswert behalten. **B3.2.9**

Übertragungen, die die Bedingungen für eine Ausbuchung erfüllen

Ein Unternehmen kann als Gegenleistung für die Verwaltung bzw. Abwicklung der übertragenen Vermögenswerte das Recht auf den Empfang eines Teils der Zinszahlungen auf diese Ver- **B3.2.10** mögenswerte behalten. Der Anteil der Zinszahlungen, auf die das Unternehmen bei Beendigung oder Übertragung des Verwaltungs-/Abwicklungsvertrags verzichten würde, ist dem Vermögenswert oder der Verbindlichkeit aus dem Verwaltungs-/Abwicklungsrecht zuzuordnen. Der Anteil der Zinszahlungen, der dem Unternehmen weiterhin zustehen würde, stellt eine Forderung aus Zinsstrip dar. Würde das Unternehmen beispielsweise nach Beendigung oder Übertragung des Verwaltungs-/Abwicklungsvertrags auf keine Zinszahlungen verzichten, ist die gesamte Zinsspanne als Forderung aus Zinsstrip zu behandeln. Bei Anwendung von Paragraph 3.2.13 werden zur Aufteilung des Buchwerts der Forderung zwischen dem Teil des Vermögenswerts, der ausgebucht wird, und dem Teil, der weiterhin erfasst bleibt, die beizulegenden Zeitwerte des Vermögenswerts aus dem Verwaltungs-/Abwicklungsrecht und der Forderung aus dem Zinsstrip zugrunde gelegt. Falls keine Verwaltungs-/Abwicklungsgebühr festgelegt wurde oder die zu erhaltende Gebühr voraussichtlich keine angemessene Vergütung für die Verwaltung bzw. Abwicklung durch das Unternehmen darstellt, ist eine Verbindlichkeit für die Verwaltungs- bzw. Abwicklungsverpflichtung zum beizulegenden Zeitwert zu erfassen.

B3.2.11 Bei der in Paragraph 3.2.13 vorgeschriebenen Ermittlung der beizulegenden Zeitwerte jenes Teils, der weiterhin erfasst bleibt und jenes Teils, der ausgebucht wird, sind zusätzlich zu Paragraph 3.2.14 die Vorschriften des IFRS 13 zur Bemessung des beizulegenden Zeitwerts anzuwenden.

Übertragungen, die die Bedingungen für eine Ausbuchung nicht erfüllen

B3.2.12 Das folgende Beispiel ist eine Anwendung des in Paragraph 3.2.15 aufgestellten Grundsatzes. Wenn ein übertragener Vermögenswert aufgrund einer von einem Unternehmen gewährten Garantie für Ausfallverluste aus dem übertragenen Vermögenswert nicht ausgebucht werden kann, weil das Unternehmen im Wesentlichen alle mit dem Eigentum des übertragenen Vermögenswerts verbundenen Risiken und Chancen behalten hat, wird der übertragene Vermögenswert weiter in seiner Gesamtheit und das erhaltene Entgelt als Verbindlichkeit erfasst.

Anhaltendes Engagement bei übertragenen Vermögenswerten

B3.2.13 Im Folgenden sind Beispiele für die Bewertung eines übertragenen Vermögenswerts und der damit verbundenen Verbindlichkeit gemäß Paragraph 3.2.16 aufgeführt.

Alle Vermögenswerte

(a) Wenn ein übertragener Vermögenswert aufgrund einer von einem Unternehmen gewährten Garantie zur Zahlung für Ausfallverluste aus dem übertragenen Vermögenswert nicht nach Maßgabe des anhaltenden Engagements ausgebucht werden kann, ist der übertragene Vermögenswert zum Zeitpunkt der Übertragung mit dem niedrigeren Wert aus (i) dem Buchwert des Vermögenswerts und (ii) dem Höchstbetrag des erhaltenen Entgelts, den das Unternehmen eventuell zurückzahlen müsste (dem „garantierten Betrag") zu bewerten. Die verbundene Verbindlichkeit wird bei Zugang mit dem Garantiebetrag zuzüglich des beizulegenden Zeitwerts der Garantie (der normalerweise dem für die Garantie erhaltenen Entgelt entspricht) bewertet. Anschließend ist der anfängliche beizulegende Zeitwert der Garantie erfolgswirksam zu erfassen, wenn die Verpflichtung erfüllt wird (oder ist) (gemäß den Grundsätzen von IFRS 15) und der Buchwert des Vermögenswerts um eine etwaige Wertberichtigung zu kürzen.

Zu fortgeführten Anschaffungskosten bewertete Vermögenswerte

(b) Wenn die Verpflichtung eines Unternehmens aufgrund einer geschriebenen Verkaufsoption oder das Recht eines Unternehmens aufgrund einer gehaltenen Kaufoption dazu führt, dass ein übertragener Vermögenswert nicht ausgebucht werden kann, und der übertragene Vermögenswert zu fortgeführten Anschaffungskosten bewertet wird, ist die damit verbundene Verbindlichkeit mit ihren Anschaffungskosten (also dem erhaltenen Entgelt), angepasst um die Amortisation einer etwaigen Differenz zwischen den Anschaffungskosten und dem Bruttobuchwert des übertragenen Vermögenswerts zum Endtermin der Option, zu bewerten. Als Beispiel soll angenommen werden, dass der Bruttobuchwert des Vermögenswerts zum Zeitpunkt der Übertragung WE 98 und das erhaltene Entgelt WE 95 beträgt. Am Ausübungstag der Option wird der Bruttobuchwert des Vermögenswerts bei WE 100 liegen. Der anfängliche Buchwert der damit verbundenen Verbindlichkeit beträgt WE 95; die Differenz zwischen WE 95 und WE 100 ist unter Anwendung der Effektivzinsmethode erfolgswirksam zu erfassen. Bei Ausübung der Option wird die Differenz zwischen dem Buchwert der damit verbundenen Verbindlichkeit und dem Ausübungspreis erfolgswirksam erfasst.

Vermögenswerte, die zum beizulegenden Zeitwert bewertet werden

(c) Wenn ein übertragener Vermögenswert aufgrund einer vom Unternehmen behaltenen Kaufoption nicht ausgebucht werden kann und der übertragene Vermögenswert zum beizulegenden Zeitwert bewertet wird, erfolgt die Bewertung des Vermögenswerts weiterhin zum beizulegenden Zeitwert. Die damit verbundene Verbindlichkeit wird (i) zum Ausübungspreis der Option, abzüglich des Zeitwerts der Option, wenn diese im oder am Geld ist, oder (ii) zum beizulegenden Zeitwert des übertragenen Vermögenswerts, abzüglich des Zeitwerts der Option, wenn diese aus dem Geld ist, bewertet. Durch Anpassung der Bewertung der damit verbundenen Verbindlichkeit wird gewährleistet, dass der Nettobuchwert des Vermögenswerts und der damit verbundenen Verbindlichkeit dem beizulegenden Zeitwert des Rechts aus der Kaufoption entspricht. Beträgt beispielsweise der beizulegende Zeitwert des zugrunde liegenden Vermögenswerts WE 80, der Ausübungspreis der Option WE 95 und der Zeitwert der Option WE 5, so entspricht der Buchwert der damit verbundenen Verbindlichkeit WE 75 (WE 80 – WE 5) und der Buchwert des übertragenen Vermögenswerts WE 80 (also seinem beizulegenden Zeitwert).

(d) Wenn ein übertragener Vermögenswert aufgrund einer geschriebenen Verkaufsoption eines Unternehmens nicht ausgebucht werden kann und der übertragene Vermögenswert zum beizulegenden Zeitwert bewertet wird, erfolgt die Bewertung der damit verbundenen Verbindlichkeit zum Ausübungspreis der Option plus deren Zeitwert. Die Bewertung des Vermögenswerts zum beizulegenden Zeitwert ist auf den niedrigeren Wert aus beizulegendem Zeitwert und Ausübungspreis der Option beschränkt, da das Unternehmen keinen Anspruch auf Steigerungen des beizulegenden Zeitwerts des übertragenen Vermögenswerts hat, die über den Ausübungspreis der Option hinausgehen. Dadurch wird gewährleistet, dass der Nettobuchwert des Vermögenswerts und der damit verbundenen Verbindlichkeit dem beizulegenden Zeitwert der Verpflichtung aus der Verkaufsoption entspricht. Beträgt beispielsweise der beizulegende Zeitwert des zugrunde liegenden Vermögenswerts WE 120, der Ausübungspreis der Option WE 100 und der Zeitwert der Option WE 5, so entspricht der Buchwert der damit verbundenen Verbindlichkeit WE 105 (WE 100 + WE 5) und der Buchwert des Vermögenswerts WE 100 (in diesem Fall dem Ausübungspreis der Option).

(e) Wenn ein übertragener Vermögenswert aufgrund eines Collar in Form einer erworbenen Kaufoption und geschriebenen Verkaufsoption nicht ausgebucht werden kann und der Vermögenswert zum beizulegenden Zeitwert bewertet wird, erfolgt seine Bewertung weiterhin zum beizulegenden Zeitwert. Die damit verbundene Verbindlichkeit wird (i) mit der Summe aus dem Ausübungspreis der Kaufoption und dem beizulegenden Zeitwert der Verkaufsoption, abzüglich des Zeitwerts der Kaufoption, wenn diese im oder am Geld ist, oder (ii) mit der Summe aus dem beizulegenden Zeitwert des Vermögenswerts und dem beizulegenden Zeitwert der Verkaufsoption, abzüglich des Zeitwerts der Kaufoption, wenn diese aus dem Geld ist, bewertet. Durch Anpassung der damit verbundenen Verbindlichkeit wird gewährleistet, dass der Nettobuchwert des Vermögenswerts und der damit verbundenen Verbindlichkeit dem beizulegenden Zeitwert der vom Unternehmen gehaltenen und geschriebenen Optionen entspricht. Als Beispiel soll angenommen werden, dass ein Unternehmen einen finanziellen Vermögenswert überträgt, der zum beizulegenden Zeitwert bewertet wird. Gleichzeitig erwirbt es eine Kaufoption mit einem Ausübungspreis von WE 120 und schreibt eine Verkaufsoption mit einem Ausübungspreis von WE 80. Ferner wird angenommen, dass der beizulegende Zeitwert des Vermögenswerts zum Zeitpunkt der Übertragung WE 100 beträgt. Der Zeitwert der Verkaufs- und Kaufoption liegt bei WE 1 bzw. WE 5. In diesem Fall setzt das Unternehmen einen Vermögenswert in Höhe von WE 100 (dem beizulegenden Zeitwert des Vermögenswerts) und eine Verbindlichkeit in Höhe von WE 96 [(WE 100 + WE 1) – WE 5] an. Daraus ergibt sich ein Nettobuchwert von WE 4, der dem beizulegenden Zeitwert der vom Unternehmen gehaltenen und geschriebenen Optionen entspricht.

Alle Übertragungen

B3.2.14 Soweit die Übertragung eines finanziellen Vermögenswerts nicht die Bedingungen für eine Ausbuchung erfüllt, werden die im Zusammenhang mit der Übertragung vertraglich eingeräumten Rechte oder Verpflichtungen des Übertragenden nicht gesondert als Derivate bilanziert, wenn ein Ansatz des Derivats einerseits und des übertragenen Vermögenswerts oder der aus der Übertragung stammenden Verbindlichkeit andererseits dazu führen würde, dass die gleichen Rechte bzw. Verpflichtungen doppelt erfasst werden. Beispielsweise kann eine vom Übertragenden behaltene Kaufoption dazu führen, dass eine Übertragung finanzieller Vermögenswerte nicht als Veräußerung bilanziert werden kann. In diesem Fall wird die Kaufoption nicht gesondert als derivativer Vermögenswert angesetzt.

B3.2.15 Soweit die Übertragung eines finanziellen Vermögenswerts nicht die Bedingungen für eine Ausbuchung erfüllt, wird der übertragene Vermögenswert vom Empfänger nicht als Vermögenswert angesetzt. Der Empfänger bucht die Zahlung oder andere entrichtete Entgelte aus und setzt eine Forderung gegenüber dem Übertragenden an. Hat der Übertragende sowohl das Recht als auch die Verpflichtung, die Verfügungsmacht über den gesamten übertragenen Vermögenswert gegen einen festen Betrag zurückzuerwerben (wie dies beispielsweise bei einer Rückkaufsvereinbarung der Fall ist), kann der Empfänger seine Forderung zu fortgeführten Anschaffungskosten bewerten, sofern diese die Kriterien in Paragraph 4.1.2 erfüllt.

Beispiele

B3.2.16 Die folgenden Beispiele veranschaulichen die Anwendung der Ausbuchungsgrundsätze dieses Standards.

(a) *Rückkaufsvereinbarungen und Wertpapierleihe.* Wenn ein finanzieller Vermögenswert verkauft und gleichzeitig eine Vereinbarung über dessen Rückkauf zu einem festen Preis oder zum Verkaufspreis zuzüglich einer Verzinsung geschlossen wird oder ein finanzieller Vermögenswert mit der vertraglichen Verpflichtung zur Rückgabe an den Übertragenden verliehen wird, erfolgt keine Ausbuchung, weil der Übertragende im Wesentlichen alle mit dem Eigentum verbundenen Risiken und Chancen behält. Erwirbt der Empfänger das Recht, den Vermögenswert zu verkaufen oder zu verpfänden, hat der Übertragende diesen Vermögenswert in der Bilanz umzugliedern, z. B. als ausgeliehenen Vermögenswert oder ausstehenden Rückkauf.

(b) *Rückkaufsvereinbarungen und Wertpapierleihe – im Wesentlichen gleiche Vermögenswerte.* Wenn ein finanzieller Vermögenswert verkauft und gleichzeitig eine Vereinbarung über den Rückkauf des gleichen oder im Wesentlichen gleichen Vermögenswerts zu einem festen Preis oder zum Verkaufspreis zuzüglich einer Verzinsung geschlossen wird oder ein finanzieller Vermögenswert mit der vertraglichen Verpflichtung zur Rückgabe des gleichen oder im Wesentlichen gleichen Vermögenswerts an den Übertragenden ausgeliehen oder verliehen wird, erfolgt keine Ausbuchung, weil der Übertragende im Wesentlichen alle mit dem Eigentum verbundenen Risiken und Chancen behält.

(c) *Rückkaufsvereinbarungen und Wertpapierleihe – Substitutionsrecht.* Wenn eine Rückkaufsvereinbarung mit einem festen Rückkaufspreis oder einem Preis, der dem Verkaufspreis zuzüglich einer Verzinsung entspricht, oder ein ähnliches Wertpapierleihgeschäft dem Empfänger das Recht einräumt, den übertragenen Vermögenswert am Rückkauftermin durch ähnliche Vermögenswerte mit dem gleichen beizulegenden Zeitwert zu ersetzen, wird der im Rahmen einer Rückkaufsvereinbarung oder Wertpapierleihe verkaufte oder verliehene Vermögenswert nicht ausgebucht, weil der Übertragende im Wesentlichen alle mit dem Eigentum verbundenen Risiken und Chancen behält.

(d) *Vorrecht auf Rückkauf zum beizulegenden Zeitwert.* Wenn ein Unternehmen einen finanziellen Vermögenswert verkauft und nur im Falle einer anschließenden Veräußerung durch den Empfänger ein Vorrecht auf Rückkauf zum beizulegenden Zeitwert behält, ist dieser Vermögenswert auszubuchen, weil das Unternehmen im Wesentlichen alle mit dem Eigentum verbundenen Risiken und Chancen übertragen hat.

(e) *Wash Sale.* Der Rückerwerb eines finanziellen Vermögenswerts kurz nach dessen Verkauf wird manchmal als „Wash Sale" bezeichnet. Ein solcher Rückkauf schließt eine Ausbuchung nicht aus, sofern die ursprüngliche Transaktion die Bedingungen für eine Ausbuchung erfüllte. Nicht zulässig ist eine Ausbuchung des Vermögenswerts jedoch, wenn gleichzeitig mit einer Vereinbarung über den Verkauf eines finanziellen Vermögenswerts eine Vereinbarung über dessen Rückerwerb zu einem festen Preis oder dem Verkaufspreis zuzüglich einer Verzinsung geschlossen wird.

(f) *Verkaufsoptionen und Kaufoptionen, die weit im Geld sind.* Wenn ein übertragener finanzieller Vermögenswert vom Übertragenden zurückerworben werden kann und die Kaufoption weit im Geld ist, erfüllt die Übertragung nicht die Bedingungen für eine Ausbuchung, weil der Übertragende im Wesentlichen alle mit dem Eigentum verbundenen Risiken und Chancen behalten hat. Gleiches gilt, wenn der übertragene finanzielle Vermögenswert vom Empfänger zurückveräußert werden kann und die Verkaufsoption weit im Geld ist. Auch in diesem Fall erfüllt die Übertragung nicht die Bedingungen für eine Ausbuchung, weil der Übertragende im Wesentlichen alle mit dem Eigentum verbundenen Risiken und Chancen behalten hat.

(g) *Verkaufsoptionen und Kaufoptionen, die weit aus dem Geld sind.* Ein finanzieller Vermögenswert, der nur in Verbindung mit einer weit aus dem Geld liegenden vom Empfänger gehaltenen Verkaufsoption oder einer weit aus dem Geld liegenden vom Übertragenden gehaltenen Kaufoption übertragen wird, ist auszubuchen, weil der Übertragende im Wesentlichen alle mit dem Eigentum verbundenen Risiken und Chancen übertragen hat.

(h) *Jederzeit verfügbare Vermögenswerte mit einer Kaufoption, die weder weit im Geld noch weit aus dem Geld ist.* Hält ein Unternehmen eine Kaufoption auf einen am Markt jederzeit verfügbaren Vermögenswert und ist die Option weder weit im noch weit aus dem Geld, so ist der Vermögenswert auszubuchen. Dies ist damit zu begründen, dass das Unternehmen (i) im Wesentlichen alle mit dem Eigentum verbundenen Risiken und Chancen weder behalten noch übertragen und (ii) nicht die Verfügungsmacht behalten hat. Ist der Vermögenswert jedoch nicht jederzeit am Markt verfügbar, ist eine Ausbuchung in der Höhe des Teils des Vermögenswerts, der der Kaufoption unterliegt, ausgeschlossen, weil das Unternehmen die Verfügungsmacht über den Vermögenswert behalten hat.

(i) *Ein nicht jederzeit verfügbarer Vermögenswert, der einer von einem Unternehmen geschriebenen Verkaufsoption unterliegt, die weder weit im Geld noch weit aus dem Geld ist.* Wenn ein Unternehmen einen nicht jederzeit am Markt verfügbaren Vermögenswert überträgt und eine Verkaufsoption schreibt, die nicht weit aus dem Geld ist, werden aufgrund der geschriebenen Verkaufsoption im Wesentlichen alle mit dem Eigentum verbundenen Risiken und Chancen weder behalten noch übertragen. Das Unternehmen übt weiterhin die Verfügungsmacht über den Vermögenswert aus, wenn der Wert der Verkaufsoption so hoch ist, dass der Empfänger vom Verkauf des Vermögenswerts abgehalten wird. In diesem Fall ist der Vermögenswert nach Maßgabe des anhaltenden Engagements des Übertragenden weiterhin anzusetzen (siehe Paragraph B3.2.9). Das Unternehmen überträgt die Verfügungsmacht über den Vermögenswert, wenn der Wert der Verkaufsoption nicht hoch genug ist, um den Empfänger von einem Verkauf des Vermögenswerts abzuhalten. In diesem Fall ist der Vermögenswert auszubuchen.

(j) *Vermögenswerte, die einer Verkaufs- oder Kaufoption oder einer Terminrückkaufsvereinbarung zum beizulegenden Zeitwert unterliegen.* Ein finanzieller Vermögenswert, dessen Übertragung nur mit einer Verkaufs- oder Kaufoption oder einer Terminrückkaufsvereinbarung verbunden ist, deren Ausübungs- oder Rückkaufspreis dem beizulegenden Zeitwert des finanziellen Vermögenswerts zum Zeitpunkt des Rückerwerbs entspricht, ist auszubuchen, weil im Wesentlichen alle mit dem Eigentum verbundenen Risiken und Chancen übertragen werden.

(k) *Kauf- oder Verkaufsoptionen mit Barausgleich.* Die Übertragung eines finanziellen Vermögenswerts, der einer Verkaufs- oder Kaufoption oder einer Terminrückkaufsvereinbarung mit Nettoausgleich in bar unterliegt, ist im Hinblick darauf zu beurteilen, ob im Wesentlichen alle mit dem Eigentum verbundenen Risiken und Chancen behalten oder übertragen wurden. Hat das Unternehmen nicht im Wesentlichen alle mit dem Eigentum des übertragenen Vermögenswerts verbundenen Risiken und Chancen behalten, ist zu bestimmen, ob es weiterhin die Verfügungsmacht über den übertragenen Vermögenswert ausübt. Die Tatsache, dass die Verkaufs- oder Kaufoption oder die Terminrückkaufsvereinbarung durch einen Nettoausgleich in bar erfüllt wird, bedeutet nicht automatisch, dass das Unternehmen die Verfügungsmacht übertragen hat (siehe Paragraph B3.2.9 sowie die Buchstaben (g), (h) und (i) oben).

(l) *Rückübertragungsanspruch.* Ein Rückübertragungsanspruch ist eine bedingungslose Rückkaufoption (Kaufoption), die dem Unternehmen das Recht gibt, übertragene Vermögenswerte unter dem Vorbehalt bestimmter Beschränkungen zurückzuverlangen. Sofern eine derartige Option dazu führt, dass das Unternehmen im Wesentlichen alle mit dem Eigentum verbundenen Risiken und Chancen weder behält noch überträgt, ist eine Ausbuchung nur in Höhe des Betrags ausgeschlossen, der unter dem Vorbehalt des Rückkaufs steht (unter der Annahme, dass der Empfänger die Vermögenswerte nicht veräußern kann). Wenn beispielsweise der Buchwert und der Erlös aus der Übertragung von Krediten WE 100 000 beträgt und jeder einzelne Kredit zurückerworben werden kann, die Summe aller zurückerworbenen Kredite jedoch WE 10 000 nicht übersteigen darf, erfüllen WE 90 000 der Kredite die Bedingungen für eine Ausbuchung.

(m) *Clean-up-Calls.* Ein Unternehmen, bei dem es sich um einen Übertragenden handeln kann, das übertragene Vermögenswerte verwaltet bzw. abwickelt, kann einen Clean-up-Call für den Kauf der verbleibenden übertragenen Vermögenswerte halten, wenn die Höhe der ausstehenden Vermögenswerte unter einen bestimmten Grenzwert fällt, bei dem die Kosten für die Verwaltung bzw. Abwicklung dieser Vermögenswerte den damit verbundenen Nutzen übersteigen. Sofern ein solcher Clean-up-Call dazu führt, dass das Unternehmen im Wesentlichen alle mit dem Eigentum verbundenen Risiken und Chancen weder behält noch überträgt, und der Empfänger die Vermögenswerte nicht veräußern kann, ist eine Ausbuchung nur in dem Umfang der Vermögenswerte ausgeschlossen, der Gegenstand der Kaufoption ist.

(n) *Nachrangige zurückbehaltene Anteile und Kreditgarantien.* Ein Unternehmen kann dem Empfänger eine Kreditsicherheit gewähren, indem es einige oder alle am übertragenen Vermögenswert zurückbehaltenen Anteile nachranging stellt. Alternativ kann ein Unternehmen dem Empfänger eine Kreditsicherheit in Form einer unbeschränkten oder auf einen bestimmten Betrag beschränkten Kreditgarantie gewähren. Behält das Unternehmen im Wesentlichen alle mit dem Eigentum des übertragenen Vermögenswerts verbundenen Risiken und Chancen, ist dieser Vermögenswert weiterhin in seiner Gesamtheit zu erfassen. Wenn das Unternehmen einige, aber nicht im Wesentlichen alle mit dem Eigentum verbundenen Risiken und Chancen behält und weiterhin die Verfügungsmacht ausübt, ist eine Ausbuchung in der Höhe des Betrags an Zahlungsmitteln oder anderen Vermögenswerten ausgeschlossen, den das Unternehmen eventuell zahlen müsste.

(o) *Total Return-Swaps.* Ein Unternehmen kann einen finanziellen Vermögenswert an einen Empfänger verkaufen und mit diesem einen Total Return-Swap vereinbaren, bei dem sämtliche Zinszahlungsströme aus dem zugrunde liegenden Vermögenswert im Austausch gegen eine feste Zahlung oder eine variable Ratenzahlung an das Unternehmen zurückfließen und alle Erhöhungen oder Kürzungen des beizulegenden Zeitwerts des zugrunde liegenden Vermögenswerts vom Unternehmen übernommen werden. In diesem Fall darf kein Teil des Vermögenswerts ausgebucht werden.

(p) *Zinsswaps*. Ein Unternehmen kann einen festverzinslichen finanziellen Vermögenswert auf einen Empfänger übertragen und mit diesem einen Zinsswap vereinbaren, bei dem der Empfänger einen festen Zinssatz erhält und einen variablen Zinssatz auf der Grundlage eines Nennbetrags, der dem Kapitalbetrag des übertragenen finanziellen Vermögenswerts entspricht, zahlt. Der Zinsswap schließt die Ausbuchung des übertragenen Vermögenswerts nicht aus, sofern die Zahlungen auf den Swap nicht von Zahlungen auf den übertragenen Vermögenswert abhängen.

(q) *Amortisierende Zinsswaps*. Ein Unternehmen kann einen festverzinslichen finanziellen Vermögenswert, der im Laufe der Zeit zurückgezahlt wird, auf einen Empfänger übertragen und mit diesem einen amortisierenden Zinsswap vereinbaren, bei dem der Empfänger einen festen Zinssatz erhält und einen variablen Zinssatz auf der Grundlage eines Nennbetrags zahlt. Amortisiert sich der Nennbetrag des Swaps so, dass er zu jedem beliebigen Zeitpunkt dem jeweils ausstehenden Kapitalbetrag des übertragenen finanziellen Vermögenswerts entspricht, würde der Swap im Allgemeinen dazu führen, dass ein wesentliches Risiko vorzeitiger Rückzahlung beim Unternehmen verbleibt. In diesem Fall hat es den übertragenen Vermögenswert entweder zur Gänze oder nach Maßgabe seines anhaltenden Engagements weiter zu erfassen. Ist die Amortisation des Nennbetrags des Swaps dagegen nicht an den ausstehenden Kapitalbetrag des übertragenen Vermögenswerts gekoppelt, so würde dieser Swap nicht dazu führen, dass das Risiko vorzeitiger Rückzahlung in Bezug auf den Vermögenswert beim Unternehmen verbleibt. Folglich wäre eine Ausbuchung des übertragenen Vermögenswerts nicht ausgeschlossen, sofern die Zahlungen im Rahmen des Swaps nicht von Zinszahlungen auf den übertragenen Vermögenswert abhängen und der Swap nicht dazu führt, dass das Unternehmen andere wesentliche Risiken und Chancen behält.

(r) *Abschreibung*. Ein Unternehmen geht nach angemessener Einschätzung nicht davon aus, die vertraglichen Zahlungsströme eines finanziellen Vermögenswerts ganz oder teilweise zu realisieren.

Dieser Paragraph veranschaulicht die Anwendung des Konzepts des anhaltenden Engagements, wenn das anhaltende Engagement des Unternehmens sich auf einen Teil eines finanziellen Vermögenswerts bezieht. **B3.2.17**

Es wird angenommen, dass ein Unternehmen ein Portfolio vorzeitig rückzahlbarer Kredite mit einem Kupon- und Effektivzinssatz von 10 Prozent und einem Kapitalbetrag und fortgeführten Anschaffungskosten in Höhe von WE 10 000 besitzt. Das Unternehmen schließt eine Transaktion ab, mit der der Empfänger gegen eine Zahlung von WE 9 115 ein Recht auf die Tilgungsbeträge in Höhe von WE 9 000 zuzüglich eines Zinssatzes von 9,5 Prozent auf diese Beträge erwirbt. Das Unternehmen behält die Rechte an WE 1 000 der Tilgungsbeträge zuzüglich eines Zinssatzes von 10 Prozent auf diesen Betrag zuzüglich der Überschussspanne von 0,5 Prozent auf den verbleibenden Kapitalbetrag in Höhe von WE 9 000. Die Zahlungseingänge aus vorzeitigen Rückzahlungen werden zwischen dem Unternehmen und dem Empfänger im Verhältnis von 1:9 aufgeteilt; alle Ausfälle werden jedoch vom Anteil des Unternehmens in Höhe von WE 1 000 abgezogen, bis dieser Anteil erschöpft ist. Der beizulegende Zeitwert der Kredite zum Zeitpunkt der Transaktion beträgt WE 10 100 und der beizulegende Zeitwert der Überschussspanne von 0,5 Prozent beträgt WE 40.

Das Unternehmen stellt fest, dass es einige mit dem Eigentum verbundene wesentliche Risiken und Chancen (beispielsweise ein wesentliches Risiko vorzeitiger Rückzahlung) übertragen, jedoch auch einige mit dem Eigentum verbundene wesentliche Risiken und Chancen (aufgrund seines nachrangigen zurückbehaltenen Anteils) behalten hat und außerdem weiterhin die Verfügungsmacht ausübt. Es wendet daher das Konzept des anhaltenden Engagements an.

Bei der Anwendung dieses Standards analysiert das Unternehmen die Transaktion als (a) Beibehaltung eines zurückbehaltenen exakt proportionalen Anteils von WE 1 000 sowie (b) Nachrangigstellung dieses zurückbehaltenen Anteils, um dem Empfänger eine Kreditsicherheit für Kreditverluste zu gewähren.

Das Unternehmen berechnet, dass WE 9 090 (90 % × WE 10 100) des erhaltenen Entgelts in Höhe von WE 9 115 der Gegenleistung für einen Anteil von 90 Prozent entsprechen. Der Rest des erhaltenen Entgelts (WE 25) entspricht der Gegenleistung, die das Unternehmen für die Nachrangigstellung seines zurückbehaltenen Anteils erhalten hat, um dem Empfänger eine Kreditsicherheit für Kreditverluste zu gewähren. Die Überschussspanne von 0,5 Prozent stellt ebenfalls eine für die Kreditsicherheit erhaltene Gegenleistung dar. Dementsprechend beträgt die für die Kreditsicherheit erhaltene Gegenleistung insgesamt WE 65 (WE 25 + WE 40).

Das Unternehmen berechnet den Gewinn oder Verlust aus der Veräußerung auf Grundlage des 90 prozentigen Anteils an den Zahlungsströmen. Unter der Annahme, dass zum Zeitpunkt der Übertragung keine gesonderten beizulegenden Zeitwerte für den übertragenen Anteil von 90 Prozent und den zurückbehaltenen Anteil von 10 Prozent verfügbar sind, teilt das Unternehmen den Buchwert des Vermögenswerts gemäß IFRS 9 Paragraph 3.2.14 wie folgt auf:

	Beizulegender Zeitwert	*Prozentsatz*	*Zugewiesener Buchwert*
Übertragener Anteil	9 090	90 %	9 000
Zurückbehaltener Anteil	1 010	10 %	1 000
Summe	**10 100**		**10 000**

Zur Berechnung des Gewinns oder Verlusts aus dem Verkauf des 90-prozentigen Anteils an den Zahlungsströmen zieht das Unternehmen den zugewiesenen Buchwert des übertragenen Anteils von der erhaltenen Gegenleistung ab. Daraus ergibt sich ein Wert von WE 90 (WE 9 090 – WE 9 000). Der Buchwert des vom Unternehmen zurückbehaltenen Anteils beträgt WE 1 000.

Außerdem erfasst das Unternehmen das anhaltende Engagement, das durch Nachrangigstellung seines zurückbehaltenen Anteils für Kreditverluste entsteht. Folglich setzt es einen Vermögenswert in Höhe von WE 1 000 (den Höchstbetrag an Zahlungsströmen, den es aufgrund der Nachrangigkeit nicht erhalten würde) und eine damit verbundene Verbindlichkeit in Höhe von WE 1 065 an (den Höchstbetrag an Zahlungsströmen, den es aufgrund der Nachrangigkeit nicht erhalten würde, d. h. WE 1 000 zuzüglich des beizulegenden Zeitwerts der Nachrangigstellung in Höhe von WE 65).

Unter Einbeziehung aller vorstehenden Informationen wird die Transaktion wie folgt gebucht:

	Soll	*Haben*
Ursprünglicher Vermögenswert	–	9 000
Angesetzter Vermögenswert bezüglich Nachrangigstellung des Residualanspruchs	1 000	–

Vermögenswert für das in Form einer Überschussspanne erhaltene Entgelt	40	–
Gewinn oder Verlust (Gewinn bei der Übertragung)	–	90
Verbindlichkeit	–	1 065
Erhaltene Zahlung	9 115	–
Summe	**10 155**	**10 155**

Unmittelbar nach der Transaktion beträgt der Buchwert des Vermögenswerts WE 2 040, bestehend aus WE 1 000 (den Kosten, die dem zurückbehaltenen Anteil zugewiesen sind) und WE 1 040 (dem zusätzlichen anhaltenden Engagement des Unternehmens aufgrund der Nachrangigkeit seines zurückbehaltenen Anteils für Kreditverluste, wobei in diesem Betrag auch die Überschussspanne von WE 40 enthalten ist).

In den Folgeperioden erfasst das Unternehmen zeitproportional das für die Kreditsicherheit erhaltene Entgelt (WE 65), grenzt die Zinsen auf den erfassten Vermögenswert unter Anwendung der Effektivzinsmethode ab und erfasst etwaige Wertminderungsaufwendungen auf die angesetzten Vermögenswerte. Als Beispiel für Letzteres soll angenommen werden, dass im darauf folgenden Jahr ein Wertminderungsaufwand für die zugrunde liegenden Kredite in Höhe von WE 300 anfällt. Das Unternehmen verringert den angesetzten Vermögenswert um WE 600 (WE 300 für seinen zurückbehaltenen Anteil und WE 300 für das zusätzliche anhaltende Engagement, das durch die Nachrangigkeit des zurückbehaltenen Anteils für Kreditverluste entsteht) und verringert die erfasste Verbindlichkeit um WE 300. Netto wird der Gewinn oder Verlust also mit einem Wertminderungsaufwand von WE 300 belastet.

Ausbuchung finanzieller Verbindlichkeiten (Abschnitt 3.3)

Eine finanzielle Verbindlichkeit (oder ein Teil davon) ist getilgt, wenn der Schuldner entweder: **B3.3.1**

(a) die Verbindlichkeit (oder einen Teil davon) durch Zahlung an den Gläubiger beglichen hat, was in der Regel durch Zahlungsmittel, andere finanzielle Vermögenswerte, Waren oder Dienstleistungen erfolgt; oder

(b) per Gesetz oder durch den Gläubiger rechtlich von seiner ursprünglichen Verpflichtung aus der Verbindlichkeit (oder einem Teil davon) entbunden wird. (Wenn der Schuldner eine Garantie gegeben hat, kann diese Bedingung noch erfüllt sein.)

Wird ein Schuldinstrument von seinem Emittenten zurückgekauft, ist die Verbindlichkeit auch dann getilgt, wenn der Emittent ein „Market Maker" für dieses Instrument ist oder beabsichtigt, es kurzfristig wieder zu veräußern. **B3.3.2**

Die Zahlung an eine dritte Partei, einschließlich eines Treuhandfonds (gelegentlich auch als wirtschaftlich betrachtetes Erlöschen der Verpflichtung, „In-Substance-Defeasance", bezeichnet), bedeutet für sich genommen nicht, dass der Schuldner von seiner ursprünglichen Verpflichtung dem Gläubiger gegenüber entbunden ist, sofern er nicht rechtlich hieraus entbunden wurde. **B3.3.3**

Wenn ein Schuldner einer dritten Partei eine Zahlung für die Übernahme einer Verpflichtung leistet und seinen Gläubiger davon unterrichtet, dass die dritte Partei seine Schuldverpflichtung übernommen hat, bucht der Schuldner die Schuldverpflichtung nicht aus, es sei denn, die Bedingung in Paragraph B3.3.1(b) ist erfüllt. Wenn ein Schuldner einer dritten Partei eine Zahlung für die Übernahme einer Verpflichtung leistet und von seinem Gläubiger hieraus rechtlich entbunden wird, hat der Schuldner die Schuld getilgt. Vereinbart der Schuldner jedoch, Zahlungen auf die Schuld direkt an die dritte Partei oder den ursprünglichen Gläubiger zu leisten, erfasst der Schuldner eine neue Schuldverpflichtung gegenüber der dritten Partei. **B3.3.4**

Obwohl eine rechtliche Entbindung, sei es per Gerichtsentscheid oder durch den Gläubiger, zur Ausbuchung einer Verbindlichkeit führt, kann das Unternehmen unter Umständen eine neue Verbindlichkeit ansetzen, falls die für eine Ausbuchung erforderlichen Bedingungen in den Para- **B3.3.5** graphen 3.2.1-3.2.23 für übertragene finanzielle Vermögenswerte nicht erfüllt sind. Wenn diese Bedingungen nicht erfüllt sind, werden die übertragenen Vermögenswerte nicht ausgebucht, und das Unternehmen setzt eine neue Verbindlichkeit für die übertragenen Vermögenswerte an.

B3.3.6 Vertragsbedingungen gelten als grundverschieden im Sinne von Paragraph 3.3.2, wenn der abgezinste Barwert der Zahlungsströme unter den neuen Vertragsbedingungen, einschließlich etwaiger Gebühren, die netto unter Anrechnung erhaltener und unter Anwendung des ursprünglichen Effektivzinssatzes abgezinster Gebühren gezahlt wurden, mindestens 10 Prozent von dem abgezinsten Barwert der restlichen Zahlungsströme der ursprünglichen finanziellen Verbindlichkeit abweicht. Wird ein Austausch von Schuldinstrumenten oder die Änderung der Vertragsbedingungen wie eine Tilgung bilanziert, so sind alle angefallenen Kosten oder Gebühren als Teil des Gewinns oder Verlusts aus der Tilgung zu buchen. Wird der Austausch oder die Änderung nicht wie eine Tilgung erfasst, so führen gegebenenfalls angefallene Kosten oder Gebühren zu einer Anpassung des Buchwerts der Verbindlichkeit und werden über die Restlaufzeit der geänderten Verbindlichkeit amortisiert.

B3.3.7 In einigen Fällen wird der Schuldner vom Gläubiger aus seiner gegenwärtigen Zahlungsverpflichtung entlassen, leistet jedoch eine Zahlungsgarantie für den Fall, dass die Partei, die die ursprüngliche Verpflichtung übernommen hat, dieser nicht nachkommt. In diesen Fällen hat der Schuldner:

(a) eine neue finanzielle Verbindlichkeit basierend auf dem beizulegenden Zeitwert der Garantieverpflichtung anzusetzen; und

(b) einen Gewinn oder Verlust zu erfassen, der der Differenz zwischen (i) etwaigen gezahlten Erlösen und (ii) dem Buchwert der ursprünglichen finanziellen Verbindlichkeit abzüglich des beizulegenden Zeitwerts der neuen finanziellen Verbindlichkeit entspricht.

Klassifizierung (Kapitel 4)

Klassifizierung finanzieller Vermögenswerte (Abschnitt 4.1)

Geschäftsmodell des Unternehmens zur Steuerung finanzieller Vermögenswerte

B4.1.1 Soweit nicht Paragraph 4.1.5 gilt, ist ein Unternehmen gemäß Paragraph 4.1.1(a) verpflichtet, finanzielle Vermögenswerte auf Grundlage seines Geschäftsmodells zur Steuerung finanzieller Vermögenswerte zu klassifizieren. Ein Unternehmen beurteilt, ob seine finanziellen Vermögenswerte auf Grundlage des Geschäftsmodells, das durch das Management in Schlüsselpositionen des Unternehmens (wie in IAS 24 *Angaben über Beziehungen zu nahestehende Unternehmen und Personen* definiert) festgelegt wird, die Bedingung in Paragraph 4.1.2(a) oder die Bedingung in Paragraph 4.1.2A(a) erfüllen.

B4.1.2 Die Festlegung des Geschäftsmodells eines Unternehmens erfolgt auf einer Ebene, die widerspiegelt, wie Gruppen von finanziellen Vermögenswerten gemeinsam gesteuert werden, um ein bestimmtes Geschäftsziel zu erreichen. Das Geschäftsmodell des Unternehmens ist nicht von den Absichten des Managements bei einem einzelnen Instrument abhängig. Die Klassifizierung ist daher nicht auf Ebene des einzelnen Instruments vorzunehmen, sondern auf einer höheren Aggregationsebene. Ein einzelnes Unternehmen kann allerdings mehr als ein Geschäftsmodell zur Steuerung seiner Finanzinstrumente haben. Infolgedessen braucht die Klassifizierung nicht auf Ebene des berichtenden Unternehmens zu erfolgen. Beispielsweise kann ein Unternehmen ein Portfolio von Finanzinvestitionen halten, das zur Vereinnahmung vertraglicher Zahlungsströme gesteuert wird, und ein anderes, bei dem eine Handelsabsicht zur Realisierung von Änderungen des beizulegenden Zeitwerts besteht. Ebenso kann es in einigen Fällen angemessen sein, ein Portfolio von finanziellen Vermögenswerten in Unterportfolios zu trennen, um die Ebene widerzuspiegeln, auf der ein Unternehmen diese finanziellen Vermögenswerte steuert. Dies kann beispielsweise der Fall sein, wenn ein Unternehmen ein Portfolio von Hypothekendarlehen ausreicht oder erwirbt und einige der Darlehen zur Vereinnahmung vertraglicher Zahlungsströme und die anderen Darlehen mit der einer Veräußerungsabsicht steuert.

Das Geschäftsmodell eines Unternehmens bezieht sich darauf, wie ein Unternehmen seine finanziellen Vermögenswerte zur Erzeugung von Zahlungsströmen steuert, d. h. dadurch wird festgelegt, ob Zahlungsströme aus der Vereinnahmung vertraglicher Zahlungsströme, aus dem Verkauf von finanziellen Vermögenswerten oder aus beidem resultieren. Infolgedessen wird diese Beurteilung nicht auf der Basis von Szenarien durchgeführt, deren Eintritt das Unternehmen nach angemessener Einschätzung nicht erwartet, wie z. B. sogenannten „Worst Case"- oder „Stress Case"-Szenarien. Wenn ein Unternehmen beispielsweise erwartet, ein bestimmtes Portfolio finanzieller Vermögenswerte nur in einem „Stress Case"-Szenario zu verkaufen, würde sich dieses Szenario nicht auf die Beurteilung des Geschäftsmodells für diese Vermögenswerte auswirken, wenn das Unternehmen nach angemessener Einschätzung keinen Eintritt eines solchen Szenarios erwartet. Werden Zahlungsströme in einer Weise realisiert, die von den Erwartungen des Unternehmens zum Zeitpunkt der Beurteilung des Geschäftsmodells abweichen (wenn das Unternehmen z. B. mehr oder weniger finanzielle Vermögenswerte verkauft als bei der Klassifizierung der Vermögenswerte angenommen), führt dies weder zu einem Fehler aus einer früheren Periode im Abschluss des Unternehmens (siehe IAS 8) noch ändert sich dadurch die Klassifizierung der verbleibenden finanziellen Vermögenswerte, die nach diesem Geschäftsmodell gehalten werden (d. h. jener Vermögenswerte, die von dem Unternehmen in früheren Perioden erfasst wurden und noch gehalten werden), solange das Unternehmen alle relevanten Informationen, die zum Beurteilungszeitpunkt des Geschäftsmodells verfügbar waren, berücksichtigt hat. Wenn ein Unternehmen jedoch das Geschäftsmodell für neu ausgereichte oder neu erworbene finanzielle Vermögenswerte beurteilt, hat es neben allen anderen relevanten Informationen auch Informationen darüber berücksichtigen, wie die Zahlungsströme in der Vergangenheit realisiert wurden. **B4.1.2A**

Das Geschäftsmodell eines Unternehmens zur Steuerung finanzieller Vermögenswerte ist anhand von Tatsachen, und nicht bloß anhand von Zusicherungen feststellbar. Normalerweise ist dies durch die Aktivitäten beobachtbar, die das Unternehmen zur Erfüllung der Zielsetzung des Geschäftsmodells unternimmt. Ein Unternehmen muss sein Geschäftsmodell zur Steuerung finanzieller Vermögenswerte nach Ermessen beurteilen, wobei diese Beurteilung nicht durch einen einzelnen Faktor oder eine einzelne Aktivität bestimmt wird. Stattdessen muss das Unternehmen zum Zeitpunkt der Beurteilung alle verfügbaren relevanten Hinweise in Betracht ziehen. Solche relevanten Hinweise schließen u. a. ein: **B4.1.2B**

(a) wie die Ergebnisse des Geschäftsmodells und der nach diesem Geschäftsmodell gehaltenen finanziellen Vermögenswerte ausgewertet und dem Management in Schlüsselpositionen des Unternehmens berichtet wird;

(b) die Risiken, die sich auf die Ergebnisse des Geschäftsmodells (und der nach diesem Geschäftsmodell gehaltenen finanziellen Vermögenswerte) auswirken und insbesondere die Art und Weise, wie diese Risiken gesteuert werden; und

(c) wie die Manager vergütet werden (z. B. ob die Vergütung auf dem beizulegenden Zeitwert der gesteuerten Vermögenswerte oder auf den vereinnahmten vertraglichen Zahlungsströmen basiert).

Geschäftsmodell, dessen Zielsetzung darin besteht, Vermögenswerte zur Vereinnahmung vertraglicher Zahlungsströme zu halten

Finanzielle Vermögenswerte, die im Rahmen eines Geschäftsmodells gehalten werden, dessen Zielsetzung darin besteht, Vermögenswerte zur Vereinnahmung der vertraglichen Zahlungsströme zu halten, werden zur Realisierung der Zahlungsströme durch Vereinnahmung der vertraglichen Zahlungen über die Laufzeit des Instruments gesteuert, d. h. das Unternehmen steuert die innerhalb des Portfolios gehaltenen Vermögenswerte, um diese bestimmten vertraglichen Zahlungsströme zu vereinnahmen (anstelle der Steuerung des Gesamtertrags aus dem Portfolio durch Halten und Verkauf von Vermögenswerten). Bei der Bestimmung, ob Zahlungs- **B4.1.2C** ströme durch die Vereinnahmung vertraglicher Zahlungsströme aus finanziellen Vermögenswerten realisiert werden, müssen die Häufigkeit, der Wert und der Zeitpunkt von Verkäufen in vorherigen Perioden, die Gründe für diese Verkäufe und die Erwartungen in Bezug auf zukünftige Verkaufsaktivitäten in Betracht gezogen werden. Jedoch wird das Geschäftsmodell nicht durch die Verkäufe selbst bestimmt und können diese daher nicht isoliert betrachtet werden. Stattdessen liefern Informationen über Verkäufe in der Vergangenheit und Erwartungen über zukünftige Verkäufe Hinweise darauf, wie die erklärte Zielsetzung des Unternehmens für die Steuerung der finanziellen Vermögenswerte erreicht wird, und insbesondere, wie die Zahlungsströme realisiert werden. Ein Unternehmen muss Informationen über Verkäufe in der Vergangenheit vor dem Hintergrund der Gründe für diese Verkäufe und die Bedingungen zu diesem Zeitpunkt im Vergleich zu den gegenwärtigen Bedingungen berücksichtigen.

B4.1.3 Auch wenn die Zielsetzung des Geschäftsmodells eines Unternehmens lautet, finanzielle Vermögenswerte zur Vereinnahmung vertraglicher Zahlungsströme zu halten, muss das Unternehmen nicht all diese Instrumente bis zur Fälligkeit halten. Das Geschäftsmodell eines Unternehmens kann also auch im Halten finanzieller Vermögenswerte zur Vereinnahmung vertraglicher Zahlungsströme bestehen, selbst wenn Verkäufe finanzieller Vermögenswerte stattfinden oder für die Zukunft erwartet werden.

B4.1.3A Das Geschäftsmodell kann selbst dann das Halten von Vermögenswerten zur Vereinnahmung vertraglicher Zahlungsströme sein, wenn das Unternehmen finanzielle Vermögenswerte verkauft, falls deren Ausfallrisiko steigt. Bei der Bestimmung, ob sich das Ausfallrisiko bei den Vermögenswerten erhöht hat, berücksichtigt das Unternehmen angemessene und belastbare Informationen, einschließlich zukunftsorientierter Informationen. Ungeachtet ihrer Häufigkeit und ihres Werts stehen Verkäufe aufgrund einer Erhöhung des Ausfallrisikos von Vermögenswerten nicht mit einem Geschäftsmodell im Widerspruch, dessen Zielsetzung im Halten finanzieller Vermögenswerte zur Vereinnahmung vertraglicher Zahlungsströme besteht, da die Bonität finanzieller Vermögenswerte für die Fähigkeit des Unternehmens, vertragliche Zahlungsströme zu vereinnahmen, relevant ist. Integraler Bestandteil eines solchen Geschäftsmodells ist ein Ausfallrisikomanagement, das auf die Minimierung potenzieller Kreditverluste aufgrund einer Bonitätsverschlechterung ausgerichtet ist. Ein Beispiel für einen aufgrund einer Erhöhung des Ausfallrisikos getätigten Verkauf ist der Verkauf eines finanziellen Vermögenswerts, weil er die in den dokumentierten Investitionsrichtlinien des Unternehmens festgelegten Bonitätskriterien nicht länger erfüllt. Existiert jedoch keine solche Richtlinie, kann das Unternehmen auf andere Weise zeigen, dass der Verkauf aufgrund einer Erhöhung des Ausfallrisikos stattgefunden hat.

B4.1.3B Verkäufe aus anderen Gründen, z. B. zur Steuerung der Ausfallrisikokonzentration (ohne eine Erhöhung des Ausfallrisikos bei den Vermögenswerten), können ebenfalls mit einem Geschäftsmodell im Einklang stehen, dessen Zielsetzung im Halten finanzieller Vermögenswerte zur Vereinnahmung vertraglicher Zahlungsströme besteht. Insbesondere können solche Verkäufe im Einklang mit einem Geschäftsmodell stehen, dessen Zielsetzung im Halten finanzieller Vermögenswerte zur Vereinnahmung vertraglicher Zahlungsströme besteht, wenn diese Verkäufe selten (auch wenn von signifikantem Wert) sind oder wenn sie sowohl einzeln als auch insgesamt betrachtet von nicht signifikantem Wert (auch wenn häufig) sind. Wenn aus einem Portfolio mehr als eine geringe Anzahl von Verkäufen getätigt wird und der Wert dieser Verkäufe (entweder einzeln oder insgesamt) mehr als nicht signifikant ist, muss das Unternehmen beurteilen, ob und wie solche Verkäufe mit der Zielsetzung der Vereinnahmung vertraglicher Zahlungsströme im Einklang stehen. Im Rahmen dieser Beurteilung ist es nicht relevant, ob ein Dritter den Verkauf der finanziellen Vermögenswerte verlangt oder ob dies nach eigenem Ermessen des Unternehmens erfolgt. Eine Erhöhung der Häufigkeit oder des Werts von Verkäufen in einer bestimmten Periode widerspricht nicht unbedingt einer Zielsetzung des Haltens finanzieller Vermögenswerte zur Vereinnahmung vertraglicher Zahlungsströme, wenn ein Unternehmen die Gründe für diese Verkäufe erklären und nachweisen kann, warum diese Verkäufe keine Änderung im Geschäftsmodell des Unternehmens widerspiegeln. Darüber hinaus können Verkäufe mit der Zielsetzung des Haltens finanzieller Vermögenswerte zur Vereinnahmung vertraglicher Zahlungsströme im Einklang stehen, wenn die Verkäufe nahe am Fälligkeitstermin der finanziellen Vermögenswerte stattfinden und die Erlöse aus den Verkäufen der Vereinnahmung der verbleibenden vertraglichen Zahlungsströme nahekommen.

Nachfolgend sind Beispiele aufgeführt, wann die Zielsetzung des Geschäftsmodells eines Unternehmens im Halten finanzieller Vermögenswerte zur Vereinnahmung vertraglicher Zahlungsströme bestehen kann. Diese Liste der Beispiele ist nicht abschließend. Ferner wird mit den Beispielen weder beabsichtigt, auf alle Faktoren, die für die Beurteilung des Geschäftsmodells des Unternehmens relevant sein können, einzugehen noch die relative Wichtigkeit der Faktoren festzulegen. **B4.1.4**

Beispiel	**Schlussfolgerungen**
Beispiel 1 Ein Unternehmen hält Finanzinvestitionen zur Vereinnahmung der damit verbundenen vertraglichen Zahlungsströme. Der Finanzierungsbedarf des Unternehmens ist vorhersehbar und die Fälligkeit seiner finanziellen Vermögenswerte stimmt mit seinem geschätzten Finanzierungsbedarf überein. Das Unternehmen führt Ausfallrisikosteuerungsaktivitäten durch, mit dem Ziel, Kreditverluste zu minimieren. In der Vergangenheit wurden Verkäufe normalerweise getätigt, wenn sich das Ausfallrisiko der finanziellen Vermögenswerte so stark erhöht hat, dass die Vermögenswerte die in der dokumentierten Investitionsrichtlinie des Unternehmens festgelegten Bonitätskriterien nicht länger erfüllten. Ferner fanden seltene Verkäufe infolge eines unvorhergesehenen Finanzierungsbedarfs statt. Die Berichte an das Management in Schlüsselpositionen konzentrieren sich auf die Bonität der finanziellen Vermögenswerte und die vertraglichen Rendite. Darüber hinaus überwacht das Unternehmen neben anderen Informationen die beizulegenden Zeitwerte der finanziellen Vermögenswerte.	Obwohl das Unternehmen die beizulegenden Zeitwerte der finanziellen Vermögenswerte neben anderen Informationen unter dem Gesichtspunkt der Liquidität berücksichtigt (d. h. dem Barbetrag, der realisiert würde, wenn das Unternehmen Vermögenswerte verkaufen müsste), besteht die Zielsetzung des Unternehmens im Halten finanzieller Vermögenswerte zur Vereinnahmung der vertraglichen Zahlungsströme. Verkäufe stünden mit dieser Zielsetzung nicht im Widerspruch, wenn sie als Reaktion auf eine Erhöhung des Ausfallrisikos der Vermögenswerte erfolgen würden, beispielsweise wenn die Vermögenswerte die in der dokumentierten Investitionsrichtlinie des Unternehmens festgelegten Bonitätskriterien nicht länger erfüllen. Seltene Verkäufe aufgrund eines nicht vorhergesehenen Finanzierungsbedarfs (z. B. in einem Stress Case-Szenario) stünden mit dieser Zielsetzung ebenfalls nicht im Widerspruch, auch wenn solche Verkäufe einen signifikanten Wert hätten.
Beispiel 2 Das Geschäftsmodell eines Unternehmens sieht den Kauf von Portfolios von finanziellen Vermögenswerten wie Kreditforderungen vor. Diese Portfolios können finanzielle Vermögenswerte mit beeinträchtigter Bonität enthalten oder nicht. Wird die Kreditzahlung nicht pünktlich geleistet, versucht das Unternehmen, die vertraglichen Zahlungsströme mit verschiedenen Mitteln zu realisieren, beispielsweise durch Kontaktaufnahme mit dem Schuldner per Post, Telefon oder auf andere Weise. Zielsetzung des Unternehmens ist die Vereinnahmung vertraglicher Zahlungsströme und das Unternehmen	Die Zielsetzung des Geschäftsmodells des Unternehmens besteht im Halten der finanziellen Vermögenswerte zur Vereinnahmung vertraglicher Zahlungsströme. Die gleiche Schlussfolgerung träfe selbst dann zu, wenn das Unternehmen nicht erwartet, sämtliche vertraglichen Zahlungsströme zu vereinnahmen (wenn beispielsweise die Bonität einiger finanzieller Vermögenswerte beim erstmaligen Ansatz beeinträchtigt ist). Ferner ändert sich das Geschäftsmodell des Unternehmens nicht allein aufgrund der Tatsache, dass das Unternehmen Derivate zur Änderung der Zahlungsströme des Portfolios abschließt.

steuert keine der Kreditforderungen in diesem Portfolio, um Zahlungsströme durch deren Verkauf zu realisieren. In einigen Fällen schließt das Unternehmen Zinsswaps ab, um den variablen Zinssatz bestimmter finanzieller Vermögenswerte in einem Portfolio in einen festen Zinssatz umzuwandeln.	
Beispiel 3 Ein Unternehmen hat ein Geschäftsmodell mit der Zielsetzung, Kredite an Kunden zu vergeben und diese Kredite anschließend an eine Verbriefungsgesellschaft zu verkaufen. Die Verbriefungsgesellschaft emittiert Instrumente an Anleger aus. Das kreditvergebende Unternehmen beherrscht die Verbriefungsgesellschaft und bezieht diese daher in seinen Konsolidierungskreis ein. Die Verbriefungsgesellschaft vereinnahmt die vertraglichen Zahlungsströme aus den Krediten und gibt sie an die Anleger weiter. In diesem Beispiel wird angenommen, dass die Kredite weiter in der Konzernbilanz erfasst werden, weil sie von der Verbriefungsgesellschaft nicht ausgebucht werden.	Die Unternehmensgruppe vergab die Kredite mit der Zielsetzung, sie zur Vereinnahmung der vertraglichen Zahlungsströme zu halten. Jedoch verfolgt das kreditvergebende Unternehmen das Ziel, durch Verkauf der Kredite an die Verbriefungsgesellschaft Zahlungsströme aus dem Kreditportfolio zu realisieren. In Bezug auf seinen Einzelabschluss würde es daher nicht zutreffen, dass dieses Portfolio zur Vereinnahmung der vertraglichen Zahlungsströme gesteuert wird.
Beispiel 4 Ein Finanzinstitut hält finanzielle Vermögenswerte, um den Liquiditätsbedarf in einem „Stress Case"-Szenario zu erfüllen (z. B. ein Ansturm auf die Einlagen der Bank). Das Unternehmen rechnet nicht mit dem Verkauf dieser Vermögenswerte, außer in solchen Szenarien. Das Unternehmen überwacht die Bonität der finanziellen Vermögenswerte und seine Zielsetzung bei der Steuerung der finanziellen Vermögenswerte ist die Vereinnahmung der vertraglichen Zahlungsströme. Das Unternehmen wertet die Wertentwicklung der Vermögenswerte auf Grundlage der vereinnahmten Zinserträge und der realisierten Kreditverluste aus.	Die Zielsetzung des Geschäftsmodells des Unternehmens besteht im Halten der finanziellen Vermögenswerte zur Vereinnahmung vertraglicher Zahlungsströme. Die Schlussfolgerung würde sich nicht ändern, selbst wenn das Unternehmen während eines vorherigen „Stress Case"-Szenarios Verkäufe von signifikantem Wert getätigt hätte, um seinen Liquiditätsbedarf zu decken. Ebenso stehen wiederkehrende Verkäufe von nicht signifikantem Wert nicht im Widerspruch zum Halten von finanziellen Vermögenswerten zur Vereinnahmung vertraglicher Zahlungsströme. Wenn ein Unternehmen hingegen finanzielle Vermögenswerte hält, um seinen täglichen Liquiditätsbedarf zu decken, und die Erfüllung dieser Zielsetzung häufige Verkäufe von signifikantem Wert erfordert, besteht die Zielsetzung des Geschäftsmodells des Unternehmens nicht im Halten von finanziellen Vermögenswerten zur Vereinnahmung vertraglicher Zahlungsströme.
Jedoch überwacht das Unternehmen auch den beizulegenden Zeitwert der finanziellen Vermögenswerte unter dem Gesichtspunkt der Liquidität, um sicherzustellen, dass der Barbetrag, der realisiert würde, wenn das Unter-	Das Geschäftsmodell des Unternehmens ist ebenfalls nicht auf das Halten von finanziellen Vermögenswerten zur Vereinnahmung vertraglicher Zahlungsströme ausgerichtet, wenn das Unternehmen durch seine zuständige Re-

nehmen die Vermögenswerte in einem „Stress Case"-Szenario verkaufen müsste, zur Deckung des Liquiditätsbedarfs des Unternehmens ausreichend wäre. Das Unternehmen tätigt in regelmäßigen Abständen Verkäufe von nicht signifikantem Wert, um Liquidität nachzuweisen.	gulierungsbehörde verpflichtet wird, finanzielle Vermögenswerte regelmäßig als Nachweis der Liquidität der Vermögenswerte zu verkaufen, und der Wert der verkauften Vermögenswerte signifikant ist. Für die Schlussfolgerung ist es nicht relevant, ob eine Dritter den Verkauf der finanziellen Vermögenswerte vorschreibt oder ob dies nach eigenem Ermessen des Unternehmens geschieht.

Geschäftsmodell, dessen Zielsetzung die Vereinnahmung der vertraglichen Zahlungsströme und der Verkauf von finanziellen Vermögenswerten ist

Ein Unternehmen kann finanzielle Vermögenswerte im Rahmen eines Geschäftsmodells halten, dessen Zielsetzung die Vereinnahmung vertraglicher Zahlungsströme und der Verkauf von finanziellen Vermögenswerten ist. Bei dieser Art von Geschäftsmodell hat das Management in Schlüsselpositionen des Unternehmens die Entscheidung getroffen, dass sowohl die Vereinnahmung der vertraglichen Zahlungsströme als auch der Verkauf von finanziellen Vermögenswerten maßgeblich für die Erfüllung der Zielsetzung des Geschäftsmodells ist. Mit einem Geschäftsmodell dieser Art können verschiedene Zielsetzungen im Einklang stehen. Beispielsweise kann die Zielsetzung des Geschäftsmodells darin bestehen, den täglichen Liquiditätsbedarf zu steuern, ein bestimmtes Zinsrenditeprofil zu gewährleisten oder die Laufzeit der finanziellen Vermögenswerte an die Laufzeit der Verbindlichkeiten, die mit solchen Vermögenswerten finanziert werden, anzupassen. Zur Erfüllung einer solchen Zielsetzung wird das Unternehmen sowohl vertragliche Zahlungsströme vereinnahmen als auch finanzielle Vermögenswerte verkaufen. **B4.1.4A**

Im Vergleich zu einem Geschäftsmodell, dessen Zielsetzung im Halten finanzieller Vermögenswerte zur Vereinnahmung vertraglicher Zahlungsströme besteht, ist dieses Geschäftsmodell normalerweise mit einer größeren Häufigkeit und einem höheren Wert der Verkäufe verbunden. Dies liegt daran, dass der Verkauf von finanziellen Vermögenswerten maßgeblich und nicht nebensächlich für die Erfüllung der Zielsetzung des Geschäftsmodells ist. Doch existiert kein Schwellenwert für die Häufigkeit oder den Wert der Verkäufe, die im Rahmen dieses Geschäftsmodells getätigt werden müssen, da sowohl die Vereinnahmung der vertraglichen Zahlungsströme als auch der Verkauf der finanziellen Vermögenswerte für die Erfüllung der Zielsetzung maßgeblich sind. **B4.1.4B**

Nachfolgend sind Beispiele aufgeführt, wann die Zielsetzung des Geschäftsmodells eines Unternehmens sowohl durch die Vereinnahmung vertraglicher Zahlungsströme als auch durch den Verkauf von finanziellen Vermögenswerten erfüllt werden kann. Diese Liste der Beispiele ist nicht abschließend. Ferner wird mit den Beispielen weder beabsichtigt, auf alle Faktoren, die für die Beurteilung des Geschäftsmodells des Unternehmens relevant sein können, einzugehen noch die relative Wichtigkeit der Faktoren festzulegen. **B4.1.4C**

Beispiel	Schlussfolgerungen
Beispiel 5 Ein Unternehmen erwartet Investitionsausgaben in ein paar Jahren. Das Unternehmen investiert seine überschüssigen Zahlungsmittel in kurz- und langfristige finanzielle Vermögenswerte, so dass es die Ausgaben im Bedarfsfall finanzieren kann. Viele der finanziellen Vermögenswerte haben eine vertragliche Laufzeit, die den voraussichtlichen Investiti-	Die Zielsetzung des Geschäftsmodells wird sowohl durch die Vereinnahmung vertraglicher Zahlungsströme als auch den Verkauf finanzieller Vermögenswerte erfüllt. Das Unternehmen wird Entscheidungen auf fortlaufender Basis im Hinblick darauf treffen, ob die Rendite des Portfolios durch die Vereinnahmung vertraglicher Zahlungsströme oder durch den Verkauf finanzieller Vermögenswerte maximiert

onszeitraum des Unternehmens überschreitet. Das Unternehmen wird finanzielle Vermögenswerte zur Vereinnahmung der vertraglichen Zahlungsströme halten und wird bei passender Gelegenheit finanzielle Vermögenswerte verkaufen, um die Zahlungsmittel wieder in finanzielle Vermögenswerte mit höherer Rendite zu investieren. Die für das Portfolio zuständigen Manager werden auf Basis der durch das Portfolio generierten Gesamtrendite vergütet.	wird, bis die investierten Zahlungsmittel benötigt werden. Demgegenüber ist ein Unternehmen zu betrachten, das einen Zahlungsmittelabfluss in fünf Jahren zur Finanzierung einer Investition erwartet und überschüssige Zahlungsmittel in kurzfristigen finanziellen Vermögenswerten anlegt. Werden die Anlagen fällig, legt das Unternehmen die Zahlungsmittel wieder in neuen kurzfristigen finanziellen Vermögenswerten an. Das Unternehmen behält diese Strategie bei, bis die Finanzmittel benötigt werden. Zu diesem Zeitpunkt verwendet das Unternehmen die Erträge aus den fällig werdenden finanziellen Vermögenswerten zur Finanzierung der Investition. Vor der Fälligkeit werden nur Verkäufe von nicht signifikantem Wert getätigt (außer wenn sich das Ausfallrisiko erhöht hat). Die Zielsetzung dieses kontrastierenden Geschäftsmodells besteht im Halten von finanziellen Vermögenswerten zur Vereinnahmung vertraglicher Zahlungsströme.
Beispiel 6 Ein Finanzinstitut hält finanzielle Vermögenswerte zur Deckung des täglichen Liquiditätsbedarfs. Das Unternehmen ist bestrebt, die Kosten für die Steuerung dieses Liquiditätsbedarfs zu minimieren und steuert daher aktiv die Rendite des Portfolios. Diese Rendite besteht in der Vereinnahmung vertraglicher Zahlungen sowie in Gewinnen und Verlusten aus dem Verkauf von finanziellen Vermögenswerten. Demzufolge hält das Unternehmen finanzielle Vermögenswerte zur Vereinnahmung vertraglicher Zahlungsströme und verkauft finanzielle Vermögenswerte zur Wiederanlage in finanzielle Vermögenswerte mit höherer Rendite oder zur besseren Anpassung an die Laufzeit seiner Verbindlichkeiten. In der Vergangenheit hat diese Strategie zu häufigen Verkaufsaktivitäten geführt, wobei solche Verkäufe von signifikantem Wert waren. Es wird davon ausgegangen, dass diese Aktivitäten in Zukunft fortgeführt werden.	Die Zielsetzung des Geschäftsmodells ist die Maximierung der Rendite des Portfolios, um den täglichen Liquiditätsbedarf zu decken, wobei das Unternehmen diese Zielsetzung sowohl durch die Vereinnahmung vertraglicher Zahlungsströme als auch durch den Verkauf von finanziellen Vermögenswerten erfüllt. Mit anderen Worten sind sowohl die Vereinnahmung vertraglicher Zahlungsströme als auch der Verkauf von finanziellen Vermögenswerten maßgeblich für die Erfüllung der Zielsetzung des Geschäftsmodells.
Beispiel 7 Ein Versicherer hält finanzielle Vermögenswerte zur Finanzierung von Verbindlichkeiten aus Versicherungsverträgen. Der Versicherer verwendet die Erträge aus den vertraglichen Zahlungsströmen der finanziellen Vermögenswerte, um die Verbindlichkeiten aus den Versicherungsverträgen bei Fälligkeit zu begleichen.	Die Zielsetzung dieses Geschäftsmodells ist die Finanzierung der Verbindlichkeiten aus den Versicherungsverträgen. Zur Erfüllung dieser Zielsetzung vereinnahmt das Unternehmen die fällig werdenden vertraglichen Zahlungsströme und verkauft finanzielle Vermögenswerte, um das gewünschte Profil bei dem Anlagenportfolio zu erhalten. Für die Erfüllung der Ziel-

Um sicherzustellen, dass die vertraglichen Zahlungsströme aus den finanziellen Vermögenswerten zur Tilgung dieser Verbindlichkeiten ausreichen, tätigt der Versicherer regelmäßig Käufe und Verkäufe in signifikantem Umfang, um sein Portfolio aus Vermögenswerten neu zu kalibrieren und den entstehenden Bedarf an Zahlungsströmen zu decken.	setzung des Geschäftsmodells sind sowohl die Vereinnahmung vertraglicher Zahlungsströme als auch der Verkauf finanzieller Vermögenswerte maßgeblich.

Andere Geschäftsmodelle

Finanzielle Vermögenswerte werden erfolgswirksam zum beizulegenden Zeitwert bewertet, wenn sie nicht im Rahmen eines Geschäftsmodells gehalten werden, dessen Zielsetzung im Halten von Vermögenswerten zur Vereinnahmung vertraglicher Zahlungsströme besteht, oder nicht im Rahmen eines Geschäftsmodells, dessen Zielsetzung sowohl die Vereinnahmung vertraglicher Zahlungsströme als auch der Verkauf finanzieller Vermögenswerte ist (siehe aber auch Paragraph 5.7.5). Bei einem Geschäftsmodell, das zur erfolgswirksamen Bewertung zum beizulegenden Zeitwert führt, steuert ein Unternehmen die finanziellen Vermögenswerte mit dem Ziel, durch den Verkauf der Vermögenswerte Zahlungsströme zu realisieren. Auf Grundlage der beizulegenden Zeitwerte der Vermögenswerte trifft das Unternehmen Entscheidungen und steuert die Vermögenswerte zur Realisierung dieser beizulegenden Zeitwerte. In diesem Fall führt die Zielsetzung des Unternehmens normalerweise zu aktivem Kauf und Verkauf. Auch wenn das Unternehmen vertragliche Zahlungsströme vereinnahmt, während es die finanziellen Vermögenswerte hält, wird die Zielsetzung eines solchen Geschäftsmodells nicht durch Vereinnahmung vertraglicher Zahlungsströme und Verkauf finanzieller Vermögenswerte erfüllt. Dies liegt daran, dass die Vereinnahmung vertraglicher Zahlungsströme nicht maßgeblich, sondern nebensächlich für die Erfüllung der Zielsetzung des Geschäftsmodells ist. **B4.1.5**

Ein Portfolio von finanziellen Vermögenswerten, das anhand des beizulegenden Zeitwerts gesteuert und dessen Wertentwicklung danach beurteilt wird (wie in Paragraph 4.2.2(b) beschrieben), wird weder zur Vereinnahmung vertraglicher Zahlungsströme noch sowohl zur Vereinnahmung vertraglicher Zahlungsströme als auch zum Verkauf finanzieller Vermögenswerte gehalten. Das Unternehmen konzentriert sich hauptsächlich auf die Informationen über den beizulegenden Zeitwert und beurteilt anhand dieser Informationen die Wertentwicklung der Vermögenswerte und trifft Entscheidungen. Darüber hinaus wird ein Portfolio von finanziellen Vermögenswerten, das die Definition von „zu Handelszwecken gehalten" erfüllt, nicht zur Vereinnahmung vertraglicher Zahlungsströme bzw. nicht sowohl zur Vereinnahmung vertraglicher Zahlungsströme als auch zum Verkauf von finanziellen Vermögenswerten gehalten. Bei solchen Portfolios ist die Vereinnahmung der vertraglichen Zahlungsströme im Hinblick auf die Erfüllung der Zielsetzung des Geschäftsmodells nur nebensächlich. Infolgedessen müssen solche Portfolios von finanziellen Vermögenswerten erfolgswirksam zum beizulegenden Zeitwert bewertet werden. **B4.1.6**

Vertragliche Zahlungsströme, die ausschließlich Tilgungs- und Zinszahlungen auf den ausstehenden Kapitalbetrag darstellen

Gemäß Paragraph 4.1.1(b) hat ein Unternehmen einen finanziellen Vermögenswert auf Grundlage der Eigenschaften der vertraglichen Zahlungsströme zu klassifizieren, wenn der finanzielle Vermögenswert im Rahmen eines Geschäftsmodells gehalten wird, dessen Zielsetzung im Halten von Vermögenswerten zur Vereinnahmung vertraglicher Zahlungsströme besteht oder wenn er im Rahmen eines Geschäftsmodells gehalten wird, dessen Zielsetzung durch die Vereinnahmung vertraglicher Zahlungsströme und durch den Verkauf von finanziellen Vermögenswerten erfüllt wird, sofern nicht Paragraph 4.1.5 gilt. Hierzu hat ein Unternehmen gemäß den Bedingungen in den Paragraphen 4.1.2(b) und 4.1.2A(b) zu bestimmen, ob die vertraglichen **B4.1.7**

Zahlungsströme ausschließlich Tilgungs- und Zinszahlungen auf den ausstehenden Kapitalbetrag darstellen.

B4.1.7A Vertragliche Zahlungsströme, die ausschließlich Tilgungs- und Zinszahlungen auf den ausstehenden Kapitalbetrag darstellen, stehen im Einklang mit einer elementaren Kreditvereinbarung. Bei einer elementaren Kreditvereinbarung stellen Entgelte für den Zeitwert des Geldes (siehe Paragraphen B4.1.9A-B4.1.9E) und für das Ausfallrisiko normalerweise die signifikantesten Zinskomponenten dar. Allerdings können die Zinsen bei einer solchen Vereinbarung auch Entgelte für andere grundlegende Kreditrisiken (beispielsweise Liquiditätsrisiko) sowie Kosten (beispielsweise Verwaltungskosten) in Verbindung mit dem Halten des finanziellen Vermögenswerts über einen bestimmten Zeitraum beinhalten. Ferner können die Zinsen eine Gewinnmarge entsprechend einer elementaren Kreditvereinbarung beinhalten. Unter extremen Konjunkturbedingungen können Zinsen negativ sein, wenn beispielsweise der Inhaber eines finanziellen Vermögenswerts entweder ausdrücklich oder stillschweigend für die Anlage seines Geldes über einen bestimmten Zeitraum bezahlt (und diese Gebühr die Vergütung übersteigt, die der Inhaber für den Zeitwert des Geldes, das Ausfallrisiko und die anderen grundlegenden Kreditrisiken und Kosten erhält). Jedoch führen Vertragsbedingungen, durch die Parteien Risiken oder Volatilität in den vertraglichen Zahlungsströmen ausgesetzt werden, die nicht mit einer elementaren Kreditvereinbarung zusammenhängen, wie z. B. Preisänderungsrisiken bei Eigenkapitaltiteln oder Rohstoffen, nicht zu vertraglichen Zahlungsströme, die ausschließlich Tilgungs- und Zinszahlungen auf den ausstehenden Kapitalbetrag darstellen. Bei einem ausgereichten oder erworbenen finanziellen Vermögenswert kann es sich um eine elementare Kreditvereinbarung handeln, unabhängig davon, ob er in rechtlicher Form ein Kredit ist.

B4.1.7B Gemäß Paragraph 4.1.3(a) entspricht der Kapitalbetrag dem beizulegenden Zeitwert des finanziellen Vermögenswerts beim erstmaligen Ansatz. Jedoch kann sich der Kapitalbetrag während der Laufzeit des finanziellen Vermögenswerts ändern (beispielsweise im Falle von Rückzahlungen).

B4.1.8 Ein Unternehmen hat zu beurteilen, ob die vertraglichen Zahlungsströme ausschließlich Tilgungs- und Zinszahlungen auf den ausstehenden Kapitalbetrag für die Währung darstellen, auf die der finanzielle Vermögenswert lautet, handelt.

B4.1.9 Einige finanzielle Vermögenswerte haben als Eigenschaft der vertraglichen Zahlungsströme eine Hebelwirkung, die die Variabilität der vertraglichen Zahlungsströme verstärkt. Diese Zahlungsströme weisen dadurch nicht die wirtschaftlichen Merkmale von Zinsen auf. Alleinstehende Optionen, Termingeschäfte und Swap-Verträge sind Beispiele für finanzielle Vermögenswerte, die eine solche Hebelwirkung beinhalten. Somit erfüllen solche Verträge nicht die Bedingung in den Paragraphen 4.1.2(b) und 4.1.2A(b) und können bei der Folgebewertung nicht zu fortgeführten Anschaffungskosten oder erfolgsneutral zum beizulegenden Zeitwert im sonstigen Ergebnis bewertet werden.

Berücksichtigung des Zeitwerts des Geldes

B4.1.9A Als Zeitwert des Geldes bezeichnet wird das Zinselement, das ein Entgelt nur für den bloßen Zeitablauf darstellt. Dies bedeutet, dass der Zeitwert des Geldes kein Entgelt für sonstige Risiken oder Kosten im Zusammenhang mit dem Halten des finanziellen Vermögenswerts darstellt. Bei der Beurteilung, ob das Element nur Entgelt für den bloßen Zeitablauf ist, übt ein Unternehmen Ermessen aus und berücksichtigt relevante Faktoren wie beispielsweise die Währung, auf die der finanzielle Vermögenswert lautet, und den Zeitraum, für den der Zinssatz festgelegt wird.

B4.1.9B Jedoch kann der Zeitwert des Geldes in einigen Fällen verändert (d. h. inkongruent) sein. Dies wäre beispielsweise der Fall, wenn der Zinssatz eines finanziellen Vermögenswerts in regelmäßigen Abständen angepasst wird, die Häufigkeit dieser Anpassung jedoch nicht der Laufzeit des Zinssatzes entspricht (beispielsweise wird der Zinssatz bei einem 1-Jahres-Zinssatz monatlich angepasst), oder wenn der Zinssatz eines finanziellen Vermögenswerts in regelmäßigen Abständen an einen Durchschnitt aus bestimmten kurz- und langfristigen Zinssätzen angepasst wird. Zur Bestimmung, ob die vertraglichen Zahlungsströme ausschließlich Tilgungs- und Zinszahlungen auf den ausstehenden Kapitalbetrag darstellen, muss in solchen Fällen ein Unternehmen diese Veränderung beurteilen. Unter bestimmten Umständen kann das Unternehmen dies anhand einer qualitativen Beurteilung des Elements für den Zeitwert des Geldes bestimmen, während unter anderen Umständen eventuell eine quantitative Beurteilung erforderlich ist.

Bei der Beurteilung eines veränderten Elements für den Zeitwert des Geldes gilt es zu bestimmen, inwieweit sich die vertraglichen (nicht abgezinsten) Zahlungsströme von den (nicht abgezinsten) Zahlungsströmen unterscheiden, die entstehen würden, wenn das Element für den Zeitwert des Geldes unverändert wäre (Vergleichszahlungsströme). Wenn der zu beurteilende finanzielle Vermögenswert beispielsweise einen variablen Zinssatz beinhaltet, der monatlich an einen 1-Jahres-Zinssatz angepasst wird, würde das Unternehmen diesen finanziellen Vermögenswert mit einem Finanzinstrument mit identischen Vertragsbedingungen und identischem Ausfallrisiko vergleichen, ohne dass der variable Zinssatz monatlich an einen 1-Monats-Zinssatz angepasst wird. Wenn das veränderte Element für den Zeitwert des Geldes zu vertraglichen (nicht abgezinsten) Zahlungsströmen führen könnte, die sich signifikant von den (nicht abgezinsten) Vergleichs-Zahlungsströmen unterscheiden, erfüllt der finanzielle Vermögenswert nicht die Bedingung gemäß den Paragraphen 4.1.2(b) und 4.1.2A(b). Um dies zu bestimmen, muss das Unternehmen die Auswirkung des veränderten Elements für den Zeitwert des Geldes in jeder Berichtsperiode und kumuliert über die Laufzeit des Finanzinstruments berücksichtigen. Der Grund für die Festlegung des Zinssatzes auf diese Weise ist für die Analyse ohne Belang. Wenn ohne oder mit nur geringem Analyseaufwand zu klären ist, ob die beurteilten vertraglichen (nicht abgezinsten) Zahlungsströme des finanziellen Vermögenswerts sich signifikant von den (nicht abgezinsten) Vergleichs-Zahlungsströmen unterscheiden, muss ein Unternehmen keine ausführliche Beurteilung durchführen. **B4.1.9C**

Bei der Beurteilung eines veränderten Elements für den Zeitwert des Geldes muss ein Unternehmen Faktoren berücksichtigen, die sich auf zukünftige vertragliche Zahlungsströme auswirken könnten. Wenn ein Unternehmen beispielsweise eine Anleihe mit einer fünfjährigen Laufzeit beurteilt und der variable Zinssatz alle sechs Monate an einen 5-Jahres-Zinssatz angepasst wird, kann das Unternehmen nicht schlussfolgern, dass es sich bei den vertraglichen Zahlungsströmen ausschließlich um Tilgungs- und Zinszahlungen auf den ausstehenden Kapitalbetrag handelt, nur weil die Zinsstrukturkurve zum Zeitpunkt der Beurteilung so ist, dass die Differenz zwischen einem 5-Jahres-Zinssatz und einem 6-Monats-Zinssatz nicht signifikant ist. Stattdessen muss das Unternehmen auch berücksichtigen, ob sich die Beziehung zwischen dem 5-Jahres-Zinssatz und dem 6-Monats-Zinssatz über die Laufzeit des Instruments ändern könnte, so dass die vertraglichen (nicht abgezinsten) Zahlungsströme über die Laufzeit des Instruments signifikant von den (nicht abgezinsten) Vergleichs-Zahlungsströmen abweichen könnten. Jedoch muss ein Unternehmen nur angemessenerweise für möglich gehaltene Szenarien anstelle jedes möglichen Szenarios berücksichtigen. Wenn ein Unternehmen schlussfolgert, dass die vertraglichen (nicht abgezinsten) Zahlungsströme erheblich von den (nicht abgezinsten) Vergleichs-Zahlungsströmen abweichen könnten, erfüllt der finanzielle Vermögenswert nicht die Bedingung gemäß den Paragraphen 4.1.2(b) und 4.1.2A(b) und kann daher nicht zu fortgeführten Anschaffungskosten oder erfolgsneutral zum beizulegenden Zeitwert im sonstigen Ergebnis bewertet werden. **B4.1.9D**

In einigen Rechtsordnungen werden die Zinssätze von der Regierung oder einer Regulierungsbehörde festgelegt. Beispielsweise kann eine solche Zinssatzfestlegung von Regierungsseite Teil einer breiteren makroökonomischen Politik sein oder eingeführt werden, um Unternehmen zu Investitionen in einen bestimmten Wirtschaftssektor anzuregen. In einigen dieser Fälle soll das Element für den Zeitwert des Geldes kein Entgelt nur für den bloßen Zeitablauf zu sein. Ungeachtet der Paragraphen B4.1.9A-B4.1.9D sollte allerdings zur Anwendung der Bedingung in den Paragraphen 4.1.2(b) und 4.1.2A(b) ein regulierter Zinssatz als Näherungswert des Elements für den Zeitwert des Geldes herangezogen werden, wenn dieser regulierte Zinssatz ein Entgelt darstellt, das weitgehend dem Zeitablauf entspricht und er keine Risiken oder Volatilität in den **B4.1.9E** vertraglichen Zahlungsströmen impliziert, die nicht mit einer elementaren Kreditvereinbarung im Einklang stehen.

Vertragsbedingungen, die den Zeitpunkt oder die Höhe der vertraglichen Zahlungsströme ändern

B4.1.10 Wenn ein finanzieller Vermögenswert eine Vertragsbedingung beinhaltet, die den Zeitpunkt oder die Höhe von vertraglichen Zahlungsströmen ändern kann (beispielsweise wenn der Vermögenswert vor Fälligkeit zurückgezahlt werden kann oder die Laufzeit verlängert werden kann), muss das Unternehmen bestimmen, ob die vertraglichen Zahlungsströme, die über die Laufzeit des Instruments aufgrund dieser Vertragsbedingungen entstehen könnten, ausschließlich Tilgungs- und Zinszahlungen auf den ausstehenden Kapitalbetrag darstellen. Um dies zu bestimmen, muss das Unternehmen die vertraglichen Zahlungsströme beurteilen, die vor und nach der Änderung der vertraglichen Zahlungsströme auftreten könnten. Das Unternehmen muss unter Umständen auch die Art eines eventuellen Ereignisses (d. h. den Auslöser) beurteilen, durch das sich der Zeitpunkt oder die Höhe der vertraglichen Zahlungsströme ändern würden. Während die Art des bedingten Ereignisses selbst kein maßgeblicher Faktor bei der Beurteilung ist, ob die vertraglichen Zahlungsströme ausschließlich Tilgungs- und Zinszahlungen auf den ausstehenden Kapitalbetrag darstellen, kann dies ein Indikator sein. Man vergleiche beispielsweise ein Finanzinstrument mit einem Zinssatz, der an einen höheren Zinssatz angepasst wird, wenn der Schuldner eine bestimmte Anzahl von Zahlungen versäumt, mit einem Finanzinstrument mit einem Zinssatz, der an einen höheren Zinssatz angepasst wird, wenn ein bestimmter Index für Eigenkapitaltitel ein bestimmtes Niveau erreicht. Im ersteren Fall ist es aufgrund der Beziehung zwischen versäumten Zahlungen und einer Erhöhung des Ausfallrisikos eher wahrscheinlich, dass die vertraglichen Zahlungsströme ausschließlich Tilgungs- und Zinszahlungen auf den ausstehenden Kapitalbetrag darstellen. (Siehe auch Paragraph B4.1.18.)

B4.1.11 Nachfolgend sind Beispiele aufgeführt, wann Vertragsbedingungen zu vertraglichen Zahlungsströmen führen, die ausschließlich Tilgungs- und Zinszahlungen auf den ausstehenden Kapitalbetrag darstellen:

(a) ein variabler Zinssatz, der aus dem Entgelt für den Zeitwert des Geldes, für das Ausfallrisiko im Zusammenhang mit dem ausstehenden Kapitalbetrag während eines bestimmten Zeitraums (das Entgelt für das Ausfallrisiko kann nur beim erstmaligen Ansatz bestimmt werden und kann daher festgelegt sein) und für andere grundlegende Kreditrisiken und Kosten sowie einer Gewinnmarge besteht;

(b) eine Vertragsbedingung, die es dem Emittenten (d. h. dem Schuldner) erlaubt, ein Schuldinstrument vorzeitig zurückzuzahlen, oder es dem Inhaber (d. h. dem Gläubiger) gestattet, ein Schuldinstrument vor der Fälligkeit an den Emittenten zurückzugeben, wobei der Betrag der vorzeitigen Rückzahlung im Wesentlichen nicht geleistete Tilgungs- und Zinszahlungen auf den ausstehenden Kapitalbetrag darstellt und ein angemessenes Entgelt für die vorzeitige Beendigung des Vertrags umfassen kann; und

(c) eine Vertragsbedingung, die es dem Emittenten oder dem Inhaber gestattet, die Vertragslaufzeit eines Schuldinstruments zu verlängern (d. h. eine Verlängerungsoption), wobei die Bedingungen der Verlängerungsoption zu vertraglichen Zahlungsströmen während des Verlängerungszeitraums führen, die ausschließlich Tilgungs- und Zinszahlungen auf den ausstehenden Kapitalbetrag darstellen und die ein angemessenes zusätzliches Entgelt für die Verlängerung des Vertrags umfassen können.

B4.1.12 Ungeachtet des Paragraphen B4.1.10 kommt ein finanzieller Vermögenswert, der ansonsten die Bedingung der Paragraphen 4.1.2(b) und 4.1.2A(b) erfüllen würde, sie aber wegen einer Vertragsbedingung nicht erfüllt, die es dem Emittenten erlaubt (oder vorschreibt), ein Schuldinstrument vorzeitig zurückzuzahlen, oder es dem Inhaber gestattet (oder vorschreibt), ein Schuldeninstrument vor der Fälligkeit an den Emittenten zurückzugeben, für die Bewertung zu fortgeführten Anschaffungskosten oder erfolgsneutral zum beizulegenden Zeitwert im sonstigen Ergebnis in Frage (vorbehaltlich der Erfüllung der Bedingung in Paragraph 4.1.2(a) oder der Bedingung in Paragraph 4.1.2A(a)), wenn

(a) das Unternehmen den finanziellen Vermögenswert gegen einen Auf- oder Abschlag gegenüber dem vertraglichen Nennbetrag erwirbt oder ausreicht,

(b) der Betrag der vorzeitigen Rückzahlung im Wesentlichen den vertraglichen Nennbetrag und die aufgelaufenen (jedoch nicht gezahlten) Vertragszinsen darstellt, der ein angemessenes Entgelt für die vorzeitige Beendigung des Vertrags beinhalten kann, und

(c) beim erstmaligen Ansatz des finanziellen Vermögenswerts der beizulegende Zeitwert des Elements vorzeitiger Rückzahlung nicht signifikant ist.

Für die Zwecke der Anwendung der Paragraphen B4.1.11(b) und B4.1.12(b) kann eine Partei unabhängig davon, welches Ereignis oder welcher Umstand die vorzeitige Beendigung des Vertrags bewirkt, ein angemessenes Entgelt für diese vorzeitige Beendigung zahlen oder erhalten. So kann eine Partei beispielsweise ein angemessenes Entgelt zahlen oder erhalten, wenn sie sich für eine vorzeitige Beendigung des Vertrags entscheidet (oder auf sonstige Weise die vorzeitige Beendigung bewirkt). **B4.1.12A**

Die folgenden Beispiele Veranschaulichen vertragliche Zahlungsströme, die ausschließlich Tilgungs- und Zinszahlungen auf den ausstehenden Kapitalbetrag darstellen. Diese Liste der Beispiele ist nicht abschließend. **B4.1.13**

Instrument	Schlussfolgerungen
Instrument A Instrument A ist eine Anleihe mit einer festen Laufzeit. Die Tilgungs- und Zinszahlungen auf den ausstehenden Kapitalbetrag sind an einen Inflationsindex der Währung gekoppelt, in der das Instrument ausgeben wurde. Die Inflationskoppelung weist keine Hebelwirkung auf und das Kapitalbetrag ist wertgesichert.	Die vertraglichen Zahlungsströme stellen ausschließlich Tilgungs- und Zinszahlungen auf den ausstehenden Kapitalbetrag dar. Durch die Kopplung von Tilgungs- und Zinszahlungen auf den ausstehenden Kapitalbetrag an einen Inflationsindex ohne Hebelwirkung wird der Zeitwert des Geldes an das aktuelle Niveau angepasst. Mit anderen Worten spiegelt der Zinssatz bei dem Instrument den „realen" Zins wider. Somit sind die Zinsbeträge das Entgelt für den Zeitwert des Geldes auf den ausstehenden Kapitalbetrag. Wären die Zinszahlungen jedoch an eine andere Variable wie beispielsweise die wirtschaftliche Leistungsfähigkeit des Kreditnehmers (z. B. Nettoeinkommen des Kreditnehmers) oder einen Index für Eigenkapitaltitel gekoppelt, wären die vertraglichen Zahlungsströme keine Tilgungs- und Zinszahlungen auf den ausstehenden Kapitalbetrag (außer wenn die Koppelung an die wirtschaftliche Leistungsfähigkeit des Kreditnehmers zu einer Anpassung führt, durch die der Inhaber nur einen Ausgleich für Änderungen des Ausfallrisikos des Instruments erhält, so dass die vertraglichen Zahlungsströme ausschließlich Tilgungs- und Zinszahlungen auf den ausstehenden Kapitalbetrag darstellen). Dies liegt daran, dass die vertraglichen Zahlungsströme einer Rendite entsprechen, die nicht mit einer elementaren Kreditvereinbarung im Einklang stehen (siehe Paragraph B4.1.7A).

Instrument B Instrument B ist ein variabel verzinsliches Instrument mit einer festen Laufzeit, bei dem der Schuldner den Marktzinssatz fortlaufend wählen kann. Zu jedem Zinsanpassungstermin kann sich der Schuldner beispielsweise dafür entscheiden, den 3-Monats-LIBOR für eine dreimonatige Laufzeit oder den 1-Monats-LIBOR für eine einmonatige Laufzeit zu zahlen.	Die vertraglichen Zahlungsströme stellen ausschließlich Tilgungs- und Zinszahlungen auf den ausstehenden Kapitalbetrag dar, solange die über die Laufzeit des Instruments gezahlten Zinsen das Entgelt für den Zeitwert des Geldes, für das mit dem Instrument verbundene Ausfallrisiko und andere grundlegende Kreditrisiken und Kosten sowie eine Gewinnmarge widerspiegeln (siehe Paragraph B4.1.7A). Die Tatsache, dass der LIBOR-Zinssatz während der Laufzeit des Instruments angepasst wird, schließt für sich genommen nicht aus, dass dieses Kriterium erfüllt wird. Wenn der Kreditnehmer allerdings die Zahlung eines 1-Monats-Zinssatzes, der alle drei Monate angepasst wird, wählen kann, wird der Zinssatz mit einer Häufigkeit neu festgesetzt, die nicht der Laufzeit des Zinssatzes entspricht. Infolgedessen ist das Element für den Zeitwert des Geldes verändert. Beinhaltet ein Instrument jedoch einen vertraglichen Zinssatz basierend auf einer Laufzeit, die die Restlaufzeit des Instruments überschreiten kann (wenn beispielsweise ein Instrument mit einer Laufzeit von fünf Jahren variabel verzinst wird, wobei der Zinssatz regelmäßig angepasst wird, aber eine Laufzeit von fünf Jahren widerspiegelt), ist das Element für den Zeitwert des Geldes verändert. Dies liegt daran, dass die in jedem Zeitraum zu zahlenden Zinsen von der Zinsperiode abgekoppelt sind. In solchen Fällen muss das Unternehmen die vertraglichen Zahlungsströme qualitativ oder quantitativ mit denjenigen bei einem Instrument vergleichen, das in allen Aspekten identisch ist, außer dass die Laufzeit des Zinssatzes der Zinsperiode entspricht, um zu bestimmen, ob die Zahlungsströme ausschließlich Tilgungs- und Zinszahlungen auf den ausstehenden Kapitalbetrag darstellen. (Siehe auch Paragraph B4.1.9E für Leitlinien zu regulierten Zinssätzen.) Bei der Beurteilung einer Anleihe mit einer Laufzeit von fünf Jahren mit variabler Verzinsung, die alle sechs Monate angepasst wird, aber stets eine Laufzeit von fünf Jahren widerspiegelt, berücksichtigt ein Unternehmen beispielsweise die vertraglichen Zahlungsströme aus einem Instrument, das alle sechs Monate an einen 6-Monats-Zinssatz angepasst wird, ansonsten aber identisch ist. Die gleiche Schlussfolgerung würde gelten, wenn der Schuldner zwischen den verschiedenen veröffentlichten Zinssätzen des Gläubigers

	wählen könnte (wenn beispielsweise der Schuldner zwischen dem veröffentlichten variablen 1-Monats-Zinssatz und dem veröffentlichten variablen 3-Monats-Zinssatz des Gläubigers wählen kann).
Instrument C Instrument C ist eine Anleihe mit einer festen Laufzeit und einer variablen Marktverzinsung. Der variable Zinssatz ist gedeckelt.	Die vertraglichen Zahlungsströme: a) eines festverzinslichen Instruments und b) eines variabel verzinslichen Instruments stellen Tilgungs- und Zinszahlungen auf den ausstehenden Kapitalbetrag dar, solange die Zinsen das Entgelt für den Zeitwert des Geldes, für das mit dem Instrument verbundene Ausfallrisiko während der Laufzeit des Instruments und für andere grundlegende Kreditrisiken und Kosten sowie eine Gewinnmarge widerspiegeln. (Siehe Paragraph B4.1.7A) Daher kann ein Instrument, das einer Kombination aus (a) und (b) entspricht (z. B. eine Anleihe mit einer Zinsobergrenze), Zahlungsströme aufweisen, die ausschließlich Tilgungs- und Zinszahlungen auf den ausstehenden Kapitalbetrag darstellen. Durch eine solche Vertragsbedingung können Schwankungen der Zahlungsströme durch Begrenzung eines variablen Zinssatzes (z. B. Zinsober- oder -untergrenze) verringert oder aber erhöht werden, wenn ein fester Zinssatz variabel wird.
Instrument D Instrument D ist ein Darlehen mit vollem Rückgriffsrecht und durch Sicherheiten unterlegt.	Die Tatsache, dass ein Darlehen mit vollem Rückgriffsrecht besichert ist, hat an sich keine Auswirkung auf die Schlussfolgerung, ob die vertraglichen Zahlungsströme ausschließlich Tilgungs- und Zinszahlungen auf den ausstehenden Kapitalbetrag darstellen.
Instrument E Instrument E wird durch eine der Aufsicht unterliegende Bank ausgegeben und weist eine feste Laufzeit auf. Das Instrument ist festverzinslich und sämtliche vertraglichen Zahlungsströme sind ermessensfrei. Jedoch unterliegt der Emittent Rechtsvorschriften, nach denen es einer nationalen beschließenden Behörde erlaubt oder vorgeschrieben ist, Inhabern von bestimmten Instrumenten, einschließlich des Instruments E, unter besonderen Umständen Verluste aufzuerlegen. Beispielsweise ist die nationale beschließende Behörde befugt, den Nennbetrag des Instruments E zu verringern oder es in eine festgelegte Anzahl von Stammaktien des Emittenten umzuwandeln, wenn die nationale beschließende Behörde feststellt, dass sich der Emittent in ernsten finanziellen Schwierigkei-	Der Inhaber würde anhand der **Vertragsbedingungen** des Finanzinstruments bestimmen, ob sie zu Zahlungsströmen führen, die ausschließlich Tilgungs- und Zinszahlungen auf den ausstehenden Kapitalbetrag darstellen und die somit mit einer elementaren Kreditvereinbarung im Einklang stehen. Bei dieser Betrachtung würden keine Zahlungen berücksichtigt werden, die ausschließlich dadurch entstehen, dass die nationale beschließende Behörde befugt ist, dem Inhaber von Instrument E Verluste aufzuerlegen. Dies liegt daran, dass diese Befugnis und die daraus resultierenden Zahlungen nicht zu den **Vertragsbedingungen** des Finanzinstruments gehören. Im Gegensatz dazu würden die vertraglichen Zahlungsströme nicht ausschließlich aus Tilgungs- und Zinszahlungen auf den ausstehen-

ten befindet, zusätzliche aufsichtsrechtliche Eigenmittel benötigt oder sanierungsbedürftig ist.	den Kapitalbetrag bestehen, wenn es die **Vertragsbedingungen** des Finanzinstruments dem Emittenten oder einem anderen Unternehmen erlauben oder vorschreiben, dem Inhaber Verluste aufzuerlegen (z. B. durch Verringern des Nennbetrags oder durch Umwandeln des Instruments in eine festgelegte Anzahl von Stammaktien des Emittenten), solange es sich um echte Vertragsbedingungen handelt, selbst wenn die Wahrscheinlichkeit gering ist, dass ein solcher Verlust auferlegt wird.

B4.1.14 Die folgenden Beispiele veranschaulichen vertragliche Zahlungsströme, die keine ausschließlichen Tilgungs- und Zinszahlungen auf den ausstehenden Kapitalbetrag darstellen. Diese Liste von Beispielen ist nicht abschließend.

Instrument	Schlussfolgerungen
Instrument F Instrument F ist eine Anleihe, die in eine festgelegte Anzahl von Eigenkapitalinstrumenten des Emittenten umgewandelt werden kann.	Der Inhaber würde die Wandelanleihe in ihrer Gesamtheit analysieren. Die vertraglichen Zahlungsströme stellen keine Tilgungs- und Zinszahlungen auf den ausstehenden Kapitalbetrag dar, da sie eine Rendite widerspiegeln, die mit einer elementaren Kreditvereinbarung nicht im Einklang steht (siehe Paragraph B4.1.7A), d. h. die Rendite ist an den Wert des Eigenkapitaltitels des Emittenten gekoppelt.
Instrument G Instrument G ist ein Darlehen mit einem invers variablen Zinssatz (d. h. der Zinssatz verhält sich gegenläufig zu den Marktzinssätzen).	Die vertraglichen Zahlungsströme stellen nicht ausschließlich Tilgungs- und Zinszahlungen auf den ausstehenden Kapitalbetrag dar. Die Zinsbeträge sind kein Entgelt für den Zeitwert des Geldes auf den ausstehenden Kapitalbetrag.
Instrument H Instrument H ist ein unbefristetes Instrument, wobei der Emittent das Instrument jedoch jederzeit kündigen und dem Inhaber den Nennbetrag zuzüglich der angefallenen fälligen Zinsen auszahlen kann. Instrument H wird mit dem Marktzinssatz verzinst. Die Zinszahlung erfolgt jedoch nur dann, wenn der Emittent unmittelbar danach zahlungsfähig bleibt. Für aufgeschobene Zinszahlungen werden keine zusätzlichen Zinsen gezahlt.	Die vertraglichen Zahlungsströme stellen keine Tilgungs- und Zinszahlungen auf den ausstehenden Kapitalbetrag dar, weil der Emittent die Zinszahlungen eventuell aufschieben muss und diese aufgeschobenen Zinsbeträge nicht zusätzlich verzinst werden. Folglich sind die Zinsbeträge kein Entgelt für den Zeitwert des Geldes auf den ausstehenden Kapitalbetrag. Würden die aufgeschobenen Beträge verzinst werden, könnten die vertraglichen Zahlungsströme Tilgungs- und Zinszahlungen auf den ausstehenden Kapitalbetrag darstellen. Die Tatsache, dass das Instrument H unbefristet ist, bedeutet an sich nicht, dass die vertraglichen Zahlungsströme keine Tilgungs- und Zinszahlungen auf den ausstehenden Kapitalbetrag darstellen. Ein unbefristetes Instrument ist praktisch ein Instrument mit fortlaufenden (mehreren) Verlängerungsoptionen. Solche Op-

	tionen können zu vertraglichen Zahlungsströme führen, die Tilgungs- und Zinszahlungen auf den ausstehenden Kapitalbetrag darstellen, sofern die Zinszahlungen verpflichtend sind und auf unbestimmte Dauer geleistet werden müssen. Ebenso schließt die Tatsache, dass das Instrument H kündbar ist, für sich genommen nicht aus, dass die vertraglichen Zahlungsströmen Tilgungs- und Zinszahlungen auf den ausstehenden Kapitalbetrag darstellen, es sei denn, das Instrument ist zu einem Betrag kündbar, der nicht im Wesentlichen den ausstehenden Tilgungs- und Zinszahlungen auf diesen Kapitalbetrag entspricht. Selbst wenn der bei Kündigung zu zahlende Betrag einen Betrag enthält, der den Inhaber für die vorzeitige Kündigung des Instruments angemessen entschädigt, könnten die vertraglichen Zahlungsströme Tilgungs- und Zinszahlungen auf den ausstehenden Kapitalbetrag darstellen. (Siehe auch Paragraph B4.1.12.)

In einigen Fällen kann ein finanzieller Vermögenswert vertragliche Zahlungsströme aufweisen, **B4.1.15**
die als Tilgung und Zinszahlung bezeichnet werden, allerdings nicht den Tilgungs- und Zinszahlungen auf den ausstehenden Kapitalbetrag, wie in den Paragraphen 4.1.2(b), 4.1.2A(b) und 4.1.3 des vorliegenden Standards beschrieben, entsprechen.

Dies könnte der Fall sein, wenn der finanzielle Vermögenswert eine Finanzinvestition in be- **B4.1.16**
stimmte Vermögenswerte oder Zahlungsströme darstellt und die vertraglichen Zahlungsströme somit nicht ausschließlich Tilgungs- und Zinszahlungen auf den ausstehenden Kapitalbetrag darstellen. Wenn die Vertragsbedingungen beispielsweise vorsehen, dass die Zahlungsströme des finanziellen Vermögenswerts steigen, wenn mehr Fahrzeuge eine bestimmte Mautstraße nutzen, stehen diese vertraglichen Zahlungsströme nicht mit einer elementaren Kreditvereinbarung im Einklang. Infolgedessen würde das Instrument nicht die Bedingung in den Paragraphen 4.1.2(b) und 4.1.2A(b) erfüllen. Dies könnte der Fall sein, wenn der Anspruch eines Gläubigers auf bestimmte Vermögenswerte des Schuldners oder die Zahlungsströme aus bestimmten Vermögenswerten (beispielsweise ein nicht rückgriffsberechtigter finanzieller Vermögenswert) beschränkt ist.

Die Tatsache, dass ein finanzieller Vermögenswert nicht rückgriffsberechtigt ist, schließt an sich **B4.1.17**
jedoch nicht aus, dass der finanzielle Vermögenswert die Bedingung in den Paragraphen 4.1.2(b) und 4.1.2A(b) erfüllt. In solchen Situationen muss der Schuldner die jeweiligen zugrunde liegenden Vermögenswerte oder Zahlungsströme beurteilen (gemäß dem Look-Through-Ansatz), um zu bestimmen, ob die vertraglichen Zahlungsströme des zu klassifizierenden finanziellen Vermögenswerts Tilgungs- und Zinszahlungen auf den ausstehenden Kapitalbetrag darstellen. Wenn die Bedingungen des finanziellen Vermögenswerts zu weiteren Zahlungsströmen führen oder die Zahlungsströme auf eine Weise beschränken, die mit dem Charakter von Tilgungs- und Zinszahlungen nicht in Einklang stehen, erfüllt der finanzielle Vermögenswert nicht die Bedingung in den Paragraphen 4.1.2(b) und 4.1.2A(b). Ob es sich bei den zugrunde liegenden Vermögenswerten um finanzielle oder nicht finanzielle Vermögenswerte handelt, hat an sich keinen Einfluss auf diese Beurteilung.

B4.1.18 Eine Eigenschaft vertraglicher Zahlungsströme wirkt sich nicht auf die Klassifizierung des finanziellen Vermögenswerts aus, wenn diese nur einen De-minimis-Effekt auf die vertraglichen Zahlungsströme des finanziellen Vermögenswerts haben könnte. Um dies zu bestimmen, muss ein Unternehmen die mögliche Auswirkung dieser Eigenschaft vertraglicher Zahlungsströme in jeder Berichtsperiode und kumuliert über die Laufzeit des Finanzinstruments berücksichtigen. Könnte eine Eigenschaft vertraglicher Zahlungsströme einen stärkeren als einen De-minimis-Effekt auf die vertraglichen Zahlungsströme haben (entweder in einer einzelnen Berichtsperiode oder kumuliert), es sich aber nicht um eine „echte" Eigenschaft vertraglicher Zahlungsströme handelt, hat dies keine Auswirkung auf die Klassifizierung eines finanziellen Vermögenswerts. Es handelt sich nicht um eine „echte" Eigenschaft vertraglicher Zahlungsströme, wenn diese sich nur bei Eintreten eines Ereignisses, das extrem selten, äußerst ungewöhnlich und sehr unwahrscheinlich ist, auf die vertraglichen Zahlungsströme des Instruments auswirkt.

B4.1.19 Bei fast allen Kreditgeschäften wird der Rang des Instruments eines Gläubigers im Verhältnis zu den Instrumenten der anderen Gläubiger des Schuldners festgelegt. Ein gegenüber anderen Instrumenten nachrangiges Instrument kann vertragliche Zahlungsströme haben, die Tilgungs- und Zinszahlungen auf den ausstehenden Kapitalbetrag darstellen, sofern die Nichtzahlung des Schuldners eine Vertragsverletzung begründet und der Inhaber auch bei einer Insolvenz des Schuldners einen vertraglichen Anspruch auf nicht gezahlte Tilgungs- und Zinsbeträge auf den ausstehenden Kapitalbetrag hat. Beispielsweise würde eine Forderung aus Lieferungen und Leistungen, bei der der Gläubiger im Rang eines allgemeinen Gläubigers steht, das Kriterium „Tilgungs- und Zinszahlungen auf den ausstehenden Kapitalbetrag" erfüllen. Dies ist selbst dann der Fall, wenn der Schuldner besicherte Darlehen ausgegeben hat, die dem Inhaber gegenüber dem allgemeinen Gläubiger im Insolvenzfall vorrangige Ansprüche an den Sicherheiten einräumen, sich jedoch nicht auf den vertraglichen Anspruch des allgemeinen Gläubigers auf die ausstehenden Tilgungszahlungen und sonstigen fälligen Beträge auswirken.

Vertraglich verknüpfte Instrumente

B4.1.20 Bei einigen Arten von Transaktionen kann ein Emittent den Zahlungen an die Inhaber finanzieller Vermögenswerte Vorrang einräumen, indem er mehrere vertraglich verknüpfte Finanzinstrumente verwendet, die Konzentrationen von Ausfallrisiken schaffen (Tranchen). Für jede Tranche wird eine Rangfolge festgelegt, die angibt, in welcher Reihenfolge vom Emittenten erzielte Zahlungsströme auf die Tranche verteilt werden. In solchen Situationen haben die Inhaber einer Tranche nur dann Anspruch auf Tilgungs- und Zinszahlungen auf den ausstehenden Kapitalbetrag, wenn der Emittent ausreichende Zahlungsströme für die Bedienung höherrangiger Tranchen erzielt.

B4.1.21 Bei solchen Transaktionen weist eine Tranche nur dann Zahlungsstromeigenschaften auf, die Tilgungs- und Zinszahlungen auf den ausstehenden Kapitalbetrag darstellen, wenn

(a) die Vertragsbedingungen der im Rahmen der Klassifizierung beurteilten Tranche (ohne auf den zugrunde liegenden Bestand an Finanzinstrumenten „hindurchzusehen") zu Zahlungsströme führen, die ausschließlich Tilgungs- und Zinszahlungen auf den ausstehenden Kapitalbetrag darstellen (z. B. wenn der Zinssatz der Tranche nicht an einen Rohstoffindex gekoppelt ist),

(b) der zugrunde liegende Bestand an Finanzinstrumenten die in den Paragraph B4.1.23 und B4.1.24 genannten Zahlungsstromeigenschaften aufweist, und

(c) das der Tranche zuzuordnende Ausfallrisiko aus dem zugrunde liegenden Bestand an Finanzinstrumenten gleich oder niedriger ist als das Ausfallrisiko des zugrunde liegenden Bestands an Finanzinstrumenten (beispielsweise ist das Bonitätsrating der zu klassifizierenden Tranche gleich dem oder höher als das Bonitätsrating für eine einzelne Tranche zur Finanzierung des zugrunde liegenden Bestands an Finanzinstrumenten).

B4.1.22 Ein Unternehmen muss unter Anwendung des „Look-Through"-Ansatzes den zugrunde liegenden Bestand an Finanzinstrumenten bestimmen, der die Zahlungsströme erwirtschaftet (und nicht nur durchleitet). Dies ist dann der zugrunde liegende Bestand an Finanzinstrumenten.

Der zugrunde liegende Bestand muss ein oder mehrere Instrumente enthalten, deren vertragliche Zahlungsströme ausschließlich Tilgungs- und Zinszahlungen auf den ausstehenden Kapitalbetrag darstellen. **B4.1.23**

Der zugrunde liegende Bestand an Finanzinstrumenten kann auch Instrumente enthalten, die: **B4.1.24**

(a) die Zahlungsstromschwankungen der Instrumente in Paragraph B4.1.23 verringern und in Kombination mit den Instrumenten in Paragraph B4.1.23 zu Zahlungsströmen führen, die ausschließlich Tilgungs- und Zinszahlungen auf den ausstehenden Kapitalbetrag darstellen (z. B. Zinsober- oder -untergrenze oder ein Vertrag zur Senkung des Ausfallrisikos bei einigen oder allen Instrumenten in Paragraph B4.1.23); oder

(b) die Zahlungsströme der Tranchen mit den Zahlungsströmen des Bestands an zugrunde liegenden Instrumenten in Paragraph B4.1.23 in Einklang bringen, um Unterschiede auszugleichen, und zwar nur in Bezug auf:

  (i) eine feste oder variable Verzinsung;

  (ii) die Währung, auf die die Zahlungsströme lauten, einschließlich der Inflation bei dieser Währung; oder

  (iii) die zeitliche Verteilung der Zahlungsströme.

Wenn ein Instrument des Bestandes die Bedingungen entweder in Paragraph B4.1.23 oder in Paragraph B4.1.24 nicht erfüllt, ist die Bedingung gemäß Paragraph B4.1.21(b) nicht erfüllt. Bei dieser Beurteilung ist unter Umständen keine ausführliche Analyse der einzelnen Instrumente des Bestands erforderlich. Allerdings muss ein Unternehmen nach Ermessen im Rahmen einer umfassenden Analyse bestimmen, ob die Instrumente des Bestands die Bedingungen in den Paragraphen B4.1.23-B4.1.24 erfüllen. (Siehe auch Paragraph B4.1.18 für Leitlinien zu Eigenschaften vertraglicher Zahlungsströme mit De-minimis-Effekt.) **B4.1.25**

Kann der Inhaber die Bedingungen in Paragraph B4.1.21 beim erstmaligen Ansatz nicht beurteilen, muss die Tranche erfolgswirksam zum beizulegenden Zeitwert bewertet werden. Wenn sich der zugrunde liegende Bestand an Instrumenten nach dem erstmaligen Ansatz so verändern kann, dass der Bestand die Bedingungen in den Paragraphen B4.1.23-B4.1.24 eventuell nicht mehr erfüllt, erfüllt die Tranche nicht die Bedingungen in Paragraph B4.1.21 und muss erfolgswirksam zum beizulegenden Zeitwert bewertet werden. Enthält der zugrunde liegende Bestand allerdings Instrumente, die durch Vermögenswerte besichert sind und nicht die Bedingungen in den Paragraphen B4.1.23-B4.1.24 erfüllen, bleibt die Möglichkeit der Inbesitznahme solcher Vermögenswerte bei der Anwendung dieses Paragraphen unberücksichtigt, es sei denn, das Unternehmen hat die Tranche mit der Absicht auf Verfügungsmacht über die Sicherheiten erworben. **B4.1.26**

Wahlrecht der Designation eines finanziellen Vermögenswerts oder einer finanziellen Verbindlichkeit als erfolgswirksam zum beizulegenden Zeitwert bewertet (Abschnitte 4.1 und 4.2)

Gemäß diesem Standard darf ein Unternehmen, vorbehaltlich der Bedingungen in den Paragraphen 4.1.5 und 4.2.2, einen finanziellen Vermögenswert, eine finanzielle Verbindlichkeit oder eine Gruppe von Finanzinstrumenten (finanziellen Vermögenswerten, finanziellen Verbindlichkeiten oder einer Kombination aus beidem) als erfolgswirksam zum beizulegenden Zeitwert bewertet designieren, wenn dadurch relevantere Informationen vermittelt werden. **B4.1.27**

Die Entscheidung eines Unternehmens zur Designation eines finanziellen Vermögenswertes bzw. einer finanziellen Verbindlichkeit als erfolgswirksam zum beizulegenden Zeitwert bewertet ist mit der Entscheidung für eine Rechnungslegungsmethode vergleichbar (auch wenn anders als bei einer gewählten Rechnungslegungsmethode keine konsequente Anwendung auf alle ähnlichen Geschäftsvorfälle verlangt wird). Wenn ein Unternehmen ein derartiges Wahlrecht hat, muss die gewählte Methode gemäß Paragraph 14(b) von IAS 8 dazu führen, dass der Abschluss zuverlässige und relevantere Informationen über die Auswirkungen von Geschäftsvorfällen, sonstigen Ereignissen und Bedingungen auf die Vermögens-, Finanz- oder Ertragslage **B4.1.28** des Unternehmens vermittelt. Für beispielsweise die Designation einer finanziellen Verbindlichkeit als erfolgswirksam zum beizulegenden Zeitwert bewertet, werden in Paragraph 4.2.2 die beiden Umstände genannt, unter denen die Bedingung relevanterer Informationen erfüllt wird. Dementsprechend muss ein Unternehmen, das sich für eine Designation gemäß Paragraph 4.2.2 entscheidet, nachweisen, dass einer dieser beiden Umstände zutrifft (oder beide zutreffen).

Designation beseitigt oder verringert Rechnungslegungsanomalie signifikant

B4.1.29 Die Bewertung eines finanziellen Vermögenswerts oder einer finanziellen Verbindlichkeit und die Erfassung der Wertänderungen richten sich danach, wie der Posten klassifiziert wurde und ob er Teil einer designierten Sicherungsbeziehung ist. Diese Vorschriften können zu Inkongruenzen bei der Bewertung oder beim Ansatz führen (zuweilen als „Rechnungslegungsanomalie" bezeichnet). Dies ist z. B. dann der Fall, wenn ein finanzieller Vermögenswert, ohne die Möglichkeit als erfolgswirksam zum beizulegenden Zeitwert bewertet designiert zu werden, im Rahmen der Folgebewertung als erfolgswirksam zum beizulegenden Zeitwert bewertet zu klassifizieren wäre und eine nach Auffassung des Unternehmens zugehörige Verbindlichkeit im Rahmen der Folgebewertung zu fortgeführten Anschaffungskosten (d. h. ohne Erfassung der Änderungen des beizulegenden Zeitwerts) bewertet würde. Unter solchen Umständen kann ein Unternehmen zu dem Schluss kommen, dass sein Abschluss relevantere Informationen vermitteln würde, wenn sowohl der Vermögenswert als auch die Verbindlichkeit als erfolgswirksam zum beizulegenden Zeitwert bewertet würden.

B4.1.30 Die folgenden Beispiele veranschaulichen, wann diese Bedingung erfüllt sein könnte. In allen Fällen darf ein Unternehmen diese Bedingung nur dann für die Designation finanzieller Vermögenswerte bzw. Verbindlichkeiten als erfolgswirksam zum beizulegenden Zeitwert bewertet heranziehen, wenn es den Grundsatz in den Paragraphen 4.1.5 oder 4.2.2(a) erfüllt:

(a) Ein Unternehmen hat Verbindlichkeiten aus Versicherungsverträgen, in deren Bewertung aktuelle Informationen einfließen (wie durch Paragraph 24 von IFRS 4 gestattet), und aus seiner Sicht zugehörige finanzielle Vermögenswerte, die ansonsten entweder erfolgsneutral zum beizulegenden Zeitwert im sonstigen Ergebnis oder zu fortgeführten Anschaffungskosten bewertet würden.

(b) Ein Unternehmen hat finanzielle Vermögenswerte, finanzielle Verbindlichkeiten oder beides, die dem gleichen Risiko unterliegen, wie z. B. dem Zinsänderungsrisiko, das zu gegenläufigen Veränderungen der beizulegenden Zeitwerte führt, die sich weitgehend aufheben. Jedoch würden nur einige Instrumente erfolgswirksam zum beizulegenden Zeitwert bewertet werden (z. B. solche, die Derivate oder als zu Handelszwecken gehalten klassifiziert sind). Es ist auch möglich, dass die Voraussetzungen für die Bilanzierung von Sicherungsgeschäften nicht erfüllt werden, weil z. B. die in Paragraph 6.4.1 genannten Kriterien der Wirksamkeit der Absicherung nicht erfüllt sind.

(c) Ein Unternehmen hat finanzielle Vermögenswerte, finanzielle Verbindlichkeiten oder beides, die dem gleichen Risiko unterliegen, wie z. B. dem Zinsänderungsrisiko, das zu gegenläufigen Veränderungen der beizulegenden Zeitwerte führt, die sich weitgehend aufheben. Keiner der finanziellen Vermögenswerte bzw. keine der finanziellen Verbindlichkeiten erfüllt die Kriterien für die Designation als Sicherungsinstrument, da sie nicht erfolgswirksam zum beizulegenden Zeitwert bewertet werden. Ohne eine Bilanzierung als Sicherungsgeschäft kommt es darüber hinaus bei der Erfassung von Gewinnen und Verlusten zu erheblichen Inkongruenzen. Beispielsweise hat das Unternehmen eine bestimmte Gruppe von Krediten durch die Emission gehandelter Anleihen refinanziert, wobei sich die Änderungen der beizulegenden Zeitwerte tendenziell weitgehend aufheben. Wenn das Unternehmen darüber hinaus die Anleihen regelmäßig kauft und verkauft, die Kredite dagegen nur selten, wenn überhaupt, kauft und verkauft, wird durch den einheitlichen Ausweis der Kredite und Anleihen als erfolgswirksam zum beizulegenden Zeitwert bewertet die Inkongruenz bezüglich des Zeitpunkts der Erfolgserfassung beseitigt, die sonst aus ihrer Bewertung zu fortgeführten Anschaffungskosten und der Erfassung eines Gewinns bzw. Verlusts bei jedem Anleihe-Rückkauf resultieren würde.

In Fällen wie den im vorstehenden Paragraphen beschriebenen Beispielen lassen sich dadurch, dass finanzielle Vermögenswerte und Verbindlichkeiten, auf die sonst andere Bewertungsmaßstäbe Anwendung fänden, beim erstmaligen Ansatz als erfolgswirksam zum beizulegenden Zeitwert bewertet designiert werden, Inkongruenzen bei der Bewertung oder beim Ansatz beseitigen oder signifikant verringern und relevantere Informationen vermitteln. Aus Praktikabilitätsgründen braucht das Unternehmen nicht alle Vermögenswerte und Verbindlichkeiten, die bei der Bewertung oder beim Ansatz zu Inkongruenzen führen, genau zeitgleich zu erwerben bzw. einzugehen. Eine angemessene Verzögerung wird zugestanden, sofern jede Transaktion bei ihrem erstmaligen Ansatz als erfolgswirksam zum beizulegenden Zeitwert bewertet designiert wird und etwaige verbleibende Transaktionen zu diesem Zeitpunkt voraussichtlich eintreten werden. **B4.1.31**

Es wäre nicht zulässig, nur einige finanzielle Vermögenswerte und finanzielle Verbindlichkeiten, die Ursache der Inkongruenzen sind, als erfolgswirksam zum beizulegenden Zeitwert bewertet zu designieren, wenn die Inkongruenzen dadurch nicht beseitigt oder signifikant verringert und folglich keine relevanteren Informationen vermittelt würden. Zulässig wäre es dagegen, aus einer Vielzahl ähnlicher finanzieller Vermögenswerte oder finanzieller Verbindlichkeiten nur einige wenige zu designieren, wenn die Inkongruenzen dadurch signifikant (und möglicherweise stärker als mit anderen zulässigen Designationen) verringert würden. Als Beispiel soll angenommen werden, dass ein Unternehmen eine Reihe ähnlicher finanzieller Verbindlichkeiten über insgesamt WE 100 und eine Reihe ähnlicher finanzieller Vermögenswerte über insgesamt WE 50 hat, die allerdings nach unterschiedlichen Bewertungsmethoden bewertet werden. Das Unternehmen kann die Bewertungsinkongruenzen signifikant verringern, indem es beim erstmaligen Ansatz alle Vermögenswerte, jedoch nur einige Verbindlichkeiten (z. B. einzelne Verbindlichkeiten über eine Summe von WE 45) als erfolgswirksam zum beizulegenden Zeitwert bewertet designiert. Da ein Finanzinstrument jedoch immer nur als Ganzes als erfolgswirksam zum beizulegenden Zeitwert bewertet designiert werden kann, muss das Unternehmen in diesem Beispiel eine oder mehrere Verbindlichkeiten in ihrer Gesamtheit designieren. Das Unternehmen darf die Designation weder auf eine Komponente einer Verbindlichkeit (z. B. Wertänderungen, die nur einem Risiko zuzurechnen sind, wie etwa Änderungen eines Referenzzinssatzes) noch auf einen prozentualen Anteil einer Verbindlichkeit (d. h. einen Prozentsatz) beschränken. **B4.1.32**

Eine Gruppe von finanziellen Verbindlichkeiten oder finanziellen Vermögenswerten und finanziellen Verbindlichkeiten, die zum beizulegenden Zeitwert gesteuert und ihre Wertentwicklung danach beurteilt wird

Ein Unternehmen kann eine Gruppe von finanziellen Verbindlichkeiten oder finanziellen Vermögenswerten und finanziellen Verbindlichkeiten so steuern und ihre Wertentwicklung so beurteilen, dass die erfolgswirksame Bewertung dieser Gruppe mit dem beizulegenden Zeitwert zu relevanteren Informationen führt. In diesem Fall liegt das Hauptaugenmerk nicht auf der Art der Finanzinstrumente, sondern auf der Art und Weise, wie das Unternehmen diese steuert und ihre Wertentwicklung beurteilt. **B4.1.33**

Beispielsweise darf ein Unternehmen diese Bedingung dann für die Designation finanzieller Verbindlichkeiten als erfolgswirksam zum beizulegenden Zeitwert bewertet heranziehen, wenn es den Grundsatz in Paragraph 4.2.2(b) erfüllt und über finanzielle Vermögenswerte und finanzielle Verbindlichkeiten verfügt, die dem oder den gleichen Risiken unterliegen und gemäß einer dokumentierten Richtlinie zur Aktiv-/Passiv-Steuerung gesteuert und auf Basis des beizulegenden Zeitwerts beurteilt werden. Ein Beispiel wäre ein Unternehmen, das „strukturierte Produkte" mit mehreren eingebetteten Derivaten emittiert hat und die daraus resultierenden Risiken mit einer Mischung aus derivativen und nicht derivativen Finanzinstrumenten auf Basis des beizulegenden Zeitwerts steuert. **B4.1.34**

Wie bereits erwähnt, bezieht sich diese Bedingung auf die Art und Weise, wie das Unternehmen die betreffende Gruppe von Finanzinstrumenten steuert und ihre Wertentwicklung beurteilt. Dementsprechend hat ein Unternehmen, das finanzielle Verbindlichkeiten auf Grundlage **B4.1.35** dieser Bedingung als erfolgswirksam zum beizulegenden Zeitwert bewertet designiert, (vorbehaltlich der vorgeschriebenen Designation beim erstmaligen Ansatz) alle in Frage kommenden finanziellen Verbindlichkeit, die gemeinsam gesteuert und bewertet werden, ebenfalls so zu designieren.

B4.1.36 Die Dokumentation über die Strategie des Unternehmens muss nicht umfangreich, aber ausreichend sein, um den Nachweis der Übereinstimmung mit Paragraph 4.2.2(b) zu erbringen. Eine solche Dokumentation ist nicht für jeden einzelnen Posten erforderlich, sondern kann auch auf Basis eines Portfolios erfolgen. Wenn beispielsweise aus dem System zur Steuerung der Wertentwicklung für eine Abteilung – das vom Management in Schlüsselpositionen des Unternehmens genehmigt wurde – eindeutig hervorgeht, dass die Wertentwicklung auf dieser Basis beurteilt wird, ist für den Nachweis der Übereinstimmung mit Paragraph 4.2.2(b) keine weitere Dokumentation notwendig.

Eingebettete Derivate (Abschnitt 4.3)

B4.3.1 Wenn ein Unternehmen Vertragspartei eines hybriden Vertrags mit einem Basisvertrag wird, der keinen Vermögenswert innerhalb des Anwendungsbereichs dieses Standards darstellt, ist es gemäß Paragraph 4.3.3 verpflichtet, jedes eingebettete Derivat zu identifizieren, zu beurteilen, ob es vom Basisvertrag getrennt werden muss, und die zu trennenden Derivate beim erstmaligen Ansatz und bei der Folgebewertung erfolgswirksam zum beizulegenden Zeitwert zu bewerten.

B4.3.2 Wenn ein Basisvertrag keine angegebene oder vorbestimmte Laufzeit hat und einen Residualanspruch am Reinvermögen eines Unternehmens begründet, sind seine wirtschaftlichen Merkmale und Risiken die eines Eigenkapitalinstruments, und ein eingebettetes Derivat müsste Eigenkapitalmerkmale in Bezug auf das gleiche Unternehmen aufweisen, um als eng mit dem Basisvertrag verbunden zu gelten. Wenn der Basisvertrag kein Eigenkapitalinstrument darstellt und die Definition eines Finanzinstruments erfüllt, sind seine wirtschaftlichen Merkmale und Risiken die eines Schuldinstruments.

B4.3.3 Eingebettete Derivate ohne Optionscharakter (wie etwa ein eingebetteter Forward oder Swap) sind auf der Grundlage ihrer angegebenen oder implizit enthaltenen materiellen Bedingungen von ihrem zugehörigen Basisvertrag zu trennen, so dass sie beim erstmaligen Ansatz einen beizulegenden Zeitwert von Null aufweisen. Eingebettete Derivate mit Optionscharakter (wie eingebettete Verkaufsoptionen, Kaufoptionen, Caps, Floors oder Swaptions) sind auf der Grundlage der angegebenen Bedingungen des Optionsmerkmals von ihrem Basisvertrag zu trennen. Der anfängliche Buchwert des Basisinstruments entspricht dem Restbetrag nach Trennung vom eingebetteten Derivat.

B4.3.4 Mehrere in einen hybriden Vertrag eingebettete Derivate werden normalerweise als ein einziges zusammengesetztes eingebettetes Derivat behandelt. Davon ausgenommen sind jedoch als Eigenkapital klassifizierte eingebettete Derivate (siehe IAS 32), die gesondert von den als Vermögenswerte oder Verbindlichkeiten klassifizierten zu bilanzieren sind. Eine gesonderte Bilanzierung erfolgt auch dann, wenn die in einem hybriden Vertrag eingebetteten Derivate unterschiedlichen Risiken ausgesetzt sind und jederzeit getrennt werden können und unabhängig voneinander sind.

B4.3.5 In den folgenden Beispielen sind die wirtschaftlichen Merkmale und Risiken eines eingebetteten Derivats nicht eng mit dem Basisvertrag verbunden (Paragraph 4.3.3(a)). In diesen Beispielen und in der Annahme, dass die Bedingungen in Paragraph 4.3.3(b) und (c) erfüllt sind, bilanziert ein Unternehmen das eingebettete Derivat getrennt von seinem Basisvertrag.

(a) Eine in ein Instrument eingebettete Verkaufsoption, die es dem Inhaber ermöglicht, vom Emittenten den Rückkauf des Instruments für einen an einen Preis oder Index für Eigenkapitaltitel oder Rohstoffe gekoppelten Betrag an Zahlungsmitteln oder anderen Vermögenswerten zu verlangen, ist nicht eng mit dem Basisvertrag verbunden.

(b) Eine Option oder automatische Regelung zur Verlängerung der Restlaufzeit eines Schuldinstruments ist nicht eng mit dem originären Schuldinstrument verbunden, es sei denn, zum Zeitpunkt der Verlängerung findet gleichzeitig eine Anpassung an den ungefähren herrschenden Marktzins statt. Wenn ein Unternehmen ein Schuldinstrument ausgibt und der Inhaber dieses Schuldinstruments einem Dritten eine Kaufoption auf das Schuldinstrument einräumt, stellt die Kaufoption für den Fall, dass der Emittent bei ihrer Ausübung dazu verpflichtet werden kann, sich an der Vermarktung des Schuldinstruments zu beteiligen oder diese zu erleichtern, für diesen eine Verlängerung der Laufzeit des Schuldinstruments dar.

(c) In ein Schuldinstrument oder einen Versicherungsvertrag eingebettete eigenkapitalindizierte Zins- oder Kapitalzahlungen – bei denen die Höhe der Zinsen oder des Kapitalbetrags an den Wert von Eigenkapitalinstrumenten gekoppelt ist – sind nicht eng mit dem Basisinstrument verbunden, da das Basisinstrument und das eingebettete Derivat unterschiedlichen Risiken ausgesetzt sind.

(d) In ein Schuldinstrument oder einen Versicherungsvertrag eingebettete güterindizierte Zins- oder Kapitalzahlungen – bei denen die Höhe der Zinsen oder des Kapitalbetrags an den Preis einer Ware (z. B. Gold) gebunden ist – sind nicht eng mit dem Basisinstrument verbunden, da das Basisinstrument und das eingebettete Derivat unterschiedlichen Risiken ausgesetzt sind.

(e) Eine Option auf Kauf, Verkauf oder vorzeitige Rückzahlung, die in einen Basisvertrag oder Basis- Versicherungsvertrag eingebettet ist, ist nicht eng mit dem Basisvertrag verbunden, es sei denn,

   (i) der Ausübungspreis der Option an jedem Ausübungszeitpunkt annähernd gleich den fortgeführten Anschaffungskosten des Basis-Schuldinstruments oder des Buchwerts des Basis- Versicherungsvertrags ist oder

   (ii) der Ausübungspreis der Option zur vorzeitigen Rückzahlung erstattet dem Kreditgeber einen Betrag bis zu dem näherungsweisen Barwert des Zinsverlusts für die restliche Laufzeit des Basisvertrags. Der Zinsverlust ist das Produkt des vorzeitig rückgezahlten Kapitalbetrags, der mit der Zinssatzdifferenz multipliziert wird. Die Zinssatzdifferenz ist der Überschuss des Effektivzinssatzes des Basisvertrags über den Effektivzinssatz, den das Unternehmen am Zeitpunkt der vorzeitigen Rückzahlung erhalten würde, wenn es den vorzeitig zurückgezahlten Kapitalbetrag in einen ähnlichen Vertrag für die verbleibende Laufzeit des Basisvertrags reinvestieren würde.

   Die Beurteilung, ob die Kaufs- oder Verkaufsoption eng mit dem Basisvertrag verbunden ist, erfolgt vor Abtrennung der Eigenkapitalkomponente eines wandelbaren Schuldinstruments gemäß IAS 32.

(f) Kreditderivate, die in ein Basisschuldinstrument eingebettet sind und einer Vertragspartei (dem „Begünstigten") die Möglichkeit einräumen, das Ausfallrisiko eines bestimmten Referenzvermögenswerts, der sich unter Umständen nicht in seinem Eigentum befindet, auf eine andere Vertragspartei (den „Garantiegeber") zu übertragen, sind nicht eng mit dem Basisschuldinstrument verbunden. Solche Kreditderivate ermöglichen es dem Garantiegeber, das mit dem Referenzvermögenswert verbundene Ausfallrisiko zu übernehmen, ohne dass sich der dazugehörige Referenzvermögenswert direkt in seinem Besitz befinden muss.

Ein Beispiel für einen hybriden Vertrag ist ein Finanzinstrument, das den Inhaber berechtigt, das Finanzinstrument im Tausch gegen einen an einen Index für Eigenkapitaltitel oder Rohstoffe, der zu- oder abnehmen kann, gekoppelten Betrag an Zahlungsmitteln oder anderen finanziellen Vermögenswerten an den Emittenten zurück zu verkaufen („kündbares Instrument"). Soweit der Emittent das kündbare Instrument beim erstmaligen Ansatz nicht als erfolgswirksam zum beizulegenden Zeitwert bewertete finanzielle Verbindlichkeit designiert, ist er verpflichtet, ein eingebettetes Derivat (d. h. die indexgebundene Kapitalzahlung) gemäß Paragraph 4.3.3 getrennt zu erfassen, weil der Basisvertrag ein Schuldinstrument gemäß Paragraph B4.3.2 dar- **B4.3.6** stellt und die indexgebundene Kapitalzahlung gemäß Paragraph B4.3.5(a) nicht eng mit dem Basisschuldinstrument verbunden ist. Da die Kapitalzahlung zu- und abnehmen kann, handelt es sich beim eingebetteten Derivat um ein Derivat ohne Optionscharakter, dessen Wert an die zugrunde liegende Variable gekoppelt ist.

B4.3.7 Im Falle eines kündbaren Instruments, das jederzeit gegen einen Betrag an Zahlungsmitteln in Höhe des entsprechenden Anteils am Reinvermögen des Unternehmens zurückgegeben werden kann (wie Anteile an einem offenen Investmentfonds oder einige fondsgebundene Investmentprodukte), wird der hybride Vertrag durch Trennung des eingebetteten Derivats und Bilanzierung der einzelnen Bestandteile mit dem Rückzahlungsbetrag bewertet, der am Abschlussstichtag zu zahlen wäre, wenn der Inhaber sein Recht auf Rückverkauf des Instruments an den Emittenten wahrnehmen würde.

B4.3.8 In den folgenden Beispielen sind die wirtschaftlichen Merkmale und Risiken eines eingebetteten Derivats eng mit den wirtschaftlichen Merkmalen und Risiken des Basisvertrags verbunden. In diesen Beispielen wird das eingebettete Derivat nicht gesondert vom Basisvertrag bilanziert.

(a) Ein eingebettetes Derivat, in dem das Basisobjekt ein Zinssatz oder ein Zinsindex ist, der den Betrag der ansonsten aufgrund des verzinslichen Basis-Schuldinstruments oder Basis-Versicherungsvertrages zu zahlenden oder zu erhaltenden Zinsen ändern kann, ist eng mit dem Basisvertrag verbunden, es sei denn, der hybride Vertrag kann in einer Weise erfüllt werden, dass der Inhaber im Wesentlichen nicht seine gesamte bilanzierte Kapitalanlage zurückerhält, oder das eingebettete Derivat kann zumindest die anfängliche Verzinsung des Basisvertrages des Inhabers verdoppeln, und damit kann sich eine Verzinsung ergeben, die mindestens das Zweifache des Marktzinses für einen Vertrag mit den gleichen Bedingungen wie der Basisvertrag beträgt.

(b) Ein eingebetteter Floor oder Cap auf Zinssätze eines Schuldinstruments oder Versicherungsvertrags ist eng mit dem Basisvertrag verbunden, wenn zum Zeitpunkt des Abschlusses des Vertrags die Zinsobergrenze gleich oder höher als der herrschende Marktzins ist oder die Zinsuntergrenze gleich oder unter dem herrschenden Marktzins liegt und der Cap oder Floor im Verhältnis zum Basisvertrag keine Hebelwirkung aufweist. Ebenso sind in einem Vertrag enthaltene Vorschriften für den Kauf oder Verkauf eines Vermögenswerts (z. B. eines Rohstoffs), die einen Cap oder Floor auf den für den Vermögenswert zu zahlenden oder zu erhaltenden Preis vorsehen, eng mit dem Basisvertrag verbunden, wenn sowohl Cap als auch Floor zu Beginn aus dem Geld wären und keine Hebelwirkung aufwiesen.

(c) Ein eingebettetes Fremdwährungsderivat, das Ströme von Kapital- oder Zinszahlungen erzeugt, die auf eine Fremdwährung lauten und in ein Basisschuldinstrument eingebettet sind (z. B. eine Doppelwährungsanleihe), ist eng mit dem Basisschuldinstrument verbunden. Ein solches Derivat wird nicht von seinem Basisinstrument getrennt, da gemäß IAS 21 *Auswirkungen von Wechselkursänderungen* Fremdwährungsgewinne und -verluste aus monetären Posten erfolgswirksam erfasst werden müssen.

(d) Ein eingebettetes Fremdwährungsderivat in einem Basisvertrag, der ein Versicherungsvertrag bzw. kein Finanzinstrument ist (wie ein Kauf- oder Verkaufsvertrag für einen nicht finanziellen Vermögenswert, dessen Preis auf eine Fremdwährung lautet), ist eng mit dem Basisvertrag verbunden, sofern es keine Hebelwirkung aufweist, keine Optionsklausel beinhaltet und Zahlungen in einer der folgenden Währungen erfordert:

(i) die funktionale Währung einer substanziell an dem Vertrag beteiligten Partei;

(ii) der im internationalen Handel üblichen Währung für die hiermit verbundenen erworbenen oder gelieferten Güter oder Dienstleistungen (z. B. US-Dollar bei Erdölgeschäften) oder

(iii) einer Währung, die in dem wirtschaftlichen Umfeld, in dem die Transaktion stattfindet, in Verträgen über den Kauf oder Verkauf nicht finanzieller Posten üblicherweise verwendet wird (z. B. eine relativ stabile und liquide Währung, die üblicherweise bei lokalen Geschäftstransaktionen oder im Außenhandel verwendet wird).

(e) Eine in einen Zins- oder Kapitalstrip eingebettete Option zur vorzeitigen Rückzahlung ist eng mit dem Basisvertrag verbunden, wenn der Basisvertrag (i) anfänglich aus der Trennung des Rechts auf Empfang vertraglicher Zahlungsströme eines Finanzinstruments resultierte, in das ursprünglich kein Derivat eingebettet war, und (ii) keine Bedingungen beinhaltet, die nicht auch Teil des ursprünglichen originären Schuldinstruments sind.

(f) Ein in einen Basisvertrag in Form eines Leasingverhältnisses eingebettetes Derivat ist eng mit dem Basisvertrag verbunden, wenn das eingebettete Derivat (i) ein an die Inflation gekoppelter Index wie z. B. im Falle einer Anbindung von Leasingzahlungen an einen Verbraucherpreisindex (vorausgesetzt, das Leasingverhältnis wurde nicht als Leveraged-Lease-Finanzierung gestaltet und der Index ist an die Inflationsentwicklung im Wirtschaftsumfeld des Unternehmens geknüpft), (ii) variable Leasingzahlungen auf Umsatzbasis oder (iii) variable Leasingzahlungen basierend auf variablen Zinsen sind.

(g) Ein fondsgebundenes Merkmal, das in einem Basis-Finanzinstrument oder Basis-Versicherungsvertrag eingebettet ist, ist eng mit dem Basisinstrument bzw. Basisvertrag verbunden, wenn die anteilsbestimmten Zahlungen zum aktuellen Wert der Anteilseinheiten bestimmt werden, die dem beizulegenden Zeitwert der Vermögenswerte des Fonds entsprechen. Ein fondsgebundenes Merkmal ist eine vertragliche Bestimmung, die Zahlungen in Anteilseinheiten eines internen oder externen Investmentfonds vorschreibt.

(h) Ein Derivat, das in einen Versicherungsvertrag eingebettet ist, ist eng mit dem Basis-Versicherungsvertrag verbunden, wenn das eingebettete Derivat und der Basis-Versicherungsvertrag so voneinander abhängig sind, dass das Unternehmen das eingebettete Derivat nicht abgetrennt (d. h. ohne Berücksichtigung des Basisvertrags) bewerten kann.

Instrumente mit eingebetteten Derivaten

Wird ein Unternehmen, wie in Paragraph B4.3.1 beschrieben, Vertragspartei eines hybriden Vertrags mit einem Basisvertrag, der keinen Vermögenswert innerhalb des Anwendungsbereichs dieses Standards darstellt, und mit einem oder mehreren eingebetteten Derivaten, ist es gemäß Paragraph 4.3.3 verpflichtet, jedes derartige eingebettete Derivat zu identifizieren, zu beurteilen, ob es vom Basisvertrag getrennt werden muss, und die zu trennenden Derivate beim erstmaligen Ansatz und bei der Folgebewertung zum beizulegenden Zeitwert zu bewerten. Diese Vorschriften können komplexer sein oder zu weniger verlässlichen Wertansätzen führen, als wenn das gesamte Instrument erfolgswirksam zum beizulegenden Zeitwert bewertet würde. Aus diesem Grund gestattet dieser Standard die Designation des gesamten hybriden Vertrags als erfolgswirksam zum beizulegenden Zeitwert bewertet. **B4.3.9**

Eine solche Designation ist unabhängig davon zulässig, ob eine Trennung der eingebetteten Derivate vom Basisvertrag nach Maßgabe von Paragraph 4.3.3 vorgeschrieben oder verboten ist. Paragraph 4.3.5 würde jedoch in den in Paragraph 4.3.5(a) und (b) beschriebenen Fällen keine Designation des hybriden Vertrags als erfolgswirksam zum beizulegenden Zeitwert bewertet rechtfertigen, weil dadurch die Komplexität nicht verringert oder die Verlässlichkeit nicht erhöht würde. **B4.3.10**

Neubeurteilung eingebetteter Derivate

Gemäß Paragraph 4.3.3 beurteilt ein Unternehmen, ob ein eingebettetes Derivat vom Basisvertrag getrennt werden muss und als Derivat zu bilanzieren ist, wenn das Unternehmen erstmalig Vertragspartei wird. Ein nachfolgende Neubeurteilung ist unzulässig, es sei denn, dass durch eine Änderung in den Vertragsbedingungen die Zahlungsströme, die sich ansonsten im Rahmen des Vertrags ergäben, signifikant verändert würden, in welchem Fall eine Neubeurteilung vorgenommen werden muss. Ein Unternehmen bestimmt, ob eine Änderung der Zahlungsströme signifikant ist, indem es berücksichtigt, inwieweit sich die erwarteten künftigen Zahlungsströme im Zusammenhang mit dem eingebetteten Derivat, dem Basisvertrag oder **B4.3.11** beidem verändert haben und ob die Änderung angesichts der bislang erwarteten Zahlungsströme des Vertrags signifikant ist.

B4.3.12 Paragraph B4.3.11 gilt nicht für eingebettete Derivate in Verträgen, die erworben wurden

(a) bei einem Unternehmenszusammenschluss (wie in IFRS 3 *Unternehmenszusammenschlüsse* definiert),

(b) bei einem Zusammenschluss von Unternehmen unter gemeinsamer Beherrschung gemäß den Paragraphen B1-B4 von IFRS 3 oder

(c) bei der Gründung eines Gemeinschaftsunternehmens, wie in IFRS 11 *Gemeinsame Vereinbarungen* definiert,

oder bei ihrer möglichen Neubeurteilung zum Zeitpunkt des Erwerbs.*)

Reklassifizierung finanzieller Vermögenswerte (Abschnitt 4.4)

Reklassifizierung finanzieller Vermögenswerte

B4.4.1 Gemäß Paragraph 4.4.1 muss ein Unternehmen finanzielle Vermögenswerte reklassifizieren, wenn das Unternehmen sein Geschäftsmodell für die Steuerung dieser finanziellen Vermögenswerte ändert. Solche Änderungen treten erwartungsgemäß nur sehr selten auf. Änderungen dieser Art werden vom leitenden Management des Unternehmens infolge von externen oder internen Änderungen festgelegt und müssen für den Betrieb des Unternehmens signifikant und gegenüber externen Parteien nachweisbar sein. Dementsprechend wird das Geschäftsmodell eines Unternehmens nur geändert, wenn es eine für seinen Betrieb signifikante Tätigkeit entweder aufnimmt oder einstellt, beispielsweise wenn das Unternehmen ein Geschäftsfeld erworben, veräußert oder eingestellt hat. Beispiele für eine Änderung des Geschäftsmodells sind u. a.:

(a) Ein Unternehmen hat ein Portfolio von kommerziellen Krediten, das für den kurzfristigen Verkauf gehalten wird. Das Unternehmen erwirbt eine Gesellschaft, die kommerzielle Kredite verwaltet und ein Geschäftsmodell mit der Zielsetzung hat, die Kredite zur Vereinnahmung der vertraglichen Zahlungsströme zu halten. Das Portfolio von kommerziellen Krediten steht nicht mehr zum Verkauf und wird nun zusammen mit den erworbenen kommerziellen Krediten gesteuert, die alle zur Vereinnahmung der vertraglichen Zahlungsströme gehalten werden.

(b) Ein Finanzdienstleistungsunternehmen beschließt, sein Geschäft mit Privathypotheken einzustellen. Es schließt keine neuen Geschäfte mehr ab und bietet sein Hypothekarkreditportfolio aktiv zum Verkauf an.

B4.4.2 Eine Änderung in der Zielsetzung des Geschäftsmodells eines Unternehmens muss vor dem Zeitpunkt der Reklassifizierung durchgeführt worden sein. Wenn ein Finanzdienstleistungsunternehmen beispielsweise am 15. Februar beschließt, sein Geschäft mit Privathypotheken einzustellen, und somit alle davon betroffenen Vermögenswerte zum 1. April (d. h. dem ersten Tag seiner nächsten Berichtsperiode) reklassifizieren muss, darf es nach dem 15. Februar weder neue Privathypothekengeschäfte abschließen noch anderweitige Tätigkeiten entsprechend seinem früheren Geschäftsmodell ausüben.

B4.4.3 Folgende Änderungen stellen keine Änderungen des Geschäftsmodells dar:

(a) eine Änderung der Absicht in Bezug auf bestimmte finanzielle Vermögenswerte (auch in Fällen signifikanter Änderungen der Marktbedingungen).

(b) das vorübergehende Verschwinden eines bestimmten Markts für finanzielle Vermögenswerte.

*) **Amtl. Anm.:** IFRS 3 behandelt den Erwerb von Verträgen mit eingebetteten Derivaten im Rahmen eines Unternehmenszusammenschlusses.

(c) ein Transfer von finanziellen Vermögenswerten zwischen Teilen des Unternehmens mit unterschiedlichen Geschäftsmodellen.

Bewertung (Kapitel 5)

Bewertung beim erstmaligen Ansatz (Abschnitt 5.1)

Der beizulegende Zeitwert eines Finanzinstruments entspricht beim erstmaligen Ansatz normalerweise dem Transaktionspreis (d. h. dem beizulegenden Zeitwert des gegebenen oder erhaltenen Entgelts, siehe auch Paragraphen B5.1.2A und IFRS 13). Betrifft ein Teil des gegebenen oder erhaltenen Entgelts jedoch etwas anderes als das Finanzinstrument, ermittelt ein Unternehmen den beizulegenden Zeitwert des Finanzinstruments. Der beizulegende Zeitwert eines langfristigen Darlehens oder einer langfristigen Forderung ohne Verzinsung kann als der Barwert aller künftigen Einzahlungen bemessen werden, die mit dem/n herrschenden Marktzinssatz/sätzen für ein ähnliches Instrument mit einem ähnlichen Bonitätsrating abgezinst werden (ähnlich im Hinblick auf Währung, Laufzeit, Art des Zinssatzes und andere Faktoren). Jeder zusätzlich geliehene Betrag ist ein Aufwand oder eine Ertragsminderung, sofern er nicht die Kriterien für den Ansatz eines anders gearteten Vermögenswerts erfüllt. **B5.1.1**

Wenn ein Unternehmen einen Kredit ausreicht, der zu einem marktunüblichen Zinssatz verzinst wird (z. B. zu 5 Prozent, wenn der Marktzinssatz für ähnliche Kredite 8 Prozent beträgt), und als Entschädigung ein im Voraus gezahltes Entgelt erhält, setzt das Unternehmen den Kredit zu dessen beizulegendem Zeitwert an, d. h. abzüglich des erhaltenen Entgelts. **B5.1.2**

Der beste Beleg für den beizulegenden Zeitwert eines Finanzinstruments ist beim erstmaligen Ansatz normalerweise der Transaktionspreis (d. h. dem beizulegenden Zeitwert des gegebenen oder erhaltenen Entgelts, siehe auch IFRS 13). Stellt ein Unternehmen fest, dass der beizulegende Zeitwert beim erstmaligen Ansatz von dem in Paragraph 5.1.1A genannten Transaktionspreis abweicht, bilanziert das Unternehmen das betreffende Instrument zu diesem Zeitpunkt wie folgt: **B5.1.2A**

(a) Nach der in Paragraph 5.1.1 vorgeschriebenen Bewertung, wenn dieser beizulegende Zeitwert dem in einem aktiven Markt notierten Preis für einen identischen Vermögenswert bzw. eine identische Schuld (d. h. einen Inputfaktor auf Stufe 1) belegt wird oder auf einer Bewertungstechnik, die nur Daten aus beobachtbaren Märkten verwendet, basiert. Das Unternehmen erfasst die Differenz zwischen dem beizulegenden Zeitwert beim erstmaligen Ansatz und dem Transaktionspreis als einen Gewinn oder Verlust.

(b) In allen anderen Fällen zu der in Paragraph 5.1.1 vorgeschriebenen Bewertung mit einer Anpassung, um die Differenz zwischen dem beizulegenden Zeitwert beim erstmaligen Ansatz und dem Transaktionspreis abzugrenzen. Nach dem erstmaligen Ansatz erfasst das Unternehmen diese abgegrenzte Differenz nur in dem Umfang als einen Gewinn oder Verlust, in dem sie aus einer Veränderung eines Faktors (einschließlich des Zeitfaktors) entsteht, den Marktteilnehmer bei einer Preisfestlegung für den Vermögenswert oder die Schuld beachten würden.

Folgebewertung (Abschnitte 5.2 und 5.3)

Wird ein Finanzinstrument, das bislang als finanzieller Vermögenswert angesetzt wurde, erfolgswirksam zum beizulegenden Zeitwert bewertet und fällt dieser unter null, so ist dieses Finanzinstrument eine finanzielle Verbindlichkeit gemäß Paragraph 4.2.1. Allerdings werden hybride Verträge mit Basisverträgen, die Vermögenswerte innerhalb des Anwendungsbereichs dieses Standards darstellen, immer gemäß Paragraph 4.3.2 bewertet. **B5.2.1**

Das nachfolgende Beispiel veranschaulicht die Bilanzierung von Transaktionskosten bei der Erst- und Folgebewertung eines finanziellen Vermögenswerts, der entweder gemäß Paragraph 5.7.5 oder 4.1.2A erfolgsneutral zum beizulegenden Zeitwert mit Änderungen im sonstigen Ergebnis bewertet wird. Ein Unternehmen erwirbt einen finanziellen Vermögenswert für WE 100 zuzüg- **B5.2.2** lich einer Kaufprovision von WE 2. Der Vermögenswert wird beim erstmaligen Ansatz zu WE 102 angesetzt. Der nächste Abschlussstichtag ist ein Tag später, an dem der notierte Marktpreis für den Vermögenswert WE 100 beträgt. Beim Verkauf des Vermögenswerts wäre eine Provision von WE 3 zu entrichten. Zu diesem Zeitpunkt bewertet das Unternehmen den Vermögenswert mit WE 100 (ohne Berücksichtigung der etwaigen Provision im Verkaufsfall) und erfasst einen Verlust von WE 2 im sonstigen Ergebnis. Wird der finanzielle Vermögenswert gemäß Paragraph 4.1.2A erfolgsneutral zum beizulegenden Zeitwert im sonstigen Ergebnis bewertet, werden die Transaktionskosten unter Anwendung der Effektivzinsmethode erfolgswirksam amortisiert.

B5.2.2A Die Folgebewertung eines finanziellen Vermögenswerts oder einer finanziellen Verbindlichkeit und die nachfolgende Erfassung von Gewinnen und Verlusten gemäß Paragraph B5.1.2A müssen mit den Vorschriften dieses Standards im Einklang stehen.

Finanzinvestitionen in Eigenkapitalinstrumente und Verträge über diese Finanzinvestitionen

B5.2.3 Sämtliche Finanzinvestitionen in Eigenkapitalinstrumente und Verträge über diese Finanzinvestitionen müssen zum beizulegenden Zeitwert bewertet werden. In wenigen Fällen können die Anschaffungskosten jedoch eine angemessene Schätzung des beizulegenden Zeitwerts sein. Dies kann der Fall sein, wenn nicht genügend neuere Informationen zur Bemessung des beizulegenden Zeitwerts vorliegen oder wenn es eine große Bandbreite von möglichen Bemessungen des beizulegenden Zeitwerts gibt und die Anschaffungskosten der besten Schätzung des beizulegenden Zeitwerts innerhalb dieser Bandbreite entsprechen.

B5.2.4 Indikatoren dafür, dass die Anschaffungskosten eventuell nicht repräsentativ für den beizulegenden Zeitwert sind, sind u. a.:

(a) eine signifikante Änderung der Ertragslage des Beteiligungsunternehmens verglichen mit Budgets, Plänen oder Meilensteinen;

(b) Änderungen der Erwartung, dass die technischen Produktmeilensteine des Beteiligungsunternehmens erreicht werden;

(c) eine signifikante Änderung des Markts für Eigenkapitaltitel des Beteiligungsunternehmens oder dessen Produkte oder potenzielle Produkte;

(d) eine signifikante Änderung der Weltwirtschaft oder des wirtschaftlichen Umfelds, in dem das Beteiligungsunternehmen tätig ist;

(e) eine signifikante Änderung der Ertragslage vergleichbarer Unternehmen oder der durch den Gesamtmarkt implizierten Bewertungen;

(f) interne Angelegenheiten des Beteiligungsunternehmens wie z. B. Betrug, kommerzielle Streitigkeiten, Rechtsstreitigkeiten, Änderungen des Managements oder Strategie;

(g) Hinweis aus externen Transaktionen mit Eigenkapitaltiteln des Beteiligungsunternehmens, entweder durch das Beteiligungsunternehmen (wie Ausgabe von neuem Eigenkapital) oder durch Übertragungen von Eigenkapitalinstrumenten zwischen Dritten.

B5.2.5 Die Liste in Paragraph B5.2.4 ist nicht abschließend. Ein Unternehmen nutzt sämtliche Informationen über die Ertragslage und die Geschäftstätigkeit des Beteiligungsunternehmens, die nach dem Zeitpunkt des erstmaligen Ansatzes verfügbar werden. Soweit solche relevanten Faktoren vorliegen, können diese darauf hindeuten, dass die Anschaffungskosten eventuell nicht repräsentativ für den beizulegenden Zeitwert sind. In einem solchen Fall muss das Unternehmen den beizulegenden Zeitwert ermitteln.

B5.2.6 Bei Finanzinvestitionen in notierte Eigenkapitalinstrumente (oder Verträge über notierte Eigenkapitalinstrumente) sind die Anschaffungskosten niemals die beste Schätzung des beizulegenden Zeitwerts.

Bewertung zu fortgeführten Anschaffungskosten (Abschnitt 5.4)

Effektivzinsmethode

Bei der Anwendung der Effektivzinsmethode bestimmt ein Unternehmen die Gebühren, die integraler Bestandteil des Effektivzinssatzes eines Finanzinstruments sind. Die Beschreibung der Gebühren für Finanzdienstleistungen deutet unter Umständen nicht auf die Art und den wirtschaftlichen Inhalt der erbrachten Dienstleistungen hin. Gebühren, die integraler Bestandteil des Effektivzinssatzes eines Finanzinstruments sind, werden als Anpassung des Effektivzinssatzes behandelt, es sei denn, das Finanzinstrument wird zum beizulegenden Zeitwert bewertet und die Änderung des beizulegenden Zeitwerts erfolgswirksam erfasst. In diesen Fällen werden die Gebühren beim erstmaligen Ansatz des Instruments als Erlös oder Aufwand erfasst. **B5.4.1**

Zu den Gebühren, die integraler Bestandteil des Effektivzinssatzes eines Finanzinstruments sind, gehören u. a.: **B5.4.2**

(a) Bearbeitungsgebühren, die von dem Unternehmen in Bezug auf die Einrichtung oder den Kauf eines finanziellen Vermögenswerts eingenommen werden. Solche Gebühren können Vergütung für Tätigkeiten wie beispielsweise die Bewertung der Finanzsituation des Kreditnehmers, die Bewertung und Dokumentation von Garantien, Sicherheiten und anderen Sicherheitsvereinbarungen, Aushandlung der Bedingungen des Instruments, Erstellung und Verarbeitung von Dokumenten und Abschluss der Transaktion umfassen. Diese Gebühren sind integraler Bestandteil der Gestaltung eines Engagements bei dem resultierenden Finanzinstrument.

(b) Bereitstellungsgebühren, die von dem Unternehmen für die Kreditgewährung eingenommen werden, wenn die Kreditzusage nicht gemäß Paragraph 4.2.1(a) bewertet wird und es wahrscheinlich ist, dass das Unternehmen eine bestimmte Kreditvereinbarung abschließen wird. Diese Gebühren werden als Vergütung für ein anhaltendes Engagement beim Erwerb eines Finanzinstruments betrachtet. Wenn die Zusage abläuft, ohne dass das Unternehmen den Kredit gewährt, wird die Gebühr bei Ablauf als Erlös erfasst.

(c) Bearbeitungsgebühren, die bei der Ausreichung finanzieller Verbindlichkeiten gezahlt werden, die zu fortgeführten Anschaffungskosten bewertet werden. Diese Gebühren sind integraler Bestandteil der Gestaltung eines Engagements bei einer finanziellen Verbindlichkeit. Ein Unternehmen unterscheidet zwischen Gebühren und Kosten, die integraler Bestandteil des Effektivzinssatzes der finanziellen Verbindlichkeit sind, und Bearbeitungsgebühren und Transaktionskosten in Bezug auf das Recht zur Erbringung von Dienstleistungen, wie beispielsweise Kapitalanlagedienstleistungen.

Zu den Gebühren, die kein integraler Bestandteil des Effektivzinssatzes eines Finanzinstruments sind und gemäß IFRS 15 bilanziert werden, gehören u. a.: **B5.4.3**

(a) Gebühren für die Verwaltung bzw. Abwicklung eines Kredits;

(b) Bereitstellungsgebühren für die Gewährung eines Kredits, wenn die Kreditzusage nicht gemäß Paragraph 4.2.1(a) bewertet wird und es unwahrscheinlich ist, dass eine bestimmte Kreditvereinbarung abgeschlossen wird; und

(c) Kreditsyndizierungsgebühren, die von einem Unternehmen eingenommen werden, das einen Kredit arrangiert und keinen Teil des Kreditpakets für sich selbst behält (oder einen Teil zu demselben Effektivzinssatz eines vergleichbares Risikos wie andere Beteiligte behält).

Bei Anwendung der Effektivzinsmethode werden alle in die Berechnung des Effektivzinssatzes einfließenden Gebühren, gezahlten oder erhaltenen Entgelte, Transaktionskosten und anderen Agios oder Disagios normalerweise über die erwartete Laufzeit des Finanzinstruments amortisiert. Beziehen sich die Gebühren, gezahlten oder erhaltenen Entgelte, Transaktionskosten, Agios oder Disagios jedoch auf einen kürzeren Zeitraum, so ist dieser Zeitraum zugrunde zu legen. Dies ist dann der Fall, wenn die Variable, auf die sich die Gebühren, gezahlten oder erhaltenen Entgelte, Transaktionskosten, Agios oder Disagios beziehen, vor der voraussichtlichen Fällig- **B5.4.4** keit des Finanzinstruments an Marktverhältnisse angepasst wird. In einem solchen Fall ist als angemessene Amortisationsperiode der Zeitraum bis zum nächsten Anpassungstermin zu wählen. Spiegelt ein Agio oder Disagio auf ein variabel verzinstes Finanzinstrument beispielsweise die seit der letzten Zinszahlung für dieses Finanzinstrument aufgelaufenen Zinsen oder die Marktzinsänderungen seit der letzten Anpassung des variablen Zinssatzes an die Marktverhältnisse wider, so wird dieses bis zum nächsten Zinsanpassungstermin amortisiert. Dies ist darauf zurückzuführen, dass das Agio oder Disagio für den Zeitraum bis zum nächsten Zinsanpassungstermin gilt, da die Variable, auf die sich das Agio oder Disagio bezieht (d. h. der Zinssatz), zu diesem Zeitpunkt an die Marktverhältnisse angepasst wird. Ist das Agio oder Disagio hingegen durch eine Änderung des Kredit-Spreads auf die im Finanzinstrument angegebene variable Verzinsung oder durch andere, nicht an den Marktzins gekoppelte Variablen entstanden, erfolgt die Amortisation über die erwartete Laufzeit des Finanzinstruments.

B5.4.5 Bei variabel verzinslichen finanziellen Vermögenswerten und Verbindlichkeiten führt die periodisch vorgenommene Neuschätzung der Zahlungsströme, die der Änderung der Marktverhältnisse Rechnung trägt, zu einer Änderung des Effektivzinssatzes. Wird ein variabel verzinslicher finanzieller Vermögenswert oder eine variabel verzinsliche Verbindlichkeit zunächst mit einem Betrag angesetzt, der dem bei Fälligkeit zu erhaltenden bzw. zu zahlenden Kapitalbetrag entspricht, hat die Neuschätzung künftiger Zinszahlungen in der Regel keine signifikante Auswirkung auf den Buchwert des Vermögenswerts bzw. der Verbindlichkeit.

B5.4.6 Revidiert ein Unternehmen seine Schätzungen bezüglich der Zahlungsein- und -ausgänge (ausgenommen Änderungen gemäß Paragraph 5.4.3 und Änderungen der Schätzungen bezüglich erwarteter Kreditverluste), passt es den Bruttobuchwert des finanziellen Vermögenswerts oder die fortgeführten Anschaffungskosten einer finanziellen Verbindlichkeit (oder einer Gruppe von Finanzinstrumenten) an die tatsächlichen und die revidierten geschätzten vertraglichen Zahlungsströme an. Das Unternehmen berechnet den Bruttobuchwert des finanziellen Vermögenswerts oder die fortgeführten Anschaffungskosten der finanziellen Verbindlichkeit als Barwert der geschätzten künftigen vertraglichen Zahlungsströme neu, die zum ursprünglichen Effektivzinssatz (oder bei finanziellen Vermögenswerten mit bereits bei Erwerb oder Ausreichung beeinträchtigter Bonität zum bonitätsangepassten Effektivzinssatz) des Finanzinstruments oder gegebenenfalls zum geänderten Effektivzinssatz, der gemäß Paragraph 6.5.10 ermittelt wird, abgezinst werden. Die Anpassung wird als Ertrag oder Aufwand erfolgswirksam erfasst.

B5.4.7 In einigen Fällen wird die Bonität eines finanziellen Vermögenswerts beim erstmaligen Ansatz als beeinträchtigt angesehen, da das Ausfallrisiko sehr hoch ist und im Falle eines Kaufs mit einem hohen Disagio erworben wird. Ein Unternehmen muss bei finanziellen Vermögenswerten, deren Bonität beim erstmaligen Ansatz als bereits bei Erwerb oder Ausreichung beeinträchtigt angesehen wird, die anfänglichen erwarteten Kreditverluste in den geschätzten Zahlungsströmen bei der Berechnung des bonitätsangepassten Effektivzinssatzes berücksichtigen. Allerdings bedeutet dies nicht, dass ein bonitätsangepasster Effektivzinssatz nur deshalb angewandt werden sollte, weil der finanzielle Vermögenswert beim erstmaligen Ansatz ein hohes Ausfallrisiko aufweist.

Transaktionskosten

B5.4.8 Zu den Transaktionskosten gehören an Vermittler (einschließlich als Verkaufsvertreter agierende Mitarbeiter), Berater, Makler und Händler gezahlte Gebühren und Provisionen, an Regulierungsbehörden und Wertpapierbörsen zu entrichtende Abgaben sowie Steuern und Gebühren. Unter Transaktionskosten fallen weder Agio oder Disagio für Schuldinstrumente, Finanzierungskosten oder interne Verwaltungs- oder Haltekosten.

Abschreibung

B5.4.9 Abschreibungen können sich auf einen finanziellen Vermögenswert in seiner Gesamtheit oder auf einen prozentualen Teil dessen beziehen. Ein Unternehmen plant beispielsweise, die Sicherheiten bei einem finanziellen Vermögenswert zu verwerten und erwartet, dass es aus den Sicherheiten nicht mehr als 30 Prozent des finanziellen Vermögenswerts realisiert. Wenn das Unternehmen nach vernünftigem Ermessen nicht davon ausgehen kann, weitere Zahlungsströme bei dem finanziellen Vermögenswert zu realisieren, sollte es die übrigen 70 Prozent des finanziellen Vermögenswerts abschreiben.

Wertminderung (Abschnitt 5.5)

Grundlage für die kollektive und individuelle Beurteilung

Um die Zielsetzung der Erfassung der über die Laufzeit erwarteten Kreditverluste wegen signifikanter Erhöhungen des Ausfallrisikos seit dem erstmaligen Ansatz zu erreichen, könnte es sich als notwendig erweisen, die Beurteilung signifikanter Erhöhungen des Ausfallrisikos auf kollektiver Basis vorzunehmen und zu diesem Zweck Informationen, die auf signifikante Erhöhungen des Ausfallrisikos beispielsweise bei einer Gruppe oder Untergruppe von Finanzinstrumenten hindeuten, zu berücksichtigen. Damit soll sichergestellt werden, dass ein Unternehmen die Zielsetzung der Erfassung der über die Laufzeit erwarteten Kreditverluste im Falle signifikanter Erhöhungen des Ausfallrisikos auch dann erreicht, wenn es auf Ebene der einzelnen Instrumente noch keinen Hinweis auf solche signifikanten Erhöhungen des Ausfallrisikos gibt. **B5.5.1**

Es wird allgemein davon ausgegangen, dass über die Laufzeit erwartete Kreditverluste erfasst werden, bevor ein Finanzinstrument überfällig wird. Typischerweise steigt das Ausfallrisiko signifikant, bevor ein Finanzinstrument überfällig wird oder andere zahlungsverzögernde kreditnehmerspezifische Faktoren (wie eine Änderung oder Umstrukturierung) beobachtet werden. Wenn daher angemessene und belastbare Informationen, die stärker zukunftsgerichtet sind als die Informationen zur Überfälligkeit, ohne unangemessenen Kosten- oder Zeitaufwand verfügbar sind, müssen diese bei der Beurteilung von Änderungen des Ausfallrisikos herangezogen werden. **B5.5.2**

Je nach Art der Finanzinstrumente und der über Ausfallrisiken verfügbaren Informationen für bestimmte Gruppen von Finanzinstrumenten ist ein Unternehmen eventuell nicht in der Lage, signifikante Änderungen des Ausfallrisikos bei einzelnen Finanzinstrumenten zu erkennen, bevor das Finanzinstrument überfällig wird. Dies kann bei Finanzinstrumenten wie etwa Privatkundenkrediten der Fall sein, bei denen nur wenige oder keine aktuellen Ausfallrisikoinformationen bei einem einzelnen Instrument routinemäßig ermittelt und überwacht werden, bis ein Kunde gegen die Vertragsbedingungen verstößt. Wenn Änderungen des Ausfallrisikos bei einzelnen Finanzinstrumenten nicht erfasst werden, bevor diese überfällig werden, würde eine Wertberichtigung, die nur auf Kreditinformationen auf Ebene des einzelnen Finanzinstruments beruht, die Änderungen des Ausfallrisikos nicht getreu widerspiegeln. **B5.5.3**

In einigen Fällen liegen einem Unternehmen für die Bemessung der über die Laufzeit erwarteten Kreditverluste auf Einzelbasis keine angemessenen und belastbaren, ohne unangemessenen Kosten- oder Zeitaufwand verfügbaren Informationen vor. In einem solchen Fall sind die über die Laufzeit erwarteten Kreditverluste auf kollektiver Basis unter Berücksichtigung umfassender Ausfallrisikoinformationen zu erfassen. Diese umfassenden Ausfallrisikoinformationen müssen nicht nur Informationen zur Überfälligkeit beinhalten, sondern auch alle einschlägigen Kreditinformationen, einschließlich zukunftsgerichteter makroökonomischer Informationen, damit das Ergebnis dem Ergebnis der Erfassung von über die Laufzeit erwarteten Kreditverlusten nahekommt, wenn sich auf Basis einzelner Instrumente das Ausfallrisiko seit dem erstmaligen Ansatz signifikant erhöht hat. **B5.5.4**

Zur Erkennung signifikanter Erhöhungen des Ausfallrisikos und zur Erfassung einer Wertberichtigung auf kollektiver Basis kann ein Unternehmen Finanzinstrumente anhand von gemeinsamen Ausfallrisikoeigenschaften in Gruppen zusammenfassen und auf diese Weise eine Analyse ermöglichen, die darauf ausgerichtet ist, signifikante Erhöhungen des Ausfallrisikos zeitnah feststellen zu können. Das Unternehmen sollte diese Informationen nicht durch Gruppierung von Finanzinstrumenten mit unterschiedlichen Risikoeigenschaften verschleiern. Zu Beispielen für gemeinsame Ausfallrisikoeigenschaften gehören u. a.: **B5.5.5**

(a) Art des Instruments;
(b) Ausfallrisikoratings;
(c) Art der Sicherheit;
(d) Zeitpunkt des erstmaligen Ansatzes;
(e) Restlaufzeit;
(f) Branche;
(g) geographischer Ort des Kreditnehmers und
(h) Wert der Sicherheiten relativ zum finanziellen Vermögenswert, wenn sich dies auf die Wahrscheinlichkeit des Eintretens eines Kreditausfalls auswirkt (z. B. nicht rückgriffsberechtigte Darlehen in einigen Rechtsordnungen oder Beleihungsausläufe).

B5.5.6 Gemäß Paragraph 5.5.4 müssen über die Laufzeit erwartete Kreditverluste für alle Finanzinstrumente, bei denen sich das Ausfallrisiko seit dem erstmaligen Ansatz signifikant erhöht hat, erfasst werden. Wenn ein Unternehmen zur Erreichung dieser Zielsetzung Finanzinstrumente, bei denen das Ausfallrisiko als seit dem erstmaligen Ansatz signifikant erhöht angesehen wird, nicht anhand von gemeinsamen Ausfallrisikoeigenschaften in Gruppen zusammenfassen kann, sollte es die über die Laufzeit erwarteten Kreditverluste für den Teil der finanziellen Vermögenswerte erfassen, bei denen das Ausfallrisiko als signifikant erhöht erachtet wird. Die Aggregation von Finanzinstrumenten für die Beurteilung, ob sich das Ausfallrisiko auf kollektiver Basis erhöht, kann sich im Laufe der Zeit ändern, sobald neue Informationen über Gruppen von Finanzinstrumenten oder einzelne solcher Finanzinstrumente verfügbar werden.

Zeitpunkt der Erfassung der über die Laufzeit erwarteten Kreditverluste

B5.5.7 Ob über die Laufzeit erwartete Kreditverluste erfasst werden sollten, wird danach beurteilt, ob sich die Wahrscheinlichkeit oder das Risiko eines Kreditausfalls seit dem erstmaligen Ansatz signifikant erhöht hat (unabhängig davon, ob ein Finanzinstrument entsprechend einer Erhöhung des Ausfallrisikos preislich angepasst wurde), und nicht danach, ob zum Abschlussstichtag Hinweise auf eine Bonitätsbeeinträchtigung bei einem finanziellen Vermögenswert vorliegen oder tatsächlich ein Kreditausfall eintritt. Im Allgemeinen erhöht sich das Ausfallrisiko signifikant, bevor die Bonität eines finanziellen Vermögenswerts beeinträchtigt wird oder tatsächlich ein Kreditausfall eintritt.

B5.5.8 Bei Kreditzusagen berücksichtigt ein Unternehmen Änderungen des Risikos, dass bei dem Kredit, auf den sich die Kreditzusage bezieht, ein Ausfall eintritt. Bei finanziellen Garantien berücksichtigt ein Unternehmen Änderungen des Risikos, dass der angegebene Schuldner den Vertrag nicht erfüllt.

B5.5.9 Die Signifikanz einer Änderung des Ausfallrisikos seit dem erstmaligen Ansatz hängt von dem Risiko des Eintretens eines Ausfalls beim erstmaligen Ansatz ab. Somit ist eine gegebene Änderung des Risikos, dass ein Ausfall eintritt, absolut gesehen bei einem Finanzinstrument mit niedrigerem anfänglichem Risiko des Eintretens eines Ausfalls signifikanter als bei einem Finanzinstrument, bei dem das anfängliche Risiko des Eintretens eines Ausfalls höher ist.

B5.5.10 Das Risiko, dass bei Finanzinstrumenten mit vergleichbarem Ausfallrisiko ein Ausfall eintritt, nimmt mit der Dauer der erwarteten Laufzeit des Instruments zu. Beispielsweise ist das Risiko, dass bei einer Anleihe mit AAA-Rating und einer erwarteten Laufzeit von 10 Jahren ein Ausfall eintritt, höher als bei einer Anleihe mit AAA-Rating und einer erwarteten Laufzeit von fünf Jahren.

B5.5.11 Aufgrund der Beziehung zwischen der erwarteten Laufzeit und dem Risiko des Eintretens eines Ausfalls kann die Änderung des Ausfallrisikos nicht einfach durch Vergleichen der Änderung des absoluten Risikos des Eintretens eines Ausfalls im zeitlichen Verlauf beurteilt werden. Wenn beispielsweise das Risiko des Eintretens eines Ausfalls bei einem Finanzinstrument mit einer erwarteten Laufzeit von zehn Jahren beim erstmaligen Ansatz identisch ist mit dem Risiko bei diesem Finanzinstrument, wenn dessen erwartete Laufzeit in der Folgeperiode lediglich mit fünf Jahren veranschlagt wird, kann dies darauf hindeuten, dass sich das Ausfallrisiko erhöht hat. Dies liegt daran, dass das Risiko des Eintretens eines Ausfalls über die erwartete Laufzeit gewöhnlich mit der Zeit sinkt, wenn das Ausfallrisiko unverändert ist und sich das Finanzinstrument seiner Fälligkeit nähert. Jedoch nimmt das Risiko des Eintretens eines Ausfalls bei Finanzinstrumenten mit nur -signifikanten Zahlungsverpflichtungen zum Ende der Fälligkeit des Finanzinstruments hin möglicherweise nicht mit der Zeit ab. In einem solchen Fall sollte ein Unternehmen auch andere qualitative Faktoren berücksichtigen, die zeigen würden, ob sich das Ausfallrisiko seit dem erstmaligen Ansatz signifikant erhöht hat.

Ein Unternehmen kann bei der Beurteilung, ob sich das Ausfallrisiko eines Finanzinstruments **B5.5.12** seit dem erstmaligen Ansatz signifikant erhöht hat, oder bei der Bemessung der erwarteten Kreditverluste verschiedene Vorgehensweisen anwenden. Ferner kann ein Unternehmen bei unterschiedlichen Finanzinstrumenten verschiedene Vorgehensweisen verwenden. Eine Vorgehensweise, die keine explizite Ausfallwahrscheinlichkeit als Inputfaktor per se beinhaltet, wie etwa eine auf der Kreditausfallrate basierende Vorgehensweise, kann mit den Vorschriften des vorliegenden Standards im Einklang stehen, sofern das Unternehmen die Änderungen des Risikos des Eintretens eines Ausfalls von Änderungen anderer Faktoren mit Einfluss auf die erwarteten Kreditausverluste, wie etwa die Besicherung, trennen kann und bei der Beurteilung Folgendes berücksichtigt:

(a) die Änderung des Risikos des Eintretens eines Ausfalls seit dem erstmaligen Ansatz;

(b) die erwartete Laufzeit des Finanzinstruments; und

(c) angemessene und belastbare Informationen, die ohne unangemessenen Kosten- oder Zeitaufwand verfügbar sind und sich auf das Ausfallrisiko auswirken können.

Bei den angewandten Methoden für die Bestimmung, ob sich das Ausfallrisiko bei einem Fi- **B5.5.13** nanzinstrument seit dem erstmaligen Ansatz signifikant erhöht hat, werden die Eigenschaften des Finanzinstruments (oder der Gruppe von Finanzinstrumenten) und die Ausfallmuster in der Vergangenheit bei vergleichbaren Finanzinstrumenten berücksichtigt. Ungeachtet der Vorschrift in Paragraph 5.5.9 können bei Finanzinstrumenten, bei denen die Ausfallmuster nicht auf einem bestimmten Zeitpunkt während der erwarteten Laufzeit des Finanzinstruments konzentriert sind, Änderungen des Risikos des Eintretens eines Ausfalls in den kommenden 12 Monaten eine angemessene Näherung für die Änderungen des auf die Laufzeit bezogenen Risikos des Eintretens eines Ausfalls sein. In solchen Fällen kann ein Unternehmen anhand von Änderungen des Risikos des Eintretens eines Ausfalls in den kommenden 12 Monaten bestimmen, ob sich das Ausfallrisiko seit dem erstmaligen Ansatz signifikant erhöht hat, außer wenn die Umstände darauf hindeuten, dass eine Beurteilung über die Laufzeit erforderlich ist.

Jedoch ist es bei einigen Finanzinstrumenten oder in besonderen Fällen möglicherweise unan- **B5.5.14** gebracht, anhand von Änderungen des Risikos des Eintretens eines Ausfalls in den kommenden 12 Monaten zu bestimmen, ob die über die Laufzeit erwarteten Kreditverluste erfasst werden sollten. Beispielsweise ist die Änderung des Risikos des Eintretens eines Ausfalls in den kommenden 12 Monaten eventuell keine geeignete Grundlage für die Bestimmung, ob sich das Ausfallrisiko bei einem Finanzinstrument mit einer Restlaufzeit von mehr als 12 Monaten erhöht hat, wenn:

(a) das Finanzinstrument nur über die nächsten 12 Monate hinaus signifikante Zahlungsverpflichtungen aufweist;

(b) Änderungen der relevanten makroökonomischen oder sonstigen kreditbezogenen Faktoren auftreten, die in dem Risiko des Eintretens eines Ausfalls in den kommenden 12 Monaten nicht hinreichend widergespiegelt werden; oder

(c) sich Änderungen der kreditbezogenen Faktoren nur über die nächsten 12 Monate hinaus auf das Ausfallrisiko des Finanzinstruments auswirken (oder einen stärker ausgeprägten Effekt haben).

Bestimmung, ob sich das Ausfallrisiko seit dem erstmaligen Ansatz signifikant erhöht hat

B5.5.15 Bei der Bestimmung, ob die über die Laufzeit erwarteten Kreditverluste erfasst werden müssen, berücksichtigt ein Unternehmen angemessene und belastbare Informationen gemäß Paragraph 5.5.17(c), die ohne unangemessenen Kosten- oder Zeitaufwand verfügbar sind und sich auf das Ausfallrisiko bei einem Finanzinstrument auswirken können. Ein Unternehmen muss bei der Bestimmung, ob sich das Ausfallrisiko seit dem erstmaligen Ansatz signifikant erhöht hat, keine umfassende Suche nach Informationen durchführen.

B5.5.16 Die Ausfallrisikoanalyse ist eine multifaktorielle und ganzheitliche Analyse. Die Relevanz eines bestimmten Faktors und dessen Gewichtung im Vergleich zu anderen Faktoren hängen von der Art des Produkts, den Eigenschaften des Finanzinstruments und des Kreditnehmers sowie dem geografischen Gebiet ab. Ein Unternehmen berücksichtigt angemessene und belastbare Informationen, die ohne unangemessenen Kosten- oder Zeitaufwand verfügbar und für das jeweilige zu beurteilende Finanzinstrument relevant sind. Jedoch sind einige Faktoren oder Indikatoren möglicherweise nicht auf der Ebene eines einzelnen Finanzinstruments identifizierbar. In solch einem Fall werden die Faktoren oder Indikatoren für geeignete Portfolios, Gruppen von Portfolios oder Teile eines Portfolios von Finanzinstrumenten beurteilt, um zu bestimmen, ob die Vorschrift in Paragraph 5.5.3 zur Erfassung der über die Laufzeit erwarteten Kreditverluste erfüllt ist.

B5.5.17 Die nachfolgende nicht abschließende Liste von Informationen kann bei der Beurteilung von Änderungen des Ausfallrisikos relevant sein:

(a) signifikante Änderungen der internen Preisindikatoren für das Ausfallrisiko infolge einer Änderung des Ausfallrisikos seit Vertragsbeginn, u. a. des Kredit-Spreads, der sich ergäbe, wenn ein bestimmtes Finanzinstrument oder ein vergleichbares Finanzinstrument mit denselben Bedingungen und derselben Gegenpartei am Abschlussstichtag neu ausgereicht oder begeben würde;

(b) sonstige Änderungen der Quoten oder Bedingungen eines bestehenden Finanzinstruments, die deutlich anders wären, wenn das Instrument aufgrund von Änderungen des Ausfallrisikos des Finanzinstruments seit dem erstmaligen Ansatz am Abschlussstichtag neu ausgereicht oder begeben würde (wie z. B. weitergehende Kreditauflagen, höhere Sicherheiten- und Garantiebeträge oder ein höherer Zinsdeckungsgrad);

(c) signifikante Änderungen der externen Marktindikatoren für das Ausfallrisiko bei einem bestimmten Finanzinstrument oder vergleichbaren Finanzinstrumenten mit der gleichen erwarteten Laufzeit. Zu Änderungen der Marktindikatoren für das Ausfallrisiko gehören u. a.:

   (i) der Kredit-Spread;

   (ii) die Credit-Default-Swap-Preise für den Kreditnehmer;

   (iii) der Zeitraum, über den der beizulegende Zeitwert eines finanziellen Vermögenswerts geringer als seine fortgeführten Anschaffungskosten war, und das Ausmaß, in dem dies der Fall war; und

   (iv) sonstige Marktinformationen in Bezug auf den Kreditnehmer, wie z. B. Änderungen des Preises der Schuld- und Eigenkapitalinstrumente eines Kreditnehmers;

(d) eine tatsächliche oder voraussichtliche signifikante Änderung des externen Bonitätsratings eines Finanzinstruments;

(e) eine tatsächliche oder voraussichtliche Herabsetzung des internen Bonitätsratings für den Kreditnehmer oder eine Verringerung des Verhaltens-Scorings, das bei der internen Beurteilung des Ausfallrisikos herangezogen wird; interne Bonitätsratings und interne Verhaltens-Scorings sind zuverlässiger, wenn sie mit externen Ratings abgestimmt oder durch Ausfallstudien unterstützt werden;

(f) bestehende oder vorhergesagte nachteilige Änderungen der geschäftlichen, finanziellen oder wirtschaftlichen Bedingungen, die voraussichtlich zu einer signifikanten Änderung hinsichtlich der Fähigkeit des Kreditnehmers, seinen Schuldverpflichtungen nachzukommen, führen, wie beispielsweise ein tatsächlicher oder voraussichtlicher Anstieg des Zinsniveaus oder der Arbeitslosenzahlen;

(g) eine tatsächliche oder voraussichtliche signifikante Änderung der Betriebsergebnisse des Kreditnehmers. Beispiele sind u. a. ein tatsächlicher oder voraussichtlicher Rückgang der Erlöse oder Margen, zunehmende Betriebsrisiken, Betriebskapitaldefizite, sinkende Qualität der Vermögenswerte, erhöhter bilanzieller Verschuldungsgrad, Liquidität, Managementprobleme oder Änderungen des Geschäftsumfangs oder der Organisationsstruktur (wie z. B. Einstellung eines Geschäftssegments), die zu einer signifikanten Änderung hinsichtlich der Fähigkeit des Kreditnehmers, seinen Schuldverpflichtungen nachzukommen, führen;

(h) signifikante Erhöhungen des Ausfallrisikos bei anderen Finanzinstrumenten desselben Kreditnehmers;

(i) eine tatsächliche oder voraussichtliche signifikante nachteilige Änderung des regulatorischen, wirtschaftlichen oder technologischen Umfelds des Kreditnehmers, die zu einer signifikanten Änderung hinsichtlich der Fähigkeit des Kreditnehmers, seinen Schuldverpflichtungen nachzukommen, führt, wie beispielsweise einem Rückgang der Nachfrage nach den Produkten des Kreditnehmers aufgrund eines Technologiewandels;

(j) signifikante Änderungen des Werts der Sicherheiten für die Verpflichtung oder der Qualität der Garantien oder Kreditsicherheiten Dritter, durch die sich voraussichtlich der wirtschaftliche Anreiz des Kreditnehmers, geplante vertragliche Zahlungen zu leisten, verringert oder die sich voraussichtlich auf die Wahrscheinlichkeit des Eintretens eines Ausfalls auswirken. Wenn der Wert der Sicherheiten beispielsweise aufgrund eines Rückgangs der Immobilienpreise sinkt, haben die Kreditnehmer in einigen Rechtsordnungen einen stärkeren Anreiz, ihre Hypotheken nicht zu bedienen;

(k) eine signifikante Änderung der Qualität der von einem Anteilseigner (oder den Eltern einer Einzelperson) bereitgestellten Garantie, wenn der Anteilseigner (oder die Eltern) den Anreiz haben und die finanziellen Möglichkeiten besitzen, einen Kreditausfall durch Zuschießen von Kapital oder Liquidität zu verhindern;

(l) signifikante Änderungen wie z. B. eine Verringerung der finanziellen Unterstützung vonseiten eines Mutter- oder anderen Tochterunternehmens oder eine tatsächliche oder voraussichtliche signifikante Änderung der Qualität der Kreditsicherheit, durch die sich der wirtschaftliche Anreiz des Kreditnehmers, geplante vertragliche Zahlungen zu leisten, voraussichtlich verringert. Bei Kreditsicherheiten oder finanzieller Unterstützung wird die Finanzsituation des Garantiegebers berücksichtigt und/oder bei in Verbriefungen ausgegebenen Anteilen, ob die erwarteten Kreditverluste (beispielsweise bei den dem Wertpapier zugrunde liegenden Darlehen) voraussichtlich durch nachrangige Anteile absorbiert werden können;

(m) voraussichtliche Änderungen in der Kreditdokumentation, einschließlich einer voraussichtlichen Vertragsverletzung, die zu Auflagenverzicht oder -ergänzungen, Zinszahlungspausen, Erhöhungen des Zinsniveaus, zusätzlich verlangten Sicherheiten oder Garantien, oder zu Änderungen der vertraglichen Rahmenbedingungen des Instruments führen können;

(n) signifikante Änderungen der voraussichtlichen Vertragstreue und des voraussichtlichen Verhaltens des Kreditnehmers, einschließlich Änderungen des Zahlungsstatus von Kreditnehmern in der Gruppe (beispielsweise ein Anstieg der voraussichtlichen Anzahl oder des Ausmaßes verzögerter Vertragszahlungen oder signifikante Erhöhungen der voraussichtlichen Anzahl der Kreditkarteninhaber, die ihr Kreditlimit voraussichtlich fast erreichen oder überschreiten oder voraussichtlich nur den monatlichen Mindestbetrag zahlen);

(o) Änderungen des Kreditmanagementansatzes eines Unternehmens in Bezug auf das Finanzinstrument, d. h., dass der Kreditmanagementansatz des Unternehmens basierend auf den sich abzeichnenden Indikatoren für Änderungen des Ausfallrisikos bei dem Finanzinstrument voraussichtlich aktiver oder auf die Steuerung des Instruments ausgerichtet wird, einschließlich einer engeren Überwachung oder Kontrolle des Instruments oder des spezifischen Eingreifens von Seiten des Unternehmens bei dem Kreditnehmer;

(p) Informationen zur Überfälligkeit, einschließlich der in Paragraph 5.5.11 dargelegten widerlegbaren Vermutung.

B5.5.18 In einigen Fällen können die verfügbaren qualitativen und nicht statistischen quantitativen Informationen ausreichen, um zu bestimmen, dass ein Finanzinstrument das Kriterium für die Erfassung einer Wertberichtigung in Höhe der über die Laufzeit erwarteten Kreditverluste erfüllt hat. Dies bedeutet, dass die Informationen weder ein statistisches Modell noch einen Bonitätsratingprozess durchlaufen müssen, um zu bestimmen, ob sich das Ausfallrisiko des Finanzinstruments signifikant erhöht hat. In anderen Fällen berücksichtigt das Unternehmen möglicherweise andere Informationen, einschließlich Informationen aus seinen statistischen Modellen oder Bonitätsratingprozessen. Alternativ stützt das Unternehmen seine Beurteilung eventuell auf beide Arten von Informationen, d. h. qualitative Faktoren, die nicht durch den internen Ratingprozess erfasst werden, und eine spezifische interne Ratingkategorie am Abschlussstichtag, wobei die Ausfallrisikoeigenschaften beim erstmaligen Ansatz berücksichtigt werden, sofern beide Arten von Informationen relevant sind.

Mehr als 30 Tage überfällig – widerlegbare Vermutung

B5.5.19 Die widerlegbare Vermutung in Paragraph 5.5.11 ist kein absoluter Indikator dafür, dass die über die Laufzeit erwarteten Kreditverluste erfasst werden sollten, wird jedoch als spätester Zeitpunkt angenommen, zu dem die über die Laufzeit erwarteten Kreditverluste selbst bei Verwendung zukunftsgerichteter Informationen (einschließlich makroökonomischer Faktoren auf Portfolioebene) erfasst werden sollten.

B5.5.20 Ein Unternehmen kann diese Vermutung widerlegen. Dies ist allerdings nur möglich, wenn ihm angemessene und belastbare Informationen vorliegen, die belegen, dass selbst bei einer Überfälligkeit der Vertragszahlungen von mehr als 30 Tagen keine signifikante Erhöhung des Ausfallrisikos bei einem Finanzinstrument vorliegt. Dies gilt beispielsweise, wenn ein Zahlungsversäumnis administrative Gründe hat und nicht durch finanzielle Schwierigkeiten des Kreditnehmers bedingt ist oder das Unternehmen anhand historischer Daten belegen kann, dass zwischen den signifikanten Erhöhungen des Risikos des Eintretens eines Ausfalls und finanziellen Vermögenswerten, bei denen die Zahlungen mehr als 30 Tage überfällig sind, keine Korrelation besteht, aber diese Nachweise ein solche Korrelation zeigen, wenn die Zahlungen mehr als 60 Tage überfällig sind.

B5.5.21 Ein Unternehmen kann den Zeitpunkt signifikanter Erhöhungen des Ausfallrisikos und die Erfassung der über die Laufzeit erwarteten Kreditverluste nicht danach ausrichten, wann die Bonität eines finanziellen Vermögenswerts als beeinträchtigt angesehen wird, oder wie ein Unternehmen intern den Begriff Ausfall definiert.

Finanzinstrumente mit niedrigem Ausfallrisiko am Abschlussstichtag

B5.5.22 Das Ausfallrisiko bei einem Finanzinstrument ist im Sinne von Paragraph 5.5.10 niedrig, wenn bei dem Finanzinstrument ein niedriges Risiko eines Kreditausfalls besteht, der Kreditnehmer problemlos zur Erfüllung seiner kurzfristigen vertraglichen Zahlungsverpflichtungen in der Lage ist und langfristigere nachteilige Änderungen der wirtschaftlichen und geschäftlichen Rahmenbedingungen die Fähigkeit des Kreditnehmers zur Erfüllung seiner vertraglichen Zahlungsverpflichtungen verringern können, aber nicht unbedingt müssen. Das Ausfallrisiko bei Finanzinstrumenten wird nicht als niedrig eingeschätzt, nur weil das Risiko eines Verlusts aufgrund des Besicherungswerts als niedrig angesehen wird und das Ausfallrisiko bei dem Finanzinstrument ohne diese Besicherung nicht als niedrig eingeschätzt würde. Ferner wird das Ausfallrisiko bei Finanzinstrumenten nicht alleine aufgrund der Tatsache als niedrig eingeschätzt, nur weil das Risiko eines Kreditausfalls niedriger ist als bei anderen Finanzinstrumenten des Unternehmens oder relativ zum Ausfallrisiko des Rechtsraums, in dem ein Unternehmen tätig ist.

Ein Unternehmen kann anhand seiner internen Ausfallrisikoratings oder sonstiger Methoden, die mit einer allgemein anerkannten Definition von niedrigem Ausfallrisiko im Einklang stehen und die Risiken und die Art der zu beurteilenden Finanzinstrumente berücksichtigen, bestimmen, ob bei einem Finanzinstrument ein niedriges Ausfallrisiko besteht. Ein externes Rating mit „Investment Grade" ist ein Beispiel für ein Finanzinstrument, dessen Ausfallrisiko als niedrig angesehen werden kann. Allerdings müssen Finanzinstrumente keinem externen Rating unterzogen werden, um ihr Ausfallrisiko als niedrig ansehen zu können. Sie sollten jedoch aus Sicht eines Marktteilnehmers unter Berücksichtigung aller Bedingungen des Finanzinstruments als mit niedrigem Ausfallrisiko behaftet angesehen werden. **B5.5.23**

Über die Laufzeit erwartete Kreditverluste müssen bei einem Finanzinstrument nicht alleine deshalb erfasst werden, weil es in der vorherigen Berichtsperiode als mit niedrigem Ausfallrisiko angesehen wurde und zum Abschlussstichtag nicht als mit niedrigem Ausfallrisiko angesehen wird. In einem solchen Fall bestimmt ein Unternehmen, ob sich das Ausfallrisiko seit dem erstmaligen Ansatz signifikant erhöht hat und ob somit gemäß Paragraph 5.5.3 die über die Laufzeit erwarteten Kreditverluste erfasst werden müssen. **B5.5.24**

Änderungen

In einigen Fällen kann die Neuverhandlung oder Änderung der vertraglichen Zahlungsströme eines finanziellen Vermögenswerts zur Ausbuchung des finanziellen Vermögenswerts gemäß dem vorliegenden Standard führen. Wenn die Änderung eines finanziellen Vermögenswerts zur Ausbuchung des vorhandenen finanziellen Vermögenswerts und anschließender Aktivierung des geänderten finanziellen Vermögenswerts führt, wird der geänderte finanzielle Vermögenswert gemäß dem vorliegenden Standard als „neuer" finanzieller Vermögenswert betrachtet. **B5.5.25**

Dementsprechend gilt für die Anwendung der Wertminderungsvorschriften auf den geänderten finanziellen Vermögenswert der Zeitpunkt der Änderung als Zeitpunkt des erstmaligen Ansatzes dieses finanziellen Vermögenswerts. Dies bedeutet normalerweise, dass die Wertberichtigung in Höhe der für die nächsten 12 Monate erwarteten Kreditverluste bemessen wird, bis die in Paragraph 5.5.3 genannten Vorschriften für die Erfassung der über die Laufzeit erwarteten Kreditverluste erfüllt sind. In außergewöhnlichen Fällen kann es nach einer Änderung, die zur Ausbuchung des ursprünglichen finanziellen Vermögenswerts führt, Hinweise dafür geben, dass die Bonität des geänderten finanziellen Vermögenswerts beim erstmaligen Ansatz bereits beeinträchtigt ist und somit als finanzieller Vermögenswert mit bereits bei Erwerb oder Ausreichung beeinträchtigter Bonität bilanziert werden sollte. Dies könnte beispielsweise dann der Fall sein, wenn bei einem notleidenden Vermögenswert eine erhebliche Änderung vorgenommen wurde, die zur Ausbuchung des ursprünglichen finanziellen Vermögenswerts geführt hat. In einem solchen Fall könnte die Änderung zu einem neuen finanziellen Vermögenswert führen, dessen Bonität bereits beim erstmaligen Ansatz beeinträchtigt ist. **B5.5.26**

Wenn die vertraglichen Zahlungsströme bei einem finanziellen Vermögenswert neu verhandelt oder anderweitig geändert wurden, der finanzielle Vermögenswert aber nicht ausgebucht wurde, wird dieser finanzielle Vermögenswert nicht automatisch als mit einem niedrigeren Ausfallrisiko behaftet angesehen. Ein Unternehmen beurteilt auf der Grundlage aller angemessenen und belastbaren, ohne unangemessenen Kosten- oder Zeitaufwand verfügbaren Informationen, ob sich das Ausfallrisiko seit dem erstmaligen Ansatz signifikant erhöht hat. Dies umfasst historische und zukunftsgerichtete Informationen sowie eine Beurteilung des Ausfallrisikos über die erwartete Laufzeit des finanziellen Vermögenswerts, worin Informationen über die Umstände, die zu der Änderung geführt haben, eingeschlossen sind. Zu den Nachweisen, dass die Kriterien für die Erfassung der über die Laufzeit erwarteten Kreditverluste nicht mehr erfüllt sind, kann eine Übersicht über die bisherigen fristgerechten Zahlungen entsprechend den geänderten Vertragsbedingungen gehören. Normalerweise müsste ein Kunde ein konsistent gutes Zahlungsverhalten über einen Zeitraum unter Beweis stellen, bevor das Ausfallrisiko als gesunken angesehen wird. So würde eine Historie, bei der Zahlungen nicht oder nur unvollständig geleis- **B5.5.27** tet wurden, nicht allein dadurch gelöscht, dass nach Änderung der Vertragsbedingungen eine einzige Zahlung rechtzeitig geleistet wurde.

Bemessung erwarteter Kreditverluste

Erwartete Kreditverluste

B5.5.28 Erwartete Kreditverluste sind eine wahrscheinlichkeitsgewichtete Schätzung der Kreditverluste (d. h. des Barwerts aller Zahlungsausfälle) über die erwartete Laufzeit des Finanzinstruments. Ein Zahlungsausfall ist die Differenz zwischen den Zahlungen, die einem Unternehmen vertragsgemäß geschuldet werden, und den Zahlungen, die das Unternehmen voraussichtlich einnimmt. Da bei den erwarteten Kreditverlusten der Betrag und der Zeitpunkt der Zahlungen in Betracht gezogen wird, entsteht ein Kreditverlust selbst dann, wenn das Unternehmen erwartet, dass die Zahlung zwar vollständig, aber später als vertraglich vereinbart eingeht.

B5.5.29 Bei finanziellen Vermögenswerten entspricht ein Kreditverlust dem Barwert der Differenz zwischen:

(a) den vertraglichen Zahlungen, die einem Unternehmen vertragsgemäß geschuldet werden und

(b) den Zahlungen, die das Unternehmen voraussichtlich einnimmt.

B5.5.30 Bei nicht in Anspruch genommenen Kreditzusagen entspricht ein Kreditverlust dem Barwert der Differenz zwischen:

(a) den vertraglichen Zahlungen, die dem Unternehmen geschuldet werden, wenn der Inhaber der Kreditzusage den Kredit in Anspruch nimmt und

(b) den Zahlungen, die das Unternehmen voraussichtlich einnimmt, wenn der Kredit in Anspruch genommen wird.

B5.5.31 Die Schätzung eines Unternehmens bezüglich der Kreditverluste aus Kreditzusagen entspricht seinen Erwartungen bezüglich der Inanspruchnahmen bei dieser Kreditzusage, d. h. es berücksichtigt bei der Schätzung der über die nächsten 12 Monate erwarteten Kreditverluste den voraussichtlichen Anteil der Kreditzusage, der innerhalb der nächsten 12 Monate nach dem Abschlussstichtag in Anspruch genommen wird, und bei der Schätzung der über die Laufzeit erwarteten Kreditverluste den voraussichtlichen Anteil der Kreditzusage, der über die erwartete Laufzeit der Kreditzusage in Anspruch genommen wird.

B5.5.32 Bei einer finanziellen Garantie muss das Unternehmen Zahlungen nur im Falle eines Ausfalls des Schuldners gemäß den Bedingungen des durch die Garantie abgedeckten Instruments leisten. Demzufolge entsprechen die Zahlungsausfälle den erwarteten Zahlungen, die dem Inhaber für den ihm entstandenen Kreditverlust zu erstatten sind, abzüglich der Beträge, die das Unternehmen voraussichtlich von dem Inhaber, dem Schuldner oder einer sonstigen Partei erhält. Ist der Vermögenswert vollständig durch die Garantie abgedeckt, würde die Schätzung der Zahlungsausfälle aus der finanziellen Garantie mit den geschätzten Zahlungsausfällen für den der Garantie unterliegenden Vermögenswert übereinstimmen.

B5.5.33 Bei einem finanziellen Vermögenswert, dessen Bonität zum Abschlussstichtag beeinträchtigt ist, es bei Erwerb oder Ausreichung aber noch nicht war, bemisst ein Unternehmen die erwarteten Kreditverluste als Differenz zwischen dem Bruttobuchwert des Vermögenswerts und dem Barwert der geschätzten künftigen Zahlungsströme, die zum ursprünglichen Effektivzinssatz des finanziellen Vermögenswerts abgezinst werden. Jegliche Änderung wird als Wertminderungsaufwand oder -ertrag erfolgswirksam erfasst.

B5.5.34 Bei der Bemessung einer Wertberichtigung für eine Forderung aus Leasingverhältnissen entsprechen die Zahlungsströme, die zur Bemessung der erwarteten Kreditverluste verwendet werden, den Zahlungsströmen, die bei der Bewertung der Forderung aus Leasingverhältnissen gemäß IFRS 16 *Leasingverhältnisse* herangezogen wurden.

B5.5.35 Ein Unternehmen kann bei der Bemessung der erwarteten Kreditverluste vereinfachte Methoden anwenden, wenn diese mit den Grundsätzen in Paragraph 5.5.17 übereinstimmen. Ein Beispiel für eine vereinfachte Methode ist die Berechnung der erwarteten Kreditverluste bei Forderungen aus Lieferungen und Leistungen mittels einer Wertberichtigungstabelle. Das Unternehmen würde anhand seiner bisherigen Erfahrung mit Kreditverlusten (ggf. gemäß den Paragraphen B5.5.51-B5.5.52 angepasst) bei Forderungen aus Lieferungen und Leistungen die für die nächsten 12 Monate erwarteten Kreditverluste oder, falls erforderlich, die über die Laufzeit erwarteten Kreditverluste aus den finanziellen Vermögenswerten abschätzen. In einer Wertberichtigungstabelle könnten beispielsweise feste Wertberichtigungsquoten je nach Anzahl der Tage, die eine Forderung aus Lieferungen und Leistungen überfällig ist, angegeben werden (beispielsweise 1 Prozent, wenn nicht überfällig, 2 Prozent, wenn weniger als 30 Tage überfällig, 3 Prozent, wenn zwischen 30 und weniger als 90 Tagen überfällig, 20 Prozent, wenn zwischen 90 und 180 Tagen überfällig usw.). Je nach Diversität seines Kundenstamms würde das Unternehmen entsprechende Gruppierungen verwenden, wenn seine bisherige Erfahrung mit Kreditverlusten signifikant voneinander abweichende Ausfallmuster bei verschiedenen Kundensegmenten zeigt. Beispiele für Kriterien, die bei der Gruppierung von Vermögenswerten verwendet werden könnten, sind geografisches Gebiet, Produktart, Kundeneinstufung, Sicherheiten oder Warenkreditversicherung und Kundentyp (wie z. B. Groß- oder Einzelhandel).

Ausfalldefinition

Gemäß Paragraph 5.5.9 berücksichtigt ein Unternehmen bei der Bestimmung, ob sich das Ausfallrisiko bei einem Finanzinstrument signifikant erhöht hat, die Änderung des Risikos des Eintretens eines Ausfalls seit dem erstmaligen Ansatz. **B5.5.36**

Bei der Ausfalldefinition zur Bestimmung des Risikos des Eintretens eines Ausfalls wendet ein Unternehmen bei dem betreffenden Finanzinstrument eine Definition an, die mit der für interne Ausfallrisikomanagementzwecke verwendeten Definition im Einklang steht, und berücksichtigt ggf. qualitative Indikatoren (z. B. Kreditauflagen). Doch besteht die widerlegbare Vermutung, dass ein Ausfall spätestens dann vorliegt, wenn ein finanzieller Vermögenswert 90 Tage überfällig ist, es sei denn, ein Unternehmen verfügt über angemessene und belastbare Informationen, dass ein längeres Rückstandskriterium besser geeignet ist. Die für diese Zwecke verwendete Ausfalldefinition wird durchgängig bei allen Finanzinstrumenten angewandt, es sei denn, neue Informationen zeigen, dass bei einem bestimmten Finanzinstrument eine andere Ausfalldefinition besser geeignet ist. **B5.5.37**

Zeitraum für die Schätzung der erwarteten Kreditverluste

Gemäß Paragraph 5.5.19 entspricht der maximale Zeitraum, über den die erwarteten Kreditverluste bemessen werden, der maximalen Vertragslaufzeit, über die das Unternehmen dem Ausfallrisiko ausgesetzt ist. Bei Kreditzusagen und finanziellen Garantien ist dies die maximale Vertragslaufzeit, über die ein Unternehmen gegenwärtig vertraglich zur Kreditgewährung verpflichtet ist. **B5.5.38**

Gemäß Paragraph 5.5.20 beinhalten manche Finanzinstrumente allerdings sowohl einen Kredit als auch eine nicht in Anspruch genommene Kreditzusagekomponente, wobei die vertraglich vorgesehene Möglichkeit für das Unternehmen, eine Rückzahlung zu fordern und die nicht in Anspruch genommene Kreditzusage zu widerrufen, die Exposition des Unternehmens gegenüber Kreditverlusten nicht auf die vertragliche Kündigungsfrist begrenzt. Beispielsweise können revolvierende Kreditformen wie Kreditkarten und Kontokorrentkredite durch den Kreditgeber mit einer Kündigungsfrist von nur einem Tag vertragsgemäß gekündigt werden. Allerdings gewähren Kreditgeber in der Praxis Kredite für einen längeren Zeitraum und können sie ggf. nur kündigen, wenn das Ausfallrisiko des Kreditnehmers steigt, was zu spät sein könnte, um die erwarteten Kreditverluste ganz oder teilweise zu verhindern. Solche Finanzinstrumente weisen infolge ihrer Art, der Art und Weise ihrer Steuerung und der Art der verfügbaren Informationen über signifikante Erhöhungen des Ausfallrisikos in der Regel die folgenden Merkmale auf: **B5.5.39**

(a) Die Finanzinstrumente haben keine feste Laufzeit oder Rückzahlungsstruktur und unterliegen gewöhnlich einer kurzen vertraglichen Kündigungsfrist (z. B. einem Tag);

(b) die vertragliche Möglichkeit der Vertragskündigung wird in der normalen tagtäglichen Steuerung des Finanzinstruments nicht durchgesetzt und der Vertrag ist ggf. nur dann kündbar, wenn das Unternehmen von einer Erhöhung des Ausfallrisikos auf Kreditebene Kenntnis erlangt; und

(c) die Finanzinstrumente werden kollektiv gesteuert.

B5.5.40 Bei der Bestimmung des Zeitraums, über den das Unternehmen voraussichtlich dem Ausfallrisiko ausgesetzt ist, bei dem die erwarteten Kreditverluste aber nicht durch die normalen Ausfallrisikomanagementmaßnahmen des Unternehmen abgefangen würden, hat ein Unternehmen Faktoren wie beispielsweise historische Informationen und Erfahrungswerte in Bezug auf Folgendes zu berücksichtigen:

(a) Zeitraum, über den das Unternehmen dem Ausfallrisiko bei ähnlichen Finanzinstrumenten ausgesetzt war;

(b) Zeitdauer bis zum Eintreten der entsprechenden Ausfälle bei ähnlichen Finanzinstrumenten nach einer signifikanten Erhöhung des Ausfallrisikos; und

(c) Ausfallrisikomanagementmaßnahmen, die ein Unternehmen voraussichtlich ergreift, nachdem sich das Ausfallrisiko bei dem Finanzinstrument erhöht hat, wie z. B. die Verringerung oder der Widerruf ungenutzter Limits.

Wahrscheinlichkeitsgewichtetes Ergebnis

B5.5.41 Bei der Schätzung der erwarteten Kreditverluste ist weder ein „Worst Case"-Szenario noch ein „Best Case"-Szenario zugrundezulegen. Stattdessen spiegelt eine Schätzung der erwarteten Kreditverluste stets sowohl die Möglichkeit des Eintretens als auch die Möglichkeit des Ausbleibens eines Kreditausfalls wider, auch wenn das wahrscheinlichste Ergebnis das Ausbleiben eines Kreditausfalls ist.

B5.5.42 Gemäß Paragraph 5.5.17(a) muss die Schätzung der erwarteten Kreditverluste einen unverzerrten und wahrscheinlichkeitsgewichteten Betrag widerspiegeln, der durch Auswertung einer Reihe verschiedener möglicher Ergebnisse ermittelt wird. In der Praxis muss dies keine komplexe Analyse sein. In einigen Fällen kann eine relativ einfache Modellierung ausreichen, ohne dass eine größere Anzahl von detaillierten Simulationen von Szenarien erforderlich ist. Beispielsweise können die durchschnittlichen Kreditverluste einer größeren Gruppe von Finanzinstrumenten mit gemeinsamen Risikoeigenschaften eine angemessene Schätzung des wahrscheinlichkeitsgewichteten Betrags darstellen. In anderen Situationen werden wahrscheinlich Szenarien identifiziert werden müssen, in denen die Höhe und der Zeitpunkt der Zahlungsströme bei bestimmten Ergebnissen und die geschätzte Wahrscheinlichkeit dieser Ergebnisse genannt werden. In diesen Situationen spiegeln die erwarteten Kreditverluste mindestens zwei Ergebnisse gemäß Paragraph 5.5.18 wider.

B5.5.43 Bei den über die Laufzeit erwarteten Kreditverlusten schätzt ein Unternehmen das Risiko, dass bei dem Finanzinstrument über die erwartete Laufzeit ein Ausfall eintritt. Die für die nächsten 12 Monate erwarteten Kreditverluste sind ein prozentualer Anteil der über die Laufzeit erwarteten Kreditverluste und entsprechen den über die Laufzeit eintretenden Zahlungsausfällen, die entstehen, wenn innerhalb von 12 Monaten nach dem Abschlussstichtag (oder eines kürzeren Zeitraums, wenn die erwartete Laufzeit eines Finanzinstruments weniger als 12 Monate beträgt) ein Ausfall eintritt, gewichtet mit der Wahrscheinlichkeit des Eintretens dieses Ausfalls. Somit entsprechen die für die nächsten 12 Monate erwarteten Kreditverluste weder den über die Laufzeit erwarteten Kreditverlusten, die ein Unternehmen bei Finanzinstrumenten erwartet, bei denen seinen Prognosen zufolge in den nächsten 12 Monaten ein Ausfall eintritt, noch den Zahlungsausfällen, die für die nächsten 12 Monate vorhergesagt werden.

Zeitwert des Geldes

Die erwarteten Kreditverluste werden unter Anwendung des beim erstmaligen Ansatz festgelegten Effektivzinssatzes oder eines Näherungswerts auf den Abschlussstichtag und nicht auf den Zeitpunkt des erwarteten Ausfalls oder einen anderen Zeitpunkt abgezinst. Weist ein Finanzinstrument einen variablen Zinssatz auf, werden die erwarteten Kreditverluste unter Anwendung des aktuellen, gemäß Paragraph B5.4.5 festgelegten Effektivzinssatzes abgezinst. **B5.5.44**

Für finanzielle Vermögenswerte mit bereits bei Erwerb oder Ausreichung beeinträchtigter Bonität werden die erwarteten Kreditverluste unter Anwendung des bonitätsangepassten Effektivzinssatzes, der beim erstmaligen Ansatz festgelegt wurde, abgezinst. **B5.5.45**

Die erwarteten Kreditverluste für Forderungen aus Leasingverhältnissen werden zu dem Zinssatz abgezinst, der gemäß IFRS 16 auch bei der Bewertung der Forderung aus Leasingverhältnissen verwendet wird. **B5.5.46**

Die erwarteten Kreditverluste aus einer Kreditzusage werden zu dem Effektivzinssatz oder einem Näherungswert abgezinst, der auch bei der Erfassung des aus der Kreditzusage resultierenden finanziellen Vermögenswerts angewandt wird. Dies liegt daran, dass ein finanzieller Vermögenswert, der nach der Inanspruchnahme einer Kreditzusage bilanziert wird, für die Anwendung der Wertminderungsvorschriften als Fortsetzung dieser Zusage und nicht als neues Finanzinstrument behandelt wird. Die erwarteten Kreditverluste aus dem finanziellen Vermögenswert werden daher unter Berücksichtigung des anfänglichen Ausfallrisikos der Kreditzusage ab dem Zeitpunkt, zu dem das Unternehmen Partei der unwiderruflichen Zusage wurde, bemessen. **B5.5.47**

Bei finanziellen Garantien oder Kreditzusagen, bei denen der Effektivzinssatz nicht bestimmt werden kann, werden die erwarteten Kreditverluste zu einem Zinssatz abgezinst, der die aktuelle Marktbewertung des Zeitwerts des Geldes und die für die Zahlungsströme spezifischen Risiken widerspiegelt, allerdings nur, wenn und insoweit die Risiken durch Anpassung des Zinssatzes und nicht durch Anpassung der abzuzinsenden Zahlungsausfälle Berücksichtigung finden. **B5.5.48**

Angemessene und belastbare Informationen

Im Sinne des vorliegenden Standards sind angemessene und belastbare Informationen solche, die zum Abschlussstichtag ohne unangemessenen Kosten- oder Zeitaufwand verfügbar sind, wozu auch Informationen über vergangene Ereignisse, gegenwärtige Bedingungen und Prognosen künftiger wirtschaftlicher Bedingungen zählen. Informationen, die zu Rechnungslegungszwecken vorliegen, werden als ohne unangemessenen Kosten- oder Zeitaufwand verfügbar angesehen. **B5.5.49**

Ein Unternehmen muss Prognosen für die künftigen Bedingungen über die erwartete Gesamtlaufzeit eines Finanzinstruments nicht einfließen lassen. Der Ermessensgrad, der bei der Schätzung der erwarteten Kreditverluste notwendig ist, hängt von der Verfügbarkeit ausführlicher Informationen ab. Mit zunehmendem Prognosezeitraum nimmt die Verfügbarkeit ausführlicher Informationen ab und steigt der bei der Schätzung der erwarteten Kreditverluste erforderliche Ermessensgrad. Bei der Schätzung der erwarteten Kreditverluste ist keine ausführliche Schätzung für weit in der Zukunft liegende Zeiträume erforderlich. Bei solchen Zeiträumen kann ein Unternehmen aus verfügbaren, ausführlichen Informationen Prognosen extrapolieren. **B5.5.50**

Ein Unternehmen muss keine umfassende Suche nach Informationen durchführen, sondern berücksichtigt sämtliche angemessenen und belastbaren Informationen, die ohne unangemessenen Kosten- oder Zeitaufwand verfügbar und für die Schätzung der erwarteten Kreditverluste relevant sind. Dies schließt auch die Auswirkung von erwarteten vorzeitigen Rückzahlungen ein. Die verwendeten Informationen beinhalten kreditnehmerspezifische Faktoren, allgemeine wirtschaftliche Bedingungen und eine Beurteilung der gegenwärtigen und vorhergesagten Richtung der Bedingungen zum Abschlussstichtag. Ein Unternehmen kann verschiedene sowohl interne (unternehmensspezifische) als auch externe Datenquellen verwenden. Zu den möglichen Datenquellen zählen interne Erfahrungswerte mit bisherigen Kreditverlusten, interne Ra- **B5.5.51** tings, Erfahrungswerte anderer Unternehmen mit Kreditverlusten sowie externe Ratings, Berichte und Statistiken. Unternehmen, die über keine oder nur unzureichende Quellen für unternehmensspezifische Daten verfügen, können Erfahrungswerte von Vergleichsunternehmen derselben Branche für das vergleichbare Finanzinstrument (oder Gruppen von Finanzinstrumenten) heranziehen.

B5.5.52 Historische Informationen stellen für die Bemessung der erwarteten Kreditverluste einen wichtigen Anker oder eine wichtige Grundlage dar. Allerdings hat ein Unternehmen historische Daten, wie Erfahrungswerte mit Kreditverlusten, auf Basis gegenwärtiger beobachtbarer Daten anzupassen, um die Auswirkungen der gegenwärtigen Bedingungen und seine Prognose künftiger Bedingungen, die sich auf den Zeitraum, auf den sich die historischen Daten beziehen, nicht ausgewirkt haben, widerzuspiegeln und diese Daten um die für die künftigen vertraglichen Zahlungsströme nicht relevanten Auswirkungen der Bedingungen in dem historischen Zeitraum zu bereinigen. In einigen Fällen könnten die besten angemessenen und belastbaren Informationen – je nach Art der historischen Informationen und Zeitpunkt der Berechnung verglichen mit den Umständen zum Abschlussstichtag und den Eigenschaften des betrachteten Finanzinstruments – die unangepassten historischen Informationen sein. Schätzungen von Änderungen der erwarteten Kreditverluste sollten die Änderungen der zugehörigen beobachtbaren Daten von einer Periode zur anderen widerspiegeln und hinsichtlich der Richtung der Änderung mit diesen übereinstimmen (wie beispielsweise Änderungen der Arbeitslosenquoten, Grundstückspreise, Warenpreise, des Zahlungsstatus oder anderer Faktoren, die auf Kreditverluste bei dem Finanzinstrument oder einer Gruppe von Finanzinstrumenten und auf deren Ausmaß hindeuten). Ein Unternehmen überprüft regelmäßig die Methodik und Annahmen, die zur Schätzung der erwarteten Kreditverluste verwendet werden, um etwaige Abweichungen zwischen den Schätzungen und den Erfahrungswerten aus tatsächlichen Kreditverlusten zu verringern.

B5.5.53 Bei der Verwendung von Erfahrungswerten bisheriger Kreditverluste zur Schätzung der erwarteten Kreditverluste ist es wichtig, dass die Informationen über die historischen Kreditverlustquoten auf Gruppen angewandt werden, die genauso definiert sind wie die Gruppen, bei denen diese historischen Quoten beobachtet wurden. Daher muss die verwendete Methode es ermöglichen, jeder Gruppe von Vermögenswerten Erfahrungswerte bisheriger Kreditverluste bei Gruppen von finanziellen Vermögenswerten mit ähnlichen Risikoeigenschaften und relevante beobachtbare Daten, die die aktuellen Bedingungen widerspiegeln, zuzuordnen.

B5.5.54 Die erwarteten Kreditverluste spiegeln die eigenen Erwartungen eines Unternehmens hinsichtlich der Kreditverluste wider. Doch sollte ein Unternehmen bei der Berücksichtigung aller angemessenen und belastbaren, ohne unangemessenen Kosten- oder Zeitaufwand verfügbaren Informationen im Zuge der Schätzung der erwarteten Kreditverluste auch die beobachtbaren Marktdaten über das Ausfallrisiko des speziellen Finanzinstruments oder ähnlicher Finanzinstrumente in Betracht ziehen.

Sicherheiten

B5.5.55 Im Rahmen der Bemessung der erwarteten Kreditverluste spiegelt die Schätzung der erwarteten Zahlungsausfälle die erwarteten Zahlungseingänge aus Sicherheiten und anderen Kreditbesicherungen, die Teil der Vertragsbedingungen sind und von dem Unternehmen nicht getrennt erfasst werden, wider. Die Schätzung der erwarteten Zahlungsausfälle bei einem besicherten Finanzinstrument spiegelt den Betrag und den Zeitpunkt der ab der Zwangsvollstreckung der Sicherheiten erwarteten Zahlungen abzüglich der Kosten für die Bestellung und den Verkauf der Sicherheiten wider, und zwar ungeachtet dessen, ob eine Zwangsvollstreckung wahrscheinlich ist oder nicht (d. h. bei der Schätzung der erwarteten Zahlungen wird die Wahrscheinlichkeit einer Zwangsvollstreckung und der daraus resultierenden Zahlungen in Betracht gezogen). Infolgedessen sollten Zahlungen, die aus der Realisierung der Sicherheiten über die vertragsgemäße Fälligkeit des Vertrags hinaus erwartet werden, in diese Analyse einbezogen werden. Etwaige Sicherheiten, die infolge einer Zwangsvollstreckung bestellt werden, werden nicht als Vermögenswert getrennt von dem besicherten Finanzinstrument erfasst, es sei denn, die einschlägigen Ansatzkriterien für einen Vermögenswert im vorliegenden oder in anderen Standards sind erfüllt.

Reklassifizierung finanzieller Vermögenswerte (Abschnitt 5.6)

Wenn ein Unternehmen finanzielle Vermögenswerte gemäß Paragraph 4.4.1 reklassifiziert, muss es diese Reklassifizierung gemäß Paragraph 5.6.1 ab dem Zeitpunkt der Reklassifizierung prospektiv vornehmen. Sowohl bei der Kategorie der Bewertung zu fortgeführten Anschaffungskosten als auch bei der Kategorie der erfolgsneutralen Bewertung zum beizulegenden Zeitwert im sonstigen Ergebnis muss der Effektivzinssatz beim erstmaligen Ansatz bestimmt werden. Bei diesen beiden Bewertungskategorien müssen auch die Wertminderungsvorschriften auf identische Weise angewandt werden. Wenn ein Unternehmen also einen finanziellen Vermögenswert zwischen der Kategorie der Bewertung zu fortgeführten Anschaffungskosten und der Kategorie der erfolgsneutralen Bewertung zum beizulegenden Zeitwert im sonstigen Ergebnis reklassifiziert, **B5.6.1**

(a) wird die Erfassung des Zinsertrags nicht geändert und wendet das Unternehmen somit weiterhin den gleichen Effektivzinssatz an.

(b) wird die Bemessung der erwarteten Kreditverluste nicht geändert, da bei beiden Bewertungskategorien derselbe Wertminderungsansatz zum Einsatz kommt. Bei der Reklassifizierung eines finanziellen Vermögenswerts aus der Kategorie der erfolgsneutralen Bewertung zum beizulegenden Zeitwert im sonstigen Ergebnis in die Kategorie der Bewertung zu fortgeführten Anschaffungskosten wird eine Wertberichtigung ab dem Zeitpunkt der Reklassifizierung als Anpassung an den Bruttobuchwert des finanziellen Vermögenswerts erfasst. Bei der Reklassifizierung eines finanziellen Vermögenswerts aus der Kategorie der Bewertung zu fortgeführten Anschaffungskosten in die Kategorie der erfolgsneutralen Bewertung zum beizulegenden Zeitwert im sonstigen Ergebnis wird die Wertberichtigung ab dem Zeitpunkt der Reklassifizierung ausgebucht (und somit nicht mehr als eine Anpassung des Bruttobuchwerts erfasst) und stattdessen in Höhe der kumulierten Wertberichtigung (in gleicher Höhe) im sonstigen Ergebnis erfasst und im Anhang angegeben.

Bei einem erfolgswirksam zum beizulegenden Zeitwert bewerteten finanziellen Vermögenswert muss ein Unternehmen Zinserträge oder Wertminderungsaufwendungen oder -erträge jedoch nicht getrennt erfassen. Wenn ein Unternehmen einen finanziellen Vermögenswert aus der Kategorie der erfolgswirksamen Bewertung zum beizulegenden Zeitwert reklassifiziert, wird der Effektivzinssatz folglich basierend auf dem beizulegenden Zeitwert des Vermögenswerts zum Zeitpunkt der Reklassifizierung bestimmt. Darüber hinaus wird zum Zwecke der Anwendung von Abschnitt 5.5 auf den finanziellen Vermögenswert ab dem Zeitpunkt der Reklassifizierung dieser Zeitpunkt als Zeitpunkt des erstmaligen Ansatzes behandelt. **B5.6.2**

Gewinne und Verluste (Abschnitt 5.7)

Gemäß Paragraph 5.7.5 kann ein Unternehmen unwiderruflich die Wahl treffen, Änderungen des beizulegenden Zeitwerts einer Finanzinvestition in ein Eigenkapitalinstrument, das nicht zu Handelszwecken gehalten wird, im sonstigen Ergebnis zu erfassen. Diese Wahl erfolgt einzeln für jedes Instrument (d. h. einzeln für jeden Anteil). Beträge, die im sonstigen Ergebnis erfasst werden, sind später nicht in den Gewinn oder Verlust zu übertragen. Doch kann das Unternehmen den kumulierten Gewinn oder Verlust innerhalb des Eigenkapitals übertragen. Dividenden aus solchen Investitionen werden gemäß Paragraph 5.7.6 erfolgswirksam erfasst, es sei denn, durch die Dividende wird eindeutig ein Teil der Anschaffungskosten der Investition zurückerlangt. **B5.7.1**

Sofern Paragraph 4.1.5 nicht gilt, muss ein finanzieller Vermögenswert gemäß Paragraph 4.1.2A zum beizulegenden Zeitwert erfolgsneutral im sonstigen Ergebnis bewertet werden, wenn die Vertragsbedingungen des finanziellen Vermögenswerts zu Zahlungsströmen führen, bei denen es sich lediglich um Tilgungs- und Zinszahlungen auf den ausstehenden Kapitalbetrag handelt, **B5.7.1A** und der Vermögenswert im Rahmen eines Geschäftsmodells gehalten wird, dessen Zielsetzung sowohl durch die Vereinnahmung vertraglicher Zahlungsströme als auch durch den Verkauf finanzieller Vermögenswerte erreicht wird. Bei dieser Bewertungskategorie werden Informationen im Gewinn oder Verlust erfasst, als wenn der finanzielle Vermögenswert zu fortgeführten Anschaffungskosten bewertet worden wäre, während der finanzielle Vermögenswert in der Bilanz zum beizulegenden Zeitwert bewertet wird. Gewinne oder Verluste, die nicht gemäß Paragraph 5.7.10-5.7.11 erfolgswirksam erfasst werden, werden im sonstigen Ergebnis erfasst. Im Falle der Ausbuchung der finanziellen Vermögenswerte werden die kumulierten Gewinne oder Verluste, die zuvor im sonstigen Ergebnis erfasst wurden, in den Gewinn oder Verlust umgegliedert. Dies spiegelt den Gewinn oder Verlust wider, der bei der Ausbuchung erfolgswirksam erfasst worden wäre, wenn der finanzielle Vermögenswert zu fortgeführten Anschaffungskosten bewertet worden wäre.

B5.7.2 Ein Unternehmen wendet auf finanzielle Vermögenswerte und finanzielle Verbindlichkeiten, die monetäre Posten im Sinne von IAS 21 sind und auf eine Fremdwährung lauten, IAS 21 an. Gemäß IAS 21 sind alle Gewinne und Verluste aus der Währungsumrechnung eines monetären Vermögenswerts und einer monetären Verbindlichkeit erfolgswirksam zu erfassen. Eine Ausnahme bildet ein monetärer Posten, der zur Absicherung von Zahlungsströmen als Sicherungsinstrument designiert ist (siehe Paragraph 6.5.11), eine Absicherung einer Nettoinvestition (siehe Paragraph 6.5.13) oder eine Absicherung des beizulegenden Zeitwerts eines Eigenkapitalinstruments, bei dem ein Unternehmen die Wahl getroffen hat, Änderungen des beizulegenden Zeitwerts gemäß Paragraph 5.7.5 im sonstigen Ergebnis zu erfassen (siehe Paragraph 6.5.8).

B5.7.2A Zur Erfassung von Gewinnen und Verlusten aus der Währungsumrechnung gemäß IAS 21 wird ein finanzieller Vermögenswert, der erfolgsneutral zum beizulegenden Zeitwert im sonstigen Ergebnis gemäß Paragraph 4.1.2A bewertet wird, als monetärer Posten behandelt. Dementsprechend wird ein solcher finanzieller Vermögenswert als Vermögenswert behandelt, der zu fortgeführten Anschaffungskosten in der Fremdwährung bewertet wird. Umrechnungsdifferenzen bei den fortgeführten Anschaffungskosten werden erfolgswirksam und sonstige Änderungen des Buchwerts gemäß Paragraph 5.7.10 erfasst.

B5.7.3 Gemäß Paragraph 5.7.5 kann ein Unternehmen unwiderruflich die Wahl treffen, nachfolgende Änderungen des beizulegenden Zeitwerts bestimmter Finanzinvestitionen in Eigenkapitalinstrumente im sonstigen Ergebnis zu erfassen. Eine solche Investition stellt keinen monetären Posten dar. Daher beinhaltet der Gewinn oder Verlust, der im sonstigen Ergebnis gemäß Paragraph 5.7.5 erfasst wird, alle zugehörigen Fremdwährungsbestandteile.

B5.7.4 Besteht zwischen einem nicht derivativen monetären Vermögenswert und einer nicht derivativen monetären Verbindlichkeit eine Sicherungsbeziehung, werden Änderungen des Fremdwährungsbestandteils dieser Finanzinstrumente erfolgswirksam erfasst.

Verbindlichkeiten, die als erfolgswirksam zum beizulegenden Zeitwert bewertet designiert sind

B5.7.5 Wenn ein Unternehmen eine finanzielle Verbindlichkeit als erfolgswirksam zum beizulegenden Zeitwert bewertet designiert, muss es festlegen, ob die Darstellung der Auswirkungen von Änderungen des Ausfallrisikos der Verbindlichkeit im sonstigen Ergebnis eine Rechnungslegungsanomalie im Gewinn oder Verlust verursachen oder vergrößern würde. Dies wäre der Fall, wenn die Darstellung der Auswirkungen von Änderungen des Ausfallrisikos der Verbindlichkeit im sonstigen Ergebnis zu einer größeren Anomalie im Gewinn oder Verlust führen würde, als wenn diese Beträge erfolgswirksam ausgewiesen würden.

B5.7.6 Um dies zu bestimmen, muss ein Unternehmen beurteilen, ob nach seiner Erwartung die Auswirkungen von Änderungen des Ausfallrisikos der Verbindlichkeit durch eine Änderung des beizulegenden Zeitwerts eines anderen Finanzinstruments, das erfolgswirksam zum beizulegenden Zeitwert bewertet wird, im Gewinn oder Verlust ausgeglichen werden. Eine solche Erwartung muss auf einer wirtschaftlichen Beziehung zwischen den Eigenschaften der Verbindlichkeit und den Eigenschaften des anderen Finanzinstruments basieren.

Diese Bestimmung erfolgt beim erstmaligen Ansatz und wird nicht erneut beurteilt. Aus Praktikabilitätsgründen braucht das Unternehmen nicht alle Vermögenswerte und Verbindlichkeiten, die zu einer Rechnungslegungsanomalie führen, genau zeitgleich zu erwerben bzw. einzugehen. Eine angemessene Verzögerung wird zugestanden, sofern etwaige verbleibende Transaktionen voraussichtlich eintreten werden. Ein Unternehmen muss die Methodik für die Bestimmung, ob die Darstellung der Auswirkungen von Änderungen des Ausfallrisikos der Verbindlichkeit eine Rechnungslegungsanomalie im Gewinn oder Verlust verursachen oder vergrößern würde, konsistent anwenden. Allerdings kann ein Unternehmen verschiedene Methoden anwenden, wenn zwischen den Eigenschaften der Verbindlichkeiten, die als erfolgswirksam zum beizulegenden Zeitwert bewertet designiert sind, und den Eigenschaften der anderen Finanzinstrumente unterschiedliche wirtschaftliche Beziehungen bestehen. Gemäß IFRS 7 muss ein Unternehmen im Anhang zum Abschluss qualitative Angaben zu seiner Methodik für diese Bestimmung machen. **B5.7.7**

Würde eine solche Anomalie verursacht oder vergrößert, weist das Unternehmen alle Änderungen des beizulegenden Zeitwerts (einschließlich der Auswirkungen von Änderungen des Ausfallrisikos der Verbindlichkeit) im Gewinn oder Verlust aus. Würde hingegen keine solche Anomalie verursacht oder vergrößert, weist das Unternehmen die Auswirkungen von Änderungen des Ausfallrisikos der Verbindlichkeit im sonstigen Ergebnis aus. **B5.7.8**

Beträge, die im sonstigen Ergebnis ausgewiesen werden, werden später nicht in den Gewinn oder Verlust umgegliedert. Das Unternehmen kann den kumulierten Gewinn oder Verlust allerdings innerhalb des Eigenkapitals umgliedern. **B5.7.9**

Im folgenden Beispiel wird eine Situation beschrieben, in der eine Rechnungslegungsanomalie im Gewinn oder Verlust verursacht oder vergrößert würde, wenn die Auswirkungen von Änderungen des Ausfallrisikos der Verbindlichkeit im sonstigen Ergebnis ausgewiesen würden. Eine Hypothekenbank gewährt Kunden Kredite und finanziert diese durch den Verkauf von Anleihen mit korrespondierenden Merkmalen (z. B. ausstehender Betrag, Rückzahlungsprofil, Laufzeit und Währung) im Markt. Gemäß den Vertragsbedingungen des Kredits darf der Hypothekenkunde seinen Kredit vorzeitig zurückzahlen (d. h. seine Verpflichtung gegenüber der Bank erfüllen), indem er die entsprechende Anleihe zum beizulegenden Zeitwert im Markt erwirbt und diese Anleihe auf die Hypothekenbank überträgt. Wenn sich die Kreditqualität der Anleihe verschlechtert (und der beizulegende Zeitwert der Verbindlichkeit der Hypothekenbank somit abnimmt), sinkt infolge dieses vertraglichen Rechts auf vorzeitige Rückzahlung auch der beizulegende Zeitwert der Kreditforderung der Hypothekenbank. Die Änderung des beizulegenden Zeitwerts des Vermögenswerts spiegelt das vertragliche Recht des Kunden auf vorzeitige Rückzahlung des Hypothekenkredits durch Erwerb der zugrunde liegenden Anleihe zum beizulegenden Zeitwert (der in diesem Beispiel gesunken ist) und Übertragung der Anleihe auf die Hypothekenbank wider. Infolgedessen werden die Auswirkungen von Änderungen des Ausfallrisikos der Verbindlichkeit (der Anleihe) im Gewinn oder Verlust durch eine entsprechende Änderung des beizulegenden Zeitwerts eines finanziellen Vermögenswerts (des Kredits) ausgeglichen. Wenn die Auswirkungen von Änderungen des Ausfallrisikos der Verbindlichkeit im sonstigen Ergebnis ausgewiesen würden, würde eine Rechnungslegungsanomalie im Gewinn oder Verlust entstehen. Daher weist die Hypothekenbank alle Änderungen des beizulegenden Zeitwerts der Verbindlichkeit (einschließlich der Auswirkungen von Änderungen des Ausfallrisikos der Verbindlichkeit) im Gewinn oder Verlust aus. **B5.7.10**

In dem Beispiel in Paragraph B5.7.10 besteht eine vertragliche Verknüpfung zwischen den Auswirkungen von Änderungen des Ausfallrisikos der Verbindlichkeit und Änderungen des beizulegenden Zeitwerts des finanziellen Vermögenswerts (d. h. infolge des vertraglichen Rechts des Hypothekenkunden auf vorzeitige Rückzahlung des Kredits durch Erwerb der Anleihe zum beizulegenden Zeitwert und Übertragung der Anleihe auf die Hypothekenbank). Doch könnte eine Rechnungslegungsanomalie auch bei Nichtbestehen einer vertraglichen Verknüpfung auftreten. **B5.7.11**

Für die Zwecke der Anwendung der Vorschriften der Paragraphen 5.7.7 und 5.7.8 wird eine Rechnungslegungsanomalie nicht alleine durch die Bewertungsmethode verursacht, die ein Unternehmen anwendet, um die Auswirkungen von Änderungen des Ausfallrisikos einer Verbind- **B5.7.12** lichkeit zu bestimmen. Eine Rechnungslegungsanomalie im Gewinn oder Verlust würde nur dann entstehen, wenn die Auswirkungen von Änderungen des Ausfallrisikos (wie in IFRS 7 definiert) der Verbindlichkeit voraussichtlich durch Änderungen des beizulegenden Zeitwerts eines anderen Finanzinstruments ausgeglichen werden. Eine Anomalie, die ausschließlich infolge der Bewertungsmethode entsteht (d. h. da ein Unternehmen Änderungen des Ausfallrisikos einer Verbindlichkeit nicht von anderen Änderungen des entsprechenden beizulegenden Zeitwerts trennt), wirkt sich nicht auf die in den Paragraphen 5.7.7 und 5.7.8 vorgeschriebene Bestimmung aus. So ist es möglich, dass ein Unternehmen Änderungen des Ausfallrisikos einer Verbindlichkeit nicht von Änderungen des Liquiditätsrisikos trennt. Wenn das Unternehmen die kombinierte Wirkung beider Faktoren im sonstigen Ergebnis ausweist, kann eine Anomalie auftreten, da Änderungen des Liquiditätsrisikos eventuell in die Bemessung des beizulegenden Zeitwerts der finanziellen Vermögenswerte des Unternehmens einfließen und die gesamte Änderung des beizulegenden Zeitwerts dieser Vermögenswerte erfolgswirksam erfasst wird. Doch wird eine solche Anomalie durch Ungenauigkeit bei der Bewertung und nicht durch die in Paragraph B5.7.6 beschriebene ausgleichende Beziehung verursacht und wirkt sich daher nicht auf die in den Paragraphen 5.7.7 und 5.7.8 vorgeschriebene Bestimmung aus.

Bedeutung von 'Ausfallrisiko' (Paragraphen 5.7.7 und 5.7.8)

B5.7.13 In IFRS 7 wird Ausfallrisiko definiert als „Die Gefahr, dass ein Vertragspartner bei einem Geschäft über ein Finanzinstrument bei dem anderen Partner finanzielle Verluste verursacht, da er seinen Verpflichtungen nicht nachkommt". Die Vorschrift gemäß Paragraph 5.7.7(a) bezieht sich auf das Risiko, dass der Emittent seine Verpflichtung bei dieser konkreten Verbindlichkeit nicht erfüllt, und bezieht sich nicht unbedingt auf die Bonität des Emittenten. Gibt ein Unternehmen beispielsweise eine besicherte und eine nicht besicherte Verbindlichkeit, die ansonsten identisch sind, aus, ist das Ausfallrisiko bei diesen beiden Verbindlichkeiten unterschiedlich, auch wenn sie von demselben Unternehmen ausgegeben wurden. Das Ausfallrisiko bei der besicherten Verbindlichkeit ist niedriger als bei der nicht besicherten Verbindlichkeit. Bei einer besicherten Verbindlichkeit kann das Ausfallrisiko annähernd null sein.

B5.7.14 Für die Zwecke der Anwendung der Vorschrift in Paragraph 5.7.7(a) wird zwischen dem Ausfallrisiko und dem vermögenswertspezifischen Wertentwicklungsrisiko unterschieden. Das vermögenswertspezifische Wertentwicklungsrisiko ist nicht mit dem Risiko verbunden, dass ein Unternehmen eine bestimmte Verpflichtung nicht erfüllt, sondern vielmehr mit dem Risiko, dass ein einzelner Vermögenswert oder eine Gruppe von Vermögenswerten eine schlechte (oder gar keine) Wertentwicklung zeigt.

B5.7.15 Ein Beispiel für ein vermögenswertspezifisches Wertentwicklungsrisiko ist

(a) eine Verbindlichkeit mit einem fondsgebundenen Merkmal, wobei der den Investoren geschuldete Betrag vertraglich anhand der Wertentwicklung der angegebenen Vermögenswerte bestimmt wird. Die Auswirkung dieses fondsgebundenen Merkmals auf den beizulegenden Zeitwert der Verbindlichkeit ist ein vermögenswertspezifisches Wertentwicklungsrisiko und kein Ausfallrisiko.

(b) eine Verbindlichkeit, die von einem strukturierten Unternehmen mit den folgenden Merkmalen ausgegeben wird: Das Unternehmen ist rechtlich getrennt, so dass seine Vermögenswerte selbst im Konkursfall ausschließlich den Investoren zustehen. Das Unternehmen schließt keine anderen Transaktionen ab und die Vermögenswerte in dem Unternehmen können nicht hypothekarisch beliehen werden. Den Investoren des Unternehmens werden nur dann Beträge geschuldet, wenn die so gesicherten Vermögenswerte zu Zahlungsströmen führen. Somit spiegeln Änderungen des beizulegenden Zeitwerts der Verbindlichkeit hauptsächlich Änderungen des beizulegenden Zeitwerts der Vermögenswerte wider. Die Auswirkung der Wertentwicklung der Vermögenswerte auf den beizulegenden Zeitwert der Verbindlichkeit ist ein vermögenswertspezifisches Wertentwicklungsrisiko und kein Ausfallrisiko.

Bestimmung der Auswirkungen von Änderungen des Ausfallrisikos

Für die Zwecke der Anwendung der Vorschrift in Paragraph 5.7.7(a) bestimmt ein Unternehmen die Höhe der Änderung des beizulegenden Zeitwerts der finanziellen Verbindlichkeit, der Änderungen des Ausfallrisikos dieser Verbindlichkeit zuzuschreiben sind, entweder **B5.7.16**

(a) in Höhe der Änderung des beizulegenden Zeitwerts der Verbindlichkeit, die nicht den Änderungen der Marktbedingungen, die zu Marktrisiken führen, zuzuschreiben ist (siehe Paragraphen B5.7.17 und B5.7.18) oder

(b) unter Anwendung einer alternativen Methode, die nach Ermessen des Unternehmens die Höhe der Änderung des beizulegenden Zeitwerts der finanziellen Verbindlichkeit, welche Änderungen des entsprechenden Ausfallrisikos der Verbindlichkeit zuzuschreiben ist, getreuer darstellt.

Zu den Änderungen der Marktbedingungen, die zu Marktrisiken führen, zählen Änderungen eines Referenzzinssatzes, des Preises eines anderen Finanzinstruments des Unternehmens, eines Rohstoffpreises, eines Wechselkurses oder eines Preis- oder Kursindexes. **B5.7.17**

Beschränken sich die signifikanten und relevanten Änderungen der Marktbedingungen bei einer Verbindlichkeit auf Änderungen bei einem beobachteten (Referenz-)Zinssatz, kann der Betrag gemäß Paragraph B5.7.16(a) wie folgt geschätzt werden: **B5.7.18**

(a) Zuerst berechnet das Unternehmen die interne Rendite der Verbindlichkeit zu Beginn der Periode anhand des beizulegenden Zeitwerts der Verbindlichkeit und der vertraglichen Zahlungsströme der Verbindlichkeit zu Beginn der Periode. Von dieser Rendite wird der beobachtete (Referenz-)Zinssatz zu Beginn der Periode abgezogen, um einen instrumentspezifischen Bestandteil der internen Rendite zu ermitteln.

(b) Als Nächstes berechnet das Unternehmen den Barwert der Zahlungsströme im Zusammenhang mit der Verbindlichkeit anhand der vertraglichen Zahlungsströme am Ende der Periode und eines Zinssatzes, der der Summe aus (i) dem beobachteten (Referenz-)Zinssatz am Ende der Periode und (ii) dem instrumentspezifischen Bestandteil der internen Rendite wie in (a) ermittelt entspricht.

(c) Die Differenz zwischen dem beizulegenden Zeitwert der Verbindlichkeit am Ende der Periode und dem in (b) bestimmten Betrag entspricht der Änderung des beizulegenden Zeitwerts, die nicht auf Änderungen des beobachteten (Referenz-)Zinssatzes zurückzuführen ist. Dieser Betrag ist im sonstigen Ergebnis gemäß Paragraph 5.7.7(a) auszuweisen.

Bei dem Beispiel in Paragraph B5.7.18 wird davon ausgegangen, dass die Änderungen des beizulegenden Zeitwerts, die durch andere Faktoren als Änderungen des Ausfallrisikos des Instruments oder Änderungen des beobachteten (Referenz-)Zinssatzes bedingt sind, nicht signifikant sind. Diese Methode wäre ungeeignet, wenn die durch andere Faktoren bedingten Änderungen des beizulegenden Zeitwerts signifikant wären. In diesen Fällen muss ein Unternehmen eine alternative Methode anwenden, mit der die Auswirkungen von Änderungen des Ausfallrisikos der Verbindlichkeit getreuer bemessen werden können (siehe Paragraph B5.7.16(b)). Wenn das Instrument in dem Beispiel z. B. ein eingebettetes Derivat enthält, fließt die Änderung des beizulegenden Zeitwerts des eingebetteten Derivats nicht in die Bestimmung des Betrags ein, der im sonstigen Ergebnis gemäß Paragraph 5.7.7(a) auszuweisen ist. **B5.7.19**

Wie bei jeder Bemessung des beizulegenden Zeitwerts sind bei der Bewertungsmethode eines Unternehmens, mit der der Anteil der Änderung des beizulegenden Zeitwerts der Verbindlichkeit, welcher Änderungen des Ausfallrisikos der Verbindlichkeit zuzuschreiben ist, bestimmt wird, relevante beobachtbare Inputfaktoren in maximalem und nicht beobachtbare Inputfaktoren in minimalem Umfang zu verwenden. **B5.7.20**

Bilanzierung von Sicherungsgeschäften (Kapitel 6)

Sicherungsinstrumente (Abschnitt 6.2)

Zulässige Instrumente

B6.2.1 Derivate, die in hybride Verträge eingebettet sind, aber nicht getrennt bilanziert werden, können nicht als separate Sicherungsinstrumente designiert werden.

B6.2.2 Die eigenen Eigenkapitalinstrumente eines Unternehmens sind keine finanziellen Vermögenswerte oder finanziellen Verbindlichkeiten des Unternehmens und können daher nicht als Sicherungsinstrumente designiert werden.

B6.2.3 Für Absicherungen von Währungsrisiken wird die Währungsrisikokomponente eines nicht derivativen Finanzinstruments gemäß IAS 21 bestimmt.

Geschriebene Optionen

B6.2.4 Durch den vorliegenden Standard werden die Sachverhalte, bei denen ein erfolgswirksam zum beizulegenden Zeitwert bewertetes Derivat als Sicherungsinstrument designiert werden kann, nicht eingeschränkt. Hiervon ausgenommen sind einige geschriebene Optionen. Eine geschriebene Option erfüllt nicht die Anforderungen an ein Sicherungsinstrument, es sei denn, sie wird zur Glattstellung einer erworbenen Option eingesetzt; hierzu gehören auch Optionen, die in ein anderes Finanzinstrument eingebettet sind (beispielsweise eine geschriebene Kaufoption, mit der das Risiko aus einer kündbaren Verbindlichkeit abgesichert werden soll).

Designation von Sicherungsinstrumenten

B6.2.5 Wenn ein Unternehmen für andere Absicherungen als Absicherungen eines Währungsrisikos einen nicht derivativen finanziellen Vermögenswert oder eine nicht derivative finanzielle Verbindlichkeit, der bzw. die erfolgswirksam zum beizulegenden Zeitwert bewertet wird, als Sicherungsinstrument designiert, kann es nur das nicht derivative Finanzinstrument insgesamt oder einen prozentualen Anteil davon designieren.

B6.2.6 Ein einzelnes Sicherungsinstrument kann als Sicherungsinstrument für mehr als eine Art von Risiko designiert werden, sofern eine spezifische Designation des Sicherungsinstruments und der verschiedenen Risikopositionen als gesicherte Grundgeschäfte vorliegt. Diese gesicherten Grundgeschäfte können Gegenstand verschiedener Sicherungsbeziehungen sein.

Gesicherte Grundgeschäfte (Abschnitt 6.3)

Zulässige Grundgeschäfte

B6.3.1 Eine feste Verpflichtung zum Erwerb eines Unternehmens im Rahmen eines Unternehmenszusammenschlusses kann kein gesichertes Grundgeschäft sein, mit Ausnahme des Währungsrisikos, da die anderen abzusichernden Risiken nicht gesondert identifiziert und bewertet werden können. Bei diesen anderen Risiken handelt es sich um allgemeine Geschäftsrisiken.

B6.3.2 Eine nach der Equity-Methode bilanzierte Finanzinvestition kann kein gesichertes Grundgeschäft für eine Absicherung des beizulegenden Zeitwerts sein, da bei der Equity-Methode der Anteil des Investors am Gewinn oder Verlust des Beteiligungsunternehmens anstelle der Änderungen des beizulegenden Zeitwerts der Finanzinvestition erfolgswirksam erfasst wird. Aus ähnlichen Gründen kann eine Finanzinvestition in ein konsolidiertes Tochterunternehmen kein gesichertes Grundgeschäft für eine Absicherung des beizulegenden Zeitwerts sein. Dies liegt daran, dass bei der Konsolidierung der Gewinn oder Verlust des Tochterunternehmens und nicht die Änderungen des beizulegenden Zeitwerts der Finanzinvestition erfolgswirksam erfasst wird. Anders verhält es sich bei der Absicherung einer Nettoinvestition in einen ausländischen Geschäftsbetrieb, da es sich hierbei um die Absicherung eines Währungsrisikos handelt und nicht um die Absicherung des beizulegenden Zeitwerts hinsichtlich etwaiger Änderungen des Investitionswerts.

Gemäß Paragraph 6.3.4 kann ein Unternehmen aggregierte Risikopositionen, bei denen es sich um eine Kombination aus einem Risiko und einem Derivat handelt, als gesicherte Grundgeschäfte designieren. Bei der Designation eines solchen gesicherten Grundgeschäfts beurteilt ein Unternehmen, ob die aggregierte Risikoposition eine Kombination aus einem Risiko und einem Derivat ist, so dass eine andere aggregierte Risikoposition entsteht, die als eine Risikoposition für ein bestimmtes Risiko (oder Risiken) gesteuert wird. In diesem Fall kann das Unternehmen das gesicherte Grundgeschäft basierend auf der aggregierten Risikoposition designieren. Zum Beispiel: **B6.3.3**

(a) Ein Unternehmen sichert vielleicht eine bestimmte Menge an hochwahrscheinlichen Kaffeeeinkäufen, die binnen 15 Monaten erfolgen, durch ein Warentermingeschäft für Kaffee mit einer Laufzeit von 15 Monaten gegen das Preisrisiko (basierend auf US-Dollar) ab. Die hochwahrscheinlichen Kaffeeeinkäufe können in Verbindung mit dem Warentermingeschäft für Kaffee zu Risikomanagementzwecken als ein Währungsrisiko zu einem festen Betrag in US-Dollar über einen Zeitraum von 15 Monaten angesehen werden (d. h. wie ein Mittelabfluss zu einem festen Betrag in US-Dollar binnen 15 Monaten).

(b) Ein Unternehmen sichert vielleicht das Währungsrisiko für die gesamte Laufzeit eines festverzinslichen 10-Jahres-Schuldinstruments, das auf eine Fremdwährung lautet. Allerdings benötigt das Unternehmen nur kurz- oder mittelfristig (z. B. zwei Jahre) eine festverzinsliche Risikoposition in seiner funktionalen Währung und für die Restlaufzeit eine variabel verzinsliche Risikoposition in seiner funktionalen Währung. Am Ende der jeweiligen 2-Jahres-Intervalle (d. h. auf revolvierender Zweijahres-Basis) legt das Unternehmen das Zinsrisiko für die nächsten beiden Jahre fest (sofern das Zinsniveau so ist, dass das Unternehmen feste Zinssätze wünscht). In einer solchen Situation kann ein Unternehmen einen 10-Jahres-Zins-/Währungsswap mit festem gegen variablen Zinssatz abschließen, durch das festverzinsliche Fremdwährungs-Schuldinstrument in eine variabel verzinsliche Risikoposition in funktionaler Währung umgetauscht wird. Dies wird mit einem 2-Jahres-Zinsswap überlagert, durch das die variabel verzinsliche Schuld – basierend auf der funktionalen Währung – in eine festverzinsliche Schuld umgetauscht wird. Das festverzinsliche Fremdwährungs-Schuldinstrument und der 10-Jahres-Zins-/Währungsswap mit festem gegen variablen Zinssatz werden zu Risikomanagementzwecken zusammen genommen als variabel verzinsliche Risikoposition in funktionaler Währung mit einer Laufzeit von 10 Jahren betrachtet.

Bei der Designation des gesicherten Grundgeschäfts basierend auf einer aggregierten Risikoposition berücksichtigt ein Unternehmen die kombinierte Auswirkung der Grundgeschäfte, aus denen sich die aggregierte Risikoposition zusammensetzt, um die Wirksamkeit der Absicherung zu beurteilen und eine Unwirksamkeit der Absicherung zu bemessen. Jedoch werden die Grundgeschäfte, die die aggregierte Risikoposition bilden, weiterhin getrennt bilanziert. Dies bedeutet zum Beispiel: **B6.3.4**

(a) Derivate, die Teil einer aggregierten Risikoposition sind, werden als getrennte Vermögenswerte oder Verbindlichkeiten, die zum beizulegenden Zeitwert bewertet werden, bilanziert; und

(b) im Falle der Designation einer Sicherungsbeziehung zwischen den Grundgeschäften, die die aggregierte Risikoposition bilden, muss die Art und Weise, wie ein Derivat als Teil einer aggregierten Risikoposition einbezogen wird, mit der Designation dieses Derivats als Sicherungsinstrument auf der Ebene der aggregierten Risikoposition übereinstimmen. Wenn ein Unternehmen beispielsweise das Terminelement eines Derivats bei seiner Designation als Sicherungsinstrument für die Sicherungsbeziehung zwischen den Grundgeschäften, die die aggregierte Risikoposition bilden, ausschließt, muss es das Terminelement bei der Einbeziehung dieses Derivats als gesichertes Grundgeschäft als Teil der aggregierten Risikoposition, ebenfalls ausschließen. Im Übrigen hat die aggregierte Risikoposition ein Derivat, entweder in seiner Gesamtheit oder als prozentualen Anteil, zu beinhalten.

B6.3.5 In Paragraph 6.3.6 heißt es, dass im Konzernabschluss das Währungsrisiko einer hochwahrscheinlichen konzerninternen Transaktion die Anforderungen an ein gesichertes Grundgeschäft bei einer Absicherung von Zahlungsströmen erfüllen kann, wenn die Transaktion auf eine andere Währung lautet als die funktionale Währung des Unternehmens, das diese Transaktion abschließt, und das Währungsrisiko sich auf den Konzerngewinn oder -verlust auswirkt. Diesbezüglich kann es sich bei einem Unternehmen um ein Mutterunternehmen, Tochterunternehmen, assoziiertes Unternehmen, eine gemeinsame Vereinbarung oder eine Niederlassung handeln. Wenn das Währungsrisiko einer erwarteten konzerninternen Transaktion sich nicht auf den Konzerngewinn oder -verlust auswirkt, kann die konzerninterne Transaktion nicht die Anforderungen an ein gesichertes Grundgeschäft erfüllen. Dies ist in der Regel der Fall bei Zahlungen von Nutzungsentgelten, Zinsen oder Managementgebühren zwischen Mitgliedern desselben Konzerns, sofern es sich nicht um eine entsprechende externe Transaktion handelt. Wenn sich das Währungsrisiko einer erwarteten konzerninternen Transaktion allerdings auf den Konzerngewinn oder -verlust auswirkt, kann die konzerninterne Transaktion die Anforderungen an ein gesichertes Grundgeschäft erfüllen. Ein Beispiel hierfür sind erwartete Verkäufe oder Käufe von Vorräten zwischen Mitgliedern desselben Konzerns, wenn die Vorräte an eine Partei außerhalb des Konzerns weiterverkauft werden. Ebenso kann sich ein erwarteter Verkauf von Sachanlagen des Konzernunternehmens, welches diese gefertigt hat, an ein anderes Konzernunternehmen, welches diese Sachanlagen in seinem Betrieb nutzen wird, auf den Konzerngewinn oder -verlust auswirken. Dies könnte beispielsweise der Fall sein, weil die Sachanlage von dem erwerbenden Unternehmen abgeschrieben wird, und der erstmalig für diese Sachanlage angesetzte Betrag sich ändern könnte, wenn die erwartete konzerninterne Transaktion auf eine andere Währung als die funktionale Währung des erwerbenden Unternehmens lautet.

B6.3.6 Wenn eine Absicherung einer erwarteten konzerninternen Transaktion die Anforderungen für die Bilanzierung von Sicherungsgeschäften erfüllt, wird gemäß Paragraph 6.5.11 ein Gewinn oder Verlust im sonstigen Ergebnis erfasst. Der bzw. die relevanten Zeiträume, in denen sich das Währungsrisiko der gesicherten Transaktion auf den Gewinn oder Verlust auswirkt, ist derjenige/sind diejenigen, in dem/denen es sich im Konzerngewinn oder -verlust auswirkt.

Designation von gesicherten Grundgeschäften

B6.3.7 Eine Komponente ist ein gesichertes Grundgeschäft, die nicht das gesamte Grundgeschäft umfasst. Demzufolge spiegelt eine Komponente lediglich einige der Risiken des Grundgeschäfts, dessen Teil sie ist, wider oder spiegelt die Risiken nur in gewissem Umfang wider (beispielsweise bei der Designation eines prozentualen Anteils eines Grundgeschäfts).

Risikokomponenten

B6.3.8 Um für die Designation als gesichertes Grundgeschäft in Frage zu kommen, muss es sich bei einer Risikokomponente um eine einzeln identifizierbare Komponente des finanziellen oder nicht finanziellen Grundgeschäfts handeln und müssen die Änderungen der Zahlungsströme oder des beizulegenden Zeitwerts des Grundgeschäfts, die den Änderungen dieser Risikokomponente zuzuschreiben sind, verlässlich bewertbar sein.

B6.3.9 Bei der Bestimmung, welche Risikokomponenten für die Designation als gesichertes Grundgeschäft in Frage kommen, beurteilt ein Unternehmen solche Risikokomponenten im Rahmen der jeweiligen Marktstruktur, auf die sich das bzw. die Risiken beziehen und in der die Absicherung erfolgt. Eine solche Festlegung erfordert eine Auswertung der relevanten Tatsachen und Umstände, die je nach Risiko und Markt unterschiedlich sind.

B6.3.10 Bei der Designation von Risikokomponenten als gesicherte Grundgeschäfte berücksichtigt ein Unternehmen, ob die Risikokomponenten ausdrücklich in einem Vertrag angegeben sind (vertraglich spezifizierte Risikokomponenten) oder ob sie im beizulegenden Zeitwert oder in den Zahlungsströmen eines Grundgeschäfts, dessen Teil sie sind, implizit enthalten sind (nicht vertraglich spezifizierte Risikokomponenten). Nicht vertraglich spezifizierte Risikokomponenten können sich auf Grundgeschäfte beziehen, bei denen es sich nicht um einen Vertrag (z. B. erwartete Transaktionen) oder Verträge, in denen die Komponente nicht ausdrücklich spezifizierte wird (z. B. eine feste Zusage, die nur einen einzigen Preis und keine Preisformel mit Bezug zu verschiedenen Basiswerten hat), handelt. Zum Beispiel:

(a) Unternehmen A verfügt über einen langfristigen Liefervertrag für Erdgas mit einer vertraglich vereinbarten Preisformel, in der auf Rohstoffe und andere Faktoren (z. B. Gasöl, Treibstoff und andere Komponenten wie etwa Transportkosten) Bezug genommen wird. Unternehmen A sichert die Gasölkomponente in diesem Liefervertrag mit einem Gasöl-Termingeschäft ab. Da die Gasölkomponente durch die allgemeinen Bedingungen des Liefervertrags vereinbart wird, handelt es sich um eine vertraglich spezifizierte Risikokomponente. Aufgrund der Preisformel folgert Unternehmen A, dass das Preisrisiko in Verbindung mit dem Gasöl einzeln identifizierbar ist. Gleichzeitig existiert ein Markt für Gasöl-Termingeschäfte. Daher folgert Unternehmen A, dass das Preisrisiko in Verbindung mit dem Gasöl verlässlich bewertbar ist. Infolgedessen handelt es sich bei dem Preisrisiko in Verbindung mit dem Gasöl in dem Liefervertrag um eine Risikokomponente, die für die Designation als gesichertes Grundgeschäft in Frage kommt.

(b) Unternehmen B sichert seine zukünftigen Kaffeeeinkäufe basierend auf seiner Produktionsprognose ab. Die Absicherung für einen Teil des erwarteten Einkaufsvolumens beginnt bis zu 15 Monate vor der Lieferung. Unternehmen B erhöht das gesicherte Volumen im Laufe der Zeit (mit herannahendem Liefertermin). Unternehmen B setzt zwei verschiedene Arten von Verträgen für die Steuerung seines Kaffeepreisrisikos ein:

    (i) börsengehandelte Kaffee-Termingeschäfte und

    (ii) Kaffeelieferverträge für Kaffee der Sorte Arabica aus Kolumbien, der an einen bestimmten Produktionsort geliefert wird. Bei diesen Verträgen wird der Preis für eine Tonne Kaffee basierend auf dem Preis des börsengehandelten Kaffee-Termingeschäfts zuzüglich eines festgelegten Preisunterschieds sowie einer variablen Gebühr für Logistikdienstleistungen anhand einer Preisformel festgelegt. Der Kaffeeliefervertrag ist ein noch zu erfüllender Vertrag, aus dem Unternehmen B die tatsächliche Kaffeelieferung erhält.

    Bei Lieferungen, die sich auf die aktuelle Ernte beziehen, kann Unternehmen B durch den Abschluss von Kaffeelieferverträgen den Preisunterschied zwischen der tatsächlichen eingekauften Kaffeequalität (Kaffee Arabica aus Kolumbien) und der Referenzqualität, die dem börsengehandelten Termingeschäft zugrunde liegt, fixieren. Bei Lieferungen, die sich auf die nächste Ernte beziehen, sind allerdings noch keine Kaffeelieferverträge verfügbar, so dass der Preisunterschied nicht fixiert werden kann. Unternehmen B setzt börsengehandelte Termingeschäfte ein, um die Referenzqualitätskomponente seines Kaffeepreisrisikos für Lieferungen, die sich sowohl auf die aktuelle Ernte als auch auf die nächste Ernte beziehen, abzusichern. Unternehmen B ermittelt, dass es drei verschiedenen Risiken ausgesetzt ist: Kaffeepreisrisiko im Vergleich zur Referenzqualität, Kaffeepreisrisiko unter Berücksichtigung der Differenz („Spread") zwischen dem Preis von Kaffee in Referenzqualität und dem speziellen Kaffee Arabica aus Kolumbien, den es tatsächlich erhält, und variablen Logistikkosten. Nachdem Unternehmen B für Lieferungen, die sich auf die aktuelle Ernte beziehen, einen Kaffeeliefervertrag abgeschlossen hat, handelt es sich bei dem Kaffeepreisrisiko im Vergleich zur Referenzqualität um eine vertraglich spezifizierte Risikokomponente, da die Preisformel eine Indexierung entsprechend dem Preis des börsengehandelten Kaffee-Termingeschäfts beinhaltet. Unternehmen B folgert, dass diese Risikokomponente einzeln identifizierbar und verlässlich bewertbar ist. Für Lieferungen, die sich auf die nächste Ernte beziehen, hat Unternehmen B noch keine Kaffeelieferverträge abgeschlossen (d. h. bei diesen Lieferungen handelt es sich um erwartete Transaktionen). Somit stellt das Kaffeepreisrisiko im Vergleich zur Referenzqualität eine nicht vertraglich spezifizierte

Risikokomponente dar. Unternehmen B berücksichtigt in seiner Marktstrukturanalyse, wie eventuelle Lieferungen des speziellen Kaffees, der dem Unternehmen geliefert wird, preislich gestaltet sind. Somit folgert Unternehmen B anhand dieser Marktstrukturanalyse, dass sich bei den erwarteten Transaktionen auch das Kaffeepreisrisiko niederschlägt, bei dem die Referenzqualität als einzeln identifizierbare und verlässlich bewertbare Risikokomponente widergespiegelt wird, obwohl sie nicht vertraglich spezifiziert ist. Infolgedessen kann Unternehmen B sowohl für Kaffeelieferverträge als auch für erwartete Transaktionen Sicherungsbeziehungen auf Risikokomponentenbasis (für das Kaffeepreisrisiko im Vergleich zur Referenzqualität) designieren.

(c) Unternehmen C sichert einen Teil seiner zukünftigen Kerosineinkäufe auf der Basis seiner Verbrauchsprognose bis zu 24 Monate vor Lieferung ab und erhöht das abgesicherte Volumen im Laufe der Zeit. Unternehmen C sichert dieses Risiko mit verschiedenen Arten von Verträgen je nach Zeithorizont der Absicherung ab, der sich auf die Marktliquidität der Derivate auswirkt. Bei längeren Zeithorizonten (12-24 Monate) setzt Unternehmen C Rohölverträge ein, da nur diese eine ausreichende Marktliquidität aufweisen. Bei Zeithorizonten von 6-12 Monaten nutzt Unternehmen C Gasöl-Derivate aufgrund ihrer hinreichenden Liquidität. Bei Zeithorizonten bis 6 Monate verwendet Unternehmen C Kerosinverträge. Die von Unternehmen C durchgeführte Analyse der Marktstruktur bei Öl und Ölerzeugnissen und seine Auswertung der relevanten Tatsachen und Umstände ist wie folgt:

(i) Unternehmen C ist in einem geografischen Gebiet tätig, in dem Brent das Referenzrohöl ist. Rohöl ist ein Referenzrohstoff, der sich als wesentlicher Eingangsstoff auf den Preis der verschiedenen raffinierten Ölerzeugnisse auswirkt. Gasöl bildet eine Referenz für raffinierte Ölerzeugnisse, die als Preisreferenz für Öldestillate im Allgemeinen herangezogen wird. Dies spiegelt sich auch in den verschiedenen Arten von derivativen Finanzinstrumenten bei den Märkten für Rohöl und raffinierte Ölerzeugnisse in dem Umfeld, in dem Unternehmen C tätig ist, wider, wie z. B.:

- das Referenzrohöl-Termingeschäft, das für das Rohöl Brent gilt;
- das Referenzgasöl-Termingeschäft, das als Preisreferenz für Destillate verwendet wird (beispielsweise decken Kerosin-Spread-Derivate den Preisunterschied zwischen Kerosin und diesem Referenzgasöl ab); und
- das Referenzgasöl-Crack-Spread-Derivat (d. h. ein Derivat für den Preisunterschied zwischen Rohöl und Gasöl – einer Raffinationsspanne), das an Brent Rohöl gekoppelt ist.

(ii) Der Preis von raffinierten Ölerzeugnissen hängt nicht davon ab, ob ein bestimmtes Rohöl von einer bestimmten Raffinerie verarbeitet wird, da es sich bei diesen raffinierten Ölerzeugnissen (wie z. B. Gasöl oder Kerosin) um standardisierte Erzeugnisse handelt.

Somit folgert Unternehmen C, dass das Preisrisiko seiner Kerosineinkäufe eine rohölpreisabhängige Risikokomponente basierend auf dem Rohöl Brent und eine gasölpreisabhängige Risikokomponente beinhaltet, selbst wenn Rohöl und Gasöl in keiner vertraglichen Vereinbarung spezifiziert sind. Unternehmen C kommt zu dem Schluss, dass diese beiden Risikokomponenten einzeln identifizierbar und verlässlich bewertbar sind, auch wenn sie nicht vertraglich spezifiziert sind. Infolgedessen kann Unternehmen C Sicherungsbeziehungen für erwartete Kerosineinkäufe auf Risikokomponentenbasis (für Rohöl oder Gasöl) designieren. Diese Analyse bedeutet auch, dass für den Fall, dass Unternehmen C Rohöl-Derivate basierend auf dem Rohöl West Texas Intermediate (WTI) einsetzt, Änderungen beim Preisunterschied zwischen den Rohölen Brent und WTI zu einer Unwirksamkeit der Absicherung führen würden.

(d) Unternehmen D hält ein festverzinsliches Schuldinstrument. Dieses Instrument ist in einem Marktumfeld ausgegeben, in dem eine große Anzahl von ähnlichen Schuldinstrumenten über ihre Spreads mit einem Referenzzinssatz (z. B. LIBOR) verglichen werden, wobei variabel verzinsliche Instrumente in diesem Umfeld normalerweise an diesen Referenzzinssatz gekoppelt sind. Zinsswaps werden häufig zur Steuerung des Zinsänderungsrisikos auf der Basis dieses Referenzzinssatzes, ungeachtet des Spreads der Schuldinstrumente gegenüber diesem Referenzzinssatz, eingesetzt. Der Preis von festverzinslichen Schuldinstrumenten variiert direkt als Reaktion auf Änderungen des Referenzzinssatzes, sobald diese eintreten. Unternehmen D folgert, dass der Referenzzinssatz eine Risikokomponente ist, die einzeln identifizierbar und verlässlich bewertbar ist. Daher kann Unternehmen D Sicherungsbeziehungen für das festverzinsliche Schuldinstrument auf Risikokomponentenbasis bezogen auf das Referenzzinssatzrisiko designieren.

Wird eine Risikokomponente als gesichertes Grundgeschäft designiert, gelten die Vorschriften für die Bilanzierung von Sicherungsgeschäften für diese Risikokomponente in der gleichen Weise wie für andere gesicherte Grundgeschäfte, die keine Risikokomponenten darstellen. So gelten beispielsweise die maßgeblichen Kriterien, wozu auch gehört, dass die Sicherungsbeziehung die Anforderungen an die Wirksamkeit der Absicherung erfüllen muss, und etwaige Unwirksamkeiten der Absicherung bemessen und erfasst werden müssen. **B6.3.11**

Es können auch nur die oberhalb oder unterhalb eines festgelegten Preises oder einer anderen Variablen liegenden Änderungen der Zahlungsströme oder des beizulegenden Zeitwerts eines gesicherten Grundgeschäfts designiert werden („einseitiges Risiko"). Bei einem gesicherten Grundgeschäft spiegelt der innere Wert einer als Sicherungsinstrument erworbenen Option (in der Annahme, dass ihre wesentlichen Bedingungen denen des designierten Risikos entsprechen) ein einseitiges Risiko wider, ihr Zeitwert dagegen nicht. Ein Unternehmen kann beispielsweise die Schwankungen künftiger Zahlungen designieren, die aus einer Preiserhöhung bei einem erwarteten Warenkauf resultieren. In einem solchen Fall designiert das Unternehmen nur Zahlungsrückgänge, die aus der Erhöhung des Preises über den festgelegten Grenzwert resultieren. Das abgesicherte Risiko umfasst nicht den Zeitwert einer erworbenen Option, da der Zeitwert kein Bestandteil der erwarteten Transaktion ist, der sich auf den Gewinn oder Verlust auswirkt. **B6.3.12**

Es besteht die widerlegbare Vermutung, dass ein Inflationsrisiko, außer wenn es vertraglich spezifiziert ist, nicht einzeln identifizierbar und verlässlich bewertbar ist und daher nicht als Risikokomponente eines Finanzinstruments designiert werden kann. Jedoch kann in wenigen Fällen eine Risikokomponente für ein Inflationsrisiko identifiziert werden, das aufgrund der besonderen Umstände des Inflationsumfelds und des betreffenden Markts für das Schuldinstrument einzeln identifizierbar und verlässlich bewertbar ist. **B6.3.13**

Ein Unternehmen gibt beispielsweise Schuldinstrumente in einem Umfeld aus, in dem inflationsindexierte Anleihen eine Volumen- und Zinsstruktur aufweisen, die zu einem ausreichend liquiden Markt führt, wodurch eine Zinsstruktur mit Nullkupon-Realzinssätzen ermittelt werden kann. Dies bedeutet, dass die Inflation für die betreffende Währung ein relevanter Faktor ist, der durch die Märkte für Schuldinstrumente getrennt betrachtet wird. In solchen Fällen könnte die Inflationsrisikokomponente durch Abzinsung der Zahlungsströme des gesicherten Schuldinstruments über die Zinsstruktur mit Nullkupon-Realzinssätzen bestimmt werden (d. h. auf ähnliche Weise, wie eine risikolose (Nominal-)Zinssatzkomponente bestimmt werden kann). Hingegen ist eine Inflationsrisikokomponente in vielen Fällen nicht einzeln identifizierbar und verlässlich bewertbar. Beispiel: Ein Unternehmen gibt in einem Marktumfeld für inflationsgebundene Anleihen, das nicht ausreichend liquide ist, um eine Zinsstruktur mit Nullkupon-Realzinssätzen zu ermitteln, nur nominalverzinsliche Schuldinstrumente aus. In diesem Fall kann das Unternehmen aufgrund der Analyse der Marktstruktur sowie der Tatsachen und Umstände nicht folgern, dass die Inflation ein relevanter Faktor ist, der durch die Märkte für Schuldinstrumente getrennt betrachtet wird. Somit kann das Unternehmen die widerlegbare Vermutung nicht widerlegen, dass das nicht vertraglich spezifizierte Inflationsrisiko nicht einzeln identifizierbar und verlässlich bewertbar ist. Infolgedessen käme eine Inflationsrisikokomponente für die Designation als gesichertes Grundgeschäft nicht in Frage. Dies gilt ungeachtet jeglichen Inflationsabsicherungsgeschäfts, das von dem Unternehmen getätigt wurde. Das Unternehmen **B6.3.14** kann insbesondere nicht einfach die allgemeinen Bedingungen des eigentlichen Inflationsabsicherungsgeschäfts unterstellen, indem es dessen allgemeinen Bedingungen auf das nominalverzinsliche Schuldinstrument projiziert.

B6.3.15 Eine vertraglich spezifizierte Inflationsrisikokomponente der Zahlungsströme einer bilanzierten inflationsgebundenen Anleihe ist (unter der Voraussetzung, dass keine getrennte Bilanzierung als eingebettetes Derivat erforderlich ist) so lange einzeln identifizierbar und verlässlich bewertbar, wie andere Zahlungsströme des Instruments von der Inflationsrisikokomponente nicht betroffen sind.

Komponenten eines Nominalbetrags

B6.3.16 Es gibt zwei Arten von Komponenten eines Nominalbetrags, die als gesichertes Grundgeschäft in einer Sicherungsbeziehung designiert werden können: eine Komponente, die ein prozentualer Anteil eines Gesamtgeschäfts ist, oder eine Layerkomponente. Durch die Art der Komponente verändert sich das Rechnungslegungsergebnis. Ein Unternehmen designiert die Komponente zu Rechnungslegungszwecken entsprechend seiner Risikomanagementzielsetzung.

B6.3.17 Ein Beispiel für eine Komponente, die ein prozentualer Anteil ist, sind 50 Prozent der vertraglichen Zahlungsströme eines Kredits.

B6.3.18 Eine Layerkomponente kann ausgehend von einer festgelegten, aber offenen Grundgesamtheit oder ausgehend von einem festgelegten Nominalbetrag designiert werden. Beispiele hierfür sind:

(a) ein Teil eines monetären Transaktionsvolumens, z. B. die nächsten Zahlungsströme in Höhe von FWE 10 aus Verkäufen, die auf eine Fremdwährung lauten, nach den ersten FWE 20 im März 201X;*)

(b) ein Teil eines physischen Volumens, z. B. der Bottom Layer, im Umfang von 5 Mio. Kubikmetern des am Ort XYZ gelagerten Erdgases;

(c) ein Teil eines physischen oder sonstigen Transaktionsvolumens, z. B. die ersten 100 Barrel der Öleinkäufe im Juni 201X oder die ersten 100 MWh der Stromeinkäufe im Juni 201X; oder

(d) ein Layer aus dem Nominalbetrag des gesicherten Grundgeschäfts, z. B. die letzten 80 Mio. WE einer festen Zusage über 100 Mio. WE, der Bottom Layer von 20 Mio. WE einer festverzinslichen Anleihe von 100 Mio. WE oder der Top Layer von 30 Mio. WE eines Gesamtwerts von 100 Mio. WE eines festverzinslichen Schuldinstruments, das vorzeitig zum beizulegenden Zeitwert rückzahlbar ist (der festgelegte Nominalbetrag ist 100 Mio. WE).

B6.3.19 Wenn eine Layerkomponente zur Absicherung des beizulegenden Zeitwerts designiert wird, bestimmt ein Unternehmen eine solche Komponente ausgehend von einem festgelegten Nominalbetrag. Um die Anforderungen an zulässige Absicherungen des beizulegenden Zeitwerts zu erfüllen, muss ein Unternehmen das gesicherte Grundgeschäft bei Änderungen des beizulegenden Zeitwerts neu bewerten (d. h. das Grundgeschäft ist bei Änderungen des beizulegenden Zeitwerts, die dem abgesicherten Risiko zuzuschreiben sind, neu zu bewerten). Die sicherungsbezogene Anpassung aus dem beizulegenden Zeitwert muss spätestens bei der Ausbuchung des Grundgeschäfts erfolgswirksam erfasst werden. Daher muss das Grundgeschäft verfolgt werden, auf das sich die sicherungsbezogene Anpassung aus dem beizulegenden Zeitwert bezieht. Bei einer Layerkomponente in einer Absicherung des beizulegenden Zeitwerts muss ein Unternehmen den Nominalbetrag, ausgehend von dem sie festgelegt wird, verfolgen. Beispielsweise muss bei Paragraph B6.3.18(d) der gesamte festgelegte Nominalbetrag in Höhe von 100 Mio. WE verfolgt werden, um den Bottom Layer von 20 Mio. WE oder den Top Layer von 30 Mio. WE zu verfolgen.

*) **Amtl. Anm.:** Im vorliegenden Standard werden Geldbeträge in „Währungseinheiten“ (WE) und „Fremdwährungseinheiten“ (FWE) angegeben.

Eine Layerkomponente, die eine Option zur vorzeitigen Rückzahlung beinhaltet, kann nicht als gesichertes Grundgeschäft in einer Absicherung des beizulegenden Zeitwerts designiert werden, wenn sich Änderungen des abgesicherten Risikos auf den beizulegenden Zeitwert der Option zur vorzeitigen Rückzahlung auswirken, es sei denn, der designierte Layer beinhaltet die Auswirkung der zugehörigen Option zur Rückzahlung bei der Bestimmung der Änderung des beizulegenden Zeitwerts des gesicherten Grundgeschäfts. **B6.3.20**

Beziehung zwischen Komponenten und den Gesamtzahlungsströmen eines Grundgeschäfts

Wenn eine Komponente der Zahlungsströme eines finanziellen oder nicht finanziellen Grundgeschäfts als gesichertes Grundgeschäft designiert wird, muss diese Komponente kleiner oder gleich den Gesamtzahlungsströmen des gesamten Grundgeschäfts sein. Doch können alle Zahlungsströme des gesamten Grundgeschäfts als gesichertes Grundgeschäft designiert und gegen ein bestimmtes Risiko abgesichert werden (beispielsweise nur jene Änderungen, die Änderungen des LIBOR oder eines Rohstoffreferenzpreises zuzuschreiben sind). **B6.3.21**

So kann ein Unternehmen beispielweise bei einer finanziellen Verbindlichkeit, deren Effektivzinssatz unter LIBOR liegt, Folgendes nicht designieren: **B6.3.22**

(a) eine Komponente der Verbindlichkeit, die mit LIBOR verzinst wird (zuzüglich des Kapitalbetrags im Falle einer Absicherung des beizulegenden Zeitwerts); und

(b) eine negative Restkomponente.

Allerdings kann ein Unternehmen bei einer festverzinslichen finanziellen Verbindlichkeit, deren Effektivzinssatz (beispielsweise) 100 Basispunkte unter LIBOR liegt, die Wertänderung dieser gesamten Verbindlichkeit (d. h. den Kapitalbetrag zuzüglich LIBOR abzüglich 100 Basispunkten), die Änderungen des LIBOR zuzuschreiben ist, als gesichertes Grundgeschäft designieren. Wenn ein festverzinsliches Finanzinstrument zu irgendeinem Zeitpunkt nach seiner Ausreichung abgesichert wird und sich die Zinssätze zwischenzeitlich geändert haben, kann das Unternehmen eine Risikokomponente entsprechend einem Referenzzinssatz, der über dem bei dem Grundgeschäft gezahlten vertraglichen Zinssatz liegt, designieren. Das Unternehmen kann diese Designation vornehmen, sofern der Referenzzinssatz unter dem Effektivzinssatz liegt, der unter der Annahme berechnet wurde, dass das Unternehmen das Instrument an dem Tag der erstmaligen Designation des gesicherten Grundgeschäfts erworben hätte. Als Beispiel wird angenommen, dass ein Unternehmen einen festverzinslichen finanziellen Vermögenswert über WE 100 mit einem Effektivzinssatz von 6 Prozent zu einem Zeitpunkt begibt, an dem der LIBOR 4 Prozent beträgt. Die Absicherung dieses Vermögenswerts beginnt zu einem späteren Zeitpunkt, zu dem der LIBOR auf 8 Prozent gestiegen ist und der beizulegende Zeitwert des Vermögenswerts auf WE 90 gefallen ist. Das Unternehmen ermittelt für den Fall, dass es den Vermögenswert zum Zeitpunkt der erstmaligen Designation des zugehörigen LIBOR-Zinsänderungsrisikos als gesichertes Grundgeschäft erworben hätte, dass sich die Effektivrendite des Vermögenswerts, basierend auf dem zu diesem Zeitpunkt geltenden beizulegenden Zeitwert von WE 90, auf 9,5 Prozent belaufen hätte. Da der LIBOR unter der Effektivrendite liegt, kann das Unternehmen eine LIBOR-Komponente von 8 Prozent designieren, die zum einen Teil aus den vertraglichen Zinszahlungen und zum anderen Teil aus der Differenz zwischen dem aktuellen beizulegenden Zeitwert (d. h. W 90) und dem bei Fälligkeit zu zahlenden Betrag (d. h. WE 100) besteht. **B6.3.23**

Wenn eine variabel verzinsliche finanzielle Verbindlichkeit (beispielsweise) mit dem 3-Monats-LIBOR abzüglich 20 Basispunkten (mit einer Untergrenze von null Basispunkten) verzinst wird, kann ein Unternehmen die Änderung der Zahlungsströme dieser gesamten Verbindlichkeit (d. h. 3-Monats-LIBOR abzüglich 20 Basispunkten – einschließlich Untergrenze), die den Änderungen des LIBOR zuzuschreiben ist, als gesichertes Grundgeschäft designieren. Solange die 3-Monats-LIBOR-Forwardkurve für die Restlaufzeit dieser Verbindlichkeit nicht unter 20 Basispunkte sinkt, weist das gesicherte Grundgeschäft die gleichen Zahlungsstrom-Schwankungen auf wie eine Verbindlichkeit, die mit dem 3-Monats-LIBOR mit keinem oder positivem Spread verzinst wird. **B6.3.24**

Wenn die 3-Monats-LIBOR-Forwardkurve für die Restlaufzeit dieser Verbindlichkeit (oder einen Teil davon) jedoch unter 20 Basispunkte sinkt, weist das gesicherte Grundgeschäft geringere Zahlungsstrom-Schwankungen als eine Verbindlichkeit auf, die mit dem 3-Monats-LIBOR mit keinem oder positivem Spread verzinst wird.

B6.3.25 Ein ähnliches Beispiel für ein nicht finanzielles Grundgeschäft ist eine bestimmte Rohölsorte von einem bestimmten Ölfeld, deren Preis auf dem entsprechenden Referenzrohöl basiert. Wenn ein Unternehmen dieses Rohöl im Rahmen eines Vertrags unter Verwendung einer vertraglichen Preisformel verkauft, in der der Preis pro Barrel auf den Referenzrohölpreis abzüglich WE 10 mit einer Untergrenze von WE 15 festgesetzt wird, kann das Unternehmen die gesamten Zahlungsstrom-Schwankungen im Rahmen des Verkaufsvertrags, die der Änderung des Referenzrohölpreises zuzuschreiben sind, als gesichertes Grundgeschäft designieren. Jedoch kann das Unternehmen keine Komponente designieren, die der gesamten Änderung des Referenzrohölpreises entspricht. Solange der Terminpreis (für jede Lieferung) somit nicht unter WE 25 fällt, weist das gesicherte Grundgeschäft die gleichen Zahlungsstrom-Schwankungen auf wie ein Rohölverkauf zum Referenzrohölpreis (oder mit positivem Spread). Wenn der Terminpreis für eine Lieferung jedoch unter WE 25 fällt, weist das gesicherte Grundgeschäft geringere Zahlungsstrom-Schwankungen auf als ein Rohölverkauf zum Referenzrohölpreis (oder mit positivem Spread).

Kriterien für die Bilanzierung von Sicherungsgeschäften (Abschnitt 6.4)

Wirksamkeit der Absicherung

B6.4.1 Die Wirksamkeit der Absicherung bezeichnet den Grad, zu dem sich die Änderungen des beizulegenden Zeitwerts oder der Zahlungsströme des Sicherungsinstruments und die Änderungen des beizulegenden Zeitwerts oder der Zahlungsströme des gesicherten Grundgeschäfts ausgleichen (wenn das gesicherte Grundgeschäft beispielsweise eine Risikokomponente ist, ist die relevante Änderung des beizulegenden Zeitwerts oder der Zahlungsströme eines Grundgeschäfts diejenige Änderung, die dem abgesicherten Risiko zuzuschreiben ist). Die Unwirksamkeit der Absicherung bezeichnet den Grad, zu dem die Änderungen des beizulegenden Zeitwerts oder der Zahlungsströme größer oder kleiner als diejenigen bei dem gesicherten Grundgeschäft sind.

B6.4.2 Ein Unternehmen analysiert bei der Designation einer Sicherungsbeziehung und auf fortlaufender Basis die Ursachen einer Unwirksamkeit der Absicherung, die sich voraussichtlich auf die Sicherungsbeziehung während ihrer Laufzeit auswirkt. Diese Analyse (einschließlich etwaiger Aktualisierungen in Bezug auf Paragraph B6.5.21, die sich aus der Rekalibrierung einer Sicherungsbeziehung ergeben) bildet die Grundlage für die Beurteilung durch das Unternehmen, inwieweit die Anforderungen an die Wirksamkeit der Absicherung erfüllt werden.

B6.4.3 Um Zweifeln vorzubeugen, sind die Auswirkungen der Ersetzung der ursprünglichen Gegenpartei durch eine Clearing-Gegenpartei und der in Paragraph 6.5.6 dargelegten dazugehörigen Änderungen bei der Bewertung des Sicherungsinstruments und damit auch bei der Beurteilung und Bemessung der Wirksamkeit der Absicherung zu berücksichtigen.

Wirtschaftliche Beziehung zwischen dem gesicherten Grundgeschäft und dem Sicherungsinstrument

B6.4.4 Die Vorschrift, dass eine wirtschaftliche Beziehung besteht, bedeutet, dass das Sicherungsinstrument und das gesicherte Grundgeschäft aufgrund desselben Risikos, nämlich des abgesicherten Risikos, wertmäßig in der Regel gegenläufig sind. Somit muss zu erwarten sein, dass sich der Wert des Sicherungsinstruments und derjenige des gesicherten Grundgeschäfts systematisch infolge von Bewegungen bei dem- oder denselben Basisobjekten, die so wirtschaftlich miteinander verknüpft sind, dass sie ähnlich auf das abgesicherte Risiko reagieren (z. B. Rohöl Brent und WTI), ändert.

Wenn die Basisobjekte nicht identisch, aber wirtschaftlich miteinander verknüpft sind, könnten Situationen eintreten, in denen die Werte des Sicherungsinstruments und des gesicherten Grundgeschäfts gleichläufig sind, da sich der Preisunterschied zwischen den beiden miteinander verknüpften Basisobjekten ändert, während die Basisobjekte selbst keine größeren Bewegungen zeigen. Dies steht im Einklang mit einer wirtschaftlichen Beziehung zwischen dem Sicherungsinstrument und dem gesicherten Grundgeschäft, wenn weiterhin davon ausgegangen wird, dass die Werte des Sicherungsinstruments und des gesicherten Grundgeschäfts im Falle von Bewegungen der Basisobjekte normalerweise gegenläufig sind. B6.4.5

Die Beurteilung, ob eine wirtschaftliche Beziehung besteht, schließt eine Analyse des möglichen Verhaltens der Sicherungsbeziehung während ihrer Laufzeit ein, um nachzuprüfen, ob die Risikomanagementzielsetzung erwartungsgemäß erfüllt wird. Die bloße Existenz einer statistischen Korrelation zwischen den beiden Variablen unterstützt an sich nicht die Schlussfolgerung, dass eine wirtschaftliche Beziehung besteht. B6.4.6

Die Auswirkung des Ausfallrisikos

Da das Modell für die Bilanzierung von Sicherungsgeschäften auf einer grundsätzlichen Vorstellung des Ausgleichs zwischen Gewinnen und Verlusten bei dem Sicherungsinstrument und dem gesicherten Grundgeschäft basiert, wird die Wirksamkeit der Absicherung nicht nur durch die wirtschaftliche Beziehung zwischen den beiden Geschäften (d. h. den Änderungen der Basisobjekte) bestimmt, sondern auch durch die Auswirkung des Ausfallrisikos auf den Wert des Sicherungsinstruments und des gesicherten Grundgeschäfts. Die Auswirkung des Ausfallrisikos bedeutet, dass der Grad des Ausgleichs selbst im Falle einer wirtschaftlichen Beziehung zwischen dem Sicherungsinstrument und dem gesicherten Grundgeschäft unberechenbar werden kann. Dies kann aus einer Änderung des Ausfallrisikos entweder bei dem Sicherungsinstrument oder bei dem gesicherten Grundgeschäft resultieren, die eine solche Größenordnung aufweist, dass das Ausfallrisiko die sich aus der wirtschaftlichen Beziehungen ergebenden Wertänderungen (d. h. die Auswirkung der Änderungen der Basisobjekte) dominiert. Die eine solche Dominanz verursachende Größenordnung entspricht einem Niveau, das dazu führt, dass der Verlust (oder Gewinn) aufgrund des Ausfallrisikos die Auswirkung der Änderungen in den Basisobjekten auf den Wert des Sicherungsinstruments oder des gesicherten Grundgeschäfts zunichtemachen würde, selbst wenn diese Änderungen signifikant wären. Wenn hingegen während eines bestimmten Zeitraums nur geringe Änderungen in den Basisobjekten auftreten, wird durch die Tatsache, dass selbst geringe ausfallrisikoabhängige Wertänderungen des Sicherungsinstruments oder des gesicherten Grundgeschäfts sich stärker auf den Wert auswirken als die Basisobjekte, keine Dominanz begründet. B6.4.7

Ein Beispiel für ein eine Sicherungsbeziehung dominierendes Ausfallrisiko ist, wenn ein Unternehmen ein Rohstoffpreisrisiko mit einem unbesicherten Derivat absichert. Wenn sich die Bonität der Gegenpartei dieses Derivats deutlich verschlechtert, kann die Auswirkung der Änderungen der Bonität der Gegenpartei gegenüber den Auswirkung der Änderungen des Rohstoffpreises auf den beizulegenden Zeitwert des Sicherungsinstruments überwiegen, während Wertänderungen bei dem gesicherten Grundgeschäft überwiegend von den Rohstoffpreisänderungen abhängig sind. B6.4.8

Sicherungsquote

Gemäß den Anforderungen an die Wirksamkeit der Absicherung muss die Sicherungsquote der Sicherungsbeziehung der resultierenden Sicherungsquote aus dem Volumen des von dem Unternehmen tatsächlich gesicherten Grundgeschäfts und dem Volumen des Sicherungsinstruments, das von dem Unternehmen zur Absicherung dieses Volumens des gesicherten Grundgeschäfts tatsächlich eingesetzt wird, entsprechen. Wenn ein Unternehmen weniger als 100 Prozent des Risikos bei einem Grundgeschäft absichert, z. B. 85 Prozent, designiert es die Sicherungsbeziehung mit der gleichen Sicherungsquote wie der, die aus 85 Prozent des Risikos und dem Volumen des Sicherungsinstruments, das von dem Unternehmen zur Absicherung die- B6.4.9

ser 85 Prozent eingesetzt wird, resultiert. Wenn ein Unternehmen beispielsweise ein Risiko mit einem Nominalbetrag von 40 Einheiten eines Finanzinstruments absichert, designiert es die Sicherungsbeziehung mit der gleichen Sicherungsquote wie der, die aus diesem Volumen von 40 Einheiten (d. h. das Unternehmen darf keine Sicherungsquote verwenden, die auf einem größeren Volumen von Einheiten, die es eventuell insgesamt hält, oder auf einem kleineren Volumen von Einheiten basiert) und dem Volumen des gesicherten Grundgeschäfts, das mit diesen 40 Einheiten tatsächlich abgesichert wird, resultiert.

B6.4.10 Doch darf die Designation der Sicherungsbeziehung mit derselben Sicherungsquote, die aus den Volumen des gesicherten Grundgeschäfts und des Sicherungsinstruments, das von dem Unternehmen tatsächlich eingesetzt wird, resultiert, kein Ungleichgewicht zwischen den Gewichtungen des gesicherten Grundgeschäfts und des Sicherungsinstruments wiederspiegeln, das wiederum zu einer Unwirksamkeit der Absicherung (ob erfasst oder nicht) führen würde, was zu Rechnungslegungsresultate ergeben würde, die nicht mit dem Zweck der Bilanzierung von Sicherungsbeziehungen im Einklang stünden. Für die Designation einer Sicherungsbeziehung muss ein Unternehmen die Sicherungsquote, die sich aus den Volumen des gesicherten Grundgeschäfts und des Sicherungsinstruments ergibt, das von dem Unternehmen tatsächlich eingesetzt wird, anpassen, sofern dies zur Vermeidung eines solchen Ungleichgewichts erforderlich ist.

B6.4.11 Beispiele für relevante Erwägungen bei der Beurteilung, ob ein Rechnungslegungsresultat mit dem Zweck der Bilanzierung von Sicherungsbeziehungen nicht im Einklang steht, sind:

(a) ob die angestrebte Sicherungsquote festgelegt wurde, um die Erfassung einer Unwirksamkeit der Absicherung bei Absicherungen von Zahlungsströmen zu vermeiden oder um sicherungsbedingte Anpassungen aus dem beizulegenden Zeitwert für mehr gesicherte Grundgeschäfte zu erreichen, um die Bilanzierung zum beizulegenden Zeitwert vermehrt einzusetzen, ohne jedoch Änderungen des beizulegenden Zeitwerts bei dem Sicherungsinstrument auszugleichen; und

(b) ob ein kommerzieller Grund für die speziellen Gewichtungen des gesicherten Grundgeschäfts und des Sicherungsinstruments vorliegt, selbst wenn hierdurch eine Unwirksamkeit der Absicherung entsteht. Ein Unternehmen tätigt beispielsweise ein Sicherungsgeschäft und designiert ein Volumen des betreffenden Sicherungsinstruments, das nicht dem Volumen entspricht, das als beste Absicherung des gesicherten Grundgeschäfts ermittelt wird, da das Standardvolumen der Sicherungsinstrumente es nicht zulässt, das exakte Volumen abzuschließen („Emission in Losgrößen"). Ein Beispiel ist ein Unternehmen, das 100 Tonnen Kaffeeeinkäufe mit standardmäßigen Kaffee-Termingeschäften mit einem Vertragsvolumen von 37 500 Pfund absichert. Das Unternehmen könnte entweder fünf oder sechs Verträge (entsprechend 85,0 bzw. 102,1 Tonnen) zur Absicherung des Kaufvolumens von 100 Tonnen einsetzen. In diesem Fall designiert das Unternehmen die Sicherungsbeziehung mit der Sicherungsquote, die aus der Anzahl der tatsächlich verwendeten Kaffee-Termingeschäfte resultiert, da die Unwirksamkeit der Absicherung aus der Inkongruenz bei den Gewichtungen des gesicherten Grundgeschäfts und des Sicherungsinstruments nicht zu einem Rechnungslegungsresultat führen würde, das nicht mit dem Zweck der Bilanzierung von Sicherungsbeziehungen im Einklang stünde.

Häufigkeit der Beurteilung, ob die Anforderungen an die Wirksamkeit der Absicherung erfüllt sind

B6.4.12 Ein Unternehmen beurteilt zu Beginn der Sicherungsbeziehung und auf fortlaufender Basis, ob eine Sicherungsbeziehung die Anforderungen an die Wirksamkeit der Absicherung erfüllt. Die fortlaufende Beurteilung wird mindestens zu jedem Abschlussstichtag oder bei einer signifikanten Veränderung der Umstände mit Auswirkungen auf die Anforderungen an die Wirksamkeit der Absicherung, je nachdem, was zuerst eintritt, durchgeführt. Die Beurteilung bezieht sich auf Erwartungen bezüglich der Wirksamkeit der Absicherung und ist daher nur auf die Zukunft gerichtet.

Methoden zur Beurteilung, ob die Anforderungen an die Wirksamkeit der Absicherung erfüllt sind

Der vorliegende Standard legt keine Methode zur Beurteilung, ob die Anforderungen an die Wirksamkeit der Absicherung erfüllt sind, fest. Ein Unternehmen hat indes eine Methode zu verwenden, durch die die relevanten Merkmale der Sicherungsbeziehung, einschließlich der Ursachen einer Unwirksamkeit der Absicherung, erfasst werden. Abhängig von diesen Faktoren kann es sich bei der Methode um eine qualitative oder quantitative Beurteilung handeln. **B6.4.13**

Wenn beispielsweise die entscheidenden Bedingungen (wie etwa Nominalbetrag, Fälligkeit und Basisobjekt) des Sicherungsinstruments und des gesicherten Grundgeschäfts übereinstimmen oder eng aneinander angepasst sind, könnte ein Unternehmen auf der Grundlage einer qualitativen Beurteilung dieser entscheidenden Bedingungen folgern, dass das Sicherungsinstrument und das gesicherte Grundgeschäft aufgrund desselben Risikos wertmäßig in der Regel gegenläufig sind und dass daher eine wirtschaftliche Beziehung zwischen dem gesicherten Grundgeschäft und dem Sicherungsinstrument besteht (siehe Paragraphen B6.4.4-B6.4.6). **B6.4.14**

Die Tatsache, dass ein als Sicherungsinstrument designiertes Derivat im Geld oder aus dem Geld ist, bedeutet an sich noch nicht, dass eine qualitative Beurteilung ungeeignet ist. Es hängt von den Umständen ab, ob die sich aus dieser Tatsache ergebende Unwirksamkeit der Absicherung eine Größenordnung annehmen könnte, die im Rahmen einer qualitativen Beurteilung nicht angemessen erfasst werden würde. **B6.4.15**

Wenn die entscheidenden Bedingungen des Sicherungsinstruments und des gesicherten Grundgeschäfts nicht eng aufeinander abgestimmt sind, nimmt die Unsicherheit bezüglich des Grads des Ausgleichs zu. Daher ist die Wirksamkeit der Absicherung während der Laufzeit der Sicherungsbeziehung schwieriger vorherzusagen. In einer solchen Situation kann ein Unternehmen möglicherweise nur auf der Grundlage einer quantitativen Beurteilung folgern, dass eine wirtschaftliche Beziehung zwischen dem gesicherten Grundgeschäft und dem Sicherungsinstrument besteht (siehe Paragraphen B6.4.4-B6.4.6). In einigen Situationen muss unter Umständen auch quantitativ beurteilt werden, ob die verwendete Sicherungsquote bei der Designation der Sicherungsbeziehung die Anforderungen an die Wirksamkeit der Absicherung erfüllt (siehe Paragraphen B6.4.9-B6.4.11). Ein Unternehmen kann die gleiche oder verschiedene Methode(n) für diese beiden Zwecke verwenden. **B6.4.16**

Im Falle von Veränderungen der Umstände mit Auswirkung auf die Wirksamkeit der Absicherung muss ein Unternehmen eventuell eine andere Methode für die Beurteilung, ob eine Sicherungsbeziehung die Anforderungen an die Wirksamkeit der Absicherung erfüllt, wählen, um sicherzustellen, dass die relevanten Eigenschaften der Sicherungsbeziehung, einschließlich der Ursachen einer Unwirksamkeit der Absicherung, weiterhin berücksichtigt werden. **B6.4.17**

Das Risikomanagement eines Unternehmens bildet die wichtigste Informationsquelle im Rahmen der Beurteilung, ob eine Sicherungsbeziehung die Anforderungen an die Wirksamkeit der Absicherung erfüllt. Dies bedeutet, dass die Managementinformationen (oder -analysen), die zu Entscheidungsfindungszwecken herangezogen werden, als Grundlage für die Beurteilung dienen können, ob die Anforderungen an die Wirksamkeit der Absicherung von einer Sicherungsbeziehung erfüllt werden. **B6.4.18**

Die Dokumentation eines Unternehmens bezüglich der Sicherungsbeziehung umfasst, wie es die Einhaltung der Anforderungen an die Wirksamkeit der Absicherung beurteilen wird, worin auch die verwendete(n) Methode(n) eingeschlossen sind. Die Dokumentation der Sicherungsbeziehung wird bei sämtlichen Änderungen an den Methoden aktualisiert (siehe Paragraph B6.4.17). **B6.4.19**

Bilanzierung zulässiger Sicherungsbeziehungen (Abschnitt 6.5)

Ein Beispiel für die Absicherung des beizulegenden Zeitwerts ist die Risikoabsicherung gegen eine Änderung des beizulegenden Zeitwerts eines festverzinslichen Schuldinstruments auf- **B6.5.1** grund einer Zinsänderung. Eine solche Sicherungsbeziehung kann vonseiten des Emittenten oder des Inhabers des Schuldinstruments eingegangen werden.

B6.5.2 Zweck einer Absicherung von Zahlungsströmen ist, den Gewinn oder Verlust bei dem Sicherungsinstrument auf eine Periode bzw. auf Perioden zu verschieben, in der/denen sich die abgesicherten erwarteten Zahlungsströme auf den Gewinn oder Verlust auswirken. Ein Beispiel für eine Absicherung von Zahlungsströmen ist der Einsatz eines Swaps, mit dem variabel verzinsliche Verbindlichkeiten (ob zu fortgeführten Anschaffungskosten oder zum beizulegenden Zeitwert bewertet) gegen festverzinsliche Verbindlichkeiten getauscht werden (d. h. eine Absicherung einer künftigen Transaktion, wobei die abgesicherten künftigen Zahlungsströme die künftigen Zinszahlungen darstellen). Hingegen ist ein erwarteter Erwerb eines Eigenkapitalinstruments, das nach dem Erwerb erfolgswirksam zum beizulegenden Zeitwert bilanziert wird, ein Beispiel für ein Grundgeschäft, das nicht als gesichertes Grundgeschäft in einer Absicherung von Zahlungsströmen fungieren kann, da jeglicher Gewinn oder Verlust bei dem Sicherungsinstrument, der später erfasst würde, nicht während eines Zeitraums, in dem ein Ausgleich erreicht würde, entsprechend in den Gewinn oder Verlust umgegliedert werden könnte. Aus dem gleichen Grund kann ein erwarteter Erwerb eines Eigenkapitalinstruments, das nach dem Erwerb zum beizulegenden Zeitwert bilanziert wird, wobei Änderungen des beizulegenden Zeitwerts im sonstigen Ergebnis ausgewiesen werden, ebenfalls nicht das gesicherte Grundgeschäft in einer Absicherung von Zahlungsströmen sein.

B6.5.3 Die Absicherung einer festen Verpflichtung (z. B. eine Absicherung gegen Risiken einer Änderung des Kraftstoffpreises im Rahmen einer bilanzunwirksamen vertraglichen Verpflichtung eines Energieversorgers zum Kauf von Kraftstoff zu einem festgesetzten Preis) ist eine Absicherung des Risikos einer Änderung des beizulegenden Zeitwerts. Demzufolge stellt solch eine Sicherung eine Absicherung des beizulegenden Zeitwerts dar. Nach Paragraph 6.5.4 könnte jedoch eine Absicherung des Währungsrisikos einer festen Verpflichtung alternativ als eine Absicherung von Zahlungsströmen bilanziert werden.

Bemessung der Unwirksamkeit der Absicherung

B6.5.4 Bei der Bemessung der Unwirksamkeit der Absicherung berücksichtigt ein Unternehmen den Zeitwert des Geldes. Infolgedessen bestimmt das Unternehmen den Wert des gesicherten Grundgeschäfts anhand des Barwerts, so dass die Wertänderung des gesicherten Grundgeschäfts auch die Auswirkung des Zeitwerts des Geldes beinhaltet.

B6.5.5 Um die Wertänderung des gesicherten Grundgeschäfts zwecks Bemessung einer Unwirksamkeit der Absicherung zu berechnen, kann ein Unternehmen ein Derivat heranziehen, dessen Bedingungen den entscheidenden Bedingungen des gesicherten Grundgeschäfts gleichkommen (dies wird im Allgemeinen als „hypothetisches Derivat“ bezeichnet) und das, beispielsweise bei einer Absicherung einer erwarteten Transaktion, unter Verwendung des Niveaus des gesicherten Kurses (oder Satzes) kalibriert würde. Wenn die Absicherung beispielsweise für ein zweiseitiges Risiko auf dem aktuellen Marktniveau gelten würde, würde das hypothetische Derivat ein hypothetisches Termingeschäft darstellen, das zum Zeitpunkt der Designation der Sicherungsbeziehung auf einen Nullwert kalibriert wird. Würde die Absicherung beispielsweise für ein einseitiges Risiko gelten, würde das hypothetische Derivat den inneren Wert einer hypothetischen Option darstellen, die zum Zeitpunkt der Designation der Sicherungsbeziehung am Geld ist, wenn das abgesicherte Preisniveau dem aktuellen Marktniveau entspricht, oder aus dem Geld ist, wenn das abgesicherte Preisniveau über (oder bei einer Absicherung einer Long-Position unter) dem aktuellen Marktniveau liegt. Die Verwendung eines hypothetischen Derivats ist eine Möglichkeit für die Berechnung der Wertänderung des gesicherten Grundgeschäfts. Das hypothetische Derivat bildet das gesicherte Grundgeschäft nach und führt somit zum gleichen Ergebnis, als wenn die Wertänderung durch eine andere Vorgehensweise bestimmt worden wäre. Daher ist ein „hypothetisches Derivat“ keine Methode an sich, sondern ein mathematisches Mittel, das nur zur Berechnung des Werts des gesicherten Grundgeschäfts verwendet werden kann. Infolgedessen kann ein „hypothetisches Derivat“ nicht verwendet werden, um Merkmale in den Wert des gesicherten Grundgeschäfts einfließen zu lassen, die nur in dem Sicherungsinstrument (jedoch nicht in dem gesicherten Grundgeschäft) vorhanden sind. Ein Beispiel ist ein auf eine Fremdwährung lautendes Schuldinstrument (unabhängig davon, ob es sich um ein festverzinsliches oder variabel verzinsliches Instrument handelt). Bei Verwendung eines hypothetischen Derivats zur Berechnung der Wertänderung eines solchen Schuldinstruments oder des Barwerts der kumulierten Änderung seiner Zahlungsströme kann das hypothetische Derivat nicht einfach eine Gebühr für den Umtausch von Währungen unterstellen, obwohl die tatsächlichen Derivate, unter denen die Währungen getauscht werden eine solche Gebühr beinhalten könnten (beispielsweise Zins-/Währungsswaps).

Die Wertänderung des gesicherten Grundgeschäfts, die mithilfe eines hypothetischen Derivats bestimmt wird, kann ferner zur Beurteilung herangezogen werden, ob eine Sicherungsbeziehung die Anforderungen an die Wirksamkeit der Absicherung erfüllt. **B6.5.6**

Rekalibrierung der Sicherungsbeziehung und Änderungen der Sicherungsquote

Die Kalibrierung bezieht sich auf Anpassungen des designierten Volumens des gesicherten Grundgeschäfts oder des Sicherungsinstruments einer bereits bestehenden Sicherungsbeziehung, um eine Sicherungsquote im Einklang mit den Anforderungen an die Wirksamkeit der Absicherung zu gewährleisten. Änderungen an den designierten Volumen eines gesicherten Grundgeschäfts oder eines Sicherungsinstruments für andere Zwecke stellen keine Rekalibrierung im Sinne des vorliegenden Standards dar. **B6.5.7**

Die Rekalibrierung wird als Fortsetzung der Sicherungsbeziehung gemäß den Paragraphen B6.5.9-B6.5.21 bilanziert. Bei der Rekalibrierung wird die Unwirksamkeit der Absicherung der Sicherungsbeziehung bestimmt und unmittelbar vor Anpassung der Sicherungsbeziehung erfasst. **B6.5.8**

Die Anpassung der Sicherungsquote ermöglicht einem Unternehmen, auf Änderungen der Beziehung zwischen dem Sicherungsinstrument und dem gesicherten Grundgeschäft, die sich aufgrund ihrer Basisobjekte oder Risikovariablen ergeben, zu reagieren. Ein Beispiel ist eine Sicherungsbeziehung, in der das Sicherungsinstrument und das gesicherte Grundgeschäft unterschiedliche, aber miteinander verbundene Änderungen der Basisobjekte infolge einer Änderung der Beziehung zwischen diesen beiden Basisobjekten aufweisen (beispielsweise unterschiedliche, aber miteinander verbundene Indizes, Kurse oder Preise). Somit gestattet die Rekalibrierung die Fortsetzung einer Sicherungsbeziehung in Situationen, in denen sich die Beziehung zwischen dem Sicherungsinstrument und dem gesicherten Grundgeschäft so ändert, dass dies durch Anpassung der Sicherungsquote ausgeglichen werden kann. **B6.5.9**

Ein Unternehmen sichert beispielsweise ein Risiko gegenüber der Fremdwährung A mit einem Währungsderivat unter Bezugnahme auf Fremdwährung B ab, wobei die Fremdwährungen A und B aneinander gekoppelt sind (d. h. ihr Wechselkurs wird in einer Bandbreite oder auf einem Wechselkurs, der durch eine Zentralbank oder eine andere Behörde festgelegt wird, gehalten). Würde der Wechselkurs zwischen Fremdwährung A und Fremdwährung B geändert (d. h. eine neue Bandbreite oder ein neuer Kurs festgelegt), würde durch die Rekalibrierung der Sicherungsbeziehung entsprechend dem neuen Wechselkurs sichergestellt werden, dass die Sicherungsbeziehung weiterhin die Anforderungen an die Wirksamkeit der Absicherung für die Sicherungsquote unter den neuen Umständen erfüllt. Andererseits könnte im Falle eines Ausfalls bei dem Währungsderivat durch eine Änderung der Sicherungsquote nicht gewährleistet werden, dass die Sicherungsbeziehung weiterhin diese Anforderung an die Wirksamkeit der Absicherung erfüllt. Somit ermöglicht die Rekalibrierung keine Fortsetzung einer Sicherungsbeziehung in Situationen, in denen sich die Beziehung zwischen dem Sicherungsinstrument und dem gesicherten Grundgeschäft so ändert, dass dies durch eine Anpassung der Sicherungsquote nicht ausgeglichen werden kann. **B6.5.10**

Nicht jede Änderung im Grad des Ausgleichs zwischen den Änderungen des beizulegenden Zeitwerts des Sicherungsinstruments und dem beizulegenden Zeitwert oder den Zahlungsströmen des gesicherten Grundgeschäfts stellt eine Änderung der Beziehung zwischen dem Sicherungs- **B6.5.11** instrument und dem gesicherten Grundgeschäft dar. Ein Unternehmen analysiert die Ursachen einer Unwirksamkeit der Absicherung, die sich voraussichtlich auf die Sicherungsbeziehung während ihrer Laufzeit auswirkt, und bewertet, ob Änderungen des Grads des Ausgleichs:

(a) Schwankungen um die Sicherungsquote darstellen, die weiterhin gerechtfertigt bleibt (d. h. weiter die Beziehung zwischen dem Sicherungsinstrument und dem gesicherten Grundgeschäft angemessen widerspiegelt) oder

(b) darauf hindeuten, dass die Sicherungsquote die Beziehung zwischen dem Sicherungsinstrument und dem gesicherten Grundgeschäft nicht mehr angemessen widerspiegelt.

Ein Unternehmen führt diese Bewertung anhand der Anforderungen an die Wirksamkeit der Absicherung für die Sicherungsquote durch, um sicherzustellen, dass die Sicherungsbeziehung kein Ungleichgewicht zwischen den Gewichtungen des gesicherten Grundgeschäfts und des Sicherungsinstruments widerspiegelt, das zu einer Unwirksamkeit der Absicherung (ob erfasst oder nicht) führen würde, was wiederum Rechnungslegungsresultate ergeben würde, die nicht mit dem Zweck der Bilanzierung von Sicherungsbeziehungen im Einklang stünden. Somit ist bei dieser Bewertung eine Ermessensausübung notwendig.

B6.5.12 Schwankungen um eine konstante Sicherungsquote (und somit einer damit verbundenen Unwirksamkeit der Absicherung) lassen sich nicht durch Anpassung der Sicherungsquote als Reaktion auf jedes einzelne Ergebnis verringern. Unter solchen Umständen ist die Änderung im Grad des Ausgleichs eine Frage der Bemessung und Erfassung einer Unwirksamkeit der Absicherung, jedoch ist keine Rekalibrierung erforderlich.

B6.5.13 Wenn Änderungen im Grad des Ausgleichs andererseits darauf hindeuten, dass die Schwankungen um eine Sicherungsquote erfolgen, die sich von der aktuell für diese Sicherungsbeziehung verwendeten unterscheidet, oder dass eine Tendenz weg von dieser Sicherungsquote besteht, kann eine Unwirksamkeit der Absicherung durch Anpassung der Sicherungsquote verringert werden, während bei Beibehaltung der Sicherungsquote eine Unwirksamkeit der Absicherung weiter zunehmen würde. Unter solchen Umständen muss ein Unternehmen daher beurteilen, ob die Sicherungsbeziehung ein Ungleichgewicht zwischen den Gewichtungen des gesicherten Grundgeschäfts und des Sicherungsinstruments widerspiegelt, das zu einer Unwirksamkeit der Absicherung (ob erfasst oder nicht) führen würde, was wiederum Rechnungslegungsresultate ergeben würde, die nicht mit dem Zweck der Bilanzierung von Sicherungsbeziehungen im Einklang stünden. Im Falle der Anpassung der Sicherungsquote wirkt sich dies auch auf die Bemessung und Erfassung einer Unwirksamkeit der Absicherung aus, da eine Unwirksamkeit der Absicherung der Sicherungsbeziehung bei der Rekalibrierung bestimmt und unmittelbar vor Anpassung der Sicherungsbeziehung gemäß Paragraph B6.5.8 erfasst werden muss.

B6.5.14 Die Rekalibrierung bedeutet, dass ein Unternehmen für die Zwecke der Bilanzierung von Sicherungsgeschäften die Volumen des Sicherungsinstruments oder des gesicherten Grundgeschäfts als Reaktion auf Änderungen der Umstände, die sich auf die Sicherungsquote dieser Sicherungsbeziehung auswirken, nach Beginn einer Sicherungsbeziehung anpasst. Normalerweise sollte eine solche Anpassung die Anpassungen der Volumen des Sicherungsinstruments und des gesicherten Grundgeschäfts, die von dem Unternehmen tatsächlich verwendet werden, widerspiegeln. Ein Unternehmen muss jedoch die Sicherungsquote anpassen, die aus den Volumen des gesicherten Grundgeschäfts oder des Sicherungsinstruments, die von dem Unternehmen tatsächlich verwendet werden, resultiert, wenn:

(a) die Sicherungsquote, die aus Änderungen der Volumen des gesicherten Grundgeschäfts oder des Sicherungsinstruments, die von dem Unternehmen tatsächlich verwendet werden, resultiert, ein Ungleichgewicht widerspiegeln würde, das zu einer Unwirksamkeit der Absicherung führen würde, was wiederum Rechnungslegungsresultate ergeben würde, die nicht mit dem Zweck der Bilanzierung von Sicherungsbeziehungen im Einklang stünden oder

(b) ein Unternehmen Volumen des gesicherten Grundgeschäfts oder des Sicherungsinstruments, die von dem Unternehmen tatsächlich verwendet werden, behalten würde, was zu einer Sicherungsquote führen würde, die unter neuen Umständen ein Ungleichgewicht widerspiegeln würde, das zur Unwirksamkeit der Absicherung führen würde, was wiederum Rechnungslegungsresultate ergeben würde, die nicht mit dem Zweck der Bilanzierung von Sicherungsbeziehungen im Einklang stünden (d. h. ein Unternehmen darf kein Ungleichgewicht herbeiführen, indem es die Anpassung der Sicherungsquote unterlässt).

Die Rekalibrierung gilt nicht, wenn sich die Risikomanagementzielsetzung für eine Sicherungsbeziehung geändert hat. Stattdessen wird die Bilanzierung von Sicherungsgeschäften für diese Sicherungsbeziehung beendet (obwohl ein Unternehmen eine neue Sicherungsbeziehung designieren könnte, die das Sicherungsinstrument oder das gesicherte Grundgeschäft der vorherigen Sicherungsbeziehung wie in Paragraph B6.5.28 beschrieben einbezieht). **B6.5.15**

Wenn eine Sicherungsbeziehung neu kalibriert wird, kann die Anpassung der Sicherungsquote auf verschiedene Weise durchgeführt werden: **B6.5.16**

(a) Die Gewichtung des gesicherten Grundgeschäfts kann erhöht werden (wodurch die Gewichtung des Sicherungsinstruments gleichzeitig verringert wird) durch
   (i) Erhöhung des Volumens des gesicherten Grundgeschäfts oder
   (ii) Verringerung des Volumens des Sicherungsinstruments.
(b) Die Gewichtung des Sicherungsinstruments kann erhöht werden (wodurch die Gewichtung des gesicherten Grundgeschäfts gleichzeitig verringert wird) durch
   (i) Erhöhung des Volumens des Sicherungsinstruments oder
   (ii) Verringerung des Volumens des gesicherten Grundgeschäfts.

Volumenänderungen beziehen sich auf die Volumen, die Teil der Sicherungsbeziehung sind. Somit bedeuten Verringerungen des Volumens nicht unbedingt, dass die Geschäfte oder Transaktionen nicht mehr existieren oder voraussichtlich nicht mehr eintreten, sondern, dass sie kein Teil der Sicherungsbeziehung mehr sind. Beispielsweise kann die Verringerung des Volumens des Sicherungsinstruments dazu führen, dass das Unternehmen das Derivat behält, aber nur ein Teil davon als Sicherungsinstrument der Sicherungsbeziehung verbleibt. Dies könnte auftreten, wenn die Rekalibrierung nur durch Verringerung des Volumens des Sicherungsinstruments in der Sicherungsbeziehung vorgenommen werden könnte, wobei das Unternehmen das nicht mehr benötigte Volumen allerdings behält. In diesem Fall würde der nicht designierte Teil des Derivats erfolgswirksam zum beizulegenden Zeitwert bewertet (es sei denn, er wurde in einer anderen Sicherungsbeziehung als Sicherungsinstrument designiert).

Die Anpassung der Sicherungsquote durch Erhöhung des Volumens des gesicherten Grundgeschäfts hat keine Auswirkung darauf, wie Änderungen des beizulegenden Zeitwerts des Sicherungsinstruments bemessen werden. Die Bemessung der Wertänderungen des gesicherten Grundgeschäfts in Bezug auf das zuvor designierte Volumen bleibt ebenfalls hiervon unberührt. Jedoch beinhalten die Wertänderungen des gesicherten Grundgeschäfts ab dem Zeitpunkt der Rekalibrierung auch die Wertänderung des zusätzlichen Volumens des gesicherten Grundgeschäfts. Diese Änderungen werden ab dem Zeitpunkt der Rekalibrierung und unter Bezugnahme auf diesen Zeitpunkt anstatt ab dem Zeitpunkt der Designation der Sicherungsbeziehung bemessen. Wenn ein Unternehmen beispielsweise ursprünglich ein Volumen von 100 Tonnen eines Rohstoffs zum Terminpreis von WE 80 (dem Terminpreis zu Beginn der Sicherungsbeziehung) abgesichert und bei der Rekalibrierung, als der Terminpreis bei WE 90 lag, ein Volumen von 10 Tonnen hinzugefügt hat, würde das gesicherte Grundgeschäft nach der Rekalibrierung zwei Layer umfassen: 100 Tonnen abgesichert zu WE 80 und 10 Tonnen abgesichert zu WE 90. **B6.5.17**

Die Anpassung der Sicherungsquote durch Verringerung des Volumens des Sicherungsinstruments hat keine Auswirkung darauf, wie Wertänderungen des gesicherten Grundgeschäfts bewertet werden. Die Bemessung der Änderungen des beizulegenden Zeitwerts des Sicherungsinstruments in Bezug auf das weiterhin designierte Volumen bleibt ebenfalls hiervon unberührt. Ab dem Zeitpunkt der Rekalibrierung ist das Volumen, um das das Sicherungsinstrument verringert wurde, jedoch nicht mehr Teil der Sicherungsbeziehung. Wenn ein Unternehmen beispielsweise ursprünglich das Preisrisiko eines Rohstoffs mit einem Derivatvolumen von 100 Ton- **B6.5.18** nen als Sicherungsinstrument abgesichert hat und das Volumen bei der Rekalibrierung um 10 Tonnen reduziert, würde ein Nominalvolumen von 90 Tonnen des Volumens des Sicherungsinstruments verbleiben (siehe Paragraph B6.5.16 zu den Folgen für das Derivatvolumen (d. h. die 10 Tonnen), das nicht mehr Teil der Sicherungsbeziehung ist).

B6.5.19 Die Anpassung der Sicherungsquote durch Erhöhung des Volumens des Sicherungsinstruments hat keine Auswirkung darauf, wie Wertänderungen des gesicherten Grundgeschäfts bemessen werden. Die Bemessung der Änderungen des beizulegenden Zeitwerts des Sicherungsinstruments in Bezug auf das zuvor designierte Volumen bleibt ebenfalls hiervon unberührt. Jedoch beinhalten die Änderungen des beizulegenden Zeitwerts des Sicherungsinstruments ab dem Zeitpunkt der Rekalibrierung auch die Wertänderungen des zusätzlichen Volumens des Sicherungsinstruments. Diese Änderungen werden ab dem Zeitpunkt der Rekalibrierung und unter Bezugnahme auf diesen Zeitpunkt anstatt ab dem Zeitpunkt der Designation der Sicherungsbeziehung bemessen. Wenn ein Unternehmen beispielsweise ursprünglich das Preisrisiko eines Rohstoffs mit einem Derivatvolumen von 100 Tonnen als Sicherungsinstrument abgesichert und das Volumen bei der Rekalibrierung um 10 Tonnen erhöht hat, würde das Sicherungsinstrument nach der Rekalibrierung ein Derivatvolumen von insgesamt 110 Tonnen umfassen. Die Änderung des beizulegenden Zeitwerts des Sicherungsinstruments entspricht der Gesamtänderung des beizulegenden Zeitwerts der Derivate, die das Gesamtvolumen von 110 Tonnen ausmachen. Diese Derivate könnten (und würden vielleicht) unterschiedliche entscheidende Bedingungen, wie beispielsweise Terminkurse, aufweisen, da sie zu verschiedenen Zeitpunkten abgeschlossen wurden (einschließlich der Möglichkeit der Designation von Derivaten in Sicherungsbeziehungen nach ihrem erstmaligen Ansatz).

B6.5.20 Die Anpassung der Sicherungsquote durch Verringerung des Volumens des gesicherten Grundgeschäfts hat keine Auswirkung darauf, wie Änderungen des beizulegenden Zeitwerts des Sicherungsinstruments bemessen werden. Die Bemessung der Wertänderungen des gesicherten Grundgeschäfts in Bezug auf das weiterhin designierte Volumen bleibt ebenfalls hiervon unberührt. Ab dem Zeitpunkt der Rekalibrierung ist das Volumen, um das das gesicherte Grundgeschäft verringert wurde, jedoch nicht mehr Teil der Sicherungsbeziehung. Wenn ein Unternehmen beispielsweise ursprünglich ein Volumen von 100 Tonnen eines Rohstoffs zum Terminpreis von WE 80 abgesichert und dieses Volumen bei der Rekalibrierung um 10 Tonnen verringert hat, würde das gesicherte Grundgeschäft nach der Rekalibrierung 90 Tonnen abgesichert mit WE 80 umfassen. Die 10 Tonnen des gesicherten Grundgeschäfts, die nicht mehr Teil der Sicherungsbeziehung sind, würden gemäß den Vorschriften für die Beendigung der Bilanzierung von Sicherungsgeschäften (siehe Paragraphen 6.5.6-6.5.7 und B6.5.22-B6.5.28) bilanziert werden.

B6.5.21 Bei der Rekalibrierung einer Sicherungsbeziehung aktualisiert ein Unternehmen seine Analyse bezüglich der Ursachen einer Unwirksamkeit der Absicherung, die sich voraussichtlich während der (Rest-)Laufzeit auf die Sicherungsbeziehung auswirken (siehe Paragraph B6.4.2). Die Dokumentation der Sicherungsbeziehung ist dementsprechend zu aktualisieren.

Beendigung der Bilanzierung von Sicherungsgeschäften

B6.5.22 Die Beendigung der Bilanzierung von Sicherungsgeschäften gilt prospektiv ab dem Zeitpunkt, ab dem die Kriterien nicht länger erfüllt sind.

B6.5.23 Ein Unternehmen kann die Designation einer Sicherungsbeziehung nicht aufheben und die Sicherungsbeziehung somit beenden, wenn diese

(a) weiterhin die Risikomanagementzielsetzung verfolgt, die Grundlage für die Zulässigkeit einer Bilanzierung von Sicherungsgeschäften war (d. h. das Unternehmen diese Risikomanagementzielsetzung weiterhin verfolgt) und

(b) weiterhin alle anderen maßgeblichen Kriterien erfüllt (ggf. nach Berücksichtigung einer Rekalibrierung der Sicherungsbeziehung).

Für die Zwecke des vorliegenden Standards wird die Risikomanagementstrategie eines Unternehmens von seinen Risikomanagementzielsetzungen unterschieden. Die Risikomanagementstrategie wird auf der höchsten Ebene festgelegt, auf der ein Unternehmen entscheidet, wie sein Risiko gesteuert werden soll. In Risikomanagementstrategien werden im Allgemeinen die Risiken, denen das Unternehmen ausgesetzt ist, identifiziert und festgelegt, wie das Unternehmen auf solche Risiken reagiert. Eine Risikomanagementstrategie wird normalerweise für einen längeren Zeitraum festgelegt und kann eine gewisse Flexibilität beinhalten, um auf Änderungen der Umstände reagieren zu können, die während der Gültigkeit dieser Strategie eintreten (beispielsweise unterschiedliche Zinssatz- oder Rohstoffpreisniveaus, die zu einem anderen Grad der Absicherung führen). Dies wird in der Regel in einem allgemeinen Dokument niedergelegt, das durch Richtlinien mit spezifischeren Leitlinien innerhalb eines Unternehmens abwärts kommuniziert wird. Hingegen gilt eine Risikomanagementzielsetzung für eine Sicherungsbeziehung auf der Ebene einer bestimmten Sicherungsbeziehung. Dies bezieht sich darauf, wie das betreffende designierte Sicherungsinstrument zur Absicherung des konkreten Risikos, das als gesichertes Grundgeschäft designiert wurde, verwendet wird. Somit kann eine Risikomanagementstrategie mehrere verschiedene Sicherungsbeziehungen betreffen, deren Risikomanagementzielsetzungen sich auf die Umsetzung dieser allgemeinen Risikomanagementstrategie beziehen. Zum Beispiel: **B6.5.24**

(a) Ein Unternehmen hat eine Strategie für die Steuerung seines Zinsänderungsrisikos bei der Fremdfinanzierung, durch die Bandbreiten für die Mischung zwischen variabel und festverzinslicher Finanzierung für das Gesamtunternehmen festgelegt werden. Die Strategie besteht darin, zwischen 20 Prozent und 40 Prozent der Fremdfinanzierung zu festen Zinssätzen zu halten. Das Unternehmen entscheidet immer wieder neu, wie diese Strategie je nach Zinsniveau umgesetzt wird (d. h. wo es sich innerhalb der Bandbreite von 20 Prozent bis 40 Prozent bezüglich des Festzinsänderungsrisikos positioniert). Wenn die Zinssätze niedrig sind, schreibt das Unternehmen die Zinsen bei einem größeren Teil der Schulden fest, als dies bei hohen Zinssätzen der Fall wäre. Das Fremdkapital des Unternehmens beläuft sich auf variabel verzinsliche Schulden in Höhe von WE 100, von denen WE 30 in eine feste Verzinsung getauscht werden. Das Unternehmen nutzt die niedrigen Zinssätze und gibt ein zusätzliches Schuldinstrument von WE 50 zur Finanzierung einer größeren Investition aus, indem das Unternehmen eine festverzinsliche Anleihe begibt. Angesichts der niedrigen Zinssätze beschließt das Unternehmen, sein Festzinsänderungsrisiko auf 40 % der Gesamtschulden festzuschreiben, indem es den Grad, mit dem es seine variable Zinsbindung zuvor abgesichert hat, um WE 20 verringert, was zu einem Festzinsänderungsrisiko von WE 60 führt. In dieser Situation bleibt die Risikomanagementstrategie selbst unverändert. Jedoch hat sich die Umsetzung dieser Strategie durch das Unternehmen geändert, was bedeutet, dass sich bei der zuvor abgesicherten variablen Zinsbindung von WE 20 die Risikomanagementzielsetzung geändert hat (d. h. auf der Ebene der Sicherungsbeziehung). Daher muss in dieser Situation die Bilanzierung von Sicherungsgeschäften bei WE 20 der zuvor abgesicherten variablen Zinsbindung beendet werden. Dies könnte die Reduzierung der Swap-Position um einen Nominalbetrag von WE 20 bedingen, doch könnte ein Unternehmen je nach den Umständen dieses Swapvolumen auch behalten und beispielsweise zur Absicherung eines anderen Risikos einsetzen oder es könnte Teil eines Handelsbestands werden. Wenn ein Unternehmen hingegen stattdessen einen Teil seiner neuen festverzinslichen Schuld in eine variable Zinsbindung getauscht hat, würde die Bilanzierung von Sicherungsgeschäften für die zuvor abgesicherte variable Zinsbindung fortgeführt werden.

(b) Einige Risiken resultieren aus Positionen, die sich häufig ändern, wie z. B. das Zinsänderungsrisiko eines offenen Portfolios von Schuldinstrumenten. Dieses Risiko wird durch Hinzufügen neuer Schuldinstrumente und Ausbuchung von Schuldinstrumenten ständig geändert (d. h. es unterscheidet sich vom einfachen Abwickeln einer fällig werdenden Position). Hierbei handelt es sich um einen dynamischen Prozess, in dem sowohl das Risiko als auch die zu seiner Risikosteuerung eingesetzten Sicherungsinstrumente nicht über einen langen Zeitraum gleich bleiben. Daher passt ein Unternehmen mit solch einem Risiko die zur Steuerung des Zinsänderungsrisikos verwendeten Sicherungsinstrumente häufig an, wenn sich das Risiko ändert. Beispielsweise werden Schuldinstrumente mit einer Restlaufzeit von 24 Monaten für ein Zinsänderungsrisiko über 24 Monate als gesichertes Grundgeschäft designiert. Gleiches wird bei anderen Zeitbändern oder Fälligkeitsperioden angewandt. Nach kurzer Zeit beendet das Unternehmen alle oder einige seiner zuvor designierten Sicherungsbeziehungen für Fälligkeitsperioden und designiert neue Sicherungsbeziehungen für Fälligkeitsperioden basierend auf ihrem Ausmaß und den zu diesem Zeitpunkt vorhandenen Sicherungsinstrumenten. Die Beendigung der Bilanzierung von Sicherungsgeschäften zeigt in diesem Fall, dass diese Sicherungsbeziehungen so festgelegt werden, dass das Unternehmen ein neues Sicherungsinstrument und ein neues gesichertes Grundgeschäft anstelle des Sicherungsinstruments und gesicherten Grundgeschäfts, die zuvor designiert waren, betrachtet. Die Risikomanagementstrategie bleibt gleich, jedoch gibt es keine Risikomanagementzielsetzung mehr für diese zuvor designierten Sicherungsbeziehungen, die als solche nicht mehr existieren. In einer solchen Situation gilt die Beendigung der Bilanzierung von Sicherungsgeschäften bis zu dem Grad, in dem sich die Risikomanagementzielsetzung geändert hat. Dies ist von der Situation eines Unternehmens abhängig und könnte beispielsweise alle oder nur einige Sicherungsbeziehungen einer Fälligkeitsperiode oder nur einen Teil einer Sicherungsbeziehung betreffen.

(c) Ein Unternehmen hat eine Risikomanagementstrategie, mit der das Währungsrisiko bei erwarteten Verkäufen und die daraus resultierenden Forderungen gesteuert werden. Im Rahmen dieser Strategie steuert das Unternehmen das Währungsrisiko als spezielle Sicherungsbeziehung nur bis zum Zeitpunkt der Bilanzierung der Forderung. Später steuert das Unternehmen das Währungsrisiko nicht mehr basierend auf dieser speziellen Sicherungsbeziehung. Stattdessen wird das Währungsrisiko bei Forderungen, Verbindlichkeiten und Derivaten (die sich nicht auf erwartete, noch schwebende Transaktionen beziehen), die auf dieselbe Fremdwährung lauten, gemeinsam gesteuert. Zu Rechnungslegungszwecken fungiert dies als „natürliche" Absicherung, da die Gewinne und Verluste aus dem Währungsrisiko bei all diesen Geschäften unmittelbar erfolgswirksam erfasst werden. Wird die Sicherungsbeziehung zu Rechnungslegungszwecken für den Zeitraum bis zum Zahlungstermin designiert, muss sie daher mit Bilanzierung der Forderung beendet werden, da die Risikomanagementzielsetzung der ursprünglichen Sicherungsbeziehung nicht mehr gilt. Das Währungsrisiko wird nun innerhalb derselben Strategie, aber auf einer anderen Grundlage gesteuert. Wenn ein Unternehmen hingegen eine andere Risikomanagementzielsetzung hat und das Währungsrisiko als fortlaufende Sicherungsbeziehung speziell für den Betrag dieses erwarteten Verkaufs und die resultierende Forderung bis zum Erfüllungstag steuert, würde die Bilanzierung von Sicherungsgeschäften bis zu diesem Zeitpunkt fortgesetzt werden.

B6.5.25 Die Beendigung der Bilanzierung von Sicherungsgeschäften kann Folgendes betreffen:

(a) eine Sicherungsbeziehung in ihrer Gesamtheit; oder

(b) einen Teil einer Sicherungsbeziehung (was bedeutet, dass die Bilanzierung von Sicherungsgeschäften für den Rest der Sicherungsbeziehung fortgesetzt wird).

B6.5.26 Eine Sicherungsbeziehung wird in ihrer Gesamtheit beendet, wenn sie die maßgeblichen Kriterien insgesamt nicht mehr erfüllt. Zum Beispiel:

(a) Die Sicherungsbeziehung erfüllt die Risikomanagementzielsetzung nicht mehr, auf deren Grundlage sie für die Bilanzierung von Sicherungsgeschäften zulässig war (d. h. das Unternehmen verfolgt diese Risikomanagementzielsetzung nicht mehr);

(b) das bzw. die Sicherungsinstrument(e) wurde(n) veräußert oder beendet (in Bezug auf das gesamte Volumen, das Teil der Sicherungsbeziehung war); oder

(c) es besteht keine wirtschaftliche Beziehung mehr zwischen dem gesicherten Grundgeschäft und dem Sicherungsinstrument oder die Auswirkung des Ausfallrisikos beginnt, die Wertänderungen in Folge dieser wirtschaftlichen Beziehung zu dominieren.

Ein Teil der Sicherungsbeziehung wird beendet (und die Bilanzierung von Sicherungsgeschäften für den restlichen Teil fortgesetzt), wenn nur ein Teil der Sicherungsbeziehung die maßgeblichen Kriterien nicht mehr erfüllt. Zum Beispiel: **B6.5.27**

(a) Bei der Rekalibrierung der Sicherungsbeziehung könnte die Sicherungsquote so angepasst werden, dass ein Teil des Volumens des gesicherten Grundgeschäfts nicht mehr Teil der Sicherungsbeziehung ist (siehe Paragraph B6.5.20); somit wird die Bilanzierung von Sicherungsgeschäften nur für das Volumen des gesicherten Grundgeschäfts beendet, das nicht mehr Teil der Sicherungsbeziehung ist; oder

(b) wenn ein Teil des Volumens des gesicherten Grundgeschäfts, bei dem es sich um eine erwartete Transaktion (oder eine Komponente derselben) handelt, nicht mehr hochwahrscheinlich eintreten wird, wird die Bilanzierung von Sicherungsgeschäften nur für das Volumen des gesicherten Grundgeschäfts, das nicht mehr hochwahrscheinlich eintreten wird, beendet. Wenn allerdings ein Unternehmen in der Vergangenheit Absicherungen von erwarteten Transaktionen designiert und anschließend festgestellt hat, dass diese erwarteten Transaktionen voraussichtlich nicht mehr eintreten werden, wird die Fähigkeit des Unternehmens, erwartete Transaktionen zutreffend vorherzusagen, bei der Vorhersage ähnlicher erwarteter Transaktionen in Frage gestellt. Dies hat Auswirkung auf die Beurteilung, ob ähnliche erwartete Transaktionen hochwahrscheinlich eintreten (siehe Paragraph 6.3.3) und somit als gesicherte Grundgeschäfte in Frage kommen.

Ein Unternehmen kann eine neue Sicherungsbeziehung unter Beteiligung des Sicherungsinstruments oder des gesicherten Grundgeschäfts einer früheren Sicherungsbeziehung, für das die Bilanzierung von Sicherungsgeschäften (teilweise oder vollständig) beendet wurde, designieren. Dies stellt keine Fortsetzung einer Sicherungsbeziehung dar, sondern einen Neubeginn. Zum Beispiel: **B6.5.28**

(a) Bei einem Sicherungsinstrument zeigt sich eine solch erhebliche Bonitätsverschlechterung, dass das Unternehmen es durch ein neues Sicherungsinstrument ersetzt. Dies bedeutet, dass diese ursprüngliche Sicherungsbeziehung die Risikomanagementzielsetzung nicht erreicht hat und somit vollständig beendet wird. Das neue Sicherungsinstrument wird als Absicherung des zuvor abgesicherten Risikos designiert und bildet eine neue Sicherungsbeziehung. Somit werden die Änderungen des beizulegenden Zeitwerts oder der Zahlungsströme des gesicherten Grundgeschäfts ab dem Zeitpunkt der Designation der neuen Sicherungsbeziehung und unter Bezugnahme auf diesen Zeitpunkt anstatt ab dem Zeitpunkt, zu dem die ursprüngliche Sicherungsbeziehung designiert wurde, bemessen.

(b) Eine Sicherungsbeziehung wird vor dem Ende ihrer Laufzeit beendet. Das Sicherungsinstrument in dieser Sicherungsbeziehung kann als Sicherungsinstrument in einer anderen Sicherungsbeziehung designiert werden (z. B. bei Anpassung der Sicherungsquote im Falle der Rekalibrierung durch Erhöhung des Volumens des Sicherungsinstruments oder bei Designation einer insgesamt neuen Sicherungsbeziehung).

Bilanzierung des Zeitwerts von Optionen

Eine Option kann als auf einen Zeitraum bezogen betrachtet werden, da ihr Zeitwert eine Gebühr für die Bereitstellung von Sicherheit gegenüber dem Optionsinhaber über einen bestimmten Zeitraum darstellt. Relevant für die Beurteilung, ob durch eine Option ein transaktions- oder ein zeitraumbezogenes gesichertes Grundgeschäft abgesichert wird, sind allerdings die Merkmale dieses gesicherten Grundgeschäfts, einschließlich der Art und Weise und des Zeitpunkts der Auswirkung im Gewinn oder Verlust. Somit beurteilt ein Unternehmen die Art des gesicherten Grundgeschäfts (siehe Paragraph 6.5.15 (a)) basierend auf dem Charakter des gesicherten Grundgeschäfts (ungeachtet dessen, ob es sich bei der Sicherungsbeziehung um eine Absicherung von Zahlungsströmen oder eine Absicherung des beizulegenden Zeitwerts handelt): **B6.5.29**

(a) Der Zeitwert einer Option bezieht sich auf ein transaktionsbezogenes gesichertes Grundgeschäft, wenn der Charakter des gesicherten Grundgeschäfts eine Transaktion ist, bei der der Zeitwert für diese Transaktion Kostencharakter hat. Ein Beispiel hierfür ist, wenn sich der Zeitwert einer Option auf ein gesichertes Grundgeschäft bezieht, was zur Erfassung eines Grundgeschäfts führt, dessen erstmalige Bewertung Transaktionskosten beinhaltet (z. B. sichert ein Unternehmen einen Rohstoffeinkauf, unabhängig davon, ob es sich um eine erwartete Transaktion oder eine feste Verpflichtung handelt, gegen das Rohstoffpreisrisiko ab und nimmt die Transaktionskosten in die erstmalige Bewertung der Vorräte auf). Durch die Berücksichtigung des Zeitwerts der Option bei der erstmaligen Bewertung des betreffenden gesicherten Grundgeschäfts wirkt sich der Zeitwert gleichzeitig mit diesem gesicherten Grundgeschäft im Gewinn oder Verlust aus. Ebenso würde ein Unternehmen, das einen Rohstoffverkauf, unabhängig davon, ob es sich um eine erwartete Transaktion oder eine feste Verpflichtung handelt, absichert, den Zeitwert der Option als Teil der mit diesem Verkauf verbundenen Kosten berücksichtigen (somit würde der Zeitwert in derselben Periode wie die Erlöse aus dem abgesicherten Verkauf erfolgswirksam erfasst werden).

(b) Der Zeitwert einer Option bezieht sich auf ein zeitraumbezogenes gesichertes Grundgeschäft, wenn der Charakter des gesicherten Grundgeschäfts dergestalt ist, dass der Zeitwert den Charakter von Kosten für die Absicherung gegen ein Risiko über einen bestimmten Zeitraum annimmt (jedoch führt das gesicherte Grundgeschäft nicht zu einer Transaktion, die dem Begriff von Transaktionskosten gemäß Buchstabe a entspricht). Wenn beispielsweise Rohstoffvorräte mithilfe einer Rohstoffoption mit korrespondierender Laufzeit gegen einen Rückgang des beizulegenden Zeitwerts für sechs Monate abgesichert werden, würde der Zeitwert der Option über diesen 6-Monats-Zeitraum erfolgswirksam verteilt (d. h. auf systematischer und sachgerechter Grundlage amortisiert) werden. Ein weiteres Beispiel ist eine Absicherung einer Nettoinvestition in einen ausländischen Geschäftsbetrieb, die über eine Devisenoption für 18 Monate abgesichert wird, was zu einer Verteilung des Zeitwerts der Option über diesen Zeitraum von 18 Monaten führen würde.

B6.5.30 Die Merkmale des gesicherten Grundgeschäfts (einschließlich der Art und Weise, wie sich das gesicherte Grundgeschäft auf den Gewinn oder Verlust auswirkt, und wann dies geschieht) wirken sich auch auf den Zeitraum aus, über den der Zeitwert einer Option, mit der ein zeitraumbezogenes gesichertes Grundgeschäft abgesichert wird, amortisiert wird, der mit dem Zeitraum übereinstimmt, über den sich der innere Wert der Option im Einklang mit der Bilanzierung von Sicherungsgeschäften auf den Gewinn oder Verlust auswirken kann. Wenn eine Zinssatzoption (Cap) zum Schutz vor Erhöhungen der Zinsaufwendungen bei einer variabel verzinslichen Anleihe eingesetzt wird, wird der Zeitwert dieses Caps über den gleichen Zeitraum, über den sich jeglicher innerer Wert des Caps auf den Gewinn oder Verlust auswirken würde, erfolgswirksam amortisiert:

(a) wenn durch den Cap Zinssatzerhöhungen für die ersten drei Jahre der Gesamtlaufzeit der variabel verzinslichen Anleihe von fünf Jahren abgesichert werden, wird der Zeitwert dieses Caps über die ersten drei Jahre amortisiert; oder

(b) wenn es sich bei dem Cap um eine Option mit zukünftigem Laufzeitbeginn zur Absicherung von Zinssatzerhöhungen für das zweite und dritte Jahr der Gesamtlaufzeit der variabel verzinslichen Anleihe von fünf Jahren handelt, wird der Zeitwert dieses Caps über das zweite und dritte Jahr amortisiert.

B6.5.31 Die Bilanzierung des Zeitwerts von Optionen gemäß Paragraph 6.5.15 gilt auch für eine Kombination aus einer erworbenen und einer geschriebenen Option (einer Verkaufs- und einer Kaufoption), die zum Zeitpunkt der Designation als Sicherungsinstrument einen Netto-Zeitwert von Null aufweist (allgemein als „Zero-COST-Collar" bezeichnet). In diesem Fall erfasst ein Unternehmen sämtliche Änderungen des Zeitwerts im sonstigen Ergebnis, obwohl die kumulierte Änderung des Zeitwerts über den Gesamtzeitraum der Sicherungsbeziehung gleich Null ist. Bezieht sich der Zeitwert der Option somit auf:

(a) ein transaktionsbezogenes gesichertes Grundgeschäft, wäre der Betrag des Zeitwerts am Ende der Sicherungsbeziehung, mit dem das gesicherte Grundgeschäft angepasst wird oder der in den Gewinn oder Verlust umgegliedert wird (siehe Paragraph 6.5.15(b)), gleich Null.

(b) ein zeitraumbezogenes gesichertes Grundgeschäft, ist der Amortisationsaufwand in Bezug auf den Zeitwert gleich Null.

Die Bilanzierung des Zeitwerts von Optionen gemäß Paragraph 6.5.15 gilt nur, sofern sich der Zeitwert auf das gesicherte Grundgeschäft bezieht (grundgeschäftsbezogener Zeitwert). Der Zeitwert einer Option bezieht sich auf das gesicherte Grundgeschäft, wenn die entscheidenden Bedingungen der Option (wie z. B. Nominalbetrag, Laufzeit und Basisobjekt) auf das gesicherte Grundgeschäft abgestimmt wird. Wenn die entscheidenden Bedingungen der Option und des gesicherten Grundgeschäfts daher nicht vollständig aufeinander abgestimmt sind, bestimmt ein Unternehmen den grundgeschäftsbezogenen Zeitwert, d. h. welcher Betrag des in der Prämie enthaltenen Zeitwerts (tatsächlicher Zeitwert) sich auf das gesicherte Grundgeschäft bezieht (und daher gemäß Paragraph 6.5.15 bilanziert werden sollte). Ein Unternehmen bestimmt den grundgeschäftsbezogenen Zeitwert anhand der Bewertung derjenigen Option, deren entscheidende Bedingungen perfekt mit dem gesicherten Grundgeschäft übereinstimmen. **B6.5.32**

Wenn sich der tatsächliche Zeitwert und der grundgeschäftsbezogene Zeitwert unterscheiden, hat ein Unternehmen gemäß Paragraph 6.5.15 den Betrag, der in einer gesonderten Eigenkapitalkomponente kumuliert wird, wie folgt zu bestimmen: **B6.5.33**

(a) Wenn der tatsächliche Zeitwert zu Beginn der Sicherungsbeziehung höher ist als der grundgeschäftsbezogene Zeitwert, so hat das Unternehmen
    (i) den Betrag, der in einer gesonderten Eigenkapitalkomponente kumuliert wird, ausgehend vom grundgeschäftsbezogenen Zeitwert zu bestimmen und
    (ii) die Differenz zwischen den Änderungen des beizulegenden Zeitwerts der beiden Zeitwerte erfolgswirksam zu erfassen.

(b) Wenn der tatsächliche Zeitwert zu Beginn der Sicherungsbeziehung geringer ist als der grundgeschäftsbezogene Zeitwert, hat das Unternehmen den Betrag zu bestimmen, der in einer gesonderten Eigenkapitalkomponente kumuliert wird, und zwar durch Bezugnahme auf die geringere der kumulierten Änderungen des beizulegenden Zeitwerts von
    (i) dem tatsächlichen Zeitwert und
    (ii) dem grundgeschäftsbezogenen Zeitwert.

Jegliche übrige Änderung des beizulegenden Zeitwerts des tatsächlichen Zeitwerts wird erfolgswirksam erfasst.

Bilanzierung des Terminelements von Termingeschäften und Währungsbasis-Spreads von Finanzinstrumenten

Ein Termingeschäft kann als zeitraumbezogen betrachtet werden, da sein Terminelement eine Gebühr für einen Zeitraum darstellt (entsprechend der Laufzeit, für die es ermittelt wird). Relevant für die Beurteilung, ob durch ein Sicherungsinstrument ein transaktions- oder zeitraumbezogenes gesichertes Grundgeschäft abgesichert wird, sind jedoch die Merkmale dieses gesicherten Grundgeschäfts, einschließlich der Art und Weise und des Zeitpunkts der Auswirkung im Gewinn oder Verlust. Somit beurteilt ein Unternehmen die Art des gesicherten Grundgeschäfts (siehe Paragraphen 6.5.16 und 6.5.15(a)) basierend auf dem Charakter des gesicherten Grundgeschäfts (ungeachtet dessen, ob es sich bei der Sicherungsbeziehung um eine Absicherung von Zahlungsströmen oder eine Absicherung des beizulegenden Zeitwerts handelt): **B6.5.34**

(a) Das Terminelement eines Termingeschäfts bezieht sich auf ein transaktionsbezogenes gesichertes Grundgeschäft, wenn der Charakter des gesicherten Grundgeschäfts eine Transaktion ist, bei der das Terminelement für diese Transaktion Kostencharakter hat. Ein Beispiel hierfür ist, wenn sich das Terminelement auf ein gesichertes Grundgeschäft bezieht, was zur Erfassung eines Grundgeschäfts führt, dessen erstmalige Bewertung Transaktionskosten beinhaltet (z. B. sichert ein Unternehmen einen auf eine Fremdwährung lautenden Rohstoffeinkauf, unabhängig davon, ob es sich um eine erwartete Transaktion oder eine feste Verpflichtung handelt, gegen das Währungsrisiko ab und nimmt die Transaktionskosten in die erstmalige Bewertung der Vorräte auf). Durch die Berücksichtigung des Terminelements bei der erstmaligen Bewertung des betreffenden gesicherten Grundgeschäfts wirkt sich das Terminelement gleichzeitig mit diesem gesicherten Grundgeschäft im Gewinn oder Verlust aus. Ebenso würde ein Unternehmen, das einen auf eine Fremdwährung lautenden Rohstoffverkauf, unabhängig davon, ob es sich um eine erwartete Transaktion oder eine feste Verpflichtung handelt, absichert, das Terminelement als Teil der mit diesem Verkauf verbundenen Kosten berücksichtigen (somit würde das Terminelement in derselben Periode wie die Erlöse aus dem abgesicherten Verkauf erfolgswirksam erfasst werden).

(b) Das Terminelement eines Termingeschäfts bezieht sich auf ein zeitraumbezogenes gesichertes Grundgeschäft, wenn der Charakter des gesicherten Grundgeschäfts dergestalt ist, dass das Terminelement den Charakter von Kosten für die Absicherung gegen ein Risiko über einen bestimmten Zeitraum annimmt (jedoch führt das gesicherte Grundgeschäft nicht zu einer Transaktion, die dem Begriff von Transaktionskosten gemäß Buchstabe a entspricht). Wenn beispielsweise Rohstoffvorräte mithilfe eines Rohstofftermingeschäfts mit korrespondierender Laufzeit gegen Änderungen des beizulegenden Zeitwerts für sechs Monate abgesichert werden, würde das Terminelement des Termingeschäfts über diesen 6-Monats-Zeitraum erfolgswirksam verteilt (d. h. auf systematischer und sachgerechter Grundlage amortisiert) werden. Ein weiteres Beispiel ist eine Absicherung einer Nettoinvestition in einen ausländischen Geschäftsbetrieb, die über ein Devisentermingeschäft für 18 Monate abgesichert wird, was zu einer Verteilung des Terminelements über diesen Zeitraum von 18 Monaten führen würde.

B6.5.35 Die Merkmale des gesicherten Grundgeschäfts (einschließlich der Art und Weise, wie sich das gesicherte Grundgeschäft auf den Gewinn oder Verlust auswirkt, und wann dies geschieht) wirken sich auch auf den Zeitraum aus, über den das Terminelement eines Termingeschäfts, mit der ein zeitraumbezogenes gesichertes Grundgeschäft abgesichert wird, amortisiert wird, der mit dem Zeitraum übereinstimmt, auf den sich das Terminelement bezieht. Wenn durch ein Termingeschäft beispielsweise das Risiko von Schwankungen der 3-Monats-Zinssätze für einen Zeitraum von drei Monaten, der in sechs Monaten beginnt, abgesichert wird, wird das Terminelement über den Zeitraum, der die Monate 7 bis 9 umfasst, amortisiert.

B6.5.36 Die Bilanzierung des Terminelements eines Termingeschäfts gemäß Paragraph 6.5.16 findet auch Anwendung, wenn das Terminelement am Tag der Designation des Termingeschäfts als Sicherungsinstrument gleich Null ist. In diesem Fall hat ein Unternehmen sämtliche dem Terminelement zuzuordnenden Änderungen des beizulegenden Zeitwerts im sonstigen Ergebnis zu erfassen, obwohl die kumulierte Änderung des beizulegenden Zeitwerts, die dem Terminelement zuzuordnen ist, über den Gesamtzeitraum der Sicherungsbeziehung gleich Null ist. Bezieht sich das Terminelement eines Termingeschäfts somit auf:

(a) ein transaktionsbezogenes gesichertes Grundgeschäft, wäre der Betrag für das Terminelement am Ende der Sicherungsbeziehung, mit dem das gesicherte Grundgeschäft angepasst wird oder der in den Gewinn oder Verlust umgegliedert wird (siehe Paragraphen 6.5.15(b) und 6.5.16), gleich Null.

(b) ein zeitraumbezogenes gesichertes Grundgeschäft, ist die Amortisationshöhe in Bezug auf das Terminelement gleich Null.

B6.5.37 Die Bilanzierung des Terminelements von Termingeschäften gemäß Paragraph 6.5.16 gilt nur, sofern sich das Terminelement auf das gesicherte Grundgeschäft bezieht (grundgeschäftsbezogenes Terminelement). Das Terminelement eines Termingeschäfts bezieht sich auf das gesicherte Grundgeschäft, wenn die entscheidenden Bedingungen des Termingeschäfts (wie z. B. Nominalbetrag, Laufzeit und Basisobjekt) auf das gesicherte Grundgeschäft abgestimmt sind. Sind die entscheidenden Bedingungen des Termingeschäfts und des gesicherten Grundgeschäfts daher nicht vollständig aufeinander, hat ein Unternehmen das grundgeschäftsbezogene Terminelement zu bestimmen, d. h. welcher Betrag des im Termingeschäft enthaltenen Terminelements (tatsächliches Terminelement) sich auf das gesicherte Grundgeschäft bezieht (und daher gemäß Paragraph 6.5.16 bilanziert werden sollte). Ein Unternehmen bestimmt das grundgeschäftsbezogene Terminelement anhand der Bewertung desjenigen Termingeschäfts, dessen entscheidende Bedingungen perfekt mit dem gesicherten Grundgeschäft übereinstimmen.

Wenn sich das tatsächliche Terminelement und das grundgeschäftsbezogene Terminelement unterscheiden, hat ein Unternehmen gemäß Paragraph 6.5.16 den Betrag, der in einer gesonderten Eigenkapitalkomponente kumuliert wird, wie folgt zu bestimmen: **B6.5.38**

(a) Wenn der absolute Betrag des tatsächlichen Terminelements zu Beginn der Sicherungsbeziehung höher ist als der des grundgeschäftsbezogenen Terminelements, so hat das Unternehmen:
   (i) den Betrag, der in einer gesonderten Eigenkapitalkomponente kumuliert wird, auf der Grundlage des grundgeschäftsbezogenen Terminelements zu bestimmen; und
   (ii) die Differenz zwischen den Änderungen des beizulegenden Zeitwerts der beiden Terminelemente erfolgswirksam zu erfassen.
(b) Wenn der absolute Betrag des tatsächlichen Terminelements zu Beginn der Sicherungsbeziehung geringer ist als der des grundgeschäftsbezogenen Terminelements, hat das Unternehmen den Betrag zu bestimmen, der in einer gesonderten Eigenkapitalkomponente kumuliert wird, und zwar durch Bezugnahme auf die geringere der kumulierten Änderungen des beizulegenden Zeitwerts von
   (i) dem absoluten Betrag des tatsächlichen Terminelements und
   (ii) dem absoluten Betrag des grundgeschäftsbezogenen Terminelements.

Jegliche übrige Änderung des beizulegenden Zeitwerts des tatsächlichen Terminelements wird erfolgswirksam erfasst.

Wenn ein Unternehmen den Währungsbasis-Spread von einem Finanzinstrument abtrennt und es aus der Designation dieses Finanzinstruments als Sicherungsinstrument ausnimmt (siehe Paragraph 6.2.4(b)), gelten die Leitlinien für die Anwendung gemäß den Paragraphen B6.5.34-B6.5.38 für den Währungsbasis-Spread in der gleichen Weise wie für das Terminelement eines Termingeschäfts. **B6.5.39**

Absicherung einer Gruppe von Grundgeschäften (Abschnitt 6.6)

Absicherung einer Nettoposition

Nettopositionen, die für die Bilanzierung von Sicherungsgeschäften und Designation in Frage kommen

Eine Nettoposition kommt nur dann für die Bilanzierung von Sicherungsgeschäften in Frage, wenn ein Unternehmen zu Risikomanagementzwecken Absicherungen auf Nettobasis vornimmt. Ob ein Unternehmen Absicherungen auf diese Weise vornimmt, ist anhand von Tatsachen (und nicht bloß anhand von Zusicherungen oder Unterlagen) feststellbar. Somit kann ein Unternehmen die Bilanzierung von Sicherungsgeschäften auf Nettobasis nicht lediglich zum Erreichen eines bestimmten Rechnungslegungsresultats anwenden, wenn dies nicht seinen Risikomanagementansatz widerspiegeln würde. Die Absicherung von Nettopositionen muss Teil einer festgelegten Risikomanagementstrategie sein. Normalerweise wird ein solcher Ansatz durch das in IAS 24 definierte Management in Schlüsselpositionen genehmigt. **B6.6.1**

Beispielsweise hat Unternehmen A, dessen funktionale Währung seine lokale Währung ist, eine feste Verpflichtung zur Zahlung von FWE 150 000 für Werbeausgaben in neun Monaten sowie eine feste Verpflichtung zum Verkauf von Fertigwaren zu FWE 150 000 in 15 Monaten. Unternehmen A schließt ein Devisenderivat ab, das in neun Monaten erfüllt wird und in dessen Rah- **B6.6.2** men es FWE 100 erhält und WE 70 zahlt. Unternehmen A unterliegt keinen sonstigen Währungsrisiken. Unternehmen A steuert das Währungsrisiko nicht auf Nettobasis. Somit kann Unternehmen A nicht die Bilanzierung von Sicherungsgeschäften bei einer Sicherungsbeziehung zwischen dem Devisenderivat und einer Nettoposition von FWE 100 (bestehend aus FWE 150 000 der festen Kaufverpflichtung – d. h. Werbedienstleistungen – und FWE 149 900 (von den FWE 150 000) der festen Verkaufsverpflichtung) für einen Zeitraum von neun Monaten anwenden.

B6.6.3 Wenn Unternehmen A das Währungsrisiko auf Nettobasis steuert und das Devisenderivat nicht abgeschlossen hätte (da sich dadurch das Währungsrisiko erhöht anstatt verringert), würde sich das Unternehmen neun Monate in einer natürlich abgesicherten Position befinden. Normalerweise würde sich diese abgesicherte Position nicht im Abschluss widerspiegeln, da die Transaktionen in verschiedenen künftigen Berichtsperioden erfasst werden. Die Null-Nettoposition käme nur dann für die Bilanzierung von Sicherungsgeschäften in Frage, wenn die Bedingungen gemäß Paragraph 6.6.6 erfüllt sind.

B6.6.4 Wird eine Gruppe von Grundgeschäften, die eine Nettoposition bilden, als gesichertes Grundgeschäft designiert, hat ein Unternehmen die vollständige Gruppe von Grundgeschäften, in der alle die Nettoposition bildende Grundgeschäfte enthalten sind, zu designieren. Es ist einem Unternehmen nicht gestattet, ein unspezifisches abstraktes Volumen einer Nettoposition zu designieren. Ein Unternehmen hat beispielsweise eine Gruppe von festen Verkaufsverpflichtungen in neun Monaten über FWE 100 und eine Gruppe von festen Kaufverpflichtungen in 18 Monaten über FWE 120. Das Unternehmen kann kein abstraktes Volumen einer Nettoposition bis zu FWE 20 designieren, sondern muss stattdessen einen Bruttowert von Käufen und einen Bruttowert von Verkäufen designieren, die zusammen die abgesicherte Nettoposition ergeben. Ein Unternehmen hat die Bruttopositionen, welche die Nettoposition ergeben, zu designieren, so dass es die Anforderungen an die Bilanzierung zulässiger Sicherungsbeziehungen erfüllen kann.

Anwendung der Anforderungen an die Wirksamkeit der Absicherung auf eine Absicherung einer Nettoposition

B6.6.5 Ermittelt ein Unternehmen im Zuge der Absicherung einer Nettoposition, ob die Anforderungen an die Wirksamkeit der Absicherung gemäß Paragraph 6.4.1(c) erfüllt sind, hat es die Wertänderungen der Grundgeschäfte in der Nettoposition mit ähnlicher Auswirkung wie das Sicherungsinstrument in Verbindung mit der Änderung des beizulegenden Zeitwerts bei dem Sicherungsinstrument zu berücksichtigen. Ein Unternehmen verfügt beispielsweise über eine Gruppe von festen Verkaufsverpflichtungen in neun Monaten über FWE 100 und eine Gruppe von festen Kaufverpflichtungen in 18 Monaten über FWE 120. Es sichert das Währungsrisiko der Nettoposition von FWE 20 mit einem Devisentermingeschäft über FWE 20 ab. Bei der Feststellung, ob die Anforderungen an die Wirksamkeit der Absicherung gemäß Paragraph 6.4.1(c) erfüllt sind, hat das Unternehmen die Beziehung zwischen

(a) der Änderung des beizulegenden Zeitwerts bei dem Devisentermingeschäft zusammen mit den mit dem Währungsrisiko verbundenen Wertänderungen der festen Verkaufsverpflichtungen und

(b) den mit dem Währungsrisiko verbundenen Wertänderungen der festen Kaufverpflichtungen zu berücksichtigen.

B6.6.6 Wenn das Unternehmen in dem Beispiel in Paragraph B6.6.5 eine Null-Nettoposition hätte, würde es die Beziehung zwischen den mit dem Währungsrisiko verbundenen Wertänderungen der festen Verkaufsverpflichtungen und den mit dem Währungsrisiko verbundenen Wertänderungen der festen Kaufverpflichtungen bei der Ermittlung berücksichtigen, ob die Anforderungen an die Wirksamkeit der Absicherung gemäß Paragraph 6.4.1(c) erfüllt sind.

Absicherung von Zahlungsströmen, die eine Nettoposition bilden

Wenn ein Unternehmen eine Gruppe von Grundgeschäften mit gegenläufigen Risikopositionen (d. h. eine Nettoposition) absichert, hängt es von der Art der Absicherung ab, ob eine Bilanzierung von Sicherungsgeschäften in Frage kommt. Handelt es sich bei der Absicherung um eine Absicherung des beizulegenden Zeitwerts, kann die Nettoposition als gesichertes Grundgeschäft in Frage kommen. Handelt es sich allerdings um eine Absicherung von Zahlungsströmen, kann die Nettoposition nur dann als gesichertes Grundgeschäft in Frage kommen, wenn es sich um eine Absicherung eines Währungsrisikos handelt und bei der Designation dieser Nettoposition sowohl die Berichtsperiode festgelegt wurde, in der sich die erwarteten Transaktionen voraussichtlich auf den Gewinn oder Verlust auswirken, als auch deren Art und Volumen. **B6.6.7**

Ein Unternehmen hat beispielsweise eine Nettoposition bestehend aus einem Bottom Layer von FWE 100 an Verkäufen und einem Bottom Layer von FWE 150 an Käufen. Sowohl die Verkäufe als auch die Käufe lauten auf die gleiche Fremdwährung. Um die Designation der abgesicherten Nettoposition hinreichend zu spezifizieren, legt das Unternehmen in der ursprünglichen Dokumentation der Sicherungsbeziehung fest, dass die Verkäufe Produkt A oder Produkt B und die Käufe Maschinen des Typs A, Maschinen des Typs B und Rohstoff A betreffen können. Ferner legt das Unternehmen die Volumen der Transaktionen je nach Art fest. Das Unternehmen dokumentiert, dass sich der Bottom Layer der Verkäufe (FWE 100) aus einem erwarteten Verkaufsvolumen der ersten FWE 70 von Produkt A und der ersten FWE 30 von Produkt B zusammensetzt. Wenn sich diese Verkaufsvolumen voraussichtlich in verschiedenen Berichtsperioden auf den Gewinn oder Verlust auswirken, würde das Unternehmen dies in die Dokumentation aufnehmen, z. B. die ersten FWE 70 aus dem Verkauf von Produkt A, die sich voraussichtlich in der ersten Berichtsperiode auf den Gewinn oder Verlust auswirken werden, und die ersten FWE 30 aus dem Verkauf von Produkt B, die sich voraussichtlich in der zweiten Berichtsperiode auf den Gewinn oder Verlust auswirken werden. Außerdem dokumentiert das Unternehmen, dass der Bottom Layer der Käufe (FWE 150) sich aus Käufen der ersten FWE 60 von Maschinen Typ A, der ersten FWE 40 von Maschinen Typ B und der ersten FWE 50 von Rohstoff A zusammensetzt. Wenn sich diese Kaufvolumen voraussichtlich in verschiedenen Berichtsperioden auf den Gewinn oder Verlust auswirken, würde das Unternehmen in die Dokumentation eine Aufschlüsselung der Kaufvolumen nach den Berichtsperioden, in denen sie sich voraussichtlich auf den Gewinn oder Verlust auswirken, aufnehmen (ähnlich wie es die Verkaufsvolumen dokumentiert). Beispielsweise könnte die erwartete Transaktion wie folgt spezifiziert werden: **B6.6.8**

(a) die ersten FWE 60 an Käufen von Maschinen Typ A, die sich voraussichtlich ab der dritten Berichtsperiode über die nächsten zehn Berichtsperioden auf den Gewinn oder Verlust auswirken;

(b) die ersten FWE 40 an Käufen von Maschinen Typ B, die sich voraussichtlich aber der vierten Berichtsperiode über die nächsten 20 Berichtsperioden auf den Gewinn oder Verlust auswirken;

(c) die ersten FWE 50 an Käufen von Rohstoff A, die voraussichtlich in der dritten Berichtsperiode geliefert werden und in dieser und in der nächsten Berichtsperiode verkauft werden, d. h, sich auf den Gewinn oder Verlust auswirken.

Bei der Spezifikation der Art der erwarteten Transaktionsvolumen würden Aspekte wie z. B. die Abschreibungsmuster bei Sachanlagen in ähnlicher Weise berücksichtigt, wenn diese Anlagen so beschaffen sind, dass das Abschreibungsmuster je nach Verwendung dieser Anlagen durch das Unternehmen variieren könnte. Wenn das Unternehmen z. B. Maschinen Typ A in zwei verschiedenen Produktionsprozessen einsetzt, was zur linearen Abschreibung über zehn Berichtsperioden und zur leistungsabhängigen Abschreibung führt, würde das erwartete Kaufvolumen für Maschinen Typ A in seiner Dokumentation nach dem jeweiligen Abschreibungsmuster aufgeschlüsselt werden.

Im Falle einer Absicherung von Zahlungsströmen bei einer Nettoposition umfassen die gemäß Paragraph 6.5.11 ermittelten Beträge die Wertänderungen der Grundgeschäfte in der Nettoposition mit ähnlicher Auswirkung wie das Sicherungsinstrument in Verbindung mit der Ände- **B6.6.9** rung des beizulegenden Zeitwerts bei dem Sicherungsinstrument. Allerdings werden die Wertänderungen der Grundgeschäfte in der Nettoposition mit ähnlicher Auswirkung wie das Sicherungsinstrument erst im Zuge der Erfassung der Transaktionen, auf die sie sich beziehen, erfasst, beispielsweise wenn ein erwarteter Verkauf als Erlös erfasst wird. Ein Unternehmen verfügt beispielsweise über eine Gruppe von hochwahrscheinlichen erwarteten Verkäufen in neun Monaten über FWE 100 und eine Gruppe von hochwahrscheinlichen erwarteten Käufen in 18 Monaten über FWE 120. Es sichert das Währungsrisiko der Nettoposition von FWE 20 mit einem Devisentermingeschäft über FWE 20 ab. Bei der Ermittlung der Beträge, die in der Rücklage für die Absicherung von Zahlungsströmen gemäß Paragraph 6.5.11(a)-6.5.11(b) erfasst werden, vergleicht das Unternehmen:

(a) die Änderung des beizulegenden Zeitwerts bei dem Devisentermingeschäft zusammen mit den mit dem Währungsrisiko verbundenen Wertänderungen der hochwahrscheinlichen erwarteten Verkäufe; mit

(b) den mit dem Währungsrisiko verbundenen Wertänderungen der hochwahrscheinlichen erwarteten Käufe.

Allerdings erfasst das Unternehmen auf das Devisentermingeschäft bezogene Beträge nur bis zu dem Zeitpunkt, zu dem die hochwahrscheinlichen erwarteten Verkaufstransaktionen in der Bilanz erfasst und auch die Gewinne oder Verluste bei diesen erwarteten Transaktionen erfasst werden (d. h. die Wertänderung, die der Änderung des Wechselkurses zwischen der Designation der Sicherungsbeziehung und der Erfassung der Erlöse zuzuschreiben ist).

B6.6.10 Wenn das Unternehmen in dem Beispiel eine Null-Nettoposition hätte, würde es die mit dem Währungsrisiko verbundenen Wertänderungen der hochwahrscheinlichen erwarteten Verkäufe mit den mit dem Währungsrisiko verbundenen Wertänderungen der hochwahrscheinlichen erwarteten Käufe vergleichen. Allerdings werden diese Beträge erst erfasst, wenn die zugehörigen erwarteten Transaktionen in der Bilanz erfasst werden.

Layer aus Gruppen von Grundgeschäften, der als gesichertes Grundgeschäft designiert wird

B6.6.11 Aus denselben wie in Paragraph B6.3.19 beschriebenen Gründen muss bei der Designation der Layerkomponenten von Gruppen von bestehenden Grundgeschäften der Nominalbetrag der Gruppe von Grundgeschäften, aus denen die gesicherte Layerkomponente definiert wird, genau spezifiziert werden.

B6.6.12 Eine Sicherungsbeziehung kann Layer aus verschiedenen Gruppen von Grundgeschäften umfassen. Beispielsweise kann die Sicherungsbeziehung in Rahmen einer Absicherung einer Gruppe von Vermögenswerten und einer Gruppe von Verbindlichkeiten eine Layerkomponente der Gruppe von Vermögenswerten zusammen mit einer Layerkomponente der Gruppe von Verbindlichkeiten umfassen.

Darstellung der Gewinne oder Verluste aus dem Sicherungsinstrument

B6.6.13 Wenn Grundgeschäfte in einer Absicherung von Zahlungsströmen gemeinsam als Gruppe abgesichert werden, könnten sie sich auf verschiedene Posten in der Gewinn- und Verlustrechnung bzw. Gesamtergebnisrechnung auswirken. Die Darstellung der Sicherungsgewinne oder -verluste in dieser Rechnung hängt von der Gruppe von Grundgeschäfte ab.

B6.6.14 Wenn für die Gruppe von Grundgeschäften keine gegenläufigen Risikopositionen vorliegen (z. B. eine Gruppe von Fremdwährungsaufwendungen, bei denen das Währungsrisiko abgesichert ist und die sich auf verschiedene Posten in der Gewinn- und Verlustrechnung bzw. Gesamtergebnisrechnung auswirken), werden die umgegliederten Gewinne oder Verluste aus dem Sicherungsinstrument den von den gesicherten Grundgeschäften betroffenen Posten anteilig zugeordnet. Diese anteilige Zuordnung erfolgt auf systematischer und sachgerechter Grundlage und darf nicht zum Bruttoausweis der aus einem einzelnen Sicherungsinstrument resultierenden Nettogewinne oder -verluste führen.

Wenn für die Gruppe von Grundgeschäften gegenläufige Risikopositionen vorliegen (z. B. eine Gruppe von auf eine Fremdwährung lautenden Verkäufen und Aufwendungen, bei denen das Währungsrisiko gemeinsam abgesichert ist), stellt das Unternehmen die Sicherungsgewinne oder -verluste in der Gewinn- und Verlustrechnung bzw. Gesamtergebnisrechnung in einem gesonderten Posten dar. Betrachten wir beispielsweise eine Absicherung des Währungsrisikos einer Nettoposition von Fremdwährungsverkäufen über FWE 100 und Fremdwährungsaufwendungen von FWE 80 unter Einsatz eines Devisentermingeschäfts über FWE 20. Der Gewinn oder Verlust aus dem Devisentermingeschäft, der aus der Rücklage für die Absicherung von Zahlungsströmen in den Gewinn oder Verlust umgegliedert wird (wenn die Nettoposition sich auf den Gewinn oder Verlust auswirkt), wird in einem von den abgesicherten Verkäufen und Aufwendungen gesonderten Posten ausgewiesen. Treten die Verkäufe darüber hinaus in einer früheren Periode als die Aufwendungen ein, werden die Verkaufserlöse dennoch zum Kassakurs gemäß IAS 21 bewertet. Die zugehörigen Sicherungsgewinne oder -verluste werden in einem gesonderten Posten ausgewiesen, so dass sich die Auswirkung der Absicherung der Nettoposition im Gewinn oder Verlust widerspiegelt, wobei die Rücklage für die Absicherung von Zahlungsströmen entsprechend angepasst wird. Wenn die abgesicherten Aufwendungen sich in einer späteren Periode auf den Gewinn oder Verlust auswirken, wird der zuvor in der Rücklage für die Absicherung von Zahlungsströmen erfasste Sicherungsgewinn oder -verlust aus den Verkäufen in den Gewinn oder Verlust umgegliedert und in einem Posten gesondert von dem, in dem die abgesicherten, gemäß IAS 21 zum Kassakurs bewerteten Aufwendungen enthalten sind, ausgewiesen. **B6.6.15**

Bei einigen Arten von Absicherungen des beizulegenden Zeitwerts liegt der Zweck der Absicherung nicht primär im Ausgleich der Änderung des beizulegenden Zeitwerts des gesicherten Grundgeschäfts, sondern in der Umwandlung der Zahlungsströme des gesicherten Grundgeschäfts. Ein Unternehmen sichert beispielsweise das Zinsänderungsrisiko des beizulegenden Zeitwerts eines festverzinslichen Schuldinstruments mit einem Zinsswap ab. Die Sicherungszielsetzung des Unternehmens besteht in der Umwandlung der festverzinslichen Zahlungsströme in variabel verzinsliche Zahlungsströme. Diese Zielsetzung spiegelt sich in der Bilanzierung der Sicherungsbeziehung durch die laufende, erfolgswirksame Erfassung der Nettoverzinsung aus dem Zinsswap wider. Im Falle der Absicherung einer Nettoposition (beispielsweise einer Nettoposition aus einem fest verzinslichen Vermögenswert und einer fest verzinslichen Verbindlichkeit) muss diese Nettoverzinsung in einem gesonderten Posten in der Gewinn- und Verlustrechnung bzw. Gesamtergebnisrechnung ausgewiesen werden. Auf diese Weise soll ein Bruttoausweis der Nettogewinne oder -verluste eines einzelnen Instruments in Form gegenläufiger Bruttowerte und deren Erfassung als unterschiedliche Posten vermieden werden (dies verhindert z. B. den Bruttoausweis der Nettozinserträge aus einem einzelnen Zinsswap als Bruttozinserträge und Bruttozinsaufwendungen). **B6.6.16**

Datum des Inkrafttretens und Übergangsvorschriften (Kapitel 7)

Übergangsvorschriften (Abschnitt 7.2)

Zu Handelszwecken gehaltene finanzielle Vermögenswerte

Zum Zeitpunkt der erstmaligen Anwendung des vorliegenden Standards muss ein Unternehmen bestimmen, ob das Ziel seines Geschäftsmodells für die Steuerung seiner finanziellen Vermögenswerte die Bedingung gemäß Paragraph 4.1.2(a) oder gemäß Paragraph 4.1.2A(a) erfüllt oder ob ein finanzieller Vermögenswert für das Wahlrecht nach Paragraph 5.7.5 in Frage kommt. Zu diesem Zweck hat ein Unternehmen die Bestimmung, ob finanzielle Vermögenswerte die Definition von „zu Handelszwecken gehalten" erfüllen, so vorzunehmen, als hätte es diese zum Zeitpunkt der erstmaligen Anwendung erworben. **B7.2.1**

Wertminderung

B7.2.2 Beim Übergang sollte ein Unternehmen versuchen, das Ausfallrisiko beim erstmaligen Ansatz unter Berücksichtigung aller angemessenen und belastbaren Informationen, die ohne unangemessenen Kosten- oder Zeitaufwand verfügbar sind, durch Näherung zu bestimmen. Ein Unternehmen muss zum Übergangszeitpunkt keine umfassende Suche nach Informationen durchführen, um zu bestimmen, ob es seit dem erstmaligen Ansatz signifikante Erhöhungen des Ausfallrisikos gegeben hat. Wenn ein Unternehmen dies nicht ohne unangemessenen Kosten- oder Zeitaufwand bestimmen kann, findet Paragraph 7.2.20 Anwendung.

B7.2.3 Um die Wertberichtigung bei Finanzinstrumenten, die vor dem Zeitpunkt der erstmaligen Anwendung erstmalig angesetzt wurden (oder Kreditzusagen oder finanziellen Garantien, bei denen das Unternehmen vor dem Zeitpunkt der erstmaligen Anwendung Vertragspartei geworden ist) zu bestimmen, hat ein Unternehmen sowohl beim Übergang als auch bei der Ausbuchung dieser Posten Informationen zu berücksichtigen, die für die Bestimmung oder Näherung des Ausfallrisikos beim erstmaligen Ansatz relevant sind. Zur Bestimmung oder Näherung des anfänglichen Ausfallrisikos kann ein Unternehmen interne und externe Informationen, einschließlich Portfolioinformationen, gemäß den Paragraphen B5.5.1-B5.5.6 berücksichtigen.

B7.2.4 Ein Unternehmen mit wenig historischen Informationen kann Informationen aus internen Berichten und Statistiken (die eventuell bei der Entscheidung über die Einführung eines neuen Produkts erstellt wurden), Informationen über ähnliche Produkte oder Erfahrungswerte von Vergleichsunternehmen derselben Branche für vergleichbare Finanzinstrumente, falls relevant, heranziehen.

Definitionen (Anhang A)

Derivate

BA.1 Typische Beispiele für Derivate sind Futures und Forwards sowie Swaps und Optionen. Ein Derivat hat in der Regel einen Nennbetrag in Form eines Währungsbetrags, einer Anzahl von Aktien, einer Anzahl von Einheiten gemessen in Gewicht oder Volumen oder anderer im Vertrag genannter Einheiten. Ein Derivat beinhaltet jedoch nicht die Verpflichtung aufseiten des Inhabers oder Stillhalters, den Nennbetrag bei Vertragsbeginn auch tatsächlich zu investieren oder in Empfang zu nehmen. Alternativ könnte ein Derivat zur Zahlung eines festen Betrags oder eines Betrags, der sich infolge des Eintritts eines künftigen, vom Nennbetrag unabhängigen Sachverhalts (jedoch nicht proportional zu einer Änderung des Basiswerts) ändern kann, verpflichten. So kann beispielsweise eine Vereinbarung zu einer festen Zahlung von WE 1 000 verpflichten, wenn der 6-Monats-LIBOR um 100 Basispunkte steigt. Eine derartige Vereinbarung stellt auch ohne die Angabe eines Nennbetrags ein Derivat dar.

BA.2 Unter die Definition eines Derivats fallen im vorliegenden Standard Verträge, die auf Bruttobasis durch Lieferung des zugrunde liegenden Postens erfüllt werden (beispielsweise ein Termingeschäft über den Kauf eines festverzinslichen Schuldinstruments). Ein Unternehmen kann einen Vertrag über den Kauf oder Verkauf eines nicht finanziellen Postens geschlossen haben, der durch einen Nettoausgleich in bar oder anderen Finanzinstrumenten oder durch den Tausch von Finanzinstrumenten erfüllt werden kann (beispielsweise ein Vertrag über den Kauf oder Verkauf eines Rohstoffs zu einem festen Preis zu einem zukünftigen Zeitpunkt). Ein derartiger Vertrag fällt in den Anwendungsbereich des vorliegenden Standards, soweit er nicht zum Zweck der Lieferung eines nicht finanziellen Postens gemäß dem erwarteten Einkaufs-, Verkaufs- oder Nutzungsbedarf des Unternehmens geschlossen wurde und in diesem Sinne weiter gehalten wird. Jedoch findet der vorliegende Standard Anwendung auf derartige Verträge für den erwarteten Einkaufs-, Verkaufs- oder Nutzungsbedarf des Unternehmens, wenn das Unternehmen eine Designation gemäß Paragraph 2.5 (siehe Paragraphen 2.4-2.7) vornimmt.

Eines der Kennzeichen eines Derivats besteht darin, dass es eine Anfangsauszahlung erfordert, die im Vergleich zu anderen Vertragsformen, von denen zu erwarten ist, dass sie in ähnlicher Weise auf Änderungen der Marktbedingungen reagieren, geringer ist. Ein Vertrag über eine Option erfüllt diese Definition, da die Prämie geringer ist als die Investition, die für den Erwerb des zugrunde liegenden Finanzinstruments, an das die Option gekoppelt ist, erforderlich wäre. Ein Währungsswap, der zu Beginn einen Tausch verschiedener Währungen mit dem gleichen beizulegenden Zeitwert erfordert, erfüllt diese Definition, da keine Anfangsauszahlung erforderlich ist. **BA.3**

Durch einen marktüblichen Kauf oder Verkauf entsteht zwischen dem Handelstag und dem Erfüllungstag eine Festpreisverpflichtung, die die Definition eines Derivats erfüllt. Auf Grund der kurzen Dauer der Verpflichtung wird ein solcher Vertrag jedoch nicht als derivatives Finanzinstrument erfasst. Stattdessen schreibt der vorliegende Standard eine besondere Bilanzierung für solche marktüblichen Verträge vor (siehe Paragraphen 3.1.2 und B3.1.3-B3.1.6). **BA.4**

Die Definition eines Derivats bezieht sich auf nicht finanzielle Variablen, die nicht spezifisch für eine Vertragspartei sind. Diese beinhalten einen Index zu Erdbebenschäden in einem bestimmten Gebiet und einen Index zu Temperaturen in einer bestimmten Stadt. Nicht finanzielle Variablen, die spezifisch für eine Vertragspartei sind, beinhalten den Eintritt oder Nichteintritt eines Feuers, das einen Vermögenswert einer Vertragspartei beschädigt oder zerstört. Eine Änderung des beizulegenden Zeitwerts eines nicht finanziellen Vermögenswerts ist spezifisch für den Eigentümer, wenn der beizulegende Zeitwert nicht nur Änderungen der Marktpreise für solche Vermögenswerte (eine finanzielle Variable) widerspiegelt, sondern auch den Zustand des bestimmten, im Eigentum befindlichen nicht finanziellen Vermögenswerts (eine nicht finanzielle Variable). Wenn beispielsweise eine Garantie über den Restwert eines bestimmten Fahrzeugs den Garantiegeber dem Risiko von Änderungen des physischen Zustands des Fahrzeugs aussetzt, so ist die Änderung dieses Restwerts spezifisch für den Eigentümer des Fahrzeugs. **BA.5**

Zu Handelszwecken gehaltene finanzielle Vermögenswerte und Verbindlichkeiten

Handel ist normalerweise durch eine aktive und häufige Kauf- und Verkaufstätigkeit gekennzeichnet, und zu Handelszwecken gehaltene Finanzinstrumente dienen im Regelfall der Gewinnerzielung aus kurzfristigen Schwankungen der Preise oder Händlermargen. **BA.6**

Zu den zu Handelszwecken gehaltenen finanziellen Verbindlichkeiten gehören: **BA.7**

(a) derivative Verbindlichkeiten, die nicht als Sicherungsinstrumente bilanziert werden;

(b) Lieferverpflichtungen eines Leerverkäufers von finanziellen Vermögenswerten (d. h. eines Unternehmens, das geliehene, noch nicht in seinem Besitz befindliche finanzielle Vermögenswerte verkauft);

(c) finanzielle Verbindlichkeiten, die mit der Absicht eingegangen wurden, in kurzer Frist zurückgekauft zu werden (beispielsweise ein notiertes Schuldinstrument, das vom Emittenten je nach Änderung seines beizulegenden Zeitwerts kurzfristig zurückgekauft werden kann);

(d) finanzielle Verbindlichkeiten, die Teil eines Portfolios eindeutig identifizierter und gemeinsam verwalteter Finanzinstrumente sind, für die in der jüngeren Vergangenheit Nachweise für kurzfristige Gewinnmitnahmen bestehen.

Allein die Tatsache, dass eine Verbindlichkeit zur Finanzierung von Handelsaktivitäten verwendet wird, genügt nicht, um sie als zu Handelszwecken gehalten zu klassifizieren. **BA.8**

Anhang C: Änderungen anderer Standards

Vorbehaltlich gegenteiliger Bestimmungen hat ein Unternehmen die Änderungen gemäß des vorliegenden Anhangs bei der Anwendung des im Juli 2014 veröffentlichten IFRS 9 anzuwenden. Durch diese Änderungen werden die 2009, 2010 und 2013 in Anhang C veröffentlichten Änderungen des IFRS 9 mit Ergänzungen aufgenommen. Durch die Änderungen in diesem Anhang werden auch die Änderungen, die durch vor IFRS 9 (2014) veröffentlichte Standards vorgenommen wurden, aufgenommen, auch wenn diese anderen Standards zum Zeitpunkt der Veröffentlichung von IFRS 9 (2014) nicht verbindlich waren. Insbesondere werden durch die Änderungen in diesem Anhang die Änderungen durch IFRS 15 Umsatzerlöse aus Verträgen mit Kunden *aufgenommen.*

International Financial Reporting Standard 10 Konzernabschlüsse (IFRS 10)

v. 11.12.2012 (ABl EU Nr. L 360 S. 1); zuletzt geändert durch Verordnung (EU) Nr. 2016/1703 v. 22.9.2016 (ABl EU Nr. L 257 S. 1)

Zielsetzung

Die Zielsetzung dieses IFRS besteht in der Festlegung von Grundsätzen zur Darstellung und Aufstellung von Konzernabschlüssen bei Unternehmen, die ein oder mehrere andere Unternehmen beherrschen. 1

Erreichen der Zielsetzung

Um die in Paragraph 1 festgelegte Zielsetzung zu erreichen, wird in diesem IFRS 2

(a) vorgeschrieben, dass ein Unternehmen (Mutterunternehmen), das ein oder mehrere andere Unternehmen (*Tochterunternehmen*) beherrscht, Konzernabschlüsse vorlegt;

(b) das Prinzip der *Beherrschung* definiert und Beherrschung als Grundlage einer Konsolidierung festgelegt;

(c) ausgeführt, wie das Prinzip der Beherrschung anzuwenden ist, um feststellen zu können, ob ein Investor ein Beteiligungsunternehmen beherrscht und es folglich zu konsolidieren hat;

(d) außerdem werden die Bilanzierungsvorschriften zur Aufstellung von Konzernabschlüssen dargelegt und

(e) der Begriff der Investmentgesellschaft definiert sowie eine Ausnahme von der Konsolidierung bestimmter Tochterunternehmen einer Investmentgesellschaft festgelegt.

3 Die Bilanzierungsvorschriften für Unternehmenszusammenschlüsse und deren Auswirkungen auf die Konsolidierung, einschließlich des bei einem Unternehmenszusammenschluss entstehenden Geschäfts- und Firmenwerts (Goodwill), werden in diesem IFRS nicht behandelt (siehe IFRS 3 *Unternehmenszusammenschlüsse*).

Anwendungsbereich

4 Ein Unternehmen, das Mutterunternehmen ist, muss einen Konzernabschluss erstellen. Dieser IFRS ist mit folgenden Ausnahmen auf alle Unternehmen anzuwenden:

(a) Ein Mutterunternehmen braucht keinen Konzernabschluss zu erstellen, wenn es sämtliche nachfolgenden Bedingungen erfüllt:

(i) es ist selbst ein hundertprozentiges Tochterunternehmen oder ein teilweise im Besitz eines anderen Unternehmens stehendes Tochterunternehmen und die anderen Eigentümer, einschließlich der nicht stimmberechtigten Eigentümer, sind darüber unterrichtet und erheben keine Einwände, dass das Mutterunternehmen keinen Konzernabschluss aufstellt;

(ii) seine Schuld- oder Eigenkapitalinstrumente werden nicht öffentlich gehandelt (dies schließt nationale oder ausländische Wertpapierbörsen oder den Freiverkehr sowie lokale und regionale Handelsplätze ein);

(iii) es legt seine Abschlüsse weder bei einer Wertpapieraufsichtsbehörde noch bei einer anderen Regulierungsbehörde zwecks Emission beliebiger Kategorien von Instrumenten in einem öffentlichen Markt vor oder hat dies getan; und

(iv) sein oberstes oder ein zwischengeschaltetes Mutterunternehmen stellt einen IFRS-konformen Abschluss auf, der veröffentlicht wird und in dem Tochtergesellschaften entweder konsolidiert oder gemäß diesem IFRS ergebniswirksam zum beizulegenden Zeitwert bewertet werden.

(b) (weggefallen)

(c) (weggefallen)

4A Nicht anzuwenden ist dieser IFRS auf Versorgungspläne für Leistungen nach Beendigung des Beschäftigungsverhältnisses oder andere langfristige Versorgungspläne für Arbeitnehmer, auf die IAS 19 *Leistungen an Arbeitnehmer* anzuwenden ist.

4B Ein Mutterunternehmen, das eine Investmentgesellschaft ist, hat keinen Konzernabschluss zu erstellen, wenn es gemäß Paragraph 31 dieses IFRS all seine Tochterunternehmen ergebniswirksam zum beizulegenden Zeitwert bewerten muss.

Beherrschung

5 Ein Investor hat festzustellen, ob er die Definition eines Mutterunternehmens erfüllt. Die Art seines Engagements in einem Unternehmen (dem Beteiligungsunternehmen) ist dabei nicht ausschlaggebend.

6 Ein Investor beherrscht ein Beteiligungsunternehmen, wenn er schwankenden Renditen aus seinem Engagement in dem Beteiligungsunternehmen ausgesetzt ist bzw. Anrechte auf diese besitzt und die Fähigkeit hat, diese Renditen mittels seiner Verfügungsgewalt über das Beteiligungsunternehmen zu beeinflussen.

7 Ein Investor beherrscht ein Beteiligungsunternehmen also nur dann, wenn er alle nachfolgenden Eigenschaften besitzt:

(a) die Verfügungsgewalt über das Beteiligungsunternehmen (siehe Paragraphen 10-14);

(b) eine Risikobelastung durch oder Anrechte auf schwankende Renditen aus seinem Engagement in dem Beteiligungsunternehmen (siehe Paragraphen 15 und 16);

(c) die Fähigkeit, seine Verfügungsgewalt über das Beteiligungsunternehmen dergestalt zu nutzen, dass dadurch die Höhe der Rendite des Beteiligungsunternehmens beeinflusst wird (siehe Paragraphen 17 und 18).

Bei der Beurteilung, ob er ein Beteiligungsunternehmen beherrscht, hat ein Investor alle Sachverhalte und Umstände einzubeziehen. Ergeben sich aus Sachverhalten und Umständen Hinweise, dass sich eines oder mehrere der drei in Paragraph 7 aufgeführten Beherrschungselemente verändert haben, muss der Investor erneut überprüfen, ob er ein Beteiligungsunternehmen beherrscht. **8**

Eine gemeinsame Beherrschung eines Beteiligungsunternehmens durch zwei oder mehr Investoren liegt vor, wenn sie bei der Lenkung der maßgeblichen Tätigkeiten zusammenwirken müssen. Da kein Investor die Tätigkeiten ohne Mitwirkung der anderen Investoren lenken kann, liegt in derartigen Fällen keine Beherrschung durch einen einzelnen Investor vor. In einem solchen Fall würde jeder Investor seinen Anteil am Beteiligungsunternehmen im Einklang mit den maßgeblichen IFRS bilanzieren, d. h. dem IFRS 11 *Gemeinsame Vereinbarungen*, IAS 28 *Anteile an assoziierten Unternehmen und Gemeinschaftsunternehmen*, oder IFRS 9 *Finanzinstrumente*. **9**

Verfügungsgewalt

Ein Investor besitzt Verfügungsgewalt über ein Beteiligungsunternehmen, wenn er über bestehende Rechte verfügt, die ihm die *gegenwärtige Fähigkeit* verleihen, die *maßgeblichen Tätigkeiten*, d. h. die Tätigkeiten, die die Renditen des Beteiligungsunternehmens wesentlich beeinflussen, zu lenken. **10**

Verfügungsgewalt entsteht aus Rechten. Die Beurteilung der Verfügungsgewalt kann vergleichsweise einfach sein. Dies trifft beispielsweise zu, wenn sich die Verfügungsgewalt über ein Beteiligungsunternehmen unmittelbar und allein aus den Stimmrechten ableitet, die Eigenkapitalinstrumente wie Aktien gewähren. Hier ist eine Bewertung mittels Berücksichtigung der Stimmrechte aus den betreffenden Kapitalbeteiligungen möglich. In anderen Fällen kann die Beurteilung komplexer sein und die Berücksichtigung mehrerer Faktoren verlangen. Dies trifft beispielsweise zu, wenn sich Verfügungsgewalt aus einer oder mehreren vertraglichen Vereinbarung(en) ergibt. **11**

Ein Investor, der die gegenwärtige Fähigkeit zur Lenkung der maßgeblichen Tätigkeiten hat, besitzt Verfügungsgewalt, auch wenn seine Weisungsrechte noch nicht ausgeübt worden sind. Nachweise, dass der Investor bei maßgeblichen Tätigkeiten Weisungen erteilt hat, können bei der Feststellung, ob der Investor Verfügungsgewalt hat, unterstützend wirken. Ein solcher Nachweis allein ist aber zur Feststellung, ob der Investor Verfügungsgewalt über ein Beteiligungsunternehmen hat, nicht ausreichend. **12**

Verfügen zwei oder mehr Investoren über bestehende Rechte, die ihnen die einseitige Fähigkeit verleihen, verschiedene maßgebliche Tätigkeiten zu lenken, dann hat derjenige Investor Verfügungsgewalt über das Beteiligungsunternehmen, der die gegenwärtige Fähigkeit zur Lenkung derjenigen Tätigkeiten besitzt, die die Renditen des Beteiligungsunternehmens am stärksten beeinflussen. **13**

Ein Investor kann auch dann die Verfügungsgewalt über ein Beteiligungsunternehmen besitzen, wenn andere Unternehmen über bestehende Rechte verfügen, die ihnen gegenwärtige Fähigkeiten zur Mitbestimmung der maßgeblichen Tätigkeiten verleihen. Dies trifft z. B. zu, wenn ein anderes Unternehmen *maßgeblichen Einfluss* hat. Ein Investor, der lediglich Schutzrechte hält, kann keine Verfügungsgewalt über ein Beteiligungsunternehmen ausüben (siehe Paragraphen B26-B28) und somit das Beteiligungsunternehmen nicht beherrschen. **14**

Renditen

Ein Investor hat eine Risikobelastung durch bzw. Anrechte auf schwankende Renditen aus seinem Engagement bei dem Beteiligungsunternehmen, wenn sich die Renditen, die der Investor mit seinem Engagement erzielt, infolge der Ertragskraft des Beteiligungsunternehmens ver- **15** ändern können. Die Renditen des Investors können ausschließlich positiv, ausschließlich negativ oder sowohl positiv als auch negativ sein.

16 Obgleich es sein kann, dass ein Beteiligungsunternehmen nur durch einen Investor beherrscht wird, können Renditen eines Beteiligungsunternehmens auf mehrere Parteien entfallen. Inhaber nicht beherrschender Anteile können beispielsweise an den Gewinnen oder Ausschüttungen eines Beteiligungsunternehmens teilhaben.

Verknüpfung zwischen Verfügungsgewalt und Rendite

17 Ein Investor beherrscht ein Beteiligungsunternehmen, wenn er nicht nur Verfügungsgewalt über das Beteiligungsunternehmen besitzt sowie eine Risikobelastung durch oder Anrechte auf schwankende Renditen aus seinem Engagement bei dem Beteiligungsunternehmen hat, sondern wenn er darüber hinaus seine Verfügungsgewalt auch dazu einsetzen kann, seine Renditen aus dem Engagement in dem Beteiligungsunternehmen zu beeinflussen.

18 Ein Investor mit dem Recht, Entscheidungen zu fällen, hat folglich festzustellen, ob er Prinzipal oder Agent ist. Beherrschung des Beteiligungsunternehmens liegt nicht vor, wenn ein Investor, der gemäß den Paragraphen B58-B72 als Agent gilt, die an ihn delegierten Entscheidungsrechte ausübt.

Bilanzierungsvorschriften

19 Ein Mutterunternehmen hat Konzernabschlüsse unter Verwendung einheitlicher Bilanzierungs- und Bewertungsmethoden für gleichartige Geschäftsvorfälle und sonstige Ereignisse in ähnlichen Umständen zu erstellen.

20 Die Konsolidierung eines Beteiligungsunternehmens beginnt an dem Tag, an dem der Investor die Beherrschung über das Unternehmen erlangt. Sie endet, wenn der Investor die Beherrschung über das Beteiligungsunternehmen verliert.

21 Die Paragraphen B86-B93 legen Leitlinien für die Erstellung von Konzernabschlüssen fest.

Nicht beherrschende Anteile

22 Ein Mutterunternehmen weist nicht beherrschende Anteile in seiner Konzernbilanz innerhalb des Eigenkapitals, aber getrennt vom Eigenkapital der Anteilseigner des Mutterunternehmens aus.

23 Änderungen bei der Beteiligungsquote eines Mutterunternehmens an einem Tochterunternehmen, die nicht zu einem Verlust der Beherrschung führen, sind Eigenkapitaltransaktionen (d. h. Geschäftsvorfälle mit Eigentümern, die in ihrer Eigenschaft als Eigentümer handeln).

24 Die Paragraphen B94-B96 legen Leitlinien für die Bilanzierung nicht beherrschender Anteile in Konzernabschlüssen fest.

Verlust der Beherrschung

25 Verliert ein Mutterunternehmen die Beherrschung über ein Tochterunternehmen, hat das Mutterunternehmen

(a) die Vermögenswerte und Schulden des ehemaligen Tochterunternehmens aus der Konzernbilanz auszubuchen.

(b) jede zurückbehaltene Beteiligung an dem ehemaligen Tochterunternehmen zu dessen beizulegendem Zeitwert anzusetzen, wenn die Beherrschung wegfällt. Anschließend sind die Beteiligung sowie alle Beträge, die es dem ehemaligen Tochterunternehmen schuldet oder von ihm beansprucht, in Übereinstimmung mit den maßgeblichen IFRS zu bilanzieren. Dieser beizulegende Zeitwert wird als Zugangswert eines finanziellen Vermögenswerts gemäß IFRS 9 oder, soweit sachgerecht, als Anschaffungskosten bei Zugang einer Beteiligung an einem assoziierten oder Gemeinschaftsunternehmen angesehen.

(c) den Gewinn oder Verlust im Zusammenhang mit dem Verlust der Beherrschung, der auf den ehemaligen beherrschenden Anteil entfällt, anzusetzen.

Die Paragraphen B97-B99 beschreiben Leitlinien für die Bilanzierung des Verlustes der Beherrschung. **26**

Feststellung, ob es sich bei einem Unternehmen um eine Investmentgesellschaft handelt

Ein Mutterunternehmen muss feststellen, ob es eine Investmentgesellschaft ist. Eine Investmentgesellschaft ist ein Unternehmen, das **27**

(a) von einem oder mehreren Investoren Mittel zu dem Zweck erhält, für diese(n) Investor(en) Dienstleistungen im Bereich der Vermögensverwaltung zu erbringen;

(b) sich gegenüber seinem Investor bzw. seinen Investoren verpflichtet, dass sein Geschäftszweck allein in der Anlage der Mittel zum Zweck der Erreichung von Wertsteigerungen oder der Erwirtschaftung von Kapitalerträgen oder beidem besteht; und

(c) die Ertragskraft im Wesentlichen aller seiner Investments auf der Basis des beizulegenden Zeitwerts bewertet und beurteilt.

Die Paragraphen B85A-B85M enthalten entsprechende Leitlinien für die Anwendung.

Bei der Beurteilung der Frage, ob ein Unternehmen die in Paragraph 27 aufgeführte Definition erfüllt, muss es berücksichtigen, ob es die folgenden typischen Merkmale einer Investmentgesellschaft aufweist: **28**

(a) Es hält mehr als ein Investment (siehe Paragraphen B85O-B85P);

(b) Es hat mehr als einen Investor (siehe Paragraphen B85Q-B85S);

(c) Seine Investoren sind keine ihm nahestehenden Unternehmen oder Personen (siehe Paragraphen B85T-B85U); und

(d) Seine Eigentumsanteile bestehen in Form von Eigenkapitalanteilen oder eigenkapitalähnlichen Anteilen (siehe Paragraphen B85V-B85W).

Das Fehlen eines oder mehrerer dieser typischen Merkmale hat nicht zwangsläufig zur Folge, dass das Unternehmen nicht als Investmentgesellschaft eingestuft werden kann. Eine Investmentgesellschaft, die nicht alle dieser typischen Merkmale aufweist, legt die in Paragraph 9A des IFRS 12 *Angaben zu Anteilen an anderen Unternehmen* verlangten zusätzlichen Angaben offen.

Sofern Sachverhalte und Umstände darauf hindeuten, dass bei einem oder mehreren der drei in Paragraph 27 beschriebenen Elemente der Definition einer Investmentgesellschaft oder bei den in Paragraph 28 aufgeführten typischen Merkmalen einer Investmentgesellschaft Änderungen eingetreten sind, hat das Mutterunternehmen erneut zu beurteilen, ob es eine Investmentgesellschaft ist. **29**

Ein Mutterunternehmen, das den Status einer Investmentgesellschaft verliert oder erwirbt, hat diese Änderung seines Status prospektiv ab dem Zeitpunkt zu bilanzieren, zu dem diese Änderung eintrat (siehe Paragraphen B100-B101). **30**

Investmentgesellschaften: Ausnahme von der Konsolidierung

Abgesehen von dem in Paragraph 32 beschriebenen Fall hat eine Investmentgesellschaft weder ihre Tochterunternehmen zu konsolidieren noch IFRS 3 anzuwenden, wenn sie die Beherrschung **31** über ein anderes Unternehmen erlangt. Vielmehr hat sie die Anteile an einem Tochterunternehmen nach IFRS 9 ergebniswirksam zum beizulegenden Zeitwert zu bewerten.*)

32 Hat eine Investmentgesellschaft ein Tochterunternehmen, das selbst keine Investmentgesellschaft ist und dessen Hauptgeschäftszweck und -tätigkeit darin besteht, Dienstleistungen in Bezug auf die Investitionstätigkeit der Investmentgesellschaft zu erbringen (siehe Paragraphen B85C-B85E), so hat sie dieses Tochterunternehmen ungeachtet der Bestimmung in Paragraph 31 nach Maßgabe der Paragraphen 19-26 zu konsolidieren und bei der Übernahme derartiger Tochterunternehmen die Vorschriften des IFRS 3 zu erfüllen.

33 Ein Mutterunternehmen einer Investmentgesellschaft hat alle von ihm beherrschten Gesellschaften zu konsolidieren, einschließlich solcher, die über ein Tochterunternehmen mit dem Status einer Investmentgesellschaft beherrscht werden, es sei denn, das Mutterunternehmen ist selbst eine Investmentgesellschaft.

Anhang A: Definitionen

Dieser Anhang ist fester Bestandteil des IFRS.

Konzernabschluss	Der Abschluss eines **Konzerns**, in welchem die Vermögenswerte, die Schulden, das Eigenkapital, die Erträge, Aufwendungen und Zahlungsströme des **Mutterunternehmens** und seiner **Tochterunternehmen** so dargestellt werden, als gehörten sie zu einer einzigen wirtschaftlichen Einheit.
Beherrschung eines Beteiligungsunternehmens	Ein Investor beherrscht ein Beteiligungsunternehmen, wenn er schwankenden Renditen aus seinem Engagement in dem Beteiligungsunternehmen ausgesetzt ist bzw. Anrechte auf diese besitzt und die Fähigkeit hat, diese Renditen mittels seiner Verfügungsgewalt über das Beteiligungsunternehmen zu beeinflussen.
Entscheidungsträger	Ein Unternehmen mit dem Recht, Entscheidungen zu fällen, das entweder Prinzipal oder Agent für Dritte ist.
Konzern	Ein **Mutterunternehmen** und seine **Tochterunternehmen**.
Investmentgesellschaft	Ein Unternehmen, das (a) von einem oder mehreren Investoren Mittel zu dem Zweck erhält, für diese(n) Investor(en) Dienstleistungen im Bereich der Vermögensverwaltung zu erbringen; (b) sich gegenüber seinem Investor bzw. seinen Investoren verpflichtet, dass sein Geschäftszweck allein in der Anlage der Mittel zum Zweck der Erreichung von Wertsteigerungen oder der Erwirtschaftung von Kapitalerträgen oder beidem besteht; (c) die Ertragskraft im Wesentlichen aller seiner Investments auf der Basis des beizulegenden Zeitwerts bewertet und beurteilt.
Nicht beherrschender Anteil	Eigenkapital in einem **Tochterunternehmen**, das weder mittel- noch unmittelbar einem **Mutterunternehmen** zurechenbar ist.
Mutterunternehmen	Ein Unternehmen, das ein oder mehrere Unternehmen **beherrscht**.

*) **Amtl. Anm.:** In Paragraph C7 des IFRS 10 *Konzernabschlüsse* heißt es: „Wendet ein Unternehmen diesen IFRS, aber noch nicht IFRS 9 an, sind Bezugnahmen auf IFRS 9 als Bezugnahmen auf IAS 39 *Finanzinstrumente: Ansatz und Bewertung* zu verstehen." – **Anm. d. Red.:** Diese Bestimmungen im Hinblick auf die Verweise auf IFRS 9 sind mit Beginn des ersten am oder nach dem 1. 1. 2018 beginnenden Geschäftsjahres von Unternehmen nicht mehr anzuwenden.

Verfügungsgewalt	Bestehende Rechte, welche die gegenwärtige Fähigkeit zur Lenkung der **maßgeblichen Tätigkeiten** verleihen.
Schutzrechte	Rechte, die darauf abzielen, die Beteiligung jener Partei, die diese Rechte besitzt, zu schützen, ohne dieser Partei die Verfügungsgewalt über das Unternehmen einzuräumen, auf das sich diese Rechte beziehen.
Maßgebliche Tätigkeiten	Für die Zwecke dieses IFRS sind maßgebliche Tätigkeiten all diejenigen Aktivitäten eines Beteiligungsunternehmens, die die Rendite des Beteiligungsunternehmens erheblich beeinflussen.
Abberufungsrechte	Rechte, dem Entscheidungsträger seine Entscheidungskompetenz zu entziehen.
Tochterunternehmen	Ein Unternehmen, das durch ein anderes Unternehmen beherrscht wird.

Die folgenden Begriffe sind in IFRS 11, IFRS 12 *Angaben zu Beteiligungen an anderen Unternehmen*, IAS 28 (geändert 2011) oder IAS 24 *Angaben über Beziehungen zu nahestehenden Unternehmen und Personen* definiert und werden in diesem IFRS in der dort angegebenen Bedeutung verwendet:

- Assoziiertes Unternehmen
- Beteiligung an einem anderen Unternehmen
- Gemeinschaftsunternehmen
- Mitglieder des Managements in Schlüsselpositionen
- Nahestehende Unternehmen und Personen
- Maßgeblicher Einfluss

Anhang B: Leitlinien für die Anwendung

Dieser Anhang ist fester Bestandteil des IFRS. Er beschreibt die Anwendung der Paragraphen 1-26 und hat die gleiche bindende Kraft wie die anderen Teile des IFRS.

Die Beispiele in diesem Anhang illustrieren hypothetische Situationen. Einige Aspekte der Beispiele können zwar in tatsächlichen Sachverhaltsmustern zutreffen, trotzdem müssen bei der Anwendung des IFRS 10 alle maßgeblichen Sachverhalte und Umstände eines bestimmten Sachverhaltsmusters ausgewertet werden. **B1**

Beurteilung des Vorliegens von Beherrschung

Um festzustellen, ob er ein Beteiligungsunternehmen beherrscht, muss ein Investor beurteilen, ob er alle folgenden Elemente hat: **B2**

(a) Verfügungsgewalt über das Beteiligungsunternehmen;

(b) eine Risikobelastung durch oder Anrechte auf schwankende Renditen aus seinem Engagement in dem Beteiligungsunternehmen; und

(c) die Fähigkeit, seine Verfügungsgewalt über das Beteiligungsunternehmen so zu nutzen, dass dadurch die Höhe der Rendite des Beteiligungsunternehmens beeinflusst wird.

Die Berücksichtigung folgender Faktoren kann diese Feststellung erleichtern: **B3**

(a) Zweck und Gestaltung des Beteiligungsunternehmens (siehe Paragraphen B5-B8);

(b) Was die maßgeblichen Tätigkeiten sind und wie Entscheidungen über diese Tätigkeiten getroffen werden (siehe Paragraphen B11-B13);

(c) Ob der Investor durch seine Rechte die gegenwärtige Fähigkeit hat, die maßgeblichen Tätigkeiten zu lenken (siehe Paragraphen B14-B54);

(d) Ob der Investor eine Risikobelastung durch oder Anrechte auf schwankende Renditen aus seinem Engagement in dem Beteiligungsunternehmen hat (siehe Paragraphen B55-B57); und

(e) Ob der Investor die Fähigkeit hat, seine Verfügungsgewalt über das Beteiligungsunternehmen so zu nutzen, dass dadurch die Höhe der Rendite des Beteiligungsunternehmens beeinflusst wird (siehe Paragraphen B58-B72).

B4 Bei der Beurteilung der Beherrschung eines Beteiligungsunternehmens hat der Investor die Beschaffenheit seiner Beziehung zu Dritten zu berücksichtigen (siehe Paragraphen B73-B75).

Zweck und Gestaltung eines Beteiligungsunternehmens

B5 Bei der Beurteilung der Beherrschung eines Beteiligungsunternehmens muss der Investor Zweck und Gestaltung des Beteiligungsunternehmens berücksichtigen, um feststellen zu können, was die maßgeblichen Tätigkeiten sind, wie Entscheidungen über diese Tätigkeiten gefällt werden, wer die gegenwärtige Fähigkeit zur Lenkung dieser Tätigkeiten hat und wer die Rendite aus den maßgeblichen Tätigkeiten erhält.

B6 Aus der Betrachtung von Zweck und Gestaltung eines Beteiligungsunternehmens kann sich klar ergeben, dass das Beteiligungsunternehmen mittels Eigenkapitalinstrumenten beherrscht wird, die dem Inhaber anteilige Stimmrechte verleihen. Dies trifft beispielsweise bei Stammaktien zu. Sofern keine Zusatzvereinbarungen vorliegen, durch die sich der Entscheidungsprozess ändert, konzentriert sich die Beurteilung der Beherrschung auf die Frage, welche Partei, wenn überhaupt, Stimmrechte ausüben kann, die zur Bestimmung der Betriebs- und Finanzpolitik des Beteiligungsunternehmens ausreichen (siehe Paragraphen B34-B50). Im einfachsten Fall beherrscht derjenige Investor, der die Mehrheit dieser Stimmrechte besitzt, das Beteiligungsunternehmen, sofern keine anderen Faktoren zutreffen.

B7 In komplexeren Fällen kann die Feststellung, ob ein Investor ein Beteiligungsunternehmen beherrscht, die Berücksichtigung einiger oder aller sonstiger Faktoren gemäß Paragraph B3 erfordern.

B8 Ein Beteiligungsunternehmen kann so aufgebaut sein, dass Stimmrechte bei der Entscheidung, wer das Unternehmen beherrscht, kein dominanter Faktor sind. Eine solche Gestaltung kann vorliegen, wenn sich Stimmrechte nur auf Verwaltungsaufgaben beziehen und die maßgeblichen Tätigkeiten durch vertragliche Vereinbarungen bestimmt werden. In Fällen dieser Art muss sich die investorseitige Berücksichtigung von Zweck und Gestaltung des Beteiligungsunternehmens auch auf die Risiken erstrecken, denen das Beteiligungsunternehmen von seiner Gestaltung her ausgesetzt sein soll, sowie auf die Risiken, die es von seiner Gestaltung her an die im Beteiligungsunternehmen engagierten Parteien weiterreichen soll. Ferner ist zu berücksichtigen, ob der Investor einigen oder allen dieser Risiken ausgesetzt ist. Die Berücksichtigung der Risiken umfasst nicht nur das Baisse-Risiko sondern auch das Hausse-Potenzial.

Verfügungsgewalt

B9 Um Verfügungsgewalt über ein Beteiligungsunternehmen zu besitzen, muss ein Investor über bestehende Rechte verfügen, die ihm die gegenwärtige Fähigkeit zur Lenkung der maßgeblichen Tätigkeiten verleihen. In die Beurteilung von Verfügungsgewalt sind nur substanzielle Rechte sowie solche Rechte einzubeziehen, die keine Schutzrechte sind (siehe Paragraphen B22-B28).

B10 Die Feststellung, ob ein Investor Verfügungsgewalt besitzt, hängt davon ab, worin die maßgeblichen Tätigkeiten bestehen, wie Entscheidungen über diese Tätigkeiten gefällt werden und welche Rechte der Investor sowie Dritte in Bezug auf das Beteiligungsunternehmen haben.

Maßgebliche Tätigkeiten und Lenkung maßgeblicher Tätigkeiten

Bei vielen Beteiligungsunternehmen haben verschiedene betriebliche und finanzielle Tätigkeiten erhebliche Auswirkungen auf ihre Renditen. Beispiele für Tätigkeiten, die abhängig von den jeweiligen Umständen maßgebliche Tätigkeiten sein können, sind unter anderem: **B11**

(a) Kauf und Verkauf von Waren oder Dienstleistungen;

(b) Verwaltung finanzieller Vermögenswerte während ihrer Laufzeit (auch bei Verzug);

(c) Auswahl, Erwerb oder Veräußerung von Vermögenswerten;

(d) Forschung und Entwicklung für neue Produkte oder Verfahren; und

(e) Festlegung von Finanzierungsstrukturen oder Mittelbeschaffung.

Beispiele für Entscheidungen über maßgebliche Tätigkeiten sind unter anderem: **B12**

(a) Festlegung von Entscheidungen über Betrieb und Kapital des Beteiligungsunternehmens, einschließlich Budgets; und

(b) Bestellung und Vergütung von Mitgliedern des Managements in Schlüsselpositionen oder von Dienstleistungsunternehmen sowie Kündigung ihrer Dienste oder Beschäftigung.

Es kann Situationen geben, in denen Tätigkeiten sowohl vor als auch nach dem Entstehen besonderer Umstände oder dem Eintreten eines Ereignisses maßgebliche Tätigkeiten sein können. Verfügen zwei oder mehr Investoren über die gegenwärtige Fähigkeit zur Lenkung maßgeblicher Tätigkeiten und finden diese Tätigkeiten zu unterschiedlichen Zeiten statt, müssen die Investoren feststellen, wer von ihnen die Fähigkeit zur Lenkung derjenigen Tätigkeiten besitzt, die diese Renditen am stärksten beeinflussen. Dies muss mit der Behandlung nebeneinander bestehender Entscheidungsrechte vereinbar sein (siehe Paragraph 13). Wenn sich maßgebliche Sachverhalte oder Umstände im Laufe der Zeit ändern, müssen die Investoren diese Beurteilung überprüfen. **B13**

Anwendungsbeispiele

Beispiel 1

Zwei Investoren gründen ein Beteiligungsunternehmen, um ein Arzneimittel zu entwickeln und zu vermarkten. Ein Investor ist für die Entwicklung und Einholung der aufsichtsbehördlichen Zulassung für das Arzneimittel zuständig. Diese Zuständigkeit schließt die einseitige Fähigkeit ein, alle Entscheidungen bezüglich der Entwicklung des Produkts und der Einholung der Zulassung zu treffen. Sobald die Aufsichtsbehörde das Produkt zugelassen hat, wird es von dem anderen Investor hergestellt und vermarktet – dieser Investor besitzt die einseitige Fähigkeit, alle Entscheidungen über die Herstellung und Vermarktung des Projekts zu treffen. Wenn alle Tätigkeiten – d. h. sowohl die Entwicklung und die Einholung der aufsichtsbehördlichen Zulassung als auch die Herstellung und Vermarktung des Arzneimittels – maßgebliche Tätigkeiten sind, dann muss jeder Investor feststellen, ob er die Fähigkeit zur Lenkung derjenigen Tätigkeiten hat, die den *wesentlichsten* Einfluss auf die Renditen des Beteiligungsunternehmens haben. Dementsprechend muss jeder Investor abwägen, ob die Entwicklung und die Einholung der aufsichtsbehördlichen Zulassungen oder die Herstellung und Vermarktung des Arzneimittels die Tätigkeit mit dem *stärksten* Einfluss auf die Rendite des Beteiligungsunternehmens ist, und ob er in der Lage ist, diese Tätigkeit zu lenken. Bei der Feststellung, welcher Investor Verfügungsgewalt hat, würden die Investoren Folgendes berücksichtigen:

(a) den Zweck und die Gestaltung des Beteiligungsunternehmens;

(b) die Faktoren, die ausschlaggebend für Gewinnmarge, Ertrag und Wert des Beteiligungsunternehmens sowie den Wert des Arzneimittels sind;

(c) die Auswirkungen auf die Rendite des Beteiligungsunternehmens, die sich aus der Entscheidungskompetenz der einzelnen Investoren hinsichtlich der in (b) genannten Faktoren ergeben; und

(d) das Geschäftsrisiko, das dem Investor aus schwankenden Renditen entsteht.

In diesem besonderen Beispiel würden die Investoren auch Folgendes berücksichtigen:

(e) die bei der Einholung der aufsichtsbehördlichen Zulassung bestehende Ungewissheit und die dafür erforderlichen Anstrengungen (unter Berücksichtigung der Erfolgsbilanz des Investors bei der Entwicklung von Arzneimitteln und Einholung aufsichtsbehördlicher Zulassungen); und

(f) welcher Investor das Arzneimittel kontrolliert, sobald die Entwicklungsphase erfolgreich abgeschlossen wurde.

Beispiel 2

Eine Zweckgesellschaft (das Beteiligungsunternehmen) wird gegründet. Ihre Finanzierung erfolgt über ein im Besitz eines Investors (dem Schuldtitelinvestor) befindliches Schuldinstrument sowie Eigenkapitalinstrumente, die sich im Besitz mehrerer anderer Investoren befinden. Die Eigenkapitaltranche ist darauf ausgelegt, die ersten Verluste aufzufangen und verbleibende Renditen vom Beteiligungsunternehmen einzunehmen. Einer der Eigenkapitalinvestoren, der 30 % des Eigenkapitals hält, ist zugleich der Vermögensverwalter. Das Beteiligungsunternehmen nutzt seine Erlöse zum Ankauf eines Depots finanzieller Vermögenswerte und setzt sich damit dem Kreditrisiko aus, das mit dem möglichen Verzug bei den Kapital- und Zinszahlungen der Vermögenswerte verbunden ist. Diese Transaktion wird beim Schuldtitelinvestor als Anlage mit minimaler Belastung durch das Kreditrisiko, das mit einem möglichen Zahlungsverzug bei den im Depot befindlichen Vermögenswerten verbunden ist, vermarktet. Als Begründung dienen die Beschaffenheit der betreffenden Vermögenswerte sowie der Umstand, dass die Eigenkapitaltranche auf das Auffangen erster Verluste des Beteiligungsunternehmens ausgelegt ist. Die Rendite des Beteiligungsunternehmens wird durch die Verwaltung seines Portfolios an Vermögenswerten erheblich beeinflusst. Hierzu gehören Entscheidungen über Auswahl, Erwerb und Veräußerung der Vermögenswerte im Rahmen der für das Portfolio geltenden Leitlinien sowie die Vorgehensweise bei Zahlungsverzug von Vermögenswerten des Portfolios. All diese Tätigkeiten werden vom Vermögensverwalter gehandhabt, bis die Zahlungsverzüge einen festgelegten Anteil des Depotwerts erreichen (d. h. wenn die Eigenkapitaltranche des Beteiligungsunternehmens durch den Wert des Depots aufgezehrt worden ist). Ab diesem Zeitpunkt verwaltet ein externer Treuhänder die Vermögenswerte im Einklang mit den Anweisungen des Schuldtitelinvestors. Die maßgebliche Tätigkeit des Beteiligungsunternehmens besteht in der Verwaltung seines Portfolios an Vermögenswerten. Der Vermögensverwalter hat die Fähigkeit, die maßgeblichen Tätigkeiten zu lenken, bis die in Verzug geratenen Vermögenswerte den festgelegten Anteil des Depotwerts erreichen. Der Schuldtitelinvestor hat die Fähigkeit, die maßgeblichen Tätigkeiten zu lenken, wenn der Wert der in Verzug geratenen Vermögenswerte diesen festgelegten Anteil des Depotwerts überschreitet. Der Vermögensverwalter und der Schuldtitelinvestor müssen jeder für sich ermitteln, ob sie in der Lage sind, die Tätigkeiten mit dem *stärksten* Einfluss auf die Rendite des Beteiligungsunternehmens zu lenken. Hierbei sind auch Zweck und Gestaltung des Beteiligungsunternehmens sowie die Risikobelastung der einzelnen Parteien durch die Schwankungen der Rendite zu berücksichtigen.

Rechte, die einem Investor Verfügungsgewalt über ein Beteiligungsunternehmen verleihen

B14 Verfügungsgewalt entsteht aus Rechten. Um Verfügungsgewalt über ein Beteiligungsunternehmen zu haben, muss ein Investor über bestehende Rechte verfügen, die ihm die gegenwärtige Fähigkeit zur Lenkung der maßgeblichen Tätigkeiten verleihen. Die Rechte, aus denen ein Investor Verfügungsgewalt ableiten kann, können von einem Beteiligungsunternehmen zum anderen unterschiedlich sein.

Beispiele für Rechte, die einem Investor einzeln oder zusammengenommen Verfügungsgewalt verleihen können, sind u. a.: **B15**

(a) Rechte in Form von Stimmrechten (oder potenziellen Stimmrechten) in einem Beteiligungsunternehmen (siehe Paragraphen B34-B50);

(b) Rechte zur Bestellung, Versetzung oder Abberufung von Mitgliedern des Managements in Schlüsselpositionen beim Beteiligungsunternehmen, die in der Lage sind, die maßgeblichen Tätigkeiten zu lenken;

(c) Rechte zur Bestellung oder Absetzung eines anderen Unternehmens, das die maßgeblichen Tätigkeiten lenkt.

(d) Weisungsrechte gegenüber dem Beteiligungsunternehmen, Transaktionen zugunsten des Investors vorzunehmen, oder Vetorechte bei Veränderungen an solchen Transaktionen; und

(e) Sonstige Rechte (z. B. in einem Verwaltungsvertrag festgelegte Entscheidungsrechte), die dem Inhaber die Fähigkeit verleihen, die maßgeblichen Tätigkeiten zu lenken.

Hat ein Beteiligungsunternehmen eine ganze Reihe betrieblicher und finanzieller Tätigkeiten, die wesentlichen Einfluss auf dessen Rendite haben und fortlaufend eine substanzielle Beschlussfassung erfordern, dann sind es die Stimmrechte oder ähnliche Rechte, die einem Investor, entweder allein oder in Verbindung mit anderen Vereinbarungen, Verfügungsgewalt verleihen. **B16**

Wenn Stimmrechte keine wesentlichen Auswirkungen auf die Rendite eines Beteiligungsunternehmens haben können, wie dies beispielsweise der Fall ist, wenn sich Stimmrechte nur auf Verwaltungsaufgaben beziehen, die Lenkung der maßgeblichen Tätigkeiten aber durch vertragliche Vereinbarungen geregelt wird, muss der Investor diese vertraglichen Vereinbarungen im Hinblick darauf beurteilen, ob er über ausreichende Rechte verfügt, um Verfügungsgewalt über das Beteiligungsunternehmen zu haben. Um festzustellen, ob er über Rechte verfügt, die ausreichen, um ihm Verfügungsgewalt zu verleihen, muss der Investor Zweck und Gestaltung des Beteiligungsunternehmens (siehe Paragraphen B5-B8), die in den Paragraphen B51-B54 beschriebenen Anforderungen sowie die Paragraphen B18-B20 berücksichtigen. **B17**

Es kann Situationen geben, in denen sich nur schwer feststellen lässt, ob die Rechte eines Investors ausreichen, um ihm Verfügungsgewalt über ein Beteiligungsunternehmen zu verleihen. Um in derartigen Fällen eine Beurteilung der Verfügungsgewalt zu ermöglichen, hat der Investor zu prüfen, ob er über die praktische Fähigkeit zur einseitigen Lenkung der maßgeblichen Tätigkeiten verfügt. Dabei werden unter anderem folgende Aspekte berücksichtigt, die bei gemeinsamer Betrachtung mit seinen Rechten und den in Paragraph B19 und B20 beschriebenen Indikatoren den Beweis dafür erbringen können, dass die Rechte des Investors ausreichen, um ihm Verfügungsgewalt über das Beteiligungsunternehmen zu verleihen: **B18**

(a) Der Investor kann, ohne vertraglich dazu berechtigt zu sein, beim Beteiligungsunternehmen Mitglieder des Managements in Schlüsselpositionen bestellen oder genehmigen, die ihrerseits die Fähigkeit zur Lenkung der maßgeblichen Tätigkeiten haben.

(b) Der Investor kann, ohne vertraglich dazu berechtigt zu sein, das Beteiligungsunternehmen anweisen, wesentliche Transaktionen zugunsten des Investors vorzunehmen, oder er kann Veränderungen an solchen Transaktionen durch sein Veto verhindern;

(c) Der Investor kann entweder das Nominierungsverfahren für die Wahl der Mitglieder des Lenkungsorgans des Beteiligungsunternehmens oder aber die Einholung von Stimmvollmachten von anderen Stimmrechtsinhabern dominieren.

(d) Die Mitglieder des Managements in Schlüsselpositionen beim Beteiligungsunternehmen sind dem Investor nahe stehende Personen (zum Beispiel sind der Hauptgeschäftsführer des Beteiligungsunternehmens und der Hauptgeschäftsführer des Investors dieselbe Person).

(e) Bei der Mehrheit der Mitglieder des Lenkungsorgans des Beteiligungsunternehmens handelt es sich um dem Investor nahe stehende Personen.

B19 Mitunter kann es Anzeichen dafür geben, dass der Investor in einem besonderen Verhältnis zum Beteiligungsunternehmen steht. Dies kann darauf hinweisen, dass der Investor mehr als nur einen passiven Eigentumsanteil am Beteiligungsunternehmen hält. Die Existenz eines einzelnen Indikators oder einer besonderen Kombination von Indikatoren bedeutet nicht notwendigerweise, dass das Kriterium für Verfügungsgewalt erfüllt ist. Hat der Investor jedoch mehr als nur einen passiven Eigentumsanteil am Beteiligungsunternehmen, so kann dies darauf hindeuten, dass er in Verbindung damit weitere Rechte besitzt, die ausreichen, um ihm Verfügungsgewalt zu verleihen. Dies kann auch ein Beweis für das Bestehen von Verfügungsgewalt über das Beteiligungsunternehmen sein. Folgendes lässt z. B. darauf schließen, dass der Investor mehr als nur einen passiven Eigentumsanteil am Beteiligungsunternehmen besitzt. In Verbindung mit anderen Rechten kann dies auf Verfügungsgewalt hindeuten:

(a) Die Mitglieder des Managements in Schlüsselpositionen beim Beteiligungsunternehmen, die über die Fähigkeit zur Lenkung der maßgeblichen Tätigkeiten verfügen, sind derzeitige oder ehemalige Mitarbeiter des Investors.

(b) Die geschäftlichen Tätigkeiten des Beteiligungsunternehmens sind vom Investor abhängig, beispielsweise in folgenden Situationen:

   (i) Das Beteiligungsunternehmen hängt bei der Finanzierung eines wesentlichen Teils seiner geschäftlichen Tätigkeiten vom Investor ab.

   (ii) Der Investor garantiert einen wesentlichen Teil der Verpflichtungen des Beteiligungsunternehmens.

   (iii) Das Beteiligungsunternehmen ist bei entscheidenden Dienstleistungen, Technologien, Zubehören oder Rohstoffen vom Investor abhängig.

   (iv) Der Investor kontrolliert Vermögenswerte wie Lizenzen oder Warenzeichen, die für die geschäftlichen Tätigkeiten des Beteiligungsunternehmens entscheidende Bedeutung haben.

   (v) Das Beteiligungsunternehmen ist im Hinblick auf Mitglieder des Managements in Schlüsselpositionen vom Investor abhängig. Dies kann zutreffen, wenn das Personal des Investors über besondere Fachkenntnisse im Zusammenhang mit geschäftlichen Tätigkeiten des Beteiligungsunternehmens verfügt.

(c) Der Investor ist in einen wesentlichen Teil der Tätigkeiten des Beteiligungsunternehmens einbezogen oder diese werden in seinem Namen ausgeführt.

(d) Die Risikobelastung des Investors durch bzw. seine Anrechte auf Renditen aus seinem Engagement in dem Beteiligungsunternehmen sind unverhältnismäßig größer als seine Stimm- oder ähnlichen Rechte. Beispielsweise kann eine Situation bestehen, in der ein Investor Anrechte auf bzw. Risikobelastungen durch mehr als die Hälfte der Rendite des Beteiligungsunternehmens hat, dabei aber weniger als die Hälfte der Stimmrechte des Beteiligungsunternehmens besitzt.

B20 Je größer die Anrechte auf Rendite bzw. je höher die Risikobelastungen durch die Schwankungen der Rendite aus seinem Engagement bei einem Beteiligungsunternehmen sind, desto höher ist der Anreiz für den Investor, Rechte zu erwerben, die ausreichen, um ihm Verfügungsgewalt zu verleihen. Eine hohe Risikobelastung durch Renditeschwankungen ist daher ein Indikator, dass der Investor Verfügungsgewalt haben könnte. Der Umfang der Risikobelastung des Investors bestimmt aber für sich allein gesehen nicht, ob ein Investor Verfügungsgewalt über ein Beteiligungsunternehmen besitzt.

B21 Betrachtet man die in Paragraph B18 erläuterten Faktoren sowie die in den Paragraphen B19 und B20 dargestellten Indikatoren gemeinsam mit den Rechten eines Investors, so ist dem in Paragraph B18 beschriebenen Nachweis für das Vorliegen von Verfügungsgewalt größeres Gewicht beizulegen.

Substanzielle Rechte

Bei der Beurteilung, ob er über Verfügungsgewalt verfügt, berücksichtigt ein Investor nur substanzielle Rechte, die sich auf ein (im Besitz des Investors und anderer Parteien befindliches) Beteiligungsunternehmen beziehen. Damit ein Recht substanziell ist, muss sein Inhaber zur Ausübung dieses Rechts praktisch in der Lage sein. **B22**

Die Feststellung, ob Rechte substanziell sind, verlangt Ermessensausübung. Hierbei sind sämtliche Sachverhalte und Umstände in Erwägung zu ziehen. Zu den Faktoren, die bei dieser Feststellung zu berücksichtigen sind, gehören unter anderem folgende Gesichtspunkte: **B23**

(a) Bestehen (wirtschaftliche oder anderweitige) Barrieren, die den (oder die) Inhaber von der Ausübung der Rechte abhalten? Beispiele für solche Barrieren sind unter anderem:

(i) Geldstrafen und Anreize, die den Inhaber von der Ausübung seiner Rechte abhalten (oder abschrecken) würden.

(ii) Ein Ausübungs- oder Wandlungspreis, der eine finanzielle Barriere schafft, die den Inhaber von der Ausübung seiner Rechte abhalten (oder abschrecken) würde.

(iii) Allgemeine Geschäftsbedingungen, die eine Ausübung der Rechte unwahrscheinlich werden lassen, z B. Bedingungen, die die Wahl des Zeitpunkts ihrer Ausübung eng eingrenzen.

(iv) Das Fehlen eines eindeutigen, zumutbaren Mechanismus in den Gründungsurkunden eines Beteiligungsunternehmens oder in anwendbaren Gesetzen und Verordnungen, die dem Inhaber die Ausübung seiner Rechte erlauben würden.

(v) Die Unmöglichkeit für den Rechteinhaber, die zur Ausübung seiner Rechte notwendigen Informationen zu beschaffen.

(vi) Betriebliche Barrieren oder Anreize, die den Inhaber von der Ausübung seiner Rechte abhalten (oder abschrecken) würden (wenn z. B. keine anderen Manager vorhanden sind, die zur Erbringung fachlicher Dienstleistungen oder zur Erbringung der Dienstleistungen und Übernahme anderer, im Besitz des etablierten Managers befindlicher Anteile fähig oder bereit sind).

(vii) Gesetzliche oder aufsichtsrechtliche Anforderungen, die den Inhaber von der Ausübung seiner Rechte abhalten (z. B. wenn einem ausländischen Investor die Ausübung seiner Rechte untersagt ist).

(b) Besteht in Fällen, in denen die Ausübung der Rechte die Zustimmung mehrerer Parteien erfordert oder in denen die Rechte im Besitz mehrerer Parteien sind, ein Mechanismus, der den betreffenden Parteien die praktische Fähigkeit verleiht, ihre Rechte gemeinsam auszuüben, wenn sie dies wünschen? Das Fehlen eines solchen Mechanismus ist ein Indikator dafür, dass die Rechte nicht substanziell sind. Je mehr Parteien sich auf die Ausübung der Rechte einigen müssen, desto geringer ist die Wahrscheinlichkeit, dass die betreffenden Rechte substanziell sind. Allerdings kann ein Vorstand, dessen Mitglieder vom Entscheidungsträger unabhängig sind, für eine große Zahl von Investoren die Rolle eines Mechanismus übernehmen, mit dessen Hilfe sie bei der Ausübung ihrer Rechte gemeinsam handeln können. Daher ist bei Abberufungsrechten eher davon auszugehen, dass sie substanziell sind, wenn sie von einem unabhängigen Vorstand ausgeübt werden können, als wenn die gleichen Rechte von einer großen Zahl von Investoren einzeln ausgeübt werden können.

(c) Zöge(n) die Partei(en), die im Besitz der Rechte ist/sind, Vorteile aus der Ausübung dieser Rechte? Der Inhaber potenzieller Stimmrechte in einem Beteiligungsunternehmen (siehe Paragraphen B47-B50) hat zum Beispiel den Ausübungs- oder Wandlungspreis des Instruments zu berücksichtigen Die Bedingungen potenzieller Stimmrechte sind mit höherer Wahrscheinlichkeit substanziell, wenn das Instrument im Geld ist oder wenn der Investor aus anderen Gründen Vorteile aus der Ausübung oder Wandlung des Instruments zöge (z. B. aus der Realisierung von Synergien zwischen Investor und Beteiligungsunternehmen).

B24 Um als substanziell zu gelten, müssen Rechte außerdem dann ausgeübt werden können, wenn Entscheidungen über die Lenkung der maßgeblichen Tätigkeiten getroffen werden müssen. Für gewöhnlich müssen die Rechte gegenwärtig ausübbar sein, um als substanziell zu gelten. Mitunter können Rechte auch dann substanziell sein, wenn sie nicht gegenwärtig ausgeübt werden können.

Anwendungsbeispiele

Beispiel 3

Das Beteiligungsunternehmen hält Jahreshauptversammlungen ab, auf denen Entscheidungen über die Lenkung der maßgeblichen Tätigkeiten getroffen werden. Die nächste ordentliche Hauptversammlung findet in acht Monaten statt. Anteilseigner, die einzeln oder gemeinsam mindestens 5 % der Stimmrechte besitzen, können aber eine außerordentliche Versammlung einberufen, um die bestehende Unternehmenspolitik bezüglich der maßgeblichen Tätigkeiten zu ändern. Eine Vorschrift über die Einladung der anderen Anteilseigner bringt jedoch mit sich, dass eine solche Versammlung frühestens in 30 Tagen abgehalten werden kann. Änderungen an den Unternehmensstrategien bezüglich der maßgeblichen Tätigkeiten können nur auf außerordentlichen oder ordentlichen Hauptversammlungen erfolgen. Hierzu gehört auch die Genehmigung von Verkäufen wesentlicher Vermögenswerte sowie die Durchführung oder Veräußerung erheblicher Investitionen.

Das oben beschriebene Sachverhaltsmuster trifft auf die nachfolgend beschriebenen Beispiele 3A-3D zu. Jedes Beispiel wird für sich betrachtet.

Beispiel 3A

Ein Investor besitzt die Mehrheit der Stimmrechte an einem Beteiligungsunternehmen. Die Stimmrechte des Investors sind substanziell, weil der Investor Entscheidungen über die Lenkung der maßgeblichen Tätigkeiten dann treffen kann, wenn sie getroffen werden müssen. Die Tatsache, dass es 30 Tage dauert, bis der Investor seine Stimmrechte ausüben kann, nimmt ihm nicht die gegenwärtige Möglichkeit zur Lenkung der maßgeblichen Tätigkeiten von dem Augenblick an, an dem er die Anteilsbeteiligung erwirbt.

Beispiel 3B

Ein Investor ist Vertragspartner eines Terminkontrakts über den Erwerb der Anteilsmehrheit an dem Beteiligungsunternehmen. Der Erfüllungstag des Terminkontrakts ist in 25 Tagen. Die bestehenden Anteilseigner können die bestehende Unternehmenspolitik bezüglich der maßgeblichen Tätigkeiten nicht ändern, weil eine außerordentliche Versammlung frühestens in 30 Tagen stattfinden kann. Zu diesem Zeitpunkt wird der Terminkontrakt schon erfüllt worden sein. Folglich hat der Investor Rechte, die im Wesentlichen den im Beispiel 3A beschriebenen Rechten des Mehrheitsaktionärs entsprechen (d. h. der Investor, der im Besitz des Terminkontrakts ist, kann Entscheidungen über die Lenkung der maßgeblichen Tätigkeiten dann treffen, wenn sie getroffen werden müssen). Der Terminkontrakt des Investors ist ein substanzielles Recht, das diesem bereits vor Erfüllung des Terminkontrakts die gegenwärtige Fähigkeit zur Lenkung der maßgeblichen Tätigkeiten verleiht.

Beispiel 3C

Ein Investor besitzt eine substanzielle Option auf den Erwerb der Anteilsmehrheit an dem Beteiligungsunternehmen, die in 25 Tagen ausübbar und tief im Geld ist. Hier würde man den gleichen Schluss ziehen wie in Beispiel 3B.

Beispiel 3D

Ein Investor ist Vertragspartner eines Terminkontrakts über den Erwerb der Anteilsmehrheit an dem Beteiligungsunternehmen. Dabei bestehen keine weiteren, verwandten Rechte am Beteiligungsunternehmen. Der Erfüllungstag des Terminkontrakts ist in sechs Monaten. Im Gegensatz zu den oben beschriebenen Beispielen verfügt der Investor nicht über die gegenwärtige Fähigkeit zur Lenkung der maßgeblichen Tätigkeiten. Die bestehenden Anteilseigner sind gegenwärtig in der Lage, die maßgeblichen Tätigkeiten zu lenken, weil sie die bestehende Unternehmenspolitik bezüglich der maßgeblichen Tätigkeiten ändern können, bevor der Terminkontrakt erfüllt wird.

Substanzielle, von Dritten auszuübende Rechte können einen Investor an der Beherrschung des Beteiligungsunternehmens, auf das sich diese Rechte beziehen, hindern. Bei derartigen substanziellen Rechten ist es nicht erforderlich, dass ihre Inhaber in der Lage sind, Entscheidungen einzuleiten. Solange diese Rechte keine reinen Schutzrechte sind (siehe Paragraphen B26-B28), können substanzielle Rechte, die sich im Besitz Dritter befinden, den Investor an der Beherrschung des Beteiligungsunternehmens hindern. Dies gilt auch dann, wenn diese Rechte ihren Inhabern nur die gegenwärtige Fähigkeit zur Genehmigung oder Blockierung von Entscheidungen bezüglich der maßgeblichen Tätigkeiten verleihen. **B25**

Schutzrechte

Bei der Bewertung, ob Rechte einem Investor Verfügungsgewalt über ein Beteiligungsunternehmen verleihen, muss der Investor beurteilen, ob es sich bei seinen Rechten und den Rechten Dritter um Schutzrechte handelt. **B26**

Schutzrechte beziehen sich auf grundlegende Veränderungen bei den Tätigkeiten eines Beteiligungsunternehmens oder gelten in Ausnahmesituationen. Doch sind nicht alle Rechte, die in Ausnahmesituationen gelten oder von bestimmten Ereignissen abhängig sind, Schutzrechte (siehe Paragraphen B13 und B53).

Da Schutzrechte darauf ausgelegt sind, die Interessen ihres Besitzers zu schützen, ohne dem Betreffenden Verfügungsgewalt über das Beteiligungsunternehmen zu verleihen, auf das sich diese Rechte beziehen, kann ein Investor, der nur Schutzrechte besitzt, weder Verfügungsgewalt über ein Beteiligungsunternehmen besitzen noch verhindern, dass ein Dritter Verfügungsgewalt über das Beteiligungsunternehmen besitzt (siehe Paragraph 14). **B27**

Beispiele für solche Schutzrechte sind unter anderem: **B28**

(a) das Recht eines Darlehensgebers, einem Darlehensnehmer Einschränkungen bei Tätigkeiten aufzuerlegen, die das Kreditrisiko des Darlehensnehmers zum Nachteil des Darlehensgebers verändern könnten.

(b) das Recht des Inhabers eines nicht beherrschenden Anteils an einem Beteiligungsunternehmen auf Genehmigung vermögenswirksamer Ausgaben, welche die im üblichen Geschäftsverlauf erforderlichen Ausgaben übersteigen, oder das Recht zur Genehmigung der Emission von Eigenkapital- oder Schuldinstrumenten.

(c) das Recht eines Darlehensgebers auf Pfändung der Vermögenswerte des Darlehensnehmers, wenn dieser festgelegte Bedingungen für die Darlehenstilgung nicht erfüllt.

Franchiseverträge

Franchiseverträge, bei denen das Beteiligungsunternehmen Franchisenehmer ist, räumen dem Franchisegeber häufig Rechte ein, die dem Schutz der Franchisemarke dienen sollen. In einem typischen Franchisevertrag werden dem Franchisegeber bestimmte Entscheidungsrechte im Hinblick auf die geschäftlichen Tätigkeiten des Franchisenehmers eingeräumt. **B29**

Allgemein schränken die Rechte des Franchisegebers nicht die Fähigkeit Dritter ein, Entscheidungen mit erheblichen Auswirkungen auf die Rendite des Franchisenehmers zu treffen. Genauso wenig erhält der Franchisegeber durch seine Rechte aus Franchisevereinbarungen notwendigerweise die Fähigkeit, gegenwärtig die Tätigkeiten zu lenken, die wesentlichen Einfluss auf die Rendite des Franchisenehmers haben. **B30**

Man muss zwischen der gegenwärtigen Fähigkeit zu Entscheidungen mit wesentlichem Einfluss auf die Rendite des Franchisenehmers und der Fähigkeit zu Entscheidungen zum Schutz der Franchisemarke unterscheiden. Der Franchisegeber hat keine Verfügungsgewalt über den Franchisenehmer, wenn Dritte über bestehende Rechte verfügen, die ihnen die gegenwärtige Fähigkeit zur Lenkung der maßgeblichen Tätigkeiten des Franchisenehmers verleihen. **B31**

B32 Mit dem Abschluss der Franchisevereinbarung hat der Franchisenehmer die einseitige Entscheidung getroffen, sein Geschäft gemäß den Bestimmungen der Franchisevereinbarung, aber auf eigene Rechnung zu führen.

B33 Grundlegende Entscheidungen, wie beispielsweise die Wahl von Rechtsform und Finanzstruktur des Franchisenehmers, können von anderen Parteien als dem Franchisegeber dominiert werden und die Rendite des Franchisenehmers erheblich beeinflussen. Je geringer der Umfang der vom Franchisegeber bereitgestellten finanziellen Unterstützung und je geringer die Risikobelastung des Franchisegebers durch die Renditeschwankungen beim Franchisenehmer, desto größer die Wahrscheinlichkeit, dass der Franchisegeber nur Schutzrechte besitzt.

Stimmrechte

B34 Häufig verfügt ein Investor über die gegenwärtige Fähigkeit, die maßgeblichen Tätigkeiten durch Stimmrechte oder ähnliche Rechte zu lenken. Ein Investor berücksichtigt die Vorschriften in diesem Abschnitt (Paragraphen B35-B50), wenn die maßgeblichen Tätigkeiten eines Beteiligungsunternehmens durch Stimmrechte gelenkt werden.

Verfügungsgewalt mit Stimmrechtsmehrheit

B35 Ein Investor, der mehr als die Hälfte der Stimmrechte eines Beteiligungsunternehmens besitzt, verfügt in den unten aufgeführten Situationen über Verfügungsgewalt, sofern nicht Paragraph B36 oder Paragraph B37 zutreffen:

(a) die maßgeblichen Tätigkeiten werden durch Stimmabgabe des Inhabers der Stimmrechtsmehrheit gelenkt; oder

(b) eine Mehrheit der Mitglieder des Lenkungsorgans für die maßgeblichen Tätigkeiten wird durch Stimmabgabe des Inhabers der Stimmrechtsmehrheit bestellt.

Stimmrechtsmehrheit, aber keine Verfügungsgewalt

B36 Damit ein Investor, der mehr als die Hälfte der Stimmrechte in einem Beteiligungsunternehmen besitzt, Verfügungsgewalt über das Beteiligungsunternehmen hat, müssen seine Stimmrechte gemäß den Paragraphen B22-B25 substanziell sein und ihm die gegenwärtige Fähigkeit zur Lenkung der maßgeblichen Tätigkeiten verleihen. Diese Lenkung erfolgt häufig mittels Bestimmung der betrieblichen und finanziellen Unternehmenspolitik. Verfügt ein anderes Unternehmen über bestehende Rechte, die ihm das Recht zur Lenkung der maßgeblichen Tätigkeiten verleihen, und ist dieses Unternehmen kein Agent des Investors, dann hat der Investor keine Verfügungsgewalt über das Beteiligungsunternehmen.

B37 Ein Investor hat auch dann, wenn er die Stimmrechtsmehrheit besitzt, keine Verfügungsgewalt über ein Beteiligungsunternehmen, wenn diese Stimmrechte nicht substanziell sind. Beispielsweise kann ein Investor, der mehr als die Hälfte der Stimmrechte an einem Beteiligungsunternehmen besitzt, keine Verfügungsgewalt haben, wenn die maßgeblichen Tätigkeiten den Weisungen einer staatlichen Stelle, eines Gerichts, eines Vermögensverwalters, Konkursverwalters, Liquidators oder einer Aufsichtsbehörde unterworfen sind.

Verfügungsgewalt ohne Stimmrechtsmehrheit

B38 Ein Investor kann auch dann Verfügungsgewalt haben, wenn er keine Mehrheit der Stimmrechte an einem Beteiligungsunternehmen besitzt. Verfügungsgewalt ohne Besitz der Mehrheit der Stimmrechte an einem Beteiligungsunternehmen kann zum Beispiel vermittelt werden durch:

(a) eine vertragliche Vereinbarung zwischen dem Investor und anderen Stimmberechtigten (siehe Paragraph B39);

(b) Rechte, die aus anderen vertraglichen Vereinbarungen resultieren (siehe Paragraph B40);

(c) Stimmrechte des Investors (siehe Paragraphen B41-B45);

(d) potenzielle Stimmrechte (siehe Paragraphen B47-B50); oder
(e) eine Kombination aus (a)-(d).

Vertragliche Vereinbarung mit anderen Stimmberechtigten

Durch eine vertragliche Vereinbarung zwischen einem Investor und anderen Stimmberechtigten kann der Investor das Recht zur Ausübung von Stimmrechten erlangen, die ausreichen, um ihm Verfügungsgewalt zu verleihen, und zwar auch dann, wenn er ohne die vertragliche Vereinbarung nicht über genügend Stimmrechte verfügen würde, um Verfügungsgewalt zu haben. Eine vertragliche Vereinbarung könnte jedoch sicherstellen, dass der Investor anderen Stimmberechtigten in ausreichendem Umfang Anweisungen zur Stimmabgabe erteilen kann, um ihn in die Lage zu versetzen, Entscheidungen über die maßgeblichen Tätigkeiten zu treffen. **B39**

Rechte aus anderen vertraglichen Vereinbarungen

Ein Investor kann auch durch andere Entscheidungsrechte in Verbindung mit Stimmrechten die gegenwärtige Fähigkeit zur Lenkung der maßgeblichen Tätigkeiten erhalten. Beispielsweise können die in einer vertraglichen Vereinbarung festgelegten Rechte in Verbindung mit Stimmrechten ausreichen, um einem Investor die gegenwärtige Fähigkeit zur Lenkung des Herstellungsprozesses in einem Beteiligungsunternehmen oder zur Lenkung anderer betrieblicher oder finanzieller Tätigkeiten eines Beteiligungsunternehmens, die erheblichen Einfluss auf die Rendite des Beteiligungsunternehmens haben, zu verleihen. Bestehen jedoch keine anderen Rechte, dann führt die wirtschaftliche Abhängigkeit eines Beteiligungsunternehmens vom Investor (wie dies in Beziehungen zwischen einem Lieferanten und dessen Hauptkunden der Fall ist) nicht dazu, dass der Investor Verfügungsgewalt über das Beteiligungsunternehmen hat. **B40**

Stimmrechte des Investors

Ein Investor ohne Stimmrechtsmehrheit verfügt dann über ausreichende Rechte, die ihm Verfügungsgewalt verleihen, wenn er die praktische Möglichkeit zur einseitigen Lenkung der maßgeblichen Tätigkeiten besitzt. **B41**

Bei der Beurteilung, ob die Stimmrechte eines Investors ausreichen, um ihm Verfügungsgewalt zu verleihen, berücksichtigt der Investor alle Sachverhalte und Umstände, so u. a.: **B42**

(a) die Größe seines Stimmrechtsbesitzes im Verhältnis zur Größe und Verteilung der Stimmrechtsbesitze anderer Stimmberechtigter. Hierbei ist Folgendes zu beachten:
   (i) je mehr Stimmrechte ein Investor besitzt, desto größer ist die Wahrscheinlichkeit, dass er über bestehende Rechte verfügt, die ihm die gegenwärtige Fähigkeit zur Lenkung der maßgeblichen Tätigkeiten verleihen.
   (ii) je mehr Stimmrechte ein Investor im Vergleich zu anderen Stimmberechtigten besitzt, desto größer ist die Wahrscheinlichkeit, dass er über bestehende Rechte verfügt, die ihm die gegenwärtige Fähigkeit zur Lenkung der maßgeblichen Tätigkeiten verleihen.
   (iii) je mehr Parteien zusammenwirken müssten, um den Investor zu überstimmen, desto größer ist die Wahrscheinlichkeit, dass der Investor über bestehende Rechte verfügt, die ihm die gegenwärtige Fähigkeit zur Lenkung der maßgeblichen Tätigkeiten verleihen.
(b) potenzielle Stimmrechte, die sich im Besitz des Investors, anderer Stimmberechtigter oder sonstiger Parteien befinden (siehe Paragraphen B47-B50);
(c) Rechte, die aus anderen vertraglichen Vereinbarungen resultieren (siehe Paragraph B40); und
(d) weitere Sachverhalte und Umstände, die darauf hinweisen, ob der Investor die gegenwärtige Fähigkeit zur Lenkung der maßgeblichen Tätigkeiten zu dem Zeitpunkt, an dem Ent-

scheidungen getroffen werden müssen, besitzt oder nicht. Hierzu gehören auch Abstimmmuster aus früheren Hauptversammlungen.

B43 Wird die Lenkung maßgeblicher Tätigkeiten durch Stimmenmehrheit bestimmt, besitzt ein Investor wesentlich mehr Stimmrechte als alle anderen Stimmberechtigten oder organisierten Gruppen von Stimmberechtigten und sind die anderen Anteilsbeteiligungen weit gestreut, dann kann sich allein aus der Erwägung der in Paragraph 42(a)-(c) aufgeführten Faktoren klar ergeben, dass der Investor Verfügungsgewalt über das Beteiligungsunternehmen hat.

Anwendungsbeispiele

Beispiel 4

Ein Investor erwirbt 48 % der Stimmrechte an einem Beteiligungsunternehmen. Die verbleibenden Stimmrechte befinden sich im Besitz von Tausenden von Anteilseignern, von denen keiner allein mehr als 1 % der Stimmrechte besitzt. Keiner der Anteilseigner hat Vereinbarungen über die Konsultation anderer Anteilseigner oder über gemeinsame Beschlussfassungen geschlossen. Als der Investor auf der Grundlage der relativen Größe der anderen Anteilsbeteiligungen berechnet hat, wie hoch der Anteil der zu erwerbenden Stimmrechte sein müsste, stellte er fest, dass ein Anteil von 48 % für eine Beherrschung ausreichen würde. In diesem Fall zieht der Investor auf Basis der absoluten Größe seiner Beteiligung und der relativen Größe der anderen Anteilsbeteiligungen den Schluss, dass er einen hinreichend dominanten Stimmrechtsanteil besitzt, um das Kriterium der Verfügungsgewalt zu erfüllen. Andere Nachweise für Verfügungsgewalt müssen dabei nicht mehr berücksichtigt werden.

Beispiel 5

Investor A besitzt 40 % der Stimmrechte an einem Beteiligungsunternehmen und zwölf weitere Investoren besitzen je 5 % der Stimmrechte an dem Beteiligungsunternehmen. Eine Aktionärsvereinbarung gewährt Investor A das Recht zur Bestellung und Abberufung der für die Lenkung der maßgeblichen Tätigkeiten verantwortlichen Geschäftsleitung sowie zur Festlegung ihrer Vergütung. Zur Änderung der Vereinbarung ist eine Stimmenmehrheit von zwei Dritteln der Anteilseigner erforderlich. In diesem Fall zieht Investor A den Schluss, dass die absolute Größe seiner Beteiligung und die relative Größe der anderen Anteilsbeteiligungen allein keinen schlüssigen Beweis darstellen, anhand dessen sich bestimmen ließe, ob er über ausreichende Rechte verfügt, um Verfügungsgewalt zu haben. Investor A stellt jedoch fest, dass sein vertragliches Recht zur Bestellung und Abberufung der Geschäftsleitung sowie zur Festlegung ihrer Vergütung ausreicht, um zu dem Schluss zu gelangen, dass er Verfügungsgewalt über das Beteiligungsunternehmen hat. Die Tatsache, dass Investor A dieses Recht vielleicht nicht ausgeübt hat, oder die Wahrscheinlichkeit, dass Investor A sein Recht auf Auswahl, Bestellung oder Abberufung der Geschäftsleitung ausübt, ist bei der Beurteilung, ob Investor A Verfügungsgewalt besitzt, nicht in Betracht zu ziehen.

B44 In anderen Situationen kann aus der Erwägung der in Paragraph B42(a)-(c) aufgeführten Faktoren klar hervorgehen, dass ein Investor keine Verfügungsgewalt besitzt.

Anwendungsbeispiel

Beispiel 6

Investor A besitzt 45 % der Stimmrechte in einem Beteiligungsunternehmen. Zwei weitere Investoren besitzen je 26 % der Stimmrechte. Die restlichen Stimmrechte befinden sich im Besitz von drei weiteren Anteilseignern, von denen jeder 1 % besitzt. Es bestehen keine weiteren Vereinbarungen mit Auswirkungen auf die Beschlussfassung. In diesem Fall reicht die Größe des Stimmrechtsanteils von Investor A für sich allein sowie im Verhältnis zu den anderen Anteilsbesitzen aus, um zu dem Schluss zu gelangen, dass Investor A keine Verfügungsgewalt hat. Es müssten nur zwei andere Investoren zusammenarbeiten, um Investor A daran zu hindern, die maßgeblichen Tätigkeiten des Beteiligungsunternehmens zu lenken.

B45 Die in Paragraph B42(a)-(c) aufgeführten Faktoren mögen für sich genommen noch keinen Schluss zulassen. Hat ein Investor nach Berücksichtigung dieser Faktoren keine Klarheit darüber, ob er über Verfügungsgewalt verfügt, muss er zusätzliche Sachverhalte und Umstände in Betracht ziehen, z. B. ob aus Abstimmmustern bei früheren Hauptversammlungen ersichtlich ist, dass andere Anteilseigner eher passiv sind. Hierzu gehört auch die Beurteilung der in Paragraph B18 erläuterten Faktoren sowie der in den Paragraphen B19 und B20 dargestellten Indikatoren. Je weniger Stimmrechte der Investor besitzt und je weniger Parteien zusammenwirken müssen, um den Investor zu überstimmen, desto mehr Gewicht muss auf die zusätzlichen Sachverhalte und Umstände gelegt werden, damit beurteilt werden kann, ob die Rechte des Investors ausreichen, um ihm Verfügungsgewalt zu verleihen. Werden die in den Paragraphen B18-B20 beschriebenen Sachverhalte und Umstände gemeinsam mit den Rechten des Investors betrachtet, ist dem in Paragraph B18 dargestellten Nachweis für Verfügungsgewalt mehr Gewicht beizulegen als den in den Paragraphen B19 und B20 beschriebenen Indikatoren für Verfügungsgewalt.

Anwendungsbeispiele

Beispiel 7

Ein Investor besitzt 45 % der Stimmrechte in einem Beteiligungsunternehmen. Elf weitere Anteilseigner besitzen je 5 % der Stimmrechte. Keiner der Anteilseigner hat vertragliche Vereinbarungen über die Konsultation anderer Anteilseigner oder über eine gemeinsame Beschlussfassung geschlossen. In diesem Fall stellen die absolute Größe seiner Beteiligung und die relative Größe der anderen Anteilsbeteiligungen allein keinen schlüssigen Beweis dar, anhand dessen sich bestimmen ließe, ob der Investor über ausreichende Rechte verfügt, um Verfügungsgewalt zu haben. Es müssen weitere Sachverhalte und Umstände berücksichtigt werden, die den Nachweis dafür erbringen können, dass der Investor Verfügungsgewalt hat oder dass er keine Verfügungsgewalt hat.

Beispiel 8

Ein Investor besitzt 35 % der Stimmrechte an einem Beteiligungsunternehmen. Drei weitere Anteilseigner besitzen je 5 % der Stimmrechte. Die verbleibenden Stimmrechte befinden sich im Besitz zahlreicher anderer Anteilseigner, von denen keiner für sich genommen mehr als 1 % der Stimmrechte besitzt. Keiner der Anteilseigner hat Vereinbarungen über die Konsultation anderer Anteilseigner oder über eine gemeinsame Beschlussfassung geschlossen. Entscheidungen über die maßgeblichen Tätigkeiten des Beteiligungsunternehmens erfordern die Genehmigung mit einfacher Mehrheit der auf maßgeblichen Hauptversammlungen abgegebenen Stimmen. Auf maßgeblichen Hauptversammlungen der letzten Zeit haben 75 % der Stimmrechte des Beteiligungsunternehmens an Abstimmungen teilgenommen. In diesem Fall weist die aktive Beteiligung der anderen Anteilseigner auf Hauptversammlungen der letzten Zeit darauf hin, dass der Investor nicht über die praktische Möglichkeit zur einseitigen Lenkung der maßgeblichen Tätigkeiten verfügen würde, weil eine ausreichende Anzahl anderer Anteilseigner auf die gleiche Weise abgestimmt hat wie der Investor.

Geht aus der Erwägung der in Paragraph B42(a)-(d) aufgeführten Faktoren nicht klar hervor, **B46** dass der Investor Verfügungsgewalt hat, liegt keine Beherrschung des Beteiligungsunternehmens durch den Investor vor.

Potenzielle Stimmrechte

Bei der Beurteilung der Beherrschung berücksichtigt ein Investor sowohl seine eigenen poten- **B47** ziellen Stimmrechte als auch die potenziellen Stimmrechte anderer Parteien, um auf diese Weise festzustellen, ob er Verfügungsgewalt hat. Potenzielle Stimmrechte sind Rechte auf den Erwerb von Stimmrechten in einem Beteiligungsunternehmen. Dies können Rechte sein, die aus wandelbaren Instrumenten oder Optionen unter Einschluss von Terminkontrakten entstehen. Diese potenziellen Stimmrechte werden nur berücksichtigt, wenn die Rechte substanziell sind (siehe Paragraphen B22-B25).

Bei der Betrachtung potenzieller Stimmrechte muss ein Investor Zweck und Gestaltung des In- **B48** struments sowie Zweck und Gestaltung anderer Engagements des Investors beim Beteiligungsunternehmen berücksichtigen. Hierzu gehört auch eine Beurteilung der verschiedenen Vertragsbedingungen des Instruments sowie der augenscheinlichen Erwartungen, Motive und Gründe des Investors in Bezug auf seine Einwilligung in diese Bedingungen.

B49 Verfügt der Investor außerdem über Stimm- oder andere Entscheidungsrechte in Bezug auf die Tätigkeiten des Beteiligungsunternehmens, beurteilt er, ob ihm diese Rechte in Verbindung mit potenziellen Stimmrechten Verfügungsgewalt verleihen.

B50 Ein Investor kann auch aus potenziellen Stimmrechten, allein oder in Verbindung mit anderen Rechten, die gegenwärtige Fähigkeit zur Lenkung der maßgeblichen Tätigkeiten erhalten. Dies trifft beispielsweise mit großer Wahrscheinlichkeit zu, wenn ein Investor 40 % der Stimmrechte eines Beteiligungsunternehmens besitzt und wenn er, wie in Paragraph B23 beschrieben, außerdem substanzielle Rechte besitzt, die aus Optionen auf den Erwerb weiterer 20 % der Stimmrechte entstehen.

Anwendungsbeispiele

Beispiel 9

Investor A besitzt 70 % der Stimmrechte in einem Beteiligungsunternehmen. Investor B hat 30 % der Stimmrechte im Beteiligungsunternehmen sowie eine Option zum Erwerb der Hälfte der Stimmrechte des Investors A. Diese Option ist in den nächsten beiden Jahren zu einem Festpreis ausübbar, der weit aus dem Geld ist (und dies in diesem Zweijahreszeitraum erwartungsgemäß auch bleiben wird). Investor A hat seine Stimmrechte bisher ausgeübt und lenkt die maßgeblichen Tätigkeiten des Beteiligungsunternehmens aktiv. In einem solchen Fall wird wahrscheinlich Investor A das Kriterium der Verfügungsgewalt erfüllen, weil er anscheinend die gegenwärtige Fähigkeit zur Lenkung der maßgeblichen Tätigkeiten hat. Obgleich Investor B gegenwärtig ausübbare Optionen auf den Kauf zusätzlicher Stimmrechte hat (die ihm bei ihrer Ausübung die Stimmenrechtsmehrheit in dem Beteiligungsunternehmen verleihen würden), sind die mit diesen Optionen verknüpften Vertragsbedingungen so beschaffen, dass die Optionen nicht als substanziell angesehen werden.

Beispiel 10

Investor A und zwei weitere Investoren besitzen je ein Drittel der Stimmrechte eines Beteiligungsunternehmens. Die Geschäftstätigkeit des Beteiligungsunternehmens ist eng mit der von Investor A verwandt. Zusätzlich zu seinen Eigenkapitalinstrumenten besitzt Investor A Schuldinstrumente, die jederzeit zu einem Festpreis, der aus dem Geld (aber nicht weit aus dem Geld) ist, in Stammaktien des Beteiligungsunternehmens wandelbar sind. Würde die Schuld gewandelt, besäße Investor A 60 % der Stimmrechte im Beteiligungsunternehmen. Investor A würde von der Realisierung von Synergien profitieren, wenn die Schuldinstrumente in Stammaktien umgewandelt würden. Investor A hat Verfügungsgewalt über das Beteiligungsunternehmen, weil er sowohl Stimmrechte im Beteiligungsunternehmen als auch substanzielle potenzielle Stimmrechte besitzt, die ihm die gegenwärtige Fähigkeit zur Lenkung der maßgeblichen Tätigkeiten verleihen.

Verfügungsgewalt in Situationen, in denen Stimm- oder ähnliche Rechte keine wesentlichen Auswirkungen auf die Rendite des Beteiligungsunternehmens haben

B51 Bei der Beurteilung von Zweck und Gestaltung eines Beteiligungsunternehmens (siehe Paragraphen B5-B8) muss ein Investor das Engagement und die Entscheidungen berücksichtigen, die bei der Gründung des Beteiligungsunternehmens in dessen Gestaltung eingeflossen sind. Außerdem hat er zu bewerten, ob die Vertragsbedingungen und Merkmale des Engagements ihn mit Rechten versehen, die zur Verleihung von Verfügungsgewalt ausreichen. Eine Beteiligung an der Gestaltung eines Beteiligungsunternehmens reicht alleine nicht für eine beherrschende Stellung des Investors aus. Eine Beteiligung an der Gestaltung kann jedoch darauf hinweisen, dass der Investor Gelegenheit zum Erwerb von Rechten hatte, die ausreichen, um ihm Verfügungsgewalt über das Beteiligungsunternehmen zu verleihen.

B52 Darüber hinaus hat ein Investor vertragliche Vereinbarungen wie Kauf- und Verkaufsrechte sowie Liquidationsrechte zu berücksichtigen, die bei der Gründung des Beteiligungsunternehmens festgelegt wurden. Beinhalten diese vertraglichen Vereinbarungen Tätigkeiten, die mit denen des Beteiligungsunternehmens eng verwandt sind, dann bilden diese Tätigkeiten der Sache nach einen Bestandteil der gesamten Tätigkeiten des Beteiligungsunternehmens, auch wenn sie vielleicht außerhalb der rechtlichen Grenzen des Beteiligungsunternehmens stattfinden. Daher müssen ausdrückliche oder stillschweigende, in vertragliche Vereinbarungen eingebettete Entscheidungsrechte, die eng mit dem Beteiligungsunternehmen zusammenhängen, bei der Feststellung der Verfügungsgewalt über das Beteiligungsunternehmen als maßgebliche Tätigkeiten berücksichtigt werden.

Bei einigen Beteiligungsunternehmen kommen maßgebliche Tätigkeiten nur vor, wenn bestimmte Umstände oder Ereignisse eintreten. Das Beteiligungsunternehmen kann so gestaltet sein, dass die Lenkung seiner Tätigkeiten sowie seine Rendite vorgegeben sind, bis diese besonderen Umstände oder Ereignisse eintreten. In diesem Fall können nur die Entscheidungen über die Tätigkeiten des Beteiligungsunternehmens, die bei Eintritt der betreffenden Umstände oder Ereignisse erfolgen, wesentlichen Einfluss auf dessen Rendite haben und somit maßgebliche Tätigkeiten sein. Diese Umstände oder Ereignisse müssen nicht eingetreten sein, damit ein Investor, der diese Entscheidungen treffen kann, Verfügungsgewalt besitzt. Die Tatsache, dass das Entscheidungsrecht daran gebunden ist, dass bestimmte Umstände oder Ereignisse eintreten, lässt diese Rechte nicht an sich schon zu Schutzrechten werden. **B53**

Anwendungsbeispiele

Beispiel 11

Die einzige Geschäftstätigkeit eines Beteiligungsunternehmens besteht gemäß Festlegung in seinen Gründungsurkunden darin, Forderungen aufzukaufen und auf Tagesbasis für seine Investoren zu verwalten. Diese Verwaltung auf Tagesbasis beinhaltet die Einnahme und Weiterleitung von Kapital- und Zinszahlungen jeweils bei Fälligkeit. Bei Verzug einer Forderung verkauft das Beteiligungsunternehmen die Forderung automatisch an einen Investor. Dies wurde in einer Verkaufsoptionsvereinbarung zwischen Investor und Beteiligungsunternehmen jeweils getrennt vereinbart. Die einzige maßgebliche Tätigkeit besteht im Management der Forderungen bei Verzug, denn dies ist die einzige Tätigkeit, die die Rendite des Beteiligungsunternehmens wesentlich beeinflussen kann. Die Verwaltung der Forderungen vor einem Verzug ist keine maßgebliche Tätigkeit, weil sie keine substanziellen Entscheidungen verlangt, die wesentlichen Einfluss auf die Rendite des Beteiligungsunternehmens haben könnten. Die Tätigkeiten vor einem Verzug sind vorgegeben und laufen nur auf das Einsammeln von Zahlungsströmen bei Fälligkeit und deren Weiterleitung an die Investoren hinaus. Daher ist bei der Beurteilung der gesamten Tätigkeiten des Beteiligungsunternehmens, die wesentlichen Einfluss auf die Rendite des Beteiligungsunternehmens haben, nur das Recht des Investors auf Verwaltung dieser Vermögenswerte bei Verzug zu berücksichtigen. In diesem Bespiel wird durch die Gestaltung des Beteiligungsunternehmens sichergestellt, dass zum einzigen Zeitpunkt, an dem eine solche Entscheidungskompetenz erforderlich ist, der Investor diese Entscheidungskompetenz über die Tätigkeiten mit wesentlichem Einfluss auf die Renditen auch tatsächlich besitzt. Die Bedingungen der Verkaufsoptionsvereinbarung sind integraler Bestandteil des gesamten Geschäftsvorfalls sowie der Errichtung des Beteiligungsunternehmens. Daher lassen die Bedingungen der Verkaufsoptionsvereinbarung zusammen mit den Gründungsurkunden des Beteiligungsunternehmens darauf schließen, dass der Investor Verfügungsgewalt über das Beteiligungsunternehmen besitzt, obgleich er die Forderungen erst bei Verzug in Besitz nimmt und obgleich er die in Verzug geratenen Forderungen außerhalb der gesetzlichen Grenzen des Beteiligungsunternehmens verwaltet.

Beispiel 12

Die Vermögenswerte eines Beteiligungsunternehmens bestehen ausschließlich in Forderungen. Betrachtet man Zweck und Gestaltung des Beteiligungsunternehmens, stellt man fest, dass die einzige maßgebliche Tätigkeit in der Verwaltung der Forderungen bei Verzug besteht. Die Partei mit der Fähigkeit zur Verwaltung der in Verzug geratenden Forderungen hat

Verfügungsgewalt über das Beteiligungsunternehmen. Dies gilt unabhängig davon, ob Kreditnehmer tatsächlich in Verzug geraten sind.

B54 Ein Investor kann ausdrücklich oder stillschweigend verpflichtet sein zu gewährleisten, dass ein Beteiligungsunternehmen seinen Betrieb wie vorgesehen weiterführt. Eine solche Verpflichtung kann die Risikobelastung des Investors durch Renditeschwankungen erhöhen. Dies wiederum kann als weiterer Anreiz zum Erwerb von Rechten wirken, die ausreichen, um dem betreffenden Investor Verfügungsgewalt zu verleihen. Daher kann eine Verpflichtung zur Gewährleistung dessen, dass ein Beteiligungsunternehmen seinen Betrieb wie vorgesehen führt, ein Indikator für Verfügungsgewalt des Investors sein. Für sich allein verleiht sie einem Investor jedoch weder Verfügungsgewalt noch verhindert sie, dass Dritte Verfügungsgewalt besitzen.

Risikobelastung durch oder Anrechte auf schwankende Renditen aus einem Beteiligungsunternehmen

B55 Bei der Beurteilung, ob ein Investor ein Beteiligungsunternehmen beherrscht, ermittelt der betreffende Investor, ob ihm aus seinem Engagement bei dem Beteiligungsunternehmen eine Risikobelastung durch oder Anrechte auf schwankende Renditen entstehen.

B56 Schwankende Renditen sind Renditen, die nicht festgelegt sind und aufgrund der Leistung eines Beteiligungsunternehmens variieren können. Schwankende Renditen können ausschließlich positiv, ausschließlich negativ oder sowohl positiv als auch negativ sein (siehe Paragraph 15). Ein Investor beurteilt, ob die Renditen eines Beteiligungsunternehmens Schwankungen unterliegen und wie stark diese Schwankungen sind. Dabei legt er den wesentlichen Inhalt der Vereinbarung zugrunde, lässt die Rechtsform der Renditen aber außer Acht. Ein Investor kann zum Beispiel eine Schuldverschreibung mit festen Zinszahlungen besitzen. Die festen Zinszahlungen stellen für die Zwecke dieses IFRS schwankende Renditen dar, weil sie dem Ausfallrisiko unterliegen und den Investor dem Kreditrisiko des Herausgebers der Schuldverschreibung aussetzen. Der Umfang der Schwankungen (d. h. wie stark sich diese Renditen verändern) hängt vom Kreditrisiko der Schuldverschreibung ab. Ähnlich verhält es sich bei festen Leistungsgebühren für die Verwaltung der Vermögenswerte eines Beteiligungsunternehmens. Auch sie sind schwankende Renditen, weil sie den Investor dem Leistungsrisiko des Beteiligungsunternehmens aussetzen. Der Umfang der Schwankungen hängt von der Fähigkeit des Beteiligungsunternehmens ab, genügend Einkommen zur Zahlung der Gebühr zu generieren.

B57 Beispiele für Renditen sind u. a.:

(a) Dividenden, sonstiger, aus einem Beteiligungsunternehmen bezogener wirtschaftlicher Nutzen (z. B. Zinsen aus vom Beteiligungsunternehmen ausgegebenen Schuldverschreibungen) sowie Wertänderungen bei der Beteiligung des Investors in dem betreffenden Beteiligungsunternehmen.

(b) Entgelt für die Verwaltung der Vermögenswerte oder Schulden eines Beteiligungsunternehmens, Gebühren für und Risikobelastung durch Verluste aus der Bereitstellung von Krediten oder Liquiditätshilfen, verbleibende Anteile an den Vermögenswerten und Schulden des Beteiligungsunternehmens bei dessen Liquidation, Steuervergünstigungen und Zugang zu zukünftiger Liquidität, die ein Investor aus seinem Engagement in einem Beteiligungsunternehmen besitzt.

(c) Renditen, die anderen Anteilseignern nicht zur Verfügung stehen. Ein Investor könnte beispielsweise seine Vermögenswerte in Verbindung mit den Vermögenswerten des Beteiligungsunternehmens nutzen. Dies könnte in der Zusammenlegung betrieblicher Aufgabenbereiche erfolgen, um Größenvorteile oder Kosteneinsparungen zu erzielen, Bezugsquellen für knappe Produkte zu finden, Zugang zu gesetzlich geschütztem Wissen zu erhalten oder bestimmte geschäftliche Tätigkeiten oder Vermögenswerte zu beschränken, um den Wert anderer Vermögenswerte des Investors zu steigern.

Verknüpfung zwischen Verfügungsgewalt und Rendite

Übertragene Verfügungsgewalt

Im Zuge der Beurteilung, ob er ein Beteiligungsunternehmen beherrscht, muss ein Investor mit Entscheidungsbefugnis (Entscheidungsträger), feststellen, ob er Prinzipal oder Agent ist. Er muss außerdem ermitteln, ob ein anderes Unternehmen mit Entscheidungsrechten als Agent für ihn handelt. Ein Agent ist eine Partei, die vorrangig den Auftrag hat, im Namen und zum Vorteil einer oder mehrerer anderer Partei(en) (Prinzipal(e)) zu handeln. Er beherrscht das Beteiligungsunternehmen bei der Ausübung seiner Entscheidungskompetenz daher nicht (siehe Paragraphen 17 und 18). Die Verfügungsgewalt eines Prinzipals kann sich also mitunter im Besitz eines Agenten befinden und von diesem, allerdings im Namen des Prinzipals, ausgeübt werden. Ein Entscheidungsträger ist nicht allein deswegen Agent, weil andere Parteien von seinen Entscheidungen profitieren können. **B58**

Ein Investor kann seine Entscheidungskompetenz für bestimme Angelegenheiten oder für alle maßgeblichen Tätigkeiten auf einen Agenten übertragen. Im Zuge der Beurteilung, ob er ein Beteiligungsunternehmen beherrscht, hat ein Investor die auf seinen Agenten übertragenen Entscheidungskompetenzen als unmittelbar in seinem eigenen Besitz befindlich zu behandeln. Bestehen mehrere Prinzipale, muss jeder der Prinzipale unter Berücksichtigung der Vorschriften in den Paragraphen B5-B54 beurteilen, ob er Verfügungsgewalt über das Beteiligungsunternehmen besitzt. Die Paragraphen B60-B72 enthalten Leitlinien für die Feststellung, ob ein Entscheidungsträger Agent oder Prinzipal ist. **B59**

Im Zuge der Feststellung, ob er Agent ist, hat ein Entscheidungsträger die gesamte, allgemeine Beziehung zwischen sich, dem verwalteten Beteiligungsunternehmen und den anderen, im Beteiligungsunternehmen engagierten Parteien zu betrachten; dabei sind insbesondere alle nachfolgend aufgeführten Faktoren zu beachten: **B60**

(a) der Umfang seiner Entscheidungskompetenz über das Beteiligungsunternehmen (Paragraphen B62 und B63).

(b) die Rechte anderer Parteien (Paragraphen B64-B67).

(c) das Entgelt, auf das er gemäß Entgeltvereinbarung(en) Anspruch hat (Paragraphen B68-B70).

(d) die Risikobelastung des Entscheidungsträgers durch die Schwankungen der Renditen aus anderen Anteilen, die er im Beteiligungsunternehmen besitzt (Paragraph B71 und B72).

Die einzelnen Faktoren sind unter Zugrundelegung besonderer Sachverhalte und Umstände unterschiedlich zu gewichten.

Die Feststellung, ob ein Entscheidungsträger Agent ist, erfordert eine Auswertung aller in Paragraph B60 aufgeführten Faktoren. Dies gilt nicht, wenn eine einzelne Partei substanzielle Rechte zur Abberufung des Entscheidungsträgers (Abberufungsrechte) besitzt und den Entscheidungsträger ohne wichtigen Grund seines Amtes entheben kann (siehe Paragraph B65). **B61**

Umfang der Entscheidungskompetenz

Der Umfang der Entscheidungskompetenz eines Entscheidungsträgers wird unter Berücksichtigung folgender Punkte bewertet: **B62**

(a) Tätigkeiten, die gemäß Vereinbarung(en) über die Entscheidungsfindung zulässig und gesetzlich festgelegt sind; und

(b) Ermessensspielraum, den der Entscheidungsträger bei seinen Entscheidungen über die betreffenden Tätigkeiten hat.

Ein Entscheidungsträger muss Zweck und Gestaltung des Beteiligungsunternehmens, die Risiken, denen das Beteiligungsunternehmen aufgrund seiner Gestaltung ausgesetzt sein soll, die Risiken, die es aufgrund seiner Gestaltung an die engagierten Parteien weiterreichen soll, sowie den Grad der Beteiligung des Entscheidungsträgers an der Gestaltung des Beteiligungsunter- **B63** nehmens berücksichtigen. Wenn ein Entscheidungsträger beispielsweise erheblichen Anteil an der Gestaltung des Beteiligungsunternehmens hat (u. a. bei der Festlegung des Umfangs der Entscheidungskompetenz), kann dies darauf hindeuten, dass er Gelegenheit und Anreiz zum Erwerb von Rechten hatte, die es mit sich bringen, dass der Entscheidungsträger die Fähigkeit zur Lenkung der maßgeblichen Tätigkeiten hat.

Rechte anderer Parteien

B64 Substanzielle Rechte, die sich im Besitz anderer Parteien befinden, können die Fähigkeit des Entscheidungsträgers zur Lenkung der maßgeblichen Tätigkeiten eines Beteiligungsunternehmens beeinflussen. Substanzielle Abberufungs- oder sonstige Rechte können ein Hinweis darauf sein, dass der Entscheidungsträger Agent ist.

B65 Besitzt eine einzelne Partei substanzielle Abberufungsrechte und kann sie den Entscheidungsträger ohne wichtigen Grund absetzen, dann reicht dies allein schon für die Schlussfolgerung aus, dass der Entscheidungsträger Agent ist. Besitzen mehrere Parteien solche Rechte (und kann keine einzelne Partei den Entscheidungsträger ohne Zustimmung der anderen Parteien abberufen), dann stellen diese Rechte für sich gesehen keinen schlüssigen Beweis dar, dass ein Entscheidungsträger vorrangig im Namen und zum Vorteil anderer handelt. Je höher darüber hinaus die Anzahl der Parteien ist, die zur Ausübung der Abberufungsrechte gegenüber einem Entscheidungsträger zusammenwirken müssen, und je größer das Ausmaß und die damit einhergehende Veränderlichkeit der sonstigen wirtschaftlichen Interessen des Entscheidungsträgers (d. h. Entgelt und andere Interessen) ist, desto geringer ist das Gewicht, das diesem Faktor beizulegen ist.

B66 Im Besitz anderer Parteien befindliche substanzielle Rechte, die den Ermessensspielraum eines Entscheidungsträgers einschränken, sind bei der Beurteilung, ob der Entscheidungsträger Agent ist, in ähnlicher Weise zu berücksichtigen wie Abberufungsrechte. Beispielsweise handelt es sich bei einem Entscheidungsträger, der für seine Handlungen eine Genehmigung bei einer kleinen Anzahl anderer Parteien einholen muss, im Allgemeinen um einen Agenten. (Weitere Leitlinien zu Rechten und der Frage, ob diese substanziell sind, werden in den Paragraphen B22-B25 beschrieben.)

B67 Die Betrachtung der im Besitz anderer Parteien befindlichen Rechte muss auch eine Beurteilung derjenigen Rechte umfassen, die vom Vorstand (oder einem anderen Lenkungsorgan) des Beteiligungsunternehmens ausgeübt werden können. Ferner ist deren Auswirkung auf die Entscheidungskompetenz zu berücksichtigen (siehe Paragraph B23(b)).

Entgelt

B68 Je höher und variabler das Entgelt des Entscheidungsträgers im Verhältnis zu der aus den Tätigkeiten des Beteiligungsunternehmens erwarteten Rendite ist, desto größer ist die Wahrscheinlichkeit, dass der Entscheidungsträger Prinzipal ist.

B69 Im Zuge der Ermittlung, ob er Prinzipal oder Agent ist, muss der Entscheidungsträger außerdem in Erwägung ziehen, ob folgende Bedingungen zutreffen:

(a) sein Entgelt steht in angemessenem Verhältnis zu den erbrachten Dienstleistungen.

(b) die Entgeltvereinbarung enthält nur Vertragsbedingungen bzw. Beträge, die gewöhnlich in zu marktüblichen Bedingungen ausgehandelten Vereinbarungen über ähnliche Dienstleistungen und Qualifikationsstufen enthalten sind.

B70 Ein Entscheidungsträger kann nur dann Agent sein, wenn die in Paragraph B69(a) und (b) geschilderten Bedingungen vorliegen. Die Erfüllung dieser Bedingungen reicht für sich allein jedoch nicht aus, um den Schluss ziehen zu können, dass ein Entscheidungsträger Agent ist.

Risikobelastung durch die Schwankungen der Renditen aus anderen Anteilen

Ein Entscheidungsträger, der andere Anteile in einem Beteiligungsunternehmen besitzt (z. B. Beteiligungen am Unternehmen oder Stellung von Garantien im Hinblick auf die Leistungsfähigkeit des Beteiligungsunternehmens) muss bei der Ermittlung, ob er Agent ist, seine Risikobelastung durch die Schwankungen bei den Renditen aus diesen Anteilen berücksichtigen. Der Besitz anderer Anteile an einem Beteiligungsunternehmen deutet darauf hin, dass der Entscheidungsträger Prinzipal sein könnte. **B71**

Im Zuge der Bewertung seiner Risikobelastung durch die Schwankungen der Rendite aus anderen Anteilen im Beteiligungsunternehmen hat der Entscheidungsträger Folgendes in Erwägung zu ziehen: **B72**

(a) je größer das Ausmaß und die damit einhergehende Veränderlichkeit seiner wirtschaftlichen Interessen unter Berücksichtigung der Summe seiner Entgelte und anderen Anteile ist, desto größer ist die Wahrscheinlichkeit, dass der Entscheidungsträger Prinzipal ist.

(b) Unterscheidet sich seine Risikobelastung durch die Schwankungen der Rendite von der Belastung anderer Investoren, und wenn ja, könnte dies seine Handlungen beeinflussen? Dies könnte zum Beispiel zutreffen, wenn ein Entscheidungsträger nachrangige Eigentumsrechte an einem Beteiligungsunternehmen besitzt oder dem Unternehmen andere Formen der Kreditsicherheit zur Verfügung stellt.

Der Entscheidungsträger muss seine Risikobelastung im Verhältnis zur Summe der Renditeschwankungen des Beteiligungsunternehmens bewerten. Dieser Bewertung wird vorrangig die aus den Tätigkeiten des Beteiligungsunternehmens erwartete Rendite zugrunde gelegt. Sie darf jedoch die maximale Belastung des Entscheidungsträgers durch Renditeschwankungen im Beteiligungsunternehmen nicht vernachlässigen, die aus anderen, im Besitz des Entscheidungsträgers befindlichen Anteilen entsteht.

Anwendungsbeispiele

Beispiel 13

Ein Entscheidungsträger (Fondsmanager) gründet, vermarktet und verwaltet einen öffentlich gehandelten, regulierten Fonds nach eng definierten Parametern, die gemäß den für ihn geltenden örtlichen Gesetzen und Verordnungen im Anlageauftrag beschrieben werden. Der Fonds wurde bei Anlegern als Geldanlage in ein gestreutes Depot von Eigenkapitaltiteln börsennotierter Unternehmen vermarktet. Innerhalb der festgelegten Parameter steht dem Fondsmanager die Entscheidung darüber, in welche Vermögenswerte investiert werden soll, frei. Der Fondsmanager hat eine anteilige Investition von 10 % in den Fonds geleistet und empfängt für seine Dienste ein marktübliches Honorar in Höhe von 1 % des Nettovermögenswertes des Fonds. Das Honorar steht in angemessenem Verhältnis zu den erbrachten Dienstleistungen. Der Fondsmanager trägt über seine Anlage von 10 % hinaus keine Haftung für Verluste des Fonds. Der Fonds muss keinen unabhängigen Vorstand einsetzen und hat diesen auch nicht eingesetzt. Die Anleger besitzen keine substanziellen Rechte, die sich auf die Entscheidungskompetenz des Fondsmanagers auswirken könnten, können aber ihre Anteile innerhalb gewisser, vom Fonds festgelegter Grenzen zurückkaufen.

Obgleich er im Rahmen der im Anlageauftrag festgelegten Parameter und im Einklang mit den aufsichtsbehördlichen Vorschriften handelt, hat der Fondsmanager Entscheidungsrechte, die ihm die gegenwärtige Fähigkeit zur Lenkung der maßgeblichen Tätigkeiten des Fonds verleihen. Die Anleger besitzen keine substanziellen Rechte, die die Entscheidungskompetenz des Fondsmanagers beeinträchtigen könnten. Der Fondsmanager empfängt für seine Dienste ein marktübliches Honorar, das im angemessenen Verhältnis zu den erbrachten Dienstleistungen steht. Außerdem hat er einen anteiligen Beitrag in den Fonds eingezahlt. Das Entgelt und sein Investment setzen den Fondsmanager Schwankungen in der Rendite aus den Fondstätigkeiten aus, verursachen aber keine Risikobelastung, deren Größe darauf hindeutet, dass der Fondsmanager Prinzipal ist.

In diesem Beispiel ergibt sich aus der Betrachtung der Risikobelastung des Fondsmanagers durch Schwankungen der Fondsrendite in Verbindung mit seiner Entscheidungskompetenz im Rahmen eingegrenzter Parameter der Hinweis, dass der Fondsmanager Agent ist. Der Fondsmanager zieht also den Schluss, dass er den Fonds nicht beherrscht.

Beispiel 14

Ein Entscheidungsträger gründet, vermarktet und verwaltet einen Fonds, der einer Reihe von Anlegern Investmentmöglichkeiten bietet. Der Entscheidungsträger (Fondsmanager) muss Entscheidungen im Interesse aller Anleger sowie im Einklang mit den für den Fonds ausschlaggebenden Verträgen treffen. Nichtsdestotrotz verfügt der Fondsmanager bei seinen Entscheidungen über einen großen Ermessensspielraum. Er empfängt für seine Dienste ein marktübliches Honorar in Höhe von 1 % der verwalteten Vermögenswerte sowie 20 % der Fondsgewinne, sofern eine festgelegte Gewinnhöhe erreicht wird. Das Honorar steht im angemessenen Verhältnis zu den erbrachten Dienstleistungen.

Der Fondsmanager muss zwar Entscheidungen im Interesse aller Anleger treffen, verfügt aber über umfassende Entscheidungskompetenz zur Lenkung der maßgeblichen Tätigkeiten des Fonds. Der Fondsmanager erhält feste und leistungsbezogene Honorare, die in einem angemessenen Verhältnis zu den erbrachten Dienstleistungen stehen. Darüber hinaus bewirkt das Entgelt eine Angleichung der Interessen des Fondsmanagers an das Interesse der anderen Anleger an einer Wertsteigerung des Fonds. Dies verursacht jedoch keine Risikobelastung durch schwankende Rendite aus den Fondstätigkeiten, die so bedeutend ist, dass das Entgelt bei alleiniger Betrachtung als Indikator dafür gelten kann, dass der Fondsmanager Prinzipal ist.

Die oben beschriebenen Sachverhaltsmuster und Analysen treffen auf die nachfolgend beschriebenen Beispiele 14A-14C zu. Jedes Beispiel wird für sich betrachtet.

Beispiel 14A

Der Fondsmanager besitzt außerdem eine 2 %-ige Anlage im Fonds, durch die seine Interessen an die der anderen Anleger angeglichen werden. Der Fondsmanager trägt über seine Anlage von 2 % hinaus keine Haftung für Verluste des Fonds. Die Anleger können den Fondsmanager mit einfacher Stimmenmehrheit absetzen, aber nur bei Vertragsverletzung.

Seine Anlage von 2 % setzt den Fondsmanager Schwankungen in der Rendite aus den Tätigkeiten des Fonds aus, erzeugt aber keine Risikobelastung, deren Größe darauf hindeutet, dass der Fondsmanager Prinzipal ist. Die Rechte der anderen Anleger auf Abberufung des Fondsmanagers gelten als Schutzrechte, weil sie nur bei Vertragsverletzung ausgeübt werden können. In diesem Beispiel verfügt der Fondsmanager zwar über umfassende Entscheidungskompetenz und ist aufgrund seiner Anteile und seines Entgelts Risiken durch Renditeschwankungen ausgesetzt, die Risikobelastung des Fondsmanagers deutet aber darauf hin, dass er Agent ist. Der Fondsmanager zieht also den Schluss, dass er den Fonds nicht beherrscht.

Beispiel 14B

Der Fondsmanager besitzt ein wesentlicheres anteiliges Investment im Fonds, trägt über diese Anlage hinaus jedoch keine Haftung für Verluste des Fonds. Die Anleger können den Fondsmanager mit einfacher Stimmenmehrheit absetzen, aber nur bei Vertragsverletzung.

In diesem Beispiel gelten die Rechte der anderen Anleger auf Abberufung des Fondsmanagers als Schutzrechte, weil sie nur bei Vertragsverletzung ausgeübt werden können. Dem Fondsmanager werden zwar feste und leistungsbezogene Honorare gezahlt, die in einem angemessenen Verhältnis zu den erbrachten Dienstleistungen stehen, aber die Kombination aus Investment und Entgelt könnte für den Fondsmanager Risikobelastungen durch Schwankungen der Rendite aus Fondstätigkeiten in einer solchen Höhe hervorrufen, dass dies darauf hindeutet, dass der Fondsmanager Prinzipal ist. Je größer das Ausmaß und die damit einhergehende Veränderlichkeit der wirtschaftlichen Interessen des Fondsmanagers (unter Berücksichtigung der Summe seiner Entgelte und anderen Anteile) ist, desto größer wäre das Gewicht, das er bei seiner Analysetätigkeit auf diese wirtschaftlichen Interessen legen würde: entsprechend größer ist die Wahrscheinlichkeit, dass der Fondsmanager Prinzipal ist.

Der Fondsmanager könnte zum Beispiel nach Berücksichtigung seines Entgelts und der anderen Faktoren ein Investment von 20 % für ausreichend halten, um den Schluss zu ziehen, dass er den Fonds beherrscht. Unter anderen Umständen (d. h. wenn das Entgelt oder sonstige Faktoren anders beschaffen sind), kann Beherrschung bei einer anderen Höhe der Anlage entstehen.

Beispiel 14C

Der Fondsmanager besitzt ein anteiliges 20 %iges Investment im Fonds, trägt über diese Anlage von 20 % hinaus jedoch keine Haftung für Verluste des Fonds. Der Fonds verfügt über einen Vorstand. Dessen Mitglieder sind vom Fondsmanager unabhängig und werden von den anderen Anlegern bestellt. Der Vorstand bestellt den Fondsmanager auf Jahresbasis. Sollte der Vorstand beschließen den Vertrag des Fondsmanagers nicht zu verlängern, könnten die vom Fondsmanager geleisteten Dienste von anderen Managern aus der Branche erbracht werden.

Dem Fondsmanager werden zwar feste und leistungsbezogene Honorare gezahlt, die in einem angemessenen Verhältnis zu den erbrachten Dienstleistungen stehen, aber die Kombination aus dem Investment von 20 % und dem Entgelt ruft für den Fondsmanager Risikobelastungen durch schwankende Rendite aus Fondstätigkeiten in einer solchen Höhe hervor, dass dies darauf hindeutet, dass der Fondsmanager Prinzipal ist. Allerdings besitzen die Anleger substanzielle Rechte auf Abberufung des Fondsmanagers. Durch den Vorstand besteht ein Mechanismus, der sicherstellt, dass die Anleger den Fondsmanager absetzen können, wenn sie dies beschließen.

In diesem Beispiel weist der Fondsmanager in der Analyse den substanziellen Abberufungsrechten ein größeres Gewicht zu. Folglich ergibt sich aus den im Besitz der anderen Anleger befindlichen substanziellen Rechten der Hinweis, dass der Fondsmanager Agent ist, obwohl er umfassende Entscheidungskompetenz besitzt und aufgrund seines Entgelts und seiner Anteile Risiken durch Renditeschwankungen ausgesetzt ist. Der Fondsmanager zieht also den Schluss, dass er den Fonds nicht beherrscht.

Beispiel 15

Zum Zweck des Kaufs eines Depots festverzinslicher, forderungsunterlegter Wertpapiere wird ein Beteiligungsunternehmen gegründet, das durch festverzinsliche Schuld- und Eigenkapitalinstrumente finanziert wird. Die Eigenkapitalinstrumente sind darauf ausgelegt, den Schuldtitelinvestoren Schutz gegen anfängliche Verluste zu gewähren und eventuell verbleibende Erträge des Beteiligungsunternehmens entgegen zu nehmen. Diese Transaktion wurde bei potenziellen Schuldtitelinvestoren als Anlage in ein Depot forderungsunterlegter Wertpapiere vermarket, das dem Kreditrisiko ausgesetzt ist, das mit dem möglichen Verzug der Herausgeber der forderungsbesicherten Wertpapiere im Depot verbunden ist und das dem mit der Depotverwaltung einhergehenden Zinsänderungsrisiko unterliegt. Bei der Gründung repräsentieren die Eigenkapitalinstrumente 10 % des Werts der erworbenen Vermögenswerte. Ein Entscheidungsträger (der Vermögensverwalter) verwaltet das aktive Anlagendepot. Hierbei trifft er im Rahmen der im Prospekt des Beteiligungsunternehmens beschriebenen Parameter Anlageentscheidungen. Für diese Dienstleistungen erhält der Vermögensverwalter ein marktübliches festes Honorar (1 % der verwalteten Vermögenswerte) sowie leistungsgebundene Honorare (d. h. 10 % der Gewinne), wenn die Gewinne des Beteiligungsunternehmens eine festgelegte Höhe übersteigen. Das Honorar steht im angemessenen Verhältnis zu den erbrachten Dienstleistungen. Der Vermögensverwalter besitzt 35 % des Eigenkapitals des Beteiligungsunternehmens.

Die restlichen 65 % des Eigenkapitals sowie sämtliche Schuldinstrumente befinden sich in den Händen einer großen Zahl weit gestreuter, nicht verbundener Dritteigentümer. Der Vermögensverwalter kann ohne wichtigen Grund durch einfachen Mehrheitsbeschluss der anderen Anleger abgesetzt werden.

Der Vermögensverwalter erhält feste und leistungsbezogene Honorare, die in einem angemessenen Verhältnis zu den erbrachten Dienstleistungen stehen. Das Entgelt bewirkt eine Angleichung der Interessen des Fondsmanagers an das Interesse der anderen Anleger an einer Wertsteigerung des Fonds. Da der Vermögensverwalter 35 % des Eigenkapitals besitzt, ist er einer Risikobelastung durch Schwankungen der Rendite aus den Fondstätigkeiten ausgesetzt. Dasselbe trifft auf sein Entgelt zu.

Obgleich er im Rahmen der im Prospekt des Beteiligungsunternehmens dargelegten Parameter handelt, verfügt der Vermögensverwalter über die gegenwärtige Fähigkeit, Anlageentscheidungen mit erheblichen Auswirkungen auf die Rendite des Beteiligungsunternehmens zu treffen. Die im Besitz der anderen Anleger befindlichen Abberufungsrechte erhalten in der Analyse nur ein geringes Gewicht, weil sich diese Rechte im Besitz einer großen Zahl weit gestreuter Anleger befinden. In diesem Beispiel legt der Vermögensverwalter eine stärkere Betonung auf die Risikobelastung durch die Renditeschwankungen des Fonds, denen sein Eigenkapitalanteil ausgesetzt ist, der außerdem den Schuldinstrumenten gegenüber nachrangig ist. Der Besitz von 35 % des Eigenkapitals erzeugt eine nachrangige Risikobelastung durch Verluste sowie Anrechte auf Renditen des Beteiligungsunternehmens in einer Größenordnung, die darauf hindeutet, dass der Vermögensverwalter Prinzipal ist. Der Vermögensverwalter zieht folglich den Schluss, dass er das Beteiligungsunternehmen beherrscht.

Beispiel 16

Ein Entscheidungsträger (der Sponsor) fördert einen Multi-Seller Conduit, der kurzfristige Schuldinstrumente an nicht verbundene Dritteigentümer ausgibt. Diese Transaktion wurde bei potenziellen Anlegern als Investment in ein Depot hoch bewerteter, mittelfristiger Vermögenswerte mit minimaler Belastung durch das Kreditrisiko vermarktet, das mit dem möglichen Verzug der Herausgeber der im Depot befindlichen Vermögenswerte einhergeht. Verschiedene Überträger verkaufen dem Conduit hochwertige, mittelfristige Anlagenbestände. Jeder Übertragende pflegt den Anlagenbestand, den er an das Conduit verkauft und verwaltet Forderungen bei Verzug gegen ein marktübliches Dienstleistungshonorar. Jeder Übertragende gewährt Erstausfallschutz gegen Verluste aus seinem Anlagenbestand. Hierzu setzt er eine Überdeckung der an das Conduit übertragenen Vermögenswerte ein. Der Sponsor legt die Geschäftsbedingungen des Conduits fest und verwaltet die Geschäftstätigkeiten des Conduits gegen ein marktübliches Honorar. Das Honorar steht in angemessenem Verhältnis zu den erbrachten Dienstleistungen. Der Sponsor erlaubt den Verkäufern den Verkauf an das Conduit, genehmigt die vom Conduit anzukaufenden Vermögenswerte und trifft Entscheidungen über die Finanzausstattung des Conduits. Der Sponsor muss im Interesse aller Anleger handeln.

Der Sponsor hat Anspruch auf verbleibende Erträge des Conduits und stellt dem Conduit außerdem Kreditsicherheiten und Liquiditätsfazilitäten zur Verfügung. Mit der vom Sponsor bereitgestellten Kreditsicherheit werden Verluste bis in Höhe von 5 % aller Vermögenswerte des Conduits abgefangen, nachdem Verluste von den Übertragenden aufgefangen wurden. Die Liquiditätsfazilitäten werden nicht zur Deckung in Verzug geratener Anlagen eingesetzt. Die Anleger besitzen keine substanziellen Rechte, die sich auf die Entscheidungskompetenz des Sponsors auswirken könnten.

Auch wenn der Sponsor für seine Dienste ein marktübliches Honorar erhält, das in angemessenem Verhältnis zu den erbrachten Dienstleistungen steht, ist er aufgrund seiner Rechte auf verbleibende Renditen des Conduits und aufgrund der Stellung von Kreditsicherheiten und Liquiditätsfazilitäten einer Risikobelastung durch schwankende Rendite aus den Tätigkeiten des Conduits ausgesetzt (d. h. das Conduit ist dadurch, dass es kurzfristige Schuldinstrumente zur Finanzierung mittelfristiger Vermögenswerte nutzt, einem Liquiditätsrisiko ausgesetzt). Jeder Übertragende hat zwar Entscheidungsrechte, die sich auf den Wert der Vermögenswerte des Conduits auswirken, aber der Sponsor verfügt über eine umfassende Entscheidungskompetenz, die ihm die gegenwärtige Fähigkeit zur Lenkung der Tätigkeiten verleiht, die den *erheblichsten* Einfluss auf die Rendite des Conduits haben (d. h. der Sponsor legte die Geschäftsbedingungen des Conduits fest, er hat das Entscheidungsrecht über die Vermögenswerte (Billigung der erworbenen Vermögenswerte und der Überträger dieser Vermögenswerte) und er bestimmt die Finanzierung des Conduits (für das regelmäßig neue Beteiligungen gefunden werden müssen). Das Recht auf verbleibende Renditen des Conduits und die Stellung von Kreditsicherheiten und Liquiditätsfazilitäten setzen den Sponsor einer Risikobelastung durch Schwankungen der Renditen aus den Tätigkeiten des Conduits aus, die sich von der Belastung der anderen Anleger unterscheidet. Dementsprechend ist diese Risikobelastung ein Hinweis darauf, dass der Sponsor Prinzipal ist. Der Sponsor zieht folglich den Schluss, dass er das Conduit beherrscht. Die Verpflichtung des Sponsors, im Interesse aller Anleger zu handeln, stellt kein Hindernis dafür dar, dass der Sponsor Prinzipal ist.

Beziehung zu Dritten

Bei der Beurteilung, ob Beherrschung vorliegt, berücksichtigt ein Investor die Art seiner Beziehungen zu Dritten und wägt ab, ob diese Dritten in seinem Namen handeln (d. h. „De-Facto-Agenten" sind). Die Feststellung, ob Dritte als De-Facto-Agenten handeln, verlangt Ermessensausübung. Dabei ist nicht nur die Beschaffenheit der Beziehung in Erwägung zu ziehen, sondern auch die Art und Weise, wie diese Parteien sowohl miteinander als auch mit dem Investor interagieren. **B73**

Mit einer solchen Beziehung muss nicht unbedingt eine vertragliche Vereinbarung einhergehen. Eine Partei ist De-Facto-Agent, wenn der Investor oder diejenigen, die seine Tätigkeiten lenken, die Fähigkeit haben, die betreffende Partei anzuweisen, im Namen des Investors zu handeln. Liegen Umstände dieser Art vor, hat der Investor bei der Beurteilung der Beherrschung eines Beteiligungsunternehmens die Entscheidungsrechte seines De-Facto-Agenten sowie deren mittelbare Belastung durch oder Rechte auf schwankende Renditen zu berücksichtigen. **B74**

Es folgen Beispiele für Dritte, die kraft der Beschaffenheit ihrer Beziehung als De-Facto-Agenten für den Investor handeln könnten: **B75**

(a) dem Investor nahe stehende Personen und Unternehmen.

(b) Parteien, die ihren Anteil im Beteiligungsunternehmen in Form eines Beitrags oder Darlehens vom Investor erhalten.

(c) Parteien, die ihr Einverständnis erklärt haben, ihre Anteile am Beteiligungsunternehmen ohne vorherige Zustimmung des Investors nicht zu verkaufen, zu übertragen oder zu belasten (mit Ausnahme von Situationen, in denen der Investor und der Dritte das Recht auf vorherige Billigung haben und diese Rechte auf Vertragsbedingungen beruhen, die von vertragswilligen, unabhängigen Parteien einvernehmlich vereinbart wurden).

(d) Parteien, die ihre Geschäftstätigkeiten ohne nachrangige finanzielle Unterstützung des Investors nicht finanzieren können.

(e) ein Beteiligungsunternehmen, bei dem die Mehrheit der Mitglieder des Lenkungsorgans oder des Managements in Schlüsselpositionen mit denen des Investors identisch ist.

(f) Parteien, die in enger Geschäftsbeziehung mit dem Investor stehen, wie beispielsweise bei einer Beziehung zwischen einem Dienstleistungsunternehmen und einem seiner wichtigen Kunden der Fall.

Beherrschung festgelegter Vermögenswerte

Ein Investor muss berücksichtigen, ob er einen Teil eines Beteiligungsunternehmens als fiktives separates Unternehmen behandelt, und falls ja, ob er das fiktive separate Unternehmen beherrscht. **B76**

Ein Investor behandelt einen Beteiligungsunternehmensteil nur dann als fiktives separates Unternehmen, wenn folgende Bedingung erfüllt ist: **B77**

Bestimmte, festgelegte Vermögenswerte des Beteiligungsunternehmens (und damit zusammenhängende Kreditsicherheiten, sofern zutreffend) sind die einzige Zahlungsquelle für festgelegte Schulden oder festgelegte sonstige Anteile am Beteiligungsunternehmen. Abgesehen von den Parteien mit der festgelegten Schuld haben keine weiteren Parteien Rechte oder Verpflichtungen im Zusammenhang mit den festgelegten Vermögenswerten oder den verbleibenden Zahlungsströmen aus diesen Vermögenswerten. Der Sache nach kann der übrige Teil des Beteiligungsunternehmens keine der Renditen aus den festgelegten Vermögenswerten nutzen. Schulden des fiktiven separaten Unternehmens sind nicht aus den Vermögenswerten des übrigen Teils des Beteiligungsunternehmens zu begleichen. Der Sache nach sind also Vermögenswerte, Schulden und Eigenkapital des betreffenden fiktiven separaten Unternehmens dem allgemeinen Beteiligungsunternehmen gegenüber abgeschottet. Ein solches fiktives separates Unternehmen wird häufig auch als „Silo" bezeichnet.

B78 Ist die in Paragraph B77 beschriebene Bedingung erfüllt, muss der Investor die Tätigkeiten mit wesentlichem Einfluss auf die Rendite des fiktiven separaten Unternehmens ermitteln und feststellen, wie diese Tätigkeiten gelenkt werden. Auf diese Weise kann er dann beurteilen, ob er den betreffenden Teil des Beteiligungsunternehmens beherrscht. Im Zuge der Beurteilung der Beherrschung des fiktiven separaten Unternehmens muss der Investor außerdem abwägen, ob er aufgrund seines Engagements bei dem fiktiven separaten Unternehmen eine Risikobelastung durch oder Rechte auf schwankende Renditen hat und ob er in der Lage ist, seine Verfügungsgewalt über den betreffenden Teil des Beteiligungsunternehmens dazu einzusetzen, die Höhe der Renditen des Beteiligungsunternehmens zu beeinflussen.

B79 Beherrscht der Investor das fiktive separate Unternehmen, muss er den betreffenden Teil des Beteiligungsunternehmens konsolidieren. In diesem Fall schließen Dritte bei der Beurteilung der Beherrschung sowie der Konsolidierung des Beteiligungsunternehmens den betreffenden Teil des Beteiligungsunternehmens aus.

Laufende Bewertung

B80 Ergeben sich aus Sachverhalten und Umständen Hinweise, dass sich eines oder mehrere der drei in Paragraph 7 aufgeführten Beherrschungselemente verändert haben, muss der Investor erneut feststellen, ob er ein Beteiligungsunternehmen beherrscht.

B81 Tritt bei der Art und Weise, in der die Verfügungsgewalt über ein Beteiligungsunternehmen ausgeübt werden kann, eine Veränderung ein, muss sich dies in der Art und Weise, wie der Investor seine Verfügungsgewalt über das Beteiligungsunternehmen beurteilt, widerspiegeln. Beispielsweise können Veränderungen bei Entscheidungsrechten bedeuten, dass die maßgeblichen Tätigkeiten nicht mehr über Stimmrechte gelenkt werden, sondern dass stattdessen andere Vereinbarungen wie z. B. Verträge mit einer oder mehreren anderen Partei(en) die gegenwärtige Fähigkeit zur Lenkung der maßgeblichen Tätigkeiten verleihen.

B82 Ein Ereignis kann die Ursache dafür sein, dass ein Investor die Verfügungsgewalt über ein Beteiligungsunternehmen gewinnt oder verliert, ohne dass der Investor selbst an dem betreffenden Ereignis beteiligt ist. Ein Investor kann zum Beispiel die Verfügungsgewalt über ein Beteiligungsunternehmen erlangen, weil Entscheidungsrechte, die sich im Besitz einer oder mehrerer anderer Partei(en) befinden und den Investor zuvor an der Beherrschung des Beteiligungsunternehmens hinderten, ausgelaufen sind.

B83 Ein Investor berücksichtigt außerdem Veränderungen, die sich auf seine Risikobelastung durch oder Rechte auf veränderliche Renditen aus seinem Engagement bei der Beteiligungsgesellschaft auswirken. Beispielsweise kann ein Investor, der Verfügungsgewalt über ein Beteiligungsunternehmen hat, die Beherrschung des Beteiligungsunternehmens verlieren, wenn er kein Anrecht auf den Empfang von Renditen oder keine Risikobelastung durch Verpflichtungen mehr hat, weil der Investor Paragraph 7(b) nicht mehr erfüllt (z. B. wenn ein Vertrag über den Empfang leistungsbezogener Honorare gekündigt wird).

B84 Ein Investor muss in Erwägung ziehen, ob sich seine Einschätzung, dass er als Agent bzw. Prinzipal handelt, geändert hat. Veränderungen im allgemeinen Verhältnis zwischen dem Investor und den Dritten können bedeuten, dass der Investor nicht mehr als Agent handelt, obwohl er vorher als Agent gehandelt hat, und umgekehrt. Treten z. B. bei den Rechten des Investors oder

Dritter Veränderungen ein, hat der Investor seinen Status als Prinzipal oder Agent neu zu bewerten.

Die anfängliche Beurteilung der Beherrschung oder des Status als Prinzipal oder Agent wird sich nicht einfach nur aufgrund einer Veränderung der Marktbedingungen ändern (z. B. einer Veränderung der marktabhängigen Rendite des Beteiligungsunternehmens). Anders verhält es sich, wenn die Veränderung bei den Marktbedingungen zu einer Veränderung bei einem oder mehreren der in Paragraph 7 aufgeführten Beherrschungselementen oder einer Änderung des allgemeinen Verhältnisses zwischen Prinzipal und Agent führt. **B85**

Feststellung, ob es sich bei einem Unternehmen um eine Investmentgesellschaft handelt

Wenn ein Unternehmen bewertet, ob es eine Investmentgesellschaft ist, hat es alle Sachverhalte und Umstände einschließlich seines Geschäftszwecks und seiner Gestaltung zu berücksichtigen. Ein Unternehmen, das die in Paragraph 27 aufgeführten drei Elemente der Definition einer Investmentgesellschaft erfüllt, gilt als Investmentgesellschaft. Diese Elemente der Definition werden in den Paragraphen B85B-B85M näher erläutert. **B85A**

Geschäftszweck

Nach der Definition einer Investmentgesellschaft hat deren Geschäftszweck allein in der Anlage von Mitteln zur Erreichung von Wertsteigerungen oder zur Erwirtschaftung von Kapitalerträgen (wie Dividenden, Zinsen oder Mieterträgen) oder beidem zu bestehen. Aufschluss über den Geschäftszweck einer Investmentgesellschaft geben normalerweise Unterlagen, in denen die Anlageziele des Unternehmens dargelegt werden, wie Zeichnungsprospekte, Veröffentlichungen und sonstige Unternehmens- oder Gesellschaftsunterlagen. Als weiterer Hinweis kann z. B. die Art und Weise dienen, wie sich das Unternehmen gegenüber anderen (z. B. potenziellen Investoren oder Beteiligungsunternehmen) präsentiert; so kann ein Unternehmen seine Geschäftstätigkeit beispielsweise als mittelfristig angelegte Investitionstätigkeit zur Wertsteigerung darstellen. Dagegen verfolgt ein Unternehmen, das sich als Investor präsentiert, dessen Ziel darin besteht, gemeinsam mit seinen Beteiligungsunternehmen Produkte zu entwickeln, zu produzieren oder zu vermarkten, einen Geschäftszweck, der mit dem einer Investmentgesellschaft unvereinbar ist, da es sowohl mit seiner Entwicklungs-, Produktions- oder Vermarktungstätigkeit als auch mit seinen Investments Erträge erzielt (siehe Paragraph B85I). **B85B**

Eine Investmentgesellschaft kann gegenüber Dritten oder ihren Investoren direkt oder über ein Tochterunternehmen anlagebezogene Dienstleistungen (z. B. Anlageberatungs-, Anlagemanagement-, Anlageunterstützungs- oder Verwaltungsdienstleistungen) erbringen, selbst wenn diese Tätigkeiten für die Investmentgesellschaft von wesentlicher Bedeutung sind; allerdings muss die Gesellschaft weiterhin der Definition einer Investmentgesellschaft entsprechen. **B85C**

Eine Investmentgesellschaft kann sich auch direkt oder über ein Tochterunternehmen an den folgenden anlagebezogenen Tätigkeiten beteiligen, wenn diese auf die Maximierung der mit ihren Beteiligungsunternehmen erzielten Rendite (Wertsteigerungen oder Kapitalerträge) ausgerichtet sind und keine gesonderte wesentliche Geschäftstätigkeit oder gesonderte wesentliche Ertragsquelle der Investmentgesellschaft darstellen: **B85D**

(a) Erbringung von Managementdienstleistungen und strategischer Beratung für ein Beteiligungsunternehmen; und

(b) finanzielle Unterstützung eines Beteiligungsunternehmens z. B. in Form eines Darlehens, einer Verpflichtung zur Kapitalbereitstellung oder Garantie.

Hat eine Investmentgesellschaft ein Tochterunternehmen, das selbst keine Investmentgesellschaft ist und dessen Hauptgeschäftszweck und -tätigkeit darin besteht, für sie oder für Andere anlagebezogene Dienstleistungen oder Tätigkeiten zu erbringen, die sich auf die in den Paragraphen B85C-B85D genannte Investitionstätigkeit der Investmentgesellschaft beziehen, so muss sie dieses Tochterunternehmen nach Maßgabe von Paragraph 32 konsolidieren. Ist das Tochter- **B85E** unternehmen, das die anlagebezogenen Dienstleistungen oder Tätigkeiten erbringt, selbst eine Investmentgesellschaft, muss das Mutterunternehmen der Investmentgesellschaft diese gemäß Paragraph 31 ergebniswirksam zum beizulegenden Zeitwert bewerten.

Ausstiegsstrategien

B85F Die Investitionspläne eines Unternehmens geben auch Aufschluss über seinen Geschäftszweck. Ein Merkmal, in dem sich eine Investmentgesellschaft von anderen Unternehmen unterscheidet, besteht darin, dass eine Investmentgesellschaft nicht die Absicht hat, ihre Investitionen unbegrenzt zu halten, sondern sie lediglich über einen befristeten Zeitraum hält. Da Kapitalbeteiligungen und Investitionen in nicht-finanzielle Vermögenswerte potenziell unbegrenzt gehalten werden können, muss eine Investmentgesellschaft über eine Ausstiegsstrategie verfügen, die belegt, wie das Unternehmen aus praktisch all ihren Kapitalbeteiligungen und Investitionen in nicht-finanzielle Vermögenswerte Wertsteigerungen zu realisieren gedenkt. Eine Investmentgesellschaft muss außerdem eine Ausstiegsstrategie für alle Schuldinstrumente haben, die potenziell unbegrenzt gehalten werden können, wie z. B. ewige Schuldinstrumente. Die Investmentgesellschaft braucht nicht für jede einzelne Investition gesonderte Ausstiegsstrategien aufzuzeigen, sondern sollte verschiedene potenzielle Strategien für unterschiedliche Arten oder Portfolien von Investitionen einschließlich eines realistischen Zeitrahmens für den Ausstieg aufstellen. Ausstiegsmechanismen, die ausschließlich für Ausfallereignisse wie z. B. Vertragsbruch oder Nichterfüllung eingerichtet wurden, gelten im Sinne dieser Beurteilung nicht als Ausstiegsstrategien.

B85G Die Ausstiegsstrategien können je nach Art der Investition variieren. Für Private Equity-Investments kann sich als Ausstiegsstrategien beispielsweise ein Börsengang (IPO), eine Privatplatzierung (Private Placement), ein Unternehmensverkauf (Trade Sale), die Ausschüttung von Eigentumsanteilen an den Beteiligungsunternehmen (an die Investoren) und die Veräußerung von Vermögenswerten (einschließlich der Veräußerung der Vermögenswerte eines Beteiligungsunternehmens mit dessen anschließender Liquidation) anbieten. Für Eigenkapitalinstrumente, die am Kapitalmarkt gehandelt werden, kommt z. B. eine Privatplatzierung oder die Veräußerung am Kapitalmarkt als Ausstiegsstrategie in Betracht. Bei Immobilieninvestitionen könnte eine Ausstiegsstrategie z. B. die Veräußerung der Immobilie durch Immobilienhändler oder auf dem freien Markt beinhalten.

B85H Eine Investmentgesellschaft kann in eine andere Investmentgesellschaft investieren, die aus rechtlichen, regulatorischen, steuerlichen oder ähnlichen geschäftlichen Erwägungen mit dem Unternehmen gegründet wird. In diesem Fall benötigt die investierende Investmentgesellschaft keine Ausstiegsstrategie für diese Investition, sofern die Investmentgesellschaft, die das Beteiligungsunternehmen ist, über eine angemessene Ausstiegsstrategie für seine Investitionen verfügt.

Erträge aus den Investitionen

B85I Die Investitionen eines Unternehmens dienen nicht allein der Erwirtschaftung von Wertsteigerungen oder Kapitalerträgen oder beidem, wenn das Unternehmen oder ein anderes Mitglied des Konzerns, dem das Unternehmen angehört (d. h. des Konzerns, der von der Konzernobergesellschaft der Investmentgesellschaft beherrscht wird) einen sonstigen Nutzen aus den Investitionen des Unternehmens zieht oder anstrebt, der anderen, dem Beteiligungsunternehmen nicht nahestehenden Unternehmen oder Personen, nicht zugutekommt. Bei einem solchen Nutzen kann es sich z. B. um Folgendes handeln:

(a) Erwerb, Anwendung, Austausch oder Nutzung der Verfahren, Vermögenswerte oder Technologien eines Beteiligungsunternehmens. Dies würde auch beinhalten, dass das Unternehmen oder ein anderes Konzernmitglied über unverhältnismäßige oder exklusive Rechte zum Erwerb von Vermögenswerten, Technologien, Produkten oder Dienstleistungen eines Beteiligungsunternehmens verfügt, beispielsweise in Form einer Kaufoption für einen Vermögenswert eines Beteiligungsunternehmens, wenn für diesen Vermögenswert eine erfolgreiche Entwicklung angenommen wird;

(b) Gemeinsame Vereinbarungen (im Sinne von IFRS 11) oder sonstige Vereinbarungen zwischen dem Unternehmen oder einem anderen Konzernmitglied und einem Beteiligungsunternehmen über die Entwicklung, Produktion, Vermarktung oder Lieferung von Produkten oder Dienstleistungen;

(c) von einem Beteiligungsunternehmen bereitgestellte finanzielle Garantien oder Vermögenswerte, die als Sicherheit für Kreditvereinbarungen des Unternehmens oder eines anderen Konzernmitglieds dienen (allerdings könnte eine Investmentgesellschaft eine Investition in ein Beteiligungsunternehmen nach wie vor als Sicherheit für ihre Kredite nutzen);

(d) eine von einem nahestehenden Unternehmen oder einer nahestehenden Person des Unternehmens gehaltene Option, von ihm oder einem anderen Konzernmitglied Eigentumsanteile an einem Beteiligungsunternehmen des Unternehmens zu erwerben;

(e) folgende Transaktionen zwischen dem Unternehmen oder einem anderen Konzernmitglied und einem Beteiligungsunternehmen mit Ausnahme der in Paragraph B85J beschriebenen Fälle:

   (i) Transaktionen zu Konditionen, die anderen Unternehmen, die weder dem Unternehmen, einem anderen Konzernmitglied noch einem Beteiligungsunternehmen nahestehen, nicht angeboten werden;

   (ii) Transaktionen, die nicht zum beizulegenden Zeitwert abgeschlossen werden; oder

   (iii) auf die ein wesentlicher Anteil der Geschäftstätigkeit des Beteiligungsunternehmens oder des Unternehmens einschließlich der Geschäftstätigkeit anderer Konzerngesellschaften entfällt.

Eine Investmentgesellschaft kann die Strategie verfolgen, sich an mehr als einem Beteiligungsunternehmen der gleichen Branche, des gleichen Marktes oder geografischen Gebiets zu beteiligen, um Synergieeffekte zu nutzen, wodurch sich aus diesen Beteiligungsunternehmen höhere Wertsteigerungen und Kapitalerträge erwirtschaften lassen. Unbeschadet des Paragraphen B85I(e) hat der Umstand, dass solche Beteiligungsunternehmen untereinander Handel treiben, nicht zwangsläufig zur Folge, dass das Unternehmen nicht als Investmentgesellschaft eingestuft werden kann. **B85J**

Bewertung zum beizulegenden Zeitwert

Ein wesentliches Element der Definition einer Investmentgesellschaft besteht darin, dass sie die Ertragskraft ihrer Investments im Wesentlichen anhand des beizulegenden Zeitwerts misst und bewertet, da dies zu relevanteren Informationen führt als beispielsweise die Konsolidierung ihrer Tochterunternehmen oder die Anwendung der Equity-Methode bei der Bilanzierung ihrer Anteile an assoziierten Unternehmen oder Gemeinschaftsunternehmen. Zum Nachweis der Erfüllung dieses Definitionskriteriums geht eine Investmentgesellschaft wie folgt vor: **B85K**

(a) Sie legt den Investoren Angaben zum beizulegenden Zeitwert vor und bewertet nahezu all ihre Investments in ihren Abschlüssen zum beizulegenden Zeitwert, wann immer dies nach den IFRS erforderlich oder zulässig ist;

(b) Sie verwendet bei der internen Berichterstattung an Mitglieder des Managements in Schlüsselpositionen des Unternehmens (im Sinne von IAS 24) Angaben auf der Basis von beizulegenden Zeitwerten, die diese als vorrangiges Kriterium für die Bewertung des wirtschaftlichen Erfolgs im Wesentlichen aller ihrer Investitionen und für ihre Investitionsentscheidungen nutzen.

B85L Zur Erfüllung der in Paragraph B85K(a) genannten Anforderung sollte eine Investmentgesellschaft

(a) ihre als Finanzinvestition gehaltenen Immobilien nach dem in IAS 40 *Als Finanzinvestition gehaltene Immobilien* dargelegten Modell des beizulegenden Zeitwertes bilanzieren;

(b) für ihre Anteile an assoziierten Unternehmen und Gemeinschaftsunternehmen die in IAS 28 vorgesehene Ausnahme von der Anwendung der Equity-Methode in Anspruch nehmen;

(c) ihre finanziellen Vermögenswerte gemäß den Anforderungen von IFRS 9 zum beizulegenden Zeitwert bewerten.

B85M Eine Investmentgesellschaft kann auch bestimmte nicht als Investition geltende Vermögenswerte halten, wie einen Gesellschaftssitz und entsprechende Ausrüstung, und sie kann finanzielle Verbindlichkeiten haben. Das Kriterium der Messung des Erfolgs anhand des beizulegenden Zeitwerts in der Definition einer Investmentgesellschaft in Paragraph 27(c) gilt für die Investitionen einer Investmentgesellschaft. Demnach muss eine Investmentgesellschaft ihre nicht als Investition gehaltenen Vermögenswerte oder ihre Verbindlichkeiten nicht zum beizulegenden Zeitwert bewerten.

Typische Merkmale einer Investmentgesellschaft

B85N Wenn ein Unternehmen bestimmt, ob es der Definition einer Investmentgesellschaft entspricht, hat es zu berücksichtigen, ob es deren typische Merkmale aufweist (siehe Paragraph 28). Sofern eines oder mehrere dieser typischen Merkmale nicht gegeben sind, hat dies nicht zwangsläufig zur Folge, dass das Unternehmen nicht als Investmentgesellschaft eingestuft werden kann. Vielmehr deutet dies darauf hin, dass anhand zusätzlicher Kriterien festgestellt werden muss, ob es sich bei dem Unternehmen um eine Investmentgesellschaft handelt.

Mehr als ein Investment

B85O Eine Investmentgesellschaft hält in der Regel mehrere Investments. Dies dient der Risikostreuung und der Maximierung der Erträge. Ein Portfolio von Investments kann direkt oder indirekt gehalten werden, z. B. in Form einer einzigen Investition in eine andere Investmentgesellschaft, die ihrerseits mehrere Investments hält.

B85P Bisweilen kann ein Unternehmen nur ein einziges Investment halten. Das bedeutet jedoch nicht zwangsläufig, dass das Unternehmen nicht unter die Definition der Investmentgesellschaft fällt. So kann eine Investmentgesellschaft beispielsweise in folgenden Fällen nur ein einziges Investment halten:

(a) Sie befindet sich in der Gründungsphase und hat noch keine geeigneten Investments ermittelt und folglich ihren Investitionsplan zum Erwerb mehrerer Investments noch nicht umgesetzt;

(b) Sie hat noch keine neuen Investments als Ersatz für die veräußerten erworben;

(c) Sie wurde zur Zusammenführung der Mittel mehrerer Investoren in einem einzigen Investment gegründet, wenn dieses für einzelne Investoren unerreichbar ist (z. B. weil das erforderliche Mindestinvestment für einen einzelnen Investor zu hoch ist); oder

(d) Sie befindet sich in Liquidation.

Mehr als ein Investor

B85Q In der Regel hat eine Investmentgesellschaft mehrere Investoren, die ihre Mittel zusammenlegen, um sich Zugang zu Vermögensverwaltungsleistungen und Investitionsmöglichkeiten zu verschaffen, zu denen sie einzeln möglicherweise keinen Zugang hätten. Durch die Präsenz mehrerer Investoren ist es weniger wahrscheinlich, dass die Gesellschaft oder andere Mitglieder des Konzerns, dem die Gesellschaft angehört, aus dem Investment einen anderen Nutzen zieht als Wertsteigerungen oder Kapitalerträge (siehe Paragraph B85I).

Alternativ kann eine Investmentgesellschaft von einem bzw. für einen einzelnen Investor gebildet werden, der die Interessen einer größeren Gruppe von Investoren vertritt oder unterstützt (z. B. ein Pensionsfonds, staatlicher Investmentfonds oder Familien-Treuhandfonds). **B85R**

Es kann jedoch auch vorkommen, dass eine Gesellschaft vorübergehend nur Vermögenswerte eines einzigen Investors verwaltet. So kann eine Investmentgesellschaft beispielsweise in folgenden Fällen nur einen einzigen Investor vertreten: **B85S**

(a) Sie befindet sich in der Phase ihrer Erstemissionsfrist, die noch nicht abgeschlossen ist, und sie sucht aktiv nach geeigneten Investoren;

(b) Sie hat noch keine geeigneten Investoren für die Übernahme zurückgekaufter Eigentumsanteile gefunden; oder

(c) Sie befindet sich in Liquidation.

Nicht nahestehende Investoren

In der Regel verwaltet eine Investmentgesellschaft Mittel mehrerer Investoren, bei denen es sich nicht um nahestehende Unternehmen und Personen (im Sinne von IAS 24) des Unternehmens oder anderer Mitglieder des Konzerns, dem das Unternehmen angehört, handelt. Durch die Präsenz ihr nicht nahestehender Investoren ist es weniger wahrscheinlich, dass die Gesellschaft oder andere Mitglieder des Konzerns, dem die Gesellschaft angehört, aus dem Investment einen anderen Nutzen zieht als Wertsteigerungen oder Kapitalerträge (siehe Paragraph B85I). **B85T**

Allerdings kann eine Gesellschaft auch dann als Investmentgesellschaft eingestuft werden, wenn ihre Investoren ihr nahestehende Unternehmen oder Personen sind. Beispielsweise kann eine Investmentgesellschaft für eine bestimmte Gruppe ihrer Beschäftigten (z. B. Mitglieder des Managements in Schlüsselpositionen) oder (einen) andere ihr nahestehende(n) Investor(en) einen separaten „Parallelfonds" auflegen, der die Investments des Hauptinvestmentfonds der Gesellschaft widerspiegelt. Dieser „Parallelfonds" könnte als Investmentgesellschaft eingestuft werden, obwohl all seine Investoren nahestehende Unternehmen oder Personen sind. **B85U**

Eigentumsanteile

Eine Investmentgesellschaft ist in der Regel eine eigenständige juristische Person, muss dies aber nicht sein. Die Eigentumsanteile an der Investmentgesellschaft sind in der Regel als Eigenkapital oder eigenkapitalähnliche Rechte (z. B. Gesellschafteranteile) strukturiert, denen entsprechende Anteile an den Nettovermögenswerten der Investmentgesellschaft zugewiesen sind. Unterschiedliche Klassen von Investoren, die teilweise nur Rechte an bestimmten Investments oder Gruppen von Investments oder unterschiedliche Anteile an den Nettovermögenswerten besitzen, führen jedoch nicht zwangsläufig dazu, dass eine Gesellschaft nicht als Investmentgesellschaft eingestuft werden kann. **B85V**

Außerdem kann eine Gesellschaft, die erhebliche Eigentumsanteile in Form von Schuldtiteln hält, die nach anderen geltenden IFRS nicht unter die Definition von Eigenkapital fallen, dennoch als Investmentgesellschaft eingestuft werden, sofern die Inhaber der Schuldtitel infolge von Veränderungen des beizulegenden Zeitwerts der Nettovermögenswerte der Gesellschaft schwankenden Erträgen ausgesetzt sind. **B85W**

Bilanzierungsvorschriften

Konsolidierungsvorgänge

B86 Konzernabschlüsse:

(a) vereinigen gleichartige Posten an Vermögenswerten, Schulden, Eigenkapital, Erträgen, Aufwendungen und Zahlungsströmen des Mutterunternehmens mit jenen seiner Tochterunternehmen.

(b) saldieren (eliminieren) den Beteiligungsbuchwert des Mutterunternehmens an jedem Tochterunternehmen mit dessen Anteil am Eigenkapital an jedem Tochterunternehmen (in IFRS 3 wird beschrieben, wie man einen etwaig damit in Beziehung stehenden Geschäfts- oder Firmenwert bilanziert).

(c) eliminieren konzerninterne Vermögenswerte und Schulden, Eigenkapital, Aufwendungen und Erträge sowie Zahlungsströme aus Geschäftsvorfällen, die zwischen Konzernunternehmen stattfinden, vollständig (Gewinne oder Verluste aus konzerninternen Geschäftsvorfällen, die bei den Vermögenswerten angesetzt wurden, wie Vorräte oder Sachanlagen, werden vollständig eliminiert). Konzerninterne Verluste können auf eine Wertminderung hindeuten, die einen Ansatz in den Konzernabschlüssen erfordert. IAS 12 *Ertragssteuern* gilt für die vorübergehenden Differenzen, die sich aus der Eliminierung von Gewinnen und Verlusten ergeben, die aus konzerninternen Geschäftsvorfällen entstanden sind.

Einheitliche Bilanzierungs- und Bewertungsmethoden

B87 Verwendet ein Konzernmitglied für gleichartige Geschäftsvorfälle und Ereignisse unter ähnlichen Umständen andere Bilanzierungs- und Bewertungsmethoden als die in den Konzernabschlüssen eingeführten Methoden, werden bei der Erstellung der Konzernabschlüsse angemessene Berichtigungen an den Abschlüssen des betreffenden Konzernmitglieds vorgenommen, um die Konformität mit den Bilanzierungs- und Bewertungsmethoden des Konzerns zu gewährleisten.

Bewertung

B88 Ein Unternehmen nimmt ab dem Tag, an dem es die Beherrschung erlangt, bis zu dem Tag, an dem es das Tochterunternehmen nicht mehr beherrscht, die Einnahmen und Ausgaben eines Tochterunternehmens in die Konzernabschlüsse auf. Die Einnahmen und Ausgaben des Tochterunternehmens basieren auf den Beträgen der Vermögenswerte und Schulden (Aktiva und Passiva), die am Tag der Anschaffung in den Konzernabschlüssen angesetzt wurden. Zum Beispiel basiert die Abschreibungssumme, die nach dem Tag der Anschaffung in der konsolidierten Gesamtergebnisrechnung angesetzt wird, auf den beizulegenden Zeitwerten der damit verbundenen, abschreibungsfähigen Vermögenswerte, die am Tag der Anschaffung in den Konzernabschlüssen angesetzt wurden.

Potenzielle Stimmrechte

B89 Bestehen potenzielle Stimmrechte oder andere Derivate, die potenzielle Stimmrechte enthalten, wird der Anteil am Gewinn oder Verlust oder an Veränderungen des Eigenkapitals, der bei der Erstellung der Konzernabschlüsse dem Mutterunternehmen bzw. den nicht beherrschenden Anteilen zugeordnet wird, einzig und allein auf der Grundlage bestehender Eigentumsanteile bestimmt. Die mögliche Ausübung oder Wandlung potenzieller Stimmrechte und anderer Derivate wird darin nicht wiedergegeben, sofern nicht Paragraph B90 zutrifft.

B90 Unter bestimmten Umständen besitzt ein Unternehmen aufgrund eines Geschäftsvorfalls, der dem Unternehmen gegenwärtig Zugriff auf die mit einem Eigentumsanteil verbundene Rendite gewährt, der Sache nach einen bestehenden Eigentumsanteil. In einem solchen Fall wird der Anteil, der bei der Erstellung der Konzernabschlüsse dem Mutterunternehmen bzw. den nicht beherrschenden Anteilen zugeordnet wird, unter Berücksichtigung der letztendlichen Ausübung dieser potenziellen Stimmrechte und sonstigen Derivate, die dem Unternehmen gegenwärtig Zugriff auf die Rendite gewähren, bestimmt.

IFRS 9 gilt nicht für Anteile an Tochterunternehmen, die konsolidiert sind. Gewähren Instrumente, die potenzielle Stimmrechte enthalten, der Sache nach gegenwärtig Zugriff auf die mit einem Eigentumsanteil an einem Tochterunternehmen verbundene Rendite, unterliegen die betreffenden Instrumente nicht den Vorschriften des IFRS 9. In allen anderen Fällen werden Instrumente, die potenzielle Stimmrechte in einem Tochterunternehmen umfassen, nach IFRS 9 bilanziert. **B91**

Abschlussstichtag

Die bei der Erstellung der Konzernabschlüsse verwendeten Abschlüsse des Mutterunternehmens und seiner Töchter müssen denselben Stichtag haben. Fällt das Ende des Berichtszeitraums des Mutterunternehmens auf einen anderen Tag als das eines Tochterunternehmens, erstellt das Tochterunternehmen zu Konsolidierungszwecken zusätzliche Finanzangaben mit dem gleichen Stichtag wie in den Abschlüssen des Mutterunternehmens, um dem Mutterunternehmen die Konsolidierung der Finanzangaben des Tochterunternehmens zu ermöglichen, sofern dies praktisch durchführbar ist. **B92**

Sollte dies undurchführbar sein, konsolidiert das Mutterunternehmen die Finanzangaben des Tochterunternehmens unter Verwendung der jüngsten Abschlüsse des Tochterunternehmens. Diese werden um die Auswirkungen bedeutender Geschäftsvorfälle oder Ereignisse zwischen dem Berichtsstichtag des Tochterunternehmens und dem Konzernabschlussstichtag angepasst. Die Differenz zwischen dem Abschlussstichtag des Tochterunternehmens und dem Stichtag der Konzernabschlüsse darf auf keinen Fall mehr als drei Monate betragen. Die Länge der Berichtszeiträume sowie eventuelle Differenzen zwischen den Abschlussstichtagen dürfen sich von einem Berichtszeitraum zum nächsten nicht ändern. **B93**

Nicht beherrschende Anteile

Ein Unternehmen weist den Gewinn oder Verlust und jedwede Komponente des sonstigen Gesamtergebnisses den Anteilseignern des Mutterunternehmens und den nicht beherrschenden Anteilen zu. Das Unternehmen weist das Gesamtergebnis den Eigentümern des Mutterunternehmens und den nicht beherrschenden Anteilen selbst dann zu, wenn dies dazu führt, dass die nicht beherrschenden Anteile einen negativen Saldo aufweisen. **B94**

Bestehen in einem Tochterunternehmen ausgegebene, kumulative Vorzugsaktien, die als Eigenkapital klassifiziert wurden und sich im Besitz nicht beherrschender Anteilseigner befinden, berechnet das Unternehmen seinen Anteil am Gewinn oder Verlust nach einer Berichtigung um die Dividenden für derartige Aktien. Dies erfolgt unabhängig davon, ob Dividenden angekündigt worden sind oder nicht. **B95**

Veränderungen bei dem im Besitz nicht beherrschender Anteilseigner befindlichen Anteils

Treten bei dem im Besitz nicht beherrschender Anteilseigner befindlichen Eigentumsanteil Veränderungen ein, berichtigt ein Unternehmen die Buchwerte der beherrschenden und nicht beherrschenden Anteile in der Weise, dass die Veränderungen an ihren jeweiligen Anteilen am Tochterunternehmen dargestellt werden. Das Unternehmen erfasst jede Differenz zwischen dem Betrag, um den die nicht beherrschenden Anteile angepasst werden, und dem beizulegenden Zeitwert der gezahlten oder erhaltenen Gegenleistung unmittelbar im Eigenkapital und ordnet sie den Eigentümern des Mutterunternehmens zu. **B96**

Beherrschungsverlust

B97 Ein Mutterunternehmen kann in zwei oder mehr Vereinbarungen (Geschäftsvorfällen) die Beherrschung eines Tochterunternehmens verlieren. Mitunter treten jedoch Umstände ein, die darauf hindeuten, dass mehrere Vereinbarungen als ein einziger Geschäftsvorfall bilanziert werden sollten. Im Zuge der Feststellung, ob Vereinbarungen als ein einziger Geschäftsvorfall zu bilanzieren sind, hat ein Mutterunternehmen sämtliche Vertragsbedingungen der Vereinbarungen und deren wirtschaftliche Auswirkungen zu berücksichtigen. Treffen einer oder mehrere der folgenden Punkte zu, deutet dies darauf hin, dass das Mutterunternehmen mehrere Vereinbarungen als einen einzigen Geschäftsvorfall bilanzieren sollte:

(a) Die Vereinbarungen wurden gleichzeitig oder unter gegenseitiger Erwägung geschlossen.

(b) Sie bilden einen einzigen Geschäftsvorfall, der darauf ausgelegt ist, eine wirtschaftliche Gesamtwirkung zu erzielen.

(c) Der Eintritt einer Vereinbarung hängt vom Eintritt mindestens einer anderen Vereinbarung ab.

(d) Eine Vereinbarung ist für sich allein betrachtet wirtschaftlich nicht gerechtfertigt. Betrachtet man sie jedoch gemeinsam mit anderen Vereinbarungen, ist sie wirtschaftlich gerechtfertigt. Zum Beispiel kann eine Veräußerung von Aktien unter Marktpreis erfolgen, aber durch eine anschließende Veräußerung über Marktpreis ausgeglichen werden.

B98 Verliert ein Mutterunternehmen die Beherrschung über ein Tochterunternehmen, hat es:

(a) Folgendes auszubuchen:

(i) die Vermögenswerte (unter Einschluss eines eventuellen Geschäfts- und Firmenwerts) und Schulden des Tochterunternehmens zu ihrem Buchwert am Tag des Beherrschungsverlusts; und

(ii) den Buchwert eventueller nicht beherrschender Anteile am ehemaligen Tochterunternehmen an dem Tag, an dem die Beherrschung wegfällt (unter Einschluss jedweder Komponente des sonstigen Gesamtergebnisses, das diesen zuzuweisen ist).

(b) und Folgendes anzusetzen:

(i) den beizulegenden Zeitwert einer eventuell empfangenen Gegenleistung aus dem Geschäftsvorfall, Ereignis oder den Umständen, aus dem/denen der Beherrschungsverlust entstand;

(ii) sofern an dem Geschäftsvorfall, dem Ereignis oder den Umständen, aus dem/denen der Beherrschungsverlust entstand, eine Zuteilung von Aktien des Tochterunternehmens an Anteilseigener in deren Eigenschaft als Anteilseigner beteiligt war, wird diese Aktienausgabe angesetzt;

(iii) jede behaltene Beteiligung an dem ehemaligen Tochterunternehmen zu dessen beizulegendem Zeitwert an dem Tag, an dem die Beherrschung wegfällt.

(c) die Beträge, die in Bezug auf das Tochterunternehmen auf der in Paragraph B99 beschriebenen Grundlage als sonstiges Gesamtergebnis angesetzt wurden, in den Gewinn oder Verlust umzugliedern oder unmittelbar in den Ergebnisvortrag zu übertragen, sofern dies von anderen IFRS vorgeschrieben wird.

(d) eine entstehende Differenz in dem Gewinn oder Verlust, der dem Mutterunternehmen zuzuordnen ist, als positives oder negatives Ergebnis anzusetzen.

B99 Verliert ein Mutterunternehmen die Beherrschung über ein Tochterunternehmen, hat das Mutterunternehmen alle Beträge zu bilanzieren, die zuvor für das betreffende Tochterunternehmen im sonstigen Gesamtergebnis angesetzt wurden. Dies erfolgt auf der gleichen Grundlage, die auch bei einer unmittelbaren Veräußerung der entsprechenden Vermögenswerte oder Schulden durch das Mutterunternehmen vorgeschrieben wäre. Würde also ein zuvor im sonstigen Gesamtergebnis angesetztes, positives oder negatives Ergebnis bei der Veräußerung der entsprechenden Vermögenswerte oder Schulden in den Gewinn oder Verlust umgegliedert, hat das Mutterunternehmen das positive oder negative Ergebnis aus dem Eigenkapital in den Gewinn oder Verlust umzugliedern (in Form einer Umgliederungsanpassung), wenn die Beherrschung über das Tochterunternehmen wegfällt. Würde ein Neubewertungsüberschuss, der zuvor im sonstigen Gesamtergebnis angesetzt wurde, bei Veräußerung des Vermögenswerts unmittelbar in den Ergebnisvortrag übertragen, hat das Mutterunternehmen den Neubewertungsüberschuss unmittelbar in den Ergebnisvortrag zu übertragen, wenn es die Beherrschung über das Tochterunternehmen verliert.

Bilanzierung einer Änderung des Status der Investmentgesellschaft

Verliert ein Unternehmen den Status einer Investmentgesellschaft, hat es für alle Tochterunternehmen, die vormals gemäß Paragraph 31 ergebniswirksam zum beizulegenden Zeitwert bewertet wurden, IFRS 3 anzuwenden. Der Zeitpunkt der Statusänderung gilt als fiktives Datum des Erwerbs. Bei der Bewertung des etwaigen Geschäfts- und Firmenwertes oder eines Gewinns aus dem Erwerb zu einem Preis unter dem Marktwert, der bei dem fiktiven Erwerb erzielt wird, stellt der beizulegende Zeitwert des Tochterunternehmens zum fiktiven Erwerbsdatum die übertragene fiktive Gegenleistung dar. Nach den Paragraphen 19-24 dieses IFRS sind dann alle Tochterunternehmen ab dem Zeitpunkt der Statusänderung zu konsolidieren. **B100**

Wenn ein Unternehmen den Status einer Investmentgesellschaft erlangt, hat es ab dem Zeitpunkt der Statusänderung die Konsolidierung seiner Tochterunternehmen einzustellen. Eine Ausnahme bilden Tochterunternehmen, die nach Maßgabe von Paragraph 32 weiterhin konsolidiert werden müssen. Die Investmentgesellschaft hat die Vorschriften der Paragraphen 25 und 26 auf diejenigen Tochterunternehmen anzuwenden, deren Konsolidierung endet, als ob die Investmentgesellschaft zu diesem Zeitpunkt die Beherrschung über diese Tochterunternehmen verloren hätte. **B101**

Anhang C: Zeitpunkt des Inkrafttretens und Übergangsvorschriften

Dieser Anhang ist fester Bestandteil des IFRS und hat die gleiche bindende Kraft wie die anderen Teile des IFRS.

Datum des Inkrafttretens

Unternehmen haben diesen IFRS auf Geschäftsjahre anzuwenden, die am oder nach dem 1. Januar 2013 beginnen. Eine frühere Anwendung ist zulässig. Wendet ein Unternehmen diesen IFRS früher an, hat es diesen Sachverhalt anzugeben und gleichzeitig IFRS 11, IFRS 12, IAS 27 *Einzelabschlüsse* und IAS 28 (geändert 2011) anzuwenden. **C1**

Konzernabschlüsse, Gemeinsame Vereinbarungen und Angaben zu Anteilen an anderen Unternehmen: Mit den Übergangsleitlinien (Änderungen an IFRS 10, IFRS 11 und IFRS 12) von Juni 2012 wurden die Paragraphen C2-C6 geändert und die Paragraphen C2A-C2B, C4A-C4C, C5A und C6A-C6B hinzugefügt. Diese Änderungen sind erstmals in der ersten Berichtsperiode eines am oder nach dem 1. Januar 2013 beginnenden Geschäftsjahres anzuwenden. Wenn ein Unternehmen IFRS 10 für eine frühere Berichtsperiode anwendet, so sind auch diese Änderungen für jene frühere Periode anzuwenden. **C1A**

Mit der im Oktober 2012 veröffentlichten Verlautbarung *Investmentgesellschaften (Investment Entities)* (Änderungen an IFRS 10, IFRS 12 und IAS 27) wurden die Paragraphen 2, 4, C2A, C6A und Anhang A geändert und die Paragraphen 27-33, B85A-B85W, B100-B101 und C3A-C3F angefügt. Unternehmen haben diese Änderungen auf Geschäftsjahre anzuwenden, die am oder nach dem 1. Januar 2014 beginnen. Eine frühere Anwendung ist zulässig. Wendet ein Unternehmen diese Änderungen früher an, hat es dies anzugeben und alle in der Verlautbarung enthaltenen Änderungen gleichzeitig anzuwenden. **C1B**

(nicht besetzt) **C1C**

Mit der im Dezember 2014 veröffentlichten Verlautbarung *Investmentgesellschaften: Anwendung der Ausnahme von der Konsolidierungspflicht* (Änderungen an IFRS 10, IFRS 12 und IAS 28) **C1D** wurden die Paragraphen 4, 32, B85C, B85E und C2A geändert und die Paragraphen 4A-4B angefügt. Diese Änderungen sind auf Geschäftsjahre anzuwenden, die am oder nach dem 1. Januar 2016 beginnen. Eine frühere Anwendung ist zulässig. Wendet ein Unternehmen diese Änderungen früher an, hat es dies anzugeben.

Übergangsvorschriften

C2 Ein Unternehmen hat diesen IFRS in Übereinstimmung mit IAS 8 *Rechnungslegungsmethoden, Änderungen von rechnungslegungsbezogenen Schätzungen und Fehler* rückwirkend anzuwenden, es sei denn, die in den Paragraphen C2A-C6 aufgeführten Festlegungen treffen zu.

C2A Ungeachtet der Vorschriften von IAS 8 Paragraph 28 braucht das Unternehmen bei der erstmaligen Anwendung dieses IFRS bzw. bei der erstmaligen Anwendung der Verlautbarungen *Investmentgesellschaften und Investmentgesellschaften: Anwendung der Ausnahme von der Konsolidierungspflicht* als Änderung zu diesem IFRS die in Paragraph 28(f) von IAS 8 verlangten quantitativen Angaben nur für das Geschäftsjahr vorzulegen, das dem Zeitpunkt der erstmaligen Anwendung dieses IFRS unmittelbar vorausgeht (der „unmittelbar vorausgehende Berichtszeitraum"). Ein Unternehmen kann diese Angaben für den laufenden Zeitraum oder für frühere Vergleichszeiträume vorlegen ist dazu aber nicht verpflichtet.

C2B Für die Zwecke dieses IFRS entspricht der Termin der Erstanwendung dem Beginn des Geschäftsjahres, in dem dieser IFRS erstmals angewandt wird.

C3 Bei erstmaliger Anwendung dieses IFRS braucht ein Unternehmen in folgenden Fällen die vorherige Bilanzierung für sein Engagement nicht anzupassen:

(a) Unternehmen, die gemäß IAS 27 *Konzern- und Einzelabschlüsse* und SIC-12 *Konsolidierung – Zweckgesellschaften* zu konsolidieren wären sowie gemäß diesem IFRS weiterhin konsolidiert werden; oder

(b) Unternehmen, die zu diesem Termin nicht gemäß IAS 27 und SIC-12 zu konsolidieren wären sowie gemäß diesem IFRS weiterhin nicht konsolidiert werden.

C3A Zum Zeitpunkt der erstmaligen Anwendung hat ein Unternehmen zu beurteilen, ob es auf der Grundlage der zu diesem Zeitpunkt vorliegenden Sachverhalte und Umstände eine Investmentgesellschaft ist. Wenn ein Unternehmen zum Zeitpunkt der erstmaligen Anwendung zu dem Schluss gelangt, dass es eine Investmentgesellschaft ist, hat es anstelle der Paragraphen C5-C5A die Vorschriften der Paragraphen C3B-C3F anzuwenden.

C3B Mit Ausnahme von Tochterunternehmen, die nach Maßgabe von Paragraph 32 konsolidiert werden (für die die Paragraphen C3 und C6 bzw. gegebenenfalls C4-C4C gelten), hat eine Investmentgesellschaft ihre Anteile an den einzelnen Tochterunternehmen ergebniswirksam zum beizulegenden Zeitwert zu bewerten, als ob die Vorschriften dieses IFRS schon immer gegolten hätten. Die Investmentgesellschaft hat sowohl das dem Zeitpunkt der ersten Anwendung unmittelbar vorausgehende Geschäftsjahr als auch das Eigenkapital zu Beginn des dem Berichtszeitraum unmittelbar vorausgehenden Geschäftsjahres rückwirkend um etwaige Abweichungen zwischen folgenden Werten anzupassen:

(a) dem früheren Buchwert des Tochterunternehmens und

(b) dem beizulegenden Zeitwert der Anteile der Investmentgesellschaft an dem Tochterunternehmen.

Der kumulative Betrag etwaiger Anpassungen des zuvor im sonstigen Ergebnis erfassten beizulegenden Zeitwerts ist zu Beginn des dem Zeitpunkt der erstmaligen Anwendung unmittelbar vorausgehenden Geschäftsjahrs in den Ergebnisvortrag zu übertragen.

C3C Vor dem Zeitpunkt der Anwendung des IFRS 13 *Bemessung des beizulegenden Zeitwerts* verwendet eine Investmentgesellschaft als beizulegenden Zeitwert die Beträge, die den Investoren oder der Geschäftsleitung zuvor ausgewiesen wurden, sofern es sich dabei um die Beträge handelt, zu denen am Tag der Bewertung zwischen sachverständigen, vertragswilligen und voneinander unabhängigen Geschäftspartnern zu marktüblichen Bedingungen Anteile hätten getauscht werden können.

Ist die Bewertung der Anteile an einem Tochterunternehmen gemäß den Paragraphen C3B–C3C undurchführbar (im Sinne von IAS 8), wendet eine Investmentgesellschaft die Vorschriften dieses IFRS zu Beginn des frühesten Zeitraums an, für den die Anwendung der Paragraphen C3B-C3C durchführbar ist. Dies kann der aktuelle Berichtszeitraum sein. Der Investor nimmt rückwirkend eine Anpassung für das Geschäftsjahr vor, das dem Zeitpunkt der erstmaligen Anwendung unmittelbar vorausgeht, es sei denn, der Beginn des frühesten Zeitraums, für den die Anwendung dieses Paragraphen durchführbar ist, ist der aktuelle Berichtszeitraum. Sofern dies der Fall ist, wird die Anpassung des Eigenkapitals zu Beginn des aktuellen Berichtszeitraums erfasst. **C3D**

Hat eine Investmentgesellschaft vor dem Zeitpunkt der erstmaligen Anwendung dieses IFRS Anteile an einem Tochterunternehmen veräußert oder die Beherrschung darüber verloren, so braucht sie für dieses Tochterunternehmen keine Anpassung der früheren Bilanzierung vorzunehmen. **C3E**

Wenn ein Unternehmen die Änderungen für *Investmentgesellschaften (Investment Entities)* zum ersten Mal für einen Zeitraum anwendet, der nach der erstmaligen Anwendung des IFRS 10 liegt, sind Bezugnahmen auf „den Zeitpunkt der erstmaligen Anwendung" in den Paragraphen C3A-C3E als „Beginn des jährlichen Berichtszeitraums" zu verstehen, „in dem die im Oktober 2012 veröffentlichte Verlautbarung *Investmentgesellschaften (Investment Entities)* (Änderungen an IFRS 10, IFRS 12 und IAS 27) erstmalig angewendet wurde". **C3F**

Kommt ein Investor bei erstmaliger Anwendung dieses IFRS zu dem Schluss, dass ein Beteiligungsunternehmen zu konsolidieren ist, das zuvor nicht gemäß IAS 27 und SIC-12 konsolidiert wurde, hat er Folgendes zu tun: **C4**

(a) Handelt es sich bei dem Beteiligungsunternehmen um einen Gewerbebetrieb (gemäß Definition in IFRS 3 *Unternehmenszusammenschlüsse*), hat er die Vermögenswerte, Schulden und nicht beherrschenden Anteile an dem betreffenden, zuvor nicht konsolidierten Beteiligungsunternehmen am Tag der erstmaligen Anwendung so zu bewerten, als ob er das betreffende Beteiligungsunternehmen seit dem Tag, an dem der Investor auf der Grundlage der Vorschriften in dem vorliegenden IFRS die Beherrschung des Beteiligungsunternehmens erlangte, konsolidiert (und folglich das Anschaffungswertprinzip gemäß IFRS 3 angewendet) hätte. Der Investor passt das Geschäftsjahr, das der Erstanwendung dieses IFRS unmittelbar vorausgeht, rückwirkend an. Liegt der Termin, an dem die Beherrschung erlangt wurde, vor dem Beginn des unmittelbar vorausgehenden Geschäftsjahres, nimmt der Investor eine Berichtigung des Eigenkapitals zu Beginn des unmittelbar vorausgehenden Geschäftsjahres vor, deren eventuelle Differenz

(i) der Betrag aus angesetzten Vermögenswerten, Schulden und nicht beherrschenden Anteilen und

(ii) dem früheren Buchwert des investorseitigen Engagements im Beteiligungsunternehmen ist.

(b) Handelt es sich bei dem Beteiligungsunternehmen nicht um einen Gewerbebetrieb (gemäß Definition in IFRS 3), hat er die Vermögenswerte, Schulden und nicht beherrschenden Anteile an dem betreffenden, zuvor nicht konsolidierten Beteiligungsunternehmen am Tag der erstmaligen Anwendung so zu bewerten, als ob er das betreffende Beteiligungsunternehmen seit dem Tag, an dem der Investor auf der Grundlage der Vorschriften in dem vorliegenden IFRS die Beherrschung des Beteiligungsunternehmens erlangte, konsolidiert (und dabei das Anschaffungswertprinzip gemäß Beschreibung in IFRS 3 ohne Bilanzierung eines Geschäfts- und Firmenwerts für das Beteiligungsunternehmen angewendet) hätte. Der Investor passt das Geschäftsjahr, das der Erstanwendung dieses IFRS unmittelbar vorausgeht, rückwirkend an. Liegt der Termin, an dem die Beherrschung erlangt wurde, vor dem Beginn des unmittelbar vorausgehenden Geschäftsjahres, nimmt der Investor eine Berichtigung des Eigenkapitals zu Beginn des unmittelbar vorausgehenden Geschäftsjahres vor, deren eventuelle Differenz

(i) der Betrag aus angesetzten Vermögenswerten, Schulden und nicht beherrschenden Anteilen und

(ii) dem früheren Buchwert des investorseitigen Engagements im Beteiligungsunternehmen ist.

C4A Ist eine Bewertung der Vermögenswerte, Schulden und nicht beherrschenden Anteile eines Beteiligungsunternehmens nach Paragraph C4(a) oder (b) nicht durchführbar (gemäß Definition in IAS 8), hat der Investor Folgendes zu tun:

(a) Wenn es sich bei dem Beteiligungsunternehmen um einen Gewerbebetrieb handelt, muss er die Vorschriften des IFRS 3 ab dem fiktiven Erwerbsdatum anwenden. Das fiktive Erwerbsdatum ist der Beginn des frühesten Zeitraums, für den eine Anwendung von Paragraph C4(a) durchführbar ist. Dies kann der aktuelle Berichtszeitraum sein.

(b) Wenn es sich bei dem Beteiligungsunternehmen nicht um einen Gewerbebetrieb handelt, muss er das Anschaffungswertprinzip gemäß der Beschreibung in IFRS 3 ohne Bilanzierung eines Geschäfts- und Firmenwerts für das Beteiligungsunternehmen mit Gültigkeit ab dem fiktiven Erwerbsdatum anwenden. Das fiktive Erwerbsdatum ist der Beginn des frühesten Zeitraums, für den die Anwendung von Paragraph C4(b) durchführbar ist. Dies kann der aktuelle Berichtszeitraum sein.

Der Investor berichtigt rückwirkend das Geschäftsjahr, das der Erstanwendung unmittelbar vorausgeht, es sei denn der Beginn der frühesten Periode, für die die Anwendung dieses Paragraphen gilt, ist der aktuelle Berichtszeitraum. Liegt das fiktive Erwerbsdatum vor dem Beginn des unmittelbar vorausgehenden Geschäftsjahres, nimmt der Investor eine Berichtigung des Eigenkapitals zu Beginn des unmittelbar vorausgehenden Geschäftsjahres vor, deren eventuelle Differenz

(c) der Betrag aus angesetzten Vermögenswerten, Schulden und nicht beherrschenden Anteilen und

(d) dem früheren Buchwert des investorseitigen Engagements im Beteiligungsunternehmen ist.

Ist der Beginn der frühesten Periode, für die die Anwendung dieses Paragraphen gilt, der aktuelle Berichtszeitraum, so ist die Berichtigung des Eigenkapitals zu Beginn des aktuellen Berichtszeitraums anzusetzen.

C4B Wendet ein Investor die Paragraphen C4-C4A an und der Zeitpunkt, an dem die Beherrschung gemäß diesem IFRS erlangt wurde, liegt nach dem Zeitpunkt des Inkrafttretens von IFRS 3 in der 2008 geänderten Fassung (IFRS 3 (2008)), ist der Verweis auf IFRS 3 in den Paragraphen C4 und C4A als Verweis auf IFRS 3 (2008) zu verstehen. Wurde die Beherrschung vor dem Zeitpunkt des Inkrafttretens von IFRS 3 (2008) erlangt, wendet ein Investor entweder IFRS 3 (2008) oder IFRS 3 (herausgegeben 2004) an.

C4C Wendet ein Investor die Paragraphen C4–C4A an und der Zeitpunkt, an dem die Beherrschung gemäß diesem IFRS erlangt wurde, liegt nach dem Zeitpunkt des Inkrafttretens von IAS 27 in der 2008 geänderten Fassung (IAS 27 (2008)), wendet der Investor die Anforderungen dieses IFRS auf alle Geschäftsjahre an, in denen das Beteiligungsunternehmen rückwirkend gemäß der Paragraphen C4 und C4A konsolidiert wurde. Wurde die Beherrschung vor dem Zeitpunkt des Inkrafttretens von IAS 27 (2008) erlangt, wendet der Investor entweder

(a) die Anforderungen dieses IFRS auf alle Geschäftsjahre an, in denen das Beteiligungsunternehmen rückwirkend gemäß der Paragraphen C4 und C4A konsolidiert wurde; oder

(b) die Anforderungen von IAS 27 in der 2003 herausgegebenen Fassung (IAS 27 (2003)) für diese Geschäftsjahre vor dem Zeitpunkt des Inkrafttretens von IAS 27 (2008) und danach die Anforderungen dieses IFRS auf spätere Geschäftsjahre an.

C5 Kommt ein Investor bei erstmaliger Anwendung dieses IFRS zu dem Schluss, dass ein Beteiligungsunternehmen nicht mehr zu konsolidieren ist, das gemäß IAS 27 und SIC-12 zuvor konsolidiert wurde, hat der Investor seinen Anteil am Beteiligungsunternehmen zu dem Betrag zu bewerten, zu dem er ihn auch bewertet hätte, wenn die Vorschriften des vorliegenden IFRS in Kraft gewesen wären, als er sein Engagement im Beteiligungsunternehmen aufnahm (aber im Sinne dieses IFRS keine Beherrschung darüber erlangte) bzw. seine Beherrschung darüber verlor. Der Investor passt das Geschäftsjahr, das der Erstanwendung dieses IFRS unmittelbar vorausgeht, rückwirkend an. Liegt der Zeitpunkt, an dem der Investor sein Engagement im Beteiligungsunternehmen aufnahm (aber im Sinne dieses IFRS keine Beherrschung darüber erlangte) bzw. seine Beherrschung darüber verlor, vor dem Beginn des unmittelbar vorausgehenden Geschäftsjahres, nimmt der Investor eine Berichtigung des Eigenkapitals zu Beginn des unmittelbar vorausgehenden Geschäftsjahres vor, deren eventuelle Differenz

(a) der frühere Buchwert der Vermögenswerte, Schulden und nicht beherrschenden Anteile und

(b) der erfasste Buchwert des investorseitigen Engagements im Beteiligungsunternehmen ist.

Ist eine Bewertung des zurückbehaltenen Anteils am Beteiligungsunternehmen gemäß Paragraph C5 nicht durchführbar (gemäß Definition in IAS 8), hat der Investor die Vorschriften des vorliegenden IFRS zu Beginn des frühesten Zeitraums, für den eine Anwendung von Paragraph C5 durchführbar ist, anzuwenden. Dies kann der aktuelle Berichtszeitraum sein. Der Investor berichtigt rückwirkend das Geschäftsjahr, das der Erstanwendung unmittelbar vorausgeht, es sei denn, der Beginn der frühesten Periode, für die die Anwendung dieses Paragraphen gilt, ist der aktuelle Berichtszeitraum. Liegt der Zeitpunkt, an dem der Investor sein Engagement im Beteiligungsunternehmen aufnahm (aber im Sinne dieses IFRS keine Beherrschung darüber erlangte) bzw. seine Beherrschung darüber verlor, vor dem Beginn des unmittelbar vorausgehenden Geschäftsjahres, nimmt der Investor eine Berichtigung des Eigenkapitals zu Beginn des unmittelbar vorausgehenden Geschäftsjahres vor, deren eventuelle Differenz **C5A**

(a) der frühere Buchwert der Vermögenswerte, Schulden und nicht beherrschenden Anteile und

(b) der erfasste Buchwert des investorseitigen Engagements im Beteiligungsunternehmen ist.

Ist der Beginn der frühesten Periode, für die die Anwendung dieses Paragraphen durchführbar ist, der aktuelle Berichtszeitraum, so ist die Berichtigung des Eigenkapitals zu Beginn des aktuellen Berichtszeitraums anzusetzen.

Die Paragraphen 23, 25, B94 und B96-B99 stellen 2008 vorgenommene Änderungen an IAS 27 dar, die im IFRS 10 übernommen wurden. Sofern ein Unternehmen nicht Paragraph C3 anwendet oder gehalten ist, die Paragraphen C4-C5A anzuwenden, hat es die Vorschriften in den genannten Paragraphen wie folgt anzuwenden: **C6**

(a) Ein Unternehmen darf Gewinn- oder Verlustzuweisungen für Berichtszeiträume, die vor der erstmaligen Anwendung der Änderung in Paragraph B94 liegen, nicht neu festlegen.

(b) Die Vorschriften in Paragraph 23 und B96 über die Bilanzierung von nach dem Erwerb der Beherrschung eingetretenen Änderungen der Beteiligungsquoten an einem Tochterunternehmen gelten nicht für Änderungen, die eingetreten sind, bevor ein Unternehmen diese Änderungen erstmals angewandt hat.

(c) Ein Unternehmen darf den Buchwert einer Beteiligung an einem ehemaligen Tochterunternehmen nicht neu bewerten, wenn die Beherrschung verlorenging, bevor es die Änderungen in Paragraph 25 und B97–B99 erstmals anwandte. Darüber hinaus darf ein Unternehmen positive oder negative Ergebnisse aus dem Verlust der Beherrschung über ein Tochterunternehmen nicht neu bewerten, wenn dieser vor der erstmaligen Anwendung der Änderungen in Paragraph 25 und B97-B99 eintrat.

Verweise auf „das unmittelbar vorausgehende Geschäftsjahr"

Ungeachtet der Bezugnahmen auf das Geschäftsjahr, das dem Zeitpunkt der erstmaligen Anwendung unmittelbar vorausgeht (den „unmittelbar vorausgehenden Berichtszeitraum") in den Paragraphen C3B-C5A kann ein Unternehmen auch angepasste vergleichende Angaben für **C6A** frühere Zeiträume vorlegen, ist dazu aber nicht verpflichtet. Legt ein Unternehmen angepasste vergleichende Angaben für frühere Zeiträume vor, sind alle Bezugnahmen auf den „unmittelbar vorausgehenden Berichtszeitraum“ in den Paragraphen C3B-C5A als der „früheste ausgewiesene angepasste Vergleichszeitraum“ zu verstehen.

C6B Legt ein Unternehmen nicht bereinigte Vergleichsinformationen für frühere Geschäftsjahre vor, hat es die Angaben klar zu bezeichnen, die nicht bereinigt wurden, und darauf hinzuweisen, dass sie auf einer anderen Grundlage erstellt wurden, sowie diese Grundlage zu erläutern.

Bezugnahmen auf IFRS 9

C7 Wendet ein Unternehmen diesen IFRS, aber noch nicht IFRS 9 an, sind Bezugnahmen auf IFRS 9 als Bezugnahme auf IAS 39 *Finanzinstrumente: Ansatz und Bewertung* zu verstehen.

Rücknahme anderer IFRS

C8 Der vorliegende IFRS ersetzt die in IAS 27 (in der 2008 geänderten Fassung) enthaltenen Vorschriften für Konzernabschlüsse.

C9 Der vorliegende IFRS ersetzt außerdem SIC-12 *Konsolidierung – Zweckgesellschaften*.

Anhang D: Änderungen an anderen IFRS (hier nicht wiedergegeben)

International Financial Reporting Standard 11 Gemeinsame Vereinbarungen (IFRS 11)

v. 11.12.2012 (ABl EU Nr. L 360 S. 1); zuletzt geändert durch Verordnung (EU) 2019/412 v. 14.3.2019 (ABl EU Nr. L 73 S. 93)[1)]

Zielsetzung

Das Ziel dieses IFRS besteht darin, Grundsätze für die Rechnungslegung von Unternehmen festzulegen, die an gemeinschaftlich geführten Vereinbarungen (d. h. *gemeinsamen Vereinbarungen*) beteiligt sind. **1**

Erreichen der Zielsetzung

Um das in Paragraph 1 festgelegte Ziel zu erreichen, wird in diesem IFRS der Begriff der *gemeinschaftlichen Führung* definiert. Ferner wird den an einer gemeinsamen Vereinbarung beteiligten Unternehmen vorgeschrieben, die Art der gemeinsamen Vereinbarung zu ermitteln, an der sie jeweils beteiligt sind. Zu diesem Zweck haben sie ihre Rechte und Pflichten zu beurteilen und diese Rechte und Pflichten entsprechend der jeweiligen Art der gemeinsamen Vereinbarung zu bilanzieren. **2**

Anwendungsbereich

Dieser IFRS ist auf alle Unternehmen anzuwenden, die an einer gemeinsamen Vereinbarung beteiligt sind. **3**

1) **Anm. d. Red.:** Diese Änderungen sind am 4.4.2019 in Kraft getreten und spätestens mit Beginn des ersten am oder nach dem 1.1.2019 beginnenden Geschäftsjahres anzuwenden. Vgl. dazu auch Paragraph C1AB.

Gemeinsame Vereinbarungen

4 Eine gemeinsame Vereinbarung ist ein Arrangement, bei dem zwei oder mehr Parteien gemeinschaftlich die Führung ausüben.

5 Eine gemeinsame Vereinbarung zeichnet sich durch folgende Merkmale aus:

(a) Die Parteien sind durch eine vertragliche Vereinbarung gebunden (siehe Paragraphen B2-B4).

(b) In der vertraglichen Vereinbarung wird zwei oder mehr Parteien die gemeinschaftliche Führung der Vereinbarung zugewiesen (siehe Paragraphen 7-13).

6 Bei einer gemeinsamen Vereinbarung handelt es sich entweder um eine *gemeinschaftliche Tätigkeit* oder um ein *Gemeinschaftsunternehmen*.

Gemeinschaftliche Führung

7 Gemeinschaftliche Führung ist die vertraglich vereinbarte, gemeinsam ausgeübte Führung einer Vereinbarung. Sie besteht nur dann, wenn Entscheidungen über die maßgeblichen Tätigkeiten die einstimmige Zustimmung der an der gemeinschaftlichen Führung beteiligten Parteien erfordern.

8 Ein an einer Vereinbarung beteiligtes Unternehmen muss beurteilen, ob die vertragliche Vereinbarung allen Parteien oder einer Gruppe der Parteien gemeinsam die Führung über die Vereinbarung zuweist. Eine gemeinsam ausgeübte Führung der Vereinbarung durch eine Partei oder eine Parteiengruppe liegt vor, wenn sie an der Lenkung der Tätigkeiten mit wesentlichen Auswirkungen auf die Rendite der Vereinbarung (also den maßgeblichen Tätigkeiten) zusammenwirken müssen.

9 Auch wenn festgestellt wurde, dass alle Parteien oder eine Gruppe von Parteien die Vereinbarung gemeinsam führen, besteht gemeinschaftliche Führung nur dann, wenn Entscheidungen über die maßgeblichen Tätigkeiten die einstimmige Zustimmung der an der gemeinschaftlichen Führung der Vereinbarung beteiligten Parteien erfordern.

10 In einer gemeinsamen Vereinbarung führt keine Einzelpartei die Vereinbarung allein. Eine Partei, die an der gemeinschaftlichen Führung der Vereinbarung beteiligt ist, kann jede der anderen Parteien oder Gruppen von Parteien an der Führung der Vereinbarung hindern.

11 Bei einer Vereinbarung kann es sich auch dann um eine gemeinsame Vereinbarung handeln, wenn nicht alle Parteien an der gemeinschaftlichen Führung der Vereinbarung beteiligt sind. Der vorliegende IFRS unterscheidet zwischen Parteien, die eine gemeinsame Vereinbarung gemeinschaftlich führen (*gemeinschaftlich Tätige* oder *Partnerunternehmen*), und Parteien, die an einer gemeinsamen Vereinbarung beteiligt sind, diese aber nicht führen.

12 Unternehmen müssen bei der Beurteilung, ob alle Parteien oder eine Gruppe der Parteien die gemeinschaftliche Führung einer Vereinbarung tragen, nach entsprechendem Ermessen vorgehen. Diese Beurteilung haben Unternehmen unter Berücksichtigung sämtlicher Sachverhalte und Umstände vorzunehmen (siehe Paragraphen B5-B11).

13 Ändern sich Sachverhalte und Umstände, hat ein Unternehmen erneut zu beurteilen, ob es noch an der gemeinsamen Führung der Vereinbarung beteiligt ist.

Arten gemeinsamer Vereinbarungen

14 Ein Unternehmen hat die Art der gemeinsamen Vereinbarung, in die es eingebunden ist, zu bestimmen. Die Einstufung einer gemeinsamen Vereinbarung als gemeinschaftliche Tätigkeit oder Gemeinschaftsunternehmen hängt von den Rechten und Pflichten der Parteien der Vereinbarung ab.

15 Eine gemeinschaftliche Tätigkeit ist eine gemeinsame Vereinbarung, bei der die Parteien, die gemeinschaftlich die Führung über die Vereinbarung ausüben, Rechte an den der Vereinbarung

zuzurechnenden Vermögenswerten und Verpflichtungen für deren Schulden haben. Diese Parteien werden gemeinschaftlich Tätige genannt.

Ein Gemeinschaftsunternehmen ist eine gemeinsame Vereinbarung, bei der die Parteien, die gemeinschaftlich die Führung über die Vereinbarung ausüben, Rechte am Nettovermögen der Vereinbarung besitzen. Diese Parteien werden Partnerunternehmen genannt. **16**

Bei der Beurteilung, ob es sich bei einer gemeinsamen Vereinbarung um eine gemeinschaftliche Tätigkeit oder ein Gemeinschaftsunternehmen handelt, muss ein Unternehmen unter Ausübung seines Ermessens vorgehen. Ein Unternehmen hat die Art der gemeinsamen Vereinbarung zu bestimmen, an der es jeweils beteiligt ist. Hierbei berücksichtigt es die Rechte und Pflichten, die ihm aus der Vereinbarung erwachsen. Ein Unternehmen beurteilt seine Rechte und Pflichten unter Erwägung von Aufbau und Rechtsform der Vereinbarung, unter Erwägung der zwischen den Parteien in der vertraglichen Vereinbarung verabredeten Bedingungen sowie, soweit sachdienlich, sonstiger Sachverhalte und Umstände (siehe Paragraphen B12-B33). **17**

Mitunter sind die Parteien durch einen Rahmenvertrag gebunden, in dem die allgemeinen Vertragsbedingungen für die Durchführung einer oder mehrerer Tätigkeiten festgelegt werden. Im Rahmenvertrag könnte festgelegt sein, dass die Parteien verschiedene gemeinsame Vereinbarungen errichten, in denen bestimmte Tätigkeiten behandelt werden, die einen Bestandteil des Rahmenvertrags bilden. Obgleich sich solche gemeinsame Vereinbarungen auf denselben Rahmenvertrag beziehen, können sie unterschiedlicher Art sein, wenn die Rechte und Pflichten der Parteien bei der Durchführung der verschiedenen, im Rahmenvertrag behandelten Tätigkeiten unterschiedlich sind. Folglich können gemeinschaftliche Tätigkeiten und Gemeinschaftsunternehmen nebeneinander bestehen, wenn die Parteien unterschiedliche Tätigkeiten durchführen, die aber Bestandteil derselben Rahmenvereinbarung sind. **18**

Ändern sich Sachverhalte und Umstände, hat ein Unternehmen erneut zu beurteilen, ob sich die Art der gemeinsamen Vereinbarung, in die es eingebunden ist, geändert hat. **19**

Abschlüsse von Parteien einer gemeinsamen Vereinbarung

Gemeinschaftliche Tätigkeiten

Ein gemeinschaftlich Tätiger bilanziert in Bezug auf seinen Anteil an einer gemeinschaftlichen Tätigkeit: **20**

(a) seine Vermögenswerte, einschließlich seines Anteils an gemeinschaftlich gehaltenen Vermögenswerten;

(b) seine Schulden, einschließlich seines Anteils an jeglichen gemeinschaftlich eingegangenen Schulden;

(c) seine Erlöse aus dem Verkauf seines Anteils am Ergebnis der gemeinschaftlichen Tätigkeit;

(d) seinen Anteil an den Erlösen aus dem Verkauf des Produktionsergebnisses durch die gemeinschaftliche Tätigkeit; und

(e) seine Aufwendungen, einschließlich seines Anteils an jeglichen gemeinschaftlich eingegangenen Aufwendungen.

Ein gemeinschaftlich Tätiger bilanziert die Vermögenswerte, Schulden, Erlöse und Aufwendungen aus seiner Beteiligung an einer gemeinschaftlichen Tätigkeit gemäß den für die jeweiligen Vermögenswerte, Schulden, Erlöse und Aufwendungen maßgeblichen IFRS. **21**

Erwirbt ein Unternehmen einen Anteil an einer gemeinschaftlichen Tätigkeit, die einen Geschäftsbetrieb im Sinne des IFRS 3 darstellt, wendet es, im Umfang seines Anteils gemäß Paragraph 20, sämtliche in IFRS 3 und in anderen IFRS festgelegten Grundsätze der Bilanzierung von Unternehmenszusammenschlüssen an, die nicht mit den Leitlinien dieses IFRS im Widerspruch stehen, und macht die in diesen IFRS in Bezug auf Unternehmenszusammenschlüsse vorgeschriebenen Angaben. Dies gilt sowohl für den Erwerb eines ersten Anteils als auch für den Erwerb weiterer Anteile an einer gemeinschaftlichen Tätigkeit, die einen Geschäftsbetrieb **21A** darstellt. Der Erwerb eines Anteils an einer solchen gemeinschaftlichen Tätigkeit wird gemäß den Paragraphen B33A-B33D bilanziert.

22 Die Bilanzierung von Geschäftsvorfällen wie Verkauf, Einlage oder Kauf von Vermögenswerten zwischen einem Unternehmen und einer gemeinschaftlichen Tätigkeit, in der dieses ein gemeinschaftlich Tätiger ist, wird in den Paragraphen B34-B37 im Einzelnen festgelegt.

23 Eine Partei, die an einer gemeinschaftlichen Tätigkeit, nicht aber an ihrer gemeinschaftlichen Führung beteiligt ist, hat ihre Beteiligung an der Vereinbarung ebenfalls gemäß den Paragraphen 20-22 zu bilanzieren, wenn diese Partei Rechte an Vermögenswerten oder Verpflichtungen für die Schulden der gemeinschaftlichen Tätigkeit besitzt. Eine Partei, die an einer gemeinschaftlichen Tätigkeit, nicht aber an ihrer gemeinschaftlichen Führung beteiligt ist, und keine Rechte an Vermögenswerten oder Verpflichtungen für die Schulden der betreffenden gemeinschaftlichen Tätigkeit besitzt, bilanziert ihre Beteiligung an der gemeinschaftlichen Tätigkeit gemäß den auf die betreffende Beteiligung anwendbaren IFRS.

Gemeinschaftsunternehmen

24 Ein Partnerunternehmen setzt seine Anteile an einem Gemeinschaftsunternehmen als Beteiligung an und bilanziert diese Beteiligung unter Verwendung der Equity-Methode gemäß IAS 28 *Anteile an assoziierten Unternehmen und Gemeinschaftsunternehmen*, soweit das Unternehmen dem genannten Standard zufolge nicht von der Anwendung der Equity-Methode ausgenommen ist.

25 Eine Partei, die an einem Gemeinschaftsunternehmen, nicht aber an ihrer gemeinschaftlichen Führung beteiligt ist, bilanziert ihren Anteil an der Vereinbarung gemäß IFRS 9 *Finanzinstrumente*, soweit sie nicht über einen maßgeblichen Einfluss über das Gemeinschaftsunternehmen verfügt; in diesem Fall bilanziert sie die Beteiligung gemäß IAS 28 (in der 2011 geänderten Fassung).

Einzelabschlüsse

26 Ein gemeinschaftlich Tätiger oder ein Partnerunternehmen bilanziert in seinen Einzelabschlüssen seine Beteiligung an:

(a) einer gemeinschaftlichen Tätigkeit gemäß den Paragraphen 20-22;

(b) einem Gemeinschaftsunternehmen gemäß Paragraph 10 IAS 27 *Einzelabschlüsse*.

27 Eine Partei, die an einer gemeinsamen Vereinbarung beteiligt ist, sie aber nicht gemeinschaftlich führt, bilanziert in ihren Einzelabschlüssen ihre Beteiligung an:

(a) einer gemeinschaftlichen Tätigkeit gemäß Paragraph 23;

(b) einem Gemeinschaftsunternehmen gemäß IFRS 9, soweit sie nicht über einen maßgeblichen Einfluss über das Gemeinschaftsunternehmen verfügt; in diesem Fall gilt Paragraph 10 von IAS 27 (in der 2011 geänderten Fassung).

Anhang A: Definitionen

Dieser Anhang ist fester Bestandteil des IFRS.

Gemeinsame Vereinbarung	Eine Vereinbarung, die unter der **gemeinschaftlichen Führung** von zwei oder mehr Parteien steht.
Gemeinschaftliche Führung	Die vertraglich vereinbarte, gemeinsam ausgeübte Führung einer Vereinbarung. Sie besteht nur dann, wenn Entscheidungen über die maßgeblichen Tätigkeiten die einstimmige Zustimmung der an der gemeinschaftlichen Führung beteiligten Parteien erfordern.

Gemeinschaftliche Tätigkeit	Eine **gemeinsame Vereinbarung**, bei der die Parteien, die **gemeinschaftlich** die **Führung** über die Vereinbarung ausüben, Rechte an den der Vereinbarung zuzurechnenden Vermögenswerten und Verpflichtungen für deren Schulden haben.
Gemeinschaftlich Tätiger	Eine Partei einer **gemeinschaftlichen Tätigkeit**, die die **gemeinschaftliche Führung** über die betreffende gemeinschaftliche Tätigkeit hat.
Gemeinschaftsunternehmen	Eine **gemeinsame Vereinbarung**, bei der die Parteien, die **gemeinschaftlich** die **Führung** über die Vereinbarung ausüben, Rechte am Nettovermögen der Vereinbarung besitzen.
Partnerunternehmen	Eine Partei eines **Gemeinschaftsunternehmens**, die die **gemeinschaftliche Führung** über das betreffende Gemeinschaftsunternehmen hat.
Partei einer gemeinsamen Vereinbarung	Ein an einer **gemeinsamen Vereinbarung** beteiligtes Unternehmen, unabhängig davon, ob es an der **gemeinschaftlichen Führung** der Vereinbarung beteiligt ist.
Eigenständiges Vehikel	Eine eigenständig identifizierbare Finanzstruktur, einschließlich eigenständiger, rechtlich anerkannter, verfasster Einheiten, unabhängig davon, ob diese Einheiten eine eigene Rechtspersönlichkeit besitzen.

Die folgenden Begriffe sind in IAS 27 (in der 2011 geänderten Fassung), IAS 28 (in der 2011 geänderten Fassung) bzw. IFRS 10 *Konzernabschlüsse* definiert und werden im vorliegenden IFRS in der dort angegebenen Bedeutung verwendet.

- Beherrschung eines Beteiligungsunternehmens
- Equity-Methode
- Verfügungsgewalt
- Schutzrechte
- Maßgebliche Tätigkeiten
- Einzelabschlüsse
- Maßgeblicher Einfluss

Anhang B: Leitlinien für die Anwendung

Dieser Anhang ist fester Bestandteil des IFRS. Er beschreibt die Anwendung der Paragraphen 1-27 und hat die gleiche bindende Kraft wie die anderen Teile des IFRS.

Die Beispiele in diesem Anhang sind hypothetisch. Einige Aspekte der Beispiele können zwar in tatsächlichen Sachverhaltsmustern zutreffen, trotzdem müssten bei der Anwendung des IFRS 11 alle maßgeblichen Sachverhalte und Umstände eines bestimmten Sachverhaltsmusters bewertet werden. **B1**

Gemeinsame Vereinbarungen

Vertragliche Vereinbarung (Paragraph 5)

Vertragliche Vereinbarungen können auf verschiedene Weise nachgewiesen werden: Eine vollstreckbare vertragliche Vereinbarung liegt häufig, aber nicht immer, in schriftlicher Form vor, gewöhnlich in Form eines Vertrags oder in Form dokumentierter Erörterungen zwischen den Parteien. Auch durch gesetzliche Mechanismen können vollstreckbare Vereinbarungen entste- **B2** hen, entweder aus eigenem Recht oder in Verbindung mit zwischen den Parteien bestehenden Verträgen.

B3 Sind gemeinsame Vereinbarungen als eigenständige Vehikel aufgebaut (siehe Paragraphen B19-B33), werden in einigen Fällen die gemeinsame Vereinbarung insgesamt oder einige Gesichtspunkte der gemeinsamen Vereinbarung in den Gesellschaftsvertrag, die Gründungsurkunde oder die Satzung des eigenständigen Vehikels aufgenommen.

B4 In der vertraglichen Vereinbarung werden die Bedingungen festgelegt, unter denen die Parteien an der Tätigkeit teilnehmen, die Gegenstand der Vereinbarung ist. In der vertraglichen Vereinbarung werden im Allgemeinen folgende Angelegenheiten geregelt:

(a) Zweck, Tätigkeit und Laufzeit der gemeinsamen Vereinbarung.

(b) Die Art und Weise, wie die Mitglieder des Vorstandes oder eines gleichwertigen Leitungsorgans der gemeinsamen Vereinbarung bestellt werden.

(c) Der Entscheidungsprozess: d. h. die Angelegenheiten, bei denen Entscheidungen durch die Parteien erforderlich sind, die Stimmrechte der Parteien und der erforderliche Umfang der Unterstützung für die betreffenden Angelegenheiten. Der in der vertraglichen Vereinbarung wiedergegebene Entscheidungsprozess begründet die gemeinschaftliche Führung der Vereinbarung (siehe Paragraphen B5-B11).

(d) Das Kapital oder andere, von den Parteien verlangte Einlagen.

(e) Die Art und Weise, wie die Parteien Vermögenswerte, Schulden, Erlöse, Aufwendungen, Gewinne oder Verluste aus der gemeinsamen Vereinbarung teilen.

Gemeinschaftliche Führung (Paragraphen 7-13)

B5 Bei der Beurteilung, ob ein Unternehmen an der gemeinschaftlichen Führung einer Vereinbarung beteiligt ist, hat das Unternehmen als erstes zu beurteilen, ob alle Parteien oder eine Gruppe der Parteien die Führung der Vereinbarung gemeinsam ausüben. Beherrschung wird in IFRS 10 definiert. Dieser Standard ist zur Feststellung dessen anzuwenden, ob alle Parteien oder eine Gruppe der Parteien schwankenden Renditen aus ihrem Engagement in der Vereinbarung ausgesetzt sind bzw. Anrechte auf sie haben und ob sie die Möglichkeiten besitzen, die Renditen durch ihre Verfügungsgewalt über die Vereinbarung zu beeinflussen. Wenn alle Parteien oder eine Parteiengruppe bei gemeinsamer Betrachtung in der Lage sind, die Tätigkeiten mit wesentlichen Auswirkungen auf die Erlöse der Vereinbarung (d. h. maßgeblichen Tätigkeiten) zu lenken, beherrschen die Parteien die Vereinbarung gemeinsam.

B6 Ist ein Unternehmen zu dem Schluss gelangt, dass alle Parteien, oder eine Gruppe der Parteien, die Führung der Vereinbarung gemeinsam ausüben, hat es zu beurteilen, ob es an der gemeinschaftlichen Führung einer Vereinbarung beteiligt ist. Gemeinschaftliche Führung liegt nur dann vor, wenn die Entscheidungen über die maßgeblichen Tätigkeiten die einstimmige Zustimmung der an der gemeinsam ausgeübten Führung der Vereinbarung beteiligten Parteien erfordern. Die Beurteilung, ob die Vereinbarung der gemeinschaftlichen Führung durch alle beteiligten Parteien oder einer Gruppe der Parteien unterliegt oder ob sie durch eine ihrer Parteien allein geführt wird, kann Ermessensausübung verlangen.

B7 Mitunter führt der Entscheidungsprozess, den die Parteien in ihrer vertraglichen Vereinbarung festlegen, stillschweigend zu gemeinschaftlicher Führung. Nehmen wir zum Beispiel an, dass zwei Parteien eine Vereinbarung errichten, in der jede 50 % der Stimmrechte hält. Nehmen wir ferner an, dass in der vertraglichen Vereinbarung zwischen ihnen bestimmt wird, dass für Entscheidungen über die maßgeblichen Tätigkeiten mindestens 51 % der Stimmrechte erforderlich sind. In diesem Fall haben die Parteien stillschweigend vereinbart, dass sie die gemeinschaftliche Führung der Vereinbarung innehaben, weil Entscheidungen über die maßgeblichen Tätigkeiten nur mit Zustimmung beider Parteien getroffen werden können.

B8 Unter anderen Umständen schreibt die vertragliche Vereinbarung für Entscheidungen über die maßgeblichen Tätigkeiten einen Mindestanteil der Stimmrechte vor. Wenn dieser erforderliche Mindestanteil der Stimmrechte dadurch erzielt werden kann, dass mehrere Parteien in unterschiedlicher Zusammensetzung gemeinsam zustimmen, handelt es sich bei der betreffenden Vereinbarung nicht um eine gemeinsame Vereinbarung, sofern die vertragliche Vereinbarung nicht festlegt, welche Parteien (oder Parteienkombinationen) den Entscheidungen über die maßgeblichen Tätigkeiten der Vereinbarung einstimmig zustimmen müssen.

Anwendungsbeispiele

Beispiel 1

Angenommen, drei Parteien gründen eine Vereinbarung: A besitzt 50 % der Stimmrechte in der Vereinbarung, B 30 % und C 20 %. In der vertraglichen Vereinbarung zwischen A, B und C wird festgelegt, dass für Entscheidungen über die maßgeblichen Tätigkeiten der Vereinbarung mindestens 75 % der Stimmrechte erforderlich sind. Obgleich A jede Entscheidung blockieren kann, beherrscht A die Vereinbarung nicht, weil es die Zustimmung von B benötigt. Die Bestimmungen ihrer vertraglichen Vereinbarungen, nach denen für Entscheidungen über die maßgeblichen Tätigkeiten der Vereinbarung mindestens 75 % der Stimmrechte erforderlich sind, deuten stillschweigend darauf hin, dass A und B die gemeinschaftliche Führung der Vereinbarung innehaben, weil Entscheidungen über die maßgeblichen Tätigkeiten der Vereinbarung nicht ohne Zustimmung von sowohl A als auch B getroffen werden können.

Beispiel 2

Angenommen, zu einer Vereinbarung gehören drei Parteien: A besitzt 50 % der Stimmrechte in der Vereinbarung und B und C besitzen je 25 %. In der vertraglichen Vereinbarung zwischen A, B und C wird festgelegt, dass für Entscheidungen über die maßgeblichen Tätigkeiten der Vereinbarung mindestens 75 % der Stimmrechte erforderlich sind. Obgleich A jede Entscheidung blockieren kann, beherrscht es die Vereinbarung nicht, weil es die Zustimmung von entweder B oder C benötigt. In diesem Beispiel beherrschen A, B und C die Vereinbarung gemeinsam. Es gibt jedoch mehr als eine Kombination von Parteien, die sich einig sein können und somit 75 % der Stimmrechte erreichen (d. h. entweder A und B oder A und C). Damit die vertragliche Vereinbarung in einer solchen Situation eine gemeinsame Vereinbarung ist, müssten die Parteien festlegen, welche Parteienkombination Entscheidungen über die maßgeblichen Tätigkeiten der Vereinbarung einstimmig zustimmen muss.

Beispiel 3

Angenommen, in einer Vereinbarung besitzen A und B je 35 % der Stimmrechte in der Vereinbarung und die restlichen 30 % sind weit gestreut. Für Entscheidungen über die maßgeblichen Tätigkeiten wird die Zustimmung durch eine Mehrheit der Stimmrechte verlangt. A und B haben nur dann die gemeinschaftliche Führung der Vereinbarung, wenn die vertragliche Vereinbarung festlegt, dass für Entscheidungen über die maßgeblichen Tätigkeiten der Vereinbarung die Zustimmung sowohl von A als auch von B erforderlich ist.

Das Erfordernis der einstimmigen Zustimmung bedeutet, dass jede Partei mit gemeinschaftlicher Führung der Vereinbarung jede andere Partei oder Gruppe der Parteien daran hindern kann, ohne ihre Zustimmung einseitige Entscheidungen (über die maßgeblichen Tätigkeiten) zu fällen. Bezieht sich das Erfordernis der einstimmigen Zustimmung nur auf Entscheidungen, die einer Partei Schutzrechte verleihen, nicht aber auf Entscheidungen über die maßgeblichen Tätigkeiten einer Vereinbarung, ist die betreffende Partei keine Partei, die an der gemeinschaftlichen Führung der Vereinbarung teilhat. **B9**

Eine vertragliche Vereinbarung könnte auch Klauseln über die Lösung von Streitigkeiten, z. B. Schiedsverfahren, beinhalten. Derartige Bestimmungen lassen eventuell zu, dass Entscheidungen ohne einstimmige Zustimmung der Parteien, die an der gemeinschaftlichen Führung teilhaben, getroffen werden dürfen. Das Bestehen derartiger Bestimmungen verhindert nicht, dass die Vereinbarung unter gemeinschaftlicher Führung steht und infolgedessen eine gemeinsame Vereinbarung ist. **B10**

Beurteilung gemeinschaftlicher Führung

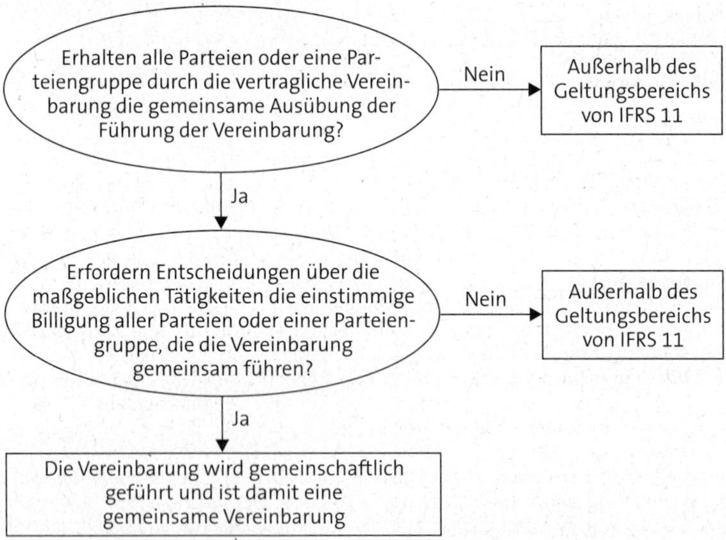

B11 Liegt eine Vereinbarung außerhalb des Geltungsbereichs von IFRS 11, bilanziert ein Unternehmen seinen Anteil an der Vereinbarung gemäß den maßgeblichen IFRS wie IFRS 10, IAS 28 (geändert 2011) oder IFRS 9.

Arten Gemeinsamer Vereinbarungen (Paragraphen 14-19)

B12 Gemeinsame Vereinbarungen werden für eine Vielzahl unterschiedlicher Zwecke gegründet (z. B. als Möglichkeit für die Parteien, Kosten und Risiken gemeinsam zu tragen, oder als Möglichkeit, den Parteien Zugang zu neuen Technologien oder neuen Märkten zu verschaffen). Sie können unter Nutzung unterschiedlicher Strukturen und Rechtsformen errichtet werden.

B13 Einige Vereinbarungen schreiben nicht vor, dass die Tätigkeit, die den Gegenstand der Vereinbarung bildet, in einem eigenständigen Vehikel ausgeübt werden soll. Andere Vereinbarungen beinhalten jedoch die Gründung eines eigenständigen Vehikels.

B14 Die in diesem IFRS vorgeschriebene Einstufung gemeinsamer Vereinbarungen hängt von den Rechten und Pflichten ab, die den Parteien im normalen Geschäftsverlauf aus der Vereinbarung erwachsen. In diesem IFRS werden gemeinsame Vereinbarungen entweder als gemeinschaftliche Tätigkeiten oder als Gemeinschaftsunternehmen eingestuft. Wenn ein Unternehmen Rechte an den der Vereinbarung zuzurechnenden Vermögenswerten und Verpflichtungen für deren Schulden hat, ist die Vereinbarung eine gemeinschaftliche Tätigkeit. Wenn ein Unternehmen Rechte an den der Vereinbarung zuzurechnenden Nettovermögenswerten hat, ist die Vereinbarung ein Gemeinschaftsunternehmen. In den Paragraphen B16-B33 wird dargelegt, anhand welcher Feststellungen ein Unternehmen beurteilt, ob seine Beteiligung eine gemeinschaftliche Tätigkeit oder Gemeinschaftsunternehmen betrifft.

Einstufung einer gemeinsamen Vereinbarung

Wie in Paragraph B14 dargelegt, verlangt die Einstufung einer gemeinsamen Vereinbarung von den Parteien eine Beurteilung der Rechte und Pflichten, die ihnen aus der Vereinbarung erwachsen. Bei dieser Beurteilung muss ein Unternehmen Folgendes berücksichtigen: **B15**

(a) den Aufbau der gemeinsamen Vereinbarung (siehe Paragraphen B16-B21)

(b) falls die gemeinsame Vereinbarung als eigenständiges Vehikel errichtet wird:

   (i) die Rechtsform des eigenständigen Vehikels (siehe Paragraphen B22-B24);

   (ii) die Bestimmungen der vertraglichen Vereinbarung (siehe Paragraphen B25-B28); und

   (iii) soweit sachdienlich, sonstige Sachverhalte und Umstände (siehe Paragraphen B29-B33).

Aufbau der gemeinsamen Vereinbarung

Gemeinsame Vereinbarungen, die nicht als eigenständiges Vehikel aufgebaut sind

Eine gemeinsame Vereinbarung, die nicht als eigenständiges Vehikel aufgebaut ist, ist eine gemeinschaftliche Tätigkeit. In derartigen Fällen werden in der vertraglichen Vereinbarung die der Vereinbarung zuzurechnenden Rechte der Parteien an den Vermögenswerten und ihre Verpflichtungen für die Schulden festgelegt. Ferner werden die Rechte der Parteien auf die entsprechenden Erlöse und ihre Verpflichtungen für die entsprechenden Aufwendungen bestimmt. **B16**

Die vertragliche Vereinbarung beschreibt häufig die Beschaffenheit der Tätigkeiten, die Gegenstand der Vereinbarung sind, sowie die Art und Weise, wie die Parteien die gemeinsame Durchführung dieser Tätigkeiten planen. Die Parteien einer gemeinsamen Vereinbarung könnten zum Beispiel verabreden, ein Produkt gemeinsam herzustellen, wobei jede Partei für eine bestimmte Aufgabe verantwortlich ist und jede von ihnen eigene Vermögenswerte nutzt und eigene Schulden eingeht. In der vertraglichen Vereinbarung könnte auch im Einzelnen festgelegt werden, wie die gemeinsamen Erlöse und Aufwendungen der Parteien unter diesen aufgeteilt werden sollen. In einem solchen Fall setzt der gemeinschaftlich Tätige in seinen Abschlüssen die für seine besondere Aufgabe eingesetzten Vermögenswerte und Schulden an. Seinen Anteil an den Erlösen und Aufwendungen setzt er entsprechend der vertraglichen Vereinbarung an. **B17**

In anderen Fällen könnten die Parteien einer gemeinsamen Vereinbarung übereinkommen, einen Vermögenswert zu teilen und gemeinsam zu betreiben. In einem solchen Fall regelt die vertragliche Vereinbarung die Rechte der Parteien an dem Vermögenswert sowie den Umstand, dass er gemeinsam betrieben wird. In ihr wird auch bestimmt, wie das Produktionsergebnis oder der Ertrag aus dem Vermögenswert sowie die Betriebskosten zwischen den Parteien aufgeteilt werden. Jeder gemeinschaftlich Tätige bilanziert seinen Anteil an dem gemeinschaftlichen Vermögenswert sowie seinen vereinbarten Anteil an eventuellen Schulden. Seinen Anteil an dem Produktionsergebnis, dem Ertrag und den Aufwendungen setzt er gemäß der vertraglichen Vereinbarung an. **B18**

Gemeinsame Vereinbarungen, die als eigenständiges Vehikel aufgebaut sind

Bei gemeinsamen Vereinbarungen, in denen die der Vereinbarung zuzurechnenden Vermögenswerte und Schulden im Besitz eines eigenständigen Vehikels sind, kann es sich entweder um Gemeinschaftsunternehmen oder um gemeinschaftliche Tätigkeiten handeln. **B19**

Ob eine Partei gemeinschaftlich Tätiger oder Partnerunternehmen ist, hängt von den Rechten der Partei an den der Vereinbarung zuzurechnenden, im Besitz des eigenständigen Vehikels befindlichen Vermögenswerten sowie den Verpflichtungen für dessen Schulden ab. **B20**

Wie in Paragraph B15 dargelegt, müssen die Parteien für den Fall, dass sie eine gemeinsame Vereinbarung als eigenständiges Vehikel aufgebaut haben, beurteilen, ob sie aufgrund der Rechtsform des eigenständigen Vehikels, aufgrund der Bestimmungen der vertraglichen Verein- **B21** barung und, sofern maßgeblich, aufgrund sonstiger Sachverhalte und Umstände Folgendes erhalten:

(a) Rechte an den der Vereinbarung zuzurechnenden Vermögenswerten und Verpflichtungen für deren Schulden (d. h. bei der Vereinbarung handelt es sich um eine gemeinschaftliche Tätigkeit); oder
(b) Rechte am Nettovermögen der Vereinbarung (d. h. bei der Vereinbarung handelt es sich um ein Gemeinschaftsunternehmen).

Einstufung einer gemeinsamen Vereinbarung: Bewertung der aus der Vereinbarung erwachsenden Rechte und Pflichten der Parteien

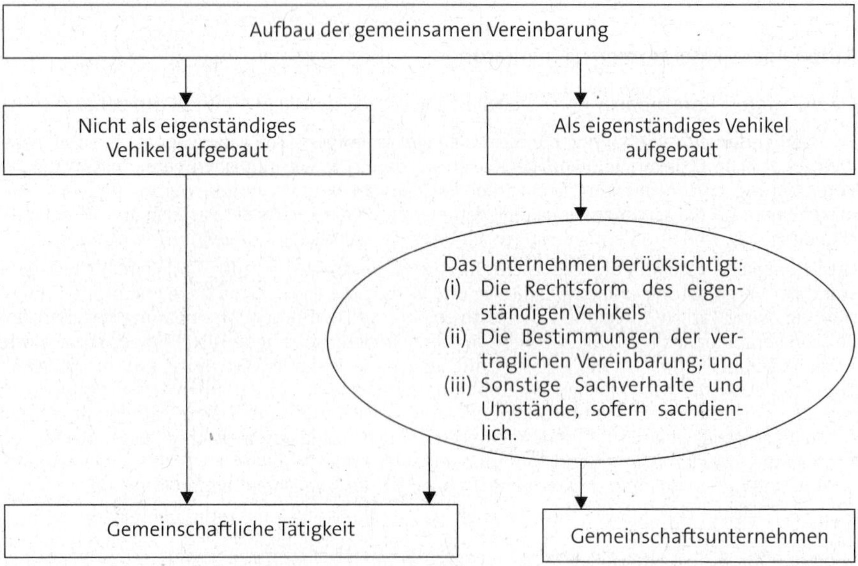

Rechtsform des eigenständigen Vehikels

B22 Bei der Beurteilung der Art einer gemeinsamen Vereinbarung ist die Rechtsform des eigenständigen Vehikels maßgeblich. Bei der anfänglichen Bewertung der Rechte der Parteien an den im Besitz des eigenständigen Vehikels befindlichen Vermögenswerten und ihren Verpflichtungen für dessen Schulden ist die Rechtsform behilflich. Die anfängliche Beurteilung betrifft z. B. die Frage, ob die Parteien Anteile an den im Besitz des eigenständigen Vehikels befindlichen Vermögenswerten haben und ob sie für dessen Schulden haften.

B23 Die Parteien können die gemeinsame Vereinbarung zum Beispiel als eigenständiges Vehikel betreiben, dessen Rechtsform dazu führt, dass das Vehikel als eigenständig betrachtet wird (d. h. die im Besitz des eigenständigen Vehikels befindlichen Vermögenswerte und Schulden sind dessen Vermögenswerte und Schulden und nicht die Vermögenswerte und Schulden der Parteien). In einem solchen Fall weist die Beurteilung der Rechte und Pflichten, die den Parteien durch die Rechtsform des eigenständigen Vehikels verliehen werden, darauf hin, dass es sich bei der Vereinbarung um ein Gemeinschaftsunternehmen handelt. Allerdings können die von den Parteien in ihrer vertraglichen Vereinbarung übereingekommenen Bestimmungen (siehe Paragraphen B25-B28) und, sofern maßgeblich, sonstige Sachverhalte und Umstände (siehe Paragraphen B29-B33) gegenüber der Beurteilung der den Parteien durch die Rechtsform des eigenständigen Vehikels verliehenen Rechte und Pflichten Vorrang haben.

Die Beurteilung der den Parteien durch die Rechtsform des eigenständigen Vehikels verliehenen Rechte und Pflichten reicht nur dann für die Schlussfolgerung aus, dass es sich bei der Vereinbarung um eine gemeinschaftliche Tätigkeit handelt, wenn die Parteien die gemeinsame Vereinbarung als eigenständiges Vehikel betreiben, dessen Rechtsform keine Trennung zwischen den Parteien und dem eigenständigen Vehikel herstellt (d. h. bei den im Besitz des eigenständigen Vehikels befindlichen Vermögenswerten und Schulden handelt es sich um die Vermögenswerte und Schulden der Parteien). **B24**

Beurteilung der Bestimmungen der vertraglichen Vereinbarung

In vielen Fällen stehen die Rechte und Pflichten, denen die Parteien in ihren vertraglichen Vereinbarungen zugestimmt haben, im Einklang, bzw. nicht im Widerspruch, mit den Rechten und Pflichten, die den Parteien durch die Rechtsform des eigenständigen Vehikels verliehen werden, nach der die Vereinbarung aufgebaut ist. **B25**

In anderen Fällen nutzen die Parteien die vertragliche Vereinbarung zur Umkehrung oder Änderung der Rechte und Pflichten, die ihnen durch die Rechtsform des eigenständigen Vehikels verliehen werden, nach der die Vereinbarung aufgebaut wurde. **B26**

Anwendungsbeispiel

Beispiel 4

Angenommen, zwei Parteien bauen eine gemeinsame Vereinbarung als körperschaftlich organisiertes Unternehmen auf. Jede Partei hat einen Eigentumsanteil von 50 % an der Kapitalgesellschaft. Die Gründung der Kapitalgesellschaft erlaubt die Trennung des Unternehmens von seinen Eigentümern. Daraus ergibt sich, dass die im Besitz des Unternehmens befindlichen Vermögenswerte und Schulden die Vermögenswerte und Schulden des körperschaftlich organisierten Unternehmens sind. In einem solchen Fall weist die Beurteilung der den Parteien durch die Rechtsform des eigenständigen Vehikels verliehenen Rechte und Pflichten darauf hin, dass die Parteien Rechte an den Nettovermögenswerten der Vereinbarung haben.

Die Parteien verändern die Merkmale der Kapitalgesellschaft jedoch durch ihre vertragliche Vereinbarung in der Weise, dass jede einen Anteil an den Vermögenswerten des körperschaftlich organisierten Unternehmens besitzt und jede in einem festgelegten Verhältnis für die Schulden des körperschaftlich organisierten Unternehmens haftet. Derartige vertragliche Veränderungen an den Merkmalen einer Kapitalgesellschaft können dazu führen, dass eine Vereinbarung eine gemeinschaftliche Tätigkeit ist.

Die folgende Tabelle enthält einen Vergleich zwischen üblichen Bestimmungen in vertraglichen Vereinbarungen zwischen Parteien einer gemeinschaftlichen Tätigkeit und üblichen Bestimmungen in vertraglichen Vereinbarungen zwischen Parteien eines Gemeinschaftsunternehmens. Die in der folgenden Tabelle aufgeführten Beispiele für Vertragsbestimmungen sind nicht erschöpfend. **B27**

Beurteilung der Bestimmungen der vertraglichen Vereinbarung		
	Gemeinschaftliche Tätigkeit	**Gemeinschaftsunternehmen**
Bestimmungen der vertraglichen Vereinbarung	Die vertragliche Vereinbarung verleiht den Parteien der gemeinsamen Vereinbarung Rechte an den der Vereinbarung zuzurechnenden Vermögenswerten und Verpflichtungen für deren Schulden.	Die vertragliche Vereinbarung verleiht den Parteien der gemeinsamen Vereinbarung Rechte am Nettovermögen der Vereinbarung (d. h. es ist das eigenständige Vehikel, das Rechte an den der Vereinbarung zuzurechnenden Vermögenswerten und Verpflichtungen für deren Schulden hat, nicht die Parteien.)

Rechte an Vermögenswerten	In der vertraglichen Vereinbarung wird festgelegt, dass die Parteien der gemeinsamen Vereinbarung alle Anteile (z. B. Rechte, Titel oder Eigentum) an den der Vereinbarung zuzurechnenden Vermögenswerten in einem festgelegten Verhältnis gemeinsam besitzen (z. B. im Verhältnis zum Eigentumsanteil der Parteien an der Vereinbarung oder im Verhältnis zu der durch die Vereinbarung ausgeübten, den Parteien unmittelbar zugerechneten Tätigkeit).	In der vertraglichen Vereinbarung wird festgelegt, dass die in die Vereinbarung eingebrachten oder später von der gemeinsamen Vereinbarung erworbenen Vermögenswerte die Vermögenswerte der Vereinbarung sind. Die Parteien haben keine Anteile (d. h. keine Rechte, Titel oder Eigentum) an den Vermögenswerten der Vereinbarung.
Verpflichtungen für Schulden	In der vertraglichen Vereinbarung wird festgelegt, dass die Parteien der gemeinsamen Vereinbarung alle Schulden, Verpflichtungen, Kosten und Aufwendungen in einem festgelegten Verhältnis gemeinsam tragen (z. B. im Verhältnis zum Eigentumsanteil der Parteien an der Vereinbarung oder im Verhältnis zu der durch die Vereinbarung ausgeübten, den Parteien unmittelbar zugerechneten Tätigkeit).	In der vertraglichen Vereinbarung wird festgelegt, dass die gemeinsame Vereinbarung für die Schulden und Verpflichtungen der Vereinbarung haftet.
	In der vertraglichen Vereinbarung wird festgelegt, dass die Parteien der gemeinsamen Vereinbarung für Ansprüche haften, die von Dritten erhoben werden.	In der vertraglichen Vereinbarung wird festgelegt, dass die Parteien der gemeinsamen Vereinbarung nur im Umfang ihrer jeweiligen Beteiligung an der Vereinbarung oder in Höhe ihrer jeweiligen Verpflichtung, noch nicht eingezahltes oder zusätzliches Kapital in sie einzubringen, der Vereinbarung gegenüber haften. Es kann auch Beides gelten.
		In der vertraglichen Vereinbarung wird erklärt, dass Gläubiger der gemeinsamen Vereinbarung in Bezug auf Schulden oder Verpflichtungen der Vereinbarung keiner Partei gegenüber Rückgriffsrechte haben.
Erlöse, Aufwendungen, Gewinn oder Verlust	In der vertraglichen Vereinbarung wird die Zuweisung von Erlösen und Aufwendungen auf der Grundlage der relativen Leistung jeder Partei gegenüber der gemeinsamen Vereinbarung festgelegt. Zum Beispiel könnte in der vertraglichen Vereinbarung festgelegt werden, dass Erlöse und Aufwendungen auf Basis der Kapazität zugewiesen werden, die jede Partei an einem gemeinsam betriebenen Werk nutzt	In der vertraglichen Vereinbarung wird der Anteil jeder Partei an dem Gewinn oder Verlust festgelegt, der den Tätigkeiten der Vereinbarung zuzurechnen ist.

	und die von ihrem Eigentumsanteil an der gemeinsamen Vereinbarung abweichen könnte. In anderen Fällen haben die Parteien vielleicht vereinbart, den der Vereinbarung zuzurechnenden Gewinn oder Verlust auf Basis eines festgelegten Verhältnisses wie z. B. dem jeweiligen Eigentumsanteil der Parteien an der Vereinbarung, zu teilen. Dies würde nicht verhindern, dass die Vereinbarung eine gemeinschaftliche Tätigkeit ist, sofern die Parteien Rechte an den der Vereinbarung zuzurechnenden Vermögenswerten und Verpflichtungen für ihre Schulden haben.	
Garantien	Von den Parteien gemeinschaftlicher Vereinbarungen wird oft verlangt, Dritten gegenüber Garantien zu leisten, die z. B. eine Dienstleistung von der gemeinsamen Vereinbarung empfangen oder ihr Finanzmittel zur Verfügung stellen. Die Leistung derartiger Garantien oder die Zusage der Parteien, diese zu leisten, legt für sich gesehen noch nicht fest, dass die gemeinsame Vereinbarung eine gemeinschaftliche Tätigkeit darstellt. Bestimmendes Merkmal dafür, ob es sich bei der gemeinsamen Vereinbarung um eine gemeinschaftliche Tätigkeit oder um ein Gemeinschaftsunternehmen handelt, ist der Umstand, ob die Parteien Verpflichtungen für die der Vereinbarung zuzurechnenden Schulden haben (wobei die Parteien für einige dieser Schulden eine Garantie geleistet haben können oder auch nicht).	

Wird in der vertraglichen Vereinbarung festgelegt, dass die Parteien Rechte an den der Vereinbarung zuzurechnenden Vermögenswerten und Verpflichtungen für ihre Schulden haben, sind sie Parteien einer gemeinschaftlichen Tätigkeit und müssen zur Einstufung der gemeinsamen Vereinbarung keine sonstigen Sachverhalte und Umstände (Paragraphen B29-B33) berücksichtigen. **B28**

Beurteilung sonstiger Sachverhalte und Umstände

Ist in der vertraglichen Vereinbarung nicht festgelegt, dass die Parteien Rechte an den der Vereinbarung zuzurechnenden Vermögenswerten und Verpflichtungen für ihre Schulden haben, müssen die Parteien bei der Beurteilung, ob es sich bei der Vereinbarung um eine gemeinschaftliche Tätigkeit oder ein Gemeinschaftsunternehmen handelt, sonstige Sachverhalte und Umstände berücksichtigen. **B29**

Eine gemeinsame Vereinbarung kann als eigenständiges Vehikel aufgebaut sein, dessen Rechtsform eine Trennung zwischen den Parteien und dem eigenständigen Vehikel vorsieht. Die zwischen den Parteien vereinbarten Vertragsbestimmungen enthalten eventuell keine Festlegung der Rechte der Parteien an den Vermögenswerten und ihrer Verpflichtungen für die Schulden. Eine Berücksichtigung sonstiger Sachverhalte und Umstände kann jedoch dazu führen, dass eine solche Vereinbarung als gemeinschaftliche Tätigkeit eingestuft wird. Dies ist der Fall, wenn die Parteien aufgrund sonstiger Sachverhalte und Umstände Rechte an den der Vereinbarung zuzurechnenden Vermögenswerten und Verpflichtungen für ihre Schulden erhalten. **B30**

Sind die Tätigkeiten einer Vereinbarung hauptsächlich auf die Belieferung der Parteien mit Produktionsergebnissen ausgerichtet, weist dies darauf hin, dass die Parteien wesentliche Teile des wirtschaftlichen Gesamtnutzens aus den Vermögenswerten der Vereinbarung beanspruchen können. Die Parteien einer solchen Vereinbarung sichern ihren in der Vereinbarung vorgesehe- **B31** nen Zugriff auf das Produktionsergebnis häufig dadurch, dass sie die Vereinbarung daran hindern, Produktionsergebnisse an Dritte zu verkaufen.

B32 Die Wirkung einer derart gestalteten Vereinbarung besteht darin, dass die seitens der Vereinbarung eingegangenen Schulden im Wesentlichen durch die Zahlungsströme beglichen werden, die der Vereinbarung aus den Ankäufen des Produktionsergebnisses seitens der Parteien zufließen. Wenn die Parteien im Wesentlichen die einzige Quelle für Zahlungsströme sind, die zum Fortbestehen der Tätigkeiten der Vereinbarung beitragen, weist dies darauf hin, dass die Parteien eine Verpflichtung für der Vereinbarung zuzurechnende Schulden haben.

Anwendungsbeispiel

Beispiel 5

Angenommen, zwei Parteien bauen eine gemeinsame Vereinbarung als körperschaftlich organisiertes Unternehmen (Unternehmen C) auf, an dem jede Partei einen Eigentumsanteil von 50 % besitzt. Der Zweck der Vereinbarung besteht in der Herstellung von Materialien, welche die Parteien für ihre eigenen, individuellen Herstellungsprozesse benötigen. Die Vereinbarung stellt sicher, dass die Parteien die Einrichtung betreiben, welche die Materialien gemäß den Mengen- und Qualitätsvorgaben der Parteien produziert.

Die Rechtsform von Unternehmen C (körperschaftlich organisiertes Unternehmen), über das die Tätigkeiten durchgeführt werden, weist anfänglich darauf hin, dass es sich bei den im Besitz von Unternehmen C befindlichen Vermögenswerten und Schulden um die Vermögenswerte und Schulden von Unternehmen C handelt. In der vertraglichen Vereinbarung zwischen den Parteien wird nicht festgelegt, dass die Parteien Rechte an den Vermögenswerten oder Verpflichtungen für die Schulden von Unternehmen C haben. Dementsprechend weisen die Rechtsform von Unternehmen C und die Bestimmungen der vertraglichen Vereinbarung darauf hin, dass es sich bei der Vereinbarung um ein Gemeinschaftsunternehmen handelt.

Die Parteien ziehen jedoch auch folgende Aspekte der Vereinbarung in Betracht:

- Die Parteien haben vereinbart, das gesamte, von Unternehmen C hergestellte Produktionsergebnis im Verhältnis 50:50 zu kaufen. Unternehmen C kann nichts vom Produktionsergebnis an Dritte verkaufen, sofern dies nicht von den beiden Parteien der Vereinbarung genehmigt wird. Da der Zweck der Vereinbarung darin besteht, die Parteien mit dem von ihnen benötigten Produktionsergebnis zu versorgen, ist davon auszugehen, dass derartige Verkäufe an Dritte selten vorkommen und keinen wesentlichen Umfang haben werden.
- Für den Preis des an die Parteien verkauften Produktionsergebnisses wird von beiden Parteien ein Niveau festgelegt, das darauf ausgelegt ist, die Unternehmen C entstandenen Produktionskosten und Verwaltungsaufwendungen zu decken. Auf der Grundlage dieses Betriebsmodells soll die Vereinbarung kostendeckend arbeiten.

Bei dem oben beschriebenen Sachverhaltsmuster sind folgende Sachverhalte und Umstände maßgeblich:

- Die Verpflichtung der Parteien, das gesamte, von Unternehmen C erzeugte Produktionsergebnis zu kaufen, spiegelt die Abhängigkeit des Unternehmens C von den Parteien hinsichtlich der Generierung von Zahlungsströmen wider.
- Die Tatsache, dass die Parteien Rechte am gesamten, von Unternehmen C erzeugten Produktionsergebnis haben, bedeutet, dass sie den gesamten wirtschaftlichen Nutzen der Vermögenswerte von Unternehmen C verbrauchen und daher Rechte daran haben.

Diese Sachverhalte und Umstände weisen darauf hin, dass es sich bei der Vereinbarung um eine gemeinschaftliche Tätigkeit handelt. Die Schlussfolgerung über die Einstufung der gemeinsamen Vereinbarung unter den beschriebenen Umständen würde sich nicht ändern, wenn die Parteien, anstatt ihren Anteil am Produktionsergebnis in einem anschließenden Fertigungsschritt selbst zu verwenden, ihren Anteil am Produktionsergebnis stattdessen an Dritte verkauften.

Würden die Parteien die Bestimmungen der vertraglichen Vereinbarung dahingehend ändern, dass die Vereinbarung in der Lage wäre, Produktionsergebnisse an Dritte zu verkaufen, würde dies dazu führen, dass Unternehmen C Nachfrage-, Lager- und Kreditrisiken übernimmt. In diesem Szenario würde eine solche Veränderung bei den Sachverhalten und Umständen eine Neubeurteilung der Einstufung der gemeinsamen Vereinbarung erfordern. Diese Sachverhalte und Umstände weisen darauf hin, dass es sich bei der Vereinbarung um ein Gemeinschaftsunternehmen handelt.

Im folgenden Ablaufdiagramm wird der Beurteilungsverlauf dargestellt, dem ein Unternehmen **B33**
bei der Einstufung einer Vereinbarung in den Fällen folgt, in denen die gemeinsame Vereinbarung als eigenständiges Vehikel aufgebaut ist.

Einstufung einer als eigenständiges Vehikel aufgebauten gemeinsamen Vereinbarung

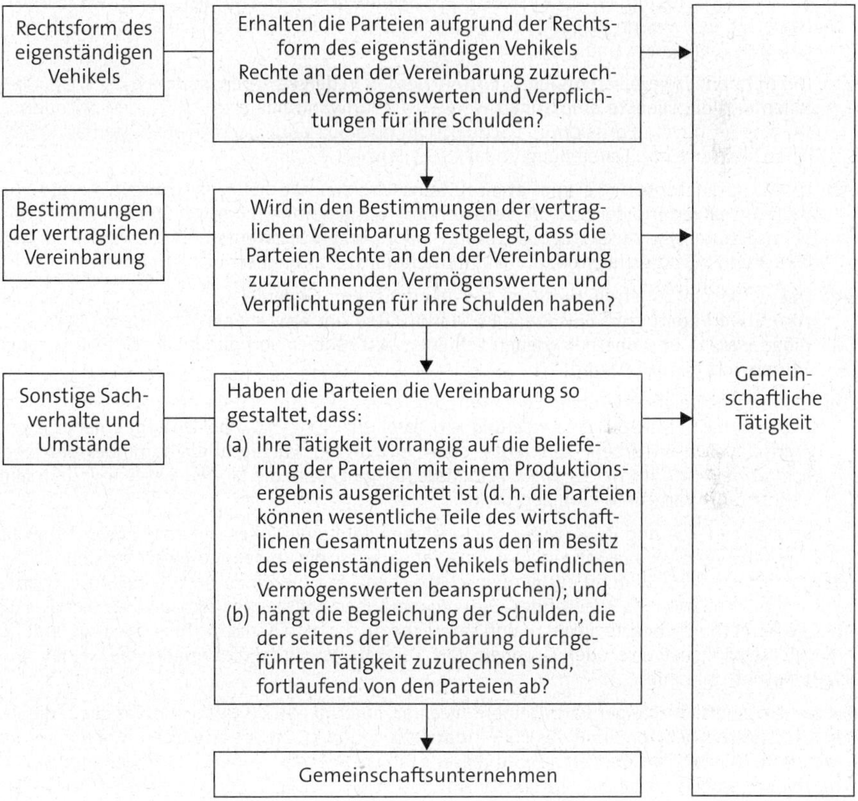

Abschlüsse von Parteien einer gemeinsamen Vereinbarung (Paragraphen 21A-22)

Bilanzierung von Erwerben von Anteilen an gemeinschaftlichen Tätigkeiten

B33A Erwirbt ein Unternehmen einen Anteil an einer gemeinschaftlichen Tätigkeit, die einen Geschäftsbetrieb im Sinne des IFRS 3 darstellt, wendet es, im Umfang seines Anteils gemäß Paragraph 20, sämtliche in IFRS 3 und in anderen IFRS festgelegten Grundsätze der Bilanzierung von Unternehmenszusammenschlüssen an, die nicht mit den Leitlinien dieses IFRS im Widerspruch stehen, und macht die in diesen IFRS in Bezug auf Unternehmenszusammenschlüsse vorgeschriebenen Angaben. Die Grundsätze der Bilanzierung von Unternehmenszusammenschlüssen, die nicht mit den Leitlinien dieses IFRS im Widerspruch stehen, sind unter anderem folgende:

(a) Die identifizierbaren Vermögenswerte und Schulden werden zum beizulegenden Zeitwert bewertet, es sei denn es handelt sich um Posten, für die in IFRS 3 und anderen IFRS Ausnahmen vorgesehen sind;

(b) Die mit dem Erwerb verbundenen Kosten werden in den Perioden, in denen die Kosten anfallen und die Dienste empfangen werden, als Aufwand bilanziert; mit einer Ausnahme: Die Kosten für die Emission von Schuldtiteln oder Aktienpapieren werden gemäß IAS 32 Finanzinstrumente: Darstellung und IFRS 9 bilanziert;*)

(c) Latente Steueransprüche und latente Steuerschulden, die beim erstmaligen Ansatz von Vermögenswerten oder Schulden entstehen – ausgenommen latente Steuerschulden, die beim erstmaligen Ansatz des Geschäfts- oder Firmenwerts entstehen – werden gemäß IFRS 3 und IAS 12 Ertragsteuern für Unternehmenszusammenschlüsse bilanziert;

(d) Der Unterschiedsbetrag zwischen der übertragenen Gegenleistung und dem Saldo der zum Erwerbszeitpunkt bestehenden Wertansätze der erworbenen identifizierbaren Vermögenswerte und übernommenen Schulden wird, sofern vorhanden, als Geschäfts- oder Firmenwert bilanziert; und

(e) Zahlungsmittelgenerierende Einheiten mit zugeordnetem Geschäfts- oder Firmenwert werden, wie in IAS 36 *Wertminderung von Vermögenswerten* für bei Unternehmenszusammenschlüssen erworbene Geschäfts- oder Firmenwerte vorgeschrieben, mindestens jährlich sowie wann immer es einen Anhaltspunkt gibt, dass die Einheit wertgemindert sein könnte, auf Wertminderung geprüft.

B33B Die Paragraphen 21A und B33A gelten auch für die Bildung einer gemeinschaftlichen Tätigkeit unter der alleinigen Voraussetzung, dass eine der Parteien, die an der gemeinschaftlichen Tätigkeit beteiligt sind, zur Bildung der gemeinschaftlichen Tätigkeit einen bestehenden Geschäftsbetrieb (im Sinne des IFRS 3) einbringt. Diese Paragraphen gelten dagegen nicht für die Bildung einer gemeinschaftlichen Tätigkeit, wenn sämtliche an ihr beteiligten Parteien zu ihrer Bildung lediglich Vermögenswerte oder Gruppen von Vermögenswerten einbringen, die keinen Geschäftsbetrieb darstellen.

B33C Ein gemeinschaftlich Tätiger kann seinen Anteil an einer gemeinschaftlichen Tätigkeit, die einen Geschäftsbetrieb im Sinne des IFRS 3 darstellt, erhöhen, indem er weitere Anteile an der gemeinschaftlichen Tätigkeit erwirbt. In diesem Fall werden die zuvor von ihm gehaltenen Anteile an der gemeinschaftlichen Tätigkeit nicht neu bewertet, wenn der gemeinschaftlich Tätige diese weiterhin gemeinschaftlich führt.

B33CA Ein Unternehmen, das an einer gemeinschaftlichen Tätigkeit, nicht aber an deren gemeinschaftlicher Führung beteiligt ist, könnte die gemeinschaftliche Führung bei der gemeinschaftlichen Tätigkeit, deren Aktivität ein Geschäftsbetrieb im Sinne von IFRS 3 ist, erlangen. In einem

*) **Amtl. Anm.:** Wendet ein Unternehmen diese Änderungen, aber noch nicht IFRS 9 an, sind Bezugnahmen auf IFRS 9 in diesen Änderungen als Bezugnahmen auf IAS 39 Finanzinstrumente: Ansatz und Bewertung zu verstehen.

solchen Fall werden die zuvor an der gemeinschaftlichen Tätigkeit gehaltenen Anteile nicht neu bewertet.

Die Paragraphen 21A und B33A-B33C gelten nicht für den Erwerb eines Anteils an einer gemeinschaftlichen Tätigkeit, wenn die Parteien, die gemeinschaftlich die Führung ausüben, einschließlich des Unternehmens, das den Anteil an der gemeinschaftlichen Tätigkeit erwirbt, sowohl vor als auch nach dem Erwerb alle von derselben Partei oder denselben Parteien beherrscht werden und diese Beherrschung nicht vorübergehender Natur ist. **B33D**

Bilanzierung von Verkäufen an oder Einlagen von Vermögenswerten in eine gemeinschaftliche Tätigkeit

Schließt ein Unternehmen mit einer gemeinschaftlichen Tätigkeit, in der es gemeinschaftlich Tätiger ist, eine Transaktion wie einen Verkauf oder eine Einlage von Vermögenswerten ab, dann führt es die Transaktion mit den anderen Parteien der gemeinschaftlichen Tätigkeit durch. In dieser Eigenschaft setzt der gemeinschaftlich Tätige die aus einer solchen Transaktion entstehenden Gewinne und Verluste nur im Umfang der Anteile der anderen Parteien an der gemeinschaftlichen Tätigkeit an. **B34**

Ergeben sich aus einer solchen Transaktion Beweise für eine Minderung des Nettoveräußerungswertes der an die gemeinschaftliche Tätigkeit zu verkaufenden oder in sie einzubringenden Vermögenswerte oder Beweise für einen Wertminderungsaufwand für die betreffenden Vermögenswerte, hat der gemeinschaftlich Tätige diese Verluste vollständig anzusetzen. **B35**

Bilanzierung von Käufen von Vermögenswerten einer gemeinschaftlichen Tätigkeit

Schließt ein Unternehmen mit einer gemeinschaftlichen Tätigkeit, in der es gemeinschaftlich Tätiger ist, eine Transaktion wie den Kauf von Vermögenswerten ab, setzt es seinen Anteil an den Gewinnen und Verlusten erst an, wenn es die betreffenden Vermögenswerte an einen Dritten weiterverkauft hat. **B36**

Ergeben sich aus einer solchen Transaktion Beweise für eine Minderung des Nettoveräußerungswertes der zu erwerbenden Vermögenswerte oder Beweise für einen Wertminderungsaufwand für die betreffenden Vermögenswerte, hat der gemeinschaftlich Tätige seinen Anteil an diesen Verlusten anzusetzen. **B37**

Anhang C: Datum des Inkrafttretens, Übergang und Rücknahme anderer IFRS

Dieser Anhang ist fester Bestandteil des IFRS und hat die gleiche bindende Kraft wie die anderen Teile des IFRS.

Zeitpunkt des Inkrafttretens

Unternehmen haben diesen IFRS auf Geschäftsjahre anzuwenden, die am oder nach dem 1. Januar 2013 beginnen. Eine frühere Anwendung ist zulässig. Wendet ein Unternehmen diesen IFRS früher an, hat es dies anzugeben und gleichzeitig IFRS 10, IFRS 12 *Angaben zu Beteiligungen an anderen Unternehmen*, IAS 27 (in der 2011 geänderten Fassung) und IAS 28 (in der 2011 geänderten Fassung) anzuwenden. **C1**

Konzernabschlüsse, Gemeinsame Vereinbarungen und Angaben zu Anteilen an anderen Unternehmen: Mit den *Übergangsleitlinien* (Änderungen an IFRS 10, IFRS 11 und IFRS 12), veröffentlicht im Juni 2012, wurden die Paragraphen C2-C5, C7-C10 und C12 geändert und die Paragraphen C1B und C12A-C12B hinzugefügt. Diese Änderungen sind erstmals in der ersten Berichtsperiode eines am oder nach dem 1. Januar 2013 beginnenden Geschäftsjahres anzuwenden. Wenn ein Unternehmen IFRS 11 für eine frühere Berichtsperiode anwendet, so sind diese Änderungen auch für jene frühere Periode anzuwenden. **C1A**

C1AA Mit der im Mai 2014 herausgegebenen Verlautbarung *Bilanzierung von Erwerben von Anteilen an gemeinschaftlichen Tätigkeiten* (Änderungen an IFRS 11) wurden die Überschrift nach Paragraph B33 geändert und die Paragraphen 21A, B33A-B33D sowie C14A und deren Überschriften hinzugefügt. Diese Änderungen sind prospektiv auf am oder nach dem 1. Januar 2016 beginnende Geschäftsjahre anzuwenden. Eine frühere Anwendung ist zulässig. Wendet ein Unternehmen diese Änderungen auf ein früheres Geschäftsjahr an, hat es dies anzugeben.

C1AB Durch die im Dezember 2017 veröffentlichten *Jährlichen Verbesserungen an den IFRS-Standards, Zyklus 2015-2017* wurde Paragraph B33CA angefügt. Diese Änderungen sind auf Geschäftsvorfälle anzuwenden, bei denen ein Unternehmen bei oder nach Beginn des ersten am oder nach dem 1. Januar 2019 beginnenden Geschäftsjahres die gemeinschaftliche Führung erlangt. Eine frühere Anwendung ist zulässig. Wendet ein Unternehmen diese Änderungen zu einem früheren Zeitpunkt an, hat es dies anzugeben.

Übergangsvorschriften

C1B Unbeschadet der Anforderungen von IAS 8 *Rechnungslegungsmethoden, Änderungen von rechnungslegungsbezogenen Schätzungen und Fehler* Paragraph 28 muss ein Unternehmen bei der erstmaligen Anwendung dieses IFRS lediglich die quantitativen Informationen im Sinne von IAS 8 Paragraph 28(f) für das Geschäftsjahr angeben, das der Erstanwendung von IFRS 11 unmittelbar vorausgeht („das unmittelbar vorausgehende Geschäftsjahr"). Ein Unternehmen kann diese Informationen für die laufende Periode oder frühere Vergleichsperioden ebenfalls vorlegen, muss dies aber nicht tun.

Gemeinschaftsunternehmen – Übergang von der Quotenkonsolidierung auf die Equity-Methode

C2 Bei der Umstellung von der Quotenkonsolidierung auf die Equity-Methode hat ein Unternehmen seine Beteiligung an dem Gemeinschaftsunternehmen per Beginn des unmittelbar vorausgehenden Geschäftsjahres anzusetzen. Diese anfängliche Beteiligung ist als das Aggregat aus den Buchwerten der Vermögenswerte und Schulden, für die das Unternehmen zuvor die Quotenkonsolidierung angewendet hatte, zu bewerten. Hierin ist auch der aus dem Erwerb entstehende Geschäfts- und Firmenwert (Goodwill) einzuschließen. Gehörte der Geschäfts- und Firmenwert zuvor zu einer größeren zahlungsmittelgenerierenden Einheit oder Gruppe zahlungsmittelgenerierender Einheiten, weist das Unternehmen den Geschäfts- und Firmenwert dem Gemeinschaftsunternehmen in der Weise zu, dass es die Buchwerte zugrunde legt, die dem Gemeinschaftsunternehmen im Verhältnis zur zahlungsmittelgenerierenden Einheit oder Gruppe zahlungsmittelgenerierender Einheiten, denen der Geschäfts- und Firmenwert vorher gehörte, zuzurechnen sind.

C3 Die gemäß Paragraph C2 festgestellte Eröffnungsbilanz der Beteiligung wird beim erstmaligen Ansatz als Ersatz für die Anschaffungs- oder Herstellungskosten der Beteiligung betrachtet. Um zu beurteilen, ob die Beteiligung einer Wertminderung unterliegt, haben Unternehmen die Paragraphen 40-43 des IAS 28 (in der 2011 geänderten Fassung) auf die Eröffnungsbilanz der Beteiligung anzuwenden. Wertminderungsaufwand ist als Berichtigung an Gewinnrücklagen zu Beginn des unmittelbar vorausgehenden Geschäftsjahres anzusetzen. Die Befreiung des erstmaligen Ansatzes nach Paragraph 15 und 24 IAS 12 *Ertragssteuern* gilt nicht in Fällen, in denen das Unternehmen eine Beteiligung an einem Gemeinschaftsunternehmen ansetzt und sich der erstmalige Ansatz dabei aus der Anwendung der Übergangsbestimmungen für zuvor nach Quotenkonsolidierung erfassten Gemeinschaftsunternehmen ergibt.

C4 Führt die Zusammenfassung aller zuvor gemäß Quotenkonsolidierung erfassten Vermögenswerte und Schulden zu einem negativen Reinvermögen, hat das Unternehmen zu beurteilen, ob es in Bezug auf das negative Reinvermögen gesetzliche oder faktische Verpflichtungen hat. Wenn ja, hat das Unternehmen die entsprechende Schuld anzusetzen. Gelangt das Unternehmen zu dem Schluss, dass es in Bezug auf das negative Reinvermögen keine gesetzlichen oder faktischen Verpflichtungen hat, setzt es die entsprechende Schuld nicht an, muss aber an den Gewinnrücklagen zu Beginn des unmittelbar vorausgehenden Geschäftsjahres eine Berichtigung vornehmen. Das Unternehmen hat diesen Sachverhalt zusammen mit seinem kumulativen, nicht bilanzierten Anteil an den Verlusten seiner Gemeinschaftsunternehmen zu Beginn des unmittelbar vorausgehenden Geschäftsjahres und zum Datum der erstmaligen Anwendung dieses IFRS offenzulegen.

Unternehmen haben eine Aufschlüsselung der Vermögenswerte und Schulden vorzulegen, die in dem in einer Zeile dargestellten Beteiligungssaldo zu Beginn des unmittelbar vorausgehenden Geschäftsjahres zusammengefasst sind. Diese Angabe ist als Zusammenfassung für alle Gemeinschaftsunternehmen zu erstellen, bei denen das Unternehmen die in Paragraph C2-C6 genannten Übergangsbestimmungen anwendet. **C5**

Nach dem erstmaligen Ansatz hat das Unternehmen seine Beteiligung am Gemeinschaftsunternehmen nach der Equity-Methode gemäß IAS 28 (in der 2011 geänderten Fassung) zu bilanzieren. **C6**

Gemeinschaftliche Tätigkeiten – Übergang von der Equity-Methode auf die Bilanzierung von Vermögenswerten und Schulden

Bei der Umstellung von der Equity-Methode auf die Bilanzierung von Vermögenswerten und Schulden in Bezug auf ihre Beteiligungen an gemeinschaftlichen Tätigkeiten haben Unternehmen zu Beginn des unmittelbar vorausgehenden Geschäftsjahres die Beteiligung, die zuvor nach der Equity-Methode bilanziert wurde, sowie alle anderen Posten, die gemäß Paragraph 38 des IAS 28 (in der 2011 geänderten Fassung) Bestandteil der Nettobeteiligung des Unternehmens an der Vereinbarung bildeten, auszubuchen und ihren Anteil an jedem einzelnen Vermögenswert und jeder einzelnen Schuld in Bezug auf ihre Beteiligung an der gemeinschaftlichen Tätigkeit anzusetzen. Hierin ist auch der Geschäfts- und Firmenwert (Goodwill) einzuschließen, der eventuell zum Buchwert der Beteiligung gehörte. **C7**

Unternehmen bestimmen ihren Anteil an den Vermögenswerten und Schulden im Zusammenhang mit der gemeinschaftlichen Tätigkeit unter Zugrundelegung ihrer Rechte und Verpflichtungen. Dabei wenden sie eine im Einklang mit der vertraglichen Vereinbarung festgelegte Quote an. Die Bewertung der anfänglichen Buchwerte der Vermögenswerte und Schulden nehmen Unternehmen in der Weise vor, dass sie diese vom Buchwert der Beteiligung zu Beginn des unmittelbar vorausgehenden Geschäftsjahres trennen. Dabei legen die Unternehmen die Informationen zugrunde, die sie bei der Anwendung der Equity-Methode nutzten. **C8**

Entsteht zwischen einer zuvor nach der Equity-Methode angesetzten Beteiligung einschließlich sonstiger Posten, die gemäß Paragraph 38 des IAS 28 (in der 2011 geänderten Fassung) Bestandteil der Nettobeteiligung des Unternehmens an der Vereinbarung waren, und dem angesetzten Nettobetrag der Vermögenswerte und Schulden unter Einschluss eines eventuellen Geschäfts- und Firmenwerts eine Differenz, wird wie folgt verfahren: **C9**

(a) Ist der angesetzte Nettobetrag der Vermögenswerte und Schulden unter Einschluss eines eventuellen Geschäfts- und Firmenwerts höher als die ausgebuchte Beteiligung (und sonstige Posten, die Bestandteil der Nettobeteiligung des Unternehmens waren), wird diese Differenz gegen einen mit der Beteiligung verbundenen Geschäfts- und Firmenwert aufgerechnet, wobei eine eventuell verbleibende Differenz um die Gewinnrücklagen zu Beginn des unmittelbar vorausgehenden Geschäftsjahres berichtigt wird.

(b) Ist der angesetzte Nettobetrag der Vermögenswerte und Schulden unter Einschluss eines eventuellen Geschäfts- und Firmenwerts niedriger als die ausgebuchte Beteiligung (und sonstige Posten, die Bestandteil der Nettobeteiligung des Unternehmens waren), wird diese Differenz um die Gewinnrücklagen zu Beginn des unmittelbar vorausgehenden Geschäftsjahres berichtigt.

Ein Unternehmen, das von der Equity-Methode auf die Bilanzierung von Vermögenswerten und Schulden umstellt, hat eine Überleitungsrechnung zwischen der ausgebuchten Beteiligung und **C10** den angesetzten Vermögenswerten und Schulden sowie einer eventuell verbleibenden, für Gewinnrückstellungen berichtigten Differenz zu Beginn des unmittelbar vorausgehenden Geschäftsjahres vorzulegen.

C11 Die Befreiung des erstmaligen Ansatzes nach IAS 12 Paragraphen 15 und 24 gilt nicht, wenn das Unternehmen Vermögenswerte und Schulden in Verbindung mit seinem Anteil an einer gemeinschaftlichen Tätigkeit ansetzt.

Übergangsregelungen in den Einzelabschlüssen eines Unternehmens

C12 Ein Unternehmen, das seinen Anteil an einer gemeinschaftlichen Tätigkeit zuvor gemäß IAS 27 Paragraph 10 in seinem Einzelabschluss als zu Anschaffungskosten geführte Beteiligung oder gemäß IFRS 9 angesetzt hatte, geht wie folgt vor:

(a) Ausbuchung der Beteiligung und Ansetzen der Vermögenswerte und Schulden bezüglich seines Anteils an der gemeinschaftlichen Tätigkeit in Höhe der gemäß Paragraph C7-C9 ermittelten Beträge.

(b) Vorlage einer Überleitungsrechnung zwischen der ausgebuchten Beteiligung und den angesetzten Vermögenswerten und Schulden sowie einer eventuell verbleibenden, für Gewinnrückstellungen berichtigten Differenz zu Beginn des unmittelbar vorausgehenden Geschäftsjahres.

Verweise auf „das unmittelbar vorausgehende Geschäftsjahr“

C12A Unbeschadet der Verweise auf „das unmittelbar vorausgehende Geschäftsjahr“ in den Paragraphen C2-C12 kann ein Unternehmen auch Vergleichsinformationen für frühere dargestellte Geschäftsjahre vorlegen, muss dies aber nicht tun. Sollte es sich aber dafür entscheiden, sind alle Verweise auf „das unmittelbar vorausgehende Geschäftsjahr“ in den Paragraphen C2-C12 als „die früheste vorgelegte bereinigte Vergleichsperiode“ zu verstehen.

C12B Legt ein Unternehmen nicht bereinigte Vergleichsinformationen für frühere Geschäftsjahre vor, hat es die Angaben klar zu bezeichnen, die nicht bereinigt wurden, und darauf hinzuweisen, dass sie auf einer anderen Grundlage erstellt wurden sowie diese Grundlage zu erläutern.

C13 Die Befreiung des erstmaligen Ansatzes nach IAS 12 Paragraphen 15 und 24 gilt nicht, wenn das Unternehmen Vermögenswerte und Schulden in Verbindung mit seinem Anteil an einer gemeinschaftlichen Tätigkeit in seinen Einzelabschlüssen ansetzt und diese aus der Anwendung der in Paragraph C12 bezeichneten Übergangsvorschriften für gemeinschaftliche Tätigkeiten entstehen.

Bezugnahmen auf IFRS 9

C14 Wendet ein Unternehmen diesen IFRS, aber noch nicht IFRS 9 an, sind Bezugnahmen auf IFRS 9 als Bezugnahme auf IAS 39 *Finanzinstrumente: Ansatz und Bewertung* auszulegen.

Bilanzierung von Erwerben von Anteilen an gemeinschaftlichen Tätigkeiten

C14A Mit der im Mai 2014 herausgegebenen Verlautbarung *Bilanzierung von Erwerben von Anteilen an gemeinschaftlichen Tätigkeiten* (Änderungen an IFRS 11) wurden die Überschrift nach Paragraph B33 geändert und die Paragraphen 21A, B33A-B33D sowie C1AA und deren Überschriften hinzugefügt. Für Erwerbe von Anteilen an einer gemeinschaftlichen Tätigkeit, die einen Geschäftsbetrieb im Sinne des IFRS 3 darstellt, sind diese Änderungen für diejenigen Erwerbe prospektiv anzuwenden, die ab Beginn der ersten Berichtsperiode erfolgen, für die das Unternehmen diese Änderungen anwendet. Folglich sind die für in früheren Berichtsperioden erworbene Anteile an einer gemeinschaftlichen Tätigkeit erfassten Beträge nicht anzupassen.

Rücknahme anderer IFRS

Dieser IFRS ersetzt folgende IFRS: **C15**

(a) IAS 31 *Anteile an Gemeinschaftsunternehmen* und

(b) SIC-13 *Gemeinschaftlich geführte Unternehmen – Nicht monetäre Einlagen durch Partnerunternehmen*

Anhang D: Änderungen an anderen IFRS (hier nicht wiedergegeben)

International Financial Reporting Standard 12 Angaben zu Anteilen an anderen Unternehmen (IFRS 12)

v. 11.12.2012 (ABl EU Nr. L 360 S. 1); zuletzt geändert durch Verordnung (EU) 2018/182 v. 7.2.2018 (ABl EU Nr. L 34 S. 1)

Ziel

Diesem IFRS zufolge hat ein Unternehmen Angaben zu veröffentlichen, anhand deren die Abschlussadressaten Folgendes bewerten können: 1

(a) die Wesensart der Anteile an anderen Unternehmen und damit einhergehender Risiken und

(b) die Auswirkungen dieser Anteile auf seine Vermögens-, Finanz- und Ertragslage sowie seinen Cashflow.

Erreichung der gesteckten Ziele

2 Um das Ziel in Paragraph 1 zu erreichen, muss ein Unternehmen Folgendes offenlegen:

(a) seine maßgebliche Ermessensausübung und Annahmen bei der Bestimmung

(i) der Wesensart seiner Anteile an einem anderen Unternehmen oder einer anderen Vereinbarung;

(ii) der Art der gemeinsamen Vereinbarung, an der es Anteile hält (Paragraphen 7-9);

(iii) gegebenenfalls der Erfüllung der Definition einer Investmentgesellschaft (Paragraph 9A) und

(b) Angaben zu seinen Anteilen an:

(i) Tochterunternehmen (Paragraphen 10-19);

(ii) gemeinsamen Vereinbarungen und assoziierten Unternehmen (Paragraphen 20-23) sowie

(iii) *strukturierten Unternehmen*, die nicht vom Unternehmen kontrolliert werden (nicht konsolidierte strukturierte Unternehmen) (Paragraphen 24-31).

3 Sollten die von diesem IFRS geforderten Angaben zusammen mit den von anderen IFRS geforderten Angaben das Ziel von Paragraph 1 nicht erfüllen, hat ein Unternehmen alle zusätzlichen Informationen offenzulegen, die zur Erfüllung dieses Ziels erforderlich sind.

4 Ein Unternehmen prüft, welche Einzelheiten zur Erfüllung des oben genannten Ziels der Veröffentlichung von Angaben notwendig sind und welcher Stellenwert jeder einzelnen Anforderung in diesem IFRS beizumessen ist. Es legt die Angaben in zusammengefasster oder aufgeteilter Form vor, so dass nützliche Angaben weder durch die Einbeziehung eines großen Teils unbedeutender Einzelheiten noch durch die Aggregierung von Bestandteilen mit unterschiedlichen Merkmalen verschleiert werden (siehe Paragraphen B2-B6).

Anwendungsbereich

5 Dieser IFRS ist von einem Unternehmen anzuwenden, das einen Anteil an einem der folgenden Unternehmen hält:

(a) Tochterunternehmen

(b) gemeinsame Vereinbarungen (d. h. gemeinschaftliche Tätigkeit oder Gemeinschaftsunternehmen)

(c) assoziierte Unternehmen

(d) nicht konsolidierte strukturierte Unternehmen.

5a Mit Ausnahme des in Paragraph B17 beschriebenen Falls gelten die Anforderungen dieses IFRS für die in Paragraph 5 aufgeführten Anteile eines Unternehmens, die gemäß IFRS 5 *Zur Veräußerung gehaltene langfristige Vermögenswerte und aufgegebene Geschäftsbereiche* als zur Veräußerung gehalten oder als aufgegebene Geschäftsbereiche klassifiziert sind (oder zu einer Veräußerungsgruppe gehören, die als zur Veräußerung gehalten klassifiziert ist).

6 Nicht anwendbar ist dieser IFRS auf:

(a) Pläne für Leistungen nach Beendigung des Arbeitsverhältnisses oder sonstige Pläne für langfristige Leistungen an Arbeitnehmer, auf die IAS 19 *Leistungen an Arbeitnehmer* Anwendung findet;

(b) den Einzelabschluss eines Unternehmens, auf den IAS 27 *Einzelabschlüsse* Anwendung findet. Wenn allerdings

(i) ein Unternehmen Anteile an nicht konsolidierten strukturierten Unternehmen hält und seinen Einzelabschluss als seinen einzigen Abschluss erstellt, so hat es bei der Aufstellung dieses Einzelabschlusses die Anforderungen der Paragraphen 24-31 zugrunde zu legen;

(ii) eine Investmentgesellschaft in ihrem Abschluss all ihre Tochterunternehmen gemäß Paragraph 31 von IFRS 10 ergebniswirksam zum beizulegenden Zeitwert bewertet, so hat sie die in diesem IFRS für Investmentgesellschaften verlangten Angaben zu machen.

(c) einen von einem Unternehmen gehaltenen Anteil, wenn das Unternehmen an einer gemeinsamen Vereinbarung, nicht aber an dessen gemeinschaftlicher Führung beteiligt ist, es sei denn, dieser Anteil führt zu einem maßgeblichen Einfluss auf die Vereinbarung oder es handelt sich um einen Anteil an einem strukturierten Unternehmen;

(d) einen Anteil an einem anderen Unternehmen, das nach IFRS 9 *Finanzinstrumente* bilanziert wird. Allerdings muss ein Unternehmen diesen IFRS anwenden,

(i) wenn es sich bei diesem Anteil um einen Anteil an einem assoziierten Unternehmen oder einem Gemeinschaftsunternehmen handelt, das nach IAS 28 *Anteile an assoziierten Unternehmen und Gemeinschaftsunternehmen* erfolgswirksam zum beizulegenden Zeitwert bewertet wird; oder

(ii) wenn es sich bei diesem Anteil um einen Anteil an einem nicht konsolidierten strukturierten Unternehmen handelt.

Maßgebliche Ermessensausübung und Annahmen

Ein Unternehmen legt Informationen über eine etwaige maßgebliche Ermessensausübung und Annahmen von seiner Seite (sowie etwaige Änderungen daran) offen, wenn es um die Feststellung folgender Punkte geht: **7**

(a) es beherrscht ein anderes Unternehmen, d. h. ein Beteiligungsunternehmen im Sinne der Paragraphen 5 und 6 von IFRS 10 *Konzernabschlüsse*;

(b) es ist an der gemeinschaftlichen Führung einer Vereinbarung beteiligt oder übt einen maßgeblichen Einfluss auf ein anderes Unternehmen aus; und

(c) die Art der gemeinsamen Vereinbarung (d. h. einer gemeinschaftlichen Tätigkeit oder eines Gemeinschaftsunternehmens), wenn die Vereinbarung als eingeständiges Vehikel aufgebaut wurde.

Die im Sinne von Absatz 7 offengelegte maßgebliche Ermessensausübung bzw. veröffentlichten Annahmen umfassen auch jene, die ein Unternehmen vornimmt, wenn Änderungen der Tatsachen und Umstände dergestalt sind, dass sich die Schlussfolgerung hinsichtlich der Beherrschung, gemeinschaftlichen Führung oder des maßgeblichen Einflusses während der Berichtsperiode ändert. **8**

Um Paragraph 7 zu genügen, legt ein Unternehmen beispielsweise seine maßgebliche Ermessensausübung und Annahmen offen, wenn es um die Feststellung folgender Punkte geht **9**

(a) es beherrscht kein anderes Unternehmen, auch wenn es mehr als die Hälfte der Stimmrechte am anderen Unternehmen hält;

(b) es beherrscht ein anderes Unternehmen, auch wenn es weniger als die Hälfte der Stimmrechte am anderen Unternehmen hält;

(c) beim Unternehmen handelt es sich um einen Agenten oder Prinzipal (siehe IFRS 10 Paragraph 58-72);

(d) es übt keinen maßgeblichen Einfluss aus, auch wenn es mindestens 20 % der Stimmrechte am anderen Unternehmen hält;

(e) es übt einen maßgeblichen Einfluss aus, auch wenn es weniger als 20 % der Stimmrechte am anderen Unternehmen hält.

Status der Investmentgesellschaft

9A Wenn ein Mutterunternehmen feststellt, dass es eine Investmentgesellschaft gemäß Paragraph 27 des IFRS 10 ist, hat die Investmentgesellschaft Angaben zur maßgeblichen Ermessensausübung und Annahmen offen zu legen, anhand derer es festgestellt hat, dass es eine Investmentgesellschaft ist. Wenn eine Investmentgesellschaft eines oder mehrere der typischen Merkmale einer Investmentgesellschaft nicht erfüllt (siehe Paragraph 28 des IFRS 10), hat sie die Gründe offen zu legen, aufgrund derer sie zu dem Schluss kommt, dass sie dennoch eine Investmentgesellschaft ist.

9B Wenn ein Unternehmen den Status einer Investmentgesellschaft erwirbt oder verliert, hat es diese Änderung seines Status und die Gründe dafür offen zu legen. Außerdem hat ein Unternehmen, das den Status einer Investmentgesellschaft erwirbt, die Auswirkungen dieser Statusänderung auf seine Abschlüsse für das betreffende Geschäftsjahr offen zu legen; dabei ist Folgendes anzugeben:

(a) Gesamtbetrag des beizulegenden Zeitwerts der nicht mehr konsolidierten Tochterunternehmen zum Zeitpunkt der Statusänderung;

(b) gegebenenfalls der nach Maßgabe von Paragraph B101 des IFRS 10 berechnete Gesamtgewinn bzw. -verlust und

(c) den/die Posten in der Gewinn- und Verlustrechnung, in dem/denen der Gewinn oder Verlust angesetzt wird (falls nicht gesondert ausgewiesen).

Anteile an Tochterunternehmen

10 Die von einem Unternehmen veröffentlichten Angaben müssen die Adressaten konsolidierter Abschlüsse in die Lage versetzen,

(a) Folgendes zu verstehen:

(i) die Zusammensetzung der Unternehmensgruppe, und

(ii) den Anteil, den nicht beherrschende Anteile an den Tätigkeiten der Gruppe und den Cashflows ausmachen (Paragraph 12); und

(b) Folgendes zu bewerten:

(i) die Wesensart und den Umfang maßgeblicher Beschränkungen seiner Möglichkeit, Zugang zu Vermögenswerten der Gruppe zu erlangen oder diese zu verwenden und Verbindlichkeiten der Gruppe zu erfüllen (Paragraph 13);

(ii) die Wesensart der Risiken – und die Änderungen daran –, die mit Anteilen an konsolidierten strukturierten Unternehmen einhergehen (Paragraph 14-17);

(iii) die Folgen der Änderungen an seinem Eigentumsanteil an einem Tochterunternehmen, die nicht zu einem Beherrschungsverlust führen (Paragraph 18); und

(iv) die Folgen des Verlusts der Beherrschung über ein Tochterunternehmen während der Berichtsperiode (Paragraph 19).

11 Unterscheidet sich der Abschluss einer Tochtergesellschaft, der für die Aufstellung des Konzernabschlusses herangezogen wird, in Bezug auf das Datum oder die Berichtsperiode vom konsolidierten Abschluss (siehe Paragraphen B92 und B93 von IFRS 10), macht ein Unternehmen folgende Angaben:

(a) das Datum des Endes der Berichtsperiode des Abschlusses dieses Tochterunternehmens und

(b) den Grund für die Verwendung eines anderen Datums oder einer anderen Berichtsperiode.

Der Anteil, den nicht kontrollierende Anteile an den Tätigkeiten der Gruppe und den Cashflows ausmachen

Ein Unternehmen macht für jedes seiner Tochterunternehmen, das nicht beherrschende Anteile hält, die für das berichtende Unternehmen wesentlich sind, folgende Angaben: **12**

(a) Namen des Tochterunternehmens;
(b) Hauptniederlassung (und Gründungsland, falls von der Hauptniederlassung abweichend) des Tochterunternehmens;
(c) Teil der Eigentumsanteile, die die nicht beherrschenden Anteile ausmachen;
(d) Teil der Stimmrechte, die die nicht beherrschenden Anteile ausmachen, falls abweichend vom Teil der Eigentumsanteile;
(e) Gewinn oder Verlust, der den nicht beherrschenden Anteilen des Tochterunternehmens während der Berichtsperiode zugewiesen wird;
(f) akkumulierte nicht kontrollierende Anteile des Tochterunternehmens am Ende der Berichtsperiode;
(g) zusammengefasste Finanzinformationen über das Tochterunternehmen (siehe Paragraph B10).

Wesensart und Umfang maßgeblicher Beschränkungen

Ein Unternehmen hat folgende Angaben zu machen: **13**

(a) maßgebliche Beschränkungen (z. B. satzungsmäßige, vertragliche und regulatorische Beschränkungen) seiner Möglichkeit, Zugang zu Vermögenswerten der Gruppe zu erlangen oder diese zu verwenden und Verbindlichkeiten der Gruppe zu erfüllen, wie z. B.:
   (i) jene, die die Möglichkeit eines Mutterunternehmens oder seiner Tochterunternehmen beschränken, Cash oder andere Vermögenswerte auf andere Unternehmen der Gruppe zu übertragen (oder von ihnen zu erhalten);
   (ii) Garantien oder andere Anforderungen, die Dividenden oder andere vorzunehmende Kapitalausschüttungen oder Darlehen sowie Vorauszahlungen, die anderen Unternehmen der Gruppe zu gewähren (oder von ihnen zu erhalten sind) u. U. einschränken;
(b) Wesensart und Umfang, in dem Schutzrechte nicht beherrschender Anteile die Möglichkeit des Unternehmens, Zugang zu Vermögenswerten der Gruppe zu erlangen oder diese zu verwenden und Verbindlichkeiten der Gruppe zu erfüllen, maßgeblich beschränken können (z. B. für den Fall, dass ein Mutterunternehmen die Verbindlichkeiten einer Tochtergesellschaft vor Erfüllung seiner eigenen Verbindlichkeiten erfüllen muss, oder die Genehmigung nicht beherrschender Anteile erforderlich wird, um entweder Zugang zu den Vermögenswerten einer Tochtergesellschaft zu erlangen oder ihre Verbindlichkeiten zu erfüllen);
(c) die Buchwerte der Vermögenswerte und Verbindlichkeiten, auf die sich diese Beschränkungen beziehen, im konsolidierten Abschluss.

Wesensart der Risiken, die mit Anteilen des Unternehmens an konsolidierten strukturierten Unternehmen einhergehen

Ein Unternehmen legt den Inhalt eventueller vertraglicher Vereinbarungen offen, die das Mutterunternehmen oder seine Tochterunternehmen zur Gewährung einer Finanzhilfe an ein konsolidiertes strukturiertes Unternehmen verpflichten könnten. Dazu zählen auch Ereignisse oder Umstände, durch die das berichtende Unternehmen einen Verlust erleiden könnte (z. B. Liquiditätsvereinbarungen oder Kreditratings in Verbindung mit Verpflichtungen, Vermögenswerte des strukturierten Unternehmens zu erwerben oder eine Finanzhilfe zu gewähren). **14**

15 Hat ein Mutterunternehmen oder eines seiner Tochterunternehmen während der Berichtsperiode einem konsolidierten strukturierten Unternehmen ohne vertragliche Verpflichtung eine Finanzhilfe oder sonstige Hilfe gewährt (z. B. Kauf von Vermögenswerten des strukturierten Unternehmens oder von von diesem ausgegebenen Instrumenten), macht das Unternehmen folgende Angaben:

(a) Art und Höhe der gewährten Hilfe, einschließlich Situationen, in denen das Mutterunternehmen oder seine Tochterunternehmen dem strukturierten Unternehmen beim Erhalt der Finanzhilfe behilflich war; und

(b) Gründe für diese Unterstützung.

16 Hat ein Mutterunternehmen oder eines seiner Tochterunternehmen während der Berichtsperiode einem zuvor nicht konsolidierten strukturierten Unternehmen ohne vertragliche Verpflichtung eine Finanzhilfe oder sonstige Hilfe gewährt und diese Unterstützung führte dazu, dass das Unternehmen das strukturierte Unternehmen kontrolliert, legt das Unternehmen eine Erläuterung aller einschlägigen Faktoren vor, die zu diesem Beschluss geführt haben.

17 Ein Unternehmen macht Angaben zur aktuellen Absicht, einem konsolidierten strukturierten Unternehmen eine Finanzhilfe oder sonstige Hilfe zu gewähren, einschließlich der Absicht, dem strukturierten Unternehmen bei der Beschaffung einer Finanzhilfe behilflich zu sein.

Folgen von Veränderungen des Eigentumsanteils des Mutterunternehmens an einem Tochterunternehmen, die nicht zu einem Beherrschungsverlust führen

18 Ein Unternehmen legt ein Schema vor, aus dem die Folgen von Veränderungen des Eigentumsanteils an einem Tochterunternehmen, die nicht zu einem Beherrschungsverlust führen, auf das Eigenkapital der Eigentümer des Mutterunternehmens ersichtlich werden.

Folgen des Verlusts der Beherrschung über ein Tochterunternehmen während der Berichtsperiode

19 Ein Unternehmen legt den eventuellen Gewinn oder Verlust offen, der nach IFRS 10 Paragraph 25 berechnet wird, sowie

(a) den Anteil dieses Gewinns bzw. Verlustes, der der Bewertung zum beizulegenden Zeitwert aller am ehemaligen Tochterunternehmen einbehaltenen Anteile zum Zeitpunkt des Verlustes der Beherrschung zuzurechnen ist; und

(b) den/die Posten im Gewinn oder Verlust, in dem der Gewinn oder Verlust angesetzt wird (falls nicht gesondert dargestellt).

Anteile an nicht konsolidierten Tochterunternehmen (Investmentgesellschaften)

19A Eine Investmentgesellschaft, die gemäß IFRS 10 die Ausnahme von der Konsolidierung anzuwenden und stattdessen ihre Anteile an einem Tochterunternehmen ergebniswirksam zum beizulegenden Zeitwert zu bilanzieren hat, hat dies offen zu legen.

19B Für jedes nicht konsolidierte Tochterunternehmen hat die Investmentgesellschaft Folgendes anzugeben:

(a) den Namen des Tochterunternehmens;

(b) die Hauptniederlassung (und das Gründungsland, falls von der Hauptniederlassung abweichend) des Tochterunternehmens und

(c) den von der Investmentgesellschaft gehaltenen Eigentumsanteil und – falls abweichend – den gehaltenen Stimmrechtsanteil.

19C Ist eine Investmentgesellschaft Mutterunternehmen einer anderen Investmentgesellschaft, so hat das Mutterunternehmen die in Paragraph 19B(a)-(c) verlangten Angaben auch für Anteile vorzulegen, die von ihren Tochterunternehmen beherrscht werden. Diese Angaben können durch Einbeziehung der Geschäftsabschlüsse des Tochterunternehmens (oder der Tochterunternehmen) mit den betreffenden Angaben in die Geschäftsabschlüsse des Mutterunternehmens vorgelegt werden.

Eine Investmentgesellschaft hat Folgendes anzugeben: 19D

(a) Art und Umfang aller maßgeblichen (z. B. aus Kreditvereinbarungen, regulatorischen Vorgaben oder Vertragsvereinbarungen herrührenden) Beschränkungen der Möglichkeit eines nicht konsolidierten Tochterunternehmens, Mittel auf die Investmentgesellschaft in Form von Barausschüttungen zu übertragen oder Darlehen bzw. Kredite der Investmentgesellschaft an das nicht konsolidierte Tochterunternehmen zurückzuzahlen und

(b) bestehende Verpflichtungen oder Absichten, einem nicht konsolidierten Tochterunternehmen finanzielle Unterstützung zu gewähren, einschließlich der Verpflichtung oder der Absichten, dem Tochterunternehmen bei der Beschaffung der finanziellen Unterstützung zu helfen.

Hat eine Investmentgesellschaft oder eines ihrer Tochterunternehmen während der Berichtsperiode einem nicht konsolidierten Tochterunternehmen ohne vertragliche Verpflichtung eine Finanzhilfe oder sonstige Hilfe gewährt (z. B. Kauf von Vermögenswerten des Tochterunternehmens oder von von diesem ausgegebenen Instrumenten oder Unterstützung des Tochterunternehmens bei der Beschaffung der Finanzhilfe), macht das Unternehmen folgende Angaben: 19E

(a) Art und Höhe der dem einzelnen nicht konsolidierten Tochterunternehmen gewährten Hilfe und

(b) Gründe für diese Unterstützung.

Eine Investmentgesellschaft legt den Inhalt eventueller vertraglicher Vereinbarungen offen, die das Unternehmen oder seine nicht konsolidierten Tochterunternehmen zur Gewährung einer Finanzhilfe an ein nicht konsolidiertes, beherrschtes strukturiertes Unternehmen verpflichten könnten. Dazu zählen auch Ereignisse oder Umstände, durch die das berichtende Unternehmen einen Verlust erleiden könnte (z. B. Liquiditätsvereinbarungen oder Auslöser für Kreditrating-Klauseln in Verbindung mit Verpflichtungen, Vermögenswerte des strukturierten Unternehmens zu erwerben oder eine Finanzhilfe zu gewähren). 19F

Hat eine Investmentgesellschaft oder eines ihrer nicht konsolidierten Tochterunternehmen während der Berichtsperiode einem nicht konsolidierten strukturierten Unternehmen, das nicht von der Investmentgesellschaft beherrscht wurde, ohne vertragliche Verpflichtung eine Finanzhilfe oder sonstige Hilfe gewährt, und führte diese Unterstützung dazu, dass die Investmentgesellschaft das strukturierte Unternehmen beherrscht, legt die Investmentgesellschaft eine Erläuterung aller einschlägigen Faktoren vor, die zu dem Beschluss über die Gewährung der Hilfe geführt haben. 19G

Anteile an gemeinsamen Vereinbarungen und assoziierten Unternehmen

Die von einem Unternehmen veröffentlichten Angaben müssen die Abschlussadressaten in die Lage versetzen, Folgendes zu bewerten: 20

(a) die Art, den Umfang und die finanziellen Auswirkungen seiner Anteile an den gemeinsamen Vereinbarungen und assoziierten Unternehmen sowie die Art und den Umfang der Auswirkungen seiner Vertragsvereinbarung mit anderen Eigentümern, die an der gemeinschaftlichen Führung einer gemeinsamen Vereinbarung oder eines assoziierten Unternehmens beteiligt sind oder einen maßgeblichen Einfluss darüber ausüben (Paragraphen 21 und 22) und

(b) die Art der Risiken und ihre eventuellen Veränderungen, die mit seinen Anteilen an Gemeinschaftsunternehmen und assoziierten Unternehmen einhergehen (Paragraph 23).

Art, Umfang und finanzielle Auswirkungen der Anteile eines Unternehmens an gemeinsamen Vereinbarungen und assoziierten Unternehmen

21 Ein Unternehmen hat Folgendes anzugeben:

(a) für jede gemeinsame Vereinbarung und jedes assoziierte Unternehmen, die für das berichtende Unternehmen wesentlich sind:

(i) den Namen der gemeinsamen Vereinbarung und des assoziierten Unternehmens;

(ii) die Art der Beziehung des Unternehmens zur gemeinsamen Vereinbarung oder zum assoziierten Unternehmen (z. B. mittels Beschreibung der Art der Tätigkeiten der gemeinsamen Vereinbarung oder des assoziierten Unternehmens und ob sie für die Tätigkeiten des Unternehmens strategisch sind);

(iii) die Hauptniederlassung (und Gründungsland, falls erforderlich und von der Hauptniederlassung abweichend) der gemeinsamen Vereinbarung oder des assoziierten Unternehmens;

(iv) den Anteil des vom Unternehmen gehaltenen Eigentumsanteils oder der Dividendenaktie und – falls abweichend – des Teils der Stimmrechte (falls erforderlich);

(b) für jedes Gemeinschaftsunternehmen und jedes assoziierte Unternehmen, die für das berichtende Unternehmen wesentlich sind:

(i) Angabe, ob der Anteil am Gemeinschaftsunternehmen oder assoziierten Unternehmen unter Verwendung der Equity-Methode oder zum beizulegenden Zeitwert bewertet wird;

(ii) zusammengefasste Finanzinformationen über das Gemeinschaftsunternehmen oder assoziierte Unternehmen im Sinne der Paragraphen B12 und B13;

(iii) falls das Gemeinschaftsunternehmen oder das assoziierte Unternehmen unter Zugrundelegung der Equity-Methode bewertet wird, den beizulegenden Zeitwert seines Anteils am Gemeinschaftsunternehmen oder assoziierten Unternehmen, sofern ein notierter Marktpreis für den Anteil vorhanden ist;

(c) Finanzinformationen im Sinne von Paragraph B16 über die Anteile des Unternehmens an Gemeinschaftsunternehmen und assoziierten Unternehmen, die für sich genommen nicht wesentlich sind:

(i) in aggregierter Form für alle für sich genommen nicht wesentlichen Gemeinschaftsunternehmen und, gesondert,

(ii) in aggregierter Form für alle für sich genommen nicht wesentlichen assoziierten Unternehmen.

21A Eine Investmentgesellschaft braucht die in den Paragraphen 21(b)-21(c) verlangten Angaben nicht zu machen.

22 Ein Unternehmen hat zudem Folgendes anzugeben:

(a) Art und Umfang aller maßgeblichen Beschränkungen (die z. B. aus Kreditvereinbarungen, Regulierungs- oder Vertragsvereinbarungen zwischen Eigentümern, die an der gemeinschaftlichen Führung einer gemeinsamen Vereinbarung oder eines assoziierten Unternehmens beteiligt sind oder einen maßgeblichen Einfluss darüber ausüben) auf die Möglichkeit von Gemeinschaftsunternehmen und assoziierten Unternehmen, Mittel auf das Unternehmen in Form von Cash-Dividenden zu übertragen oder Darlehen bzw. Kredite oder Darlehen seitens des Unternehmens zurückzuzahlen;

(b) für den Fall, dass der Abschluss eines Gemeinschaftsunternehmens oder assoziierten Unternehmens, der bei der Anwendung der Equity-Methode zugrunde gelegt wurde, einen Stichtag hat oder für einen Berichtszeitraum gilt, der von dem des Unternehmens abweicht:

(i) den Stichtag des Endes der Berichtsperiode des Abschlusses dieses Gemeinschaftsunternehmens oder assoziierten Unternehmens und

(ii) den Grund für die Verwendung eines anderen Stichtags oder einer anderen Berichtsperiode,

(c) den nicht angesetzten Teil der Verluste eines Gemeinschaftsunternehmens oder assoziierten Unternehmens, sowohl für die Berichtsperiode und kumulativ für den Fall, dass das Unternehmen seinen Verlustanteil am Gemeinschaftsunternehmen oder assoziierten Unternehmen bei Anwendung der Equity-Methode nicht mehr ausweist.

Risiken, die mit den Anteilen eines Unternehmens an Gemeinschaftsunternehmen und assoziierten Unternehmen einhergehen

Ein Unternehmen hat Folgendes anzugeben: **23**

(a) Verpflichtungen gegenüber seinen Gemeinschaftsunternehmen, unabhängig vom Betrag anderer Verpflichtungen im Sinne von Paragraph B18-B20;

(b) gemäß IAS 37 *Rückstellungen, Eventualschulden und Eventualforderungen* – es sei denn, die Verlustwahrscheinlichkeit liegt in weiter Ferne – Eventualverbindlichkeiten in Bezug auf seine Anteile an Gemeinschaftsunternehmen oder assoziierten Unternehmen (einschließlich seines Anteils an Eventualverbindlichkeiten, die zusammen mit anderen Eigentümern, die an der gemeinschaftlichen Führung eines Gemeinschaftsunternehmens oder eines assoziierten Unternehmens beteiligt sind oder einen maßgeblichen Einfluss darüber ausüben, eingegangen wurden), und zwar gesondert vom Betrag anderer Eventualverbindlichkeiten.

Anteile an nicht konsolidierten strukturierten Unternehmen

Die von einem Unternehmen veröffentlichten Angaben müssen die Abschlussadressaten in die Lage versetzen, **24**

(a) die Art und den Umfang seiner Anteile an nicht konsolidierten strukturierten Unternehmen zu verstehen (Paragraph 26-28) und

(b) die Art der Risiken und ihre eventuellen Veränderungen, die mit seinen Anteilen an nicht konsolidierten strukturierten Unternehmen einhergehen, zu bewerten (Paragraphen 29-31).

Die von Paragraph 24(b) geforderten Informationen umfassen auch Angaben zur Risikoexponierung eines Unternehmens, die aus seiner Einbeziehung in nicht konsolidierte strukturierte Unternehmen in früheren Berichtsperioden herrührt (z. B. Förderung des strukturierten Unternehmens), auch wenn das Unternehmen mit dem strukturierten Unternehmen am Berichtsstichtag nicht mehr vertraglich verbunden ist. **25**

Eine Investmentgesellschaft braucht die in Paragraph 24 für ein von ihr beherrschtes nicht konsolidiertes strukturiertes Unternehmen verlangten Angaben nicht zu machen, für das es die in den Paragraphen 19A-19G verlangten Angaben macht. **25A**

Wesensart der Anteile

Ein Unternehmen legt qualitative und quantitative Informationen über seine Anteile an nicht konsolidierten strukturierten Unternehmen offen, die u. a. – aber nicht ausschließlich – die Art, den Zweck, den Umfang und die Tätigkeiten des strukturierten Unternehmens sowie die Art und Weise seiner Finanzierung betreffen. **26**

Hat ein Unternehmen ein nicht konsolidiertes strukturiertes Unternehmen gefördert, für das es die in Paragraph 29 verlangten Informationen nicht beigebracht hat (z. B. weil es an diesem Unternehmen am Berichtsstichtag keinen Anteil hält), macht das Unternehmen folgende Angaben: **27**

(a) Art und Weise, wie es bestimmt hat, welche strukturierten Unternehmen es gefördert hat;

(b) *Erträge aus diesen strukturierten Unternehmen* während der Berichtsperiode, einschließlich einer Beschreibung der vorgelegten Ertragsarten und
(c) den Buchwert (zum Zeitpunkt der Übertragung) aller übertragenen Vermögenswerte dieser strukturierten Unternehmen während der Berichtsperiode.

28 Ein Unternehmen legt die Informationen in Paragraph 27(b) und (c) in tabellarischer Form vor, es sei denn, eine anderes Format ist angemessener, und gliedert seine Sponsortätigkeiten in entsprechende Kategorien auf (siehe Paragraphen B2-B6).

Wesensart der Risiken

29 Ein Unternehmen legt in tabellarischer Form eine Zusammenfassung folgender Bestandteile vor, es sei denn, ein anderes Format ist zweckmäßiger:
(a) die Buchwerte der in seinem Abschluss ausgewiesenen Vermögenswerte und Verbindlichkeiten, die seine Anteile an nicht konsolidierten strukturierten Unternehmen betreffen;
(b) die Posten in der Bilanz, unter denen diese Vermögenswerte und Verbindlichkeiten angesetzt werden;
(c) den Betrag, der die Höchstexponierung des Unternehmens in Bezug auf Verluste aus seinen Anteilen an nicht konsolidierten strukturierten Unternehmen am Besten widerspiegelt, einschließlich Angaben zur Art und Weise, wie diese Höchstexponierung bestimmt wurde. Kann ein Unternehmen seine Höchstexponierung in Bezug auf Verluste aus seinen Anteilen an nicht konsolidierten strukturierten Unternehmen nicht quantifizieren, hat es diese Tatsache anzugeben und die Gründe dafür offenzulegen;
(d) einen Vergleich der Buchwerte der Vermögenswerte und Verbindlichkeiten des Unternehmens, die seine Anteile an nicht konsolidierten strukturierten Unternehmen und die Höchstverlustexponierung des Unternehmens gegenüber diesen Unternehmen betreffen.

30 Hat ein Unternehmen während der Berichtsperiode ein nicht konsolidiertes strukturiertes Unternehmen finanziell oder anderweitig unterstützt – ohne vertraglich dazu verpflichtet zu sein – an dem es zuvor einen Anteil gehalten hat oder derzeit noch hält (z. B. Kauf von Vermögenswerten eines strukturierten Unternehmens oder von diesem ausgegebene Instrumente), macht es folgende Angaben:
(a) Art und Höhe der gewährten Unterstützung, einschließlich Situationen, in denen das Unternehmen dem strukturierten Unternehmen bei der Beschaffung der finanziellen Unterstützung geholfen hat und
(b) die Gründe für die Gewährung der Unterstützung.

31 Ein Unternehmen macht Angaben zu seiner derzeitigen Absicht, einem nicht konsolidierten strukturierten Unternehmen eine finanzielle oder sonstige Unterstützung zu gewähren, sowie zu seiner Absicht, diesem strukturierten Unternehmen bei der Beschaffung der finanziellen Unterstützung zu helfen.

Anhang A: Definitionen

Dieser Anhang ist integraler Bestandteil des IFRS.

Erträge aus einem strukturierten Unternehmen	Für die Zwecke dieses IFRS umfassen Erträge aus einem **strukturierten Unternehmen** – auch wenn sie nicht darauf beschränkt sind – wiederkehrende und nicht wiederkehrende Entgelte, Zinsen, Dividenden, Gewinne oder Verluste aus der Neubewertung oder Ausbuchung von Anteilen an strukturierten Unternehmen und Gewinne oder Verluste aus der Übertragung von Vermögenswerten und Verbindlichkeiten auf das strukturierte Unternehmen.

Anteil an einem anderen Unternehmen	Für die Zwecke dieses IFRS verweist ein Anteil an einem anderen Unternehmen auf die vertragliche und nichtvertragliche Einbeziehung, die ein Unternehmen schwankenden Renditen aus der Tätigkeit des anderen Unternehmens aussetzt. Ein Anteil an einem anderen Unternehmen kann die Form eines Kapitalbesitzes oder des Haltens von Schuldtiteln sowie andere Formen der Einbeziehung annehmen – auch wenn sie nicht darauf beschränkt ist –, wie z. B. die Bereitstellung einer Finanzierung, eine Liquiditätsunterstützung, Kreditsicherheiten und Garantien. Dazu zählen Mittel, mit denen ein Unternehmen ein anderes Unternehmen beherrscht, an seiner gemeinschaftlichen Führung beteiligt ist oder einen maßgeblichen Einfluss darüber ausübt. Ein Unternehmen hält nicht notwendigerweise einen Anteil an einem anderen Unternehmen, nur weil eine typische Beziehung zwischen Lieferant und Kunden besteht. Die Paragraphen B7-B9 enthalten weitere Informationen über Anteile an anderen Unternehmen. Die Paragraphen B55-B57 des IFRS 10 erläutern die Variabilität von Erträgen.
Strukturiertes Unternehmen	Ein Unternehmen wurde so konzipiert, dass die Stimmrechte oder vergleichbaren Rechte nicht der dominierende Faktor sind, wenn es darum geht festzulegen, wer das Unternehmen beherrscht, so wie in dem Fall, in dem sich die Stimmrechte lediglich auf die Verwaltungsaufgaben beziehen und die damit verbundenen Tätigkeiten durch Vertragsvereinbarungen geregelt werden. Die Paragraphen B22-B24 enthalten weitere Informationen über strukturierte Unternehmen.

Die folgenden Begriffe werden in IAS 27 (in der 2011 geänderten Fassung), IAS 28 (in der 2011 geänderten Fassung), IFRS 10 und IFRS 11 *Gemeinsame Vereinbarungen* definiert und in diesem IFRS im Sinne der in den anderen IFRS festgelegten Bedeutung verwendet:

- assoziiertes Unternehmen
- Konzernabschlüsse
- Beherrschung eines Unternehmens
- Equity-Methode
- Unternehmensgruppe
- Investmentgesellschaft
- gemeinsame Vereinbarung
- gemeinschaftliche Führung
- gemeinschaftliche Tätigkeit
- Gemeinschaftsunternehmen
- nicht beherrschende Anteile
- Mutterunternehmen
- Schutzrechte
- maßgebliche Tätigkeiten
- Einzelabschlüsse
- eigenständiges Vehikel

- maßgeblicher Einfluss
- Tochterunternehmen.

Anhang B: Leitlinien für die Anwendung

Dieser Anhang ist integraler Bestandteil des IFRS. Er beschreibt die Anwendung von Paragraph 1-31 und ist ebenso gültig wie die anderen Teile des IFRS.

B1 Die Beispiele in diesem Anhang beschreiben rein hypothetische Situationen. Auch wenn sich einige Aspekte der Beispiele tatsächlichen Gegebenheiten ähneln könnten, müssten alle einschlägigen Tatsachen und Umstände bestimmter Gegebenheiten bei der Anwendung von IFRS 12 bewertet werden.

Aggregation (Paragraph 4)

B2 Das Unternehmen hat mit Blick auf seine Lage zu entscheiden, wie viele Einzelangaben es offenlegen muss, um den Informationsbedarf der Abschlussadressaten zu decken und wie viel Gewicht es auf einzelne Aspekte dieser Informationen legt und wie es diese Angaben zusammenfasst. Dabei dürfen die Abschlüsse weder mit zu vielen Details überfrachtet werden, die für Abschlussadressaten nicht nützlich sind, noch dürfen Informationen durch zu starke Verdichtung verschleiert werden.

B3 Ein Unternehmen kann die von diesem IFRS geforderten Angaben im Hinblick auf Anteile an vergleichbaren Unternehmen zusammenfassen, wenn eine solche Aggregation mit dem Ziel der Angaben und der in Paragraph B4 genannten Anforderung im Einklang steht und die Angaben nicht verschleiert. Ein Unternehmen hat anzugeben, wie es die Anteile an vergleichbaren Unternehmen aggregiert hat.

B4 Ein Unternehmen macht gesonderte Angaben zu seinen Anteilen an:

(a) Tochterunternehmen;

(b) Gemeinschaftsunternehmen;

(c) gemeinschaftliche Tätigkeiten;

(d) assoziierten Unternehmen und

(e) nicht konsolidierte strukturierte Unternehmen.

B5 Bei der Bestimmung, ob Angaben zu aggregieren sind, hat das Unternehmen die quantitativen und qualitativen Angaben zu den verschiedenen Risiko- und Ertragsmerkmalen jedes Unternehmens zu berücksichtigen, die für eine Aggregation in Frage kommen sowie den Stellenwert eines jeden solchen Unternehmens für das berichtende Unternehmen. Das Unternehmen hat die Angaben auf eine Art und Weise darzustellen, die den Abschlussadressaten die Wesensart und den Umfang seiner Anteile an anderen Unternehmen klar erläutert.

B6 Beispiele für Aggregationsniveaus innerhalb der in Paragraph B4 genannten Unternehmenskategorien, die als zweckmäßig angesehen werden könnten, sind:

(a) Art der Tätigkeiten (z. B. ein Unternehmen auf dem Gebiet von Forschung und Entwicklung, ein Unternehmen für die revolvierende Verbriefung von Kreditkartenforderungen);

(b) Einstufung nach Branche;

(c) geografische Belegenheit (z. B. Land oder Region).

Anteile an anderen Unternehmen

B7 Ein Anteil an einem anderen Unternehmen verweist auf die vertragliche und nichtvertragliche Einbeziehung, die das berichtende Unternehmen schwankenden Renditen aus der Tätigkeit des anderen Unternehmens aussetzt. Überlegungen zum Zweck und Konzept des anderen Unternehmens können dem berichtenden Unternehmen bei der Bewertung helfen, ob es einen Anteil an dem anderen Unternehmen hält und folglich die Angaben im Sinne dieses IFRS beizubringen hat. Diese Bewertung hat eine Abschätzung der Risiken zu enthalten, die das andere Unternehmen schaffen sollte, sowie der Risiken, die das andere Unternehmen an das berichtende Unternehmen und sonstige Parteien weiterleiten sollte.

Ein berichtendes Unternehmen ist typischerweise schwankenden Renditen aus der Tätigkeit eines anderen Unternehmens ausgesetzt, wenn es einschlägige Instrumente (wie z. B. Aktien oder von dem anderen Unternehmen ausgegebene Schuldtitel) hält oder auf eine andere Art und Weise einbezogen ist, die zur Absorbierung von Schwankungen führt. Beispielsweise könnte man annehmen, dass ein strukturiertes Unternehmen ein Darlehensportfolio hält. Das strukturierte Unternehmen erhält einen Credits Default Swap von einem anderen Unternehmen (dem berichtenden Unternehmen), um sich selbst vor dem Ausfall der Anteile und der Hauptdarlehenszahlungen zu schützen. Das berichtende Unternehmen ist wiederum auf eine Art und Weise einbezogen, die es der Variabilität der Erträge infolge der Ertragskraft des strukturierten Unternehmens aussetzt, denn der Credit Default Swap absorbiert die Variabilität der Erträge des strukturierten Unternehmens. **B8**

Einige Instrumente sind so konzipiert, dass sie die Risiken von einem berichtenden Unternehmen auf ein anderes Unternehmen übertragen. Derlei Instrumente schaffen eine Variabilität der Erträge für das andere Unternehmen, setzen aber nicht typischerweise das berichtende Unternehmen schwankenden Renditen aus der Tätigkeit des anderen Unternehmens aus. Man stelle sich z. B. vor, ein strukturiertes Unternehmen wird gegründet, um Anlegern Anlagemöglichkeiten zu eröffnen, die eine Exponierung gegenüber dem Kreditrisiko von Unternehmen Z wünschen (Unternehmen Z steht keiner in die Vereinbarung einbezogenen Partei nahe). Das strukturierte Unternehmen erhält eine Finanzierung durch die Ausgabe von an das Kreditrisiko des Unternehmens Z gebundenen Papieren („Credit-Linked Notes") und nutzt die Erträge zur Anlage in einem Portfolio aus risikofreien finanziellen Vermögenswerten. Das strukturierte Unternehmen erhält eine Exponierung gegenüber dem Kreditrisiko von Unternehmen Z, indem es mit einer Swap-Gegenpartei einen „Credit Default Swap" (CDS) abschließt. Durch den CDS geht das Kreditrisiko von Unternehmen Z auf das strukturierte Unternehmen im Gegenzug der Zahlung eines Entgelts durch die Swap-Gegenpartei über. Die Anleger des strukturierten Unternehmens erhalten eine höhere Rendite, die sowohl den Ertrag des strukturierten Unternehmens aus seinem Anlageportfolio als auch das CDS-Entgelt widerspiegelt. Die Swap-Gegenpartei steht mit dem strukturierten Unternehmen in keiner Verbindung, die sie der Variabilität der Erträge infolge der Ertragskraft des strukturierten Unternehmens aussetzt, da der CDS die Variabilität auf das strukturierte Unternehmen überträgt anstatt die Variabilität der Erträge des strukturierten Unternehmens zu absorbieren. **B9**

Zusammengefasste Finanzinformationen für Tochterunternehmen, Gemeinschaftsunternehmen und assoziierte Unternehmen (Paragraph 12 und Paragraph 21)

Für jedes Tochterunternehmen, das nicht beherrschende Anteile hält, die für das berichtende Unternehmen wesentlich sind, legt ein Unternehmen Folgendes offen: **B10**

(a) nicht beherrschenden Anteilen zugewiesene Dividenden;

(b) Finanzinformationen in zusammengefasster Form zu Vermögenswerten, Verbindlichkeiten, Gewinn oder Verlust und Cashflows des Tochterunternehmens, die die Abschlussadressaten in die Lage versetzen, das Interesse nicht beherrschender Anteile an Tätigkeiten der Unternehmensgruppe und Cashflows zu verstehen. Zu diesen Informationen könnten beispielsweise Angaben zu den kurzfristigen Vermögenswerten, langfristigen Vermögenswerten, kurzfristigen Schulden, langfristigen Schulden, Erlösen, Gewinn oder Verlust und zum Gesamtergebnis zählen, ohne darauf beschränkt zu sein.

B11 Bei den nach Paragraph B10(b) geforderten Finanzinformationen in zusammengefasster Form handelt es sich um die Beträge vor Eliminierungen, die zwischen den Unternehmen vorgenommen werden.

B12 Für jedes Gemeinschaftsunternehmen und jedes assoziierte Unternehmen, die für das berichtende Unternehmen wesentlich sind, legt ein Unternehmen Folgendes offen:

(a) vom Gemeinschaftsunternehmen oder assoziierten Unternehmen erhaltene Dividenden;

(b) Finanzinformationen in zusammengefasster Form für das Gemeinschaftsunternehmen oder assoziierte Unternehmen (siehe Paragraphen B14 und B15), die Folgendes beinhalten, ohne notwendigerweise darauf beschränkt zu sein:

(i) kurzfristige Vermögenswerte;

(ii) langfristige Vermögenswerte;

(iii) kurzfristige Schulden;

(iv) langfristige Schulden;

(v) Erlöse;

(vi) Gewinn oder Verlust aus fortzuführenden Geschäftsbereichen;

(vii) Gewinn oder Verlust nach Steuern aus aufgegebenen Geschäftsbereichen;

(viii) sonstiges Ergebnis;

(ix) Gesamtergebnis.

B13 Zusätzlich zu den Finanzinformationen in zusammengefasster Form nach Paragraph B12 legt ein Unternehmen für jedes Gemeinschaftsunternehmen, das für das berichtende Unternehmen wesentlich ist, den Betrag folgender Posten offen:

(a) Zahlungsmittel und Zahlungsmitteläquivalente im Sinne von Paragraph B12(b)(i);

(b) kurzfristige finanzielle Schulden (mit Ausnahme von Verbindlichkeiten aus Lieferungen und Leistungen und sonstigen Verbindlichkeiten sowie Rückstellungen) nach Paragraph B12(b)(iii);

(c) langfristige finanzielle Schulden (mit Ausnahme von Verbindlichkeiten aus Lieferungen und Leistungen und sonstigen Verbindlichkeiten sowie Rückstellungen) nach Paragraph B12(b)(iv);

(d) planmäßige Abschreibung;

(e) Zinserträge;

(f) Zinsaufwendungen;

(g) Ertragsteueraufwand oder -ertrag.

B14 Bei den gemäß der Paragraphen B12 und B13 dargestellten Finanzinformationen in zusammengefasster Form handelt es sich um die Beträge, die Gegenstand des IFRS-Abschlusses zum Gemeinschaftsunternehmen oder assoziierten Unternehmen sind (und nicht um den Anteil des Unternehmens an diesen Beträgen). Bilanziert ein Unternehmen seinen Anteil an Gemeinschaftsunternehmen oder assoziierten Unternehmen nach der Equity-Methode, so

(a) werden die Beträge, die Gegenstand des IFRS-Abschlusses des Gemeinschaftsunternehmens oder assoziierten Unternehmens sind, berichtigt, um den Berichtigungen des Unternehmens bei Verwendung der Equity-Methode Rechnung zu tragen, wie z. B. Berichtigungen zum beizulegenden Zeitwert, die zum Zeitpunkt des Erwerbs und der Berichtigungen für Unterschiedsbeträge aufgrund der Rechnungslegungsmethoden vorgenommen wurden;

(b) legt das Unternehmen eine Überleitungsrechnung der Finanzinformationen in zusammengefasster Form in Bezug auf den Buchwert seines Anteils am Gemeinschaftsunternehmen oder assoziierten Unternehmen vor.

Ein Unternehmen kann die Finanzinformationen in zusammengefasster Form nach Paragraph B12 und Paragraph B13 auf der Grundlage des Abschlusses des Gemeinschaftsunternehmens oder assoziierten Unternehmens darstellen, wenn **B15**

(a) das Unternehmen seinen Anteil am Gemeinschaftsunternehmen oder assoziierten Unternehmen zum beizulegenden Zeitwert gemäß IAS 28 (geändert 2011) bewertet und

(b) das Gemeinschaftsunternehmen oder assoziierte Unternehmen keinen IFRS-Abschluss aufstellt und eine Vorbereitung auf dieser Grundlage nicht praktikabel wäre oder unangemessene Kosten verursachen würde.

In diesem Fall nimmt das Unternehmen seine Offenlegungen auf der Grundlage vor, auf der die Finanzinformationen in zusammengefasster Form erstellt wurden.

Ein Unternehmen legt in aggregierter Form den Buchwert seiner Anteile an sämtlichen einzeln für sich genommenen unwesentlichen Gemeinschaftsunternehmen oder assoziierten Unternehmen vor, die nach der Equity-Methode bilanziert werden. Ein Unternehmen legt zudem gesondert den aggregierten Betrag seines Anteils an folgenden Posten dieser Gemeinschaftsunternehmen oder assoziierten Unternehmen offen: **B16**

(a) Gewinn oder Verlust aus fortzuführenden Geschäftsbereichen;

(b) Gewinn oder Verlust nach Steuern aus aufgegebenen Geschäftsbereichen;

(c) sonstiges Ergebnis;

(d) Gesamtergebnis.

Ein Unternehmen nimmt diese Offenlegungen gesondert für Gemeinschaftsunternehmen und assoziierte Unternehmen vor.

Wenn ein Anteil eines Unternehmens an einem Tochterunternehmen, Gemeinschaftsunternehmen oder assoziierten Unternehmen (oder ein Teil seines Anteils an einem Gemeinschaftsunternehmen oder assoziierten Unternehmen) gemäß IFRS 5 als zur Veräußerung gehalten klassifiziert (oder Teil einer als zur Veräußerung gehalten klassifizierten Veräußerungsgruppe) ist, braucht das Unternehmen für dieses Tochterunternehmen, Gemeinschaftsunternehmen oder assoziierte Unternehmen die zusammengefassten Finanzinformationen gemäß den Paragraphen B10-B16 nicht anzugeben. **B17**

Verpflichtungen für Gemeinschaftsunternehmen (Paragraph 23A)

Ein Unternehmen legt seine gesamten Verpflichtungen, die es eingegangen ist, aber zum Berichtsstichtag nicht angesetzt hat (einschließlich seines Anteils der Verpflichtungen, die gemeinsam mit anderen Anlegern eingegangen wurden, die an der gemeinschaftlichen Führung des Gemeinschaftsunternehmens beteiligt sind) in Bezug auf seine Anteile an Gemeinschaftsunternehmen offen. Bei den Verpflichtungen handelt es sich um jene, die zu einem künftigen Abfluss von Zahlungsmitteln oder anderen Ressourcen führen können. **B18**

Bei den nicht angesetzten Verpflichtungen, die zu einem künftigen Abfluss von Zahlungsmitteln oder anderen Ressourcen führen können, handelt es sich um: **B19**

(a) nicht angesetzte Verpflichtungen, um zur Finanzierung oder zu Ressourcen beizutragen, die sich z. B. ergeben aus

  (i) Vereinbarungen zum Abschluss oder Erwerb eines Gemeinschaftsunternehmens (das beispielsweise einem Unternehmen vorschreibt, Mittel über einen bestimmten Zeitraum bereitzustellen);

  (ii) vom Gemeinschaftsunternehmen durchgeführten kapitalintensiven Projekten;

  (iii) unbedingte Kaufverpflichtungen, einschließlich der Beschaffung von Ausrüstung, Vorräten oder Dienstleistungen, die ein Unternehmen verpflichtet ist, von einem Gemeinschaftsunternehmen oder in dessen Namen zu erwerben;

  (iv) nicht angesetzte Verpflichtungen, mittels denen einem Gemeinschaftsunternehmen Darlehen oder andere Finanzmittel zur Verfügung gestellt werden;

(v) nicht angesetzte Verpflichtungen, um einem Gemeinschaftsunternehmen Ressourcen z. B. in Form von Vermögenswerten oder Dienstleistungen zuzuführen;

(vi) sonstige unkündbare nicht angesetzte Verpflichtungen in Bezug auf ein Gemeinschaftsunternehmen;

(b) nicht angesetzte Verpflichtungen, um den Eigentumsanteil einer anderen Partei (oder einen Teil dieses Eigentumsanteils) an einem Gemeinschaftsunternehmen zu erwerben, sollte ein bestimmtes Ereignis in der Zukunft eintreten oder nicht eintreten.

B20 Die Anforderungen und Beispiele der Paragraphen B18 und B19 verdeutlichen einige Arten der Offenlegung nach Paragraph 8 von IAS 24 *Angaben über Beziehungen zu nahestehenden Unternehmen und Personen.*

Anteile an nicht konsolidierten strukturierten Unternehmen (Paragraphen 24-31)

Strukturierte Unternehmen

B21 Ein strukturiertes Unternehmen wurde als Unternehmen so konzipiert, dass die Stimmrechte oder vergleichbaren Rechte nicht der dominierende Faktor sind, wenn es darum geht festzulegen, wer das Unternehmen beherrscht, so wie in dem Fall, in dem sich die Stimmrechte lediglich auf die Verwaltungsaufgaben beziehen und die damit verbundenen Tätigkeiten durch Vertragsvereinbarungen geregelt werden.

B22 Ein strukturiertes Unternehmen zeichnet sich oftmals durch einige oder sämtliche der nachfolgend genannten Merkmale oder Attribute aus:

(a) beschränkte Tätigkeiten;

(b) enger und genau definierter Zweck, z. B. zwecks Abschlusses eines steuerwirksamen Leasings, Durchführung von Forschungs- und Entwicklungsarbeiten, Bereitstellung einer Kapital- oder Finanzquelle für ein Unternehmen oder Schaffung von Anlagemöglichkeiten für Anleger durch Weitergabe von Risiken und Nutzenzugang, die mit den Vermögenswerten des strukturierten Unternehmens in Verbindung stehen, an die Anleger;

(c) unzureichendes Eigenkapital, um dem strukturierten Unternehmen die Finanzierung seiner Tätigkeiten ohne nachgeordnete finanzielle Unterstützung zu gestatten;

(d) Finanzierung in Form vielfacher vertraglich an die Anleger gebundener Instrumente, die Kreditkonzentrationen oder Konzentrationen anderer Risiken (Tranchen) bewirken.

B23 Beispiele von Unternehmen, die als strukturierte Unternehmen angesehen werden, umfassen folgende Formen, ohne darauf beschränkt zu sein:

(a) Verbriefungsgesellschaften;

(b) mit Vermögenswerten unterlegte Finanzierungen;

(c) einige Investmentfonds.

B24 Ein durch Stimmrechte kontrolliertes Unternehmen ist kein strukturiertes Unternehmen, weil es beispielsweise eine Finanzierung von Seiten Dritter infolge einer Umstrukturierung erhält.

Wesensart der Risiken aus Anteilen an nicht konsolidierten strukturierten Unternehmen (Paragraphen 29-31)

B25 Zusätzlich zu den nach den Paragraphen 29-31 geforderten Angaben legt ein Unternehmen weitere Informationen offen, um dem Ziel der Offenlegung nach Paragraph 24(b) nachzukommen.

B26 Beispiele für zusätzliche Angaben, die je nach den Umständen für eine Bewertung der Risiken relevant sein könnten, denen ein Unternehmen ausgesetzt ist, wenn es einen Anteil an einem nicht konsolidierten strukturierten Unternehmen hält, sind:

(a) Vertragsbedingungen, denen zufolge das Unternehmen gehalten wäre, einem nicht konsolidierten strukturierten Unternehmen eine finanzielle Unterstützung zu gewähren (z. B. Liquiditätsvereinbarungen oder Ratingschwellenwerte im Zusammenhang mit dem Kauf von Vermögenswerten des strukturierten Unternehmens oder der Bereitstellung einer finanziellen Unterstützung), einschließlich
   (i) einer Beschreibung der Ereignisse oder Gegebenheiten, die das berichtende Unternehmen einem Verlust aussetzen könnten;
   (ii) des Hinweises auf eventuelle Vertragsbedingungen, die die Verpflichtung einschränken würden;
   (iii) der Angabe, ob es andere Parteien gibt, die eine finanzielle Unterstützung gewähren, und wenn ja, welchen Stellenwert die Verpflichtung des berichtenden Unternehmens im Verhältnis zu den anderen Parteien hat;
(b) die von dem Unternehmen während der Berichtsperiode im Hinblick auf seine Anteile an nicht konsolidierten strukturierten Unternehmen erlittenen Verluste;
(c) die Arten von Erträgen, die ein Unternehmen während der Berichtsperiode im Hinblick auf seine Anteile an nicht konsolidierten strukturierten Unternehmen erhält;
(d) die Tatsache, ob ein Unternehmen gehalten ist, Verluste eines nicht konsolidierten strukturierten Unternehmens vor anderen Parteien aufzufangen, die Höchstgrenze dieser Verluste für das Unternehmen und (falls relevant) die Rangfolge und Beträge potenzieller Verluste der Parteien, deren Anteile niedriger als der Anteil des Unternehmens am nicht konsolidierten strukturierten Unternehmen eingestuft werden,
(e) die Angaben zu Liquiditätsvereinbarungen, Garantien oder anderen Verpflichtungen gegenüber Dritten, die den beizulegenden Zeitwert oder das Risiko der Anteile des Unternehmens an nicht konsolidierten strukturierten Unternehmen beeinträchtigen können;
(f) die Schwierigkeiten, auf die ein nicht konsolidiertes strukturiertes Unternehmen bei der Finanzierung seiner Tätigkeiten während des Berichtszeitraums gestoßen ist;
(g) im Hinblick auf die Finanzierung eines nicht konsolidierten strukturierten Unternehmens die Finanzierungsformen (z. B. „Commercial Paper" oder mittelfristige Schuldinstrumente) und ihre gewichtete Durchschnittslebensdauer. Diese Angaben können u. U. Fälligkeitsanalysen der Vermögenswerte und die Finanzierung eines nicht konsolidierten strukturierten Unternehmens umfassen, wenn letzteres längerfristige Vermögenswerte hält, die durch eine kurzfristige Finanzierung unterlegt sind.

Anhang C: Zeitpunkt des Inkrafttretens und Übergangsvorschriften

Dieser Anhang ist fester Bestandteil des IFRS und hat die gleiche bindende Kraft wie die anderen Teile des IFRS.

Zeitpunkt des Inkrafttretens und Übergangsvorschriften

Unternehmen haben diesen IFRS auf Geschäftsjahre anzuwenden, die am oder nach dem 1. Januar 2013 beginnen. Eine frühere Anwendung ist zulässig. **C1**

Konzernabschlüsse, Gemeinsame Vereinbarungen und Angaben zu Anteilen an anderen Unternehmen: Mit den *Übergangsleitlinien* (Änderungen an IFRS 10, IFRS 11 und IFRS 12), veröffentlicht im Juni 2012, wurden die Paragraphen C2A-C2B hinzugefügt. Diese Änderungen sind erstmals in der ersten Berichtsperiode eines am oder nach dem 1. Januar 2013 beginnenden Geschäftsjahres anzuwenden. Wenn ein Unternehmen IFRS 12 für eine frühere Berichtsperiode anwendet, so sind auch diese Änderungen für jene frühere Periode anzuwenden. **C1A**

Mit der im Oktober 2012 veröffentlichten Verlautbarung *Investmentgesellschaften (Investment Entities)* (Änderungen an IFRS 10, IFRS 12 und IAS 27) wurden Paragraph 2 und Anhang A geändert und die Paragraphen 9A-9B, 19A-19G, 21A und 25A angefügt. Unternehmen haben diese Änderungen auf Geschäftsjahre anzuwenden, die am oder nach dem 1. Januar 2014 beginnen. **C1B**

Eine frühere Anwendung ist zulässig. Wendet ein Unternehmen diese Änderungen früher an, hat es diesen Sachverhalt anzugeben und alle in der Verlautbarung enthaltenen Änderungen gleichzeitig anzuwenden.

C1C Mit der im Dezember 2014 veröffentlichten Verlautbarung *Investmentgesellschaften: Anwendung der Ausnahme von der Konsolidierungspflicht* (Änderungen an IFRS 10, IFRS 12 und IAS 28) wurde Paragraph 6 geändert. Diese Änderung ist auf Geschäftsjahre anzuwenden, die am oder nach dem 1. Januar 2016 beginnen. Eine frühere Anwendung ist zulässig. Wendet ein Unternehmen die Änderung früher an, hat es dies anzugeben.

C1D Mit den im Dezember 2016 veröffentlichten *Jährlichen Verbesserungen an den IFRS-Standards, Zyklus 2014–2016* wurde Paragraph 5A hinzugefügt und Paragraph B17 geändert. Diese Änderungen sind rückwirkend gemäß IAS 8 *Rechnungslegungsmethoden, Änderungen von rechnungslegungsbezogenen Schätzungen und Fehler* auf Geschäftsjahre anzuwenden, die am oder nach dem 1. Januar 2017 beginnen.

C2 Ein Unternehmen ist aufgefordert, von diesem IFRS geforderte Informationen vor den Geschäftsjahre beizubringen, die am oder nach dem 1. Januar 2013 beginnen. Die Darstellung einiger von diesem IFRS geforderten Angaben verpflichtet das Unternehmen nicht, alle Anforderungen dieses IFRS einzuhalten oder IFRS 10, IFRS 11, IAS 27 (geändert 2011) und IAS 28 (geändert 2011) früher anzuwenden.

C2A Ein Unternehmen muss die Angabepflichten dieses IFRS nicht auf Berichtsperioden anwenden, die vor der Vergleichsperiode jener Berichtsperiode liegen, auf die IFRS 12 erstmalig angewandt wird.

C2B Die Angabepflichten im Sinne der Paragraphen 24-31 sowie die entsprechenden Leitlinien in den Paragraphen B21-B26 dieses IFRS müssen nicht auf eine Berichtsperiode angewendet werden, die der Erstanwendung von IFRS 12 unmittelbar vorausgeht.

Verweise auf IFRS 9

C3 Wendet ein Unternehmen diesen Standard an, aber noch nicht IFRS 9, so ist jeder Verweis auf IFRS 9 als Verweis auf IAS 39 *Finanzinstrumente Ansatz und Bewertung* zu verstehen.

Anhang D: Änderungen an anderen IFRS (hier nicht wiedergegeben)

International Financial Reporting Standard 13
Bemessung des beizulegenden Zeitwerts (IFRS 13)

v. 11.12.2012 (ABl EU Nr. L 360 S. 78);
zuletzt geändert durch Verordnung (EU) 2017/1986 v. 31.10.2017
(ABl EU Nr. L 291 S. 1)

Inhalt	Ziffer

Zielsetzung

1 In diesem IFRS wird

(a) der Begriff *beizulegender Zeitwert* definiert,

(b) in einem einzigen IFRS ein Rahmen zur Bemessung des beizulegenden Zeitwerts abgesteckt, und es werden

(c) Angaben zur Bemessung des beizulegenden Zeitwerts vorgeschrieben.

2 Der beizulegende Zeitwert stellt eine marktbasierte Bewertung dar, keine unternehmensspezifische Bewertung. Für einige Vermögenswerte und Schulden stehen unter Umständen beobachtbare Markttransaktionen oder Marktinformationen zur Verfügung. Bei anderen Vermögenswerten und Schulden sind jedoch eventuell keine beobachtbaren Markttransaktionen oder Marktinformationen vorhanden. In beiden Fällen wird mit einer Bemessung des beizulegenden Zeitwerts jedoch das gleiche Ziel verfolgt- nämlich die Schätzung des Preises, zu dem unter aktuellen Marktbedingungen am Bemessungsstichtag ein *geordneter Geschäftsvorfall* zwischen *Marktteilnehmern* stattfinden würde, im Zuge dessen der Vermögenswert verkauft oder die Schuld übertragen würde (aus der Perspektive des als Besitzer des Vermögenswerts bzw. Schuldner der Verbindlichkeit auftretenden Marktteilnehmers geht es also um den *Abgangspreis* zum Bemessungsstichtag).

3 Ist kein Preis für einen identischen Vermögenswert bzw. eine identische Schuld beobachtbar, bemisst ein Unternehmen den beizulegenden Zeitwert anhand einer anderen Bewertungstechnik, bei der die Verwendung maßgeblicher *beobachtbarer Inputfaktoren* möglichst hoch und jene *nicht beobachtbarer Inputfaktoren* möglichst gering gehalten wird. Da der beizulegende Zeitwert eine marktbasierte Bewertung darstellt, wird er anhand der Annahmen bemessen, die Marktteilnehmer bei der Preisbildung für den Vermögenswert bzw. die Schuld anwenden würden. Dies schließt auch Annahmen über Risiken ein. Infolgedessen ist die Absicht eines Unternehmens, einen Vermögenswert zu halten bzw. eine Schuld auszugleichen oder anderweitig zu begleichen, bei der Bemessung des beizulegenden Zeitwerts nicht maßgeblich.

4 In der Definition des beizulegenden Zeitwerts liegt der Schwerpunkt auf Vermögenswerten und Schulden, weil diese vorrangiger Gegenstand der bilanziellen Bewertung sind. Darüber hinaus ist dieser IFRS auf die zum beizulegenden Zeitwert bewerteten eigenen Eigenkapitalinstrumente eines Unternehmens anzuwenden.

Anwendungsbereich

5 Dieser IFRS gelangt zur Anwendung, wenn ein anderer IFRS eine Bewertung zum beizulegenden Zeitwert vorschreibt oder gestattet oder Angaben über die Bemessung des beizulegenden Zeitwerts verlangt werden (sowie Bewertungen, die – wie der beizulegende Zeitwert abzüglich Veräußerungskosten – auf dem beizulegenden Zeitwert oder auf Angaben über diese Bewertungen fußen). Die Festlegungen in Paragraph 6 und 7 sind hiervon ausgenommen.

Die Bewertungs- und Angabepflichten dieses IFRS gelten nicht für: 6

(a) anteilsbasierte Vergütungstransaktionen im Anwendungsbereich von IFRS 2 *Anteilsbasierte Vergütungen*;

(b) Leasingtransaktionen, die gemäß IFRS 16 *Leasingverhältnisse* bilanziert werden; und

(c) Bewertungen, die einige Ähnlichkeiten zum beizulegenden Zeitwert aufweisen, jedoch kein beizulegender Zeitwert sind, beispielsweise der Nettoveräußerungswert in IAS 2 *Vorräte* oder der Nutzungswert in IAS 36 *Wertminderung von Vermögenswerten*.

Die in diesem IFRS vorgeschriebenen Angaben müssen nicht geliefert werden für: 7

(a) Planvermögen, das gemäß IAS 19 *Leistungen an Arbeitnehmer* zum beizulegenden Zeitwert bewertet wird;

(b) Anlagen eines Altersversorgungsplans, die gemäß IAS 26 *Bilanzierung und Berichterstattung von Altersversorgungsplänen* zum beizulegenden Zeitwert bewertet werden; und

(c) Vermögenswerte, für die der erzielbare Betrag dem beizulegenden Zeitwert abzüglich Veräußerungskosten in Übereinstimmung mit IAS 36 entspricht.

Der im vorliegenden IFRS beschriebene Bemessungsrahmen für den beizulegenden Zeitwert findet sowohl auf erstmalige als auch spätere Bewertungen Anwendung, sofern in anderen IFRS ein beizulegender Zeitwert vorgeschrieben oder zugelassen wird. 8

Bewertung

Beizulegender Zeitwert – Definition

In diesem IFRS wird der beizulegende Zeitwert als der Preis definiert, der in einem geordneten Geschäftsvorfall zwischen Marktteilnehmern am Bemessungsstichtag für den Verkauf eines Vermögenswerts eingenommen bzw. für die Übertragung einer Schuld gezahlt würde. 9

Paragraph B2 beschreibt den allgemeinen Ansatz der Bemessung des beizulegenden Zeitwerts. 10

Betroffener Vermögenswert oder betroffene Schuld

Die Bemessung des beizulegenden Zeitwerts betrifft jeweils einen bestimmten Vermögenswert bzw. eine bestimmte Schuld. Bei der Bemessung des beizulegenden Zeitwerts berücksichtigt ein Unternehmen folglich die Merkmale des betreffenden Vermögenswerts bzw. der betreffenden Schuld, die ein Marktteilnehmer bei der Preisbildung für den Vermögenswert bzw. die Schuld am Bemessungsstichtag berücksichtigen würde. Solche Merkmale schließen unter anderem Folgendes ein: 11

(a) Zustand und Standort des Vermögenswerts; und

(b) Verkaufs- und Nutzungsbeschränkung bei dem Vermögenswert.

Welche Auswirkungen ein bestimmtes Merkmal auf die Bewertung hat, hängt davon ab, in welcher Weise das betreffende Merkmal von Marktteilnehmern berücksichtigt würde. 12

Bei einem Vermögenswert oder einer Schuld, die zum beizulegenden Zeitwert bewertet werden, kann es sich entweder handeln um 13

(a) einen eigenständigen Vermögenswert oder eine eigenständige Schuld (z. B. ein Finanzinstrument oder ein nicht finanzieller Vermögenswert), oder

(b) um eine Gruppe von Vermögenswerten, eine Gruppe von Schulden oder eine Gruppe von sowohl Vermögenswerten als auch Schulden (z. B. eine zahlungsmittelgenerierende Einheit oder einen Geschäftsbetrieb).

Für die Zwecke des Ansatzes oder der Angabe hängt es von der jeweiligen Bilanzierungseinheit ab, ob ein Vermögenswert bzw. eine Schuld ein eigenständiger Vermögenswert bzw. eine eigenständige Schuld, eine Gruppe von Vermögenswerten bzw. Gruppe von Schulden, oder eine Gruppe von sowohl Vermögenswerten als auch Schulden ist. Die Bilanzierungseinheit des Ver- 14 mögenswerts bzw. der Schuld ist, vorbehaltlich in diesem IFRS enthaltener anderslautender Bestimmungen, im Einklang mit demjenigen IFRS zu bestimmen, der eine Bewertung zum beizulegenden Zeitwert vorschreibt oder gestattet.

Geschäftsvorfall

15 Bei der Bemessung des beizulegenden Zeitwerts wird davon ausgegangen, dass der Austausch des Vermögenswerts bzw. der Schuld zwischen *Marktteilnehmern* unter aktuellen Marktbedingungen am Bemessungsstichtag im Rahmen eines *geordneten Geschäftsvorfalls* mit dem Ziel, den Vermögenswert zu verkaufen oder die Schuld zu übertragen, stattfindet.

16 Bei der Bemessung des beizulegenden Zeitwerts wird davon ausgegangen, dass der Geschäftsvorfall, in dessen Rahmen der Verkauf des Vermögenswerts oder die Übertragung der Schuld erfolgt, entweder auf dem

(a) *Hauptmarkt* für den Vermögenswert oder die Schuld stattfindet, oder

(b) auf *dem vorteilhaftesten Markt* für den Vermögenswert bzw. die Schuld, sofern kein Hauptmarkt vorhanden ist.

17 Zur Ermittlung des Hauptmarktes oder, in Ermangelung eines Hauptmarktes, des vorteilhaftesten Marktes ist keine umfassende Durchsuchung aller möglicherweise bestehenden Märkte seitens des Unternehmens notwendig. Es hat aber alle Informationen zu berücksichtigen, die bei vertretbarem Aufwand verfügbar sind. Solange kein gegenteiliger Beweis erbracht ist, gilt die Annahme, dass der Markt, in dem das Unternehmen normalerweise den Verkauf des Vermögenswerts oder die Übertragung der Schuld abschließen würde, der Hauptmarkt oder, in Ermangelung eines Hauptmarktes, der vorteilhafteste Markt ist.

18 Besteht für den Vermögenswert bzw. die Schuld ein Hauptmarkt, stellt die Bemessung des beizulegenden Zeitwerts (unabhängig davon, ob der Preis unmittelbar beobachtbar ist oder ob er anhand einer anderen Bewertungstechnik geschätzt wird) den Preis in dem betreffenden Markt dar. Dabei spielt es keine Rolle, ob der Preis am Bemessungsstichtag in einem anderen Markt möglicherweise vorteilhafter wäre.

19 Das Unternehmen muss am Bemessungsstichtag Zugang zum Hauptmarkt oder vorteilhaftesten Markt haben. Da unterschiedliche Unternehmen (und Geschäftsbetriebe innerhalb dieser Unternehmen) unterschiedliche Tätigkeiten ausüben und Zugang zu unterschiedlichen Märkten haben können, kann für den gleichen Vermögenswert bzw. die gleiche Schuld der Hauptmarkt oder vorteilhafteste Markt für diese unterschiedlichen Unternehmen (und Geschäftsbetriebe innerhalb dieser Unternehmen) jeweils ein anderer sein. Aus diesem Grund muss die Betrachtung des Hauptmarktes oder vorteilhaftesten Marktes und der jeweiligen Marktteilnehmer aus dem Blickwinkel des jeweiligen Unternehmens erfolgen und somit den Unterschieden zwischen Unternehmen und Unternehmensteilen mit unterschiedlichen Tätigkeiten Rechnung tragen.

20 Ein Unternehmen muss zwar die Möglichkeit zum Marktzugang haben, für die Bemessung des beizulegenden Zeitwerts auf Grundlage des Preises in dem betreffenden Markt ist es aber nicht erforderlich, dass das Unternehmen am Bemessungsstichtag in der Lage ist, den betreffenden Vermögenswert zu verkaufen bzw. die betreffende Schuld zu übertragen.

21 Auch wenn kein beobachtbarer Markt vorhanden ist, dem Informationen zur Preisbildung für den Verkauf des Vermögenswerts bzw. die Übertragung der Schuld am Bemessungsstichtag zu entnehmen sind, ist bei der Bemessung des beizulegenden Zeitwerts davon auszugehen, dass ein Geschäftsvorfall an diesem Stichtag stattfindet. Dabei ist die Perspektive des als Besitzer des Vermögenswerts bzw. Schuldner der Verbindlichkeit auftretenden Marktteilnehmers zu berücksichtigen. Dieser angenommene Geschäftsvorfall bildet die Grundlage für die Schätzung des Preises für den Verkauf des Vermögenswerts bzw. die Übertragung der Schuld.

Marktteilnehmer

Ein Unternehmen bemisst den beizulegenden Zeitwert eines Vermögenswerts oder einer Schuld anhand der Annahmen, die Marktteilnehmer bei der Preisbildung für den Vermögenswert bzw. die Schuld zugrunde legen würden. Hierbei wird davon ausgegangen, dass die Marktteilnehmer in ihrem besten wirtschaftlichen Interesse handeln. 22

Die Ausarbeitung dieser Annahmen erfordert nicht, dass ein Unternehmen bestimmte Marktteilnehmer benennt. Stattdessen hat das Unternehmen allgemeine Unterscheidungsmerkmale für Marktteilnehmer zu benennen und dabei Faktoren zu berücksichtigen, die für alle nachstehend aufgeführten Punkte typisch sind: 23

(a) Vermögenswert oder Schuld;

(b) Der Hauptmarkt oder vorteilhafteste Markt für den Vermögenswert oder die Schuld; und

(c) Marktteilnehmer, mit denen das Unternehmen in dem betreffenden Markt eine Transaktion abschließen würde.

Preis

Der beizulegende Zeitwert ist der Preis, zu dem unter aktuellen Marktbedingungen am Bemessungsstichtag in einem *geordneten Geschäftsvorfall* im Hauptmarkt oder vorteilhaftesten Markt ein Vermögenswert verkauft oder eine Schuld übertragen würde, d. h. es handelt sich um einen Abgangspreis. Dabei ist unerheblich, ob dieser Preis unmittelbar beobachtbar ist oder mit Hilfe einer anderen Bewertungstechnik geschätzt wird. 24

Der Preis im Hauptmarkt oder vorteilhaftesten Markt, der zur Bemessung des beizulegenden Zeitwerts des Vermögenswerts oder der Schuld angesetzt wird, ist nicht um Transaktionskosten zu bereinigen. Transaktionskosten sind gemäß anderen IFRS zu bilanzieren. Transaktionskosten sind kein Merkmal eines Vermögenswerts oder einer Schuld. Sie sind vielmehr typisch für einen bestimmten Geschäftsvorfall und fallen je nach Art des unternehmensseitigen Geschäftsabschlusses bezüglich des betreffenden Vermögenswerts bzw. der Schuld unterschiedlich aus. 25

Transaktionskosten enthalten keine Transportkosten. Stellt der Standort ein Merkmal des Vermögenswerts dar (wie es beispielsweise bei Waren zutreffen könnte), ist der Preis im Hauptmarkt oder vorteilhaftesten Markt um etwaige Kosten zu bereinigen, die für den Transport des Vermögenswerts von seinem jetzigen Standort zu dem Markt entstehen würden. 26

Anwendung auf nicht finanzielle Vermögenswerte

Höchste und beste Verwendung nicht finanzieller Vermögenswerte

Bei der Bemessung des beizulegenden Zeitwerts eines nicht-finanziellen Vermögenswerts wird die Fähigkeit des Marktteilnehmers berücksichtigt, durch die höchste und beste Verwendung des Vermögenswerts oder durch dessen Verkauf an einen anderen Marktteilnehmer, der für den Vermögenswert die höchste und beste Verwendung findet, wirtschaftlichen Nutzen zu erzeugen. 27

Als höchste und beste Verwendung eines nicht finanziellen Vermögenswerts wird eine Verwendung betrachtet, die, wie nachstehend erläutert, physisch möglich, rechtlich zulässig und finanziell durchführbar ist: 28

(a) Bei einer physisch möglichen Verwendung werden die physischen Merkmale berücksichtigt, die Marktteilnehmer der Preisbildung für den Vermögenswert zugrunde legen würden (z. B. Lage oder Größe eines Grundstücks).

(b) Bei einer rechtlich zulässigen Verwendung werden mögliche rechtliche Beschränkungen für die Nutzung des Vermögenswerts berücksichtigt, die Marktteilnehmer der Preisbildung für den Vermögenswert zugrunde legen würden (z. B. Bebauungsvorschriften für ein Grundstück).

(c) Bei einer finanziell durchführbaren Verwendung wird berücksichtigt, ob die physisch mögliche und rechtlich zulässige Verwendung eines Vermögenswerts in angemessenem Umfang Erträge oder Zahlungsströme erzeugt (unter Berücksichtigung der Kosten der Ver- und Bearbeitung des Vermögenswerts für die betreffende Verwendung), um einen Anlageertrag zu erwirtschaften, wie ihn Markteilnehmer für eine Kapitalanlage in einen für diese Art der Verwendung genutzten Vermögenswert dieser Art verlangen.

29 Die höchste und beste Verwendung wird auch dann aus dem Blickwinkel der Marktteilnehmer bestimmt, wenn das Unternehmen eine andere Verwendung anstrebt. Für die gegenwärtige Verwendung eines nicht finanziellen Vermögenswerts durch ein Unternehmen gilt die Vermutung der höchsten und besten Verwendung, solange nicht Markt- oder andere Faktoren darauf hindeuten, dass eine anderweitige Nutzung durch Marktteilnehmer den Wert des Vermögensgegenstandes maximieren würde.

30 Zum Schutz seiner Wettbewerbsposition oder aus anderen Gründen kann ein Unternehmen von der aktiven Nutzung eines erworbenen nicht finanziellen Vermögenswerts oder seiner höchsten und besten Verwendung absehen. Dies könnte beispielsweise bei einem erworbenen immateriellen Vermögenswert der Fall sein, bei dem das Unternehmen eine defensive Nutzung plant, um Dritte an der Nutzung dieses Vermögenswerts zu hindern. Nichtsdestotrotz muss das Unternehmen bei der Bemessung des beizulegenden Zeitwerts eines nicht finanziellen Vermögenswerts von der höchsten und besten Verwendung durch Marktteilnehmer ausgehen.

Bewertungsprämisse für nicht finanzielle Vermögenswerte

31 Die höchste und beste Verwendung eines nicht finanziellen Vermögenswerts begründet die Bewertungsprämisse, auf deren Grundlage der beizulegende Zeitwert eines Vermögenswerts bemessen wird. Dabei gilt:

(a) Die höchste und beste Verwendung eines nicht finanziellen Vermögenswerts könnte Marktteilnehmern dadurch den höchstmöglichen Wert erbringen, dass seine Nutzung in Verbindung mit anderen Vermögenswerten in Form einer Gruppe (die installiert oder anderweitig für die Nutzung konfiguriert wurde) oder in Verbindung mit anderen Vermögenswerten und Schulden (z. B. einem Geschäftsbetrieb) erfolgt.

(i) Besteht die höchste und beste Verwendung des Vermögenswerts in seiner Nutzung in Verbindung mit anderen Vermögenswerten oder in Verbindung mit anderen Vermögenswerten und Schulden, entspricht der beizulegende Zeitwert des Vermögenswerts dem Preis, der in einem aktuellen Geschäftsvorfall zum Verkauf des Vermögenswerts erzielt würde. Hierbei gilt die Annahme, dass der Vermögenswert zusammen mit anderen Vermögenswerten oder mit anderen Vermögenswerten und Schulden verwendet würde und dass die betreffenden Vermögenswerte und Schulden (d. h. die ergänzenden Vermögenswerte und verbundenen Schulden) den Marktteilnehmern zur Verfügung stünden.

(ii) Mit dem Vermögenswert und den ergänzenden Vermögenswerten verbundene Schulden sind unter anderem Schulden zur Finanzierung des Nettoumlaufvermögens, nicht aber Schulden zur Finanzierung von anderen Vermögenswerten außerhalb der betreffenden Gruppe von Vermögenswerten.

(iii) Die Annahmen über die höchste und beste Verwendung eines nicht finanziellen Vermögenswerts müssen für alle Vermögenswerte (für die die höchste und beste Verwendung maßgeblich ist) der Gruppe von Vermögenswerten bzw. der Gruppe von Vermögenswerten und Schulden, innerhalb der der betreffende Vermögenswert genutzt würde, einheitlich sein.

(b) Die höchste und beste Verwendung eines nicht finanziellen Vermögenswerts könnte Marktteilnehmern für sich genommen den höchstmöglichen Wert erbringen. Besteht die höchste und beste Verwendung des Vermögenswerts in seiner eigenständigen Nutzung, entspricht der beizulegende Zeitwert des Vermögenswerts dem Preis, der in einem aktuellen Geschäftsvorfall zum Verkauf des Vermögenswerts an Marktteilnehmer, die den Vermögenswert eigenständig verwenden würden, erzielt würde.

Bei der Bemessung des beizulegenden Zeitwerts eines nicht finanziellen Vermögenswerts wird vorausgesetzt, dass der Verkauf des Vermögenswerts in Übereinstimmung mit der in anderen IFRS vorgegebenen Bilanzierungseinheit erfolgt (hierbei kann es sich um einen einzelnen Vermögenswert handeln). Dies trifft auch dann zu, wenn die Bemessung des beizulegenden Zeitwerts auf der Annahme basiert, dass die höchste und beste Verwendung des Vermögenswerts in seiner Nutzung in Verbindung mit anderen Vermögenswerten oder in Verbindung mit anderen Vermögenswerten und Schulden besteht, weil bei der Bemessung des beizulegenden Zeitwerts davon ausgegangen wird, dass der Marktteilnehmer bereits im Besitz der ergänzenden Vermögenswerte und zugehörigen Schulden ist. 32

Paragraph B3 beschreibt, wie das Konzept der Bewertungsprämisse auf nicht finanzielle Vermögenswerte angewandt wird. 33

Anwendung auf Schulden und Eigenkapitalinstrumente eines Unternehmens

Allgemeine Grundsätze

Bei der Bemessung des beizulegenden Zeitwerts einer finanziellen oder nicht finanziellen Verbindlichkeit oder eines eigenen Eigenkapitalinstruments des Unternehmens (z. B. in einem Unternehmenszusammenschluss als Gegenleistung ausgegebene Eigenkapitalanteile) wird angenommen, dass sie/es am Bemessungsstichtag auf einen Marktteilnehmer übertragen wird. Bei der Übertragung einer Schuld oder eines eigenen Eigenkapitalinstruments eines Unternehmens wird von folgenden Annahmen ausgegangen: 34

(a) Die Schuld würde offen bleiben und der übernehmende Marktteilnehmer müsste die Verpflichtung erfüllen. Die Schuld würde am Bemessungsstichtag nicht mit der Vertragspartei ausgeglichen oder anderweitig getilgt.

(b) Das eigene Eigenkapitalinstrument eines Unternehmens bliebe offen und der erwerbende Markteilnehmer übernähme die mit dem Instrument verbundenen Rechte und Haftungen. Das Instrument würde am Bemessungsstichtag nicht gekündigt oder anderweitig getilgt.

Auch wenn kein beobachtbarer Markt besteht, der Informationen über die Preisbildung bei der Übertragung einer Schuld oder eines eigenen Eigenkapitalinstruments eines Unternehmens liefern könnte (z. B. weil vertragliche oder rechtliche Beschränkungen die Übertragung eines derartigen Werts verhindern), könnte es für derartige Werte dann einen beobachtbaren Markt geben, wenn diese von Dritten als Vermögenswerte gehalten werden (z. B. als Industrieanleihe oder Kaufoption auf die Aktien eines Unternehmens). 35

Ein Unternehmen hat grundsätzlich die Verwendung maßgeblicher beobachtbarer Inputfaktoren auf ein Höchstmaß zu steigern und die Verwendung nicht beobachtbarer Inputfaktoren auf ein Mindestmaß zu verringern, um das Ziel der Bemessung des beizulegenden Zeitwerts zu erreichen, nämlich die Schätzung des Preises, zu dem unter aktuellen Marktbedingungen am Bemessungsstichtag ein geordneter Geschäftsvorfall zwischen Marktteilnehmern stattfinden würde, im Zuge dessen die Schuld oder das Eigenkapitalinstrument übertragen würde. 36

Von Dritten als Vermögenswerte gehaltene Schulden und Eigenkapitalinstrumente

Ist für die Übertragung einer identischen oder ähnlichen Schuld oder eines eigenen Eigenkapitalinstruments eines Unternehmens keine Marktpreisnotierung verfügbar und besitzt ein Dritter einen identischen Wert in Form eines Vermögenswerts, dann bemisst das Unternehmen den beizulegenden Zeitwert der Schuld oder des Eigenkapitalinstruments aus dem Blickwinkel des Marktteilnehmers, der den betreffenden identischen Wert am Bemessungsstichtag in Form eines Vermögenswerts besitzt. 37

38 In derartigen Fällen hat ein Unternehmen den beizulegenden Zeitwert der Schuld oder des Eigenkapitalinstruments wie folgt zu bemessen:

(a) Anhand der Marktpreisnotierung in einem aktiven Markt für den identischen, von einem Dritten in Form eines Vermögenswerts gehaltenen Wert, sofern diese Preisnotierung verfügbar ist.

(b) Steht dieser Preis nicht zur Verfügung, verwendet es andere beobachtbare Inputfaktoren wie die Marktpreisnotierung für den identischen, von einem Dritten als Vermögenswert gehaltenen Wert in einem nicht aktiven Markt.

(c) Stehen die beobachtbaren Kurse aus (a) und (b) nicht zur Verfügung, wendet es andere Bewertungstechniken an, wie:

(i) Einen *einkommensbasierten Ansatz* (eine aktuelle Bewertungstechnik, die künftige Zahlungsströme berücksichtigt, die ein Marktteilnehmer aus dem Besitz der Schuld oder des Eigenkapitalinstruments in Form eines Vermögenswerts erwartet; siehe Paragraphen B10 und B11).

(ii) Einen *marktbasierten Ansatz* (Verwendung der Marktpreisnotierungen für ähnliche Schulden oder Eigenkapitalinstrumente, die von Dritten als Vermögenswerte gehalten werden; siehe Paragraphen B5-B7).

39 Ein Unternehmen berichtigt die Marktpreisnotierung für Schulden oder eigene Eigenkapitalinstrumente des Unternehmens, die von Dritten als Vermögenswert gehalten werden nur dann, wenn auf den Vermögenswert besondere Faktoren zutreffen, die auf die Bemessung des beizulegenden Zeitwerts der Schuld oder des Eigenkapitalinstruments nicht anwendbar sind. Ein Unternehmen hat sicherzustellen, dass sich die Auswirkungen einer Beschränkung, die den Verkauf des Vermögenswerts verhindert, nicht im Preis des Vermögenswerts niederschlagen. Faktoren, die auf die Notwendigkeit einer Anpassung der Marktpreisnotierung des Vermögenswerts hinweisen können, sind unter anderem:

(a) Die Marktpreisnotierung für den Vermögenswert bezieht sich auf ähnliche (aber nicht identische) Schulden oder Eigenkapitalinstrumente, die von Dritten als Vermögenswerte gehalten werden. Die Schuld oder das Eigenkapitalinstrument kann sich beispielsweise durch ein besonderes Merkmal auszeichnen (z. B. die Kreditqualität des Emittenten), das Unterschiede zu dem Merkmal aufweist, das im beizulegenden Zeitwert einer als Vermögenswert gehaltenen, ähnlichen Schuld bzw. eines ähnlichen Eigenkapitalinstruments widergespiegelt wird.

(b) Die Bilanzierungseinheit für den Vermögenswert ist eine andere als die für die Schuld oder das Eigenkapitalinstrument. Bei Schulden spiegelt in bestimmten Fällen der Preis für einen Vermögenswert einen Gesamtpreis für ein Paket wider, das sowohl die vom Emittenten fälligen Beträge als auch eine Kreditsicherheit durch einen Dritten beinhaltet. Bezieht sich die Bilanzierungseinheit der Schuld nicht auf das beschriebene Gesamtpaket, so ist der beizulegende Zeitwert der Schuld des Emittenten zu bemessen. Die Bemessung des beizulegenden Zeitwerts für das Gesamtpaket ist nicht anzustreben. In Fällen dieser Art würde das Unternehmen also den beobachteten Preis für den Vermögenswert dahingehend berichtigen, dass die Wirkung der Kreditsicherheit durch einen Dritten ausgeschlossen wird.

Schulden und Eigenkapitalinstrumente, die nicht von Dritten als Vermögenswerte gehalten werden

40 Ist für die Übertragung einer identischen oder ähnlichen Schuld oder eines eigenen Eigenkapitalinstruments eines Unternehmens keine Marktpreisnotierung verfügbar und besitzt kein Dritter einen identischen Wert in Form eines Vermögenswerts, dann bemisst das Unternehmen den beizulegenden Zeitwert der Schuld oder des Eigenkapitalinstruments mit Hilfe einer Bewertungstechnik, die sich der Perspektive des Marktteilnehmers bedient, der für die Schuld haftet oder den Eigenkapitalanspruch herausgegeben hat.

Bei der Anwendung einer Barwerttechnik könnte ein Unternehmen beispielsweise einen der beiden folgenden Gesichtspunkte berücksichtigen: 41

(a) die künftigen Mittelabflüsse, die ein Marktteilnehmer bei der Erfüllung der Verpflichtung erwarten würde. Dies schließt die Entschädigung ein, die ein Marktteilnehmer für die Übernahme der Verpflichtung verlangen würde (siehe Paragraph B31-B33).

(b) den Betrag, den ein Marktteilnehmer für das Eingehen einer identischen Schuld oder die Herausgabe eines identischen Eigenkapitalinstruments empfangen würde. Dabei legt das Unternehmen die Annahmen zugrunde, die Marktteilnehmer bei der Preisbildung für den identischen Wert (der z. B. die gleichen Kreditmerkmale hat) im Hauptmarkt oder vorteilhaftesten Markt für die Herausgabe einer Schuld oder eines Eigenkapitalinstruments mit den gleichen Vertragsbedingungen anwenden würden.

Risiko der Nichterfüllung

Der beizulegende Zeitwert einer Schuld spiegelt die Auswirkungen des Risikos der Nichterfüllung wider. Das Risiko der Nichterfüllung beinhaltet das eigene Kreditrisiko eines Unternehmens (gemäß Definition in IFRS 7 *Finanzinstrumente: Angaben*), ist aber nicht darauf beschränkt. Für das Risiko der Nichterfüllung gilt die Annahme, dass es vor und nach der Übertragung der Schuld gleich ist. 42

Bei der Bemessung des beizulegenden Zeitwerts einer Schuld hat ein Unternehmen die Auswirkungen seines Kreditrisikos (Bonität) und anderer Faktoren zu berücksichtigen, die Einfluss auf die Wahrscheinlichkeit der Erfüllung oder Nichterfüllung der Verpflichtungen haben könnten. Diese Auswirkungen können unterschiedlich sein und hängen von der jeweiligen Schuld ab, z. B. davon, 43

(a) ob die Schuld eine Verpflichtung zur Leistung einer Zahlung (finanzielle Verbindlichkeit) ist, oder eine Verpflichtung zur Lieferung von Waren und Dienstleistungen (nicht finanzielle Verbindlichkeit).

(b) wie die Bestimmungen etwaiger Kreditsicherheiten bezüglich der Schuld beschaffen sind.

Am beizulegenden Zeitwert einer Schuld lassen sich anhand der jeweiligen Bilanzierungseinheit die Auswirkungen des Risikos der Nichterfüllung ablesen. Der Emittent einer Schuld, die mit einer von einem Dritten begebenen, nicht abtrennbaren Kreditsicherheit herausgegeben wurde, wobei diese Kreditsicherheit aber von der Schuld getrennt bilanziert wird, darf die Auswirkungen der Kreditsicherheit (z. B. eine Schuldgarantie eines Dritten) nicht in die Bemessung des beizulegenden Zeitwerts der Schuld einbeziehen. Wird die Kreditsicherheit getrennt von der Schuld bilanziert, würde der Herausgeber bei der Bemessung des beizulegenden Zeitwerts der Schuld seine eigene Bonität berücksichtigen, und nicht die des fremden Sicherungsgebers. 44

Beschränkungen, die die Übertragung einer Schuld oder eines eigenen Eigenkapitalinstruments eines Unternehmens verhindern

Bestehen Beschränkungen, die die Übertragung des betreffenden Werts verhindern, darf das Unternehmen bei der Bemessung des beizulegenden Zeitwerts einer Schuld oder eines eigenen Eigenkapitalinstruments hierfür keinen separaten Inputfaktor berücksichtigen oder eine Anpassung an anderen diesbezüglichen *Inputfaktoren* vornehmen. Die Auswirkungen einer Beschränkung, die die Übertragung einer Schuld oder eines eigenen Eigenkapitalinstruments eines Unternehmens verhindert, sind stillschweigend oder ausdrücklich in den anderen Inputfaktoren für die Bemessung des beizulegenden Zeitwerts enthalten. 45

Zum Beispiel akzeptierten sowohl der Gläubiger als auch der Schuldner am Tag des Geschäftsvorfalls den Transaktionspreis für die Schuld in voller Kenntnis des Umstands, dass die Schuld eine Beschränkung enthält, die deren Übertragung verhindert. Da die Beschränkung im Transaktionspreis berücksichtigt wurde, ist zur Abbildung der Auswirkung der Übertragungsbeschränkung weder ein separater Inputfaktor noch eine Berichtigung bestehender Inputfak- 46 toren zum Datum des Geschäftsvorfalls erforderlich. Ebenso ist an späteren Bemessungsstichtagen zur Abbildung der Auswirkung der Übertragungsbeschränkung weder ein separater Inputfaktor noch eine Berichtigung bestehender Inputfaktoren notwendig.

Kurzfristig abrufbare Verbindlichkeit

47 Der beizulegende Zeitwert einer kurzfristig abrufbaren Verbindlichkeit (z. B. einer Sichteinlage) ist nicht geringer als der bei Fälligkeit zahlbare Betrag unter Abzinsung ab dem ersten Termin, an dem die Zahlung des Betrags hätte verlangt werden können.

Anwendung auf finanzielle Vermögenswerte und finanzielle Verbindlichkeiten mit einander ausgleichenden Positionen hinsichtlich der Markt- oder Kontrahentenrisiken

48 Ein Unternehmen, das eine Gruppe finanzieller Vermögenswerte und finanzieller Verbindlichkeiten besitzt, ist bei jedem Vertragspartner sowohl Marktrisiken (gemäß Definition in IFRS 7) als auch dem Kreditrisiko (gemäß Definition in IFRS 7) ausgesetzt. Verwaltet das Unternehmen die betreffende Gruppe finanzieller Vermögenswerte und finanzieller Verbindlichkeiten auf der Grundlage seiner Nettobelastung durch Marktrisiken oder durch das Kreditrisiko, wird dem Unternehmen bei der Bemessung des beizulegenden Zeitwerts die Anwendung einer Ausnahme vom vorliegenden IFRS gestattet. Diese Ausnahme gestattet einem Unternehmen die Bemessung des beizulegenden Zeitwerts einer Gruppe finanzieller Vermögenswerte und finanzieller Verbindlichkeiten auf der Grundlage des Preises, zu dem zwischen Marktteilnehmern unter aktuellen Marktbedingungen am Bemessungsstichtag in einem *geordneten Geschäftsvorfall* der Nettogesamtbetrag der Verkaufspositionen (d. h. ein Vermögenswert) für eine bestimmte Risikobelastung verkauft oder der Nettogesamtbetrag der Kaufpositionen (d. h. eine Schuld) für eine bestimmte Risikobelastung übertragen würde. Dementsprechend hat ein Unternehmen den beizulegenden Zeitwert der betreffenden Gruppe finanzieller Vermögenswerte und finanzieller Verbindlichkeiten anhand des Preises zu bemessen, den Marktteilnehmer am Bemessungsstichtag für die Nettorisikobelastung bilden würden.

49 Ein Unternehmen darf die in Paragraph 48 beschriebene Ausnahme nur anwenden, wenn alle folgenden Umstände zutreffen:

(a) es verwaltet die Gruppe finanzieller Vermögenswerte und finanzieller Verbindlichkeiten auf der Grundlage seiner Nettobelastung durch ein bestimmtes Marktrisiko (oder mehrere Risiken) oder das Kreditrisiko einer bestimmten Vertragspartei gemäß dokumentiertem Risikomanagement bzw. dokumentierter Anlagestrategie des Unternehmens.

(b) es legt dem Management in Schlüsselpositionen im Sinne von IAS 24 *Angaben über Beziehungen zu nahestehenden Unternehmen und Personen* auf der beschriebenen Grundlage Informationen über die Gruppe finanzieller Vermögenswerte und finanzieller Verbindlichkeiten vor.

(c) die Bemessung dieser finanziellen Vermögenswerte und finanziellen Verbindlichkeiten zum beizulegenden Zeitwert in der Bilanz am Ende einer jeden Berichtsperiode ist ihm vorgeschrieben oder es hat sie gewählt.

50 Die Ausnahme in Paragraph 48 bezieht sich nicht auf die Darstellung in den Abschlüssen. Mitunter unterscheidet sich die Grundlage für die Darstellung von Finanzinstrumenten in der Bilanz von der Bemessungsgrundlage der Finanzinstrumente. Dies ist z. B. der Fall, wenn ein IFRS die Darstellung von Finanzinstrumenten auf Nettobasis nicht vorschreibt oder nicht zulässt. In derartigen Fällen muss ein Unternehmen eventuell die auf Depotebene vorgenommenen Berichtigungen (siehe Paragraphen 53-56) den einzelnen Vermögenswerten oder Schulden zuordnen, aus denen sich die Gruppe finanzieller Vermögenswerte und finanzieller Verbindlichkeiten zusammensetzt, die auf der Grundlage der Nettorisikobelastung des Unternehmens verwaltet

werden. Ein Unternehmen hat solche Zuordnungen auf vernünftiger, einheitlicher Grundlage unter Anwendung einer den jeweiligen Umständen angemessenen Methodik vorzunehmen.

Um die in Paragraph 48 beschriebene Ausnahme nutzen zu können, hat ein Unternehmen gemäß IAS 8 *Rechnungslegungsmethoden, Änderungen von rechnungslegungsbezogenen Schätzungen und Fehler* eine Entscheidung über seine Bilanzierungs- und Bewertungsmethode zu treffen. Wendet ein Unternehmen die Ausnahme an, hat es die betreffende Rechnungslegungsmethode für ein bestimmtes Depot von einer Berichtsperiode zur anderen einheitlich anzuwenden. Dies schließt auch seine Methode zur Zuordnung von Berichtigungen bei Geld- und Briefkursen (siehe Paragraphen 53-55) und Krediten (siehe Paragraph 56) ein, sofern zutreffend. **51**

Die Ausnahme gemäß Paragraph 48 gilt nur für finanzielle Vermögenswerte, finanzielle Verbindlichkeiten und sonstige Verträge im Anwendungsbereich von IFRS 9 *Finanzinstrumente* (oder IAS 39 *Finanzinstrumente: Ansatz und Bewertung*, falls IFRS 9 noch nicht übernommen wurde). Die Bezugnahmen auf finanzielle Vermögenswerte und finanzielle Verbindlichkeiten in den Paragraphen 48-51 und 53-56 sollten unabhängig davon, ob sie der Definition von finanziellen Vermögenswerten oder finanziellen Verbindlichkeiten in IAS 32 *Finanzinstrumente: Darstellung* entsprechen, als Bezugnahmen auf sämtliche Verträge verstanden werden, die in den Anwendungsbereich von IFRS 9 (oder IAS 39, falls IFRS 9 noch nicht übernommen wurde) fallen und nach diesen bilanziert werden. **52**

Belastung durch Marktrisiken

Wird für die Bemessung des beizulegenden Zeitwerts einer Gruppe finanzieller Vermögenswerte und finanzieller Verbindlichkeiten, die auf der Grundlage der Nettobelastung des Unternehmens durch ein bestimmtes Marktrisiko (oder mehrere Risiken) verwaltet werden, die Ausnahme aus Paragraph 48 in Anspruch genommen, hat das Unternehmen denjenigen Preis innerhalb der Geld-Brief-Spanne anzuwenden, der unter den entsprechenden Umständen für den beizulegenden Zeitwert im Hinblick auf die Nettobelastung des Unternehmens durch diese Marktrisiken am repräsentativsten ist (siehe Paragraphen 70 und 71). **53**

Wendet ein Unternehmen die Ausnahme aus Paragraph 48 an, hat es sicherzustellen, dass das Marktrisiko (bzw. die Risiken), dem bzw. denen das Unternehmen innerhalb der betreffenden Gruppe finanzieller Vermögenswerte und finanzieller Verbindlichkeiten ausgesetzt ist, im Wesentlichen das Gleiche ist. Ein Unternehmen würde beispielsweise nicht das mit einem finanziellen Vermögenswert verbundene Zinsänderungsrisiko mit dem Rohstoffpreisrisiko kombinieren, das mit einer finanziellen Verbindlichkeit einhergeht. Täte es dies, würde dadurch die Belastung des Unternehmens durch das Zinsänderungsrisiko oder das Rohstoffpreisrisiko nicht gemindert. Bei Inanspruchnahme der Ausnahme aus Paragraph 48 wird jedes Basisrisiko, das daraus entsteht, dass Parameter für Marktrisiken nicht identisch sind, bei der Bemessung des beizulegenden Zeitwerts der finanziellen Vermögenswerte und finanziellen Verbindlichkeiten innerhalb der Gruppe berücksichtigt. **54**

Auch die Dauer der aus den finanziellen Vermögenswerten und finanziellen Verbindlichkeiten entstehenden Belastung des Unternehmens durch ein bestimmtes Marktrisiko (oder mehrere Risiken), muss im Wesentlichen gleich sein. Ein Unternehmen, das ein zwölfmonatiges Termingeschäft für die Zahlungsströme einsetzt, die mit dem Zwölfmonatswert des Zinsänderungsrisikos verbunden sind, das auf einem fünfjährigen Finanzinstrument lastet, das zu einer ausschließlich aus solchen finanziellen Vermögenswerten und finanziellen Verbindlichkeiten zusammengesetzten Gruppe gehört, bemisst den beizulegenden Zeitwert der Belastung durch das Zwölfmonats-Zinsänderungsrisiko auf Nettobasis und die restliche Belastung durch das Zinsänderungsrisiko (d. h. die Jahre 2-5) auf Bruttobasis. **55**

Belastung durch das Kreditrisiko einer bestimmten Vertragspartei

Nimmt ein Unternehmen für die Bemessung des beizulegenden Zeitwerts einer Gruppe finanzieller Vermögenswerte und finanzieller Verbindlichkeiten, die einer bestimmten Vertragspartei **56** gegenüber eingegangen wurden, die Ausnahme aus Paragraph 48 in Anspruch, hat es die Auswirkungen seiner Nettobelastung durch das Kreditrisiko der betreffenden Vertragspartei oder die Nettobelastung des Vertragspartners durch das Kreditrisiko des Unternehmens in die Bemessung des beizulegenden Zeitwerts einzubeziehen, wenn Marktteilnehmer eine bestehende Vereinbarung zur Minderung der Kreditrisikobelastung im Verzugsfall berücksichtigen würden (z. B. einen Globalverrechnungsvertrag mit dem Vertragspartner oder eine Vereinbarung, die den Austausch von Sicherheiten auf der Grundlage der Nettobelastung jeder Partei durch das Kreditrisiko der anderen Partei vorschreibt). In der Bemessung des beizulegenden Zeitwerts müssen sich die Erwartungen der Marktteilnehmer hinsichtlich der Wahrscheinlichkeit, dass eine solche Vereinbarung im Verzugsfall bestandskräftig wäre, widerspiegeln.

Bei erstmaligem Ansatz beizulegender Zeitwert

57 Wird in einem Tauschgeschäft ein Vermögenswert erworben oder eine Schuld übernommen, ist der Transaktionspreis der Preis, zu dem der betreffende Vermögenswert erworben oder die betreffende Schuld übernommen wurde (*Zugangspreis*). Im Gegensatz dazu wäre der beizulegende Zeitwert des Vermögenswerts oder der Schuld der Preis, zu dem ein Vermögenswert verkauft oder eine Schuld übertragen würde (Abgangspreis). Unternehmen verkaufen Vermögenswerte nicht notwendigerweise zu den Preisen, die sie für deren Erwerb gezahlt haben. Ebenso übertragen Unternehmen Schulden nicht unbedingt zu den Preisen, die sie für deren Übernahme eingenommen haben.

58 In vielen Fällen stimmt der Transaktionspreis mit dem beizulegenden Zeitwert überein. (Dies könnte z. B. zutreffen wenn am Tag des Geschäftsvorfalls der Kauf eines Vermögenswerts in dem Markt stattfindet, in dem dieser Vermögenswert auch verkauft würde.)

59 Im Rahmen der Ermittlung, ob der beim erstmaligen Ansatz beizulegende Zeitwert mit dem Transaktionspreis übereinstimmt, hat ein Unternehmen Faktoren zu berücksichtigen, die für den jeweiligen Geschäftsvorfall und den jeweiligen Vermögenswert bzw. die Schuld charakteristisch sind. In Paragraph B4 werden Situationen beschrieben, in denen der Transaktionspreis von dem beim erstmaligen Ansatz beizulegenden Zeitwert eines Vermögenswerts oder einer Schuld abweichen könnte.

60 Wird in einem anderen IFRS die erstmalige Bewertung eines Vermögenswerts oder einer Schuld zum beizulegenden Zeitwert vorgeschrieben oder zugelassen, und weicht der Transaktionspreis vom beizulegenden Zeitwert ab, hat das Unternehmen den entstehenden Gewinn oder Verlust anzusetzen, sofern der betreffende IFRS nichts anderes bestimmt.

Bewertungstechniken

61 Ein Unternehmen wendet Bewertungstechniken an, die unter den jeweiligen Umständen sachgerecht sind und für die ausreichend Daten zur Bemessung des beizulegenden Zeitwerts zur Verfügung stehen. Dabei ist die Verwendung maßgeblicher, beobachtbarer Inputfaktoren möglichst hoch und jene nicht beobachtbarer Inputfaktoren möglichst gering zu halten.

62 Die Zielsetzung bei der Verwendung einer Bewertungstechnik besteht darin, den Preis zu schätzen, zu dem unter aktuellen Marktbedingungen am Bemessungsstichtag ein geordneter Geschäftsvorfall zwischen Marktteilnehmern stattfinden würde, im Zuge dessen der Vermögenswert verkauft oder die Schuld übertragen würde. Drei weit verbreitete Bewertungstechniken sind der marktbasierte Ansatz, der kostenbasierte Ansatz und der einkommensbasierte Ansatz. Die wichtigsten Aspekte dieser Ansätze werden in den Paragraphen B5-B11 zusammengefasst. Zur Bemessung des beizulegenden Zeitwerts wenden Unternehmen Bewertungstechniken an, die mit einem oder mehreren der oben genannten Ansätze im Einklang stehen.

63 In einigen Fällen wird eine einzige Bewertungstechnik sachgerecht sein (z. B. bei der Bewertung eines Vermögenswerts oder einer Schuld anhand von Preisen, die in einem aktiven Markt für identische Vermögenswerte oder Schulden notiert sind). In anderen Fällen werden mehrere Bewertungstechniken sachgerecht sein (dies kann z. B. bei der Bewertung einer zahlungsmittelgenerierenden Einheit zutreffen). Werden zur Bemessung des beizulegenden Zeitwerts mehrere Bewertungstechniken herangezogen, müssen die Ergebnisse (d. h. die jeweiligen Anhaltspunkte für den beizulegenden Zeitwert) unter Berücksichtigung der Plausibilität des Wertebereichs, auf den diese Ergebnisse hinweisen, ausgewertet werden. Die Bemessung des beizulegenden Zeitwerts entspricht dem Punkt innerhalb dieses Bereichs, der unter den bestehenden Umständen am repräsentativsten für den beizulegenden Zeitwert ist.

Entspricht beim erstmaligen Ansatz der Transaktionspreis dem beizulegenden Zeitwert und wird in späteren Berichtsperioden eine Bewertungstechnik auf der Grundlage nicht beobachtbarer Inputfaktoren angewandt, ist die Bewertungstechnik so zu kalibrieren, dass das Ergebnis der betreffenden Bewertungstechnik beim erstmaligen Ansatz dem Transaktionspreis entspricht. Mit der Kalibrierung wird sichergestellt, dass die Bewertungstechnik aktuelle Marktbedingungen widerspiegelt. Zudem unterstützt sie ein Unternehmen bei der Feststellung, ob eine Anpassung der Bewertungstechnik notwendig ist (z. B. wenn der Vermögenswert oder die Schuld ein Merkmal haben, das von der Bewertungstechnik nicht erfasst wird). Wendet ein Unternehmen bei der Bemessung des beizulegenden Zeitwerts eine Bewertungstechnik an, die nicht beobachtbare Inputfaktoren nutzt, muss es im Anschluss an den erstmaligen Ansatz dafür sorgen, dass die betreffenden Bewertungstechniken zum Bemessungsstichtag beobachtbare Marktdaten widerspiegeln (d. h. den Preis für ähnliche Vermögenswerte oder Schulden). **64**

Zur Bemessung des beizulegenden Zeitwerts eingesetzte Bewertungstechniken müssen einheitlich angewandt werden. Eine Änderung an einer Bewertungstechnik oder an ihrer Anwendung (z. B. eine Änderung ihrer Gewichtung bei Verwendung mehrerer Bewertungstechniken oder eine Änderung bei einer Anpassung, die an einer Bewertungstechnik vorgenommen wird) ist dann sachgerecht, wenn die Änderung zu einer Bemessung führt, die unter den gegebenen Umständen den beizulegenden Zeitwert genauso gut oder besser darstellt. Dies kann der Fall sein, wenn beispielsweise eines der folgenden Ereignisse eintritt: **65**

(a) es entwickeln sich neue Märkte;

(b) es stehen neue Informationen zur Verfügung;

(c) zuvor verwendete Informationen sind nicht mehr verfügbar;

(d) die Bewertungstechniken verbessern sich; oder

(e) Marktbedingungen ändern sich.

Überarbeitungen aufgrund einer Änderung bei der Bewertungstechnik oder ihrer Anwendung sind als Änderung in den rechnungslegungsbezogenen Schätzungen gemäß IAS 8 zu bilanzieren. Die in IAS 8 beschriebenen Angaben über eine Änderung bei den rechnungslegungsbezogenen Schätzungen sind nicht für Überarbeitungen vorgeschrieben, die aus einer Änderung an der Bewertungstechnik oder an ihrer Anwendung entstehen. **66**

Inputfaktoren für Bewertungstechniken

Allgemeine Grundsätze

In den zur Bemessung des beizulegenden Zeitwerts eingesetzten Bewertungstechniken wird die Verwendung maßgeblicher beobachtbarer Inputfaktoren auf ein Höchstmaß erhöht und die Verwendung nicht beobachtbarer Inputfaktoren auf ein Mindestmaß verringert. **67**

Märkte, in denen für bestimmte Vermögenswerte und Schulden (z. B. Finanzinstrumente) Inputfaktoren beobachtet werden können, sind u. a. Börsen, Händlermärkte, Brokermärkte und Direktmärkte (siehe Paragraph B34). **68**

Ein Unternehmen hat Inputfaktoren zu wählen, die denjenigen Merkmalen des Vermögenswerts oder der Schuld entsprechen, die Marktteilnehmer in einem Geschäftsvorfall im Zusammenhang mit dem betreffenden Vermögenswert oder der betreffenden Schuld berücksichtigen würden (siehe Paragraphen 11 und 12). Mitunter führen solche Merkmale dazu, dass eine Berichtigung in Form eines Aufschlags oder Abschlags vorgenommen wird, (z. B. ein Kontrollaufschlag oder Minderheitenabschlag). Bei einer Bemessung des beizulegenden Zeitwerts dürfen **69** jedoch keine Auf- oder Abschläge berücksichtigt werden, die nicht mit der Bilanzierungseinheit in dem IFRS übereinstimmen, der eine Bewertung zum beizulegenden Zeitwert vorschreibt oder gestattet (siehe Paragraphen 13 und 14). Zu- oder Abschläge, in denen sich die Größe des Anteilsbesitzes des Unternehmens als Merkmal widerspiegelt (insbesondere ein Sperrfaktor, aufgrund dessen die Marktpreisnotierung eines Vermögenswerts oder einer Schuld angepasst wird, weil das normale tägliche Handelsvolumen des betreffenden Marktes nicht zur Aufnahme der vom Unternehmen gehaltenen Menge ausreicht – siehe Beschreibung in Paragraph 80), die aber kein eigentliches Merkmal des Vermögenswerts oder der Schuld reflektieren (z. B. ein Beherrschungsaufschlag bei der Bemessung des beizulegenden Zeitwerts eines beherrschenden Anteils), sind bei der Bemessung des beizulegenden Zeitwerts nicht zugelassen. Immer wenn für einen Vermögenswert oder eine Schuld in einem aktiven Markt eine Marktpreisnotierung (d. h. ein *Inputfaktor auf Stufe 1*) vorliegt, hat ein Unternehmen bei der Bemessung des beizulegenden Zeitwerts diesen Preis ohne Berichtung zu verwenden, sofern nicht die in Paragraph 79 beschriebenen Umstände vorliegen.

Inputfaktoren auf der Grundlage von Geld- und Briefkursen

70 Besteht für einen zum beizulegenden Zeitwert bemessenen Vermögenswert bzw. eine Schuld ein Geld- und ein Briefkurs (z. B. ein Inputfaktor von einem Händlermarkt), wird der Kurs innerhalb der Geld-Brief-Spanne, der unter den entsprechenden Umständen am repräsentativsten für den beizulegenden Zeitwert ist, zur Bemessung des beizulegenden Zeitwerts herangezogen. Dabei spielt es keine Rolle, an welcher Stelle in der Bemessungshierarchie (d. h. Stufe 1, 2, oder 3, siehe Paragraph 72-90) der Inputfaktor eingeordnet ist. Die Verwendung von Geldkursen für Vermögenspositionen und Briefkursen für Schuldenpositionen ist zulässig, aber nicht vorgeschrieben.

71 Der vorliegende IFRS schließt die Nutzung von Marktmittelkursen oder anderen Preisbildungskonventionen, die von Marktteilnehmern als praktischer Behelf für die Bemessung des beizulegenden Zeitwerts innerhalb der Geld-Brief- Spanne herangezogen werden, nicht aus.

Bemessungshierarchie

72 Mit dem Ziel der Erhöhung der Einheitlichkeit und Vergleichbarkeit bei der Bemessung des beizulegenden Zeitwerts und den damit verbundenen Angaben wird im vorliegenden IFRS eine Bemessungshierarchie festgelegt (sog. „Fair-Value-Hierarchie"). Diese Hierarchie teilt die in den Bewertungstechniken zur Bemessung des beizulegenden Zeitwerts verwendeten Inputfaktoren in drei Stufen ein (siehe Paragraphen 76-90). Im Rahmen der Bemessungshierarchie wird in aktiven Märkten für identische Vermögenswerte oder Schulden notierten (nicht berichtigten) Preisen (Inputfaktoren auf Stufe 1) die höchste Priorität eingeräumt, während nicht beobachtbare Inputfaktoren die niedrigste Priorität erhalten (*Inputfaktoren auf Stufe 3*).

73 Mitunter können die zur Bemessung des beizulegenden Zeitwerts eines Vermögenswerts oder einer Schuld herangezogenen Inputfaktoren auf unterschiedlichen Stufen der Bemessungshierarchie angesiedelt sein. In derartigen Fällen wird die Bemessung des beizulegenden Zeitwerts in ihrer Gesamtheit auf derjenigen Stufe der Bemessungshierarchie eingeordnet, die dem niedrigsten Inputfaktor entspricht, der für die Bemessung insgesamt wesentlich ist. Die Beurteilung der Bedeutung eines bestimmten Inputfaktors für die Bemessung insgesamt erfordert Ermessensausübung. Hierbei sind Faktoren zu berücksichtigen, die für den Vermögenswert oder die Schuld typisch sind. Bei der Bestimmung der Stufe innerhalb der Bemessungshierarchie, auf der eine Zeitwertbemessung eingeordnet wird, berücksichtigt man keine Berichtigungen, mit deren Hilfe man Bewertungen auf Basis des beizulegenden Zeitwerts errechnet. Solche Berichtigungen können beispielsweise Veräußerungskosten sein, die bei der Bemessung des beizulegenden Zeitwerts abzüglich der Veräußerungskosten berücksichtigt werden.

74 Die Verfügbarkeit maßgeblicher Inputfaktoren und ihre relative Subjektivität könnte die Wahl der sachgerechten Bewertungstechnik beeinflussen (siehe Paragraph 61). In der Bemessungshierarchie liegt der Schwerpunkt jedoch auf den Inputfaktoren für Bewertungstechniken, nicht den Bewertungstechniken, die zur Bemessung des beizulegenden Zeitwerts herangezogen werden. Beispielsweise könnte eine Bemessung des beizulegenden Zeitwerts, die unter Anwendung einer Barwerttechnik entwickelt wurde, in Stufe 2 oder Stufe 3 eingeordnet werden. Dies hinge davon ab, welche Inputfaktoren für die gesamte Bemessung wesentlich sind, und auf welcher Stufe in der Bemessungshierarchie diese Inputfaktoren eingeordnet werden.

Erforderte ein beobachtbarer Inputfaktor eine Berichtigung, bei der ein nicht beobachtbarer Inputfaktor zum Einsatz kommt, und führte diese Berichtigung zu einer wesentlich höheren oder niedrigeren Zeitwertbemessung, so würde man die daraus hervorgehende Bemessung in der Bemessungshierarchie in Stufe 3 einordnen. Würde beispielsweise ein Marktteilnehmer bei der Schätzung des Preises für einen Vermögenswert die Auswirkung einer Verkaufsbeschränkung für den Vermögenswert berücksichtigen, dann würde ein Unternehmen die Marktpreisnotierung in der Weise berichtigen, dass sie die Auswirkung dieser Beschränkung widerspiegelt. Handelt es sich bei der Marktpreisnotierung um einen *Inputfaktor auf Stufe 2* und ist die Berichtigung ein nicht beobachtbarer Inputfaktor mit Bedeutung für die Bemessung insgesamt, würde man die Bemessung auf Stufe 3 der Bemessungshierarchie einordnen. **75**

Inputfaktoren auf Stufe 1

Inputfaktoren der Stufe 1 sind in aktiven, für das Unternehmen am Bemessungsstichtag zugänglichen Märkten für identische Vermögenswerte oder Schulden notierte (nicht berichtigte) Preise. **76**

Ein in einem aktiven Markt notierter Preis erbringt den zuverlässigsten Nachweis für den beizulegenden Zeitwert. Wann immer ein solcher Preis zur Verfügung steht, ist er ohne Berichtigung zur Bemessung des beizulegenden Zeitwerts heranzuziehen. Ausgenommen sind die in Paragraph 79 beschriebenen Umstände. **77**

Inputfaktoren auf Stufe 1 sind für viele finanzielle Vermögenswerte und finanzielle Verbindlichkeiten verfügbar, wobei einige in mehreren aktiven Märkten ausgetauscht werden können (z. B. in verschiedenen Börsen). Aus diesem Grund liegt in Stufe 1 der Schwerpunkt auf der Bestimmung der folgenden beiden Aspekte: **78**

(a) welches der Hauptmarkt für den Vermögenswert oder die Schuld ist oder, falls es keinen Hauptmarkt gibt, welches der vorteilhafteste Markt für den Vermögenswert oder die Schuld ist.

(b) ob das Unternehmen am Bemessungsstichtag zu dem Preis und in dem betreffenden Markt eine Transaktion über den Vermögenswert oder die Schuld abschließen kann.

Unternehmen dürfen nur unter folgenden Umständen eine Berichtigung an einem Inputfaktor auf Stufe 1 vornehmen: **79**

(a) wenn ein Unternehmen eine große Anzahl ähnlicher (aber nicht identischer) Vermögenswerte oder Schulden (z. B. Schuldverschreibungen) besitzt, die zum beizulegenden Zeitwert bemessen werden und für die auf einem aktiven Markt eine Marktpreisnotierung vorliegt, dieser Markt aber nicht für alle betroffenen Vermögenswerte oder Schulden einzeln leicht zugänglich ist. (In Anbetracht der großen Zahl ähnlicher im Besitz des Unternehmens befindlicher Vermögenswerte oder Schulden wäre es schwierig, für jeden einzelnen Vermögenswert oder jede einzelne Schuld zum Bemessungsstichtag Preisbildungsinformationen zu beschaffen.) In diesem Fall kann ein Unternehmen im Wege eines praktischen Behelfs den beizulegenden Zeitwert mit Hilfe einer alternativen Preisbildungsmethode bemessen, die sich nicht ausschließlich auf Marktpreisnotierungen stützt (z. B. Matrix-Preisnotierungen). Allerdings führt die Anwendung einer alternativen Preisbildungsmethode dazu, dass die Bemessung des beizulegenden Zeitwerts auf einer niedrigeren Stufe in der Bemessungshierarchie eingeordnet wird.

(b) wenn ein in einem aktiven Markt notierter Preis zum Bemessungsstichtag nicht den beizulegenden Zeitwert darstellt. Dies kann beispielsweise zutreffen, wenn bedeutende Ereignisse (wie Geschäftsvorfälle in einem Direktmarkt, Handelsgeschäfte in einem Brokermarkt oder Bekanntgaben) nach der Schließung eines Markts, aber vor dem Bemessungsstichtag eintreten. Ein Unternehmen muss eine unternehmenseigene Methode zur Ermittlung von Ereignissen, die sich auf Bemessungen des beizulegenden Zeitwerts auswirken könnten, festlegen und einheitlich anwenden. Wird die Marktpreisnotierung jedoch aufgrund neuer Informationen berichtigt, führt diese Berichtigung dazu, dass die Bemessung des beizulegenden Zeitwerts auf einer niedrigeren Stufe in der Bemessungshierarchie eingeordnet wird.

(c) wenn die Bemessung des beizulegenden Zeitwerts einer Schuld oder eines eigenen Eigenkapitalinstruments eines Unternehmens anhand des Preises erfolgt, der für einen identischen, auf einem aktiven Markt als Vermögenswert gehandelten Posten notiert wird, und wenn dieser Preis aufgrund von Faktoren berichtigt werden muss, die für den betreffenden Posten bzw. Vermögenswert typisch sind (siehe Paragraph 39). Muss die Marktpreisnotierung des Vermögenswerts nicht berichtigt werden, so ergibt sich eine Bemessung des beizulegenden Zeitwerts auf Stufe 1 der Bemessungshierarchie. Allerdings führt jede Berichtigung der Marktpreisnotierung für den Vermögenswert dazu, dass die Bemessung des beizulegenden Zeitwerts auf einer niedrigeren Stufe in der Bemessungshierarchie eingeordnet wird.

80 Wenn ein Unternehmen eine Position in einem einzigen Vermögenswert oder einer einzigen Schuld besitzt (eingeschlossen sind Positionen, die eine große Zahl identischer Vermögenswerte oder Schulden umfassen, z. B. ein Bestand an Finanzinstrumenten) und dieser Vermögenswert bzw. diese Schuld in einem aktiven Markt gehandelt wird, dann wird der beizulegende Zeitwert des Vermögenswerts oder der Schuld in Stufe 1 als das Produkt aus dem für den einzelnen Vermögenswert oder die einzelne Schuld notierten Marktpreis und der im Besitz des Unternehmens befindlichen Menge bemessen. Dies trifft auch dann zu, wenn das normale tägliche Handelsvolumen eines Markts nicht ausreicht, um die gehaltene Menge aufzunehmen, und wenn die Platzierung von Ordern zum Verkauf der Position in einer einzigen Transaktion den notierten Marktpreis beeinflussen könnte.

Inputfaktoren auf Stufe 2

81 Inputfaktoren auf Stufe 2 sind andere als die auf Stufe 1 genannten Marktpreisnotierungen, die für den Vermögenswert oder die Schuld entweder unmittelbar oder mittelbar zu beobachten sind.

82 Gilt für den Vermögenswert oder die Schuld eine festgelegte (vertragliche) Laufzeit, dann muss ein Inputfaktor auf Stufe 2 für im Wesentlichen die gesamte Laufzeit des Vermögenswerts oder der Schuld beobachtbar sein. Inputfaktoren auf Stufe 2 beinhalten:

(a) Preisnotierungen für ähnliche Vermögenswerte oder Schulden in aktiven Märkten.

(b) Preisnotierungen für identische oder ähnliche Vermögenswerte oder Schulden auf Märkten, die nicht aktiv sind.

(c) andere Inputfaktoren als Marktpreisnotierungen, die für den Vermögenswert oder die Schuld beobachtet werden können, zum Beispiel

  (i) Zinssätze und -kurven, die für gemeinhin notierte Spannen beobachtbar sind;

  (ii) Implizite Volatilitäten; und

  (iii) Kredit-Spreads.

(d) *marktgestützte Inputfaktoren.*

83 Berichtigungen an Inputfaktoren auf Stufe 2 variieren. Dies hängt von den für den Vermögenswert oder die Schuld typischen Faktoren ab. Derartige Faktoren sind unter anderem:

(a) Zustand oder Standort des Vermögenswerts;

(b) Der Umfang, in dem sich Inputfaktoren auf Posten beziehen, die mit dem Vermögenswert oder der Schuld vergleichbar sind (unter Einschluss der in Paragraph 39 beschriebenen Faktoren); und

(c) Das Volumen oder Niveau der Aktivitäten in den Märkten, in denen die Inputfaktoren beobachtet werden.

Eine Berichtigung an einem Inputfaktor auf Stufe 2, der für die Bemessung insgesamt Bedeutung hat, kann dazu führen, dass eine Bemessung des beizulegenden Zeitwerts auf Stufe 3 der Bemessungshierarchie eingeordnet wird, wenn sich die Berichtigung auf wesentliche, nicht beobachtbare Inputfaktoren stützt. **84**

Paragraph B35 beschreibt die Nutzung von Inputfaktoren auf Stufe 2 für bestimmte Vermögenswerte und Schulden. **85**

Inputfaktoren auf Stufe 3

Inputfaktoren auf Stufe 3 sind Inputfaktoren, die für den Vermögenswert oder die Schuld nicht beobachtbar sind. **86**

Nicht beobachtbare Inputfaktoren werden in dem Umfang zur Bemessung des beizulegenden Zeitwerts herangezogen, in dem keine beobachtbaren Inputfaktoren verfügbar sind. Hierdurch wird auch Situationen Rechnung getragen, in denen für den Vermögenswert oder die Schuld am Bemessungsstichtag wenig oder keine Marktaktivität besteht. Die Zielsetzung bei der Bemessung des beizulegenden Zeitwerts bleibt jedoch unverändert und besteht in der Schätzung eines Abgangspreises am Bemessungsstichtag aus dem Blickwinkel eines als Besitzer des Vermögenswerts bzw. Schuldner der Verbindlichkeit auftretenden Marktteilnehmers. Nicht beobachtbare Inputfaktoren spiegeln also die Annahmen wider, auf die sich die Marktteilnehmer bei der Preisbildung für den Vermögenswert oder die Schuld stützen würden. Dies schließt auch Annahmen über Risiken ein. **87**

Annahmen über Risiken berücksichtigen auch das Risiko, das einer bestimmten, zur Bemessung des beizulegenden Zeitwerts herangezogenen Bewertungstechnik (beispielsweise einem Preisbildungsmodell) innewohnt, sowie das Risiko, das den in die Bewertungstechnik einfließenden Inputfaktoren innewohnt. Eine Bemessung ohne Risikoberichtigung stellt dann keine Bemessung des beizulegenden Zeitwerts dar, wenn Marktteilnehmer bei der Preisbildung für den Vermögenswert oder die Schuld eine solche Berichtigung berücksichtigen würden. Beispielsweise könnte eine Risikoberichtigung notwendig werden, wenn erhebliche Unsicherheiten bei der Bemessung bestehen (z. B. wenn das Volumen oder das Tätigkeitsniveau im Vergleich zur normalen Markttätigkeit für die betreffenden oder ähnliche Vermögenswerte oder Schulden erheblich zurückgegangen ist und das Unternehmen festgestellt hat, dass der Transaktionspreis oder die Marktpreisnotierung den beizulegenden Zeitwert gemäß Beschreibung in den Paragraphen B37-B47 nicht darstellt). **88**

Ein Unternehmen entwickelt nicht beobachtbare Inputfaktoren unter Verwendung der unter den jeweiligen Umständen verfügbaren besten Informationen, eventuell unter Einschluss unternehmenseigener Daten. Bei der Entwicklung nicht beobachtbarer Inputfaktoren kann ein Unternehmen seine eigenen Daten zugrunde legen, muss diese aber anpassen, wenn bei vertretbarem Aufwand verfügbare Informationen darauf hindeuten, dass andere Marktteilnehmer andere Daten verwenden würden, oder wenn das Unternehmen eine Besonderheit besitzt, die anderen Marktteilnehmern nicht zur Verfügung steht (z. B. eine unternehmensspezifische Synergie). Zur Einholung von Informationen über die Annahmen von Marktteilnehmer braucht ein Unternehmen keine umfassenden Anstrengungen zu unternehmen. Es hat jedoch alle Informationen über Annahmen von Marktteilnehmern zu berücksichtigen, die bei vertretbarem Aufwand erhältlich sind. Nicht beobachtbare Inputfaktoren, die in der oben beschriebenen Weise entwickelt wurden, gelten als Annahmen von Marktteilnehmern und erfüllen die Zielsetzung einer Bemessung des beizulegenden Zeitwerts. **89**

90 Paragraph B36 beschreibt die Nutzung von Inputfaktoren der Stufe 3 für bestimmte Vermögenswerte und Schulden.

Vorgeschriebene Angaben

91 Ein Unternehmen muss Informationen offenlegen, die den Nutzern seiner Abschlüsse helfen, die beiden folgenden Sachverhalte zu beurteilen:

(a) für Vermögenswerte und Schulden, die auf wiederkehrender oder nicht wiederkehrender Grundlage in der Bilanz nach dem erstmaligen Ansatz zum beizulegenden Zeitwert bewertet werden, sind die Bewertungsverfahren und Inputfaktoren anzugeben, die zur Entwicklung dieser Bemessungen verwendet wurden.

(b) für wiederkehrende Bemessungen des beizulegenden Zeitwerts, bei denen bedeutende nicht-beobachtbare Inputfaktoren verwendet wurden (Stufe 3), ist die Auswirkung der Bemessungen auf Gewinn und Verlust und das sonstige Ergebnis für die Periode zu nennen.

92 Zur Erfüllung der in Paragraph 91 beschriebenen Zielsetzungen berücksichtigt ein Unternehmen alle nachstehend genannten Gesichtspunkte:

(a) den zur Erfüllung der Angabepflichten notwendigen Detaillierungsgrad;

(b) das Gewicht, das auf jede der verschiedenen Vorschriften zu legen ist;

(c) den Umfang einer vorzunehmenden Zusammenfassung oder Aufgliederung; und

(d) Notwendigkeit zusätzlicher Angaben für Nutzer der Abschlüsse, damit diese die offengelegten quantitativen Informationen auswerten können.

Reichen die gemäß diesem und anderen IFRS vorgelegten Angaben zur Erfüllung der Zielsetzungen in Paragraph 91 nicht aus, hat ein Unternehmen zusätzliche, zur Erfüllung dieser Zielsetzungen notwendige Angaben zu machen.

93 Um die Zielsetzungen in Paragraph 91 zu erfüllen, macht ein Unternehmen für jede Klasse von Vermögenswerten und Schulden nach dem erstmaligen Ansatz (unter Einschluss von Bemessungen auf der Grundlage des beizulegenden Zeitwerts im Anwendungsbereich dieses IFRS) in der Bilanz mindestens folgende Angaben (Informationen über die Bestimmung der jeweils sachgerechten Klasse für Vermögenswerte und Schulden sind Paragraph 94 zu entnehmen):

(a) Bei wiederkehrenden Bemessungen des beizulegenden Zeitwerts wird die Bemessung des am Ende der Berichtsperiode beizulegenden Zeitwerts angegeben. Bei nicht wiederkehrenden Bemessungen des beizulegenden Zeitwerts erfolgt eine Nennung des Grundes für die Bemessung. Bei wiederkehrenden Bemessungen des beizulegenden Zeitwerts von Vermögenswerten oder Schulden handelt es sich um Bemessungen, die andere IFRS für die Bilanz am Ende eines jeden Berichtszeitraums vorschreiben oder gestatten. Bei nicht wiederkehrenden Bemessungen des beizulegenden Zeitwerts von Vermögenswerten oder Schulden handelt es sich um Bemessungen, die andere IFRS für die Bilanz unter bestimmten Umständen vorschreiben oder gestatten (wenn ein Unternehmen beispielsweise gemäß IFRS 5 *Zur Veräußerung gehaltene langfristige Vermögenswerte und aufgegebene Geschäftsbereiche* einen zur Veräußerung gehaltenen Vermögenswert zum beizulegenden Zeitwert abzüglich Veräußerungskosten bewertet, weil der beizulegende Zeitwert abzüglich Veräußerungskosten des betreffenden Vermögenswerts niedriger ist als dessen Buchwert).

(b) Bei wiederkehrenden und nicht wiederkehrenden Bemessungen des beizulegenden Zeitwerts wird die Stufe in der Bemessungshierarchie angegeben, in der die Bemessungen des beizulegenden Zeitwerts in ihrer Gesamtheit eingeordnet sind.

(c) Bei am Ende der Berichtsperiode gehaltenen Vermögenswerten und Schulden, deren beizulegender Zeitwert auf wiederkehrender Basis bemessen wird, werden die Anzahl der Umgruppierungen zwischen Stufe 1 und Stufe 2 der Bemessungshierarchie, die Gründe für diese Umgruppierungen und die unternehmenseigene Methode beschrieben, die das Unternehmen bei der Feststellung anwendet, wann Umgruppierungen zwischen verschiedenen Stufen als eingetreten gelten sollen (siehe Paragraph 95). Umgruppierungen in die einzelnen Stufen und Umgruppierungen aus den einzelnen Stufen werden getrennt angegeben und erörtert.

(d) Bei wiederkehrenden und nicht wiederkehrenden Bemessungen des beizulegenden Zeitwerts, die in Stufe 2 und Stufe 3 der Bemessungshierarchie eingeordnet sind, erfolgt eine Beschreibung der Bewertungstechnik(en) und der in der Bemessung des beizulegenden Zeitwerts verwendeten Inputfaktoren. Hat sich die Bewertungstechnik geändert (z. B. ein Wechsel von einem marktbasierten Ansatz auf einen einkommensbasierten Ansatz oder die Nutzung einer zusätzlichen Bewertungstechnik), hat das Unternehmen diesen Wechsel und den Grund bzw. die Gründe dafür anzugeben. Bei Bemessungen des beizulegenden Zeitwerts, die in Stufe 3 der Bemessungshierarchie eingeordnet sind, legt das Unternehmen quantitative Informationen über bedeutende, nicht beobachtbare Inputfaktoren vor, die bei der Bemessung des beizulegenden Zeitwerts verwendet wurden. Ein Unternehmen muss zur Erfüllung seiner Angabepflicht keine quantitativen Informationen erzeugen, wenn das Unternehmen bei der Bemessung des beizulegenden Zeitwerts keine quantitativen, nicht beobachtbaren Inputfaktoren erzeugt (wenn ein Unternehmen beispielsweise Preise aus vorhergegangenen Geschäftsvorfällen oder Preisbildungsinformationen Dritter ohne weitere Berichtigung verwendet). Bei der Vorlage dieser Angaben darf ein Unternehmen jedoch keine quantitativen, nicht beobachtbaren Inputfaktoren ignorieren, die für die Bemessung des beizulegenden Zeitwerts wichtig sind und dem Unternehmen bei vertretbarem Aufwand zur Verfügung stehen.

(e) Bei wiederkehrenden, in Stufe 3 der Bemessungshierarchie eingeordneten Bemessungen des beizulegenden Zeitwerts wird eine Überleitungsrechnung von den Eröffnungsbilanzen zu den Abschlussbilanzen vorgelegt. Während der Berichtsperiode aufgetretene Veränderungen, die einem der folgenden Sachverhalte zuzuordnen sind, werden wie folgt getrennt ausgewiesen:

   (i) Die Summe der für den Berichtszeitraum im Gewinn oder Verlust angesetzten Gewinne und Verluste sowie den/die Einzelposten unter Gewinn oder Verlust, in dem/den die betreffenden Gewinne oder Verluste angesetzt wurden.

   (ii) Die Summe der für den Berichtszeitraum unter sonstiges Ergebnis angesetzten Gewinne und Verluste sowie den/die Einzelposten unter sonstiges Ergebnis, in dem/den die betreffenden Gewinne oder Verluste angesetzt wurden.

   (iii) Käufe, Veräußerungen, Emittierungen und Ausgleiche (jede dieser Änderungsarten wird separat ausgewiesen).

   (iv) Die Anzahl der Umgruppierungen in oder aus Stufe 3 der Bemessungshierarchie, die Gründe für diese Umgruppierungen und die unternehmenseigenen Methoden, die das Unternehmen bei der Feststellung anwendet, wann Umgruppierungen zwischen verschiedenen Stufen als eingetreten gelten sollen (siehe Paragraph 95). Umgruppierungen in Stufe 3 und Umgruppierungen aus Stufe 3 werden getrennt angegeben und erörtert.

(f) Bei wiederkehrenden, in Stufe 3 der Bemessungshierarchie eingeordneten Bemessungen des beizulegenden Zeitwerts der Summe der Gewinne und Verluste für den Berichtszeitraum gemäß (e)(i), die in den Gewinn oder Verlust aufgenommen wurden und die der Veränderung bei nicht realisierten Gewinnen oder Verlusten im Zusammenhang mit den betreffenden, am Ende des Berichtszeitraums gehaltenen Vermögenswerten und Schulden zurechenbar sind. Außerdem erfolgt eine Angabe des/der Einzelposten, unter dem/denen diese nicht realisierten Gewinne oder Verluste angesetzt werden.

(g) Bei wiederkehrenden und nicht wiederkehrenden, in Stufe 3 der Bemessungshierarchie eingeordneten Bemessungen des beizulegenden Zeitwerts erfolgt eine Beschreibung der vom Unternehmen verwendeten Bewertungsprozesse. (Dies schließt z. B. eine Beschreibung ein, wie ein Unternehmen seine Bewertungsstrategien und -verfahren festlegt und wie es zwischen den Berichtsperioden auftretende Änderungen in den Bemessungen des beizulegenden Zeitwerts analysiert.)

(h) Bei wiederkehrenden, in Stufe 3 der Bemessungshierarchie eingeordneten Bemessungen des beizulegenden Zeitwerts wird Folgendes vorgelegt:

(i) Bei allen Bemessungen dieser Art eine ausführliche Beschreibung der Sensibilität der Bemessung des beizulegenden Zeitwerts gegenüber Veränderungen bei nicht beobachtbaren Inputfaktoren, sofern eine Veränderung bei Inputfaktoren dieser Art dazu führen würde, dass der beizulegende Zeitwert wesentlich höher oder niedriger bemessen wird. Bestehen zwischen den genannten Inputfaktoren und anderen nicht beobachtbaren Inputfaktoren, die bei der Bemessung des beizulegenden Zeitwerts zum Einsatz kommen, Beziehungszusammenhänge, beschreibt ein Unternehmen außerdem diese Beziehungszusammenhänge und zeigt auf, wie diese die Auswirkungen von Veränderungen nicht beobachtbarer Inputfaktoren auf die Bemessung des beizulegenden Zeitwerts verstärken oder abschwächen könnten. Zur Erfüllung dieser Angabepflicht muss die ausführliche Beschreibung der Sensibilität gegenüber Veränderungen bei nicht beobachtbaren Inputfaktoren zumindest diejenigen nicht beobachtbaren Inputfaktoren umfassen, die gemäß Ziffer (d) angegeben wurden.

(ii) Würde bei finanziellen Vermögenswerten und finanziellen Verbindlichkeiten eine Veränderung an einem oder mehreren nicht beobachtbaren Inputfaktoren, mit der für möglich gehaltene alternative Annahmen widergespiegelt werden sollen, zu einer bedeutenden Änderung des beizulegenden Zeitwerts führen, hat ein Unternehmen dies anzugeben und die Auswirkung derartiger Änderungen zu beschreiben. Das Unternehmen muss angeben, wie die Auswirkung einer Änderung berechnet wurde, mit der eine für möglich gehaltene alternative Annahme wiedergegeben werden soll. Zu diesem Zweck ist die Bedeutung der Veränderung im Hinblick auf Gewinn oder Verlust und im Hinblick auf die Summe der Vermögenswerte bzw. der Schulden zu beurteilen. Werden Veränderungen beim beizulegenden Zeitwert unter sonstiges Ergebnis angesetzt, wird die Eigenkapitalsumme beurteilt.

(i) Bei wiederkehrenden und nicht wiederkehrenden Bemessungen des beizulegenden Zeitwerts gibt ein Unternehmen in Fällen, in denen die höchste und beste Verwendung eines nicht finanziellen Vermögenswerts von seiner gegenwärtigen Verwendung abweicht, diesen Sachverhalt an und nennt den Grund, warum der nicht finanzielle Vermögenswert in einer Weise verwendet wird, die von seiner höchsten und besten Verwendung abweicht.

94 Ein Unternehmen bestimmt sachgerechte Klassen von Vermögenswerten und Schulden auf folgender Grundlage:

(a) Beschaffenheit, Merkmale und Risiken des Vermögenswerts oder der Schuld; und

(b) Stufe in der Bemessungshierarchie, auf der die Bemessung des beizulegenden Zeitwerts eingeordnet ist.

Bei Bemessungen des beizulegenden Zeitwerts auf Stufe 3 der Bemessungshierarchie muss die Anzahl der Klassen eventuell größer sein, weil diesen Bemessungen einer höherer Grad an Unsicherheit und Subjektivität anhaftet. Bei der Festlegung sachgerechter Klassen an Vermögenswerten und Schulden, für die Angaben über die Bemessungen der beizulegenden Zeitwerte vorzulegen sind, ist Ermessensausübung erforderlich. Bei einer Klasse von Vermögenswerten und Schulden ist häufig eine stärkere Aufgliederung erforderlich als bei den in der Bilanz dargestellten Einzelposten. Ein Unternehmen hat jedoch Informationen vorzulegen, die für eine Überleitungsrechnung zu den in der Bilanz dargestellten Einzelposten ausreichen. Wird in einem anderen IFRS für einen Vermögenswert oder eine Schuld eine Klasse vorgegeben, kann ein Unternehmen unter der Bedingung, dass die betreffende Klasse die Anforderungen in diesem Paragraphen erfüllt, diese Klasse bei der Vorlage der im vorliegenden IFRS vorgeschriebenen Informationen verwenden.

95 Ein Unternehmen benennt die Methode, die es bei der Feststellung anwendet, wann Umgruppierungen zwischen verschiedenen Stufen gemäß Paragraph 93(c) und (e)(iv) als eingetreten gelten sollen, und befolgt diese konsequent. Die unternehmenseigene Methode zur Wahl des Zeitpunkts für den Ansatz von Umgruppierungen muss für Umgruppierungen in Stufen hinein dieselbe Methode sein wie bei Umgruppieren aus Stufen heraus. Es folgen Beispiele für Methoden zur Bestimmung des Zeitpunkts von Umgruppierungen:

(a) das Datum des Ereignisses oder der Veränderung der Umstände, das/die die Umgruppierung verursacht hat.

(b) der Beginn der Berichtsperiode.

(c) das Ende der Berichtsperiode.

Trifft ein Unternehmen bezüglich seiner Rechnungslegungsmethode die Entscheidung, die in Paragraph 48 vorgesehene Ausnahme zu nutzen, hat es dies anzugeben. **96**

Ein Unternehmen hat für jede Klasse von Vermögenswerten und Schulden, die in der Bilanz nicht zum beizulegenden Zeitwert bewertet werden, deren beizulegender Zeitwert aber angegeben wird, die in Paragraph 93(b), (d) und (i) vorgeschriebenen Angaben zu machen. Ein Unternehmen muss jedoch nicht die quantitativen Angaben über bedeutende, nicht beobachtbare Inputfaktoren vorlegen, die bei in Stufe 3 der Bemessungshierarchie eingeordneten Bemessungen des beizulegenden Zeitwerts verwendet werden und die nach Paragraph 93(d) vorgeschrieben sind. Für Vermögenswerte und Schulden dieser Art braucht ein Unternehmen die anderen im vorliegenden IFRS vorgeschriebenen Angaben nicht vorzulegen. **97**

Bei Schulden, die zum beizulegenden Zeitwert bemessen und mit einer untrennbaren Kreditsicherheit eines Dritten herausgegeben werden, hat der Herausgeber das Bestehen dieser Kreditsicherheit zu nennen und anzugeben, ob sich diese in der Bemessung des beizulegenden Zeitwerts widerspiegelt. **98**

Ein Unternehmen stellt die im vorliegenden IFRS vorgeschriebenen quantitativen Angaben in Tabellenform dar, sofern nicht ein anderes Format sachgerechter ist. **99**

Anhang A: Definitionen

Dieser Anhang ist fester Bestandteil des IFRS.

aktiver Markt	Ein Markt, auf dem Geschäftsvorfälle mit dem Vermögenswert oder der Schuld mit ausreichender Häufigkeit und Volumen auftreten, so dass fortwährend Preisinformationen zur Verfügung stehen.
kostenbasierter Ansatz	Eine Bewertungstechnik, die den Betrag widerspiegelt, der gegenwärtig erforderlich wäre, um die Dienstleistungskapazität eines Vermögenswerts zu ersetzen (häufig auch als aktuelle Wiederbeschaffungskosten bezeichnet).
Zugangspreis	Der Preis, der in einem Tauschgeschäft für den Erwerb des Vermögenswerts gezahlt oder für die Übernahme der Schuld entgegengenommen wurde.
Abgangspreis	Der Preis, der für den Verkauf eines Vermögenswerts entgegengenommen oder für die Übertragung einer Schuld gezahlt würde.
erwarteter Zahlungsstrom	Der wahrscheinlichkeitsgewichtete Durchschnitt (d. h. das Verteilungsmittel) möglicher künftiger Zahlungsströme.
beizulegender Zeitwert	Der Preis, der in einem geordneten Geschäftsvorfall zwischen Marktteilnehmern am Bemessungsstichtag für den Verkauf eines Vermögenswerts eingenommen bzw. für die Übertragung einer Schuld gezahlt würde.
höchste und beste Verwendung	Die Verwendung eines nicht-finanziellen Vermögenswerts durch Marktteilnehmer, die den Wert des Vermögenswerts oder

der Gruppe von Vermögenswerten und Schulden (z. B. ein Geschäftsbetrieb), in der der Vermögenswert verwendet würde, maximieren würde.

einkommensbasierter Ansatz Bewertungstechniken, die künftige Beträge (z. B. Zahlungsströme oder Aufwendungen und Erträge) in einen einzigen aktuellen (d. h. abgezinsten) Betrag umwandeln. Die Bemessung des beizulegenden Zeitwerts erfolgt auf der Grundlage des Werts, auf den gegenwärtige Markterwartungen hinsichtlich dieser künftigen Beträge hindeuten.

Inputfaktoren Die Annahmen, die Marktteilnehmer bei der Preisbildung für den Vermögenswert bzw. die Schuld zugrunde legen würden. Dies schließt auch Annahmen über Risiken wie die nachstehend genannten ein:

(a) das Risiko, das einer bestimmten, zur Bemessung des beizulegenden Zeitwerts herangezogenen Bewertungstechnik (beispielsweise einem Preisbildungsmodell) innewohnt; und

(b) das Risiko, das den in die Bewertungstechnik einfließenden Inputfaktoren innewohnt.

Inputfaktoren können beobachtbar oder nicht beobachtbar sein.

Inputfaktoren auf Stufe 1 In aktiven, für das Unternehmen am Bemessungsstichtag zugänglichen Märkten für identische Vermögenswerte oder Schulden notierte (nicht berichtigte) Preise.

Inputfaktoren auf Stufe 2 Andere Inputfaktoren als die in Stufe 1 aufgenommenen Marktpreisnotierungen, die für den Vermögenswert oder die Schuld entweder unmittelbar oder mittelbar zu beobachten sind.

Inputfaktoren auf Stufe 3 Inputfaktoren, die für den Vermögenswert oder die Schuld nicht beobachtbar sind.

marktbasierter Ansatz Eine Bewertungstechnik, die Preise und andere maßgebliche Informationen nutzt, die in Markttransaktionen entstehen, an denen identische oder vergleichbare (d. h. ähnliche) Vermögenswerte, Schulden oder Gruppen von Vermögenswerten und Schulden, z. B. Geschäftsbetriebe, beteiligt sind.

marktgestützte Inputfaktoren Inputfaktoren, die durch Korrelation oder andere Mittel vorrangig aus beobachtbaren Marktdaten abgeleitet oder durch diese bestätigt werden.

Marktteilnehmer Käufer und Verkäufer im Hauptmarkt oder vorteilhaftesten Markt für den Vermögenswert oder die Schuld, die alle nachstehenden Merkmale erfüllen:

(a) Sie sind unabhängig voneinander, d. h. sie sind keine nahestehenden Unternehmen und Personen gemäß Definition in IAS 24. Trotzdem kann der Preis in einem Geschäftsvorfall zwischen nahestehenden Unternehmen und Personen als Inputfaktor für die Bemessung eines beizulegenden Zeitwerts verwendet werden, sofern dem Unternehmen Nachweise vorliegen, dass der Geschäftsvorfall zu Marktbedingungen erfolgte.

(b) Sie sind sachkundig und verfügen über angemessenes Wissen über den Vermögenswert oder die Schuld und über den Geschäftsvorfall. Hierzu nutzen sie alle bei vertretbarem Aufwand verfügbaren Informationen unter Einschluss von Informationen, die im Wege allgemein üblicher Überprüfungsanstrengungen eingeholt werden können.

	(c) Sie sind in der Lage, eine Transaktion über den Vermögenswert oder die Schuld abzuschließen. (d) Sie sind bereit, eine Transaktion über den Vermögenswert oder die Schuld abzuschließen, d. h. sie sind motiviert, aber nicht gezwungen oder anderweitig dazu genötigt.
vorteilhaftester Markt	Der Markt, der den nach Berücksichtigung von Transaktions- und Transportkosten beim Verkauf des Vermögenswerts einzunehmenden Betrag maximieren oder den bei Übertragung der Schuld zu zahlenden Betrag minimieren würde.
Risiko der Nichterfüllung	Das Risiko, dass ein Unternehmen eine Verpflichtung nicht erfüllen wird. Das Risiko der Nichterfüllung schließt das eigene Kreditrisiko des Unternehmens ein, darf aber nicht darauf beschränkt werden.
beobachtbare Inputfaktoren	Inputfaktoren, die unter Einsatz von Marktdaten wie öffentlich zugänglichen Informationen über tatsächliche Ereignisse oder Geschäftsvorfälle entwickelt werden und die Annahmen widerspiegeln, auf die sich die Marktteilnehmer bei der Preisbildung für den Vermögenswert oder die Schuld stützen würden.
geordneter Geschäftsvorfall	Ein Geschäftsvorfall, bei dem für einen Zeitraum vor dem Bemessungsstichtag eine Marktpräsenz angenommen wird, um Vermarktungstätigkeiten zu ermöglichen, die für Geschäftsvorfälle unter Beteiligung der betroffenen Vermögenswerte oder Schulden allgemein üblich sind. Es handelt sich nicht um eine erzwungene Transaktion (d. h. eine Zwangsliquidation oder einen Notverkauf).
Hauptmarkt	Der Markt mit dem größten Volumen und dem höchsten Aktivitätsgrad für den Vermögenswert oder die Schuld.
Risikoaufschlag	Ein Ausgleich, den risikoscheue Marktteilnehmer dafür verlangen, dass sie die mit den Zahlungsströmen eines Vermögenswerts oder einer Schuld verbundene Ungewissheit tragen. Auch als „Risikoadjustierung" bezeichnet.
Transaktionskosten	Die Kosten, die für den Verkauf eines Vermögenswerts oder die Übertragung einer Schuld im Hauptmarkt oder vorteilhaftesten Markt für den Vermögenswert oder die Schuld anfallen, unmittelbar der Veräußerung des Vermögenswerts oder der Übertragung der Schuld zurechenbar sind und die beiden unten genannten Kriterien erfüllen: (a) Sie entstehen unmittelbar aus der Transaktion und sind für diese wesentlich. (b) Sie wären dem Unternehmen nicht entstanden, wenn die Entscheidung zum Verkauf des Vermögenswerts oder zur Übertragung der Schuld nicht gefasst worden wäre (ähnlich den in IFRS 5 definierten Veräußerungskosten).
Transportkosten	Die Kosten, die für den Transport eines Vermögenswerts von seinem jetzigen Standort zu seinem Hauptmarkt oder vorteilhaftesten Markt entstehen würden.
Bilanzierungseinheit	Der Grad, in dem ein Vermögenswert oder eine Schuld für Zwecke des Ansatzes in einem IFRS zusammengefasst oder aufgegliedert wird.
Nicht beobachtbare Inputfaktoren	Inputfaktoren, für die keine Marktdaten verfügbar sind. Sie werden anhand der besten verfügbaren Informationen über die An-

nahmen entwickelt, auf die sich Marktteilnehmer bei der Preisbildung für den Vermögenswert oder die Schuld stützen würden.

Anhang B: Leitlinien für die Anwendung

Dieser Anhang ist fester Bestandteil des IFRS. Er beschreibt die Anwendung der Paragraphen 1-99 und hat die gleiche bindende Kraft wie die anderen Teile des IFRS.

B1 In unterschiedlichen Bewertungssituationen kann nach jeweils unterschiedlichem Ermessen geurteilt werden. Im vorliegenden Anhang werden die Urteile beschrieben, die bei der Bemessung des beizulegenden Zeitwerts in unterschiedlichen Bewertungssituationen durch ein Unternehmen zutreffen könnten.

Der Ansatz der Bemessung des beizulegenden Zeitwerts

B2 Die Zielsetzung einer Bemessung des beizulegenden Zeitwerts besteht darin, den Preis zu schätzen, zu dem unter aktuellen Marktbedingungen am Bemessungsstichtag ein geordneter Geschäftsvorfall zwischen Marktteilnehmern stattfinden würde, im Zuge dessen der Vermögenswert verkauft oder die Schuld übertragen würde. Bei einer Bemessung des beizulegenden Zeitwerts muss ein Unternehmen Folgendes bestimmen:

(a) den jeweiligen Vermögenswert oder die Schuld, die Gegenstand der Bemessung ist (in Übereinstimmung mit dessen Bilanzierungseinheit),

(b) die für die Bewertung sachgerechte Bewertungsprämisse, wenn es sich um einen nicht finanziellen Vermögenswert handelt (in Übereinstimmung mit dessen höchster und bester Verwendung),

(c) den Hauptmarkt oder vorteilhaftesten Markt für den Vermögenswert oder die Schuld und

(d) die für die Bemessung sachgerechten Bewertungstechniken. Zu berücksichtigen ist hierbei die Verfügbarkeit von Daten zur Entwicklung von Inputfaktoren zur Darstellung der Annahmen, die Marktteilnehmer bei der Preisbildung für den Vermögenswert oder die Schuld zugrunde legen würden. Zu berücksichtigen ist außerdem die Stufe in der Bemessungshierarchie, in der diese Inputfaktoren eingeordnet sind.

Bewertungsprämisse für nicht finanzielle Vermögenswerte (Paragraphen 31-33)

B3 Wird der beizulegende Zeitwert eines nicht finanziellen Vermögenswerts bemessen, der in Verbindung mit anderen Vermögenswerten in Form einer Gruppe (die installiert oder anderweitig für die Nutzung konfiguriert wurde) oder in Verbindung mit anderen Vermögenswerten und Schulden (z. B. einem Geschäftsbetrieb) verwendet wird, dann hängen die Auswirkungen der Bewertungsprämisse von den jeweiligen Umständen ab. Zum Beispiel:

(a) Der beizulegende Zeitwert des Vermögenswerts könnte sowohl bei seiner eigenständigen Verwendung als auch bei einer Verwendung in Verbindung mit anderen Vermögenswerten oder mit anderen Vermögenswerten und Schulden gleich sein. Dies könnte zutreffen, wenn der Vermögenswert ein Geschäftsbetrieb ist, den Marktteilnehmer weiterbetreiben würden. In diesem Fall beinhaltete der Geschäftsvorfall eine Bewertung des Geschäftsbetriebs in seiner Gesamtheit. Die Verwendung des Vermögenswerts als Gruppe in einem laufenden Geschäftsbetrieb würde Synergien schaffen, die Marktteilnehmern zur Verfügung stünden (d. h. Synergien der Marktteilnehmer, bei denen davon auszugehen ist, dass sie den beizulegenden Zeitwert des Vermögenswerts entweder auf eigenständiger

Basis oder auf Basis einer Verbindung mit anderen Vermögenswerten oder mit anderen Vermögenswerten und Schulden beeinflussen).

(b) Die Verwendung eines Vermögenswerts in Verbindung mit anderen Vermögenswerten oder anderen Vermögenswerten und Schulden könnte auch mittels Wertberichtigungen des eigenständig verwendeten Vermögenswerts in die Bemessung des beizulegenden Zeitwerts einfließen. Dies könnte zutreffen, wenn es sich bei dem Vermögenswert um eine Maschine handelt und die Bemessung des beizulegenden Zeitwerts anhand eines beobachteten Preises für eine ähnliche (nicht installierte oder anderweitig für den Gebrauch konfigurierte) Maschine erfolgt. Dieser Preis wird dann um Transport- und Installationskosten berichtigt, so dass die Bemessung des beizulegenden Zeitwerts den gegenwärtigen Zustand und Standort der Maschine (installiert und für den Gebrauch konfiguriert) widerspiegelt.

(c) Die Verwendung eines Vermögenswerts in Verbindung mit anderen Vermögenswerten oder anderen Vermögenswerten und Schulden könnte auch dahingehend in die Bemessung des beizulegenden Zeitwerts einfließen, dass man die Annahmen, auf die sich Marktteilnehmer bei der Bemessung des beizulegenden Zeitwerts des Vermögenswerts stützen würden, berücksichtigt. Handelt es sich bei dem Vermögenswert beispielsweise um einen Lagerbestand an unfertigen, einzigartigen Erzeugnissen und würden Marktteilnehmer den Lagerbestand in fertige Erzeugnisse umwandeln, würde der beizulegende Zeitwert auf der Annahme beruhen, dass die Marktteilnehmer eventuell notwendige, besondere Maschinen erworben haben oder erwerben würden, um den Lagerbestand in Fertigerzeugnisse umzuwandeln.

(d) Die Verwendung eines Vermögenswerts in Verbindung mit anderen Vermögenswerten oder anderen Vermögenswerten und Schulden könnte in die zur Bemessung des beizulegenden Zeitwerts verwendete Bewertungstechnik einfließen. Dies könnte zutreffen, wenn zur Bemessung des beizulegenden Zeitwerts eines immateriellen Vermögenswerts die Residualwertmethode angewandt wird, weil diese Bewertungstechnik insbesondere den Beitrag ergänzender Vermögenswerte und zugehöriger Schulden in der Gruppe berücksichtigt, in der ein solcher immaterieller Vermögenswert verwendet werden würde.

(e) In stärker eingegrenzten Situationen könnte ein Unternehmen, das einen Vermögenswert innerhalb einer Gruppe von Vermögenswerten verwendet, diesen Vermögenswert anhand eines Betrags bewerten, der dessen beizulegendem Zeitwert nahe kommt. Dieser Betrag wird errechnet, indem man den beizulegenden Zeitwert der gesamten Gruppe an Vermögenswerten auf die einzelnen, in der Gruppe enthaltenen Vermögenswerte umlegt. Dies könnte zutreffen, wenn die Bewertung Grundeigentum betrifft und der beizulegende Zeitwert eines erschlossenen Grundstücks (d. h. einer Gruppe von Vermögenswerten) auf die Vermögenswerte umgelegt wird, aus denen es besteht (beispielsweise das Grundstück und die Grundstücksbestandteile).

Beim erstmaligen Ansatz beizulegender Zeitwert (Paragraphen 57-60)

Im Rahmen der Ermittlung, ob der beim erstmaligen Ansatz beizulegende Zeitwert mit dem **B4** Transaktionspreis übereinstimmt, hat ein Unternehmen Faktoren zu berücksichtigen, die für den jeweiligen Geschäftsvorfall und den jeweiligen Vermögenswert bzw. die Schuld charakteristisch sind. Trifft eine der folgenden Bedingungen zu, könnte es sein, dass der Transaktionspreis nicht den beim erstmaligen Ansatz beizulegenden Zeitwert eines Vermögenswerts oder einer Schuld darstellt:

(a) Der Geschäftsvorfall findet zwischen nahestehenden Unternehmen und Personen statt. Trotzdem kann der Preis in einem Geschäftsvorfall zwischen nahestehenden Unternehmen und Personen als Inputfaktor für die Bemessung eines beizulegenden Zeitwerts verwendet werden, wenn dem Unternehmen Beweise vorliegen, dass der Geschäftsvorfall zu Marktbedingungen erfolgte.

(b) Der Geschäftsvorfall findet unter Zwang statt oder der Verkäufer ist gezwungen, den Preis in dem Geschäftsvorfall zu akzeptieren. Dies könnte zum Beispiel zutreffen, wenn der Verkäufer finanzielle Schwierigkeiten hat.

(c) Die durch den Geschäftsvorfall dargestellte Bilanzierungseinheit weicht von der Bilanzierungseinheit des Vermögenswerts oder der Schuld ab, die/der zum beizulegenden Zeitwert bewertet wird. Dies könnte beispielsweise zutreffen wenn der/die zum beizulegenden Zeitwert bewertete Vermögenswert oder Schuld nur eines der an dem Geschäftsvorfall beteiligten Elemente ist (z. B. bei einem Unternehmenszusammenschluss), wenn der Geschäftsvorfall unerklärte Rechte und Vorrechte einschließt, die gemäß anderen IFRS getrennt bewertet werden, oder wenn der Transaktionspreis auch Transaktionskosten einschließt.

(d) Der Markt, in dem der Geschäftsvorfall stattfindet, ist ein anderer als der Hauptmarkt oder der vorteilhafteste Markt. Unterschiedliche Märkte könnten zum Beispiel vorliegen, wenn es sich bei dem Unternehmen um einen Händler handelt, der im Einzelhandelsmarkt Transaktionen mit Kunden schließt, dessen Hauptmarkt oder vorteilhaftester Markt für die Abgangstransaktion aber der Händlermarkt ist, auf dem Transaktionen mit anderen Händlern geschlossen werden.

Bewertungstechniken (Paragraphen 61-66)

Marktbasierter Ansatz

B5 Beim marktbasierten Ansatz werden Preise und andere maßgebliche Informationen genutzt, die in Markttransaktionen entstehen, an denen identische oder vergleichbare (d. h. ähnliche) Vermögenswerte, Schulden oder Gruppen von Vermögenswerten und Schulden, z. B. Geschäftsbetriebe, beteiligt sind.

B6 Bewertungstechniken, die auf dem marktbasierten Ansatz beruhen, verwenden häufig Marktmultiplikatoren, die aus einem Satz von Vergleichswerten abgeleitet werden. Multiplikatoren können in gewissen Bandbreiten vorhanden sein, wobei für jeden Vergleichswert ein anderer Multiplikator zutrifft. Die Auswahl des sachgerechten Multiplikators aus der betreffenden Bandbreite erfordert Ermessensausübung. Hier sind für die jeweilige Bewertung spezifische qualitative und quantitative Faktoren zu berücksichtigen.

B7 Zu den Bewertungstechniken, die mit dem marktbasierten Ansatz vereinbar sind, gehört die Matrix-Preisnotierung. Die Matrix-Preisnotierung ist eine mathematische Technik, die vorrangig zur Bewertung bestimmter Arten von Finanzinstrumenten, wie Schuldverschreibungen, eingesetzt wird, bei denen man sich nicht ausschließlich auf Marktpreisnotierungen für die betreffenden Wertpapiere verlässt, sondern sich auf das Verhältnis dieser Wertpapiere zu anderen, als Vergleichsmarke (Benchmark) notierten Wertpapiere stützt.

Kostenbasierter Ansatz

B8 Der kostenbasierte Ansatz spiegelt den Betrag wider, der gegenwärtig erforderlich wäre, um die Dienstleistungskapazität eines Vermögenswerts zu ersetzen (häufig auch als aktuelle Wiederbeschaffungskosten bezeichnet).

B9 Aus dem Blickwinkel eines als Marktteilnehmer auftretenden Verkäufers würde der für den Vermögenswert entgegengenommene Preis auf den Kosten basieren, die einem als Marktteilnehmer auftretenden Käufer für den Erwerb oder die Herstellung eines Ersatzvermögenswerts vergleichbaren Nutzens entstünden, wobei eine Berichtigung für Veralterung vorgenommen wird. Dies liegt daran, dass ein als Marktteilnehmer auftretender Käufer für einen Vermögenswert nicht mehr als den Betrag zahlen würde, für den er die Dienstleistungskapazität des betreffenden Vermögenswerts ersetzen könnte. Veralterung beinhaltet physische Veralterung, funktionale (technologische) Veralterung und wirtschaftliche (externe) Veralterung. Sie ist weiter gefasst als die Abschreibung für Rechnungslegungszwecke (eine Verteilung historischer Kosten) oder steuerliche Zwecke (unter Verwendung festgelegter Nutzungsdauern). In vielen Fällen verwendet man zur Bemessung des beizulegenden Zeitwerts von materiellen Vermögenswerten, die in Verbindung mit anderen Vermögenswerten oder anderen Vermögenswerten und Schulden genutzt werden die Methode der aktuellen Wiederbeschaffungskosten.

Einkommensbasierter Ansatz

Beim einkommensbasierten Ansatz werden die künftigen Beträge (z. B. Zahlungsströme oder Aufwendungen und Erträge) in einen einzigen aktuellen (d. h. abgezinsten) Betrag umgewandelt. Wird der einkommensbasierte Ansatz angewandt, spiegelt die Bemessung des beizulegenden Zeitwerts gegenwärtige Markterwartungen hinsichtlich dieser künftigen Beträge wider. **B10**

Zu derartigen Bewertungstechniken gehören unter anderem: **B11**

(a) Barwerttechniken (siehe Paragraphen B12-B30);

(b) Optionspreismodelle wie die Black-Scholes-Merton-Formel oder ein binomisches Modell (d. h. ein Rastermodell), das Barwerttechniken umfasst und sowohl den Zeitwert als auch den inneren Wert einer Option widerspiegelt; und

(c) die Residualwertmethode, die zur Bemessung des beizulegenden Zeitwerts bestimmter immaterieller Vermögenswerte eingesetzt wird.

Barwerttechniken

In den Paragraphen B13-B30 wird die Verwendung von Barwerttechniken zur Bemessung des beizulegenden Zeitwerts beschrieben. In diesen Paragraphen liegt der Schwerpunkt auf einer Technik zur Anpassung des Abzinsungssatzes und einer Technik der *erwarteten Zahlungsströme* (erwarteter Barwert). In diesen Paragraphen wird weder die Verwendung einer einzelnen, besonderen Barwerttechnik vorgeschrieben, noch wird die Verwendung von Barwerttechniken zur Bemessung des beizulegenden Zeitwerts auf die dort erörterten Techniken beschränkt. Welche Barwerttechnik zur Bemessung des beizulegenden Zeitwerts herangezogen wird, hängt von den jeweiligen, für den bewerteten Vermögenswert bzw. die bewertete Schuld spezifischen Sachverhalten und Umständen (z. B. ob im Markt Preise für vergleichbare Vermögenswerte oder Schulden beobachtbar sind) sowie der Verfügbarkeit ausreichender Daten ab. **B12**

Die Bestandteile einer Barwertbemessung

Der Barwert (d. h. eine Anwendung des einkommensbasierten Ansatzes) ist ein Instrument, das dazu dient, unter Anwendung eines Abzinsungssatzes eine Verknüpfung zwischen künftigen Beträgen (z. B. Zahlungsströmen oder Werten) und einem gegenwärtigen Wert (Barwert) herzustellen. Bei einer Bemessung des beizulegenden Zeitwerts eines Vermögenswerts oder einer Schuld mit Hilfe einer Barwerttechnik werden aus dem Blickwinkel von Marktteilnehmern am Bemessungsstichtag alle unten genannten Elemente erfasst: **B13**

(a) eine Schätzung künftiger Zahlungsströme für den Vermögenswert oder die Schuld, der/die bewertet wird.

(b) Erwartungen über mögliche Veränderungen bei Höhe und Zeitpunkt der Zahlungsströme. Sie stellen die mit den Zahlungsströmen verbundene Unsicherheit dar.

(c) der Zeitwert des Geldes, dargestellt durch den Kurs risikofreier monetärer Vermögenswerte mit Fälligkeitsterminen oder Laufzeiten, die mit dem durch die Zahlungsströme abgedeckten Zeitraum zusammenfallen. Darüber hinaus stellen sie für den Besitzer weder Unsicherheiten hinsichtlich des Zeitpunkts noch Ausfallrisiken dar (d. h. es handelt sich um einen risikofreien Zinssatz).

(d) der Preis für die Übernahme der den Zahlungsströmen innewohnenden Unsicherheit (d. h. ein Risikoaufschlag).

(e) sonstige Faktoren, die Marktteilnehmer unter den entsprechenden Umständen berücksichtigen würden.

(f) bei einer Schuld das Risiko der Nichterfüllung bezüglich der betreffenden Schuld einschließlich des eigenen Kreditrisikos des Unternehmens (d. h. des Gläubigers).

Allgemeine Grundsätze

B14 Barwerttechniken unterscheiden sich in der Art der Erfassung der in Paragraph B13 genannten Elemente. Für die Anwendung jeder Barwerttechnik zur Bemessung des beizulegenden Zeitwerts gelten jedoch alle unten aufgeführten allgemeinen Grundsätze:

(a) Zahlungsströme und Abzinsungssätze müssen die Annahmen widerspiegeln, auf die sich Marktteilnehmer bei der Preisbildung für den Vermögenswert oder die Schuld stützen würden.

(b) Für Zahlungsströme und Abzinsungssätze sind nur diejenigen Faktoren zu berücksichtigen, die dem bewerteten Vermögenswert oder der bewerteten Schuld zurechenbar sind.

(c) Zur Vermeidung von Doppelzählungen oder Auslassungen bei den Auswirkungen von Risikofaktoren müssen die Abzinsungssätze Annahmen widerspiegeln, die mit den Annahmen im Einklang stehen, die den Zahlungsströmen entsprechen. Ein Abzinsungssatz, der die Unsicherheit bei den Erwartungen hinsichtlich künftiger Ausfälle widerspiegelt, ist beispielsweise dann sachgerecht, wenn vertraglich festgelegte Zahlungsströme eines Darlehens verwendet werden (d. h. eine Technik zur Anpassung von Abzinsungssätzen). Dieser Satz darf jedoch nicht angewandt werden, wenn erwartete (d. h. wahrscheinlichkeitsgewichtete) Zahlungsströme verwendet werden (d. h. eine Technik des erwarteten Barwerts), denn in den erwarteten Zahlungsströmen spiegeln sich bereits Annahmen über die Unsicherheit bei künftigen Ausfällen wider. Stattdessen ist ein Abzinsungssatz anzuwenden, der im richtigen Verhältnis zu dem Risiko steht, das mit den erwarteten Zahlungsströmen verbunden ist.

(d) Annahmen über Zahlungsströme und Abzinsungssätze müssen intern zueinander passen. Beispielsweise müssen nominelle Zahlungsströme, in denen die Inflationswirkung enthalten ist, zu einem Satz abgezinst werden, in dem die Inflationswirkung ebenfalls eingeschlossen ist. Im nominellen, risikolosen Zinssatz ist die Inflationswirkung enthalten. Reale Zahlungsströme, in denen die Inflationswirkung nicht enthalten ist, müssen zu einem Satz abgezinst werden, der die Inflationswirkung ebenfalls ausschließt. Gleicherweise sind Zahlungsströme nach Steuern mit einem Abzinsungssatz nach Steuern abzuzinsen. Zahlungsströme vor Steuern wiederum sind zu einem Satz abzuzinsen, der mit diesen Zahlungsströmen im Einklang steht.

(e) Abzinsungssätze müssen mit den Wirtschaftsfaktoren im Einklang stehen, die der Währung der Zahlungsströme zugrunde liegen.

Risiko und Unsicherheit

B15 Eine Bemessung des beizulegenden Zeitwerts, bei der Barwerttechniken zum Einsatz kommen, erfolgt unter unsicheren Bedingungen, weil es sich bei den eingesetzten Zahlungsströmen um Schätzungen und nicht um bekannte Beträge handelt. Häufig sind sowohl die Höhe als auch der Zeitpunkt der Zahlungsströme unsicher. Sogar vertraglich festgelegte Beträge wie die auf ein Darlehen geleisteten Zahlungen sind unsicher, wenn ein Ausfallrisiko besteht.

B16 Marktteilnehmer verlangen allgemein einen Ausgleich (d. h. einen Risikoaufschlag) dafür, dass sie die mit den Zahlungsströmen eines Vermögenswerts oder einer Schuld verbundene Ungewissheit tragen. Eine Bemessung des beizulegenden Zeitwerts muss einen Risikoaufschlag enthalten, in dem sich der Betrag widerspiegelt, den Marktteilnehmer als Ausgleich für die mit den Zahlungsströmen verbundene Unsicherheit verlangen würden. Andernfalls würde die Bemessung den beizulegenden Zeitwert nicht getreu wiedergeben. Mitunter kann die Bestimmung des sachgerechten Risikoaufschlags schwierig sein. Der Schwierigkeitsgrad allein ist jedoch kein hinreichender Grund, einen Risikoaufschlag auszuschließen.

Barwerttechniken unterscheiden sich hinsichtlich der Art der Risikoberichtigung und der Art der zugrunde gelegten Zahlungsströme. Zum Beispiel: **B17**

(a) Die Technik zur Anpassung von Abzinsungssätzen (siehe Paragraphen B18-B22) arbeitet mit einem risikoberichtigten Abzinsungssatz und vertraglichen, zugesagten oder wahrscheinlichsten Zahlungsströmen.

(b) Methode 1 der Technik des erwarteten Barwerts (siehe Paragraph B25) arbeitet mit risikoberichtigten erwarteten Zahlungsströmen und einem risikolosen Zinssatz.

(c) Methode 2 der Technik des erwarteten Barwerts (siehe Paragraph B26) arbeitet mit erwarteten Zahlungsströmen, die nicht risikoberichtigt sind, sowie einem Abzinsungssatz, der in der Weise angepasst wird, dass der von Marktteilnehmern verlangte Risikoaufschlag enthalten ist. Dieser Satz ist ein anderer als der, der in der Technik zur Anpassung von Abzinsungssätzen zugrunde gelegt wird.

Technik zur Anpassung von Abzinsungssätzen

Die Technik zur Anpassung von Abzinsungssätzen stützt sich auf einen einzigen Satz an Zahlungsströmen aus der Bandbreite möglicher Beträge, unabhängig davon, ob es sich um vertragliche, zugesagte (wie dies bei Schuldverschreibungen der Fall ist) oder höchstwahrscheinlich eintretende Zahlungsströme handelt. In jedem dieser Fälle unterliegen diese Zahlungsströme dem Vorbehalt, dass bestimmte festgelegte Ereignisse eintreten (z. B. stehen vertragliche oder zugesagte Zahlungsströme im Zusammenhang mit einer Schuldverschreibung unter dem Vorbehalt, dass kein Verzug seitens des Schuldners eintritt). Der für die Technik zur Anpassung von Abzinsungssätzen eingesetzte Abzinsungssatz wird aus den beobachteten Verzinsungen vergleichbarer, im Markt gehandelter Vermögenswerte oder Schulden abgeleitet. Dementsprechend werden die vertraglichen, zugesagten oder wahrscheinlichsten Zahlungsströme in Höhe eines beobachteten oder geschätzten Marktzinssatzes für derartige, unter Vorbehalt stehende Zahlungsströme abgezinst (d. h. einer Marktverzinsung). **B18**

Die Technik zur Anpassung von Abzinsungssätzen erfordert eine Analyse der für vergleichbare Vermögenswerte oder Schulden verfügbaren Marktdaten. Vergleichbarkeit wird anhand der Beschaffenheit der Zahlungsströme (z. B. anhand dessen, ob die Zahlungsströme vertraglich oder nicht vertraglich sind und ob bei ihnen die Wahrscheinlichkeit einer ähnlichen Reaktion auf Veränderungen in den wirtschaftlichen Bedingungen besteht) sowie anhand anderer Faktoren festgestellt (z. B. Bonität, Sicherheiten, Laufzeit, Nutzungsbeschränkungen und Liquidität). Alternativ ist es in Fällen, in denen ein einzelner vergleichbarer Vermögenswert oder eine einzelne vergleichbare Schuld das Risiko, das den Zahlungsströmen des zur Bewertung anstehenden Vermögenswerts bzw. der Schuld anhaftet, nicht angemessen wiedergibt auch möglich, aus Daten für mehrere vergleichbare Vermögenswerte oder Schulden in Verbindung mit der risikolosen Renditekurve einen Abzinsungssatz abzuleiten (d. h. mit Hilfe einer „Aufbaumethode"). **B19**

Nehmen wir zur Veranschaulichung einer Aufbaumethode an, dass Vermögenswert A ein vertragliches Recht auf den Empfang von 800 WE*) in einem Jahr ist (d. h. es besteht keine Unsicherheit bezüglich des Zeitpunkts). Es besteht ein etablierter Markt für vergleichbare Vermögenswerte und Informationen über diese Vermögenswerte, einschließlich Informationen über Preise, sind verfügbar. Bei diesen vergleichbaren Vermögenswerten **B20**

(a) ist Vermögenswert B ein vertragliches Recht auf den Empfang von 1,200 WE im Jahr bei einem Marktpreis von 1.083 WE. Die implizite Jahresverzinsung (d. h. die Marktverzinsung für ein Jahr) beträgt also 10,8 % [(WE 1,200/WE 1,083) – 1]

*) **Amtl. Anm.:** In diesem IFRS werden Geldbeträge in „Währungseinheiten, WE" ausgedrückt.

(b) ist Vermögenswert C ein vertragliches Recht auf den Empfang von 700 WE in zwei Jahren bei einem Marktpreis von 566 WE. Die implizite Jahresverzinsung (d. h. die Marktverzinsung für zwei Jahre) beträgt also 11,2 % [(WE 700/WE 566)^0,5 – 1].

(c) Alle drei Vermögenswerte sind im Hinblick auf das Risiko (d. h. die Streuung möglicher Ergebnisse und Gutschriften) vergleichbar.

B21 Betrachtet man die Terminierung der vertraglichen Zahlungen, die für Vermögenswert A eingenommen werden sollen, mit der Terminierung für Vermögenswert B und Vermögenswert C (d. h. ein Jahr für Vermögenswert B gegenüber zwei Jahren für Vermögenswert C), ist Vermögenswert B besser mit Vermögenswert A vergleichbar. Legt man die für Vermögenswert A einzunehmende vertragliche Zahlung (800 WE) und den aus Vermögenswert B abgeleiteten Marktzinssatz für ein Jahr (10,8 %) zugrunde, dann beträgt der beizulegende Zeitwert für Vermögenswert A 722 WE (800 WE/1,108 WE). Liegen für Vermögenswert B keine Marktinformationen vor, könnte man alternativ den Marktzinssatz für ein Jahr mit Hilfe der Aufbaumethode aus Vermögenswert C ableiten. In diesem Fall würde man den bei Vermögenswert C angegebenen Marktzinssatz für zwei Jahre (11,2 %) anhand der Zinsstruktur der risikolosen Renditenkurve in einem Marktzinssatz für ein Jahr anpassen. Um festzustellen, ob die Risikoaufschläge für einjährige und zweijährige Vermögenswerte gleich sind, könnten zusätzliche Informationen und Analysen erforderlich sein. Falls man feststellt, dass die Risikoaufschläge für einjährige und zweijährige Vermögenswerte nicht gleich sind, würde man die zweijährige Marktverzinsung noch um diesen Effekt berichtigen.

B22 Wendet man die Technik zur Anpassung von Abzinsungssätzen bei festen Einnahmen oder Zahlungen an, wird die Berichtigung um das Risiko, das mit den Zahlungsströmen des zur Bewertung anstehenden Vermögenswerts bzw. der zur Bewertung anstehenden Schuld verbunden ist, in den Abzinsungssatz aufgenommen. Mitunter kann bei der Anwendung der Technik zur Anpassung von Abzinsungssätzen auf Zahlungsströme, bei denen es sich nicht um feste Einnahmen oder Zahlungen handelt, eine Berichtigung an den Zahlungsströmen notwendig sein, um Vergleichbarkeit mit dem beobachteten Vermögenswert oder der beobachteten Schuld, aus dem bzw. der sich der Abzinsungssatz herleitet, herzustellen.

Technik des erwarteten Barwerts

B23 Ausgangspunkt der Technik des erwarteten Barwerts bildet ein Satz von Zahlungsströmen, der den wahrscheinlichkeitsgewichteten Durchschnitt aller möglichen künftigen Zahlungsströme (d. h. der erwarteten Zahlungsströme) darstellt. Die daraus entstehende Schätzung ist mit dem erwarteten Wert identisch, der statistisch gesehen der gewichtete Durchschnitt möglicher Werte einer diskreten Zufallsvariablen ist, wobei die jeweiligen Wahrscheinlichkeiten die Gewichte bilden. Da alle möglicherweise eintretenden Zahlungsströme wahrscheinlichkeitsgewichtet sind, unterliegt der daraus entstehende erwartete Zahlungsstrom nicht dem Vorbehalt, dass ein festgelegtes Ereignis eintritt (im Gegensatz zu den Zahlungsströmen, die bei der Technik zur Anpassung von Abzinsungssätzen zugrunde gelegt werden).

B24 Bei Anlageentscheidungen würden risikoscheue Marktteilnehmer das Risiko berücksichtigen, dass die tatsächlichen Zahlungsströme von den erwarteten Zahlungsströmen abweichen könnten. Die Portfolio-Theorie unterscheidet zwischen zwei Risikotypen:

(a) nicht systematischen (streuungsfähigen) Risiken. Hierbei handelt es sich um Risiken, die für einen bestimmten Vermögenswert oder eine bestimmte Schuld spezifisch sind.

(b) systematischen (nicht streuungsfähigen) Risiken. Hierbei handelt es sich um das gemeinsame Risiko, dem ein Vermögenswert oder eine Schuld in einem gestreuten Portfolio gemeinsam mit den anderen Positionen unterliegt.

In der Portfolio-Theorie wird die Ansicht vertreten, dass in einem im Gleichgewicht befindlichen Markt die Marktteilnehmer nur dafür, dass sie das systematische, den Zahlungsströmen innewohnende Risiko tragen, einen Ausgleich erhalten. (In ineffizienten oder aus dem Gleichgewicht geratenen Märkten können andere Formen der Rendite oder des Ausgleichs zur Verfügung stehen.)

Methode 1 der Technik des erwarteten Barwerts berichtigt die erwarteten Zahlungsströme eines Vermögenswerts für das systematische Risiko (d. h. das Marktrisiko) mittels Abzug eines Risikoaufschlags für Barmittel (d. h. risikoberichtigte erwartete Zahlungsströme). Diese risikoberichtigten Zahlungsströme stellen einen sicherheitsäquivalenten Zahlungsstrom dar, der mit einem risikolosen Zinssatz abgezinst wird. Ein sicherheitsäquivalenter Zahlungsstrom bezieht sich auf einen erwarteten Zahlungsstrom (gemäß Definition), der risikoberichtigt wird, so dass ein Marktteilnehmer kein Interesse daran hat, einen sicheren Zahlungsstrom gegen einen erwarteten Zahlungsstrom einzutauschen. Wäre ein Marktteilnehmer beispielsweise bereit, einen erwarteten Zahlungsstrom von 1,200 WE gegen einen sicheren Zahlungsstrom von 1,000 WE einzutauschen, sind die 1,000 WE das Sicherheitsäquivalent für die 1,200 WE (d. h. die 200 WE würden den Risikoaufschlag für Barmittel darstellen). In diesem Fall wäre der Marktteilnehmer dem gehaltenen Vermögenswert gegenüber gleichgültig. **B25**

Im Gegensatz dazu erfolgt bei Methode 2 der Technik des erwarteten Barwerts eine Berichtigung um systematische Risiken (d. h. Marktrisiken), indem auf den risikolosen Zinssatz ein Risikoaufschlag angewandt wird. Dementsprechend werden die erwarteten Zahlungsströme in Höhe eines Satzes abgezinst, der einem erwarteten, mit wahrscheinlichkeitsgewichteten Zahlungsströmen verknüpften Satz entspricht (d. h. einer erwarteten Verzinsung). Zur Schätzung der erwarteten Verzinsung können Modelle zur Preisbildung für riskante Vermögenswerte eingesetzt werden, beispielsweise das Kapitalgutpreismodell (Capital Asset Pricing Model). Da der in der Technik zur Anpassung von Abzinsungssätzen eingesetzte Abzinsungssatz eine Verzinsung darstellt, die sich auf bedingte Zahlungsströme bezieht, ist er wahrscheinlich höher als der Abzinsungssatz, der in Methode 2 der Technik des erwarteten Barwerts verwendet wird. Bei diesem Abzinsungssatz handelt es sich um eine erwartete Verzinsung in Bezug auf erwartete oder wahrscheinlichkeitsgewichtete Zahlungsströme. **B26**

Nehmen wir zur Veranschaulichung der Methoden 1 und 2 an, dass für einen Vermögenswert in einem Jahr Zahlungsströme von 780 WE erwartet werden. Diese wurden unter Zugrundelegung der unten dargestellten möglichen Zahlungsströme und Wahrscheinlichkeiten ermittelt. Der anwendbare risikolose Zinssatz für Zahlungsströme mit einem Zeithorizont von einem Jahr beträgt 5 %. Der systematische Risikoaufschlag für einen Vermögenswert mit dem gleichen Risikoprofil beträgt 3 %. **B27**

Mögliche Zahlungsströme	Wahrscheinlichkeit	Wahrscheinlichkeitsgewichtete Zahlungsströme
500 WE	15 %	75 WE
800 WE	60 %	480 WE
900 WE	25 %	225 WE
Erwartete Zahlungsströme		780 WE

In dieser einfachen Darstellung stehen die erwarteten Zahlungsströme (780 WE) für den wahrscheinlichkeitsgewichteten Durchschnitt der drei möglichen Verläufe. In realistischeren Situationen sind zahlreiche Verläufe möglich. Zur Anwendung der Technik des erwarteten Barwerts müssen nicht immer alle Verteilungen aller möglichen Zahlungsströme berücksichtigt werden; auch der Einsatz komplexer Modelle und Techniken ist hierbei nicht immer erforderlich. Stattdessen könnte es möglich sein, eine begrenze Anzahl eigenständiger Szenarien und Wahrscheinlichkeiten zu entwickeln, mit denen die Palette möglicher Zahlungsströme erfasst wird. Ein Unternehmen könnte beispielsweise in einer maßgeblichen früheren Periode realisierte Zahlungsströme verwenden, die es um anschließend eingetretene Veränderungen in den äußeren Umständen berichtigt (z. B. Änderungen bei äußeren Faktoren wie Konjunktur- oder Marktbedingungen, Branchentrends, Trends im Wettbewerb sowie auch Änderungen bei inneren Fak- **B28** toren, die spezifischere Auswirkungen auf das Unternehmen haben). Dabei werden auch die Annahmen von Marktteilnehmern berücksichtigt.

B29 Theoretisch ist der Barwert (d. h. der beizulegende Zeitwert) der Zahlungsströme eines Vermögenswerts sowohl bei einer Bestimmung nach Methode 1 als auch bei einer Bestimmung nach Methode 2 der gleiche. Dabei gilt:

(a) Bei Anwendung von Methode 1 werden die erwarteten Zahlungsströme um systematische Risiken (d. h. Marktrisiken) berichtigt. Liegen keine Marktdaten vor, an denen sich unmittelbar die Höhe der Risikoberichtigung ablesen lässt, könnte eine solche Berichtigung aus einem Kapitalgutpreismodell abgeleitet werden. Hierbei würde das Konzept der Sicherheitsäquivalente zum Einsatz kommen. Die Risikoberichtigung (d. h. der Risikoaufschlag von 22 WE für Barmittel) könnte beispielsweise anhand des Aufschlags für systematische Risiken in Höhe von 3 % bestimmt werden (780 WE – [780 WE × (1,05/1,08)]), aus dem sich die risikoberichtigten erwarteten Zahlungsströme von 758 WE (780 WE – 22 WE) ergeben. Die 758 WE sind das Sicherheitsäquivalent für 780 WE und werden zum risikolosen Zinssatz (5 %) abgezinst. Der Barwert (d. h. der beizulegende Zeitwert) des Vermögenswerts beträgt 722 WE (758 WE/1,05).

(b) Bei Anwendung von Methode 2 werden die erwarteten Zahlungsströme nicht um systematische Risiken (d. h. Marktrisiken) berichtigt. Stattdessen wird die Berichtigung um dieses Risiko in den Abzinsungssatz aufgenommen. Die erwarteten Zahlungsströme werden folglich mit einer erwarteten Verzinsung von 8 % (d. h. 5 % risikoloser Zinssatz zuzüglich 3 % Aufschlag für das systematische Risiko) abgezinst. Der Barwert (d. h. der beizulegende Zeitwert) des Vermögenswerts beträgt 722 WE (780 WE/1,08).

B30 Wird zur Bemessung des beizulegenden Zeitwerts eine Technik des erwarteten Barwerts angewandt, kann dies entweder nach Methode 1 oder nach Methode 2 erfolgen. Ob Methode 1 oder Methode 2 gewählt wird, hängt von den jeweiligen, für den bewerteten Vermögenswert bzw. die bewertete Schuld spezifischen Sachverhalten und Umständen ab. Weitere Auswahlkriterien sind der Umfang, in dem hinreichende Daten verfügbar sind und die jeweilige Ermessensausübung.

Anwendung von Barwerttechniken auf Schulden und eigene Eigenkapitalinstrumente, die nicht von Dritten als Vermögenswerte gehalten werden (Paragraphen 40 und 41)

B31 Wendet ein Unternehmen für die Bemessung des beizulegenden Zeitwerts einer Schuld, die nicht von einem Dritten als Vermögenswert gehalten wird (z. B. einer Entsorgungsverbindlichkeit) eine Barwerttechnik an, hat es unter anderem die künftigen Mittelabflüsse zu schätzen, von denen Marktteilnehmer erwarten würden, dass sie bei der Erfüllung der Verpflichtung entstehen. Solche künftigen Mittelabflüsse müssen die Erwartungen der Marktteilnehmer hinsichtlich der Kosten für die Erfüllung der Verpflichtung und den Ausgleich, den ein Marktteilnehmer für die Übernahme der Verpflichtung verlangen würde, abdecken. Ein solcher Ausgleich umfasst auch die Rendite, die ein Marktteilnehmer für Folgendes verlangen würde:

(a) Übernahme der Tätigkeit (d. h. den Wert, den die Erfüllung der Verpflichtung hat, z. B. aufgrund der Verwendung von Ressourcen, die für andere Tätigkeiten eingesetzt werden können); und

(b) Übernahme des mit der Verpflichtung einhergehenden Risikos (d. h. ein Risikoaufschlag, der das Risiko widerspiegelt, dass die tatsächlichen Mittelabflüsse von den erwarteten Mittelabflüssen abweichen könnten; siehe Paragraph B33).

B32 Nehmen wir als Beispiel an, dass eine nicht finanzielle Verbindlichkeit keine vertragliche Rendite enthält und dass es für die betreffende Schuld auch keinen im Markt beobachtbaren Ertrag gibt. In manchen Fällen werden sich die Bestandteile der von Marktteilnehmern verlangten Rendite nicht voneinander unterscheiden lassen (z. B. wenn der Preis verwendet wird, den ein fremder Auftragnehmer auf der Grundlage eines festen Entgelts in Rechnung stellen würde). In anderen Fällen muss ein Unternehmen die Bestandteile getrennt veranschlagen (z. B. wenn es den Preis zugrunde legt, den ein fremder Auftragnehmer auf Cost Plus Basis (Kostenaufschlagsbasis) in Rechnung stellen würde, weil er in diesem Fall das Risiko künftiger Kostenänderungen nicht tragen würde).

Ein Unternehmen kann in die Bemessung des beizulegenden Zeitwerts einer Schuld oder eines eigenen Eigenkapitalinstruments, die bzw. das nicht von einem Dritten als Vermögenswert gehalten wird, wie folgt einen Risikoaufschlag einbeziehen: **B33**

(a) mittels Berichtigung der Zahlungsströme (d. h. als Erhöhung des Betrags der Mittelabflüsse); oder

(b) mittels Berichtigung des Satzes, der für die Abzinsung künftiger Zahlungsströme auf ihre Barwerte verwendet wird (d. h. als Senkung des Abzinsungssatzes).

Unternehmen müssen sicherstellen, dass sie Risikoberichtigungen nicht doppelt zählen oder auslassen. Werden die geschätzten Zahlungsströme z. B. erhöht, damit der Ausgleich für die Übernahme des mit der Verpflichtung einhergehenden Risikos berücksichtigt wird, darf der Abzinsungssatz nicht auch noch um dieses Risiko angepasst werden.

Inputfaktoren für Bewertungstechniken (Paragraphen 67-71)

Märkte, in denen für bestimmte Vermögenswerte und Schulden (z. B. Finanzinstrumente) Inputfaktoren beobachtet werden können, sind beispielsweise: **B34**

(a) *Börsen*. In einer Börse sind Schlusskurse einerseits leicht verfügbar und andererseits allgemein repräsentativ für den beizulegenden Zeitwert. Ein Beispiel für einen solchen Markt ist der London Stock Exchange.

(b) *Händlermärkte*. In einem Händlermarkt stehen Händler zum Kauf oder Verkauf auf eigene Rechnung bereit. Sie setzen ihr Kapital ein, um einen Bestand der Werte zu halten, für die sie einen Markt bilden, und stellen somit Liquidität zur Verfügung. Üblicherweise sind Geld- und Briefkurse (die den Preis darstellen, zu dem der Händler zum Kauf bzw. Verkauf bereit ist) leichter verfügbar als Schlusskurse. Außerbörsliche Märkte – „Over-the-Counter" – (für die Preise öffentlich gemeldet werden) sind Händlermärkte. Händlermärkte gibt es auch für eine Reihe anderer Vermögenswerte und Schulden, u. a. bestimmte Finanzinstrumente, Waren und Sachvermögenswerte (z. B. gebrauchte Maschinen).

(c) *Brokermärkte*. In einem Brokermarkt versuchen Broker, bzw. Makler, Käufer mit Verkäufern zusammenzubringen. Sie stehen aber nicht zum Handel auf eigene Rechnung bereit. Mit anderen Worten, Makler verwenden kein eigenes Kapital, um einen Bestand der Werte zu halten, für die sie einen Markt bilden. Der Makler kennt die von den jeweiligen Parteien angebotenen und verlangten Preise, aber normalerweise kennt keine Partei die Preisforderungen der jeweils anderen Partei. Mitunter sind Preise für abgeschlossene Geschäftsvorfälle verfügbar. Brokermärkte sind u. a. elektronische Kommunikationsnetze, in denen Kauf- und Verkaufsaufträge zusammengebracht werden, sowie Märkte für Gewerbe- und Wohnimmobilien.

(d) *Direktmärkte*. In einem Direktmarkt werden sowohl Ausreichungs- als auch Wiederverkaufstransaktionen unabhängig und ohne Mittler ausgehandelt. Über Geschäftsvorfälle dieser Art werden der Öffentlichkeit eventuell nur wenige Informationen zur Verfügung gestellt.

Bemessungshierarchie (Paragraphen 72-90)

Inputfaktoren auf Stufe 2 (Paragraphen 81-85)

Beispiele für Inputfaktoren auf Stufe 2 für besondere Vermögenswerte und Schulden sind u. a.: **B35**

(a) *Zinsswaps (receive fixed, pay variable) auf Basis des London Interbank Offered Rate (LIBOR) Swapsatzes*. Der LIBOR-Swapsatz wäre ein Inputfaktor auf Stufe 2, sofern dieser Satz über im Wesentlichen die gesamte Laufzeit des Swaps in üblicherweise notierten Intervallen beobachtet werden kann.

(b) *Zinsswaps (receive fixed, pay variable) auf Basis einer auf Fremdwährung lautenden Renditekurve.* Ein Inputfaktor auf Stufe 2 wäre auch ein Swapsatz, der auf einer auf Fremdwährung lautenden Renditekurve basiert und im Wesentlichen über die gesamte Laufzeit des Swaps in üblicherweise notierten Intervallen beobachtet werden kann. Dies träfe zu, wenn die Laufzeit des Swaps zehn Jahre betrüge und dieser Satz neun Jahre lang in üblicherweise notierten Intervallen beobachtet werden könnte. Dabei gilt jedoch die Voraussetzung, dass eine angemessene Hochrechnung der Renditenkurve für Jahr zehn keine Signifikanz für die Bemessung des beizulegenden Zeitwerts des Swaps in seiner Gesamtheit hätte.

(c) *Zinsswaps (receive fixed, pay variable) auf Basis des Leitzinses einer bestimmten Bank.* Der mittels Hochrechnung abgeleitete Leitzins der Bank wäre ein Inputfaktor auf Stufe 2, sofern die hochgerechneten Werte durch beobachtbare Marktdaten bestätigt werden, beispielsweise mittels Korrelation zu einem Zinssatz, der im Wesentlichen über die gesamte Laufzeit des Swaps beobachtet werden kann.

(d) *Dreijahresoption auf börsengehandelte Aktien.* Die mittels Hochrechnung auf Jahr drei abgeleitete implizite Volatilität der Aktien wäre ein Inputfaktor auf Stufe 2, sofern beide unten genannten Bedingungen bestehen:

  (i) Die Preise für Ein- und Zweijahresoptionen für die Aktien sind beobachtbar.

  (ii) Die extrapolierte, implizite Volatilität einer Dreijahresoption wird für im Wesentlichen die gesamte Laufzeit der Option durch beobachtbare Marktdaten bestätigt.

In diesem Fall ließe sich die implizite Volatilität mittels Hochrechnung aus der impliziten Volatilität der Ein- und Zweijahresoptionen auf die Aktien ableiten. Unter der Voraussetzung, dass eine Korrelation zu den impliziten Volatilitäten für ein Jahr und zwei Jahre hergestellt wird, könnte diese Berechnung durch die implizite Volatilität für Dreijahresoptionen auf Aktien vergleichbarer Unternehmen bestätigt werden.

(e) *Lizenzvereinbarung.* Bei einer Lizenzvereinbarung, die in einem Unternehmenszusammenschluss erworben wurde und in jüngster Zeit von dem erworbenen Unternehmen (der Partei zur Lizenzvereinbarung) mit einer fremden Partei ausgehandelt wurde, wäre die Lizenzgebühr, die bei Beginn der Vereinbarung in dem Vertrag mit der fremden Partei festgelegt wurde, ein Inputfaktor auf Stufe 2.

(f) *Lagerbestand an Fertigerzeugnissen in einer Einzelhandelsverkaufsstelle.* Bei einem Bestand an Fertigerzeugnissen, der in einem Unternehmenszusammenschluss erworben wird, wäre entweder ein Kundenpreis in einem Einzelhandelsmarkt oder ein Einzelhändlerpreis in einem Großhandelsmarkt ein Inputfaktor auf Stufe 2. Dieser würde um Differenzen zwischen Zustand und Standort des Lagerartikels und denen vergleichbarer (d. h. ähnlicher) Lagerartikel berichtigt. Auf diese Weise würde die Bemessung des beizulegenden Zeitwerts den Preis widerspiegeln, der im Zuge eines Geschäftsvorfalls zum Verkauf des Lagerbestands an einen anderen Einzelhändler eingenommen würde, der die betreffenden Verkaufsanstrengungen dann zum Abschluss bringen würde. Rein begrifflich wird die Bemessung des beizulegenden Zeitwerts unabhängig davon, ob ein Einzelhandelspreis (nach unten) oder ein Großhandelspreis (nach oben) berichtigt wird, den gleichen Wert ergeben. Generell ist der Preis, der die wenigsten subjektiven Anpassungen erfordert, der Bemessung des beizulegenden Zeitwerts zugrunde zu legen.

(g) *Selbstgenutztes Gebäude.* Der aus beobachtbaren Marktdaten abgeleitete Quadratmeterpreis für das Gebäude (Bewertungsmultiplikator) wäre ein Inputfaktor auf Stufe 2. Dieser Preis wird beispielsweise aus Multiplikatoren gewonnen, die ihrerseits aus Preisen abgeleitet wurden, die in Geschäftsvorfällen mit vergleichbaren (d. h. ähnlichen) Gebäuden an ähnlichen Standorten beobachtet wurden.

(h) *Zahlungsmittelgenerierende Einheit.* Ein Bewertungsmultiplikator (z. B. ein Vielfaches der Ergebnisse, der Erlöse oder eines ähnlichen Leistungsmaßes), der aus beobachtbaren Marktdaten abgeleitet wird, wäre ein Inputfaktor auf Stufe 2. Dies könnten beispielsweise Bewertungsmultiplikatoren sein, die unter Berücksichtigung betrieblicher, marktbezogener, finanzieller und nicht finanzieller Faktoren aus Preisen abgeleitet werden, die in Geschäftsvorfällen mit vergleichbaren (d. h. ähnlichen) Geschäftsbetrieben beobachtet wurden.

Inputfaktoren auf Stufe 3 (Paragraphen 86-90)

Beispiele für Inputfaktoren auf Stufe 3 für besondere Vermögenswerte und Schulden sind u. a.: **B36**

(a) *Langfristiger Währungsswap.* Ein Zinssatz in einer bestimmten Währung, der nicht beobachtbar ist und auch nicht in üblicherweise notierten Intervallen im Wesentlichen über die gesamte Laufzeit des Währungsswaps durch beobachtbare Marktdaten bestätigt werden kann, wäre ein Inputfaktor auf Stufe 3. Bei den Zinssätzen in einem Währungsswap handelt es sich um die Swapsätze, die aus den Renditekurven der betreffenden Länder berechnet werden.

(b) *Dreijahresoption auf börsengehandelte Aktien.* Die historische Volatilität, d. h. die aus den historischen Kursen der Aktien abgeleitete Volatilität wäre ein Inputfaktor auf Stufe 3. Die historische Volatilität stellt normalerweise nicht die gegenwärtigen Erwartungen der Marktteilnehmer über die künftige Volatilität dar, auch wenn sie die einzig verfügbare Information zur Preisbildung für eine Option ist.

(c) *Zinsswap.* Eine Berichtigung an einem übereingekommenen (unverbindlichen) mittleren Marktkurs für den Swap, der anhand von Daten entwickelt wurde, die nicht unmittelbar beobachtbar sind und auch nicht anderweitig durch beobachtbare Marktdaten belegt werden können, wäre ein Inputfaktor auf Stufe 3.

(d) *In einem Unternehmenszusammenschluss übernommene Entsorgungsverbindlichkeit.* Ein Inputfaktor auf Stufe 3 wäre eine aktuelle Schätzung des Unternehmens über die künftigen Mittelabflüsse, die zur Erfüllung der Verpflichtung zu tragen wären, wenn es keine bei vertretbarem Aufwand verfügbaren Informationen gibt, die darauf hinweisen, dass Marktteilnehmer von anderen Annahmen ausgehen würden. Dabei legt das Unternehmen eigene Daten zugrunde und schließt die Erwartungen der Marktteilnehmer über die Kosten für die Erfüllung der Verpflichtung ein. Ebenfalls berücksichtigt wird der Ausgleich, den ein Marktteilnehmer für die Übernahme der Verpflichtung zur Demontage des Vermögenswerts verlangen würde. Dieser Inputfaktor auf Stufe 3 würde in einer Barwerttechnik zusammen mit anderen Inputfaktoren verwendet. Dies könnte ein aktueller risikoloser Zinssatz oder ein bonitätsbereinigter risikoloser Zinssatz sein, wenn sich die Auswirkung der Bonität des Unternehmens auf den beizulegenden Zeitwert der Schuld im Abzinsungssatz widerspiegelt und nicht in der Schätzung künftiger Mittelabflüsse.

(e) *Zahlungsmittelgenerierende Einheit.* Eine Finanzprognose (z. B. über Zahlungsströme oder Gewinn bzw. Verlust), die anhand eigener Daten des Unternehmens entwickelt wird, wenn es keine bei vertretbarem Aufwand verfügbaren Informationen gibt, die darauf hinweisen, dass Marktteilnehmer von anderen Annahmen ausgehen würden, wäre ein Inputfaktor auf Stufe 3.

Bemessung des beizulegenden Zeitwerts bei einem erheblichen Rückgang des Umfangs oder Tätigkeitsniveaus bei einem Vermögenswert oder einer Schuld

Der beizulegende Zeitwert eines Vermögenswerts oder einer Schuld kann dadurch beeinflusst **B37** werden, dass Volumen oder Tätigkeitsniveau im Vergleich zur normalen Markttätigkeit für den Vermögenswert oder die Schuld (bzw. ähnliche Vermögenswerte oder Schulden) erheblich zurückgehen. Um auf der Grundlage vorliegender Nachweise bestimmen zu können, ob ein erheblicher Rückgang im Volumen oder Tätigkeitsniveau für den Vermögenswert oder die Schuld eingetreten ist, wertet ein Unternehmen die Bedeutung und Relevanz von Faktoren wie den unten genannten aus:

(a) In jüngster Zeit fanden wenig Geschäftsvorfälle statt.

(b) Preisnotierungen werden nicht auf der Grundlage aktueller Informationen entwickelt.

(c) Preisnotierungen unterliegen entweder im Zeitablauf oder von einem Marktmacher zum anderen (z. B. zwischen einigen Brokermärkten) erheblichen Schwankungen.

(d) Indexe, die früher in enger Korrelation zu den beizulegenden Zeitwerten des Vermögenswerts oder der Schuld standen, haben nachweislich keinen Bezug zu neuesten Anhaltspunkten für den beizulegenden Zeitwert des betreffenden Vermögenswerts oder der betreffenden Schuld mehr.

(e) Im Vergleich zur Schätzung des Unternehmens über erwartete Zahlungsströme unter Berücksichtigung aller verfügbaren Marktdaten über das Kreditrisiko und andere Nichterfüllungsrisiken für den Vermögenswert oder die Schuld ist bei beobachteten Geschäftsvorfällen oder Marktpreisnotierungen ein erheblicher Anstieg bei den impliziten Liquiditätsrisikoaufschlägen, Renditen oder Leistungsindikatoren (beispielsweise Säumnisraten oder Schweregrad der Verluste) eingetreten.

(f) Es besteht eine weite Geld-Brief-Spanne oder die Geld-Brief-Spanne hat erheblich zugenommen.

(g) Die Aktivitäten im Markt für Neuemission (d. h. einem Hauptmarkt) für den Vermögenswert oder die Schuld bzw. für ähnliche Vermögenswerte oder Schulden sind erheblich zurückgegangen oder ein solcher Markt ist überhaupt nicht vorhanden.

(h) Es sind nur wenige Informationen öffentlich zugänglich (z. B. über Geschäftsvorfälle, die in einem Direktmarkt stattfinden).

B38 Gelangt ein Unternehmen zu dem Schluss, dass im Umfang oder Tätigkeitsniveau für den Vermögenswert oder die Schuld im Vergleich zu den normalen Markttätigkeiten für diesen Vermögenswert bzw. diese Schuld (oder ähnliche Vermögenswerte oder Schulden) ein erheblicher Rückgang eingetreten ist, wird eine weitere Analyse der Geschäftsvorfälle oder Marktpreisnotierungen notwendig. Für sich gesehen ist ein Rückgang im Umfang oder Tätigkeitsniveau noch nicht unbedingt ein Anzeichen, dass ein Transaktionspreis oder eine Marktpreisnotierung den beizulegenden Zeitwert nicht darstellt oder dass ein Geschäftsvorfall in dem betreffenden Markt nicht geordnet abgelaufen ist. Stellt ein Unternehmen jedoch fest, dass ein Transaktionspreis oder eine Marktpreisnotierung den beizulegenden Zeitwert nicht widerspiegelt (wenn es beispielsweise Geschäftsvorfälle gegeben hat, die nicht geordnet abgelaufen sind), ist eine Berichtung der Transaktionspreise oder Marktpreisnotierungen notwendig, wenn das Unternehmen diese Preise als Grundlage für die Bemessung des beizulegenden Zeitwerts nutzt. Diese Berichtigung kann für die gesamte Bemessung des beizulegenden Zeitwerts Bedeutung haben. Berichtigungen können auch unter anderen Umständen erforderlich werden (wenn z. B. ein Preis für einen ähnlichen Vermögenswert eine erhebliche Berichtigung erfordert, um Vergleichbarkeit mit dem zu bewertenden Vermögenswert herzustellen, oder wenn der Preis überholt ist).

B39 Der vorliegende IFRS schreibt keine Methodik für die Durchführung erheblicher Berichtigungen an Transaktionspreisen oder Marktpreisnotierungen vor. Eine Erörterung der Anwendung von Bewertungstechniken bei der Bemessung des beizulegenden Zeitwerts ist den Paragraphen 61-66 und B5-B11 zu entnehmen. Ungeachtet der jeweils verwendeten Bewertungstechnik muss ein Unternehmen angemessene Risikoberichtigungen berücksichtigen. Hierzu gehört auch ein Risikoaufschlag, in dem sich der Betrag widerspiegelt, den Marktteilnehmer als Ausgleich für die Unsicherheit verlangen würden, die den Zahlungsströmen eines Vermögenswerts oder einer Schuld anhaftet. Andernfalls gibt die Bemessung den beizulegenden Zeitwert nicht getreu wieder. Mitunter kann die Bestimmung der sachgerechten Risikoberichtigung schwierig sein. Der Schwierigkeitsgrad allein bildet jedoch keine hinreichende Grundlage für den Ausschluss einer Risikoberichtigung. Die Risikoberichtigung muss einen am Bemessungsstichtag unter aktuellen

Marktbedingungen zwischen Marktteilnehmern stattfindenden, geordneten Geschäftsvorfall widerspiegeln.

Sind der Umfang oder das Tätigkeitsniveau für den Vermögenswert oder die Schuld erheblich zurückgegangen, kann eine Änderung der Bewertungstechnik oder die Verwendung mehrerer Bewertungstechniken sachgerecht sein (z. B. der Einsatz eines marktbasierten Ansatzes und einer Barwerttechnik). Bei der Gewichtung der Anhaltspunkte für den beizulegenden Zeitwert, die aus dem Einsatz mehrerer Bewertungstechniken gewonnen wurden, muss ein Unternehmen die Plausibilität des Wertebereichs für die Zeitwertbemessungen berücksichtigen. Die Zielsetzung besteht in der Bestimmung des Punktes innerhalb des Wertebereichs, der für den beizulegenden Zeitwert unter gegenwärtigen Marktbedingungen am repräsentativsten ist. Weit gestreute Zeitwertbemessungen können darauf hindeuten, dass weitere Analysen notwendig sind. **B40**

Auch wenn Volumen oder Tätigkeitsniveau für den Vermögenswert oder die Schuld erheblich zurückgegangen sind, ändert sich das Ziel einer Bemessung des beizulegenden Zeitwerts nicht. Der beizulegende Zeitwert ist der Preis, zu dem unter aktuellen Marktbedingungen am Bemessungsstichtag in einem geordneten Geschäftsvorfall (d. h. keine Zwangsliquidation und kein Notverkauf) zwischen Marktteilnehmern ein Vermögenswert verkauft oder eine Schuld übertragen würde. **B41**

Die Schätzung des Preises, zu dem Marktteilnehmer unter aktuellen Marktbedingungen am Bemessungsstichtag zum Abschluss einer Transaktion bereit wären, wenn ein erheblicher Rückgang im Umfang oder Tätigkeitsniveau für den Vermögenswert oder die Schuld eingetreten ist, hängt von den Sachverhalten und Umständen am Bemessungsstichtag ab. Hier ist Ermessensausübung gefordert. Die Absicht eines Unternehmens, den Vermögenswert zu halten oder die Schuld auszugleichen oder anderweitig zu erfüllen ist bei der Bemessung des beizulegenden Zeitwerts unerheblich, weil der beizulegende Zeitwert eine marktbasierte, keine unternehmensspezifische Bewertung darstellt. **B42**

Ermittlung von nicht geordneten Geschäftsvorfällen

Die Feststellung, ob ein Geschäftsvorfall geordnet (oder nicht geordnet) ist, wird erschwert, wenn im Umfang oder Tätigkeitsniveau für den Vermögenswert oder die Schuld im Vergleich zu den normalen Markttätigkeiten für diesen Vermögenswert bzw. diese Schuld (oder ähnliche Vermögenswerte oder Schulden) ein erheblicher Rückgang eingetreten ist. Unter derartigen Umständen den Schluss zu ziehen, dass sämtliche Geschäftsvorfälle in dem betreffenden Markt nicht geordnet (d. h. Zwangsliquidationen oder Notverkäufe) sind, ist nicht angemessen. Umstände, die darauf hinweisen können, dass ein Geschäftsvorfall nicht geordnet verlaufen ist, sind unter anderem: **B43**

(a) In einem bestimmten Zeitraum vor dem Bemessungsstichtag bestand keine angemessene Marktpräsenz, um Vermarktungstätigkeiten zu ermöglichen, die für Geschäftsvorfälle unter Beteiligung der betroffenen Vermögenswerte oder Schulden unter aktuellen Marktbedingungen allgemein üblich sind.

(b) Es bestand ein allgemein üblicher Vermarktungszeitraum, der Verkäufer setzte den Vermögenswert oder die Schuld aber bei einem einzigen Marktteilnehmer ab.

(c) Der Verkäufer ist in oder nahe am Konkurs oder steht unter Konkursverwaltung (d. h. der Verkäufer ist in einer Notlage).

(d) Der Verkäufer musste verkaufen, um aufsichtsbehördliche oder gesetzliche Vorschriften zu erfüllen (d. h. der Verkäufer stand unter Zwang).

(e) Im Vergleich zu anderen, in jüngster Zeit erfolgten Geschäftsvorfällen mit dem gleichen oder einem ähnlichen Vermögenswert bzw. der gleichen oder einer ähnlichen Schuld stellt der Transaktionspreis einen statistischen Ausreißer dar.

Ein Unternehmen muss die Umstände auswerten, um unter Berücksichtigung des Gewichts der verfügbaren Nachweise festzustellen zu können, ob der Geschäftsvorfall ein geordneter Geschäftsvorfall war.

B44 Bei der Bemessung des beizulegenden Zeitwerts oder der Schätzung von Marktrisikoaufschlägen muss ein Unternehmen Folgendes berücksichtigen:

(a) Ergibt sich aus der Beweislage, dass ein Geschäftsvorfall nicht geordnet verlaufen ist, legt ein Unternehmen (im Vergleich zu anderen Anhaltspunkten für den beizulegenden Zeitwert) wenig oder gar kein Gewicht auf den betreffenden Transaktionspreis.

(b) Ergibt sich aus den Beweisen, dass ein Geschäftsvorfall geordnet war, berücksichtigt das Unternehmen den betreffenden Transaktionspreis. Wie hoch das Gewicht ist, das dem betreffenden Transaktionspreis im Vergleich zu anderen Anhaltspunkten für den beizulegenden Zeitwert beigemessen wird, hängt von den jeweiligen Sachverhalten und Umständen ab, beispielsweise:

(i) dem Umfang des Geschäftsvorfalls.

(ii) der Vergleichbarkeit des Geschäftsvorfalls mit dem bewerteten Vermögenswert bzw. der bewerteten Schuld.

(iii) der zeitlichen Nähe des Geschäftsvorfalls zum Bemessungsstichtag.

(c) Verfügt ein Unternehmen nicht über ausreichende Informationen, um daraus schließen zu können, dass ein Geschäftsvorfall geordnet ist, berücksichtigt es den Transaktionspreis. Der Transaktionspreis stellt jedoch unter Umständen nicht den beizulegenden Zeitwert dar (d h. der Transaktionspreis ist nicht unbedingt die einzige oder vorrangige Grundlage für die Bemessung des beizulegenden Zeitwerts oder die Schätzung von Marktrisikoaufschlägen). Verfügt ein Unternehmen nicht über ausreichende Informationen, um daraus schließen zu können, ob bestimmte Geschäftsvorfälle geordnet sind, legt das Unternehmen im Vergleich zu anderen Geschäftsvorfällen, deren Ordnungsmäßigkeit bekannt ist, weniger Gewicht auf die betreffenden Geschäftsvorfälle.

Ein Unternehmen muss für die Feststellung, ob ein Geschäftsvorfall geordnet ist, keine umfassenden Anstrengungen unternehmen, darf aber Informationen, die bei vertretbarem Aufwand verfügbar sind, nicht ignorieren. Ist ein Unternehmen in einem Geschäftsvorfall beteiligte Partei, wird davon ausgegangen dass es über ausreichende Informationen für die Schlussfolgerung verfügt, ob der Geschäftsvorfall geordnet ist.

Verwendung von Marktpreisnotierungen Dritter

B45 Der vorliegende IFRS schließt die Nutzung von Marktpreisnotierungen, die durch Dritte, beispielsweise Kursinformationsdienste oder Makler, zur Verfügung gestellt werden nicht aus, sofern das Unternehmen festgestellt hat, dass die von diesen Dritten bereitgestellten Marktpreisnotierungen gemäß vorliegendem IFRS entwickelt wurden.

B46 Im Fall eines erheblichen Rückgangs beim Umfang oder Tätigkeitsniveau für den Vermögenswert oder die Schuld hat das Unternehmen zu beurteilen, ob die von Dritten zur Verfügung gestellten Marktpreisnotierungen unter Verwendung aktueller Informationen entwickelt wurden, und ob sie geordnete Geschäftsvorfälle oder eine Bewertungstechnik wiedergeben, in denen sich die Annahmen der Marktteilnehmer widerspiegeln (einschließlich der Risikoannahmen). Bei der Gewichtung einer Marktpreisnotierung als Inputfaktor für die Bemessung eines beizulegenden Zeitwerts legt ein Unternehmen (im Vergleich zu anderen Anhaltspunkten für den beizulegenden Zeitwert, in denen sich das Ergebnis von Geschäftsvorfällen spiegelt) weniger Gewicht auf Notierungen, die nicht das Ergebnis von Geschäftsvorfällen widerspiegeln.

B47 Darüber hinaus ist bei der Gewichtung der verfügbaren Nachweise die Art der Notierung zu berücksichtigen (beispielsweise, ob die Notierung ein Taxkurs oder ein verbindliches Angebot ist). Dabei werden Notierungen Dritter, die verbindliche Angebote darstellen, stärker gewichtet.

Anhang C: Datum des Inkrafttretens und Übergangsvorschriften

Dieser Anhang ist fester Bestandteil des IFRS und hat die gleiche bindende Kraft wie die anderen Teile des IFRS.

Unternehmen haben diesen IFRS auf Geschäftsjahre anzuwenden, die am oder nach dem 1. Januar 2013 beginnen. Eine frühere Anwendung ist zulässig. Wendet ein Unternehmen diesen IFRS früher an, hat es dies anzugeben. **C1**

Dieser IFRS ist prospektiv ab Beginn des Geschäftsjahres anzuwenden, in dem er erstmalig zur Anwendung kommt. **C2**

Die Angabepflichten dieses IFRS müssen nicht bei vergleichenden Angaben angewandt werden, die für Geschäftsjahre vor der erstmaligen Anwendung dieses IFRS zur Verfügung gestellt werden. **C3**

Mit den im Dezember 2013 veröffentlichten *Jährlichen Verbesserungen, Zyklus* 2011-2013, wurde Paragraph 52 geändert. Diese Änderung ist auf Geschäftsjahre anzuwenden, die am oder nach dem 1. Juli 2014 beginnen. Ein Unternehmen hat diese Änderung prospektiv ab Beginn des Geschäftsjahres anzuwenden, in dem erstmals IFRS 13 angewandt wurde. Eine frühere Anwendung ist zulässig. Wendet ein Unternehmen die Änderung auf eine frühere Periode an, hat es dies anzugeben. **C4**

Durch IFRS 9 (im Juli 2014 veröffentlicht) wurde Paragraph 52 geändert. Ein Unternehmen hat diese Änderung anzuwenden, wenn es IFRS 9 anwendet. **C5**

Durch IFRS 16 *Leasingverhältnisse*, veröffentlicht im Januar 2016, wurde Paragraph 6 geändert. Ein Unternehmen hat die betreffende Änderung anzuwenden, wenn es IFRS 16 anwendet. **C6**

International Financial Reporting Standard 15
Erlöse aus Verträgen mit Kunden (IFRS 15)

v. 22.9.2016 (ABl EU Nr. L 295 S. 19);
zuletzt geändert durch Verordnung (EU) 2017/1987 v. 31.10.2017
(ABl EU Nr. L 291 S. 63)

Inhalt — Ziffer

Zielsetzung

1 In diesem Standard sollen die Grundsätze festgelegt werden, nach denen ein Unternehmen den Abschlussadressaten nützliche Informationen über Art, Höhe, Zeitpunkt und Unsicherheit von Erlösen und Zahlungsströmen aus einem Vertrag mit einem Kunden zur Verfügung zu stellen hat.

Erreichung der Zielsetzung

2 Das Kernprinzip dieses Standards, mit dem das in Paragraph 1 genannte Ziel erreicht werden soll, besteht darin, dass ein Unternehmen – um die Übertragung der zugesagten Güter oder Dienstleistungen auf den Kunden abzubilden – die Erlöse in Höhe der Gegenleistung erfassen muss, die es im Austausch für diese Güter oder Dienstleistungen voraussichtlich erhalten wird.

3 Bei der Anwendung dieses Standards hat ein Unternehmen den vertraglichen Bestimmungen sowie allen relevanten Fakten und Umständen Rechnung zu tragen. Ein Unternehmen muss diesen Standard auf ähnlich ausgestaltete Verträge und unter ähnlichen Umständen einheitlich anwenden, was auch für den Einsatz etwaiger praktischer Behelfe gilt.

4 Dieser Standard regelt die Bilanzierung eines einzelnen Vertrags mit einem Kunden. Als praktischen Behelf kann ein Unternehmen diesen Standard jedoch auch auf ein Portfolio ähnlich ausgestalteter Verträge (oder *Leistungsverpflichtungen*) anwenden, wenn es nach vernünftigem Ermessen davon ausgehen kann, dass es keine wesentlichen Auswirkungen auf den Abschluss hat, ob es diesen Standard auf das Portfolio oder die einzelnen Verträge (oder Leistungsverpflichtungen) innerhalb dieses Portfolios anwendet. Bei der Bilanzierung eines Portfolios hat ein Unternehmen Schätzungen und Annahmen zugrunde zu legen, die die Größe und die Zusammensetzung des Portfolios widerspiegeln.

Anwendungsbereich

Ein Unternehmen hat diesen Standard auf alle Verträge mit Kunden anzuwenden, außer auf **5**

(a) Leasingverträge, die in den Anwendungsbereich von IFRS 16 *Leasingverhältnisse* fallen,

(b) Versicherungsverträge, die in den Anwendungsbereich von IFRS 4 *Versicherungsverträge* fallen,

(c) Finanzinstrumente und andere vertragliche Rechte oder Verpflichtungen, die in den Anwendungsbereich von IFRS 9 *Finanzinstrumente*, IFRS 10 *Konzernabschlüsse*, IFRS 11 *Gemeinsame Vereinbarungen*, IAS 27 *Einzelabschlüsse* und/oder IAS 28 *Anteile an assoziierten Unternehmen und Gemeinschaftsunternehmen* fallen, und

(d) nicht-monetäre Tauschgeschäfte zwischen Unternehmen derselben Sparte, die Verkäufe an Kunden oder potenzielle Kunden erleichtern sollen. Vom Anwendungsbereich dieses Standards ausgenommen wäre beispielsweise ein Vertrag zwischen zwei Ölgesellschaften, die einen Tausch von Rohöl vereinbaren, um die Nachfrage ihrer Kunden an verschiedenen Standorten zeitnah decken zu können.

Auf einen Vertrag (bei dem es sich nicht um einen der in Paragraph 5 genannten Verträge handelt) muss ein Unternehmen diesen Standard nur dann anwenden, wenn es sich bei der Vertragspartei um einen Kunden handelt. Ein Kunde ist eine Partei, die mit einem Unternehmen vertraglich vereinbart hat, im Austausch für eine Gegenleistung Güter oder Dienstleistungen aus der gewöhnlichen Geschäftstätigkeit des Unternehmens zu erhalten. So wäre eine Vertragspartei beispielsweise dann nicht als Kunde zu betrachten, wenn sie mit dem Unternehmen vertraglich die Teilnahme an einer Tätigkeit oder einem Prozess (z. B. die Entwicklung eines Produkts im Rahmen einer Kooperationsvereinbarung) vereinbart hätte, bei der/dem die Vertragsparteien die Risiken und den Nutzen aus dieser Tätigkeit oder diesem Prozess teilen, anstatt ein Produkt aus der gewöhnlichen Geschäftstätigkeit des Unternehmens zu erhalten. **6**

Ein Vertrag mit einem Kunden kann teilweise in den Anwendungsbereich dieses Standards und teilweise in den Anwendungsbereich anderer, in Paragraph 5 aufgeführter Standards fallen. **7**

(a) Enthalten die anderen Standards Vorgaben zur Separierung und/oder erstmaligen Bewertung eines oder mehrerer Vertragsteile, so hat das Unternehmen zuerst die Separierungs- und/oder Bewertungsvorschriften dieser Standards anzuwenden. Das Unternehmen hat vom Transaktionspreis den Betrag des Vertragsteils (oder der Vertragsteile) in Abzug zu bringen, der (die) erstmals gemäß anderer Standards bewertet wird (werden), und hat bei der Verteilung des (ggf.) verbleibenden Betrags des Transaktionspreises auf die einzelnen in den Anwendungsbereich dieses Standards fallenden Leistungsverpflichtungen sowie auf andere gemäß Paragraph 7(b) ermittelte Vertragsteile die Paragraphen 73-86 anzuwenden.

(b) Enthalten die anderen Standards keine Vorgaben zur Separierung und/oder erstmaligen Bewertung eines oder mehrerer Vertragsteile, so hat das Unternehmen zur Separierung und/oder erstmaligen Bewertung des Vertragsteils (oder der Vertragsteile) den vorliegenden Standard anzuwenden.

Dieser Standard regelt die Bilanzierung der zusätzlichen Kosten, die einem Unternehmen im Zusammenhang mit der Anbahnung und Erfüllung eines Vertrags mit einem Kunden entstehen und die nicht in den Anwendungsbereich eines anderen Standards fallen (siehe Paragraphen 91–104). Ein Unternehmen hat diese Paragraphen nur auf Kosten anzuwenden, die im Zusammenhang mit einem in den Anwendungsbereich dieses Standards fallenden Vertrags (oder Teil eines Vertrags) mit einem Kunden angefallen sind. **8**

Erfassung

Identifizierung des Vertrags

9 Ein Unternehmen darf einen in den Anwendungsbereich dieses Standards fallenden Vertrag mit einem Kunden nur bilanziell erfassen, wenn alle folgenden Kriterien erfüllt sind:

(a) die Vertragsparteien haben dem Vertrag (schriftlich, mündlich oder gemäß anderer Geschäftsgepflogenheiten) zugestimmt und zugesagt, ihre vertraglichen Pflichten zu erfüllen;

(b) das Unternehmen kann für jede Vertragspartei feststellen, welche Rechte diese hinsichtlich der zu übertragenden Güter oder Dienstleistungen besitzt;

(c) das Unternehmen kann die Zahlungsbedingungen für die zu übertragenden Güter oder Dienstleistungen feststellen;

(d) der Vertrag hat wirtschaftliche Substanz (d. h. das Risiko, der Zeitpunkt oder die Höhe der künftigen Zahlungsströme des Unternehmens wird sich infolge des Vertrags voraussichtlich ändern); und

(e) das Unternehmen wird die Gegenleistung, auf die es im Austausch für die auf den Kunden zu übertragenden Güter oder Dienstleistungen Anspruch hat, wahrscheinlich erhalten. Bei der Bewertung, ob der Erhalt einer Gegenleistung wahrscheinlich ist, trägt das Unternehmen ausschließlich der Fähigkeit und Absicht des Kunden zur Zahlung des entsprechenden Betrags bei Fälligkeit Rechnung. Bei variabler Gegenleistung kann der Betrag, der dem Unternehmen als Gegenleistung zusteht, auch niedriger sein als der im Vertrag angegebene Preis, da das Unternehmen dem Kunden einen Preisnachlass gewähren kann (siehe Paragraph 52).

10 Ein Vertrag ist eine Vereinbarung zwischen zwei oder mehr Parteien, die durchsetzbare Rechte und Pflichten begründet. Die Durchsetzbarkeit vertraglicher Rechte und Pflichten ist eine Rechtsfrage. Verträge können schriftlich oder mündlich geschlossen werden oder durch die Geschäftsgepflogenheiten eines Unternehmens impliziert sein. Gepflogenheiten und Verfahren für den Abschluss von Verträgen mit Kunden sind von Rechtsraum zu Rechtsraum, Branche zu Branche und Unternehmen zu Unternehmen unterschiedlich. Selbst innerhalb eines Unternehmens können sie variieren (und beispielsweise von der Kundenkategorie oder der Art der zugesagten Güter oder Dienstleistungen abhängen). Wenn ein Unternehmen bestimmt, ob und wann eine Vereinbarung mit einem Kunden durchsetzbare Rechte und Pflichten begründet, muss es diese Gepflogenheiten und Verfahren berücksichtigen.

11 Einige Verträge mit Kunden haben möglicherweise keine feste Laufzeit und können von beiden Seiten jederzeit gekündigt oder geändert werden. Andere Verträge verlängern sich möglicherweise automatisch in den im Vertrag festgelegten Abständen. Ein Unternehmen hat diesen Standard auf die Laufzeit des Vertrags (d. h. den Vertragszeitraum) anzuwenden, während der die Vertragsparteien durchsetzbare Rechte und Pflichten besitzen.

12 Für die Zwecke der Anwendung dieses Standards liegt kein Vertrag vor, wenn jede Vertragspartei das Recht hat, den noch von keiner Seite erfüllten Vertrag ohne Entschädigung der anderen Seite (oder Seiten) einseitig zu kündigen. Ein Vertrag ist dann als von keiner Seite erfüllt zu betrachten, wenn beide folgenden Kriterien erfüllt sind:

(a) das Unternehmen hat etwaig zugesagte Güter oder Dienstleistungen noch nicht auf den Kunden übertragen; und

(b) das Unternehmen hat eine Gegenleistung für zugesagte Güter oder Dienstleistungen weder erhalten noch ein Anrecht darauf.

13 Erfüllt ein Vertrag mit einem Kunden bei Vertragsabschluss die in Paragraph 9 genannten Kriterien, so muss ein Unternehmen nicht erneut beurteilen, ob diese Kriterien erfüllt sind, es sei denn, es gibt einen Hinweis darauf, dass bei Fakten und Umständen eine signifikante Änderung eingetreten ist. Wenn sich beispielsweise die Fähigkeit eines Kunden zur Zahlung der Gegenleistung signifikant verschlechtert, müsste das Unternehmen erneut beurteilen, ob der Erhalt der

Gegenleistung, die ihm im Austausch für die noch auf den Kunden zu übertragenden Güter oder Dienstleistungen zusteht, wahrscheinlich ist.

Wenn ein Vertrag mit einem Kunden die in Paragraph 9 genannten Kriterien nicht erfüllt, muss das Unternehmen kontinuierlich prüfen, ob diese Kriterien zu einem späteren Zeitpunkt erfüllt sind. 14

Wenn ein Vertrag mit einem Kunden die in Paragraph 9 genannten Kriterien nicht erfüllt und ein Unternehmen von dem Kunden eine Gegenleistung erhält, darf es die erhaltene Gegenleistung nur dann als Erlös erfassen, wenn 15

(a) das Unternehmen keine Güter oder Dienstleistungen mehr auf den Kunden übertragen muss und die gesamte oder die im Wesentlichen gesamte vom Kunden zugesagte Gegenleistung erhalten hat und diese nicht zurückerstattet werden muss, oder

(b) der Vertrag beendet wurde und die vom Kunden erhaltene Gegenleistung nicht zurückerstattet werden muss.

Ein Unternehmen hat die von einem Kunden erhaltene Gegenleistung als Verbindlichkeit zu erfassen, bis einer der in Paragraph 15 genannten Fälle eintritt oder die in Paragraph 9 genannten Kriterien anschließend erfüllt sind (siehe Paragraph 14). Je nach Fakten und Umständen im Zusammenhang mit dem Vertrag stellt die erfasste Verbindlichkeit die Verpflichtung des Unternehmens dar, entweder künftig Güter oder Dienstleistungen zu übertragen oder die erhaltene Gegenleistung zurückzuerstatten. In beiden Fällen ist die Verbindlichkeit mit der vom Kunden erhaltenen Gegenleistung anzusetzen. 16

Zusammenfassung von Verträgen

Ein Unternehmen hat zwei oder mehr Verträge, die gleichzeitig oder in geringem Zeitabstand mit ein und demselben Kunden (oder diesem nahestehenden Unternehmen und Personen) geschlossen werden, zusammenzufassen und als einen einzigen Vertrag zu bilanzieren, wenn mindestens eines der folgenden Kriterien erfüllt ist: 17

(a) die Verträge werden als Paket mit einem einzigen wirtschaftlichen Zweck ausgehandelt;

(b) die Höhe der in einem Vertrag zugesagten Gegenleistung hängt vom Preis oder von der Erfüllung des anderen Vertrags ab; oder

(c) die in den Verträgen zugesagten Güter oder Dienstleistungen (oder einige der in den Verträgen jeweils zugesagten Güter oder Dienstleistungen) stellen gemäß den Paragraphen 22–30 eine einzige Leistungsverpflichtung dar.

Vertragsänderungen

Eine Vertragsänderung ist eine Änderung des Vertragsumfangs und/oder -preises, der alle Vertragsparteien zustimmen. In einigen Branchen und Rechtsräumen werden Vertragsänderungen auch als Änderungsauftrag, Variation oder Ergänzung bezeichnet. Eine Vertragsänderung liegt vor, wenn die Vertragsparteien einer Änderung zustimmen, mit der entweder neue durchsetzbare Rechte und Verpflichtungen der Vertragsparteien begründet oder die bestehenden abgeändert werden. Die Zustimmung zu einer Vertragsänderung kann schriftlich oder mündlich erfolgen oder durch die Geschäftsgepflogenheiten des Unternehmens impliziert sein. Haben die Vertragsparteien einer Vertragsänderung nicht zugestimmt, hat das Unternehmen diesen Standard so lange weiter auf den bestehenden Vertrag anzuwenden, bis der Vertragsänderung zugestimmt wurde. 18

Eine Vertragsänderung kann selbst dann vorliegen, wenn die Vertragsparteien über Umfang und/oder Preis der Änderung uneinig sind oder einer Änderung des Vertragsumfangs zwar zugestimmt, die entsprechende Preisänderung aber noch nicht festgelegt haben. Wenn ein Unternehmen bestimmt, ob die durch eine Änderung begründeten oder geänderten Rechte und Pflichten durchsetzbar sind, hat es allen maßgeblichen Fakten und Umständen, einschließlich der Vertragsbedingungen und anderer Nachweise Rechnung zu tragen. Haben die Vertragspar- 19 teien einer Änderung des Vertragsumfangs zugestimmt, die entsprechende Preisänderung aber noch nicht festgelegt, hat das Unternehmen die durch die Änderung bedingte Änderung des Transaktionspreises gemäß den Paragraphen 50-54 (Schätzung der variablen Gegenleistung) und den Paragraphen 56-58 (Begrenzung der Schätzung variabler Gegenleistungen) zu schätzen.

20 Ein Unternehmen hat eine Vertragsänderung als separaten Vertrag zu bilanzieren, wenn beide folgenden Voraussetzungen erfüllt sind:

(a) der Vertragsumfang nimmt zu, da die vertraglichen Zusagen um eigenständig abgrenzbare Güter oder Dienstleistungen (im Sinne der Paragraphen 26-30) erweitert werden; und

(b) der vertraglich vereinbarte Preis erhöht sich um die Gegenleistung, die dem Einzelveräußerungspreis des Unternehmens für die zugesagten zusätzlichen Güter oder Dienstleistungen entspricht unter Berücksichtigung entsprechender Anpassungen dieses Preises aufgrund der Fakten und Umstände des jeweiligen Vertrags. So kann ein Unternehmen einem Kunden beispielsweise einen Preisnachlass für zusätzliche Güter oder Dienstleistungen gewähren und den Einzelveräußerungspreis entsprechend anpassen, weil dem Unternehmen keine vertriebsspezifischen Kosten entstehen, die beim Verkauf ähnlicher Güter oder Dienstleistungen an einen Neukunden anfallen würden.

21 Wird eine Vertragsänderung nicht als separater Vertrag gemäß Paragraph 20 bilanziert, hat das Unternehmen die zum Zeitpunkt der Vertragsänderung noch nicht übertragenen zugesagten Güter oder Dienstleistungen (d. h. die noch ausstehenden zugesagten Güter oder Dienstleistungen) auf eine der folgenden Arten zu erfassen:

(a) Sind die noch ausstehenden Güter oder Dienstleistungen von den Gütern oder Dienstleistungen abgrenzbar, die am oder vor dem Tag der Vertragsänderung übertragen worden sind, hat es die Vertragsänderung als Beendigung des bestehenden und Begründung eines neuen Vertrags zu erfassen. Die Höhe der Gegenleistung, die den noch ausstehenden Leistungsverpflichtungen (oder den noch ausstehenden eigenständig abgrenzbaren Gütern oder Dienstleistungen in einer einzigen Leistungsverpflichtung gemäß Paragraph 22(b) zugeordnet wird, ist die Summe aus:

(i) der vom Kunden zugesagten Gegenleistung (einschließlich der vom Kunden bereits erhaltenen Beträge), die bei der Schätzung des Transaktionspreises berücksichtigt wurde und nicht als Erlös erfasst worden ist; und

(ii) der im Rahmen der Vertragsänderung zugesagten Gegenleistung.

(b) Sind die noch ausstehenden Güter oder Dienstleistungen nicht eigenständig abgrenzbar und deshalb einer einzigen Leistungsverpflichtung zuzurechnen, die zum Zeitpunkt der Vertragsänderung zum Teil erfüllt ist, hat das Unternehmen die Vertragsänderung so zu erfassen als wäre sie Bestandteil des bestehenden Vertrags. Die Auswirkung der Vertragsänderung auf den Transaktionspreis und den vom Unternehmen im Hinblick auf die vollständige Erfüllung einer Leistungsverpflichtung gemessenen Leistungsfortschritt wird als Erlösanpassung (d. h. entweder als Erhöhung oder als Verringerung des Erlöses) zum Zeitpunkt der Vertragsänderung erfasst (d. h. die Erlösanpassung erfolgt insoweit auf kumulierter Basis).

(c) Sind die noch ausstehenden Güter oder Dienstleistungen eine Kombination aus den unter a und b genannten, hat das Unternehmen die Auswirkungen der Änderung auf die noch nicht erfüllten (oder teilweise erfüllten) Leistungsverpflichtungen des geänderten Vertrags gemäß den Zielsetzungen dieses Paragraphen zu bilanzieren.

Identifizierung der Leistungsverpflichtungen

22 Bei Vertragsabschluss hat ein Unternehmen die in einem Vertrag mit einem Kunden zugesagten Güter oder Dienstleistungen zu prüfen und jede Zusage, auf den Kunden Folgendes zu übertragen, als Leistungsverpflichtung zu identifizieren:

(a) ein eigenständig abgrenzbares Gut oder eine eigenständig abgrenzbare Dienstleistung (oder ein eigenständig abgrenzbares Bündel aus Gütern oder Dienstleistungen); oder
(b) eine Reihe eigenständig abgrenzbarer Güter oder Dienstleistungen, die im Wesentlichen gleich sind und nach dem gleichen Muster auf den Kunden übertragen werden (siehe Paragraph 23).

Eine Reihe eigenständig abgrenzbarer Güter oder Dienstleistungen wird dann nach dem gleichen Muster auf den Kunden übertragen, wenn beide folgenden Kriterien erfüllt sind: 23
(a) jedes eigenständig abgrenzbare Gut oder jede eigenständig abgrenzbare Dienstleistung der Reihe, deren Übertragung auf den Kunden das Unternehmen zugesagt hat, erfüllt die in Paragraph 35 genannten Kriterien für eine über einen bestimmten Zeitraum zu erfüllende Leistungsverpflichtung; und
(b) gemäß den Paragraphen 39–40 werden die Fortschritte, die das Unternehmen bis zur vollständigen Erfüllung der Leistungsverpflichtung erzielt, jedes eigenständig abgrenzbare Gut oder jede eigenständig abgrenzbare Dienstleistung in der Reihe auf den Kunden zu übertragen, nach der gleichen Methode gemessen.

In Verträgen mit Kunden enthaltene Zusagen

Im Allgemeinen werden die Güter oder Dienstleistungen, deren Übertragung auf den Kunden das Unternehmen zusagt, im Vertrag mit dem Kunden ausdrücklich aufgeführt. Dennoch müssen die in einem Vertrag mit einem Kunden identifizierten Leistungsverpflichtungen nicht auf die in diesem Vertrag ausdrücklich genannten Güter oder Dienstleistungen beschränkt sein. Dies ist darin begründet, dass ein Vertrag mit einem Kunden Zusagen enthalten kann, die aufgrund von Geschäftsgepflogenheiten, veröffentlichten Leitlinien oder spezifischen Aussagen eines Unternehmens beim Kunden zum Zeitpunkt des Vertragsabschlusses implizit die gerechtfertigte Erwartung wecken, dass das Unternehmen ein Gut oder eine Dienstleistung auf den Kunden überträgt. 24

Leistungsverpflichtungen umfassen keine für die Vertragserfüllung vom Unternehmen zwingend durchzuführenden Aktivitäten, sofern sie nicht in der Übertragung eines Guts oder einer Dienstleistung auf den Kunden bestehen. So kann es beispielsweise vorkommen, dass ein Dienstleister zur Begründung eines Vertrags verschiedene Verwaltungsaufgaben ausführen muss. Bei der Ausführung dieser Aufgaben wird keine Dienstleistung auf den Kunden übertragen. Somit stellen diese Aktivitäten zur Begründung eines Vertrags keine Leistungsverpflichtung dar. 25

Eigenständig abgrenzbare Güter oder Dienstleistungen

Je nach Vertrag können zugesagte Güter oder Dienstleistungen u. a. Folgendes umfassen: 26
(a) den Verkauf der von einem Unternehmen produzierten Güter (z. B. Bestände eines Fertigungsunternehmens);
(b) den Weiterverkauf von Gütern, die ein Unternehmen erworben hat (z. B. Ware eines Einzelhändlers);
(c) den Weiterverkauf von Rechten an Gütern oder Dienstleistungen, die ein Unternehmen erworben hat (wie den Weiterverkauf eines Tickets durch ein als Prinzipal agierendes Unternehmen; siehe hierzu die Paragraphen B34-B38);
(d) die Ausführung einer vertraglich vereinbarten Aufgabe (bzw. vertraglich vereinbarter Aufgaben) für einen Kunden;
(e) die Zusage, laufend für die Bereitstellung von Gütern oder Dienstleistungen bereitzustehen (Beispiel: nicht spezifizierte Software-Aktualisierungen, die vorgenommen werden, sofern und sobald sie verfügbar sind) oder Güter oder Dienstleistungen für einen Kunden bereitzuhalten, der diese nutzen kann, wie und wann er möchte;

(f) das Erbringen einer Dienstleistung für einen Dritten, mit der die Übertragung von Gütern oder Dienstleistungen auf einen Kunden herbeigeführt wird (wie eine Tätigkeit als Agent für einen Dritten, siehe hierzu die Paragraphen B34-B38);

(g) die Gewährung von Rechten an in der Zukunft bereitzustellenden Gütern oder Dienstleistungen, die ein Kunde weiterveräußern oder wiederum seinem Kunden bereitstellen kann (beispielsweise ein Unternehmen, das ein Produkt an einen Einzelhändler verkauft, zusagt, ein weiteres Gut oder eine weitere Dienstleistung auf eine Person zu übertragen, die das Produkt vom Einzelhändler erwirbt);

(h) den Bau, die Herstellung oder die Entwicklung eines Vermögenswerts im Auftrag eines Kunden;

(i) die Gewährung von Lizenzen (siehe Paragraphen B52-B63); und

(j) die Gewährung von Optionen zum Erwerb zusätzlicher Güter oder Dienstleistungen (wenn diese Optionen dem Kunden ein wesentliches Recht verschaffen; siehe hierzu die Paragraphen B39-B43).

27 Ein einem Kunden zugesagtes Gut oder eine einem Kunden zugesagte Dienstleistung ist dann eigenständig abgrenzbar, wenn die folgenden Kriterien beide erfüllt sind:

(a) der Kunde kann aus dem Gut oder der Dienstleistung entweder gesondert oder zusammen mit anderen, für ihn jederzeit verfügbaren Ressourcen einen Nutzen ziehen (d. h., das Gut oder die Dienstleistung kann eigenständig abgegrenzt werden); und

(b) die Zusage des Unternehmens, das Gut oder die Dienstleistung auf den Kunden zu übertragen, ist von anderen Zusagen aus dem Vertrag trennbar (d. h., die Zusage zur Übertragung des Guts oder der Dienstleistung ist im Vertragskontext eigenständig abgrenzbar).

28 Ein Kunde kann aus einem Gut oder einer Dienstleistung einen Nutzen gemäß Paragraph 27(a) ziehen, wenn das Gut oder die Dienstleistung genutzt, verbraucht, für mehr als den Schrottwert veräußert oder auf andere Weise, die einen wirtschaftlichen Nutzen erzeugt, gehalten werden kann. Bei einigen Gütern oder Dienstleistungen kann der Kunde aus den Gütern oder Dienstleistungen selbst einen Nutzen ziehen. Bei anderen Gütern oder Dienstleistungen kann der Kunde aus den Gütern oder Dienstleistungen nur in Verbindung mit anderen jederzeit verfügbaren Ressourcen einen Nutzen ziehen. Eine jederzeit verfügbare Ressource ist ein Gut oder eine Dienstleistung, das oder die (vom Unternehmen oder einem anderen Unternehmen) separat veräußert wird, oder eine Ressource, die der Kunde bereits vom Unternehmen (einschließlich Güter oder Dienstleistungen, die das Unternehmen im Rahmen des Vertrags bereits auf den Kunden übertragen hat) oder aus anderen Transaktionen oder Ereignissen erhalten hat. Dass der Kunde aus den Gütern oder Dienstleistungen selbst oder aus den Gütern oder Dienstleistungen in Verbindung mit anderen jederzeit verfügbaren Ressourcen einen Nutzen ziehen kann, kann durch verschiedene Faktoren nachgewiesen werden. So deutet beispielsweise der Umstand, dass ein Unternehmen ein Gut oder eine Dienstleistung regelmäßig separat veräußert, darauf hin, dass der Kunde aus diesem Gut bzw. dieser Dienstleistung entweder einzeln oder in Verbindung mit anderen jederzeit verfügbaren Ressourcen einen Nutzen ziehen kann.

29 Bei der Beurteilung, ob die Zusagen eines Unternehmens zur Übertragung von Gütern oder Dienstleistungen auf den Kunden gemäß Paragraph 27(b) von anderen Zusagen trennbar sind, soll bestimmt werden, ob die jeweilige Zusage im vertraglichen Kontext darin besteht, diese Güter oder Dienstleistungen einzeln zu übertragen, oder stattdessen auf die Übertragung eines kombinierten Posten/kombinierter Posten, in den bzw. die die zugesagten Güter oder Dienstleistungen eingeflossen sind, abzielt. Nachstehend eine nicht erschöpfende Liste von Faktoren, die darauf hindeuten, dass zwei oder mehr Zusagen zur Übertragung von Gütern oder Dienstleistungen auf einen Kunden nicht von anderen Zusagen trennbar sind:

(a) Das Unternehmen erbringt eine signifikante Integrationsleistung, um die Güter oder Dienstleistungen mit anderen vertraglich zugesagten Gütern oder Dienstleistungen zu einem Bündel aus Gütern oder Dienstleistungen zusammenzufassen, damit das mit dem Kunden vertraglich vereinbarte kombinierte Endergebnis bzw. die mit dem Kunden vertraglich vereinbarten kombinierten Endergebnisse erzielt wird/werden. Das heißt, dass das Unternehmen die Güter oder Dienstleistungen zur Herstellung oder Lieferung des vom Kunden gewünschten kombinierten Endergebnisses/der vom Kunden gewünschten kombinierten Endergebnisse nutzt. Ein kombiniertes Endergebnis kann über mehr als eine Phase, ein Element oder eine Einheit erzielt werden.

(b) Eines oder mehrere der Güter oder Dienstleistungen führt/führen zu einer signifikanten Änderung oder Anpassung eines oder mehrerer vertraglich zugesagten Güter oder Dienstleistungen oder wird/werden durch ein oder mehrere vertraglich zugesagte Güter oder Dienstleistungen signifikant geändert oder angepasst.

(c) Die Güter oder Dienstleistungen sind in hohem Maße voneinander abhängig oder miteinander verbunden. Das heißt, dass jedes dieser Güter oder jede dieser Dienstleistungen erheblich von einem/einer oder mehreren der anderen Güter oder Dienstleistungen im Vertrag beeinflusst wird. In einigen Fällen sind zwei oder mehrere Güter oder Dienstleistungen beispielsweise erheblich voneinander beeinflusst, weil das Unternehmen, wenn es die Güter und Dienstleistungen einzeln und unabhängig voneinander übertragen würde, seine Zusage nicht erfüllen könnte.

Ist ein zugesagtes Gut oder eine zugesagte Dienstleistung nicht eigenständig abgrenzbar, hat **30** das Unternehmen diese so lange mit anderen zugesagten Gütern oder Dienstleistungen zu kombinieren, bis ein eigenständig abgrenzbares Bündel aus Gütern oder Dienstleistungen entsteht. In einigen Fällen führt dies dazu, dass das Unternehmen alle in einem Vertrag zugesagten Güter oder Dienstleistungen als eine einzige Leistungsverpflichtung bilanziert.

Erfüllung der Leistungsverpflichtungen

Ein Unternehmen hat einen Erlös zu erfassen, wenn es durch Übertragung eines zugesagten **31** Guts oder einer zugesagten Dienstleistung (d. h. eines Vermögenswerts) auf einen Kunden eine Leistungsverpflichtung erfüllt. Als übertragen gilt ein Vermögenswert dann, wenn der Kunde die Verfügungsgewalt über diesen Vermögenswert erlangt.

Für jede gemäß den Paragraphen 22–30 identifizierte Leistungsverpflichtung hat ein Unterneh- **32** men bei Vertragsbeginn zu bestimmen, ob es diese (gemäß den Paragraphen 35–37) über einen bestimmten Zeitraum oder (gemäß Paragraph 38) zu einem bestimmten Zeitpunkt erfüllen wird. Kommt ein Unternehmen einer Leistungsverpflichtung nicht über einen bestimmten Zeitraum nach, wird sie zu einem bestimmten Zeitpunkt erfüllt.

Güter und Dienstleistungen sind Vermögenswerte, auch wenn (wie bei vielen Dienstleistungen **33** der Fall) nur vorübergehend bei Erhalt und Nutzung. Unter Verfügungsgewalt über einen Vermögenswert ist die Fähigkeit zu verstehen, seine Nutzung zu bestimmen und im Wesentlichen den verbleibenden Nutzen aus ihm zu ziehen. Dies schließt auch die Fähigkeit ein, andere Unternehmen daran zu hindern, seine Nutzung zu bestimmen und Nutzen aus ihm zu ziehen. Der Nutzen eines Vermögenswerts besteht in den potenziellen Zahlungsströmen (Zuflüsse oder verminderte Abflüsse), die ein Unternehmen auf verschiedenste Weise direkt oder indirekt erhalten kann, u. a. indem es

(a) den Vermögenswert zur Erzeugung von Gütern oder Erbringung von Dienstleistungen (inklusive öffentlicher Dienstleistungen) nutzt;

(b) den Vermögenswert zur Aufwertung anderer Vermögenswerte nutzt;

(c) den Vermögenswert zur Begleichung von Verbindlichkeiten oder Verringerung von Aufwendungen nutzt;

(d) den Vermögenswert veräußert oder tauscht;

(e) den Vermögenswert zur Besicherung eines Darlehens verpfändet; und

(f) den Vermögenswert hält.

34 Bei der Bewertung, ob ein Kunde die Verfügungsgewalt über einen Vermögenswert erhält, hat ein Unternehmen jede etwaige Rückkaufvereinbarung zu berücksichtigen (siehe Paragraphen B64–B76).

Leistungsverpflichtungen, die über einen bestimmten Zeitraum erfüllt werden

35 Ein Unternehmen überträgt die Verfügungsgewalt über ein Gut oder eine Dienstleistung über einen bestimmten Zeitraum, erfüllt somit eine Leistungsverpflichtung und erfasst den Erlös über einen bestimmten Zeitraum, wenn eines der folgenden Kriterien erfüllt ist:

(a) dem Kunden fließt der Nutzen aus der Leistung des Unternehmens zu und er nutzt gleichzeitig die Leistung, während diese erbracht wird (siehe Paragraphen B3 und B4);

(b) durch die Leistung des Unternehmens wird ein Vermögenswert erstellt oder verbessert (z. B. unfertige Leistung) und der Kunde erlangt die Verfügungsgewalt über den Vermögenswert, während dieser erstellt oder verbessert wird (siehe Paragraph B5); oder

(c) durch die Leistung des Unternehmens wird ein Vermögenswert erstellt, der keine alternativen Nutzungsmöglichkeiten für das Unternehmen aufweist (siehe Paragraph 36), und das Unternehmen hat einen Rechtsanspruch auf Bezahlung der bereits erbrachten Leistungen (siehe Paragraph 37).

36 Ein durch die Leistung eines Unternehmens erstellter Vermögenswert hat keinen alternativen Nutzen für ein Unternehmen, wenn das Unternehmen entweder vertraglichen Beschränkungen unterliegt, die es davon abhalten, den Vermögenswert während seiner Erstellung oder Verbesserung umstandslos für einen alternativen Nutzen zu bestimmen, oder wenn es praktischen Beschränkungen unterliegt, die es davon abhalten, für den Vermögenswert nach seiner Fertigstellung umstandslos einen alternativen Nutzen zu bestimmen. Ob ein Vermögenswert einen alternativen Nutzen für das Unternehmen hat, wird bei Vertragsbeginn beurteilt. Nach Vertragsbeginn darf das Unternehmen die Beurteilung des alternativen Nutzens eines Vermögenswerts nicht aktualisieren, es sei denn, die Vertragsparteien stimmen einer Vertragsänderung, mit der die Leistungsverpflichtung wesentlich geändert wird, zu. Leitlinien für die Beurteilung, ob ein Vermögenswert einen alternativen Nutzen für ein Unternehmen hat, enthalten die Paragraphen B6-B8.

37 Bei der Bewertung, ob es einen Rechtsanspruch auf Erhalt einer Zahlung für die bereits erbrachten Leistungen gemäß Paragraph 35c besitzt, hat ein Unternehmen die Vertragsbedingungen sowie alle etwaigen für den Vertrag geltenden Rechtsvorschriften zu berücksichtigen. Der Anspruch auf Erhalt einer Zahlung für bereits erbrachte Leistungen muss nicht zwingend in einem festen Betrag bestehen. Allerdings muss das Unternehmen für den Fall, dass der Kunde oder eine andere Partei den Vertrag aus anderen Gründen als der Nichterfüllung der vom Unternehmen zugesagten Leistung kündigt, während der Laufzeit des Vertrags jederzeit Anspruch auf einen Betrag haben, der zumindest eine Vergütung für die bereits erbrachten Leistungen darstellt. Die Paragraphen B9-B13 enthalten Leitlinien für die Beurteilung der Frage, ob ein durchsetzbarer Zahlungsanspruch besteht und dieser das Unternehmen tatsächlich berechtigen würde, für die bereits erbrachten Leistungen bezahlt zu werden.

Leistungsverpflichtungen, die zu einem bestimmten Zeitpunkt erfüllt werden

38 Wird eine Leistungsverpflichtung gemäß den Paragraphen 35-37 nicht über einen bestimmten Zeitraum erfüllt, so erfüllt das Unternehmen die Leistungsverpflichtung zu einem bestimmten Zeitpunkt. Zur Bestimmung des Zeitpunkts, zu dem ein Kunde die Verfügungsgewalt über einen zugesagten Vermögenswert erlangt und das Unternehmen eine Leistungsverpflichtung erfüllt, hat das Unternehmen den Vorschriften zur Verfügungsgewalt in den Paragraphen 31-34 Rechnung zu tragen. Zusätzlich dazu hat das Unternehmen u. a. folgende Indikatoren für die Übertragung der Verfügungsgewalt zu berücksichtigen:

(a) Das Unternehmen hat gegenwärtig einen Anspruch auf Erhalt einer Zahlung für den Vermögenswert: Ist ein Kunde gegenwärtig dazu verpflichtet, für einen Vermögenswert zu zahlen, kann dies ein Indikator dafür sein, dass der Kunde im Gegenzug die Fähigkeit erhalten hat, die Nutzung des Vermögenswerts zu bestimmen und im Wesentlichen den verbleibenden Nutzen aus dem Vermögenswert zu ziehen.

(b) Der Kunde hat ein Eigentumsrecht an dem Vermögenswert: Eigentum an einem Vermögenswert kann ein Indikator dafür sein, welche Vertragspartei in der Lage ist, die Nutzung des Vermögenswerts zu bestimmen und im Wesentlichen den verbleibenden Nutzen aus dem Vermögenswert zu ziehen oder den Zugang anderer zu diesem Nutzen zu beschränken. Daher kann die Übertragung des Eigentumsrechts an einem Vermögenswert ein Indikator dafür sein, dass der Kunde die Verfügungsgewalt über den Vermögenswert erlangt hat. Behält ein Unternehmen das Eigentum nur, um sich gegen einen Zahlungsausfall des Kunden abzusichern, hindert dieses Eigentumsrecht des Unternehmens den Kunden nicht daran, die Verfügungsgewalt über den Vermögenswert zu erlangen.

(c) Das Unternehmen hat den physischen Besitz des Vermögenswerts übertragen: Ist ein Vermögenswert im physischen Besitz des Kunden, kann dies ein Indikator dafür sein, dass der Kunde die Nutzung des Vermögenswerts bestimmen und im Wesentlichen den verbleibenden Nutzen aus dem Vermögenswert ziehen oder den Zugang anderer zu diesem Nutzen beschränken kann. Doch muss physischer Besitz nicht immer gleichbedeutend mit Verfügungsgewalt über den Vermögenswert sein. So kann sich der Vermögenswert bei einigen Rückkaufvereinbarungen und Kommissionsgeschäften zwar physisch im Besitz des Kunden befinden, die Verfügungsgewalt über den Vermögenswert aber beim Unternehmen liegen. Bei sog. Bill-and-hold-Vereinbarungen kann sich der Vermögenswert dagegen physisch im Besitz des Unternehmens befinden, die Verfügungsgewalt aber beim Kunden liegen. Leitlinien für die Bilanzierung von Rückkauf-, Kommissions- und Bill-and-hold-Vereinbarungen enthalten die Paragraphen B64–B76, B77–B78 bzw. B79–B82.

(d) Die mit dem Eigentum an dem Vermögenswert verbundenen signifikanten Risiken und Chancen liegen beim Kunden: Die Übertragung der mit dem Eigentum an dem Vermögenswert verbundenen signifikanten Risiken und Chancen auf den Kunden kann ein Indikator dafür sein, dass der Kunde die Fähigkeit erhalten hat, die Nutzung des Vermögenswerts zu bestimmen und im Wesentlichen den verbleibenden Nutzen aus dem Vermögenswert zu ziehen. Bei der Bewertung der mit dem Eigentum an einem zugesagten Vermögenswert verbundenen Risiken und Chancen hat das Unternehmen jedoch jegliche Risiken außer Acht zu lassen, die zusätzlich zu der Verpflichtung zur Übertragung des Vermögenswerts eine separate Leistungsverpflichtung begründen. So kann ein Unternehmen beispielsweise die Verfügungsgewalt über einen Vermögenswert bereits auf einen Kunden übertragen, eine zusätzliche Leistungsverpflichtung, die in der Ausführung von Wartungsarbeiten für den übertragenen Vermögenswert besteht, aber noch nicht erfüllt haben.

(e) Der Kunde hat den Vermögenswert abgenommen: Die Abnahme eines Vermögenswerts durch den Kunden kann ein Indikator dafür sein, dass dieser die Fähigkeit erhalten hat, die Nutzung des Vermögenswerts zu bestimmen und im Wesentlichen den verbleibenden Nutzen aus dem Vermögenswert zu ziehen. Zur Einschätzung der Auswirkungen einer im Vertrag enthaltenen Abnahmeklausel auf den Zeitpunkt, zu dem die Verfügungsgewalt über einen Vermögenswert übertragen wird, hat ein Unternehmen den Leitlinien in den Paragraphen B83-B86 Rechnung zu tragen.

Bestimmung des Leistungsfortschritts gegenüber der vollständigen Erfüllung einer Leistungsverpflichtung

Bei jeder Leistungsverpflichtung, die gemäß den Paragraphen 35-37 über einen bestimmten **39** Zeitraum erfüllt wird, hat ein Unternehmen den über einen bestimmten Zeitraum erzielten Erlös zu erfassen, indem es den Leistungsfortschritt gegenüber der vollständigen Erfüllung dieser Leistungsverpflichtung ermittelt. Bei der Bestimmung des Leistungsfortschritts wird das Ziel verfolgt, die Leistung des Unternehmens bei der Übertragung der Verfügungsgewalt über die einem Kunden zugesagten Güter oder Dienstleistungen darzustellen (d. h. darzustellen, inwieweit das Unternehmen seiner Leistungsverpflichtung nachkommt).

40 Bei jeder Leistungsverpflichtung, die über einen bestimmten Zeitraum erfüllt wird, hat ein Unternehmen den Leistungsfortschritt nach der gleichen Methode zu bestimmen, wobei diese Methode konsistent auf ähnliche Leistungsverpflichtungen und in ähnlichen Umständen anzuwenden ist. Am Ende jeder Berichtsperiode hat ein Unternehmen erneut zu messen, welche Fortschritte es bei einer über einen bestimmten Zeitraum vollständig zu erfüllenden Leistungsverpflichtung erzielt hat.

Methoden zur Messung des Leistungsfortschritts

41 Zur Messung des Leistungsfortschritts eignen sich u. a. output- und inputbasierte Methoden. Die Paragraphen B14-B19 enthalten Leitlinien im Hinblick darauf, wie output- und inputbasierte Methoden zur Messung des Fortschritts eines Unternehmens bei der vollständigen Erfüllung einer Leistungsverpflichtung eingesetzt werden können. Wenn ein Unternehmen die zur Fortschrittsmessung geeignete Methode bestimmt, hat es der Art des Guts oder der Dienstleistung Rechnung zu tragen, deren Übertragung auf den Kunden es zugesagt hat.

42 Bei der Anwendung einer Methode zur Messung des Leistungsfortschritts hat ein Unternehmen von der Messung des Leistungsfortschritts alle Güter und Dienstleistungen auszunehmen, bei denen es die Verfügungsgewalt nicht auf einen Kunden überträgt. Umgekehrt hat ein Unternehmen in die Messung des Leistungsfortschritts alle Güter und Dienstleistungen einzubeziehen, bei denen es die Verfügungsgewalt bei Erfüllung der betreffenden Leistungsverpflichtung auf einen Kunden überträgt.

43 Da sich Umstände im Laufe der Zeit ändern, hat ein Unternehmen seine Fortschrittsmessung an etwaige Änderungen beim Ergebnis der Leistungsverpflichtung anzupassen. Solche Änderungen bei der Messung des Leistungsfortschritts eines Unternehmens sind gemäß IAS 8 *Rechnungslegungsmethoden, Änderungen von rechnungslegungsbezogenen Schätzungen und Fehler* als Änderung einer Schätzung zu bilanzieren.

Angemessene Fortschrittsmaße

44 Ein Unternehmen darf den Erlös einer über einen bestimmten Zeitraum erfüllten Leistungsverpflichtung nur dann erfassen, wenn es seinen Fortschritt im Hinblick auf die vollständige Erfüllung der Leistungsverpflichtung angemessen messen kann. Dies ist nur dann der Fall, wenn das Unternehmen über die für eine geeignete Fortschrittsmessmethode erforderlichen verlässlichen Informationen verfügt.

45 Unter bestimmten Umständen (wie in den frühen Vertragsphasen) kann es einem Unternehmen unmöglich sein, das Ergebnis einer Leistungsverpflichtung angemessen zu bewerten, das Unternehmen aber davon ausgehen, dass es die bei Erfüllung der Leistungsverpflichtung angefallenen Kosten wieder einbringen kann. In diesem Fall darf das Unternehmen den Erlös nur im Umfang der Kosten erfassen, die bis zu dem Zeitpunkt angefallen sind, zu dem es das Ergebnis der Leistungsverpflichtung angemessen bewerten kann.

Bewertung

46 Ist eine Leistungsverpflichtung erfüllt, hat das Unternehmen als Erlös den dieser Leistungsverpflichtung zugeordneten Transaktionspreis zu erfassen (in dem keine gemäß den Paragraphen 56-58 begrenzten Schätzungen variabler Gegenleistungen enthalten sind).

Bestimmung des Transaktionspreises

Bei der Bestimmung des Transaktionspreises hat ein Unternehmen die Vertragsbedingungen und seine Geschäftsgepflogenheiten zu berücksichtigen. Der Transaktionspreis ist die Gegenleistung, die ein Unternehmen im Austausch für die Übertragung zugesagter Güter oder Dienstleistungen auf einen Kunden voraussichtlich erhalten wird. Hiervon ausgenommen sind Beträge, die im Namen Dritter eingezogen werden (z. B. Umsatzsteuer). Die in einem Vertrag mit einem Kunden zugesagte Gegenleistung kann feste oder variable Beträge oder beides enthalten. **47**

Die Art, der Zeitpunkt und die Höhe einer vom Kunden zugesagten Gegenleistung wirkt sich auf die Schätzung des Transaktionspreises aus. Bei der Bestimmung des Transaktionspreises hat ein Unternehmen den Auswirkungen aller folgenden Faktoren Rechnung zu tragen: **48**

(a) variable Gegenleistungen (siehe Paragraphen 50-55 und 59);

(b) Begrenzung der Schätzung variabler Gegenleistungen (siehe Paragraphen 56-58);

(c) Bestehen einer signifikanten Finanzierungskomponente im Vertrag (siehe Paragraphen 60-65);

(d) nicht zahlungswirksame Gegenleistungen (siehe Paragraphen 66-69); und

(e) an einen Kunden zu zahlende Gegenleistungen (siehe Paragraphen 70-72).

Zur Bestimmung des Transaktionspreises hat das Unternehmen davon auszugehen, dass die Güter oder Dienstleistungen wie vertraglich zugesagt auf den Kunden übertragen werden und dass der Vertrag nicht gekündigt, verlängert oder geändert wird. **49**

Variable Gegenleistung

Enthält eine vertraglich zugesagte Gegenleistung eine variable Komponente, so hat das Unternehmen die Höhe der Gegenleistung, die ihm im Austausch für die Übertragung der zugesagten Güter oder Dienstleistungen auf einen Kunden zusteht, zu bestimmen. **50**

Die Höhe der Gegenleistung kann aufgrund von Skonti, Rabatten, Rückerstattungen, Gutschriften, Preisnachlässen, Anreizen, Leistungsprämien, Strafzuschlägen o. ä. variieren. Ebenfalls variieren kann die zugesagte Gegenleistung, wenn der Anspruch auf die Gegenleistung vom Eintreten oder Nichteintreten eines künftigen Ereignisses abhängig ist. So wäre eine Gegenleistung zum Beispiel dann variabel, wenn ein Produkt mit Rückgaberecht verkauft wurde oder wenn ein fester Betrag bei Erreichen eines bestimmten Leistungsziels als Leistungsprämie zugesagt wurde. **51**

Der variable Charakter der von einem Kunden zugesagten Gegenleistung kann ausdrücklich im Vertrag festgelegt sein. Ebenfalls als variabel ist die Gegenleistung in einem der folgenden Fälle anzusehen: **52**

(a) Der Kunde hat aufgrund der Geschäftsgepflogenheiten, veröffentlichten Grundsätze oder spezifischen Aussagen des Unternehmens die gerechtfertigte Erwartung, dass das Unternehmen als Gegenleistung einen Betrag akzeptiert, der unter dem im Vertrag genannten Preis liegt. Es wird also davon ausgegangen, dass das Unternehmen einen Preisnachlass anbieten wird. Dieses Angebot wird je nach Land, Branche oder Kunde als Skonto, Rabatt, Rückerstattung oder Gutschrift bezeichnet.

(b) Andere Fakten und Umstände deuten darauf hin, dass das Unternehmen bei Abschluss des Vertrags mit dem Kunden beabsichtigt, diesem einen Preisnachlass anzubieten.

Die Höhe einer variablen Gegenleistung ist von dem Unternehmen nach einer der beiden folgenden Methoden zu schätzen, je nachdem, welche von beiden das Unternehmen zu diesem Zweck für die beste hält: **53**

(a) Erwartungswertmethode: Der Erwartungswert ist die Summe der wahrscheinlichkeitsgewichteten Beträge aus einer Vielzahl möglicher Beträge für die Gegenleistung. Hat ein Unternehmen eine große Anzahl ähnlich ausgestalteter Verträge geschlossen, kann der Erwartungswert eine angemessene Schätzung der variablen Gegenleistung darstellen.

(b) Wahrscheinlichster Betrag: Der wahrscheinlichste Betrag ist der einzelne Betrag mit der höchsten Eintrittswahrscheinlichkeit aus einer Vielzahl möglicher Gegenleistungen (d. h., das einzige wahrscheinlichste Ergebnis des Vertrags). Der wahrscheinlichste Betrag kann eine angemessene Schätzung der variablen Gegenleistung darstellen, wenn der Vertrag lediglich zwei mögliche Ergebnisse hat (das Unternehmen beispielsweise einen Leistungsbonus erhält oder nicht).

54 Wenn ein Unternehmen die Auswirkungen einer Unsicherheit auf die Höhe der dem Unternehmen zustehenden variablen Gegenleistung schätzt, hat es die gewählte Methode durchgehend auf den gesamten Vertrag anzuwenden. Darüber hinaus hat das Unternehmen alle ihm ohne unangemessenen Aufwand zur Verfügung stehenden Informationen (historische, aktuelle sowie Prognosen) einzubeziehen und eine angemessene Anzahl möglicher Gegenleistungen zu ermitteln. Die Informationen, die ein Unternehmen zur Schätzung der variablen Gegenleistung heranzieht, sollten grundsätzlich den Informationen entsprechen, die das Management des Unternehmens im Rahmen des Angebotsprozesses sowie bei der Festlegung der Preise der zugesagten Güter und Dienstleistungen verwendet.

Rückerstattungsverbindlichkeiten

55 Eine Rückerstattungsverbindlichkeit ist zu erfassen, wenn ein Unternehmen von einem Kunden eine Gegenleistung erhält und erwartet, dass es dem Kunden diese Gegenleistung ganz oder teilweise zurückerstatten wird. Eine Rückerstattungsverbindlichkeit wird in Höhe der erhaltenen (oder zu erhaltenden) Gegenleistung bewertet, die dem Unternehmen voraussichtlich nicht zusteht (d. h. mit den nicht im Transaktionspreis enthaltenen Beträgen). Die Rückerstattungsverbindlichkeit (und die entsprechende Änderung des Transaktionspreises und damit auch der *Vertragsverbindlichkeit*) ist am Ende jeder Berichtsperiode aufgrund geänderter Umstände zu aktualisieren. Bei der Bilanzierung einer Rückerstattungsverbindlichkeit bei einem Verkauf mit Rückgaberecht hat ein Unternehmen die Leitlinien der Paragraphen B20–B27 anzuwenden.

Begrenzung der Schätzung variabler Gegenleistungen

56 Ein Unternehmen darf eine gemäß Paragraph 53 geschätzte variable Gegenleistung nur dann ganz oder teilweise in den Transaktionspreis einbeziehen, wenn hochwahrscheinlich ist, dass es bei den erfassten kumulierten Erlösen nicht zu einer signifikanten Stornierung kommt, sobald die Unsicherheit in Verbindung mit der variablen Gegenleistung nicht mehr besteht.

57 Wenn das Unternehmen beurteilt, ob es hochwahrscheinlich ist, dass es bei den erfassten kumulierten Erlösen nicht zu einer signifikanten Stornierung kommt, sobald die Unsicherheit in Verbindung mit der variablen Gegenleistung nicht mehr besteht, hat es sowohl die Wahrscheinlichkeit als auch das Ausmaß der Umsatzstornierung in Betracht zu ziehen. Die Wahrscheinlichkeit oder das Ausmaß der Umsatzstornierung könnte sich u. a. erhöhen, wenn

(a) die Gegenleistung in hohem Maße von externen Faktoren abhängt, wie Marktvolatilität, Ermessensentscheidungen oder Handlungen Dritter, Wetterbedingungen oder hohem Alterungsrisiko der zugesagten Güter oder Dienstleistungen.

(b) die Unsicherheit über die Höhe der Gegenleistung voraussichtlich über einen längeren Zeitraum anhalten wird.

(c) die Erfahrungen des Unternehmens mit ähnlichen Vertragsarten (oder sonstige Nachweise) begrenzt sind oder diese Erfahrungen (oder sonstigen Nachweise) nur geringe Aussagekraft für Prognosen besitzen.

(d) es Geschäftspraxis des Unternehmens ist, eine Vielzahl von Preisnachlässen anzubieten oder die Zahlungsbedingungen ähnlicher Verträge unter ähnlichen Umständen zu ändern.

(e) der Vertrag eine Vielzahl unterschiedlich hoher Gegenleistungen vorsieht.

Zur Bilanzierung von Gegenleistungen in Form von umsatz- oder nutzungsbasierten Lizenzgebühren im Austausch für lizenziertes geistiges Eigentum hat das Unternehmen Paragraph B63 anzuwenden. 58

Neubewertung variabler Gegenleistungen

Um ein getreues Bild der Umstände am Ende der Berichtsperiode und der während dieser Periode eingetretenen Veränderungen zu vermitteln, muss ein Unternehmen am Ende jeder Berichtsperiode den geschätzten Transaktionspreis (einschließlich seiner Beurteilung, ob die Schätzung einer variablen Gegenleistung begrenzt ist) aktualisieren. Änderungen des Transaktionspreises hat das Unternehmen gemäß den Paragraphen 87–90 zu bilanzieren. 59

Vorliegen einer signifikanten Finanzierungskomponente

Bei der Bestimmung des Transaktionspreises hat ein Unternehmen die zugesagte Gegenleistung um den Zeitwert des Geldes anzupassen, wenn der zwischen den Vertragsparteien vereinbarte Zahlungszeitpunkt (entweder explizit oder implizit) für den Kunden oder das Unternehmen einen signifikanten Nutzen aus einer Finanzierung der Übertragung der Güter oder Dienstleistungen auf den Kunden darstellt. In einem solchen Fall enthält der Vertrag eine signifikante Finanzierungskomponente. Eine signifikante Finanzierungskomponente kann unabhängig davon vorliegen, ob die Finanzierungszusage explizit im Vertrag enthalten oder durch die von den Vertragsparteien vereinbarten Zahlungsbedingungen impliziert ist. 60

Der Zweck der Anpassung der zugesagten Gegenleistung um eine signifikante Finanzierungskomponente besteht für ein Unternehmen darin, Erlöse in einer Höhe zu erfassen, die den Preis widerspiegelt, den der Kunde gezahlt hätte, wenn er die zugesagten Güter oder Dienstleistungen bei (oder unmittelbar nach) der Übertragung auf ihn bar beglichen hätte (d. h. den Barverkaufspreis). Wenn ein Unternehmen beurteilt, ob ein Vertrag eine Finanzierungskomponente enthält und diese für den Vertrag signifikant ist, hat es allen relevanten Fakten und Umstände Rechnung zu tragen. Dazu zählen auch die beiden folgenden Faktoren: 61

(a) die etwaige Differenz zwischen der Höhe der zugesagten Gegenleistung und dem Barverkaufspreis der zugesagten Güter oder Dienstleistungen; und

(b) der kombinierte Effekt aus:

  (i) der erwarteten Zeitspanne zwischen der Übertragung der zugesagten Güter oder Dienstleistungen auf den Kunden und der Bezahlung dieser Güter und Dienstleistungen durch den Kunden; und

  (ii) den marktüblichen Zinssätzen.

Keine signifikante Finanzierungskomponente enthält ein Vertrag mit einem Kunden ungeachtet der in Paragraph 61 beschriebenen Beurteilung in nachstehend genannten Fällen: 62

(a) Der Kunde hat die Güter oder Dienstleistungen im Voraus bezahlt, und der Zeitpunkt der Übertragung dieser Güter und Dienstleistungen liegt im Ermessen des Kunden.

(b) Ein wesentlicher Teil der vom Kunden zugesagten Gegenleistung ist variabel, wobei Höhe oder Zeitpunkt dieser Gegenleistung davon abhängen, ob ein künftiges Ereignis, auf das der Kunde oder das Unternehmen keinen wesentlichen Einfluss hat, eintritt oder ausbleibt (dies ist beispielsweise dann der Fall, wenn die Gegenleistung in einer umsatzbasierten Lizenzgebühr besteht).

(c) Die Differenz zwischen der zugesagten Gegenleistung und dem Barverkaufspreis des Guts oder der Dienstleistung (gemäß Paragraph 61) liegt nicht in der Bereitstellung der Finanzierungskomponente für den Kunden oder das Unternehmen begründet, und die Differenz zwischen diesen beiden Beträgen steht zur Ursache dieser Differenz in einem angemessenen Verhältnis. So könnten beispielsweise die Zahlungsbedingungen den Kunden oder das Unternehmen davor schützen, dass die jeweils andere Partei alle oder einen Teil ihrer vertraglichen Pflichten nicht angemessen erfüllt.

63 Aus praktischen Gründen kann ein Unternehmen darauf verzichten, die Höhe der zugesagten Gegenleistung um die Auswirkungen aus einer signifikanten Finanzierungskomponente anzupassen, wenn es bei Vertragsbeginn erwartet, dass die Zeitspanne zwischen der Übertragung eines zugesagten Guts oder einer zugesagten Dienstleistung auf den Kunden und der Bezahlung dieses Guts oder dieser Dienstleistung durch den Kunden maximal ein Jahr beträgt.

64 Zur Erreichung des in Paragraph 61 genannten Ziels hat ein Unternehmen, wenn es die zugesagte Gegenleistung um die Auswirkungen aus einer signifikanten Finanzierungskomponente anpasst, den gleichen Abzinsungssatz zu verwenden wie bei einem gesonderten Finanzierungsgeschäft, das es bei Vertragsbeginn mit seinem Kunden schlösse. Dieser Satz müsste der Kreditwürdigkeit des Kreditnehmers in diesem Vertragsverhältnis entsprechen und allen etwaigen, vom Kunden oder dem Unternehmen gestellten Sicherheiten Rechnung tragen, wozu auch im Rahmen des Vertrags übertragene Vermögenswerte zählen. Diesen Satz könnte das Unternehmen bestimmen, indem es den Satz ermittelt, zu dem der Nominalbetrag der zugesagten Gegenleistung auf den Preis abgezinst wird, den der Kunde bei (oder unmittelbar nach) der Übertragung der Güter oder Dienstleistungen auf ihn bar zahlen würde. Nach Vertragsbeginn darf ein Unternehmen den Abzinsungssatz nicht um Zinssätze oder andere Umstände (wie eine Änderung der Beurteilung der Ausfallrisikoeigenschaften des Kunden) anpassen.

65 In der Gesamtergebnisrechnung hat ein Unternehmen die Auswirkungen einer Finanzierung (Zinserträge oder -aufwendungen) getrennt von den Erlösen aus Verträgen mit Kunden darzustellen. Zinserträge oder -aufwendungen werden nur erfasst, wenn ein Vertragsvermögenswert (oder eine Forderung) oder eine Vertragsverbindlichkeit bei der Bilanzierung eines Vertrags mit einem Kunden erfasst wird.

Nicht zahlungswirksame Gegenleistungen

66 Um bei Verträgen, bei denen ein Kunde eine nicht zahlungswirksame Gegenleistung zusagt, den Transaktionspreis zu bestimmen, hat ein Unternehmen die nicht zahlungswirksamen Gegenleistungen (oder die Zusage nicht zahlungswirksamer Gegenleistungen) zum beizulegenden Zeitwert zu bewerten.

67 Kann ein Unternehmen den beizulegenden Zeitwert der nicht zahlungswirksamen Gegenleistung nicht hinreichend verlässlich schätzen, so hat es die Gegenleistung indirekt unter Bezugnahme auf den Einzelveräußerungspreis der dem Kunden (oder der Kundenkategorie) im Austausch für die Gegenleistung zugesagten Güter oder Dienstleistungen zu bemessen.

68 Der beizulegende Zeitwert der nicht zahlungswirksamen Gegenleistung kann je nach Art der Gegenleistung schwanken (so kann sich beispielsweise der Preis einer Aktie, die ein Kunde einem Unternehmen liefern muss, ändern). Ist eine Schwankung des beizulegenden Zeitwerts der von einem Kunden zugesagten nicht zahlungswirksamen Gegenleistung nicht durch die Art der Gegenleistung bedingt (auch das Unternehmensergebnis könnte die Ursache sein), hat das Unternehmen die Anforderungen der Paragraphen 56-58 einzuhalten.

69 Bringt ein Kunde eigene Güter oder Dienstleistungen (wie Material, Ausrüstung oder Arbeitskräfte) ein, um einem Unternehmen die Vertragserfüllung zu erleichtern, hat es zu beurteilen, ob es die Verfügungsgewalt über die eingebrachten Güter oder Dienstleistungen erhält. Ist dies der Fall, hat das Unternehmen die eingebrachten Güter oder Dienstleistungen als nicht zahlungswirksame Gegenleistung des Kunden zu bilanzieren.

An einen Kunden zu zahlende Gegenleistungen

70 An einen Kunden zu zahlende Gegenleistungen umfassen Barbeträge, die ein Unternehmen an einen Kunden (oder an andere Parteien, die die Güter oder Dienstleistungen des Unternehmens über den Kunden beziehen) zahlt oder zu zahlen erwartet. An einen Kunden zu zahlende Gegenleistungen umfassen darüber hinaus auch Gutschriften oder andere Posten (zum Beispiel Gutscheine), die mit Beträgen verrechnet werden können, die dem Unternehmen (oder anderen Parteien, die die Güter oder Dienstleistungen des Unternehmens über den Kunden beziehen)

geschuldet werden. An einen Kunden zu zahlende Gegenleistungen hat das Unternehmen als eine Verringerung des Transaktionspreises und damit auch der Erlöse zu erfassen, es sei denn, die Zahlung an den Kunden erfolgt im Austausch für ein vom Kunden auf das Unternehmen übertragenes, eigenständig abgrenzbares Gut oder Dienstleistung (siehe hierzu die Paragraphen 26-30). Schließt die an den Kunden zu zahlende Gegenleistung einen variablen Betrag ein, hat das Unternehmen den Transaktionspreis gemäß den Paragraphen 50-58 zu schätzen (und dabei ebenfalls zu beurteilen, ob die Schätzung der variablen Gegenleistung einer Begrenzung unterliegt).

Handelt es sich bei der an einen Kunden zu zahlenden Gegenleistung um die Bezahlung eines vom Kunden gelieferten, eigenständig abgrenzbaren Guts oder einer vom Kunden erbrachten, eigenständig abgrenzbaren Dienstleistung, hat das Unternehmen den Kauf des Guts oder der Dienstleistung auf die gleiche Weise zu bilanzieren wie Käufe von seinen Zulieferern. Übersteigt die an den Kunden zu zahlende Gegenleistung den beizulegenden Zeitwert des vom Kunden erhaltenen, eigenständig abgrenzbaren Guts oder der vom Kunden erhaltenen, eigenständig abgrenzbaren Dienstleistung, hat das Unternehmen diese Differenz als Verringerung des Transaktionspreises zu erfassen. Kann das Unternehmen den beizulegenden Zeitwert des vom Kunden erhaltenen Guts oder der vom Kunden erbrachten Dienstleistung nicht hinreichend verlässlich schätzen, hat es die gesamte an den Kunden zu zahlende Gegenleistung als Verringerung des Transaktionspreises anzusetzen. 71

Wird die an einen Kunden zu zahlende Gegenleistung als Verringerung des Transaktionspreises erfasst, hat das Unternehmen folglich die Verringerung der Erlöse zu erfassen, wenn (oder sobald) das spätere der beiden folgenden Ereignisse eintritt 72

(a) das Unternehmen erfasst die Erlöse in Verbindung mit der Übertragung der entsprechenden Güter oder Dienstleistungen auf den Kunden; und

(b) das Unternehmen zahlt die Gegenleistung oder sagt deren Zahlung zu (selbst wenn diese von einem künftigen Ereignis abhängt). Diese Zusage kann durch die Geschäftsgepflogenheiten des Unternehmens impliziert sein.

Aufteilung des Transaktionspreises auf die Leistungsverpflichtungen

Bei der Aufteilung des Transaktionspreises besteht das Ziel für das Unternehmen darin, den Transaktionspreis in einer Höhe auf die einzelnen Leistungsverpflichtungen (oder die einzelnen eigenständig abgrenzbaren Güter oder Dienstleistungen) aufzuteilen, die der Gegenleistung entspricht, die ein Unternehmen im Austausch für die Übertragung der zugesagten Güter oder Dienstleistungen auf einen Kunden voraussichtlich erhalten wird. 73

Um dieses Ziel zu erreichen, hat das Unternehmen den Transaktionspreis auf Basis der relativen Einzelveräußerungspreise im Sinne der Paragraphen 76–80 auf die einzelnen im Vertrag identifizierten Leistungsverpflichtungen aufzuteilen. Davon ausgenommen sind die Zuordnung von Preisnachlässen (Paragraphen 81–83) und die Zuordnung von Gegenleistungen mit variablen Beträgen (Paragraphen 84–86). 74

Bei Verträgen mit nur einer Leistungsverpflichtung finden die Paragraphen 76–86 keine Anwendung. Die Paragraphen 84–86 können jedoch anwendbar sein, wenn ein Unternehmen zusagt, eine Reihe eigenständig abgrenzbarer, gemäß Paragraph 22(b) als eine einzige Leistungsverpflichtung identifizierte Güter oder Dienstleistungen zu übertragen, und die zugesagte Gegenleistung variable Beträge enthält. 75

Aufteilung auf Basis der Einzelveräußerungspreise

Um den Transaktionspreis auf Basis der relativen Einzelveräußerungspreise auf die einzelnen Leistungsverpflichtungen aufzuteilen, hat ein Unternehmen bei Vertragsbeginn den Einzelveräußerungspreis des jeder Leistungsverpflichtung zugrunde liegenden eigenständig abgrenzbaren Guts oder Dienstleistung zu bestimmen und den Transaktionspreis proportional zu diesen Einzelveräußerungspreisen aufzuteilen. 76

77 Der Einzelveräußerungspreis ist der Preis, zu dem ein Unternehmen einem Kunden ein zugesagtes Gut oder eine zugesagte Dienstleistung separat verkaufen würde. Bester Anhaltspunkt für einen Einzelveräußerungspreis ist der beobachtbare Preis, zu dem das Unternehmen das betreffende Gut oder die betreffende Dienstleistung separat unter ähnlichen Umständen an ähnliche Kunden verkauft. Ein vertraglich festgelegter Preis oder ein Listenpreis eines Guts oder einer Dienstleistung kann der Einzelveräußerungspreis dieses Guts oder dieser Dienstleistung sein (sollte aber nicht automatisch als solcher angesehen werden).

78 Ist ein Einzelveräußerungspreis nicht direkt beobachtbar, hat das Unternehmen diesen Preis in einer Höhe zu schätzen, die sich ergäbe, wenn die Aufteilung des Transaktionspreises das in Paragraph 73 genannte Ziel der Aufteilung erfüllen würde. Bei der Schätzung eines Einzelveräußerungspreises hat ein Unternehmen alle ihm ohne unangemessenen Aufwand zur Verfügung stehenden Informationen (einschließlich Marktbedingungen, unternehmensspezifische Faktoren oder Informationen zum Kunden oder zur Kundenkategorie) zu berücksichtigen. Dabei muss das Unternehmen auf möglichst viele beobachtbare Inputfaktoren zurückgreifen und die gewählten Schätzmethoden unter vergleichbaren Umständen einheitlich anwenden.

79 Geeignete Methoden zur Schätzung des Einzelveräußerungspreises eines Guts oder einer Dienstleistung sind u. a. Folgende:

(a) Adjusted-market-assessment-Ansatz: Das Unternehmen kann den Markt, auf dem es seine Güter und Dienstleistungen vertreibt, analysieren und schätzen, welchen Preis ein Kunde auf diesem Markt für diese Güter oder Dienstleistungen zu zahlen bereit wäre. Bei diesem Ansatz könnte das Unternehmen auch die Preise heranziehen, die Konkurrenten für ähnliche Güter oder Dienstleistungen verlangen, und diese gegebenenfalls den eigenen Kosten und Margen anpassen.

(b) Expected-cost-plus-a-margin-Ansatz: Das Unternehmen schätzt die voraussichtlichen Kosten für die Erfüllung einer Leistungsverpflichtung und schlägt dann für das betreffende Gut oder die betreffende Dienstleistung eine angemessene Marge auf.

(c) Residualwertansatz: Das Unternehmen schätzt den Einzelveräußerungspreis unter Bezugnahme auf den gesamten Transaktionspreis abzüglich der Summe der beobachtbaren Einzelveräußerungspreise anderer in dem Vertrag zugesagter Güter oder Dienstleistungen. Der Residualwertansatz darf jedoch nur dann zur Schätzung des Einzelveräußerungspreises eines Guts oder einer Dienstleistung gemäß Paragraph 78 verwendet werden, wenn eines der folgenden Kriterien erfüllt ist:

   (i) das Unternehmen verkauft das gleiche Gut oder die gleiche Dienstleistung zu sehr unterschiedlichen Preisen (gleichzeitig oder in geringem Zeitabstand) an verschiedene Kunden (d. h., der Veräußerungspreis schwankt in hohem Maße, da sich aus vergangenen Transaktionen oder anderen beobachtbaren Anhaltspunkten kein repräsentativer Einzelveräußerungspreis ableiten lässt); oder

   (ii) das Unternehmen hat für dieses Gut oder diese Dienstleistung noch keinen Preis bestimmt und das Gut oder die Dienstleistung wurde in der Vergangenheit noch nicht separat verkauft (d. h., der Veräußerungspreis ist unsicher).

80 Ist der Einzelveräußerungspreis von mindestens zwei dieser Güter oder Dienstleistungen sehr schwankend oder unsicher, müssen diese Ansätze zur Schätzung des Einzelveräußerungspreises der vertraglich zugesagten Güter oder Dienstleistungen möglicherweise kombiniert werden. So kann ein Unternehmen beispielsweise bei zugesagten Gütern oder Dienstleistungen mit stark schwankendem oder unsicheren Einzelveräußerungspreis zur Schätzung des aggregierten Einzelveräußerungspreises nach dem Residualwertansatz verfahren und dann zur Schätzung des Einzelveräußerungspreises der individuellen Güter oder Dienstleistungen in Relation zu dem nach dem Residualwertansatz bestimmten aggregierten Einzelveräußerungspreis auf eine andere Methode zurückgreifen. Wenn ein Unternehmen zur Schätzung des Einzelveräußerungspreises jedes einzelnen vertraglich zugesagten Guts oder jeder einzelnen vertraglich zugesagten Dienstleistung verschiedene Methoden miteinander kombiniert, so hat es zu beurteilen, ob die Aufteilung des Transaktionspreises auf diese geschätzten Einzelveräußerungspreise mit dem in

Paragraph 73 genannten Ziel der Aufteilung und den in Paragraph 78 genannten Anforderungen an die Schätzung von Einzelveräußerungspreisen in Einklang steht.

Zuordnung von Preisnachlässen

Ein Preisnachlass für den Erwerb eines Bündels von Gütern oder Dienstleistungen liegt dann vor, wenn die Summe der Einzelveräußerungspreise dieser vertraglich zugesagten Güter oder Dienstleistungen die vertraglich zugesagte Gegenleistung übersteigt. Ein Unternehmen hat einen Preisnachlass anteilig auf alle Leistungsverpflichtungen innerhalb eines Vertrags aufzuteilen, es sei denn, es verfügt über die in Paragraph 82 beschriebenen beobachtbaren Anhaltspunkte dafür, dass sich der Preisnachlass vollständig auf eine oder mehrere, aber nicht alle Leistungsverpflichtungen innerhalb dieses Vertrags bezieht. In solchen Fällen ist die anteilige Aufteilung des Preisnachlasses darauf zurückzuführen, dass das Unternehmen den Transaktionspreis auf Basis des relativen Einzelveräußerungspreises der zugrunde liegenden Güter oder Dienstleistungen auf die einzelnen Leistungsverpflichtungen aufteilt. **81**

Ein Unternehmen hat einen Preisnachlass vollständig einer oder mehreren, aber nicht allen Leistungsverpflichtungen innerhalb des Vertrags zuzuordnen, wenn alle folgenden Kriterien erfüllt sind: **82**

(a) das Unternehmen veräußert jedes vertraglich vereinbarte eigenständig abgrenzbare Gut oder jede vertraglich vereinbarte eigenständig abgrenzbare Dienstleistung (bzw. jedes Bündel abgrenzbarer Güter oder Dienstleistungen) regelmäßig separat;

(b) das Unternehmen veräußert darüber hinaus ein (oder mehrere) Bündel aus einigen dieser eigenständig abgrenzbaren Güter oder Dienstleistungen separat und gewährt dabei einen Preisnachlass auf die Einzelveräußerungspreise der Güter oder Dienstleistungen in jedem Bündel; und

(c) der Preisnachlass, der jedem der unter b beschriebenen Bündel aus Gütern oder Dienstleistungen zuzuordnen ist, entspricht im Wesentlichen dem vertraglich vereinbarten Preisnachlass, und eine Analyse der Güter oder Dienstleistungen in jedem Bündel liefert beobachtbare Anhaltspunkte für die Leistungsverpflichtung (oder Leistungsverpflichtungen), der (denen) der gesamte vertragliche Preisnachlass zuzuordnen ist.

Wird ein Preisnachlass gemäß Paragraph 82 vollständig einer oder mehreren Leistungsverpflichtungen zugeordnet, hat ein Unternehmen die Zuordnung vorzunehmen, bevor es den Einzelveräußerungspreis eines Guts oder einer Dienstleistung gemäß Paragraph 79(c) nach dem Residualwertansatz schätzt. **83**

Zuordnung variabler Gegenleistungen

Eine vertraglich zugesagte variable Gegenleistung kann dem gesamten Vertrag zuzuordnen sein oder einem bestimmten Vertragsbestandteil, wie einem der folgenden: **84**

(a) einer oder mehreren, aber nicht allen Leistungsverpflichtungen innerhalb des Vertrags (so kann ein Bonus beispielsweise davon abhängig sein, ob das Unternehmen ein zugesagtes Gut oder eine zugesagte Dienstleistung innerhalb eines bestimmten Zeitraums überträgt); oder

(b) einer oder mehreren, aber nicht allen eigenständig abgrenzbaren Gütern oder Dienstleistungen, die aus einer Reihe eigenständig abgrenzbarer Güter oder Dienstleistungen zugesagt wurden, die gemäß Paragraph 22(b) Teil einer einzigen Leistungsverpflichtung sind (wenn sich beispielsweise bei einem zweijährigen Reinigungsdienstleistungsvertrag die zugesagte Gegenleistung im zweiten Jahr in Abhängigkeit von einem bestimmten Inflationsindex erhöht).

85 Ein Unternehmen hat einen variablen Betrag (sowie etwaige spätere Änderungen dieses Betrags) vollständig einer Leistungsverpflichtung oder einem eigenständig abgrenzbaren Gut oder einer eigenständig abgrenzbaren Dienstleistung, das oder die gemäß Paragraph 22(b) Teil einer einzigen Leistungsverpflichtung ist, zuzuordnen, wenn beide folgenden Kriterien erfüllt sind:

(a) die Konditionen der variablen Zahlung sind auf die Bemühungen des Unternehmens um Erfüllung der Leistungsverpflichtung oder Übertragung des eigenständig abgrenzbaren Guts oder der eigenständig abgrenzbaren Dienstleistung (oder auf eine spezifischen Folge dieser Erfüllung oder Übertragung) abgestimmt; und

(b) die vollständige Zuordnung des variablen Teils der Gegenleistung zu der Leistungsverpflichtung oder des eigenständig abgrenzbaren Guts oder der eigenständig abgrenzbaren Dienstleistung steht bei Betrachtung sämtlicher vertraglicher Leistungsverpflichtungen und Zahlungsbedingungen mit dem in Paragraph 73 genannten Ziel der Aufteilung in Einklang.

86 Der verbleibende Teil des Transaktionspreises, der die in Paragraph 85 genannten Kriterien nicht erfüllt, ist nach den Paragraphen 73-83 aufzuteilen.

Änderungen des Transaktionspreises

87 Nach Vertragsbeginn kann sich der Transaktionspreis aus unterschiedlichen Gründen ändern, wie dem Eintritt unsicherer Ereignisse oder anderweitig geänderter Umstände, durch die sich die Höhe der Gegenleistung, die ein Unternehmen im Austausch für die zugesagten Güter oder Dienstleistungen voraussichtlich erhalten wird, ändert.

88 Alle etwaigen nachfolgenden Änderungen des Transaktionspreises sind den vertraglichen Leistungsverpflichtungen auf der gleichen Basis zuzuordnen wie bei Vertragsbeginn. Ein Unternehmen darf den Transaktionspreis deshalb nicht neu zuordnen, wenn sich die Einzelveräußerungspreise nach Vertragsbeginn geändert haben. Die einer erfüllten Leistungsverpflichtung zugeordneten Beträge sind in der Periode, in der sich der Transaktionspreis ändert, als Erlöse bzw. Erlösminderung zu erfassen.

89 Ein Unternehmen darf eine Änderung des Transaktionspreises nur dann vollständig einer oder mehreren, aber nicht allen Leistungsverpflichtungen oder eigenständig abgrenzbaren Gütern oder Dienstleistungen, die gemäß Paragraph 22(b) Teil einer einzigen Leistungsverpflichtung sind und im Rahmen einer Reihe eigenständig abgrenzbarer Güter oder Dienstleistungen zugesagt wurden, zuordnen, wenn die in Paragraph 85 genannten Kriterien für die Zuordnung variabler Gegenleistungen erfüllt sind.

90 Eine aus einer Vertragsänderung resultierende Änderung des Transaktionspreises ist nach den Paragraphen 18-21 zu bilanzieren. Kommt es nach einer Vertragsänderung zu einer Änderung des Transaktionspreises, hat das Unternehmen jedoch – wenn es diese Änderung den Umständen entsprechen auf eine der folgenden Weisen zuordnet – nach den Paragraphen 87-89 zu verfahren:

(a) Das Unternehmen hat die Änderung des Transaktionspreises den vor der Vertragsänderung identifizierten Leistungsverpflichtungen zuzuordnen, wenn und soweit diese Änderung auf eine vor der Änderung zugesagte variable Gegenleistung zurückzuführen ist und die Änderung gemäß Paragraph 21(a) bilanziert wird.

(b) In allen anderen Fällen, in denen die Änderung nicht als separater Vertrag gemäß Paragraph 20 bilanziert wurde, hat das Unternehmen die Änderung des Transaktionspreises den Leistungsverpflichtungen des geänderten Vertrags (d. h. den unmittelbar nach der Änderung nicht erfüllten oder teilweise unerfüllten Leistungsverpflichtungen) zuzuordnen.

Vertragskosten

Zusätzliche Kosten bei der Anbahnung eines Vertrags

Die bei der Anbahnung eines Vertrags mit einem Kunden anfallenden zusätzlichen Kosten sind als Vermögenswert zu aktivieren, wenn das Unternehmen davon ausgeht, dass es diese Kosten zurückerlangen wird. **91**

Die bei der Anbahnung eines Vertrags mit einem Kunden anfallenden zusätzlichen Kosten sind solche, die dem Unternehmen ohne den Abschluss des Vertrags nicht entstanden wären (beispielsweise eine Verkaufsprovision). **92**

Bei der Vertragsanbahnung anfallende Kosten, die auch ohne Vertragsabschluss entstanden wären, sind zum Zeitpunkt ihres Entstehens als Aufwand zu erfassen, es sei denn, sie sind ausdrücklich dem Kunden anzulasten, ob der Vertrag geschlossen wird oder nicht. **93**

Als praktischen Behelf kann ein Unternehmen die zusätzlichen Kosten einer Vertragsanbahnung bei ihrem Entstehen als Aufwand erfassen, wenn der Abschreibungszeitraum, den das Unternehmen anderenfalls erfasst hätte, nicht mehr als ein Jahr beträgt. **94**

Vertragserfüllungskosten

Fallen die bei Erfüllung eines Vertrags mit einem Kunden entstehenden Kosten nicht in den Anwendungsbereich eines anderen Standards (wie IAS 2 *Vorräte*, IAS 16 *Sachanlagen* oder IAS 38 *Immaterielle Vermögenswerte*), darf das Unternehmen sie nur dann als Vermögenswert aktivieren, wenn sie alle nachstehend genannten Kriterien erfüllen: **95**

(a) die Kosten hängen unmittelbar mit einem bestehenden Vertrag oder einem erwarteten Vertrag, den das Unternehmen konkret bestimmen kann, zusammen (z. B. Kosten in Verbindung mit Leistungen, die bei Verlängerung eines bestehenden Vertrags zu erbringen sind, oder Kosten für die Entwicklung eines Vermögenswerts, der im Rahmen eines bestimmten, noch nicht geschlossenen Vertrags übertragen werden soll);

(b) die Kosten führen zur Schaffung von Ressourcen oder zur Verbesserung der Ressourcen des Unternehmens, die künftig zur (fortgesetzten) Erfüllung von Leistungsverpflichtungen genutzt werden; und

(c) es wird ein Ausgleich der Kosten erwartet.

Wenn Kosten für die Erfüllung eines Vertrags mit einem Kunden in den Anwendungsbereich eines anderen Standards fallen, sind diese nach diesem anderen Standard zu bilanzieren. **96**

Als Kosten, die unmittelbar mit einem Vertrag (oder einem bestimmten erwarteten Vertrag) zusammenhängen, sind alle folgenden zu betrachten: **97**

(a) Lohneinzelkosten (wie Löhne und Gehälter von Mitarbeitern, die die zugesagten Dienstleistungen direkt für den Kunden erbringen);

(b) Materialeinzelkosten (z. B. Vorräte, die zur Erbringung der zugesagten Dienstleistungen für einen Kunden verwendet werden);

(c) zugerechnete Gemeinkosten, die unmittelbar mit dem Vertrag oder vertraglichen Tätigkeiten zusammenhängen (wie Kosten für die Organisation und Überwachung der Vertragserfüllung, Versicherungskosten und die planmäßige Abschreibung von Werkzeugen, Gegenständen der Betriebs- und Geschäftsausstattung und Nutzungsrechten, die im Rahmen der Vertragserfüllung verwendet werden);

(d) Kosten, deren Weiterbelastung an den Kunden der Vertrag ausdrücklich vorsieht; und

(e) sonstige Kosten, die nur angefallen sind, weil das Unternehmen den Vertrag geschlossen hat (wie Zahlungen an Unterauftragnehmer).

98 Folgende Kosten sind zum Zeitpunkt ihres Entstehens als Aufwand zu erfassen:

(a) allgemeine Verwaltungskosten (ausgenommen Kosten, deren Weiterbelastung an den Kunden vertraglich ausdrücklich vorgesehen ist; in diesem Fall sind die Kosten anhand von Paragraph 97 zu prüfen);

(b) Kosten für Materialabfälle, Löhne oder andere zur Vertragserfüllung eingesetzte Ressourcen, die nicht im vertraglich vereinbarten Preis berücksichtigt sind;

(c) Kosten im Zusammenhang mit bereits erfüllten (oder teilweise erfüllten) Leistungsverpflichtungen aus dem Vertrag (d. h. Kosten, die sich auf in der Vergangenheit erbrachte Leistungen beziehen); und

(d) Kosten, bei denen ein Unternehmen nicht unterscheiden kann, ob sie sich auf noch nicht erfüllte oder bereits erfüllte (oder teilweise erfüllte) Leistungsverpflichtungen beziehen.

Abschreibung und Wertminderung

99 Gemäß Paragraph 91 oder 95 aktivierte Kosten sind planmäßig in Abhängigkeit davon abzuschreiben, wie die Güter oder Dienstleistungen, auf die sich die Kosten beziehen, auf den Kunden übertragen werden. Aktivierte Kosten können sich auch auf Güter oder Dienstleistungen beziehen, die im Rahmen eines bestimmten erwarteten Vertrags (wie in Paragraph 95(a) beschrieben) übertragen werden sollen.

100 Bei einer signifikanten Änderung des vom Unternehmen erwarteten zeitlichen Ablaufs der Übertragung solcher Güter oder Dienstleistungen auf den Kunden hat das Unternehmen die Abschreibung entsprechend anzupassen. Eine solche Änderung ist gemäß IAS 8 als Änderung einer rechnungslegungsbezogenen Schätzung zu bilanzieren.

101 Ein Wertminderungsaufwand ist vom Unternehmen erfolgswirksam zu erfassen, wenn der Buchwert der gemäß Paragraph 91 oder 95 aktivierten Kosten höher ist als:

(a) der verbleibende Teil der Gegenleistung, die das Unternehmen im Austausch für die Güter oder Dienstleistungen, auf die sich die aktivierten Kosten beziehen, erwartet, abzüglich

(b) der Kosten, die unmittelbar mit der Lieferung der Güter oder der Erbringung der Dienstleistungen zusammenhängen und nicht aufwandswirksam erfasst wurden (siehe Paragraph 97).

102 Für die Zwecke der Anwendung des Paragraphen 101 hat ein Unternehmen zur Bestimmung der Höhe der von ihm erwarteten Gegenleistung nach den Grundsätzen für die Bestimmung des Transaktionspreises zu verfahren (davon ausgenommen sind die in den Paragraphen 56-58 genannten Bestimmungen zur Begrenzung der Schätzung variabler Gegenleistungen) und diesen Betrag um die Auswirkungen der Ausfallrisikoeigenschaften des Kunden anzupassen.

103 Bevor ein Unternehmen für gemäß Paragraph 91 oder 95 aktivierte Kosten einen Wertminderungsaufwand erfasst, hat es alle Wertminderungsaufwendungen für aktivierte Kosten zu erfassen, die mit dem Vertrag zusammenhängen und nach einem anderen Standard (wie IAS 2, IAS 16 und IAS 38) erfasst werden. Nach Durchführung des in Paragraph 101 erläuterten Werthaltigkeitstests ist der daraus resultierende Buchwert der gemäß Paragraph 91 oder 95 als Vermögenswert aktivierten Kosten in den Buchwert der zahlungsmittelgenerierenden Einheit, zu der der Vermögenswert gehört, einzubeziehen, um auf diese zahlungsmittelgenerierende Einheit IAS 36 *Wertminderung von Vermögenswerten* anwenden zu können.

104 Ein Unternehmen hat eine vollständige oder teilweise Aufholung eines in früheren Perioden gemäß Paragraph 101 erfassten Wertminderungsaufwands erfolgswirksam zu erfassen, wenn die Bedingungen für eine Wertminderung nicht mehr vorliegen oder sich verbessert haben. Der erhöhte Buchwert des Vermögenswerts darf nicht über den Betrag hinausgehen, der (nach Berücksichtigung der planmäßigen Abschreibung) bestimmt worden wäre, wenn in einer früheren Periode kein Wertminderungsaufwand erfasst worden wäre.

Darstellung

Hat eine der Parteien ihre vertraglichen Verpflichtungen erfüllt, so hat das Unternehmen den Vertrag in der Bilanz als Vertragsvermögenswert oder Vertragsverbindlichkeit auszuweisen, je nachdem, ob das Unternehmen seine Leistung erbracht oder der Kunde die Zahlung geleistet hat. Jeder unbedingte Anspruch auf Erhalt einer Gegenleistung ist von einem Unternehmen gesondert als Forderung auszuweisen. 105

Zahlt ein Kunde eine Gegenleistung oder hat ein Unternehmen vor Übertragung eines Guts oder einer Dienstleistung auf den Kunden einen unbedingten Anspruch auf eine bestimmte Gegenleistung (d. h. eine Forderung), so hat das Unternehmen den Vertrag als Vertragsverbindlichkeit auszuweisen, wenn die Zahlung geleistet oder fällig wird (je nachdem, welches von beidem früher eintritt). Eine Vertragsverbindlichkeit ist die Verpflichtung eines Unternehmens, Güter oder Dienstleistungen auf einen Kunden zu übertragen, für die es von diesem eine Gegenleistung erhalten (bzw. noch zu erhalten) hat. 106

Kommt ein Unternehmen seinen vertraglichen Verpflichtungen durch Übertragung von Gütern oder Dienstleistungen auf einen Kunden nach, bevor dieser eine Gegenleistung zahlt oder diese fällig gestellt wird, hat das Unternehmen den Vertrag abzüglich aller als Forderung ausgewiesenen Beträge als Vertragsvermögenswert anzusetzen. Ein Vertragsvermögenswert ist der Anspruch eines Unternehmens auf Gegenleistung im Austausch für Güter oder Dienstleistungen, die es auf einen Kunden übertragen hat. Ob ein Vertragsvermögenswert wertgemindert ist, ist gemäß IFRS 9 zu überprüfen. Bei einem Vertragsvermögenswert ist Wertminderung auf gleiche Weise zu bewerten, darzustellen und anzugeben wie bei einem in den Anwendungsbereich des IFRS 9 fallenden finanziellen Vermögenswert (siehe hierzu ebenfalls Paragraph 113(b)). 107

Eine Forderung ist der unbedingte Anspruch eines Unternehmens auf Gegenleistung. Ein unbedingter Anspruch auf Gegenleistung liegt vor, wenn die Fälligkeit automatisch durch Zeitablauf eintritt. So würde ein Unternehmen beispielsweise selbst dann eine Forderung ansetzen, wenn es aktuell einen Anspruch auf Bezahlung hat, der Betrag zu einem künftigen Zeitpunkt aber rückerstattet werden muss. Forderungen sind gemäß IFRS 9 zu bilanzieren. Beim erstmaligen Ansatz einer Forderung aus einem Vertrag mit einem Kunden sind alle etwaigen Unterschiede zwischen der Bewertung der Forderung gemäß IFRS 9 und dem entsprechenden Erlös als Aufwand (z. B. als Wertminderungsaufwand) zu erfassen. 108

Zwar werden in diesem Standard die Begriffe „Vertragsvermögenswert" und „Vertragsverbindlichkeit" verwendet, die Unternehmen aber nicht daran gehindert, diese Posten in ihrer Bilanz anders zu umschreiben. Macht ein Unternehmen von dieser Möglichkeit Gebrauch, hat es den Abschlussadressaten ausreichende Informationen vorzulegen, die diesen eine Unterscheidung zwischen Forderungen und Vertragsvermögenswerten ermöglichen. 109

Angaben

Ziel der Angabevorschriften ist es, dass die Unternehmen ausreichend Informationen vorlegen, so dass die Abschlussadressaten sich ein Bild von Art, Höhe, Zeitpunkt und Unsicherheit von Erlösen und Zahlungsströmen aus Verträgen mit Kunden machen können. Zur Erreichung dieses Ziels hat ein Unternehmen qualitative und quantitative Angaben zu allen folgenden Punkten vorzulegen: 110

(a) zu seinen Verträgen mit Kunden (siehe Paragraphen 113-122);

(b) zu allen signifikanten Ermessensentscheidungen (einschließlich aller etwaigen Änderungen dieser Ermessensentscheidungen), die es bei der Anwendung dieses Standards auf diese Verträge getroffen hat (siehe Paragraphen 123-126); und

(c) zu sämtlichen gemäß Paragraph 91 oder 95 aktivierten Kosten, die im Rahmen der Vertragsanbahnung oder im Zusammenhang mit der Erfüllung eines Vertrags mit einem Kunden entstanden sind (siehe Paragraphen 127-128).

111 Ein Unternehmen prüft, welcher Detaillierungsgrad zur Erreichung des mit den Angabepflichten verfolgten Ziels erforderlich ist und welcher Stellenwert den einzelnen Anforderungen beizumessen ist. Die Angaben sind in aggregierter oder disaggregierter Form vorzulegen, damit nützliche Angaben weder durch Einbeziehung eines großen Teils unbedeutender Einzelheiten noch durch Aggregierung von Bestandteilen mit unterschiedlichen Merkmalen verschleiert werden.

112 Es müssen keine Informationen gemäß diesem Standard vorgelegt werden, wenn das Unternehmen diese bereits im Rahmen eines anderen Standards bereitgestellt hat.

Verträge mit Kunden

113 Ein Unternehmen hat für die Berichtsperiode alle folgenden Beträge anzugeben, es sei denn, diese werden gemäß anderer Standards gesondert in der Gesamtergebnisrechnung ausgewiesen:

(a) erfasste Erlöse aus Verträgen mit Kunden, die das Unternehmen getrennt von seinen sonstigen Erlösquellen angeben muss; und

(b) alle (gemäß IFRS 9) erfassten Wertminderungsaufwendungen auf alle Forderungen oder Vertragsvermögenswerte aus den Verträgen mit Kunden, die das Unternehmen getrennt von den Wertminderungsaufwendungen aus anderen Verträgen ausweisen muss.

Aufgliederung von Erlösen

114 Erfasste Erlöse aus Verträgen mit Kunden sind von dem Unternehmen in Kategorien aufzugliedern, die den Einfluss wirtschaftlicher Faktoren auf Art, Höhe, Zeitpunkt und Unsicherheit von Erlösen und Zahlungsströmen wiederspiegeln. Bei der Festlegung dieser Kategorien hat ein Unternehmen nach den Leitlinien der Paragraphen B87–B89 zu verfahren.

115 Zusätzlich dazu hat das Unternehmen den Abschlussadressaten ausreichende Informationen im Hinblick darauf zur Verfügung zu stellen, in welcher Beziehung die (gemäß Paragraph 114) gegliederten Angaben zu den Erlösangaben stehen, die das Unternehmen, wenn es IFRS 8 *Geschäftssegmente* anwendet, für jedes berichtspflichtige Segment bereitstellt.

Vertragssalden

116 Ein Unternehmen hat alle folgenden Angaben zu machen:

(a) Eröffnungs- und Schlusssalden von Forderungen, Vertragsvermögenswerten und Vertragsverbindlichkeiten aus Verträgen mit Kunden, sofern diese nicht anderweitig separat ausgewiesen werden;

(b) in der Berichtsperiode erfasste Erlöse, die zu Beginn der Periode im Saldo der Vertragsverbindlichkeiten enthalten waren; und

(c) in der Berichtsperiode erfasste Erlöse aus Leistungsverpflichtungen, die in früheren Perioden erfüllt (oder teilweise erfüllt) worden sind (wie Änderungen des Transaktionspreises).

117 Ein Unternehmen hat darzulegen, wie sich der Zeitpunkt der Erfüllung seiner Leistungsverpflichtungen (siehe Paragraph 119(a)) zum üblichen Zahlungszeitraum verhält und wie diese Faktoren sich auf die Salden von Vertragsvermögenswerten und -verbindlichkeiten auswirken. Dabei kann das Unternehmen qualitative Daten heranziehen.

118 Signifikante Änderungen bei den Salden von Vertragsvermögenswerten und Vertragsverbindlichkeiten in der Berichtsperiode sind vom Unternehmen zu erläutern. Diese Erläuterung muss qualitative und quantitative Angaben umfassen. Beispiele für Änderungen der Salden von Vertragsvermögenswerten und Vertragsverbindlichkeiten eines Unternehmens sind:

(a) durch Unternehmenszusammenschlüsse bedingte Änderungen;

(b) kumulative Anpassungen der Erlöse, die sich auf den entsprechenden Vertragsvermögenswert oder die entsprechende Vertragsverbindlichkeit auswirken, einschließlich Anpassungen, die sich aus einer Änderung der Bestimmung des Leistungsfortschritts, einer Änderung der Schätzung des Transaktionspreises (sowie etwaiger Änderungen bei der Beurteilung, ob eine Schätzung der variablen Gegenleistung begrenzt ist) oder einer Vertragsänderung ergeben;

(c) Wertminderung eines Vertragsvermögenswerts;

(d) Änderung des Zeitrahmens, bis ein Anspruch auf Erhalt einer Gegenleistung unbedingt wird (d. h., bis ein Vertragsvermögenswert in die Forderungen umgegliedert wird); und

(e) Änderung des Zeitrahmens, bis eine Leistungsverpflichtung erfüllt wird (d. h., bis Erlöse aus einer Vertragsverbindlichkeit erfasst werden).

Leistungsverpflichtungen

Ein Unternehmen hat Angaben über seine Leistungsverpflichtungen aus Verträgen mit Kunden zur Verfügung zu stellen, wozu auch eine Beschreibung alles Folgenden zählt: **119**

(a) Zeitpunkt, zu dem das Unternehmen seine Leistungsverpflichtungen normalerweise erfüllt (z. B. bei Versand, bei Lieferung, bei Erbringung der Dienstleistungen oder bei Abschluss der Dienstleistungen), einschließlich des Zeitpunkts, zu dem das Unternehmen seine Leistungsverpflichtungen im Rahmen einer Bill-and-hold-Vereinbarung erfüllt;

(b) die wesentlichen Zahlungsbedingungen (z. B., wann die Zahlung normalerweise fällig ist, ob der Vertrag eine signifikante Finanzierungskomponente enthält, ob die Höhe der Gegenleistung variabel ist und ob die Schätzung der variablen Gegenleistung gemäß den Paragraphen 56-58 normalerweise begrenzt ist);

(c) die Art der Güter oder Dienstleistungen, deren Übertragung das Unternehmen zugesagt hat, wobei auf Leistungsverpflichtungen, bei denen ein Dritter mit der Übertragung der Güter oder Dienstleistungen beauftragt wird (d. h., wenn das Unternehmen als Agent handelt), gesondert hinzuweisen ist;

(d) Rücknahme-, Erstattungs- und ähnliche Verpflichtungen; und

(e) Arten von Garantien und damit verbundene Verpflichtungen.

Den verbleibenden Leistungsverpflichtungen zugeordneter Transaktionspreis

Ein Unternehmen hat zu seinen verbleibenden Leistungsverpflichtungen Folgendes anzugeben: **120**

(a) die Gesamthöhe des Transaktionspreises, der den zum Ende der Berichtsperiode nicht (oder teilweise nicht) erfüllten Leistungsverpflichtungen zugeordnet wird; und

(b) eine Erläuterung, wann das Unternehmen mit der Erfassung des gemäß Buchstabe (a) angegebenen Betrags als Erlös rechnet, wobei die Erläuterung in einer der folgenden Formen zu erfolgen hat:

    (i) auf quantitativer Basis unter Verwendung der Zeitbänder, die für die Laufzeit der verbleibenden Leistungsverpflichtungen am besten geeignet sind; oder

    (ii) durch Verwendung qualitativer Informationen.

Ein Unternehmen kann bei einer Leistungsverpflichtung von den in Paragraph 120 geforderten Angaben absehen, wenn eine der folgenden Bedingungen erfüllt ist: **121**

(a) die Leistungsverpflichtung ist Teil eines Vertrags mit einer erwarteten ursprünglichen Laufzeit von maximal einem Jahr; oder

(b) die Erlöse aus einer erfüllten Leistungsverpflichtung werden von dem Unternehmen gemäß Paragraph B16 erfasst.

Ein Unternehmen hat qualitativ darzulegen, ob es von dem praktischen Behelf des Paragraphen 121 Gebrauch macht und eine etwaige Gegenleistung aus Verträgen mit Kunden nicht im Transaktionspreis und somit auch nicht in den gemäß Paragraph 120 gelieferten Angaben ent- **122** halten ist. So würde beispielsweise eine Schätzung des Transaktionspreises keine geschätzten Beträge variabler Gegenleistungen enthalten, die begrenzt sind (siehe Paragraphen 56-58).

Signifikante Ermessensentscheidungen bei der Anwendung dieses Standards

123 Ein Unternehmen hat die bei der Anwendung dieses Standards getroffenen und geänderten Ermessensentscheidungen anzugeben, die die Bestimmung von Höhe und Zeitpunkt der Erlöse aus Verträgen mit Kunden erheblich beeinflussen. Darzulegen sind insbesondere die Ermessensentscheidungen samt etwaiger Änderungen, die getroffen wurden, um

(a) den Zeitpunkt der Erfüllung der Leistungsverpflichtungen zu bestimmen (siehe Paragraphen 124-125); und

(b) den Transaktionspreis sowie die Beträge, die auf die Leistungsverpflichtungen verteilt werden, zu bestimmen (siehe Paragraph 126).

Bestimmung des Zeitpunkts der Erfüllung der Leistungsverpflichtungen

124 Bei Leistungsverpflichtungen, die ein Unternehmen über einen bestimmten Zeitraum erfüllt, ist Folgendes anzugeben:

(a) nach welchen Methoden Erlöse erfasst werden (beispielsweise eine Beschreibung der verwendeten Output- oder Input-Methoden samt der Art und Weise ihrer Anwendung); und

(b) warum die verwendeten Methoden ein getreues Bild der Übertragung der Güter oder Dienstleistungen vermitteln.

125 Bei Leistungsverpflichtungen, die zu einem bestimmten Zeitpunkt erfüllt werden, hat das Unternehmen anzugeben, welche signifikanten Ermessensentscheidungen es bei der Beurteilung des Zeitpunkts, zu dem der Kunde die Verfügungsgewalt über das Gut oder die Dienstleistung erlangt hat, getroffen hat.

Bestimmung des Transaktionspreises und der Beträge, die auf die Leistungsverpflichtungen aufgeteilt werden

126 Ein Unternehmen hat Angaben zu den Methoden, Inputs und Annahmen zu machen, die herangezogen werden, um

(a) den Transaktionspreis zu bestimmen; dies umfasst u. a. die Schätzung der variablen Gegenleistung, die Anpassung der Gegenleistung um den Zeitwert des Geldes und die Bewertung nicht zahlungswirksamer Gegenleistungen;

(b) zu beurteilen, ob eine Schätzung der variablen Gegenleistung begrenzt ist;

(c) den Transaktionspreis zuzuordnen; dies umfasst die Schätzung der Einzelveräußerungspreise zugesagter Güter oder Dienstleistungen und gegebenenfalls die Zuordnung von Preisnachlässen und variablen Gegenleistungen zu einem spezifischen Teil des Vertrags; und

(d) Rücknahme-, Erstattungs- und ähnliche Verpflichtungen zu bewerten.

Bei Erfüllung oder Anbahnung eines Vertrags mit einem Kunden aktivierte Kosten

127 Ein Unternehmen hat darzulegen,

(a) welche Ermessensentscheidungen es getroffen hat, um die Höhe der Kosten zu bestimmen, die (gemäß Paragraph 91 oder 95) bei der Anbahnung oder Erfüllung eines Vertrags mit einem Kunden entstanden sind; und

(b) nach welcher Methode es verfährt, um für jede Berichtsperiode den Abschreibungsbetrag zu bestimmen.

Ein Unternehmen hat alles Folgende anzugeben: **128**

(a) die Schlusssalden der bei Anbahnung oder Erfüllung eines Vertrags mit einem Kunden (gemäß Paragraph 91 oder 95) aktivierten Kosten, aufgeschlüsselt nach den wichtigsten Vermögenswertkategorien (z. B. Kosten für die Vertragsanbahnung, Vorvertragskosten und Einrichtungskosten); und

(b) die Höhe der Abschreibungsbeträge sowie alle etwaigen in der Berichtsperiode erfasste Wertminderungsaufwendungen.

Praktische Behelfe

Entscheidet sich ein Unternehmen zur Anwendung eines der in Paragraph 63 (Bestehen einer signifikanten Finanzierungskomponente) oder Paragraph 94 (bei der Anbahnung eines Vertrags entstehende Zusatzkosten) enthaltenen praktischen Behelfe, hat es dies anzugeben. **129**

Anhang A: Definitionen

Dieser Anhang ist integraler Bestandteil des Standards.

Vertrag	Eine Vereinbarung zwischen zwei oder mehr Parteien, die durchsetzbare Rechte und Pflichten begründet.
Vertragsvermögenswert	Der Rechtsanspruch eines Unternehmens auf eine Gegenleistung für von ihm an einen **Kunden** übertragene Güter oder Dienstleistungen, sofern dieser Anspruch nicht allein an den Zeitablauf geknüpft ist (beispielsweise das künftige Ergebnis des Unternehmens).
Vertragsverbindlichkeit	Die Verpflichtung eines Unternehmens, einem **Kunden** Güter oder Dienstleistungen zu übertragen, für die es von diesem eine Gegenleistung empfangen (bzw. noch zu empfangen) hat.
Kunde	Eine Partei, die mit einem Unternehmen einen Vertrag über den Erhalt von Gütern und Dienstleistungen aus der gewöhnlichen Geschäftstätigkeit des Unternehmens im Austausch für eine Gegenleistung geschlossen hat.
Ertrag	Zunahme des wirtschaftlichen Nutzens während der Bilanzierungsperiode in Form von Zuflüssen oder Wertsteigerungen von Vermögenswerten oder einer Verringerung von Schulden, durch die sich das Eigenkapital unabhängig von Einlagen der Eigentümer erhöht.
Leistungsverpflichtung	Die in einem **Vertrag** mit einem **Kunden** enthaltene Zusage, auf den Kunden Folgendes zu übertragen: a) ein eigenständig abgrenzbares Gut bzw. eine eigenständig abgrenzbare Dienstleistung oder ein eigenständig abgrenzbares Bündel aus Gütern oder Dienstleistungen; oder b) eine Reihe eigenständig abgrenzbarer Güter oder Dienstleistungen, die im Wesentlichen gleich sind und auf nach dem gleichen Muster auf den Kunden übertragen werden.
Erlöse	**Ertrag** aus der gewöhnlichen Geschäftstätigkeit eines Unternehmens.

Einzelveräußerungspreis (eines Guts oder einer Dienstleistung)	Preis, zu dem ein Unternehmen einem **Kunden** ein zugesagtes Gut oder eine zugesagte Dienstleistung separat verkaufen würde.
Transaktionspreis (im Rahmen eines Vertrags mit einem Kunden)	Gegenleistung, die ein Unternehmen im Austausch für die Übertragung zugesagter Güter oder Dienstleistungen auf einen **Kunden** voraussichtlich erhalten wird. Hiervon ausgenommen sind Beträge, die im Namen Dritter eingezogen werden.

Anhang B: Leitlinien für die Anwendung

Dieser Anhang ist integraler Bestandteil des Standards. Er beschreibt die Anwendung der Paragraphen 1 bis 129 und hat die gleiche bindende Kraft wie die anderen Teile des Standards.

B1 Die vorliegenden Anwendungsleitlinien sind wie folgt aufgebaut:

(a) Leistungsverpflichtungen, die über einen bestimmten Zeitraum erfüllt werden (Paragraphen B2 bis B13);

(b) Methoden zur Bestimmung des Leistungsfortschritts gegenüber der vollständigen Erfüllung einer Leistungsverpflichtung (Paragraphen B14 bis B19);

(c) Verkauf mit Rückgaberecht (Paragraphen B20 bis B27);

(d) Garantien und Gewährleistungen (Paragraphen B28 bis B33);

(e) Überlegungen zur Konstellation Prinzipal oder Agent (Paragraphen B34 bis B38);

(f) Optionen des Kunden zum Erwerb zusätzlicher Güter oder Dienstleistungen (Paragraphen B39 bis B43);

(g) Nicht geltend gemachte Ansprüche des Kunden (Paragraphen B44-B47);

(h) Nicht erstattungsfähige, im Voraus zahlbare Entgelte (sowie einige damit zusammenhängende Kosten) (Paragraphen B48-B51);

(i) Lizenzerteilung (Paragraphen B52-B63);

(j) Rückkaufvereinbarungen (Paragraphen B64-B76);

(k) Kommissionsvereinbarungen (Paragraphen B77-B78);

(l) Bill-and-hold-Vereinbarungen (Paragraphen B79-B82);

(m) Abnahme durch den Kunden (Paragraphen B83-B86); und

(n) Aufgliederung der Erlöse (Paragraphen B87-B89).

Leistungsverpflichtungen, die über einen bestimmten Zeitraum erfüllt werden

B2 Gemäß Paragraph 35 erfüllt ein Unternehmen eine Leistungsverpflichtung über einen bestimmten Zeitraum, wenn eines der folgenden Kriterien erfüllt ist:

(a) dem Kunden fließt der Nutzen aus der Leistung des Unternehmens zu und er nutzt gleichzeitig die Leistung, während diese erbracht wird (siehe Paragraphen B3 und B4);

(b) durch die Leistung des Unternehmens wird ein Vermögenswert erstellt oder verbessert (z. B. unfertige Leistung) und der Kunde erlangt die Verfügungsgewalt über den Vermögenswert, während dieser erstellt oder verbessert wird (siehe Paragraph B5); oder

(c) durch die Leistung des Unternehmens wird ein Vermögenswert erstellt, der keine alternativen Nutzungsmöglichkeiten für das Unternehmen aufweist (siehe Paragraphen B6 bis B8), und das Unternehmen hat einen Rechtsanspruch auf Bezahlung der bereits erbrachten Leistungen (siehe Paragraphen B9 bis B13).

Dem Kunden fließt der Nutzen aus der Leistung des Unternehmens zu und er nutzt gleichzeitig die Leistung, während diese erbracht wird (Paragraph 35(a))

Für einige Arten von Leistungsverpflichtungen ist die Beurteilung, ob einem Kunden der Nutzen aus der Leistung eines Unternehmens zufließt und er diese Leistung gleichzeitig nutzt, während das Unternehmen die Leistung erbringt, eindeutig. Beispiele hierfür sind unter anderem routinemäßige oder wiederkehrende Dienstleistungen (z. B. Reinigungsleistungen), bei denen leicht festgestellt werden kann, ob dem Kunden der Nutzen aus der Leistung des Unternehmens zufließt und er die Leistung nutzt, während sie erbracht wird. **B3**

Bei anderen Arten von Leistungsverpflichtungen ist es für ein Unternehmen unter Umständen nicht leicht ersichtlich, ob einem Kunden der Nutzen aus der Leistung des Unternehmens zufließt und er die Leistung gleichzeitig nutzt, während sie erbracht wird. In einem solchen Fall wird eine Leistungsverpflichtung über einen bestimmten Zeitraum erfüllt, wenn ein Unternehmen zu dem Ergebnis gelangt, dass ein anderes Unternehmen die bisherige Arbeit des Unternehmens im Wesentlichen nicht erneut erbringen müsste, wenn dieses andere Unternehmen die verbleibende Leistungsverpflichtung gegenüber dem Kunden erfüllen würde. Bei der Bestimmung, ob ein anderes Unternehmen die Arbeit, die das Unternehmen bisher erbracht hat, im Wesentlichen nicht erneut erbringen müsste, hat ein Unternehmen von den beiden folgenden Annahmen auszugehen: **B4**

(a) Vernachlässigung potenzieller vertraglicher oder praktischer Einschränkungen, die das Unternehmen daran hindern könnten, die verbliebene Leistungsverpflichtung auf ein anderes Unternehmen zu übertragen; und

(b) Annahme, dass ein anderes Unternehmen, das die verbleibende Leistungsverpflichtung erfüllt, keinen Nutzen aus einem Vermögenswert ziehen würde, über den das Unternehmen gegenwärtig die Verfügungsgewalt hat und über den das Unternehmen weiter die Verfügungsgewalt hätte, wenn die Leistungsverpflichtung auf ein anderes Unternehmen übertragen würde.

Der Kunde besitzt die Verfügungsgewalt über einen Vermögenswert, während dieser erstellt oder verbessert wird (Paragraph 35(b))

Um bestimmen zu können, ob ein Kunde im Sinne von Paragraph 35(b) die Verfügungsgewalt über einen Vermögenswert besitzt, während dieser erstellt oder verbessert wird, hat das Unternehmen die Vorschriften zur Verfügungsgewalt in den Paragraphen 31 bis 34 und 38 zu beachten. Der Vermögenswert, der erstellt oder verbessert wird (z. B. unfertige Leistung), kann materiell oder immateriell sein. **B5**

Durch die Leistung des Unternehmens wird ein Vermögenswert erstellt, der keine alternativen Nutzungsmöglichkeiten für das Unternehmen aufweist (Paragraph 35(c))

Bei der Beurteilung, ob ein Vermögenswert einen alternativen Nutzen für ein Unternehmen gemäß Paragraph 36 hat, muss ein Unternehmen die Auswirkungen vertraglicher und praktischer Einschränkungen berücksichtigen, die es an der umstandslosen Bestimmung eines anderen Nutzens für diesen Vermögenswert hindern könnten, z. B. seine Veräußerung an einen anderen Kunden. Die Möglichkeit einer Kündigung des Vertrags mit dem Kunden ist keine relevante Überlegung bei der Beurteilung, ob das Unternehmen umstandslos einen anderen Nutzen für den Vermögenswert bestimmen könnte. **B6**

Damit ein Vermögenswert keinen alternativen Nutzen für das Unternehmen besitzt, muss die vertragliche Einschränkung der Fähigkeit des Unternehmens, einen anderen Nutzen für diesen Vermögenswert zu bestimmen, wesentlich sein. Eine vertragliche Einschränkung ist dann wesentlich, wenn ein Kunde seine Ansprüche auf den zugesagten Vermögenswert durchsetzen könnte, sollte das Unternehmen versuchen, einen anderen Nutzen für den Vermögenswert zu **B7** bestimmen. Eine vertragliche Einschränkung ist hingegen nicht wesentlich, wenn ein Vermögenswert beispielsweise weitgehend mit anderen Vermögenswerten austauschbar ist, die das Unternehmen an einen anderen Kunden übertragen kann, ohne damit den Vertrag zu brechen und ohne dass dadurch Kosten in beträchtlicher Höhe entstehen, die ansonsten in Verbindung mit diesem Vertrag nicht entstanden wären.

B8 Eine praktische Einschränkung der Fähigkeit eines Unternehmens, einen anderen Nutzen für einen Vermögenswert zu bestimmen, besteht dann, wenn einem Unternehmen durch die Bestimmung eines anderen Nutzens für den Vermögenswert beträchtliche wirtschaftliche Verluste entstünden. Ein beträchtlicher wirtschaftlicher Verlust könnte anfallen, weil dem Unternehmen entweder beträchtliche Kosten für die Überarbeitung des Vermögenswerts entstehen oder es den Vermögenswert nur mit einem beträchtlichen Verlust verkaufen kann. Beispielsweise könnte es für ein Unternehmen praktische Einschränkungen geben, einen anderen Nutzen für Vermögenswerte zu bestimmen, die entweder Designspezifikationen haben, die nur für einen bestimmten Kunden gelten, oder die sich in abgelegenen Gegenden befinden.

Anspruch auf Bezahlung der bereits erbrachten Leistungen (Paragraph 35(c))

B9 In Übereinstimmung mit Paragraph 37 hat ein Unternehmen einen Anspruch auf Bezahlung der bereits erbrachten Leistungen, wenn das Unternehmen Anspruch auf einen Betrag hätte, der es mindestens für seine bereits erbrachten Leistungen vergütet, falls der Kunde oder eine andere Partei den Vertrag aus anderen Gründen als der Nichterfüllung der vom Unternehmen zugesagten Leistung kündigt. Ein Betrag, der ein Unternehmen für seine bereits erbrachten Leistungen vergütet, ist eine Zahlung, die dem Verkaufspreis der bisher übertragenen Güter und Dienstleistungen annähernd entspricht (z. B. Erstattung der dem Unternehmen bei der Erfüllung seiner Leistungsverpflichtung entstandenen Kosten zzgl. einer angemessenen Gewinnmarge) und nicht nur eine Entschädigung für den dem Unternehmen potenziell entgangenen Gewinn im Falle der Vertragsbeendigung darstellt. Die Vergütung für eine angemessene Gewinnmarge muss nicht der für den Fall der planmäßigen Vertragserfüllung erwarteten Gewinnmarge entsprechen, aber ein Unternehmen sollte Anspruch auf Vergütung in Höhe eines der folgenden Beträge haben:

(a) ein Teil der erwarteten Gewinnmarge aus dem Vertrag, der angemessen den Leistungsfortschritt des Unternehmens im Rahmen des Vertrags vor seiner Kündigung durch den Kunden (oder eine andere Partei) widerspiegelt; oder

(b) eine angemessene Rendite auf die Kapitalkosten des Unternehmens für ähnliche Verträge (oder die typische operative Marge des Unternehmens für ähnliche Verträge), falls die vertragsspezifische Marge höher ist als die vom Unternehmen aus ähnlichen Verträgen üblicherweise generierte Rendite.

B10 Der Zahlungsanspruch eines Unternehmens für die bereits erbrachten Leistungen muss kein aktueller unbedingter Zahlungsanspruch sein. In vielen Fällen wird ein Unternehmen einen unbedingten Zahlungsanspruch nur bei Erreichen eines vorab vereinbarten Meilensteins oder bei vollständiger Erfüllung der Leistungsverpflichtung haben. Bei der Beurteilung, ob es einen Anspruch auf Bezahlung für die bereits erbrachten Leistungen hat, muss ein Unternehmen berücksichtigen, ob es einen Rechtsanspruch auf Einforderung oder Einbehalt einer Zahlung für die bereits erbrachten Leistungen hätte, wenn der Vertrag vor vollständiger Erfüllung aus anderen Gründen als der Nichterfüllung der vom Unternehmen zugesagten Leistung gekündigt würde.

B11 In manchen Verträgen hat ein Kunde möglicherweise nur zu bestimmten Zeiten während der Vertragslaufzeit ein Recht zur Vertragskündigung oder aber gar kein Kündigungsrecht. Kündigt ein Kunde einen Vertrag, ohne zu diesem Zeitpunkt ein Kündigungsrecht zu haben (einschließlich bei Nichterfüllung seiner eigenen Vertragszusagen), so ist das Unternehmen möglicherweise gemäß Vertrag (oder gemäß Gesetz) dazu berechtigt, die im Vertrag zugesagten Güter oder Dienstleistungen weiter auf den Kunden zu übertragen und vom Kunden zu fordern, im Austausch für diese Güter oder Dienstleistungen die zugesagte Vergütung zu zahlen. In solchen Fällen hat ein Unternehmen einen Zahlungsanspruch für die bereits erbrachten Leistungen, da das Unternehmen berechtigt ist, seine Verpflichtungen weiter gemäß dem Vertrag zu erfüllen und vom Kunden im Austausch die Erfüllung seiner Verpflichtungen zu fordern (darunter die Zahlung der zugesagten Gegenleistung).

Bei der Beurteilung, ob es einen Rechtsanspruch auf Bezahlung der bereits erbrachten Leistungen hat, muss ein Unternehmen die Vertragsbedingungen sowie diesen gegebenenfalls vorgehende oder diese ergänzende gesetzliche Vorschriften oder Präzedenzfälle berücksichtigen. Hierfür prüft das Unternehmen unter anderem, **B12**

(a) ob es aufgrund des geltenden Rechts, aufgrund der gängigen Verwaltungspraxis oder aufgrund bestehender Präzedenzfälle Anspruch auf Bezahlung der bereits erbrachten Leistungen hat, auch wenn dies im Vertrag mit dem Kunden nicht ausdrücklich vorgesehen ist;

(b) ob nach den relevanten Präzedenzfällen davon auszugehen ist, dass die unter vergleichbaren Verträgen entstandenen vergleichbaren Ansprüche auf Bezahlung der bereits erbrachten Leistungen keine rechtlich bindende Wirkung entfalten; oder

(c) ob seine Geschäftsgepflogenheiten (bisheriger Verzicht, derartige Zahlungsansprüche geltend zu machen) es implizieren, dass dieser Rechtsanspruch in diesem rechtlichen Umfeld nicht durchgesetzt werden kann. Ungeachtet der Möglichkeit, dass ein Unternehmen bei ähnlichen Verträgen auf seinen Zahlungsanspruch verzichtet, bleibt sein Anspruch auf Bezahlung der bereits erbrachten Leistungen bestehen, wenn der Anspruch auf Bezahlung der bereits erbrachten Leistungen im Vertrag mit dem Kunden festgelegt ist.

Der in einem Vertrag festgelegte Zahlungsplan ist nicht per se ein Indikator für den Zahlungsanspruch des Unternehmens für die bereits erbrachte Leistung. Zwar sind in einem vertraglich vereinbarten Zahlungsplan die Zeitpunkte und die Höhe der vom Kunden zu zahlenden Gegenleistungen festgelegt, doch lässt sich daraus nicht unbedingt ein unmittelbarer Zahlungsanspruch des Unternehmens für die bereits erbrachte Leistung ableiten. Denn der Vertrag kann beispielsweise vorsehen, dass die vom Kunden erhaltene Gegenleistung aus anderen Gründen als der Nichterfüllung der vom Unternehmen vertraglich zugesagten Leistungen erstattet werden muss. **B13**

Methoden zur Bestimmung des Leistungsfortschritts gegenüber der vollständigen Erfüllung einer Leistungsverpflichtung

Zur Bestimmung des Leistungsfortschritts, den ein Unternehmen gegenüber der vollständigen Erfüllung einer Leistungsverpflichtung über einen bestimmten Zeitraum erzielt hat, können unter anderem folgende Methoden angewandt werden: **B14**

(a) outputbasierte Methoden (siehe Paragraphen B15 bis B17); und

(b) inputbasierte Methoden (siehe Paragraphen B18 bis B19).

Outputbasierte Methoden

Bei outputbasierten Methoden werden die Umsätze auf Basis der direkten Ermittlung des Werts der bisher übertragenen Güter oder Dienstleistungen für den Kunden im Verhältnis zu den verbleibenden vertraglich zugesagten Gütern oder Dienstleistungen erfasst. Zu outputbasierten Methoden zählen Methoden wie die Messung der bereits erbrachten Leistungen und die Ermittlung der erzielten Ergebnisse, erreichten Leistungsziele, abgelaufenen Zeit und erstellten oder gelieferten Einheiten. Wenn ein Unternehmen beurteilt, ob es eine outputbasierte Methode zur Bestimmung seines Leistungsfortschritts anwenden soll, hat es zu berücksichtigen, ob der gewählte Output die bisher erbrachten Leistungen des Unternehmens gegenüber der vollständigen Erfüllung der Leistungsverpflichtung zutreffend darstellt. Eine outputbasierte Methode bietet keine zutreffende Darstellung der Leistung des Unternehmens, wenn der gewählte Output einige der Güter oder Dienstleistungen, für die die Verfügungsgewalt auf den Kunden übertragen wurde, nicht abbildet. Beispielsweise stellen outputbasierte Methoden, die auf erstellten oder gelieferten Einheiten basieren, die Leistung eines Unternehmens bei der Erfüllung **B15** einer Leistungsverpflichtung unzutreffend dar, wenn durch die Leistung des Unternehmens zum Ende der Berichtsperiode unfertige Leistungen oder fertige Erzeugnisse in der Verfügungsgewalt des Kunden erstellt wurden, die in der Ermittlung des Outputs nicht enthalten sind.

B16 Zu Vereinfachungszwecken kann ein Unternehmen, das Anspruch auf eine Gegenleistung von einem Kunden in einer Höhe hat, die direkt dem Wert der vom Unternehmen bereits erbrachten Leistungen für den Kunden entspricht (z. B. ein Dienstleistungsvertrag, in dem ein Unternehmen einen festen Betrag für jede geleistete Stunde in Rechnung stellt), Umsätze in Höhe des Betrags erfassen, den das Unternehmen in Rechnung stellen darf.

B17 Nachteil von outputbasierten Methoden ist, dass die zur Bestimmung des Leistungsfortschritts verwendeten Outputs unter Umständen nicht unmittelbar beobachtbar sind und die zur Anwendung notwendigen Informationen für ein Unternehmen unter Umständen nur zu übermäßig hohen Kosten verfügbar sind. Daher kann eine inputbasierte Methode notwendig sein.

Inputbasierte Methode

B18 Inputbasierte Methoden erfassen Umsätze auf Basis der Anstrengungen oder Inputs des Unternehmens zur Erfüllung einer Leistungsverpflichtung (z. B. verbrauchte Ressourcen, aufgewendete Arbeitsstunden, entstandene Kosten, vergangene Zeit oder Maschinennutzung in Stunden) im Verhältnis zu den insgesamt zur Erfüllung dieser Leistungsverpflichtung erwarteten Inputs. Erfolgen die Anstrengungen oder Inputs des Unternehmens gleichmäßig über den Zeitraum der Leistungserbringung, so kann es für das Unternehmen angemessen sein, die Umsätze linear zu erfassen.

B19 Eine Schwäche inputbasierter Methoden ist, dass es unter Umständen keine direkte Beziehung zwischen den Inputs eines Unternehmens und der Übertragung der Verfügungsgewalt über Güter oder Dienstleistungen auf einen Kunden gibt. Daher kann ein Unternehmen von einer inputbasierten Methode die Effekte von Inputs ausnehmen, die für Zwecke der Bestimmung des Leistungsfortschritts nach Paragraph 39 keine Leistung des Unternehmens bei der Übertragung der Verfügungsgewalt über Güter oder Dienstleistungen auf den Kunden darstellen. Beispielsweise kann bei der Verwendung einer auf kostenbasierten Inputs beruhenden Methode in folgenden Fällen eine Anpassung der Bestimmung des Leistungsfortschritts erforderlich sein:

(a) wenn entstandene Kosten nicht zum Fortschritt der Leistungserbringung eines Unternehmens bei der Erfüllung der Leistungsverpflichtung beitragen. Zum Beispiel würde ein Unternehmen keinen Umsatz auf der Grundlage entstandener Kosten erfassen, die beträchtlichen Ineffizienzen bei der Leistung des Unternehmens geschuldet sind, welche im vertraglich vereinbarten Preis nicht widergespiegelt sind (z. B. Kosten für unerwartete Mengen verschwendeter Materialien, Arbeit oder anderer Ressourcen, die bei der Erfüllung der Leistungsverpflichtung angefallen sind);

(b) wenn entstandene Kosten nicht im Verhältnis zum Fortschritt der Leistungserbringung des Unternehmens bei der Erfüllung der Leistungsverpflichtung stehen. In solchen Umständen kann es die beste Darstellung der Leistung eines Unternehmens sein, die inputbasierte Methode so anzupassen, dass Umsatz nur in Höhe der bei der betreffenden Leistungserbringung entstandenen Kosten erfasst wird. Beispielsweise kann es eine getreue Darstellung der Leistung eines Unternehmens sein, Umsatz in einer Höhe zu erfassen, die den Kosten eines zur Erfüllung der Leistungsverpflichtung genutzten Gutes entspricht, wenn das Unternehmen bei Vertragsbeginn erwartet, dass alle folgenden Bedingungen erfüllt sind:

   (i) Das Gut ist nicht eigenständig abgrenzbar;

   (ii) es wird erwartet, dass der Kunde die Verfügungsgewalt über das Gut deutlich vor Erhalt der in Verbindung mit dem Gut stehenden Dienstleistungen erlangt;

   (iii) die Kosten des übertragenen Gutes sind im Verhältnis zu den insgesamt für die vollständige Erfüllung der Leistungsverpflichtung erwarteten Kosten beträchtlich; und

(iv) das Unternehmen beschafft das Gut von einem Dritten und ist nicht in erheblichem Maße in Design und Herstellung des Gutes involviert (handelt aber als Prinzipal in Übereinstimmung mit den Paragraphen B34-B38).

Verkauf mit Rückgaberecht

Unter bestimmten Verträgen überträgt ein Unternehmen die Verfügungsgewalt für ein Produkt auf einen Kunden und räumt diesem gleichzeitig das Recht ein, das Produkt aus verschiedenen Gründen (beispielsweise Unzufriedenheit mit dem Produkt) gegen jede Kombination der folgenden Leistungen zurückzugeben: **B20**

(a) vollständige oder teilweise Erstattung der gezahlten Gegenleistung;

(b) Gutschrift auf dem Unternehmen bereits geschuldete oder künftig zustehende Beträge; und

(c) Umtausch gegen ein anderes Produkt.

Bei einer Übertragung von Produkten mit Rückgaberecht (sowie von bestimmten Dienstleistungen, die vorbehaltlich einer Rückerstattung geleistet werden) erfasst das Unternehmen folgende Elemente: **B21**

(a) Umsätze für die übertragenen Produkte in Höhe der Gegenleistung, die dem Unternehmen nach seinen Erwartungen zustehen (für die Produkte, mit deren Rückgabe gerechnet wird, werden folglich keine Umsätze erfasst);

(b) eine Rückerstattungsverbindlichkeit; und

(c) einen Vermögenswert (und die entsprechende Anpassung der Umsatzkosten) für sein Recht, Produkte bei Begleichung der Rückerstattungsverbindlichkeit vom Kunden zurückzuholen.

Die Zusage eines Unternehmens, ein Produkt während der Rückgabefrist zurückzunehmen, wird nicht als Leistungsverpflichtung erfasst, da bereits die Verpflichtung zur Rückerstattung erfasst wird. **B22**

Zur Bestimmung der Höhe der Gegenleistung, die dem Unternehmen nach seinen Erwartungen zusteht, (d. h. ohne die Produkte, deren Rückgabe zu erwarten ist) hat ein Unternehmen die Vorschriften der Paragraphen 47 bis 72 (einschließlich der Vorschriften für die Begrenzung der Schätzungen der variablen Gegenleistung nach den Paragraphen 56 bis 58) anzuwenden. Für sämtliche vereinnahmten (oder noch zu erhaltenen) Beträge, die dem Unternehmen nach seinen Erwartungen nicht zustehen, erfasst es die Erlöse nicht zum Zeitpunkt der Übertragung der Produkte auf den Kunden, sondern es erfasst die entsprechenden vereinnahmten (oder noch zu erhaltenen) Beträge als Rückerstattungsverbindlichkeit. Am Ende jeder Berichtsperiode muss das Unternehmen die Bewertung der Beträge, die ihm nach seinen Erwartungen im Austausch für die übertragenen Produkte zustehen, korrigieren und den Transaktionspreis – und damit auch den erfassten Umsatzbetrag – entsprechend anpassen. **B23**

Ein Unternehmen korrigiert die Bewertung der Rückerstattungsverbindlichkeit am Ende jedes Berichtszeitraums unter Berücksichtigung der geänderten Erwartungen im Hinblick auf die Rückerstattungsbeträge. Ein Unternehmen erfasst die entsprechenden Anpassungen als Erlös (oder als Verringerung des Erlöses). **B24**

Ein Vermögenswert, der für das Recht eines Unternehmens, Produkte bei Begleichung der Rückerstattungsverbindlichkeit vom Kunden zurückzuerhalten, ausgewiesen wird, wird bei seinem erstmaligen Ansatz unter Bezugnahme auf den vorherigen Buchwert des Produkts (z. B. Vorräte) abzüglich der erwarteten Kosten für den Rückerhalt der Produkte bewertet (einschließlich potenzieller Wertminderungen der zurückgeholten Produkte). Am Ende jeder Berichtsperiode muss das Unternehmen die Bewertung des Vermögenswerts unter Berücksichtigung der geänderten Erwartungen im Hinblick auf die zurückzugebenden Produkte korrigieren. Ein Unternehmen weist den Vermögenswert gesondert von der Rückerstattungsverbindlichkeit aus. **B25**

B26 Tauschvorgänge, bei denen Kunden ein Produkt gegen ein gleichartiges und qualitativ gleichwertiges Erzeugnis in gleichem Zustand tauschen, das zum gleichen Preis verkauft wird (beispielsweise bei einem Tausch gegen eine andere Farbe oder Größe), sind nicht als Produktrückgaben im Sinne dieses Standards anzusehen.

B27 Verträge, bei denen ein Kunde ein fehlerhaftes gegen ein funktionsfähiges Produkt tauschen kann, sind gemäß den Garantie- und Gewährleistungsleitlinien der Paragraphen B28 bis B33 zu bewerten.

Garantien und Gewährleistungen

B28 In Verbindung mit dem Verkauf von Produkten (Güter oder Dienstleistungen) gewähren Unternehmen häufig auch Garantien oder Gewährleistungen (die vertraglich vereinbart, gesetzlich vorgeschrieben oder nach den Geschäftsgepflogenheiten des Unternehmens üblich sein können). Solche Garantie- bzw. Gewährleistungsverpflichtungen können je nach Branche und Vertrag von sehr verschiedener Art sein. Einige Garantie- bzw. Gewährleistungsverpflichtungen sichern dem Kunden zu, dass das betreffende Produkt den vertraglich vereinbarten Spezifikationen entspricht und deshalb so funktionieren wird, wie es von den Vertragsparteien vorgesehen wurde (assurance-type warranties). Andere Garantie- bzw. Gewährleistungsverpflichtungen stellen für den Kunden eine Leistung dar, die über die Zusicherung hinausgeht, dass das Produkt den vereinbarten Spezifikationen entspricht (service-type warranties).

B29 Wenn der Kunde wählen kann, ob er die Gewährleistungsverpflichtung separat erwerben möchte, stellt diese eine eigenständig abgrenzbare Dienstleistung dar, da das Unternehmen dem Kunden diese Dienstleistung zusätzlich zur Lieferung des Produkts, das die im Vertrag vereinbarten Funktionsmerkmale besitzt, zusichert. In diesem Fall erfasst das Unternehmen die zugesagte Gewährleistungsverpflichtung als Leistungsverpflichtung im Sinne der Paragraphen 22 bis 30 und ordnet gemäß den Paragraphen 73 bis 86 dieser Leistungsverpflichtung einen Teil des Transaktionspreises zu.

B30 Wenn dem Kunden nicht die Möglichkeit gegeben wird, die Gewährleistungsverpflichtung separat zu erwerben, erfasst das Unternehmen die Gewährleistungsverpflichtung gemäß IAS 37 *Rückstellungen, Eventualverbindlichkeiten und Eventualforderungen*, es sei denn, die zugesicherte Gewährleistungsverpflichtung oder ein Teil der zugesicherten Gewährleistungsverpflichtung stellt für den Kunden eine Leistung dar, die über die Zusicherung hinausgeht, dass das Produkt den vereinbarten Spezifikationen entspricht.

B31 Bei der Beurteilung, ob eine Gewährleistungs- oder Garantieverpflichtung für einen Kunden eine zusätzliche Leistung darstellt, die über die Zusicherung, dass das gelieferte Produkt den vertraglich vereinbarten Spezifikationen entspricht, hinausgeht, hat ein Unternehmen folgende Faktoren zu berücksichtigen:

(a) ob die Gewährleistungs-/Garantieverpflichtung gesetzlich vorgeschrieben ist. — Wenn das Unternehmen gesetzlich verpflichtet ist, seinen Kunden eine Gewährleistung/Garantie einzuräumen, deutet das Vorhandensein des entsprechenden Gesetzes darauf hin, dass es sich nicht um eine Leistungsverpflichtung handelt, da derartige Vorschriften in der Regel dazu dienen, Kunden vor dem mit dem Kauf schadhafter Produkte verbundenen Risiko zu schützen.

(b) die Dauer der Gewährleistungs-/Garantiefrist. — Je länger die Gewährleistungs-/Garantiefrist, desto größer die Wahrscheinlichkeit, dass es sich um eine Leistungsverpflichtung handelt, da die Gewährleistungs-/Garantiezusage mit höherer Wahrscheinlichkeit eine über die Zusicherung, dass das gelieferte Produkt den vertraglich vereinbarten Spezifikationen entspricht, hinausgehende Leistung darstellt.

(c) die Art der Leistungen, die das Unternehmen zusagt. — Wenn ein Unternehmen besondere Leistungen (z. B. einen Retourentransport für ein schadhaftes Produkt) erbringen muss, um zusichern zu können, dass ein Produkt die vereinbarten Spezifikationen erfüllt, ist es unwahrscheinlich, dass dadurch eine Leistungsverpflichtung begründet wird.

Wenn eine Gewährleistungs- oder Garantieverpflichtung oder ein Teil einer Gewährleistungs- oder Garantieverpflichtung für einen Kunden eine zusätzliche Leistung darstellt, die über die Zusicherung, dass das Produkt den vereinbarten Spezifikationen entspricht, hinausgeht, ist die zugesagte Leistung eine Leistungsverpflichtung. Daher ordnet das Unternehmen den Transaktionspreis dem Produkt und der Dienstleistung zu. Bietet ein Unternehmen eine Gewährleistungs- oder Garantieverpflichtung an, die sowohl eine assurance-type warranty als auch eine service-type warranty beinhaltet, bei denen eine getrennte Bilanzierung schwierig ist, hat das Unternehmen beide zusammen als eine einzige Leistungsverpflichtung zu erfassen. **B32**

Wenn ein Unternehmen laut Gesetz für Schäden, die von seinen Produkten verursacht werden, finanziell haftet, handelt es sich dabei nicht um eine Leistungsverpflichtung. Beispielsweise kann ein Hersteller seine Produkte in einer Jurisdiktion verkaufen, in dem der Hersteller laut Gesetz für jegliche Schäden (beispielsweise an persönlichem Eigentum), die bei bestimmungsgemäßer Nutzung des Produkts vom Verbraucher verursacht werden, haftet. Ebenso sind Zusagen eines Unternehmens, den Kunden für etwaige Schäden und Ansprüche aus Patent-, Urheber-, Marken- oder sonstigen Rechtsverletzungen seiner Produkte zu entschädigen, keine Leistungsverpflichtung. Das Unternehmen hat derartige Verpflichtungen gemäß IAS 37 zu bilanzieren. **B33**

Überlegungen zur Abgrenzung zwischen Prinzipal und Agent

Wenn eine andere Partei an der Lieferung von Gütern oder an der Erbringung von Dienstleistungen an den Kunden eines Unternehmens beteiligt ist, hat das Unternehmen die Art seiner Zusage zu bestimmen und festzustellen, ob seine Leistungsverpflichtung darin besteht, die Güter selbst zu liefern oder die Dienstleistungen selbst zu erbringen (und es damit als Prinzipal auftritt) oder darin, diese andere Partei mit der Lieferung der Güter oder der Erbringung der Dienstleistung zu beauftragen (und das Unternehmen damit als Agent auftritt). Das Unternehmen bestimmt für jedes dem Kunden zugesagte spezifische Gut oder jede dem Kunden zugesagte spezifische Dienstleistung, ob es in diesem Fall als Prinzipal oder Agent tätig ist. Unter einem spezifischen Gut oder einer spezifischen Dienstleistung ist ein eigenständig abgrenzbares Gut oder eine eigenständig abgrenzbare Dienstleistung (oder ein eigenständig abgrenzbares Bündel von Gütern oder Dienstleistungen) zu verstehen, das/die dem Kunden zu liefern oder für diesen zu erbringen ist (siehe Paragraphen 27-30). Sieht ein Vertrag mit einem Kunden mehr als ein spezifisches Gut oder mehr als eine spezifische Dienstleistung vor, könnte das Unternehmen bei einigen spezifischen Gütern oder Dienstleistungen als Prinzipal und bei anderen spezifischen Gütern oder Dienstleistungen als Agent tätig sein. **B34**

Um zu bestimmen, welcher Art seine Zusage ist (siehe Paragraph B34), hat das Unternehmen **B34A**

(a) die spezifischen Güter oder Dienstleistungen, die dem Kunden zu liefern bzw. für ihn zu erbringen sind (und bei denen es sich auch um ein Recht auf ein von einer anderen Partei zu lieferndes Gut oder eine von einer anderen Partei zu erbringende Dienstleistung handeln könnte (siehe Paragraph 26)), zu identifizieren; und

(b) für jedes spezifische Gut oder jede spezifische Dienstleistung vor Übertragung auf den Kunden zu beurteilen, ob es die Verfügungsgewalt (im Sinne von Paragraph 33) über dieses Gut oder diese Dienstleistung besitzt.

Besitzt das Unternehmen die Verfügungsgewalt über ein spezifisches Gut oder eine spezifische Dienstleistung, bevor diese/s auf einen Kunden übertragen wird, ist es in diesem Fall als Prinzipal tätig. Erlangt ein Unternehmen jedoch nur vorübergehend das Eigentum an einem spezifischen Gut, bevor dieses auf den Kunden übergeht, so besitzt es nicht zwangsläufig die Verfügungsgewalt. Als Prinzipal kann ein Unternehmen seiner Leistungsverpflichtung, d. h. seiner Verpflichtung zur Lieferung des spezifischen Guts oder zur Erbringung der spezifischen Dienstleistung selbst nachkommen oder eine andere Partei (beispielsweise einen Unterauftragnehmer) damit beauftragen, die Leistungsverpflichtung ganz oder teilweise in seinem Namen zu erfüllen. **B35**

B35A Ist eine andere Partei an der Lieferung von Gütern oder der Erbringung von Dienstleistungen an einen Kunden beteiligt, so erlangt ein als Prinzipal auftretendes Unternehmen die Verfügungsgewalt über:

(a) ein Gut oder einen anderen Vermögenswert der anderen Partei, das bzw. den es dann auf den Kunden überträgt.

(b) ein Recht auf eine von der anderen Partei zu erbringende Dienstleistung, das das Unternehmen in die Lage versetzt, diese Partei anzuweisen, die Dienstleistung in seinem Namen für den Kunden zu erbringen.

(c) ein Gut oder eine Dienstleistung der anderen Partei, das bzw. die es dann bei Lieferung des spezifischen Guts an oder Erbringung der spezifischen Dienstleistung für den Kunden mit anderen Gütern oder Dienstleistungen kombiniert. Erbringt das Unternehmen beispielsweise eine signifikante Integrationsleistung, indem es die von einer anderen Partei gelieferten Güter oder erbrachten Dienstleistungen in das/die dem Kunden vertraglich zugesagte spezifische Gut bzw. spezifische Dienstleistung integriert (siehe Paragraph 29(a)), so besitzt es vor der Übertragung an den Kunden die Verfügungsgewalt über das spezifische Gut oder die spezifische Dienstleistung. Dies ist darauf zurückzuführen, dass das Unternehmen zuerst die Verfügungsgewalt über die Inputs für die spezifischen Güter oder Dienstleistungen erlangt (wozu auch Güter oder Dienstleistungen anderer Parteien zählen) und diese dann in die Erzeugung des kombinierten Outputs, d. h. des speziellen Guts oder der speziellen Dienstleistung, lenkt.

B35B Wenn (oder sobald) ein Unternehmen, das als Prinzipal auftritt, eine Leistungsverpflichtung erfüllt, erfasst es als Erlös die Gesamtgegenleistung, die es im Austausch für die Übertragung der spezifischen Güter oder Dienstleistungen erwartet.

B36 Ein Unternehmen ist Agent, wenn seine Leistungsverpflichtung darin besteht, eine andere Partei mit der Lieferung des spezifischen Guts oder der Erbringung der spezifischen Dienstleistung zu beauftragen. Als Agent besitzt ein Unternehmen die Verfügungsgewalt über ein von einer anderen Partei geliefertes spezifisches Gut oder eine von einer anderen Partei erbrachte spezifische Dienstleistung so lange nicht, wie dieses Gut oder diese Dienstleistung nicht auf den Kunden übertragen ist. Wenn (oder sobald) ein Unternehmen, das als Agent auftritt, eine Leistungsverpflichtung erfüllt, erfasst es als Erlös die Gebühr oder Provision, die es im Austausch für die Beauftragung der anderen Partei mit der Lieferung der speziellen Güter oder der Erbringung der speziellen Dienstleistungen erwartet. Die Gebühr oder Provision des Unternehmens ist gegebenenfalls der Teil der Gegenleistung, den das Unternehmen behält, nachdem es der anderen Partei die für deren Lieferung der Güter oder die Erbringung der Dienstleistungen erhaltene Gegenleistung ausbezahlt hat.

B37 Nachstehend eine nicht erschöpfende Liste von Indikatoren, die darauf hindeuten, dass ein Unternehmen vor der Übertragung an den Kunden die Verfügungsgewalt über ein spezifisches Gut oder eine spezifische Dienstleistung besitzt (und somit als Prinzipal anzusehen ist (siehe Paragraph B35)):

(a) für die Erfüllung der Zusage, das spezifische Gut zu liefern oder die spezifische Dienstleistung zu erbringen, ist primär das Unternehmen verantwortlich. Hierzu zählt in der Regel die Verantwortung dafür, dass das spezifische Gut oder die spezifische Dienstleistung vom Kunden akzeptiert wird (wie die primäre Verantwortung dafür, dass das Gut oder die Dienstleistung den Spezifikationen des Kunden entspricht). Wenn für die Erfüllung der Zusage, das spezifische Gut zu liefern oder die spezifische Dienstleistung zu erbringen, primär das Unternehmen verantwortlich ist, könnte dies darauf hindeuten, dass die andere an der Lieferung des spezifischen Guts oder der Erbringung der spezifischen Dienstleistung beteiligte Partei im Auftrag des Unternehmens tätig ist.

(b) das Unternehmen trägt vor der Übertragung des spezifischen Guts oder der spezifischen Dienstleistung auf einen Kunden oder nach Übertragung der Verfügungsgewalt auf den Kunden (z. B. wenn dieser ein Rückgaberecht hat) ein Bestandsrisiko. Wenn das Unternehmen z. B. vor Anbahnung eines Vertrags mit einem Kunden das spezifische Gut oder die spezifische Dienstleistung erhält oder sich zu dessen bzw. deren Erhalt verpflichtet, könnte dies darauf hindeuten, dass es vor der Übertragung an den Kunden die Nutzung des Guts oder der Dienstleistung bestimmen und im Wesentlichen den verbleibenden Nutzen daraus ziehen kann.

(c) das Unternehmen verfügt bei der Festlegung des Preises für das spezifische Gut oder die spezifische Dienstleistung über Ermessensspielraum. Wird der Preis, den der Kunde für das spezifische Gut oder die spezifische Dienstleistung zahlt, von dem Unternehmen festgelegt, könnte dies darauf hindeuten, dass das Unternehmen die Nutzung des Guts oder der Dienstleistung bestimmen und im Wesentlichen den verbleibenden Nutzen daraus ziehen kann. In einigen Fällen kann allerdings der Agent bei der Preisfestsetzung über Ermessensspielraum verfügen. So verfügt er z. B. möglicherweise über eine gewisse Flexibilität bei der Preisfestsetzung, damit er aus seiner Dienstleistung, andere Parteien mit der Lieferung von Gütern oder der Erbringung von Dienstleistungen zu beauftragen, zusätzliche Erlöse ziehen kann.

Die in Paragraph B37 aufgeführten Indikatoren können je nach Art des spezifischen Guts oder der spezifischen Dienstleistung und je nach Vertragsbedingungen für die Beurteilung, ob ein Unternehmen die Verfügungsgewalt besitzt, mehr oder weniger relevant sein. Auch können bei anderen Verträgen andere Indikatoren überzeugendere Nachweise liefern. **B37A**

Tritt eine andere Partei die Leistungsverpflichtungen und vertraglichen Rechte eines Unternehmens ein, sodass dieses nicht mehr zur Übertragung des spezifischen Guts oder der spezifischen Dienstleistung auf den Kunden verpflichtet (und somit kein Prinzipal mehr) ist, darf das Unternehmen für diese Leistungsverpflichtung keine Erlöse erfassen. Stattdessen hat es zu prüfen, ob es Erlöse dafür erfassen soll, dass es seiner Verpflichtung zur Anbahnung eines Vertrags für die andere Partei nachkommt (d. h. ob es als Agent auftritt). **B38**

Optionen des Kunden zum Erwerb zusätzlicher Güter oder Dienstleistungen

Optionen des Kunden zum kostenlosen oder vergünstigten Erwerb zusätzlicher Güter oder Dienstleistungen gibt es in zahlreichen Formen, beispielsweise in Form von Kaufanreizen, Treueprämien (oder -punkten), Vertragsverlängerungsoptionen oder sonstigen Preisnachlässen auf zukünftig erworbene Güter oder Dienstleistungen. **B39**

Wenn ein Unternehmen in einem Vertrag einem Kunden die Option zum Erwerb zusätzlicher Güter oder Dienstleistungen einräumt, so ergibt sich aus dieser Option nur dann eine vertragliche Leistungsverpflichtung, wenn die Option dem Kunden ein wesentliches Recht gewährt, das dieser ohne den Abschluss dieses Vertrags nicht erhalten würde (beispielsweise ein Preisnachlass, der über den Rabatten liegt, die in dieser Region oder auf diesem Markt üblicherweise für gleichartige Güter oder Dienstleistungen an ähnliche Kunden gewährt werden). Wenn die Option dem Kunden ein wesentliches Recht gewährt, so entsteht eine Situation, in der der Kunde das Unternehmen im Voraus für zukünftig erworbene Güter oder Dienstleistungen vergütet und das Unternehmen die entsprechenden Erlöse dann erfasst, wenn diese zukünftigen Güter oder Dienstleistungen übertragen werden oder wenn die Option ausläuft. **B40**

Wenn einem Kunden die Option eingeräumt wird, zusätzliche Güter oder Dienstleistungen zu einem Preis zu erwerben, der dem Einzelveräußerungspreis für diese Güter oder Dienstleistungen entspricht, so gewährt diese Option dem Kunden kein wesentliches Recht, selbst wenn diese Option nur nach Abschluss des vorherigen Vertrags ausgeübt werden kann. In solchen Fällen ist das Angebot des Unternehmens als Werbeangebot einzustufen und erst dann gemäß dem vorliegenden Standard zu bilanzieren, wenn der Kunde die Option zum Erwerb der zusätzlichen Güter oder Dienstleistungen ausübt. **B41**

Nach Paragraph 74 hat das Unternehmen den Transaktionspreis auf Grundlage der Methode des relativen Einzelveräußerungspreises auf die Leistungsverpflichtungen aufzuteilen. Ist der Einzelveräußerungspreis der Option des Kunden zum Erwerb zusätzlicher Güter oder Dienstleistungen nicht direkt beobachtbar, hat das Unternehmen diesen Preis zu schätzen. Diese Schät- **B42** zung trägt dem Preisnachlass Rechnung, den der Kunde erhält, wenn er die Option ausübt, und berücksichtigt zudem die beiden folgenden Faktoren:

(a) jeglichen Preisnachlass, den der Kunde erhalten könnte, ohne die Option auszuüben; und

(b) die Wahrscheinlichkeit, dass die Option ausgeübt wird.

B43 Wenn dem Kunden mit der Option ein wesentliches Recht zum zukünftigen Erwerb von Gütern oder Dienstleistungen gewährt wird, die den ursprünglichen Gütern oder Dienstleistungen des Vertrags vergleichbar sind und gemäß den Bedingungen des ursprünglichen Vertrags geliefert bzw. erbracht werden, so kann das Unternehmen zu Vereinfachungszwecken anstatt den Einzelveräußerungspreis der Option zu schätzen den Transaktionspreis auf der Grundlage der voraussichtlich zu liefernden Güter oder Dienstleistungen und der hierfür erwarteten Gegenleistung auf die Güter oder Dienstleistungen der Option aufteilen. Diese Optionen entsprechen in der Regel Vertragsverlängerungen.

Nicht geltend gemachte Ansprüche des Kunden

B44 Nach Paragraph 106 hat ein Unternehmen nach Erhalt einer Vorauszahlung eines Kunden für seine Leistungsverpflichtung, die darin besteht, Güter oder Dienstleistungen (künftig) auf den Kunden zu übertragen, eine Vertragsverbindlichkeit in Höhe des durch den Kunden vorausgezahlten Betrags zu erfassen. Das Unternehmen hat die Vertragsverbindlichkeit auszubuchen (und Erlöse zu erfassen), wenn es diese Güter oder Dienstleistungen überträgt und somit seine Leistungsverpflichtung erfüllt.

B45 Eine nicht rückerstattungsfähige Vorauszahlung, die ein Kunde an ein Unternehmen leistet, räumt dem Kunden einen Anspruch für den künftigen Erhalt eines Guts oder einer Dienstleistung ein (und verpflichtet das Unternehmen, die künftige Übertragung eines Guts oder einer Dienstleistung vorzusehen). Allerdings machen Kunden ihre vertraglichen Ansprüche nicht immer in vollem Umfang geltend. Die Nichtinanspruchnahme von Guthaben wird auch als „breakage“ bezeichnet.

B46 Geht ein Unternehmen bei einer Vertragsverbindlichkeit davon aus, dass ein Kunde seine Ansprüche nicht vollständig geltend macht, hat es den entsprechenden Betrag proportional zum Muster der vom Kunden geltend gemachten Ansprüche als Erlös zu erfassen. Ist dies nicht der Fall, hat es den erwarteten Betrag aus einer Nichtinanspruchnahme dann als Erlös zu erfassen, wenn die Wahrscheinlichkeit, dass der Kunde seine verbleibenden Ansprüche geltend macht, als gering einzustufen ist. Wenn ein Unternehmen bestimmt, ob ein Kunde seine Ansprüche voraussichtlich nicht vollständig geltend machen wird, hat es die in den Paragraphen 56-58 enthaltenen Bestimmungen zur Begrenzung der Schätzung variabler Gegenleistungen zu beachten.

B47 Für jede erhaltene Gegenleistung, die nicht geltend gemachten Ansprüchen eines Kunden zuzuordnen ist und die das Unternehmen nach geltendem Eigentumsrecht an einen Dritten, z. B. eine staatliche Stelle, weiterleiten muss, hat das Unternehmen eine Verbindlichkeit (und keinen Erlös) zu erfassen.

Nicht erstattungsfähige, im Voraus zahlbare Entgelte (sowie einige damit zusammenhängende Kosten)

B48 Bei einigen Verträgen stellt das Unternehmen dem Kunden bei oder in zeitlicher Nähe zum Vertragsbeginn ein nicht erstattungsfähiges, im Voraus zahlbares Entgelt in Rechnung. Beispiele hierfür sind Aufnahmegebühren in Fitnessclubs, Aktivierungsgebühren bei Telekommunikationsverträgen, Einrichtungsgebühren bei einigen Dienstleistungsverträgen und Anfangsgebühren bei bestimmten Lieferverträgen.

B49 Zur Identifizierung der in solchen Verträgen enthaltenen Leistungsverpflichtungen hat das Unternehmen zu beurteilen, ob sich das Entgelt auf die Übertragung eines zugesagten Guts oder einer zugesagten Dienstleistung bezieht. Auch wenn sich ein nicht erstattungsfähiges, im Voraus zahlbares Entgelt auf eine Tätigkeit bezieht, die das Unternehmen zur Erfüllung des Vertrags bei oder in zeitlicher Nähe zum Vertragsbeginn ausführen muss, hat diese Tätigkeit in vielen Fällen nicht die Übertragung eines zugesagten Guts oder einer zugesagten Dienstleistung auf den Kunden zur Folge (siehe Paragraph 25). Stattdessen ist dieses Entgelt eine Vorauszahlung für künftige Güter oder Dienstleistungen und würde deshalb bei Bereitstellung dieser Güter oder Dienstleistungen als Erlös erfasst. Räumt das Unternehmen dem Kunden eine Möglichkeit zur Vertragsverlängerung ein und verleiht diese Möglichkeit dem Kunden ein wesentliches Recht gemäß Paragraph B40, würde der Zeitraum der Erlöserfassung über den ursprünglichen Vertragszeitraum hinausgehen.

Bezieht sich das nicht erstattungsfähige, im Voraus zahlbare Entgelt auf ein Gut oder eine Dienstleistung, hat das Unternehmen zu beurteilen, ob dieses Gut oder diese Dienstleistung als separate Leistungsverpflichtung gemäß den Paragraphen 22-30 zu bilanzieren ist. **B50**

Ein Unternehmen kann ein nicht erstattungsfähiges Entgelt zum Teil als Gegenleistung für die durch die Begründung eines Vertrags (oder andere, in Paragraph 25 beschriebene Verwaltungsaufgaben) verursachten Kosten in Rechnung stellen. Gehen diese Aktivitäten zur Begründung eines Vertrags nicht mit der Erfüllung einer Leistungsverpflichtung einher, hat das Unternehmen sie (wie auch die damit verbundenen Kosten) bei der Messung des Leistungsfortschritts gemäß Paragraph B19 unberücksichtigt zu lassen, weil sie nicht die Übertragung von Dienstleistungen auf den Kunden wiederspiegeln. Das Unternehmen hat zu beurteilen, ob die bei Begründung des Vertrags entstandenen Kosten gemäß Paragraph 95 als Vermögenswert zu aktivieren sind. **B51**

Lizenzerteilung

Eine Lizenz gibt einem Kunden das Recht auf Nutzung des geistigen Eigentums eines Unternehmens. Lizenzen für geistiges Eigentum können u. a. Folgendes zum Gegenstand haben: **B52**

(a) Software und Technologie,

(b) Filme, Musik und andere Medien und Formen der Unterhaltung,

(c) Franchise-Rechte und

(d) Patente, Markenzeichen und Urheberrechte.

Ein Unternehmen kann einem Kunden neben der Erteilung einer (oder mehrerer) Lizenz(en) auch die Übertragung von Gütern oder Dienstleistungen zusagen. Diese Zusagen können ausdrücklich im Vertrag enthalten oder durch die Geschäftsgepflogenheiten, veröffentlichten Leitlinien oder spezifischen Aussagen eines Unternehmens impliziert sein (siehe Paragraph 24). Wird in einem Vertrag mit einem Kunden neben der Übertragung von Gütern oder Dienstleistungen auch die Erteilung einer (oder mehrerer) Lizenz(en) zugesagt, so verfährt das Unternehmen zur Identifizierung der einzelnen Leistungsverpflichtungen des Vertrags wie bei anderen Vertragsarten nach den Paragraphen 22-30. **B53**

Ist die Zusage der Lizenzerteilung nicht gemäß den Paragraphen 26-30 von anderen im Vertrag zugesagten Gütern oder Dienstleistungen abgrenzbar, hat das Unternehmen sie mit den anderen zugesagten Gütern oder Dienstleistungen als eine einzige Leistungsverpflichtung zu bilanzieren. Nicht von anderen im Vertrag zugesagten Gütern oder Dienstleistungen abgrenzbare Lizenzen umfassen u. a.: **B54**

(a) Lizenzen, die fester Bestandteil eines materiellen Guts und für dessen Funktion unverzichtbar sind; und

(b) Lizenzen, die der Kunde nur in Verbindung mit einer dazugehörigen Dienstleistung nutzen kann (wie einem von dem Unternehmen erbrachten Online-Dienst, der dem Kunden über die Lizenz den Zugriff auf Inhalte ermöglicht).

Ist die Lizenz nicht eigenständig abgrenzbar, hat das Unternehmen nach den Paragraphen 31-38 zu bestimmen, ob die Leistungsverpflichtung (die die zugesagte Lizenz einschließt) über einen bestimmten Zeitraum oder zu einem bestimmten Zeitpunkt erfüllt wird. **B55**

B56 Ist die Zusage der Lizenzerteilung von den anderen im Vertrag zugesagten Gütern oder Dienstleistungen abgrenzbar und somit als separate Leistungsverpflichtung anzusehen, hat das Unternehmen zu bestimmen, ob die Lizenz zu einem bestimmten Zeitpunkt oder über einen bestimmten Zeitraum auf den Kunden übertragen wird. Wenn das Unternehmen diese Bestimmung vornimmt, hat es zu berücksichtigen, ob die zugesagte Lizenz dem Kunden entweder

(a) ein Recht auf Zugriff auf sein geistiges Eigentum – mit Stand über den gesamten Lizensierungszeitraum – einräumt oder

(b) ein Recht auf Nutzung seines geistigen Eigentums – mit Stand zum Zeitpunkt der Lizenzerteilung – einräumt.

Bestimmung der Art der Zusage

B57 (weggefallen)

B58 Eine von einem Unternehmen mit der Lizenzerteilung abgegebene Zusage stellt eine Zusage zur Gewährung eines Rechts auf Zugang zu geistigem Eigentum des Unternehmens dar, wenn alle folgenden Bedingungen erfüllt sind:

(a) der Vertrag sieht vor oder der Kunde erwartet nach vernünftigem Ermessen, dass das Unternehmen Aktivitäten durchführen wird, die sich wesentlich auf das geistige Eigentum, an dem der Kunde Rechte hält, auswirken (siehe Paragraphen B59 und B59A);

(b) durch die mit der Lizenz gewährten Rechte ist der Kunde unmittelbar von allen positiven oder negativen Auswirkungen der in Paragraph B58(a) genannten Aktivitäten betroffen; und

(c) mit der Durchführung solcher Aktivitäten wird weder ein Gut noch eine Dienstleistung auf den Kunden übertragen (siehe Paragraph 25).

B59 Zu den möglichen Indikatoren, bei deren Vorliegen ein Kunde nach vernünftigem Ermessen erwarten kann, dass ein Unternehmen Aktivitäten durchführen wird, die sich wesentlich auf das geistige Eigentum auswirken, zählen die Geschäftsgepflogenheiten, veröffentlichten Leitlinien oder spezifischen Aussagen des Unternehmens. Haben das Unternehmen und der Kunde ein gemeinsames wirtschaftliches Interesse (z. B. eine umsatzabhängige Lizenzgebühr) in Bezug auf das geistige Eigentum, an dem der Kunde Rechte hält, ist dies ein weiterer möglicher (wenn auch nicht zwingender) Indikator dafür, dass der Kunde nach vernünftigem Ermessen die Durchführung solcher Aktivitäten durch das Unternehmen erwarten kann.

B59A Die Aktivitäten eines Unternehmens wirken sich wesentlich auf das geistige Eigentum, an dem der Kunde Rechte hält, aus, wenn entweder

(a) erwartet wird, dass diese Aktivitäten die Form (beispielsweise das Design oder den Inhalt) oder die Funktion (beispielsweise die Fähigkeit zur Wahrnehmung einer Funktion oder Aufgabe) des geistigen Eigentums wesentlich ändern, oder

(b) die Fähigkeit des Kunden, Nutzen aus dem geistigen Eigentum zu ziehen, sich im Wesentlichen aus diesen Aktivitäten ableitet oder davon abhängig ist. So leitet sich beispielsweise der Nutzen einer Marke häufig von den laufenden Aktivitäten des Unternehmens, die den Wert des geistigen Eigentums fördern oder erhalten, ab oder ist von diesen abhängig.

Wenn das geistige Eigentum, an dem der Kunde Rechte hält, eine wesentliche eigenständige Funktion aufweist, leitet sich ein wesentlicher Teil des Nutzens dieses geistigen Eigentums dementsprechend von dieser Funktion ab. Folglich würden sich die Aktivitäten des Unternehmens nicht wesentlich auf die Fähigkeit des Kunden auswirken, den Nutzen aus diesem geistigen Eigentum zu ziehen, es sei denn seine Form oder Funktion werden durch diese Aktivitäten wesentlich geändert. Beispiele für geistiges Eigentum, das häufig eine wesentliche eigenständige Funktion aufweist, sind Software, biologische Verbindungen oder Arzneimittelrezepturen sowie Medieninhalte (wie Filme, Fernsehshows und Musikaufnahmen).

Sind die in Paragraph B58 genannten Bedingungen erfüllt, ist die Zusage zur Erteilung einer Lizenz als eine über einen bestimmten Zeitraum erfüllte Leistungsverpflichtung zu bilanzieren, da der Nutzen, der mit dem Zugang zum geistigen Eigentum des Unternehmens verbunden ist, dem Kunden zufließt und er gleichzeitig die Leistung nutzt, während diese erbracht wird (siehe Paragraph 35(a)). Zur Auswahl einer angemessenen Methode zur Messung des Leistungsfortschritts gegenüber der vollständigen Erfüllung der Verpflichtung, Zugang zum geistigen Eigentum zu gewähren, hat ein Unternehmen nach den Paragraphen 39-45 zu verfahren. **B60**

Sind die in Paragraph B58 genannten Bedingungen nicht erfüllt, besteht die Zusage des Unternehmens darin, dem Kunden ein Recht auf Nutzung seines geistigen Eigentums – mit Stand (in Form und Funktion) zum Zeitpunkt der Lizenzerteilung – einzuräumen. Dies bedeutet, dass der Kunde zum Zeitpunkt der Lizenzerteilung bestimmen kann, wie er die Lizenz nutzt, und im Wesentlichen den verbleibenden Nutzen daraus ziehen kann. Sagt ein Unternehmen ein Recht auf Nutzung seines geistigen Eigentums zu, ist diese Zusage als eine zu einem bestimmten Zeitpunkt erfüllte Leistungsverpflichtung zu bilanzieren. Den Zeitpunkt, zu dem die Lizenz auf den Kunden übertragen wird, hat das Unternehmen nach Paragraph 38 zu bestimmen. Allerdings können Erlöse aus einer Lizenz, die zur Nutzung des geistigen Eigentums eines Unternehmens berechtigt, nicht vor Beginn des Zeitraums erfasst werden, in dem der Kunde die Lizenz verwenden und den Nutzen daraus ziehen kann. Beginnt z. B. ein Software-Lizenzzeitraum, bevor das Unternehmen dem Kunden den Code liefert (oder auf anderem Wege zur Verfügung stellt), der die sofortige Nutzung der Software ermöglicht, wird das Unternehmen die Erlöse nicht vor Lieferung (oder anderweitiger Bereitstellung) dieses Codes erfassen. **B61**

Bei der Beurteilung, ob eine Lizenz ein Recht auf Zugang zu geistigem Eigentum des Unternehmens oder ein Recht auf Nutzung von geistigem Eigentum des Unternehmens gewährt, hat ein Unternehmen die folgenden Faktoren unberücksichtigt zu lassen: **B62**

(a) Zeitliche oder geografische Beschränkungen, Nutzungsbeschränkungen – Solche Beschränkungen stellen Merkmale der zugesagten Lizenz dar, legen aber nicht fest, ob das Unternehmen seine Leistungsverpflichtung zu einem bestimmten Zeitpunkt oder über einen bestimmten Zeitraum erfüllt.

(b) Eigene Zusicherungen, dass es in Bezug auf das geistige Eigentum über ein gültiges Patent verfügt und dieses gegen unberechtigte Nutzung verteidigen wird – Die Zusage, ein Patentrecht zu verteidigen, stellt keine Leistungsverpflichtung dar, da diese Absicherungsmaßnahmen dazu dienen, den Wert des geistigen Eigentums des Unternehmens zu schützen, und dem Kunden die Sicherheit geben, dass die übertragene Lizenz die vertraglich zugesagten Lizenzkonditionen erfüllt.

Umsatz- oder nutzungsabhängige Lizenzgebühren

Unbeschadet der Vorschriften der Paragraphen 56-59 darf ein Unternehmen für umsatz- oder nutzungsabhängige Lizenzgebühren, die im Austausch für eine Lizenz an geistigem Eigentum zugesagt wurden, Erlöse nur dann erfassen, wenn (oder sobald) das spätere der beiden folgenden Ereignisse eintritt: **B63**

(a) der nachfolgende Verkauf wird getätigt oder die nachfolgende Nutzung tritt ein; und

(b) die Leistungsverpflichtung, der die umsatz- oder nutzungsabhängigen Lizenzgebühren ganz oder teilweise zugeordnet wurden, wurde vollständig (oder teilweise) erfüllt.

Die Vorschrift im Hinblick auf umsatz- oder nutzungsabhängige Lizenzgebühren in Paragraph B63 gilt, wenn die Lizenzgebühr ausschließlich oder vorwiegend eine Lizenz zur Nutzung geistigen Eigentums betrifft (Letzteres kann beispielsweise der Fall sein, wenn das Unternehmen nach vernünftigem Ermessen erwarten kann, dass der Kunde der Lizenz einen erheblich höheren Wert zuschreiben würde als den anderen Gütern oder Dienstleistungen, auf die sich die Lizenzgebühr bezieht). **B63A**

Ist die in Paragraph B63A genannte Vorschrift erfüllt, sind Erlöse aus einer umsatz- oder nutzungsabhängigen Lizenzgebühr zur Gänze gemäß Paragraph B63 zu erfassen. Ist die in Para- **B63B** graph B63A genannte Vorschrift nicht erfüllt, gelten für die umsatz- oder nutzungsabhängige Lizenzgebühr die in den Paragraphen 50-59 enthaltenen Vorschriften für variable Gegenleistungen.

Rückkaufvereinbarungen

B64 Eine Rückkaufvereinbarung ist ein Vertrag, mit dem ein Unternehmen einen Vermögenswert verkauft und außerdem (im Rahmen desselben oder eines anderen Vertrags) zusagt oder über die Option verfügt, den Vermögenswert zurückzuerwerben. Der zurückerworbene Vermögenswert kann der Vermögenswert sein, der ursprünglich an den Kunden verkauft wurde, ein Vermögenswert, der diesem Vermögenswert im Wesentlichen gleicht, oder ein anderer Vermögenswert, der ein Bestandteil des ursprünglich verkauften Vermögenswerts ist.

B65 Die drei häufigsten Formen der Rückkaufvereinbarung sind:

(a) eine Verpflichtung des Unternehmens zum Rückkauf des Vermögenswerts (ein Termingeschäft);

(b) ein Recht des Unternehmens auf Rückkauf des Vermögenswerts (eine Kaufoption); und

(c) eine Verpflichtung des Unternehmens, den Vermögenswert auf Anfrage des Kunden zurückzuerwerben (eine Verkaufsoption).

Termingeschäfte oder Kaufoptionen

B66 Ist ein Unternehmen zum Rückkauf des Vermögenswerts verpflichtet oder berechtigt (Termingeschäft oder Kaufoption), erlangt der Kunde – selbst wenn er physisch im Besitz des Vermögenswerts ist – nicht die Verfügungsgewalt über den Vermögenswert, da er nur eingeschränkt in der Lage ist, über die Nutzung des Vermögenswerts zu entscheiden und im Wesentlichen den verbleibenden Nutzen daraus zu ziehen. Das Unternehmen muss den Vertrag deshalb auf eine der beiden folgenden Arten bilanzieren:

(a) als ein Leasingverhältnis gemäß IFRS 16 *Leasingverhältnisse*, wenn das Unternehmen berechtigt oder verpflichtet ist, den Vermögenswert zu einem Betrag zurückzuerwerben, der unter dem ursprünglichen Verkaufspreis liegt, es sei denn, der Vertrag ist Teil einer Sale-and-Leaseback-Transaktion. Ist der Vertrag Teil einer Sale-and-Leaseback-Transaktion, hat das Unternehmen den Vermögenswert weiterhin auszuweisen und für jede vom Kunden empfangene Gegenleistung eine finanzielle Verbindlichkeit zu erfassen. Die finanzielle Verbindlichkeit hat das Unternehmen gemäß IFRS 9 zu bilanzieren; oder

(b) als eine Finanzierungsvereinbarung gemäß Paragraph B68, wenn das Unternehmen berechtigt oder verpflichtet ist, den Vermögenswert zu einem Betrag zurückzuerwerben, der dem ursprünglichen Verkaufspreis entspricht oder darüber liegt.

B67 Wenn das Unternehmen den Rückkaufpreis mit dem Verkaufspreis vergleicht, hat es dabei den Zeitwert des Geldes zu berücksichtigen.

B68 Handelt es sich bei der Rückkaufvereinbarung um eine Finanzierungsvereinbarung, hat das Unternehmen den Vermögenswert weiterhin auszuweisen und zusätzlich für jede vom Kunden empfangene Gegenleistung eine finanzielle Verbindlichkeit zu erfassen. Die Differenz zwischen der vom Kunden empfangenen Gegenleistung und der an den Kunden zu zahlenden Gegenleistung ist als Zinsaufwendung sowie gegebenenfalls als Verwaltungs- oder Haltekosten (z. B. Versicherung) zu erfassen.

B69 Wird die Option nicht ausgeübt und verfällt, hat das Unternehmen die Verbindlichkeit auszubuchen und den entsprechenden Erlös zu erfassen.

Verkaufsoptionen

B70 Ist das Unternehmen verpflichtet, den Vermögenswert auf Anfrage des Kunden zu einem Preis unter dem ursprünglichen Verkaufspreis zurückzuerwerben (Verkaufsoption), hat es bei Beginn des Leasingverhältnisses zu beurteilen, ob es für den Kunden einen signifikanten wirtschaftlichen Anreiz zur Ausübung dieses Rechts gibt. Übt der Kunde dieses Recht aus, hat dies zur Folge, dass er dem Unternehmen effektiv eine Gegenleistung für das Recht zahlt, einen spezifizierten Vermögenswert für einen bestimmten Zeitraum zu nutzen. Hat der Kunde einen signifikanten wirtschaftlichen Anreiz zur Ausübung dieses Rechts, hat das Unternehmen die Vereinbarung deshalb als Leasingverhältnis gemäß IFRS 16 zu bilanzieren, es sei denn, der Vertrag ist Teil einer Sale-and-Leaseback-Transaktion. Ist der Vertrag Teil einer Sale-and-Leaseback-Transaktion, hat das Unternehmen den Vermögenswert weiterhin auszuweisen und für jede vom Kunden empfangene Gegenleistung eine finanzielle Verbindlichkeit zu erfassen. Die finanzielle Verbindlichkeit hat das Unternehmen gemäß IFRS 9 zu bilanzieren.

Bei der Bestimmung, ob es für einen Kunden einen signifikanten wirtschaftlichen Anreiz zur Ausübung seines Rechts gibt, hat ein Unternehmen verschiedene Faktoren zu berücksichtigen. Dazu zählen u. a. das Verhältnis zwischen dem Rückkaufpreis und dem für den Zeitpunkt des Rückkaufs erwarteten Marktwert des Vermögenswertes und die bis zum Erlöschen des Rechts verbleibende Zeit. Wird beispielsweise davon ausgegangen, dass der Rückkaufpreis signifikant über dem Marktwert des Vermögenswerts liegt, kann dies ein Indikator dafür sein, dass der Kunden einen signifikanten wirtschaftlichen Anreiz zur Ausübung der Verkaufsoption hat. **B71**

Gibt es für den Kunden keinen signifikanten wirtschaftlichen Anreiz, sein Recht zu einem Preis unter dem ursprünglichen Verkaufspreis des Vermögenswerts auszuüben, hat das Unternehmen die Vereinbarung wie einen in den Paragraphen B20-B27 beschriebenen Verkauf eines Produkts mit Rückgaberecht zu bilanzieren. **B72**

Ist der Rückkaufpreis des Vermögenswerts gleich dem ursprünglichen Verkaufspreis oder höher als dieser und liegt über dem erwarteten Marktwert, so handelt es sich bei dem Vertrag effektiv um eine Finanzierungsvereinbarung, die gemäß Paragraph B68 zu bilanzieren ist. **B73**

Ist der Rückkaufpreis des Vermögenswerts gleich dem ursprünglichen Verkaufspreis oder höher als dieser und niedriger als der erwartete Marktwert oder gleich diesem, und hat der Kunde keinen signifikanten wirtschaftlichen Anreiz zur Ausübung seines Rechts, so hat das Unternehmen die Vereinbarung wie einen in den Paragraphen B20-B27 beschriebenen Verkauf eines Produkts mit Rückgaberecht zu bilanzieren. **B74**

Wenn das Unternehmen den Rückkaufpreis mit dem Verkaufspreis vergleicht, hat es dabei den Zeitwert des Geldes zu berücksichtigen. **B75**

Wird die Option nicht ausgeübt und verfällt, hat das Unternehmen die Verbindlichkeit auszubuchen und den entsprechenden Erlös zu erfassen. **B76**

Kommissionsvereinbarungen

Liefert ein Unternehmen einem Dritten (wie einem Händler oder einem Vertriebsunternehmen) ein Produkt zum Verkauf an die Endkunden, hat das Unternehmen zu beurteilen, ob dieser Dritte zu diesem Zeitpunkt die Verfügungsgewalt über das Produkt erlangt hat. Hat der Dritte nicht die Verfügungsgewalt über das Produkt erlangt, kann es auch im Rahmen einer Kommissionsvereinbarung an den Dritten geliefert worden sein. Wenn das gelieferte Produkt im Rahmen einer Kommissionsvereinbarung bei dem Dritten verbleibt, darf ein Unternehmen bei Lieferung des Produkts an den Dritten keine Erlöse erfassen. **B77**

Die folgenden Indikatoren deuten darauf hin, dass eine Vereinbarung ein Kommissionsgeschäft begründet, wobei die Aufzählung keinen Anspruch auf Vollständigkeit erhebt: **B78**

(a) das Unternehmen besitzt die Verfügungsgewalt über das Produkt, bis ein spezifisches Ereignis wie der Verkauf des Produkts an einen Kunden des Händlers eintritt oder ein festgelegter Zeitraum abläuft;

(b) das Unternehmen kann die Rückgabe des Produkts verlangen oder das Produkt auf einen Dritten (z. B. einen anderen Händler) übertragen; und

(c) der Händler ist nicht bedingungslos verpflichtet, für das Produkt eine Zahlung zu leisten (es kann jedoch eine Anzahlung von ihm verlangt werden).

Bill-and-hold-Vereinbarungen

B79 Eine Bill-and-hold-Vereinbarung ist ein Vertrag, bei dem ein Unternehmen einem Kunden ein Produkt in Rechnung stellt, jedoch im physischen Besitz des Produkts bleibt, bis es zu einem künftigen Zeitpunkt auf den Kunden übertragen wird. Ein Kunde könnte ein Unternehmen beispielsweise um Abschluss eines solchen Vertrags bitten, da ihm zum gegebenen Zeitpunkt die notwendigen Lagerkapazitäten für das Produkt fehlen oder es bei ihm in der Fertigung zu Verzögerungen gekommen ist.

B80 Ein Unternehmen hat zu bestimmen, wann es seine Leistungsverpflichtung zur Übertragung eines Produkts erfüllt hat, und zu diesem Zweck zu beurteilen, wann der Kunde die Verfügungsgewalt über das Produkt erlangt (siehe Paragraph 38). Bei manchen Verträgen wird die Verfügungsgewalt je nach Vertragsbedingungen (einschließlich Liefer- und Versandbedingungen) entweder bei Anlieferung des Produkts am Standort des Kunden oder bei dessen Versand übertragen. Bei anderen Verträgen hingegen erlangt der Kunde die Verfügungsgewalt über das Produkt auch dann, wenn es sich noch im physischen Besitz des Unternehmens befindet. In diesem Fall kann der Kunde die Nutzung des Produkts bestimmen und im Wesentlichen den verbleibenden Nutzen aus ihm ziehen, obwohl er entschieden hat, von der Ausübung seines Rechts auf physische Inbesitznahme des Produkts abzusehen. Das Unternehmen hat folglich nicht die Verfügungsgewalt über das Produkt, sondern bietet dem Kunden Verwahrungsleistungen für seinen Vermögenswert.

B81 Damit ein Kunde im Rahmen einer Bill-and-hold-Vereinbarung die Verfügungsgewalt über ein Produkt erlangen kann, müssen neben der Anwendung der Bestimmungen des Paragraphen 38 alle folgenden Kriterien erfüllt sein:

(a) der Grund für die Bill-and-hold-Vereinbarung muss materiell sein (der Kunde hat z. B. um den Abschluss der Vereinbarung gebeten);

(b) das Produkt muss für sich genommen als dem Kunden gehörend identifiziert werden;

(c) das Produkt muss für die physische Übertragung auf den Kunden bereit sein; und

(d) das Unternehmen darf das Produkt nicht selbst nutzen oder an einen anderen Kunden weiterleiten können.

B82 Erfasst ein Unternehmen Erlöse aus dem Verkauf eines Produkts im Rahmen einer Bill-and-hold-Vereinbarung, muss es klären, ob es noch verbleibende Leistungsverpflichtungen (z. B. für Verwahrungsleistungen) gemäß den Paragraphen 22-30 hat, denen es einen Teil des Transaktionspreises gemäß den Paragraphen 73-86 zuordnen muss.

Abnahme durch den Kunden

B83 Gemäß Paragraph 38(e) kann die Abnahme eines Vermögenswerts durch einen Kunden ein Indikator dafür sein, dass der Kunde die Verfügungsgewalt über den Vermögenswert erlangt hat. Kundenabnahmeklauseln ermöglichen es einem Kunden, einen Vertrag zu stornieren, oder verpflichten ein Unternehmen, Abhilfe zu schaffen, sollte ein Gut oder eine Dienstleistung nicht die vereinbarten Spezifikationen erfüllen. Ein Unternehmen muss solche Klauseln bei der Beurteilung, ob ein Kunde die Verfügungsgewalt über ein Gut oder eine Dienstleistung erlangt hat, berücksichtigen.

B84 Kann ein Unternehmen objektiv feststellen, dass die Verfügungsgewalt über ein Gut oder eine Dienstleistung gemäß den vertraglich vereinbarten Produktspezifikationen auf den Kunden übertragen wurde, so handelt es sich bei der Abnahme durch den Kunden um eine reine Formalität, die die Feststellung des Unternehmens, ob der Kunde die Verfügungsgewalt über das Gut oder die Dienstleistung erlangt hat, nicht beeinflusst. Basiert die Kundenabnahmeklausel beispielsweise darauf, dass bestimmte Größen- und Gewichtsmerkmale eingehalten werden, so kann ein Unternehmen bereits vor Erhalt der Bestätigung der Abnahme durch den Kunden feststellen, ob diese Vorgaben eingehalten wurden. Verfügt das Unternehmen über Erfahrung mit Verträgen für ähnliche Güter oder Dienstleistungen, kann dies einen Anhaltspunkt dafür liefern, dass ein dem Kunden bereitgestelltes Gut oder eine dem Kunden bereitgestellte Dienstleistung die vertraglich vereinbarten Spezifikationen erfüllt. Wird der Erlös bereits vor der Abnahme durch den Kunden erfasst, muss das Unternehmen trotzdem prüfen, ob noch Leistungsverpflichtungen (wie die Installation von Ausrüstung) verbleiben, und beurteilen, ob diese gesondert zu bilanzieren sind.

Kann ein Unternehmen jedoch nicht objektiv bestimmen, dass das dem Kunden bereitgestellte Gut oder die dem Kunden bereitgestellte Dienstleistung den vertraglich vereinbarten Spezifikationen entspricht, dann kann die Feststellung des Unternehmens, ob der Kunde die Verfügungsgewalt erlangt hat, erst nach Erhalt der Bestätigung der Abnahme durch den Kunden erfolgen, denn in diesem Fall lässt sich vorher nicht feststellen, ob der Kunde die Nutzung des Guts oder der Dienstleistung bestimmen und im Wesentlichen den verbleibenden Nutzen daraus ziehen kann. **B85**

Liefert ein Unternehmen Produkte zu Test- oder Beurteilungszwecken an einen Kunden, und muss der Kunde die Gegenleistung nicht vor Ende des Testzeitraums zahlen, so geht die Verfügungsgewalt über das Produkt erst dann auf den Kunden über, wenn er das Produkt abnimmt oder der Testzeitraum endet. **B86**

Aufgliederung der Erlöse

Nach Paragraph 114 hat ein Unternehmen Erlöse aus Verträgen mit Kunden in Kategorien aufzugliedern, die den Einfluss wirtschaftlicher Faktoren auf Art, Höhe, Zeitpunkt und Unsicherheit von Erlösen und Zahlungsströmen widerspiegeln. Inwieweit die Erlöse eines Unternehmens für die Zwecke dieser Angabevorschrift aufgegliedert werden, hängt deshalb von den Tatsachen und Umständen der Verträge des Unternehmens mit Kunden ab. Einige Unternehmen benötigen möglicherweise mehr als einen Kategorietyp, um das in Paragraph 114 genannte Ziel der Erlösaufgliederung zu erreichen. Für andere Unternehmen reicht hier möglicherweise ein einziger Kategorietyp. **B87**

Wenn ein Unternehmen den Typ von Kategorie (oder Kategorien) wählt, den es für die Aufgliederung seiner Erlöse verwenden will, berücksichtigt es dabei, wie es seine Erlöse für andere Zwecke darstellt. Dazu zählt alles Folgende: **B88**

(a) Angaben außerhalb des Abschlusses (beispielsweise in Gewinnmeldungen, Jahresberichten oder Präsentationen für Anleger);

(b) Angaben, die zur Beurteilung der Finanz- und Ertragslage von Geschäftssegmenten regelmäßig von demjenigen überprüft werden, der im Unternehmen die maßgeblichen betrieblichen Entscheidungen trifft; und

(c) andere Angaben, die mit den unter den Buchstaben a und b genannten Informationen vergleichbar sind und von dem Unternehmen oder den Abschlussadressaten dazu verwendet werden, die Finanz- und Ertragslage des Unternehmens zu beurteilen oder Beschlüsse über die Ressourcenallokation zu fassen.

Beispiele für mögliche geeignete Kategorien sind u. a.: **B89**

(a) Art der Güter oder Dienstleistungen (z. B. die wichtigsten Produktlinien);

(b) geografische Region (z. B. Land oder Region);

(c) Markt oder Art des Kunden (z. B. staatliche oder nicht staatliche Kunden);

(d) Art des Vertrags (z. B. Festpreis oder Vergütung auf Zeit- und Materialbasis);

(e) Vertragslaufzeit (z. B. kurz- oder langfristige Verträge);

(f) Zeitpunkt der Übertragung der Güter oder Dienstleistungen (z. B. Übertragung zu einem bestimmten Zeitpunkt oder Übertragung über einen bestimmten Zeitraum); und

(g) Vertriebskanäle (z. B. direkter Verkauf an Verbraucher oder Vertrieb über Zwischenhändler).

Anhang C: Zeitpunkt des Inkrafttretens und Übergangsvorschriften

Dieser Anhang ist integraler Bestandteil des Standards und hat die gleiche bindende Kraft wie die anderen Teile des Standards.

Zeitpunkt des Inkrafttretes

C1 Dieser Standard ist auf Geschäftsjahre anzuwenden, die am oder nach dem 1. Januar 2018 beginnen. Eine frühere Anwendung ist zulässig. Wendet ein Unternehmen diesen Standard zu einem früheren Zeitpunkt an, hat es dies anzugeben.

C1A Durch IFRS 16 *Leasingverhältnisse*, veröffentlicht im Januar 2016, wurden die Paragraphen 5, 97, B66 und B70 geändert. Ein Unternehmen hat die betreffenden Änderungen anzuwenden, wenn es IFRS 16 anwendet.

C1B Mit den im April 2016 veröffentlichten Klarstellungen zu IFRS 15 *Erlöse aus Verträgen mit Kunden* wurden die Paragraphen 26, 27, 29, B1, B34-B38, B52-B53, B58, C2, C5 und C7 geändert, Paragraph B57 gestrichen und die Paragraphen B34A, B35A, B35B, B37A, B59A, B63A, B63B, C7A und C8A angefügt. Diese Änderungen sind auf Geschäftsjahre anzuwenden, die am oder nach dem 1. Januar 2018 beginnen. Eine frühere Anwendung ist zulässig. Wendet ein Unternehmen diese Änderungen früher an, hat es dies anzugeben.

Übergangsvorschriften

C2 Für die Zwecke der Übergangsvorschriften der Paragraphen C3 bis C8A gilt Folgendes:

(a) Zeitpunkt der erstmaligen Anwendung ist der Beginn der Berichtsperiode, in der ein Unternehmen diesen Standard zum ersten Mal anwendet; und

(b) Ein erfüllter Vertrag ist ein Vertrag, bei dem das Unternehmen alle gemäß IAS 11 *Fertigungsaufträge*, IAS 18 *Umsatzerlöse* sowie den dazugehörigen Interpretationen identifizierten Güter und Dienstleistungen übertragen hat.

C3 Ein Unternehmen wendet diesen Standard nach einer der beiden folgenden Methoden an:

(a) rückwirkende Anwendung auf jede gemäß IAS 8 *Rechnungslegungsmethoden, Änderungen von rechnungslegungsbezogenen Schätzungen und Fehler* dargestellte frühere Berichtsperiode, vorbehaltlich der in Paragraph C5 genannten praktischen Behelfe; oder

(b) rückwirkende Anwendung mit Erfassung der kumulierten Auswirkungen der erstmaligen Anwendung zum Zeitpunkt der Erstanwendung gemäß den Paragraphen C7-C8.

C4 Ungeachtet der Anforderungen von IAS 8 Paragraph 28 braucht ein Unternehmen, wenn es den Standard in Übereinstimmung mit Paragraph C3(a) rückwirkend anwendet, die in IAS 8 Paragraph 28(f) vorgesehenen Beträge lediglich für die dem Geschäftsjahr, in dem der Standard zum ersten Mal angewandt wird, „unmittelbar vorausgehende Berichtsperiode" anzugeben. Ein Unternehmen kann diese Angaben für die laufende Berichtsperiode oder für frühere Vergleichsperioden vorlegen, ist dazu aber nicht verpflichtet.

C5 Bei rückwirkender Anwendung dieses Standards gemäß Paragraph C3(a) kann ein Unternehmen auf einen oder mehrere der folgenden praktischen Behelfe zurückgreifen:

(a) Erfüllte Verträge muss das Unternehmen nicht neu bewerten, wenn diese

  (i) innerhalb desselben Geschäftsjahres beginnen und enden; oder

  (ii) zu Beginn der frühesten dargestellten Periode bereits erfüllt waren.

(b) Bei erfüllten Verträgen, die eine variable Gegenleistung beinhalten, kann das Unternehmen den Transaktionspreis zum Zeitpunkt der Vertragserfüllung ansetzen, anstatt die Höhe der variablen Gegenleistung in den Vergleichsperioden zu schätzen.

(c) Bei Verträgen, die vor Beginn der frühesten dargestellten Periode geändert wurden, muss das Unternehmen keine rückwirkende Neubewertung gemäß den Paragraphen 20-21 vornehmen, um den Vertragsänderungen Rechnung zu tragen. Stattdessen hat es in nachstehend genannten Fällen die aggregierte Auswirkung sämtlicher vor Beginn der frühesten dargestellten Periode vorgenommen Änderungen zu berücksichtigen:

(i) wenn es ermittelt, welche Leistungsverpflichtungen erfüllt und welche nicht erfüllt sind;

(ii) wenn es den Transaktionspreis bestimmt; und

(iii) wenn es den Transaktionspreis den erfüllten und nicht erfüllten Leistungsverpflichtungen zuordnet.

(d) Das Unternehmen ist nicht verpflichtet, für alle vor dem Zeitpunkt der erstmaligen Anwendung dargestellten Berichtsperioden den Betrag des Transaktionspreises, der den verbleibenden Leistungsverpflichtungen zugeordnet wurde, offenzulegen oder eine Erklärung abzugeben, wann es mit der Erfassung dieses Betrags als Erlös rechnet (siehe Paragraph 120).

Nimmt ein Unternehmen einen der in Paragraph C5 aufgeführten praktischen Behelfe in Anspruch, so hat es diesen in allen dargestellten Berichtsperioden konsistent auf alle Verträge anzuwenden. Darüber hinaus hat das Unternehmen folgende Angaben zu machen: **C6**

(a) die in Anspruch genommenen praktischen Behelfe; und

(b) eine qualitative Beurteilung der erwarteten Auswirkungen, die sich aus der Inanspruchnahme der einzelnen praktischen Behelfe ergeben, soweit dies nach vernünftigem Ermessen möglich ist.

Beschließt ein Unternehmen, diesen Standard in Übereinstimmung mit Paragraph C3(b) rückwirkend anzuwenden, muss es den kumulierten Effekt der erstmaligen Anwendung des Standards zum Zeitpunkt der Erstanwendung als Anpassung des Eröffnungsbilanzwerts der Gewinnrücklagen (oder anderer angemessener Eigenkapitalbestandteile) erfassen. Nach dieser Übergangsmethode kann ein Unternehmen beschließen, den Standard nur auf Verträge rückwirkend anzuwenden, die zum Zeitpunkt der erstmaligen Anwendung (z. B. 1. Januar 2018 für Unternehmen, deren Geschäftsjahr am 31. Dezember endet) noch nicht erfüllt sind. **C7**

Unternehmen, die diesen Standard gemäß Paragraph C3(b) rückwirkend anwenden, können ebenfalls den in Paragraph C5(c) dargelegten praktischen Behelf anwenden, nämlich entweder auf **C7A**

(a) alle vor Beginn der frühesten dargestellten Periode vorgenommenen Vertragsänderungen; oder

(b) alle vor der erstmaligen Anwendung vorgenommenen Vertragsänderungen.

Greift ein Unternehmen auf diesen praktischen Behelf zurück, hat es diesen konsistent auf alle Verträge anzuwenden und die in Paragraph C6 vorgeschriebenen Angaben zu machen.

Wird dieser Standard in Übereinstimmung mit Paragraph C3(b) rückwirkend angewandt, muss das Unternehmen in der Berichtsperiode der erstmaligen Anwendung zusätzlich die beiden folgenden Angaben machen: **C8**

(a) für jeden einzelnen betroffenen Abschlussposten den aus der Anwendung dieses Standards resultierenden Anpassungsbetrag, der sich im Vergleich zu den vor der Änderung geltenden Bestimmungen in IAS 11, IAS 18 und den dazugehörigen Interpretationen ergibt; und

(b) Erläuterung der Gründe für die in C8(a) identifizierten wesentlichen Änderungen.

Klarstellungen zum IFRS 15 (siehe Paragraph C1B) sind gemäß IAS 8 rückwirkend anzuwenden. Bei der rückwirkenden Anwendung der Änderungen sind diese anzuwenden, als seien sie schon zum Zeitpunkt der erstmaligen Anwendung im IFRS 15 enthalten gewesen. Folglich wenden die Unternehmen die Änderungen gemäß den Paragraphen C2-C8 nicht auf Berichtsperioden oder Verträge an, auf die IFRS 15 keine Anwendung findet. Wendet z. B. ein Unternehmen IFRS 15 gemäß Paragraph C3(b) nur auf Verträge an, die zum Zeitpunkt der erstmaligen Anwendung nicht erfüllt sind, so bewertet es die erfüllten Verträge zum Zeitpunkt der erstmaligen Anwendung des IFRS 15 nicht neu, um diese Änderungen einzubeziehen. **C8A**

Verweise auf IFRS 9

C9 Wendet ein Unternehmen diesen Standard an, bevor es IFRS 9 *Finanzinstrumente* anwendet, sollte jeder Verweis auf IFRS 9 in diesem Standard als Verweis auf IAS 39 *Finanzinstrumente: Ansatz und Bewertung* verstanden werden.

Ersetzung anderer Standards

C10 Dieser Standard ersetzt die folgenden Standards:

(a) IAS 11 *Fertigungsaufträge*;

(b) IAS 18 *Umsatzerlöse*;

(c) IFRIC 13 *Kundenbindungsprogramme*;

(d) IFRIC 15 *Verträge über die Errichtung von Immobilien*;

(e) IFRIC 18 *Übertragung von Vermögenswerten durch einen Kunden*; und

(f) SIC-31 *Umsatzerlöse – Tausch von Werbedienstleistungen*.

International Financial Reporting Standard 16
Leasingverhältnisse (IFRS 16)

v. 31.10.2017 (ABl L Nr. 291 S. 1)

Amtliche Fassung

Zielsetzung

1 In diesem Standard werden die Grundsätze für den Ansatz, die Bewertung, die Darstellung und die Angabe von Leasingverhältnissen dargelegt. Ziel ist es sicherzustellen, dass die von Leasingnehmern und Leasinggebern zur Verfügung gestellten Informationen ein getreues Bild der Transaktionen vermitteln. Diese Informationen sollen den Abschlussadressaten die Beurteilung ermöglichen, wie Leasingverhältnisse sich auf die Vermögens-, Finanz- oder Ertragslage und die Cashflows eines Unternehmens auswirken.

2 Bei der Anwendung dieses Standards hat ein Unternehmen die Bedingungen von Verträgen sowie alle maßgeblichen Fakten und Umstände zu berücksichtigen. Auf ähnlich ausgestaltete Verträge und unter ähnlichen Umständen ist dieser Standard konsistent anzuwenden.

Anwendungsbereich

3 Dieser Standard gilt für Leasingverhältnisse jeder Art, einschließlich solcher, bei denen Nutzungsrechte im Rahmen eines Unterleasingverhältnisses weitervermietet werden. Davon ausgenommen sind:

(a) Leasingverhältnisse zur Exploration oder Nutzung von Mineralien, Öl, Erdgas und ähnlichen nicht regenerativen Ressourcen;

(b) Leasingverhältnisse bei biologischen Vermögenswerten im Anwendungsbereich von IAS 41 *Landwirtschaft*, die von einem Leasingnehmer gehalten werden;

(c) Dienstleistungskonzessionsvereinbarungen, im Anwendungsbereich von IFRIC 12 *Dienstleistungskonzessionsvereinbarungen*;

(d) Lizenzen zur Nutzung geistigen Eigentums, die ein Leasinggeber im Anwendungsbereich von IFRS 15 *Erlöse aus Verträgen mit Kunden* vergibt; und

(e) Rechte, die ein Leasingnehmer im Rahmen von Lizenzvereinbarungen im Anwendungsbereich von IAS 38 *Immaterielle Vermögenswerte* beispielsweise für Filme, Videoaufnahmen, Theaterstücke, Manuskripte, Patente und Urheberrechte hält.

4 Dem Leasingnehmer steht es frei, diesen Standard auch auf Leasingverhältnisse anwenden, die andere immaterielle Vermögenswerte als die in Paragraph 3(e) genannten zum Gegenstand haben.

Freistellungen vom Ansatz (Paragraphen B3-B8)

5 Ein Leasingnehmer kann beschließen, die Paragraphen 22-49 nicht anzuwenden auf:

(a) kurzfristige Leasingverhältnisse und

(b) Leasingverhältnisse, bei denen der zugrunde liegende Vermögenswert von geringem Wert ist (Beschreibung siehe Paragraphen B3-B8).

Beschließt ein Leasingnehmer, die Paragraphen 22-49 nicht auf kurzfristige Leasingverhältnisse oder auf Leasingverhältnisse, denen ein Vermögenswert von geringem Wert zugrunde liegt, anzuwenden, so hat er die mit diesen Leasingverhältnissen verbundenen Leasingzahlungen entweder linear über die Laufzeit des Leasingverhältnisses oder auf einer anderen systematischen Basis als Aufwand zu erfassen. Sollte eine andere systematische Basis für das Muster, nach dem der Leasingnehmer Nutzen aus dem Leasingverhältnis zieht, repräsentativer sein, so ist diese heranzuziehen. **6**

Bilanziert ein Leasingnehmer kurzfristige Leasingverhältnisse gemäß Paragraph 6, so hat er das Leasingverhältnis für die Zwecke dieses Standards als neues Leasingverhältnis zu betrachten, wenn **7**

(a) eine Änderung des Leasingverhältnisses vorliegt oder

(b) die Laufzeit des Leasingverhältnisses geändert wird (der Leasingnehmer beispielsweise eine Option ausübt, die bei Festlegung der Laufzeit nicht berücksichtigt wurde).

Die Entscheidung, ein Leasingverhältnis als kurzfristig zu betrachten, erfolgt nach den Klassen der zugrunde liegenden Vermögenswerte, für die das Nutzungsrecht besteht. Unter einer Klasse zugrunde liegender Vermögenswerte ist eine Gruppe ähnlich gearteter Vermögenswerte zu verstehen, die im Rahmen der Geschäftstätigkeit eines Unternehmens ähnlich genutzt werden. Die Entscheidung, den Wert eines zugrunde liegenden Vermögenswerts als gering einzustufen, kann auf Einzelfallbasis erfolgen. **8**

Identifizierung eines Leasingverhältnisses (Paragraphen B9-B33)

Ein Unternehmen muss bei Vertragsbeginn beurteilen, ob der Vertrag ein Leasingverhältnis begründet oder beinhaltet. Dies ist der Fall, wenn der Vertrag dazu berechtigt, die Nutzung eines identifizierten Vermögenswerts gegen Zahlung eines Entgelts für einen bestimmten Zeitraum zu kontrollieren. Die Paragraphen B9-B31 enthalten Leitlinien für die Beurteilung, ob ein Vertrag ein Leasingverhältnis begründet oder beinhaltet. **9**

Ein Zeitraum lässt sich im Hinblick auf den Nutzungsumfang eines identifizierten Vermögenswerts beschreiben (wie die Anzahl der Einheiten, die mit dem Ausrüstungsgegenstand produziert werden sollen). **10**

Ein Unternehmen hat nur bei Änderung der Vertragsbedingungen erneut zu beurteilen, ob ein Vertrag ein Leasingverhältnis begründet oder beinhaltet. **11**

Trennung von Leasing- und Nichtleasingkomponenten eines Vertrags

Bei Verträgen, die ein Leasingverhältnis begründen oder beinhalten, hat ein Unternehmen jede Leasingkomponente des Vertrags getrennt von den Nichtleasingkomponenten des Vertrags als Leasingverhältnis zu bilanzieren, es sei denn, es wendet den praktischen Behelf in Paragraph 15 an. Die Paragraphen B32-B33 enthalten Leitlinien für die Trennung von Leasing- und Nichtleasingkomponenten eines Vertrags. **12**

Leasingnehmer

Bei Verträgen, die eine Leasingkomponente und eine oder mehrere zusätzliche Leasing- oder Nichtleasingkomponenten beinhalten, hat der Leasingnehmer das vertraglich vereinbarte Entgelt auf Basis des relativen Einzelveräußerungspreises der Leasingkomponente und des aggregierten Einzelveräußerungspreises der Nichtleasingkomponenten auf die einzelnen Leasingkomponenten aufzuteilen. **13**

Der relative Einzelveräußerungspreis von Leasing- und Nichtleasingkomponenten ist anhand des Preises zu bestimmen, den der Leasinggeber oder ein ähnlicher Lieferant dem Unternehmen für diese oder eine ähnliche Komponente gesondert berechnen würde. Ist ein beobachtbarer **14**

Einzelveräußerungspreis nicht ohne Weiteres verfügbar, muss der Leasingnehmer den Einzelveräußerungspreis schätzen und dabei so viele beobachtbare Daten wie möglich heranziehen.

15 Behelfsweise kann ein Leasingnehmer für einzelne Klassen zugrunde liegender Vermögenswerte beschließen, von einer Trennung von Nichtleasing- und Leasingkomponenten abzusehen und stattdessen jede Leasingkomponente und alle damit verbundenen Nichtleasingkomponenten als eine einzige Leasingkomponente zu bilanzieren. Bei eingebetteten Derivaten, die die in IFRS 9 *Finanzinstrumente* Paragraph 4.3.3 genannten Kriterien erfüllen, darf nicht auf diesen praktischen Behelf zurückgegriffen werden.

16 Nichtleasingkomponenten sind vom Leasingnehmer nach anderen geltenden Standards zu bilanzieren, es sei denn, er wendet den in Paragraph 15 beschriebenen praktischen Behelf an.

Leasinggeber

17 Bei Verträgen, die eine Leasingkomponente und eine oder mehrere zusätzliche Leasing- oder Nichtleasingkomponenten beinhalten, hat der Leasinggeber das vertraglich vereinbarte Entgelt gemäß IFRS 15 Paragraphen 73–90 aufzuteilen.

Laufzeit des Leasingverhältnisses (Paragraphen B34-B41)

18 Die Laufzeit des Leasingverhältnisses ist von dem Unternehmen unter Zugrundelegung der unkündbaren Grundlaufzeit dieses Leasingverhältnisses sowie unter Einbeziehung der beiden folgenden Zeiträume zu bestimmen:

(a) die Zeiträume, die sich aus einer Option zur Verlängerung des Leasingverhältnisses ergeben, sofern der Leasingnehmer hinreichend sicher ist, dass er diese Option ausüben wird; und

(b) die Zeiträume, die sich aus einer Option zur Kündigung des Leasingverhältnisses ergeben, sofern der Leasingnehmer hinreichend sicher ist, dass er diese Option nicht ausüben wird.

19 Bei der Beurteilung, ob ein Leasingnehmer hinreichend sicher ist, dass er eine Verlängerungsoption ausüben oder eine Kündigungsoption nicht ausüben wird, hat ein Unternehmen allen in den Paragraphen B37-B40 beschriebenen maßgeblichen Fakten und Umständen Rechnung zu tragen, die dem Leasingnehmer einen wirtschaftlichen Anreiz zur Ausübung bzw. Nichtausübung der Verlängerungs- bzw. Kündigungsoption geben.

20 Ein Leasingnehmer hat erneut zu beurteilen, ob er hinreichend sicher ist, dass er eine Verlängerungsoption ausüben oder eine Kündigungsoption nicht ausüben wird, wenn ein signifikantes Ereignis oder eine signifikante Änderung von Umständen eintritt, das bzw. die

(a) innerhalb seiner Kontrolle liegt und

(b) sich darauf auswirkt, ob er hinreichend sicher ist, dass er eine bei Festlegung der Laufzeit ursprünglich nicht berücksichtigte Option ausüben oder eine bei Festlegung der Laufzeit ursprünglich berücksichtigte Option nicht ausüben wird (siehe Paragraph B41).

21 Ändert sich die unkündbare Grundlaufzeit eines Leasingverhältnisses, hat das Unternehmen auch die Laufzeit des Leasingverhältnisses zu überprüfen. Die unkündbare Grundlaufzeit eines Leasingverhältnisses ändert sich beispielsweise dann, wenn

(a) der Leasingnehmer eine Option, die das Unternehmen bei der Festlegung der Laufzeit ursprünglich nicht berücksichtigt hatte, ausübt;

(b) der Leasingnehmer eine Option, die das Unternehmen bei der Festlegung der Laufzeit ursprünglich berücksichtigt hatte, nicht ausübt;

(c) ein Ereignis eintritt, das den Leasingnehmer vertraglich zur Ausübung einer Option verpflichtet, die das Unternehmen bei der Festlegung der Laufzeit ursprünglich nicht berücksichtigt hatte; oder

(d) ein Ereignis eintritt, das dem Leasingnehmer vertraglich die Ausübung einer Option untersagt, die das Unternehmen bei der Festlegung der Laufzeit ursprünglich berücksichtigt hatte.

Leasingnehmer

Ansatz

Am Bereitstellungsdatum muss der Leasingnehmer einen Vermögenswert für das gewährte Nutzungsrecht sowie eine Leasingverbindlichkeit erfassen. **22**

Bewertung

Erstmalige Bewertung

Erstmalige Bewertung des Nutzungsrechts

Am Bereitstellungsdatum muss der Leasingnehmer das Nutzungsrecht zu Anschaffungskosten bewerten. **23**

Die Kosten des Nutzungsrechts umfassen: **24**

(a) den Betrag, der sich aus der in Paragraph 26 beschriebenen erstmaligen Bewertung der Leasingverbindlichkeit ergibt;

(b) alle bei oder vor der Bereitstellung geleisteten Leasingzahlungen abzüglich aller etwaigen erhaltenen Leasinganreize;

(c) alle dem Leasingnehmer entstandenen anfänglichen direkten Kosten; und

(d) die geschätzten Kosten, die dem Leasingnehmer bei Demontage und Beseitigung des zugrunde liegenden Vermögenswerts, bei Wiederherstellung des Standorts, an dem dieser sich befindet, oder bei Rückversetzung des zugrunde liegenden Vermögenswert in den in der Leasingvereinbarung verlangten Zustand entstehen werden, es sei denn, diese Kosten werden durch die Herstellung von Vorräten verursacht. Die Pflicht zur Übernahme dieser Kosten entsteht dem Leasingnehmer entweder am Bereitstellungsdatum oder durch Nutzung des zugrunde liegenden Vermögenswerts während eines bestimmten Zeitraums.

Ein Leasingnehmer hat die in Paragraph 24(d) beschriebenen Kosten als Teil der Kosten des Nutzungsrechts zu erfassen, wenn für ihn im Zusammenhang mit diesen Kosten eine Verpflichtung entsteht. Kosten, die während eines bestimmten Zeitraums entstehen, weil in diesem Zeitraum unter Inanspruchnahme des Nutzungsrechts Vorräte produziert wurden, werden vom Leasingnehmer gemäß IAS 2 *Vorräte* bilanziert. Die Verpflichtungen im Zusammenhang mit solchen gemäß diesem Standard oder IAS 2 bilanzierten Kosten werden gemäß IAS 37 *Rückstellungen, Eventualverbindlichkeiten und Eventualforderungen* erfasst und bewertet. **25**

Erstmalige Bewertung der Leasingverbindlichkeit

Am Bereitstellungsdatum muss der Leasingnehmer die Leasingverbindlichkeit zum Barwert der zu diesem Zeitpunkt noch nicht geleisteten Leasingzahlungen bewerten. Die Leasingzahlungen werden zu dem dem Leasingverhältnis zugrunde liegenden Zinssatz abgezinst, sofern sich dieser ohne Weiteres bestimmen lässt. Lässt sich dieser Satz nicht ohne Weiteres bestimmen, ist der Grenzfremdkapitalzinssatz des Leasingnehmers heranzuziehen. **26**

Am Bereitstellungsdatum umfassen die bei der Bewertung der Leasingverbindlichkeit zu berücksichtigenden Leasingzahlungen die nachstehend genannten, am Bereitstellungsdatum noch nicht geleisteten Zahlungen für das Recht auf Nutzung des zugrunde liegenden Vermögenswerts: **27**

(a) feste Zahlungen (einschließlich der in Paragraph B42 beschriebenen, de facto festen Zahlungen) abzüglich etwaiger zu erhaltender Leasinganreize;

(b) variable Leasingzahlungen, die an einen Index oder (Zins-)Satz gekoppelt sind und deren erstmalige Bewertung anhand des am Bereitstellungsdatum gültigen Indexes oder (Zins-)Satzes vorgenommen wird (siehe Paragraph 28);
(c) Beträge, die der Leasingnehmer im Rahmen von Restwertgarantien voraussichtlich wird entrichten müssen;
(d) der Ausübungspreis einer Kaufoption, wenn der Leasingnehmer hinreichend sicher ist, dass er diese auch tatsächlich wahrnehmen wird (was anhand der in den Paragraphen B37-B40 beschriebenen Faktoren beurteilt wird); und
(e) Strafzahlungen für eine Kündigung des Leasingverhältnisses, wenn in der Laufzeit berücksichtigt ist, dass der Leasingnehmer eine Kündigungsoption wahrnehmen wird.

28 Zu den in Paragraph 27(b) beschriebenen, an einen Index oder (Zins-)Satz gekoppelten variablen Leasingzahlungen zählen u. a. Zahlungen, die an einen Verbraucherpreisindex gekoppelt sind, Zahlungen, die an einen Referenzzinssatz (wie den LIBOR) gekoppelt sind, oder Zahlungen, die der Entwicklung bei den marktüblichen Mietpreisen folgen.

Folgebewertung

Folgebewertung des Nutzungsrechts

29 Nach dem Bereitstellungsdatum hat ein Leasingnehmer – sofern er keines der in den Paragraphen 34 und 35 beschriebenen Bewertungsmodelle verwendet – das Nutzungsrecht nach dem Anschaffungskostenmodell zu bewerten.

Anschaffungskostenmodell

30 Will ein Leasingnehmer nach dem Anschaffungskostenmodell verfahren, muss er das Nutzungsrecht zu Anschaffungskosten bewerten:
(a) abzüglich aller kumulierten Abschreibungen und aller kumulierten Wertminderungsaufwendungen und
(b) berichtigt um jede, in Paragraph 36(c) aufgeführte Neubewertung der Leasingverbindlichkeit.

31 Bei der Abschreibung des Nutzungsrechts muss ein Leasingnehmer vorbehaltlich der Vorschriften in Paragraph 32 nach den Abschreibungsvorschriften des IAS 16 *Sachanlagen* verfahren.

32 Geht das Eigentum an dem zugrunde liegenden Vermögenswert zum Ende der Laufzeit des Leasingverhältnisses auf den Leasingnehmer über oder ist in den Kosten des Nutzungsrechts berücksichtigt, dass der Leasingnehmer eine Kaufoption wahrnehmen wird, so hat er das Nutzungsrecht vom Bereitstellungsdatum bis zum Ende der Nutzungsdauer des zugrunde liegenden Vermögenswerts abzuschreiben. Anderenfalls ist das Nutzungsrecht vom Bereitstellungsdatum bis zum Ende seiner Nutzungsdauer oder – sollte dies früher eintreten – bis zum Ende der Laufzeit des Leasingverhältnisses abzuschreiben.

33 Ein Leasingnehmer hat nach IAS 36 *Wertminderung von Vermögenswerten* zu bestimmen, ob das Nutzungsrecht wertgemindert ist, und jeden festgestellten Wertminderungsaufwand zu erfassen.

Andere Bewertungsmodelle

34 Wendet ein Leasingnehmer auf seine als Finanzinvestition gehaltenen Immobilien das in IAS 40 *Als Finanzinvestition gehaltene Immobilien* enthaltene Zeitwertmodell an, so hat er dieses Modell auch auf Nutzungsrechte anzuwenden, die der Definition von als Finanzinvestition gehaltenen Immobilien in IAS 40 entsprechen.

Beziehen sich Nutzungsrechte auf eine Sachanlageklasse, auf die der Leasingnehmer das in IAS 16 enthaltene Neubewertungsmodell anwendet, so kann er beschließen, dieses Modell auf alle Nutzungsrechte anzuwenden, die sich auf diese Anlagenklasse beziehen. 35

Folgebewertung der Leasingverbindlichkeit

Nach dem Bereitstellungsdatum bewertet der Leasingnehmer die Leasingverbindlichkeit wie folgt: 36

(a) er erhöht den Buchwert, um dem Zinsaufwand für die Leasingverbindlichkeit Rechnung zu tragen;

(b) er verringert den Buchwert, um den geleisteten Leasingzahlungen Rechnung zu tragen; und

(c) er bewertet den Buchwert neu, um jeder, in den Paragraphen 39-46 dargelegten Neubewertung oder Änderung des Leasingverhältnisses oder geänderten, de facto festen Leasingzahlungen Rechnung zu tragen (siehe Paragraph B42).

Die während der Laufzeit des Leasingverhältnisses in jeder Periode auf die Leasingverbindlichkeit zu entrichtenden Zinsen sind so zu bemessen, dass über die Perioden ein konstanter Zinssatz auf die verbleibende Leasingverbindlichkeit entsteht. Der Periodenzinssatz ist der in Paragraph 26 beschriebene Abzinsungssatz oder – falls anwendbar – der in den Paragraphen 41, 43 oder 45(c) beschriebene geänderte Abzinsungssatz. 37

Nach dem Bereitstellungsdatum sind sowohl 38

(a) die Zinsen für die Leasingverbindlichkeit als auch

(b) variable Leasingzahlungen, die nicht in die Bewertung der Leasingverbindlichkeit in der Periode eingeflossen sind, in der das Ereignis oder die Bedingung, das bzw. die diese Zahlungen auslöst, eintrat, vom Leasingnehmer erfolgswirksam zu erfassen, es sei denn, die Kosten sind gemäß anderer anwendbarer Standards im Buchwert eines anderen Vermögenswerts enthalten.

Neubewertung der Leasingverbindlichkeit

Nach dem Bereitstellungsdatum muss der Leasingnehmer die Leasingverbindlichkeit nach den Paragraphen 40-43 neu bewerten, um Änderungen bei den Leasingzahlungen Rechnung zu tragen. Das Nutzungsrecht ist vom Leasingnehmer um den aus der Neubewertung der Leasingverbindlichkeit resultierenden Betrag zu berichtigen. Verringert sich der Buchwert des Nutzungsrechts allerdings auf null und geht die Bewertung der Leasingverbindlichkeit weiter zurück, hat der Leasingnehmer jeden aus der Neubewertung resultierenden Restbetrag erfolgswirksam zu erfassen. 39

Der Leasingnehmer hat die Leasingverbindlichkeit neu zu bewerten und zu diesem Zweck die geänderten Leasingzahlungen zu einem geänderten Satz abzuzinsen, wenn entweder 40

(a) bei der Laufzeit des Leasingverhältnisses eine in den Paragraphen 20-21 beschriebene Änderung eintritt. Die geänderten Leasingzahlungen sind vom Leasingnehmer ausgehend von der geänderten Laufzeit des Leasingverhältnisses zu bestimmen; oder

(b) bei der Beurteilung einer Kaufoption für den zugrunde liegenden Vermögenswert eine Änderung eintritt, wobei bei der Beurteilung den in den Paragraphen 20-21 beschriebenen Ereignissen und Umständen im Kontext einer Kaufoption Rechnung getragen wird. Der Leasingnehmer muss die geänderten Leasingzahlungen bestimmen, um der Veränderung bei den im Rahmen der Kaufoption zahlbaren Beträgen Rechnung zu tragen.

Bei der Anwendung des Paragraphen 40 hat der Leasingnehmer den geänderten Abzinsungssatz für die Restlaufzeit des Leasingverhältnisses als den dem Leasingverhältnis zugrunde liegenden Zinssatz zu bestimmen, sofern sich dieser ohne Weiteres bestimmen lässt, oder den Grenzfremdkapitalzinssatz des Leasingnehmers zum Zeitpunkt der Neubeurteilung, sollte sich der dem Leasingverhältnis zugrunde liegende Zinssatz nicht ohne Weiteres bestimmen lassen. 41

42 Der Leasingnehmer hat die Leasingverbindlichkeit neu zu bewerten und zu diesem Zweck die geänderten Leasingzahlungen abzuzinsen, wenn entweder

(a) bei den Beträgen, die im Rahmen einer Restwertgarantie voraussichtlich zu entrichten sind, eine Änderung eintritt. Der Leasingnehmer muss die geänderten Leasingzahlungen bestimmen, um der Veränderung bei den im Rahmen der Restwertgarantie voraussichtlich zu entrichtenden Beträgen Rechnung zu tragen; oder

(b) bei den künftigen Leasingzahlungen bedingt durch eine Veränderung bei einem zur Bestimmung dieser Zahlungen verwendeten Index oder (Zins-)Satz eine Veränderung eintritt, wozu auch Veränderungen zählen, die Veränderungen bei den Marktmieten im Anschluss an eine Mietpreis-Erhebung widerspiegeln. Diesen geänderten Leasingzahlungen muss der Leasingnehmer nur dann durch Neubewertung der Leasingverbindlichkeit Rechnung tragen, wenn bei den Cashflows eine Veränderung eintritt (d. h. wenn die Anpassung der Leasingzahlungen wirksam wird). Der Leasingnehmer hat die geänderten Leasingzahlungen für die Restlaufzeit des Leasingverhältnisses ausgehend von den geänderten vertraglichen Zahlungen zu bestimmen.

43 Bei der Anwendung des Paragraphen 42 hat der Leasingnehmer einen unveränderten Abzinsungssatz zu verwenden, es sei denn, die Veränderung bei den Leasingzahlungen ist auf eine Veränderung bei variablen Zinssätzen zurückzuführen. In diesem Fall ist ein geänderter Abzinsungssatz zu verwenden, der dem veränderten Zinssatz Rechnung trägt.

Änderung von Leasingverhältnissen

44 Die Änderung eines Leasingverhältnisses ist vom Leasingnehmer als gesondertes Leasingverhältnis zu bilanzieren, wenn die folgenden Voraussetzungen beide erfüllt sind:

(a) Durch die Änderung wird ein zusätzliches Recht auf Nutzung eines oder mehrerer zugrunde liegender Vermögenswerte eingeräumt, wodurch sich der Umfang des Leasingverhältnisses erhöht, und

(b) aufgrund der Umstände des betreffenden Vertrags erhöht sich das zu zahlende Entgelt um einen Betrag, der dem Einzelveräußerungspreis der Umfangserhöhung sowie allen angemessenen Anpassungen dieses Einzelveräußerungspreises entspricht.

45 Bei Änderungen von Leasingverhältnissen, die nicht als gesondertes Leasingverhältnis bilanziert werden, hat der Leasingnehmer zum effektiven Zeitpunkt der Änderung

(a) das Entgelt gemäß den Paragraphen 13-16 im geänderten Vertrag aufzuteilen;

(b) die Laufzeit des geänderten Leasingverhältnisses gemäß den Paragraphen 18-19 zu bestimmen; und

(c) die Leasingverbindlichkeit neu zu bewerten und zu diesem Zweck die geänderten Leasingzahlungen zu einem modifizierten Satz abzuzinsen. Bestimmt wird der modifizierte Abzinsungssatz als der für die Restlaufzeit des Leasingverhältnisses dem Leasingverhältnis zugrunde liegende Zinssatz, wenn sich dieser ohne Weiteres bestimmen lässt, oder als Grenzfremdkapitalzinssatz des Leasingnehmers zum effektiven Zeitpunkt der Änderung, sollte sich der dem Leasingverhältnis zugrunde liegende Zinssatz nicht ohne Weiteres bestimmen lassen.

46 Bei Änderungen von Leasingverhältnissen, die nicht als gesondertes Leasingverhältnis bilanziert werden, hat der Leasingnehmer die Neubewertung der Leasingverbindlichkeit zu bilanzieren, indem er

(a) den Buchwert des Nutzungsrechts herabsetzt, um der durch Änderungen, die den Umfang des Leasingverhältnisses verringern, bedingten teilweisen oder vollständigen Beendigung des Leasingverhältnisses Rechnung zu tragen. Alle etwaigen Gewinne oder Verluste, die mit der teilweisen oder vollständigen Beendigung des Leasingverhältnisses in Zusammenhang stehen, sind vom Leasingnehmer erfolgswirksam zu erfassen.

(b) bei allen anderen Änderungen von Leasingverhältnissen eine entsprechende Anpassung des Nutzungsrechts vornimmt.

Darstellung

Ein Leasingnehmer hat **47**

(a) Nutzungsrechte entweder in der Bilanz oder im Anhang getrennt von anderen Vermögenswerten darzustellen. Stellt er die Nutzungsrechte in der Bilanz nicht gesondert dar, so hat er

  (i) diese Nutzungsrechte in den gleichen Bilanzposten aufzunehmen, in dem auch die zugrunde liegenden Vermögenswerte dargestellt würden, wenn sie sein Eigentum wären; und

  (ii) anzugeben, in welchen Bilanzposten diese Nutzungsrechte geführt werden;

(b) Leasingverbindlichkeiten entweder in der Bilanz oder im Anhang getrennt von anderen Verbindlichkeiten darzustellen. Stellt der Leasingnehmer Leasingverbindlichkeiten in der Bilanz nicht gesondert dar, hat er anzugeben, in welchen Bilanzposten diese Verbindlichkeiten enthalten sind.

Die in Paragraph 47(a) festgelegte Anforderung gilt nicht für Nutzungsrechte, die der Definition einer als Finanzinvestition gehaltenen Immobilie entsprechen, die in der Bilanz auch als solche auszuweisen ist. **48**

In der Darstellung von Gewinn oder Verlust und sonstigem Ergebnis hat der Leasingnehmer Zinsaufwendungen für die Leasingverbindlichkeit getrennt vom Abschreibungsbetrag für das Nutzungsrecht auszuweisen. Zinsaufwendungen für die Leasingverbindlichkeit sind eine Komponente der Finanzierungsaufwendungen, die nach Paragraph 82(b) IAS 1 *Darstellung des Abschlusses* in der Darstellung von Gewinn oder Verlust und sonstigem Ergebnis getrennt darzustellen sind. **49**

In der Kapitalflussrechnung hat der Leasingnehmer **50**

(a) Auszahlungen für den Tilgungsanteil der Leasingverbindlichkeit als Finanzierungstätigkeiten einzustufen;

(b) Auszahlungen für den Zinsanteil der Leasingverbindlichkeit gemäß den Vorgaben für gezahlte Zinsen in IAS 7 *Kapitalflussrechnungen* einzustufen; und

(c) Zahlungen im Rahmen kurzfristiger Leasingverhältnisse, Zahlungen bei Leasingverhältnissen, denen ein Vermögenswert von geringem Wert zugrunde liegt, und variable Leasingzahlungen, die bei der Bewertung der Leasingverbindlichkeit unberücksichtigt geblieben sind, bei den betrieblichen Tätigkeiten einzustufen.

Angaben

Die Angaben, die der Leasingnehmer im Anhang bereitstellt, sollen zusammen mit den in der Bilanz, in der Gewinn- und Verlustrechnung und in der Kapitalflussrechnung enthaltenen Angaben den Abschlussadressaten die Beurteilung ermöglichen, wie Leasingverhältnisse sich auf die Vermögens-, Finanz- oder Ertragslage und die Cashflows des Leasingnehmers auswirken. Die Anforderungen, mit denen dieses Ziel erreicht werden soll, sind den Paragraphen 52-60 zu entnehmen. **51**

Der Leasingnehmer hat in einer einzelnen Anhangangabe oder in einem gesonderten Abschnitt seines Abschlusses Angaben zu den Leasingverhältnissen zu machen, bei denen er Leasingnehmer ist. Angaben, die bereits an anderer Stelle im Abschluss gemacht wurden, müssen allerdings nicht wiederholt werden, sofern sie durch Querverweis in die o. g. Anhangangabe oder den gesonderten Abschnitt über Leasingverhältnisse aufgenommen werden. **52**

53 Ein Leasingnehmer hat für die Berichtsperiode folgende Beträge anzugeben:

(a) Abschreibungsbetrag für das Nutzungsrecht nach Klassen zugrunde liegender Vermögenswerte;

(b) Zinsaufwendungen für Leasingverbindlichkeiten;

(c) Aufwand für kurzfristige Leasingverhältnisse, die nach Paragraph 6 bilanziert werden. Darin nicht enthalten sein muss der Aufwand für Leasingverhältnisse mit maximal einmonatiger Laufzeit;

(d) Aufwand für Leasingverhältnisse über einen Vermögenswert von geringem Wert, die nach Paragraph 6 bilanziert werden. Darin nicht enthalten sein darf der in Paragraph 53(c) enthaltene Aufwand für kurzfristige Leasingverhältnisse, denen ein Vermögenswert von geringem Wert zugrunde liegt;

(e) den nicht in die Bewertung von Leasingverbindlichkeiten einbezogenen Aufwand für variable Leasingzahlungen;

(f) Ertrag aus dem Unterleasing von Nutzungsrechten;

(g) die gesamten Zahlungsmittelabflüsse für Leasingverhältnisse;

(h) Zugänge zu Nutzungsrechten;

(i) Gewinne und Verluste aus Sale-and-Leaseback-Transaktionen; und

(j) Buchwert des Nutzungsrechts am Ende der Berichtsperiode nach Klassen zugrunde liegender Vermögenswerte.

54 Die in Paragraph 53 genannten Angaben sind in Tabellenform vorzulegen, es sei denn, ein anderes Format ist besser geeignet. Die angegebenen Beträge müssen die Kosten einschließen, die der Leasingnehmer im Berichtszeitraum in den Buchwert eines anderen Vermögenswerts aufgenommen hat.

55 Ein Leasingnehmer hat die Höhe seiner Leasingverpflichtungen aus kurzfristigen Leasingverhältnissen, die nach Paragraph 6 bilanziert werden, anzugeben, wenn der Bestand an kurzfristigen Leasingverhältnissen, bei denen am Ende des Berichtszeitraums Verpflichtungen bestehen, sich nicht mit dem Bestand an kurzfristigen Leasingverhältnissen deckt, auf die sich der nach Paragraph 53(c) angegebene Aufwand bezieht.

56 Entsprechen Nutzungsrechte an Leasinggegenständen der Definition einer als Finanzinvestition gehaltenen Immobilie, hat der Leasingnehmer nach den Angabevorschriften des IAS 40 zu verfahren. Für derartige Nutzungsrechte müssen die in Paragraph 53(a), (f), (h) oder (j) genannten Angaben nicht geliefert werden.

57 Führt ein Leasingnehmer für Nutzungsrechte eine Neubewertung gemäß IAS 16 durch, muss er für diese Nutzungsrechte die in IAS 16 Paragraph 77 verlangten Angaben liefern.

58 Eine gemäß den Paragraphen 39 und B11 des IFRS 7 *Finanzinstrumente: Angaben* erstellte Fälligkeitsanalyse für Leasingverbindlichkeiten hat der Leasingnehmer getrennt von den Fälligkeitsanalysen für andere finanzielle Verbindlichkeiten vorzulegen.

59 Zusätzlich zu den in den Paragraphen 53-58 verlangten Angaben hat der Leasingnehmer weitere, zur Erreichung des in Paragraph 51 genannten (in Paragraph B48 beschriebenen) Angabeziels erforderliche qualitative und quantitative Angaben zu seinen Leasingaktivitäten vorzulegen. Diese zusätzlichen Angaben können beispielsweise Informationen umfassen, die den Abschlussadressaten die Beurteilung nachstehend genannter Elemente erleichtern, sind aber nicht auf diese beschränkt:

(a) Art der Leasingaktivitäten des Leasingnehmers;

(b) künftige Zahlungsmittelabflüsse, zu denen es beim Leasingnehmer kommen könnte, die bei der Bewertung der Leasingverbindlichkeit aber unberücksichtigt geblieben sind. Ergeben könnten sich diese Abflüsse aus:

(i) variablen Leasingzahlungen (siehe Paragraph B49);

(ii) Verlängerungs- und Kündigungsoptionen (siehe Paragraph B50);

(iii) Restwertgarantien (siehe Paragraph B51); und
(iv) Leasingverhältnisse, die der Leasingnehmer eingegangen ist, die aber noch nicht begonnen haben.

(c) die mit Leasingverhältnissen verbundenen Beschränkungen oder Zusagen; und
(d) Sale-and-Leaseback-Transaktionen (siehe Paragraph B52).

Bilanziert ein Leasingnehmer kurzfristige Leasingverhältnisse oder Leasingverhältnisse, denen Vermögenswerte von geringem Wert zugrunde liegen, nach Paragraph 6, so hat er dies anzugeben. **60**

Leasinggeber

Einstufung von Leasingverhältnissen (Paragraphen B53-B58)

Jedes Leasingverhältnis ist vom Leasinggeber entweder als Operating-Leasingverhältnis oder als Finanzierungsleasing einzustufen. **61**

Ein Leasingverhältnis wird als Finanzierungsleasing eingestuft, wenn es im Wesentlichen alle mit dem Eigentum verbundenen Risiken und Chancen überträgt. Ist dies nicht der Fall, wird ein Leasingverhältnis als Operating-Leasingverhältnis eingestuft. **62**

Ob es sich bei einem Leasingverhältnis um ein Finanzierungsleasing oder um ein Operating-Leasingverhältnis handelt, hängt eher vom wirtschaftlichen Gehalt der Transaktion als von der Vertragsform ab. Beispiele für Fälle, die für sich genommen oder in Kombination normalerweise zur Einstufung eines Leasingverhältnisses als Finanzierungsleasing führen würden, sind: **63**

(a) Am Ende der Laufzeit des Leasingverhältnisses wird dem Leasingnehmer das Eigentum am zugrunde liegenden Vermögenswert übertragen.
(b) Der Leasingnehmer hat die Option, den zugrunde liegenden Vermögenswert zu einem Preis zu erwerben, der den beizulegenden Zeitwert zum Optionsausübungszeitpunkt voraussichtlich so stark unterschreitet, dass die Ausübung der Option bei Beginn des Leasingverhältnisses hinreichend sicher ist.
(c) Der größte Teil der wirtschaftlichen Nutzungsdauer des zugrunde liegenden Vermögenswerts fällt in die Laufzeit des Leasingverhältnisses, auch wenn das Eigentumsrecht nicht übertragen wird.
(d) Zu Beginn des Leasingverhältnisses entspricht der Barwert der Leasingzahlungen mindestens dem nahezu gesamten beizulegenden Zeitwert des zugrunde liegenden Vermögenswerts.
(e) Der zugrunde liegende Vermögenswert ist so speziell, dass nur der Leasingnehmer ihn ohne wesentliche Veränderungen nutzen kann.

Die nachstehend genannten Fälle sind Indikatoren dafür, dass ein Leasingverhältnis für sich genommen oder in Kombination auch als Finanzierungsleasing eingestuft werden könnte: **64**

(a) Wenn der Leasingnehmer das Leasingverhältnis auflösen kann, werden die Verluste, die dem Leasinggeber durch die Auflösung entstehen, vom Leasingnehmer getragen.
(b) Gewinne oder Verluste, die auf Schwankungen des beizulegenden Zeitwerts des Restwerts zurückzuführen sind, fallen dem Leasingnehmer zu (beispielsweise in Form einer Mietrückerstattung, die einem Großteil des Verkaufserlöses am Ende des Leasingverhältnisses entspricht).
(c) Der Leasingnehmer hat die Möglichkeit, das Leasingverhältnis für eine zweite Mietperiode zu einer Miete fortzuführen, die erheblich unter den marktüblichen Vergleichsmieten liegt.

Die in den Paragraphen 63-64 aufgeführten Beispiele und Indikatoren lassen nicht immer einen endgültigen Schluss zu. Wenn aus anderen Merkmalen klar hervorgeht, dass ein Leasingverhältnis nicht im Wesentlichen alle mit dem Eigentum an dem zugrunde liegenden Vermögenswert **65** verbunden Risiken und Chancen überträgt, wird es als Operating-Leasingverhältnis eingestuft. Dies kann beispielsweise dann der Fall sein, wenn das Eigentum am zugrunde liegenden Vermögenswert am Ende des Leasingverhältnisses gegen eine variable Zahlung in der Höhe des jeweils beizulegenden Zeitwerts übertragen wird oder wenn variable Leasingzahlungen dazu führen, dass der Leasinggeber nicht im Wesentlichen alle derartigen Risiken und Chancen überträgt.

66 Die Einstufung erfolgt zu Beginn des Leasingverhältnisses und wird nur bei einer Änderung des Leasingverhältnisses neubewertet. Änderungen von Schätzungen (wie Änderungen einer Schätzung der wirtschaftlichen Nutzungsdauer oder des Restwerts des zugrunde liegenden Vermögenswerts) oder geänderte Umstände (wie ein Zahlungsausfall des Leasingnehmers) führen jedoch nicht zu einer Neueinstufung des Leasingverhältnisses für Rechnungslegungszwecke.

Finanzierungsleasing

Ansatz und Bewertung

67 Am Bereitstellungsdatum hat der Leasinggeber die im Rahmen eines Finanzierungsleasings gehaltenen Vermögenswerte in seiner Bilanz anzusetzen und sie als Forderung in Höhe der Nettoinvestition in das Leasingverhältnis darzustellen.

Erstmalige Bewertung

68 Zur Bewertung der Nettoinvestition in das Leasingverhältnis zieht der Leasinggeber den dem Leasingverhältnis zugrunde liegenden Zinssatz heran. Lässt sich bei einem Unterleasingverhältnis der zugrunde liegende Zinssatz nicht ohne Weiteres bestimmen, kann der Unterleasinggeber zur Bewertung der Nettoinvestition in das Unterleasingverhältnis den für das Hauptleasingverhältnis verwendeten (um alle etwaigen mit dem Unterleasingverhältnis verbundenen anfänglichen direkten Kosten berichtigten) Abzinsungssatz verwenden.

69 Anfängliche direkte Kosten fließen in die anfängliche Bewertung der Nettoinvestition in das Leasingverhältnis ein und vermindern die über die Laufzeit des Leasingverhältnisses erfassten Erträge; davon ausgenommen sind solche, die bei Leasinggebern, die Hersteller oder Händler sind, anfallen. Der dem Leasingverhältnis zugrunde liegende Zinssatz wird so festgelegt, dass die anfänglichen direkten Kosten automatisch in die Nettoinvestition in das Leasingverhältnis einbezogen werden; sie müssen nicht gesondert hinzugerechnet werden.

Erstmalige Bewertung der Leasingzahlungen, die in die Nettoinvestition in das Leasingverhältnis einbezogen werden

70 Am Bereitstellungsdatum umfassen die in die Bewertung der Leasingverbindlichkeit einbezogenen Leasingzahlungen die nachstehend genannten Zahlungen für das Recht auf Nutzung des zugrunde liegenden Vermögenswerts während der Laufzeit des Leasingverhältnisses, die am Bereitstellungsdatum nicht vereinnahmt werden:

(a) feste Zahlungen (einschließlich der in Paragraph B42 beschriebenen, de facto festen Zahlungen) abzüglich etwaiger zu zahlender Leasinganreize;

(b) variable Leasingzahlungen, die an einen Index oder (Zins-)Satz gekoppelt sind und deren erstmalige Bewertung anhand des am Bereitstellungsdatum gültigen Indexes oder Zinssatzes erfolgt;

(c) alle etwaigen Restwertgarantien, die der Leasinggeber vom Leasingnehmer, einer mit dem Leasingnehmer verbundenen Partei oder einem nicht mit dem Leasinggeber verbundenen Dritten, der bzw. die finanziell zur Erfüllung der mit der Garantie verbundenen Verpflichtungen in der Lage ist, erhält;

(d) den Ausübungspreis einer Kaufoption, wenn der Leasingnehmer hinreichend sicher ist, dass er diese auch tatsächlich ausüben wird (was anhand der in Paragraph B37 beschriebenen Faktoren beurteilt wird); und

(e) Strafzahlungen für eine Kündigung des Leasingverhältnisses, wenn aus der Laufzeit hervorgeht, dass der Leasingnehmer eine Kündigungsoption wahrnimmt.

Leasinggeber, die Hersteller oder Händler sind

Leasinggeber, die Hersteller oder Händler sind, haben am Bereitstellungsdatum für jedes ihrer Finanzierungsleasingverhältnisse Folgendes zu erfassen: 71

(a) den Umsatzerlös, d. h. den beizulegenden Zeitwert des zugrunde liegenden Vermögenswerts oder, wenn niedriger, der dem Leasinggeber zufallende Barwert der Leasingzahlungen, zu einem marktüblichen Satz abgezinst;

(b) die Umsatzkosten, d. h. die Anschaffungs- oder Herstellungskosten bzw., falls abweichend, der Buchwert des zugrunde liegenden Vermögenswerts abzüglich des Barwerts des nicht garantierten Restwerts; und

(c) Veräußerungsgewinne oder -verluste (d. h. die Differenz zwischen dem Umsatzerlös und den Umsatzkosten) gemäß ihrer Methode zur Erfassung direkter Verkaufsgeschäfte, für die IFRS 15 gilt. Leasinggeber, bei denen es sich um Hersteller oder Händler handelt, müssen Veräußerungsgewinne oder -verluste aus Finanzierungsleasingverhältnissen am Bereitstellungsdatum erfassen, unabhängig davon, ob der zugrunde liegende Vermögenswert gemäß IFRS 15 übertragen wird oder nicht.

Händler oder Hersteller lassen ihren Kunden häufig die Wahl zwischen Erwerb oder Leasing eines Vermögenswerts. Ist der Leasinggeber bei einem Finanzierungsleasing ein Hersteller oder Händler, entsteht ein Gewinn oder Verlust, der dem Gewinn oder Verlust aus dem direkten Verkauf des zugrunde liegenden Vermögenswerts zu normalen Verkaufspreisen entspricht und alle anwendbaren Mengen- oder Handelsrabatte widerspiegelt. 72

Leasinggeber, die Händler oder Hersteller sind, bieten manchmal künstlich niedrige Zinssätze an, um das Interesse von Kunden zu wecken. Die Anwendung eines solchen Zinssatzes hätte zur Folge, dass der Leasinggeber am Bereitstellungsdatum einen übermäßig hohen Anteil des Gesamtertrags aus der Transaktion erfasst. Bietet ein Hersteller oder Händler als Leasinggeber künstlich niedrige Zinsen an, hat er den Veräußerungsgewinn auf den Betrag zu beschränken, der bei einem marktüblichen Zinssatz erzielt würde. 73

Kosten, die einem Hersteller oder Händler als Leasinggeber bei der Erlangung eines Finanzierungsleasings am Bereitstellungsdatum entstehen, sind als Aufwand zu erfassen, da sie in erster Linie durch Vorarbeiten zur Erzielung des Veräußerungsgewinns des Händlers oder Herstellers verursacht werden. Kosten, die Herstellern oder Händlern als Leasinggebern bei der Erlangung eines Finanzierungsleasings entstehen, fallen nicht unter die Definition anfänglicher direkter Kosten und bleiben somit bei der Nettoinvestition in das Leasingverhältnis unberücksichtigt. 74

Folgebewertung

Die Finanzerträge sind vom Leasinggeber über die Laufzeit nach einem Muster zu erfassen, das eine konstante periodische Verzinsung der Nettoinvestition des Leasinggebers in das Leasingverhältnis zugrunde legt. 75

Ziel eines Leasinggebers ist es, die Finanzerträge über die Laufzeit des Leasingverhältnisses auf einer planmäßigen und vernünftigen Grundlage zu verteilen. Die auf die Berichtsperiode bezogenen Leasingzahlungen sind vom Leasinggeber mit der Bruttoinvestition in das Leasingverhältnis zu verrechnen, um sowohl den Kapitalbetrag als auch den nicht realisierten Finanzertrag zu reduzieren. 76

77 Auf die Nettoinvestition in das Leasingverhältnis hat der Leasinggeber die Ausbuchungs- und Wertminderungsvorschriften von IFRS 9 anzuwenden. Die bei der Berechnung der Bruttoinvestition in das Leasingverhältnis angesetzten geschätzten nicht garantierten Restwerte sind vom Leasinggeber in regelmäßigen Abständen zu überprüfen. Bei einer Minderung des geschätzten nicht garantierten Restwerts hat der Leasinggeber die Ertragsverteilung über die Laufzeit des Leasingverhältnisses zu berichtigen und jede Minderung bereits abgegrenzter Beiträge umgehend zu erfassen.

78 Stuft ein Leasinggeber einen Vermögenswert im Rahmen eines Finanzierungsleasings gemäß IFRS 5 *Zur Veräußerung gehaltene langfristige Vermögenswerte und aufgegebene Geschäftsbereiche* als zur Veräußerung gehalten ein (oder nimmt ihn in eine als zur Veräußerung gehaltene Veräußerungsgruppe auf), so hat er diesen Vermögenswert auch nach IFRS 5 zu bilanzieren.

Änderung von Leasingverhältnissen

79 Die Änderung eines Leasingverhältnisses ist vom Leasinggeber als gesondertes Leasingverhältnis zu bilanzieren, wenn die beiden folgenden Voraussetzungen kumulativ erfüllt sind:

(a) durch die Änderung wird ein zusätzliches Recht auf Nutzung eines oder mehrerer zugrunde liegender Vermögenswerte eingeräumt, wodurch sich der Umfang des Leasingverhältnisses erhöht; und

(b) um den Umständen des betreffenden Vertrags Rechnung zu tragen, erhöht sich das zu zahlende Entgelt um einen Betrag, der dem Einzelveräußerungspreis der Umfangserhöhung sowie allen angemessenen Anpassungen dieses Einzelveräußerungspreises entspricht.

80 Wird eine Änderung eines Finanzierungsleasingverhältnisses nicht als gesondertes Leasingverhältnis bilanziert, hat der Leasinggeber die Änderung wie folgt zu bilanzieren:

(a) wäre die Änderung schon zu Beginn des Leasingverhältnisses wirksam gewesen und das Leasingverhältnis als Operating-Leasingverhältnis eingestuft worden, hat der Leasinggeber

  (i) die Änderung des Leasingverhältnisses ab dem effektiven Zeitpunkt der Änderung als neues Leasingverhältnis zu bilanzieren; und

  (ii) den Buchwert des zugrunde liegenden Vermögenswerts unmittelbar vor dem effektiven Zeitpunkt der Änderung als Nettoinvestition in das Leasingverhältnis anzusetzen.

(b) in allen anderen Fällen hat der Leasinggeber die Vorschriften des IFRS 9 anzuwenden.

Operating-Leasingverhältnisse

Ansatz und Bewertung

81 Leasingzahlungen aus Operating-Leasingverhältnissen sind vom Leasinggeber entweder linear oder auf einer anderen systematischen Basis als Ertrag zu erfassen. Eine andere systematische Basis ist dann heranzuziehen, wenn sie das Muster, nach dem der aus der Verwendung des zugrunde liegenden Vermögenswerts gezogene Nutzen abnimmt, repräsentativer abbildet.

82 Kosten, einschließlich Abschreibungen, die bei der Erzielung der Leasingerträge anfallen, sind vom Leasinggeber als Aufwand zu erfassen.

83 Anfängliche direkte Kosten, die bei der Erlangung eines Operating-Leasingverhältnisses entstehen, hat der Leasinggeber dem Buchwert des zugrunde liegenden Vermögenswerts hinzuzurechnen und über die Laufzeit des Leasingverhältnisses auf der gleichen Basis als Aufwand zu erfassen wie die Leasingerträge.

84 Bei einem Operating-Leasingverhältnis müssen die Abschreibungsgrundsätze für abschreibungsfähige zugrunde liegende Vermögenswerte mit den normalen Abschreibungsgrundsätzen des Leasinggebers für ähnliche Vermögenswerte in Einklang stehen. Die Abschreibung ist vom Leasinggeber nach IAS 16 und IAS 38 zu berechnen.

Bei der Bestimmung, ob ein einem Operating-Leasingverhältnis zugrunde liegender Vermögenswert wertgemindert ist, und der Erfassung jedes festgestellten Wertminderungsaufwands hat der Leasinggeber IAS 36 anzuwenden. 85

Ein Leasinggeber, der Hersteller oder Händler ist, setzt beim Abschluss eines Operating-Leasingverhältnisses keinen Veräußerungsgewinn an, weil ein solches Leasingverhältnis nicht mit einem Verkauf gleichzusetzen ist. 86

Änderung von Leasingverhältnissen

Die Änderung eines Operating-Leasingverhältnisses bilanziert der Leasinggeber ab dem effektiven Zeitpunkt der Änderung als neues Leasingverhältnis und betrachtet dabei alle im Rahmen des ursprünglichen Leasingverhältnis im Voraus geleisteten oder abgegrenzten Leasingzahlungen als Teil der Leasingzahlungen des neuen Leasingverhältnisses. 87

Darstellung

Die einem Operating-Leasingverhältnis zugrunde liegenden Vermögenswerte sind vom Leasinggeber in dessen Bilanz ihrer Art entsprechend darzustellen. 88

Angaben

Die Angaben, die der Leasinggeber im Anhang bereitstellt, sollen zusammen mit den in der Bilanz, in der Gewinn- und Verlustrechnung und in der Kapitalflussrechnung enthaltenen Angaben den Abschlussadressaten die Beurteilung ermöglichen, wie Leasingverhältnisse sich auf die Vermögens-, Finanz- oder Ertragslage und die Cashflows des Leasinggebers auswirken. Die Anforderungen, mit denen dieses Ziel erreicht werden soll, sind den Paragraphen 90-97 zu entnehmen. 89

Ein Leasinggeber hat für die Berichtsperiode folgende Beträge anzugeben: 90

(a) bei Finanzierungsleasingverhältnissen:
   (i) Veräußerungsgewinn oder -verlust;
   (ii) Finanzertrag auf die Nettoinvestition in das Leasingverhältnis; und
   (iii) die nicht in die Bewertung der Nettoinvestition in das Leasingverhältnis einbezogenen Erträge aus variablen Leasingzahlungen.

(b) bei Operating-Leasingverhältnissen die Leasingerträge, wobei die Erträge aus variablen Leasingzahlungen, die nicht von einem Index oder (Zins-)Satz abhängen, gesondert anzugeben sind.

Die in Paragraph 90 genannten Angaben sind in Tabellenform vorzulegen, es sei denn, ein anderes Format ist besser geeignet. 91

Darüber hinaus hat der Leasinggeber weitere, zur Erreichung des in Paragraph 89 genannten Angabeziels erforderliche qualitative und quantitative Angaben zu seinen Leasingaktivitäten vorzulegen. Dazu zählen Angaben, die den Abschlussadressaten die Beurteilung nachstehend genannter Elemente erleichtern, wie 92

(a) die Art der Leasingaktivitäten des Leasinggebers; und

(b) den Umgang des Leasinggebers mit den Risiken aus allen etwaigen Rechten, die er an den zugrunde liegenden Vermögenswerten behält. Insbesondere hat der Leasinggeber seine Risikomanagementstrategie für seine verbleibenden Rechte an zugrunde liegenden Vermögenswerten darzulegen einschließlich aller Maßnahmen, mit denen er diese Risiken mindert. Hierzu zählen beispielsweise Rückkaufvereinbarungen, Restwertgarantien oder variable Leasingzahlungen in Fällen, in denen vereinbarte Obergrenzen überschritten werden.

Finanzierungsleasingverhältnisse

93 Der Leasinggeber hat zu wesentlichen Änderungen des Buchwerts der Nettoinvestition in Finanzierungsleasingverhältnisse quantitative und qualitative Angaben zu machen.

94 Für die Leasingforderungen ist vom Leasinggeber eine Fälligkeitsanalyse vorzulegen, aus der mindestens für jedes der ersten fünf Jahre und für die Summe der Beträge in den verbleibenden Jahren die nicht diskontierten jährlich fälligen Leasingzahlungen hervorgehen. Die nicht diskontierten Leasingzahlungen sind auf die Nettoinvestition in das Leasingverhältnis überzuleiten. Diese Überleitung soll den nicht realisierten Finanzertrag in Bezug auf die Leasingforderungen sowie jegliche Reduktion des nicht garantierten Restwerts sichtbar machen.

Operating-Leasingverhältnisse

95 Besteht für Sachanlagen ein Operating-Leasingverhältnis, gelten für den Leasinggeber die Angabevorschriften des IAS 16. Bei der Anwendung der Angabevorschriften des IAS 16 hat der Leasinggeber die Angaben für die einzelnen Klassen von Anlagevermögen danach zu trennen, ob im jeweiligen Fall ein Operating-Leasingverhältnis besteht oder nicht. Folglich hat der Leasingnehmer die in IAS 16 verlangten Angaben getrennt vorzulegen, d. h. einerseits für Vermögenswerte, für die ein Operating-Leasingverhältnis besteht (nach Klassen zugrunde liegender Vermögenswerte), und andererseits für Vermögenswerte, die Eigentum des Leasinggebers sind und von ihm selbst genutzt werden.

96 Auf Vermögenswerte, für die ein Operating-Leasingverhältnis besteht, hat der Leasinggeber die Angabevorschriften von IAS 36, IAS 38, IAS 40 und IAS 41 anzuwenden.

97 Vom Leasinggeber ist eine Fälligkeitsanalyse für die Leasingzahlungen vorzulegen, aus der mindestens für jedes der ersten fünf Jahre und für die Summe der Beträge in den verbleibenden Jahren die nicht diskontierten jährlich fälligen Leasingzahlungen hervorgehen.

Sale-and-Leaseback-Transaktionen

98 Überträgt ein Unternehmen (Verkäufer/Leasingnehmer) einen Vermögenswert auf ein anderes Unternehmen (Käufer/Leasinggeber) und least diesen Vermögenswert dann vom Käufer/Leasinggeber zurück, haben sowohl der Verkäufer/Leasingnehmer als auch der Käufer/Leasinggeber den Übertragungsvertrag und das Leasingverhältnis nach den Paragraphen 99-103 zu bilanzieren.

Bestimmung, ob die Übertragung des Vermögenswerts einen Verkauf darstellt

99 Um zu bestimmen, ob die Übertragung eines Vermögenswerts als Verkauf zu bilanzieren ist, hat ein Unternehmen die Vorschriften des IFRS 15 anzuwenden, anhand deren bestimmt wird, wann eine Leistungsverpflichtung als erfüllt gilt.

Übertragung des Vermögenswerts stellt einen Verkauf dar

100 Wenn die Übertragung eines Vermögenswerts durch den Verkäufer/Leasingnehmer die in IFRS 15 festgelegten Anforderungen für die Bilanzierung eines Vermögenswerts als Verkauf erfüllt,

(a) hat der Verkäufer/Leasingnehmer das mit dem Rückleasing verbundene Nutzungsrecht mit dem Teil des früheren Buchwerts anzusetzen, der sich auf das vom Verkäufer/Leasingnehmer zurückbehaltene Nutzungsrecht bezieht. Dementsprechend hat der Verkäufer/Leasingnehmer etwaige Gewinne oder Verluste nur insoweit zu erfassen, als sie sich auf die auf den Käufer/Leasinggeber übertragenen Rechte beziehen.

(b) hat der Käufer/Leasinggeber den Erwerb des Vermögenswerts nach den geltenden Standards und das Leasingverhältnis nach den im vorliegenden Standard festgelegten Bilanzierungsvorschriften für Leasinggeber zu bilanzieren.

Stimmen der beizulegende Zeitwert der beim Verkauf eines Vermögenswerts vereinnahmten Gegenleistung und der beizulegende Zeitwert des Vermögenswerts nicht überein oder entsprechen die Leasingzahlungen nicht den marktüblichen Sätzen, hat ein Unternehmen zur Bemessung der Verkaufserlöse zum beizulegenden Zeitwert die folgenden Anpassungen vorzunehmen: **101**

(a) bei schlechteren Konditionen als den marktüblichen ist die Differenz als Vorauszahlung auf die Leasingzahlungen zu bilanzieren; und

(b) bei besseren Konditionen als den marktüblichen ist die Differenz als zusätzliche Finanzierung des Käufers/Leasinggebers an den Verkäufer/Leasingnehmer zu bilanzieren.

Für jede potenzielle Anpassung gemäß Paragraph 101 hat das Unternehmen einen der beiden folgenden Werte heranzuziehen, je nachdem welcher von beiden sich leichter bestimmen lässt: **102**

(a) die Differenz zwischen dem beizulegenden Zeitwert der beim Verkauf vereinnahmten Gegenleistung und dem beizulegenden Zeitwert des Vermögenswerts; und

(b) die Differenz zwischen dem Barwert der vertraglichen Leasingzahlungen und dem Barwert marktüblicher Leasingzahlungen.

Übertragung des Vermögenswerts stellt keinen Verkauf dar

Wenn die Übertragung eines Vermögenswerts durch den Verkäufer/Leasingnehmer nicht die in IFRS 15 festgelegten Anforderungen für die Bilanzierung eines Vermögenswerts als Verkauf erfüllt, **103**

(a) hat der Verkäufer/Leasingnehmer den übertragenen Vermögenswert weiterhin zu erfassen und eine finanzielle Verbindlichkeit in Höhe der Erlöse aus der Übertragung zu erfassen. Die finanzielle Verbindlichkeit ist gemäß IFRS 9 zu bilanzieren.

(b) darf der Käufer/Leasinggeber den übertragenen Vermögenswert nicht erfassen und muss einen finanziellen Vermögenswert in Höhe der Erlöse aus der Übertragung erfassen. Der finanzielle Vermögenswert ist gemäß IFRS 9 zu bilanzieren.

Anhang A: Definitionen

Dieser Anhang ist fester Bestandteil des Standards.

Bereitstellungsdatum	Datum, zu dem ein **Leasinggeber** einem **Leasingnehmer** einen **zugrunde liegenden Vermögenswert** zur Nutzung bereitstellt.
Wirtschaftliche Nutzungsdauer	Entweder der Zeitraum, über den ein Vermögenswert voraussichtlich für einen oder mehrere Nutzer wirtschaftlich nutzbar ist, oder die Anzahl an Produktions- oder ähnlichen Einheiten, die ein oder mehrere Nutzer voraussichtlich mit einem Vermögenswert erzielen können.
Effektiver Zeitpunkt der Änderung	Datum, zu dem beide Seiten eine **Änderung des Leasingverhältnisses** vereinbaren.
Beizulegender Zeitwert	Zwecks Anwendung der in diesem Standard enthaltenen Bilanzierungsvorschriften für **Leasinggeber** der Betrag, zu dem zwischen sachverständigen, vertragswilligen und voneinander unabhängigen Geschäftspartnern ein Vermögenswert getauscht oder eine Schuld beglichen werden könnte.
Finanzierungsleasing	Ein **Leasingverhältnis**, bei dem im Wesentlichen alle mit dem Eigentum an einem **zugrunde liegenden Vermögenswert** verbundenen Risiken und Chancen übertragen werden.

Feste Zahlungen

Zahlungen, die ein **Leasingnehmer** an einen **Leasinggeber** leistet, um über die **Laufzeit des Leasingverhältnisses** zur Nutzung eines **zugrunde liegenden Vermögenswerts** berechtigt zu sein, ohne **variable Leasingzahlungen**.

Bruttoinvestition in das Leasingverhältnis

Die Summe aus:

(a) den dem **Leasinggeber** im Rahmen eines **Finanzierungsleasings** zustehenden **Leasingzahlungen**; und

(b) jedem dem Leasinggeber zufallenden, **nicht garantierten Restwert**.

Beginn des Leasingverhältnisses

Das Datum der Leasingvereinbarung oder das Datum, an dem sich die Vertragsparteien zur Einhaltung der wesentlichen Bedingungen der Leasingvereinbarung verpflichten, je nachdem, welches von beiden das frühere ist.

Anfängliche direkte Kosten

Zusätzliche Kosten, die bei der Erlangung eines **Leasingverhältnisses** entstehen und ohne dessen Abschluss nicht angefallen wären, mit Ausnahme der Kosten, die einem **Leasinggeber**, der Hersteller oder Händler ist, in Verbindung mit einem **Finanzierungsleasing** entstehen.

Dem Leasingverhältnis zugrunde liegender Zinssatz

Der Zinssatz, bei dem der Barwert (a) der **Leasingzahlungen** und (b) des **nicht garantierten Restwerts** der Summe aus (i) dem **beizulegenden Zeitwert** des **zugrunde liegenden Vermögenswerts** und (ii) allen etwaigen **anfänglichen direkten Kosten** des Leasinggebers entspricht.

Leasingverhältnis

Ein Vertrag oder Teil eines Vertrags, der gegen Zahlung eines Entgelts für einen bestimmten Zeitraum zur Nutzung eines Vermögenswerts (des **zugrunde liegenden Vermögenswerts**) berechtigt.

Leasinganreize

Zahlungen, die ein **Leasinggeber** im Zusammenhang mit einem **Leasingverhältnis** an einen **Leasingnehmer** leistet, oder die Rückerstattung oder Übernahme von Kosten des Leasingnehmers durch den Leasinggeber.

Änderung eines Leasingverhältnisses

Eine in den ursprünglichen Bedingungen nicht vorgesehene Änderung des Umfangs eines **Leasingverhältnisses** oder des für das Leasingverhältnis zu entrichtenden Entgelts (wenn beispielsweise ein zusätzliches Recht auf Nutzung eines oder mehrerer **zugrunde liegender Vermögenswerte** eingeräumt oder ein bestehendes Recht gekündigt oder die vertragliche **Laufzeit des Leasingverhältnisses** verlängert oder verkürzt wird.)

Leasingzahlungen

Zahlungen, die ein **Leasingnehmer** an einen **Leasinggeber** leistet, um das Recht zu erhalten, einen **zugrunde liegenden Vermögenswert** über die **Laufzeit des Leasingverhältnisses** zu nutzen; hierzu zählen:

(a) **feste Zahlungen** (einschließlich de facto fester Zahlungen) ohne **Leasinganreize**;

(b) **variable Leasingzahlungen**, die an einen Index oder (Zins-)Satz gekoppelt sind;

(c) der Ausübungspreis einer Kaufoption, wenn der Leasingnehmer hinreichend sicher ist, dass er diese auch tatsächlich wahrnehmen wird; und

(d) Strafzahlungen für eine Kündigung des **Leasingverhältnisses**, wenn aus der Laufzeit hervorgeht, dass der Leasingnehmer eine Kündigungsoption wahrnimmt.

Für den Leasingnehmer schließen Leasingzahlungen auch Beträge ein, die er im Rahmen von **Restwertgarantien** voraussichtlich wird entrichten müssen; nicht als Leasingzahlungen zu betrachten sind Zahlungen für Nichtleasingkomponenten eines Vertrags, es sei denn, der Leasingnehmer entscheidet sich dafür, diese mit einer Leasingkomponente zu kombinieren und beide als eine einzige Leasingkomponente zu bilanzieren.

Für den Leasinggeber schließen Leasingzahlungen auch alle etwaigen Restwertgarantien ein, die er vom Leasingnehmer, einer mit dem Leasingnehmer verbundenen Partei oder einem nicht mit dem Leasinggeber verbundenen Dritten, der bzw. die finanziell zur Erfüllung der mit der Garantie verbundenen Verpflichtungen in der Lage ist, erhält. Nicht als Leasingzahlungen zu betrachten sind Zahlungen für Nichtleasingkomponenten.

Laufzeit des Leasingverhältnisses

Die unkündbare Grundlaufzeit, in der ein **Leasingnehmer** zur Nutzung eines **zugrunde liegenden Vermögenswerts** berechtigt ist, sowie

(a) die Zeiträume, die sich aus einer Option zur Verlängerung des **Leasingverhältnisses** ergeben, sofern der Leasingnehmer hinreichend sicher ist, dass er diese Option auch tatsächlich ausüben wird; und

(b) die Zeiträume, die sich aus einer Option zur Kündigung des Leasingverhältnisses ergeben, sofern der Leasingnehmer hinreichend sicher ist, dass er diese Option nicht ausüben wird.

Leasingnehmer

Ein Unternehmen, das gegen Zahlung eines Entgelts das Recht erhält, einen zugrunde liegenden Vermögenswert für einen bestimmten Zeitraum zu nutzen.

Grenzfremdkapitalzinssatz des Leasingnehmers

Der Zinssatz, den ein **Leasingnehmer** zahlen müsste, wenn er für eine vergleichbare Laufzeit mit vergleichbarer Sicherheit die Mittel aufnehmen würde, die er in einem vergleichbaren wirtschaftlichen Umfeld für einen Vermögenswert mit einem dem Nutzungsrecht vergleichbaren Wert benötigen würde.

Leasinggeber

Ein Unternehmen, das gegen Zahlung eines Entgelts das Recht einräumt, einen **zugrunde liegenden Vermögenswert** für einen bestimmten Zeitraum zu nutzen.

Nettoinvestition in das Leasingverhältnis

Die **Bruttoinvestition in ein Leasingverhältnis**, abgezinst zu dem **dem Leasingverhältnis zugrunde liegenden Zinssatz**.

Operating-Leasingverhältnis

Ein **Leasingverhältnis**, bei dem nicht im Wesentlichen alle mit dem Eigentum an einem **zugrunde liegenden Vermögenswert** verbundenen Risiken und Chancen übertragen werden.

Optionale Leasingzahlungen

Zahlungen, die ein **Leasingnehmer** an einen **Leasinggeber** leisten muss, um in den unter eine Verlängerungs- oder Kündigungsoption fallenden, nicht in die **Laufzeit des Leasingverhältnisses** eingeschlossenen Zeiten zur Nutzung eines **zugrunde liegenden Vermögenswerts** berechtigt zu sein.

Verwendungszeitraum — Der gesamte Zeitraum, in dem ein Vermögenswert zur Erfüllung eines Vertrags mit einem Kunden genutzt wird (einschließlich etwaiger nicht aufeinanderfolgender Zeiträume).

Restwertgarantie — Eine Garantie, die eine nicht mit dem **Leasinggeber** verbundene Partei gegenüber dem Leasinggeber abgibt, wonach der Wert (oder ein Teil des Werts) des **zugrunde liegenden Vermögenswerts** am Ende des **Leasingverhältnisses** eine bestimmte Mindesthöhe erreichen wird.

Nutzungsrecht — Ein Vermögenswert, der das Recht eines **Leasingnehmers** auf Nutzung eines **zugrunde liegenden Vermögenswerts** während der **Laufzeit des Leasingverhältnisses** darstellt.

Kurzfristiges Leasingverhältnis — Ein **Leasingverhältnis**, dessen **Laufzeit** am **Bereitstellungsdatum** maximal zwölf Monate beträgt. Ein Leasingverhältnis mit einer Kaufoption ist kein kurzfristiges Leasingverhältnis.

Unterleasingverhältnis — Eine Transaktion, bei der ein **zugrunde liegender Vermögenswert** von einem **Leasingnehmer** („Unterleasinggeber") an einen Dritten weitervermietet wird, das **Leasingverhältnis** („Hauptleasingverhältnis") zwischen Hauptleasinggeber und Hauptleasingnehmer aber weiter wirksam bleibt.

Zugrunde liegender Vermögenswert — Ein Vermögenswert, der Gegenstand eines **Leasingverhältnisses** ist, bei dem ein Leasinggeber einem Leasingnehmer das Recht auf Nutzung dieses Vermögenswerts eingeräumt hat.

Noch nicht realisierter Finanzertrag — Die Differenz zwischen

(a) der **Bruttoinvestition in das Leasingverhältnis**; und

(b) der **Nettoinvestition in das Leasingverhältnis**.

Nicht garantierter Restwert — Der Teil des Restwerts des **zugrunde liegenden Vermögenswerts**, dessen Realisierung durch einen **Leasinggeber** nicht gesichert ist oder nur durch eine mit dem Leasinggeber verbundene Partei garantiert wird.

Variable Leasingzahlungen — Der Teil der Zahlungen, die ein **Leasingnehmer** an einen **Leasinggeber** leistet, um einen zugrunde liegenden Vermögenswert über die **Laufzeit des Leasingverhältnisses** nutzen zu dürfen, der variiert, weil sich nach dem **Bereitstellungsdatum** Fakten und Umstände geändert haben, die über den bloßen Zeitablauf hinausgehen.

In anderen Standards definierte und im vorliegenden Standard mit derselben Bedeutung verwendete Begriffe

Vertrag — Eine Vereinbarung zwischen zwei oder mehr Parteien, die durchsetzbare Rechte und Pflichten begründet.

Nutzungsdauer — Der Zeitraum, über den ein Vermögenswert voraussichtlich von einem Unternehmen nutzbar ist; die voraussichtlich mit dem Vermögenswert im Unternehmen zu erzielende Anzahl an Produktionseinheiten oder ähnlichen Maßgrößen.

Anhang B: Anwendungsleitlinien

Dieser Anhang ist integraler Bestandteil des Standards. Er beschreibt die Anwendung der Paragraphen 1-103 und hat die gleiche bindende Kraft wie die anderen Teile des Standards.

Anwendung auf Portfolios

Dieser Standard regelt die Bilanzierung einzelner Leasingverhältnisse. Als praktischen Behelf kann ein Unternehmen diesen Standard jedoch auch auf ein Portfolio ähnlich ausgestalteter Leasingverhältnisse anwenden, wenn es nach vernünftigem Ermessen davon ausgehen kann, dass es keine wesentlichen Auswirkungen auf den Abschluss hat, ob es diesen Standard auf das Portfolio oder die einzelnen Leasingverhältnisse innerhalb dieses Portfolios anwendet. Bei der Bilanzierung eines Portfolios hat ein Unternehmen Schätzungen und Annahmen zugrunde zu legen, die die Größe und die Zusammensetzung des Portfolios widerspiegeln. **B1**

Zusammenfassung von Verträgen

Bei der Anwendung dieses Standards hat ein Unternehmen zwei oder mehr Verträge, die gleichzeitig oder in geringem Zeitabstand mit ein und derselben Gegenpartei (oder dieser nahestehenden Unternehmen und Personen) geschlossen werden, zusammenzufassen und als einen einzigen Vertrag zu bilanzieren, wenn mindestens eines der folgenden Kriterien erfüllt ist: **B2**

(a) die Verträge werden als Paket mit einem einzigen wirtschaftlichen Zweck ausgehandelt, der ohne Bezugnahme auf die Gesamtheit der Verträge nicht verständlich ist;

(b) die Höhe der im Rahmen eines Vertrags zu zahlenden Entgelts hängt vom Preis oder von der Erfüllung des anderen Vertrags ab; oder

(c) die mit den Verträgen übertragenen Rechte auf Nutzung der zugrunde liegenden Vermögenswerte (oder einige der mit den Verträgen jeweils übertragenen Rechte auf Nutzung der zugrunde liegenden Vermögenswerte) stellen gemäß Paragraph B32 eine einzige Leasingkomponente dar.

Freistellungen vom Ansatz: Leasingverhältnisse, bei denen der zugrunde liegende Vermögenswert von geringem Wert ist (Paragraphen 5-8)

Sofern nicht die in Paragraph B7 beschriebenen Umstände vorliegen, kann ein Leasingnehmer nach diesem Standard Leasingverhältnisse, bei denen der zugrunde liegende Vermögenswert von geringem Wert ist, nach Paragraph 6 bilanzieren. Bei der Beurteilung des Werts eines zugrunde liegenden Vermögenswerts legt der Leasingnehmer ungeachtet des tatsächlichen Alters des geleasten Vermögenswerts dessen Neuwert zugrunde. **B3**

Ob ein zugrunde liegender Vermögenswert von geringem Wert ist, wird losgelöst von den jeweiligen Umständen beurteilt. Leasingverhältnisse über Vermögenswerte von geringem Wert können unabhängig davon, ob sie für den Leasingnehmer wesentlich sind, nach Paragraph 6 bilanziert werden. Die Größe, Art oder Umstände des Leasingnehmers sind für die Beurteilung nicht von Belang. Demzufolge müssen unterschiedliche Leasingnehmer bei der Beurteilung der Frage, ob ein bestimmter zugrunde liegender Vermögenswert von geringem Wert ist, zum selben Ergebnis gelangen. **B4**

Ein zugrunde liegender Vermögenswert kann nur als von geringem Wert eingestuft werden, wenn **B5**

(a) der Leasingnehmer aus der Nutzung des zugrunde liegenden Vermögenswerts entweder gesondert oder zusammen mit anderen Ressourcen, die für ihn jederzeit verfügbar sind, einen Nutzen ziehen kann; und

(b) der zugrunde liegende Vermögenswert weder in hohem Maße von anderen Vermögenswerten abhängig, noch mit diesen eng verbunden ist.

B6 Ein Leasingverhältnis kann nicht als Leasingverhältnis über einen zugrunde liegenden Vermögenswert von geringem Wert eingestuft werden, wenn der zugrunde liegende Vermögenswert von seiner Art her im Neuzustand gewöhnlich nicht von geringem Wert ist. So kommt beispielsweise ein geleastes Kraftfahrzeug nicht als zugrunde liegender Vermögenswert von geringem Wert in Frage, da ein Neuwagen gewöhnlich nicht von geringem Wert ist.

B7 Wird ein Vermögenswert vom Leasingnehmer untervermietet oder beabsichtigt der Leasingnehmer diesen Vermögenswert unterzuvermieten, so kann das Hauptleasingverhältnis nicht als Leasingverhältnis mit einem zugrunde liegenden Vermögenswert von geringem Wert gelten.

B8 Vermögenswerte von geringem Wert können beispielsweise Tablets, Computer, Telefone und kleinere Gegenstände der Büroausstattung sein.

Identifizierung eines Leasingverhältnisses (Paragraphen 9-11)

B9 Um zu beurteilen, ob ein Vertrag dazu berechtigt, die Nutzung eines identifizierten Vermögenswerts (siehe die Paragraphen B13-B20) für einen bestimmten Zeitraum zu kontrollieren, beurteilt das Unternehmen, ob der Kunde während des gesamten Verwendungszeitraums sowohl

(a) berechtigt ist, im Wesentlichen den gesamten wirtschaftlichen Nutzen aus der Verwendung des identifizierten Vermögenswerts zu ziehen (siehe Beschreibung in den Paragraphen B21-B23), als auch

(b) berechtigt ist, über die Nutzung des identifizierten Vermögenswert zu entscheiden (siehe Beschreibung in den Paragraphen B24-B30).

B10 Ist der Kunde berechtigt, die Nutzung eines identifizierten Vermögenswerts nur während eines Teils der Vertragslaufzeit zu kontrollieren, so enthält der Vertrag nur für diesen Teil der Vertragslaufzeit ein Leasingverhältnis.

B11 Ein Vertrag über den Erhalt von Gütern oder Dienstleistungen kann von einer gemeinsamen Vereinbarung im Sinne von IFRS 11 *Gemeinsame Vereinbarungen* oder in deren Namen geschlossen werden. In diesem Fall gilt die gemeinsame Vereinbarung für diesen Vertrag als Kunde. Um zu beurteilen, ob ein solcher Vertrag ein Leasingverhältnis enthält, beurteilt das Unternehmen demnach, ob die gemeinsame Vereinbarung dazu berechtigt ist, die Nutzung eines identifizierten Vermögenswerts während des gesamten Verwendungszeitraums zu kontrollieren.

B12 Ob ein Vertrag ein Leasingverhältnis enthält, hat das Unternehmen für jede einzelne potenzielle Leasingkomponente zu beurteilen. Paragraph B32 enthält Leitlinien zu einzelnen Leasingkomponenten.

Identifizierter Vermögenswert

B13 Gewöhnlich wird ein Vermögenswert dadurch identifiziert, dass er in einem Vertrag ausdrücklich spezifiziert wird. Ein Vermögenswert kann aber auch allein dadurch als identifiziert gelten, dass er dem Kunden zu einem bestimmten Zeitpunkt zur Nutzung zur Verfügung gestellt (und somit stillschweigend spezifiziert) wird.

Substanzielle Substitutionsrechte

B14 Selbst wenn ein Vermögenswert spezifiziert ist, ist ein Kunde nicht zur Nutzung eines identifizierten Vermögenswerts berechtigt, wenn der Lieferant das substanzielle Recht besitzt, den Vermögenswert während des gesamten Verwendungszeitraums zu ersetzen. Das Recht eines Lieferanten auf Substituierung eines Vermögenswerts gilt nur dann als substanziell, wenn die beiden folgenden Bedingungen erfüllt sind:

(a) Der Lieferant verfügt während des gesamten Verwendungszeitraums über die tatsächliche Fähigkeit, einen Vermögenswert durch alternative Vermögenswerte zu ersetzen. (Das ist beispielsweise der Fall, wenn sich der Kunde einer Substituierung des Vermögenswerts seitens des Lieferanten nicht widersetzen kann und dem Lieferanten alternative Vermögenswerte jederzeit zur Verfügung stehen oder er sich diese innerhalb eines angemessenen Zeitraums beschaffen kann.);

(b) Dem Lieferanten entsteht aus der Ausübung seines Rechts auf Substituierung des Vermögenswerts ein wirtschaftlicher Nutzen. (Das bedeutet, der wirtschaftliche Nutzen, der ihm durch die Substituierung des Vermögenswertes erwächst, überwiegt voraussichtlich die dadurch verursachten Kosten.).

Hat der Lieferant nur zu oder nach einem bestimmten Zeitpunkt oder bei oder nach Eintritt eines bestimmten Ereignisses das Recht oder die Verpflichtung, den Vermögenswert zu ersetzen, gilt sein Substitutionsrecht nicht als substanziell, weil er dann nicht während des gesamten Verwendungszeitraums über die tatsächliche Fähigkeit verfügt, einen Vermögenswert durch alternative Vermögenswerte zu ersetzen. **B15**

Bei der Beurteilung der Frage, ob ein Lieferant über ein substanzielles Substitutionsrecht verfügt, legt das Unternehmen die bei Vertragsbeginn bestehenden Fakten und Umstände zugrunde und berücksichtigt keine späteren Ereignisse, deren Eintritt bei Beginn des Leasingverhältnisses unwahrscheinlich erscheinen. Beispiele für spätere Ereignisse, deren Eintritt bei Vertragsbeginn unwahrscheinlich erscheinen und die daher nicht in die Beurteilung einfließen dürfen, sind: **B16**

(a) Einverständniserklärung eines künftigen Kunden, für die Nutzung des Vermögenswerts einen über dem Marktpreis liegenden Preis zu zahlen;

(b) Einführung neuer Technologien, die bei Beginn des Leasingverhältnisses noch unzureichend entwickelt waren;

(c) wesentliche Differenz zwischen der Nutzung des Vermögenswerts durch den Kunden bzw. der Leistung des Vermögenswerts und der bei Vertragsbeginn erwarteten Nutzung bzw. Leistung; sowie

(d) wesentliche Differenz zwischen dem Marktpreis des Vermögenswerts während des Verwendungszeitraums und dem bei Vertragsbeginn erwarteten Marktpreis.

Befindet sich der Vermögenswert beim Kunden oder bei Dritten, sind die mit der Substituierung verbundenen Kosten gewöhnlich höher als wenn er sich beim Lieferanten befindet. Daher ist es in diesen Fällen wahrscheinlicher, dass sie den mit der Substituierung des Vermögenswerts verbundenen Nutzen übersteigen. **B17**

Hat der Lieferant das Recht oder die Verpflichtung, den Vermögenswert zum Zwecke der Reparatur und Instandhaltung zu ersetzen, wenn er nicht ordnungsgemäß funktioniert oder eine technische Nachrüstung verfügbar wird, so schränkt dies nicht das Recht des Kunden auf Nutzung eines identifizierten Vermögenswerts ein. **B18**

Ist für den Kunden nicht unmittelbar erkennbar, ob der Lieferant über ein substanzielles Substitutionsrecht verfügt, hat er davon auszugehen, dass das Substitutionsrecht nicht substanziell ist. **B19**

Teile von Vermögenswerten

Ein Kapazitätsanteil eines Vermögenswerts gilt als identifizierter Vermögenswert, wenn er physisch unterschieden werden kann (beispielsweise ein Geschoss eines Gebäudes). Ein Kapazitätsanteil oder ein anderer Bestandteil eines Vermögenswerts, der nicht physisch unterschieden werden kann, (beispielsweise ein Kapazitätsanteil eines Glasfaserkabels) gilt nicht als identifizierter Vermögenswert, sofern er nicht den wesentlichen Kapazitätsanteil des Vermögenswerts darstellt und somit dem Kunden das Recht verleiht, im Wesentlichen den gesamten wirtschaftlichen Nutzen aus der Verwendung des Vermögenswerts zu ziehen. **B20**

Das Recht, den wirtschaftlichen Nutzen aus einer Verwendung zu ziehen

B21 Um die Nutzung eines identifizierten Vermögenswerts kontrollieren zu können, muss ein Kunde berechtigt sein, während des gesamten Verwendungszeitraums im Wesentlichen den gesamten wirtschaftlichen Nutzen aus der Verwendung des Vermögenswerts zu ziehen (beispielsweise muss er während dieses Zeitraums den Vermögenswert exklusiv nutzen dürfen). Ein Kunde kann auf vielfältige Weise, direkt sowie indirekt wirtschaftlichen Nutzen aus der Verwendung eines Vermögenswerts ziehen, beispielsweise indem er diesen selbst nutzt, besitzt oder untervermietet. Zum wirtschaftlichen Nutzen aus der Verwendung eines Vermögenswerts zählen dessen Produktionsergebnis und Nebenprodukte (einschließlich der möglicherweise damit erzielten Cashflows) sowie anderer wirtschaftlicher Nutzen, der bei einem Geschäft mit einem Dritten aus der Verwendung des Vermögenswerts gezogen werden könnte.

B22 Bei der Beurteilung des Rechts, im Wesentlichen den gesamten wirtschaftlichen Nutzen aus der Verwendung eines Vermögenswerts zu ziehen, beurteilt ein Unternehmen den wirtschaftlichen Nutzen, der sich aus der Verwendung des Vermögenswerts innerhalb des für den Kunden festgelegten Nutzungsumfangs des Vermögenswerts ergibt (siehe Paragraph B30). Beispiele:

(a) Ist die Nutzung eines Kraftfahrzeugs laut Vertrag innerhalb des Verwendungszeitraums auf ein bestimmtes geografisches Gebiet beschränkt, berücksichtigt das Unternehmen lediglich den wirtschaftlichen Nutzen aus der Verwendung des Kraftfahrzeugs innerhalb dieses Gebiets und nicht darüber hinaus.

(b) Ist die Nutzung eines Kraftfahrzeugs laut Vertrag innerhalb des Verwendungszeitraums auf eine bestimmte Kilometerzahl beschränkt, berücksichtigt das Unternehmen lediglich den wirtschaftlichen Nutzen aus der Verwendung des Kraftfahrzeugs bis zur zulässigen Kilometerzahl und nicht darüber hinaus.

B23 Sieht der Vertrag vor, dass ein Kunde dem Lieferanten oder einem Dritten einen Teil des mit der Verwendung eines Vermögenswerts erzielten Cashflows als Entgelt zahlt, so sind diese Zahlungen als Teil des wirtschaftlichen Nutzens zu betrachten, der dem Kunden aus der Verwendung des Vermögenswerts erwächst. Muss der Kunde beispielsweise dem Lieferanten für die Nutzung einer Verkaufsfläche einen Anteil seines Umsatzes als Entgelt für diese Nutzung zahlen, so schränkt diese Verpflichtung nicht das Recht des Kunden ein, im Wesentlichen den gesamten wirtschaftlichen Nutzen aus der Verwendung der Verkaufsfläche zu ziehen. Der Grund dafür ist, dass Cashflows aus diesen Umsätzen als wirtschaftlicher Nutzen gelten, den der Kunde aus der Verwendung der Verkaufsfläche zieht, und dass der Anteil dieser Cashflows, den er dann dem Lieferanten zahlt, als Gegenleistung für das Recht auf Nutzung dieser Fläche zu betrachten ist.

Recht, über die Nutzung zu entscheiden

B24 Ein Kunde darf nur dann während des gesamten Verwendungszeitraums über die Nutzung eines identifizierten Vermögenswerts entscheiden, wenn entweder

(a) der Kunde das Recht hat, zu bestimmen, wie und für welchen Zweck der Vermögenswert während des gesamten Verwendungszeitraums eingesetzt wird (siehe Beschreibung in den Paragraphen B25-B30); oder

(b) die maßgeblichen Entscheidungen darüber, wie und für welchen Zweck der Vermögenswert eingesetzt wird, bereits im Vorfeld getroffen wurden und

   (i) der Kunde während des gesamten Verwendungszeitraums das Recht hat, den Vermögenswert einzusetzen (oder Dritte anzuweisen, den Vermögenswert in einer von ihm bestimmten Weise einzusetzen), und der Lieferant nicht berechtigt ist, diese Anweisungen zu ändern; oder

   (ii) der Kunde den Vermögenswert (oder bestimmte Teile des Vermögenswerts) in einer Weise gestaltet hat, die bereits vorgibt, wie und für welchen Zweck der Vermögenswert während des gesamten Verwendungszeitraums eingesetzt wird.

Wie und für welchen Zweck wird der Vermögenswert eingesetzt?

Ein Kunde hat das Recht, zu bestimmen, wie und für welchen Zweck der Vermögenswert eingesetzt wird, wenn der Vertrag ihm die Möglichkeit gibt, innerhalb des festgelegten Nutzungsumfangs die Art und den Zweck der Verwendung des Vermögenswerts während des gesamten Verwendungszeitraums zu ändern. Bei der Beurteilung dieser Frage bewertet ein Unternehmen die für die Änderung der Art und des Zwecks der Verwendung des Vermögenswerts während des gesamten Verwendungszeitraums maßgeblichen Entscheidungsrechte. Entscheidungsrechte sind maßgeblich, wenn sie sich auf den mit der Verwendung zu erzielenden wirtschaftlichen Nutzen auswirken können. Die maßgeblichen Entscheidungsrechte unterscheiden sich in der Regel von Vertrag zu Vertrag, da sie von der Art des Vermögenswerts und den Vertragsbedingungen abhängig sind. **B25**

Entscheidungsrechte, die je nach Rahmenbedingungen das Recht verleihen, zu bestimmen, wie und für welchen Zweck der Vermögenswert innerhalb des für den Kunden festgelegten Nutzungsumfangs eingesetzt wird, sind beispielsweise: **B26**

(a) Rechte, die es ermöglichen, die Art des mit dem Vermögenswert erzielten Ergebnisses zu ändern (beispielsweise einen Container wahlweise für Transport oder Lagerung einzusetzen oder den Produktmix festzulegen, der auf einer Verkaufsfläche angeboten wird);

(b) Rechte, die es ermöglichen zu bestimmen, wann ein Ergebnis erzielt wird (beispielsweise zu entscheiden, wann ein Anlagenteil oder ein Kraftwerk in Betrieb genommen oder abgeschaltet wird);

(c) Rechte, die es ermöglichen zu bestimmen, wo ein Ergebnis erzielt wird (beispielsweise zu entscheiden, wohin ein Lastkraftwagen oder ein Schiff fahren wird oder wo ein Anlagenteil eingesetzt wird) und

(d) Rechte, die es ermöglichen zu bestimmen, ob und in welchen Mengen ein Ergebnis erzielt wird (beispielsweise zu entscheiden, ob und wie viel Energie mit einem Kraftwerk erzeugt wird).

Entscheidungsrechte, die nicht zur Änderung von Einsatz und Verwendungszweck des Vermögenswerts berechtigen, sind beispielsweise solche, die sich auf den Betrieb und die Instandhaltung des Vermögenswerts beschränken. Solche Rechte kann der Kunde oder der Lieferant haben. Rechte wie Betriebs- und Instandhaltungsrechte sind zwar für die effiziente Nutzung des Vermögenswerts meist von wesentlicher Bedeutung, sie berechtigen aber nicht dazu, zu bestimmen, wie und für welchen Zweck der Vermögenswert eingesetzt wird, sondern sind meist von den diesbezüglichen Entscheidungen abhängig. Allerdings können Betriebsrechte für einen Vermögenswert dem Kunden das Recht verleihen, über die Nutzung des Vermögenswerts zu entscheiden, und zwar in den Fällen, in denen die maßgeblichen Entscheidungen darüber, wie und für welchen Zweck der Vermögenswert eingesetzt wird, bereits im Vorfeld festgelegt wurden (siehe Paragraph B24(b)(i)). **B27**

Während und vor dem Verwendungszeitraum festgelegte Entscheidungen

Die maßgeblichen Entscheidungen darüber, wie und für welchen Zweck der Vermögenswert eingesetzt wird, können in vielfältiger Weise im Vorfeld festgelegt werden. Beispielsweise können die maßgeblichen Entscheidungen durch die Bauart des Vermögenswerts vorgegeben sein oder durch im Vertrag festgelegte Nutzungsbeschränkungen. **B28**

Um zu beurteilen, ob ein Kunde das Recht hat, über die Nutzung eines Vermögenswerts zu entscheiden, darf das Unternehmen lediglich die Entscheidungsrechte über die Verwendung eines Vermögenswerts während des Verwendungszeitraums berücksichtigen, es sei denn, der Kunde hat den Vermögenswert (oder bestimmte Teile des Vermögenswerts) wie in Paragraph B24(b)(ii) selbst entworfen. Daher darf ein Unternehmen, wenn die Bedingungen nach Paragraph B24(b)(ii) nicht erfüllt sind, Entscheidungen, die vor dem Verwendungszeitraum vorgegeben sind, nicht berücksichtigen. Kann ein Kunde beispielsweise das mit einem Vermögenswert erzielte Ergebnis lediglich vor Beginn des Verwendungszeitraums festlegen, verfügt er nicht **B29** über das Recht, über die Nutzung des Vermögenswerts zu entscheiden. Die Möglichkeit, das zu erzielende Ergebnis vor Beginn des Verwendungszeitraums vertraglich festzulegen, verleiht dem Kunden, wenn er keine weitergehenden Entscheidungsrechte über die Nutzung des Vermögenswerts hat, dieselben Rechte wie sie jeder Kunde beim Erwerb von Gütern oder Dienstleistungen genießt.

Schutzrechte

B30 In einem Vertrag können Bedingungen festgelegt werden, die die Interessen des Lieferanten am Vermögenswert oder an anderen Vermögenswerten schützen sollen, die seine Mitarbeiter schützen sollen oder die gewährleisten sollen, dass seine rechtlichen Verpflichtungen erfüllt sind. Solche Bedingungen sind Schutzrechte. In einem Vertrag kann beispielsweise (i) die maximal zulässige Nutzung des Vermögenswerts festgelegt werden oder eingegrenzt werden, wo oder wann der Kunde den Vermögenswert nutzen darf, (ii) der Kunde verpflichtet werden, bestimmte Betriebsverfahren einzuhalten, oder (iii) der Kunde verpflichtet werden, dem Lieferanten Änderungen der Einsatzart des Vermögenswerts vorab anzuzeigen. Schutzrechte geben in der Regel den für den Kunden zulässigen Nutzungsumfang vor, sprechen aber für sich allein genommen dem Kunden nicht das Recht ab, über die Nutzung des Vermögenswerts zu entscheiden.

B31 Anhand des folgenden Ablaufdiagramms können Unternehmen beurteilen, ob ein Vertrag ein Leasingverhältnis begründet oder beinhaltet.

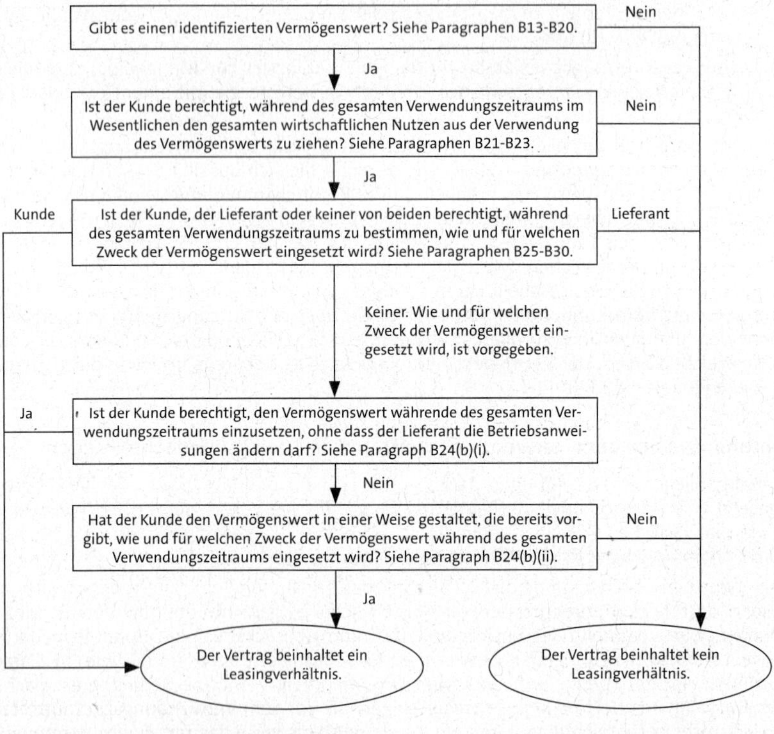

Trennung von Leasing- und Nichtleasingkomponenten eines Vertrags (Paragraphen 12-17)

Das Recht, einen zugrunde liegenden Vermögenswert zu nutzen, ist als selbständige Leasingkomponente zu betrachten, wenn sowohl **B32**

(a) der Leasingnehmer aus der Nutzung des zugrunde liegenden Vermögenswerts entweder gesondert oder zusammen mit anderen Ressourcen, die für ihn jederzeit verfügbar sind, einen Nutzen ziehen kann. Eine jederzeit verfügbare Ressource ist ein Gut oder eine Dienstleistung, die (vom Leasinggeber oder von anderen Lieferanten) separat veräußert oder geleast wird, oder eine Ressource, die der Leasingnehmer bereits (vom Leasinggeber oder aus anderen Transaktionen oder Ereignissen) erhalten hat; als auch

(b) der zugrunde liegende Vermögenswert weder in hohem Maße von den anderen diesem Vertrag zugrunde liegenden Vermögenswerten abhängig, noch mit diesen eng verbunden ist. So könnte beispielsweise der Umstand, dass ein Leasingnehmer sich dafür entscheiden könnte, den zugrunde liegenden Vermögenswert nicht zu leasen, ohne dass dies seine Rechte, andere dem Vertrag zugrunde liegende Vermögenswerte zu nutzen, signifikant beeinflusst, darauf hindeuten, dass der zugrunde liegende Vermögenswert weder in hohem Maße von diesen zugrunde liegenden Vermögenswerten abhängig noch eng mit ihnen verbunden ist.

In einem Vertrag können Zahlungen des Leasingnehmers für Tätigkeiten und Kosten vorgesehen sein, mit denen diesem kein Gut und keine Dienstleistung übertragen wird. Beispielsweise kann ein Leasinggeber in den zu zahlenden Gesamtbetrag Verwaltungsgebühren oder andere im Zusammenhang mit dem Leasingverhältnis von ihm verauslagte Kosten einbeziehen, mit denen dem Leasingnehmer kein Gut und keine Dienstleistung übertragen wird. Solchen Kostenelementen entsprechende zu zahlende Beträge begründen keine selbständige Vertragskomponente, sondern gelten als Teil der Gegenleistung, die den trennbaren Komponenten des Vertrags zuzuweisen ist. **B33**

Laufzeit des Leasingverhältnisses (Paragraphen 18–21)

Bei der Bestimmung der Laufzeit und der unkündbaren Grundlaufzeit eines Leasingverhältnisses legt ein Unternehmen die Definition von Vertrag zugrunde und bestimmt den Zeitraum, währenddessen der Vertrag bindend ist. Ein Leasingverhältnis ist nicht mehr bindend, wenn sowohl der Leasingnehmer als auch der Leasinggeber das Leasingverhältnis ohne Zustimmung der anderen Vertragspartei beenden kann und in diesem Fall allenfalls eine geringe Strafzahlung entrichten muss. **B34**

Hat nur der Leasingnehmer das Recht, das Leasingverhältnis zu beenden, so ist diese dem Leasingnehmer zustehende Kündigungsoption vom Unternehmen bei der Bestimmung der Laufzeit des Leasingverhältnisses zu berücksichtigen. Hat nur der Leasinggeber das Recht, das Leasingverhältnis zu beenden, so erstreckt sich die unkündbare Grundlaufzeit des Leasingverhältnisses auch auf den Zeitraum, währenddessen diese Kündigungsoption besteht. **B35**

Die Laufzeit des Leasingverhältnisses beginnt am Bereitstellungsdatum und umfasst auch etwaige mietfreie Zeiträume, die der Leasinggeber dem Leasingnehmer gewährt. **B36**

Am Bereitstellungsdatum beurteilt ein Unternehmen, ob der Leasingnehmer hinreichend sicher ist, dass er eine Verlängerungsoption oder eine Kaufoption für den zugrunde liegenden Vermögenswert ausüben oder eine Kündigungsoption nicht ausüben wird. Das Unternehmen trägt allen maßgeblichen Fakten und Umständen Rechnung, die dem Leasingnehmer einen wirtschaftlichen Anreiz zur Ausübung bzw. Nichtausübung der Option geben, einschließlich aller Änderungen dieser Fakten und Umstände, die vom Bereitstellungsdatum bis zum Zeitpunkt der Optionsausübung zu erwarten sind. Beispiele für zu berücksichtigende Faktoren sind: **B37**

(a) die Vertragsbedingungen und die Bedingungen für die Zeiträume, während derer eine Option besteht, im Vergleich zu den Marktpreisen, wie
   (i) der Betrag der während eines Optionszeitraums für das Leasingverhältnis zu leistenden Zahlungen;
   (ii) der Betrag etwaiger variabler Leasingzahlungen oder sonstiger bedingter Zahlungen, wie Strafzahlungen bei Kündigung des Leasingverhältnisses oder Zahlungen aus Restwertgarantien; und
   (iii) die Bedingungen etwaiger Optionen, die nach Ablauf der ersten Optionszeiträume ausgeübt werden können (beispielsweise eine Kaufoption, die am Ende einer Verlängerung zu einem Preis unter dem Marktpreis ausgeübt werden kann);
(b) wesentliche, während der Laufzeit des Vertrags fertiggestellte (oder zu erwartende) Mietereinbauten, die für den Leasingnehmer zu einem wesentlichen wirtschaftlichen Nutzen führen werden, sobald die Verlängerungsoption, die Kündigungsoption oder die Kaufoption für den zugrunde liegenden Vermögenswert ausgeübt werden kann;
(c) Kosten in Bezug auf die Kündigung des Leasingverhältnisses, wie Verhandlungskosten, Verlegungskosten, Kosten im Hinblick auf die Bestimmung eines anderen zugrunde liegenden Vermögenswerts, der dem Bedarf des Leasingnehmers gerecht wird, Kosten für die Aufnahme eines neuen Vermögenswerts in die Geschäftstätigkeit des Leasingnehmers oder Kündigungsstrafen und ähnliche Kosten, darunter Kosten, um den zugrunde liegenden Vermögenswert wieder in den im Vertrag vorgesehenen Zustand oder an den im Vertrag vorgesehenen Ort zu bringen;
(d) die Bedeutung des zugrunde liegenden Vermögenswerts für die Geschäftstätigkeit des Leasingnehmers, beispielsweise die Frage, ob es sich um einen speziellen Vermögenswert handelt, wo er sich befindet und ob es Alternativlösungen gibt; und
(e) die mit der Ausübung einer Option verbundenen Bedingungen (wenn die Option nur unter bestimmten Voraussetzungen ausgeübt werden kann) und die Wahrscheinlichkeit, dass diese Bedingungen erfüllt sein werden.

B38 Verlängerungs- und Kündigungsoptionen können mit anderen Vertragsbedingungen kombiniert werden (beispielsweise mit einer Restwertgarantie), sodass der Leasingnehmer dem Leasinggeber eine Mindestrendite oder eine feste Rendite garantiert, die im Wesentlichen nicht davon abhängt, ob die Option ausgeübt wird oder nicht. In solchen Fällen geht ein Unternehmen ungeachtet der Leitlinien zu de facto festen Zahlungen in Paragraph B42 davon aus, dass der Leasingnehmer hinreichend sicher ist, dass er die Verlängerungsoption ausüben und die Kündigungsoption nicht ausüben wird.

B39 Je kürzer die unkündbare Grundlaufzeit eines Leasingverhältnisses ist, desto wahrscheinlicher ist es, dass ein Leasingnehmer eine Verlängerungsoption ausübt und eine Kündigungsoption nicht ausübt. Der Grund dafür ist, dass die mit dem Ersatz eines Vermögenswerts verbundenen Kosten bei einer kürzeren unkündbaren Grundlaufzeit im Verhältnis höher sind.

B40 Bei der Beurteilung der Frage, ob der Leasingnehmer hinreichend sicher ist, dass er eine Option ausüben oder nicht ausüben wird, können seine vergangenen Entscheidungen hinsichtlich der Zeiträume, während derer er gewöhnlich bestimmte Arten von (geleasten oder eigenen) Vermögenswerten eingesetzt hat, und die wirtschaftlichen Gründe für diese Entscheidungen aufschlussreich sein. Hat ein Leasingnehmer beispielsweise in der Vergangenheit gewöhnlich bestimmte Arten von Vermögenswerten für einen bestimmten Zeitraum eingesetzt oder übt er üblicherweise bei Leasingverhältnissen mit bestimmten Arten zugrunde liegender Vermögenswerte häufig Optionen aus, so berücksichtigt er die wirtschaftlichen Gründe für diese vergangenen Entscheidungen bei der Beurteilung der Frage, ob er bei diesen Vermögenswerten eine Option mit hinreichender Sicherheit ausüben wird.

B41 In Paragraph 20 ist vorgesehen, dass ein Leasingnehmer nach dem Bereitstellungsdatum, wenn ein signifikantes Ereignis oder eine signifikante Änderung von Umständen eintritt, das bzw. die innerhalb seiner Kontrolle liegt und sich darauf auswirkt, ob er hinreichend sicher ist, dass er eine bei der Bestimmung der Laufzeit zuvor nicht berücksichtigte Option ausüben oder eine bei der Bestimmung der Laufzeit zuvor berücksichtigte Option nicht ausüben wird, die Laufzeit des Leasingverhältnisses erneut bestimmt. Signifikante Ereignisse oder signifikante Änderungen von Umständen sind beispielsweise

(a) wesentliche, am Bereitstellungsdatum nicht ins Auge gefasste Mietereinbauten, die für den Leasingnehmer zu einem wesentlichen wirtschaftlichen Nutzen führen werden, sobald die Verlängerungsoption, die Kündigungsoption oder die Kaufoption für den zugrunde liegenden Vermögenswert ausgeübt werden kann;
(b) eine wesentliche, am Bereitstellungsdatum nicht ins Auge gefasste Änderung oder Anpassung des zugrunde liegenden Vermögenswerts;
(c) der Beginn eines Unterleasingverhältnisses in Bezug auf den zugrunde liegenden Vermögenswert mit einer längeren Laufzeit als die zuvor bestimmte Laufzeit des Leasingverhältnisses; und
(d) eine Geschäftsentscheidung des Leasingnehmers, die sich unmittelbar auf die Ausübung oder Nichtausübung einer Option auswirkt (beispielsweise die Entscheidung, das Leasingverhältnis bei einem ergänzenden Vermögenswert zu verlängern, einen alternativen Vermögenswert zu veräußern oder eine Geschäftseinheit zu veräußern, in der das Nutzungsrecht zur Anwendung kommt).

De facto feste Leasingzahlungen (Paragraphen 27(a), 36(c) und 70(a))

Zu den Leasingzahlungen gehören auch etwaige de facto feste Leasingzahlungen. De facto feste Leasingzahlungen sind Zahlungen, die formal variabel sein können, ihrem Wesen nach aber unvermeidlich sind. De facto feste Leasingzahlungen ergeben sich beispielsweise, wenn **B42**

(a) Leasingzahlungen variabel angelegt sind, die Variabilität dieser Zahlungen aber unbegründet ist. Solche Zahlungen enthalten variable Komponenten, die in Wahrheit keinen wirtschaftlichen Gehalt haben, beispielsweise:
    (i) Zahlungen, die nur geleistet werden müssen, wenn ein Vermögenswert nachweislich während der Dauer des Leasingverhältnisses betrieben werden kann oder wenn ein Ereignis eintritt, das zwangsläufig sowieso eintreten wird; oder
    (ii) Zahlungen, die ursprünglich in Abhängigkeit von der Nutzung des zugrunde liegenden Vermögenswerts als variable Leasingzahlungen angelegt wurden, deren Variabilität aber nach dem Bereitstellungsdatum ab einem bestimmten Zeitpunkt enden wird und die für den Rest der Laufzeit des Leasingverhältnisses zu festen Zahlungen werden. Solche Zahlungen werden zu de facto festen Zahlungen, sobald die Variabilität endet;
(b) es mehrere Zahlungsschemata gibt, die für einen Leasingnehmer in Frage kommen, davon aber nur ein Schema realistisch ist. In diesem Fall hat das Unternehmen das realistische Zahlungsschema als Leasingzahlungen zu betrachten;
(c) es mehrere realistische Zahlungsschemata gibt, die für einen Leasingnehmer in Frage kommen, er aber die Möglichkeit hat, nur einem davon zu folgen. In diesem Fall hat das Unternehmen dasjenige Zahlungsschema als Leasingzahlungen zu betrachten, für das sich (abgezinst) der geringste Gesamtbetrag ergibt.

Einbeziehung des Leasingnehmers vor dem Bereitstellungsdatum

Dem Leasingnehmer entstehende Kosten im Zusammenhang mit dem Bau oder der Umgestaltung eines zugrunde liegenden Vermögenswerts

Ein Unternehmen kann ein Leasingverhältnis aushandeln, bevor der zugrunde liegende Vermögenswert zur Nutzung durch den Leasingnehmer bereitsteht. Bei bestimmten Leasingverhältnissen muss der zugrunde liegende Vermögenswert gegebenenfalls für eine Nutzung durch **B43** den Leasingnehmer speziell gebaut oder umgestaltet werden. In den Vertragsbedingungen kann vorgesehen sein, dass der Leasingnehmer Zahlungen für den Bau oder die Umgestaltung des Vermögenswerts leistet.

B44 Übernimmt ein Leasingnehmer Kosten im Zusammenhang mit dem Bau oder der Umgestaltung eines zugrunde liegenden Vermögenswerts, so hat er diese nach anderen geltenden Standards, beispielsweise IAS 16, zu bilanzieren. Kosten im Zusammenhang mit dem Bau oder der Umgestaltung eines zugrunde liegenden Vermögenswerts umfassen keine Zahlungen des Leasingnehmers in Bezug auf das Recht, den zugrunde liegenden Vermögenswert zu nutzen. Zahlungen in Bezug auf das Recht, einen zugrunde liegenden Vermögenswert zu nutzen, sind Leasingzahlungen, unabhängig vom Zeitpunkt, zu dem sie geleistet werden.

Eigentumsrecht am zugrunde liegenden Vermögenswert

B45 Es ist möglich, dass der Leasingnehmer das Eigentumsrecht an einem zugrunde liegenden Vermögenswert erhält, bevor das Eigentumsrecht an den Leasinggeber übergeht und der Vermögenswert an den Leasingnehmer vermietet wird. Der Erhalt des Eigentumsrechts ist nicht ausschlaggebend für die Art und Weise, wie die Transaktion zu bilanzieren ist.

B46 Besitzt (oder erlangt) der Leasingnehmer die Verfügungsgewalt über den zugrunde liegenden Vermögenswert, bevor dieser dem Leasinggeber übertragen wird, so handelt es sich um eine Sale-and-Leaseback-Transaktion, die nach den Paragraphen 98-103 zu bilanzieren ist.

B47 Erlangt der Leasingnehmer dagegen nicht die Verfügungsgewalt über den zugrunde liegenden Vermögenswert, bevor dieser dem Leasinggeber übertragen wird, so handelt es sich nicht um eine Sale-and-Leaseback-Transaktion. Dies kann beispielsweise der Fall sein, wenn ein Hersteller, ein Leasinggeber und ein Leasingnehmer ein Kaufgeschäft aushandeln, wobei der Leasinggeber vom Hersteller einen Vermögenswert erwirbt, der dann vom Leasingnehmer geleast wird. In diesem Fall erhält der Leasingnehmer möglicherweise das Eigentumsrecht an dem zugrunde liegenden Vermögenswert, bevor dieses an den Leasinggeber übergeht. Erhält der Leasingnehmer also das Eigentumsrecht an dem zugrunde liegenden Vermögenswert, die Verfügungsgewalt darüber aber erst, wenn das Eigentumsrecht an den Leasinggeber übergeht, so ist die Transaktion nicht als Sale-and-Leaseback-Transaktion sondern als Leasingverhältnis zu bilanzieren.

Angaben des Leasingnehmers (Paragraph 59)

B48 Um zu bestimmen, ob zur Erreichung des in Paragraph 51 für die Angabepflichten festgelegten Ziels zusätzliche Informationen zur Leasingtätigkeit erforderlich sind, prüft ein Leasingnehmer,

(a) ob diese Informationen für die Abschlussadressaten relevant sind. Ein Leasingnehmer hat zusätzliche Informationen gemäß Paragraph 59 nur anzugeben, wenn diese Informationen für die Abschlussadressaten voraussichtlich relevant sind. Dies ist wahrscheinlich der Fall, wenn diese Informationen die Adressaten in die Lage versetzen,

(i) zu verstehen, welche Flexibilitätsvorteile mit den Leasingverhältnissen verbunden sind. Leasingverhältnisse können Flexibilitätsvorteile bieten, wenn ein Leasingnehmer seine Risiken verringern kann, indem er beispielsweise eine Kündigungsoption ausübt oder das Leasingverhältnis mit günstigen Bedingungen verlängert;

(ii) die mit Leasingverhältnissen verbundenen Beschränkungen zu verstehen. Mit Leasingverhältnissen können Beschränkungen verbunden sein, beispielsweise die Verpflichtung für den Leasingnehmer, bestimmte Finanzkennzahlen einzuhalten;

(iii) zu verstehen, in welchem Maße die gemachten Angaben von variablen Einflussgrößen abhängen. So können sich beispielsweise künftige variable Leasingzahlungen auf die gemachten Angaben auswirken;

(iv) zu verstehen, welche sonstigen Risiken mit Leasingverhältnissen verbunden sind;

(v) etwaige Abweichungen von branchenüblichen Praktiken zu verstehen. Beispielsweise unübliche oder Sonderbestimmungen in der Leasingvereinbarung, die sich auf das Leasingportfolio des Leasingnehmers auswirken;

(b) ob diese Informationen bereits aus in der Bilanz oder im Anhang dargestellten Informationen hervorgehen. Informationen, die bereits an anderer Stelle in der Bilanz dargestellt sind, braucht ein Leasingnehmer nicht erneut darzustellen.

Zusätzliche Informationen zu variablen Leasingzahlungen, die unter gewissen Umständen zur Erreichung des in Paragraph 51 für die Angabepflichten festgelegten Ziels erforderlich sein können, sind beispielsweise Informationen, die es den Abschlussadressaten ermöglichen, **B49**

(a) zu verstehen, weshalb und in welchem Umfang der Leasingnehmer variable Leasingzahlungen verwendet;

(b) das Verhältnis zwischen variablen Leasingzahlungen und festen Zahlungen einzuschätzen;

(c) Kenntnis von den Einflussgrößen, die sich auf die variablen Leasingzahlungen auswirken, zu erlangen und einzuschätzen, in welcher Größenordnung diese Zahlungen variieren werden, wenn sich diese Einflussgrößen ändern; und

(d) sonstige operative und finanzielle Auswirkungen der variablen Leasingzahlungen einzuschätzen.

Zusätzliche Informationen zu Verlängerungsoptionen und Kündigungsoptionen, die unter gewissen Umständen zur Erreichung des in Paragraph 51 für die Angabepflichten festgelegten Ziels erforderlich sein können, sind beispielsweise Informationen, die es den Abschlussadressaten ermöglichen, **B50**

(a) zu verstehen, weshalb und in welchem Umfang der Leasingnehmer Verlängerungsoptionen und Kündigungsoptionen vorsieht;

(b) das Verhältnis zwischen Leasingzahlungen für Optionen und Leasingzahlungen einzuschätzen;

(c) den Umfang der nicht in die Bemessung von Leasingverbindlichkeiten einbezogenen Optionen zu beurteilen; und

(d) sonstige operative und finanzielle Auswirkungen dieser Optionen einzuschätzen.

Zusätzliche Informationen zu Restwertgarantien, die unter gewissen Umständen zur Erreichung des in Paragraph 51 für die Angabepflichten festgelegten Ziels erforderlich sein können, sind beispielsweise Informationen, die es den Abschlussadressaten ermöglichen, **B51**

(a) zu verstehen, weshalb und in welchem Umfang der Leasingnehmer Restwertgarantien gibt;

(b) den Umfang des Restwertrisikos für den Leasingnehmer einzuschätzen;

(c) zu erfahren, für welche Art von zugrunde liegenden Vermögenswerte diese Garantien gegeben werden; und

(d) sonstige operative und finanzielle Auswirkungen dieser Garantien einzuschätzen.

Zusätzliche Informationen zu Sale-and-Leaseback-Transaktionen, die unter gewissen Umständen zur Erreichung des in Paragraph 51 für die Angabepflichten festgelegten Ziels erforderlich sein können, sind beispielsweise Informationen, die es den Abschlussadressaten ermöglichen, **B52**

(a) zu verstehen, weshalb und in welchem Umfang der Leasingnehmer Sale-and-Leaseback-Transaktionen eingeht;

(b) zu erfahren, welche Bedingungen für einzelne Sale-and-Leaseback-Transaktionen gelten;

(c) die nicht in die Bemessung von Leasingverbindlichkeiten einbezogenen Zahlungen zu beurteilen; und

(d) abzuschätzen, inwieweit sich die Sale-and-Leaseback-Transaktionen in der Berichtsperiode auf die Zahlungsströme auswirken.

Einstufung von Leasingverhältnissen beim Leasinggeber (Paragraphen 61-66)

B53 Grundlage für die Einstufung von Leasingverhältnissen beim Leasinggeber ist der Umfang, in welchem die mit dem Eigentum an einem zugrunde liegenden Vermögenswert verbundenen Risiken und Chancen übertragen werden. Zu den Risiken gehören die Verlustmöglichkeiten aufgrund von ungenutzten Kapazitäten oder technischer Überholung und Renditeabweichungen aufgrund geänderter wirtschaftlicher Rahmenbedingungen. Chancen können die Erwartungen eines Gewinn bringenden Einsatzes im Geschäftsbetrieb während der wirtschaftlichen Nutzungsdauer des zugrunde liegenden Vermögenswerts und eines Gewinns aus einem Wertzuwachs oder aus der Realisierung eines Restwerts sein.

B54 Eine Leasingvereinbarung kann Bestimmungen enthalten, nach denen die Leasingzahlungen angepasst werden, wenn zwischen dem Beginn des Leasingverhältnisses und dem Bereitstellungsdatum bestimmte Änderungen (wie eine Änderung der Kosten des Leasinggebers in Bezug auf den zugrunde liegenden Vermögenswert oder in Bezug auf die Finanzierung des Leasingverhältnisses) eintreten. In diesem Fall sind für die Zwecke der Einstufung des Leasingverhältnisses die Auswirkungen solcher Änderungen so zu behandeln, als hätten sie zu Beginn des Leasingverhältnisses stattgefunden.

B55 Umfasst ein Leasingverhältnis sowohl Grundstücks- als auch Gebäudekomponenten, stuft der Leasinggeber jede Komponente unter Anwendung der Paragraphen 62-66 und B53-B54 entweder als Finanzierungsleasingverhältnis oder als Operating-Leasingverhältnis ein. Bei der Einstufung der Grundstückskomponente als Operating-Leasingverhältnis oder als Finanzierungsleasingverhältnis muss unbedingt berücksichtigt werden, dass Grundstücke in der Regel eine unbegrenzte wirtschaftliche Nutzungsdauer haben.

B56 Wann immer es zur Einstufung und Bilanzierung eines Leasingverhältnisses bei Grundstücken und Gebäuden notwendig ist, teilt der Leasinggeber die Leasingzahlungen (einschließlich einmaliger Vorauszahlungen) zwischen den Grundstücks- und Gebäudekomponenten nach dem Verhältnis der bei Beginn des Leasingverhältnisses bestehenden jeweiligen beizulegenden Zeitwerte der Leistungen für die Mietrechte für die Grundstückskomponente und die Gebäudekomponente des Leasingverhältnisses auf. Sollten die Leasingzahlungen zwischen diesen beiden Komponenten nicht zuverlässig aufgeteilt werden können, wird das gesamte Leasingverhältnis als Finanzierungsleasing eingestuft. Nur wenn beide Komponenten unzweifelhaft Operating-Leasingverhältnisse sind, wird das gesamte Leasingverhältnis als Operating-Leasingverhältnis eingestuft.

B57 Bei einem Leasing von Grundstücken und Gebäuden, bei dem der für die Grundstückskomponente anzusetzende Wert unwesentlich ist, kann ein Leasinggeber die Grundstücke und Gebäude als eine Einheit betrachten und diese unter Anwendung der Paragraphen 62-66 und B53-B54 als Finanzierungsleasingverhältnis oder Operating-Leasingverhältnis einstufen. In diesem Fall betrachtet der Leasinggeber die wirtschaftliche Nutzungsdauer der Gebäude als wirtschaftliche Nutzungsdauer des gesamten zugrunde liegenden Vermögenswerts.

Einstufung von Unterleasingverhältnissen

B58 Ein zwischengeschalteter Leasinggeber stuft das Unterleasingverhältnis nach folgenden Kriterien entweder als Finanzierungsleasingverhältnis oder als Operating-Leasingverhältnis ein:

(a) Handelt es sich bei dem Hauptleasingverhältnis um ein kurzfristiges Leasingverhältnis, das das Unternehmen in seiner Eigenschaft als Leasingnehmer unter Anwendung von Paragraph 6 bilanziert, stuft er das Unterleasingverhältnis als Operating-Leasingverhältnis ein.

(b) Anderenfalls stuft er das Unterleasingverhältnis auf der Grundlage seines Nutzungsrechts aus dem Hauptleasingverhältnis und nicht auf der Grundlage des zugrunde liegenden Vermögenswerts (z. B. der geleasten Sachanlage) ein.

Anhang C: Zeitpunkt des Inkrafttretens und Übergangsvorschriften

Dieser Anhang ist fester Bestandteil des Standards und hat die gleiche bindende Kraft wie die anderen Teile des Standards.

Zeitpunkt des Inkrafttretens

Dieser Standard ist auf Geschäftsjahre anzuwenden, die am oder nach dem 1. Januar 2019 beginnen. Eine frühere Anwendung ist zulässig, sofern das Unternehmen vor oder gleichzeitig mit der Erstanwendung des Standards auch IFRS 15 *Erlöse aus Verträgen mit Kunden* anwendet. Wendet ein Unternehmen diesen Standard früher an, hat es dies anzugeben. **C1**

Übergangsvorschriften

Für die Zwecke der Vorschriften der Paragraphen C1-C19 ist der Zeitpunkt der erstmaligen Anwendung der Beginn der Berichtsperiode, für die das Unternehmen den Standard zum ersten Mal anwendet. **C2**

Definition eines Leasingverhältnisses

Behelfsweise muss ein Unternehmen zum Zeitpunkt der erstmaligen Anwendung nicht erneut beurteilen, ob eine Vereinbarung ein Leasingverhältnis darstellt oder beinhaltet. Stattdessen kann es **C3**

(a) diesen Standard auf Vereinbarungen anwenden, die zuvor unter Anwendung von IAS 17 *Leasingverhältnisse* und von IFRIC 4 *Feststellung, ob eine Vereinbarung ein Leasingverhältnis enthält* als Leasingverhältnisse eingestuft wurden. Auf diese Leasingverhältnisse wendet das Unternehmen die Übergangsvorschriften der Paragraphen C5-C18 an.

(b) diesen Standard auf Vereinbarungen, die zuvor unter Anwendung von IAS 17 und IFRIC 4 als Vereinbarungen ohne Leasingverhältnisse eingestuft wurden, nicht anwenden.

Entscheidet sich ein Unternehmen für den praktischen Behelf in Paragraph C3, hat es dies anzugeben und diesen Behelf für alle seine Vereinbarungen anzuwenden. Demnach wendet das Unternehmen die Vorschriften der Paragraphen 9-11 lediglich auf Vereinbarungen an, die zum oder nach dem Zeitpunkt der erstmaligen Anwendung geschlossen (oder geändert) werden. **C4**

Leasingnehmer

Ein Leasingnehmer wendet diesen Standard auf seine Leasingverhältnisse entweder **C5**

(a) rückwirkend auf jede Berichtsperiode an, in der nach IAS 8 *Rechnungslegungsmethoden, Änderungen von rechnungslegungsbezogenen Schätzungen und Fehler* verfahren wurde; oder

(b) rückwirkend an, indem er zum Zeitpunkt der erstmaligen Anwendung die kumulierte Auswirkung der erstmaligen Anwendung des Standards gemäß den Paragraphen C7-C13 bilanziert.

Ein Leasingnehmer wendet die gemäß Paragraph C5 gewählte Methode durchgängig für alle Leasingverhältnisse an, in denen er Leasingnehmer ist. **C6**

Entscheidet sich ein Leasingnehmer, diesen Standard nach der in Paragraph C5(b) beschriebenen Methode anzuwenden, so nimmt er keine Anpassung von Vergleichsinformationen vor. Stattdessen bilanziert er zum Zeitpunkt der erstmaligen Anwendung die kumulierte Auswirkung der erstmaligen Anwendung des Standards als Berichtigung des Eröffnungsbilanzwerts der Gewinnrücklagen (oder ggf. einer anderen Eigenkapitalkomponente). **C7**

Leasingverhältnisse, die zuvor als Operating-Leasingverhältnisse eingestuft waren

C8 Entscheidet sich ein Leasingnehmer, diesen Standard nach der in Paragraph C5(b) beschriebenen Methode anzuwenden,

(a) erfasst er für Leasingverhältnisse, die zuvor gemäß IAS 17 als Operating-Leasingverhältnisse eingestuft waren, zum Zeitpunkt der erstmaligen Anwendung eine Leasingverbindlichkeit. Der Leasingnehmer bewertet die Leasingverbindlichkeit zum Barwert der verbleibenden Leasingzahlungen, abgezinst unter Anwendung seines Grenzfremdkapitalzinssatzes zum Zeitpunkt der erstmaligen Anwendung.

(b) erfasst er für Leasingverhältnisse, die zuvor gemäß IAS 17 als Operating-Leasingverhältnisse eingestuft waren, zum Zeitpunkt der erstmaligen Anwendung ein Nutzungsrecht. Der Leasingnehmer entscheidet für jedes Leasingverhältnis, ob er zur Bewertung des Nutzungsrechts entweder

   (i) den Buchwert ansetzt, als ob der Standard bereits seit dem Bereitstellungsdatum angewendet worden wäre, und diesen unter Anwendung seines Grenzfremdkapitalzinssatzes zum Zeitpunkt der erstmaligen Anwendung abzinst; oder

   (ii) einen Betrag in Höhe der Leasingverbindlichkeit ansetzt, der um den Betrag der für dieses Leasingverhältnis im Voraus geleisteten oder abgegrenzten Leasingzahlungen berichtigt wird, der in der dem Zeitpunkt der erstmaligen Anwendung unmittelbar vorausgehenden Bilanz ausgewiesen war.

(c) wendet er, sofern er nicht den praktischen Behelf in Paragraph C10(b) wählt, zum Zeitpunkt der erstmaligen Anwendung auf die Nutzungsrechte IAS 36 *Wertminderung von Vermögenswerten* an.

C9 Für Leasingverhältnisse, die zuvor gemäß IAS 17 als Operating-Leasingverhältnisse eingestuft waren, und ungeachtet der Vorschriften in Paragraph C8

(a) ist der Leasingnehmer bei Leasingverhältnissen, bei denen der zugrunde liegende Vermögenswert von geringem Wert ist (siehe Beschreibung in den Paragraphen B3-B8) und die gemäß Paragraph 6 erfasst werden, nicht verpflichtet, beim Übergang Berichtigungen vorzunehmen. Der Leasingnehmer erfasst diese Leasingverhältnisse ab dem Zeitpunkt der erstmaligen Anwendung gemäß diesem Standard;

(b) ist der Leasingnehmer bei Leasingverhältnissen, die zuvor als Finanzinvestition gehaltene Immobilien eingestuft waren und nach dem Modell des beizulegenden Zeitwerts gemäß IAS 40 *Als Finanzinvestition gehaltene Immobilien* bilanziert wurden, nicht verpflichtet, beim Übergang Berichtigungen vorzunehmen. Der Leasingnehmer erfasst die Nutzungsrechte und die Leasingverbindlichkeiten aus diesen Leasingverhältnissen ab dem Zeitpunkt der erstmaligen Anwendung gemäß IAS 40 und diesem Standard;

(c) bewertet der Leasingnehmer bei Leasingverhältnissen, die zuvor gemäß IAS 17 als Operating-Leasingverhältnisse eingestuft waren und ab dem Zeitpunkt der erstmaligen Anwendung als als Finanzinvestition gehaltene Immobilien nach dem Modell des beizulegenden Zeitwerts gemäß IAS 40 bilanziert werden sollen, die Nutzungsrechte zum Zeitpunkt der erstmaligen Anwendung nach dem beizulegenden Zeitwert. Der Leasingnehmer bilanziert die Nutzungsrechte und die Leasingverbindlichkeiten aus diesen Leasingverhältnissen ab dem Zeitpunkt der erstmaligen Anwendung gemäß IAS 40 und diesem Standard.

C10 Wendet ein Leasingnehmer diesen Standard gemäß Paragraph C5(b) rückwirkend auf Leasingverhältnisse an, die zuvor gemäß IAS 17 als Operating-Leasingverhältnisse eingestuft waren, so kann er einen oder mehrere der folgenden praktischen Behelfe anwenden. Er kann diese praktischen Behelfe für jedes seiner Leasingverhältnisse einzeln anwenden.

(a) Ein Leasingnehmer kann auf ein Portfolio ähnlich ausgestalteter Leasingverträge (beispielsweise Leasingverhältnisse mit ähnlichen Vermögenswerten, mit ähnlicher Restlaufzeit und in einem ähnlichen Wirtschaftsumfeld) einen einzigen Abzinsungssatz anwenden.

(b) Ein Leasingnehmer kann auf eine Wertminderungsprüfung verzichten und stattdessen unmittelbar vor dem Zeitpunkt der erstmaligen Anwendung gemäß IAS 37 *Rückstellungen, Eventualverbindlichkeiten und Eventualforderungen* bewerten, ob es sich bei seinen Leasingverhältnissen um belastende Verträge handelt. Wählt ein Leasingnehmer diesen praktischen Behelf, so berichtigt er das Nutzungsrecht zum Zeitpunkt der erstmaligen Anwendung um den Betrag, der in der dem Zeitpunkt der erstmaligen Anwendung unmittelbar vorausgehenden Bilanz als Rückstellung für belastende Leasingverhältnisse ausgewiesen war.

(c) Bei Leasingverhältnissen, deren Laufzeit innerhalb von 12 Monaten nach dem Zeitpunkt der erstmaligen Anwendung endet, kann ein Leasingnehmer auf die Anwendung der Vorschriften in Paragraph C8 verzichten. In diesen Fällen kann er
    (i) diese Leasingverhältnisse so bilanzieren, als handele es sich um kurzfristige Leasingverhältnisse gemäß Paragraph 6, und
    (ii) die mit diesen Leasingverhältnissen verbundenen Kosten im Geschäftsjahr, in das der Zeitpunkt der erstmaligen Anwendung fällt, in den Angaben als Aufwendungen für kurzfristige Leasingverhältnisse ausweisen.

(d) Bei der Bewertung des Nutzungsrechts zum Zeitpunkt der erstmaligen Anwendung kann ein Leasingnehmer die anfänglichen direkten Kosten unberücksichtigt lassen.

(e) Sieht ein Vertrag Verlängerungs- oder Kündigungsoptionen vor, kann der Leasingnehmer beispielsweise die Laufzeit des Leasingverhältnisses rückwirkend bestimmen.

Leasingverhältnisse, die zuvor als Finanzierungsleasingverhältnisse eingestuft waren

Entscheidet sich ein Leasingnehmer, diesen Standard nach der in Paragraph C5(b) beschriebenen Methode für Leasingverhältnisse anzuwenden, die gemäß IAS 17 als Finanzierungsleasingverhältnisse eingestuft waren, so entspricht der Buchwert des Nutzungsrechts und der Leasingverbindlichkeit zum Zeitpunkt der erstmaligen Anwendung demjenigen Buchwert, der sich bei Bewertung des geleasten Vermögenswerts und der Leasingverbindlichkeit gemäß IAS 17 unmittelbar vor diesem Zeitpunkt ergibt. Ab dem Zeitpunkt der erstmaligen Anwendung bilanziert der Leasingnehmer die Nutzungsrechte und die Leasingverbindlichkeiten dieser Leasingverhältnisse gemäß diesem Standard. **C11**

Angaben

Entscheidet sich ein Leasingnehmer, diesen Standard nach der in Paragraph C5(b) beschriebenen Methode anzuwenden, veröffentlicht er die in Paragraph 28 von IAS 8 verlangten Angaben über die erstmalige Anwendung mit Ausnahme der Angaben nach Paragraph 28(f) von IAS 8. Anstelle der Angaben nach Paragraph 28(f) von IAS 8 gibt der Leasingnehmer Folgendes an: **C12**

(a) den gewichteten Durchschnittswert des Grenzfremdkapitalzinssatzes, den der Leasingnehmer für die zum Zeitpunkt der erstmaligen Anwendung in der Bilanz ausgewiesenen Leasingverbindlichkeiten anwendet, und

(b) eine Erläuterung eines etwaigen Unterschiedsbetrags zwischen
    (i) den Verbindlichkeiten aus dem Operating-Leasingverhältnis, die zum Ende des dem Zeitpunkt der erstmaligen Anwendung unmittelbar vorausgehenden Geschäftsjahres gemäß IAS 17 ausgewiesen wurden und die anhand des Grenzfremdkapitalzinssatzes zum Zeitpunkt der erstmaligen Anwendung wie in Paragraph C8(a) beschrieben abgezinst wurden, und
    (ii) den zum Zeitpunkt der erstmaligen Anwendung in der Bilanz ausgewiesenen Leasingverbindlichkeiten.

Wendet ein Leasingnehmer einen oder mehrere der in Paragraph C10 aufgeführten praktischen Behelfe an, hat er dies anzugeben. **C13**

Leasinggeber

C14 Außer in den in Paragraph C15 beschriebenen Fällen ist der Leasinggeber bei Leasingverhältnissen, in denen er der Leasinggeber ist, nicht verpflichtet, beim Übergang Berichtigungen vorzunehmen. Er erfasst diese Leasingverhältnisse ab dem Zeitpunkt der erstmaligen Anwendung gemäß diesem Standard.

C15 Ein Unterleasinggeber

(a) bewertet Unterleasingverhältnisse, die gemäß IAS 17 als Operating-Leasingverhältnisse eingestuft waren und zum Zeitpunkt der erstmaligen Anwendung noch bestehen, jeweils erneut, um festzustellen, ob sie unter Anwendung dieses Standards als Operating-Leasingverhältnisse oder als Finanzierungsleasingverhältnisses einzustufen sind. Der Unterleasinggeber nimmt diese Bewertung zum Zeitpunkt der erstmaligen Anwendung auf der Grundlage der zu diesem Zeitpunkt gültigen Restlaufzeit und Bedingungen des Hauptleasingverhältnisses und des Unterleasingverhältnisses vor.

(b) bilanziert Unterleasingverhältnisse, die gemäß IAS 17 als Operating-Leasingverhältnisse eingestuft waren, gemäß diesem Standard aber als Finanzierungsleasingverhältnisse einzustufen sind, wie eine zum Zeitpunkt der erstmaligen Anwendung neu geschlossene Finanzierungsleasingvereinbarung.

Vor dem Zeitpunkt der erstmaligen Anwendung geschlossene Sale-and-Leaseback-Transaktionen

C16 Bei vor dem Zeitpunkt der erstmaligen Anwendung geschlossenen Sale-and-Leaseback-Transaktionen bewertet das Unternehmen nicht neu, ob die Übertragung des zugrunde liegenden Vermögenswerts die für eine Erfassung als Veräußerung erforderlichen Vorschriften in IFRS 15 erfüllt.

C17 Wurde eine Sale-and-Leaseback-Transaktion gemäß IAS 17 als Veräußerung und Finanzierungsleasing erfasst,

(a) bilanziert der Verkäufer/Leasingnehmer den Leaseback wie jedes andere zum Zeitpunkt der erstmaligen Anwendung bestehende Finanzierungsleasingverhältnis und

(b) schreibt der Verkäufer/Leasingnehmer jeglichen Ertrag aus der Veräußerung weiterhin über die Laufzeit des Leasingverhältnisses ab.

C18 Wurde eine Sale-and-Leaseback-Transaktion gemäß IAS 17 als Veräußerung und Operating-Leasing erfasst,

(a) bilanziert der Verkäufer/Leasingnehmer den Leaseback wie jedes andere zum Zeitpunkt der erstmaligen Anwendung bestehende Operating-Leasingverhältnis und

(b) berichtigt der Verkäufer/Leasingnehmer das Nutzungsrecht aus dem Leaseback um jegliche marktunüblichen abgegrenzten Gewinne oder Verluste, die in der dem Zeitpunkt der erstmaligen Anwendung unmittelbar vorausgehenden Bilanz ausgewiesen waren.

Zuvor für Unternehmenszusammenschlüsse bilanzierte Beträge

C19 Hat ein Leasingnehmer im Rahmen eines Unternehmenszusammenschlusses günstige oder ungünstige Bedingungen eines Operating-Leasingverhältnisses übernommen und für diese zuvor einen Vermögenswert oder eine Verbindlichkeit gemäß IFRS 3 *Unternehmenszusammenschlüsse* erfasst, hat er diesen Vermögenswert oder diese Verbindlichkeit auszubuchen und den Buchwert des Nutzungsrechts zum Zeitpunkt der erstmaligen Anwendung um den entsprechenden Betrag zu berichtigen.

Bezugnahmen auf IFRS 9

Wendet ein Unternehmen diesen Standard an, aber noch nicht IFRS 9 *Finanzinstrumente*, so ist jeder Verweis auf IFRS 9 in diesem Standard als Verweis auf IAS 39 *Finanzinstrumente: Ansatz und Bewertung* zu verstehen. **C20**

Rücknahme anderer Standards

Dieser Standard ersetzt die folgenden Standards und Interpretationen: **C21**

(a) IAS 17 *Leasingverhältnisse*,

(b) IFRIC 4 *Feststellung, ob eine Vereinbarung ein Leasingverhältnis enthält*,

(c) SIC-15 *Operating-Leasingverhältnisse – Anreize*, und

(d) SIC-27 *Beurteilung des wirtschaftlichen Gehalts von Transaktionen in der rechtlichen Form von Leasingverhältnissen*.

Anhang D: Änderungen an anderen Standards (hier nicht wiedergegeben)

SIC-Interpretationen

Standing Interpretations Committee Interpretation SIC-7 Einführung des Euro (SIC-7)

v. 3.11.2008 (ABl EU Nr. L 320 S. 1); zuletzt geändert durch Verordnung (EG) Nr. 494/2009 v. 3.6.2009 (ABl EU Nr. L 149 S. 6)

Verweise

- IAS 1 *Darstellung des Abschlusses* (überarbeitet 2007)
- IAS 8 *Rechnungslegungsmethoden, Änderungen von rechnungslegungsbezogenen Schätzungen und Fehler*
- IAS 10 *Ereignisse nach dem Abschlussstichtag* (überarbeitet 2003)
- IAS 21 *Auswirkungen von Wechselkursänderungen* (überarbeitet 2003)
- IAS 27 *Konzern- und Einzelabschlüsse* (geändert 2008)

Fragestellung

Ab 1. Januar 1999, dem Zeitpunkt des Inkrafttretens der Wirtschafts- und Währungsunion 1
(WWU), wird der Euro eine Währung eigenen Rechts werden und die Wechselkurse zwischen dem Euro und den teilnehmenden nationalen Währungen werden unwiderruflich festgelegt, d. h. das Risiko nachfolgender Währungsdifferenzen hinsichtlich dieser Währungen ist ab diesem Tag beseitigt.

Die Fragestellung betrifft die Anwendung des IAS 21 auf die Umstellung von nationalen Wäh- 2
rungen teilnehmender Mitgliedstaaten der Europäischen Union auf den Euro („die Umstellung").

Beschluss

Die Vorschriften des IAS 21 bezüglich der Umrechnung von Fremdwährungstransaktionen und 3
Abschlüssen ausländischer Geschäftsbetriebe sind streng auf die Umstellung anzuwenden. Der gleiche Grundgedanke gilt für die Festlegung von Wechselkursen, wenn Länder in späteren Phasen der WWU beitreten.

Das heißt im Besonderen, dass: 4

(a) Monetäre Vermögenswerte und Schulden in einer Fremdwährung, die aus Geschäftsvorfällen resultieren, sind weiterhin zum Stichtagskurs in die funktionale Währung umzurechnen. Etwaige sich ergebende Umrechnungsdifferenzen sind sofort als Ertrag oder als Aufwand zu erfassen, mit der Ausnahme, dass ein Unternehmen weiterhin seine bestehenden Rechnungslegungsmethoden für Gewinne und Verluste aus der Währungsumrechnung, die aus der Absicherung des Währungsrisikos eines erwarteten Geschäftsvorfalls entstehen, anzuwenden hat;

(b) kumulierte Umrechnungsdifferenzen im Zusammenhang mit der Umrechnung von Abschlüssen ausländischer Geschäftsbetriebe im sonstigen Ergebnis zu erfassen, im Eigenkapital zu kumulieren und erst bei der Veräußerung oder teilweisen Veräußerung der Nettoinvestitionen in den ausländischen Geschäftsbetrieb vom Eigenkapital in den Gewinn oder Verlust umzugliedern sind; und

(c) Umrechnungsdifferenzen aus der Umrechnung von Schulden, die auf Fremdwährungen der Teilnehmerstaaten lauten, sind nicht dem Buchwert des dazugehörenden Vermögenswerts zuzurechnen.

Datum des Beschlusses

Oktober 1997

Zeitpunkt des Inkrafttretens

Diese Interpretation tritt am 1. Juni 1998 in Kraft. Änderungen der Rechnungslegungsmethoden sind gemäß den Bestimmungen des IAS 8 vorzunehmen.

Infolge des IAS 1 (überarbeitet 2007) wurde die in allen IFRS verwendete Terminologie geändert. Außerdem wurde Paragraph 4 geändert. Diese Änderungen sind erstmals in der ersten Berichtsperiode eines am 1. Januar 2009 oder danach beginnenden Geschäftsjahres anzuwenden. Wird IAS 1 (überarbeitet 2007) auf eine frühere Periode angewandt, sind diese Änderungen entsprechend auch anzuwenden.

Durch IAS 27 (in der vom International Accounting Standards Board 2008 geänderten Fassung) wurde Paragraph 4(b) geändert. Diese Änderung ist erstmals in der ersten Periode eines am 1. Juli 2009 oder danach beginnenden Geschäftsjahres anzuwenden. Wendet ein Unternehmen IAS 27 (in der 2008 geänderten Fassung) auf eine frühere Periode an, so hat es auf diese Periode auch die genannte Änderung anzuwenden.

Standing Interpretations Committee Interpretation SIC-10 Beihilfen der öffentlichen Hand – Kein spezifischer Zusammenhang mit betrieblichen Tätigkeiten (SIC-10)

v. 3.11.2008 (ABl EU Nr. L 320 S. 1); zuletzt geändert durch Verordnung (EG) Nr. 1274/2008 v. 17.12.2008 (ABl EU Nr. L 339 S. 3)

Verweise

- IAS 8 *Rechnungslegungsmethoden, Änderungen von rechnungslegungsbezogenen Schätzungen und Fehler*
- IAS 20 *Bilanzierung und Darstellung von Zuwendungen der öffentlichen Hand*

Fragestellung

In manchen Ländern können Beihilfen der öffentlichen Hand auf die Förderung oder Langzeitunterstützung von Geschäftstätigkeiten entweder in bestimmten Regionen oder Industriezweigen ausgerichtet sein. Bedingungen, um diese Unterstützung zu erhalten, sind nicht immer speziell auf die betrieblichen Tätigkeiten des Unternehmens bezogen. Beispiele solcher Beihilfen sind Übertragungen von Ressourcen der öffentlichen Hand an Unternehmen, welche **1**

(a) in einer bestimmten Branche tätig sind;

(b) weiterhin in kürzlich privatisierten Branchen tätig sind; oder

(c) ihre Geschäftstätigkeit in unterentwickelten Gebieten beginnen oder fortführen.

Die Fragestellung lautet, ob solche Beihilfen der öffentlichen Hand eine „Zuwendung der öffentlichen Hand" innerhalb des Anwendungsbereichs des IAS 20 darstellen und deshalb gemäß diesem Standard zu bilanzieren sind. **2**

Beschluss

Beihilfen der öffentlichen Hand für Unternehmen erfüllen die Definition für Zuwendungen der öffentlichen Hand des IAS 20, auch wenn es außer der Forderung, in bestimmten Regionen oder Industriezweigen tätig zu sein, keine Bedingungen gibt, die sich speziell auf die Geschäftstätigkeit des Unternehmens beziehen. Diese Zuwendungen sind deshalb nicht unmittelbar in dem den Anteilseignern zurechenbaren Anteil am Eigenkapital zu erfassen. **3**

Datum des Beschlusses

Januar 1998

Zeitpunkt des Inkrafttretens

Diese Interpretation tritt am 1. August 1998 in Kraft. Änderungen der Rechnungslegungsmethoden sind gemäß IAS 8 zu berücksichtigen.

Standing Interpretations Committee Interpretation SIC-25 Ertragsteuern – Änderungen im Steuerstatus eines Unternehmens oder seiner Eigentümer (SIC-25)

v. 3.11.2008 (ABl EU Nr. L 320 S. 1)[1]; zuletzt geändert durch Verordnung (EG) Nr. 1274/2008 v. 17.12.2008 (ABl EU Nr. L 339 S. 3)

Verweise

- IAS 1 *Darstellung des Abschlusses* (überarbeitet 2007)
- IAS 8 *Rechnungslegungsmethoden, Änderungen von rechnungslegungsbezogenen Schätzungen und Fehler*
- IAS 12 *Ertragsteuern*

Fragestellung

Eine Änderung im Steuerstatus eines Unternehmens oder seiner Eigentümer kann für ein Unternehmen eine Erhöhung oder Verringerung der Steuerschulden oder Steueransprüche zur Folge haben. Dies kann beispielsweise durch die Börsennotierung von Eigenkapitalinstrumenten oder durch eine Eigenkapitalrestrukturierung eines Unternehmens eintreten. Weiterhin kann dies durch einen Umzug des beherrschenden Eigentümers ins Ausland eintreten. Als Folge eines solchen Ereignisses kann ein Unternehmen anders besteuert werden; es kann beispielsweise Steueranreize erlangen oder verlieren oder künftig einem anderen Steuersatz unterliegen. 1

Eine Änderung im Steuerstatus eines Unternehmens oder seiner Eigentümer kann eine sofortige Auswirkung auf die tatsächlichen Steuerschulden oder Steueransprüche des Unternehmens haben. Eine solche Änderung kann weiterhin die durch das Unternehmen erfassten latenten Steuerschulden oder Steueransprüche erhöhen oder verringern, abhängig davon, welche steuerlichen Konsequenzen sich aus der Änderung im Steuerstatus hinsichtlich der Realisierung oder Erfüllung des Buchwerts der Vermögenswerte und Schulden des Unternehmens ergeben. 2

Die Fragestellung lautet, wie ein Unternehmen die steuerlichen Konsequenzen der Änderung im Steuerstatus des Unternehmens oder seiner Eigentümer zu bilanzieren hat. 3

Beschluss

Die Änderung im Steuerstatus eines Unternehmens oder seiner Anteilseigner führt nicht zu einer Erhöhung oder Verringerung von außerhalb des Gewinns oder Verlusts erfassten Beträgen. Die Konsequenzen, die sich aus der Änderung im Steuerstatus für die tatsächlichen und latenten Ertragsteuern ergeben, sind im Periodenergebnis zu erfassen, es sei denn, diese Konsequenzen stehen mit Geschäftsvorfällen und Ereignissen im Zusammenhang, die in der gleichen oder einer anderen Periode unmittelbar dem erfassten Eigenkapitalbetrag gutgeschrieben oder belastet werden oder im sonstigen Ergebnis erfasst werden. Die steuerlichen Konsequenzen, die sich auf Änderungen des erfassten Eigenkapitalbetrags in der gleichen oder einer anderen Periode beziehen (also auf Änderungen, die nicht im Periodenergebnis erfasst werden), sind ebenfalls unmittelbar dem Eigenkapital gutzuschreiben oder zu belasten. Die steuerlichen Kon- 4

SIC

1) **Anm. d. Red.:** Überschrift neu gefasst gem. VO v. 17.12.2008 (ABl EU Nr. L 339 S. 3) mit Wirkung v. 21.12.2008. Die vorherige Fassung der Überschrift lautete: „SIC-25 Ertragsteuern – Änderungen im Steuerstatus eines Unternehmens oder seiner Anteilseigner (SIC-25)“.

sequenzen, die sich auf im sonstigen Ergebnis erfasste Beträge beziehen, sind ebenfalls im sonstigen Ergebnis zu erfassen.

Datum des Beschlusses

August 1999

Zeitpunkt des Inkrafttretens

Dieser Beschluss tritt am 15. Juli 2000 in Kraft. Änderungen der Rechnungslegungsmethoden sind gemäß IAS 8 zu berücksichtigen.

Infolge des IAS 1 (überarbeitet 2007) wurde die in allen IFRS verwendete Terminologie geändert. Außerdem wurde Paragraph 4 geändert. Diese Änderungen sind erstmals in der ersten Berichtsperiode eines am 1. Januar 2009 oder danach beginnenden Geschäftsjahres anzuwenden. Wird IAS 1 (überarbeitet 2007) auf eine frühere Periode angewandt, sind diese Änderungen entsprechend auch anzuwenden.

Standing Interpretations Committee Interpretation SIC-29 Dienstleistungskonzessionsvereinbarungen: Angaben (SIC-29)

v. 3.11.2008 (ABl EU Nr. L 320 S. 1)[1]; zuletzt geändert durch Verordnung (EU) 2017/1986 v. 31.10.2017 (ABl EU Nr. L 291 S. 1)[2]

Verweise

- IFRS 16 *Leasingverhältnisse*
- IAS 1 *Darstellung des Abschlusses* (überarbeitet 2007)
- IAS 16 *Sachanlagen* (überarbeitet 2003)
- IAS 17 *Leasingverhältnisse* (überarbeitet 2003)
- IAS 37 *Rückstellungen, Eventualverbindlichkeiten und Eventualforderungen*
- IAS 38 *Immaterielle Vermögenswerte* (überarbeitet 2004)

Fragestellung

Ein Unternehmen (der Betreiber) kann mit einem anderen Unternehmen (dem Konzessionsgeber) eine Vereinbarung zum Erbringen von Dienstleistungen schließen, die der Öffentlichkeit Zugang zu wichtigen wirtschaftlichen und sozialen Einrichtungen gewähren. Der Konzessionsgeber kann ein privates oder öffentliches Unternehmen einschließlich eines staatlichen Organs sein. Beispiele für Dienstleistungskonzessionen sind Vereinbarungen über Abwasserkläranlagen und Wasserversorgungssysteme, Autobahnen, Parkhäuser und -plätze, Tunnel, Brücken, Flughäfen und Fernmeldenetze. Ein Beispiel für Vereinbarungen, die keine Dienstleistungskonzessionen darstellen, ist ein Unternehmen, das seine internen Dienstleistungen auslagert (z. B. die Kantine, die Gebäudeinstandhaltung, das Rechnungswesen oder Funktionsbereiche der Informationstechnologie). 1

Bei einer Vereinbarung über eine Dienstleistungskonzession überträgt der Konzessionsgeber dem Betreiber für die Laufzeit der Konzession normalerweise 2

(a) das Recht, Dienstleistungen zu erbringen, die der Öffentlichkeit Zugang zu wichtigen wirtschaftlichen und sozialen Einrichtungen gewähren; und

(b) in einigen Fällen das Recht, bestimmte materielle, immaterielle und/oder finanzielle Vermögenswerte zu benutzen,

im Austausch dafür, dass der Betreiber

(c) sich verpflichtet, die Dienstleistungen entsprechend bestimmter Vertragsbedingungen für die Laufzeit der Konzession zu erbringen; und

---

1) **Anm. d. Red.:** Überschrift neu gefasst gem. VO v. 25.3.2009 (ABl EU Nr. L 80 S. 5) mit Wirkung v. 29.3.2009. Die vorherige Fassung der Überschrift lautete: „SIC-29 Angaben – Vereinbarungen über Dienstleistungskonzessionen (SIC-29)".

2) **Anm. d. Red.:** Aufgrund eines redaktionellen Fehlers des Gesetzgebers konnte die Änderungsanweisung gem. VO v. 25.3.2009 (ABl EU Nr. L 80 S. 5) nicht gänzlich durchgeführt werden. Anstatt des nicht vorhandenen Begriffs „Lizenznehmer" wurde jeweils der Begriff „Konzessionsnehmer" durch den Begriff „Betreiber" ersetzt. Der durch die vorgenannte Änderungsanweisung ebenfalls einzufügende Begriff „Konzessionsgeber" wurde bereits im Vorfeld im gesamten Text verwendet.

(d) sich verpflichtet, gegebenenfalls nach Ablauf der Konzession die Rechte zurückzugeben, die er am Anfang der Laufzeit der Konzession erhalten bzw. während der Laufzeit der Konzession erworben hat.

3 Das gemeinsame Merkmal aller Vereinbarungen über Dienstleistungskonzessionen ist, dass der Betreiber sowohl ein Recht erhält als auch die Verpflichtung eingeht, öffentliche Dienstleistungen zu erbringen.

4 Die Fragestellung lautet, welche Informationen im Anhang der Abschlüsse eines Betreibers und eines Konzessionsgebers anzugeben sind.

5 Bestimmte Aspekte und Angaben im Zusammenhang mit einigen Vereinbarungen über Dienstleistungskonzessionen werden schon von anderen International Financial Reporting Standards behandelt (z. B. bezieht sich IAS 16 auf den Erwerb von Sachanlagen, IFRS 16 auf das Leasing von Vermögenswerten und IAS 38 auf den Erwerb von immateriellen Vermögenswerten). Eine Vereinbarung über eine Dienstleistungskonzession kann aber noch zu erfüllende Verträge enthalten, die in den International Financial Reporting Standards nicht behandelt werden; es sei denn, es handelt sich um belastende Verträge, auf die IAS 37 anzuwenden ist. Daher behandelt diese Interpretation zusätzliche Angaben hinsichtlich Vereinbarungen über Dienstleistungskonzessionen.

Beschluss

6 Bei der Bestimmung der angemessenen Angaben im Anhang sind alle Aspekte einer Vereinbarung über eine Dienstleistungskonzession zu berücksichtigen. Betreiber und Konzessionsgeber haben in jeder Berichtsperiode folgende Angaben zu machen:

(a) eine Beschreibung der Vereinbarung;

(b) wesentliche Bestimmungen der Vereinbarung, die den Betrag, den Zeitpunkt und die Wahrscheinlichkeit des Eintretens künftiger Cashflows beeinflussen können (z. B. die Laufzeit der Konzession, Termine für die Neufestsetzung der Gebühren und die Basis, aufgrund derer Gebührenanpassungen oder Neuverhandlungen bestimmt werden);

(c) Art und Umfang (z. B. Menge, Laufzeit oder gegebenenfalls Betrag) von

  (i) Rechten, bestimmte Vermögenswerte zu nutzen;

  (ii) zu erfüllenden Verpflichtungen oder Rechten auf das Erbringen von Dienstleistungen;

  (iii) Verpflichtungen, Sachanlagen zu erwerben oder zu errichten;

  (iv) Verpflichtungen, bestimmte Vermögenswerte am Ende der Laufzeit der Konzession zu übergeben oder Ansprüche, solche zu diesem Zeitpunkt zu erhalten;

  (v) Verlängerungs- und Kündigungsoptionen; und

  (vi) anderen Rechten und Verpflichtungen (z. B. Großreparaturen und -instandhaltungen); und

(d) Veränderungen der Vereinbarung während der Laufzeit und

(e) wie die Vereinbarung eingestuft wurde.

6A Ein Betreiber hat die Umsätze und die Gewinne oder Verluste anzugeben, die innerhalb des Berichtszeitraums durch die Erbringung der Bauleistung gegen einen finanziellen oder immateriellen Vermögenswert entstanden sind.

7 Die gemäß Paragraph 6 dieser Interpretation erforderlichen Angaben sind individuell für jede Vereinbarung über eine Dienstleistungskonzession oder zusammengefasst für jede Gruppe von Vereinbarungen zu Dienstleistungskonzessionen zu machen. Eine Gruppe von Vereinbarungen über Dienstleistungskonzessionen umfasst Dienstleistungen ähnlicher Art (z. B. Maut-Einnahmen, Telekommunikations-Dienstleistungen und Abwasserklärdienste).

Datum des Beschlusses

Mai 2001

Zeitpunkt des Inkrafttretens

Diese Interpretation tritt am 31. Dezember 2001 in Kraft.

Die Änderungen in Paragraph 6 Buchstabe e und in Paragraph 6A sind erstmals auf Geschäftsjahre anzuwenden, die am oder nach dem 1. Januar 2008 beginnen. Wird IFRIC 12 auf eine frühere Periode angewandt, sind diese Änderungen entsprechend auch anzuwenden.

Durch IFRS 16, veröffentlicht im Januar 2016, wurde Paragraph 5 geändert. Ein Unternehmen hat die betreffende Änderung anzuwenden, wenn es IFRS 16 anwendet.

Standing Interpretations Committee Interpretation SIC-32 Immaterielle Vermögenswerte – Kosten von Internetseiten (SIC-32)

v. 3.11.2008 (ABl EU Nr. L 320 S. 1); zuletzt geändert durch Verordnung (EU) 2019/2075 v. 29.11.2019 (ABl L Nr. 316 S. 10)[1)]

Verweise

- IAS 1 *Darstellung des Abschlusses* (überarbeitet 2007)
- IAS 2 *Vorräte* (überarbeitet 2003)
- IAS 16 *Sachanlagen* (überarbeitet 2003)
- IAS 17 *Leasingverhältnisse* (überarbeitet 2003)
- IAS 36 *Wertminderung von Vermögenswerten* (überarbeitet 2004)
- IAS 38 *Immaterielle Vermögenswerte* (überarbeitet 2004)
- IFRS 3 *Unternehmenszusammenschlüsse*
- IFRS 15 *Erlöse aus Verträgen mit Kunden*
- IFRS 16 *Leasingverhältnisse*

Fragestellung

Einem Unternehmen können interne Ausgaben durch die Entwicklung und den Betrieb einer eigenen Internetseite für den betriebsinternen oder -externen Gebrauch entstehen. Eine Internetseite, die für den betriebsexternen Gebrauch entworfen wird, kann verschiedenen Zwecken dienen, zum Beispiel der Verkaufsförderung und Bewerbung der unternehmenseigenen Produkte und Dienstleistungen, dem Anbieten von elektronischen Dienstleistungen und dem Verkauf von Produkten und Dienstleistungen. Eine Internetseite für den innerbetrieblichen Gebrauch kann dem Speichern von Richtlinien der Unternehmenspolitik und von Kundendaten dienen, wie auch dem Suchen von betriebsrelevanten Informationen. 1

Die Entwicklungsstadien einer Internetseite lassen sich wie folgt beschreiben: 2

(a) Planung – umfasst die Durchführung von Realisierbarkeitsstudien, die Definition von Zweck und Leistungsumfang, die Bewertung von Alternativen und die Festlegung von Prioritäten.

(b) Einrichtung und Entwicklung der Infrastruktur – umfasst die Einrichtung einer Domain, den Erwerb und die Entwicklung der Hardware und der Betriebssoftware, die Installation der entwickelten Anwendungen und die Belastungsprobe.

(c) Entwicklung des graphischen Designs – umfasst das Design des Erscheinungsbilds der Internetseiten.

(d) Inhaltliche Entwicklung – umfasst die Erstellung, den Erwerb, die Vorbereitung und das Hochladen von textlicher oder graphischer Information für die Internetseite im Zuge der Entwicklung der Internetseite. Diese Information kann entweder in separaten Datenbanken gespeichert werden, die in die Internetseite integriert werden (oder auf die von der

SIC

1) **Anm. d. Red.:** Diese Änderungen sind am 26.12.2019 in Kraft getreten und spätestens mit Beginn des ersten am oder nach dem 1.1.2020 beginnenden Geschäftsjahres anzuwenden.

Internetseite aus Zugriff besteht) oder die direkt in die Internetseiten einprogrammiert werden.

3 Nach dem Abschluss der Entwicklung einer Internetseite beginnt das Stadium des Betriebs. Während dieses Stadiums unterhält und verbessert ein Unternehmen die Anwendungen, die Infrastruktur, das graphische Design und den Inhalt der Internetseite.

4 Bei der Bilanzierung von internen Ausgaben für die Entwicklung und den Betrieb einer unternehmenseigenen Internetseite für den betriebsinternen oder -externen Gebrauch, lauten die Fragestellungen wie folgt:

(a) Handelt es sich bei der Internetseite um einen selbst geschaffenen internen Vermögenswert, der den Vorschriften von IAS 38 unterliegt?

(b) Welches ist die angemessene Bilanzierungsmethode für diese Ausgaben?

5 Diese Interpretation gilt nicht für Ausgaben für den Erwerb, die Entwicklung und den Betrieb der Hardware (z. B. Web-Server, Staging-Server, Produktions-Server und Internetanschlüsse) einer Internetseite. Diese Ausgaben sind gemäß IAS 16 zu bilanzieren. Wenn ein Unternehmen Ausgaben für einen Internetdienstleister tätigt, der dessen Internetseite als Provider ins Netz stellt, ist die Ausgabe darüber hinaus bei Erhalt der Dienstleistung gemäß IAS 1.88 und dem *Rahmenkonzept für die Finanzberichterstattung* als Aufwand zu erfassen.

6 IAS 38 gilt nicht für immaterielle Vermögenswerte, die von einem Unternehmen im Verlauf seiner gewöhnlichen Geschäftstätigkeit zum Verkauf gehalten werden (siehe IAS 2 und IFRS 15) und nicht für Leasingverhältnisse, die immaterielle Vermögenswerte zum Gegenstand haben und gemäß IFRS 16 bilanziert werden. Dementsprechend gilt diese Interpretation nicht für Ausgaben im Zuge der Entwicklung oder des Betriebs von Internetseiten (oder Internetseiten-Software), die an ein anderes Unternehmen veräußert werden sollen oder gemäß IFRS 16 bilanziert werden.

Beschluss

7 Bei einer unternehmenseigenen Internetseite, der eine Entwicklung vorausgegangen ist und die für den betriebsinternen oder -externen Gebrauch bestimmt ist, handelt es sich um einen selbst geschaffenen immateriellen Vermögenswert, der den Vorschriften von IAS 38 unterliegt.

8 Eine Internetseite, der eine Entwicklung vorausgegangen ist, ist aber nur dann als immaterieller Vermögenswert anzusetzen, wenn das Unternehmen außer den allgemeinen Voraussetzungen für Ansatz und erstmalige Bewertung, wie in IAS 38.21 beschrieben, auch die Voraussetzungen gemäß IAS 38 Paragraph 57 erfüllt. Insbesondere kann ein Unternehmen die Voraussetzungen für den Nachweis, dass seine Internetseite einen voraussichtlichen künftigen wirtschaftlichen Nutzen gemäß IAS 38 Paragraph 57(d) erzeugen wird, erfüllen, wenn über sie zum Beispiel Umsatzerlöse erwirtschaftet werden können, darunter direkte Umsatzerlöse, weil Bestellungen aufgegeben werden können. Ein Unternehmen ist nicht in der Lage nachzuweisen, in welcher Weise eine Internetseite, die ausschließlich oder hauptsächlich zu dem Zweck entwickelt wurde, die unternehmenseigenen Produkte und Dienstleistungen in ihrem Verkauf zu fördern und zu bewerben, einen voraussichtlichen künftigen wirtschaftlichen Nutzen erzeugen wird, und daraus folgt, dass die Ausgaben für die Entwicklung der Internetseite bei ihrem Anfall als Aufwand zu erfassen sind.

9 Jede interne Ausgabe für die Entwicklung und den Betrieb einer unternehmenseigenen Internetseite ist gemäß IAS 38 auszuweisen. Die Art der jeweiligen Tätigkeit, für die Ausgaben entstehen (z. B. für die Schulung von Angestellten oder die Unterhaltung der Internetseite) sowie die Stadien der Entwicklung und nach der Entwicklung der Internetseite, ist zu bewerten, um die angemessene Bilanzierungsmethode zu bestimmen (zusätzliche Anwendungsleitlinien sind im Anhang dieser Interpretation zu entnehmen). Zum Beispiel:

(a) Das Planungsstadium gleicht seiner Art nach der Forschungsphase aus IAS 38 Paragraph 54-56. Ausgaben während dieses Stadiums sind bei ihrem Anfall als Aufwand zu erfassen.

(b) Die Stadien Einrichtung und Entwicklung der Infrastruktur, Entwicklung des graphischen Designs und inhaltliche Entwicklung, gleichen ihrem Wesen nach, sofern der Inhalt nicht zum Zweck der Verkaufsförderung und Werbung der unternehmenseigenen Produkte und Dienstleistungen entwickelt wird, der Entwicklungsphase aus IAS 38 Paragraph 57-64. Ausgaben, die in diesen Stadien getätigt werden, sind Teil der Kosten einer Internetseite, die als immaterieller Vermögenswert gemäß Paragraph 8 dieser Interpretation angesetzt wird, wenn die Ausgaben direkt zugerechnet werden können und für die Erstellung, Aufbereitung und Vorbereitung der Internetseite für den beabsichtigten Gebrauch notwendig sind. Zum Beispiel sind Ausgaben für den Erwerb oder die Erstellung von Internetseiten-spezifischem Inhalt (bei dem es sich nicht um Inhalte handelt, die die unternehmenseigenen Produkte und Dienstleistungen in ihrem Verkauf fördern und für sie werben) oder Ausgaben, die den Gebrauch des Inhalts der Internetseite ermöglichen (z. B. die Zahlung einer Gebühr für eine Nachdrucklizenz), als Teil der Entwicklungskosten zu erfassen, wenn diese Bedingungen erfüllt werden. Gemäß IAS 38 Paragraph 71 sind Ausgaben für einen immateriellen Posten, der ursprünglich in früheren Abschlüssen als Aufwand erfasst wurde, zu einem späteren Zeitpunkt jedoch nicht mehr als Teil der Kosten eines immateriellen Vermögenswerts zu erfassen (z. B. wenn die Kosten für das Copyright vollständig abgeschrieben sind und der Inhalt danach auf einer Internetseite bereitgestellt wird).

(c) Ausgaben, die während des Stadiums der inhaltlichen Entwicklung getätigt werden, wenn es um Inhalte geht, die zur Verkaufsförderung und Bewerbung der unternehmenseigenen Produkte und Dienstleistungen entwickelt werden (z. B. Produkt-Fotografien), sind gemäß IAS 38 Paragraph 69(c) bei ihrem Anfall als Aufwand zu erfassen. Sind zum Beispiel Ausgaben für professionelle Dienstleistungen im Zusammenhang mit dem Fotografieren mit Digitaltechnik von unternehmenseigenen Produkten und der Verbesserung der Produktpräsentation zu bewerten, sind diese Ausgaben bei Erhalt der Dienstleistungen im laufenden Prozess als Aufwand zu erfassen, nicht, wenn die Digitalaufnahmen auf der Internetseite präsentiert werden.

(d) Das Betriebsstadium beginnt, sobald die Entwicklung einer Internetseite abgeschlossen ist. Ausgaben, die in diesem Stadium getätigt werden, sind bei ihrem Anfall als Aufwand zu erfassen, es sei denn, sie erfüllen die Ansatzkriterien aus IAS 38 Paragraph 18.

Eine Internetseite, die als ein immaterieller Vermögenswert gemäß Paragraph 8 der vorliegen- **10**
den Interpretation angesetzt wird, ist nach dem erstmaligen Ansatz gemäß den Regelungen von IAS 38 Paragraph 72-87 zu bewerten. Die bestmöglich geschätzte Nutzungsdauer einer Internetseite hat kurz zu sein.

Datum des Beschlusses

Mai 2001

Zeitpunkt des Inkrafttretens

Diese Interpretation tritt am 25. März 2002 in Kraft. Die Auswirkungen der Umsetzung dieser Interpretation sind nach den Übergangsbestimmungen gemäß IAS 38, in der 1998 herausgegebenen Fassung, zu bilanzieren. Wenn eine Internetseite also die Kriterien für einen Ansatz als immaterieller Vermögenswert nicht erfüllt, aber vorher als Vermögenswert angesetzt war, ist dieser Posten auszubuchen, wenn diese Interpretation in Kraft tritt. Wenn eine Internetseite bereits existiert und die Ausgaben für ihre Entwicklung die Kriterien für den Ansatz als immaterieller Vermögenswert erfüllen, vorher aber nicht als Vermögenswert angesetzt war, ist der immaterielle Vermögenswert nicht anzusetzen, wenn diese Interpretation in Kraft tritt. Wenn eine Internetseite bereits existiert und die Ausgaben für ihre Entwicklung die Kriterien für den Ansatz als immaterieller Vermögenswert erfüllen, sie vorher als Vermögenswert angesetzt war und ursprünglich mit Herstellungskosten bewertet wurde, wird der ursprünglich angesetzte Betrag als zutreffend bestimmt angesehen.

Mit IAS 1 (überarbeitet 2007) wurde die in allen IFRS verwendete Terminologie geändert. Außerdem wurde Paragraph 5 geändert. Diese Änderungen sind auf Geschäftsjahre anzuwenden, die am oder nach dem 1. Januar 2009 beginnen. Wird IAS 1 (überarbeitet 2007) auf eine frühere Periode angewandt, sind diese Änderungen entsprechend auch anzuwenden.

Durch IFRS 15 *Erlöse aus Verträgen mit Kunden*, veröffentlicht im Mai 2014, wurden der Paragraph „Verweise" sowie Paragraph 6 geändert. Ein Unternehmen hat die betreffende Änderung anzuwenden, wenn es IFRS 15 anwendet.

Durch IFRS 16, veröffentlicht im Januar 2016, wurde Paragraph 6 geändert. Ein Unternehmen hat die betreffende Änderung anzuwenden, wenn es IFRS 16 anwendet.

Durch die 2018 veröffentlichte Verlautbarung *Änderungen der Verweise auf das Rahmenkonzept in IFRS-Standards* wurde Paragraph 5 geändert. Diese Änderung ist auf Geschäftsjahre anzuwenden, die am oder nach dem 1. Januar 2020 beginnen. Eine frühere Anwendung ist zulässig, wenn das Unternehmen gleichzeitig alle anderen mit der Verlautbarung *Änderungen der Verweise auf das Rahmenkonzept in IFRS-Standards* einhergehenden Änderungen anwendet. Die Änderung an SIC-32 ist gemäß IAS 8 *Rechnungslegungsmethoden, Änderungen von rechnungslegungsbezogenen Schätzungen und Fehler* rückwirkend anzuwenden. Sollte das Unternehmen jedoch feststellen, dass eine rückwirkende Anwendung nicht durchführbar oder mit unangemessenem Kosten- oder Zeitaufwand verbunden wäre, hat es die Änderungen an SIC-32 mit Verweis auf die Paragraphen 23–28, 50–53 und 54F des IAS 8 anzuwenden.

IFRIC-Interpretationen

IFRIC Interpretation 1 Änderungen bestehender Rückstellungen für Entsorgungs-, Wiederherstellungs- und ähnliche Verpflichtungen (IFRIC 1)

v. 3.11.2008 (ABl EU Nr. L 320 S. 1); zuletzt geändert durch Verordnung (EU) 2017/1986 v. 31.10.2017 (ABl EU Nr. L 291 S. 1)

Verweise

- IFRS 16 *Leasingverhältnisse*
- IAS 1 *Darstellung des Abschlusses* (in der 2007 überarbeiteten Fassung)
- IAS 8 *Rechnungslegungsmethoden, Änderungen von rechnungslegungsbezogenen Schätzungen und Fehler*
- IAS 16 *Sachanlagen* (überarbeitet 2003)
- IAS 23 *Fremdkapitalkosten*
- IAS 36 *Wertminderung von Vermögenswerten* (überarbeitet 2004)
- IAS 37 *Rückstellungen, Eventualverbindlichkeiten und Eventualforderungen*

Hintergrund

Viele Unternehmen sind verpflichtet, Sachanlagen zu demontieren, zu entfernen und wiederherzustellen. In dieser Interpretation werden solche Verpflichtungen als „Rückstellungen für Entsorgungs-, Wiederherstellungs- und ähnliche Verpflichtungen" bezeichnet. Gemäß IAS 16 umfassen die Anschaffungskosten von Sachanlagen die erstmalig geschätzten Kosten für die Demontage und das Entfernen des Gegenstands sowie die Wiederherstellung des Standorts, an dem er sich befindet, d. h. die Verpflichtung, die ein Unternehmen entweder bei Erwerb des Gegenstands eingeht oder anschließend, wenn es während einer gewissen Periode den Gegenstand zu anderen Zwecken als zur Herstellung von Vorräten nutzt. IAS 37 enthält Vorschriften zur Bewertung von Rückstellungen für Entsorgungs-, Wiederherstellungs- und ähnliche Verpflichtungen. Diese Interpretation enthält Leitlinien zur Bilanzierung der Auswirkung von Bewertungsänderungen bestehender Rückstellungen für Entsorgungs-, Wiederherstellungs- und ähnliche Verpflichtungen. 1

Anwendungsbereich

Diese Interpretation wird auf Bewertungsänderungen jeder bestehenden Rückstellung für Entsorgungs-, Wiederherstellungs- oder ähnliche Verpflichtungen angewandt, die sowohl 2

(a) im Rahmen der Anschaffungs- oder Herstellungskosten einer Sachanlage gemäß IAS 16 oder im Rahmen der Kosten eines Nutzungsrechts gemäß IFRS 16 als auch

(b) als eine Verbindlichkeit gemäß IAS 37 angesetzt wurde.

Eine Rückstellung für Entsorgungs-, Wiederherstellungs- oder ähnliche Verpflichtungen kann beispielsweise beim Abbruch einer Fabrikanlage, bei der Sanierung von Umweltschäden in der rohstoffgewinnenden Industrie oder bei der Entfernung von Sachanlagen entstehen.

Fragestellung

3 Diese Interpretation behandelt, wie die Auswirkung der folgenden Ereignisse auf die Bewertung einer bestehenden Rückstellung für Entsorgungs-, Wiederherstellungs- oder ähnliche Verpflichtungen zu bilanzieren ist:

(a) eine Änderung des geschätzten Abflusses von Ressourcen mit wirtschaftlichem Nutzen (z. B. Cashflows), der für die Erfüllung der Verpflichtung erforderlich ist;

(b) eine Änderung des aktuellen auf dem Markt basierenden Abzinsungssatzes gemäß Definition von IAS 37 Paragraph 47 (dies schließt Änderungen des Zinseffekts und für die Schuld spezifische Risiken ein); und

(c) eine Erhöhung, die den Zeitablauf widerspiegelt (dies wird auch als Aufzinsung bezeichnet).

Beschluss

4 Bewertungsänderungen einer bestehenden Rückstellung für Entsorgungs-, Wiederherstellungs- oder ähnliche Verpflichtungen, die auf Änderungen der geschätzten Fälligkeit oder Höhe des Abflusses von Ressourcen mit wirtschaftlichem Nutzen, der zur Erfüllung der Verpflichtung erforderlich ist, oder auf einer Änderung des Abzinsungssatzes beruhen, sind gemäß den nachstehenden Paragraphen 5-7 zu behandeln.

5 Wird der dazugehörige Vermögenswert nach dem Anschaffungskostenmodell bewertet,

(a) sind Änderungen der Rückstellung gemäß (b) zu den Anschaffungskosten des dazugehörigen Vermögenswerts in der laufenden Periode hinzuzufügen oder davon abzuziehen;

(b) darf der von den Anschaffungskosten des Vermögenswerts abgezogene Betrag seinen Buchwert nicht übersteigen. Wenn eine Abnahme der Rückstellung den Buchwert des Vermögenswerts übersteigt, ist dieser Überhang unmittelbar erfolgswirksam zu erfassen;

(c) hat das Unternehmen, wenn die Berichtigung zu einem Zugang zu den Anschaffungskosten eines Vermögenswerts führt, zu bedenken, ob dies ein Anhaltspunkt dafür ist, dass der neue Buchwert des Vermögenswerts nicht voll erzielbar sein könnte. Liegt ein solcher Anhaltspunkt vor, hat das Unternehmen den Vermögenswert auf Wertminderung zu prüfen, indem es seinen erzielbaren Betrag schätzt, und jeden Wertminderungsaufwand gemäß IAS 36 zu erfassen.

6 Wird der dazugehörige Vermögenswert nach dem Neubewertungsmodell bewertet

(a) gehen die Änderungen in die für diesen Vermögenswert angesetzte Neubewertungsrücklage ein, so dass

(i) eine Abnahme der Rückstellung (gemäß (b)) direkt im sonstigen Ergebnis erfasst wird und zu einer Erhöhung der Neubewertungsrücklage im Eigenkapital führt, es sei denn, sie ist erfolgswirksam zu erfassen, soweit sie eine in der Vergangenheit als Aufwand erfasste Abwertung desselben Vermögenswerts rückgängig macht;

(ii) eine Erhöhung der Rückstellung erfolgswirksam erfasst wird, es sei denn, sie ist im sonstigen Ergebnis zu erfassen und führt zu einer Minderung der Neubewertungsrücklage im Eigenkapital, soweit sie den Betrag der entsprechenden Neubewertungsrücklage nicht übersteigt;

(b) ist, für den Fall, dass eine Abnahme der Rückstellung den Buchwert überschreitet, der angesetzt worden wäre, wenn der Vermögenswert nach dem Anschaffungskostenmodell bilanziert worden wäre, der Überhang umgehend erfolgswirksam zu erfassen;

(c) ist eine Änderung der Rückstellung ein Anhaltspunkt dafür, dass der Vermögenswert neu bewertet werden müsste, um sicherzustellen dass der Buchwert nicht wesentlich von dem abweicht, der unter Verwendung des beizulegenden Zeitwerts zum Abschlussstichtag ermittelt werden würde. Jede dieser Neubewertungen ist bei der Bestimmung der Beträge, die erfolgswirksam oder im sonstigen Ergebnis gemäß (a) erfasst werden, zu berücksichtigen. Ist eine Neubewertung erforderlich, sind alle Vermögenswerte dieser Klasse neu zu bewerten.

(d) ist nach IAS 1 jeder im sonstigen Ergebnis erfasste Ertrags- und Aufwandsposten in der Gesamtergebnisrechnung auszuweisen. Zur Erfüllung dieser Anforderung ist die Veränderung der Neubewertungsrücklage, die auf einer Änderung der Rückstellung beruht, gesondert zu identifizieren und als solche anzugeben.

Der berichtigte Abschreibungsbetrag des Vermögenswerts wird über seine Nutzungsdauer abgeschrieben. Wenn der dazugehörige Vermögenswert das Ende seiner Nutzungsdauer erreicht hat, sind daher alle späteren Änderungen der Rückstellung erfolgswirksam zu erfassen, wenn sie anfallen. Dies gilt sowohl für das Anschaffungskostenmodell als auch für das Neubewertungsmodell. **7**

Die periodische Aufzinsung ist im Gewinn oder Verlust als Finanzierungsaufwand zu erfassen, wenn sie anfällt. Eine Aktivierung nach IAS 23 ist nicht erlaubt. **8**

Zeitpunkt des Inkrafttretens

Diese Interpretation ist erstmals in der ersten Berichtsperiode eines am 1. September 2004 oder danach beginnenden Geschäftsjahres anzuwenden. Eine frühere Anwendung wird empfohlen. Wenn ein Unternehmen diese Interpretation für Berichtsperioden anwendet, die vor dem 1. September 2004 beginnen, so ist diese Tatsache anzugeben. **9**

Infolge des IAS 1 (überarbeitet 2007) wurde die in allen IFRS verwendete Terminologie geändert. Außerdem wurde Paragraph 6 geändert. Diese Änderungen sind erstmals in der ersten Berichtsperiode eines am 1. Januar 2009 oder danach beginnenden Geschäftsjahres anzuwenden. Wird IAS 1 (überarbeitet 2007) auf eine frühere Periode angewendet, sind diese Änderungen entsprechend auch anzuwenden. **9A**

Durch IFRS 16, veröffentlicht im Januar 2016, wurde Paragraph 2 geändert. Ein Unternehmen hat die betreffende Änderung anzuwenden, wenn es IFRS 16 anwendet. **9B**

Übergangsvorschriften

Änderungen der Rechnungslegungsmethoden sind gemäß den Bestimmungen von IAS 8 *Rechnungslegungsmethoden, Änderungen von rechnungslegungsbezogenen Schätzungen und Fehler* vorzunehmen.*) **10**

*) **Amtl. Anm.:** Wenn ein Unternehmen diese Interpretation für eine Berichtsperiode, die vor dem 1. Januar 2005 beginnt, anwendet, hat das Unternehmen die Bestimmungen der früheren Fassung von IAS 8 mit dem Titel *Periodenergebnis, grundlegende Fehler und Änderungen der Bilanzierungs- und Bewertungsmethoden* anzuwenden, es sei denn, das Unternehmen wendet die überarbeitete Fassung dieses Standards für die frühere Periode an.

IFRIC Interpretation 2 Geschäftsanteile an Genossenschaften und ähnliche Instrumente (IFRIC 2)

v. 3.11.2008 (ABl EU Nr. L 320 S. 1); zuletzt geändert durch Verordnung (EU) Nr. 2016/2067 v. 22.11.2016 (ABl EU Nr. L 323 S. 1)

Verweise

– IAS 32 *Finanzinstrumente: Angaben und Darstellung* (überarbeitet 2003)*)
– IFRS 9 *Finanzinstrumente*
– IFRS 13 *Bemessung des beizulegenden Zeitwerts*

Hintergrund

Genossenschaften und ähnliche Unternehmen werden von einer Gruppe von Personen zur Verfolgung gemeinsamer wirtschaftlicher oder sozialer Interessen gegründet. In den einzelstaatlichen Gesetzen ist eine Genossenschaft meist als eine Gesellschaft definiert, welche die gegenseitige wirtschaftliche Förderung ihrer Mitglieder mittels eines gemeinschaftlichen Geschäftsbetriebs bezweckt (Prinzip der Selbsthilfe). Die Anteile der Mitglieder einer Genossenschaft werden häufig unter der Bezeichnung Geschäftsanteile, Genossenschaftsanteile o. ä. geführt und nachfolgend als „Geschäftsanteile" bezeichnet. **1**

IAS 32 stellt Grundsätze für die Klassifizierung von Finanzinstrumenten als finanzielle Verbindlichkeiten oder Eigenkapital auf. Diese Grundsätze beziehen sich insbesondere auf die Klassifizierung kündbarer Instrumente, die den Inhaber zur Rückgabe an den Emittenten gegen flüssige Mittel oder andere Finanzinstrumente berechtigen. Die Anwendung dieser Grundsätze auf die Geschäftsanteile an Genossenschaften und ähnliche Instrumente gestaltet sich schwierig. Einige Adressaten des International Accounting Standards Board haben den Wunsch geäußert, Unterstützung zu erhalten, wie die Grundsätze des IAS 32 auf Geschäftsanteile und ähnliche Instrumente, die bestimmte Merkmale aufweisen, anzuwenden sind und unter welchen Umständen diese Merkmale einen Einfluss auf die Klassifizierung als Verbindlichkeiten oder Eigenkapital haben. **2**

Anwendungsbereich

Diese Interpretation ist auf Finanzinstrumente anzuwenden, die in den Anwendungsbereich von IAS 32 fallen, einschließlich an Genossenschaftsmitglieder ausgegebener Anteile, mit denen das Eigentumsrecht der Mitglieder am Unternehmen verbrieft wird. Sie erstreckt sich nicht auf Finanzinstrumente, die in eigenen Eigenkapitalinstrumenten des Unternehmens zu erfüllen sind oder erfüllt werden können. **3**

*) **Amtl. Anm:** Im August 2005 wurde der Titel von IAS 32 in „IAS 32 Finanzinstrumente: Darstellung" geändert. Im Februar 2008 änderte der IASB den IAS 32 dahingehend, dass Instrumente, die über alle in den Paragraphen 16A und 16B oder 16C und 16D beschriebenen Merkmale verfügen und die dort genannten Bedingungen erfüllen, als Eigenkapital einzustufen sind.

Fragestellung

4 Viele Finanzinstrumente, darunter auch Geschäftsanteile, sind mit Eigenschaften wie Stimmrechten und Ansprüchen auf Dividenden verbunden, die für eine Klassifizierung als Eigenkapital sprechen. Einige Finanzinstrumente berechtigen den Inhaber, eine Rücknahme gegen flüssige Mittel oder andere finanzielle Vermögenswerte zu verlangen, können jedoch Beschränkungen hinsichtlich einer solchen Rücknahme unterliegen. Wie lässt sich anhand dieser Rücknahmebedingungen bestimmen, ob ein Finanzinstrument als Verbindlichkeit oder Eigenkapital einzustufen ist?

Beschluss

5 Das vertragliche Recht des Inhabers eines Finanzinstruments (worunter auch ein Geschäftsanteil an einer Genossenschaft fällt), eine Rücknahme zu verlangen, führt nicht von vornherein zu einer Klassifizierung des Finanzinstruments als finanzielle Verbindlichkeit. Vielmehr hat ein Unternehmen bei der Entscheidung, ob ein Finanzinstrument als finanzielle Verbindlichkeit oder Eigenkapital einzustufen ist, alle rechtlichen Bestimmungen und Gegebenheiten des Finanzinstruments zu berücksichtigen. Hierzu gehören auch die einschlägigen lokalen Gesetze und Vorschriften sowie die zum Zeitpunkt der Klassifizierung gültige Satzung des Unternehmens. Voraussichtliche künftige Änderungen dieser Gesetze, Vorschriften oder der Satzung sind dagegen nicht zu berücksichtigen.

6 Geschäftsanteile, die dem Eigenkapital zugeordnet würden, wenn die Mitglieder nicht das Recht hätten, eine Rücknahme zu verlangen, stellen Eigenkapital dar, wenn eine der in den Paragraphen 7 und 8 genannten Bedingungen erfüllt ist oder die Geschäftsanteile alle in den Paragraphen 16A und 16B oder 16C und 16D des IAS 32 beschriebenen Merkmale aufweisen und die dort genannten Bedingungen erfüllen. Sichteinlagen, einschließlich Kontokorrentkonten, Einlagenkonten und ähnliche Verträge, die Mitglieder in ihrer Eigenschaft als Kunden schließen, sind als finanzielle Verbindlichkeiten des Unternehmens einzustufen.

7 Geschäftsanteile stellen Eigenkapital dar, wenn das Unternehmen ein uneingeschränktes Recht auf Ablehnung der Rücknahme von Geschäftsanteilen besitzt.

8 Lokale Gesetze, Vorschriften oder die Satzung des Unternehmens können die Rücknahme von Geschäftsanteilen mit verschiedenen Verboten belegen, wie z. B. uneingeschränkten Verboten oder Verboten, die auf Liquiditätskriterien beruhen. Ist eine Rücknahme nach lokalen Gesetzen, Vorschriften oder der Satzung des Unternehmens uneingeschränkt verboten, sind die Geschäftsanteile als Eigenkapital zu behandeln. Dagegen führen Bestimmungen in lokalen Gesetzen, Vorschriften oder der Satzung des Unternehmens, die eine Rücknahme nur dann verbieten, wenn bestimmte Bedingungen – wie beispielsweise Liquiditätsgrenzen – erfüllt (oder nicht erfüllt) sind, nicht zu einer Klassifizierung von Geschäftsanteilen als Eigenkapital.

9 Ein uneingeschränktes Verbot kann absolut sein und alle Rücknahmen verbieten. Ein uneingeschränktes Verbot kann aber auch nur teilweise gelten und die Rücknahme von Geschäftsanteilen insoweit verbieten, als durch die Rücknahme die Anzahl der Geschäftsanteile oder die Höhe des auf die Geschäftsanteile eingezahlten Kapitals einen bestimmten Mindestbetrag unterschreitet. Geschäftsanteile, die nicht unter das Rücknahmeverbot fallen, stellen Verbindlichkeiten dar, es sei denn, das Unternehmen verfügt über das in Paragraph 7 beschriebene uneingeschränkte Recht auf Ablehnung der Rücknahme oder die Geschäftsanteile weisen alle in den Paragraphen 16A und 16B oder 16C und 16D des IAS 32 beschriebenen Merkmale auf und erfüllen die dort genannten Bedingungen. In einigen Fällen kann sich die Anzahl der Anteile oder die Höhe des eingezahlten Kapitals, die bzw. das von einem Rücknahmeverbot betroffen sind bzw. ist, von Zeit zu Zeit ändern. Eine derartige Änderung führt zu einer Umbuchung zwischen finanziellen Verbindlichkeiten und Eigenkapital.

10 Beim erstmaligen Ansatz hat das Unternehmen seine als finanzielle Verbindlichkeit klassifizierten Geschäftsanteile zum beizulegenden Zeitwert zu bewerten. Bei uneingeschränkt rückgabefähigen Geschäftsanteilen ist der beizulegende Zeitwert dieser finanziellen Verbindlichkeit

mindestens mit dem gemäß den Rücknahmebestimmungen in der Satzung des Unternehmens oder gemäß dem einschlägigen Gesetz zahlbaren Höchstbetrag anzusetzen, abgezinst vom frühest möglichen Fälligkeitszeitpunkt an (siehe Beispiel 3).

Nach IAS 32 Paragraph 35 sind Ausschüttungen an Inhaber von Eigenkapitalinstrumenten direkt im Eigenkapital zu erfassen. Bei Finanzinstrumenten, die als finanzielle Verbindlichkeiten klassifiziert werden, sind Zinsen, Dividenden und andere Erträge unbeschadet ihrer möglichen gesetzlichen Bezeichnung als Dividenden, Zinsen oder ähnlich als Aufwand zu berücksichtigen. **11**

Der Anhang, der integraler Bestandteil des Beschlusses ist, enthält Beispiele für die Anwendung dieses Beschlusses. **12**

Angaben

Führt eine Änderung des Rücknahmeverbots zu einer Umklassifizierung zwischen finanziellen Verbindlichkeiten und Eigenkapital, hat das Unternehmen den Betrag, den Zeitpunkt und den Grund für die Umklassifizierung gesondert anzugeben. **13**

Zeitpunkt des Inkrafttretens

Der Zeitpunkt des Inkrafttretens und die Übergangsbestimmungen dieser Interpretation entsprechen denen des IAS 32 (überarbeitet 2003). Diese Interpretation ist erstmals für Geschäftsjahre anzuwenden, die am oder nach dem 1. Januar 2005 beginnen. Wenn ein Unternehmen diese Interpretation für Berichtsperioden anwendet, die vor dem 1. Januar 2005 beginnen, so ist diese Tatsache anzugeben. Diese Interpretation ist rückwirkend anzuwenden. **14**

Die Änderungen an den Paragraphen 6, 9, AG1 und AG12 sind erstmals auf Geschäftsjahre anzuwenden, die am oder nach dem 1. Januar 2009 beginnen. Wendet ein Unternehmen Kündbare Finanzinstrumente und bei Liquidation entstehende Verpflichtungen (im Februar 2008 veröffentlichte Änderungen an IAS 32 und IAS 1) auf eine frühere Periode an, so sind auch die Änderungen an den Paragraphen 6, 9, AG1 und AG12 auf diese frühere Periode anzuwenden. **14A**

(nicht besetzt) **15**

Durch IFRS 13, veröffentlicht im Mai 2011, wurde Paragraph AG8 geändert. Ein Unternehmen hat diese Änderung anzuwenden, wenn es IFRS 13 anwendet. **16**

Mit den *Jährlichen Verbesserungen, Zyklus 2009-2011*, von Mai 2012 wurde Paragraph 11 geändert. Diese Änderungen sind rückwirkend gemäß IAS 8 *Rechnungslegungsmethoden, Änderungen von rechnungslegungsbezogenen Schätzungen und Fehler* in der ersten Berichtsperiode eines am oder nach dem 1. Januar 2013 beginnenden Geschäftsjahres anzuwenden. Wendet ein Unternehmen diese Änderung an IAS 32 als Teil der *Jährlichen Verbesserungen Zyklus 2009-2011* von Mai 2012 auf eine frühere Periode an, so ist auch diese Änderung auf die frühere Periode anzuwenden. **17**

(nicht besetzt) **18**

Durch IFRS 9 (im Juli 2014 veröffentlicht) wurden die Paragraphen A8 und A10 geändert und die Paragraphen 15 und 18 gestrichen. Ein Unternehmen hat diese Änderungen anzuwenden, wenn es IFRS 9 anwendet. **19**

Anhang: Beispiele für die Anwendung des Beschlusses

Dieser Anhang ist integraler Bestandteil der Interpretation.

Dieser Anhang enthält sieben Beispiele für die Anwendung des IFRIC-Beschlusses. Die Beispiele stellen keine erschöpfende Liste dar; es sind auch andere Konstellationen denkbar. Jedes Beispiel beruht auf der Annahme, dass außer den im Beispiel genannten Gegebenheiten keine weiteren Bedingungen vorliegen, die eine Einstufung des Finanzinstruments als finanzielle Ver- **AG1** bindlichkeit erforderlich machen würden, und dass das Finanzinstrument nicht alle der in den Paragraphen 16A und 16B oder 16C und 16D des IAS 32 beschriebenen Merkmale aufweist oder die dort genannten Bedingungen nicht erfüllt.

Uneingeschränktes Recht auf Ablehnung der Rücknahme (Paragraph 7)

Beispiel 1

Sachverhalt

AG2 Die Satzung des Unternehmens besagt, dass Rücknahmen nach freiem Ermessen des Unternehmens durchgeführt werden. Dieser Ermessensspielraum ist in der Satzung nicht weiter ausgeführt und wird auch keinen Beschränkungen unterworfen. In der Vergangenheit hat das Unternehmen die Rücknahme von Geschäftsanteilen noch nie abgelehnt, obwohl der Vorstand hierzu berechtigt ist.

Klassifizierung

AG3 Das Unternehmen verfügt über das uneingeschränkte Recht, die Rücknahme abzulehnen. Folglich stellen die Geschäftsanteile Eigenkapital dar. IAS 32 stellt Grundsätze für die Klassifizierung auf, die auf den Vertragsbedingungen des Finanzinstruments beruhen, und merkt an, dass eine Zahlungshistorie oder beabsichtigte freiwillige Zahlungen keine Einstufung als Verbindlichkeit auslösen. In Paragraph AG26 von IAS 32 heißt es:

Wenn Vorzugsaktien nicht rückkauffähig sind, hängt die angemessene Klassifizierung von den anderen mit ihnen verbundenen Rechten ab. Die Klassifizierung erfolgt entsprechend der wirtschaftlichen Substanz der vertraglichen Vereinbarungen und den Begriffsbestimmungen für finanzielle Verbindlichkeiten und für Eigenkapitalinstrumente. Wenn Gewinnausschüttungen an Inhaber von kumulativen oder nicht-kumulativen Vorzugsaktien im Ermessensspielraum des Emittenten liegen, gelten die Aktien als Eigenkapitalinstrumente. Die Klassifizierung einer Vorzugsaktie als Eigenkapitalinstrument oder als finanzielle Verbindlichkeit wird beispielsweise nicht beeinflusst durch:

(a) die Vornahme von Ausschüttungen in der Vergangenheit;
(b) die Absicht, künftig Ausschüttungen vorzunehmen;
(c) eine mögliche nachteilige Auswirkung auf den Kurs der Stammaktien des Emittenten, falls keine Ausschüttungen vorgenommen werden (aufgrund von Beschränkungen hinsichtlich der Zahlung von Dividenden auf Stammaktien, wenn keine Dividenden auf Vorzugsaktien gezahlt werden);
(d) die Höhe der Rücklagen des Emittenten;
(e) eine Gewinn- oder Verlusterwartung des Emittenten für eine Berichtsperiode; oder
(f) die Fähigkeit oder Unfähigkeit des Emittenten, die Höhe seines Periodenergebnisses zu beeinflussen.

Beispiel 2

Sachverhalt

AG4 Die Satzung des Unternehmens besagt, dass Rücknahmen nach freiem Ermessen des Unternehmens durchgeführt werden. Sie führt jedoch weiter aus, dass ein Antrag auf Rücknahme automatisch genehmigt wird, sofern das Unternehmen mit dieser Zahlung nicht gegen lokale Liquiditäts- oder Reservevorschriften verstoßen würde.

Klassifizierung

Das Unternehmen verfügt nicht über das uneingeschränkte Recht auf Ablehnung der Rücknahme. Folglich stellen die Geschäftsanteile eine finanzielle Verbindlichkeit dar. Die vorstehend beschriebene Einschränkung bezieht sich auf die Fähigkeit des Unternehmens, eine Verbindlichkeit zu begleichen. Rücknahmen werden nur dann und so lange beschränkt, wenn bzw. wie die Liquiditäts- oder Reserveanforderungen nicht erfüllt sind. Folglich führen diese Einschränkungen nach den Grundsätzen von IAS 32 nicht zu einer Klassifizierung des Finanzinstruments als Eigenkapital. In Paragraph AG25 des IAS 32 heißt es: **AG5**

Vorzugsaktien können mit verschiedenen Rechten ausgestattet emittiert werden. Bei der Einstufung einer Vorzugsaktie als finanzielle Verbindlichkeit oder als Eigenkapitalinstrument bewertet ein Emittent die einzelnen Rechte, die mit der Aktie verbunden sind, um zu bestimmen, ob sie die grundlegenden Eigenschaften einer finanziellen Verbindlichkeit erfüllt. Beispielsweise beinhaltet eine Vorzugsaktie, die einen Rückkauf zu einem bestimmten Zeitpunkt oder auf Wunsch des Inhabers vorsieht, eine finanzielle Verbindlichkeit, da der Emittent zur Abgabe von finanziellen Vermögenswerten an den Aktieninhaber verpflichtet ist. *Die potenzielle Unfähigkeit eines Emittenten, der vertraglich vereinbarten Rückkaufverpflichtung von Vorzugsaktien nachzukommen, sei es aus Mangel an Finanzmitteln, aufgrund einer gesetzlich vorgeschriebenen Verfügungsbeschränkung oder ungenügender Gewinne oder Rückstellungen, macht die Verpflichtung nicht hinfällig.* [Kursivschreibung hinzugefügt][1)]

Rücknahmeverbote (Paragraphen 8 und 9)

Beispiel 3

Sachverhalt

Eine Genossenschaft hat an ihre Mitglieder zu unterschiedlichen Zeitpunkten und unterschiedlichen Beträgen bisher die folgenden Anteile ausgegeben: **AG6**

(a) 1. Januar 20X1 100 000 Anteile zu je WE 10 (WE 1 000 000);

(b) 1. Januar 20X2 100 000 Anteile zu je WE 20 (weitere WE 2 000 000, so dass insgesamt Anteile im Wert von WE 3 000 000 ausgegeben wurden).

Die Anteile sind auf Verlangen zu ihrem jeweiligen Ausgabepreis rücknahmepflichtig.

Die Satzung des Unternehmens besagt, dass kumulative Rücknahmen nicht mehr als 20 Prozent der größten Anzahl jemals in Umlauf gewesener Geschäftsanteile betragen dürfen. Am 31. Dezember 20X2 hatte das Unternehmen 200 000 umlaufende Anteile, was der höchsten Anzahl von Geschäftsanteilen entspricht, die je in Umlauf waren. Bisher wurden keine Anteile zurückgenommen. Am 1. Januar 20X3 ändert das Unternehmen seine Satzung und setzt die Höchstgrenze für kumulative Rücknahmen auf 25 Prozent der größten Anzahl jemals in Umlauf gewesener Geschäftsanteile herauf. **AG7**

Klassifizierung

Vor der Satzungsänderung

Die Geschäftsanteile, die nicht unter das Rücknahmeverbot fallen, stellen finanzielle Verbindlichkeiten dar. Die Genossenschaft bewertet diese finanziellen Verbindlichkeiten beim erstmaligen Ansatz zum beizulegenden Zeitwert. Da diese Anteile auf Verlangen rücknahmepflichtig sind, bemisst sie den beizulegenden Zeitwert solcher finanzieller Verbindlichkeiten gemäß den Bestimmungen des Paragraphen 47 von IFRS 13: „Der beizulegende Zeitwert einer kurzfristig abrufbaren finanziellen Verbindlichkeit (z. B. einer Sichteinlage) ist nicht niedriger als der auf **AG8**

1) **Anm. d. Red.:** Amtlicher Hinweis.

Sicht zahlbare Betrag...". Die Genossenschaft setzt daher als finanzielle Verbindlichkeit den höchsten Betrag an, der gemäß den Rücknahmebestimmungen auf Verlangen zahlbar wäre.

AG9 Am 1. Januar 20X1 beträgt der gemäß den Rücknahmevorschriften zahlbare Höchstbetrag 20 000 Anteile zu je WE 10. Dementsprechend klassifiziert das Unternehmen WE 200 000 als finanzielle Verbindlichkeit und WE 800 000 als Eigenkapital. Am 1. Januar 20X2 erhöht sich jedoch der gemäß den Rücknahmevorschriften zahlbare Höchstbetrag durch die Ausgabe neuer Anteile zu WE 20 auf 40 000 Anteile zu je WE 20. Durch die Ausgabe zusätzlicher Anteile zu WE 20 entsteht eine neue Verbindlichkeit, die beim erstmaligen Ansatz zum beizulegenden Zeitwert bewertet wird. Die Verbindlichkeit nach Ausgabe dieser Anteile beträgt 20 Prozent aller umlaufenden Anteile (200 000), bewertet mit je WE 20, also WE 800 000. Dies erfordert den Ansatz einer weiteren Verbindlichkeit in Höhe von WE 600 000. In diesem Beispiel wird weder Gewinn noch Verlust erfasst. Folglich sind jetzt WE 800 000 als finanzielle Verbindlichkeit und WE 2 200 000 als Eigenkapital klassifiziert. Dieses Beispiel beruht auf der Annahme, dass diese Beträge zwischen dem 1. Januar 20X1 und dem 31. Dezember 20X2 nicht geändert werden.

Nach der Satzungsänderung

AG10 Nach Änderung ihrer Satzung kann die Genossenschaft jetzt verpflichtet werden, maximal 25 Prozent ihrer umlaufenden Anteile oder höchstens 50 000 Anteile zu je WE 20 zurückzunehmen. Entsprechend klassifiziert die Genossenschaft am 1. Januar 20X3 WE 1 000 000 als finanzielle Verbindlichkeiten. Dies entspricht dem Höchstbetrag, der gemäß den Rücknahmevorschriften und in Übereinstimmung mit Paragraph 47 von IFRS 13 auf Sicht zahlbar ist. Sie bucht daher am 1. Januar 20X3 WE 200 000 vom Eigenkapital in die finanziellen Verbindlichkeiten um; WE 2 000 000 bleiben weiterhin als Eigenkapital klassifiziert. In diesem Beispiel werden bei der Umbuchung weder Gewinn noch Verlust erfasst.

Beispiel 4

Sachverhalt

AG11 Das lokale Genossenschaftsgesetz oder die Satzung der Genossenschaft verbieten die Rücknahme von Geschäftsanteilen, wenn das eingezahlte Kapital aus Geschäftsanteilen dadurch unter die Grenze von 75 Prozent des Höchstbetrags des eingezahlten Kapitals aus Geschäftsanteilen fallen würde. Der Höchstbetrag für eine bestimmte Genossenschaft beträgt WE 1 000 000. Am Abschlussstichtag lag das eingezahlte Kapital bei WE 900 000.

Einstufung

AG12 In diesem Fall würden WE 750 000 als Eigenkapital und WE 150 000 als finanzielle Verbindlichkeit eingestuft werden. Zusätzlich zu den bereits zitierten Paragraphen heißt es in Paragraph 18(b) des IAS 32 u. a.:

> ... Finanzinstrumente, die den Inhaber berechtigen, sie gegen flüssige Mittel oder andere finanzielle Vermögenswerte an den Emittenten zurückzugeben („kündbare Instrumente"), stellen mit Ausnahme der nach den Paragraphen 16A und 16B oder 16C und 16D als Eigenkapitalinstrumente eingestuften Instrumente finanzielle Verbindlichkeiten dar. Ein Finanzinstrument ist selbst dann eine finanzielle Verbindlichkeit, wenn der Betrag an flüssigen Mitteln oder anderen finanziellen Vermögenswerten auf der Grundlage eines Indexes oder einer anderen veränderlichen Bezugsgröße ermittelt wird. Wenn der Inhaber über das Wahlrecht verfügt, das Finanzinstrument gegen flüssige Mittel oder andere finanzielle Vermögenswerte an den Emittenten zurückzugeben, erfüllt das kündbare Finanzinstrument die Definition einer finanziellen Verbindlichkeit, sofern es sich nicht um ein nach den Paragraphen 16A und 16B oder 16C und 16D als Eigenkapitalinstrument eingestuftes Instrument handelt.

AG13 Das in diesem Beispiel beschriebene Rücknahmeverbot unterscheidet sich von den Beschränkungen, die in den Paragraphen 19 und A25 des IAS 32 geschildert werden. Jene Beschränkungen stellen eine Beeinträchtigung der Fähigkeit des Unternehmens dar, den fälligen Betrag einer finanziellen Verbindlichkeit zu begleichen, d. h. sie verhindern die Zahlung der Verbindlichkeit nur dann, wenn bestimmte Bedingungen erfüllt sind. Im Gegensatz dazu liegt in diesem Beispiel bei Erreichen einer festgelegten Grenze ein uneingeschränktes Rücknahmeverbot vor, das unabhängig von der Fähigkeit des Unternehmens besteht, die Geschäftsanteile zurückzunehmen (z. B. unter Berücksichtigung seiner Barreserven, Gewinne oder ausschüttungsfähigen Rücklagen). Tatsächlich wird das Unternehmen durch das Rücknahmeverbot daran gehindert, eine finanzielle, durch den Inhaber kündbare Verbindlichkeit einzugehen, die über eine bestimmte Höhe des eingezahlten Kapitals hinausgeht. Daher stellt der Teil der Anteile, der dem Rücknahmeverbot unterliegt, keine finanzielle Verbindlichkeit dar. Die einzelnen Geschäftsanteile können zwar, jeder für sich genommen, rücknahmepflichtig sein, jedoch ist bei einem Teil aller im Umlauf befindlichen Anteile eine Rücknahme nur bei einer Liquidation des Unternehmens möglich.

Beispiel 5

Sachverhalt

Der Sachverhalt dieses Beispiels ist der gleiche wie in Beispiel 4. Zusätzlich darf das Unternehmen am Abschlussstichtag aufgrund von Liquiditätsvorschriften des lokalen Rechtskreises nur dann Geschäftsanteile zurücknehmen, wenn sein Bestand an flüssigen Mitteln und kurzfristigen Anlagen einen bestimmten Wert überschreitet. Diese Liquiditätsvorschriften am Abschlussstichtag haben zur Folge, dass das Unternehmen für die Rücknahme von Geschäftsanteilen nicht mehr als WE 50 000 aufwenden kann. **AG14**

Klassifizierung

Wie in Beispiel 4 klassifiziert das Unternehmen WE 750 000 als Eigenkapital und WE 150 000 als finanzielle Verbindlichkeit. Der Grund hierfür liegt darin, dass die Klassifizierung als Eigenkapital auf dem uneingeschränkten Recht des Unternehmens auf Ablehnung einer Rücknahme beruht und nicht auf bedingten Einschränkungen, die eine Rücknahme nur dann verhindern, wenn und solange Liquiditäts- oder andere Bedingungen nicht erfüllt sind. In diesem Fall sind die Bestimmungen der Paragraphen 19 und AG25 des IAS 32 anzuwenden. **AG15**

Beispiel 6

Sachverhalt

Laut Satzung darf das Unternehmen Geschäftsanteile nur in der Höhe des Gegenwerts zurücknehmen, die in den letzten drei Jahren durch die Ausgabe zusätzlicher Geschäftsanteile an neue oder vorhandene Mitglieder erzielt wurden. Die Rücknahmeanträge von Mitgliedern müssen mit dem Erlös aus der Ausgabe von Geschäftsanteilen abgegolten werden. Während der drei letzten Jahre betrug der Erlös aus der Ausgabe von Geschäftsanteilen WE 12 000, und es wurden keine Geschäftsanteile zurückgenommen. **AG16**

Klassifizierung

Das Unternehmen klassifiziert WE 12 000 der Geschäftsanteile als finanzielle Verbindlichkeit. In Übereinstimmung mit den Schlussfolgerungen in Beispiel 4 stellen Geschäftsanteile, die einem uneingeschränkten Rücknahmeverbot unterliegen, keine finanziellen Verbindlichkeiten dar. Ein solches uneingeschränktes Verbot gilt für einen Betrag in Höhe des Erlöses aus der Ausgabe von Anteilen, die vor mehr als drei Jahren stattfand, weshalb dieser Betrag als Eigenkapital klassifiziert wird. Der Betrag in Höhe des Erlöses aus Anteilen, die in den letzten drei Jahren ausgegeben wurden unterliegt jedoch keinem uneingeschränkten Rücknahmeverbot. Folglich entsteht durch die Ausgabe von Geschäftsanteilen in den letzten drei Jahren solange eine finan- **AG17** zielle Verbindlichkeit, bis diese Anteile nicht mehr kündbar sind. Das Unternehmen hat also eine finanzielle Verbindlichkeit in Höhe des Erlöses aus Anteilen, die in den letzten drei Jahren ausgegeben wurden, abzüglich etwaiger in diesem Zeitraum getätigter Rücknahmen.

Beispiel 7

Sachverhalt

AG18 Das Unternehmen ist eine Genossenschaftsbank. Das lokale Gesetz, das die Tätigkeit von Genossenschaftsbanken regelt, schreibt vor, dass mindestens 50 Prozent der gesamten „offenen Verbindlichkeiten" des Unternehmens (die laut Definition im Gesetz auch die Konten mit Geschäftsanteilen umfassen) in Form von eingezahltem Kapital der Mitglieder vorliegen muss. Diese Bestimmung hat zur Folge, dass eine Genossenschaft, bei der alle offenen Verbindlichkeiten in Form von Geschäftsanteilen vorliegen, sämtliche Anteile zurücknehmen kann. Am 31. Dezember 20X1 hat das Unternehmen offene Verbindlichkeiten von insgesamt WE 200 000, wovon WE 125 000 auf Konten mit Geschäftsanteilen entfallen. Gemäß den Vertragsbedingungen für Konten mit Geschäftsanteilen ist der Inhaber berechtigt, eine Rücknahme seiner Anteile zu verlangen, und die Satzung des Unternehmens enthält keine Rücknahmebeschränkungen.

Klassifizierung

AG19 In diesem Beispiel werden die Geschäftsanteile als finanzielle Verbindlichkeiten klassifiziert. Das Rücknahmeverbot ist mit den Beschränkungen vergleichbar, die in den Paragraphen 19 und AG25 des IAS 32 beschrieben werden. Diese Beschränkung stellt eine bedingte Beeinträchtigung der Fähigkeit des Unternehmens dar, den fälligen Betrag einer finanziellen Verbindlichkeit zu begleichen, d. h. sie verhindert die Zahlung der Verbindlichkeit nur dann, wenn bestimmte Bedingungen erfüllt sind. Im konkreten Fall könnte das Unternehmen verpflichtet sein, den gesamten Betrag der Geschäftsanteile (WE 125 000) zurückzunehmen, wenn es alle anderen Verbindlichkeiten (WE 75 000) zurückgezahlt hätte. Folglich wird das Unternehmen durch das Rücknahmeverbot nicht daran gehindert, eine finanzielle Verbindlichkeit für die Rücknahme von Anteilen einzugehen, die über eine bestimmte Anzahl von Geschäftsanteilen oder einen bestimmten Betrag des eingezahlten Kapitals hinausgeht. Es bietet dem Unternehmen nur die Möglichkeit, eine Rücknahme aufzuschieben, bis die Bedingung – in diesem Fall die Rückzahlung anderer Verbindlichkeiten – erfüllt ist. Die Geschäftsanteile unterliegen in diesem Beispiel keinem uneingeschränkten Rücknahmeverbot und sind daher als finanzielle Verbindlichkeiten einzustufen.

IFRIC Interpretation 5
Rechte auf Anteile an Fonds für Entsorgung, Rekultivierung und Umweltsanierung (IFRIC 5)

v. 3.11.2008 (ABl EU Nr. L 320 S. 1);
zuletzt geändert durch Verordnung (EU) Nr. 2016/2067 v. 22.11.2016
(ABl EU Nr. L 323 S. 1)

Verweise

- IAS 8 *Rechnungslegungsmethoden, Änderungen von rechnungslegungsbezogenen Schätzungen und Fehler*
- IAS 28 *Anteile an assoziierten Unternehmen und Gemeinschaftsunternehmen*
- IAS 37 *Rückstellungen, Eventualverbindlichkeiten und Eventualforderungen*
- IFRS 9 *Finanzinstrumente*
- IFRS 10 *Konzernabschlüsse*
- IFRS 11 *Gemeinsame Vereinbarungen*
- SIC-12 *Konsolidierung – Zweckgesellschaften* (überarbeitet 2004)

Hintergrund

Fonds für Entsorgung, Rekultivierung und Umweltsanierung, nachstehend als „Entsorgungsfonds" oder „Fonds" bezeichnet, dienen zur Trennung von Vermögenswerten, die für die Finanzierung eines Teils oder aller Kosten bestimmt sind, die bei der Entsorgung von Anlagen (z. B. eines Kernkraftwerks) oder gewisser Sachanlagen (z. B. Autos) oder der Umweltsanierung (z. B. Bereinigung von Gewässerverschmutzung oder Rekultivierung von Bergbaugeländen) anfallen, zusammen als „Entsorgung" bezeichnet. **1**

Beiträge zu diesen Fonds können auf freiwilliger Basis beruhen oder durch eine Verordnung bzw. gesetzlich vorgeschrieben sein. Die Fonds können eine der folgenden Strukturen aufweisen: **2**

(a) Von einem einzelnen Teilnehmer eingerichtete Fonds zur Finanzierung seiner eigenen Entsorgungsverpflichtungen, sei es für einen bestimmten oder für mehrere, geografisch verteilte Orte.

(b) Von mehreren Teilnehmern eingerichtete Fonds zur Finanzierung ihrer individuellen oder gemeinsamen Entsorgungsverpflichtungen, wobei die Teilnehmer einen Anspruch auf Erstattung der Entsorgungsaufwendungen bis zur Höhe ihrer Beiträge und der angefallenen Erträge aus diesen Beiträgen abzüglich ihres Anteils an den Verwaltungskosten des Fonds haben. Die Teilnehmer unterliegen eventuell der Pflicht, zusätzliche Beiträge zu leisten, beispielsweise im Fall der Insolvenz eines Teilnehmers.

(c) Von mehreren Teilnehmern eingerichtete Fonds zur Finanzierung ihrer individuellen oder gemeinsamen Entsorgungsverpflichtungen, wobei das erforderliche Beitragsniveau auf der derzeitigen Tätigkeit eines Teilnehmers basiert und der von diesem Teilnehmer erzielte Nutzen auf seiner vergangenen Tätigkeit beruht. In diesen Fällen besteht eine potenzielle Inkongruenz bezüglich der Höhe der von einem Teilnehmer geleisteten Beiträge (auf Grundlage der derzeitigen Tätigkeit) und des aus dem Fonds realisierbaren Werts (auf Grundlage der vergangenen Tätigkeit).

3 Im Allgemeinen haben diese Fonds folgende Merkmale:

(a) Der Fonds wird von unabhängigen Treuhändern gesondert verwaltet.

(b) Unternehmen (Teilnehmer) leisten Beiträge an den Fonds, die in verschiedene Vermögenswerte, die sowohl Anlagen in Schuld- als auch in Beteiligungstitel umfassen können, investiert werden und die den Teilnehmern für die Leistung ihrer Entsorgungsaufwendungen zur Verfügung stehen. Die Treuhänder bestimmen, wie die Beiträge im Rahmen der in der maßgebenden Satzung des Fonds dargelegten Beschränkungen und in Übereinstimmung mit den anzuwendenden Gesetzen oder anderen Vorschriften investiert werden.

(c) Die Teilnehmer übernehmen die Verpflichtung, Entsorgungsaufwendungen zu leisten. Die Teilnehmer können jedoch eine Erstattung des Entsorgungsaufwands aus dem Fonds bis zu dem niedrigeren Wert aus dem Entsorgungsaufwand und dem Anteil des Teilnehmers an den Vermögenswerten des Fonds erhalten.

(d) Die Teilnehmer können einen begrenzten oder keinen Zugriff auf einen Überschuss der Vermögenswerte des Fonds über diejenigen haben, die zum Ausgleich des in Frage kommenden Entsorgungsaufwands gebraucht werden.

Anwendungsbereich

4 Diese Interpretation ist in Abschlüssen eines Teilnehmers für die Bilanzierung von Anteilen an Entsorgungsfonds anzuwenden, welche die beiden folgenden Merkmale aufweisen:

(a) die Vermögenswerte werden gesondert verwaltet (indem sie entweder in einer getrennten juristischen Einheit oder als getrennte Vermögenswerte in einem anderen Unternehmen gehalten werden); und

(b) das Zugriffsrecht eines Teilnehmers auf die Vermögenswerte ist begrenzt.

5 Ein Residualanspruch an einen Fonds, der sich über einen Erstattungsanspruch hinaus erstreckt, wie beispielsweise ein vertragliches Recht auf Ausschüttung nach Durchführung aller Entsorgungen oder auf Auflösung des Fonds, kann als ein Eigenkapitalinstrument in den Anwendungsbereich von IFRS 9 fallen und unterliegt nicht dem Anwendungsbereich dieser Interpretation.

Fragestellungen

6 In dieser Interpretation werden die folgenden Fragen behandelt:

(a) Wie hat ein Teilnehmer seinen Anteil an einem Fonds zu bilanzieren?

(b) Falls ein Teilnehmer verpflichtet ist, zusätzliche Beiträge zu leisten, beispielsweise im Falle der Insolvenz eines anderen Teilnehmers, wie ist diese Verpflichtung zu bilanzieren?

Beschluss

Bilanzierung eines Anteils an einem Fonds

7 Der Teilnehmer hat seine Verpflichtung, den Entsorgungsaufwand zu leisten, als Rückstellung und seinen Anteil an dem Fonds getrennt anzusetzen, es sei denn, der Teilnehmer haftet nicht für die Zahlung des Entsorgungsaufwands, selbst wenn der Fond nicht zahlt.

8 Der Teilnehmer hat mittels Einsichtnahme in IFRS 10, IFRS 11 und IAS 28 festzustellen, ob er den Fonds beherrscht, die gemeinschaftliche Führung des Fonds oder einen maßgeblichen Einfluss auf den Fonds ausübt. Wenn dies der Fall ist, hat der Teilnehmer seinen Anteil an dem Fonds in Übereinstimmung mit den betreffenden Standards zu bilanzieren.

9 Beherrscht der Teilnehmer den Fonds nicht, übt er keine gemeinschaftliche Führung des Fonds oder keinen maßgeblichen Einfluss auf den Fonds aus, so hat er den Erstattungsanspruch aus dem Fonds als Erstattung gemäß IAS 37 anzusetzen. Diese Erstattung ist zu dem niedrigeren Betrag aus

(a) dem Betrag der angesetzten Entsorgungsverpflichtung; und
(b) dem Anteil des Teilnehmers am beizulegenden Zeitwert der den Teilnehmern zustehenden Nettovermögenswerte des Fonds zu bewerten.

Änderungen des Buchwerts des Anspruchs, Erstattungen mit Ausnahme von Beiträgen an den Fonds und Zahlungen aus dem Fonds zu erhalten, sind erfolgswirksam in der Berichtsperiode zu erfassen, in der die Änderungen anfallen.

Bilanzierung von Verpflichtungen zur Leistung zusätzlicher Beiträge

Ist ein Teilnehmer verpflichtet, mögliche zusätzliche Beiträge zu leisten, beispielsweise im Fall der Insolvenz eines anderen Teilnehmers oder falls der Wert der vom Fonds gehaltenen Finanzinvestitionen so weit fällt, dass die Vermögenswerte nicht mehr ausreichen, um die Erstattungsverpflichtungen des Fonds zu erfüllen, so ist diese Verpflichtung eine Eventualverbindlichkeit, die in den Anwendungsbereich von IAS 37 fällt. Der Teilnehmer hat nur dann eine Schuld anzusetzen, wenn es wahrscheinlich ist, dass zusätzliche Beiträge geleistet werden. **10**

Angaben

Ein Teilnehmer hat die Art seines Anteils an einem Fonds sowie alle Zugriffsbeschränkungen zu den Vermögenswerten des Fonds anzugeben. **11**

Wenn ein Teilnehmer eine Verpflichtung hat, mögliche zusätzliche Beiträge zu leisten, die jedoch nicht als Schuld angesetzt sind (siehe Paragraph 10), so hat er die in IAS 37 Paragraph 86 verlangten Angaben zu leisten. **12**

Bilanziert ein Teilnehmer seinen Anteil an dem Fonds gemäß Paragraph 9, so hat er die in IAS 37 Paragraph 85(c) verlangten Angaben zu leisten. **13**

Zeitpunkt des Inkrafttretens

Diese Interpretation ist erstmals in der ersten Berichtsperiode eines am 1. Januar 2006 oder danach beginnenden Geschäftsjahres anzuwenden. Eine frühere Anwendung wird empfohlen. Wenn ein Unternehmen diese Interpretation für Berichtsperioden anwendet, die vor dem 1. Januar 2006 beginnen, so ist diese Tatsache anzugeben. **14**

(nicht besetzt) **14A**

Durch IFRS 10 und IFRS 11, veröffentlicht im Mai 2011, wurden die Paragraphen 8 und 9 geändert. Ein Unternehmen hat diese Änderungen anzuwenden, wenn es IFRS 10 und IFRS 11 anwendet. **14B**

(nicht besetzt) **14C**

Durch IFRS 9 (im Juli 2014 veröffentlicht) wurde Paragraph 5 geändert und wurden die Paragraphen 14A und 14C gestrichen. Ein Unternehmen hat diese Änderungen anzuwenden, wenn es IFRS 9 anwendet. **14D**

Übergangsvorschriften

Änderungen der Rechnungslegungsmethoden sind in Übereinstimmung mit den Bestimmungen von IAS 8 vorzunehmen. **15**

IFRIC Interpretation 6 Verbindlichkeiten, die sich aus einer Teilnahme an einem spezifischen Markt ergeben – Elektro- und Elektronik-Altgeräte (IFRIC 6)

v. 3.11.2008 (ABl EU Nr. L 320 S. 1)

Amtliche Fassung

Verweise

- IAS 8 *Rechnungslegungsmethoden, Änderungen von rechnungslegungsbezogenen Schätzungen und Fehler*
- IAS 37 *Rückstellungen, Eventualverbindlichkeiten und Eventualforderungen*

Hintergrund

In Paragraph 17 des IAS 37 heißt es, dass ein verpflichtendes Ereignis ein Ereignis der Vergan- **1**
genheit ist, das zu einer gegenwärtigen Verpflichtung führt, zu deren Erfüllung ein Unternehmen keine realistische Alternative hat.

Gemäß Paragraph 19 des IAS 37 werden Rückstellungen nur für „diejenigen aus Ereignissen der **2**
Vergangenheit resultierenden Verpflichtungen angesetzt, die unabhängig von der künftigen Geschäftstätigkeit eines Unternehmens entstehen".

Die Richtlinie der Europäischen Union über Elektro- und Elektronik-Altgeräte, welche die Samm- **3**
lung, Behandlung, Verwertung und umweltgerechte Beseitigung von Altgeräten regelt, hat Fragen bezüglich des Ansatzzeitpunktes der durch die Entsorgung von Elektro- und Elektronik-Altgeräten entstehenden Verbindlichkeit aufgeworfen. Die Richtlinie unterscheidet zwischen „neuen" und „historischen" Altgeräten sowie zwischen Altgeräten aus Privathaushalten und Altgeräten aus anderer Verwendung als in Privathaushalten. Neue Altgeräte betreffen Produkte, die nach dem 13. August 2005 verkauft wurden. Alle vor diesem Termin verkauften Haushaltsgeräte gelten als historische Altgeräte im Sinne der Richtlinie.

Die Richtlinie besagt, dass die Kosten für die Entsorgung historischer Haushaltsgeräte von den **4**
Herstellern des betreffenden Gerätetyps zu tragen sind, die in einem Zeitraum auf dem Markt vorhanden sind, der in den anwendbaren Rechtsvorschriften eines jeden Mitgliedstaats festzulegen ist (Erfassungszeitraum). Die Richtlinie besagt auch, dass jeder Mitgliedstaat einen Mechanismus einzurichten hat, mittels dessen die Hersteller einen anteiligen Kostenbeitrag, „z. B. im Verhältnis zu ihrem jeweiligen Marktanteil für den betreffenden Gerätetyp", leisten.

Verschiedene in der Interpretation verwendete Begriffe wie „Marktanteil" und „Erfassungszeit- **5**
raum" werden unter Umständen in den gültigen Rechtsvorschriften der einzelnen Mitgliedstaaten sehr unterschiedlich definiert. Beispielsweise kann die Dauer des Erfassungszeitraums ein Jahr oder nur einen Monat betragen. Gleichfalls können die Bemessung des Marktanteils und die Formel für die Berechnung der Verpflichtung in den verschiedenen einzelstaatlichen Rechtsvorschriften unterschiedlich ausfallen. Allerdings betreffen diese Beispiele lediglich die Bewertung der Verbindlichkeit, die nicht in den Anwendungsbereich der Interpretation fällt.

Anwendungsbereich

Diese Interpretation enthält Leitlinien für den Ansatz von Verbindlichkeiten im Abschluss von **6**
Herstellern, die sich aus der Entsorgung gemäß der EU-Richtlinie über Elektro- und Elektronik-Altgeräte hinsichtlich des Verkaufs historischer Haushaltsgeräte ergeben.

7 Diese Interpretation behandelt weder neue Altgeräte noch historische Altgeräte, die nicht aus Privathaushalten stammen. Die Verbindlichkeit für eine derartige Entsorgung ist in IAS 37 hinreichend geregelt. Sollten jedoch in den einzelstaatlichen Rechtsvorschriften neue Altgeräte aus Privathaushalten auf die gleiche Art und Weise wie historische Altgeräte aus Privathaushalten behandelt werden, gelten die Grundsätze der Interpretation durch Bezugnahme auf die in den Paragraphen 10-12 von IAS 8 vorgesehene Hierarchie. Die Hierarchie von IAS 8 gilt auch für andere Vorschriften, die Verpflichtungen auf eine Art und Weise vorschreiben, die dem in der EU-Richtlinie genannten Kostenzuweisungsverfahren ähnelt.

Fragestellung

8 Das IFRIC wurde im Zusammenhang mit der Entsorgung von Elektro- und Elektronik-Altgeräten gebeten festzulegen, was das verpflichtende Ereignis gemäß Paragraph 14(a) von IAS 37 für den Ansatz einer Rückstellung für die Entsorgungskosten darstellt:

- Die Herstellung oder der Verkauf des historischen Haushaltsgeräts?
- Die Teilnahme am Markt während des Erfassungszeitraums?
- Der Kostenanfall bei der Durchführung der Entsorgungstätigkeiten?

Beschluss

9 Die Teilnahme am Markt während des Erfassungszeitraums stellt das verpflichtende Ereignis gemäß Paragraph 14(a) von IAS 37 dar. Folglich entsteht bei der Herstellung oder beim Verkauf der Produkte keine Verbindlichkeit für die Kosten der Entsorgung historischer Haushaltsgeräte. Da die Verpflichtung bei historischen Haushaltsgeräten an die Marktteilnahme während des Erfassungszeitraums und nicht an die Herstellung oder den Verkauf der zu entsorgenden Geräte geknüpft ist, besteht keine Verpflichtung, sofern und solange kein Marktanteil während des Erfassungszeitraums vorhanden ist. Der zeitliche Eintritt des verpflichtenden Ereignisses kann auch unabhängig von dem Zeitraum sein, innerhalb dessen die Entsorgungstätigkeiten durchgeführt werden und die entsprechenden Kosten entstehen.

Zeitpunkt des Inkrafttretens

10 Diese Interpretation ist erstmals in der ersten Berichtsperiode eines am 1. Dezember 2005 oder danach beginnenden Geschäftsjahres anzuwenden. Eine frühere Anwendung wird empfohlen. Wenn ein Unternehmen diese Interpretation für Berichtsperioden anwendet, die vor dem 1. Dezember 2005 beginnen, so ist diese Tatsache anzugeben.

Übergangsvorschriften

11 Änderungen der Rechnungslegungsmethoden sind gemäß IAS 8 zu berücksichtigen.

IFRIC Interpretation 7 Anwendung des Anpassungsansatzes unter IAS 29 Rechnungslegung in Hochinflationsländern (IFRIC 7)

v. 3.11.2008 (ABl EU Nr. L 320 S. 1); zuletzt geändert durch Verordnung (EG) Nr. 1274/2008 v. 17.12.2008 (ABl EU Nr. L 339 S. 3)

Verweise

- IAS 12 *Ertragsteuern*
- IAS 29 *Rechnungslegung in Hochinflationsländern*

Hintergrund

Mit dieser Interpretation werden Leitlinien für die Anwendung der Vorschriften von IAS 29 in einem Berichtszeitraum festgelegt, in dem ein Unternehmen die Existenz einer Hochinflation in dem Land seiner funktionalen Währung feststellt*), sofern dieses Land im letzten Berichtszeitraum nicht als hochinflationär anzusehen war und das Unternehmen folglich seinen Abschluss gemäß IAS 29 anpasst. 1

Fragestellungen

Folgende Fragen werden in dieser Interpretation behandelt: 2

(a) Wie sollte das Erfordernis „... in der am Abschlussstichtag geltenden Maßeinheit anzugeben ..." in Paragraph 8 des IAS 29 ausgelegt werden, wenn ein Unternehmen diesen Standard anwendet?

(b) Wie sollte ein Unternehmen latente Steuern in der Eröffnungsbilanz in seinem angepassten Abschluss bilanzieren?

Beschluss

In dem Berichtszeitraum, in dem ein Unternehmen feststellt, dass es in der funktionalen Währung eines Hochinflationslandes Bericht erstattet, das im letzten Berichtszeitraum nicht hochinflationär war, hat das Unternehmen die Vorschriften von IAS 29 so anzuwenden, als wäre dieses Land immer schon hochinflationär gewesen. Folglich sind nicht monetäre Posten, die zu den historischen Anschaffungs- und Herstellungskosten bewertet werden, in der Eröffnungsbilanz des frühesten Berichtszeitraums, der im Abschluss dargestellt wird, anzupassen, so dass den Auswirkungen der Inflation ab dem Zeitpunkt Rechnung getragen wird, zu dem die Vermögenswerte erworben und die Verbindlichkeiten eingegangen oder übernommen wurden, und zwar bis zum Abschlussstichtag. Für nicht monetäre Posten, die in der Eröffnungsbilanz mit Beträgen angesetzt wurden, die zu einem anderen Zeitpunkt als dem des Erwerbs der Vermögenswerte oder des Eingehens der Verbindlichkeiten bestimmt wurden, muss die Anpassung stattdessen den Auswirkungen der Inflation Rechnung tragen, die zwischen dem Zeitpunkt, an dem die Buchwerte bestimmt wurden, und dem Abschlussstichtag aufgetreten sind. 3

---

*) **Amtl. Anm.:** Die Feststellung der Hochinflation basiert auf der eigenen Einschätzung des Unternehmens, die es sich gemäß den Kriterien in Paragraph 3 des IAS 29 bildet.

4 Am Abschlussstichtag werden latente Steuern gemäß IAS 12 erfasst und bewertet. Die Beträge der latenten Steuern in der Eröffnungsbilanz des Berichtszeitraums werden jedoch wie folgt ermittelt:

(a) Das Unternehmen bewertet die latenten Steuern gemäß IAS 12 neu, nachdem es die nominalen Buchwerte der nicht monetären Posten zum Zeitpunkt der Eröffnungsbilanz des Berichtszeitraums durch Anwendung der zu diesem Zeitpunkt geltenden Maßeinheit angepasst hat.

(b) Die gemäß (a) neu bewerteten latenten Steuern werden an die Änderung der Maßeinheit von dem Zeitpunkt der Eröffnungsbilanz des Berichtszeitraums bis zum Abschlussstichtag dieses Berichtszeitraums angepasst.

Ein Unternehmen wendet den unter (a) und (b) genannten Ansatz zur Anpassung der latenten Steuern in der Eröffnungsbilanz von allen Vergleichszeiträumen an, die in den angepassten Abschlüssen für den Berichtszeitraum dargestellt werden, in dem das Unternehmen IAS 29 anwendet.

5 Nachdem ein Unternehmen seinen Abschluss angepasst hat, werden alle Vergleichszahlen einschließlich der latenten Steuern im Abschluss für einen späteren Berichtszeitraum angepasst, indem nur der angepasste Abschluss für den späteren Berichtszeitraum um die Änderung der Maßeinheit für diesen folgenden Berichtszeitraum geändert wird.

Zeitpunkt des Inkrafttretens

6 Diese Interpretation ist erstmals in der ersten Berichtsperiode eines am 1. März 2006 oder danach beginnenden Geschäftsjahres anzuwenden. Eine frühere Anwendung wird empfohlen. Wenn ein Unternehmen diese Interpretation für Berichtsperioden anwendet, die vor dem 1. März 2006 beginnen, so ist diese Tatsache anzugeben.

IFRIC Interpretation 10 Zwischenberichterstattung und Wertminderung (IFRIC 10)

v. 3.11.2008 (ABl EU Nr. L 320 S. 1); zuletzt geändert durch Verordnung (EU) Nr. 2016/2067 v. 22.11.2016 (ABl EU Nr. L 323 S. 1)

Verweise

- IAS 34 *Zwischenberichterstattung*
- IAS 36 *Wertminderung von Vermögenswerten*
- IFRS 9 *Finanzinstrumente*

Hintergrund

Ein Unternehmen ist verpflichtet, den Geschäfts- oder Firmenwert zu jedem Abschlussstichtag auf Wertminderungen zu prüfen und gegebenenfalls einen Wertminderungsaufwand zu diesem Stichtag gemäß IAS 36 zu erfassen. Allerdings können sich die Bedingungen zu einem späteren Abschlussstichtag derart verändert haben, dass der Wertminderungsaufwand geringer ausgefallen wäre oder hätte vermieden werden können, wenn die Wertberichtigung erst zu diesem Zeitpunkt erfolgt wäre. Diese Interpretation bietet einen Leitfaden, inwieweit ein solcher Wertminderungsaufwand wieder rückgängig gemacht werden kann. 1

Die Interpretation befasst sich mit dem Zusammenhang zwischen den Anforderungen von IAS 34 und der Erfassung des Wertminderungsaufwands von Geschäfts- oder Firmenwerten nach IAS 36 sowie mit den Auswirkungen dieses Zusammenhangs auf spätere Zwischenabschlüsse und jährliche Abschlüsse. 2

Fragestellung

Nach IAS 34 Paragraph 28 hat ein Unternehmen die gleichen Rechnungslegungsmethoden in seinem Zwischenabschluss anzuwenden, die in seinem jährlichen Abschluss angewandt werden. Auch darf die „Häufigkeit der Berichterstattung eines Unternehmens (jährlich, halb- oder vierteljährlich) die Höhe des Jahresergebnisses nicht beeinflussen. Um diese Zielsetzung zu erreichen, sind Bewertungen für Zwischenberichtszwecke unterjährig auf einer vom Geschäftsjahresbeginn bis zum Zwischenberichtstermin kumulierten Grundlage vorzunehmen." 3

Nach IAS 36 Paragraph 124 darf ein „für den Geschäfts- oder Firmenwert erfasster Wertminderungsaufwand nicht in den folgenden Berichtsperioden aufgeholt werden". 4

(weggefallen) **5 und 6**

In dieser Interpretation werden die folgenden Fragen behandelt: 7

Muss ein Unternehmen den in einem Zwischenbericht für den Geschäfts- oder Firmenwert erfassten Wertminderungsaufwand rückgängig machen, wenn kein oder ein geringerer Aufwand erfasst worden wäre, wenn die Wertminderung erst zu einem späteren Abschlussstichtag vorgenommen worden wäre?

Beschluss

8 Ein Unternehmen darf einen in einem früheren Zwischenbericht erfassten Wertminderungsaufwand für den Geschäfts- oder Firmenwert nicht rückgängig machen.

9 Ein Unternehmen darf diesen Beschluss nicht analog auf andere Bereiche anwenden, in denen es zu einer Kollision zwischen dem IAS 34 mit anderen Standards kommen kann.

Zeitpunkt des Inkrafttretens und Übergangsvorschriften

10 Diese Interpretation ist erstmals in der ersten Berichtsperiode eines am 1. November 2006 oder danach beginnenden Geschäftsjahres anzuwenden. Eine frühere Anwendung wird empfohlen. Wenn ein Unternehmen diese Interpretation für Berichtsperioden anwendet, die vor dem 1. November 2006 beginnen, so ist diese Tatsache anzugeben. Ein Unternehmen hat die Interpretation auf den Geschäfts- oder Firmenwert ab dem Zeitpunkt anzuwenden, an dem es erstmals den IAS 36 anwendet. Das Unternehmen hat die Interpretation auf gehaltene Eigenkapitalinstrumente oder finanzielle Vermögenswerte, die zu Anschaffungskosten bilanziert werden, ab dem Zeitpunkt anzuwenden, an dem es erstmals die Bewertungskriterien des IAS 39 anwenden.

11 bis 13 (nicht besetzt)

14 Durch IFRS 9 (im Juli 2014 veröffentlicht) wurden die Paragraphen 1, 2, 7 und 8 geändert und die Paragraphen 5, 6, 11-13 gestrichen. Ein Unternehmen hat diese Änderungen anzuwenden, wenn es IFRS 9 anwendet.

IFRIC Interpretation 12
Dienstleistungskonzessionsvereinbarungen (IFRIC 12)

v. 3.11.2008 (ABl EU Nr. L 320 S. 1)
i.V. mit Verordnung (EG) Nr. 254/2009 v. 25.3.2009 (ABl EU Nr. L 80 S. 5);
zuletzt geändert durch Verordnung (EU) 2019/2075 v. 29.11.2019
(ABl L Nr. 316 S. 10)[1)]

Verweise

- Rahmenkonzept für die Aufstellung und Darstellung von Abschlüssen[*)]
- IFRS 1 *Erstmalige Anwendung der International Financial Reporting Standards*
- IFRS 7 *Finanzinstrumente: Angaben*
- IFRS 9 *Finanzinstrumente*
- IFRS 15 *Erlöse aus Verträgen mit Kunden*
- IFRS 16 *Leasingverhältnisse*
- IAS 8 *Rechnungslegungsmethoden, Änderungen von rechnungslegungsbezogenen Schätzungen und Fehler*
- IAS 16 *Sachanlagen*
- IAS 17 *Leasingverhältnisse*
- IAS 20 *Bilanzierung und Darstellung von Zuwendungen der öffentlichen Hand*
- IAS 23 *Fremdkapitalkosten*
- IAS 32 *Finanzinstrumente: Darstellung*
- IAS 36 *Wertminderung von Vermögenswerten*
- IAS 37 *Rückstellungen, Eventualverbindlichkeiten und Eventualforderungen*
- IAS 38 *Immaterielle Vermögenswerte*
- IFRIC 4 *Feststellung, ob eine Vereinbarung ein Leasingverhältnis enthält*
- SIC-29 *Angabe – Vereinbarungen über Dienstleistungskonzessionen*

Hintergrund

In vielen Ländern werden die Infrastruktureinrichtungen zur Erfüllung öffentlicher Aufgaben – wie Straßen, Brücken, Tunnel, Gefängnisse, Krankenhäuser, Flughäfen, Wasserversorgungssysteme, Energieversorgungssysteme und Telekommunikationsnetze – traditionell von der öffentlichen Hand errichtet, betrieben und instand gehalten und durch Zuweisungen aus den öffentlichen Haushalten finanziert. 1

In einigen Ländern haben die Regierungen verschiedene Vertragsmodelle eingeführt, um für Privatinvestoren einen Anreiz zu schaffen, sich an der Entwicklung, der Finanzierung, dem Betrieb und der Instandhaltung solcher Infrastruktureinrichtungen zu beteiligen. Die Infrastruktureinrichtung kann entweder schon bestehen oder sie wird während der Laufzeit des Vertrags errichtet. Eine vertragliche Vereinbarung, die in den Anwendungsbereich dieser Interpretation fällt, regelt normalerweise, dass ein Privatunternehmen (der Betreiber) eine Infrastruktureinrichtung 2

*) **Amtl. Anm.:** Hiermit ist das vom IASB 2001 und damit zum Zeitpunkt der Ausarbeitung dieser Interpretation übernommene IASC-*Rahmenkonzept für die Aufstellung und Darstellung von Abschlüssen* gemeint.

1) **Anm. d. Red.:** Diese Änderung ist am 26.12.2019 in Kraft getreten und spätestens mit Beginn des ersten am oder nach dem 1.1.2020 beginnenden Geschäftsjahres anzuwenden.

zur Erfüllung öffentlicher Aufgaben errichtet oder verbessert (z. B. durch eine Erhöhung der Kapazität) und dass er diese Infrastruktureinrichtung für eine bestimmte Zeit betreibt und instand hält. Für diese während der Dauer der Vereinbarung erbrachten Dienstleistungen erhält der Betreiber ein Entgelt. Die Vereinbarung wird durch einen Vertrag geregelt, der den Standard der zu erbringenden Leistungen, die Preisanpassungsmechanismen sowie die Verfahren zur Schlichtung von Streitigkeiten regelt. Solche Vereinbarungen werden oft als „Bau- und Betriebsübertragungen", „Sanierungs- und Betriebsübertragungen" oder als „öffentlich-private" Konzessionsvereinbarungen bezeichnet.

3 Ein Merkmal dieser Dienstleistungskonzessionsvereinbarungen ist der öffentliche Charakter der vom Betreiber übernommenen Verpflichtung. Da die Infrastruktureinrichtungen öffentliche Aufgaben zu erfüllen haben, erbringen sie ihre Dienstleistungen unabhängig von der Person des Betreibers für die Öffentlichkeit. Der Betreiber wird vertraglich verpflichtet, für die Öffentlichkeit an Stelle der öffentlichen Einrichtung eine Dienstleistung zu erbringen. Andere häufige Merkmale sind:

(a) die übertragende Partei (der Konzessionsgeber) ist entweder ein öffentlich-rechtlich organisiertes Unternehmen oder ein staatliches Organ oder ein privatrechtliches Unternehmen, dem die Verantwortung für die Erfüllung der öffentlichen Aufgaben übertragen worden ist;

(b) der Betreiber ist zumindest teilweise für den Betrieb der Infrastruktureinrichtung und die damit zu erbringenden Dienstleistungen verantwortlich und handelt nicht nur stellvertretend für den Konzessionsgeber in dessen Namen;

(c) der Vertrag regelt die Ausgangspreise, die der Betreiber verlangen kann, sowie die Preisanpassungen während der Laufzeit der Vereinbarung;

(d) der Betreiber ist verpflichtet, dem Konzessionsgeber die Infrastruktureinrichtung bei Vertragsende in einem bestimmten Zustand gegen ein geringes oder ohne zusätzliches Entgelt zu übergeben, unabhängig davon, wer die Infrastruktureinrichtung ursprünglich finanziert hat.

Anwendungsbereich

4 Diese Interpretation enthält Leitlinien für die Rechnungslegung der Betreiber im Rahmen öffentlich-privater Dienstleistungskonzessionsvereinbarungen.

5 Diese Interpretation ist auf öffentlich-private Dienstleistungskonzessionsvereinbarungen anwendbar, wenn

(a) der Konzessionsgeber kontrolliert oder bestimmt, welche Dienstleistungen der Betreiber mit der Infrastruktureinrichtung zu erbringen hat, an wen er sie zu erbringen hat und zu welchem Preis, und wenn

(b) der Konzessionsgeber nach Ablauf der Vereinbarung aufgrund von Eigentumsansprüchen oder von anderen vergleichbaren Rechten alle verbleibenden wichtigen Interessen an der Infrastruktureinrichtung kontrolliert.

6 Auf Infrastruktureinrichtungen, die während ihrer gesamten wirtschaftlichen Nutzungsdauer (gesamte Nutzungsdauer der Vermögenswerte) einer öffentlich-privaten Dienstleistungskonzessionsvereinbarung unterliegen, ist diese Interpretation dann anwendbar, wenn die Bedingungen des Paragraphen 5 Buchstabe a vorliegen. Die Paragraphen AL1-AL8 geben Leitlinien für die Festlegung an die Hand, ob und in welchem Umfang Konzessionsvereinbarungen in den Anwendungsbereich dieser Interpretation fallen.

7 Diese Interpretation ist anwendbar

(a) auf Infrastruktureinrichtungen, die der Betreiber für die Zwecke der Dienstleistungskonzessionsvereinbarung selbst errichtet oder von einem Dritten erwirbt, sowie

(b) auf bestehende Infrastruktureinrichtungen, die der Konzessionsgeber dem Betreiber für die Zwecke der Vereinbarung zugänglich macht.

Diese Interpretation enthält keine Aussage über die Rechnungslegung für Infrastruktureinrichtungen, die vom Betreiber bereits vor Abschluss der Vereinbarung als Sachanlagen gehalten und angesetzt wurden. Auf solche Infrastruktureinrichtungen sind die (in IAS 16 enthaltenen) IFRS-Ausbuchungsvorschriften anwendbar. **8**

Diese Interpretation regelt nicht die Rechnungslegung durch die Konzessionsgeber. **9**

Fragestellungen

Diese Interpretation enthält die allgemeinen Regeln für den Ansatz und die Bewertung von Verpflichtungen und damit verbundenen Ansprüchen aus Dienstleistungskonzessionsvereinbarungen. Welche Angaben im Zusammenhang mit Vereinbarungen von Betreiber- und Konzessionsmodellen zu machen sind, ist in SIC-29 *Angabe – Vereinbarungen über Dienstleistungskonzessionen* geregelt. Die in dieser Interpretation behandelten Fragestellungen sind: **10**

(a) Behandlung der Rechte, die dem Betreiber im Zusammenhang mit der Infrastruktureinrichtung zustehen,

(b) Ansatz und Bewertung der vereinbarten Gegenleistung,

(c) Bau- oder Ausbauleistungen,

(d) Betreiberleistungen,

(e) Fremdkapitalkosten,

(f) nachfolgende Bilanzierung eines finanziellen und eines immateriellen Vermögenswerts und

(g) dem Betreiber vom Konzessionsgeber zur Verfügung gestellte Gegenstände.

Beschluss

Behandlung der Rechte, die dem Betreiber im Zusammenhang mit der Infrastruktureinrichtung zustehen

Im Anwendungsbereich dieser Interpretation ist eine Infrastruktureinrichtung nicht als Sachanlage anzusetzen, da der Dienstleistungskonzessionsvertrag den Betreiber nicht dazu berechtigt, selbst über die Nutzung der öffentlichen Infrastruktureinrichtung zu bestimmen und diese zu kontrollieren. Der Betreiber hat Zugang zur Infrastruktureinrichtung, um die öffentlichen Aufgaben entsprechend den vertraglich vereinbarten Modalitäten an Stelle des Konzessionsgebers zu erfüllen. **11**

Ansatz und Bewertung der vereinbarten Gegenleistung

Im Rahmen der in den Anwendungsbereich dieser Interpretation fallenden Verträge handelt der Betreiber als Dienstleistungserbringer. Der Betreiber erbaut eine Infrastruktureinrichtung oder baut sie aus (Bau- oder Ausbauleistung), die dazu bestimmt ist, öffentliche Aufgaben zu erfüllen, er betreibt diese Einrichtung für einen vereinbarten Zeitraum und ist in dieser Zeit auch für deren Instandhaltung verantwortlich (Betriebsleistungen). **12**

Der Betreiber hat den Ertrag aus den von ihm erbrachten Dienstleistungen gemäß IFRS 15 zu bewerten und zu erfassen. Wie die Gegenleistung bilanziell zu behandeln ist, hängt von der Art der Gegenleistung ab. Wie dann eine erbrachte Gegenleistung als finanzieller Vermögenswert oder als immaterieller Vermögenswert anzusetzen ist, wird weiter unten in den Paragraphen 23 bis 26 erläutert. **13**

Bau- oder Ausbauleistungen

Der Betreiber hat Bau- und Ausbauleistungen gemäß IFRS 15 zu erfassen. **14**

Vom Konzessionsgeber an den Betreiber erbrachte Gegenleistung

15 Erbringt der Betreiber Bau- oder Ausbauleistungen, so ist die hierfür erhaltene oder zu erhaltende Gegenleistung gemäß IFRS 15 anzusetzen. Die Gegenleistung kann bestehen in Ansprüchen auf:

(a) einen finanziellen Vermögenswert oder

(b) einen immateriellen Vermögenswert.

16 Der Betreiber setzt dann einen finanziellen Vermögenswert an, wenn er als Gegenleistung für die Bauleistungen einen unbedingten vertraglichen Anspruch darauf hat, vom Konzessionsgeber oder auf dessen Anweisung einen Geldbetrag oder einen anderen finanziellen Vermögenswert zu erhalten. Der Konzessionsgeber hat so gut wie keine Möglichkeit, die Zahlung zu vermeiden, da der Zahlungsanspruch in der Regel gerichtlich durchsetzbar ist. Der Betreiber hat einen unbedingten Zahlungsanspruch, wenn der Konzessionsgeber sich gegenüber dem Betreiber vertraglich zur Zahlung a) eines bestimmten oder bestimmbaren Betrags oder b) des Differenzbetrags (falls ein solcher existiert) zwischen den von den Nutzern für die öffentliche Dienstleistung gezahlten Beträgen und bestimmten oder bestimmbaren Beträgen verpflichtet hat, auch wenn die Zahlung dieses Differenzbetrages davon abhängt, ob der Betreiber bestimmten Qualitäts- oder Effizienzanforderungen genügt.

17 Der Betreiber muss einen immateriellen Vermögenswert ansetzen, wenn er als Gegenleistung ein Recht (eine Konzession) erhält, von den Benutzern der öffentlichen Dienstleistungen eine Gebühr zu verlangen. Das Recht, von den Benutzern der öffentlichen Dienstleistung eine Gebühr verlangen zu können, stellt keinen unbedingten Zahlungsanspruch dar, da deren Gesamtbetrag davon abhängt, in welchem Umfang von den öffentlichen Dienstleistungen Gebrauch gemacht wird.

18 Erhält der Betreiber für seine Bauleistungen eine Gegenleistung, die teilweise aus einem finanziellen Vermögenswert und teilweise aus einem immateriellen Vermögenswert besteht, so sind die einzelnen Bestandteile der Gegenleistung jeweils separat anzusetzen. Die erhaltenen oder ausstehenden Bestandteile der Gegenleistung sind erstmalig gemäß IFRS 15 anzusetzen.

19 Welcher Kategorie die vom Konzessionsgeber an den Betreiber geleistete Gegenleistung angehört, ist aufgrund der vertraglichen Bestimmungen und – wenn anwendbar – nach dem geltenden Vertragsrecht zu bestimmen. Wie die Gegenleistung anschließend bilanziell zu behandeln ist, hängt von der Art der Gegenleistung ab und ist in den Paragraphen 23 bis 26 erläutert. Jedoch werden beide Arten von Gegenleistungen während der Bau- bzw. Ausbauphase gemäß IFRS 15 als Vertragsvermögen eingestuft.

Betriebsleistungen

20 Der Betreiber hat Betriebsleistungen gemäß IFRS 15 zu bilanzieren.

Vertragliche Verpflichtungen, einen festgelegten Grad der Gebrauchstauglichkeit der Infrastruktureinrichtung wiederherzustellen

21 Die dem Betreiber erteilte Konzession kann bedingt sein durch die Verpflichtung, a) einen gewissen Grad der Gebrauchstauglichkeit der Infrastruktureinrichtung aufrecht zu erhalten oder b) zum Ende des Konzessionsvertrages vor der Rückgabe an den Konzessionsgeber einen bestimmten Zustand der Infrastruktureinrichtung wieder herzustellen. Mit Ausnahme von Ausbauleistungen (s. Paragraph 14) sind vertragliche Verpflichtungen, einen bestimmten Zustand der Infrastruktureinrichtung aufrecht zu erhalten oder wieder herzustellen, entsprechend IAS 37 anzusetzen und zu bewerten, d. h. zum bestmöglichen Schätzwert der Aufwendungen, die erforderlich wären, um die Verpflichtung am Bilanzstichtag zu erfüllen.

Beim Betreiber anfallende Fremdkapitalkosten

Gemäß IAS 23 sind der Vereinbarung zurechenbare Fremdkapitalkosten für die Zeitspanne, in der sie anfallen, als Aufwand anzusetzen, es sei denn, der Betreiber hat einen vertraglichen Anspruch auf einen immateriellen Vermögenswert (das Recht, für die Inanspruchnahme der öffentlichen Dienstleistung Gebühren zu verlangen). In diesem Fall werden der Vereinbarung zuordenbare Fremdkapitalkosten während der Bauphase entsprechend diesem Standard aktiviert. **22**

Finanzieller Vermögenswert

Auf einen gemäß den Paragraphen 16 und 18 angesetzten Vermögenswert sind IAS 32 sowie IFRS 7 und IFRS 9 anwendbar. **23**

Der an den oder vom Konzessionsgeber bezahlte Betrag wird entsprechend IFRS 9 wie folgt bilanziert: **24**

(a) zu fortgeführten Anschaffungskosten;

(b) erfolgsneutral zum beizulegenden Zeitwert im sonstigen Ergebnis; oder

(c) erfolgswirksam zum beizulegenden Zeitwert.

Wird der vom Konzessionsgeber geschuldete Betrag zu fortgeführten Anschaffungskosten oder erfolgsneutral zum beizulegenden Zeitwert im sonstigen Ergebnis bilanziert, verlangt IFRS 9, dass die nach der Effektivzinsmethode berechneten Zinsen erfolgswirksam erfasst werden. **25**

Immaterieller Vermögenswert

Auf einen nach den Paragraphen 17 und 18 angesetzten immateriellen Vermögenswert ist IAS 38 anwendbar. Die Paragraphen 45 bis 47 des IAS 38 enthalten Leitlinien zur Bewertung immaterieller Vermögenswerte, die im Austausch gegen einen oder mehrere nicht-monetäre Vermögenswerte oder gegen eine Kombination aus monetären und nicht-monetären Vermögenswerten erworben wurden. **26**

Dem Betreiber vom Konzessionsgeber zur Verfügung gestellte Gegenstände

Gemäß Paragraph 11 sind Infrastruktureinrichtungen, die dem Betreiber zum Zwecke der Dienstleistungskonzessionsvereinbarung zugänglich gemacht werden, nicht als Sachanlagen des Betreibers anzusetzen. Der Konzessionsgeber kann dem Betreiber auch andere Gegenstände zur Verfügung stellen, mit denen der Betreiber nach Belieben verfahren kann. Sind solche Vermögenswerte Bestandteil der vom Konzessionsgeber zu erbringenden Gegenleistung, stellen sie keine Zuwendungen der öffentlichen Hand im Sinne von IAS 20 dar. Sie sind daher als Teil des Transaktionspreises wie in IFRS 15 definiert anzusetzen. **27**

Zeitpunkt des Inkrafttretens

Diese Interpretation ist auf am 1. Januar 2008 oder danach beginnende Geschäftsjahre anzuwenden. Eine frühere Anwendung ist zulässig. Wenn ein Unternehmen diese Interpretation für Berichtsperioden anwendet, die vor dem 1. Januar 2008 beginnen, so ist diese Tatsache anzugeben. **28**

(nicht besetzt) **28A bis 28C**

Mit dem im Mai 2014 veröffentlichten IFRS 15 *Erlöse aus Verträgen mit Kunden* wurden der Abschnitt „Verweise" und die Paragraphen 13 bis 15, 18 bis 20 und 27 geändert. Ein Unternehmen hat diese Änderungen anzuwenden, wenn es IFRS 15 anwendet. **28D**

Durch IFRS 9 (im Juli 2014 veröffentlicht) wurden die Paragraphen 23-25 geändert und die Paragraphen 28A-28C gestrichen. Ein Unternehmen hat diese Änderungen anzuwenden, wenn es IFRS 9 anwendet. **28E**

28F Durch IFRS 16, veröffentlicht im Januar 2016, wurden der Paragraph AG8 und Anhang B geändert. Ein Unternehmen hat die betreffenden Änderungen anzuwenden, wenn es IFRS 16 anwendet.

Übergangsvorschriften

29 Vorbehaltlich des Paragraphen 30 werden Änderungen in den Rechnungslegungsmethoden entsprechend IAS 8, das heißt rückwirkend, berücksichtigt.

30 Falls eine rückwirkende Anwendung dieser Interpretation bei einer bestimmten Dienstleistungskonzessionsvereinbarung für den Betreiber nicht durchführbar sein sollte, so hat er

(a) diejenigen finanziellen Vermögenswerte und immateriellen Vermögenswerte anzusetzen, die zu Beginn der ersten dargestellten Berichtsperiode vorhanden waren,

(b) die früheren Buchwerte dieser finanziellen und immateriellen Vermögenswerte (unabhängig von ihrer bisherigen Zuordnung) als die aktuellen Buchwerte anzusetzen, und

(c) zu prüfen, ob bei den für diesen Zeitpunkt angesetzten finanziellen und immateriellen Vermögenswerten eine Wertminderung vorliegt. Sollte dies praktisch nicht möglich sein, so sind die angesetzten Buchwerte auf Wertminderung zu Beginn der laufenden Berichtsperiode zu prüfen.

Anhang A: Anwendungsleitlinien

Dieser Anhang ist integraler Bestandteil der Interpretation.

Anwendungsbereich (Paragraph 5)

AL1 Paragraph 5 dieser Interpretation legt fest, dass eine Infrastruktureinrichtung in den Anwendungsbereich dieser Interpretation fällt, wenn folgende Voraussetzungen erfüllt sind:

(a) der Konzessionsgeber kontrolliert oder bestimmt, welche Dienstleistungen der Betreiber mit der Infrastruktureinrichtung zu erbringen hat, an wen er sie zu erbringen hat und zu welchem Preis, und

(b) der Konzessionsgeber kontrolliert nach Ablauf der Vereinbarung aufgrund von Eigentumsansprüchen oder von anderen vergleichbaren Rechten alle verbleibenden wichtigen Interessen an der Infrastruktureinrichtung.

AL2 Die unter Buchstabe a aufgeführte Kontroll- oder Regelungsbefugnis kann sich aus Vertrag oder auf anderen Umständen ergeben (z. B. durch eine Regulierungsstelle) und umfasst sowohl die Fälle, in denen der Konzessionsgeber der alleinige Abnehmer der erbrachten Leistungen ist, als auch die Fälle, in denen andere Benutzer ganz oder zum Teil Abnehmer der Leistungen sind. Bei der Prüfung, ob diese Voraussetzung erfüllt ist, sind mit dem Konzessionsgeber verbundene Parteien als diesem zugehörig zu betrachten. Ist der Konzessionsgeber öffentlich-rechtlich organisiert, so wird die gesamte öffentliche Hand zusammen mit allen Regulierungsstellen, die im öffentlichen Interesse tätig werden, als dem Konzessionsgeber zugehörig angesehen.

AL3 Zur Erfüllung der unter Buchstabe a genannten Voraussetzung muss der Konzessionsgeber die Preisgebung nicht vollständig kontrollieren. Es reicht aus, dass der Preis vom Konzessionsgeber, durch Vertrag oder einer[1] Regulierungsbehörde reguliert wird, zum Beispiel durch einen Preisbegrenzungsmechanismus. Die Voraussetzung muss jedoch für den Kernbereich der Vereinbarung vorliegen. Unwesentliche Bestimmungen wie ein Preisbegrenzungsmechanismus, der nur unter fern liegenden Umständen greift, bleiben unberücksichtigt. Umgekehrt ist das Preiselement des Kontrollerfordernisses auch dann erfüllt, wenn der Ertrag für den Konzessions-

1) **Anm. d. Red.:** Hierbei handelt es sich um einen redaktionellen Irrtum des Gesetzgebers: die korrekte Formulierung lautet wohl „von einer". Eine Berichtigung bleibt abzuwarten.

geber dadurch begrenzt ist, dass er zwar dazu berechtigt ist, die Preise frei festzusetzen, jedoch jeden zusätzlichen Gewinn an den Konzessionsgeber zu zahlen hat.

Um die Voraussetzungen unter Buchstabe b zu erfüllen, muss die die Kontrolle[1] über die wesentlichen noch bestehenden Rechte und Ansprüche an der Infrastruktureinrichtung sowohl praktisch die Möglichkeit des Betreibers beschränken, die Infrastruktureinrichtung zu verkaufen oder zu belasten, als auch dem Konzessionsgeber für die Dauer der Vereinbarung ein fortlaufendes Nutzungsrecht einräumen. Der Restwert der Infrastruktureinrichtung ist ihr geschätzter Marktwert am Ende der Vereinbarungslaufzeit in dem zu diesem Zeitpunkt zu erwartenden Zustand. **AL4**

Es ist zwischen der Kontrolle und dem Führen der Geschäfte zu unterscheiden. Behält der Konzessionsgeber sowohl das unter Paragraph 5 Buchstabe a beschriebene Maß an Kontrolle über die Einrichtung als auch die mit dieser zusammenhängenden verbleibenden wesentlichen Rechte und Ansprüche, so führt der Betreiber der Einrichtung lediglich deren Geschäft für den Konzessionsgeber, auch wenn er dabei in vielen Fällen eine weit reichende Entscheidungsbefugnis innehat. **AL5**

Liegen die beiden Voraussetzungen der Buchstaben a und b zusammen vor, so wird die Einrichtung in einem solchen Fall einschließlich aller während der gesamten Dauer ihrer wirtschaftlichen Nutzung erforderlichen Erneuerungen (s. Paragraph 21) vom Konzessionsgeber kontrolliert. Muss der Betreiber zum Beispiel während der Laufzeit der Vereinbarung einen Bestandteil der Einrichtung teilweise ersetzen (z. B. den Belag einer Straße oder das Dach eines Gebäudes), so ist der Einrichtungsbestandteil als Einheit zu werten. Die Voraussetzung des Buchstaben b ist daher für die gesamte Infrastruktureinrichtung einschließlich des ersetzten Teils erfüllt, wenn der Konzessionsgeber auch die Kontrolle über die wesentlichen noch bestehenden Rechte und Ansprüche an diesem endgültigen Ersatzteil innehat. **AL6**

In manchen Fällen ist die Nutzung der Infrastruktureinrichtung teilweise geregelt wie in Paragraph 5 Buchstabe a beschrieben und teilweise ungeregelt. Diese Vereinbarungen können verschiedener Art sein: **AL7**

(a) jede Infrastruktureinrichtung, die physisch abtrennbar ist, eigenständig betrieben werden kann und die Voraussetzungen einer zahlungsmittelgenerierenden Einheit gemäß IAS 36 erfüllt, ist gesondert zu untersuchen, wenn sie ausschließlich für vertraglich nicht geregelte Zwecke genutzt wird. Dies ist z. B. bei einem zur Behandlung von Privatpatienten genutzten Flügel eines Krankenhauses der Fall, wenn das übrige Krankenhaus für die Behandlung gesetzlich versicherter Patienten genutzt wird.

(b) sind lediglich Nebentätigkeiten nicht geregelt (z. B. ein Krankenhauskiosk), so werden sie bei der Frage der tatsächlichen Kontrolle nicht berücksichtigt, weil eine solche Nebentätigkeit die Kontrolle in den Fällen, in denen der Konzessionsgeber die Leistung entsprechend Paragraph 5 kontrolliert, nicht beeinträchtigt.

Der Betreiber kann berechtigt sein, die in Paragraph AL7(a) beschriebene abtrennbare Infrastruktureinrichtung zu nutzen, oder eine in Paragraph AL7(b) beschriebene Nebentätigkeit auszuüben. In beiden Fällen kann zwischen dem Konzessionsgeber und dem Betreiber de facto ein Leasingverhältnis bestehen. Dieses ist dann entsprechend IFRS 16 zu erfassen. **AL8**

Anhang B: Änderungen an IFRS 1 und an anderen Interpretationen (hier nicht wiedergegeben)

1) **Anm. d. Red.:** Hierbei handelt es sich um einen redaktionellen Irrtum des Gesetzgebers: die korrekte Formulierung lautet wohl „die Kontrolle des Konzessionsgebers“. Eine Berichtigung bleibt abzuwarten.

IFRIC Interpretation 14 IAS 19 – Die Begrenzung eines leistungsorientierten Vermögenswertes, Mindestdotierungsverpflichtungen und ihre Wechselwirkung (IFRIC 14)

v. 3.11.2008 (ABl EU Nr. L 320 S. 1) i.V. mit Verordnung (EG) Nr. 1263/2008 v. 16.12.2008 (ABl EU Nr. L 338 S. 25); zuletzt geändert durch Verordnung (EU) Nr. 475/2012 v. 5.6.2012 (ABl EU Nr. L 146 S. 1)

Verweise

- IAS 1 *Darstellung des Abschlusses*
- IAS 8 *Rechnungslegungsmethoden, Änderungen von rechnungslegungsbezogenen Schätzungen und Fehler*
- IAS 19 *Leistungen an Arbeitnehmer (in der im Juni 2011 geänderten Fassung)*
- IAS 37 *Rückstellungen, Eventualschulden und Eventualforderungen*

Hintergrund

Paragraph 64 von IAS 19 begrenzt die Bewertung eines leistungsorientierten Nettovermögenswertes auf den jeweils niedrigeren Wert der Vermögensüberdeckung im leistungsorientierten Versorgungsplan und der Vermögensobergrenze. Paragraph 8 des IAS 19 definiert die Vermögensobergrenze als den „Barwert eines wirtschaftlichen Nutzens in Form von Rückerstattungen aus dem Plan oder Minderungen künftiger Beitragszahlungen". Es sind Fragen aufgekommen, wann Rückerstattungen oder Minderungen künftiger Beitragszahlungen als verfügbar betrachtet werden sollten, vor allem dann, wenn Mindestdotierungsverpflichtungen bestehen. **1**

In vielen Ländern gibt es Mindestdotierungsverpflichtungen, um die Sicherheit der Pensionsleistungszusagen zu erhöhen, die Mitgliedern eines Altersversorgungsplans gemacht werden. Solche Verpflichtungen sehen normalerweise Mindestbeiträge vor, die über einen bestimmten Zeitraum an einen Plan zu leisten sind. Deshalb kann eine Mindestdotierungsverpflichtung die Fähigkeit des Unternehmens zur Minderung künftiger Beitragszahlungen einschränken. **2**

Außerdem kann die Bewertungsobergrenze eines leistungsorientierten Vermögenswertes dazu führen, dass eine Mindestfinanzierungsvorschrift belastend wird. Normalerweise würde eine Vorschrift, Beitragszahlungen an einen Plan zu leisten, keine Auswirkungen auf die Bewertung des Vermögenswerts oder der Verbindlichkeit aus einem leistungsorientierten Plan haben. Dies liegt daran, dass die Beträge zum Zeitpunkt der Zahlung Planvermögen werden und damit die zusätzliche Nettoverbindlichkeit null beträgt. Eine Mindestdotierungsverpflichtung begründet jedoch eine Verbindlichkeit, wenn die erforderlichen Beiträge dem Unternehmen nach ihrer Zahlung nicht zur Verfügung stehen. **3**

Im November 2009 änderte der International Accounting Standards Board IFRIC 14, um eine unbeabsichtigte Folge der Behandlung von Beitragsvorauszahlungen in Fällen, in denen Mindestdotierungsverpflichtungen bestehen, zu beseitigen. **3A**

Anwendungsbereich

Diese Interpretation ist auf alle Leistungen nach Beendigung des Arbeitsverhältnisses aus leistungsorientierten Plänen und auf andere langfristig fällige Leistungen an Arbeitnehmer aus leistungsorientierten Plänen anwendbar. **4**

5 Für die Zwecke dieser Interpretation bezeichnen Mindestdotierungsverpflichtungen alle Vorschriften zur Dotierung eines leistungsorientierten Plans, der Leistungen nach Beendigung des Arbeitsverhältnisses oder andere langfristig fällige Leistungen an Arbeitnehmer beinhaltet.

Fragestellung

6 Folgende Fragen werden in dieser Interpretation behandelt:

(a) Wann sollen Rückerstattungen oder Minderungen künftiger Beitragszahlungen als verfügbar gemäß Paragraph 8 von IAS 19 betrachtet werden?

(b) Wie kann sich eine Mindestdotierungsverpflichtung auf die Verfügbarkeit künftiger Beitragsminderungen auswirken?

(c) Wann kann eine Mindestdotierungsverpflichtung zum Ansatz einer Verbindlichkeit führen?

Beschluss

Verfügbarkeit einer Rückerstattung oder Minderung künftiger Beitragszahlungen

7 Ein Unternehmen hat die Verfügbarkeit einer Rückerstattung oder Minderung künftiger Beitragszahlungen gemäß den Regelungen des Plans und den im Rechtskreis des Plans maßgeblichen gesetzlichen Vorschriften zu bestimmen.

8 Ein wirtschaftlicher Nutzen in Form von Rückerstattungen oder Minderungen künftiger Beitragszahlungen ist verfügbar, wenn das Unternehmen diesen Nutzen zu irgendeinem Zeitpunkt während der Laufzeit des Plans oder bei Erfüllung der Planschulden realisieren kann. Ein solcher wirtschaftlicher Nutzen kann insbesondere auch dann verfügbar sein, wenn er zum Abschlussstichtag nicht sofort realisierbar ist.

9 Der verfügbare wirtschaftliche Nutzen ist von der beabsichtigten Verwendung des Überschusses unabhängig. Ein Unternehmen hat den maximalen wirtschaftlichen Nutzen zu bestimmen, der ihm aus Rückerstattungen, Minderungen künftiger Beitragszahlungen oder einer Kombination aus beidem zufließt. Ein Unternehmen darf keinen wirtschaftlichen Nutzen aus einer Kombination von Erstattungsansprüchen und Minderungen künftiger Beiträge ansetzen, die auf sich gegenseitig ausschließenden Annahmen beruhen.

10 Gemäß IAS 1 hat ein Unternehmen Angaben zu den am Abschlussstichtag bestehenden Hauptquellen von Schätzungsunsicherheiten zu machen, die ein beträchtliches Risiko dahingehend enthalten, dass eine wesentliche Anpassung des Buchwertes des Nettovermögenswerts oder der Nettoschuld, die in der Bilanz ausgewiesen werden, erforderlich wird. Hierzu können auch Angaben zu etwaigen Einschränkungen hinsichtlich der gegenwärtigen Realisierbarkeit des Überschusses gehören oder die Angabe, auf welcher Grundlage der verfügbare wirtschaftliche Nutzen bestimmt wurde.

Als Rückerstattung verfügbarer wirtschaftlicher Nutzen

Erstattungsanspruch

11 Eine Rückerstattung ist für ein Unternehmen verfügbar, wenn es einen nicht-bedingten Anspruch auf die Erstattung hat:

(a) während der Laufzeit des Plans, unter der Annahme, dass die Planverbindlichkeiten nicht erfüllt werden müssen, um die Rückerstattung zu erhalten (in einigen Rechtskreisen kann ein Unternehmen z. B. während der Laufzeit des Plans einen Erstattungsanspruch haben, der unabhängig davon besteht, ob die Planverbindlichkeiten beglichen sind); oder

(b) unter der Annahme, dass die Planverbindlichkeiten während der Zeit schrittweise erfüllt werden, bis alle Berechtigten aus dem Plan ausgeschieden sind; oder

(c) unter der Annahme, dass die Planverbindlichkeiten vollständig durch ein einmaliges Ereignis erfüllt werden (d. h. bei einer Auflösung des Plans).

Ein nicht-bedingter Erstattungsanspruch kann unabhängig vom Deckungsgrad des Plans zum Abschlussstichtag bestehen.

Wenn der Anspruch des Unternehmens auf Rückerstattung von Überschüssen von dem Eintreten oder Nichteintreten eines oder mehrerer unsicherer zukünftiger Ereignisse abhängt, die nicht vollständig unter seiner Kontrolle stehen, dann hat das Unternehmen keinen nicht-bedingten Anspruch und darf keinen Vermögenswert ansetzen. **12**

Der als Rückerstattung verfügbare wirtschaftliche Nutzen ermittelt sich als Betrag des Überschusses zum Abschlussstichtag (dem beizulegenden Zeitwert des Planvermögens abzüglich des Barwertes der leistungsorientierten Verpflichtung), auf den das Unternehmen einen Erstattungsanspruch hat, abzüglich aller zugehörigen Kosten. Unterliegt eine Erstattung beispielsweise einer Steuer, bei der es sich nicht um die Einkommensteuer handelt, ist die Höhe der Erstattung abzüglich dieser Steuer zu bestimmen. **13**

Bei der Bewertung einer verfügbaren Rückerstattung im Falle einer Planauflösung (Paragraph 11(c)) sind die Kosten des Plans für die Abwicklung der Planverbindlichkeiten und Leistung der Rückerstattung zu berücksichtigen. Beispielsweise hat ein Unternehmen Honorare in Abzug zu bringen, wenn diese vom Plan und nicht vom Unternehmen gezahlt werden, sowie die Kosten für etwaige Versicherungsprämien, die zur Absicherung der Verbindlichkeit bei Auflösung notwendig sind. **14**

Wird die Höhe einer Rückerstattung als voller Betrag oder Teil des Überschusses und nicht als fester Betrag bestimmt, hat das Unternehmen keine Abzinsung für den Zeitwert des Geldes vorzunehmen, selbst wenn die Erstattung erst zu einem künftigen Zeitpunkt realisiert werden kann. **15**

Als Beitragsminderung verfügbarer wirtschaftlicher Nutzen

Unterliegen Beiträge für künftige Leistungen keinen Mindestdotierungsverpflichtungen, ist der als Minderung künftiger Beiträge verfügbare wirtschaftliche Nutzen **16**

(a) (weggefallen)

(b) der künftige Dienstzeitaufwand für das Unternehmen in jeder Periode der erwarteten Lebensdauer des Plans oder der erwarteten Lebensdauer des Unternehmens, falls diese kürzer ist. Nicht im künftigen Dienstzeitaufwand für das Unternehmen enthalten sind die Beträge, die von den Arbeitnehmern aufgebracht werden.

Die bei der Ermittlung des künftigen Dienstzeitaufwands zugrunde gelegten Annahmen müssen sowohl mit den Annahmen, die bei der Bestimmung der leistungsorientierten Verpflichtung herangezogen werden, als auch mit der Situation zum Bilanzstichtag gemäß IAS 19 vereinbar sein. Aus diesem Grund hat ein Unternehmen für die Zukunft so lange von unveränderten Leistungen des Plans auszugehen, bis dieser geändert wird. Dabei ist ein unveränderter Personalstand anzunehmen, es sei denn, das Unternehmen verringert die Zahl der am Plan teilnehmenden Arbeitnehmer. In letztgenanntem Fall ist diese Verringerung bei der Annahme des künftigen Personalstands zu berücksichtigen. **17**

Auswirkung einer Mindestfinanzierungsvorschrift auf den als Minderung künftiger Beiträge verfügbaren wirtschaftlichen Nutzen

Ein Unternehmen hat jede Mindestdotierungsverpflichtung zu einem festgelegten Zeitpunkt darauf hin zu analysieren, welche Beiträge a) zur Deckung einer vorhandenen Unterschreitung der Mindestdotierungsgrenze für zurückliegende Leistungen und welche b) zur Deckung der künftigen Leistungen erforderlich sind. **18**

19 Beiträge zur Deckung einer vorhandenen Unterschreitung der Mindestdotierungsgrenze für bereits erhaltene Leistungen haben keinen Einfluss auf künftige Beiträge für künftige Leistungen. Diese können zum Ansatz einer Verbindlichkeit gemäß Paragraphen 23-26 führen.

20 Unterliegen Beiträge für künftige Leistungen einer Mindestdotierungsverpflichtung, ist der als Minderung künftiger Beiträge verfügbare wirtschaftliche Nutzen die Summe aus

(a) allen Beträgen, durch die sich künftige Beiträge, die im Rahmen einer Mindestdotierungsverpflichtung zu entrichten sind, verringern, weil das Unternehmen eine Vorauszahlung geleistet (d. h. den Betrag vor seiner eigentlichen Fälligkeit gezahlt) hat, und

(b) dem gemäß den Paragraphen 16 und 17 geschätzten künftigen Dienstzeitaufwand in jeder Periode abzüglich der geschätzten Beiträge, die im Rahmen einer Mindestdotierungsverpflichtung für künftige Leistungen in diesen Perioden entrichtet werden müssten, würde keine Vorauszahlung gemäß Buchstabe (a) erfolgen.

21 Bei der Schätzung der im Rahmen einer Mindestdotierungsverpflichtung für künftige Leistungen zu entrichtenden Beiträge hat das Unternehmen die Auswirkungen etwaiger vorhandener Überschüsse zu berücksichtigen, die anhand der Mindestdotierung, aber unter Ausschluss der in Paragraph 20 Buchstabe (a) genannten Vorauszahlung bestimmt werden. Die vom Unternehmen zugrunde gelegten Annahmen müssen mit der Mindestdotierung und für den Fall, dass in dieser Dotierung ein Faktor unberücksichtigt bleibt, mit den bei Bestimmung der leistungsorientierten Verpflichtung zugrunde gelegten Annahmen, sowie mit der Situation zum Bilanzstichtag gemäß IAS 19 vereinbar sein. In die Schätzung fließen alle Änderungen ein, die unter der Annahme, dass das Unternehmen die Mindestbeiträge zum Fälligkeitstermin entrichtet, erwartet werden. Nicht berücksichtigt werden dürfen dagegen die Auswirkungen von Änderungen, die bei den Bestimmungen für die Mindestdotierung erwartet werden und die zum Bilanzstichtag nicht beschlossen oder vertraglich vereinbart sind.

22 Wenn ein Unternehmen den in Paragraph 20 Buchstabe (b) genannten Betrag bestimmt und die im Rahmen einer Mindestdotierungsverpflichtung für künftige Leistungen zu entrichtenden Beiträge den künftigen Dienstzeitaufwand nach IAS 19 in einer beliebigen Periode übersteigen, reduziert sich der als Minderung künftiger Beiträge verfügbare wirtschaftliche Nutzen. Der in Paragraph 20 Buchstabe (b) genannte Betrag kann jedoch niemals kleiner als Null sein.

Wann eine Mindestfinanzierungsvorschrift zum Ansatz einer Verbindlichkeit führen kann

23 Falls ein Unternehmen im Rahmen einer Mindestdotierungsverpflichtung verpflichtet ist, aufgrund einer bestehenden Unterschreitung der Mindestdotierungsgrenze zusätzliche Beiträge für bereits erhaltene Leistungen einzuzahlen, muss das Unternehmen ermitteln, ob die zu zahlenden Beiträge als Rückerstattung oder Minderung künftiger Beitragszahlungen verfügbar sein werden, wenn sie in den Plan eingezahlt worden sind.

24 In dem Maße, in dem die zu zahlenden Beiträge nach ihrer Einzahlung in den Plan nicht verfügbar sein werden, hat das Unternehmen zum Zeitpunkt des Entstehens der Verpflichtung eine Schuld anzusetzen. Die Schuld führt zu einer Reduzierung des leistungsorientierten Nettovermögenswertes oder zu einer Erhöhung der leistungsorientierten Nettoschuld, so dass durch die Anwendung von IAS 19 Paragraph 64 kein Gewinn oder Verlust zu erwarten ist, wenn die Beitragszahlungen geleistet werden.

25 und 26 (weggefallen)

Zeitpunkt des Inkrafttretens

27 Diese Interpretation ist erstmals in der ersten Berichtsperiode eines am 1. Januar 2008 oder danach beginnenden Geschäftsjahres anzuwenden. Eine frühere Anwendung ist zulässig.

27A Infolge des IAS 1 (überarbeitet 2007) wurde die in allen IFRS verwendete Terminologie geändert. Außerdem wurde Paragraph 26 geändert. Diese Änderungen sind erstmals in der ersten Berichtsperiode eines am 1. Januar 2009 oder danach beginnenden Geschäftsjahres anzuwenden. Wird IAS 1 (überarbeitet 2007) auf eine frühere Periode angewendet, sind diese Änderungen entsprechend auch anzuwenden.

Mit *Vorauszahlungen im Rahmen einer Mindestdotierungsverpflichtung* wurde der Paragraph 3A hinzugefügt und wurden die Paragraphen 16-18 und 20-22 geändert. Diese Änderungen sind erstmals in der ersten Berichtsperiode eines am oder nach dem 1. Januar 2011 beginnenden Geschäftsjahrs anzuwenden. Eine frühere Anwendung ist zulässig. Wendet ein Unternehmen die Änderungen auf eine frühere Periode an, hat es dies anzugeben. **27B**

Durch IAS 19 (in der 2011 geänderten Fassung) wurden die Paragraphen 1, 6, 17 und 24 geändert und die Paragraphen 25 und 26 gestrichen. Ein Unternehmen hat die betreffenden Änderungen anzuwenden, wenn es IAS 19 (in der 2011 geänderten Fassung) anwendet. **27C**

Übergangsbestimmungen

Diese Interpretation ist von Beginn der ersten dargestellten Berichtsperiode im ersten Abschluss anzuwenden, für den diese Interpretation gilt. Alle Anpassungen aufgrund der erstmaligen Anwendung dieser Interpretation sind in den Gewinnrücklagen zu Beginn dieser Periode zu erfassen. **28**

Die in den Paragraphen 3A, 16-18 und 20-22 vorgenommenen Änderungen sind mit Beginn der frühesten Vergleichsperiode, die im ersten nach dieser Interpretation erstellten Abschluss dargestellt ist, anzuwenden. Sollte das Unternehmen diese Interpretation schon vor Anwendung der Änderungen angewandt haben, hat es die aus der Anwendung der Änderungen resultierende Berichtigung zu Beginn der frühesten dargestellten Vergleichsperiode in den Gewinnrücklagen zu erfassen. **29**

IFRIC Interpretation 16 Absicherung einer Nettoinvestition in einen ausländischen Geschäftsbetrieb (IFRIC 16)

v. 3.11.2008 (ABl EU Nr. L 320 S. 1) i.V. mit Verordnung (EG) Nr. 460/2009 v. 4.6.2009 (ABl EU Nr. L 139 S. 6); zuletzt geändert durch Verordnung (EU) Nr. 2016/2067 v. 22.11.2016 (ABl EU Nr. L 323 S. 1)

Verweise

- IAS 8 *Rechnungslegungsmethoden, Änderungen von rechnungslegungsbezogenen Schätzungen und Fehler*
- IAS 21 *Auswirkungen von Wechselkursänderungen*
- IAS 39 *Finanzinstrumente: Ansatz und Bewertung*
- IFRS 9 *Finanzinstrumente*

Hintergrund

Viele berichtende Unternehmen haben Investitionen in ausländische Geschäftsbetriebe (gemäß der Definition in IAS 21 Paragraph 8). Solche ausländischen Geschäftsbetriebe können Tochterunternehmen, assoziierte Unternehmen, Gemeinschaftsunternehmen oder Niederlassungen sein. Nach IAS 21 muss ein Unternehmen die funktionale Währung jedes ausländischen Geschäftsbetriebs als die Währung des primären Wirtschaftsumfelds des betreffenden Geschäftsbetriebs bestimmen. Bei der Umrechnung der Vermögens-, Finanz- und Ertragslage eines ausländischen Geschäftsbetriebs in die Darstellungswährung muss ein Unternehmen Währungsumrechnungsdifferenzen bis zur Veräußerung des ausländischen Geschäftsbetriebs im sonstigen Ergebnis erfassen. **1**

Die Voraussetzungen für eine Bilanzierung von Sicherungsgeschäften für das aus einer Nettoinvestition in einen ausländischen Geschäftsbetrieb resultierende Währungsrisiko sind nur erfüllt, wenn das Nettovermögen dieses ausländischen Geschäftsbetriebs im Abschluss enthalten ist.*) Bei dem in Bezug auf das Währungsrisiko aufgrund einer Nettoinvestition in einen ausländischen Geschäftsbetrieb gesicherten Grundgeschäft kann es sich um einen Betrag des Nettovermögens handeln, der dem Buchwert des Nettovermögens des ausländischen Geschäftsbetriebs entspricht oder geringer als dieser ist. **2**

IFRS 9 verlangt bei der Bilanzierung einer Sicherungsbeziehung die Bestimmung eines geeigneten gesicherten Grundgeschäfts und eines geeigneten Sicherungsinstruments. Besteht im Fall einer Absicherung einer Nettoinvestition eine designierte Sicherungsbeziehung, wird der Gewinn oder Verlust aus dem Sicherungsinstrument, das als effektive Absicherung der Nettoinvestition bestimmt ist, im sonstigen Ergebnis erfasst, wobei die Währungsumrechnungsdifferenzen aus der Umrechnung der Vermögens-, Finanz- und Ertragslage des ausländischen Geschäftsbetriebs mit einbezogen werden. **3**

*) **Amtl. Anm.:** Dies betrifft Konzernabschlüsse, Abschlüsse, bei denen Finanzinvestitionen wie Anteile an assoziierten Unternehmen oder Gemeinschaftsunternehmen unter Verwendung der Equity-Methode bilanziert werden, sowie Abschlüsse, zu denen eine Niederlassung oder eine gemeinschaftliche Tätigkeit im Sinne von IFRS 11 *Gemeinsame Vereinbarungen* gehört.

4 Ein Unternehmen mit vielen ausländischen Geschäftsbetrieben kann mehreren Währungsrisiken ausgesetzt sein. Diese Interpretation enthält Anleitungen zur Ermittlung der Währungsrisiken, die sich bei der Absicherung einer Nettoinvestition in einen ausländischen Geschäftsbetrieb als abgesichertes Risiko eignen.

5 Nach IFRS 9 darf ein Unternehmen sowohl ein derivatives als auch ein nicht derivatives Finanzinstrument (oder eine Kombination aus beidem) als Sicherungsinstrument bei Währungsrisiken designieren. Mit dieser Interpretation werden Leitlinien im Hinblick darauf festgelegt, an welcher Stelle innerhalb einer Gruppe Sicherungsinstrumente, die eine Nettoinvestition in einen ausländischen Geschäftsbetrieb absichern, gehalten werden können, um die Kriterien für eine Bilanzierung von Sicherungsgeschäften zu erfüllen.

6 Nach IAS 21 und IFRS 9 müssen kumulierte Beträge, die im sonstigen Ergebnis erfasst sind und sich sowohl auf Währungsdifferenzen aus der Umrechnung der Vermögens-, Finanz- und Ertragslage des ausländischen Geschäftsbetriebs als auch auf Gewinne oder Verluste aus dem Sicherungsinstrument beziehen, das als effektive Absicherung der Nettoinvestition bestimmt wurde, bei Veräußerung des ausländischen Geschäftsbetriebs durch das Mutterunternehmen als Umgliederungsbetrag vom Eigenkapital in den Gewinn oder Verlust umgegliedert werden. Diese Interpretation enthält Leitlinien im Hinblick darauf, wie ein Unternehmen die Beträge, die in Bezug auf das Sicherungsinstrument und das gesicherte Grundgeschäft vom Eigenkapital in den Gewinn oder Verlust umzugliedern sind, bestimmen sollte.

Anwendungsbereich

7 Diese Interpretation ist von einem Unternehmen anzuwenden, das das Währungsrisiko aus seinen Nettoinvestitionen in ausländische Geschäftsbetriebe absichert und die Kriterien für eine Bilanzierung von Sicherungsgebergeschäften gemäß IFRS 9 erfüllen möchte. Zur Vereinfachung wird in dieser Interpretation stellvertretend für ein Unternehmen auf ein Mutterunternehmen und stellvertretend für den Abschluss, in dem das Nettovermögen der ausländischen Geschäftsbetriebe enthalten ist, auf den Konzernabschluss Bezug genommen. Alle Verweise auf ein Mutterunternehmen gelten gleichermaßen für ein Unternehmen, das eine Nettoinvestition in einen ausländischen Geschäftsbetrieb hat, bei dem es sich um ein Gemeinschaftsunternehmen, ein assoziiertes Unternehmen oder eine Niederlassung handelt.

8 Diese Interpretation gilt nur für Absicherungen von Nettoinvestitionen in ausländische Geschäftsbetriebe; sie darf nicht analog auf die Bilanzierung anderer Sicherungsgeschäfte angewandt werden.

Fragestellungen

9 Investitionen in ausländische Geschäftsbetriebe dürfen direkt von einem Mutterunternehmen oder indirekt von seinem bzw. seinen Tochterunternehmen gehalten werden. In dieser Interpretation geht es um folgende Fragestellungen:

(a) *die Art des abgesicherten Risikos und der Betrag des Grundgeschäfts, für das eine Sicherungsbeziehung in Betracht kommt:*

(i) ob das Mutterunternehmen nur die Währungsumrechnungsdifferenz aus einer Differenz zwischen der funktionalen Währung des Mutterunternehmens und seines ausländischen Geschäftsbetriebs als ein abgesichertes Risiko bestimmen darf, oder ob es ebenso die Währungsumrechnungsdifferenzen aus den Differenzen zwischen der Darstellungswährung des Konzernabschlusses des Mutterunternehmens und der funktionalen Währung des ausländischen Geschäftsbetriebs bestimmen darf;

(ii) wenn das Mutterunternehmen den ausländischen Geschäftsbetrieb indirekt hält, ob das abgesicherte Risiko nur die Währungsumrechnungsdifferenzen aus Differenzen der funktionalen Währungen zwischen dem ausländischen Geschäftsbetrieb und seinem direkten Mutterunternehmen enthält oder ob das abgesicherte Risiko auch alle

Währungsumrechnungsdifferenzen zwischen der funktionalen Währung des ausländischen Geschäftsbetriebs und jedem zwischengeschalteten und obersten Mutterunternehmen enthalten kann (d. h. ob die Tatsache, dass die Nettoinvestition in den ausländischen Geschäftsbetrieb von einem zwischengeschaltetem Mutterunternehmen gehalten wird, das wirtschaftliche Risiko des obersten Mutterunternehmens beeinflusst).

(b) *wo kann innerhalb einer Gruppe das Sicherungsinstrument gehalten werden:*

(i) ob eine geeignete Bilanzierung von Sicherungsbeziehungen nur dann begründet werden kann, wenn das seine Nettoinvestition absichernde Unternehmen eine an dem Sicherungsinstrument beteiligte Partei ist, oder ob jedes Unternehmen der Gruppe, unabhängig von seiner funktionalen Währung, das Sicherungsinstrument halten kann;

(ii) ob die Art des Sicherungsinstruments (derivatives oder nicht derivatives Instrument) oder die Konsolidierungsmethode die Beurteilung der Wirksamkeit einer Sicherungsbeziehung beeinflusst.

(c) *welche Beträge sind bei der Veräußerung eines ausländischen Geschäftsbetriebs vom Eigenkapital in den Gewinn oder Verlust umzugliedern:*

(i) welche Beträge der Währungsumrechnungsrücklage des Mutterunternehmens hinsichtlich des Sicherungsinstruments und des betreffenden Geschäftsbetriebs sind im Konzernabschluss des Mutterunternehmens vom Eigenkapital in den Gewinn oder Verlust umzugliedern, wenn ein abgesicherter ausländischer Geschäftsbetrieb veräußert wird;

(ii) ob die Konsolidierungsmethode die Bestimmung der vom Eigenkapital in den Gewinn oder Verlust umzugliedernden Beträge beeinflusst.

Beschluss

Art des abgesicherten Risikos und Betrag des Grundgeschäfts, für das eine Sicherungsbeziehung in Betracht kommt

Die Bilanzierung von Sicherungsbeziehungen kann nur auf die Währungsumrechnungsdifferenzen angewandt werden, die zwischen der funktionalen Währung des ausländischen Geschäftsbetriebs und der funktionalen Währung des Mutterunternehmens entstehen. **10**

Bei einer Absicherung des Währungsrisikos aus einer Nettoinvestition in einen ausländischen Geschäftsbetrieb kann das Grundgeschäft ein Betrag des Nettovermögens sein, der dem Buchwert des Nettovermögens des ausländischen Geschäftsbetriebs im Konzernabschluss des Mutterunternehmens entspricht oder geringer als dieser ist. Der Buchwert des Nettovermögens eines ausländischen Geschäftsbetriebs, der im Konzernabschluss des Mutterunternehmens als Grundgeschäft designiert sein kann, hängt davon ab, ob irgendein niedriger angesiedeltes Mutterunternehmen des ausländischen Geschäftsbetriebs die Bilanzierung von Sicherungsbeziehungen auf alle oder einen Teil des Nettovermögens des betreffenden ausländischen Geschäftsbetriebs angewandt hat und diese Bilanzierung im Konzernabschluss des Mutterunternehmens beibehalten wurde. **11**

Das abgesicherte Risiko kann als das zwischen der funktionalen Währung des ausländischen Geschäftsbetriebs und der funktionalen Währung eines (direkten, zwischengeschalteten oder obersten) Mutterunternehmens dieses ausländischen Geschäftsbetriebs entstehende Währungsrisiko bestimmt werden. Die Tatsache, dass die Nettoinvestition von einem zwischengeschalteten Mutterunternehmen gehalten wird, hat keinen Einfluss auf die Art des wirtschaftlichen Risikos, das dem obersten Mutterunternehmen aus dem Währungsrisiko entsteht. **12**

13 Ein Währungsrisiko aus einer Nettoinvestition in einen ausländischen Geschäftsbetrieb kann nur einmal die Voraussetzungen für eine Bilanzierung von Sicherungsbeziehungen im Konzernabschluss erfüllen. Wenn dasselbe Nettovermögen eines ausländischen Geschäftsbetriebs von mehr als einem Mutterunternehmen innerhalb der Gruppe (z. B. sowohl von einem direkten als auch einem indirekten Mutterunternehmen) für dasselbe Risiko abgesichert wird, kann daher nur eine Sicherungsbeziehung die Voraussetzungen für die Bilanzierung von Sicherungsbeziehungen im Konzernabschluss des obersten Mutterunternehmens erfüllen. Eine von einem Mutterunternehmen in seinem Konzernabschluss designierte Sicherungsbeziehung braucht nicht von einem anderen Mutterunternehmen auf höherer Ebene beibehalten zu werden. Wird sie vom Mutterunternehmen auf höherer Ebene nicht beibehalten, muss jedoch die Bilanzierung von Sicherungsbeziehungen, die von einem Mutterunternehmen auf niedrigerer Ebene angewandt wird, aufgehoben werden, ehe die Bilanzierung von Sicherungsbeziehungen des Mutterunternehmens auf höherer Ebene anerkannt wird.

Wo kann das Sicherungsinstrument gehalten werden?

14 Ein derivatives oder nicht derivatives Instrument (oder eine Kombination aus beidem) kann bei der Absicherung einer Nettoinvestition in einen ausländischen Geschäftsbetrieb als Sicherungsinstrument designiert werden. Das (die) Sicherungsinstrument(e) kann (können) von einem oder mehreren Unternehmen innerhalb der Gruppe so lange gehalten werden, wie die Voraussetzungen für die Designation, Dokumentation und Wirksamkeit von Paragraph 6.4.1 von IFRS 9 hinsichtlich der Absicherung einer Nettoinvestition erfüllt sind. Die Absicherungsstrategie der Gruppe ist vor allem eindeutig zu dokumentieren, da die Möglichkeit unterschiedlicher Designationen auf verschiedenen Ebenen der Gruppe besteht.

15 Zur Beurteilung der Wirksamkeit wird die Wertänderung des Sicherungsinstruments hinsichtlich des Währungsrisikos bezogen auf die funktionale Währung des Mutterunternehmens, die als Basis für die Bewertung des abgesicherten Risikos gilt, gemäß der Dokumentation zur Bilanzierung von Sicherungsgeschäften ermittelt. Je nachdem wo das Sicherungsinstrument gehalten wird, kann die gesamte Wertänderung ohne Bilanzierung von Sicherungsgeschäften im Gewinn oder Verlust, im sonstigen Ergebnis oder in beiden erfasst werden. Die Beurteilung der Wirksamkeit wird jedoch nicht dadurch beeinflusst, ob die Wertänderung des Sicherungsinstruments im Gewinn oder Verlust oder im sonstigen Ergebnis erfasst wird. Im Rahmen der Anwendung der Bilanzierung von Sicherungsgeschäften ist der gesamte effektive Teil der Änderung im sonstigen Ergebnis enthalten. Die Beurteilung der Wirksamkeit wird weder davon beeinflusst, ob das Sicherungsinstrument ein derivatives oder nicht derivatives Instrument ist, noch von der Konsolidierungsmethode.

Veräußerung eines abgesicherten ausländischen Geschäftsbetriebs

16 Wenn ein abgesicherter ausländischer Geschäftsbetrieb veräußert wird, ist der Betrag, der als Umgliederungsbetrag aus der Währungsumrechnungsrücklage im Konzernabschluss des Mutterunternehmens bezüglich des Sicherungsinstruments in den Gewinn oder Verlust umgegliedert wird, der gemäß Paragraph 6.5.14 von IFRS 9 zu ermittelnde Betrag. Dieser Betrag entspricht dem kumulierten Gewinn oder Verlust aus dem Sicherungsinstrument, das als wirksame Absicherung bestimmt wurde.

17 Der Betrag, der aus der Währungsumrechnungsrücklage des Konzernabschlusses eines Mutterunternehmens hinsichtlich der Nettoinvestition in den betreffenden ausländischen Geschäftsbetrieb gemäß IAS 21 Paragraph 48 in den Gewinn oder Verlust umgegliedert worden ist, entspricht dem in der Währungsumrechnungsrücklage des betreffenden Mutterunternehmens bezüglich dieses ausländischen Geschäftsbetriebs enthaltenen Betrag. Im Konzernabschluss des obersten Mutterunternehmens wird der gesamte, für alle ausländischen Geschäftsbetriebe in der Währungsumrechnungsrücklage erfasste Nettobetrag durch die Konsolidierungsmethode

nicht beeinflusst. Die Anwendung der direkten oder schrittweisen Konsolidierungsmethode*) seitens des obersten Mutterunternehmens kann jedoch den Betrag seiner Währungsumrechnungsrücklage hinsichtlich eines einzelnen ausländischen Geschäftsbetriebs beeinflussen. Der Einsatz der schrittweisen Konsolidierungsmethode kann dazu führen, dass ein anderer Betrag als der für die Bestimmung der Wirksamkeit der Absicherung verwendete in den Gewinn oder Verlust umgegliedert wird. Diese Differenz kann durch die Bestimmung des Betrags beseitigt werden, der sich bezüglich des ausländischen Geschäftsbetriebs ergeben hätte, wenn die direkte Konsolidierungsmethode angewandt worden wäre. IAS 21 schreibt diese Anpassung nicht vor. Entscheidet sich ein Unternehmen jedoch für diese Methode, hat es diese bei allen Nettoinvestitionen konsequent beizubehalten.

Zeitpunkt des Inkrafttretens

Diese Interpretation ist erstmals in der ersten Berichtsperiode eines am 1. Oktober 2008 oder danach beginnenden Geschäftsjahres anzuwenden. Die Änderung zu Paragraph 14 aufgrund der *Verbesserungen der IFRS* vom April 2009 ist erstmals in der ersten Berichtsperiode eines am 1. Juli 2009 oder danach beginnenden Geschäftsjahres anzuwenden. Eine frühere Anwendung ist zulässig. Wenn ein Unternehmen diese Interpretation für Berichtsperioden anwendet, die vor dem 1. Oktober 2008 beginnen, oder die Änderung zu Paragraph 14 vor dem 1. Juli 2009, so ist dies anzugeben. **18**

(nicht besetzt) **18A**

Durch IFRS 9 (im Juli 2014 veröffentlicht) wurden die Paragraphen 3, 5-7, 14, 16, A1 und A8 geändert und Paragraph 18A gestrichen. Ein Unternehmen hat diese Änderungen anzuwenden, wenn es IFRS 9 anwendet. **18B**

Übergangsvorschriften

IAS 8 führt aus, wie ein Unternehmen eine Änderung der Rechnungslegungsmethoden anwendet, die aus der erstmaligen Anwendung einer Interpretation resultiert. Wenn ein Unternehmen diese Interpretation erstmals anwendet, muss es diese Anforderungen nicht erfüllen. Wenn ein Unternehmen ein Sicherungsinstrument als Absicherung einer Nettoinvestition bestimmt hat, das Sicherungsgeschäft jedoch nicht die Bilanzierungsbedingungen für Sicherungsgeschäfte in dieser Interpretation erfüllt, so hat das Unternehmen IAS 39 anzuwenden, um diese Bilanzierung von Sicherungsgeschäften prospektiv einzustellen. **19**

Anlage: Anleitungen zur Anwendung

Dieser Anhang ist integraler Bestandteil der Interpretation.

Dieser Anhang veranschaulicht die Anwendung dieser Interpretation am Beispiel der unten dargestellten Unternehmensstruktur. In jedem Fall würden die beschriebenen Sicherungsbeziehungen gemäß IFRS 9 auf ihre Wirksamkeit geprüft werden, wenngleich diese Prüfung in diesem Anhang nicht erörtert wird. Das Mutterunternehmen, d. h. das oberste Mutterunternehmen, stellt seinen Konzernabschluss in seiner funktionalen Währung, dem Euro (EUR) dar. Jedes Tochterunternehmen steht in seinem hundertprozentigen Besitz. Die Nettoinvestition des Mutter- **AG1**

*) **Amtl. Anm.:** Die direkte Methode ist die Konsolidierungsmethode, durch welche der Abschluss des ausländischen Geschäftsbetriebs direkt in die funktionale Währung des obersten Mutterunternehmens umgerechnet wird. Die schrittweise Methode ist die Konsolidierungsmethode, durch welche der Abschluss des ausländischen Geschäftsbetriebs zuerst in die funktionale Währung irgendeines zwischengeschalteten Mutterunternehmens und dann in die funktionale Währung des obersten Mutterunternehmens (oder die Darstellungswährung, sofern diese unterschiedlich ist) umgerechnet wird.

unternehmens von 500 Mio. £ in das Tochterunternehmen B (funktionale Währung: Pfund Sterling (GBP)) umfasst 159 Mio. £, den Gegenwert der Nettoinvestition von 300 Mio. US$ von Tochterunternehmen B in Tochterunternehmen C (funktionale Währung: US-Dollar (USD)). Mit anderen Worten, das Nettovermögen von Tochterunternehmen B beträgt 341 Mio. £ ohne seine Investition in Tochterunternehmen C.

Art des abgesicherten Risikos, für das eine Sicherungsbeziehung in Betracht kommt (Paragraphen 10-13)

AG2 Das Mutterunternehmen kann seine Nettoinvestition in seine Tochterunternehmen A, B und C gegen die Währungsrisiken zwischen deren jeweiligen funktionalen Währungen (Japanischer Yen (JPY), Pfund Sterling und US-Dollar) und dem Euro absichern. Des Weiteren kann das Mutterunternehmen das Währungsrisiko USD/GBP zwischen den funktionalen Währungen des Tochterunternehmens B und des Tochterunternehmens C absichern. Im Konzernabschluss kann das Tochterunternehmen B seine Nettoinvestition in Tochterunternehmen C hinsichtlich des Währungsrisikos zwischen deren funktionalen Währungen des US-Dollars und des Pfund Sterlings absichern. Im folgenden Beispiel ist das designierte Risiko das Risiko des sich ändernden Devisenkassakurses, da die Sicherungsinstrumente keine Derivate sind. Wenn die Sicherungsinstrumente Terminkontrakte wären, könnte das Mutterunternehmen das Währungsrisiko den Terminkontrakten zuordnen.

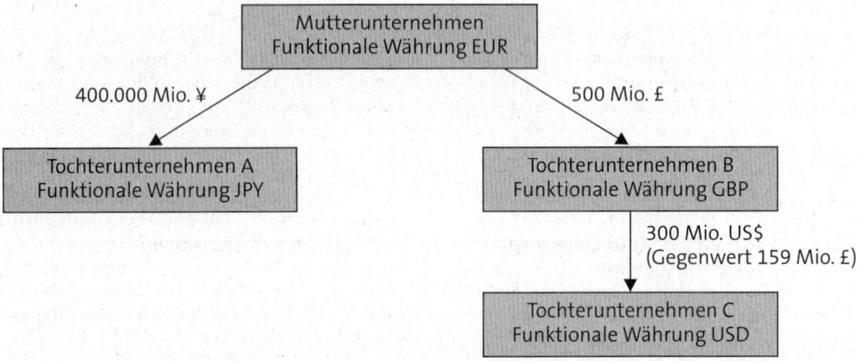

Betrag des Grundgeschäfts, für das eine Sicherungsbeziehung in Betracht kommt (Paragraphen 10-13)

AG3 Das Mutterunternehmen möchte das Währungsrisiko seiner Nettoinvestition in Tochterunternehmen C absichern. Es wird angenommen, dass das Tochterunternehmen A Fremdmittel in Höhe von 300 Mio. US$ aufgenommen hat. Zu Beginn der Berichtsperiode beläuft sich das Nettovermögen des Tochterunternehmens A auf 400 000 Mio. ¥, einschließlich der Einnahmen aus der externen Kreditaufnahme von 300 Mio. US$.

AG4 Das Grundgeschäft kann einem Nettovermögen entsprechen, das gleich dem Buchwert der Nettoinvestition des Mutterunternehmens in Tochterunternehmen C (300 Mio. US$) in seinem Konzernabschluss ist oder darunter liegt. Das Mutterunternehmen kann in seinem Konzernabschluss die externe Kreditaufnahme von 300 Mio. US$ von Tochterunternehmen A als eine Absicherung des Risikos des sich ändernden Devisenkassakurses EUR/USD verbunden mit seiner Nettoinvestition in das Nettovermögen von 300 Mio. US$ des Tochterunternehmens C designieren. In diesem Fall sind nach Anwendung der Bilanzierung von Sicherungsgeschäften sowohl die Währungsdifferenz EUR/USD hinsichtlich der externen Kreditaufnahme von 300 Mio. US$ des Tochterunternehmens A als auch die Währungsdifferenz EUR/USD der Nettoinvestition von 300 Mio. US$ in das Tochterunternehmen C in der Währungsumrechnungsrücklage des Konzernabschlusses des Mutterunternehmens enthalten.

Ohne Bilanzierung von Sicherungsgeschäften würde die gesamte Währungsumrechnungsdiffe- **AG5**
renz USD/EUR bei der externen Kreditaufnahme von 300 Mio. US$ von Tochterunternehmen A im Konzernabschluss des Mutterunternehmens wie folgt erfasst:

- die Wechselkursänderung des USD/JPY Kassakurses umgerechnet in Euro im Gewinn oder Verlust und
- die Wechselkursänderung des JPY/EUR Kassakurses im sonstigen Ergebnis.

Anstatt der Bestimmung in Paragraph A4 kann das Mutterunternehmen in seinem Konzernabschluss die externe 300 Mio. US$ Kreditaufnahme von Tochterunternehmen A als eine Absicherung des Währungsrisikos des Kassakurses von GBP/USD zwischen Tochterunternehmen C und B bestimmen. In diesem Fall würde stattdessen die gesamte Währungsumrechnungsdifferenz USD/EUR bezüglich der externen Kreditaufnahme von 300 Mio. US$ von Tochterunternehmen A im Konzernabschluss des Mutterunternehmens wie folgt erfasst:

- die Wechselkursänderung des GBP/USD Kassakurses in der Währungsumrechnungsrücklage im Hinblick auf Tochterunternehmen C,
- die Wechselkursänderung des GBP/JPY Kassakurses umgerechnet in Euro im Gewinn oder Verlust und
- die Wechselkursänderung des JPY/EUR Kassakurses im sonstigen Ergebnis.

Das Mutterunternehmen kann in seinem Konzernabschluss die externe Kreditaufnahme von **AG6**
300 Mio. US$ von Tochterunternehmen A nicht als Absicherung beider Währungsrisiken (Kassakurs EUR/USD und Kassakurs GBP/USD) bestimmen. Ein einzelnes Sicherungsinstrument kann dasselbe designierte Risiko nur einmal absichern. Das Tochterunternehmen B kann in seinem Konzernabschluss keine Bilanzierung von Sicherungsgeschäften vornehmen, da das Sicherungsinstrument außerhalb der Gruppe gehalten wird und Tochterunternehmen B und C betrifft.

Wo kann innerhalb einer Gruppe das Sicherungsinstrument gehalten werden (Paragraphen 14 und 15)?

Wie in Paragraph A5 ausgeführt, würde ohne die Bilanzierung von Sicherungsgeschäften die ge- **AG7**
samte Wertänderung beim Währungsrisiko der externen Kreditaufnahme von 300 Mio. US$ von Tochterunternehmen A sowohl im Gewinn oder Verlust (USD/JPY Kassakursrisiko) als auch im sonstigen Ergebnis (EUR/JPY Kassakursrisiko) im Konzernabschluss des Mutterunternehmens ausgewiesen. Zur Beurteilung der Wirksamkeit der in Paragraph A4 designierten Absicherung werden beide Beträge herangezogen, da die Wertänderung sowohl beim Sicherungsinstrument als auch beim Grundgeschäft gemäß der Absicherungsdokumentation in Bezug auf die funktionale Währung des Mutterunternehmens, dem Euro, gegenüber der funktionalen Währung des Tochterunternehmens C, dem US-Dollar, ermittelt wird. Die Konsolidierungsmethode (d. h. die direkte oder schrittweise Methode) beeinflusst die Beurteilung der Wirksamkeit der Absicherung nicht.

Beträge, die bei Veräußerung eines ausländischen Geschäftsbetriebs in den Gewinn oder Verlust umgegliedert werden (Paragraphen 16 und 17)

Wenn das Tochterunternehmen C veräußert wird, werden folgende Beträge von der Währungs- **AG8**
umrechnungsrücklage in den Gewinn oder Verlust des Konzernabschlusses des Mutterunternehmens umgegliedert:

(a) in Bezug auf die externe Kreditaufnahme von 300 Mio. US$ von Tochterunternehmen A der Betrag, der gemäß IFRS 9 ermittelt werden muss, d. h. die gesamte Wertänderung beim Währungsrisiko, die im sonstigen Ergebnis als der wirksame Teil der Absicherung erfasst wurde; sowie

(b) in Bezug auf die Nettoinvestition von 300 Mio. US$ in das Tochterunternehmen C der Betrag, der durch die Konsolidierungsmethode des Unternehmens ermittelt wurde. Wenn das Mutterunternehmen die direkte Methode verwendet, wird seine Währungsumrechnungsrücklage in Bezug auf Tochterunternehmen C direkt durch den EUR/USD Wechselkurs bestimmt. Wenn das Mutterunternehmen die schrittweise Methode verwendet, wird seine Währungsumrechnungsrücklage in Bezug auf Tochterunternehmen C durch die von Tochterunternehmen B anerkannte Währungsumrechnungsrücklage, die den GBP/USD Wechselkurs widerspiegelt, bestimmt und in die funktionale Währung des Mutterunternehmens unter Verwendung des EUR/GBP Wechselkurses umgerechnet. Hat das Mutterunternehmen in früheren Perioden die schrittweise Konsolidierungsmethode verwendet, so ist es weder dazu verpflichtet noch wird es daran gehindert, den Betrag der Währungsumrechnungsrücklage zu bestimmen, der bei Veräußerung des Tochterunternehmens C umzugliedern ist und den es erfasst hätte, wenn es immer die direkte Methode gemäß seiner Rechnungslegungsmethode eingesetzt hätte.

Absicherung von mehr als einem ausländischen Geschäftsbetrieb (Paragraphen 11, 13 und 15)

AG9 Die folgenden Beispiele veranschaulichen dass das Risiko, das im Konzernabschluss des Mutterunternehmens abgesichert werden kann, immer das Risiko zwischen der funktionalen Währung (Euro) und den funktionalen Währungen der Tochterunternehmen B und C ist. Unabhängig davon, wie die Sicherungsgeschäfte bestimmt sind, können die Höchstbeträge, die effektive Sicherungsgeschäfte sein können, in der Währungsumrechnungsrücklage des Konzernabschlusses des Mutterunternehmens enthalten sein, wenn beide ausländischen Geschäftsbetriebe für 300 Mio. US$ für das Währungsrisiko EUR/USD bzw. für 341 Mio. £ für das Währungsrisiko EUR/GBP abgesichert sind. Andere durch Wechselkursänderungen bedingte Wertänderungen sind im Konzerngewinn oder -verlust des Mutterunternehmens enthalten. Natürlich wäre es möglich, dass das Mutterunternehmen 300 Mio. US$ nur für Änderungen der USD/GBP Devisenkassakurse und 500 Mio. £ nur für Änderungen der GBP/EUR Devisenkassakurse bestimmt.

Mutterunternehmen hält sowohl USD als auch GBP Sicherungsinstrumente

AG10 Das Mutterunternehmen möchte das Währungsumrechnungsrisiko bei seiner Nettoinvestition in Tochterunternehmen B und seiner Nettoinvestition in Tochterunternehmen C absichern. Es wird angenommen, dass das Mutterunternehmen geeignete, auf US-Dollar und Pfund Sterling lautende Sicherungsinstrumente hält, die es als Sicherungsgeschäfte für seine Nettoinvestitionen in Tochterunternehmen B und C designieren könnte. In seinem Konzernabschluss kann das Mutterunternehmen zu diesem Zweck unter anderem Folgendes designieren:

(a) 300 Mio. US$ Sicherungsinstrument, das als ein Sicherungsgeschäft für die Nettoinvestition von 300 Mio. US$ in Tochterunternehmen C mit dem Risiko des sich ändernden Devisenkassakurses (EUR/USD) zwischen dem Mutterunternehmen und dem Tochterunternehmen C bestimmt ist, und einem Sicherungsinstrument von bis zu 341 Mio. £, das als ein Sicherungsgeschäft für die Nettoinvestition von 341 Mio. £ in Tochterunternehmen B mit dem Risiko des sich ändernden Devisenkassakurses (EUR/GBP) zwischen dem Mutterunternehmen und dem Tochterunternehmen B bestimmt ist.

(b) 300 Mio. US$ Sicherungsinstrument, das als ein Sicherungsgeschäft für die Nettoinvestition von 300 Mio. US$ in Tochterunternehmen C mit dem Risiko des sich ändernden Devisenkassakurses (GBP/USD) zwischen dem Tochterunternehmen B und dem Tochterunternehmen C bestimmt ist, und einem Sicherungsinstrument von bis zu 500 Mio. £, das als ein Sicherungsgeschäft für die Nettoinvestition von 500 Mio. £ in Tochterunternehmen B mit dem Risiko des sich ändernden Devisenkassakurses (EUR/GBP) zwischen dem Mutterunternehmen und dem Tochterunternehmen B bestimmt ist.

Das EUR/USD Risiko aus der Nettoinvestition des Mutterunternehmens in Tochterunternehmen C unterscheidet sich von dem EUR/GBP Risiko aus der Nettoinvestition des Mutterunternehmens in Tochterunternehmen B. In dem in Paragraph A10(a) beschriebenen Fall hat das Mutterunternehmen jedoch aufgrund seiner Bestimmung des von ihm gehaltenen USD Sicherungsinstruments bereits das EUR/USD Risiko aus seiner Nettoinvestition in Tochterunternehmen C voll abgesichert. Wenn das Mutterunternehmen auch ein von ihm gehaltenes GBP Instrument als ein Sicherungsgeschäft für seine Nettoinvestition von 500 Mio. £ in Tochterunternehmen B bestimmt hat, würden 159 Mio. £ dieser Nettoinvestition, die den Gegenwert seiner USD Nettoinvestition in Tochterunternehmen C darstellen, für das GBP/EUR Risiko im Konzernabschluss des Mutterunternehmens zweimal abgesichert sein. **AG11**

In dem in Paragraph A10(b) beschriebenen Fall ist, wenn das Mutterunternehmen das abgesicherte Risiko als das Risiko des sich ändernden Devisenkassakurses (GBP/USD) zwischen Tochterunternehmen B und Tochterunternehmen C bestimmt, nur der GBP/USD Teil der Wertänderung des 300 Mio. US$ Sicherungsinstruments in der Währungsumrechnungsrücklage des Mutterunternehmens in Bezug auf das Tochterunternehmen C enthalten. Der Rest der Änderung (Gegenwert zur GBP/EUR Änderung auf 159 Mio. £) ist im Konzerngewinn oder -verlust des Mutterunternehmens enthalten (siehe Paragraph A5). Da die Bestimmung des USD/GBP Risikos zwischen den Tochterunternehmen B und C das GBP/EUR Risiko nicht enthält, kann das Mutterunternehmen auch bis zu 500 Mio. £ seiner Nettoinvestition in das Tochterunternehmen B mit dem Risiko des sich ändernden Devisenkassakurses (GBP/EUR) zwischen dem Mutterunternehmen und dem Tochterunternehmen B bestimmen. **AG12**

Tochterunternehmen B hält das USD Sicherungsinstrument

Es wird angenommen, dass das Tochterunternehmen B einen externen Kredit von 300 Mio. US$ hält, dessen Einnahmen durch ein auf Pfund Sterling lautendes konzerninternes Darlehen übertragen wurden. Da sowohl seine Vermögenswerte als auch seine Schulden sich um 159 Mio. £ erhöhten, blieb das Nettovermögen des Tochterunternehmens B unverändert. Tochterunternehmen B konnte den externen Kredit als ein Sicherungsgeschäft für das GBP/USD Risiko seiner Nettoinvestition in das Tochterunternehmen C in seinem Konzernabschluss bestimmen. Das Mutterunternehmen konnte die Bestimmung dieses Sicherungsinstruments des Tochterunternehmens B als ein Sicherungsgeschäft für seine Nettoinvestition von 300 Mio. US$ in Tochterunternehmen C für das GBP/USD Risiko (siehe Paragraph 13) beibehalten und das Mutterunternehmen konnte das GBP Sicherungsinstrument bestimmen, das es als Sicherungsgeschäft für seine gesamte Nettoinvestition von 500 Mio. £ in Tochterunternehmen B hält. Das erste vom Tochterunternehmen B bestimmte Sicherungsgeschäft würde in Bezug auf die funktionale Währung von Tochterunternehmen B (Pfund Sterling) beurteilt werden, und das zweite vom Mutterunternehmen designierte Sicherungsgeschäft würde in Bezug auf die funktionale Währung des Mutterunternehmens (Euro) beurteilt werden. In diesem Fall wurde nur das GBP/USD Risiko der Nettoinvestition des Mutterunternehmens in Tochterunternehmen C im Konzernabschluss des Mutterunternehmens durch das USD Sicherungsinstrument abgesichert und nicht das gesamte EUR/USD Risiko. Daher kann das gesamte EUR/GBP Risiko der Nettoinvestition von 500 Mio. £ des Mutterunternehmens in das Tochterunternehmen B im Konzernabschluss des Mutterunternehmens abgesichert werden. **AG13**

Die Bilanzierung der Darlehensverbindlichkeit von 159 Mio. £ des Mutterunternehmens an das Tochterunternehmen B muss jedoch auch berücksichtigt werden. Wenn die Darlehensverbindlichkeit des Mutterunternehmens nicht als Teil seiner Nettoinvestition in Tochterunternehmen B betrachtet wird, da sie die Bedingungen in IAS 21 Paragraph 15 nicht erfüllt, würde die Währungsdifferenz GBP/EUR aus der Umrechnung im Konzerngewinn oder -verlust des Mutterunternehmens enthalten sein. Wenn die Darlehensverbindlichkeit von 159 Mio. £ an Tochterunternehmen B als Teil der Nettoinvestition des Mutterunternehmens berücksichtigt wird, wür- **AG14** de diese Nettoinvestition nur 341 Mio. £ betragen und der Betrag, den das Mutterunternehmen als Grundgeschäft für das GBP/EUR Risiko bestimmen könnte, würde dementsprechend von 500 Mio. £ auf 341 Mio. £ reduziert werden.

AG15 Wenn das Mutterunternehmen die vom Tochterunternehmen B bestimmte Sicherungsbeziehung aufheben würde, könnte das Mutterunternehmen die von Tochterunternehmen B gehaltene externe Kreditaufnahme über 300 Mio. US$ als Sicherungsgeschäft seiner 300 Mio. US$ Nettoinvestition in Tochterunternehmen C für das EUR/USD Risiko bestimmen und das selbst gehaltene GBP Sicherungsinstrument als ein Sicherungsgeschäft für nur bis zu 341 Mio. £ der Nettoinvestition in Tochterunternehmen B designieren. In diesem Fall würde die Wirksamkeit beider Sicherungsgeschäfte in Bezug auf die funktionale Währung (Euro) des Mutterunternehmens ermittelt. Folglich würde sowohl die USD/GBP Wertänderung der von Tochterunternehmen B gehaltene externen Kreditaufnahme als auch die GBP/EUR Wertänderung der Darlehensverbindlichkeit des Mutterunternehmens gegenüber Tochterunternehmen B (Gegenwert insgesamt von USD/EUR) in der Währungsumrechnungsrücklage im Konzernabschluss des Mutterunternehmens enthalten sein. Da das Mutterunternehmen das EUR/USD Risiko aus seiner Investition in Tochterunternehmen C bereits voll abgesichert hat, kann es nur noch bis zu 341 Mio. £ für das EUR/GBP Risiko seiner Nettoinvestition in Tochterunternehmen B absichern.

IFRIC Interpretation 17 Sachdividenden an Eigentümer (IFRIC 17)

v. 3.11.2008 (ABl EU Nr. L 320 S. 1) i.V. mit Verordnung (EG) Nr. 1142/2009 v. 26.11.2009 (ABl EU Nr. L 312 S. 8); zuletzt geändert durch Verordnung (EU) Nr. 1255/2012 v. 11.12.2012 (ABl EU Nr. L 360 S. 78)

Verweise

- IFRS 3 *Unternehmenszusammenschlüsse* (überarbeitet 2008)
- IFRS 5 *Zur Veräußerung gehaltene langfristige Vermögenswerte und aufgegebene Geschäftsbereiche*
- IFRS 7 *Finanzinstrumente: Angaben*
- IFRS 10 *Konzernabschlüsse*
- IFRS 13 *Bemessung des beizulegenden Zeitwerts*
- IAS 1 *Darstellung des Abschlusses* (überarbeitet 2007)
- IAS 10 *Ereignisse nach der Berichtsperiode*
- IAS 27 *Konzern- und Einzelabschlüsse* (geändert im Mai 2008)

Hintergrund

Manchmal schüttet ein Unternehmen andere Vermögenswerte als Zahlungsmittel (Sachwerte) als Dividenden an seine Eigentümer*) aus, die in ihrer Eigenschaft als Eigentümer handeln. In diesen Fällen kann ein Unternehmen seinen Eigentümern auch ein Wahlrecht einräumen, entweder Sachwerte oder einen Barausgleich zu erhalten. Das IFRIC erhielt Anfragen, in denen es ersucht wurde, Leitlinien zur Bilanzierung dieser Art von Dividendenausschüttungen zu erstellen. 1

Die International Financial Reporting Standards (IFRS) enthalten keine Leitlinien dahingehend, wie ein Unternehmen Ausschüttungen an seine Eigentümer bewerten soll (die allgemein als Dividenden bezeichnet werden). Gemäß IAS 1 muss ein Unternehmen Einzelheiten zu Dividenden, die als Ausschüttungen an Eigentümer erfasst werden, entweder in der Eigenkapitalveränderungsrechnung oder im Anhang zum Abschluss darstellen. 2

Anwendungsbereich

Diese Interpretation ist auf die folgenden Arten nicht gegenseitiger Ausschüttungen von Vermögenswerten an die Eigentümer eines Unternehmens, die in ihrer Eigenschaft als Eigentümer handeln, anzuwenden: 3

(a) Ausschüttungen von Sachwerten (z. B. Sachanlagen, Geschäftsbetriebe laut Definition in IFRS 3, Eigentumsanteile an einem anderen Unternehmen oder einer Veräußerungsgruppe laut Definition in IFRS 5); und

(b) Ausschüttungen, die Eigentümer wahlweise als Sachwerte oder als Barausgleich erhalten können.

Diese Interpretation gilt nur für Dividendenausschüttungen, bei denen alle Eigentümer von Eigenkapitalinstrumenten derselben Gattung gleich behandelt werden. 4

IFRIC

*) **Amtl. Anm.:** In Paragraph 7 des IAS 1 werden Eigentümer als Inhaber von Instrumenten, die als Eigenkapital eingestuft werden, definiert.

5 Diese Interpretation gilt nicht für die Ausschüttung eines Sachwerts, der letztlich vor und nach der Ausschüttung von derselben Partei bzw. denselben Parteien kontrolliert wird. Diese Ausnahme gilt für den Einzel- und Konzernabschluss eines Unternehmens, das die Dividende ausschüttet.

6 Gemäß Paragraph 5 ist diese Interpretation nicht anzuwenden, wenn der Sachwert letztlich von denselben Parteien vor wie auch nach der Ausschüttung kontrolliert wird. Paragraph B2 des IFRS 3 bestimmt: „Von einer Gruppe von Personen wird angenommen, dass sie ein Unternehmen beherrscht, wenn sie aufgrund vertraglicher Vereinbarungen gemeinsam die Möglichkeit hat, dessen Finanz- und Geschäftspolitik zu bestimmen, um aus dessen Geschäftstätigkeiten Nutzen zu ziehen.“ Daher ist diese Interpretation aufgrund der Tatsache, dass dieselben Parteien den Vermögenswert sowohl vor als auch nach der Ausschüttung kontrollieren, auf Dividendenausschüttungen nicht anzuwenden, wenn eine Gruppe einzelner Anteilseigner, an die die Dividende ausgeschüttet wird, aufgrund vertraglicher Vereinbarungen die endgültige gemeinsame Befugnis über das ausschüttende Unternehmen haben.

7 Gemäß Paragraph 5 ist diese Interpretation nicht anzuwenden, wenn ein Unternehmen einige seiner Eigentumsanteile an einem Tochterunternehmen ausschüttet, die Beherrschung über das Tochterunternehmen jedoch behält. Wenn ein Unternehmen eine Dividende ausschüttet, die dazu führt, dass es einen nicht beherrschenden Anteil an seinem Tochterunternehmen ansetzt, bilanziert das Unternehmen diese Ausschüttung gemäß IFRS 10.

8 Diese Interpretation behandelt nur die Bilanzierung eines Unternehmens, das Sachdividenden ausschüttet. Es wird nicht die Bilanzierung bei den Anteilseignern behandelt, die eine solche Dividendenausschüttung erhalten.

Fragestellungen

9 Wenn ein Unternehmen eine Dividendenausschüttung beschließt und verpflichtet ist, die betreffenden Vermögenswerte an seine Eigentümer auszuschütten, muss es eine Schuld für die Dividendenverbindlichkeit ansetzen. In dieser Interpretation werden demzufolge die folgenden Fragen behandelt:

(a) Wann muss das Unternehmen die Dividendenverbindlichkeit ansetzen?

(b) Wie hat ein Unternehmen die Dividendenverbindlichkeit zu bewerten?

(c) Wenn ein Unternehmen die Dividendenverbindlichkeit erfüllt, wie hat es eine etwaige Differenz zwischen dem Buchwert der ausgeschütteten Vermögenswerte und dem Buchwert der Dividendenverbindlichkeit zu bilanzieren?

Beschluss

Zeitpunkt des Ansatzes einer Dividendenverbindlichkeit

10 Die Verpflichtung, eine Dividende zu zahlen, ist zu dem Zeitpunkt anzusetzen, an dem die Dividende ordnungsgemäß genehmigt wurde und nicht mehr im Ermessen des Unternehmens liegt, d. h.

(a) wenn die beispielsweise vom Management bzw. vom Geschäftsführungs- und/oder Aufsichtsorgan festgelegte Dividende vom zuständigen Organ, z. B. den Anteilseignern, genehmigt wird, sofern eine solche Genehmigung gesetzlich vorgeschrieben ist, oder

(b) wenn die Dividende, z. B. vom Management bzw. vom Geschäftsführungs- und/oder Aufsichtsorgan, festgelegt wird, sofern keine weitere Genehmigung gesetzlich vorgeschrieben ist.

Bewertung einer Dividendenverbindlichkeit

Eine Verbindlichkeit, Sachwerte als Dividende an die Eigentümer des Unternehmens auszuschütten, ist mit dem beizulegenden Zeitwert der zu übertragenden Vermögenswerte zu bewerten. 11

Wenn ein Unternehmen seinen Eigentümern die Möglichkeit gibt, zwischen einem Sachwert oder einem Barausgleich zu wählen, muss es die Dividendenverbindlichkeit unter Berücksichtigung des beizulegenden Zeitwerts jeder Alternative und der damit verbundenen Wahrscheinlichkeit der Wahl der Eigentümer hinsichtlich der beiden Alternativen schätzen. 12

An jedem Abschlussstichtag und am Erfüllungstag muss das Unternehmen den Buchwert der Dividendenverbindlichkeit überprüfen und anpassen, wobei alle Änderungen der Dividendenverbindlichkeit im Eigenkapital als Anpassungen des Ausschüttungsbetrags zu erfassen sind. 13

Bilanzierung einer etwaigen Differenz zwischen dem Buchwert der ausgeschütteten Vermögenswerte und dem Buchwert der Dividendenverbindlichkeit zum Zeitpunkt der Erfüllung der Dividendenverbindlichkeit

Wenn ein Unternehmen die Dividendenverbindlichkeit erfüllt, hat es eine etwaige Differenz zwischen dem Buchwert der ausgeschütteten Vermögenswerte und dem Buchwert der Dividendenverbindlichkeit im Gewinn oder Verlust zu erfassen. 14

Darstellung und Angaben

Die in Paragraph 14 beschriebene Differenz ist als ein gesonderter Posten im Gewinn oder Verlust darzustellen. 15

Ein Unternehmen hat ggf. die folgenden Informationen anzugeben: 16

(a) den Buchwert der Dividendenverbindlichkeit zu Beginn und zum Ende der Berichtsperiode; und

(b) die Erhöhung oder Minderung des Buchwerts, der gemäß Paragraph 13 infolge einer Änderung des beizulegenden Zeitwerts der auszuschüttenden Vermögenswerte in der Berichtsperiode erfasst wurde.

Wenn ein Unternehmen nach dem Abschlussstichtag, jedoch vor der Genehmigung zur Veröffentlichung des Abschlusses beschließt, einen Sachwert als Dividende auszuschütten, muss es Folgendes angeben: 17

(a) die Art des auszuschüttenden Vermögenswerts;

(b) den Buchwert des auszuschüttenden Vermögenswerts zum Abschlussstichtag; und

(c) den beizulegenden Zeitwert des auszuschüttenden Vermögenswerts zum Abschlussstichtag, sofern dieser von seinem Buchwert abweicht, sowie Informationen über die zur Bemessung des beizulegenden Zeitwerts angewandte(n) Methode(n), wie dies in den Paragraphen 93(b), (d), (g) und (i) und 99 des IFRS 13 vorgeschrieben ist.

Zeitpunkt des Inkrafttretens

Diese Interpretation ist prospektiv in der ersten Berichtsperiode eines am 1. Juli 2009 oder danach beginnenden Geschäftsjahres anzuwenden. Eine rückwirkende Anwendung ist nicht zulässig. Eine frühere Anwendung ist zulässig. Wendet ein Unternehmen diese Interpretation auf eine vor dem 1. Juli 2009 beginnende Berichtsperiode an, so hat es diese Tatsache anzugeben und ebenso IFRS 3 (überarbeitet 2008), IAS 27 (geändert im Mai 2008) und IFRS 5 (geändert durch diese Interpretation) anzuwenden. 18

19 Durch IFRS 10, veröffentlicht im Mai 2011, wurde Paragraph 7 geändert. Ein Unternehmen hat die betreffenden Änderungen anzuwenden, wenn es IFRS 10 anwendet.

20 Durch IFRS 13, veröffentlicht im Mai 2011, wurde Paragraph 17 geändert. Ein Unternehmen hat die betreffende Änderung anzuwenden, wenn es IFRS 13 anwendet.

Anhang: Änderungen anderer Standards (hier nicht wiedergegeben)

IFRIC Interpretation 19 Tilgung finanzieller Verbindlichkeiten durch Eigenkapitalinstrumente (IFRIC 19)

v. 3.11.2008 (ABl EU Nr. L 320 S. 1) i.V. mit Verordnung (EG) Nr. 662/2010 v. 23.7.2010 (ABl EU Nr. L 193 S. 1); zuletzt geändert durch Verordnung (EU) 2019/2075 v. 29.11.2019 (ABl L Nr. 316 S. 10)[1)]

Verweise

- *Rahmenkonzept für die Aufstellung und Darstellung von Abschlüssen*[*)]
- IFRS 2 *Anteilsbasierte Vergütung*
- IFRS 3 *Unternehmenszusammenschlüsse*
- IFRS 9 *Finanzinstrumente*
- IFRS 13 *Bemessung des beizulegenden Zeitwerts*
- IAS 1 *Darstellung des Abschlusses*
- IAS 8 *Rechnungslegungsmethoden, Änderungen von rechnungslegungsbezogenen Schätzungen und Fehler*
- IAS 32 *Finanzinstrumente: Darstellung*

Hintergrund

Ein Schuldner und ein Gläubiger können die Konditionen einer finanziellen Verbindlichkeit neu aushandeln und vereinbaren, dass der Schuldner die Verbindlichkeit durch Ausgabe von Eigenkapitalinstrumenten an den Gläubiger ganz oder teilweise tilgt. Transaktionen dieser Art werden auch als „Debt-Equity-Swaps" bezeichnet. Das IFRIC wurde um Leitlinien für die Bilanzierung solcher Transaktionen gebeten. 1

Anwendungsbereich

In dieser Interpretation geht es darum, wie ein Unternehmen bei der Bilanzierung zu verfahren hat, wenn die Konditionen einer finanziellen Verbindlichkeit neu ausgehandelt werden und dies dazu führt, dass das Unternehmen zur vollständigen oder teilweisen Tilgung dieser Verbindlichkeit Eigenkapitalinstrumente an den Gläubiger ausgibt. Sie gilt nicht für die Bilanzierung des Gläubigers. 2

Ein Unternehmen darf diese Interpretation nicht auf die genannten Transaktionen anwenden, wenn 3

(a) der Gläubiger gleichzeitig auch ein direkter oder indirekter Anteilseigner ist und in dieser Eigenschaft handelt;

(b) der Gläubiger und das Unternehmen vor und nach der Transaktion von derselben Partei/denselben Parteien beherrscht werden, und die Transaktion bei wirtschaftlicher Betrachtung eine Kapitalausschüttung des Unternehmens oder eine Kapitaleinlage in das Unternehmen einschließt;

IFRIC

*) **Amtl. Anm.:** Hiermit ist das vom IASB 2001 und damit zum Zeitpunkt der Ausarbeitung dieser Interpretation übernommene IASC-*Rahmenkonzept für die Aufstellung und Darstellung von Abschlüssen* gemeint.

1) **Anm. d. Red.:** Diese Änderung ist am 26.12.2019 in Kraft getreten und spätestens mit Beginn des ersten am oder nach dem 1.1.2020 beginnenden Geschäftsjahres anzuwenden.

(c) schon die ursprünglichen Konditionen der finanziellen Verbindlichkeit die Möglichkeit einer Tilgung durch Ausgabe von Eigenkapitalinstrumenten vorsehen.

Fragestellungen

4 In dieser Interpretation werden folgende Fragestellungen behandelt:

(a) Sind die von einem Unternehmen zur vollständigen oder teilweisen Tilgung einer finanziellen Verbindlichkeit ausgegebenen Eigenkapitalinstrumente als „gezahltes Entgelt" gemäß Paragraph 3.3.3 von IFRS 9 anzusehen?

(b) Wie sollte ein Unternehmen die zur Tilgung dieser finanziellen Verbindlichkeit ausgegebenen Eigenkapitalinstrumente beim erstmaligen Ansatz bewerten?

(c) Wie sollte ein Unternehmen etwaige Differenzen zwischen dem Buchwert der getilgten finanziellen Verbindlichkeit und dem bei erstmaliger Bewertung der ausgegebenen Eigenkapitalinstrumente angesetzten Betrag erfassen?

Beschluss

5 Gibt ein Unternehmen zur vollständigen oder teilweisen Tilgung einer finanziellen Verbindlichkeit Eigenkapitalinstrumente an einen Gläubiger aus, handelt es sich dabei um ein gezahltes Entgelt gemäß Paragraph 3.3.3 von IFRS 9. Ein Unternehmen darf eine finanzielle Verbindlichkeit (oder einen Teil derselben) nur dann aus seiner Bilanz entfernen, wenn sie gemäß Paragraph 3.3.1 von IFRS 9 getilgt ist.

6 Eigenkapitalinstrumente, die zur vollständigen oder teilweisen Tilgung einer finanziellen Verbindlichkeit an einen Gläubiger ausgegeben werden, sind bei ihrem erstmaligen Ansatz zum beizulegenden Zeitwert zu bewerten, es sei denn, dieser lässt sich nicht verlässlich ermitteln.

7 Lässt sich der beizulegende Zeitwert der ausgegebenen Eigenkapitalinstrumente nicht verlässlich ermitteln, ist der Bewertung der beizulegende Zeitwert der getilgten finanziellen Verbindlichkeit zugrunde zu legen. Schließt eine getilgte finanzielle Verbindlichkeit ein sofort fälliges Instrument (wie eine Sichteinlage) ein, ist Paragraph 47 von IFRS 13 bei der Bestimmung ihres beizulegenden Zeitwerts nicht anzuwenden.

8 Wird nur ein Teil der finanziellen Verbindlichkeit getilgt, hat das Unternehmen zu beurteilen, ob irgendein Teil des gezahlten Entgelts eine Änderung der Konditionen des noch ausstehenden Teils der Verbindlichkeit bewirkt. Ist dies der Fall, hat das Unternehmen das gezahlte Entgelt zwischen dem getilgten und dem noch ausstehenden Teil der Verbindlichkeit aufzuteilen. Bei dieser Aufteilung hat das Unternehmen alle mit der Transaktion zusammenhängenden relevanten Fakten und Umstände zu berücksichtigen.

9 Die Differenz zwischen dem Buchwert der getilgten finanziellen Verbindlichkeit (bzw. des getilgten Teils einer finanziellen Verbindlichkeit) und dem gezahlten Entgelt ist gemäß Paragraph 3.3.3 von IFRS 9 erfolgswirksam zu berücksichtigen. Die ausgegebenen Eigenkapitalinstrumente sind erstmals an dem Tag anzusetzen und zu bewerten, an dem die finanzielle Verbindlichkeit (oder ein Teil derselben) getilgt wird.

10 Wenn nur ein Teil der finanziellen Verbindlichkeit getilgt wird, ist das Entgelt nach Paragraph 8 aufzuteilen. Der Teil des Entgelts, der der noch ausstehenden Verbindlichkeit zugewiesen wird, ist bei der Beurteilung der Frage, ob die Konditionen der noch ausstehenden Verbindlichkeit wesentlich geändert wurden, zu berücksichtigen. Ist dies der Fall, hat das Unternehmen die Änderung gemäß Paragraph 3.3.2 von IFRS 9 als Tilgung der ursprünglichen Verbindlichkeit und Ansatz einer neuen Verbindlichkeit zu behandeln.

11 Ein gemäß den Paragraphen 9 und 10 angesetzter Gewinn oder Verlust ist vom Unternehmen in der Gewinn- und Verlustrechnung oder im Anhang als gesonderter Posten anzugeben.

Zeitpunkt des Inkrafttretens und Übergangsvorschriften

Diese Interpretation ist erstmals in der ersten Berichtsperiode eines am oder nach dem 1. Juli 2010 beginnenden Geschäftsjahres anzuwenden. Eine frühere Anwendung ist zulässig. Wendet ein Unternehmen diese Interpretation auf Berichtsperioden an, die vor dem 1. Juli 2010 beginnen, hat es dies anzugeben. **12**

Nach IAS 8 hat ein Unternehmen eine Änderung der Rechnungslegungsmethode mit Beginn der frühesten dargestellten Vergleichsperiode anzuwenden. **13**

(nicht besetzt) **14**

Durch IFRS 13, veröffentlicht im Mai 2011, wurde Paragraph 7 geändert. Ein Unternehmen hat die betreffende Änderung anzuwenden, wenn es IFRS 13 anwendet. **15**

(nicht besetzt) **16**

Durch IFRS 9 (im Juli 2014 veröffentlicht) wurden die Paragraphen 4, 5, 7, 9 und 10 geändert und die Paragraphen 14 und 16 gestrichen. Ein Unternehmen hat diese Änderungen anzuwenden, wenn es IFRS 9 anwendet. **17**

IFRIC Interpretation 20
Abraumkosten in der Produktionsphase eines Tagebaubergwerks (IFRIC 20)

v. 11.12.2012 (ABl EU Nr. L 360 S. 78);
geändert durch Verordnung (EU) 2019/2075 v. 29.11.2019 (ABl L Nr. 316 S. 10)[1)]

Verweise

- *Rahmenkonzept für die Rechnungslegung*[*)]
- IAS 1 *Darstellung des Abschlusses*
- IAS 2 *Vorräte*
- IAS 16 *Sachanlagen*
- IAS 38 *Immaterielle Vermögenswerte*

Hintergrund

Im Tagebau können es Unternehmen für erforderlich halten, Bergwerkabfall (Abraumschicht) zu beseitigen, um Zugang zu mineralischen Erzvorkommen zu erhalten. Diese Tätigkeit zur Beseitigung der Abraumschicht wird als Abraumtätigkeit bezeichnet. **1**

Während der Erschließungsphase des Tagebaus (d. h. vor Produktionsbeginn) werden die Abraumkosten in der Regel als Teil der abschreibungsfähigen Kosten für die Anlage, die Erschließung und den Bau des Bergwerks aktiviert. Diese aktivierten Kosten werden systematisch abgeschrieben oder amortisiert. Dazu wird in der Regel nach Produktionsbeginn auf die Produktionseinheit-Methode zurückgegriffen. **2**

Während der Produktionsphase kann eine Bergbaugesellschaft die Abraumschicht beseitigen und es können ihr Abraumkosten entstehen. **3**

Beim während der Abraumtätigkeit in der Produktionsphase beseitigten Material muss es sich nicht unbedingt zu 100 % um Abfall handeln. Oftmals handelt es sich um eine Mischung aus Erzen und Abfall. Das Verhältnis Erze zu Abfall kann von einem unwirtschaftlichen niedrigen Prozentsatz bis hin zu einem profitablem hohen Prozentsatz reichen. Die Beseitigung von Material mit einem niedrigen Verhältnis von Erzen zu Abfall kann verwendbares Material hervorbringen, das für die Vorratsproduktion genutzt werden kann. Diese Beseitigung kann auch Zugang zu tieferen Materialschichten mit einem höheren Quotienten von Erzen zu Abfall verschaffen. Ein Unternehmen kann aus der Abräumtätigkeit folglich zwei Vorteile ziehen: nutzbare Erze, die auf die Vorratsproduktion verwandt werden können, und ein verbesserter Zugang zu weiteren Materialmengen, die in künftigen Perioden abgebaut werden. **4**

In dieser Interpretation wird auf den Zeitpunkt sowie die Art und Weise einer gesonderten Rechnungslegung für diese beiden aus der Abraumtätigkeit entstehenden Vorteile und die Art und Weise der erstmaligen Bewertung sowie darauf folgender Bewertungen eingegangen. **5**

Anwendungsbereich

Diese Interpretation ist auf die Abfallbeseitigungskosten anzuwenden, die beim Tagebau während der Produktionsphase des Bergwerks entstehen („Produktionsabraumkosten“). **6**

*) **Amtl. Anm.:** Hiermit ist das im Jahr 2010 und damit zum Zeitpunkt der Ausarbeitung dieser Interpretation herausgegebene *Rahmenkonzept für die Finanzberichterstattung* gemeint.

1) **Anm. d. Red.:** Diese Änderung ist am 26.12.2019 in Kraft getreten und spätestens mit Beginn des ersten am oder nach dem 1.1.2020 beginnenden Geschäftsjahres anzuwenden.

Fragestellungen

7 In dieser Interpretation werden folgende Fragestellungen behandelt:

(a) Ansatz der Produktionsabraumkosten als Vermögenswert;

(b) erstmalige Bewertung der aktivierten Abraumtätigkeit; und

(c) Folgebewertungen der aktivierten Abraumtätigkeit.

Beschluss

Ansatz der Produktionsabraumkosten als Vermögenswert

8 In dem Maße, in dem der Vorteil aus der Abraumtätigkeit in Form einer Vorratsproduktion realisiert wird, bilanziert das Unternehmen die Kosten dieser Abraumtätigkeit gemäß IAS 2 *Vorräte*. In dem Maße, in dem der Vorteil in einem verbesserten Zugang zu Erzen besteht, setzt das Unternehmen diese Kosten als langfristigen Vermögenswert an, sofern die Kriterien von Paragraph 9 erfüllt sind. In dieser Interpretation wird der langfristige Vermögenswert als „aktivierte Abraumtätigkeit" bezeichnet.

9 Ein Unternehmen erfasst eine aktivierte Abraumtätigkeit nur dann, wenn alle folgenden Voraussetzungen erfüllt sind:

(a) es ist wahrscheinlich, dass der sich aus der Abraumtätigkeit ergebende künftige wirtschaftliche Vorteil (verbesserter Zugang zur Erzmasse) dem Unternehmen zugute kommt;

(b) das Unternehmen kann den Bestandteil der Erzmasse erkennen, für die der Zugang verbessert wurde; und

(c) die Kosten, die mit der Abraumtätigkeit in Bezug auf diesen Bestandteil einhergehen, können verlässlich bewertet werden.

10 Die aktivierte Abraumtätigkeit wird als Zusatz oder Verbesserung eines vorhandenen Vermögenswerts bilanziert. Dies bedeutet, dass die aktivierte Abraumtätigkeit als Teil eines vorhandenen Vermögenswerts bilanziert wird.

11 Die Klassifizierung der aktivierten Abraumtätigkeit als materieller oder immaterieller Vermögenswert hängt von dem vorhandenen Vermögenswert ab. Dies bedeutet, die Wesensart dieses vorhandenen Vermögenswerts bestimmt, ob das Unternehmen die aktivierte Abraumtätigkeit als materiell oder immateriell einstuft.

Erstmalige Bewertung der aktivierten Abraumtätigkeit

12 Das Unternehmen kann die aktivierte Abraumtätigkeit erstmalig zu den Anschaffungskosten bewerten. Dabei handelt es sich um die akkumulierten Kosten, die unmittelbar aufgrund der Abraumtätigkeit anfallen, die den Zugang zum identifizierten Erzbestandteil verbessert, zuzüglich einer Allokation unmittelbar zuweisbarer Gemeinkosten. Gleichzeitig zur Produktionsabraumtätigkeit können einige Nebentätigkeiten stattfinden, die aber für den geplanten Fortgang der Produktionsabraumtätigkeit nicht erforderlich sind. Die Kosten dieser Nebentätigkeiten sind nicht in die Kosten der aktivierten Abraumtätigkeit einzubeziehen.

13 Für den Fall, dass die Kosten der aktivierten Abraumtätigkeit und der Vorratsproduktion nicht gesondert bestimmt werden können, weist das Unternehmen die Produktionsabraumkosten sowohl der Vorratsproduktion als auch der aktivierten Abraumtätigkeit unter Rückgriff auf eine Allokationsbasis zu, die sich auf die jeweilige Produktionsmaßnahme stützt. Diese Produktionsmaßnahme ist für den identifizierten Erzmassenbestandteil zu berechnen und als Benchmark zu verwenden, um zu bestimmen, in welchem Umfang die zusätzliche Tätigkeit stattgefunden hat, die auf die Schaffung künftiger Vorteile ausgerichtet war. Beispiele solcher Maßnahmen sind:

(a) Kosten der Vorratsproduktion im Vergleich zu den erwarteten Kosten;
(b) Volumen des beseitigten Abfalls im Vergleich zum erwarteten Volumen in Bezug auf ein bestimmtes Volumen der Erzproduktion; und
(c) Mineralgehalt des abgebauten Erzes im Vergleich zum erwarteten Mineralgehalt des noch abzubauenden Erzes in Bezug auf eine bestimmte Quantität des produzierten Erzes.

Folgebewertungen der aktivierten Abraumtätigkeit

Nach dem erstmaligen Ansatz wird die aktivierte Abraumtätigkeit entweder zu ihren Anschaffungskosten oder zu ihrem neu bewerteten Betrag abzüglich Abschreibung oder Amortisation und abzüglich Wertminderungsaufwand auf die gleiche Art und Weise erfasst wie der vorhandene Vermögenswert, deren Bestandteil sie ist. **14**

Die aktivierte Abraumtätigkeit wird über die erwartete Nutzungsdauer des identifizierten Erzmassenbestandteils, zu dem sich der Zugang durch die Abraumtätigkeit verbessert, systematisch abgeschrieben oder amortisiert. Sofern keine andere Methode zweckmäßiger ist, ist die Produktionseinheit-Methode anzuwenden. **15**

Die erwartete Nutzungsdauer des identifizierten Erzmassenbestandteils, der zur Abschreibung oder zur Amortisation der aktivierten Abraumtätigkeit genutzt wird, unterscheidet sich von der erwarteten Nutzungsdauer, die zur Abschreibung oder zur Amortisation des Bergwerks selbst oder der mit seiner Nutzungsdauer in Verbindung stehenden Vermögenswerte verwendet wird. Eine Ausnahme hiervon ist der seltene Fall, in dem die Abraumtätigkeit den Zugang zur gesamten verbleibenden Erzmasse verbessert. Dieser Fall kann z. B. gegen Ende der Nutzungsdauer des Bergwerks eintreten, wenn der identifizierte Erzmassenbestandteil den letzten Teil der abzubauenden Erzmasse ausmacht. **16**

Anhang A: Zeitpunkt des Inkrafttretens und Übergangsvorschriften

Dieser Anhang ist fester Bestandteil der Interpretation und hat die gleiche bindende Kraft wie die anderen Teile der Interpretation.

Diese Interpretation ist erstmals in der ersten Berichtsperiode eines am 1. Januar 2013 oder danach beginnenden Geschäftsjahres anzuwenden. Eine frühere Anwendung ist zulässig. Wendet ein Unternehmen diese Interpretation in einer früheren Berichtsperiode an, so hat es dies anzugeben. **AG1**

Ein Unternehmen wendet diese Interpretation auf Produktionsabraumkosten an, die zu Beginn der frühesten dargestellten Periode oder danach angefallen sind. **AG2**

Ab Beginn der frühesten dargestellten Periode ist jeder zuvor ausgewiesene Aktivsaldo, der aus der Abraumtätigkeit in der Produktionsphase resultiert („frühere aktivierte Abraumtätigkeit") als Teil eines vorhandenen Vermögenswerts, auf den sich die Abraumtätigkeit bezieht, in dem Maße umzugliedern, dass ein identifizierbarer Erzmassenbestandteil verbleibt, mit dem die frühere aktivierte Abraumtätigkeit in Verbindung gebracht werden kann. Derlei Salden werden über die verbleibende erwartete Nutzungsdauer des identifizierten Erzmassenbestandteils abgeschrieben oder amortisiert, mit dem jeder früher aktivierte Saldo einer Abraumtätigkeit in Verbindung steht. **AG3**

Ist kein identifizierbarer Bestandteil der Erzmasse vorhanden, mit dem die frühere aktivierte Abraumtätigkeit in Verbindung steht, so ist sie zu Beginn der frühesten dargestellten Periode im Anfangssaldo der Gewinnrücklagen auszuweisen. **AG4**

Anhang B: Änderung von IFRS 1 *Erstmalige Anwendung der International Financial Reporting Standards* (hier nicht wiedergegeben)

IFRIC Interpretation 21
Abgaben (IFRIC 21)

v. 13.6.2014 (ABl EU Nr. L 175 S. 9)

Amtliche Fassung

Verweise

- IAS 1 *Darstellung des Abschlusses*
- IAS 8 *Rechnungslegungsmethoden, Änderungen von rechnungslegungsbezogenen Schätzungen und Fehler*
- IAS 12 *Ertragsteuern*
- IAS 20 *Bilanzierung und Darstellung von Zuwendungen der öffentlichen Hand*
- IAS 24 *Angaben über Beziehungen zu nahestehenden Unternehmen und Personen*
- IAS 34 *Zwischenberichterstattung*
- IAS 37 *Rückstellungen, Eventualverbindlichkeiten und Eventualforderungen*
- IFRIC 6 *Verbindlichkeiten, die sich aus einer Teilnahme an einem spezifischen Markt ergeben – Elektro- und Elektronik-Altgeräte*

Hintergrund

Die öffentliche Hand kann ein Unternehmen zur Entrichtung einer Abgabe verpflichten. Das IFRS Interpretations Committee wurde gebeten, Leitlinien dazu auszuarbeiten, wie solche Abgaben im Abschluss des die Abgabe entrichtenden Unternehmens zu erfassen sind. Dies betrifft insbesondere die Frage, wann eine nach IAS 37 *Rückstellungen, Eventualverbindlichkeiten und Eventualforderungen* bilanzierte Verpflichtung zur Entrichtung einer solchen Abgabe zu erfassen ist. **1**

Anwendungsbereich

Diese Interpretation behandelt die Bilanzierung von Verpflichtungen zur Entrichtung einer Abgabe, die in den Anwendungsbereich von IAS 37 fallen. Sie betrifft auch die Bilanzierung von Verpflichtungen zur Entrichtung einer Abgabe, deren Zeitpunkt und Betrag feststehen. **2**

Diese Interpretation behandelt nicht die Bilanzierung von Kosten, die durch die Erfassung einer Verpflichtung zur Entrichtung einer Abgabe verursacht werden. Ob die Erfassung einer Verpflichtung zur Zahlung einer Abgabe zu einem Vermögenswert oder einem Aufwand führt, sollten die Unternehmen anhand anderer Standards entscheiden. **3**

Eine Abgabe im Sinne dieser Interpretation ist ein Ressourcenabfluss, der einen wirtschaftlichen Nutzen darstellt, den die öffentliche Hand Unternehmen aufgrund von Rechtsvorschriften (d. h. gesetzlicher und/oder Regulierungsvorschriften) auferlegt und bei dem es sich nicht um Folgendes handelt: **4**

(a) Ressourcenabflüsse, die unter andere Standards fallen (wie Ertragsteuern, die unter IAS 12 *Ertragsteuern* fallen), und

(b) Buß- oder andere Strafgelder, die bei Gesetzesverstößen verhängt werden.

Der Begriff „öffentliche Hand" bezeichnet Regierungsbehörden, Institutionen mit hoheitlichen Aufgaben und ähnliche Körperschaften, unabhängig davon, ob diese auf lokaler, nationaler oder internationaler Ebene angesiedelt sind.

5 Nicht unter die Definition von Abgabe fallen Zahlungen, die ein Unternehmen im Rahmen einer vertraglichen Vereinbarung mit der öffentlichen Hand für den Erwerb eines Vermögenswerts oder für die Erbringung von Dienstleistungen entrichtet.

6 Die Unternehmen müssen diese Interpretation nicht auf Verbindlichkeiten aus Emissionshandelssystemen anwenden.

Fragestellungen

7 Um klarzustellen, wie eine Verpflichtung zur Entrichtung einer Abgabe zu bilanzieren ist, werden in dieser Interpretation die folgenden Fragestellungen behandelt:

(a) Worin besteht das Ereignis, das eine Verpflichtung zur Entrichtung einer Abgabe auslöst?

(b) Führt der wirtschaftliche Zwang, die Geschäftstätigkeit in einer künftigen Periode fortzuführen, zu einer faktischen Verpflichtung, eine an die Geschäftstätigkeit in dieser künftigen Periode geknüpfte Abgabe zu entrichten?

(c) Bedeutet die Prämisse der Unternehmensfortführung, dass das Unternehmen gegenwärtig zur Zahlung einer Abgabe verpflichtet ist, die an die Geschäftstätigkeit in einer künftigen Periode geknüpft ist?

(d) Wird eine Verpflichtung zur Entrichtung einer Abgabe zu einem bestimmten Zeitpunkt oder in bestimmten Fällen auch sukzessiv über einen bestimmten Zeitraum hinweg erfasst?

(e) Worin besteht das Ereignis, das bei Erreichen eines Mindestschwellenwertes eine Verpflichtung zur Entrichtung einer Abgabe auslöst?

(f) Gelten für die Erfassung einer Verpflichtung zur Entrichtung einer Abgabe im Jahresabschluss und im Zwischenbericht die gleichen Grundsätze?

Beschluss

8 Das Ereignis, das eine Verpflichtung zur Entrichtung einer Abgabe auslöst, ist die Tätigkeit, an die die gesetzliche Vorschrift die Abgabe knüpft. Ist die Abgabe beispielsweise an die Erzielung von Erlösen in der laufenden Periode geknüpft und wird diese Abgabe anhand der in der vorangegangenen Periode erzielten Erlöse berechnet, so ist das verpflichtende Ereignis für diese Abgabe die Erzielung von Erlösen in der laufenden Periode. Die Erzielung von Erlösen in der vorangegangenen Periode ist für die Auslösung einer gegenwärtigen Verpflichtung zwar notwendig, aber nicht ausreichend.

9 Ein Unternehmen, das wirtschaftlich dazu gezwungen ist, seine Geschäftstätigkeit in einer künftigen Periode fortzuführen, ist faktisch nicht zur Entrichtung einer an die Geschäftstätigkeit in dieser künftigen Periode geknüpften Abgabe verpflichtet.

10 Die Erstellung eines Abschlusses unter der Prämisse der Unternehmensfortführung bedeutet für ein Unternehmen nicht, dass es gegenwärtig zur Entrichtung einer an die Geschäftstätigkeit in einer künftigen Periode geknüpften Abgabe verpflichtet ist.

11 Erstreckt sich das verpflichtende Ereignis (d. h. die Tätigkeit, an die die gesetzliche Vorschrift die Entrichtung der Abgabe knüpft) über einen gewissen Zeitraum, so wird die Verpflichtung zur Entrichtung dieser Abgabe sukzessive erfasst. Handelt es sich bei dem verpflichtenden Ereignis beispielsweise um die Erzielung von Erlösen über einen gewissen Zeitraum, so wird die entsprechende Verpflichtung sukzessive bei Erzielung dieser Erlöse erfasst.

12 Ist eine Verpflichtung zur Entrichtung einer Abgabe an das Erreichen eines Mindestschwellenwertes geknüpft, so wird die aus dieser Verpflichtung resultierende Verbindlichkeit nach den in den Paragraphen 8-14 dieser Interpretation (insbesondere den Paragraphen 8 und 11) niedergelegten Grundsätzen bilanziert. Besteht das verpflichtende Ereignis beispielsweise im Erreichen eines geschäftstätigkeitsbezogenen Mindestschwellenwertes (wie Mindesterlöse, Min-

destumsätze oder Mindestproduktion), so wird die entsprechende Verpflichtung bei Erreichen dieses Mindestschwellenwertes erfasst.

Bei Erstellung des Zwischenberichts ist beim Ansatz nach den gleichen Grundsätzen zu verfahren wie bei Erstellung des Jahresabschlusses. Infolgedessen ist eine Verpflichtung zur Entrichtung einer Abgabe im Zwischenbericht **13**

(a) nicht anzusetzen, wenn am Ende der Zwischenberichtsperiode keine gegenwärtige Verpflichtung zur Entrichtung der Abgabe besteht und

(b) anzusetzen, wenn am Ende der Zwischenberichtsperiode eine gegenwärtige Verpflichtung zur Entrichtung der Abgabe besteht.

Hat ein Unternehmen eine Abgabenvorauszahlung geleistet, ist aber gegenwärtig noch nicht zur Zahlung dieser Abgabe verpflichtet, so hat es einen Vermögenswert anzusetzen. **14**

Anhang A: Zeitpunkt des Inkrafttretens und Übergangsvorschriften

Dieser Anhang ist fester Bestandteil der Interpretation und hat die gleiche bindende Kraft wie die anderen Teile der Interpretation.

Diese Interpretation gilt für Geschäftsjahre, die am oder nach dem 1. Januar 2014 beginnen. Eine frühere Anwendung ist zulässig. Wendet ein Unternehmen diese Interpretation in einer früheren Berichtsperiode an, so hat es dies anzugeben. **AG1**

Aus der erstmaligen Anwendung dieser Interpretation resultierende Änderungen bei den Rechnungslegungsmethoden sind gemäß IAS 8 *Rechnungslegungsmethoden, Änderungen von rechnungslegungsbezogenen Schätzungen und Fehler* rückwirkend anzuwenden. **AG2**

IFRIC Interpretation 22 Fremdwährungstransaktionen und im Voraus erbrachte oder erhaltene Gegenleistungen (IFRIC 22)

v. 28.3.2018 (ABl L Nr. 87 S. 3);
geändert durch Verordnung (EU) 2019/2075 v. 29.11.2019 (ABl L Nr. 316 S. 10)[1)]

Verweise

— Rahmenkonzept für die Rechnungslegung*)
— IAS 8 *Rechnungslegungsmethoden, Änderungen von rechnungslegungsbezogenen Schätzungen und Fehler*
— IAS 21 *Auswirkungen von Wechselkursänderungen*

Hintergrund

Nach Paragraph 21 von IAS 21 *Auswirkungen von Wechselkursänderungen* ist ein Unternehmen verpflichtet, eine Fremdwährungstransaktion erstmalig in der funktionalen Währung anzusetzen, indem es den Fremdwährungsbetrag mit dem am jeweiligen Tag des Geschäftsvorfalls gültigen Kassakurs zwischen der funktionalen Währung und der Fremdwährung umrechnet. Nach Paragraph 22 von IAS 21 ist der Tag des Geschäftsvorfalls der Tag, an dem der Geschäftsvorfall erstmals gemäß den IFRS (im Folgenden auch „Standards") ansetzbar ist. 1

Wenn ein Unternehmen eine Gegenleistung in Fremdwährung im Voraus erbringt oder erhält, bilanziert es im Allgemeinen einen nicht monetären Vermögenswert oder eine nicht monetäre Verbindlichkeit**), bevor der zugehörige Vermögenswert, Aufwand oder Ertrag erfasst wird. Der zugehörige Vermögenswert, Aufwand oder Ertrag (oder ein Teil davon) entspricht dem Betrag, der gemäß den anwendbaren Standards bei der Ausbuchung des nicht monetären Vermögenswerts oder der nicht monetären Verbindlichkeit aus der im Voraus erbrachten oder erhaltenen Gegenleistung erfasst wird. 2

Das IFRS Interpretations Committee (im Folgenden „Interpretations Committee") erhielt ursprünglich eine Eingabe mit der Frage, wie bei der Erfassung von Erlösen gemäß den Paragraphen 21–22 von IAS 21 der „Tag des Geschäftsvorfalls" zu bestimmen sei. Der konkrete Fall war, dass ein Unternehmen bei Erhalt einer Gegenleistung im Voraus eine nicht monetäre Verbindlichkeit erfasste, bevor es den zugehörigen Erlös ansetzte. Bei seinen Beratungen stellte das Interpretations Committee fest, dass im Voraus erhaltene oder erbrachte Gegenleistungen in Fremdwährung nicht auf Umsatztransaktionen beschränkt sind. Daher beschloss das Interpretations Committee klarzustellen, wie der Zeitpunkt der Transaktion festzulegen ist, der für die Bestimmung des Wechselkurses für die erstmalige Erfassung des zugehörigen Vermögenswerts, Aufwands oder Ertrags zugrunde zu legen ist, wenn ein Unternehmen eine Gegenleistung in Fremdwährung im Voraus erhält oder erbringt. 3

---

*) **Amtl. Anm.:** Hiermit ist das im Jahr 2010 und damit zum Zeitpunkt der Ausarbeitung dieser Interpretation herausgegebene *Rahmenkonzept für die Finanzberichterstattung* gemeint.

) **Amtl. Anm.: Gemäß Paragraph 106 von IFRS 15 *Erlöse aus Verträgen mit Kunden* ist ein Unternehmen beispielsweise in dem Fall, in dem ein Kunde eine Gegenleistung zahlt oder es selbst vor Übertragung eines Guts oder einer Dienstleistung auf den Kunden einen unbedingten Anspruch auf eine bestimmte Gegenleistung (d. h. eine Forderung) hat, verpflichtet, den Vertrag als Vertragsverbindlichkeit auszuweisen, wenn die Zahlung geleistet oder fällig wird (je nachdem, welches von beidem früher eintritt).

1) **Anm. d. Red.:** Diese Änderung ist am 26.12.2019 in Kraft getreten und spätestens mit Beginn des ersten am oder nach dem 1.1.2020 beginnenden Geschäftsjahres anzuwenden.

Anwendungsbereich

4 Diese Interpretation ist anzuwenden auf Fremdwährungstransaktionen (oder einen Teil davon), wenn ein Unternehmen einen nicht monetären Vermögenswert oder eine nicht monetäre Verbindlichkeit für eine im Voraus erbrachte oder erhaltene Gegenleistung bilanziert, bevor es den zugehörigen Vermögenswert, Aufwand oder Ertrag (oder einen Teil davon) erfasst.

5 Diese Interpretation ist nicht anzuwenden, wenn ein Unternehmen die zugehörigen Vermögenswerte, Aufwendungen oder Erträge beim erstmaligen Ansatz

(a) zum beizulegenden Zeitwert bewertet oder

(b) zum beizulegenden Zeitwert der Gegenleistung, die zu einem anderen Zeitpunkt als dem Zeitpunkt des erstmaligen Ansatzes des nicht monetären Vermögenswerts oder der nicht monetären Verbindlichkeit erbracht oder erhalten wurde, (beispielsweise bei der Bewertung des Geschäfts- oder Firmenwerts gemäß IFRS 3 *Unternehmenszusammenschlüsse*) bewertet.

6 Die Anwendung dieser Interpretation ist für ein Unternehmen nicht verpflichtend bei

(a) Ertragsteuern und

(b) Versicherungsverträgen (einschließlich Rückversicherungsverträgen), die es ausgibt, und Rückversicherungsverträgen, die es hält.

Fragestellung

7 Diese Interpretation behandelt die Fragestellung, wie bei der Ausbuchung eines nicht monetären Vermögenswerts oder einer nicht monetären Verbindlichkeit für die im Voraus erbrachte oder erhaltene Gegenleistung in Fremdwährung der Zeitpunkt der Transaktion festzulegen ist, der für die Bestimmung des Wechselkurses für die erstmalige Erfassung des zugehörigen Vermögenswerts, Aufwands oder Ertrags (oder eines Teils davon) heranzuziehen ist.

Beschluss

8 In Anwendung der Paragraphen 21–22 von IAS 21 ist der Zeitpunkt der Transaktion zum Zweck der Bestimmung des Wechselkurses, der für die erstmalige Erfassung des zugehörigen Vermögenswerts, Aufwands oder Ertrags (oder eines Teils davon) zu verwenden ist, der Zeitpunkt, zu dem ein Unternehmen erstmalig einen nicht monetären Vermögenswert oder eine nicht monetäre Verbindlichkeit für die im Voraus erbrachte oder erhaltene Gegenleistung bilanziert.

9 Werden mehrere Gegenleistungen im Voraus erbracht oder erhalten, so bestimmt das Unternehmen für jede im Voraus erbrachte oder erhaltene Gegenleistung den Zeitpunkt der Transaktion.

Anhang A: Zeitpunkt des Inkrafttretens und Übergangsvorschriften

Dieser Anhang ist integraler Bestandteil der IFRIC 22 und hat die gleiche bindende Kraft wie die anderen Teile der IFRIC 22.

Zeitpunkt des Inkrafttretens

A1 Diese Interpretation ist erstmals in der ersten Berichtsperiode eines am oder nach dem 1. Januar 2018 beginnenden Geschäftsjahres anzuwenden. Eine frühere Anwendung ist zulässig. Wendet ein Unternehmen diese Interpretation früher an, so hat es dies anzugeben.

Übergangsvorschriften

Erstanwender wenden diese Interpretation wie folgt an: **A2**

(a) rückwirkend im Einklang mit IAS 8 *Rechnungslegungsmethoden, Änderungen von rechnungslegungsbezogenen Schätzungen und Fehler*; oder

(b) prospektiv auf alle in den Anwendungsbereich dieser Interpretation fallenden Vermögenswerte, Aufwendungen und Erträge, die zu oder nach einem der folgenden Zeitpunkte erstmals erfasst werden:

   (i) Beginn der Berichtsperiode, in der ein Unternehmen die Interpretation erstmalig anwendet; oder

   (ii) Beginn einer vorhergehenden Berichtsperiode, die im Abschluss derjenigen Berichtsperiode, in der ein Unternehmen die Interpretation erstmalig anwendet, als Vergleichsinformation dargestellt wird.

Wendet ein Unternehmen Paragraph A2b) an, so wendet es die Interpretation bei der erstmaligen Anwendung auf Vermögenswerte, Aufwendungen und Erträge an, die zu oder nach Beginn einer Berichtsperiode gemäß Paragraph A2b)i) oder ii) erstmals erfasst werden, in der es nicht monetäre Vermögenswerte oder nicht monetäre Verbindlichkeiten für vor diesem Zeitpunkt erbrachte oder erhaltene Gegenleistungen bilanziert hat. **A3**

Anhang B: Änderung an IFRS 1 (hier nicht wiedergegeben)

IFRIC Interpretation 23 Unsicherheit bezüglich der ertragssteuerrechtlichen Behandlung (IFRIC 23)

v. 23.10.2018 (ABl L Nr. 265 S. 3)
Amtliche Fassung

Verweise

- IAS 1 *Darstellung des Abschlusses*
- IAS 8 *Rechnungslegungsmethoden, Änderungen von rechnungslegungsbezogenen Schätzungen und Fehler*
- IAS 10 *Ereignisse nach dem Abschlussstichtag*
- IAS 12 *Ertragsteuern*

Hintergrund

IAS 12 *Ertragsteuern* enthält Anforderungen in Bezug auf tatsächliche und latente Steueransprüche und Steuerschulden. Ein Unternehmen wendet die Vorschriften von IAS 12 auf der Grundlage der anwendbaren Steuerrechtsvorschriften an. **1**

Wie das Steuerrecht auf einen bestimmten Geschäftsvorfall oder Umstand anzuwenden ist, ist möglicherweise unklar. Ob eine bestimmte steuerliche Behandlung nach dem Steuerrecht akzeptiert werden kann, bleibt möglicherweise unbekannt, bis die zuständige Steuerbehörde oder ein Gericht zu einem späteren Zeitpunkt eine Entscheidung fällt. Daher kann sich die Anfechtung oder die Prüfung einer bestimmten steuerlichen Behandlung durch die Steuerbehörde auf die Rechnungslegung eines Unternehmens in Bezug auf seine tatsächlichen oder latenten Steueransprüche oder Steuerschulden auswirken. **2**

In dieser Interpretation werden die folgenden Begriffe verwendet: **3**

(a) „steuerliche Behandlung" bezeichnet die Behandlung, die ein Unternehmen bei seinen Ertragsteuererklärungen verwendet hat oder zu verwenden beabsichtigt.

(b) „Steuerbehörde" bezeichnet die Stelle oder Stellen, die entscheidet bzw. entscheiden, ob eine steuerliche Behandlung nach dem Steuerrecht akzeptiert werden kann. Dies schließt auch Gerichte ein.

(c) „unsichere steuerliche Behandlung" bezeichnet eine steuerliche Behandlung, bei der unsicher ist, ob die zuständige Steuerbehörde sie nach dem Steuerrecht akzeptieren wird. So ist beispielsweise die Entscheidung eines Unternehmens, in einem Steuerhoheitsgebiet keine Ertragsteuer zu erklären oder bestimmte Erträge nicht im zu versteuernden Gewinn zu erfassen, eine unsichere steuerliche Behandlung, solange unsicher ist, ob diese Behandlung nach dem Steuerrecht akzeptiert werden kann.

Anwendungsbereich

Diese Interpretation beinhaltet eine Klarstellung, wie die in IAS 12 festgelegten Ansatz- und Bewertungsvorschriften anzuwenden sind, wenn Unsicherheit bezüglich der ertragsteuerlichen Behandlung besteht. In solchen Fällen hat das Unternehmen seine tatsächlichen oder latenten Steueransprüche oder Steuerschulden unter Anwendung der Vorschriften von IAS 12 anzusetzen und zu bewerten und dafür die nach Maßgabe dieser Interpretation ermittelten Werte des **4** zu versteuernden Gewinns (steuerlichen Verlustes), der steuerlichen Basis, der noch nicht genutzten steuerlichen Verluste und der noch nicht genutzten Steuergutschriften sowie der Steuersätze zugrundezulegen.

Fragestellungen

5 Im Falle von Unsicherheit bezüglich der ertragsteuerlichen Behandlung regelt diese Interpretation,

(a) ob ein Unternehmen unsichere steuerliche Behandlungen gesondert zu berücksichtigen hat;

(b) welche Annahmen ein Unternehmen bezüglich der Prüfung der steuerlichen Behandlung durch die Steuerbehörden zu treffen hat;

(c) wie ein Unternehmen den zu versteuernden Gewinn (den steuerlichen Verlust), die steuerliche Basis, die noch nicht genutzten steuerlichen Verluste, die noch nicht genutzten Steuergutschriften und die Steuersätze zu bestimmen hat;

(d) wie ein Unternehmen geänderte Fakten und Umstände zu berücksichtigen hat.

Beschluss

Gesonderte Berücksichtigung unsicherer steuerlicher Behandlungen

6 Bei der Frage, ob eine unsichere steuerliche Behandlung gesondert oder zusammen mit einer oder mehreren anderen unsicheren steuerlichen Behandlungen zu berücksichtigen ist, wählt das Unternehmen diejenige Methode, die sich besser für die Vorhersage der Auflösung der Unsicherheit eignet. Zur Bestimmung der Methode, die sich besser für die Vorhersage der Auflösung der Unsicherheit eignet, könnte ein Unternehmen beispielsweise berücksichtigen, a) wie es seine Ertragssteuererklärungen erstellt und dies zu den steuerlichen Behandlungen passt oder b) wie die Steuerbehörde nach Einschätzung des Unternehmens die Prüfung vornehmen und bei dieser Prüfung möglicherweise entstehende Probleme lösen wird.

7 Berücksichtigt ein Unternehmen in Anwendung von Paragraph 6 mehrere unsichere steuerliche Behandlungen zusammen, so bezeichnet der Ausdruck „unsichere steuerliche Behandlung" in dieser Interpretation die gesamte Gruppe dieser unsicheren steuerlichen Behandlungen.

Prüfung durch die Steuerbehörden

8 Bei der Beurteilung, ob und wie sich eine unsichere steuerliche Behandlung auf die Bestimmung des zu versteuernden Gewinns (steuerlichen Verlustes), der steuerlichen Basis, der noch nicht genutzten steuerlichen Verluste, der noch nicht genutzten Steuergutschriften und der Steuersätze auswirkt, hat das Unternehmen davon auszugehen, dass eine Steuerbehörde sämtliche Beträge prüfen wird, zu deren Prüfung sie befugt ist, und dass sie für deren Prüfung über sämtliche einschlägigen Informationen verfügt.

Bestimmung des zu versteuernden Gewinns (steuerlichen Verlusts), der steuerlichen Basis, der noch nicht genutzten steuerlichen Verluste, der noch nicht genutzten Steuergutschriften und der Steuersätze

9 Ein Unternehmen hat zu beurteilen, ob es wahrscheinlich ist, dass eine Steuerbehörde eine unsichere steuerliche Behandlung akzeptiert.

10 Ist es nach Auffassung des Unternehmens wahrscheinlich, dass die Steuerbehörde eine unsichere steuerliche Behandlung akzeptiert, so hat das Unternehmen den zu versteuernden Gewinn (den steuerlichen Verlust), die steuerliche Basis, die noch nicht genutzten steuerlichen Verluste, die noch nicht genutzten Steuergutschriften oder die Steuersätze im Einklang mit der steuerli-

chen Behandlung zu bestimmen, die es in seinen Ertragsteuererklärungen verwendet hat bzw. zu verwenden beabsichtigt.

Ist es nach Auffassung des Unternehmens unwahrscheinlich, dass die Steuerbehörde eine unsichere steuerliche Behandlung akzeptiert, so hat das Unternehmen bei der Bestimmung des zu versteuernden Gewinns (steuerlichen Verlusts), der steuerlichen Basis, der noch nicht genutzten steuerlichen Verluste, der noch nicht genutzten Steuergutschriften oder der Steuersätze die Auswirkung der Unsicherheit zu berücksichtigen. Zur Berücksichtigung der Auswirkung der Unsicherheit hat ein Unternehmen auf jede unsichere steuerliche Behandlung diejenige der beiden folgenden Methoden anzuwenden, die sich seiner Einschätzung nach besser für die Vorhersage der Auflösung der Unsicherheit eignet: **11**

(a) den wahrscheinlichsten Betrag – derjenige Betrag, der innerhalb der Vielzahl möglicher Ergebnisse am wahrscheinlichsten ist. Der wahrscheinlichste Betrag ist möglicherweise besser für die Vorhersage der Auflösung der Unsicherheit geeignet, wenn die möglichen Ergebnisse binär sind oder sich auf einen Wert konzentrieren;

(b) den Erwartungswert – die Summe der wahrscheinlichkeitsgewichteten Beträge innerhalb der Vielzahl möglicher Ergebnisse. Der Erwartungswert ist möglicherweise besser für die Vorhersage der Auflösung der Unsicherheit geeignet, wenn es eine Vielzahl möglicher Ergebnisse gibt, die weder binär sind noch sich auf einen Wert konzentrieren.

Wenn sich eine unsichere steuerliche Behandlung sowohl auf tatsächliche als auch auf latente Steuern auswirkt (wenn sie sich z. B. sowohl auf den zu versteuernden Gewinn, auf dessen Grundlage die tatsächliche Steuer ermittelt wird, als auch auf die steuerliche Basis, die zur Ermittlung der latenten Steuern herangezogen wird, auswirkt), hat ein Unternehmen für die tatsächlichen und die latenten Steuern konsistente Ermessensentscheidungen zu fällen und Schätzungen vorzunehmen, die für beide Steuern kohärent sind. **12**

Geänderte Fakten und Umstände

Falls sich die einer Ermessensentscheidung oder Schätzung zugrunde liegenden Fakten oder Umstände ändern oder falls Informationen bekannt werden, die sich auf diese Ermessensentscheidung oder Schätzung auswirken, hat ein Unternehmen die nach Maßgabe dieser Interpretation erforderliche Ermessensentscheidung oder Schätzung zu überprüfen. Geänderte Fakten und Umstände können beispielsweise bewirken, dass ein Unternehmen hinsichtlich der voraussichtlich akzeptierten steuerlichen Behandlung zu einer anderen Schlussfolgerung und/oder hinsichtlich der von ihm geschätzten Auswirkung der Unsicherheit zu einem anderen Ergebnis gelangt. Die Paragraphen A1–A3 enthalten Leitlinien für die Berücksichtigung geänderter Fakten und Umstände. **13**

Ein Unternehmen hat die Auswirkung von geänderten Fakten und Umständen oder von neuen Informationen gemäß IAS 8 *Rechnungslegungsmethoden, Änderungen von rechnungslegungsbezogenen Schätzungen und Fehler* in Form einer Berichtigung der rechnungslegungsbezogenen Schätzungen zu erfassen. Ein Unternehmen hat IAS 10 *Ereignisse nach dem Abschlussstichtag* anzuwenden, um zu beurteilen, ob es sich bei einer nach dem Abschlussstichtag eingetretenen Änderung um ein zu berücksichtigendes oder nicht zu berücksichtigendes Ereignis handelt. **14**

Anhang A: Anwendungsleitlinien

Dieser Anhang ist integraler Bestandteil von IFRIC 23 und hat die gleiche bindende Kraft wie die anderen Teile von IFRIC 23.

Geänderte Fakten und Umstände (Paragraph 13)

Bei der Anwendung von Paragraph 13 dieser Interpretation hat ein Unternehmen die Relevanz und Auswirkung der geänderten Fakten und Umstände oder neuen Informationen vor dem Hintergrund des anwendbaren Steuerrechts zu beurteilen. Beispielsweise könnte ein bestimmtes **A1**

Ereignis dazu führen, dass eine in Bezug auf eine steuerliche Behandlung getroffene Ermessensentscheidung oder vorgenommene Schätzung neu zu bewerten ist, während dies bei einer anderen steuerlichen Behandlung, die anderen Steuerrechtsvorschriften unterliegt, nicht der Fall sein mag.

A2 Beispiele für geänderte Fakten und Umstände oder neue Informationen, die je nach den Umständen eine Neubewertung einer Ermessensentscheidung oder einer Schätzung nach dieser Interpretation erforderlich machen, sind unter anderem:

(a) Prüfungen oder Maßnahmen einer Steuerbehörde, beispielsweise:
   (i) die Zustimmung oder Ablehnung der Steuerbehörde in Bezug auf die vom Unternehmen verwendete steuerliche Behandlung oder eine ähnliche steuerliche Behandlung;
   (ii) die Information darüber, dass die Steuerbehörde eine von einem anderen Unternehmen verwendete ähnliche steuerliche Behandlung genehmigt oder abgelehnt hat;
   (iii) die Information über den bei einer ähnlichen steuerlichen Behandlung erhaltenen oder gezahlten Betrag;

(b) Änderungen bei den von einer Steuerbehörde festgelegten Vorschriften;

(c) das Ende der Befugnis einer Steuerbehörde für die Prüfung oder erneute Prüfung einer steuerlichen Behandlung.

A3 Der alleinige Umstand, dass eine Steuerbehörde einer steuerlichen Behandlung weder zugestimmt noch diese abgelehnt hat, ist eher nicht als eine Änderung der Fakten und Umstände oder als neue Information anzusehen, die sich auf die nach Maßgabe dieser Interpretation erforderlichen Ermessensentscheidungen oder Schätzungen auswirkt.

Angaben

A4 Im Falle von Unsicherheit bei der ertragsteuerlichen Behandlung hat ein Unternehmen zu bestimmen, ob es

(a) in Anwendung von Paragraph 122 von IAS 1 *Darstellung des Abschlusses* die Ermessensentscheidungen angibt, die es bei der Bestimmung des zu versteuernden Gewinns (steuerlichen Verlusts), der steuerlichen Basis, der noch nicht genutzten steuerlichen Verluste, der noch nicht genutzten Steuergutschriften und der Steuersätze getroffen hat;

(b) in Anwendung der Paragraphen 125-129 von IAS 1 Angaben zu den Annahmen und Schätzungen macht, die es bei der Bestimmung des zu versteuernden Gewinns (steuerlichen Verlusts), der steuerlichen Basis, der noch nicht genutzten steuerlichen Verluste, der noch nicht genutzten Steuergutschriften und der Steuersätze vorgenommen hat.

A5 Ist es nach Auffassung eines Unternehmens wahrscheinlich, dass eine Steuerbehörde eine unsichere steuerliche Behandlung akzeptiert, so hat das Unternehmen festzulegen, ob es die potenzielle Auswirkung der Unsicherheit in Anwendung von Paragraph 88 von IAS 12 als steuerbezogene Eventualverbindlichkeit bzw. -forderung angibt.

Anhang B: Zeitpunkt des Inkrafttretens und Übergangsvorschriften

Dieser Anhang ist integraler Bestandteil von IFRIC 23 und hat die gleiche bindende Kraft wie die anderen Teile von IFRIC 23.

Zeitpunkt des Inkrafttretens

B1 Diese Interpretation ist für Geschäftsjahre anzuwenden, die am oder nach dem 1. Januar 2019 beginnen. Eine frühere Anwendung ist zulässig. Wendet ein Unternehmen diese Interpretation früher an, so hat es dies anzugeben.

Übergangsvorschriften

Ein Unternehmen hat diese Interpretation bei erstmaliger Anwendung wie folgt anzuwenden: **B2**

(a) rückwirkend unter Anwendung von IAS 8, wenn dies ohne Verwendung nachträglicher Erkenntnisse möglich ist; oder

(b) rückwirkend mit Erfassung der kumulierten Auswirkungen der erstmaligen Anwendung der Interpretation zum Zeitpunkt der Erstanwendung. Wählt ein Unternehmen diese Übergangsregelung, so hat es keine Anpassung von Vergleichsinformationen vorzunehmen. Stattdessen hat das Unternehmen die kumulierten Auswirkungen der erstmaligen Anwendung der Interpretation als Berichtigung des Eröffnungsbilanzwerts der Gewinnrücklagen (oder – soweit sachgerecht – einer anderen Eigenkapitalkomponente) zu bilanzieren. Der Zeitpunkt der erstmaligen Anwendung ist der Beginn des Geschäftsjahres, in dem ein Unternehmen diese Interpretation erstmals anwendet.

Anhang C: Änderung an IFRS 1 *Erstmalige Anwendung der International Financial Reporting Standards* (hier nicht wiedergegeben)

Stichwortverzeichnis

W

Z